U0063117

50000词
现代汉语大词典

汉语大字典编纂处　编著

四川辞书出版社

图书在版编目（CIP）数据

50000 词现代汉语大词典：彩图版 / 汉语大字典编纂处编著. —成都：四川辞书出版社，2024.1

ISBN 978-7-5579-1407-3

Ⅰ. ①5… Ⅱ. ①汉… Ⅲ. ①现代汉语－词典 Ⅳ. ①H164

中国国家版本馆 CIP 数据核字（2023）第 218151 号

50000词现代汉语大词典 彩图版

汉语大字典编纂处　编著

责任编辑 / 麻瑞勤

责任印制 / 肖　鹏

封面设计 / 成都编悦文化传播有限公司

出版发行 / 四川辞书出版社

地　　址 / 成都市锦江区三色路 238 号

邮政编码 / 610023

印　　刷 / 成都国图广告印务有限公司

开　　本 / 850 mm×1168 mm　1/32

版　　次 / 2024 年 1 月第 1 版

印　　次 / 2024 年 1 月第 1 次印刷

印　　张 / 34

书　　号 / ISBN 978-7-5579-1407-3

定　　价 / 98.00 元

· 制作部电话：(028) 86361826

前　言

　　本词典是一部适合学生、教师及学生家长使用的中型语文词典。词典以收录现代汉语词语为主,兼收学生和其他读者在阅读中经常遇到的文言词语,尤其注意收入了改革开放以来出现的新词新语及以西文字母开头的词语。所收条目,包括字、词、成语及其他熟语约 50000 条。

　　词典编写中,注重贯彻语言文字规范原则。所收单字的字形,以现在通行的字形为标准(其主体部分以国务院 2013 年公布的《通用规范汉字表》为准)处理。繁、简对应关系参照《通用规范汉字表》等相关规范处理。《通用规范汉字表》外的字不再类推简化。异形词参照教育部、国家语言文字工作委员会发布的《第一批异形词整理表》处理。有异读的字、词、成语及其他熟语的注音,以国家语言文字工作委员会、国家教育委员会、广播电影电视部 1985 年联合发布的《普通话异读词审音表》的规定为标准处理。个别字保留了其在文言和方言中的读音。

　　本词典十分注重为读者学习语文知识提供方便。收词以现代汉语词汇为主,兼顾古今。释义除详列现代常见常用义和新出现的义项外,还酌列了较为常见常用的文言义项。为使读者更好地理解字、词、成语及其他熟语的意义和用法,词典在词条的释义之后配有十分丰富的例词、例句。其中,文言词语义项的例词、例句,多取自读者熟悉的古代诗文名著名篇。

　　为更好地切合读者学习、运用的需要,本词典在标注词类方面进行了一些有益的尝试。词类是词的语法上的分类。我们按照通常的分类标准,依据词的语法功能,把词划分为名词、动词、形容词、数词、量词、代词、副词、介词、连词、助词、叹词、拟声词等 12 类。词典所收的单字,有些在现代汉语中只能做语素,但在古汉语中则是单音节词,根据本词典以收现代汉语词语为主、兼顾古今的特点,我们仍据它们在古汉语中的语法性质和在现代汉语构词中的作用,为其加上类别标志以方便读者学习、使用。

　　本词典设有"注意"栏,对容易读错、写错、用错的字、词、成语及其他熟语进行简要提示,以帮助读者学习、理解与运用。

　　本词典还设置了"备用词"栏，附列了一些以单字字头结尾的词语（含异形词），以便读者了解单字（语素）的构词能力和词汇信息，为大家选词、用词提供参考。同时，书中配有大量精美插图，使之不仅可以作为查阅的工具书，还具有一定的欣赏价值。

　　限于编者的水平，这部词典可能还存在一些欠妥之处，恳请读者把在使用过程中发现的问题及时告诉我们，以便我们今后进一步修订，弥补不足，使这部词典日臻完善。

编　者

目　录

凡　例

一、条目安排

1. 本词典所收条目分单字条目和多字条目。单字条目用较大的字体，多字条目分列于领头的单字条目之下。

2. 单字条目按汉语拼音字母的次序排列。形同而音、义不同的，分立条目，如"好"hǎo 和"好"hào，"长"cháng 和"长"zhǎng。读音相同的单字条目，按笔画数目由少到多排列。笔画相同的，按起笔笔形一(横)、丨(竖)、丿(撇)、丶(点)、乛(折)的顺序排列。

3. 所收多字条目一般按第一个字分列于单字条目之下，词目加"【　】"标示。形同而音、义不同的，分立条目，如【大气】dàqì 和【大气】dàqi、【地道】dìdào 和【地道】dìdao。有些单字条目缺少独立义项，则直接出所属多字词，用"[　]"标示，并作注。如："玫 méi ［玫瑰(gui)］〈名〉灌木，枝上有刺，花多为紫红色，也有白色的，供观赏。"一个单字条目下的多字条目不止一条的，按第二个字的汉语拼音字母的次序排列，第二个字读音相同的，按笔画数目由少到多排列。笔画数相同的，按起笔一(横)、丨(竖)、丿(撇)、丶(点)、乛(折)的顺序排列。

4. 读轻声的条目一般紧接在同形的非轻声条目之后，如【实在】shízai 排在【实在】shízài 的后面。"着"zhe、"了"le 等轻声字排在相应的去声音节之后。

二、字形和词形

1. 关于单字条目　单字条目的形体，以《通用规范汉字表》为准处理。繁体字、异体字，附列于正体字之后，用"(　)"标示：既有繁体字又有异体字时，在异体字的左上角加"＊"标示，如"鸡(鷄＊雞)"，"鸡"是正体字，"鷄"是繁体字，"雞"是异体字。当某繁体字或异体字只具有正体字头的某一个或某几个义项时，在其左上角加注义项序号，如："雕(＊❶—❸彫❶—❸琱❺鵰)"，"复(❶❷複❸—❽復)"。

　　2.关于多字条目　形不同而音、义相同的,即异形词,参照《第一批异形词整理表》处理。

　　异形词,区分推荐词形与非推荐词形,在处理上分为两种情况:

　　(1)已有国家试行标准的,以推荐词形立目并作注解,非推荐词形加括号附列于推荐词形之后。在同一大字头下的非推荐词形不再出条,不在同一大字头下的非推荐词形如出条,只注明见推荐词形。如【告诫】(告戒),"告戒"不再出条;又如【辜负】(孤负),【孤负】虽然出条,但只注为:见【辜负】。

　　(2)国家标准未作规定的,以推荐词形立目并作注解,一般在注解后加"也作某",如【搭理】…也作"答理",【顶呱呱】…也作"顶刮刮"。非推荐词形如果出条,只注同推荐词形,如【答理】…同"搭理",【顶刮刮】…同"顶呱呱"。

三、注　　音

　　本词典的条目都采用汉语拼音字母注音。一般标本调,不标变调。有异读的词,已经普通话审音委员会审订的,一般依照审音委员会的审订。传统上有两读且都比较通行的,酌收两读,如:谁(shéi 又读 shuí)、嘏(gǔ 又读 jiǎ)。一部分重叠式词语,如"沉甸甸",照实际读法注为 chéndiāndiān。多字词的注音基本上以《汉语拼音正词法基本规则》为准。多字词的注音中,音节界线有可能混淆的,加隔音符号(　')。条目中的轻声字,只注音不标调号,音节前不加中圆点。

　　专名和姓氏的注音,第一个字母不大写,也不作特别提醒以节约篇幅。儿化音,只在基本形式后面加"r",如【自个儿】zìgěr、【对味儿】duìwèir。

四、释　　义

　　本词典释义以现代汉语中常见习用的意义为主,兼顾常见习用的文言意义。方言义标注"方言"。"方言"、"也作…"、"也叫…"、"也说…"、"[注意]…"等标记适用于整个条目各个义项的,标在第一义项之前;只适用于个别义项的,标在有关义项注释内。释义后举例中遇到本条目时用"~"代替。不止一例的,例与例之间用"丨"隔开。音译外来词,于释文之后标注"[外]"。

五、词类标注

　　本词典的单字条目在现代汉语中成词的,均标注词类。有些单字在现代汉语中不独立成词,只起语素的作用,但在古汉语中独立成词,本词典依据它们在古汉语中的语法性质及其在现代汉语构词中的作用，也标注其所属类别。

多字条目中词组、成语和其他熟语等不标词类，其他予以标注。

本词典采用通常的标准，把词划分为名词、动词、形容词、数词、量词、代词、副词、介词、连词、助词、叹词、拟声词等 12 类，用简称，外加"〈　〉"标示，分别标注为〈名〉、〈动〉、〈形〉、〈数〉、〈量〉、〈代〉、〈副〉、〈介〉、〈连〉、〈助〉、〈叹〉、〈拟〉。有极少数量词和拟声词，如释义中没有具体解释，则直接标注"数量词"、"量词"、"拟声词"，如"个"，第三个义项处理为"量词：一～梨｜见～面"。又如"乒"，处理为"拟声词：～～几声枪响｜～的一下门关上了"。

一般情况下，一个条目只有一个义项，或虽不止一个义项但各义项均属同一个词类的，词类标在整个释义的前面。一个条目不止一个义项，而各个义项又不属同一词类的，词类分别标注在每个义项号码的后面。一个条目义项有多个，而且大多数义项属同一个词类，为节省篇幅、避免烦琐，一般将大多数义项共属的词类标注在整个释义的前面，只在最后一两个义项中分别标注其他词类。如"打（dǎ）"，共分 27 个义项，①—㉖义为动词义，㉗义为介词义，则在整个释义前统一标注"〈动〉"，而㉗义单独标注"〈介〉"。

六、注　　意

本词典对容易读错、写错、用错的字、词、成语及其他熟语作简要提示以提醒读者注意，用"［　］"标示。如：

"啊"（a）字头下，处理为：［注意］"啊"因受前一字的韵母或韵尾的影响而发生不同变音，也可写成不同的字：马跑得真快啊（呀）！｜这算什么路啊（哇）！｜大家干得多欢啊（哪）！

"便"字头下，处理为：［注意］作为副词和连词，"便"是保留在书面语中的近代汉语，其意义和用法与"就"基本相同。

"曾经"这一词目下，处理为：［注意］"曾经"与"已经"不同。"已经"表示的时间一般在不久以前，现在有可能还在继续。

七、备 用 词

本词典在一些单字条目的最后设有"备用词"栏，选录部分以单字字头结尾的词语（含异形词），按音节数由少到多排列，以帮助读者了解单字（语素）的构词能力和词语信息，为读者选词、用词提供参考。

八、插　　图

为了便于读者理解，本词典根据相关条目内容，随文插图近 400 幅。

音 节 表

(音节右边的号码为词典正文的页码)

dié	144			gǎi	210	guī	249	hóng	274	jiá	323	
dīng	145			gài	210	guǐ	251	hǒng	277	jiǎ	324	
dǐng	146	**F**		gān	211	guì	252	hòng	277	jià	325	**K**
dìng	146			gǎn	212	gǔn	253	hōu	277	jiān	326	
diū	147	fā	172	gàn	213	gùn	253	hóu	277	jiǎn	329	kā	377
dōng	147	fá	175	gāng	214	guō	253	hǒu	277	jiàn	332	kǎ	377
dǒng	149	fǎ	175	gǎng	215	guó	254	hòu	277	jiāng	335	kāi	377
dòng	149	fà	176	gàng	215	guǒ	255	hū	279	jiǎng	336	kǎi	379
dōu	151	fān	176	gāo	216	guò	255	hú	281	jiàng	337	kài	380
dǒu	151	fán	177	gǎo	219			hǔ	282	jiāo	337	kān	380
dòu	152	fǎn	179	gào	219	**H**		hù	283	jiáo	340	kǎn	380
dū	152	fàn	180	gē	220			huā	284	jiǎo	340	kàn	381
dú	153	fāng	181	gé	221			huá	285	jiào	342	kāng	381
dǔ	155	fáng	183	gě	223	hā	257	huà	286	jiē	343	káng	381
dù	155	fǎng	183	gè	223	há	257	huái	288	jié	345	kàng	382
duān	156	fàng	184	gěi	224	hǎ	257	huài	289	jiě	348	kāo	382
duǎn	156	fēi	185	gēn	224	hà	257	huān	289	jiè	348	kǎo	382
duàn	157	féi	187	gén	225	hāi	257	huán	289	jie	350	kào	383
duī	158	fěi	188	gěn	225	hái	257	huǎn	290	jīn	350	kē	383
duì	158	fèi	188	gèn	225	hǎi	258	huàn	291	jǐn	352	ké	385
dūn	160	fēn	189	gēng	225	hài	259	huāng	292	jìn	353	kě	385
dǔn	160	fén	191	gěng	226	hān	259	huáng	292	jīng	355	kè	386
dùn	161	fěn	191	gèng	226	hán	259	huǎng	294	jǐng	359	kēi	388
duō	161	fèn	191	gōng	226	hǎn	261	huàng	294	jìng	361	kěn	388
duó	163	fēng	192	gǒng	232	hàn	261	huī	294	jiōng	363	kèn	389
duǒ	164	féng	197	gòng	232	hāng	262	huí	295	jiǒng	363	kēng	389
duò	164	fěng	197	gōu	233	háng	262	huǐ	297	jiū	363	kōng	389
		fèng	197	gǒu	234	hàng	263	huì	297	jiǔ	363	kǒng	390
		fiào	197	gòu	235	hāo	263	hūn	299	jiù	364	kòng	391
		fó	197	gū	236	háo	263	hún	300	jū	366	kōu	391
E		fǒu	198	gǔ	237	hǎo	264	hùn	300	jú	367	kǒu	391
		fū	198	gù	240	hào	265	huō	301	jǔ	368	kòu	392
ē	165	fú	198	guā	242	hē	266	huó	301	jù	368	kū	393
é	165	fǔ	202	guǎ	242	hé	266	huǒ	302	juān	370	kǔ	393
ě	166	fù	204	guà	243	hè	270	huò	303	juǎn	371	kù	394
è	166			guāi	243	hēi	271			juàn	371	kuā	394
e	168			guǎi	243	hén	272			juē	371	kuǎ	394
ê	168	**G**		guài	244	hěn	272	**J**		jué	372	kuà	394
ēn	168			guān	244	hèn	272			juě	374	kuǎi	394
èn	168	gā	209	guǎn	246	hēng	272	jī	305	juè	374	kuài	395
ér	168	gá	209	guàn	247	héng	272	jí	310	jūn	374	kuān	395
ěr	169	gǎ	209	guāng	248	hèng	273	jǐ	314	jùn	375	kuǎn	396
èr	170	gà	209	guǎng	249	hng	273	jì	315			kuāng	396
		gāi	209	guàng	249	hōng	273	jiā	321			kuáng	397

kuǎng	397	lī	415	lú	448	men	469	nài	492	niú	504	pàng	515
kuàng	397	lí	415	lǚ	448	mēng	469	nān	493	niǔ	504	pāo	515
kuī	398	lǐ	417	lù	449	méng	469	nán	493	niù	504	páo	516
kuí	398	lì	419	luán	450	měng	470	nǎn	494	nóng	504	pǎo	516
kuǐ	399	li	423	luǎn	450	mèng	471	nàn	494	nòng	505	pào	516
kuì	399	liǎ	423	luàn	450	mī	471	nāng	494	nòu	505	pēi	517
kūn	399	lián	423	lüè	451	mí	471	náng	494	nú	505	péi	517
kǔn	400	liǎn	425	lūn	451	mǐ	472	nǎng	495	nǔ	506	pèi	518
kùn	400	liàn	426	lún	451	mì	473	nàng	495	nù	506	pēn	519
kuò	400	liáng	426	lùn	452	mián	474	nāo	495	nǚ	506	pén	519
		liǎng	427	luō	452	miǎn	474	náo	495	nǜ	506	pèn	519
～～ L ～～		liàng	428	luó	453	miàn	475	nǎo	495	nuǎn	506	pēng	520
		liāo	429	luǒ	453	miāo	476	nào	495	nüè	507	péng	520
		liáo	429	luò	454	miáo	476	né	496	nuó	507	pěng	520
lā	402	liǎo	430	luo	455	miǎo	476	nè	496	nuò	507	pèng	521
lá	403	liào	431			miào	476	ne	496			pī	521
lǎ	403	liē	431	～～ M ～～		miē	477	něi	496	～～ O ～～		pí	522
là	403	liě	431			miè	477	nèi	496			pǐ	524
la	403	liè	431			mín	477	nèn	497			pì	524
lái	403	lie	432	mā	456	mǐn	479	néng	497	ō	508	piān	525
lài	404	līn	432	má	456	míng	479	ńg	498	ó	508	pián	526
lán	405	lín	432	mǎ	457	mǐng	482	ňg	498	ǒ	508	piǎn	526
lǎn	406	lǐn	434	mà	458	mìng	482	ǹg	498	ò	508	piàn	526
làn	406	lìn	434	ma	458	miù	483	nī	498	ōu	508	piāo	526
lāng	407	líng	434	mái	458	mō	483	ní	498	óu	509	piáo	527
láng	407	lǐng	436	mǎi	458	mó	483	nǐ	498	ǒu	509	piǎo	527
lǎng	408	lìng	437	mài	459	mǒ	485	nì	499	òu	509	piào	528
làng	408	liū	438	mān	460	mò	485	niān	500			piē	528
lāo	408	liú	438	mán	460	mōu	487	nián	500	～～ P ～～		piě	528
láo	408	liǔ	440	mǎn	460	móu	487	niǎn	500			pīn	528
lǎo	409	liù	441	màn	461	mǒu	487	niàn	501			pín	529
lào	412	lo	441	máng	462	mú	487	niāng	501	pā	510	pǐn	529
lē	412	lóng	441	mǎng	463	mǔ	488	niáng	501	pá	510	pìn	530
lè	412	lǒng	442	māo	463	mù	488	niàng	501	pà	510	pīng	530
le	412	lòng	443	máo	463			niǎo	501	pāi	510	píng	530
lēi	413	lōu	443	mǎo	464	～～ N ～～		niào	502	pái	511	pō	533
léi	413	lóu	443	mào	465			niē	502	pǎi	512	pó	534
lěi	413	lǒu	443	me	466			nié	502	pài	512	pǒ	534
lèi	414	lòu	443	méi	466	nā	491	niè	502	pān	512	pò	534
lei	414	lou	444	měi	467	ná	491	nín	502	pán	513	pōu	535
lēng	414	lū	444	mèi	468	nǎ	491	níng	503	pàn	514	póu	535
léng	414	lú	444	mēn	468	nà	491	nǐng	503	pāng	514	pǒu	535
lěng	415	lǔ	445	mén	468	na	492	nìng	503	páng	514	pū	535
lèng	415	lù	445	mèn	469	nǎi	492	niū	504	pǎng	515	pú	536

pǔ 536	qǔ 574	rùn 596	shě 617	sōng 668	tēi 690	tǔn 719
pù 537	qù 574	ruó 596	shè 617	sǒng 668	tēng 690	tùn 719
	qu 575	ruò 596	shéi 619	sòng 669	téng 691	tuō 719
Q	quān 575		shēn 619	sōu 669	tī 691	tuó 720
	quán 575		shén 622	sǒu 670	tí 691	tuǒ 721
	quǎn 578	**S**	shěn 623	sòu 670	tǐ 693	tuò 721
qī 538	quàn 578		shèn 624	sū 670	tì 694	
qí 540	quē 578	sā 598	shēng 624	sú 670	tiān 695	**W**
qǐ 543	qué 579	sǎ 598	shéng 629	sù 670	tián 698	
qì 545	què 579	sà 598	shěng 629	suān 672	tiǎn 699	wā 722
qiā 547	qūn 579	sāi 598	shèng 629	suàn 673	tiàn 699	wá 722
qiá 547	qún 580	sài 599	shī 631	suī 673	tiāo 699	wǎ 722
qiǎ 547		sān 599	shí 634	suí 673	tiáo 699	wà 723
qià 547	**R**	sǎn 601	shǐ 638	suǐ 674	tiǎo 701	wa 723
qiān 547		sàn 601	shì 639	suì 674	tiào 701	wāi 723
qián 550	rán 581	sāng 601	shi 646	sūn 675	tiē 701	wǎi 723
qiǎn 553	rǎn 581	sǎng 602	shōu 647	sǔn 675	tiě 701	wài 723
qiàn 553	rāng 581	sàng 602	shóu 647	suō 675	tiè 702	wān 725
qiāng 554	ráng 582	sāo 602	shǒu 647	suǒ 676	tīng 702	wán 725
qiáng 554	rǎng 582	sǎo 602	shòu 649		tíng 703	wǎn 726
qiǎng 555	ràng 582	sào 603	shū 651	**T**	tǐng 704	wàn 727
qiàng 556	ráo 582	sè 603	shú 653		tìng 704	wāng 728
qiāo 556	rǎo 582	sēn 604	shǔ 653		tōng 704	wáng 728
qiáo 557	rào 583	sēng 604	shù 654	tā 678	tóng 706	wǎng 729
qiǎo 558	rě 583	shā 604	shuā 656	tǎ 678	tǒng 708	wàng 731
qiào 558	rè 583	shá 606	shuǎ 657	tà 679	tòng 709	wēi 732
qiē 559	rén 584	shǎ 606	shuà 657	tāi 679	tōu 710	wéi 734
qié 559	rěn 587	shà 606	shuāi 657	tái 679	tóu 710	wěi 736
qiě 559	rèn 587	shāi 607	shuǎi 657	tǎi 680	tǒu 712	wèi 738
qiè 559	rēng 588	shǎi 607	shuài 657	tài 680	tòu 712	wēn 740
qīn 560	réng 588	shài 607	shuān 658	tān 681	tū 712	wén 741
qín 561	rì 588	shān 607	shuàn 658	tán 682	tú 713	wěn 743
qǐn 562	róng 589	shǎn 609	shuāng 658	tǎn 683	tǔ 714	wèn 744
qìn 562	rǒng 591	shàn 609	shuǎng 659	tàn 684	tù 715	wēng 745
qīng 562	róu 591	shāng 610	shuí 659	tāng 684	tuān 715	wěng 745
qíng 567	ròu 591	shǎng 612	shuǐ 659	táng 685	tuán 715	wèng 745
qǐng 568	rú 592	shàng 612	shuì 660	tǎng 686	tuǎn 716	wō 745
qìng 568	rǔ 593	shang 614	shǔn 661	tàng 686	tuàn 716	wǒ 745
qióng 569	rù 593	shāo 614	shùn 661	tāo 686	tuī 716	wò 746
qiū 570	ruǎn 594	sháo 615	shuō 662	táo 687	tuí 717	wū 746
qiú 571	ruí 595	shǎo 615	shuò 662	tǎo 688	tuǐ 717	wú 747
qiǔ 571	ruǐ 595	shào 615	sī 663	tào 688	tuì 717	wǔ 751
qū 572	ruì 595	shē 616	sǐ 665	tè 689	tūn 718	wù 753
qú 573		shé 616	sì 666	te 690	tún 718	

新旧字形对照表

旧字形	新字形	新字举例	旧字形	新字形	新字举例
八②	丷②	兑 益	者⑨	者⑧	都 著
艹④	艹③	花 草	直⑧	直⑧	值 植
辶④	辶③	连 速	黾⑧	黾⑧	绳 鼋
开⑥	开④	型 形	咼⑨	呙⑧	過 蜗
丰④	丰④	艳 沣	垂⑨	垂⑧	睡 邮
巨⑤	巨④	苣 渠	食⑨	食⑧	飲 饱
屯④	屯④	纯 顿	郎⑨	郎⑧	廊 螂
瓦⑤	瓦④	瓶 瓷	录⑧	录⑧	渌 篆
反④	反④	板 饭	𥁋⑩	显⑨	温 瘟
丑④	丑④	纽 杻	骨⑩	骨⑨	滑 骼
犮⑤	犮⑤	拔 茇	鬼⑩	鬼⑨	槐 嵬
印⑥	印⑤	茚	俞⑨	俞⑧	偷 渝
耒⑥	耒⑥	耕 耘	既⑪	既⑨	溉 厩
吕⑦	吕⑥	侣 营	蚤⑩	蚤⑨	搔 骚
攸⑦	攸⑥	修 倏	敖⑪	敖⑩	傲 遨
争⑧	争⑥	净 静	莽⑫	莽⑩	溱 蟒
产⑥	产⑥	彦 产	真⑩	真⑩	慎 填
产⑦	产⑥	差 养	备⑩	备⑩	摇 遥
并⑧	并⑥	屏 拼	殺⑪	殺⑩	掇 缀
羽⑥	羽⑥	翔 翟	黃⑫	黄⑪	廣 横
吴⑦	吴⑦	蜈 虞	虛⑫	虚⑪	墟 歔
角⑦	角⑦	解 确	異⑫	異⑪	冀 戴
奂⑨	奂⑦	换 痪	象⑫	象⑪	像 橡
肖⑧	肖⑦	敝 弊	奧⑬	奥⑫	澳 襖
百⑧	百⑦	敢 严	普⑬	普⑫	谱 氆

说明：字形后圆圈内的数字表示字形的笔画数。

部首检字表

【说明】

①本表采用的部首依据《汉字部首表》,共201部;编排次序依据《GB13000.1字符集汉字笔顺规范》和《GB13000.1字符集汉字字序(笔画序)规范》,按笔画数由少到多的顺序排列,同画数的,按起笔笔形横(一)、竖(丨)、撇(丿)、点(丶)、折(乛)的顺序排列,第一笔相同的,按第二笔,依次类推。②在《部首目录》中,主部首的左边标有部首序号;附形部首大多加圆括号单立,其左边的部首序号加[ ]标示。③在《检字表》中,繁体字和异体字加( )标示;同部首的字按除去部首笔画以外的画数排列。④检字时,需先在《部首目录》里查出待查字所属部首的页码后再查《检字表》。⑤《检字表》后面另有《难检字笔画索引》备查。

(一)部首目录

(部首左边的号码是部首序号,右边的号码是检字表的页码)

序	部首	页	序	部首	页	序	部首	页	序	部首	页	序	部首	页
	一画		15	匕	17	32	廾	21	[50]	(彐)	27	67	歹	32
1	一	13	16	几	17	33	大	21	51	尸	27	68	车(車)	32
2	丨	14	17	亠	17	[34]	(兀)	22	52	己	27	69	牙	32
3	丿	14	18	冫	17	34	尢	22	[52]	(已)	27	70	戈	32
4	丶	14	[11]	(丷)	15	35	弋	22	[52]	(巳)	27	[62]	(旡)	29
5	乛(乛乚乙)	14	19	冖	17	36	小	22	53	弓	27	71	比	32
	二画		[166]	(讠)	53	[36]	(⺌)	22	54	子	28	72	瓦	33
6	十	14	20	凵	17	37	口	22	55	屮	28	73	止	33
7	厂	14	21	卩	17	38	囗	24	[55]	(少)	28	74	支	33
8	匚	15	[175]	(阝左)	55	39	山	24	56	女	28	[98]	(小)	41
[9]	(卜)	15	[159]	(阝右)	52	40	巾	25	57	飞	28	[75]	(⺕)	33
[22]	(刂)	18	22	刀	18	41	彳	25	58	马	28	75	日(曰)	33
9	卜	15	23	力	18	42	彡	25	[50]	(彑)	27	[88]	(月)	39
10	冂	15	24	又	18	[66]	(犭)	31	[148]	(纟)	50	76	贝	33
[12]	(亻)	15	25	厶	18	43	夕	25	59	幺	29	77	水	34
[7]	(厂)	14	26	廴	18	44	夂	25	60	巛	29	78	见	36
11	八	15	[21]	(巳)	17	[185]	(饣)	59		四画		79	牛(牜)	36
12	人	15		三画		45	丬	25	61	王	29	80	手	36
[12]	(入)	15	27	干	18	46	广	25	62	无	29	[80]	(扌)	36
[22]	(⺈)	18	28	工	19	47	门	26	63	韦	30	81	气	38
[10]	(冂)	15	29	土	19	[77]	(氵)	34	[123]	(耂)	46	82	毛	38
13	勹	17	[29]	(士)	19	[98]	(忄)	41	64	木	30	[74]	(攵)	33
[16]	(几)	17	[80]	(扌)	36	48	宀	26	[64]	(朩)	30	83	长	38
14	儿	17	30	艹	20	49	辶	26	65	支	31	84	片	38
			31	寸	21	50	彐	27	66	犬	31	85	斤	38

86	爪	38	110	矢	44	139	舟	48	161	采	53	187	首	59
87	父	39	111	禾	44	140	色	49	162	谷	53	[63]	(韋)	30
[34]	(兑)	22	112	白	44	141	齐	49	163	豸	53	[57]	(飛)	28
[86]	(爫)	38	113	瓜	44	142	衣	49	164	龟	53		十画	
88	月	39	114	鸟	44	143	羊	49	165	角	53	188	髟	59
89	氏	39	115	疒	45	[143]	(⺶)	49	166	言	53	[58]	(馬)	28
90	欠	39	116	立	45	[143]	(⺷)	49	167	辛	54	189	鬲	59
91	风	40	117	穴	45	144	米	49		八画		190	鬥	59
92	殳	40	[142]	(衤)	49	145	聿	50	168	青	55	191	高	59
93	文	40	[145]	(聿)	50	[145]	(書)	50	169	卓	55		十一画	
94	方	40	[118]	(疋)	46	146	艮	50	170	雨(⻗)	55	192	黄	59
95	火	40	118	疋	46	[30]	(艸)	20	171	非	55	[149]	(麥)	51
96	斗	41	119	皮	46	147	羽	50	172	齿	55	[156]	(鹵)	52
[95]	(灬)	40	120	癶	46	148	糸	50	[130]	(虎)	47	[114]	(鳥)	44
97	户	41	121	矛	46	[148]	(糹)	50	[47]	(門)	26	[177]	(魚)	57
[100]	(礻)	42	[99]	(母)	42		七画		173	黾	55	193	麻	59
98	心	41		六画		149	麦	51	174	隹	55	194	鹿	60
[145]	(聿)	50	122	耒	46	[83]	(镸)	38	175	阜	55		十二画	
[45]	(爿)	25	123	老	46	150	走	51	176	金	56	195	鼎	60
99	毋	42	124	耳	46	151	赤	51	[185]	(食)	59	196	黑	60
	五画		125	臣	46	[68]	(車)	32	177	鱼	57	197	黍	60
[61]	(玉)	29	126	西(西)	46	152	豆	51	178	隶	58		十三画	
100	示	42	127	而	46	153	酉	51		九画		198	鼓	60
101	甘	42	128	页	46	154	辰	52	179	革	58	[173]	(黽)	55
102	石	42	129	至	47	155	豕	52	[128]	(頁)	46	199	鼠	60
103	龙	43	130	虍	47	156	卤	52	180	面	58		十四画	
[67]	(少)	32	131	虫	47	[76]	(貝)	33	181	韭	58	200	鼻	60
104	业	43	132	肉	48	[78]	(見)	36	182	骨	58	[141]	(齊)	49
[77]	(氺)	34	133	缶	48	157	里	52	183	香	59		十五画	
105	目	43	134	舌	48	[158]	(⻊)	52	184	鬼	59	[172]	(齒)	55
106	田	43	135	竹(⺮)	48	158	足	52	185	食	59		十六画	
107	罒	43	136	臼	48	159	邑	52	[91]	(風)	39	[103]	(龍)	43
108	皿	43	137	自	48	160	身	53	186	音	59		十七画	
[176]	(钅)	56	138	血	48							[164]	(龜)	53
109	生	44										201	龠	60

(二)检字表

(字右边的号码为词典正文的页码)

一部（续）

夫	198	元	881
云	887	专	950
丐	210		474
廿	501	五	751
(币)	891	卅	598
不	48	屯	718
	957	互	283

四画

未	739	末	466
	485	戈	326
正	919		921
世	640	卅	762
本	28	(冄)	892
(冉)	892	丙	42
丕	521	平	530
灭	477	东	147
丛	103	丝	663

五画

亚	817	亘	225
吏	420	再	892
(亙)	225	百	14
夹	209		321
	323	夷	840
丞	78		

六画

严	820	求	571
甫	202	更	225
	226	束	655
两	427	丽	415
	421	龙	462
	469	来	403

七画

奉	197	表	39
(亞)	817	(東)	147
画	287	事	642
(兩)	427	枣	897
(面)	475	亟	312
	546		

八画

奏	970	甚	622
	624	柬	329
歪	723	甭	29
昼	944		

九画

彧	878	哥	220

十画以上

焉	819	堇	352
(棗)	897	棘	313
(爾)	169	囊	494

2 丨部

三画

(串)	581	中	937
	941		

四画

内	496	凸	712
旧	364	且	366
	559	甲	324
申	619	电	138
由	866	史	638
央	826	(目)	844
冉	581	(册)	61
凹	7		722

五至七画

师	632	曳	834
曲	572		574
串	95	果	255
畅	70		

八画以上

临	433		434
禺	874	(畢)	32

3 丿部

一画

乂	845	九	363

二画

千	547	乇	719
川	93	(几)	177
久	364	么	458
	466		829
丸	725	及	310

三画

午	752	壬	586
升	624	夭	829
币	32	爻	829
乏	175	丹	119
乌	746		753

四画

生	209	失	631
乍	902	丘	570
乎	279	乐	412
	886	册	61

五画

年	500	朱	944
乔	557	乒	530
乓	514	囟	792
甪	446	兆	912

六画

我	745	(兔)	715
囱	103	卵	450
系	318		762

七画

垂	96		

乖	243	秉	43
臾	874		

八画

(乘)	79		630
重	86		942
禹	877	胤	857

九画

(鸟)	746		753

十一画以上

(乔)	557	粤	887
睾	218	(举)	368

4 丶部

二至四画

义	845	之	924
为	734		738
(氷)	41	半	17
必	32	永	863

五至六画

州	943	农	504
良	426		

八画

叛	514	举	368

5 乛(丁乀乚乙)部

乙	844		

一画

乛	141	了	412
	430		

乃	492	乜	477
	502		

二画

乞	543	(乄)	728
孑	345	卫	738
了	372	也	832
习	760	乡	774

三画

尹	854	夬	244
(弔)	142	丑	88
予	873		876
书	651		

四画

司	663	民	477
弗	199	(疋)	124

五画

乩	306	乭	152
买	458		

六画

(卵)	465	甬	863

七画

乳	593	承	79
虱	633		

九至十二画

(函)	260	(乱)	450
(肈)	764		

6 十部

十	634		

三至五画

卉	297		70
古	237	(壺)	640
协	785	华	285
	287	克	386

六画

直	927	丧	601
	602	(協)	785
卖	459	卑	25
(卒)	971		

七画

贲	28		33
南	491		493
(桒)	602		

八画至十画

真	916	(喪)	601
	602	啬	603
	28		33
博	46	(喪)	601
	602		

十一画以上

(嗇)	603	(準)	957
兢	358	嘏	240
	325	(寨)	937
戴	119	矗	92

7 厂部

[7]

厂部

厂	4		70

全	576	(佇)	948	侨	557	俛	474	(倐)	652	(偵)	916	(㣲)	783
会	297	佗	720	侩	395	(俛)	203	倘	69	偿	70	傍	19
	395	伺	102	桃	699	(係)	762		686	(側)	61		515
合	224		667	俏	848	信	792	俱	366		899	(傢)	322
	266	伲	499	佩	518	侵	560		369		902	傧	41
企	543	佛	197	佫	270	侯	277	倡	71	偶	509	储	92
仐	719		199	侈	83		279	(們)	469	偈	319	傩	507
仺	105	伽	209	侪	65	(侷)	367	(個)	223		347	舒	652
众	941		322	佼	340	俑	863		224	偎	733	畬	616
伞	601		559	依	839	俟	541	候	279	偲	54	畬	616
五画		伭	845	佯	827		667	俨	453		665		875
伭	504	佘	616	(併)	43	俊	375	倭	745	(傮)	380	翕	758
估	236	余	873	佗	65	俞	656	倪	498	傀	251	(傘)	601
	240	(龕)	482	依	505		874	俾	31		399	(傘)	601
体	691	仐	549	倖	487	弇	823	(倫)	451	偷	710	禽	561
	693	六画		舍	617	俎	972	(保)	56	偬	968	十一画	
何	267	侹	396		618	八画		個	694	(僭)	891	(債)	903
佐	975	佳	322	(俞)	451	俸	197	(俗)	891		894	(僅)	352
侟	521	侍	643	命	482	倩	553		894	停	703		353
佑	872	估	312	籴	132	债	903	(俻)	26	偻	443	(傳)	93
(佈)	52	佬	411	贪	681	俵	39	僚	361		448		953
优	442	㑊	171	念	501	(倀)	68		429	偏	525	(傴)	876
伜	377		493	七画		(倖)	797	俯	203	假	324	(傾)	564
(㐷)	905	供	231	侍	87	郎	832	倍	26		326	(僂)	443
攸	865		233	俨	822	借	349	(做)	183	(偉)	736		448
但	121	使	639	俅	571	偌	597	倦	371	龛	380	傑	413
伸	620	佰	14	便	37	值	928	俵	682	盒	269	催	105
佃	140	㑊	872		526	(倈)	404	倌	246	(貪)	681	(傷)	610
	698	侉	394	俩	423	(倳)	966	倥	390	十画		(働)	149
侣	667	例	421		428	(倆)	423		391	傣	117	傻	606
佚	848	侠	764	俪	422		428	健	334	傲	8	(億)	968
作	974	侥	340	(俠)	764	倞	28	倨	369	(傌)	458	像	779
	975		829	修	800	倚	845	倔	373	傲	894	傺	84
伯	14	㑊	928	俏	558	俺	5		374	(備)	26	(傭)	862
	45	侦	916	俣	877	倾	564	拿	491	傅	206	僇	447
伶	434	侣	448	俚	418	倒	125	(倉)	58	傈	422	愈	880
佣	862	侗	150	保	21		126	粂	561	辱	506	(僉)	549
	865		707	傅	530	俳	511	九画		(條)	686	會	297
低	131		708	促	104	俶	92	(傁)	786	(傹)	375		395
你	498	侃	380	俄	165		694	债	192	傥	686	十二画	
佝	234	㑑	289	俐	422	倬	958	做	977	(傜)	830	僰	46
佟	707	侧	61	侮	753	(倏)	699	鹆	801	㑇	758	(僥)	340
住	948		899	俭	329	倏	652	偃	824	(傯)	59		829
位	739		902	俗	670	脩	801	(偪)	29		76	(債)	192
伴	18	侏	944	俘	200	(脩)	800	借	785	(傑)	346	僖	759

卯 465
危 732
却 579
即 312
六至八画
(郤) 579
卷 371
香 352
卸 786
卿 565

22
刀部
[22]
刂⺈部
刀 124
一画
刃 587
二画
切 559
刈 846
三画
刍 90
召 616
　 912
四画
刑 794
刚 214
创 95
　 96
负 204
刎 743
争 919
五画
划 67
　 68
(刦) 346
(刧) 346
别 40
　 41
(删) 608
刬 291
免 474
删 608
刨 23
　 516

判 514
到 359
六画
刺 99
　 102
刳 393
列 252
剀 379
制 933
刽 252
刹 65
　 605
剁 164
兔 715
刻 387
券 578
　 808
刷 656
　 657
(剎) 164
七画
荆 357
剋 388
(剋) 386
剌 403
(到) 359
削 779
　 808
剐 243
剑 333
(剗) 108
(负) 204
剞 694
八画
剭 966
剖 307
(剠) 67
　 68
剔 691
(剛) 214
(剝) 243
(剮) 568
剜 535
剡 609
　 823

剡 725
剥 20
　 45
剧 369
剟 163
九画
(剳) 901
副 206
象 778
剪 330
十画
(剮) 379
剩 630
(創) 95
　 96
割 221
十一画
剷 395
赖 404
剽 526
(剹) 443
詹 904
(鹿) 104
(剷) 68
(劉) 447
剿 71
　 341
(勖) 71
　 341
十二画
劂 373
劄 901
劁 556
(割) 285
　 287
十三画
劐 301
(劇) 252
(劇) 369
(劍) 333
(劊) 252
夐 800
(劉) 438
劈 522
　 524

豫 880
十四画以上
(赖) 404
(籴) 825
(蠹) 793

23
力部
力 419
二画
办 17
三画
劝 459
加 321
四画
动 149
劣 431
五画
劫 346
励 421
助 948
劬 573
努 506
劭 616
劲 354
　 361
六画
劻 396
势 642
(効) 783
劼 268
券 371
七画
勃 45
(勅) 84
(勁) 354
　 361
勋 811
勉 474
勇 863
八画
(勑) 84
勍 567
(勤) 371
勐 470

哿 224
(脅) 785
九画
勘 380
勖 849
勗 805
(動) 149
十画
(勛) 811
(勞) 408
十一画
(勣) 320
(勢) 642
勤 562
勰 447
(勦) 71
十二画
(勘) 849
(勦) 459
(勞) 337
十三画以上
勰 786
(勵) 421
(動) 811
(勸) 578
勤 582

24
又部
又 871
一画
叉 63
　 64
　 65
二画
友 868
(收) 647
邓 130
劝 578
双 658
三画
发 172
　 176
圣 629

对 158
四画
戏 280
　 762
观 245
　 247
欢 289
五画
鸡 306
六画
叔 651
受 650
变 36
艰 327
七画
叟 670
叙 804
(段) 324
八画
难 493
　 494
桑 602
十一画以上
叠 144
(叔) 901
(叜) 658
(叡) 596
燮 787
(雙) 658
矍 374

25
厶部
二画
允 889
三画
弁 36
台 679
四画
丢 147
牟 487
　 489
五画
县 771
矣 845

六画
叁 601
参 57
　 62
　 621
七画
(叆) 488
(叅) 554
参 680
怠 118
垒 413
八画
畚 28
能 493
　 497
九画
(叄) 57
　 62
　 621

26
廴部
三至五画
(彶) 66
(巡) 812
廷 703
延 819
(迪) 132
(廻) 295
(廹) 512
　 534
六画
(廼) 492
建 333

27
干部
干 211
　 213
二至四画
刊 380
邗 259
罕 261
六至九画
预 259
(預) 259

(葉) 833	葭 323	(蔈) 621	蔻 392	十三画	(薺) 318	(蘭) 405	
葫 281	(葦) 736	蓉 590	蓿 805	蕻 277	〃 541	蘩 179	
葙 776	葵 398	蒙 469	薏 3	(薔) 555	(蓋) 354	(蘺) 284	
葴 733	(紅) 276	〃 470	蔚 740	(薑) 336	十五画	虉 502	
惹 583	(葯) 831	〃 471	〃 880	蕹 787	藕 509	(蔽) 426	
葳 68	十画	葍 408	(蒋) 337	蕾 414	(藝) 846	(薛) 771	
(蓻) 896	蔡 917	蕢 482	蓼 430	蘋 529	熱 597	襄 582	
葬 896	蒜 673	鋆 859	〃 447	(蠆) 457	(藪) 670	蘽 472	
(葵) 896	蓍 633	(蓘) 675	(薌) 774	薯 654	薑 66	(蘘) 47	
菅 380	(蓋) 210	(蔭) 852	十二画	薨 274	(蘭) 329	十八画以上	
(韭) 364	〃 224	〃 857	(蕘) 582	薙 695	藜 417	(蘸) 416	
募 490	〃 270	蒸 920	(蓮) 110	薛 808	菖 343	蘸 907	
葺 546	(蓮) 424	蒢 880	蕙 299	薇 734	(藥) 831	(蘿) 453	
(萬) 727	蓐 594	(蒾) 98	蕈 814	(薟) 768	藤 691	虆 502	
葛 222	蓝 405	十一画	(蕆) 68	薈 298	(藷) 654	蘼 472	
〃 224	(蒔) 638	蔫 500	蕨 373	(蔓) 3	薰 39	31 寸部	
黃 399	〃 646	薔 555	蕤 595	(薊) 320	藩 177	寸 107	
蒽 762	(蕈) 33	(蓴) 98	(蕓) 888	(薦) 333	(藭) 569	四至六画	
萼 167	墓 490	蔌 672	(蕰) 595	薪 792	(蕴) 741	寿 649	
萺 237	幕 490	(蔕) 136	蕞 973	蕙 850	〃 890	封 195	
萩 570	蓦 486	(蔩) 568	蕺 314	薤 745	十六画	七至九画	
董 149	蒽 168	慕 490	(蕢) 399	薮 670	(蘇) 550	(尅) 388	
葆 22	(夢) 471	暮 490	(蕈) 167	(薆) 806	(蘆) 421	〃 386	
(覓) 669	蒨 553	摹 483	(蕒) 459	薄 20	蘦 304	(專) 950	
(蔆) 621	蓧 144	(蔓) 443	蕡 470	〃 47	(蘋) 529	(尋) 812	
葩 510	蓓 27	蔓 460	(蕪) 751	(蕭) 780	〃 532	尉 740	
(萡) 971	蒾 33	〃 461	(蕋) 417	薛 34	蓬 574	〃 879	
(葖) 806	蔆 3	〃 728	(蕎) 557	(薩) 598	(蘆) 444	尊 974	
葡 536	(蒼) 59	蔑 477	蕉 340	薢 263	〃 445	十一画以上	
葱 103	翁 745	薵 470	〃 557	(蕷) 880	(藺) 434	(對) 158	
蒋 337	蓟 320	(蔦) 502	蕃 45	(蕴) 161	蘦 161	(導) 125	
葶 703	蓬 520	蒬 151	〃 177	十四画	(蘄) 542	(幫) 18	
蒂 136	蓑 676	(蔥) 103	〃 178	藉 314	(蘇) 670	32 廾部	
萋 443	蒿 263	莲 762	(蕎) 736	〃 350	孼 502	弁 546	
葔 277	(蓆) 760	(蔟) 102	(蔷) 867	(藉) 349	蘭 273	弈 848	
蒗 512	蓂 314	皼 426	蕲 542	臺 680	(蘇) 670	弊 34	
落 403	薾 416	(蓿) 47	(蕩) 124	蓝 405	(薍) 3	33 大部	
〃 412	蒭 368	蔡 57	(溝) 509	藏 59	〃 806	大 113	
〃 452	蒡 19	蔗 915	蕰 741	〃 896		〃 117	
〃 454	蓄 805	(蔴) 456	蕊 595	薷 593			
(蓱) 533	蒹 329	蔟 105	蕈 550	(薯) 483			
萱 806	蒴 663	蔺 434	〃 813	薰 812			
葵 713	蒲 536	蔽 34	蔬 653	(舊) 364			
(葷) 300	(蒞) 422	(蔆) 436	蕴 741	貌 476			
〃 811	蒗 408	菓 574	〃 890	薛 771			
				薿 219			

一画
太 680
二画
夯 28
262
头 710
三画
夸 394
夺 163
夼 397
四画
奁 423
(夾) 209
321
323
㚒 10
五画
奈 492
奔 27
28
奇 307
541
奄 822
奋 192
六画
契 546
786
奎 398
耷 109
奓 901
902
牵 549
奖 336
奕 848
七画
套 688
奘 896
955
八画
匏 516
奢 616
爽 659
九画
奋 257
(奮) 680

奥 8
奠 141
十一画以上
(奩) 423
(奪) 163
(奬) 336
奭 646
樊 178
(奮) 192

34
尢部
[34]
兀允部
兀 746
753
一画
尤 866
三画
尥 431
尧 829
四画
尴 209
六画
尶 295
297
七画以上
尷 295
尴 212
尵 717
(尵) 717
(尷) 212

35
弋部
弋 845
二至五画
式 171
弒 601
弑 642
忒 689
690
716
貳 117

鸢 880
六至十一画
贰 171
(贰) 171
(鳶) 880

36
小部
[36]
⺌部
小 781
一画
少 615
二画
尔 169
尕 209
三画
尘 74
尖 326
光 248
当 122
124
四至六画
肖 779
783
尚 614
尜 209
尝 69
七至九画
㒸 677
雀 556
558
579
(糸) 57
辉 295
十画以上
(撬) 771
(辉) 295
(縣) 771
耀 832
蕘 127

37
口部
口 391

二画
可 385
386
右 872
叶 784
833
叮 145
号 263
265
卟 47
只 925
930
叭 9
叱 83
兄 798
叽 305
叼 141
叫 342
叩 392
叨 125
686
劢 412
另 437
叹 684
三画
吁 802
873
878
吐 715
吓 270
766
吕 448
吊 142
吒 901
(吒) 902
吃 81
吸 756
吗 456
457
458
吆 829
向 777
四画
吞 718
吾 751

否 198
524
呈 78
吴 751
呋 198
呒 202
呓 848
呆 117
吱 925
960
呕 508
509
呖 421
呔 276
(哆) 117
呃 166
168
呀 815
818
吨 160
吡 30
524
吵 71
72
呗 15
27
员 882
888
889
呐 491
492
496
呙 253
听 702
含 260
吟 853
吩 190
呛 554
556
吻 744
吹 96

鸣 747
524
389
(叫) 342
吣 562
(呷) 840
叻 855
吧 10
12
吼 277
吮 661
告 219
君 375
五画
味 739
咕 573
哎 2
咕 236
呵 266
383
啀 891
呸 517
咙 442
咔 377
咀 368
973
呷 209
763
呻 620
(呢) 944
咋 892
899
901
(咮) 268
270
咐 205
呱 236
242
呼 280
呤 438
咚 149
鸣 482
咆 516
咛 503
咏 863

呢 496
498
啡 200
咄 163
呿 495
(呿) 506
咖 209
377
哈 257
呦 865
哐 664
(喁) 253
咎 365
六画
哉 892
喱 397
哇 722
723
咭 307
(咩) 477
哄 274
277
哑 816
817
哂 623
(哼) 394
咳 295
哒 109
唎 431
432
咦 841
哓 779
哔 33
咥 144
763
呲 99
960
虽 673
咣 249
品 529
咽 818
825
834
哕 298
885

字	页	字	页	字	页	字	页	字	页	字	页	字	页
啾	800	哺	48	啉	433	**九画**		喧	806	喻	745	嘬	473
哗	285	哽	226	(唰)	428	(喫)	81	喀	377	嗑	4	(噉)	121
	286	唔	751	啄	959	喷	519	(嘅)	380		849	**十二画**	
咱	891	唡	428	(啳)	144	戢	313	嗄	816	嗛	553	(嘵)	779
	894	哨	616	唪	953	喋	144	喔	745		770	(喷)	519
咿	840	唢	677	啡	187		901	喙	299	嘲	676	嘻	759
响	777	(唝)	15	啨	389	嗒	109	(喲)	862	嗨	257	嘭	520
哌	512		27	啮	502		679	啻	84		272	(噠)	109
哈	395	(員)	882	唬	282	喃	494	善	610	嗜	259	噎	832
哈	257		888		767	喳	63	营	394	嘻	81	(嗯)	166
咣	687		889	唱	71		901	**十画**		嗵	706	嘶	665
咪	164	哩	415	啰	452	喇	403	嗦	562	嗓	602	噶	209
(喋)	164		418		453	喊	261	嗷	7	誉	519	嘲	72
咯	220		423		455	喱	416	嗪	672	**十一画**			911
	377	哦	165	唾	721	喹	399	(嗎)	456	(嘖)	899	(嘎)	209
	441		508	唯	735	喭	345		457	(嘆)	684	(嚓)	371
	454	(唪)	897	啤	523	喁	863		458	嘞	414	嘹	430
哆	163	唊	897	啥	606	喑	723	(嗊)	233	(嘜)	460	噗	536
咬	831	唏	757	唵	355	喝	266	嘟	153	嘈	60	噏	93
咳	257	唑	977	(唸)	853		270	嗜	646	嗽	670		974
	385	唤	291	(唸)	501	喂	740	嗑	270	(嘔)	508	(罵)	547
咩	477	(唦)	132	啁	911	喟	399	嗌	384		509	(嚈)	67
(咲)	783	唁	825		943	(單)	66		388	嘌	528		682
咻	471	哼	272	啕	688		119	嗫	502	嘁	539	嘿	272
咤	902		273	(啗)	121		609	(嗶)	285	嘎	209		486
哝	505	(嗄)	562	唿	280	(喦)	821		286	嘘	634	(嚤)	202
哪	491	唧	307	(啫)	894	喘	95	嗬	266		803	噍	343
	492	啊	1	(啫)	891	(喥)	393	嗔	74	(嘩)	280	(嘆)	264
	496		2	啐	106	喟	237	嗦	676	嘡	685	噢	508
哏	225	(唠)	506	唻	606	(喼)	892	嗝	223	(槑)	466	噙	759
哞	487	唉	2	唅	862	(唧)	770	嗄	1	(嘍)	443	噲	562
哟	862		3	啴	67	啾	363		606		444	噜	444
咨	960	唆	676		682	嗖	669	(嗒)	677		254	噌	62
七画		**八画**		啖	121	喤	293	(嗶)	33	嘓	29		77
哲	914	唪	197	啵	47	喉	277	嗣	668	嘣	857	(嘮)	409
(啓)	543	啧	899	啶	147	喻	880	嗯	498	嘤	857		412
唛	460	啪	510	啷	407	(喈)	891	嗅	802	(鸣)	482	嘱	948
哇	151	啦	402	唳	422		894	嗓	264	嘚	128	噀	814
唝	233		403	啸	784	喨	429	(嗚)	747		129	噔	130
哧	81	(啞)	816	(唰)	656	暗	853	(嗁)	693	(嘫)	451	(噝)	664
唽	901		817	啜	93	啼	693	嗲	137	嘧	759	(噭)	305
哮	783	唶	899		99	嗟	345	嗳	2	嘛	458	**十三画**	
(咩)	477	喏	507	(锗)	752	喽	443		3	嘀	131	嘍	301
唠	409		583	兽	650		444		4		132		304
	412	喵	476	(启)	543	嗞	961	(嗆)	554	喉	670		508
									556				

嚅 263	曜 304	**四画**	**39**	岱 117	崎 542	嶂 314
嘩 355	(嚴) 820	(囯) 254	山部	岢 809	崦 819	**十一画**
嘮 414	(嚦) 442	园 882	山 607	**六画**	崭 905	(嶃) 905
(嗝) 160	**十七画**	围 735	**三画**	峙 645	(崐) 399	(嶄) 905
(喊) 298	(嚶) 857	困 400	屼 754	934	(崑) 399	嶇 572
885	嚼 340	囤 161	屿 876	峝 156	崮 242	(嶁) 144
嘴 973	343	718	屹 220	(峇) 950	(崗) 214	嶁 443
噱 374	374	(囲) 295	847	炭 684	215	(嶗) 125
810	嚷 581	图 451	岁 674	峡 764	崔 105	嶂 909
(噹) 122	582	囵 281	岌 311	峒 488	崟 854	嶍 760
器 547	(嚳) 394	**五画**	屺 543	峣 830	(崳) 451	(嶜) 760
(噥) 505	**十八画**	国 254	岂 543	峒 150	(崉) 451	**十二画**
噪 898	(嚧) 502	固 240	**四画**	708	崎 781	(嶢) 830
噬 646	(囈) 848	困 579	岍 549	(峝) 708	崩 29	(嶠) 342
(嚕) 395	(嘴) 953	图 435	岐 540	峤 342	崞 253	557
(嗳) 2	曬 573	图 713	岖 572	557	崇 86	嶲 759
3	(蹋) 781	**六至七画**	岈 816	峋 813	崆 390	(嶔) 561
4	(囂) 781	囿 872	岗 214	峥 920	崛 373	嶓 45
噫 840	**十九画以上**	圃 537	215	峧 338	**九画**	嶙 433
嚏 599	(囌) 670	圈 877	岘 772	幽 865	嵁 380	嶒 63
(嘯) 784	(囔) 261	圆 883	(岅) 17	峦 450	嵌 553	(嶗) 409
嚦 522	(囉) 68	**八画**	岑 62	**七画**	嵖 117	嶝 130
(營) 858	(囉) 452	圉 565	岚 405	崁 381	嵃 144	(嶨) 8
十四画	453	圈 877	岜 10	崂 409	嵘 590	**十三画**
(嚇) 270	455	(國) 254	岙 8	(岂) 543	嵁 64	(嶧) 848
766	(彎) 519	(圇) 451	岛 125	(峽) 764	(歲) 674	(嶼) 876
(噎) 680	(囑) 502	圈 370	**五画**	崃 404	崴 723	(嶮) 771
嚏 695	(囑) 948	371	岵 283	峭 558	733	(嶨) 809
嚅 593	嚷 494	575	岢 386	(岘) 772	嵎 875	**十四画**
(嘈) 69	**38**	**九画**	(岠) 5	峨 165	崽 892	嶼 41
嗬 261	口部	圌 97	岸 5	(峩) 165	崿 167	(嶺) 437
嚓 264	○ 434	(圍) 94	岩 821	崄 771	嵚 561	巇 844
嚓 54	**二画**	圐 393	崇 149	峪 878	嵚 736	(嶽) 886
63	囚 571	(圍) 735	峃 398	峰 196	嵛 875	(嶸) 590
(嚀) 503	四 666	**十画**	岬 324	(峯) 196	(嵐) 405	**十六画以上**
十五画	(囙) 851	(園) 882	岫 801	峎 408	嵯 108	巅 137
歐 509	**三画**	(圓) 883	岼 977	峻 375	嵝 443	巇 760
(嚙) 502	团 715	**十一画以上**	岭 437	(岛) 125	嵫 961	巍 734
囂 854	因 851	(團) 715	峋 235	**八画**	嵋 466	巉 67
嚚 781	回 295	(圖) 713	岽 465	崚 414	**十画**	嶙 67
(嚕) 444	囝 329	圙 451	岙 707	(峡) 404	嶅 7	(巋) 398
十六画	493	圜 290	岷 479	崧 668	(嵗) 674	(巔) 137
(噦) 825	囡 493	884	峄 848	(崬) 149	嵊 630	(巖) 821
(噦) 421		圞 450	岳 886	崰 817	嵥 502	(巒) 450

榔	407	楦	808	槼	408	橇	557	檫	64	**66** 犬部		狲	675
楗	334	概	211	十一画		(橋)	557	(檸)	503	[66] 犭部		哭	393
棣	136	楣	467	(槼)	250	(橢)	973	(檮)	912			七画	
椐	367	楹	859	(椿)	954	樵	557	(橃)	130	犬	578	(狹)	764
楕	721	椽	94	槿	353	(橕)	218	檻	320	二画		狴	33
(極)	311	(槊)	368	横	273	檎	562	十五画		犰	571	(狲)	262
槧	553	(椠)	211	檣	555	橹	445	(檻)	154	犯	180	(狼)	26
棠	685	十画		槽	60	橦	708	(櫟)	422	三画		狸	416
(棃)	416	榛	917	(槫)	651	樽	974		886	犴	5	猂	371
弑	646	(構)	235	(標)	38	樺	759	(櫓)	445		259	猁	422
棻	545	榧	188	械	547	橙	80	(櫧)	945	犷	249	徐	874
九画		(槓)	215	樗	90	橘	367	(櫥)	91	犸	457	猃	771
楔	784	榼	384	(橷)	901	橼	884	(櫞)	884	四画		猖	853
椿	98	(樺)	288	楻	686	(機)	305	(櫫)	945	狂	397	狼	407
(楳)	466	模	483	(樓)	443	橐	721	十六画		犹	867	狎	259
椹	624		487	(樠)	462	(檗)	374	(檁)	721	狈	26	狨	672
楠	494	(槤)	424	樱	858	十三画		(櫪)	421	狄	131	八画	
楂	64	槫	202	(樅)	103	(檉)	76	(櫨)	445	狃	504	猜	54
	901	榤	325		967	檬	470	(櫸)	368	狁	889	猪	945
楝	426	(槕)	958	橡	779	(橳)	555	(櫬)	76	五画		猎	432
(械)	329	槛	335	槲	282	(檔)	124	(櫂)	442	狉	522	猫	463
楷	345		381	(槐)	151	(檞)	934	十七画		狙	366		464
	380	楊	679	樟	908	橄	760	(櫂)	575	狎	764	猗	840
(楨)	917	(榿)	538	(樣)	828	(檢)	329	(櫧)	436	狐	281	猖	68
榄	406	榫	675	(樑)	427	(檜)	253	(櫻)	858	狝	770	猡	453
(楊)	827	横	973	(樺)	579		299	(櫺)	405	狗	235	猊	498
楫	314	树	787	橄	213	檐	822	(櫨)	658	狍	516	猞	616
榀	530	榑	218	(橢)	721	檞	348	十九画		狞	503	猭	280
楞	414	(槍)	554	(槼)	553	檩	434	櫳	423	狖	872	猓	357
楸	570	榴	440	(樂)	412	檀	683	(欋)	453	狒	188	猝	104
椵	158	槁	219		886	(檁)	434	(欑)	105	六画		猕	472
槐	289	(槨)	255	橐	945	(檥)	845	(欒)	450	狭	590	猛	470
槌	97	榜	19	(槳)	337	檗	47	二十一画以上		狹	764	九画	
楯	161		520	十二画		十四画		(欖)	406	狮	633	猢	282
	661	(榜)	19	蘖	568	(檀)	679	(欏)	11	独	153	猹	64
榆	875	槟	41	(橈)	582	(檮)	688	(欝)	878	狯	395	猩	794
(楥)	808		42	樾	887	(檟)	252	(鬱)	878	(狗)	814	猥	738
(楼)	967	榨	902	(樹)	655	(檻)	335	(欏)	436	狰	920	猾	740
(楓)	195	榕	590	(橄)	568		381	(鬱)	878	狡	340	猸	286
榇	76	楮	945	(轂)	103	(檷)	448	**65** 支部		狩	650	猴	277
楣	448	榷	579	橱	91	(檳)	41			狱	878	(猨)	883
槎	64	榍	787	橛	374		42	支	924	狴	449	(猶)	867
楼	443	槃	514	(樸)	536			翅	84	狼	272	猖	467
(榈)	328	槊	663	(槭)	314							猻	495
榉	368	槀	590	蓋	156							献	773

五至八画	(歸) 249	十至十一画	(昏) 97	(晉) 354	智 935	(曠) 397
皆 344	**74**	氂 417	旺 731	時 635	普 537	曜 832
毖 33	支部	(犛) 464	昊 266	晒 607	曾 62	十五画
毙 33	[74]	(氄) 464	县 682	晟 79	900	曝 24
琵 523	攵部	敷 198	杲 219	630	九画	537
72	二画	(敺) 572	昃 899	晓 783	(尟) 771	(疊) 144
瓦部	(攷) 382	(數) 654	昆 399	晃 294	(暘) 827	十六画以上
瓦 722	收 647	656	昌 68	晔 834	暖 506	(曨) 442
723	五画	663	(冒) 465	晌 612	㬣 291	曦 760
四画	政 923	(敵) 132	(昇) 624	晁 72	暗 7	曩 495
瓯 508	故 241	十二至十三画	昕 790	晏 825	暅 226	**76**
五至六画	(战) 137	整 921	明 480	晖 295	(暄) 226	贝部
瓴 435	敏 392	斁 156	易 848	晕 887	暄 806	[76]
(甆) 727	(毁) 479	850	昀 888	889	(暉) 295	貝部
瓷 100	六画	(斂) 425	昂 7	七画	(量) 887	贝 26
瓶 533	敖 7	(斃) 33	旻 478	晢 914	889	(貝) 26
七至八画	七画	十四画以上	昉 184	曹 60	暇 764	二画
瓶 81	教 339	釐 762	昃 252	(晰) 914	暌 399	则 898
(瓲) 215	342	(斄) 415	363	晡 47	督 479	(則) 898
甀 62	救 365	(斀) 809	(旹) 635	晤 755	十画	三画
甋 53	(敕) 45	(敹) 874	五画	晨 75	(嘗) 69	财 55
九画	敕 84	(變) 36	春 97	(晜) 805	(暱) 499	(財) 55
甄 917	敏 479	**75**	(旾) 624	曼 461	(曄) 834	四画
(甕) 100	(敍) 804	日(曰)部	昧 468	晦 299	十一画	责 898
十一画以上	(敘) 804	[75]	(昰) 645	晞 757	(暫) 894	贤 769
(甎) 951	敛 425	曰部	是 645	晗 260	暴 24	败 15
(甌) 508	敝 33	日 885	昡 442	冕 475	537	账 909
甏 29	(敐) 543	日 588	显 770	晚 727	(曑) 777	贩 181
甒 900	敢 212	一画	冒 465	八画	十二画	贬 35
甓 525	八画	旦 121	486	替 695	(曉) 783	购 235
(甖) 857	(散) 601	二画	映 861	(晳) 758	(曇) 682	贮 948
73	散 601	早 896	昪 794	暂 894	曒 718	货 303
止部	敬 362	旯 403	昳 144	晴 568	曈 708	贯 247
止 930	敞 70	旮 209	848	暑 653	十三画	(責) 898
二至四画	敦 160	旭 804	昨 974	(暎) 861	曚 470	(敗) 15
此 101	(斀) 163	三画	曷 269	晰 758	曙 654	(販) 181
步 53	九画	旰 214	昴 465	晶 358	(暧) 506	(貶) 35
武 752	(敭) 826	旱 261	昱 878	晷 252	(曖) 4	(貨) 303
歧 541	敫 341	时 635	昵 499	十四画	晶 358	(貫) 247
肯 388	(敳) 155	旷 397	昭 910	(曡) 72	十四画	五画
些 784	(敵) 160	旸 827	昝 894	曛 812	晾 429	贲 645
九画以上	数 654	四画	昶 70	景 360	景 360	贵 252
(歲) 674	656	昔 757	(昬) 299			贱 333
雌 101	663		六画			

浆	336	涕	694	淮	289	(减)	330	隐	314	潋	853	(漱)	656
	337	浣	291	淦	214	涵	475	渲	808	滢	203	漱	656
七画		浪	408	(渝)	451	湝	345	(浑)	300	滔	687	(温)	508
涛	686	浸	355	渍	781	滇	916	溉	211	溪	759		509
浙	915	涨	908	渊	881	溟	367	渥	746	(沧)	59	漂	526
涝	412		909	淫	854	湜	638	潘	479	瀚	745		527
浡	46	涩	603	淝	188	渺	476	(漳)	735	(滥)	854		528
浦	537	涌	85	渔	874	(测)	61	湄	467	溜	438		
涑	672		864	淘	688	(汤)	611	滑	803		441	滫	98
浯	751	涘	667	(凉)	427		684		804	溧	450	(滞)	936
酒	364	浚	376		429		686	滁	91	潲	303	(滴)	445
(浃)	322		814	淳	98	湿	633	湧	864	漓	416	漙	281
涞	404	八画		液	835	温	740	十画		滚	253	(溇)	443
涟	424	清	565	淬	106	渴	270	滟	825	溏	686	漫	461
(泾)	355	渍	966	涪	201		386	溱	562	滂	514	潔	455
涉	618	添	698	淤	873	渭	740		917	溢	850		679
消	779	渚	947	渚	879	溃	299	(沟)	234	溯	672	(涧)	255
涅	502	(凌)	435	淡	121		399	溢	388	滨	41	潷	292
浿	519	鸿	276	淙	104	湍	715	(渺)	476	(滨)	621	潋	426
浬	418	淇	542	淀	141	溅	329	溇	619	溶	590	(渔)	874
涠	255	淋	433	渖	624		334	满	460	漳	962	潴	945
涧	735		434	涫	247	滑	240	溿	463	溟	482	漪	840
泿	958	渐	758	涴	746		286	漠	486	滘	343	潃	320
涓	370	(涞)	404		881	湃	512	滢	859	溺	499	(浒)	282
涢	888	淞	668	(涙)	414	湫	341	滇	137		502		804
涡	253	渎	154	深	621		570	(涟)	424	溢	937	(滚)	253
	745	淮	817	渌	446	(涅)	502	溥	537	滩	682	漉	447
浥	849	淹	819	涮	658	溲	669	漏	223	溆	880	漳	908
涔	62	涿	958	涵	260	(渊)	881	溧	422	滬	863	(达)	67
浩	266	(凄)	539	渗	624	湟	293	潃	594	(荥)	797	滴	131
洩	165	渐	329	淄	961	淑	805	(减)	477		858	漩	807
海	258		334	森	476	渝	875	(滩)	297	黎	417	漾	828
浜	19	(浅)	327	九画		溲	883	源	884	十一画		演	824
(泹)	422		553	(凑)	104	(沧)	57	(泾)	633	(渍)	966	(沪)	283
涂	714	淑	652	湛	907	溢	519	滤	450	潵	343	潵	213
浠	757	淖	495	港	215	(沤)	195	滥	406	(汉)	261	漏	444
浴	878	淌	686	湅	787	湾	725	溻	678	潢	293	(涨)	908
浮	200	混	300	滞	936	(渲)	98	(涓)	888	(满)	460		909
洽	260	渑	524	湖	282	渡	156	涠	301	漖	859	(渗)	624
涣	291	涠	270	漆	493	游	868	潋	734	潇	780	滩	736
浼	468	淈	475	湘	776	溇	902	滗	33	潖	406	(浆)	336
涤	132		629	渣	901	溇	443	(滁)	132	漆	540		337
流	438	(涡)	253	渤	46	湎	329	瀚	801	(渐)	329	十二画	
润	596		745	湮	819	滋	961	溴	802		334	(洁)	346
涧	334	(渑)	915		853	湉	699	(溮)	633	漕	60	湛	510

扞	36	拘	366	挡	123	捍	262	（捫）	469	弄	510	（揮）	295
拉	743	抱	23		124	捏	502	（抪）	73	掔	73	握	746
抗	382	拄	947	挲	834	捉	957	捶	96	掰	12	摒	44
抖	151	拉	402		950	捆	400	（搂）	507	九画		揆	398
护	283		403	挺	704	捐	370	推	716	搜	784	搔	602
抈	295	拦	405	括	242	损	675	捽	15	揍	970	揉	591
抉	372	拌	18		400	捰	848	掀	768	揕	918	掾	885
扭	504	扛	394	拆	340	捌	10	（捨）	617	揲	144	（掔）	363
把	10	拧	503	拴	658	捡	329	（抡）	451	搭	64	十画	
	11		504	拾	618	挫	108	（采）	55	搭	109	（搆）	235
报	23	（扥）	719		637	捋	448	授	650	揸	901	（搚）	214
拟	498	抿	479	（舒）	491		452	捻	500	握	818		381
抒	651	拂	199	挑	699	授	596	掏	687	（揀）	329	搕	384
㧖	668	抽	957		701	（授）	507	掐	547	搣	733	（搢）	384
（扚）	8	招	910	指	931	换	291	掬	367	揩	379	摄	619
	504	披	522	挣	920	挽	726	掠	451	（揹）	25	摸	483
五画		拨	44		924	捣	125	掂	137	（揲）	347	搢	355
抹	456	择	899	挤	315	（抄）	598	掖	832	揽	406	搏	46
	485		903	拼	528		606		835	（揞）	797	摅	652
（拑）	552	（拟）	506	挓	901		676	掭	974	提	131	（搅）	294
（抴）	834	拚	514	挖	722	捃	375	掊	535		691	（搨）	679
拓	679		528	按	6	捅	709	接	344	（扬）	826	损	675
	721	抬	680	挥	295	挨	2		935	揖	840	搵	168
拢	442	拇	488	持	770		3	（捲）	371	揾	744	摆	15
拔	10	拗	8	挪	507	掌	598	（挱）	521	揭	344	携	786
（抛）	515		504	拯	921		606	掸	121	揣	93	（搗）	125
抨	520	拜	15	挼	891		676		610	揪	562	（搨）	753
拣	329	看	380		894	八画		控	391	插	63	搋	93
拤	547		381	挈	560	捧	520	掩	432	（挿）	63	撅	93
拈	500	（挐）	491	挚	935	掭	699	捐	552	揪	363	搬	16
担	119	六画		拿	450	（掛）	243	探	684	（捏）	502	摇	830
	121	拭	645	鋬	577	捭	832	（扫）	602	搜	669	（摇）	687
押	815	挂	243	（挐）	491	措	108		603	（搥）	96	（搶）	554
抻	73	持	82	七画		描	476	据	367	揄	874		555
抽	87	拮	346	（挵）	505	（捱）	3		369	（揔）	823	（捻）	562
拐	243	拷	383	捞	408	捹	492	掘	373	援	883	（樸）	901
抶	84	栳	411	（捄）	365	掎	315	（掺）	60	换	66	摞	87
怍	901	拱	232	捕	48	掩	823	掺	58	（掏）	273	搞	219
拖	719	挝	745	捂	751	捷	347		66	揞	5	搪	686
拊	202		950		753	捯	125		609	搁	220	搒	19
拍	510	挎	394	振	918	排	511	掇	163		222		520
拆	65	挞	679	（挾）	322		512	掼	247	搓	107	搐	92
拎	432	挟	322		785	掉	143	（掔）	406	搂	443	（搤）	166
拥	862		785	捎	614	掳	445	（掔）	406	搅	341	搛	329
抵	132	挠	495		616	掍	243	掌	908	揎	806	搠	663
							255					搭	286

第一列

燊 622
(燈) 129
燏 880
(燙) 686

十三画

(燦) 58
燥 898
(燭) 946
(燬) 297
(燴) 299

十四画

燹 771
(爆) 834
(燻) 812
(爧) 568
(爐) 355
(燿) 832

十五画

(樊) 787
爆 24
爌 383
(爍) 662

十六画以上

(爐) 445
(爛) 406
爔 887
爥 374
爨 105

96
斗部

斗 151
　 152
(斝) 325
斜 785
斝 325
斟 917

97
户部

户 283

一画

(戹) 166

三画

启 543

第二列

四画

戾 422
肩 327
房 183
　 515
戽 284

五画

扁 36
　 525
扃 363

六画

扅 841
扆 845
扇 609

七画以上

扈 284
扉 187
雇 242
戻 824

98
心部

[98]
忄小部

心 787

一画

忆 846

二画

切 125

三画

忖 107
忏 68
忙 462
忑 689
志 683
忘 731
(㤅) 562
忍 587

四画

忧 752
忮 933
怀 288
忡 509
忧 865
忡 85

第三列

忤 752
忾 380
怅 70
忻 790
忪 668
　 939
怆 96
怍 36
忼 381
忧 75
快 395
忸 504
忝 699
态 681
忠 939
怂 668
忽 280

五画

征 920
　 923
怯 560
怙 283
怵 92
怖 53
怦 520
怛 110
怏 828
性 798
怍 977
怕 510
怜 424
怩 498
佛 200
怊 71
怿 848
怪 244
怡 841
(恩) 168
怎 899
怹 682
(怱) 102
怨 884
急 312
总 968

第四列

怒 506
怼 160

六画

恸 709
恃 645
恒 272
(恆) 272
恢 818
(恠) 244
恢 295
恍 294
恫 150
　 704
恺 379
恻 61
恬 698
恤 805
恰 547
(恷) 434
恂 813
(悁) 930
恪 387
恼 495
恽 889
悖 798
惜 758
(惏) 405
(㛮) 539
惭 58
恐 390
恭 232
恶 166
　 747
　 755
恩 168
恁 497
　 502
恋 426
恣 966
恕 656

七画

悖 26
悚 668
悟 755
悭 550
悄 556
悴 106
卷 577

第五列

悍 262
(悮) 755
悝 398
　 418
悃 400
悒 849
悔 297
悯 479
悦 886
悌 694
恨 429
悛 575
悬 806
患 291
悠 866
您 503
(恩) 102
惠 864

八画

情 567
惬 560
(帳) 70
悻 798
惜 758
(惏) 405
(慺) 539
惭 58
悱 188
悼 127
惝 70
　 686
惧 360
惕 695
惆 699
惘 731
悸 319
惟 736
惆 87
惛 300
惚 281
惊 357
惇 160
惦 141
悴 106
惓 577

第六列

悍 262
(悮) 755
悝 398
　 418
悃 400
悒 849
悔 297
悯 479
悦 886
惠 299
惑 304
惩 80

九画

(惬) 560
愤 192
慌 292
惰 164
(恻) 61
愠 889
惺 794
愦 399
愕 167
喘 957
愣 415
愀 558
愎 33
惶 293
愧 399
愉 875
(惇) 569
愔 160
愦 479
(恼) 495
(泰) 99
想 777
感 213
(愍) 560
愚 875
愁 87
愍 550
慈 100

十二画

第七列

十画

愫 672
慑 619
慎 624
(博) 46
(慄) 422
(愷) 379
慝 380
慆 898
慊 96
　 554
　 560
慝 500
(愨) 579
(慇) 853
(澲) 864
(態) 681

十一画

(慚) 58
(愠) 509
(慳) 550
慓 527
(憾) 539
慢 462
(懀) 709
慷 381
慵 863
懒 39
(惯) 619
(慘) 58
(懎) 247
慧 200
(愨) 579
(慚) 58
(感) 539
懋 857
(憇) 547
懃 479
(慫) 668
(慾) 879
憋 40
憨 259
慰 740

十二画

(憤) 192

（磧）546
礴 381
磺 294
（磚）951
磽 60
礫 547
（磽）253
（碽）808
碡 574
（磳）403
（磣）441
十二画
（磽）556
磾 683
（磾）131
（礄）557
礁 340
磻 514
磴 160
磷 433
磴 130
（磯）306
十三画
礤 470
（礎）91
礓 336
礑 413
十四画
礴 54
（礪）422
（礙）3
（礦）397
礤 54
十五画
（礬）178
（礵）413
（礫）422
十六画
（礮）517
礴 47
礴 487
十七画
礹 659

103 龙部
[103] 龍部
龙 441
（龍）441
三画
垄 442
（壠）442
五画
砻 442
（礱）442
六画
聋 442
龚 232
袭 760
（龔）442
（龑）232
（襲）760

104 业部
业 833
二至七画
邺 834
凿 896
黹 932
八画以上
（業）833
黻 202
（叢）103
黼 204

105 目部
目 488
二画
盯 145
三画
盱 802
盲 462
四画
省 629
　　797
眄 476

眍 391
盹 160
眇 476
眊 465
盼 514
眨 901
眈 120
眉 466
（盰）88
五画
（眜）644
眕 240
眈 442
眹 662
（眠）644
眩 808
眠 474
眙 841
智 880
六画
（眥）966
睅 398
眭 673
眦 966
眽 486
眺 701
眵 81
眸 920
眍 86
眯 471
　　472
眼 823
眸 487
眷 371
七画
睐 404
睒 609
（睏）400
睑 330
睇 136
睃 676
八画
督 153
睛 358
睹 155

睦 490
睖 415
瞄 476
（睐）404
睚 817
睫 347
睡 661
睨 499
睢 673
睥 524
睬 56
睖 371
（睒）609
九画
睿 596
睐 88
瞍 670
瞑 277
（睽）471
　　472
暖 443
瞑 399
督 466
十画
瞌 384
瞒 460
瞋 74
瞎 764
瞑 482
十一画
（瞖）850
（瞒）460
（瞘）391
瞟 528
瞠 77
（瞜）443
瞰 381
瞥 528
十二画
瞭 431
（瞭）430
瞧 557
瞬 662
瞳 708

瞵 434
瞩 948
瞄 476
瞪 130
十三画以上
矇 470
（矇）469
（矁）88
（瞼）330
瞻 904
（矓）442
（矙）381
（矚）948

106 田部
田 698
二画
町 145
　　704
男 493
（甿）488
三画
畀 33
（畎）917
（畂）488
四画
（畊）225
畎 578
畏 739
毗 523
（畐）523
胃 739
畋 698
畈 181
界 349
思 598
　　664
畎 215
（甾）438
五画
畖 722
（畩）716
畛 917
畔 514

留 438
畜 92
　　805
六画
畦 542
畤 935
（畢）847
（畱）438
略 451
（畧）451
累 413
　　414
七画
（畱）438
畴 87
（畮）488
畯 376
八画
畲 683
（當）122
　　124
畸 309
畹 727
十一画以上
（疄）612
疃 716
（疊）413
畴 87
（纍）413
（疊）144

107 罒部
三画
罗 453
四画
罘 200
罚 175
五画
罡 215
罢 11
　　12
　　523
罟 240

六画
（罣）243
七画
（買）458
胃 371
罨 201
詈 422
八画
署 653
置 936
罱 824
罪 973
罩 913
蜀 653
九画
罴 524
罱 406
罳 665
（罰）175
十画
（罵）458
（罸）175
（罷）11
　　12
　　523
十一画
罹 417
十二画
羁 310
羂 320
罾 900
十四画以上
（羆）524
羅 453
（羈）310

108 皿部
皿 479
三画
盂 874
四画
（盃）25
（盇）269
盅 940

132 肉部

肉 591
胬 506
脔 450
(臠) 719
(臢) 450

133 缶部

缶 198

二至四画
缸 215
瓴 198
缺 578

五至八画
(缽) 44
罅 779
(餅) 533
罂 857

九至十二画
(罅) 64
罄 569
罇 767
(罈) 247
(罈) 682
(罈) 974

十四画以上
(罍) 857
(罏) 445
(罎) 682
罐 247

134 舌部

舌 616

一至四画
乱 450
刮 242
敌 132
舐 646

五至七画
甜 698
鸹 242
辞 100

八画以上
舔 699
(鸹) 242

135 竹(⺮)部

竹 945

二画
竺 945

三画
竿 212
竽 874
笈 312
(笆) 83
笃 155

四画
笄 308
(笓) 34
笕 329
笔 31
笑 783
笊 912
第 962
笏 284
笋 675
竾 10

五画
笺 328
笤 570
笨 28
笸 534
笼 442
笪 110
笛 132
笙 628
笮 899
　 974
符 201
笱 235
笠 422
筒 667
筅 479
第 135
笞 700
笳 323
笾 35
答 81

六画
筐 397
筀 253
等 130
筘 392
筑 950
策 61
筚 33
筛 607
筜 123
筒 709
筅 771
筶 401
筏 175
筵 822
筌 577
答 109
　 110
筋 352
(筍) 675
筝 920
(筆) 31

七画
筹 87
筭 443
筠 375
　 888
筢 510
筮 646
筲 215
筷 323
筻 61
筥 615
(筧) 329
(筯) 950
筝 888
筱 783
(筰) 974
签 550
简 330
筷 395
(筶) 246
筘 323

(節) 343
　 345
(箄) 709

八画
箐 569
箦 899
箧 560
(箱) 552
箍 237
箸 950
箨 721
箕 309
箬 597
(箋) 328
(箑) 83
算 673
箅 34
(箇) 224
箜 453
箅 97
箔 120
箔 46
管 246
箜 390
箢 881
箫 780
箓 447
(箒) 944

九画
(箧) 560
(箫) 834
箱 776
(範) 181
箴 917
箦 399
箐 94
篁 294
篌 277
婆 443
箭 335
(箷) 771
篇 525
篆 953

十画
篝 234
筐 188
(篤) 155
簀 443
(築) 950
篥 423
(箱) 615
篮 405
篡 105
(篳) 33
(簀) 888
篷 898
(篠) 783
(篩) 607
篕 34
篰 83
篷 520
(簑) 676
蒿 219
篱 417
(篛) 597

十一画
(篲) 299
(簀) 899
篯 412
簌 294
歠 672
(簉) 105
(簍) 443
簏 477
簇 844
篼 151
簏 447
簇 105
簕 158
(簜) 392
篓 252

十二画
(簪) 894
(簿) 46
簠 204
簟 141
簝 430
簪 894
(簦) 972
(簡) 330
(簣) 399
(簞) 120
簦 130

十三画
籀 944
簸 47
籁 404
(簹) 123
(簽) 550
(簷) 822
(簾) 424
簿 53
(籀) 780

十四画
籍 314
(籌) 87
(籃) 405
纂 972

十五画
(籑) 954
(籐) 691

十六画以上
(籜) 721
(籟) 404
(籙) 447
(籠) 442
籣 406
籥 887
(籥) 887
(籔) 423
(籤) 550
(籩) 35
(籬) 417
(籪) 158
(籮) 453
(籲) 878

136 白部

白 365
皃 498
(皃) 168
皈 63
舁 874

春 85
舄 763
舅 366

137 自部

自 962

四画
臬 502
臭 88
　 801
息 757

六画以上
(臯) 216
(皋) 973

138 血部

血 786
　 811

四画
(衄) 805
衄 506

五画以上
衃 793
(衃) 460
(衆) 941
(衇) 460
(衊) 477

139 舟部

舟 942

三画
舡 94
舢 608
舣 845

四画
舰 334
舨 17
(舩) 94
舱 59
般 16
　 45
　 513

航	263
舫	184
五画	
舸	224
舻	445
舳	946
盘	513
舴	899
舶	46
舲	436
船	94
鸼	943
舷	770
舵	164
六画	
舾	758
艇	704
七画	
艄	615
八画	
(艀)	912
艋	471
九画	
艘	670
十画	
(艙)	59
十一画	
艚	60
(鹐)	943
十二画	
艟	85
十三画	
艨	470
(艛)	555
(艝)	445
(艩)	845
十四画以上	
(艦)	334
(艧)	445
(艫)	445
140 色部	
色	603
	607

艳	825
艴	201
(艳)	825
(艷)	825
141 齐部	
[141] 齊部	
齐	317
	540
(齊)	317
	540
剂	318
(劑)	318
(齋)	902
(齎)	309
齑	309
(齏)	309
142 衣部	
[142] 衤部	
衣	839
	847
二画	
补	48
初	90
三画	
衬	76
衫	608
衩	64
	65
四画	
袆	295
衲	492
衽	588
袄	8
衿	351
(衹)	930
袂	468
衾	502
五画	
袜	723

祛	573
祖	684
袖	801
(袯)	933
衫	917
袍	516
祥	514
被	26
	522
袯	46
袋	118
袈	323
六画	
(袴)	394
裆	123
(裀)	852
袱	201
(袥)	588
袷	547
(袷)	323
袼	220
裈	400
裉	389
裁	55
裂	431
	432
装	954
七画	
(補)	48
(袷)	323
裉	425
裎	80
	81
(裡)	417
裣	426
裕	880
裤	394
裥	330
裙	580
袤	571
(裛)	502
裔	849
裟	606
(裛)	580

(裝)	954
八画	
裱	39
褂	243
褚	92
	948
裥	428
(裥)	389
裸	453
(裈)	400
裼	695
	759
裨	33
	524
裾	367
裰	163
裳	70
	614
(製)	933
九画	
褡	110
裰	27
褐	270
(複)	205
褓	23
楼	449
(裈)	400
褊	36
裉	718
	719
(裈)	295
十画	
(褃)	425
褥	594
褴	405
褟	678
襦	83
褙	350
(褲)	394
(襁)	416
褵	493
十一画	
(褛)	449
褶	915

十二画	
襀	786
(横)	201
(褵)	330
(褳)	891
(襖)	8
襕	406
襁	556
(襏)	46
十三画	
襟	352
(褶)	123
(襊)	426
(禮)	684
襞	34
十四画	
(襪)	723
(襤)	405
襦	593
十五画	
襫	646
(襬)	786
(襱)	15
十六画以上	
(襯)	76
(襴)	406
襫	119
(襅)	915
襻	514
143 羊部	
[143] 芉羊部	
羊	826
一画	
羌	554
二画	
(羌)	554
三画	
差	63
	65
	99
美	467
羑	871

十二画	
姜	336
四画	
殺	240
羞	801
羔	218
恙	828
五画	
(粘)	240
着	911
	915
	959
羚	436
瓶	131
羟	556
盖	210
	224
	270
六画	
(羢)	590
翔	776
羡	773
七画	
(羥)	556
羧	676
(義)	845
(羨)	773
群	580
羣	580
九画	
羯	348
羰	685
一画以上	
羲	759
(羴)	609
(羶)	609
羹	226
144 米部	
米	472
三画	
类	414
籼	768
(籵)	622
籽	962

娄	443
四画	
(粃)	31
籹	473
粉	191
(粇)	381
料	431
粑	10
五画	
(粘)	282
粝	422
粘	500
	904
粗	104
粕	535
粒	422
粜	701
六画	
粪	192
粞	758
(粦)	433
(粧)	954
七画	
粲	58
粳	358
粞	774
(籽)	198
粮	427
粱	427
八画	
精	358
(粺)	15
粼	433
粹	106
粽	969
糁	601
	622
九画	
糊	281
	282
	284
粳	64
糇	277
(糉)	969
糌	894

糙 101	十一画	(翱) 8	(纫) 588	组 972	绛 337	(绡) 780
糈 804	(賣) 354	翻 177	**四画**	绅 621	络 412	(綑) 400
糅 591	**146**	**十三画**	纬 737	细 763	454	(绢) 371
十画	艮部	(翻) 299	纭 888	织 927	绝 372	(绣) 802
糒 27	艮 225	**148**	纯 98	终 940	绞 341	(綈) 81
糙 60	垦 388	糸部	纰 521	绉 944	统 708	(綌) 763
糢 571	恳 388	[148]	纱 605	绊 18	絜 786	(綏) 673
糖 686	(艱) 327	纟丝部	纲 214	绋 200	(絜) 346	(綈) 691
糕 219	**147**	**一画**	纳 491	绌 92	絷 929	694
十一画	羽部	(糺) 363	纴 588	绍 616	紫 962	**八画**
糟 896	羽 876	**二画**	纵 968	绎 848	絮 805	绩 320
(粪) 192	**三画**	纠 363	纶 245	经 355	(绑) 19	绪 805
糠 381	羿 848	(糾) 363	451	361	(絨) 590	绫 436
(糩) 337	**四画**	**三画**	纷 190	绐 118	(結) 344	续 805
(糁) 601	(翵) 84	纤 873	纸 930	(紮) 891	346	绮 545
622	**五画**	红 231	纹 743	901	(綺) 394	绯 187
十二画	翎 436	274	744	(绀) 214	(經) 144	绰 71
(糲) 422	(習) 760	纡 944	纺 184	(緷) 786	(線) 786	99
(糧) 427	翌 849	纤 553	纼 948	(組) 972	(綢) 853	绱 614
糯 336	**六画**	768	纽 504	(紳) 621	(紙) 588	绳 253
337	翘 557	纥 220	纾 651	(細) 763	(绗) 263	绳 629
十四画	558	267	素 671	绖 935	(給) 224	维 736
(糲) 422	翙 299	纨 812	(紮) 891	(終) 940	315	绵 474
糯 507	翚 295	约 829	901	(絃) 770	(絢) 808	绶 650
(糊) 715	**八画**	885	索 676	(絆) 18	(絳) 337	绷 29
十六画以上	翯 950	纮 725	紧 352	(絎) 948	(絡) 412	绸 87
(糵) 502	翟 132	级 311	(紜) 888	(緋) 200	454	绹 688
(耀) 701	903	纩 397	(純) 98	(絀) 92	(絕) 372	绺 441
145	翠 106	纪 315	(紕) 521	(紹) 616	(絞) 341	绻 578
聿部	**九画**	317	(紗) 605	(紿) 118	(統) 708	综 900
[145]	翦 331	纫 588	(納) 491	**六画**	(絲) 663	967
聿肀書部	翩 525	(紆) 873	(紝) 588	绑 19	**七画**	绽 907
聿 878	(翫) 726	(紅) 231	(紛) 190	绒 590	绠 226	绾 727
四至六画	(翬) 295	274	(紙) 930	结 344	绡 780	绿 446
肃 671	**十画**	(紂) 944	(紋) 743	346	绢 371	449
(書) 651	翱 8	(紇) 220	744	绔 394	绣 802	缀 957
(畫) 944	翯 271	267	(紡) 184	绕 583	绨 81	缁 961
(畫) 287	**十一画**	(紈) 812	(紐) 504	经 144	绤 763	綦 542
七至九画	翳 850	(約) 829	(紓) 651	绗 853	绥 673	(緊) 352
肄 849	翼 850	885	**五画**	绗 263	绦 686	綮 545
(肇) 913	**十二画**	(納) 725	线 773	绘 299	继 319	568
肇 913	(翹) 557	(級) 311	绀 214	给 224	绝 691	(緒) 805
(蕭) 671	558	(紀) 315	绁 786	315	694	(綾) 436
(盡) 353		317	绂 200	绚 808	(綆) 226	緉 428
			练 426		(經) 355	(綺) 545
					361	

（綫）773	缓 290	缢 850	（縮）672	（縮）41	赵 912	**152**
（緋）187	缔 136	缣 329	676	（繼）319	赳 363	豆部
（綽）71	缕 448	缤 41	（繆）477	十五画	三画	豆 152
99	编 35	（縈）859	483	纊 487	赶 212	二至四画
（綯）614	缙 479	（緙）355	487	（纊）786	赸 609	剅 443
（緄）253	缘 883	（縝）917	490	（續）805	起 544	豇 336
（綱）214	（緊）352	（縛）207	（繅）602	（纇）487	五画	豉 83
（網）729	（緤）786	（縟）594	十二画	（纇）66	越 887	八至九画
（維）736	（緗）776	（緻）935	缬 786	十六画	趄 367	踏 66
（綿）474	（練）426	（縧）686	缭 430	缵 972	560	（竖）655
（綸）245	（緘）329	（縚）686	缮 610	十七画	趁 76	豌 725
451	（緬）475	（縫）197	缯 900	（纓）857	（趄）76	（頭）710
（綵）55	（緹）693	（縵）944	（繞）583	（纖）768	趋 573	十一画以上
（綬）650	（緲）476	（縭）106	缝 117	（纕）54	超 71	（豐）192
（綳）29	（緝）309	（縞）219	（繳）601	（纕）582	六画	（豔）825
（綢）87	539	（縑）416	（總）675	十九画以上	趔 432	（豓）825
（緒）479	（緼）887	（縊）850	（繚）430	（纘）972	趑 961	**153**
（絢）688	889	（縑）329	（繙）177	（纜）406	七画	西部
（絡）441	（緫）665	十一画	（織）927	**149**	（趙）912	西 871
（綣）578	（緞）158	缥 527	（繕）610	麦部	（趕）212	二画
（綜）900	缠 37	528	（繒）900	［149］	八画	酉 146
967	526	缦 462	（繘）556	麥部	趣 575	三画
（綻）907	（緥）23	缧 413	十三画	麦 459	趟 685	酐 212
（綰）727	（線）773	缨 857	缰 336	（麥）459	686	酎 944
（绿）446	（緱）234	缩 672	缱 553	四画	九画以上	酌 958
449	（緰）957	676	缲 557	麸 198	（趨）961	配 518
（綴）957	（緩）290	缪 477	602	（麩）198	（趲）573	酝 845
（緇）961	（締）136	483	缳 290	（麸）475	（趲）894	四画
九画	（総）968	487	缴 341	六画	（趲）894	酞 889
绰 388	缊 226	490	959	（麯）572	**151**	酚 681
缃 776	（緼）35	缫 602	（繫）318	七画	赤部	酕 464
缄 329	（緝）479	（繁）929	762	（麰）198	赤 83	酗 805
缅 475	（緯）737	繁 840	（繮）336	八画	二至六画	酚 191
缆 406	（緣）883	繁 178	（繩）629	麴 573	郝 265	（酖）918
缇 693	十画	534	（繢）553	（麹）573	赦 619	五画
缈 476	缙 355	（績）320	（繰）557	572	赧 494	酣 259
缉 309	缜 917	（縹）527	602	九画	（赫）494	酤 237
539	缚 207	528	（繹）848	（麵）475	赪 77	酢 105
缊 887	缛 594	（繹）848	（繯）290	**150**	七至十画	978
889	缝 197	（縷）448	（繳）341	走部	赫 270	酥 670
缌 665	缞 106	（縵）462	959	走 969	赭 915	酡 721
缎 158	缟 219	（縲）413	（繪）299	二画	（赬）77	酸 174
线 773	缢 416	（繃）29	（繡）802	赴 205	糖 686	糖 534
缑 234	缣 66	（縱）968	十四画			
缒 957	缡 416	（縭）553	（纃）397			

第一列

五画
邝　43
邡　521
邶　26
邮　867
邺　90
邱　570
邻　432
邸　132
邹　969
邲　33
邵　616
邰　680

六画
邦　251
郁　878
郲　78
郏　323
郅　944
郐　279
郐　395
郄　268
郪　560
郇　290
　　813
郊　338
郑　923
郎　407
　　408
郓　889

七画
郴　751
郦　422
(郏)　323
郫　859
郧　888
部　220
都　757
郭　200
郡　375

八画
都　151
　　152
郯　538
(邮)　867

第二列

(郿)　498
郫　523
郭　253
部　53
郸　120
郑　682

九画
郾　823
鄄　371
鄂　167
(鄆)　889
鄋　466
(乡)　774

十画
鄚　465
(郿)　888
(鄔)　747
(邹)　969
鄌　685

十一画
鄢　819
鄞　854
鄠　284
鄙　31
廓　863
鄣　908

十二画
(帮)　18
(郓)　120
鄱　534
鄩　466
鄫　610
(邻)　432
(郑)　923
(邓)　130

十三画
(鄩)　834
(郐)　395

十四画
鄹　969
(廓)　397

十五画
(酃)　777

第三列

十六画
酂　108
　　895

十七画
鄘　436

十八画
酃　196
酆　575

十九画
(酈)　422
(酇)　108
　　895

160 身部

身　620
三至四画
射　618
躬　232
躯　573
(躭)　120
五至六画
(躰)　693
(躯)　618
(躶)　232
躲　164
(躱)　164
七画以上
躺　686
(躴)　453
(躯)　573
(躣)　164
(躥)　257

161 采部

悉　758
釉　873
番　176
　　512
释　646
(釋)　646

162 谷部

谷　238
　　878
二至四画
(郤)　579
郤　763
欲　879
五至十画
鹆　880
豁　760
谿　760
(谿)　759
豁　286
　　301
　　304
十一画
(鹆)　880

163 豸部

豸　933
三画
豺　66
豹　24
五画
貂　141
六画
貊　290
貉　486
猢　801
貉　264
　　270
　　486
七画
(狸)　416
貌　465
八画
(猫)　463
　　464
十画
貘　487
貔　524
十七画
(貛)　289

164 龟部

[164] 龜部
龟　250
　　375
　　570
(龜)　250
　　375
　　570

165 角部

角　340
　　372
二画
(觓)　350
四画
斛　281
触　373
五画
觞　612
觚　237
(觝)　132
六画
觜　961
　　973
觥　232
触　92
(解)　348
　　350
　　787
解　348
　　350
　　787
七画
觫　672
八至九画
觭　309
　　543
觯　937
觷　34
十一画以上
(觸)　612

(觯)　937
(觸)　92

166 言部

[166] 讠部
言　820
二画
计　315
订　146
讣　204
认　587
讥　305
讫　571
(計)　315
(訂)　146
(訃)　204
三画
讦　346
讧　277
讨　688
让　582
讪　609
讫　546
训　813
议　846
讯　814
记　316
(訐)　346
(訌)　277
(計)　688
(訕)　609
(託)　719
(訖)　546
(訓)　813
(訊)　814
(記)　316
四画
讲　336
讳　298
讴　508
讵　369
讶　818
讷　496

许　804
讻　165
论　451
　　452
讼　669
讽　197
设　617
访　184
诀　372
(詎)　369
(訝)　818
(訥)　496
(許)　804
(訛)　165
(訟)　669
(設)　617
(訪)　184
(訧)　76
(訣)　372
五画
证　923
诂　238
诃　266
评　532
诅　971
识　636
　　933
词　800
诈　902
诉　671
诊　917
诋　132
诌　943
词　99
诎　572
诏　912
诐　33
译　848
诒　841
(証)　923
(詁)　238
(訶)　266
(評)　532
(詛)　971
(詞)　800

十二画	钗 65	(钠) 492	铍 522	铖 80	(销) 871	链 426
(隨) 674	(釬) 262	(鈑) 17	523	铗 323	(鍼) 80	铿 389
(隣) 432	釭 215	(鈐) 550	铎 164	锣 832	(鋇) 701	销 780
隧 675	(釷) 715	(鈒) 550	铒 488	铙 495	(鄒) 832	锁 677
十三画以上	(釦) 392	(鈥) 560	鉴 334	铨 935	(銓) 935	锃 900
(險) 771	(釾) 549	(鈞) 375	(鈺) 878	铛 77	(鋁) 448	锄 91
隰 760	(釧) 95	(鈎) 234	(鉦) 920	123	(銅) 708	锂 419
(隱) 856	(釤) 608	(鈧) 382	(鉗) 552	铝 448	(錦) 144	锅 253
(隴) 442	609	(鈁) 183	(鈷) 240	铜 708	(鋼) 853	锆 220
	(釣) 142	(鈫) 303	(鉢) 44	锦 144	(銖) 945	锇 165
176	(釩) 178	斜 712	(鉅) 534	钢 853	(銑) 761	锈 802
金部	(釹) 506	(鈕) 504	(鈸) 46	铠 380	771	锉 108
[176]	(釵) 65	(鈀) 11	铖 886	铡 901	(鋥) 147	铴 451
钅部		510	(鉏) 684	铢 945	(鋌) 147	锋 196
金 350	四画	五画	(鉬) 490	铣 761		锌 790
一画	钘 797	钰 878	鉏 91		銛 768	锏 379
钆 209	钙 210	钱 552	368	铦 147	(鉿) 779	锎 330
钇 845	钚 53	钲 920	(鉀) 324	铤 147	(銓) 577	334
(釓) 209	钛 681	钳 552	(鈿) 141	704	(鉿) 257	锐 595
(釔) 845	钝 161	钴 240	698	铧 286	(銚) 144	锑 691
二画	钞 71	钵 44	铀 867	铨 577	700	银 407
针 915	钟 940	钜 534	(鉑) 46	铼 606	830	镁 562
钉 145	钡 26	铍 46	(鈴) 435	铪 257	(銘) 482	镅 367
147	钢 215	钺 886	(鉛) 550	桃 144	(鉻) 224	铜 1
钊 910	钠 492	钻 972	822	700	(錚) 920	錾 889
钋 533	钣 17	铈 445	(鈎) 234	铭 482	924	(鈦) 156
钌 430	铃 550	钽 684	(鉚) 465	铬 224	(鉋) 603	(鋪) 536
431	钥 832	钼 490	(鉋) 23	铮 920	(鉸) 341	537
(針) 915	886	钾 324	(鉮) 646	铯 603	(銖) 840	(鋙) 751
(釘) 145	钦 560	钿 141	(鉉) 808	铰 341	(銃) 87	877
147	钧 375	698	(鉈) 678	铱 840	(銨) 5	(鋏) 323
(釗) 910	钨 747	铀 867	721	铲 68	(銀) 854	(鉽) 690
(釙) 533	钩 234	铁 701	(鉍) 33	铳 87	(鉥) 593	(銷) 780
(釘) 430	钪 382	铂 46	(鈮) 498	锡 685	鋬 450	(銲) 262
431	钫 183	铃 435	(鈹) 522	铵 5	七画	(鋥) 900
(釗) 910	钬 303	铄 662	523	银 854	铹 460	(鋃) 26
(釙) 533	钮 504	铅 550	(鉧) 488	伽 593	铸 950	(鋤) 91
(釘) 430	钯 11	822	六画	鋬 570	锆 409	(鋰) 419
431	510	铆 465	铡 797	(鐦) 797	铫 156	(錠) 960
三画	(鉅) 368	铈 646	铐 383	(銬) 383	铺 536	(鋯) 220
钍 715	(鈃) 797	铉 808	铑 411	(銠) 411	537	(鋨) 165
钎 549	(鈣) 210	铊 678	铒 170	(鉺) 170	锗 751	(鏽) 802
钏 95	(鈈) 53	721	铓 463	(鋩) 463	877	(鋰) 108
钐 608	(鈦) 681	铋 33	铷 871	铽 110	铼 404	(鐯) 451
609	(鈍) 161	铌 498	钛 110	(鋱) 463	铽 690	(鋒) 196
钓 142	(鈔) 71					
钒 178						
钔 469						
钕 506						

(三)难检字笔画索引

(字右边的号码是词典正文的页码)

正 919
921
甘 211
世 640
卌 762
本 28
术 654
945
可 385
386
丙 42
左 974
丕 521
右 872
布 52
戊 753
平 530
东 147
(戉) 886
卡 377
547
北 26
凸 712
归 249
且 366
559
甲 324
申 619
电 138
由 866
史 638
央 826
(㠯) 844
冉 581
(冊) 61
凹 7
722
(囘) 295
[illegible] 209
生 625
失 631
乍 902
丘 570
斥 83
卮 925
乎 279
丛 103
用 864
甩 657
氐 130
132
乐 412
886
匆 102
册 61
包 19
(氷) 41
兰 405
半 17
头 710
必 32
司 663
民 477
弗 199
疋 817
(疋) 524
出 88
(氹) 124

六画

式 642
戎 589
考 382
亚 817
亘 225
吏 420
再 892
(亙) 225
戌 575
802
在 893
百 14
而 169
戍 654
死 665
成 77
夹 209
321
323
尧 829
乩 306
师 632
曳 834
曲 572
574
回 295
肉 591
凼 124
年 500
朱 944
丢 147
乔 557
乒 530
乓 514
向 777
囟 792
后 277
甪 446
兆 912
朵 164
产 67
关 244
州 943
兴 793
797
农 504
丮 152
尽 352
353
丞 78
买 458

七画

戒 349
严 820
巫 747
求 571
甫 202
更 225
226
束 655
两 427
丽 415
421
来 403
芈 473
串 95
我 745
(兎) 715
囱 103
(巵) 925
希 757
坐 976
含 260
龟 250
375
570
卵 450
岛 125
兑 160
弟 135
君 375

八画

奉 197
武 752
表 39
(長) 68
908
者 914
(亞) 817
(來) 403
丧 601
602
(東) 147
或 303
事 642
(兩) 427
枣 897
卖 459
(面) 475
非 186
些 784
果 255
畅 70
(畆) 488
(咼) 253
垂 96
乖 243
秉 43
臾 874
乳 593
臬 779
卒 104
971
氓 463
470
卷 371
单 66
119
609
肃 671
隶 422
承 79
亟 312
546
巹 352

九画

奏 970
哉 892
甚 622
624
巷 263
778
柬 329
歪 723
面 475
韭 364
临 433
434
禺 874
骂 458
幽 865
拜 15
臿 63
重 86
942
禹 877
㫃 571
胤 857
(畝) 488
(玅) 476
养 828
(刱) 96
叛 514
首 649
举 368
昼 944

A

━ ā ━

阿 ā 方言。前缀。❶用在排行、小名或姓的前面，有亲昵的意味：～大｜～三｜～宝｜～方。❷用在某些亲属名称的前面：～婆｜～爸｜～哥。
△另见 ē。

【阿斗】ādǒu〈名〉三国蜀汉后主刘禅的小名。阿斗为人庸碌，后常用来比喻懦弱无能的人。

【阿飞】āfēi〈名〉指穿着打扮怪异、举动轻狂、作风不正派的青少年。

【阿訇】āhōng〈名〉我国伊斯兰教称主持清真寺教务、讲授经典的人。[外]

【阿混】āhùn〈名〉指无所事事，只图混日子的人：这个厂管理严格，没一个～。

【阿拉伯人】ālābórén〈名〉亚洲西南部和非洲北部的主要居民。原住阿拉伯半岛，多信伊斯兰教。

【阿拉伯数字】ālābó shùzì 国际通用的数字，就是 0、1、2、3、4、5、6、7、8、9。最初由印度人发明、使用，因后经阿拉伯人传入欧洲，所以叫"阿拉伯数字"。也说"印度—阿拉伯数字"。

【阿猫阿狗】āmāo āgǒu 方言。泛指某类人或随便什么人（含轻蔑意）。

【阿Q】ā Q〈名〉鲁迅小说《阿Q正传》里的主人公，是"精神胜利者"的典型，受了屈辱，不敢正视，反而用自我安慰的办法，说自己是"胜利者"。

【阿是穴】āshìxué〈名〉中医在针灸上把没有固定名称的穴位，以酸、麻、胀、痛等感觉最明显的部位或病痛处作为穴位，称为"阿是穴"。

【阿嚏】ātì〈拟〉形容打喷嚏的声音。

【阿姨】āyí〈名〉❶方言。母亲的姐妹。❷称呼跟母亲辈分相同、年纪差不多的无亲属关系的妇女：林～｜售票员～。❸对保育员或保姆的称呼：请了一个～照顾老人。

啊 ā〈叹〉表示惊异或赞叹：～，出虹了！｜～，多么美丽的夜景！
△另见 á；ǎ；à；a。

锕（錒） ā〈名〉金属元素，符号 Ac。银白色，有放射性。由铀衰变而成，又能衰变成一系列的放射性元素。锕－277用作航天器的热源。

腌 ā[腌臜(zā)]方言。❶〈形〉脏；不干净。❷〈形〉(心里)别扭；不痛快：晚到一步，事没办成，～透了！❸〈动〉糟践；使难堪：算了，别～我了！
△另见 yān。

━ á ━

啊 á〈叹〉表示追问：～？这事你不知道吗？｜～？你说什么？
△另见 ā；ǎ；à；a。

嗄 á 同"啊"(á)。
△另见 shà。

━ ǎ ━

啊 ǎ〈叹〉表示惊疑：～？你怎么跑到这儿来了？
△另见 ā；á；à；a。

A

━ à ━

啊 à〈叹〉❶表示应诺(音较短):～,好吧│～,行啊。❷表示明白过来(音较长):～,原来如此!❸表示惊异或赞叹(音较长):～,伟大的祖国!│～,真没想到他进步这么快!
　　△另见 ā;á;ǎ;a。

━ a ━

啊 a〈助〉用在句末表示惊叹、疑问等语气。[注意]"啊"因受前一字的韵母或韵尾的影响而发生不同变音,也可写成不同的字:马跑得真快啊(呀)!│这算什么路啊(哇)!│大家干得多欢啊(哪)!
　　△另见 ā;á;ǎ;à。

━ āi ━

哎 āi〈叹〉❶表示惊讶或不满意:～!好险呀!│～!话可不能这么说。❷表示提醒:～,路滑,小心点儿!

哀 āi❶〈形〉悲伤;悲痛:悲～│～鸣│～愁│～痛│喜怒～乐。❷〈动〉悼念:默～。❸〈动〉怜悯:～怜│～其不幸。❹〈动〉哀叹:秦人不暇自～,而后人～之。❺〈名〉姓。
【哀兵必胜】āi bīng bì shèng 原指对抗的两军力量相当,化悲愤为力量的一方会获得胜利。后指受压抑而奋起反抗的军队必然能打胜仗。
【哀愁】āichóu ❶〈形〉悲哀忧愁:～的眼神。❷〈名〉指哀愁的情绪:无限的～。
【哀悼】āidào〈动〉悲痛地悼念:～死难烈士。
【哀吊】āidiào〈动〉悲哀地吊唁。
【哀鸿遍野】āi hóng biàn yě《诗经·小雅·鸿雁》:"鸿雁于飞,哀鸣嗷嗷。"后用"哀鸿遍野"比喻到处都是呻吟呼号、流离失所的灾民。
【哀矜】āijīn〈动〉哀怜。
【哀厉】āilì〈形〉凄厉:语声～。
【哀怜】āilián〈动〉对别人的悲惨和不幸的遭遇表示同情。
【哀泣】āiqì〈动〉悲伤地哭泣:嘤嘤～。
【哀求】āiqiú〈动〉苦苦地请求。
【哀伤】āishāng〈形〉悲哀;悲伤:哭声凄惨～。
【哀思】āisī〈名〉悲哀思念的感情:寄

托～。
【哀痛】āitòng〈形〉悲痛:～欲绝。
【哀怨】āiyuàn〈形〉悲伤而含怨恨:这首歌唱起来缠绵～。
【哀咤】āizhà〈动〉哀叹:～良久。
【哀转】āizhuǎn〈形〉悲哀婉转:高猿长啸,属引凄异,空谷传响,～久绝。
备用词 悲哀 节哀 举哀 默哀 志哀

埃 āi〈名〉尘土;灰尘:尘～│涓～(比喻微小)│黄～蔽天。

挨 āi❶〈介〉顺着(次序);逐一:～门逐户。❷〈动〉靠近;紧接着:～近│一个～一个。
　　△另见 ái。

唉 āi〈叹〉❶答应的声音:～,我就来。❷表示叹息:～! 怎么说他也不听,真拿他没办法!
　　△另见 ài。
【唉声叹气】āi shēng tàn qì 因烦闷、伤感或痛苦而发出叹息声。

娭 āi[娭毑(jiě)]方言。〈名〉❶祖母。❷尊称年老的妇人。

欸 āi❶同"唉"。❷〈动〉感叹:乘鄂渚而反顾兮,～秋冬之绪风。
　　△另见 ǎi;ê̌;é̌;ề̌;ê̌。

嗳(嗳) āi 同"哎"。
　　△另见 ǎi;ài。

锿（鎄）āi〈名〉金属元素，符号 Es。有放射性，由人工核反应获得。

=== ái ===

挨（*捱）ái〈动〉❶遭受；忍受：~打｜~饿受冻。❷困难地度过(时光)：伏天快~过去了。❸拖延：~时间｜今天能办的事不要~到明天。
△另见 āi。

骏（騃）ái〈形〉傻：痴~｜愚~。

皑（皚）ái〈形〉洁白：~如山上雪，皎若云间月。
【皑皑】ái'ái〈形〉形容霜雪洁白的样子：白雪~。

癌ái，旧读 yán〈名〉上皮组织生长出来的恶性肿瘤。常见的有胃癌、肺癌、肝癌、肠癌、乳腺癌等。

=== ǎi ===

毒ǎi 用于人名。嫪(lào)毒，战国时秦国人。

欸ǎi[欸乃]〈拟〉❶形容摇橹的声音：~一声山水绿。❷划船时歌唱的声音。
△另见 āi；ē；ế；ě；ề。

嗳（嗳）ǎi〈叹〉表示不同意或否定：~，这样可不对｜~，大伙儿的事我怎能不管？
△另见 āi；ài。

矮ǎi〈形〉❶身材短：~个儿。❷高度小的：~墙｜~凳。❸(等级、地位)低：他比我~一班。

蔼（藹）ǎi〈形〉和气，态度好：和~｜~然可亲。

霭（靄）ǎi〈名〉云气：烟~｜暮~。
【霭霭】ǎi'ǎi〈形〉云雾密集的样子：晨雾~｜山头~暮云横。

备用词　晨霭　暮霭　雾霭　烟霭　云霭

=== ài ===

艾ài❶〈名〉艾蒿，多年生草本植物，叶子有香气，可入药，点着后能驱蚊蝇。❷〈动〉停止：方兴未~。❸〈形〉美好；漂亮：少~(年轻漂亮的人)。❹〈名〉姓。
△另见 yì。
【艾滋病】àizībìng〈名〉获得性免疫缺陷综合

征的通称，是一种传染病。病原体是人类免疫缺陷病毒，通过性接触或血液、母婴等途径传播，侵入人体后，使丧失对病原体的免疫能力。蔓延迅速，死亡率高。[外]

砹ài〈名〉非金属元素，符号 At。有放射性，自然界分布极少，可用作示踪剂。

唉ài〈叹〉表示伤感或惋惜：~，想起来就让人掉泪｜~，那么好的机会竟然错过了！
△另见 āi。

爱（愛）ài❶〈动〉对人或事物有很深的感情：~戴｜~祖国｜~科学｜~憎分明。❷〈动〉喜欢：~热闹｜~打球｜~不释手。❸〈动〉爱惜；爱护：~公物｜~面子。❹〈动〉常常发生某种行为；容易发生某种变化：~哭｜~激动｜铁~生锈。❺〈名〉姓。
【爱不释手】ài bù shì shǒu 喜爱得舍不得放手。
【爱戴】àidài〈动〉敬爱并衷心拥护：~领袖。
【爱抚】àifǔ〈动〉疼爱抚慰：看着儿子那满是汗水的脸，母亲~地用毛巾帮他擦拭。
【爱好】àihào ❶〈动〉喜欢；喜爱：~游泳。❷〈名〉对某种事物的兴趣：游泳是他的最大~。
【爱护】àihù〈动〉爱惜并保护：~公共财物｜~年青一代。
【爱怜】àilián〈动〉疼爱。
【爱莫能助】ài mò néng zhù 对别人同情并愿意帮助，但力量做不到。
【爱慕】àimù〈动〉因喜欢而追求或愿意亲近：相互~｜~虚荣。
【爱情】àiqíng〈名〉指男女之间相爱的感情。
【爱屋及乌】ài wū jí wū《尚书大传·大战》："爱人者，兼其屋上之乌。"比喻爱一个人而连带地关心到跟他有关的人或事物。
【爱惜】àixī〈动〉❶因珍惜而不随便糟蹋：~粮食。❷喜爱怜惜。

备用词　博爱　宠爱　慈爱　错爱　恩爱　割爱　敬爱　酷爱　偏爱　溺爱　亲爱　情爱　热爱　仁爱　疼爱　喜爱　心爱　珍爱　钟爱　自爱

隘ài❶〈形〉狭窄：狭~｜~巷｜~口(狭隘的山口)。❷〈名〉险要的地方：关~｜要~｜边~｜险~。

薆（薆）ài❶〈动〉隐蔽。❷[薆荟(duì)]〈形〉草木茂盛的样子。

碍（礙）ài〈动〉使不能顺利进行；阻碍：妨~｜障~｜有~观瞻｜~手~脚。
【碍难】àinán〈动〉❶旧时公文套语，难于：~照准。❷方言。为难。

【碍手碍脚】ài shǒu ài jiǎo 妨碍别人做事。

【碍眼】àiyǎn〈形〉❶不顺眼。❷在人眼前使感到不方便：嫌我在这里～是不是？

备用词 妨碍　干碍　挂碍　关碍　违碍　障碍　窒碍　阻碍

嗳（嗳） ài〈叹〉表示悔恨、懊恼：～，早知如此，何必当初？
△另见 āi；ǎi。

嗌 ài〈动〉古书上指咽喉阻塞；噎：～不容粒。
△另见 yì。

媛（媛） ài 见[令媛]。

瑷（瑷） ài ❶〈名〉美玉。❷[瑷珲(huī)]〈名〉地名，在黑龙江。今作"爱辉"。

暧（暧） ài〈形〉日光昏暗。

【暧暧】ài'ài〈形〉模糊不清的样子：～远人村，依依墟里烟。

【暧昧】àimèi〈形〉❶模糊；不清楚：态度～。❷行为不光明正大；不可告人：关系～。

── ān ──

厂 ān 同"庵"（多用于人名）。
△另见 chǎng。

广 ān 同"庵"（多用于人名）。
△另见 guǎng。

安 ān ❶〈形〉安定：心～理得｜志忑(tǎntè)不～。❷〈动〉使安定（多指心情）：～民｜～神｜除暴～良。❸〈动〉对生活、工作等感觉满足、合适；心安：～于现状｜～之若素。❹〈形〉平安；安全（跟"危"相对）：～康｜～好｜居～思危。❺〈动〉使有合适的位置：～排｜插～｜～顿｜～置。❻〈动〉安装；设立：～电灯｜～营扎寨。❼〈动〉加上：～罪名｜～个头衔。❽〈动〉存着；怀着（某种念头，多指不好的）：你～的什么心？❾〈代〉a)问处所，跟"哪里"相同：而今～在？b)表示反问，怎么；哪里：～能若无其事？｜燕雀～知鸿鹄之志哉！❿〈名〉安培（电流强度单位）的简称。

【安邦定国】ān bāng dìng guó 使国家安定巩固。

【安步当车】ān bù dàng chē 缓缓步行，就当是坐车。

【安插】ānchā〈动〉使人或事物处在一定的位置上：～亲信。

【安定】āndìng ❶〈形〉（形势、生活等）稳定：社会～。❷〈形〉（情绪）平静正常：心神不大～。❸〈动〉使安定：～人心。

【安顿】āndùn ❶〈动〉安排妥当，使有着落：一家老小。❷〈形〉安稳：让病人睡得～些。

【安分】ānfèn〈形〉规矩；守本分：～守己。

【安分守己】ān fèn shǒu jǐ 规规矩矩，不做违法乱纪的事。

【安抚】ānfǔ〈动〉❶安顿抚恤：～百姓｜～伤员。❷安慰：～人心。

【安好】ānhǎo〈形〉平安：全家～。

【安家落户】ān jiā luò hù 安置下家庭，长期住下去。

【安检】ānjiǎn〈动〉安全检查：旅客登机前要经过～。

【安静】ānjìng〈形〉❶寂静，没有吵闹和喧哗：病房里很～。❷安稳平静：孩子睡得很～。

【安居乐业】ān jū lè yè 安定地生活，愉快地从事自己的事业。

【安乐】ānlè〈形〉安宁快乐。

【安宁】ānníng〈形〉❶地方太平，没有骚扰：边境～。❷安定宁静：人喊马叫，使人不得～。

【安排】ānpái〈动〉根据情况有条理、分先后地处理（事物）；安置（人员）：～工作｜～生活。

【安寝】ānqǐn〈动〉❶就寝。❷安稳地熟睡。

【安全】ānquán〈形〉没有危险；没有威胁；不出事故：注意交通～｜这地方很～。

【安全套】ānquántào〈名〉避孕套。因使用避孕套有避孕和防止性病传播的作用，所以也叫"安全套"。

【安然】ānrán〈形〉❶平安：洪水退后，群众～脱险。❷安稳；平静：睡得很～。❸没有顾虑；很放心：心里一直不～。

【安然无恙】ānrán wú yàng 形容很平安，没有受损害。

【安身】ānshēn〈动〉指在某处住下来并生活下去（多用在困难的处境下）。

【安身立命】ān shēn lì mìng 生活有着落，精神有所寄托。

【安生】ānshēng〈形〉❶生活安定：过上了～日子。❷安静；安宁：这些日子没睡过一个～觉。

【安适】ānshì〈形〉安静而舒适：～如常｜过着～的生活。

【安土重迁】ān tǔ zhòng qiān 住惯了一个地方，不愿轻易迁移。

【安慰】ānwèi ❶〈形〉心情安适。❷〈动〉使人心情安适:她想～妈妈,可又想不出适当的话来。

【安稳】ānwěn〈形〉❶稳当;平稳:地位很不～。❷安定;安静:过～日子。❸方言。举止沉静;稳重:这孩子年龄不大,但显得挺～。

【安息】ānxī〈动〉❶安静地休息,多指上床睡觉。❷对死者表示悼念的用语:愿母亲～!

【安闲】ānxián〈形〉安静清闲:神态～|这伙年轻人没有一刻～。

【安详】ānxiáng〈形〉❶从容不迫。❷稳重:举止～。❸平静自然:夜晚的草原是这么宁静而～。

【安逸】ānyì〈形〉安闲舒适:生活～|贪图～|老人晚年在家过着～的生活。

【安营扎寨】ān yíng zhā zhài 原指军队安营驻扎,现常借指建立临时营地。

【安葬】ānzàng〈动〉埋葬。

【安之若素】ān zhī ruò sù (遇到不顺利或反常的情况等)毫不在意,像平常一样对待。

【安置】ānzhì〈动〉使人或物件有着落:～复员转业军人。

备用词　保安　公安　苟安　偏安　平安　请安　偷安　问安　治安　心神不安　坐立不安

桉　ān〈名〉乔木,树干高而直。枝叶提制的桉油可入药,树皮可制鞣料,木材可供建筑用。

氨　ān〈名〉氨气,氮和氢的化合物,无色气体,有臭味。可用作冷冻剂,也可制硝酸和氮肥。

庵(＊❶❷菴)　ān〈名〉❶小草屋:茅～。❷佛寺(多指尼姑住的):～堂|尼姑～。❸姓。

谙(諳)　ān〈动〉熟悉:熟～|～练|不～水性。

【谙练】ānliàn〈动〉熟悉;熟练;有经验:～旧事。

【谙习】ānxí〈动〉熟习:久居江东,～水战。

鹌(鵪)　ān[鹌鹑(chún)]〈名〉鸟,头小,尾巴短,羽毛赤褐色,不善飞。也叫"鹑"。

腤　ān〈动〉烹煮(鱼、肉)。

鮟(鮟)　ān[鮟鱇(kāng)]〈名〉鱼名。能发出像老人咳嗽的声音。通称"老头儿鱼"。

鞍(＊鞌)　ān〈名〉鞍子,放在骡马等背上供人骑乘或驮运东西用的器具:马～。

【鞍韂】ānchàn〈名〉马鞍和垫在马鞍下面的东西。

【鞍鞯】ānjiān〈名〉鞍韂(chàn)。

【鞍马】ānmǎ〈名〉❶一种体操器械,有点像马形。❷鞍和马,泛指马和乘马用具。❸借指骑马或战斗的生活:～劳顿|～生活。

盦　ān❶〈名〉古代盛食物的器具。❷同"庵"。

══ ǎn ══

俺　ǎn方言。〈代〉❶我们(不包括听话的人):～村|你先去,～随后就到。❷我:～的钢笔不见了。

埯(＊垵)　ǎn❶〈动〉挖小坑点种瓜、豆等:～豆子|～花生。❷〈名〉点种时挖的小坑。❸〈量〉用于点种的瓜、豆等:一～儿花生。

铵(銨)　ǎn〈名〉从氨衍生所得的带正电荷的根,即铵离子。也叫"铵根"。

【铵根】ǎngēn〈名〉铵。

揞　ǎn〈动〉用手将药面儿或其他粉末敷在伤口上:把消炎粉～一点儿在伤口上。

══ àn ══

犴　àn见[狴(bì)犴]。
△另见hān。

岸(＊㟁)　àn❶〈名〉江河湖海等水边的陆地:堤～|两～|对～|大洋彼～。❷〈形〉高大:伟～|魁～(魁梧)。❸〈形〉高傲:傲～(自高自大)。❹〈名〉姓。

【岸然】ànrán〈形〉严肃的样子:道貌～。

按 àn ❶〈动〉用手或指头压:~摩|~脉|~键|~电钮。❷〈动〉压住;搁下:~兵不动|此事~下不表。❸〈动〉抑制:~不住胸中的怒火。❹〈动〉用手压住不动:~剑。❺〈介〉依照:~部就班|~劳分配。❻〈动〉考查;核对:~验|有原文可~。❼〈动〉(编者、作者等)加考证、说明、评介的话:编者~。

【按兵不动】àn bīng bù dòng 使军队暂不行动,以等待时机。现也借指接受任务后不肯行动。

【按部就班】àn bù jiù bān 晋陆机《文赋》:"然后选义按部,考辞就班。"意思是按照文章布局的需要选用词句。现指按照一定的条理,遵循一定的程序。

【按揭】ànjiē〈动〉一种购房或购物的贷款方式,以所购房屋或物品为抵押向银行贷款,然后分期偿还。

【按酒】ànjiǔ 也作〈案酒〉。❶〈动〉下酒:摆下菜蔬果品~。❷〈名〉下酒用的菜肴。

【按捺】(按纳) ànnà〈动〉抑制;压下去:~不住激动的心情。

【按期】ànqī〈副〉依照规定的限期:~交工|~归还。

【按时】ànshí〈副〉依照规定的时间:~完成|~吃药。

【按图索骥】àn tú suǒ jì 按照图像寻找好马。比喻按照线索寻找。也比喻办事拘泥成法,不知变通。

【按压】ànyā〈动〉❶向内或向下按:~穴位|把人~在地上。❷抑制②:战士们~不住战斗热情,纷纷请战。

【按语】(案语) ànyǔ〈名〉作者、编者对文章或文章中的词句所做的说明、评价或考证:写~。

【按照】ànzhào〈介〉以某事物为根据照着进行:~身材裁剪衣裳|~预定的计划向敌人发起进攻。

胺 àn〈名〉氨的氢原子被烃基取代后的有机化合物。

案 àn ❶〈名〉狭长的桌子或架起来代替桌子的长木板:条~|书~|~板|拍~叫绝。❷〈名〉案件:审~|冤~|惨~。❸〈名〉案卷;记录:档~|病~|备~|有~可查。❹〈名〉提出计划、办法或其他建议的文件:方~|提~|议~|草~。❺〈动〉同"按"❻❼。

【案牍】àndú〈名〉旧时官府的公文:无丝竹之乱耳,无~之劳形。

【案件】ànjiàn〈名〉有关诉讼和违法的事件:民事~|刑事~。

备用词　病案　草案　档案　法案　方案　教案　脉案　提案　议案　惨案　公案　个案　命案　窃案　悬案　血案　疑案　冤案　专案　罪案　报案　定案　断案　翻案　犯案　归案　结案　立案　破案　投案　问案　销案　作案　要案

暗 (*晻❶❸闇) àn〈形〉❶光线不足;黑暗(跟"明"相对):~室|~无天日|天昏地~。❷隐藏不露;秘密的:~号|~礁|明察~访|~度陈仓。❸糊涂;不明白:兼听则明,偏信则~|明于知彼,~于知己。

△"晻"另见 yǎn。

【暗藏】àncáng〈动〉隐藏;隐蔽。

【暗淡】àndàn〈形〉❶(光线)昏暗不明;(颜色)不鲜艳:~的灯光。❷比喻不景气,没有希望:前景~。

【暗度陈仓】àn dù chéncāng 公元前206年楚汉交战,刘邦为了迷惑敌人,表面上烧毁栈道装着不再回兵的样子,暗地里却回兵攻占了陈仓(今陕西宝鸡东)。后来用"暗度陈仓"比喻以假象来迷惑对方以达到某种目的。

【暗箭伤人】àn jiàn shāng rén 比喻暗中用阴谋诡计害人。

【暗礁】ànjiāo〈名〉海洋、江河中隐藏在水下的岩石,是航行的障碍。也比喻事情进行中遇到的潜伏的困难或阻力。

【暗恋】ànliàn〈动〉暗中爱恋(多指男女之间):他对他公司的一位女同事~已久。

【暗昧】ànmèi〈形〉❶暧昧。❷愚昧。

【暗弱】ànruò〈形〉❶光线微弱,不明亮:灯光~。❷昏庸懦弱。

【暗示】ànshì〈动〉用含蓄的语言或示意的动作使人领会。

【暗送秋波】àn sòng qiūbō 原指暗中眉目传情,后泛指献媚取宠,暗中勾搭。

【暗算】ànsuàn〈动〉暗中图谋伤害或陷害;暗害。

【暗无天日】àn wú tiān rì 形容社会极端黑暗。

【暗箱】ànxiāng〈名〉照相机的一部分,关闭时不透光,前部装镜头、快门,后部装胶片。

【暗箱操作】ànxiāng cāozuò 指利用职权暗地里做某事(多指不公正、不合法的);避免收费中的～。

【暗笑】ànxiào〈动〉❶暗自高兴：看到对方着急的样子，不禁心里～。❷暗自讥笑：在场的人都～他的无知。

【暗中】ànzhōng〈名〉❶黑暗之中：躲在～张望｜～摸索。❷背地里；私下里：～盘算｜～勾结｜在～做了手脚。

【暗自】ànzì〈副〉暗地里：心里不由得～庆幸。

备用词 黑暗 灰暗 晦暗 昏暗 阴暗 幽暗

黯 àn〈形〉❶深黑色。❷阴暗：～淡(暗淡)。❸心情沮丧。

【黯然】ànrán〈形〉❶阴暗的样子：一双眼睛显得～失色。❷沮丧或忧伤的样子：～神伤｜～泣下｜神情～。

━━ āng ━━

肮(骯) āng [肮脏]〈形〉❶脏；不干净：衣服～。❷比喻卑鄙、丑恶：灵魂～｜～的交易。

━━ áng ━━

昂 áng ❶〈动〉仰着(头)：～首阔步。❷〈形〉高涨：～贵｜激～｜～扬。❸〈名〉姓。

【昂昂】áng'áng〈形〉❶形容精神振奋的样子：雄赳赳，气～。❷形容气度不凡的样子：～然｜峨大冠、拖长绅者，～乎庙堂之器也，果能建伊、皋之业耶。

【昂藏】ángcáng〈形〉形容人仪表雄伟的样子：气宇～。

【昂奋】ángfèn〈形〉激昂兴奋：情绪～。

【昂贵】ángguì〈形〉价格非常高。

【昂然】ángrán〈形〉❶抬头挺胸无所畏惧的样子。❷气宇轩昂的样子。

【昂首阔步】áng shǒu kuò bù 仰起头，迈着大步向前。形容精神抖擞，意气昂扬。

【昂扬】ángyáng〈形〉(情绪)高涨：斗志～，意气风发。

备用词 高昂 激昂 轩昂

━━ àng ━━

盎 àng ❶〈名〉古代一种腹大口小的器皿。❷〈形〉洋溢；盛：～然。

【盎然】àngrán〈形〉形容气氛、趣味等洋溢的样子：春意～｜兴趣～。

━━ āo ━━

凹 āo〈形〉低于周围(跟"凸"相对)：～陷｜～版｜～镜｜～凸不平。
△另见 wā。

【凹陷】āoxiàn〈动〉向内或向下陷进去：两颊～。

熬 āo〈动〉一种烹饪方法，把蔬菜等放在水里煮：～白菜｜～冬瓜。
△另见 áo。

━━ áo ━━

敖 áo ❶同"遨"。❷〈名〉姓。

謷 áo [謷阳]〈名〉地名，在山东。

遨 áo〈动〉游玩：～游。

【遨游】áoyóu〈动〉漫游；游历：～世界｜～太空。

嗷 áo [嗷嗷]〈拟〉形容哀号或叫喊声：～待哺。

【嗷嗷待哺】áo'áo dài bǔ 饥饿时急于求食的样子。

廒(*廒) áo〈名〉贮藏粮食等的仓库：仓～。

【廒间】áojiān〈名〉粮仓。

璈 áo〈名〉古代的一种乐器。

獒 áo〈名〉一种凶猛善斗的狗，身体大，尾巴长，四肢较短，毛黄褐色，可做猎狗。

熬 áo ❶〈动〉煮：～粥｜～盐｜～药。❷〈动〉痛苦地忍受；勉强地支持：～夜｜～刑｜～苦日子｜苦～了半辈子。❸〈名〉姓。

△另见 āo。

【熬煎】áojiān〈动〉比喻折磨。也说"煎熬"。

【熬夜】áoyè〈动〉深夜或通宵不睡觉。

謷 áo〈动〉不听别人的意见。

螯 áo〈名〉螃蟹等节肢动物变形的第一对足,形状像钳子,能开合,用来取食或自卫。

翱（*翱）áo〈动〉鸟展翅飞:～翔。

【翱翔】áoxiáng〈动〉在空中盘旋地飞:雄鹰展翅～。

鳌（鰲*鼇）áo〈名〉传说中海里的大龟或大鳖。

鏖 áo〈动〉激烈地战斗:苦战;赤壁～兵。

【鏖战】áozhàn〈动〉激战;苦战:当年～急,弹洞前村壁。

══ ǎo ══

拗（*抝）ǎo方言。〈动〉使弯曲;使断;折:～花|～断竹竿。
△另见 ào;niù。

袄（襖）ǎo〈名〉有里子的上衣（多指中式的）:夹～|棉～|皮～。

媪 ǎo〈名〉年老的妇女:翁～。

══ ào ══

岙（*嶴）ào方言。〈名〉山间平地（多用于地名）:儒～（在浙江）。

坳（*垇坳）ào〈名〉山间平地:山～。

拗（*抝）ào〈动〉❶说起来不顺:～口。❷违背;不顺从:违～。
△另见 ǎo;niù。

傲 ào❶〈形〉骄傲:高～|孤～|恃（shì）才～物（依仗自己有才能,看不起别人）|这人有点儿～。❷〈形〉不屈服:～然|～骨（高傲不屈的性格）。❸〈名〉姓。

【傲岸】ào'àn〈形〉高傲;自高自大。

【傲慢】àomàn〈形〉看不起人,对人没有礼貌:态度～|～不逊。

【傲然】àorán〈形〉形容坚强不屈的样子:～屹立。

【傲视】àoshì〈动〉傲慢地对待:成绩只能说明过去,不能作为～别人的资本。

【傲物】àowù〈动〉骄傲自大,瞧不起别人:恃才～。

备用词 高傲 孤傲 骄傲 倨傲 兀傲 自傲

奥 ào❶〈形〉含义深,不容易理解:深～|玄～|～妙|～秘。❷〈名〉古代指房屋的西南角,也泛指房屋的深处:堂～。❸〈名〉姓。

【奥秘】àomì〈名〉指深藏的、还没有被了解或认识的内容、道理等:探索宇宙的～。

【奥妙】àomiào❶〈形〉（内容、道理）深奥微妙。❷〈名〉深奥微妙的内容、道理:这些技术、经验,不靠实践是一辈子也不会知道其中的～的。

骜（驁）ào❶〈名〉骏马。❷同"傲"①。

墺 ào❶〈名〉可以定居的地方。❷同"坳":深山野～。

澳 ào〈名〉❶海边弯曲可以停船的地方（多用于地名）:三都～（在福建）。❷指澳门:港～同胞。❸指澳洲（现称"大洋洲"）:～毛（澳洲出产的羊毛）。❹姓。

【澳门币】àoménbì〈名〉澳门地区通行的货币,以圆为单位。

懊 ào❶〈形〉烦闷苦恼:～恼|～丧。❷〈动〉悔恨:～恨|～悔。

【懊恨】àohèn〈动〉悔恨。

【懊悔】àohuǐ〈动〉做错事或说错话,心里自恨不该这样。

【懊恼】àonǎo❶〈形〉心里别扭;烦恼。❷〈动〉懊悔。

【懊丧】àosàng〈形〉因失意而情绪低落,精神不振:神情～。

鏊 ào〈名〉鏊子,烙饼用的器具,用铁制成,平面圆形,中心稍凸。

B

— bā —

八 bā ❶〈数〉数字,七加一后所得:~方|~仙过海。❷〈数〉表示多次或多数:说了~回也不听|~面玲珑。❸〈名〉姓。

【八分】bāfēn〈名〉汉字的一种字体,跟隶书相近。这种字体,一般认为左右分背,势有波磔,所以叫"八分"。

【八风】bāfēng〈名〉八方的风,指阴阳之气:正六律,和五声,以通~。

【八哥】bāge〈名〉鸟,能模仿人说话的某些声音。也叫"鸲鹆"(qúyù)。

【八股】bāgǔ〈名〉❶明清科举制度规定的一种考试文体。每篇文章由破题、承题、起讲、入手、起股、中股、后股、束股等八部分组成。内容空洞,形式死板。❷比喻空洞死板的文章、讲演等。

【八卦】bāguà〈名〉我国古代的一种有象征意义的符号。用"—"代表阳,用"--"代表阴,用三个这样的符号组成八种形式,即乾、坤、坎、离、震、艮、巽、兑,叫"八卦"。每一卦形代表一定的事物。八卦互相搭配又得六十四卦,用来象征各种自然现象和人事现象。在《易经》里有详细的论述。八卦相传是伏羲所造,后用来占卜。

【八荒】bāhuāng〈名〉八方荒远的地方:囊括四海,并吞~。

【八极】bājí〈名〉指最边远的地方:精骛~,心游万仞。

【八面玲珑】bāmiàn línglóng 原指窗户宽敞明亮,后用来形容人处世圆滑,各方面都不得罪。

【八面威风】bāmiàn wēifēng 形容非常神气的样子。

【八仙】bāxiān〈名〉❶神话传说中的八位神仙,即汉钟离、张果老、吕洞宾、李铁拐(铁拐李)、韩湘子、曹国舅、蓝采和、何仙姑。❷方言。八仙桌,一种大的方桌。

【八仙过海】bāxiān guò hǎi 谚语"八仙过海,各显神通"或"八仙过海,各显其能",比喻做事各有一套办法,或各自拿出本领,互相竞赛。

【八字】bāzì〈名〉指用天干地支表示人出生的年、月、日、时的八个字。迷信的人认为根据生辰八字可以推算出一个人的命运好坏。

巴 bā ❶〈动〉盼望:~望|~不得。❷〈动〉紧贴:爬山虎~在墙上。❸〈动〉粘住:饭~锅了。❹〈名〉粘在别的东西上的东西:锅~。❺方言。〈动〉挨着:前不~村,后不~店。❻〈动〉张开:~着眼瞧|气候干燥,桌子都~缝了。❼〈名〉古族名,古国名,主要在今重庆、湖北交界一带。❽〈量〉气压的压强单位,1巴等于1平方厘米的面积上受到100万达因作用力的压强。❾〈名〉姓。

【巴不得】bābude〈动〉迫切盼望:我~一下子就飞回故乡。

【巴结】bājie ❶〈动〉趋炎附势;极力奉承。❷方言。〈形〉努力;勤奋:他工作一直很~。

【巴掌】bāzhang〈名〉手掌:拍~。

扒 bā〈动〉❶抓着可依附的东西:~栏杆|~墙头儿。❷刨;挖;拆:~土|把旧房~了盖新的。❸拨动:~开草棵。❹脱掉;剥:~皮|~莘帮|把衣裳一~,跳下水去救人。
△另见 pá。

叭 bā 拟声词:谁在~~地拍门?|~的一声,枪响了。

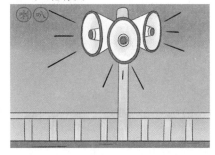

芭 bā〈名〉古书上说的一种香草。

苁 bā[苁(hǎ)苁屯]〈名〉地名,在北京市。

吧 bā❶〈拟〉形容枪声、物体断裂声:~唧|~嗒|枪声~~直响|~的一声,琴弦断了。❷〈动〉抽(烟):让我一口烟再走。❸〈名〉出售酒水、食品或供人从事某些休闲活动的场所或位置:酒~|网~|~台。
△另见 ba。

【吧女】bānǚ〈名〉酒吧的女招待员。

【吧台】bātái〈名〉酒吧里供应饮料等的柜台,一般旁边设有座位。

备用词　迪吧 果吧 画吧 静吧 哭吧 泡吧 啤吧 球吧 水吧 玩吧 影吧 咖啡吧 文化吧

岜 bā〈名〉地名用字:~山(在广西)。

疤 bā〈名〉❶疮口或伤口长好后留下的痕迹:疮~|伤~|刀~|~瘌。❷器物上像疤的痕迹:茶壶盖儿上有个~。

捌 bā〈数〉数字"八"的大写。

笆 bā〈名〉用竹片或树的枝条编成的器物:~斗|~篓|篱~|荆~|竹篾。

【笆斗】bādǒu〈名〉用柳条等编成的一种底为半球形的容器。

粑 bā方言。〈名〉饼类食物:糍(cí)~|糖~|糌(zān)~。

鲃(鲃) bā〈名〉鱼,身体侧扁或略呈圆筒形,生活在淡水中。

—— bá ——

拔 bá❶〈动〉把固定或隐藏在其他物体里的东西往外拉;抽出:~草|~剑|~弩张|~一毛不~。❷〈动〉吸出(毒气等):~毒|~火罐。❸〈动〉挑选:选~|~擢。❹〈动〉向高提:~脚|~高|~嗓子喊。❺〈动〉超出;高出:~尖|~海|~出类~萃。❻〈动〉攻占;夺取:~据点|连~数城。❼〈动〉移动;改变:开~|坚韧不~。❽〈动〉把东西放在凉水里使凉:把西瓜放在冰水里一~。❾〈名〉姓。

【拔步】bábù〈动〉拔腿;迈步。

【拔地而起】bá dì ér qǐ 形容山峰、建筑物等陡然矗立在地面上。

【拔高】bágāo〈动〉❶提高:~嗓子唱。❷有意抬高某些人物或作品等的地位:这部作品对主人公过分~,反而失去了真实性。

【拔海】báhǎi〈名〉海拔。

【拔河】báhé〈动〉一种体育运动,人数相等的两队队员,分别握住长绳两端,向相反方向用力拉绳,先将绳上系着标志的一点拉过规定界线者为胜。

【拔尖儿】bájiānr〈形〉出众;超出一般:他的学习成绩在我们班上是~的。

【拔苗助长】bá miáo zhù zhǎng 见〖揠(yà)苗助长〗。

【拔腿】bátuǐ〈动〉❶抬起腿来(走或跑):我一去,他~就跑。❷抽身;脱身:我正忙着,拔不开腿。

【拔擢】bázhuó〈动〉提拔。

备用词　开拔 超拔 提拔 选拔 甄拔 峭拔 挺拔 坚韧不拔

胈 bá〈名〉人腿上的毛。

菝 bá[菝葜(qiā)]〈名〉藤本植物,叶子多为椭圆形,根茎可入药。

跋 bá❶〈动〉在山上行走:~涉|~山涉水。❷〈动〉踩;踏。❸〈名〉写在书籍、文章等后面的短文,内容多属评介、鉴定、考释之类:序~|题~|~语|~文。

【跋扈】báhù〈形〉专横暴戾,欺上压下:专横~。

【跋前疐后】bá qián zhì hòu《诗经·豳风·狼跋》:"狼跋其胡,载疐其尾。"意思是狼前进就会踩着它的胡(颔部下垂的肉),后退就会被尾巴绊倒(疐:跌倒)。后来用"跋前疐后"比喻进退两难。

【跋山涉水】bá shān shè shuǐ 形容长途奔波。

【跋涉】báshè〈动〉爬山蹚水,形容旅途艰苦:长途~。

魃 bá〖旱魃〗〈名〉古代传说中能引起旱灾的鬼怪:~为虐。

—— bǎ ——

把 bǎ❶〈动〉用手握住:~舵|~盏|~玩|~住方向盘。❷〈动〉从后面托着小孩儿的两腿,让他大小便:~屎|~尿。❸〈动〉把持;把揽:不要一切工作都~着不放手。❹〈动〉看守;把守:~关|~大门。❺〈动〉紧靠:~墙角儿站着。❻〈动〉约束住使不裂开:用铁叶子~住裂缝。❼〈名〉车把:这辆自行车的~坏了。❽〈名〉东西扎在一起的捆子:草~|秫秸~。❾〈量〉a)用于有把手的器具:一~刀|一~茶壶。b)用于一手抓起的数量:一~米|

一～韭菜。c)用于某些抽象的事物：一～年纪｜加一～劲。d)用于手的动作：拉他一～。❿〈介〉a)宾语是后面动词的受事者，整个格式有处置的意思：～头发梳梳。b)后面的动词，是"忙"、"累"、"急"、"气"等加上表示结果的补语，整个格式有致使的意思：差点儿～我累死。c)宾语是后面动词的施事者，整个格式表示不如意的事情：正在节骨眼上偏偏～组长病了。⓫〈助〉加在"百"、"千"、"万"和"里"、"斤"、"个"等量词后面，表示数量近于这个单位数（前面不能再加数词）：个～月｜百～块钱。⓬〈名〉指拜把子的关系：～兄弟。⓭〈名〉姓。

△另见 bà。

【把柄】bǎbǐng〈名〉器物上便于用手拿的部分。比喻可以被人用来进行要挟或攻击的错误、过失等。

【把持】bǎchí〈动〉❶揽权专断，不让旁人参与：～大权。❷控制（感情等）。

【把关】bǎguān〈动〉❶把守关口。❷比喻按规定的标准，严格检查，防止差错：产品质量必须严格～。

【把式】bǎshi〈名〉也作"把势"。❶武术：练～。❷会武术的人。❸精通某种技术的人：车～｜你真是个好～！❹方言。技术：他学会了田间劳动的全套～。

【把势】bǎshi 同"把式"。

【把头】bǎtóu〈名〉旧时把持某种行业的人：封建～｜搬运行业的～。

【把玩】bǎwán〈动〉拿在手里赏玩：～了好久，仍不忍释手。

【把握】bǎwò❶〈动〉握；持：战士手中～着冲锋枪。❷〈动〉抓住（多用于抽象的事物）：～时机。❸〈名〉成功的可靠性（多用于"有"和"没"后）：完成任务没有多大～。

【把戏】bǎxì〈名〉❶杂技：耍～。❷比喻骗人的花招：戳穿侵略者贼喊捉贼的～。

【把盏】bǎzhǎn〈动〉端着酒杯（多用于敬酒）。

【把总】bǎzǒng〈名〉明清时代的低级武官。

屁 bǎ 方言。❶〈名〉屎，粪便：屙（ē）～～｜拉～。❷〈动〉拉屎：想尿就尿，想～就～。

钯（鈀）bǎ〈名〉金属元素，符号 Pd。银白色，有吸收气体的特性，可用作催化剂，也用来制特种合金等。

△另见 pá。

靶 bǎ〈名〉❶靶子，练习射击或射箭的目标：箭～｜环～｜打～｜脱～。❷古时指缰

绳：执～。

━━ bà ━━

坝（❸❹圳壩）bà〈名〉❶拦水的建筑物：堤～｜水～｜拦河大～。❷河工险要处巩固堤防的建筑物，如丁坝。❸方言。沙滩；沙洲。❹坝子，西南地区称平地或平原：平～（在贵州）｜留～（在陕西）。

把（＊欛）bà〈名〉❶器具上便于手拿的部分：刀～｜锹～｜缸子～儿。❷花、叶或果实的柄：花～儿｜梨～儿。

△另见 bǎ。

爸 bà〈名〉父亲。

【爸爸】bàba〈名〉父亲。

耙 bà❶〈名〉碎土和平地的农具：钉齿～｜圆盘～。❷〈动〉用耙弄碎土块：～地｜三犁三～｜～了两遍。

△另见 pá。

罢（罷）bà〈动〉❶停止：～工｜～手｜～课｜～市｜～休｜欲～不能。❷免去；解除：～职｜～官｜～免｜～黜。❸完了；完毕：说～就走｜吃～晚饭。

△另见 ba；pí。

【罢黜】bàchù〈动〉❶贬低并排斥：～百家，独尊儒术。❷免除（官职）。

【罢了】bàle〈助〉用在陈述句的末尾，表示"如此而已"，有把事情往小里说的意思：没什么，我只是做了我应该做的事——。

【罢了】bàliǎo〈助〉表示容忍，有勉强放过暂不深究的意思：算了，他不愿去也就～。

【罢论】bàlùn〈名〉已经取消了的打算：扩建厂房的事已成～。

【罢免】bàmiǎn〈动〉❶选民或代表机关撤销他们所选出的人员的职务。❷免去（官职）。

龃（龃）bà 方言。〈动〉牙齿外露。

鲅（鲅）bà〈名〉鱼,身体纺锤形,鳞细,生活在海洋中。

鲌（鲌）bà 同"鲅"。
△另见 bó。

糯（糯）bà 同"耙"(bà)。

霸（*霸）bà❶〈名〉古代诸侯联盟的首领:春秋五~。❷〈名〉强横无理,倚仗权势压迫人民的人:恶~|渔~。❸〈名〉指霸权主义:反~斗争。❹〈动〉霸占:独~|军阀割据,各~一方。❺〈名〉姓。

【霸道】bàdào❶〈名〉古代指凭借武力、刑法、权势等进行统治的政策。❷〈形〉蛮横不讲理:横行~。

【霸道】bàdao〈形〉厉害;猛烈:这酒太~,少喝点!

【霸权】bàquán〈名〉国际上以实力操纵或控制别国的强大势力。

【霸王】bàwáng〈名〉❶古代霸主的称号。项羽曾自立为西楚霸王,因此也指项羽。❷比喻蛮横霸道的人。

【霸王鞭】bàwángbiān〈名〉❶表演民间舞蹈用的两端安有金属片的彩色短棍。❷民间舞蹈。表演时一面舞动霸王鞭,一面歌唱。❸灌木状常绿植物。原产马来群岛,在热带常栽培做绿篱。

【霸主】bàzhǔ〈名〉❶春秋时代势力最大并取得首领地位的诸侯。❷在某一领域或地区最有声威、势力的人或集团:文坛~。

灞bà〈名〉灞河,水名,在陕西。

— ba —

吧ba〈助〉❶用在句末表示商量、提议、请求、命令等:快点儿走~!|帮帮他的忙~!❷用在句末表示同意或认可:就这样~|行~,咱们试试看。❸用在句末表示疑问,带有推测的意味:他大概已经来了~?❹用在句末表示不敢肯定(不要求回答):是~,他好像是这么说的。❺用在句中停顿处。a)用于举例:就说他~,今年收入也不少。b)带假设的语气,有左右为难、犹豫不决的意思:去~,雨太大;不去~,又怕他们等着。

△另见 bā。

罢（罢）ba 同"吧"。
△另见 bà;pí。

— bāi —

掰bāi〈动〉用手把东西分开或折断:~玉米|~开月饼|一~两半儿|小弟弟~着指头数数儿。

踔bāi 方言。〈动〉瘸;跛:~子|脚~手残。

擘bāi 同"掰"。
△另见 bò。

— bái —

白bái❶〈形〉(颜色)像霜或雪的:~马|~发|~银|~骨|~絮|~茫茫|~皑皑|璧微瑕|混淆黑~。❷〈形〉清楚:明白:不~之冤|真相大~。❸〈形〉没有加上什么东西的:空白:~卷|~饭|~开水|~手起家。❹〈副〉没有效果;徒然:说了~说|~费力气。❺〈副〉无代价;无报偿:~吃|~给|~干。❻〈形〉明亮:~昼|唯见江心秋月~。❼〈形〉象征反动:~军|~区。❽〈形〉与丧葬活动有关的:~事|红~喜事。❾〈动〉用白眼珠看人,表示轻视或不满:~了他一眼。❿〈形〉(字音或字形)错误:写~字|把字念~了。⓫〈动〉说明;陈述:表~|辩~。⓬〈名〉戏曲或歌剧中在唱词之外用说话腔调说的语句:对~|道~|独~。⓭〈名〉指白话;口语:半文半~。⓮〈名〉地方话:苏~|京~。⓯〈名〉姓。

【白皑皑】bái'ái'ái〈形〉形容霜雪洁白:~的雪地。

【白璧微瑕】bái bì wēi xiá 洁白的玉上有些小斑点。比喻很好的人或事物有些小缺点。

【白痴】báichī〈名〉一种智力低下的病，也指患这种病的人。

【白地】báidì〈名〉❶指没有种上庄稼的田地或没有树木、房屋等的空地。❷白色的衬托面：～儿蓝花儿。

【白丁】báidīng〈名〉封建社会里指没有功名的人；平民：谈笑有鸿儒，往来无～。

【白宫】báigōng〈名〉美国总统的官邸。常用作美国官方的代称。

【白骨精】báigǔjīng〈名〉神话小说《西游记》中一个阴险狡诈、善于伪装变化的女妖精。常用来比喻善于伪装的阴险毒辣的女人。

【白花花】báihuāhuā〈形〉形容白得耀眼：～儿的银子。

【白话】báihuà〈名〉❶指不能实现或没有根据的话：别空口说～。❷指现代汉语（普通话）的书面形式：～文。

【白话文】báihuàwén〈名〉用白话写成的文章。也叫"语体文"。

【白金】báijīn〈名〉❶铂（bó）的通称。❷古代指银子。

【白净】báijing〈形〉（皮肤等）白而洁净。

【白驹过隙】bái jū guò xì《庄子·知北游》："人生天地之间，若白驹之过郤（隙），忽然而已。"形容时间过得很快，像小白马在细小的缝隙前一闪而过。

【白亮亮】báiliàngliàng〈形〉形容白而发亮：在明晃晃的灯光下，墙上，地上，都～的。

【白茫茫】báimángmáng〈形〉形容一望无边的白（用于云、雾、雪、大水等）：那山川，河流，树木，房屋，都罩罩上了一层～的厚雪。

【白描】báimiáo〈名〉❶国画的一种画法，纯用墨线勾描物像，不加彩色渲染。❷文学创作上的一种表现手法，用最简练的笔墨，不加烘托，勾勒出鲜明生动的形象。

【白皮书】báipíshū〈名〉某些国家的政府或议会公开发表的有关政治、外交、财政等方面的重大问题的文件，封面白色的叫"白皮书"。[注意]由于各国习惯和文件内容的不同，也有用别种颜色的，如蓝皮书、红皮书、黄皮书。

【白热化】báirèhuà〈动〉比喻事态等发展到最紧张、激烈的阶段：边界冲突到了～的程度。

【白日】báirì〈名〉❶太阳：～依山尽，黄河入海流。❷白天：～做梦（比喻幻想根本不能实现）。❸晴朗的日子：～放歌须纵酒，青春作伴好还乡。

【白色收入】báisè shōurù 指按规定获得的工资、津贴等劳动报酬，具有公开性（区别于"黑色收入"、"灰色收入"）。

【白色污染】báisè wūrǎn 指废弃塑料及其制品对环境造成的污染。塑料不易降解，影响环境的美观，所含成分有潜在危害。因塑料用作包装材料多为白色，故名。

【白生生】báishēngshēng〈形〉形容颜色白：～的窗纸上贴着红窗花儿|～的蔓菁一条根。

【白食】báishí〈名〉指不出代价而得到的饮食：要自食其力，不能吃～。

【白手起家】báishǒu qǐ jiā 形容在基础、条件差的情况下创立起一番新事业。

【白天】báitiān〈名〉从天亮到天黑的一段时间。

【白厅】báitīng〈名〉英国伦敦市内的一条大街。因过去有白厅宫而得名。现为英国主要政府机关所在地。常用作英国官方的代称。

【白头】báitóu ❶〈名〉白发，指老年：～偕老（夫妇共同生活到老）。❷〈形〉不署名的或没有加盖公章的：～帖子|～材料。

【白皙】báixī〈形〉（皮肤）白净：～的脸上，看不见一条皱纹。

【白相】báixiàng 方言〈动〉❶玩；玩耍；玩弄。❷游逛。

【白眼】báiyǎn〈名〉眼睛朝上或向旁边看，现出白眼珠，是看不起人的表情（跟"青眼"相对）：遭人～。

【白页】báiyè〈名〉电话号簿中登录党政机关、团体电话号码的部分，因用白色纸张印刷，故名（区别于"黄页"）。

【白衣苍狗】báiyī cānggǒu 唐杜甫《可叹》："天上浮云似白衣，斯须改变如苍狗。"后用"白衣苍狗"比喻世事变幻无常。

【白云苍狗】báiyún cānggǒu 见〖白衣苍狗〗。

备用词 斑白 惨白 苍白 葱白 花白 洁白 煞白 雪白 银白 鱼白 月白 辩白 表白 剖白 坦白 明白 清白 宾白 道白 独白 对白 京白 科白 口白 念白 旁白 说白 苏白 韵白 飞白 沉冤莫白 半文半白 颠倒黑白 青红皂白 一穷二白 真相大白

— bǎi —

百 bǎi〈数〉❶数字，十个十：～分数｜年过半～。❷表示很多：～货｜～谷｜～姓｜～科全书｜～闻不如一见｜～花齐放，～家争鸣。

【百般】bǎibān〈副〉形容采用种种方法：～刁难｜～挑剔。

【百步穿杨】bǎi bù chuān yáng《史记·周本纪》："楚有养由基者，善射者也。去柳叶百步而射之，百发而百中之。"后用"百步穿杨"形容箭法或枪法高明。

【百尺竿头，更进一步】bǎi chǐ gān tóu，gèng jìn yī bù 宋释道原《景德传灯录·卷十》："百尺竿头须进步，十方世界是全身。"佛教原用来比喻道行修养无止境，现比喻学问、成就等达到很高的程度后仍继续努力。

【百川归海】bǎi chuān guī hǎi 晋左思《吴都赋》："百川派别，归海而会。"意思是条条江河最后都流入大海。后用"百川归海"比喻大势所趋或众望所归，也比喻许多分散的事物汇集到一起。

【百发百中】bǎi fā bǎi zhòng ❶每次都能射中目标。❷比喻做事有充分把握，绝不落空。

【百废待兴】bǎi fèi dài xīng 很多被置的事业等着要兴办。也说"百废待举"。

【百废俱兴】（百废具兴）bǎi fèi jù xīng 各种应办而未办的事业都兴办起来。也说"百废俱举"。

【百感交集】bǎi gǎn jiāo jí 各种感触交织在一起。

【百工】bǎigōng〈名〉古代指各种手工业工人：巫医乐师～之人，不耻相师。

【百花齐放】bǎi huā qí fàng 比喻各种不同形式和风格的艺术自由发展。

【百家争鸣】bǎi jiā zhēng míng ❶春秋战国时代，社会处于大变革时期，产生了儒、法、道、墨等各种思想流派，他们著书讲学，互相论战，出现了学术上的繁荣景象，后世称为"百家争鸣"。❷泛指科学上不同学派自由论争。

【百科全书】bǎikē quánshū 比较全面系统地介绍文化科学知识的大型参考书。收录各种专门名词和术语，按词典形式编排，解说详细，如《中国大百科全书》。也有专科的百科全书，如《医药学百科全书》。

【百孔千疮】bǎi kǒng qiān chuāng 比喻破坏严重或弊病很多。也说"千疮百孔"。

【百炼成钢】bǎi liàn chéng gāng 比喻久经锻炼，非常坚强。

【百衲衣】bǎinàyī〈名〉❶袈裟，因用许多长方形小块布片拼缀制成而得名。❷泛指补丁很多的衣服。

【百年】bǎinián〈名〉❶指很多年，很长时间：～大计｜～不遇。❷人的一生；终身：～好合｜～之后（婉称人死亡）。

【百闻不如一见】bǎi wén bù rú yī jiàn 听到一百次也不如见到一次。指亲眼看到比听人家说的可靠。

【百无禁忌】bǎi wú jìnjì 什么都不忌讳。

【百无聊赖】bǎi wú liáolài 生活空虚，精神无所寄托，非常无聊。

【百无一失】bǎi wú yī shī 形容绝对不会出差错。

【百姓】bǎixìng〈名〉人民（旧时区别于"官吏"）。

【百依百顺】bǎi yī bǎi shùn 形容在一切事情上都非常顺从听话。

【百越】bǎiyuè〈名〉古代越族居住在江、浙、闽、粤之地，部落众多，故统称"百越"或"百粤"：～之地。

【百战百胜】bǎi zhàn bǎi shèng 打一百次仗胜一百次。形容所向无敌。

【百折不回】bǎi zhé bù huí 百折不挠。

【百折不挠】bǎi zhé bù náo 无论受多少挫折，都不动摇退缩。比喻意志坚强。也说"百折不回"。

伯 bǎi [大伯子]〈名〉丈夫的哥哥。△另见 bó。

佰 bǎi〈数〉"百"的大写。

柏（*栢） bǎi〈名〉❶柏树，乔木，叶鳞片状。木材质地坚硬，用来做建筑材料。❷姓。

△另见bó;bò。

捭
bǎi〈动〉分开:~阖(开合)。

摆
摆(擺❻襬)
bǎi❶〈动〉安放;排列:~摊|~设|~布|~擂台|桌上~着文房四宝。❷〈动〉显示;炫耀:~阔|~威风|~老资格。❸〈动〉来回地摇动:~手|~渡|摇头~尾|大摇大~。❹方言。〈动〉说;谈;陈述:~事实,讲道理|一一~问题。❺〈名〉钟表或精密仪器上用来控制摆动频率的装置;钟~。❻〈名〉长袍、上衣、衬衫等最下面的部分。❼〈名〉姓。

【摆簸】bǎibǒ〈动〉颠簸摇晃:天坼地裂,宫殿~,云烟沸涌。

【摆布】bǎibù〈动〉❶安排;布置。❷处置;支配:任人~。

【摆架子】bǎi jiàzi 指自高自大,为显示身份而装腔作势。

【摆弄】bǎinòng〈动〉❶反复拨动或移动:战士~着枪栓。❷操纵;支配:这些人不太好~。❸把玩:~半天,不忍释手。❹收拾;拾掇:~屋子。❺经营、照管(庄稼、家畜):~牲口。

【摆设】bǎishè〈动〉按照审美观点安放物品(多指艺术品):客厅里~得很整齐。

【摆设】bǎishe〈名〉❶指摆设的东西(多指供欣赏的艺术品):小~儿|房间里的~儿十分雅致。❷喻指徒有其表而无实际用处的东西:书是供人阅读、查检的,不是拿来当~的。

【摆脱】bǎituō〈动〉脱离;甩掉:迅速~敌人。

【摆站】bǎizhàn〈动〉古代犯人被发往驿站当驿卒。

【摆子】bǎizi 方言。〈名〉疟疾:打~。

— bài —

呗
呗(唄)
bài「梵(fàn)呗」佛教徒念诵经文的声音:空山~。

△另见bei。

败
败(敗)
bài〈动〉❶在战争或竞赛中失败(跟"胜"相对):~北|战~国|骄兵必~|甲队以二比三~于乙队。❷打败(敌人):挫~|大~侵略军。❸(事情)失败(跟"成"相对):~笔|~露|功~垂成|不计成~|成~利钝。❹搞坏(事情):~坏|身~名裂|成事不足,~事有余。❺解除;消除:~火|~毒。❻破旧;腐烂;凋谢:~絮|腐~|衰~|开不~的花朵。

【败北】bàiběi〈动〉打败仗。

【败笔】bàibǐ〈名〉指写字、绘画中笔法运用不

当的地方,也指诗文中写得不好的词句。

【败坏】bàihuài ❶〈动〉损害;毁坏:~名誉|~门风。❷〈形〉恶劣:道德~。

【败绩】bàijì〈动〉(军队)溃败;大败;被打败。

【败类】bàilèi〈名〉集体中堕落或变节的分子。

【败露】bàilù〈动〉(坏事或阴谋)被人发觉。

【败落】bàiluò〈动〉破落;衰落:家道~。

【败损】bàisǔn〈动〉战败而损伤:兵将~。

【败兴】bàixìng❶〈形〉兴趣受到破坏或因遇到不希望有的事而情绪低落;扫兴。❷方言。晦气;倒霉。

备用词 残败 腐败 溃败 破败 衰败 颓败 不计成败 骄兵必败 坐观成败

拜
bài ❶〈动〉行礼以表示敬意,如作揖、下跪叩头:叩~|顶礼膜~。❷〈动〉见面行礼表示祝贺:~年|~节|~寿|~团。❸〈动〉拜访:回~|~客|~街坊。❹〈动〉用一定的礼节授予某种名义:~相|~将。❺〈动〉恭敬地与对方结成某种关系:~师|~盟|结~|~把子|八~之交。❻〈动〉敬辞,用于人事往来:~托|~领|~读大作。❼〈动〉尊崇;敬佩:~服|崇~|甘~下风。❽〈名〉姓。

【拜忏】bàichàn〈动〉僧道念经礼拜,为人忏悔消灾。

【拜访】bàifǎng〈动〉探望;访问:~亲友。

【拜会】bàihuì〈动〉拜访会见。

【拜见】bàijiàn〈动〉拜会;会见(从客人方面说)。

【拜门】bàimén 方言。〈动〉说媒;提亲。

【拜手】bàishǒu〈名〉古时的一种礼节,跪下,两手拱合至地,头俯在手上。

【拜堂】bàitáng〈动〉旧式婚礼,新郎新娘一起举行参拜天地的仪式。也指拜天地后拜见父母公婆。也说"拜天地"。

【拜托】bàituō〈动〉敬辞,托人办事。

【拜望】bàiwàng〈动〉拜访探望:~亲戚本家。

【拜物教】bàiwùjiào〈名〉原始宗教的一种形式,把某些东西(如石头、树木、弓箭等)当作神灵崇拜,无一定的组织形式。后也用来比喻对某种事物的迷信:金钱~|商品~。

【拜谢】bàixiè〈动〉敬辞,用恭敬的礼节表示感谢。

【拜谒】bàiyè〈动〉❶拜见;往见。❷瞻仰(陵墓等)。

备用词 参拜 朝拜 崇拜 答拜 跪拜 回拜 结拜 叩拜 礼拜 膜拜 团拜 下拜

稗
稗(*粺)
bài ❶〈名〉稗子,一年生草本植物,是稻田中的害草,但子

实可酿酒或做饲料。❷〈形〉比喻微小、琐碎的：～贩｜～史(记载逸闻琐事的书)。

【稗官野史】bàiguān yěshǐ 古代稗官是专给帝王述说街谈巷议、闾巷风俗的小官，后用为小说的代称。泛称记载逸闻琐事的文字为"稗官野史"。

━ bān ━

扳 bān〈动〉❶使位置固定的东西改变方向或转动：～闸｜～枪栓｜～道岔。❷扭转；把输的赢回来：～本｜～回一球，踢成平局。
　　△另见 pān。

【扳平】bānpíng〈动〉在体育比赛中扭转落后的局面，使成平局：终场前，甲队将比分～。

班 bān❶〈名〉根据工作或学习需要而编成的组织：～级｜甲～｜作业～｜训练～｜补习～。❷〈名〉指一天之内的一段工作时间：上～｜早～｜夜～｜值～｜加～｜三～倒。❸〈名〉军队的基层单位，班的上一级是排。❹〈动〉调回或调动(军队)：～师。❺〈名〉次序：按部就～。❻〈动〉铺开：～荆道故。❼〈形〉按排定的时间开行的：～车｜～机｜～轮。❽〈量〉a)用于人群：一～人马｜这～年轻人真有干劲！b)用于定时开行的交通运输工具：搭乘下一～飞机。❾〈名〉姓。

【班白】bānbái 见【斑白】。

【班驳】bānbó 见【斑驳】。

【班房】bānfáng〈名〉❶旧时衙门里衙役值班的地方。也指衙役。❷监狱或拘留所的俗称：蹲～｜坐～。

【班门弄斧】bān mén nòng fǔ 在巧匠鲁班门前摆弄斧子，比喻在行家面前卖弄本领。

兄弟，这是鲁班家门口呀！

【班师】bānshī〈动〉还师；也指出征的军队胜利归来。

般 bān❶〈量〉种；样：如此这～｜百～挑剔｜十八～武艺。❷〈助〉一样；似的：火焰～的热情。❸同"搬"。❹〈名〉姓。
　　△另见 bō；pán。

【般配】bānpèi〈形〉❶指结亲的双方(包括本人和家庭)相称：小两口儿挺～。❷指人的身份跟衣着或住所等相称：我穿这种样式的衣服有点儿不～。

颁(頒) bān〈动〉❶发布；发下：～布｜～发｜～行。❷赏赐：～赐。

【颁白】bānbái 见【斑白】。

【颁布】bānbù〈动〉公布：～法令。

【颁发】bānfā〈动〉❶公布；发布：～命令。❷授予：～勋章｜～奖状。

【颁行】bānxíng〈动〉颁布施行。

斑 bān❶〈名〉斑点或斑纹：红～｜黑～｜雀～。❷〈形〉有斑点或斑纹的：～马｜～鸠。❸〈形〉颜色杂而不纯：～白。❹〈名〉姓。

【斑白】(班白、颁白)bānbái〈形〉(胡须、头发)花白：须发～｜两鬓～。

【斑斑】bānbān〈形〉形容斑点很多：血迹～。

【斑驳】(班驳)bānbó〈形〉一种颜色中杂有别种颜色；颜色错杂：渍痕～｜～陆离｜三五夜，明月半墙，桂影～，风移影动，珊珊可爱。

【斑斓】bānlán〈形〉色彩错杂，灿烂多彩：五彩～。

搬 bān〈动〉❶移动物体的位置：～动｜～运｜～开绊脚石。❷迁移：～家｜～迁。❸照样移用：照～｜生～硬套。

【搬口】bānkǒu〈动〉搬弄口舌。

【搬弄】bānnòng〈动〉❶用手翻动；搬动。❷卖弄：～小聪明。❸挑拨：～是非。

【搬迁】bānqiān〈动〉迁移。

【搬移】bānyí〈动〉迁移。

瘢 bān〈名〉疮口或伤口好了后留下的痕迹：疮～｜～痕。

癍 bān〈名〉皮肤上生斑点的病。

━ bǎn ━

阪 bǎn ❶同"坂"。❷［大阪］〈名〉日本地名。

坂（*岅） bǎn 〈名〉山坡;斜坡:如丸走～(比喻迅速)。

板（❾闆） bǎn ❶〈名〉片状的较硬的物体:木～|纸～|钢～|石～|地～|铺～|纤维～。❷〈名〉专指店铺的门板:铺子上了～儿。❸〈名〉黑板:～报|～书。❹〈名〉演奏民乐或戏曲时用来打拍子的乐器:檀～|鼓～。❺〈名〉音乐和戏曲中的节拍:快～|慢～|离腔走～|一～一眼。❻〈形〉呆板;少变化;不灵活:死～|平～|刻～|古～|～滞。❼〈形〉硬得像板子似的:～结|地～了,不好锄。❽〈动〉表情严肃:～起面孔。❾【老板】〈名〉称私营工商业的财产所有者;掌柜的。旧时对著名戏曲演员或组织戏班的戏曲演员的尊称。

【板板六十四】bǎnbǎn liùshísì 形容做事死板,不知变通。

【板荡】bǎndàng〈形〉《诗经·大雅》里的《板》《荡》两篇,都是写当时政治黑暗、人民痛苦的,后来用"板荡"指政局混乱,社会动荡不安:疾风知劲草,～识忠臣。

【板上钉钉】bǎn shàng dìng dīng 比喻事情已经定下来,不能变更。

【板眼】bǎnyǎn〈名〉❶民族音乐和戏曲中的节拍,每小节中最强的拍子叫"板",其余的拍子叫"眼",合称"板眼"。❷比喻条理和层次:他做事很有～。❸比喻关键,要害:你说的都在～上。❹方言。比喻办法,主意:就数他～多。

【板滞】bǎnzhì〈形〉❶呆板。❷停滞,不活动:眼光有些～。

备用词　呆板　古板　刻板　平板　死板

版 bǎn ❶〈名〉上面有文字或图形的供印刷用的底子,从前用木板,后多用金属板,现多用胶片:木～|铅～|铜～|胶～|排～|拼～。❷〈量〉书籍排印一次为一版,一版可包括多次印刷:原～|再～|一次～|一税。❸〈量〉指报纸的一面:头～|头条新闻|本报今日八～。❹〈名〉筑土墙用的夹板:～筑。❺〈名〉名册;户籍:～图。❻〈名〉古代大臣上朝时手中拿的狭长板子:笏(hù)～|投～弃官而去。

【版本】bǎnběn〈名〉❶同一部书因编辑、传抄、制版、装订等的不同而产生的不同本子:～学。❷同一事物的不同表现形式或不同说法:这个故事有好几种～。

【版图】bǎntú〈名〉户籍和地图,借指国家的领土、疆域:我国～辽阔。

钣（鈑） bǎn〈名〉金属板:铝～|铅～|钢～|～金工。

舨 bǎn 见［舢(shān)板］(舢舨)。

蝂 bǎn 见［蝜蝂］。

━ bàn ━

办（辦） bàn〈动〉❶办理;处理;料理:经～|主～|缓～|～事|～公|～案|～交涉|～入学手续|一手包～。❷创设;经营:创～|开～|兴～|～工厂|～学校。❸采购;置备:备～|置～|～货|～酒席。❹惩治:～罪|法～|查～|严～|首恶必～。

【办法】bànfǎ〈名〉处理事务或解决问题的方法。

【办理】bànlǐ〈动〉处理(事务):～手续。

【办事处】bànshìchù〈名〉政府、军队、企业、团体等的派出机构:街道～|驻京～。

【办学】bànxué〈动〉兴办学校:集资～。

【办治】bànzhì〈动〉办理;处理。

备用词　包办　承办　代办　照办　主办　备办　采办　置办　筹办　创办　举办　开办　兴办　查办　惩办　法办　究办　拿办　严办等

半 bàn ❶〈数〉二分之一;一半(没有整数时用在量词前,有整数时用在量词后):～百|～价|～径|一斤～|毁誉参～。❷〈形〉……中间的:～夜|～途而废|～空|～山腰|～路出家。❸〈数〉比喻很少:一星～点|一鳞～爪。❹〈副〉不完全:～醉|～成品|～导体|房门～开着。❺〈名〉姓。

【半壁】bànbì〈名〉❶半边。❷特指半壁江山:江南～。

【半岛】bàndǎo〈名〉三面临水,一面与大陆相连的陆地。

【半点】bàndiǎn〈数〉表示极少:科学是老老实实的学问,来不得～虚夸。

【半斤八两】bàn jīn bā liǎng 旧制一斤是十六两,半斤就是八两。比喻彼此一样,不分上下。

【半路出家】bànlù chūjiā 成年后才出家做僧尼。比喻原先不是从事这一工作的,而是后来才改行从事这一工作。

【半晌】bànshǎng〈名〉半天。

【半身不遂】bàn shēn bù suí 中医指偏瘫。

【半死不活】bàn sǐ bù huó ❶形容快要死的样子:这些~的秧苗可能缓不过来了。❷形容没有精神、没有生气的样子:她整天~的,一点儿精神都没有。

【半推半就】bàn tuī bàn jiù 又要推开又要靠近,形容心里愿意,表面上却装出不愿意而推辞的样子。

扮 bàn〈动〉❶化装成(某种人物):~戏|~演|女~男装|改~商人模样|他在《逼上梁山》里~林冲。❷面部装成(某种表情):~鬼脸。

【扮鬼脸】bàn guǐliǎn 脸上装出怪模样:她不住地~|他冲我扮了个鬼脸。

【扮相】bànxiàng〈名〉演员化装成戏中人物后的形象:~英武。

【扮演】bànyǎn〈动〉化装成某种人物进行表演。

伴 bàn ❶〈名〉在一起工作或生活的人:同伴:伙~|旅~|做~|老~|~侣|结~|同行。❷〈动〉陪伴:随同:~奏|~唱|~舞|~随。❸〈名〉姓。

【伴侣】bànlǚ〈名〉同在一起生活、工作或学习的人。多指夫妻或夫妻中的一方:终身~(指夫妻)|一路上有你做~,我就不会感到寂寞了|她找到了生活中的理想~。

【伴随】bànsuí〈动〉随同;跟:~左右。

坢 bàn 方言。〈名〉粪肥:猪栏~|牛栏~。

拌 bàn〈动〉❶搅和;搅拌:~种|草料~马料|小葱~豆腐。❷争吵:~嘴|他俩~了两句。

绊(絆) bàn〈动〉挡住或缠住,使跌倒或使行走不便:~脚|马索~|被石头~了一跤。

【绊脚石】bànjiǎoshí〈名〉比喻阻碍事物发展的人或事物:骄傲是进步的~。

桦 bàn[桦子]方言。〈名〉大块的劈柴。

鞥 bàn〈名〉古代驾车时套在马后的皮带。

瓣 bàn ❶〈名〉组成花朵的花片:花~。❷〈名〉植物的种子、果实或球茎按自然纹理可以分开的部分:豆~儿|蒜~儿|橘子~儿。❸〈名〉物体破碎后分成的部分:盘子摔成几~儿。❹〈量〉用于花瓣、叶片或种子、果

实、球茎分开的小块儿:一~儿蒜|把苹果切成四~儿。

━ bāng ━

邦 bāng〈名〉❶国:友~|邻~|盟~|联~|~交|多难兴~。❷姓。

【邦交】bāngjiāo〈名〉国与国之间的正式外交关系:建立~|恢复~。

帮(幫*幚帮) bāng ❶〈动〉替人出力或给予精神上、物质上的支援:帮助:~忙|~厨|~凶。❷〈动〉指从事雇佣劳动:~工|~佣。❸〈名〉物体两旁或周围的部分:船~|床~|车~|鞋~儿。❹〈名〉某些蔬菜外层叶子较厚的部分:白菜~儿。❺〈名〉群;伙:集团:搭~|马~|匪~|行(háng)~|~派。❻〈名〉旧社会某些民间秘密组织;帮会:青~|洪~。❼〈量〉用于人,是"群""伙"的意思:一~年轻人。

【帮忙】bāngmáng〈动〉帮助别人做事,泛指在别人有困难时给予帮助。

【帮派】bāngpài〈名〉为共同的私利而结成的小集团:~思想|~活动。

【帮腔】bāngqiāng〈动〉❶某些戏曲中的一种演唱形式,台上一人主唱,多人在后台和着唱。❷比喻从旁帮别人说话:见无人~,他也就不再坚持了。

【帮手】bāngshou〈名〉帮助别人进行工作的人:找个~。

【帮闲】bāngxián ❶〈动〉(文人)受官僚、富豪豢养,给他们装点门面,为他们效劳。❷〈名〉帮闲的文人。

【帮凶】bāngxiōng ❶〈动〉帮助别人行凶、作恶。❷〈名〉帮助别人行凶、作恶的人。

【帮助】bāngzhù〈动〉替人出力或给予物质上、精神上的支援。

B

梆 bāng ❶〈名〉梆子,打更等用的器具,用竹子或木头制成。❷〈拟〉形容敲击木头的声音:门敲得~~山响。

浜 bāng 方言。〈名〉小河:河~。

━━ bǎng ━━

绑(綁) bǎng〈动〉用绳、带等缠绕或捆扎:捆~|把两根棍子~在一起。

【绑缚】bǎngfù〈动〉捆绑;绑缚。

【绑架】bǎngjià〈动〉用强力把人劫走。

【绑票】bǎngpiào〈动〉匪徒把人劫走,强迫被绑者的家属出钱去赎。

【绑腿】bǎngtuǐ〈名〉缠裹小腿用的长布带。

榜(*牓) bǎng〈名〉❶张贴的名单:发题~|~落~|光荣~|选民~|金~题名。❷古代指文告:~文|皇~|张~招贤。❸木牌;匾额:题~|~额。
△另见 bàng;péng。

【榜眼】bǎngyǎn〈名〉科举考试中,明清两代称殿试考取一甲(第一等)第二名的人。

【榜样】bǎngyàng〈名〉值得学习的人或事物:好~|学习的~。

膀(*髈) bǎng〈名〉❶肩膀:臂~|~阔腰圆。❷翅膀:鸭~。
△另见 bàng;pāng;páng。

【膀臂】bǎngbì〈名〉❶胳膊。❷比喻得力的助手。

━━ bàng ━━

蚌 bàng〈名〉软体动物,有两片可以开闭的椭圆形介壳,生活在淡水中,有的种类产珍珠。
△另见 bèng。

旁 bàng 同"傍"(bàng)。
△另见 páng。

【旁午】bàngwǔ〈形〉交错;纷繁。

棒 bàng ❶〈名〉棍子:木~|铁~|棍~|~槌|接力~。❷〈名〉形状像棍子的东西:磁~|电~|炭精~。❸〈形〉(体力或能力)强;(水平)高;(成绩)好:~劳力|~小伙儿|字写得真~|他的功课向来很~。❹〈动〉用棍棒打击:当头一喝(hè)。

【棒喝】bànghè〈动〉比喻促人醒悟的警告。

傍 bàng〈动〉❶靠;靠近:倚~|偎~|依山~水。❷临近(指时间):~午|~晚。❸依靠;依附:~人门户。
△另见 páng。

谤(謗) bàng〈动〉❶恶意地说人坏话,毁人名誉;诽谤:毁~|骂~|(止息诽谤)。❷指责;责备:怨~|国人~王。

塝 bàng 方言。〈名〉土坡;土埂(多用于地名):张家~(在湖北)。

搒(*榜) bàng〈动〉摇橹使船前进;划船。
△另见 péng。

蒡 bàng[牛蒡]〈名〉草本植物,根和嫩叶可做蔬菜,根和种子入药。

榜 bàng ❶〈名〉船桨:齐吴~以击汰。❷同"搒"(bàng)。
△另见 bǎng;péng。

蛖 bàng 同"蚌"。

膀 bàng[吊膀]方言。〈动〉调情。也说"吊膀子"。
△另见 bǎng;pāng;páng。

磅 bàng ❶〈量〉英美制质量或重量单位。1磅合 0.4536 千克。❷〈名〉磅秤:过~。❸〈动〉用磅秤称轻重:~体重。[外]
△另见 páng。

镑(鎊) bàng〈名〉英国、埃及等国的本位货币。[外]

━━ bāo ━━

包 bāo ❶〈动〉用纸、布等把东西裹起来:~扎|~书|~饺子|~伤口|纸里~不住火。❷〈名〉包好了的东西:药~|邮~。❸〈名〉装东西的口袋:钱~|皮~|背~|挎~|公文~。❹〈名〉包子,用发面做皮裹馅儿的面食:糖~|豆~|肉~。❺〈量〉用于成包的东西:两~大米|一~点心。❻〈名〉凸起的包状物;鼓起的疙瘩:山~|脓~|树上有个~|腿上起了~。❼〈名〉毡制的圆顶帐篷:蒙古~。

❽〈动〉围绕;包围:包围~抄|河水分流,~山而过。**❾**〈动〉容纳在里头;总括在一起:~含|~孕|~容|~括|~罗万象|无所不~。**❿**〈动〉把任务承担下来,负责完成:~销|~办|~医|~教|~产到户。**⓫**〈动〉担保:~你满意。**⓬**〈动〉约定专用:~场|~厢|~车|~机。**⓭**〈名〉姓。

【包办】bāobàn〈动〉**❶**负责办理:本饭店~宴席。**❷**不让旁人参与,由一人或一方独自办理:~代替|~婚姻。

【包庇】bāobì〈动〉祖护或掩护(坏人,坏事):互相~|~罪犯|~贪污犯。

【包藏】bāocáng〈动〉包含;隐藏:~祸心(怀着干坏事的念头)。

【包抄】bāochāo〈动〉绕到侧面或背后进攻敌人。

【包袱】bāofu〈名〉**❶**包裹衣服等用的布。**❷**用布包的包儿:拎着一个~。**❸**比喻影响思想或行动的负担:思想~|放下~,轻装前进。

【包裹】bāoguǒ**❶**〈动〉包;包扎:~伤口。**❷**〈名〉包扎成件的包儿:寄~。

【包含】bāohán〈动〉里头含有:这段话~两层意思。

【包涵】bāohan〈动〉客套话,请人宽容、原谅:招待不周,请多多~|唱得不好,请大家~~。

【包举】bāojǔ〈动〉**❶**总括;全部占有:~无遗。**❷**并吞:席卷天下,~宇内,囊括四海。

【包括】bāokuò〈动〉包含:语文训练应该~听、说、读、写四项。

【包罗】bāoluó〈动〉包括(指大范围):~万象|内容丰富,应有尽有)。

【包容】bāoróng〈动〉**❶**宽容:大度~。**❷**容纳:我的感激之情,这张小小的信纸怎能~得下!

【包身工】bāoshēngōng〈名〉旧社会一种变相的贩卖奴隶的形式。被贩卖的青少年,由包工头骗到工厂、矿山做工,没有人身自由,工钱全归包工头所有。

【包孕】bāoyùn〈动〉包含。也作"包蕴"。

【包蕴】bāoyùn 同"包孕"。

【包扎】bāozā〈动〉包裹捆扎:~伤口。

【包装】bāozhuāng**❶**〈动〉在商品外面用纸包裹或把商品装进纸盒、瓶子等:定量~|把商品~好|商品应注意质量。**❷**〈名〉指用来包装商品的东西,如纸盒、瓶子等:~美观|运输不慎,~破损十分严重。**❸**〈动〉比喻对人或事物从形象上装扮、美化,使更具吸引力或

商业价值:~歌星|~体育比赛。

苞　bāo**❶**〈名〉花没开时包着花骨朵的小叶片:花~|含~欲放。**❷**〈形〉丛生而繁密:竹~松茂。

孢　bāo[孢子](胞子)bāozǐ〈名〉某些低等动植物产生的有繁殖作用或休眠作用的细胞,脱离母体后能形成新的个体。

枹　bāo〈名〉枹树,乔木,种子可用来提取淀粉,树皮可用来制栲胶。有的地区叫"小橡树"。
△另见 fú。

胞　bāo**❶**〈名〉胞衣,中医指包裹胎儿的胎膜和胎盘:双~胎。**❷**〈形〉同父母所生的;嫡亲的:~兄|~妹|~叔(父亲的胞弟)。**❸**〈名〉同一个国家或民族的人:同~|侨~。

【胞子】bāozǐ 见[孢子]。

炮　bāo〈动〉**❶**一种烹饪方法,在旺火上急炒(牛羊肉片等):~炒|~羊肉。**❷**烘;焙:~烟叶|湿衣服挂在火边~着。
△另见 páo;pào。

剥　bāo〈动〉去掉外面的皮或壳:~皮|~豆子|~橘子|~花生。
△另见 bō。

龅(齙)　bāo[龅牙]〈名〉突出唇外的牙齿。

煲　bāo 方言。**❶**〈名〉壁较陡直的锅:沙~|瓦~|铜~|饭~。**❷**〈动〉用煲煮或熬:~饭|~粥。

褒(＊裦)　bāo**❶**〈动〉赞扬;夸奖(跟"贬"相对):~奖|~扬|~贬不一。**❷**〈形〉(衣服)肥大:~衣博带。

【褒贬】bāobiǎn〈动〉评论好坏:不置~。

【褒贬】bāobian〈动〉指责;批评缺点:别在背后~人。

【褒扬】bāoyáng〈动〉表扬:~先进。

【褒义】bāoyì〈名〉字句里含有的赞美或好的意思:~词。

━━ **báo** ━━

雹　báo〈名〉冰雹,空中水蒸气遇冷结成的冰粒或冰块,常在夏天随暴雨降落。对农业有害。

薄　báo〈形〉**❶**扁平物上下两面之间的距离小(跟"厚"相对,下②③同):~片|~饼|纸很~。**❷**(感情)冷淡;不深:待他不~。**❸**不浓;淡:~酒。**❹**不肥沃:地~。
△另见 bó;bò。

B

═ **bǎo** ═

饱（飽） bǎo ❶〈形〉满足了食量（跟"饿"相对）：半～｜酒足饭～｜饥一顿，～一顿。❷〈形〉饱满；充实：穗大粒～。❸〈副〉足足地；充分：～经风霜｜～览三峡风光。❹〈动〉满足：一～眼福。

【饱含】bǎohán〈动〉充满；满含：眼里～热泪｜胸中～着对祖国的热爱。

【饱和】bǎohé〈动〉❶在一定温度和压力下，溶液内所含溶质的量达到最大限度，不能再溶解。❷比喻事物达到最高限度：会场已经～了，不能再进人了。

【饱经风霜】bǎo jīng fēngshuāng 形容经历过许多艰难和困苦。

【饱满】bǎomǎn〈形〉❶丰满：颗粒～。❷充足：精神～｜～的热情。

【饱食终日】bǎo shí zhōngrì 一天到晚吃得饱的，比喻无所事事：～，无所用心。

【饱学】bǎoxué〈形〉学识丰富：～之士。

【饱绽】bǎozhàn〈动〉饱满得像快要裂开：肌肉块块～。

宝（寶*寳） bǎo ❶〈名〉珍贵的东西：珠～｜国～｜瑰（guī）～｜献～｜传家～｜文房四～（笔墨纸砚）。❷〈形〉珍贵的：～剑｜～石｜～塔。❸〈动〉以某事物为珍贵；珍爱：所～唯贤。❹〈名〉帝王的印玺。❺〈形〉敬辞，用于称别人的家眷、铺子等：～眷｜～号｜～刹。❻〈名〉姓。

【宝宝】bǎobao〈名〉对小孩儿的爱称。

【宝贝】bǎobèi〈名〉❶珍贵的东西。❷对小孩儿的爱称。❸指无能或行为怪诞荒唐的人（含讥讽意）：这人简直是个～！

【宝贵】bǎoguì〈形〉❶极有价值；非常难得；值得重视的：～的生命｜这些文物非常～。❷

〈动〉当成珍宝看待；重视：极可～的经验。

【宝库】bǎokù〈名〉储藏珍贵物品的地方，多用于比喻：知识～｜理论～。

【宝藏】bǎozàng〈名〉❶储藏的珍宝或财富，多指埋藏在地下的矿产。❷比喻可以发掘利用的财富：民间艺术的～。

【宝座】bǎozuò〈名〉称帝王或神佛的座位，多用于比喻：登上了冠军的～。

备用词 财宝　法宝　瑰宝　国宝　珍宝　献宝　珠宝　如获至宝

保 bǎo ❶〈动〉保护；保卫：～安｜～健｜～驾｜～佑｜～障｜～家卫国｜明哲～身。❷〈动〉保持：～温｜～墒（shāng）｜～守秘密｜水果～鲜。❸〈动〉保证；担保做到：～险｜～修｜旱涝～收｜～质～量。❹〈动〉担保（不犯罪、不逃走等）：～释｜取～候审。❺〈名〉保人；保证人：作～｜交～｜中～。❻〈名〉旧时户籍的编制单位，若干甲为一保。❼〈名〉姓。

【保安】bǎo'ān ❶〈动〉保卫治安：加强～工作。❷〈动〉保护工人安全，防止在生产过程中发生人身事故：～规程｜～制度。❸〈名〉指保安员，在机关、企业、商店、宾馆、住宅区等做保卫治安工作的人。

【保镖】bǎobiāo ❶〈动〉会技击的人佩带武器，为别人护送财物或保护人身安全，也泛指做护卫工作。❷〈名〉指从事这种工作的人。

【保藏】bǎocáng〈动〉收藏使免受损坏或遗失：～手稿｜精心～良种。

【保呈】bǎochéng〈名〉旧时对别人的言行承担保证一类的呈文。

【保持】bǎochí〈动〉维持住原状，使不消失或减弱：与群众～密切联系。

【保存】bǎocún〈动〉❶使继续存在，不受损失或不发生变化：～古迹｜～实力。❷保管收存：现在我还～着他们寄来的许多信。

【保单】bǎodān〈名〉❶为保证他人的行为或财力而写的字据。❷表示在一定期限和规定的范围内对所售或所修物品负责的单据，如修理钟表的保单：保存好～。❸指保险单，投保人与保险人签订的保险合同。

【保底】bǎodǐ〈动〉❶保本。❷指保证不少于最低限额：奖金上不封顶，下不～。

【保额】bǎo'é〈名〉保险金额的简称。

【保费】bǎofèi〈名〉保险费。

【保管】bǎoguǎn ❶〈动〉保藏和管理：～图书。❷〈名〉做保管工作的人：老～｜请了一个～。❸〈副〉表示十分肯定；有把握：她听到这个消息,～高兴。

【保护】bǎohù〈动〉尽力照顾,使不受损害:～益鸟|～眼睛|～动物。

【保皇】bǎohuáng〈动〉维护帝制或皇权,比喻效忠当权者:～派|～党。

【保驾】bǎojià〈动〉旧指保卫皇帝,现泛指保护某人或某事物:有老李给你～,你还怕什么?|为经济建设～护航。

【保荐】bǎojiàn〈动〉负责推荐(人):～贤能。

【保健】bǎojiàn〈动〉保护健康:～员|～站|～工作|自我～。

【保健操】bǎojiàncāo〈名〉一种自我穴位按摩,并结合肢体运动的健身方法,如眼保健操等。

【保洁】bǎojié〈动〉保持清洁:～车|～工|加强公园的～工作。

【保留】bǎoliú❶〈动〉保存不变:家乡还～着旧日的面貌。❷暂时留着不议或不处理:有不同意见可以～。❸留着,不拿出来:他毫无～地把技术传给了徒弟。

【保姆】(❶保母)bǎomǔ〈名〉❶受雇为人照顾小孩或料理家务的妇女:请了个～照顾小孩。❷保育员的旧称。

【保全】bǎoquán〈动〉保护使不受损害:～面子。

【保人】bǎoren〈名〉保证人。

【保湿】bǎoshī〈动〉保持水分:注意皮肤～。

【保释】bǎoshì〈动〉取保释放:～出狱。

【保守】bǎoshǒu❶〈动〉守住使不失去:～秘密。❷〈形〉维持现状,不思改进:跟不上形势的发展:思想～。

【保税区】bǎoshuìqū〈名〉一个国家或地区在其管辖范围内划出的特定区域,境外商人和商品可以自由进出,并在区内享受税收优惠政策。

【保送】bǎosòng〈动〉由国家、机关、学校、团体等保荐去学习:他被～上了大学。

【保卫】bǎowèi〈动〉保护使不受侵犯:～祖国|～国家主权。

【保鲜】bǎoxiān〈动〉保持蔬菜、水果、肉类等易腐食物的新鲜:～纸|～膜|食品～|改进水产品～技术。

【保险】bǎoxiǎn❶〈名〉一种集中分散的社会资金,补偿因自然灾害、意外事故或人身伤亡而造成的损失的方法。参加保险的人或单位,向保险机构按期缴纳一定数量的费用,保险机构对在保险责任范围内所受的损失负赔

偿责任。❷〈名〉一种保证安全的装置:枪上了～。❸〈形〉安全;稳妥可靠:这样做不太～。❹〈动〉担保:看了货样～你满意。

【保险带】bǎoxiǎndài〈名〉高空作业或表演时为保障人身安全而使用的带子,一端固定,另一端系在人的腰间。

【保养】bǎoyǎng〈动〉❶保护调养:～身体。❷保护修理,使保持正常状态:～机器|～汽车。

【保佑】bǎoyòu〈动〉迷信的人称神佛保护和帮助。

【保育】bǎoyù〈动〉照管婴幼儿,使好好成长:～员。

【保育员】bǎoyùyuán〈名〉托儿所、幼儿园里负责照管婴幼儿的人员。

【保障】bǎozhàng❶〈动〉保护使不受侵犯或损害:～妇女儿童的合法权益。❷〈动〉保证;担保做到:发展经济,～供给。❸〈名〉起保障作用的事物:团结是胜利的～。

【保证】bǎozhèng❶〈动〉担保;担保做到:～完成任务。❷〈动〉确保既定的要求和标准,不打折扣:～产品质量|～学习时间。❸〈名〉作为担保的事物:经济发展了,人民生活的改善就有了～。

【保证金】bǎozhèngjīn〈名〉❶为了保证履行某种义务而缴纳的一定数量的钱。❷犯罪嫌疑人、被告人为了保证不逃避审讯而向法院、检察机关或公安机关缴纳的一定数量的钱。

【保证人】bǎozhèngrén〈名〉❶保证别人的行为符合要求的人。❷刑事诉讼中,保证被候审的犯罪嫌疑人、被告人遵守取保候审的有关法律规定的人。❸担保债务人履行债务而与债权人订立协议的人。

【保证书】bǎozhèngshū〈名〉为了保证做到某件事情而写成的书面材料。

【保值】bǎozhí〈动〉使货币或财产不受物价变动影响而保持原有价值:～储蓄。

【保重】bǎozhòng〈动〉(希望别人)注意身体健康:～身体|只身在外,请多～。

鸨(鴇) bǎo〈名〉❶鸟,头小,颈长,尾短,比雁稍大,不善飞,能涉水。❷指鸨母,旧时开设妓院的女人:老～。

葆 bǎo❶〈动〉保持;保护:永～青春。❷〈形〉(草)茂盛:头如蓬～。❸〈名〉姓。

堡 bǎo〈名〉❶土筑的小城:据险筑～。❷军事上防御用的坚固建筑物;堡垒:碉～|地～|暗～|桥头～。❸姓。

△另见 bǔ；pù。

【堡垒】bǎolěi〈名〉❶军事上作防守用的一种坚固的建筑物。❷比喻难于攻破的事物或思想守旧不容易接受新事物的人：科学～|顽固～。

备用词　暗堡　城堡　地堡　碉堡

褓（*緥）bǎo〈名〉包裹婴儿的被子：襁～。

━━ bào ━━

报（報）bào❶〈动〉告诉；汇～|通～|申～|禀～|～名|～警|～喜。❷〈动〉回答：～友人书|～之以热烈的掌声。❸〈动〉报答；用实际行动表示感谢：～恩|国～效|～偿|投桃～李。❹〈动〉报复：～仇|～怨。❺〈动〉报应：现世～|善有善～。❻〈名〉报纸：日～|晚～|周～|机关～。❼〈名〉指某些刊物：画～|学～。❽〈名〉报道消息或发表言论的文字：喜～|海～|壁～|简～。❾〈名〉指电报：发～。❿〈动〉判案；审理案件：而罪（治罪）之。⓫〈动〉赴：吾今且～府。

【报偿】bàocháng〈动〉报答和补偿。

【报酬】bàochou〈名〉由于使用别人的劳动、物品等而付给别人的钱或实物：劳动～。

【报答】bàodá〈动〉受了别人的好处，用实际行动来表示感谢：～母亲的深恩。

【报导】bàodǎo❶〈动〉报道①。❷〈名〉报道②。

【报道】bàodào❶〈动〉通过报刊、广播、电视等把新闻告诉群众：～新闻。❷〈名〉用书面或广播等形式发表的新闻稿：新闻～|关于粮食丰收的～。

【报废】bàofèi〈动〉设备、产品等因不能继续使用或不合格而作废。

【报复】bàofù〈动〉打击曾经批评过自己或损害过自己利益的人。

【报告】bàogào❶〈动〉把情况等正式告诉上级或群众：大会主席～了开会宗旨。❷〈名〉对上级或群众所做的正式陈述：打～|总结～。

【报告文学】bàogào wénxué〈名〉文学体裁，散文中的一类，是通讯、速写、特写等的统称。以现实生活中具有典型意义的真人真事为题材，经过艺术加工而写成，兼有文学和新闻两种特点。

【报捷】bàojié〈动〉报告胜利的消息。

【报考】bàokǎo〈动〉报名投考。

【报录】bàolù〈动〉旧时向科举考试得中的人报告录取的喜讯。

【报马】bàomǎ〈名〉报告军情的骑兵（多见于早期白话）。

【报销】bàoxiāo〈动〉❶将开支款项等向财务部门办理审定结清手续：～旅费|凭票～。❷将用坏作废的物件开列清单，报告主管部门销账。❸从现有的人或事物中除掉（含诙谐意）：不到一刻钟，一笸（pǒ）箩馒头就让这帮小伙子给～了。

【报晓】bàoxiǎo〈动〉用声音使人知道天已经亮了：雄鸡～。

【报效】bàoxiào〈动〉为了报答对方给予的恩惠而为对方尽力：～祖国。

【报应】bàoyìng〈动〉原为佛教用语，指善因得善果，恶种恶得恶果，后专指种恶因得恶果。

【报子】bàozi〈名〉旧时给官、升官、考试得中的人家报喜讯讨赏钱的人。

备用词　禀报　呈报　谎报　回报　汇报　上报　申报　虚报　预报

刨（*鉋鑤）bào❶〈名〉刨子或刨床，刮平木料或金属材料的工具：～刃|～槽～|牛头～|龙门～。❷〈动〉用刨子或刨床刮平木料或金属材料等：～木头|将桌面～平。

△另见 páo。

抱　bào❶〈动〉用手臂围住：搂～|拥～|合～|～薪救火。❷〈动〉环绕：拱～|清溪～村。❸〈动〉初次得到（儿子或孙子）：听说你～孙子了？❹〈动〉领养（孩子）：～养。❺〈动〉心里存着（想法、意见）：～不平|～恨终天|～着必胜的信心。❻〈名〉胸怀。❼〈量〉表示两臂合拢的量：一～柴火|两～粗的大树。❽〈动〉孵：～窝|～小鸡儿。

【抱病】bàobìng〈动〉有病在身：～出席会议。

【抱残守缺】bào cán shǒu quē 抱住残缺陈旧的东西不放。形容保守，不思改进。

【抱佛脚】bào fójiǎo 谚语说："平时不烧香，急来抱佛脚。"原意指事急才来神拜佛，祈求保佑，后指平时没有准备，临时慌忙应付。

【抱负】bàofù〈名〉远大的志向：不凡的～|有理想、有～的一代新人。

【抱歉】bàoqiàn〈动〉心中过意不去，觉着对不住别人。

B

【抱头鼠窜】bào tóu shǔ cuàn 形容慌忙逃跑时的狼狈相。

【抱薪救火】bàoxīn jiùhuǒ《史记·魏世家》:"譬犹抱薪救火,薪不尽,火不灭。"后用"抱薪救火"比喻虽然有心消灭灾祸,但方法不对,结果反而使祸患扩大。

【抱怨】bàoyuàn〈动〉因心中不满而数说别人不对;埋怨。

备用词 拱抱 怀抱 环抱 搂抱 拥抱

趵 bào 方言。〈动〉跳跃:～突泉(在济南)。
△另见 bō。

豹 bào〈名〉❶哺乳动物,像虎而较小,身上有斑点或花纹。性凶猛,能上树。常见的有金钱豹、云豹等。❷姓。

鲍(鮑) bào [鲍鱼]〈名〉❶鳆鱼。❷咸鱼:如入～之肆(铺子);久而不闻其臭。

暴 bào ❶〈形〉突然而猛烈:～发|～雨|～病|～怒|～乱|～富|～饮|～食。❷〈形〉凶狠;残酷:～徒|～君|～行|～政|横征～敛。❸〈形〉急躁:～躁|脾气～。❹〈动〉显露:～露|青筋凸～。❺〈动〉糟蹋:自～自弃|～殄(tiǎn)天物。❻〈动〉徒手搏击:～虎冯(píng)河。❼〈名〉姓。
△另见 pù。

【暴病】bàobìng〈名〉突然发作的来势很凶的病。

【暴动】bàodòng〈动〉为破坏当时的政治制度、社会秩序而采取集体武装行动:武装～|秋收～。

【暴发】bàofā〈动〉❶突然发财或得势:～户。❷突然发作:山洪～。

【暴犯】bàofàn〈动〉侵害:～百姓。

【暴风骤雨】bào fēng zhòu yǔ 猛而急的风雨,常用来比喻声势浩大、发展迅猛的群众运动。

【暴光】bàoguāng 同"曝光"。

【暴虎冯河】bào hǔ píng hé 空手打虎,徒步过河。比喻有勇无谋,冒险蛮干。

【暴力】bàolì〈名〉❶强制的力量;武力:～行为|～家庭。❷特指国家的强制力量。

【暴戾恣睢】bàolì zìsuī 形容残暴凶狠,任意胡为。

【暴露】bàolù〈动〉显露,使隐蔽的事物公开。

【暴乱】bàoluàn〈名〉指破坏社会秩序的武装骚动。

兄弟,你抱薪救火怎么行啊?

【暴殄天物】bào tiǎn tiān wù 残害、灭绝自然界中的万物,也指任意糟蹋东西(殄:灭绝;天物:指自然界的鸟兽、草木等)。

【暴躁】bàozào〈形〉遇事好发急,不能控制感情:性情～。

【暴政】bàozhèng〈名〉指统治者残酷剥削人民、镇压人民的政策。

备用词 残暴 粗暴 横暴 火暴 风暴 狂暴 强暴 凶暴

瀑 bào〈名〉瀑河,水名,在河北。
△另见 pù。

曝 bào [曝光]〈动〉使感光材料在一定条件下感光。也作"暴光"。
△另见 pù。

爆 bào〈动〉❶猛然破裂或迸出:～炸|～破|～裂|引～|起～|～竹|～火星儿。❷一种烹饪方法,用滚油炸一下或用滚水稍煮一下:～虾仁|～腰花。

【爆发】bàofā〈动〉❶指火山内部岩浆突然冲破地壳向外迸出。❷因矛盾激化而发生突变:1919年～了五四运动。❸忽然发作;突然发生:山洪～。

━━ bēi ━━

陂 bēi〈名〉❶池塘:～塘|～池。❷水边;岸。❸山坡。

△另见 pí;pō。

杯（＊❶❷盃❶❷桮）bēi〈名〉❶盛液体的器皿，多为圆柱状或下部略细:茶～|酒～|量～。❷杯状的奖品:奖～|银～|捧～|凯旋～。❸姓。

【杯弓蛇影】bēi gōng shé yǐng 汉应劭《风俗通义·怪神》记载，应郴请杜宣饮酒，挂在墙上的弓映在酒杯里，杜宣以为酒杯里有蛇，回去疑心中了蛇毒，就生病了。后来用"杯弓蛇影"比喻疑神疑鬼，妄自惊扰。

【杯盘狼藉】bēi pán láng jí 杯子盘子乱七八糟地放着。形容宴饮后桌上凌乱的样子。

【杯水车薪】bēi shuǐ chē xīn 用一杯水去救一车着了火的柴。比喻无济于事，不解决问题。

卑bēi❶〈形〉（地位或位置）低下:～贱|～微|自～|不～不亢|地势～湿。❷〈形〉（品质或质量）低劣:～劣|～鄙|～污|～不足道。❸〈形〉谦恭:～恭|～辞厚礼。❹〈动〉轻视:吏之所～,法之所尊也。

【卑鄙】bēibǐ〈形〉❶（品质、行动等）恶劣;不道德:～无耻。❷低微鄙俗:先帝不以臣～,猥自枉屈,三顾臣于草庐之中。

【卑躬屈膝】bēi gōng qū xī 向人弯腰,下跪。形容没有骨气,谄媚奉承的样子。也说"卑躬屈节"。

【卑贱】bēijiàn〈形〉❶旧指出身或地位低下。❷低微下贱:行为～。

【卑劣】bēiliè〈形〉卑鄙恶劣:手段～。

【卑怯】bēiqiè〈形〉卑鄙怯懦;胆怯:～的心理。

【卑俗】bēisú〈形〉卑微粗俗。

【卑之无甚高论】bēi zhī wú shèn gāo lùn《汉书·张释之传》:"释之既朝毕,因前言便宜事。文帝曰:'卑之,毋甚高比,令今可行也。'"意思是要谈当前的事情,不要空发过高的议论。后用来表示见解一般,没有什么高明的理论。是一种谦虚的说法。

背（＊揹）bēi〈动〉❶（人）用脊背驮:～负|～柴火|～着步枪。❷负担:～债（欠债）。

△另见 bèi。

【背黑锅】bēi hēiguō 比喻代人受过,泛指受冤枉:是谁的错就是谁的错,别替他人～!

椑bēi[椑柿]〈名〉❶古书上说的一种柿子树,果实小,色青黑。❷这种植物的果实。

△另见 pí。

悲bēi❶〈形〉伤心;难过:～哀|～伤|～痛|～愤|～壮|～惨|～欢离合|乐极生～。❷〈动〉怜悯:慈～|余～之。

【悲哀】bēi'āi〈形〉伤心。

【悲惨】bēicǎn〈形〉（处境或遭遇）极其痛苦,令人伤心:～的生活。

【悲愁】bēichóu〈形〉悲伤忧愁。

【悲楚】bēichǔ〈形〉悲哀痛苦。

【悲怆】bēichuàng〈形〉悲伤:曲调～。

【悲摧】bēicuī〈形〉悲痛。

【悲愤】bēifèn〈形〉悲痛愤怒:万分～。

【悲歌】bēigē❶〈动〉悲壮地歌唱:引吭～|～当哭。❷〈名〉指悲壮或悲哀的歌曲:一曲～。

【悲观】bēiguān〈形〉情绪颓丧,对事物的发展缺乏信心（跟"乐观"相对）。

【悲欢离合】bēi huān lí hé 泛指悲哀、欢乐、分离、团聚的种种遭遇。

【悲剧】bēijù〈名〉❶戏剧的一种类型,以表现主人公与现实之间不可调和的冲突及其悲惨结局为基本特点。❷比喻悲惨的事情或不幸的遭遇。

【悲苦】bēikǔ〈形〉悲哀愁苦:～的神情。

【悲凉】bēiliáng〈形〉悲哀凄凉:～的琴声。

【悲鸣】bēimíng〈动〉悲哀地叫:绝望地～。

【悲凄】bēiqī〈形〉悲哀凄凉:～的哭声。

【悲戚】bēiqī〈形〉悲痛哀伤:～的面容。

【悲天悯人】bēi tiān mǐn rén 对社会的腐败和人民的疾苦感到悲愤和不平。

【悲恸】bēitòng❶同"悲痛"。❷〈动〉因悲伤而痛哭。

【悲痛】bēitòng〈形〉伤心:万分～|～欲绝。

【悲壮】bēizhuàng〈形〉悲哀而雄壮。

碑bēi〈名〉刻着文字或图画,竖立起来作为纪念物的石头:～刻|～碣(jié)|～林|墓～|界～|纪念～|里程～|树～立传。

鹎（鵯）bēi〈名〉鸟，羽毛大部为黑褐色，腿短而细弱。吃果实和昆虫。

━━ běi ━━

北 běi ❶〈名〉四个主要方向之一，清晨面对太阳时左手的一边：～方｜～极｜～纬｜江～｜走南闯～｜南辕～辙。❷〈动〉打败仗；败～｜连战皆～。❸〈名〉指败逃的人：追亡逐～。❹〈名〉姓。
【北国】běiguó〈名〉指我国的北部：～风光。

━━ bèi ━━

贝（貝）bèi〈名〉❶软体动物的统称。水产上指有介壳的软体动物，如蚌、鲍鱼等。❷指贝壳：～雕｜齿若编～。❸古代用贝壳做的货币。❹姓。

孛 bèi〈名〉古书上指光芒四射的彗星。△另见 bó。

邶 bèi〈名〉❶古国名，在今河南。❷姓。

狈（狽）bèi〈名〉传说中的一种兽，前腿很短，要趴在狼身上才能走路：狼～为奸。

备（備＊俻）bèi ❶〈动〉具备；具有：完～｜齐～｜德才兼～｜万事俱～。❷〈动〉准备；防备：～战｜～料｜～耕｜～荒｜预～｜储～｜戒～｜有～无患。❸〈名〉设备（包括人力物力）：军～｜装～。❹〈形〉表示完全：关怀～至｜艰苦～尝｜求全责～｜～受欢迎。❺〈名〉姓。
【备案】bèi'àn〈动〉将事由写成报告送主管机关或有关部门存案以备查考。
【备考】bèikǎo ❶〈动〉留供参考。❷〈名〉供参考的附录或附注。
【备忘录】bèiwànglù〈名〉❶外交文书的一种，内容一般是声明自己方面对某问题的立场，或把某些事项的概况通知对方。❷随时记载，帮助记忆的笔记本。
【备战】bèizhàn〈动〉准备战争：～备荒。
〔备用词〕筹备 储备 置备 贮备 防备 后备 戒备 警备 守备 预备 准备 配备 设备 装备 兼备 具备 齐备 完备

背 bèi ❶〈名〉躯干的一部分，部位跟胸和腹相对。❷〈名〉某些物体的反面或后部：～面｜～景｜手～｜刀～｜腹～受敌｜力透纸～。❸〈动〉背部对着（跟"向"相对）：～山面海｜～水一战。❹〈动〉离开：～井离乡。❺〈动〉躲

避；瞒：没～人的事｜～着人说悄悄话。❻〈动〉凭记忆读出：～书｜～诵。❼〈动〉违背；违反：～约｜～叛｜信弃义（不守信用和道义）。❽〈形〉偏僻：～静｜那里的小胡同很～。❾〈形〉不顺利；倒霉：～时｜～运｜手气～。❿〈形〉听觉不灵：耳～。⓫〈名〉姓。
△另见 bēi。
【背城借一】bèi chéng jiè yī 在自己的城下跟敌人决一死战。泛指作最后一次的决战。也说"背城一战"。
【背道而驰】bèi dào ér chí 朝着相反方向的道路奔跑。比喻方向或目标完全相反。
【背井离乡】bèi jǐng lí xiāng 离开故乡，去外地谋生或生活（多指不得已的）。也说"离乡背井"。
【背景】bèijǐng〈名〉❶舞台上或电影里的布景。❷在绘画、摄影作品中指衬托主体事物的景物。❸对人、事件起作用的历史条件或现实环境：时代～。
【背静】bèijing〈形〉（地方）偏僻；清静。
【背谬】bèimiù 同"悖谬"。
【背叛】bèipàn〈动〉背离；叛变。
【背弃】bèiqì〈动〉违背和抛弃。

钡（鋇）bèi〈名〉金属元素，符号 Ba。银白色，钡的盐类可做高级白色颜料。

倍 bèi ❶〈量〉跟原数相等的数，某数的几倍就是用几乘某数，九是三的三～｜二的五～是十。❷〈副〉加倍：信心～增｜事半功～。❸〈名〉姓。
【倍道】bèidào〈动〉兼程前进，一天赶两天的路程：～而行。
【倍加】bèijiā〈副〉表示程度比原来深得多：～钦敬。
【倍蓰】bèixǐ〈数〉数倍（蓰：五倍）。

悖（＊誖）bèi〈形〉❶相反；违反；并行不～｜前后相～。❷违背道理；错误：～谬｜～逆｜～入～出。❸迷惑；糊涂：先生老～乎？
【悖乱】bèiluàn〈形〉惑乱。
【悖谬】bèimiù〈形〉荒谬，不合道理。也作"背谬"。
【悖入悖出】bèi rù bèi chū《礼记·大学》："货悖而入者亦悖而出。"后称用不正当的手段得来的钱财又被人用不正当的手段拿去，或胡乱弄来的钱又胡乱花掉。
【悖妄】bèiwàng〈形〉荒谬狂妄。

被 bèi ❶〈名〉被子，睡觉时盖的东西：棉～｜夹～｜毛巾～｜一床～。❷〈动〉遮盖：～

覆。❸〈动〉遭遇:～灾|～难。❹〈介〉用在句子中表示主语是动作的受事:大树～风刮倒了|他～选为人民代表。❺〈助〉用在动词前构成被动词组:～压迫|～剥削阶级。
△另见 pī。

【被动】bèidòng〈形〉❶待外力推动而行动(跟"主动"相对):～应付。❷不能造成有利局面使事情按照自己的意图进行(跟"主动"相对):处于～地位。

【被告】bèigào〈名〉在民事和刑事案件中被控告的一方。

辈(輩) bèi〈名〉❶家族、亲友之间的世系次第;辈分:行～|前～|长～|晚～|同～|侪(chái)～|小一～。❷等;类(指人):我～|汝～|无能之～。❸一世;一生:一～子|后半～儿。

【辈出】bèichū〈动〉(人才)一批接一批地涌现:英雄～。

【辈分】bèifen〈名〉家族或亲友之间的世系次第:论～,我得叫她姑姑|他年龄比我小,可～比我大。

【辈数儿】bèishùr〈名〉辈分。

【辈子】bèizi〈名〉一生:这～|半～|当了一～的教师。

惫(憊) bèi〈形〉极端疲乏:困～|疲～。

焙 bèi〈动〉用微火烘(药材、食品、烟叶、茶叶等);烘:～干|～一点儿花椒。

蓓 bèi[蓓蕾(lěi)]〈名〉花苞;花骨朵儿。

碚 bèi 用于地名:北～(在重庆)。

鞴 bèi❶〈名〉鞍辔的统称。❷同"韝"①。

褙 bèi〈动〉把布或纸一层一层地粘在一起:裱～|袼(gē)～。

糒 bèi〈名〉干饭。

韝 bèi❶〈动〉把鞍辔等套在马上:～马。❷〈名〉鼓风吹火的皮囊。

鐾 bèi〈动〉把刀的刃部在布、皮、石头等上面反复摩擦几下,使锋利:～刀。

=== bei ===

呗(唄) bei〈助〉❶表示事实或道理明显,不必多说:不会,就好好学～。❷表示勉强或无所谓的语气:去就去～|

他爱说就说去。
△另见 bài。

臂 bei[胳臂]〈名〉胳膊。
△另见 bì。

=== bēn ===

奔(＊❶-❸犇) bēn ❶〈动〉奔走;急跑:飞～|狂～|～驰|～腾|～波。❷〈动〉紧赶;赶忙或赶急事:～丧(sāng)|疲于～命。❸〈动〉逃跑:～逃|私～|夜～梁山|东～西窜。❹〈名〉指逃跑的人:追～逐北。❺〈名〉姓。
△另见 bèn。

【奔波】bēnbō❶〈动〉忙碌地往来奔走。❷〈名〉奔腾的波涛。

【奔驰】bēnchí〈动〉(车、马等)飞快地跑:汽车在望不到边际的高原上～。

【奔放】bēnfàng〈形〉(思想、感情、气势)尽情流露,不受拘束:热情～。

【奔流】bēnliú❶〈动〉(水)急速地流:江水～。❷〈名〉奔腾的流水;急流。

【奔忙】bēnmáng〈动〉奔走忙碌。

【奔命】bēnmìng〈动〉奔走应命:疲于～。
△另见 bènmìng。

【奔跑】bēnpǎo〈动〉很快地跑。

【奔丧】bēnsāng〈动〉从外地急忙赶回去参加或料理亲属的丧事。

【奔腾】bēnténg〈动〉(许多马)跳跃着奔跑,多用于比喻:万马～。

【奔突】bēntū〈动〉横冲直撞;奔驰:四下～|～向前。

【奔袭】bēnxí〈动〉快速行军袭击远处的敌军:轻装～。

【奔泻】bēnxiè〈动〉(水流)向低处急速地流:滚滚长江,～千里。

【奔走】bēnzǒu〈动〉❶急走:～相告(奔跑着互

相转告)。❷为一定目的而忙着去做:四处~|张罗。

备用词　飞奔　狂奔　出奔　私奔

贲(賁) bēn〈名〉❶[虎贲]古代指勇士;武士。❷姓。

△另见 bì。

栟 bēn[栟茶]〈名〉地名,在江苏。

△另见 bīng。

锛(錛) bēn❶〈名〉锛子,削平木料的工具,刃具扁而宽,使用时向下向里用力。❷〈动〉用锛子削平木料:~木头。

== běn ==

本 běn❶〈名〉草木的茎或根:草~|木~|~固枝荣。❷〈名〉事物的根本、根源(跟"末"相对):~原|忘~|舍~逐末|兵民是胜利之~。❸〈名〉本钱:~金|资~|成~|一~万利|还~付息。❹〈形〉主要的;中心的:~部|~科。❺〈形〉原来的:~意|~能。❻〈副〉本来;原来:~以为他不来了|他~是四川人。❼〈代〉自己方面的:~身|~校|~地|做好~职工作。❽〈代〉现今的:~年|~月。❾〈动〉根据:各有所~。❿〈介〉按照:~着政策办事。⓫〈名〉把成沓的纸装订在一起而成的东西:书~|笔记~|户口~。⓬〈名〉版本;刻~|抄~|宋~|善~。⓭〈名〉演出的底本:话~|剧~|唱~。⓮〈名〉封建时代指奏章:修~(拟奏章)|奏了一~。⓯〈量〉a)用于书籍簿册:一~书|两~儿账。b)用于戏曲:头~《西游记》。c)用于一定长度的影片:这部电影是十二~。⓰〈名〉姓。

【本分】 běnfèn ❶〈名〉属于自己范围内的责任和义务:~的工作。❷〈形〉安于所处的地位和环境:~人。

【本纪】 běnjì〈名〉我国纪传体史书中帝王的传记。

【本领】 běnlǐng〈名〉技能;能力。

【本末】 běnmò〈名〉❶事情从头到尾的经过:详述~。❷主要的和次要的:~倒置。

【本能】 běnnéng ❶〈名〉人和动物由遗传得来的不学就会的本领,如初生的婴儿会吃奶、蜜蜂酿蜜等。❷〈副〉机体对外界刺激不知不觉地、无意识地(作出反应):他看见红光一闪,~地闭上了眼睛。

【本色】 běnsè〈名〉本来面貌:英雄~。

【本事】 běnshì〈名〉文学作品主题所根据的故事情节:~诗。

【本事】 běnshi〈名〉本领:~大|有~|~学。

【本位】 běnwèi〈名〉❶自己工作的岗位或自己所在的单位:~工作。❷货币制度的基础或货币价值的计算标准:~货币。❸某种理论观点或做法的出发点:教学工作以学生为~。

【本义】 běnyì〈名〉词语本来的意义,对引申义而言。如"兵"的本义是武器,引申为战士(拿武器的人)。

【本质】 běnzhì〈名〉指事物本身所固有的,决定事物性质、面貌和发展的根本属性。

【本字】 běnzì〈名〉一个字通行的写法跟原来的写法不同,就称原来的写法为本字,如"纳"的本字是"内"。

备用词　成本　工本　股本　老本　血本　资本　唱本　读本　脚本　教本　剧本　课本　书本　台本　戏本　抄本　孤本　刻本　秘本　善本　拓本　写本　赝本　印本

苯 běn〈名〉碳氢化合物,有芳香气味,可以做燃料、溶剂、香料,也是有机合成的重要原料。[外]

畚 běn❶〈名〉簸箕①。❷方言。〈动〉用簸箕撮:~土|~谷。

== bèn ==

夯 bèn同"笨"(见于《西游记》《红楼梦》等书)。

△另见 hāng。

坌 bèn❶方言。〈动〉翻(土)、刨:~地。❷〈名〉尘埃:微~。❸〈动〉聚:~集。❹〈形〉粗劣:~绢。❺〈动〉用细末撒在物体上面:丹朱~身。

奔(*逩) bèn❶〈动〉直向目的地走去:投~|直~工地。❷〈介〉朝;向:有个人~这儿来了。❸〈动〉年纪接近(四十岁、五十岁等):他~六十了,可身体还是那棒。❹〈动〉为某事奔走:到处~建材料。

△另见 bēn。

【奔命】 bènmìng〈动〉拼命向前赶路或做事:仓皇~。

△另见 bēnmìng。

备用词　逃奔　投奔

傔 bèn[傔城]〈名〉地名,在河北。

笨 bèn〈形〉❶理解能力和记忆能力差;不聪明:愚~|~头~脑。❷不灵巧;不灵活:嘴~|~手~脚。❸费力气的:~重的家具。

【笨口拙舌】 bèn kǒu zhuō shé 嘴笨，不善于说话。也说"笨嘴拙舌"。

【笨鸟先飞】 bèn niǎo xiān fēi 比喻能力差的人，怕落后，做事比别人先行动。

【笨拙】 bènzhuō〈形〉❶笨；不聪明。❷反应迟钝；不灵巧：动作～。

备用词 蠢笨 粗笨 呆笨 愚笨 拙笨

bēng

崩 bēng〈动〉❶倒塌；崩裂：～塌｜～溃｜土瓦解｜山～地裂。❷破裂：谈～了｜再吹气球就～了。❸被崩裂的东西击中：不小心让爆竹～了手。❹指枪毙：枪～｜把犯人拉出去～了。❺君主时代称帝王死：驾～。

【崩殂】 bēngcú〈动〉指皇帝死亡。

【崩摧】 bēngcuī〈动〉崩塌：列缺霹雳，丘峦～。

【崩溃】 bēngkuì〈动〉完全破坏；彻底垮台：敌军全线～｜该国经济正濒临～。

【崩盘】 bēngpán〈动〉指股票、期货等的市场由于行情大跌而彻底崩溃。

【崩塌】 bēngtā〈动〉崩裂倒塌。

绷（綳＊繃） bēng ❶〈动〉拉紧：～直皮尺。❷〈动〉（衣服、布、绸等）张紧：～鼓皮｜褂子小，～在身上不舒服。❸〈动〉缝；包扎：～带。❹〈动〉（物体）猛然弹起：弹簧～飞了。❺〈动〉用线稀疏地缝住或用针别上：红布上～着金字｜袖子上～着臂章。❻〈名〉用来绷紧布帛、棕绳等的竹、木框：绣～｜花～。❼方言〈动〉勉强支持；硬撑：～场面（撑场面）。❽〈名〉用藤、皮、棕绳等编织成的床屉子：棕～｜修床～。
△另见 běng；bèng。

嘣 bēng〈拟〉形容跳动或爆裂的声音：心里～～直跳｜～的一声琴弦断了。

béng

甭 béng 方言〈副〉"不用"的合音，表示劝阻或不需要：一点小事，您～生气｜这以后的事他都清楚，你就～说了。

běng

绷（綳＊繃） běng〈动〉❶板着：～脸。❷勉强支撑：～住劲｜不住笑出了声儿。
△另见 bēng；bèng。

琫 běng〈名〉古代刀鞘上端的饰物。

bèng

泵 bèng〈名〉吸入和排出流体的机械：水～｜汽～｜油～。

迸 bèng〈动〉❶向外溅出或喷射：～射｜～发｜火星儿飞～。❷突然碎裂；爆裂：～裂。

【迸发】 bèngfā〈动〉由内而外发出；突然发出：狂喜从人们的心坎里～出来。

【迸裂】 bèngliè〈动〉破裂；裂开而往外溅出：山石～。

蚌 bèng［蚌埠（bù)］〈名〉地名，在安徽。
△另见 bàng。

绷（綳＊繃） bèng ❶〈动〉裂开：～裂｜桌面～了一道缝儿。❷〈副〉用在某些形容词前，表示程度深：～硬｜～直｜～脆｜～亮。
△另见 bēng；běng。

甏 bèng 方言〈名〉瓮；坛子：酒～｜菜～。

镚（鏰） bèng〈名〉原指清末的小铜币，十个当一个铜圆，现也泛指小硬币：钢～儿。

蹦 bèng〈动〉跳：～跶｜欢～乱跳｜他蹲下身子，用力一～就～过了小溪。

【蹦床】 bèngchuáng〈名〉❶一种体育器械，外形像床，有弹性。❷体育运动项目之一。运动员在蹦床上完成跳跃、翻腾、旋转等动作。

【蹦极】 bèngjí〈名〉一种体育运动，用一端固定的有弹性的绳索绑缚在踝部从高空跳下，身体在空中上下弹动。也说"蹦极跳"。［外］

bī

逼（＊偪） bī ❶〈动〉迫使；给人以威胁：～迫｜威～｜催～｜官～民反｜形势～人。❷〈动〉强迫索取：～债｜～租。❸〈动〉迫近；接近：～近｜～真｜～肖（很相似)｜大军进～城郊。❹〈形〉狭窄：～窄｜～仄（地方窄)。

【逼迫】 bīpò〈动〉用压力促使；强迫。

【逼上梁山】 bī shàng liáng shān 原指《水浒传》中林冲等人被官府逼上梁山造反的情节，后来比喻被迫进行反抗或被迫做某种事。

【逼视】 bīshì〈动〉靠近目标紧紧地盯着看：在众人的～下，他有些不安。

【逼似】 bīsì〈动〉很相似：细瞻景状，与村东大佛阁～。

【逼真】bīzhēn〈形〉❶极像真的;跟真的一样:形象~。❷真切:看得~|听得~,不会有错。

备用词　催逼　勒逼　强逼　威逼　追逼

鰏(鰏) bī〈名〉鱼,身体小而侧扁,略呈卵圆形,青褐色,口小,鳞细。生活在近海。

—— bí ——

荸 bí[荸荠(qí)]〈名〉草本植物,通常栽在水田里,地下茎扁圆形,可以吃。

鼻 bí❶〈名〉人和高等动物的嗅觉器官,也是呼吸通道:~孔|~腔|~翼|~涕|~息|嗤之以~。❷〈名〉鼻儿,器物上能够穿上其他东西的小孔:针~儿。❸〈形〉开创的:~祖(创始人)。

【鼻息】bíxī〈名〉呼吸时从鼻腔出入的气。

【鼻翼】bíyì〈名〉鼻尖两旁的部分。通称“鼻翅儿”。

【鼻祖】bízǔ〈名〉始祖,比喻某一学派或某一行业的创始人。

—— bǐ ——

匕 bǐ〈名〉❶古代取食用的勺、匙之类的器具。❷箭头。❸匕首:引~刺狼|图穷~见。

【匕首】bǐshǒu〈名〉短剑或狭长的短刀。

比 bǐ,❿—⓭旧读 bì ❶〈动〉比较;较量:~武|~赛|对~|评~。❷〈动〉能够相比:无~|今非昔~|无与伦~。❸〈动〉比画:连说带~。❹〈动〉对着;向着:民兵用枪~着特务。❺〈动〉仿照;依照:~附|~照|~着葫芦画瓢(比喻模仿着做事)|食之,~门下之客。❻〈动〉比方;比拟:~拟|把外强中干的人~做纸老虎。❼〈动〉比较同类数量的倍数关系:~例|~率|~值。❽〈动〉表示比赛双方得分的对比:主队以二~一获胜。❾〈介〉用来比较性状和程度的差别:他~我身体棒|今年的收成~去年好。[注意]a)“一”加量词在“比”的前后重复,可以表示程度的累进:人民的生活一年~一年好了。b)比较高下的时候用“比”,表示异同的时候一般用“跟”或“同”。❿〈动〉紧靠;挨着:~肩|~邻|~翼齐飞|鳞次栉~。⓫〈动〉依附;勾结:朋~为奸。⓬〈形〉近来:~来|~年。⓭〈介〉及;等到:~及|~至。⓮〈名〉姓。

【比比】bǐbǐ〈副〉❶处处;到处:~皆是。❷屡屡:~上书言得失。

【比划】bǐhua〈动〉用手或拿着东西做出各种动作来帮助说话或代替说话。也作“比画”。

【比画】bǐhua 同“比划”。

【比基尼】bǐjīní〈名〉一种女子穿的游泳衣,由遮蔽面积很小的裤衩和乳罩组成。也叫“三点式游泳衣”。[外]

【比及】bǐjí〈连〉等到。

【比肩】bǐjiān〈动〉并肩。

【比肩继踵】bǐ jiān jì zhǒng 肩挨着肩,脚挨着脚,形容人多拥挤。也说“比肩接踵”。

【比肩接踵】bǐ jiān jiē zhǒng 比肩继踵。

【比较】bǐjiào ❶〈动〉就两种或两种以上的同类事物辨别异同或高下:有~才能有鉴别。❷〈介〉用来比较性状和程度的差别:今年的产量~去年的产量有所提高。❸〈副〉表示具有一定的程度:这种办法~好。

【比邻】bǐlín ❶〈名〉近邻;街坊:海内存知己,天涯若~。❷〈动〉位置接近;邻近:我家与他家~。

【比拟】bǐnǐ ❶〈动〉比较:无可~。❷〈名〉修辞手法,把物当作人或把人拟作物。前者叫“拟人”,如“山欢水笑”;后者叫“拟物”,如“敌人夹着尾巴逃跑了”。

【比拼】bǐpīn〈动〉拼力比试:双方将在半决赛中~,争夺决赛权。

【比萨饼】bǐsàbǐng〈名〉一种意大利式饼,饼上放番茄、奶酪、肉类等,用烤箱烘烤而成。因最早盛行于意大利城市比萨而得名。

【比喻】bǐyù ❶〈动〉比作:人们常用早晨的太阳~青年人。❷〈名〉修辞手法,用与甲事物有某些类似点的乙事物来说明甲事物,分为明喻、暗喻和借喻。

【比重】bǐzhòng〈名〉❶某种物质的重量和它的体积的比值,即物质单位体积的重量。❷部分在整体中所占的分量。

吡 bǐ[吡啶(dìng)]〈名〉有机化合物,无色液体,有臭味,可做溶剂和化学试剂。△另见 pǐ。

沘 bǐ〈名〉❶沘江,水名,在云南。❷即泌(bì)水,在河南。❸溾(pì)水(在安徽)的古称。

妣 bǐ〈名〉已故的母亲:先~|如丧考~(像死了父母一样)。

彼 bǐ〈代〉❶那;那个(跟“此”相对):~岸|此伏~起|由此及~|此一时,一~时。❷对方;他:知己知~。

【彼岸】bǐ'àn〈名〉❶水的那一边;对岸:大洋

~。❷佛教指超脱生死的境界。❸比喻所向往的境界:幸福的~。

【彼此】bǐcǐ〈代〉❶那个和这个;双方:不分~。❷客套话。表示大家一样(多叠用):咱俩~~。

秕(*粃) bǐ❶〈形〉(籽实)空的或不饱满:~粒|~谷。❷〈名〉空的或不饱满的籽实:~糠(比喻没有价值的东西)。

笔(筆) bǐ❶〈名〉写字、绘画的用具:毛~|钢~|铅~|圆珠~|签字~|投~从戎。❷〈名〉(写字、绘画、作文的)笔法:文~|伏~|败~|传神之~。❸〈动〉用笔写出:亲~|代~|直~。❹〈名〉笔画:顺~|"永"字有五~。❺〈形〉像笔那样(直):~直|~挺。❻〈量〉a)用于款项或跟款项有关的:一~钱|三~账。b)用于书画艺术:写一~好字|能画几~山水。❼〈名〉姓。

【笔触】bǐchù〈名〉书画、文章等的笔法和格调:犀利的~。

【笔调】bǐdiào〈名〉文章的格调:~清新。

【笔法】bǐfǎ〈名〉写字、画画、作文的技巧或特色:她的宁,秀美。

【笔锋】bǐfēng〈名〉❶毛笔的尖端。❷书画的笔势;文章的锋芒:~犀利。

【笔耕】bǐgēng〈动〉❶用笔写作:~不辍。❷指靠文字工作维持生活。

【笔画】(笔划) bǐhuà〈名〉❶组成汉字的横(一)、竖(丨)、撇(丿)、点(丶)、折(一)等。❷指一个汉字的笔画数:~索引|按~排列|这个字的~太多。

【笔记】bǐjì❶〈动〉用笔记录:老人口述,请人~下来,整理成文。❷〈名〉听课、听报告、读书时所做的记录:课堂~|读书~。❸〈名〉以随笔记录为主的著作体裁:~小说。

【笔记本】bǐjìběn〈名〉❶用来做笔记的本子。❷指笔记本式计算机。

【笔记本电脑】bǐjìběn diànnǎo 笔记本式计算机。

【笔记本式计算机】bǐjìběnshì jìsuànjī 便携式电子计算机的一种。因外形略像笔记本,所以叫"笔记本式计算机"。也叫"笔记本电脑"。

【笔迹】bǐjì〈名〉每个人写的字所特有的形象;字迹:核对~。

【笔力】bǐlì〈名〉写字、画画、作文在笔法上所表现的力量:~刚劲。

【笔立】bǐlì〈动〉像笔一样直立着:山石~。

【笔录】bǐlù❶〈动〉用笔记录或抄写:您口述,由我给您~。❷〈名〉记录下来的文字:当场写了一张~。

【笔墨】bǐmò〈名〉❶笔和墨,借指文字或文章:非~所能形容。❷泛指绘画、写作之事:~都荒废了。

【笔谈】bǐtán❶〈动〉双方用笔写出自己的意见代替谈话,也指用书面发表意见代替谈话。❷〈名〉指笔记一类著作(多用于书名):《梦溪~》。

【笔挺】bǐtǐng〈形〉❶很直地(立着):战士们~地站着。❷(衣服)平面折痕很直:穿一身~的西装。

【笔友】bǐyǒu〈名〉通过书信往来、诗文赠答结交的朋友。

【笔直】bǐzhí〈形〉形容很直:~的树干|的马路|站得~~的。

【笔致】bǐzhì〈名〉书画、文章等用笔的风格:~高雅。

俾 bǐ〈动〉使(达到某种效果):~众周知|~有所悟。

鄙 bǐ❶〈形〉粗俗;浅薄;低下:~俗|~陋|粗~|卑~。❷〈形〉谦辞,旧时用于自称:~人|~意|~见。❸〈动〉轻视;看不起:~视|~弃|~薄|~夷|~夷不屑。❹〈名〉边远的地方:边~。

【鄙薄】bǐbó❶〈动〉轻视;看不起。❷〈形〉浅陋微薄(多用作谦辞)。

【鄙陋】bǐlòu〈形〉(见识)浅薄:~无知。

【鄙弃】bǐqì〈动〉看不起而不愿接近;厌弃。

【鄙人】bǐrén〈名〉❶居住在边远地方的人;鄙俗的人。❷谦辞,对人称自己。

【鄙视】bǐshì〈动〉轻视;看不起。

【鄙夷】bǐyí〈动〉轻视;看不起。

备用词 边鄙 卑鄙 粗鄙 可鄙

━━ bì ━━

币（幣） bì〈名〉❶货币：钱～|银～|纸～|硬～|外～|人民～。❷古人用作礼物的丝织品，也作为礼物的通称：厚～|委质事楚。

必 bì❶〈副〉必定；必然：物极～反|二者～居其一|战～胜，攻～克。❷〈副〉必须；一定要：～修课|～备条件|事～躬亲。❸〈连〉假如；倘若：王～无人，臣愿奉璧往使。❹〈名〉姓。

【必恭必敬】bì gōng bì jìng 见[毕恭毕敬]。

【必然】bìrán ❶〈形〉表示事理上确定不移；一定：工作中会有困难，这是～的。❷〈名〉哲学上指事物的客观发展规律（跟"自由"相区别）。

【必然王国】bìrán wángguó 哲学上指人在尚未认识和掌握客观世界规律之前，没有意志自由，行动受着必然性支配的境界（跟"自由王国"相区别）。参看"自由王国"。

【必须】bìxū〈副〉❶表示事理上、情理上必要；一定要：言语～接近民众。❷加强命令语气：你～说实话。[注意]作为副词，"必须"的否定是"无需"、"不须"或"不必"。

【必需】bìxū〈动〉一定要有；不可缺少：生活～品|阳光为庄稼生长所～。

备用词　不必　何必　谅必　势必　未必　务必　想必

毕（畢） bì❶〈动〉完结；完成：礼～|完～|～业|～命|～其功于一役。❷〈副〉全部；完全：～生|锋芒～露。❸〈名〉星宿名，二十八宿之一。❹〈名〉姓。

【毕恭毕敬】bì gōng bì jìng 十分恭敬。也作"必恭必敬"。

【毕竟】bìjìng〈副〉❶表示追根究底所得的结论；到底：旧历的年底～最像年底。❷强调某种情况到最后还是发生了：这部书虽有些缺页，但～是珍本|不要苛责，他～还是个孩子|她虽有些不情愿，但～还是来了。

【毕命】bìmìng〈动〉结束生命（多指横死）：饮弹～。

【毕生】bìshēng〈名〉一生；一辈子：科学需要一个人贡献出～的精力。

【毕世】bìshì〈名〉毕生。

【毕业】bìyè〈动〉在学校或训练班学习期满，达到规定的要求，结束学习：高中～|他的学习成绩太差，毕不了业。

闭（閉） bì❶〈动〉关；合：关～|禁～|倒～|～门造车|～关锁国。❷〈动〉堵塞不通：～气|～塞。❸〈动〉结束：～会。❹〈名〉姓。

【闭关自守】bì guān zì shǒu ❶闭塞关口，不跟外界往来。❷比喻因循守旧，不愿接触新事物。

【闭卷】bìjuàn〈动〉一种考试方法，参加考试的人答题时不能查阅有关资料（区别于"开卷"）。

【闭门造车】bì mén zào chē 关上门只凭主观想象办事，不管客观实际情况。

【闭目塞听】bì mù sè tīng 闭上眼睛，塞住耳朵。形容脱离现实，对外界事物不闻不问或不了解。

【闭塞】bìsè ❶〈动〉堵塞；管道住；堵住：～眼睛捉麻雀（比喻盲目地工作）。❸〈形〉交通不便；偏僻：风气～|他住在偏远的山区，那里十分～。❹〈形〉消息不灵通：你太～了，这么大的新闻都不知道！

【闭月羞花】bì yuè xiū huā 使月亮躲避，使花朵含羞，形容女子容貌十分美丽。也说"羞花闭月"。

备用词　倒闭　封闭　关闭　禁闭　停闭　幽闭

垩 bì❶〈动〉相连接：商贾骈～。❷方言〈量〉层：一～砖。

庇 bì〈动〉遮蔽；掩护：包～|荫～|～护|～佑。

【庇覆】bìfù〈动〉遮蔽；遮盖。

【庀护】bìhù〈动〉❶包庇;袒护。❷保护。
【庀佑】bìyòu〈动〉保佑:神明～。

邲 bì〈名〉❶古地名,在今河南荥阳东北。❷姓。

诐(詖) bì〈动〉❶辩论。❷〈形〉不正:邪说～行。

畀 bì〈动〉给;给以:投～豺虎。

泌 bì〈名〉❶泌水,水名,在河南。❷泌阳,地名,在河南。❸姓。
△另见mì。

贲(賁) bì〈形〉装饰得很美的样子:～临(客人盛装光临)。
△另见bēn。

荜(蓽) bì❶[荜拨]〈名〉藤本植物,雌雄异株,浆果卵形。果穗可入药。❷同"筚"。

怭 bì〈动〉使谨慎小心:惩前～后。

哔(嗶) bì[哔叽(jī)]〈名〉密度较小的斜纹的毛织品或棉织品。

陛 bì〈名〉宫殿的台阶。
【陛下】bìxià〈名〉对君主的尊称。

毙(斃*獘) bì〈动〉❶死(用于人时含贬义):倒～|～命|作法自～。❷枪毙。❸仆倒:～于车中。

铋(鉍) bì〈名〉金属元素,符号Bi。银白色,熔点低,用来制低熔合金,也用于核工业和医药工业等方面。

秘 bì❶[秘鲁]〈名〉国名,在南美洲。❷〈名〉姓。
△另见mì。

狴 bì[狴犴(àn)]〈名〉❶传说中的一种走兽,古代常把它的形象画在牢狱的门上。❷借指监狱。

萆 bì❶[萆薢(xiè)]〈名〉藤本植物,根茎中医入药。❷同"蓖"。

楅 bì[楅柝(hù)]〈名〉古代官署前设置的拦住行人的障碍物,用木条交叉制成。

庳 bì〈形〉低洼;矮:宫室卑～(房屋低矮)。

敝 bì〈形〉❶破烂:～衣|～屣|舌～唇焦|～帚自珍。❷疲乏;衰败:疲～|凋～|经久不～。❸谦辞,用于与自己有关的事物:～校|～舍|～处。
【敝屣】bìxǐ〈名〉破旧的鞋,比喻没有价值的东西:弃之如～。

【敝帚自珍】bì zhǒu zì zhēn 破扫帚,自己当宝贝珍爱,比喻东西虽不大好,可自己却十分珍惜。

婢 bì〈名〉婢女,旧时有钱人家雇用的女孩子:奴～|～女。

赑(贔) bì[赑屃(xì)]❶〈形〉形容用力。❷〈名〉传说中的动物,像龟。旧时大石碑的石座多雕刻成赑屃形状。

筚(篳) bì〈名〉用荆条、竹子等编成的篱笆或遮拦物:蓬门～户|蓬～生辉。
【筚路蓝缕】bì lù lán lǚ《左传·宣公十二年》:"筚路蓝缕,以启山林。"意思是说驾着柴车,穿着破衣服去开辟山林(筚路:柴车。蓝缕:破衣服)。形容创业的艰辛。

愎 bì〈形〉乖戾;执拗:刚～自用。

弼 bì❶〈动〉辅助:辅～。❷〈名〉辅助的人:良～。

蓖 bì[蓖麻]〈名〉草本植物,种子叫"蓖麻子",榨的油可做泻药或润滑油。

跸(蹕) bì❶〈动〉帝王出行时,开路清道,禁止通行:警～。❷〈名〉指帝王出行的车驾或与帝王行止有关的事情:驻～(帝王出行时沿途停留暂住)。

痹(*痺) bì〈名〉中医指由风、寒、湿等引起的肢体疼痛或麻木的病:湿～|寒～|风～|痛～|～症。

滗(潷) bì〈动〉挡住渣滓或泡着的东西,把液体倒出:～汤药|把菜汤～出一些来|药熬好了就～出米。

裨 bì〈名〉益处:～益|无～于事。
【裨益】biyì〈名〉益处。

辟 bì❶〈名〉君主:复～。❷〈动〉排除:～邪。❸〈动〉帝王召见并授予官职:征～|～召。❹同"避"。❺〈名〉姓。
△另见pī;pì。

碧 bì❶〈名〉青绿色的玉。❷〈形〉青绿色:～绿|～波|～空万里。❸〈名〉姓。
【碧澄澄】bìchēngchéng〈形〉形容碧蓝而清亮:～的溪水。
【碧蓝】bìlán〈形〉青蓝色:～的天空。
【碧绿】bìlǜ〈形〉青绿色:～的荷叶。
【碧落】bìluò〈名〉天空:上穷～下黄泉,两处茫茫皆不见。
【碧血】bìxuè〈名〉《庄子·外物》:"苌弘死于

蜀，藏其血，三年而化为碧。"后常用"碧血"指为正义事业而流的血：～丹心(用于称颂为正义事业死难的人)。

蔽 bì〈动〉❶遮盖；遮挡；掩～｜遮～｜浮云～日｜衣不～体。❷隐藏：隐～｜～林间窥之。❸蒙蔽：～于成见｜臣不～主。❹概括：一言以～之。

备用词 蒙蔽 屏蔽 掩蔽 荫蔽 隐蔽 壅蔽 障蔽 遮蔽

算 bì〈名〉算子，有空隙而能起间隔作用的器具的总称。

弊(＊獘) bì❶〈名〉欺诈蒙骗、图占便宜的行为：作～｜营私舞～。❷〈名〉害处；毛病：～病｜～端｜流～｜私～｜兴利除～。❸〈形〉疲劳；困乏：疲～。

【弊绝风清】bì jué fēng qīng 见〖风清弊绝〗。
【弊政】bìzhèng〈名〉有害的政治措施。

备用词 积弊 流弊 私弊 宿弊

薛 bì ❶[薜荔(lì)]〈名〉木本植物，茎蔓生，果实球形，可做凉粉，茎叶可入药。❷〈名〉姓。

鬻 bì[鬻篥(lì)]〈名〉古代管乐器，用竹做管，用芦苇做嘴，汉代从西域传入。

篦(＊笓) bì❶[篦子]〈名〉竹子制成的中间有梁儿，两侧有密齿的梳头用具。❷〈动〉用篦子梳：～头。

壁 bì❶〈名〉墙：～报｜～毯｜～橱｜隔～｜家徒四～。❷〈名〉某些物体上作用像围墙样的部分：胃～｜井～｜锅炉～。❸〈名〉像墙那样直立的山石：绝～｜悬崖峭～。❹〈名〉壁垒：坚～清野｜作～上观。❺〈名〉边：半～江山。❻〈动〉驻扎：魏王恐，使人止晋鄙，留军～邺。❼〈名〉星宿名，二十八宿之一。

【壁垒】bìlěi〈名〉❶古时军营的围墙，泛指防御工事：深沟～。❷比喻对立的事物和界限：～分明。
【壁垒森严】bìlěi sēnyán 形容防守得很严密，也比喻界限划得很分明。
【壁上观】bìshàngguān 见〖作壁上观〗。
【壁厢】bìxiāng〈名〉边；旁：这～｜那～。

备用词 墙壁 影壁 照壁 绝壁 峭壁 细胞壁 断垣残壁 飞檐走壁 家徒四壁 铜墙铁壁

避 bì〈动〉❶躲开；回避：～嫌｜～忌｜～雨｜～暑｜～规｜～逃～｜～退～｜～风港｜～实就虚。❷防止：～免｜～孕｜～雷针。

【避讳】bìhuì〈动〉封建时代对君主或尊亲的名字避免直接说出或写出，叫"避讳"，如汉文帝

叫刘恒，就改"恒山"为"常山"、姮(héng)娥为"嫦娥"。
【避讳】bìhui〈动〉❶不愿说出或听到某些会引起不愉快的字眼儿：旧时迷信，行船人～"翻"、"沉"等字眼儿。❷回避：都是自己人，用不着～。
【避忌】bìjì〈动〉避讳。
【避坑落井】bì kēng luò jǐng 避开了坑，又掉进了井里。比喻躲过一害，又受另一害。
【避免】bìmiǎn〈动〉设法制止某种情形发生：～冲突。
【避匿】bìnì〈动〉躲避；藏匿：相如引车～。
【避暑】bìshǔ〈动〉❶天气炎热时到凉爽的地方去住：到青城山～。❷避免中暑：注意～。
【避重就轻】bì zhòng jiù qīng 避开重要的而拣次要的来承担，也指回避主要的问题而只谈无关紧要的事。

备用词 躲避 规避 回避 闪避 逃避 退避

嬖 bì❶〈动〉宠爱：～爱｜～幸。❷〈动〉受宠爱：～臣｜～妾。❸〈名〉受宠爱的人。

髀 bì〈名〉大腿，也指大腿骨：～肉复生｜抚～长叹。
【髀肉复生】bì ròu fù shēng 因为长久不骑马，大腿上的肉又长起来了。形容久处安逸，无所作为。

漾 bì[漾(yàng)漾]〈名〉地名，在云南。

臂 bì〈名〉❶胳膊：～膀｜左～上～｜～力｜振～高呼。❷人体解剖学上多指上臂。
△另见 bei。
【臂膀】bìbǎng〈名〉❶胳膊。❷比喻助手。
【臂膊】bìbó 方言。〈名〉胳膊。

璧 bì〈名〉古代的一种玉器，扁平，圆形，中间有孔：～玉｜完～归赵｜珠联～合｜中西合～。
【璧还】bìhuán〈动〉敬辞，用于归还原物或辞谢别人赠送的财物。

襞 bì❶〈动〉折叠衣服。❷〈名〉指衣服的皱纹：皱～。❸〈名〉肠、胃等器官上的褶子。

躄(＊躃) bì❶〈动〉仆倒。❷〈形〉瘸(qué)腿。❸〈动〉缓慢侧移：轻轻慢走：钱府的大门正开着，阿Q便怯怯的～进去。

━━ biān ━━

边(邊) biān❶〈名〉几何图形上夹成角的射线或围成多边形的线段。

②〈名〉边缘;边沿:海～|天～|路～。❸〈名〉镶在或画在边缘上的条状装饰:花～儿|金～瓷碗。❹〈名〉边界;边境:～疆|～防|～陲|～塞|戍～|寇～。❺〈名〉界限:～际|无～。❻〈名〉靠近物体的地方:旁～|身～|手～。❼〈副〉两个或几个"边"字分别用在动词前面,表示动作同时进行:～干～学|～研制,～生产|～推广。❽方位词后缀:前～|里～|东～|下～|右～。❾〈名〉姓。

【边陲】biānchuí〈名〉边境:西北～|～重镇。

【边防】biānfáng〈名〉为保卫国家安全,防备外来侵略,在边境地区设置的防务:～军。

【边幅】biānfú〈名〉布帛的边缘。比喻人的仪容、衣着:不修～。

【边际】biānjì〈名〉边缘;分界的地方:汽车在望不到～的高原上奔驰。

【边疆】biānjiāng〈名〉靠近国界的领土:支援～建设。

【边界】biānjiè〈名〉地区与地区之间的界线(多指国界)。

【边境】biānjìng〈名〉靠近边界的地方:～安宁。

【边境贸易】biānjìng màoyì 相邻国家的贸易组织或边境居民在国家接壤地区进行的贸易活动。简称"边贸"。

【边贸】biānmào〈名〉边境贸易的简称。

【边庭】biāntíng〈名〉边境;边陲。

【边缘】biānyuán ❶〈名〉沿边的部分。❷〈形〉靠近界线的或跨界线的:～科学(以两种或两种以上有密切联系的学科为基础而发展起来的科学)。

砭 biān ❶〈名〉古代治病用的石针。❷〈动〉古代用石针扎皮肉治病:针～。❸〈动〉比喻刺或指斥:寒风～骨|痛～时弊。

笾(籩) biān〈名〉古代祭祀或宴会时盛果实、干肉等的竹器。

编(編) biān ❶〈名〉古代用来穿联竹简的皮条或绳线:断～残简。❷〈动〉把条状物交叉组织起来:～织|～筐|～辫子。❸〈动〉把分散的事物按一定的条理或顺序组织排列起来:～队|～号|～组。❹〈动〉编辑;创作:主～|～报|～杂志|～歌|～话剧|～写|～译|～撰。❺〈动〉捏造:～派|～瞎话。❻〈名〉成本的书(常用于书名):简～|正～|人手一～。❼〈名〉书籍按内容划分的单位,大于"章":上～|中～|下～。❽〈名〉编制①:超～|在～|～外人员。❾〈名〉姓。

【编创】biānchuàng〈动〉编写创作;编排创作:

～人员|～节目。

【编辑】biānjí ❶〈动〉对稿件、资料或现成的作品进行加工、整理:～期刊|～部|～工作。❷〈名〉做编辑工作的人:总～。

【编派】biānpai 方言。〈动〉捏造或夸大别人的缺点、过失;编造情节来取笑:我就知道你是在～我。

【编伍】biānwǔ〈名〉指民间:生于～之间。

【编者按】(编者案)biānzhě'àn〈名〉编辑人员对文章或消息所加的意见、评论等,常常放于文章或标题的前面。

【编织】biānzhī〈动〉把细长的东西交叉组织起来:～毛线衣。

【编制】biānzhì ❶〈名〉组织机构的设置及其人员数量的定额和职务的分配:压缩～。❷〈动〉根据有关资料制订:～预算。

【编纂】biānzuǎn〈动〉在大量资料基础上编辑、整理成篇幅较大的著作:～词典。

备用词 改编 汇编 扩编 选编 摘编 整编 主编 总编 断简 残编

煸 biān〈动〉一种烹饪方法,把菜、肉等放在热油里炒。

蝙 biān[蝙蝠(fú)]〈名〉哺乳动物,夜间在空中飞翔,吃蚊、蛾等昆虫。

鳊(鯿) biān〈名〉鱼,头小而尖,鳞较细。生活在淡水中。

鞭 biān ❶〈名〉鞭子,驱使牲畜的用具:～策|扬～催马|～长莫及。❷〈名〉古代兵器,有节,没有锋刃:钢～|三棱～。❸〈名〉形状像鞭子的东西:教～|竹～。❹〈名〉成串的小爆竹,放起来响声连续不断:一挂～。❺〈动〉鞭打:～马|～笞|掘墓～尸。

【鞭策】biāncè ❶〈名〉马鞭子。❷〈动〉用马鞭子赶马,比喻督促使进步。

【鞭长莫及】biān cháng mò jí《左传·宣公十五年》:"虽鞭之长,不及马腹"。原意是说鞭子虽然长,但不应该打到马肚子上。后用来借指力量达不到。

【鞭笞】biānchī〈动〉用鞭子或板子打。

【鞭辟入里】biān pì rù lǐ 形容分析问题深刻透彻,切中要害。也说"鞭辟近里"。

【鞭挞】biāntà〈动〉用鞭子打,比喻抨击:无情地～|进行揭露和～。

━━ biǎn ━━

贬(貶) biǎn〈动〉❶降低(官职或价值):～黜|～谪|货币～值。❷指出缺

点,给予不好的评价(跟"褒"相对):~抑|~
斥|~损|~义。
【贬斥】biǎnchì〈动〉❶贬低并斥责:至于那些
捕风捉影的无根据的~,他丝毫也不惧怕。
❷旧指降低官职:屡遭。
【贬低】biǎndī〈动〉故意降低对人或事物的
评价。
【贬义】biǎnyì〈名〉字句里含有的厌恶或坏的
意思:~词|这句话里没有。
【贬谪】biǎnzhé〈动〉古代指官吏降职,被派到
边远的地方。
【贬职】biǎnzhí〈动〉降职;被~。

扁　biǎn ❶〈形〉平面图形或字体上下的距离
比左右的距离小;物体的厚度比长度、宽
度小:~圆|~平|~桃|~体字|~盒子。❷同
"匾":~额。❸〈名〉姓。
△另见 piān。

匾　biǎn〈名〉❶匾额,悬挂在门顶或墙上的
题字的横牌:横~|~牌|~寿|~绣金。
❷用竹篾编成的浅边平底的圆形器具:蚕~。

碥　biǎn〈名〉在水旁斜着伸出来的山石。

褊　biǎn〈形〉狭小;狭隘:~急|~狭|~小|
~促。
【褊急】biǎnjí〈形〉气量狭小,性情急躁。
【褊狭】biǎnxiá〈形〉狭小:气量~|土地~。
【褊小】biǎnxiǎo〈形〉狭小:齐国虽~,吾何爱
一牛?

━━ biàn ━━

卞　biàn ❶〈形〉急躁:~急。❷〈名〉法度:率
循大~。❸〈名〉姓。

弁　biàn〈名〉❶古代男子戴的一种帽子:皮
~。❷旧时称低级武职:武~|马~(旧时
军官的护兵)。❸姓。
【弁言】biànyán〈名〉序言;引言。

苄　biàn〈动〉鼓掌:~踊(鼓掌跳跃)。

苯　biàn[苄基]〈名〉碳氢化合物的一种。

汴　biàn〈名〉❶河南开封的别称。❷姓。

忭　biàn〈形〉欢喜;快乐:欢~|欣~|~跃(欢
欣跳跃)。

变(變)　biàn ❶〈动〉和原来不同;变化:
~质|瞬息万~|一成不~。❷
〈动〉改变(性质、状态):变成~一节|沙漠~绿
洲。❸〈动〉使改变:~废为宝|~农业国为工
业国|~落后为先进。❹〈动〉变卖:~产。❺
〈名〉有重大影响的突然变化:事~|政~。❻
〈名〉指变文:目连~|昭君~。❼〈名〉姓。
【变本加厉】biàn běn jiā lì 南朝梁萧统《文选
序》:"变其本而加厉"。意思是比原来更加发展。
现指变得比原来更严重(多指缺点、错误)。
【变革】biàngé〈动〉改变事物的本质(多指制
度、法度而言):社会~|历史~。
【变更】biàngēng〈动〉改变;更动:~计划。
【变故】biàngù〈名〉意外发生的事情;灾难:发
生~。
【变卦】biànguà〈动〉原来约定的事忽然改变(含
贬义):昨天说好去看电影,今天怎么~了?
【变化】biànhuà〈动〉事物在形态上或本质上
出现和原来不同的新的状况:注意根据天气
的~增减衣服。
【变幻】biànhuàn〈动〉变化不定,难以捉摸:风
云~。
【变换】biànhuàn〈动〉事物的一种形式或内容
换成另一种:~手法。
【变节】biànjié〈动〉丧失气节,向敌人屈服
投降。
【变乱】biànluàn〈名〉战争或暴力行动所造成
的混乱。
【变频】biànpín〈动〉指改变交流电频率:~机
|~调速器|~空调。
【变迁】biànqiān〈动〉指情况或阶段逐步变化
转移:人事~。
【变色】biànsè〈动〉❶改变颜色:~镜|这种墨
水容易~。❷改变脸色:勃然~(指发怒)。
【变色龙】biànsèlóng〈名〉❶蜥蜴的一种。皮
肤的颜色随着四周物体的颜色而改变。❷比
喻在政治上善于变化和伪装的投机分子。
【变天】biàntiān〈动〉❶指天气由晴变阴或下
雨、下雪、刮风等。❷比喻政治上发生根本变

化,多指反动势力复辟。

【变通】biàntōng〈动〉不拘泥成规;根据不同情况,作非原则性的变动:～处理。

【变文】biànwén〈名〉唐代兴起的一种说唱文学,多用韵文和散文交错组成。

【变现】biànxiàn〈动〉把非现金的资产和有价证券等换成现金。

【变相】biànxiàng〈形〉形式和原来不同,但实质和原来一样(指坏事):～贪污。

【变诈】biànzhà〈形〉巧变诡诈:狼亦黠矣,而顷刻两毙,禽兽之～几何哉?

【变质】biànzhì〈动〉人的思想或事物的本质发生变化,和原来不同(多指变坏):蜕化～。

事变 渐变 量变 突变 剧变 蜕变 演变 质变 哗变 叛变 穷则思变 瞬息万变 随机应变 谈虎色变 通权达变 一成不变

便 biàn ❶〈形〉方便;便利:轻～|简～|灵～|自～|～宜。❷〈名〉方便的时候或顺便的机会:乘～|得～|～中。❸〈形〉非正式的;简单平常的:～饭|～衣|～函。❹〈名〉屎或尿:粪～|～秘。❺〈动〉排泄屎尿:大～|小～。❻〈副〉就:一学～会|她从小～很懂事。❼〈连〉表示假设的让步:他～是说得再好听,别人也不相信。[注意]作为副词和连词,"便"是保留在书面语中的近代汉语,其意义和用法与"就"基本相同。
△另见 pián。

【便当】biàndang〈形〉方便;顺手;简单;容易:词典放在案头,用起来很～|房间里东西少,收拾起来很～。

【便道】biàndào〈名〉❶近便的小路(多指不是修筑的)。❷马路两旁专供人走的道路。❸正式道路修筑期间供临时使用的道路。

【便捷】biànjié〈形〉❶快而方便。❷动作轻快敏捷:行动～。

【便利】biànlì ❶〈形〉使用或行动起来不感觉有阻碍,容易达到目的:交通～。❷〈动〉使便利:增商业网点,～群众购买。❸〈形〉吉利:视月复开书,～此月内,六合正相应。

【便衣】biànyī〈名〉❶常人的服装(区别于军警制服)。❷称身着便衣执行任务的军人、警察等。

【便宜】biànyí〈形〉方便;合适;便利:适宜:房间很宽绰,客人住在那里倒也～。
△另见 piányi。

【便宜行事】biànyí xíng shì 经过特许,不必请示,可根据实际情况或临时变化酌情处理。也说"便宜从事"。

方便 活便 简便 近便 灵便 轻便 省便 稳便

遍（*编）biàn ❶〈形〉普遍;全面:～布|～地|漫山～野|我们的朋友～天下。❷〈量〉一个动作从开始到结束的整个过程为一遍:看三～|再说一～。

【遍地开花】biàn dì kāi huā 比喻好的事物到处涌现或普遍发展。

【遍数】biànshù〈动〉列举:其余以俭立名,以侈自败者多矣,不可～。

【遍体鳞伤】biàn tǐ lín shāng 浑身都是伤。形容伤势很重。

缠 biàn〈名〉草帽缠,用麦秆一类东西编成的做草帽、提篮等用的扁平带子。
△另见 pián。

辨 biàn ❶〈动〉辨别;分辨:～认|～析|～明～是非|不～真伪。❷同"辩":故略上报,不复一一自～。

【辨白】biànbái 同"辩白"。

【辨别】biànbié〈动〉分析不同事物的特点并加以区别:～是非。

【辨认】biànrèn〈动〉根据特点辨别并做出判断,以便找出或认定某一对象:～方向。

【辨识】biànshí〈动〉辨认识别:是烟是雾,～不清。

【辨析】biànxī〈动〉辨别分析:同义词～。

【辨证】biànzhèng 同"辩证"①。

辩（辯）biàn〈动〉辩解;辩论:分～|争～|～答|～诘|～护|～白|～解|～证|能言善～。

【辩白】biànbái〈动〉说明事实原委或理由,以消除别人的误会或指责。也作"辨白"。

【辩驳】biànbó〈动〉说出自己的理由或根据而否定对方的意见:无可～的事实。

【辩护】biànhù〈动〉❶提出理由来说明某种见解或行为是正确的,或是错误的程度不如别人所说的严重。❷法院审判案件时被告人为自己或辩护人为被告人申辩。

【辩解】biànjiě〈动〉对受到指责的某种见解或行为加以解释:极力为自己～。

【辩论】biànlùn〈动〉互相用一定的理由来说明自己的见解,否定或修正对方的意见:～会。

【辩证】biànzhèng ❶〈动〉辨析考证:反复～。也作"辨证"。❷〈形〉合乎辩证法的:～关系。

【辩证法】biànzhèngfǎ〈名〉关于事物矛盾的运动、发展、变化的一般规律的哲学学说。是和形而上学相对立的世界观和方法论,认为事物处在不断运动、变化和发展之中,这种运动、变化和发展是由事物内部的矛盾斗争所引起的。

【辩证唯物主义】biànzhèng wéiwù zhǔyì 马克思、恩格斯所创立的关于用辩证方法研究自然界、人类社会和思维发展的一般规律的科学。辩证唯物主义认为世界从它的本质来讲是物质的,物质按照本身固有的对立统一规律运动、发展,存在决定意识,意识反作用于存在。

备用词 答辩 分辩 诡辩 狡辩 抗辩 强辩 巧辩 申辩 声辩 争辩 置辩

辫（辮） biàn〈名〉❶辫子,头发分股交叉编成的条条儿:发～|小～儿。❷形状像辫子的东西:蒜～儿。

─── biāo ───

杓 biāo〈名〉古代指北斗柄部的三颗星。△另见 sháo。

标（標） biāo ❶〈名〉树木的末梢。❷〈名〉事物的枝节或表面:治～不如治本。❸〈名〉标志;记号:商～|航～|袖～|路～|签～|尺～。❹〈动〉用文字或其他事物表明:～价|～明|～新立异。❺〈名〉给竞赛优胜者的奖品:锦～|夺～。❻〈名〉用比喻方式承包工程,买卖货物时各竞争厂商所标出的价格:招～|投～。❼〈名〉清末陆军编制之一,相当于后来的团。❽〈名〉姓。

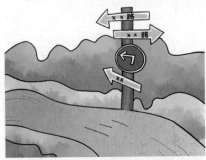

【标榜】biāobǎng〈动〉❶提出某种好听的主张加以宣扬:～自由。❷夸耀;吹嘘:互相～。

【标本】biāoběn〈名〉❶枝节和根本:～兼治。❷保持原样供学习、研究用的动物、植物、矿物:～陈列。❸在某一类事物中可以作为代表的事物:我觉得苏州园林可以算作我国各地园林的～。

【标兵】biāobīng〈名〉❶指阅兵场上用来标志界线的兵士,也指群众集会中用来标志某种

界线的人。❷比喻在某一方面可以作为榜样的先进人物或单位:树立～|服务～。

【标点】biāodiǎn ❶〈名〉标点符号,用来表示停顿、语气以及词语性质和作用的书写符号,包括句号(。)、分号(;)、逗号(,)、顿号(、)、冒号(:)、问号(?)、感叹号(!)、引号(" "、' ')、括号([ ]、( )、〔 〕、【 】)、破折号(──)、省略号(……)、书名号(《 》、〈 〉)等。❷〈动〉给原来没有标点的著作加上标点:～古书。

【标高】biāogāo〈名〉地面、山头或建筑物上的一点和作为基准的水平面之间的垂直距离。

【标记】biāojì〈名〉标志;记号。

【标明】biāomíng〈动〉写上文字或做上记号,让人知道:列车时刻表上～这次列车将于3点钟到达。

【标识】biāoshí ❶〈动〉标示识别:这份文件需要～保密级别。❷〈名〉用来识别的记号:商标～|防伪～。
△另见 biāozhì。

【标题】biāotí〈名〉标明文章、作品等内容的简短语句:通栏～|～新闻。

【标新立异】biāo xīn lì yì 提出新奇的主张,表示与众不同。

【标志】(标识) biāozhì ❶〈名〉表明特征的记号:建筑图纸上画有各种～。❷〈动〉表明某种特征:五四运动～新民主主义革命的开始。
△"标识"另见 biāoshí。

【标致】biāozhì〈形〉容貌、姿态美丽(多用于女子):长得十分～。

【标准】biāozhǔn ❶〈名〉衡量事物的准则:实践是检验真理的～。❷〈形〉合于标准的:～语(有一定规范的民族共同语)。

飑（颮） biāo〈名〉气象学上指风向突然改变,风速急剧增大的天气现象。

彪 biāo ❶〈名〉虎身上的斑纹,借指文采:～炳。❷〈名〉小老虎,多比喻高大的身材:～形大汉。❸〈量〉用于人马、队伍,限用于数词"一":斜刺里杀出一～人马。❹〈名〉姓。

【彪炳】biāobǐng〈动〉文采焕发;照耀:～青史|～千古(形容伟大业绩流传千秋万代)。

【彪圆】biāoyuán〈形〉很圆:眼睛睁得～。

摽 biāo〈动〉❶挥之使去。❷抛弃。△另见 biào。

骠（驃） biāo[黄骠马]一种黄毛夹杂着白点子的马。

△另见 piào。

膘（*臕）biāo〈名〉肥肉（用于牲畜）：~情｜~壮｜长~｜上~｜蹲~｜掉~｜这块肉~很厚。

【膘壮】biāozhuàng〈形〉（牲畜）肥壮。

飙（飆*飈飇）biāo〈名〉暴风：狂~。

【飙升】biāoshēng〈动〉（价格、数量等）急速上升：油价~｜中档住宅的销量一路~。

镖（鏢）biāo〈名〉旧式武器，形状像矛的头，投掷杀伤敌人：飞~。

瘭biāo［瘭疽（jū）］〈名〉手指头或脚趾头肚儿发炎化脓的病。

蔙biāo〈名〉蔙草，草本植物。茎可以织席，也可用来造纸。

瀌biāo［瀌瀌］〈形〉雨雪大的样子。

镳（鑣）biāo❶〈名〉马嚼子的两端露出嘴外的部分：分道扬~。❷同"镖"。

━━ biǎo ━━

表（⑪錶）biāo❶〈名〉外面；外表：~面｜~象｜地~｜里如一｜徒有其~。❷〈名〉中表（亲戚）：~姐｜~叔｜~姨｜~姑。❸〈动〉把思想感情显示出来；表示：发~｜~露｜~态｜~现。❹〈动〉表述；说：此事按下不~。❺〈动〉中医指用药物把风寒发散出来：~汗。❻〈名〉榜样；模范：~率｜为人师~。❼〈名〉古代文体奏章的一种：诸葛亮《出师~》｜李密《陈情~》。❽〈动〉用表格形式排列事项的书籍或文件：《史记》十~｜统计报~。❾〈名〉古代测量日影的标杆：圭~。❿〈名〉测量某种量（liàng）的器具：水~｜电~。⓫〈名〉计时的器具：怀~｜手~｜钟~。⓬〈动〉做标记：荆人欲袭宋，使人先~澭水。⓭〈名〉姓。

【表白】biǎobái〈动〉向人说明自己的意思；辩白。

【表达】biǎodá〈动〉用语言或行动把思想、感情表示出来：~心意。

【表里】biǎolǐ❶〈名〉内外：~如一（比喻思想和言行完全一致）。❷〈动〉互为呼应：奸民久于狱，与胥卒~，颇有奇羡。

【表露】biǎolù〈动〉流露；显示：~感情。

【表明】biǎomíng〈动〉表示清楚：~心迹。

【表情】biǎoqíng〈名〉从脸部或姿态上表现出来的思想感情。

【表示】biǎoshì〈动〉用语言、动作或标志显出某种思想、感情或意义：亮红灯~禁止车辆通行。

【表述】biǎoshù〈动〉说明；述说：~己见。

【表率】biǎoshuài〈名〉榜样。

【表现】biǎoxiàn〈动〉❶显示出来：他在战斗中~得很勇敢。❷故意向人显示自己（含贬义）：好（hào）~。

【表演】biǎoyǎn〈动〉❶演出（戏剧、舞蹈、杂技等）。❷把技艺表现出来，让别人观摩：烹饪~。

【表扬】biǎoyáng〈动〉对好人好事公开赞扬：~三好学生。

【表意文字】biǎoyì wénzì〈名〉用符号来表示词或词素的文字。汉字属于表意文字。

【表音文字】biǎoyīn wénzì 用字母来表示语音的文字。

【表语】biǎoyǔ〈名〉有的语法书用来指"是"字句"是"字后面的成分；也有的语法书泛指句中的名词性、形容词性谓语，如"今天国庆"的"国庆"，"身体强壮"的"强壮"。

【表彰】biǎozhāng〈动〉隆重地表扬：~选进｜~会。

婊biǎo［婊子］〈名〉妓女（多用作骂人的话）。

裱biǎo〈动〉❶裱褙，用纸或丝织品做衬托，把字画书籍等装潢起来或加以修补：装~｜这幅画得拿去重~。❷用纸糊房间的顶棚、墙壁等：~糊。

━━ biào ━━

俵biào〈动〉（按份儿或按人）分发：~分。

摽biào〈动〉❶紧紧捆绑使连接牢固：椅子腿快散架了，用铁丝~住吧。❷用胳膊紧紧钩住：俩人~着胳膊走。❸亲近；依附（多含贬义）：这伙人老~在一块儿。❹落：~有梅，其实七兮。❺打；击。

△另见 biāo。

鳔（鰾）biào❶〈名〉某些鱼类体内可以胀缩的囊状物，收缩时鱼下沉，膨胀时鱼上浮。也叫鱼鳔。❷〈名〉鳔胶，用鱼鳔或猪皮等熬制的胶。❸〈动〉用鳔胶粘上。

━━ biē ━━

憋biē 见【古憋】。

瘪(癟*癟) biē[瘪三]方言。〈名〉称城市中无正当职业而以乞讨或偷窃为生的游民，他们通常极瘦，样子猥琐。

△另见 bié。

憋 biē ❶〈动〉抑制住不让出来：～气｜～足了劲头。❷〈形〉闷；不畅快：～闷｜心里～得慌。

【憋闷】biēmen〈形〉❶由于心里有疑团或其他原因而感到不舒畅。❷由于空气不流通或呼吸受阻碍而感到窒息。

【憋气】biēqì〈动〉❶由于空气不流通或呼吸受阻碍而引起窒息的感觉。❷有委屈或烦恼而不能得到发泄。

鳖(鱉*鼈) biē〈名〉爬行动物，形状像龟，背甲上有软皮，一般是橄榄色，外沿有肉质软边，腹面乳白色，生活在淡水中。也叫"甲鱼"或"团鱼"，有的地区叫"鼋"。俗称"王八"。

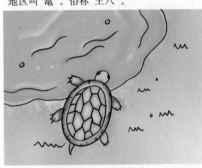

═══ bié ═══

别 bié ❶〈动〉分离：告～｜辞～。❷〈代〉另外：～人｜～名。❸〈动〉区分；区别：辨～｜识～。❹〈名〉差别：天渊之～。❺〈名〉类别：性～｜级～。❻〈动〉用别针等把另一样东西附着或固定在纸布等物体上：把几张发票～在一起｜胸前～着校徽。❼〈动〉插住；用东西卡住：腰间～着手枪。❽〈动〉转动；掉转：～转了脸。❾〈副〉表示禁止或劝阻，跟"不要"的意思相同：你～走。❿〈副〉表示揣测，通常跟"是"字合用：约定的时间过了，～是他不来了吗？⓫〈名〉姓。

△另见 biě。

【别称】biéchēng〈名〉正式名称以外的名称，如粤是广东的别称。

【别出心裁】bié chū xīncái 独创一格，与众不同。

【别动队】biédòngduì〈名〉指离开主力单独执行特殊任务的部队。

【别号】biéhào〈名〉旧时名、字以外另起的称号，如苏轼，字子瞻，别号"东坡居士"。

【别具匠心】bié jù jiàngxīn 另有一种与众不同的巧妙的构思。

【别具一格】bié jù yī gé 另有一种风格或格局。

【别开生面】bié kāi shēng miàn 唐杜甫《丹青引赠曹将军霸》："凌烟功臣少颜色，将军下笔开生面。"意思是凌烟阁的功臣画像的颜色已经暗淡，经过曹霸下笔重画，又有了新的面貌。后来用"别开生面"称另外开创新的局面或创造新的形式。

【别离】biélí〈动〉离别。

【别树一帜】bié shù yī zhì 另外树起一面旗帜。形容与众不同，另成一家。

【别墅】biéshù〈名〉在郊区或风景区建造的休养或居住用的园林住宅。

【别无长物】bié wú chángwù 再没有多余的东西（长物：旧读 zhàngwù，多余的东西）。形容十分穷困或俭朴。

【别有天地】bié yǒu tiāndì 另有一种境界。形容风景等引人入胜。

【别有用心】bié yǒu yòngxīn 心中另有打算。现在多指言论或行动中另有不可告人的企图。

【别致】biézhì〈形〉新奇，跟一般的不一样：蓬莱是个倚山抱海的古城，城不大，风景却～。

【别字】biézì〈名〉❶写错或读错的字。把"寒暄"的"暄"写成"喧"，是写别字；把"彤云"的"彤"（tóng）读成"丹"（dān），是读别字。也说"白字"。❷别号。

备用词　辨别　分别　鉴别　判别　区别　识别　甄别　辞别　道别　告别　话别　钱别　诀别　送别　握别　叙别　赠别　作别　千差万别　生离死别　天壤之别　天渊之别　云泥之别

蹩 bié〈动〉❶脚腕子或手腕子扭伤：走路不小心，脚～了一下。❷躲躲闪闪地走动。

【蹩脚】biéjiǎo〈形〉❶质量不好；不高明；本领不强：～货。❷失意潦倒：他早忘了～时候过的是什么日子。

B

━━ biě ━━

瘪（瘪*癟） biě〈形〉物体表面凹下去；不饱满：干～｜～谷｜年纪大了，嘴已～了。
△另见 biē。

━━ biè ━━

别（彆） biè〈动〉改变别人坚持的意见或习性（多用于"别不过"）：那人太固执，～不过他。
△另见 bié。

【别扭】bièniu〈形〉❶不顺心；看着～。❷不随和；难对付：他的脾气挺～。❸不通顺；不流畅：文章读起来有点儿～。❹意见不相投：闹～｜两个人有些别别扭扭的说不到一块儿。

━━ bīn ━━

邠 bīn❶〈名〉邠县，在陕西。今作"彬县"。❷同"豳"。❸〈名〉姓。

玢 bīn〈名〉一种玉。
△另见 fēn。

宾（賓） bīn〈名〉❶客人（跟"主"相对）：～客｜～馆｜～至如归。❷姓。

【宾从】bīncóng ❶〈动〉服从：韩赵～。❷〈名〉宾客和仆从：～如云。

【宾服】bīnfú〈动〉❶服从：无不～而听从君命者矣。❷方言。佩服。

【宾客】bīnkè〈名〉客人（总称）：～盈门。❷门客。

【宾朋】bīnpéng〈名〉宾客；朋友：～满座。

【宾语】bīnyǔ〈名〉动词的连带成分，表示动作涉及的人或事物，用来回答"谁？"或"什么？"如"培养人才"的"人才"。有时候一个动词可以带两个宾语，如"送他一支笔"的"他"和"笔"。

【宾至如归】bīn zhì rú guī 客人到了这里就好像回到了自己的家里一样。形容旅馆、饭馆等招待热情、周到。

【宾主】bīnzhǔ〈名〉客人和主人。

彬 bīn❶[彬彬]〈形〉形容文雅：文质～｜～有礼。❷〈名〉姓。

傧（儐） bīn[傧相（xiàng）]〈名〉❶古代称代主人接引宾客的人，也指赞礼的人。❷举行婚礼时陪伴新郎新娘的人：男～｜女～。

斌 bīn 同"彬"。

滨（濱） bīn❶〈名〉水边；近水的地方：海～。❷〈动〉靠近（水边）：～海｜～江大道。❸〈名〉姓。

缤（繽） bīn[缤纷]〈形〉繁多而杂乱：五彩～｜落英（花）～。

槟（檳*梹） bīn[槟子]〈名〉苹果树的一种，果实比苹果小，紫红色，味酸甜而略涩。
△另见 bīng。

镔（鑌） bīn〈名〉镔铁，精炼的铁。

濒（瀕） bīn〈动〉❶紧靠（水边）：东～大海。❷临近；接近：～临｜～危。

【濒绝】bīnjué〈动〉濒临灭绝或绝迹：～物种在不断增加。

【濒临】bīnlín〈动〉紧接；临近：我国～太平洋｜精神已～崩溃的边缘。

豳 bīn〈名〉古地名，在今陕西彬县、旬邑一带。也作"邠"。

━━ bìn ━━

摈（擯） bìn〈动〉抛弃；排除：～除｜～黜｜～而不用｜～诸门外。

【摈除】bìnchú〈动〉排除；抛弃：～陈规陋习。

【摈黜】bìnchù〈动〉罢黜。

【摈弃】bìnqì〈动〉抛弃：～杂念｜～旧观念。

殡（殯） bìn〈动〉停放灵柩；把灵柩送到埋葬或火化的地方去：出～｜～仪馆。

膑（臏） bìn 同"髌"。

髌（髕） bìn❶〈名〉髌骨，膝盖部的一块骨，略呈三角形。❷〈动〉古代一种剔除髌骨的酷刑。

鬓（鬢） bìn〈名〉鬓角：～发｜双～｜两～斑白。

【鬓发】bìnfà〈名〉鬓角的头发：～苍白。

【鬓角】（鬓脚）bìnjiǎo〈名〉面颊两侧靠近耳朵长头发的部位，也指长在这个部位的头发。

━━ bīng ━━

冰（*氷） bīng❶〈名〉水在零摄氏度或其以下凝结成的固体。❷〈动〉冰凉的东西接触皮肤使感到寒冷：初春的河水还有些～腿。❸〈动〉用冰或冰凉的水使东西变凉：～西瓜｜把汽水～上。❹〈名〉像冰的东西：～糖｜～片｜干～。❺〈形〉清白；纯洁：～心。❻〈名〉姓。

【冰川】bīngchuān〈名〉在高山或两极地区沿地面倾斜方向移动的大冰块。也叫"冰河"。

【冰毒】bīngdú〈名〉有机化合物。白色结晶，对人的中枢神经和交感神经有强烈的刺激作用，用后容易成瘾。因外观呈白色冰块状，且用作毒品，所以叫"冰毒"。

【冰糕】bīnggāo〈名〉❶冰激凌。❷冰棍儿。

【冰柜】bīngguì〈名〉电冰柜的简称。

【冰棍儿】bīnggùnr〈名〉一种冷食，把水、果汁、糖等混合搅拌冷冻而成，用一根小棍儿做把儿。

【冰激凌】bīngjīlíng〈名〉一种半固体的冷食，用水、牛奶、鸡蛋、糖、果汁等调和后一面加冷一面搅拌，使凝结而成。[外]

【冰冷】bīnglěng〈形〉❶很冷：～的石板｜手已被冻得～了。❷非常冷淡：～的表情。

【冰凌】bīnglíng〈名〉冰①。

【冰清玉洁】bīng qīng yù jié 像玉那样纯洁，像冰那样清澈透明。比喻高尚纯洁。也说"玉洁冰清"。

【冰山】bīngshān〈名〉❶冰冻长年不化的大山。❷浮在海中的巨大冰块。❸比喻不能长久依附的靠山。

【冰释】bīngshì〈动〉像冰一样融化。比喻嫌隙、疑虑、误会等完全消除：前嫌～。

【冰霜】bīngshuāng〈名〉冰和霜，常比喻纯洁清白的操守，也用来比喻严肃的神色或冷淡的态度：冷若～。

【冰炭】bīngtàn〈名〉冰和火炭，比喻不能相容的对立物。

【冰天雪地】bīng tiān xuě dì 形容冰雪漫天盖地，非常寒冷。

【冰箱】bīngxiāng〈名〉❶冷藏食物或药品用的器具，里面放有冰块，可保很低温。❷电冰箱的简称。

【冰消瓦解】bīng xiāo wǎ jiě 比喻完全消释或崩溃。

【冰心】bīngxīn〈名〉像冰一样清澈明亮的心。比喻纯洁、表里如一的心地：洛阳亲友如相问，一片～在玉壶。

并　bīng〈名〉山西太原的别称。
　△另见 bìng。

兵　bīng ❶〈名〉兵器：刀～｜～戈｜短～相接｜秣马厉～。❷〈名〉军队；军人：～种｜骑

｜步～｜～伞｜～炮～。❸〈名〉军队中的最基层成员：～员｜士～｜～卫～列。❹〈名〉军事或战争：～法｜～书｜～符｜～不厌诈。❺〈名〉用兵策略：上～伐谋，其次伐交。❻〈动〉动用武力或用兵器杀人：先礼后～｜左右欲～之。❼〈名〉姓。

【兵不血刃】bīng bù xuè rèn 兵器上面没有沾血，指未经交战而取得胜利。

【兵不厌诈】bīng bù yàn zhà 指用兵打仗可以使用欺诈的办法迷惑敌人（不厌：不排斥，不以为非）。

【兵丁】bīngdīng〈名〉士兵的旧称。

【兵法】bīngfǎ〈名〉古代指用兵作战的策略和方法。

【兵贵神速】bīng guì shén sù 用兵打仗以行动特别迅速量为重要。

【兵荒马乱】bīng huāng mǎ luàn 形容战时社会动荡不安的景象。

【兵火】bīnghuǒ〈名〉❶战争：～连天。❷指战争所造成的火灾：这些译稿已毁于～。

【兵家】bīngjiā〈名〉❶古代指军事学家。❷用兵打仗的人：胜败乃～常事。

【兵甲】bīngjiǎ〈名〉❶兵器和盔甲。泛指武器装备：今南方已定，～已足，当奖率三军，北定中原。❷指战争：～愈起。

【兵连祸结】bīng lián huò jié 战争接连不断，灾祸一再发生。

【兵马】bīngmǎ〈名〉指军队。

【兵强马壮】bīng qiáng mǎ zhuàng 形容军队实力强，富有战斗力。

【兵书】bīngshū〈名〉古代讲兵法的书。

【兵团】bīngtuán〈名〉❶军队的编制单位，下辖几个军或师。❷泛指团以上的部队：主力～｜地方～。

【兵役】bīngyì〈名〉指当兵的义务：服～。

备用词　草木皆兵　秣马厉兵　弃甲曳兵　先礼后兵　纸上谈兵

枡　bīng［枡椇(lú)]〈名〉古书上指棕榈。
　△另见 bēn。

槟（檳＊梹）　bīng［槟榔]〈名〉乔木，雌雄同株，果实可以吃，也供药用。
　△另见 bīn。

━━ bǐng ━━

丙　bǐng〈名〉❶天干的第三位。用来排列次序时表示第三。参看〖干(gān)支〗。❷

丙丁，火的代称：阅后付～。❸姓。

邴 bǐng〈名〉姓。

秉 bǐng❶〈动〉拿着；握着：～笔｜～烛。❷〈动〉掌握；主持：～公｜～政｜～国。❸〈量〉古代容量单位，合十六斛。❹〈名〉姓。

【秉承】（稟承）bǐngchéng〈动〉承受；接受（旨意或指示）：～领导的指示｜～主子的旨意。

【秉性】bǐngxìng〈名〉性格：～纯朴｜～各异。

柄 bǐng❶〈名〉器物的把儿：刀～｜勺～｜斧～。❷〈名〉花、叶或果实跟茎或枝相连的部分：花～｜叶～。❸〈名〉比喻在言行上被人抓住的材料：话～｜笑～｜把～。❹〈动〉执掌：～国｜～政。❺〈名〉权：国～。❻〈量〉用于带把儿的东西：一～斧头。

饼（餅）bǐng〈名〉❶泛称烤熟或蒸熟的面食，形状大多扁而圆：月～｜烧～｜馅～｜画～充饥。❷形状像饼的东西：铁～｜豆～｜柿～。

炳 bǐng❶〈形〉光明，显著：彪～｜～蔚（文采鲜明华美）｜～耀千秋。❷〈名〉姓。

屏 bǐng〈动〉❶抑止（呼吸）：～息｜～气。❷除去；放弃：～除｜～弃。❸使退避。
△另见 píng。

【屏气】bǐngqì〈动〉暂时抑制呼吸，闭住气：～凝神。

【屏息】bǐngxī〈动〉屏气。

禀（＊稟）bǐng❶〈动〉向上级或长辈报告：～报｜～告｜回～｜面～。❷〈名〉旧时禀报的文件：具～详报。❸〈动〉承受：～承｜～命｜～赋。

【禀承】bǐngchéng 见〖秉承〗。

【禀赋】bǐngfù〈名〉指人的体魄、智力等方面的素质：～聪明｜～较弱。

【禀告】bǐnggào〈动〉向上级或长辈告诉事情。

【禀性】bǐngxìng〈名〉本性：～淳厚｜～各异｜江山易改，～难移。

━━ bìng ━━

并（＊❶倂❷⁻❺並❷⁻❺竝）bìng❶〈动〉合在一起：归～｜合～｜兼～｜吞～。❷〈动〉平列；平排：～肩｜～蒂莲｜～驾齐驱。❸〈副〉a）表示不同的事物同时存在或不同的事情同时进行：～立｜～行不悖。b）表示对不同的事物同等对待：～重｜相提～论。c）用在否定词前加强否定语气，略带反驳意味：他～不糊涂｜所谓团结～非一团和气。❹〈连〉并且：提前～超额完成了任务。❺〈介〉用法跟"连"相同（常跟"而"、"亦"呼应）：～此而不知｜～虫亦不能行捉矣。
△另见 bīng。

【并购】bìnggòu〈动〉用购买的方式兼并。

【并轨】bìngguǐ〈动〉比喻将并行的体制、措施等合而为一：两种教学体制实行～。

【并驾齐驱】bìng jià qí qū 并排拉着一辆车的几匹马一齐快跑。比喻齐头并进，不分先后。

【并肩】bìngjiān❶〈动〉肩挨着肩：他们在河边～走着。❷〈副〉比喻行动一致，共同努力。

【并且】bìngqiě〈连〉❶表示更进一层的意思。前面跟"不但"、"不仅"等呼应，进一层的意味更重：不但战胜了旱灾，～还获得了丰收。❷表示两个动作同时或先后进行：讨论～通过了这个计划。

【并吞】bìngtūn〈动〉❶把别国的领土或他人的财产强行并入自己的范围。❷吞没；淹没：从古代的传说和史书的记载看来，过去人类没有能征服沙漠，若干住人的地区反而为沙漠所～。

【并网】bìngwǎng〈动〉把单独的输电、通信等线路接入总的系统，形成网络；把若干个输电、通信等网络合并，形成新的网络：～发电｜～运行。

【并线】bìngxiàn〈动〉车辆在行驶过程中从所行驶的车道驶向并行的邻接车道：～行驶｜在马路上骑自行车不要搭肩。

【并行】bìngxíng〈动〉❶并排行走：携手～。❷同时实行：～不悖｜治这种病要打针和吃药～｜体能训练和技术训练～。

【并行不悖】bìngxíng bù bèi 同时实行，互不冲突：语言文字的规范化与现代化～。

【并用】bìngyòng〈动〉同时使用：手脚～｜多种

手段～|他学习外语习惯眼、耳、口、脑、手～。

【并重】bìngzhòng〈动〉同等重视:预防和治疗～。

备用词　裁并 归并 合并 火并 兼并 吞并

病 bìng❶〈名〉生理上或心理上发生的不正常的状态:疾～|传染～|心脏～。❷〈动〉生病;得病:孩子～了。❸〈名〉害处;私弊:弊～。❹〈名〉缺点;错误:语～|通～。❺〈动〉祸害;损害:祸国～民。❻〈动〉责备;不满:诟～|为世所～。❼〈形〉疲乏;劳累:疲～。❽〈形〉困苦:向吾不为斯役,则久已～矣。

【病变】bìngbiàn〈动〉由致病因素引起的细胞、组织或器官的变化,是病理变化的简称。

【病残】bìngcán〈名〉疾病和残疾:～儿童|要战胜～,做生活的强者。

【病毒】bìngdú〈名〉❶比病菌更小的病原体,多用电子显微镜才能看见。没有细胞结构,但有遗传、变异等生命特征,一般能通过能阻挡细菌的过滤器,所以也叫"滤过性病毒"。天花、麻疹、牛瘟等就是由不同的病毒引起的。❷指计算机病毒。

【病笃】bìngdǔ〈形〉病势沉重:令尊～,速归!

【病患】bìnghuàn〈名〉指人所患的疾病。

【病菌】bìngjūn〈名〉能使人或其他生物生病的细菌。

【病魔】bìngmó〈名〉比喻疾病(多指长期重病):～缠身。

【病入膏肓】bìng rù gāo huāng《左传·成公十年》:"疾不可为也。在肓之上,膏之下,攻之不可,达之不及,药不至焉,不可为也。"古人把心尖脂肪叫"膏",心脏和膈膜之间叫"肓",认为是药力达不到的地方。形容病情严重到了不可医治的地步。现也用来比喻事情严重到了不可挽救的程度。

【病恹恹】bìngyānyān〈形〉有病的样子。

【病灶】bìngzào〈名〉有机体上发生病变的部分。

摒 bìng〈动〉排除:～挡|～绝|～除|～绝邪念|～之于外。

【摒除】bìngchú〈动〉排除;除去:～杂念。

【摒挡】bìngdàng〈动〉料理;收拾:～一切|～行李|～婚事。

【摒绝】bìngjué〈动〉排除干净:～应酬。

【摒弃】bìngqì〈动〉舍弃:～精神垃圾|～杂务,专心学习。

━━ bō ━━

拨(撥)bō❶〈动〉手脚或棍棒等用力,使东西移动:～门|～火|～动琴弦|～云见日。❷〈动〉分出一部分发给;调配:～粮|～款|～付|～划。❸〈动〉掉转:～转马头。❹〈量〉用于人的分组:伙;两～人|轮～儿休息。

【拨打】bōdǎ〈动〉打(电话):～国内长途|～投诉电话。

【拨乱反正】bō luàn fǎn zhèng澄清混乱,恢复正常。

【拨冗】bōrǒng〈动〉客套话。请对方推开繁忙的事务,抽出时间:务请～出席。

【拨云见日】bō yún jiàn rì拨开乌云,见到太阳。比喻冲破黑暗,见到光明。

备用词　撩拨 挑拨 调拨 划拨

波 bō〈名〉❶波浪:～纹|～澜|碧～|烟～。❷振动在介质中的传播过程。波是振动形式的传播,介质质点本身并不随波前进。最常见的有机械波和电磁波。通常也可分为横波和纵波,如水波、声波、光波等。也叫"波动"。❸比喻事情的意外变化:～折|平地风～|一～未平,一～又起。❹比喻流转的眼神:眼～|秋～。❺姓。

【波荡】bōdàng〈动〉起落不定:海水～。

【波动】bōdòng〈动〉(情绪、物价等)起伏不定;不稳定:情绪～|物价～。

【波及】bōjí〈动〉牵涉到;影响到:地震灾害～该省的大部分地区。

【波谲云诡】bō jué yún guǐ见【云谲波诡】。

【波澜】bōlán〈名〉波涛:～起伏。

【波澜壮阔】bōlán zhuàngkuò比喻声势雄壮浩大。

【波涛】bōtāo〈名〉大波浪。

【波折】bōzhé〈名〉事情进行中所发生的曲折。

玻 bō[玻璃]〈名〉❶质地硬而脆的透明物体,一般用石英砂、石灰石、纯碱等制成。❷指某些质料透明像玻璃的塑料:～丝。

趵 bō〈动〉踢:～～(形容脚踏地的声音)。△另见bào。

砵 bō❶[铜砵]〈名〉地名,在福建。❷同"钵"。

钵(缽*缽盋)bō〈名〉❶一种陶制的器具,形状像盆而较小:饭～|乳～|研～。❷钵盂:衣～相传。

【钵盂】bōyú〈名〉古代和尚用的饭碗,底平,口略小,形稍扁。

般 bō［般若(rě)］〈名〉智慧(佛经用语)。［外］
△另见 bān;pán。

饽(餑) bō［饽饽］方言。〈名〉❶糕点:甜~|~匣子。❷馒头或其他面食,也指用杂粮面制成的块状食物:贴~(贴饼子)|棒子面儿~。

剥 bō〈动〉义同"剥"(bāo),用于合成词或成语:~削|~夺|盘~|生吞活~。
△另见 bāo。

【剥夺】bōduó〈动〉❶用强制的手段夺去。❷依照法律取消:~政治权利。

【剥落】bōluò〈动〉一片片地脱落;脱去:门窗上的油漆已经~。

【剥蚀】bōshí〈动〉物体表面因长期风吹、日晒、雨打而损坏。

【剥削】bōxuē〈动〉凭借私有的生产资料或货币资本无偿地占有别人的劳动或产品。

菠 bō［菠菜］〈名〉草本植物,是普通蔬菜。

铍(鈹) bō〈名〉金属元素,符号 Db。有放射性,由人工核反应获得。

播 bō〈动〉❶传播:广~|转~|~音|~送。❷播种:条~|点~|撒~|春~|夏~|秋~。❸迁移;流亡:~迁。

【播报】bōbào〈动〉通过广播、电视播送报道:~晚间新闻。

【播弄】bōnong〈动〉❶挑拨:~是非。❷摆布。

【播迁】bōqiān〈动〉流离;迁徙。

蕃 bō［吐蕃］〈名〉我国古代的少数民族。
△另见 fān;fán。

嶓 bō［嶓冢(zhǒng)］〈名〉山名,一在甘肃,一在陕西。

═══ **bó** ═══

孛 bó 同"勃"。
△另见 bèi。

伯 bó〈名〉❶父亲的哥哥:大~。❷称呼跟父亲辈分相同而年纪较大的男子:老~。❸在弟兄排行的次序里代表老大:~仲叔季。❹封建五等爵位的第三等:~爵|公侯~子男。❺姓。
△另见 bǎi。

【伯劳】bóláo〈名〉鸟名,上嘴弯曲,尾巴长,脚黑色,吃昆虫和小鸟。

【伯乐】bólè〈名〉传说古代善于相马的人,比喻善于发现、引荐和使用人才的人。

【伯仲】bózhòng〈名〉古时长幼次序的称呼,伯是老大,仲是老二,比喻不相上下的人或事物:~之间。

【伯仲叔季】bó zhòng shū jì 弟兄排行的次序。依次为老大、老二、老三、老四。

驳(駁＊❶❷駮) bó ❶〈动〉说出自己的理由,否定别人的意见:批~|反~|辩~|~斥。❷〈形〉马的毛色不纯,泛指颜色夹杂,不纯净:斑~|~杂。❸〈动〉驳运,在岸与船、船与船之间用小船来往转运旅客或货物:起~|~卸。❹〈名〉驳船:铁~。

【驳斥】bóchì〈动〉反驳错误的言论或意见。

【驳船】bóchuán〈名〉没有动力装置,由拖轮拉或推着行驶的船,用来运送旅客或货物。

【驳难】bónàn〈动〉反驳责难。

【驳议】bóyì ❶〈动〉驳正别人的议论。❷〈名〉驳正别人议论时提出的意见(多指书面的)。

【驳杂】bózá〈形〉混杂不纯。

备用词 辩驳 反驳 回驳 批驳

帛 bó〈名〉丝织物的总称:玉~|布~|~画|~书|声如裂~。

【帛缕】bólǚ〈名〉丝线:瓦缝参差,多于周身之~。

泊 bó ❶〈动〉船靠岸;停船:~位|船~港外。❷〈动〉停留;飘~。❸〈动〉停放(车辆):~车。❹〈形〉恬静:淡~。❺〈名〉姓。
△另见 pō。

柏 bó［柏林］〈名〉德国首都。
△另见 bǎi;bò。

勃(＊❶教) bó ❶〈形〉旺盛:蓬~|~发(焕发;旺盛)|~兴。❷〈名〉姓。

【勃勃】bóbó〈形〉旺盛的样子(多指精神或欲望方面):生气~|英姿~。

【勃然】bórán〈形〉❶兴起或旺盛的样子:~而兴。❷奋发的样子:~奋励。❸因生气或惊慌等变脸色的样子:~不悦|~大怒。

【勃豀】bóxī〈动〉家庭中争吵:妇姑~(比喻为无关紧要的细小事情而争吵)。

【勃兴】bóxīng〈动〉勃然兴起;蓬勃发展。

铍(鈸) bó〈名〉打击乐器,铜制圆片,中间隆起成半球形,两片一副,相击发声。

铂(鉑) bó〈名〉金属元素,符号Pt。银白色,延展性好,化学性质稳定。通称"白金"。

亳 bó〈名〉亳州,地名,在安徽。

浡 bó〈形〉振作;兴起。

袯(襏) bó[袯襫(shì)]〈名〉古代蓑衣一类挡雨的器具。

舶 bó〈名〉航海大船:船~|巨~|海~。

【舶来品】bóláipǐn〈名〉旧时指进口的货物。

脖(*頸) bó〈名〉❶脖子,头和躯干相连接的部分。❷器物或身体某些部位上像脖子的部分:拐~|脚~子|这个瓶子~儿长。

博(*❶-❸愽簙) bó❶〈形〉多;丰富:渊~|~爱|~览|旁征~引。❷〈动〉知道得多:~学|古通今。❸〈形〉大:峨冠~带。❹〈动〉取得:~取欢心|聊~一笑。❺〈名〉古代的一种棋类,后泛指赌博:~弈|~徒|~局。❻〈名〉指博客①:微~|开~。❼〈名〉姓。

【博爱】bó'ài〈动〉普遍地爱世间所有的人。

【博彩】bócǎi〈名〉指赌博、摸彩、抽奖一类活动:~业。

【博大精深】bódà jīngshēn 形容学问或理论广博高深。

【博导】bódǎo〈名〉博士研究生导师的简称。

【博得】bódé〈动〉取得;争取到:~好评|~荣誉。

【博古通今】bó gǔ tōng jīn 通晓古今的事情。形容学识广博。

【博客】bókè〈名〉❶在互联网上发表文章、图片等:写~。❷在互联网上发表文章、图片等的人:~论坛。[外]

【博览】bólǎn〈动〉广泛阅览:~群书。

【博览会】bólǎnhuì〈名〉一种大型产品展览会,一般是国际性的。

【博识】bóshí〈形〉知识丰富;见识广博:多闻~。

【博士】bóshì〈名〉❶学位的最高一级:医学~|文学~。❷古时指专精某种技艺或专司某种职业的人:酒~|茶~。❸古代的一种传授经学的官名。

【博士后】bóshìhòu〈名〉获得博士学位后在高等院校或研究机构从事研究工作并继续深造的阶段。也指博士后研究人员。

【博闻强记】bó wén qiáng jì 博闻强识。

【博闻强识】bó wén qiáng zhì 见闻广博,记忆力强。也说"博闻强记"。

【博物】bówù〈名〉动物、植物、矿物、生理等学科的总称。

【博学】bóxué〈形〉学问广博精深:~多才。

备用词　奥博　繁博　赅博　广博　淹博　渊博　地大物博

鹁(鵓) bó[鹁鸪]〈名〉鸽子的一种,身体灰黑色,颈部和胸部暗红色。

渤 bó〈名〉渤海,海名,在山东半岛和辽东半岛之间。

搏 bó〈动〉❶搏斗,激烈地对打:肉~|拼~|~击。❷扑上去抓:狮子~兔。❸拍击:水石相~,声如洪钟。❹跳动:~动|脉~。

【搏斗】bódòu〈动〉❶徒手或拿刀、棒等激烈地对打。❷战斗;斗争:他以惊人的毅力,与病魔顽强~。

【搏击】bójī〈动〉❶击;对打。❷奋力斗争和冲击:~风浪。

【搏战】bózhàn〈动〉搏斗②。

鲌(鮊) bó〈名〉鱼,体长,侧扁,嘴向上翘。生活在淡水中。
△另见bà。

僰 bó〈名〉古代称居住在西南地区的某一少数民族。

箔 bó〈名〉❶苇子、秫秸等编成的帘子:苇~|席~。❷用竹篾等编成的养蚕的器具:蚕~。❸金属薄片:金~|铜~。❹涂上金粉末或裱上金属薄片的纸(迷信的人祭祀时当作纸钱焚化):锡~。

膊 bó〈名〉胳膊:赤~|~臂。

踣 bó〈动〉跌倒:半步而~|屡~屡起。

镈（鎛）bó〈名〉❶古代乐器,大钟。❷古代锄一类除草松土的农具。

薄 bó ❶〈形〉义同"薄"(báo)①,用于合成词或成语:稀～。❷〈形〉轻微;少:～技|～产。❸〈形〉(言行)不庄重;不厚道:轻～|刻～。❹〈动〉轻视;慢待:厚此～彼。❺〈动〉使少;减少:省刑罚,～税敛|轻徭～赋,以宽民力。❻〈动〉侵入;混杂:矢溺皆闭其中,与饮食之气相～。❼〈动〉迫近;接近:日～西山|腥膻并御,芳不得～兮。❽〈名〉草木茂密的地方:搜林索险,探～穷阻。❾〈名〉姓。
△另见 báo;bò。

【薄产】bóchǎn〈名〉微薄的财产:一份～|守着些～度日。

【薄明】bómíng〈形〉微明。

【薄命】bómìng〈形〉旧时指命运不好,福分不大(迷信,多用于妇女)。

【薄暮】bómù〈名〉傍晚:～时分。

【薄情】bóqíng〈形〉负心;少情义(多用于男女爱情)。

【薄弱】bóruò〈形〉不强;不坚强;不雄厚:意志～|兵力～。

备用词 单薄 淡薄 瘠薄 绵薄 浅薄 硗薄 微薄 稀薄 尖酸刻薄 妄自菲薄

礴 bó 见[磅(páng)礴]。

== bǒ ==

跛 bǒ〈动〉腿或脚有毛病,走起路来身体不平衡:～脚|～鳖千里。

【跛鳖千里】bǒ biē qiān lǐ 跛脚的鳖不停地走,也能走千里地(语见《荀子·修身》)。比喻只要坚持不懈,即使条件很差,也能取得成就。

簸 bǒ〈动〉❶把粮食等放在簸箕里上下颠动,扬去糠秕、尘土等:～扬|～谷|～米。❷摇动:～荡|～颠。
△另见 bò。

== bò ==

柏 bò[黄柏]〈名〉落叶乔木,树皮果实可入药。
△另见 bǎi;bó。

薄 bò[薄荷]〈名〉草本植物,茎叶有清凉的香味,可入药。
△另见 báo;bó。

檗（*蘗）bò[黄檗]〈名〉乔木,木材坚硬,茎可制黄色染料,树皮可入药。也作"黄柏"。

擘 bò ❶〈名〉大拇指:巨～。❷〈动〉分开;剖:分～|～肌分理。
△另见 bāi。

【擘划】bòhuà 同"擘画"。

【擘画】bòhuà〈动〉计划;布置。也作"擘划"。

簸 bò[簸箕]〈名〉❶用竹篾或柳条编成的器具,用来簸粮食等。也有用铁皮、塑料制成的。❷簸箕形的指纹。
△另见 bǒ。

== bo ==

卜（蔔）bo ❶[萝卜]〈名〉草本植物,主根肥大,圆柱形或球形,是普通蔬菜。❷〈名〉姓。
△另见 bǔ。

啵 bo〈助〉表示商量、提议、请求、命令等语气:你看要得～?|你给拿个主意,行～?

== bū ==

逋 bū〈动〉❶逃亡:～逃。❷拖欠:～债。❸拖延:～留。

【逋逃薮】būtáosǒu〈名〉逃亡的人躲藏的地方。

晡 bū〈名〉申时,即下午三点钟至五点钟。

餔 bū〈动〉食;吃:众人皆醉,何不～其糟而啜其醨?
△另见 bù。

== bú ==

醭 bú 旧读 pú〈名〉醋、酱油等表面长的白霉。

== bǔ ==

卜 bǔ ❶〈动〉占卜:～辞|～卦|～课|求签问～。❷〈动〉预料:前程未～。❸〈动〉选择(处所):～宅|～居|～邻。❹〈名〉姓。
△另见 bo。

【卜辞】bǔcí〈名〉殷代把占卜的时间、原因、应验等刻在龟甲或兽骨上的记录。参看[甲骨文]。

【卜卦】bǔguà〈动〉根据卦象推算吉凶(迷信)。

卟 bǔ[卟吩(fēn)]〈名〉有机化合物,是叶绿素、血红蛋白等的组成部分。[外]

补（補） bǔ ❶〈动〉加上材料,修理破损的东西:缝～|织～|修～|～缀(zhuì)|剜肉～疮|亡羊～牢。❷〈动〉补充;补足;填补(缺额):弥～|递～|～救|～给(jǐ)|截长～短。❸〈动〉补养:～血|～药|滋～。❹〈名〉利益;用处:～益|不无小～。❺〈名〉姓。

【补仓】bǔcāng〈动〉指投资者在持有一定数量的某种证券的基础上,又买入同一种证券。

【补偿】bǔcháng〈动〉抵消(损失);补足(缺欠)。

【补充】bǔchōng〈动〉❶不足或有缺漏时,增加使充实或齐全:～说明。❷在主要事物以外追加一些:～教材。

【补给】bǔjǐ〈动〉补充和供给粮草、弹药等。

【补救】bǔjiù〈动〉采取行动纠正过错,挽回损失或影响。

【补苴罅漏】bǔjū xiàlòu 补好裂缝,堵住漏洞。弥补文章、理论等的缺漏,也泛指弥补事物的缺陷(补苴:修补)。

【补考】bǔkǎo〈动〉因故未参加考试或考试不及格的人另行考试:有一门需～。

【补课】bǔkè〈动〉❶补学或补教所缺的功课:老师放弃休息给同学～。❷比喻重做某一未做好的事。

【补偏救弊】bǔ piān jiù bì 弥补偏差,纠正缺点错误。

【补习】bǔxí〈动〉为了补足某种知识,在业余或课余学习:～功课|～学校。

【补休】bǔxiū〈动〉(职工)因公没有按时休假,事后补给休息日。

【补遗】bǔyí〈动〉书籍正文有遗漏,加以补充,附在正文后面,叫"补遗";前人的著作有遗漏,后人加以补充,也叫"补遗"。

【补语】bǔyǔ〈名〉动词或形容词后边的连带成分,用来补充动词或形容词,表示状态、程度、结果等,如"脸涨红了"的"红","冷得很"的"很"。

【补正】bǔzhèng〈动〉补充疏漏,修正错误(多指文字撰述方面)。

【补助】bǔzhù ❶〈动〉从经济上给以帮助(多指组织上对个人):～金|老人生活困难,厂里～他五百元。❷〈名〉补助的钱、物等:发放困难～。

备用词　抵补　递补　候补　弥补　添补　填补　修补　增补　找补

捕 bǔ ❶〈动〉捉;逮:～捉|～捞|～获|追～|拘～|缉～|～风捉影。❷〈名〉姓。

【捕房】bǔfáng〈名〉即巡捕房,旧时帝国主义在上海等商埠的租界里设立的警察局。

【捕风捉影】bǔ fēng zhuō yǐng 比喻说话或做事缺乏充分事实,而以似是而非的迹象作根据。

【捕获】bǔhuò〈动〉逮住;捉到。

【捕快】bǔkuài〈名〉旧时官署里担任缉捕的差役。

备用词　逮捕　缉捕　拘捕　搜捕　追捕

哺 bǔ ❶〈动〉喂;喂养:～育|～乳|嗷嗷待～。❷〈名〉咀嚼着的食物:吐～。

【哺育】bǔyù〈动〉❶喂养。❷比喻培养。

鸨（鴇） bǔ[地鸨]〈名〉即大鸨(bǎo),鸟名,高三四尺,善走不善飞。生活在平原地区。

堡 bǔ〈名〉围有土墙的城镇或乡村,泛指村庄(多用于地名):吴～(在陕西)|柴沟～(在河北)。

　△另见 bǎo;pù。

—— **bù** ——

不 bù[注意]作为副词,a)在去声字前面,"不"字读阳平声,如"～会"、"～是"。b)动词"有"的否定式是"没有",不是"不有"。〈副〉❶用在动词、形容词和其他副词前面表示否定:～去|～安|～能。❷加在名词或名词性词素前面,构成形容词:～法|～轨|～规则|～道德。❸单用,做否定性的回答:老人知道吗?——～,她不知道。❹方言。用在句末表示疑问:他现在身体好～?❺用在动补结构中间,表示不可能:搬～动|做～好。❻"不"字的前后叠用相同的名词,表示不在乎或不相干:什么会计师～会计师,有真本事就行。❼跟"就"搭用,表示选择:～是看戏,就是看电影。❽不用;不要:～谢|～送|～客气。❾同"否"(fǒu):汝见我～?|句读之不知,惑之不解,或师焉,或～焉。

【不卑不亢】bù bēi bù kàng 既不自卑,也不高傲。指对人的态度恰当而有分寸。也说"不亢不卑"。

【不必】bùbì〈副〉❶表示不需要;用不着:你～说了。❷不一定:是故弟子～不如师,师～贤于弟子。

B

【不辨菽麦】bù biàn shū mài 分不清哪是豆子，哪是麦子。形容愚昧，缺乏实际知识。

【不才】bùcái ❶〈动〉无才；没有才能（多用来表示自谦）：某虽～，愿替马幼常回。❷〈名〉"我"的谦称：其中道理，～愿洗耳聆教｜何至更辱馈遗，则～益将何以报焉。

【不测】bùcè ❶〈形〉不可测度；不可预料：祸且～，敢望报乎？❷〈名〉意外的事情：提高警惕，以防～。

【不曾】bùcéng〈副〉"曾经"的否定。没有：我又～说你，你恼什么？

【不差累黍】bù chā lěi shǔ 形容丝毫不差（累黍：微小的数量）。

【不成】bùchéng ❶〈动〉不可以；不被允许。❷〈形〉不行；不中用。❸〈助〉用在句末，表示推测或反问的语气，前面常有"难道"、"莫非"等词相呼应：难道你铁了心～？❹〈副〉加强反问的语气，相当于"难道"：跟着你干了这么多年，～空着手回去？

【不齿】bùchǐ〈动〉不愿意提到，表示鄙视：巫医乐师百工之人，君子～。

【不耻下问】bù chǐ xià wèn《论语·公冶长》："敏而好学，不耻下问。"不以向地位或学问不如自己的人请教为可耻。

【不啻】bùchì〈动〉❶不止：～万金｜虽连城拱璧～也。❷如同：视二千余年～一瞬｜相去～天渊。

【不打紧】bù dǎjǐn 不要紧；无关紧要。

【不打自招】bù dǎ zì zhāo 没有用刑自己就招认。比喻无意中泄露真实情况和想法。

【不但】bùdàn〈连〉用在复句的上半句里，下半句里通常有连词"而且"、"并且"或副词"也"、"还"等相呼应，表示除所说的意思外，还有更进一层的意思：他～人品好，学问也很出色。

【不到的】bùdàode〈副〉不至于：卖弄你那官清法正行，多要些也～罪名。

【不独】bùdú〈连〉不但：老师～没有批评他，还表扬了他的诚实。

【不二法门】bù èr fǎmén 原为佛教用语。意思是观察事物的道理，要离开相对的两个极端而用"处中"的看法，才能得其实在。后用来比喻最好的或独一无二的方法（不二：指不是两极端；法门：指修行入道的门径）。

【不妨】bùfáng〈副〉表示可以这样做，没有什么

这麦子长得真好啊！

妨碍：你～先去，我们随后就来。

【不忿】bùfèn〈形〉不服气；不平。

【不尴尬】bù gāngà〈形〉鬼鬼祟祟，不正派：这两个人来得～。

【不敢越雷池一步】bù gǎn yuè léichí yī bù 晋庾亮《报温峤书》："足下无过雷池一步也。"意思是叫温峤不要越过雷池到京城来。现在用"不敢越雷池一步"比喻不敢越出一定的范围。

【不更事】bù gēngshì〈动〉指经历的事不多，缺乏经验。

【不共戴天】bù gòng dài tiān 不跟仇敌在同一个天底下活着。形容仇恨极深。

【不轨】bùguǐ ❶〈动〉指违反法纪或搞叛乱活动：行多～。❷〈名〉指不轨的事：图谋～。

【不过】bùguò ❶〈副〉用在形容词后面，表示程度最深：那再好～了。❷〈副〉指明范围，含有往小里或轻里说的意味；仅仅。句末常跟"而已"，"罢了"等配合：他～摔坏了一个碗罢了｜我～随便说说而已。❸〈连〉表示转折：老人家体力不如从前了，～精神还不错。

【不过意】bù guòyì 过意不去；这点薄礼您要是不收下，我们心里实在～。

【不寒而栗】bù hán ér lì 并不寒冷而身体直发

抖。形容非常害怕。

【不合】bùhé ❶〈动〉不符合：～时宜｜～手续。❷〈形〉合不来；不和：性格～｜婆媳～。❸〈动〉不该：后来～偷了店主人家钱财。

【不遑】bùhuáng〈副〉表示没有时间；来不及：～顾及。

【不及】bùjí〈动〉❶不如；比不上：学习上我～他。❷来不及：躲避～｜后悔～。

【不即不离】bù jí bù lí 既不亲近，也不疏远（多用在对人的关系方面）。

【不计其数】bù jì qí shù 形容很多，无法计算。

【不济】bùjì〈形〉❶不顶用；不好：这两天精神更～了。❷不成功：事又，反为所笑。

【不假思索】bù jiǎ sīsuǒ 用不着想。形容说话做事迅速。

【不见经传】bù jiàn jīng zhuàn 经传上没有记载。指某种说法没有来历，缺乏文献上的依据；也指人或事物没有名气。

【不禁】bùjīn〈副〉禁不住；抑制不住：在众目睽睽下，这个本来从容自若的姑娘也～有点拘束了。

【不仅】bùjǐn ❶〈副〉表示超出一定数量或范围：这～是我一个人的想法。❷〈连〉不但：人类～要适应环境，而且要改造环境。

【不经之谈】bù jīng zhī tán 荒诞没有根据的话（经：正常）。

【不胫而走】bù jìng ér zǒu 没有腿却能跑。形容传播迅速（胫：小腿）。

【不咎既往】bù jiù jì wǎng 见〖既往不咎〗。

【不拘】bùjū ❶〈动〉不限制；不计较；不拘泥：字数～｜～小节｜～一格。❷〈连〉不论：～什么工作，我都乐意做。

【不绝如缕】bù jué rú lǚ 像用一根细线那样连着，差点儿就要断了。形容局势危急或声音细微而绵绵不断。

【不刊之论】bù kān zhī lùn 比喻不可磨灭不能改动的言论（刊：可更改）。

【不堪】bùkān ❶〈动〉承受不了：～回首｜～一击。❷〈动〉不可；不能：～入耳｜～造就。❸〈形〉用在消极意义的词后面，表示程度深：痛苦～｜狼狈～。❹〈形〉坏到极点的：那茶饭都系～之物。

【不堪回首】bùkān huíshǒu 不忍去回忆过去的经历或情景。

【不堪设想】bùkān shèxiǎng 对于事情的结果不能想象，指会发展到很坏的地步。

【不堪言状】bùkān yán zhuàng 指无法用言语来形容（状：描述）。

【不亢不卑】bù kàng bù bēi 见〖不卑不亢〗。

【不可更新资源】bù kě gēngxīn zīyuán 经人类开发利用后，在相当长的时期内不可能再生的自然资源。如金属矿物、煤、石油等。也叫"非再生资源"。

【不可救药】bù kě jiù yào 病重到没法用药医治，比喻坏到无法挽救的地步（药：用药医治）。

【不可理喻】bù kě lǐ yù 没法用道理使他明白。形容固执或蛮横，不通情理。

【不可名状】bù kě míng zhuàng 不能够用言语来形容（名：说出）。也说"不可言状"。

【不可胜数】bù kě shèng shǔ 数也数不完。形容非常多。

【不可思议】bù kě sīyì 原为佛教用语，含有神秘奥妙的意思。现形容不可想象或难于理解。

【不可同日而语】bù kě tóng rì ér yǔ 不能放在同一时间谈论。形容不能相比或不能相提并论。也说"不可同年而语"。

【不可一世】bù kě yī shì 自以为当今世界上没有一个能比得上。形容狂妄自大到了极点。

【不可终日】bù kě zhōng rì 一天都过不下去。形容局势危急或心中惶恐不安：惶惶～。

【不郎不秀】bù láng bù xiù 比喻不成材或没出息（元明时代"郎"指平民的子弟，"秀"指官僚、贵族的子弟）。

【不劳而获】bù láo ér huò 自己不劳动而取得别人劳动的成果。

【不力】bùlì〈形〉不尽力；不得力：工作～｜办事～｜打击～。

【不了了之】bù liǎo liǎo zhī 事情没有办完，放在一边不管，就算完事。

【不料】bùliào〈连〉没想到；没有预先料到。

【不吝】bùlìn〈动〉客套话，不吝惜（用于征求别人意见）：敬希～赐教。

【不伦不类】bù lún bù lèi 不像这一类，也不像那一类。形容不成样子或不规范（伦：类）。

【不论】bùlùn ❶〈连〉表示条件或情况不同而结果不变，下文多用"都"、"总"等副词跟它呼应：～有什么困难，我们都能克服。❷〈动〉不讨论；不辩论：存而～。

【不落窠臼】bù luò kējiù 比喻有独创风格，不落俗套（多指文章或艺术）。

【不蔓不枝】bù màn bù zhī 宋周敦颐《爱莲说》："中通外直，不蔓不枝。"原指莲茎不分枝杈，现用来比喻文章简洁。

【不毛】 bùmáo ❶〈形〉不长庄稼：～之地。❷〈名〉不毛之地：深入～。

【不毛之地】 bù máo zhī dì 不长庄稼的地方。泛指荒凉、贫瘠的土地或地带。

【不敏】 bùmǐn〈形〉不聪明；不明事理（常用来表示自谦）：我虽～，请尝试之。

【不明飞行物】 bù míng fēixíngwù 指天空中来历不明并未经证实的飞行物体。近几十年来屡有关于这类飞行物体出现的报道，据称形状有圆碟形、卵形、蘑菇形等。也叫"飞碟"。

【不名一文】 bù míng yī wén 一个钱也没有（名：占有）。也说"不名一钱"。

【不谋而合】 bù móu ér hé 事先没有经过商量而彼此见解或行动完全一致。

【不佞】 bùnìng ❶〈动〉没有才能（常用来表示自谦）。❷〈名〉"我"的谦称。

【不偏不倚】 bù piān bù yǐ 不偏袒任何一方。表示公正或中立。也表示不偏不歪，正中目标。

【不平】 bùpíng ❶〈形〉不公平：～则鸣。❷〈名〉不公平的事：路见～，拔刀相助。❸〈形〉因不平的事而激动、愤怒或不满：愤愤。❹〈名〉由不平的事引起的激动、愤怒或不满：消除心中的～。

【不平则鸣】 bù píng zé míng 对不公平的事情表示愤慨。

【不期】 bùqī ❶〈动〉没有约定：～而遇。❷〈连〉不料；想不到：哥哥的棍重，走将来试手打他一下，～就打杀了。

【不期然而然】 bù qī rán ér rán 没有想到会如此而竟然如此。也说"不期而然"。

【不求甚解】 bù qiú shèn jiě 晋陶渊明《五柳先生传》："好读书，不求甚解。"原指读书只求理解精神，不着眼于一字一句的解释。现在多指学习不认真，不求深入理解；或指了解情况不深入。

【不屈不挠】 bù qū bù náo 形容在压力和恶势力面前不屈服，不低头。

【不日】 bùrì〈副〉要不了几天；几天之内：建筑材料已经备，～即可动工。

【不容】 bùróng〈动〉不让；不许可：～置疑|～置喙（不容许插嘴）。

【不若】 bùruò〈动〉不如："公之视廉将军孰与秦王?"曰："～也。"

【不三不四】 bù sān bù sì ❶不正派。❷不像样子。

【不胜】 bùshèng ❶〈动〉不能忍受：体力～。❷〈动〉不能做到或做不完：防～防。❸〈副〉非常（用于感情方面）；十分：～感激。

【不胜枚举】 bù shèng méi jǔ 不能一个一个都列举出来。形容同一类的人或事物很多。

【不识抬举】 bù shí táijǔ 不接受或不珍视别人对自己的好意（用于指责人）。

【不爽】 bùshuǎng〈形〉❶（身体、心情）不舒适；不爽快：身体有点儿～。❷不差：毫厘～。

【不速之客】 bù sù zhī kè 没有邀请而突然到来的客人（速：邀请）。

【不特】 bùtè〈连〉不但。

【不腆】 bùtiǎn〈形〉不丰厚；不富足（古代用作谦辞）：～敝邑，为从者之淹。

【不同凡响】 bù tóng fánxiǎng 不同于寻常的声音。比喻事物（多指文艺作品）不平凡。

【不为已甚】 bù wéi yǐ shèn 不做太过分的事。指对人的责备或处罚适可而止（已甚：过分）。

【不韪】 bùwěi〈名〉过失；不对：冒天下之大～。

【不谓】 bùwèi ❶〈动〉不能说（用于表示否定的词语前）：时间～不长|任务～不重。❷〈连〉没想到；不料：离别以来，以为相见无日，～今又重逢|予又长汝四岁，或人间长者先亡，可将身后托汝，而－汝之先予以去也！

【不惜】 bùxī〈动〉舍得；不顾惜：为了祖国的独立富强，他们～牺牲个人的一切。

【不暇】 bùxiá〈动〉忙不过来；没有空闲的时间：应接～。

【不相上下】 bù xiāng shàng xià 分不出高低。形容程度、数量等相当：本领～。

【不消】 bùxiāo ❶〈动〉不需要：～一会儿工夫，这个消息就传开了。❷〈副〉不用：樱花～说是美丽的。

【不肖】 bùxiào〈形〉❶品行不好，没出息（多用于子孙）：～子孙。❷谦辞。不才；不贤：臣等～，请辞去。

【不谐】 bùxié〈形〉不顺利；不成功：马谡见事～，教军紧守寨门，只要外应。

【不屑】 bùxiè〈动〉❶认为不值得（做）：～一顾。❷轻视：脸上显出～的神情。

【不幸】 bùxìng ❶〈形〉使人失望、伤心、痛苦的：～的消息。❷〈形〉表示不希望发生的事发生了：他奋勇迎击，～阵亡。❸〈名〉令人伤心、悲痛的事：惨遭～。

【不修边幅】 bù xiū biānfú 形容不注意衣着、容貌的整洁。

【不朽】 bùxiǔ〈动〉永不磨灭（多用于抽象事物）：永垂～|～的业绩。

【不恤】 bùxù〈动〉不顾及；不顾惜：～人言（不

管别人的议论）。

【不学无术】bù xué wú shù 没有学问；没有本事。

【不逊】bùxùn〈形〉不恭敬；没有礼貌；骄傲；蛮横：出言～。

【不言而喻】bù yán ér yù 不用说就能明白。

【不一而足】bù yī'ér zú 不止一种或一次；很多。

【不宜】bùyí〈动〉不适宜：句子～太长｜～操之过急。

【不遗余力】bù yí yú lì 没有保留地把全部力量使出来。

【不已】bùyǐ〈动〉继续不停：赞叹～。

【不以为然】bù yǐ wéi rán 不认为是对的。表示不同意（多含轻视意味）。

【不亦乐乎】bù yì lè hū 原意是"不也是很快乐的吗？"（见于《论语·学而》）现常用来表示达到极点的意思：这段时间他东奔西跑，忙得～。

【不易之论】bù yì zhī lùn 内容正确，不可改变的言论。

【不翼而飞】bù yì ér fēi ❶没有翅膀却能飞。比喻东西突然丢失。❷形容消息、言论等传布迅速。

【不虞】bùyú ❶〈动〉意料不到：～之誉。❷〈名〉出乎意料的事：以备～。❸〈动〉不忧虑；不担心：～匮乏。

【不与】bùyù〈动〉不赞成：仁陷于愚，固君子之所～也。

【不约而同】bù yuē ér tóng 事先没有经过商量而言论或行动彼此一致。

【不在话下】bù zài huà xià 指事物轻微、不值得提；或事属当然，用不着说：区区小事，～。

【不赞一词】bù zàn yī cí 原指文章写得好，别人不能再添一词一句。现在也指只听别人说，自己一言不发。

【不择手段】bù zé shǒuduàn 指为达到目的，什么手段都使得出来（含贬义）。

【不折不扣】bù zhé bù kòu 一点不打折扣。表示十足，丝毫不差。

【不争】bùzhēng〈形〉不容置疑；无需争辩的：～的事实。

【不正当竞争】bùzhèngdàng jìngzhēng 经营者在经营活动中违反诚信、公平等原则的竞争行为。如商业贿赂、侵犯商业秘密、虚假广告、倾销等。

【不知凡几】bù zhī fán jǐ 不知道一共有多少，指同类的人或事物很多。

【不知所措】bù zhī suǒ cuò 不知道该怎么办才好。形容受窘或发急。

【不止】bùzhǐ ❶〈动〉继续不停：大笑～｜血流～。❷〈副〉表示超出某个数目或范围：他恐怕～七十岁｜类似情况已～一次发生。

【不只】bùzhǐ〈连〉不但；不仅：～生产发展了，生活也改善了｜河水～可供灌溉，且可用来发电｜修好这座水库，～本县受益，下游的几个县也将受益。

【不至于】bùzhìyú〈动〉表示不会达到某种程度：他～连这一点道理也不明白｜两人有矛盾，但还～吵架｜这事还～无法挽救。

【不置可否】bù zhì kě fǒu 不说对，也不说不对。

【不足】bùzú ❶〈动〉不充足；不满：估计～｜全校师生～一千人。❷〈动〉不值得：～挂齿（不值得提及）：～道｜～为奇。❸〈动〉不能；不可以：～为训｜非团结～图存。❹〈副〉不必：～为外人道也。

【不足道】bùzúdào〈动〉不值得说：个人的得失是～的。

【不足为奇】bù zú wéi qí 不值得奇怪，指事物、现象等很平常。

【不足为训】bù zú wéi xùn 不能当作典范或法则。

布（*❷-❹佈）bù ❶〈名〉用棉、麻等织成的做衣服等的材料：～匹｜～料｜粗～｜棉～｜～鞋。❷〈动〉宣告；宣布：公～｜～告｜开诚～公。❸〈动〉散布；分布：流～｜乌云密～｜铁路遍～全国。❹〈动〉布置：～雷｜～防｜～下天罗地网。❺〈名〉古代的一种钱币。❻〈名〉姓。

【布点】bùdiǎn〈动〉对人员或事物的分布地点进行布设、安排：住宅区商业～不够合理。

【布尔乔亚】bù'ěrqiáoyà〈名〉资产阶级。[外]

【布尔什维克】bù'ěrshíwéikè〈名〉❶列宁建立的苏联共产党用过的称号，意思是多数派。❷泛指马克思主义者。[外]

【布防】bùfáng〈动〉布置防守的兵力。

【布谷】bùgǔ〈名〉鸟，杜鹃。

【布局】bùjú〈动〉指对事物的全面规划、安排：～合理。

【布列】bùliè〈动〉分布；排列。

【布设】bùshè〈动〉布置;设置:～封锁线。

【布施】bùshī〈动〉把财物施舍给人。

【布网】bùwǎng〈动〉比喻公安部门为捕捉犯罪嫌疑人等在各处布置力量:～守候,捉拿绑匪。

【布衣】bùyī〈名〉❶布衣服:～蔬食(形容生活俭朴)。❷古代指平民。

【布艺】bùyì〈名〉一种手工艺,经过剪裁、缝缀、刺绣把布料制成用品或饰物等:～沙发。

【布展】bùzhǎn〈动〉布置展览:精心～|精品少儿图书展正在加紧～。

【布置】bùzhì〈动〉❶安排(人力、任务等):～工作。❷安排和陈列各种物件使适合某种需要:～会场。

备用词　颁布　发布　公布　刊布　宣布　传布　分布　流布　散布　星罗棋布

步　bù❶〈名〉行走时两脚之间的距离;脚步:～伐|～履|踏～|寸～难行。❷〈名〉阶段:～骤|逐～|工作一～比一～顺利。❸〈名〉地步;境地:迷途知返,哪へ落到这一～?❹〈量〉旧制长度单位,1步等于5尺。❺〈动〉用脚走:～入会场|亦～亦趋。❻〈动〉踩;踏:～人后尘。❼〈名〉指步兵:～校|水～|八十万～。❽同"埠"(多用于地名):盐～(在广东)|社～(在广西)。❾〈名〉姓。

【步步为营】bù bù wéi yíng 军队前进一步就设下一道营垒。比喻行动谨慎,防范严密。

【步道】bùdào〈名〉指人行道:加宽～。

【步调】bùdiào〈名〉走路时脚步的大小快慢。比喻进行某种活动的方式、程序和速度:～一致。

【步伐】bùfá〈名〉❶队伍行进时的脚步:～整齐。❷比喻工作进程:加快经济建设的～。

【步人后尘】bù rén hòu chén 跟在别人后面,踩着人家的脚步走。比喻追随、模仿别人。

【步韵】bùyùn〈动〉依照别人诗中所用的韵及其韵脚的次第来和(hè)诗。

【步骤】bùzhòu〈名〉事情进行的程序:工作～|有计划、有～地开展工作。

备用词　箭步　方步　正步　快步　疾步　健步　稳步　缓步　徒步　拔步　迈步　举步　踏步　漫步　散步　止步　留步

吥　bù 见〖唝(gòng)吥〗。

埗　bù[茶埗]〈名〉地名,在福建。

怖　bù〈动〉害怕:恐～|阴森可～。

钚（釙）bù〈名〉金属元素,符号 Pu。化学性质跟铀相似,有放射性,可用作核燃料等。

埔　bù[大埔]〈名〉地名,在广东。△另见 pǔ。

部　bù❶〈名〉部分;部位:全～|局～|上～|内～|本～。❷〈名〉某些机关的名称或机关企业中按业务划分的单位:外交～|编辑～|公关～|门市～。❸〈名〉军队(连以上)等的领导机构或其所在地:营～|司令～。❹〈名〉指部队:率～突围。❺〈动〉统辖;统率:所～。❻〈量〉a)用于书籍、影片等:一～字典|三～纪录片。b)方言。用于机器或车辆:两～汽车|三～机器。❼〈名〉姓。

【部队】bùduì〈名〉❶军队的通称。❷指军队的一部分:野战～|边防～。

【部领】bùlǐng〈动〉统率。

【部落】bùluò〈名〉由血缘相近的若干氏族结合而成的集体。

【部首】bùshǒu〈名〉字典、词典等为了便于编排、检索,根据汉字形体偏旁所分的门类,如"山"、"木"、"车"、"立"等。

【部署】bùshǔ〈动〉安排、布置(人力、任务):～工作|～了一个师的兵力|战略～。

【部卒】bùzú〈名〉所统率的士兵。

埠　bù〈名〉❶码头,多指有码头的城镇:船～|本～|外～。❷商埠:开～。

【埠头】bùtóu 方言。〈名〉码头:河～。

瓿　bù〈名〉小瓮:酱～。

餔　bù〈名〉糒子,婴儿吃的糊状食物。△另见 bū。

簿　bù〈名〉❶供书写或记载事项的本子:～册|～籍|～记|～账|练习～。❷姓。

C

— cā —

擦 cā 〈动〉❶摩擦:～火柴|摩拳～掌。❷用布、毛巾等摩擦使干净:～拭|～枪|～脸|把桌子～一～。❸涂抹:～油|～粉。❹挨着或靠近另一物体很快地过去:～边球|～肩而过|蜻蜓～着水面飞。❺把瓜、萝卜等放在礤床上来回摩擦,使成细丝:～西葫芦|把萝卜～成丝儿。

【擦边球】cābiānqiú〈名〉打乒乓球时擦着球台边沿的球,后来把做在规定的界限边缘而不违反规定的事比喻为打"擦边球":要按规矩办事,不能打～。

【擦黑】cāhēi 方言。〈动〉天刚开始黑下来:整整走了一天,天～的时候才到家。

【擦痕】cāhén〈名〉因摩擦而留下的痕迹:车门上有一道～。

【擦屁股】cā pìgu 比喻替人做没做完的事或处理遗留问题(多指不好办的):他尽做一些捅娄子的事,让别人在后面～。

【擦拭】cāshì〈动〉用布、毛巾等擦使干净:～武器。

【擦洗】cāxǐ〈动〉擦拭,洗涤:～手表|把桌子好好～～。

嚓 cā 〈拟〉形容物体等摩擦的声音:～～的脚步声|汽车～的一声停住了。
△另见 chā。

礤 cā 见【礓(jiāng)礤】。

— cǎ —

礤 cǎ ❶〈名〉粗石。❷[礤床]〈名〉把瓜、萝卜等擦成细丝的器具,在木板或竹板上钉上金属片,金属片凿开许多小洞,使翘起的鳞状部分形成薄刃片。

— cāi —

偲 cāi 〈形〉多才:其人美且～。
△另见 sī。

猜 cāi 〈动〉❶根据不明显的线索来寻找答案或凭想象来推测:～测|～度(duó)|～想|～谜|～拳行令。❷起疑心:～疑|～忌|两小无～。

【猜测】cāicè〈动〉凭想象估计;推测。

【猜度】cāiduó〈动〉猜测揣度。

【猜贰】cāi'èr〈动〉猜忌;不同心。

【猜忌】cāijì〈动〉怀疑别人对自己不利而心存不满:互相～。

【猜谜】cāimí〈动〉❶猜谜底;捉摸谜语的答案。❷比喻猜测说话的真意或事情的真相:有什么话你就说出来,别让我～了!

【猜疑】cāiyí〈动〉毫无根据地起疑心:请不要胡乱～。

— cái —

才(❸**纔**) cái ❶〈名〉才能:～学|～智|～干|～华|德～兼备|多～多艺。❷〈名〉有才能的人:干～|奇～|英～|文武全～。❸〈副〉a)表示以前不久;刚刚:你～来就要走,忙什么呢? b)表示事情发生或结束得晚:快中午了他～起床。c)表示只有在某种条件下然后怎样:认真学习～有收获|只有下大雨,我们～不出操。d)表示发生新情况,本来并不如此:他解释之后,我～明白是怎么回事。e)表示数量小、次数少、能力差等等:一共～七八个,不够分配。f)表示强调所说的事:西湖的风景～美呢! ❹〈名〉姓。

【才干】cáigàn〈名〉办事的能力。

【才刚】cáigāng 方言。〈名〉刚才。

【才华】cáihuá〈名〉表现在外面的才能(多指文学艺术方面):～横溢。

【才力】cáilì〈名〉才能;能力。

【才能】cáinéng〈名〉知识和能力：施展～。

【才疏学浅】cái shū xué qiǎn 见识不广，学问不深（多用于自谦）。

【才思】cáisī〈名〉指文艺创作方面的能力：～敏捷。

【才学】cáixué〈名〉才能和学问。

【才艺】cáiyì〈名〉才能和技艺：～超群。

【才智】cáizhì〈名〉才能和智慧：发挥每个人的聪明～。

【才子】cáizǐ〈名〉指有才华的人。

备用词　辩才　方才　口才　奇才　全才　人才　干才　天才　通才　英才　庸才　博学多才　人尽其才

材 cái〈名〉❶木料，泛指原料、材料：木～｜药～｜钢～｜器～｜就地取～。❷棺材：寿～｜一口～。❸资料：教～｜题～｜素～。❹的资质：蠢～｜因～施教。❺有才能的人：贤～。❻姓。

【材料】cáiliào〈名〉❶可以直接造成成品的东西：建筑～。❷提供著作内容或可供参考的事物：创作～。❸比喻适合做某种事情的人才：他学画画是块～。

【材质】cáizhì〈名〉❶木材的质地：楠木～十分细密。❷材料的质地；质料：各种～的浴缸｜大理石～的家具。

财（財）cái〈名〉❶钱和物资的总称：～物｜～产｜浮～｜资～｜仗义疏～。❷姓。

【财产】cáichǎn〈名〉指属于国家、集体或个人所有的金钱、物资、房屋、土地等。

【财大气粗】cái dà qì cū 形容人仗着钱财多而盛气凌人。

【财富】cáifù〈名〉具有价值的东西：物质～｜精神～｜创造～。

【财货】cáihuò〈名〉钱财和物资：～丰足。

【财经】cáijīng〈名〉"财政"和"经济"的合称：～学院。

【财礼】cáilǐ〈名〉彩礼。

【财政】cáizhèng〈名〉国家对财政的收入与支出的管理活动：～预算。

备用词　浮财　横财　理财　钱财　外财　洋财　劳民伤财　仗义疏财

裁 cái❶〈动〉用刀剪等把片状物分成若干部分：～剪｜套～｜～纸｜量体～衣。❷〈量〉整张纸分成的相等的若干份：对～｜32～（整张纸的1/32）。❸〈动〉削减：～军｜～员｜～减｜～汰。❹〈动〉安排取舍：别出心～｜《唐诗别～》。❺〈动〉衡量；判断：～决｜～判｜～夺

｜仲～。❻〈动〉控制；抑止：制～｜独～。❼〈副〉古同"才"。数量少：兵不满千，户～及万。

【裁处】cáichǔ〈动〉考虑决定并加以处理：任凭～。

【裁夺】cáiduó〈动〉考虑决定。

【裁减】cáijiǎn〈动〉削减（机构、人员、装备等）：～军备。

【裁决】cáijué〈动〉考虑后作出决定。

【裁军】cáijūn〈动〉裁减武装人员和军事装备。

【裁判】cáipàn❶〈名〉法院依照法律对案件作出的判决。❷〈动〉指对事物作出评判。❸〈动〉根据规则对运动员竞赛的成绩或竞赛中发生的问题作出评判。❹〈名〉指在体育竞赛中担任评判工作的人。

备用词　独裁　制裁　仲裁　别出心裁　独出心裁

═══ cǎi ═══

采（*❶-❹採）cǎi❶〈动〉摘取：～摘｜～撷(xié)｜～茶｜～药。❷〈动〉开采：～掘｜～煤｜～矿。❸〈动〉搜集：～录｜～种(zhǒng)｜～集｜～风。❹〈动〉选用；选取：～购｜～用｜～伐。❺〈名〉精神；神色：神～｜风～｜兴高～烈。❻同"彩"。❼〈名〉姓。△另见 cài。

【采伐】cǎifá〈动〉在森林中有选择地砍伐，采集木材。

【采访】cǎifǎng〈动〉搜集寻访；调查访问：～新闻｜加强善本图书～工作｜记者来到灾区～了抗震救灾的英雄。

【采风】cǎifēng〈动〉搜集民歌。

【采集】cǎijí〈动〉收集；搜集：～标本。

【采纳】cǎinà〈动〉接受（意见等）。

【采取】cǎiqǔ〈动〉选择施行（某种方针、措施、手段等）。

【采认】cǎirèn 方言。〈动〉承认：～学历。

【采撷】cǎixié〈动〉❶采摘：愿君多～，此物最相思。❷采集。

【采信】cǎixìn〈动〉相信（某种事实）并用来作为处置的依据：被告的陈述证据不足，法庭不予～。

【采用】cǎiyòng〈动〉认为合适而加以利用。

备用词　风采　开采　神采　文采　无精打采

彩（*❷綵）cǎi〈名〉❶颜色：五～缤纷｜～虹｜～旗。❷彩色的丝绸：剪～｜张灯结～。❸赞赏的欢呼声：喝～｜满堂～。❹花样；精彩的成分：丰富多

~。❺赌博或某种游戏中给得胜者的东西：~票|~金|中(zhòng)~。❻戏剧或魔术表演中的某些特技：火~|~活|当场出~。❼指负伤流的血：挂~|~号。❽姓。

【彩超】cǎichāo〈名〉彩色 B 超的简称。做 B 超时,彩色图像使人更容易发现微小病变,有利于提高诊断的准确性。

【彩车】cǎichē〈名〉用彩纸、彩绸、花卉等装饰的车,用于喜庆活动。

【彩绸】cǎichóu〈名〉各种颜色的丝绸。

【彩带】cǎidài〈名〉各种颜色的丝绸带子。

【彩电】cǎidiàn〈名〉❶彩色电视的简称。❷指彩色电视机：买一台~。

【彩号】cǎihào〈名〉作战负伤的人员。

【彩虹】cǎihóng〈名〉虹。

【彩绘】cǎihuì ❶〈名〉器物、建筑物等上的彩色图画：这次出土的陶器都有朴素的~。❷〈动〉用彩色绘画：古老建筑已~一新。

【彩轿】cǎijiào〈名〉花轿。

【彩锦】cǎijǐn〈名〉有彩色花纹的锦缎。

【彩卷】cǎijuǎn〈名〉彩色胶卷。

【彩扩】cǎikuò〈动〉彩色照片扩印：电脑~|代理~业务。

【彩礼】cǎilǐ〈名〉旧俗订婚或结婚时男家送给女家的财物。

【彩练】cǎiliàn〈名〉彩带。

【彩迷】cǎimí〈名〉喜欢买彩票而入迷的人。

【彩民】cǎimín〈名〉购买彩票或奖券的人(多指经常购买的)。

【彩墨画】cǎimòhuà〈名〉指用水墨并着彩色的国画。

【彩排】cǎipái〈动〉❶戏剧、舞蹈等正式演出前的化装排演。❷节日游行等大型群众活动正式开始前进行化装排练。

【彩牌楼】cǎipáilóu〈名〉喜庆、纪念等活动中用竹、木等搭成并用花、彩绸、松柏树枝做装饰的牌楼。

【彩票】cǎipiào〈名〉一种证券,上面编着号码,按票面价格出售。开奖后,持有中奖号码彩票的,可按规定领取。如福利彩票、体育彩票等。

【彩旗】cǎiqí〈名〉各种颜色的旗子：迎宾大道上~飘扬。

【彩券】cǎiquàn〈名〉彩票。

【彩色】cǎisè〈名〉多种颜色：~铅笔|~照片。

【彩色电视】cǎisè diànshì 屏幕上显示彩色画面的电视。简称"彩电"。

【彩饰】cǎishì〈名〉彩色的装饰：因年久失修,梁柱上的~已经剥落。

【彩头】cǎitóu〈名〉❶获利或得胜的预兆(迷信)：得了个好~。❷指中奖、赌博或赏赐得来的财物：头奖的~是一辆小轿车。

【彩霞】cǎixiá〈名〉彩色的云霞。

【彩显】cǎixiǎn〈名〉彩色显示器。

【彩信】cǎixìn〈名〉集彩色图像和声音、文字为一体的多媒体短信业务：发~。

【彩页】cǎiyè〈名〉报刊书籍中用彩色印刷的版面,所用的纸张一般较考究。

【彩印】cǎiyìn〈动〉❶彩色印刷：杂志的封面要~。❷洗印彩色照片。

【彩云】cǎiyún〈名〉由于折射日光而呈现彩色的云,以红色为主,多在晴天的清晨或傍晚出现在天边。

【彩照】cǎizhào〈名〉彩色照片。

【彩纸】cǎizhǐ〈名〉❶彩色的纸张。❷彩色印相纸。

睬(*保) cǎi〈动〉搭理；理会：理~别~他|人家问他,他~也不~。

踩(*跴) cǎi〈动〉脚底接触地面或物体：~水|~缝纫机|一脚~到泥里|别~着花草了。

── cài ──

采(*埰) cài [采地]〈名〉古代诸侯分封给卿大夫的田地(包括耕种土地的奴隶)。也叫"采邑"。
△另见 cǎi。

菜 cài〈名〉❶蔬菜：种~|腌~|青~|野~。❷专指油菜：~油。❸经过烹调的蔬菜、蛋品、肉类等副食品：~肴|饭~|荤~|川~|酒~。❹姓。

【菜单】càidān〈名〉❶开列各种菜肴名称的单

子。❷选单的俗称:计算机屏幕上显示出操作~|本届服装节亮出精彩~。

【菜品】càipǐn〈名〉菜肴(多指饭馆、餐厅等供应的):节前这家餐厅新近推出了几款新~。

【菜色】càisè〈名〉指人因靠吃菜充饥而出现的营养不良的脸色。

【菜蔬】càishū〈名〉❶蔬菜。❷菜肴。

【菜肴】càiyáo〈名〉经过烹调的各种菜(多指荤的)。

蔡 cài〈名〉❶周朝国名,在今河南上蔡西南,后来迁到新蔡一带。❷大龟:蓍~(占卜)。❸姓。

━━ cān ━━

参(參*叅) cān〈动〉❶加入;参加:~与(yù)|~军|~战|~政|~赛。❷参考;对照:~阅|~验|~照|~校(jiào)。❸进见;谒见:~谒|~拜。❹封建时代指弹劾(tánhé):~劾|~奏。
　　△另见 cēn;shēn。

【参股】cāngǔ〈动〉入股;投资~。

【参观】cānguān〈动〉实地观察:~展览|~工厂。

【参劾】cānhé〈动〉君主时代指上奏章揭发官吏的罪状;弹劾。

【参加】cānjiā〈动〉❶加入某种组织或某种活动。❷提出(意见):关于筹建校办工厂的事,请你也~点儿意见。

【参见】cānjiàn〈动〉❶旧指进见地位或辈分高的人。❷文章注释用语,指示读者看了此处后再看其他有关部分作参考。

【参军】cānjūn ❶〈动〉参加军队。❷〈名〉古代官名。

【参考】cānkǎo〈动〉❶为了学习或研究而查阅有关材料:他写这篇文章~了不少书。❷在处理事物时借鉴、利用有关材料:仅供~。

【参谋】cānmóu ❶〈名〉军队中参与指挥部队行动、制定作战计划等的人员。❷〈动〉泛指代人出主意。

【参拍】cānpāi〈动〉❶(物品)参加拍卖:几件书画作品近日~。❷参加拍摄:这部影片有多名影星~。

【参评】cānpíng〈动〉参加评比、评选或评定:~作品|~人员将统一进行外语考试|此次住宅设计评比共有二十个方案~。

【参乘】cānshèng〈名〉古时乘车,在车右边陪乘担任警卫的人。

【参天】cāntiān〈动〉高耸在天空中:古木~|大树~。

【参省】cānxǐng〈动〉检查反省。

【参与(参预)】cānyù〈动〉参加进去一起活动:~制订计划|~讨论|他曾~其事。

【参赞】cānzàn ❶〈名〉使馆中职位仅次于外交代表的外交官员,是外交代表的主要助理人。❷〈动〉参与协助:~军务。

骖(驂) cān〈名〉古代指驾在车辕两旁的马(古代一般用三匹马或四匹马拉车):左~。

【骖乘】cānshèng 同"参乘"。

餐(*飱飧) cān ❶〈动〉吃(饭):聚~|野~|饥~渴饮|尸位素~。❷〈名〉饭食:早~|西~|快~。❸〈量〉指一顿饭:一日三~。

【餐风宿露】cān fēng sù lù 见〖风餐露宿〗。

【餐饮】cānyǐn〈名〉指饭馆、酒馆的饮食买卖:~业|~市场。

鲹 cān[鲹鲦(tiáo)]〈名〉鱼,身体小,呈条状。生活在淡水中。

━━ cán ━━

残(殘) cán ❶〈形〉不完整;残缺:~破|~品|~骸|凋|~垣断壁。❷〈形〉剩余的;将尽的:~冬|~敌|风卷~云|风烛~年。❸〈动〉伤害;毁坏:摧~|~杀。❹〈形〉凶恶:凶~|~忍|~酷|~暴。

【残暴】cánbào〈形〉残忍凶恶。

【残编断简】cán biān duàn jiǎn 见〖断简残编〗。

【残废】cánfèi ❶〈动〉肢体或器官失去一部分或者全部的功能:他的左腿是在一次车祸中~的。❷〈名〉有残疾的人。

【残羹冷炙】cán gēng lěng zhì 吃剩的饭菜,借

指权贵的施舍〈炙:烤肉〉。

【残骸】cánhái〈名〉人或动物不完整的尸骨,借指残破的建筑物、机械等。

【残疾】cánjí〈名〉肢体、器官或其功能方面的缺陷:～儿童|有～在身|关心～人|腿没治好,落下了～。

【残局】cánjú〈名〉到了结束阶段的棋局,借指事情失败后或社会变乱后的局面:收拾～。

【残酷】cánkù〈形〉❶凶狠冷酷:～的剥削。❷形容斗争尖锐,形势险恶:～的战斗。

【残留】cánliú〈动〉部分地遗留下来。

【残年】cánnián〈名〉❶余年,指人的晚年:风烛～。❷一年将尽的时候:～短景。

【残破】cánpò〈形〉残缺破损:～的古庙|这座美丽的宫殿已经变得～不堪了。

【残忍】cánrěn〈形〉狠毒。

【残杀】cánshā〈动〉杀害。

【残阳】cányáng〈名〉夕阳:苍山如海,～如血。

【残余】cányú〈名〉消灭过程中剩下来的人、事物或思想意识等:封建～。

【残障】cánzhàng〈名〉残疾:重度～|～儿童|老师手把手教～孩子画画。

蚕（蠶） cán〈名〉家蚕、柞蚕等的统称。蚕丝是纺织绸缎的重要原料。

【蚕食】cánshí〈动〉像蚕吃桑叶一样,比喻一点一点地侵占(多指侵占别国领土):～鲸吞|粉碎侵略者的～阴谋。

惭（慚*慙） cán〈形〉惭愧:～怍|羞～|大言不～|自～形秽。

【惭愧】cánkuì〈形〉因有缺点、错误或没有尽到责任而感到不安。

【惭怍】cánzuò〈形〉惭愧。

━ cǎn ━

惨（慘） cǎn〈形〉❶悲惨;凄惨:～痛|～苦|～案|～不忍睹。❷程度严重;利害:～重|～败|输得很～。❸凶恶;狠毒:～毒|～无人道。

【惨白】cǎnbái〈形〉❶(景色)暗淡发白。❷(脸色)苍白:～的脸上,现出些羞愧的颜色。

【惨怛】cǎndá〈形〉(内心)忧伤;悲痛。

【惨淡】(惨澹)cǎndàn〈形〉❶暗淡无色:天色～|～的日光|风沙漫天,日色～。❷苦费心力(多用于筹划、构思等):～经营。❸凄惨悲凉:真的猛士,敢于直面～的人生,敢于正视淋漓的鲜血。❹凄惨暗淡,不景气:这些日子,家中光景很是～。

【惨绝人寰】cǎn jué rén huán 人世间还没有过的惨痛。形容惨到极点。

【惨苦】cǎnkǔ〈形〉凄惨痛苦。

【惨痛】cǎntòng〈形〉悲惨痛苦:～的教训。

【惨重】cǎnzhòng〈形〉极其严重:～的失败|敌人损失～。

备用词　悲惨　凄惨

穆（穆） cǎn〈名〉草本植物。籽实椭圆形,可供食用或做饲料。

黪（黲） cǎn〈形〉浅青黑色。

━ càn ━

灿（燦） càn〈形〉鲜明耀眼:～然|～若云锦|金光～～。

【灿烂】cànlàn〈形〉形容光彩鲜明耀眼:灯光～|～辉煌|～的笑容。

掺（摻） càn〈名〉古代的一种鼓曲。△另见chān;shǎn。

屪 càn[屪头]方言。〈名〉软弱无能的人(骂人的话)。△另见chán。

粲 càn❶〈形〉鲜明;美好。❷〈动〉露齿而笑:以博一～。

【粲然】cànrán〈形〉❶形容鲜明;明亮。❷形容明白显著:～可见。❸笑时露出牙齿的样子:～一笑。

璨 càn❶〈名〉美玉。❷同"粲"①:～若珠贝。

━ cāng ━

仓（倉） cāng〈名〉❶仓房;仓库:粮～|货～|～储|～廪(lǐn)|颗粒归～。❷姓。

【仓廒】cāng'áo〈名〉存放粮食的仓房。

【仓促】cāngcù〈形〉匆忙:～还击|～应战|时间～,来不及细说。也作"仓猝"。

【仓猝】cāngcù同"仓促"。

【仓房】cāngfáng〈名〉存放粮食或其他物资的房屋。

【仓庚】cānggēng同"鸧鹒"。

【仓皇】cānghuáng〈形〉匆忙而慌张的样子:敌人～逃命。也作"仓黄"、"苍皇"、"仓惶"、"苍黄"。

【仓黄】cānghuáng同"仓皇"。

【仓惶】cānghuáng同"仓皇"。

【仓库】cāngkù〈名〉储藏粮食或其他物资的建

筑物。

【仓廪】cānglǐn〈名〉储藏粮食的仓库:~实而知礼节,衣食足而知荣辱。

【仓位】cāngwèi〈名〉❶仓库、货场等存放货物的地方。❷指投资者所持的证券金额占其资金总量的比例:控制~|~过重。

伧(傖) cāng〈形〉粗野:~俗(粗俗)|鄙陋(鄙陋)。
△另见 chen。

苍(蒼) cāng❶〈形〉青色:~山|~松翠柏。❷〈形〉灰白色:~白|~髯|两鬓~~。❸〈名〉姓。

【苍白】cāngbái〈形〉❶白而略微发青;灰白(多指脸色):脸色~。❷形容没有旺盛的生命力:~无力。

【苍苍】cāngcāng〈形〉❶灰白:两鬓~。❷草木茂盛的样子:蒹葭~。❸苍茫:海山~|四野~。

【苍翠】cāngcuì〈形〉(草木)深绿:满山松柏,在白雪映衬下,显得更加~。

【苍皇】cānghuáng 同"仓皇"。

【苍黄】cānghuáng ❶〈形〉黄而发青;黄而灰暗:脸色~|~的天底下,远近横着几个萧索的荒村。❷〈名〉青色和黄色。比喻事物的变化:钟山风雨起~,百万雄师过大江。❸同"仓皇"。

【苍劲】cāngjìng〈形〉(树木)苍老挺拔;(书法、绘画)老练而雄健有力:笔力~。

【苍空】cāngkōng〈名〉天空。

【苍老】cānglǎo〈形〉❶(面容、声音、动作)显出老态:~的面容。❷指书画笔力雄健老练。

【苍凉】cāngliáng〈形〉寒冷凄凉:月色~。

【苍茫】cāngmáng〈形〉旷远迷茫;空阔无边:~大地,谁主沉浮?|在~的大海上,狂风卷集着乌云。

【苍莽】cāngmǎng〈形〉苍茫。也说"莽苍"。

【苍穹】cāngqióng〈名〉天空。也说"穹苍"。

【苍生】cāngshēng〈名〉古代指百姓。

【苍天】cāngtiān〈名〉天(迷信常以苍天为主宰人生的神)。

沧(滄) cāng❶〈水〉青绿色:~海。❷寒冷:~~凉凉。

【沧海】cānghǎi〈名〉大海:东临碣石,以观~。

【沧海桑田】cāng hǎi sāng tián 大海变成农田,农田变成大海。比喻世事变化非常大。

【沧海扬尘】cāng hǎi yáng chéng 沧海忽然变成陆地。比喻世事变迁非常迅速(语本晋葛洪《神仙传》)。

【沧海一粟】cāng hǎi yī sù 大海里的一颗谷粒,比喻非常渺小的事物。

【沧桑】cāngsāng〈名〉"沧海桑田"的略语:满脸深深的皱纹,刻记着他那饱经~的阅历。

没想到这里原来是一片大海。

鸧(鶬) cāng[鸧鹒(gēng)]〈名〉黄鹂。也作"仓庚"。

舱(艙) cāng〈名〉船或飞机中分隔开来载人或载物的部分:货~|客~|统~|~位(舱内的铺位或座位)。

══ cáng ══

藏 cáng❶〈动〉躲藏;隐藏:蕴~|埋~|潜~|~匿|~拙|~龙卧虎|他~了起来。❷〈动〉收存;储藏:收~|冷~|珍~|~书|鸟尽弓~。❸〈名〉姓。
△另见 zàng。

【藏垢纳污】cáng gòu nà wū 见《藏污纳垢》。

【藏龙卧虎】cáng lóng wò hǔ 比喻潜藏着未被发现或未被利用的人才。

【藏匿】cángnì〈动〉(人或东西)藏起来不让人发现。

【藏头露尾】cáng tóu lù wěi 形容说话或行动躲躲闪闪,不肯把真实情况全部暴露出来。

【藏污纳垢】cáng wū nà gòu 比喻包容坏人坏事。也说"藏垢纳污"。

备用词 暗藏 包藏 躲藏 潜藏 窝藏 掩藏

隐藏　保藏　储藏　埋藏　收藏　蕴藏　珍藏
贮藏

━━ cāo ━━

操(*捑*捒) cāo ❶〈动〉抓在手里；拿：~刀｜同室～戈。❷〈动〉掌握；控制：~琴｜~纵｜~生杀大权。❸〈动〉做(事)；从事：~作｜~劳｜重～旧业｜~之过急。❹〈动〉用某种语言、方言说话：~英语｜~闽南话。❺〈动〉操练：~演。❻〈名〉体操：健美～｜工间～。❼〈名〉品行；行为：~守｜~行｜情｜节。❽〈名〉古代的一种鼓曲。❾〈名〉姓。

【操持】cāochí〈动〉❶主持；料理：~家务。❷筹划；筹办。

【操控】cāokòng〈动〉操纵控制：幕后～｜实际~者。

【操劳】cāoláo〈动〉辛苦劳动；费心料理事务：~过度｜日夜～。

【操练】cāoliàn〈动〉以队列形式反复学习、练习军事或体育等方面的技能。

【操守】cāoshǒu〈名〉指人的行为、品德：~清廉。

【操心】cāoxīn〈动〉费心考虑；关心料理。

【操行】cāoxíng〈名〉品行(多指学生在学校里的表现)。

【操之过急】cāo zhī guò jí 做事情或处理问题过于急躁。

【操纵】cāozòng〈动〉❶控制或开动机械、仪器：~机器。❷用不正当手段支配、控制(人或事物)：幕后～。

【操作】cāozuò〈动〉按一定程序和技术要求进行活动：~规程。

备用词　出操　会操　上操　收操　体操　早操　风操　节操　情操　贞操

糙 cāo〈形〉粗糙；不细致：~纸｜~米｜~粮｜毛～｜这活儿做得很～。

━━ cáo ━━

曹 cáo〈名〉❶辈；等：吾～｜汝～。❷古代分科办事的官署：部～。❸周朝国名，在今山东西部。❹姓。

嘈 cáo〈形〉喧闹；(声音)杂乱：~杂。

【嘈嘈】cáocáo〈形〉形容声音杂乱。

【嘈杂】cáozá〈形〉(声音)喧闹、杂乱：人声～。

漕 cáo〈动〉漕运，旧时指国家从水道运输粮食，供应京城或接济军需：~粮｜~河。

槽 cáo ❶〈名〉盛饲料喂牲畜的长条形器具：猪～｜马～。❷〈名〉盛饮料或其他液体的器具：酒～｜水～。❸〈名〉物体凹下像槽的部分：河～｜渡～。❹〈量〉用于门窗或屋内隔断：两~隔扇。

磭 cáo [斫(zhuó)磭]〈名〉地名，在湖南。

蠐 cáo 见[蛴(qí)蠐]。

艚 cáo [艚子]〈名〉运货的木船，有货舱，舵前有住人的木房。

━━ cǎo ━━

草(*艸③騲) cǎo ❶〈名〉高等植物中栽培植物以外的草本植物的统称：野～｜青～｜药～。❷〈名〉指用作燃料、饲料等的稻、麦之类的茎叶：稻～｜谷～｜~料。❸〈形〉雌性的(多指家畜或家禽)：~驴｜~鸡。❹〈形〉粗疏马虎；不细致：潦～｜~率。❺〈名〉文字书写形式的名称。a)汉字形体的一种：~书｜狂～｜真～隶篆。b)拼音字母的手写体：大～｜小～。❻〈名〉草稿：起～｜~案｜~图。❼〈动〉起草：~拟。

【草包】cǎobāo〈名〉❶用稻草等编的袋子。❷装着草的袋子。比喻没有知识、没有本事的人。

【草标】cǎobiāo〈名〉旧时集市上插在物品上或拿在手里作为出卖标志的草棍儿。

【草草】cǎocǎo〈副〉草率；急忙：~了事。

【草创】cǎochuàng〈动〉❶开始创办或创建：~时期。❷起草：~未就。

【草菅人命】cǎo jiān rénmìng《汉书·贾谊传》："其视杀人，若艾草然矣。"(艾：通"刈"，割；菅：一种草本植物)意思是把人命看得像野草一样。指任意残杀人民。

【草芥】cǎojiè〈名〉比喻最微小、无价值的东西(芥：小草)：视如～。

【草具】cǎojù〈名〉指粗劣的饭食：左右以君贱之也，食以～。

【草窠】cǎokē〈名〉草丛。

【草料】cǎoliào〈名〉喂牲口的饲料。

【草庐】cǎolú〈名〉茅屋。

【草莽】cǎomǎng〈名〉❶丛生的杂草；零落的～。❷草野；旧指民间：~英雄｜沉沦～。

【草昧】cǎomèi〈形〉原italic义;形容天地初开时的混沌状态;蒙昧:天造~,人功未施。

【草木皆兵】cǎo mù jiē bīng《晋书·苻坚载记》记载,前秦苻坚领兵攻打东晋,当淝水流域,登寿春城瞭望,见晋军阵容齐整,又远望八公山,把山上草木都当成晋军,感到惊惧。后用"草木皆兵"形容人在极度惊恐时,神经过敏,疑神疑鬼。

【草拟】cǎonǐ〈动〉起草;初步写出或设计出:~方案|本地区发展的远景规划。

【草皮】cǎopí〈名〉连带薄薄的一层泥土铲下来的草,用来铺设草坪,美化环境,或铺在堤岸表面,防止冲刷。

【草坪】cǎopíng〈名〉平坦的草地。现多指人工培育的整片平坦的草地:请勿践踏~。

【草签】cǎoqiān ❶〈动〉缔约双方在条约、协议等的草案上临时签署自己的姓名。草签后还有待正式签字。❷〈名〉草标。

【草书】cǎoshū〈名〉汉字的一种字体,特点是笔画相连,书写便捷。

【草率】cǎoshuài〈形〉(做事)马虎,不细致。

【草体】cǎotǐ〈名〉❶草书。❷指拼音字母的手写体。

【草行露宿】cǎo xíng lù sù 在野草中行走,在露天地里住宿。形容走远路的艰辛和匆忙的情形。

【草野】cǎoyě〈名〉旧指民间。

【草长莺飞】cǎo zhǎng yīng fēi 南朝梁丘迟《与陈伯之书》:"暮春三月,江南草长,杂花生树,群莺乱飞。"形容江南春天的景色。

备用词 浮皮潦草　疾风劲草

— cè —

册(＊冊)cè ❶〈名〉古代指编串好的竹简,现指装订好的本子:名~|画~|史~|账~|纪念~|注~|登记~。❷〈量〉用于书籍:一~书。

【册封】cèfēng〈动〉古代帝王通过一定的形式把爵位、封号赐给臣子、亲属、藩属等。

【册历】cèlì〈名〉账本。

厕(厕＊廁)cè ❶〈名〉厕所。❷〈名〉猪圈。❸〈动〉夹杂在其中;参与;杂~(混杂)|~身其间。

【厕身】cèshēn〈动〉参与;置身(多用作谦辞):~士林|~教育界。也作"侧身"。

【厕所】cèsuǒ〈名〉专供人大小便的地方。

【厕足】cèzú〈动〉插足;涉足:~其间。也作"侧足"。

侧(側)cè ❶〈名〉旁边:~翼|~影|两~|旁敲~击。❷〈动〉向旁边歪斜:~身|~细听|~目而视。
　　△另见 zè;zhāi。

【侧耳】cè'ěr〈动〉把耳朵斜向一旁,形容听时集中注意力:~倾听。

【侧记】cèjì〈名〉关于某些活动的侧面的记述(多用作报道文章的标题)。

【侧目】cèmù〈动〉斜着眼睛看,形容愤恨而又畏惧:~而视|莫敢过其门。

【侧身】cèshēn ❶〈动〉(向旁边)歪斜身子:~而立|请侧一侧身|他一~躲到树后。❷同"厕身"。

【侧室】cèshì〈名〉❶房屋两侧的房间。❷旧时指偏房、妾。

【侧翼】cèyì〈名〉作战时部队的两翼。

【侧影】cèyǐng〈名〉侧面的影像:照片上是她的|在这里我们可以仰望宝塔的~|通过这部小说,可以看到当时学生运动的一个~。

【侧重】cèzhòng〈动〉着重某一方面;偏重:他是一位语言学家,~研究汉语语法。

【侧足】cèzú ❶〈动〉两脚斜着站,不敢移动,形容非常恐惧:~而立。❷同"厕足"。

测(測)cè〈动〉❶测量:~绘|~勘|~目~|~电笔|深不可~。❷推测:度变化莫~。

【测量】cèliáng〈动〉用仪器确定空间、温度、功能等的有关数值:~海拔|~气温|~土壤湿度。

【测评】cèpíng〈动〉❶检测评定:对职工进行技术~。❷推测并评论:股市~。

【测试】cèshì〈动〉对机械、仪器等的性能、精确度进行测量。

【测算】cèsuàn〈动〉测量计算。

【测验】cèyàn〈动〉❶用仪器或其他办法检验。❷考查学习成绩。

备用词 猜测　揣测　窥测　推测　臆测　预测　观测　勘测　探测　变幻莫测　管窥蠡测　居心叵测

恻(惻)cè〈形〉悲伤:凄~|~怆(chuàng)|~隐　缠绵悱(fěi)~。

【恻然】cèrán〈形〉悲伤的样子。

【恻隐】cèyǐn〈动〉对受苦难的人表示同情:~之心。

策(＊筞筴)cè ❶〈名〉古代写字用的竹片或木片:简~|史~。

❷〈名〉古代考试文体,多就政治和经济问题发问,应试者对答:对～|～问。 ❸〈名〉计谋;办法:国～|上～|～略|～划|束手无～。 ❹〈名〉古代赶马用的棍子,一端有尖刺,能刺马的身体,使其向前跑。 ❺〈动〉用策赶马;鞭～|驱～|～马前进。 ❻〈动〉拄:～扶老以流憩,时矫首而遐观(扶老:拐杖)。 ❼〈名〉姓。

【策动】cèdòng〈动〉策划鼓动:～叛乱。

【策反】cèfǎn〈动〉深入敌对一方的内部,秘密进行鼓动,使敌对一方的人员倒戈。

【策划】cèhuà ❶〈动〉筹划;谋划:幕后～|精心～。 ❷〈名〉负责策划的人:他是这部电视剧的～。

【策略】cèlüè ❶〈名〉根据形势的发展而制定的行动方针和斗争方式。 ❷〈形〉为了得到好的效果而讲究斗争艺术和方式方法:同对方谈判时,讲话要～一些。

【策应】cèyìng〈动〉与友军相互呼应,协同作战:我们营的任务是从左翼～主力发起攻击。

【策源地】cèyuándì〈名〉战争或某一社会运动策动和起源的地方:北京是五四运动的～。

━━ cèi ━━

瓿 cèi 方言。〈动〉(玻璃、陶瓷器皿等)打碎;摔碎:不小心把碗～了。

━━ cēn ━━

参(參) cēn 见下。
　△另见 cān;shēn。

【参差】cēncī ❶〈形〉长短、高低不齐,不一致:～错落|水平～不齐。 ❷〈副〉差不多;几乎:～是。 ❸〈动〉错过;蹉跎:佳期～。

【参错】cēncuò〈形〉参差错落:馆阁楼台,隐约～。

━━ cén ━━

岑 cén〈名〉❶小而高的山。 ❷崖岸。 ❸姓。

【岑寂】cénjì〈形〉❶寂静:～无声。 ❷冷清;寂寞:～双甘树,婆娑一院香。

涔 cén〈形〉雨水过多;涝:时有～旱灾害之患。

【涔涔】céncén〈形〉❶形容汗、水、眼泪等不断地流下:汗～。 ❷形容天色阴沉的样子:雪意～。 ❸形容胀痛或烦闷。

━━ cēng ━━

噌 cēng ❶方言。〈动〉叱责:～人|挨～。 ❷拟声词:猫～的一声蹿上窗台。
　△另见 chēng。

━━ céng ━━

层(層) céng ❶〈动〉重叠;重复:～峦叠嶂。 ❷〈名〉构成整个事物的一个层次:表～|下～|土～|油～|外～空间。 ❸〈量〉用于重叠的分层次的东西:两～纸|五～楼|这段话还有一～含义。 ❹〈副〉一次又一次地:～出不穷。 ❺〈名〉姓。

【层层叠叠】céngcéngdiédié 形容层层重叠:山城从下到上,到处都是房屋,密密麻麻,～。

【层出不穷】céng chū bù qióng 接连不断地出现:新事物是～的。

【层出叠见】céng chū dié xiàn 见〖层见叠出〗。

【层次】céngcì〈名〉❶(说话、作文)内容的次序:～分明。 ❷指相属的各级机构:精简机构,减少～。

【层叠】céngdié〈动〉重叠:冈峦～|层层叠叠的雪峰。

【层高】cénggāo〈名〉楼房每一层的垂直高度:～3米。

【层级】céngjí〈名〉层次;级别:不同～的人对此事的反应不同|经过充分准备,双方进行了较高～的会谈。

【层见叠出】céng xiàn dié chū 接连不断地一再出现。也说"层出叠见"。

【层林】cénglín〈名〉一层层的树林:～叠翠|～环抱|深秋季节,～尽染。

【层峦】céngluán〈名〉重重叠叠的山岭:～叠翠。

【层峦叠嶂】céng luán dié zhàng 形容山峦重叠。也指重叠的山峰。

【层面】céngmiàn〈名〉❶某一层次的范围:设法增加服务～|这次事件影响的～极大。 ❷方面:经济～|谈话涉及的～很广。

曾 céng〈副〉❶曾经,表示从前有过某种行为或情况:似～相识|几年前,我～见过她一面|以前他～任过小学校长。 ❷竟;尚:以残年余力,～不能毁山之一毛,其如土石何?
　△另见 zēng。

【曾几何时】céng jǐ hé shí 时间过去没有多久:～,这里发生过翻天覆地的变化。

【曾经】céngjīng〈副〉表示从前有过某种行为或情况：由于学习成绩优异，他～多次获得奖励。[注意]"曾经"与"已经"不同。"已经"表示的时间一般在不久以前，现在有可能还在继续。

【曾经沧海】céng jīng cāng hǎi 唐元稹《离思》："曾经沧海难为水，除却巫山不是云。""曾经沧海难为水"的意思是，见过大海，别的水就难谈得上了。现在比喻曾经经历过大场面，眼界开阔，不把平常的事物放在眼里。

嶒　céng 见〖崚(léng)嶒〗。

— cèng —

蹭　cèng〈动〉❶摩擦：～痒痒｜摔了一下，～破一点儿皮。❷因擦过去而沾上：～了一身油。❸慢腾腾地行动：磨～。

【蹭蹬】cèngdèng〈形〉遭遇挫折；不如意。

— chā —

叉(*❷扠)　chā❶〈名〉一端有长齿，另一端有柄的器具：钢～｜鱼～｜刀～。❷〈动〉用叉扎取：～鱼。❸〈名〉叉形符号(×)，表示错误或作废：打～｜画～。❹〈动〉交叉；交错：～手。
△另见 chá；chǎ；chà。

杈　chā〈名〉一种农具，一端有两个以上的略弯的长齿，另一端有长柄，用来挑起柴草等。
△另见 chà。

耒　chā❶〈名〉古代锹一类的掘土工具：禹之王天下也，身执耒～以为民先。❷同"插"。

差　chā❶〈动〉不相同；不相合：～别｜～异｜反～｜偏～｜不～累(léi)黍｜～之毫厘，谬以千里。❷〈名〉错误：～错｜一念之～｜阴错阳～。❸〈副〉稍微；略：～可告慰｜天气～暖｜～强人意。❹〈名〉甲数减去乙数剩余的数。也叫"差数"。
△另见 chà；chāi；cī。

【差别】chābié〈名〉指事物在形式或内容上的不同：这个院子跟附近别的院子没有什么～。

【差池】(差迟)chāchí〈名〉❶错误；过失。❷意外的事：这孩子若出点什么～，我可担当不起。

【差错】chācuò〈名〉❶错误：出了～。❷意外发生的事(多指灾祸)。

【差距】chājù〈名〉事物之间的差别程度，特指距离某种标准的差别程度。

【差强人意】chā qiáng rényì 大体上还能使人满意。

【差失】chāshī〈名〉差错；失误。

【差异】chāyì〈名〉差别；不同。

【差之毫厘，谬以千里】chā zhī háo lí，miù yǐ qiān lǐ 开始相差很小，结果会造成很大的错误。强调不能有丝毫差错。也说"差以毫厘，失之千里"。

插(*插)　chā〈动〉❶细长或薄片状的东西挤着进入；扎入：～秧｜～花｜～翅难逃｜见缝～针。❷中间加进去：安～｜穿～｜～手｜～嘴｜～班｜～叙。

【插翅难飞】chā chì nán fēi 插上翅膀也难飞走。比喻陷入困境，难以逃脱。

【插队】chāduì〈动〉干部、知识青年去农村生产队安家落户。

【插科打诨】chā kē dǎ hùn 戏曲演员在表演中穿插一些滑稽的谈话和动作来引人发笑。

【插曲】chāqǔ〈名〉❶配置在电影或话剧中的歌曲。❷比喻进行的事情中插入的特殊片段。

【插叙】chāxù❶〈动〉在叙述时不按时间顺序插入其他情节。❷〈名〉插叙的内容。

【插足】chāzú〈动〉比喻参与某种活动。

喳　chā[喳喳(chā)]〈拟〉形容细声说话的声音：嘁嘁～。[喳喳(cha)]〈动〉低声说话：趴在耳边～了几句。
△另见 zhā。

馇(餷)　chā〈动〉❶边拌边煮(饲料)：～猪食。❷熬(粥)：～粥。

锸(鍤)　chā〈名〉铁锹。

嚓　chā〈拟〉形容短促的断裂、摩擦等的声音：～的一声树枝断了。

△另见 cā。

━ chá ━

叉 chá 方言。〈动〉挡住；卡住：路口让车～住了，绕道走吧。
　　△另见 chā；chǎ；chà。

垞 chá〈名〉小土山。

茬 chá❶〈名〉农作物收割后留在地里的茎和根：麦～｜豆～儿｜刨～子。❷〈量〉在同一块地上，作物种植或生长一次叫一茬：换｜二～韭菜。❸同"碴"❶—❹。

茶 chá〈名〉❶木本植物，嫩叶加工后就是茶叶。❷用茶叶沏的饮料：敬～｜喝～。❸某些饮料的名称：面～｜奶～｜果～。❹旧时聘礼的代称，因下聘多用茶：下～｜受～。❺像浓茶的颜色：～晶｜～镜。❻指油茶树：～油。❼指山茶：～花。❽姓。
【茶点】chádiǎn〈名〉茶水和点心。
【茶坊】cháfáng〈名〉茶馆。
【茶房】cháfáng〈名〉旧时称在旅馆、茶馆、轮船、火车、剧场等处做杂务的人。
【茶余饭后】chá yú fàn hòu 喝茶吃饭以后的一段时间，泛指闲暇休息的时间。也说"茶余酒后"。

查（＊査）chá〈动〉❶检查：抽～｜复～｜审～｜稽（jī）～｜～账。❷调查：侦～｜～访｜～勘｜地质普～。❸翻检着看：～字典｜～地图。
　　△另见 zhā。
【查办】chábàn〈动〉查明犯罪事实或错误情节，加以处理：撤职～。
【查处】cháchǔ〈动〉调查并处理。
【查检】chájiǎn〈动〉检查。
【查究】chájiū〈动〉调查追究。
【查考】chákǎo〈动〉调查考证，弄清事实：无从～。
【查控】chákòng 侦查并控制；检查并控制；对嫌犯可能藏身的场所进行严密～。
【查问】cháwèn〈动〉调查询问；审查追问。
备用词　抽查　调查　访查　复查　稽查　检查　盘查　普查　清查　审查　搜查　巡查　侦查　追查

搽 chá〈动〉用粉末、油类等涂（脸或手等）：～粉｜～油｜～药水。

嵖 chá[嵖岈(yá)]〈名〉山名，在河南。

猹 chá 方言。〈名〉野兽，像獾，喜欢吃瓜。

楂 chá〈名〉❶短而硬的头发或胡子。❷同"茬"。
　　△另见 zhā。

槎 chá❶〈名〉木筏：乘～｜浮～。❷〈动〉用刀、斧斜着砍：山不～蘖。❸同"茬"。
【槎枒】cháyā〈形〉枝杈交错的样子。

碴（＊碴）chá❶〈名〉碎屑；小碎块：冰～儿｜玻璃～子。❷〈名〉器物上的破口：碗～｜茶杯上有个～儿。❸〈名〉引起双方争执的原因；嫌隙：找～儿打架。❹〈名〉指提到的事或刚说过的话：答～｜接～儿说。❺〈动〉碎片碰破（皮肉）：不小心让碎玻璃～了手。

察（＊❶-❹詧）chá❶〈动〉仔细看；调查：考～｜视～｜～其言，观其行。❷〈动〉看清楚；弄清楚：明～秋毫。❸〈动〉考虑：不蒙见～。❹〈动〉选拔；举荐：郡～孝廉，州举茂才。❺〈名〉姓。
【察察为明】chá chá wéi míng 形容专在细小的事情上显示精明。
【察访】cháfǎng〈动〉通过观察访问进行调查：～民情。
【察觉】chájué〈动〉觉察。
【察纳】chánà〈动〉审查采纳：咨诹善道，～雅言。
【察言观色】chá yán guān sè 观察言语脸色来揣测对方的心意。
备用词　洞察　督察　观察　监察　检察　纠察　觉察　勘察　考察　审察　视察　体察　侦察

楂 chá 方言。〈名〉玉米等碾成的碎粒儿。
【楂子】cházi〈名〉楂。

檫 chá〈名〉乔木，木材坚韧，可以造船。

━ chǎ ━

叉 chǎ〈动〉分开成叉（chā）形：～腿站着。
　　△另见 chā；chá；chà。

衩 chǎ[裤衩]〈名〉短裤。
　　△另见 chà。

踏 chǎ〈动〉踏；踩：鞋～湿了｜一脚～泥里。

镲（镲）chǎ〈名〉小钹（bó），一种打击乐器。

━ chà ━

叉 chà[劈(pǐ)叉]〈动〉两腿向相反方向分开,臀部着地的动作。
△另见 chā;chá;chǎ。

汊 chà〈名〉分支的小河;汊港:～流|河～|湖～。

【汊港】chàgǎng〈名〉跟大河相通的小河道。

杈 chà〈名〉植物的分枝:枝～|丫～|树～儿|打～(除去分枝)。
△另见 chā。

岔 chà ❶〈名〉分歧的地方;由主干分出来的部分:～路|～流|三～路口。❷〈动〉转移(方向、话题):打～|车子～上小道|怕他们顶撞起来,赶快拿话～开。❸〈动〉互相让开,避免冲突:把上下班的时间～开。❹〈名〉差错;事故:小心没大～。

侘 chà[侘傺(chì)]〈形〉失意的样子:怀信～,忽乎吾将行兮。

刹 chà ❶〈名〉佛教的寺庙:古～|宝～。❷见“刹那”。
△另见 shā。

【刹那】chànà〈名〉极短的时间;瞬间。

袯 chà〈名〉衣服两旁开口的地方:开～。
△另见 chǎ。

诧(詫) chà〈形〉惊讶:惊～|～异|～为奇事。

【诧异】chàyì〈形〉十分奇怪;惊奇。

差 chà ❶〈动〉不相同;不相合:～得远。❷〈形〉错误:此言～矣。❸〈动〉缺欠:～十分钟六点|还～一道工序。❹〈形〉不好;不够标准:～劲|质量～。
△另见 chā;chāi;cī。

姹(*妊) chà〈形〉美丽:～紫嫣红。

【姹紫嫣红】chà zǐ yān hóng ❶指各色好看的花。❷形容颜色好看:～,满园芬芳。

━ chāi ━

拆 chāi〈动〉❶把合在一起的东西打开:～信|～线|～洗|～卸。❷拆毁:～房|过河～桥。❸方言。〈动〉排泄(大小便)。

【拆白党】chāibáidǎng 方言。〈名〉骗取财物的流氓集团或坏人。

【拆烂污】chāi lànwū 方言。拉稀屎。比喻不负责任,把事情弄得难以收拾(烂污:稀屎):没想到他竟做出这等～的事!

【拆迁】chāiqiān〈动〉拆除原来使用的房屋迁往新址。

【拆台】chāitái〈动〉比喻施行破坏手段使人或集体倒台,或使事情不能顺利进行。

钗(釵) chāi〈名〉妇女别在发髻上的首饰,由两股簪子合成:金～|荆～布裙(形容妇女装束朴素)。

差 chāi ❶〈动〉派遣(去做事):马上～人去取。❷〈名〉差役:兵～|听～。❸〈名〉被派遣去做的事;公务;职务:兼～|出～|交～。
△另见 chā;chà;cī。

【差拨】chāibō ❶〈动〉差遣。❷〈名〉管牢狱的公差。

【差夫】chāifū〈名〉服劳役的人。

【差旅】chāilǚ〈动〉出差旅行:～补助。

【差旅费】chāilǚfèi〈名〉因公外出时的交通、食宿等费用:报～。

【差遣】chāiqiǎn〈动〉分派;派遣:听候～|受单位～去处理这件事。

【差使】chāishǐ〈动〉差遣;派遣:～人去送信。

【差使】chāishi〈名〉旧时指官场中临时委任的职务,后来也泛指官职或职务。也作“差事”。

【差事】chāishi〈名〉❶被派遣去做的事情。❷同“差使”(chāishi)。

【差役】chāiyì〈名〉❶封建统治者强迫人民从事的无偿劳动。❷旧时在衙门里当差的人。

备用词 公差 钦差 听差 信差 邮差 鬼使神差

━ chái ━

侪(儕) chái〈名〉同辈;同类的人:吾～|同～|～辈(同辈)。

柴(*²瘵) chái ❶〈名〉柴火,用作燃料的草木等:木～|草～|～米油盐。❷〈形〉干瘦;不松软:这鸡肉太～,嚼不烂。❸〈名〉姓。

豺 chái〈名〉哺乳动物,像狼而小,性贪残,常成群侵袭家畜。

【豺虎】cháihǔ〈名〉❶豺和虎,泛指猛兽:投畀~。❷比喻贪残暴虐的人。

【豺狼】cháiláng〈名〉豺和狼。比喻凶恶残忍的人:~当道(比喻坏人当权)。

== chǎi ==

茝 chǎi〈名〉古书上说的一种香草。

䶣 chǎi〈名〉碾碎了的豆子或玉米:豆~儿。

== chài ==

虿(蠆) chài〈名〉蝎子一类的毒虫:蜂~。

瘥 chài〈形〉病愈:久病初~。
△另见 cuó。

== chān ==

辿(*迻) chān 用于地名。龙王辿,在陕西。

觇(覘) chān〈动〉窥视;观测:~标(一种测量标志)。

【觇视】chānshì〈动〉窥视。

掺(摻) chān〈动〉把一种东西混合到另一种东西里去:~和|~假|~兑|~杂。
△另见 càn;shǎn。

【掺兑】(搀兑)chānduì〈动〉把成分不同的东西混合在一起:把酒精跟水~在一起|这种农药必须跟适量的水~在一起才能使用。

【掺和】(搀和)chānhuo〈动〉❶掺杂混合在一起:在玉米面里~一点豆面,蒸出来的窝头好吃|把黄土、石灰、沙土~起来铺在小路上。❷介入、参加进去(多指搅乱、添麻烦):这事你少~|人家正忙着呢,别在这里瞎~。

【掺假】(搀假)chānjiǎ〈动〉把假的掺在真的里面或把质量差的掺在质量好的里面:统计数字不应~|这酒中掺了假,味道不对。

【掺杂】(搀杂)chānzá〈动〉混杂;使混杂:别把不同的种子~在一起|喝骂声和哭叫声~在一起|依法办事不能~私人感情。

搀(攙)(掺) chān❶〈动〉搀扶。❷同"掺"(chān)。

【搀兑】chānduì 见【掺兑】。

【搀扶】chānfú〈动〉用手轻轻架住对方的手或胳膊:我~着生病的爷爷在花园里散步。

【搀和】chānhuo 见【掺和】。

【搀假】chānjiǎ 见【掺假】。

【搀杂】chānzá 同【掺杂】。

== chán ==

单(單) chán[单于]〈名〉❶古代匈奴君主的称号。❷姓。
△另见 dān;shàn。

谗(讒) chán❶〈动〉说别人的坏话:~言|~害。❷〈名〉毁谤或挑拨离间的话:进~。

【谗谄】chánchǎn❶〈动〉说好人的坏话。❷〈名〉说好人坏话的小人:~蔽明。

【谗邪】chánxié〈名〉谗言邪说。

【谗言】chányán〈名〉毁谤或挑拨离间的话:进~。

婵(嬋) chán 见下。

【婵娟】chánjuān❶〈形〉姿态美好的样子。❷〈名〉指美女。❸〈名〉指月亮:但愿人长久,千里共~。

【婵媛】chányuán❶〈形〉婵娟①。❷〈动〉牵连;相连:垂条~。

馋(饞) chán〈形〉❶贪吃:嘴~|~嘴|~涎欲滴。❷羡慕并希望得到:眼~|看人下棋他就~得慌。

【馋鬼】chánguǐ〈名〉指嘴馋贪吃的人。

【馋猫】chánmāo〈名〉指像猫一样嘴馋贪吃的人(含讥讽意)。

【馋涎欲滴】chán xián yù dī 馋得口水都要滴下来。形容非常贪吃,也形容眼红。

禅(禪) chán〈名〉❶佛教的修行方法,即静坐:坐~|参~。❷泛指有关佛教的事物:~杖|~堂|~林(寺院)。
△另见 shàn。

【禅师】chánshī〈名〉对和尚的尊称。

孱 chán〈形〉❶瘦弱;软弱:~弱。❷低劣:~才。
△另见 càn。

【孱弱】chánruò〈形〉❶瘦弱:身体~。❷软弱无能。

缠(纏) chán〈动〉❶缠绕:~线|头上~着绷带。❷纠缠:琐事~身|胡搅蛮~。❸应付:那人死皮赖脸,实在难~。

【缠夹】chánjiā 方言。〈动〉纠缠:~不清。

【缠络】chánluò〈动〉缠绕:何首乌藤和木莲藤

~着。

【缠绵】chánmián〈形〉❶(疾病、感情等)纠缠住不能解脱:~病榻。❷(声音)婉转动人:歌声~哀怨。

【缠绕】chánrào〈动〉❶长条物回旋地束缚在另一物体上。❷纠缠;搅扰:他的心正为一件事情~着。

备用词 纠缠 蛮缠 牵缠 歪缠

蝉(蟬)　chán〈名〉昆虫,种类很多,雄的腹部有发声器,能连续发出尖锐的声音。

【蝉联】chánlián〈动〉连续(担任某个职务或保持某种称号等):~世界冠军。

【蝉蜕】chántuì❶〈名〉蝉蜕下的壳。❷〈动〉比喻解脱。

僝　chán[僝僽(huái)]〈动〉徘徊:入溆浦余~兮,迷不知吾所如。

廛　chán❶〈名〉古代指一户平民所住的房屋。❷〈名〉古代商人存货的房屋:市~。❸〈量〉束:不稼不穑,胡取禾三百~兮。

潺　chán〈拟〉形容水声。

【潺潺】chánchán〈拟〉形容水流动的声音:流水~。

【潺湲】chányuán〈形〉形容河水慢慢流动的样子:观流水兮~。

澶　chán[澶渊]〈名〉古地名,在今河南濮阳西南。

镡(鐔)　chán〈名〉姓。△另见 tán;xín。

瀍　chán〈名〉瀍河,水名,在河南。

蟾　chán〈名〉❶蟾蜍。❷古代传说月亮上有三条腿的蟾蜍,因而用作月亮的代称:~宫|~光|~兔。

【蟾蜍】chánchú〈名〉两栖动物。身体表面有许多疙瘩,内有毒腺,能分泌黏液。通称"癞蛤蟆"。

【蟾宫】chángōng〈名〉指月亮。传说月亮中有三条腿的蟾蜍,故称。

巉　chán〈形〉形容山势高险:~岩|~峻(山势险峻)|~崖陡壁。

【巉岩】chányán❶〈名〉高而险的山石:登~而下望。❷〈形〉(山石)高而险的山石。

躔　chán❶〈名〉兽走过的足迹。❷〈动〉天体运行。

镵(鑱)　chán❶〈名〉古代一种铁制的掘土工具。❷〈动〉尖锐的东西插入或穿过物体;刺。

━ **chǎn** ━

产(產)　chǎn❶〈动〉人或动物的幼体从母体中分离出来:难~|~仔|~卵|~下一个女孩。❷〈动〉创造物质或精神财富;生产:~销|增~。❸〈动〉出产:~粮|~煤。❹〈名〉物产;产品:土~|特~|矿~|水~。❺〈名〉产业:资~|家~|财~|遗~。❻〈名〉姓。

【产品】chǎnpǐn〈名〉劳动所创造的物质资料,包括生产资料和消费资料;广义也指人类创造的精神财富:农~|线~|~结构|~质量|文化~。

【产品链】chǎnpǐnliàn〈名〉多种产品形成的互相关联、互相影响的系列。

【产婆】chǎnpó〈名〉接生婆。

【产生】chǎnshēng〈动〉生出新的事物;出现:~矛盾|~感情|~了许多多的英雄人物。

【产物】chǎnwù〈名〉在一定条件下产生的事物或结果:中外合资企业是改革开放政策的~。

【产销】chǎnxiāo〈名〉生产和销售:~合同|由于经营有方,企业实现了~两旺。

【产需】chǎnxū〈名〉商品生产和消费需求。

【产业】chǎnyè〈名〉❶指私人拥有的土地、房屋等财产。❷构成国民经济的行业和部门:支柱~|高科技~。❸指现代工业生产(多用于定语):~工人|~部门。

【产值】chǎnzhí〈名〉一定时期内的全部产品或单项产品按货币计算的价值量:~高|第二季度~比第一季度增长了两个百分点。

备用词 财产 地产 房产 家产 逆产 矿产 水产 特产 土产 物产 遗产 资产

刬(剗)　chǎn同"铲"②。△另见 chàn。

浐(滻)　chǎn〈名〉浐河,水名,在陕西。

谄(諂)　chǎn〈动〉用卑贱的态度向人讨好:~媚|~佞|~附|~谀|~上欺下。

【谄媚】chǎnmèi〈动〉用卑贱的态度向人讨好。

【谄笑】chǎnxiào〈动〉装出笑脸巴结人。

【谄谀】chǎnyú〈动〉为了讨好而卑贱地奉承人;谄媚阿谀。

啴(嘽)　chǎn〈形〉宽舒;和缓:~缓。△另见 tān。

C

铲(鏟*剷) chǎn ❶〈名〉铲子,带柄的铁制用具,用来撮取或削平东西:煤~|锅~。❷〈动〉用锹或铲撮取或削平:~土|~煤|~平地面。

【铲除】chǎnchú〈动〉彻底清除;消灭干净:~杂草|~祸根。

阐(闡) chǎn〈动〉讲明白:~明|~述|~释|~扬|~发。

【阐发】chǎnfā〈动〉阐述并发挥。

【阐明】chǎnmíng〈动〉说明白(道理):~观点。

【阐释】chǎnshì〈动〉阐述并解释。

【阐述】chǎnshù〈动〉深入论述比较深奥的问题。

薓(蔵) chǎn〈动〉完成;解决:~事。

骣(驏) chǎn〈动〉骑马不加鞍辔:~骑。

辗(辗*辗) chǎn〈形〉笑的样子:~然而笑。

━━ chàn ━━

忏(懺) chàn ❶〈动〉忏悔。❷〈名〉僧尼、道士代人忏悔时念的经文:拜~。

【忏悔】chànhuǐ〈动〉❶认识了过去的错误或罪过感觉痛心而表示悔过。❷向神佛表示悔过,请求宽恕。

划(*剗) chàn[一划]方言。〈副〉一概;一律:村里~都是青砖瓦房。

△另见 chǎn。

颤(顫) chàn〈动〉振动;发抖:~抖|~动|~音|震~|~巍巍|~~悠悠。

△另见 zhàn。

【颤抖】chàndǒu〈动〉哆嗦;发抖:由于激动,他的声音有些~。

【颤巍巍】chànwēiwēi〈形〉抖动摇晃的样子(多形容老人或病人的动作)。

【颤悠】chànyou〈动〉颤动摇晃。

屪 chàn〈动〉掺杂:~入|~杂(掺杂)。

鳣 chàn 见【鞍(ān)鳣】。

━━ chāng ━━

伥(倀) chāng〈名〉伥鬼,传说中被老虎咬死的人变成的鬼,这个鬼不敢离开老虎,反而给老虎伤人做帮凶:为虎作~。

昌 chāng ❶〈形〉兴旺;兴盛:~明|~盛|~隆。❷〈名〉姓。

【昌盛】chāngshèng〈形〉兴旺;兴盛。

【昌旺】chāngwàng〈形〉昌盛兴旺。

菖 chāng[菖蒲]〈名〉草本植物,根茎淡红色,可做香料,也可入药。

猖 chāng〈形〉凶猛:~狂|~獗。

【猖獗】chāngjué ❶〈形〉凶猛而放肆:~一时。❷〈动〉倾覆;失败。

【猖狂】chāngkuáng〈形〉狂妄而肆无忌惮:敌人向我阵地发起~进攻。

阊(閶) chāng[阊阖(hé)]〈名〉❶神话传说中的天门。❷指皇宫的正门。

娼 chāng〈名〉妓女:~妇|~妓|逼良为~。

鲳(鯧) chāng〈名〉鱼,体侧扁,侧面呈卵圆形,生活在海洋中。也叫"平鱼"。

━━ cháng ━━

长(長) cháng ❶〈形〉两点之间的距离大(跟"短"相对)。a)指空间:~城|她梳了一条~辫子|~~的柳条垂到湖面上。b)指时间:~期|~寿|来日方~。❷〈名〉长度:身~|边~|周~|卢沟桥全~265 米。❸〈名〉长处:特~|专~|取~补短|一技之~。❹〈动〉擅长:~于书画。❺〈副〉经常;时常:细水~流。❻(旧读 zhàng)〈形〉剩余;多余:~物。❼〈名〉姓。

△另见 zhǎng。

【长城】chángchéng〈名〉指万里长城,也用来比喻坚强雄厚的力量或不可逾越的障碍:人民军队是保卫祖国的钢铁~。

【长此以往】cháng cǐ yǐ wǎng 长期这样下去（多就不好的情况说）。

【长短句】chángduǎnjù〈名〉词③的别称。

【长风破浪】cháng fēng pò làng 比喻志趣远大:~会有时,直挂云帆济沧海。

【长歌当哭】cháng gē dàng kū 引吭高歌代替痛哭,多指用诗文抒发心中的悲愤。

【长工】chánggōng〈名〉旧社会长年出卖劳动力给地主、富农干活儿的贫苦农民。

【长跪】chángguì〈动〉直身而跪。古时席地而坐,坐时两膝着地,臀部靠在脚跟上。跪时伸直腰股,以示庄重。因长跪时身体看上去比坐着时长了一些,故称:~而谢|良(张良)业为取履,因~履之。

【长河】chánghé〈名〉❶长的河流,比喻长的过程:历史的~。❷古代指银河或黄河。

【长久】chángjiǔ〈形〉时间很长;长远:~打算。

【长空】chángkōng〈名〉辽阔的天空:万里~。

【长眠】chángmián〈动〉婉辞,指人死亡。

【长年】chángnián❶〈副〉一年到头;整年:~累目。❷〈名〉方言。长工。❸〈形〉长寿。

【长篇累牍】cháng piān lěi dú 表示用过多的篇幅叙述。

【长驱直入】cháng qū zhí rù 长距离不停顿地向目的地迅速进。形容进军顺利,毫无阻挡。

【长叹】chángtàn〈动〉深深地叹息:仰天~。

【长物】chángwù,旧读 zhàngwù〈名〉原指剩余的东西,后也指像样的东西:别无~。

【长息】chángxī〈动〉长叹。

【长线】chángxiàn〈形〉(跟"短线"相对)。❶比喻(产品、专业等)供应量超过需求量的:~产品。❷路程长的:~旅游。❸较长时间才能产生效益的:~投资。

【长项】chángxiàng〈名〉擅长的项目;擅长做的工作、事情等:游泳是他的~|每个人都有自己的~。

【长销】chángxiāo〈动〉(商品)有市场潜力,可以长时间内销售:~产品|~不衰。

【长啸】chángxiào〈动〉发出高而长的声音:仰天~。

【长行】chángxíng〈动〉远行。

【长袖善舞】cháng xiù shàn wǔ《韩非子·五蠹》:"鄙谚曰:'长袖善舞,多钱善贾。'此言多资之易为工也。"比喻做事有所凭借,就容易成功。后多用形容有财势、有手腕的人善于钻营取巧。

【长吁短叹】cháng xū duǎn tàn 因伤感、烦闷、痛苦等不住地唉声叹气。

【长夜】chángyè❶〈名〉漫长的黑夜。常用来比喻长时期的黑暗统治:漫漫~。❷〈副〉通宵;整夜:~不眠。

【长揖】chángyī〈动〉躬身作揖。

【长吟】chángyín〈动〉❶音调缓而长地吟咏。❷指虫、鸟等长声鸣叫。

【长远】chángyuǎn〈形〉时间很长:~打算|眼前利益应该服从~利益。

【长征】chángzhēng❶〈动〉远道出征或长途旅行。❷〈名〉特指 1934 年－1935 年中国工农红军从江西向陕北转移的二万五千里长征。

【长足】chángzú〈形〉形容进展迅速:~的进步。

备用词　漫长　绵长　冗长　深长　修长　悠长　见长　擅长　特长　专长　尺短寸长　飞短流长　来日方长　日久天长　一技之长　一无所长　语重心长　源远流长

场(場 *塲) cháng ❶〈名〉平坦的空地,多用来翻晒、碾轧谷物:~院|登~|打~|扬~。❷方言。〈名〉集;市集:赶~。❸〈量〉用于事情的经过:一~透雨|痛哭一~。　△另见 chǎng。

苌(萇) cháng ❶[苌楚]〈名〉古书上说的一种植物。❷〈姓〉。

肠(腸 *膓) cháng〈名〉消化器官的一部分,形状像管子,上端连着胃,下端通肛门。起消化和吸收作用。

【肠肥脑满】cháng féi nǎo mǎn 见『脑满肠肥』。

备用词　愁肠　衷肠　古道热肠　搜索枯肠　铁石心肠　鼠肚鸡肠　小肚鸡肠

尝(嘗 *❶❷嚐❶❷甞) cháng ❶〈动〉吃一点儿试试;辨别滋味:~新|~鲜|品~|卧薪~胆。❷〈动〉经历;体验:~试|浅~辄(zhé)止|艰苦备~。❸〈副〉曾经:未~|何~。❹〈名〉姓。

【尝鼎一脔】cháng dǐng yī luán 品尝鼎里一片肉,便可知道整个鼎里的肉味,比喻因小见大。

【尝试】chángshì〈动〉试;试验:有益的~。

倘 cháng 见[倘佯](徜徉)。　△另见 tǎng。

常 cháng ❶〈形〉一般;普通;平常:～人|～识|～态|～言|正～|非～|反～|习以为～。❷〈形〉不变的;经常:～数|～量|松柏常青|～备不懈。❸〈副〉时常;常常:～来～往|老生～谈|我们～见面。❹〈量〉古代长度单位,八尺为寻,倍寻为常。❺〈名〉姓。

【常常】chángcháng〈副〉表示某种情况经常发生:错误～是失败的先导。

【常川】chángchuān〈副〉经常;连续不断:～往来。

【常规】chángguī ❶〈名〉沿袭下来经常实行的规矩。❷〈形〉通常的;一般的:～武器。

【常例】chánglì〈名〉常规①;惯例。

【常识】chángshí〈名〉普通知识:生活～。

【常销】chángxiāo〈动〉(商品)能经常不断地销售:～书。

备用词　经常　每常　平常　日常　时常　素常　通常　往常　变幻无常　反复无常　习以为常

偿(償) cháng〈动〉❶归还;抵补:～付|～还|～清|～报|～赔|～抵|～得不～失。❷满足:如愿以～|～其夙愿。

徜 cháng [徜徉(yáng)](徜佯)〈动〉闲游;安闲自在地行走:～于山水之间。

裳 cháng〈名〉古代指裙子:绿衣黄～。　△另见 shang。

嫦 cháng [嫦娥]〈名〉神话中由人间飞到月宫的仙女。

══ **chǎng** ══

厂(廠*厰) chǎng〈名〉❶工厂:～矿|～家|～房|船～|纱～|钢铁～。❷指有宽敞地面可以存放货物并进行加工的厂子;场所:煤～|木材～。❸姓。　△另见 ān。

【厂价】chǎngjià〈名〉产品出厂时的价格:按～优惠销售。

场(場*塲) chǎng ❶〈名〉适应某种需要的较大的地方:会～|操～|市～|剧～|战～|靶～。❷〈名〉事情发生的地方:现～|当～|在～。❸〈名〉舞台:上～|下～|过～|逢～作戏|粉墨登～。❹〈名〉文艺表演或体育比赛:开～|散～|晚～。❺〈量〉戏剧中小于幕的段落:三幕五～。❻〈量〉用于文娱体育活动:三～球赛。❼〈名〉物质存在的一种基本形式,具有能量、动量和质量。实物之间的相互作用依靠有关的场来实现,如电场、磁场、引力场等。

△另见 cháng。

【场合】chǎnghé〈名〉一定的时间、地点、情况:说话要注意～。

【场景】chǎngjǐng〈名〉❶电影、戏剧中的场面。❷情景。

【场面】chǎngmiàn〈名〉❶戏剧、电影中由布景、音乐和登场人物组合成的景况:这部电影的～很大。❷泛指一定场合下的情景:热火朝天的劳动～。❸表面的排场:摆～|讲～)。

【场所】chǎngsuǒ〈名〉聚集、活动的处所:街心花园是居民们休憩的～。

备用词　考场　科场　试场　疆场　沙场　战场　粉墨登场　袍笏登场

昶 chǎng ❶〈形〉白天时间长。❷〈形〉舒畅;畅通。❸〈名〉姓。

惝 chǎng,又读 tǎng [惝怳(huǎng)]也作"惝恍"。〈形〉❶失意;不高兴。❷迷迷糊糊;不清楚。

【惝怳】chǎnghuǎng 同"惝恍"。

敞 chǎng ❶〈形〉(房屋、庭院等)宽绰;豁朗:～亮|～宽|高～|轩～。❷〈动〉张开;打开:～着门|～胸露怀。

【敞亮】chǎngliàng〈形〉宽敞明亮:～的房间。

备用词　高敞　宽敞　轩敞

氅 chǎng〈名〉❶外套:大～(大衣)。❷古代用鸟羽编成的披风:鹤～。

══ **chàng** ══

玚(瑒) chàng〈名〉古代一种祭祀用的玉圭。　△另见 yáng。

怅(悵) chàng〈形〉不如意:惆～|～恨|～惘。

【怅怅】chàngchàng〈形〉形容不如意或不痛快的样子。

【怅恨】chànghèn〈动〉因失意而恼恨。

【怅然】chàngrán〈形〉形容因不如意而感到不痛快:～若失。

【怅惘】chàngwǎng〈形〉惆怅迷惘的样子:心里有些～。

畅(暢) chàng ❶〈形〉无阻碍;不停滞:～通|～销|顺～。❷〈形〉痛快;尽情:～谈|～饮|～游|欢～|～所欲言。❸〈形〉旺盛:～茂(茂盛)。❹〈动〉通晓:晓～军事。❺〈名〉姓。

【畅达】chàngdá〈形〉❶(语言、文字)流畅通达:辞甚～。❷(交通或商品的来源)通畅;不停滞:货源～。

【畅快】chàngkuài〈形〉舒畅愉快:心里很～。

【畅所欲言】chàng suǒ yù yán 痛痛快快地把要想说的话都说出来。

【畅想】chàngxiǎng〈动〉敞开思路,毫无拘束地想象:～未来。

备用词 充畅 流畅 明畅 顺畅 通畅 酣畅 和畅 欢畅 舒畅 晓畅

倡 chàng ❶〈动〉带头发动;首先提出:～导|～议|首～。❷同"唱"①②。

【倡导】chàngdǎo〈动〉带头提倡。

【倡女】chàngnǚ〈名〉歌女。

【倡议】chàngyì〈动〉首先建议;发起。

鬯 chàng〈名〉古代一种祭祀用的香酒。

唱 chàng ❶〈动〉依照乐律发出声音;歌唱:～戏|～歌|～演|独～|说～艺术|京剧|一支歌。❷〈动〉高声叫:～名|金鸡～晓。❸〈名〉歌曲;唱词:小～|会几句～儿。❹〈名〉姓。

【唱和】chànghè〈动〉❶一个人做了诗或词,别的人相应作答(大多按照原韵),叫"唱和"。❷指唱歌时此唱彼和,相互呼应。

【唱喏】chàngrě〈动〉旧时男子行的礼,一边作揖,一边出声致敬。

━━ chāo ━━

抄 chāo〈动〉❶照原文写;誊写:～录|～件|～本|～手|～传|～摘。❷照着别人的写下来当作自己的:～袭。❸搜查并没收:查～|～家。❹从侧面或近路过去:～小道。❺两手在胸前相互插在袖筒里:～着手。

【抄袭】chāoxí〈动〉❶把别人的作品或语句抄来作为自己的。❷指机械地沿用别人的经验、方法等。❸(军队)绕道到敌人侧面或后面袭击敌人。

吵 chāo[吵吵]〈动〉许多人同时乱说话。△另见 chǎo。

怊 chāo〈形〉悲愤:～怅。

【怊怅】chāochàng〈形〉悲伤失意的样子:～若失。

钞(鈔) chāo ❶〈名〉钞票:现～|外～|伪～。❷同"抄"①。❸〈名〉姓。

【钞票】chāopiào〈名〉纸币,泛指钱。

绰(綽) chāo〈动〉❶抓取:～起棍子就打。❷同"焯"(chāo)。△另见 chuò。

超 chāo ❶〈动〉超过:～额|～产|～龄|～音速。❷〈形〉超出寻常的:～级|～等|～高温。❸〈形〉在某个范围以外的;不受限制的:～自然|～现实。❹〈动〉跳上;跨过:挟(xié)泰山以～北海。❺〈名〉姓。

【超度】chāodù〈动〉佛教和道教用语。指为死者念经或做法事,使鬼魂得以脱离地狱里的种种苦难。

【超凡入圣】chāo fán rù shèng 超越平常人而达到圣人的境界。旧时形容学识修养达到很高的程度。

【超忽】chāohū〈形〉形容远:～而跃。

【超级】chāojí〈形〉超出一般等级的:～市场。

【超级市场】chāojí shìchǎng 一种综合零售商店,商品上架摆放,让顾客自行选取商品,到出口处结账付款。也叫"自选商场",简称"超市"。

【超绝】chāojué〈形〉超群绝伦;出众:武艺～|造型～。

【超群】chāoqún〈形〉超出一般,在众人之上:武艺～。

【超然】chāorán〈形〉❶在社会斗争中不站在对立各方的任何一方面:在这场争论中他采取～的态度。❷突出、不平凡的样子。

【超然物外】chāorán wù wài ❶超出于世事之外,是一种逃避现实的处世态度。❷比喻置身事外。

【超生】chāoshēng〈动〉❶佛教用语,指人死后灵魂升入极乐世界。❷比喻宽容或开脱:笔下～。❸指超过计划生育指标生育:～户。

【超市】chāoshì〈名〉超级市场的简称。

【超脱】chāotuō ❶〈形〉高超脱俗,不受成规、传统、形式等的束缚。❷〈动〉超出;脱离:～现实。

【超远】chāoyuǎn〈形〉遥远:平原忽分路～。

【超擢】chāozhuó〈动〉破格提升。

焯 chāo〈动〉把蔬菜放在开水里略煮一下拿出来:～菠菜。△另见 zhuō。

剿(*勦剿) chāo〈动〉抄取;抄袭:～说|～袭。△另见 jiǎo。

【剿袭】chāoxí 同"抄袭"①。

═ cháo ═

晁（*鼂）cháo〈名〉姓。

巢 cháo〈名〉❶鸟或蜂、蚁等的窝：鸟～｜蜂～｜蚁～｜鹊～鸠（jiū）占。❷比喻盗匪、敌人盘踞的地方：匪～。❸姓。

【巢窟】cháokū〈名〉巢穴。
【巢穴】cháoxué〈名〉❶鸟兽藏身的处所。❷比喻敌人、盗匪盘踞的地方。

朝 cháo❶〈名〉朝廷（跟"野"相对）：上～｜～政｜～纲。❷〈名〉朝代：唐～｜改～换代。❸〈名〉指一个君主的统治时期：康熙～｜三～元老。❹〈动〉朝见；朝拜：～觐（jìn）｜～贡｜～圣｜～山拜佛。❺〈动〉面对着：坐北～南。❻〈介〉向：～着胜利奋勇前进。❼〈名〉姓。
　　△另见 zhāo。
【朝拜】cháobài〈动〉❶臣子上朝向君主跪拜。❷宗教徒到庙宇或圣地向神、佛礼拜。
【朝代】cháodài〈名〉建立国号的君主一代或若干代相传的整个统治时期。
【朝房】cháofáng〈名〉官吏上朝前休息的房子。
【朝奉】cháofèng〈名〉宋官阶有"朝奉郎"、"朝奉大夫"。后来徽州方言里称富人为"朝奉"。旧时苏、浙、皖一带用来称呼当铺的管事人，也用作对一般店员的客气称呼。
【朝贡】cháogòng〈动〉君主时代藩属国或外国的使臣朝见君主并敬献礼品。
【朝觐】cháojìn〈动〉❶臣子上朝见君主。❷宗教拜谒圣像、圣地等。
【朝廷】cháotíng〈名〉❶君主时代君主听政的地方。❷君主时代中央政府的代称：报效～。
【朝阳】cháoyáng〈动〉向着太阳：三间～的青

砖瓦房。
　　△另见 zhāoyáng。
【朝野】cháoyě〈名〉旧指朝廷和民间。现常用来指资本主义国家政府方面和非政府方面。

嘲（*謿）cháo，旧读 zhāo〈动〉嘲笑：～讽｜～弄｜讥～｜解～｜冷～｜热讽。
　　△另见 zhāo。
【嘲讽】cháofěng〈动〉嘲笑讽刺。
【嘲弄】cháonòng〈动〉嘲笑戏弄。
【嘲笑】cháoxiào〈动〉用言辞取笑对方。

潮 cháo❶〈名〉潮汐，也指潮水：早～｜海～｜涨～｜～汛。❷〈名〉比喻像潮水那样有涨有落、有起有伏的事物：思～｜学～｜热～｜心血来～。❸〈形〉潮湿：～气｜～解｜受～｜返～。❹方言。〈形〉成色低劣：～银｜～金。❺方言。〈形〉技术不高：手艺～。❻〈名〉姓。
【潮流】cháoliú〈名〉❶海水因受潮汐影响而引起的周期性流动。❷比喻社会变动或发展的趋势：民主的～是不可阻挡的。
【潮汐】cháoxī〈名〉海水由于月亮和太阳的吸引力的作用而产生的定时涨落的现象。
【潮汛】cháoxùn〈名〉一年中定期的大潮。

备用词 暗潮　风潮　工潮　浪潮　怒潮　热潮　思潮　心潮　学潮

═ chǎo ═

吵 chǎo〈动〉❶声音嘈杂扰人：～嚷｜～闹。❷争吵：～嘴｜～架。
　　△另见 chāo。
【吵闹】chǎonào〈动〉❶争吵；吵嚷。❷〈形〉（声音）杂乱：人声～。
【吵嚷】chǎorǎng〈动〉大声乱喊叫。

炒 chǎo〈动〉一种烹饪方法，把食物放在锅里加热并翻动使熟：热～｜爆～｜～饼｜～鸡蛋｜肉丝～扁豆。
【炒股】chǎogǔ〈动〉指从事股票交易：他已炒了三年股。
【炒作】chǎozuò〈动〉❶指频繁买进卖出，制造声势，从中牟利。❷为扩大人或事物的影响而通过媒体做反复的宣传：经过媒体的一番～，这位歌星名气大振。

═ chào ═

耖 chào❶〈名〉一种像耙的农具，能把耙过的土块弄碎。❷〈动〉用耖弄碎土块整地：～田。

=== chē ===

车(車) chē ❶〈名〉陆地上有轮子的交通运输工具:火~|马~|汽~|自行~。❷〈名〉利用轮轴旋转的机械:纺~|滑~|水~。❸〈名〉机器:试~|关~|一~间。❹〈动〉用车床切削:~工|~丝钉。❺〈动〉用水车取(水):~水。❻〈动〉转动(多指身体):~过头来。❼〈名〉指牙床:辅~相依(比喻相互依存)。❽〈名〉姓。
△另见 jū。

【车本儿】chēběnr〈名〉机动车驾驶证的通称。

【车程】chēchéng〈名〉车(一般指汽车)行驶的路程(用于表示道路的远近):从广州到深圳,约需三个小时的~。

【车匪】chēfěi〈名〉在汽车、火车上进行抢劫等活动的匪徒:打击~路霸。

【车轱辘话】chēgūluhuà〈名〉重复絮叨的话。

【车间】chējiān〈名〉企业内部在生产过程中能独立完成某些工序或生产某些产品的单位。

【车裂】chēliè〈动〉古代的一种酷刑。用五辆马车把人分拉撕裂致死。

【车骑】chēqí〈名〉❶成队的车马。❷古代将军的名号,汉代有车骑将军。

【车水马龙】chē shuǐ mǎ lóng《后汉书・马后纪》:"车如流水,马如游龙。"后用"车水马龙"形容来往车马连续不断,非常热闹。

【车厢】(车箱)chēxiāng〈名〉火车、汽车等用来载人或装东西的部分。

【车载斗量】chē zài dǒu liáng 用车载,用斗量,形容数量很多。

备用词 安步当车 闭门造车 老牛破车 螳臂当车

砗(硨) chē[砗磲(qú)]〈名〉软体动物,介壳略呈三角形,大的长达1米,生活在热带海底。

=== chě ===

尺 chě〈名〉我国民族音乐音阶上的一级,乐谱上用作记音符号,相当于简谱的"2"。参看[工尺(chě)]。
△另见 chǐ。

扯(*撦) chě〈动〉❶拉:拉~|牵~|~后腿。❷撕;撕下:~几尺布|把墙上的画儿~下来。❸漫无边际地闲谈:闲~|~家常|东拉西

莫~!

【扯淡】chědàn 方言。〈动〉❶闲扯。❷没有根据地乱说。

【扯谎】chěhuǎng〈动〉说谎。

【扯皮】chěpí〈动〉无休止地争吵;无原则地争论。

=== chè ===

彻(徹) chè〈动〉通;透:透~|贯~|~底|~骨|~头~尾|响~云霄。

【彻底】(澈底)chèdǐ〈形〉❶清澈见底:明湖映天光,~见秋色。❷一直到底;透彻深入;无所遗漏:~改正错误|~消灭敌人。

【彻骨】chègǔ〈形〉透到骨头里,比喻程度极深:他感到~的寒冷。

【彻头彻尾】chè tóu chè wěi 从头到尾,完完全全:~的谎言。

【彻悟】chèwù〈动〉彻底觉悟,完全明白:~人生。

【彻夜】chèyè〈副〉通宵;整夜:~不眠。

备用词 洞彻 贯彻 通彻 透彻

坼 chè〈动〉裂开:干~|~裂|天崩地~。

掣 chè〈动〉❶拽(zhuài);拉:~肘|牵~。❷抽:~签|他赶紧~回手去。❸一闪而过:风驰电~。

【掣肘】chèzhǒu〈动〉拉住胳膊。比喻在别人做事时从旁牵制或进行阻挠:相互~,谁也做不成事。

撤 chè ❶〈动〉除去:~职|~席|把障碍物~了。❷〈动〉退:~退|~离|~兵|后~。❸〈动〉方言。减轻(气味、分量等):~味儿|~分量。❹〈名〉姓。

【撤退】chètuì〈动〉(军队)放弃阵地或退出占领的地区。

【撤消】chèxiāo 同"撤销"。

【撤销】chèxiāo〈动〉取消:~处分。也作"撤消"。

【撤资】chèzī〈动〉撤销投资;撤出资金。

澈 chè〈形〉水清:明~|澄~|清~|~见底。

【澈底】chèdǐ 见[彻底]。

=== chēn ===

抻(*捵) chēn〈动〉拉;扯:~面|把衣服~平。

C

郴 chēn〈名〉郴州,地名,在湖南。

琛 chēn〈名〉珍宝:天~|来献其~。

嗔 chēn〈动〉❶怒;生气:~怒|转~为喜。❷怪罪;对人不满:生人家的气:~怪|老人~着儿女们不常回来看她。

瞋 chēn〈动〉睁大眼睛注视,表示发怒:~目视项王。

━━ chén ━━

臣 chén〈名〉❶君主时代的官吏(有时也包括百姓):君~|民贤~。❷官吏、百姓对君主的自称。❸古代谦称自己,相当于"我"。❹古代称男性奴隶。❺姓。

【臣虏】chénlǔ〈名〉奴隶:~之劳。

尘(塵) chén〈名〉❶尘土:~埃|~垢|封|灰~。❷尘世;人世间:凡|红~|~俗|~缘。❸踪迹:步人后~。

【尘埃】chén'āi〈名〉尘土。

【尘埃落定】chén'āi luò dìng 比喻事情有了结局或结果:世界杯小组赛~。

【尘封】chénfēng〈动〉长久搁置,被尘土盖满。

【尘寰】chénhuán〈名〉尘世。

【尘间】chénjiān〈名〉世间;人间。

【尘芥】chénjiè〈名〉尘土和小草,比喻轻微不足重视的东西。

【尘世】chénshì〈名〉人世间。

【尘事】chénshì〈名〉世俗的事。

【尘俗】chénsú〈名〉❶世俗①:这里仿佛是另一世界,没有一点~气息。❷人间。

【尘土】chéntǔ〈名〉附在器物上或飞扬着的细土:~飞扬。

【尘网】chénwǎng〈名〉指尘世。旧时把现实世界看作束缚人的罗网,所以把尘世叫作"尘网"。

【尘雾】chénwù〈名〉❶像雾一样弥漫着的尘土:沙尘暴出现后,~漫天|狂风怒吼,~弥漫。❷尘土和烟雾。

【尘嚣】chénxiāo〈名〉人间的纷扰喧嚣:远离~。

【尘烟】chényān〈名〉❶像烟一样飞扬的尘土:汽车在土路上飞驰,卷起滚滚~。❷烟和尘土:~弥漫|炮声响过,~四起。

【尘缘】chényuán〈名〉佛教称尘世间的色、声、香、味、触、法为"六尘",人心与"六尘"有缘分,受其拖累,叫作"尘缘",泛指世俗的缘分:

~未断|斩断~。

【尘滓】chénzǐ〈名〉❶灰尘和渣滓。❷比喻世间烦琐的事务:桎梏~之中,颠仆名利之下。

备用词 风尘 烟尘 征尘 步人后尘 看破红尘

辰 chén〈名〉❶地支的第五位。参看〖干支〗。❷辰时,旧式计时法指上午七点钟到九点钟的时间。❸日、月、星的统称:星~。❹古代把一昼夜分作十二辰:时~。❺时光;日子:诞~|寿~|良~美景。❻姓。

【辰光】chénguāng 方言〈名〉时候。

备用词 诞辰 忌辰 生辰 寿辰

沈 chén 同"沉"。
△另见 shěn。

沉 chén❶〈动〉沉入水中(跟"浮"相对):~没|~溺|石~大海。❷〈动〉往下落;下陷:~降|~下脸来。❸〈动〉陷入(某种境地):入迷:~于国事。❹〈形〉低落:低~|消~|死气~~。❺〈形〉(程度)深:~醉|~痛|~疴(kē)|~冤莫白。❻〈形〉镇定:~着|~稳|~住气。❼〈形〉分量重:~重|~甸甸|箱子里装满了书,实在太~了!❽〈形〉感觉沉重,不舒服:头~|昏~~。

【沉沉】chénchén〈形〉❶形容沉重:谷穗儿地垂下来。❷形容深沉:暮色~。

【沉甸甸】chéndiāndiān〈形〉形容物体沉重:~的谷穗。

【沉淀】chéndiàn ❶〈动〉液体中难溶解的物质沉到液体底层。❷〈名〉沉到液体底层的难溶解的物质。

【沉寂】chénjì〈形〉❶十分寂静。❷消息全无:消息~。

【沉浸】chénjìn〈动〉浸在水里,多比喻深深地处于某种境界或思想活动中:同学们~在欢乐的气氛中。

【沉静】chénjìng〈形〉❶寂静,没有声音。❷(心情、神色等)安静;平静。❸(性格、举止)沉稳;文静。

【沉沦】chénlún〈动〉❶陷入(罪恶的、痛苦的境界)。❷死的婉称。

【沉闷】chénmèn〈形〉❶(天气、气氛等)使人感到沉重而烦闷。❷(心情)不舒畅;(性格)不爽朗。❸沉默不说话。

【沉迷】chénmí〈动〉深深地迷恋;迷惑:她忘记了一切,~在欢乐里。

【沉湎】chénmiǎn〈动〉沉溺(多指生活习惯方面):~酒色。

【沉默】chénmò ❶〈动〉不说话;不出声:无论怎

么问,他总是~不语。❷〈形〉不爱说笑:~寡言。

【沉溺】chénnì〈动〉陷入不良的境地而不能自拔。

【沉凝】chénníng〈动〉凝滞,不流动:江水~,青山肃立。

【沉睡】chénshuì〈动〉睡得很熟。

【沉思】chénsī〈动〉默默地思考;深思:~默想。

【沉痛】chéntòng〈形〉❶深切悲痛:心情十分~。❷深刻;严重:~的教训。

【沉稳】chénwěn〈形〉❶稳重;不浮躁:~持重。❷安稳:睡得~。

【沉毅】chényì〈形〉沉着而刚毅。

【沉吟】chényín〈动〉❶沉思咏味:对着茶花~起来。❷(遇到复杂或疑难的事)迟疑不决,低声自语。

【沉鱼落雁】chén yú luò yàn 使鱼沉入水底,使雁降落沙洲。形容女子容貌极其美丽。

【沉郁】chényù〈形〉低沉郁闷。

【沉冤】chényuān〈名〉很难辩白或长期得不到昭雪的冤屈:~莫白。

【沉滞】chénzhì〈形〉凝滞而不流畅。

【沉重】chénzhòng〈形〉❶分量大:~的脚步。❷形容程度深:她的病情越来越~。❸(声音)低沉而有力:~的呼吸。❹极度忧虑或不安:心情~。

【沉着】chénzhuó〈形〉镇静;不慌不忙:~镇定。

【沉醉】chénzuì〈动〉大醉(多用于比喻):~在欢乐的海洋里。

备用词 低沉　昏沉　深沉　消沉　阴沉

忱 chén〈名〉❶真诚的心意;情意:赤~|热~|谨表谢~。❷姓。

陈(陳) chén ❶〈动〉安放;摆设:~列|~设|~兵百万。❷〈动〉叙说:~述|~情|慷慨~词。❸〈形〉时间久的;旧的:~醋|~规|~腐|~旧|~词滥调|推~出新。❹〈名〉周朝国名,在今河南淮阳一带。❺〈名〉南朝之一,公元 557 年－589年,陈霸先所建。❻古通"阵"(zhèn):堂堂之~。❼〈名〉姓。

【陈陈相因】chén chén xiāng yīn《史记·平准书》:"太仓之粟,陈陈相因。"国都粮仓里的粮食一年接一年堆积起来。后来用"陈陈相因"比喻沿袭老一套,没有改进。

【陈词滥调】chén cí làn diào 陈旧而不切实际的话。

【陈腐】chénfǔ〈形〉陈旧腐朽。

【陈规】chénguī〈名〉过了时的不适用的规章制度:打破~|~陋俗。

【陈迹】chénjì〈名〉过去的事迹;过去的事情:历史的~。

【陈旧】chénjiù〈形〉旧的;过了时的:设备~|~的观念。

【陈列】chénliè〈动〉把物品摆出来供人看:商品~。

【陈年】chénnián〈形〉积存多年的:~老账。

【陈设】chénshè ❶〈动〉摆设:房间里~着高档家具。❷〈名〉摆设的东西:房间里的~简单朴素。

【陈述】chénshù〈动〉有条有理地说出来:~

利害。

【陈说】chénshuō〈动〉陈述。

备用词 敷陈　胪陈　缕陈　条陈　铺陈　电陈

宸 chén〈名〉❶屋宇;深邃的房屋:~宇。❷指帝王住的地方:~居|~扉(宫门)。❸借指王位或帝王:~衷(帝王的心意)|~章(帝王写的文章)|~翰(帝王的字迹)。

晨 chén〈名〉❶早晨:清~|凌~|~曦|暮鼓~钟|一日之计在于~。❷姓。

【晨炊】chénchuī ❶〈动〉清晨做饭。❷〈名〉早饭:急应河阳役,犹得备~。

【晨光】chénguāng〈名〉早晨的太阳光:~熹微。

【晨曦】chénxī〈名〉晨光:大地刚从薄明的~中苏醒过来。

备用词　凌晨　侵晨　清晨　早晨

谌（諶*❶訦）chén ❶〈动〉相信:天难~,命靡常。❷〈副〉的确;诚然:~荏弱而难持。❸〈名〉姓。
　　△另见 shèn。

━━ chěn ━━

碜（磣*❶硶❷）chěn ❶〈动〉食物中杂有沙子:这馒头牙~得没法吃！❷〈形〉丑;难看:寒~|~样儿。

━━ chèn ━━

衬（襯）chèn ❶〈动〉在里面托上一层:~上一层纸。❷〈形〉衬在里面的;穿在里面的:~衫|~裤|~里儿。❸〈名〉附在衣服鞋帽里的布制品:帽~儿|鞋~儿。❹〈动〉陪衬;衬托:映~|反~|绿叶~红花。

【衬托】chèntuō〈动〉用乙事物作为陪衬或对照,使甲事物的特色更加鲜明突出:那些被碧绿的草原~得十分清楚的黄牛、花牛、白羊、红羊,在太阳下就像绣在绿色缎面上的彩色图案一样美。

【衬映】chènyìng〈动〉映衬。

备用词　反衬　烘衬　陪衬　映衬

疢　chèn〈名〉热病,也泛指病:~疾。

龀（齔）chèn〈动〉儿童换牙(乳牙脱落,长出恒牙):始~(指儿童换牙的年龄)。

称（稱）chèn〈动〉适合;相当:~心|匀~|相~|~体裁衣。
　　△另见 chēng;chèng。

【称体裁衣】chèn tǐ cái yī 见【量体裁衣】。

【称心】chènxīn〈形〉符合心愿;心里满意。

【称职】chènzhí〈形〉思想水平、工作能力与所担任的职务相称。

趁（*趂）chèn ❶〈介〉利用(条件、时机):~便|~早|~势|~热打铁|~火打劫。❷方言。〈动〉拥有:~钱|穷得连个柜子都不~。❸方言。〈形〉富有:他家特别~。❹〈动〉追逐;赶:巢边野雀欺群燕,花底山蜂远~人。

【趁火打劫】chèn huǒ dǎ jié 趁人家失火的时候去抢东西。比喻趁别人危急的时候捞取

好处。

【趁热打铁】chèn rè dǎ tiě 比喻做事抓紧有利时机,加速进行。

榇（櫬）chèn〈名〉棺材。

谶（讖）chèn〈名〉迷信的人指将来要应验的预言、预兆:图~|~语|~纬之学。

━━ chen ━━

伧（傖）chen 见【寒伧】(寒伧)。
　　△另见 cāng。

━━ chēng ━━

柽（檉）chēng[柽柳]〈名〉灌木,老枝红色,叶子像鳞片,能耐碱抗旱,适于造防沙林。也叫"红柳"。

琤　chēng 见下。

【琤琤】chēngchēng〈拟〉❶形容玉器相击声。❷形容琴声。❸形容水流声:水~而响谷。

【琤瑽】chēngcōng〈拟〉❶形容水声:溪水~。❷形容玉声。❸形容弦声。

称（稱）chēng ❶〈动〉叫;叫作:~道弟人|~他为小诸葛。❷〈名〉名称:简~|俗~|通~|美~。❸〈动〉说:~病|~便|~谢|宣~|声~。❹〈动〉赞扬:~许|扬~|颂~|~赏。❺〈动〉举:~兵|~觞祝寿。❻〈动〉测定重量:~一~这个瓜有几斤。❼〈名〉姓。
　　△另见 chèn;chèng。

【称霸】chēngbà〈动〉以霸主自居;凭借权势,欺压别人:~一方。

【称道】chēngdào〈动〉称述;称赞:他的高超医术一向为人~。

【称孤道寡】chēng gū dào guǎ ❶指自封为王(古代君主自称"孤"或"寡人")。❷比喻妄以首脑自居。

【称号】chēnghào〈名〉赋予某个人、某个集体或某种事物的名称(多用于光荣的)。

【称快】chēngkuài〈动〉表示快意:拍手～。

【称赏】chēngshǎng〈动〉称赞赏识。

【称述】chēngshù〈动〉述说。

【称颂】chēngsòng〈动〉称赞颂扬。

【称叹】chēngtàn〈动〉赞叹:～不已|连声～。

【称谓】chēngwèi〈名〉人们为了表示相互之间的某种关系或为了表示身份、职业等的区别而使用的名称,如父亲、校长、大(dài)夫等。

【称羡】chēngxiàn〈动〉称赞羡慕。

【称雄】chēngxióng〈动〉指凭借武力或特殊势力独占一方:割据～。

【称许】chēngxǔ〈动〉赞许。

【称誉】chēngyù〈动〉称赞;赞扬。

【称赞】chēngzàn〈动〉用美好的言辞表达对人或事物的优点的喜爱。

备用词 爱称 别称 诡称 号称 口称 简称 美称 俗称 通称 统称 声称 妄称 宣称 憎称 著称 自称 尊称

蛏(蟶) chēng〈名〉蛏子,软体动物,介壳狭而长。生活在近岸的海水里,肉可以吃。

铛(鐺) chēng〈名〉烙饼用的很浅的平底锅:饼～。
△另见 dāng。

掌 chēng同"撑"。
△另见 chèng。

赪(赬) chēng〈形〉红色:～颜。

撑(*撐) chēng〈动〉❶抵住:手～下巴陷入沉思。❷用篙抵住水底使船行进:～船|～艄。❸支持:～持|～腰|门面苦～危局。❹张开:～伞。❺充满到容不下的程度:口袋～破了|吃多了,～得慌。

【撑腰】chēngyāo〈动〉比喻给予有力的支持:有领导～,你就大胆干吧!

噌 chēng[噌吰(hóng)]〈拟〉形容钟鼓的声音。
△另见 cēng。

瞠 chēng〈动〉瞪着眼看:～目以对|～目结舌|～乎其后(在后面干瞪眼,赶不上)。

【瞠目】chēngmù〈动〉瞪着眼睛。

【瞠目结舌】chēng mù jié shé 瞪着眼说不出话来。形容受窘或因惊吓而发呆的样子。

【瞠视】chēngshì〈动〉张目直视:～而笑。

— chéng —

成 chéng ❶〈动〉完成;成功(跟"败"相对):一气呵～|水到渠～|大器晚～|有志者事竟～。❷〈动〉成全:～人之美|玉～其事。❸〈动〉成为;变为:～风|百炼～钢|雪化～水|一失足～千古恨。❹〈名〉成果;成就:～绩|守｜坐享其～|一事无～。❺〈动〉生物生长到定形、成熟的阶段:～人|～虫。❻〈形〉已定的;定形的;现成的:～规|～见|～命|～药。❼〈动〉表示达到一个单位(强调数量多或时间长):～千～万|～年累月|～群结队。❽〈动〉表示答应、许可:～!照你说的办。❾〈形〉表示有能力:事儿办得漂亮,他可真～!❿〈量〉十分之一叫一成:九～新|增产三～。⓫〈名〉成数;比率:提～。⓬〈动〉平定;讲和:秦晋为～。⓭〈名〉姓。

【成本】chéngběn〈名〉指生产某一种产品所需的全部费用:降低～。

【成分】(成份)chéngfèn〈名〉❶指构成事物的各种不同的物质或因素:化学～。❷指个人早先的主要经历或职业,也指个人所属的阶级、阶层:工人～|他的个人～是学生。

【成功】chénggōng ❶〈动〉获得预期的结果(跟"失败"相对):发射～了。❷〈形〉事情的结果令人满意:～发射了一颗通信卫星。

【成果】chéngguǒ〈名〉经过努力得到的收获:科研～|丰硕～。

【成绩】chéngjì〈名〉工作或学习等的收获:学习～|优异～。

【成家立业】chéng jiā lì yè 指男子结了婚并有了职业,能独立生活。

【成见】chéngjiàn〈名〉❶对人或事抱有的固定不变的看法:消除～。❷形成的个人见解;定解:对这个问题,她有自己的～。

【成就】chéngjiù ❶〈名〉事业上的成绩:祖冲之在数学上突出的～,是关于圆周率的计算。❷〈动〉完成(事业):这是几千年未曾～过的奇勋。

【成立】chénglì〈动〉❶(组织、机构等)筹备成功,开始存在:我们学会已～多年了|1949年10月1日,中华人民共和国～。❷(理论、意见)有根据,站得住:这个论点理由很充分,能～。

【成例】chénglì〈名〉现成的例子、办法等:拘于

~|援引~|他不愿意模仿已有的～。

【成殓】chéngliàn〈动〉入殓。

【成龙配套】chéng lóng pèi tào 配搭起来,成为完整的系统:该产品的生产、销售、维修已经～。也说"配套成龙"。

【成寐】chéngmèi〈动〉入睡;成眠:难以～|夜不～。

【成眠】chéngmián〈动〉入睡;睡着(zháo):夜不～。

【成名】chéngmíng〈动〉因某种成就而有了名声:～之作|一举～。

【成命】chéngmìng〈名〉指已发布的命令、决定等:～难违|收回～。

【成年累月】chéng nián lěi yuè 一年又一年,一月又一月。形容时间长久。

【成全】chéngquán〈动〉帮助人,使达到目的。

【成群结队】chéng qún jié duì 很多人聚集在一起(多用于集体行动)。

【成人】chéngrén ❶〈动〉人发育成熟:母亲把孩子养大～。❷〈名〉成年的人:～教育。

【成人之美】chéng rén zhī měi 成全人家的好事。

【成仁】chéngrén〈动〉为正义事业而牺牲生命:杀身～。

【成熟】chéngshú ❶〈动〉植物的果实等完全长成,泛指生物体发育到完备的阶段。❷〈形〉比喻事物发展到完善的程度:时机～|～显著。

【成效】chéngxiào〈名〉功效;效果:～显著。

【成心】chéngxīn〈副〉有意;故意:他觉得天气仿佛～跟他过不去。

【成行】chéngxíng〈动〉(远行)走成功:我原打算到北京去看看,一直没有～。

【成药】chéngyào〈名〉药店或药房里已经配制好了的各种剂型的药品。

【成也萧何,败也萧何】chéng yě xiāo hé,bài yě xiāo hé 宋洪迈《容斋续笔·萧何给韩信》:"信之为大将军,实萧何所荐;今其死也,又出其谋,故俚语有'成也萧何,败也萧何'之语。"比喻事情的成败、好坏都是由同一个人造成的。

【成夜】chéngyè〈副〉整夜:～不眠|成日～地忙工作。

【成衣】chéngyī ❶〈动〉(把布料等)制成衣服:～店|～业。❷〈名〉制成后出售的衣服:出售的～开架让顾客挑选。

【成议】chéngyì〈名〉达成的协议:已有～。

【成因】chéngyīn〈名〉(事物)形成的原因:地

震的～|海洋的～|探讨这一事变的～。

【成阴】chéngyīn 同"成荫"。

【成荫】chéngyīn〈动〉指树木枝叶繁茂,形成树荫:绿树～。也作"成阴"。

【成语】chéngyǔ〈名〉长期习用的、形式简洁而富有表现力的定型的词组或短句,如"守株待兔"、"后来居上"等。

【成长】chéngzhǎng〈动〉❶生长到成熟的阶段;长成:栽的苹果树还没有～。❷向成熟的阶段发展:一代新人在～。

【成竹在胸】chéng zhú zài xiōng 胸有成竹。

备用词 年成 收成 构成 合成 形成 组成 大器晚成 大功告成 功败垂成 少年老成 水到渠成 习与性成 相反相成 相辅相成 一气呵成 一事无成 约定俗成 坐享其成

丞 chéng ❶〈动〉辅佐;帮助:～相。❷〈名〉古代辅助的官吏:县～|府～。❸〈名〉姓。

【丞相】chéngxiàng〈名〉古代辅佐君主的职位最高的大臣。

呈 chéng ❶〈动〉具有(某种形式);现出(某种颜色):～现|龙凤～祥|精彩纷～|果实～球形。❷〈动〉恭敬地送上去:谨～|～递|～献|～报|～阅。❸〈名〉呈文,旧时公文的一种,下对上用:辞～|签～|具～。❹〈名〉姓。

【呈报】chéngbào〈动〉用公文向上级报告。

【呈文】chéngwén〈名〉下级写给上级的文书。

【呈现】chéngxiàn〈动〉显出;露出:登上山顶,一望无际的大海便～在眼前。

枨(棖) chéng ❶〈名〉古代竖立在门两旁的木柱。❷〈动〉触动:～触(感触)

郕 chéng〈名〉周朝国名,在今山东汶上县北。

诚(誠) chéng ❶〈形〉真实的(心意):～心|～恳|～挚|～实|～热|真～|开～布公。❷〈副〉实在;的确:～然|此～危急存亡之秋也。❸〈连〉如果:～如是,则振兴之日可期。❹〈名〉姓。

【诚惶诚恐】chéng huáng chéng kǒng 原是君主时代臣下给君主奏章中的客套话,后形容惶恐不安。

【诚恳】chéngkěn〈形〉真诚而恳切:～地接受了批评。

【诚然】chéngrán ❶〈副〉实在;的确:她～是逃出来的,不多久,这推想就证实了。❷〈连〉固然(引起下文转折):形式～重要,但更重要的还是内容。

【诚实】chéngshí〈形〉不虚假;言行跟思想一致。

【诚心诚意】chéng xīn chéng yì 形容十分真诚。

【诚挚】chéngzhì〈形〉诚恳而真挚:～的友谊。

备用词 赤诚 竭诚 精诚 虔诚 热诚 真诚 至诚 忠诚

承 chéng〈动〉❶托着;接着:～尘|～载。❷承担;担当:～办|～包|～印|～制。❸套语,受到(对方的好意):～蒙|～教|多～关照|～热情款待,不胜感激。❹继续;接续:继～|汉～秦制|～先启后。❺〈名〉姓。

【承包】chéngbāo〈动〉承受工程、订货或其他生产经营活动并负责完成。

【承保】chéngbǎo〈动〉承担保险:～额。

【承担】chéngdān〈动〉担当;担负:他一定能够～起这十分艰巨的任务。

【承继】chéngjì〈动〉❶给没有儿子的伯父、叔父等做儿子,或把兄弟等的儿子收做自己的儿子。❷继承。

【承平】chéngpíng〈形〉太平:天下～。

【承前启后】chéng qián qǐ hòu 承先启后。

【承认】chéngrèn〈动〉❶对某种行为或事实表示肯定;同意;认可。❷国际上指对新成立的国家或新政权的法律地位的肯定。

【承上启下】chéng shàng qǐ xià 承续上面的并引起下面的(多用于写作等)。也作"承上起下"。

【承上起下】chéng shàng qǐ xià 同"承上启下"。

【承受】chéngshòu〈动〉❶接受:～考验。❷禁(jīn)受,每根柱子都能～上千吨的重量。❸继承(财产、权利等)。

【承袭】chéngxí〈动〉❶继承;沿袭:～旧制。❷封建时代指继承封爵。

【承先启后】chéng xiān qǐ hòu 继承前代的并启发后代的(多用于开创事业或治学方面等):我们正处在一个～的伟大的历史时期。也说"承前启后"。

备用词 秉承 继承 师承 仰承 应承 待承 奉承 看承

城 chéng〈名〉❶城墙:～楼|～外|万里长～|金～汤池|众志成～。❷城墙以内的地方:东～|满～风雨。❸城市(跟"乡"相对):进～|～管|～防|价值连～|～乡物资

交流。

【城池】chéngchí〈名〉城墙和护城河,泛指城市。

【城府】chéngfǔ〈名〉❶城府和官署。❷比喻待人处事的心机:胸无～。

【城郭】chéngguō〈名〉城墙(城指内城城墙,郭指外城城墙),借指城市。

【城隍】chénghuáng〈名〉❶迷信传说中指主管某一城市的神。❷护城河:浚～。

【城门失火,殃及池鱼】chéngmén shī huǒ, yāng jí chí yú 城门着了火,用护城河的水救火,结果水用尽,鱼也都干死了。比喻因牵连而受祸害或损失。

【城阙】chéngquè〈名〉❶城门两边的望楼。❷城市:～辅三秦,烽烟望五津。❸宫阙:九重～。

【城市热岛效应】chéngshì rèdǎo xiàoyìng 指城市气温高于郊区的现象。造成这种现象的主要原因是城市中工厂及车辆排热,人口密度大,建筑物密集,地面干燥,水分蒸发少等。简称"热岛效应"。

【城下之盟】chéng xià zhī méng 在敌方兵临城下的情况下和敌人订立的盟约,泛指不平等条约。

【城垣】chéngyuán〈名〉城墙。

备用词 价值连城 众志成城

宬 chéng〈名〉古代藏书的屋子:皇史～(明清时宫中收藏历代典籍的地方)。

埕 chéng〈名〉❶东南沿海一带晒盐或养蛏类等的田:盐～|蛏～|蛤～。❷方言。酒瓮。

晟 chéng〈名〉姓。
△另见 shèng。

乘(*乘乗) chéng ❶〈动〉坐(车、船等);骑(马、骡等):～车|～船|～马|～飞机。❷〈介〉利用(条件、机会等):～机|～便|～兴(xìng)|～虚而入|～胜前进。❸〈动〉冒着:～风雪。❹〈动〉交错(出现):变乱纷～。❺〈名〉佛教的教义:大～|小～|上～。❻〈动〉进行乘法运算。❼〈名〉姓。
△另见 shèng。

【乘便】chéngbiàn〈副〉顺便:请你～把那支笔带给我。

【乘风破浪】chéng fēng pò làng《宋书·宗悫(què)传》记载,宗悫少年的时候,叔父问他的志向,宗悫回答说:"愿乘长风破万里浪。"现比喻不畏艰险,勇往直前。也形容事业飞速

地向前发展。

【乘人之危】chéng rén zhī wēi 趁着别人危急的时候去侵害人家。

【乘隙】chéngxì〈副〉利用空子；趁机会。

【乘虚而入】chéng xū ér rù 趁着空虚或利用有空子的地方进入。

盛 chéng〈动〉❶把东西放在器具里：～饭｜～菜｜桶里～满了水。❷容纳：口袋小，～不了多少东西。
　△另见 shèng。

铖（鋮） chéng 人名用字。阮大铖，明朝人。

程 chéng ❶〈名〉规矩；法则：规～｜章～｜～式（一定的格式）。❷〈名〉程序：议～｜课～｜日～。❸〈名〉(旅行的)道路；一段路：启～｜征～｜登～｜送你一～。❹〈名〉路程：射～｜航～｜行～｜里～碑。❺〈动〉衡量；计算：计日～功｜不～其力。❻〈名〉姓。

【程度】chéngdù〈名〉❶文化、知识、能力等方面的水平：文化～。❷事物变化所达到的状况：他的病还没有严重到需要住院的～。

【程序】chéngxù〈名〉事情进行的先后次序：工作～｜会议～。

备用词　航程　进程　里程　历程　工程　路程　旅程　途程　行程　征程

惩（懲） chéng〈动〉❶处罚：奖～｜罚～｜～治｜～处(chǔ)｜～一儆百｜严～不贷。❷警戒：～前毖后。❸恐惧：带长剑兮挟秦弓，首身离兮心不～。❹苦于：～山北之

塞，出入之迂也。

【惩处】chéngchǔ〈动〉处罚：依法～。

【惩创】chéngchuàng〈动〉惩罚；惩戒。

【惩恶扬善】chéng è yáng shàn 惩治邪恶，褒扬善良：～，树立正气｜～，赏罚分明。

【惩罚】chéngfá〈动〉处罚(多指较严厉的)：从重～｜受到～。

【惩戒】chéngjiè〈动〉❶通过处罚来警戒。❷以过去的失败作为教训：以为～。

【惩前毖后】chéng qián bì hòu 吸取过去犯错误的教训，以后小心，不致重犯：～，治病救人。

【惩一戒百】chéng yī jiè bǎi 惩一儆百。

【惩一儆百】chéng yī jǐng bǎi 惩罚一个人来警戒更多的人。也作"惩一警百"。也说"惩一戒百"。

【惩一警百】chéng yī jǐng bǎi 同"惩一儆百"。

【惩艾】chéngyì〈动〉惩戒；惩治。

【惩治】chéngzhì〈动〉惩办：依法～｜～罪犯。

裎 chéng〈动〉裸露身体：裸～。
　△另见 chěng。

塍（*塖） chéng〈名〉田间的土埂：田～。

醒 chéng〈形〉酒醉后神志不清：宿～｜解～｜忧心如～。

澄（*澂） chéng ❶〈形〉(水)很清：清～｜～澈｜～碧｜～湛(zhàn)｜江～如练。❷〈动〉澄清；使清明：～清天下。
　△另见 dèng。

【澄澈】(澄彻)chéngchè〈形〉清澈透明：～的湖水｜小溪～见底｜天空似清水一般。

【澄静】chéngjìng〈形〉澄澈平静：～的湖水。

【澄清】chéngqīng ❶〈形〉清澈；清亮：～的河水。❷〈动〉使混浊变为清明，比喻肃清混乱局面：金猴奋起千钧棒，玉宇～万里埃。❸〈动〉弄清楚(问题、认识等)：～被搞得非常混乱的理论问题｜～事实。
　△另见 dèngqīng。

橙 chéng ❶〈名〉乔木或灌木，果实球形，果皮红黄色，是普通水果。❷〈形〉红和黄合成的颜色：赤～黄绿青蓝紫，谁持彩练当空舞?

— **chěng** —

逞 chěng〈动〉❶显示(才能、威风等)；夸耀：～能｜～强｜～英雄｜～威风。❷(坏主意)达到目的：阴谋得～｜以求一～。❸纵容；放任：～凶｜～性妄为｜～性子。

【逞辩】chěngbiàn〈动〉卖弄口舌。

【逞能】chěngnéng〈动〉显示自己能干。

【逞凶】chěngxiōng〈动〉行凶作恶；做凶暴的事情。

骋（騁）chěng〈动〉❶（马）跑；驰~。❷放开：~怀（开怀）|~目（放眼远看）。

裎 chěng〈名〉古代一种对襟的单衣。
△另见 chéng。

═══ chèng ═══

秤 chèng〈名〉测定物体重量的器具，有杆秤、地秤、台秤、弹簧秤等多种，特指杆秤：~钩|~杆|过~。

称（稱）chèng同"秤"。
△另见 chèn；chēng。

掌 chèng〈名〉❶斜柱。❷桌椅等腿中间的横木。
△另见 chēng。

═══ chī ═══

吃（*❶-❽喫）chī ❶〈动〉把食物等放进嘴里咀嚼后咽下（包括吸、喝）：~饭|~奶|~药。❷〈名〉指吃的东西；食物：小~|有~有喝|缺~少穿。❸〈动〉依靠某种事物来生活：~老本儿|靠山~山，靠水~水。❹〈动〉消灭（多用于军事、棋戏）：车~马，将~一军|包围敌军，并~掉他们。❺〈动〉耗费：~力|~劲。❻〈动〉吸收（液体）：这种米~水|道林纸不~墨。❼〈动〉受；承受：~苦|~紧|~惊|~一拳。❽〈介〉被（多见于早期白话）：他~笑话|~那厮白话了。❾[口吃]〈形〉说话时字音重复或词句中断的现象。

【吃大锅饭】chī dàguōfàn 比喻不论工作好坏、贡献大小，待遇、报酬都一样。

【吃大户】chī dàhù 旧时遇到荒年，饥民团结在一起到地主富豪家去吃饭或夺取粮食。

【吃豆腐】chī dòufu 方言。❶调戏（妇女）。❷拿某人开玩笑或调侃叫"吃某人的豆腐"。❸旧俗丧家准备的饭菜中有豆腐，所以去丧家吊唁吃饭叫"吃豆腐"。也说"吃豆腐饭"。

【吃独食】chī dúshí ❶有东西自己一个人吃，不给别人。❷比喻独占利益，不让人分享：这人爱~，咱不与他合作。

【吃饭】chīfàn〈动〉❶进食。❷借指维持生计：靠打猎~（以打猎为生）。

【吃干饭】chī gānfàn 光吃饭不做事，多用来比喻人无能或无用：你别小瞧人，我们也不是~的。

【吃官司】chī guānsi 指被控告或被关入监狱：他因贪污吃了官司，被判了刑。

【吃亏】chīkuī ❶受到损失。❷在某方面条件不利：这场比赛我们~在体力方面不如对方。

【吃里爬外】chī lǐ pá wài 受着这一方的好处，暗地里却为另一方卖力。

【吃一堑，长一智】chī yī qiàn, zhǎng yī zhì 受一次挫折，增长一分见识。

【吃斋】zhīzhāi〈动〉❶吃素：~念佛|吃长斋。❷（和尚）吃饭。❸（非出家人）在寺院吃饭。

哧 chī〈拟〉形容笑声或撕裂声等：噗~|~~地笑|~的一声撕下一块布。

蚩 chī ❶〈形〉无知；傻。❷同"嗤"。

鸱（鴟）chī〈名〉古书上指鹞鹰。

【鸱吻】chīwěn〈名〉我国古建筑屋脊两端陶制的装饰物，最初的形状略像鸱的尾巴。

【鸱鸮】chīxiāo〈名〉鸟类的一科。头大，嘴短而弯曲。吃鼠、昆虫等小动物，对农业有益。

绨（絺）chī〈名〉细葛布。

眵 chī〈名〉眼眵，眼睑分泌出来的黄色液体。

筶 chī〈动〉用鞭、杖或竹板子打：鞭~|~责。

瓻 chī〈名〉古代一种陶制的酒器。

嗤 chī〈动〉讥笑：~笑|~之以鼻。

【嗤笑】chīxiào〈动〉讥笑。

【嗤之以鼻】chī zhī yǐ bí 用鼻子吭气，表示看不起。

痴（*癡）chī〈形〉❶傻；愚笨：~呆|~顽|~人说梦。❷极度迷恋（某人或某种事物）：~心|~情|~迷。❸精神失常；疯癫：~癫。

【痴呆】chīdāi〈形〉形容发呆的神情：神气~，奄奄思睡。

【痴情】chīqíng ❶〈名〉痴心的爱情。❷〈形〉对人或事物的感情达到痴心的程度。

【痴人说梦】chī rén shuō mèng 宋惠洪《冷斋夜话》："此正所谓对痴人说梦耳。"本是指对痴人说梦话而痴人信以为真，后用来比喻说根本办不到的荒唐话。

【痴心】chīxīn ❶〈形〉形容沉迷于某人或某种事物。❷〈名〉沉迷于某人或某种事物的心思：一片~。

【痴心妄想】chī xīn wàng xiǎng 指一心想着不可能实现的事情。

媸 chī〈形〉相貌丑（跟"妍"相对）：不辨妍~。

螭 chī❶〈名〉古代传说中没有角的龙。古建筑或工艺品上常用螭的形象做装饰。❷同"魑"。

魑 chī [魑魅(mèi)]〈名〉古代传说中山林里害人的妖怪：~魅魍魉(指各种坏人)。

— chí —

池 chí〈名〉❶池塘：~沼|鱼~|荷花~|游泳~。❷周围高中间低的地方：花~|舞~|砚~。❸旧时指剧场正厅的前部：~座。❹护城河：金城汤~|城门失火,殃及~鱼。❺姓。

【池塘】chítáng〈名〉❶蓄水的大坑,一般比较浅。❷澡堂中的浴池。

【池沼】chízhǎo〈名〉比较大的水坑。

弛 chí〈动〉❶松开；松懈：松~|废~|~息(懈息)|~缓(变和缓)|一张一~。❷解除；卸下：~担|~禁。❸延缓：~期无日。

【弛缓】chí huǎn〈形〉❶(局势、气氛、心情等)和缓：听了这一番话,他紧张的心情渐渐~下来。❷松弛：纪律~。

【弛然】chírán〈形〉放心的样子：~而卧。

驰（馳）chí〈动〉❶(车马等)飞快地跑：~骋|~驱|~逐|飞~|奔~|风~电掣。❷传播：~名|~誉(名声传播得很远)。❸(心神)向往：~想|心~神往。

【驰骋】chíchěng〈动〉纵马奔驰。

【驰名】chímíng〈动〉名声传播得很远：~中外。

备用词　奔驰 飞驰 疾驰

迟（遲）chí〈形〉❶慢：~缓|~钝|~滞|~~|~决。❷比规定的或合适的时间靠后：~到|延~|~暮|姗姗来~|今天你又来~了。❸迟钝：少言重~。❹迟疑；犹豫：琵琶声停欲语~。❺〈名〉姓。

【迟钝】chídùn〈形〉反应慢；不灵敏：反应~。

【迟缓】chíhuǎn〈形〉缓慢；不迅速：行动~。

【迟慢】chímàn〈形〉迟缓；缓慢。

【迟暮】chímù〈名〉比喻晚年：~之年。

【迟疑】chíyí〈形〉犹豫不决；拿不定主意：~不决。

坻 chí〈名〉水中的小块高地。△另见 dǐ。

茌 chí [茌平]〈名〉地名,在山东。

持 chí〈动〉❶拿着；握着：~枪|~笔|手~鲜花。❷支持；保持：~续|~久|~之以恒|各~己见。❸支撑；扶持：十围之木,~千钧之屋。❹主管；料理：操~|勤俭~家。❺对抗：争~|僵~|相~不下。❻控制；挟制：挟~|劫~。

【持仓】chícāng〈动〉指持有证券,不买也不卖,待机行事：调整~结构。

【持股】chígǔ〈动〉持有股票或股份：~量。

【持衡】chíhéng〈动〉保持平衡：盈亏~。

【持家】chíjiā〈动〉操持家务：勤俭~。

【持久】chíjiǔ〈形〉保持长久：争取~和平。

【持久战】chíjiǔzhàn〈名〉持续时间较长的战争。是在一方较强大并企图速战速决的条件下,另一方采取逐步削弱敌人,最后战胜敌人的战略方针而形成的。

【持平】chípíng ❶〈形〉公正；公平：~之论。❷〈动〉保持原来的水平,没有增加或减少：棉花收购价格同去年~。

【持续】chíxù〈动〉延续不断：这场激战整整~了八个小时。

【持之以恒】chí zhī yǐ héng 有恒心地长期坚持下去。

【持之有故】chí zhī yǒu gù《荀子·非十二子》："然而其持之有故,其言之成理。"指所持的见解或主张有一定的根据。

【持重】chízhòng〈形〉谨慎稳重；不轻浮；老成~。

备用词　保持 撑持 扶持 护持 坚持 僵持 维

持 相持 争持 支持 把持 操持 主持 自持 劫持 胁持 挟持

匙 chí〈名〉小勺:汤~|羹~|茶~。
△另见 shi。

墀 chí〈名〉台阶上面的空地,也指台阶:丹~。

踟 chí 见下。

【踟蹰】chíchú〈形〉迟疑不决,要走不走的样子:~不前。也作"踟躇"。

【踟躇】chíchú 同"踟蹰"。

篪(*箎篪) chí〈名〉古代一种像笛子的竹管乐器。

━━ chǐ ━━

尺 chǐ ❶〈量〉长度单位。10 寸等于 1 尺,10 尺等于 1 丈。1 市尺合 1/3 米。❷〈名〉量长度的器具:皮~|折~|卷~。❸〈名〉绘图的器具:丁字~|放大~。❹〈名〉形状像尺的东西:镇~|戒~|计算~。
△另见 chě。

【尺兵】chǐbīng〈名〉短小的兵器。

【尺寸】chǐcùn〈名〉❶长度(多指一件东西的长度):量~。❷分寸:办事很有~。

【尺牍】chǐdú〈名〉书信(古代书简约长一尺)。

【尺度】chǐdù〈名〉标准:实践是检验真理的~。

【尺短寸长】chǐ duǎn cùn cháng《楚辞·卜居》:"尺有所短,寸有所长。"由于应用的地方不同,一尺虽长比一寸,也有显着短的时候,一寸虽比一尺短,也有显着长的时候。比喻人或事物各有各的长处和短处。

【尺幅千里】chǐ fú qiān lǐ 一尺长的画中,展示了十里的景象。比喻事物的外形虽小,但包含的内容很多。

【尺书】chǐshū〈名〉书信(古代用来写信的绢帛通常长一尺)。

备用词 垂涎三尺 得寸进尺

齿(齒) chǐ ❶〈名〉牙齿:门~|白~|犬~|义~。❷〈名〉物体上像牙齿那样排列的部分:锯~|梳~|儿~。❸〈名〉年龄:序~|没~不忘|~德俱尊。❹〈动〉说到;提起:~及(说到;提及)|不足~数。

【齿发】chǐfà〈名〉齿和发。借指年龄,也谦称自己的身子:幸被~,何敢负德?

【齿冷】chǐlěng〈动〉耻笑;讥笑(笑的时间长了,露出的牙齿就感觉到冷)。

【齿舌】chǐshé〈名〉口舌;非议。

备用词 不足挂齿 伶牙俐齿 明眸皓齿 咬牙切齿

侈 chǐ〈形〉❶浪费:奢~|豪~。❷过分;夸大:~欲|~谈。

【侈靡】(侈糜)chǐmí〈形〉奢侈浪费。

【侈谈】chǐtán ❶〈动〉夸大而不切实际地谈论。❷〈名〉夸大而不切实际的话。

耻(*恥) chǐ ❶〈形〉羞愧:可~|不~下问|恬不知~。❷〈名〉耻辱:国~|雪~|不以为~,反以为荣。

【耻辱】chǐrǔ〈名〉声誉上受到的损害;可耻的事情:蒙受~。

【耻笑】chǐxiào〈动〉鄙视和嘲笑。

备用词 可耻 羞耻 无耻 寡廉鲜耻 厚颜无耻 恬不知耻

豉 chǐ[豆豉]〈名〉把大豆泡透蒸熟或煮熟,经发酵制成的食品。

褫 chǐ〈动〉剥夺:~职|~革|~夺(剥夺,多用于法令)。

━━ chì ━━

彳 chì[彳亍(chù)]〈动〉慢慢地走或走走停停。

叱 chì ❶〈动〉大声呵斥:怒~|喝(hè)~|呵~|~责|~咤(zhà)风云。❷〈名〉姓。

【叱咄】chìduō〈动〉训斥;呵责。

【叱咤】chìzhà〈动〉发怒吆喝。

【叱咤风云】chìzhà fēngyún 原意是怒喝一声可以使风云变色,后常用来形容人的威力很大,可以左右整个局势。

斥 chì ❶〈动〉责备:申~|训~|驳~|~骂|~责。❷〈动〉使离开:排~|摈(bìn)~|~逐(驱逐)。❸〈形〉多;满:充~。❹〈动〉扩展:~土|~地。❺〈动〉侦察:~骑(担任侦察的骑兵)。❻〈形〉指土地含有过多的盐碱成分:海滨广~。

【斥候】chìhòu〈名〉旧时军队称侦察(敌情)。也指进行侦察的士兵。

【斥退】chìtuì〈动〉❶旧指免去官吏的职位或开除学生的学籍。❷喝令在场的人退出去。

【斥责】chìzé〈动〉用严厉的语言指出错误或罪行。

备用词 贬斥 摈斥 排斥 驳斥 呵斥 申斥 痛斥 训斥 指斥

赤 chì ❶〈形〉比朱红稍浅的颜色。❷〈形〉泛指红色:~小豆|~日炎炎|面红耳~。

❸〈形〉象征革命:～卫队。❹〈形〉忠诚:～心|～诚|～胆忠心。❺〈形〉纯净不杂:～金|金无足～。❻〈动〉光着;露着(身体):～脚|～膊上阵。❼〈形〉空;一无所有:～贫|～地千里|～手空拳。❽〈名〉姓。

【赤膊】chìbó ❶〈动〉光着上身。❷〈名〉光着的上身。

【赤潮】chìcháo〈名〉由于海洋富营养化,使某些浮游生物暴发性繁殖和高度密集所引起的海水变红的现象,多发生在近海海域。赤潮造成海水严重污染,鱼虾、贝类等大量死亡。也叫"红潮"。

【赤诚】chìchéng〈形〉极真诚:～的心|～待人。

【赤胆忠心】chì dǎn zhōng xīn 形容非常忠诚。

【赤裸裸】chìluǒluǒ〈形〉❶形容光着身体,一丝不挂。❷比喻毫无遮盖和掩饰。

【赤手空拳】chì shǒu kōng quán 手里没有拿武器。也比喻两手空空,没有任何可以凭借的东西。

【赤县】chìxiàn〈名〉指中国(战国时人驺衍称中国为"赤县神州")。

【赤子】chìzǐ〈名〉❶初生的婴儿:～之心(比喻纯洁的心)。❷比喻心地纯洁赤诚的人:海外～。

【赤字】chìzì〈名〉指经济活动中支出多于收入的差额数字。簿记上登记这种数目时用红笔书写,故称。

饬（飭）chì ❶〈动〉整顿:整～。❷〈动〉告诫;命令:戒～|～令(上级命令下级,多用于旧时公文)|～其遵办。❸〈形〉谨慎;恭敬:言行谨～。

抶 chì〈动〉击:鞭打。

炽（熾）chì〈形〉火旺,形容热烈旺盛:～热|～盛。

【炽烈】chìliè〈形〉炽热,旺盛猛烈:～的感情。

【炽热】chìrè〈形〉极热:～的太阳。

翅（*翄）chì〈名〉❶翅膀,昆虫和鸟类的飞行器官。❷鱼翅。❸物体上形状像翅膀的部分:帽～儿。

敕（*勅勑）chì ❶〈名〉帝王的诏令:～命|～封|～撰|奉～|宣～|手～。❷〈动〉告诫;申～|～戒～。

啻 chì〈副〉但;只;仅:何～|奚～|不～于此。

傺 chì 见[侘(chà)傺]。

瘲 chì [瘛疭(zòng)]〈名〉中医指痉挛的症状。

━━ chōng ━━

冲（❶-❻❽衝*❶-❻❽沖） chōng ❶〈名〉交通要道;重地:要～|首当其～。❷〈动〉迅猛地向前,突破障碍:～击|～口而出|气～霄汉。❸〈动〉猛烈地撞击(对对方思想感情有很大的抵触):～突|～撞|～犯。❹〈动〉用开水等浇:～茶。❺〈动〉冲洗;冲击:～刷|洪水～毁河堤。❻〈动〉互相抵销:～账。❼方言〈名〉山区的平地:～田。❽〈名〉姓。
△另见 chòng。

【冲刺】chōngcì〈动〉赛跑临近终点时用全力向前冲。

【冲顶】chōngdǐng〈动〉❶足球比赛时运动员向前跃起用头顶球。❷登山中临近顶峰时奋力攀登。

【冲动】chōngdòng〈形〉情感特别强烈,不能理智地克制自己:感情～|你不要～,要冷静地考虑问题。

【冲犯】chōngfàn〈动〉❶言语、行为等与对方抵触,冒犯了对方。❷迷信指行动冒犯神鬼或犯了某种忌讳,因而会带来不祥。

【冲锋】chōngfēng〈动〉进攻的部队向前冲,用冲锋枪、手榴弹、刺刀等跟敌人进行战斗:～陷阵(形容作战英勇)。

【冲击】chōngjī〈动〉❶水流撞击物体:洪水不断～着堤坝。❷比喻政治上的打击:他在运动中曾受过～。❸冲锋:向敌人发起～。

【冲克】chōngkè〈动〉冲犯①。

【冲口】chōngkǒu〈动〉不假思索地随口说出：~而出。

【冲天】chōngtiān〈动〉❶直上天空。❷比喻情绪高涨而猛烈：干劲~。

【冲突】chōngtū〈动〉❶互相抵触、矛盾：文章的论点前后~。❷矛盾表面化，发生激烈争斗：武装~。

【冲喜】chōngxǐ〈动〉旧时的一种迷信风俗，家中有人病重时，用办喜事（如娶亲）来驱除邪祟，希望转危为安。

【冲要】chōngyào ❶〈名〉军事上或交通上重要的地方。❷〈形〉地理形势重要：~之地。

【冲撞】chōngzhuàng〈动〉❶撞击：海浪~着礁石。❷冒犯；触犯：好好应酬，不要~他!

充 chōng ❶〈形〉满；足：~分｜~足｜~沛｜~其量（表示做最大限度的估计；至多）。❷〈动〉装满；塞住：~电｜~塞（sè）｜~耳不闻。❸〈动〉担任；当：~当｜~任（担任）。❹〈动〉冒充：假~｜~行家｜以次~好。❺〈名〉姓。

【充斥】chōngchì〈动〉充满（多含贬义）：满屋子~着污浊的空气｜不能让质量低劣的产品~市场。

【充当】chōngdāng〈动〉取得某种身份；担任某种职务。

【充电】chōngdiàn〈动〉❶把直流电源接到蓄电池上，使蓄电池获得放电能力。❷比喻通过学习补充知识、提高技能等：为了适应形势的发展，每个人都需要通过不断~来提高自己的能力。

【充耳不闻】chōng ěr bù wén 塞住耳朵不听。指声声不愿听取别人的意见：高高在上，对群众的呼声~，那是不行的。

【充发】chōngfā〈动〉充军；发配。

【充分】chōngfèn〈形〉❶足够：理由不~。❷尽量：~调动群众的积极性。

【充公】chōnggōng〈动〉把犯罪者与案情有关的财产没收归公。也指把违反禁令或规定的东西收归公有。

【充饥】chōngjī〈动〉解饿。

【充军】chōngjūn〈动〉古代刑罚。把罪犯押解到边远地方去当兵或服劳役。

【充满】chōngmǎn〈动〉❶布满；填满：店内外~了快活的空气。❷饱含；充分具有：~激情｜对生活，我又~了梦想，~了渴望。

【充沛】chōngpèi〈形〉充足；旺盛：雨量~｜精

力~。

【充任】chōngrèn〈动〉担任。

【充塞】chōngsè〈动〉塞满；填满。

【充实】chōngshí ❶〈形〉丰富；不空虚：内容~｜心里很~。❷〈动〉加强；使充足：这个科研组急需~力量。

【充溢】chōngyì〈动〉充满；洋溢：丰收的季节里，人们的脸上~着幸福的笑容。

【充盈】chōngyíng ❶〈动〉充满。❷〈形〉丰满。

【充裕】chōngyù〈形〉充足而有余：时间~｜经济~。

【充足】chōngzú〈形〉多到能满足需要的程度：阳光~｜经费~。

备用词 补充　扩充　混充　假充　冒充

忡（*憃）chōng[忡忡]〈形〉忧愁的样子：忧心~~。

芜 chōng[芜蔚（wèi）]〈名〉即益母草，草本植物，茎叶和籽实可入药。

涌 chōng 方言。〈名〉河汊。△另见 yǒng。

舂 chōng〈动〉把东西放在石臼或乳钵里捣去皮壳或捣碎：~米｜~药。

憧 chōng 见下。

【憧憧】chōngchōng〈形〉摇曳或往来不定的样子：灯影~｜人影~。

【憧憬】chōngjǐng〈动〉向往：人们~着美好的明天。

艟 chōng 见[艨（méng）艟]。

═ chóng ═

虫（蟲）chóng〈名〉昆虫和类似昆虫的小动物。

【虫豸】chóngzhì〈名〉泛指禽兽以外的小动

物;虫子。

重 chóng ❶〈动〉又一次出现;又一次做:~出|书买~了。❷〈副〉再:~逢|~见天日|旧地~游。❸〈量〉层:双~|万~|九~霄|心事~~。

△另见 zhòng。

【重蹈覆辙】chóng dǎo fù zhé 又走翻过车的老路。比喻不吸取失败的教训,重犯过去的错误。

【重叠】chóngdié〈动〉相同的东西一层层堆积:重重叠叠的枝丫,只漏下斑斑点点细碎的日影。

【重睹天日】chóng dǔ tiān rì 重见天日。

【重复】chóngfù〈动〉❶相同的东西又一次出现。❷又一次做(相同的事情):把他说过的话再~一遍。

【重见天日】chóng jiàn tiān rì 重新看到天和太阳。比喻脱离黑暗的环境,重新见到光明。也说"重睹天日"。

【重九】chóngjiǔ〈名〉重阳。

【重码】chóngmǎ❶〈动〉两个或两个以上的编码相同,造成重复,叫作"重码"。❷〈名〉两个或两个以上相同而重复的编码。

【重沓】chóngtà〈形〉重复烦冗。

【重围】chóngwéi〈名〉一层层的包围圈:冲出~。

【重温旧梦】chóng wēn jiù mèng 重温过去做过的梦。比喻把过去的事重新经历或回忆一次。

【重文】chóngwén〈名〉异体字。

【重屋】chóngwū〈名〉有二重的屋。也泛指高大深邃的房屋。

【重霄】chóngxiāo〈名〉极高的天空。古代传说天有九重。也叫"九重霄"。

【重新】chóngxīn〈副〉❶从头另行开始:~做人|~学习。❷再一次:头发~长出来了。

【重演】chóngyǎn〈动〉❶(戏剧等)重新演出。❷比喻相同的事情再一次出现:决不许历史的悲剧~。

【重阳】chóngyáng〈名〉我国传统节日,农历九月初九日。古人认为九是阳数,所以叫重阳。这一天有登高的风俗。

【重洋】chóngyáng〈名〉一重重的海洋:远渡~。

【重整旗鼓】chóng zhěng qí gǔ 比喻失败以后,重新组织力量再干。

【重足而立】chóng zú ér lì《史记·汲郑列传》:"令天下~,侧目而视矣!"后脚紧挨着前脚,不敢向前迈步。形容非常恐惧。

【重组】chóngzǔ〈动〉企业、机构等重新组合:资产~|对小企业进行~改造。

种 chóng〈名〉姓。

△另见 zhǒng;zhòng。

崇 chóng ❶〈形〉高:~关|~山峻岭。❷〈动〉重视;尊敬:尊~|推~|~拜|~尚|~敬。❸〈名〉姓。

【崇拜】chóngbài〈动〉尊敬钦佩。

【崇高】chónggāo〈形〉❶伟大而高尚的:~理想|~品质。❷最高的:~的奖赏|~的敬礼。

【崇敬】chóngjìng〈动〉推崇尊敬:怀着~的心情瞻仰烈士陵墓。

【崇山峻岭】chóng shān jùn lǐng 高大陡峭的山岭。

【崇尚】chóngshàng〈动〉尊重;推崇:~助人为乐的精神。

═══ chǒng ═══

宠(寵) chǒng ❶〈动〉(上对下)喜爱;偏爱:~爱|得~|争~|哗众取~。❷〈形〉光荣;荣耀:心旷神怡,~辱皆忘。❸〈名〉姓。

【宠爱】chǒng'ài〈动〉喜爱;娇纵偏爱:她从小受到父母的~。

【宠儿】chǒng'ér〈名〉指特别受到宠爱的人(多用于比喻):时代的~。

【宠物】chǒngwù〈名〉指家庭豢养的受人喜爱的小动物,如狗、猫等。

【宠信】chǒngxìn〈动〉宠爱而信任(多含贬义)。

【宠幸】chǒngxìng〈动〉(帝王对后妃、臣下或地位高的人对地位低的人)宠爱。

═══ chòng ═══

冲(衝) chòng ❶〈形〉劲头足;力量大:这小伙子干活儿~|水哗哗地流得真~。❷〈形〉气味浓烈刺鼻:酒味儿很~。❸〈动〉朝;向:大门~南。❹〈介〉对着:她~我点点头。❺〈介〉凭;根据:~这个磨蹭劲儿,什么时候能干完?❻〈动〉冲压,用冲床进行金属加工:~模。

△另见 chōng。

睡 chòng 方言。〈动〉困极小睡:瞌~|~个盹儿。

铳(銃) chòng〈名〉一种旧式火器:火~|鸟~。

━━ **chōu** ━━

抽 chōu〈动〉❶把夹在中间的东西取出:~签|~刀。❷从全部里取出一部分:~查。❸(某些植物体)长出:~芽|~穗。❹吸:~烟|~水机。❺收缩:~筋|~水(缩水)。❻用条状物打:~陀螺|~了几鞭子。

【抽搐】chōuchù〈动〉肌肉不随意地收缩,多见于四肢和颜面。也说"抽搦"。

【抽丁】chōudīng〈动〉旧社会统治者强迫青壮年当兵。也说"抽壮丁"。

【抽搦】chōunuò〈动〉抽搐。

【抽泣】chōuqì〈动〉一吸一顿地哭泣:低声~。

【抽缩】chōusuō〈动〉(肌肉等)因受刺激而收缩:四肢~。

【抽逃】chōutáo〈动〉(为逃避债务、隐匿财产、抗拒纳税等)暗中抽走(资金)。

【抽象】chōuxiàng ❶〈动〉从许多事物中,舍弃个别的、非本质的属性,抽出共同的、本质的属性,叫"抽象"。抽象是形成概念的必要手段。❷〈形〉不能具体经验到的;笼统的;空洞不易捉摸的:看问题要从事实出发,不能从~的定义出发。

【抽噎】chōuyē〈动〉抽泣。

搊 chōu〈动〉❶弹奏(乐器)。❷方言。从下面向上用力扶起(人)或掀起(重物):宝宝摔倒了,妈妈把她~起来|大家齐心协力把石碑~了起来。

瘳 chōu〈形〉病愈:病数月乃~。

犨 chōu ❶〈拟〉形容牛喘息的声音。❷〈动〉突出。

━━ **chóu** ━━

仇(*讎) chóu〈名〉❶仇敌:寇~|疾恶如~|同~敌忾。❷仇恨:冤~|~怨|血泪~。

△另见 qiú。

【仇雠】chóuchóu〈名〉仇人。

【仇恨】chóuhèn ❶〈动〉因利害冲突而强烈地憎恨:~敌人。❷〈名〉因利害冲突而产生的强烈憎恨:民族~。

【仇视】chóushì〈动〉以仇敌相看待:互相~|侵略者。

备用词 世仇 私仇 宿仇 冤仇 疾恶如仇 切

骨之仇 视如寇仇 血海深仇

俦(儔) chóu〈名〉伴侣:~侣|良~|同~。

帱(幬) chóu〈名〉❶帐子。❷车帷。

△另见 dào。

惆 chóu[惆怅(chàng)]〈形〉伤感;失意。

绸(綢) chóu〈名〉薄而软的丝织品:丝~|纺~|~缎。

【绸缪】chóumóu ❶〈形〉缠绵:情意~(情意深厚)。❷〈动〉紧密捆扎:~束薪。❸见【未雨绸缪】。

畴(疇) chóu〈名〉❶田地:田~|平~千里。❷种类:范~|物各有~。❸同类:草木~生,禽兽群焉。

【畴昔】chóuxī〈名〉从前;过去。

酬(*酧醻*❷-❺訓) chóu ❶〈动〉敬酒:~酢(zuò)。❷〈动〉报答:~谢|~报。❸〈名〉报酬:稿~|按劳取~|男女同工同~。❹〈动〉交际往来:~唱|~答|应~|~应。❺〈动〉实现:壮志未~。

【酬和】chóuhè〈动〉以诗词应答。

【酬劳】chóuláo ❶〈动〉用财物报答出力的人:你帮了我大忙,真不知该怎么~你好。❷〈名〉给出力的人的报酬:这是你应得的~。

【酬酢】chóuzuò〈动〉饮酒时宾主互相敬酒(酬:向客人敬酒;酢:向主人敬酒),泛指应酬。

稠 chóu〈形〉❶液体中含某种固体成分很多(跟"稀"相对):~粥|墨研得~了。❷稠密:~人广众(指人很多的场合)。

【稠密】chóumì〈形〉多而密:人烟~。

愁 chóu〈动〉忧愁:忧~|哀~|~眉苦脸|~肠百结|多~善感。

【愁眉不展】chóu méi bù zhǎn 心里发愁,紧锁双眉。形容满腹心事的样子。

【愁眉苦脸】chóu méi kǔ liǎn 皱着眉头,哭丧着脸。形容愁苦的神情。

【愁闷】chóumèn〈形〉忧愁烦闷。

【愁云惨雾】chóu yún cǎn wù 形容愁苦的思绪和凄惨的情景。

筹(籌) chóu ❶〈名〉竹、木或象牙等制成的小棍儿或小片儿,用来计数或作为领物凭证:~码|竹~|酒~。❷〈名〉计谋:一~莫展。❸〈动〉谋划;筹措:~划|~款|自~资金|统~兼顾。

【筹备】chóubèi〈动〉为进行某项工作、举办某种事业或成立机构等事先筹划准备：～粮饷。

【筹策】chóucè ❶〈名〉古代计算用具。❷〈动〉计算：目尽毫厘,心穷～。

【筹措】chóucuò〈动〉想办法弄到(款子)：～经费。

【筹划】(筹画)chóuhuà〈动〉(为办某件事)想办法；定计划。

【筹集】chóují〈动〉筹措聚集：～资金。

【筹建】chóujiàn〈动〉筹划建立：～一座小型水电站。

【筹借】chóujiè〈动〉设法借(财物)：～一笔款子。

【筹码】(筹马)chóumǎ〈名〉❶计数和进行计算的用具,旧时常用于赌博。❷比喻在对抗或竞争中可以凭借的条件、因素：政治～。❸证券市场指投资者持有的一定数量的证券：～集中。

【筹谋】chóumóu〈动〉筹划谋虑：～解决问题的途径。

【筹算】chóusuàn〈动〉❶用筹来计算；计算：～一下得用多少个工。❷谋划：～一个万全之策。

【筹资】chóuzī〈动〉筹集资金：～办厂。

【筹组】chóuzǔ〈动〉筹备组建；筹划组织：～工会|～理事会。

备用词　统筹　运筹　略胜一筹　稍逊一筹

踌(躊)　chóu 见下。

【踌躇】(踌蹰)chóuchú ❶〈形〉犹豫：他一了一下,便同意了。❷〈动〉停留；徘徊不前。❸〈形〉得意的样子：～满志。❹〈形〉痛心；不愉快：望西都,意～。

【踌躇满志】chóuchú mǎn zhì 对自己的现状或取得的成就非常得意。

【踌伫】chóuzhù〈动〉踌躇不前。

雠(讎)　chóu ❶〈动〉校对文字：校～。❷同"仇"(chóu)。

━━ chǒu ━━

丑(❸-❺醜)　chǒu ❶〈名〉地支的第二位。参看〖干支〗。❷〈名〉丑时,旧式计时法指夜里一点钟到三点钟的时间。❸〈形〉相貌、样子难看(跟"美"相对)：～陋|～八怪。❹〈形〉让人厌恶或轻视：～态百出|～闻|～类。❺〈名〉让人厌恶或轻视的事物：出～|～家|献～|遮～。❻〈名〉戏曲角色,扮演滑稽人物,鼻梁上抹白粉,有文丑、武丑之分。❼〈名〉姓。

【丑诋】chǒudǐ〈动〉用难听的话毁谤：上疏～。

【丑恶】chǒu'è〈形〉丑陋恶劣：～的嘴脸。

【丑化】chǒuhuà〈动〉把本来不丑的事物弄成丑的或形容成丑的。

【丑剧】chǒujù〈名〉指具有戏剧性的丑恶事情。

【丑陋】chǒulòu〈形〉(相貌、样子)不好看：相貌～。

备用词　出丑　丢丑　出乖露丑　跳梁小丑

杻　chǒu〈名〉古代手铐之类的刑具。△另见 niǔ。

瞅(*瞘瞘)　chǒu〈动〉看：～见|～一眼|你把人家～得不好意思了。

━━ chòu ━━

臭　chòu ❶〈形〉(气味)难闻(跟"香"相对)：～气|～味儿。❷〈名〉难闻的气味：恶～|逐～之夫。❸〈形〉让人厌恶的：～架子|～毛病|～名昭著。❹〈副〉狠狠地：～骂|～揍一顿。❺〈形〉(子弹、炮弹)坏；失效：～弹。△另见 xiù。

【臭名】chòumíng〈名〉坏名声：～远扬。

【臭味相投】chòu wèi xiāng tóu 坏的思想、爱好等相同,合得来。

【臭氧层】chòuyǎngcéng〈名〉平流层中臭氧浓度最高的一层,距地面20千米-25千米。太阳射向地球的紫外线大部分被臭氧层吸收。

━━ chū ━━

出(❿齣)　chū ❶〈动〉从里面到外面(跟"进"、"入"相对)：～门|～国|～院|～口|～访|～笼。❷〈动〉来到：～席|～场。❸〈动〉超出：～界|～众|～人意表|不～一年。❹〈动〉往外拿：～力|～布告|～主意。❺〈动〉出产；发生；产生：～品|～问题|～人才。❻〈动〉发出；发泄：～汗|～气。❼〈动〉显露：～名|～丑|水落石～。❽〈动〉显得多：晚稻米不～饭。❾〈动〉支出：～纳|量入为～|入不敷～。❿〈量〉一本传(chuán)奇中的一个大段落,戏曲的一个独立剧目：第二～|三～戏|他最爱看《牡丹亭》中的"惊梦"一～。

【出版】chūbǎn〈动〉把书刊、图画、音像制品等

编印出来或制作出来,向公众发行:~物|~社|那部书已经~了。

【出差】chūchāi〈动〉工作人员暂时到外地办理公事,也指出去担负运输、修建等临时任务。

【出产】chūchǎn ❶〈动〉天然生长或人工生产:景德镇~瓷器。❷〈名〉出产的物品:长江三角洲土地肥沃,~丰富。

【出处】chūchù〈名〉(引文、典故的)来源。

【出尔反尔】chū ěr fǎn ěr《孟子·梁惠王下》:"出乎尔者,反乎尔者也。"原意是你怎样做,就会得到怎样的后果。现指言行反复无常,说了又翻悔或说了不照着做。

【出发】chūfā ❶〈动〉离开原来所在的地方去别处:部队明天~。❷考虑或处理问题时以某一方面为起点:考虑问题要从人民的利益~。

【出风头】chū fēngtou 出头露面显示自己(含贬义):她这人就爱~|出够了风头。

【出格】chūgé ❶〈动〉言语、行为越出常规;出圈儿。❷〈形〉出众;超出一般。

【出家】chūjiā〈动〉离开家庭去做僧尼或道士:~修行|~为尼。

【出尖】chūjiān ❶〈形〉出众;不平常。❷〈动〉出风头。

【出警】chūjǐng〈动〉(公安部门)出动警察到案件或事故发生的地方处理:巡警及时~,制止了一场械斗。

【出镜】chūjìng〈动〉指在电影或电视中露面:他近年频频~,演技提高很快。

【出局】chūjú〈动〉❶指棒球、垒球比赛时击球员或跑垒员在进攻中因犯规等被判退离球场,失去继续进攻的机会。❷泛指在体育比赛中因失利而不能继续参加后一阶段的比赛:经过预赛,已有五支球队被淘汰~。❸比喻人或事物因不能适应形势或不能达到某种要求而无法在其领域继续存在下去:粗制滥造的产品必然会被淘汰~。

【出口】chūkǒu ❶〈动〉说出话来:~伤人。❷本国或本地区的货物运出去(销售)。

【出口成章】chū kǒu chéng zhāng 形容口才好,说出话来就是一篇文章。也形容文思敏捷。

【出类拔萃】chū lèi bá cuì 超出同类之上。

【出路】chūlù〈名〉❶通向外面可以出去的道路:这里地形复杂,一般人是很难找到~的。❷能够向前发展的途径;前途:闭关自守是没有~的。❸可以销售货物的去处。

【出落】chūluo〈动〉青年人的体态、容貌向美好的方面变化(多指女性):那姑娘~得十分标致。

【出卖】chūmài〈动〉❶出售。❷做出有利于敌人的事情,使国家、民族等蒙受损害:~祖国利益|~灵魂。

【出名】chūmíng〈形〉有名声;名字为大家所熟知:这个村庄早先并不怎么~。

【出没】chūmò〈动〉或出现或隐藏:这一带荒山里常有野兽~。

【出谋划策】chū móu huà cè 出主意,定计策。

【出纳】chūnà ❶〈动〉在财务工作中进行现金、票据的付出和收进。❷〈名〉担任出纳工作的人。❸〈名〉泛指发出和收进的管理工作,如图书馆办理借书还书手续的工作。

【出品】chūpǐn ❶〈动〉制造出来产品。❷〈名〉产品。

【出其不意】chū qí bù yì《孙子·计篇》:"攻其无备,出其不意。"指在敌人意想不到的时候进行袭击。现泛指出乎别人的意料。

【出奇】chūqí〈形〉特别;不一般:天热得~。

【出奇制胜】chū qí zhì shèng 原指用奇兵或奇计战胜敌人,现也指在竞赛中用对方意想不到的方法来取胜。

【出人头地】chū rén tóu dì 宋欧阳修《与梅圣俞书》:"老夫当避路,放他出一头地也。"意思是让这个人高出自己一头。后来用"出人头地"指超出一般人,高人一等。

【出人意表】chū rén yì biǎo 出人意料。

【出人意料】chū rén yì liào 出乎人们的意料之外。也说"出人意表"。

【出色】chūsè〈形〉特别好;超过一般的。

【出山】chūshān〈动〉❶旧指出来做官。❷(太阳、月亮)向上升起。

【出身】chūshēn ❶〈名〉指重要的学历或资历:他是黄埔~|他的曾祖父~翰林。❷〈名〉由个人早期经历或家庭经济状况所决定的某种身份:贫农~|他的~是农民。❸〈动〉具有某种由个人经历或家庭经济状况决定的身份:他~于工人家庭。

【出神】chūshén〈动〉因深思或注意力过度集中而发呆:他望着天上的星星~。

【出神入化】chū shén rù huà 形容技艺高超,达到了绝妙的境界。

【出生入死】chū shēng rù sǐ 形容冒着生命危险:战争年代,他~,曾立下汗马功劳。

【出师】chūshī〈动〉❶(徒弟)期满学成。❷出兵打仗。

【出世】chūshì〈动〉❶出生。❷问世。❸脱离人世的束缚:～思想(指逃避现实的思想)。❹高出人世:横空～。

【出首】chūshǒu〈动〉❶自首。❷告发别人的犯罪行为。

【出台】chūtái〈动〉比喻经过酝酿后正式开始实行:工资改革方案如期～。

【出头露面】chū tóu lòu miàn ❶在公众的场合出现。❷出面(做事)

【出脱】chūtuō〈动〉❶货物脱手。❷出落。❸开脱罪名。

【出息】chūxi ❶〈名〉指志气或发展前途:在安逸中找乐趣的人是没有～的。❷方言。〈名〉收益。❸方言。〈动〉长进:孩子比过去～多了。

【出现】chūxiàn〈动〉显露出来;产生出来:十几年前那难忘的情景常常～在眼前。

【出线】chūxiàn〈动〉❶球类比赛中球越出边线或底线。❷在初赛或预赛中获得较好的成绩,取得参加下一阶段比赛的资格叫"出线"。

【出巡】chūxún〈动〉出外巡视。

【出众】chūzhòng〈形〉高出于一般人或事物:才貌～。

备用词　辈出　付出　杰出　输出　特出　突出　支层见叠出　和盘托出　呼之欲出　量入为出人才辈出　深居简出　深入浅出　挺身而出　脱口而出　脱颖而出

初 chū ❶〈形〉开始的:～夏|唐朝～年。❷〈名〉开始的一段时间:月～|明末清～。❸〈形〉第一次;刚开始:～次|～恋。❹〈形〉最低的(等级):～级|～等。❺〈形〉原来的:～愿|～衷。❻〈名〉原来的情况:和好如～。❼前缀。加在农历每月的第一天到第十天的数词前:正月～一。❽〈名〉姓。

【初出茅庐】chū chū máolú 原指诸葛亮被刘备三顾茅庐邀请出山,初掌兵权就打了胜仗。现比喻刚踏上工作岗位的人缺乏经验。

【初创】chūchuàng〈动〉刚刚创立。

【初生之犊不畏虎】chū shēng zhī dú bù wèi hǔ 刚生下来的小牛不怕老虎。比喻青年人大胆勇敢,敢作敢为。也说"初生之犊不怕虎"。

【初阳】chūyáng〈名〉❶农历冬至以后立春以前的一段时间。❷朝阳;晨辉。

【初衷】chūzhōng〈名〉最初的心愿:不改～|有违～。

备用词　当初　开初　起初　最初

郴 chū〈名〉郴江,地名,在四川。

樗 chū〈名〉乔木,叶子有臭味,根和皮中医入药。也叫"臭椿"。

【樗蒲】chūpú〈名〉古代的一种游戏,类似后代的掷色子。

━━ chú ━━

刍(芻) chú ❶〈名〉喂牲口用的草:～秣|薪～。❷〈动〉割草:～牧田中。❸〈名〉姓。

【刍豢】chúhuàn〈名〉指牲畜的肉:耳目欲极声色之好,口欲穷～之味。

【刍荛】chúráo ❶〈动〉割草打柴。❷〈名〉指割草打柴的人。旧时向别人提供意见时谦称自己:～之言|询于～。

【刍议】chúyì〈名〉谦辞,指自己的议论。

除 chú ❶〈动〉去掉:～名|～尘|清～|铲～|～暴安良|～恶务尽。❷〈介〉表示不计算在内:～外。❸〈动〉进行除法运算。❹〈动〉授;拜(官职):～吏|～右丞相兼枢密使。❺〈动〉整治;修整。❻〈名〉台阶:洒扫庭～。❼〈名〉姓。

【除暴安良】chú bào ān liáng 铲除强暴,使善良的人民得到安宁。

【除恶务尽】chú è wù jìn 清除坏人坏事,必须彻底干净。

【除非】chúfēi ❶〈连〉表示唯一的条件,相当于"只有"。下文常跟"才"、"否则"、"不然"等呼应:～你去,否则他也不会去。❷〈介〉表示不计算在内,相当于"除了":这项任务～他,别人完成不了。

【除旧布新】chú jiù bù xīn 破除旧的,建立新的。

【除权】chúquán〈动〉股份公司因向股东送红股等,股份增加,每股股票的实际价值减少,需要从股票市场价格中除去减少的部分,叫作"除权"。

【除夕】chúxī〈名〉一年最后一天的夜晚。也泛指一年最后的一天。

【除息】chúxī〈动〉股份公司因向股东分配股息、红利,每股股票的实际价值减少,需要从股票市场价格中除去减少的部分,叫作"除息"。

备用词　铲除　废除　根除　排除　破除　清除　消

除 革除 解除 开除 免除

厨(*廚厨) chú〈名〉❶厨房,做饭菜的屋子:庖~|厨房。❷厨师,以做饭菜为业的人:名~。

锄(鉏*耡) chú❶〈名〉一种松土和除草用的农具。❷〈动〉用锄松土除草:~地|夏~。❸〈动〉铲除:~奸|~强扶弱|诛~异己。

【锄刈】chúyì〈动〉锄去或割去(草类):~莠草。

滁 chú〈名〉滁州,地名,在安徽。

蜍 chú 见〖蟾(chán)蜍〗。

鉏 chú 同"锄":~櫌棘矜,非铦于钩戟长铩也。
　　△另见 jǔ。

雏(雛) chú❶〈名〉小鸡,也泛指幼鸟。❷〈形〉幼小的:~燕|~虎|~笋。❸〈名〉指幼儿:挈(qiè)妇将~。

【雏形】chúxíng〈名〉❶事物初具的形态。❷依照原物缩小的模型。

橱(*櫥) chú〈名〉放置衣服、物件的家具:衣~|书~|壁~|纱~|柜~|从~中取出一本书来。

蹰 chú❶见〖踟(chí)蹰〗。❷[蹰躇(chí)蹰]同"踟蹰"。

蹰(*躕) chú 见〖踟(chí)蹰〗。

═ chǔ ═

处(處*処) chǔ〈动〉❶居住:五方杂~|穴居野~。❷跟别人一起生活;交往:共~|相~|~得来|立身~世。❸存;在(某种地位或状况):锥~

囊中|地~山区。❹办理:~理|~置|调(tiáo)~。❺处罚:~治|以极刑~。❻退隐:~士|或出或~。❼〈名〉姓。
　　△另见 chù。

【处罚】chǔfá〈动〉使犯错误或违法犯罪的人在政治上或经济上受到损失。

【处方】chǔfāng❶〈动〉医生给病人开药方:不是医生,没有~权。❷〈名〉开的药方:开了一个~|按~抓药。

【处方药】chǔfāngyào〈名〉必须凭执业医师处方才可调配、购买的药品,须在医师指导下服用(区别于"非处方药")。

【处分】chǔfèn〈动〉❶对犯罪或犯错误的人做出处罚决定。❷处理;处置。

【处警】chǔjǐng〈动〉(公安部门)处理紧急或危险情况:及时~。

【处境】chǔjìng〈名〉所处的境地(多指在不利情况下):~危险。

【处决】chǔjué〈动〉❶处理决定。❷执行死刑。

【处理】chǔlǐ〈动〉❶安排(事物);解决(问题):这个问题必须妥善~。❷(商品)减价出售:~品。

【处女】chǔnǔ❶〈名〉没有发生过性行为的女子。❷〈形〉比喻第一次的:~航|~作(一个作者的第一部作品)。

【处女地】chǔnǔdì〈名〉未被开垦的土地。

【处世】chǔshì〈动〉指在社会上活动,跟人交往。

【处心积虑】chǔ xīn jī lù 用尽心思,千方百计地盘算(多含贬义)。

【处之泰然】chǔ zhī tàirán 形容处理事情沉着镇定,不慌不忙,也指对某种情况毫不在乎。

【处治】chǔzhì〈动〉处分;惩治。

【处置】chǔzhì〈动〉❶处理①:~失当。❷发落;惩治。

【处子】chǔzǐ〈名〉处女①。

备用词 裁处 惩处 论处 难处 判处 善处 审处 调处 五方杂处 穴居野处

杵 chǔ❶〈名〉一头粗一头细的棒槌,用来舂米或捶衣服:~臼|砧(zhēn)~|铁~磨成针。❷〈动〉用细长的东西戳或捅:用手指~他一下|拿铁条往里~一~。

础(礎) chǔ〈名〉垫在房屋柱下的基石:~石|基~|月晕而风,~润而雨。

楮 chǔ〈名〉❶构树。❷纸:~墨|只字片~。

储(儲) chǔ❶〈动〉储藏;存放:~存|~蓄|仓~|积~|~粮备荒。❷〈名〉已经确定继承王位或皇位的人:王~|皇~|~君。❸〈名〉姓。

【储藏】chǔcáng〈动〉❶把东西藏起来以免遗失或损坏。❷蕴藏:~量|铁矿~丰富。

【储存】chǔcún〈动〉存放起来,暂时不用。

【储君】chǔjūn〈名〉已经确定继承皇位的人。

备用词　仓储　存储　积储　王储

楚 chǔ❶〈形〉痛苦:苦~|痛~。❷〈形〉清晰;整齐:清~|齐~。❸〈名〉荆,落叶灌木:言刈其~。❹〈名〉周朝国名,立国于荆山(今湖北西部)一带,建都丹阳(今湖北秭归东南),后疆土扩展到今河南、安徽、江苏、浙江、江西和四川。❺〈名〉指湖北和湖南,特指湖北。❻〈名〉姓。

【楚楚】chǔchǔ〈形〉❶形容衣服鲜明整洁:衣冠~。❷形容景色和谐优美:天真自然,~有致。❸纤弱;娇柔:纤腰~|垂柳~可人。❹形容草木丛生的样子:~者茨。

【楚囚】chǔqiú〈名〉春秋时楚国人钟仪被晋国俘虏,晋人称他为"楚囚",后来借指被囚禁的人。

【楚天】chǔtiān〈名〉楚地的天空。因楚在南方,也泛指南方的天空:~千里清秋,水随天去秋无际|念去去千里烟波,暮霭沉沉(沉沉)~阔。

备用词　苦楚　凄楚　翘楚　酸楚　痛楚　朝秦暮楚

褚 chǔ〈名〉姓。
△另见 zhǔ。

== chù ==

丁 chù 见[伫(chì)丁]。

处(處*處处) chù〈名〉❶地方:~所|住~|益~|独到之~|大~着眼,小~着手。❷机关或机关里的一个部门:办事~|筹备~|总务~。
△另见 chǔ。

备用词　暗处　出处　到处　苦处　明处　难处　四处　痛处　用处

怵 chù〈动〉❶恐惧:~惧|~惕(恐惧警惕)|发~|心里直犯~。❷警惕:~然为戒。

绌(絀) chù❶〈形〉不够;不足:短~|左支右~|相形见~|心余力~。❷同"黜"。

俶 chù〈动〉❶开始。❷筑;造:有~其城。❸整理:~装(整理行装)。
△另见 tì。

【俶尔】chù'ěr〈副〉忽然:~远逝,往来翕忽。

畜 chù〈动〉禽兽,多指家畜:六~|牲~|役~|种~|~类|~生。
△另见 xù。

【畜生】chùsheng〈名〉泛指禽兽。也用作骂人的话。

搐 chù〈动〉牵动;肌肉抽缩:~动|~缩(抽缩)。

【搐动】chùdòng〈动〉(肌肉等)不随意地收缩抖动:他倒在地上,全身一起~。

触(觸) chù〈动〉❶接触;碰撞:~电|~礁|一~即发|~景生情。❷冒犯;冲撞:~怒|~犯。❸触动;感动:忽有所~。

【触发】chùfā〈动〉因受触动而引起某种反应。

【触犯】chùfàn〈动〉侵犯;冲撞冒犯。

【触景生情】chù jǐng shēng qíng 接触眼前情景而产生某种感情。

【触类旁通】chù lèi páng tōng 掌握了某一事物的知识,从而推知同类中其他事物。

【触摸屏】chùmōpíng〈名〉在显示器屏幕上加一层感应膜,用手指或其他笔形物轻触屏幕就可以使计算机执行操作,这种屏幕叫"触摸屏"。

【触目惊心】chù mù jīng xīn 看到的某种情景使人感到震惊。

【触忤】chùwǔ〈动〉冒犯。

憷 chù〈动〉害怕;畏缩:发~|初次登台,真有点儿~。

黜 chù〈动〉罢免;革除:罢~|贬~|废~|~退|~免|~逐。

矗 chù〈动〉直立;高耸:~立|~入云霄。

【矗立】chùlì〈动〉高耸地立着:山峰像巨人一样~在面前。

== chuā ==

欻(*歘) chuā〈拟〉形容短促迅速的声音:受阅部队~~地迈着正步通过广场|他~一下把信撕开。
△另见 xū。

chuāi

揣 chuāi 〈动〉藏在衣服里：～手｜腰里～着钱。
　△另见 chuǐ;chuài。

搋 chuāi 〈动〉❶用手使劲压、揉或击：～面｜～他一拳｜把衣服洗得了又～。❷用搋子（由木柄插入橡皮碗制成的工具）疏通下水道。

chuǎi

揣 chuǎi ❶〈动〉估计；忖度：～摩｜～测｜～度｜不～冒昧。❷〈名〉姓。
　△另见 chuāi;chuài。

【揣测】chuǎicè 〈动〉推测；猜测：妄加～。
【揣度】chuǎiduó 〈动〉估计；推测。
【揣摩】chuǎimó 〈动〉反复思考推求；揣度：他的心思我始终～不透。

chuài

啜 chuài 〈名〉姓。
　△另见 chuò。

揣 chuài 见〖挣(zhèng)揣〗。
　△另见 chuāi;chuǎi。

嘬 chuài 〈动〉咬；吃。
　△另见 zuō。

踹 chuài 〈动〉❶脚底向外踢：～门｜～一脚。❷踩：一脚～在泥里。

膪 chuài 见〖囊(nāng)膪〗。

chuān

川 chuān 〈名〉❶河流：山～｜～流不息｜百～归海。❷山间或高原间的平坦而低的地带：米粮～｜一马平～。❸指四川：～马｜～菜。❹姓。

【川流不息】chuān liú bù xī 形容行人、车马等像水流一样连续不断。
【川资】chuānzī 〈名〉旅费。

氚 chuān 〈名〉氢的同位素之一，符号 T。有放射性，原子核有一个质子和两个中子。用于热核反应。

穿 chuān ❶〈动〉破；透：戳～｜说～｜看～｜水滴石～。❷〈动〉通过（孔、隙、空地等）：～针｜～刺｜～堂风｜～山越岭。❸〈动〉用绳线等通过物体使逐个连贯起来：～珠子｜糖葫芦。❹〈动〉把衣服鞋袜等套在身上：～衣服。❺〈名〉指衣帽鞋袜等：有吃有～。

【穿帮】chuānbāng 方言。〈动〉露出破绽；被揭穿：弄虚作假迟早要～的。
【穿插】chuānchā 〈动〉❶穿针插入。❷交叉：两项工作～进行。❸文艺作品中，为了衬托主题而安排一些次要的情节：作品中生活细节的～，使人物形象更为鲜明、生动。
【穿小鞋】chuān xiǎoxié 〈动〉比喻受到暗中的刁难或打击。
【穿窬】chuānyú 〈动〉钻洞和爬墙（多指行窃）。
【穿云裂石】chuān yún liè shí 穿破云天，震裂石头。形容声音高亢嘹亮。
【穿凿】chuānzáo 〈动〉非常牵强地解释，把没有某种意思的说成有某种意思：～附会。
【穿凿附会】chuān záo fù huì 生拉硬扯，胡乱解释。
【穿针引线】chuān zhēn yǐn xiàn 使线的一头通过针眼，比喻从中联系。
【穿着】chuānzhuó 〈名〉衣着；装束：～打扮｜～华丽。

备用词 拆穿 戳穿 洞穿 贯穿 揭穿 看穿 说穿 水滴石穿 望眼欲穿

chuán

传（傳） chuán ❶〈动〉由一方交给另一方；由上代交给下代：～递｜～阅｜～流｜薪尽火～｜世代相～。❷〈动〉传授：～习｜真～｜言～身教｜把技术～给徒弟。❸〈动〉广泛散布：～扬｜～播｜宣～｜风～。❹〈动〉传导：～电｜～热。❺〈动〉表达：～神｜眉目～情｜只可意会，不可言～。❻〈动〉用命令形式叫人来：～唤｜～讯。❼〈名〉姓。
　△另见 zhuàn。

【传播】chuánbō 〈动〉广泛散布：～花粉｜～消息｜～先进经验。
【传布】chuánbù 〈动〉传播：～病菌｜～新思想｜他的英雄事迹在群众中～很广。
【传承】chuánchéng ❶〈动〉传授和继承：木雕艺术经代代～，至今已有千年的历史。❷〈名〉传统：文化～｜～技艺。
【传达】chuándá ❶〈动〉把一方的意思告诉给另一方：～上级指示。❷〈名〉在机关、学校、工厂的门口管理登记和引导来宾的工作。也指担任传达工作的人。
【传告】chuángào 〈动〉辗转把话或消息告诉

别人。

【传观】chuánguān〈动〉传递着看;传阅。

【传呼】chuánhū〈动〉❶电信局通知受话人去接长途电话;管理公用电话的人通知受话人去接电话:夜间～|公用～电话。❷指通过无线寻呼机传递信息:～台|～机。

【传家宝】chuánjiābǎo〈名〉家庭中世代相传的宝贵的物品。比喻值得永远保存的事物或应该继承和发扬的优良传统。

【传流】chuánliú〈动〉流传:～久远。

【传媒】chuánméi〈名〉❶传播媒介,特指报纸、广播、电视、网络等各种新闻工具:～集团|国内外数十家新闻～对这一有趣的民俗作了介绍。❷疾病传染的媒介或途径:血液是艾滋病的～之一。

【传票】chuánpiào〈名〉❶法院、检察机关发给的传唤与案件有关的人到案的凭证。❷会计工作中据以记账的凭单。

【传奇】chuánqí〈名〉❶唐代兴起的短篇小说,如《柳毅传》《南柯太守传》《李娃传》等。❷盛行于明清两代的长篇戏曲,如明代汤显祖的《牡丹亭》、清代孔尚任的《桃花扇》等。❸指情节离奇或人物行为超越寻常的故事:～式的人物|充满了～色彩。

【传染】chuánrǎn〈动〉病原体从有病的生物体侵入别的生物体内:～病。

【传人】chuánrén ❶〈动〉传授给别人(多指特殊的技艺):家传秘方向来不轻易～。❷〈名〉能够继承某种学术、技艺而使它流传的人:龙的～|京剧梅(兰芳)派～|濒于失传的绝技如今有了～。❸〈动〉(疾病)传染给别人:感冒容易～。

【传舍】chuánshè〈名〉古时招待宾客的馆舍。

【传神】chuánshén〈形〉(优秀的文学、艺术作品)描绘出人或物的神情意态,给人生动逼真的印象:～之笔。

【传声筒】chuánshēngtǒng〈名〉❶用来扩大音量的话筒。❷比喻照着人家的话说,自己毫无主见的人。

【传世】chuánshì〈动〉珍宝、书画、著作等(多指古代的)流传到后世:～珍品|～之作。

【传授】chuánshòu〈动〉把知识、技术教给别人。

【传说】chuánshuō ❶〈动〉辗转述说:他的先进事迹～开了。❷〈名〉辗转流传的说法:不要相信没有见诸文件的～。❸〈名〉人民口头流传下来的关于某人某事的叙述:民间～。

【传颂】chuánsòng〈动〉辗转传颂扬:全村人～着他英勇救人的事迹。

【传诵】chuánsòng〈动〉(文章、事迹等)辗转传布诵读或称道:广为～|这首诗曾～一时|英雄的名字将永远在人民中间～。

【传统】chuántǒng〈名〉世代相传下来的具有一定特点的某种风俗、道德、思想、作风、文化、制度等:发扬艰苦朴素的优良～。

【传闻】chuánwén ❶〈动〉辗转听到。❷〈名〉辗转流传的消息或新闻。

【传扬】chuányáng〈动〉传播;张扬:他的模范事迹很快～开了。

【传艺】chuányì〈动〉传授技艺:收徒～。

【传译】chuányì〈动〉翻译:学术报告厅有六种语言同声～系统。

【传真】chuánzhēn ❶〈动〉指画家描绘人物的形状;写真①。❷〈名〉利用光电效应,通过有线电或无线电装置把照片、图表、书信、文件等的真迹传送到远方的通信方式。也指用传真机传送的文字、图表等:发～。❸〈动〉用传真机传送文字、图表等。

【传真机】chuánzhēnjī〈名〉利用传真技术传送和接收照片、图表、书信、文件等真迹的设备。

备用词 嫡传 家传 师传 祖传 讹传 风传 哄传 误传 谣传 名不虚传 谬种流传 薪尽火传 一脉相传

舡 chuán 同"船"。

船(＊舩) chuán〈名〉水上运输工具:～只|～舶|航～|舰～|帆～|邮～|商～|龙～|拖～|水涨～高。

【船舶】chuánbó〈名〉船的总称。

【船埠】chuánbù〈名〉停靠船只的码头。

【船只】chuánzhī〈名〉船的总称。

遄 chuán〈形〉❶迅速:～往|～返。❷往来频繁。

椽 chuán〈名〉椽子,放在檩上架着屋面板和瓦的木条。

篅(＊圌) chuán 方言。〈名〉一种盛粮食的器物,类似囤。

△"圌"另见 chuí。

══ chuǎn ══

舛 chuǎn ❶〈名〉差错:～错|～误|～谬|讹～|乖～。❷〈名〉困厄;不幸:命途多～。

❸〈动〉违背：～忤｜～驰（背道而驰）。

【舛误】chuǎnwù〈名〉差错；错误。

喘 chuǎn〈动〉❶急促呼吸。❷气喘，呼吸困难的症状。

【喘息】chuǎnxī〈动〉❶急促呼吸：他累得～起来。❷指紧张活动中短暂休息：不让敌人有～的机会。

【喘吁吁】（喘嘘嘘）chuǎnxūxū〈形〉形容喘气的样子。

━ chuàn ━

串 chuàn ❶〈动〉连贯：贯～｜～讲。❷〈量〉用于连贯起来的东西：一～钥匙｜两～葡萄。❸〈动〉勾结（做坏事）：～通｜～骗｜～供。❹〈动〉不同的东西混杂而改变原来的特点：～味｜～种｜～秧儿。❺〈动〉错误地连接：电话～线｜排得太密，容易看～行。❻〈动〉由这里到那里走动：～门｜～亲戚｜～街游乡。❼〈动〉担任戏曲角色：～戏｜～演｜客～｜反～。❽〈名〉姓。

【串换】chuànhuàn〈动〉互相调换。

【串讲】chuànjiǎng〈动〉❶一篇文章或一本书分段学习后，再把整个内容连贯起来概括讲述。❷语文教学中指逐字逐句解释课文。

【串通】chuàntōng〈动〉暗中勾结，使彼此言语行动互相配合。

钏（釧）chuàn〈名〉❶镯子：玉～｜金～。❷姓。

━ chuāng ━

创（創）chuāng ❶〈名〉身体受伤的地方；外伤：～伤｜～痍｜～巨痛深。❷〈动〉伤害：~创|重～敌军。
△另见 chuàng。

【创伤】chuāngshāng〈名〉❶（身体）受伤的地方；外伤。❷比喻精神上、物质上造成的损害：医治战争～。

【创痍】chuāngyí 同"疮痍"。

疮（瘡）chuāng〈名〉❶皮肤或黏膜溃烂的病：口～｜褥～｜冻～｜痔～。❷外伤：刀～｜棒～。

【疮痍】chuāngyí〈名〉创伤。比喻遭受破坏或受灾后的景象：满目～。也作"创痍"。

备用词　百孔千疮　挖肉补疮　剜肉医疮

窗（*窻窓牕牎）chuāng〈名〉窗户，墙壁上通气透光的装置：门～｜纱～｜玻璃～｜～明几净。

【窗口】chuāngkǒu〈名〉❶窗户跟前：站在～往远处看。❷墙上开的窗形的口。❸比喻展示精神上、物质上各种现象或水平的地方：眼睛是心灵的～｜南京路是上海的～。

【窗棂】chuānglíng〈名〉窗格子。

【窗明几净】chuāng míng jī jìng 窗户明亮，几案洁净。形容室内明亮整洁。也说"明窗净几"。

━ chuáng ━

床（*牀）chuáng ❶〈名〉供人睡觉的家具：～铺｜～榻｜铁～｜行军～｜一张～。❷〈名〉像床的器具或其他东西：冰～机｜车～｜矿～｜牙～。❸〈名〉某些像床的地面：苗～｜温～｜河～。❹〈量〉用于被褥等：一～毛毯。

【床笫】chuángzǐ〈名〉床席：铺～｜不作寻常死，英雄含笑上刑场。

幢 chuáng〈名〉❶古代一种用作仪仗的旗帜：幡～。❷刻着佛号（佛的名字）或经咒的绸伞或石柱：经～｜石～。
△另见 zhuàng。

【幢幢】chuángchuáng〈形〉形容影子晃动：人影～｜灯影～。

━ chuǎng ━

闯（闖）chuǎng ❶〈动〉猛冲；勇猛向前：～劲｜～关｜～将｜横冲直～。❷〈动〉四处奔走：～荡｜～江湖｜走南～北。❸〈动〉招惹：～祸。❹〈动〉闯练；锻炼：这几年～出来了。❺〈名〉姓。

【闯荡】chuǎngdàng〈动〉旧指离家在外谋生：～江湖。

【闯祸】chuǎnghuò〈动〉因疏忽大意或行为鲁莽而引起事端或造成损失。

【闯将】chuǎngjiàng〈名〉勇于冲锋陷阵的将领,多用来比喻敢作敢为、勇于实践和创新的人。

【闯丧】chuǎngsāng〈动〉奔丧(骂人的话):你这小子,闯什么丧啊!

—— chuàng ——

创(創 *剙剏)　chuàng〈动〉开始(做);(初次)做:首~|开~|~建|~造|~立|~举|~新纪录。
△另见 chuāng。

【创见】chuàngjiàn〈名〉独到的见解。

【创举】chuàngjǔ〈名〉从来没有过的有重大意义的举动或事业:巴黎公社是人类历史上的伟大~。

【创立】chuànglì〈动〉初次建立。

【创设】chuàngshè〈动〉❶开办;设立。❷创造(条件):学校为我们~了良好的学习条件。

【创始】chuàngshǐ〈动〉创立;创建。

【创业】chuàngyè〈动〉建立基业;开创事业。

【创业资金】chuàngyè zījīn 风险资金。

【创意】chuàngyì❶〈名〉有创造性的想法、构思等:颇具~|这个设计方案毫无~可言。❷〈动〉提出有创造性的想法、构思等:这项活动由工会~发起。

【创造】chuàngzào〈动〉造出新东西;想出新方法;建立新理论;做出新成绩。

【创作】chuàngzuò❶〈动〉创造文艺作品。❷〈名〉作品:文学~。

备用词　草创　初创　独创　开创　首创

怆(愴)　chuàng〈形〉悲伤:凄~|悲~|~恻(悲痛)。

【怆然】chuàngrán〈形〉悲伤的样子:~泪下。

—— chuī ——

吹　chuī〈动〉❶合拢嘴唇用力出气:~灯|~哨|不费~灰之力。❷吹气演奏:~奏|~笛子。❸气流流动;冲击:~拂(fú)|风~雨打。❹夸口:神~|~捧|~得厉害。❺(事情、交情)破裂;不成功:告~|婚事又~了。

【吹风】chuīfēng〈动〉❶被风吹,身体受风寒。❷洗发后,用吹风机把热空气吹到头发上,使干而服帖。❸比喻有意地从旁透露某种事,让人知道。

【吹拂】chuīfú〈动〉(微风)轻轻地吹动;掠过:夜风轻飘飘地~着,空气中飘荡着一种大海和田禾相混合的香味|春风~大地。

【吹鼓手】chuīgǔshǒu〈名〉❶旧式婚礼或丧礼中吹奏乐器的人。现常比喻为某事或某人卖力宣传的人(含贬义)。

【吹灰之力】chuī huī zhī lì 比喻极小的力量(多用于否定式):不费~。

【吹毛求疵】chuī máo qiú cī 比喻故意挑剔毛病,寻找差错(疵:小毛病)。

【吹牛】chuīniú〈动〉说大话;夸口:喜欢~。

【吹捧】chuīpěng〈动〉吹嘘捧场。

【吹嘘】chuīxū〈动〉夸大地宣扬(自己或别人的优点):自我~。

炊　chuī❶〈动〉烧火做饭:~具|~烟|断~|野~|巧妇难为无米之~。❷〈名〉姓。

—— chuí ——

垂　chuí〈动〉❶东西的一头向下:下~|低~|~柳|~涎欲滴。❷敬辞,用于别人(多为长辈或上级)对自己的行动:~念|~询|~问|~示。❸流传:永~不朽|名~千古。❹将近:~暮|~危。

【垂成】chuíchéng〈动〉将成;即将完成:功败~(将要成功时遭到失败)。

【垂钓】chuídiào〈动〉钓鱼。

【垂青】chuíqīng〈动〉古时黑眼珠叫"青眼"。用黑眼珠对人是一种正视状态,表示看得起,叫"青眼相看"。"垂青"表示重视:多蒙~。

【垂死挣扎】chuísǐ zhēngzhá 接近死亡时的最后挣扎。

【垂髫】chuítiáo〈名〉小孩儿头发扎起来下垂着,指幼年,也指小孩儿:黄发~。

【垂头丧气】chuí tóu sàng qì 形容情绪低落、萎靡不振的样子。

【垂危】chuíwēi〈动〉病重将死:生命~。

【垂涎】chuíxián〈动〉嘴馋想吃而流口水。比喻看见别人的好东西非常羡慕并想得到:~三尺|~欲滴。

陲　chuí〈名〉边地:边~。

捶(*搥)　chuí〈动〉用拳头或棒槌敲打:~打|~背|~衣裳|~胸顿足|~了他一拳。

棰　chuí❶〈名〉短木棍:一尺之~,日取其半,万世不竭。❷〈动〉用短棍子打:~楚|~杀。❸〈名〉鞭子:马~。❹同"槌"。

椎　chuí❶同"槌"。❷同"捶"。
△另见 zhuī。

【椎心泣血】chuí xīn qì xuè 拍打胸膛,哭得眼中出血。形容极度悲痛。

【椎心痛恨】chuí xīn tòng hèn 形容深深地憎恨。

圌　chuí〈名〉圌山,山名,在江苏。△另见 chuán"篙"。

槌　chuí ❶〈名〉敲击用的棒,大多一头较粗或呈球形:棒~|鼓~儿。❷〈动〉用拳头或棒槌敲击:~床大怒。

锤（錘*鎚）chuí ❶〈名〉古代的一种兵器,柄上有一个金属球:铜~。❷〈名〉像锤的器物:秤~|纺~|铅~。❸〈名〉敲打东西的工具:~子|铁~|钉~|汽~。❹〈动〉用锤子敲打:千~百炼。❺〈名〉姓。

【锤炼】chuíliàn〈动〉❶锻炼;磨炼。❷反复琢磨推敲,使艺术、语言等纯熟、精练。

箠　chuí ❶〈名〉鞭子。❷〈动〉鞭打。

━━ chūn ━━

春（*旾）chūn〈名〉❶春季:~色满园|温暖如~。❷借指一年:一卧东山三十~。❸男女情欲:怀~|~心。❹比喻生机:妙手回~|着手成~。❺姓。

【春风化雨】chūnfēng huàyǔ 适宜于草木生长的风雨。比喻良好的教育,也用来称颂尊长的教诲。

【春风满面】chūnfēng mǎn miàn 见〖满面春风〗。

【春宫】chūngōng〈名〉❶太子居住的宫室。❷淫秽的图画。也叫"春画"。

【春光】chūnguāng〈名〉春天的景色:~明媚(形容春天的景色美好宜人)。

【春华秋实】chūn huá qiū shí 春天开花,秋天结果。旧时比喻文采和德行。现常用来比喻事物的因果关系。

【春晖】chūnhuī〈名〉❶春天的太阳;春光。❷唐孟郊《游子吟》:"谁言寸草心,报得三春晖。"后以"春晖"比喻父母的恩惠。

【春季】chūnjì〈名〉一年四季的第一季。我国习惯指立春到立夏的三个月。也指农历正月至三月。

【春雷】chūnléi〈名〉春天的雷声。常用来比喻激动人心的重大变革的发生。

【春联】chūnlián〈名〉春节时贴在门上的对联:写~|贴~。

【春令】chūnlìng〈名〉❶春季。❷春季的气候:

孟夏行~(初夏的气候像春季)。

【春满人间】chūn mǎn rénjiān 指春天来到人间,万物充满生机。

【春忙】chūnmáng〈名〉指春季农忙的时节。

【春梦】chūnmèng〈名〉春夜的梦境。比喻很快消逝的好景;也比喻虚幻难以实现的愿望:别做~了,现实点吧!

【春茗】chūnmíng〈名〉春茶。

【春暖花开】chūn nuǎn huā kāi 春天气候温暖,百花盛开。形容春天景象美好。

【春情】chūnqíng〈名〉春心。

【春秋】chūnqiū〈名〉❶春季和秋季,常用来表示整个一年,也泛指光阴、岁月:苦度~。❷指人的年岁:~正富|~鼎盛。❸我国古代编年体的史书,相传鲁国的《春秋》经过孔子修订。后常用为历史著作的名称。也泛指历史:甘洒热血写~。❹我国历史上的一个时代。鲁国编年史《春秋》记事,从鲁隐公元年至哀公十四年(公元前 722 年—公元前 481年)共 242 年,称为春秋时代。现在一般把周平王东迁至韩赵魏三家分晋(公元前 770年—公元前 476 年)共 295 年,划为春秋时代。

【春秋笔法】chūnqiū bǐfǎ 古代学者认为孔子修订《春秋》,字寓褒贬,微言大义。后世把文笔曲折而意含褒贬的写作手法称为"春秋笔法"。

【春秋衫】chūnqiūshān〈名〉适用于春秋两季的衣服。

【春日】chūnrì〈名〉❶春季。❷春天的太阳。

【春色】chūnsè〈名〉❶春天的景色:~满园。❷指酒后脸上泛起的红晕或脸上呈现的喜色。

【春色满园】chūnsè mǎn yuán 整个园子里充满春天的景色。比喻欣欣向荣的景象。

【春上】chūnshang〈名〉春季:明年~将有旱情。

【春深】chūnshēn〈形〉春意浓郁:~时节。

【春水】chūnshuǐ〈名〉❶春天的河水、湖水等:~荡漾。❷比喻女子明亮的眼睛:~盈盈。

【春天】chūntiān〈名〉❶春季;寒冬过后开始回暖的天气:~来了。❷比喻充满活力和希望的环境气氛:科学的~到来了!

【春宵】chūnxiāo〈名〉春夜。借指男女欢爱时刻:~一刻值千金|共度~。

【春心】chūnxīn〈名〉比喻男子或女子萌发的情爱欲望:~萌动。

【春讯】chūnxùn〈名〉春天到来的信息:柳芽报~。

【春汛】chūnxùn〈名〉春天桃花盛开时发生的河水暴涨现象。也说"桃花汛"。

【春阳】chūnyáng〈名〉指春天和煦的阳光:~暴暖。

【春意】chūnyì〈名〉❶春天的气象:~盎然。❷春心,爱慕异性的心情。

【春游】chūnyóu〈动〉春天外出旅游。

【春运】chūnyùn〈名〉指春节前后一段时间的旅客运输业务。

备用词　孟春　仲春　暮春　大地回春　枯木逢春　妙手回春　着手成春

椿 chūn〈名〉❶乔木,即香椿,嫩枝叶有香味,可以吃。有时也指臭椿。❷古书上说的大椿树,寿命很长,因此用作父亲的代称:~萱(父母)。❸姓。

蝽 chūn〈名〉蝽象,昆虫的一科,身体圆形或椭圆形,种类很多,有的能放出恶臭,吸植物茎和果实的汁液。多数是害虫。也叫"蝽"。

━━ chún ━━

纯(純) chún〈形〉❶纯净;不含杂质:~水|~金。❷纯粹;单纯:~白|属偶然。❸纯熟:功夫不~。❹〈名〉姓。

【纯粹】chúncuì ❶〈形〉纯一;不掺杂别的成分:目的~|陶器是用比较~的黏土制成的。❷〈形〉比喻思想纯正,行为完美。❸〈副〉完全:~是捏造。

【纯洁】chúnjié ❶〈形〉纯粹清白,没有污点,没有私心:心地~。❷〈动〉使纯洁:~组织。

【纯净】chúnjìng〈形〉纯粹洁净,不含杂质:水质~。

【纯净水】chúnjìngshuǐ〈名〉经过技术处理后,不含杂质的饮用水。

【纯良】chúnliáng〈形〉纯洁善良。

【纯美】chúnměi〈形〉纯洁而美丽。

【纯朴】chúnpǔ〈形〉纯正朴实:思想~|作风~。[注意]跟"淳朴"不同,"纯朴"形容人思想单纯,生活朴素;"淳朴"形容性格、风俗等敦厚朴实。

【纯情】chúnqíng〈名〉纯洁的感情(多指女子的爱情):不要辜负她的一片~。

【纯然】chúnrán〈副〉完全;纯粹:~不知原委。

【纯收入】chúnshōurù〈名〉从总收入中减去成本、税金等一切消耗费用以外的剩余部分。

【纯熟】chúnshú〈形〉很熟练;很熟悉:技术~。

【纯属】chúnshǔ〈动〉完全属于:这种事~私事。

【纯真】chúnzhēn〈形〉纯洁而真挚:~的感情。

【纯正】chúnzhèng〈形〉❶纯粹:他说的普通话很~。❷纯洁正当:动机~。

莼(蒓*蓴) chún〈名〉莼菜,水草,叶子椭圆形,浮在水面,茎和叶背有黏液,嫩叶可做蔬菜。

唇(*脣) chún〈名〉嘴唇:~吻|~裂|~膏|~亡齿寒|摇~鼓舌。

【唇齿】chúnchǐ〈名〉嘴唇和牙齿。比喻互相接近而有共同利害关系的两方面:~相依(比喻关系密切,互相依存)。

【唇齿相依】chún chǐ xiāng yī 嘴唇和牙齿相依存。比喻关系非常密切,相依相存。

【唇枪舌剑】chún qiāng shé jiàn 以唇为枪,以舌为剑。形容争辩激烈,言辞犀利。也说"舌剑唇枪"。

【唇舌】chúnshé〈名〉比喻言辞:枉费~。

【唇亡齿寒】chún wáng chǐ hán 嘴唇没有了,牙齿就会感到冷。比喻关系密切、利害相关。

【唇吻】chúnwěn〈名〉❶指口;嘴。❷指口才;言辞:恣其~|畏其~。

淳(*湻) chún ❶〈形〉朴实;厚道:~朴|~厚|~良|~古。❷〈名〉姓。

【淳淳】chúnchún〈形〉形容敦厚:其民~|黔首~。

【淳厚】chúnhòu〈形〉淳朴;心地~。也作"醇厚"。

【淳朴】chúnpǔ〈形〉诚实朴素;不矫揉造作:民情~|~的农民。

【淳于】chúnyú〈名〉姓。

鹑(鶉) chún〈名〉鹌(ān)鹑:~衣百结(形容衣服破烂不堪)|不狩不猎,胡瞻尔庭有县~兮?

【鹑衣】chúnyī〈名〉指有很多补丁的破烂衣服。

【鹑衣百结】chúnyī bǎi jié 比喻衣服破烂不堪(百结:指用很多碎布连缀)。

漘 chún〈名〉水边:坎坎伐轮兮,置之河之~兮。

醇(*醕) chún ❶〈形〉酒味浓厚:~酒|~醪(láo)。❷〈名〉酒味浓厚的酒:饮~。❸〈形〉纯粹;纯正:~和(纯正平和)。❹〈名〉有机化合物的一大类,含有羟基的烃化合物:乙~(酒精)。

【醇厚】chúnhòu〈形〉❶(气味、滋味)纯正浓厚:酒味～。❷同"淳厚"。

【醇美】chúnměi〈形〉(味道)纯正甘美:～的嗓音。

【醇酽】chúnnóng ❶〈形〉酒味浓厚。❷〈名〉酒味浓厚的酒:醉～而饫肥鲜。

=== chǔn ===

蠢(*❷惷) chǔn ❶〈动〉蠢动,虫类爬动。❷〈形〉愚蠢;笨拙:～笨|～材|～若木鸡。

【蠢笨】chǔnbèn〈形〉笨拙;不灵敏。

【蠢蠢欲动】chǔnchǔn yù dòng 比喻敌人准备进犯或坏人准备破坏扰乱。

【蠢动】chǔndòng〈动〉❶虫子爬动。❷(敌人或坏人)进行活动。

=== chuō ===

踔 chuō〈动〉❶跳跃。❷超越。

戳 chuō ❶〈动〉用力使细长的物体的顶端刺或穿过另一物体:～穿|～破。❷〈动〉(手指或长条形物体的顶端)因猛力撞击硬物而受伤或损坏:打球～了手|钢笔尖儿～了。❸〈动〉竖立;站立:～起旗杆来|别老～着,咱们坐下聊。❹〈名〉图章:～儿记|邮～儿|手～儿|盖～儿。

=== chuò ===

啜 chuò ❶〈动〉喝:～饮|～茗(喝茶)。❷〈形〉抽噎的样子:～泣。
△另见 chuài。

【啜泣】chuòqì〈动〉一吸一顿地低声哭泣。

惙 chuò〈形〉❶忧愁。❷疲乏。❸(气)短;弱:气息～然。

婼 chuò〈形〉不顺。
△另见 ruò。

绰(綽) chuò〈形〉❶宽裕:宽～|阔～。❷(体态)柔美:～丽。
△另见 chāo。

【绰绰有余】chuòchuò yǒu yú 形容很宽裕,用不完。

【绰号】chuòhào〈名〉外号。

【绰约】chuòyuē〈形〉形容女子姿态柔美的样子:～多姿|楼阁玲珑五色起,其中～多仙子。

辍(輟) chuò〈动〉中止;停止:～笔|～学|～不～劳作。

【辍学】chuòxué〈动〉中途停止上学。

龊(齪) chuò 见[龌(wò)龊]。

=== cī ===

刺 cī〈拟〉形容摩擦声、撕裂声等:～的一下滑了个跟头。
△另见 cì。

呲 cī〈动〉申斥;斥责:挨了一顿～儿。
△另见 zī。

差 cī 见[参(cēn)差]。
△另见 chā;chà;chāi。

【差互】cīhù〈动〉交错:犬牙～。

【差肩】cījiān〈动〉比肩;并肩:～而坐。

疵 cī ❶〈名〉缺点;毛病:瑕～|大醇小～|吹毛求～。❷〈动〉诽谤:～毁|嫉其能而～其功。

跐 cī〈动〉脚下滑动:脚一～,摔倒了|登了～,从梯子上摔了下来。
△另见 cǐ。

=== cí ===

词(詞*䛐) cí〈名〉❶言辞;语句:戏～|颂～|义正～严|～不达意。❷一种韵文形式,由五言诗、七言诗和民间歌谣发展而成,起于唐代,盛于宋代。句子长短不一,一般分上下两阕。❸语言里最小的、可以自由运用的单位,如"人"、"凉"、"跑"、"漂亮"、"冲锋"、"葡萄"。

【词典】cídiǎn〈名〉收集词汇加以解释供人检查参考的工具书(现多指语词方面的):《现代汉语～》|《汉语大～》。参看"辞典"。

【词根】cígēn〈名〉词的主要组成部分,是词义的基础。如"阿姨"里的"姨","人民性"里的"人"。

【词话】cíhuà〈名〉❶评论词的内容、形式或词的作者的书,如《人间词话》。❷元明时散文里间杂韵文的一种说唱文艺形式。明代也把中间夹有词曲的章回小说叫"词话",如《金瓶梅词话》。

【词汇】cíhuì〈名〉一种语言里所使用的词的总称,如汉语词汇、英语词汇。也指一个人或一部作品中所使用的词,如鲁迅的词汇、《红楼梦》的词汇。

【词句】cíjù〈名〉词和句子;字句:～优美。

【词类】cílèi〈名〉词在语法上的分类。现代汉语的词,一般分为十二类:名词、动词、形容词、数词、量词、代词、副词、介词、连词、助词、叹词、拟声词。

【词令】cílìng 同"辞令"。

【词牌】cípái〈名〉词的调子的名称,如"念奴娇"、"沁园春"。

【词频】cípín〈名〉一定范围的语言材料中词的使用频率:~统计。

【词素】císù〈名〉语言里最小的有意义的单位。在汉语里,有的词只包含一个词素,如"天"、"玻璃";有的词包含两个或两个以上的词素,如"阿姨"、"图书馆"。

【词头】cítóu〈名〉前缀。

【词尾】cíwěi〈名〉❶加在词的最后,表示词形变化的词素,如"说着"的"着","同学们"的"们"。❷后缀。

【词性】cíxìng〈名〉❶作为划分词类根据的词的特点。如"一张画"的"画",可以跟数量词结合,是名词;"画图案"的"画",可以带宾语,是动词。❷指词的类别。

【词语】cíyǔ〈名〉词和短语;字眼。

【词藻】cízǎo 同"辞藻"。

【词章】cízhāng 同"辞章"。

【词缀】cízhuì〈名〉词中附加在词根上的构词成分。参看〖前缀〗、〖后缀〗。

【词组】cízǔ〈名〉两个或两个以上的词的组合。如"手巧"、"新社会"、"解放思想"。

备用词　悼词　贺词　誓词　颂词　挽词　谢词　祝词　遁词　托词　不赞一词　大放厥词　过甚其词　闪烁其词　一面之词　众口一词　振振有词

茈　cí 见〖凫(fú)茈〗。
△另见 zǐ。

茨　cí〈名〉❶用茅草或芦苇盖的屋顶:茅~。❷蒺藜。

兹(*玆)　cí[龟(qiū)兹]〈名〉古代西域国名,在今新疆库车一带。
△另见 zī。

祠　cí❶〈名〉祠堂,用来祭祀祖宗或先贤的房屋:宗~|武侯~。❷〈动〉祭祀:嫣卿从~河东后土。

【祠堂】cítáng〈名〉❶同族人共同供奉和祭祀祖先的房屋。❷社会公众或某个阶层为共同祭祀某个人物而修建的房屋。

瓷(*甆)　cí〈名〉用高岭土等烧制成的材料,质硬而脆,比陶质细致:陶~|~窑。

辞(辭*辤)　cí❶〈名〉优美的语言;文辞:~令|~藻|卜~|言~。❷〈名〉古典文学的一种体裁:楚~|~赋。❸〈名〉古体诗的一种。《木兰~》。❹〈动〉告别:~别|~行|与世长~。❺〈动〉辞职:~呈。❻〈动〉解雇:~退。❼〈动〉躲避;推托:推~|~让|义不容~。❽〈名〉姓。

【辞典】cídiǎn 词典(现多指专科、百科方面的)。

【辞诀】cíjué〈动〉辞别:~而行。

【辞令】cílìng〈名〉交际场合应酬的语言:明于治乱,娴于~。也作"词令"。

【辞书】císhū〈名〉字典、词典等工具书的统称:研究~。

【辞退】cítuì〈动〉解雇。

【辞谢】cíxiè〈动〉❶很客气地推辞不接受。❷婉言道歉。

【辞藻】cízǎo〈名〉诗文中华丽工巧的词语,常指运用的典故和古人诗文中的现成词语。也作"词藻"。

【辞章】cízhāng〈名〉❶韵文和散文的总称。❷文章的写作技巧:讲究~。也作"词章"。

备用词　敬辞　谦辞　婉辞　措辞　修辞　拜辞　告辞　义不容辞　在所不辞

慈　cí❶〈形〉和善可亲:~母|~祥|仁~|眉善目。❷〈动〉(上对下)慈爱:敬老~幼。❸〈名〉指母亲:家~|~训。❹〈名〉姓。

【慈蔼】cí'ǎi〈形〉慈祥和蔼:老人脸上露出~的笑容。

【慈爱】cí'ài〈形〉(年长者对年幼者)仁慈怜爱:~的母亲|脸上露出~的微笑。

【慈悲】cíbēi〈形〉原为佛教用语,后指对人的同情和怜悯:~为怀。

【慈眉善目】cí méi shàn mù 形容人慈爱善良的样子。

【慈悯】címǐn〈形〉仁慈而富于同情心。

【慈善】císhàn〈形〉对人关怀,富有同情心;仁慈善良:~家|~事业。

【慈祥】cíxiáng〈形〉和蔼安详。

磁　cí❶〈名〉物质能吸引铁、镍等金属的性能:~石|~铁|~场|地~|消~。❷同

"瓷"。

【磁场】cíchǎng〈名〉传递物体间磁力作用的场。磁体和有电流通过的导体的周围空间都有磁场存在,指南针指南就是地球磁场的作用。

【磁带】cídài〈名〉涂有氧化铁粉等磁性物质的塑料带子,用来记录声音、影像等电信号。如录音带、录像带等。

【磁浮列车】cífú-lièchē 利用电磁感应产生的电磁力使车辆悬浮在轨道上方并以电机驱动前进的列车,列车在全封闭的 U 型导槽内行驶。行驶阻力小,速度快,能源消耗少,无噪声,无污染,安全性强。也叫"磁悬浮列车"。

【磁化】cíhuà〈动〉使某些原来没有磁性的物体具有磁性。如把铁放在较强的磁场里,铁就会被磁化。

【磁极】cíjí〈名〉磁体上磁性最强的部分。任何磁体总有两个磁极成对出现,并且强度相等。条形、针形磁体的磁极在两端,磁针指北的一端叫"北极",指南的一端叫"南极"。

【磁卡】cíkǎ〈名〉表面带有磁性物质的卡片,可用来存储信息。存储的信息可通过计算机等读取或处理。

【磁卡机】cíkǎjī〈名〉能够在磁卡上记入和读出数据的设备。

【磁控】cíkòng〈形〉用电磁控制的:～开关|～门窗。

【磁盘】cípán〈名〉表面带有磁性物质的圆盘形存储器,是计算机存储信息的设备,分为硬磁盘和软磁盘两种。

【磁盘驱动器】cípán qūdòngqì 计算机中磁盘存储器的一部分,用来驱动磁盘稳速旋转,并控制磁头在盘面磁层上按一定的记录格式和编码方式记录和读取信息。分为软盘驱动器和硬盘驱动器等。

【磁石】císhí〈名〉❶磁铁。❷磁铁矿的矿石。

【磁体】cítǐ〈名〉具有磁性的物体。磁铁矿、磁化的钢,有电流通过的导体以及地球、太阳和许多天体都是磁体。通常指永磁体。

【磁条】cítiáo〈名〉磁卡上涂敷或粘贴的条状磁性材料,用来存储信息,一般宽 5 毫米－10 毫米,表面覆有保护膜。

【磁铁】cítiě〈名〉用钢或合金钢经过磁化制成的磁体,有的用磁铁矿加工制成。多为条形或马蹄铁形,一端是南极,另一端是北极。也叫"磁石"、"吸铁石"。

【磁头】cítóu〈名〉录音机、录像机和计算机等机器中用于记录信息的换能元件,用来转换磁信号和电信号。不同的磁头能记录、重放、消去声音或图像。

【磁效应】cíxiàoyìng〈名〉电流通过导体产生跟磁铁相同作用的现象,如使磁针偏转。

【磁性】cíxìng〈名〉磁体能吸引铁、镍等金属的性质。

【磁悬浮列车】cíxuánfú-lièchē 磁浮列车。

【磁针】cízhēn〈名〉针形磁铁,通常是狭长菱形,中间支起,可在水平方向自由转动,受磁作用,静止时两个尖端分别指着南和北。

雌 cí〈形〉生物中能产生卵细胞的(跟"雄"相对):～性|～蕊|～兔|决一～雄。

【雌黄】cíhuáng〈名〉一种矿物,橙黄色,可制颜料或做褪色剂用。古人抄书、校书常用雌黄涂改文字,因此称乱改文字、乱发议论为"妄下雌黄",称不顾事实、随口乱说为"信口雌黄"。

【雌性】cíxìng〈名〉生物两性之一,能产生卵子:～动物。

【雌雄】cíxióng〈名〉❶雌性和雄性:～同株|～同体。❷比喻胜负、高下:决一～。

鹚(鷀*鶿) cí 见[鸬(lú)鹚]。

糍(*餈) cí[糍粑(bā)]〈名〉把糯米蒸熟捣烂后做成的食品。

━━ cǐ ━━

此 cǐ〈代〉❶这;这个(跟"彼"相对):～人|～时一地。❷表示此时或此地:从～|至～|就～告别。❸这样:如～|长～以往。

【此岸】cǐ'àn〈名〉佛教指有生有死的境界。

【此地无银三百两】cǐ dì wú yín sān bǎi liǎng 民间故事说,有人把银子埋在地里,留了个写有"此地无银三百两"的字牌。邻居李四看到字牌,把银子挖出,在字牌的背面写上:"对门李四未曾偷。"比喻打出的幌子恰好暴露了想要隐藏的内容。

【此后】cǐhòu〈名〉从这以后:五年前大学毕业在校门口握别,～我俩就再也没见过面了。

【此间】cǐjiān〈名〉指自己所在的地方;此地:～天气渐暖,油菜花已经盛开。

【此刻】cǐkè〈名〉这时候:～雨停了,天晴了|～台风已过,轮船即将起航。

【此落彼起】cǐ luò bǐ qǐ 此起彼伏。

【此起彼伏】cǐ qǐ bǐ fú 这里起来,那里落下。形容连续不断。

【此起彼落】cǐ qǐ bǐ luò 此起彼伏。

【此前】cǐqián〈名〉在某时或某事以前:～我到过北京|写小说是近几年的事,～他曾用笔名发表过一些诗作。

【此时】cǐshí〈名〉这个时候:～已是薄暮时分|～已是夜深人静了。

【此外】cǐwài〈连〉指除了上面所说的事物或情况之外的:院子里种着两棵玉兰和两棵海棠,～还有几丛龙月季。

【此一时,彼一时】cǐ yī shí,bǐ yī shí 现在是一种情况,那时又是一种情况,指情况已与过去不相同。

泚 cǐ ❶〈形〉清澈:清～。❷〈动〉流汗。❸〈动〉用笔蘸墨:～笔作书。

跐 cǐ〈动〉❶踩;踏:～着门槛儿|～着梯子上房。❷抬起脚后跟,脚尖着地:～着脚看热闹。
△另见 cī。

鲻(鯔) cǐ〈名〉鱼,体侧扁,上颌骨向后延长,有的可达臀鳍。生活在近海。

— cì —

次 cì ❶〈名〉等第;次序:～第|车～|名～|班～|语无伦～。❷〈数〉第二:～子|～日。❸〈形〉质量较差;次一等:～品|～货。❹〈量〉用于可以重复出现的事情或动作:初～|三番五～。❺〈动〉停留在外;驻扎:～于广陵。❻〈名〉外出远行时停留的处所:途～|旅～|舟～。❼〈名〉中间:言～|席～|喜怒哀乐不入于胸～。❽〈名〉姓。

【次第】cìdì ❶〈名〉次序。❷〈副〉一个挨一个地;依次:～入座。

【次声武器】cìshēng wǔqì 发出次声波来杀伤人的武器。次声波能引起人体内脏的共振,使内脏发生位移和形变,功能损坏,甚至死亡。

【次序】cìxù〈名〉排列先后的顺序。

【次要】cìyào〈形〉重要性较差的:～原因|～地位。

备用词　迭次　累次　历次　屡次

伺 cì[伺候]〈动〉在人身边服侍,照料饮食起居。
△另见 sì。

刺 cì ❶〈动〉尖锐的东西扎入或穿过物体:～穿|～绣|针～|麻醉。❷〈动〉刺激:～耳|～目。❸〈动〉暗杀:行～|遇～。❹〈动〉侦探;打听:～探。❺〈动〉讽刺:讥～。❻〈名〉尖锐像针的东西:鱼～|骨～|手上扎了根～|话里带～儿。❼〈名〉名片:名～|投～。❽〈名〉姓。
△另见 cī。

【刺柴】cìchái〈名〉山野丛生的带刺的小灌木。

【刺刺不休】cìcì bù xiū 形容话多,说个没完没了。

【刺耳】cì'ěr〈形〉❶声音尖锐或杂乱。❷言语尖酸刻薄或过分刺激,使人听着不舒服:他的话让人听着有些～。

【刺骨】cìgǔ〈形〉寒气侵入骨髓,形容极冷:寒风～。

【刺激】cìjī〈动〉❶物体和现象作用于感觉器官;声、光、热等引起生物体活动或变化。❷促使事物起积极的变化:～食欲|生产积极性。❸使人精神上受到挫折或打击:她性情内向、脆弱,禁不得～。

【刺配】cìpèi〈动〉古代的一种刑罚,在犯人脸上刺字,并发配到边远之地充军。

【刺史】cìshǐ〈名〉古代官名,隋以后为一州的行政长官。

【刺探】cìtàn〈动〉❶暗中打听:～军情。❷探问。

【刺眼】cìyǎn〈形〉❶光线太强,使眼睛不舒服。❷(服装或举动等)惹人注目而使人感觉突出或不顺眼:穿一件～的大红衬衫。

赐(賜) cì ❶〈动〉赏赐:～予|～恩。❷〈动〉敬辞,称对方给予:～示|～顾|～教。❸〈名〉敬辞,指所受的礼物:受～厚～。

【赐予】(赐与) cìyǔ〈动〉赏给;给予:～爵位。

— cōng —

匆(*悤怱) cōng〈形〉急;忙:～忙|促|～遽。

【匆匆】cōngcōng〈形〉急急忙忙的样子:行色～|来去～。

【匆卒】cōngcù 同"匆促"。

【匆促】cōngcù〈形〉匆忙;仓促。也作"匆卒"、"匆猝"。

【匆猝】cōngcù 同"匆促"。

【匆遽】cōngjù〈形〉急忙。

【匆忙】cōngmáng〈形〉急急忙忙:走得太～,连换洗衣服都没带。

苁(蓯) cōng[苁蓉(róng)]〈名〉草本植物,肉苁蓉和草苁蓉的统称。肉苁蓉茎肉质,可入药。草苁蓉多寄生在菊科植物的根上,茎可入药。

囪 cōng〈名〉烟囱,炉灶出烟的管状装置。

枞(樅) cōng〈名〉乔木,即冷杉,茎高大。
△另见 zōng。

葱(*蒽) cōng❶〈名〉草本植物,叶子圆筒形,中间空,是普通蔬菜。❷〈形〉青绿色:~翠|~绿|~茏|~郁。

【葱茏】cōnglóng〈形〉形容草木青翠茂盛:那里原是不毛之地,现在一片~。
【葱郁】cōngyù〈形〉葱茏:前面是一大片~的竹林。

骢(驄) cōng〈名〉毛色青白相杂的马。

璁 cōng〈名〉像玉的石头。
【璁珑】cōnglóng〈形〉形容明亮洁净。

璁 cōng[璁瑢(róng)]〈拟〉形容佩玉相撞的声音。

聪(聰) cōng❶〈名〉听觉:失~。❷〈形〉听觉灵敏:耳~目明。❸〈形〉心思敏捷:聪明:~敏|~慧|~颖。
【聪慧】cōnghuì〈形〉聪明;有智慧。
【聪敏】cōngmǐn〈形〉聪明敏捷:天资~。
【聪明】cōngmíng〈形〉智力发达,记忆力和理解力强。
【聪颖】cōngyǐng〈形〉聪明。

熜 cōng〈名〉❶微火。❷热气。

━━ **cóng** ━━

从(從) cóng,②⑥⑦旧读 zòng ❶〈动〉跟随:~征|~师习艺。❷〈名〉

跟随的人:随~|仆~|侍~。❸〈动〉从事;参加:~军|~政|~戎。❹〈动〉采取某种方针或态度:~速|~略|~宽|~简。❺〈动〉顺从;听从:遵~|盲~|力不~心。❻〈形〉从属的;次要的:主~|~犯。❼〈形〉同宗的;堂房的(亲属):~兄。❽〈介〉a)表示处所、方向、时间、范围等的起点:~南往北|~天而降|~今以后|~无到有。b)表示经过的路线、场所:~水路走|~林中穿过。c)表示动作行为的凭借、根据:制订计划要~实际出发。❾〈副〉从来,用在否定词前面:~未说|~不食言。❿〈动〉依傍:樊哙~良坐。⓫古通"纵"(zòng)。⓬〈名〉姓。
【从长计议】cóng cháng jì yì 慢慢地仔细考虑,商量,不急于作出决定。
【从此】cóngcǐ〈副〉从所说的这个时候起。
【从而】cóng'ér〈连〉上文是原因、方法等,下文表示结果或进一步的行动:由于实行承包责任制,~大大调动了农民的生产积极性。
【从来】cónglái〈副〉从过去到现在:他上班~不迟到。
【从戎】cóngróng〈动〉参军:投笔~。
【从容】cóngróng〈形〉❶镇静;不慌不忙:~不迫|举止~。❷(时间或经济)宽裕:不要着急,时间还很~。
【从善如流】cóng shàn rú liú 形容能很快地接受别人的好意见,像水从高处流向低处一样迅速而自然。
【从事】cóngshì❶〈动〉投身到某种事业中去:~文学创作。❷〈动〉(按某种办法)处理:军法~。❸〈名〉古代官名。
【从子】cóngzǐ,旧读 zòngzǐ〈名〉侄子。
备用词 服从 盲从 屈从 顺从 听从 胁从 信从 依从 遵从 扈从 仆从 侍从 随从 何去何从 轻装简从 无所适从 言听计从 择善而从

丛(叢*藂) cóng❶〈动〉聚集:~生|~集。❷〈名〉生长在一起的草木:草~|花~|树~|灌木~。❸〈名〉泛指聚集在一起的人或东西:人~|刀~剑树。❹〈名〉姓。
【丛祠】cóngcí〈名〉乡野林间的神庙。
【丛林】cónglín〈名〉❶树林子:苍莽的~。❷和尚聚居念经修道的地方,泛称寺院。
【丛莽】cóngmǎng〈名〉丛生而杂乱的草木。
【丛密】cóngmì〈形〉(草木)茂盛繁密。
【丛山】cóngshān〈名〉丛聚的山岭。
【丛生】cóngshēng〈动〉❶(草木)聚集在一处

生长:~的灌木。❷(疾病或弊端等)同时发生:百病~|百弊~。

【丛书】cóngshū〈名〉选取若干种书汇集编成的一套书:《历史小~》《数理化自学~》。

【丛杂】cóngzá〈形〉多而杂乱。

【丛冢】cóngzhǒng〈名〉杂乱地葬在一片地方的许多坟墓。

淙 cóng[淙淙]〈拟〉形容流水的声音:泉水~。

琮 cóng〈名〉古代的一种玉器,方柱形,中间有圆孔。

— còu —

凑(*湊) còu〈动〉❶拼凑;聚集:~集|~数|东拼西~|~足了人数。❷碰;赶;趁:~巧|~热闹儿。❸接近:~近|往前~。

【凑合】còuhe〈动〉❶聚集:大家又~到一块儿了。❷将就;勉强对付:这件衣服补补还能~着穿。

【凑巧】còuqiǎo〈形〉表示正是时候或正遇着所希望的或所不希望的事情:正要去找他,~他来了。

【凑手】còushǒu〈形〉方便(多指手头有富余的钱):钱不~。

辏(輳) còu❶〈名〉车轮的辐集中到车轮的中心:辐~|~集(聚集)。❷〈动〉聚集:~集|~石累卵。

腠 còu〈名〉中医指皮肤的纹理和皮下肌肉之间的空隙:~理。

— cū —

粗(*觕麤麁) cū❶〈形〉(条状物)横剖面大(跟"细"相对,下②—⑥同):~纱|这棵树很~。❷〈形〉(长条形)两长边的距离大:~线条|~眉大眼。❸〈形〉颗粒大:~沙。❹〈形〉声音大而低:~嗓门|~声~气。❺〈形〉粗糙(跟"精"相对):~劣|~陋|~茶淡饭。❻〈形〉疏忽;不周密:~疏|~率(shuài)|~心大意。❼〈形〉鲁莽;粗野:~暴|~鲁|~俗。❽〈副〉略微:~加工|~知一二。

【粗暴】cūbào〈形〉粗鲁;暴躁:态度~。

【粗糙】cūcāo〈形〉❶不光滑,不精细:皮肤~。❷草率;不细致:活儿干得很~。

【粗犷】cūguǎng〈形〉❶粗野;粗鲁。❷粗豪;豪放:墙上写着几行~有力的大字。

【粗陋】cūlòu〈形〉粗糙简陋;不精细。

【粗鲁】(粗卤)cūlǔ〈形〉粗暴鲁莽;粗野:举止~|说话~。

【粗略】cūlüè〈形〉大略;粗粗地:~估计。

【粗浅】cūqiǎn〈形〉浅显;不深奥。

【粗疏】cūshū〈形〉不细心;马虎:工作~。

【粗俗】cūsú〈形〉粗野庸俗:语言~。

【粗心大意】cūxīn dàyì 做事马虎,不细心。

【粗野】cūyě〈形〉粗鲁,没礼貌。

【粗枝大叶】cū zhī dà yè 比喻做事不认真,不细致。

【粗制滥造】cū zhì làn zào 指产品制作粗劣,不讲究质量。也指工作草率马虎,不负责任。

【粗重】cūzhòng〈形〉❶声音低而音势强:~的嗓音。❷活儿繁重费力:他总是抢着干~的活儿。❸物体笨重:设备陈旧~。❹手或脚大而有力:手脚~。❺形体宽,颜色浓:~的眉毛。

— cú —

徂 cú❶〈动〉往;到:自夏~秋。❷〈动〉过去;逝去:岁月其~。❸〈动〉开始:六月~暑。❹同"殂"。

殂 cú〈动〉死亡:崩~|~逝。

— cù —

卒 cù同"猝"。△另见zú。

【卒然】cùrán〈副〉突然;出乎意料。

促 cù❶〈形〉时间短:短~|急~|匆~|仓~|时间迫。❷〈动〉催促;推动:督~|敦~|~进。❸〈动〉靠近:~膝谈心。

【促成】cùchéng〈动〉促使成功。

【促进】cùjìn〈动〉促使发展。

【促膝】cùxī〈动〉膝盖对着膝盖,指两人面对面地靠近坐着:~谈心|~而坐。

【促狭】cùxiá 方言〈形〉❶爱捉弄人:~鬼(促狭的人)。❷刁钻。

【促织】cùzhī〈名〉蟋蟀。

备用词 仓促 匆促 短促 急促 紧促 局促 迫促 催促 督促 敦促

猝 cù〈副〉突然;出乎意外:~然|~不及防。

【猝不及防】cù bù jí fáng 十分突然,来不及防备。

【猝然】cùrán〈副〉突然;出乎意料:~发问。

酢 cù 同"醋"。
△另见 zuò。

簇 cù〈名〉蚕蔟,供蚕吐丝做茧的器具,有圆锥形、蛛网形等样式。有的地区叫"蚕山"。

醋 cù〈名〉❶一种味酸的液体调味品,多用米或高粱等发酵制成。❷比喻嫉妒(多指在男女关系上):~意|争风吃~。

簇 cù ❶〈动〉聚集:~拥。❷〈名〉聚集成的团或堆:花团锦~。❸〈副〉最;极:~新。❹〈量〉用于聚集成团成堆的东西:一~鲜花|一~火焰。

【簇新】cùxīn〈形〉极新:一身~的衣服。
【簇拥】cùyōng〈动〉许多人紧紧地围着。

蹙 cù ❶〈形〉紧迫;窘迫:穷~|乡邻之生日~。❷〈动〉皱(眉头);收缩:~眉|~额|颦(pín)~(皱着眉头,形容忧愁)。

蹴(*蹵) cù〈动〉❶踢:~鞠(踢球)。❷踏:一~而就。
△另见 jiù。

━━ cuān ━━

汆 cuān〈动〉❶一种烹饪方法,把食物放到开水里稍微一煮一煮:~丸子|~鲜鱼|~汤。❷方言。用汆子(烧水用的细长薄铁筒)放到旺火中很快地把水烧开。

撺(攛) cuān〈动〉❶抛;扔。❷匆忙地做:临时现~。❸发怒:他听了火冒三丈,~儿了。
【撺掇】cuānduo〈动〉怂恿;鼓动别人(做某事)。
【撺唆】cuānsuō〈动〉撺掇。

镩(鑹) cuān ❶〈名〉镩子,一种铁制的凿冰工具,头部尖,有倒钩:冰~。❷〈动〉用冰镩凿(冰):~了一大块冰。

蹿(躥) cuān〈动〉❶向上跳:猫一~到树上去了。❷方言。喷射:鼻子一~血。
【蹿红】cuānhóng〈动〉迅速走红:她一夜之间~歌坛。
【蹿升】cuānshēng〈动〉疾速上升:股市~。

━━ cuán ━━

攒(攢*欑) cuán〈动〉聚在一起;拼凑:~收音机|~电视。
△另见 zǎn。
【攒典】cuándiǎn〈名〉古代称管仓库的役吏。

【攒动】cuándòng〈动〉拥挤着移动:万头~|大街上人头~。
【攒击】cuánjī〈动〉聚众殴打。
【攒眉】cuánméi〈动〉皱眉。
【攒三聚五】cuán sān jù wǔ 三个一团五个一堆地聚在一起。
【攒射】cuánshè〈动〉(枪炮等)同时向同一方向、目标集中射击。

━━ cuàn ━━

窜(竄) cuàn〈动〉❶乱跑;乱逃(用于匪徒、敌军、兽类):~逃|东奔西~|抱头鼠~。❷放逐;驱逐:~逐。❸改动(文字):~改|点~。
【窜犯】cuànfàn〈动〉(成股的匪徒或小股的敌军)进犯或骚扰。
【窜改】cuàngǎi〈动〉改动(成语、文件、古书等)。
备用词　奔窜　流窜　逃窜　点窜　改窜

篡(*簒) cuàn〈动〉夺取,多指臣子夺取君主的地位:~夺|~位|~权。
【篡改】cuàngǎi〈动〉用作伪的手段改动或曲解(经典、理论、政策等):~历史。
【篡权】cuànquán〈动〉用不正当的手段夺取权力。
【篡位】cuànwèi〈动〉封建时代指臣子夺取君位。

爨 cuàn ❶〈动〉烧火煮饭:分~(指弟兄分家)。❷〈名〉灶:执~。❸〈名〉姓。

━━ cuī ━━

衰 cuī 同"缞"。
△另见 shuāi。

崔 cuī〈名〉姓。

【崔巍】cuīwēi〈形〉形容山、建筑物高大雄伟:高山~|殿阁~。
【崔嵬】cuīwéi ❶〈名〉有石的土山:陟彼~。❷〈形〉高耸的样子:剑阁峥嵘而~|带长铗之陆离兮,冠切云之~。❸〈形〉高大:古老的泰山越发显得~了。

催 cuī ❶〈动〉使赶快进行某事:~促|~逼|~办|~他回家。❷〈动〉使事物的产生和变化加快:~生|~眠|~芽|~肥。❸〈名〉姓。
【催促】cuīcù〈动〉叫人赶快行动或做某事:再

三～。

【催督】cuīdū〈动〉催促监督：～战船。

【催进】cuījìn〈动〉促进。

缞（縗） cuī〈名〉古代丧服，用粗麻布制成。

摧 cuī ❶〈动〉折断；破坏：～折｜～毁｜～残。❷〈形〉悲伤：～怆(chuàng)。

【摧残】cuīcán〈动〉损害，使蒙受严重损失。

【摧毁】cuīhuǐ〈动〉用强大的力量毁坏：猛烈的炮火～了敌军的阵地。

【摧沮】cuījǔ〈形〉挫折沮丧。

【摧枯拉朽】cuī kū lā xiǔ 摧折枯草朽木，比喻腐朽势力很容易打垮。

【摧眉折腰】cuī méi zhé yāo 低头弯腰。形容卑躬屈节的样子。

【摧藏】cuīzàng〈形〉摧折心肝，形容极度悲伤（藏：同"脏"）。

【摧折】cuīzhé〈动〉❶折断。❷挫折；打击：～豪强，扶助贫弱。

备用词　坚不可摧　无坚不摧

獕 cuī 见【猥獕】。

━━ cuǐ ━━

璀 cuǐ[璀璨(càn)]〈形〉形容珠玉等光彩鲜明：～夺目。

━━ cuì ━━

脆（*脺） cuì〈形〉❶容易折断破碎（跟"韧"相对）：这种纸太～，比不了牛皮纸。❷（声音）清脆：～亮｜嗓音挺～。❸说话做事痛快利落：这件事办得挺～。

【脆弱】cuìruò〈形〉不坚强；禁不起挫折：感情～。

【脆生生】cuìshēngshēng〈形〉❶形容食物脆。

❷形容声音清脆。

备用词　干脆　清脆　酥脆

萃 cuì ❶〈动〉聚集：荟～。❷〈名〉聚在一起的人或事物：出类拔～。❸〈名〉姓。

啐 cuì ❶〈动〉用力从嘴里吐出来：～痰｜～唾沫。❷〈叹〉表示唾弃、斥责或辱骂（多见于早期白话）：呀～！休得撒野！

淬 cuì〈动〉淬火，把金属工件加热到一定温度，然后浸入冷却剂（油、水等）急速冷却，以增加硬度。通称"蘸火"。

【淬砺】cuìlì〈动〉制造刀剑必需淬火和磨砺，使坚硬锋利。比喻刻苦锻炼。

悴（*顇） cuì 见[憔(qiáo)悴]。

毳 cuì〈名〉鸟兽的细毛。

瘁 cuì〈形〉❶过度劳累：鞠躬尽～｜心力交～。❷忧伤；悲伤：睹物思人，使人心～。

粹 cuì ❶〈形〉纯粹：～白｜～而不杂。❷〈名〉精华：精～｜国～｜文章选～。

翠 cuì ❶〈形〉像翡翠那样的绿色：青～｜苍～｜葱～｜～竹｜～玉｜～柏。❷〈名〉指翡翠鸟，羽毛可用来做工艺品。❸〈名〉指翡翠：珠～｜～花。❸〈名〉姓。

【翠绿】cuìlǜ〈形〉像翡翠那样的绿色：沿着白皑皑的群峰的雪线以下，是蜿蜒无尽的～的原始森林。

【翠微】cuìwēi〈名〉青绿的山色。也泛指青山。

备用词　苍翠　葱翠　青翠

━━ cūn ━━

村（*❶邨） cūn ❶〈名〉村庄：～镇｜～落｜～寨｜新～。❷〈形〉粗俗：～野。❸〈动〉冒犯；冲撞（多见于早期白话）。❹〈名〉姓。

【村坊】cūnfāng〈名〉村庄。
【村落】cūnluò〈名〉村庄。
备用词　农村　山村　乡村　渔村

皴 cūn ❶〈动〉(皮肤)冻裂:手~了。❷〈名〉方言。皮肤上积存的泥垢:一脖子~。❸〈动〉国画的一种技法,勾出山石轮廓后,再用淡干墨侧笔而画,以显示山石的纹理和阴阳面。

━━ cún ━━

存 cún ❶〈动〉存在;生存:残~|幸~|荡然无~。❷〈动〉储存;保存:~粮|~档。❸〈动〉蓄积;聚集:水库~满了水。❹〈动〉储蓄:~折|~款。❺〈动〉寄存:~放|暂|~|车处。❻〈动〉保留:留~|~疑(对疑难问题暂不做决定)|去伪~真。❼〈动〉结存;余留:收支相抵,尽~五百元。❽〈名〉存留的部分:库~|盘~。❾〈动〉心里怀着(某种想法):~心|不~任何幻想。❿〈名〉姓。
【存而不论】cún ér bù lùn 保留起来不加讨论。
【存殁】(存没)cúnmò ❶〈动〉生与死。❷〈名〉生者与死者。
【存盘】cúnpán〈动〉把计算机中的信息存储到磁盘上。
【存亡绝续】cún wáng jué xù 不是存在就是灭亡,不是断绝就是延续。指局势处在万分危急的关头。
【存心】cúnxīn ❶〈副〉有意;故意:你这不是~给我出难题吗?
【存恤】cúnxù ❶〈动〉爱抚;爱惜。❷〈动〉慰问救济。
【存续】cúnxù〈动〉存在并持续:夫妻在婚姻关系~期间所得财产归夫妻双方共有。
【存在】cúnzài ❶〈动〉实际上有;还没有消失:一成不变的事物世界上是不~的。❷〈名〉哲学上指不依赖人的意识为转移的客观世界,即物质:~决定意识。
备用词　保存　储存　封存　积存　结存　盘存　图存　温存　依存　贮存　片瓦无存　硕果仅存　万古长存　一息尚存

蹲 cún 方言。〈动〉腿、脚猛然落地,因震动而受伤:他从高台上跳下来~了腿。
△另见 dūn。

━━ cǔn ━━

忖 cǔn〈动〉细想;揣度:思~|~度|自~难以胜任。

【忖度】cǔnduó〈动〉推测;揣度。
【忖量】cǔnliàng〈动〉❶揣度:我一边走,一边~他这样做的原因。❷思量:他~了半天,也没想好怎么对父亲说。
【忖思】cǔnsī〈动〉思忖。

━━ cùn ━━

寸 cùn ❶〈量〉长度单位。10 分等于 1 寸,10 寸等于 1 尺。❷〈形〉比喻极短或极小:~步难行|~土必争|日有~进|鼠目~光。❸〈名〉姓。
【寸步难行】cùn bù nán xíng 一小步都很难走。现多比喻处境艰难。也说“寸步难移”。
【寸草】cùncǎo〈名〉小草:~不生。
【寸草不留】cùn cǎo bù liú 连一根小草也不留下。形容遭到战乱或自然灾害后破坏得非常严重的景象。
【寸管】cùnguǎn〈名〉指毛笔。
【寸土】cùntǔ〈名〉极小的一片土地:~必争|~不让。
【寸心】cùnxīn〈名〉❶指心里:得失~知。❷微小的心意;小意思:聊表~。
【寸阴】cùnyīn〈名〉日影移动一寸的时间,指极短的时间:惜~。

━━ cuō ━━

搓 cuō〈动〉两个手掌摩擦,或把手掌放在别的东西上来回揉:揉~|~手|~麻绳儿。

磋 cuō〈动〉❶把象牙加工成器物:切~琢磨。❷商讨:~商。
【磋商】cuōshāng〈动〉商量讨论。

撮 cuō〈动〉❶聚合;聚拢:~合。❷〈动〉用簸箕等把东西聚在一起:~土。❸〈动〉用手捏取细碎的东西:~药|~点儿盐。❹〈动〉摘取(要点):~要。❺〈量〉容量单位,10 撮等于 1 勺。1 市合等于 1 毫升。❻〈量〉用于手所撮取的东西:一~盐。
△另见 zuǒ。
【撮合】cuōhe〈动〉从中介绍促成其事(多指婚姻)。
【撮录】cuōlù〈动〉选择抄录。

蹉 cuō 见下。

【蹉跌】cuōdiē〈动〉失足跌倒,比喻失误。
【蹉跎】cuōtuo〈动〉光阴白白地过去:岁月~。

━━ cuó ━━

嵯 cuó[嵯峨(é)]〈形〉形容山势高峻。

矬 cuó〈形〉(身体)短小;矮:~个儿|~子(身材短小的人)。

痤 cuó[痤疮]〈名〉皮肤病,多生在青年人的脸部。通称"粉刺"。

瘥 cuó〈名〉病。
△另见 chài。

酂(酇) cuó〈名〉酂城,地名,在河南永城。
△另见 zàn。

━━ cuǒ ━━

脞 cuǒ[丛脞]〈形〉细碎;烦琐。

━━ cuò ━━

挫 cuò〈动〉❶挫折;失败:受~|屡~不馁。❷压下去;降低:抑扬顿~|~敌人的锐气,长自己的威风。

【挫败】cuòbài〈动〉❶挫折与失败。❷打败;击败。

【挫伤】cuòshāng ❶〈名〉身体某部分因碰撞或挤压而形成的伤。❷〈动〉摧折;损伤(积极性、上进心):不要~群众的积极性。

【挫折】cuòzhé ❶〈动〉压制、阻碍、使削弱或停顿:他不忍~女儿的兴致。❷〈名〉事情进行中遇到的困难和阻碍:遇到~不能灰心丧气。❸〈动〉失败;失利。

厝 cuò〈动〉❶放置;安置:~身|~火积薪(把火放在柴堆下面,比喻潜伏着很大危险)。❷把棺材停放待葬,或浅埋以待改葬:暂~|浮~。

措 cuò〈动〉❶安排;处置:~置|惊惶失~|~手不及。❷筹划:~办|~筹。❸废弃;搁置不用。

【措词】cuòcí 同"措辞"。

【措辞】cuòcí〈动〉说话或写文章时选用词句:~不当|~严谨。也作"措词"。

【措施】cuòshī〈名〉针对某种情况而采取的处理办法。

【措手不及】cuò shǒu bù jí 因事情来得突然或准备不足而来不及应付。

【措意】cuòyì〈动〉留意;用心。

【措置】cuòzhì〈动〉安排;料理:~得当|~裕如(指处理事情从容不费力,却做得很好)。

备用词 举措　筹措　不知所措　手足无措　张皇失措

锉(銼*剉) cuò ❶〈名〉手工磨削工具,条形,多刃,用来对金属、木料、皮革等工件表层做微量加工。❷〈动〉用锉磨削。

错(錯) cuò ❶〈动〉参差;错杂:~落|~综复杂|盘根~节。❷〈动〉相对摩擦:上下牙~得咯咯响。❸〈动〉岔开,使不碰上、不冲突:~车|~开时间|~过了机会。❹〈形〉不正确:~误|将~就~。❺〈名〉过错;错处:没~儿|出~儿|知~就改。❻〈形〉坏;差(用于否定式):干得不~|今年的收成~不了。❼〈动〉在凹下去的文字、花纹中镶上或涂上金、银等:~金|~镂金彩。❽〈名〉打磨玉石的石头:他山之石,可以为~。❾〈动〉打磨玉石:攻~。

【错愕】cuò'è〈形〉因遇到意外而产生惊讶;惊愕。

【错怪】cuòguài〈动〉因误会而错误地责备或抱怨人:是我不了解情况,~他了。

【错觉】cuòjué〈名〉由于某种原因引起的对客观事物的不正确的知觉。

【错列】cuòliè〈动〉交错排列:奇峰~,众壑纵横。

【错乱】cuòluàn〈形〉❶杂乱无序;颠倒~。❷失常态:神经~。

【错落】cuòluò〈动〉交错纷杂:~有致|苍松翠柏~其间。

【错失】cuòshī ❶〈动〉错过;失去:~良机。❷〈名〉差错;过失:他工作认真负责,没有发生过~。

【错位】cuòwèi〈动〉❶离开原来的或应有的位置:骨关节~。❷比喻失去正常的或应有的状态:名和利使他的荣辱观发生了~。

【错误】cuòwù ❶〈形〉不正确;与客观实际不符合:~的思想|~的结论。❷〈名〉不正确的观点、行为等:犯~。

【错杂】cuòzá〈动〉交错夹杂。

【错字】cuòzì〈名〉写得不正确或刻错、排错的字。

【错综】cuòzōng〈动〉纵横交叉:层层楼阁,道道宫墙,~相连,井然有序。

【错综复杂】cuòzōng fùzá 形容头绪多,情况复杂。

备用词 交错　盘错　差错　舛错　过错　将错就错　犬牙交错　山珍海错　一差二错　阴差阳错

— dā —

奓 dā〈形〉耳朵大。

【奓拉】dāla〈动〉下垂：~着脑袋。也作"搭拉"。

哒(噠) dā 同"嗒(dā)"。

搭 dā〈动〉❶支；架：~桥｜~棚。❷把柔软的东西放在可以支架的东西上：把衣服~在竹竿上。❸连接在一起：~街坊｜前言不~后语。❹凑上；加上：~配｜~腔｜~讪｜勾~｜成群~伙。❺共同抬起：~桌子。❻乘；坐(车船等)：~轮船去大连。

【搭伴】dābàn〈动〉趁便做伴：我也正准备去九寨沟玩，咱们~一起去吧。

【搭背】dābèi 方言。〈名〉搭腰。

【搭便】dābiàn〈副〉顺便。

【搭膊】dābó 同"褡膊"。

【搭补】dābǔ〈动〉补贴；帮补：~家用。

【搭茬】dāchá 方言。〈动〉接着别人的话说话：他的话没头没脑的，叫人没法~｜他问了半天，没一个人搭他的茬儿。

【搭车】dache〈动〉❶趁便乘坐顺路的车辆：到客运中心~。❷比喻借做某事的便利做另外的事，从而得到好处：~涨价。

【搭乘】dāchéng〈动〉乘；坐(车、船、飞机等)：~客轮｜~旅游专车赴京。

【搭档】(搭当)dādàng ❶〈动〉协作：我们两个人~吧。❷〈名〉协作的人：老~｜一对黄金~。

【搭话】dāhuà〈动〉❶接着别人的话说话：问了半天，没人~。❷交谈。❸方言。捎带口信。

【搭伙】dāhuǒ〈动〉❶合为一伙：成群~｜他们搭了伙，一起做生意。❷加入伙食团体：在单位食堂~。

【搭建】dājiàn〈动〉建造(多用于临时性建筑)：~防震棚｜~临时舞台｜台子是才~的。

【搭救】dājiù〈动〉帮助别人使脱离危险或灾难。

【搭拉】dāla 同"奓拉"。

【搭理】dāli〈动〉理睬：别~他。也作"答理"。

【搭连】dālián 同"褡裢"。

【搭配】dāpèi ❶〈动〉按一定要求安排分配：合理~｜这两个词~不当。❷〈动〉配合；配搭：师徒俩~得十分合拍。❸〈形〉相称：两人一高一矮，站在一起不~。

【搭腔】dāqiāng 也作"答腔"。〈动〉❶接着别人的话来说：我问了半天，没人~。❷方言。交谈：他俩合不来，彼此不~。

【搭桥】dāqiáo〈动〉❶架桥：逢山开路，遇水~。❷比喻撮合；介绍：牵线~｜经朋友~，他俩喜结良缘。❸用病人自身的一段血管接在阻塞部位的两端，使血流畅通：心脏~手术。

【搭讪】(搭赸、答讪)dāshàn〈动〉为了想跟人接近或把尴尬的局面敷衍过去而找话说。

【搭识】dāshí〈动〉结识。

【搭手】dāshǒu〈动〉替别人出力；帮忙：搭把手｜搭不上手｜如果没人~我一个人干不完。

【搭售】dāshòu〈动〉硬性搭配着出售：~残次商品｜商店不得强行~滞销物品。

嗒 dā 拟声词：马蹄~~｜机枪~~地扫射。
△另见 tà。

答(＊荅) dā〈动〉义同"答"(dá)：~理｜~应｜~腔｜~讪儿。
△另见 dá。

【答理】dāli 同"搭理"。

【答腔】dāqiāng 同"搭腔"。

【答讪】dāshàn 见【搭讪】。

【答应】dāying〈动〉❶应声回答：喊了几声，没人~。❷允许；同意：这件事你还是~吧！

【答允】dāyǔn〈动〉应允；允许：无论我怎么求他，他都不~。

褡

褡 dā 见〖褡膊〗、〖褡裢〗。

【褡膊】dābó〈名〉一种用布或绸做成的长而宽的腰带，系在衣服外面。也作"搭膊"。

【褡裢】dālian〈名〉一种长方形口袋，中央开口，两端各成一个袋子。大的可以搭在肩上，小的可以挂在腰带上。也作"搭连"。

—— dá ——

打 dá〈量〉十二个叫一打：一～铅笔。
△另见 dǎ。

达（達）dá❶〈动〉通；到达：四通八～|通宵～旦|在北京坐火车可直～广州。❷〈动〉达到；实现：～成协议|不～目的，誓不罢休。❸〈动〉懂得透彻；通达（事理）：～观|畅～|豁～|旷～|通情～理|通权～变。❹〈动〉表达：传～|转～|词不～意。❺〈形〉显达：先～|贤～|～官贵人。❻〈名〉姓。

【达标】dábiāo〈动〉达到规定的标准：质量～|～训练。

【达成】dáchéng〈动〉达到；得到（多指商谈后得到结果）：～协议|目标已～。

【达旦】dádàn〈动〉直到第二天早晨：通宵～。

【达到】dádào〈动〉到（某个目标或某种程度）：～目的|～国际水平。

【达观】dáguān〈形〉对不如意的事情看得开。

【达奚】dáxī〈名〉姓。

备用词 表达 传达 转达 畅达 明达 通达 放达 豁达 旷达 飞黄腾达 四通八达 欲速不达

沓 dá〈量〉用于重叠起来的纸张和其他薄的东西（一般不很厚）：一～信纸|一～～地码整齐。
△另见 tà。

怛 dá〈形〉❶忧伤；悲苦：悲泗淋漓，诚～人心。❷惊愕。

妲 dá 用于人名。妲己，商纣王的妃子。

莙（薘）dá 见〖莙(jūn)莙菜〗。

炟 dá 用于人名。刘炟，东汉章帝。

鐽（鐽）dá〈名〉金属元素，符号 Ds。有放射性，由人工核反应获得。

笪 dá〈名〉❶一种用竹篾编成的东西，像席，通常铺在地上晾晒粮食。❷拉船的绳索。❸姓。

答（*荅）dá❶〈动〉回答：～复|～辩|～案|～卷|应～|解～|～非所问|对～如流。❷〈动〉受了别人的好处，还报别人：～谢|报～|酬～。❸〈名〉姓。
△另见 dā。

【答辩】dábiàn〈动〉申述理由，为自己的行为或论点辩护（用于答复别人的指责、控告或问难）。

【答对】dáduì〈动〉回答别人的问话。

【答复】dáfù❶〈动〉对问题或要求给以回答：对群众的来信要及时～。❷〈名〉对问题或要求作出的回答：给一个满意的～。

【答礼】dálǐ〈动〉❶回应别人的敬礼。❷回赠礼品。

备用词 报答 酬答 对答 回答 解答

阘（闒）dá〈名〉楼上的窗户：～门（窗户）。
△另见 tà。

靻 dá 见［靻(dá)鞑］。

瘩（*瘩）dá［瘩背〕〈名〉中医称背部的痈。
△另见 da。

鞑（韃）dá［鞑靻(dá)〕〈名〉古时汉族对北方各游牧民族的统称。明代指东蒙古人，住在今内蒙古和蒙古国的东部。

—— dǎ ——

打 dǎ〈动〉❶用手或器具撞击物体：～门|～鼓|～夯(hāng)|吹～|敲～|～草惊蛇|风吹雨～|零敲碎～。❷器皿、蛋类等因撞击而破碎：玻璃杯～了|鸡飞蛋～。❸殴打；攻打：～架|～仗|拷～|不～自招|屈～成招。❹发生与人交涉的行为：～交道。❺建造；修筑：～坝|～墙。❻制造（器物、食品）：～刀|～家具|～烧饼。❼搅拌：～卤|～糨子。❽捆：～包裹。❾编织：～草鞋|～毛衣。❿涂抹；画；印：～蜡|～问号|～格子。⓫注入；取：～针|～气。⓬揭；凿开：～开盖子|～井。⓭举；提：～灯笼|～伞|～起精神来。⓮放射；发出：～枪|～电话。⓯付给或领取（证件）：～证明|～介绍信。⓰办理：～离婚。⓱除去：～旁杈。⓲舀取：～水|～粥。⓳买：～车票。⓴捉（禽兽等）：～鸟|～鱼。㉑用割、砍等动作来收集：～柴|～草。㉒定出；计算：～草稿|～主意|～出成本。㉓做；从事：～游击|～埋伏。㉔做某种游戏：～球|～扑克。㉕

表示身体上的某些动作:～手势|～哈欠。
❷采取某种方式:～官腔|～比喻。㉗〈介〉
从:～这儿往西|～今儿起|他～门缝里往
外看。

△另见 dá。

【打熬】dǎ'áo〈动〉❶忍受(疼痛或艰苦的生
活等)。❷磨炼;锻炼:～筋骨。

【打扮】dǎban ❶〈动〉使容貌、衣着好看;装
饰。❷〈名〉指衣着穿戴:一身农民～。

【打抱不平】dǎ bàobùpíng 遇见不公平的事,
支持受欺压的一方。

【打草惊蛇】dǎ cǎo jīng shé 比喻做机密的事
情,行动不谨慎,惊动了对方,使事前有所
觉察。

【打场】dǎcháng〈动〉农作物收割后在场上
脱粒。

【打车】dǎchē〈动〉租用出租汽车;乘坐出租汽
车:这里离车站很近,～十分钟就到了|时间
太紧了,咱们～去吧。

【打成一片】dǎ chéng yī piàn 合为一个整体
(多指思想感情融洽,不分彼此)。

【打点】dǎdian〈动〉❶收拾;准备:～行装。❷
送人钱财,请求照顾。

【打点滴】dǎ diǎndī 静脉点注的通称,利用输
液装置把葡萄糖溶液、生理盐水、药物等通过
静脉输入病人体内:他正在医院～呢。

【打盹】dǎdǔn〈动〉打瞌睡。

【打发】dǎfa〈动〉❶派遣;支使。❷使离去。
❸度过(时间、日子)。❹安排;照料。

【打非】dǎfēi〈动〉指打击制作、出售非法出版
物的行为:扫黄～。

【打更】dǎgēng〈动〉旧时一夜分为五更,每更
大约两小时,每到一更,巡夜的人打梆子或敲
锣报时,叫"打更"。

【打工】dǎgōng〈动〉做工(多指临时的):暑假
里打一个月工。

【打躬作揖】dǎ gōng zuò yī 弯身作揖,多用来
形容恭顺恳求。

【打拱】dǎgǒng〈动〉作揖。

【打钩】dǎgōu〈动〉在公文、试题等上面画
"√",表示认可、肯定或正确。

【打鼓】dǎgǔ〈动〉比喻没有把握,心
神不定:能不能完成任务,我心里
直～。

【打拐】dǎguǎi〈动〉指打击拐卖人口
的犯罪活动。

【打官腔】dǎ guānqiāng 指说一些原
则、规章等冠冕堂皇的话对人进行应
付、推托、责备:别动不动就～训
斥人。

【打官司】dǎ guānsi 进行诉讼。

【打光棍儿】dǎ guānggùnr 指成年人
过单身生活(多用于男子)。

【打棍子】dǎ gùnzi 比喻进行打击迫
害:不抓辫子,不～。

【打哈哈】dǎ hāha 开玩笑:别拿我
～!|这可是正经事,咱们可别～!

【打哈欠】dǎ hāqian 困倦时嘴张开,
深深吸气,然后呼出。

【打鼾】dǎhān〈动〉睡着时由于呼吸
受阻而发出粗重的声音。

【打黑】dǎhēi〈动〉指打击具有黑社会性质的
犯罪团伙:扫黄～。

【打横】dǎhéng〈动〉围着方桌坐时,坐在末座
叫"打横":～坐的是小李。

【打击】dǎjī〈动〉❶敲打;撞击。❸攻击,使遭
受挫折。

【打家劫舍】dǎ jiā jié shè 成群结伙到人家里
抢掠财物。

【打假】dǎjiǎ〈动〉指打击制造、出售假冒伪劣
商品的行为。

【打尖】dǎjiān〈动〉❶掐去棉花等作物的顶尖
儿。也叫"打顶"。❷旅途中休息下来吃点儿
东西。

【打交道】dǎ jiāodao 来往；接触。

【打搅】dǎjiǎo〈动〉❶搅扰；扰乱。❷婉辞，指受到招待。

【打醮】dǎjiào〈动〉道士设坛念经做法事。

【打劫】dǎjié〈动〉抢夺别人财物。

【打紧】dǎjǐn 方言。〈形〉要紧（多用于否定式）：不～。

【打卡】dǎkǎ〈动〉把磁卡贴近或插入磁卡机使其读取相关内容。特指打考勤卡记录上下班时间。

【打理】dǎlǐ〈动〉❶经营；管理：～生意。❷整理；料理：～家务。

【打量】dǎliang〈动〉❶观察（人的外貌、衣着等）：他上下～着来人。❷以为；估计：你在外面干坏事～我不知道？

【打零】dǎlíng 方言。〈动〉表示孤单一个；孤独无伴。

【打流】dǎliú 方言。〈动〉找不到职业，四处流浪。

【打埋伏】dǎ máifu ❶预先隐藏起来，待时行动：留下一个连在这里～。❷比喻隐藏物资、人力或隐瞒问题：这个预算是打了埋伏的，要认真核查一下。

【打屁股】dǎ pìgu 比喻严厉批评（多含诙谐意）：任务完不成就要～。

【打拼】dǎpīn 方言。〈动〉努力去干；拼搏：努力～｜为生活而～。

【打平手】dǎ píngshǒu 比赛结果不分高下：甲乙两队打了个平手。

【打千】dǎqiān〈动〉旧时男子的敬礼。右手下垂，左腿向前屈膝，右腿略弯曲：～请安。

【打枪】dǎqiāng〈动〉❶发射枪弹。❷见【枪替】。

【打秋风】dǎ qiūfēng 旧时指假借各种名义向人索取财物。也说"打抽丰"。

【打趣】dǎqù〈动〉耍笑捉弄；拿人开玩笑。

【打扰】dǎrǎo〈动〉打搅。

【打算】dǎsuàn ❶〈动〉考虑；计划：明年～去一趟北京。❷〈名〉想法；念头：他取消了去北京的～。

【打头阵】dǎ tóuzhèn 比喻冲在前边带头干：在那次抗洪救灾中，是我们连～。

【打退堂鼓】dǎ tuìtánggǔ 古代官吏退堂时打鼓，现比喻做事中途退缩：不能一见困难就～。

【打雪仗】dǎ xuězhàng 把雪团成球，互相投掷闹着玩：几个孩子在雪地里～。

【打下手】dǎ xiàshǒu 担任助手；做帮手。

【打消】dǎxiāo〈动〉消除；取消：～顾虑。

【打压】dǎyā〈动〉打击压制：任凭对方无情～，他毫不动摇。

【打牙祭】dǎ yájì 方言。〈动〉原指每逢月初、月中吃一顿有荤菜的饭，后泛指偶尔吃一顿丰盛的饭菜。

【打哑谜】dǎ yǎmí 没明确地把意思说出来或表示出来，让对方猜：有话直说，不要～。

【打烊】dǎyàng 方言。〈动〉（商店）晚上关门停止营业。

【打印】dǎyìn〈动〉❶盖图章。❷打字油印：～文件。❸把计算机中的文字、图像等打到纸张、胶片等上面。

【打印机】dǎyìnjī〈名〉一种计算机输出设备。可以把计算机中的文字、图像等印到纸张、胶片等上面。常见的有激光打印机、喷墨打印机和针式打印机等。

【打油诗】dǎyóushī〈名〉一种通俗诙谐、不拘于平仄韵律的旧体诗。相传唐代张打油首先写这种诗，因而得名。

【打招呼】dǎ zhāohu ❶用语言或动作表示问候：他冲我打了个招呼｜刚才跟我～的人是谁？我一下记不起来了。❷（事前或事后）就某项事情或某种问题予以通知、关照：给他打过招呼，他马上就到。

【打照面儿】dǎ zhàomiànr ❶面对面地相遇：他俩在街上打个照面儿，一时都愣住了。❷露面：他刚才在会上打了个照面儿就走了。

【打折】dǎzhé〈动〉打折扣①。

【打折扣】dǎ zhékòu ❶降低商品的定价（出售）。❷比喻不完全按规定的、已承认的或已答应的来做：要保质保量地按时交活儿，不能～。

【打主意】dǔ zhǔyi 想办法；设法谋取：这事还得早～｜做事不能只在钱上～｜别打我的主意，我正忙着呢！你还是另找他人吧。

【打住】dǎzhù〈动〉停止：他说到这里突然～了｜在小院门口～了脚步。

【打转】dǎzhuàn〈动〉绕圈子；旋转：急得张着两手乱～｜眼睛滴溜溜地直～｜他讲的话老是在我脑子里～。也说"打转转"。

【打桩】dǎzhuāng〈动〉把木桩、石桩等砸进地里，使建筑物基础坚固。

【打字】dǎzì〈动〉用打字机把文字打在纸上，也指用计算机键入文字：他～的速度很快。

【打字机】dǎzìjī〈名〉按动按键或把手把文字

和符号打印在纸上的机械,有机械式和电子式两种。

备用词 扭打 殴打 厮打 零敲碎打 稳扎稳打

— dà —

大 dà ❶〈形〉在体积、面积、数量、规模、范围、力量、强度等方面超过一般或超过所比较的对象(跟"小"相对):~陆|~海|~典|~局|~会 宏~|浩~|~材小用|小题大做|长篇~论。❷〈形〉某方面能力超过一般或超过所比较的对象:~师|~儒|~亨|~手笔。❸〈形〉重要的;主要的;正式的:~计|~纲|~略|~体|~意|~名|~写。❹〈形〉大小:你孩子今年多~了? ❺〈副〉程度深:~吃一惊|天~亮了。❻〈形〉"不大……"表示程度浅或次数少:不~爱玩|不~出门。❼〈形〉排行第一的:老~|~哥。❽〈名〉年纪大的人:一家~小。❾〈形〉敬辞,称与对方有关的事物:~作|尊姓~名。❿〈形〉再;时间更远:~前天|~前年|~后天|~后年。⓫〈形〉用在时令或节日前,表示强调:~热天|~年初一。⓬方言。〈名〉父亲:俺~叫俺来看你。⓭方言。〈名〉伯父或叔父:俺三~是小学老师。⓮同"太"、"泰"(tài),如"大子"、"大山"。⓯〈名〉姓。

△另见 dài。

【大本】dàběn〈名〉大学本科的简称。

【大本营】dàběnyíng〈名〉❶指战时军队的最高统帅部:直捣敌人的~。❷泛指某种活动的策源地或根据地。

【大步流星】dàbù liúxīng 形容步子迈得大,走得快。

【大材小用】dà cái xiǎo yòng 大的材料用在小地方。比喻用得不恰当,多指屈才。

【大潮】dàcháo〈名〉❶一个朔望月中涨落幅度最大的潮水。朔日和望日,月亮和太阳对地球的引力最大(是二者引力之和),按理大潮应该出现在这两天,由于一些复杂因素的影响,大潮往往会延迟两三天出现。❷比喻声势大的社会潮流:改革的~|西部开发的~。

【大车】dàchē〈名〉❶牲口拉的载重车。❷对火车司机或轮船上负责管理机器的人的尊称。

【大吃一惊】dà chī yī jīng 形容对发生的意外事情非常吃惊。

【大处落墨】dà chù luò mò 画画或写文章在主要的地方下功夫。比喻做事从大地方着眼,不把力量分散在枝节上。

【大吹大擂】dà chuī dà léi 原指许多乐器一齐演奏,后比喻大肆宣扬。

【大吹法螺】dà chuī fǎluó 佛家把讲经说法叫"吹法螺",现比喻说大话。

【大醇小疵】dà chún xiǎo cī 大体上完好,而略有缺陷。

【大慈大悲】dà cí dà bēi 原是佛教用语,指佛慈爱怜悯世人。后指人心非常慈悲。

【大大咧咧】dàdaliēliē 形容随便,满不在意的样子。也作"大大趔趔"。

【大刀阔斧】dà dāo kuò fǔ 比喻办事果断而有魄力。

【大抵】dàdǐ〈副〉大都;大多:放了暑假,学生们~要回到自己的家乡去。

【大典】dàdiǎn〈名〉隆重的典礼:开国~。

【大动干戈】dà dòng gāngē 原指发动战争。现多比喻不适当地扩大行动规模,也指大打出手。

【大都】dàdū〈副〉大多(所指一般比较抽象):童年时的情景我~还记得。

【大度】dàdù ❶〈形〉气量宽宏能容人:豁达~。❷〈名〉宏伟的抱负。

【大多】dàduō〈副〉大多数;大部分:我校毕业生~考上了大学。

【大而无当】dà ér wú dàng 虽然很大,但不合实用。

【大发雷霆】dà fā léitíng 比喻大发脾气,高声斥责。

【大凡】dàfán〈副〉用于句首,表示总括一般的情形:~读书的人,都想考试取得好成绩。

【大方】dàfāng ❶〈名〉指专家学者;内行人:贻笑~|~之家。

【大方】dàfang〈形〉❶慷慨;不吝啬:他很~,

常拿出钱来接济别人。❷(举止)自然；不拘束：姿势优美～。❸(颜色、式样等)不俗气：衣着朴素～。

【大放厥词】dà fàng jué cí 原指铺张辞藻，尽力施展文才。现指大发议论(多含贬义)。

【大夫】dàfū〈名〉古代官职，位于卿之下，士之上。[注意]大夫，与"大夫(daifu)"字形相同，但音、义均不同。参看〖大夫〗(daifu)。

　　△另见 daifu。

【大腹便便】dà fù pián pián 形容肚子肥大的样子。

【大概】dàgài ❶〈名〉大致的内容或情况：这件事情我只略知一～。❷〈形〉不十分详尽的：他只说了个～情况。❸〈副〉表示有很大的可能性：～到了半夜，忽然下起了大雨。

【大革命】dàgémìng〈名〉❶大规模的革命：法国～。❷特指我国第一次国内革命战争。

【大公无私】dà gōng wú sī ❶处理事情公正，不偏袒任何一方。❷完全为人民群众利益着想，毫无自私自利之心。

【大功告成】dà gōng gào chéng 指大的工程、事业或重要任务宣告完成。

【大观】dàguān〈名〉盛大壮观的景象(多用以形容事物美好繁多)：蔚为～｜洋洋～｜此则岳阳楼之～也。

【大海捞针】dà hǎi lāo zhēn 在大海里捞针，比喻极难找到。也说"海底捞针"。

【大红大紫】dà hóng dà zǐ 形容非常受宠或受欢迎；十分走红：他在我们系统可是一个～的人物。

【大后方】dàhòufāng〈名〉抗日战争时期特指未受到日本侵略者侵占的我国西南、西北地区。

【大话】dàhuà〈名〉虚夸而不切实际的话。

【大环境】dàhuánjìng〈名〉指总体环境和条件(跟"小环境"相对)：现在创业的～是比较好的｜营造有利于招商引资的～。

【大计】dàjì〈名〉❶重大的谋划或决策：愿早定～。❷长远的、带根本性的计划：百年～，质量第一。

【大家】dàjiā ❶〈名〉著名的专家：艺术～｜～手笔。❷〈名〉大户人家；世家望族：～闺秀。❸〈代〉指一定范围内所有的人：为～办事｜～的事～办｜～安静点儿，现在开会了。[注意]a)某人或某些人跟"大家"对举的时候，这人或这些人不在"大家"的范围之内，如：我报告～一个好消息｜你讲个笑话给～听听｜他们一进来，～都鼓掌表示欢迎。b)"大家"常常放在"你们"、"我们"、"他们"、"咱们"后面做复指成分，如：明天咱们～开个会谈谈。

【大家庭】dàjiātíng〈名〉人口众多的家庭，多比喻成员多、内部和谐的集体：民族～｜温暖的～。

【大驾】dàjià〈名〉❶敬辞，称对方：恭候～｜～光临｜这件事只好有劳～了。❷古代帝王乘坐的一种车子。也用作帝王的代称。

【大较】dàjiào〈名〉大概；大略：此其～也。

【大解】dàjiě〈动〉排泄大便。

【大惊失色】dà jīng shī sè 形容非常害怕，脸色都变了。

【大惊小怪】dà jīng xiǎo guài 形容对于很平常的事情过分惊讶。

【大局】dàjú〈名〉整个的局面；总的形势：顾全～。

【大举】dàjǔ〈副〉大规模地进行(多用于军事行动)：～进攻。

【大考】dàkǎo〈名〉学校中举行的规模较大或内容较全面的考试，有时指期考(跟"小考"相对)。

【大课】dàkè〈名〉课堂教学的一种形式，集合不同班级的许多学生或学员在一起上课听讲。也泛指听课人数很多的课：一些热门的选修课往往都成了～。

【大快人心】dà kuài rén xīn 指坏人受到惩罚，使大家心里非常痛快：这个消息真是～！

【大略】dàlüè ❶〈名〉远大的谋略：雄才～。❷〈名〉大概：这件事我只知道个～。❸〈副〉表示对情况不很精确的估计：时间不够了，你～说说吧。

【大忙】dàmáng〈形〉工作集中，繁忙而紧张：三夏～季节。

【大猫熊】dàmāoxióng〈名〉大熊猫。

【大名】dàmíng〈名〉❶人的正式名字：他小名叫"虎子"，～叫"李金彪"。❷盛名：～鼎鼎(名气很大)｜久闻～。❸尊称他人的名字：尊姓～。

【大名鼎鼎】dàmíng dǐngdǐng 形容名气很大。也说"鼎鼎大名"。

【大命】dàmìng〈名〉❶天命。❷帝王的命令。❸命脉；要害：夫积贮者，天下之～也。

【大谬不然】dà miù bù rán 大错特错，完全不是这样。

【大漠】dàmò〈名〉大沙漠：～孤烟直，长河落日圆。

【大逆不道】dà nì bù dào 封建统治者对反抗封建统治、背叛封建礼教的人所加的重大罪名。现泛指叛逆而不合于正道。

【大牌】dàpái ❶〈名〉指名气大、水平高、实力强的人(多指文艺界、体育界的)。❷〈形〉名气大、水平高、实力强的:~影星|~歌星|~俱乐部。

【大盘】dàpán〈名〉指证券市场交易的整体行情。

【大篷车】dàpéngchē〈名〉指商业部门送货下乡的货车,多为临时加篷的卡车。

【大批】dàpī〈形〉数量很多:~货物|~节日用品|~救灾物资正源源不断地运往灾区。

【大辟】dàpì〈名〉古代指死刑。

【大片儿】dàpiānr〈名〉大片。

【大片】dàpiàn〈名〉指投资大、制作成本高的电影片,多为题材重大、影响面广并由著名影星主演的:进口~|国产~。

【大票】dàpiào〈名〉面额大的钞票。

【大谱儿】dàpǔr〈名〉大致的设想;初步的打算:究竟怎么做,心里应该先有个~。

【大起大落】dà qǐ dà luò〈形〉形容起伏变化极快极大:市场价格~|这部小说没有~的故事情节。

【大气】dàqì〈名〉❶包围地球的气体,是干燥空气、水汽、微尘等的混合物。❷粗重的气息:吓得他~也不敢出。

【大气】dàqi ❶〈名〉大的气度;大的气势。❷〈形〉气度大;气势大:开阔~。❸〈形〉(样式、颜色等)大方,不俗气:~得体。

【大气磅礴】dà qì pángbó 形容气势盛大:这张画~,震撼人心。

【大气污染】dàqì wūrǎn 指大气中有害气体和悬浮颗粒物质所造成的环境污染。核爆炸后散落的放射性物质、化学毒剂、工业废气、扬尘等都是污染大气的物质。

【大器晚成】dà qì wǎn chéng 大的器物长时间才能做成。比喻能担当大事的人要经过长期的锻炼,所以成就比较晚。

【大去】dàqù〈动〉原指一去不返,后也用为死去的婉辞。

【大权】dàquán〈名〉处理重大事情的权力:独揽~|~旁落。

【大全】dàquán〈名〉指内容丰富、完备无缺的事物(多用于书籍、资料等):《民间医方~》|《中国戏曲~》。

【大人】dàrén〈名〉对父母等的敬称(多用于书信):父亲~|母亲~。

【大人】dàren〈名〉❶成人(区别于"小孩儿"):~说话,小孩儿别插嘴。❷旧时称地位高的官长:知府~。

【大儒】dàrú〈名〉儒学大师。泛指学问渊博而有名的学者。

【大撒把】dàsābǎ〈动〉比喻撒手不管,一点儿不负责任:对下岗职工不能~。

【大赛】dàsài〈名〉大型的、级别较高的比赛:花样滑冰~|国际芭蕾舞~。

【大扫除】dàsǎochú〈动〉室内室外全面打扫:明天全校~|春节前,要进行一次~。

【大声疾呼】dà shēng jí hū 大声呼喊,唤起人们的注意。

【大失所望】dà shī suǒ wàng 原来的希望全部落空,指非常失望。

【大使】dàshǐ〈名〉由一国派驻在他国的最高一级的常驻外交代表,全称"特命全权大使"。

【大手笔】dàshǒubǐ〈名〉名作家,也指名作家的作品。

【大率】dàshuài〈副〉大概;大致:~如此。

【大肆】dàsì〈副〉无顾忌地(做坏事):~滋扰|~挥霍。

【大体】dàtǐ ❶〈名〉重要的道理:识~|顾大局。❷〈名〉大局:无关~。❸〈副〉表示就多数情形或主要方面说:我们的意见~一致。

【大庭广众】dà tíng guǎng zhòng 聚集着很多人的公开场合。

【大同】dàtóng〈名〉指人人平等、自由的社会景象,是我国历史上某些思想家的一种理想。

【大同小异】dà tóng xiǎo yì 大部分相同,小部分略有差异。

【大王】dàwáng〈名〉❶指资本主义社会中垄断某种经济事业的资本家:煤油~。❷指擅长于某种技能的人:足球~|爆破~。
△另见 dàiwang。

【大无畏】dàwúwèi〈形〉无所畏惧,什么都不怕:发扬~的革命精神。

【大喜过望】dà xǐ guò wàng 结果比原来希望的还要好,因而感到分外喜悦。

【大限】dàxiàn〈名〉迷信指寿数已尽、注定死亡的期限。

【大相径庭】dà xiāng jìngtíng 比喻相差很远,大不相同。

【大熊猫】dàxióngmāo〈名〉哺乳动物。体长约1.5米,外形像熊,尾短,通常头、胸、腹、背、臀白色,四肢、两耳、眼圈黑褐色,毛粗而厚,性耐寒。生活在我国西南地区高山中,吃竹叶、竹笋,是我国特产的珍贵动物。也叫"熊猫"、"猫熊"、"大猫熊"。

【大雅】dàyǎ〈形〉风雅;文雅:无伤~。

【大言不惭】dà yán bù cán 说大话一点儿不感到难为情。

【大洋】dàyáng〈名〉❶洋,地球表面上被水覆盖的广大地方。❷银圆。

【大业】dàyè〈名〉伟大的事业:我们正在完成前人没有完成的宏伟~。

【大义】dàyì〈名〉大道理:深明~|微言~。

【大义凛然】dà yì lǐn rán 威严不可侵犯的样子,形容为了正义的事业坚强不屈。

【大义灭亲】dà yì miè qīn 为了维护正义,对损害祖国和人民利益的亲人不徇私情,使受到国法的制裁。

【大意】dàyì〈名〉主要的意思:段落~。

【大意】dàyi〈形〉疏忽,麻痹:粗心~|麻痹~。

【大意失荆州】dàyì shī jīng zhōu 三国时,蜀国关羽据守荆州,因骄傲、疏忽而被吴国把荆州夺去。后来用"大意失荆州"形容因自满、粗心而丧失有利的局面。

【大有作为】dà yǒu zuòwéi 能够充分地发挥作用,作出成绩。

【大狱】dàyù〈名〉指监牢:蹲~。

【大员】dàyuán〈名〉旧时指职位高的人员(多用于委派时):接收~。

【大圜】dàyuán〈名〉指天;宇宙:~在上|~犹酩酊,微醉合沉沦(圜:同"圆")。

【大约】dàyuē〈副〉❶表示对数量、时间的不很精确的估计:光速~每秒三十万公里。❷表示有很大的可能性:他~去图书馆了。

【大杂院儿】dàzáyuànr〈名〉有许多户人家住在一起的院子。

【大张旗鼓】dà zhāng qí gǔ 比喻声势和规模很大。

【大丈夫】dàzhàngfu〈名〉指有志气有作为的男子。

【大政】dàzhèng〈名〉重大的政务或政策:总揽~|~方针。

【大旨】dàzhǐ〈名〉主要的意思;要旨:~要义|究其~。

【大志】dàzhì〈名〉远大的志向:胸怀~。

【大治】dàzhì〈形〉指国家政治稳定,社会安定,经济繁荣:天下~。

【大致】dàzhì❶〈形〉大体上:他们两人情况~相同。❷〈副〉大概;大约:这座住宅楼~再有半个月就可以交付使用。

【大智若愚】dà zhì ruò yú 指有智慧有才能的人不露锋芒,外表看来好像很愚笨。

【大众】dàzhòng〈名〉群众;民众:~化|劳苦~。

【大众化】dàzhònghuà〈动〉变得跟广大群众一致;适合广大群众需要:语言~|艺术形式~|生产~的食品。

【大篆】dàzhuàn〈名〉周朝的字体,是一种笔画较繁复的篆书。秦朝创制小篆以后,把这种字体叫作"大篆"。

【大自然】dàzìrán〈名〉指自然界:征服~。

【大宗】dàzōng❶〈形〉大批:~货物。❷〈名〉数量最大的产品、商品:本地出产以大米为~。

【大作】dàzuò❶〈名〉敬辞,称对方的著作:~已经拜读过了。❷〈动〉猛烈发作或发生:狂风~|鼓乐~。

备用词 博大　高大　广大　浩大　宏大　洪大　巨大　宽大　庞大　强大　盛大　伟大　雄大　远大　重大　夸大　扩大　正大　壮大　发扬光大　光明正大　神通广大　声势浩大　贪小失大　妄自尊大　夜郎自大　因小失大　自高自大

━━ da ━━

垯(墶) da 见〖圪(gē)垯〗。

疸 da 见〖疙(gē)疸〗。
△另见 dǎn。

塔 da 见〖圪(gē)塔〗。
△另见 tǎ。

嵸 da 见〖屹(gē)嵸〗。

跶(躂) da 见〖蹓(liū)跶〗。

瘩 da 见〖疙瘩〗。
△另见 dá。

縫 da 见〖纥(gē)縫〗。

━━ dāi ━━

呆(*❶❷獃) dāi ❶〈形〉(头脑)迟钝;不灵敏:痴～|～笨|～子(傻子)。❷〈形〉脸上表情死板;发愣:发～|～板|～头～脑|～若木鸡|目瞪口～|他被这场面吓～了。❸同"待"(dāi)。❹〈名〉姓。

【呆板】dāibǎn,旧读 áibǎn〈形〉死板;不灵活:动作～|文章写得太～。

【呆若木鸡】dāi ruò mù jī 脸上表情死板得像木头鸡一样。形容因恐惧或惊讶而发愣的神态。

【呆头呆脑】dāi tóu dāi nǎo 形容迟钝的样子。

【呆滞】dāizhì〈形〉❶不灵活;不活动:目光～|两眼～无神。❷(资金等流通不畅):～商品|避免资金～。

呔(*咍) dāi〈叹〉突然大喝一声,使人注意(多见于早期白话)。
△另见 tǎi。

待 dāi〈动〉停留:～会儿再走。也作"呆"。
△另见 dài。

━━ dǎi ━━

歹 dǎi ❶〈形〉坏(人、事):～人|～徒|～意|～毒|为非作～|不知好～。❷〈名〉姓。

【歹毒】dǎidú〈形〉阴险狠毒。

【歹人】dǎirén〈名〉坏人,多指强盗。

【歹徒】dǎitú〈名〉歹人;坏人。

逮 dǎi〈动〉捉:猫～老鼠。
△另见 dài。

傣 dǎi〈名〉傣族,我国少数民族之一,分布在云南。

━━ dài ━━

大 dài〈形〉义同"大"(dà),用于"大城"(地名,在河北)、"大夫"、"大黄"(一种草药)、"大王"等。
△另见 dà。

【大夫】dàifu〈名〉医生。
△另见 dàfū。

【大王】dàiwang〈名〉戏曲、旧小说中对国王或强盗首领、妖怪头目等的称呼。
△另见 dàwáng。

代 dài ❶〈动〉代替:瓜～|～课|～办|～笔|～劳|～言人|越俎(zǔ)～庖|取而～之。❷〈动〉代理:～局长|～主任。❸〈名〉历史的分期;朝代:古～|近～|现～|汉～|唐～|改朝换～|当～英雄。❹〈名〉世系的辈分:第二～|我们这一～|爱护下一～。❺〈名〉姓。

【代表】dàibiǎo ❶〈动〉代替个人或集体办事或表达意见:王老师～全体教员在会上讲了话。❷〈名〉委派或被选举出来代替个人、集体、组织办事或表达意见的人:人大～。❸〈名〉能够显示同一类的共同特征的人或物:～人物|～作。

【代步】dàibù〈动〉替代步行,指乘车、骑马等。

【代词】dàicí〈名〉代替名词、动词、形容词和数量词的词,包括人称代词(如"你"、"我"、"他"、"自己"、"咱们")、疑问代词(如"谁"、"什么"、"哪儿"、"怎样"、"怎么"、"多少"、"多么")、指示代词(如"这"、"那"、"这里"、"那里"、"这么"、"那么"、"这样"、"那样")。

【代号】dàihào〈名〉为了简便或保密而用来代替正式名称的别名、编号或字母。

【代价】dàijià〈名〉❶获得某种东西所付出的钱。❷泛指为达到某种目的所耗费的物质、精力等:上级表扬我们以极少的～胜利完成了任务。

【代劳】dàiláo〈动〉❶请人代替自己办事。❷代替别人办事。

【代理】dàilǐ〈动〉❶暂时代人担任某种职务:～厂长。❷受当事人委托代为进行某种活动:诉讼～人。

【代庖】dàipáo〈动〉代替别人做事。参看〖越俎代庖〗。

【代培】dàipéi〈动〉学校等替出资单位培养人员:～生|这所大学先后为企业～了二百多名学员。

备用词 当代 古代 近代 现代 瓜代 取代 替代 改朝换代 千秋万代

軑(軑) dài〈名〉古代指车毂上包的铁帽,也指车轮。

甙 dài〈名〉有机化合物的一类,广泛存在于植物体中,多为白色结晶。也叫"糖苷(gān)"。

岱 dài〈名〉❶泰山的别称。❷姓。

【岱宗】dàizhōng 泰山的别称,也叫"岱岳"。

迨 dài〈动〉❶等到。❷趁着。

给(給) dài〈动〉欺哄;说假话骗人。

骀(駘) dài[骀荡]〈形〉使人舒畅(多用来形容春天的景物):春风~。
　△另见tái。

玳(*瑇) dài[玳瑁(mào)]〈名〉爬行动物,形状像龟。

带(帶) dài❶〈名〉用皮、布等做成的扁平条状物,也指类似的东西:腰~|彩~|飘~|领~|缦~|磁~|录像~|传送~|一衣~水。❷〈名〉轮胎:车~|汽车外~。❸〈名〉地带;区域:温~|江淮~。❹〈名〉白带,妇女生殖器分泌的乳白或淡黄色黏液:~下(中医指白带不正常的病)。❺〈动〉随身拿着;携带:夹~|捎~|~行李|~干粮。❻〈动〉捎带着做事:上街~包茶叶来(捎带着买)|你出去请把门~上(随手关上)。❼〈动〉呈现;含有:面~笑容|说话~刺儿。❽〈动〉连着;附带:~叶的橘子|沾亲~故|拖泥~水|连说~笑|放牛~割草。❾〈动〉引导;领:~队|~头|~领|~徒弟。❿〈动〉带动:以点~面|他这样一来一得大家都勤快了。⓫〈名〉姓。

【带劲】dàijìn〈形〉❶有力量;有劲头儿:他干活可真~。❷能引起兴趣:打球比下棋~。

【带宽】dàikuān〈名〉频带的宽度。在通信中指某一频带最高频率和最低频率的差(单位是赫兹);在具体的计算机网络中,指数据传输能力的大小(单位是比特/秒)。

【带挈】dàiqiè〈动〉带领;提携。

【带孝】dàixiào 同"戴孝"。

备用词 地带 白带 附带 连带 纽带 裙带 捎带 顺带 随带 携带

殆 dài❶〈形〉危险:危~|知彼知己,百战不~。❷〈形〉精神疲倦而无所得:学而不思则罔;思而不学则~。❸〈副〉几乎;差不多:伤亡~尽。

贷(貸) dài❶〈名〉贷款,借给的钱:农~|高利~。❷〈动〉借入或借出:信~|借~|向银行~款|银行~给公司一笔款。❸〈动〉推卸(责任):责无旁~。❹〈动〉饶恕;宽~|严惩不~。

待 dài〈动〉❶对待:看~|优~|虐~|~遇|~人接物|以礼相~。❷招待:~客|~~。❸等待;期~|~价而沽|拭目以~|指日

可~|工作有~改进。❹需要:自不~言。❺要;打算:~说不说。
　△另见dāi。

【待岗】dàigǎng〈动〉(下岗人员)等待得到工作岗位。

【待价而沽】dài jià ér gū 等待高价出售。比喻怀才待用。

【待理不理】dài lǐ bù lǐ 似理非理,形容对人态度冷淡。

【待聘】dàipìn〈动〉等待聘用:下岗~|~人员|该单位裁减编制后,有二十多名干部~。

【待业】dàiyè〈动〉等待就业:~青年|在家|为~人员广开就业门路。

【待遇】dàiyù〈名〉❶对待人的情形、态度、方式:冷淡的~。❷指权利、社会地位等:政治~。❸物质上的报酬:~优厚。

【待字】dàizì〈动〉指女子待嫁(字:指取别名,借指许配,古时女子成年许嫁才取别名):~闺中。

备用词 担待 等待 厚待 期待 苛待 宽待 亏待 虐待 优待 接待 款待 招待 企足而待 时不我待 拭目以待 虚位以待 严阵以待 倚马可待 指日可待

怠 dài❶〈形〉懒惰;松弛:~惰|懈~。❷〈动〉轻慢:~慢。❸〈形〉疲惫:倦~|倦~。

【怠惰】dàiduò〈形〉懈怠;懒惰。

【怠工】dàigōng〈动〉故意不积极工作,降低工作效率:消极~。

【怠慢】dàimàn〈动〉❶使受到冷淡的待遇:这个客人是~不得的!❷客套话,表示招待不周。❸玩忽职守,不严肃认真地对待:二人~军法,吾故斩之。

埭 dài 方言。〈名〉坝(多用于地名):石~(在安徽)|钟~(在浙江)。

袋 dài❶〈名〉口袋:布~|衣~|米~|酒囊饭~。❷量词:一~面|一~烟。

逮 dài ❶〈动〉到;及:力所不～。❷义同"逮"(dǎi),只用于"逮捕"。
△另见 dǎi。
【逮捕】dàibǔ〈动〉捉拿(罪犯):～法办。

戴 dài ❶〈动〉头顶着;把东西套在头上或身体其他部位:～手套|～帽子|～眼镜|披星～月|不共～天之仇。❷〈动〉佩戴;尊崇:臂～黑纱|～红领巾|～胸花。❸〈动〉拥护;推崇:爱～|拥～|推～|感恩～德。❹〈名〉姓。
【戴头识脸】dài tóu shí liǎn 体面;有面子。
【戴孝】(带孝)dàixiào〈动〉死者的亲属在一定时期内穿着孝服,或在袖子上缠黑纱等,表示哀悼。
备用词　爱戴　感戴　推戴　拥戴

黛 dài ❶〈名〉青黑色的颜料,古代女子用来画眉:粉～(指妇女)。❷〈形〉像黛那样的青黑色:～绿。

襶 dài 见〖褦(nài)襶〗。

— dān —

丹 dān ❶〈形〉红色:～砂(朱砂)|～枫|～墀(宫殿前漆成红色的石阶)|～青。❷〈名〉依成方制成的颗粒状或粉末状的中药(从前道家炼药多用朱砂,所以称为"丹"):丸散膏～|灵～妙药。❸〈名〉姓。
【丹青】dānqīng〈名〉红色和青色的颜料,借指绘画:～手(画师)|擅长～。
【丹田】dāntián〈名〉❶穴位,关元、阴交、气海、石门四个穴位位于人体腹部脐下,都叫"丹田"。❷人体的部位,两眉间叫"上丹田",心窝处叫"中丹田",脐下叫"下丹田"。❸道家指人体脐下三寸的地方。
【丹心】dānxīn〈名〉赤诚的心;忠贞的心:人生自古谁无死,留取～照汗青。

担(擔) dān〈动〉❶用肩膀挑:～水。❷担负;承当:负～|承～|分～|～惊受怕|把任务～起来|你叫我师傅,我可不起(不敢当)。
△另见 dàn。
【担保】dānbǎo〈动〉表示负责,保证不出问题或一定办到:交给他办,～错不了。
【担待】dāndài〈动〉❶原谅:我爹脾气不好,万一说出什么难听的话来,你可得～点。❷承当(责任):出了问题由我～。
【担当】dāndāng〈动〉接受并负起责任:他决心把这项艰巨的任务～起来。

【担负】dānfù〈动〉负担①。
【担纲】dāngāng〈动〉指在艺术表演或体育比赛中担任主角或承担重任:这部影片由著名演员～|方案设计由享有盛誉的建筑师～。
【担搁】dānge 见〖耽搁〗。
【担架】dānjià〈名〉医院或军队中抬送病人、伤员的用具,用竹、木、金属等做架子,中间绷着帆布或绳子:一副～|抬～。
【担惊受怕】dān jīng shòu pà 提心吊胆,害怕遭受祸害。
【担名】dānmíng〈动〉承当某种名分:他只是担个名儿,并没做什么工作。
【担任】dānrèn〈动〉担当某种职务或工作。
【担心】(耽心)dānxīn〈动〉放心不下:别～|为她的健康状况～。
【担忧】dānyōu〈动〉发愁;忧虑。
备用词　承担　分担　负担

单(單) dān ❶〈形〉一个(跟"双"相对):～扇门。❷〈形〉奇数的(一、三、五、七等,跟"双"相对):～数|～号|～日。❸〈形〉单独:～身|～干|～打|～枪匹马。❹〈副〉只;光:大家都去,～～他不去。❺〈形〉项目或种类少;不复杂:简～|纯～|～调。❻〈形〉薄弱:～薄|～弱。❼〈形〉只有一层的(衣服等):～衣|～裤。❽〈名〉盖在床上的大幅布:被～|褥～|床～。❾〈名〉分项记载事物的纸片:名～|传～|货～。❿〈名〉姓。
△另见 chán;shàn。
【单帮】dānbāng〈名〉指从甲地贩商品到乙地出卖的单人商贩:跑～|～客人。
【单薄】dānbó〈形〉❶指穿的衣服薄而且少。❷瘦弱;不强壮:身体～。❸薄弱;不充实:力量～|内容～。
【单产】dānchǎn〈名〉在一年或一季中单位土地面积上的产量。
【单车】dānchē 方言。〈名〉自行车。
【单程】dānchéng〈名〉一来或一去的行程(区别于"来回"):～车票。
【单传】dānchuán〈动〉❶几代相传都只有一个儿子:三世～。❷旧时指一个师傅所传授,不杂有别的流派:我的武功是法正长老～的。
【单纯】dānchún〈形〉❶简单纯一;不复杂:思想～|阅历～。❷片面;单一:不能～追求速度。
【单纯词】dānchúncí〈名〉只包含一个词素的词,如"羊"、"逃"、"大"、"盼咐"、"玻璃"、"徘徊"等。

【单刀直入】dān dāo zhí rù 比喻说话直截了当。

【单调】dāndiào〈形〉单一或重复而缺少变化：色彩～|生活～。

【单独】dāndú〈副〉不跟别的合在一起；独自：～外出。

【单方】dānfāng〈名〉民间流传的药方。

【单价】dānjià〈名〉商品的单位价格。

【单间】dānjiān〈名〉❶只有一间的屋子：～铺面。❷饭馆、旅馆内供单人或一起来的几个人用的小房间。

【单句】dānjù〈名〉不能分析成两个或两个以上的分句的句子（跟"复句"相区别）。

【单据】dānjù〈名〉收付款项或货物的凭据，如收据、发票、发货单、收支传票等。

【单枪匹马】dān qiāng pǐ mǎ 原指单身一人上阵交战，现比喻单独行动，没有旁人帮助。也说"匹马单枪"。

【单弱】dānruò〈形〉（身体）单薄；瘦弱。

【单身】dānshēn〈名〉没有家属或没有跟家属在一起生活的人：～汉|宿舍|～在外|大学毕业八年了，她还是～。

【单身贵族】dānshēn guìzú 指独身的成年人（多指比较年轻而且各方面条件比较优越的）。

【单身汉】dānshēnhàn〈名〉没有结婚或较长时间没有跟妻子一起生活的成年男子。

【单位】dānwèi〈名〉❶计量事物的标准量的名称，如厘米、秒、克分别为计量长度、时间、质量的单位。❷计算事物多少的标准量：～时间|～面积产量。❸指机关、团体或属于某个机关、团体的各个部门：直属～|事业～|中央～|附属～。

【单相思】dānxiāngsī〈动〉指男女间仅一方对另一方爱慕。

【单向】dānxiàng〈形〉指单一方向的：～选择|～行驶|～思维|人才不能～流动。

【单项】dānxiàng〈名〉单一的项目：体操～比赛。

【单行】dānxíng ❶〈形〉就单一事项而实行的（条例等）；仅在某个地方颁行和适用的（法规等）。❷〈动〉单独降临：祸不～。❸〈动〉向单一的方向行驶：～线|这条路只能～。❹〈动〉单独印刷发行：～本《呐喊》。

【单元】dānyuán〈名〉整体中自成段落、系统，自为一组的单位（多用于房屋、教材等）：～练习|～房|五号楼二～六室。

眈 dān[眈眈]〈形〉形容眼睛注视：虎视～（凶猛地注视）。

耽（*❶躭）dān〈动〉❶迟延：～搁|～误。❷沉溺；入迷：～于幻想。❸嗜好；喜爱：～儿盏酒。

【耽搁】（担搁）dānge〈动〉❶停留；暂住：去广州途中在郑州～了两天。❷拖延：～时间|这件事一天也不能～了。❸耽误；延误：庸医误诊，把他的病给～了。

【耽误】dānwu〈动〉因拖延或错过时机而误事。

【耽心】dānxīn 同"担心"。

郸（鄲）dān〈名〉❶郸城，地名，在河南。❷姓。

聃（*聸）dān 用于人名。老聃，即老子，春秋时楚国人。

殚（殫）dān〈动〉尽；竭尽：～心|～力|思极虑（用尽心思）。

【殚精竭虑】dān jīng jié lǜ 用尽精力，费尽心思。

瘅（癉）dān[瘅疟（nüè）]〈名〉中医指疟疾的一种，主要症状是发高烧、不打寒战等。
　　△另见 dàn。

箪（簞）dān〈名〉古代盛饭用的圆形竹器。

【箪食壶浆】dān sì hú jiāng《孟子·梁惠王上》："箪食壶浆以迎王师。"老百姓用箪盛着饭，用壶盛着汤来欢迎他们爱戴的军队。后用来形容正义的军队受到人民热烈欢迎的情况。

儋 dān〈名〉儋县，旧县名，在海南省海南岛西北部，今为儋州市。

═══ dǎn ═══

胆（膽）dǎn〈名〉❶胆囊，储存胆汁的囊状器官：赤～忠心。❷胆量：～识|～小如鼠。❸装在器物内部，可以容纳水、空气等的东西：球～|暖水瓶～。❹姓。

【胆敢】dǎngǎn〈动〉竟有胆量敢于（做某事）：敌人～进犯，定叫他有来无回。

【胆寒】dǎnhán〈形〉害怕。

【胆量】dǎnliàng〈名〉不怕危险的精神；勇气。

【胆略】dǎnlüè〈名〉勇气和谋略：～过人|～超群。

【胆怯】dǎnqiè〈形〉胆小；害怕；畏缩。

【胆识】dǎnshí〈名〉胆量和见识。

【胆战心惊】dǎn zhàn xīn jīng 形容非常害怕。也说"心惊胆战"。

备用词　浑身是胆　明目张胆　披肝沥胆　提心吊胆　亡魂丧胆　闻风丧胆　卧薪尝胆　一身是胆

疸 dǎn ❶[黄疸]〈名〉a) 病人的皮肤、黏膜和眼球的巩膜发黄的症状。b) 即黄锈病，大麦、小麦等的一种病害。❷[黑疸]〈名〉即黑穗病，麦子、高粱等的一种病害。

△另见 da。

掸(撣*撢) dǎn〈动〉用掸子或别的东西轻轻地抽或扫，去掉灰尘等：～灰尘|把桌子～干净|～掉衣服上的雪。

△另见 shàn。

赕(賧) dǎn〈动〉傣语。奉献：～佛(向庙宇捐献财物，求佛消灾赐福)。

亶 dǎn〈副〉实在；诚然。

△另见 dàn。

━━ dàn ━━

石 dàn(古书中读 shí，如"二千石"、"一万石"等)〈量〉容量单位，10 斗等于 1 石。

△另见 shí。

旦 dàn〈名〉❶天亮；早晨：～暮|～夕。❷(某一)天：元～|一～。❸戏曲中扮演妇女的角色，有青衣、花旦、老旦、刀马旦、武旦等区别。❹姓。

【旦旦】dàndàn ❶〈名〉天天。❷〈形〉诚恳的样子：信誓～(誓言诚恳可信)。

【旦暮】dànmù〈名〉早上或晚上，指很短的时间。

【旦日】dànrì〈名〉明天。

【旦夕】dànxī〈名〉❶早晨和晚上：～奉问起居。❷指很短的时间：危在～。

备用词　通宵达旦　枕戈待旦　坐以待旦

但 dàn ❶〈副〉a) 只：～凡|～愿如此。b) 只管；尽管：此系公室，～坐不妨。❷〈连〉a) 但是：他年龄虽小，～很懂事。b) 只是：～二月草虽芽，八月苗未枯，采者易辨识耳。c) 只要：～有，只顾卖来! ❸〈名〉姓。

【但凡】dànfán〈副〉凡是；只要是：～到过桂林的，无不为那里的秀丽山水所陶醉。

【但是】dànshì ❶〈连〉表示转折，引出跟上文相对立或限制、补充上文的意思，常与"虽然"、"尽管"等呼应：这鞋虽贵，质量确实好。❷〈副〉只是：她接着～一呜咽，说不出成句的话来。

备用词　不但　非但　岂但

担(擔) dàn ❶〈名〉担子：货郎～|勇挑重～。❷〈量〉重量单位，100 斤等于 1 担。❸〈量〉用于成担的东西：一～水|两～柴。

△另见 dān。

【担仗】dànzhàng〈名〉担子(多见于早期白话)。

【担子】dànzi〈名〉❶扁担和挂在两头的东西。❷比喻担负的责任。

诞(誕) dàn ❶〈动〉诞生：～辰。❷〈名〉生日：寿～|圣～。❸〈形〉荒唐的；不实在的；不合情理的：荒～|怪～。

【诞辰】dànchén〈名〉生日。

【诞生】dànshēng〈动〉❶(人)出生。❷比喻新事物的出现：1949 年 10 月 1 日，中华人民共和国～了。

备用词　华诞　圣诞　寿诞　放诞　怪诞　荒诞　夸诞　虚诞

疍 dàn[疍民]〈名〉水上居民的旧称。

莙 dàn 见[菡(hàn)莙]。

啖(*❶❷啗❶❷噉) dàn ❶〈动〉吃或给人吃：～饭|以枣～之。❷〈动〉拿利益引诱人：～以重利。❸〈名〉姓。

淡 dàn〈形〉❶液体或气体中所含的某种成分少；稀薄(跟"浓"相对)：～薄|～墨|天高云～。❷(味道)不浓，不咸：粗茶～饭|一杯～酒。❸(颜色)浅：～绿|～雅。❹冷淡；不热心：～泊|～漠。❺营业不旺盛：～月|～季。❻没意味的；无关紧要的：～话|扯～。❼〈名〉姓。

【淡泊】(澹泊) dànbó〈动〉不热衷于名利：明志|～处世。

【淡薄】dànbó〈形〉❶密度小：～的云层。❷冷淡；不亲密：人情～。❸模糊；记忆不真切：印象～。❹味道不浓：酒味～。

【淡出】dànchū〈动〉❶影视片的画面由清晰明亮逐渐变得模糊暗淡，以至完全消失，是摄影方法造成的一种效果，表示剧情发展中一个段落的结束(跟"淡入"相对)。❷比喻逐渐退出(某一领域、范围)：～演艺界|～社会活动。

【淡而无味】dàn ér wú wèi 食物味淡，没有滋味。

比喻事物不能引起人的兴趣。

【淡季】dànjì〈名〉营业不旺盛的季节或某种东西出产少的季节(跟"旺季"相对)。

【淡静】dànjìng〈形〉恬静;从容~。

【淡漠】dànmò〈形〉❶冷淡;不热情:反应~|态度~|~的神情。❷记忆模糊;印象不深:幼年时代的生活在记忆中久已~了。

【淡然】(澹然)dànrán〈形〉容不经心,不在意的样子:~一笑|~置之。

【淡入】dànrù〈动〉❶影视片的画面由黑暗模糊逐渐变得清晰明亮,以至完全显露,是摄影方法造成的一种效果,表示剧情发展中一个段落的开始(跟"淡出"相对)。❷比喻逐渐进入(某一领域、范围)。

【淡市】dànshì〈名〉交易清淡的市场形势(跟"旺市"相对):中式快餐在~中显示了强大的生命力。

【淡忘】dànwàng〈动〉淡漠以至于忘记。

【淡雅】dànyǎ〈形〉❶(颜色花样)素净雅致:色调~|陈设~。❷(花草等的香气)清淡:~的花香。

备用词　暗淡　惨淡　冷淡　平淡　清淡　素淡　恬淡

惮(憚)　dàn〈动〉怕:不~|肆无忌~。

弹(彈)　dàn〈名〉❶用弹弓发射的铁丸或泥丸:泥~|~丸。❷枪弹;炮弹;炸弹:手榴~|原子~|枪林~雨|荷枪实~。❸同"蛋"。

　　△另见tán。

【弹丸】dànwán〈名〉❶弹弓所用的铁丸、泥丸;枪弹的弹头。❷比喻地方狭小:~之地。

备用词　飞弹　流弹　炮弹　实弹　炸弹　投弹　饮弹　中弹　糖衣炮弹

蛋　dàn〈名〉❶鸟、龟、蛇等所产的卵:下~|鸡飞~打。❷形状像蛋的东西:脸~儿|山药~。

【蛋白质】dànbáizhì〈名〉天然的高分子有机化合物,由多种氨基酸组成。是构成生物体质的最重要部分,是生命的基础。旧称"朊"(ruǎn)。

备用词　笨蛋　坏蛋　浑蛋　混蛋　脸蛋　捣蛋　滚蛋　完蛋

氮　dàn〈名〉气体元素,符号N。植物营养的重要成分之一,可用来制造氨、硝酸和氮肥。

亶　dàn同"但"。
　　△另见dǎn。

瘅(癉)　dàn❶〈名〉由于劳累而得的病。❷〈动〉憎恨:彰善~恶。❸〈形〉盛:南方暑湿,近夏~热。
　　△另见dān。

澹　dàn〈形〉❶安静:~乎若深渊之静。❷同"淡"。
　　△另见tán。

【澹泊】dànbó　见【淡泊】。

【澹澹】dàndàn〈形〉水波动荡的样子:水何~,山岛竦峙。

【澹然】dànrán　见【淡然】。

—— dāng ——

当(當❿噹)　dāng❶〈形〉相称:相~|门~户对。❷〈动〉应当:~然|该~。❸〈介〉面对着;向着:~面说清楚|~众宣布。❹〈介〉正在(那时候、那地方):~场出丑。❺〈动〉担任:充~|~校长。❻〈动〉承当;承受:担~|~之无愧。❼〈动〉掌管;主持:~家|独~一面。❽〈动〉阻挡:螳臂~车|万夫不~之勇。❾〈名〉顶端:瓦~。❿〈拟〉形容金属器物撞击的声音:挂钟~~响了五下。⓫〈名〉姓。
　　△另见dàng。

【当差】dāngchāi❶〈动〉旧时指做小官吏或当仆人,也指服劳役。❷〈名〉旧时指男仆。

【当初】dāngchū〈名〉泛指从前或特指过去发生某件事情的时候:早知今日,悔不~。

【当代】dāngdài〈名〉目前这个时代:~文学。

【当道】dāngdào❶〈名〉路中间。❷〈动〉在路

中间,把路拦住:有狼~,人立而啼。❸〈动〉掌握政权(含贬义):权臣~。❹〈名〉指掌握政权的大官:郡之贤士大夫请于~。

【当红】dānghóng〈形〉(演员等)正走红:~艺人|~歌星。

【当机立断】dāng jī lì duàn 抓住时机,立即决断。

【当即】dāngjí〈副〉立刻;马上。

【当街】dāngjiē ❶〈动〉临街;靠近街道。❷〈名〉街上。

【当局】dāngjú〈名〉执政者,也指各级机关的领导者:军事~。

【当局者迷,旁观者清】dāng jú zhě mí,páng guān zhě qīng 比喻当事人往往因为对利害得失的考虑太多,认识不全面,反不及旁观的人看得清楚。

【当口儿】dāngkǒur〈名〉事情发生或进行的某一时刻。

【当年】dāngnián ❶〈名〉指过去的某一时间:想~|威风不减~。❷〈动〉指身强力壮的时期:他正~,有的是力气。
　　△另见 dàngnián。

【当然】dāngrán ❶〈形〉应当这样:理所~。❷〈副〉表示确认或肯定:他的条件~比你好。

【当仁不让】dāng rén bù ràng 指遇到应该做的事情,积极主动去做,不推辞。

【当日】dāngrì〈名〉当(dàng)时。
　　△另见 dàngrì。

【当时】dāngshí〈名〉指过去发生某件事情的时候:回忆~的情景。
　　△另见 dàngshí。

【当世】dāngshì〈名〉❶现今;当代。❷指权贵:不慕~。

【当头】dāngtóu ❶〈副〉正对着头:~挨了一巴掌。❷〈动〉(为难或不幸的事情)到了眼前:国难~。❸〈动〉放在首位:敢字~。
　　△另见 dàngtou。

【当头棒喝】dāng tóu bàng hè 原指佛教禅宗和尚接待来学的人的时候,常用棒一击或大声一喝,提出问题要对方不假思索立即回答,考验其对佛理领会的程度。后比喻促人醒悟的警告。

【当务之急】dāng wù zhī jí 当前急切应该办的事情。

【当先】dāngxiān〈动〉赶在最前面:一马~。

【当院】dāngyuàn 方言。〈名〉院子里。

【当之无愧】dāng zhī wúkuì 当得起某种称誉或称号等,而不用感到惭愧。

备用词　承当　充当　担当　该当　理当　应当　吊儿郎当　旗鼓相当

珰(璫) dāng〈名〉❶妇女戴在耳垂上的装饰品。❷指宦官。汉代宦官侍中、中常侍等的帽子上有黄金珰:内~(宦官)。

铛(鐺) dāng同"当"⑩。现在一般写作"当"。
　　△另见 chēng。

裆(襠) dāng〈名〉❶两条裤腿相连的部分:裤~。❷两条腿的中间:腿~|胯~。

筜(簹) dāng见[筼(yún)筜]。

═══ dǎng ═══

挡(擋*攩) dǎng ❶〈动〉拦住;抵挡:阻~|~驾。❷〈动〉遮蔽:遮~|山高~不住太阳。❸〈名〉遮挡用的东西:窗~|炉~。❹〈名〉排挡的简称:换~。❺〈名〉某些仪器和测量装置用来表明光、电、热等量的等级。
　　△另见 dàng。

【挡箭牌】dǎngjiànpái〈名〉盾牌,比喻推托或掩饰的借口。

备用词　抵挡　拦挡　遮挡　阻挡

党(黨) dǎng ❶〈名〉政党,在我国特指中国共产党:~员|入~。❷〈名〉由私人利害关系结成的集团:~徒|结党营私。❸〈动〉偏袒;祖护:~同伐异。❹〈动〉勾结:~豺为虐。❺〈名〉指亲族:父~|母~|妻~。❻〈名〉古代基层行政单位,以五百家为一党。❼〈名〉姓。

【党棍】dǎnggùn〈名〉指政党内依仗权势、作恶多端的人。

【党纪】dǎngjì〈名〉一个政党所规定的该党成员必须遵守的纪律:~国法。

【党魁】dǎngkuí〈名〉政党的首领(含贬义)。

【党派】dǎngpài〈名〉各政党或政党内各派别的统称。

【党同伐异】dǎng tóng fá yì 偏袒跟自己意见相同的,攻击跟自己意见不同的。原指学术上派别之间的斗争,后泛指一切集团之间的斗争。

【党务】dǎngwù〈名〉政党内部有关组织建设等的事务。

【党性】dǎngxìng〈名〉❶阶级性最高最集中的表现,不同的阶级或政党有不同的党性。❷特指共产党员的党性。

【党羽】dǎngyǔ〈名〉❶反动势力集团中除首领以外的人:剪除~。❷同伙。

备用词　会党　朋党　私党　死党　同党　异党　余党　政党

谠(讜)　dǎng〈形〉正直的(话):~言|~论。

— dàng —

当(當 * ❻❼儅)　dàng ❶〈形〉合宜;合适:恰~|适~|便~|精~。❷〈动〉抵得上:以一~十。❸〈动〉当作;看成:~真。❹〈动〉以为;认为:我~是谁,原来是你。❺〈代〉指事情发生的那个时间:~时|~夜|~年。❻〈动〉用实物作抵押向当铺借钱:~当(dàng)|~票。❼〈名〉指押在当铺里的实物:当|赎~。
　△另见 dāng。

【当年】dàngnián〈名〉本年内;同一年:~种,~收。
　△另见 dāngnián。

【当铺】dàngpù〈名〉专门收取抵押品而借款给人的铺子。

【当日】dàngrì〈名〉当(dàng)天。
　△另见 dāngrì。

【当时】dàngshí〈副〉就在那个时刻;立刻。
　△另见 dāngshí。

【当天】dàngtiān〈名〉当日;同一天:早点动身,~就可以赶回来。

【当头】dàngtou〈名〉指向当铺借钱时所用的抵押品。
　△另见 dāngtóu。

【当真】dàngzhēn ❶〈动〉信以为真:这是跟你开玩笑,别~。❷〈副〉确实;果然:此话~?

备用词　得当　的当　精当　恰当　切当　确当　适当　停当　妥当　稳当　允当　行当　家当　大而无当　直截了当

凼(* 氹)　dàng方言。〈名〉水坑;田地里沤肥的小坑:水~|粪~|~肥。

砀(碭)　dàng〈名〉砀山,地名,在安徽。

宕　dàng〈动〉❶拖延;延~|推~。❷放纵;不受约束:跌~。

垱(壋)　dàng方言。〈名〉为便于灌溉而筑的小土堤:筑~|挖塘。

挡(擋)　dàng见〖摒(bìng)挡〗。
　△另见 dǎng。

荡(蕩 *❶-❹❼❾盪)　dàng ❶〈动〉摇动;摆动:动~|~桨。❷〈动〉无事走来走去;闲逛:游~|流~。❸〈动〉洗:涤~|~涤。❹〈动〉全部搞光;清除:扫~|倾家~产。❺〈动〉放纵,行为不检点:放~|淫~|~妇。❻〈名〉浅水湖:芦花~。❼〈形〉平坦:坦~。❽〈名〉姓。

【荡涤】dàngdí〈动〉冲洗;清除。

【荡气回肠】dàng qì huí cháng 见〖回肠荡气〗。

【荡然】dàngrán〈形〉❶形容原有的东西全部失去:~无存。❷放纵的样子:~肆志。

【荡漾】dàngyàng〈动〉❶水波一起一伏地动:碧波~。❷飘荡起伏不定:春风~|歌声~。

备用词　波荡　动荡　浮荡　晃荡　回荡　飘荡　跳荡　震荡　浩荡　坦荡　放荡　浪荡　淫荡　逛荡　流荡　闲荡　游荡

档(檔)　dàng ❶〈名〉带格子的架子或橱,多用来存放案卷:归~。❷〈名〉档案:查~|调~。❸〈名〉器物上起支撑固定作用的木条或细棍:桌子的横~儿断了。❹〈名〉(商品、产品的)等级:~次|高~商品|低~材料。❺方言〈名〉货摊;摊档:鱼~|大排~。❻量词:这~事不用你管|花会有两~龙灯。❼〈名〉姓。

【档案】dàng'àn〈名〉机关内部分类保存的各种文件和材料:人事~|~资料。

【档期】dàngqī〈名〉指影视片上演或播出所占的时间段:排定~|延误~|商品上市的~|春节期间是贺岁片的最佳放映~。

备用词　存档　归档　断档　脱档　高档　低档　中档

砻　dàng见[莨(làng)砻]。

— dāo —

刀　dāo ❶〈名〉切、割、削、砍、铡的工具,一般用钢铁制成:菜~|铡~|铣~。❷〈名〉形状像刀的东西:冰~。❸〈名〉古代的一种钱币:~币。❹〈名〉小船:谁谓河广,曾不容~。❺〈量〉计算纸张的单位,通常为100张。❻〈名〉姓。

【刀笔】dāobǐ〈名〉古代在竹简上记事,用刀子刮去错字,因此把有关公文案卷的事叫作刀笔,后世多指诉状的事(多含贬义):~吏|长于~|~老手。

【刀兵】dāobīng〈名〉泛指武器,转指战事:~之灾。

【刀斧手】dāofǔshǒu〈名〉称执行斩刑的人(多见于旧小说、戏曲)。

【刀光剑影】dāo guāng jiàn yǐng 形容激烈厮杀或杀气腾腾的气势。

【刀山火海】dāo shān huǒ hǎi 比喻极危险和困难的地方。也说"火海刀山"。

【刀俎】dāozǔ〈名〉刀和砧板,原为宰割的工具,比喻宰割者或迫害者:人为~,我为鱼肉。

备用词　开刀　提刀　主刀　军刀　两肋插刀　两面三刀　笑里藏刀

叨 dāo 见下。
△另见 dáo;tāo。

【叨叨】dāodao〈动〉没完没了地说。

【叨登】dāodeng〈动〉❶翻腾:把箱子里的衣服~出来晒一晒。❷重提旧事:事情都已过去了,你还~什么呀!

【叨唠】dāolao〈动〉叨叨:她就爱为一点儿小事~个没完。

【叨念】dāoniàn〈动〉念叨。

备用词　唠叨　磨叨　念叨　数叨　絮叨

切 dāo [切切]〈形〉形容忧愁。

氘 dāo〈名〉氢的同位素之一,符号 D。原子核中有一个质子和一个中子。用于热核反应。也叫"重氢"。

魛(魛) dāo〈名〉古书上指身体形状像刀的鱼,如带鱼、鲚(jì)鱼等。

— dáo —

叨 dáo [叨咕]〈动〉小声絮叨。
△另见 dāo;tāo。

捯 dáo〈动〉❶两手替换着把线或绳子拉回或绕好:~线。❷追究:~根儿(追寻事情的根源)。

— dǎo —

导(導) dǎo〈动〉❶引导:~航|~游|倡~|先~。❷疏通:疏~。❸传导:~热|~电。❹开导:教~|诱~|训~。❺顺着;循着:批大郤,~大窾。❻渡水。❼

〈名〉姓。

【导播】dǎobō〈动〉组织和指导广播或电视节目的播出工作:~新闻|~任务|~节目。❷〈名〉担任导播工作的人:担任~。

【导火线】dǎohuǒxiàn〈名〉❶使爆炸物爆炸的引线。❷比喻直接促使事变爆发的事件。

【导师】dǎoshī〈名〉❶高等学校或研究机关中指导别人学习或进修的人员:博士生~。❷在革命事业中指示方向、掌握重大决策的人。

【导向】dǎoxiàng〈名〉所引导的方向:舆论~。

【导言】dǎoyán〈名〉学术论著的开头部分,一般说明全书主旨和内容等。

【导演】dǎoyǎn❶〈动〉组织和指导戏剧或电影的演出工作。❷〈名〉担任导演工作的人。

【导游】dǎoyóu❶〈动〉带领和指导别人游览:~图。❷〈名〉担任导游工作的人。

【导源】dǎoyuán〈动〉❶发源;起源:黄河~于青海。❷由某种事物发展而来:认识~于实践。

【导致】dǎozhì〈动〉引起:疏于管理,~经营亏损。

备用词　倡导　辅导　教导　开导　领导　劝导　疏导　向导　训导　引导　诱导　指导　前导　先导　主导　因势利导

岛(島*嶋) dǎo〈名〉❶海洋里被水环绕、面积比大陆小的陆地。也指湖里、江河里被水环绕的陆地:~屿|群~|列~|半~|~国(全部领土由岛屿组成的国家)。❷姓。

捣(搗*擣) dǎo〈动〉❶用棍子等的一端撞击:舂~蒜|~米。❷打进:直~匪巢。❸捶打:~衣。❹搅扰:~乱|~麻烦。

【捣鬼】dǎoguǐ〈动〉暗中使用诡计,进行搅扰或破坏。

【捣毁】dǎohuǐ〈动〉❶砸坏(建筑物或其中的器物)。❷用强大的力量击垮:~敌营。

【捣乱】dǎoluàn〈动〉❶扰乱;搞破坏活动。❷有意跟人找麻烦。

倒 dǎo〈动〉❶(人或竖立的东西)横躺下来:~塌|~伏|树~猢狲散。❷(事业)失败;垮台:打~|~台。❸转移;转换:~车|投机~把。❹腾挪:地方太小,~不开身儿。❺工商业因亏损等原因将设备、商品等全部出售,由别人继续经营:出~。

△另见 dào。

【倒败】dǎobài〈动〉(建筑物)倒塌;破败。

【倒闭】dǎobì〈动〉(企业)因亏本而停业。

【倒戈】dǎogē〈动〉在战争中投降敌人再反过来打自己人;临阵~。

【倒海翻江】dǎo hǎi fān jiāng 见【翻江倒海】。

【倒换】dǎohuàn〈动〉❶轮流替换:几种作物~着种|我们三人~着照顾病人。❷调换;交换:~次序|~麦种。

【倒霉】(倒楣)dǎoméi〈形〉遭遇不好;遇事不利。

【倒塌】dǎotā〈动〉(房屋等)倒下来:房屋~。

【倒头】dǎotóu〈动〉躺下:~便睡。

【倒卧】dǎowo 方言〈名〉因饥寒交迫而死于街头的人。

【倒运】dǎoyùn〈动〉❶从甲地贩运货物到乙地出卖,再把乙地货物贩运到甲地出卖:~粮食。❷〈形〉倒霉。

备用词 拜倒 倾倒 穷途潦倒 神魂颠倒

祷(禱) dǎo〈动〉❶祷告:祈~|祝~|默~。❷盼望(旧时书信用语):盼~|为~|是所~。

【祷告】dǎogào〈动〉向神祈求保佑。

【祷祝】dǎozhù〈动〉向神祷告祝愿,求神赐福。

蹈 dǎo〈动〉❶践踏;踩:~袭|重~覆辙|赴汤~火|循规~矩。❷跳动:舞~|手舞足~。

【蹈海】dǎohǎi〈动〉投海;跳到海里(自杀)。

【蹈藉】dǎojí〈动〉践踏。

【蹈袭】dǎoxí〈动〉沿袭;走别人走过的老路:~前人|~覆辙。

━━ dào ━━

到 dào❶〈动〉达于某一点;到达;达到:~期|~站。❷〈动〉往:~农村去。❸〈动〉用作动词的补语,表示动作有结果:看~|办得~。❹〈形〉周到:精~|面面俱~。❺〈名〉姓。

【到处】dàochù〈副〉各处;处处。

【到达】dàodá〈动〉到了(某一地点或某一阶段)。

【到底】dàodǐ❶〈动〉到尽头;到终点:坚持~。❷〈副〉a)表示经过种种变化或等待以后出现的情况:他~还是走了。b)毕竟(多用于强调原因):~还是年轻人干劲大|不管好不好,~是人家的一片心意。c)用在问句里,表示深究:你~是干什么的?

【到头来】dàotóulái〈副〉到末了儿;结果(多用于不好的或不希望发生的事):~弄得个人财两空。

备用词 报到 签到 独到 精到 老到 周到 面面俱到 新来乍到

帱(幬) dào〈动〉覆盖。
△另见 chóu。

倒 dào❶〈动〉上下颠倒或前后颠倒:~悬|~影|本末~置。❷〈形〉反面的;相反的:~贴|~打一耙。❸〈动〉使向相反的方向移动或颠倒:~退|~开|~车。❹〈动〉反转或倾斜容器,使里面的东西出来;倾倒:~茶|~垃圾。❺〈副〉a)表示跟意料相反:不想弟弟比哥哥高。b)表示事情不是那样,有反说的语气:你说得~容易。c)表示让步:我跟他~认识,就是不太熟。d)表示催促或追问,有不耐烦的语气:你~说呀!|哎,你~去不去呀!
△另见 dǎo。

【倒插门】dàochāmén〈动〉俗指男子到女家结婚并成为女家的家庭成员。

【倒计时】dàojìshí〈动〉从未来的某一时点往现在计算时间,用来表示距离某一期限还有多少时间(多含有时间越来越少,越来越紧迫的意思):~牌|工程已进入~阶段。

【倒算】dàosuàn〈动〉指地主向农民夺回由革命政权分给的土地和财产;反攻~。

【倒行逆施】dào xíng nì shī 做事违背社会正义和时代进步的方向。

【倒叙】dàoxù〈名〉文学作品的一种叙述方式,把后发生的事情写在前面,把先发生的事情写在后面。

【倒悬】dàoxuán〈动〉头向下脚向上地悬挂着,比喻处境异常困苦和危急:解民于~。

焘(燾) dào,又读 tāo〈动〉覆盖。

D

盗(＊盜) dào ❶〈动〉偷：～窃｜偷～｜监守自～。❷〈名〉强盗：～贼｜海～。

【盗猎】dàoliè〈动〉非法捕猎：禁止～国家保护动物。

【盗名欺世】dào míng qī shì 见〖欺世盗名〗。

【盗窃】dàoqiè〈动〉用非法的手段秘密地取得；偷取。

【盗印】dàoyìn〈动〉未经版权所有者同意而非法印制(出版物)：～畅销书。

【盗运】dàoyùn〈动〉非法运走；偷盗后运走：～木材｜～文物。

备用词　惯窃　强盗　失盗　偷盗　海淫　海盗　鸡鸣狗盗　监守自盗　开门揖盗

悼 dào ❶〈动〉悼念：追～｜～词。❷〈形〉悲伤：静言思之，躬自～矣。

【悼念】dàoniàn〈动〉怀念死者，表示哀痛。

备用词　哀悼　悲悼　伤悼　痛悼　追悼

道 dào ❶〈名〉路：铁～｜街～。❷〈名〉水流通行的途径：河～｜渠～｜下水～。❸〈名〉方向；方法；道理：门～｜志同～合。❹〈名〉道德：～义｜公～。❺〈名〉学术或宗教的思想体系：～统｜传～。❻〈名〉属于道教的；道教徒：～观｜～士(道教徒)｜～姑(女道士)。❼〈名〉指某些封建迷信组织：一贯～。❽〈名〉线条；细长的痕迹：画了两条横｜～儿。❾〈量〉a)用于江、河和某些长条形的东西：条：一～河｜一～红线。b)用于门、墙等：两～门｜三～防线。c)用于命令、题目等：一～命令｜十五～题。d)次：一～手续。❿〈量〉计量单位，即忽米。⓫〈名〉我国历史上行政区域的名称。在唐代相当于现在的省，清代和民国初年在省的下面设道。⓬〈名〉某些国家行政区域的名称。⓭〈动〉说：一语～破｜微不足～。⓮〈动〉用语言表示(情意)：～歉｜～谢。⓯〈动〉以为；认为：我～是谁呢，原来是你。⓰〈动〉取道；经由：从郦山下，～芷阳间行。⓱〈名〉姓。

【道别】dàobié〈动〉分手时打个招呼或说句话表示告别。

【道不拾遗】dào bù shí yí 见〖路不拾遗〗。

【道场】dàochǎng〈名〉和尚或道士做法事的场所，也指所做的法事。

【道德】dàodé ❶〈名〉社会意识形态之一，是人们共同生活及其行为的准则和规范：遵守公共～。❷〈形〉合乎道德的：随地吐痰是不～的行为。

【道行】dàoheng〈名〉❶僧道修行的功夫。❷比喻技能本领。

【道教】dàojiào〈名〉我国宗教之一，由东汉张道陵等创立，奉老子为教祖。

【道理】dàoli〈名〉❶事物的规律：科学～。❷事情或论点的是非得失的根据；理由：摆事实，讲～。❸情理：这样做在～上说不通。

【道路】dàolù〈名〉❶地面上供人或车马通行的部分。❷(陆地或水上)两地之间的通道。❸事物的发展或为人处世所遵循的途径。

【道貌岸然】dàomào ànrán 神态庄重严肃(多含讥讽意)。

【道歉】dàoqiàn〈动〉向人表示歉意或认错。

【道人】dàoren〈名〉❶对道士的尊称。❷古代也称佛教徒。❸方言。称佛寺中打杂的人。

【道台】dàotái〈名〉古代官名，清代道一级的官员。主管范围有按地区分的，如济南道；有按职务分的，如盐法道。

【道听途说】dào tīng tú shuō 从道路上听到，在道路上传说。泛指没有根据的传闻。

【道途】dàotú 路途。

【道学】dàoxué ❶〈名〉见〖理学〗。❷〈形〉形容迂腐，不知变通：～先生。

【道义】dàoyì〈名〉道德和正义。

备用词　地道　古道　故道　管道　轨道　航道　街道　渠道　隧道　索道　惨无人道　豺狼当道　大逆不道　夫子自道　横行霸道　胡说八道　津津乐道　康庄大道　离经叛道　鸣锣开道　旁门左道　生财有道　天公地道　头头是道　歪门邪道　微不足道　邪门歪道　羊肠小道　阳关大道　怨声载道　坐而论道

稻 dào〈名〉草本植物，籽实叫"稻谷"，去壳后叫"大米"。主要分水稻和陆稻两大类，通常指水稻。

纛 dào〈名〉古代军队里的大旗。

━ dē ━

嘚 dē〈拟〉形容马蹄踏地的声音:马蹄~~。
△另见 dēi。

━ dé ━

得 dé❶〈动〉得到(跟"失"相对):~宠|博~。❷〈动〉演算产生结果:二三~六。❸〈动〉适合:~体|相~益彰。❹〈形〉得意;满意:自~|心安理~。❺〈动〉完成:衣服明天就~。❻〈动〉用于结束谈话的时候,表示同意或禁止:~,就这么办。❼〈动〉用于情况不如意的时候,表示无可奈何:~,又写错了!❽〈动〉用在别的动词前面,表示许可:场内不~吸烟。
△另见 de;děi。

【得不偿失】dé bù cháng shī 所得到的抵偿不了所失去的。

【得逞】déchěng〈动〉(坏主意)得到实现;达到目的。

【得寸进尺】dé cùn jìn chǐ 比喻贪心大,不知满足。

【得当】dédàng〈形〉(说话、做事)恰当:措辞~|用人~。

【得过且过】dé guò qiě guò 过一天算一天,没有长远的打算。也指对工作不负责任,敷衍了事。

【得力】délì❶〈动〉得益;得到帮助:身体健康,~于平时的锻炼。❷〈形〉能干;有干才:~干将。❸〈形〉坚强有力:领导~。

【得陇望蜀】dé lǒng wàng shǔ 后汉光武帝刘秀下命令给岑彭,教他平定陇右(今甘肃一带)以后领兵南下,攻取西蜀(今四川一带),信中有"人苦不知足,既平陇,复望蜀"之句(见于《后汉书·岑彭传》)。后用"得陇望蜀"比喻贪得无厌。

【得胜回朝】dé shèng huí cháo 原指打了胜仗回到朝廷报功,后泛指胜利归来。

【得失】déshī〈名〉❶所得和所失:不顾个人~。❷指事情的成败、利弊或优劣:文章千古事,~寸心知。

【得手】déshǒu〈动〉(事情)做成功。

【得体】détǐ〈形〉得当;合适。

【得天独厚】dé tiān dú hòu 独具特殊的优越条件,也指所处的环境特别好。

【得无】déwú〈副〉❶莫非;该不会:反复自念,

~教我猎虫所耶? ❷能不;怎能不:迁客骚人,多会于此,览物之情,~异乎?

【得心应手】dé xīn yìng shǒu 心里怎么想,手里就能怎么做。形容技艺纯熟,运用自如。

【得以】déyǐ〈动〉能够;可以:由于全组同志的共同努力,这项任务才~完成。

【得意】déyì〈形〉称心如意:~忘形|自鸣~。

【得鱼忘筌】dé yú wàng quán《庄子·外物》:"筌者所以在鱼,得鱼而忘筌。"筌是用来捕鱼的,得到了鱼,就把筌忘掉了。比喻成功以后就忘了赖以成功的人或事物。

【得志】dézhì〈动〉志愿实现;遂心,达到目的:少年~。

【得中】dézhòng〈动〉科举时代应考人被录取。

【得罪】dézuì〈动〉❶冲撞了对方,招人不快或怀恨。❷客气话,表示冒犯、失礼。

备用词　博得　获得　取得　赢得　千虑一得　求之不得　唾手可得　心安理得　一举两得　罪有应得　扬扬自得

锝(鎝) dé〈名〉金属元素,符号 Tc。有放射性,是良好的超导体。

德(*惪) dé❶〈名〉道德;品行;品质:~行|品~|~高望重|~才兼备。❷〈名〉心意:一心一~。❸〈名〉恩惠:~政|以怨报~。❹〈动〉施恩:三岁贯女,莫我肯~。❺〈动〉感恩:然则~我乎? ❻〈名〉姓。

【德才兼备】dé cái jiānbèi 具备优秀的品德和较高的才能。

【德高望重】dé gāo wàng zhòng 道德高,名望重。

【德行】déxíng〈名〉道德和品行。

【德育】déyù〈名〉政治思想和道德品质的教育。

【德泽】dézhé〈名〉恩惠。

【德政】dézhèng〈名〉指对人民有利的政治措施或好的政绩。

备用词　道德　公德　美德　品德　恩德　功德　仁德　歌功颂德　离心离德　三从四德　同心同德　一心一德　以怨报德　感恩戴德

━ de ━

地 de〈助〉表示它前面的词或词组是状语:积极~工作|渐渐~走进了|历史~看问题|说不出~难过|天气渐渐~热起来了。
△另见 dì。

的 de〈助〉❶用在定语的后面。a)定语和中心词之间是一般的修饰关系:美丽~

家乡。b)定语和中心词之间是领属关系：人民～利益。❷用来构成没有中心词的"的"字结构，代替所指的人或事物：卖菜～｜爱吃辣～。❸用在陈述句末尾，常跟"是"呼应，表示肯定的语气：困难是吓不倒我们～。❹同"得"(de)。❺同"地"(de)。[注意]助词"的"在某些歌词、唱词或个别惯用语中，有时读dì。
△另见dī；dí；dì。

底 de 同"的"(de)①b)。
△另见dǐ。

得 de〈助〉❶用在动词后面，表示可能、可以：她去～，我也去～｜对于无理要求，我们一步也退让不～。[注意]否定式是"不得"：哭不～，笑不～｜他的话听不～。❷用在动词和补语中间，表示可能：拿～动｜办～到｜回～来｜过～去｜修理～好｜看～清楚。[注意]否定式是把"得"换成"不"：修理不好｜拿不动｜办不到。❸用在动词或形容词后面，连接表示结果或程度的补语：跑～喘不过气来｜写～非常好｜天气热～很。[注意]a)"得好"的否定式是"写得不好"。b)动宾结构带这类补语时，要重复动词，如"写字写得很好"，不说"写字得很好"。❹用在动词后面，表示动作已经完成(多见于早期白话)：出～门来。
△另见dé；děi。

腻 de，又读te 见[肋(lē)腻]。

═ dēi ═

嘚 dēi〈叹〉赶驴、骡前进的吆喝声。
△另见dē。

═ děi ═

得 děi ❶〈动〉需要：买台录像机～多少钱？❷〈动〉表示意志上或事实上的必要：要取得好成绩，就～努力学习。❸〈动〉表示揣测的必然：再不快走，准～迟到。❹方言〈形〉舒适；满意：玩儿的真～。
△另见dé；de。

═ dèn ═

扽(*揗) dèn〈动〉❶两头同时用力拉或一头固定而另一头用力拉：～～袖子。❷拉紧：～住绳子，别松手。

═ dēng ═

灯(燈) dēng〈名〉❶照明或做其他用途的发光的器具：电～｜红绿～｜探照～｜一盏～｜幻～。❷燃烧液体或气体用来对别的东西加热的器具：酒精～。❸俗称收音机等的电子管：五～收音机。❹〈名〉姓。

【灯红酒绿】dēng hóng jiǔ lǜ 形容奢侈糜烂的生活，也形容寻欢作乐的场景。

【灯火】dēnghuǒ〈名〉泛指亮着的灯：万家～｜～辉煌(形容夜晚灯光明亮的繁华景象)。

【灯谜】dēngmí〈名〉原指贴在灯笼上的谜语，后也指贴在墙上或挂在绳上的谜语。

【灯饰】dēngshì〈名〉用灯具做成的装饰；具有装饰作用的灯具：绚丽的～美化了城市夜景。

【灯塔】dēngtǎ〈名〉❶装有强光源的高塔，晚间指引船只航行。❷比喻指引人们前进方向的事物。

【灯箱】dēngxiāng〈名〉用玻璃等制成的、里面装有电灯的箱式标牌或广告设备。

【灯盏】dēngzhǎn〈名〉没有灯罩的油灯(总称)。

登 dēng〈动〉❶(人)由低处到高处(多指步行)：～山｜～车。❷刊登或记载：～报｜～记。❸(谷物)成熟：五谷丰～。❹同"蹬"(dēng)。❺〈名〉姓。

【登场】dēngcháng〈动〉(谷物)收割后运到场(chǎng)上。

【登场】dēngchǎng〈动〉(剧中人)出场：粉墨～。

【登第】dēngdì〈动〉登科。

【登峰造极】dēng fēng zào jí 攀登山峰到达最高处，比喻学问、技术等达到极高的境界。

【登基】dēngjī〈动〉帝王即位。也说"登极"。

【登极】dēngjí ❶〈动〉登上最高处：～远眺。❷

〈动〉登基。

【登科】dēngkē〈动〉科举时代称考取进士。

【登临】dēnglín〈动〉登山临水，泛指游览山水。

【登陆】dēnglù〈动〉❶渡过海洋或江河登上陆地，特指作战的军队登上敌方的陆地：～演习｜～作战｜台风～。❷比喻商品等打进某地市场：这种新型空调已经在上海市场～。

【登攀】dēngpān〈动〉攀登：世上无难事，只要肯～。

【登时】dēngshí〈副〉立刻。

【登堂入室】dēng táng rù shì 见〖升堂入室〗。

【登载】dēngzǎi〈动〉新闻、文章等在报纸刊物上印出来。

备用词 丰登 刊登 攀登 捷足先登

噔 dēng〈拟〉形容沉重的东西落地或撞击物体的声音：～～～地走上楼来。

镫（鐙）dēng ❶〈名〉古代盛肉食的器皿。❷同"灯"，指油灯。
△另见 dèng。

簦 dēng〈名〉❶古代有柄的笠。❷方言。笠。

蹬 dēng〈动〉❶腿和脚向脚底方向用力：～水车。❷踩；踏：～在窗台上擦玻璃。❸穿（鞋、裤等）：～上鞋。
△另见 dèng。

— **děng** —

等 děng ❶〈名〉等级：～次｜优～｜三六九～。❷〈量〉种；类：这～事｜此～人。❸〈动〉程度或数量上相同：～同｜相～。❹同"戥"。❺〈动〉等候；等待：～车。❻〈助〉a)用在人称代词或指人的名词后面，表示复数：我～｜尔～。b)表示列举未尽：云、贵、川～地｜笔、墨、纸、砚～文具。c)列举后煞尾：长江、黄河、黑龙江、珠江～四大河流。❼〈名〉姓。

【等次】děngcì〈名〉等级高低。

【等衰】děngcuī〈名〉等次。

【等待】děngdài〈动〉不采取行动，直到所期待的人、事物或情况出现。

【等而下之】děng ér xià zhī 由这一等再往下比。

【等量齐观】děng liàng qí guān 对有差别的事物同等看待。

【等闲】děngxián ❶〈形〉平常：～之辈｜红军不怕远征难，万水千山只～。❷〈副〉随便地；轻易地：莫～白了少年头，空悲切。❸〈副〉平白地；无缘无故地：～平地起波澜。

【等闲视之】děng xián shì zhī 把事情看得很

平常，表示不重视。

【等因奉此】děngyīn fèngcǐ 旧时公文中，"等因"用来结束所引来文，"奉此"用来引起下文。"等因奉此"泛指文牍，比喻例行公事，官样文章。

戥 děng〈动〉用戥子（称药或贵重物品的小秤）称东西：拿戥子～一～这点麝香有多重。也作"等"。

【戥子】děngzi〈名〉测定贵重物品或某些药品重量的小秤。构造和原理与杆秤相同，盛东西的部分是一个小盘子，旧时最大计量单位是两，小到分或厘。今以克为单位。

— **dèng** —

邓（鄧）dèng〈名〉姓。

【邓小平理论】dèng xiǎopíng lǐlùn 马克思列宁主义的基本原理同当代中国实践和时代特征相结合而形成的思想体系，是以邓小平为代表的中国共产党人在社会主义建设新时期对毛泽东思想的继承和发展，它阐明了建设有中国特色的社会主义的路线、方针、政策，是当代中国的马克思主义，是中国共产党集体智慧的结晶。

凳（*櫈）dèng〈名〉有腿没有靠背的坐具：方～｜长～｜竹～。

嶝 dèng〈名〉山上可以攀登的道。

澄 dèng〈动〉使液体里的杂质沉下去。
△另见 chéng。

【澄清】dèngqīng〈动〉使杂质沉淀，液体变清。
△另见 chéngqīng。

磴 dèng ❶〈名〉石头台阶。❷〈量〉用于台阶或楼梯：三～台阶。

瞪 dèng〈动〉❶用力睁大（眼）：目～口呆。❷睁大眼睛注视，表示不满意：～一眼。

镫（鐙）dèng〈名〉挂在鞍子两旁供脚蹬的东西，多用铁制成：马～。
△另见 dēng。

蹬 dèng〖蹭（cèng 蹬）〗〈动〉遭遇挫折。
△另见 dēng。

— **dī** —

氐 dī〈名〉❶我国古代民族，居住在今西北一带，东晋时曾建立前秦（在今黄河流域）、后凉（在今西北）。❷星宿名，二十八宿之一。

△另见 dí。

低 dī ❶〈形〉从下向上距离小；离地面近（跟"高"相对，下②③同）：～空｜高～杠。❷〈形〉在一般标准或平均程度之下：～潮｜贬～。❸〈形〉等级在下的：～档｜～年级。❹〈动〉（头）向下垂：～头。

【低潮】dīcháo〈名〉❶在潮的一个涨落周期内的最低潮位。❷比喻事物发展趋于低落、停滞的阶段。

【低沉】dīchén〈形〉❶云层厚而低：乌云～得几乎触着人们的头顶。❷气压低，沉闷：～潮湿的空气，使人异常烦躁。❸声音低抑，不高扬：哀乐～。❹情绪低落：士气～。

【低低切切】dīdīqièqiè 形容声音低微细小。

【低谷】dīgǔ〈名〉❶低湿的谷地。❷比喻事物运行过程中低落或低迷的阶段：用电～｜经济开始走出～。

【低回】(低徊) dīhuí ❶〈动〉徘徊(huái)；在堤边～。❷〈动〉留恋：～不忍离去。❸〈形〉回旋曲折：～的乐曲声。

【低级】dījí〈形〉❶初步的；形式简单的：～动物。❷庸俗的：～趣味(庸俗无聊的情趣)。❸(质量等)在一般水平以下的：你买这么～的糖，谁爱吃？

【低贱】dījiàn〈形〉❶低微下贱：出身～。❷贱；不值钱：价格～。

【低廉】dīlián〈形〉价钱便宜：造价～。

【低劣】dīliè〈形〉(质量)很差。

【低龄】dīlíng〈形〉年龄较小的(就一般标准来说)：～犯罪案件｜～老人(指六十岁至七十岁的老人)。

【低落】dīluò ❶〈动〉下降：价格～。❷〈形〉(情绪)消沉；不高涨：情绪～。

【低眉】dīméi〈动〉低着头：～信手续续弹，说尽心中无限事。

【低迷】dīmí〈形〉❶不振作；低落，多形容经济萧条，不景气：销售～｜～的市场。❷迷离；昏暗看不分明：烟雾～｜疏柳～。

【低三下四】dī sān xià sì ❶卑贱，低人一等。❷形容卑躬屈节没有骨气的样子。

【低声下气】dī shēng xià qì 形容说话或态度恭顺小心的样子。

【低首下心】dī shǒu xià xīn 形容屈服顺从的样子。

【低俗】dīsú〈形〉低级庸俗：格调～。

【低微】dīwēi〈形〉❶声音细小：～的呻吟。❷旧指出身或社会地位低下：出身～。

【低下】dīxià〈形〉❶在一般水平之下：生产水平～。❷(品质、格调等)低俗。

备用词　贬低　降低　眉眼高低　山高水低　手高手低　头高头低　眼高手低

的 dī〈名〉的士(小型载客出租车)，也泛指运营用的车；打～｜摩～(运营用的摩托车)。
△另见 dí；dì；de。

甗 dī〈名〉公羊。

堤(＊隄) dī〈名〉沿河或沿海防水的建筑物，多用土石等筑成：～坝｜～岸｜～路～。

【堤防】dīfáng〈名〉堤。

提 dī〈动〉义同"提"(tí)①，用于"提防"、"提溜"。
△另见 tí。

【提防】dīfang〈动〉❶小心防备。❷料想：不～遭刑宪，叫声屈动地惊天。

【提溜】dīliu 方言。〈动〉提(tí)。

碲(磾) dī 用于人名。金日碲，汉代人。

嘀 dī[嘀嗒](拟)形容水滴下或钟表摆动的声音。
△另见 dí。

滴 dī ❶〈动〉液体一点一点地向下落：～眼药｜～水成冰。❷〈名〉一点一点地向下落的液体：汗～｜泪～。❸〈量〉用于滴下的液体的数量：一～汗｜两～油。

【滴水穿石】dī shuǐ chuān shí 见〖水滴石穿〗。

镝(鏑) dī〈名〉金属元素，符号 Dy。是稀土元素之一。
△另见 dí。

━━ dí ━━

狄 dí〈名〉❶我国古代称北方的民族。❷姓。

迪（*廸）dí〈动〉❶开导;引导:启～|训～。❷〈名〉姓。

的 dí〈形〉真实;实在:～确|～当。
△另见 de;dì。

【的当】dídàng〈形〉合适;恰当:评语～。

【的的】dídí〈形〉❶明白;昭著。❷的确;实在。

【的确】díquè〈副〉完全确实;实在:这～是他的笔迹。

籴（糴）dí〈动〉买进(粮食)(跟"粜"相对):～谷|平～。

获 dí〈名〉❶草本植物,形状像芦苇,生长在水边。茎可以编席。❷姓。

敌（敵）dí❶〈名〉有利害冲突而不能相容的人或事物:～人|～国|仇～|天～|克～制胜。❷〈动〉对抗;抵挡:寡不～众|所向无～。❸〈动〉攻击:腹背受～。❹〈形〉(力量)相等:匹～|势均力～。

【敌害】díhài〈名〉指危害别的生物的动物。

【敌寇】díkòu〈名〉敌人;侵略者。

【敌情】díqíng〈名〉敌人的情况,特指作战中敌人对我方采取行动的情况。

【敌视】díshì〈动〉当作敌人相看待:～态度。

【敌手】díshǒu〈名〉力量可以相抗衡的对手:棋逢～。

【敌伪】díwěi〈名〉指我国抗日战争时期日本侵略者、汉奸及其政权。

【敌意】díyì〈名〉仇视的情绪:充满～。

备用词 仇敌 公敌 劲敌 情敌 死敌 宿敌 天敌 外敌 顽敌 政敌 通敌 轻敌 腹背受敌 功力悉敌 如临大敌 势均力敌 所向无敌

涤（滌）dí❶〈动〉洗:～除|洗～|荡～。❷〈动〉打扫;扫除:十月～场。❸〈名〉姓。

【涤荡】dídàng〈动〉洗涤;清除。

笛 dí〈名〉❶我国的横吹管乐器,用竹了制成。也叫"横笛"。❷响声尖锐的发音器:汽～|警～|鸣～。

觌（覿）dí〈动〉见;相见:～面(见面;当面)。

嘀（*啲）dí[嘀咕]〈动〉❶小声说:私下里嘀～。❷猜疑;犹疑:心里直犯～。
△另见 dí。

嫡 dí❶〈名〉宗法制度下指家庭的正支(跟"庶"相对):～出(妻子所生,区别于姜所生)|～母|～长(zhǎng)子。❷〈形〉家族中血统近的:～亲。❸〈形〉正宗;正统:～派|～传|

～系。

【嫡传】díchuán〈动〉嫡派相传(表示正统)。

【嫡系】díxì〈名〉❶宗法制度下指家族的正支:～后裔。❷一线相传的派系;亲近的派系:～部队。

翟 dí〈名〉❶古书上指长尾的野鸡。❷姓。
△另见 zhái。

镝（鏑）dí〈名〉箭头;锋~|鸣～。
△另见 dí。

蹢 dí〈名〉古书上指蹄子:有豕白～。
△另见 zhí。

━━ dǐ ━━

氐 dǐ〈名〉根本。
△另见 dī。

邸 dǐ❶〈名〉高级官员的住所:官～|私～|府～。❷〈名〉旅店:客～。❸〈动〉止;到:～余车分方林。❹〈名〉姓。

【邸报】dǐbào〈名〉古代的一种政府公报,登载诏令奏章等,最初靠抄写流传,明末始有活字邸报。

诋（詆）dǐ〈动〉说坏话;骂:～毁|丑～(辱骂)。

【诋毁】dǐhuǐ〈动〉毁谤;污蔑。

【诋訾】dǐzǐ〈动〉毁谤;非议。

坻 dǐ[宝坻]〈名〉地名,在天津。
△另见 chí。

抵（*❷牴❷觝）dǐ〈动〉❶支撑;把门～住。❷用角顶:～触。❸抵挡;抵抗:～制|～御。❹抵偿:～命。❺抵押:用房屋做～。❻抵消:将功～罪|收支相～。❼相当;能代替:一个～俩。❽抵达;到:～京。❾掷:帝得疏,大怒,～之地。

【抵偿】dǐcháng〈动〉用相当的代价作为赔偿或补偿。

【抵充】dǐchōng〈动〉(用价值相等的事物)代替;充当。

【抵触】dǐchù〈动〉❶跟另一方有矛盾:～情绪。❷顶撞;触犯:～官长。

【抵达】dǐdá〈动〉到达:安全～目的地。

【抵挡】dǐdǎng〈动〉挡住压力;抵抗:来势凶猛,恐难～。

【抵抗】dǐkàng〈动〉抗击;用力量制止对方的进攻。

【抵赖】dǐlài〈动〉硬不承认所犯过失或罪行:百般～。

【抵事】dǐshì〈形〉顶事;中用(多用于否定式)。

【抵牾】dǐwǔ〈动〉抵触;矛盾。

【抵御】dǐyù〈动〉抵挡;抵抗:~外族侵略|~风沙袭击。

【抵制】dǐzhì〈动〉阻止,不使侵入或发生作用。

底 dǐ❶〈名〉物体的最下部分:~牌|~肥|锅~|无~洞。❷〈名〉事情的根源或内情:~细|根~。❸〈名〉底子;草稿:~本|~稿。❹〈名〉(年和月的)末尾:年~|月~。❺〈名〉花纹图案的衬托面:白~红花。❻〈动〉达到:终~于成。❼〈代〉何;什么:~处|~事。❽〈名〉姓。
△另见 de。

【底版】dǐbǎn〈名〉底片。

【底层】dǐcéng〈名〉❶建筑物地面上最底的一层,泛指事物最下面的部分:大楼的~是商店。❷社会、组织等的最低阶层:生活在社会的~。

【底货】dǐhuò〈名〉指积压或过时的货物。

【底里】dǐlǐ〈名〉底细:不知~。

【底牌】dǐpái〈名〉❶扑克牌游戏中留在最后亮出来的牌。❷比喻内情:摸清对方~,再考虑如何行动。❸比喻留着最后使用的最强力量:不到万不得已,别打这张~。

【底片】dǐpiàn 也叫"底版"。〈名〉❶负片的通称。❷没有拍摄过的胶片。

【底气】dǐqì〈名〉❶指人体的呼吸量:~不足,爬到第三层就气喘了|他~足,唱起歌来嗓音非常洪亮。❷泛指气力或劲头:看到新一代的成长,教师们干工作的~更足了。

【底细】dǐxì〈名〉❶(人或事情的)根源;内情。❷详细的内容。

【底下人】dǐxiàrén〈名〉旧指仆人。

【底限】dǐxiàn〈名〉同"底线"❷。

【底线】dǐxiàn〈名〉❶足球、篮球、排球、羽毛球等运动场地两端的界线。❷指最低的条件;最低的限度:价位~|谈判~|道德~。也作"底限"。❸暗藏在对方内部刺探情报或进行其他活动的人;内线。

【底薪】dǐxīn〈名〉❶过去物价不稳定时的计算工资的基数。有的在这基数之外另加津贴,成为实际的工资。有的根据当时若干种主要生活必需品的物价指数,对基数加以调整,折算实际的工资。❷工资中除补贴、津贴及奖励以外的基本部分。

【底蕴】dǐyùn〈名〉事情的详细内容;内情:深知其中~。

备用词 彻底 到底 根底 功底 谜底 心底 眼底 交底 揭底 露底 摸底 归根结底 寻根究底 伊于胡底 追根究底

柢 dǐ〈名〉树根:根深~固。

砥 dǐ,旧又读 zhǐ〈名〉细的磨刀石:~砺。

【砥砺】dǐlì❶〈名〉泛指磨刀石。❷〈动〉磨炼:~革命意志。❸〈动〉勉励:互相~。

骶 dǐ〈名〉腰部下面尾骨上面的部分。

━━ **dì** ━━

地 dì〈名〉❶地球;地壳:~层|~震。❷陆地:~势|山~|~盆。❸土地;田地:~亩|~荒。❹地面:水泥~|瓷砖~。❺地面下:~雷|~道。❻地区:~域|内~。❼地点:目的~|仓库重~。❽地位:设身处~。❾地步:预为之~。❿花纹或文字的衬托面:白~红花儿。⓫路程:两站~|二十里~。
△另见 de。

【地板革】dìbǎngé〈名〉铺地面用的人造革,有各种图案花纹,坚固耐磨。

【地板砖】dìbǎnzhuān〈名〉用来铺室内地面的地砖。

【地保】dìbǎo〈名〉清朝和民国初年在地方上为官府办差的人。

【地步】dìbù〈名〉❶处境;景况(多指不好的):真没想到他会落到这个~!|她喜欢剧到了入迷的地步!❷达到的程度:他兴奋得到了不能入睡的~。❸余地:留~。

【地磁】dìcí〈名〉地球所具有的磁性。在不同的地点和时间会有变化,并在其周围空间形成磁场。罗盘指南和磁力探矿都是地磁的利用。

【地大物博】dì dà wù bó 土地广大,物产丰富:我国~,人口众多。

【地带】dìdài〈名〉具有某种性质或特征的一片地方:沙漠~|危险~。

【地道】dìdào〈名〉地下挖成的交通坑道:~战。

【地道】dìdao〈形〉❶真正的;纯粹:他的普通话说得很~。❷真正是有名产地出产的:~药材。❸(工作、活儿等)实在;够标准:这活儿干得真~。

【地动】dìdòng〈动〉地震。

【地方】dìfāng〈名〉❶中央以下各级行政区划

的统称(跟"中央"相对):~政府|这项大工程有中央投资,也有~投资。❷本地;当地:外来干部和~干部要搞好团结。

【地方】dìfang〈名〉❶某一区域;面积;部位:遥远的~|房子~大|什么~疼? ❷部分;方面:这话也有对的~。

【地方税】dìfāngshuì〈名〉按照税法规定属于地方税务部门征收管理的税种。如个人所得税、城镇土地使用税、农牧业税等。简称"地税"。

【地方戏】dìfāngxì〈名〉产生在某一地区,用当地方言演唱,具有乡土色彩的剧种,如汉剧、湘剧、川剧、越剧等。

【地方志】dìfāngzhì〈名〉方志。

【地府】dìfǔ〈名〉迷信的人指人死后灵魂所在的地方。

【地价】dìjià〈名〉❶土地的价格。❷指极低的价格(跟"天价"相对):卖主要的是天价,买主给的是~。

【地老天荒】dì lǎo tiān huāng 见〖天荒地老〗。

【地理】dìlǐ〈名〉❶指山川、气候等自然环境及物产、交通、居民点等社会经济因素的总的情况。❷地理学。

【地量】dìliàng〈名〉指最低的数量:昨天成交量已减少至二十八亿元,接近年内~二十五亿元。

【地面】dìmiàn〈名〉❶地的表面;陆地:~凹陷|~部队。❷地区(多指行政区域):先头部队已经进入江苏~。❸当地:他在~儿上很有名望。❹建筑物的地上铺的一层东西:水磨石~。

【地盘】dìpán〈名〉占有或控制的地方;势力范围。

【地皮】dìpí〈名〉❶供建筑房屋等用的土地。❷地的表面:雨过~湿。

【地痞】dìpǐ〈名〉地方上的无赖。

【地平线】dìpíngxiàn〈名〉向水平方向望去,天跟地相接的线。

【地球】dìqiú〈名〉太阳系九大行星之一,是个不规则的扁球体,周围有大气层包围着。表面是陆地和海洋,有人类和动植物等生存。表面积为 5.1×10^{14} 米^2,质量为 5.98×10^{24} 千克。有一个卫星(月球)。

【地球村】dìqiúcūn〈名〉随着科学技术的进步和交通、信息业的发展,地球上生活的人类感到彼此的距离大大缩短,地球似乎就像一个村庄那样联系紧密,所以把地球叫作"地球村"。

【地区】dìqū〈名〉❶较大范围的区域:沿海~|西部~|多山~|这个~最适宜种小麦。❷我国省、自治区设立的行政区域,一般包括若干县、市。旧称"专区"。❸指一国中在特定情况下单独参加某些国际活动的地方行政区域。如我国的香港、澳门地区。❹指未获得独立的殖民地、托管地等。

【地势】dìshì〈名〉地面高低起伏的形势:~险要|~平坦。

【地税】dìshuì〈名〉地方税的简称。

【地摊】dìtān〈名〉在地上陈列货物出卖的摊子:摆~儿。

【地位】dìwèi〈名〉❶个人或集团在社会关系中所处的位置:国际~。❷某事物在整个事物中所占的位置。❸人或物所占的地方;位置。

【地物】dìwù〈名〉分布在地面上的居民点、道路、水利工程建筑等固定性物体,军事上特指战地的树木、建筑物等。

【地下】dìxià❶〈名〉地面以下;地层内部:~水|~铁道。❷〈形〉秘密活动的;不公开的:~工作。

【地下】dìxia〈名〉地面上;针掉在~了。

【地形】dìxíng〈名〉地面起伏的形状,一般地形有平原、山地、丘陵、盆地、高原等。军事上特指战地的山脉、河流、湖泊等。

【地狱】dìyù〈名〉❶某些宗教指人死后灵魂受折磨的地方(跟"天堂"相对)。❷比喻黑暗悲惨的生活境地。

【地域】dìyù〈名〉❶指范围相当大的一片地方。❷方地(指本乡本土):~观念。

【地缘】dìyuán〈名〉由地理位置上的联系而形成的关系:~政治|~文化。

【地震】dìzhèn❶〈名〉地壳的震动。❷〈动〉发生地震。

【地支】dìzhī〈名〉子、丑、寅、卯、辰、巳、午、未、申、酉、戌、亥的总称。传统用作表示次序的符号。也叫"十二支"。参看〖干支〗。

【地主】dìzhǔ〈名〉❶占有土地,自己不劳动,依靠出租土地剥削农民为主要生活来源的人。❷指住在本地的人(对外地来的客人而言):略尽~之谊。

【地砖】dìzhuān〈名〉专门用来铺地的砖,多为方形,表面有色彩和图案,品种较多。

备用词 耕地 基地 境地 林地 领地 陆地 胜地 圣地 属地 天地 田地 营地 湿地 高地

余地　园地　阵地　质地　见地　心地　忽地　霍地　立地　蓦地　倏地　别有天地　冰天雪地　不毛之地　出人头地　弹丸之地　顶天立地　翻天覆地　改天换地　肝脑涂地　攻城略地　呼天抢地　花天酒地　欢天喜地　昏天黑地　脚踏实地　惊天动地　经天纬地　开天辟地　立锥之地　幕天席地　设身处地　斯文扫地　死心塌地　威信扫地　五体投地　一败涂地　战天斗地

弟 dì〈名〉❶弟弟；胞～｜堂～｜兄～姐妹。❷亲戚或某种关系中同辈而年纪比自己小的男子：表～｜妻～｜内～｜师～。❸朋友相互间的谦称：贤～｜小～。❹古通"第"。❺古通"悌"(tì)。❻姓。

【弟子】dìzǐ〈名〉学生；徒弟。

备用词　表弟　内弟　徒弟　兄弟　子弟　称兄道弟　膏粱子弟　难(nán)兄难(nán)弟　难(nàn)兄难(nàn)弟　纨绔子弟

的 dì❶〈名〉箭靶的中心：目～｜鹄(gǔ)｜无～放矢｜众矢之～｜一语破～。❷〈形〉鲜明的样子：朱唇～其若丹。
△另见 de；dī；dí。

帝 dì❶〈名〉宗教徒或神话中称宇宙的创造者和主宰者：上～｜玉皇大～。❷君主；皇帝：～王｜～国｜称～｜三皇五～。❸帝国主义的简称：反～斗争。❹姓。

【帝都】dìdū〈名〉帝王所居的城。也叫"帝京"。

【帝国主义】dìguó zhǔyì ❶资本主义发展的最高阶段。它的基本特征是垄断代替了自由竞争，形成金融寡头的统治。❷指帝国主义国家。

【帝京】dìjīng〈名〉帝都。

【帝君】dìjūn〈名〉对地位较高的神的称呼，如文昌帝君。

【帝室】dìshì〈名〉皇帝的家族。

【帝王】dìwáng〈名〉指君主国的最高统治者：封建～。

【帝制】dìzhì〈名〉君主专制政体：推翻～。

【帝子】dìzǐ〈名〉帝王的子女。

递(遞) dì〈动〉❶传送；传递：～交｜～送｜～投｜～寄｜～呈｜～国书｜给他～了个眼色。❷顺次：～升｜～补｜～减。

【递补】dìbǔ〈动〉顺次补充：委员出缺，由候补委员～。

【递加】dìjiā〈动〉递增。

【递减】dìjiǎn〈动〉一次比一次减少：随着劳动生产率的逐步提高，产品的成本也随着～。

【递降】dìjiàng〈动〉一次比一次降低：改进工艺，使原材料消耗逐月～。

【递交】dìjiāo〈动〉当面送交：～本人｜～国书。

【递进】dìjìn〈动〉❶按一定顺序推进：寒暑～｜由浅入深，逐层～。❷修辞手法，按大小轻重本末先后等一定的次序，对两种或两种以上的事物依次层层推进。

【递升】dìshēng〈动〉一次比一次升高。

【递送】dìsòng〈动〉送(公文、信件等)：投递；～邮件｜～情报。

【递增】dìzēng〈动〉一次比一次增加：逐年～｜产销两旺，税利～。

娣 dì〈名〉❶古时妇人称丈夫的弟妇为"娣"，丈夫的嫂为"姒"(sì)：～姒(妯娌)。❷古时姐姐称妹妹为"娣"。

苐 dì〈名〉古书上指莲子。

第 dì❶词缀，用在整数的数词的前面，表示次序，如第一、第五。❷〈名〉次序；等级：等～｜次～｜品～。❸〈名〉科第：及～｜落～。❹〈名〉封建社会中官僚的大宅子：府～｜宅～｜门～。❺〈副〉a)仅；只；只是：此人可方比干，～朕非纣耳。b)只管；尽管：君～重射，臣能令君胜。❻〈连〉但是。❼〈名〉姓。

【第二产业】dì èr chǎnyè 指工业(包括采掘业、制造业、自来水、电力、蒸汽、热水、煤气)和建筑业。

【第二次国内革命战争】dì èr cì guónèi gémìng zhànzhēng 1927 年－1937 年中国人民在中国共产党领导下反对国民党反动统治的战争。这期间，党领导人民在许多省份开辟了农村根据地，实行了土地改革，成立了工农民主政府，建立了中国工农红军，多次粉碎了国民党反动派的"围剿"，胜利地进行了二万五千里长征。也叫"土地革命战争"。

D

【第二次世界大战】dì èr cì shìjiè dàzhàn 1939 年－1945 年法西斯国家德国、意大利、日本发动的世界规模的战争。这次战争从 1931 年日本侵占我国东北起开始酝酿，到 1939 年德国进攻波兰，英、法对德宣战而正式爆发。全世界人民的反法西斯斗争和中、苏、美、英、法等国结成的反法西斯联盟，最后取得胜利。

【第二次鸦片战争】dì èr cì yāpiàn zhànzhēng 1856 年－1860 年英、法等国对我国发动的侵略战争。第二次鸦片战争使我国继鸦片战争之后又一次大量丧失领土主权。

【第二课堂】dì èr kètáng ❶指有利于学生全面发展的有组织的课外活动：开辟～，让学生通过社会实践增长才干。❷指职业教育或成人教育。

【第二世界】dì èr shìjiè 见〖第三世界〗。

【第二性征】dì èr xìngzhēng 副性征。

【第二职业】dì èr zhíyè 指职工在本职工作以外所从事的收取报酬的工作。

【第三产业】dì sān chǎnyè 通常指为生活、生产服务的行业，如商业、餐饮业、修理业、旅游业、市内客运、货运、金融、保险、通信、信息、咨询、法律事务、文化教育、科学研究事业等。

【第三次国内革命战争】dì sān cì guónèi gémìng zhànzhēng 1946 年－1949 年中国人民在中国共产党领导下反对国民党反动派的战争。这次战争消灭了八百万国民党军队，推翻了国民党在大陆的反动统治，解放了全国绝大部分土地，完成了新民主主义革命，成立了中华人民共和国，并把帝国主义势力赶出中国大陆。也叫"解放战争"。

【第三世界】dì sān shìjiè 指亚洲、非洲、拉丁美洲以及其他地区的发展中国家（总称）。第一世界指超级大国，第二世界指处在超级大国和发展中国家之间的发达国家（总称）。

【第三者】dìsānzhě 〈名〉❶当事双方以外的人或团体。❷特指插足于他人家庭，跟夫妇中的一方有不正当的男女关系的人：～插足。

【第三状态】dì sān zhuàngtài 亚健康。因亚健康是处于健康与疾病之间的状态，所以叫"第三状态"。

【第一】dìyī 〈数〉❶排在最前面的：他考了～名。❷指最重要：百年大计，质量～。

【第一把手】dì yī bǎ shǒu 领导班子中居于首位的负责人。

【第一产业】dì yī chǎnyè 指农业（包括林业、牧业、渔业等）。

【第一次国内革命战争】dì yī cì guónèi gémìng zhànzhēng 1924 年－1927 年中国人民反对帝国主义、封建军阀的革命战争。1923 年中国共产党确立了与中国国民党建立革命统一战线的方针。1924 年孙中山确定了联俄、联共、扶助农工三大政策，改组国民党，创建了共产党参与领导的黄埔军校，组建了革命军队即国民革命军。1926 年国民革命军从广东出师北伐，很快发展到长江流域。全国的工人和农民革命运动迅猛发展。1927 年国民党右派勾结帝国主义在上海和武汉发动反革命政变，第一次国内革命战争失败。

【第一次世界大战】dì yī cì shìjiè dàzhàn 1914 年－1918 年帝国主义国家为了重新瓜分殖民地和争夺世界霸权而进行的第一次世界规模的战争。参战的一方是德国、奥匈帝国等，称为"同盟国"；另一方是英、法、俄、美等，称为"协约国"。中国后来也加入了协约国。最后同盟国失败。

【第一次鸦片战争】dì yī cì yāpiàn zhànzhēng 见〖鸦片战争〗。

【第一夫人】dì yī fūrén 某些国家称国家最高领导人的妻子。

【第一时间】dì yī shíjiān 指距事情发生后最近的时间：抢在～赶到火灾现场。

【第一世界】dì yī shìjiè 见〖第三世界〗。

【第一手】dìyīshǒu 〈形〉亲自实践、调查得来的；直接得来的：～材料｜～知识。

【第一线】dìyīxiàn 〈名〉指直接从事生产、工作、科研等的地方或岗位：战斗在抗洪抢险的～。

谛（諦）dì ❶〈形〉仔细（看或听）：～听｜～视。❷〈名〉道理（原为佛教用语）：真～｜妙～。

靮 dì 〈名〉马缰绳：食干糗(bèi)，整靮～。

蒂(*蔕) dì 〈名〉瓜、果等跟茎、枝相连的部分：并～莲｜瓜熟～落｜根深～固。

棣 dì ❶[棣棠]〈名〉灌木，花黄色，可供观赏。❷[棠棣]〈名〉古书上说的一种植物。❸同"弟"（多用于书信）：贤～。

睇 dì 〈动〉斜着眼看：～视。

缔（締）dì 〈动〉❶结合；订立：～结｜～约。❷限制；约束：取～。

【缔交】dìjiāo〈动〉❶朋友订交。❷缔结邦交。

【缔结】dìjié〈动〉订立(条约、协定等):～友好条约｜～贸易协定。

碲 dì〈名〉非金属元素,符号 Te。用来制造合金。

蹄 dì〈动〉踢;踏(用于兽类)。

— diǎ —

嗲 diǎ 方言。〈形〉❶形容撒娇的声音或姿态:～声～气。❷好;优异:滋味真～!

— diān —

掂(*敁) diān〈动〉用手托着东西上下晃动来估量轻重:～量｜～一～这只手镯有多重。

【掂掇】diānduo〈动〉❶斟酌:这事你～着办吧。❷估量:我～着这么干也行许。

【掂斤播两】diān jīn bō liǎng 比喻过分计较小事。也说"掂斤簸(bǒ)两"。

【掂量】diānliang〈动〉❶掂:你～～这有多重。❷斟酌;权衡:我～着,这事非这么办不可。

滇 diān〈名〉云南的别称:～红(云南出产的红茶)｜～剧。

颠(顛) diān❶〈名〉头顶:华～(头顶上黑白发相间)。❷〈名〉高而直立的东西的顶:山～｜树～。❸〈名〉起início;开头:～末(自始至终的经过)。❹〈动〉颠簸:路不平,车～得厉害。❺〈动〉跌落;倒下来:～覆｜～倒｜～扑不破。❻〈动〉跳起来跑;跑:连跑带～｜跑跑～～。❼同"癫":～狂!

【颠踬】diānbó〈动〉跌倒;仆倒。

【颠簸】diānbǒ〈动〉上下震荡;小半稳。

【颠倒】diāndǎo❶〈动〉上下或前后跟原有的或应有的位置相反。❷〈动〉错乱;失常:神魂～。❸〈副〉反复:如若仍前作恶,这咒语～就念二十遍。❹〈副〉反倒:你～问! 我等是小本经营,哪里有钱与你!

【颠倒黑白】diāndǎo hēibái 把黑的说成白,白的说成黑。比喻混淆是非。

【颠倒是非】diāndǎo shìfēi 把对的说成不对,不对的说成对。

【颠覆】diānfù〈动〉❶采取阴谋手段从内部推翻一个国家的合法政府。❷倾倒;倾覆:避免了一场列车～事故。

【颠沛流离】diān pèi liú lí 生活艰难,四处

流浪。

【颠扑不破】diān pū bù pò 怎么摔打都不破,比喻理论等正确,永远不会被驳倒。

【颠三倒四】diān sān dǎo sì 形容说话、做事错乱,无次序。

【颠踬】diānzhì〈动〉倾跌;摔倒。

巅(巔) diān〈名〉山顶:～峰｜高山之～。

癫(癲) diān〈动〉精神错乱:～狂｜痴～｜疯～｜听说他已～了。

【癫狂】diānkuáng〈形〉❶由精神病引起的言语或行动异常。❷言谈举止轻佻;不庄重。

【癫痫】diānxián〈名〉由脑部疾患或脑外伤等引起的一种病,发作时突然昏倒,全身痉挛,有的口吐白沫。通称"羊痫风"、"羊角风"。

攧 diān〈动〉跌;摔。

— diǎn —

典 diǎn❶〈名〉标准;法则:～范｜～型。❷〈名〉典范性书籍:法～｜引经据～。❸〈名〉典故:用～｜出～。❹〈名〉典礼:盛～｜庆～。❺〈动〉主持;主管:～试｜～狱。❻〈动〉用土地或房屋等作抵押,换取一笔钱,到期可以赎回:～当｜～押。❼〈名〉姓。

【典藏】diǎncáng〈动〉(图书馆、博物馆等)收藏(图书、文物等):～部。

【典当】diǎndàng❶〈动〉典和当(dàng):～首饰。也说"典押"。❷方言。〈名〉当铺。

【典范】diǎnfàn〈名〉可以作为标准供学习、仿效的人或事物:～作品｜堪称～。

【典故】diǎngù〈名〉诗文中引用的古书里的故事或有来历出处的词句;成语中的。

【典籍】diǎnjí〈名〉原指记载古代法制的图书,后泛指古代图书。

【典礼】diǎnlǐ〈名〉郑重举行的仪式:开学～｜毕业～。

【典丽】diǎnlì〈形〉典雅华丽:文辞～。

【典身】diǎnshēn〈动〉卖身。

【典宪】diǎnxiàn〈名〉典章法制:国王骄奢,不遵～。

【典刑】diǎnxíng❶〈名〉常刑。❷〈动〉掌管刑法。❸〈动〉受死刑:赴法场～。

【典型】diǎnxíng❶〈名〉具有代表性的人物或事物:先进～。❷〈形〉具有代表性的:～事例。❸〈名〉指文学艺术作品中用艺术概括的手法,创造出来的艺术形象,它既具有一定的

社会特征,同时又具有鲜明的个性特征:塑造新一代农民的～。

【典押】diǎnyā〈动〉典当(dàng)①。

【典雅】diǎnyǎ❶〈形〉高雅不粗俗:文辞～。❷〈名〉典籍:博览～。

【典质】diǎnzhì〈动〉典当。

备用词　词典　辞典　法典　经典　药典　字典　出典　古典　大典　庆典　盛典　三坟五典　引经据典

点(點) diǎn❶〈名〉液体的小滴:雨～。❷〈名〉小的痕迹:斑～。❸〈名〉汉字的笔画,形状是"、"。❹〈名〉几何学中指没有长、宽、厚而只有位置的几何图形。❺〈名〉小数点,如12.5读作12点5。❻〈量〉表示少量:丁一丨一一小事。❼〈量〉用于事项:两一建议。❽〈名〉一定的地点或程度的标志:起～据～。❾〈名〉事物的方面或部分:优～疑～。❿〈动〉用笔加上点子:评丨画龙～睛。⓫〈动〉触到物体立刻离开:蜻蜓～水。⓬同"踮"。⓭〈动〉(头或手)向下稍微动一动立刻恢复原位:～了～头。⓮〈动〉使液体一滴滴地向下落:～眼药。⓯〈动〉点播:～花生丨～豆子。⓰〈动〉一个个地查对:～名丨盘～。⓱〈动〉在许多人或事物中指定:～菜丨～播节目。⓲〈动〉指点;启发:他是聪明人,一～就通。⓳〈动〉引着火:～灯丨～火。⓴〈动〉点缀:装～丨～染。㉑〈名〉铁制的响器,挂起来敲,用来报告时间或召集人。㉒〈量〉旧时夜间计时用更点,一更分五点:五更三～。㉓〈量〉时间单位,一昼夜的二十四分之一。㉔〈名〉规定的钟点:误～丨正～。㉕〈名〉点心:茶～丨西～。㉖〈名〉姓。

【点兵】diǎnbīng〈动〉❶阅兵:沙场～。❷军队召集兵士。

【点拨】diǎnbo〈动〉指点,使明白。

【点滴】diǎndī〈形〉形容零星微小的事物:～经验。

【点击】diǎnjī〈动〉进行计算机操作时,移动鼠标,把鼠标指针指向要操作的地方并用手指敲击鼠标上的键。

【点检】diǎnjiǎn〈动〉查点;检查:～人数。

【点卯】diǎnmǎo〈动〉旧时官署在卯时(早上五点到七点)点名,查点到班人员,叫"点卯"。现指到时上班应付差事。

【点评】diǎnpíng❶〈动〉评点;评论:佳作～丨专

家进行了精彩的～。❷〈名〉点评的话或文字:每篇文章的后面都附有～。

【点燃】diǎnrán〈动〉引着火,使燃烧。

【点染】diǎnrǎn〈动〉❶绘画时点缀景物和着色;随意～。❷比喻修饰文字。

【点石成金】diǎn shí chéng jīn 神话一类故事中说仙人用手指一点便使铁变成了金子。比喻把不好的或平凡的事物改变成很好的事物。也说"点铁成金"。

哈哈,这下发大了。

【点铁成金】diǎn tiě chéng jīn 见〖点石成金〗。

【点缀】diǎnzhuì〈动〉❶加以衬托或装饰,使原有的事物更美好:层层的叶子中间,零星～着些白花。❷装饰门面;摆样子;应景儿;凑数儿:你这种做法纯属～。

备用词　地点　据点　起点　终点　标点　校点　批点　圈点　查点　检点　盘点　清点　指点　观点　论点　缺点　弱点　特点　要点　优点　重点

碘 diǎn〈名〉非金属元素,符号I。碘的制剂可以用来消毒和治疗甲状腺肿,工业上用来制造染料。

踮(*跕) diǎn〈动〉抬起脚后跟用脚尖站着:～着脚在人群里看热闹。也作"点"。
△"跕"另见 diē。

━━ diàn ━━

电(電) diàn❶〈名〉一种重要的能源,广泛用在生产和生活各方面,如发

光、发热、产生动力等:~灯|~动机。❷〈名〉闪电:雷~|风驰~掣。❸〈动〉触电:我一开灯,~了我一下。❹〈名〉电报:密~|通~全国。❺〈动〉打电报:~贺|~告。❻〈名〉姓。

【电棒】diànbàng 方言。〈名〉手电筒。

【电报】diànbào〈名〉❶用电信号传递文字、照片、图表等的通信方式,可分为编码电报和传真电报两种。❷用电报装置传递的文字、图表等:拍~|发~。

【电报挂号】diànbào guàhào 向当地电报局申请后编定的号码,用来代替申请单位的地址和名称。

【电笔】diànbǐ〈名〉试电笔。

【电表】diànbiǎo〈名〉❶测量电压、电流、电阻、电功率等的各种电气仪表的统称。❷电能表的简称。

【电冰柜】diànbīngguì〈名〉一种冷藏装置,工作原理跟电冰箱相同,冷冻温度在 0℃以下。简称"冰柜"。

【电冰箱】diànbīngxiāng〈名〉一种冷藏装置,在隔热的柜子中装有盘曲的管道,电动机带动压缩机,使冷凝剂在管道中循环产生低温。电冰箱中低温在 0℃以下的部分叫"冷冻室",在 0℃以上的部分叫"冷藏室"。简称"冰箱"。

【电唱机】diànchàngjī〈名〉用电动机做动力,并使用电唱头和扩音器使唱片放出声音来的机器。

【电唱头】diànchàngtóu〈名〉拾音器。

【电车】diànchē〈名〉用电做动力的公共交通工具,电能从架空的电线供给,分为无轨电车和有轨电车两种。

【电池】diànchí〈名〉把化学能或光能等变成电能的装置,如手电筒用的干电池、汽车用的电瓶、人造卫星上用的太阳能电池等。

【电大】diàndà〈名〉电视大学的简称。

【电灯】diàndēng〈名〉利用电能发光的灯。

【电饭煲】diànfànbāo 方言。〈名〉电饭锅。

【电饭锅】diànfànguō〈名〉一种利用电能加热、蒸煮饭菜的烹调用具,具有启动断电、保温等功能。有的地区叫"电饭煲"。

【电风扇】diànfēngshàn〈名〉电扇。

【电化教育】diànhuà jiàoyù 利用录音、录像、广播、电视、幻灯、电影等科学技术设备进行的教育。

【电话】diànhuà〈名〉❶利用电信号的传输使两地的人互相交谈的通信方式。❷电话机,

主要由发话器、受话器和线路三部分组成。❸用电话装置传递的话:他给我来过~|我没有接到他的~。

【电话会议】diànhuà huìyì (不在一个地方的人)利用电话装置举行的会议。

【电话卡】diànhuàkǎ〈名〉指打电话付费用的电话信用卡、磁卡、智能卡等。

【电话亭】diànhuàtíng〈名〉设在路旁或邮电局内形状像小亭子的公用电话设施。

【电汇】diànhuì〈动〉通过电报办理的汇兑,现逐渐由电子汇款取代。

【电教】diànjiào〈名〉电化教育的简称:~馆|~中心。

【电码】diànmǎ〈名〉指打电报时所用的符号。

【电脑】diànnǎo〈名〉电子计算机的俗称。

【电能】diànnéng〈名〉电所具有的做功的能。单位是焦耳或千瓦时。通常也指电量。

【电能表】diànnéngbiǎo〈名〉用来累计所消耗电能的仪表。因为 1 度电代表的电能为 1 千瓦时,所以也叫"千瓦时表"。简称"电表"。

【电扇】diànshàn〈名〉利用电动机带动叶片旋转,使空气流动的装置。天气炎热时开电扇能给人以凉爽的感觉。常见的有吊扇、台扇、落地扇等。

【电视】diànshì〈名〉❶利用无线电波或导线把实物的活动影像和声音变成电信号传送出去,在接收端把收到的信号变成影像和声音再现出来的装置。❷用这种装置传送的影像:收看~|放~。❸指电视机:一台~。

【电视大学】diànshì dàxué 通过电视实施高等教育的一种教学机构。简称"电大"。

【电视机】diànshìjī〈名〉电视接收机的简称。

【电视接收机】diànshì jiēshōujī 接收电视信号的装置,由接收图像和接收声音的两个部分合成。简称"电视机"。

【电视剧】diànshìjù〈名〉为电视台播映而编写、录制的戏剧。

【电视片】diànshìpiàn〈名〉供电视台播送的片子,内容多为介绍人物、科学知识、地区风貌等。

【电视台】diànshìtái〈名〉摄制并播送电视节目的场所和机构。

【电台】diàntái〈名〉❶能够发射和接收无线电信号的装置。由天线、无线电发射机和接收机等组成。❷广播电台的简称。

【电梯】diàntī〈名〉多层、高层建筑物中用电做

D

动力的升降机,用来载人或载物。也包括自动扶梯。

【电信】diànxìn〈名〉利用电话、电报或无线电设备等传送信息的通信方式。旧称"电讯"。

【电讯】diànxùn〈名〉❶用电话、电报或无线电设备等传播的消息、报道,现也指互联网传送的消息、报道。❷电信的旧称。

【电眼】diànyǎn〈名〉电子眼的简称。

【电影】diànyǐng〈名〉一种综合艺术,用强灯光把拍摄的形象连续放映在银幕上,看起来像真实活动的形象。

【电影院】diànyǐngyuàn〈名〉专供放映电影的场所。

【电子】diànzǐ〈名〉构成原子的粒子之一,质量极小,带负电,在原子中围绕原子核旋转。

【电子版】diànzǐbǎn〈名〉指出版物电子形式的版本,如录有出版内容的录音带、录像带、磁盘、光盘等:~词典。

【电子出版物】diànzǐ chūbǎnwù 需要通过计算机或其他电子设备阅读的以光盘、磁盘等为载体的出版物。

【电子词典】diànzǐ cídiǎn 以电子出版物形式出版的词典。

【电子公告牌】diànzǐ gōnggàopái 互联网上的电子公共论坛,提供公开讨论、发布信息、文件传输、实时聊天等服务。

【电子函件】diànzǐ hánjiàn 电子邮件。

【电子汇款】diànzǐ huìkuǎn 通过邮政综合计算机网进行的汇兑。

【电子计算机】diànzǐ jìsuànjī 用电子元器件及其他设备构成的自动计算装置,能对输入的数据或信息非常迅速、精确地进行运算和处理。电子计算机根据工作原理,一般分为数字式和模拟式两种,广泛应用在工程技术、科学研究等方面。简称"计算机"。

【电子商务】diànzǐ shāngwù 通过互联网构拟的空间和媒体,以数据的形式表达各种信息而进行的商务活动。

【电子图书】diànzǐ túshū 以计算机存储器、磁盘、光盘或互联网为载体,通过计算机显示器等设备阅读的图集和书刊。也说"电子书"、"电子书籍"

【电子信箱】diànzǐ xìnxiāng 在互联网设置的电子邮政系统中,每个用户都拥有一定的信息存储空间,这个信息存储空间叫作"电子信箱"。用户使用密码打开电子信箱,进行电子

邮件的收发、编辑等各种操作。也叫"电子邮箱"。

【电子眼】diànzǐyǎn〈名〉电视监控摄像器的俗称:重要交通路口都安装了~。简称"电眼"。

【电子邮件】diànzǐ yóujiàn 指通过互联网传递的邮件,即用户之间通过电子信箱发出或收到的信息。简称"电邮"。也叫"电子函件"。

【电子邮箱】diànzǐ yóuxiāng 电子信箱。

【电子游戏】diànzǐ yóuxì 利用电子技术进行的游戏。

佃 diàn ❶〈动〉农民向地主租种土地:~户|~农|租~|退~。❷〈名〉姓。
△另见 tián。

甸 diàn ❶〈名〉古代指郊外的地方。❷〈名〉放牧的草地(多用于地名):桦~(在吉林)|宽~(在辽宁)。❸〈动〉治理。❹〈名〉姓。
△另见 tián。

阽 diàn,又读 yán〈动〉临近(危险):~危。

坫 diàn〈名〉❶古代室内放置食物、酒器等的土台子。❷屏障。

店 diàn〈名〉❶客店:旅~|住~|鸡毛~。❷商店:布~|粮~|书~|饭~|分~|~东|~员|开~。

【店家】diànjiā〈名〉❶旧称酒馆、店铺的老板或伙计。❷店铺。

【店面】diànmiàn〈名〉商店做门市交易的地方。

【店铺】diànpù〈名〉泛指商店。

【店小二】diànxiǎo'èr〈名〉旧称客店里招待客人的伙计。

玷 diàn ❶〈名〉白玉上面的斑点:瑕(xiá)|白圭之~。❷〈动〉使有污点:~污|

~辱。

【玷辱】diànrǔ〈动〉玷污,使蒙受耻辱。

【玷污】diànwū〈动〉弄脏,多比喻声誉、名节等受损害。

垫（墊） diàn ❶〈动〉用东西支、铺或衬,使加高、加厚或平正或起隔离的作用:~肩|~猪圈|把桌子~高一些|熨衣服最好在衣服上面~一块布。❷〈动〉填补空缺:正戏还没开演,先~一出小戏。❸〈动〉暂时替人付钱:~付。❹〈名〉垫在床、椅子、凳子上或别的地方的东西:床~|靠~。

【垫背】diànbèi 方言。❶〈动〉比喻代人受过:你可别拉我~哟!|太冤枉了,这不是让我~吗!❷〈名〉指代人受过的人:可不能让一个无辜的人做~。

【垫补】diànbu 方言。〈动〉❶钱不够用时暂时挪用别的款项或借用别人的钱。❷吃点心;点补。

【垫付】diànfù〈动〉暂时替人付钱:由银行~货款|~资金。

【垫脚石】diànjiǎoshí〈名〉比喻借以向上爬的人或事物。

【垫支】diànzhī〈动〉暂时代替支付;垫付。

【垫资】diànzī〈动〉垫付资金:工程由开发商~建设。

钿（鈿） diàn〈名〉用金片做成的花朵形的装饰品,或在木器上和漆器上用螺壳镶嵌的花纹:金~|螺~|宝~。

　　△另见 tián。

淀（❶澱） diàn ❶〈动〉沉淀:~粉。❷〈名〉浅的湖泊(多用于地名):白洋~(在河北)。

惦 diàn〈动〉挂念:~记|~念|儿子离家后,母亲心里一直~着他。

【惦记】diànjì〈动〉心里总是想着,放不下心。

【惦念】diànniàn〈动〉惦记。

奠 diàn ❶〈动〉奠定;建立:~都(确定首都的地址)|~基。❷〈动〉用祭品向死者致祭:~仪|祭~。❸〈动〉献:~爵。❹〈名〉姓。

【奠定】diàndìng〈动〉使稳固;牢固地安置:~基础。

【奠基】diànjī〈动〉❶打下建筑物的基础:~礼。❷比喻开创某种事业:鲁迅是中国新文学的~人。

殿 diàn ❶〈名〉高大的房屋,特指供奉神佛或帝王受朝理事的房屋:佛~|宫~|金

銮~|大雄宝~。❷〈动〉在最后:~后|~军。❸〈名〉姓。

【殿军】diànjūn ❶〈名〉行军时走在最后面的部队。❷竞赛中的最末一名,也指竞赛后入选的最末一名。

【殿试】diànshì〈名〉科举制度时最高一级的考试,在宫廷举行,由皇帝亲自主持。

【殿堂】diàntáng〈名〉泛指宫殿,现多比喻艺术上达到的高超的境界。

【殿下】diànxià〈名〉对太子或亲王的尊称。

靛 diàn ❶〈名〉靛蓝,深蓝色有机染料。❷〈形〉深蓝色,由蓝和紫混合而成:~青。

簟 diàn〈名〉竹席。

癜 diàn〈名〉皮肤上长紫或白斑的病:紫~|白~风。

刁 diāo ❶〈形〉狡猾:~猾|~钻|放~|撒~。❷〈名〉姓。

【刁蹬】diāodèng〈动〉刁难。

【刁斗】diāodǒu〈名〉古代军中白天用来烧饭、晚上用来打更的用具。

【刁猾】diāohuá〈形〉狡猾;阴险~。

【刁难】diāonàn〈动〉故意使人为难。

【刁泼】diāopō〈形〉狡猾不听话:~女子。

【刁钻】diāozuān〈形〉狡猾;奸诈:~古怪(诈怪僻,与众不同)。

叼 diāo〈动〉用嘴夹住(物体的一部分):嘴~着烟卷|黄鼠狼~走一只小鸡。

汈 diāo「汈汊」〈名〉湖名,在湖北。

凋 diāo〈动〉凋谢:~落|~零|~残|松柏后~。

【凋敝】diāobì〈形〉❶(事业)衰败:百业~。❷生活困苦:民生~。

【凋枯】diāokū〈动〉(草木)凋谢枯萎。

【凋谢】diāoxiè〈动〉❶(花和叶子)脱落。❷比喻人死亡。

貂（*貂） diāo〈名〉❶哺乳动物,听觉敏锐。种类较多,有石貂、紫貂等。❷指貂尾:狗尾续~。

碉 diāo[碉堡(bǎo)]〈名〉军事上防守用的建筑物。

雕(*❶-❸彫❶-❸琱❺鵰)^{diāo}❶〈动〉在竹木、玉石、金属等上面刻画：～版｜～塑｜～琢。❷〈形〉有彩画装饰的：～梁画栋。❸指雕刻艺术或雕刻作品：玉～｜浮～。❹同"凋"。❺〈名〉鸟，嘴呈钩状，视力很强，是猛禽，捕食鼠、兔等。也叫"鹫"。❻〈名〉姓。

【雕虫小技】diāo chóng xiǎo jì 比喻微不足道的技能(多指文字技巧。虫：鸟虫书，古代汉字的一种字体)。

【雕刻】diāokè〈动〉在玉石、象牙、竹木等材料上刻出形象。

【雕梁画栋】diāo liáng huà dòng 指有彩绘装饰的很华丽的房屋。

【雕漆】diāoqī 见〖漆雕〗①。

【雕琢】diāozhuó〈动〉❶雕刻玉石。❷修饰文字(多指过分追求辞藻的华美)：～词句。

备用词 贝雕　冰雕　浮雕　根雕　漆雕　石雕　牙雕　玉雕　泥塑木雕　一箭双雕

鲷(鯛)^{diāo}〈名〉鱼，头大，口小，生活在海中。

━━ diǎo ━━

鸟(鳥)^{diǎo}同"屌"(骂人的话)。
　△另见niǎo。

屌^{diǎo}〈名〉指男性外生殖器。

━━ diào ━━

吊(*弔)^{diào}〈动〉❶悬挂：～桥｜提心～胆。❷用绳子等系着向上提或向下放：～装｜把水桶～上去。❸把皮桶子加面子或里子缝成衣服：～皮袄。❹收回(发出去的证件)：～销。❺祭奠死者或对遭到丧事的人家、团体给予慰问：～丧｜～唁。❻慰问遭遇不幸的人：～民伐罪｜形影相～(形容孤独)。❼〈量〉旧时钱币单位，一般是一千个制钱叫一吊。

【吊儿郎当】diàoerlángdāng 形容仪容不整、作风散漫、态度不严肃等。

【吊卷】diàojuàn 同"调卷"。

【吊民伐罪】diào mín fá zuì 抚慰受苦受难的人民，讨伐有罪的统治者。

【吊桥】diàoqiáo〈名〉❶全部或一部分桥面可以吊起、放下的桥。多用在护城河或军事据点上。现代在通航的河道上，为了方便船只

通过，也有架吊桥的。❷在河上、山谷等处架起钢索，并把桥面吊在钢索上，用这种方式建造的桥梁叫"吊桥"。也叫"悬索桥"。

【吊丧】diàosāng〈动〉到丧家祭奠死者。

【吊嗓子】diào sǎngzi 戏曲或歌唱演员在乐器伴奏下练嗓子。

【吊扇】diàoshàn〈名〉安装在顶棚上的电扇。

【吊审】diàoshěn〈动〉提审。

【吊孝】diàoxiào〈动〉吊丧。

【吊唁】diàoyàn〈动〉祭奠死者，慰问死者亲属。

钓(釣)^{diào}❶〈动〉用钓竿捉鱼或其他水生动物：～鱼｜～饵。❷〈动〉比喻用手段猎取(名利)：沽名～誉。❸〈名〉钓钩：下～｜垂～。

【钓饵】diào'ěr〈名〉钓鱼、虾等用的食物，也比喻用来引诱人的事物。

窎(窵)^{diào}〈形〉深远：～远(距离遥远)。

调(調)^{diào}❶〈动〉调动；分派：～遣｜～拨｜征～｜～虎离山。❷〈动〉调查：～研｜外～。❸〈名〉腔调：语～｜南腔北～。❹〈名〉音乐上高低长短配合的成组的音：曲～｜小～儿。❺〈名〉指语音上的声调：标～。❻〈名〉论调：高～｜陈词滥～。❼〈名〉格调：情～｜笔～。
　△另见tiáo。

【调包】diàobāo〈动〉暗地里用假的换真的或用坏的换好的：～计。也作"掉包"。

【调兵遣将】diào bīng qiǎn jiàng 调动兵力，派遣将领。也比喻调动安排人力。

【调查】diàochá〈动〉对事物进行系统周密的考察和了解：～研究｜～事实真相｜法庭～。

【调动】diàodòng〈动〉❶更动；变更：～工作。❷调集动员：～生产积极性。

【调度】diàodù❶〈动〉安排调遣。❷〈动〉管理并安排(工作、人力、车辆等)。❸〈名〉做调度工作的人。

【调号】diàohào〈名〉表示声调的符号。《汉语拼音方案》的声调符号，阴平是"－"(妈mā)，阳平是"ˊ"(麻má)，上声是"ˇ"(马mǎ)，去声是"ˋ"(骂mà)，轻声无号(吗ma)。[注意]轻声不标调号，但为了醒目和避免误解为漏了调号，有的书上在注音前加圆点，如mā·ma(妈妈)。

【调虎离山】diào hǔ lí shān 比喻设法引诱人离开原来的地方，以便乘机行事。

【调换】diàohuàn 也作"掉换"。〈动〉❶彼此互换：两人～一下值班时间。❷更换：这根房檩太细，要～一根粗的。

【调集】diàojí〈动〉调动使集中：～兵力｜～防汛器材。

【调卷】diàojuàn〈动〉提取案卷、考卷：～复查。也作"吊卷"。

【调类】diàolèi〈名〉有声调的语言中声调的类别。古汉语的调类有四个：平声、上声、去声、入声。普通话的调类有五个：阴平、阳平、上声、去声、轻声。[注意]有的书上说普通话的调类有四个，是把轻声算在内。

【调离】diàolí〈动〉调动并离开（原来的工作岗位或单位）：李局长已经～，另有任用。

【调令】diàolìng〈名〉调动工作人员工作的命令。

【调门儿】diàoménr〈名〉❶歌唱或说话时音调的高低：我今天嗓子不好，～定低点儿｜你说话老是那么粗声大气，～放低点儿行吗？❷指论调（多含贬义）：他们几个人的发言都是一个～。❸倾向；意见。

【调派】diàopài〈动〉调动分派（指人事的安排）：～干部加强基层工作。

【调配】diàopèi〈动〉调动分配：～人力｜车辆｜合理～劳动力和工具。
　　　　△另见 tiáopèi。

【调遣】diàoqiǎn〈动〉调派；差遣：～军队｜听从～。

【调头】diàotóu 同"掉头"❷。

【调头】diàotou 方言。〈名〉❶调子。❷语气。

【调研】diàoyán〈动〉调查研究：～室｜～员｜开展图书市场的～｜深入实际～。

【调演】diàoyǎn〈动〉从某些地方或文艺团体抽调演员选定节目集中在一起演出：全国舞蹈～。

【调用】diàoyòng〈动〉调配使用：～救灾物资｜～干部。

【调阅】diàoyuè〈动〉提取案卷、文件等进行查阅：未经许可，不得～。

【调运】diàoyùn〈动〉调拨和运输：～物资。

【调值】diàozhí〈名〉有声调的语言中各调类的实际读法，即字音的高低升降。两个不同的方言，字调的分类法（调类）可以相同，每一调类的实际读法（调值）却可以不同。如北京话的阴平读高平调，天津话的阴平读低平调。

【调职】diàozhí〈动〉从某个单位调到另一个单位去工作：请求～｜我们科的科长已～了。

【调转】diàozhuǎn ❶〈动〉调动转换（工作等）：他的～手续已经办好了。❷同"掉转"。

【调子】diàozi〈名〉❶一组音的排列次第和相互关系。❷音乐上高低长短配合成组的音。❸说话时带的某种情绪：说话带着忧郁的～。❹指论调：文章只作了文字上的改动，基本～没有变。

备用词 抽调　对调　外调　选调　征调　笔调　词调　格调　基调　论调　情调　腔调　色调　语调　单调　强调　陈词滥调　南腔北调　油腔滑调

掉 diào〈动〉❶向下落：～泪｜～雨点儿。❷落在后面：～队。❸遗失；遗漏：钱包～了｜这里～了一个字。❹减少；降低：～价。❺摇动；摆动：尾大不～。❻回；转：～转｜～头。❼互换：～换｜～包。❽用在某些动词后面，表示动作的完成：忘～｜扔～。

【掉包】diàobāo 同"调包"。

【掉队】diàoduì〈动〉❶结队而行时落在队伍的后面（多指失去联系）。❷比喻跟不上时代或达不到所要求的水平。

【掉换】diàohuàn 同"调换"。

【掉价】diàojià〈动〉❶价格降低：芹菜～了。❷比喻身份、排场降低：跟这种人在一起会使你～的。

【掉枪花】diào qiānghuā 方言。耍花招；用花言巧语骗人。

【掉色】diàoshǎi〈动〉颜色脱落（多指纺织品经日晒或水洗后）。

【掉书袋】diào shūdài 讥讽人爱引用古书词句，卖弄才学。

【掉头】diàotóu〈动〉❶（人）转回头：～一看，果然是他｜他掉过头去，装作没看见。❷（车、船等）转成相反的方向：～车｜这路太窄，车子掉不了头。也作"调头"。

【掉线】diàoxiàn〈动〉(电话、网络等)线路由于某种原因非正常中断：拨号上网有时候会～。

【掉以轻心】diào yǐ qīng xīn 对待事物采取轻率、漫不经心的态度。

锦(錦) diào 见[钉(liào)锦儿]。

铫(銚) diào〈名〉铫子，煎药或烧水用的器具，用沙土或金属制成：药～儿|沙～儿。

△另见 tiáo；yáo。

蓧 diào〈名〉古代锄草用的农具。

━━ diē ━━

爹 diē〈名〉❶父亲：～娘|～妈。❷对老年男子的尊称：老～。

跕 diē〈动〉跌倒；降落。

△另见 diǎn"踮"。

跌 diē〈动〉❶摔倒：～跤|～在地上|～倒了又爬起来。❷下降；落：～价|～下。

【跌宕】(跌荡) diēdàng〈形〉❶性格洒脱，放纵不拘束：简傲～。❷音调抑扬顿挫：～起伏。

【跌幅】diēfú〈名〉(价格等)下跌的幅度：昨日股市暴跌，～达 8%。

【跌跤】diējiāo〈动〉❶摔跟头。❷比喻犯错误或遭受挫折：骄傲自大、自以为是的人免不了要～。有的地区说"跌跤子"。

【跌停板】diētíngbǎn〈名〉见【涨停板】。

【跌足】diēzú〈动〉跺脚，表示悔恨、焦急等：～长叹|～捶胸。

━━ dié ━━

迭 dié ❶〈动〉轮流；替换：更～|～为宾主。❷〈副〉屡次：～挫强敌|～有发现|高潮～起。❸〈动〉及：忙不～|后悔不～。

垤 dié〈名〉小土堆：丘～|蚁～(蚂蚁做窝时堆在穴口的小土堆)。

昳 dié〈动〉太阳偏西。

△另见 yì。

咥 dié〈动〉咬；吃：今反欲～我。

△另见 xì。

绖(絰) dié〈名〉古代丧服上的麻布带子。

𬸣 dié〈名〉小瓜：瓜～(比喻子孙繁盛)。

谍(諜) dié ❶〈动〉刺探(情报)：～报。❷〈名〉刺探情报的人：防～|间～。

【谍报】diébào〈名〉刺探到的关于敌方情况的报告：～员。

堞 dié〈名〉城墙上齿状的矮墙：城～|雉～(城墙上矮而短的墙)。

揲 dié〈动〉折叠。

耋 dié〈名〉七八十岁的年纪，泛指老年：耄(mào)～之年。

喋(*啑) dié 见下。

△另见 zhá。

【喋喋】diédié〈形〉形容话多：～不休(说话没完了的)。

【喋血】(蹀血) diéxuè〈动〉流血满地。

嵽(嵽) dié [嵽嵲(niè)]❶〈形〉形容山高。❷〈名〉高山。

殜 dié 见[殗(yè)殜]。

牒 dié〈名〉❶文书或证件：通～|度～。❷簿册；书籍：谱～|史～。

叠(*疊疉) dié〈动〉❶一层加一层：～罗汉|～床架屋。❷重复：层见～出。❸折叠(衣被、纸张等)：～衣服。❹〈名〉姓。

【叠床架屋】dié chuáng jià wū 床上叠床，屋上架屋，比喻重复累赘。

【叠翠】diécuì〈动〉(山峦、林木)青翠重叠：峰峦～|层林～。

【叠合】diéhé〈动〉重叠；重合：照片不要～放|时针和分针每小时～一次。

【叠罗汉】dié luóhàn 人上架人，重叠成各种形式，是体操、杂技表演项目之一。

【叠印】diéyìn〈动〉电影、电视片中把两个或两个以上的内容不同的画面重叠印在一起，用于表现剧中人的回忆、幻想，或构成并列形象。

【叠韵】diéyùn〈名〉两个字或几个字的韵母相同叫"叠韵"，例如"惨(cǎn)淡(dàn)"、"千(qiān)年(nián)"。

备用词 重叠 堆叠 折叠

碟 dié〈名〉盛菜蔬或调味品的小盘子：菜～儿。

【碟机】diéjī 方言。〈名〉视盘机。

【碟片】diépiàn 方言。〈名〉影碟；视盘。

【碟子】diézi〈名〉盛菜蔬或调味品的器皿，比盘子小,底平而浅。

蝶(*䗻) dié〈名〉蝴蝶:粉~|峡~|采茶扑~。

蹀 dié〈动〉蹈;顿足:~足(顿足)|~躞。

【蹀躞】diéxiè〈动〉❶小步走路。❷往来徘徊。

【蹀血】diéxuè 见[喋(dié)血]。

鰈(鰈) dié〈名〉鱼,体侧扁,两眼都在右侧,左侧向下卧在沙底。生活在浅海中。

氎 dié〈名〉棉布。

— dīng —

丁 dīng〈名〉❶成年男子:成~|壮~。❷指人口:~口|添~。❸称从事某些职业的人:园~。❹天干的第四位。用来排列次序时表示第四。参看[干支]。❺蔬菜、肉类等切成的小方块:鸡~|黄瓜~。❻〈动〉遭遇;碰到:~艰|~忧|~兹盛世。❼〈名〉姓。
△另见 zhēng。

【丁当】dīngdāng 同[叮当]。

【丁冬】dīngdōng 同[叮咚]。

【丁方】dīngfāng〈名〉见方。

【丁艰】dīngjiān〈动〉丁忧。

【丁克家庭】dīngkè jiātíng 指夫妇都有收入并且不打算生育孩子的家庭。

【丁口】dīngkǒu〈名〉❶人口:~税。❷指老百姓。

【丁男】dīngnán〈名〉成年男子。

【丁宁】dīngníng 见[叮咛]。

【丁是丁,卯是卯】dīng shì dīng, mǎo shì mǎo 形容对事情认真,不含糊、不马虎。也作"钉是钉,铆是铆"。

【丁忧】dīngyōu〈动〉旧时称遭到父母的丧事。

【丁壮】dīngzhuàng〈名〉壮年男子。

备用词 白丁 兵丁 家丁 门丁 亲丁 人丁 园丁 壮丁

仃 dīng 见[伶(líng)仃]。

叮 dīng〈动〉❶(蚊子等)用针形口器插入人或牛马等的皮肤吸取血液。❷追问:~问|我又~了他一句。

【叮当】dīngdāng〈拟〉形容金属、瓷器等撞击的声音:环佩~|碟子、碗碰得叮叮当当的。也作"丁当"、"玎珰"。

【叮咚】dīngdōng〈拟〉形容玉石、金属等撞击或水滴落下的声音:玉佩~|泉水~。也作"丁冬"。

【叮咛】(丁宁) dīngníng〈动〉反复地嘱咐。

【叮嘱】dīngzhǔ〈动〉再三嘱咐。

玎 dīng [玎珰(dāng)]同[叮当]。

盯 dīng〈动〉把视线集中在一点上;注视:眼睛直~靶心。也作"钉"。

【盯防】dīngfáng〈动〉球类比赛中指紧跟着不放松地防守:重点~对方的前锋。

【盯梢】dīngshāo〈动〉暗中紧跟在后面监视。也作"钉梢"。

町 dīng 畹(wǎn)町,地名,在云南。
△另见 tǐng。

钉(釘) dīng ❶〈名〉金属制成的主要起固定或连接作用的细棍形物件:图~|铆~|螺丝~。❷〈动〉紧跟着不放松:防守时~住对方的中锋。❸〈动〉督促;催问:~问|~着他一点儿,免得他忘了。❹同"盯"。
△另见 dìng。

【钉梢】dīngshāo 同[盯梢]。

【钉是钉,铆是铆】dīng shì dīng, mǎo shì mǎo 同[丁是丁,卯是卯]。

【钉子】dīngzi〈名〉❶金属制成的细棍形的物件,一端有扁平的头,另一端尖锐,主要起固定或连接作用,也可用来悬挂物品等。❷比喻难以处置或解决的事物:~户。❸比喻埋伏的人:安插~。

疔 dīng〈名〉中医指发病迅速并有全身症状的小疮坚硬而根深,形状像钉。也叫"疔疮"。

耵 dīng ❶[耵聍(níng)]〈名〉耳屎;耳垢。❷〈名〉姓。

酊 dīng〈名〉酊剂，用酒精和药配合成的药剂，如颠茄酊、橙皮酊、碘酊等。
△另见 dǐng。

靪 dīng〈动〉补鞋底：～前掌。

— dǐng —

顶（頂） dǐng❶〈名〉人体或物体上最高的部分：～点｜头～｜屋～。❷〈名〉指头顶：秃～｜灭～之灾。❸〈动〉用头支承：～碗（一种杂技）｜～天立地。❹〈动〉从下面拱起：种子的嫩芽把土～起来。❺〈动〉用头撞击：～球｜这头牛时常～人。❻〈动〉支撑；抵住：～梁柱。❼〈动〉对面迎着：～风｜～头｜迎面。❽〈动〉顶撞：他不服，～了几句。❾〈动〉担当；支持：活儿重，两个人～不下来。❿〈动〉相当；抵：老将出马，一个～俩。⓫〈动〉顶替：～名儿｜拿次货～好货。⓬〈量〉用于某些有顶的东西：一～帽子｜一～帐篷。⓭〈副〉表示程度最高：～好｜她～爱跳舞。

【顶巅】dǐngdiān〈名〉山的最高处；顶峰。

【顶点】dǐngdiǎn〈名〉❶角的两条边的交点；锥体的尖顶。❷最高点；极点：比赛的激烈程度达到了～。

【顶端】dǐngduān〈名〉最高最上的部分：电视塔的～。

【顶风】dǐngfēng❶〈动〉迎着风：～冒雪｜～逆水，船走得很慢。❷〈名〉跟（人、车、船等）前进方向相反的风。❸〈动〉比喻公然违犯正在大力推行的法令、法规、政策等：～违纪｜～作案。

【顶峰】dǐngfēng〈名〉❶山的最高处：登上泰山～。❷比喻事物发展过程中的最高点。

【顶缸】dǐnggāng 方言。〈动〉代人承担责任。

【顶呱呱】dǐngguāguā〈形〉形容最好。也作"顶刮刮"。

【顶刮刮】dǐngguāguā 同"顶呱呱"。

【顶级】dǐngjí〈形〉最高级别的；水平最高的：～品牌｜～餐厅｜～球员。

【顶尖】dǐngjiān❶〈名〉顶心：打掉棉花的～。❷〈名〉最高最上呈尖形的部分：镀金塔的～在阳光下显得十分耀眼。❸〈形〉达到最高水平的：～大学｜～人物。

【顶礼】dǐnglǐ〈动〉跪下，两手伏地，用头顶着所尊敬的人的脚，是佛教徒一种最高的敬礼：～膜拜。

【顶礼膜拜】dǐnglǐ móbài 顶礼和膜拜是佛教徒最高的敬礼，比喻对人特别崇敬（现多用于贬义）。

【顶梁柱】dǐngliángzhù〈名〉比喻起主要作用的骨干力量。

【顶替】dǐngtì〈动〉顶名代替；代替：冒名～。

【顶天立地】dǐng tiān lì dì 脚下站在地上，头顶着天，形容英雄气概。

【顶珠】dǐngzhū〈名〉清朝官员帽顶上的饰物。珠的质料和颜色表示官员的等级。也叫"顶儿"、"顶子"。

【顶子】dǐngzi〈名〉❶房屋、亭子、宝塔、轿子等上面的部分。❷顶珠。

备用词　极顶 绝顶 灭顶 没顶 透顶 秃顶 歇顶 谢顶 泰山压顶 醍醐灌顶

酊 dǐng 见[酩(mǐng)酊]。
△另见 dīng。

鼎 dǐng❶〈名〉古代煮东西用的器物，多为圆形，三足两耳：尝～一脔｜钟鸣～食。❷〈名〉古代曾将鼎作为传国的宝器，用来比喻王位、帝业：问～｜～定。❸〈名〉比喻三方对立：～立｜～峙(zhì)。❹〈形〉盛大；显赫：～族｜～～大名。❺〈副〉正当；正在：～盛。❻〈名〉姓。

【鼎鼎大名】dǐngdǐng dà míng 见[大名鼎鼎]。

【鼎沸】dǐngfèi〈形〉形容喧闹、嘈杂，像水在锅里沸腾一样：人声～。

【鼎力】dǐnglì〈副〉敬辞，大力：～相助。

【鼎盛】dǐngshèng〈形〉正当兴盛或强壮：～时期｜春秋～（正当壮年）。

【鼎新】dǐngxīn〈动〉革新：革故～。

【鼎足】dǐngzú〈名〉鼎的腿，鼎多为三条腿，比喻三方面对立的局势：～而立｜势成～。

— dìng —

订（訂） dìng〈动〉❶订立；制定：～婚｜签～。❷预先约定：～货｜～阅｜～～。❸改正（文字中的错误）：～正｜修～。❹

装订：～书机。❺论；评议：《～鬼篇》|《～孔篇》。

【订婚】(定婚) dìnghūn〈动〉男女订立婚约。

【订立】dìnglì〈动〉经过协商后立下(条约、合同等)：～和约|～合同。

【订正】dìngzhèng〈动〉改正(文字等的错误)。

备用词　编订　改订　校订　考订　拟订　审订　修订　增订　制订

钉(釘) dìng〈动〉❶把钉子捶打进别的东西；用钉子、螺丝等把东西固定或组合起来：～鞋|～钉(dīng)子|～箱子。❷用针线把带子、纽扣等缝住：～扣子。
△另见 dīng。

定 dìng❶〈动〉平静；稳定：立～|心神不～。❷〈动〉决定；使确定：～案|裁～|举棋不～。❸〈形〉已经确定的；不改变的：～律|～论。❹〈形〉规定的：～额|～时。❺〈动〉预先约定：～阅。❻〈副〉必定；一定：～可成功。❼〈动〉平定：北～中原。❽〈动〉停止：俄顷风～。❾〈名〉姓。

【定鼎】dìngdǐng〈动〉相传夏禹曾收九州之金，铸成九鼎，为传国之宝，放在王朝建都的地方。后称定都或建立王朝为"定鼎"。

【定夺】dìngduó〈动〉对事情做出可否或取舍的决定。

【定岗】dìnggǎng〈动〉确定工作岗位：定编|每个车间都要～到人。

【定规】dìngguī❶〈名〉一定的规矩；成规。❷方言。〈副〉一定(专指主观意志)：不让他去，他～要去。

【定规】dìnggui 方言。〈动〉决定：开会的事早已～好啦！

【定婚】dìnghūn 见〖订婚〗。

【定局】dìngjú ❶〈动〉事情确定：定卜米。人选尚未～。❷〈名〉确定不移的形势：丰收已成～。

【定理】dìnglǐ〈名〉已经证明具有正确性、可以作为原则或规律的命题或公式。

【定例】dìnglì〈名〉沿袭下来经常实行的规矩、一向的做法。

【定律】dìnglǜ〈名〉科学上对某种客观规律的一种概括，是在大量事实材料的基础上归纳而得出的结论。

【定然】dìngrán〈副〉一定；必定。

【定神】dìngshén〈动〉❶集中注意力：～一看，才看清是你。❷使心神安定：他躺了好一会，这才定了神。

【定弦】dìngxián〈动〉❶调整乐器上弦的松紧以校正音高。❷方言。比喻打定主意。

【定义】dìngyì〈名〉对于事物的本质特征或概念的内涵和外延所作的确切而简要的说明。

【定语】dìngyǔ〈名〉名词前边的连带成分，用来修饰、限制名词，表示人或者事物的性状、数量、所属等。如"新事物"的"新"、"两本书"的"两本"、"政府部门"的"政府"。

备用词　安定　平定　稳定　镇定　固定　立定　坐定　商定　坚定　规定　决定　确定　限定　约定　指定　注定　必定　一定　盖棺论定　举棋不定　一言为定　心神不定

飣 dìng 见〖飳(dòu)飣〗。

啶 dìng 见〖吡(bǐ)啶〗。

铤(鋌) dìng〈名〉未经冶铸的铜铁。
△另见 tǐng。

腚 dìng 方言。〈名〉屁股：光～|顾头不顾～。

碇(＊椗矴) dìng〈名〉系船的石墩：～石|启～|～船已下～。

锭(錠) dìng❶〈名〉纱锭，纺纱机上的主要部件。❷〈名〉做成块状的金属或药物等：金～|钢～|万应～(一种中成药)。❸〈量〉用于成锭的东西：一～墨。

━━ diū ━━

丢 diū〈动〉❶遗失；失去：～失|～脸。❷扔：～弃|～盔卸甲。❸搁置；放：外语～久了就生疏了。

【丢丑】diūchǒu〈动〉丢脸。

【丢盔卸甲】diū kuī xiè jiǎ 形容吃了败仗的狼狈样子。

【丢脸】diūliǎn〈动〉丧失体面。

【丢弃】diūqì〈动〉扔掉；抛弃。

【丢人】diūrén〈动〉丢脸：～现眼。

【丢三落四】diū sān là sì 形容马虎或好忘事。

铥(銩) diū〈名〉金属元素，符号 Tm。是稀土元素之一。

━━ dōng ━━

东(東) dōng〈名〉❶四个主要方向之一，太阳出来的一边：～方|远～|大江～去。❷主人(古时主位在东，宾位在西)：～家|股～。❸东道：赌～|做～。❹〈名〉姓。

【东窗事发】dōng chuāng shì fā 明田汝成《西湖游览志余》里说，秦桧和他的妻子王氏在东窗下密谋杀害岳飞。秦桧死后，王氏设醮请方士替秦桧招魂。方士见秦桧在阴间身带铁枷受苦，秦桧对方士说："可烦传语夫人，东窗事发矣！"后指案子发作，罪行、阴谋败露。

【东床】dōngchuáng〈名〉晋太尉郗(xī)鉴派门生到王导家选女婿。门生回来说："王家的年轻人都很好，但是听到有人来选女婿，都拘谨起来，只有一位在东边床上敞着怀吃饭，好像没有听到一样。"郗鉴说："这正是一位好女婿。"后来一打听，原来是王羲之，就把女儿嫁给了他(见于《晋书·王羲之传》)。后因称女婿为"东床"。

【东道】dōngdào〈名〉❶请客的主人。也说"东道主"：做～｜略尽～之谊。❷请客的事儿或义务：赌～(用请客来打赌)。

【东方】dōngfāng〈名〉❶东①。❷指亚洲，习惯上也包括埃及。❸姓。

【东风】dōngfēng〈名〉❶指春风。❷比喻革命的力量或气势。

【东风吹马耳】dōngfēng chuī mǎ'ěr 比喻把别人的话当作耳边风。

【东宫】dōnggōng〈名〉❶太子住的地方，借指太子。❷姓。

【东郭】dōngguō〈名〉姓。

【东家】dōngjia〈名〉旧时雇员、受聘的人称他的主人或佃户称租土地给他的地主。

【东鳞西爪】dōng lín xī zhǎo 比喻零星片段。

【东流】dōngliú❶〈动〉水向东流：长江～入海。❷〈名〉向东流的水，泛指河川：尽将离恨付～。

【东溟】dōngmíng〈名〉东海。

【东山再起】dōng shān zài qǐ 东晋谢安退职隐居东山，后又出来做了大官(见于《晋书·谢安传》)。比喻失势之后重新恢复地位。

【东施效颦】dōngshī xiào pín 美女西施患病，皱着眉头，捂着胸口。同村的丑女人看见了，觉得很美，也学她的样子，结果更丑得可怕(见于《庄子·天运》)。《庄子》未指明丑女人是谁，后人把这个丑女人称作东施，用"东施效颦"比喻胡乱模仿，结果适得其反。

【东市】dōngshì〈名〉古代洛阳城东处决犯人的地方，后泛指刑场。

【东西】dōngxī〈名〉❶东边和西边：各奔～。❷从东到西(距离)：这座城～十里，南北三里。

【东西】dōngxi〈名〉❶泛指各种具体或抽象的事物：吃～｜写～。❷特指人或动物(多含喜爱或厌恶的感情)：老～｜丑～｜这小～真惹人爱｜别理这～，小心吃亏。

【东曦】dōngxī〈名〉古代传说中的日神东君，借指太阳。

【东洋】dōngyáng〈名〉指日本。

【东野】dōngyě〈名〉姓。

备用词　财东　店东　房东　股东　行东

冬(❷鼕) dōng ❶〈名〉冬季：隆～｜寒～｜腊月。❷同"咚"。❸〈名〉姓。

【冬烘】dōnghōng〈形〉思想迂腐，知识浅陋：～先生。

【冬季】dōngjì〈名〉一年的第四季，我国习惯指立冬到立春的三个月时间，也指农历十、十一、十二三个月。参看〖四季〗。

【冬节】dōngjié〈名〉指冬至。

【冬米】dōngmǐ 方言。〈名〉爆米花儿。

【冬眠】dōngmián〈动〉某些动物对不利生活条件的一种适应现象，如蛙、蛇等在冬天不吃不动，血液循环和呼吸非常缓慢，呈睡眠状态，到第二年春天再恢复正常活动。

【冬天】dōngtiān〈名〉冬季。

【冬闲】dōngxián〈名〉指冬季农事较少的时节：利用～做好室内选种工作。

【冬训】dōngxùn〈动〉冬季训练：篮球队即将投入～。

【冬衣】dōngyī〈名〉冬季穿的御寒的衣服。

【冬泳】dōngyǒng〈动〉冬季在江河湖海里游泳：参加～比赛｜不畏严寒，坚持～。

【冬月】dōngyuè〈名〉指农历十一月。

【冬运】dōngyùn〈名〉运输部门指冬季的运输业务。

备用词　残冬　寒冬　隆冬　穷冬　严冬

咚　dōng〈拟〉形容敲鼓或敲门等的声音。

崬（崬）dōng[崬罗]〈名〉地名,在广西。

氡　dōng〈名〉气体元素,符号 Rn。有放射性,由镭衰变而成。医药上用来治疗癌症。

鸫（鶇）dōng〈名〉鸟,嘴细长而侧扁,翅膀长而平,叫声好听。

—— dǒng ——

董　dǒng❶〈动〉监督管理:~事|~理|~其成。❷〈名〉董事:校~|商~。❸〈形〉正:~道。❹〈名〉姓。

【董事会】dǒngshìhuì〈名〉某些企业、学校等的领导机构。董事会的成员叫"董事"。

懂　dǒng❶〈动〉知道;了解:~事|~外语|不~装~。❷〈名〉姓。

【懂行】dǒngháng〈形〉熟悉某一种业务。

—— dòng ——

动（動*❷働）dòng〈动〉❶（事物）改变原来位置或脱离静止状态（跟"静"相对）:~荡|~颤|风吹草~|岿然不~。❷动作;行动:举~|按兵不~。❸改变（事物）原来的位置或样子:改~|兴师~众。❹使用;使起作用:~笔|~手。❺触动:~心|~容。❻感动:~人。❼吃（多用于否定式）:这病不宜~荤腥。❽〈副〉动不动;常常:辄得咎。[注意]"働"只用于"劳働"（劳动）。

【动笔】dòngbǐ〈动〉用笔写或画（多指开始写或画）;落笔:好久没~了|~之前,先要想一想。

【动兵】dòngbīng〈动〉出动军队打仗。

【动不动】dòngbudòng〈副〉表示很容易产生某种行动或情况（多指不希望发生的）。常跟"就"连用:~就感冒|~就发火。

【动产】dòngchǎn〈名〉指金钱、器物等可以移动的财产。

【动词】dòngcí〈名〉表示人或者事物的动作、行为、发展变化的词,如"走"、"笑"、"有"、"在"、"看"、"吃"、"飞"、"落"、"起来"、"上去"。

【动荡】dòngdàng❶〈动〉波浪起伏。❷〈形〉比喻局势不稳定;不平静:社会~,民不聊生。

【动画】dònghuà〈名〉以一定的速度连续播放的成组画面。

【动画片】dònghuàpiàn〈名〉美术片的一种,把人、物的表情、动作、变化等分段画成许多画幅,再用摄影机连续拍摄而成:播~。

【动机】dòngjī〈名〉推动人做某种事情的念头。

【动静】dòngjing〈名〉❶动作或说话的声音:听,屋外有~。❷变化的情况:观察敌人的~。

【动乱】dòngluàn❶〈形〉（社会）动荡不安宁。❷〈动〉（社会）骚动变乱;秩序混乱。

【动脉】dòngmài〈名〉❶把心脏中压出来的血液输送到全身各部分的血管。❷比喻重要的交通干线。

【动漫】dòngmàn〈名〉动画和漫画,特指当代连环画和动画片。

【动能】dòngnéng〈名〉物体由于机械运动而具有的能,它的大小等于运动物体的质量和速度平方乘积的二分之一。

【动能武器】dòngnéng wǔqì 通过发射能够制导的高速弹头,以其整体或爆炸碎片击毁目标的武器。主要用来拦截弹道导弹和攻击军用卫星。动能武器的一些先进技术,也可用于某些常规武器。

【动迁】dòngqiān〈动〉因原建筑物拆除或翻建等原因而迁到别处:~户|这次拓宽马路,要~五百多户居民。

【动情】dòngqíng〈动〉❶情绪激动:她说得很~,眼里饱含泪花。❷产生爱慕的感情。

【动人心弦】dòng rén xīnxián 激动人心;非常动人:这是多么~的场面啊!

【动容】dòngróng〈动〉脸上显露出受感动的表情:说者动情,听者~。

【动身】dòngshēn〈动〉出发:准备明天一早~。

【动态】dòngtài❶〈名〉事物变化发展的情况:学术~。❷〈形〉运动变化状态的或从运动变化状态考察的:~考察|~分析。

【动弹】dòngtan〈动〉（人、动物或能转动的东西）活动:~不得。

【动听】dòngtīng〈形〉听起来使人感动或感觉有兴趣:娓娓~。

【动问】dòngwèn〈动〉敬辞,用于请求对方解答问题（多见于早期白话）。前面常和"不敢"连用,相当于"请问":不敢~,先生尊姓大名?

【动窝】dòngwō〈动〉离开原地:我在这里住了三十年,始终没~。

【动物】dòngwù〈名〉生物的一大类,多以有机物为食料,有神经,有感觉,能运动:哺乳~。

【动向】dòngxiàng〈名〉活动或发展的方向:观察时局的~。

【动销】dòngxiāo〈动〉开始销售:刚进腊月,各种年货就已纷纷|刚过春节,空调就已~。

【动摇】dòngyáo❶不坚定;不稳固;摇摆:立场~|军心~。❷使动摇:~军心。

【动议】dòngyì〈名〉在会议进行中临时提出的建议:紧急~。

【动因】dòngyīn〈名〉动机;原因:创作~|贪欲是她作案的直接~|探求网络社交形成的~。

【动用】dòngyòng〈动〉使用:~公款|武力。

【动员】dòngyuán〈动〉❶把国家武装力量从平时状态转入战时状态,以及把所有经济部门转入供应战争需要:全国总~。❷使行动起来,积极参加某项活动:~青少年参加绿化祖国的活动。

【动员令】dòngyuánlìng〈名〉❶战时国家为调动人力、物力和财力而发布的命令。通常由国家最高权力机关决定,由国家元首或政府首脑用命令或声明的方式宣布。❷泛指调集人们参加某项事业的号召。

【动辄】dòngzhé〈副〉动不动就:~得咎(动不动就受到指责或处分)。

【动辄得咎】dòng zhé dé jiù 动不动就受到指责或惩罚。

【动真格的】dòng zhēn gé de 实实在在地去做;来真的:反腐败不能虚张声势,必须~。

【动嘴】dòngzuǐ〈动〉开口;说话:别光~,快动手干吧|您老人家只要劲劲嘴吩咐一下就行了。

【动作】dòngzuò❶〈名〉身体的活动:~灵活。❷〈动〉活动;行动起来:怎么还不~?

备用词 劳动 举动 行动 主动 被动 自动 策动 发动 鼓动 活动 煽动 扇动 挑动 推动 运动 轰动 冲动 感动 激动 震动 暴动 骚动 按兵不动 蠢蠢欲动 风吹草动 轻举妄动 纹丝不动 闻风而动

冻(凍)　dòng❶〈动〉(液体或含水分的东西)遇冷凝固:~冰。❷〈名〉汤汁等凝结成的半固体:肉~儿|鱼~儿。❸〈动〉受冷或遇到冷:~疮|~僵。❹〈名〉姓。

【冻结】dòngjié〈动〉❶液体遇冷凝结。❷比喻阻止流动或变动:~资金|人员~。

【冻馁】dòngněi〈动〉受冻挨饿:无~之虞。

备用词 冰冻 化冻 解冻 开冻 冷冻 凝冻 上冻 霜冻 天寒地冻

侗　dòng〈名〉侗族,我国少数民族之一,分布在贵州、湖南和广西。
△另见 tóng;tǒng。

垌　dòng方言。〈名〉田地(多用于地名):儒~(在广东)|麻~(在广西)。
△另见 tóng。

栋(棟)　dòng❶〈名〉房屋的正梁:~梁|雕梁画~。❷〈名〉指房屋:汗牛充~。❸〈量〉用于指一座房屋:一~房子|三~楼。

【栋梁】dòngliáng〈名〉房屋的大梁,比喻担负国家重任的人:~之才。

峒　dòng〈名〉山洞(多用于地名):燕~(在广西)|吉~坪(在湖南)。
△另见 tóng。

胨(腖)　dòng〈名〉蛋白胨,有机化合物,是蛋白质经酸、碱或蛋白酶分解后生成的较简单的有机物。

洞　dòng❶〈名〉物体中间的穿通的或凹入较深的部分:~穴|山~。❷〈数〉说数字时用来代替"0",如"2908"读作"二九洞八"。❸〈形〉深远;透彻:~察|~烛其奸。

【洞察】dòngchá〈动〉观察得很清楚:~是非|~其奸。

【洞彻】dòngchè〈动〉透彻地了解:~事理。

【洞达】dòngdá〈动〉很明白;很了解:~事理。

【洞房】dòngfáng〈名〉新婚夫妇的房间:~花烛(形容结婚的景象)。

【洞然】dòngrán〈形〉明亮;日影反照,室始~。

【洞若观火】dòng ruò guān huǒ 形容看得非常清楚明白。

【洞天】dòngtiān〈名〉道家称仙人居住的地方,意思是洞中别有天地。

【洞悉】dòngxī〈动〉很清楚地知道:~真情。

【洞穴】dòngxué〈名〉地洞或山洞(多指能藏人、动物或东西的)。

【洞烛其奸】dòng zhú qí jiān 看透对方的阴谋诡计。

备用词 涵洞 空洞 孔洞 漏洞 山洞 隧洞 岩洞 引蛇出洞

恫　dòng〈动〉恐惧;恐吓:~恐|~吓。
△另见 tōng。

【恫吓】dònghè〈动〉威吓(hè);吓(xià)唬。

胴 dòng〈名〉❶躯干;躯体;一体(躯体)。❷大肠。

硐 dòng〈名〉山洞、窑洞或矿坑。

— dōu —

都 dōu〈副〉❶表示总括,所总括的成分在前:全家～说好。❷跟"是"字合用,说明理由:～是邻里的帮助,才渡过难关。❸表示"甚至":饭～不吃就要走。❹表示"已经"。句末常用"了":天～黑了,快走吧。[注意]"都",读dū时,指大城市、首都,如"都市"、"建都"。副词"大都"的"都"也读dū。"都"表示"甚至"、"已经"的意义,有时读轻声。
△另见dū。

哆 dōu〈叹〉表示呵斥。

兜 dōu❶〈名〉口袋一类的东西:网～|裤～。❷〈动〉做成兜形把东西拢住:衣襟里～着梨。❸〈动〉绕:～抄|～圈子。❹〈动〉招揽:～揽|～售。❺〈动〉承担或包下来:有问题我～着。❻〈动〉揭露:～底|把丑事全给～出来了。❼同"篼"。❽同"莵"。

【兜捕】dōubǔ〈动〉包围起来捉拿:～逃犯。

【兜风】dōufēng❶〈动〉(帆、篷、伞等)阻挡风:帐篷破了,不～。❷〈动〉(坐车、乘船或骑马等)绕圈子游逛:到郊外～去|骑着摩托车四处～。

【兜揽】dōulǎn〈动〉❶招揽顾客:～生意。❷把事情往自己身上拉:净～些闲事干什么?

【兜鍪】dōumóu〈名〉古代作战时戴的盔。

【兜售】dōushòu〈动〉到处找人购买自己手上的货物。

莵(*椀) dōu❶〈名〉指某些植物的根和靠近根的茎:禾～。❷〈量〉相当于"棵"或"丛":一～树|一～草。

篼 dōu〈名〉用竹、藤、柳条等做成的盛东西的器具:背(bèi)～。

— dǒu —

斗 dǒu❶〈量〉容量单位。10升等于1斗,10斗等于1石。❷〈名〉量(liáng)粮食的器具,容量是1斗,多用木头或竹子制成:车载～量。❸〈名〉形状略像斗的东西:风～儿|漏～儿|烟～。❹〈名〉古代盛酒的器皿:玉～。❺〈名〉圆形的指纹:～箕。❻〈名〉星宿名,二十八宿之一。通称南斗:～牛。❼〈名〉北斗星的简称:～柄。❽〈名〉姓。
△另见dòu。

【斗胆】dǒudǎn〈副〉形容大胆(多用作谦辞):～直言。

【斗方】dǒufāng〈名〉书画所用的方形纸张,也指一二尺见方的字画。

【斗拱】(枓拱、枓栱)dǒugǒng〈名〉又读dòugǒng。我国传统木结构建筑中的一种支承构件。在立柱和横梁交接处,从柱顶上加的一层层探出成弓形的承重构件叫"拱",拱与拱之间垫的方木叫"斗",合称"斗拱"。

【斗箕】dǒujī〈名〉指印。因指纹有斗有箕,所以叫"斗箕"。

【斗笠】dǒulì〈名〉用竹篾夹油纸或竹叶等制成的遮阳光和雨的帽子。

【斗乱】dǒuluàn〈形〉飞腾杂乱:烟尘～。

【斗牛】dǒuniú〈名〉二十八宿中的斗宿和牛宿:气冲～。

【斗篷】dǒupeng〈名〉❶披在肩上的没有袖子的外衣。❷方言。斗笠。

【斗室】dǒushì〈名〉比喻极小的屋子:身处～之中,神驰宇宙之外。

【斗帐】dǒuzhàng〈名〉小帐子,形状像倒置的斗,所以叫"斗帐"。

【斗子】dǒuzi〈名〉管粮仓的差役。

阧 dǒu 同"陡"。

抖 dǒu〈动〉❶颤嗦;哆嗦:～动|颤～。❷振动;甩动:～搂。❸(跟"出来"连用)全部倒出;彻底揭穿:把老底给～出来了。❹鼓起(精神):～起精神。❺称人因有钱有地位等而得意(多含讥讽意):～起来了。

【抖搂】dōulou〈动〉❶振动衣、被、包袱等,使附着在上面的东西掉落。❷抖③;别～过去的事了。❸浪费;乱花钱财:家底～光了。

【抖擞】dǒusǒu〈动〉振作:精神～|～精神。

备用词　颤抖　发抖　战抖

枓 dǒu 见[斗拱](枓拱、枓栱)。

陡 dǒu❶〈形〉坡度很大,近于垂直:～峭|～立。❷〈副〉陡然;突然:～变。

【陡峻】dǒujùn〈形〉(地势)高而陡:山势～。

【陡峭】dǒuqiào〈形〉形容山势坡度大,直上直下的:山峰～,很难攀登。

【陡然】dǒurán〈副〉突然:精神～一振|～醒悟。

蚪 dǒu 见〖蝌(kē)蚪〗。

— dòu —

斗（鬥＊鬦鬪鬭）dòu〈动〉❶对打；相争：～殴│～格～。❷斗争：～地主。❸使动物斗：～牛│～鸡│蟋蟀儿。❹比赛争胜：～智│～角～。❺往一块儿凑；凑在一块儿：～榫儿│～情况。
△另见 dǒu。

【斗拱】dǒugǒng "斗拱dǒugǒng"的又音。

【斗争】dòuzhēng〈动〉❶矛盾的双方互相冲突，一方力求战胜另一方：阶级～│思想～。❷用说理、揭发、控诉等方式打击：～恶霸。❸努力奋斗：为民族解放而～。

【斗志】dòuzhì〈名〉战斗的意志：～昂扬。

备用词　搏斗　奋斗　格斗　决斗　角斗　殴斗　械斗　战斗　争斗　艰苦奋斗　困兽犹斗　龙争虎斗　明争暗斗　坐山观虎斗

豆（＊❷荳）dòu〈名〉❶古代盛食物用的器具，类似带高座的盘。❷豆类作物，也指这类作物的种子：～苗│点～子。❸形状像豆的东西：巧克力～。❹姓。

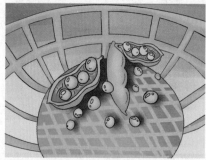

【豆腐渣工程】dòufǔzhā gōngchéng 比喻质量很差、极不坚固的建筑工程。

【豆蔻年华】dòukòu niánhuá 唐杜牧《赠别》："娉娉袅袅十三余，豆蔻梢头二月初。"形容少女的美丽。因称女子十三四岁的年纪为"豆蔻年华"。

【豆奶】dòunǎi〈名〉以黄豆、牛奶为主要原料制成的饮品。

【豆萁】dòuqí〈名〉豆秸。

逗 dòu❶〈动〉引逗：拿着一个玩具～孩子玩。❷〈动〉招引：～笑│～人喜欢│撩～。❸〈动〉逗笑儿：～哏(gén)│这话真～。❹

〈动〉停留：～留。❺同"读"(dòu)。

【逗号】dòuhào〈名〉标点符号，写作"，"，表示句子中较小的停顿。也叫"逗点"。

【逗留】(逗遛)dòuliú〈动〉指短暂停留。

【逗趣儿】dòuqùr〈动〉说一些有趣的话或做出一些滑稽的动作，引人发笑。

备用词　哄逗　撩逗　挑逗　引逗

读（讀）dòu〈名〉语句中的停顿。古代诵读文章，分句和读，极短的停顿叫"读"，稍长的停顿叫"句"。后来把"读"写成"逗"。现代所用逗号就是取这个意义，但分别句读的标准不同。参看〖句读〗。
△另见 dú。

胵 dòu〈名〉❶脖子；颈。❷头；脑袋。

痘 dòu〈名〉❶痘疮，即天花，一种急性传染病。❷牛痘：～苗│种～。❸出天花时或接种痘苗后，皮肤上出的豆状疱疹。

窬 dòu[西窬]〈名〉地名，在广西。

窦（竇）dòu〈名〉❶孔；洞：狗～。❷人体某些器官或组织的内部凹入的部分：鼻～│鼻旁～。❸姓。

餖 dòu[餖飣(dìng)]❶〈名〉供陈设的食品。❷〈动〉比喻堆砌辞藻。

— dū —

乧（＊毇）dū〈动〉用笔、指头、棍棒等轻击轻点：点～(画家随意点染)│一一个点儿。

都 dū❶〈名〉首都：定～│国～。❷〈名〉大城市：～市│通～大邑。❸〈名〉旧时某些地区县与乡之间的政权机关。❹〈形〉大：～舍(大房屋)。❺〈名〉姓。
△另见 dōu。

【都城】dūchéng〈名〉首都。

【都督】dūdu❶〈名〉古时的军事长官。民国初年各省设有都督，兼管民政。❷〈动〉统率：～诸路军马。

【都护】dūhù〈名〉古代官名。设在边疆地区的最高行政长官。

【都会】dūhuì〈名〉都市：国际大～。

【都市】dūshì〈名〉大城市：～生活。

【都尉】dūwèi〈名〉古代官名。次于将军的军官。

备用词　古都　故都　国都　京都　旧都　陪都　首都　行都

阇（闍） dū〈名〉城门上的台。△另见 shé。

屙（*启） dū 方言。〈名〉❶屁股。❷蜂或蝎子等的尾部。

督 dū ❶〈动〉监督指挥：～促｜～战。❷〈名〉统率军队的将领；担任监督的官吏：～抚｜总～｜都～。❸〈名〉姓。

【督察】dūchá ❶〈动〉监督察看：派人前往～。❷指担任督察工作的人。

【督察警】dūchájǐng〈名〉对公安机关及人民警察现场执法、值勤等活动进行监督的警察。

【督促】dūcù〈动〉监督催促。

【督军】dūjūn〈名〉民国初年一省的最高军事长官。

【督率】dūshuài〈动〉监督率领。

【督学】dūxué〈名〉教育行政机关负责视察、监督学校工作的人员。

嘟 dū ❶〈拟〉形容喇叭等的声音。❷〈动〉（嘴）向前突出；撅着：～起了嘴巴。

【嘟噜】dūlu ❶〈动〉嘟囔。❷〈名〉舌或小舌连续颤动发出的声音：打～儿。❸〈动〉向下垂着，成为一簇：葡萄在架上～着。❹〈量〉用于连成一簇的东西：一～钥匙｜一～葡萄。

【嘟囔】dūnang〈动〉不断地小声说话（多含抱怨的情绪）。

【嘟哝】dūnong〈动〉嘟囔。

— dú —

毒 dú ❶〈名〉对生物体有害的物质：病～｜中～｜消～。❷〈名〉指对思想意识有害的事物：遗～｜流～。❸〈名〉毒品：吸～｜贩～。❹〈形〉有毒的：～蛇｜～药。❺〈动〉用毒物害死：～老鼠。❻〈形〉毒辣；猛烈：～打｜～计。❼〈动〉害，毒害：无罪者反罹其～。❽〈动〉怨恨：今虽死乎此，比吾乡邻之死则已后矣，又安敢～耶？

【毒案】dú'àn〈名〉涉及毒品犯罪的案件。

【毒草】dúcǎo〈名〉有毒的草，也比喻有害的言论或作品。

【毒犯】dúfàn〈名〉制造、运输、贩卖毒品的罪犯：严厉打击～。

【毒贩】dúfàn〈名〉贩卖毒品的人。

【毒害】dúhài ❶〈动〉用有毒的东西使人受害：黄色书刊～了不少青少年。❷〈名〉能毒害人的事物。

【毒花花】dúhuāhuā〈形〉形容阳光炽热：～的太阳。

【毒辣】dúlà〈形〉（心肠或手段）恶毒残忍：阴险～。

【毒品】dúpǐn〈名〉指作为嗜好品用的鸦片、吗啡、海洛因等。

【毒手】dúshǒu〈名〉杀人或害人的狠毒手段：下～。

【毒素】dúsù〈名〉❶某些有机体产生的有毒的物质。❷比喻言论或作品中对人的思想意识有害的成分：封建～。

【毒刑】dúxíng〈名〉残酷的刑罚：～拷打。

【毒性】dúxìng〈名〉毒素的性质及其危害生物体的程度：眼镜蛇的～极大。

【毒牙】dúyá〈名〉与毒腺相通，能排出毒液的牙齿。

【毒焰】dúyàn〈名〉❶燃烧产生的烈焰：～吞没了仓库。❷比喻凶恶的气焰：～嚣张。

【毒药】dúyào〈名〉有毒的药物，可使有机体丧失某种机能甚至死亡。

【毒液】dúyè〈名〉有毒的液体。

【毒瘾】dúyǐn〈名〉吸食毒品形成的瘾。

【毒针】dúzhēn〈名〉❶毒刺。❷用毒品制成的针剂。

【毒汁】dúzhī〈名〉有毒的汁液。

【毒资】dúzī〈名〉用来购买毒品的钱；贩毒所得的钱：公安机关破获一起贩毒案，缴获～近五十万元。

备用词 惨毒　歹毒　恶毒　狠毒　刻毒　流毒　荼毒　遗毒　阴毒　余毒　人莫予毒　宴安鸩毒　以毒攻毒

独（獨） dú ❶〈形〉一个：～子｜～木桥。❷〈副〉独自：～唱｜～揽。❸〈名〉年老无子的人：鳏寡孤～。❹〈形〉特殊；独特：其行～。❺〈形〉自私；容不得人：这个人太～。❻〈副〉唯独：大家都到了，～他还没来。❼〈副〉岂；难道：汝～未闻乎？❽〈名〉姓。

【独白】dúbái〈名〉戏剧、电影中角色独自说的抒发情感和愿望的话。

【独裁】dúcái〈动〉独揽大权，实行专制统治：～者｜军事～。

【独出心裁】dú chū xīn cái 原指诗文的构思有独到之处，后泛指想出来的办法与众不同。

【独处】dúchǔ〈动〉独居：我爱热闹，也爱清静；爱群居，也爱～。

【独当一面】dú dāng yī miàn 单独承当一个方面的任务。

【独到】dúdào〈形〉与众不同；不同一般的：～

的见解|~之处。

【独断】dúduàn〈动〉专断:~专行。

【独断行行】dú duàn dú xíng 独断专行。

【独断专行】dú duàn zhuān xíng 行事武断,不考虑别人的意见。也说"独断独行"。

【独夫】dúfū〈名〉残暴无道得不到人民拥护的统治者:~民贼。

【独孤】dúgū〈名〉姓。

【独具匠心】dú jù jiàngxīn 具有独到的巧妙心思,形容在技术或艺术构思方面有创造性。

【独具只眼】dú jù zhī yǎn 能看到别人看不到的东西,形容目光敏锐,有独到见解。

【独立】dúlì〈动〉❶单独地站立:~寒秋。❷不依靠他人:~生活|~思考。❸一个国家或一个政权不受别的国家或别的政权的控制而自主地存在:宣布~。❹军队在编制上直接隶属于更高一级的单位:~营(不隶属于团而直接隶属于师的营)。

【独立王国】dúlì wángguó 有完整主权的君主制国家,比喻不服从上级领导而自行其是的地区、单位或部门(含贬义)。

【独立性】dúlìxìng〈名〉不依傍其他事物而独自成立的性质:每一自然段都有相对的~。

【独立自主】dúlì zìzhǔ 不依赖别人,靠自己做主。多指国家独立行使自己的主权,不受外部势力的支配和控制。

【独领风骚】dú lǐng fēngsāo 独自引领文学创作的风气(风骚:《国风》与《离骚》,指文学创作),比喻人或事物在某些方面异乎寻常。

【独苗】dúmiáo〈名〉一家或一个家族唯一的后代。也说"独苗苗"。

【独木不成林】dú mù bù chéng lín 一棵树不能成为森林,比喻一个人的力量有限,办不成大事。

【独木难支】dú mù nán zhī 比喻一个人的力量单薄,不能维持全局。

【独辟蹊径】dú pì xījìng 独自开辟一条路,比喻独创一种新的风格或新的方法。

【独善其身】dú shàn qí shēn《孟子·尽心上》:"穷则独善其身。"意思是做不上官,就搞好自己的品德修养。现指只顾自己,缺乏集体主义精神。

【独身】dúshēn〈名〉❶独自一人:~闯世界。❷特指没有配偶的成年男女:他到现在还是~。

【独生】dúshēng〈形〉一对夫妇生育的唯一的(子女):~子|~女。

【独生子女】dúshēng zǐnǚ 一对夫妇生育的唯一的儿子或女儿。

【独树一帜】dú shù yī zhì 独自树起一面旗帜,比喻自成一家。

【独特】dútè〈形〉独有的;与众不同的:~的风格。

【独体字】dútǐzì〈名〉只有一个部件的汉字(跟"合体字"相区别),如"木"、"山"。

【独吞】dútūn〈动〉独自吞占(本该多人分享的财产、利益等):~祖上的遗产|~红利。

【独一无二】dú yī wú èr 没有相同的或没有可以相比的。

【独占鳌头】dú zhàn áotóu 据说皇宫石阶前刻有鳌(大鳖)的头,状元及第时才可以踏上,所以科举时代称中状元叫"独占鳌头"。后来比喻占首位或第一名。

【独自】dúzì〈副〉自己一个人:~去看电影。

备用词　单独　孤独　慎独　不独　非独　唯独　鳏寡孤独

顿(頓)

dú 见[冒(mò)顿]。
△另见 dùn。

读(讀)

dú〈动〉❶看着文字发出声音:~书|宣~。❷阅读;看(文章):~者|通~。❸指上学:走~|~完高中。
△另见 dòu。

【读本】dúběn〈名〉课本;泛指供阅读用的普及性版本:《古代汉语~》|《英语~》。

【读秒】dúmiǎo〈动〉围棋比赛中指某方用完自由支配的时间后,必须在很短时间(一般为一分钟,快棋多为30秒)内走一步棋,此时裁判员开始随时口报所用秒数,如超时则负负:白方在~声的催促下出现了失误|高考一天天地临近,已进入最后的~阶段。

【读破】dúpò〈动〉同一个字形因意义不同而有两个以上读音的时候,不照习惯上认为最通常的读音来读,叫作"读破"。读破的读音叫"破读",按照习惯上最通常的读法叫"读如字"。如"美好"的"好"读上声,是读如字,"喜好"的"好"不读 hǎo 而读 hào。"好"的去声读音是破读。

备用词　泛读　攻读　精读　朗读　默读　审读　诵读　通读　宣读　选读　研读　阅读

渎(瀆*❶瀆)

dú ❶〈动〉轻慢;不敬:~职|~犯|亵~|冒~。❷〈名〉沟渠;水道:沟~。

椟(櫝*匵)

dú〈名〉匣子:买~还珠。

犊（犢）dú〈名〉小牛；牛：｜老牛舔~｜初生之~不畏虎。

牍（牘）dú〈名〉❶古代写字用的木简：连篇累~。❷文件；书信：文~｜案~｜尺~｜书~｜函~。

黩（黷）dú〈动〉❶玷污。❷滥用；轻举妄动：~武。

【黩武】dúwǔ〈动〉滥用武力；好战：穷兵~｜~主义。

髑dú[髑髅(lóu)]〈名〉死人的头骨；骷髅。

—— dǔ ——

肚dǔ〈名〉用作食物的动物的胃：羊~儿｜爆~儿｜拌~丝儿。
△另见dù。

笃（篤）dǔ〈形〉❶忠实；一心一意：诚~｜~志｜~实｜~厚。❷（病势）深重：危~｜病~乱投医。❸深；深厚：友爱甚~。❹〈名〉姓。

【笃信】dǔxìn〈动〉❶深信不疑：令人~的证物。❷忠实地信仰：~佛教。

【笃学】dǔxué〈动〉专心好学：~强记。

堵dǔ❶〈动〉堵塞；截｜围｜你~着门，叫别人怎么走哇？❷〈形〉闷；不畅快：心里~得慌。❸〈名〉墙：观者如~。❹〈量〉用于墙：一~墙。❺〈名〉姓。

【堵截】dǔjié〈动〉阻拦不使通过：~逃敌。

【堵塞】dǔsè〈动〉阻塞洞口、通道等使不通：道路~。

赌（賭）dǔ〈动〉❶赌博：~钱｜~注｜~徒｜~棍｜聚~。❷泛指争输赢：打~。

【赌气】dǔqì〈动〉因不满或受指责而任性（行动）。

睹dǔzhòu〈动〉发誓。

睹（*覩）dǔ〈动〉❶看见：目~｜先~为快｜熟视无~｜惨不忍~。❷察看。

【睹物伤情】dǔ wù shāng qíng 见到与死去的人有关的东西而产生悲哀的情感。

【睹物思人】dǔ wù sī rén 看到死去或离别的人留下的东西，就想起这个人。

备用词 惨不忍睹 耳闻目睹 视若无睹 熟视无睹 有目共睹

—— dù ——

芏dù 见[茳(jiāng)芏]。

杜（*❷斁）dù❶〈名〉乔木，即棠梨，可用作嫁接各种梨树的砧木，木材可制器具。❷〈动〉堵塞；阻塞：~绝｜防微~渐。❸〈名〉姓。

【杜衡】dùhéng〈名〉多年生草本植物。开暗紫色小花。根茎可入药。也作"杜蘅"。

【杜蘅】dùhéng 同"杜衡"。

【杜鹃】dùjuān〈名〉❶鸟，身体黑灰色，尾巴有白色斑点。也叫"布谷"、"杜宇"、"子规"。❷常绿或落叶灌木。花多为红色，供观赏。也叫"映山红"。

【杜绝】dùjué〈动〉堵塞；彻底制止：~浪费现象。

【杜康】dùkāng〈名〉传说中最早造酒的人，因称酒为杜康。

【杜撰】dùzhuàn〈动〉凭空编造；虚构。

肚dù〈名〉❶肚子，腹❶的通称：~皮｜鼠~鸡肠｜牵肠挂~｜搜肠刮~。❷物体圆而凸起像肚子的部分：指头~｜腿~子。
△另见dǔ。

【肚量】dùliàng 同"度量"。

妒（*妬）dù〈动〉忌妒：~忌｜嫉~｜嫉贤~能。

【妒忌】dùjì〈动〉忌妒。

【妒贤嫉能】dù xián jí néng 见〖嫉贤妒能〗。

【妒羡】dùxiàn〈动〉又嫉妒又羡慕。

度dù❶〈动〉计量长短：~量衡。❷〈名〉表明物质的有关性质所达到的程度，如硬度、温度、热度、浓度、湿度、速度等。❸〈量〉计量单位名称。a)弧或角，把圆周分为360等份所成的弧叫1度弧。1度弧所对的圆心角叫1度角。1度等于60分。b)经度或纬度，如北纬40度。c)电量，1度即1000瓦小

D

时。❹〈名〉程度:高~的责任感。❺〈名〉限度:适~|劳累过~。❻〈名〉哲学上指一定事物保持自己质的数量界限。❼〈名〉度量:气~|豁达大~。❽〈名〉所打算或计较的:置之~外。❾〈量〉次:一年一~。❿〈动〉过(指时间):欢~假日|虚~年华。⓫〈动〉僧尼道士劝人出家:剃~。⓬〈名〉姓。

△另见 duó。

【度牒】dùdié〈名〉旧时官府发给和尚、尼姑的证明身份的文件。也叫"戒牒"。

【度假村】dùjiàcūn〈名〉一种供人们旅游度假居住的场所(多建在风景优美的地方)。

【度量】dùliàng〈名〉指忍让、宽容人的限度。也作"肚量"。

【度命】dùmìng〈动〉维持生命(多指在困境中)。

【度曲】dùqǔ〈动〉❶作曲:工于~。❷照现成的曲调唱。

【度日如年】dù rì rú nián 形容处境困难,日子不好过。

备用词　程度　尺度　幅度　进度　跨度　密度　难度　强度　速度　限度　大度　风度　气度　态度　法度　轨度　制度

锸(鍀) dù〈名〉金属元素,符号 Db。有放射性,由人工核反应获得。

渡 dù ❶〈动〉由这一岸到那一岸;通过(江河等):泗~|远~重洋。❷〈动〉载运过河:~船|~摆。❸〈名〉渡口:野~。❹〈动〉过;由此到彼:引~|过~。❺〈名〉姓。

【渡口】dùkǒu〈名〉有船或筏子摆渡的地方。

【渡头】dùtóu〈名〉渡口。

备用词　摆渡　过渡　横渡　竞渡　轮渡　强渡　抢渡　泅渡　偷渡　引渡

镀(鍍) dù〈动〉用电解或其他化学方法使一种金属附着到别的金属或物体表面上,形成一个薄层:电~|~金。

【镀金】dùjīn〈动〉❶在物体表面上镀上一层薄薄的金子。❷讥讽人到某种环境去深造或锻炼,只是为了获取虚名。

斁 dù〈动〉败坏。

△另见 yì。

蠹(*蛀螙蠧) dù ❶〈名〉蛀虫:木~|书~。❷〈动〉蛀蚀:流水不腐,户枢不~。

【蠹虫】dùchóng〈名〉❶咬器物的虫子。❷比喻危害集体利益的坏人。

【蠹鱼】dùyú 衣鱼。

== duān ==

耑 duān 同"端"。

△另见 zhuān "专"。

端 duān ❶〈名〉(东西的)头:笔~|顶~。❷〈名〉(事情的)开头:~绪|祸~。❸〈名〉项目;方面:举其一一|变化多~。❹〈形〉端正:~坐|品行不~。❺〈动〉平举着拿:~茶|~枪。❻〈名〉姓。

【端的】duāndì ❶〈名〉事情的经过;底细:一问方知~。❷〈副〉a)果然;的确:~是好。b)究竟:他~是谁?

【端方】duānfāng〈形〉端庄;正派:品行~。

【端节】duānjié〈名〉端午。

【端丽】duānlì〈形〉端正秀丽:字体~|姿容~。

【端量】duānliang〈动〉端详;打量:仔细一~,才认出是老同学。

【端木】duānmù〈名〉姓。

【端倪】duānní〈名〉❶事情的头绪;眉目:已见~。❷边际。

【端然】duānrán〈形〉❶形容端正,不歪斜:~正坐。❷稳固的样子:~不动。

【端午】(端五)duānwǔ〈名〉我国传统节日,在农历五月初五日。

【端详】duānxiáng ❶〈名〉详情;事情的始末:细说~。❷〈形〉端庄安详;容止~。

【端详】duānxiang〈动〉仔细地看:老奶奶拿起相片~着。

【端正】duānzhèng ❶〈形〉不歪斜:字体~|五官~。❷〈形〉正确;正直:品行~。❸〈动〉使端正:~工作作风。

【端直】duānzhí〈形〉❶笔直:株干~。❷正直。

【端庄】duānzhuāng〈形〉(举止、神情)端正庄重。

备用词　笔端　弊端　顶端　极端　尖端　异端　发端　开端　肇端　祸端　事端　衅端　争端　首鼠两端

== duǎn ==

短 duǎn ❶〈形〉两端之间的距离小(跟"长"相对)。a)指空间:~刀|~裤|~视。b)指时间:~期|~促|~暂。❷〈动〉缺少;欠:理~|缺斤~两。❸〈名〉缺点:~处|护~。❹〈动〉诋毁。

【短兵】duǎnbīng〈名〉指刀剑等短兵器:~相接。

【短兵相接】duǎn bīng xiāng jiē 指肉搏战，也比喻进行针锋相对的斗争。

【短促】duǎncù〈形〉❶(时间)极短：～的一日游。❷急促：呼吸～。

【短工】duǎngōng〈名〉临时的雇工：打～。

【短褐】duǎnhè〈名〉古代穷苦人穿的粗布衣服。

【短见】duǎnjiàn〈名〉❶短浅的见解。❷指自杀行为：寻～。

【短气】duǎnqì〈形〉丧气；缺乏自信心：灰心～。

【短浅】duǎnqiǎn〈形〉(对事物的认识和分析)狭窄而肤浅：目光～|见识～。

【短视】duǎnshì〈形〉❶近视。❷眼光短浅。

【短线】duǎnxiàn〈形〉❶比喻产品、专业等需求量超过供应量的(跟"长线"相对)：～产品的生产|扩大～专业的招生名额。❷路程短的：～旅游。❸经过较短的时间即可产生效益的：～投资。

【短小精悍】duǎnxiǎo jīnghàn 形容人身材短小而精明强干，也形容作品短小而有力。

【短语】duǎnyǔ〈名〉词组。

【短暂】duǎnzàn〈形〉(时间)短：～的接触。

【短装】duǎnzhuāng〈名〉❶只穿中装上衣和裤子而不穿长衣叫"短装"。❷指中装上衣。

备用词　护短　揭短　简短　缩短　家长里短　截长补短　取长补短　三长两短　说长道短　问长问短　争长论短

— duàn —

段 duàn❶〈名〉时间或事物的一部分：～落|阶～。❷〈量〉a)用于长条东西分成的若干部分：一～木头。b)表示一定距离：一～时间|一～路。c)事物的一部分：一～话|一～文章。❸〈名〉姓。

【段落】duànluò〈名〉(文章、事情)根据内容划分成的相对独立的部分：～清楚|工作告一～。

备用词　唱段　地段　阶段　路段　片段　身段　手段

断(斷) duàn❶〈动〉分成两段或几段：切～|～代史。❷〈动〉断绝；隔绝：～水|间～。❸〈动〉戒除(烟酒)：～烟｜～酒。❹〈动〉判断；决定：～定｜诊～。❺〈副〉绝对；一定(多用于否定式)：～无此理｜～乎不可。❻〈名〉姓。

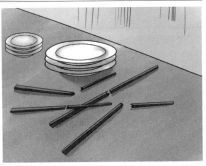

【断肠】duàncháng〈形〉形容极度思念或悲痛、忧伤到极点。

【断代史】duàndàishǐ〈名〉记述某一个朝代或某一个历史阶段的史实的书，如《汉书》、《宋史》等。

【断定】duàndìng〈动〉(经过推理、判断后)下结论。

【断断续续】duànduànxùxù 不连贯，时而中断，时而继续。

【断后】duànhòu〈动〉❶军队撤退时，派出一部分兵力在后面掩护，叫作"断后"。❷没有子孙延续。

【断简残编】duàn jiǎn cán biān 残缺不全的书本或文章。也说"残编断简"。

【断绝】duànjué〈动〉原来有联系的失去联系或原来连贯的不再连贯：音信～｜～交通。

【断然】duànrán❶〈形〉坚决；果断：～拒绝｜采取～措施。❷〈副〉绝对：此法不妥，～使不得。

【断送】duànsòng〈动〉❶丧失；毁灭(生命、前途等)；因为犯罪而～了自己的前程。❷打发；发送：要什么素车白马，～出古陌荒阡？

【断瓦残垣】duàn wǎ cán yuán 义同"断垣残壁"。

【断弦】duànxián〈动〉古代以琴瑟比喻夫妇，故称死了妻子为断弦。

【断言】duànyán❶〈动〉非常肯定地说：可以～，胜利一定属于我们。❷〈名〉断语。

【断语】duànyǔ〈名〉断定的话；结论。

【断垣残壁】duàn yuán cán bì 形容建筑物倒塌残破的景象。

【断章取义】duàn zhāng qǔ yì 不顾别人全篇文章或整个谈话的内容，而只是孤立地取其中一段或一句的意思，以适应自己的需要。

备用词　独断　果断　决断　武断　臆断　专断　裁

断 公断 判断 评断 推断 隔断 间断 中断 当机立断 多谋善断 绳锯木断 一刀两断 优柔寡断

塅 duàn 方言。〈名〉指面积较大的平地(多用于地名):田心～(在湖南)|中～(在福建)。

缎(緞) duàn〈名〉质地较厚,一面平滑有光彩的丝织品:绸～|锦～|素～(没有花纹的)。

椴 duàn〈名〉乔木,木材用途很广,树皮可制造绳索。

煅 duàn〈动〉❶放在火里烧(中药制法):～石膏。❷同"锻"。

锻(鍛) duàn〈动〉锻造,用锤击等方法,使金属具有一定的形状:～铁|～压|～造。

【锻炼】duànliàn〈动〉❶通过体育运动使体质增强。❷通过社会实践和实际斗争,使政治觉悟、工作能力提高。

簖(籪) duàn〈名〉插在水里阻拦鱼虾等以便捕捉的竹栅栏:鱼～|蟹～。

— duī —

堆 duī ❶〈动〉堆积,聚集成堆:～放|～砌。❷〈名〉堆积成的东西:雪～|柴火～。❸〈量〉用于成堆的物或成群的人:一～土|一～人。

【堆叠】duīdié〈动〉一层一层地堆积起来。

【堆积】duījī〈动〉聚集成堆。

【堆砌】duīqì〈动〉把砖石堆叠起来用和(huò)好的泥灰黏合,比喻写文章使用大量华丽而无用的词语。

【堆栈】duīzhàn〈名〉供临时存放货物的仓库。

— duì —

队(隊) duì ❶〈名〉行列:排～|成群结～。❷〈名〉具有某种性质的集体:球～|突击～。❸〈名〉特指少年先锋队:～礼|～日。❹〈量〉用于成队的人或动物等:一～人马|一～骆驼。❺古通"坠"(zhuì)。

【队伍】duìwu〈名〉❶军队。❷指有组织的群众行列:游行～。

备用词 部队 军队 梯队 卫队 乐队 支队 纵队 消防队 游击队

对(對) duì ❶〈动〉回答:～答|无言以～。❷〈动〉对待;对付:～策|～我不薄。❸〈动〉朝着;向着:针～|～牛弹琴。❹〈动〉二者相对;彼此相向:～白|～垒。❺〈形〉对面

的;敌对的:～岸|～手。❻〈动〉使两个东西配合或接触:～个火儿。❼〈动〉投合;适合:～劲儿。❽〈动〉把两个东西放在一起互相比较,看是否符合:～比|核～。❾〈动〉平分成两份:～开|～折。❿〈动〉调整使合于一定标准:～焦距。⓫〈形〉相合;正确;正常:这话很～。⓬〈动〉掺和(多指液体):牛奶里～水。⓭〈名〉对偶;对联:喜～|绝～。⓮〈量〉双:一～鸳鸯。⓯〈介〉用法跟"对于"差不多:形势～我们有利。⓰〈名〉姓。

【对比】duìbǐ ❶〈动〉(两种事物或同一种事物的两个方面)相对比较:今昔～|前后～。❷〈名〉比例:双方人数～是一比二。

【对不起】duìbuqǐ 也说"对不住"。〈动〉❶辜负了别人;对人有愧:你这样做也太～大家了。❷客套话,用于表示歉意:～,我来迟了。

【对簿公堂】duì bù gōngtáng 在公堂上根据诉状核对事实。旧指在官府受审;今指原告和被告在法庭上对质打官司。

【对策】duìcè ❶〈名〉对付的策略或办法:研究～。❷〈动〉古时应考的人回答皇帝关于治国策略的提问:金殿～。

【对衬】duìchèn〈动〉互相映衬:红花绿叶,～鲜明。

【对称】duìchèn〈动〉指图形或物体相对的两边的各部分,在大小、形状和排列上具有一一对应关系。

【对答如流】duì dá rú liú 回答问话像流水一样迅速。形容反应快,口才好。

【对待】duìdài〈动〉❶以某种态度或行为加之于人或事物:认真～工作中的缺点和错误。❷处于相对的情况:高山与平地～,不见高山,哪见平地?

【对付】duìfu〈动〉❶应付①:这人真难～。❷将就;凑合:衣服虽旧一点,还能～穿。

【对过】duìguò〈名〉在街道、河流或空地的一边相对着的另一边。

【对号】duìhào ❶〈动〉查对相符的号码:～领奖。❷〈动〉(跟事实、情况等)相符合:理论要与现实～|他说的与现实对不上号。❸〈名〉指"√"一类的表示"正确"的符号。用于阅卷、批改作业,也用于填写表格时对某些选择性项目表示认可。

【对号入座】duì hào rù zuò ❶按指定的座位号码就座。❷比喻把自己同有关的人或事物照应联系起来:本故事情节纯属虚构,请勿～。

【对话】duìhuà ❶〈动〉互相交谈:通过～加深了彼此间的了解。❷〈名〉交谈的话;特指戏

剧、小说等文艺作品中人物间的谈话:这一段~非常精彩。❸〈动〉双方或多方进行接触、协商或谈判:厂方与工人直接~。

【对换】duìhuàn〈动〉互相交换;调换:~座位|两家~了住房。

【对奖】duìjiǎng〈动〉查对是否中奖:现场~。

【对接】duìjiē〈动〉❶指两个或两个以上航行中的航天器(航天飞机、宇宙飞船等)靠拢后接合成一体。❷泛指互相接触、沟通:企业与市场~。

【对劲】duìjìn〈形〉❶称心合意;合适:话说得不~。❷情投意合;投合:两人近来不大~。

【对抗】duìkàng〈动〉❶对立起来相持不下:军事~。❷抵抗;违抗:不敢~。

【对课】duìkè〈名〉旧时教学生练习作诗的一种方法,如教师说"雨",学生对"风";教师说"柳绿",学生对"桃红"。

【对口】duìkǒu〈形〉❶互相联系的两方在工作内容和性质上相一致:专业~。❷(味道)合口:这几道菜都不~。

【对立】duìlì〈动〉两种事物或同一事物的两个方面之间相互排斥、相互矛盾、相互斗争。

【对联】duìlián〈名〉写在纸上、布上或刻在柱子上面的对偶语句。

【对面】duìmiàn❶〈名〉对过。❷〈名〉正前方:~来了一个人。❸〈副〉面对面:~商谈。

【对牛弹琴】duì niú tán qín 比喻对不懂道理的人讲道理,对外行人说内行话。现也用来讥笑人说话不看对象。

【对偶】duì'ǒu〈动〉修辞方式,用结构相同、字数相等的一对词组或句子来表达两个相对或相近的意思,如"满招损,谦受益"、"海阔凭鱼跃,天高任鸟飞"。

【对视】duìshì〈动〉相对着看:两个人~了一眼。

【对手】duìshǒu〈名〉❶竞赛或争斗中与己方相对的一方:~是世界强队。❷指本领、技艺水平与己方相当的一方:棋逢~。

【对手戏】duìshǒuxì〈名〉在戏剧、影视剧中,由两个演员配合表演的唱段或情节:他们俩是第一次在一起演~。

【对台戏】duìtáixì〈名〉旧时两个戏班为争夺观众,压倒对方,同时演出同样的戏,比喻双方竞争的同类工作或事情:大家不要唱~(比喻采取与对方相对的行动来反对或搞垮对方),要团结一致向前看。

【对头】duìtóu〈形〉❶正确;适当:政策~,方法得当|思路~。❷(思想或事情)正常(多用于否定):思想不~|他情绪不~。❸合得来;投合(多用于否定):俩人关系不~,见了面也不说话。

【对头】duìtou〈名〉指敌对的或对立的方面:死~。

【对外】duìwài〈动〉❶表示跟外部、外地区、外国等发生联系:内部食堂,概不~。❷对付外来侵略:团结起来,一致~。

【对外贸易】duìwài-màoyì 一个国家(或地区)同其他国家(或地区)之间进行的贸易活动。

【对位】duìwèi〈动〉对准位置;使位置相符:断骨~|吊钩~。

【对味儿】duìwèir〈形〉❶适合口味:这汤喝着挺~。❷比喻符合自己的想法或情趣(多用于否定):他的表演让人看着不~。

【对胃口】duì wèikǒu 适合自己的口味或心意:这样安排倒挺~。

【对象】duìxiàng〈名〉❶作为观察、思考或行动目标的人或事物:研究的~。❷指恋爱的对方:找~。

【对心思】duì xīnsi ❶彼此心思、想法相同。❷中意:这套衣服的颜色、样式正对我的心思。

【对眼】duìyǎn ❶〈形〉看得上;中意:这套家具越看越不~。❷〈名〉内斜视的俗称。

【对应】duìyìng〈动〉一个系统中某

一项在性质、作用、位置或数量上跟另一系统中某一项相当:研究普通话和方言的语音~规律。

【对于】duìyú〈介〉表示人、事物、行为之间的对待关系:~他,这点困难不算什么。

【对仗】duìzhàng〈动〉诗文中按照字音的平仄和字义虚实相当作成偶的语句:~工整。

【对照】duìzhào〈动〉❶互相对比参照:英汉~。❷对比。

【对症下药】duì zhèng xià yào 根据病情用药,比喻针对具体情况提出解决问题的办法。

【对质】duìzhì〈动〉为弄清事实,有关各方当面对证;特指诉讼各当事人及证人在法庭当面互相质问:当面~|他如不承认,我可以跟他~。

【对峙】duìzhì〈动〉面对面地耸立着:双峰~。

【对准】duìzhǔn〈动〉准确地对着(目标):~靶心射击。

【对酌】duìzhuó〈动〉两人一起喝酒:节日里与老友~。

【对子】duìzi〈名〉❶对偶的词句:对~。❷对联:写~。❸成对的或相对的人或物:组成帮学~。

备用词　查对　核对　校对　酬对　答对　应对　敌对　反对　绝对　相对　针对　作对　门当户对　针锋相对

兑 duì❶〈动〉旧时用旧的金银首饰、器皿向银楼换取新的。❷〈动〉凭票据支付或领取现款:~换|~现。❸〈动〉掺和(多指液体):掺~|茶水太浓,再~一点儿开水。❹〈名〉八卦之一,卦形是"☱",代表沼泽。❺〈名〉姓。

【兑换】duìhuàn〈动〉用证券换取现金或用一种货币换取另一种货币:~现金|用美元~人民币。

【兑奖】duìjiǎng〈动〉凭中奖的彩票或奖券兑换奖品或奖金。

【兑现】duìxiàn〈动〉❶凭票据向银行换取现款:这张支票不能~。❷比喻实现诺言:答应了孩子的事就一定要~。

怼(懟) duì〈动〉怨恨:怨~。

敦 duì〈名〉古代一种盛黍稷的器具。
△另见 dūn。

碓 duì〈名〉舂米的用具,用木、石做成:水~|~房(舂米的作坊)。

憝 duì❶〈动〉怨恨。❷〈形〉坏;恶:元恶大~。

镦(鐓) duì〈名〉矛戟柄末的平底金属套。
△另见 dūn。

— dūn —

吨(噸) dūn〈量〉❶公制重量单位,1吨等于 1000 千克,合 2000 市斤。❷英美制重量单位。英国为"英吨",美国为"美吨"。❸计算船只容积的单位,即"登记吨",1登记吨等于 2.83 立方米:~位。

惇(*憞) dūn〈形〉敦厚;笃厚:~厚。

敦(*惇) dūn❶〈形〉诚恳:~促|~聘|~请。❷〈动〉督促。❸〈名〉姓。
△另见 duì。

【敦厚】dūnhòu〈形〉忠厚;温柔:~|~朴实。

【敦实】dūnshi〈形〉(身材)粗短而结实。

墩(*墪) dūn❶〈名〉土堆:土~。❷〈名〉厚而粗大的整块石头或木头:树~|桥~|门~儿|菜~子。❸〈量〉用于丛生的或几棵长在一起的植物:一~荆条|两~谷子。

礅 dūn〈名〉厚而粗大的整块石头:石~。

镦(鐓) dūn〈动〉冲压金属板,使其变形。不加热叫"冷镦",加热叫"热镦"。
△另见 duì。

蹾(*礅) dūn〈动〉重重地往下放:箱子里是瓷器,不要~。

蹲 dūn〈动〉❶两腿尽量弯曲,两脚着地,像坐的样子,但臀部不着地:下~|~在上。❷比喻待着或闲居:出去走走,别总在家~着。
△另见 cún。

【蹲点】dūndiǎn〈动〉较长时间深入某个基层单位,参加实际工作,进行调查研究:下乡~。

【蹲守】dūnshǒu〈动〉隐蔽在某处守候,多指公安人员隐蔽在暗处等待犯罪嫌疑人等出现以便抓捕:我们连夜~,抓获了贩毒团伙。

— dǔn —

盹 dǔn〈名〉很短时间的睡眠:打~儿|醒~儿。

趸（躉） dǔn ❶〈副〉整批：～批｜～卖。❷〈动〉整批地买进（准备出卖）：～货｜现～现卖。

=== dùn ===

囤 dùn〈名〉❶用竹篾、荆条等编成的或用席箔等围成的盛粮食的器具：米～｜粮食～｜大～满，小～流。❷姓。
　　△另见 tún。

沌 dùn 见〖混（hùn）沌〗。
　　△另见 zhuàn。

炖（*燉） dùn〈动〉❶一种烹饪方法，加水用文火久煮使烂熟：～肉｜清～。❷把东西盛在碗里，再把碗放在水里加热：～酒｜～药。

砘 dùn〈动〉播种后，用砘子（石制农具）把松土压实。

钝（鈍） dùn ❶〈形〉不锋利（跟"快"、"利"、"锐"相对）：刀～了｜成败利～。❷〈形〉笨拙；不灵活：迟～｜鲁～。❸〈名〉姓。
【钝眊】dùnmào〈形〉衰颓。
【钝滞】dùnzhì〈形〉呆滞迟钝；不锐利：目光～。
备用词　迟钝　鲁钝　驽钝　顽钝　愚钝

盾 dùn〈名〉❶盾牌：矛～。❷越南等国的本位货币。

【盾牌】dùnpái〈名〉❶古代作战时用来遮挡刀箭的武器。❷比喻推托的借口。

顿（頓） dùn ❶〈动〉稍停：停～｜～挫。❷〈动〉书法上指用力使笔着纸而暂不移动：～笔。❸〈动〉（头）叩地；（脚）跺地：～首｜捶胸～足。❹〈动〉处理；安置：整～｜安～。❺〈动〉损；挫伤：故兵不～而可全。❻〈副〉立刻；忽然：～时｜～然｜～悟｜茅塞

开。❼〈量〉用于吃饭、斥责等行为的次数：三～饭｜说了他一～。❽〈形〉疲乏；困～｜～劳｜委～。❾〈名〉姓。
　　△另见 dú。
【顿弊】dùnbì〈形〉困顿弊败；败坏：甲兵～。
【顿踣】dùnbó〈动〉劳累得跌倒在地上。
【顿挫】dùncuò〈动〉（语调、音律等）停顿转折，多形容声音和谐悦耳：抑扬～。
【顿号】dùnhào〈名〉标点符号，写作"、"，主要用在并列的词或并列的较短的词组中间。
【顿开茅塞】dùn kāi máo sè 见〖茅塞顿开〗。
【顿口无言】dùn kǒu wú yán 一句话也说不出来。
【顿然】dùnrán〈副〉立刻；马上。
【顿时】dùnshí〈副〉立刻。
【顿首】dùnshǒu〈动〉❶头叩地而拜。❷旧时书信用语，用于书信的起头或结尾。
【顿足】dùnzú〈动〉脚用力跺地，表示悲痛、悔恨或着急：捶胸～。
备用词　困顿　劳顿　羸顿　疲顿　委顿　安顿　整顿

遁（*遯） dùn〈动〉❶逃走：～走｜逃～｜远～｜隐～。❷隐藏；消失：～形｜～迹。
【遁词】dùncí〈名〉理屈词穷或不愿以真情相告时，用来支吾搪塞的话。
【遁迹】dùnjì〈动〉逃避人世；隐居：～空门（出家）｜～销声（隐居不出）。
【遁逃】dùntáo〈动〉逃；逃避。
备用词　逃遁　隐遁　远遁

楯 dùn 同"盾"。
　　△另见 shǔn。

=== duō ===

多 duō ❶〈形〉数量大（跟"少"、"寡"相对）：～少｜许～。❷〈动〉超出原有或应有的数目；比原来的数目有所增加（跟"少"相对）：～此一举｜这里～了个字。❸〈数〉（用在数词或数量词后）表示有零头：三年～｜五十～岁｜十～尺布。❹〈形〉表示相差的程度大：他比我强～了。❺〈副〉a)用在疑问句里，问程度或数量：他～大年纪？b)用在感叹句里，表示程度很深：你看他老人家～有精神！c)指某种程度：有～大劲使～大劲。❻〈动〉赞许；推重：此诚雕虫之戏，不

足为～也。❼〈名〉姓。

【多半】duōbàn ❶〈数〉半数以上；大半：～代表表示同意。❷〈副〉大约：他～不会来了。

【多边】duōbiān〈形〉由三个或更多的方面参加的，特指由三个或更多国家参加的：～会议｜～协作。

【多边贸易】duōbiān màoyì 指三个或三个以上国家或地区保持彼此贸易收支平衡的一种贸易。

【多才多艺】duō cái duō yì 具有多方面的才能和技艺。

【多彩】duōcǎi〈形〉❶色彩丰富。❷比喻内容、特点等多种多样：丰富～｜～的世界。

【多层】duōcéng〈形〉好几个层次；多方面：他这句话有～意思。

【多层住宅】duōcéng zhùzhái 指我国建筑规范规定的四层至六层的住宅建筑，一般不设电梯。

【多吃多占】duō chī duō zhàn 指有一定权力的人占有超出自己应该享有的利益，是一种以权谋私的不正之风。

【多愁善感】duō chóu shàn gǎn 形容人感情脆弱，容易发愁或伤感。

【多此一举】duō cǐ yī jǔ 做多余的、不必要的事情。

【多党制】duōdǎngzhì〈名〉一个国家多个政党并存且竞相执政的政治制度，也指一个取得议会多数席位的政党联合其他政党共同执政的制度。

【多动症】duōdòngzhèng〈名〉注意缺陷障碍的通称。一种儿童轻微脑功能失调的疾病。症状为注意力难以集中，异常好动，自控能力差，但无明显的智力障碍，到青春期症状一般可自行缓解。

【多多益善】duō duō yì shàn 越多越好。

【多方】duōfāng〈副〉从许多方面；用多种方法：～设法｜～抢救。

【多功能】duōgōngnéng〈形〉具有多种功能的；有多方面用途的：～厅｜～词典。

【多寡】duōguǎ〈名〉指数量的多和少：～悬殊｜～不等。

【多国公司】duōguó gōngsī 跨国公司。

【多会儿】duōhuìr〈代〉❶询问什么时候：现在走了，～再来呀？❷指某一时间或任何时间：～有空，我再来看你。❸和“没”连用，表示不长的时间：躺下没～，就睡着了。

【多久】duōjiǔ〈代〉❶询问时间长短：你等了～？❷和“没”连用，表示不长的时间：住了没～就搬家了。

【多亏】duōkuī〈动〉表示由于别人的帮助或某种有利因素，避免了不幸或不如意的事：～雨停了，否则非挨淋不可。

【多罗】duōluó ❶〈名〉即贝多，常绿乔木。❷〈名〉眼；瞳人。❸〈形〉精明。❹〈形〉鲁莽；一时间做事忒～。

【多么】duōme〈副〉❶用在疑问句里，问程度或数量：南京长江大桥有～长？❷用在感叹句里，表示程度很高：～美丽的一片梨树林啊！❸表示任何一种程度：无论～冷、～热，战士们苦练杀敌本领从不间断。

【多媒体】duōméitǐ〈名〉可用计算机处理的多种信息载体的统称，包括文本、声音、图形、动画、图像、视频等。

【多米诺骨牌】duōmǐnuò gǔpái 18 世纪中叶出现在欧洲的一种用来游戏或赌博的长方形骨牌。把骨牌按一定距离竖立起来排成行，只要碰倒一张，后面的便会一张碰一张地相继倒下。后来把连锁反应称为“多米诺骨牌效应”或“骨牌效应”。

【多面手】duōmiànshǒu〈名〉掌握多种技能，能从事多种工作的人：他是个～，铁匠、木匠、瓦匠的活儿都拿得起来。

【多难兴邦】duō nàn xīng bāng 国家多灾多难，在一定条件下可以激发人民发愤图强，战胜困难，使国家兴盛起来。

【多情】duōqíng〈形〉富于感情，重感情：自作～。

【多少】duōshǎo ❶〈名〉指数量的大小：买～都行。❷〈副〉a)或多或少：他们～都有些积蓄。b)稍微：工作～有点起色了。

【多少】duōshao〈代〉❶问数量：知道～说～｜这本书～价钱？❷表示不定的数量：起早熬

夜,不知多干了~活,才积了些钱。

【多时】duōshí〈名〉很长时间:等候~|~未见面。

【多事】duōshì〈动〉❶做多余的事:不找他也会来的,你不必多那个事了。❷做没有必要做的事:他总爱~,惹是非。

【多事之秋】duō shì zhī qiū 事变很多的时期(多指国家不安定)。

【多谢】duōxiè〈动〉❶客套话,表示感谢。❷嘱咐;劝告:~后来人,戒之慎勿忘!

【多心】duōxīn〈动〉猜疑过多:乱起疑心。

【多样】duōyàng〈形〉样式多:~化|形式~|款式~。

【多样化】duōyànghuà〈动〉种类、样式由少变多:管理模式逐渐~了|实现产品~。

【多一半】duōyībàn〈数〉多半。

【多疑】duōyí〈动〉疑虑过多;过分疑心:用人切勿~|生性~。

【多义词】duōyìcí〈名〉具有两个或更多意义的词,如"发"有"送出"(发信)、"发射"(发炮)、"产生"(发芽)、"表达"(发言)等义,便是多义词。[注意]多义词的意义之间有共同点或某些联系。词形、读音相同,意义之间没有联系的词,如"调"(diào)既有"调动"的意义,又有"音调"的意义,就不是多义词,而是同形同音词。

【多音字】duōyīnzì〈名〉不止一个读音的字。如"重"在"沉重"、"重视"等词中读zhòng,在"重叠"、"重复"等词中读chóng,"重"是多音字。

【多余】duōyú ❶〈动〉超出需要的数量:合理分流~劳动力|他每月都将~出的钱存入银行。❷〈形〉不必要的;没用的:文字简练,没有~的话。

【多元】duōyuán〈形〉多样的;不单一的:~文化|~经济|~论。

【多元化】duōyuánhuà ❶〈动〉由单一向多样发展;由统一向分散变化:投资~。❷〈形〉指多样的;不是集中统一的:满足读者多层次、~的精神需要。

【多咱】duōzan 方言。〈代〉什么时候:这是~的事儿?

【多嘴】duōzuǐ〈动〉不该说而说:~多舌|你不了解情况,别~!

备用词 繁多 大多 好多 许多 众多 诸多 夜长梦多 粥少僧多

咄 duō〈叹〉表示呵斥:~嗟|~~逼人。

【咄咄】duōduō〈叹〉表示惊诧:~怪事(形容使人惊讶的怪事)。

【咄咄逼人】duōduō bī rén 形容气势汹汹,盛气凌人;也形容形势发展迅速,给人以压力。

【咄嗟】duōjiē〈动〉吆喝。

【咄嗟立办】duōjiē lì bàn 原指主人一吩咐,仆人立刻就办好,现在指马上办到。

哆 duō[哆嗦]〈动〉由于生理或心理受到刺激而身体颤动。

剟 duō〈动〉❶刺;击。❷削;删除。❸割取:盗者~寝户之帘。

掇(*敠) duō〈动〉❶拾取;采取:拾~|采~。❷捉:~置笼中。❸用双手拿(椅子、凳子等)。

【掇弄】duōnòng 方言。〈动〉❶收拾;修理:自行车坏了,经他一~就好了。❷播弄;怂恿:受人~。

【掇拾】duōshí〈动〉❶拾掇:把屋子~~。❷搜集:~旧闻。

褡 duō ❶〈动〉缝补(破衣):补~。❷[直褡]〈名〉僧道穿的大领长袍。

— duó —

夺(奪) duó〈动〉❶强取;抢:~取|争~。❷争先取到:~标|~高产。❸使失去;剥:~|抢~。❹失去:勿~农时。❺突破障碍;冲出:~门而逃|眼泪夺眶而出。❻做决定:定~|裁~。❼(文字)脱漏:讹~。

【夺杯】duóbēi〈动〉夺取奖杯,特指夺取冠军:我国排球队在这次邀请赛中~。

【夺标】duóbiāo〈动〉夺取锦标,特指夺取冠军。

【夺魁】duókuí〈动〉夺取冠军。

【夺目】duómù〈形〉耀眼:光彩~。

【夺取】duóqǔ〈动〉❶用强力取得:~敌人的阵地。❷努力争取:~新的胜利|~农业丰收。

【夺权】duóquán〈动〉夺取权力(多指夺取政权):~政权。

备用词 篡夺 劫夺 掠夺 侵夺 争夺 剥夺 裁夺 定夺 巧取豪夺 生杀予夺

度 duó〈动〉❶量;计算:欲自履而先自~其足。❷推测;估计:测~|德量力|审时~势|揣(kuí)情~理。

△另见dù。

【度长絜大】duó cháng xié dà 比较长大小。

【度德量力】duó dé liàng lì 衡量自己的德行能否服人，估计自己的力量能否胜任。

备用词　猜度　裁度　测度　揣度　忖度　揆度　审度　推度　臆度

铎（鐸）duó〈名〉古代宣布政教法令或有战事时用的大铃：木～铃～。

踱　duó〈动〉慢步行走：～方步｜～来～去。

泽　duó 见[凌泽]。

— duǒ —

朵（＊朶）duǒ ❶〈名〉花朵。❷〈量〉用于花朵、云彩或像花朵、云彩的东西：一～花｜红霞万～。❸〈名〉姓。

【朵颐】duǒyí〈形〉指鼓动腮颊嚼东西的样子：大快～（形容食物鲜美，吃得很满意）。

垛（＊垜）duǒ〈名〉垛子，墙上向外或向上突出的部分：～口｜城墙～口。
△另见 duò。

哚（＊𡂖）duǒ 见[吲(yǐn)哚]。

埵　duǒ〈名〉❶坚硬的土。❷土堆。

躲（＊躱）duǒ〈动〉躲避；躲藏：～雨｜～债｜明枪易～，暗箭难防。

【躲避】duǒbì〈动〉❶故意离开或隐藏起来，使人看不见。❷离开对自己不利的或不愿意接触的事物：～困难｜～车辆。

【躲藏】duǒcáng〈动〉把身体隐蔽起来，不使人看见。

【躲躲闪闪】duǒduoshǎnshǎn〈形〉❶形容畏缩的样子：别这样～地不敢见人嘛！❷指有意掩饰或避开事实真相：你谈问题要和盘托出，不要～。

【躲懒】duǒlǎn〈动〉逃避工作或劳动；偷懒：做任何事都不能～。

【躲让】duǒràng〈动〉躲闪；让开：他～不及，被车撞了｜一辆救护车急驰而来，人们纷纷往两边～。

【躲闪】duǒshǎn〈动〉迅速侧身避开：～不及，被车撞了。

【躲债】duǒzhài〈动〉欠债人因无钱还债，避开跟债主见面：外出～。

弹（彈＊彈）duǒ〈动〉下垂。

— duò —

驮（馱）duò ❶〈名〉驮子，牲口驮(tuó)着的货物。❷〈量〉用于牲口驮(tuó)着的货物：三～货。
△另见 tuó。

剁（＊剁）duò〈动〉用刀向下砍：～肉｜～馅。

饳（飿）duò 见[餶(gǔ)饳]。

垛（＊垛稞）duò ❶〈动〉整齐地堆：把稻草～起来。❷〈名〉整齐地堆成的堆：麦～｜柴火～。
△另见 duǒ。

柁　duò 同“舵”。
△另见 tuó。

舵　duò〈名〉船、飞机等控制方向的装置：～手｜～轮｜～盘｜掌～｜升降～｜方向～｜看风使～。

【舵手】duòshǒu〈名〉❶操舵掌握行船方向的人。❷比喻领袖。

备用词　见风使舵　看风使舵　顺风转舵　随风转舵

堕（墮）duò〈动〉落；掉：～马（从马上摔下来）｜～地｜～落｜如～五里雾中。
△另见 huī。

【堕落】duòluò〈动〉思想、行为往坏的方面变；腐化～。

惰　duò〈形〉懒（跟“勤”相对）：～性｜懒～｜怠～。

【惰性】duòxìng〈名〉❶指有些物质不易跟其他元素或化合物发生化学反应的性质。❷指不想改变原来习惯的倾向（多指消极落后的）。

备用词　怠惰　懒惰　懈惰　游惰　慵惰

跺（＊跥）duò〈动〉用力踏地：～脚。

【跺脚】duòjiǎo用脚用力踏地，表示着急、生气、悔恨等情绪：连连～，大呼上当｜气得直～｜他一边～，一边懊悔不迭。

━━ ē ━━

阿 ē❶〈动〉迎合;偏袒:～谀｜刚直不～｜～其所好。❷〈名〉指山东东阿县:～胶。❸〈名〉大的丘陵:在彼中。❹〈名〉山的转弯处:山～。❺〈名〉姓。
△另见 ā。

【阿房宫】ēfáng(páng) gōng〈名〉秦代宫殿,在陕西西安阿房村。

【阿谀】ēyú〈动〉说好听的话去迎合人:～奉承｜～逢迎。

【阿谀逢迎】ē yú féng yíng 阿谀奉承。

【阿谀奉承】ē yú fèng cheng 用好听的话恭维、讨好别人。

屙 ē 方言。〈动〉排泄(大小便):～屎｜～尿｜～痢。

婀(*娿媕) ē[婀娜(nuó)]旧读 ě'nuǒ〈形〉姿态柔软而美好:体态～｜～多姿。

━━ é ━━

讹(訛*❶譌) é❶〈名〉错误:～字｜～误｜以～传～。❷〈动〉假借某种理由向人强迫索取,敲诈:人｜～赖。

【讹传】échuán〈名〉错误的传说:纯系～。

【讹舛】échuǎn〈名〉(文字)错误。

【讹脱】étuō〈名〉(文字上的)错误和脱漏:订补～。也说"讹夺"。

【讹谬】émiù〈名〉错误;差错。

【讹诈】ézhà〈动〉❶假借某种理由,向人强迫索取财物:～钱财。❷威胁恫吓(hè):核～｜政治～。

俄 é❶〈副〉时间短;突然间:～顷｜～而。❷〈名〉指俄罗斯帝国。❸〈名〉指俄罗斯联邦。❹〈名〉旧时指苏联。❺〈名〉姓。

【俄而】é'ér〈副〉一会儿:～大雨倾盆｜～日出,光照海上。

【俄顷】éqǐng〈名〉很短的时间;一会儿:是非变于～。

莪 é〈名〉[莪蒿]草本植物,叶子像针,花黄绿色。生在水边。

哦 é〈动〉吟咏;吟～。
△另见 ó;ò。

峨(*峩) é〈形〉高:巍～｜～冠博带。

【峨冠博带】é guān bó dài 高高的帽子和宽大的衣带,古时形容士大夫的装束。

涐 é〈名〉古水名,即今大渡河。

娥 é〈名〉❶美女:宫～｜娇～｜～眉。❷姓。

【娥眉】éméi 同"蛾眉"。

锇(鋨) é〈名〉金属元素,符号 Os。锇和铱的合金可做钟表、仪器的轴承。

鹅(鵝*鵞鵞) é〈名〉家禽,额部有橙色或黑褐色肉质突起,颈长,嘴扁而阔,脚有蹼,能游泳。

【鹅毛】émáo〈名〉鹅的羽毛,比喻轻微的东西:千里送～,礼轻情意重。

【鹅行鸭步】é xíng yā bù 像鹅和鸭子那样走

路。形容行动迟缓。

蛾 é〈名〉❶蛾子,昆虫,多在夜间活动,常飞向灯光。其中很多种是农业害虫。❷蛾眉:扬～微眺。

△另见 yǐ。

【蛾眉】éméi 也作"娥眉"。〈名〉❶形容美女细长而弯的眉毛。❷指美女。

额(額*額) é〈名〉❶眉毛之上头发之下的部分。通称"额头":～角|焦头烂～。❷牌匾、匾～|横～。❸规定的数量:名～|定～|余～|超～|～外。❹姓。

【额定】édìng〈形〉有一定数目规定的:～工资|～任务。

【额度】édù〈名〉规定的数量限度:贷款～|根据赢利多少确定奖金～。

【额角】éjiǎo〈名〉额的两旁。

【额手称庆】é shǒu chēng qìng 把手放在额头上,表示庆幸。

【额外】éwài〈形〉超出规定数量或范围的;另外加上去的:～的工作|～照顾|增加了～的负担。

备用词 差额 超额 定额 金额 巨额 空额 名额 数额 余额 总额 疾首蹙额 焦头烂额

—— ě ——

恶(惡噁) ě[恶心]❶〈形〉有要呕吐的感觉:他胃不舒服,一阵阵～。❷〈动〉使人感到厌恶。

△另见 è;wū;wù。

—— è ——

厄(*戹❶阨) è❶〈名〉险要地方:险～。❷〈名〉灾难;困苦:～运|困～。❸〈动〉阻塞:阻～。❹〈动〉受困:海船～于风浪。

【厄尔尼诺现象】è'ěrnínuò xiànxiàng 位于东太平洋赤道附近海域大面积海水异常增温、鱼群大量死亡的现象。一般出现于圣诞节前后。每隔几年发生一次。发生时,海水表层增温范围扩大,持续时间长,对全球气候产生重大影响。

【厄境】èjìng〈名〉艰难困苦的境地:在～中成长。

【厄难】ènàn〈名〉苦难;灾难:遭受～|遭逢种种～。

【厄运】èyùn〈名〉不幸的遭遇:摆脱～|屡遭

～|与～抗争。

备用词 苦厄 困厄 危厄 灾厄

扼(*搤) è〈动〉❶用力掐住:～死。❷把守;控制:～制。

【扼杀】èshā〈动〉❶掐住脖子弄死。❷比喻压制、摧残发展中的事物,使不能存在:～新生事物。

【扼守】èshǒu〈动〉把守(险要的地方):～要塞。

【扼腕】èwàn〈动〉用一只手握住自己另一只手的手腕,表示振奋、愤怒或惋惜等情绪:～叹息。

【扼要】èyào〈形〉抓住要点(多指说话或写文章):简明～。

【扼制】èzhì〈动〉极力抑制或控制:～感情|～住心中的怒火|～咽喉要道。

苊 è〈名〉碳氢化合物,无色针状结晶,可做媒染剂。

呃 è[呃逆]〈动〉打嗝儿。

△另见 e。

轭(軛) è〈名〉牛马等拉东西时架在脖子上的器具。

垩(堊) è❶〈名〉白垩,石灰岩的一种。通称"白土子"或"大白"。❷〈动〉用白垩涂饰:～其四壁。

恶(惡) è❶〈名〉很坏的行为;犯罪的事情(跟"善"相对):罪～|～贯满盈。❷〈名〉指坏人:首～|同～相济。❸〈形〉凶恶;凶猛:～棍|～骂|一场～战。❹〈形〉坏:～劣|～习。❺〈形〉丑;难看:今子美而我～。❻〈形〉污浊:～气袭人。

△另见 ě;wū;wù。

【恶霸】èbà〈名〉依仗权势,独霸一方,欺压人民的坏人。

【恶变】èbiàn〈动〉情况向坏的方面转变;特指肿瘤由良性变为恶性。

【恶炒】èchǎo〈动〉为达到不正当的目的大肆炒作:品牌靠的是质量,不是靠媒体。

【恶臭】èchòu〈名〉极难闻的臭味:一股～让人喘不过气来|垃圾堆散发着～。

【恶斗】èdòu〈动〉凶狠、激烈地争斗:两家～不休。

【恶毒】èdú〈形〉阴险而狠毒:～攻击|手段～。

【恶感】ègǎn〈名〉不满或仇恨的情绪:产生～|我对她从来没有～。

【恶贯满盈】è guàn mǎn yíng 作恶极多,已到末日。

【恶棍】ègùn〈名〉为非作歹欺压群众的坏人。

【恶果】èguǒ〈名〉坏结果；坏下场：自食～。

【恶狠狠】èhěnhěn〈形〉形容非常凶狠。

【恶化】èhuà〈动〉❶情况向坏的方面变化：病情～｜两国关系日趋～。❷使情况变坏：～国际局势。

【恶劣】èliè〈形〉极坏：品质～｜手段～｜环境～｜气候～。

【恶名】èmíng〈名〉不好的名声：蒙受～｜洗去～。

【恶魔】èmó〈名〉❶佛教指阻碍佛法及一切善事的恶神、恶鬼。❷比喻凶残狠毒的人或事物。

【恶念】èniàn〈名〉邪恶的念头：顿生～。

【恶气】èqì〈名〉❶腐臭难闻的气味：～熏人。❷指受到的欺压、侮辱等：他受谁的～了？❸指心中的不满、怨气、怒气：咽不下这口～。

【恶人】èrén〈名〉❶心肠狠毒的人；品质恶劣的人：～先告状。❷指责罚罪人的人：有意见就提，不要怕当～。

【恶少】èshào〈名〉品行卑劣而胡作非为的年轻人：洋场～。

【恶声】èshēng〈名〉❶谩骂的话；坏话：君子绝交，不出～。❷坏名声。

【恶声恶气】è shēng è qì 形容语气凶狠蛮横。

【恶俗】èsú ❶〈形〉非常庸俗：语言～。❷〈名〉不良的习俗；陋俗：颓风～。

【恶习】èxí〈名〉坏习气：～难改。

【恶行】èxíng〈名〉恶劣的行为。

【恶性】èxìng〈形〉能产生严重后果的；后果特别严重：～肿瘤｜～循环。

【恶性循环】èxìng xúnhuán 若干事物互为因果，循环往复，以致情况越来越坏。

【恶性肿瘤】èxìng zhǒngliú〈名〉癌和肉瘤的总称。恶性肿瘤的细胞分化不成熟，生长异常迅速，常蔓延到附近或转移到远处组织、器官，对身体的破坏性很大。

【恶言】èyán〈名〉恶语。

【恶意】èyì〈名〉不良的居心：怀有～｜别把别人的好心当～。

【恶语】èyǔ〈名〉恶毒的话：～伤人｜～相加。

【恶语中伤】èyǔ zhòngshāng 用恶毒的语言诬蔑陷害人，使人受到损害。

【恶战】èzhàn ❶〈动〉非常激烈地战斗：双方～一场。❷〈名〉非常激烈的战斗。

【恶作剧】èzuòjù ❶〈动〉故意戏弄人，使人难堪：～过火，已触犯刑律。❷〈名〉捉弄人的

行为。

备用词 丑恶 腐恶 险恶 凶恶 邪恶 罪恶 穷凶极恶 彰善瘅恶

饿（餓） è ❶〈形〉肚子空，想吃东西（跟"饱"相对）：饥～｜～虎扑食。❷〈动〉使受饿：别～着牲口。

【饿饭】èfàn 方言。〈动〉挨饿；不给饭吃。

【饿殍】èpiǎo〈名〉饿死的人：连年战乱，～遍野。

鄂 è〈名〉❶湖北的别称。❷姓（也有读 ào 的）。

阏（閼） è ❶〈动〉堵塞：～塞。❷〈名〉闸板。
△另见 yān。

谔（諤） è[谔谔]〈形〉形容直话直说：～～坦言｜千人之诺诺，不如一士之～。

萼（＊蕚） è〈名〉花萼，由若干片状物组成，包在花瓣外面，花开时托着花瓣。

遏 è〈动〉阻止；禁止：～止｜～制｜阻～｜怒不可～。

【遏抑】èyì〈动〉抑制；压制。

【遏止】èzhǐ〈动〉用力阻止：～通货膨胀。

【遏制】èzhì〈动〉抑制；制止：～敌方的攻势｜～不住的激情。

崿 è〈名〉山崖：岩～（起伏的山峦）。

愕 è〈形〉惊讶；发愣：～然｜错～。

【愕然】èrán〈形〉吃惊的样子：众人都为之～。

腭（＊齶） è〈名〉口腔的上壁。分隔口腔和鼻腔的组织，分硬腭和软腭两部分。

碍 è[碍嘉]〈名〉地名，在云南。

鹗（鶚） è〈名〉鸟，性凶猛，常在水面上飞翔，吃鱼类。通称"鱼鹰"。

锷（鍔） è〈名〉刀剑的刃；锋～。

颚（顎） è〈名〉❶某些节肢动物摄取食物的器官：上～｜下～。❷同"腭"。

頞 è〈名〉鼻梁。

噩 è〈形〉凶恶惊人的：～梦。

【噩耗】èhào〈名〉令人吃惊的不幸消息(多指亲近或敬爱的人死亡)。

【噩梦】èmèng〈名〉可怕的梦:一场～。

【噩运】èyùn〈名〉坏的运气。

【噩兆】èzhào〈名〉坏的兆头。

鳄(鰐*鱷) è〈名〉爬行动物,头扁平,四肢短,尾巴长,全身有灰褐色的硬皮。善游泳,性凶恶,捕食鱼、蛙和鸟类等。种类较多,多产在热带和亚热带,其中扬子鳄是我国的特产。俗称"鳄鱼"。

— e —

呃 e〈助〉用于句末,表示赞叹或惊异的语气:红霞映山崖～!
△另见 è。

— ê —

欸(*誒) ē,又读 ēi〈叹〉表示招呼:～,让一让!
△另见 āi;ǎi;é;ě;è。

欸(*誒) é,又读 éi〈叹〉表示诧异:～,你怎么来了!
△另见 āi;ǎi;ě;è;è。

欸(*誒) ě,又读 ěi〈叹〉表示不以为然:～,这话可不对!
△另见 āi;ǎi;é;è;è。

欸(*誒) è,又读 èi〈叹〉表示答应或同意:～,我一定去! |～,这事就这么办吧!
△另见 āi;ǎi;é;ě;è。

— ēn —

恩(*恩) ēn〈名〉❶恩惠;给予或受到的好处:报～|～深似海|忘～负义。❷恩情;情谊:结骨肉之～。❸姓。

【恩爱】ēn'ài〈形〉亲爱;有情义:～夫妻。

【恩赐】ēncì〈动〉原指封建统治者给予赏赐,后泛指因怜悯而施舍。

【恩典】ēndiǎn ❶〈名〉恩惠:我不会忘记你的～。❷〈动〉给予恩惠,旧时常作为请求开恩的用语:求您～。

【恩格尔系数】ēngé'ěr xìshù 统计学中指家庭用于食品的支出与家庭消费总支出的比值。其数值越小说明生活越富裕,数值越大说明生活水平越低。因德国经济学家和统计学家恩格尔(Ernst Engel)最先提出而得名。

【恩惠】ēnhuì〈名〉给予的或受到的好处。

【恩将仇报】ēn jiāng chóu bào 用仇恨回报恩惠。

【恩情】ēnqíng〈名〉深厚的情谊;恩惠。

【恩人】ēnrén〈名〉对自己有大恩的人:救命～。

【恩荫】ēnyìn〈动〉得到恩惠,受到荫庇。

【恩遇】ēnyù〈名〉指优厚的待遇。

【恩怨】ēnyuàn〈名〉恩惠和仇恨(多偏指仇恨):～分明|不计较个人～。

【恩泽】ēnzé〈名〉封建时代称皇帝或官吏给予臣民的恩惠:雨露～。

备用词 报恩 感恩 开恩 谢恩

蒽 ēn〈名〉碳氢化合物,无色晶体,有蓝色荧光。由煤焦油中提取,可用来制造有机染料。

— èn —

摁 èn〈动〉揿;(用手)按:～电钮|～图钉|把歹徒～在地上。

— ér —

儿(兒) ér ❶〈名〉小孩子:幼～|婴～|～童。❷〈名〉年轻的人(多指青年男子):男～|～女英雄。❸〈名〉儿子;男孩子:～孙|～媳|～女双全|生～育女。❹〈形〉雄性的:～马。❺名词后缀(注音作 r)。a)表示微小,如:碗儿、细绳儿、小车儿。b)表示词性变化,如:吃儿、唱儿(动词名词化);亮儿、热闹儿(形容词名词化)。c)表示具体事物抽象化,如:门儿、根儿、油水儿。d)区别不同事物,如:白面——白面儿(海洛因);老家——老家儿(父母和家中其他长辈)。❻少数动词的后缀(注音作 r):真好玩～|你火～什么!
△"兒"另见 ní。

【儿化】érhuà〈动〉汉语普通话和某些方言中

的一种语音现象,后缀"儿"字不自成音节,而和前面音节合在一起,使前一音节的韵母成为卷舌韵母,如"袋儿"的发音是 dàir,不是 dài'ér。

【儿时】érshí〈名〉儿童时代:～的游戏|～的记忆。

【儿孙】érsūn〈名〉儿子和孙子;泛指后代:～满堂

【儿童】értóng〈名〉指较小的未成年人(年纪比"少年"小):～读物|妇女～。

【儿童村】értóngcūn〈名〉国际 SOS 儿童村的简称,是收养、教育孤儿的机构。创始人是奥地利人哈曼·格迈纳。也说"国际儿童村"、"SOS 儿童村"。

【儿童节】értóng jié〈名〉六一国际儿童节的简称。

【儿童剧】értóng jù〈名〉专门为少年儿童编演的适合少年儿童特点的戏剧,有话剧、歌舞剧等。

【儿童乐园】értóng lèyuán 专供少年儿童游玩、娱乐的场所。

【儿童文学】értóng wénxué 为少年儿童创作的具有适合少年儿童的年龄、智力和兴趣等特点的文学作品,如童话、故事等。

【儿戏】érxì〈名〉小孩子的游戏,比喻对工作或事情马虎、不负责任。

备用词　宠儿 孤儿 健儿 男儿 幼儿 低能儿 混血儿 宁馨儿

而 ér❶〈连〉连接词、词组或句子。a)表示并列关系:勤劳～勇敢。b)表示转折关系:华～不实。c)表示承接或递进关系:取～代之。d)表示补充关系:锲～不舍,金石可镂。e)表示假设关系,有"如果"的意思:诸君～有意,瞻予马首可也。f)有"到"的意思:由上～下|一～再,再～三。g)把表示目的、时间、方式等的成分连接到动词上面:为振兴中华～学习|不辞～别|盘旋～上。❷〈代〉你;你的:～翁(你父亲)。❸〈助〉用在句末,表示感叹的语气。❹〈名〉姓。

【而后】érhòu〈连〉以后;然后;确有把握,～行动|充分准备~动手|鞠躬尽瘁,死～已。

【而或】érhuò〈副〉有时候:～长烟一空,皓月千里。

【而今】érjīn〈名〉如今。

【而况】érkuàng〈连〉何况。

【而且】érqiě〈连〉表示意思更进一层,前面常有"不但"、"不仅"等跟它呼应:他不仅聪明,

～勤奋。

【而已】éryǐ〈助〉罢了:如此～,岂有他哉?

备用词　从而 反而 进而 然而 甚而 因而 忽而 既而 继而 时而 幸而

洏 ér 见〖涟洏〗。

鸸(鴯) ér[鸸鹋(miáo)]〈名〉鸟,形状像鸵鸟而稍小,翅膀退化,腿长,善于走,生活在大洋洲草原和开阔的森林中,吃树叶和野果。[外]

=== ěr ===

尔(爾*尒) ěr❶〈代〉a)你:～曹|～虞我诈。b)如此;这样:何相似乃～!c)那;这:～日|～时。❷形容词后缀(这类形容词多用作状语):偶～|莞～而笑。❸〈助〉罢了:无他,但手熟～。

【尔曹】ěrcáo〈代〉你们:～身与名俱灭,不废江河万古流。

【尔尔】ěr'ěr❶〈叹〉表示应答的词,相当于"是是"。❷〈代〉如此:不过～。

【尔后】ěrhòu〈连〉从此以后。

【尔来】ěrlái〈副〉那时以来:～二十有一年矣。

【尔汝】ěrrǔ〈动〉彼此以尔和汝相称,表示亲昵,不分彼此。

【尔虞我诈】ěr yú wǒ zhà 互相猜疑,互相欺骗。也说"尔诈我虞"。

备用词　遽尔 率尔 偶尔 出尔反尔 不过尔尔

耳 ěr〈名〉❶耳朵,人和某些动物的听觉器官:～环|顺～|～旁风|～闻目睹|～聋眼花。❷形状像耳朵的东西:木～|银～。❸位置在两旁的:～房|～门。❹〈助〉a)罢了:想当然～。b)表示肯定:此教我先威众～。❺〈名〉姓。

【耳报神】ěrbàoshén 方言。〈名〉比喻好(hào)私下传递消息的人(多含贬义):不知他们有哪路的～,消息这么灵通。

【耳背】ěrbèi〈形〉听觉不灵敏:祖母～,跟她说话得大声点儿。

【耳边风】ěrbiānfēng〈名〉耳边吹过的风,比喻听过后不放在心上的话(多指劝告、嘱咐)。也说"耳旁风"。

【耳聪目明】ěr cōng mù míng 听觉灵敏,眼睛明亮。形容头脑清楚,观察事物敏锐。

【耳房】ěrfáng〈名〉连接在正房两侧的小房子。

【耳刮子】ěrguāzi〈名〉耳光。

【耳光】ěrguāng〈名〉用手打在耳朵附近的部位叫"打耳光"。也说"耳光子"。

【耳目】ěrmù〈名〉❶指见闻:～广大。❷指暗地里替人刺探消息的人:为人～。

【耳目一新】ěr mù yī xīn 听到的和看到的都换了样,感到很新鲜。

【耳濡目染】ěr rú mù rǎn 形容听得多了见得多了之后,无形中受到影响。

【耳熟能详】ěr shú néng xiáng 听得多了,熟悉得能详尽地说出来。

【耳提面命】ěr tí miàn mìng《诗经·大雅·抑》:"匪面命之,言提其耳。"意思是不但当面教导他,而且在耳旁叮嘱、提醒。后来用"耳提面命"形容恳切地教导。

【耳闻】ěrwén〈动〉听说:～目睹|此事略有～。

【耳闻目睹】ěr wén mù dǔ 亲耳听到,亲眼看到。

【耳语】ěryǔ〈动〉凑在别人耳边小声说话。

备用词　刺耳　聒耳　人耳　顺耳　悦耳　俯首帖耳　隔墙有耳　交头接耳　如雷贯耳　言犹在耳　忠言逆耳　迅雷不及掩耳

迩(邇)ěr〈形〉近:～来|遐～驰名(远近闻名)|行远自～|不可向～。

【迩来】ěrlái〈名〉近来。

【迩言】ěryán〈名〉浅近的话。

饵(餌)ěr❶〈名〉糕饼:果～。❷〈名〉引鱼上钩的食物,泛指引诱人或动物的东西:鱼～|钓～|诱～|毒～。❸〈动〉用东西引诱:～敌|～以重利。

【饵料】ěrliào〈名〉❶养鱼或钓鱼用的食物。❷拌上毒药诱杀害虫、害兽的食物。

洱 ěr〈名〉洱海,湖名,在云南。

珥 ěr〈名〉用珠子或玉石做的耳环。

铒(鉺)ěr〈名〉金属元素,符号 Er。是一种稀土金属。

— èr —

二 èr〈数〉❶数字,一加一后所得。❷两样:不～价|不～法门|三心～意|毫无～致。[注意]"二"的大写是"贰"。"二"和"两"用法上的区别参见"两"。

【二把刀】èrbǎdāo ❶〈形〉技术不高明。❷〈名〉指技术不高明的人。

【二把手】èrbǎshǒu〈名〉单位或部门的第二负责人。

【二百五】èrbǎiwǔ〈名〉❶过去银子每五百两为一封,二百五十两为半封,谐音"半疯"。借指带有傻气,做事鲁莽的人。❷方言。半瓶醋。

【二重性】èrchóngxìng〈名〉指事物本身具有的矛盾统一的两种属性。也说"两重性"。

【二传手】èrchuánshǒu〈名〉排球运动中担任第二次传球并组织进攻的球员,常比喻在双方之间起媒介或协调作用的人。

【二当家】èrdāngjiā〈名〉第二主人,地位仅次于当家人或主人地位的人。也说"二当家的"。

【二道贩子】èr dào fànzi 指转手倒卖商品从中谋利的人(多含贬义)。

【二等公民】èr děng gōngmín 有些国家或社会对地位低的人的歧视性称呼。

【二噁英】èr'èyīng〈名〉一类有毒的含氯有机化合物,有强烈的致畸和致癌作用。在垃圾焚烧、汽车尾气排放、纸浆漂白和金属热加工过程中都可能产生。进入人体的主要途径是饮食,尤其是受污染的肉类和乳制品。

【二汉】èrhàn 方言。〈名〉佣工;伙计。

【二级市场】èr jí shìchǎng 指对已经售出的证券、商品房等进行再交易的市场。

【二价】èrjià ❶〈名〉不同的价格:本产品售价统一,没有～。❷〈动〉讨价还价:本店商品,概不～。

【二进宫】èrjìngōng ❶〈名〉京剧传统剧目之一。❷〈动〉戏指第二次被拘留或进监狱。

【二进制】èrjìnzhì〈名〉逢二进一的计数编码方法,只有 0 和 1 两个数码。如十进制的 2、3、4、5,二进制分别表示为 10、11、100、101。二进制广泛应用于计算机的数据处理中。

【二郎腿】èrlángtuǐ〈名〉坐时一条腿放在另一条腿上的姿势：跷着～。

【二老】èrlǎo〈名〉指年纪大的父母：孝敬～。

【二愣子】èrlèngzi〈名〉指粗鲁莽撞的人：真是个～，问也不问，拿起来就走。

【二流】èrliú〈形〉不及一流的；第二等的：～选手|质量～。

【二流子】èrliúzi〈名〉不从事生产而游手好闲的人。

【二人世界】èr rén shìjiè 指夫妻二人或情侣二人共同营造的生活空间和情感空间。也说"两人世界"。

【二三子】èrsānzi〈名〉各位；诸位：孤违蹇叔，以辱～，孤之罪也。

【二十八宿】èrshíbā xiù 我国古代天文学家把天空中可见的星分成二十八组，叫作"二十八宿"。二十八宿的名称是：角、亢、氐(dī)、房、心、尾、箕，斗、牛、女、虚、危、室、壁；奎、娄、胃、昴(mǎo)、毕、觜(zī)、参(shēn)；井、鬼、柳、星、张、翼、轸(zhěn)。

【二十四节气】èrshísì jiéqì〈名〉我国农历根据太阳在黄道上的位置，将一年划分为二十四个时段，每个交接点为一个节气，即：立春、雨水、惊蛰、春分、清明、谷雨、立夏、小满、芒种、夏至、小暑、大暑、立秋、处暑、白露、秋分、寒露、霜降、立冬、小雪、大雪、冬至、小寒、大寒，合称"二十四节气"。这些节气表明气候变化和农事季节。

【二十四史】èrshísì shǐ 二十四部纪传体史书的合称，即：《史记》(司马迁)、《汉书》(班固)、《后汉书》(范晔)、《三国志》(陈寿)、《晋书》(房玄龄等)、《宋书》(沈约)、《南齐书》(萧子显)、《梁书》(姚思廉)、《陈书》(姚思廉)、《魏书》(魏收)、《北齐书》(李百药)、《周书》(令狐德棻等)、《隋书》(魏徵等)、《南史》(李延寿)、《北史》(李延寿)、《旧唐书》(刘昫等)、《新唐书》(欧阳修等)、《旧五代史》(薛居正等)、《新五代史》(欧阳修)、《宋史》(脱脱等)、《辽史》(脱脱等)、《金史》(脱脱等)、《元史》(宋濂等)、《明史》(张廷玉等)。

【二手】èrshǒu〈形〉❶非直接得到的：～资料。❷特指使用过后再出售的：八成新的～汽车|～货|～设备。

【二手房】èrshǒufáng〈名〉进入第二次交易的商品房。

【二胎】èrtāi〈名〉❶第二次怀的胎。❷第二胎生的孩子。

【二线】èrxiàn〈名〉❶战争中的第二道防线。❷比喻不负有直接领导责任的地位：老局长已退居～。❸指非直接从事生产、教学、科研等活动的岗位：要充实一线，紧缩～。

【二心】(贰心)èrxīn ❶〈名〉异心；不忠实的念头：怀有～。❷〈形〉不专心；三心二意：～不定。

【二一添作五】èr yī tiān zuò wǔ 珠算除法的一句口诀，意思是一被二除时，在算盘的横梁下去掉一，在横梁上添个五，表示商是零点五。借指双方平分。

【二意】èryì〈名〉二心：三心～。

【二战】èrzhàn〈名〉第二次世界大战的简称。

备用词 独一无二　略知一二　三下五除二　誓死不二　数一数二　说一不二　一分为二

弎 èr 同"二"。

聅 èr〈名〉古代割耳的酷刑。

佴 èr〈动〉停留；置。
　△另见 nài。

贰(貳) èr ❶〈数〉数字"二"的大写。❷〈动〉变节；背叛：～臣|～心|携～(离心；有二心)。❸〈动〉怀疑，不信任：任贤勿～。❹〈动〉重复：不迁怒，不～过。

【贰臣】èrchén〈名〉指在前一朝代做了官，投降后一朝又做官的人。

【贰心】èrxīn 见〖二心〗。

— fā —

发（發）fā ❶〈动〉送出;交付:~货|分
~。❷〈动〉发射:~炮|百~百
中。❸〈动〉产生;发生:~芽|~电|~烧。❹
〈动〉表达:~言|~表。❺〈动〉扩大;开展:~
展|~扬。❻〈动〉因得到大量财物而兴旺:~
家|暴~户。❼〈动〉食物因发酵或水浸而膨
胀:面~了|~海带。❽〈动〉放散;散开:挥~|
蒸~。❾〈动〉揭露;打开:揭~|~掘。❿〈动〉
因变化而显现、散发:~潮|~臭。⓫〈动〉流
露(感情):~怒。⓬〈动〉感到(多指不愉快、
不舒服的情况):~痒|~麻|嘴里~苦。⓭
〈动〉起程:出~|进~。⓮〈动〉开始行动;引
起行动:~起|~人深省。⓯〈量〉颗,用于枪
弹、炮弹:五~子弹|一~炮弹。⓰〈名〉姓。
　　△另见 fà。

【发榜】fābǎng〈动〉考试后公布考试成绩的名
次或被录取者的名单。

【发包】fābāo〈动〉按合同把某些生产任务包
给承担单位或个人去完成。

【发报】fābào〈动〉发出电报:~员。

【发报机】fābàojī〈名〉发送电报所用的电信
装置。

【发标】fābiāo〈动〉招标人在招标活动中发出
标书。

【发表】fābiǎo〈动〉❶公开表达(意见);宣布:
~声明|~意见|~会谈公报。❷(文章等)在
刊物上登载:~论文。

【发布】fābù〈动〉宣布(命令、指示等):~战报
|新闻~。

【发愁】fāchóu〈动〉由于遇到困难而忧愁:别
~,会有解决办法的|他正~找不到合适的
人选。

【发出】fāchū〈动〉❶发生;产生(声响、光亮
等):孩子们~阵阵笑声。❷送出(信件、货物
等):信已~|请柬已~。❸发布或发表(命

令、信息等):~指示|~警报。❹散发(气味、
热气等):~一股恶臭|~阵阵清香。

【发达】fādá〈动〉❶(事业)兴盛;兴旺:交
通~|商业~。❷〈形〉(事物)已有充分发展:
肌肉~。

【发达国家】fādá guójiā 经济发达程度高的
国家。

【发呆】fādāi〈动〉因精神专注或着急、畏惧而
对外界事物一时失去感知:他眼睛直直地瞪
着,坐在那里~|他站在窗前~。

【发电】fādiàn〈动〉❶使电力产生:太阳能~
|~厂|水力~。❷拍发电报:~慰问。

【发电厂】fādiànchǎng〈名〉利用水力、火力、
太阳能或原子能等生产电力的工厂。也说
"电厂"。

【发电机】fādiànjī〈名〉将机械能、热能或核能
等转换为电能的机械。常用的有直流发电机
和交流发电机。

【发电站】fādiànzhàn〈名〉将其他能量转变为
电能的场所,如水力发电站、火力发电站等。

【发动】fādòng〈动〉❶使机器运转:~汽车。
❷使开始:~进攻。❸使行动起来:~群众。

【发动机】fādòngjī〈名〉将热能、电能等转化为
机械能从而产生动力的机器,如电动机、蒸汽
机、内燃机等。

【发抖】fādǒu〈动〉由于害怕、生气或受寒冷等
而身体颤动。

【发端】fāduān〈动〉(事情)开始;起头儿。

【发凡】fāfán〈动〉❶揭示全书的要旨:~起例
(说明全书要旨,拟定体例)。❷指对某一学
科的一般介绍(多用作书名):《修辞学~》。

【发奋】fāfèn〈动〉❶奋发:~有为。❷同"发
愤"①。

【发愤】fāfèn〈动〉❶决心努力:~图强。❷发
泄愤懑;愤怒。

【发愤图强】fāfèn tú qiáng 下定决心,努力谋
求富强。

【发付】fāfù〈动〉打发(多见于早期白话)。

【发哽】fāgěng〈动〉哽咽:他强忍着悲痛,但说话声音已经~了。

【发梗】fāgěng〈动〉❶(身体某部位)呈现僵直状态:脖子有些~。❷(心情)产生憋闷感觉:剧情凄惨,看后心里~。

【发光】fāguāng〈动〉发射或散发出光芒。

【发汗】fāhàn〈动〉(用药物等)使出汗:喝碗姜汤~。

【发号施令】fā hào shī lìng 发布命令;指挥。

【发狠】fāhěn〈动〉❶下狠心:横下心来:他一~,用三年的积蓄买了一台计算机。❷发怒;生气:她正~呢,你可别再火上浇油了!

【发挥】fāhuī〈动〉❶把内在的力量、性能表现出来:~作用|~积极性。❷把意思或道理充分表达出来:~题意|借题~。❸衬托;辉映。

【发迹】fājì〈动〉指人成名或变得有钱有势:~变泰。

【发酵】(酸酵)fājiào〈动〉在微生物的作用下,复杂的有机物分解成比较简单的物质。发面、酿酒等都是发酵的应用。

【发觉】fājué〈动〉开始知道(以前没有觉察到的事)。

【发掘】fājué〈动〉❶把埋藏的东西挖出来:~文物。❷比喻把蕴藏着的力量或积极性等调动起来或发挥出来:~潜力|~人才。

【发刊】fākān〈动〉新创办的报刊开始正式出版:《人民日报》~于 1948 年 6 月 15 日。

【发刊词】fākāncí〈名〉刊物创刊号上说明本刊宗旨、性质等内容的文章。

【发狂】fākuáng〈动〉发疯:高兴得要~了。

【发困】fākùn〈动〉感到困乏,想睡觉:饭后常~。

【发懒】fālǎn〈动〉❶懒惰而不想做事。❷因身体或心情不好而不想动弹:我浑身~,哪儿都不想去。

【发冷】fālěng〈动〉产生寒冷的感觉:他得了重感冒,浑身~。

【发愣】fālèng〈动〉发呆。

【发亮】fāliàng〈动〉发出光亮:东方已经~了。

【发聋振聩】fā lóng zhèn kuì 响声很大,使耳聋的人也能听见。比喻用语言文字唤醒糊涂的人,使他们清醒过来。也说"振聋发聩"。

【发落】fāluò〈动〉处理;处置:从轻~。

【发明】fāmíng ❶〈动〉创造出新的事物或方法:~指南针。❷〈名〉创造出的新事物或新方法。❸〈动〉创造性地阐述;发挥②:~文义。

【发难】fānàn〈动〉❶发动反抗或叛乱:辛亥革命在武昌首先~。❷问难;提问。

【发配】fāpèi〈动〉把罪犯解到边远的地方去当兵或服劳役;充军。

【发脾气】fā píqi 因事情不如意而吵闹或骂人:有理讲理,不要~。

【发飘】fāpiāo〈动〉感觉轻飘飘的:这把木锨使着有些~|大病刚好,走起路来脚底下~。

【发票】fāpiào〈名〉商品交易中卖出方出具的卖出货物和收款的凭证。

【发起】fāqǐ〈动〉❶倡议做某件事情:~人。❷发动,使开始:~冲锋。

【发遣】fāqiǎn〈动〉发送;遣送。

【发人深省】(发人深醒) fā rén shēn xǐng 启发人深入思考,使有所醒悟。

【发轫】fārèn〈动〉❶行车时先要拿掉支住车轮的木头,使车前进,所以起程称为"发轫"(轫:支住车轮不使旋转的木头)。❷比喻新事物或某种局面开始出现。

【发丧】fāsāng〈动〉❶丧家向亲友等宣告某人死去。❷办理丧事。

【发傻】fāshǎ〈动〉❶出现表情呆滞、反应迟钝的情况:他被问得直~。❷犯糊涂:别~,你一个人哪能拿得了?

【发烧】fāshāo〈动〉❶体温超过正常范围,是疾病的一种症状。❷对某种事物的迷恋达到狂热的地步:~友|追星追得~。

【发烧友】fāshāoyǒu〈名〉指对某种事物的迷恋达到狂热地步的人:音响~|网络~。

【发射】fāshè〈动〉射出(电波、枪弹、炮弹、火箭等):电波~|~卫星|~场。

【发生】fāshēng〈动〉❶原来没有的事出现了;产生:~纠纷|~事故。❷(植物)萌发;滋长:好雨知时节,当春乃~。

【发誓】fāshì〈动〉庄严地表示决心或对某事提出保证。

【发抒】fāshū〈动〉把意见、感情等表达出来:~情怀。

【发帖】fātiě〈动〉❶发请帖:~请人参加婚礼。❷在电子公告牌、网络等上发表文字、图片等:~参加讨论。

【发威】fāwēi〈动〉显示威风;耍威风:他从不向部下~|向孩子发什么威呀!

【发文】fāwén ❶〈动〉发出公文。❷〈名〉发出的公文。

【发问】fāwèn〈动〉口头提出问题:不断向他~。

【发物】fāwù〈名〉中医指容易引起某些疾病发作或加重的食物,如无鳞鱼、虾等。

【发现】fāxiàn〈动〉❶经过研究、探索看到或找到前人没有看到的事物或规律:~新大陆。❷发觉;觉察:及时~问题,解决问题。

【发祥地】fāxiángdì〈名〉原指帝王祖先兴起的地方,现泛指民族、革命、文化等起源的地方。

【发泄】fāxiè〈动〉尽量发出(情欲或不满情绪):~私愤。

【发行】fāxíng〈动〉发出或出售新印制的出版物、货币、邮票等:~新版人民币。

【发硎】fāxíng〈形〉《庄子·养生主》:"今臣之刀十九年矣,所解数千牛矣,而刀刃若新发于硎。"后用"发硎"比喻锋利。

【发虚】fāxū〈动〉❶感到心虚:第一次参加比赛心里有点儿~。❷感到身体虚弱乏力:他病刚好,身子还有些~|经过调养,身体不再~了。

【发芽】fāyá〈动〉种子长出幼芽;花草、树木生出嫩叶等:小麦~了|柳树~了。

【发哑】fāyǎ〈动〉嗓音变得沙哑:感冒挺重,说话声音都~了。

【发言】fāyán ❶〈动〉发表意见:踊跃~。❷〈名〉发表的意见:他的书面~很有深度。

【发言权】fāyánquán〈名〉发表意见的权利:没有调查,就没有~。

【发言人】fāyánrén〈名〉代表政府、党派或团体等公开发表意见的人:外交部~。

【发扬】fāyáng〈动〉❶发展和提倡:~优点。❷充分发挥:~火力,消灭敌人。

【发扬踔厉】fāyáng chuōlì 指意气昂扬,精神奋发。也说"发扬蹈厉"。

【发扬蹈厉】fāyáng dǎolì 发扬踔厉。

【发扬光大】fāyáng guāngdà 使好作风、好传统等在原来基础上得到发展,更加显著盛大。

【发语词】fāyǔcí〈名〉文言虚词,用在一段文字或一篇文章的开头。如"夫战,勇气也"中的"夫"、"盖儒者所争,尤在于名实"中的"盖"。

【发育】fāyù〈动〉生物体成熟之前,机能和构造发生变化,如植物开花结果,动物的性腺逐渐成熟。

【发源】fāyuán〈动〉❶(河流)开始流出:黄河~于巴颜喀拉山。❷开始发生;发端:知识~于实践。

【发源地】fāyuándì〈名〉❶江河开始流出的地方,如青藏高原是黄河、长江的发源地。❷比喻事物发端、起源的地方:寻访古文明~。

【发展】fāzhǎn〈动〉❶指事物由小到大、由弱到强、由简单到复杂、由低级到高级的变化。❷扩大(组织、规模):~会员|~旅游业。

【发展中国家】fāzhǎn zhōng guójiā 指尚处于贫穷落后或不发达状态,正在加快经济发展的国家。

【发怔】fāzhèng〈动〉发呆。

【发踪指示】fā zōng zhǐ shì 发纵指示。

【发纵指示】fā zòng zhǐ shì 猎人发现野兽的踪迹,放出猎狗,指示方向,追捕野兽。比喻指挥、调度。也说"发踪指示"。

【发作】fāzuò〈动〉❶潜伏的因素突然暴发或起作用:旧疾~|药性~。❷发脾气:怒火中烧,当面又不好~。

备用词　颁发　播发　分发　散发　印发　挥发　蒸发　暴发　爆发　进发　出发　进发　告发　揭发　举发　勃发　奋发　焕发　激发　阐发　抒发　开发　启发　诱发　益发　越发　一触即发　意气风发　引而不发　整装待发

酸(酸) fā 见【发酵】。
△另见 pō。

━ **fá** ━

乏 fá ❶〈动〉缺少：～味｜不～其人。❷〈形〉疲倦：疲～｜困～。❸〈形〉没力量；不起作用：～货｜～话。❹〈动〉荒废；耽误：不敢以～国事也。

【乏味】fáwèi〈形〉没有趣味：语言～。

<u>备用词</u> 空乏　匮乏　困乏　贫乏　穷乏　缺乏　倦乏　劳乏　疲乏　人困马乏

伐 fá〈动〉❶砍（树）：～木｜采～。❷攻打：讨～｜口诛笔～。❸自夸：～善｜不矜不～。❹击；敲：～鼓。❺〈名〉功劳；功业：功～。❻〈名〉姓。

【伐罪】fázuì〈动〉讨伐有罪的人：吊民～。

<u>备用词</u> 采伐　砍伐　挞伐　讨伐　征伐　步伐　口诛笔伐

罚（罸 *罰） fá〈动〉处罚：～款｜惩～｜赏～分明。

【罚不当罪】fá bù dāng zuì 处罚和所犯的罪行不相当，多指处罚过重。

【罚不责众】fá bù zé zhòng 对某些行为本应惩处，但因有此行为的人多而不便惩处。

【罚单】fádān〈名〉罚款通知单：出具交通违规～。

【罚金】fájīn ❶〈动〉指人民法院依据刑法判处犯罪分子或犯罪单位在一定期限内向国家缴纳一定数额的金钱。是我国刑法规定的附加刑之一，也可以独立使用。❷〈名〉被处罚款时缴纳的钱。

【罚酒】fájiǔ ❶〈动〉酒宴上让违约的人喝酒：～三杯。❷〈名〉所罚的酒：敬酒不吃吃～。

【罚款】fákuǎn ❶〈动〉指国家行政机关依法强制违反行政管理秩序的公民、法人或其他组织限期缴纳一定数额钱财：违规行军要～。❷〈名〉被处罚款时缴纳的钱。

<u>备用词</u> 惩罚　处罚　责罚　体罚　刑罚　信赏必罚

垡 fá方言。❶〈动〉耕地翻土：耕～。❷〈名〉翻耕过的土块：打～｜深耕晒～。❸用于地名：榆～（在北京）｜落～（在天津）。

阀（閥） fá〈名〉❶指在某一方面有支配势力的人或家庭：军～｜财～｜学～｜门～。❷管道等上面调节和控制流体的流量、压力和流动方向的装置：油～｜气～。

筏（*栰） fá〈名〉❶筏子，水上行驶的竹排或木排，也有用牛羊皮、橡胶等制造的：竹～｜木～｜皮～。❷姓。

━ **fǎ** ━

法（*❶-❻灋　❶-❻法） fǎ ❶〈名〉由国家制定或认可，受国家强制力保证执行的行为规则的总称，包括法律、法令、条例、命令、决定等：刑～｜民～｜遵纪守～。❷〈名〉方法；方式：办～｜想方设～。❸〈名〉标准；模范；可以仿效的事物：～帖｜效～｜取～乎上。❹〈动〉仿效；效法：～其遗志。❺〈名〉佛教的道理：佛～｜现身说～。❻〈名〉法术：作～｜斗～。❼〈名〉姓。

【法办】fǎbàn〈动〉依法惩办：逮捕～。

【法宝】fǎbǎo〈名〉❶佛教用语，指佛说的法，也指佛教徒所用的衣钵、锡杖等。❷宗教或神魔小说中说的能制伏或杀伤妖魔的宝物。❸比喻用起来特别有效的工具、方法或经验。

【法币】fǎbì〈名〉1935年－1948年，国民党政府发行的纸币。

【法场】fǎchǎng〈名〉❶僧道做法事的场所；道场。❷旧时处决犯人的地方；刑场。

【法程】fǎchéng〈名〉法则；程式。

【法典】fǎdiǎn〈名〉汇集而成的全面系统的法律文件。如民法典、刑法典、商法典等。

【法定】fǎdìng〈形〉法律、法令规定的：～程序。

【法定代表人】fǎdìng dàibiǎorén〈形〉依照法律或法人组织章程的规定，代表法人行使职权的负责人。如董事长、总经理、厂长、校长。

【法定代理人】fǎdìng dàilǐrén 由法律直接规定的代理人。主要指被代理人的父母、养父母、监护人和负有保护责任的机关、团体的代表等。[注意]跟"法定代表人"不同。"法定代理人"代表公民个人；"法定代表人"代表法人组织。

【法定继承】fǎdìng jìchéng 根据法律规定的继承人的范围、继承顺序、遗产分配原则进行继承的法律制度。适用于被继承人生前未立遗嘱等情况。

【法定人数】fǎdìng rénshù 法律或章程对召开会议，通过议案、进行选举等规定的必要的人数。

【法度】fǎdù〈名〉❶法律和制度：遵守国家～。❷行为的准则和规范：不合～｜讲究礼仪～。

【法官】fǎguān〈名〉指司法和审判人员。

【法规】fǎguī〈名〉法律、法令、条例、规则、章程等的总称。

【法号】fǎhào〈名〉出家当僧尼或道士后由师

傅另起的名字。

【法纪】fǎjì〈名〉法律和纪律:目无~|遵守~。

【法理】fǎlǐ〈名〉❶法律和情理:虐待父母,~难容。❷法律的理论根据。❸佛法的义理。

【法力】fǎlì〈名〉佛教指佛法的力量;泛指神奇的力量:~无边|略施~。

【法令】fǎlìng〈名〉国家政权机关颁布的命令、指示、决定等的总称。

【法律】fǎlǜ〈名〉由立法机关制定,国家政权保证执行的行为规则。

【法螺】fǎluó〈名〉软体动物的一属,多生活在海洋中。壳圆锥形,长约30厘米。磨去尖顶的法螺壳吹起来很响,古时做佛事时用来做乐器,所以叫"法螺":大吹~(比喻说大话)。

【法门】fǎmén〈名〉佛教用语,指修行入道的门径。现泛指一切门径:不二~。

【法器】fǎqì〈名〉指举行宗教仪式时用的器物。

【法人】fǎrén〈名〉法律上指具有民事权利能力和民事行为能力,依法独立享有民事权利和承担民事义务的组织,如公司、社团等。

【法人股】fǎréngǔ〈名〉合法企业或具有法人资格的单位、团体等,用其依法可支配的资产向上市公司投资而得到的股份。

【法事】fǎshì〈名〉指僧道拜忏、打醮等事。

【法术】fǎshù〈名〉❶先秦法家的学术。❷道士、巫婆等所用的画符念咒等骗人手法。

【法庭】fǎtíng〈名〉法院设立的审理诉讼案件的机构。

【法统】fǎtǒng〈名〉宪法和法律的传统,是统治权力的法律根据。

【法网】fǎwǎng〈名〉比喻严密的法律制度:难逃~|落入~。

【法院】fǎyuàn〈名〉行使审判权的国家机关。

【法则】fǎzé ❶〈名〉规律:自然~。❷〈名〉法度;规范:正~,选贤良。❸〈动〉效法:民皆~之。

【法制】fǎzhì〈名〉统治者按照自己的意志,通过政权机关建立起来的法律制度,包括法律的制定、执行和遵守:健全~|增强~观念。

【法治】fǎzhì ❶〈名〉先秦时期法家的政治思想,主张以法为准则,统治人民、处理国事。❷〈动〉根据法律治理国家和社会。

【法子】fǎzi〈名〉办法;方法:想~|没~|这是个好~。

备用词　办法　笔法　兵法　方法　技法　书法　国法　司法　王法　宪法　章法　宗法　取法　师法

效法　奉公守法　现身说法　知法犯法

砝 fǎ[砝码(mǎ)]〈名〉天平上作为重量标准的金属块或金属片,大小重量不一。

━━ fà ━━

发(髮) fà〈名〉头发:毛~|须~|理~|怒~冲冠|鹤~童颜|擢(zhuó)~难数。
△另见 fā。

【发髻】fàjì〈名〉挽束在头顶或脑后的头发。

【发指】fàzhǐ〈动〉头发竖起来,形容非常愤怒:令人~。

备用词　鬓发　毫发　毛发　白发　银发　须发　童颜鹤发　间不容发　千钧一发

珐(*琺) fà[珐琅(láng)]〈名〉用石英、长石、硝石和碳酸钠等加上铅和锡的氧化物烧制成的像釉子的物质。涂在金属器物表面起防锈和装饰作用。

━━ fān ━━

帆(*帆颿) fān〈名〉❶挂在桅杆上的布篷,可以利用风力使船前进:~船|扬~|~樯林立|一~风顺。❷借指船:孤~一片日边来。

【帆板】fānbǎn〈名〉❶水上运动器械,由风帆和长板两部分组成。❷指以帆板为器械的水上体育运动项目。

【帆布】fānbù〈名〉用棉麻织成的粗厚结实的布。最早专用来做帆,后多用来做旅行包、行军床、帐篷、衣服、鞋等:~包|~箱子。

【帆船】fānchuán〈名〉❶利用风帆来借助风力的推动而行驶的船。❷体育运动项目之一,利用风帆力量推动船只在规定距离内比赛航速。比赛项目分为多种级别。

番 fān ❶〈名〉指外国或外族:~茄(西红柿)|~邦。❷〈量〉a)种:别有一~滋味在心

头。b)回;次:今~|三~五次|轮~轰炸。
△另见 pān。

【番代】fāndài〈动〉轮换。

【番号】fānhào〈名〉部队的编号。

蕃 fān同"番"(fān)①。
△另见 bō;fán。

幡(＊旛) fān〈名〉一种窄长的旗子,垂直悬挂:长~。

【幡然】fānrán〈副〉转变得快而彻底地:~改图|~悔悟(彻底觉悟过来,认识以前的错误)。也作"翻然"。

藩 fān〈名〉❶篱笆:~篱|羝羊触~。❷屏障:屏~。❸封建王朝的属国或属地:~国|外~。❹姓。

【藩篱】fānlí〈名〉❶篱笆。❷比喻界限或屏障。

【藩镇】fānzhèn〈名〉唐代中期在各军事重镇设置节度使,掌管当地的军政,后来权力扩大,兼管民政、财政,逐渐形成军人割据的局面,常与朝廷相对抗,历史上叫做"藩镇":~割据。

翻(＊飜❻繙) fān〈动〉❶上下或内外交换位置;歪倒,反转:~腾|~身。❷为了寻找而移动上下物体的位置:~箱倒柜。❸推翻原来的:~供|~案。❹爬过;越过:~山越岭。❺(数量)成倍地增加:一番(加倍)。❻翻译:把外文~成中文。❼翻脸:闹~了。❽按照曲调写词:莫辞更坐弹一曲,为君~作《琵琶行》。

【翻版】fānbǎn〈名〉❶照原样重印的版本。❷比喻刻板地仿照原来的事物造出的事物。

【翻飞】fānfēi〈动〉上下翻动飞舞:蝴蝶在花丛中上下~。

【翻覆】fānfù〈动〉❶歪倒;反转:车辆~。❷巨大而彻底的变化:天地~。❸(身体)来回翻

动:~不能入眠。❹反复②。

【翻悔】fānhuǐ〈动〉对以前答应、应承的事后悔而不承认。

【翻江倒海】fān jiāng dǎo hǎi 形容水势浩大,多用来比喻力量或声势非常浩大。也说"倒海翻江"。

【翻来覆去】fān lái fù qù ❶躺着来回翻动身体。❷一次又一次:他~讲了半天,我还是没听懂。

【翻脸】fānliǎn〈动〉对人的态度突然变得很坏:~不认人。

【翻然】fānrán 同"幡然"。

【翻身】fānshēn〈动〉❶躺着翻动身体;转动身体。❷比喻从受压迫、受剥削的情况下解放出来。❸比喻改变逆境或落后面貌:打个~仗。

【翻身仗】fānshēnzhàng〈名〉比喻改变落后状态或困难局面的行动:该厂今年打了个~,实现了扭亏为盈。

【翻腾】fānteng〈动〉❶上下剧烈滚动:波浪~。❷比喻起伏,不平静:心里直~。❸翻动:在箱子里~了半天,还是没有找到。

【翻天覆地】fān tiān fù dì 形容变化巨大而彻底。

【翻译】fānyì❶〈动〉把一种语言文字的意义用另一种语言文字表达出来,也指把电码等用语言文字表达出来。❷〈名〉做语言文字翻译工作的人。

【翻云覆雨】fān yún fù yǔ 唐杜甫《贫交行》:"翻手作云覆手雨。"意思是说一时这样,一时又那样。比喻反复无常或玩弄手段。

━━ fán ━━

凡(＊凢) fán❶〈形〉平常的,寻常:平~|~人|不同~响。❷〈名〉指人世间(宗教或神话的说法):~世|天仙下~。❸〈副〉a)凡是:~年满十八岁的公民都有选举权与被选举权。b)总共:全书~十卷。❹〈名〉大概;要略:大~|发~起例。❺〈名〉我国民族音乐音阶上的一级,乐谱上用作记音符号,相当于简谱的"4"。❻〈名〉姓。

【凡百】fánbǎi〈代〉表示概括,泛指一切:~事情。

【凡夫】fánfū〈名〉凡人:~俗子(泛指平常的人或平庸的人)。

【凡例】fánlì〈名〉书前说明本书体例的文字。

【凡人】fánrén〈名〉❶平常的人:~琐事。❷指

尘世的人。

【凡是】fánshì〈副〉表示总括某个范围内的一切，没有例外：～需要背诵的课文，他都能背诵下来。

备用词　不凡　非凡　平凡　大凡　但凡　举凡　超凡　下凡

氾　fán〈名〉姓。
△另见 fàn"泛"。

矾（礬）fán〈名〉某些金属硫酸盐的含水结晶，如明矾、胆矾、绿矾。

钒（釩）fán〈名〉金属元素，符号 V。银白色，质硬，耐腐蚀，在常温中不易氧化。

烦（煩）fán ❶〈形〉烦闷；心情不畅快：～恼｜心～意乱。❷〈形〉厌烦；耐～｜这些话我都听～了。❸〈形〉又多又乱：～琐｜腻｜不厌其～。❹〈动〉烦劳，表示请托：不敢相～｜～您帮个忙。

【烦愦】fánkuì〈形〉心绪烦乱。

【烦虑】fánlǜ〈形〉烦闷忧虑。

【烦乱】fánluàn〈形〉心情烦闷，思绪混乱。

【烦闷】fánmèn〈形〉心情郁结不舒畅：心绪～。

【烦懑】fánmèn〈形〉烦闷：～不乐。

【烦难】fánnán 同"繁难"。

【烦恼】fánnǎo〈形〉烦闷苦恼：自寻～。

【烦冗】fánrǒng 也作"繁冗"。〈形〉❶事务繁杂，头绪多。❷文章烦琐冗长。

【烦琐】fánsuǒ 也作"繁琐"。〈形〉❶繁杂琐碎：手续～。❷形容写文章或说话琐碎，不扼要：～哲学。

【烦厌】fányàn〈动〉厌烦。

【烦冤】fányuān〈形〉愁苦冤屈。

【烦杂】fánzá 同"繁杂"。

【烦躁】fánzào〈形〉烦闷急躁：～不安。

备用词　麻烦　耐烦　腻烦　絮烦　厌烦　忧烦　不胜其烦　要言不烦

墦　fán〈名〉坟墓。

蕃　fán ❶〈形〉（草木）茂盛：～茂｜～昌。❷〈动〉繁殖：～息｜～衍｜～孳。❸〈形〉多；众多：水陆草木之花，可爱者甚～。
△另见 bō；fān。

【蕃衍】fányǎn 见[繁衍]。

樊　fán〈名〉❶篱笆：～篱。❸关鸟兽的笼子：～笼。❸姓。

【樊篱】fánlí〈名〉篱笆，比喻对事物的限制：冲破～。

【樊笼】fánlóng〈名〉关鸟兽的笼子，比喻不自由的境地。

璠　fán〈名〉一种美玉。

燔　fán〈动〉❶焚烧：～柴。❷烤：～肉。

繁（*緐）fán ❶〈形〉繁多；复杂（跟"简"相对）：～杂｜～星｜删～就简。❷〈动〉繁殖（牲畜）：～育｜自～自养。
△另见 pó。

【繁多】fánduō〈形〉种类多：名目～｜品种～｜头绪～。

【繁复】fánfù〈形〉多而复杂：工序～。

【繁花】fánhuā〈名〉繁茂的花；各种各样的花：～似锦。

【繁华】fánhuá〈形〉❶（城镇、街市）兴旺热闹：～的街市。❷繁盛华丽。

【繁忙】fánmáng〈形〉事情多而不得闲：业务～。

【繁茂】fánmào〈形〉❶繁密茂盛：枝叶～。❷繁荣兴盛：～兴旺。

【繁密】fánmì〈形〉又多又密：林木～。

【繁难】fánnán〈形〉复杂而困难：～的工作。也作"烦难"。

【繁荣】fánróng ❶〈形〉兴旺发达；昌盛：市场～。❷〈动〉使繁荣：～经济。

【繁冗】fánrǒng 同"烦冗"。

【繁缛】fánrù〈形〉多而琐碎：礼仪～。

【繁生】fánshēng〈动〉繁殖；滋生：万物～。

【繁盛】fánshèng〈形〉❶繁荣兴盛：市场一派～景象。❷繁密茂盛：花草～。

【繁庶】fánshù〈形〉众多：居民～。

【繁琐】fánsuǒ 同"烦琐"。

【繁体】fántǐ〈名〉❶笔画未经简化的汉字形体（指已有简化字代替的）：～字。❷指繁体字："车"的～是"車"。

【繁体字】fántǐzì〈名〉已经有简化字代替的汉字，如"齒"是"齿"的繁体字。

【繁文缛节】fán wén rù jié 过分烦琐的仪式或礼节，也比喻烦琐多余的事项。也说"繁文缛礼"。

【繁芜】fánwú〈形〉（文字）繁多杂乱。

【繁星】fánxīng〈名〉繁密的星星：～满天。

【繁衍】（蕃衍）fányǎn〈动〉生物、人口滋生繁殖，逐渐增多或增广：～生息。

【繁翳】fányì〈形〉（草木）茂盛：树木～。

【繁育】fányù〈动〉繁殖培育：～良种｜～虾苗。

【繁杂】fánzá〈形〉多而杂乱:内容~|~的家务劳动。也作"烦杂"。

【繁殖】fánzhí〈动〉生物产生新的个体以传代。

【繁重】fánzhòng〈形〉(工作、任务)又多又重:~的体力劳动。

备用词 纷繁 浩繁 频繁

蹯 fán〈名〉兽足:熊~(熊掌)。

蘩 fán〈名〉古书上指白蒿。(一种草本植物)

━ **fǎn** ━

反 fǎn❶〈形〉颠倒的;方向相背的(跟"正"相对):~面|衣服穿~了。❷〈动〉(对立面)转换;翻过来:~悔|~败为胜。❸〈动〉回;还:~击|~映|~问|义无~顾。❹〈动〉反抗;反对:~封建|~帝|~霸。❺〈名〉指反革命,反动派:肃~|镇~。❻〈动〉相反地:画虎不成~类犬。❼〈副〉反而:~而。❽〈动〉用在反切后面,表示前两字是注音用的反切,如"东,德红反"。

【反驳】fǎnbó〈动〉有针对性地说出自己的理由来否定别人跟自己不同的意见或理论。

【反常】fǎncháng〈形〉跟正常的情况不一样:态度~|~现象。

【反超】fǎnchāo〈动〉体育比赛中比分由落后转为领先叫"反超":中国队在先失一球的情况下,频频发动攻势,以2比1将比分~。

【反刍】fǎnchú〈动〉牛、羊、骆驼等把粗粗咀嚼后咽下去的食物再返回到嘴里细嚼,然后再咽下。

【反唇相讥】fǎn chún xiāng jī 指受到指责不服气,反过来讥讽对方。

【反调】fǎndiào〈名〉指跟某一种观点完全相反的言辞或论调:唱~。

【反动】fǎndòng❶〈形〉指思想上或行动上维护旧制度,反对革命,阻碍社会前进:~派|思想~。❷〈动〉起相反的作用:党八股是对于五四运动的~。

【反对】fǎnduì〈动〉抵制;不赞成:~浪费。

【反厄尔尼诺现象】fǎn è'ěrnínuò xiànxiàng 见[拉尼娜现象]。

【反而】fǎn'ér〈副〉表示跟上文意思相反或出乎预料之外,在句中起转折作用:雨不但没停,~越下越大。

【反讽】fǎnfěng〈动〉从反面讽刺;用反语进行讽刺:文章中充满了强烈的~意味。

【反复】fǎnfù❶〈副〉多次重复;一遍又一遍:~推敲。❷〈动〉颠过来倒过去;翻悔:~无常。❸〈动〉重又回到原来状态的情况:病情出现~。❹〈动〉(书信)来往;往还。❺〈名〉重复的情况:斗争往往会有~。

【反腐倡廉】fǎn fǔ chàng lián 反对腐败,提倡廉洁。

【反感】fǎngǎn〈名〉不满或厌恶的情绪。

【反戈一击】fǎn gē yī jī 比喻回过头来攻击自己原来所从属的一方(反戈:掉转兵器的锋芒)。

【反攻】fǎngōng〈动〉防御的一方对进攻的一方实施进攻:战略~。

【反躬自问】fǎn gōng zì wèn 反过来问问自己(含有检查的意思)。也说"抚躬自问"。

【反顾】fǎngù〈动〉❶回头看。❷比喻翻悔:义无~。

【反观】fǎnguān〈动〉反过来看;从相反的角度来观察:表面上看轰轰烈烈,~效果,却未必好。

【反悔】fǎnhuǐ〈动〉翻悔。

【反季】fǎnjì〈形〉反季节。

【反季节】fǎnjìjié〈形〉不合当前季节的:~蔬菜|~销售。也说"反季"。

【反剪】fǎnjiǎn〈动〉两手交叉地放在背后或捆绑在背后:~双手。

【反间】fǎnjiàn〈动〉原指利用敌人的间谍使敌人获得虚假的情报,后专指用计使敌人内部不团结。

【反诘】fǎnjié〈动〉反问。

【反抗】fǎnkàng〈动〉用行动反对;抵抗:~压迫|~侵略。

【反馈】fǎnkuì〈动〉某些事物发出去后返回(新的信息):信息~。

【反粒子】fǎnlìzǐ〈名〉正电子、反质子、反中子、反中微子、反介子、反超子等粒子的统称。反粒子与所对应的粒子在质量、自旋、平均寿命和磁矩大小上都相同;如果带电,两者所带电量相等而符号相反,磁矩和自旋的取向关系也相反。反粒子与所对应的粒子相遇就发生湮没而转变为别的粒子。

【反乱】fǎnluàn〈动〉变乱;动乱。

【反面】fǎnmiàn❶〈名〉物体上跟正面相反的一面。❷〈形〉坏的、消极的:~人物|~教材。❸〈名〉事情、问题等没有直接显示的一面:不但要看问题的正面,还要看问题的~。

【反目】fǎnmù〈动〉不和睦;感情变坏:~成仇。

【反派】fǎnpài〈名〉戏剧、电影或小说等文艺作品中的坏人;反面人物。

【反叛】fǎnpàn〈动〉叛变;背叛:~封建礼教。

【反叛】fǎnpan〈名〉叛变的人;背叛者。

【反扑】fǎnpū〈动〉(猛兽、敌人等)被打退后又扑过来。

【反切】fǎnqiè〈名〉我国古代传统的一种注音方法,用两个字来注另一个字的音。例如"海,呼改切(或呼改反)"。被切字的声母跟反切上字相同("海"字声母跟"呼"字声母相同,都是 h),被切字的韵母和声调跟反切下字相同("海"字的韵母和声调跟"改"字相同,都是 ai 韵母,都是上声)。拼读时取"呼"字的声母 h,"改"字的韵母和声调 ǎi,拼成 hǎi,即是"海"字的读音。

【反倾销】fǎnqīngxiāo〈动〉国际贸易中,为保护本国利益,用高额征税的办法反对外国向本国倾销商品。

【反水】fǎnshuǐ 方言。〈动〉❶叛变。❷反悔;变卦。

【反问】fǎnwèn〈动〉❶对提问的人发问。❷用疑问的语气表达与字面相反的意义,如"你的底细难道我不知道?"

【反物质】fǎnwùzhì〈名〉物理学上指原子核由反质子和反中子组成的带负电荷的物质。反核子(反质子和反中子)组成反原子核,反原子核和正电子组成反原子,各种反原子组成各种反物质。

【反响】fǎnxiǎng〈名〉言论、行动所引起的反应;回响:~强烈。

【反向】fǎnxiàng〈动〉逆向:~行驶|~思维。

【反省】fǎnxǐng〈动〉回想自己的思想、行为,检查其中的错误:停职~。

【反义词】fǎnyìcí〈名〉意义相反的词,如"大"和"小"、"高"和"低"、"热情"和"冷淡"、"谦虚"和"骄傲"。

【反应】fǎnyìng❶〈动〉有机体受到刺激而引起相应的活动:~灵敏。❷〈动〉化学反应,物质发生化学变化而产生性质、成分、结构与原来不同的新物质的过程。❸〈名〉打针或服药所引起的症状,如呕吐、发烧、头痛、腹痛等。❹〈动〉原子核受到外力作用而发生变化:热核~。❺〈名〉事情所引起的意见、态度或行动:他的演讲~很好。

【反映】fǎnyìng❶〈动〉光线反射,比喻把客观事物的实质通过一定的形式表现出来:~现实生活的文艺作品。❷〈动〉把情况或意见告诉上级或有关部门。❸〈名〉对人或事的意见或看法:群众对你有~。

【反语】fǎnyǔ〈名〉修辞方法,字面的意思和实际要表达的意思完全相反。通常叫作"说反话"。

【反照】fǎnzhào〈动〉光线反射。也作"返照"。

【反正】fǎnzhèng❶〈动〉复归于正道:拨乱~。❷〈动〉敌方的军队或人员投到自己一方。❸〈副〉a)强调在任何情况下都不改变结论或结果:随你怎么说,~我不信。b)表示坚决肯定的语气:~没事,着什么急?

【反坐】fǎnzuò〈动〉旧时指把被诬告的罪名所应得的刑罚加在诬告人身上。

备用词　策反　谋反　平反　违反　造反　肃反　镇反　官逼民反　适得其反　物极必反　一隅三反

返 fǎn〈动〉回:~航|~校|遣~|~老还童|一去不复~。

【返潮】fǎncháo〈动〉物品由于空气湿度大而变得潮湿;地面、墙根等处因地下水分上升而潮湿。

【返岗】fǎngǎng〈动〉(下岗人员)返回原来的工作岗位:这家企业有五百多名下岗工人~。

【返工】fǎngōng〈动〉因质量不符合要求而重新加工或制作。

【返老还童】fǎn lǎo huán tóng 由衰老恢复青春。

【返贫】fǎnpín〈动〉返回原来的贫困状态:确保脱贫户不再~。

【返聘】fǎnpìn〈动〉聘请离休、退休人员回原单位继续工作:~人员。

【返璞归真】fǎn pú guī zhēn 去掉外在的装饰,恢复原来的质朴状态。也说"归真返璞"。

【返迁】fǎnqiān〈动〉从某地迁出后,重又返回原处居住:这些拆迁户一年后~。

【返销】fǎnxiāo〈动〉❶把从农村征购来的粮食再销售到农村:~粮。❷从某个国家或地区进口原料或元器件等,制成产品后再销售到那个国家或地区。

【返修】fǎnxiū〈动〉退给原修理者重新修理;退给出品单位修理:~率|这台彩电,~了两次。

【返照】fǎnzhào 同"反照"。

备用词　回返　遣返　往返　折返　积重难返　流连忘返

━━ **fàn** ━━

犯 fàn❶〈动〉抵触;违犯:~法|~忌讳|~案|~上作乱。❷〈动〉侵犯:冒~|秋毫

无~。❸〈名〉罪犯：首~|盗窃~。❹〈动〉发作；发生(多指错误的或不好的事情)：~脾气|病又~了。❺〈动〉冒；触犯风雨，~寒暑。❻〈名〉姓。

【犯忌】fànjì〈动〉违犯禁忌。

【犯难】fànnán〈动〉感到事情难以应付；为难。

【犯罪】fànzuì〈动〉做出危害社会、依法应处以刑罚的事。

【犯罪嫌疑人】fànzuì xiányírén 在法院判决之前，涉嫌有犯罪行为的人。

备用词　主犯 从犯 冲犯 触犯 渎犯 冒犯 违犯 窜犯 干犯 进犯 侵犯 人犯 惯犯 囚犯 逃犯 凶犯 战犯 罪犯 明知故犯 秋毫无犯 众怒难犯

饭(飯) fàn❶〈名〉煮熟的谷类食品：米~|~粒。❷〈名〉每天定时吃的食物：早~|~厅|烧~。❸〈动〉吃饭：茶余后廉颇老矣，尚能~否？

【饭桶】fàntǒng〈名〉装饭的桶，比喻无用的人。

【饭碗】fànwǎn〈名〉盛饭的碗，比喻职业：找~(找职业)|丢~(被解雇)|铁~(稳固的职业)。

泛(*汎❶❸❺氾) fàn❶〈动〉漂浮：~舟。❷〈动〉透出；冒出：脸上~红|~出香味。❸〈形〉广泛；一般地：~称|~指。❹肤浅；不深入：空~。❺〈动〉水向四处漫溢：~滥|~区(黄河泛滥过的地区)。

△另见 fěng；"氾"另见 fán。

【泛滥】fànlàn〈动〉❶江河湖泊的水漫溢；洪水~。❷比喻坏的事物不受限制地大量流行。

备用词　泛泛 肤泛 浮泛 广泛 空泛 宽泛

范(❶-❹範) fàn❶〈名〉模子：钱~|铁~。❷〈名〉模范；好榜样：~文|~示~。❸〈名〉范围：~畴|就~。❹〈动〉限制：防~。❺〈名〉姓。

【范畴】fànchóu〈名〉❶反映客观事物的普遍本质的基本概念。❷类型；范围：上述工作属于"仿生学"研究的~。

【范例】fànlì〈名〉可以作为模范的事例。

【范围】fànwéi❶〈名〉周围界限：活动~|职权~。❷〈动〉限制；管辖：纵横四溢~，不可~。

【范文】fànwén〈名〉语文教学中作为学习榜样的文章。

备用词　典范 风范 规范 模范 师范 示范 防范 就范

贩(販) fàn❶〈动〉(商人)买货：~货|~布|~牲口。❷〈动〉买进货物后卖出：~卖|~运。❸〈名〉贩子，往来各地贩卖东西的人：商~|小~|~摊。

【贩黄】fànhuáng〈动〉贩卖黄色书刊、录像带、光盘等。

【贩卖】fànmài〈动〉商人买进货物再卖出去以获取利润：~干鲜果木。

【贩私】fànsī〈动〉贩卖走私物品：严厉打击走私、~活动。

畈 fàn方言。❶〈名〉田地(多用于地名)：~田|周党~(在河南)。❷〈量〉用于大片田地：一~田。

梵 fàn〈形〉❶关于古代印度的：~语(古代印度的一种语言)|~文。❷关于佛教的：~宫(佛寺)|~宇。

=== **fāng** ===

方 fāng❶〈形〉四个角都是90°的四边形或六个面都是方形的六面体：正~|~巾。❷〈名〉乘方：平~|立~。❸〈量〉a)用于方形东西：一~砚台|三~图章。b)平方或立方的简称，一般指平方米或立方米：土石~|铺十五~地板。❹〈形〉正直：端~|品行~正。❺〈名〉方向：~位|东~。❻〈名〉方面：对~|敌我双~。❼〈名〉地方：前~|远~|天各一~。❽〈名〉方法：~略|教子有~。❾〈名〉方子；药方：验~|偏~。❿〈副〉a)正在；正当：~兴未艾|血气~刚。b)始；方才：如梦~醒|年~二十。c)将

要:今治水军八十万众,～与将军会猎于吴。
⓫〈名〉姓。

【方案】fāng'àn〈名〉❶工作实施的具体计划:
施工～|作战～。❷制订的办法或法式:分配
～|汉字简化～。

【方便】fāngbiàn❶〈形〉便利:交通～。❷〈动〉
使便利:～群众。❸〈形〉适宜:这儿人多,说话
不～。❹婉辞。a)〈形〉指有富余的钱:手头儿
不～。b)〈动〉指排泄大小便:我去～一下。

【方步】fāngbù〈名〉斯斯文文的大而慢的步
子:踱～。

【方才】fāngcái❶〈名〉刚才。❷〈副〉表示时
间或条件关系,跟"才"相同:听完了我～
明白。

【方程】fāngchéng〈名〉含有未知数的等式,如
x+2=5,x-1=y+3。也说"方程式"。

【方程式】fāngchéngshì〈名〉方程。

【方程式赛车】fāngchéngshì sàichē 汽车比赛
的一种。所用车的长、宽、重以及轮胎直径等
数据都有严格规定,其复杂和精确程度就像
数学方程式一样,因此得名。方程式赛车分
为一、二、三级,其中一级速度最快。

【方寸】fāngcùn〈名〉❶指一平方寸的面积:邮
票大小不过～。❷指人的心:～已乱。

【方法】fāngfǎ〈名〉指关于处理事情或解决问
题的门路、办法、手段等:工作～。

【方略】fānglüè〈名〉全盘的计划和策略:治
国～。

【方面】fāngmiàn〈名〉❶某一边或某一面(多
就相对的或并列的几个人或几件事物之一
说):照顾不同～的利益。❷指方向。

【方面军】fāngmiànjūn〈名〉❶担负一个方面
作战任务的军队的最大一级编组。❷比喻
一个方面的力量。

【方枘圆凿】fāng ruì yuán záo 方榫头,圆榫
眼,两下里合不起来。比喻格格不入。也说
"圆凿方枘"。

【方上】fāngshàng〈名〉四面八方;各方。

【方始】fāngshǐ〈副〉方才②:待诸军退尽,～
收兵。

【方士】fāngshì〈名〉古代称从事求仙、炼丹等
活动的人。

【方式】fāngshì〈名〉指说话做事所采取的方法
和形式:教育～。

【方俗】fāngsú〈名〉地方风俗,指各地的风土
人情。

【方位】fāngwèi〈名〉❶方向。东、南、西、北是
四个基本方位。❷方向和位置:测定～。

【方向】fāngxiàng〈名〉❶指东、南、西、北等方
位:迷失～。❷面对的位置;前进的目标:部
队向车站～进发。

【方兴未艾】fāng xīng wèi ài 事物正在发展,
一时不会终止(艾:停止)。

【方言】fāngyán〈名〉一种语言中跟标准语有
区别的、只在一个地区使用的话,如汉语的吴
方言、粤方言、闽方言等。

【方音】fāngyīn〈名〉方言的语音。

【方舆】fāngyú〈名〉❶指地。古人称天为盖、
地为舆,又有天圆地方之说,因称地为方舆。
❷天下:～之内。

【方圆】fāngyuán〈名〉❶指周围:～左近的人
都来这儿赶集。❷指周围的长度:这个牧场
～百里。

【方丈】fāngzhang〈名〉❶佛寺或道观中住持
住的房间。❷指寺院的住持。

【方针】fāngzhēn〈名〉指引事业前进的方向和
目标:教育～。

【方正】fāngzhèng〈形〉❶成正方形,不歪斜:
字写得～。❷端方正直;正派:质朴～。

【方志】fāngzhì〈名〉即地方志,记载某一地方
的地理、历史、风俗、教育、物产、人物等情况
的书,如县志、州志等。

备用词　大方　地方　对方　官方　后方　处方　秘
方　配方　偏方　单方　土方　验方　落落大方
四面八方　外圆内方　贻笑大方

邡 fāng〈名〉❶[什(shí)邡]地名,在四川。
❷姓。

坊 fāng〈名〉❶里巷(多用于街巷名):～间|
街～|白纸～(在北京)。❷牌坊:贞节～。
❸店铺:茶～|书～。
　　　　△另见 fáng。

【坊间】fāngjiān〈名〉街市上(旧时多指书坊)。

芳 fāng❶〈形〉香:芬～|～香|～草。❷
〈名〉指花,也比喻女子:孤～自赏|技压
群～。❸〈形〉美好的(德行、名声):～名|流
～百世。❹〈名〉姓。

【芳草】fāngcǎo〈名〉香草:～萋萋。

【芳菲】fāngfēi❶〈形〉(花草)芳香艳丽:春草
～。❷〈名〉指花:～满园,蝶飞燕舞。

【芳香】fāngxiāng〈名〉香味;香气:花草的～。

枋 fāng〈名〉❶古书上说的一种树,木材可
做车。❷方柱形的木材。

【枋子】fāngzi〈名〉❶枋②。❷方言。棺材。

钫（鈁） fāng〈名〉❶金属元素，符号 Fr。有放射性。❷古代盛酒的器皿，青铜制成，方口大腹。❸古代锅一类的器皿。

— **fáng** —

防 fáng ❶〈动〉防备：预～｜～汛。❷〈动〉防守；防御：国～｜海～。❸〈名〉堤；挡水的建筑物：堤～。❹〈名〉姓。

【防备】fángbèi〈动〉事先做好准备，以避免受害。

【防范】fángfàn〈动〉防备；戒备：严加～。

【防护】fánghù〈动〉防备和保护：人工～林。

【防患未然】fáng huàn wèi rán 在事故或灾害发生之前采取措施加以防止。

【防火墙】fánghuǒqiáng〈名〉❶用阻燃材料砌筑的墙，用来防止火势蔓延。也叫"风火墙"。❷指在互联网子网与用户设备之间设立的安全设施，可以防止未经授权的访问，保护硬件和软件的安全。

【防守】fángshǒu〈动〉警戒守卫：～阵地。

【防微杜渐】fáng wēi dù jiàn 在错误或坏事萌芽的时候，就加以制止，不让它发展。

【防伪】fángwěi〈动〉防止伪造：～标志。

【防卫】fángwèi〈动〉防御和保卫：加强～｜正当～。

【防卫过当】fángwèi guòdàng 正当防卫明显超过必要限度造成重大损害的行为。我国刑法规定，防卫过当应负刑事责任，但应减轻或免除处罚。

【防务】fángwù〈名〉有关安全防御方面的事务。

【防线】fángxiàn〈名〉防御工事连成的防守地带：一道～｜突破～。

【防汛】fángxùn〈动〉在江河涨水的时期，采取措施，防止洪水泛滥成灾。

【防御】fángyù〈动〉❶抗击敌人的进攻：～工事。❷防备；抵挡：～风沙袭击。

【防止】fángzhǐ〈动〉预先采取措施设法制止（坏事的发生）：～火灾。

【防治】fángzhì〈动〉❶预防和治疗（疾病、病虫害等）：～结核病｜～蚜虫。❷预防和治理：～泥石流灾害。

备用词　边防　城防　国防　海防　空防　提防　谨防　严防　预防　冷不防　猛不防　猝不及防

坊 fáng〈名〉小手工业者的工作场所：作～｜油～｜染～｜磨～｜粉～｜碾～｜豆腐～。
△另见 fāng。

妨 fáng〈动〉❶妨碍：～害。❷妨害：不～何～。

【妨碍】fáng'ài〈动〉阻碍，使不能顺利进行：～交通。

【妨害】fánghài〈动〉有害于：吸烟～健康。

肪 fáng 见〖脂肪〗。

房 fáng ❶〈名〉供人居住或做其他用途的建筑物：瓦～｜楼～。❷〈名〉房间：卧～｜书～｜病～｜厢～｜客～｜文～四宝。❸〈名〉结构和作用像房子的东西：蜂～｜莲～（莲蓬）。❹〈名〉指家族的一支：长～｜堂～｜远～。❺量词：两～儿媳妇。❻〈名〉星宿名，二十八宿之一。❼同"坊"（fāng）。❽〈名〉姓。

【房车】fángchē〈名〉❶一种汽车，车厢大而长，像房子。里面配有家具，并设有厨房、浴室和卫生间，能提供基本生活条件。多用于长途旅行。❷方言。指豪华的轿车。

【房师】fángshī〈名〉科举时代乡试和会试分房阅卷，由各房考官推荐卷子给主考官，考中的尊称推荐卷子的该房的考官为"房师"。

【房屋】fángwū〈名〉房子的总称。

【房型】fángxíng〈名〉户型。

【房展】fángzhǎn〈名〉房地产公司等单位举办的所售房屋模型、图片等的展览：看～。

鲂（魴） fáng〈名〉鱼，外形像鳊鱼而较宽，银灰色，胸部略平，腹部中央隆起。生活在淡水中。

— **fǎng** —

仿（*倣❹髣） fǎng ❶〈动〉仿效；效法：～古｜～制｜～造｜～宋体｜～着原样做了一个。❷〈动〉类似；像：她长得跟她姐姐相～。❸〈名〉照范本写的字：纸｜写了一张～。❹见〖仿佛〗（髣髴）。

【仿佛】（彷彿、髣髴）fǎngfú ❶〈副〉似乎；好像：街上乱得～开了锅。❷〈动〉类似；差不多：他和我年纪相～。

【仿生建筑】fǎngshēng jiànzhù 模仿某些生物的结构和形态而获得所期望的优良性能的建筑。如模仿蜂巢结构的墙壁，大大减轻了建筑物的自重；模仿蛋壳结构的屋顶，虽仅几厘米厚，却能承受风吹雨打和积雪的压力。

【仿生学】fǎngshēngxué〈名〉生物学的一个分支，研究生物系统的结构、功能等，用来改进工程技术系统。如模拟人脑的结构和功能原理，改善计算机的性能。

【仿宋体】fǎngsòngtǐ〈名〉仿照宋代印刷字体写的一种字体。笔画粗细均匀，与宋体字稍有不同。参看〖宋体字〗。

【仿效】fǎngxiào〈动〉模仿；效法。

【仿照】fǎngzhào〈动〉照着已有的方法或式样去做：～例办理。

【仿真】fǎngzhēn ❶〈动〉指利用模型模仿实际系统进行实验研究。❷〈形〉从外形上模仿逼真：～手枪。

【仿纸】fǎngzhǐ〈名〉练习写毛笔字用的纸，多印有格子。

【仿制】fǎngzhì〈动〉仿造：～品｜这几件展品是～的。

访（訪）fǎng〈动〉❶访问：～友｜拜～。❷调查；寻求：～查｜～采。❸询问：穆公～诸蹇叔。

【访求】fǎngqiú〈动〉探访寻求：～善本｜～名师。

【访问】fǎngwèn〈动〉❶有目的地去看望人并跟他谈话。❷指去别的国家进行国事活动或考察等：出国～。

备用词 拜访 采访 查访 察访 出访 过访 回访 家访 上访 私访 探访 寻访 造访 走访 明察暗访

彷 fǎng 见〖仿佛〗。
△另见 páng。

纺（紡）fǎng ❶〈动〉把丝、麻、棉、毛等纤维拧成纱，或把纱捻成线：～纱｜～车｜棉～｜毛～。❷〈名〉比绸子稀薄而轻软的丝织品：～绸｜杭～。

【纺织】fǎngzhī〈动〉把丝、麻、棉、毛等纤维纺成纱或线，织成布匹、绸缎等：～厂｜～女工。

昉 fǎng ❶〈形〉明亮。❷〈动〉起始：始不迎亲，～于此乎？

舫 fǎng〈名〉船：画～｜游～｜石～。

━━ fàng ━━

放 fàng〈动〉❶解除约束，使自由：～松｜释～｜～虎归山。❷在一定的时间停止（学习、工作）：～学｜～工。❸放纵：～荡｜狂～｜～声｜～歌。❹让牛羊等在草地上吃草和活动：～牛｜～羊。❺放逐：流～。❻发出：～枪｜～射｜大～异彩｜有的～矢。❼点燃：～火｜～爆竹。❽借钱给人，收取利息：～债｜～款。❾扩展：～大。❿（花）开：百花齐～｜心花怒～。⓫搁置：～置｜先～一～。⓬弄倒：上山～树。⓭使处于一定的位置：安～｜摆～。⓮加进去：菜里多～点盐。⓯控制自己的行动，采取某种动态，达到某种分寸：聪明点｜脚步～轻些。⓰旧时指京官调任外地。⓱〈名〉姓。

【放达】fàngdá〈形〉言语、行为不受世俗礼法的拘束：纵酒～。

【放胆】fàngdǎn〈动〉放开胆量。

【放诞】fàngdàn〈形〉（言语、行为）放纵，不守规范：～无礼。

【放荡】fàngdàng〈形〉行为放纵，不检点：～不羁。

【放风】fàngfēng〈动〉❶监狱里定时放坐牢的人到院子里散步或上厕所。❷透露或散布消息。❸方言。望风。

【放虎归山】fàng hǔ guī shān 见〖纵虎归山〗。

【放假】fàngjià〈动〉在规定的日期停止工作或学习：放了五天假｜国庆节～三天。

【放空】fàngkōng〈动〉运营的车、船等没有载人或载货而空着行驶：去远郊的出租车回程时常～｜做好调度工作，避免车辆～。

【放空炮】fàng kōngpào 比喻说空话，说了不能兑现：当领导的不能～哟｜要说到做到，不能～。

【放空气】fàng kōngqì 比喻故意制造某种气氛或散布某种消息（多含贬义）：这是对方在～，我们不要上当｜他早就放出空气，说今年的先进工作者非他莫属。

【放宽】fàngkuān〈动〉使要求、标准等由严变宽：～尺度｜入学年龄限制适当～。

【放旷】fàngkuàng〈形〉旷达不拘礼俗；不受约束：恃才～。

【放浪】fànglàng〈形〉❶放纵；不受拘束：～形骸（旧指不受世俗礼法的束缚）。❷（行为）放荡;不检点:生活～。

【放疗】fàngliáo ❶〈名〉放射疗法的简称:做～。❷〈动〉用放射疗法治疗,特指治疗恶性肿瘤:癌肿切除后又进行了～。

【放牧】fàngmù〈动〉把牲畜放到草地里吃草和活动。

【放弃】fàngqì〈动〉丢掉原有的权利、立场、观点等:～入选机会|～原则。

【放晴】fàngqíng〈动〉阴雨后转为晴天。

【放任】fàngrèn〈动〉❶听之任之,不加干涉:～自流(听其自然地发展,不去领导或过问)。❷放纵,不加约束:自由～。

【放哨】fàngshào〈动〉站岗或巡逻:轮流～。

【放射】fàngshè〈动〉❶由一点向四外射出:～形|太阳～耀眼的光芒。❷发射:～导弹|～炮弹|～鱼雷。

【放射性】fàngshèxìng〈名〉❶某些元素(如镭、铀等)的不稳定原子核自发地放出射线而衰变的性质。❷医学上指由一个痛点向周围扩散的现象:～影响。

【放射性污染】fàngshèxìng wūrǎn 指人类活动排放的放射性物质所造成的环境污染。各种放射性元素都是其污染源。

【放手】fàngshǒu〈动〉❶松开握住物体的手。❷停止掌管,交给别人:这些材料他始终不肯～。❸解除限制:～发动群众。

【放水】fàngshuǐ〈动〉❶把水放出来,使流通:开闸～。❷指体育比赛中串通作弊,一方故意输给另一方。

【放肆】fàngsì〈形〉轻率任性,毫无顾忌。

【放松】fàngsōng〈动〉对事物的注意或控制由紧变松:～警惕|对自己的要求～,学习就会落后。

【放送】fàngsòng〈动〉播送:～音乐|大会实况录音。

【放下屠刀,立地成佛】fàng xià túdāo, lìdì chéng fó 原为佛教徒劝人改恶从善的话,后用来比喻作恶的人只要决心改悔,不再为非作歹,就会变为好人。

【放血】fàngxiě〈动〉❶医学上指用针刺破或用刀划破人体的特定部位,放出少量血液,以治疗某种疾病。❷殴打人,使其受伤流血;泛指殴打人。❸比喻商家大幅度降价出售商品,也比喻单位或个人支出或花费大量钱财:割肉～,价格一降再降|让他～请大伙儿吃饭。

【放心】fàngxīn〈动〉心里踏实,没有顾虑和牵挂。

【放行】fàngxíng〈动〉(岗哨、海关等)准许通过:准予～|免税～|绿灯亮了,车辆～。

【放学】fàngxué〈动〉❶学校里一天或半天课业完毕,学生回家。❷方言。指学校里放假。

【放眼】fàngyǎn〈动〉放开眼界(观看):～未来。

【放养】fàngyǎng〈动〉❶(禽、畜等)在圈(juàn)外饲养。❷把鱼虾、白蜡虫、柞蚕或水浮莲、红萍等有经济价值的动植物放到一定的地方使它们生长繁殖:～草鱼|～海带|～红萍。❸把某些已经圈养的野生动物重新放到野外环境中去,使它们在一定范围内以原有的生存方式生活:～大熊猫。

【放样】fàngyàng〈动〉在正式施工或制造之前,制作建筑物或制成品的模型,作为样品。

【放映】fàngyìng〈动〉利用强光装置把图片或影片上的形象照射在幕上或墙上。一般指电影放映。

【放债】fàngzhài〈动〉借钱给别人收取利息。

【放之四海而皆准】fàng zhī sìhǎi ér jiē zhǔn 无论放在什么地方都准确,比喻具有普遍性的真理到处都适用。

【放置】fàngzhì〈动〉使物体在一定的位置上;安放:～不用。

【放逐】fàngzhú〈动〉古代把被判罪的人驱逐到边远地方。

【放纵】fàngzòng ❶〈动〉纵容;不加约束:～不管|对孩子不要过于～。❷〈形〉不守规矩;没有礼貌:～不羁|骄奢～。

备用词　解放　开放　释放　奔放　粗放　豪放　狂放　疏放　颓放　百花齐放　心花怒放

=== fēi ===

飞(飛) fēi ❶〈动〉鼓动翅膀在空中活动:～翔|～蛾扑火。❷〈动〉利用动力机械在空中行动:明天有飞机～北京。❸〈动〉在空中飘浮游动:～扬|飞沙走石。❹〈形〉形容极快:～速|～涨。❺〈动〉挥发:樟脑放久了,都～净了。❻〈形〉意外的;凭空而来的:～灾|～祸|流言～语。❼〈名〉姓。

【飞奔】fēibēn〈动〉飞快地跑:纵马～。

【飞船】fēichuán〈名〉❶指宇宙飞船。❷旧时指飞艇。

【飞弹】fēidàn〈名〉❶装有自动飞行装置的炸弹,如导弹。❷流弹。

【飞碟】fēidié〈名〉❶不明飞行物。因早期报道的不明飞行物形状像圆形碟子，所以叫"飞碟"。❷射击用的一种靶，形状像碟，用抛靶机抛射到空中：～射击(一种体育运动项目)。

【飞短流长】fēi duǎn liú cháng 说长道短，造谣中伤。也作"蜚短流长"。

【飞蛾扑火】fēi é pū huǒ 见〖飞蛾投火〗。

【飞蛾投火】fēi é tóu huǒ 比喻自取灭亡。也说"飞蛾扑火"。

【飞红】fēihóng〈动〉(脸上)泛出红色。

【飞黄腾达】fēihuáng téngdá 唐韩愈《符读书城南》："飞黄腾踏去，不能顾蟾蜍。"(飞黄：古代传说中的神马名)后用"飞黄腾达"比喻官职、地位升得很快。

【飞机】fēijī〈名〉一种航空器，由机翼、机身、发动机等构成，种类很多。广泛用在交通运输、军事、农业等方面。

【飞溅】fēijiàn〈动〉向四外溅：浪花～|钢花～，铁水奔流。

【飞快】fēikuài〈形〉❶非常迅速：时间过得～。❷非常锋利：菜刀磨得～。

【飞禽】fēiqín〈名〉会飞的鸟类，也泛指鸟类：～走兽。

【飞人】fēirén ❶〈动〉指人悬空进行杂技表演：空中～。❷〈名〉指跳得特别高或跑得非常快的人：女～|世界～。

【飞散】fēisàn〈动〉❶(烟、雾等)在空中飘动着散开：轻烟～|一团浓烟在空中～着，由黑色渐渐变成灰白。❷(鸟儿等)飞着向四下散开：麻雀听到枪声惊慌地～了。

【飞沙走石】fēi shā zǒu shí 沙土飞扬，石块滚动。形容风势猛烈。

【飞速】fēisù〈形〉非常快；十分迅速：～发展。

【飞腾】fēiténg〈动〉❶急速飞起来；很快地向上升：烟雾～|思绪～。❷指取得显著成就：腾飞。

【飞天】fēitiān〈名〉佛教壁画或石刻中的在空中飞舞的神。梵语称神为"提婆"。因提婆有"天"的意思，所以汉语译为"飞天"。

【飞艇】fēitǐng〈名〉一种航空器，没有翼，利用装着氢气或氦气的气囊所产生的浮力上升，靠发动机、螺旋桨推动前进。飞行速度比飞机慢。

【飞舞】fēiwǔ〈动〉像跳舞似的在空中飞：雪花～|彩蝶～。

【飞翔】fēixiáng〈动〉飞；盘旋地飞：沙鸥在水上～。

【飞行】fēixíng〈动〉在空中航行：～器|～员。

【飞行器】fēixíngqì〈名〉能够在空中飞行的器械或装置的统称，包括航空器、航天器、火箭、导弹等。

【飞行员】fēixíngyuán〈名〉飞机等的驾驶员。

【飞旋】fēixuán〈动〉盘旋地飞：雄鹰在天空～|笑声不时在耳边～。

【飞扬】fēiyáng 也作"飞飏"。〈动〉❶向上飘起；飞散：尘土～。❷精神振奋向上：神采～。

【飞扬跋扈】fēi yáng bá hù 骄横放肆。

【飞飏】fēiyáng 同"飞扬"。

【飞语】fēiyǔ〈名〉没有根据的话：流言～。也作"蜚语"。

【飞跃】fēiyuè〈动〉❶(鸟儿)飞腾跳跃。❷比喻突飞猛进：～发展。❸哲学上指事物从旧质到新质的转变。

【飞涨】fēizhǎng〈动〉(物价、水势等)很快地往上涨：物价～|河水～。

【飞舟】fēizhōu〈名〉快速行驶的船：～竞渡。

备用词　翻飞　纷飞　起飞　腾飞　雄飞

妃　fēi ❶〈名〉皇帝的妾；太子、王侯的妻：嫔～|贵～|王～|后～。❷〈名〉古代对女神的尊称：天～|湘～。❸〈形〉淡红：～色。

【妃嫔】fēipín〈名〉妃和嫔，泛指帝王的妾。

【妃色】fēisè〈名〉淡红色。

非　fēi ❶〈名〉错误；不对的事：是～|痛改前～。❷〈动〉不合于；超过：～法|～礼|～分(fèn)。❸〈动〉不以为然，反对；责备：～难|是古～今|无可厚～。❹〈副〉a)不是：～亲～故。b)跟"不"呼应，表示必须：要学好技术，～下苦功不可。c)必须；偏偏：不叫我去，我～去(一定要去)！❺前缀，表示不属于某种范围：～卖品。❻〈名〉指非洲。

【非常】fēicháng ❶〈形〉异乎寻常的;不同一般的:~时期。❷〈副〉十分;极:~幸福。❸〈名〉指突如其来的变故:所以遣将守关者,备他盗之出入与~也。

【非处方药】fēichǔfāngyào〈名〉不需凭执业医师处方就可自行购买并按照药品说明书使用的药品(区别于"处方药")。

【非但】fēidàn〈连〉不但:~不听劝告,反而大发脾气。

【非得】fēiděi〈副〉表示必须(一般跟"不"呼应):棉花长了蚜虫,~打药(不成)|干这活儿~胆子大(不行)。

【非典】fēidiǎn〈名〉"非典型肺炎"②的简称。

【非典型肺炎】fēidiǎnxíng fèiyán ❶由支原体、衣原体、军团菌和病毒等引起的肺炎,因临床症状不典型,所以叫作"非典型肺炎"。❷特指由冠状病毒引起的传染性非典型肺炎(正式名称是"严重急性呼吸综合征"),简称"非典"。

【非独】fēidú〈连〉❶不但:适当参加体育锻炼,对体弱多病的人~无害,而且有益。❷不仅;不只是:~贤者有是心也,人皆有之,贤者能勿丧耳。

【非法】fēifǎ〈形〉不合法:~收入|~活动|~占据|倒卖文物是~的|没收~所得。

【非凡】fēifán〈形〉超过一般;不同于寻常:技艺~|热闹~。

【非分】fēifèn〈形〉不守本分;不安分:~之想。

【非…即…】fēi…jí… 不是…就是…:~此~彼|~亲~友|~打~骂。

【非礼】fēilǐ ❶〈形〉不合礼节;不礼貌:~举动。❷方言。〈动〉指调戏;猥亵(妇女):强行~。

【非驴非马】fēi lǘ fēi mǎ 比喻不伦不类,什么也不像。

【非卖品】fēimàipǐn〈名〉只用于展览、赠送等而不出卖的物品。

【非命】fēimìng〈名〉指遭遇意外灾祸而导致的死亡。

【非难】fēinàn〈动〉指责;责问。

【非特】fēitè〈连〉不但;不仅。

【非同小可】fēi tóng xiǎo kě 形容事情重要或情况严重(小可:寻常;平常)。

【非惟】fēiwéi〈连〉不仅;不只是:~天时,抑亦人谋也。

【非笑】fēixiào〈动〉讥笑:递相~|受人~。

【非刑】fēixíng〈名〉在法律规定之外施行的肉体刑罚:~拷打。

【非议】fēiyì〈动〉指摘;责备(多用于否定式):无可~。

【非再生资源】fēizàishēng zīyuán 不可更新资源。

备用词 大是大非　颠倒是非　拒谏饰非　口是心非　惹是生非　似是而非　啼笑皆非　痛改前非　未可厚非　文过饰非　无可厚非　无事生非　想入非非

菲 fēi ❶〈形〉形容花草美、香味浓:芳~。❷〈名〉碳氢化合物的一类,无色有光泽的结晶,供制染料、炸药等。
△另见 fěi。

啡 fēi 见[咖(kā)啡]、[吗(mǎ)啡]。

绯(緋) fēi〈名〉红色:~红。

【绯红】fēihóng〈形〉鲜红:两颊~|~的云彩。

扉 fēi〈名〉门扇:柴~|心~(指人的内心)。

【扉页】fēiyè〈名〉书刊封面之内印着书名、著者、出版者等内容的一页。

蜚 fēi 同"飞"。
△另见 fěi。

【蜚短流长】fēi duǎn liú cháng 同"飞短流长"。

【蜚声】fēishēng〈动〉扬名:~海外。

【蜚语】fēiyǔ 同"飞语"。

霏 fēi ❶〈形〉雨、雪、烟、云等很盛的样子:雨雪其~。❷〈动〉飘扬:烟~云敛。❸〈名〉云气;雾气:夕~|烟~。

【霏霏】fēifēi〈形〉形容雨、雪、烟、云很盛的样子:雨雪~|~细雨。

鲱(鯡) fēi〈名〉鱼,身体侧扁而长,生活在海洋中。是重要的经济鱼类。

━━ féi ━━

肥 féi ❶〈形〉含脂肪多(跟"瘦"相对,但通常不用来形容人):~马轻裘|~猪|~壮。❷〈形〉肥沃:土地很~。❸〈动〉使肥沃:草灰可以~田。❹〈名〉肥料:化~|积~。❺〈动〉由不正当的收入而富裕:损公~私。❻〈形〉衣服等过于宽松:肥大(跟"瘦"相对):裤子太~了。❼〈名〉姓。

【肥甘】féigān〈名〉指美味。

【肥厚】féihòu〈形〉肥大厚实。

【肥料】féiliào〈名〉能供给养分使植物发育生长的物质。

【肥美】féiměi〈形〉❶肥沃：土地～。❷肥壮：～的牛羊。❸丰美；多而好：水草～。

【肥胖】féipàng〈形〉胖：～的身躯。

【肥缺】féiquē〈名〉指收入（主要指非法的收入）多的官职。

【肥饶】féiráo〈形〉肥沃富饶：～之地。

【肥硕】féishuò〈形〉❶（果实等）大而饱满；肥厚：果实～。❷（肢体）大而肥胖：～的绵羊。

【肥沃】féiwò〈形〉土地含有丰富的适合植物生长的养分、水分。

【肥鲜】féixiān〈名〉肥嫩鲜美的食物（鱼、肉等）。

【肥皂剧】féizàojù〈名〉某些国家称一种题材轻松的电视连续剧。因早期常在中间插播肥皂之类的生活用品广告而得名。

【肥壮】féizhuàng〈形〉（生物体）肥大而健壮：禾苗～｜～的牛羊。

备用词　脑满肠肥　食言而肥

淝 féi〈名〉淝河，水名，在安徽。也叫"淝水"。

腓 féi❶〈名〉腿肚子：～骨。❷〈形〉草木枯萎：秋日凄凄，百卉俱～。

— **fěi** —

匪 fěi❶〈名〉强盗：～帮｜～徒｜盗～｜土～。❷〈副〉非：～夷所思｜获益～浅。

【匪徒】fěitú〈名〉❶强盗。❷指危害人民的反动派或坏分子。

【匪夷所思】fěi yí suǒ sī 指言谈行动超出常情，不是一般人根据常理所能想象的（夷：平常）。

诽（誹） fěi〈动〉毁谤：～谤｜～议｜腹～。

【诽谤】fěibàng〈动〉无中生有，说人坏话，毁人名誉。

菲 fěi❶〈名〉古书上指萝卜一类的植物。❷〈形〉微薄：～薄｜～仪（菲薄的礼物）。　△另见 fēi。

【菲薄】fěibó ❶〈形〉微薄：～的礼物。❷〈动〉轻视；瞧不起：妄自～。

悱 fěi〈动〉想说又不知道怎么说：不～不发。

【悱恻】fěicè〈形〉形容悲哀痛苦：缠绵～。

斐 fěi ❶〈形〉有文采。❷〈形〉显著。❸〈名〉姓。

【斐炳】fěibǐng〈形〉文采鲜明：文辞～。

【斐然】fěirán〈形〉❶有文采的样子：～成章

（形容文章写得好，很值得看）。❷显著：～可观｜成绩～。

榧 fěi〈名〉榧子，乔木，种子有硬壳，两端尖，仁可以吃。通称"香榧"。

蜚 fěi〈名〉古书上指一种有害的小飞虫。

【蜚蠊】fěilián〈名〉蟑螂。

翡 fěi［翡翠］〈名〉❶鸟，嘴长而直，有蓝色和绿色的羽毛，吃鱼虾等。❷矿物，绿色、蓝绿色或白色中带绿色斑纹，有光泽，可做装饰品。

篚 fěi〈名〉古代一种盛东西的圆形竹器。

— **fèi** —

芾 fèi［蔽芾］〈形〉形容树干枝叶细小。　△另见 fú。

吠 fèi〈动〉（狗）叫：狂～｜蜀犬～日｜桀犬～尧｜鸡鸣犬～。

【吠形吠声】fèi xíng fèi shēng 汉王符《潜夫论·贤难》："谚云：'一犬吠形，百犬吠声。'"一只狗看见人影叫起来，许多狗听到声音也就跟着叫。比喻不明察事情的真伪而盲目附和。也说"吠影吠声"。

【吠影吠声】fèi yǐng fèi shēng 吠形吠声。

肺 fèi〈名〉人和高等动物的呼吸器官。人的肺在胸腔中，左右各一，和支气管相连。也叫"肺脏"。

【肺腑】fèifǔ〈名〉肺脏，比喻内心：～之言｜感人～。

【肺脏】fèizàng〈名〉肺。

狒 fèi［狒狒］〈名〉哺乳动物，体形像猴，头部像狗，多产在非洲。

废（廢*❸癈） fèi❶〈动〉不再使用；不再继续：～除｜～黜｜荒～｜偏～｜～寝忘食｜因噎～食。❷〈形〉没有用的或失去了原来作用的：～物｜～墟｜～话｜～铜烂铁。❸〈动〉肢体伤残：～疾（残疾）｜～了一条腿。

【废弛】fèichí〈动〉政令、风纪等因松弛或不执行而失去约束作用：纲纪～。

【废除】fèichú〈动〉取消；废止：～不平等条约。

【废黜】fèichù〈动〉罢免；免职。现多指取消王位或废除特权地位。

【废弃】fèiqì〈动〉抛弃不用。

【废寝忘食】fèi qǐn wàng shí 顾不上睡觉，忘记吃饭。形容非常专心、努力。也说"废寝忘餐"。

【废然】fèirán〈形〉沮丧失望的样子:～而返。

【废墟】fèixū〈名〉城市、村庄等遭受破坏或灾害后变成的荒凉的地方。

备用词　残废　颓废　荒废　旷废　偏废　半途而废　修旧利废

沸　fèi〈动〉沸腾:～点|～水|～天震地(形容极响的声音)|人声鼎～。

【沸反盈天】fèi fǎn yíng tiān 形容喧哗吵闹,乱成一团。

【沸沸汩汩】fèifèigǔgǔ 形容水翻腾的样子。

【沸沸扬扬】fèifèiyángyáng 形容人声喧哗或议论纷纷,也形容热闹繁忙的场景。

【沸腾】fèiténg〈动〉❶液体受热到一定程度时产生大量气泡,翻滚,急剧转化为气体,叫"沸腾"。❷比喻事物蓬勃发展或情绪高涨、气氛热烈:热血～|工地上一片～的景象。❸形容喧嚣嘈杂:群情激愤,人声～。

费(費)　fèi❶〈名〉费用:经～|缴～。❷〈动〉花费;耗费(跟"省"相对):～钱|浪～|破～。❸〈名〉姓。

【费解】fèijiě〈形〉词句、话语不好懂,不易理解。

【费用】fèiyong〈名〉花费的钱;开支:～大|生活～|节约～。

备用词　耗费　花费　旷费　浪费　靡费　破费　枉费　消费

剕(＊跰)　fèi〈名〉古代一种砍掉脚的酷刑。

痱(＊痟)　fèi〈名〉痱子,暑天皮肤上起的使人感到刺痒的红色或白色小疹。

镄(鐨)　fèi〈名〉金属元素,符号 Fm。有放射性。

━━ fēn ━━

分　fēn❶〈动〉使整体变成几部分或使相连的事物离开(跟"合"相对):～裂|～散|瓜～|～划|～四～五裂|条～缕析。❷〈动〉分配:～派|～红|～工作。❸〈动〉辨别:～辨|不～青红皂白。❹〈形〉分支的;部分的:～会|第一～册。❺〈名〉分数:约～|通～。❻〈名〉表示分数:三～之一|百～之十五。❼〈名〉(某些计量单位的)十分之一:～米|～升。❽〈量〉计量单位名称。a)长度,10 厘等于 1 分,10 分等于 1 寸。b)地积,10 厘等于 1 分,10 分等于 1 亩。c)质量或重量,10 厘等于 1 分,

10 分等于 1 钱。d)货币,10 分等于 1 角。e)时间,60 秒等于 1 分,60 分等于 1 小时。f)弧或角,60 秒等于 1 分,60 分等于 1 度。g)经度或纬度,60 秒等于 1 分,60 分等于 1 度。h)利率,年利一分按十分之一计算,月利一分按百分之一计算。❾〈名〉评定成绩或胜负的记数单位:记～册。❿〈量〉一个整体平均分成十份,每一份为一分(多用于抽象事物):三～把握。⓫〈名〉姓。

△另见 fèn。

【分保】fēnbǎo〈动〉再保险。

【分崩离析】fēn bēng lí xī 形容集团、国家等内部四分五裂。

【分辨】fēnbiàn〈动〉辨别:～方向。

【分辩】fēnbiàn〈动〉辩白:不容～。

【分别】fēnbié❶〈动〉离别:暂时～。❷〈动〉辨别:～轻重缓急。❸〈名〉区别:请注意"治"和"治"的～。❹〈副〉a)表示采取不同方式:～对待。b)分头;各自:听完报告,各班～进行讨论。

【分布】fēnbù〈动〉散布(在一定的区域内):人口～不均。

【分寸】fēncun〈名〉说话或做事的适当限度:掌握～。

【分道扬镳】fēn dào yáng biāo 原指分路而行,后比喻因目标不同而各奔各的前程或各干各的事情(镳:马嚼子)。

【分付】fēnfù 见[吩咐]。

【分割】fēngē〈动〉把整体或有联系的事物强行分开:台湾是中国领土不可～的一部分。

【分工】fēngōng〈动〉分别从事各种不同而又互相联系的工作:社会～|～合作。

【分化】fēnhuà〈动〉❶性质相同的事物变成性质不同的事物或统一的事物变成分裂的事物:两极~。❷使分化:~瓦解|~敌人。

【分解】fēnjiě〈动〉❶一个整体分成它的各个组成部分:~动作。❷一种化合物分成两种或多种较简单的化合物或单质。❸分化瓦解:促使敌人内部~。❹调解;排解(纠纷、纠缠)。❺解说;分辩:欲知后事如何,且听下回~(用于章回小说末尾)|不容~,就把他拉走了。

【分界】fēnjiè❶〈动〉划分界线。❷〈名〉划分的界线。

【分斤掰两】fēn jīn bāi liǎng 比喻过分计较小事。

【分句】fēnjù〈名〉语法上指复句里划分出来的相当于单句的部分。分句和分句在意义上有一定的联系,它们之间一般有停顿,在书面上用逗号或分号表示。参看〖复句〗。

【分离】fēnlí〈动〉❶分开:理论和实践不可~。❷离别:~多年又相聚了。

【分裂】fēnliè〈动〉❶整体的事物分开:细胞~。❷使整体的事物分开;分割:~革命队伍。

【分袂】fēnmèi〈动〉离别;分别。

【分泌】fēnmì〈动〉从生物体的某些细胞、组织或器官里产生出某种物质:病菌~毒素。

【分娩】fēnmiǎn〈动〉❶生小孩儿。❷生幼畜。

【分秒必争】fēn miǎo bì zhēng 一分一秒也不放松,形容抓紧时间。

【分明】fēnmíng❶〈形〉清楚:爱憎~。❷〈副〉明明;显然:这话~是你说的,你怎么不承认?

【分派】fēnpài〈动〉❶分别指定人去做某种工作或完成某项任务:~专人负责。❷指定分摊:~粮食征购任务。

【分配】fēnpèi〈动〉❶按一定的标准或规定分(东西):~住房。❷安排;分派:合理~劳动力。❸经济学上指把生产资料分给生产单位或把消费资料分给消费者。

【分剖】fēnpōu〈动〉分析;剖析。

【分歧】fēnqí❶〈形〉(意见、主张等)不一致;有差别:意见~。❷〈名〉差别:理论上~|消除~。

【分散】fēnsàn❶〈形〉散在各处;不集中:居住~。❷〈动〉使分散:~注意力。❸〈动〉散发;分发:~传单。

【分手】fēnshǒu〈动〉别离;分开。

【分水岭】fēnshuǐlǐng〈名〉❶两个流域分界的山脊或高原。❷比喻不同事物的主要分界。

【分税制】fēnshuìzhì〈名〉根据中央政府和地方政府的职能和事权范围,按税种、税源将全部税收划分为中央税、地方税和中央地方共享税的制度。

【分说】fēnshuō〈动〉分辩;辩解:不由~。

【分诉】fēnsù〈动〉分辩诉说。

【分庭抗礼】fēn tíng kàng lǐ 原指宾主相见,分别站在庭院的两边相对行礼,后比喻平起平坐或互相对立。

【分文】fēnwén〈名〉指极少的钱:身无~|不取。

【分析】fēnxī〈动〉把认识的对象或现象分成较简单的组成部分,找出各自的本质属性和彼此之间的关系。

【分晓】fēnxiǎo❶〈名〉事情的结果:鹿死谁手,明日即可见。❷〈形〉清楚;明白:问个~。❸〈名〉道理:好不知~。❹〈名〉主意;办法:心中自有~。

【分野】fēnyě〈名〉划分的范围;界限:思想~。

【分阴】fēnyīn〈名〉日影移动一分的时间,指极短的时间。

【分赃】fēnzāng〈动〉分取赃款、赃物,多比喻分取不正当的权利或利益:坐地~。

【分争】fēnzhēng〈动〉割据争霸:四方~。

备用词　通分　约分　瓜分　均分　平分　划分　区分　豆剖瓜分　难解难分　难舍难分　入木三分

芬　fēn❶〈形〉香:~芳|清~。❷〈名〉比喻好的品行或名声:扬~。❸〈名〉姓。

【芬芳】fēnfāng❶〈形〉香。❷〈名〉香气。

吩　fēn[吩咐](分付)(分咐)〈动〉❶口头指派或命令:需要我做什么,请~。❷叮嘱;嘱咐。

纷(紛)　fēn❶〈形〉多;杂乱:~乱|繁缤~|大雪~飞。❷〈名〉争执:纠~|排难解~。

【纷呈】fēnchéng〈动〉接连纷纷地呈现:色彩~。

【纷乘】fēnchéng〈动〉纷纷起来,形容事情此起彼伏,连续而至:变乱~。

【纷繁】fēnfán〈形〉多而复杂;繁杂:头绪~。

【纷纷】fēnfēn❶〈形〉多而杂乱:议论~|落叶~。❷〈副〉许多人或事物接连不断地:~发表意见。

【纷纷扬扬】fēnfēnyángyáng(雪、花瓣、叶子等)飘洒得多而杂乱。

【纷乱】fēnluàn〈形〉杂乱;混乱:~的脚步声。

【纷披】fēnpī〈形〉散乱张开的样子:枝叶~。

【纷扰】fēnrǎo〈形〉杂乱;混乱;骚动不安:内心~|世事~。

【纷奢】fēnshē〈形〉奢华。

【纷纭】fēnyún〈形〉❶多而杂乱；杂乱：众说～。❷麻烦：勿复重～。

【纷争】fēnzhēng ❶〈动〉争执；争论：几方代表～不休。❷〈名〉纠纷争执：引起～。

【纷至沓来】fēn zhì tà lái 接连不断地到来。

备用词　排难解纷　五彩缤纷

玢　fēn［赛璐玢］〈名〉玻璃纸的一种，多用于包装。
△另见 bīn。

氛（*❶雰）fēn〈名〉❶雾气；气。❷情景；气象：气～|战～|～围。

【氛围】fēnwéi〈名〉周围笼罩着的气氛和情调。

菜　fēn〈名〉有香气的木头。

酚　fēn〈名〉有机化合物，多为无色结晶，难溶于水。

— fén —

坟（墳）fén ❶〈名〉坟墓：～地|祖～。❷〈形〉大：牂羊～首。

【坟地】féndì〈名〉埋葬死人的地方，也指坟墓所在的地方。

【坟墓】fénmù〈名〉埋葬死人的穴和上面筑起的土堆。

【坟茔】fényíng〈名〉❶坟墓。❷坟地。

汾　fén〈名〉汾河，水名，在山西。

棼　fén〈形〉纷乱：治丝益～。

焚　fén〈动〉烧：～毁|～烧。

【焚膏继晷】fén gāo jì guǐ 形容夜以继日地勤奋学习或努力工作（膏：油脂；晷：日影，比喻时光）。

【焚琴煮鹤】fén qín zhǔ hè 见〖煮鹤焚琴〗。

备用词　玩火自焚　忧心如焚　玉石俱焚

鼢　fén〈名〉鼢鼠，哺乳动物，对农牧业有害。

轒　fén［轒辒（wēn）］〈名〉古代攻城用的木制战车。

— fěn —

粉　fěn ❶〈名〉粉末：面～|藕～|齑～。❷〈名〉特指化妆用的粉末：～黛|脂～。❸〈动〉使完全破碎：～碎|～身碎骨。❹〈动〉涂

饰：～刷|～饰。❺〈名〉淀粉制成的食品：～条|凉～。❻〈形〉带着白粉的；白色的：～蝶。❼〈形〉粉红：～面丹唇。

【粉板】fěnbǎn〈名〉旧时商店里暂时记账用的白漆牌子。

【粉黛】fěndài〈名〉❶古代妇女搽面和画眉用的化妆品：不施～。❷借指美女：回眸一笑百媚生，六宫～无颜色。

【粉红领】fěnhónglǐng〈名〉粉领。

【粉领】fěnlǐng〈名〉某些国家和地区指从事秘书、打字等工作的职业妇女。也叫"粉红领"。

【粉墨登场】fěn mò dēng chǎng 原指化装后上台演戏，现多比喻登上政治舞台（含讥讽意）。

【粉嫩】fěnnèn〈形〉洁白细嫩：纤手～。

【粉身碎骨】fěn shēn suì gǔ 全身粉碎，多指为了某种目的而丧生。

【粉饰】fěnshì〈动〉❶涂饰表面，掩盖污点或缺点：～太平。❷打扮；装饰。

【粉饰太平】fěnshì tàipíng 把黑暗混乱的局面装扮成太平的景象。

【粉碎】fěnsuì ❶〈形〉碎得像粉末一样。❷〈动〉使粉碎：～机。❸〈动〉使彻底失败或毁灭：～敌人的阴谋。

【粉头】fěntóu〈名〉妓女。

【粉妆玉砌】fěn zhuāng yù qì 白粉妆饰的，白玉砌成的。形容雪景。

【粉妆玉琢】fěn zhuāng yù zhuó 白粉妆饰的，白玉雕成的。形容白嫩可爱。

— fèn —

分　fèn ❶〈名〉成分：水～|盐～|养～。❷〈名〉职责和权利的限度：～内|本～|安

~。❸〈动〉料想:自~。❹同"份"。

△另见 fēn。

【分际】fènjì〈名〉合适的界限;分寸。

【分内】(份内)fènnèi〈形〉本分以内:~工作。

【分外】(份外)fènwài ❶〈形〉本分以外:他没有把帮助别人看作~的事。❷〈副〉格外;特别:月到中秋~明。

【分子】(份子)fènzǐ〈名〉属于一定阶级、阶层、集团或具有某种特征的人:先进~|知识~|积极~。

备用词 辈分 名分 职分 才分 天分 情分 缘分 安分 本分 非分 恰如其分

份 fèn ❶〈名〉整体里的一部:股~|把线段分成三等~。❷〈量〉a)用于搭配成组的东西:一~儿饭|一~儿礼。b)用于报刊、文件等:一~《人民日报》|本协议一式两~。❸〈名〉用在"省"、"县"、"年"、"月"后面,表示划分的单位:省~|年~。

【份子】fènzi〈名〉❶集体送礼时各人分摊的钱;凑~。❷泛指做礼物的现金:出~。

坋 fèn ❶〈动〉涂饰。❷[古坋]〈名〉地名,在福建。

奋(奮) fèn〈动〉❶鼓动起来;振作:激~|亢~|~起|~进。❷摇动;举起:~臂|~笔疾书。❸〈名〉姓。

【奋臂】fènbì〈动〉❶用力地举起手臂:~高呼。❷动手帮助:若诚丈夫,不能与使君一~耶?

【奋不顾身】fèn bù gù shēn 奋勇向前,不顾自身安危。

【奋斗】fèndòu〈动〉为了实现一定的目标而努力干:艰苦~。

【奋发】fènfā〈动〉❶精神振作,情绪高涨:~向上|~有为。❷振作兴起:此忠臣义士~之时也。

【奋发图强】fèn fā tú qiáng 振作精神,努力谋求自强。

【奋进】fènjìn〈动〉奋勇前进。

【奋力】fènlì〈动〉充分鼓起劲来;竭尽全力:~拼搏|~向前。

【奋勉】fènmiǎn〈动〉振作努力。

【奋起】fènqǐ〈动〉❶振作起来;鼓起勇气:~直追。❷有力地举起或拿起来:金猴~千钧棒,玉宇澄清万里埃。

【奋然】fènrán〈形〉形容精神振作的样子:~前行。

【奋勇】fènyǒng〈动〉鼓起勇气:自告~|~前进。

【奋战】fènzhàn〈动〉奋勇作战:浴血~。

备用词 昂奋 发奋 感奋 激奋 亢奋 勤奋 兴奋 振奋

忿 fèn ❶同"愤"。❷[不忿]〈动〉不服气;不平。❸[气不忿儿]〈动〉看到不平的事,心中不服气。

【忿忿】fènfèn 见【愤愤】。

【忿恚】fènhuì〈动〉恼怒;使恼怒。

【忿然】fènrán 同"愤然"。

偾(僨) fèn〈动〉❶毁坏;败坏:~事(把事情搞坏了)。❷倒;倒毙:输者~于道。

粪(糞) fèn ❶〈名〉从肛门排泄出来的经过消化的食物的渣滓;屎:~便|马~|拾~。❷〈动〉施肥:~地。❸〈动〉扫除:~除。

【粪土】fèntǔ ❶〈名〉粪便和泥土,比喻不值钱的东西(含轻视意):视名利地位如~。❷〈动〉看待粪土,鄙视:~王侯。

愤(憤) fèn〈动〉因为不满意而感情激动;发怒:气~|义~|~慨|~恨|~怒|~世嫉俗。

【愤愤】(忿忿)fènfèn〈形〉很生气的样子:~不平。

【愤恨】fènhèn〈动〉愤慨痛恨。

【愤激】fènjī〈形〉愤怒而激动:群情~。

【愤慨】fènkǎi〈形〉气愤不平。

【愤懑】fènmèn〈形〉气愤;抑郁不平。

【愤怒】fènnù〈形〉气愤到极点;恼怒:~的人群|~声讨侵略者的暴行。

【愤然】fènrán〈形〉形容气愤恼怒的样子。

【愤世嫉俗】fèn shì jí sú 指有正义感的人对不合理的社会和习俗表示愤恨憎恶。

备用词 悲愤 激愤 气愤 忧愤 幽愤 怨愤 公愤 民愤 私愤 义愤 发愤 泄愤

鲼(鱝) fèn〈名〉鱼,身体呈菱形,尾部像鞭子,生活在热带和亚热带海洋中。

濆 fèn〈动〉水由地面下喷出漫溢。

━━ **fēng** ━━

丰(❶-❸❺豐) fēng ❶〈形〉丰富:~收|~饶|~衣足食。❷〈动〉使丰满:~乳|~胸。❸〈形〉大:~碑|~功伟绩。❹〈名〉美好的容貌和姿态:~采|~姿。❺〈名〉姓。

【丰碑】fēngbēi〈名〉高大的石碑,比喻伟大而不朽的功绩。

【丰采】fēngcǎi 同"风采"①。

【丰登】fēngdēng〈动〉丰收:五谷~。

【丰富】fēngfù ❶〈形〉(物质财富、学识经验等)种类多或数量大:物产~|~多彩|~的知识。❷〈动〉使丰富:~群众的业余生活。

【丰功伟绩】fēng gōng wěi jì 伟大的功绩。也说"丰功伟业"。

【丰厚】fēnghòu〈形〉❶多而厚实:绒毛~。❷丰富;多:~的礼品|收入~。❸(待遇)优厚。

【丰满】fēngmǎn〈形〉❶充足:今年收成好,家家囤里都很~。❷胖得匀称好看:体态~。❸厚实;饱满:~的羽毛。

【丰茂】fēngmào〈形〉(草木)丰美茂盛。

【丰美】fēngměi〈形〉多而好:水草~|~的景物。

【丰年】fēngnián〈名〉农作物丰收的年头儿:瑞雪兆~。

【丰沛】fēngpèi〈形〉(雨水)充足。

【丰饶】fēngráo〈形〉丰富;富饶:物产~。

【丰润】fēngrùn〈形〉肌肉丰满,皮肤滋润。

【丰盛】fēngshèng〈形〉丰富,又多又好(多指食物方面):~的晚餐。

【丰收】fēngshōu〈动〉❶收成丰富。❷比喻思想、工作、劳动、学习等方面的收获大。

【丰硕】fēngshuò〈形〉(果实)又多又大(多虚用):~的成果。

【丰衣足食】fēng yī zú shí 穿的吃的都丰富充足,形容生活富裕。

【丰盈】fēngyíng〈形〉❶丰满②:体态~。❷富裕;富足:衣食~。

【丰腴】fēngyú〈形〉丰满;肥美。

【丰裕】fēngyù〈形〉富裕;充足而有余:生活~。

【丰韵】fēngyùn 同"风韵"①。

【丰姿】fēngzī 同"风姿"。

【丰足】fēngzú〈形〉富裕;充足:衣食~。

【备用词】人寿年丰 物阜民丰 羽毛未丰

风(風)fēng ❶〈名〉空气流动的现象:~暴|~浪|狂~|朔~|刮~。❷〈动〉借风力吹(使东西干燥或纯净):~干|晒干~净。❸〈名〉风气;风俗:民~|世~|弊绝~清|移~易俗。❹〈名〉景象:~光|~物。❺〈名〉态度:~格|~度|作~|学~。❻〈名〉风声;消息:通~报信|闻~而动。❼〈形〉传说的;没有根据的:~闻|~言~语。❽〈名〉中医指某些疾病:羊痫~|鹅掌~。❾〈名〉民歌:采~。❿〈古〉通"讽"(fěng)。⓫〈名〉姓。

【风暴】fēngbào〈名〉❶刮大风而往往伴随着有大雨的天气现象。❷比喻规模大而气势猛的引起社会震动的事件或运动。

【风波】fēngbō〈名〉❶风浪。❷比喻纠纷或祸事:平息~。

【风采】fēngcǎi〈名〉❶美好的仪表举止;神采:~动人。也作"丰采"。❷文采。

【风餐露宿】fēng cān lù sù 风里吃饭,露天睡觉。形容旅途或野外生活的艰苦。也说"露宿风餐"、"餐风宿露"。

【风潮】fēngcháo〈名〉指群众为迫使当局接受某种要求或条件而采取的各种集体行动。

【风尘】fēngchén〈名〉❶随风飘散的尘土。❷比喻旅途上所受的辛苦:满面~。❸比喻纷乱的社会或漂泊江湖的境况:~知己|沦落~。❹比喻战乱:边境时有~之警。❺指娼妓或社会地位卑下者的生活。

【风尘仆仆】fēngchén púpú 形容旅途劳累。

【风驰电掣】fēng chí diàn chè 形容像刮风、闪电那样迅速。

【风吹草动】fēng chuī cǎo dòng 比喻轻微的变故。

【风度】fēngdù〈名〉美好的举止姿态:有~|~翩翩(举止洒脱)。

【风发】fēngfā〈形〉像风一样迅速,比喻奋发:意气~。

【风帆】fēngfān〈名〉帆:扬起~|~点点。

【风范】fēngfàn〈名〉风度;气派:大家~。

【风风火火】fēngfēnghuǒhuǒ〈形〉❶形容急急忙忙、冒冒失失的样子:她~地闯了进来。❷形容有劲头的样子。❸形容很活跃、火热的样子:~的战斗年代。

【风格】fēnggé〈名〉❶气度;品格;作风:~高|共产主义~。❷文学作品、艺术品等所表现出来的主要的思想特点和艺术特色:民族~|~独特。

【风骨】fēnggǔ〈名〉❶刚强不屈的气概;骨气。❷品格;风格:文章自出机杼,自成一家~。

【风光】fēngguāng〈名〉风景;景色:北国~。

【风光】fēngguang 方言〈形〉光彩;体面:将来你成了人,也叫你妈妈~~。

【风和日丽】fēng hé rì lì 春风和煦,阳光明媚。形容晴朗暖和的天气。

【风花雪月】fēng huā xuě yuè ❶原指文学作

品中描写自然景色的四种对象,后用来比喻堆砌辞藻,内容贫乏,思想感情不健康的诗文。❷旧时指男女情爱,也指消闲享乐的生活。

【风华】fēnghuá ❶〈名〉风采和才华:~绝代|~正茂。❷〈形〉美;华丽:威尼斯的玻璃器皿、刻花皮件,都是名产,以典丽~取胜。

【风化】fēnghuà ❶〈名〉风俗教化:有伤~。❷〈动〉岩石因长期风雨侵蚀等而受到破坏或发生变化。

【风火墙】fēnghuǒqiáng〈名〉防火墙①。

【风景】fēngjǐng〈名〉指一定地域内的山水、花草、树木、建筑物以及某些自然现象(如雨、雪)所形成的可供人观赏的景象。

【风景线】fēngjǐngxiàn〈名〉供游览的风景优美的狭长地带,多比喻某种景观、景象:街头秧歌表演已成为都市里一道亮丽的~。

【风卷残云】fēng juǎn cán yún 大风把残云吹散,比喻一下子消灭干净。

【风浪】fēnglàng〈名〉❶水面上的风和波浪。❷比喻艰险的遭遇:久经~。

【风流】fēngliú ❶〈形〉有功绩而又有文采的:数~人物,还看今朝。❷〈形〉有才学而不拘礼法:~才子|~倜傥(形容洒脱,不受礼法拘束)。❸〈形〉指跟男女间放荡行为有关的:~事。❹〈名〉遗风;流风余韵:舞榭歌台,~总被雨打风吹去。

【风流云散】fēng liú yún sàn 像风一样流失,像云一样飘散,形容四散消失。也说“云散风流”。

【风马牛不相及】fēng mǎ niú bù xiāng jí《左传·僖公四年》:“君处北海,寡人处南海,唯是风马牛不相及也。”(风:雌雄相引诱)比喻两者毫不相干。

【风貌】fēngmào〈名〉❶风格和面貌:时代~。❷风采容貌:去年江上识君面,爱君~情已敦。❸景象:江南~。

【风靡】fēngmǐ〈动〉❶形容事物很风行,像风吹倒草木一样:~一时。❷压倒;倾倒:我国乒乓健儿~欧亚。

【风平浪静】fēng píng làng jìng ❶水面上没有风浪,很平静。❷比喻平静无事。

【风起云涌】fēng qǐ yún yǒng ❶大风起来,乌云涌现。❷比喻事物迅速发展,声势浩大。

【风气】fēngqì〈名〉❶社会上流行的爱好或习惯:社会~。❷某个集体的思想、工作等方面表现出来的作风:民主~。

【风清弊绝】fēng qīng bì jué 形容社会风气良好,没有贪污舞弊等坏事情。也说“弊绝风清”。

【风情】fēngqíng〈名〉❶关于风向、风力的情况。❷人的仪表举止:~儒雅。❸深厚甜蜜的情意。❹流露出来的男女相爱的感情(多含贬义):卖弄~。❺指风土人情:边塞~。

【风趣】fēngqù ❶〈名〉幽默或诙谐的趣味:~横生。❷〈形〉说话、举止等幽默、诙谐:他是个挺~的老人。

【风骚】fēngsāo ❶〈名〉风指《诗经》的《国风》,骚指屈原的《离骚》,后代风骚并称,用来泛指诗文。❷〈形〉指妇女举止轻佻:卖弄~。❸〈形〉指姿容俏丽,风流洒脱:天然一段~,全在眉梢。

【风尚】fēngshàng〈名〉在一定时期中社会上崇尚的风气。

【风声鹤唳】fēng shēng hè lì《晋书·谢玄传》记载,前秦苻坚领兵攻打东晋,大败而逃,溃兵听到风声和鹤叫,都疑心是追兵。形容惊慌恐惧或自相惊扰。

【风霜】fēngshuāng〈名〉风和霜,比喻旅途上或生活中所经历的艰难困苦:饱经~。

【风水】fēngshuǐ〈名〉指住宅基地、坟地等周围的地理形势,迷信的人认为风水好坏会影响家族、子孙的盛衰祸福。

【风俗】fēngsú〈名〉指社会上长期形成的风尚、礼节、习惯、生活方式等。

【风调雨顺】fēng tiáo yǔ shùn 指风雨适合农时,多形容丰年的景象。

【风头】fēngtou〈名〉❶比喻事态发展的趋势或与个人有利害关系的情势:避～。❷出头露面,刻意显示个人的表现(含贬义):出～。

【风土】fēngtǔ〈名〉一个地方特有的自然环境、物产和风俗习惯的总称:～人情。

【风味】fēngwèi〈名〉事物的地方特色:家乡～|～小吃。

【风闻】fēngwén〈动〉由传闻而知道:～你将出国,是吗?

【风物】fēngwù〈名〉指一个地方特有的景物:热带～|故国～。

【风习】fēngxí〈名〉风俗习惯。

【风险】fēngxiǎn〈名〉指危险的遭遇:担～|冒～。

【风险资金】fēngxiǎn zījīn 投资者协助具有专门科技知识而缺乏资金的人创业,并承担失败风险而投入的资金,特点是甘冒风险而追求较高的投资回报。也叫"创业资金"。

【风向】fēngxiàng〈名〉❶风来自的方向。❷比喻事态发展的趋势。

【风潇雨晦】fēng xiāo yǔ huì 形容风急雨骤,天色昏暗。也比喻形势动荡不安。

【风行】fēngxíng〈动〉普遍流行;盛行:～一时|～全国。

【风雅】fēngyǎ ❶〈名〉《诗经》有《国风》、《大雅》、《小雅》,后世用风雅泛指诗文方面的事:附庸～。❷〈形〉文雅;不粗俗:举止～。

【风烟】fēngyān〈名〉风尘,烟雾:～滚滚。

【风言风语】fēng yán fēng yǔ ❶没有根据或恶意中伤的话。❷背地里议论或暗中散布某种传说。

【风雨】fēngyǔ〈名〉风和雨,比喻艰难困苦:经～,见世面。

【风雨飘摇】fēngyǔ piāoyáo 在风雨中飘荡不定。比喻局势动荡,很不稳定。

【风雨如晦】fēngyǔ rú huì 白天刮风下雨,天色昏暗如同夜晚。多用来形容政治黑暗、社会动荡不安。

【风雨同舟】fēngyǔ tóng zhōu 在狂风暴雨中同乘在一条船上,比喻共同度过困难。

【风月】fēngyuè〈名〉❶风和月,泛指景色:～清幽。❷旧时指男女情爱的事:～场。

【风云】fēngyún〈名〉风和云,比喻变幻动荡的局势:国际～|～变幻。

【风云际会】fēngyún jìhuì 指遇到好的时运。

【风云人物】fēngyún rénwù 指言论行动能影响大局的人。

【风韵】fēngyùn〈名〉❶优美的姿态(多用于女子):徐娘半老,～犹存。也作"丰韵"。❷指诗文书画的风格、韵味:古诗～|～天然|这些诗颇有唐代～。

【风致】fēngzhì〈名〉❶美好的容貌;优美的姿态:～翩翩|～明艳。❷风味;情趣:～洒落|别有～。

【风中之烛】fēng zhōng zhī zhú 比喻随时可能死亡的人或随时可能消灭的事物。

【风烛残年】fēng zhú cán nián 比喻临近死亡的晚年。

【风姿】fēngzī〈名〉风度姿态:～绰约|～秀逸。也作"丰姿"。

备用词 党风 门风 世风 文风 校风 学风 作风 把风 放风 观风 望风 巡风 八面威风 甘拜下风 空穴来风 两袖清风 满面春风 弱不禁风 蔚然成风 月晕而风

沣(澧)
fēng〈名〉沣水,水名,在陕西。

沨(渢)
fēng[沨沨]〈拟〉形容水声或风声。

枫(楓)
fēng〈名〉❶乔木,叶子通常三裂,秋季变成红色。❷姓。

封
fēng ❶〈动〉古代帝王把爵位(有时连土地)或称号赐给臣子:～王|分～|～官许愿|～妻荫子。❷〈动〉关闭;闭合;盖住:～锁|查～|～口|～条|大雪～山。❸〈名〉封起来的或用来封东西的纸包或纸袋:～套|信～。❹〈名〉疆界;界域:～疆|田有～洫。❺〈名〉特指国界;国境:土地之大,～内千里。❻〈量〉用于带封套的东西:一～信。❼〈名〉姓。

【封笔】fēngbǐ〈动〉指作家、画家、书法家等不再从事创作活动:～之作|他因健康原因已～了。

【封官许愿】fēng guān xǔ yuàn 为使别人替自己出力而答应给人名利地位。

【封记】fēngjì〈名〉封存的标记;封条。

【封建】fēngjiàn ❶〈名〉一种政治制度,君主把土地分给宗室和功臣,让他们在这块封地上建国。❷〈名〉指封建主义社会形态:反～|～压迫。❸〈形〉带有封建社会色彩的:头脑～。❹〈名〉指封建思想浓厚的人:老～。

【封疆】fēngjiāng〈名〉疆界。

【封禁】fēngjìn〈动〉❶封闭:～出境通道。❷查封;禁止:～毒品|～了一批黄色书刊。

【封杀】fēngshā〈动〉用封禁或封锁的办法使人或事物在某一领域不能存在：～黄色刊物｜一部优秀作品竟被～。

【封禅】fēngshàn〈动〉古代帝王到泰山祭天地。在泰山上筑坛祭天叫"封"；在泰山下梁父山上辟基祭地叫"禅"。

【封锁】fēngsuǒ〈动〉❶用强制力量使跟外界断绝联系：经济～｜～消息。❷采取军事等措施使不能通行或停止前进：～线｜～边境。

【封识】fēngzhì〈名〉封口的记号。

备用词 冰封 查封 尘封 弥封 密封 赏封 原封 分封 袭封 故步自封

砜（碸）fēng〈名〉有机化合物的一类。

疯（瘋）fēng〈形〉❶神经错乱；精神失常：～病｜～狂｜～癫｜装～卖傻。❷指农作物生长旺盛，但是不结果实：～长｜～枝。

【疯疯癫癫】fēngfengdiāndiān 精神失常的样子，常用来形容人言语行动轻狂或超出常态。

【疯狂】fēngkuáng〈形〉发疯；极度猖狂。

【疯牛病】fēngniúbìng〈名〉牛的一种传染病。病牛的中枢神经系统受到侵害，出现狂躁不安，四肢僵硬、痉挛，心跳迟缓，体重下降等症状，直至死亡。对人有传染作用。

峰（＊峯）fēng❶〈名〉山的突出的尖顶：～峦｜山～。❷〈名〉形状像山峰的事物：驼～｜洪～。❸〈量〉用于骆驼：一～骆驼。❹〈名〉姓。

【峰会】fēnghuì〈名〉高峰会议的简称：两国～促进了经济合作。

【峰峦】fēngluán〈名〉连绵的山峰；山峰：～起伏。

【峰位】fēngwèi〈名〉最高点的位置：价格已经接近历史～｜准确判断股价的～与底位。

【峰值】fēngzhí〈名〉最高点的数值：成交量达到八百亿元的～。

备用词 波峰 顶峰 高峰 洪峰 山峰 上峰 主峰

烽 fēng〈名〉烽火：～烟｜～燧。

【烽火】fēnghuǒ〈名〉❶古代边防报警点的烟火：～台。❷比喻战火或战争：～连天。

【烽燧】fēngsuì〈名〉古代边防报警的两种信号，夜间点的火叫"烽"，白天放的烟叫"燧"。

【烽烟】fēngyān〈名〉烽火：～又起。

葑 fēng〈名〉古书上指芜菁(wújīng)。
△另见 fèng。

锋（鋒）fēng〈名〉❶(刀、剑等)锐利或尖端的部分：～刃｜刀～｜针～相对。❷在前列带头的(多指军队)：前～｜先～。❸比喻言辞或文章的锋芒：话～｜笔～。

【锋利】fēnglì〈形〉❶尖头或锋刃磨得快；锐利：～的钢刀。❷(言论、文笔等)尖锐；犀利。

【锋芒】(锋鋩)fēngmáng〈名〉❶刀、剑等的尖端，多比喻事物的尖利部分。❷比喻显露出来的才干：初露～。

【锋芒毕露】fēngmáng bì lù 锐气和才干全部显露出来，多指人爱显示自己。

备用词 笔锋 词锋 话锋 谈锋 冲锋 交锋 争锋 冷锋 暖锋

蜂（＊蠭蝆）fēng〈名〉❶昆虫，种类很多，有毒刺，能蜇人，常成群住在一起。❷特指蜜蜂：～箱｜～蜜｜～王浆。

【蜂起】fēngqǐ〈动〉像蜂飞一样成群地起来：豪杰～｜谣言～。

【蜂拥】fēngyōng〈动〉许多人像蜂群似的拥挤着走：～而至。

酆 fēng〈名〉姓。

【酆都】fēngdū〈名〉地名，在重庆，今作"丰都"。

【酆都城】fēngdūchéng〈名〉迷信传说指阴间。

━━ féng ━━

冯（**馮**）féng〈名〉姓。
△另见 píng。

逢 féng ❶〈动〉遇到；遇见；相~｜~山开路，遇水搭桥。❷〈名〉姓。

【逢场作戏】féng chǎng zuò xì 遇到机会，偶尔玩玩。

【逢迎】féngyíng〈动〉❶说话做事故意迎合别人的心意（含贬义）；阿谀~｜~拍马。❷迎接：新妇识马声，蹑履相~。

备用词 萍水相逢　千载难逢　狭路相逢

缝（**縫**）féng ❶〈动〉用针线将原来不在一起或开了口的东西连上：~衣裳｜~伤口。❷〈名〉姓。
△另见 fèng。

【缝穷】féngqióng〈动〉旧时指贫苦妇女以代人缝补衣服谋生。

【缝纫】féngrèn〈名〉泛指剪裁、缝制服装等的工作：~机。

━━ fěng ━━

讽（**諷**）fěng〈动〉❶用含蓄的话指责或劝告：~刺｜讥~｜借古~今。❷诵读：~诵。

【讽刺】fěngcì〈动〉用比喻、夸张的手法进行揭露、批评和嘲笑。

【讽谏】fěngjiàn〈动〉下对上不直指其事，而以委婉曲折的语言相规劝，使改正错误。

备用词 嘲讽　讥讽　冷嘲热讽

泛 fěng〈动〉翻；倾覆；覆灭：大命将~，莫之振救。
△另见 fàn。

唪 fěng〈动〉念诵：~经（信仰宗教的人朗读或背诵经文）。

━━ fèng ━━

凤（**鳳**）fèng〈名〉❶凤凰：丹~朝阳｜龙~呈祥。❷姓。

【凤凰】fènghuáng〈名〉传说中的百鸟之王。雄的叫"凤"，雌的叫"凰"。常用来象征祥瑞。

【凤毛麟角】fèng máo lín jiǎo 凤凰的羽毛，麒麟的角。比喻稀少而可贵的人或事物。

奉 fèng ❶〈动〉给；献给（多指对上级或长辈）：~献｜进~。❷〈动〉接受（多指上级或长辈的）：~命。❸〈动〉遵照；遵照执行：~行｜阳~阴违。❹〈动〉尊重；崇~｜~若神明。

❺〈动〉信仰：信~。❻〈动〉侍候：~养｜侍~｜供~。❼〈副〉敬辞，用于自己的举动涉及对方时：~还｜~送。❽古通"俸"。❾古通"捧"（pěng）。❿〈名〉姓。

【奉承】fèngcheng〈动〉说好听的话恭维人，向人讨好：阿谀~。

【奉公守法】fèng gōng shǒu fǎ 奉行公事，遵守法令。

【奉命】fèngmìng〈动〉接受命令：~出击｜于危难之间。

【奉陪】fèngpéi〈动〉敬辞，陪伴；陪同做某事：恕不~｜我还有事，不能~了。

【奉使】fèngshǐ〈动〉奉命出使：~往来。

【奉事】fèngshì〈动〉做事；行事。

【奉祀】fèngsì〈动〉祭祀。

【奉献】fèngxiàn〈动〉恭敬地献上；呈献。

【奉行】fèngxíng〈动〉遵照实行；执行：~故事（照旧例办事）｜~互不干涉原则。

【奉养】fèngyǎng〈动〉侍奉赡养：~双亲。

备用词 供奉　敬奉　侍奉　崇奉　信奉

俸 fèng〈名〉❶俸禄：薪~。❷姓。

【俸禄】fènglù〈名〉旧时称官吏的薪水。

葑 fèng〈名〉古书上指菰（gū）的根。
△另见 fēng。

缝（**縫**）fèng〈名〉❶接合的地方：中~｜缭~儿｜无~钢管。❷缝隙：裂~｜见~插针。
△另见 féng。

【缝隙】fèngxì〈名〉裂开或自然露出的狭长的空处。

━━ fiào ━━

甃 fiào 方言。〈副〉不要：~生气。

━━ fó ━━

佛 fó〈名〉❶"佛陀"的简称：念~｜借花献~。❷佛教徒修行圆满的人：活~｜放下屠刀，立地成~。❸佛教：~经｜~门｜~寺。❹佛像：铜~。❺佛号或佛经：念~｜诵~。
△另见 fú。

【佛教】fójiào〈名〉世界主要宗教之一，相传为公元前6世纪—前5世纪古印度的迦毗罗卫国（今尼泊尔境内）王子悉达多·乔答摩（即释迦牟尼）所创，广泛流传于亚洲的许多国家。

【佛口蛇心】fó kǒu shé xīn 比喻嘴上说得很好

听,居心却极为狠毒。

【佛头着粪】fó tóu zhuó fèn 佛的塑像上着了鸟雀的粪便,比喻在好东西上添上不好的东西,把好东西给糟蹋了(含讥讽意)。

【佛陀】fótuó〈名〉佛教徒对释迦牟尼的尊称。简称"佛"。[外]

━━ fǒu ━━

缶 fǒu〈名〉❶一种腹大口小的瓦器。❷瓦制打击乐器。

否 fǒu❶〈动〉否定:～决|～认|不置可～。❷〈副〉a)表示不同意,相当于口语的"不"。b)用在问句末尾表示询问:知其事～?❸"是否"、"能否"、"可否"等表示"是不是"、"能不能"、"可不可"等意思:不知是～可行。
△另见 pǐ。

【否定】fǒudìng❶〈动〉不承认事物的存在或事物的真实性(跟"肯定"相对):成绩不容～。❷〈形〉表示否认的;反面的(跟"肯定"相对):持～态度。

【否则】fǒuzé〈连〉表示转折,有"如果不这样"的意思:学外语要下功夫,～是学不好的。

瓿 fǒu同"缶"。

━━ fū ━━

夫(*❹伕) fū〈名〉❶丈夫:～妻。❷成年男子:匹～|懦～。❸称从事某种体力劳动的人:渔～|农～|屠～|车～。❹夫役:民～|拉～。❺姓。
△另见 fú。

【夫仆】fūpú〈名〉仆人。

【夫人】fūrén〈名〉古代称诸侯或有官阶的人的妻子,后用来尊称一般人的妻子。

【夫婿】fūxù〈名〉丈夫。

【夫役】fūyì〈名〉旧时称服劳役的人,特指被统治阶级强迫去做苦工的人。

【夫子】fūzǐ〈名〉❶古代对男子的尊称。❷孔门的学生称孔子,后用为学生对老师的称呼。❸旧时妻子称丈夫。❹称读古书而思想陈腐的人(含讥讽意):迂～。❺旧时指被役使的人。

备用词　病夫　独夫　鳏夫　脚夫　农夫　懦夫　姐夫　轿夫　匹夫　人夫　挑夫　屠夫　武夫　丈夫

呋 fū[呋喃(nán)]〈名〉有机化合物,供制药品,也是重要的化工原料。

肤(膚) fū❶〈名〉皮肤:肌～|切～之痛。❷〈形〉表面的;浅薄的:～浅|

～泛。

【肤皮潦草】fūpí liáocǎo 见〖浮皮潦草〗。

【肤浅】fūqiǎn〈形〉(学识)浅;(理解)不深:认识～。

麸(麩*粰䴮) fū〈名〉麸子,通常指小麦磨成面粉过后剩下的麦皮和碎屑。也叫"麸皮"。

趺 fū同"跗":～坐(佛教徒盘腿端坐,左脚放在右腿上,右脚放在左腿上)。

跗 fū〈名〉脚背:～骨|～面(脚面)。

稃 fū〈名〉小麦等植物的花外面包着的硬壳:内～|外～。

痡 fū〈形〉劳累;疲劳过度。

郙 fū〈名〉❶郙县,旧地名,在陕西。今已改称"富县"。❷姓。

孵 fū〈动〉鸟类伏在卵上,用体温使卵内的胚胎发育成雏鸟:～化。

【孵化】fūhuà〈动〉虫、鱼、鸟等的卵在一定的温度和其他条件下变成幼虫或幼体。

【孵化器】fūhuàqì〈名〉比喻担负培育中小科技创新企业、加速高新技术成果转化以及对传统企业进行信息化改造任务的企业。

敷 fū❶〈动〉搽上;涂上:～粉|~药|外～。❷〈动〉铺开;摆开:～陈|～设。❸〈动〉够;足:入不～出。❹〈名〉姓。

【敷陈】fūchén〈动〉详细叙述:～原委。

【敷设】fūshè〈动〉❶铺(轨道、管道):～路轨。❷埋设;布置:～地雷。

【敷衍】fūyǎn〈动〉❶叙述并发挥:～成文。也作"敷演"。❷做事不负责任或待人不诚恳;应付:～塞责|随便～了几句。

━━ fú ━━

夫 fú❶〈代〉a)那;这:独不见～螳螂乎? b)他:使～往而学焉。❷〈助〉a)用在一句话的开始:~战,勇气也。b)用在一句话的末尾或句中停顿的地方表示感叹:逝者如斯~,不舍昼夜。

△另见 fū。

弗 fú ❶〈副〉不:~许|自愧~如。❷〈名〉姓。

伏 fú ❶〈动〉身体向前靠在物体上;趴:~案|老骥~枥。❷〈动〉低下去:倒~|起~。❸〈动〉隐藏:~击|埋~|昼~夜出。❹〈名〉伏天,指夏季最热的时期:歇~。❺〈动〉屈服;低头承认:~输|~罪。❻〈动〉使屈服;降伏:制~|降龙~虎。❼〈量〉伏特的简称:220~电压。❽〈名〉姓。

【伏案】fú'àn〈动〉上身靠在桌子上;趴在桌子上:~疾书。

【伏笔】fúbǐ〈名〉文章前段里为后段埋伏的线索。

【伏辩】fúbiàn〈名〉旧时指认罪的供状或悔过书。也作"服辩"。

【伏法】fúfǎ〈动〉犯人被处死刑。

【伏腊】fúlà〈名〉夏天的伏日和冬天的腊日,古代都是祭祀的日子,合称"伏腊"。后泛指节日。

【伏流】fúliú〈名〉地下流动的水。

【伏侍】fúshi 见〖服侍〗。

【伏输】fúshū 见〖服输〗。

【伏帖】fútiē ❶〈形〉舒适;熨帖:心里很~。也作"伏贴"。❷同"服帖"①。

【伏贴】fútiē ❶〈形〉贴得紧密而平整:壁纸糊得很~。❷同"伏帖"①。

【伏羲】fúxī〈名〉我国古代传说中的三皇之一,传说他教民结网,从事渔猎畜牧。

【伏膝】fúzhì〈动〉趴下:~就地。

【伏罪】fúzuì 见〖服罪〗。

备用词　埋伏　蛰伏　潜伏　隐伏　降伏　制伏　此起彼伏　危机四伏

凫(鳧*鳬) fú ❶〈名〉野鸭。❷同"浮"②:~水。

【凫茈】fúcí〈名〉古书上指荸荠。

【凫水】fúshuǐ〈动〉游水。

扶 fú ❶〈动〉用手支持使不倒:~老携幼。❷〈动〉用手帮助躺着或倒下的人坐或立;用手使倒下的东西竖起来:~起摔倒的老人。❸〈动〉扶助;救死~伤。❹〈动〉沿;顺着:既出,得其船,便~向路,处处志之。❺〈名〉姓。

【扶病】fúbìng〈动〉带着病(做某件事)。

【扶持】fúchí〈动〉❶搀扶。❷扶助;护持。

【扶乩】fújī〈动〉一种迷信活动,在架子上吊一根棍儿,两个人扶着架子,棍儿就在沙盘上画出字句来作为神的指示。也作"扶箕"。

【扶箕】fújī 同"扶乩"。

【扶将】fújiāng〈动〉❶搀扶:爷娘闻女来,出郭相~。❷服侍;照料:勤心养公姥,好自相~。

【扶老】fúlǎo〈名〉拐杖:策~以流憩,时矫首而遐观。

【扶鸾】fúluán〈动〉扶箕。

【扶桑】fúsāng 也作"榑(fú)桑"。〈名〉❶古代神话中海外的大桑树,据说是日出的地方。❷传说中东方海中的古国名,旧时指日本。

【扶疏】fúshū〈形〉枝叶茂盛,疏密有致:枝叶~。

【扶养】fúyǎng〈动〉❶指夫妻间在物质上和生活上的相互帮助。❷抚养。

【扶摇】fúyáo〈名〉自下而上的旋风:~直上(形容直往上升)。

【扶掖】fúyè〈动〉扶助:~新人。

【扶植】fúzhí〈动〉扶助培植:~新生力量。

【扶助】fúzhù〈动〉帮助:~农工。

芙 fú 见下。

【芙蕖】fúqú〈名〉荷花。

【芙蓉】fúróng〈名〉❶木芙蓉,落叶灌木或小乔木。❷荷花:出水~。

芾 fú ❶〈形〉草木茂盛。❷同"黻"。宋代书画家米芾,也作"米黻"。

△另见 fèi。

苻 fú [苻苢(yǐ)]〈名〉古书上指车前(一种草本植物)。

佛(*❷佛髴) fú ❶同"拂"④:~戾(违背;违反)。❷见〖仿佛〗。

△另见 fó。

孚 fú〈动〉❶信用;信任:上下相~。❷使人信服:深~众望(很使群众信服)。

拂 fú〈动〉❶轻轻擦过:~煦|春风~面。❷掸去:~尘|~拭。❸甩动;抖:~袖而去。❹违背(别人的意图):不忍~其意。

【拂尘】fúchén〈名〉掸拭尘土或驱赶蚊蝇的用具。柄的一端用马尾巴上的长毛结扎而成。

【拂拂】fúfú〈形〉形容风轻轻地吹动:凉风~。

【拂晓】fúxiǎo〈名〉天快亮的时候。

【拂煦】fúxù〈动〉(风)吹来温暖:微风~,旭日临窗。

备用词　吹拂　披拂　飘拂　照拂

苻 fú ❶同"莩"(fú)。❷〈名〉姓。

莩 fú ❶〈形〉道路上杂草太多,不便通行。❷〈名〉福。

怫 fú〈动〉违背;违逆:~人之耳,违人之意。

彿 fú 见〖仿佛〗。

服 fú ❶〈名〉衣服:~装|西~。❷〈名〉丧服:有~在身。❸〈动〉穿(衣服);佩带:~丧|~太阿之剑。❹〈动〉吃(药):~药|内~。❺〈动〉承当(义务或刑罚):~务|~刑。❻〈动〉服从;信服;佩服:~帖|驯~。❼〈动〉使信服;以理~人。❽〈动〉适应:不~水土。❾〈名〉姓。
△另见 fù。

【服辩】fúbiàn 同"伏辩"。

【服从】fúcóng〈动〉遵从;听从;顺从:~分配|~命令。

【服气】fúqì〈动〉由衷地信服:心里并不~。

【服饰】fúshì〈名〉衣服和首饰,泛指衣着穿戴。

【服侍】(伏侍、服事)fúshi〈动〉在人身边供使唤,照料饮食起居:~病人。

【服输】(伏输)fúshū〈动〉承认失败。

【服帖】fútiē ❶〈形〉驯服;顺从。也作"伏帖"。❷〈形〉妥当;平妥:事情办~了|事情已弄得服服帖帖了,你就放心吧!❸方言。〈动〉佩服;信服:这句话我不~。

【服务】fúwù〈动〉为别人的利益或为某种事业而工作:~员|为人民~。

【服务器】fúwùqì〈名〉在网络环境或分布式处理环境中,为用户提供服务的计算机。可分为访问服务器、文件服务器、数据库服务器、通信服务器和应用服务器等。

【服装】fúzhuāng〈名〉衣服鞋帽的总称,一般专指衣服。

【服罪】(伏罪)fúzuì〈动〉承认自己的罪过:低头~。

备用词　拜服　佩服　叹服　信服　悦服　折服　宾服　臣服　屈服　慑服　降服　驯服　收服　压服　征服　制服　心悦诚服

怫 fú〈形〉形容忧愁或愤怒:~然|~郁。

【怫然】fúrán〈形〉盛怒的样子:~作色。

宓 fú〈名〉姓。
△另见 mì。

绂(紱) fú〈名〉❶古代系印章的丝绳。❷同"黻"。

绋(紼) fú〈名〉大绳,特指牵引灵柩的大绳:执~。

韨(韍) fú〈名〉古代一种祭服。

茯 fú [茯苓(líng)]〈名〉寄生在松树根上的菌类,中医入药,有利尿、镇静的作用。

枹 fú 同"桴"③。鼓槌:援玉~兮击鸣鼓。
△另见 bāo。

罘 fú ❶〈名〉捕兽的网。❷[芝(zhī)罘]〈名〉山名,在山东。

【罘罳】fúsī 也作"罦罳"。〈名〉❶古代设在门外的一种屏风。❷设在屋檐下防鸟雀做巢的金属网。

氟 fú〈名〉气体元素,符号 F。淡黄绿色,有臭味,化学性质很活泼。

【氟利昂】fúlì'áng〈名〉氟氯烷。[外]

【氟氯烷】fúlùwán〈名〉有机化合物的一类,含有氟和氯,常见的有 CCl_3F、CCl_2F_2,都是无色、无味、无毒的气体,容易液化。通常用作冷冻剂和分散剂,对大气臭氧层有破坏作用,国际上已规定控制并逐渐停止氟氯烷的生产和使用。也叫"氟利昂"。

俘 fú ❶〈动〉作战时把对方捉住:~获|被~。❷〈名〉作战时被对方捉住的人:战~|遣~。

【俘获】fúhuò〈动〉❶俘虏①:~敌团长一名。❷俘虏和缴获:~甚众。

【俘虏】fúlǔ ❶〈动〉打仗时捉住(敌人):~敌酋。❷〈名〉打仗时捉住的敌人:释放~。

郛 fú〈名〉古代指城外围着的大城;外城。

洑 fú ❶〈形〉水流回旋的样子。❷〈名〉旋涡:湍~。❸〈名〉姓。
△另见 fù。

袚 fú ❶〈动〉古代为除灾祛邪而行祭祀。❷扫除。

荸 fú〈名〉芦苇秆子里面的薄膜:葭(jiā)~(比喻关系疏远的亲戚)。
△另见 piǎo。

蚨 fú 见〖青蚨〗。

浮 fú ❶〈动〉停留在液体表面上(跟"沉"相对);漂:漂~|~萍。❷〈动〉在水里游:~水。❸〈形〉在表面上的:~土|~皮潦草。❹〈形〉可移动的:~财。❺〈形〉暂时的:~记|~

支。❻〈形〉轻浮;浮躁:心~。❼〈形〉空虚;不切实:~名|~夸。❽〈动〉超过,多余:~额|人~于事。❾〈名〉姓。

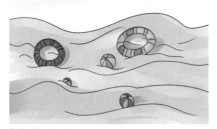

【浮尘】fúchén〈名〉飞扬着的或附于物体表面的灰尘。

【浮沉】fúchén〈动〉❶在水中忽上忽下,比喻随波逐流或动荡不定:与世~。❷指升降;盛衰;得失:宦海~(比喻官职升降)。

【浮出水面】fú chū shuǐmiàn 从水下飘浮到水面上来,比喻事物显露出来:被假象掩盖起来的矛盾逐渐~。

【浮雕】fúdiāo〈名〉在平面上雕出凸起的形象的雕塑。

【浮动】fúdòng〈动〉❶在水面或空中漂浮移动。❷不固定;不稳定:~工资|人心~。

【浮泛】fúfàn ❶〈动〉漂浮在水面上:轻舟~。❷〈动〉流露:她脸上~着欣慰的笑容。❸〈形〉表面上的;不扎实的:~的研究。

【浮光掠影】fú guāng lüè yǐng 比喻印象不深刻,好像水面上的光和一闪而过的影子那样一晃就消逝。

【浮华】fúhuá〈形〉讲究表面上华丽或阔气而不顾实际:表面好看而内容空虚。

【浮夸】fúkuā〈形〉虚夸,不切实际:语言~。

【浮靡】fúmí〈形〉浮华奢侈。

【浮皮潦草】fú pí liáo cǎo 形容马虎,不认真。也说"肤皮潦草"。

【浮浅】fúqiǎn〈形〉肤浅;浅薄:才学~。

【浮图】fútú 同"浮屠"。

【浮屠】fútú 也作"浮图"。〈名〉❶佛陀。❷古代称和尚。❸塔:救人一命胜造七级~。

【浮现】fúxiàn〈动〉❶(经历过的事情)再次在脑子里显现。❷呈现;流露:他唇边~出一丝微笑。

【浮想】fúxiǎng ❶〈名〉脑子里涌现的感想:~联翩。❷〈动〉回想。

【浮游】fúyóu〈动〉❶在水里游:~生物。❷漂浮流动。❸漫游:~太空。

【浮云】fúyún〈名〉❶漂浮的云彩。❷比喻不值得关心和重视的事物:名利我如~。❸比喻飘忽不定的事物:~游子意,落日故人情!

【浮躁】fúzào〈形〉轻浮急躁:性情~。

备用词　漂浮　飘浮　轻浮　虚浮　悬浮

蒍　fú [莱(lái)蒍]〈名〉萝卜。

桴　fú〈名〉❶小筏子:乘~浮于海。❷栘子,房屋大梁上的小梁。❸鼓槌:~鼓相应。

符　fú ❶〈名〉符节:兵~|虎~(虎形的兵符)。❷〈名〉代表事物的标记;记号:音~|音~。❸〈动〉符合:相~|不~。❹〈名〉道士所画的一种图形或线条,声称能驱使鬼神,给人带来祸福,迷信的人认为它有魔力:~咒|护身~。❺〈名〉姓。

【符号】fúhào〈名〉❶标记;记号:标点~。❷佩带在身上表明职别、身份等的标志。

【符合】fúhé〈动〉(数量、形状、情节等)相合:~要求|~事实。

【符节】fújié〈名〉古代派遣使者或调兵时用作凭证的东西。

【符箓】fúlù〈名〉符④的总称。

匍　fú 见〖匍(pú)匐〗。

涪　fú〈名〉涪江,水名,发源于四川省北部,流至重庆市入嘉陵江。

袱(＊幞襆)　fú〈名〉袱子,包裹、覆盖用的布单:包~。

艴　fú〈形〉生气的样子:~然不悦。

幅　fú ❶〈名〉布帛、呢绒等的宽度:~面|双~。❷〈名〉泛指宽度:~度|振~。❸〈名〉指长方形的书画等:条~|横~。❹〈量〉用于布帛、呢绒、图画等:一~画|两~布。

【幅度】fúdù〈名〉❶物体振动或摇摆所展开的宽度。❷比喻事物变动的程度或范围:粮食产量大~增长。

【幅员】fúyuán〈名〉疆域;领土面积(幅:宽度;员:周围):~广阔。

罦　fú〈名〉捕鸟的网。

【罦罳】fúsī 同"罘罳"。

辐(輻)　fú〈名〉辐条,车轮中连接车毂和轮圈的一根根直木条或钢条:~辏|~射。

【辐凑】fúcòu 同"辐辏"。

【辐辏】fúcòu〈动〉车辐集中到车毂上,比喻人或物聚集到一起:四方～。也作"辐凑"。

【辐散】fúsàn〈动〉像车辐那样从中心向各个方向沿着直线伸展出去:声浪几番回荡往复,一直～到遥远的地方。

【辐射】fúshè〈动〉❶从中心向各个方向沿着直线伸展出去:～形。❷热的一种传播方式,从热源沿直线直接向四周发散出去。光线、无线电波等电磁波的传播也叫辐射:热～|光～。

蜉 fú[蜉蝣(yóu)]〈名〉昆虫,成虫常在水面飞行,寿命很短。

福 fú❶〈名〉幸福;福气(跟"祸"相对):～分|享～。❷〈动〉赐福;保佑:小信未孚,神弗～也。❸〈动〉旧时妇女行"万福"礼:～了一～。❹〈名〉指福建:～橘。❺〈名〉姓。

【福分】fúfen〈名〉福气。

【福礼】fúlǐ〈名〉祭神用的供品。

【福利】fúlì〈名〉❶幸福和利益。❷特指对职工生活(食宿、医疗等)的照顾。

【福气】fúqi〈名〉指享受幸福生活的命运。

【福星】fúxīng〈名〉象征能给人带来幸福、希望的人或事物:～高照(指人正在走运)。

【福音】fúyīn〈名〉❶基督教徒称耶稣所说的话及其门徒所传布的教义。❷比喻对人或事物有利的好消息。

备用词　洪福　鸿福　口福　清福　托福　享福　幸福　造福　折福　祝福

榑 fú[榑桑]同"扶桑"。

蝠 fú 见〖蝙(biān)蝠〗。

幞 fú〈名〉❶幞头,古代的一种头巾。❷同"袱"。

黻 fú〈名〉❶古代礼服上绣的半青半黑的花纹。❷同"韨"。

── fǔ ──

父 fǔ❶〈名〉老年人:田～|渔～。❷同"甫"①。❸〈名〉姓。
△另见fù。

抚(撫) fǔ❶〈动〉安慰;慰问:安～。❷〈动〉保护;照顾:～养。❸〈动〉轻轻地按着:～摩|～躬自问。❹同"拊"。

【抚安】fǔ'ān〈动〉安慰;抚慰。

【抚尺】fǔchǐ〈名〉即醒木,艺人表演用的一种道具。

【抚躬自问】fǔ gōng zì wèn 见〖反躬自问〗。

【抚今追昔】fǔ jīn zhuī xī 接触当前的事物而回想过去(多用于感慨今昔的巨大变化)。

【抚军】fǔjūn〈名〉古代官名。巡抚的别称。

【抚摸】fǔmō〈动〉抚摩;摸。

【抚摩】fǔmó〈动〉用手轻轻按着并来回移动。

【抚琴】fǔqín〈动〉弹琴。

【抚慰】fǔwèi〈动〉安慰:百般～。

【抚恤】fǔxù〈动〉(国家或组织)对因公伤残的人员或因公牺牲以及病故的人员的家属进行安慰并给以费用帮助:～金。

【抚养】fǔyǎng〈动〉保护并教养:～子女。

【抚育】fǔyù〈动〉抚养培育,使健壮地成长:～孤儿|～幼林。

【抚院】fǔyuàn〈名〉巡抚办事的衙门。

备用词　爱抚　安抚　优抚　招抚

甫 fǔ❶〈名〉古代加在男子名字下的美称,后来指人的表字:台～。❷〈副〉刚刚:惊魂～定|年～二十。❸〈名〉姓。

昈(嘸) fǔ[昈然]〈形〉惊讶的样子。

拊 fǔ〈动〉拍:～掌。

【拊心】fǔxīn〈动〉捶胸,形容非常痛心:切齿～。

【拊掌】fǔzhǎng〈动〉拍手,表示高兴、惊异或恼怒:～大笑|～称快。

斧 fǔ〈名〉❶斧子,砍竹、木等用的工具,头呈楔形。❷古代的一种兵器。

【斧钺】fǔyuè〈名〉❶斧和钺本是两种兵器,泛指刀斧。❷指刑罚、杀戮:～汤镬。

【斧凿痕】fǔzáohén〈名〉用斧子和凿子加工留下的痕迹,多比喻诗文词句造作而不自然。

【斧正】fǔzhèng〈动〉敬辞,用于请人修改文章。也作"斧政"。

【斧政】fǔzhèng 同"斧正"。

【斧质】fǔzhì〈名〉古代一种腰斩的刑具。

备用词　班门弄斧　大刀阔斧　神工鬼斧

府 fǔ〈名〉❶旧称官吏办公的地方，现称国家政权机关：官∣政～。❷府库。❸旧称大官、贵族的住宅，现也称某些国家元首办公或居住的地方：～第∣相～∣总统～。❹敬辞，称对方的家：～上∣贵～。❺指鬼神居住的地方：阴曹地～。❻唐代至清代的行政区划，比县高一级：知～∣开封～。❼同"腑"。❽〈名〉姓。

【府邸】fǔdǐ〈名〉府第。

【府第】fǔdì〈名〉贵族、官僚等的住宅。

【府君】fǔjūn〈名〉❶汉代称太守。❷旧时子孙对其祖先的敬称。

【府库】fǔkù〈名〉旧时称官府储藏财物、兵甲或文书等的地方。

【府上】fǔshàng〈名〉敬辞，称对方的家或家乡。

备用词　城府　洞府　官府　幕府　首府　天府　学府　乐府　政府

俯(＊俛頫) fǔ〈动〉❶（头）低下（跟"仰"相对）：～视∣～冲。❷敬辞，旧时公文书信中用来称对方对自己的行动：～允∣～就。

【俯冲】fǔchōng〈动〉（飞机）以高速度和大角度向下飞。

【俯伏】fǔfú〈动〉趴在地上：～听命。

【俯就】fǔjiù〈动〉❶敬辞，请对方同意担任职务时用：理事一职，务请～。❷迁就；降格相从。

【俯瞰】fǔkàn〈动〉俯视。

【俯览】fǔlǎn〈动〉俯视：～江山。

【俯拾即是】fǔ shí jí shì 只要低下头来捡，到处都是，形容某类事物很多，很容易找到。

【俯视】fǔshì〈动〉从高处往下看。

【俯首帖耳】fǔ shǒu tiē ěr 形容非常顺从和驯服的样子（含贬义）。也作"俯首贴耳"。

【俯首贴耳】fǔ shǒu tiē ěr 同"俯首帖耳"。

【俯仰】fǔyǎng〈动〉低头和抬头，泛指一举一动：～由人（比喻一切受人支配）∣～之间（形容时间很短）。

釜 fǔ〈名〉古代的炊事用具，相当于现在的锅：破～沉舟∣～底抽薪。

【釜底抽薪】fǔ dǐ chōu xīn 抽去锅底下燃烧着

的柴，比喻从根本上解决。

【釜底游鱼】fǔ dǐ yóu yú 在锅里游动着的鱼，比喻处在极端危险境地的人。

辅(輔) fǔ❶〈名〉车两旁的夹木。❷〈动〉辅助：～佐∣～导∣相～而行。❸〈名〉辅佐君主的人：宰～。❹〈动〉护卫：城阙～三秦。❺〈名〉面颊：～车相依。❻〈名〉指京城附近的地方：畿～。❼〈名〉姓。

【辅车相依】fǔ chē xiāng yī 比喻联系紧密，互相依存（辅：颊骨；车：牙床）。

【辅导】fǔdǎo〈动〉帮助和指导：～员∣课外～。

【辅路】fǔlù〈名〉为缓解干道的运输压力而修建的较窄的辅助性道路，多位于干道的两旁并有隔离带与干道隔开。

【辅修】fǔxiū〈动〉大学生在学习本专业课程以外，利用课余时间学习第二专业的课程叫"辅修"。

【辅音】fǔyīn〈名〉发音时气流通路有阻碍的音，如普通话语音的 b, p, m, l, z, s 等。也叫"子音"。

【辅助】fǔzhù❶〈动〉从旁帮助：大力～。❷〈形〉协助性的；非主要的：～劳动∣～人员∣～材料。

【辅佐】fǔzuǒ〈动〉协助（多指政治上）：～君王。

脯 fǔ〈名〉❶肉干：兔～∣牛～。❷蜜饯果干：果～∣桃～∣杏～。

△另见 pú。

腑 fǔ〈名〉中医指胃、胆、大肠、小肠、膀胱、三焦等：肺～∣～脏～。

滏 fǔ〈名〉[滏阳]水名，在河北。

腐 fǔ❶〈动〉腐烂；变坏：～朽∣流水不～。❷〈形〉思想陈旧：陈～∣迂～。❸〈名〉豆腐：～竹｜～乳。

【腐败】fǔbài ❶〈动〉腐烂①：不吃～的食物｜木材涂上油漆可防～。❷〈形〉思想陈腐；行为堕落。❸〈形〉制度、组织、机构等混乱、黑暗：政治～。

【腐化】fǔhuà〈动〉❶思想行为变坏（多指生活上过分贪图享乐）；贪污：～堕落。❷使人变质堕落；腐蚀：～灵魂。❸腐烂①：尸体已然～。

【腐烂】fǔlàn ❶〈动〉有机体由于微生物的滋生而破坏：保管不当，鲜桃～过半。❷〈形〉腐败。

【腐蚀】fǔshí ❶〈动〉通过化学作用，使物体逐渐消损破坏：～剂。❷使人在坏的思想、环境影响下逐渐变质堕落。

【腐朽】fǔxiǔ ❶〈动〉木头等含有纤维的物质由于长期风吹雨打和微生物的侵害而破坏。❷〈形〉比喻思想陈腐、生活堕落或制度败坏：～的封建势力。

【腐刑】fǔxíng〈名〉宫刑。

簠 fǔ〈名〉古代祭祀时盛谷物的方形器皿。

黼 fǔ〈名〉古代礼服上绣的半白半黑的花纹。

【黼黻】fǔfú〈名〉❶古代礼服上绣的花纹。❷花纹；文采。❸比喻华丽的辞藻。

—— fù ——

父 fù〈名〉❶父亲：～母｜～子。❷家族、亲戚中或有某种关系的长辈男子：祖～｜伯～｜舅～｜师～。
△另见 fǔ。

【父老】fùlǎo〈名〉❶古代管理乡里事务的人，多由有名望的长者充任。❷对老年人的尊称。

【父母】fùmǔ〈名〉❶父亲和母亲。❷父母官，旧时对州县等地方官的称呼。

【父兄】fùxiōng〈名〉❶父亲和哥哥。❷泛指家长。

讣（訃）fù〈动〉报丧，也指报丧的信：～告｜～闻（向亲友报丧的通知）。

【讣告】fùgào ❶〈动〉报丧。❷〈名〉报丧的通知。

付 fù ❶〈动〉交给：交～｜托～。❷〈动〉给（钱）：～款｜支～。❸同"副"⑤。❹〈名〉姓。

【付印】fùyìn〈动〉❶稿件交付出版社，准备出版。❷稿件排版、校对后交付印刷。

【付之一炬】fù zhī yī jù 一把火烧光。

【付诸东流】fù zhū dōng liú 把东西扔在向东流的水里冲走，比喻希望落空或前功尽弃。

【付梓】fùzǐ〈动〉古代用木版印刷，在木板上刻字叫"梓"，因此把书稿交付刊印叫"付梓"。

备用词 拨付 偿付 垫付 对付 兑付 过付 交付 托付 支付

负（負）fù〈动〉❶背（bēi）：背～｜～荆请罪。❷担负；肩～｜～责任。❸仗；依靠：～险固守｜～隅顽抗。❹遭受：～伤｜～屈衔冤。❺有：久～盛名。❻亏欠；拖欠：～债。❼背弃；违背：～心｜忘恩～义。❽辜负；对不起：誓天不相～｜客有能出，吾～之，未尝有也。❾失败（跟"胜"相对）：不分胜～。❿〈形〉小于零的（跟"正"相对）：～数｜～号。⓫〈形〉指得到电子的（跟"正"相对）：～极｜～电。⓬〈名〉姓。

【负案】fù'àn〈动〉作案后被公安机关立案（多指尚未被抓获的）：凶手～在逃｜将～潜逃者缉拿归案。

【负担】fùdān ❶〈动〉承当（责任、费用等）：～不起。❷〈名〉承受的压力或承担的责任、费用等：思想～｜减轻～。

【负荷】fùhè ❶〈动〉担负，不克：～重任。❷〈名〉电力、动力设备以及生理组织等在单位时间内所担负的工作量。也指建筑构件承受的重量。

【负荆】fùjīng〈动〉《史记·廉颇蔺相如列传》

记载,战国时,廉颇因蔺相如位在自己之上而不服气,扬言遇到蔺相如一定侮辱他。蔺相如为了国家利益,处处避让。后来廉颇知道了,感到惭愧,就脱了上衣,背着荆条,向蔺相如请罪。后用"负荆"表示向人认错赔礼:～请罪。

【负疚】fùjiù〈动〉觉得对不起人而不安。

【负隅顽抗】fù yú wán kàng 凭借险要的地势顽强抵抗,形容坏人或恶势力不甘心失败,作最后挣扎。

【负约】fùyuē〈动〉背约;违背诺言。

【负责】fùzé ❶〈动〉担负责任:厂长～制。❷〈形〉(工作)认真踏实,尽到应尽的责任。

【负增长】fùzēngzhǎng〈动〉指增长率为负数,即在规模、数量等方面有所减少或下降:产值出现～。

【负罪】fùzuì〈动〉承受罪责。

备用词　抱负　背负　担负　肩负　辜负　亏负　欺负　自负　如释重负

妇(婦*媍) fù〈名〉❶妇女:～科|幼～|～孺。❷已婚的女子:少～|寡～|农～。❸妻:夫～|娶(qiè)|～将雏。❹儿媳。

【妇道】fùdào〈名〉旧时指妇女应遵守的德行:谨守～|克尽～。

【妇道】fùdao〈名〉指妇女:～人家。

【妇女】fùnǚ〈名〉成年女子的通称。

【妇人】fùrén〈名〉已婚女子的通称。

附(*坿) fù〈动〉❶附带:～设|～录。❷靠近:～近|～耳低言。❸依从;依附:攀～|阿～|～属|炎～势。

【附和】fùhè〈动〉(言语、行动)追随别人:随声～。

【附会】(傅会)fùhuì〈动〉❶把不相关联的事物说成有关联;把没有某种意义的事物说成有某种意义:穿凿～。❷依附迎合:不知廉耻者,多相～。

【附骥】fùjì〈动〉蚊蝇附在好马的尾巴上,可以远行千里,比喻依附权贵或名人而出名(多用作谦辞)。也说附骥尾。

【附属】fùshǔ ❶〈形〉某一机构所附设或管辖的:～医院|～中学。❷〈动〉依附;归属。

【附托】fùtuō〈动〉依附;附着:～权豪。

【附庸】fùyōng ❶〈名〉古代指附属于大国的小国,今借指受别国所操纵的国家。❷〈名〉泛指附属于别的事物而存在的事物。❸〈动〉依傍;假托:～风雅(为装点门面而跟文人结交,并参加有关文化的活动)。

备用词　阿附　归附　攀附　趋附　依附　皮之不存,毛将焉附

咐 fù 见〖吩咐〗、〖嘱咐〗。

阜 fù ❶〈名〉土山。❷〈形〉(物资)多:物～民丰。❸〈名〉姓。

【阜盛】fùshèng〈形〉极盛:街市繁华,人烟～。

服 fù〈量〉剂,用于汤药:一～药。△另见 fú。

驸(駙) fù〈名〉古代几匹马共同拉一辆车时,指驾辕之外的马。

【驸马】fùmǎ〈名〉汉武帝时设有"驸马都尉"的官职,后来皇帝的女婿常做这个官,因称皇帝的女婿为"驸马"。

赴 fù ❶〈动〉到某处去:～会|～宴。❷〈动〉在水里游:～水。❸同"讣"。

【赴敌】fùdí〈动〉到战场上去杀敌。

【赴难】fùnàn〈动〉赶去拯救国家的危难。

【赴汤蹈火】fù tāng dǎo huǒ 比喻不避艰险,不怕牺牲。

复(❶❷複❸-❽復) fù ❶〈动〉重复:～写|～制。❷〈形〉不单一;繁复:～姓|～杂。❸〈动〉转过去或转回来:反～无常|循环往～。❹〈动〉回答;答复:～信|～电。❺〈动〉恢复:～原|～收|～修。❻〈动〉报复:～仇。❼〈副〉再;又:旧病～发|一去不～返。❽〈名〉姓。

【复辟】fùbì〈动〉原指被推翻的君主复位,现泛指被推翻的反动统治者重新上台或被消灭的反动制度复活。

【复道】fùdào〈名〉古代在楼阁之间或山岩险要处架木筑成的通道。因上下都有通道,所以叫复道:～行空,不霁何虹?

【复叠】fùdié〈形〉重重叠叠:林丛～,莽苍深邃。

【复读】fùdú〈动〉❶中小学毕业生因未能考取高一级的学校而在原一级学校重新学习,以待来年再考:～生|高考～班|他高考落榜后选择了～。❷反复诵读同一内容:跟着复读机～。

【复岗】fùgǎng〈动〉(离岗或下岗人员)恢复原来的工作岗位:～通知。

【复古】fùgǔ〈动〉恢复古代的制度或风尚。

【复合材料】fùhé cáiliào 两种或两种以上物理、化学性质不同的物质,按所设计的形式、比例、分布,由人工组合而成的材料,这种材

料具有比单一材料更好的综合性能。广泛应用于航空、航天、导弹、核工程等方面。

【复合词】fùhécí〈名〉合成词的一类,指由两个或两个以上词根合成的词,如"年成"、"朋友"、"说明"、"热情"、"内燃机"、"大自然"。

【复活】fùhuó〈动〉死了又活过来,现常用来比喻已被推翻的事物又重新活动起来。

【复活节】fùhuó jié〈名〉基督教纪念耶稣复活的节日,是春分后第一次月圆之后的第一个星期日。

【复旧】fùjiù〈动〉❶恢复原来的样子。❷指恢复陈旧的习俗、观念、制度等。

【复句】fùjù〈名〉语法上指能分成两个或两个以上分句的句子,如:天刚放晴,怎么又下起雨来了? 一个复句里的分句在意义上有一定的联系。一个复句只能有一个句终语调,不同于连续的几个单句。

【复述】fùshù〈动〉❶把别人或自己说过的话重说一遍。❷语文教学上指学生把读物的内容用自己的话说出来。

【复苏】fùsū〈动〉❶苏醒;恢复知觉:死而~。❷资本主义再生产周期中继萧条之后的一个阶段,生产逐渐恢复,市场渐趋活跃。

【复算】fùsuàn〈动〉算账;追究:而翁归,自与汝~耳!

【复兴】fùxīng〈动〉❶衰落后重新兴盛起来:民族~|文艺~。❷使复兴:~国家|~农业。

【复员】fùyuán〈动〉❶国家由战时状态转入和平状态。❷军人因服役期满或战争结束而解除军职回到地方:~军人。

【复杂】fùzá〈形〉❶(事物的种类、头绪等)多而杂:情节~。❷不单纯;不简单:思想~|操作~。

备用词　电复　敬复　重复　繁复　反复　往复　光复　恢复　康复　克复　平复　修复　报复　答复　回复　批复　万劫不复　山重水复　循环往复

洑 fù〈动〉在水里游:~水|~过河去。△另见 fú。

副 fù❶〈形〉居第二位的;辅助的(区别于"正"、"主"):~食|~标题。❷〈名〉辅助的职务;担任辅助职务的人:团~|大~。❸〈形〉附带的:~业|~作用。❹〈动〉符合:名~其实。❺〈量〉a)用于成套的东西:一~对联|一~手套|全~武装。b)用于面部表情:一~笑脸|一~冷漠的面孔。

【副词】fùcí〈名〉用在动词或形容词前面,表示

范围、语气、否定、时间、程度等的词,如"都"、"只"、"很"、"更"、"再三"、"屡次"、"非常"、"居然"等。

【副刊】fùkān〈名〉报纸上刊登文艺作品、学术论文等的专页或专栏:文艺~。

【副手】fùshǒu〈名〉助手。

【副爷】fùyé〈名〉旧社会老百姓对军队中办事人的尊称。

【副业】fùyè〈名〉主要职业以外附带经营的事业,如农民编席、饲养禽畜、采集药材等。

赋(賦) fù❶〈动〉(上对下)交给:~予。❷〈名〉指生成的资质:天~|禀~。❸〈名〉旧时指田地税:田~|~税。❹〈动〉征收;敛取:岁~其二。❺〈名〉我国古代文体,盛行于汉魏六朝,是韵文和散文的综合体:辞~。❻〈动〉做(诗、词):即兴~诗。❼〈动〉吟诵:横槊(shuò)~诗|文子~《采薇》之四章。

【赋敛】fùliǎn〈动〉征收捐税。

【赋税】fùshuì〈名〉田赋和各种捐税的总称。

【赋闲】fùxián〈动〉晋代潘岳辞官家居,写了一篇《闲居赋》,后来因称没有职业或失业在家闲着为"赋闲"。

【赋予】fùyǔ〈动〉交给(重大任务、使命等)。

备用词　禀赋　天赋　辞赋　贡赋　田赋

傅 fù❶〈动〉辅助;教导:~之德义。❷〈名〉负责教导或传授技艺的人:师~。❸〈动〉附着;加上:~粉|为虎~翼|皮之不存,毛将安~?

【傅粉】fùfěn〈动〉搽粉。

【傅会】fùhuì 见〖附会〗。

富 fù❶〈形〉财产多(跟"贫"相对):~裕|致~|~贵不能淫,威武不能屈。❷〈名〉资源;财产:~源|财~。❸〈形〉丰富;多:~饶|~于营养。❹〈名〉姓。

【富贵】fùguì〈形〉指有钱又有地位:荣华~。

【富贵病】fùguìbìng〈名〉俗称需要长期休养和滋补调理的某些慢性病。

【富国】fùguó❶〈动〉使国家富足:~裕民|~强兵。❷〈名〉富足的国家:由于盛产石油,这个国家很快由穷国变成了~。

【富豪】fùháo〈名〉指有钱又有权势的人。

【富厚】fùhòu〈形〉富有而充实。

【富集】fùjí〈名〉自然界中,某种物质由于本身趋向集中或其他物质被移走而逐渐形成相对高的含量,如某些污染物质通过食物链集中

到某种生物身体内。

【富丽】fùlì〈形〉宏伟美丽：～堂皇（华美壮丽，气象宏大）。

【富民】fùmín〈动〉使人民富足：富国～｜～政策｜采取～措施。

【富农】fùnóng〈名〉农村中以剥削雇佣劳动（或兼放高利贷、出租部分土地）为主要生活来源的人。一般占有土地和比较优良的生产工具以及活动资本，自己参加劳动，但收入主要是由剥削来的。

【富婆】fùpó〈名〉拥有大量财产的妇女。

【富强】fùqiáng〈形〉（国家）富裕强盛：祖国日益繁荣～。

【富饶】fùráo〈形〉物产丰富；财富多：美丽～的西双版纳。

【富商】fùshāng〈名〉钱财很多的商人：～大贾。

【富实】fùshí〈形〉（家产、资财）富足；富裕：家业～。

【富庶】fùshù〈形〉物产丰富，人口众多：江浙一带很～。

【富态】fùtai〈形〉婉辞，体态肥胖（多指成年人）：这人长得很～。

【富翁】fùwēng〈名〉拥有大量财产的人。

【富营养化】fùyíngyǎnghuà〈动〉指湖泊、水库、河口、海湾等流动缓慢的水域里，生物营养物质（如氮、磷）不断积累，含量过多。富营养化使藻类等水生生物大量繁殖，水质污染，水体变色，鱼虾死亡。排放工业废水和生活污水是水体富营养化的重要原因。

【富有】fùyǒu ❶〈形〉拥有大量的财产：家庭～。❷〈动〉充分具有；大量具有：～情趣｜代表性。

【富余】fùyu〈动〉足够而有剩余：～人员。

【富裕】fùyù〈形〉（财物）充裕：生活～。

【富源】fùyuán〈名〉自然资源，如森林、矿产等。

【富足】fùzú〈形〉（财物）丰富充足。

备用词　暴富　财富　丰富　豪富　宏富　首富　殷富　致富

腹 fù〈名〉❶躯干的一部分。人的腹在胸的下面。通称"肚子"：～腔｜～泻｜捧～大笑。❷鼎、瓶子等器物中间凸出的部分：壶～｜瓶～。❸喻指人的内心：～稿｜～议｜以小人之心度（duó）君子之～。❹比喻中心或中间部位：～地｜～韵～。❺前面：～背受敌。

【腹背受敌】fù bèi shòu dí 前后都受到攻击。

【腹地】fùdì〈名〉靠近中心的地区；内地：深入～。

【腹非】fùfēi〈动〉腹诽。

【腹诽】fùfěi〈动〉嘴上不说，心里认为不对。也说"腹非"。

【腹稿】fùgǎo〈名〉心里已经想好但还没写出来的文稿：打～。

【腹泻】fùxiè〈动〉指排便次数增多，大便稀薄或呈水状，有的带脓血，常兼有腹痛。多由于肠道感染或消化功能障碍而引起。也说"泻肚"。俗称"拉稀"、"闹肚子"。

【腹心】fùxīn〈名〉❶比喻要害或中心部分：～之患。❷比喻真诚的心意：敢布～｜相照。❸比喻最亲信的人；心腹：倚为～。

【腹议】fùyì〈动〉嘴上没说出，心里有看法。

鲋（鮒） fù〈名〉鲫鱼：涸辙之～。

缚（縛） fù ❶〈动〉捆绑：束～｜作茧自～｜手无～鸡之力。❷〈名〉捆绑的绳索。❸〈名〉姓。

赙（賻） fù〈动〉赙赠：～仪｜～金。

【赙仪】fùyí〈名〉向办丧事的人家送的礼。

【赙赠】fùzèng〈动〉赠送财物给办丧事的人家。

蝮 fù[蝮蛇]〈名〉毒蛇的一种，头部呈三角形，身体灰褐色，有斑纹。

蠃 fù[蠃蝂(bǎn)]〈名〉古代寓言中说的一种好负重物的小虫。

鳆(鰒) fù[鳆鱼]〈名〉软体动物,贝壳椭圆形,生活在海中。通称"鲍鱼"。

覆 fù〈动〉❶盖住:~盖|被~|天~地载。❷底朝上翻过来;歪倒:~灭|~没。❸同"复"③④。

【覆巢无完卵】fù cháo wú wán luǎn 鸟窝翻落下来不会有完好的鸟蛋,比喻整体覆灭,个体不能幸免。

【覆盖】fùgài〈动〉遮盖:积雪~着大地。

【覆盖面】fùgàimiàn〈名〉❶覆盖的面积:森林的~正日益减少。❷泛指涉及或影响到的范围:扩大法制教育的~|电视的~越来越广。

【覆灭】fùmiè〈动〉(军队)被消灭:全军~。

【覆没】fùmò〈动〉❶(船)翻掉沉没。❷覆灭:全军~。

【覆盆之冤】fù pén zhī yuān 翻过来放着的盆子,里面照不到阳光,形容无处申诉的冤枉。

【覆水难收】fù shuǐ nán shōu 泼在地上的水收不回来,比喻事情已成定局,无法挽回。

【覆压】fùyā〈动〉遮盖;覆盖。

【覆辙】fùzhé〈名〉翻过车的道路,比喻过去失败的做法:重蹈~。

备用词 被覆 颠覆 倾覆 前车之覆 天翻地覆

馥 fù❶〈名〉香气:香~。❷〈形〉香:~郁|晨露晞而草~。

【馥郁】fùyù〈形〉形容香气浓烈:芬芳~。

F

— gā —

夹（夾）gā[夹肢窝]同"胳肢窝"。
△另见 jiā;jiá。

旮 gā[旮旯(lá)儿]方言。〈名〉❶角落:墙
~。❷狭窄偏僻的地方:山~|背~。

伽 gā[伽马]〈名〉希腊字母 γ 的音译。
△另见 jiā;qié。

【伽马刀】gāmǎdāo〈名〉利用伽马射线代替手
术刀进行手术的医疗装置。

呷 gā[呷呷]同"嘎嘎"。
△另见 xiā。

咖 gā[咖喱]〈名〉用胡椒、姜黄、番椒、茴
香、陈皮等的粉末制成的调味品,味香而
辣,色黄:~粉。[外]
△另见 kā。

胳 gā[胳肢窝]〈名〉腋部的通称。也作"夹
肢窝"。
△另见 gē;gé。

戛 gā[戛纳]〈名〉地名,在法国。
△另见 jiá。

嘎（*嘎）gā〈拟〉形容短促而响亮的声
音:汽车~的一声刹住了。
△另见 gá;gǎ。

【嘎嘎】gāgā〈拟〉形容鸭子、大雁等的叫声。
也作"呷呷"。

— gá —

轧（軋）gá 方言。❶〈动〉挤:~电车。
❷〈形〉拥挤:车上很~。❸〈动〉
结交:~朋友。❹〈动〉核对;查对:~账。
△另见 yà;zhá。

钆（釓）gá〈名〉金属元素,符号 Gd。原
子能工业上用作反应堆的结构
材料。

尜 gá[尜尜(ga)]也作"嘎嘎"。❶〈名〉一
种儿童玩具,两头尖,中间大。也叫"尜
儿"。❷〈形〉形状像尜尜的:~枣|~汤。

嘎（*嘎）gá[嘎嘎]同"尜尜"。
△另见 gā;gǎ。

噶 gá 见下。

【噶伦】gálún〈名〉原西藏地方政府主要官员。

【噶厦】gáxià〈名〉原西藏地方政府,由噶伦四
人组成。1959 年 3 月后解散。

— gǎ —

玍 gǎ 方言。〈形〉❶乖僻;脾气不好:~古。
❷调皮:~子|小子。

【玍子】gǎzi〈名〉调皮的人(有时用来称小孩
儿,含喜爱意)。也作"嘎子"。

尕 gǎ 方言。〈形〉小:~娃|~李。

嘎（*嘎）gǎ 同"玍"。
△另见 gā;gá。

【嘎子】gǎzi 同"玍子"。

— gà —

尬 gà 见[尴(gān)尬]。

— gāi —

该（該）gāi ❶〈动〉应当;理应如此:应~
|罪~万死。❷〈动〉应当是;轮

到:下一个～我了。❸〈动〉估计情况应该如此:一着凉,就～感冒了。❹〈动〉欠:～账。❺〈代〉指上文说过的人或事物(多用于公文):～地|～生。❻同"赅"。

【该博】gāibó 同"赅博"。

【该当】gāidāng〈动〉应当:～何罪?|～如此|大伙儿的事,我～出力。

陔 gāi〈名〉❶靠近台阶下边的地方。❷级;层。❸田埂。

垓 gāi ❶〈数〉古代数目名,指一万万。❷[垓下]〈名〉古地名,在今安徽灵璧县东南。

【垓心】gāixīn〈名〉战场的中心:困于～。

赅(賅) gāi ❶〈动〉包括:～括|以偏～全。❷〈形〉完备:～备|博言简意～。

【赅博】gāibó〈形〉渊博。也作"该博"。

【赅括】gāikuò ❶〈动〉概括①。❷〈形〉概括②。

── gǎi ──

改 gǎi ❶〈动〉改变:～期|更～。❷〈动〉修改:～写|删～。❸〈动〉纠正:～正|～悔。❹〈名〉姓。

【改编】gǎibiān〈动〉❶根据原著改写成跟原著体裁不同的作品。❷改变原来的编制(多指军队)。

【改变】gǎibiàn〈动〉❶事物发生明显的差异:认识～了。❷更改:～作战计划。

【改朝换代】gǎi cháo huàn dài 旧的朝代为新的朝代所替,泛指政权更替。

【改革】gǎigé〈动〉把事物中旧的、不合理的部分改成新的、能适合客观情况需要的:技术～|土地～|经济管理体制～。

【改悔】gǎihuǐ〈动〉❶认识错误并加以改正:不知～。❷反悔。

【改进】gǎijìn〈动〉改变旧情况,使有所进步:～工作。

【改良】gǎiliáng〈动〉❶去掉事物的某种缺点,使更适合需要:～品种|～土壤。❷改善:职工待遇。

【改善】gǎishàn〈动〉改变原有情况,使有所好转:～劳动条件|～生活。

【改天换地】gǎi tiān huàn dì 指从根本上改造大自然,也比喻彻底改造社会。

【改头换面】gǎi tóu huàn miàn 比喻只改变一下形式,而不改变内容(含贬义)。

【改弦更张】gǎi xián gēng zhāng 琴声不和谐,换了琴弦,重新安上。比喻改革制度或变更方法。

【改弦易辙】gǎi xián yì zhé 改换琴弦,变更行车道路。比喻改变方法或态度。

【改邪归正】gǎi xié guī zhèng 改掉不正当行为,走上正路,不再做坏事。

【改移】gǎiyí〈动〉更改;改变。

【改元】gǎiyuán〈动〉君主、王朝改换年号,每一个年号开始的一年称"元年"。

【改造】gǎizào〈动〉❶改变旧的、建立新的,适应新的形势和需要:～世界观。❷修改或变更原有的事物,使适合要求:～低产田。

【改组】gǎizǔ〈动〉改变原来的组织或更换原有的人员:机构～。

备用词 窜改 篡改 更改 悔改 校改 批改 删改 涂改 修改 屡教不改 朝令夕改

胲 gǎi〈名〉颊上的肌肉。
△另见 hǎi。

── gài ──

丐(*匄匃) gài ❶〈动〉乞求:～助。❷〈名〉乞丐。❸〈动〉给;施与:沾～后人。

芥 gài[芥菜]〈名〉草本植物,叶子大,多皱纹,是普通蔬菜。
△另见 jiè。

钙(鈣) gài〈名〉金属元素,符号 Ca。银白色,钙的化合物用途很广。

盖(蓋) gài ❶〈名〉器物上部可以拿起的有遮蔽作用的东西:锅～|茶壶～儿。❷〈名〉某些动物背部的甲壳,也指人体某些近类似作用的骨头:螃蟹～|乌龟～|膝～|天灵～。❸〈名〉古代指伞:华～(古代车上像伞的篷子)。❹〈动〉由上而下地遮掩;蒙上:遮～|覆～|铺天～地|欲～弥彰。❺〈动〉打上(印章):～印|～章。❻〈动〉超过;压倒:气～山河|英才～世。❼〈动〉建筑(房屋):楼～|翻～。❽〈副〉a)大概:此书之印行～在 1902 年。b)原来:乃悟前狼假寐,～以诱敌。❾〈连〉承上文申说理由或原因:有所不知,～未学也。❿发语词:～儒者所争,尤在于名实。⓫〈名〉姓。
△另见 gě;hé。

【盖棺论定】gài guān lùn dìng 人死后对他的是非功过做出最后结论。

【盖世】gàishì〈动〉(才能、功绩等)超过当世,没有人比得过:～无双。

【盖世太保】gàishìtàibǎo〈名〉法西斯德国的国家秘密警察组织。[外]

备用词　覆盖　笼盖　铺盖　掩盖　遮盖　翻盖　修盖

溉 gài〈动〉❶浇;灌:灌～|～田。❷洗;洗涤。

概(*❶❷槩) gài ❶〈形〉大略:大～|～貌。❷〈副〉一律:～～|～莫能外。❸〈名〉气度、神情:气～。❹〈名〉景象;状况:胜～(美丽的景象)。

【概范】gàifàn〈名〉模型;模特儿。

【概括】gàikuò ❶〈动〉把事物的共同特点归结在一起;总括:哲学是关于自然知识和社会知识的～和总结。❷〈形〉简单扼要:～介绍。

【概率】gàilǜ〈名〉表示某种事件在同一条件下发生的可能性大小的量叫作"概率"。例如在一般情况下,一个鸡蛋孵出的小鸡是雌性或雄性的概率都是1/2。

【概略】gàilüè ❶〈名〉大概的情况;梗概:故事～。❷〈形〉大概;粗略:～地描述。

【概莫能外】gài mò néng wài 一概不能除外,指都在所指的范围之内。

【概念】gàiniàn〈名〉反映事物本质特征的一种思维的基本形式。

— gān —

干(❼-❽乾*❼-❽乹) gān ❶〈名〉古代指盾:～戈。❷〈动〉冒犯:～犯。❸〈动〉牵连;涉及:～涉|与你何～? ❹〈动〉追求(职位、俸禄等)～禄|～进。❺〈名〉水边:江～|河～。❻〈名〉指天干:～支。❼〈形〉没有水分或水分很少(跟"湿"相对):～柴|～果。❽〈动〉喝尽壶中或杯中的酒:～杯。❾〈名〉加工制成的干的食品:饼～|鱼～。❿〈形〉空虚;空无所有:外强中～。⓫〈形〉只具形式的:～笑|～号(háo)。⓬〈形〉指拜认的亲属关系:～亲|～爹。⓭〈副〉徒然;白:～着急|～打雷不下雨。⓮〈名〉姓。

　　△另见 gàn;"乾"另见 qián。

【干碍】gān'ài〈动〉牵连;关涉;妨碍。

【干巴巴】gānbābā ❶〈形〉形容没有水分或水分很少。❷(语言文字)内容不生动,不丰富。

【干瘪】gānbiě〈形〉❶失去水分而收缩;不丰满:～的嘴唇。❷(文辞等)内容贫乏,枯燥无味。

【干坼】gānchè〈形〉干裂。

【干城】gānchéng〈名〉盾牌和城墙,比喻捍卫者:卫国～。

【干脆】gāncuì ❶〈形〉爽快;痛快;直截了当:说话～|办事～利落。❷〈副〉索性:反正已经晚了,～别去了。

【干犯】gānfàn〈动〉❶干扰;侵犯:～主权。❷触犯;冒犯:～法纪。

【干戈】gāngē〈名〉❶盾和戟,是古代常用的两种兵器,泛指武器。❷比喻战争:化～为玉帛。

【干涸】gānhé〈形〉(河、池塘等)没有水了。

【干将】gānjiāng〈名〉古代宝剑名。

　　△另见 gànjiàng。

【干净】gānjìng〈形〉❶没有尘土、油垢等:～衣裳。❷(文辞)简洁,不拖泥带水:文笔～。❸一点儿不剩:把饭吃～。

【干枯】gānkū〈形〉❶草木因衰老或缺乏营养、水分而枯萎:～的树叶。❷干涸:～的池塘。

【干酪】gānlào〈名〉牛、羊、马的乳汁经发酵、凝固制成的食品。

【干连】gānlián〈动〉牵连;受～。

【干扰】gānrǎo ❶〈动〉扰乱;搅扰。❷〈名〉妨碍无线电设备正常接收信号的电磁振荡。

【干涉】gānshè〈动〉❶过问别人的事或制止别人的行动:～婚姻自由。❷关系;关联:二者了无～。

【干松】gānsōng〈形〉干燥松散;干:～的草堆|衣服让雨淋湿了,全身没有一点～的地方。

【干系】gānxì〈名〉关系;责任:～重大。

【干预】(干与) gānyù〈动〉过问别人的事。

【干支】gānzhī〈名〉天干和地支的合称。我国古代拿天干和地支相配,配成甲子、乙丑等六十组,用来表示年、月、日的次序,周而复始,循环使用。现在农历的年份仍用干支。

【干租】gānzū〈动〉一种租赁方式,在租赁设备、交通工具等时,不配备操纵、维修人员(跟"湿租"相对)。

备用词　风干　枯干　包干　折干　口血未干　乳臭未干　外强中干

甘 gān ❶〈形〉使人满意的;甜:～泉|～甜|～同～共苦。❷〈动〉自愿;乐意:～心|～休|～拜下风|～不示弱。❸〈名〉姓。

【甘拜下风】gān bài xià fēng 真心佩服,自认不如人家。

【甘苦】gānkǔ〈名〉❶比喻美好的处境和艰苦的处境:同呼吸,共～。❷经历后体会到的某种工作的滋味,多偏指艰苦的一面:深知个中~。

【甘霖】gānlín〈名〉指久旱以后下的透雨。

【甘美】gānměi〈形〉(味道)香甜;甜美。

【甘心】gānxīn〈动〉❶愿意:~情愿。❷称心满意:不获金牌不~。

【甘休】gānxiū〈动〉情愿罢休;罢手:善罢~|不达目的,决不~。

【甘之如饴】gān zhī rú yí 感到像糖一样甜(用于承受艰难、痛苦)。

玕 gān 见【琅(láng)玕】。

杆 gān〈名〉有一定用途的棍状物(多直立在地上):旗~|桅~|标志~|电线~。△另见gǎn。

肝 gān〈名〉人和高等动物的消化器官之一,主要功能是分泌胆汁,储藏动物淀粉,调节蛋白质、脂肪和碳水化合物的新陈代谢等。也叫"肝脏"。

【肝胆】gāndǎn〈名〉❶比喻真诚的心意:~相照(比喻以真心相见)。❷比喻勇气、血性:~过人。

【肝火】gānhuǒ〈名〉指容易急躁、发怒的情绪:~旺。

【肝脑涂地】gān nǎo tú dì 原指在战乱中惨死,后用来表示竭尽忠诚,不惜牺牲生命。

坩 gān[坩埚(guō)]〈名〉熔化金属等的器皿,多用黏土、石墨等制成。

苷 gān[糖苷]〈名〉即甙(dài)。

矸 gān[矸石]〈名〉煤里含的石块,其中所含可燃物很少。

泔 gān〈名〉泔水,淘米、洗菜、洗刷锅碗等用过的水。

柑 gān〈名〉灌木,果实球形稍扁,比橘子大,橙黄色,果肉多汁,味甜。

竿 gān〈名〉竹竿,截取竹子的主干,削去枝叶而成:钓~|立~见影|日上三~。

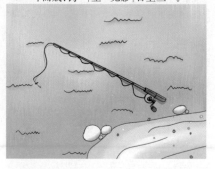

酐 gān〈名〉酸酐,酸失去水分子而成的氧化物。

疳 gān〈名〉中医指小儿面黄肌瘦、腹部膨大的病症:~积。

尴(尴) gān[尴尬(gà)]〈形〉❶处境为难,事情难办:去也不好,不去也不好,真~。❷(神色、态度)不自然:~相|好不~。❸鬼鬼祟祟,行为不端正(多见于早白话):这厮好不~。

━━ gǎn ━━

杆(*桿) gǎn❶〈名〉器物上像棍子的细长部分:笔~儿|烟袋~儿。❷〈量〉用于有杆的器物:一~秤|一~枪。△另见gān。

秆(*稈) gǎn〈名〉某些植物的茎:秸~|麦~|麻~儿|高粱~子。

赶(趕) gǎn❶〈动〉追:追~|~时髦。❷〈动〉加快行动,使不误时间:~路|~任务。❸〈动〉驾驭:~驴|~大车。❹〈动〉驱逐:~苍蝇|~尽杀绝。❺〈动〉遇到(某种情况):趁着(某个时机):~巧。❻〈介〉表示等到某个时候:~明儿再买也不迟。❼〈名〉姓。

【赶集】gǎnjí〈动〉到集市上买卖货物。

【赶紧】gǎnjǐn〈副〉抓紧时机,毫不拖延:~走吧,别晚了。

【赶尽杀绝】gǎn jìn shā jué 彻底消灭干净,泛指对人残忍狠毒,不留余地。

【赶考】gǎnkǎo〈动〉科举时代指应试:进京~。

【赶快】gǎnkuài〈副〉抓住时机,加速行动:你~走还来得及。

【赶路】gǎnlù〈动〉为早到达目的地而加快速度走路:快睡吧,明天一早还要~呢。

【赶忙】gǎnmáng〈副〉赶紧;连忙。

【赶趟】gǎntàng〈动〉赶得上;来得及。

【赶早】gǎnzǎo〈副〉抓紧时机或提前时间(采取行动):~把货脱手。

敢 gǎn❶〈形〉有勇气;有胆量:勇~|果~。❷〈动〉表示有胆量做某种事情:~作~为|~怒而不~言。❸〈动〉表示有把握做某种判断:谁~说没问题?❹〈动〉谦辞,表示冒昧地请求别人:~问|~烦。❺〈副〉a)不敢;岂敢:~不从命?b)大约;怕是:~是他不知道吧?❻〈名〉姓。

【敢情】gǎnqing〈副〉❶表示发现原来没有发现的情况:~你也不知道。❷表示情理明显,不用怀疑:打球? 那～好!

【敢于】gǎnyú〈动〉有决心并有勇气(去做):～斗争。

感 gǎn ❶〈动〉觉得:～觉|深～内疚。❷〈动〉感动:～人肺腑|深有所～。❸〈动〉怀有谢意:～谢|铭～于心。❹〈动〉感伤:时花溅泪,恨别鸟惊心。❺〈动〉中医指感受风寒:外～|内伤。❻〈名〉感觉;情感;感想:美～|观～|自豪～|百～交集。❼〈动〉(胶片、晒图纸等)接触光线而发生变化:～光。

【感触】gǎnchù ❶〈动〉跟外界事物接触而引起思想情绪:～时事。❷〈名〉跟外界事物接触而引起的思想情绪:深有～。

【感动】gǎndòng ❶〈形〉思想感情受外界事物的影响而激动,引起共鸣、同情或敬佩:深受～。❷〈动〉使感动:他的话深深～了我。

【感恩戴德】gǎn ēn dài dé 感激别人的恩德。

【感奋】gǎnfèn〈动〉受感动而兴奋或奋发:～不已|不胜～。

【感愤】gǎnfèn〈动〉有所感触而愤慨:令人～。

【感服】gǎnfú〈动〉感叹佩服。

【感化】gǎnhuà〈动〉❶用行动影响或善意劝导,使人的思想、行为逐渐向好的方面变化。❷跟外界事物接触而动心。

【感激】gǎnjī〈动〉❶因对方的好意或帮助而怀有好感:～涕零。❷有所感动而情绪激发:先帝不以臣卑鄙,猥自枉屈,三顾臣于草庐之中,咨臣以当世之事,由是～,遂许先帝以驱驰。

【感觉】gǎnjué ❶〈名〉客观事物的个别特性作用于人的感官而在人脑中引起的反应:～迟钝。❷〈动〉觉得:吃了药,他～身体好多了|近来他～工作很不顺利。

【感慨】gǎnkǎi〈动〉有所感触而慨叹:～万端。

【感喟】gǎnkuì〈动〉感慨;叹息。

【感佩】gǎnpèi〈动〉感叹佩服:令人～。

【感情】gǎnqíng〈名〉❶对外界刺激的比较强烈的心理反应:动～|～激动|～脆弱。❷对人或事物关切、喜爱的心情:～深厚。

【感染】gǎnrǎn〈动〉❶受到传染:伤口～。❷通过语言文字或其他形式引起别人相同的思想感情:～力。

【感伤】gǎnshāng〈形〉因有所感触而悲伤:～不已。

【感受】gǎnshòu ❶〈动〉受到(影响);接受:～风寒|～刺激。❷〈名〉跟外界事物接触而得到的影响;体会:生活～。

【感叹】gǎntàn〈动〉因有所感触而叹息:为之～|～世事艰辛。

【感同身受】gǎn tóng shēn shòu 感激的心情如同亲身受到对方的恩惠一样,多用于代人表示谢意。

【感悟】gǎnwù〈动〉因有所感触而领悟。

【感想】gǎnxiǎng〈名〉跟外界事物接触而引起的思想反应:观光归来畅谈～。

【感谢】gǎnxiè〈动〉用言语行动表示谢意;感激:衷心～。

【感性】gǎnxìng〈形〉指属于感觉、知觉等心理活动的(跟"理性"相对):～认识。

【感应】gǎnyìng〈动〉❶某些物体或电磁装置受到电场或磁场的作用而发生电磁状态的变化,叫作"感应"。❷因受外界影响而引起相应的感情或动作。

【感召】gǎnzhào〈动〉感化和召唤:～力。

备用词 恶感 反感 好感 快感 美感 灵感 敏感 情感 伤感 杂感 同感 痛感 预感

澉 gǎn[澉浦(pǔ)]〈名〉地名,在浙江。

橄 gǎn[橄榄]〈名〉❶乔木,果实长椭圆形,两端稍尖,绿色,可以吃,也可入药。❷小乔木,即油橄榄,叶子长椭圆形,果实可榨油。西方用它的枝叶作为和平的象征。

擀 gǎn〈动〉用棍棒来回碾:～面条|～毡子。

鳡(鱤) gǎn〈名〉鱼,身体长而近圆筒形,青黄色,吻尖,性凶猛,捕食其他鱼类。

gàn

干(幹*❶榦) gàn ❶〈名〉事物的主体或重要部分:树～|

G

骨~|主~。❷〈名〉指干部:提~|~群关系。❸〈动〉做(事):实~|单~|埋头苦~。❹〈形〉能干;有能力的:~练|精明强~。❺〈动〉担任;从事:入伍前~过会计。
△另见 gān。

【干部】gànbù〈名〉❶指国家机关、军队、人民团体中的公职人员(士兵、勤杂人员除外)。❷指担任一定领导工作或管理工作的人员:工会~|学生~。

【干才】gàncái〈名〉❶办事的才能。❷指有办事能力的人。

【干将】gànjiàng〈名〉有办事能力的或积极办事的人。
　　　　△另见 gānjiāng。

【干劲】gànjìn〈名〉做事的劲头:~冲天|鼓足~。

【干练】gànliàn〈形〉有才能而又有经验:精明~。

【干事】gànshi〈名〉在某些部门中专门负责某项具体事务的人员:宣传~。

【干细胞】gànxìbāo〈名〉一切血细胞的原始细胞。主要分布于骨髓中,脾内也有少量存在,外形像小淋巴细胞。其中一部分可在一定激素的刺激下,向一定方向分裂、分化,形成红细胞、淋巴细胞等不同的血细胞。

备用词　苦干　蛮干　肓干　巧干　才干　精干　能干　骨干　基干　躯干

旰 gàn〈形〉天色晚:日~|宵衣~食。

绀(紺) gàn〈形〉稍微带红的黑色:~青|~紫。

淦 gàn〈名〉❶淦水,水名,在江西。❷姓。

竷 gàn[竷井沟]〈名〉地名,在重庆忠县。

赣(贛*灨灨) gàn〈名〉❶赣江,水名,在江西。❷江西的别称。

―― gāng ――

冈(岡) gāng〈名〉❶较低而平的山脊:山~|~峦|景阳~。❷姓。

[冈峦] gāngluán〈名〉连绵的山冈:~起伏。

江 gāng〈名〉姓。

扛(*㧏) gāng〈动〉用两手举(重物):力能~鼎。
△另见 káng。

刚(剛) gāng❶〈形〉硬;坚强(跟"柔"相对):~强|以柔克~。❷〈副〉a)恰好:~好|~巧。b)仅仅:天很黑,~能看见人影儿。c)才:她~来又走了。d)用在复句里,后面用"就"字呼应,表示两件事紧接:~过完春节,他就急着回部队。❸〈名〉姓。

【刚愎自用】gāng bì zì yòng 固执自信,不接受别人的意见(愎:乖僻,执拗)。

【刚才】gāngcái〈名〉指刚过去不久的时间。

【刚风】gāngfēng 同"罡(gāng)风"。

【刚健】gāngjiàn〈形〉(性格、风格、姿态等)坚强有力:风骨~。

【刚劲】gāngjìng〈形〉(风格、姿态等)挺拔有劲:笔力~。

【刚烈】gāngliè〈形〉刚强有气节:禀性~。

【刚强】gāngqiáng〈形〉(性格、意志)坚强,在困难或恶势力面前不动摇、不屈服。

【刚性】gāngxìng❶〈名〉坚强的性格;刚强气质:一个男子汉应该有~。❷〈形〉坚硬不易变化的:~物体。❸〈形〉不能改变或通融的:~指标。

【刚毅】gāngyì〈形〉刚强坚毅:神色~。

【刚勇】gāngyǒng〈形〉刚强勇猛。

【刚正】gāngzhèng〈形〉刚直:~廉洁。

【刚直】gāngzhí〈形〉刚强正直:~不阿(ē)。

杠 gāng〈名〉❶桥。❷旗杆。
△另见 gàng。

岗(崗) gāng 同"冈"①。
△另见 gǎng。

肛(*疘) gāng〈名〉肛门和直肠末端的总称:~裂|~瘘|脱~。[注意]"疘"只用于"脱疘"。

纲(綱) gāng〈名〉❶提网的总绳,比喻事物的主要部分:~领。❷生物学分类中的一个层次,门下为纲,纲下为目。❸旧时成批运输货物的组织:生辰~。

【纲纪】gāngjì〈名〉❶法度;法纪:~废弛。❷纲要;提纲:烛下握笔,略记~。

【纲举目张】gāng jǔ mù zhāng 提起网上的总绳,一个个网眼就都张开了。比喻做事抓住主要环节,带动次要环节;也比喻文章条理分明。

【纲领】gānglǐng〈名〉❶政府、政党或社团等根据自己在一定时期内的任务而制定的奋斗目标和行动方针:政治～。❷泛指起领导作用的原则:～性文件。

【纲目】gāngmù〈名〉大纲和细目:调查～。

【纲要】gāngyào〈名〉❶提纲。❷概要(多用于书籍或文件的名称):《工业发展～》。

备用词 朝纲　大纲　党纲　提纲　政纲　总纲

钢(鋼)gāng〈名〉铁和碳的合金,含碳量小于2%,并含有少量锰、硅、硫、磷等元素,是重要的工业材料。

△另见gàng。

【钢铁】gāngtiě ❶〈名〉钢和铁的统称:～工业。❷〈形〉比喻坚强:～战士。

【钢硬】gāngyìng〈形〉容形坚硬:冻得～的泥土。

缸(*瓨)gāng〈名〉❶一种盛东西的器物,底小口大,用陶、瓷、搪瓷、玻璃等烧制而成:水～|鱼～|染～。❷缸瓦,用砂子、陶土等混合成的质料:～砖|～盆。❸像缸的器物:汽～。

罡gāng〈名〉姓。

【罡风】gāngfēng〈名〉道家称天空极高处的风,现也用来指强烈的风。也作"刚风"。

釭gāng〈名〉油灯。

堽gāng[堽城屯]〈名〉地名,在山东。

━━ gǎng ━━

岗(崗)gǎng〈名〉❶小山或高起的土坡:黄土～|乱葬～子。❷平面上鼓起的长道子:肉～子。❸岗位;岗哨:站～|～楼。❹姓。

△另见gāng。

【岗哨】gǎngshào〈名〉站岗放哨的处所,也指站岗放哨的人。

【岗位】gǎngwèi〈名〉原指军警守卫的位置,现泛指职位:工作～。

皖gǎng❶同"航"。❷〈名〉云南德宏傣语地区过去相当于乡一级的行政区划,也用来称乡一级的头人。

港gǎng〈名〉❶可以停泊大船的江、海口岸,也指飞机场:～湾|商～|航空～。❷江河的支流(多用于河流名):～汊|常山～(在浙江)。❸指香港:～币|～澳同胞。❹姓。

【港口】gǎngkǒu〈名〉位于江、河、湖、海沿岸,具有一定自然条件和码头设备,供船只停泊、旅客上下和货物装卸的地方。

航gǎng〈名〉含盐分的沼泽地。

━━ gàng ━━

杠(*槓)gàng ❶〈名〉较粗的棍子:顶门～|用～撬石头。❷〈名〉机床上的棍状机件:丝～。❸〈名〉作为标记所画的粗直线:在精彩字句下面画上～儿。❹〈动〉画粗直线作为标记:稿子上～了一些杠子,以引起人的注意。

△另见gāng。

【杠杆】gànggǎn〈名〉❶在外力作用下能绕着杆上固定点转动的一种简单机械。使用杠杆可改变力的方向和大小。如剪刀、铡刀、镊子等就属于这一类。❷比喻起平衡、调节作用的事物或力量:经济～|发挥税收的～作用。

钢(鋼)gàng〈动〉❶把刀放在布、皮、石头等上面磨:～刀。❷在刀口上加钢,重新打造。

△另见gāng。

篢gàng[篢口]〈名〉地名,在湖南。

戇（戇）gàng〈形〉愣;鲁莽:～头～脑。
△另见 zhuàng。

━━ gāo ━━

皋（*皐皐）gāo〈名〉❶水边的高地:
汉～|江～|山～。❷沼泽。
❸姓。
【皋比】gāopí〈名〉虎皮。

高 gāo ❶〈形〉从下向上距离大;离地面远
（跟"低"相对,③④同):～峰|～峻|～寒|
～楼大厦。❷〈名〉高度:身～|跳～。❸〈形〉
在一般标准或平均程度之上:～温|～速度。
❹〈形〉等级在上的:～等|～级。❺〈形〉敬
辞,称与对方有关的事物:～见|～足|～寿|
～谊。❻〈名〉姓。
【高昂】gāo'áng ❶〈动〉向上扬起;升高:情绪
～。❷〈形〉昂贵:价格～。
【高傲】gāo'ào〈形〉自以为了不起,看不起
人:态度～|～自大。
【高保真】gāobǎozhēn〈形〉(图像、声音等)保
持高度清晰、真实的:～录像机。
【高倍】gāobèi〈形〉倍数大的:～镜头|～
放大。
【高不可攀】gāo bù kě pān 高得攀不着,形容
难以达到。
【高才生】gāocáishēng〈名〉指成绩优异超群
的学生。也作"高材生"。
【高材】gāocái ❶〈形〉才智卓越的:现代企业
需要～的管理人员。❷〈名〉指才智卓越的
人:像你这样的～,哪里都需要。
【高材生】gāocáishēng 同"高才生"。
【高参】gāocān〈名〉高级参谋;泛指帮人出谋
划策的人:有你这位～,还怕办不成事情?
【高层】gāocéng ❶〈名〉高的等级或层次:位
居～|他住～,我住低层。❷〈形〉(楼房等)层
数多的,我国通常指10层至30层的:～住宅
|～公寓。
【高差】gāochā〈名〉两点间的高度之差:这条
索道两端～150米。
【高产】gāochǎn ❶〈形〉比一般产量高的:～品
种|～作物|长期稳定～。❷〈名〉高的产量:
连年获～。
【高超】gāochāo〈形〉好得超出一般水平:球
艺～。
【高潮】gāocháo〈名〉❶在潮的一个涨落周期
内的最高潮位。❷比喻事物高度发展的阶
段。❸小说、戏剧、电影情节中矛盾发展的
顶点。

【高大】gāodà〈形〉❶高而大:身材～|～的宫
墙。❷崇高伟大:形象～。❸(年岁)大多见
于早期白话:老夫年纪～。
【高蛋白】gāodànbái〈形〉蛋白质成分含量高
的(食物):～食品|具有低脂肪、～的特点。
【高档】gāodàng〈形〉质量、价格高的;档次高
的:～饭店|衣料很～。
【高等】gāoděng〈形〉❶难度大的;高深的:～
数学。❷高级①:～植物。
【高等动物】gāoděng dòngwù 在动物学中一
般指身体结构复杂、组织及器官分化显著而
具有脊椎的动物。最狭义的高等动物专指哺
乳动物。
【高等教育】gāoděng jiàoyù 在中等教育的基
础上,培养具有专门知识或专门技能人才的
教育。简称"高教"。
【高等学校】gāoděng xuéxiào 实施高等教育
的学校,包括大学、专门学院和专科学校。简
称"高校"。
【高等植物】gāoděng zhíwù 个体发育过程中
具有胚胎期的植物,包括苔藓类、蕨类和种子
植物。一般有茎、叶的分化和由多细胞构成
的生殖器官。
【高低】gāodī ❶〈名〉高的和低的:路面～不
平。❷〈名〉高低的程度;高度:科技水平的～
是综合国力的体现。❸〈名〉好坏、优劣的程
度:这两台冰箱的质量难分～。❹〈名〉(说
话、做事)分寸:深浅轻重:这孩子不知～,
张口就顶撞人。❺〈副〉表示无论怎样:今天
～得把这批货送到。
【高调】gāodiào〈名〉❶唱歌或说话时比一般
频率高的音调:～大嗓。❷比喻不切实际或
只说不做的漂亮话:求真务实,不唱～。
【高度】gāodù ❶〈名〉上下之间的距离。❷
〈形〉程度很高的:精神～集中|～的劳动
热情。
【高端】gāoduān〈名〉同类中高的层次、档次
等;指高层官员或负责人:稳居～|～产品|～
访谈。
【高额】gāo'é〈形〉数额特别大的:～利润|～
回扣。
【高发】gāofā〈形〉(疾病、事故等)发生频率高
的:胃癌～地区|交通事故～地段。
【高风亮节】gāo fēng liàng jié 高尚的品德和
节操。
【高峰】gāofēng〈名〉❶高的山峰:珠穆朗玛峰
是世界第一～。❷比喻事物发展的最高点:
攀登科学～。❸比喻领导人员中的最高层:

~会谈｜~会议。

【高峰会议】gāofēng huìyì 指高级领导人的会议。简称"峰会"。

【高高在上】gāogāo zài shàng 形容领导者脱离群众，不深入实际。

【高歌猛进】gāo gē měng jìn 高声歌唱着勇猛地前进。形容在前进的道路上斗志昂扬，勇往直前。

【高贵】gāoguì〈形〉❶指达到高度道德水平的：~品质。❷指社会地位特殊或生活享受优越的：~的骑士。

【高级】gāojí〈形〉❶（阶段、等级）具有较高程度的：~干部。❷（质量、水平等）在一般水平以上的：~毛料｜~商品。

【高技术】gāojìshù〈名〉指高新技术。

【高架路】gāojiàlù〈名〉架在地面上空的道路，供机动车辆行驶。

【高架桥】gāojiàqiáo〈名〉修建在地面或道路上空的形状像桥的路段，供机动车辆行驶，能够避免道路平面交叉，从而提高交通运输能力。

【高见】gāojiàn〈名〉敬辞，高明的见解。

【高教】gāojiào〈名〉"高等教育"的简称。

【高洁】gāojié〈形〉高尚纯洁：品质~。

【高就】gāojiù〈动〉敬辞，指离开原来职位就任更高的职位：另有~。

【高峻】gāojùn〈形〉❶（山势、地势等）高而陡。❷（树木）又高又直：~挺拔的白杨树。

【高亢】gāokàng〈形〉❶（声音）高而洪亮。❷（地势）高：~地。

【高考】gāokǎo〈名〉高等学校招生考试的简称。

【高科技】gāokējì〈名〉指高新技术。

【高空】gāokōng〈名〉离地面很高的天空：~探测｜~气球。

【高丽】gāolí〈名〉朝鲜半岛历史上的一个王朝（公元 918 年－1392 年），即王氏高丽，我国习惯上多沿用来指称朝鲜或与朝鲜有关的某些事物：~人｜~参｜~纸。

【高邻】gāolín〈名〉敬辞，称呼邻居。

【高论】gāolùn〈名〉敬辞，见解高明的言论。

【高慢】gāomàn〈形〉自高而傲慢。

【高妙】gāomiào〈形〉高明而巧妙：笔法~。

【高明】gāomíng ❶〈形〉高超：医术~。❷〈名〉高明的人：另请~。

【高难】gāonán〈形〉难度很高的（多指技巧）：~动作。

【高能】gāonéng〈形〉能量很高的：~燃料。

【高攀】gāopān〈动〉指跟社会地位比自己高的人交朋友或结成亲戚：不敢~。

【高朋满座】gāo péng mǎn zuò 高贵的宾客坐满了席位，形容宾客很多。

【高企】gāoqǐ〈动〉（价格、数值等）居高不下：房价~。

【高迁】gāoqiān〈动〉敬辞，称人地位高升。

【高强】gāoqiáng〈形〉高超；胜过一般：本领~。

【高墙】gāoqiáng〈名〉高大的围墙；借指监狱。

【高跷】gāoqiāo〈名〉❶一种民间舞蹈。表演者踩着装有踏脚装置的长木棍，扮成各种角色，在锣鼓的伴奏下，边走边表演。❷指表演高跷用的木棍。

【高清晰度电视】gāoqīngxīdù diànshì 一种新型电视系统。由于使用数字化传输、逐行扫描、改变高宽比等新技术，电视画面的清晰度和色度大大高于普通电视。

【高擎】gāoqíng〈动〉高高托起；高举：~火炬。

【高人】gāorén〈名〉❶高士。❷学术、技能、地位高的人：他的武功受过~指点。

【高人一等】gāo rén yī děng 比一般人高出一个等次。形容超过一般人（多用于贬义）：自视~的人往往是浅薄无知的人。

【高僧】gāosēng〈名〉精通佛理、道行（héng）高深的僧人。

【高山景行】gāo shān jǐng xíng《诗经·小雅·车辖》："高山仰止，景行行止。"（高山：比喻道德高尚。景行：比喻行为光明正大。止：语助词）意思是高山可以仰望，大道可以行走。后用"高山景行"比喻道德高尚，行为光明正大。

【高山流水】gāo shān liú shuǐ《列子·汤问》记载：春秋时俞伯牙弹琴，钟子期善欣赏。俞伯牙弹琴，内心时而向往着高山，时而向往着流水，只有钟子期能理解琴声含义。后用"高山流水"比喻知音难得或乐曲高妙。

【高山仰止】gāo shān yǎng zhǐ 比喻道德崇高，令人仰慕。参见"高山景行"。

【高尚】gāoshàng〈形〉❶品质崇高；道德水平高。❷有意义的，不是低级趣味的：~的事业。

【高深】gāoshēn〈形〉水平高；程度深：~莫测｜~的学问。

【高视阔步】gāo shì kuò bù 昂着头迈着大步，形容自豪或傲慢。

【高手】gāoshǒu〈名〉技能、技艺水平特别高的人：武林~｜围棋~。

【高寿】gāoshòu ❶〈形〉寿命长。❷〈名〉敬辞,用于问老人的年纪:您老~?

【高爽】gāoshuǎng〈形〉❶天气明朗,空气流通,使人感到爽快。❷高傲豪爽:志气~。

【高耸】gāosǒng〈动〉高高地矗立:奇峰~。

【高速】gāosù ❶〈形〉速度快的:~列车|~增长。❷〈名〉高速公路的简称。

【高速钢】gāosùgāng〈名〉含钨、铬、钒等的高合金工具钢,在600℃高温下不软化,主要用于制造高速切削刀具。

【高速公路】gāosù gōnglù 能适应汽车以120千米以上时速行驶的公路。双向有4条或6条以上车道,中间设隔离带,全线封闭,禁止行人和非机动车通行。

【高速铁路】gāosù tiělù 最高行车速度达到或超过每小时200千米的铁路。

【高抬贵手】gāo tái guì shǒu 客套话,多用于请求对方饶恕或给予方便。

【高谈阔论】gāo tán kuò lùn ❶漫无边际地谈论。❷指不切实际地大发议论。

【高堂】gāotáng〈名〉❶高大的厅堂:置酒~。❷指父母。

【高危】gāowēi〈形〉发生某种不良情况的危险性高的:~妊娠|冠心病~人群。

【高位】gāowèi〈名〉❶高贵而显赫的地位:身居~。❷肢体靠上的部位:~截肢。❸指多个等级数位中大的数位:股值升至~。

【高屋建瓴】gāo wū jiàn líng 在高屋顶上用瓶子往下倒水,比喻居高临下的形势(建:倾倒)。

【高下】gāoxià〈名〉(水平的)高低(质量的)优劣:在竞技场上一争~|文章自有~之分。

【高限】gāoxiàn〈名〉上限。

【高校】gāoxiào〈名〉高等学校的简称。

【高效】gāoxiào〈形〉效率或效能超出一般:优质~|~无毒农药。

【高效能】gāoxiàonéng〈形〉效率、效能高的:~燃料|~,低损耗。

【高新技术】gāoxīn-jìshù 指处于当代科学技术前沿,具有知识密集型特点的新兴技术,如信息技术、生物工程技术、航天技术、纳米技术等。

【高兴】gāoxìng ❶〈形〉愉快而兴奋。❷〈动〉乐意;喜欢:我~下棋,他~打球。

【高雅】gāoyǎ〈形〉高贵文雅;雅致:风格~。

【高义】gāoyì〈名〉指高尚的品德或崇高的正义感:臣所以去亲戚而事君者,徒慕君之~也。

【高原】gāoyuán〈名〉海拔较高、地形起伏不

大的大片平地。

【高瞻远瞩】gāo zhān yuǎn zhǔ 站得高,看得远,形容眼光远大。

【高涨】gāozhǎng ❶〈动〉急剧上升或很快地向前发展:情绪~|物价~。❷〈形〉旺盛;饱满。

【高枕无忧】gāo zhěn wú yōu〈动〉垫高了枕头睡觉,无所忧虑。比喻平安无事,不用担忧。

【高致】gāozhì〈名〉高尚的品格或情趣。

【高姿态】gāozītài〈名〉指在解决与他人的矛盾时表现出的严于律己、宽以待人的态度:双方都采取~,问题就好解决了。

【高足】gāozú〈名〉敬辞,尊称别人的学生。

备用词 崇高 孤高 清高 提高 劳苦功高 水涨船高 自命清高

羔 gāo〈名〉小羊,也指某些其他动物的幼崽:羊~|鹿~|~皮。

【羔羊】gāoyáng〈名〉小羊,多比喻天真、纯洁、温顺或弱小的人:迷途的~。

楺(*楺) gāo 见〖桔(jié)楺〗。

睾 gāo [睾丸]〈名〉男子或雄性哺乳动物生殖器官的一部分,在阴囊内,椭圆形,能产生精子。

膏 gāo ❶〈名〉脂肪;油:~脂|春雨如~|焚~继晷(guǐ)。❷〈名〉很稠的糊状物:药~|牙~。❸〈名〉肥肉:~粱。❹〈形〉肥沃:~壤|~田满野。❺〈名〉我国古代医学上指心尖脂肪:~肓。
△另见 gào。

【膏肓】gāohuāng〈名〉古人把心尖脂肪叫"膏",心脏和膈膜之间叫"肓",认为"膏"、"肓"是药力达不到的地方:病入~。

【膏粱】gāoliáng〈名〉肥肉和细粮,泛指精美

的食物：～子弟(旧指富贵人家子弟)。

【膏腴】gāoyú〈形〉肥沃：～之地。

【膏泽】gāozé〈名〉❶滋润土壤的雨水。❷比喻恩惠。

篙 gāo〈名〉❶撑船的竹竿或木杆：竹～｜船～。❷姓。

糕(＊餻) gāo〈名〉❶用米粉、面粉等制成的食品：年～｜蜂～｜蛋～｜炸～｜南式～点。❷姓。

━━ gǎo ━━

杲 gǎo ❶〈形〉明亮：～日｜秋日～～。❷〈名〉姓。

搞 gǎo〈动〉做；干；办；弄：～垮｜～鬼(搞鬼)｜～生产｜～对象｜～通思想｜～出名堂｜～好关系。

【搞定】gǎodìng 方言。〈动〉把事情办妥；把问题解决：那件事已经～了,放心!

【搞笑】gǎoxiào 方言。〈动〉制造笑料,逗人发笑:不要采取庸俗手法～｜一味～的节目,效果不会好。

缟(縞) gǎo ❶〈名〉古代的一种白绢。❷〈形〉白颜色：～衣｜～素。

【缟素】gǎosù〈名〉❶泛指白色的丝织品。❷指丧服。

槁(＊槀) gǎo〈形〉干枯：枯～｜～木。

【槁木死灰】gǎomù sǐhuī 枯槁的树木和熄灭的火灰,比喻心情冷淡,意志消沉,对一切事情无动于衷。

【槁暴】gǎopù〈形〉枯干：虽有～,不复挺者,輮使之然也。

暠 gǎo〈形〉明亮：～～(很明亮的样子)。
△另见 hào "皓"。

镐(鎬) gǎo〈名〉刨土用的工具：～头｜铁～｜十字～｜鹤嘴～｜一把～。
△另见 hào。

稿(＊稾) gǎo〈名〉❶谷类植物的茎：～荐(稻草、麦秸等编成的垫子)。❷稿子：手～｜～纸。❸外发公文的草稿：拟～｜核～。

【稿草】gǎocǎo〈名〉禾秆做的饲料：马无～。

【稿子】gǎozi〈名〉❶诗文、图画等的草稿。❷写成的诗文等。

藁 gǎo〈名〉❶稻、麦、豆等作物的茎。❷藁城,地名,在河北。

【藁葬】gǎozàng〈动〉用草席裹着尸体埋葬。

━━ gào ━━

告 gào ❶〈动〉通过语言、文字向人陈述、解说：～诉｜广～｜奔走相～。❷〈动〉向行政司法机关检举、控诉：～状｜上～。❸〈动〉请求：～假｜央～。❹〈动〉表明：～辞｜自～奋勇。❺〈动〉宣布或表示某种情况的实现：～捷｜～竣｜一段落。❻〈名〉姓。

【告白】gàobái ❶〈名〉对公众的声明或启事。❷〈动〉说明；表白：向亲友～自己的委屈。

【告禀】gàobǐng〈动〉禀告。

【告病】gàobìng〈动〉❶指生病。❷旧时官吏以生病为理由申请辞职。

【告辞】gàocí〈动〉向主人辞别。

【告讦】gàojié〈动〉告发。

【告捷】gàojié〈动〉❶取得胜利：首战～。❷报告取胜的消息。

【告诫】(告戒) gàojiè〈动〉警告劝诫(多用于上级对下级或长辈对晚辈)：一再～｜谆谆～。

【告借】gàojiè〈动〉请求别人借钱物给自己：多方～。

【告警】gàojǐng〈动〉报告发生紧急情况,请求加强戒备或援助：～电话。

【告绝】gàojué〈动〉宣告绝迹：匪患～。

【告竣】gàojùn〈动〉宣告事情完毕(多指较大的工程)：铁路隧道工程已全部～。

【告劳】gàoláo〈动〉向别人表示自己的劳苦：不敢～。

【告老】gàolǎo〈动〉旧时官吏年老请求辞职,泛指年老退休：～还乡。

【告密】gàomì〈动〉告发别人的秘密活动。

【告庙】gàomiào〈动〉古代皇帝或诸侯出巡或遇有大事,向祖庙祭告,称"告庙"。

【告破】gàopò〈动〉宣告破获：这起特大凶杀案已～。

【告罄】gàoqìng〈动〉指财物用完或货物售完。

【告缺】gàoquē〈动〉指物品、货物等出现短缺：药品～｜物资～。

【告示】gàoshi〈名〉❶布告：安民～。❷旧指标语：红绿～。

【告诉】gàosù〈动〉受害人向法院告发。

【告诉】gàosu〈动〉说给人听,使人知道。

【告退】gàotuì〈动〉❶要求离去；告辞。❷旧指自请辞去职位。

【告慰】gàowèi〈动〉感到安慰；使感到安慰。

【告终】gàozhōng〈动〉宣告结束。

【告状】gàozhuàng〈动〉❶(当事人)向司法机

关请求审理案件。❷向上级或长辈诉说受到的欺负或不公正的待遇。

【告罪】gàozuì 〈动〉请罪，也用作谦辞：登门~|来晚了，向大家~。

备用词 报告 禀告 奉告 宣告 预告 警告 劝告 正告 哀告 求告 央告 祷告 控告 上告 诬告 布告 讣告 公告 广告 通告 文告

郜 gào 〈名〉姓。

诰(誥) gào ❶〈动〉上告知下。❷〈名〉古代一种告诫性的文章。❸〈名〉帝王对臣子的命令：~封|~命。

【诰命】gàomìng 〈名〉❶朝廷颁发的命令。❷指受过封号的妇人。

锆(鋯) gào 〈名〉金属元素，符号 Zr。银灰色，可用于原子能工业等。

【锆石】gàoshí 〈名〉矿物，化学成分是硅酸锆，无色，含杂质时呈黄、绿、橙、褐、红等颜色，有像金刚石的光泽，硬度 7—8，是提制锆的主要原料，也用来制造耐火材料，其中的上品是宝石。

膏 gào 〈动〉❶在轴承或机器转动摩擦的部分加润滑油：~车|~油。❷用毛笔蘸上墨，在砚台边上掭匀：~笔|~墨。

△另见 gāo。

G

— gē —

戈 gē 〈名〉❶古代的一种兵器，横刃，装有长柄。❷姓。

【戈壁】gēbì 〈名〉指地面几乎被粗沙、砾石所覆盖，植物稀少的荒漠地带。

备用词 兵戈 干戈 倒戈 反戈 大动干戈 同室操戈

仡 gē [仡佬族](gēlǎozú)〈名〉我国少数民族之一，主要分布在贵州。

△另见 yì。

圪 gē 见下。

【圪垯(da)】gēda 也作"圪塔"、"屹峪"。〈名〉❶同"疙瘩"。❷小土丘。

【圪塔】gēda 同"圪垯"。

屹 gē [屹峪(da)]同"圪垯"。

△另见 yì。

纥(紇) gē [纥繨(da)]〈名〉同"疙瘩"②，球形或块状的东西，多用于纱、线、织物等：线~|包袱~。

△另见 hé。

肐 gē ❶同"胳(gē)"。❷[肐察]拟声词：~的一枪。

疙 gē 见下。

【疙疤】gēba 方言。〈名〉痂。

【疙疸】gēda 同"疙瘩"。

【疙瘩】gēda 也作"疙疸"、"圪垯"。❶〈名〉皮肤上突起的或肌肉上结成的硬块：鸡皮~|让蚊子咬了一个~。❷〈名〉小的球形或块状的东西：面~|土~|芥菜~。❸〈名〉心中存有的疑虑或不易解决的矛盾：思想~|彼此之间还有点~。❹方言。〈形〉麻烦；别扭。

咯 gē 拟声词：她~~地在那里笑|母鸡~~~地叫着。

△另见 kǎ；lo；luò。

【咯噔】gēdēng 〈拟〉形容皮鞋踏地或物体撞击等声音：从楼梯上传来了~~的皮靴声|听说他出了车祸，我心里~一下子，腿都软了。

【咯咯】gēgē 也作"格格"。〈拟〉❶形容笑声：他~地笑了起来。❷形容咬牙声：牙齿咬得~响。❸形容机枪的射击声：机关枪~地响了起来。❹形容某些鸟的叫声。

【咯吱】gēzhī 〈拟〉形容竹、木等器物受挤压发出的声音：扁担压得~~地直响。

格 gē [格格]拟声词：小姑娘~地笑着，开心极了。

△另见 gé。

哥 gē 〈名〉❶哥哥：二~|堂~。❷亲戚或某种关系中同辈而年纪比自己大的男子：表~|师~。❸称呼年纪跟自己相近的男子（含亲热意）：刘大~|小二~|老大~。❹姓。

胳(*肐) gē [胳膊(bo)]〈名〉肩膀以下手腕以上的部分。

△另见 gā；gé。

鸽(鴿) gē 〈名〉鸟，翅膀大，善飞行，品种很多，有的可以用来传递书信。常用作和平的象征。

袼 gē [袼褙(bei)]〈名〉用碎布或旧布加衬纸裱成的厚片，多用来制布鞋等。

搁(擱) gē 〈动〉❶放；置：书~在桌子上|菜里少~点糖。❷放下；停止进行：这事不急，~一~再说吧。

△另见 gé。

【搁浅】gēqiǎn 〈动〉❶船只进入水浅的地方，不能行驶。❷比喻事情遇到阻碍，不能继续进行而停顿。

【搁置】gēzhì 〈动〉❶把东西搁起来不用。❷

放下;停止进行:～不论。

备用词 耽搁 延搁

割 gē〈动〉❶截断;切开:收～|切～。❷分割;割取:～胶|～蜜。❸舍弃:～弃|～舍|～爱。

【割爱】gē'ài〈动〉放弃心爱的东西:忍痛～|本期版面太挤,这篇只好～了。

【割除】gēchú〈动〉割掉;除去:～肿瘤|～病灶。

【割地】gēdì〈动〉割让领土:～求和|～赔款。

【割断】gēduàn〈动〉截断;切断:～绳索。

【割鸡焉用牛刀】gē jī yān yòng niú dāo 杀个鸡何必用宰牛的刀,比喻做小事情不值得用大的力量。

【割据】gējù〈动〉用武力占据部分地区,在一国内形成分裂对抗的局面:武装～。

【割裂】gēliè〈动〉把不应当分割的东西分割开(多指抽象的事物):因果关系被～了。

【割弃】gēqì〈动〉割舍。

【割让】gēràng〈动〉因战败或受侵略,被迫把一部分领土让给外国。

【割肉】gēròu〈动〉比喻赔钱卖出(多用于证券交易):股票现在～,得赔 30%。

【割舍】gēshě〈动〉舍弃;舍去:不忍～亲情。

【割席】gēxí〈动〉三国时管宁跟华歆同学,合坐一张席读书,后来管宁鄙视华歆的为人,把席割开分坐(见于《世说新语·德行》)。后世指跟朋友绝交。

备用词 分割 交割 切割 收割 阉割 宰割

歌(*謌)gē❶〈名〉歌曲:民～|唱～。❷〈动〉唱:～咏|～唱|讴～|放～。❸〈动〉作歌:因为长句,～以赠之。

【歌唱】gēchàng〈动〉❶唱(歌):放声～。❷用歌唱等形式颂扬:～祖国。

【歌带】gēdài〈名〉录有歌曲的磁带。

【歌功颂德】gē gōng sòng dé 颂扬功绩和恩德(多用于贬义)。

【歌诀】gējué〈名〉为了便于记诵,按事物的内容要点编成的韵文或无韵的整齐句子;口诀:乘法～|汤头～(用汤药方成中的药名编成的口诀)。

【歌迷】gēmí〈名〉喜欢听歌或唱歌而入迷的人。

【歌曲】gēqǔ〈名〉供人歌唱的作品:创作～。

【歌手】gēshǒu〈名〉擅长于唱歌的人。

【歌颂】gēsòng〈动〉用诗歌颂扬,泛指用语言文字等赞美:～家乡的巨大变化。

【歌厅】gētīng〈名〉演唱歌曲的营业性娱乐场所。

【歌舞升平】gē wǔ shēng píng 唱歌跳舞,庆祝太平。多形容太平盛世,有时也指粉饰太平。

【歌舞厅】gēwǔtīng〈名〉营业性的供人唱歌跳舞的场所。

【歌啸】gēxiào〈动〉高声歌唱:酒酣兴到,随意～。

【歌星】gēxīng〈名〉有名的歌唱演员。

【歌谣】gēyáo〈名〉指随口唱出,没有音乐伴奏的韵语,如民谣、儿歌等。

【歌吟】gēyín〈动〉歌唱;吟咏。

【歌咏】gēyǒng〈动〉❶唱歌:～队|～比赛。❷歌颂:～伟大时代。

【歌钟】gēzhōng〈名〉即"编钟",古代铜制打击乐器。

备用词 悲歌 儿歌 凯歌 恋歌 民歌 牧歌 情歌 山歌 颂歌 挽歌 渔歌 赞歌 战歌 四面楚歌 引吭高歌

镉(鎶)gē〈名〉金属元素,符号 Cn。有放射性,由人工核反应获得。

━━ gé ━━

革 gé❶〈名〉去毛后经过加工的兽皮:皮～制|～履(皮鞋)。❷〈名〉像革的东西:合成～|人造～。❸〈动〉改变:～新|变～。❹〈动〉开除;撤除(职务):开～|～职。❺〈名〉盔甲;甲胄:兵～。❻〈名〉姓。
△另见 jí。

【革除】géchú〈动〉❶铲除;除去:～陋习。❷开除;撤除(职务)。

【革故鼎新】gé gù dǐng xīn 革除旧的,建立新的。多指改朝换代或重大变革。

【革灭】gémiè〈动〉除灭;灭亡:～殆尽。

【革命】gémìng❶〈动〉被压迫阶级用暴力夺取政权,摧毁旧的腐朽的社会制度,建立新的进步的社会制度:十月～。❷〈形〉具有革命意识的:工人阶级是最～的阶级。❸〈动〉根本改革:技术～。

【革命家】gémìngjiā〈名〉具有革命思想,从事革命工作,并作出重大贡献的人:无产阶级～|鲁迅是伟大的思想家和～。

【革新】géxīn〈动〉改革旧的,创造新的:技术～|～设备|～变法。

【革职】gézhí〈动〉撤职:～查处|他上个月被～了职。

备用词 变革 鼎革 改革 兴革 沿革

荙 gé[荙葱]〈名〉多年生草本植物,野生,茎细,叶子长椭圆形,花白色。茎叶可以吃,也可入药。也说"野葱"、"山葱"。

阁(閣 *❶－❹閤) gé〈名〉❶风景区或庭园里一种类似楼房的建筑物,四方形、六角形或八角形,一般两层,周围开窗,可以凭高远望:滕王～|亭台楼～|仙山琼～。❷旧时指女子的住屋:闺～|出～。❸指内阁:～员|组～。❹放东西的架子:束之高～。❺姓。
　　△"閤"另见 hé"合"。

【阁楼】gélóu〈名〉房间内架起的一层矮小的楼。

【阁下】géxià〈名〉敬辞,称对方,今多用于外交场合:总理～|大使～。

【阁子】gézi〈名〉❶小的木板房子:板～。❷屋子里隔开的小房间。❸阁楼。

备用词　出阁　闺阁　内阁　组阁　空中楼阁　束之高阁　仙山琼阁

格 gé❶〈名〉隔成的方形空栏或框子:方～|窗～。❷〈名〉规格;格式:合～|～调|降～以求|别具一～。❸〈名〉品质;特性:风～|品～|人～|性～。❹〈动〉阻碍;限制:阻～|于成例。❺〈动〉推究:～物致知。❻〈动〉打:～斗|～杀。❼〈名〉某些语言中名词(有的包括代词、形容词)的语法范畴,用词尾变化表示它和别的词之间的语法关系。如俄语的名词、代词、形容词都有六个格。❽〈名〉姓。
　　△另见 gē。

【格调】gédiào〈名〉❶指文艺作品的风格。❷指人的风格或品格。❸格式;式样。

【格斗】gédòu〈动〉紧张激烈地搏斗:徒手～|白刃～。

【格格】gége〈名〉满族对公主和皇族女儿的称呼。

【格格不入】gé gé bù rù 有抵触,不投合。

【格局】géjú〈名〉格式;布局:打破原有～。

【格里历】gélǐ lì〈名〉公历,因 1582 年罗马教皇格里高里(Gregorius)十三世修改而得名。

【格律】gélǜ〈名〉❶指诗、赋、词、曲关于对仗、平仄、押韵等方面的格式和规则。❷规矩;准则。

【格杀勿论】gé shā wù lùn 旧时指把行凶、拒捕或违犯禁令的人当场打死,不以杀人论罪。

【格式】géshi〈名〉一定的规格和样式:书信～|统一～。

【格式化】géshìhuà〈动〉❶把同类事物处理成相同的规格、式样:文学创作不能～。❷计算机等对磁盘进行使用前的预处理,以便存入数据。

【格外】géwài〈副〉表示程度超过一般:雨过天晴,空气～清爽。

【格物】géwù〈动〉推究事物的道理:～致知。

【格物致知】gé wù zhì zhī 推究事物的原理法则而总结为理性知识。

【格言】géyán〈名〉含有教育意义,可以作为人们行动准则的精炼语句,如"知识就是力量","失败是成功之母"。

【格致】gézhì〈名〉"格物致知"的略语。清末用"格致"统称物理、化学等学科。

备用词　出格　合格　及格　降格　离格　破格　升格　规格　资格　价格　润格　赏格　标格　风格　国格　品格　人格　体格　性格　别具一格　不拘一格　聊备一格

鬲 gé[鬲津(jīn)]〈名〉水名,发源于河北,流入山东。
　　△另见 lì。

胳 gé[胳肢]〈动〉在别人身上抓挠,使发痒。
　　△另见 gā;gē。

搁(擱) gé〈动〉禁受:再棒的身体也～不住这么折腾。
　　△另见 gē。

葛 gé〈名〉❶草本植物,茎蔓生,根肥大,可制淀粉,也供药用,茎的纤维可制葛布。通称"葛麻"。❷表面有花纹的纺织品,用丝做经,棉线或麻线等做纬:华丝～。
　　△另见 gě。

备用词　瓜葛　纠葛

蛤 gé〈名〉蛤蜊、文蛤等双壳类软体动物。
　　△另见 há。

颌(頜) gé〈名〉口。
　　△另见 hé。

隔 gé〈动〉❶遮断;阻隔:～绝|～音。❷间隔;距离:相～千里|恍如～世。

【隔岸观火】gé àn guān huǒ 比喻见人有危难不去救助而采取看热闹的态度。

【隔壁】gébì〈名〉左右相邻的人家或屋子。

【隔阂】géhé〈名〉彼此情意沟通的障碍,思想上的距离:消除～。

【隔绝】géjué〈动〉隔断,不相通:音讯～|与世～。

【隔离】gélí〈动〉❶隔断:覆压三百余里,～天日。❷分隔开来,使断绝来往:～审查。❸把患有传染病的人、畜和健康的人、畜分开,避免接触：～治疗。

【隔膜】gémó ❶〈名〉隔阂：两人之间已有～。❷〈形〉情意不相通，彼此不了解：两人之间有些～。❸〈形〉不通晓；外行：我对电子计算机实在～。

【隔墙有耳】gé qiáng yǒu ěr 比喻说秘密的事会有人偷听。

这事天知、地知、你知、我知……

【隔热】gérè〈动〉隔绝热的传播：房顶太薄，不～。

【隔日】gérì〈动〉隔一天：夜校～上课。

【隔三岔五】gé sān chà wǔ 每隔不久；时常：她～回娘家看看。也作"隔三差五"。

【隔三差五】gé sān chà wǔ 同"隔三岔五"。

【隔山】géshān〈形〉指同父异母的（兄弟姐妹）：～兄弟。

【隔靴搔痒】gé xuē sāo yǎng 比喻说话、作文不切实际或没有抓住解决问题的关键。

【隔夜】géyè〈动〉隔一夜：～的茶不能喝。

【隔音】géyīn〈动〉隔绝声音的传播：双层玻璃～效果好。

【隔音符号】géyīn fúhào《汉语拼音方案》所规定的符号（'），必要时放在 a，o，e 前头，使音节的界限清楚，如：激昂 jī'áng，棉袄 mián'ǎo，定额 dìng'é。

备用词 分隔　间隔　相隔　悬隔　阻隔　天悬地隔

塥 gé〈名〉沙地（多用于地名）：青草～（在安徽）。

嗝 gé〈名〉胃里的气体从嘴里出来时发出的声音：打～｜饱～。

滆 gé〈名〉滆湖，湖名，在江苏。

膈 gé〈名〉人或哺乳动物胸腔和腹腔之间的膜状肌肉。也叫"膈膜"、"横膈膜"。

骼 gé 见〖骨骼〗。

镉（鎘） gé〈名〉金属元素，符号 Cd。银白色，延展性强，用于原子能工业，也可制易熔合金。

— **gě** —

个（個） gě 见〖自个儿〗。
△另见 gè。

合 gě ❶〈量〉容量单位。10 勺等于 1 合，10 合等于 1 升。❷〈名〉量粮食的器具，方形或圆筒形，容量是 1 合。
△另见 hé。

各 gě 方言。〈形〉特别（含贬义）：他脾气挺～的，不好处（chǔ）。
△另见 gè。

舸 gě〈形〉可；嘉：～矣能言。

舸 gě〈名〉大船：百～争流。

盖（蓋） gě〈名〉姓。
△另见 gài；hé。

葛 gě〈名〉姓。
△另见 gé。

— **gè** —

个（個*箇） gè ❶〈形〉单独的：～别｜～人。❷〈名〉身材或物体的大小：高～儿｜南瓜的～儿真大。❸量词：一～梨｜见〖～面〗。❹量词"些"的后缀：那些～花儿。❺〈代〉这；那：～中甘苦｜白发三千丈，缘愁似～长。
△另见 gě。

【个别】gèbié〈形〉❶单个；单独：～处理。❷极少数；特殊：～人｜～情况。

【个股】gègǔ〈名〉指某一公司的股票：～行情｜分析～走势。

【个例】gèlì〈名〉个别的、特殊的事例：此类造假现象，绝非～。

【个人】gèrén ❶〈名〉一个人：～服从集体。❷〈代〉自称，我（一般用于正式发表意见的场合）：～认为不该如此处置。

【个人数字助理】gèrén shùzì zhùlǐ 一种手持式电子设备，具有计算机的某些功能，可以用来管理个人信息（如通讯录、计划等），也可以

G

上网浏览、收发电子邮件等。一般不配备键盘。俗称"掌上电脑"。

【**个人所得税**】gèrén suǒdéshuì 以纳税人的收益额为征税对象的税种。征收范围主要包括工资、奖金、劳务报酬等所得依法征收的税。

【**个人主义**】gèrén zhǔyì 资产阶级世界观的核心观念，主张把个人的独立、自由、平等等价值及权利放在第一位。个人主义是资产阶级反对封建主义的思想武器。只顾自己，不顾他人的极端个人主义，是与集体主义的道德原则相违背的。

【**个体**】gètǐ〈名〉❶单个的人或生物。❷指个体户。

【**个体户**】gètǐhù〈名〉个体经营的农民或工商业者。

【**个体经济**】gètǐ jīngjì 以生产资料私有制和个体劳动为基础的经济形式。

【**个性**】gèxìng〈名〉❶指一个人的比较固定的特性。❷指一事物区别于其他事物的个别的、特殊的性质：认识共性和~的关系。

【**个中**】gèzhōng〈名〉其中；此中：~滋味。

各 gè❶〈代〉表示某个范围内的所有个体：~个｜~就~位。❷〈副〉表示同做某事或同有某种属性：~有千秋。❸〈名〉姓。
　　△另见 gě。

【**各别**】gèbié〈形〉❶各不相同；有分别：~对待。❷新奇；别致：这种式样很~。

【**各持己见**】gè chí jǐjiàn 各自坚持自己的意见或见解。

【**各得其所**】gè dé qí suǒ 每一个人或事物都得到适当的安排和合适的位置。

【**各个**】gègè❶〈代〉每个；所有的那些个：~单位｜~领域｜~方面。❷〈副〉逐个：~击破。

【**各就各位**】gè jiù gè wèi 各自到各自的位置或岗位上。

【**各色**】gèsè〈形〉❶各式各样：~货物，一应俱全。❷方言。(性情)特别(含贬义)：这人真~，跟谁都说不到一块儿。

【**各行其是**】gè xíng qí shì 各自按照自己以为对的去做。

【**各有千秋**】gè yǒu qiān qiū 指各有各的特点和长处。

【**各自**】gèzì〈代〉各人自己；各个方面自己的一方：~安排时间｜把~的工作做好｜既要~努力，也要彼此帮助｜工作中出了问题，不能只责怪对方，要~多做自我批评。

【**各自为政**】gè zì wéi zhèng 各人按照自己的主张办事，不互相配合；不顾全局，各自搞自己的一套。

虼 gè[虼蚤(zao)]〈名〉跳蚤。

硌 gè〈动〉触着凸起的东西觉得不舒服或受到损伤：~牙｜~脚。
　　△另见 luò。

铬(鉻) gè〈名〉金属元素，符号 Cr。银灰色，有延展性，耐腐蚀，用来电镀或制造合金钢等。

── **gěi** ──

给(給) gěi❶〈动〉使对方得到或遭受到：姐姐~我一本书｜~敌人一个沉重的打击。❷〈介〉a)用在动词后面，表示交付：把青春献~祖国。b)为；替：医生~病人治病。c)向；对：~老师鞠躬。d)叫；让：羊~狼吃了。❸〈助〉直接用在动词前面，以加强语气：裤腿叫露水~湿透了。
　　△另见 jǐ。

【**给力**】gěilì❶〈动〉给予力量；给予支持：只要政策~，新能源汽车就一定能发展起来！❷〈动〉出力；尽力：抢险救灾中，解放军最~。❸〈形〉带劲儿：这场球太~了！

【**给以**】gěiyǐ〈动〉给(gěi)：~嘉奖。

── **gēn** ──

根 gēn❶〈名〉植物茎干以下的部分，是吸收水分和养分的器官，多生在土壤中，并使植物固定在土地上：生~发芽｜叶落归~。❷〈名〉物体的基部：耳~｜墙~。❸〈名〉事物的本原；人的出身底细：祸~｜寻~。❹〈名〉比喻子孙后代(就传宗接代说)。❺〈名〉方言。的简称。❻〈名〉代数一元方程的解。❼〈名〉化学上指带电的基：酸~｜铵~。❽〈名〉依据：无~之谈。❾〈副〉根本地；彻底：~除｜~治。❿〈量〉用于细长的东西：一~竹竿｜两~黄瓜｜三~绳子。⓫〈名〉姓。

【**根本**】gēnběn❶〈名〉事物的根源或最重要的部分：水、土是农业的~。❷〈形〉主要的；起决定作用的：~的问题是加强教育。❸〈副〉a)彻底：~解决问题。b)从头到尾；始终(多用于否定式)：我~没同意。c)本来；从来：这事我~没想过。

【**根除**】gēnchú〈动〉彻底铲除：~隐患。

【**根底**】gēndǐ〈名〉❶基础：~浅｜她的英文很好。❷底细：探听~｜追问~。

【根基】gēnjī〈名〉❶基础:~扎实。❷比喻家底:这家工厂~差,资金周转不开。

【根脚】gēnjiao〈名〉❶基础;底子。❷指人的出身;家世。

【根究】gēnjiū〈动〉彻底追究:~底细。

【根据】gēnjù ❶〈名〉作为依据的事物:理论~。❷〈介〉把某种事物作为结论的前提或语言行动的基础:~具体情况区别处理。

【根据地】gēnjùdì〈名〉据以长期进行武装斗争的地方。

【根苗】gēnmiáo〈名〉❶植物最初破土长出的部分。❷比喻事情的来由;根由(多见于旧戏曲):细说~。❸指传宗接代的子孙:后代~。

【根深柢固】gēn shēn dǐ gù 根深蒂固。

【根深蒂固】gēn shēn dì gù 比喻基础稳固,不容易动摇或摧毁。也说"根深柢(dǐ)固"。

【根由】gēnyóu〈名〉来历;缘故:追问~。

【根源】gēnyuán ❶〈名〉使事物产生的根本原因:思想~。❷〈动〉起源(于);发生(于):艺术~于劳动。

备用词 病根 祸根 命根 银根 扎根 植根 嚼舌根 落叶归根 斩草除根

跟 gēn ❶〈名〉脚的后部,也指鞋袜的后部:脚~|高~鞋。❷〈动〉在后面紧接着向同一方向行动:随~|我~来。❸〈动〉指嫁给人。❹〈介〉引进动作的对象。a)同:我~你一块去。b)向;对:~他借本书。❺〈介〉引进比较的对象:同:脑袋摇得~货郎鼓似的。❻〈连〉表示联合关系:和:吃的是大米~白面。

【跟班】gēnbān ❶〈动〉随同某一劳动集体或学习集体(劳动或学习):~听课。❷〈名〉旧时指跟随在官员身边供使唤的人。

【跟风】gēnfēng〈动〉指追随某种风气或潮流:~炒作|做事要从实际出发,不要盲目~。

【跟前】gēnqián〈名〉❶附近:坐在床~的沙发上。❷面前:你怎敢在我们~装大? ❸身体的近旁(专指有无儿女说):他~有个儿子。

【跟随】gēnsuí〈动〉在后面跟着:~红军长征。

【跟头】gēntou〈名〉身体失去平衡而摔倒或向下弯曲而翻转的动作:摔~|翻~。

【跟踪】gēnzōng〈动〉紧紧跟随在后面(追赶或监视):~追击。

━━ gén ━━

哏 gén 方言。❶〈形〉滑稽;有趣:他的话可真~。❷〈名〉滑稽有趣的语言或动作:逗~。

━━ gěn ━━

艮 gěn 方言。〈形〉❶(脾气)直;(说话)生硬。❷(食物)坚韧不脆:萝卜~了不好吃。
△另见 gèn。

━━ gèn ━━

亘(*亙) gèn〈动〉延续不断:横~|~古未有。

【亘古未有】gèngǔ wèi yǒu 从古到今从未有过。

备用词 横亘 连亘 绵亘 盘亘

艮 gèn〈名〉❶八卦之一,卦形是"☶",代表山。❷姓。
△另见 gěn。

莨 gèn[毛茛]〈名〉草本植物,茎叶有茸毛,植株有毒,可入药。

━━ gēng ━━

更 gēng ❶〈动〉改变;改换:变~|~改。❷〈动〉经历:少不~事。❸〈量〉旧时一夜分成五更,每更约两小时:打~|五~天|三~半夜。
△另见 gèng。

【更迭】gēngdié〈动〉轮流更换:人事~。

【更番】gēngfān〈副〉轮流替换:雨雪风霜~来去。

【更互】gēnghù〈动〉交替;轮流:~用之。

【更换】gēnghuàn〈动〉变更;替换:~位置|~衣服。

【更仆难数】gēng pú nán shǔ 换了很多人来数,还是数不完,形容人或事物很多。

【更生】gēngshēng〈动〉❶重新获得生命,比喻复兴:自力~。❷经过加工,使某种废品恢复原有性能,成为新的产品:~布|~纸。

【更新】gēngxīn〈动〉❶旧的去了,新的来到:万象~|岁序~。❷除去旧的,换成新的:~设备。

【更衣】gēngyī〈动〉❶换衣服:~室。❷婉辞,指上厕所。

备用词 变更 残更 打更 巡更 值更

庚 gēng〈名〉❶天干的第七位。用来排列次序时表示第七。参看〖干支〗。❷年龄:年~|同~。❸姓。

耕(*畊) gēng〈动〉❶用犁翻松土地:~田|春~。❷比喻为谋生而

从事某种劳动:笔~|舌~。

【耕耘】gēngyún〈动〉❶耕地和除草,泛指田间劳动。❷比喻各种辛勤劳动(多指脑力劳动)。
【耕种】gēngzhòng〈动〉耕地和种植:~土地。
备用词　备耕　笔耕　春耕　舌耕　退耕　休耕　中耕

赓(賡) gēng❶〈动〉继续;连续:~续。❷〈名〉姓。

鹒(鶊) gēng见[鸧(cāng)鹒]。

緪 gēng〈名〉粗绳索:~索。

羹 gēng〈名〉用蒸、煮等方法做成的糊状食物:肉~|菜~|豆腐~|鸡蛋~。

G

― **gěng** ―

埂 gěng〈名〉❶田地间稍稍高起的分界线:田~|地~。❷地势高起的长条地方:小山~。❸土埂:~堰|堤~|圩(wéi)~。

耿 gěng❶〈形〉光明。❷〈形〉正直:~直|~介。❸〈名〉姓。

【耿耿】gěnggěng〈形〉❶形容忠诚:忠心~。❷形容有心事:~于怀(怀着心事,老不痛快)。❸明亮的样子:~星河。
【耿介】gěngjiè〈形〉正直;光明正大:~之士。
【耿直】(梗直、鲠直) gěngzhí〈形〉正直;直爽:为人~。

哽 gěng〈动〉(喉咙)声气阻塞(多指因感情激动):~塞(sè)。

【哽噎】gěngyē〈动〉❶食物堵住食管,难以下咽。❷哽咽。
【哽咽】gěngyè〈动〉哭时不能痛快地出声(多指悲伤过度而声气阻塞):喉头~。也作"梗咽"。

绠(綆) gěng〈名〉汲水拴桶用的绳子:~短汲深。
【绠短汲深】gěng duǎn jí shēn 拴桶的绳子很短,却要打深井里的水,比喻能力薄弱,难以胜任艰巨的任务。

梗 gěng❶〈名〉植物的枝或茎:花~|菠菜~|高粱~。❷〈动〉挺直:~着脖子。❸〈形〉直爽:~直。❹〈形〉顽固:顽~不化。❺〈动〉阻塞;妨碍:阻~|从中作~。

【梗概】gěnggài〈名〉大略的内容或情节:故事~。
【梗咽】gěngyè 同"哽咽"。
【梗直】gěngzhí 见【耿直】。
【梗阻】gěngzǔ〈动〉❶阻塞:道路~|山川~。❷拦挡;阻挠:横加~。

颈(頸) gěng[脖颈儿]〈名〉脖子的后部。
△另见jǐng。

鲠(鯁*骾) gěng❶〈名〉鱼骨头:如~在喉。❷〈动〉(鱼骨头等)卡在喉咙里。❸〈形〉正直:~直。
【鲠直】gěngzhí 见【耿直】。

― **gèng** ―

更 gèng〈副〉❶更加:下了一夜雨,水位~高了。❷再;又:欲穷千里目,~上一层楼。
△另见gēng。

【更加】gèngjiā〈副〉表示在原有程度上又深了一层,进了一步:~努力|本来就偏僻,天黑了,行人~稀少。

暅(*暅) gèng〈动〉晒(多用于人名)。

― **gong** ―

工 gōng❶〈名〉工人:矿~|勤杂~|~农商学兵。❷〈名〉工作;生产劳动:做~|返~|勤~俭学。❸〈名〉工程:动~|交~。❹〈名〉工业:轻~|~交系统(工业和交通系统)。❺〈名〉一个工人或农民一个劳动日的工作:记~|要五个~。❻〈名〉技术和技术修养:唱~|做~。❼〈动〉长于;善于:~诗善画|~于心计。❽〈形〉精巧;精致:~巧|~稳。❾〈名〉我国民族音乐音阶上的一级,乐谱上用作记音符号,相当于简谱的"3"。❿〈名〉姓。

【工笔】gōngbǐ〈名〉国画的一种画法,用笔工整,注重细部的描绘:~长卷。

【工尺】gōngchě〈名〉我国民族音乐音阶上各个音的总称,也是乐谱上各个记音符号的总称。符号各个时代不同,现在通用的是:合、四、一、上、尺、工、凡、六、五、乙。

【工程】gōngchéng〈名〉❶土木建筑或其他生产、制造部门用比较大而复杂的设备来进行的工作:水利~|~浩大。❷泛指某项需要投入巨大人力和物力的工作:希望~。

【工地】gōngdì〈名〉进行建筑、开发、生产等工作的现场:建筑~。

【工读】gōngdú ❶〈动〉用自己的劳动收入供自己读书:他想去国外~深造。❷〈名〉特指对有较轻违法犯罪行为的青少年进行改造、挽救和教育,其特点是边劳动、边学习:~教育。

【工读教育】gōngdú jiào yù 对有较轻违法犯罪行为的青少年进行改造、挽救的教育。

【工夫】gōngfu〈名〉❶时间(指占用的时间):三十年的~|他三天~就学会了游泳。❷空闲的时间:我没~去玩|明天如有~就来我家玩儿吧!❸方言。时候:我当学生那~可努力了!

【工会】gōnghuì〈名〉工人阶级的群众性组织。最早出现于18世纪中叶的英国。

【工价】gōngjià〈名〉指在工程建筑或产品制造中用于人工上的费用:~偏高。

【工具】gōngjù〈名〉❶指在生产劳动中所使用的器具:手工~。❷比喻用以达到某种目的的事物:语言是人类交际最重要的~。

【工具书】gōngjùshū〈名〉专为读者查考字义、词义、语源、典故和各种事实而编纂的书籍,如字典、年鉴、历史年表及各类索引等。

【工卡】gōngkǎ〈名〉工作人员上班时佩戴的表示身份的标志。

【工科】gōngkē〈名〉教学上对有关工程学科的统称。

【工力】gōnglì〈名〉❶工夫和力量:~悉敌。❷人力(指一项工作所需的)。

【工力悉敌】gōnglì xī dí 指程度相等,不分上下。

【工龄】gōnglíng〈名〉职工参加工作的年数。

【工贸】gōngmào〈名〉工业和贸易业的合称。

【工钱】gōngqián〈名〉劳动(多指体力劳动)报酬。

【工巧】gōngqiǎo〈形〉细致而精巧(多用于工艺品或诗文、书画):雕刻~|笔法~。

【工人】gōngrén〈名〉个人不占有生产资料,以工资收入为主要生活来源的体力劳动者:产业~|环卫~。

【工人阶级】gōngrén jiējí 由不占有生产资料、靠工资收入为生的劳动者所组成的阶级。

【工事】gōngshì〈名〉保障军队发扬火力和隐蔽安全的建筑物,如地堡、堑壕、掩蔽部等。

【工细】gōngxì〈形〉精巧而细致:雕刻~。

【工效】gōngxiào〈名〉工作效率:提高~。

【工薪】gōngxīn〈名〉工资:~阶层。

【工薪阶层】gōngxīn jiēcéng 指有稳定的工作并以工资为主要经济来源的社会阶层。

【工薪族】gōngxīnzú〈名〉工薪阶层。

【工休】gōngxiū〈动〉❶指工作一个阶段后休息:~日|那天正好我~|全体司机放弃~运送旅客。❷指工间休息:~时,女工们有的聊天,有的织毛衣。

【工序】gōngxù〈名〉组成整个生产过程的各段加工,也指各段加工的先后次序。材料经过各道工序,加工成成品。

【工业】gōngyè〈名〉采取自然物质资源,制造生产资料、生活资料,或对各种原材料进行加工的生产事业。

【工艺】gōngyì〈名〉❶将原材料或半成品加工成产品的工作、方法、技术等:~粗糙。❷手工艺:~品。

【工友】gōngyǒu〈名〉❶机关、学校里做勤杂工作的人员。❷指在一起做工的人,也用于工人之间的称呼。

【工整】gōngzhěng〈形〉细致而整齐,不潦草:字迹~|字写得非常~。

【工资】gōngzī〈名〉作为劳动报酬按期付给劳动者的货币或实物。

【工作】gōngzuò ❶〈动〉从事劳动,也泛指机器、工具受人操纵而发挥生产作用:积极~|计算机正在~。❷〈名〉职业;业务:找~|科研~。❸〈名〉任务:~负担。

【工作餐】gōngzuòcān〈名〉单位为上班职工提供的饭菜,也指开会等公务活动时所吃的饭菜:吃~。

【工作服】gōngzuòfú〈名〉为工作需要而特制的服装。

【工作日】gōngzuòrì〈名〉❶一天中按规定做工作的时间。❷按规定应该工作的日子:星期一至星期五是~,星期六和星期天是休息日。

【工作站】gōngzuòzhàn〈名〉❶为进行某项工

作而设立的机构:征兵～|救灾～|建立卫生防疫～。❷计算机网络中作为分享网络资源的一个访问端点的计算机。

【工作证】gōngzuòzhèng〈名〉表示一个人在某单位工作的证件。

备用词　罢工　包工　怠工　动工　返工　分工　复工　竣工　开工　施工　兴工　员工　职工　鬼斧神工　巧夺天工　异曲同工

弓 gōng❶〈名〉射箭或发弹丸的器械:～箭|弹～|左右开～。❷〈名〉形状或作用像弓的东西:琴～|弹棉花的绷～儿。❸〈名〉步弓,一种丈量地亩的器具,形状略像弓,两端的距离是5尺。❹〈量〉旧时丈量地亩的计算单位,1弓等于5尺。❺〈动〉使弯曲:～背|～着腰。❻〈名〉姓。

【弓鞋】gōngxié〈名〉旧时裹足妇女穿的一种弓形的鞋。

公 gōng❶〈形〉属于国家或集体的(跟"私"相对):～款|～事。❷〈形〉共同的;大家承认的:～认|～约。❸〈形〉属于国际间的:～海|～历。❹〈动〉使公开:～之于众。❺〈形〉公平;公正:～允|～道。❻〈名〉公事;公务:办～|克己奉～。❼〈名〉封建五等爵位的第一等:～爵|～侯伯子男。❽〈名〉对上了年纪的男子的尊称:诸～|丁～。❾〈名〉丈夫的父亲;公公:～～～婆。❿〈形〉(禽兽)雄性的(跟"母"相对):～牛|～鸡。⓫〈名〉姓。

【公安】gōng'ān〈名〉社会整体的治安:～干警。

【公办】gōngbàn〈形〉国家创办的:～学校|～企业|到～医院就医。

【公报】gōngbào〈名〉公开发表的关于重大会议的决议、国际谈判的进展、军事行动的进行等的正式文告:新闻～|联合～。

【公布】gōngbù〈动〉公开发布,让大家知道:～账目|～于众。

【公差】gōngchāi〈名〉❶旧社会称在衙门中当差的人。❷指临时派遣去做的公务:出～。

【公车】gōngchē〈名〉❶兵车:～千乘。❷汉代官署名。❸属于公家的车(一般指汽车)。

【公道】gōngdào〈名〉公正的道理:主持～。

【公道】gōngdao〈形〉公平;合理:价钱～。

【公德】gōngdé〈名〉公共道德:讲～|遵守社会～。

【公敌】gōngdí〈名〉共同的敌人:人民～。

【公房】gōngfáng〈名〉属于公家的房屋。

【公费】gōngfèi〈名〉由国家或团体供给的费用:～医疗|～留学|严禁～旅游。

【公府】gōngfǔ〈名〉古代官署名。三公(三公:太尉、司徒、司空)的官署,属中央一级的机构。

【公干】gōnggàn❶〈名〉公事:有何～?❷〈动〉办理公事:来京～。

【公告】gōnggào〈名〉国家机关、政党、团体等为宣布重大事情而向公众发出的通告。

【公告牌】gōnggàopái〈名〉用来发布公告的牌子,特指电子公告牌。

【公共】gōnggòng〈形〉属于社会的;公有公用的:～卫生|～汽车|～场所|要爱护～财产。

【公共关系】gōnggòng guānxì 指团体、企业或个人在社会活动中的相互关系。简称"公关"。

【公共积累】gōnggòng jīlěi 公积金。

【公共汽车】gōnggòng qìchē 有固定的路线和停车站、供乘客乘坐的汽车。

【公关】gōngguān〈名〉"公共关系"的简称:～部门|～小姐(从事公关工作的女职员)。

【公害】gōnghài〈名〉❶各种污染源对社会公共环境和生态环境所造成的污染和破坏。❷比喻对公众有害的事物:赌博是一大～|网络病毒是社会的～。

【公函】gōnghán〈名〉平行及不相隶属的部门间的来往公文。

【公积金】gōngjījīn〈名〉❶生产单位从收益中提取的用作扩大再生产的资金。❷为公共福利事业积累的长期性专项资金:住房～。

【公祭】gōngjì❶〈动〉公共团体或社会人士举行祭奠,向死者表示哀悼:～死难烈士。❷〈名〉这种祭礼:～在哀乐声中开始。

【公家】gōngjia〈名〉指国家、机关、企业、团体(区别于"私人"):不能把～的东西据为己有。

【公假】gōngjià〈名〉公家规定或上级批准的假期。

【公交】gōngjiāo〈名〉公共交通:～车辆|～系统|热爱～事业。

【公开】gōngkāi❶〈形〉当着大家,不加隐蔽(跟"秘密"相对):～信|～审判。❷〈动〉使秘密的成为大家知道的:～地下党员的身份。

【公历】gōnglì〈名〉阳历的一种,是现在国际通用的历法。通常所说的阳历即指公历。一年365天,分为十二个月。每400年中有97个闰年。闰年在二月末加一天,全年是366天。纪年从传说的耶稣生年算起,也叫"格里历"。通称"阳历"。

【公了】gōngliǎo〈动〉双方发生纠纷,通过上级或主管部门调解或判决了结(跟"私了"相对)。

【公路】gōnglù〈名〉市区以外的可以通行各种车辆的宽阔平坦的道路。

【公论】gōnglùn〈名〉公众的评论:是非自有～。

【公民】gōngmín〈名〉具有或取得某国国籍,并根据该国宪法和法律规定享有权利和承担义务的人。

【公民权】gōngmínquán〈名〉公民根据宪法和法律规定所享有的人身、政治、经济文化等方面最基本的权利。

【公墓】gōngmù〈名〉有人管理的公共坟地。

【公派】gōngpài〈动〉由国家派遣:～留学。

【公判】gōngpàn〈动〉❶公开宣判,法院在群众大会上向当事人和公众宣布案件的判决。❷公众评判:此事可交群众～。

【公平】gōngpíng〈形〉处理事情合情合理,不偏袒任何一方面:～合理|～交易。

【公平秤】gōngpíngchèng〈名〉市场管理部门、商业单位设置的供顾客检验所购商品分量是否准确的标准秤。

【公仆】gōngpú〈名〉为公众服务的人:社会～|人民的～。

【公然】gōngrán〈副〉公开而毫无顾忌地:～作弊|～反对|～侵犯。

【公人】gōngrén〈名〉旧时称衙役。

【公认】gōngrèn〈动〉大家一致认为:大家～她是好干部。

【公社】gōngshè〈名〉❶原始社会中,人们共同生产、共同消费的一种组织形式,如氏族公社等。在阶级社会中也保持了很长一个时期。❷欧洲历史上的城市自治机关,如法国、意大利等国早期的公社。它是资产阶级政权的初级形式。❸无产阶级政权的一种形式,如法国 1871 年的巴黎公社,我国 1927 年的广州公社。❹特指 20 世纪 50 年代-80 年代初我国的农村人民公社。

【公审】gōngshěn〈动〉我国人民法院公开审判案件的一种方式,在群众参加下审判有重大社会意义的案件。

【公使】gōngshǐ〈名〉由一国派驻在他国的次于大使一级的外交代表,全称为"特命全权公使"。

【公示】gōngshì〈动〉公开宣示,让公众了解或征求意见:实行干部任前～制度。

【公式】gōngshì〈名〉❶用数学符号表示几个量之间的关系的式子,具有普遍性,适合于同类关系的所有问题。❷泛指经过概括而简化了的可以应用于同类事物的方式或规则。

【公事】gōngshì〈名〉❶公家的事;集体的事(区别于"私事"):～公办|先办～,后办私事|要严格分清～和私事。❷方言。指公文:每天上午看～。

【公输】gōngshū〈名〉姓。

【公司】gōngsī〈名〉依法设立,以营利为目的,独立承担民事责任的从事生产或服务性业务的经济实体。分为有限责任公司和股份有限公司两种。

【公孙】gōngsūn〈名〉姓。

【公摊】gōngtān〈动〉大家平均分摊(费用、资金等):～面积|电费由三家～。

【公堂】gōngtáng〈名〉❶官吏审理案件的地方。❷官署;衙门。❸指祠堂。

【公帑】gōngtǎng〈名〉公款;靡费～。

【公推】gōngtuī〈动〉共同推举(某人担任某种职务或某事):大家～他当代表|我们～他为这次活动的召集人。

【公文】gōngwén〈名〉机关、团体等相互往来联系事务的文件。

【公务】gōngwù〈名〉关于国家的事务;公家的事务:办理～|执行～|～人员|～繁忙。

【公务员】gōngwùyuán〈名〉❶政府机关的工作人员。❷旧时称机关、团体中做勤杂工作的人员。

【公物】gōngwù〈名〉属于公家的东西:爱护～。

【公心】gōngxīn〈名〉❶公正之心:秉持～|处以～。❷为公众利益着想的心意:他这样做是出于～。

【公信力】gōngxìnlì〈名〉使公众信任的力量:提高政府部门的～|企业的～来自产品的质量和服务。

【公休】gōngxiū〈动〉在国家法定节假日休假:～日|近两天他～在家。

【公演】gōngyǎn〈动〉公开演出:这出新戏将于近期～。

【公议】gōngyì〈动〉大家在一起评议:同行～|自报～。

【公益】gōngyì〈名〉公共的利益(多指卫生、救济等群众福利事业):～金|热心～事业|参加～活动。

【公益金】gōngyìjīn〈名〉企业单位、生产单位从收益中提出的用于职工社会保险和集体福利事业的资金。

【公营】gōngyíng〈形〉国营:~企业。

【公映】gōngyìng〈动〉(影片)公开放映:这部影片即将~。

【公用】gōngyòng〈动〉公共使用;共同使用:~电话|~事业|~设施|两家一个厨房。

【公用事业】gōngyòng shìyè 城市和乡镇中供居民使用的通信、电力、自来水、天然气和煤气、公共交通等企业的统称。

【公有】gōngyǒu〈动〉全民或集体所有:~制|~财产。

【公有制】gōngyǒuzhì〈名〉生产资料归公共所有的制度。现在我国存在着两种公有制,即社会主义的全民所有制和劳动群众集体所有制。

【公元】gōngyuán〈名〉国际通用的公历的纪元,是大多数国家纪年的标准。从传说的耶稣诞生那一年算起。

【公园】gōngyuán〈名〉供公众游览休息的园林。

【公约】gōngyuē〈名〉❶指三个或三个以上的国家缔结的政治性的或关于专门问题的条约。❷某一集体内部拟订的要求其成员共同遵守的章程:卫生~。

【公允】gōngyǔn〈形〉公平恰当,不偏袒任何一方面:持论 ~。

【公正】gōngzhèng〈形〉公平正直,不偏私:为人~|~无私。

【公证】gōngzhèng〈动〉法院或被授以权力的机关对民事上权利义务关系做证明:~员|~处。

【公职】gōngzhí〈名〉指国家机关或公共企业、事业单位中的正式职务:担任~|开除~|~人员|辞去了~。

【公众】gōngzhòng〈名〉指社会上大多数的人;大众:~舆论|~利益|保障~的利益。

【公众人物】gōngzhòng rénwù 知名度较高、受到社会公众关注的人物,如政治经济界重要人士、影视明星、体育明星等。

【公诸同好】gōng zhū tóng hào 把自己喜爱的东西拿出来,跟有同样爱好的人共同享受。

【公主】gōngzhǔ〈名〉君主的女儿。

【公助】gōngzhù〈动〉❶共同资助:社会~|得到各方~。❷公家资助:这是一座民办~的学校。

【公子】gōngzǐ〈名〉❶古代称诸侯的儿子。❷

旧时称官僚的儿子,也用来尊称别人的儿子。

备用词　秉公　充公　天公　王公　寓公　开诚布公　克己奉公　舍己为公

功 gōng〈名〉❶功劳(跟"过"相对):立~|战~|劳苦~高。❷成效:~亏一篑|事倍~半|毕其~于一役。❸技术和技术修养:唱~|练~。❹做事所费的时间和精力:刻苦用~。❺功德;恩德。❻物理学上一个力使物体沿力的方向移动一段距离,这个力就对物体做了功。

【功败垂成】gōng bài chuí chéng 事情将要成功的时候遭到失败(含惋惜意)。

【功臣】gōngchén〈名〉君主时代称有功的臣子,现指对国家、人民有特殊功劳的人。

【功德】gōngdé〈名〉❶功劳和恩德:~无量。❷佛教指行善、诵经念佛等事:做~。

【功底】gōngdǐ〈名〉基本功的底子:~扎实|他的书法有着深厚的~。

【功夫】gōngfu〈名〉❶本领;造诣:他的诗~很深|他的画很见~。❷指武术:中国~。❸做事所耗费的时间和精力:费~|下~。

【功绩】gōngjì〈名〉功劳和业绩:历史~。

【功课】gōngkè〈名〉❶学生按照规定学习的知识、技能:复习~。❷教师给学生布置的作业。❸佛教徒每日按时诵经念佛等叫"做功课"。

【功亏一篑】gōng kuī yī kuì 伪古文《尚书·旅獒(áo)》:"为山九仞,功亏一篑。"堆九仞高的山,就差一筐土而没有完成。比喻做一件事只差最后一点人力、物力而没能成功(篑:盛土的筐子)。

【功劳】gōngláo〈名〉对事业的贡献:汗马~。

【功力】gōnglì〈名〉❶功效。❷功夫和力量:

他的字苍劲洒脱,颇见~|一篇短文展示出这样令人神往的境界,非有大的~不可。

【功利】gōnglì〈名〉❶功效和利益:~主义。❷功名名利禄:不能一味追求个人~。

【功利主义】gōnglì zhǔyì 主张以实际功效或利益为行为准则的伦理观点。

【功令】gōnglìng〈名〉旧时指法令。

【功名】gōngmíng〈名〉❶功绩和名声。❷封建时代指科举称号或官职名位:~利禄。

【功能】gōngnéng〈名〉效能;作用:肝~|语法~|~紊乱|这种药物~显著。

【功效】gōngxiào〈名〉功能;效率:~显著|立见~。

【功勋】gōngxūn〈名〉指对国家、人民作出的重大贡献和建立的特殊功劳:~卓著|不朽~。

【功业】gōngyè〈名〉功勋和事业:~不朽|建立~。

备用词　成功　居功　军功　苦功　立功　练功　气功　战功　戴罪立功　好大喜功　计日程功　马到成功　劳而无功　贪天之功　徒劳无功　一得之功

红(紅)　gōng 见[女红]。
△另见 hóng。

攻　gōng ❶〈动〉攻打(跟"守"相对):围~|~城|~其不备。❷〈动〉指摘;抨击:群起而~之|~其一点,不及其余。❸〈动〉致力研究;学习:~读|专~中医。❹〈动〉治:他山之石,可以~玉。❺〈名〉姓。

【攻错】gōngcuò〈动〉《诗经·小雅·鹤鸣》:"他山之石,可以为错。"又:"他山之石,可以攻玉。"(错:磨刀石。攻:治)原指用磨刀石整修璞玉,后用来比喻别人的长处来补救自己的短处。

【攻读】gōngdú〈动〉❶努力读书或钻研某一门学问:刻苦~。❷在一定期限内学完所修课程以获取某种学位:~博士学位。

【攻击】gōngjī〈动〉❶进攻。❷恶意指摘;中伤:人身~。

【攻克】gōngkè〈动〉❶攻下(敌方的城市或据点)。❷比喻在工作、学习上克服重大困难:~科学堡垒。

【攻势】gōngshì〈名〉向敌方进攻的行动或形势:~凌厉。

【攻守同盟】gōng shǒu tóngméng ❶国与国之间为了在战争时采取联合进攻或防御而结成的同盟。❷指共同作案的人为了应付追查或审讯而事先约定共同隐瞒、互不揭发的行为。

【攻心】gōngxīn〈动〉❶从思想上进攻,以瓦解对方:~战。❷俗称因悲痛愤怒而神志昏迷为"怒气攻心",因浑身溃烂或烧伤而发生生命危险为"毒气攻心"或"火气攻心"。

备用词　反攻　夹攻　进攻　强攻　围攻　佯攻　主攻　助攻　总攻

供　gōng ❶〈动〉供应;供给:~销|不应求。❷〈动〉向对方提供某种利用的条件:可~参考|修建候车室~旅客休息。❸〈名〉姓。
△另见 gòng。

【供给】gōngjǐ〈动〉把物资、钱财、资料等给需要者使用:~食宿|发展经济,保障~。

【供养】gōngyǎng〈动〉❶赡养(长辈或年长的人)。❷饲养;养活。
△另见 gòngyǎng。

【供应】gōngyìng〈动〉以物资等满足需要:计划~|~粮食。

肱　gōng〈名〉胳膊上从肩到肘的部分,也泛指胳膊:~骨|股~|曲~而枕。

宫　gōng〈名〉❶古代房屋的统称:~舍。❷帝后等居住的房屋:~殿|~阙|皇~|行~。❸神话中神仙居住的房屋:龙~|月~。❹庙宇的名称:雍和~|布达拉~。❺供公众文化娱乐用的房屋:少年~|文化~。❻古代五音之一,相当于简谱的"1"。❼姓。

【宫车】gōngchē〈名〉帝王坐的车:雷霆乍惊,~过也。

【宫灯】gōngdēng〈名〉八角形和六角形的灯,每面画有彩色图画,下边悬挂流苏。原为宫廷使用,因称"宫灯"。

【宫殿】gōngdiàn〈名〉宫和殿的总称,泛指帝王居住的高大华丽的房屋。

【宫娥】gōng'é〈名〉宫女。

【宫观】gōngguàn〈名〉❶供帝王游憩的离宫别馆。❷道教的庙宇。

【宫女】gōngnǚ〈名〉在宫廷里供役使的女子。

【宫墙】gōngqiáng〈名〉❶房屋的围墙:~毁坏,门户不闭。❷指皇宫的墙:二川溶溶,流入~。

【宫阙】gōngquè〈名〉宫殿。

【宫人】gōngrén〈名〉宫女。

【宫室】gōngshì〈名〉❶古代房屋的通称。❷特指帝王的宫殿。

【宫廷】gōngtíng〈名〉❶帝王的住所。❷指由帝王及其大臣构成的统治集团。

【宫廷政变】gōngtíng zhèngbiàn〈名〉原指宫廷内发生篡夺王位的事件,现指国家统治集

G

团内少数人从内部采取某种方式夺取国家政权。

【宫闱】gōngwéi〈名〉帝王的住所。

【宫刑】gōngxíng〈名〉古代一种阉割生殖器官的酷刑。

备用词　蟾宫　故宫　后宫　皇宫　子宫　冷宫　离宫　龙宫　迷宫　天宫　王宫　行宫　月宫

恭 gōng❶〈形〉谦恭而有礼貌:~敬|~贺|洗耳~听。❷〈名〉姓。

【恭候】gōnghòu〈动〉敬辞,恭敬地等候:~佳音|~光临。

【恭谨】gōngjǐn〈形〉恭敬谨慎:~勤劳。

【恭敬】gōngjìng〈形〉严肃而有礼貌(多指对尊长或宾客):~地给老师鞠了一躬。

【恭顺】gōngshùn〈形〉恭敬顺从:态度~。

【恭肃】gōngsù〈形〉恭敬严肃。

【恭维】(恭惟) gōngwei〈动〉奉承;说赞扬的话讨好人。

【恭喜】gōngxǐ〈动〉客套话,祝贺人家的喜事。

备用词　谦恭　前倨后恭　却之不恭　玩世不恭

蚣 gōng见[蜈(wú)蚣]。

躬(*躳) gōng❶〈名〉身体。❷〈副〉自身;亲自:~耕|~行|反~自问|事必~亲|~逢其盛。❸〈动〉弯下(身子):~身。

【躬耕】gōnggēng〈动〉亲自耕田:~垄亩。

【躬亲】gōngqīn〈动〉亲自去做:事必~。

龚(龔) gōng〈名〉姓。

觥 gōng〈名〉古代一种用兽角做的酒器:飞觞(shāng)举~|~筹交错。

【觥筹交错】gōng chóu jiāocuò 酒杯和酒筹交互错杂,形容许多人聚在一起饮酒的热闹场面。

— gǒng —

巩(鞏) gǒng❶〈形〉坚固;牢固:~固。❷〈形〉恐惧;害怕:敬而不~。❸〈名〉姓。

【巩固】gǒnggù❶〈形〉坚固;稳固而不易动摇:基础~。❷〈动〉使巩固:~政权。

汞 gǒng〈名〉❶金属元素,符号Hg。银白色液体,有毒。可用来制造药品、温度计、血压计等。通称"水银"。❷姓。

拱 gǒng❶〈动〉两手在胸前合抱,表示敬意:~手。❷〈动〉两手合围,常用来表示

树木的粗细:中寿,尔墓之木~矣!❸〈动〉环绕:~卫|~抱|众星~月。❹〈动〉肢体弯曲成弧形:耸起:~肩缩背。❺〈名〉指建筑物上成弧形的部分:~门|石~桥。❻〈动〉用身体撞动;顶:猪用嘴~地|嫩芽~出了土。❼〈名〉姓。

【拱抱】gǒngbào〈动〉环绕;环抱:群山~。

【拱璧】gǒngbì〈名〉大璧,泛指珍宝。

【拱手】gǒngshǒu〈动〉❶两手在胸前相抱,略上举,表示恭敬:~相迎|~道别。❷形容毫不费力;容易:于是秦人~而取西河之外。

【拱卫】gǒngwèi〈动〉环绕在周围护卫着。

珙 gǒng〈名〉大的璧玉。

栱 gǒng[枓(dǒu)栱]同"斗拱"。

— gòng —

共 gòng❶〈形〉相同的;共同具有的:~性|~通。❷〈副〉共同;一齐:~事|~振|和平~处。❸〈副〉一共;总计:总~|全书~二十卷。❹〈介〉同;和;跟:落霞与孤鹜齐飞,秋水~长天一色。❺〈连〉和;与:松~竹,翠成堆。❻〈名〉共产党的简称:中~。❼(也有读gōng的)〈名〉姓。

【共产党】gòngchǎndǎng〈名〉无产阶级的政党。共产党是无产阶级的先锋队,是无产阶级的阶级组织的最高形式。它的指导思想是马克思列宁主义,目的是领导无产阶级和其他一切被压迫的劳动人民,通过革命斗争夺取政权,用无产阶级专政代替资产阶级专政,实现社会主义和共产主义。中国共产党成立于1921年7月。

【共产国际】gòngchǎn guójì 第三国际。

【共产主义】gòngchǎn zhǔyì ❶指无产阶级的整个思想体系。参看『科学社会主义』。❷人类最理想的社会制度。它在发展上分两个阶段,初级阶段是社会主义,高级阶段是共产

主义。通常所说的共产主义,是指共产主义的高级阶段。这个阶段的特点是生产力高度发展,社会产品极大丰富,人们具有高度的思想觉悟,劳动成为生活的第一需要,消灭了三大差别,实行共产主义公有制和"各尽所能,按需分配"的分配原则。

【共处】gòngchǔ〈动〉共同相处;共同存在:~一室|和平~。

【共存】gòngcún〈动〉共同生存;共同存在。

【共度】gòngdù〈动〉共同度过:~佳节|~周末。

【共犯】gòngfàn ❶〈动〉共同犯罪。❷〈名〉共同犯罪的人。

【共管】gòngguǎn〈动〉共同管理:环境卫生要由有关部门~|社会治安需要动员全社会的力量齐抓~。

【共和】gònghé〈名〉国家元首和国家权力机关定期由选举产生的一种政治制度:~国。

【共和国】gònghéguó〈名〉实施共和政体的国家。

【共和制】gònghézhì〈名〉国家元首和国家权力机关定期由选举产生的一种政治制度。

【共话】gònghuà〈动〉在一起谈论:~美好的未来。

【共计】gòngjì〈动〉❶合起来计算:几项支出~15万元。❷共同计议;共议:~大事。

【共建】gòngjiàn〈动〉两个或两个以上的机构或组织共同建设:~文明城市|开展军民~活动。

【共勉】gòngmiǎn〈动〉互相勉励。

【共鸣】gòngmíng〈动〉❶物体因共振而发声。❷受别人某种情绪的影响引起相同的思想感情。

【共识】gòngshí〈名〉共同的认识:双方已取得~|经过多次讨论,双方消除了分歧,达成|对国家前途的~使他们成为挚友。

【共事】gòngshì〈动〉在一起工作(多指在同一单位):~多年|我们同在一家公司~。

【共通】gòngtōng〈形〉❶通行于或适用于各方面的:~的道理。❷共同①:这几篇习作有一个~的毛病。

【共同】gòngtóng ❶〈形〉彼此都具有;属于大家的:~点|~纲领|~的意愿。❷〈副〉一同;一起(做):~提高|~努力。

【共同语言】gòngtóng yǔyán 指相同的思想、认识和生活情趣等:两个志趣迥异、没有~的人,很难长期生活在一起。

【共享】gòngxiǎng〈动〉共同享有:资源~|信息~|~文件|~软件。

【共性】gòngxìng〈名〉指不同事物所共同具有的普遍的性质:各种地方戏都有其个性,但作为戏曲又有其~。

【共议】gòngyì〈动〉共同商议:~国是|~改革方案。

【共赢】gòngyíng〈动〉大家都得到利益:互利~|各方加强合作,寻求~。

备用词 公共　合共　拢共　通共　统共　一共　总共　休戚与共　患难与共

贡（貢） gòng ❶〈动〉古代臣民或属国向帝王进献物品:~献|~奉。❷〈名〉贡品:进~|纳~。❸〈动〉封建时代称选拔人才,荐给朝廷:~举|~生。❹〈名〉姓。

【贡生】gòngshēng〈名〉科举时代由府、州、县学推荐到京师国子监学习的人。

【贡献】gòngxiàn ❶〈动〉把物资、力量、经验等献给国家和公众:~毕生精力。❷〈名〉对国家或公众所做的有益的事:新~|巨大的~。

【贡院】gòngyuàn〈名〉科举时代举行乡试或会试的场所。

备用词 朝贡　进贡　纳贡

供 gòng ❶〈动〉在神佛或先辈的像(或牌位)前陈列香烛等表示奉敬;祭祀时摆设祭品:~佛|遗像前~着鲜花。❷〈名〉陈列的表示虔敬的东西:上~|蜜~。❸〈动〉受审者陈述案情:~认|~词|~出作案同伙。❹〈名〉口供;供词:录~|诱~|翻~。
　　△另见 gōng。

【供养】gòngyǎng〈动〉用供品祭祀(神佛和祖先)。
　　△另见 gōngyǎng。

【供职】gòngzhí〈动〉担任职务:~于外交部|在海关~三十年。

【供状】gòngzhuàng〈名〉书面的供词。

备用词 笔供　口供　逼供　串供　翻供　攀供　诱供　招供　自供

唝（嗊） gòng [唝吥(bù)]〈名〉柬埔寨地名。今作"贡布"。

=== gōu ===

勾 gōu ❶〈动〉用笔画出钩形符号,表示删除或截取:~销|~乙。❷〈动〉画出形象的边缘;描:~画。❸〈动〉用灰、水泥等涂抹砖石建筑物的缝:~墙缝。❹〈动〉调和使黏:~芡。❺〈动〉招引;引:~引|~搭。❻

〈动〉结合:~结|~通。❼〈名〉我国古代称不等腰直角三角形中较短的直角边。❽〈名〉姓。

　　△另见 gòu。

【勾搭】gōuda〈动〉引诱或互相串通进行不正当的活动:~成奸。

【勾画】gōuhuà〈动〉勾勒描绘;用简短的文字描写:~轮廓|~脸谱|这篇游记~出了桂林秀丽的山水。

【勾结】gōujié〈动〉为了干坏事而暗中互相串通、结合:内外~|~官府。

【勾栏】gōulán〈名〉宋元时称说书、演戏、玩杂技的场所,后来指妓院。也作"勾阑"。

【勾阑】gōulán 同"勾栏"。

【勾勒】gōulè〈动〉❶用线条画出轮廓。❷用简单的笔墨描写事物的大致情况。

【勾连】(勾联) gōulián〈动〉❶勾结:暗中~。❷牵涉;牵连:我怀疑这事与他有~。

【勾留】gōuliú〈动〉短时间地停留:稍事~。

【勾取】gōuqǔ〈动〉提取(与案情有关的人犯)。

【勾通】gōutōng〈动〉暗地里串通;勾结。

【勾销】gōuxiāo〈动〉取消;抹掉:一笔~。

【勾心斗角】gōu xīn dòu jiǎo 同"钩心斗角"。

【勾乙】gōuyǐ〈动〉在报刊书籍的某些词句两端,画上形状像"乙"的符号(ㄥ)表示要抄录下来,作为资料。

【勾引】gōuyǐn〈动〉❶引诱人做不正当的事。❷吸引;招引。

句 gōu❶[高句丽(gōulí)]〈名〉古族名,古国名。❷用于人名。句践,春秋时越国国王。❸同"勾"(gōu),勾画。

　　△另见 gòu;jù。

佝 gōu 见下。

【佝偻】gōulóu〈动〉脊背向前弯曲。

【佝偻病】gōulóubìng〈名〉病,由缺乏维生素D,肠道吸收钙、磷的能力降低等引起。症状是头大、鸡胸、驼背、两腿弯曲、腹部膨大、发育迟缓。患者多为婴幼儿。也叫"软骨病"。

沟(溝) gōu〈名〉❶水道:~渠|小河~。❷浅槽;和沟类似的洼处:地面上轧了一道~|瓦~里流下水来。❸护城河:深~高垒。

【沟壑】gōuhè〈名〉山沟;溪谷;坑。

【沟通】gōutōng〈动〉使两方相通连:~思想|~中西方文化|~南北交通。

备用词 代沟　壕沟　鸿沟　明沟　山沟　阴沟

暗沟

枸 gōu[枸橘(jú)]〈名〉即"枳"(zhǐ)。
　　△另见 gǒu;jú。

钩(鈎*鉤) gōu❶〈名〉钩子:鱼~|衣~。❷〈名〉汉字的笔画,形状是"亅"、"⺄"、"乚"、"㇂"。❸〈名〉钩形符号,形状是"✓",通常用来表示文字内容、算式等正确,旧时也作勾乙或删除的符号。❹〈动〉用钩子钩取:把掉在井里的水桶~上来。❺〈动〉用带钩的针编织;用针粗缝:~窗帘|~贴边。❻〈动〉探求:~玄|~沉。❼〈动〉牵连:~党。❽〈名〉姓。

【钩沉】gōuchén〈动〉探索深奥的道理或辑录散失的材料:《古小说~》。

【钩党】gōudǎng〈名〉指有牵连的同党。

【钩戟】gōujǐ〈名〉古代兵器,一种有钩的戟。

【钩心斗角】gōu xīn dòu jiǎo 原指宫殿结构精巧工致,后用来比喻各用心机,互相排挤。也作"勾心斗角"。

缑(緱) gōu〈名〉❶刀剑等柄上所缠的绳。❷姓。

篝 gōu〈名〉竹笼:~火。

【篝火】gōuhuǒ〈名〉❶用竹笼罩着的火。❷指在野外空旷处燃起的火堆。

鞲 gōu[鞲鞴(bèi)]〈名〉活塞。

　　━━ **gǒu** ━━

苟 gǒu❶〈形〉随便:不~言笑|一丝不~。❷〈副〉暂且;姑且:~活|~安|~且偷生。❸〈连〉a)假使;如果:~富贵,无相忘。b)只要:~余心之端直兮,虽僻远其何伤?❹〈名〉姓。

【苟安】gǒu'ān〈动〉只顾眼前,暂且偷安:~一时。

【苟得】gǒudé〈动〉以不正当的手段求得;不当得而得。

【苟合】gǒuhé〈动〉❶随便附和迎合。❷指男女间不正当的结合。

【苟活】gǒuhuó〈动〉苟且地活着:忍辱~。

【苟免】gǒumiǎn〈动〉苟且免于罪罚。

【苟且】gǒuqiě〈形〉❶只顾眼前,得过且过:~偷安。❷草率;敷衍了事:~从事。❸不正当的(多指男女关系)。

【苟全】gǒuquán〈动〉苟且保全(生命)。

【苟同】gǒutóng〈动〉随便地附会赞同;不

敢～。

【苟延残喘】gǒu yán cán chuǎn 勉强拖延一口没断的气,比喻勉强维持生存。

峋　gǒu[嶙峋(lǒu)]〈名〉山名,即衡山,在湖南。

狗　gǒu〈名〉哺乳动物,嗅觉和听觉都很灵敏,种类很多,有的可以训练成警犬、猎犬。

【狗窦】gǒudòu〈名〉狗洞。

【狗苟蝇营】gǒu gǒu yíng yíng 见〖蝇营狗苟〗。

【狗急跳墙】gǒu jí tiào qiáng 比喻在走投无路时不顾一切地行动(多含贬义)。

【狗头军师】gǒutóu jūnshī 指爱给人出主意而主意并不高明的人,也指幕后专给人出坏主意的人。

【狗腿子】gǒutuǐzi〈名〉受人豢养而为其奔走帮凶的人;走狗。

【狗尾续貂】gǒu wěi xù diāo《晋书·赵王伦传》引当时民间谚语:“貂不足,狗尾续。”讽刺封官多,用来做近侍官员帽饰的貂尾不够,只好用狗尾代替。比喻拿不好的东西接到好的东西后面,显得好坏不相称(多指文学作品)。

【狗血喷头】gǒuxuè pēn tóu 形容骂得很凶。也说“狗血淋头”。

枸　gǒu[枸杞(qǐ)]〈名〉灌木,果实红色,叫“枸杞子”。果实或根皮可入药。
△另见gōu;jǔ。

筍　gǒu〈名〉一种竹篾编成的捕鱼器具,口大颈细,颈部装有逆向的竹篾,鱼进去出不来。

— gòu —

勾　gòu ❶同“够”(多见于早期白话)。❷〈名〉姓。
△另见gōu。

【勾当】gòudàng〈名〉事情,今常指坏事情。

句　gòu同“勾”(gòu)。
△另见gōu;jù。

构(構*❶-❹搆)　gòu ❶〈动〉构造;组合:～图|～词。❷〈动〉架设;建造:～木为巢。❸〈动〉结成(用于抽象事物):虚～|～怨。❹〈名〉指文艺作品:佳～。❺〈名〉构树。乔木。树皮是制造桑皮纸和宣纸的原料。也叫“楮”(chǔ)或“榖”(gǔ)。❻〈名〉姓。

【构恶】gòu'è〈动〉结仇。

【构架】gòujià ❶〈名〉建筑物的框架,比喻事物的组织结构:木～|艺术～|大楼的～已建完|重组体制～。❷〈动〉建立(多用于抽象事物):～新理论体系。

【构建】gòujiàn〈动〉构想并建立(多用于抽象事物):～和谐社会|～新的学科体系。

【构拟】gòunǐ〈动〉构思设计:～城市新蓝图。

【构思】gòusī〈动〉运用心思,多指做文章或制作艺术品时的酝酿思考过程:～精巧|艺术～。

【构陷】gòuxiàn〈动〉设谋陷害,使人落下罪名。

【构想】gòuxiǎng ❶〈动〉构思;设想:～巧妙。❷〈名〉形成的想法:提出体制改革的～。

【构怨】gòuyuàn〈动〉结怨。

【构造】gòuzào〈名〉指事物各个组成部分的安排、组织和相互关系:人体～|地层～。

【构筑】gòuzhù〈动〉修筑(工事等)。

购(購)　gòu〈动〉❶买:采～|～买|～销两旺。❷悬赏征求;捕捉。

G

【购并】gòubìng〈动〉用购买的方式兼并:这个企业集团最近～了两家公司。

【购置】gòuzhì〈动〉购买:～家具|～地产。

备用词 采购 订购 定购 抢购 认购 赊购 收购 套购 统购 预购 征购

诟(詬) gòu ❶〈名〉耻辱:～莫大于宫刑。❷〈动〉怒骂;辱骂:～病|～骂(辱骂)。

【诟病】gòubìng〈动〉讥讽,认为是缺点;指责:古人以俭为美德,今人乃以俭相～。

【诟厉】gòulì〈动〉辱骂。

垢 gòu ❶〈形〉污秽;肮脏:～污|蓬头～面。❷〈名〉脏东西:油～|泥～|牙～|耳～|积～|藏污纳～。❸〈名〉耻辱:含～忍辱。

够(*夠) gòu ❶〈动〉数量上可以满足需要:～数|钱不～用。❷〈动〉达到某一点或某种程度:～格|～交情。❸〈动〉(用手等)探出去接触或取:～不着|爬到树上去～桃子。❹〈副〉表示程度很高:～累的。

遘 gòu〈动〉相逢;遭遇:～遇|～疾。

彀 gòu ❶〈动〉张满弓弩:～中。❷同"够"。

【彀中】gòuzhōng〈名〉指箭能射及的范围,比喻牢笼、圈套。

媾 gòu〈动〉❶结为婚姻:婚～。❷交好:～和。❸交配:交～(性交)。

【媾和】gòuhé〈动〉交战双方缔结和约,结束战争。

觏(覯) gòu〈动〉遇见:罕～。

—— gū ——

估 gū ❶〈动〉大致地推算;揣测:～计|～产|～价|低～|～毛。❷〈名〉商人:～客。
△另见 gù。

【估计】gūjì〈动〉根据某些情况,对事物的性质、数量、变化等做大致推断。

【估量】gūliang〈动〉估计:不可～的损失。

【估摸】gūmo〈动〉估计。

【估算】gūsuàn〈动〉估计;大略地推算。

咕 gū〈拟〉形容母鸡、斑鸠等的叫声:母鸡～地叫|肚子饿得～～响。

【咕叽】gūjī 同"咕唧"。

【咕叽】gūji 同"咕唧"。

【咕唧】gūjī〈拟〉形容水受压力而向外挤出的声音:鞋里灌满了水,走起来～～直响。也作"咕叽"。

【咕唧】gūji〈动〉小声交谈或自言自语:两人～了好一会儿。也作"咕叽"。

【咕噜】gūlu〈动〉咕哝。

【咕哝】gūnong〈动〉小声说或自言自语(多带不满情绪)。

备用词 叽咕 嘀咕 叽咕 挤咕 捅咕

呱 gū 见下。
△另见 guā;guǎ。

【呱呱】gūgū〈拟〉形容婴儿啼哭声:～而泣。
△另见 guāguā。

【呱呱坠地】gūgū zhuì dì 指婴儿出生。

沽 gū ❶〈动〉买:～酒|～名钓誉。❷〈动〉卖:待价而～。❸〈名〉天津的别称。

【沽名钓誉】gū míng diào yù 故意做作或用某种不正当的手段谋取名誉。

孤 gū ❶〈形〉幼年丧父或父母双亡的:～儿|先主少～,与母贩履织席为业。❷〈名〉孤儿:遗～。❸〈形〉单独:～单|～雁|～岛。❹〈名〉封建王侯的自称:～家|称～道寡。

【孤傲】gū'ào〈形〉孤僻高傲:清高。

【孤单】gūdān〈形〉❶单身无靠,感到寂寞:老伴去世后,他十分～。❷(力量)单薄。

【孤胆】gūdǎn〈形〉单独跟许多敌人英勇作战的:～英雄。

【孤独】gūdú〈形〉❶独自一个人;孤单。❷孤零零,没有陪衬。❸不合群;不喜欢跟人来往:性情～。

【孤芳自赏】gū fāng zì shǎng 比喻自命清高,自我欣赏。

【孤负】gūfù 见【辜负】。

【孤高】gūgāo〈形〉高傲,不合群:性情～|～不群。

【孤寂】gūjì〈形〉孤单寂寞。

【孤家寡人】gūjiā guǎrén 古代帝王自称"孤"或"寡人"("孤家"多见于戏曲中),现常用来比喻脱离群众、孤立无助的人。

【孤苦】gūkǔ〈形〉形容孤单无靠,生活困苦:伶仃|～的老人。

【孤苦伶仃】(孤苦零丁)gūkǔ língdīng 形容孤独困苦,无依无靠。

【孤立】gūlì ❶〈形〉别的事物不相联系:～的海岛。❷〈形〉得不到同情和援助:处境～|陷于～。❸〈动〉使失去同情和援助:～敌人。

【孤零零】gūlínglíng〈形〉❶孤单;无依无靠。❷没有陪衬的:深山里有一户～的人家。

【孤陋寡闻】gū lòu guǎ wén 学识浅薄,见闻不广。

【孤蓬】gūpéng〈名〉比喻只身飘零,行止无定的人:此地一为别,～万里征。

【孤癖】gūpǐ〈名〉独特的爱好。

【孤僻】gūpì〈形〉(性格)怪僻;不合群:性情～。

【孤身只影】gū shēn zhī yǐng 形容孤单无援。

【孤孀】gūshuāng〈名〉寡妇。

【孤危】gūwēi〈形〉孤立危险。

【孤虚】gūxū〈形〉❶孤立空虚:值上皇巡狩,京邑～。❷不完整:憔悴～。

【孤掌难鸣】gū zhǎng nán míng 一个巴掌没法拍响,比喻势孤力单,难以成事。

【孤注一掷】gū zhù yī zhì 赌博的人把所有赌本都押上去,一决输赢,比喻在危急时拿出全部力量作一次冒险。

姑 gū ❶〈名〉姑姑,父亲的姐妹:～妈|～夫。❷〈名〉丈夫的姐妹:～嫂|大～子|小～儿。❸〈名〉丈夫的母亲:翁～。❹〈名〉出家修行或从事迷信职业的妇女:尼～|道～|三六婆。❺〈副〉姑且;暂且:～妄言之。❻〈名〉姓。

【姑表】gūbiǎo〈形〉一家的父亲和另一家的母亲是兄妹或姐弟的亲戚关系。

【姑奶奶】gūnǎinai〈名〉❶父亲的姑母。❷娘家称已经出嫁的女儿。

【姑娘】gūniáng〈名〉❶方言。姑母。❷方言。丈夫的姐妹。

【姑娘】gūniang〈名〉❶未婚的女子。❷女儿。

【姑且】gūqiě〈副〉表示暂时(含有让步的意思):～不论。

【姑妄言之】gū wàng yán zhī 姑且说说,表示所说的话不一定正确。

【姑息】gūxī〈动〉无原则地宽容:～养奸(指宽容坏人坏事)。

【姑爷】gūye〈名〉称女婿。

轱(軲) gū 见下。

【轱辘】gūlu 同"轱辘"。

【轱辘】gūlu 也作"轱辘"、"毂辘"。❶〈名〉车轮子。❷〈动〉滚动;转:油桶～远了。

骨 gū 见下。
△另见 gǔ。

【骨嘟】gūdu〈动〉(嘴)向前突出;撅着(嘴)。

【骨朵儿】gūduor〈名〉没有开放的花朵:花～。

【骨碌】gūlu〈动〉滚;滚动:他一～爬起来,拔腿就跑。

鸪(鴣) gū 见[鹧(zhè)鸪]。

菰 gū〈名〉❶草本植物,生长在池沼里。嫩茎的基部经某种菌寄生后膨大,做蔬菜吃,叫"茭白"。❷同"菇"。

菇 gū〈名〉❶蘑菇:香～|冬～。❷姓。

蛄 gū 见[蝼(hui)蛄]、[蝼(lóu)蛄]。
△另见 gǔ。

菁 gū[菁葖]gūtū〈名〉骨朵儿。

辜 gū ❶〈名〉罪:无～|死有余～。❷〈动〉对不起;违背:～负。❸〈名〉姓。

【辜负】(辜负)gūfù〈动〉对不住(别人的好意、期望):不会～您的期望|你可千万别～了他的好意!

觚 gū〈名〉大骨。

酤 gū ❶〈名〉薄酒;清酒:清～。❷〈动〉买(酒)。❸〈动〉卖(酒)。

唃 gū[唃嘟(du)]❶同"骨(gū)嘟"。❷〈名〉器物上突起的便于手拿的小疙瘩。

觚 gū〈名〉❶古代一种盛酒的器具。❷古代写字用的木板:操～(写文章)。❸棱角。

毂(轂) gū[毂辘(lu)]同"轱辘"。
△另见 gǔ。

箍 gū ❶〈动〉用竹篾或金属条捆紧;用带子之类勒住:～桶。❷〈名〉紧套在东西外面的圈儿:铁～|桶～|红～。

━━ **gǔ** ━━

古 gǔ ❶〈名〉古代(跟"今"相对):远～|～迹|～今中外。❷〈形〉经历多年的:～画|～旧。❸〈名〉古体诗:五～|七～。❹〈名〉姓。

【古板】gǔbǎn〈形〉❶(思想、作风)固执守旧，不知变通。❷(表情)死板；呆板。

【古懒】gǔbiē〈形〉古怪执拗。

【古代】gǔdài〈名〉过去距离现代较远的时代。在我国历史分期上多指 19 世纪中叶以前的时期。

【古道】gǔdào〈名〉❶古老的道路：咸阳~｜西风瘦马。❷古朴厚道：~热肠。❸古代学术、政治、道理、方法等的通称。

【古道热肠】gǔ dào rè cháng 指待人真挚、热情。

【古典】gǔdiǎn❶〈名〉典故。❷〈形〉古代流传下来的被后人认为正宗或典范的：~文学。

【古董】(骨董)gǔdǒng〈名〉❶古代留下来的有鉴赏、研究价值的器物。❷比喻过时的东西或顽固守旧的人：思想僵化的老~。

【古风】gǔfēng〈名〉❶古代的风俗习惯，多指质朴的生活作风：~犹存。❷古体诗。

【古怪】gǔguài〈形〉跟一般情况不相同，使人感到诧异；奇特而罕见的：性情~。

【古迹】gǔjì〈名〉古代的遗迹，多指古代留下来的建筑物或具有纪念意义的地方：名胜~｜寻访~。

【古老】gǔlǎo〈形〉经历了久远年代的：~的风俗｜~的民族。

【古朴】gǔpǔ〈形〉朴素而有古代的风格。

【古色古香】gǔ sè gǔ xiāng 形容器物、建筑等富于古雅的色彩或情调。

【古诗】gǔshī〈名〉❶古体诗。❷泛指古代诗歌。

【古体诗】gǔtǐshī〈名〉唐代以来指区别于律诗、绝句等近体诗的一种诗体，句数没有限制，句式一般有三言、五言、七言、四言、六言等，不讲求对仗，平仄和用韵比较自由。也叫"古诗"或"古风"。

【古玩】gǔwán〈名〉古董①。

【古文】gǔwén〈名〉❶五四以前文言文的总称。❷汉代指秦以前的字体，特指许慎《说文解字》里的古文。

【古文字】gǔwénzì〈名〉古代的文字。在我国指古代传下来的篆文体系的文字，特指秦以前的文字，如甲骨文、金文等。

【古稀】gǔxī〈名〉唐杜甫《曲江》："人生七十古来稀。"后用"古稀"指人七十岁：~之年｜年近~。

【古雅】gǔyǎ〈形〉古朴雅致。

【古远】gǔyuǎn〈形〉过去距离现代十分久远的

~的时代。

【古拙】gǔzhuō〈形〉古朴而少修饰：图案~｜形式~。

备用词　博古　复古　亘古　怀古　考古　千古　太古　万古　远古　作古　厚今薄古

谷(❷-❹穀)gǔ〈名〉❶两座山或两块高地之间的夹道(多有水流)：河~｜峡~｜山~。❷稻、麦、谷子、高粱、玉米等作物的统称：~物｜五~｜杂粮。❸谷子(粟)：~草｜~穗儿。❹方言。稻或稻谷。❺姓。
△另见 yù。

【谷地】gǔdì〈名〉地面上向一定方向倾斜的低凹地，如山谷、河谷。

【谷坊】gǔfáng〈名〉在沟底修筑的小水坝，用来调整坡度，减缓流速，阻截泥沙，防止沟底被冲刷。

备用词　五谷丰登　河谷　山谷　峡谷　幽谷　进退维谷　满坑满谷　虚怀若谷

汩 gǔ〈形〉水流动的样子。

【汩汩】gǔgǔ❶〈拟〉形容水流动的声音。❷〈形〉水流动的样子。

诂(詁)gǔ〈动〉用通行的话解释古代语言文字或方言字义：训~｜解~。

股 gǔ❶〈名〉大腿：~肱。❷〈名〉机关、企业按工作性质分设的办事部门：总务~｜秘书~。❸〈名〉绳线等的组成部分：把线捻成~儿。❹〈名〉集合资金的一份或一笔财物平均分配的一份：~东｜合~。❺量词：一~线｜一~泉水｜一~热气｜一~香味｜一~土匪。❻〈名〉我国古代称不等腰直角三角形中较长的直角边。

【股本】gǔběn〈名〉❶股份制企业股东投入的资本。股份有限公司的股本，应在核定的资本总额和股份总额的范围内发行股票。有限责任公司的股本应以实际收到现金等资产的价值记作企业的股本。❷泛指一般合伙经营的工商企业的资本或资金。

【股东】gǔdōng〈名〉❶出资经营股份公司或持有股份公司股票的人。股东对公司享有资产收益权、重大事务的表决权和知情权。❷泛指一般合伙经营的工商企业的投资人。

【股份】（股分）gǔfèn〈名〉❶股份公司或一般合伙经营的工商企业的资本总额按相等金额分成的单位。简称"股"。❷投入消费合作社的资金的单位。

【股份制】gǔfènzhì〈名〉一种资本组织形式和企业组织形式，由股东入股集资，建立法人企业，自主经营，并自负盈亏。股东对企业财产实行联合占有，按所认股收益共享、风险共担。

【股肱】gǔgōng ❶〈名〉大腿和胳膊，比喻左右辅助得力的人：～之臣。❷〈动〉辅佐：～王室。

【股海】gǔhǎi〈名〉比喻变化不定而充满风险的股票市场：～风云｜～沉浮。

【股价】gǔjià〈名〉股票价格：～暴跌。

【股栗】gǔlì〈动〉两腿发抖。

【股民】gǔmín〈名〉在股票交易机构开立账户并参加股票交易的人。

【股票】gǔpiào〈名〉股份公司发给股东证明其所入股份数，并有权取得股息的可转让的有价证券：买一支～。

【股票价格指数】gǔpiào jiàgé zhǐshù 为反映股票市场总体价格的波动和走势而编制的股价统计指标。它是股市的重要参数，也是反映宏观经济发展趋势的重要指标之一。以百分点为单位。简称"股指"。

【股评】gǔpíng ❶〈动〉对股市行情和股市操作进行分析和评论。❷〈名〉进行股评的文章和言论：晚间～。

【股权】gǔquán〈名〉股东对所投资的股份公司所享有的权益。

【股市】gǔshì〈名〉❶买卖股票的市场：香港～｜～行情。❷指股票的行市：～暴跌。

【股息】gǔxī〈名〉股份公司根据股东投资的数额分给股东的利润。

【股灾】gǔzāi〈名〉指因股市行情大跌而造成的严重损失。

【股指】gǔzhǐ〈名〉"股票价格指数"的简称。

骨 gǔ〈名〉❶骨头：～骼｜恨之入～。❷比喻在物体内部支撑的架子：伞～｜钢～水泥。❸品质；气概：～气｜奴颜媚～。

△另见 gū。

【骨董】gǔdǒng 见【古董】。

【骨干】gǔgàn〈名〉❶长骨的中央部分，中空，两端跟骨骺相连。❷比喻在总体中起主要作用的人或事物：业务～。

【骨骼】gǔgé〈名〉全身骨头的总称。

【骨鲠在喉】gǔgěng zài hóu 鱼骨头卡在喉咙里，比喻心里有话没说出来，堵得难受。

【骨力】gǔlì〈名〉指书法雄健的笔力：匾额上的几个字写得很有～。

【骨龄】gǔlíng〈名〉骨骼年龄。用 X 射线透视手腕部，根据骨骼的钙化程度，可以推测少年儿童的年龄和发育情况。

【骨牌效应】gǔpái xiàoyìng 见【多米诺骨牌】。

【骨气】gǔqì〈名〉❶刚强不屈的气概。❷指书法所表现的雄健的气势。

【骨肉】gǔròu〈名〉❶指父母、兄弟、姐妹、子女等亲人：亲生～｜～分离。❷比喻紧密相连不可分割的关系：亲如～｜情同～。

【骨髓】gǔsuǐ〈名〉骨头空腔中柔软像胶的物质。

【骨头】gǔtou〈名〉❶人和脊椎动物体内支持身体、保护内脏的坚硬组织。❷比喻人的品质：硬～。❸比喻话里暗含着的不满、讽刺等意思：话里有～。

【骨血】gǔxuè〈名〉指有血缘关系的子女；后代：这孩子是他爹唯一的～，你千万要把他抚养成人！

【骨折】gǔzhé〈名〉由于外伤或骨组织本身病变，骨头折断，变成碎块或发生裂纹。

【骨子】gǔzi〈名〉❶起支撑作用的架子：扇～｜伞～。❷比喻内心或实质上：～里。

备用词　傲骨　风骨　侠骨　遗骨　彻骨　刺骨　刻骨　露骨　入骨　尸骨　主心骨　粉身碎骨　奴颜媚骨　脱胎换骨

牯 gǔ〈名〉公牛：～牛｜水～（公的水牛）。

贾（賈）gǔ ❶〈名〉商人（古时候"贾"指坐商，"商"指行商）：商～｜书～。❷〈动〉做买卖：多财善～。❸〈动〉买：～马。❹〈动〉招致：招引：～祸｜～害。❺〈动〉卖：余勇可～。
　△另见 jiǎ。
【贾祸】gǔhuò〈动〉招来祸害：骄贪～。
【贾人】gǔrén〈名〉商人。

眍 gǔ〈动〉瞪大眼睛（表示不满）。

罟 gǔ❶〈名〉捕鱼的网：网～｜鱼～。❷〈动〉用网捕鱼。

钴（鈷）gǔ〈名〉金属元素，符号 Co。银白色，用来制造合金等。医学上用放射性钴（钴－60）治疗恶性肿瘤。
【钴鉧】gǔmǔ〈名〉熨斗。

羖（*羜）gǔ〈名〉公羊。

蛄 gǔ 见[蝲（là）蝲蛄]。
　△另见 gū。

蛊（蠱）gǔ❶〈名〉古代传说，使许多毒虫互相吞食，最后剩下不死的毒虫叫"蛊"，用来放在食物里害人。❷〈动〉诱惑；迷惑：～惑｜～世。
【蛊惑】gǔhuò〈动〉迷惑；惑乱：～人心。也作"鼓惑"。

鹄（鵠）gǔ〈名〉射箭的目标：箭靶：～的｜中～。
　△另见 hú。
【鹄的】gǔdì〈名〉❶箭靶子的中心；练习射击的目标：连中～。❷目标；目的。

馉（餶）gǔ[馉饳（duò）]〈名〉古代的一种面食。

淈 gǔ〈动〉❶乱；扰乱：美恶不～其心。❷搅浑：～泥扬波。
　△另见 huá。

鼓（*皷）gǔ❶〈名〉一种打击乐器，多为圆筒形或扁圆形，中间空，一面或两面蒙有皮革：手～｜腰～。❷〈名〉形状、声音、作用像鼓的：石～｜蛙～｜耳～。❸〈动〉击（鼓）：一～作气。❹〈动〉使某些乐器或东西发出声音：～琴｜～掌｜摇唇～舌。❺〈动〉扇（风）：～风｜～翼。❻〈动〉发动；振奋：～动｜～舞。❼〈形〉凸起；涨大：～～囊囊。❽〈量〉旧时一夜分为五更，用鼓报更，因以"鼓"作为"更"的代称。❾〈名〉姓。
【鼓吹】gǔchuī〈动〉❶宣传并提倡：～革命。

❷吹嘘。
【鼓刀】gǔdāo〈动〉指宰杀牲畜。
【鼓动】gǔdòng〈动〉用语言、文字等激发人们的情绪，使行动起来。
【鼓惑】gǔhuò〈动〉鼓动使迷惑；蛊动诱惑。
【鼓角】gǔjiǎo〈名〉古代军中用来传号令、壮军威的战鼓和号角：～齐鸣。
【鼓励】gǔlì〈动〉勉励；激发使鼓起勇气。
【鼓舞】gǔwǔ❶〈动〉使振奋起来，增强信心或勇气：～人心｜～士气。❷〈形〉振作；兴奋：欢欣～｜令人～。
【鼓噪】gǔzào〈动〉❶古代指军队出战时击鼓呐喊，以壮声势：～呐喊。❷喧嚷；起哄：～一时。

|备用词| 更鼓　战鼓　重整旗鼓　大张旗鼓　紧锣密鼓　偃旗息鼓

毂（轂）gǔ〈名〉车轮的中心部分，有圆孔，用来插轴：轮～｜肩摩～击。
　△另见 gū。

榖 gǔ〈名〉构⑤。

瘕 gǔ，又读 jiǎ〈名〉福：祝～。

鹘（鶻）gǔ[鹘鸼（zhōu）]〈名〉古书上说的一种鸟。
　△另见 hú。

臌 gǔ〈名〉腹部膨胀的病：水～｜气～。

瞽 gǔ❶〈形〉眼瞎：～目｜～者。❷〈名〉失去视力的人。❸〈形〉指没有识别能力的：～说。
【瞽说】gǔshuō〈名〉不达事理的言论。

瀫 gǔ[瀫水]〈名〉地名，在湖南。今作"谷水"。

━━ gù ━━

估 gù[估衣（yi）]〈名〉出售的旧衣服或质量较次的衣服。
　△另见 gū。

固 gù❶〈形〉坚固：牢～｜本～枝荣。❷〈动〉使坚固：～本｜～防。❸〈形〉坚硬：～体｜凝～。❹〈副〉a)坚决；坚定地：～辞｜～守。b)本来；原本：～有｜～当如此。c)当然：天下分裂，而唐室以微矣。d)确实：～不如也。e)仍然：余～笑而不信也。❺〈连〉固然：胜可喜，败亦欣然。❻〈名〉姓。
【固步自封】gù bù zì fēng 同"故步自封"。
【固定】gùdìng ❶〈形〉不变动的；不移动的（跟

"流动"相对):～资产|～收入。❷〈动〉使固定:把自学时间～下来。

【固陋】gùlòu〈形〉见识浅薄;见闻不广。

【固然】gùrán ❶〈连〉a)表示承认某一事实,引起下文转折:这～是个办法,但缓不济急。b)表示承认某一事实,同时也承认另一事实:成功～值得高兴,暂时遭受挫折也不应气馁。❷〈名〉原来的那样:依乎天理,因其～。

【固若金汤】gù ruò jīn tāng 形容城池或阵地坚固,不易攻破(金:金城,形容城墙坚固得像金属铸造的一样。汤:汤池,形容护城河防守严密,犹如盛满滚水的池子,谁也不能越过)。

【固沙】gùshā〈动〉使流沙固定不再移动:～造林|植物种草～,造林防沙。

【固守】gùshǒu〈动〉❶坚决地守卫:～阵地。❷固执地遵循:～成法。

【固有】gùyǒu〈形〉本来有的:～文化。

【固执】gùzhí〈形〉坚持己见,不肯改变:性情～|～己见。

备用词 巩固 坚固 牢固 凝固 强固 顽固 稳固 根深蒂固

故 gù ❶〈名〉事故:变～|～障。❷〈名〉原因:缘～|平白无～。❸〈形〉原来的;从前的;旧的:～园|～乡。❹〈名〉朋友;友情:亲～|沾亲带～。❺〈动〉(人)死亡:病～|亡～|～世|～去|物～(指人死)。❻〈副〉a)故意:明知～犯。b)仍旧:三日断五匹,大人～嫌迟。c)本来;原来:此物～非西产。❼〈连〉所以;因此:大雨倾盆,～未起程。❽〈名〉姓。

【故步自封】gù bù zì fēng 比喻安于现状,不求进步(故步:走老步子)。也作"固步自封"。

【故常】gùcháng〈名〉常例;老规矩。

【故典】gùdiǎn 方言。〈名〉花样:你可真会出～!

【故而】gù'ér〈连〉因而;所以:听说老人家身体欠安,～特来探望。

【故国】gùguó〈名〉❶历史悠久的国家。❷祖国。❸故乡。❹指旧地:～神游。

【故伎】gùjì 同"故技"。

【故技】gùjì〈名〉老花招;老手法:～重演。也作"故伎"。

【故居】gùjū〈名〉曾经住过的房子,也指死者生前住过的房子(多指名人):鲁迅～。

【故里】gùlǐ〈名〉故乡;老家:荣归～。

【故弄玄虚】gù nòng xuánxū 故意玩弄花招,迷惑欺骗人。

【故人】gùrén〈名〉❶旧友;老朋友:难得风雨～来。❷前妻或前夫:怅然遥相望,知是～来。❸已死的人:祭品～。

【故事】gùshì〈名〉❶旧日的行事制度;例行的事:奉行～|虚应～。❷旧事;先例:六国破亡之～。❸真实的或虚构的用作讲述对象的事情:神话～。❹文艺作品中用来体现主题的情节:～梗概。

【故态复萌】gùtài fù méng 旧日的情况或态度又出现,指老毛病重犯。

【故土】gùtǔ〈名〉故乡:远离～|怀念～。

【故乡】gùxiāng〈名〉出生或长期居住过的地方;家乡:重返～。

【故业】gùyè〈名〉❶原有的基业。❷旧时的职业:复操～。

【故意】gùyì〈副〉有意地那样做:～捣乱。

【故园】gùyuán〈名〉故乡;家园。

【故障】gùzhàng〈名〉机器等发生的障碍或毛病:排除～。

【故纸堆】gùzhǐduī〈名〉指数量很多而内容又十分陈旧的图书、资料等。

备用词 变故 事故 典故 掌故 缘故 病故 大故 身故 亡故 物故 持之有故 蹈常袭故 非亲非故 毛举细故 平白无故 人情世故 一见如故 依然如故 沾亲带故

顾(顧) gù ❶〈动〉转过头来看;看:环～|相～一笑。❷〈动〉注意;照管:自～不暇|统筹兼～。❸〈动〉拜访:光～|三～茅庐。❹〈动〉前来购买东西或要求服务:～客|～惠。❺〈连〉但是:～吾念之,强秦之所以不敢加兵于赵者,徒以吾两人在也。❻〈副〉反而;难道:人之立志,～不如蜀鄙之僧哉?❼〈名〉姓。

【顾此失彼】gù cǐ shī bǐ 顾了这个,顾不了那个。

【顾及】gùjí〈动〉照顾到;注意到:无暇～。

【顾忌】gùjì〈动〉恐怕对人或事情不利而有顾虑:无所～。

【顾客】gùkè〈名〉商店或服务行业称来买东西的人或服务对象。

【顾虑】gùlǜ〈动〉担心带来不利后果而不敢照自己本意说话或行动的心理:～重重|打消～|～他的安全。

【顾名思义】gù míng sī yì 看到名称就联想到它所包含的意义。

【顾盼】gùpàn〈动〉向两旁或周围看来看去:左右～|～自雄(形容得意忘形的样子)。

【顾全】gùquán〈动〉顾及使保全而不受损害:～名誉|～大局。

【顾视】gùshì〈动〉向周围看。

【顾玩】gùwán〈动〉仔细端详:伯乐学相马,~所见,无非马者。

【顾问】gùwèn〈名〉有某一方面的专门知识,供个人或机关团体咨询的人:法律~。

【顾影自怜】gù yǐng zì lián 看到自己的影子,自己怜惜自己。形容孤独失意的样子,也指自我欣赏。

备用词 环顾 回顾 光顾 惠顾 眷顾 看顾 照顾 主顾 统筹兼顾 义无反顾

堌 gù〈名〉堤(多用于地名):龙~(在江苏)|青~集(在山东)。

梏 gù❶〈名〉古代木制的手铐:桎~。❷〈动〉(给犯人)戴手铐。

崮 gù〈名〉四周陡峭、顶上较平的山(多用于地名):孟良~(在山东)。

雇(*❶-❸**僱**) gù❶〈动〉出钱让人给自己做事:~佣|保姆|临时工。❷〈动〉出钱让人用某些交通工具给自己服务:~车|~船。❸〈名〉指雇佣关系:解~。❹〈名〉姓。

【雇农】gùnóng〈名〉旧社会农村中的长工、月工、零工等。

【雇佣】gùyōng〈动〉用货币购买劳动力。

【雇佣军】gùyōngjūn〈名〉受雇于某一国家并受该国控制支配的军队。

锢(**錮**) gù〈动〉❶用熔化的金属堵塞金属物品的空隙:~漏。❷禁锢:党~。

【锢蔽】gùbì〈动〉闭塞。

痼 gù❶〈名〉经久难治愈的(病):沉~。❷〈形〉长期养成不易克服的:~习|~癖。

鲴(**鯝**) gù〈名〉鱼,身体侧扁,口小,生活在河流、湖泊中。

— **guā** —

瓜 guā〈名〉❶蔓生植物,种类很多,如西瓜、南瓜、冬瓜、黄瓜、丝瓜等。❷姓。

【瓜代】guādài〈动〉《左传·庄公八年》记载,齐襄公派连称、管至父去守葵丘,那时正是瓜熟季节,就对他们说,到明年吃瓜的时候派人去接替。后来把任期已满换人接替叫作"瓜代"。

【瓜分】guāfēn〈动〉像切瓜一样分割或分配,特指若干强国分割侵占弱国的领土。

【瓜葛】guāgé〈名〉瓜和葛都是蔓生植物,常攀附或缠绕在别的物体上,比喻辗转相连的关系,也泛指互相牵连的关系。

【瓜熟蒂落】guā shú dì luò 瓜熟了瓜蒂自然脱落,比喻条件具备、时机成熟了,事情自然会成功。

【瓜田李下】guā tián lǐ xià 古乐府《君子行》:"瓜田不纳履,李下不正冠。"在瓜田里不弯腰提鞋,在李树下不举手整理帽子,以免被人怀疑摘瓜和李子。后用"瓜田李下"比喻容易引起嫌疑的地方。

呱 guā 拟声词:青蛙~~~叫个不停。
△另见 gū;guǎ。

【呱呱】guāguā〈拟〉形容鸭子、青蛙等响亮的叫声。
△另见 gūgū。

【呱呱叫】guāguājiào〈形〉形容极好。也作"刮刮叫"。

刮(❹**颳**) guā〈动〉❶用刀等除去物体表面的东西:~脸|~垢磨光。❷在物体表面上涂抹(糨糊一类东西):~糨子。❸搜刮(财物):~地皮。❹(风)吹。

【刮刮叫】guāguājiào 同"呱呱叫"。

【刮目相待】guāmù xiāng dài《三国志·吴志·吕蒙传》注引《江表传》:"士别三日,即更刮目相待。"跟人分别三天就应该用新的眼光来看待他。指别人有进步,不能再用老眼光来看待。也说"刮目相看"。

【刮目相看】guāmù xiāng kàn 见【刮目相待】。

括 guā 见【挺括】。
△另见 kuò。

胍 guā〈名〉有机化合物,无色结晶体,容易潮解,是制药工业的重要原料。

栝 guā〈名〉❶古书上指桧(guì)树。❷箭末扣弦处。

鸹(**鴰**) guā [老鸹]〈名〉乌鸦。

— **guǎ** —

呱 guǎ [拉呱儿]方言。〈动〉闲谈:聊天。
△另见 gū;guā。

剐（剮）guǎ〈动〉❶割肉离骨,指古代把犯人身上的肉一块块割下来的酷刑。❷(尖锐的东西)划过；划破：胳膊～流血了。

寡guǎ❶〈形〉少；缺少：沉默～言｜孤陋～闻。❷〈形〉淡而无味：清汤～水。❸〈动〉妇女死了丈夫：有女文君,新～。

【寡不敌众】guǎ bù dí zhòng 人少的敌不过人多的。

【寡淡】guǎdàn〈形〉淡薄：～无味。

【寡君】guǎjūn〈名〉臣子对别国谦称自己的国君。

【寡廉鲜耻】guǎ lián xiǎn chǐ 不廉洁,不知羞耻。

【寡人】guǎrén〈名〉古代君主的谦称。

备用词　孤寡　新寡　称孤道寡　曲高和寡

— guà —

卦guà〈名〉《周易》中的图形,由阴(－－)和阳(－)两种符号组成,古代用来占卜,后也指迷信占卜活动所用的器具：八～｜占～｜打～求签。

诖（註）guà〈动〉❶欺骗。❷牵累；贻误：～误。

【诖误】guàwù〈动〉❶贻误。❷被牵连而受到处分或损害。

挂（*掛❸罣）guà❶〈动〉借助绳子、钩子、钉子等使物体附着于某处：～钟｜～图｜～衣服。❷〈动〉登记：～失｜～号。❸〈动〉惦记；记挂：牵～｜～念。❹〈量〉多用于成套或成串的东西：一～大车｜一～鞭炮。

【挂彩】guàcǎi〈动〉❶悬挂彩绸(多用于喜庆场合)。❷作战负伤流血。也说"挂花"。

【挂齿】guàchǐ〈动〉挂在嘴上,指说起或提起：区区小事,何足～。

【挂花】guàhuā〈动〉❶(树木)开花：梨树～了。❷挂彩：他挂过两次花。

【挂火】guàhuǒ〈动〉恼火；发怒。

【挂漏】guàlòu〈动〉挂一漏万：～之处,在所难免。

【挂念】guàniàn〈动〉因想念而牵挂着。

【挂牌】guàpái〈动〉❶指医生、律师等挂出招牌正式营业：～行医｜他行医多年,在成都和重庆都挂过牌。❷挂出牌子,指某些单位正式成立或营业：公司将在明年～营业。❸指股票等在证券市场上市：该股票将在年底前

上市。❹工作人员在工作时佩戴胸卡：～上岗｜～服务。❺体育主管部门公布要求转换所属职业体育组织的人员名单叫"挂牌"。

【挂心】guàxīn〈动〉(人或事物)牵挂在心上。

【挂羊头,卖狗肉】guà yángtóu, mài gǒuròu 指打着好招牌,推销低劣的货色。比喻名实不相符。

【挂一漏万】guà yī lòu wàn 提到一点,漏掉很多,形容列举不全,遗漏较多(多用作谦辞)。

备用词　披挂　悬挂　张挂　记挂　牵挂

褂guà〈名〉褂子,中式的单上衣：短～｜马～｜小～儿(短的)｜大～儿(长的)。

— guāi —

乖guāi〈形〉❶(小孩儿)听话；不淘气：小宝宝很～。❷伶俐；机警：嘴～｜～巧。❸违反情理；(性情、行为)不正常：～戾｜～谬。

【乖觉】guāijué〈形〉机警；伶俐。

【乖角儿】guāijuér〈名〉指善于看风使舵的人。

【乖戾】guāilì〈形〉(性情、行为等)别扭,不合情理：性情～｜语多～。

【乖谬】guāimiù〈形〉荒谬,违反常理：～悖理。

【乖僻】guāipì〈形〉❶怪僻：性情～。❷乖戾不正：～之学。

【乖巧】guāiqiǎo〈形〉❶合人意；讨人喜欢。❷伶俐；机灵。❸巧妙。

【乖张】guāizhāng〈形〉❶怪僻,不合情理：脾气～｜行为～。❷不顺：命运～。

掴（摑）guāi,又读guó〈动〉用巴掌打：～耳光。

— guǎi —

拐（*❹枴）guǎi❶〈动〉转变方向：～弯｜～角。❷〈名〉弯曲处：角～｜门～。❸〈动〉瘸(qué)：一瘸一～。❹〈名〉帮助支持身体的棍子,上端有短横木,便于放在腋下拄着走：～杖｜～架～。❺〈动〉拐骗：诱～｜～卖。

【拐点】guǎidiǎn〈名〉❶数学上指改变曲线向上或向下方向的点。❷经济学上指事物的发展趋势开始改变的地方：完成这项改革将是本公司发展的～｜经济运行出现回升～。

【拐弯抹角】guǎi wān mò jiǎo ❶沿着弯弯曲曲的路走。❷比喻说话不直截了当。

【拐子】guǎizi〈名〉❶拐骗人口、财物的人。❷腿脚瘸的人。

G

— guài —

夬 guài〈名〉《易经》六十四卦的一个卦名。

怪（*恠） guài ❶〈形〉奇怪：～异｜～物。❷〈动〉觉得奇怪：大惊小～｜少见多～。❸〈副〉很；非常：箱子～沉的。❹〈名〉传说中的妖魔：鬼～｜妖～。❺〈动〉责备；怨：～罪｜责～。

【怪不得】 guàibude ❶〈动〉不能责怪：这是我的错，～他。❷〈副〉表示明白了事情的原因就不觉得奇怪：～这么冷呢，原来下雪了。

【怪诞】 guàidàn〈形〉荒诞离奇；古怪。

【怪秘】 guàimì〈形〉古怪而神秘。

【怪癖】 guàipǐ〈名〉古怪的癖好。

【怪僻】 guàipì〈形〉古怪：脾气～｜性情～。

【怪讶】 guàiyà〈形〉感到奇怪而惊讶；诧异。

【怪异】 guàiyì ❶〈形〉奇异：形状～。❷〈动〉觉得奇怪：见她情绪反常，不免有些～。❸〈名〉奇异反常的现象（迷信多指鬼怪一类事）。

备用词 古怪 诡怪 骇怪 奇怪 嗔怪 错怪 见怪 责怪 难怪 无怪 精怪 魔怪 妖怪 大惊小怪 刁钻古怪 千奇百怪 兴妖作怪 妖魔鬼怪

— guān —

关（關 *関） guān ❶〈动〉合拢：～闭｜～窗户。❷〈动〉放在里面不使出来：～押｜～禁闭。❸〈动〉（企业等）倒闭；歇业：～张｜乡上～了好几家店铺。❹〈名〉古代设在交通险要或边境出入地方的守卫处所：～口｜边～｜山海～｜闭～锁国。❺〈名〉货物出口和入口收税的地方：海～｜～税。❻〈名〉重要的转折点或不易度过的一段时间：难～。❼〈名〉起转折关联作用的部分：机～｜～键。❽〈动〉牵连；关系：～联｜双～。❾〈动〉发放或领取（工资）：～饷。❿〈名〉古代平行机关之间来往的一种公文，多用于质询。⓫〈名〉姓。

【关隘】 guān'ài〈名〉险要的关口。

【关报】 guānbào〈动〉报告。

【关东】 guāndōng〈名〉山海关以东一带地区，泛指东北各省：闯～。

【关防】 guānfáng〈动〉❶防止泄露机密的措施：～严密。❷指派有驻兵防守的关隘。❸旧时政府机关或部队用的一种印章，多为长方形。

【关怀】 guānhuái〈动〉关心：～备至。

【关机】 guānjī〈动〉❶使机器等停止工作。❷指电影、电视剧拍摄工作结束：该片预计5月上旬～。

【关键】 guānjiàn〈名〉❶门闩或功能类似门闩的东西。❷事物最关紧要的部分或对情况发展起决定作用的因素：问题的～。

【关键词】 guānjiàncí〈名〉❶指能体现一篇文章或一部著作的中心概念的词语。❷指检索资料时所查内容中必须有的词语。

【关节】 guānjié〈名〉❶骨头与骨头相连接的地方。❷指暗中说人情、行贿勾通官吏的事：通～。❸起关键性作用的环节。

【关联】（关连） guānlián〈动〉事情相互之间发生牵连和影响。

【关切】 guānqiè〈动〉关心：对形势发展表示～。

【关塞】 guānsài〈名〉关口；边塞。

【关山】 guānshān〈名〉关隘和山岳：万里赴戎机，～度若飞。

【关涉】 guānshè〈动〉关联；牵涉：～到很多人的利益｜他与此案并无～。

【关税壁垒】 guānshuì bìlěi 指为阻止外国某些商品输入而采取的对其征收高额关税的措施：经济全球化，～减少了。

【关系】 guānxì〈名〉❶事物之间相互牵连、相互影响的状态。❷人和人之间的联系：～密切。❸值得注意或重视的地方，常跟"有"、"没有"连用：没～。❹泛指原因、条件等：因时间～发言就此结束。❺指组织关系或表明有某种组织关系的证件：转～。❻〈动〉牵涉；涉及：交通安全～到千万人的家庭幸福。

【关系户】 guānxìhù〈名〉指在工作或其他方面有联系，彼此关照，给对方提供方便和好处的单位或个人。

【关心】 guānxīn〈动〉常放在心上；重视和爱护：～集体｜～群众生活。

【关于】 guānyú〈介〉[注意]a)表示关联、涉及的事物，用"关于"不用"对于"，如：关于织女星，民间有个美丽的传说。指出对象，用"对于"不用"关于"，如：对于文化遗产，我们必须进行研究分析。兼有两种情况的可用"关于"，也可用"对"，如：～（对于）订立公约，大家都很赞成。b)"关于"有提示性质，用"关于"组成的介词结构，可单独做文章的题目，如：～人生观｜～杂文。用"对于"组成的介词结构，只有跟名词组成偏正词组，才能做题

目,如:对于提高教学质量的几点意见。❶引进某种行为的关系者,组成介词结构做状语:~扶贫工作,上级已经做了指示。❷引进某种事物的关系者,组成介词结构做定语(后面要加"的"),或在"是…的"式中做谓语:~污水处理的问题|他读了几本~政治经济学方面的书|今天开了一个会,是~环境保护方面的。

【关张】guānzhāng〈动〉指商店停止营业,也指商店倒闭:那家修车店~了。

【关照】guānzhào〈动〉❶关心照顾:请多~。❷告诉;通知:请~食堂,晚上提前开饭。

【关中】guānzhōng〈名〉指函谷关以西,今陕西渭河流域一带。

【关注】guānzhù〈动〉关心重视:多蒙~|事事~|这篇报道引起了各界人士的广泛~。

【关子】guānzi〈名〉小说、戏剧情节中最紧要、最吸引人的地方,比喻事情的关键。参看〖卖关子〗。

备用词　边关 城关 海关 难关 雄关 蒙混过关 生死攸关 息息相关 性命交关 休戚相关

观(觀) guān ❶〈动〉看;观察:~看|直~|走马~花。❷〈动〉游学;考察:入京师,~太学,遂通五经,贯六艺。❸〈名〉景象;样子:奇~|改~|蔚为大~。❹〈名〉对事物的认识或看法:乐~|世界~。
△另见 guàn。

【观测】guāncè〈动〉❶观察并测量(天文、地理、气象、方向等)。❷观察并测度(情况)。

【观察】guānchá〈动〉仔细察看客观的事物或现象:~地形|~生活。

【观点】guāndiǎn〈名〉❶观察事物的立足点或对待事物所采取的态度:纯技术~。❷从一定的阶级利益出发所形成的对事物或问题的看法:政治~。

【观感】guāngǎn〈名〉看到以后所产生的印象和感想。

【观光】guānguāng〈动〉参观外国或外地的景物、建设等。

【观光农业】guānguāng nóngyè 旅游农业。

【观摩】guānmó〈动〉观看彼此的成绩,交流经验、互相学习:~教学|~演出。

【观念】guānniàn〈名〉❶思想意识:传统~。❷客观事物在人脑里留下的概括的形象。❸关于某方面的认识或觉悟:政策~|组织~。

【观赏】guānshǎng〈动〉观看欣赏:~夜景。

【观望】guānwàng〈动〉❶张望;眺望:登高~。

❷怀着犹豫不定的心情在一旁观看事态的发展变化。

【观瞻】guānzhān〈名〉景象和景象给人的印象;外观和外观引起的反应:有碍~|以壮~。

【观照】guānzhào〈动〉原为美学术语,现也泛指仔细观察,审视:~传统文化|~现实,正视生活|作家从新的视角~生活才能获取重大题材。

【观止】guānzhǐ〈动〉看到这里就可以休止了,赞美看到的事物好到极点:叹为~。

备用词　悲观 达观 乐观 客观 主观 宏观 微观 美观 雅观 壮观 等量齐观 冷眼旁观 蔚为大观 袖手旁观 洋洋大观 作壁上观

纶(綸) guān[纶巾]〈名〉古代配有青丝带的头巾:羽扇~。
△另见 lún。

官 guān ❶〈名〉政府或军队中经过任命的一定等级以上的公职人员:~吏|文武百~。❷〈名〉官府:查抄没~。❸〈形〉旧时称属于政府的或公家的:~商|~费。❹〈形〉公共的;公用的:~道|~厕所。❺〈名〉器官:五~|~感。❻〈名〉姓。

【官场】guānchǎng〈名〉指官吏阶层及其活动范围(多含贬义):混迹~|~失意。

【官粉】guānfěn〈名〉旧时女子用的化妆品,是一种白色的粉块,可以用水调匀,搽在脸上。

【官府】guānfǔ〈名〉❶旧时指政府机关。❷指官员。

【官官相护】guān guān xiāng hù 指官吏互相庇护。

【官河】guānhé 方言。〈名〉旧时指水路交通干线。

【官话】guānhuà〈名〉❶普通话的旧称。❷对作为汉民族共同语的基础方言的北方话的统称:北方~|西南~。❸官腔。

【官家】guānjiā〈名〉❶官府。❷古代称皇帝。

【官爵】guānjué〈名〉官职爵位。

【官军】guānjūn〈名〉旧时称政府的军队。

【官吏】guānlì〈名〉旧时政府大小官员的总称。

【官僚】guānliáo〈名〉❶泛指官吏。❷指官僚主义:要~。

【官僚主义】guānliáo zhǔyì 指脱离群众、脱离实际、独断专行的领导作风和工作作风。

【官腔】guānqiāng〈名〉旧时称官场中的门面话,今指冠冕堂皇而不解决问题的话或利用规章、手续来推托、责备的话。

【官人】guānrén〈名〉❶有官职的人。❷对一般男子的尊称。❸妻子称呼丈夫(多见于旧小说、戏剧)。

【官司】guānsi〈名〉❶指诉讼。❷官府:送~问罪。

【官样文章】guānyàng-wénzhāng 旧指官场中往来的公文,有固定的套式。比喻徒具形式,照例敷衍而不解决问题的虚文滥调。

【官员】guānyuán〈名〉指一定等级的政府工作人员。

备用词 稗官 宦官 考官 清官 外官 文官 武官 赃官 职官 感官 器官 五官

冠 guān〈名〉❶帽子:王~|衣~楚楚。❷形状像帽子或在顶上的东西:鸡~|树~|羽~|花~。
△另见guàn。

【冠冕】guānmiǎn ❶〈名〉古代帝王、官员戴的帽子。❷〈形〉冠冕堂皇;体面:说得~。

【冠冕堂皇】guānmiǎn tánghuáng 形容表面上庄严或光明正大的样子。

矜 guān ❶同"鳏"。❷同"瘝"。
△另见jīn;qín。

莞 guān〈名〉指水葱一类的植物。
△另见guǎn;wǎn。

倌 guān〈名〉❶农村中专管饲养某些家畜的人:羊~儿|猪~儿|马~儿。❷旧时称被雇用专做某些事情的人:磨~儿(磨面的人)|堂~儿(茶馆、饭馆里的招待人员)。

棺 guān〈名〉棺材,装殓死人的东西:~木|盖~论定。

瘝 guān〈名〉病;痛苦。

鳏(鰥) guān〈形〉无妻或丧妻的:~居|~夫。

【鳏夫】guānfū〈名〉老而无妻或死了妻子的人。

━━ guǎn ━━

莞 guǎn [东莞]〈名〉地名,在广东。
△另见guān;wǎn。

馆(館*舘) guǎn〈名〉❶招待宾客居住的房屋:宾~|旅~。❷外交使节办公的处所:使~|领事~。❸某些服务性商店的名称:茶~|理发~。❹储藏陈列文物或进行文化活动的场所:博物~|图书~。❺旧时指塾师教书的地方:家~|蒙~。

琯 guǎn〈名〉古代的一种乐器,用玉制成,六孔,像笛。

管(*❶-❸ 筦) guǎn ❶〈名〉圆筒形的东西:钢~|血~|试~。❷〈名〉钥匙:~钥。❸〈名〉吹奏的乐器:黑~|~弦乐。❹〈名〉形状像管的:裤~|晶体~。❺〈量〉用于圆筒形的东西:一~毛笔|一~药水。❻〈动〉管理:~账|~图书。❼〈动〉管辖:本县~着十几个乡。❽〈动〉管教:~孩子。❾〈动〉担任(工作):他分~生产。❿〈动〉过问:这事不能不~。⓫〈动〉保证;负责供给:~保|~吃~住。⓬〈介〉a)跟"把"相近:大家~他叫"胖墩儿"。b)方言。向;跟:他~我借了一本书。⓭〈连〉不管;无论:~他是谁,不够标准一律不录取。⓮〈名〉姓。

【管保】guǎnbǎo〈动〉保证:只要努力,~成功。

【管待】guǎndài〈动〉用饭菜等招待:安排酒食~。

【管道】guǎndào〈名〉❶用金属或其他材料制成的管子,用来输送或排除流体(如水蒸气、天然气、石油、水等)。❷方言。途径;渠道:❸协商~中断。

【管督】guǎndū〈动〉管理监督。

【管家】guǎnjiā〈名〉❶管理家务的地位较高的仆人。❷指为集体管理财物或日常生活的人。

【管见】guǎnjiàn〈名〉谦辞,指浅陋的见识(像从管子里看东西,所见范围极小):略陈~。

【管键】guǎnjiàn〈名〉锁钥。

【管教】guǎnjiào〈动〉❶管保:放心吧,~你满意。❷约束教导:严加~。❸管制并教育。

【管控】guǎnkòng〈动〉管理控制;管制:严加~|利用电视监控系统实行交通~。

【管窥蠡测】guǎnkuī lícè 从竹管里看天,用瓢来量海水。比喻眼光狭窄,见识短浅。

【管理】guǎnlǐ〈动〉❶主持或负责某项工作。❷保管和料理:~图书。❸照管并约束:~犯人。

【管束】guǎnshù〈动〉管教约束,使不越轨。

【管辖】guǎnxiá〈动〉管理统辖。

【管涌】guǎnyǒng〈名〉指堤坝渗水严重时,细沙随水带出,形成孔穴而集中涌水。管涌引起堤坝下陷,出现溃口,使洪水泛滥。

【管制】guǎnzhì ❶〈动〉强制管理:~灯火。❷〈名〉强制性的管理:交通~|军事~。❸〈动〉对罪犯或坏分子施行强制管束:~两年。

【管中窥豹】guǎn zhōng kuī bào《世说新语·方正》:"此郎亦管中窥豹,时见一斑。"从竹管里看豹,只看到豹身上的一块斑纹。比喻所见到的只是事物的一小部分。有时与"可见一斑"连用,比喻从观察到的部分,可以推测事物的全貌。

【备用词】保管 共管 监管 接管 经管 拘管 看管 托管 掌管 照管 不管 尽管 只管

鳤(鱹) guǎn〈名〉鱼,身体圆筒形,银白色,头小而尖,鳞小,吃小鱼和浮游生物等。生活在淡水中。

━━ guàn ━━

观(觀) guàn〈名〉❶楼台之类的建筑物:楼~。❷道教的庙宇:道~|白云~。❸姓。
△另见 guān。

贯(貫) guàn ❶〈动〉穿;贯通:~穿|如雷~耳。❷〈动〉连贯:鱼~而入。❸〈动〉侍奉;供养:三岁~女,莫我肯顾。❹〈量〉旧时的制钱,用绳穿连,一千个为一贯:万~家财。❺〈名〉旧时穿制钱的绳。❻〈名〉姓。

【贯彻】guànchè〈动〉彻底实现或体现(方针、政策等):~始终。

【贯穿】guànchuān〈动〉❶穿过;连通:兰新铁路~我国西北。❷贯串。

【贯串】guànchuàn〈动〉❶从头到尾穿过一个或一系列事物:把上下文~起来看,意思更加明显。❷连贯:此文前后的意思~不起来。

【贯通】guàntōng〈动〉❶通彻;彻底了解:融会~。❷连接;通连:上下~。

【贯注】guànzhù〈动〉❶把精神、精力等集中到某一事物上:全神~。❷(语意、语气)连接贯通;贯穿:这两句是一气~下来的。

【备用词】横贯 连贯 一贯 鱼贯 纵贯 籍贯 一仍旧贯

冠 guàn ❶〈动〉把帽子戴在头上(古代男子二十岁时举行冠礼,表示已经成人):未~|及~。❷〈动〉把帽子戴在头上:沐猴而~。❸〈动〉把某种名号或文字加在前面:正文前~以题注。❹〈动〉居第一位:~军|勇~三军。❺〈名〉姓。
△另见 guān。

【冠军】guànjūn〈名〉竞赛中的第一名。

【冠名】guànmíng〈动〉对某项事物使用某名号;在某事物前面加上某名号:独家~赞助这次舞蹈大赛。

【冠名权】guànmíngquán〈名〉在某种事物前面加上自己名号的权利;取得本次赛事的~|

这家公司获得新建立交桥的~。

掼(摜) guàn 方言〈动〉❶扔;摔:~纱帽|~手榴弹。❷握住东西的一端而摔另一端:~稻。❸跌;使跌:~跤。

【掼纱帽】guàn shāmào 方言 比喻因气愤而辞职或丢下工作甩手不干。

涫 guàn〈动〉沸:~沸|~汤。

惯(慣) guàn〈动〉❶习以为常,积久成性:习~|吃不~。❷纵容(子女):娇~|~孩子。

【惯例】guànlì〈名〉一向的做法;沿袭下来的老规矩:打破~。

【惯性】guànxìng〈名〉物体保持自身原有的运动状态或静止状态的性质。

裸 guàn〈名〉古代酌酒灌地的祭礼。

盥 guàn ❶〈动〉洗(手、脸):~漱|~洗。❷〈名〉洗手洗脸用的器皿。

灌 guàn〈动〉❶浇(田):~溉|引水~田。❷倒入;注入(多指液体、气体或颗粒状物体):~注|~暖水瓶。❸指录音:~唱片。❹〈名〉姓。

【灌溉】guàngài〈动〉引水浇田地。

【灌木】guànmù〈名〉矮小而丛生的木本植物,如荆、茶树、玫瑰等。

【灌输】guànshū〈动〉❶把流水引导到需要水分的地方。❷输送(知识、思想等)。

【灌注】guànzhù〈动〉浇进;流入。

瓘 guàn〈名〉古书上指一种玉。

鹳(鸛) guàn〈名〉鸟,外形像鹤,嘴长而直,生活在水边,吃鱼、虾等。

罐(*鑵鏾) guàn〈名〉❶盛东西用的大口的器皿:水~|瓦~|坛坛~~。❷煤矿装煤用的斗车。

— guāng —

光 guāng ❶〈名〉太阳、火、电等放射出来照耀在物体上,使眼睛能看见物体的那种物质,广义地说也包括眼睛看不见的红外线和紫外线;光线:阳~|霞~。❷〈名〉景物:观~|湖~山色。❸〈名〉光彩;荣誉:~耀|为国争~。❹〈形〉敬辞,表示光荣,用于对方来临:~临|~顾。❺〈动〉光大:~前裕后|~宗耀祖。❻〈形〉明亮:~明|~泽。❼〈形〉光滑;光溜:磨~|八面~。❽〈形〉一点不剩;完了:精~|用~。❾〈动〉(身体)露着:~膀子|~着脑袋。❿〈副〉只;单:~说不干。⓫〈名〉姓。

【光笔】guāngbǐ〈名〉计算机的一种输入装置,与显示器配合使用。对光敏感,外形像钢笔,多用电缆与主机相连。用光笔可以在屏幕上进行绘图、写字等操作。

【光标】guāngbiāo〈名〉在计算机显示器屏幕上用来指示当前操作位置的标志,是由若干光点组成的符号。

【光波】guāngbō〈名〉光①。因为光是电磁波的一种,所以也叫"光波"。

【光彩】guāngcǎi❶〈名〉光泽和色彩:~夺目(形容鲜艳耀眼)。❷〈形〉光荣;体面:一人立功,全家~。

【光大】guāngdà〈动〉使显赫盛大:发扬~。

【光电子技术】guāngdiànzǐ jìshù 由光子技术和电子技术结合而成的新兴应用技术,涉及光显示、光存储、激光等领域,是未来信息产业的核心技术。

【光碟】guāngdié〈名〉光盘。

【光风霁月】guāng fēng jì yuè 指雨过天晴时风清月明的景象,比喻开阔的胸怀和坦白的心地。

【光复】guāngfù〈动〉恢复(已亡的国家);收回(失去的领土):~旧物|~河山。

【光怪陆离】guāng guài lù lí 形容景象奇异、色彩繁杂。

【光棍】guānggùn〈名〉❶没有妻子的成年人;单身汉:打~儿。❷地痞;流氓。❸方言。聪明人:~不吃眼前亏。

【光华】guānghuá〈名〉明亮的光辉:日月~。

【光滑】guānghuá〈形〉物体表面滑溜;不粗糙。

【光辉】guānghuī❶〈名〉闪烁耀眼的光:太阳的~。❷〈形〉光明;灿烂:~榜样。

【光洁】guāngjié〈形〉❶光亮而洁净。❷光滑:~度(机器零件、工件等表面的光滑程度)。

【光景】guāngjǐng❶〈名〉风光景物:胜日寻芳泗水滨,无边~一时新。❷〈名〉境况;情景;状况:改革带来了好~。❸〈副〉表示对一般情况的估计:天这么阴,~是要下雨了。❹〈名〉表示大约的时间或数量:半夜~下起了雨。

【光亮】guāngliàng❶〈名〉亮光。❷〈形〉明亮:~的窗子。

【光临】guānglín〈动〉敬辞,称宾客到来:大驾~|恭请~。

【光芒】guāngmáng〈名〉❶向四面放射的强烈光线:~四射。❷光①:油灯发出微弱的~。

【光明】guāngmíng❶〈名〉亮光。❷〈形〉明亮。❸〈形〉比喻有希望的或正义的事物:~的前途|追求~。❹〈形〉比喻襟怀坦白,不存私心:心地~|~正大。

【光明磊落】guāngmíng lěiluò 形容正大光明,没有私心。

【光明正大】guāngmíng zhèngdà 襟怀坦白,行为正派。也说"正大光明"。

【光能】guāngnéng〈名〉光所具有的能。

【光盘】guāngpán〈名〉用激光束记录和读取信息的圆盘形存储载体,分为可擦型、一写多读型和只读型三类。也叫"光碟"。

【光驱】guāngqū〈名〉光盘驱动器,能使光盘匀速转动,以便读出上面存储的信息。

【光荣】guāngróng❶〈形〉被公认为值得尊敬或称道的:~参军|~之家。❷〈名〉荣誉:~归于祖国。

【光润】guāngrùn〈形〉光滑润泽:皮肤~。

【光天化日】guāng tiān huà rì 指白天,比喻大家看得很清楚的地方。

【光秃秃】guāngtūtū〈形〉形容没有毛发、树叶、草木等覆盖的样子。

【光污染】guāngwūrǎn〈名〉指超量或杂乱的光辐射所造成的环境污染。多指眩光、电焊弧光等对人的视力和健康的不良影响。

【光纤】guāngxiān〈名〉光导纤维的简称:~通信|~电缆。

【光鲜】guāngxiān 方言。〈形〉❶明亮鲜艳;整洁漂亮:衣着~|~亮丽。❷光彩;光荣:总想把事情办得~体面一点儿。

【光线】guāngxiàn〈名〉光①。因一般情况下光线沿直线传播,所以也叫"光线":~充足。

【光焰】guāngyàn〈名〉光芒。

【光耀】guāngyào❶〈名〉光辉:~夺目。❷

〈形〉荣耀。❸〈动〉光大。

【光阴】guāngyīn〈名〉时间:宝贵的～|～似箭,日月如梭。

【光源】guāngyuán〈名〉发光(通常指可见光)的物体,如太阳、灯、火等。

【光泽】guāngzé〈名〉物体表面反射出来的亮光。

【光照】guāngzhào〈动〉❶光线照射,是生物生长和发育的必要条件之一:～条件好。❷光辉照耀(多用于比喻):～人寰。

备用词　春光　风光　辰光　星光　流光　韶光　时光　曙光　借光　赏光　叨光　用光　精光　沾光　一扫而光

咣　guāng〈拟〉形容撞击振动的声音:～的一声关上门。

洸　guāng[洸洸]〈形〉坚决勇敢的样子。

珖　guāng〈名〉一种玉(多用于人名)。

桄　guāng[桄榔]〈名〉乔木,果实倒圆锥形,有辣味,茎中的髓可制淀粉,叶柄的纤维可制绳。产在热带地方。
△另见 guàng。

胱　guāng见[膀(páng)胱]。

━━ guǎng ━━

广(廣)　guǎng ❶〈形〉(面积、范围)宽阔(跟"狭"相对):～阔|宽～。❷〈形〉多:～泛|～博。❸〈动〉扩大;扩充:推～|以～见闻。❹〈名〉指广东、广州(两广:广东和广西)。❺〈名〉姓。
△另见 ān。

【广播】guǎngbō ❶〈动〉广播电台、电视台发射无线电波,播送节目。有线电播送节目也叫"广播"。❷〈名〉指广播电台或有线电播送的节目:听～。❸〈动〉广泛传扬:诗名～。

【广播操】guǎngbōcāo〈名〉广播体操。

【广播电台】guǎngbō diàntái 用无线电波向外播送新闻、报刊文章、科学常识和文艺等节目的机构。

【广博】guǎngbó〈形〉范围大,方面多:学识～。

【广大】guǎngdà〈形〉❶宽阔;地域～。❷(范围、规模)巨大:掀起～的技术革新热潮。❸(人数)众多:～群众。

【广泛】guǎngfàn〈形〉涉及的方面多;普遍:兴趣～|题材～。

【广阔】guǎngkuò〈形〉广大宽阔:～天地|前景～。

【广袤】guǎngmào ❶〈名〉指土地的面积(东西长度叫"广",南北长度叫"袤"):～千里。❷〈形〉广阔;宽广:～无际。

【广漠】guǎngmò〈形〉广大空旷:～的天幕|～的无人区。

【广厦】guǎngshà〈名〉大屋子。

【广义】guǎngyì〈名〉范围较宽的定义(跟"狭义"相对):～的杂文也可以包括小品文在内|～的现代汉语包括普通话和方言,狭义的现代汉语只指普通话。

【广域网】guǎngyùwǎng〈名〉指由若干局域网相互连接而成的计算机通信网络。一般分布在方圆数十公里至数千公里的区域范围内。

【广远】guǎngyuǎn〈形〉广阔辽远;广大深远:川泽～|影响～。

【广种薄收】guǎng zhòng bó shōu 农业上一种粗放的经营方式,大面积播种而单位面积产量不高。

备用词　宽广　深广　推广　增广　兵多将广　见多识广

犷(獷)　guǎng〈形〉粗野:粗～|～悍。

━━ guàng ━━

桄　guàng ❶〈名〉桄子,一种竹木制成的绕线器具。❷〈动〉把线绕在桄子上:把线～上|～线。❸〈名〉在桄子上绕好后取下来成圈的线:线～儿。❹〈量〉用于线:一～线。
△另见 guāng。

逛　guàng〈动〉外出散步;闲游;游览:～荡|闲～|～游。

【逛荡】guàngdang〈动〉闲逛;游荡。

【逛灯】guàngdēng〈动〉指农历正月十五日前后,夜晚上街观赏花灯。

【逛游】guàngyou〈动〉闲逛。

━━ guī ━━

归(歸)　guī ❶〈动〉返回:～国|～途|无家可～。❷〈动〉还给;归还:物～原主|完璧～赵。❸〈动〉聚拢;趋向于一个地方:～纳|百川～海。❹〈动〉归于;属于:～公|～罪。❺〈动〉女子出嫁:来～|之子于～。❻〈名〉珠算中一位除数的除法:九～。❼〈名〉姓。

【归程】guīchéng ❶〈名〉回去的路程;归途:踏

上～。❷〈名〉回去的日程:～未定。❸〈动〉
启程返回:收拾行装,准备～。

【归队】guīduì〈动〉❶回到原来所在的队伍。
❷比喻回到原来所从事的行业或专业。

【归附】guīfù〈动〉投奔依附。

【归根到底】guī gēn dào dǐ 归根结底。

【归根结底】〈归根结柢〉guī gēn jié dǐ 归结到
根本上。也说"归根到底"、"归根结蒂"。

【归根结蒂】guī gēn jié dì 归根结底。

【归公】guīgōng〈动〉交给公家:一切缴获要
～|罚没款必须～。

【归功】guīgōng〈动〉把功劳归于(某个人或集
体):优异成绩的取得～于老师的辛勤教导。

【归还】guīhuán〈动〉把借来的钱或物还给原
主:原物～|借图书馆的书要按时～|捡到东
西要～失主。

【归结】guījié❶〈动〉总括后得出结论:～起
来,不外乎以下三点。❷〈名〉结局:本剧并非
以大团圆为～。

【归咎】guījiù〈动〉把罪过归于某个人或某个
方面:～于人|把失利～于客观原因。

【归口】guīkǒu〈动〉❶归属某一个行业系统:
～管理。❷回到原来所从事的行业。

【归纳】guīnà〈动〉一种推理方法,由许多具体
事例概括出一般原理(跟"演绎"相对)。

【归宁】guīníng〈动〉出嫁的女子回娘家省亲。

【归顺】guīshùn〈动〉归附顺从;向敌对势力
屈服。

【归宿】guīsù〈名〉人或事物的最终的着落;
结局。

【归天】guītiān〈动〉婉辞,指人死。

【归田】guītián〈动〉旧时指退职回乡:解甲～|
告老～。

【归途】guītú〈名〉返回的路途:踏上～。

【归位】guīwèi〈动〉返回到原来的或应有的位
置:立即～|政府职能～|房价合理～。

【归西】guīxī〈动〉婉辞,指人死(西:西天)。

【归降】guīxiáng〈动〉投降:率众～|向正义之
师～。

【归向】guīxiàng〈动〉向某一方面靠拢(多指
政治上的倾向):人心～。

【归心】guīxīn❶〈名〉回家的念头:～似箭。❷
〈动〉心悦诚服而归附:周公吐哺,天下～。

【归省】guīxǐng〈动〉回家探亲。

【归依】guīyī❶同"皈(guī)依"。❷〈动〉投靠;
依附:无所～。

【归真返璞】guī zhēn fǎn pú 见〖返璞归真〗。

【归整】guīzhěng〈动〉归置:～家什。

【归置】guīzhi〈动〉整理(散乱的东西);收拾:
把东西～～,马上就要动身了。

【归总】guīzǒng❶〈动〉把分散的归并到一处:
把各小组报的数字～一下。❷〈副〉总共:什
么大队人马,～才十几个人!

【归罪】guīzuì〈动〉把罪过归于(某个人或集
体):～于他人。

备用词 回归 来归 荣归 终归 总归 宾至如
归 久假不归 满载而归 视死如归 殊途同归
衣锦荣归 众望所归

圭 guī ❶〈名〉古代帝王诸侯举行礼仪时
用的一种长条形玉器,上尖下方:～璧。
❷〈名〉圭表:～臬。❸〈量〉古代容量单位,一
升的十万分之一。❹〈名〉姓。

【圭表】guībiǎo〈名〉我国古代测日影的仪器。
是在石座上平放着一个尺(圭),南北两端各
立一个标杆(表),根据日影的长短可测定节
气和一年时间的长短。

【圭臬】guīniè〈名〉指圭表(臬:测日影的表),
比喻准则或法度:奉为～。

龟(龜) guī〈名〉❶爬行动物,身体长圆
而扁,有坚硬的壳,头、尾和四肢
能缩入壳内,多生活在水边。常见的有乌龟。
❷指龟甲:～鉴(比喻借鉴)。
△另见 jūn;qiū。

【龟趺】guīfū〈名〉碑的龟形底座。

【龟缩】guīsuō〈动〉比喻像乌龟把头缩在壳里
一样藏起来。

妫(媯) guī〈名〉❶妫水,水名,在北京。
❷姓。

规(規 *❶-❹椝) guī ❶〈名〉画圆形
的工具:圆～|两脚
～。❷〈名〉规则;成例:法～。❸〈动〉劝告;
劝～诚。❹〈动〉谋划;打主意:～划|～定。
❺〈名〉姓。

【规避】guībì〈动〉设法避开;躲避:临场～|～
实质性问题。

【规程】guīchéng〈名〉为执行某种政策、制度等所作的分条款的规定:操作~。

【规定】guīdìng❶〈动〉对事物做出某种要求的决定:~生产指标。❷〈名〉所规定的内容:财务~。

【规范】guīfàn❶〈名〉约定俗成或明文规定的标准:道德~|技术~。❷〈形〉合乎规范:这个字这样写才~。

【规范化】guīfànhuà〈动〉使合于一定的标准:语言文字~|行业服务要~。

【规费】guīfèi〈名〉国家有关部门为提供某项服务而按规定收取的费用。

【规格】guīgé❶〈名〉产品质量的标准。❷泛指规定的标准、要求或条件:程序符合~。

【规规】guīguī〈形〉拘谨的样子:小儒~焉,以君臣之义无所逃于天地之间。

【规划】guīhuà❶〈名〉比较全面而长远的发展计划:远景~。❷〈动〉做规划:全面~。

【规谏】guījiàn〈动〉忠言劝诫;规劝。

【规诫】(规戒)guījiè〈动〉规劝告诫。

【规矩】guīju❶〈名〉画圆形和方形的两种工具:不以~,不能成方圆。❷〈名〉一定的标准、法度、习惯或办事章程:守~。❸〈形〉(行为)端正老实;合乎标准或道德规范:~人家。

【规律】guīlǜ❶〈名〉事物之间的内在的必然联系:经济~。也叫"法则"。❷〈形〉有节奏的;不是杂乱的:~地生活、工作。

【规模】guīmó〈名〉(事业、机构、工程、运动等)所包括的范围:初具~|故宫~宏大。

【规谋】guīmóu〈名〉计策谋略。

【规行矩步】guī xíng jǔ bù❶比喻举动合乎规矩,毫不苟且。❷比喻墨守成规,不知变通。

【规则】guīzé❶〈名〉规定出来供大家共同遵守的章程:比赛~。❷〈形〉指在形状、结构或分布上合乎一定的方式:整齐~四边形。❸〈名〉规律;法则:自然的~。

【规章】guīzhāng〈名〉规则章程:~制度。

【规整】guīzhěng〈形〉(形状、结构)整齐对称;有规则:构图~。

备用词　常规　陈规　成规　定规　法规　家规　清规　正规　墨守成规　一定之规

邦 guī❶[下邦]〈名〉地名,在陕西。❷〈名〉姓。

皈 guī[皈依]〈动〉原指佛教的入教仪式,后泛指虔诚地信奉佛教或参加其他的宗教组织:~佛门。也作"归依"。

闺(閨) guī〈名〉❶上圆下方的小门。❷指女子居住的内室:闺房;深~|~门。

【闺窗】guīchuāng〈名〉指闺房。

【闺房】guīfáng〈名〉旧时称女子居住的内室。

【闺女】guīnǚ〈名〉❶没有结婚的女子。❷女儿。

【闺秀】guīxiù〈名〉旧时称有钱人家的女儿:大家~。

珪 guī同"圭"。

硅 guī〈名〉非金属元素,符号Si。在地壳中分布极广。旧称"矽"(xī)。

【硅谷】guīgǔ〈名〉美国新兴的高新技术产业的中心,位于旧金山附近。因生产电子工业基本材料硅片及地处谷地而得名。常用来借指高新技术工业园区。

傀 guī〈形〉❶怪异:~奇。❷独立的样子:~然独立。△另见kuǐ。

瑰(*瓌) guī❶〈名〉一种像玉的石头。❷〈形〉珍奇:~丽|~宝。

【瑰宝】guībǎo〈名〉异常珍贵的东西:艺术~。

【瑰丽】guīlì〈形〉异常美丽:雄奇~。

【瑰奇】guīqí〈形〉瑰丽奇异:~的景色。

鲑(鮭) guī〈名〉鱼,身体大而略呈纺锤形,常见的有大马哈鱼。△另见xié。

鬶(鬹) guī〈名〉古代一种陶制的炊事器具,有三个空心的足。

━━ guǐ ━━

氿 guǐ〈名〉氿泉,从侧面流出的泉。△另见jiǔ。

宄 guǐ见〖奸宄〗。

轨(軌) guǐ〈名〉❶车子两轮之间的距离,也指车轮碾过的痕迹:车同~,书同文。❷路轨:铺~|钢~。❸路线;轨道:脱~|双~|无~电车。❹比喻规矩、秩序等:越~|步入正~。

【轨道】guǐdào〈名〉❶用长条钢材铺成的供火车、电车行驶的路线。❷天体在宇宙中运行的路线。也叫"轨迹"。❸比喻应遵循的规则、程序或发展的方向、范围:工作逐步上~。

【轨迹】guǐjì〈名〉❶一个点在空间移动,它所通过的全部路径叫作这个点的轨迹。❷轨道②。

庋(*庪) guǐ〈名〉❶放东西的架子:板~。❷〈动〉放置;保存:~藏。

【庋藏】guǐcáng〈动〉保存;收藏。

瓵(瓵) guǐ〈名〉匣子:票~。

诡(詭) guǐ❶〈形〉欺诈;奸猾:~诈|~计。❷〈形〉奇异:~异|高峰奇~。❸〈动〉隐蔽:变姓名,~踪迹。❹〈动〉违反:言行相~。

【诡辩】guǐbiàn〈动〉❶为某种理论或行为辩论时,外表上、形式上好像是运用正确的推理手段,实际上违反逻辑规律,做出似是而非的推论。❷无理狡辩。

【诡诞】guǐdàn〈形〉虚妄荒诞:~之说。

【诡谲】guǐjué〈形〉❶奇异多变:风云~。❷怪诞:言语~。❸奸诈:为人奸~。

【诡秘】guǐmì〈形〉诡诈神秘,使人难以捉摸。

【诡奇】guǐqí〈形〉奇异;奇特:海上蓬莱,尤为~。

【诡诈】guǐzhà〈形〉狡诈。

鬼 guǐ❶〈名〉迷信的人指人死后的灵魂:~魂|牛~蛇神。❷〈名〉骂人的话:烟~|吸血~。❸〈形〉躲躲闪闪,不光明:~头~脑|~~祟祟。❹〈名〉不可告人的打算或勾当:捣~有术|心里有~。❺〈形〉恶劣;令人讨厌的:~天气|~地方。❻〈形〉机灵(多指小孩儿或动物)。❼〈名〉星宿名,二十八宿之一。

【鬼斧神工】guǐ fǔ shén gōng 形容建筑、雕塑等技艺精巧,好像不是人力所能达到的。也说"神工鬼斧"。

【鬼鬼祟祟】guǐguǐsuìsuì 行动诡秘,不光明正大。

【鬼混】guǐhùn〈动〉❶没有人生目的、糊里糊涂地生活。❷过不正当的生活。❸蒙混。

【鬼哭狼嚎】guǐ kū láng háo 形容大声哭叫,声音凄厉(含贬义)。

【鬼门关】guǐménguān〈名〉迷信传说中阴阳交界的关口,比喻凶险的地方。

【鬼使神差】guǐ shǐ shén chāi 迷信的人认为某些凑巧的事是由于鬼神在暗中指使,比喻不自觉地做了原先没有想到要做的事情。也说"神差鬼使"。

【鬼胎】guǐtāi〈名〉比喻不可告人的念头:心怀~。

【鬼雄】guǐxióng〈名〉鬼中的雄杰,用于称颂壮烈死去的人:生当作人杰,死亦为~。

【鬼蜮】guǐyù〈名〉鬼怪,比喻阴险害人的:~伎俩。

【鬼蜮伎俩】guǐyù jìliǎng 指阴险的害人手段。

备用词　捣鬼　搞鬼　见鬼　闹鬼　做鬼　装神弄鬼　疑神疑鬼

婑 guǐ[婑媠(huà)]〈形〉形容女子娴静美好。

癸 guǐ〈名〉天干的第十位。用来排列次序时表示第十。参看〖干支〗。

晷 guǐ〈名〉❶日影,比喻时光:余~|焚膏继~。❷古代用来观测日影以定时刻的天文仪器:日~|立~测影。

【晷刻】guǐkè〈名〉时刻。

簋 guǐ〈名〉古代一种盛食物的器具,圆口,两耳。

━━ guì ━━

柜(櫃) guì〈名〉❶收藏衣物、文件等用的器具:~橱|碗~。❷商店的账房,也指商店:掌~。
△另见jǔ。

【柜员】guìyuán〈名〉柜台工作人员(多指金融机构的)。

【柜员机】guìyuánjī〈名〉自动柜员机。

炅 guì〈名〉姓。
△另见jiǒng。

刿(劌) guì〈动〉刺伤;割。

刽(劊) guì〈动〉割断:~子手。

【刽子手】guìzishǒu〈名〉❶旧时指执行死刑的人。❷比喻镇压革命、屠杀人民的人。

侩 guì〈名〉姓。
△另见qē。

贵(貴) guì❶〈形〉价格或价值大(跟"贱"相对):昂~|腾~|春雨~如油。❷〈形〉值得珍视或重视:宝~|难能可~。❸〈动〉以某种情况为可贵:兵~神速|~有自知之明。❹〈形〉指地位优越(跟"贱"相对):~族|富~不能淫。❺〈形〉敬辞,称与对方有关的:~姓|~国。❻〈名〉姓。

【贵宾】guìbīn〈名〉尊贵的客人(现多指外宾)。

【贵重】guìzhòng〈形〉价值高:~金属|~仪器。

【贵族】guìzú〈名〉显贵的家族,一般指奴隶社会、封建社会或现代君主国家里享有特权的统治阶级的上层。

备用词　昂贵　宝贵　富贵　高贵　华贵　娇贵　名贵　腾贵　珍贵　尊贵　亲贵　权贵　显贵　洛阳纸贵　难能可贵

桂 guì〈名〉❶肉桂树，乔木，树皮叫"桂皮"，可入药或做香料。❷木樨，小乔木或灌木，花小，有特殊的香气：金~｜~花。❸月桂树，乔木，叶披针形或长椭圆形，可做香料：~冠。❹桂皮树，乔木，叶卵形，树皮可入药或做香料。❺桂江，水名，在广西。❻广西的别称。❼姓。

【桂冠】guìguān〈名〉用月桂树叶编成的帽子，古代希腊人授予杰出的诗人或竞技优胜者，表示崇敬。后来欧洲习俗以桂冠为光荣的称号：一举夺得网球赛~。

桧（檜） guì〈名〉乔木，幼树的叶子像针，大树的叶子像鳞片，雌雄异株。△另见huì。

筘 guì［筘竹］〈名〉古书上说的一种竹子。

跪 guì ❶〈动〉屈膝，使膝盖着地：下~｜~拜｜~在地上。❷〈名〉足，特指蟹足：蟹六~而二螯。

鳜（鱖） guì〈名〉鱼，身体侧扁，青黄色，有黑色斑，口大鳞小。生活在淡水中，是我国的特产。

═══ gǔn ═══

衮（＊袞） gǔn〈名〉古代君王等的礼服：~服｜~冕（衮服和冕旒）。
【衮衮】gǔngǔn〈形〉继续不断；众多：~诸公。
【衮衮诸公】gǔngǔn zhū gōng 称众多身居高位而无所作为的官僚。

绲（緄） gǔn ❶〈名〉织成的带子。❷〈名〉绳。❸〈动〉一种缝纫方法，沿着衣物的边缘缝上布条、带子等：~边儿。

辊（輥） gǔn〈名〉机器上能滚动的圆柱形机件：~轴｜皮~。

滚（＊滾） gǔn ❶〈动〉滚动；翻转：翻~｜~雪球。❷〈动〉走开；离开（用于辱骂或斥责）：~开。❸〈动〉（液体）翻腾，特指受热沸腾：~水｜汤~了。❹同"绲"❸。❺〈名〉姓。
【滚动】gǔndòng〈动〉❶一个物体（多为球形或圆柱形）在另一物体上接触而不断改变地移动：车轮~。❷逐步积累扩展；不断地周转：~发展｜~投资｜资金~。❸一轮接一轮地连续不断进行：~播出。
【滚沸】gǔnfèi〈动〉液体沸腾。
【滚瓜烂熟】gǔnguā-lànshú 形容读书或背书熟练流利。
【滚滚】gǔngǔn〈形〉形容急速地翻腾：江水~｜

黑烟~｜春雷~。
【滚梯】gǔntī〈名〉自动扶梯的通称。

碌（＊磙） gǔn ❶〈名〉碌子，圆柱形的石制滚压器具：石~。❷〈动〉用碌子轧：~地。

鲧（鯀＊鮌） gǔn 古人名，传说是禹的父亲。

═══ gùn ═══

棍 gùn〈名〉❶竹木、金属等制成的长条物：~棒｜木~｜拐~｜军~｜冰~｜烧火~。❷无赖；坏人：恶~｜赌~｜讼~｜学~。

═══ guō ═══

过（過） guō〈名〉姓。△另见guò。

呙（咼） guō〈名〉姓。

埚（堝） guō 见［坩（gān）埚］。

郭 guō ❶〈名〉古代在城的外围加筑的一道城墙：城~｜东~。❷〈名〉物体周围的框或壳：周~｜耳~。❸姓。

涡（渦） guō〈名〉涡河，水名，发源于河南，流入安徽。△另见wō。

崞 guō〈名〉崞县，旧地名，在山西中部偏北，今为原平市。

聒 guō〈动〉声音嘈杂，使人厌烦：~耳｜~噪｜~絮。
【聒聒】guōguō ❶〈形〉形容多言的样子。❷〈拟〉形容杂乱的声音。
【聒噪】guōzào ❶〈形〉形容声音杂乱；吵闹。❷〈动〉客套话，打扰。

锅（鍋） guō〈名〉❶一种炊具，圆形中凹，用来做饭炒菜：铁~｜蒸~。❷某些装液体加热用的器具：~炉｜蒸~。❸器物上形状像锅的部分：烟袋~。

蝈（蟈） guō［蝈蝈儿］〈名〉昆虫，绿色或褐色，腹大翅短，善跳跃。雄的能振翅发出清脆的声音。

彍 guō〈动〉拉开弓弦：势如～弩。

嘓 guō〈拟〉❶形容喝水的声音：～～一口气把茶喝完了。❷形容蛙声等：蛙声～～。

= **guó** =

国（國*囯） guó〈名〉❶国家：祖～｜世界各～。❷代表国家的：～徽｜～旗。❸指本国的，特指我国的：～产｜～画。❹指一个地域；地区：水乡泽～｜北～风光。❺古代指诸侯的封地。❻古代指都城：～门。❼指国事：今亡亦死，举大计亦死，等死，死～可乎？❽姓。

【国策】guócè〈名〉国家的基本政策：共商～。

【国粹】guócuì〈名〉指我国传统文化中的精华：京剧是我国的～。

【国度】guódù〈名〉国家：英雄的～｜美丽的～。

【国法】guófǎ〈名〉国家的法纪：贪污腐化，～难容。

【国防】guófáng〈名〉一个国家为了捍卫领土主权，防备外来侵略和颠覆，而拥有的军事实力与军事有关的一切设施：～建设｜加强～。

【国格】guógé〈名〉国家的尊严和体面。

【国故】guógù〈名〉❶我国古代的学术文化（多指语言文字、文学、历史方面的）：整理～。❷国家的重大变故。

【国会】guóhuì 见〖议会〗。

【国计民生】guó jì mín shēng〈名〉国家经济和人民生活。

【国际】guójì〈名〉国与国之间：世界各国之间：～地位｜～形势。

【国家】guójiā〈名〉❶阶级统治的工具，主要由军队、警察、法庭、监狱等组成。❷在一定历史阶段中由固定的土地和人民组成的并有一个独立进行管理的组织的共同实体。❸指一个国家的整个区域。

【国家公园】guójiā gōngyuán 国家为保护自然生态系统和自然景观的原始状态、为进行科学研究和科学普及，同时供公众参观旅游而划出的大面积场所。

【国家税】guójiāshuì〈名〉按照税法规定由国家税务部门征收管理，或由地方征收后划归国家所有的税种，是国家财政的固定收入。简称"国税"。也叫"中央税"。

【国门】guómén〈名〉❶国都的城门，也泛指城门。❷指边境：拒敌于～之外。

【国民】guómín〈名〉指具有某国国籍的人。

【国企】guóqǐ〈名〉国有企业的简称：～改革。

【国情】guóqíng〈名〉指一个国家的社会性质以及政治、经济、文化等方面的基本情况和特点。

【国色天香】guó sè tiān xiāng ❶指牡丹花。❷形容女子的美丽。

【国殇】guóshāng〈名〉指为国牺牲的人。

【国势】guóshì〈名〉❶国家在政治、经济、军事、科学技术等方面的状况：～强盛。❷国家的形势：～稳定。

【国事】guóshì〈名〉国家大事：关心～。

【国是】guóshì〈名〉国家大计：共商～。

【国手】guóshǒu〈名〉精通某种技能（如医道、棋艺等）在国内数一流的人。

【国书】guóshū〈名〉派遣或召回大使（或公使）时，由国家元首写给驻在国元首的文书。

【国税】guóshuì〈名〉国家税的简称。

【国泰民安】guó tài mín ān 国家太平，人民生活安定。

【国王】guówáng〈名〉❶古代某些国家的最高统治者。❷现代某些君主制国家的元首。

【国营】guóyíng ❶〈动〉国家投资经营：这些企业当为国营。❷〈形〉由国家投资经营的：～农场｜～企业。

【国有】guóyǒu ❶〈动〉国家所有：收归～｜土地～。❷〈形〉国家所有制的：～农场｜～资产。

【国有股】guóyǒugǔ〈名〉由政府或代表政府的机构投资购买的股份公司的股份。在我国，也指国有企业股份制改组中，以国有资产经评估后入股的股份。

【国有企业】guóyǒu qǐyè 指我国的社会主义全民所有制企业。是国家占有并控制全部或大部分财产的企业。原来由国家直接经营管理，称为"国营企业"。在经济体制改革中，所有权和经营权开始分离，国家原则上不参与直接经营，改称为"国有企业"。简称"国企"。

【国有资产】guóyǒu zīchǎn 归国家所有的各种经济资源的总和，包括资金、固定资产、流动资产和各种自然资源等。

【国语】guóyǔ〈名〉❶指本国人民共同使用的语言。❷汉语普通话的旧称。❸旧时指中小学的语文课。

【国乐】guóyuè〈名〉指我国传统的音乐。

【国运】guóyùn〈名〉国家的命运：～昌隆。

【国葬】guózàng〈名〉以国家名义为有特殊功勋的人举行的葬礼：举行～。

G

【国贼】guózéi〈名〉危害国家或出卖国家主权的败类。

备用词　爱国　报国　北国　故国　旧国　南国　山国　王国　泽国　祖国　外国　闭关锁国　里通外国　倾城倾国　丧权辱国　相忍为国

掴（摑）guó"掴"(guāi)的又音。

帼（幗）guó〈名〉古代妇女的头巾:巾～(指妇女)。

涸（漍）guó[北涸]〈名〉地名,在江苏。

腘（膕）guó〈名〉膝部的后面。

虢 guó〈名〉❶周朝国名。西虢在今陕西宝鸡东,后迁到河南陕县东南;东虢在今河南郑州西北。❷姓。

馘（＊聝）guó❶〈动〉古代战争中割掉敌人的左耳计数献功。❷〈名〉指计数献功割下的敌人的左耳:献～。

—— guǒ ——

果（＊❶菓）guǒ❶〈名〉可以吃的果实:～木|水～。❷〈名〉事情的结局;结果(跟"因"相对):成～|战～。❸〈动〉充实;饱足:～腹。❹〈形〉果断:～敢|言必信,行必～。❺〈副〉a)果然:～不出所料。b)究竟:～不如先愿,又君若所详。c)的确;实在:～无有,终亦稍宽之。❻〈连〉如果:～如是。❼〈名〉姓。

【果不其然】guǒ bù qí rán 果然(强调事物的发展、变化不出所料。也说"果不然"。

【果茶】guǒchá〈名〉用山楂、胡萝卜、西红柿、草莓等制成的果肉型果汁饮料。

【果断】guǒduàn〈形〉有决断;不犹豫:办事～。

【果腹】guǒfù〈动〉吃饱肚子:衣不蔽体,食不～。

【果敢】guǒgǎn〈形〉勇敢而有决断:行动～。

【果决】guǒjué〈形〉果敢坚决;果断。

【果品】guǒpǐn〈名〉水果和干果的总称:干鲜～。

【果然】guǒrán❶〈副〉表示事实与所说或所预料的相符:早有耳闻,今天亲眼见了,～名不虚传。❷〈连〉表示假设:那儿一像你说的那么热,我去时连毛衣也不用带了。❸〈形〉饱足的样子:腹犹～。

【果若】guǒruò〈连〉如果。

【果真】guǒzhēn❶〈副〉果然①:进屋一看,～是他出差回来了。❷〈连〉果然②:您愿意帮助我,那就太好了。

【果汁】guǒzhī〈名〉鲜果的汁水,也指用鲜果的汁水制成的饮料。

【果枝】guǒzhī〈名〉❶果树上结果实的枝。❷棉花植株上结棉铃的枝。

【果子露】guǒzilù〈名〉在蒸馏水中加入果汁制成的饮料。

备用词　成果　恶果　后果　水果　结果　苦果　硕果　效果　如果　因果　开花结果　前因后果　自食其果

馃（餜）guǒ〈名〉馃子,一种油炸的面食。

椁（＊槨）guǒ〈名〉古代套在棺材外面的大棺材:棺～。

蜾 guǒ[蜾蠃(luǒ)]〈名〉一种寄生蜂。

裹 guǒ❶〈动〉缠绕;包扎:包～|～腿|马革～尸。❷〈动〉把人或物夹杂在里面:～胁|狂风～走了大树。❸〈名〉姓。

【裹胁】guǒxié〈动〉用威胁手段迫使人跟从(做坏事)。

【裹挟】guǒxié❶〈动〉(风、流水等)把别的东西卷入,使随着移动:河水～着泥沙,滚滚东流。❷〈动〉(形势、潮流等)把人卷进去,迫使其采取某种态度。❸同"裹胁"。

【裹扎】guǒzā〈动〉包裹;捆扎:～伤口。

【裹足不前】guǒ zú bù qián 停步不进,好像脚被缠住了一样(多指有所顾虑)。

—— guò ——

过（過）guò❶〈动〉经过某个空间或时间:～河|～冬|～关|～节。❷〈动〉从一方转移到另一方:～户|～录。❸〈动〉使经过(某种处理):～滤|～秤|～水。❹〈动〉超过(某个范围和限度):～分|～期|～奖|～虑。❺〈名〉过失(跟"功"相对):～错|记～。❻〈动〉责备:《～秦论》。❼〈动〉拜访;看望:～从。❽〈助〉用在动词后面,表示完毕或曾经发生:吃～饭|天津去～了。△另见 guō。

【过程】guòchéng〈名〉事情进行或事物发展变化的经过:生产～|认识～。

【过从】guòcóng〈动〉互相往来:～甚密。

【过错】guòcuò〈名〉过失;错误。

【过道】guòdào〈名〉旧式房子连通各院子的走道;新式房子由大门通向各房间的走道。

【过度】guòdù〈形〉超过适当的限度:～兴奋|

疲劳～。

【过渡】guòdù〈动〉❶由这一岸到那一岸。❷比喻事物由一个阶段逐渐发展而转入另一个阶段：～时期｜～状态。

【过访】guòfǎng〈动〉登门拜访；访问。

【过分】guòfèn〈形〉(说话、做事)超过一定的程度或限度：要求～｜～严厉。

【过关】guòguān〈动〉通过关口，多比喻经审核，达到要求而获得通过或认可：过技术关｜蒙混～｜外语～了｜产品质量不达标就过不了关。

【过关斩将】guò guān zhǎn jiàng 比喻竞赛中战胜对手，进入下一轮比赛，也比喻在前进中克服困难。

【过河拆桥】guò hé chāi qiáo 比喻达到目的后，就把帮助过自己的人一脚踢开。

【过后】guòhòu〈名〉❶往后：这件事暂且这么决定，有什么问题，～再说。❷后来：我先去通知了他，～才来通知你的。

【过户】guòhù〈动〉房产、车辆、记名有价证券等在买卖、继承或赠予时，依照法定手续更换所有者姓名：办～手续｜房子已经过完了户。

【过奖】guòjiǎng〈动〉谦辞，过分地表扬或夸奖(用于对方赞扬自己时)：先生～了，实在不敢当｜您～了，我不过做了该做的事。

【过街老鼠】guò jiē lǎoshǔ 比喻人人痛恨的坏人坏事。

【过录】guòlù〈动〉把一个本子上的文字抄写在另一个本子上。

【过虑】guòlǜ〈动〉忧虑不必要忧虑的事。

【过卖】guòmài〈名〉堂倌。

【过门】guòmén ❶〈动〉女子出嫁到男家。❷〈名〉唱段或歌曲的前后或中间，由器乐单独演奏的部分。

【过目】guòmù〈动〉看一遍(表示审查、核对)。

【过目成诵】guò mù chéng sòng 看一遍就能背诵下来，形容记忆力强。

【过去】guòqù ❶〈名〉现在以前的时期；回想～的事。❷〈动〉离开或经过说话人(或叙述的对象)所在地向另一个地点去：那里有危险，别～!

【过甚其词】guò shèng qí cí 说话过分夸大，不符合实际情况。

【过剩】guòshèng〈动〉❶数量大大超过限度，剩余过多：人员～。❷供给大大超过需要或市场购买力：生产～。

【过失】guòshī〈名〉因疏忽而造成的差错或错误。

【过实】guòshí〈形〉不真实：传闻～。

【过堂】guòtáng〈动〉旧时称诉讼当事人到公堂上受审问。

【过屠门而大嚼】guò túmén ér dà jué 比喻心里想要而不能得到，只好用不实际的办法安慰自己(屠门：肉铺)。

【过为已甚】guò wéi yǐ shèn 做得太过分，超过了适当的分寸。

【过问】guòwèn〈动〉参与其事或从旁参加意见。

【过细】guòxì〈形〉非常仔细：～检查。

【过眼云烟】guò yǎn yúnyān 眼前飘过的云烟，比喻很快就消失的事物。也说"过眼烟云"。

【过意不去】guò yì bù qù 心中感到不安。也说"不过意"。

【过硬】guòyìng〈形〉禁受得起严格的检验：～本领。

【过犹不及】guò yóu bù jí 事情做得过了头，就跟做得不够一样，都是不好的。

【过于】guòyú〈副〉表示程度或数量过分；太：～铺张｜～兴奋。

【过誉】guòyù〈动〉谦辞，表示对自己过分称赞。

备用词　超过　经过　通过　越过　记过　改过　难过　悔过　诿过　闭门思过　得过且过

= hā =

哈(*❹蝦) hā ❶〈动〉张口呼气：~气。❷〈拟〉形容笑声(大多叠用)：~~大笑。❸〈叹〉a)表示得意或满意(大多叠用)：~~,我知道了|~~,我赢了! b)表示惊异或赞叹：~,真了不起! ❹〈动〉弯；躬：点头~腰。
△另见 hǎ;hà。

【哈哈镜】hāhājìng〈名〉用凹凸不平的玻璃做成的镜子,照起来奇形怪状,引人发笑。

【哈腰】hāyāo〈动〉❶弯腰：一~把钢笔掉在地上了。❷稍微弯腰表示礼貌(不及鞠躬郑重)：点头~|脱帽~。

铪(鉿) hā〈名〉金属元素,符号 Hf。熔点高,用作 X 射线管的阴极。

= há =

虾(蝦) há 见【蛤蟆】(虾蟆)。
△另见 xiā。

蛤 há 见下。
△另见 gé。

【蛤蟆】(虾蟆)háma〈名〉青蛙和蟾蜍的统称。

【蛤蟆镜】hámajìng〈名〉镜架较大的太阳镜的俗称。镜片略呈蛤蟆眼睛的形状。

= hǎ =

哈 hǎ ❶方言。〈动〉斥责：~了他一顿。❷〈名〉姓。
△另见 hā;hà。

【哈巴狗】hǎbagǒu〈名〉❶一种毛长、腿短的小狗,供玩赏。也叫"狮子狗"或"巴儿狗"。❷比喻驯顺的奴才。

【哈达】hǎdá〈名〉藏族和部分蒙古族人表示敬意或祝贺用的长条丝巾或纱巾,多为白色,也有黄、蓝等色。

奋 hǎ [奋奋(bā)屯]〈名〉地名,在北京。
△另见 tǎi"呔"。

= hà =

哈 hà [哈巴(ba)]方言。〈动〉走路时两膝向外弯曲。
△另见 hā;hǎ。

= hāi =

咍 hāi ❶〈动〉嘲笑；讥笑：为众人所~。❷〈形〉喜悦；欢笑：欢~|抃掌而~。❸同"咳"(hāi)。

咳 hāi〈叹〉❶表示惋惜、伤感、后悔或惊异：~! 我怎么这么糊涂! ❷表示打招呼或提醒：~,你到哪里去了? |~,前面红灯,快停车!
△另见 ké。

嗨 hāi〈叹〉表示激动、惋惜、后悔或惊异等：~,别提了|~! 出彩虹啦!
△另见 hēi。

【嗨哟】hāiyō〈叹〉做重体力劳动(多为集体操作)时为协调动作而呼喊的声音：加油干呐,~!

= hái =

还(還) hái〈副〉❶仍旧：半夜了,他~在工作。❷表示在某个范围之外有所补充：今天比昨天~热|看完电影,~想去滑冰。❸表示程度上勉强过得去：屋子不大,收拾得倒~干净。❹尚且：你~搬不动,何况我呢? ❺表示没想到如此而居然如此：他~真赶到了。❻表示早已如此：~在几年以前,我们就听说过。❼表示反问：你连他都赢不了,~想赢我?
△另见 huán。

【还是】háishi ❶〈副〉还(hái)①：她~那么年轻漂亮|今天的会~由他主持。❷〈副〉还

(hái)⑤：没想到这事儿～真难办。❸〈副〉表示希望，含有"这么办比较好"的意思：你比我熟悉情况，～你去吧｜天气凉了，～多穿点儿吧。❹〈连〉表示选择，放在每一个选择的项目的前面，不过第一项之前也可以不用：你～上午去？～下午去？｜你是今天走～明天走？｜去看朋友，～去电影院，～去滑冰场，他一时拿不定主意。

孩 hái〈名〉儿童，也指子女：婴～｜小～儿｜女～儿｜男～儿。

【孩提】háití〈名〉指幼儿时期：～时代。

骸 hái〈名〉❶骨头（多指尸骨）：～骨｜残～｜四肢百～。❷借指身体：形～｜病～｜遗～。

【骸骨】háigǔ〈名〉❶人的骨头（多指尸骨）：～遍野。❷借指身体。

━━ hǎi ━━

胲 hǎi〈名〉一种有机化合物。
△另见 gǎi。

海 hǎi ❶〈名〉大洋靠近陆地的部分：渤～｜～岛。❷〈名〉指湖泊（多用于湖名）：里～｜青～。❸〈名〉比喻连成一片的很多同类事物：人～｜林～。❹〈形〉大的（器皿或容量等）：～碗｜～量。❺〈形〉古代指从外国来的：～棠｜～枣。❻〈名〉姓。

【海岸】hǎi'àn〈名〉邻接海洋边缘的陆地：～线。

【海拔】hǎibá〈名〉以平均海水面做标准的高度。

【海报】hǎibào〈名〉文艺演出或球赛等活动的招贴。

【海滨】hǎibīn〈名〉海边；近海的地方：～浴场。

【海捕】hǎibǔ〈动〉旧时官府行文各地通缉在逃人犯，叫作"海捕"：～文书。

【海底捞月】hǎi dǐ lāo yuè 比喻白费力气，根本不可能做到。也说"水中捞月"。

【海底捞针】hǎi dǐ lāo zhēn 见〖大海捞针〗。

【海防】hǎifáng〈名〉为保卫国家安全，在沿海地区和领海内设置的防务：～线｜保卫～。

【海关】hǎiguān〈名〉对出入国境的商品、物品进行监督、检查并征收关税的国家机关。

【海涵】hǎihán〈动〉敬辞，用于请人原谅，希望对方像大海一样地包容：多有冒犯，还望～。

【海疆】hǎijiāng〈名〉指沿海的领土。

【海客】hǎikè〈名〉❶航海的人：～谈瀛洲，烟涛微茫信难求。❷浪迹四方的人。

【海口】hǎikǒu〈名〉❶海湾内的港口。❷漫无边际的大话：夸～。

【海枯石烂】hǎi kū shí làn 海水枯干，石头变成粉末，形容经历极长的时间（多用于誓言，表示意志坚定，永远不改变）。

【海阔天空】hǎi kuò tiān kōng 形容大自然的广阔，也比喻想象或说话没有拘束，漫无边际。

【海量】hǎiliàng〈名〉❶指很大的酒量。❷敬辞，称人宽宏的度量。

【海内】hǎinèi〈名〉古人认为我国疆土的四周有大海环绕，因此称国境以内为海内。

【海市】hǎishì〈名〉海市蜃楼。

【海市蜃楼】hǎi shì shèn lóu ❶大气中由于光线的折射，把远处的景物显示在空中或地面的奇异幻景，多出现在沿海一带或沙漠上。古人误以为蜃（大蛤蜊）吐气而成，所以叫"海市蜃楼"。"蜃景"的通称。❷比喻虚幻的事物。

【海事】hǎishì〈名〉❶泛指一切有关海上的事务：～法庭。❷指船舶在海上航行或停泊所发生的事故，如搁浅、触礁、失火等。

【海誓山盟】hǎi shì shān méng 男女相爱时立下的誓言和盟约，表示爱情要像海和山一样永恒不变。也说"山盟海誓"。

【海澨】hǎishì〈名〉海滨：山陬（zōu，山脚）～。

【海涂】hǎitú〈名〉河流或海流夹杂的泥沙在河流入海处或海岸附近沉积形成的浅海滩。

【海外】hǎiwài〈名〉国外：～侨胞｜名扬～。

【海外奇谈】hǎiwài qítán 指没有根据的稀奇古怪的谈论或传说。

【海湾】hǎiwān〈名〉海洋伸入陆地的部分。

【海味】hǎiwèi〈名〉海洋里出产的食品的总称：山珍～。

【海峡】hǎixiá〈名〉两块陆地之间连接两个海

域的狭窄水道,如连接我国东海和南海的台湾海峡。

【海啸】hǎixiào〈名〉由于地震、火山爆发或风暴而引起的海水剧烈波动。

【海晏河清】hǎi yàn hé qīng 见〖河清海晏〗。

【海洋】hǎiyáng〈名〉海和洋的统称。

【海域】hǎiyù〈名〉指海洋的一定范围(包括水上和水下)。

【海员】hǎiyuán〈名〉在远洋轮船上工作的人员。

备用词 公海 瀚海 领海 四海 宦海 火海 苦海 林海 脑海 人海 血海 烟海 云海 八仙过海 百川归海 曾经沧海 刀山火海 翻江倒海 浩如烟海 精卫填海 瞒天过海 泥牛入海 排山倒海 人山人海 石沉大海 五湖四海 移山倒海 情深似海

盒 hǎi〈名〉古代一种盛酒的器皿。

醢 hǎi ❶〈名〉用肉、鱼等制成的酱。❷〈动〉把人杀死后剁成肉酱,是古代的一种酷刑。

━━ hài ━━

亥 hài〈名〉❶地支的第十二位。参看〖干支〗。❷亥时,旧式计时法指晚上九点钟到十一点钟的时间。

骇(駭) hài〈动〉❶惊吓;震惊:惊涛骇浪|~人听闻。❷惊扰:哗然而~者,虽鸡狗不得宁焉。

【骇怕】hàipà〈动〉害怕。

【骇然】hàirán〈形〉惊讶的样子:~失色。

【骇人听闻】hài rén tīng wén 使人听了非常吃惊。

【骇异】hàiyì〈形〉惊讶;惊异。

氦 hài〈名〉气体元素,符号He。是一种惰性元素,可用来填充灯泡和霓虹灯等。通称"氦气"。

害 hài ❶〈名〉祸害;害处(跟"利"、"益"相对):灾~|为民除~。❷〈形〉有害的(跟"益"相对):~虫|~处。❸〈动〉使受损害:迫~|侵~|伤天~理。❹〈动〉杀害:遇~|谋~。❺〈动〉发生疾病:~眼|~病。❻〈动〉发生不安的情绪:~羞|~怕。❼〈动〉嫉妒:争宠而心~其能。

【害怕】hàipà〈动〉遇到困难、危险等时心里不安或发慌。

【害群之马】hài qún zhī mǎ 危害马群的马,比喻危害集体的人。

【害臊】hàisào〈形〉害羞;难为情。

备用词 残害 谗害 毒害 妨害 祸害 坑害 厉害 利害 谋害 迫害 戕害 侵害 杀害 伤害 损害 危害 诬害 陷害 要害 贼害 灾害

嗐 hài〈叹〉表示伤感或惋惜:~!糟糕透了。

━━ hān ━━

犴 hān 同"狴"。△另见àn。

颥(頇) hān ❶方言。〈形〉粗:这线太~,有细的吗?❷〈名〉姓。

犴 hān〈名〉即"驼鹿",一种大型的鹿,形状略像牛,雄的有角,横生成板状,善游泳,不喜成群。

蚶 hān〈名〉蚶子,软体动物,壳厚而坚硬,外表有瓦垄状的纵线,生活在浅海泥沙中。

酣 hān〈形〉❶饮酒尽兴:~饮|酒~耳热。❷泛指尽兴、畅快等:~睡|~畅。❸剧烈:~战。❹浓;盛:柳叶鸣蜩绿暗,荷花落日红~。

【酣畅】hānchàng〈形〉畅快:~淋漓。

【酣梦】hānmèng〈名〉酣畅的睡梦。

【酣眠】hānmián〈动〉酣睡。

【酣然】hānrán〈形〉睡得很香甜的样子:~入梦|~大醉。

【酣睡】hānshuì〈动〉熟睡。

【酣战】hānzhàn〈动〉剧烈战斗。

【酣醉】hānzuì〈动〉沉醉:~在幸福的回忆里。

憨 hān ❶〈形〉傻;呆:~痴|~笑。❷〈形〉朴实;天真:娇~|~态可掬。❸〈名〉姓。

【憨厚】hānhòu〈形〉朴实厚道:为人~。

【憨顽】hānwán〈形〉顽皮。

鼾 hān〈名〉睡着时粗重的呼吸:~声|打~。

━━ hán ━━

邗 hán[邗江]〈名〉地名,在江苏。

汗 hán〈名〉可(kè)汗的简称。△另见hàn。

邯 hán[邯郸(dān)]〈名〉地名,在河北。

【邯郸学步】hándān xué bù《庄子·秋水》记载,燕国有一个人到赵国的都城邯郸去,看见

那里的人走路的姿势很好看，就跟着学起来，结果没有学好，反而把自己原来的走法也忘了，只好爬着回去。比喻盲目地模仿别人不成，反而丧失了自己原有的技能。

含 hán〈动〉❶东西放在嘴里，不咽下也不吐出：～服|～一口水。❷藏在里面；包含：～泪|～苞|～垢忍辱。❸带有某种意思、情感等，不完全表露出来：～怒|～情脉脉。

【含苞】hánbāo〈动〉裹着花苞：～欲放。

【含垢忍辱】hán gòu rěn rǔ 忍受耻辱。

【含糊】(含胡) hánhu〈形〉❶不明确；不清晰：～其辞。❷马虎，不认真：这事可一点儿也～不得。❸示弱(多用于否定)：比就比，我决不～。❹水平不高(多用于否定)：她那手艺可真不～。[注意]"不含糊"常用作赞美的话，是"有能耐"、"行"的意思。如：他那手毛笔字写得可真不含糊|他的乒乓球打得真不含糊。

【含混】hánhùn〈形〉不明确；模糊：～不清。

【含金量】hánjīnliàng〈名〉❶金锭或金制品中黄金的百分比含量。❷比喻事物的实际价值：这篇论文的学术～相当高。

【含沙射影】hán shā shè yǐng 传说水中有一种叫"蜮"的怪物，看见人的影子就喷沙子，被喷着的人就会得病。比喻暗地里中伤人。

【含辛茹苦】hán xīn rú kǔ 忍受辛苦(茹：吃)。也说"茹苦含辛"。

【含蓄】(涵蓄) hánxù ❶〈动〉包含；蓄积：简短

的祝词～着我们的一片心意。❷〈形〉意思含而不露，耐人寻味：诗意～。❸〈形〉(思想、感情)不轻易流露：性格～。

【含血喷人】hán xuè pēn rén 比喻捏造事实诬赖人。

【含义】hányì〈名〉(词句等)所包含的意义：～明确。也作"涵义"。

【含英咀华】hán yīng jǔ huá 比喻琢磨和领会文章的要点和精神。

备用词 暗含　包含　蕴含

函(*圅) hán ❶〈名〉匣；封套：石～|剑～|～套。❷〈名〉信件：公～|～授。❸〈动〉包容；包含：～义。

【函授】hánshòu〈动〉以通信辅导为主的教学方式。

【函购】hángòu〈动〉用通信的方式向生产或经营者购买：～电视英语教材。

【函售】hánshòu〈动〉用通信方式向购买者销售：～图书|开展～业务。

备用词 便函　公函　贺函　来函　书函　信函　唁函

浛 hán [浛洸(guāng)]〈名〉地名，在广东。

晗 hán〈形〉天将明。

焓 hán〈名〉单位质量的物质所含的全部热能。

涵 hán ❶〈动〉包含；包容：～养。❷〈名〉涵洞，公路或铁路与渠相交的地方使水从路下流过的通道，一般孔径较小：～管。

【涵淡】hándàn〈形〉水波动荡的样子：～澎湃。

【涵蓄】hánxù 见【含蓄】。

【涵养】hányǎng ❶〈名〉能控制情绪、冷静处事的修养功夫：缺乏～。❷〈动〉积蓄储存(水分)：保持水土，～水源。

【涵义】hányì 同"含义"。

备用词 包涵　海涵　蕴涵

韩(韓) hán〈名〉❶周朝国名，在今河南中部和山西东南部。❷姓。

寒 hán ❶〈形〉冷(跟"暑"相对)：～风|严～。❷〈形〉害怕；畏惧：心～|胆～。❸〈形〉穷困：贫～|～苦。❹〈名〉姓。

【寒碜】(寒伧) hánchen ❶〈形〉丑；难看：长得～|模样长得不～。❷〈形〉不阔气②；不体面；

丢脸:现在看起来,这旧房子就更显得～|考不及格那够～呀! ❸〈动〉揭人短处,使失去体面:成心～人|叫人给～了一顿。

【寒窗】hánchuāng〈名〉指贫寒的读书生活:十年～。

【寒冬】hándōng〈名〉寒冷的冬天。

【寒光】hánguāng〈名〉使人感到寒冷的光。

【寒噤】hánjìn〈名〉因突然受冷或受惊而身体颤动的现象:打～。

【寒苦】hánkǔ〈形〉贫穷困苦。

【寒流】hánliú〈名〉❶从高纬度流向低纬度的洋流。❷指寒潮,从北方寒冷地带向南方侵袭的冷空气。

【寒门】hánmén〈名〉❶贫寒的家庭,旧时多用来谦称自己的家:～不幸。❷旧时指社会地位低下的家庭:出身～。

【寒舍】hánshè〈名〉谦称自己的家:光临～。

【寒士】hánshì〈名〉指贫寒的读书人。

【寒暑】hánshǔ〈名〉❶冷和热,也指严寒和酷暑。❷冬季和夏季:～易节。

【寒素】hánsù〈形〉家世清贫。

【寒酸】hánsuān〈形〉❶旧时形容穷苦读书人不大方的姿态:～气|～相。❷寒碜②;不体面:衣服穿得太～了。

【寒微】hánwēi〈形〉微贱;社会地位低下:出身～。

【寒心】hánxīn〈动〉❶失望而灰心;痛心。❷恐惧;害怕。

【寒暄】hánxuān〈动〉见面时互相说些天气冷暖之类的应酬话(暄:温暖)。

【寒衣】hányī〈名〉御寒的衣服。

【寒战】hánzhàn〈名〉寒噤:打～。

备用词　苦寒　严寒　风寒　饥寒　伤寒　心寒　贫寒　清寒　唇亡齿寒　啼饥号寒　一曝十寒

— hǎn —

罕 hǎn ❶〈形〉稀少:稀～|～见|～有|～至。❷〈名〉姓。

【罕见】hǎnjiàn〈形〉很少见到;难得遇见。

备用词　纳罕　稀罕

喊 hǎn〈动〉❶大声叫:～叫|呐～。❷叫(人):你去～他一声。

【喊话】hǎnhuà〈动〉在前沿阵地上大声对敌军进行宣传或劝降。

备用词　高喊　呼喊　叫喊　空喊　呐喊

嗐(嘪) hǎn〈动〉虎怒吼。

— hàn —

汉(漢) hàn〈名〉❶朝代名。a)公元前206年-公元220年,刘邦所建,分为西汉(又称"前汉")、东汉(又称"后汉")。b)五代之一,公元947年-950年,刘知远所建,史称"后汉"。❷汉族,我国人口最多的民族,分布在全国各地:～语|～人。❸男子:老～|好～|英雄～。❹指银河:银～|～河～。❺姓。

【汉白玉】hànbáiyù〈名〉一种质地坚硬、颜色纯白的石头,是上等的建筑材料。

【汉奸】hànjiān〈名〉原指汉族的败类,现泛指投靠侵略者,出卖我们国家民族利益的败类。

【汉学】hànxué〈名〉❶汉朝人研究经学着重名物、训诂,后世因称研究经、史、名物、训诂、考据之学为汉学。❷外国人指研究中国的文化、历史、语言、文学等方面的学问。

备用词　河汉　霄汉　星汉　云汉

扞 hàn ❶同"捍"。❷[扞格]〈动〉互相抵触:～不入。

汗 hàn ❶〈名〉人或高等动物从皮肤排泄出来的液体:冷～|挥～如雨。❷〈动〉指出汗:～颜|～马功劳。
△另见hán。

【汗流浃背】hàn liú jiā bèi 形容汗出得多,湿透了背上的衣服。

【汗马功劳】hàn mǎ gōngláo 指在战场上建立的功劳,现也泛指大的功劳(汗马:将士骑马作战,马累得出汗):立下了～。

【汗漫】hànmàn〈形〉广泛;不着边际:～之言。

【汗牛充栋】hàn niú chōng dòng 形容书籍非常多(汗牛:用牛运书,牛累得出汗;充栋:堆满了屋子)。

【汗青】hànqīng ❶〈动〉古代在竹简上记事,采用青竹,先要用火烤得竹板冒出水分才容易书写,因此后世把著作完成叫作"汗青":头白可期,～无日。❷〈名〉史册:人生自古谁无死? 留取丹心照～。

【汗颜】hànyán〈动〉因羞愧而脸上出汗,泛指感到惭愧。

旱 hàn ❶〈形〉没有降水或降水太少(多跟"涝"相对):～灾|抗～。❷〈形〉跟水无关的:～烟|～伞。❸〈形〉非水田的;陆地上的:～稻|～船。❹〈名〉指陆地交通:～路|

起~。

【旱魃】hànbá〈名〉传说中能引起旱灾的鬼怪：~为虐。

【旱魔】hànmó〈名〉比喻严重的干旱：降伏~｜战胜~。

捍（*扞）hàn ❶〈动〉保卫；防御：~卫｜~御。❷〈名〉古代射箭手戴的一种革制袖套。

【捍卫】hànwèi〈动〉保卫：~领土｜~真理。

垾 hàn〈名〉小堤，多用作地名：中~（在安徽）。

悍（*猂）hàn ❶〈形〉❶勇猛：~将｜强~。❷凶狠；蛮横：凶~｜~刁。

【悍吏】hànlì〈名〉凶暴的官吏。

【悍然】hànrán〈形〉蛮横的样子：~不顾｜~出兵。

备用词　犷悍　骄悍　精悍　剽悍　强悍　骁悍　刁悍　凶悍　勇悍

菡 hàn［菡萏（dàn）］〈名〉荷花。

焊（*釬銲）hàn〈动〉用熔化的金属把金属工件连接起来，或用熔化的金属修补金属器物：~接｜~枪｜气~｜电~。

颔（頷）hàn ❶〈名〉下巴。❷〈动〉点头：~首。

【颔首】hànshǒu〈动〉点头：~赞许。

撖 hàn〈名〉姓。

撼 hàn〈动〉摇；摇动：~动｜震~｜蚍蜉~树。

【撼动】hàndòng〈动〉摇动；震动。

翰 hàn〈名〉❶羽毛：理翮振~。❷借指毛笔、文字、书信等：挥~｜~墨｜书~。❸姓。

【翰林】hànlín〈名〉唐以后皇帝的文学侍从官。明清时代凡进士进入翰林院（官署名）供职的通称翰林，担任编修国史、起草文件等工作，是一种名望较高的文职官衔。

【翰墨】hànmò〈名〉笔和墨，借指诗文书画等。

憾 hàn〈名〉失望；不满足：~事｜缺~｜遗~｜抱~。

【憾事】hànshì〈名〉认为不完美的、令人感到遗憾的事情。

备用词　抱憾　缺憾　遗憾

瀚 hàn〈形〉广大：浩~｜~海。

=== hāng ===

夯（*硄）hāng ❶〈名〉砸实地基用的工具，有木夯、石夯、铁夯、蛤蟆夯等：打~。❷〈动〉用夯砸：~地｜~歌。

△另见 bèn。

=== háng ===

行 háng ❶〈名〉行列：字里~间｜杨柳成~。❷〈动〉排行是：您~几？｜我~三。❸〈名〉行业：本~｜改~｜干一~，爱一~。❹〈名〉某些营业机构：银~｜商~。❺〈名〉路：女执懿筐，遵彼微~。❻〈量〉用于成行的东西：一~字｜四~诗｜几~树。

△另见 hàng；héng；xíng。

【行辈】hángbèi〈名〉辈分。

【行当】hángdang〈名〉❶行业。❷戏曲演员专业分工的类别，如京剧的生、旦、净、丑。

【行话】hánghuà〈名〉各行业的专门用语。

【行会】hánghuì〈名〉旧时城市中同行业的手工业者或商人的联合组织。

【行货】hánghuò〈名〉❶货物。❷加工不精细的器具、服装等商品。

【行家】hángjia〈名〉内行的人；精通某种技能或业务的人。

【行列】hángliè〈名〉人或物排成的直行或横行的总称。

【行情】hángqíng〈名〉市面上商品价格涨落的一般情况，也指金融市场上利率或汇率的一般情况。

【行市】hángshi〈名〉市面上商品的一般价格；行情。

【行伍】hángwǔ〈名〉古代军队编制，五人为伍，二十五人为行。所以用“行伍”称军队的行列，泛指军中：投身~｜~出身。

【行业】hángyè〈名〉工商业中的类别，泛指职业。

【行院】hángyuàn〈名〉金元时代指妓女或戏曲演员的住所,有时也指妓女或戏曲演员。也作"衚衕"。

【行阵】hángzhèn〈名〉队伍;部队。

备用词 本行 改行 同行 懂行 内行 外行 在行

吭 háng〈名〉喉咙:引~高歌。
△另见 kēng。

杭 háng〈名〉❶指杭州:~纺|上有天堂,下有苏~。❷姓。

【杭育】hángyō〈叹〉做重体力劳动(多为集体操作)时呼喊的声音。

纥(紇) háng〈动〉用针线固定面儿和里子以及所絮的棉花等:~棉袄|~被子。

徛 háng[徛衕(yuàn)]同"行院"。

航 háng❶〈名〉船:长鲸吞~。❷〈动〉航行:~海|巡~|领~。❸〈名〉姓。

【航班】hángbān〈名〉定期航行于两地之间的载运旅客的船只或飞机。

【航标】hángbiāo〈名〉指示船只安全航行的标志:~灯。

【航程】hángchéng〈名〉飞机、船只航行的路程:万里~。

【航船】hángchuán〈名〉❶江浙一带定期行驶于城镇之间的载客运货的木船。❷泛指航行的船只。

【航道】hángdào〈名〉在江河湖泊等水域中供船舶安全行驶的通道。

【航海】hánghǎi〈动〉驾驶船只在海上航行。

【航空】hángkōng〈动〉驾驶飞机在空中飞行。

【航空港】hángkōnggǎng〈名〉固定航线上的大型机场。

【航路】hánglù〈名〉航行的路线:~畅通。

【航拍】hángpāi〈名〉利用航空器(如飞机、直升机、气球)对地面进行拍摄:直升机在地震灾区上空~。

【航天】hángtiān〈动〉指人造地球卫星、宇宙飞船等在地球附近空间或太阳系空间飞行:~技术|~事业。

【航线】hángxiàn〈名〉水上和空中航行路线的统称。

【航向】hángxiàng〈名〉(飞机或船只)航行的方向,也用于比喻:偏离~。

【航行】hángxíng〈动〉船在水里或飞机在天空行驶。

【航运】hángyùn〈名〉水上运输事业的统称。

颃(頏) háng 见[颉(xié)颃]。

═══ hàng ═══

行 hàng[树行子]〈名〉成行的树木。
△另见 háng;héng;xíng。

沆 hàng〈形〉形容大水。

【沆瀣】hàngxiè〈名〉夜间的水汽。

【沆瀣一气】hàng xiè yī qì 宋钱易《南部新书》上说,唐朝崔瀣参加科举考试,考官崔沆取中了他。于是当时有人嘲笑他们说,"座主门生,沆瀣一气"。后来比喻臭味相投的人结合在一起。

巷 hàng〈名〉巷道,采矿或探矿时在地面或地下挖掘的大致成水平方向的坑道。
△另见 xiàng。

═══ hāo ═══

蒿 hāo〈名〉❶蒿子,通常指花小、叶子作羽状分裂、有某种特殊气味的草本植物,有的可供药用。❷姓。

【蒿莱】hāolái〈名〉野草;杂草。

薅 hāo〈动〉❶用手拔(草等):~锄。❷揪:~下几根头发。

嚆 hāo[嚆矢]〈名〉带响声的箭,比喻事物的开端或先行者:人造卫星的发射是人类星际旅行的~。

═══ háo ═══

号(號) háo〈动〉❶拖长声音大声叫唤:~叫|呼~|啼饥~寒。❷大声哭:~哭|嚎~|哀~。
△另见 hào。

【号呼】háohū〈动〉号哭呼喊。

【号叫】háojiào〈动〉大声喊叫。

【号哭】háokū〈动〉连喊带叫地大哭。

【号啕】háotáo 同"号咷"。

【号咷】háotáo〈动〉大声哭:～大哭。也作"号啕"、"嚎啕"、"嚎咷"。

【号恸】háotòng〈动〉因悲痛而大哭:放声～。

备用词　哀号　呼号　怒号

蚝(*蠔) háo〈名〉软体动物,即"牡蛎",有两个贝壳,肉供食用,也可提制蚝油,壳入中药。

毫 háo❶〈名〉细长而尖的毛:～发|狼～笔|明察秋～。❷〈名〉指毛笔:挥～。❸〈名〉秤或戥子上用手提的绳:头～|二～。❹〈副〉一点儿:～不犹豫|～无头绪。❺〈量〉计量单位名称。a)长度,10丝等于1毫,10毫等于1厘。b)重量,10丝等于1毫,10毫于1厘。❻方言。〈量〉货币单位,即"角":银～。

【毫发】háofà〈名〉毫毛和头发,比喻极小的数量。

【毫厘】háolí〈名〉一毫一厘,指极少的数量:～不爽。

【毫毛】háomáo〈名〉❶人或鸟兽身上的细毛。❷比喻极微细的事物。

【毫无二致】háo wú èr zhì 丝毫没有两样;完全一样。

备用词　分毫　丝毫　纤毫　明察秋毫　一丝一毫

嗥(*嘷獋) háo〈动〉❶(豺狼)大声叫。❷号哭。

貉 háo〈名〉义同"貉"(hé),用于"貉绒"、"貉子"。△另见 hé;mò。

豪 háo❶〈名〉具有杰出才能的人:～杰|英～|文～。❷〈形〉气魄大;直爽痛快,没有拘束的:～放|～情壮志。❸〈形〉强横:～强|巧取～夺。❹〈名〉强横的人:富～|土～。

【豪赌】háodǔ〈动〉以巨资为赌注进行赌博:他在一场～中输了几十万元。

【豪放】háofàng〈形〉气魄大而无所拘束:性情～。

【豪富】háofù❶〈形〉旧时指有钱有势。❷〈名〉指有钱有势的人或人家。

【豪华】háohuá〈形〉❶奢侈;过分铺张。❷(建筑、器物、装饰等)富丽堂皇;阔绰华丽。

【豪猾】háohuá〈名〉强横狡诈不守法纪的人。

【豪杰】háojié〈名〉❶才能出众的人:英雄～。❷指有声望的人。

【豪俊】háojùn〈名〉泛指英雄豪杰。

【豪迈】háomài〈形〉气魄大;勇往直前:气概～。

【豪门】háomén〈名〉旧时指有钱有势的人家:出身～|～子弟|～大族。

【豪民】háomín〈名〉旧时指强横而有钱有势的人。

【豪奴】háonú〈名〉旧时倚仗主人权势为非作歹的家奴。

【豪强】háoqiáng〈名〉旧时指地方上倚仗权势横行不法的人:剪除～。

【豪情】háoqíng〈名〉❶豪迈的感情;热烈奔放的情怀:革命～。❷豪兴;好兴致:～大发。

【豪绅】háoshēn〈名〉旧时指地方上倚仗封建势力欺压人民的绅士。

【豪爽】háoshuǎng〈形〉(性情)豪放直爽。

【豪言壮语】háo yán zhuàng yǔ 指很有气魄的话。

【豪右】háoyòu〈名〉豪门大族。

【豪宅】háozhái〈名〉豪华的住宅。

【豪壮】háozhuàng〈形〉气魄大;雄壮:～的誓言。

备用词　富豪　土豪　文豪　英豪　自豪

壕 háo〈名〉❶护城河:城～。❷壕沟:战～|～沟|防空～。

【壕堑】háoqiàn〈名〉堑壕,阵地前方修有射击掩体的壕沟。

嚎 háo〈动〉❶大声叫:长～|狼～。❷同"号"(háo)②:～啕。

【嚎咷】háotáo 同"号咷"。

【嚎啕】háotáo 同"号咷"。

濠 háo〈名〉❶同"壕"。❷濠水,水名,在安徽。

═══ hǎo ═══

好 hǎo❶〈形〉优点多的;使人满意的(跟"坏"相对):～人|～事|美～|良～。❷〈形〉用在动词前面,表示使人满意的性质在哪方面:～看|～听。❸〈形〉友爱;和睦:友～|～朋友。❹〈形〉(身体)健康;(疾病)痊愈:您～哇|他的病～了。❺〈形〉用于套语:～睡|您走～。❻〈形〉用在动词后面,表示完成或达到完善的地步:方案订～了。❼〈形〉表示赞许、同意或结束等语气:～,就这么办。❽〈形〉反话,表示不满意:～,这下麻烦了。❾〈形〉容易:这道题～做。❿〈连〉以便:早点起床,～去锻炼。⓫〈动〉应该;可以:他正在午睡,我不～打扰he。⓬〈副〉用在数量词、时间词前面,表示多或久:～多|～久。⓭〈副〉用

在形容词、动词前面,表示程度深,并带感叹语气:~冷|原来你躲在这儿,害得我~找! ⓮〈副〉用在形容词前面问数量或程度,用法跟"多"相同:成都离北京~远?

△另见hào。

【好歹】hǎodǎi ❶〈名〉好坏;不识~。❷〈名〉意外(多指生命危险):万一有个~,那可怎么办? ❸〈副〉a)不管怎样;无论如何:他主意多,~也能想出个办法来。b)将就;凑合:时间来不及,~吃点儿就行了。

【好端端】hǎoduānduān〈形〉形容情况正常:~的,怎么哭起来了?

【好感】hǎogǎn〈名〉满意或喜欢的感情:表示~。

【好汉】hǎohàn〈名〉勇敢坚强或有胆识有作为的男子:英雄~|~做事~当。

【好好先生】hǎohǎo-xiānsheng〈名〉指一团和气,不分是非,不讲原则,只求谁也不得罪的人。

【好生】hǎoshēng〈副〉❶多么;很:这人~面熟。❷好好儿地:有话~说。

【好事】hǎoshì〈名〉❶好事情:~多磨。❷指有益的事:做~。❸喜庆的事。

△另见hàoshì。

【好手】hǎoshǒu〈名〉精于某种技艺或能力很强的人。

【好说歹说】hǎo shuō dǎi shuō 用各种理由或方式反复请求或劝说。

【好似】hǎosì〈动〉好像。

【好像】hǎoxiàng ❶〈动〉像:朵朵白云,~一团团棉絮。❷〈副〉似乎:他~知道我的心思。

【好自为之】hǎo zì wéi zhī 自己妥善处置(多用于告诫对方)。

备用词 良好 美好 相好 要好 友好 刚好 恰好 正好

郝 hǎo〈名〉姓。

━━ hào ━━

号(號) hào ❶〈名〉名称:国~|代~。❷〈名〉原指名和字以外另起的别号,后也泛指名以外另起的字:李白字太白,~青莲居士。❸〈名〉旧时用作店名,也指商店:商~|字~|宝~|汇丰~|聚源~。❹〈名〉标志;信号:记~|击掌为~。❺〈名〉排定的次第:挂~|编~。❻〈名〉表示等级:小~|五~字。❼〈名〉表示次序(多放在数字后)。a)

一般的:第五~|简报|门牌三~。b)特指一个月里的日子:六月一~是国际儿童节。❽〈量〉a)用于人数:百十~人。b)用于成交的次数:做了几~买卖。❾〈动〉标上记号:~房子。❿〈动〉切脉(搏):~脉。⓫〈名〉号令:发~施令。⓬〈名〉军队或乐队里所用的喇叭:~角|螺~。⓭〈名〉用号吹出的表示一定意义的声音:起床~|冲锋~。⓮〈名〉姓。

△另见hǎo。

【号称】hàochēng〈动〉❶以某名著称:四川~天府之国。❷名义上是:曹军~八十三万人马。

【号房】hàofáng〈名〉旧时指传达室,也指做传达工作的人。

【号角】hàojiǎo〈名〉古代军队中传达命令的管乐器,后泛指喇叭之类。

【号令】hàolìng ❶〈动〉传达命令:~三军。❷〈名〉特指战斗时指挥战士的命令;口令。

【号码】hàomǎ〈名〉表示事物次第的数目字。

【号脉】hàomài〈动〉诊脉。

【号外】hàowài〈名〉报社为了及时报道而临时增出的小张报纸。因在定期出版的报纸顺序编号之外,故称。

【号衣】hàoyī〈名〉旧时士兵、差役等所穿的带记号的衣服。

【号召】hàozhào ❶〈动〉向群众召唤(共同去做某件事):~向雷锋学习。❷〈名〉向群众发出的共同去做某件事的召唤:响应~。

【号子】hàozi〈名〉在集体劳动中为协调动作,减轻疲劳所唱的歌。多为一人领唱,大家应和。

备用词 暗号 编号 番号 符号 记号 信号 型号 别号 称号 绰号 徽号 诨号 外号 雅号 病号 彩号 伤号

好 hào〈动〉❶喜爱(跟"恶"wù相对):~客|~奇|游手~闲|叶公~龙。❷常常容易(发生某种事情):刚会骑车的人~摔跤。

△另见hǎo。

【好大喜功】hào dà xǐ gōng 一心想做大事,立大功,而不管条件是否许可(多含贬义)。

【好高骛远】hào gāo wù yuǎn 同"好高骛远"。

【好高骛远】hào gāo wù yuǎn (在工作或学习上)不切实际地追求过高的目标。也作"好高务远"。

【好客】hàokè〈形〉对客人热情,乐于接待。

【好尚】hàoshàng〈名〉爱好和崇尚:~各异。

【好胜】hàoshèng〈形〉处处想胜过别人:年

轻～。

【好事】hàoshì〈形〉爱管闲事；喜欢多事：～之徒。

△另见 hǎoshì。

【好为人师】hào wéi rén shī 指不谦虚，好以教育者自居。

【好逸恶劳】hào yì wù láo 喜好安逸，厌恶劳动。

备用词　爱好　癖好　嗜好　喜好　公诸同好　洁身自好　投其所好

昊　hào ❶〈形〉广大无边：～空。❷〈名〉指天：～天。

耗　hào ❶〈动〉减损；消耗：～费|损～。❷〈动〉拖延：～时间。❸〈名〉坏的音信或消息：噩～|死～。

【耗费】hàofèi〈动〉消耗：～精力。

【耗竭】hàojié〈动〉消耗净尽：兵力～。

备用词　亏耗　伤耗　折耗　损耗　消耗　噩耗　音耗

浩　hào〈形〉❶（气势、规模）盛大：浩大：～荡|～渺。❷多：博|～如烟海。❸高声；大声：～歌|～叹。

【浩大】hàodà〈形〉（气势、规模等）盛大：工程～。

【浩荡】hàodàng〈形〉❶水势大、汹涌壮阔。❷壮大；盛大：～的春风。

【浩繁】hàofán〈形〉浩大而繁多：～的开支|卷帙(zhì)～。

【浩瀚】hàohàn〈形〉❶广大辽阔，漫无边际：～的沙漠。❷繁多：典籍～。

【浩劫】hàojié〈名〉大灾难。

【浩茫】hàománg〈形〉广大；广阔无边：心事～。

【浩渺】（浩淼）hàomiǎo〈形〉形容水面辽阔，漫无边际：～烟波。

【浩气】hàoqì〈名〉浩然之气；正气。

【浩然】hàorán〈形〉形容正大刚直：～之气|贯长虹。

【浩如烟海】hào rú yān hǎi 形容文献、资料等非常丰富。

皓（＊❶❷暠＊❶❷皜）hào ❶〈形〉白；洁白：～首|～发|～齿朱唇|明眸～齿。❷〈形〉明亮：～月当空。❸〈名〉姓。

△"暠"另见 gǎo。

镐（鎬）hào〈名〉周朝初年的国都，在今陕西西安西南。

△另见 gǎo。

颢（顥）hào〈形〉白而发光。

灏（灝）hào ❶同"浩"。❷同"皓"。

== hē ==

诃（訶）hē ❶[诃子(zǐ)]〈名〉乔木，果实像橄榄，可入药。产于热带地方。也叫"藏青果"。❷同"呵"(hē)②。❸〈名〉姓。

呵　hē ❶〈动〉呼(气)；哈(气)：～气|一气～成|～手。❷〈动〉大声斥责：～斥|～责|～叱(chì)。❸同"嗬"。❹〈拟〉形容笑声：～笑|笑～～。

△另见 kē。

【呵斥】hēchì〈动〉大声斥责。

【呵责】hēzé〈动〉呵斥。

喝（＊❶❷欱）hē ❶〈动〉吸进液体、气体或流质的东西：～风|～水|～酒|～粥。❷〈动〉特指喝酒：醉了|大吃大～。❸同"嗬"。

△另见 hè。

【喝西北风】hē xīběifēng 指没有东西吃；挨饿。

嗬　hē〈叹〉表示惊讶：～，真不得了！

== hé ==

禾　hé〈名〉❶禾苗，稻、麦、谷子、高粱、玉米等作物的幼苗，特指水稻的植株。❷泛指庄稼。❸古书上指粟。❹姓。

【禾场】hécháng〈名〉打稻子或晒稻子等的场地。

【禾苗】hémiáo〈名〉谷类作物的幼苗。

合（❶❸閤）hé ❶〈动〉闭；合拢：～围|缝～。❷〈动〉结合到一

起;聚集到一起;共同(跟"分"相对):~办|集~。❸〈形〉全:~村|~家团聚。❹〈动〉符合:~格|~偶。❺〈动〉折算;等于;共计:折~|一公顷~十五市亩。❻〈动〉应当;应该:理~声明。❼〈量〉旧小说中指交战的回合:大战三十余~。❽〈名〉我国民族音乐音阶上的一级,乐谱上用作记音符号,相当于简谱的"5"。❾〈名〉姓。

△另见 gě;"閤"另见 gé"阁"。

【合璧】hébì〈动〉把不同的东西放在一起而配合得宜,也指两种东西摆在一起对比参照:诗画~|中西~。

【合成词】héchéngcí〈名〉两个或两个以上的词素构成的词。合成词可分为复合词(如"朋友"、"友谊"等)和派生词(如"桌子"、"阿姨"等)两类。

【合当】hédāng〈动〉该当;应当。

【合格】hégé〈形〉符合标准:产品~。

【合伙】héhuǒ〈动〉合成一伙:~经营。

【合计】héjì〈动〉总计;总共。

【合计】héji〈动〉商量;盘算:~~怎么办。

【合金】héjīn〈名〉一种金属与其他金属熔合而成的物质。

【合卺】héjǐn〈动〉成婚。旧时举行婚礼时,把一个匏(páo)瓜剖成两个瓢(即卺),新郎新娘各执一个,用来饮酒,故称。

【合理】hélǐ〈形〉合乎道理或事理:~要求|~密植|~使用。

【合流】héliú〈动〉❶河流汇合在一起。❷比喻在思想行动上趋于一致。❸指学术、艺术上的不同流派融为一体。

【合龙】hélóng〈动〉指修筑堤坝或桥梁等分别从两端开始施工,最后在中间接合。

【合拢】hélǒng〈动〉❶合到一起。❷闭:把书~。

【合拍】hépāi〈形〉❶符合节奏。❷比喻协调一致:工作不~。

【合契】héqì〈动〉符合;相合。

【合身】héshēn〈形〉(衣服)适合身材。

【合时】héshí〈形〉合乎时尚;合乎时宜:入时:穿戴~|这话说得不大~。

【合适】héshì〈形〉符合实际情况或客观要求。

【合算】hésuàn〈形〉所费人力、物力、财力较少而受益较多。

【合体】hétǐ❶〈形〉合身:这身衣服~。❷〈名〉汉字按结构可分独体、合体。合体是由两个或更多的独体合成的,如"解"由"角"、"刀"、"牛"合成,"时"由"日"和"寸"合成。

【合同】hétong〈名〉在办理某事时,双方(或几方)为了确定各自的权利和义务而订立的共同遵守的条文:签~|出版~|经济~。

【合宜】héyí〈形〉合适;适宜。

【合意】héyì〈形〉符合心意;中意。

【合营】héyíng〈动〉共同经营:公私~|中外~|~企业。

【合中】hézhōng〈形〉(身材)适中:~身材。

【合纵】hézòng〈名〉战国时六国联合抗秦,称为"合纵"。

【合作】hézuò〈动〉为了共同的目的一起工作或共同完成某项任务。

备用词 符合 契合 适合 投合 吻合 迎合 会合 汇合 混合 集合 结合 纠合 聚合 联合 偶合 配合 融合 综合 总合 撮合 说合 悲欢离合 不谋而合 里应外合 前仰后合 情投意合 天作之合 一拍即合 志同道合 珠联璧合

纥(紇) hé[回纥]〈名〉我国古代民族,主要分布在今鄂尔浑河流域。唐时曾建立回纥政权。也叫"回鹘(hú)"。
△另见 gē。

何 hé ❶〈代〉什么:~人|~事|~去~从。❷〈代〉哪里:~在|~往|从~而来?❸〈代〉为什么:吾~畏彼哉?❹〈代〉怎么;哪里。表示反问:~必|~苦|谈~容易?❺〈名〉姓。

【何必】hébì〈副〉用反问语气表示不必:既然有,~再买呢?

【何不】hébù〈副〉为什么不:你~亲自去看看?|你既然有理,~找领导去谈呢?

【何曾】hécéng〈副〉用反问语气表示未曾:我~见过他|这么多年了,他~忘记过家乡的一草一木?

【何尝】hécháng〈副〉用反问语气表示未曾或并非:我~说过这话?

【何当】hédāng〈代〉何时(用于问将来的时间):~痛饮黄龙府,神州高奏胜利歌。

【何等】héděng❶〈代〉什么样的:你知道他是~人物?❷〈副〉多么:这是一幅~美丽的图画啊!

【何妨】héfáng〈副〉用反问语气表示不妨:~一试?

【何遽】héjù〈代〉怎么;怎么就:此~不为福乎?

【何苦】hékǔ〈副〉何必自寻苦恼,用反问语气表示不值得:你~生这么大的气呢?

【何况】hékuàng〈连〉用反问语气表示更进一层的意思：再大的困难都能克服，～这么一点小事。

【何乐而不为】hé lè ér bù wéi 用反问语气表示很乐意去做：这种两全其美的事，我～?

【何其】héqí〈副〉多么：～相似。

【何如】hérú❶〈代〉如何；怎么样。❷〈连〉用反问语气表示不如：这种产品与其依靠进口，～就地取材，自己制造。❸〈代〉怎样的。

【何若】héruò〈代〉如何；怎么样：得此三人者以事大王，～?

【何谓】héwèi〈动〉❶什么叫作；什么是：～幸福? ❷指什么；是什么意思(后面常带"也"字)：此～也?

【何消】héxiāo〈副〉用反问语气表示不需要：～如此费心?

【何许】héxǔ〈代〉何处：～人(原指什么地方的人，后也指什么样的人)。

【何以】héyǐ〈副〉❶用什么；凭借什么：～为生? ❷怎么；为什么：～反悔?

【何意】héyì❶〈代〉什么意思：不知～。❷〈副〉岂料：女行无偏斜，～致不厚?

【何由】héyóu〈代〉❶什么原因：～知吾可也? ❷如何：自经丧乱少睡眠，长夜沾湿～彻!

【何止】hézhǐ〈动〉用反问语气表示不止、不仅：收入～这些?

【何足挂齿】hé zú guà chǐ 客套话，表示不值得一提：区区小事，～。

备用词　任何　为何　奈何　如何　若何　无可奈何

和(＊❶-❹龢❶-❹咊)hé❶〈形〉平和；和缓：～畅 | 柔～。❷〈形〉协调；亲睦：～平 | 谐～。❸〈动〉结束战争或争执：～好 | 媾～。❹〈动〉(下棋或赛球)不分胜负：～棋 | 一～局。❺〈动〉连带：～衣而卧(不脱衣服睡觉) | ～盘托出。❻〈介〉表示相关、比较等：柜台正～我一样高。❼〈连〉a)表示联合；跟；与：工人～农民都是国家的主人。b)表示选择：或；来～不来都行。❽〈名〉两个或两个以上的数加起来所得的数：～数 | 总～。❾〈名〉指日本：～服 | ～文。❿〈名〉姓。

△另见hè；hú；huó；huò。

【和蔼】hé'ǎi〈形〉态度温和，容易接近：～可亲。

【和畅】héchàng〈形〉(风)温和舒畅：春风～。

【和风】héfēng〈名〉温和的风：～拂面。

【和风细雨】hé fēng xì yǔ 比喻方式和缓，不粗暴。

【和好】héhǎo〈动〉恢复原来和睦的感情：～如初。

【和睦】hémù〈形〉相处融洽，互相亲爱，不争吵。

【和暖】hénuǎn〈形〉暖和：～的阳光。

【和盘托出】hé pán tuō chū 比喻全部说出来，毫不隐瞒。

【和平】hépíng❶〈名〉指没有战争的状态：～环境 | 保卫～。❷〈形〉相安无事；没有争执：明知不对，也不同他们作原则上的争论，任其下去，求得～和亲热。❸〈形〉(性情、态度、言语等)温和。❹〈形〉(药物)作用平和；不猛烈：药性～。❺〈形〉宁静；没有喧扰：安静而～的夜晚。

【和气】héqi❶〈形〉态度温和：待人～。❷〈形〉和睦。❸〈名〉指和睦的感情：伤～。

【和亲】héqīn〈动〉汉族封建王朝与边疆各少数民族统治集团结亲和好。

【和善】héshàn〈形〉(性格、态度)温和善良：性情～。

【和尚】héshang〈名〉出家修行的男性佛教徒。

【和婉】héwǎn〈形〉(声音、言语)温和委婉：语气～。

【和谐】héxié〈形〉❶配合得适当；协调：～优美的旋律。❷和睦；融洽：～的气氛。

【和煦】héxù〈形〉温暖：～的东风。

【和颜悦色】hé yán yuè sè 形容和蔼的脸色。

【和议】héyì〈名〉交战双方关于恢复和平的谈判。

【和衷共济】hé zhōng gòng jì 大家齐心共同渡过江河，比喻同心协力。

备用词　慈和　缓和　平和　谦和　柔和　调和　随和　温和　握手言和

郃hé❶[郃阳]〈名〉地名，在陕西。今作"合阳"。❷〈名〉姓。

劾hé〈动〉揭发罪状：弹～ | 参～ | 奏～状。

河hé〈名〉❶天然的或人工的大水道：～流 | 运～ | ～山。❷指黄河：～西 | ～套。❸指银河：～汉 | 天～。❹姓。

【河埠】hébù 方言。〈名〉在河的沿岸修筑的码头，多用石块垒成。

【河川】héchuān〈名〉大小河流的统称。

【河床】héchuáng〈名〉河流两岸之间容水的部分。

【河汉】héhàn ❶〈名〉银河。❷〈名〉比喻大而无当不可凭信的话。❸〈动〉不相信或忽视（某人的话）:幸毋～斯言。

【河流】héliú〈名〉地球表面较大的天然水流的统称。

【河清海晏】hé qīng hǎi yàn 黄河的水清了,大海也平静了。用来形容天下太平。也说"海晏河清"。

【河山】héshān〈名〉指国家的疆土:大好～|锦绣～。

备用词 山河 江河 运河 天河 星河 银河 暴虎冯河 口若悬河 气壮山河 信口开河

曷 hé ❶〈代〉a)什么:激昂大义,蹈死不顾,亦～故哉!b)怎么;为什么:～不勠力击之。c)何时:～至哉? ❷〈副〉岂;难道:～若是而可以持国乎?

饸(餄) hé[饸饹(le)]〈名〉用饸饹床子（做饸饹的工具,底有漏孔）把和(huó)好的荞麦面、高粱面等轧成的长条,可煮着吃。

阂(閡) hé ❶〈动〉阻隔不通:隔～。❷〈名〉界限。

盍(*盇) hé〈副〉❶何不:～各言尔志? ❷何;不当言?

荷 hé〈名〉❶莲:～花|～叶。❷姓。

△另见 hè。

【荷花】héhuā〈名〉❶莲的花。❷莲。

【荷钱】héqián〈名〉初生的荷叶,形状圆而小,像小铜钱,故称"荷钱"。

核(*❹覈) hé ❶〈名〉果实中心的坚硬部分,里面有果仁:桃～|杏～。❷〈名〉物体中像核的部分:细胞～。❸〈名〉指原子核、核能、核武器等:～装置。❹〈动〉仔细地对照考察:审～|～算。

△另见 hú。

【核磁共振】hécí gòngzhèn 原子核在外加磁场作用,能对特定频率的电磁波发生共振吸收的现象。利用核磁共振可以测定有机物的结构,医疗上可以通过核磁共振成像技术进行脑部疾病、血管病、肿瘤等的检查和诊断。

【核对】héduì〈动〉审核查对:～账目|～事实。

【核计】héjì〈动〉核查计算,特指企业经营上的核查计算:～单位|～生产费用|～成本。

【核减】héjiǎn〈动〉审核后决定减少:～经费|投资～10%。

【核能】hénéng〈名〉原子核发生裂变或聚变反应时产生的能量,广泛用于工业、军事等方面。也叫"原子能"。

【核批】hépī〈动〉审核批准:主管领导～后才能实施。

【核燃料】héránliào〈名〉用来在核反应堆中进行核裂变,同时产生核能的放射性物质,主要有铀、钚、钍等。

【核实】héshí〈动〉❶审查核对:～材料。❷审查核对属实:材料已经～。

【核试验】héshìyàn〈动〉通过核武器爆炸进行研制、试验工作:地下～。

【核收】héshōu〈动〉审核收取:～手续费。

【核算】hésuàn〈动〉考核计算:资金～|～成本。

【核武器】héwǔqì〈名〉利用核反应放出的能量造成杀伤和破坏的武器,包括原子弹、氢弹、中子弹和放射性战剂等。也叫"原子武器"。

【核心】héxīn〈名〉中心;主要部分:领导～。

【核验】héyàn〈动〉审核查验:指纹～|购买时请～防伪标志。

【核战争】hézhànzhēng〈名〉用核武器进行的战争。

【核准】hézhǔn〈动〉审核后批准。

【核子】hézǐ〈名〉构成原子核的基本粒子。质子和中子统称"核子"。

备用词 复核 稽核 考核 审核

硈 hé〈动〉牙齿咬合。

盉 hé〈名〉古代一种温酒的铜制器具,形状像壶,有三条腿。

菏 hé[菏泽]〈名〉地名,在山东。

龁(齕) hé〈动〉咬:～啮|食其肉而～其骨。

盒 hé〈名〉盛东西的器物,一般较小,大多有盖:饭～|墨～|文具～|铅笔～|火

H

柴～。

【盒带】hédài〈名〉盒式录音带或录像带。

【盒饭】héfàn〈名〉装在盒子里出售的方便快餐。

盖（蓋） hé 同"盍"：嘻，善哉！技～至此乎？

△另见 gài；gě。

涸 hé〈形〉水干；枯竭：干～|～辙之鲋。

【涸辙之鲋】hé zhé zhī fù《庄子·外物》上说，庄周见没有水的车辙里有条鲋鱼（鲫鱼）。鱼对他说："你有水救我吗？"庄周说："等我到南方去把西江的水引来救你。"鱼说："要是这样，到时候你只好到干鱼铺里去找我了。"后用"涸辙之鲋"比喻处在困境中亟待援助的人。

颌（頜） hé〈名〉指构成口腔上部和下部的骨头和肌肉组织。上部叫"上颌"，下部叫"下颌"。

△另见 gé。

渴 hé〈动〉水反流。

△另见 kě。

嗑 hé〈拟〉形容笑声：～然而笑。

△另见 kē；kè。

貉 hé〈名〉哺乳动物，外形像狐狸，毛棕灰色，栖息在山林中，毛皮可做衣帽等。通称"貉子（háozi）"。

△另见 háo；mò。

阖（闔） hé ❶〈形〉全；总共：～家|～城。❷〈动〉关闭：～户|～门。

翮 hé〈名〉❶鸟羽的茎，中空透明。❷指鸟的翅膀：振～。

鞨 hé 见[靺（mò）鞨]。

━━ hè ━━

吓（嚇） hè〈动〉❶使人感到威胁、害怕：威～|恐～|恫～。❷〈叹〉表示不满：～，怎么了？

△另见 xià。

和（＊龢咊） hè〈动〉❶和谐地跟着唱：曲高～寡|随声附～|一唱百～。❷依照别人诗词的题材和体裁做诗词：～诗|酬～|奉～一首。

△另见 hé；hú；huó；huò。

备用词 附和 唱和 酬和 一倡百和 一唱一和

佫 hè〈名〉姓。

贺（賀） hè ❶〈动〉庆祝；庆贺：～年|～礼|祝～|恭～。❷〈名〉姓。

【贺词】hècí〈名〉在喜庆的仪式上所说的表示祝贺的话：新年～|致～。

【贺电】hèdiàn〈名〉祝贺的电报。

【贺函】hèhán〈名〉贺信。

【贺卡】hèkǎ〈名〉祝贺亲友新婚、生日或节日用的纸卡，一般印有祝贺的文字和图画。

【贺礼】hèlǐ〈名〉祝贺时赠送的礼物。

【贺年】hènián〈动〉（向人）庆贺新年：～片。

【贺年片】hèniánpiàn〈名〉向亲友、师长等祝贺新年或春节的纸片，一般印有祝贺的文字和图画。

【贺岁】hèsuì〈动〉贺年：～演出。

【贺岁片儿】hèsuìpiānr〈名〉贺岁片。

【贺岁片】hèsuìpiàn〈名〉为祝贺新年或春节而上映的影片。

【贺喜】hèxǐ〈动〉道喜。

【贺仪】hèyí〈名〉贺礼，祝贺时赠送的礼物。

备用词 道贺 电贺 恭贺 庆贺 致贺 祝贺

荷 hè〈动〉❶背（bēi）或扛：～锄|～枪实弹。❷负担：～载|负～|重～。❸承受恩惠（多用于书信，表示客气）：感～|为～|请予洽是～。

△另见 hé。

喝 hè〈动〉大声喊叫：～令|～彩|吆～|叱（chì）～|大～一声。

△另见 hē。

【喝彩】hècǎi〈动〉大声叫好，表示赞美或赏识：～声不断|赢得了全场的～。

赫 hè ❶〈形〉显著；盛大：煊～|显～。❷〈名〉赫兹的简称：平～|兆～。❸〈名〉姓。

【赫赫】hèhè〈形〉声名、权势等盛大、显赫的样子：～有名|～战功。

【赫连】hèlián〈名〉姓。

【赫然】hèrán〈形〉❶形容令人注目或使人惊讶的事物突然呈现的样子：十年艰辛，一部巨著～而出。❷形容大怒的样子：～震怒。

【赫兹】hèzī〈量〉频率单位。符号 Hz。简称"赫"。

褐 hè ❶〈名〉粗布或粗布衣服：短～。❷〈形〉（颜色）像生栗子皮那样的：～煤|～铁矿。

鹤（鶴） hè〈名〉鸟，头小颈长，嘴长而直，羽毛白色或灰色，脚细长，常见的有白鹤、灰鹤。

【鹤氅】hèchǎng〈名〉用鸟羽编织的披风。

【鹤发童颜】hè fà tóng yán 像鹤一样雪白的头发,像孩童一样红润的脸庞。形容老年人气色好。也说"童颜鹤发"。

【鹤立鸡群】hè lì jī qún 比喻一个人的才能或仪表在一群人里面显得突出。

翯 hè[翯翯]〈形〉形容羽毛洁白润泽:白鸟~。

壑 hè〈名〉山沟或大水坑:沟~|丘~|欲~难填|以邻为~|千山万~。

— hēi —

黑 hēi ❶〈形〉(颜色)像煤或墨的(跟"白"相对):乌~|颠倒~白。❷〈形〉光线昏暗:~灯瞎火。❸〈形〉秘密;不公开(多指违法的):~幕|~社会。❹〈形〉坏;狠毒:手~|心~。❺〈名〉夜晚:起早贪~。❻〈形〉象征反动:~帮。❼〈名〉姓。

【黑暗】hēi'àn〈形〉❶没有亮光;不明亮。❷比喻社会腐败,政治反动:~的旧社会。

【黑白】hēibái〈名〉❶黑色和白色:~照片|~分明。❷比喻是非、善恶:颠倒~|混淆~。

【黑苍苍】hēicāngcāng〈形〉形容深黑。

【黑车】hēichē〈名〉指没有牌照的或非法运营的车辆。

【黑沉沉】hēichénchén〈形〉形容黑暗(多指天色):天~的,要像要下雨了。

【黑店】hēidiàn〈名〉❶杀人劫货的客店(多见于早期白话)。❷指没有营业执照非法经营的商店、客店等。

【黑洞】hēidòng〈名〉科学上预言的一种天体。它只允许外部物质和辐射进入,而不允许其中的物质和辐射脱离其边界。因此,人们只能通过引力作用来确定它的存在,所以叫作"黑洞"。也叫"坍缩星"。

【黑洞洞】hēidōngdōng〈形〉形容黑暗。

【黑更半夜】hēigēng-bànyè 指深夜。

【黑锅】hēiguō〈名〉见〖背黑锅〗。

【黑乎乎】hēihūhū 同"黑糊糊"。

【黑糊糊】hēihūhū 也作"黑乎乎"。〈形〉状态词。❶形容颜色发黑:一个~的沙罐|两手油泥,~的。❷光线昏暗:天~的|屋子里~的。❸形容人或东西多,从远处看模糊不清:远处是~的大山|台下坐着~的一片人。

【黑户】hēihù〈名〉指没有户口的住户。也指没有营业执照的商号。

【黑话】hēihuà〈名〉帮会、流氓、盗匪等所使用的秘密话。也指反动而隐晦的话。

【黑货】hēihuò〈名〉指漏税或违禁的货物。

【黑金】hēijīn〈名〉指官场上用于行贿等非法活动的钱。

【黑名单】hēimíngdān〈名〉❶反动势力为进行政治迫害而开列的革命者和进步人士的名单。❷指有关部门对不合格产品或违反规约的企业、个人等开列的名单。这种名单通过一定渠道向社会公布。

【黑幕】hēimù〈名〉黑暗的内幕。

【黑漆漆】hēiqīqī〈形〉形容很黑很暗:~的夜。

【黑枪】hēiqiāng〈名〉❶非法暗藏的枪支。❷乘人不备暗中射出的枪弹:挨~|打~。

【黑黢黢】hēiqūqū〈形〉形容很暗:地道里~的。

【黑色收入】hēisè shōurù 指通过贪污、受贿等非法手段取得的收入(区别于"白色收入"、"灰色收入")。

【黑哨】hēishào〈名〉指球类比赛中故意做出的不公正的裁判行为。

【黑社会】hēishèhuì〈名〉指社会上进行犯罪活动及其他非法活动的各种有组织的黑暗势力,如反动帮会、流氓、盗窃团伙,走私、贩毒团伙等。

【黑市】hēishì〈名〉暗中进行非法买卖的市场:取缔~|~交易。

【黑手】hēishǒu〈名〉❶罪恶的手。❷比喻凶恶的反动势力。

【黑心】hēixīn ❶〈名〉阴险狠毒的心肠:他见钱眼开,起了~。❷〈形〉心肠阴险狠毒:~的家伙|他这人太~了!

【黑魆魆】hēixūxū〈形〉形容黑暗;昏暗:洞里~的,什么也看不见。

【黑压压】hēiyāyā〈形〉形容密集的人,也形容密集的或大片的东西:广场上聚集了~的人群|成群的候鸟~地铺满了整个山崖。也作

"黑鸦鸦"。

【黑鸦鸦】hēiyāyā 同"黑压压"。

【黑夜】hēiyè〈名〉夜晚;夜里:白天～不停地施工。

【黑油油】hēiyóuyóu〈形〉形容黑得发亮:～的大地|～的头发。

【黑黝黝】hēiyōuyōu〈形〉❶光线昏暗,模糊不清:淡淡的月光下,西边的群山～的。❷黑油油。

备用词 心黑 昏黑 黧黑 墨黑 漆黑 黢黑 乌黑 黝黑

嗨 hēi 同"嘿"(hēi)。
△另见 hāi。

嘿 hēi〈叹〉❶表示招呼或提起注意:～,快起床。❷表示得意:～,又赢了。❸表示惊异:～,下雪了!
△另见 mò。

【嘿嘿】hēihēi〈拟〉形容笑声:～地傻笑|他～地冷笑了两声。

镙(鐒) hēi〈名〉金属元素,符号 Hs。有放射性,由人工核反应获得。

=== hén ===

痕 hén〈名〉❶创伤好了以后留下的疤:伤～|瘢～。❷事物留下的印迹:～迹|泪～。

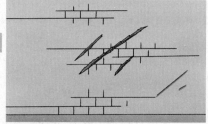

【痕迹】hénjì〈名〉❶物体留下的印儿:车轮的～。❷迹象。

备用词 创痕 泪痕 裂痕 伤痕 污痕 印痕 刀痕

=== hěn ===

很 hěn〈副〉表示程度相当高:～快|～高兴|好得～|～伤我的心。

狠 hěn❶〈形〉凶恶;残忍:～心|～毒|凶～|恶～～|手段真～。❷〈动〉控制感情,下定决心:～着心把泪止住。❸〈副〉狠命:～抓生产。❹同"很"。

【狠毒】hěndú〈形〉凶狠毒辣。

【狠命】hěnmìng〈副〉用尽全力;拼命。

【狠心】hěnxīn❶〈形〉心肠残忍。❷〈动〉下定决心,不顾一切:一～把这项艰巨任务接受下来。

=== hèn ===

恨 hèn〈动〉❶仇视;怨恨:仇～|愤～|～之入骨|～铁不成钢。❷悔恨;不称心:～事|懊～|一失足成千古～。

【恨铁不成钢】hèn tiě bù chéng gāng 比喻对所期望的人不求上进或进步慢感到不满,希望他更好。

备用词 遗恨 懊恨 怅恨 仇恨 愤恨 悔恨 嫉恨 愧恨 恼恨 痛恨 怨恨 憎恨 抱恨 含恨 怀恨 衔恨 饮恨 报仇雪恨 深仇大恨 新仇旧恨 终天之恨

=== hēng ===

亨 hēng❶〈形〉顺利:万事～通。❷〈名〉姓。

【亨通】hēngtōng〈形〉顺利:万事～|官运～。

哼 hēng〈动〉❶鼻子发出声音:疼得～了几声。❷低声唱或吟哦:他得意地～着小曲儿。
△另见 hng。

【哼唧】hēngji〈动〉低声说话、歌唱或诵读等:他～了半天,也没说明白。

【哼唷】hēngyō〈叹〉做重体力劳动(多为集体操作)时发出的声音。

脝 hēng 见【膨(péng)脝】。

=== héng ===

行 héng 见【道行】。
△另见 háng;hàng;xíng。

恒(＊恆) héng❶〈形〉永久;持久:～温|永～。❷〈名〉恒心:有～|持之以～。❸〈形〉平常;经常:～态|～言。❹〈名〉姓。

【恒产】héngchǎn〈名〉长久可以维持生活的产业,如田地、房屋等。

【恒河沙数】héng hé shā shù 佛经里的话。形容数量极多,像恒河里的沙子一样(恒河:印度的一条大河)。

【恒久】héngjiǔ〈形〉永久;持久:～不变。

【恒量】héngliàng〈名〉常量。

【恒温】héngwēn〈名〉相对稳定的温度。

H

【恒心】héngxīn〈名〉持久不变的意志:学习外语要有～。

【恒星】héngxīng〈名〉本身能发出光和热的天体,如太阳、织女星。过去认为这些天体的位置是固定不变的,故称。

珩 héng〈名〉古代佩玉上面的横玉,形状像古代的磬。

桁 héng〈名〉檩(lǐn)。

鸻(鴴) héng〈名〉鸟,体形小,嘴前端略膨大,有前趾,没有后趾。多群居在海滨。

横 héng❶〈形〉跟地面平行的(跟"竖"、"直"相对):～额|～梁。❷〈形〉地理上东西向的(跟"纵"相对):～渡太平洋。❸〈形〉从左到右或从右到左的(跟"竖"、"直"、"纵"相对):～写|～队。❹〈形〉跟物体的长的一边垂直的(跟"竖"、"纵"相对):～剖面|人行～道。❺〈动〉使物体成横向:把扁担～过来。❻〈形〉纵横杂乱:血肉～飞|老泪～流。❼〈形〉蛮横;凶恶:～加阻拦。❽〈形〉宽广;宽阔:～无际涯。❾〈名〉汉字的笔画,形状是"一"。❿〈名〉姓。
△另见hèng。

【横冲直撞】héng chōng zhí zhuàng 乱冲乱闯。

【横渡】héngdù〈动〉(坐船或游水)从江河等的这一边到那一边。

【横幅】héngfú〈名〉横的字画、标语、锦旗等。

【横亘】hénggèn〈动〉(山脉、桥梁等)横卧;横跨。

【横贯】héngguàn〈动〉横着通过去:陇海铁路～我国中部。

【横加】héngjiā〈动〉不讲道理,强行施加(某种行为):～干涉|～指责。

【横眉】héngméi〈动〉耸眉:～怒目。

【横七竖八】héng qī shù bā 有横的、有竖的,形容纵横杂乱,没有次序。

【横肉】héngròu〈名〉使相貌显得凶恶的肌肉:一脸～。

【横扫】héngsǎo〈动〉扫荡;扫除:～千军。

【横生枝节】héngshēng zhījié 比喻在解决问题的过程中意外地插进了一些不利于问题解决的麻烦事。

【横是】héngshi 方言。〈副〉表示揣测;大概:别等了,他～不来了。

【横竖】héngshù〈副〉反正:雨～要停的,不要着急。

【横行】héngxíng〈动〉❶倚仗权势,无顾忌地干坏事:～霸道。❷纵横驰骋:～天下。

【横溢】héngyì〈动〉❶水从河道两旁向两岸泛滥:江河～。❷充分地显露:才华～。

【横征暴敛】héng zhēng bào liǎn 强征捐税,搜刮百姓财富。

衡 héng❶〈名〉秤杆,泛指称重量的器具。❷〈动〉称重量:～器(称重量的器具)。❸〈动〉较量;衡量:抗～|～情度势。❹〈形〉平均:平～|均～。❺〈名〉车辕前端的横木。❻〈名〉佩玉上面的横玉。❼同"横"(héng)。❽〈名〉姓。

【衡量】héngliáng〈动〉❶称轻重。❷比较;评定:～得失。❸考虑;斟酌:～～怎么办才好。

【衡宇】héngyǔ〈名〉简陋的房屋:乃瞻～,载欣载奔。

备用词 均衡　平衡　抗衡　权衡　争衡

蘅 héng见〖杜蘅〗。

=== hèng ===

横 hèng〈形〉❶粗暴;凶暴:～暴|蛮～|强～。❷不吉利的;意外的:～事|～祸。
△另见héng。

【横暴】hèngbào〈形〉蛮横凶暴:～干涉。

【横财】hèngcái〈名〉意外得来的钱财(多指用不正当的手段取得的):发～。

【横蛮】hèngmán〈形〉粗暴,不讲道理:态度～。

【横死】hèngsǐ〈动〉指自杀、被杀或遇其他意外事故而死亡。

备用词 豪横　骄横　耍横　蛮横　强横　凶横　专横

=== hng ===

哼 hng〈叹〉表示不满意或不相信:～,你信他的![注意]"hng"是h跟单纯的舌根鼻音拼合的音。
△另见hēng。

=== hōng ===

轰(轟*❸揈) hōng❶〈拟〉形容巨大的声响:～的一声,爆破成功了。❷〈动〉(雷)鸣;(炮)击;(火药)爆炸:～炸|炮～。❸〈动〉赶;驱逐:～麻雀|把他～出去。

【轰动】(哄动) hōngdòng〈动〉同时惊动很多人：～全国｜～一时。

【轰轰烈烈】hōnghōnglièliè〈形〉形容声势浩大，气魄雄伟：～地做一番事业。

【轰击】hōngjī〈动〉❶用炮火攻击：～敌碉堡。❷用某些粒子撞击元素的原子核等。

【轰隆】hōnglōng〈拟〉形容雷声、炮声、机器声等。

【轰鸣】hōngmíng〈动〉发出轰隆轰隆的巨大声音：礼炮～。

【轰然】hōngrán〈形〉形容声音很大：～雷动｜～作响。

【轰响】hōngxiǎng〈动〉发出轰隆轰隆的响声。

【轰炸】hōngzhà〈动〉飞机投掷炸弹攻击目标。

哄 hōng ❶〈拟〉形容许多人大笑或喧哗的声音：～堂大笑。❷〈动〉许多人同时发出声音：～动｜～嚷。❸〈动〉起哄：～抢｜～抬物价。

△另见 hǒng；hòng。

【哄传】hōngchuán〈动〉纷纷传说：这一消息很快就～开了。

【哄动】hōngdòng 见【轰动】。

【哄闹】hōngnào〈动〉许多人同时喧闹：～声｜别在阅览室里～。

【哄抢】hōngqiǎng〈动〉许多人一拥而上拿取别人的东西。

【哄然】hōngrán〈形〉形容许多人同时发出声音：舆论～｜～大笑。

【哄嚷】hōngrǎng〈动〉纷纷谈论。

【哄抬】hōngtái〈动〉投机商人纷纷抬高（价格）：～物价。

【哄堂大笑】hōng táng dà xiào 形容全屋子的人同时大笑：他一句话把大家逗乐～。

【哄笑】hōngxiào〈动〉许多人同时大笑：他的话引得大家～起来。

訇 hōng ❶〈拟〉形容大声：～然｜～的一声。❷见【阿訇】。

【訇然】hōngrán〈形〉形容声音很大：洞天石扉，～中开。

烘 hōng〈动〉❶用火或蒸汽使身体暖和或使物体变热或干燥：～干｜～炉。❷衬托：～托｜～云托月。

【烘焙】hōngbèi〈动〉用微火或电热烤（茶叶、烟叶等）。

【烘衬】hōngchèn〈动〉烘托映衬：落日的余晖～着白塔。

【烘烘】hōnghōng〈拟〉形容火着得很旺的声音：炉火～地烧了起来。

【烘篮】hōnglán〈名〉中间放小火盆的竹篮，可用来烤暖手脚。有的地区叫“烘笼”、“火笼”。

【烘笼】hōnglóng〈名〉❶用竹片、柳条或荆条等编成的笼子，罩在炉子或火盆上，用来烘干衣物。❷方言。烘篮。

【烘烈】hōngliè〈形〉（阳光）炽热；猛烈。

【烘染】hōngrǎn〈动〉烘托渲染：～之词｜晚霞将西山～成橘红色。

【烘托】hōngtuō〈动〉❶国画的一种画法，用水墨或浅的颜色点染轮廓外部，使画的主要部分更鲜明突出。❷陪衬，使明显突出：～主题｜～气氛｜红花还要绿叶的～。

【烘云托月】hōng yún tuō yuè 绘画时渲染周围的云彩，把月亮衬托出来。比喻从侧面点染以烘托所描绘的主要事物。

薨 hōng〈动〉君主时代称诸侯或大官死。

═ hóng ═

弘 hóng ❶〈形〉大（现多作“宏”）：～愿｜～旨｜～意｜取精用～。❷〈动〉扩充；光大：恢～。❸〈名〉姓。

【弘论】hónglùn 见【宏论】。

【弘图】hóngtú 见【宏图】。

【弘扬】(宏扬) hóngyáng〈动〉发扬光大：～民族文化｜～爱国主义传统。

【弘愿】hóngyuàn 见【宏愿】。

【弘旨】hóngzhǐ 见【宏旨】。

红（紅） hóng ❶〈形〉（颜色）像鲜血或石榴花的：～润｜～旗｜朱～｜枣～｜火～｜～面｜耳赤｜万紫千～。❷〈名〉象征喜庆的红布：披～｜挂～。❸〈形〉象征顺利、成功或受人重视、欢迎：～火｜～人。❹〈形〉婚姻喜庆：～白喜事。❺〈形〉形容年轻女子的美丽：～颜。❻〈形〉象征革命或政治觉悟高：～军｜又～又专。❼〈名〉红利：分～。❽〈名〉姓。

△另见 gōng。

【红白喜事】hóng bái xǐshì 男女结婚是喜事，为高寿的人病故举办的丧事叫“喜丧”，统称“红白喜事”。泛指婚丧。有时也说“红白事”。

【红榜】hóngbǎng〈名〉光荣榜，因多用红纸写成，故名。

【红包】hóngbāo〈名〉包着钱的红纸包儿，用于馈赠、奖励或贿赂他人的钱等：送～｜发～。

【红尘】hóngchén〈名〉❶尘土;土地。❷指繁华热闹的地方。❸佛家等称人世间:看破~。

【红火】hónghuo〈形〉❶兴旺;旺盛:日子过得~起来。❷热闹。

【红利】hónglì〈名〉❶指企业分给股东的利润或分给职工的额外报酬。❷指参加集体生产单位的个人所得的额外收益。

【红脸】hóngliǎn〈动〉❶害羞;难为情:她一见生人就~。❷发怒;跟人吵架:小两口从没红过脸。

【红领巾】hónglǐngjīn〈名〉❶红色的领巾,代表红旗的一角,中国少年先锋队队员的标志。❷指中国少年先锋队队员。

【红柳】hóngliǔ〈名〉柽(chēng)柳。

【红绿灯】hónglǜdēng〈名〉指挥车辆通行的信号灯,多设在城市的交叉路口,红灯指示停止,绿灯指示放行。

【红娘】hóngniáng〈名〉《西厢记》中的人物,崔莺莺的侍女,她促成了崔莺莺和张生的结合。后用"红娘"借指帮助别人结成美满姻缘的人。

【红牌】hóngpái〈名〉❶体育比赛中,裁判员对严重犯规的运动员、教练员出示的红色警示牌。足球比赛中被出示红牌的球员须立即退出赛场,并不得参加下一场比赛。❷对有违法、违章行为的个人或单位进行严重警告或处罚叫"亮红牌"。

【红旗】hóngqí〈名〉❶红色的旗子,象征革命和胜利。❷借指先进榜样:~手|~单位。

【红区】hóngqū〈名〉第二次国内革命战争时期共产党建立的农村根据地。

【红人】hóngrén〈名〉称受上司宠信的人。

【红润】hóngrùn〈形〉红而滋润:脸色~。

【红色】hóngsè ❶〈名〉红颜色。❷〈形〉象征革命或政治觉悟高:~政权。

【红十字会】hóngshízìhuì〈名〉一种国际性的志愿救济团体,救护战时病伤军人和平民,也从事自然灾害救济、社会救济、社会福利等工作。1864 年日内瓦公约规定以在白地儿上加红十字作为它的标志。在伊斯兰国家称为"红新月会",标志是白地儿上加红色新月;在伊朗称为"红狮"和"太阳会",标志是白地儿上加红狮与太阳。

【红彤彤】(红通通)hóngtōngtōng〈形〉形容很红:~的火苗|脸晒得~的。

【红头文件】hóngtóu-wénjiàn 指党政领导机关(多指中央一级)下发的文件,因版头文件名称多印成红色,故名。

【红星】hóngxīng〈名〉❶红色的五角星:闪闪的~。❷指非常受欢迎的明星:影视~。

【红颜】hóngyán〈名〉指容貌美丽的女子。

【红眼】hóngyǎn ❶〈动〉发怒或发急。❷〈形〉眼红①:看见邻居小朋友玩变形金刚,弟弟有些~。❸〈名〉"红眼病"的俗称。

【红眼病】hóngyǎnbìng〈名〉❶病,因急性出血性结膜炎而眼白发红。俗称"红眼"。❷羡慕别人有名或有利而心怀忌妒的毛病。

【红艳】hóngyàn〈形〉红而艳丽。

【红艳艳】hóngyànyàn〈形〉形容红得鲜艳夺目。

【红运】hóngyùn〈名〉好运气:走红运。也作"鸿运"。

【红晕】hóngyùn〈名〉中心浓而四周渐淡的一团红色:脸上泛起~。

【红妆】hóngzhuāng 同"红装"。

【红装】hóngzhuāng 也作"红妆"。〈名〉❶妇女的红色装饰,泛指妇女的艳丽装束。❷指年轻貌美的女子。

备用词 潮红 赤红 大红 绯红 粉红 火红 橘红 品红 肉红 水红 桃红 鲜红 猩红 血红 殷红 嫣红 洋红 银红 枣红 朱红 紫红 开门红 满堂红

吰 hóng 见〖嚝(chēng)吰〗。

闳（閎） hóng ❶〈名〉巷门。❷〈形〉宏大。❸〈名〉姓。

宏 hóng ❶〈形〉大：～愿｜～旨｜～伟｜宽～。❷〈名〉姓。

【宏大】hóngdà〈形〉巨大；宏伟：气势～｜规模～｜～的志愿。

【宏富】hóngfù〈形〉丰富：征引～。

【宏观】hóngguān〈形〉❶不涉及分子、原子、电子等内部结构或机制的(跟"微观"相对)：～世界(一般指行星、恒星、星系等巨大的物质领域)。❷指大范围的或涉及整体的：～控制｜～调控。

【宏观经济学】hóngguān jīngjìxué 以整个国民经济活动作为研究对象的经济学。

【宏观世界】hóngguān shìjiè 不涉及分子、原子、电子等结构的物质世界。

【宏丽】hónglì〈形〉宏伟壮丽；富丽：～的建筑物。

【宏论】(弘论)hónglùn〈名〉见识广博的言论：一番～。

【宏图】(弘图、鸿图)hóngtú〈名〉远大的设想；宏伟的规划：～大略｜一展～。

【宏伟】hóngwěi〈形〉雄壮伟大：～的蓝图。

【宏扬】hóngyáng 见〖弘扬〗。

【宏愿】(弘愿)hóngyuàn〈名〉伟大的志愿：报效国家的～。

【宏旨】(弘旨)hóngzhǐ〈名〉大旨；主要的意思：无关～。

【宏壮】hóngzhuàng〈形〉宏伟雄壮。

泓 hóng ❶〈形〉水深。❷〈量〉清水一道或一片叫"一泓"：一～清泉｜一～秋水。

荭（葒） hóng〖荭草〗〈名〉草本植物，茎高达 3 米，花红色或白色。供观赏。

虹 hóng〈名〉天空中的小水珠经日光照射发生折射和反射作用而形成的弧形彩带，由外圈至内圈呈红、橙、黄、绿、蓝、靛、紫七种颜色：彩～。
△另见 jiàng。

竑 hóng〈形〉广大。

洪 hóng ❶〈形〉大：～水｜～钟｜～福。❷〈名〉指洪水：防～｜山～暴发。❸〈名〉姓。

【洪波】hóngbō〈名〉大波浪：秋风萧瑟，～涌起。

【洪大】hóngdà〈形〉(声音)大：～的回声。

【洪福】(鸿福)hóngfú〈名〉大福气：～齐天。

【洪荒】hónghuāng〈名〉混沌蒙昧的状态，借指远古时代：～时代｜～世界。

【洪亮】hóngliàng〈形〉(声音)大；响亮：嗓音～。

【洪量】hóngliàng〈名〉❶宽宏的气量。❷指很大的酒量。

【洪流】hóngliú〈名〉❶巨大的水流：～滚滚。❷比喻不可抗拒的社会发展趋势：时代的～。

【洪炉】hónglú〈名〉大炉子，常用来比喻锻炼人的场所或环境：革命的～。

【洪魔】hóngmó〈名〉比喻洪水(多指能造成灾害的大的洪水)：战胜～。

【洪水】hóngshuǐ〈名〉因大雨或融雪而引起的暴涨的水流，常造成灾害。

【洪水猛兽】hóngshuǐ měngshòu 比喻极大的祸害。

【洪灾】hóngzāi〈名〉洪水造成的灾害。

【洪钟】hóngzhōng〈名〉大钟：声如～｜～一般的响声。

鸿（鴻） hóng ❶〈名〉鸿雁，即"大雁"：～毛｜哀～遍野。❷〈名〉指书信：来～(来信)。❸〈形〉大：～图｜～儒。❹〈名〉姓。

【鸿福】hóngfú 见〖洪福〗。

【鸿沟】hónggōu〈名〉古代运河，在今河南境内，秦末楚汉相争时是两军对峙的临时分界，后用来比喻明显的界线：不存在不可逾越的～。

【鸿鹄】hónghú〈名〉天鹅。因飞得很高，常用来比喻有远大抱负的人。

【鸿毛】hóngmáo〈名〉鸿雁的毛，比喻轻微或不足道的事物：轻于～。

【鸿门宴】hóngményàn〈名〉公元前206年刘邦攻占秦都咸阳后，派兵守函谷关。不久项羽率四十万大军攻入，驻鸿门(今陕西临潼东)，准备进攻刘邦。刘邦到鸿门跟项羽会面。酒宴中，项羽的谋士范增让项庄舞剑，想乘机刺杀刘邦。刘邦在项伯、樊哙等人的护卫下乘隙脱逃(见于《史记·项羽本纪》)。后用"鸿门宴"比喻暗藏杀机，想加害客人的宴会。

【鸿蒙】hóngméng〈名〉古代指宇宙形成以前

的混沌状态：～初辟。

【鸿篇巨制】hóng piān jù zhì 指规模宏大的著作。

【鸿儒】hóngrú〈名〉大儒，泛指学识渊博的人。

【鸿图】hóngtú 见〖宏图〗。

【鸿运】hóngyùn 同"红运"。

㳠 hóng 同"茳"。

蕻 hóng [雪里蕻]〈名〉一种普通蔬菜，通常腌着吃。也作"雪里红"。
△另见 hòng。

黉(黌) hóng〈名〉古代的学校：～门｜～舍｜～宇(校舍)。

【黉门】hóngmén〈名〉古代称学校的门，借指学校：～学子｜～秀才。

= hǒng =

哄 hǒng〈动〉❶哄骗，用假话或手段骗人：瞒～｜蒙～｜欺～｜诱～。❷用言语或行动引人高兴，特指看小孩儿或带小孩儿。
△另见 hōng；hòng。

【哄逗】hǒngdòu〈动〉用言语或行动引人高兴：～孩子。

【哄弄】hǒngnòng 方言。〈动〉欺骗；耍弄：别～人。

【哄骗】hǒngpiàn〈动〉用假话或手段骗人：别～人。

= hòng =

讧(訌) hòng 见〖内讧〗。

哄(*閧鬨) hòng〈动〉吵闹；开玩笑：起～｜一～而散。
△另见 hōng；hǒng。

蕻 hòng ❶〈形〉茂盛。❷〈名〉某些蔬菜的长茎：菜～。
△另见 hóng。

= hōu =

鮕 hōu ❶〈名〉鼾声。❷〈动〉太咸或太甜的食物使喉咙不舒服：这种糖甜得～人。❸方言。〈副〉非常(多表示不满意)：～咸｜天气～热。

= hóu =

侯 hóu ❶〈名〉封建五等爵位的第二等：～爵｜公～伯子男。❷〈名〉泛指达官贵人：～

门深似海。❸姓。
△另见 hòu。

喉 hóu〈名〉介于咽和气管之间的部分。喉是呼吸器官的一部分，喉内有声带，也是发音器官：～咙｜～舌｜咽～｜～歌。

【喉咙】hóulóng〈名〉咽部和喉部的统称。

【喉舌】hóushé〈名〉❶泛指说话的器官。❷比喻代言人。

猴 hóu ❶〈名〉哺乳动物，外形略像人，有尾巴，行动灵活。❷〈名〉比喻机灵的人。❸〈形〉乖巧；机灵(多指孩子)。❹〈动〉像猴子似的蹲着。❺〈名〉姓。

睺 hóu [罗睺]〈名〉梵历中的九星之一。印度占星术认为罗睺有关人间的祸福吉凶。

瘊 hóu〈名〉瘊子，疣(yóu)的通称。

骺 hóu [骨骺]〈名〉长条形的骨头两端鼓起的部分。

篌 hóu 见〖箜(kōng)篌〗。

糇(*餱) hóu〈名〉干粮：～粮。

= hǒu =

吼 hǒu ❶〈动〉(猛兽)大声叫：狮子～。❷〈动〉发怒或情绪激动时大声叫喊：怒～。❸〈动〉(风、汽笛、大炮等)发出很大的响声：北风怒～｜汽笛长～。❹〈名〉姓。

= hòu =

后(❶-❺後) hòu ❶〈名〉人或物背面的方位(跟"前"相对)：敌～｜前仰～合。❷〈名〉未来的或较晚的时间(跟"前"、"先"相对)：～天｜随～｜日～。❸〈形〉次序靠近末尾的(跟"前"相对)：～排｜～十五名。❹〈名〉后代的人，指子孙等：～嗣｜无～。❺〈名〉指事物产生之后：～工业化。❻〈名〉君主的妻子：～妃｜皇～。❼〈名〉古代称君主：商之先～。❽〈名〉姓。

【后备】hòubèi〈名〉为了补充而准备着的(人员与物资)：～军｜～物资｜留有～。

【后辈】hòubèi〈名〉❶指子孙。❷同一行业中年轻或资历浅的人。

【后尘】hòuchén〈名〉走路时后面扬起的尘土，比喻别人的后面：步人～。

【后代】hòudài〈名〉❶某一时代以后的时代。

❷后代的人,也指子孙:子孙~|为~造福。

【后盾】hòudùn〈名〉指背后的有力援助和支持。

【后发制人】hòu fā zhì rén 让对方先动手,使自己处于有利的地位,以制伏对方。

【后方】hòufāng〈名〉❶后面;后头。❷远离战线的地区(跟"前方"、"前线"相对):巩固~。

【后顾】hòugù〈动〉❶回过头来照顾:无暇~|~无忧。❷指回忆:~与前瞻。

【后顾之忧】hòu gù zhī yōu 需要回过头来照顾的忧患。

【后果】hòuguǒ〈名〉最后的结果(多用于坏的方面):~严重|不良~。

【后话】hòuhuà〈名〉在叙述的过程中,指留待以后再说的事情:这是~,暂且不提。

【后患】hòuhuàn〈名〉❶以后的祸患:~无穷。❷指来自后面的威胁。

【后悔】hòuhuǐ〈动〉事后懊悔:~莫及。

【后会有期】hòu huì yǒu qī 以后还有相见的时候(多用于离别时安慰对方)。

【后记】hòujì〈名〉写在著作正文后面的文章,多说明写书宗旨、经过或补充个别内容。

【后进】hòujìn〈名〉❶进步比较慢的,也指进步比较慢的人或集体。❷学识或资历较浅的人:提携~。

【后劲】hòujìn〈名〉❶显露较慢的作用或力量:这酒~儿大。❷用在后一阶段的力量:他~儿足,最后冲刺时超过了对手。

【后来居上】hòu lái jū shàng 后起的超过先前的。

【后浪推前浪】hòu làng tuī qián làng 比喻后面的事物推动前面的事物,不断前进。

【后门】hòumén〈名〉❶房子或院子后面的门。❷比喻通融的、舞弊的途径:走~。

【后怕】hòupà〈动〉事后感到害怕:想起那起车祸,我心里都还有些~。

【后期】hòuqī〈名〉某一时期的后一阶段:18世纪~|抗日战争~。

【后起】hòuqǐ〈形〉后出现的或新成长起来的:~之秀(后辈中的优秀人物)。

【后窍】hòuqiào〈名〉指肛门。

【后勤】hòuqín〈名〉军事部门指后方对前方的一切供应工作。地方上指机关、团体等的行政事务性工作。

【后人】hòurén〈名〉❶后世的人。❷后来的人。❸指子孙。

【后晌】hòushǎng 方言。〈名〉下午。

【后晌】hòushang 方言。〈名〉晚上:~饭。

【后生】hòushēng 方言。❶〈名〉青年男子:好~。❷〈形〉相貌年轻:长得很~。

【后生可畏】hòushēng kě wèi 指青年人是新生的力量,很容易超过他们的前辈,令人敬畏。

【后世】hòushì〈名〉后代①。

【后市】hòushì〈名〉指今后一段时间的证券等交易的行情:~看涨|对~很有信心。

【后事】hòushì〈名〉❶以后的事:前事不忘,~之师|欲知~如何,且听下回分解。❷人死后的事;丧事:准备~|料理~。

【后首】hòushǒu 方言。〈名〉后来。

【后嗣】hòusì〈名〉指子孙。

【后台】hòutái〈名〉❶舞台后面的部分,是演员进行化装和准备上场的地方。❷比喻在背后支持或操纵的人或集团。

【后天】hòutiān〈名〉❶明天的后一天。❷人或动物离开母体后成长发育的时期(跟"先天"相对):先天不足,~失调。

【后土】hòutǔ〈名〉古代称大地:皇天~。

【后卫】hòuwèi〈名〉❶军队行军时派在后方担任掩护或警戒的部队。❷篮球、足球等球类比赛中主要担任防御的队员。

【后效】hòuxiào〈名〉后来的效果;后来的表现:略示薄惩,以观~。

【后续】hòuxù ❶〈形〉接着来的:~部队。❷方言。〈动〉续娶；续弦。

【后遗症】hòuyízhèng〈名〉❶疾病痊愈后留下的一些症状。❷比喻做事情或处理问题由于不认真、不妥善而留下的消极影响。

【后裔】hòuyì〈名〉已经死去的人的子孙；后代：德垂～。

【后援】hòuyuán〈名〉援军，泛指支援的力量。

【后账】hòuzhàng〈名〉❶不公开的账。❷以后再算的账，多指事后追究责任的事：只要自己行得正，不怕别人算～。

【后缀】hòuzhuì〈名〉加在词根后面的构词成分，如"桌子"、"命根子"里的"子"，"教员"、"保育员"里的"员"，"党性"、"阶段性"里的"性"，"绿化"、"现代化"里的"化"。

备用词　敌后　幕后　身后　事后　殿后　落后　善后　此后　而后　尔后　今后　日后　往后　以后　然后　无后　皇后　随后　跋前疐后　不甘落后　茶余酒后　瞠乎其后　承先启后　惩前毖后　鸡口牛后　空前绝后　瞻前顾后　争先恐后

邱 hòu〈名〉姓。

厚 hòu ❶〈形〉扁平物上下两面之间的距离大（跟"薄"相对，下④⑥⑦同）：～棉衣｜天高地～。❷〈名〉厚度：雪下了半尺～。❸〈形〉丰盛：丰～｜优～。❹〈形〉（感情）深：～望｜深～。❺〈形〉厚道：宽～｜淳～。❻〈形〉（利润）大；（礼物价值）大：～利｜～礼。❼〈形〉浓：酒味很～。❽〈动〉优待；推崇；重视：～今薄古｜此薄彼。❾〈名〉姓。

【厚爱】hòu'ài〈名〉称对方对自己的深切的喜爱或爱护。

【厚薄】hòubó〈名〉❶厚度：这块板子的～正合适。❷指重视与轻视，优待与慢待，亲近与疏远：都是朋友，为何要分～？

【厚此薄彼】hòu cǐ bó bǐ 重视或优待一方，轻视或慢待另一方。

【厚待】hòudài〈动〉优厚地对待；优待：人家这样～咱们，心里实在过意不去。

【厚道】hòudao〈形〉待人宽厚，不刻薄。

【厚古薄今】hòu gǔ bó jīn 指在学术研究等方面，重视古代，轻视现代。

【厚实】hòushi〈形〉❶厚：棉花絮得挺～。❷丰富；富裕：家底～。

【厚望】hòuwàng〈名〉很大的期望：寄予～。

【厚颜无耻】hòuyán-wúchǐ 厚着脸皮，不知羞耻。

【厚谊】hòuyì〈名〉深厚的情谊：深情～。

【厚葬】hòuzàng〈动〉用隆重的仪式埋葬。

【厚重】hòuzhòng〈形〉❶又厚又重：～的棉门帘。❷举止端庄：～淳朴。❸（论据等）充实，有分量。

备用词　淳厚　笃厚　敦厚　憨厚　浑厚　宽厚　朴厚　仁厚　温厚　忠厚　醇厚　肥厚　丰厚　浓厚　深厚　雄厚　优厚　得天独厚　天高地厚

侯 hòu[闽侯]〈名〉地名，在福建。
△另见 hóu.

垕 hòu ❶同"厚"。❷[神垕]〈名〉地名，在河南。

逅 hòu 见[邂(xiè)逅]。

候 hòu ❶〈动〉等待：～诊｜恭～｜请您稍～。❷〈动〉问候；问好：致～｜敬～｜起居～。❸〈名〉时节：气～｜～鸟。❹〈名〉情况：征～｜火～。❺〈名〉姓。

【候补】hòubǔ〈动〉❶等候递补缺额：～委员。❷清代官制，通过科举或者捐钱得到官衔后，不一定有实际职务，由吏部分发到某省或某省，听候委用，叫作"候补"。

【候鸟】hòuniǎo〈名〉随季节的变更而迁徙的鸟。

【候选人】hòuxuǎnrén〈名〉在选举前按照一定的程序预先提出作为选举对象的人。

【候诊】hòuzhěn〈动〉（病人）门诊时等候诊断治疗：～室。

备用词　等候　恭候　守候　听候　迎候　伺候　侍候　问候　气候　时候　天候　火候　征候　症候

堠 hòu〈名〉❶古代瞭望敌方情况的土堡。❷古代记里程的土堆。

鲎（鱟） hòu〈名〉❶节肢动物，有甲壳，尾部呈剑状，生活在浅海中。俗称"鲎鱼"。❷方言。虹。

【鲎鱼】hòuyú〈名〉"鲎"的俗称。

鮜（鮜） hòu[鮜门]〈名〉地名，在广东。

══ hū ══

乎 hū ❶〈助〉a)表示疑问，跟"吗"相同：王侯将相宁有种～? b)表示选择的疑问，跟"呢"相同：然～? 否～? c)表示揣度，跟"吧"相同：成败兴亡之机，其在斯～? ❷动词后缀：在～｜无须～出｜意料～合｜规律～。❸形容词或副词后缀：几～｜近～｜似～｜巍巍～｜确～重要。❹〈叹〉跟"啊"相同：天～! ❺〈介〉作用跟"于"相同：今虽在～此，比吾乡邻之死则已后矣。

【备用词】关乎 合乎 近乎 热乎 玄乎 断乎 几乎 迥乎 类乎 确乎 庶乎 似乎 在乎 不亦乐乎 满不在乎

戏（戲） hū 见〖於(wū)戏〗。△另见 xì。

呼（*❶-❹嘑❷❸謼） hū ❶〈动〉生物体把体内的气体排出体外（跟"吸"相对）：～吸｜～出一口气。❷〈动〉大声喊：～叫｜～欢｜～口号。❸〈动〉叫；叫人来：～唤｜传～｜直～其名。❹〈拟〉形容风声：北风～～地吹。❺〈名〉姓。

【呼风唤雨】hū fēng huàn yǔ 使刮风下雨，迷信指神仙道士等神通广大，现比喻能够支配自然，有时也比喻左右某一范围的局面。

【呼喊】hūhǎn〈动〉喊；嚷：大声～。

【呼号】hūhào〈名〉❶无线电通信中使用的各种代号，有时专指广播电台的名称的字母代号。❷某些组织专用的口号。

【呼唤】hūhuàn〈动〉❶叫唤；大声叫：深情地～。❷召唤：祖国在～我们！

【呼机】hūjī〈名〉寻呼机的简称。

【呼叫】hūjiào〈动〉❶电台上用呼号叫对方：勇敢号！勇敢号！我在～！｜船长！对方在～我们。❷叫；呼喊：高声～。

【呼救】hūjiù〈动〉呼叫求救：落水儿童大声～｜情况危急，赶快向总部～。

【呼啦】hūlā〈拟〉形容旗帜飘动等的声音：红旗被风吹得～～地响。也作"呼喇"。也说"呼啦啦"。

【呼喇】hūlā 同"呼啦"。

【呼噜】hūlū〈拟〉形容打鼾或吸食流质食物等发出声音：他气管炎犯了，嗓子里～～老响。

【呼噜】hūlu〈名〉睡着时由于呼吸受阻而发出的粗重的呼吸声；鼾声：打～。

【呼朋引类】hū péng yǐn lèi 把同类的人招引在一起（多指共同做坏事）。

【呼哨】hūshào〈名〉把手指放在嘴里用力吹时或物体迅速运动时发出的尖锐的像哨子的声音。也作"唿哨"。

【呼声】hūshēng〈名〉喊叫的声音，借指群众的意见和要求。

【呼台】hūtái〈名〉寻呼台的简称。

【呼天抢地】hū tiān qiāng dì 大声喊天，用头触地，形容极度悲痛。

【呼吸】hūxī〈动〉❶生物体与外界进行气体交换。❷一呼一吸，比喻极短的时间：成败在～之间。

【呼啸】hūxiào〈动〉发出高而长的声音：北风～｜炮弹从头顶上～而过。

【呼噓】hūxū〈动〉呼吸。

【呼延】hūyán〈名〉姓。

【呼应】hūyìng〈动〉❶一呼一应，互通声气：遥相～。❷文章前后照应，互相联系：首尾～。

【呼吁】hūyù〈动〉向个人或社会申述，请求援助或主持公道。

【呼噪】hūzào〈动〉嘈杂地喊叫。

【呼之欲出】hū zhī yù chū 形容人像画得逼真，好像叫一声他就会从画里走出来，泛指文学作品中人物的描写十分生动。

【备用词】称呼 传呼 招呼 高呼 欢呼 大声疾呼 一命呜呼

忽 hū ❶〈动〉不注意；不重视：～略｜疏～｜玩～职守。❷〈副〉忽而；忽然：天气～冷～热｜灯光～明～暗。❸〈形〉迅速：不觉岁月～。❹〈形〉渺茫无边：平原～分路超远。❺〈量〉计量单位名称：a)长度，10 忽等于 1 丝。b)质量或重量，10 忽等于 1 丝。❻〈名〉姓。

【忽地】hūdì〈副〉忽然；突然。

【忽而】hū'ér〈副〉忽然。

【忽忽】hūhū〈形〉形容时间过得非常快：光阴荏苒，～又是一年。

【忽律】hūlǜ 同"忽狸"。

【忽略】hūlüè〈动〉没有注意到：不应～产品质量。

【忽然】hūrán〈副〉表示情况发生得迅速而又出人意料：～大雨瓢泼。

【忽闪】hūshǎn〈形〉形容光亮突然一现又随即消逝：闪光弹～一亮，又一亮。

【忽闪】hūshan〈动〉闪耀；闪动：小孩眼睛～～地望着我。

【忽视】hūshì〈动〉不注意；不重视：质量问题不容～。

【忽微】hūwēi〈名〉忽和微，都是极小的长度单位，比喻微小的事：祸患常积于～。

【备用词】疏忽 玩忽 飘忽 倏忽 奄忽

轷（軤） hū〈名〉姓。

烀 hū〈动〉用少量的水，盖紧锅盖，加热，半蒸半煮，把食物弄熟：～白薯｜～倭瓜。

唿 hū〖唿哨〗同"呼哨"。

鳠 hū〖鳠狸〗(hūlì)鳄鱼(见于《水浒传》)。也作"忽律"。

惚 hū 见〖恍(huǎng)惚〗。

滹 hū〖滹沱(tuó)〗〈名〉水名,在河北。

幠 hū ❶方言。〈动〉覆盖:小苗让草～住了,赶快锄吧! ❷〈形〉宽;大。❸〈动〉傲慢;怠慢。

糊 hū〈动〉用较浓的糊状物涂抹缝子、窟窿或平面:用灰～墙缝|～了一层泥。
△另见 hú;hù。

━━ hú ━━

囫 hú 见下。

【囫囵】húlún〈形〉完整;整个儿:～吞枣。

【囫囵吞枣】húlún tūn zǎo 把枣儿整个吞下去,比喻不加分析地笼统接受。

和 hú〈动〉打麻将或斗纸牌时某一家的牌合乎规定的要求而取胜:连～满贯。
△另见 hé;hè;huó;huò。

狐 hú ❶〈名〉哺乳动物,外形略像狼,面部较长,耳朵三角形,尾巴长,毛通常赤黄色。性狡猾多疑,昼伏夜出。通称“狐狸”。❷姓。

【狐假虎威】hú jiǎ hǔ wēi《战国策·楚策》里说,有一次老虎捉到狐狸,要吃它,狐狸说:“天帝命我做百兽之王,你要吃我,就是违背天命。如果不信,你可以跟在我后面走,百兽见了我没有一个不逃跑的。”老虎就跟在它后面走,果然百兽见了都逃跑了。老虎不知道百兽是怕自己,还真的以为是怕狐狸。后用“狐假虎威”比喻倚仗别人的权势欺压人。

【狐群狗党】hú qún gǒu dǎng 比喻勾结在一起

的坏人。也说“狐朋狗党”。

【狐疑】húyí〈动〉怀疑;犹豫。

弧 hú〈名〉❶圆周的任意一段:～形|～线|～度|括～。❷古代指弓:弦木为～(用弦绷在树枝上做成弓)。

胡(❻鬍*❼衚) hú ❶〈名〉古代泛称北方和西方的各民族:～人。❷〈名〉古代称来自北方和西方各民族的(东西),也泛指来自国外的(东西):～琴|～桃|～椒。❸〈副〉表示随意乱来:～闹|～扯|～诌。❹〈形〉胡乱;没有道理:～话|一派～言。❺〈代〉a)为什么;何故:～不归? b)什么:～为? |国～以馈之? ❻〈名〉嘴周围和连着髭角长的毛:～须。❼〖同(tòng)〗〈名〉巷;小街。❽〈名〉姓。

【胡蝶】húdié 见〖蝴蝶〗。

【胡卢】húlú〈形〉笑的样子:掩口～而笑。

【胡乱】húluàn〈副〉❶马虎;草率:～穿件衣服就走。❷任意;没有道理。❸杂乱:碗筷～地放在桌上。

【胡闹】húnào〈动〉❶任意乱来;行动没有道理。❷无理取闹。

【胡思乱想】hú sī luàn xiǎng 不切实际或毫无根据地瞎想。

【胡涂】hútu 见〖糊涂〗。

【胡同】hútòng〈名〉巷;小街道。

【胡言乱语】hú yán luàn yǔ 没有根据地瞎说;说胡话。

【胡子】húzi〈名〉❶胡须。❷旧时东北各省称土匪。

【胡作非为】hú zuò fēi wéi 指毫无顾忌地做坏事。

壶(壺) hú〈名〉❶陶瓷或金属等制成的容器,有嘴,有把儿或提梁,用来盛液体,从嘴里往外倒:茶～|酒～。❷〈名〉姓。

【壶浆】hújiāng〈名〉装在壶里的饮料:箪食～。

【壶卢】húlú〈名〉葫芦。

核 hú 同“核”(hé)①②,用于某些口语词:梨～儿|煤～儿|冰～儿。
△另见 hé。

斛 hú〈名〉❶旧量器,方形,口小,底大,容量本为十斗,后来改为五斗。❷姓。

葫 hú〈名〉姓。

【葫芦】húlu〈名〉草本植物,茎蔓生,果实中间细,两头呈球形,可做器皿,也供玩赏。

【葫芦提】húlutí〈形〉糊里糊涂(多见于早期白话)。

鹄(鵠) hú〈名〉鸟,即天鹅,外形像鹅而较大,全身白色,趾间有蹼,生活在水边。
△另见 gǔ。

【鹄立】húlì〈动〉直立。

猢 hú[猢狲(sūn)]〈名〉猕猴的一种,生活在我国北方山林中。

湖 hú〈名〉❶被陆地围着的大片积水:~泊|太~。❷指浙江湖州:~笔|~绉。❸姓。

【湖广】húguǎng〈名〉指湖南、湖北。元代湖广包括两湖两广(广东、广西),明代把两广划出,但仍沿用旧名。

【湖泊】húpō〈名〉湖的总称。

【湖色】húsè〈名〉淡绿色。

瑚 hú 见〖珊(shān)瑚〗。

煳 hú〈形〉食品经火变焦发黑;衣物等经火变黄、变黑:饭烤~了|衣服烤~了。

鹕(鶘) hú 见〖鹈(tí)鹕〗。

鹘(鶻) hú〈名〉即"隼"(sǔn)。
△另见 gǔ。

【鹘突】hútū〈形〉糊涂。

榭 hú〈名〉乔木或灌木,结坚果,木材坚硬。叶子可以饲养柞蚕,果实入药。

蝴 hú[蝴蝶(胡蝶)]〈名〉昆虫,翅膀阔大,颜色美丽。

糊(*❶❷餬❶❷粘) hú ❶〈名〉粥。❷〈动〉用粥充饥:~口(勉强维持生活)。❸〈动〉用黏性物把纸、布等粘起来或粘在别的器物上:~信封|~墙。❹〈形〉不清晰;不明事理:~涂|模~|含~其词。❺同"煳"。
△另见 hū;hù。

【糊口】húkǒu〈动〉指勉强维持生活。

【糊突】hútū〈形〉糊涂。

【糊涂】(胡涂) hútu〈形〉❶不明事理;对事物的认识模糊或混乱。❷内容混乱的:~账。❸方言。模糊;不清楚;不分明:照片印得太~。

备用词 含糊 迷糊 模糊 烂糊 黏糊

縠 hú〈名〉有皱纹的纱。

醐 hú 见〖醍(tí)醐〗。

觳 hú ❶[觳觫(sù)]〈动〉因恐惧而发抖。❷〈名〉古代的一种量器。

━━ hǔ ━━

虎 hǔ ❶〈名〉哺乳动物,毛黄色,有黑色斑纹。性凶猛,通称"老虎"。❷〈形〉比喻勇猛威武:~将|~~有生气。❸方言。〈动〉露出凶相:~起脸。❹同"唬"。❺〈名〉姓。
△另见 hù。

【虎背熊腰】hǔ bèi xióng yāo 形容人身体魁梧健壮。

【虎彪彪】hǔbiāobiāo〈形〉形容高大威武的样子:~的小伙子。

【虎符】hǔfú〈名〉古代调兵用的凭证,用铜铸成虎形,分两半,右半存朝廷,左半给统兵将帅。

【虎虎】hǔhǔ〈形〉❶有生气的样子:~然有斗志。❷凶狠的样子:~地踢了几脚。

【虎踞龙盘】hǔ jù lóng pán 像虎一样地蹲着,像龙一样地盘着,形容地势险要。也作"虎踞龙蟠"。也说"龙盘虎踞"。

【虎踞龙蟠】hǔ jù lóng pán 同"虎踞龙盘"。

【虎口】hǔkǒu〈名〉❶比喻危险的境地:~拔牙(比喻做极危险的事)|~余生(比喻大难后侥幸活下来)。❷大拇指和食指相连的部分。

【虎魄】hǔpò 见〖琥珀〗。

【虎视眈眈】hǔ shì dān dān 像老虎扑食前那样地盯着,形容贪婪而凶猛地注视。

【虎头虎脑】hǔ tóu hǔ nǎo ❶形容健壮憨厚的样子:这孩子长得~。❷形容勇猛无畏而有生气的样子:~的青年。

【虎头蛇尾】hǔ tóu shé wěi 比喻做事有始无终,起初声势很大,后来劲头越来越小。

【虎威】hǔwēi〈名〉指武将的威风。

【虎穴】hǔxué〈名〉比喻危险的境地:龙潭~|深入~。

备用词 藏龙卧虎 生龙活虎 投畀豺虎 降龙伏虎

浒(滸) hǔ〈名〉水边。
△另见 xǔ。

唬 hǔ〈动〉虚张声势、夸大事实来吓人或蒙混人:~人。
△另见 xià。

琥 hǔ[琥珀(pò)](虎魄)〈名〉古代松柏树脂的化石,淡黄色、褐色或红褐色的固体,可以做装饰品。

【户主】hùzhǔ〈名〉户籍上一户的负责人。

— hù —

互hù❶〈副〉彼此;互相:~助|~利。❷〈动〉交错;交替;更~。❸〈名〉姓。

【互补】hùbǔ〈动〉❶互为补角。❷互相补充:优势~|沿海和内地互通有无,~有利。

【互动】hùdòng〈动〉相互作用;相互影响:良性~|~效应。

【互访】hùfǎng〈动〉互相访问;互相走访。

【互感】hùgǎn〈动〉由于电路中电流的变化,而在邻近的另一电路中产生感应电动势。

【互换】hùhuàn〈动〉互相交换:~信物|~种子。

【互惠】hùhuì〈动〉互相给予好处:平等~。

【互见】hùjiàn〈动〉❶(两处或几处的文字)相互说明补充:两个条目彼此~。❷(两者)都有;同时存在:瑕瑜|良莠~。

【互利】hùlì〈动〉互相有利:平等~|互惠~。

【互联网】hùliánwǎng〈名〉指由若干计算机网络相互连接而成的网络。

【互谅】hùliàng〈动〉彼此谅解:~互让。

【互让】hùràng〈动〉彼此谦让:同学之间要~。

【互通】hùtōng〈动〉互相沟通、交换:~消息|~有无。

【互相】hùxiāng〈副〉表示彼此对待的关系:~学习|~帮助|~支持。

【互助】hùzhù〈动〉互相帮助:~友爱|~合作。

户hù❶〈名〉门:门~|夜不闭~|流水不腐,~枢不蠹。❷〈名〉人家;住户:庄~|农~|家喻~晓。❸〈名〉门第:门当~对。❹〈名〉户头:存~|账~。❺〈量〉用于家庭:几~人家。❻〈名〉姓。

【户籍】hùjí〈名〉地方民政机关以户为单位登记本地区居民的册子,转指作为本地区居民的身份。

【户口】hùkǒu〈名〉❶住户和人口:调查~。❷户籍:报~。

【户枢不蠹】hù shū bù dù 门的转轴不会被虫蛀蚀,比喻经常运动着的东西不易被腐蚀:流水不腐,~。

【户庭】hùtíng〈名〉门庭、门户和庭院。

【户限】hùxiàn〈名〉门槛:~为穿(形容进出的人很多)。

【户型】hùxíng〈名〉房屋(多指单元房)内部格局的类型,如朝向、房间数量等。也叫"房型"。

【户牖】hùyǒu〈名〉门窗;门户①。

备用词　佃户　客户　猎户　用户　住户　庄户　窗户　门户　安家落户　蓬门荜户　夜不闭户

冱(*冱)hù〈动〉❶冻:~寒。❷闭塞(sè)。

护(護)hù〈动〉❶保护;保卫:掩~|维~|~路|~航。❷袒护;包庇:~短|庇~|官官相~。

【护持】hùchí〈动〉保护扶持。

【护短】hùduǎn〈动〉为自己(或与自己有关的人)的缺点或过失辩护:孩子有了错误,做家长的不应~|俗话说:"~短常在,揭短短无踪。"

【护工】hùgōng〈名〉受雇承担住院病人生活护理工作的人员。

【护航】hùháng〈动〉护送船只或飞机航行:~舰|专机有战斗机~|为改革开放保驾~。

【护驾】hùjià〈动〉保驾。

【护理】hùlǐ〈动〉❶指配合医生观察、了解病情,照料病人饮食起居等:精心~。❷保护管理:~小麦越冬。

【护林】hùlín〈动〉保护森林:~防火。

【护身符】hùshēnfú〈名〉❶道士或巫师等画的符或念过咒的物件,迷信认为带在身上,可以避邪消灾。❷比喻可以凭借来保护自己的人或事物。

【护送】hùsòng〈动〉随同照料使免遭意外(多指用武装保护)。

【护卫】hùwèi❶〈动〉保护;保卫。❷〈名〉旧时指保卫官员的武装人员。

【护惜】hùxī〈动〉爱护;爱惜。

【护养】hùyǎng〈动〉❶护理培育:~秧苗。❷养护:~公路。

【护佑】hùyòu〈动〉保护;保佑:~一方。

【护照】hùzhào〈名〉外交主管机关发给本国出国公民证明其国籍和身份的证件。

备用词　爱护　保护　庇护　辩护　防护　回护　监护　救护　看护　偏护　守护　袒护　调护　维护

沪(滬)hù〈名〉上海的别称。

虎hù[虎不拉(lǎ)]方言〈名〉鸟,即"伯劳",尾巴长,吃昆虫和小鸟。
△另见 hǔ。

岵hù〈名〉多草木的山。

怙hù❶〈动〉依靠;凭借:无父何~,无母何恃?|~恶不悛。❷〈名〉指父亲:失~|

【怙恶不悛】hù è bù quān 坚持作恶,不肯悔改(悛:悔改)。[注意]"恶"这里不读 wù。"悛"不读 jùn。

【怙恃】hùshì ❶〈动〉依仗;凭借。❷〈名〉《诗经·小雅·蓼莪》:"无父何怙,无母何恃。"后来用"怙恃"为父母的代称:少失～。

戽 hù ❶〈名〉戽斗,汲水灌田的旧式农具,形状略像斗。也泛指汲水灌田的农具。❷〈动〉汲(水灌田):～水抗旱。

祜 hù〈名〉福:曾孙寿考,受天之～。

笏 hù〈名〉古代臣子朝见君主时,君臣手中所拿的狭长板子,用玉、象牙或竹制成,上面可以记事:朝～|袍～登场。

瓠 hù〈名〉瓠子,草本植物,茎蔓生,果实细长,圆筒形,可做蔬菜。

扈 hù ❶〈动〉随从:～从(帝王或官吏的随从)。❷〈名〉姓。

楛 hù〈名〉古书上指荆一类的植物,茎可制箭杆。
△另见 kǔ。

鄠 hù〈名〉鄠县,地名,在陕西。今作"鄠邑区"。

糊 hù〈名〉样子像粥的食物:面～|辣椒～。
△另见 hū;hú。

【糊弄】hùnong〈动〉❶欺骗;蒙混:～人。❷敷衍;将就:～了事。

鱯(鱯) hù〈名〉鸟,身体大,嘴的尖端略呈钩状,趾间有蹼。生活在海边。

━ huā ━

化 huā 旧同"花"⑯。
△另见 huà。

【化子】huāzi 同"花子"。

花(*❶—⑬⑮⑰ 苍蘆) huā ❶〈名〉种子植物繁殖器官,有的长得艳丽,有香味:～束|鲜～。❷〈名〉可供观赏的植物:～草|种～儿。❸〈名〉形状像花朵的东西:火～|雪～。❹〈名〉烟火的一种,夜间燃放,能喷出许多火花,供人观赏:礼～|放～。❺〈名〉花纹:白地蓝～儿。❻〈形〉用花或花纹装饰的:～篮|～轿。❼〈形〉颜色或种类错杂的:～白|～猫。❽〈形〉(眼睛)模糊迷乱:眼～|昏～。❾〈形〉用来迷惑人的;不真实或不真诚的:～招|～账|～言巧

语。❿〈名〉比喻事业的精华:文艺之～。⓫〈名〉比喻貌美的女子:校～|姊妹～。⓬〈名〉旧时指妓女或跟妓女有关的事:寻～问柳。⓭〈名〉指棉花,轧～|～纱布。⓮〈名〉痘:天～|种～儿。⓯〈名〉作战时受的外伤:挂～。⓰〈动〉用;耗费:～时间|该～的～,该省的省。⓱〈名〉姓。

【花白】huābái〈形〉(须发)黑白混杂。

【花车】huāchē〈名〉举行喜庆典礼或迎接贵宾时特别装饰的汽车、火车或马车。

【花朵】huāduǒ〈名〉花的总称。见"花"①。

【花费】huāfèi ❶〈动〉因使用而消耗掉:～钱财。❷〈名〉消耗掉的钱:搬一次家得要不少～。

【花岗石】huāgāngshí〈名〉花岗岩的通称。

【花岗岩】huāgāngyán〈名〉❶一种质地坚硬、色泽美丽的火成岩,多用作建筑材料。通称"花岗石"。❷比喻顽固不化的:～头脑。

【花冠】huāguān〈名〉❶花的组成部分之一,由若干花瓣组成。❷旧时女子出嫁时戴的装饰华丽的帽子。

【花好月圆】huā hǎo yuè yuán 比喻美好团聚,多用作新婚颂词。

【花红】huāhóng〈名〉有关喜庆事的礼物,也指办喜事赏给人的钱物。

【花花公子】huāhuā-gōngzǐ 指有钱人家不务正业,衣着华丽,只知吃喝玩乐的子弟。

【花花绿绿】huāhuālǜlǜ 形容颜色鲜艳多彩。

【花花世界】huāhuā-shìjiè 旧时指繁华的都市,也泛指人世间(含贬义)。

【花环】huāhuán〈名〉用鲜花或纸花扎成的环状物,多用来表演舞蹈、迎接贵宾等。

【花黄】huāhuáng〈名〉古代妇女脸上的一种装饰:当窗理云鬓,对镜贴～。

【花卉】huāhuì〈名〉❶花草。❷以花草为题材的中国画:工笔～。

【花会】huāhuì〈名〉❶一种民间体育和文艺活动,多在春节期间举行,节目有高跷、狮子舞、龙灯、旱船、中幡等等。❷花卉展销大会。有的地方在花会期间同时进行土特产展览交易,有的还演出民间戏曲、表演民间武术等:~上百花争艳。

【花季】huājì〈名〉比喻人十五至十八岁青春期前后的年龄段:~少女|~少年。

【花甲】huājiǎ〈名〉用干支纪年,错综搭配,从"甲子"起,六十年为一循环,周而复始,因称六十岁为花甲:年逾~。

【花里胡哨】huālihúshào〈形〉❶形容颜色过分鲜艳繁杂(含厌恶意)。❷比喻华而不实。

【花脸】huāliǎn〈名〉净的通称。因必须勾抹脸谱而得名,有铜锤、黑头、架子花等区别。

【花枪】huāqiāng〈名〉❶一种旧式兵器,像矛而较短。❷花招②:耍~。

【花腔】huāqiāng〈名〉❶把歌剧或戏曲的基本腔调复杂化、曲折化的一种唱法:~女高音。❷比喻花言巧语:耍~。

【花哨】huāshao〈形〉❶颜色过分鲜艳。❷花样多:鼓点敲得真~。

【花市】huāshì〈名〉买卖花卉的市场。

【花事】huāshì〈名〉❶指游春赏花等事。❷指花卉开放的情况。

【花天酒地】huā tiān jiǔ dì 形容奢侈腐化、吃喝嫖赌的生活。

【花团锦簇】huā tuán jǐn cù 形容五彩缤纷,十分华丽。

【花息】huāxī〈名〉利息。

【花消】huāxiao 同"花销"。

【花销】huāxiāo 也作"花消"。❶〈动〉花费(钱):他的工资足够他一个人~。❷〈名〉开支的费用:上个月,家里~太大。

【花心】huāxīn ❶〈名〉指爱情上不专一的心思(多指男性):婚后不久,丈夫就有了~。❷〈形〉指爱情上不专一:~丈夫。

【花信】huāxìn〈名〉指花期:月季的~很长。

【花絮】huāxù〈名〉❶柳絮。❷比喻零碎有趣的事情(多用作新闻报道的标题):赛场~|大会~。

【花言巧语】huā yán qiǎo yǔ ❶虚假而动听的话。❷说虚假而动听的话:你~也骗不了我。

【花样】huāyàng〈名〉❶花纹的式样,也泛指式样:~繁多。❷花招:玩~。

【花招】(花着)huāzhāo〈名〉❶练武时,变化灵巧、姿势好看的动作(多指不实在的,不一定是真功夫)。❷骗人的狡猾手段:耍~|玩弄~。

【花枝招展】huāzhī zhāozhǎn 形容妇女姿态优美,艳丽动人。

【花烛】huāzhú〈名〉旧式结婚洞房里点的蜡烛,上面多用龙凤图案做装饰:~夫妻(指正式结婚的夫妻)。

【花子】huāzi〈名〉乞丐。也作"化子"。

备用词 窗花 钢花 火花 浪花 泪花 烟花 闭月羞花 遍地开花 火树银花 锦上添花 明日黄花 铁树开花 下马看花 走马观花 走马看花

唪 huā〈拟〉形容迅速动作的声音:乌鸦~的一声飞了。
△另见 xū。

哗(嘩) huā 拟声词:流水~~响。
△另见 huá。

═══ huá ═══

划(❸劃) huá ❶〈动〉拨水前进:~船|~桨。❷合算:~得来|~不着。❸用锐器把东西分开或在表面上刻过去、擦过去:~玻璃|~根火柴。
△另见 huà。

【划拳】(豁拳、搳拳)huáquán〈动〉饮酒时的一种娱乐活动,两人同时伸出手指并各说一个数,谁说的数与双方所伸手指的总数相符,谁就算赢,输的人喝酒。

【划算】huásuàn ❶〈动〉盘算;计算:~半天也没拿定主意。❷〈形〉合算;上算:货比货比,才知道买得不~。

华(華) huá ❶〈名〉光彩;光辉:光~四射。❷〈名〉出现在太阳或月亮周围的带彩色的光环:月~。❸〈形〉繁盛:繁~|荣~。❹〈名〉精华:英~|才~。❺〈形〉奢侈:浮~|奢~。❻〈形〉(头发)花白:~发。❼〈形〉敬辞,用于跟对方有关的事物:~翰(称人书信)|~诞(称人生日)。❽同"花"(huā)。❾〈名〉泉水中的矿物沉积而成的物质:钙~|矽~。❿〈名〉指中国或中华民族:~夏|~侨。⓫〈名〉姓(应读 huà,近年也有读 huá 的)。
△另见 huà。

【华表】huábiǎo〈名〉古代宫殿、城垣或陵墓等前面做装饰用的大石柱,柱身多雕刻龙凤等图案,上部横插着雕花的石板。

【华诞】huádàn〈名〉敬辞,称人的生日。

【华灯】huádēng〈名〉雕饰华美或光华灿烂的

H

灯：～初上｜长安街上～齐放。

【华而不实】huá ér bù shí 只开花不结果，比喻外表好看而内容空虚。

【华发】huáfà〈名〉花白的头发。

【华盖】huágài〈名〉❶古代帝王出门时张在头顶上或车上的伞形遮蔽物。❷古星名。迷信认为，人的运气不好，是有华盖星犯命。

【华光】huáguāng〈名〉灿烂的光辉；美丽的光彩：～四射。

【华贵】huáguì〈形〉❶华丽而珍贵。❷豪华富贵：～之家。

【华居】huájū〈名〉敬辞，称对方的住宅。

【华丽】huálì〈形〉美丽而有光彩：辞藻～｜～的服装。

【华美】huáměi〈形〉光彩美丽；华丽：服饰～。

【华靡】huámí〈形〉豪华奢侈。

【华妙】huámiào〈形〉华丽；美妙：～的辞令。

【华侨】huáqiáo〈名〉旅居国外的中国人。

【华文】huáwén〈名〉指中文：～书｜～学校。

【华夏】huáxià〈名〉我国的古称。泛指中华民族。

【华艳】huáyàn〈形〉华丽鲜艳：衣服～。

【华裔】huáyì〈名〉华侨在侨居国所生并取得所在国国籍的子女。

【华语】huáyǔ〈名〉指汉语。

【华章】huázhāng〈名〉华美的诗文（多用于称颂）：谱写新的～。

【华胄】huázhòu〈名〉❶贵族的后裔。❷华夏的后裔。

备用词　光华　月华　年华　韶华　才华　风华　精华　繁华　浮华　清华　荣华　奢华　含英咀华

哗（嘩*譁）huá〈动〉喧哗：喧闹｜～然｜～笑｜～变｜寂静无～。

△另见 huā。

【哗变】huábiàn〈动〉军队突然叛变。

【哗然】huárán〈形〉❶形容许多人吵吵嚷嚷：举座～。❷形容许多人同时发出声音：～大笑。

【哗众取宠】huá zhòng qǔ chǒng 用言论或行动迎合群众，以博取群众的好感或拥护。

骅（驊）huá［骅骝（liú）］〈名〉赤色的骏马。

铧（鏵）huá〈名〉犁铧。

猾 huá〈形〉狡猾：～吏｜老奸巨～。

【猾黠】huáxiá〈形〉狡猾。

备用词　奸猾　狡猾　老奸巨猾

滑 huá❶〈形〉光滑：～溜｜平～｜刚下完雨，路很～。❷〈动〉滑动：～轮｜～冰｜～翔。❸〈形〉油滑；狡诈：奸～｜～头～脑。❹〈名〉国名。春秋时姬姓国，故城在今河南偃师南。❺〈名〉姓。

△另见 gǔ。

【滑稽】huájī，旧读 gǔjī ❶〈名〉古时一种注酒用的器具。❷〈形〉（言语、动作等）引人发笑：～多辩。❸〈名〉曲艺的一种，和相声相近，流行于上海、杭州、苏州等地。

【滑腻】huánì〈形〉光滑细腻：油脂～。

【滑坡】huápō〈动〉❶指地表斜坡上大量的土石整体地向下滑动。❷比喻生产、经济效益等下降。

【滑润】huárùn〈形〉光滑润泽：皮肤～。

【滑头】huátóu ❶〈形〉油滑，不老实。❷〈名〉油滑不老实的人：老～。

【滑翔】huáxiáng〈动〉物体不依靠动力而利用空气浮力和本身重力的相互作用在空中飘行：～机。

【滑行】huáxíng〈动〉❶滑动前进：他穿着冰鞋在冰上快速～。❷汽车或火车行驶时，不依靠发动机的动力，而依靠本身的惯性或利用向下的坡度继续行进：山路严禁熄火或空档～。

备用词　光滑　平滑　润滑　刁滑　浮滑　油滑　圆滑　油光水滑

揢 huá 见【划拳】（揢拳）。

豁 huá 见【划拳】（豁拳）。

△另见 huō；huò。

━ huà ━

化 huà ❶〈动〉改变；变化：～装｜转～。❷〈动〉感化：教～｜潜移默～。❸〈动〉熔化；融化：～冻｜～铁炉。❹〈动〉消化；消除：～食｜～痰止咳。❺〈动〉烧化：焚～｜～火～。❻〈动〉（僧、道）死：坐～。❼〈名〉指化学：理～｜～工｜～肥。❽后缀。加在名词或形容词的后面构成动词，表示转变成某种性质或状态：绿～｜机械～。❾〈动〉（僧、道）向人求布施：募～｜～缘。❿〈名〉姓。

△另见 huā。

【化除】huàchú〈动〉消除：～成见。

【化肥】huàféi〈名〉化学肥料的简称。

【化干戈为玉帛】huà gāngē wéi yùbó 比喻把

战争或争斗变为和平、友好。

【化工】huàgōng〈名〉化学工业的简称。

【化解】huàjiě〈动〉解除;消除:～矛盾|～冲突|及时～金融风险|心中的疑虑难以～。

【化境】huàjìng〈名〉指艺术修养上所达到的高超境界。

【化疗】huàliáo❶〈名〉化学疗法的简称:做～。❷〈动〉用化学疗法治疗,特指治疗恶性肿瘤:手术后～了一段时间。

【化名】huàmíng❶〈动〉改用别的名字。❷〈名〉假名字。

【化身】huàshēn❶〈名〉佛教称佛或菩萨暂时出现在人间的形体。❷指抽象观念的具体形象:舞台上的包公是正义的～。

【化石】huàshí〈名〉古代埋藏在地层里的生物的遗体、遗物或遗迹所变成的跟石头一样的东西。

【化外】huàwài〈名〉旧时称政令教化达不到的地方,也泛指文化落后的地方:～之民。

【化险为夷】huà xiǎn wéi yí 使危险的情况或处境变为平安。

【化学变化】huàxué biànhuà 物质变化中生成其他物质的变化,如木材燃烧后剩下灰,铁在潮湿空气中生锈等。发生化学变化时,物质的组成和化学性质都改变。

【化学反应】huàxué fǎnyìng 物质发生化学变化而产生性质、组成、结构与原来不同的新物质的过程。

【化学能】huàxuénéng〈名〉物质进行化学反应时放出的能,如煤燃烧时放出的光和热。

【化验】huàyàn〈动〉用物理的或化学的方法检验物质的成分和性质。

【化雨春风】huàyǔ chūnfēng 见〖春风化雨〗。

【化育】huàyù〈动〉指大自然生成和养育万物。

【化缘】huàyuán〈名〉僧尼或道士向人布施。

【化斋】huàzhāi〈动〉僧尼或道士求人施舍饭食或财物。

【化妆】huàzhuāng〈动〉用脂粉等修饰容貌,使美丽。

【化装】huàzhuāng〈动〉❶演员为了适合所扮演的角色的形象,用油彩、脂粉、毛发制品等修饰容貌。❷改变装束、容貌;假扮:～侦察|～舞会|他～成一个老太婆。

备用词　变化　幻化　恶化　分化　腐化　感化　归化　激化　进化　同化　退化　蜕化　演化　异化　转化　丑化　淡化　毒化　简化　僵化　净化　绿化　美化　奴化　欧化　强化　焚化　火化　熔化

融化　消化　风化　教化　开化　文化　募化　劝化　物化　羽化　坐化　出神入化　千变万化　潜移默化　食古不化

划(劃)　huà〈动〉❶划分:～界|～线。❷划拨:～款|～账。❸计划:筹～|谋～。❹同“画”④⑤。
△另见 huá。

【划策】huàcè〈动〉出主意;想计策:出谋～。也作“画策”。

【划分】huàfēn〈动〉❶把整体分成几部分:～行政区域。❷区分:～阶段|～人民内部矛盾和敌我矛盾。

【划清】huàqīng〈动〉区分清楚:～界限。

【划时代】huàshídài〈形〉开辟新时代的:～的作品|～的事件|～的文献。

【划一】huàyī❶〈形〉一致;一律:整齐～。❷〈动〉使一致:～体例。

【划一不二】huà yī bù èr❶不二价;照定价不折不扣。❷(做事)一律;刻板:写文章,可长可短,没有～的公式。

【划转】huàzhuǎn〈动〉划拨转财:～固定资产。

备用词　比划　擘划　策划　筹划　规划　计划　谋划

华(華)　huà〈名〉❶华山,山名,在陕西。❷姓(近年也有读 huá 的)。
△另见 huá。

画(畫)　huà❶〈动〉用笔或类似笔的东西做出图形:～画儿|～山水。❷〈名〉画成的艺术品:国～|～展。❸〈形〉用画装饰的:～屏|～廊|～栋雕梁。❹〈动〉用笔或类似笔的东西做出线或作为标记的文字:～线|～押。❺〈名〉指汉字的一笔:笔～|“大”字三|一笔一～都写得很工整。❻〈名〉姓。

【画饼充饥】huà bǐng chōng jī 比喻用空想安慰自己。

【画策】huàcè 同“划策”。

【画地为牢】huà dì wéi láo 在地上画一个圈儿当作监牢,比喻只许在规定的范围内活动。

【画虎类狗】huà hǔ lèi gǒu 比喻模仿不到家,反而弄得不伦不类。也说“画虎类犬”。

【画句号】huà jùhào 比喻事情做完或结束:这件事到此算是画上了句号。

【画龙点睛】huà lóng diǎn jīng 比喻作文或说话在关键地方加上一两句点明要旨的话,使内容更加生动有力。

【画眉】huàméi〈名〉鸟,身体棕褐色,有白色眼圈,叫声清脆悦耳。

【画皮】huàpí〈名〉志怪小说中妖怪伪装美女时披在身上的人皮，可以取下来描画。比喻掩盖狰狞面目或丑恶本质的美丽外表。

【画蛇添足】huà shé tiān zú 比喻做多余的事，反而弄巧成拙。

【画押】huàyā〈动〉在公文、契约或供词上签名，按指印，写"押"字或"十"字，表示认可，统称"画押"。

【画作】huàzuò〈名〉绘画作品。

备用词 比画 擘画 勾画 刻画 描画

话(話*語) huà❶〈名〉说出来的能够表达思想的声音，或指把这种声音记录下来的文字：讲～｜会～。❷〈动〉说；谈：～别｜～家常。

【话本】huàběn〈名〉宋代兴起的白话小说，用通俗文字写成，是宋元民间艺人说唱的底本。

【话柄】huàbǐng〈名〉被人拿来做谈笑资料的言论或行为：遗人～。

【话费】huàfèi〈名〉电话的使用费：交纳～。

【话锋】huàfēng〈名〉谈话的锋芒，指谈话所指向的方面。

【话机】huàjī〈名〉电话的简称。

【话旧】huàjiù〈动〉跟久别重逢的朋友谈往事；叙旧：围炉～｜老朋友在一起～。

【话题】huàtí〈名〉谈话的中心：转移～。

【话头】huàtóu〈名〉谈话的头绪：打断～。

【话网】huàwǎng〈名〉指电话的通信网络。

【话匣子】huàxiázi 方言。〈名〉❶原指留声机，后来也指收音机。❷比喻话多的人。❸（话多的人）开始没完没了地说话叫"打开话匣子"：一见面，他就打开了～。

【话音】huàyīn〈名〉❶说话的声音：～刚落，会场里响起一片掌声。❷言外之意：听他的～儿，准是另有打算。

【话语】huàyǔ〈名〉说的话；言语。

备用词 白话 对话 反话 废话 怪话 鬼话 会话 讲话 实话 梦话 神话 童话 闲话 笑话

桦(樺) huà〈名〉乔木或灌木，树皮白色、灰色、黄色或黑色。

婳(嬅) huà 见〖婐(guǒ)婳〗。

━━ huái ━━

怀(懷) huái❶〈名〉胸部或胸前：小孩儿睡在妈妈～里。❷〈名〉心怀；胸怀：情～｜襟～｜坦白。❸〈动〉思念；怀念：～古｜～恋｜缅～｜忘～。❹〈动〉腹中有（胎）：～胎｜～孕。❺〈动〉心里存有：～疑｜～恨。❻〈动〉揣着；抱着：～其璧，从径道亡。❼〈名〉姓。

【怀抱】huáibào❶〈动〉抱在怀里：～着婴孩。❷〈名〉胸前：孩子在母亲的～里睡着了。❸〈名〉胸襟；胸怀：放开～。❹〈动〉心里存有：～远大理想。

【怀古】huáigǔ〈动〉追念古代的事情（多用作歌咏古迹的诗题）：《赤壁～》。

【怀鬼胎】huái guǐtāi 比喻心里藏着不可告人的事或念头。

【怀恨】huáihèn〈动〉心存怨恨；记恨：～在心。

【怀瑾握瑜】huái jǐn wò yú 比喻人具有纯洁美好的品德（瑾、瑜：美玉）。

【怀旧】huáijiù〈动〉怀念往事和旧日来往的人。

【怀恋】huáiliàn〈动〉怀念：～故土。

【怀念】huáiniàn〈动〉思念；想念：～战友。

【怀想】huáixiǎng〈动〉怀念。

【怀疑】huáiyí〈动〉❶疑惑；不很相信：他的动机值得～。❷猜测：下这么大的雨，我～他不会来了。

【怀孕】huáiyùn〈动〉妇女或雌性哺乳动物有了胎。

备用词 骋怀 放怀 感怀 挂怀 关怀 开怀 缅

怀　忘怀　萦怀　追怀　襟怀　情怀　下怀　心怀
胸怀　耿耿于怀　正中下怀

徊 huái 见〖僝(chán)徊〗。

徊 huái 见〖徘(pái)徊〗。
△另见 huí。

淮 huái〈名〉❶淮河，水名，发源于河南，流经安徽，入江苏：～南|～北。❷姓。

槐 huái〈名〉乔木，花淡黄色，结荚果。花、果实和根皆可入药。

踝 huái〈名〉小腿与脚之间，左右两侧的突起：～骨|内～|外～。

耲 huái［耲耙(bà)］〈名〉东北地区一种翻土的农具。

═══ huài ═══

坏（壞） huài ❶〈形〉缺点多的；使人不满意的(跟"好"相对)：工作做得不～。❷〈形〉品质恶劣的；起破坏作用的：～人～事。❸〈形〉变成不健全、无用、有害：水果～了|笔被摔～了。❹〈动〉使变坏：吃变质食品要～肚子。❺〈形〉表示身体或精神受到某种影响而达到极不舒服的程度，有时只表示程度深：饿～了|可把他乐～了。❻〈名〉坏主意：使～|一肚子～。
△另见 pī。

备用词 败坏　毁坏　破坏　损坏

═══ huān ═══

欢（歡*懽讙驩） huān ❶〈形〉快乐；高兴：～喜|狂～|悲～离合。❷〈动〉交好；和好：卒相与～，为刎颈之交。❸〈形〉起劲；活跃：～蹦乱跳|火着得不～。

【欢蹦乱跳】huān bèng luàn tiào 形容健康、活泼、生命力旺盛。

【欢畅】huānchàng〈形〉高兴；畅快：心情～。

【欢度】huāndù〈动〉愉快地度过：～春节。

【欢咍】huānhāi〈形〉欢快；快乐(咍：欢笑；喜悦)。

【欢快】huānkuài〈形〉欢乐轻快：～的乐曲。

【欢乐】huānlè〈形〉欢喜；快乐。

【欢洽】huānqià〈形〉欢快融洽。

【欢腾】huānténg〈动〉高兴得欢呼跳跃：万众～。

【欢喜】huānxǐ ❶〈形〉高兴；快乐：满心～。❷

〈动〉喜欢；喜爱：讨人～。

【欢心】huānxīn〈名〉对人或事物喜爱或赏识的心情：讨人～|小孙子最得爷爷奶奶的～。

【欢欣】huānxīn〈形〉快乐而兴奋：～鼓舞。

【欢欣鼓舞】huānxīn-gǔwǔ 形容非常高兴而振奋。

【欢颜】huānyán〈名〉快乐的表情；笑容。

【欢迎】huānyíng〈动〉❶很高兴地迎接：～贵宾。❷乐意接受：新产品很受顾客～。

【欢娱】huānyú〈形〉欢乐。

【欢愉】huānyú〈形〉喜悦；快乐。

【欢悦】huānyuè〈形〉欢喜；喜悦。

【欢跃】huānyuè〈动〉高兴得手舞足蹈。

备用词 承欢　合欢　狂欢　联欢　喜欢　言欢

獾（*貛貆） huān〈名〉哺乳动物，即"狗獾"，头尖，吻长，爪利，善于掘土。

═══ huán ═══

还（還） huán ❶〈动〉返回原地或恢复原状：～乡|～俗|生～|返老～童。❷〈动〉归还；偿付：～书|～债|买椟～珠。❸〈动〉回报别人对自己的行动：～击|～嘴|～价。❹古同"环"，围绕：～柱而走。❺古同"旋"(xuán)。❻〈名〉姓。
△另见 hái。

【还击】huánjī〈动〉回击。

【还价】huánjià〈动〉买方因嫌货价高而说出愿付的价格：讨价～。

【还口】huánkǒu〈动〉还嘴；骂不～。

【还礼】huánlǐ〈动〉❶回答别人的敬礼：连长敬了一个礼，团长也举手～。❷回赠礼品。

【还迁】huánqiān〈动〉回迁。

【还情】huánqíng〈动〉报答别人的恩情或美意。

【还手】huánshǒu〈动〉因被打或受到攻击而反过来打击对方：打不～|无～之力。

【还愿】huányuàn〈动〉❶迷信的人实践向神许下的心愿。❷比喻实践诺言。

备用词 璧还　偿还　发还　奉还　归还　交还　清还　退还　掷还　回还　生还

环（環） huán ❶〈名〉中间空心很大，内外皆成圆形的东西：耳～|花～。❷〈名〉环节；从事科学研究，搜集资料是最基本的一～。❸〈动〉围绕：～绕|～球|～城公路。❹〈动〉包围：～而攻之。❺〈动〉遍；遍及：～村居皆猎户。❻〈名〉姓。

【环保】huánbǎo ❶〈名〉环境保护。❷〈形〉符合环保要求的;具有环保性质的:～建材|～餐盒。

【环抱】huánbào〈动〉围绕(多用于自然景物):绿水～。

【环拱】huángǒng〈动〉环抱;环绕:群山～。

【环顾】huángù〈动〉环视:～四周|～左右。

【环合】huánhé〈动〉环绕:四面竹树～。

【环节】huánjié〈名〉❶蚯蚓、蜈蚣等低等动物的身体由许多前后相连的环状结构组成,这些环状结构叫作环节。❷互相关联的许多事物中的一个:薄弱～|中心～。

【环境】huánjìng〈名〉❶周围的地方:～卫生。❷周围的情况,也指所处的条件:社会～|自然～。

【环境保护】huánjìng bǎohù 有关防止自然环境恶化,改善环境使之适于人类劳动和生活的工作。

【环境壁垒】huánjìng bìlěi 绿色壁垒。

【环境标志】huánjìng biāozhì 产品的一种证明性标志,表明产品在生产、使用和废弃处理过程中符合环保要求,对环境无害或危害极小,同时有利于资源的再生和回收利用。我国的环境标志图形由青山、绿水、太阳和十个环组成。也叫"绿色标志"、"生态标志"。

【环境污染】huánjìng wūrǎn 由于人为的因素,环境受到有害物质的污染,使生物的生长繁殖和人类的正常生活受到有害影响。

【环球】huánqiú ❶〈动〉环绕地球:～旅行。❷同"寰球"。

【环绕】huánrào〈动〉围绕。

【环视】huánshì〈动〉向四周看。

【环伺】huánsì〈动〉在四周观察等候,等待机会。

【环卫】huánwèi〈形〉关于环境卫生的:～工人|～部门。

【环行】huánxíng〈动〉绕着圈子走:～路。

【环谒】huányè〈动〉四处拜访。

【环宇】huányǔ 同"寰宇"。

备用词　光环　回环　连环　循环

郇 huán〈名〉姓。
△另见 xún。

洹 huán ❶〈名〉洹水,水名,在河南。也叫"安阳河"。❷姓。

垸 huán ❶〈动〉用漆掺骨灰涂器物。❷〈动〉转动。❸同"锾"①。
△另见 yuàn。

桓 huán〈名〉姓。

萑 huán ❶〈名〉古代指芦苇一类的植物。❷萑苻(fú)泽,春秋时郑国泽名。据记载,那里常有盗贼聚集出没。

貆 huán ❶〈名〉幼小的貉。❷古又同"獾"(huān)。

锾(鍰) huán ❶〈量〉古代重量单位,一锾等于六两。❷〈名〉罚金;罚～。❸〈名〉同"环",圆圈形的东西:铜～。

圜 huán〈动〉环绕。
△另见 yuán。

澴 huán〈名〉澴水,水名,在湖北。

寰 huán〈名〉广大的地域:～宇|～球|～海|～人～。

【寰球】huánqiú〈名〉整个地球;全世界:～旅行。也作"环球"。

【寰宇】huányǔ〈名〉寰球:声震～。也作"环宇"。

备用词　尘寰　人寰　瀛寰

嬛 huán 见[琅嬛]。

缳(繯) huán ❶〈名〉绳索的套子:投～(自缢)。❷〈动〉绞杀:～首。

璈(璦) huán〈名〉古代玉圭的一种。

鹮(鹮) huán〈名〉鸟,体形大,嘴细长而弯曲,腿长。生活在水边。

轘 huán[轘辕]〈名〉关名,在河南轘辕山。
△另见 huàn。

鬟 huán〈名〉旧时妇女梳的环形的发髻:云～。

— huǎn —

缓(緩) huǎn ❶〈形〉迟;慢:～慢|～步|迟～|～不济急。❷〈动〉延缓;推迟:～期|暂～|刻不容～。❸〈形〉缓和;不紧张:～冲|～解。❹〈形〉坡度小:平～|～坡。❺〈动〉恢复正常的生理状态:昏过去又～过来|浇上水小树苗才～过来。❻〈形〉松;宽:衣带日～。

【缓兵之计】huǎn bīng zhī jì 使敌人延缓进攻的计策,借指使事态暂时缓和以便应付的策略。

【缓冲】huǎnchōng〈动〉使冲突缓和:～作用|～地带。

【缓和】huǎnhé ❶〈形〉(局势、气氛、心情等)变得和缓:紧张局势有所~。❷〈动〉使和缓:~国际紧张局势。

【缓急】huǎnjí〈名〉❶和缓和急迫:分别轻重~。❷困厄的事;危急的事:~或可救助。

【缓颊】huǎnjiá〈动〉替别人求情。

【缓解】huǎnjiě〈动〉❶困难、危急等情况有所减轻、缓和:病情~。❷使缓解:~交通拥挤状况。

【缓慢】huǎnmàn〈形〉慢;不快。

【缓刑】huǎnxíng〈动〉对犯人所判处的刑罚延期执行或不执行。

备用词 弛缓 迟缓 和缓 平缓 舒缓 徐缓 延缓 迂缓 暂缓 刻不容缓

戛 huǎn〈名〉姓。

━━ huàn ━━

幻 huàn ❶〈形〉没有现实根据的;不真实的:虚~|~觉。❷〈动〉奇异地变化:~术(魔术)|变~莫测。

【幻景】huànjǐng〈名〉虚幻的景象;幻想中的景物。

【幻境】huànjìng〈名〉虚幻奇异的境界。

【幻觉】huànjué〈名〉没有外在刺激而出现的虚假的感觉,如没有声音而听见声音,没有人影而看见人影。

【幻灭】huànmiè〈动〉像幻境一样地消失,也指希望等破灭,落空。

【幻想】huànxiǎng ❶〈动〉以个人的愿望或社会的需要为依据,对还没有实现的事物有所想象。❷〈名〉幻想出的情景:美妙的~。

【幻异】huànyì〈形〉变幻莫测而奇异:紫红的峰,雪白的云,缥缈的雾,苍翠的松,组成了~的景。

备用词 变幻 空幻 梦幻 虚幻

奂 huàn〈形〉❶盛;多:~衍|美轮美~。❷文采鲜明:~~(光辉焕发的样子)。

宦 huàn ❶〈名〉官吏:~海。❷〈动〉做官:仕~|~游。❸〈名〉宦官。❹〈名〉姓。

【宦官】huànguān〈名〉❶君主时代皇宫内侍奉帝王及其家属的人员,由阉割的男子充任。也叫"太监"。❷官吏的通称。

【宦游】huànyóu〈动〉出外求官或做官。

备用词 官宦 仕宦 乡宦 达官显宦

换 huàn〈动〉❶给人东西同时从他那里取得别的东西:交~|~工。❷变换;更换:

~季|~人|汤不~药。❸兑换。

【换代】huàndài〈动〉❶旧的朝代为新的朝代所代替:改朝~。❷在生产上指新的产品取代旧的产品:更新~。

【换防】huànfáng〈动〉原驻防部队移交防守任务,由新调来的部队接替。

【换汤不换药】huàn tāng bù huàn yào 比喻只改变形式,而内容没有改变。

备用词 变换 撤换 倒换 调换 兑换 改换 更换 交换 轮换 替换 退换 置换 转换

唤 huàn〈动〉❶发出大声,使对方觉醒、注意或随声而来:呼~|~醒|~起。❷叫作;名称是:她小名~二丫。

备用词 传唤 呼唤 叫唤 使唤 召唤 千呼万唤

涣 huàn〈动〉消散:~散|~然冰释。

【涣涣】huànhuàn〈形〉形容水势盛大。

【涣然冰释】huànrán bīng shì 形容嫌隙、疑虑、误会等完全消除。

【涣散】huànsàn〈形〉松弛;散漫:纪律~。

浣(＊澣) huàn ❶〈动〉洗:~衣|~纱。❷〈名〉唐代定制,官吏十天一次休息沐浴,每月分为上浣、中浣、下浣,后来借为上旬、中旬、下旬的别称。❸〈名〉姓。

患 huàn ❶〈名〉祸害;灾难:~难|隐~|防~未然。❷〈动〉忧虑:忧~|~得~失。❸〈动〉害(病):~病|~者。

【患得患失】huàn dé huàn shī 指对于个人的得失斤斤计较。

【患难】huànnàn〈名〉困难和危险的处境:~之交(共过患难的朋友)|~与共(共同承受患难)。

备用词 后患 祸患 疾患 贻患 隐患 忧患 灾患 内忧外患 心腹之患 养虎遗患 养痈成患 有备无患

焕 huàn ❶〈形〉光明;光亮:~发|~然一新。❷〈名〉姓。

【焕发】huànfā〈动〉❶光彩四射:容光~|精神~。❷振作;重新发出(光辉):革命精神~。

【焕然一新】huànrán yī xīn 形容出现了新面貌或新气象。

逭 huàn〈动〉逃;避:~暑(避暑)|罪无可~。

痪 huàn 见【瘫(tān)痪】。

豢 huàn〈动〉❶喂养(牲畜),比喻收买并利用:～养。❷沉溺;迷恋:～于游戏酒食之间。

【豢养】huànyǎng〈动〉❶喂养(牲畜)。❷比喻收买并利用。

潓 huàn 见〖漫潓〗。

鲩(鯇) huàn〈名〉鱼,即草鱼,身体筒形,吃水草,生活在淡水中。

攌 huàn〈动〉穿:～甲执兵。

輠 huàn〈动〉古代的一种酷刑,用车分裂人体致死。
△另见 huán。

━━ huāng ━━

肓 huāng〈名〉❶我国古代医学指心脏和膈膜之间的地方。参看〖膏肓〗。❷姓。

荒 huāng ❶〈形〉荒芜:～原|地～了。❷〈形〉荒凉:～郊|～岛。❸〈名〉荒歉:～年|备～。❹〈名〉荒地:开～|垦～。❺〈动〉荒疏:～废|业精于勤,～于嬉。❻〈名〉严重的缺乏:粮～|煤～。❼〈形〉不合情理:～谬|～诞。

【荒残】huāngcán〈形〉荒凉破败:庙宇～。
【荒伧】huāngcāng〈形〉粗野;粗俗。
【荒诞】huāngdàn〈形〉极不真实;极不近情理:～不经|～无稽(极其荒唐,不可凭信)。
【荒诞不经】huāngdàn bùjīng 荒谬不合情理(经:正常)。
【荒废】huāngfèi〈动〉❶不耕种;不利用。❷浪费(时间)。❸荒疏:～学业。
【荒凉】huāngliáng〈形〉人烟少,荒芜冷清。
【荒谬】huāngmiù〈形〉极其错误;极不合情理:～绝伦(荒唐,错误到了极点)。

【荒漠】huāngmò❶〈形〉荒凉而空旷:～的原野。❷〈名〉荒凉的沙漠或旷野:一片～。
【荒漠化】huāngmòhuà〈动〉指由于气候变异和人类活动等因素造成的干旱地区、半干旱地区和亚湿润干旱地区的土地退化,变成荒漠。也叫"沙漠化"。
【荒僻】huāngpì〈形〉荒凉偏僻。
【荒时暴月】huāng shí bào yuè 指灾荒年月或青黄不接的时候。
【荒疏】huāngshū〈动〉(学业、技术)因久不练习而生疏。
【荒唐】huāngtáng〈形〉❶(思想、言行等)不合情理到了使人觉得奇怪的程度。❷放荡,没有节制。
【荒芜】huāngwú〈形〉田地因无人管理而杂草丛生。
【荒野】huāngyě〈名〉荒凉的野外。
【荒淫】huāngyín〈形〉迷恋酒色:～无耻。

备用词　开荒　垦荒　拓荒　生荒　熟荒　饥荒　灾荒　备荒　逃荒　地老天荒

塃 huāng 方言〈名〉开采出来的矿石。

慌 huāng〈形〉慌张:惊～|恐～|心～|～手～脚。

【慌乱】huāngluàn〈形〉慌张而混乱。
【慌忙】huāngmáng〈形〉急忙;不从容。
【慌张】huāngzhāng〈形〉❶因受惊恐而失去常态的样子:神色～。❷不沉着而动作忙乱。

备用词　发慌　惊慌　恐慌　着慌

━━ huáng ━━

皇 huáng ❶〈形〉盛大:堂～。❷〈名〉君主;皇帝:～朝|～宫|～室|三～五帝。❸古又同"遑"。❹〈名〉姓。

【皇榜】huángbǎng〈名〉黄榜①。
【皇帝】huángdì〈名〉我国封建时代最高统治者的称号。
【皇甫】huángfǔ〈名〉姓。
【皇古】huánggǔ〈名〉远古。
【皇皇】huánghuáng〈形〉❶盛大的样子:～巨著。❷同"遑遑"。❸同"惶惶"。
【皇历】huángli〈名〉历书。也作"黄历"。
【皇上】huángshang〈名〉称在位的皇帝。
【皇天】huángtiān〈名〉天:～后土。

备用词　教皇　女皇　天皇　太上皇　仓皇　张皇　富丽堂皇　冠冕堂皇

黄 huáng ❶〈形〉(颜色)像丝瓜花或向日葵花的。❷〈名〉下流或堕落,特指色情的东西:扫~。❸〈名〉指黄帝,传说中的中国上古帝王:炎~。❹〈名〉指黄河:治~|~泛区。❺〈形〉事情失败或计划不能实现:买卖又~了。

【黄榜】huángbǎng〈名〉❶皇帝的文告。❷金榜。

【黄澄澄】huángdēngdēng〈形〉形容金黄色:谷穗儿~的|~的金质奖章。

【黄毒】huángdú〈名〉指毒害人思想的淫秽的书刊、音像制品等:扫除~。

【黄发】huángfà〈名〉老人发白,白久变黄,旧说是长寿的特征,所以用来指老人:~垂髫并怡然自乐。

【黄冠】huángguān〈名〉道士的装束,借指道士。

【黄花】huánghuā❶〈名〉指菊花。❷〈名〉金针菜。❸〈形〉指没有经过性交的(青年男女):~后生|~闺女。

【黄昏】huánghūn〈名〉日落以后星出来以前的时段。

【黄甲】huángjiǎ〈名〉殿试录取的榜。殿试等第分三甲,榜是用黄纸写的,故称。

【黄金时代】huángjīn shídài ❶指政治、经济或文化最繁荣的时期。❷指人一生中最宝贵的时期。

【黄金时段】huángjīn shíduàn 黄金时间。

【黄金时间】huángjīn shíjiān 比喻极为宝贵的时间。广播、电视部门用来指收听率或收视率最高的时间段。也说"黄金时段"。

【黄金周】huángjīnzhōu〈名〉指我国十一、春节各为期一周的节假日,其间购物、旅游等消费活动较为集中、活跃。

【黄历】huánglì 同"皇历"。

【黄粱美梦】huángliáng měimèng 黄粱梦。

【黄粱梦】huángliángmèng〈名〉唐沈既济《枕中记》里说,有个卢生,在邯郸旅店中遇见一个道士,卢生自叹穷困,道士给他一个枕头,要他枕着睡觉。这时店家正在煮小米饭。卢生在梦中历尽荣华富贵。一觉醒来,小米饭还没有熟。后用"黄粱梦"比喻想要实现的好事落得一场空。也说"黄粱美梦"、"一枕黄粱"。

【黄牌】huángpái〈名〉❶体育比赛中,裁判员对严重犯规的运动员、教练员出示的黄色警示牌。黄牌警告比红牌警告轻。❷对有违法、违章行为的个人或单位进行警告叫"亮黄牌";管理部门向存在安全隐患的单位亮~。

【黄泉】huángquán〈名〉❶地下的泉水。❷指人死后埋葬的地方,迷信的人指阴间。

【黄色】huángsè〈名〉❶黄颜色。❷〈形〉下流或堕落,特指色情的:~小说|~歌曲。

【黄页】huángyè〈名〉电话号簿中登录企事业单位(有时也包括住宅)电话号码的部分,因用黄色纸张印刷,故名(区别于"白页")。

【黄晕】huángyùn〈形〉昏黄不明亮:~的灯光。

备用词 苍黄 橙黄 鹅黄 焦黄 金黄 橘黄 蜡黄 米黄 嫩黄 土黄 杏黄 人老珠黄 妄下雌黄 信口雌黄

凰 huáng〈名〉凤凰,古代传说中的百鸟之王,雄的叫"凤",雌的叫"凰":凤求~。

隍 huáng〈名〉没有水的城壕:城~。

喤 huáng[喤喤]〈形〉❶形容钟鼓声大而和谐:钟鼓~。❷形容小儿哭声洪亮。

遑 huáng〈动〉有时间;顾得上:不~。

【遑遑】huánghuáng〈形〉匆忙的样子。也作"皇皇"。

徨 huáng 见[彷(páng)徨]。

湟 huáng〈名〉湟水,水名,发源于青海,流入甘肃。

惶 huáng〈形〉恐惧:~恐|惊~|人心~~。

【惶惶】huánghuáng〈形〉惊恐不安的样子:人心~|~不可终日。也作"皇皇"。

【惶惑】huánghuò〈形〉因疑惧而不知如何是好。

【惶急】huángjí〈形〉惊慌着急。

【惶遽】huángjù〈形〉惊慌;神色~。

【惶恐】huángkǒng〈形〉惊慌恐惧。

煌 huáng〈形〉明亮;辉~|明星~~。

锽(鍠) huáng ❶〈名〉古代的一种兵器。❷[锽锽]〈拟〉形容大而和谐的钟鼓声;钟鼓~。

潢 huáng ❶〈名〉积水池。❷〈动〉染纸装~。

璜 huáng〈名〉半璧形的玉。

蝗 huáng〈名〉蝗虫,昆虫,口器坚硬,善于飞行和跳跃。危害农作物,是害虫;飞

H

~|~灾|灭~。

篁 huáng〈名〉竹林,泛指竹子:幽~|修~(长竹子)。

【篁竹】huángzhú〈名〉成林的竹子;竹丛。

磺 huáng 硫黄旧也作"硫磺"。

癀 huáng[癀病]〈名〉牛、马、猪、绵羊等家畜的炭疽(jū)病,症状是发高热,痉挛,口、肛门出血,胸、颈、腹部肿胀。

蟥 huáng 见[蚂(mǎ)蟥]。

簧 huáng〈名〉❶乐器里用铜或其他质料制成的发音薄片:巧舌如~。❷器物上有弹力的机件:弹~|绷~。

鳇(鰉) huáng〈名〉鱼,大的长达5米,有5行硬鳞。夏季在江河中产卵后,回到海洋中生活。

=== huǎng ===

恍 huǎng 见[惝恍]。

怳 huǎng ❶〈形〉醒悟的样子:~然。❷〈副〉仿佛(与"如"、"若"等连用):~如梦境|~若隔世。❸〈形〉感觉模糊:~忽。

【恍惚】(恍忽) huǎnghū〈形〉❶神志不清;精神不集中:神志~。❷模糊;不真切;隐隐约约:梦中~在那香气四溢的梨花林里漫步。

【恍然】huǎngrán ❶〈形〉忽然醒悟的样子:~大悟。❷〈副〉仿佛:~如隔世焉。

【恍悟】huǎngwù〈动〉醒悟;明白过来。

晃 huǎng〈动〉❶(光芒)闪耀:太阳~得睁不开眼。❷很快地闪过:虚~一枪|窗外有个人影儿一~就不见了。
△另见 huàng。

谎(謊) huǎng ❶〈形〉不真实的;骗人的:~话|~价。❷〈名〉谎话:说~|撒~|圆~|弥天大~。

备用词 扯谎 要谎

幌 huǎng〈名〉帷幔。

【幌子】huǎngzi〈名〉❶旧时商店门前悬挂的表明所卖商品的标志。❷比喻进行某种活动时所假借的名义。

=== huàng ===

晃(*撗) huàng〈动〉摇动;摆动:摇头~脑|风刮得树枝来回~。
△另见 huǎng。

【晃荡】huàngdang〈动〉❶向两边摆动:小船剧烈地~起来。❷游逛:一天到晚瞎~|你上哪儿~去了?

【晃悠】huàngyou〈动〉晃荡。

=== huī ===

灰 huī ❶〈名〉物质燃烧后剩下的粉末状的东西:炉~|烟~。❷〈名〉尘土;某些粉末状的东西:~土|青~。❸〈名〉特指石灰:~顶|抹~。❹〈形〉(颜色)像木柴灰的:银~|鼠~。❺〈形〉消沉;失望:~心|心~意懒。

【灰暗】huī'àn〈形〉暗淡;不鲜明:天色~|前途~。

【灰飞烟灭】huī fēi yān miè 比喻事物像吹飞的烟、灰一样消失净尽,不留一点痕迹。

【灰烬】huījìn〈名〉物体燃烧后的灰和烧剩下的东西。

【灰溜溜】huīliūliū〈形〉❶形容颜色灰暗(含厌恶意)。❷形容垂头丧气、情绪低落的神态。

【灰蒙蒙】huīméngméng〈形〉形容光线暗淡,模糊不清(多指景色):~的天空。

【灰色】huīsè〈名〉❶灰颜色。❷〈形〉比喻消极颓废:~的情绪。❸〈形〉比喻态度暧昧。

【灰色收入】huīsè shōurù 指职工获得的工资、津贴以外的经济收入,如稿酬、兼职收入、专利转让费等,有时也指一些透明度不高,不完全符合法规的收入(区别于"白色收入"、"黑色收入")。

【灰死】huīsǐ〈形〉像熄灭的火灰一样毫无生气:面色~。

【灰心】huīxīn〈形〉意志消沉,丧失信心:~丧气。

备用词 炮灰　浅灰　深灰　银灰　橘木死灰　万念俱灰

扔(撝) huī〈动〉指挥。

【扔退】huītuì〈动〉谦让;辞谢。

诙(詼) huī❶〈形〉说话幽默:~谐。❷〈动〉嘲笑。

【诙谐】huīxié〈形〉说话富有风趣,引人发笑:谈吐~。

挥(揮) huī〈动〉❶挥舞:~手|~刀。❷用手把眼泪、汗珠儿等抹掉:~泪|~汗。❸指挥(军队):~师东进。❹散出;散发~|~金如土。

【挥笔】huībǐ〈动〉指用笔写字或画画儿。

【挥斥】huīchì〈动〉奔放:书生意气,~方遒。

【挥毫】huīháo〈动〉指用毛笔写字或画画儿:~泼墨。

【挥霍】huīhuò❶〈动〉用钱没有节制:~浪费。❷〈形〉形容轻捷、洒脱:~风流。

【挥洒】huīsǎ〈动〉❶洒(泪、水等):~热血。❷比喻写文章、画画儿运笔不受拘束:随意~|~自如。

㧑 huī[㧑㿝(tuí)]〈动〉疲劳生病(多用于马)。
△另见 huǐ。

咴 huī[咴儿咴儿]〈拟〉形容马叫的声音。

恢 huī〈形〉广大;宽广:~弘。

【恢复】huīfù〈动〉❶变成原来的样子:健康~了。❷使变成原来的样子;把失去的收回来:~健康|~失地。

【恢弘】huīhóng 也作"恢宏"。❶〈形〉宽阔;宏大:气度~。❷〈动〉发扬:~志士之气。

【恢恢】huīhuī〈形〉❶形容非常广大:天网~,疏而不漏。❷很宽绰的样子:以无厚入有间,~乎其于游刃必有余地矣。

袆(褘) huī〈名〉袆衣,王后的一种祭服。

珲(琿) huī 见〖瑷(ài)珲〗。
△另见 hún。

㑇 huī[㑇㑇(xuān)㑇]〈动〉㑇㑇:飞湍瀑流争~。

晖(暉) huī❶〈名〉阳光:春~|朝~|斜~。❷同"辉"。

【晖映】huīyìng 见〖辉映〗。

堕(墮) huī 同"隳"。
△另见 duò。

辉(輝＊煇) huī❶〈名〉闪耀的光彩;光~|蓬荜(bì)增~。❷〈动〉照耀:~映|星月交~。

【辉光】huīguāng〈名〉光辉①。

【辉煌】huīhuáng〈形〉❶光辉灿烂:灯火~。❷出色;显著:战果~。

【辉映】(晖映)huīyìng〈动〉照耀;映射。

翚(翬) huī❶〈动〉飞翔。❷〈名〉古书上指一种有五彩羽毛的野鸡。

麾 huī❶〈名〉古代指挥军队的旗子。❷〈动〉指挥(军队):~军前进。

【麾下】huīxià〈名〉❶指将帅的部下。❷对将帅的尊称。

徽(＊微) huī❶〈名〉标志;符号:国~|校~|~章。❷〈形〉美好的:~号。❸〈名〉指徽州(旧府名,府治在今安徽歙县):~墨。

【徽号】huīhào〈名〉美好的称号。

【徽记】huījì〈名〉标志:这一架飞机上有"八一"的~。

隳 huī〈动〉毁坏:~名城,杀豪杰|何故自~志气耶!

【隳突】huītū〈动〉骚扰:叫嚣乎东西,~乎南北。

━━ huí ━━

回(❶迴＊囬囘❶廻❶逥) huí〈动〉❶曲折环绕:~旋|巡~|~针|峰~路转。❷从别处回到原来的地方;还:~家|返~|~原处。❸掉转:~头|~过身来。❹答复;回报:~信|~敬。❺回禀。❻谢绝(邀请);退掉(预定的酒席等);辞去(伙计、佣工);送来的礼物都~了。❼〈量〉a)指事情、动作的次数:看过两~|是这么一~事。b)说书的一个段落;章回小说的一章:一百二十~本《红楼梦》。❽〈名〉回族,我国少数民族之一,主要分布在宁夏、甘肃、青海、河南、河北、山东、云南、安徽、新疆、辽宁及北京等地:~民。❾〈名〉姓。

【回报】huíbào〈动〉❶报告(任务等执行的情况)。❷报答。❸报复。

【回避】huíbì〈动〉❶躲开;避开:~矛盾。❷审判人员由于同案有利害关系或其他关系而不参加该案的审判。

【回肠荡气】huí cháng dàng qì 形容文章、乐曲等非常动人。也说"荡气回肠"。

【回潮】huícháo〈动〉❶已经晒干或烤干的东西又变湿。❷比喻已被否定或消失的事重新出现。

【回荡】huídàng〈动〉(声音等)来回飘荡。

【回电】huídiàn ❶〈动〉接到电报或信件后用电报回复:他已～,说他这两天就回京|赶快给他回个电。❷〈名〉回复的电报:收到一个～。

【回跌】huídiē〈动〉(价格、指数等)上涨后又往下降:物价～。

【回返】huífǎn〈动〉往回走;返回:～家乡|～主页。

【回访】huífǎng〈动〉在对方来拜访以后去拜访对方:主动服务,积极～。

【回放】huífàng〈动〉已播放过的影视片、像等的片段重新播放:精彩镜头～。

【回复】huífù〈动〉❶答复(多指书信)。❷恢复(原来的状态)。

【回顾】huígù〈动〉回过头来看:～历史。

【回光返照】huí guāng fǎn zhào ❶指太阳刚落到地平线下时,由于光线反射,天空又短时地发亮的现象。❷比喻人临死前忽然清醒或短暂兴奋的现象,也比喻旧事物灭亡前暂时兴旺的现象。

【回归】huíguī〈动〉❶返回;重新回到(原来的地方):～故乡。❷后退。

【回合】huíhé ❶〈名〉旧小说中描写交锋时,一方用兵器攻击一次而另一方用兵器招架一次叫"一个回合"。现在指双方较量一次。❷〈动〉环绕:竹树～。

【回鹘】huíhú〈名〉回纥(hé)。

【回护】huíhù〈动〉包庇;袒护。

【回环】huíhuán〈动〉曲折环绕。

【回击】huíjī〈动〉一方受到攻击后,反过来攻击进攻的一方。

【回见】huíjiàn〈动〉客套话,用于分手时,表示回头再见面。

【回敬】huíjìng〈动〉回报别人的敬意或馈赠。

【回绝】huíjué〈动〉答复对方,表示拒绝:一口～|～了他的不合理要求。

【回馈】huíkuì〈动〉回赠;回报:～社会|以诚信～消费者。

【回廊】huíláng〈名〉曲折环绕的廊子。

【回笼】huílóng〈动〉❶把已经蒸熟而冷了的食物放回笼屉再蒸。❷流通着的货币回到发行的银行:货币～。

【回禄】huílù〈名〉古代传说中的火神名,后用作"火灾"的代称。

【回马枪】huímǎqiāng〈名〉回过头来给追击者的突然袭击,现多用于比喻。

【回念】huíniàn〈动〉回想;回顾:～往事。

【回暖】huínuǎn〈动〉天气由冷转暖。

【回聘】huípìn〈动〉返聘。

【回迁】huíqiān〈动〉搬迁后又搬回原住地的新住宅:新楼建好后,居民纷纷～。

【回青】huíqīng〈动〉返青:麦苗～。

【回请】huíqǐng〈动〉被人请后(如请吃饭等),还(huán)请对方。

【回声】huíshēng〈名〉声波遇到障碍物反射回来而再度被听到的声音。

【回师】huíshī〈动〉作战时把军队往回调动。

【回首】huíshǒu〈动〉❶回头①。❷回顾;回忆:～往事|不堪～。

【回水】huíshuǐ〈名〉回旋的水流。

【回溯】huísù〈动〉回顾;追忆。

【回调】huítiáo〈动〉(价格、指数等)上涨以后又向下调整:股市缩量～。

【回头】huítóu ❶〈动〉把头转向后方。❷〈动〉改悔,走上正路:浪子～金不换。❸〈副〉等一会儿;稍隔一段时间以后:现在没空儿,有什么事～再说。

【回头客】huítóukè〈名〉商店、饭馆、旅馆等指再次光顾的顾客。

【回头路】huítóulù〈名〉已经走过的路,比喻倒退的路。

【回头率】huítóulǜ〈名〉❶餐饮、旅店等服务行业指回头客占全部顾客的比率。❷回过头再次观看的比率,指人或物引人注目的程度(含诙谐意)。

【回头人】huítóurén 方言。〈名〉指再嫁的寡妇。

【回头是岸】huí tóu shì àn 佛教说"苦海无边,回头是岸",比喻罪恶虽大,只要决心悔改,就有出路。

【回味】huíwèi ❶〈名〉吃过食物以后的余味。❷〈动〉从回忆里细细体会:～老师的教导。

【回响】huíxiǎng ❶〈动〉声音回旋地响,歌声在山谷里～。❷〈名〉回声。❸〈动〉比喻响应:倡议得到了全国四面八方的～。

【回心转意】huí xīn zhuǎn yì 改变态度(多指恢复感情,放弃嫌隙和怨恨)。

【回旋】huíxuán〈动〉❶环绕着飞或走;盘旋。❷可进退;可商量:～的余地。

【回忆】huíyì〈动〉回想。

【回忆录】huíyìlù〈名〉一种叙事性的文学体裁,用文学形式记叙历史事件或个人所经历过的生活。

【回音】huíyīn〈名〉❶回声:礼堂～大、演奏效果差一些|爆破的～在隧道内回荡。❷答复

的信;回话:我连去三封信,但一直没有~|不管行还是不行,请给个~。

【回应】huíyìng〈动〉回答;答应;响应:对代表们的建议给予积极的~|叫了半天,也不见有人~。

【回映】huíyìng〈动〉光线反射。

【回执】huízhí〈名〉❶收到信件或物品后交business人带回的收据。❷向寄件人证明某种邮件已经递到的证据。

备用词 撤回 返回 轮回 退回 收回 挽回 巡回 萦回 迂回 折回

茴 huí[茴香]〈名〉草本植物,茎叶供食用,果实可以做调味香料。

徊 huí 见〖低徊〗(低徊)。△另见huái。

洄 huí ❶〈名〉上水;逆流。❷〈动〉水流回旋。

【洄漩】huíxuán〈动〉水流回旋。

蛔(*蛕蚘痐)huí〈名〉蛔虫,寄生虫,成虫长20厘米左右,形状像蚯蚓,前端有口,能附着在人的肠壁上,也能寄生在家畜体内。

=== huǐ ===

虺 huǐ〈名〉古书上说的一种毒蛇。△另见huī。

【虺虺】huǐhuǐ〈拟〉形容雷声。

悔 huǐ ❶〈动〉懊悔;后悔:~悟|追~|~过自新。❷〈名〉灾祸:吉而无~。

【悔改】huǐgǎi〈动〉认识错误并加以改正。

【悔过】huǐguò〈动〉承认并追悔自己所犯的错误:~自新|痛改前非,重新做人)。

【悔恨】huǐhèn〈动〉懊悔;怨恨。

【悔悟】huǐwù〈动〉对自己的过错有所认识而醒悟。

备用词 懊悔 忏悔 翻悔 反悔 改悔 后悔 愧悔 失悔 痛悔 追悔

毁(*燬毇譭)huǐ〈动〉❶破坏;糟蹋:~灭|销~。❷烧掉:焚~。❸毁谤;说别人坏话:~誉|诋~。❹〈名〉姓。

【毁谤】huǐbàng〈动〉诽谤。

【毁齿】huǐchǐ〈动〉❶儿童乳齿脱落,恒齿生出来。❷〈名〉指毁齿年龄的儿童。

【毁黜】huǐchù〈动〉糟蹋;贬黜。

【毁坏】huǐhuài〈动〉损坏;破坏。

【毁家纾难】huǐ jiā shū nàn 捐献全部家产,帮

助国家减轻困难(纾:缓和)。

【毁灭】huǐmiè〈动〉摧毁并消灭。

【毁誉】huǐyù〈名〉毁谤和称赞;说坏话和说好话:~参半。

【毁誉参半】huǐyù cānbàn 毁谤和赞誉各占一半;对这部电视剧众说纷纭。

【毁约】huǐyuē〈动〉撕毁共同商定的协议、条约、合同等:单方~|食言~。

备用词 拆毁 摧毁 捣毁 焚毁 击毁 烧毁 撕毁 销毁 坠毁 诋毁

=== huì ===

卉 huì〈名〉各种草(多指供观赏的)的总称:花~|奇花异~。

汇(匯❷❸彙*滙)huì ❶〈动〉汇合:小溪~成巨流。❷〈动〉聚集;聚合:~报|~编。❸〈名〉聚集而成的东西:词~|总~。❹〈动〉通过邮电局、银行等把甲地款项拨到乙地:电~|~款。

【汇报】huìbào〈动〉综合材料向上级报告,也指综合材料向群众报告。

【汇编】huìbiān ❶〈动〉把同类的或某一方面的文章、文件等汇集起来编在一起:~成册。❷〈名〉汇集起来编在一起的文章、文件等(多用作书名):法规~。

【汇兑】huìduì〈动〉邮电局或银行根据汇款人的委托,通过划拨的办法把款项转给指定的收款人。

【汇合】huìhé〈动〉(水流等)聚集;会合。

【汇集】huìjí〈动〉聚集。

【汇聚】huìjù 聚集,合到一处。

【汇市】huìshì〈名〉❶买卖外汇的市场。❷外汇的行市。

【汇水】huìshuǐ〈名〉汇费。

【汇演】huìyǎn 同"会演"。

【汇映】huìyìng〈动〉若干部有某种联系的影片在同一时期、同一地区集中上映:英国电影~|~爱国主义教育影片。

【汇总】huìzǒng〈动〉(情况、单据、款项等)汇集到一起。

备用词 电汇 信汇 邮汇 侨汇 外汇 词汇 语汇 字汇

会(會)huì ❶〈动〉聚合;合在一起:~合|~聚精~神。❷〈动〉见面;会见:~面|~客。❸〈名〉有一定目的的集会:晚~|报告~。❹〈名〉某些团体、组织:议~|学~。

❺〈名〉庙会:赶～。❻〈名〉旧时民间朝山进香或酬神求年成时所组织的集体活动,如香会、迎神赛会等。❼〈名〉主要的城市:都～|省～。❽〈名〉时机:机～|适逢其～。❾〈动〉理解;懂得:体～|误～。❿〈动〉熟习;通晓:～英文。⓫〈动〉表示懂得怎样做或有能力做(多指需要学习的事情):她～游泳。⓬〈动〉表示擅长:能说～道。⓭表示有可能实现:他不～不来。⓮〈动〉付账。⓯〈名〉会儿,表示不长的时间:一～儿|我等～儿就来。⓰〈副〉a)正遇上:～天大雨,道不通。b)当然;一定:吾已失恩义,～不相从许!

△另见 kuài。

【会钞】huìchāo〈动〉会账。

【会攻】huìgōng〈动〉联合进攻。

【会馆】huìguǎn〈名〉旧时同乡或同业的人在京城、省或大商埠设立的机构,主要以馆址的房屋供同乡、同业的人聚会或住宿。

【会合】huìhé〈动〉聚集到一起。

【会集】huìjí〈动〉聚集(多用于人)。

【会见】huìjiàn〈动〉跟人相见:～外宾。

【会聚】huìjù〈动〉聚集(多用于人)。

【会猎】huìliè〈动〉会合打猎,会战的委婉说法。

【会盟】huìméng〈动〉古代诸侯间聚会而结盟。

【会师】huìshī〈动〉战时两支以上独立行动的部队在某地会合。

【会试】huìshì〈名〉明清两代在京城举行的各省举人参加的考试,每三年一次。

【会谈】huìtán〈动〉双方或多方在一起共同商谈(多用于外交场合):友好～|～纪要。

【会晤】huìwù〈动〉彼此见面。

【会心】huìxīn〈动〉领悟别人没有明白表示的意思。

【会演】huìyǎn〈动〉各地或各单位的文艺节目集中起来联合演出,具有互相学习、交流经验的作用。也作“汇演”。

【会议】huìyì❶〈名〉有组织有领导地商议事情的集会:办公～。❷〈名〉某种机构或组织:中国人民政治协商～。❸〈动〉许多人集合在一起商议事情:～军事。

【会意】huìyì❶〈动〉领悟:每有～,便欣然忘食。❷〈名〉六书之一。指字的整体的意义由部分的意义合成,如“信”字由“人”和“言”两字的意义合成,表示人说的话有信用。

【会遇】huìyù〈动〉会见。

【会展】huìzhǎn〈名〉会议和展览:～中心|大型～。

【会展经济】huìzhǎn jīngjì 指以承办各种会议、展览等并为之提供服务为主要内容的经济活动。

【会战】huìzhàn〈动〉❶战争中双方主力在一定地区和时间内进行决战。❷集中各方面的力量,突击完成某项工作任务。

【会账】huìzhàng〈动〉付账(多指在饭馆、茶馆等处一人给大家付账)。

【会诊】huìzhěn〈动〉几个医生在一起共同诊断疑难病症。

【会众】huìzhòng〈名〉❶指到会的人。❷旧指参加某些会道门等组织的人。

备用词 舞会 赛会 花会 协会 学会 拜会 集会 聚会 幽会 约会 附会 傅会 理会 领会 体会 误会 照会 知会 牵强附会 心领神会

讳(諱) huì❶〈动〉因有所顾忌而不敢说或不愿说;忌讳:隐～|直言不～。❷〈名〉忌讳的事情:避～|犯了他的一个～。❸〈动〉旧时为对某人表示尊敬,避开名字不直说。❹〈名〉旧时指死去的帝王或尊长的名字。❺〈名〉姓。

【讳疾忌医】huì jí jì yī 有病怕人知道,不愿医治。比喻掩饰缺点,不愿改正。

【讳莫如深】huì mò rú shēn 瞒得很紧,生怕别人知道。

【讳言】huìyán〈动〉不敢说或不愿说:无可～。

备用词 避讳 忌讳 名讳 隐讳

荟(薈) huì 草木繁盛。

【荟萃】huìcuì〈动〉(美好的人或事物)汇集;聚集:人才～。

【荟集】huìjí〈动〉聚集;汇集:游人～。

哕(噦) huì〈拟〉形容鸟鸣声。△另见 yuě。

【哕哕】huìhuì❶〈拟〉形容有节奏的铃声:鸾声～。❷〈形〉深暗:～其冥。

浍(澮) huì〈名〉浍河,水名,发源于河南,流入安徽。△另见 kuài。

海(誨) huì❶〈动〉教导;诱导:教～|人不倦。❷〈名〉教导的话:朝夕纳～。

【海人不倦】huì rén bù juàn 耐心教导人,不知疲倦。

【海淫海盗】huì yín huì dào 引诱人去做奸淫、盗窃的事。

备用词 教海 训海

绘(繪) huì〈动〉画;描:~|~画|~图。

【绘声绘色】huì shēng huì sè 形容叙述、描写生动逼真。也说"绘声绘影"、"绘影绘声"。

【绘声绘影】huì shēng huì yǐng 绘声绘色。

【绘影绘声】huì yǐng huì shēng 绘声绘色。

备用词 测绘 描绘 摹绘

恚 huì〈动〉怨恨;愤怒:~恨。

桧(檜) huì 用于人名。秦桧,南宋奸臣。△另见 guì。

贿(賄) huì ❶〈名〉财物。❷〈动〉用财物买通人:行~。

【贿金】huìjīn〈名〉贿款。

【贿款】huìkuǎn〈名〉行贿的钱。

【贿赂】huìlù ❶〈动〉用财物买通人。❷〈名〉用来买通人的财物;接受~。

烩(燴) huì〈动〉❶一种烹饪方法,炒菜后加少量的水和芡粉:~虾仁|~什锦。❷一种烹饪方法,把米饭等和荤菜、素菜混在一起加水煮:~饭|~饼|~火烧。

彗(*篲) huì,旧读 suì〈名〉扫帚。

【彗星】huìxīng〈名〉绕着太阳旋转的一种星体,通常在背着太阳的一面拖着扫帚状的长尾巴。通称"扫帚星"。

晦 huì ❶〈名〉农历每月的末一天:~朔。❷〈形〉昏暗;不明显:幽~|隐~。❸〈名〉夜晚:风雨如~。

【晦冥】huìmíng 同"晦暝"。

【晦暝】huìmíng〈形〉昏暗:风雨~。也作"晦冥"。

【晦气】huìqì ❶〈形〉倒霉。❷〈名〉坏运气。

【晦涩】huìsè〈形〉(诗文等)含意隐晦,不易懂。

秽(穢) huì〈形〉❶肮脏:污~|~土(垃圾)|~浊。❷丑恶:~行|淫~|自惭形~。

【秽乱】huìluàn〈形〉淫乱。

惠 huì ❶〈名〉好处;恩惠:小恩小~|受~无穷。❷〈动〉给人好处:优~|平等互~。❸〈形〉敬辞,用于对方对自己的行动:~临|~存。❹古又同"慧"。❺〈名〉姓。

【惠风】huìfēng〈名〉和风:~和畅。

【惠顾】huìgù〈动〉敬辞,指对方到自己这里来(多用于商店对顾客)。

备用词 恩惠 实惠 小惠 优惠 贤惠

喙 huì〈名〉鸟兽的嘴,借指人的嘴:百~莫辩|不容置~(不容许插嘴)。

翙(翽) huì[翙翙]〈拟〉形容鸟飞的声音。

溃(潰*殨) huì〈动〉(疮)溃烂:~脓。△另见 kuì。

【溃脓】(殨脓)huìnóng〈动〉(疮)溃烂化脓。

慧 huì ❶〈形〉聪明:智~|聪~|~眼|秀外~中。❷〈名〉姓。

【慧眼】huìyǎn〈名〉原是佛教用语,指能认识到过去和未来的眼力,今泛指敏锐的眼力:独具~|~识珠。

备用词 聪慧 敏慧 明慧 颖慧 智慧 拾人牙慧

蕙 huì〈名〉草本植物,叶子丛生,狭长而尖,初夏开花,供观赏。

殨 huì 见〖溃脓〗(殨脓)。

螤 huì[螤蛄(gū)]〈名〉蝉的一种,黄绿色,有黑色条纹,翅膀有黑斑。

靧 huì〈动〉洗脸。

— hūn —

昏(*昬) hūn,❶〈名〉天刚黑的时候;黄昏;晨~。❷〈形〉黑暗;模糊:~暗|~花。❸〈形〉头脑迷糊,神志不清:~庸|~君。❹〈动〉失去知觉:~厥|~迷。❺古又同"婚"。

【昏暗】hūn'àn〈形〉光线暗淡。

【昏沉沉】hūnchénchén〈形〉形容头脑迷糊,神志不清。

【昏黑】hūnhēi〈形〉天色黑暗。

【昏花】hūnhuā〈形〉(眼光)模糊:老眼~。

【昏话】hūnhuà〈名〉不明事理或不合情理的话;胡话。

【昏黄】hūnhuáng〈形〉颜色黄而暗淡模糊:月色~。

【昏昏】hūnhūn〈形〉❶头脑迷糊,神志不清:~欲睡。❷糊涂的样子:贤者以其昭昭使人昭昭,今以其~使人昭昭。

【昏惑】hūnhuò〈形〉迷惘困惑;迷乱。

【昏厥】hūnjué〈动〉因脑部贫血引起供氧不足而短暂失去知觉。也说"晕(yūn)厥"。

【昏聩】hūnkuì〈形〉眼花耳聋,比喻头脑糊涂,不明是非:~无能。

【昏迷】hūnmí〈动〉因大脑功能严重紊乱而长

时间失去知觉。

【昏天黑地】hūn tiān hēi dì ❶形容天色昏暗。❷形容神志不清。❸比喻社会黑暗混乱。

【昏庸】hūnyōng〈形〉糊涂而愚蠢。

荤（葷）hūn〈名〉❶指鸡鸭鱼肉等食物（跟"素"相对）：～菜。❷佛教徒称葱蒜等有特殊气味的菜：五～。
　　△另见 xūn。

惛 hūn〈形〉昏乱糊涂：～懵（迷糊不清）。

阍（閽）hūn ❶〈动〉看门：～者。❷〈名〉门（多指宫门）：叩～。❸〈名〉看门人。

婚 hūn ❶〈动〉结婚：未～｜新～。❷〈名〉婚姻：～约｜结～｜离～。

【婚典】hūndiǎn〈名〉结婚典礼：传统～。

【婚介】hūnjiè〈名〉婚姻介绍：～机构。

【婚配】hūnpèi〈动〉结婚（多就已婚未婚说）。

【婚庆】hūnqìng〈名〉结婚的庆祝仪式。

【婚外情】hūnwàiqíng〈名〉指与配偶以外的人发生的恋情。

【婚姻】hūnyīn〈名〉结婚的事；因结婚而产生的夫妻关系：～自主｜美满的～。

备用词 成婚 结婚 通婚 完婚 征婚 证婚 主婚 金婚 银婚

— hún —

浑（渾）hún〈形〉❶浑浊：～水｜把水搅～。❷糊涂；不明事理：～人｜～话｜～噩噩。❸天然的：～朴｜～厚｜～圆｜～雄｜～金璞玉。❹〈副〉a)全；满：～身｜～似｜～然一体。b)简直：白头搔更短，～欲不胜簪。❺〈名〉姓。

【浑厚】húnhòu〈形〉❶质朴诚实：天性～。❷朴实厚重（多形容诗文、书画的风格）：笔力～。

【浑浑噩噩】húnhún'è'è 形容糊里糊涂或无知无识的样子。

【浑家】húnjiā〈名〉妻子（多见于早期白话）。

【浑金璞玉】hún jīn pú yù 见〖璞玉浑金〗。

【浑名】húnmíng 同"混(hún)名"。

【浑朴】húnpǔ〈形〉浑厚朴实。

【浑然】húnrán ❶〈形〉形容完整不可分割：～一体。❷〈副〉完全地；全然：～不觉。

【浑身】húnshēn〈名〉全身：～发抖。

【浑水摸鱼】（混水摸鱼）hún shuǐ mō yú 比喻趁混乱的时候捞取利益。

【浑圆】húnyuán〈形〉很圆：～的月亮。

【浑浊】húnzhuó〈形〉混(hùn)浊。

备用词 雄浑 圆浑

珲（琿）hún ❶〈名〉一种玉。❷［珲春］〈名〉地名，在吉林。
　　△另见 huī。

馄（餛）hún［馄饨(tún)］〈名〉面食，用薄面片包馅儿，通常是煮熟后带汤吃。

混 hún 同"浑"①②。
　　△另见 hùn。

【混名】húnmíng〈名〉浑(hún)名。也作"浑名"。

【混水摸鱼】hún shuǐ mō yú 见〖浑水摸鱼〗。

魂（*䰟）hún〈名〉❶灵魂①：招～｜借尸还～｜～不附体｜像丢了～似的。❷指精神或情绪：梦～萦绕｜神～颠倒。❸指国家、民族的崇高的精神：国～｜民族～。❹泛指事物的人格化精神：诗～｜花～。

【魂不附体】hún bù fù tǐ 灵魂离开躯体，形容万分恐惧。

【魂飞魄散】hún fēi pò sàn 形容惊恐万状。

【魂灵】húnlíng〈名〉灵魂。

【魂魄】húnpò〈名〉迷信的人指附在人体内可以脱离人体存在的精神，魂魄离开躯体，人即死亡。

备用词 鬼魂 灵魂 亡魂 阴魂 英魂 幽魂 销魂 借尸还魂 扬幡招魂

— hùn —

诨（諢）hùn ❶〈动〉戏谑；开玩笑：～号｜～名。❷〈名〉开玩笑的话：打～。

【诨名】hùnmíng〈名〉外号。也说"诨号"。

混 hùn ❶〈动〉掺杂：～合｜～杂｜～为一谈。❷〈动〉蒙混：～充｜鱼目～珠。❸〈动〉苟且地生活：鬼～｜～事｜～日子。❹〈副〉胡乱：～账｜～出主意。❺〈形〉不分明；模糊：含～｜～沌。
　　△另见 hún。

【混沌】hùndùn ❶〈名〉古人想象中的宇宙形成以前模糊一团的景象。❷〈形〉形容蒙昧无知或形容头脑模糊不清。

【混乱】hùnluàn〈形〉没有条理;没有秩序:思维~。

【混世魔王】hùn shì mówáng〈名〉比喻扰乱世界、给人带来严重灾难的人。

【混同】hùntóng〈动〉把本质上有区别的人或事物同样看待。

【混为一谈】hùn wéi yī tán 把不同的事物混在一起,说成是同样的事物。

【混淆】hùnxiáo〈动〉❶混杂:玉石~。❷使混杂:~黑白|~视听(用假象或谎言迷人耳目,使不辨真伪和是非)。

【混血儿】hùnxuè'ér〈名〉不同种族的男女结合所生的孩子。

【混杂】hùnzá〈动〉混合夹杂在一起:鱼龙~|真假~。

【混战】hùnzhàn〈动〉❶指对象常变的战争:军阀~。❷目标不明地乱打:~一场。

【混浊】hùnzhuó〈形〉(水、空气等)含杂质多,不洁净,不新鲜。也作"溷浊"。

备用词 含混 鬼混 蒙混 厮混

溷 hùn ❶〈名〉厕所:~厕。❷〈形〉同"混"(hùn)。混乱;混浊。

【溷浊】hùnzhuó 同"混(hùn)浊"。

— huō —

秴 huō〈动〉用秴子(一种农具)翻松(土壤):~地。

骟(騞) huō〈拟〉形容东西破裂的声音:奏刀~然。

锪(鍃) huō〈动〉用专门的刀具对金属工件上已有的孔进行加工。

劐 huō ❶〈动〉用刀尖插入物体然后顺势拉开:把鱼肚子~开。❷同"秴"。

嚄 huō〈叹〉表示惊讶:~!好大的鱼!|~,两年不见,长成大小伙子了!
△另见 huò;ǒ。

豁 huō〈动〉❶裂开:~了一个口子|纽襻儿~了。❷狠心付出很高的代价:舍弃:~出去了。
△另见 huá;huò。

【豁出去】huōchūqù〈动〉表示不惜付出任何代价:事已至此,我也只好~了|就是把老命~,我也要把这件事办好。

【豁口】huōkǒu〈名〉缺口:城墙~|碗边儿有个

~|北风从山的~吹过来。

攉 huō〈动〉把堆积的东西倒出来,特指把采出的煤、矿石等铲起来倒到别处:~土|~煤。

— huó —

和 huó〈动〉在粉状物中加液体搅拌或揉弄使有黏性:~面|~泥。
△另见 hé;hè;hú;huò。

活 huó ❶〈动〉生存;有生命(跟"死"相对):~力|复~|生龙~虎。❷〈副〉指在活的状态下(作某种处置):~捉|~埋|生吞~剥。❸〈动〉救活;养活;使活着:~命|养家~口|~人无数。❹〈形〉活动的;灵活的:~水|期存款。❺〈形〉生动活泼;不死板:~跃。❻〈副〉真正;简直:~像|~受罪。❼〈名〉工作(一般指体力劳动的):庄稼~。❽〈名〉产品;制品:出~儿|这~儿做得不错。

【活版】huóbǎn〈名〉活字版:~印刷术。

【活宝】huóbǎo〈名〉指可笑的人或滑稽的人(多含贬义)。

【活动】huódòng ❶〈动〉运动:每天散步~筋骨。❷〈动〉不紧;动摇:桌子腿有点~|门牙~了。❸〈形〉不固定;可移动的:~房屋|~模型。❹〈名〉为达到某种目的而采取的行动:文娱~|政治~。❺〈动〉特指钻营、行贿、说情:托人四处~,也没如愿。

【活动家】huódòngjiā〈名〉在政治生活、社会生活中积极活动并有较大影响的人。

【活法】huófǎ〈名〉指对待生活的态度和所选择的生活方式:各人有各人的~。

【活泛】huófan〈形〉❶能随机应变;机敏:心眼~|脑筋不~。❷指经济宽裕(常与"手头"连用):钱你先用着,等手头~了再还我。❸〈动作〉敏捷灵活:他都70岁了,脑子不糊涂,手脚也挺~。

【活该】huógāi〈动〉表示应该这样,一点也不值得怜惜(有咎由自取的意思):你不听话,倒霉。

【活活】huóhuó〈副〉指在活的状态下:~累死。

【活计】huóji〈名〉❶指刺绣、缝纫等。❷泛指各种体力劳动。❸手工制品。

【活力】huólì〈名〉旺盛的生命力。

【活灵活现】huó líng huó xiàn 形容神态、情节等生动逼真。也说"活龙活现"。

【活路】huólù〈名〉❶走得通的路:从这里往左转才是一条~。❷能够生存下去的办法;生路。❸行得通的方法。

【活路】huólu〈名〉泛指各种体力劳动:粗细~。

【活络】huóluò〈形〉❶圆通灵活:头脑~。❷(牙齿、器物的零件等)松动;不稳固。❸话不确定:去不去,他说得很~。

【活泼】huópo〈形〉灵活;不呆板:~可爱|形式~。

【活气】huóqì〈名〉生气;活力。

【活塞】huósāi〈名〉汽缸里或唧筒里往复运动的机件。旧称"鞲鞴"(gōubèi)。

【活生生】huóshēngshēng ❶〈形〉现实生活中的;发生在眼前的;有血有肉的:~的典型。❷〈副〉活活:~地惨死在敌人的屠刀之下。

【活跃】huóyuè ❶〈形〉行动活泼而积极:文体~分子。❷〈形〉气氛活泼而热烈:座谈会开得很~。❸〈动〉使活跃:~气氛。

【活捉】huózhuō〈动〉活活地抓住,多指在作战中抓住活的敌人。

【活字】huózì〈名〉印刷上用的泥质、木质或金属的方柱形物体,一头铸着或刻着单个反着的文字或符号,排版时可以自由组合。

【活字版】huózìbǎn〈名〉❶用金属、木头等制成的活字排成的印刷版。❷指用活字排版印刷的书本。

【活字典】huózìdiǎn〈名〉指字、词等知识特别丰富的人,泛指对某一方面情况非常熟悉,能随时提供情况、数据等的人。

【活字印刷】huózì yìnshuā 采用活字排版的印刷。是我国北宋庆历(1041年-1048年)年间毕昇首先发明的。

【活罪】huózuì〈名〉活着所遭受的苦难:受~。

备用词　成活　存活　复活　苟活　生活　养活　快活　灵活　你死我活　拼死拼活　寻死觅活

— huǒ —

火　huǒ ❶〈名〉物体燃烧时所发的光和焰:~光|灯~|星~燎原|引~烧身。❷〈名〉指枪炮弹药:~力|军~。❸〈名〉火气:上~|败~。❹〈形〉形容红色:~红|~烧云。❺〈形〉比喻紧急:~速|~急。❻〈形〉比喻暴躁:~性。❼〈动〉发脾气:他~了。❽〈形〉比喻旺盛;热烈:~热|通过这次比赛,他一下子~了。❾同"伙"①。❿〈名〉姓。

【火把】huǒbǎ〈名〉照明用的东西,用竹篾或麻秸等编成,有的在棍棒的一端扎棉花蘸上油。

【火伴】huǒbàn 见〖伙伴〗。

【火暴】huǒbào〈形〉❶暴躁;急躁:~性子|脾气~。❷旺盛;红火:日子越过越~。

【火爆】huǒbào 同"火暴"。

【火并】huǒbìng〈动〉同伙决裂,自相残杀或并吞。

【火炽】huǒchì〈形〉旺盛;热闹;紧张。

【火海刀山】huǒ hǎi dāo shān 见〖刀山火海〗。

【火候】huǒhou〈名〉❶烧食的火力大小和时间长短:炒菜讲究~。❷比喻道德、学问、技艺等的修养工夫:他的画儿还欠~。❸比喻关键的时机:抓住~播秋种。

【火花】huǒhuā〈名〉❶燃烧时迸发的火焰:~四溅。❷火柴盒上面贴的商标。

【火急】huǒjí〈形〉非常紧急:十万~。

【火箭】huǒjiàn〈名〉利用发动机反冲力推进的飞行装置,可用来探测高层大气,运载人造卫星、宇宙飞船等,也可以装上弹头,制成导弹。

【火炬】huǒjù〈名〉火把。

【火坑】huǒkēng〈名〉比喻极端悲惨的生活境地。

【火辣辣】huǒlàlà〈形〉❶形容极热:~的太阳。❷形容烧伤、打伤等产生的疼痛的感觉:伤口~地痛。❸形容激动的情绪,如兴奋、暴躁、焦急等:听到批评,脸上~的。

【火力】huǒlì〈名〉❶利用燃料获得的动力:~发电。❷发射或投掷弹药所形成的杀伤力和破坏力:密集的~。

【火笼】huǒlóng 方言。〈名〉烘篮。

【火轮】huǒlún〈名〉❶指太阳。❷旧称轮船。

【火苗】huǒmiáo〈名〉火焰。

【火热】huǒrè〈形〉❶像火一样的热,形容非常热。❷形容旺盛、热烈:~的斗争。❸比喻关系非常密切:两人打得~。

【火上加油】huǒ shàng jiā yóu 比喻使人更加愤怒或使事态更加严重。也说"火上浇油"。

【火上浇油】huǒ shàng jiāo yóu 火上加油。

【火烧眉毛】huǒ shāo méimao 比喻情势急迫,不容迟缓。

【火树银花】huǒ shù yín huā 形容灿烂的灯火或烟火,多用于描写节日的夜景。

【火速】huǒsù〈副〉以最快的速度(做紧急的事):~追击。

【火烫】huǒtàng ❶〈形〉滚热;非常热。❷〈动〉用烧热的火剪烫头发。

【火网】huǒwǎng〈名〉各种武器有组织地配置起来进行射击所形成的弹道纵横交织的密集火力。

【火线】huǒxiàn〈名〉❶作战时双方火力所达到的前沿地带。❷电路中输送电的电源线。

【火焰】huǒyàn〈名〉燃烧着的可燃气体,发光、发热，闪烁而上升。

【火中取栗】huǒ zhōng qǔ lì 法国拉·封登的寓言《猴子与猫》中说，猴子叫猫从火中取栗子，结果取出来几个栗子都被猴子给吃了，而猫脚上的毛却被烧掉了。后用"火中取栗"比喻冒危险给别人出力，而自己却一无所得。

【火种】huǒzhǒng〈名〉❶供引火用的火。❷比喻引起事物发生、发展的根源：革命的～。

【火烛】huǒzhú〈名〉泛指容易引起火灾的东西：小心～。

备用词 兵火 柴火 灯火 点火 烽火 篝火 军火 烈火 炮火 香火 烟火 焰火 战火 烛火 肝火 恼火 怒火 开火 走火 停火 洞若观火 飞蛾投火 赴汤蹈火 隔岸观火 急如星火

伙（❷-❺夥） huǒ ❶〈名〉伙食：起～|～房。❷〈名〉同伴；伙计：～伴|～友。❸〈名〉由同伴组成的集体：合～|入～|团～。❹〈量〉用于人群：一人～|三个一群，五个一～。❺〈副〉合在一起；联合：～同|～办。❻〈名〉姓。

【伙伴】（火伴）huǒbàn〈名〉古代兵制十人为"火"，火长一人管炊事，同火者称为"火伴"，现泛指共同参加某种组织或从事某种活动的人，写作"伙伴"。

【伙计】huǒji〈名〉❶在一起合作做事的人。❷旧时指店员或长工。

【伙食】huǒshí〈名〉饭食（多指部队、机关等集体所办的饭食）：改善～。

【伙同】huǒtóng〈动〉跟别人合在一起（做事，多指做坏事）。

【伙颐】huǒyí 同"夥颐"。

钬（鈥） huǒ 金属元素，符号 Ho。是一种稀土金属。

潞 huǒ［潞县］〈名〉古地名，在今北京市通州区南。

夥 huǒ ❶〈形〉多：获益甚～。❷见"伙"。

【夥颐】huǒyí 也作"伙颐"。❶〈叹〉表示惊讶或叹美。❷〈形〉形容多。

== huò ==

或 huò ❶〈副〉a)或许；也许：慰问团明日～可到达。b)有时：偶～。c)稍微：不可～缺。❷〈连〉a)表示选择：～者|～多～少。b)如果：王命急宣，有时朝发白帝，暮到江陵。❸〈代〉某人；有的人：～曰。

【或许】huòxǔ〈副〉也许。

【或则】huòzé〈连〉或者。

【或者】huòzhě ❶〈副〉或许；也许：他累了，所以走得慢。❷〈连〉表示选择：～成功，～失败，都有可能。

和 huò ❶〈动〉粉状或粒状物掺在一起，或加水搅拌使成较稀的东西：～药|藕粉里～点儿糖。❷〈量〉指洗东西换水的次数或一剂药煎的次数：衣裳已经洗了三～|二～药。

△另见 hé；hè；hú；huó。

【和稀泥】huò xī ní 比喻处理事情放弃原则，采取调和折中的办法。

货（貨） huò ❶〈名〉货币；钱：通～。❷〈名〉货物；商品：百～|～源。❸〈名〉指人（骂人的话）：笨～|蠢～。❹〈动〉出卖：～卖。❺〈动〉买。❻〈名〉姓。

【货币】huòbì〈名〉充当一切商品的等价物的特殊商品：本位～。

【货色】huòsè〈名〉❶货物（就品种或质量而言）：上等～。❷指人或思想言论等（含贬义）。

【货物】huòwù〈名〉供出售的物品。

【货真价实】huò zhēn jià shí 货物不是冒牌的，价钱也是实在的。形容实实在在，一点不假。

【货殖】huòzhí ❶〈动〉古代指经商。❷〈名〉指商人。

获（①②獲③穫）

huò〈动〉❶捉住；擒住：捕～｜俘～。❷得到；获得：～胜｜～罪。❸收割：收～。

【获得】huòdé〈动〉取得；得到（多用于抽象事物）：～成功｜～好评｜～宝贵的经验｜～显著的成绩。

【获救】huòjiù〈动〉得到挽救：食物中毒的民工均已～。

【获取】huòqǔ〈动〉取得；猎取：～情报｜～利润。

【获释】huòshì〈动〉（被拘禁的人）得到释放。

【获悉】huòxī〈动〉得到消息知道（某事）。

【获许】huòxǔ〈动〉得到许可。

【获知】huòzhī〈动〉获悉：我已从他那里～了这一消息｜～你已康复出院，大家都十分高兴。

【获准】huòzhǔn〈动〉得到准许或批准。

备用词　捕获　查获　俘获　缉获　缴获　截获　猎获　拿获　破获　起获　擒获　收获　斩获　抓获　不劳而获

祸（禍＊旤）

huò❶〈名〉祸事；灾难（跟"福"相对）：惹～｜闯～｜大～临头｜嫁～于人。❷〈动〉损害；危害：～害｜～国殃民。

【祸败】huòbài〈名〉灾祸和失败：斗两主，观～。

【祸不单行】huò bù dān xíng 不幸的事接连地发生。

【祸根】huògēn〈名〉祸事的根源（指引起灾难的人或事物）：铲除～。

【祸国殃民】huò guó yāng mín 使国家受到损害，人民遭受灾难。

【祸害】huòhai❶〈名〉祸事；灾难：～不断。❷〈名〉祸根：留着他早晚是个～。❸〈动〉残害：～人。❹〈动〉损害；损坏：野兽常～庄稼。

【祸患】huòhuàn〈名〉祸事；灾难：消除～。

【祸起萧墙】huò qǐ xiāoqiáng 祸乱发生在家里，比喻内部发生祸乱（萧墙：照壁）。

【祸首】huòshǒu〈名〉指引起灾祸或作案犯罪的主要人物：罪魁～。

【祸水】huòshuǐ〈名〉❶比喻引起灾祸的人或集团。❷灾祸；祸事。

【祸祟】huòsuì〈名〉迷信指鬼怪带给人的灾祸。

【祸胎】huòtāi〈名〉祸根：孽根～。

【祸心】huòxīn〈名〉做坏事的念头：包藏～。

惑

huò❶〈形〉疑惑；迷惑：困～｜惶～｜大～不解。❷〈动〉使迷惑：～乱｜诱～｜谣言～众。❸〈形〉糊涂：舟已行矣，而剑不行，求剑若此，不亦～乎？

【惑乱】huòluàn〈动〉使迷乱：～军心｜～人心。

备用词　惶惑　困惑　疑惑　蛊惑　迷惑　煽惑　淆惑　荧惑　诱惑

霍

huò❶〈形〉突然；迅速：～地｜～然。❷〈名〉姓。

【霍地】huòdì〈副〉表示动作突然发生：～跳起。

【霍霍】huòhuò❶〈拟〉形容磨刀的声音。❷〈形〉闪动的样子：～燃烧着的火焰。

【霍然】huòrán❶〈副〉突然：～消逝。❷〈形〉形容疾病等迅速消除：大病～。

嚯

huò❶〈动〉大呼；大笑。❷〈叹〉表示惊讶。
△另见 huō；ǒ。

【嚯嚯】huòzé〈动〉大笑大呼，形容声音很有威势。

謋

huò〈拟〉形容骨肉离开的声音。

豁

huò❶〈形〉开阔；开通；通达：醒～｜显～｜～达｜～亮。❷〈动〉免除：～免。
△另见 huá；huō。

【豁达】huòdá〈形〉心胸开阔；性格开朗：～大度。

【豁朗】huòlǎng〈形〉（心情）开朗。

【豁亮】huòliàng〈形〉❶宽敞明亮；明亮。❷（嗓音）洪亮。

【豁免】huòmiǎn〈动〉免除（赋税或劳役）。

【豁然】huòrán〈形〉形容开阔、通达或领悟的样子：～贯通（指一下子弄通某种道理）。

【豁然开朗】huòrán kāilǎng❶形容狭窄幽暗顿时变得开阔明亮。❷形容一下子明白或领悟某种道理。

镬（鑊）

huò〈名〉古代的大锅：斧锯鼎～（指古代残酷的刑具）。

【镬子】huòzi方言〈名〉锅。

藿

huò〈名〉豆类作物的叶子。

嚯

huò❶〈叹〉表示惊讶或赞叹：～，真棒！❷〈拟〉形容笑声：～～～一笑。

蠖

huò❶[尺蠖]〈名〉尺蠖蛾的幼虫，行动时身体向上弯成弧形，像用大拇指和中指量距离一样，故称"尺蠖"。❷〈名〉姓。

【蠖屈】huòqū〈动〉像尺蠖一样弯曲起来。比喻人不得志时屈身退隐。

臛

huò〈名〉肉羹。

—— jī ——

几（②幾） jī ❶〈名〉小桌子:条~|茶~|窗明~净。 ❷〈副〉几乎;近乎:歼敌~两万人|~死者数矣。 ❸〈名〉姓。
△另见 jǐ。

【几案】jī'àn〈名〉泛指桌子。

【几乎】jīhū〈副〉❶表示接近于;差不多:他的足迹~遍及整个世界。 ❷差点儿:脚下一滑,~摔倒。

讥（譏） jī〈动〉讽刺;挖苦:~讽|~笑|反唇相~。

【讥刺】jīcì〈动〉讥笑;讽刺。

【讥讽】jīfěng〈动〉用旁敲侧击或尖酸刻薄的话来指责或嘲笑对方:~时弊。

【讥诮】jīqiào〈动〉讽刺;讥笑;冷语~。

【讥笑】jīxiào〈动〉讥讽嘲笑。

击（擊） jī〈动〉❶打;敲打:~掌|~鼓|旁敲侧~。 ❷攻打:袭~|抗~|~溃|反戈一~。 ❸搏击:鹰~长空。 ❹开(枪):射~。 ❺碰;接触:冲~|撞~|目~(亲眼看见)。

【击毁】jīhuǐ〈动〉击中并摧毁。

【击节】jījié〈动〉打拍子,表示得意或赞赏(节:一种用竹编成的、打拍子的乐器):~叹赏。

【击溃】jīkuì〈动〉打垮;打散。

【击杀】jīshā〈动〉打死;杀死:所~者甚众。

【击水】jīshuǐ〈动〉❶拍打水面:举翼~。 ❷指游泳:中流~。

【击汰】jītài〈动〉击水,指划船。

【击柝】jītuò〈动〉打更。

备用词　搏击 冲击 撞击 技击 拳击 出击 打击 反击 伏击 攻击 合击 轰击 还击 回击 夹击 歼击 截击 进击 狙击 抗击 闪击 射击 突击 围击 袭击 邀击 迎击 游击 追击 阻击 排击 抨击 掊击 不堪一击 反戈一击 肩摩毂击 旁敲侧击 迎头痛击

叽（嘰） jī〈拟〉形容小鸡、小鸟等的叫声:~~嘎嘎|鸟儿~~地叫个不停。

【叽咕】jīgu〈动〉小声说话。也作"唧咕"。

【叽叽喳喳】jījizhāzhā 同"唧唧喳喳"。

饥（飢②饑） jī〈形〉❶饿:~饿|~民。 ❷庄稼收成不好或没有收成:~荒|~馑|连年大~。

【饥不择食】jī bù zé shí 饿急了,不管什么都吃。比喻急需时顾不得选择。

【饥肠】jīcháng〈名〉饥饿的肚子:~辘辘。

【饥寒交迫】jī hán jiāo pò 又饿又冷,形容生活极端贫困。

【饥荒】jīhuang〈名〉❶庄稼收成不好或没有收成。 ❷手头拮据,缺少钱用:过去家里穷,总是闹~。 ❸债:拉~(欠债)。

【饥馑】jījǐn〈名〉饥荒(饥:五谷不熟;馑:蔬菜不熟):~之患。

玑（璣） jī〈名〉❶不圆的珠子:珠~。 ❷古代的一种天文仪器:璇~。

圾 jī 见[垃(lā)圾]。

芨 jī [白芨]〈名〉草本植物,叶子长,地下块茎可入药。

机（機） jī ❶〈名〉弓上发射箭的装置:弩~。 ❷〈名〉机器:缝纫~。 ❸〈名〉飞机:客~|~场。 ❹〈名〉事情变化的枢纽;有重要关系的环节:事~|~密。 ❺〈名〉机会;时机:~遇|随~应变。 ❻〈名〉生活机能:有~体|无~化学。 ❼〈名〉〈形〉能迅速适应事物的变化的;灵活:~智。 ❽〈名〉姓。

【机变】jībiàn ❶〈形〉机智灵活。 ❷〈名〉随机应变的方法。

【机车】jīchē〈名〉火车头,用来牵引若干节车厢的铁路上行驶的动力车。

【机顶盒】jīdǐnghé〈名〉数字视频解码接收器。通常放置在电视机的顶部,故名。

【机动】jīdòng〈形〉❶利用机器开动的：~车。❷根据客观情况的变化而灵活运用并及时进行适宜的处置：~灵活的战术。❸准备灵活运用的：~力量。

【机构】jīgòu〈名〉❶机械的内部构造或机械内部具有一定功能的一个组成部分：传动~|变速~。❷泛指机关、团体等工作单位，也指机关、团体等的内部组织：精简~|~改革。

【机关】jīguān〈名〉❶整个机械的关键部分。❷利用机械控制的：~布景|~枪|~炮。❸扳机，枪上的机件。❹办事的部门；机构：国家~|~干部。❺周密而巧妙的计谋；秘密：识破~|~用尽。

【机会】jīhuì〈名〉恰好的时候；时机。

【机会主义】jīhuì zhǔyì 工人运动中或无产阶级政党内部出现的反马克思主义思潮。一种是右倾机会主义，其主要特点是牺牲工人阶级长远的、全局的利益，贪图暂时的、局部的利益，以至向反革命势力投降。一种是"左"倾机会主义，其主要特点是不顾客观实际的可能性，采取盲目的冒险行动。

【机警】jījǐng〈形〉机灵警觉：~的侦察员。

【机灵】（机伶）jīling〈形〉聪明伶俐，反应快。

【机密】jīmì ❶〈形〉重要而秘密：~文件。❷〈名〉机密的事情：保守~。

【机敏】jīmǐn〈形〉机警灵敏：~过人。

【机谋】jīmóu〈名〉能很快适应事物变化的计谋。

【机能】jīnéng〈名〉细胞组织或器官等的作用和活动能力：生理~。

【机器】jīqì〈名〉由零件装成、能运转、能转换能量或产生有用的功的装置。

【机器人】jīqìrén〈名〉一种自动机械。由计算机控制，具有一定的人工智能，能代替人做些工作。

【机巧】jīqiǎo ❶〈形〉机灵。❷〈名〉指器械制造方面的巧妙。

【机体】jītǐ〈名〉有机体。

【机械】jīxiè ❶〈名〉利用力学原理组成的各种装置：化工~|矿山~。❷〈形〉比喻拘泥死板，不灵活。

【机要】jīyào〈形〉机密重要：~秘书|~情报。

【机宜】jīyí〈名〉针对客观情势所采取的方针和对策：面授~。

【机遇】jīyù〈名〉机会；际遇。

【机缘】jīyuán〈名〉机会和缘分：~凑巧|偶然的~。

【机制】jīzhì ❶〈名〉机器的构造和工作原理，如计算机的机制。❷〈名〉有机体的构造、功能和相互关系，如动脉硬化的机制。❸〈名〉泛指一个复杂的工作系统的内部结构或规律，如市场机制、人事机制、竞争机制。❹〈形〉用机器制造的：~纸|~水饺。

【机智】jīzhì〈形〉脑筋灵活，有智谋，能够随机应变。

【机杼】jīzhù〈名〉❶织布机。❷比喻诗文的构思和布局：文章须自出~，成一家风骨。

备用词 趁机 乘机 待机 见机 伺机 投机 相机 寻机 契机 生机 时机 事机 枢机 危机 动机 灵机 心机 费尽心机 坐失良机

乩 jī 见【扶乩】。

肌 jī〈名〉肌肉，人体和动物体内的一种组织：~肤|~体|平滑~|面黄~瘦。

【肌肤】jīfū〈名〉肌肉皮肤：朔风凛冽，侵人~。

【肌体】jītǐ〈名〉❶指身体。❷比喻组织机构。

矶（磯）jī〈名〉水边突出的岩石或石滩：钓~|采石~（地名，在安徽）。

鸡（鷄＊雞）jī〈名〉❶家禽，品种很多，嘴短，头部有鲜红色肉质的冠。翅膀短，不能高飞。❷姓。

【鸡飞蛋打】jī fēi dàn dǎ 鸡飞走了，蛋也打破了。比喻两头落空，什么也没有得到。

【鸡口牛后】jī kǒu niú hòu《战国策·韩策一》："宁为鸡口，无为牛后。"比喻宁愿在局面小的地方自主，不愿在局面大的地方任人支配。也说"鸡尸牛从（尸：主）"。

【鸡肋】jīlèi〈名〉鸡的肋骨，吃着无味，扔了可惜。比喻没有多大意思，但又不忍舍弃的东西。

【鸡零狗碎】jī líng gǒu suì 比喻事物零碎，不成片段，也比喻无关紧要的琐碎事物。

【鸡毛蒜皮】jī máo suàn pí 比喻无关紧要的琐碎事情。

【鸡毛信】jīmáoxìn〈名〉须要火速传递的公文、信件，就在上面插上鸡毛，表示紧急，叫作"鸡毛信"。

【鸡鸣狗盗】jī míng gǒu dào《史记·孟尝君列传》载，战国时，齐国的孟尝君在秦国被扣留。幸亏他的一个门客会装狗叫，夜入秦宫，偷出一件价值千金的狐皮袍子，献给秦王宠妃，才得以释放。又一个门客会装鸡叫，骗开城门，才得以逃回齐国。后用以指微不足道的技能，也泛指小偷小摸的行为。

【鸡犬不宁】jī quǎn bù níng 形容搅扰得很厉害,连鸡和狗都不得安宁。

【鸡尾酒】jīwěijiǔ〈名〉几种酒加果汁、香料等配制而成的酒,多在饮用时临时调制。

其 jī 用于人名。郦食(yì)其,汉代人。△另见 qí。

奇 jī ❶〈形〉单的;不成对的(跟"偶"相对):~数|~偶。❷〈名〉零数:~零|长八分有~|五十有~。△另见 qí。

【奇零】jīlíng〈名〉零数。也作"畸零"。
【奇羡】jīxiàn〈名〉盈余。

咭　jī 同"叽"。

刦 jī[刦劂(jué)]❶〈名〉雕刻用的弯刀。❷〈动〉雕版;刻书。

唧 jī ❶〈动〉喷射(液体):~筒|~了他一身水。❷同"叽":~~(虫叫声)。

【唧咕】jīgu 同"叽咕"。
【唧唧】jījī〈拟〉形容虫叫声等:秋虫~|燕子绕梁~叫|~复~,木兰当户织。
【唧唧喳喳】jījizhāzhā〈拟〉形容杂乱而细碎的声音:树上的鸟儿~地叫。也作"叽叽喳喳"。
【唧哝】jīnong〈动〉小声说话:你在~什么? 有什么就大声说出来大家听听|贴着耳根~好一会儿|她俩唧唧哝哝商量了半天。

积(積) jī ❶〈动〉聚集:~累|~少成多。❷〈形〉长时间形成的:~习|~弊。❸〈动〉指聚集储存财物:~蓄|囤~。❹〈名〉中医指儿童消化不良的病:食~|奶~。❺〈名〉乘积,两个或两个以上的数相乘所得的数。

【积弊】jībì〈名〉积久沿袭的弊病:清除~。

【积储】jīchǔ〈动〉积存。
【积存】jīcún〈动〉积聚储存:~财物|每月~一些钱,以备他用。
【积德】jīdé〈动〉迷信的人指为求福而做好事。
【积淀】jīdiàn ❶〈动〉积累沉淀(多指思想、文化等):几千年~下来的习俗影响是很深的|~了深厚的艺术功底。❷〈名〉所积累沉淀下来的事物(多指思想、文化、知识、经验等):文化~|历史的~|深厚的艺术~。
【积分】jīfēn〈名〉参加若干场比赛累计所得的分数:在足球联赛中,北京队~暂居第二。
【积毁销骨】jī huǐ xiāo gǔ《史记·张仪列传》:"众口铄金,积毁销骨。"不断地毁谤能使人毁灭。
【积极】jījí〈形〉❶肯定的;正面的;推动发展的(跟"消极"相对,多用于抽象事物):起~作用|~意义。❷进取的;努力的;热心的(跟"消极"相对):~分子|工作~。
【积极分子】jījí fènzǐ ❶政治上要求进步,工作上积极、负责的人:入党~。❷在体育、文娱及社会活动等方面比较积极的人:文体活动~。
【积极性】jījíxìng〈名〉进取向上、努力工作的思想和表现:调动广大群众的~。
【积集】jījí〈动〉积聚;聚集。
【积聚】jījù〈动〉积累①:~资金|~力量|把~起来的钱存入银行。
【积劳】jīláo〈动〉长期经受劳累:~成疾。
【积劳成疾】jīláo chéng jí 因长期过度劳累而生了病。
【积累】jīlěi ❶〈动〉逐渐积集:~资金|~经验。❷〈名〉积累起来的东西;特指国民收入中用于扩大再生产的部分:增加~。
【积年】jīnián〈动〉多年;累年:~旧怨。
【积年累月】jī nián lěi yuè 一年又一年,一月又一月。形容时间长久。
【积贫积弱】jī pín jī ruò (国家、民族)长期贫穷、衰弱。也说"积弱积贫"。
【积欠】jīqiàn ❶〈动〉累次欠下:~税款|还清了~债务。❷〈名〉积累下的亏欠:清理~。
【积弱积贫】jī ruò jī pín 见〖积贫积弱〗。
【积善】jīshàn〈动〉积德:~之家。
【积食】jīshí 方言。〈动〉停食(多指儿童):孩子这几天有些~。
【积威】jīwēi〈名〉积久的威力。
【积习】jīxí〈名〉长期养成的习惯:~难改。
【积蓄】jīxù ❶〈动〉积聚储存:~力量。❷〈名〉

积存的钱:小有～。

【积压】jīyā〈动〉长期积存,未作处理:长期～|～物资|～了多年|在心中的疑问。

【积羽沉舟】jī yǔ chén zhōu 羽毛虽轻,堆积多了也会把船压沉(见于《战国策·魏策一》)。比喻细微的事物积累多了也可以产生巨大的作用。

【积郁】jīyù〈动〉忧愁、愤恨等在心中积聚不得发泄。

【积怨】jīyuàn❶〈动〉积累怨恨:～成祸|～已久。❷〈名〉蓄积已久的怨恨:～甚多|消除胸中的～。

【积攒】jīzǎn〈动〉一点一点地积聚。

【积重难返】jī zhòng nán fǎn 指长期形成的不良习惯、思想作风等不易改变。

【积铢累寸】jī zhū lěi cùn 见〖铢积寸累〗。

【积贮】jīzhù〈动〉积蓄贮存。

备用词　沉积　聚积　累积　面积　容积　体积　堆积　囤积　蓄积　淤积

笄 jī〈名〉古代束发用的簪子:及～(古代指女子满十五岁,到了插笄的年龄)。

屐 jī〈名〉❶木鞋:木～。❷泛指鞋:草～|～履。

姬 jī〈名〉❶古代对妇女的美称。❷古代称妾:侍～|～妾。❸旧时称以歌舞为业的女子:歌～。❹姓。

基 jī❶〈名〉基础:～石。❷〈形〉起头的;根本的:～本|～金。❸〈动〉依据:～于。❹〈名〉化合物的分子中所含的一部分原子,被看作是一个单位的就叫"基":羟～|氨～。❺〈名〉姓。

【基本】jīběn❶〈名〉根本:人民是国家的～。❷〈形〉根本的;主要的:～矛盾|～原理。❸〈副〉大体上:～相同|工程已经～完成。

【基本词汇】jīběn cíhuì 词汇中最主要、最稳定的部分,生存最久、通行最广、构成新词和词组的能力最强,如"天"、"地"、"上"、"下"、"大"、"小"、"来"、"去"等。

【基本功】jīběngōng〈名〉从事某种工作所必须具备的基本的知识和技能。

【基本建设】jīběn jiànshè❶国民经济各部门增添固定资产的建设,如建设厂房、矿井、铁路、桥梁、农田水利、住宅以及安装机器设备,添置船舶、机车、车辆、拖拉机等。❷比喻对全局有重大作用的工作:购置图书资料是研究所的一项～|搞好师资培训是学校的～。

【基本矛盾】jīběn máodùn 规定事物发展全过程的本质,并规定和影响这个过程其他矛盾的存在和发展的矛盾。也说"根本矛盾"。

【基本上】jīběnshàng〈副〉❶主要地:这项任务,～要靠你们车间来完成。❷大体上:一年的任务,到十月份已经～完成。

【基层】jīcéng〈名〉各种组织中最低的一层:深入～|～干部。

【基础】jīchǔ❶〈名〉建筑物的根脚。❷〈名〉事物发展的根本:农业是国民经济的～。❸〈形〉最低限度的;起点的:～教育|～知识|～理论。

【基础教育】jīchǔ jiàoyù 国家规定的对儿童实施的最低限度的教育:抓好～。

【基础科学】jīchǔ kēxué 研究自然现象和物质运动基本规律的科学。一般分为数学、物理学、化学、生物学、地学、天文学六大类。是应用科学的理论基础。

【基础课】jīchǔkè〈名〉一般指高等学校中,使学生获得有关学科的基本概念、基本规律的知识和技能的课程,是学生进一步学习专门知识的基础。

【基地】jīdì〈名〉作为某种事业基础的地区:钢铁～|军事～|工业建设～。

【基点】jīdiǎn〈名〉❶作为开展某种活动的基础的地方:以产棉乡为～推广棉花生产新技术。❷根本;起点:发展基础教育是提高全民族素质的～|通过调查研究弄清情况是解决问题的～。

【基调】jīdiào〈名〉❶音乐作品中主要的调,作品通常用基调开始或结束。❷主要精神;基本观点:会议的～是抓和谐、求发展|这部作品虽有缺点,但它的～是鼓舞人向上的。

【基督】jīdū〈名〉基督教称救世主。[外]

【基督教】jīdūjiào〈名〉世界主要宗教之一,公元1世纪产生于亚洲的巴勒斯坦地区,奉耶稣为救世主。

【基干】jīgàn〈名〉基础;骨干:～民兵。

【基建】jījiàn〈名〉基本建设:～工程|～投资。

【基金】jījīn〈名〉❶国民经济中有特定用途的资金:生产～|教育～。❷为兴办或发展某种事业而集募的款项。

【基尼系数】jīní-xìshù 经济学中指衡量社会成员之间收入差异状况的指标。系数数值为0—1。0为收入绝对平均,1为收入绝对不平均。通常认为数值超过0.4为国际警戒线水平,表明贫富差距很大。因意大利经济学家基尼(Corrado Gini)首先提出而得名。

【基色】jīsè〈名〉原色。

【基石】jīshí〈名〉做建筑物基础的石头,多用于比喻。

【基数】jīshù〈名〉❶一、二、三…一百、三千等普通整数,区别于第一、第二、第三…第一百、第三千等序数。❷作为计算标准或起点的数目。

【基线】jīxiàn〈名〉测量时作为基准的线段。

【基薪】jīxīn〈名〉基本工资(多用于实行年薪制的企业负责人):~高|确定~。

【基业】jīyè〈名〉事业的基础;根基:创立~。

【基因】jīyīn〈名〉生物体携带和传递遗传信息的基本单位,存在于细胞核内的染色体上,作线状排列。[外]

【基因工程】jīyīn gōngchéng 遗传工程:研究~。

【基因组】jīyīnzǔ〈名〉指细胞和生物体的整套基因。也叫"染色体组"。

【基于】jīyú〈介〉根据②:~上述理由,我认为他的论点是不能成立的。

【基质】jīzhì〈名〉❶植物、微生物从中吸取养分借以生存的物质,如营养液等。❷混合物中作为溶剂或类似溶剂作用的成分:凡士林是许多种药膏的~。

【基准】jīzhǔn〈名〉测量时的起算标准,泛指标准。

备用词 地基 奠基 房基 根基 路基

期(＊朞) jī〈名〉指一周年、一整月或一昼夜。
　　△另见 qī。

【期年】jīnián〈名〉一周年。

【期月】jīyuè〈名〉一个月。

赍(賫＊賷齎) jī〈动〉❶怀着(某种想法);抱着:~恨|~志而殁(志未遂而死去)。❷把东西送给人:~呈|~黄金千斤。❸携带:~持金玉。

【赍发】jīfā〈动〉资助:~盘缠。

【赍恨】jīhèn〈动〉抱恨:~而亡|机遇若失,将~终身。

【赍赏】jīshǎng〈动〉赏赐。

犄 jī 见下。

【犄角】jījiǎo〈名〉❶棱角:桌子~。❷角落:墙~。❸兽角:牛~|羊~。

嵇 jī〈名〉姓。

缉(緝) jī〈动〉搜捕;捉拿:~捕|~私|侦~|通~。
　　△另见 qī。

【缉捕】jībǔ ❶〈动〉缉拿(犯罪的人)。❷〈名〉指执行缉捕的官役。

【缉查】jīchá〈动〉搜查;挨户~。

【缉毒】jīdú〈动〉检查贩卖毒品的行为,缉捕贩卖毒品的人。

【缉访】jīfǎng〈动〉侦缉查访。

【缉拿】jīná〈动〉搜查捉拿。

【缉私】jīsī〈动〉检查走私行为,捉拿走私的人。

备用词 通缉 巡缉 侦缉

畸 jī❶〈形〉偏:~轻~重。❷〈形〉不正常的;不规则的:~形。❸〈名〉数的零头:~零。

【畸变】jībiàn〈动〉不正常变化。

【畸恋】jīliàn〈名〉不合乎常理的恋情。

【畸零】jīlíng ❶同"奇零"(jīlíng)。❷〈形〉孤零零:~人|无侣。

【畸形】jīxíng〈形〉❶生物体某部分发育不正常:~发育|~胎儿。❷比喻事物的发展不均衡,不合理:~发展。

跻(躋) jī〈动〉登;上升:~身文坛|~于世界先进国家之林。

箕 jī〈名〉❶簸(bò)箕。❷簸箕形的指纹:斗~。❸星宿名,二十八宿之一。❹姓。

【箕踞】jījù〈动〉古人席地而坐时,两腿伸直张开,形似簸箕,是一种不拘礼节的坐法。

稽 jī❶〈动〉查考:~查|无~之谈。❷〈动〉计较:反唇相~。❸〈动〉停留;拖延:~留|~延时日。❹〈名〉姓。
　　△另见 qǐ。

【稽查】jīchá ❶〈动〉检查(走私、偷税等违禁活动)。❷〈名〉指担任这种检查工作的人。

【稽考】jīkǎo〈动〉查对考核:无可~。

觭 jī同"奇"(jī),单数。
　　△另见 qí。

齑(虀) jī❶〈形〉细;碎:~粉。❷〈名〉调味用的姜、蒜或韭菜碎末儿。

【齑粉】jīfěn〈名〉碎屑;粉末。

畿 jī〈名〉❶指京城管辖的地方:京~|~辅。❷门槛;门限。

【畿辅】jīfǔ〈名〉国都附近的地方。

墼 jī〈名〉❶土坯。❷粉末加水做成的块状物:炭~。

激 jī❶〈动〉(水)因受到震荡而飞溅或向上涌:~荡|~起千层浪。❷〈动〉冷水刺激

身体使得病：他被凉水～着了。❸〈动〉方言。用冷水冲或泡食物等使变凉：把西瓜放在冰水里～一～。❹〈动〉使发作；使感情冲动：～怒｜劝将不如～将。❺〈动〉（感情）激动：感～｜～奋｜～于义愤。❻〈形〉急剧；强烈：～战｜～化｜偏～。❼〈名〉姓。

【激昂】jī'áng〈形〉❶（情绪）激动昂扬：～慷慨。❷（声音）高亢而激烈。

【激刺】jīcì〈动〉刺激。

【激荡】jīdàng〈动〉❶因受冲击而动荡：海水～。❷冲击使动荡。❸震荡；回荡。

【激动】jīdòng❶〈形〉感情冲动，不能平静：情绪～。❷〈动〉使感情冲动：～人心。

【激发】jīfā〈动〉刺激使奋发：～斗志。

【激奋】(激忿)jīfèn〈形〉激动而振奋：群情～。

【激愤】jīfèn〈形〉激动而愤怒：令人～。

【激光】jīguāng〈名〉一种颜色纯、能量高度集中并朝着单一方向发射的光。广泛应用于工业、军事、医学、探测、通讯、科研等方面。

【激光刀】jīguāngdāo〈名〉用激光代替手术刀进行手术的医疗装置。激光有单一方向性，能量密度高，可利用其热效应、光效应和电磁效应等切割身体组织。用激光刀进行手术，速度快，切口平滑，出血少，不易感染。常用的有二氧化碳激光刀、氩激光刀等。

【激光电视】jīguāng diànshì 利用激光显示图像的电视系统，设备采用全数字化技术。彩色激光电视用红、绿、蓝三种颜色扫描，被调制的激光束投射在屏幕上，图像清晰、自然、逼真，色彩绚丽。

【激光武器】jīguāng wǔqì 利用激光束直接击并毁伤目标的武器。由激光器、精密瞄准跟踪系统、光束控制与发射系统组成。射击时快速、精确、灵活，不受电磁干扰。

【激活】jīhuó〈动〉❶刺激机体内某些物质，使其活跃地发挥作用：～造血功能。❷比喻刺激、影响某事物，使活跃起来：出台有力措施，～房地产市场｜～高科技产业。

【激将】jījiàng〈动〉用刺激性或反面的话鼓动别人去做（原来不愿做或不敢做的事）。

【激进】jījìn〈形〉急于改革和进取：～派｜思想～。

【激剧】jījù〈形〉急剧。

【激励】jīlì〈动〉激发鼓励，使振奋：～将士。

【激烈】jīliè〈形〉❶剧烈：斗争～。❷高亢激昂；激越：壮怀～，视死如归。

【激流】jīliú〈名〉湍急的水流。

【激怒】jīnù〈动〉刺激使发怒。

【激切】jīqiè〈形〉（言辞）激动而恳切。

【激情】jīqíng〈名〉强烈而难以抑制的情感：满怀～。

【激扬】jīyáng❶〈动〉激浊扬清：指点江山，～文字。❷〈动〉激励使振作：～士气。❸〈形〉（声音）高而洪亮；（情绪）激动昂扬：歌声～。

【激越】jīyuè〈形〉❶（声音）高亢激烈：歌声～。❷（情绪）激动而强烈：感情～。

【激战】jīzhàn❶〈动〉激烈地战斗：与敌人～。❷〈名〉激烈的战斗：～前夜。

【激浊扬清】jī zhuó yáng qīng 冲去污水，使清水上来。比喻抨击坏人坏事，表彰好人好事。也说"扬清激浊"。

备用词　刺激　愤激　感激　过激　偏激

羁（羈 * 羇）jī❶〈名〉马笼头：无～之马。❷〈动〉拘束：放荡不～。❸〈动〉拘留；关押：～押。❹〈动〉停留；使停留：～旅｜～留。

【羁绊】jībàn〈动〉缠住不能脱身；束缚：挣脱～。

【羁留】jīliú〈动〉❶在外地停留：～外乡。❷拘禁；拘押。

【羁旅】jīlǚ〈动〉长久寄居他乡：～异乡。

【羁縻】jīmí〈动〉❶拘留；囚禁。❷笼络。

【羁押】jīyā〈动〉拘留；拘押。

━━ jí ━━

及 jí❶〈动〉达到；到：波～｜普～｜～格｜由表～里。❷〈动〉赶上；够得上：～时｜～早｜来得～。❸〈动〉等到：～敌枪再击，寨中人又鸷伏矣。❹〈连〉连接并列的名词或名词性词组:图书、仪器、标本~其他。❺〈介〉跟;同:德音莫违,~尔同死。❻〈名〉姓。

【及第】jídì〈动〉科举时代考试中选,特指考取进士,明、清只用于殿试前三名:进士~|状元~。

【及时】jíshí ❶〈形〉适合需要;正赶上时候:~雨。❷〈副〉抓紧时机,不拖延:出现问题~解决。

【及早】jízǎo〈副〉趁早;赶早。

备用词 比及 波及 齿及 顾及 祸及 累及 料及 旁及 普及 涉及 推及 危及 殃及 鞭长莫及 不可企及 措手不及 过犹不及 悔之不及 力所能及 噬脐莫及 望尘莫及

伋 jí 用于人名。孔伋,字子思,孔子的孙子。

吉 jí ❶〈形〉吉利;吉祥(跟"凶"相对):~庆|万事大~。❷〈形〉美;善:~士|~人天相。❸〈名〉姓。

【吉光片羽】jíguāng piàn yǔ 古代传说,吉光是神兽,毛皮做成衣服,放在水里几天不沉,放在火里不焦。"吉光片羽"指神兽的一小块毛皮,比喻残存的珍贵文物:~,弥足珍贵。

【吉利】jílì〈形〉吉祥顺利。

【吉普】jípǔ〈名〉一种轻便而坚固的小型越野汽车。[外]

【吉期】jíqī〈名〉旧时指结婚的日子。

【吉祥】jíxiáng〈形〉幸运;预示幸运的:~如意。

岌 jí〈形〉山高的样子。

【岌岌】jíjí〈形〉❶高耸的样子:高余冠之~兮。❷很危险的样子:~可危。

汲 jí,旧又读jī ❶〈动〉从下往上打水:从井里~水。❷〈名〉姓。

【汲汲】jíjí〈形〉形容心情急切、努力追求:不~于富贵,不戚戚于贫贱。

【汲取】jíqǔ〈动〉吸;吸取:~经验|~营养。

【汲引】jíyǐn〈动〉❶引水。❷比喻举荐提拔。

级(級)jí ❶〈名〉等级:高~|一~教师。❷〈名〉年级:升~|班~。❸〈名〉首级:斩房数百~。❹〈名〉台阶:石~。❺〈量〉用于台阶、楼梯等:十多~台阶。

【级别】jíbié〈名〉等级的区别;等级的高低次序:干部~|举重比赛已决出三个~的名次。

【级差】jíchā〈名〉等级之间的差别程度:工资~。

【级任】jírèn〈名〉中小学校里过去设的负责管理一个班级的教师:~老师。

备用词 班级 等级 阶级 年级 品级 超级 高级 首级 降级 晋级 越级

极(極)jí ❶〈名〉顶点;尽头:登峰造~|无所不用其~(用尽可能使用的各种手段)。❷〈名〉地球的南北两端;磁体的两端:南~|阳~。❸〈名〉指皇位:登~。❹〈动〉尽;达到顶点:~力|物~必反。❺〈形〉最终的;最高的:~度|~端。❻〈副〉表示达到最高度:~重要|~少数。❼〈名〉姓。

【极顶】jídǐng ❶〈名〉山的最高处:泰山~。❷〈名〉极点:佩服到~。❸〈副〉表示程度极深:~聪明。

【极度】jídù ❶〈副〉表示达到极点的:~兴奋|~贫困。❷〈名〉极点:他们的耐心显然已经达于~。

【极端】jíduān ❶〈名〉事物顺着某个方向发展到的顶点。❷〈副〉表示达到极点:对工作~负责任。

【极光】jíguāng〈名〉在高纬度地区,高空中出现的一种光的现象。由太阳发出的高速带电粒子进入两极附近,激发高空大气中的原子和分子而引起。通常呈弧状、带状、幕状或放射状,微弱时白色,明亮时黄绿色,有时还有红、灰、紫、蓝等颜色。

【极口】jíkǒu〈副〉在言谈中极力(称道、赞扬或抨击、抗辩等):~称扬|~诋毁|~抨击。

【极乐世界】jílè shìjiè 佛教中指阿弥陀佛所居住的国土。佛教徒认为居住在这个地方,可以获得光明、清净和快乐,摆脱人间一切烦恼。也叫"西天"。

【极力】jílì〈副〉用一切力量;想尽一切办法:~鼓吹。

【极目】jímù〈动〉用尽目力向远处看:~四野。

【极品】jípǐn〈名〉❶物品中最上等的:~狼毫(一种毛笔)。❷最高等级:官居~。

【极其】jíqí〈副〉非常:~光荣|生活~俭朴。

【极为】jíwéi〈副〉极其:工作~认真。

【极限运动】jíxiàn yùndòng 最大限度地发挥自我身心潜能,向自身挑战的娱乐体育运动。带有冒险性和刺激性。如攀岩、高山滑翔、激流皮划艇、水上摩托、冲浪、蹦极等。

【极刑】jíxíng〈名〉严厉的刑罚,通常指死刑。

【极意】jíyì〈副〉用尽心思:~奉承|~模仿。

【极致】jízhì〈名〉最高境界;最大程度;极限:追求~|~的视觉享受|语到~是平常。

J

备用词 积极 消极 终极 登峰造极 罪大恶极

即 jí ❶〈动〉靠近；接触：若～若离|可望而不可～。❷〈动〉到；开始从事：～位。❸〈名〉当下；目前：～日|～刻。❹〈介〉就着(当前环境)：～席|～兴。❺〈动〉就是：荷花～莲花|非此～彼。❻〈副〉就；便：一触～发。❼〈连〉即使：～无援兵，亦可坚守数日。❽〈名〉姓。

【即便】jíbiàn ❶〈连〉即使：～他不在也关系不大。❷〈副〉立即；马上：～交割。

【即将】jíjiāng〈副〉将要；快要：愿望～实现。

【即景】jíjǐng〈动〉❶就眼前的景物(作诗文或绘画)：～诗(以眼前景物为题材的诗)。❷对着眼前的情景：～生情。

【即刻】jíkè〈副〉立刻。

【即令】jílìng〈连〉即使。

【即日】jírì〈名〉❶当天。❷近几天内：本片～放映。

【即时】jíshí〈副〉立即。

【即使】jíshǐ〈连〉表示假设的让步，下半句常用"也"呼应：～有所准备，也不能轻视敌手。

【即位】jíwèi〈动〉❶就位。❷指开始做君主。

【即席】jíxí〈动〉❶入席；就位。❷在宴会或集会上：～赋诗。

【即兴】jíxìng〈动〉对眼前的情景有所感触，临时发生兴致而创作：～诗。

备用词 当即 立即 随即 迅即 旋即 在即

佶 jí〈形〉健壮：四牡既～，既～且闲。

【佶屈聱牙】jíqū áoyá(文章)读起来不顺口(佶屈：曲折；聱牙：拗口)。也作"诘屈聱牙"。

诘(詰) jí[诘屈聱牙](jíqū áoyá)同"佶屈聱牙"。
△另见 jié。

呕 jí ❶〈形〉快；迅速。❷〈副〉急迫地：～待解决|～须纠正。
△另见 qì。

【呕呕】jíjí〈形〉急迫；急忙：～奔走|～来京。

革 jí〈形〉危急：病～。
△另见 gé。

笈 jí〈名〉❶书籍：负～从师。❷书籍；典籍。

急 jí ❶〈形〉想马上达到目的而激动不安；着急：～忙|～于求成。❷〈动〉使着急：火车快开了，他还不来，真～人！❸〈形〉容易发怒；急躁：～性子。❹〈形〉很快而且猛烈：～促：～雨|～转弯。❺〈形〉急迫；紧急：～事

|～中生智。❻〈名〉紧急严重的事；危～|当务之～|边境有～。❼〈动〉对大家的事或别人的困难赶快帮助：～公好义|～人之难(nàn)。❽〈动〉逼迫：大王必欲～臣，臣头今与璧俱碎于柱矣!

【急促】jícù〈形〉❶快而短促：呼吸～。❷(时间)短促。

【急风暴雨】jí fēng bào yǔ 急剧而猛烈的风雨，比喻声势浩大的革命运动。

【急功近利】jí gōng jìn lì 急于追求眼前的成效和利益。

【急就章】jíjiùzhāng〈名〉原为书名，汉代史游作。借指为了应付需要而匆忙完成的作品或事情。

【急剧】jíjù〈形〉急速；迅速而剧烈：河水～上涨|股票～下跌。

【急遽】jíjù〈形〉急速。

【急峻】jíjùn〈形〉湍急险峻。

【急流勇退】jí liú yǒng tuì 旧时比喻做官的人在仕途顺利的时候毅然退出官场，现也比喻在复杂的斗争中或事业有成时及时抽身。

【急忙】jímáng〈副〉心里着急，行动加快：摔倒后～爬起来。

【急迫】jípò〈形〉急需办理，不容许迟延。

【急起直追】jí qǐ zhí zhuī 马上振作起来，迅速赶上去。

【急切】jíqiè〈形〉❶急迫；迫切：心情～。❷匆忙；仓促：～间走错了一棋。

【急速】jísù〈形〉形容非常快：汽车～奔驰。

【急湍】jítuān ❶〈形〉(水流)湍急。❷〈名〉也指湍急的水流。

【急眼】jíyǎn 方言。〈动〉❶动怒；发脾气。❷因着急或恼火而不顾一切。

【急于事功】jíyú shì gōng 指做事急于求成。

【急躁】jízào〈形〉❶碰到不称心的事情马上激动不安：性情～。❷做事急于求成：～冒进。

【急诊】jízhěn ❶〈动〉指病情严重，需要马上诊治：阑尾炎急性发作的病人应及时到医院~。❷〈名〉医院为急性病患者进行紧急治疗的门诊：看～。

【急中生智】jí zhōng shēng zhì 在紧急的情况下想出好的应付办法。

【急骤】jízhòu〈形〉❶急速：气温～下降。❷急迫。

【急转直下】jí zhuǎn zhí xià 局势等突然转变，并很快地顺势发展下去。

备用词 告急 救急 焦急 紧急 湍急 危急 迅

急　着急　轻重缓急　燃眉之急　十万火急

姞 jí〈名〉姓。

疾 jí❶〈名〉病:癣疥之~|残~|讳~忌医。❷〈形〉痛苦:~苦。❸〈动〉痛恨:~恶如仇。❹〈形〉急速;猛烈:~风|手~眼快。

【疾病】jíbìng〈名〉病的总称:预防~|缠身。

【疾恶如仇】jí è rú chóu 痛恨坏人坏事像痛恨仇敌一样,形容人富于正义感。

【疾风知劲草】jí fēng zhī jìng cǎo 在猛烈的大风中才知道只有坚韧不易折断的草才不会被吹倒,比喻在危难之中只有意志坚强的人才经得起考验。也说"疾风劲草"。

【疾患】jíhuàn〈名〉病。

【疾苦】jíkǔ〈名〉(人民生活中的)困苦。

【疾忙】jímáng〈形〉急忙。

【疾首】jíshǒu〈形〉头痛:痛心~|~蹙额(形容厌恶痛恨的样子)。

【疾言厉色】jí yán lì sè 说话急躁,神色严厉,形容发怒时的神情。

备用词　暗疾　残疾　痼疾　宿疾　迅疾　隐疾　积劳成疾　癣疥之疾

棘 jí〈名〉❶酸枣树。❷泛指有刺的草木:荆~。

【棘手】jíshǒu〈形〉比喻事情难办,像荆棘刺手。

殛 jí〈动〉杀死:雷~。

戢 jí❶〈动〉收敛;收藏:~翼|~怒|~兵。❷〈名〉姓。

集 jí❶〈动〉群鸟栖息在树上。❷〈动〉集合;聚集:~中|汇~|悲喜交~。❸〈名〉集市:赶~。❹〈名〉集子:诗~|全~。❺〈量〉某些篇幅较长的著作或作品中相对独立的部分:《康熙字典》分为子、丑、寅、卯等十二~|这部影片分上下两~|二十~电视连续剧。❻〈名〉"集合"③的简称。❼〈名〉姓。

【集藏】jícáng〈动〉收集保藏;收藏:~品|明清家具~|~书画精品。

【集成】jíchéng〈动〉同类著作汇集在一起(多用于书名):《丛书~》|《诸子~》|《中国古典戏曲论著~》。

【集萃】jícuì〈动〉荟萃:新闻~。

【集大成】jí dàchéng 集中前人某方面的成就而达到相当完备的程度。

【集合】jíhé❶〈动〉许多分散的人或物聚在一起:全校同学已经在操场~了。❷〈动〉使集合;汇集:~各种材料,加以分析。❸〈名〉数学上指若干具有共同属性的事物的总体。如全部整数就成一个整数的集合,一个工厂的全体工人就成一个该工厂全体工人的集合。简称"集"。

【集会】jíhuì〈动〉集合在一起开会:群众~。

【集结】jíjié〈动〉聚集,特指部队集合到一处:~待命。

【集锦】jíjǐn〈名〉编辑在一起的精彩的诗文、图画等(多用作标题):相声小段~。

【集市】jíshì〈名〉定期买卖货物的市场(多指出售农副产品的市场):~贸易。

【集思广益】jí sī guǎng yì 集中大家的智慧,广泛吸收有益的意见。

【集体】jítǐ〈名〉许多人结合起来的有组织的整体(跟"个人"相对):先进~|~领导。

【集体经济】jítǐ jīngjì 以生产资料集体所有制和共同劳动为基础的经济形式。

【集体所有制】jítǐ suǒyǒuzhì 社会主义公有制经济形式之一,主要的生产资料、产品等归劳动群众集体所有。

【集体主义】jítǐ zhǔyì 一切从集体出发,把集体利益放在个人利益之上的思想。

【集团】jítuán〈名〉❶为了一定的目的组织起来共同行动的集合体:军事~。❷指机关、团体等:压缩~购买力。

【集训】jíxùn〈动〉(人员)集中到一个地方训练:干部轮流~|参加冬季~。

【集腋成裘】jí yè chéng qiú 狐狸腋下的皮虽然很小,但把许多块聚集起来就能缝成一件皮袍。比喻积少成多。

【集约】jíyuē〈形〉❶农业上指在同一土地面积上投入较多的生产资料和劳动,进行精耕细作,用提高单位面积产量的方法来增加产品总量(跟"粗放"相对)。这种经营方式叫作"集约经营"。❷泛指采用现代化管理方法和科学技术,加强分工、协作,提高资金、资源使用效率的(经营方式)。

【集中】jízhōng❶〈动〉把分散的人、力量或事物等聚集起来:~优势兵力,各个歼灭敌人。❷〈形〉不分散:注意力~。

【集中营】jízhōngyíng〈名〉帝国主义国家或反动政权把政治犯、战俘或掳来的非交战人员集中起来监禁或杀害的地方。

【集装箱】jízhuāngxiāng〈名〉具有一定规格、便于机械装卸、可以重复使用的装运货物的大型容器,形状像箱子,多用金属材料制成。

J

有的地区叫"货柜"。

【集资】jízī〈动〉聚集资金:~办学|~经营。

【集子】jízǐ〈名〉把许多单篇著作或单张作品收集在一起编成的书:这个~里共有二十五篇小说。

备用词 采集 筹集 凑集 调集 汇集 会集 结集 纠集 聚集 密集 募集 凝集 齐集 麋集 收集 搜集 邀集 云集 招集 征集 年集 市集 别集 丛集 全集 选集 专集 总集 百感交集 悲喜交集

浼 jí 浼滩,地名,在河南。

蒺 jí [蒺藜(lí)]〈名〉草本植物,茎平铺在地上,果皮有尖刺,种子可入药。

楫(*檝) jí〈名〉桨:舟~|中流击~。

辑(輯) jí❶〈动〉收集材料,做系统的整理、编选、加工:~录|编~|剪~。❷〈量〉整套书籍、资料等按内容或发表先后次序分成的各个部分:专~|特~|这部丛书分为十~,每~五本。

【辑录】jílù〈动〉把有关的资料或著作收集起来编成书。

【辑要】jíyào〈动〉辑录要点(多用于书名):《道藏~》。

【辑佚】jíyì❶〈动〉辑录前人或今人通行的集子以外的散佚的文章或作品:~并印行古籍数十种。❷〈名〉辑佚而编成的书或文章(多用于书名):《鲁迅著作~》。

备用词 编辑 剪辑 缀辑 纂辑

嵴 jí〈名〉山脊。

嫉 jí〈动〉❶嫉妒,因别人比自己好而怨恨:~恨|~妒。❷痛恨:~恶如仇。

【嫉妒】jídù〈动〉忌妒。

【嫉恨】jíhèn〈动〉因忌妒而愤恨;憎恨。

【嫉贤妒能】jí xián dù néng 对品德、才能比自己强的人心怀怨恨。也说"妒贤嫉能"。

蕺 jí〈名〉蕺菜,草本植物,茎头有节,茎、叶有鱼腥气。全草入药。也叫"鱼腥草"。

瘠 jí〈形〉❶(身体)瘦弱:~瘦。❷土地不肥沃:~薄|~贫。

【瘠薄】jíbó〈形〉(土地)缺少植物生长所需要的养分和水分;不肥沃。

鹡(鶺) jí [鹡鸰(líng)]〈名〉鸟,身体小,嘴细长,尾长。生活在水边,吃昆虫等。种类较多,常见的有白鹡鸰。

藉 jí❶〈动〉践踏;侮辱:蹈~。❷[狼藉]〈形〉杂乱不堪。❸〈名〉姓。
△另见 jiè。

踖 jí〈动〉小步行走。

籍 jí❶〈名〉书;册子:书~|史~|户~。❷〈名〉籍贯:原~。❸〈名〉个人对国家、组织的隶属关系:国~|党~|学~。❹〈动〉登记:~吏民,封府库。❺〈名〉姓。

【籍贯】jíguàn〈名〉家庭世代居住或个人出生的地方。

备用词 簿籍 户籍 典籍 古籍 经籍 秘籍 史籍 图籍 载籍 客籍 寄籍 原籍 祖籍

jǐ

几(幾) jǐ〈数〉❶询问数目(估计数目不大):~个人?|你~岁了?❷表示大于一而小于十的不定数目:~本书|十~岁|~百人。
△另见 jī。

【几曾】jǐcéng〈副〉用反问的语气表示未曾:试问古来~见破镜能重圆?

【几多】jǐduō〈代〉多少:~人。

【几何】jǐhé❶〈代〉多少:不值~|人生~。❷〈名〉几何学,研究空间图形的形状、大小和位置的相互关系的学科。

【几时】jǐshí〈代〉什么时候:你们学校~开学?

【几许】jǐxǔ〈代〉多少。

己 jǐ❶〈代〉自己:舍~为人|坚持~见。❷〈名〉天干的第六位。用来排列次序时表示第六。参看【干支】。❸〈名〉姓。

【己方】jǐfāng〈名〉自己这一方面:~方观点|~队员|发表~的意见。

【己见】jǐjiàn〈名〉自己的意见:各抒~|固执~。

【己任】jǐrèn〈名〉自己的任务或责任:以天下为～。

体己　异己　知己　自己　安分守己　反求诸己　身不由己　损人利己　先人后己　诛锄异己

纪（紀） jǐ〈名〉姓。△另见 jì。

虮（蟣） jǐ〈名〉虮子。

【虮子】jǐzi〈名〉虱子的卵。

挤（擠） jǐ〈动〉❶(人、物)紧紧靠在一起;(事情)集中在同一时间内:拥～｜屋里～满了人｜工作安排得太～。❷在拥挤的环境中用身体推开人或物:人多～不进来。❸用压力使从孔隙中出来:～牙膏｜～牛奶。❹排斥:排～。

【挤对】jǐduì 方言〈动〉❶逼迫使屈从:他不愿意,就别～他了。❷排挤;欺负:他初来乍到的时候挺受～的。

【挤兑】jǐduì〈动〉许多人到银行里挤着兑现。

【挤眉弄眼】jǐ méi nòng yǎn 用眼睛传情、示意:几个人都对他～,叫他别去。

【挤提】jǐtí 方言〈动〉挤兑:发生～风潮。

【挤牙膏】jǐ yágāo 比喻说话不爽快,像挤牙膏似的一再追问,才一点儿一点儿说出来。

【挤轧】jǐyà〈动〉排挤倾轧:派系之间互相～。

【挤占】jǐzhàn〈动〉强行挤入并占用:～耕地。

济（濟） jǐ〈名〉❶济水,古水名,发源于今河南,流经山东入渤海。现在黄河下游的河道就是原来济水的河道。今河南济源、山东济南、济宁、济阳等地因济水得名。❷姓。△另见 jì。

【济济】jǐjǐ〈形〉形容人多:人才～｜～一堂。

【济济一堂】jǐjǐ yī táng 形容许多人聚集在一起。

给（給） jǐ❶〈动〉供应:供～｜补～｜自～自足。❷〈形〉富裕充足:家～人足｜百姓充～。△另见 gěi。

【给养】jǐyǎng〈名〉指军队中人员的伙食、炊事燃料以及牲畜的饲料等物资。

【给与】jǐyǔ 同"给予"。

【给予】jǐyǔ〈动〉给(gěi):～帮助｜～同情｜～亲切的关怀。也作"给与"。

补给　供给　配给　仰给　自给　薪给　目不暇给

脊 jǐ〈名〉❶人或动物身上中间的骨头;脊骨:～椎｜～柱｜～髓。❷物体上形状像脊骨的部分:山～｜屋～｜书～。❸姓。

【脊背】jǐbèi〈名〉背(bèi)①。

【脊梁】jǐliang〈名〉脊背。

【脊梁骨】jǐlianggǔ〈名〉脊柱。

【脊柱】jǐzhù〈名〉人和脊椎动物背部的主要支架,形状像柱子。

掎 jǐ〈动〉❶牵住;拖住:～裳联袂(牵裙连袖,形容人多)。❷牵引;拉。

【掎角之势】jǐ jiǎo zhī shì 比喻作战时分兵牵制或合兵夹击的形势(掎角:原指捕鹿时有人抓住鹿的角,有人扭住鹿的腿,协力合作)。

魢（魢） jǐ〈名〉鱼,身体略呈椭圆形,绿褐色。生活在海底岩石间。

戟 jǐ❶〈名〉古代的一种兵器,枪尖旁边附有月牙形锋刃。❷〈动〉刺激:～喉痒肺。

麂 jǐ〈名〉哺乳动物,是小型的鹿,雄的有长牙和短角。通称"麂子"。

—— jì ——

计（計） jì❶〈动〉计算:～时｜～酬｜统～｜共～｜不～其数｜数以万～。❷〈名〉测量或计算度数、时间等的仪器:时～｜体温～。❸〈名〉主意;策略:～策｜奸～｜诡～｜苦肉～。❹〈动〉计议;打算:预～｜为加强安全～,制订了治安保卫工作条例。❺〈名〉姓。

【计策】jìcè〈名〉预先安排好的对付某人或某种情势的方法或策略。

【计程车】jìchéngchē〈名〉小型出租汽车:开～。

【计酬】jìchóu〈动〉计算报酬:按劳～｜按字数～。

【计点】jìdiǎn〈动〉统计;清点:～军士。

【计划】jìhuà❶〈名〉工作或行动以前预先拟定的具体内容、实施办法和步骤等:科研～｜制订～。❷〈动〉按计划;做计划:～供应。

【计划经济】jìhuà jīngjì 国家按照统一制定的计划并通过行政手段管理国民经济的经济体制(跟"市场经济"相区别)。

【计划生育】jìhuà shēngyù 为控制人口增长,采用科学方法,有计划地安排生育:实行～。

【计价】jìjià〈动〉计算价钱:～器｜～标准｜按质～。

【计件工资】jìjiàn gōngzī 按照生产的产品合格件数或完成的作业量来计算的工资(跟"计时工资"相区别):实行～｜领取～。

【计较】jìjiào ❶〈动〉计算比较:斤斤～。❷〈动〉争论:你爱怎么说就怎么说,我现在不同你～。❸〈动〉认真追究:不肯和小人～。❹〈动〉打算;商量:日后再作～。❺〈名〉计策:那～都是吴用的主张。

【计会】jìkuài〈名〉会(kuài)计:谁习～,能为文收责(债)于薛者乎?

【计量】jìliàng〈动〉❶把一个暂时未知的量与一个已知的量进行比较,如用尺量布、用秤称物、用体温计量体温等。❷计算:损失之大,难以～|影响之大,是不可～的。

【计谋】jìmóu〈名〉计策;策略:善用～。

【计日程功】jì rì chéng gōng 可以数着日子计算进度,形容进展很快,有把握在较短时间内完成或成功(程:计算)。

【计时】jìshí〈动〉计算时间:开始～|～收费。

【计时工资】jìshí gōngzī 按照劳动时间多少和技术熟练程度来计算的工资(跟"计件工资"相区别)。

【计算】jìsuàn〈动〉❶通过已知数求出未知数;算计①:～成本|精确。❷考虑;筹划:有些人做事没～。❸暗中谋划损害别人:险遭～。

【计算尺】jìsuànchǐ〈名〉根据对数原理制成的一种辅助计算用的工具,由两个有刻度的尺构成,其中一个嵌在另一个尺的中间并能滑动,把两个尺上一定的刻度对准,即能直接求出运算的结果。可用于乘、除、乘方、开方、三角函数值及对数等运算。也叫"算尺"。

【计算机】jìsuànjī〈名〉能进行数学运算的机器。有的用机械装置做成,如手摇计算机;有的用电子元器件组装成,如电子计算机。现特指电子计算机。

【计算机病毒】jìsuànjī bìngdú 计算机程序的一种,在一定条件下会不断地自我复制和扩散,影响和破坏计算机系统的正常运行。一般是人故意设计的破坏性程序。

【计算机程序】jìsuànjī chéngxù 为实现某种目的而由计算机执行的代码化指令序列,通过程序设计语言实现。

【计算机网络】jìsuànjī wǎngluò 用通信线路把多台计算机互相连接起来,用来实现资源共享和信息交换的系统。

【计算机综合征】jìsuànjī zōnghézhēng 因长时间使用计算机,受电磁辐射、光线等影响而出现的眼睛酸胀、头晕目眩、恶心呕吐和注意力不易集中等病征。

【计算器】jìsuànqì〈名〉指小型的计算装置。

【计议】jìyì〈动〉商量;商议:从长～。

备用词 估计 合计 核计 商计 设计 算计 统计 预计 约计 总计 会计 活计 家计 生计 百年大计 缓兵之计 将计就计 锦囊妙计 千方百计 权宜之计 阴谋诡计

记(記)

jì ❶〈动〉把印象保持在脑子里:～忆|～牢|博闻强～。❷〈动〉记录;记载;登记:～事|～账。❸〈名〉记载、描写事物的书或文章(常用作书名或篇名):游～|速～|《岳阳楼～》。❹〈名〉标志;符号:标～|暗～|～儿。❺〈动〉想念:～挂|惦～。❻〈名〉皮肤上的生下来就有的深色的斑:眉毛上有个黑～。❼〈量〉多用于某些动作的次数:一～耳光|一～劲射,球进了!❽〈名〉姓。

【记仇】jìchóu〈动〉把别人的仇恨记在心里:他这人从来不～|我说了他几句,他就～了。

【记得】jìdé〈动〉想得起来;没有忘掉:他说的话我还～|这件事～是在哪一年了。

【记分】jìfēn〈动〉记录工作、比赛、游戏中得到的分数:～员|由他负责～。

【记工】jìgōng〈动〉记录工作时间或工作量。

【记挂】jìguà〈动〉惦记;挂念:你好好养病,不要～我们。

【记过】jìguò〈动〉登记过失,对犯错误者的一种处分:～一次|记了一次过。

【记录】jìlù ❶〈动〉把听到的话或发生的事情写下来:～在案|～口供。也作"纪录"。❷〈名〉当场记录下来的材料:会议～|发言～。也作"纪录"。❸〈名〉做记录的人:由他当～。也作"纪录"。❹同"纪录"①。

【记名】jìmíng〈动〉记载姓名,表明权利或责任的所在:～证券|无～投票。

【记名制】jìmíngzhì〈名〉办理有关手续时登记名字(不一定是真实的)的制度。

【记念】jìniàn 见〖纪念〗。

【记取】jìqǔ〈动〉记住(教训、嘱咐等):认真～。

【记认】jìrèn ❶〈动〉辨认:她穿着一条黄裙子,很好～的|这个字形体特别,容易～。❷方言。〈名〉指便于记住和识别的标志:借来各家的椅子要做个～,将来不要还错了。

【记述】jìshù〈动〉用文字叙述;记载。

【记诵】jìsòng〈动〉默记和背诵;熟读:他从小就～了许多唐诗。

【记性】jìxìng〈名〉记忆力:～好|没～。

【记叙】jìxù〈动〉用文字叙述:～文(以叙事、记人、写景、状物为主要内容的文章):～事实|

~翔实|书中~了很多名人趣事。

【记叙文】jìxùwén〈名〉泛指记人、叙事、描写景物的文章:写一篇~。

【记要】jìyào 同"纪要"。

【记忆】jìyì ❶〈动〉记住或想起(过去的事物或经历过的事情):~力。❷〈名〉保持在脑子里的过去的事物或经历过的事情的印象:~犹新(过去的事还记得很清楚,就像刚发生的一样)。

【记忆合金】jìyì héjīn "形状记忆合金"的简称。

【记忆力】jìyìlì〈名〉记住事物的形象或事情的经过的能力:~强|增强~。

【记游】jìyóu〈动〉游览名胜古迹题诗文留念。

【记载】jìzǎi ❶〈动〉把事情写下来:据实~|这本回忆录~了当年的战斗历程。❷〈名〉记载事情的文章:我读过与此事有关的~。

【记者】jìzhě〈名〉通讯社、报刊、广播电台、电视台等采访新闻和写通讯报道的专职人员:当~|新闻~。

备用词 标记 表记 戳记 钤记 图记 登记 浮记 速记 摘记 惦记 牢记 铭记 切记 忘记 笔记 后记 漫记 日记 游记 杂记 札记 劄记 传记 博闻强记

伎 jì ❶同"技":~俩。❷〈名〉古代称以歌舞为业的女子:歌~|舞~。

【伎俩】jìliǎng〈名〉不正当的手段;花招:施展~|骗人的~。

齐(齊) jì〈名〉❶调味品。❷合金(此义今多读 qí)。
△另见 qí。

纪(紀) jì ❶〈名〉法度;纪律;军~|法~|违法乱~。❷同"记",主要用于"纪念"、"纪年"、"纪元"、"纪传"等。❸〈名〉古代以十二年为一纪,现指更长的时间:世~|中世~。❹〈名〉地质年代分期的第三级,纪以上为代,如中生代分为三叠纪、侏罗纪和白垩纪。跟纪相应的地层系统分类单位叫作"系"(xì)。❺〈名〉我国纪传体史书中帝王的传记:《汉书·武帝~》。
△另见 jǐ。

【纪纲】jìgāng ❶〈名〉法度;法纪。❷〈动〉治理;管理。

【纪检】jìjiǎn〈名〉纪律检查:~工作|~部门。

【纪录】jìlù ❶〈名〉在一定时期、一定范围以内记载下来的最高成绩:刷新~|全国~|打破~|创造新的世界~。也作"记录"。❷同"记录"①②③。

【纪律】jìlǜ〈名〉集体里要求每个成员必须遵守的规则:遵守~。

【纪年】jìnián〈动〉记年代。我国古代用干支纪年,从汉武帝起又兼用皇帝的年号纪年,公历纪年用传说耶稣生年为第一年。

【纪念】(记念)jìniàn ❶〈动〉用事物或行动对人或事表示怀念:~革命先烈|~母亲。❷〈名〉纪念品:这支笔送给你做个~吧。

【纪念品】jìniànpǐn〈名〉表示纪念的物品:旅游~。

【纪念日】jìniànrì〈名〉发生过重大事情值得纪念的日子,如国庆日、中国共产党成立纪念日、国际劳动节。

【纪实】jìshí ❶〈动〉记录真实情况:~文学。❷〈名〉指记录真实情况的文字(多用于标题):《植树活动~》。

【纪事】jìshì ❶〈动〉记录事实:~诗。❷〈名〉记载某些事迹、史实的文字(多用于书名):《唐诗~》。

【纪事本末体】jìshìběnmòtǐ〈名〉我国传统史书的一种体裁,以重要的事件为纲,自始至终有系统地把它记载下来。创始于南宋袁枢的《通鉴纪事本末》。

【纪行】jìxíng〈名〉记载旅行见闻的作品(多用于标题):《加拿大~》|《延安~》。

【纪要】jìyào〈名〉记录要点的文字:会议~|座谈会~。也作"记要"。

【纪元】jìyuán〈名〉❶纪年的开始,如公历以传说的耶稣诞生的那一年为元年。❷比喻新的历史阶段的开始。

【纪传体】jìzhuàntǐ〈名〉我国传统史书的一种体裁,主要以人物传记为中心,叙述当时的史实。"纪"是帝王本纪,列在全书的前面,"传"是其他人物的列传。创始于汉代司马迁的《史记》。

备用词 年纪 世纪 法纪 党纪 风纪 纲纪 经纪 政纪

技 jì〈名〉技能;本领:~术|绝~|雕虫小~|一~之长。

【技法】jìfǎ〈名〉技巧和方法:雕塑~|~纯熟。

【技改】jìgǎi〈动〉技术改革或技术改造:~项目。

【技击】jìjī〈名〉用来搏斗的武术:精于~。

【技能】jìnéng〈名〉掌握和运用专门技术的能力。

【技巧】jìqiǎo〈名〉表现在艺术、工艺、体育等方面的巧妙的技能:写作~|表演~。

【技术】jìshù〈名〉❶指有关生产劳动的经验、知识以及操作方面的技巧:学～|熟练。❷技术装备,生产上用的各种机械、仪器、仪表、工具等设备。

【技术改革】jìshù gǎigé 技术革新:进行～。

【技术革命】jìshù gémìng 指生产技术上的根本变革,如从用体力、畜力改为用蒸汽做动力生产,用手工工具生产改为用机器生产。

【技术革新】jìshù géxīn 指生产技术上的改进,如工艺流程、机器部件等的改进。也叫"技术改革"。

【技术科学】jìshù kēxué 应用科学。

【技术性】jìshùxìng〈名〉❶指技术含量或技术水准:钳工是～很强的工种|这种工作,～要求非常高。❷指非原则性、非实质性的方面:～问题。

【技术装备】jìshù zhuāngbèi 生产上用的各种机械、仪器、仪表、工具等设备。

【技痒】jìyǎng〈动〉有某种技能的人遇到机会时极想施展:他看别人踢球,不觉有些～。

【技艺】jìyì〈名〉富于技巧性的表演艺术或手艺:～高超|精湛的～。

芰 jì〈名〉古书上指菱。

系(繫) jì〈动〉打结;扣:～鞋带|～围裙。
△另见 xì。

忌 jì〈动〉❶忌妒:～刻|猜～|妒～。❷怕顾～|～惮|讳疾～医|横行无～。❸认为不适宜而避免:～讳|～犯。❹戒除:～烟|～酒。

【忌辰】jìchén〈名〉先辈去世的纪念日。旧俗这一天忌举行宴会或娱乐:每到父亲～,他都要回去祭奠。

【忌惮】jìdàn〈动〉畏惧;肆无～。

【忌妒】jìdu〈动〉对才能、地位或境遇比自己好的人心怀怨恨。

【忌恨】jìhèn〈动〉因忌妒而愤恨;憎恨。

【忌讳】jìhuì〈动〉❶因迷信思想、风俗习惯或个人理由等,对某些言语或举动有所顾忌而采取回避态度。❷对某些可能产生不良后果的事力求避免:学习要有恒心,最～的是虎头蛇尾。

【忌克】jìkè 同"忌刻"。

【忌刻】jìkè〈动〉对人忌妒刻薄:心存～。也作"忌克"。

【忌口】jìkǒu〈动〉因有病或其他原因吃不相宜的食品:你这个病宜～。也说"忌嘴"。

【忌怕】jìpà〈动〉畏忌;惧怕。

【忌日】jìrì〈名〉❶忌辰。❷迷信的人指不宜做某事的日子。

【忌语】jìyǔ〈名〉认为不适宜而避免说的话:行业～。

【忌嘴】jìzuǐ〈动〉忌口。

备用词 避嫌 猜忌 妒忌 犯忌 顾忌 戒忌 禁忌 畏忌 疑忌 恣行无忌

际(際) jì❶〈名〉靠边的或分界的地方:边～|天～|一望无～。❷〈动〉接近:～山枕水。❸〈名〉里边;中间:脑～|胸～。❹〈名〉彼此之间:国～|星～旅行。❺〈名〉时候:重逢之～。❻〈动〉正当(指时机、境遇):～此盛会。❼〈动〉遭遇:遭～|～遇。

【际会】jìhuì〈动〉遇合:风云～(指逢到好的时运)。

【际涯】jìyá〈名〉边际。

【际遇】jìyù〈名〉遭遇、机会(多指好的)。

备用词 边际 分际 空际 天际 交际 国际 人际 星际 实际 遭际 漫无边际 一望无际

妓 jì〈名〉妓女:狎～|娼～。

【妓女】jìnǚ〈名〉以卖淫为业的女人。

【妓院】jìyuàn〈名〉旧时妓女卖淫的处所。

季 jì〈名〉❶一年分春秋冬四季,一季三个月。❷季节:雨～|旺～。❸指一个时期的末了:清～(清朝末年)|明之～世。❹指一季的末一个月:～春(农历三月)。❺在弟兄排行里代表第四或最小的:伯仲叔～|～弟。❻姓。

【季度】jìdù〈名〉以一季为单位时称为"季度":～预算|这本书预定在第二～出版。

【季父】jìfù〈名〉叔父。

【季节】jìjié〈名〉指一年里某个有特点的时期。

【季军】jìjūn〈名〉体育、游艺项目的竞赛中评比出来的第三名。

剂(劑) jì❶〈名〉药品制剂:针～|麻醉～。❷〈名〉某些有化学作用的物品:杀虫～|冷冻～。❸〈量〉用于若干味药配合起来的汤药。❹〈动〉调节;配合:调～。

坰 jì〈名〉坚硬的土。

荠(薺) jì〈名〉荠菜,草本植物,嫩株、嫩叶可以吃。全草入药。
△另见 qí。

迹（*跡蹟）

jì，旧读 jī ❶〈名〉留下的印子；痕迹：足～。❷〈名〉前人遗留的事物（主要指建筑或器物）：古～｜事～。❸〈名〉形迹：～近违抗（行动近乎违背，抗拒上级指示）。❹〈动〉推究；探求：～其祖始。

【迹象】jìxiàng〈名〉指显露出来的不很明显的情况：～可疑。

备用词 痕迹 形迹 笔迹 墨迹 手迹 真迹 字迹 陈迹 古迹 奇迹 史迹 事迹 遗迹 秽迹 劣迹 行迹 踪迹 足迹 混迹 浪迹 敛迹 销声匿迹 蛛丝马迹

洎

jì〈动〉到；及：自古～今｜～乎近世。

济（濟）

jì〈动〉❶过河；渡：同舟共～。❷救；救济：接～｜赈～｜～贫｜缓不～急。❸（对事情）有益；成：无～于事。
△另见 jǐ。

【济河焚舟】jì hé fén zhōu《左传·文公三年》：“秦伯伐晋，济河焚舟。”渡过了河，把船烧掉，表示决一死战，有进无退。

【济贫】jìpín〈动〉救济贫穷的人：赈灾～。

【济世】jìshì〈动〉救济世人：行医｜～之才｜～良医｜～安民。

【济事】jìshì〈形〉能成事（多用于否定式）：人多了浪费，人少了不～。

备用词 不济 得济 经济 接济 救济 赈济 周济 和衷共济 宽猛相济 同恶相济 同舟共济

既

jì ❶〈副〉已经：～成事实｜～定方针。❷〈连〉既然：～来之，则安之。❸〈副〉跟“且”、“又”、“也”等词语呼应，表示两种情况兼而有之：～聪明，又用功。❹〈形〉完了；尽：言未～。

【既而】jì'ér〈连〉用在句首，表示上文所说的情况或动作发生之后不久。

【既然】jìrán ❶〈连〉用于前一小句，后一小句常用“就”、“也”、“还”跟它呼应，表示先提出前提，而后加以推论：～不同意，就算了。❷〈副〉已然：时候～是深冬，渐近故乡时，天气又阴晦了。

【既往】jìwǎng〈名〉过去：一如～｜～不咎。

【既往不咎】jì wǎng bù jiù 对过去的错误不再责备或追究。

【既望】jìwàng〈名〉望日的后一天，一般指农历每月十六日。

觊（覬）

jì〈动〉希望；希图：～觎（yú）｜～幸。

【觊觎】jìyú ❶〈动〉非分地希望得到（不应得到或不可能得到的东西）：～大位。❷〈名〉非分的希望或企图：心怀～。

继（繼）

jì ❶〈动〉接续；接替：～续｜～任｜前赴后～｜相～落成。❷〈连〉随后：～而｜初感头晕，～又吐泻。❸〈名〉姓。

【继承】jìchéng〈动〉❶依法承受死者的遗产或权利：～人。❷后人继续做前人留下的事业：～革命传统。

【继承权】jìchéngquán〈名〉依法或遵遗嘱承受死者遗产等的权利。

【继承人】jìchéngrén〈名〉❶依法或遵遗嘱继承遗产等的人。❷君主国家中指定或依法继承王位的人：财产～｜王位～。

【继而】jì'ér〈连〉表示紧接着某一情况或动作之后：人们先是一惊，～哄堂大笑。

【继任】jìrèn〈动〉接替前任职务。

【继述】jìshù〈动〉继承：～先烈遗志。

【继往开来】jì wǎng kāi lái 继承前人的事业，并为未来开辟道路。

【继续】jìxù ❶〈动〉（动作）连续下去；不间断：～前进｜斗争仍在～。❷〈名〉和某一事有连续关系的另一事：初中教育是小学教育的～。

【继续教育】jìxù jiàoyù 对专业技术人员进行的补充、提高、更新知识和技能的教育，也指对全民进行传授知识和提高能力的终身教育。

备用词 承继 出继 过继 后继 相继 前赴后继 前仆后继

偈

jì〈名〉佛经中的唱词：诵～｜～语。
△另见 jié。

祭

jì〈动〉❶祭祀：～坛｜～祖。❷祭奠：家～｜公～｜～英灵。❸使用（法宝）。
△另见 zhài。

【祭奠】jìdiàn〈动〉为死去的人举行仪式，表示崇敬和追念：～亡灵。

【祭扫】jìsǎo〈动〉祭奠；扫墓。

【祭祀】jìsì〈动〉旧俗备供品向神佛或祖先致敬行礼，祈求保佑、赐福。

【祭灶】jìzào〈动〉祭祀灶神。旧俗以农历腊月二十三日或二十四日为祭灶日。

备用词 公祭 家祭 路祭 陪祭 主祭

悸

jì〈动〉心跳得厉害，特指因害怕而引起的：心～｜惊～｜心有余～。

寄

jì ❶〈动〉原指托人递送，现专指通过邮局递送：～信。❷〈动〉托付：～托｜～希望于青年。❸〈动〉依附别人；依附别的地方：～居｜～人篱下。❹〈形〉认的(亲属)：～父｜～女。❺〈名〉姓。

【寄存】jìcún〈动〉把东西暂时托付给人保管。

【寄人篱下】jì rén lí xià《南史·张融传》:"丈夫当删诗书，制礼乐，何至因循寄人篱下?"原指著述因袭他人，后用来比喻依靠别人过活。

【寄生】jìshēng〈动〉❶一种生物依附在另一种生物的体内或体外，并从那种生物中取得养分而生存：～虫。❷指自己不劳动而靠剥削生活：～阶级。

【寄食】jìshí〈动〉在别人家里吃饭；依靠别人生活。

【寄宿】jìsù〈动〉❶借宿。❷学生在学校宿舍里住宿：～生。

【寄托】jìtuō〈动〉❶寄放并委托照看。❷把理想、希望、感情等放在某人身上或某种事物上：把希望～在青年身上。❸存身：蟹六跪而二螯，非蛇鳝之穴无可～者，用心躁也。

【寄言】jìyán〈动〉托人带话。

【寄予】(寄与)jìyǔ〈动〉❶寄托：～殷切期望。❷给予(同情、关怀等)。

【寄寓】jìyù〈动〉❶暂居；借住：～他乡。❷寄托②：其诗～深长。

寂 jì〈形〉❶安静；没有声音：～静｜沉～。❷孤单；冷清：～寞｜枯～。

【寂寂】jìjì〈形〉寂静；冷清：庭阶～。

【寂静】jìjìng〈形〉静悄悄；没有声音。

【寂寥】jìliáo〈形〉寂静；空旷：四野～｜～无人。

【寂灭】jìmiè❶〈形〉寂寞；没有生气：荒芜～。❷〈动〉灭绝：宪章礼乐，～无闻。

【寂寞】jìmò〈形〉❶孤单冷清。❷寂静；清静。

【寂然】jìrán〈形〉寂静的样子：满座～。

备用词 岑寂 沉寂 孤寂 枯寂 冷寂 死寂 幽寂 万籁俱寂

绩(績*❷勣) jì，旧读 jī ❶〈动〉把麻纤维披开接续起来搓成线：纺～｜～麻。❷〈名〉功业；成果：成～｜功～｜政～。

【绩效】jìxiào〈名〉成绩；成效：～显著。

【绩优股】jìyōugǔ〈名〉股市上指业绩优良，具有较高投资价值的股票。

备用词 成绩 功绩 考绩 劳绩 伟绩 勋绩 业绩 战绩 政绩 丰功伟绩

墍 jì〈动〉❶涂屋顶。❷休息。❸取。

蓟(薊) jì〈名〉❶[大蓟]草本植物，茎上有刺，可入药。❷古地名，在今北京城西南，曾为周朝燕国国都。❸蓟州区，地名，在天津。❹姓。

霁(霽) jì〈动〉❶雨后或雪后转晴：雪～｜久雨新～。❷怒气消散：色～｜～颜。

跽 jì〈动〉双膝着地，上身挺直：～坐｜～跪。

鲚(鱭) jì〈名〉鱼，身体侧扁，头小而尖，尾细长。生活在海洋中。俗称"凤尾鱼"。

濟 jì〈名〉❶水边。❷某些地区指瀑布(多用于地名)：九龙～(在福建)。

暨 jì❶〈连〉和；及；与。❷〈动〉到；至：自古～今。❸〈名〉姓。

稷(稷) jì〈名〉❶古代称一种粮食作物，有的书说是黍一类的作物，有的书说是谷子。❷古代以稷为百谷之长，因此帝王奉祀为谷神：社～。❸姓。

鲫(鯽) jì〈名〉鱼，头部尖，脊背隆起。生活在淡水中，是常见的食用鱼。

髻 jì〈名〉在头顶或脑后盘成的各种形状的头发：发～｜辫～｜抓～｜蝴蝶～。

冀 jì❶〈动〉希望；希图：希～｜～其成功。❷〈名〉冀州，古九州之一，在今河北、山西、河南黄河以北，辽宁辽河以西的地区。❸〈名〉河北的别称。❹〈名〉姓。

穄 jì〈名〉穄子，草本植物，跟黍子相似，但籽实不黏。也叫糜(méi)子。

鬾 jì〈名〉用毛做成的毡子一类的东西：～帐｜～幕。

槥 jì[枸(gǒu)槥]〈名〉古书上指枸杞。

鳒（鰜） jì〈名〉鱼,体侧扁,呈长椭圆形,长约 20 厘米,银灰色。组成背鳍的鳍条中最后一根特别长。生活在东亚和东南亚浅海地区。

骥（驥） jì〈名〉❶好马;骐～|按图索～。❷比喻贤能。

— jiā —

加 jiā ❶〈动〉使数量比原来大或程度比原来高;增加:～大|～快|～多。❷〈动〉把本来没有的添上去;安放:～符号|～注解。❸〈动〉加以:多～保重|严～管束。❹〈动〉进行加法运算:二～三等于五。❺〈动〉施与;施加:强秦之所以不敢～兵于赵者,徒以吾二人在也。❻〈名〉姓。

【加班】jiābān〈动〉在规定以外增加工作时间或班次:～加点|～费(加班得到的报酬)|明天～。

【加倍】jiābèi ❶〈动〉增加跟原有数量相等的数量:产量～|～偿还。❷〈副〉表示程度比原来深得多:～努力|～地珍惜。

【加餐】jiācān ❶〈动〉在正餐之外增加饭食次数:晚上 9 点～一次。❷〈名〉加餐所吃的饮食:今天的～是牛奶和面包。

【加工】jiāgōng〈动〉把原材料、半成品做成成品或使成品更完美、精致:～厂|文字～。

【加官晋爵】jiā guān jìn jué 旧时指官职得到提升。

【加冠】jiāguān〈动〉古代的一种礼节,男子二十岁结发戴冠,表示已经成人。

【加码】jiāmǎ〈动〉❶指提高商品价格。❷指增加赌注。❸提高数量指标:层层～。

【加盟】jiāméng〈动〉加入某个团体或组织:～店|因有世界一流球星～,该队实力大增。

【加密】jiāmì〈动〉给计算机、电话、存折等的有关信息编上密码,使不掌握密码的用户无法使用,达到保密的目的。

【加冕】jiāmiǎn〈动〉君主即位时举行的一种仪式,把皇冠戴在君主头上。

【加强】jiāqiáng ❶〈动〉使更坚强或有效:～团结|～国防建设。❷〈形〉在数量或配备上比一般的强大:～连。

【加入】jiārù〈动〉❶加上;掺进去:～食糖少许。❷参加进去:～工会|～足球队|他～～少先队。

【加塞儿】jiāsāir〈动〉为了取巧而不守秩序,插进排好的队列里。

【加上】jiāshàng〈连〉承接上句,有进一步的

意思,下文多表示结果:他不太用功,～基础也差,成绩老是上不去。

【加深】jiāshēn〈动〉加大深度;变得更深:～了解|矛盾～|相互～印象。

【加速】jiāsù〈动〉❶加快速度:火车正在～运行。❷使速度加快:～其自身的灭亡。

【加以】jiāyǐ ❶〈动〉表示如何对待或处理前面所提到的事物:选择典型事例～说明。❷〈连〉表示进一步的原因或条件:他身体本来就不好,～不注意休息,所以累病了。

【加意】jiāyì〈副〉特别注意:～保护|～经营。

【加油】jiāyóu〈动〉比喻进一步努力;加劲儿:～干。

【加之】jiāzhī〈连〉表示进一步的原因或条件:天气闷热,～窗外车声不断,简直无法休息。

【加重】jiāzhòng〈动〉❶增加重量:～负担|～语气|～责任:～了。❷(病情)变得严重:他的病一天天～了。

备用词 参加 递加 附加 横加 强加 施加 增加 追加 更加 愈加 风雨交加 无以复加

夹（夾） jiā ❶〈动〉从相对的方面加压力,使物体固定:用钳子～住烧红的铁|用筷子～了一块鱼肉放在爷爷的碗中。❷〈动〉使物体限制在中间:～心|～层|～缝。❸〈动〉夹在胳膊底下:～着书包。❹〈动〉夹杂;掺杂:～在人群里|风声～着雨声。❺〈名〉夹东西的器具:皮～|票～。

△另见 gā;jiá。

【夹板】jiābǎn〈名〉用来夹住物体的板子,多用木头或金属制成。

【夹带】jiādài ❶〈动〉藏在身上或混在其他物品里秘密携带:～走私。❷〈名〉考试时为了作弊而暗中携带的与试题有关的材料。

【夹道】jiādào ❶〈名〉在两墙之间的狭窄道路。❷〈动〉许多人或物排列在道路的两旁:～欢迎|松柏～。

【夹击】jiājī〈动〉从两方面同时进攻;夹攻:内外～。

【夹克】(茄克) jiākè〈名〉一种长短只到腰部、袖口和下摆束紧的短外套:～衫|皮～。[外]

【夹七夹八】jiā qī jiā bā 指混杂不清,没有条理(多指说话):她～说了半天,我也没明白她的意思。

【夹生】jiāshēng〈形〉❶食物没有熟透:～饭。❷比喻所学的知识没有完全领会。

【夹杂】jiāzá〈动〉掺杂;混杂:～个人成见|一头黑发中～着几根白发。

J

伽 jiā[伽倻琴]〈名〉朝鲜的一种弦乐器,类似我国的筝。
△另见 gā;qié。

茄 jiā[雪茄]〈名〉用烟叶卷成的烟,形状比一般的香烟粗而长。
△另见 qié。

【茄克】jiākè 见【夹克】。

佳 jiā ❶〈形〉美;好:~句|~音|才子~人|美味~肴|身体欠~。❷〈名〉姓。

【佳宾】jiābīn 见【嘉宾】。

【佳话】jiāhuà〈名〉流传一时,被当作谈话资料的好事或趣事:传为~。

【佳绩】jiājì〈名〉好成绩:再创~。

【佳节】jiājié〈名〉美好愉快的节日:中秋~|每逢~倍思亲。

【佳境】jiājìng〈名〉❶景物优美的处所:西湖~。❷美妙的境界:渐入~。

【佳句】jiājù〈名〉诗文中精彩的句子:不乏~。

【佳丽】jiālì ❶〈形〉美好;美丽:景色~。❷〈名〉指容貌美丽的女子:后宫~。

【佳酿】jiā'niàng〈名〉美酒:陈年~|名酒~。

【佳偶】jiā'ǒu〈名〉❶美好的配偶:喜得~。❷感情融洽、生活美满的夫妻:一对新人,百年~。

【佳品】jiāpǐn〈名〉优质品;上等品:营养~|散文中的~。

【佳期】jiāqī〈名〉❶指男女幽会的日期、时间。❷指结婚的日期。

【佳人】jiārén〈名〉美女;美人:旷世~|才子~。

【佳婿】jiāxù〈名〉好女婿;称心的女婿。

【佳肴】jiāyáo〈名〉精美的菜肴:美味~。

【佳音】jiāyīn〈名〉好消息:静候~|喜获~。

【佳作】jiāzuò〈名〉优秀的作品:诗文~|影视~。

迦 jiā 用于译音,也用于专名。

珈 jiā〈名〉古代妇女的一种首饰。

挟（挾） jiā 同"夹"(jiā)③。
△另见 xié。

枷 jiā ❶〈名〉旧时套在罪犯脖子上的刑具,用木板制成:~锁。❷〈动〉套上枷:将二人大枷~了。

【枷锁】jiāsuǒ〈名〉枷和锁是古代的两种刑具,比喻压迫束缚人的东西。

浃（浹） jiā〈动〉透;遍及:汗流~背。

痂 jiā〈名〉伤口或疮口表面上凝结而成的块状物,伤口或疮口痊愈后自行脱落:疮~。

家（❼傢） jiā ❶〈名〉家庭;人家:~产|成~立业。❷〈名〉家庭所在的地方:搬~|四海为~。❸〈名〉经营某种行业的人家或具有某种身份的人:农~|行(háng)~。❹〈名〉掌握某种专门学识或从事某种专门活动的人:专~|科学~。❺〈名〉学术流派:儒~|百~争鸣|一~之言。❻〈形〉谦辞,用于对别人称自己的辈分高或年纪大的亲属:~父|~兄。❼〈形〉家庭使用的:~具|~什。❽〈形〉饲养的(跟"野"相对):~畜|~禽。❾〈量〉用于家庭或企业:一~人家|两~饭馆。❿后缀。a)用在某些名词后面,表示属于那一类人:孩子~|姑娘~。b)用在男人的名字或排行后面,指他的妻子(qīzi):秋生~|老三~。⓫〈名〉姓。
△另见 jie。

【家财】jiācái〈名〉家产:万贯~。

【家产】jiāchǎn〈名〉家庭的财产:变卖~|继承~。

【家常】jiācháng〈名〉家庭日常生活:拉~|~便饭。

【家畜】jiāchù〈名〉人类为了经济等目的而驯养的兽类,如牛、马、羊等。

【家慈】jiācí〈名〉谦辞,对人称自己的母亲。

【家当】jiādàng〈名〉家产。

【家道】jiādào〈名〉家境:~中落(家境由盛到衰)。

【家电】jiādiàn〈名〉家用电器的简称:~维修。

【家法】jiāfǎ〈名〉❶古代学者师徒相传的学术理论和治学方法。❷封建家长治家的一套法度。❸指传统的道德准则。❹封建时代家长责打子女或奴仆的用具。

【家访】jiāfǎng〈动〉因工作需要到人家庭里访问。

【家伙】jiāhuo〈名〉❶指工具、用具或武器。❷指人(含轻视或戏谑意):他这~什么事都干得出来!❸指牲畜:这~真机灵,见了我就摇尾巴。

【家给人足】jiā jǐ rén zú 家家户户丰衣足食。

【家计】jiājì〈名〉❶家庭生计。❷家产。

【家教】jiājiào〈名〉家长对子女进行的道德、礼节等教育:有~|~甚严。

【家景】jiājǐng〈名〉家境。

【家境】jiājìng〈名〉家庭经济状况:～清寒。

【家具】jiājù〈名〉家庭用具:添置～。

【家眷】jiājuàn〈名〉指妻子、儿女等,有时专指妻子。

【家谱】jiāpǔ〈名〉记载本家族世系和重要人物事迹的书:续～。

【家禽】jiāqín〈名〉人类为了经济等目的而驯养的鸟类,如鸡、鸭、鹅等。

【家世】jiāshì〈名〉家庭的世系;门第。

【家事】jiāshì〈名〉家庭的事情:一切～都是夫妻二人商量着办。

【家书】jiāshū〈名〉家信:代写～|～抵万金。

【家属】jiāshǔ〈名〉家庭内户主以外的成员,也指职工本人以外的家庭成员:随军～。

【家私】jiāsī〈名〉家产:变卖～|百贯～。

【家庭】jiātíng〈名〉以婚姻和血统关系为基础的社会单位。

【家童】jiātóng〈名〉未成年的仆人。

【家徒四壁】jiā tú sì bì 家里只有四堵墙。形容家里很穷,一无所有。

【家务】jiāwù〈名〉家庭事务:操持～。

【家乡】jiāxiāng〈名〉自己的家庭世代居住的地方。

【家小】jiāxiǎo〈名〉❶妻子和儿女:丢下～无人照料。❷指妻子:讨～。

【家信】jiāxìn〈名〉家庭成员之间彼此来往的信件。

【家严】jiāyán〈名〉谦辞,对人称自己的父亲。

【家业】jiāyè〈名〉家产。

【家喻户晓】jiā yù hù xiǎo 每家每户都知道。

【家园】jiāyuán〈名〉家中的庭园,泛指家乡或家庭:返回～|重建～。

【家缘】jiāyuán〈名〉家计;家务:念窦娥从前已往干～。

【家政】jiāzhèng〈名〉指家庭事务的管理工作。

【家族】jiāzú〈名〉以血统关系为基础而成的社会组织,包括同一血统的几辈人。

备用词　厂家 大家 店家 东家 方家 公家 管家 国家 行家 皇家 娘家 婆家 起家 人家 世家 冤家 杂家

笳 jiā〈名〉我国古代北方民族的一种乐器,像笛子。

袈 jiā[袈裟(shā)]〈名〉和尚的法衣,由许多长方形小块布片拼缀制成。[外]

葭 jiā〈名〉❶初生的芦苇:～苇|～莩。❷姓。

葭莩 jiāfú〈名〉芦苇里的薄膜,比喻关系疏远的亲戚:～之亲。

葭苇 jiāwéi〈名〉初生的芦苇。

跏 jiā[跏趺(fū)]〈动〉盘腿而坐,脚背放在大腿上,是佛教徒的一种坐法。

筴 jiā〈名〉古代指筷子。△另见"策"。

嘉 jiā❶〈形〉美好:～宾|～酿。❷〈动〉夸奖;赞许:～奖|～勉。❸〈名〉姓。

【嘉宾】(佳宾)jiābīn〈名〉贵客:～云集。

【嘉话】jiāhuà〈名〉善言。

【嘉奖】jiājiǎng❶〈动〉称赞和奖励:通令～。❷〈名〉称赞的话或奖励的实物:最高的～。

【嘉勉】jiāmiǎn〈动〉嘉奖勉励:函电～。

【嘉许】jiāxǔ〈动〉称赞;赞许。

【嘉言懿行】jiā yán yì xíng 有教育意义的话和高尚的行为。

【嘉悦】jiāyuè〈形〉喜悦。

镓(鎵)jiā〈名〉金属元素,符号Ga。银白色结晶,可制合金、温度计和半导体等材料。

—— jiá ——

夹(夾*袷袼)jiá〈形〉双层的(衣被等):～袄|～被。△另见gā;jiā;"袼"另见qiā。

郏(郟)jiá〈名〉❶郏县,地名,在河南。❷姓。

荚(莢)jiá〈名〉❶一般指豆类植物的果实:豆～|槐树～。❷姓。

恝 jiá〈形〉无动于衷:～置(淡然置之,不加理会)。

戛(*戞)jiá〈动〉轻轻地敲打:～击|～玉敲金。△另见gā。

【戛戛】jiájiá〈形〉❶形容困难:～乎其难哉。❷形容独创:～独造。

【戛然】jiárán〈形〉❶形容鸟鸣声嘹亮:～长鸣。❷形容声音突然中止:～而止。

铗(鋏)jiá〈名〉❶冶铸用的钳:铁～。❷剑:长～。❸剑柄。

颊(頰)jiá〈名〉脸的两侧从眼到下颌的部分。通称脸蛋儿:两～|面～。

蛱(蛺)jiá[蛱蝶]〈名〉蝴蝶的一类,成虫赤黄色,有黑纹。

━ jiǎ ━

甲 jiǎ❶〈名〉天干的第一位。用来排列次序时表示第一。参看〖干支〗。❷〈动〉居第一位：桂林山水～天下。❸〈名〉爬行动物和节肢动物身上的硬壳：龟～｜～骨文。❹〈名〉手指和脚趾上的角质硬壳：指～。❺〈名〉围在人体或物体表面起保护作用的装备：～胄｜盔～｜装～车。❻〈名〉指士兵或兵器：精～｜～库。❼〈名〉旧时户籍的编制单位，若干甲为一保。❽〈名〉姓。

【甲板】jiǎbǎn〈名〉轮船上分隔上下各层的板（多指船面的一层）。

【甲兵】jiǎbīng〈名〉❶铠甲和兵器，泛指武备：～之事。❷指兵士：～不劳而天下服。

【甲骨文】jiǎgǔwén〈名〉商代刻在龟甲和兽骨上的文字。

【甲胄】jiǎzhòu〈名〉盔甲。

【甲子】jiǎzǐ〈名〉古代用十天干和十二地支依次相配（如甲子、乙丑、丙寅……）共得六十组，统称"甲子"，用以纪年或计算岁数。

备用词　花甲　六甲　指甲　趾甲　铠甲　盔甲　披甲　铁甲　装甲　丢盔卸甲

岬 jiǎ〈名〉❶岬角，突入海中的尖形的陆地（多用于地名）：成山～（在山东）。❷两山之间。

胛 jiǎ见〖肩胛〗。

贾（賈） jiǎ❶〈名〉姓。❷同"价"(jià)。△另见gǔ。

钾（鉀） jiǎ〈名〉金属元素，符号K。银白色，质软，遇水产生氢气，并能引起爆炸。钾化合物在工业上用途很广，钾肥是重要肥料。

假(＊❺❻叚) jiǎ❶〈形〉虚伪的；人造的（跟"真"相对）：～话｜～牙。❷〈形〉假定：～设｜～说｜～想。❸〈形〉暂时代理；非正式的：～王｜～上将军。❹〈连〉假如：～若｜～使。❺〈动〉借用：～公济私｜久～不归。❻〈动〉凭借；依靠：不～思索（用不着想）。❼〈名〉姓。△另见jià。

【假扮】jiǎbàn〈动〉为了使人错认而装扮成跟本人不同的另一种人或另一个人；化装：～夫妻｜他～什么人，就像什么人。

【假币】jiǎbì〈名〉伪造的货币。

【假唱】jiǎchàng〈动〉演唱者在台上只做出相应的口形而不发音，用放送录音代替演唱者歌唱。是一种欺骗观众的行为。

【假钞】jiǎchāo〈名〉伪造的纸币。

【假充】jiǎchōng〈动〉装出某种样子；冒充：～正经｜～内行。

【假定】jiǎdìng❶〈动〉姑且认为是（某种情况）：～明天来，还能见上他。❷〈名〉虚构。

【假发】jiǎfà〈名〉人工制作的头发，有掩饰脱发或装饰的作用。

【假公济私】jiǎ gōng jì sī 假借公事的名义，谋取私人的利益。

【假借】jiǎjiè❶〈动〉利用某种名义或力量来达到某种目的：～出差名义，到处游山玩水。❷〈动〉借：家贫，无从致书以观，每～于藏书之家，手自笔录，计日以还。❸〈名〉六书之一。指借用已有的文字表示同音而不同义的词。例如当小麦讲的"来"作"来往"的"来"。❹〈动〉宽容：愿大王少～之，使毕使于前｜针砭时弊，不稍～。

【假寐】jiǎmèi〈动〉和衣小睡：不遑～。

【假面具】jiǎmiànjù〈名〉❶仿照人或动物的脸形制成的面具，原供演出化装用，后多用作玩具。❷比喻伪装的外表：戳穿他的～。

【假名】jiǎmíng〈名〉日本文所用的字母，共五十一个。楷书叫"片假名"，草书叫"平假名"。

【假撇清】jiǎpiēqīng方言。〈动〉假装清白，跟坏事没有关系。

【假球】jiǎqiú〈名〉球类比赛中双方在比赛中通同作弊，弄虚作假的行为。

【假仁假义】jiǎ rén jiǎ yì 虚假地装出仁义道德的样子。

【假如】jiǎrú〈连〉如果。

【假若】jiǎruò〈连〉假如。

【假设】jiǎshè❶〈动〉姑且认定。❷〈名〉科学研究上对客观事物的假定的说明。

【假使】jiǎshǐ〈连〉如果。

【假托】jiǎtuō〈动〉❶借故推托：～有病，不去上班。❷假冒（名义）：～经理的名义签订合同。❸凭借：寓言是～一个故事来说明道理的文学作品。

【假戏真做】jiǎ xì zhēn zuò 指把假事当真事来做；也指把原来的假事做成真事：他们～，把假夫妻做成了真夫妻。

【假想】jiǎxiǎng❶〈动〉想象；虚构：～的乐园。❷〈名〉想象的或虚构的内容：这个～将很快得到证实。

【假相】jiǎxiàng同"假象"。

【假象】jiǎxiàng〈名〉跟事物本质不符合的表面现象。也作"假相"。

【假惺惺】jiǎxīngxīng〈形〉虚情假意的样子。

【假意】jiǎyì❶〈名〉虚假的情意:虚情~|他是真心想留你,绝非~。❷〈副〉虚伪地;故意地:他明明希望我走,却~挽留我。

【假造】jiǎzào〈动〉❶仿照真的做假的:~文凭。❷捏造:~罪名陷害好人。

【假肢】jiǎzhī〈名〉人工制作的代用肢体,如假腿、假胳臂等。

【假装】jiǎzhuāng〈动〉为掩饰真相故意做出某种姿态或动作:~糊涂|~没听见|他很难过,却~满不在乎。

备用词　掺假　弄假　虚假　作假

斝(*斚) jiǎ〈名〉古代一种盛酒的器具,圆口,三足。

椵 jiǎ "椵"(gǔ)的又音。

槚(槚) jiǎ〈名〉古书上指楸树或茶树。

— jià —

价(價) jià〈名〉❶价格:物~|折~|物美~廉。❷价值:评~|等~交换。❸化合价:氢是一~元素。❹姓。
△另见 jiè;jie。

【价差】jiàchā〈名〉价格之间的差距。

【价格】jiàgé〈名〉商品价值的货币表现:调整~。

【价码】jiàmǎ〈名〉标明的商品价格。

【价钱】jiàqian〈名〉价格。

【价位】jiàwèi〈名〉一种商品的价格在同类商品的价格中所处的位置:低~|~适中|这种商品房~太高,买的人很少。

【价值】jiàzhí〈名〉❶政治经济学上指体现在商品里的社会必要劳动。价值的大小决定于生产这一商品所需的社会必要劳动时间的多少。❷事物的用途或积极作用:有参考~。

【价值观】jiàzhíguān〈名〉对经济、政治、道德、金钱等所持的总的看法。由于人们的社会地位不同,价值观也有所不同。

【价值规律】jiàzhí guīlù 商品生产和交换的基本经济规律。依照这个规律,商品的交换是根据商品所包含的社会必要劳动量(价值量)相等而相互交换。

【价值连城】jiàzhí lián chéng 战国时赵惠文王得到楚国的和氏璧,秦昭王要用十五座城池来换取(见于《史记·廉颇蔺相如列传》)。后用"价值连城"形容物品价值特别高,极其珍贵。

备用词　标价　差价　代价　评价　牌价　身价　物价　造价　估价　折价

驾(駕) jià❶〈动〉使牲口拉(车或农具):并~齐驱。❷〈动〉驾驶:自~|~飞机|腾云~雾。❸〈名〉指车辆,借用为对人的敬辞:劳~|挡~。❹〈名〉特指帝王的车,也借指帝王:车~|保~。❺〈名〉马拉车一天所走的路程:驽马十~,功在不舍。❻〈量〉用于马车、牛车:三~马车。❼〈名〉姓。

【驾到】jiàdào〈动〉敬辞,称客人到来。

【驾临】jiàlín〈动〉敬辞,称对方到来:敬备菲酌,恭候~。

【驾凌】jiàlíng〈动〉凌驾。

【驾龄】jiàlíng〈名〉驾驶汽车、飞机等的年数:他是个老司机,已有二十年~了。

【驾轻就熟】jià qīng jiù shú 驾着轻车,走熟悉的路。比喻对事情熟悉,办起来容易。

【驾驶】jiàshǐ〈动〉操纵(车、船、飞机等)使行驶。

【驾校】jiàxiào〈名〉指汽车驾驶技术学校。

【驾驭】(驾御)jiàyù〈动〉❶驱使车马行进:难以~的烈马。❷控制;支配:~自然。

【驾照】jiàzhào〈名〉指驾驶证。

备用词　保驾　挡驾　护驾　劳驾　凌驾　起驾　屈驾　劝驾　枉驾　晏驾

架 jià❶〈名〉架子:房~|衣~儿。❷〈动〉支撑;支起:~桥|~天线。❸〈动〉抵挡:招~|拿枪~住砍过来的刀。❹〈动〉劫持:绑~。❺〈名〉指殴打或争吵:打~|吵~。❻〈量〉a)用于有支柱的或有机械的东西:~机器|几~飞机。b)用于山,相当于"座":一~山。

【架构】jiàgòu❶〈动〉建造;构筑。❷〈名〉框架;支架。❸〈名〉比喻事物的组织、结构、格局:市场~|故事~庞大。

【架空】jiàkōng〈动〉❶房屋、器物下面支起而离开地面:~的竹楼。❷比喻没有基础:没有力的措施,计划会变成~的东西。❸比喻暗中排挤,使失去实权。

【架设】jiàshè〈动〉支起并安设(凌空的物体):~桥梁|~电线。

【架势】(架式)jiàshi〈名〉❶姿态;姿势。❷势头;形势。

【架子】jiàzi〈名〉❶用来支撑物体或放置器物

等的东西:车～|书～。❷高傲的态度;装腔作势的作风:官～|摆～。❸比喻事物的组织、结构:写文章要先搭好～。❹架势:划船有划船的～,一拿桨就看出他是内行。

【备用词】吵架 打架 担架 骂架 拉架 劝架

假 jià〈名〉按照规定或经过批准暂时不工作或不学习的时间:放～|请～|暑～|病～|休～。
△另见 jiǎ。

【假日经济】jiàrì jīngjì 利用节假日集中消费从而带动餐饮、旅游、商品供求等发展的一种综合性、系统性的经济模式。

【备用词】放假 告假 请假 销假 休假 续假

嫁 jià ❶〈动〉女子结婚(跟"娶"相对):出～|改～|～人|～女儿|～妆。❷〈动〉转移(罪名、损失、负担等):转～|～祸于人。❸〈动〉嫁接:～枣。❹〈名〉姓。

【嫁妆】(嫁装) jiàzhuang〈名〉女子出嫁时,从娘家带到男家的衣被、家具及其他用品。

【备用词】出嫁 改嫁 婚嫁 陪嫁 再嫁 转嫁 为人作嫁

稼 jià ❶〈动〉种植(谷物):耕～|～穑。❷〈名〉谷物:庄～。

【稼穑】jiàsè〈动〉种植和收割,泛指农业劳动。

— jiān —

戋(戔) jiān[戋戋]〈形〉❶少;细微:为数～。❷众多的样子:束帛～。

尖 jiān ❶〈形〉末端细小:～锐|～刀。❷〈形〉声音高而细:～嗓子|～声～气。❸〈形〉(耳、目)灵敏:眼～|耳朵～。❹〈动〉使嗓音高而细:～着嗓子喊。❺〈名〉物体锐利

的末端或细小的头儿:刀～儿|钻牛角～儿。❻〈名〉出类拔萃的人或物品:冒～|拔～。❼〈名〉姓。

【尖兵】jiānbīng〈名〉❶军队行军时派出的担任警戒、侦察任务的小股部队:～连。❷比喻工作上走在前面的先进分子:商业战线的～。

【尖刀】jiāndāo〈名〉比喻作战时最先插入敌人阵地的部队:～班。

【尖端】jiānduān〈名〉❶物体尖锐的末梢;顶点:宝塔～。❷比喻发展得最高的科学技术等:～技术|～产品。

【尖刻】jiānkè〈形〉尖酸刻薄:语言～|为人～。

【尖利】jiānlì〈形〉❶锐利;锋利:笔锋～。❷声音高而刺耳:哨声～。

【尖锐】jiānruì〈形〉❶末端有锋芒容易刺破其他物体的;锐利。❷认识事物灵敏而深刻;敏锐:眼光～。❸激烈:～批评|矛盾很～。❹(声音)高而刺耳:～的汽笛声。

【尖酸】jiānsuān〈形〉说话带刺儿,使人难受:～刻薄。

【尖团音】jiāntuányīn〈名〉尖音和团音的合称。尖音指 z、c、s 声母跟 i、ü 或 i、ü 起头的韵母拼合的音,团音指 j、q、x 声母跟 i、ü 或 i、ü 起头的韵母拼合的音。有的方言分别尖团,如把"浆"、"枪"、"箱"读作 ziāng、ciāng、siāng,把"疆"、"腔"、"香"读作 jiāng、qiāng、xiāng。普通话不分尖团,只有团音,没有尖音,如"浆=疆"jiāng,"枪=腔"qiāng,"箱=香"xiāng。

【尖音】jiānyīn 见【尖团音】。

【尖嘴薄舌】jiān zuǐ bó shé 形容人说话尖酸刻薄。

【尖嘴猴腮】jiān zuǐ hóu sāi 形容人长得丑。

【备用词】拔尖 冒尖 眼尖 嘴尖 风口浪尖

奸(*⑤姦) jiān ❶〈形〉奸诈:～笑|～计|～商。❷〈形〉不忠于国家(或君主):～臣。❸〈名〉出卖国家、民族、阶级或团体利益的人:汉～|内～。❹〈形〉自私;取巧:藏～耍滑。❺〈动〉奸淫:通～|强～。

【奸宄】jiānguǐ〈名〉坏人(由内而起叫"奸",由外而起叫"宄")。

【奸猾】jiānhuá〈形〉奸诈狡猾:阴毒～。也作"奸滑"。

【奸滑】jiānhuá 同"奸猾"。

【奸计】jiānjì〈名〉奸诈的计谋。

【奸狡】jiānjiǎo〈形〉奸猾:～诡谲。

J

【奸佞】jiānnìng ❶〈形〉奸邪谄媚:～小人。❷〈名〉指奸邪谄媚的人:～当道|弹劾～。

【奸细】jiānxi〈名〉给敌人刺探消息的人。

【奸邪】jiānxié ❶〈形〉奸诈邪恶:～之吏。❷〈名〉奸诈邪恶的人:～握权，误国害民。

【奸凶】jiānxiōng〈名〉❶犯上作乱的人:攘除～。❷凶手:肇事～。

【奸淫】jiānyín〈动〉❶男女间不正当的性行为。❷奸污:～妇女|～掳掠。

【奸诈】jiānzhà〈形〉虚伪狡诈，不讲信义。

备用词　锄奸　汉奸　内奸　洞烛其奸　姑息养奸　狼狈为奸　朋为为奸

歼（殲）jiān〈动〉消灭:～灭|围～|～敌数千|聚而～之。

【歼灭】jiānmiè〈动〉消灭(敌人):～战。

坚（堅）jiān ❶〈形〉硬;结实:～固|～韧|～硬|～如磐石。❷〈名〉坚固的东西(多指阵地):攻～|无～不摧。❸〈形〉不动摇:～定|～毅。❹〈名〉姓。

【坚壁清野】jiānbì qīngyě 对付敌人入侵的一种策略。坚守城堡，转移人口、牲畜、财物、粮食，并清除附近房屋、树木等，使敌人攻不下，也抢不到东西。

【坚持】jiānchí〈动〉坚决地保持、维护或进行下去:～原则|～不懈。

【坚定】jiāndìng ❶〈形〉稳固坚强，不动摇:立场～|～不移。❷〈动〉使坚定:～立场|～信心。

【坚固】jiāngù〈形〉结实;牢固:结构～|堤坝～。

【坚决】jiānjué〈形〉确定不移;不犹豫:态度～|～完成任务。

【坚苦】jiānkǔ〈形〉坚忍刻苦:～卓绝|～的抗争。

【坚苦卓绝】jiānkǔ zhuōjué 形容坚忍刻苦的精神超越寻常。

【坚牢】jiānláo〈形〉坚实牢固。

【坚明】jiānmíng〈动〉坚守;恪守:秦自缪公以来二十余君，未尝有～约束者也。

【坚强】jiānqiáng ❶〈形〉强固有力，不可动摇，不可摧毁:～不屈|意志～。❷〈动〉使坚强:丰富自己的知识，～自己的信心。

【坚忍】jiānrěn〈形〉(在艰苦困难的环境下)坚持而不动摇:～不拔的意志。

【坚韧】jiānrèn〈形〉牢固有韧性:～的毛竹扁担。

【坚韧不拔】jiānrèn bù bá 形容信念坚定，意志顽强，不可动摇。

【坚实】jiānshí〈形〉❶坚固结实:基础～。❷健壮:身体～。❸坚定有力:～的脚步。

【坚毅】jiānyì〈形〉坚定有毅力:性格～。

【坚硬】jiānyìng〈形〉非常硬:花岗岩质地～。

【坚贞】jiānzhēn〈形〉节操坚定不变:～不渝。

【坚贞不屈】jiānzhēn bù qū 坚守气节，不向恶势力屈服。

【坚贞不渝】jiānzhēn bù yú 态度、感情等坚定不移，形容爱情忠诚。

【坚执】jiānzhí〈形〉坚持己见，不肯改变。

间（間＊閒）jiān ❶〈名〉中间:同志之～|字里行(háng)～。❷〈名〉一定的空间或时间里:田～|人～|期～。❸〈名〉一间屋子;房间:里～|车～。❹〈名〉指极短的时间:一会儿:立有～。❺〈量〉房屋的最小单位:一～卧室|三～门面。❻〈名〉姓。
　△另见 jiàn。"閒"另见 xián"闲"。

【间不容发】jiān bù róng fà ❶中间容不下一根头发，比喻距离极近。❷比喻与灾祸相距极近，情势极其危急。

【间关】jiānguān〈拟〉形容鸟鸣声:～莺语。

【间架】jiānjià〈名〉❶本指房屋建筑的结构形式,借指汉字书写的笔画结构。❷指文章的布局。

【间量】jiānliang〈名〉屋子的面积:房子门儿挺小,～却很宽大。

备用词　空间　时间　车间　区间　田间　日间　晚间　午间　夜间　民间　人间　世间　阳间　阴间　俯仰之间　字里行间

浅（淺）jiān［浅浅］〈拟〉形容流水的声音。
　△另见 qiǎn。

肩 jiān ❶〈名〉肩膀:两～并～。❷〈动〉担负:身～重任。

【肩膀】jiānbǎng〈名〉人的胳膊和躯干相连的部分,也指动物前肢和躯干相连的部分。

【肩负】jiānfù〈动〉担负;承当工作、责任:～历史使命。

【肩胛】jiānjiǎ〈名〉肩膀。

【肩井】jiānjǐng〈名〉❶人体穴位的名称。❷指肩胛。

【肩摩毂击】jiān mó gǔ jī 肩膀挨着肩膀,车轮撞着车轮。形容行人车辆很多,非常拥挤。也说"摩肩击毂"。

艰（艱）jiān ❶〈形〉困难:～苦|物力维～。❷〈名〉父母的丧事:丁～。

【艰巨】jiānjù〈形〉(任务等)困难而繁重:工

程~。

【艰苦】jiānkǔ〈形〉❶艰难困苦:生活~|~的年月。❷(在艰难困苦的环境下)刻苦努力:~奋斗|劳动~。

【艰苦朴素】jiānkǔ pǔsù 形容生活俭朴,能吃苦耐劳。

【艰苦卓绝】jiānkǔ zhuójué 形容斗争十分艰苦,很不平凡。

【艰难】jiānnán〈形〉困难:~险阻|行动~。

【艰涩】jiānsè〈形〉(言语、文辞)晦涩,不好懂;不流畅:~文字。

【艰深】jiānshēn〈形〉(道理、文辞)深奥,不易理解:~晦涩。

【艰险】jiānxiǎn❶〈名〉困难和危险:历尽~|不避~。❷〈形〉困难而危险:~的历程。

【艰辛】jiānxīn❶〈名〉艰难和辛苦:备尝~。❷〈形〉艰苦:科研是一种~的脑力劳动。

【艰贞】jiānzhēn〈形〉坚贞。

监(監) jiān❶〈动〉从旁察看;监视:~工|~考。❷〈名〉牢狱:~牢|收~|探监。

△另见 jiàn。

【监测】jiāncè〈动〉监督测量。

【监察】jiānchá〈动〉监督各级国家机关和机关工作人员的工作并检举违法失职的机关或工作人员。

【监督】jiāndū❶〈动〉察看并督促:~执行|群众~。❷〈名〉做监督工作的人:舞台~。

【监工】jiāngōng❶〈动〉在厂矿、工地等做工现场监督工作。❷〈名〉做监工工作的人。

【监管】jiānguǎn〈动〉监视管理;监督管理:~市场~|犯人|加强金融~工作。

【监护】jiānhù❶〈动〉监督保护:~病人。❷法律上指对未成年人、精神病人等的人身、财产以及其他一切合法权益的监督和保护:~人。

【监护人】jiānhùrén〈名〉法律上指负有保护监督责任的人。

【监禁】jiānjìn〈动〉把犯人关押起来,禁止其自由活动。

【监牢】jiānláo〈名〉监狱。

【监理】jiānlǐ❶〈动〉对工程项目等进行监督管理:完善~制度。❷〈名〉做监理工作的人:他是该工程的~|由他担任公路建设项目的~。

【监票】jiānpiào❶〈动〉在投票选举中,由专人对投票、计票过程进行监督:选举时设专人~。❷〈名〉担任监票工作的人。

【监事】jiānshì〈名〉监事会的成员。

【监事会】jiānshìhuì〈名〉某些公司、学校、团体等的监督机构。

【监视】jiānshì〈动〉从旁注视,以便发觉不利于自己方面的活动:~可疑分子。

【监守】jiānshǒu〈动〉看管:选举时票箱由专人~。

【监守自盗】jiānshǒu zì dào 看管人盗窃自己所看管的财物。

【监听】jiāntīng〈动〉利用无线电等设备对别人的谈话或发出的无线电信号进行监视收听。

【监学】jiānxué〈名〉学监。

【监押】jiānyā〈动〉监督押送。

【监狱】jiānyù〈名〉关押犯人的处所。

兼 jiān❶〈动〉加倍:~程。❷〈动〉同时涉及或具有几个事物:~顾|~收并蓄。❸〈动〉兼并:秦并海内,~诸侯。❹〈名〉姓。

【兼爱】jiān'ài〈动〉战国时墨子提倡兼爱,认为人类一切罪恶的根源是不相爱,主张爱无差等,不分厚薄亲疏。

【兼并】jiānbìng〈动〉把别国的领土并入自己的国家或把别人的产业并为己有。

【兼程】jiānchéng〈动〉一天走两天的路:昼夜~。

【兼道】jiāndào〈动〉兼程:晨夜~。

【兼任】jiānrèn❶〈动〉同时担任几个职务:系主任~教研室主任。❷〈形〉不是专任的:~教员。

【兼容】jiānróng〈动〉同时容纳几个方面:~并包|善恶不能~。

【兼容并包】jiān róng bìng bāo 把各个方面或各种事物都容纳进去。

【兼容并蓄】jiān róng bìng xù 兼收并蓄。

【兼收并蓄】jiān shōu bìng xù 把内容不同、性质相反的东西一齐吸收进来并保存起来。

【兼听则明,偏信则暗】jiān tīng zé míng, piān xìn zé àn 听取各方面的意见才能明辨是非,只听一方面的意见而相信它,就分不清是非,容易作出错误的判断。

【兼旬】jiānxún〈名〉二十天。

【兼之】jiānzhī〈连〉表示进一步的原因或条件:最近很忙,~身体又不好,所以没有来。

菅 jiān〈名〉❶草本植物,叶子细长而尖,花绿色,是造纸的原料。❷姓。

笺(箋*牋椾) jiān❶〈动〉注解:~注(古书的注释)。❷〈名〉写信或题词用的纸:信~|便~。❸〈名〉

信札:手~|~札。

【笺诉】jiānsù〈动〉上书请求。

渐(漸) jiān〈动〉❶浸:~染|~渍。❷流入:东~于海。
△另见 jiàn。

【渐染】jiānrǎn〈动〉沾染;影响:一个人的习惯,总是靠熏陶~逐步养成的。

犍 jiān〈名〉犍牛,阉割过的公牛。
△另见 qián。

溅(濺) jiān同"浅"(jiān)。
△另见 jiàn。

湔 jiān〈动〉洗:~洗|~濯|~雪(洗刷冤枉)。

缄(緘*械) jiān❶〈名〉捆器物的绳。❷〈动〉封闭(常用在信封上寄信人姓名后):李~。❸〈名〉书信。

【缄口】jiānkǒu〈动〉闭口:~不言。

【缄默】jiānmò〈动〉闭着嘴不说话:~不语。

搛 jiān〈动〉(用筷子)夹:小明给奶奶~了一块肉。

蒹 jiān〈名〉古书上指芦苇一类的植物。

煎 jiān❶〈动〉把食物放在少量的热油里使表面变成黄色:~鱼|~豆腐。❷〈动〉把东西放在水里煮,使所含的成分进入水中:~药。❸〈量〉中药煎汁的次数:头~|二~药。

【煎熬】jiān'áo〈动〉比喻折磨;熬煎;受尽。

缣(縑) jiān〈名〉细绢:~帛|~素。

鳒(鰜) jiān〈名〉鱼,身体侧扁,嘴尖。生活在热带海洋中。

鹣(鶼) jiān〈名〉鹣鹣,即比翼鸟。

熸 jiān〈动〉❶火熄灭。❷军队溃败。

鞬 jiān〈名〉马上盛弓箭的器具。

韂(韂) jiān见[鞍韂]。

═══ jiǎn ═══

団 jiǎn方言。〈名〉❶儿子。❷儿女。
△另见 nān。

拣(揀) jiǎn❶〈动〉挑选:~选|~择。❷同"捡"。

【拣选】jiǎnxuǎn〈动〉选择:~上等药材。

【拣择】jiǎnzé〈动〉挑选。

枧(梘) jiǎn❶同"笕"。❷方言。〈名〉指肥皂:香~(香皂)。

茧(繭*蠒) jiǎn〈名〉❶某些昆虫的幼虫在变成蛹之前吐丝做成的壳:蚕~|作~自缚。❷同"胼"。

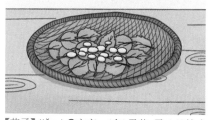

【茧子】jiǎnzi❶方言。〈名〉蚕茧,蚕吐丝结成的壳。❷〈名〉手掌或脚掌上因摩擦而生成的硬皮。也作"趼子"。

柬 jiǎn〈名〉信件、名片、帖子等的统称:请~|~帖(字帖)。

俭(儉) jiǎn❶〈形〉俭省:勤~|省吃~用|~以养廉。❷〈形〉贫乏;不富足:~薄|贫~|~岁。❸〈名〉姓。

【俭朴】jiǎnpǔ〈形〉俭省;朴素:生活~|衣着~。

【俭省】jiǎnshěng〈形〉爱惜财物,使用有节制,不浪费。

【俭素】jiǎnsù〈形〉节俭朴素:以~为美。

备用词 节俭 勤俭 省俭 克勤克俭

捡(撿) jiǎn〈动〉拾取:~粪|~柴|~便宜。

笕(筧) jiǎn〈名〉引水的长竹管,安在檐下或田间:水~。

检(檢) jiǎn❶〈动〉查:~验|~讨|~字表。❷〈动〉约束;检点:行为不~|言语失~。❸〈名〉法度;法式:思无定~。❹同"捡"。❺〈名〉姓。

【检查】jiǎnchá〈动〉❶为了发现问题而仔细地查看。❷翻检;查考。❸揭露思想、工作或生活上的缺点和错误。

【检察】jiǎnchá〈动〉审查被检举的犯罪事实。

【检点】jiǎndiǎn〈动〉❶查看是否相符合:~行李。❷注意约束(自己的言语、行为):生活作风有失~。

【检获】jiǎnhuò〈动〉通过检查而获得(赃物、违禁品等):~一批赌具|在案发现场~了大量物证。

【检举】jiǎnjǔ〈动〉向有关部门揭发违法、犯罪行为。

J

【检控】jiǎnkòng〈动〉❶检举控告：～交通违章｜～不法商贩。❷检查并控制：严格～拨款程序｜公安局对在逃犯罪嫌疑人部署～工作。

【检录】jiǎnlù〈动〉负责召集运动员点名并带领入场。

【检视】jiǎnshì〈动〉查看。

【检索】jiǎnsuǒ〈动〉翻检图书、资料等，寻找所需要的。

【检讨】jiǎntǎo ❶〈动〉找出自己思想、工作或生活上的缺点和错误，并追究根源，注意改正：生活～会。❷〈动〉分析总结；研究：～经验，吸取教训。❸〈名〉以书面形式进行的自我检查：写～。

【检修】jiǎnxiū〈动〉检查修理：～汽车。

【检验】jiǎnyàn〈动〉检查验看：实践是～真理的唯一标准。

【检阅】jiǎnyuè❶举行一定仪式，高级首长亲临军队或群众队伍的面前进行检验：～游行队伍。❷翻看；查阅：～书刊。

跰 jiǎn 茧子。

减(＊減) jiǎn〈动〉❶由原有数量中去掉一部分：削～｜～价｜偷工～料。❷降低；衰退：～产｜～色｜～当年。❸进行减法运算：六～二等于四。

【减仓】jiǎncāng〈动〉指投资者抛出部分证券，减轻仓位：逢高～，注意风险。

【减产】jiǎnchǎn〈动〉产量减少；减少生产：粮食～｜采取～措施，降低库存。

【减低】jiǎndī〈动〉降低：～物价｜～速度｜消耗～。

【减法】jiǎnfǎ〈名〉数学中的一种运算方法。最简单的是数的减法，即从一个数减去另一个数的计算方法。

【减肥】jiǎnféi〈动〉采取节制饮食、增加锻炼等方法减轻肥胖的程度：你太胖，得减减肥了。也说"瘦身"。

【减幅】jiǎnfú〈名〉减少的幅度。

【减负】jiǎnfù〈动〉减轻过重的、不合理的负担：治理乱收费，给农民～。

【减价】jiǎnjià〈动〉降低价钱：～销售。

【减亏】jiǎnkuī〈动〉减少亏损（多用于企业）：～增盈｜这家钢厂今年三千万元。

【减慢】jiǎnmàn〈动〉（速度）变慢：速度～｜由于原材料供应不上，建筑工程的进度～了。

【减免】jiǎnmiǎn〈动〉减轻或免除（赋税、刑罚等）。

【减轻】jiǎnqīng〈动〉减少重量、数量或程度：～负担｜病势～。

【减弱】jiǎnruò〈动〉❶（气势等）变弱：风势～。❷削弱。

【减色】jiǎnsè〈动〉指事物的精彩程度降低：原定的一些节目不能演出，使今天的晚会～不少。

【减杀】jiǎnshā〈动〉减弱；减轻：～其威势。

【减少】jiǎnshǎo〈动〉减去一部分：～人员｜麻烦｜工作中的缺点～了。

【减速】jiǎnsù〈动〉降低速度：～行驶｜～飞行。

【减损】jiǎnsǔn〈动〉减少；减弱：虽经磨难，而斗志丝毫没有～。

【减缩】jiǎnsuō〈动〉缩减：～课时｜～开支。

【减退】jiǎntuì〈动〉（程度）下降；减弱：烧已～了｜近年视力有些～｜雨后，炎热～了许多。

【减员】jiǎnyuán〈动〉❶军队因伤亡、被俘等原因而人员减少：战斗～。❷裁员。

【减灾】jiǎnzāi〈动〉采取措施，减少自然灾害造成的损失：科技～｜～贵在预防。

备用词　裁减　递减　核减　节减　清减　锐减　缩减　削减

剪 jiǎn❶〈名〉剪刀。❷〈名〉形状像剪刀的器具：夹～｜火～。❸〈动〉用剪刀等使细的或薄片的东西断开：～裁｜～纸。❹〈动〉去：～除｜～灭。❺〈动〉两手交叉地在一起：反～。❻〈名〉姓。

【剪裁】jiǎncái〈动〉❶缝制衣服时把衣料按一定的尺寸铰开：～合身。❷比喻写作时对材料取舍安排。

【剪除】jiǎnchú〈动〉消灭；铲除。

【剪辑】jiǎnjí〈动〉经过选择、剪裁，重新编排。

【剪径】jiǎnjìng〈动〉拦路抢劫行人财物。

【剪影】jiǎnyǐng❶〈动〉照人脸或人体的轮廓剪纸成形。❷〈名〉比喻对事物轮廓的描写：北京～。

硷(鹼＊鹻) jiǎn 同"碱"。

睑(瞼) jiǎn〈名〉眼睑，眼睛上下能开闭的皮。

锏(鐗) jiǎn〈名〉古代的一种兵器，金属制成，长条形，有四棱，无刃。
△另见 jiàn。

裥(襇) jiǎn 方言。〈名〉衣服上打的褶子：百～裙。

简(簡) jiǎn ❶〈形〉简单（跟"繁"相对）：～便｜～短｜～体字。❷

〈动〉使简单;简化:~缩|精～。❸〈名〉古代用来写字的竹片:～札|竹～。❹〈名〉信件:书～|小～。❺〈动〉选择(人才):～拔|～任。❻〈名〉姓。

【简拔】jiǎnbá〈动〉选拔。

【简报】jiǎnbào〈名〉内容比较简略的报道:新闻～|会议～。

【简便】jiǎnbiàn〈形〉简单而方便:手续～|～易行。

【简称】jiǎnchēng ❶〈名〉名称的简化形式,如师院(师范学院)。❷〈动〉使名称简化:北京大学～北大。

【简单】jiǎndān〈形〉❶头绪少;不复杂;容易理解、使用或处理:情节～|～扼要|～机械。❷平凡(多用于否定式):这人不～,干什么像什么。❸马虎;不细致:～从事。

【简短】jiǎnduǎn〈形〉内容简单,言辞不长:话说得很～|壁报的文章要～生动。

【简古】jiǎngǔ〈形〉❶(文辞)简略古奥,不易理解:文字～,晦涩难懂。❷单纯古朴。

【简化】jiǎnhuà〈动〉把繁杂的变成简单的:～手续|力求～。

【简化汉字】jiǎnhuà hànzì ❶简化汉字的笔画,如把"較"简化为"较","動"简化为"动"。同时精简汉字的数目,在异体字里选定一个,不用其余的,如在"勤"、"懃"里选用"勤",不用"懃",在"劫"、"刦"、"刧"、"刼"里选用"劫",不用"刦"、"刧"、"刼"。❷经过简化并由国家正式公布使用的汉字,如"較"、"動"等。

【简化字】jiǎnhuàzì〈名〉简化汉字②。

【简洁】jiǎnjié〈形〉简明扼要,没有多余的话:行文～。

【简捷】jiǎnjié〈形〉❶直截了当。也作"简截"。❷简便快捷:算法～|～的方法。

【简截】jiǎnjié同"简捷"①。

【简介】jiǎnjiè ❶〈动〉简要地介绍:前言中～了作者生平和艺术成就。❷〈名〉简要介绍的文字:中国民航事业～。

【简况】jiǎnkuàng〈名〉简要的情况;概况:介绍候选人～。

【简括】jiǎnkuò ❶〈动〉简要地概括:挽联～了这位老先生的生平。❷〈形〉简单而概括:行文～|～的总结|把意见～地谈一下。

【简历】jiǎnlì〈名〉简要的履历。

【简练】jiǎnliàn〈形〉(文辞)简要;精练:文字～。

【简陋】jiǎnlòu〈形〉简单粗陋;不完备:屋子很～|设备～。

【简略】jiǎnlüè〈形〉简单;不详细:～说明|叙述～。

【简明】jiǎnmíng〈形〉简单明了:～扼要|诠释～。

【简朴】jiǎnpǔ〈形〉简单朴素:生活～|文笔～。

【简谱】jiǎnpǔ〈名〉一种用阿拉伯数字1、2、3、4、5、6、7及附加符号做音符的乐谱。

【简省】jiǎnshěng〈动〉把复杂多余的去掉:用笔～。

【简缩】jiǎnsuō〈动〉精简。

【简体】jiǎntǐ〈名〉❶笔画经简化后变得比较简单的汉字形体:～字。❷指简体字:"車"的～是"车"|写～,不要写繁体。

【简体字】jiǎntǐzì〈名〉用简体写法写出的汉字,如"过"(過)、"灭"(滅)等。

【简写】jiǎnxiě ❶〈动〉用汉字的简体写法书写。❷〈名〉指汉字的简体写法,如"过"是"過"的简写,"灭"是"滅"的简写。

【简讯】jiǎnxùn〈名〉简短的消息:时事～|科技～。

【简要】jiǎnyào〈形〉简单扼要:发言～|～介绍。

【简易】jiǎnyì〈形〉❶简便容易:手续不够～。❷设施不完备的:～楼|～公路。

【简直】jiǎnzhí〈副〉表示完全如此或差不多如此:他乐得～要跳起来。

备用词　化简　精简　尺简　书简　竹简　残篇断简　断简残编　因陋就简

谫(譾*譾)jiǎn〈形〉浅薄:学识～陋。

【谫陋】jiǎnlòu〈形〉浅薄;浅陋:学识～。

戬 jiǎn ❶〈动〉剪除;消灭。❷〈名〉福;吉祥。

碱(*堿)jiǎn ❶〈名〉含氢氧根的化合物的统称,有涩味,能跟酸中和而形成盐。❷〈名〉含有10个分子结晶水的碳酸钠,无色晶体,用作洗涤剂,也用来中和发面中的酸味。❸〈动〉被盐碱侵蚀:这堵墙都～了。

翦 jiǎn ❶〈动〉同"剪"。❷〈名〉姓。

蹇 jiǎn ❶〈动〉跛:～足|～驴。❷〈形〉不顺利:～涩|～滞。❸〈名〉指驴,也指驽马:策～。❹〈名〉姓。

【蹇劣】jiǎnliè〈形〉困厄;境遇不好:～平生。

謇 jiǎn〈形〉❶口吃;言辞不顺利。❷正直:~正。

灡 jiǎn〈动〉溅;倒(dào)。

━━ **jiàn** ━━

见（见） jiàn❶〈动〉看到;看见:~面|再~|一~钟情。❷〈动〉接触;遇到:~风|~光。❸〈动〉看得出;显现出:~效|~好。❹〈动〉指明出处或需要参看的地方:~上|~下。❺〈动〉会见;会面:接~|引~。❻〈名〉对于事物的看法;意见:主~|成~|固执己~。❼〈助〉a)用在动词前面表示被动:~笑于人。b)用在动词前面表示对自己怎么样:~告|~示。❽〈名〉姓。
△另见 xiàn。

【见背】jiànbèi〈动〉婉辞,长辈去世(多指父母)

【见地】jiàndì〈名〉见解:很有~。

【见方】jiànfāng〈名〉用在表长度的数量词后面,表示以这个长度为边的正方形:一丈~。

【见风使舵】jiàn fēng shǐ duò 见〖看风使舵〗。

【见缝插针】jiàn fèng chā zhēn 比喻尽可能地利用一切可以利用的空间或时间。

【见怪】jiànguài〈动〉责备;责怪(多指对自己):事情没给您办好,请不要~。

【见鬼】jiànguǐ〈动〉❶比喻离奇古怪:真是~了,怎么一转眼就不见了呢?❷指死亡或毁灭:让这些害人虫~去吧!

【见好】jiànhǎo〈动〉(病势)有好转。

【见机】jiànjī〈动〉看机会;看形势:~行事|~而行。

【见机行事】jiàn jī xíng shì 看机会、看形势办事。

【见教】jiànjiào〈动〉客套话,指教(我):有何~?

【见解】jiànjiě〈名〉对事物的认识和看法:~独到。

【见老】jiànlǎo〈动〉(相貌)显出比过去老:他这两年真~了。

【见礼】jiànlǐ〈动〉见面行礼:连忙上前~。

【见谅】jiànliàng〈动〉客套话,表示请人谅解(多用于书信):敬希~|还请~。

【见猎心喜】jiàn liè xīn xǐ 原指爱打猎的人看见别人打猎,自己也很兴奋。比喻看见别人表演的技艺或做的游戏正是自己所喜好的,不由得心动,也想试一试。

【见情】jiànqíng〈动〉领情;感激。

【见仁见智】jiàn rén jiàn zhì 指对于同一个问题各人有各人的见解。参看〖仁者见仁,智者见智〗。

【见识】jiànshi❶〈动〉接触事物,扩大眼界:周游列国,~各地风物。❷〈名〉见闻;知识:~广|长~。❸〈名〉见解:这不过是我的小~。

【见世面】jiàn shìmiàn 在外经历各种事情,熟悉各种情况,增长见识:经风雨,~。

【见所未见】jiàn suǒ wèi jiàn 见到从来没有见到过的,形容事物十分稀罕。

【见天】jiàntiān〈副〉每天。

【见外】jiànwài〈动〉当作外人看待:自家人,何必~。

【见危授命】jiàn wēi shòu mìng 在危亡关头勇于献出生命。

【见微知著】jiàn wēi zhī zhù 见到事物刚露出一点苗头就能知道它的发展趋向或问题的实质。

【见闻】jiànwén〈名〉指见到的和听到的事:~广|市场~。

【见习】jiànxí〈动〉初到工作岗位的人在现场实习。

【见效】jiànxiào〈动〉发生效力:药不对症,吃了不~。

【见义勇为】jiàn yì yǒng wéi 看到是正义的事情就奋勇地去做。

【见异思迁】jiàn yì sī qiān 看见不同的事物就改变主意。指意志不坚定,喜爱不专一;也指缺乏事业心,不安心工作。

备用词 拜见 参见 朝见 会见 接见 进见 谒见 引见 召见 看见 遇见 成见 创见 管见 偏见 浅见 意见 预见 远见 主见 卓见 拙见 各持己见 固执己见 开诚相见 门户之见 视而不见 推诚相见 喜闻乐见 一得之见 真知灼见 直抒己见

件 jiàn❶〈量〉用于个体事物:一~事|两~衣裳|三~行李。❷〈名〉指可以一一计算的事物:邮~|案~。❸〈名〉文件:来~|抄~。❹〈名〉姓。

间（间*間） jiàn❶〈名〉空隙:~隙|乘~|亲密无~。❷〈动〉隔开;不连接:~隔|~断|~接|~歇。❸〈动〉挑拨使人不和;离~|反~计。❹〈动〉参与:肉食者谋之,又何~焉?❺〈动〉抄小路:~行。❻〈副〉a)暗地里;悄悄地:~令吴广之次所旁丛祠中。b)间或。

△另见 jiān。"閒"另见 xián"闲"。

【间壁】jiànbì〈名〉隔壁。

【间道】jiàndào〈名〉偏僻近便的小路。

【间谍】jiàndié〈名〉被收买或受派遣刺探军事情报、国家机密或进行颠覆活动的分子。

【间断】jiànduàn〈动〉进行中的事情中间隔断或连续的事情不连续:他每天坚持锻炼,从不~。

【间隔】jiàngé ❶〈名〉事物之间的距离:树苗~匀整。❷〈动〉分离;隔开:音讯~。

【间或】jiànhuò〈副〉偶然;有时候。

【间接】jiànjiē〈形〉经过中间事物发生关系的(跟"直接"相对):~知识|~服务。

【间苗】jiànmiáo〈动〉把多余的苗去掉。

【间隙】jiànxì〈名〉空隙:在工作的~学习。

【间歇】jiànxiē〈动〉不连接,每隔一定时间停止一会儿:~泉|心脏病患者常常有~脉搏。

【间行】jiànxíng〈动〉抄小路走。

【间杂】jiànzá〈动〉错杂;混杂:黑白~。

备用词　谗间　反间　离间　无间　相间

钱(餞)　jiàn〈动〉❶设酒食送行:~行|~别。❷浸渍(果品):~蜜。

【饯行】jiànxíng〈动〉设酒食送行。

建　jiàn ❶〈动〉修筑:~筑|扩~。❷〈动〉设立;成立:~立|~国|筹~|创~。❸〈动〉提出;首倡:~议|~白(提出建议或陈述主张)。❹〈动〉倾倒(dào):高屋~瓴。❺〈名〉指福建:~兰|~漆。❻〈名〉姓。

【建档】jiàndàng〈动〉建立档案:注册~。

【建都】jiàndū〈动〉建立首都;把首都设在某地。

【建构】jiàngòu〈动〉构建;建立(多用于抽象事物):~良好的人际关系|~夏商周古史系统。

【建国】jiànguó〈动〉❶建立国家:~大业|~功臣。❷建设国家:勤俭~。

【建交】jiànjiāo〈动〉建立外交关系:~二十年。

【建立】jiànlì〈动〉❶开始成立:~国家|~副食生产基地。❷开始产生;开始形成:~友谊|~信心。

【建设】jiànshè ❶〈动〉(国家或集体)创立新事业或增加新设施:~新农村|社会主义~。❷〈名〉指组织的发展、加强和提高,干部的培养和教育等:加强党的组织~和思想~。

【建设性】jiànshèxìng〈名〉积极促进事物发展的性质:~意见|这次会谈是富有~的。

【建树】jiànshù ❶〈动〉建立(功绩):~伟业。

❷〈名〉建立的功绩:光阴虚掷,无所~。

【建言】jiànyán〈动〉提出建议;陈述主张或意见:~献策|积极~。

【建议】jiànyì ❶〈动〉向集体、领导等提出自己的主张:~加强市场管理。❷〈名〉向集体、领导提出的主张:合理化~。

【建元】jiànyuán〈动〉开国后第一次建立年号,也指建国。

【建造】jiànzào〈动〉建筑;修建:~房屋|~花园|~大桥。

【建制】jiànzhì〈名〉机关、军队的组织编制和行政区划等制度的总称。

【建筑】jiànzhù ❶〈动〉建造修筑(房屋、桥梁、道路等)。❷〈名〉建筑物:古~|宏伟的~。

备用词　筹建　创建　基建　扩建　兴建　修建　营建　组建

荐(薦)　jiàn ❶〈动〉推举;介绍:举~|~引|毛遂自~。❷〈动〉祭;祭奠。❸〈名〉草:麋鹿食~。❹〈名〉草垫子;草~。

【荐举】jiànjǔ〈动〉举荐;推荐。

【荐头】jiàntou〈名〉旧时以介绍佣工为业的人:当~。

备用词　力荐　保荐　举荐　推荐　引荐　毛遂自荐

贱(賤)　jiàn ❶〈形〉(价钱)低(跟"贵"相对):~卖|~价|谷~伤农。❷〈形〉地位低下(跟"贵"相对):卑~|贫~不移。❸〈形〉卑鄙:下~|~骨头。❹〈动〉轻视:贵五谷而~金玉。❺〈形〉谦辞,旧称有关自己的事物:~姓|~躯。

【贱民】jiànmín〈名〉旧时指社会地位低下,没有选择职业自由的人。

【贱视】jiànshì〈动〉轻视。

【贱息】jiànxī〈名〉谦称自己的儿子。

备用词　卑贱　低贱　贫贱　轻贱　微贱　下贱

牮　jiàn〈动〉❶斜着支撑:打~拨正(房屋倾斜,用长木头支起使正)。❷用土石挡水。

剑(劍*劒)　jiàn〈名〉❶古代的一种兵器,用青铜或铁制成,长条形,前端尖,有短柄,两边有刃,装在鞘里,可以佩带:~客|舞~|~刀光~影。❷姓。

【剑拔弩张】jiàn bá nǔ zhāng 剑拔出来了,弓也张开了。比喻形势紧张,一触即发。

备用词　唇枪舌剑　风刀霜剑　刻舟求剑　口蜜腹剑

监（監）jiàn〈名〉❶古代官府名：钦天~（掌管天文历法的官署）｜国子~（教育管理机关和最高学府）。❷姓。
　　△另见 jiān。

【监生】jiànshēng〈名〉明清两代在国子监读书的人。清代乾隆以后多由纳捐得监取取称号，并不入国子监就读。

健jiàn ❶〈形〉强健：~康｜矫~。❷〈动〉使强健：~身｜~胃。❸〈动〉在某一方面超过一般；善于：~谈｜~忘。❹〈名〉姓。

【健步】jiànbù ❶〈形〉善于走路；脚步快而有力：~如飞。❷〈名〉善于走路的人：遣~赍书。

【健儿】jiàn'ér〈名〉❶英勇善战的勇士。❷指长于体育技巧的青壮年：体育~。

【健将】jiànjiàng〈名〉❶英勇善战的将领。❷称某种活动中的能手。❸运动员等级中最高一级的称号，由国家授予。

【健康】jiànkāng〈形〉❶身体好，没有疾病：~长寿。❷(事物)情况正常：内容~。

【健美】jiànměi ❶〈形〉健康而优美：体态~。❷〈名〉指健美运动：~比赛。

【健全】jiànquán ❶〈形〉身体强健，没有生理缺陷：身心~｜头脑~。❷〈形〉事物完备，无欠缺：制度~。❸〈动〉使事物完备或身体强健：~岗位责任制。

【健在】jiànzài〈动〉健康地活着(多指年岁大的人)：父母~。

【健壮】jiànzhuàng〈形〉强健壮实：身体~。

备用词　康健　强健　壮健　矫健　稳健　雄健　保健

舰（艦）jiàn〈名〉大型军用船只；军舰：~艇｜~队｜驱逐~｜航空母~。

【舰艇】jiàntǐng〈名〉各种军用船只的总称。

涧（澗）jiàn〈名〉山间流水的沟：溪~｜山~。

渐（漸）jiàn ❶〈副〉逐步；慢慢地：逐~｜~变｜循序~进。❷〈动〉逐步发展；扩展。❸〈名〉事物的开端：防微杜~。❹〈名〉姓。
　　△另见 jiān。

【渐变】jiànbiàn〈动〉逐渐变化。

【渐次】jiàncì〈副〉渐渐；逐步。

【渐渐】jiànjiàn〈副〉表示程度或数量逐步地增减：小船~远去。

谏（諫）jiàn〈动〉❶规劝君主、尊长或朋友，使改正错误：劝~｜~净｜从~如流｜拒~饰非。❷止；挽救：往者不可~，来者犹可追。

【谏议】jiànyì〈名〉谏议大夫，古代掌管朝廷谏净的官员。

【谏净】jiànzhèng〈动〉直言人的过错，劝人改正。

楗jiàn ❶〈名〉插门的木棍。❷〈名〉堵塞河堤决口所用的竹木土石等。❸〈动〉闭塞；阻塞。

践（踐）jiàn〈动〉❶踩：~踏。❷履行；实行：~诺。❸帝王即位：~位。

【践踏】jiàntà〈动〉❶踩。❷比喻侵害、摧残：鱼肉百姓，~乡里。

【践约】jiànyuē〈动〉履行预先约定的事(多指约会)。

【践祚】jiànzuò〈动〉帝王即位；登基。

备用词　实践　糟践　作践

锏（鐗）jiàn〈名〉嵌在车轴上的铁条，可以保护车轴并减少摩擦。
　　△另见 jiǎn。

毽jiàn〈名〉毽子，游戏用具，用鸡毛和金属片等制成：踢~。

腱jiàn〈名〉肌腱，连接肌肉与骨骼的组织，白色，质地坚韧。

溅（濺）jiàn〈动〉液体受冲击向四外射出：~落｜钢花飞~。
　　△另见 jiān。

【溅落】jiànluò〈动〉重物从高空落入江河湖海中。特指人造卫星、宇宙飞船等返回地球时，按预定计划落入海洋。

鉴（鑒*鑑鑒）jiàn ❶〈名〉镜子(古代用铜制成)：铜~｜波平如~。❷〈动〉照：水清可~｜光可~人。❸〈动〉仔细看；审察：~别｜~赏｜~往知来。❹〈名〉可以作为警戒或引为教训的事：借~｜前车之~。❺〈动〉旧式书信套语，用在开头的称呼之后，表示请人看信：台~｜钧~。

【鉴别】jiànbié〈动〉辨别事物的真假或好坏。

【鉴定】jiàndìng ❶〈动〉辨别并确定事物的真伪、优劣或年代：～文物的年代。❷〈名〉对人的优缺点的鉴别和评定：毕业～｜自我～。

【鉴戒】jiànjiè〈名〉可以使人警惕或作为教训的事情：引为～。

【鉴赏】jiànshǎng〈动〉鉴定和欣赏(艺术品、文物等)。

【鉴于】jiànyú ❶〈介〉表示以某种情况为前提加以考虑：～我们的现实情况，可事先采取一些变通办法。❷〈连〉用在表示因果关系的复句中前一分句句首，指出后一分句行为的依据、原因或理由：～用户的反映，我们准备开展质量检查。

备用词　年鉴　图鉴　龟鉴　借鉴　殷鉴　印鉴　前车之鉴

键(鍵) jiàn〈名〉❶插门的金属棍。❷钥匙。❸某些乐器或机器上使用时按动的部分：琴～｜按～｜电～｜～盘。

【键入】jiànrù〈动〉按动电子计算机键盘上的键输入(信息)：～网址｜～用户名和密码。

槛(檻) jiàn〈名〉❶栏杆。❷关禽兽的木笼；囚笼：兽～｜～车。❸窗户。
　△另见 kǎn。

【槛车】jiànchē〈名〉古代运送囚犯的车。

僭 jiàn〈动〉超越本分，指地位在下的冒用地位在上的名义或礼仪、器物：～号(冒用帝王的尊号)｜～越。

【僭越】jiànyuè〈动〉超出本分或规定的范围。

谮(譖) jiàn 同"僭"。
　△另见 zèn。

蹀 jiàn[蹀子]〈名〉体操运动等的一种翻身动作。

箭 jiàn〈名〉搭在弓弩上发射的兵器，细杆的前端有金属的尖头：射～｜弓～｜一～双雕。

【箭步】jiànbù〈名〉一下子蹿得很远的脚步。

【箭楼】jiànlóu〈名〉古代城门上的楼，周围有供瞭望和射箭用的小窗。

【箭在弦上】jiàn zài xián shàng 比喻事情已经到了不得不做或话已经到了不得不说的时候。

备用词　火箭　冷箭　令箭　归心似箭　明枪暗箭

━━ jiāng ━━

江 jiāng〈名〉❶大河：长～｜～水｜～山｜雅鲁藏布～。❷指长江：～汉｜～南｜～防。❸〈名〉姓。

【江表】jiāngbiǎo〈名〉指长江中下游以南地区。

【江河日下】jiāng hé rì xià 江河的水天天向下游流去，比喻情况一天天坏下去。

【江湖】jiānghú〈名〉❶指江河湖海：远涉～。❷泛指四方各地：浪迹～｜闯荡～。❸旧时指各处流浪靠卖艺、卖药等为生的人，也指这种人所从事的行业。

【江郎才尽】jiāngláng cái jìn 南朝人江淹年轻时以诗文出名，世称"江郎"，到了晚年诗文无佳句，当时的人说他"才尽"了。后用"江郎才尽"比喻人的才思枯竭。

【江山】jiāngshān〈名〉❶江河和山岭：～如画。❷指国土：～险固。❸指国家或国家的政权：人民的～｜指点～。

【江左】jiāngzuǒ〈名〉指长江下游以东的地区。

茳 jiāng[茳芏(dù)]〈名〉草本植物，茎呈三棱形，叶子细长，可用来织席。

将(將) jiāng ❶〈动〉搀扶；带；领：扶～｜挈(qiè)妇～雏。❷〈动〉保养：～养｜～息。❸〈动〉做(事)：慎重～事。❹〈动〉下象棋时攻击对方的"将"或"帅"：～一军。❺〈动〉用言语刺激：她不唱，你不～她？❻〈介〉a)拿(多见于成语或方言)：～功折罪｜恩～仇报。b)把：～他请来｜～门关上。❼〈副〉a)将要：船～启碇｜行～就木。b)又；且(叠用)：～信～疑。❽〈连〉和；暂伴月～影。❾〈助〉无实义：走～进去｜打～出去。❿〈名〉姓。
　△另见 jiàng；qiāng。

【将次】jiāngcì〈副〉将要；快要：太阳～西沉。

【将错就错】jiāng cuò jiù cuò 事情既然已经错了，就索性顺着错误继续做下去。

【将计就计】jiāng jì jiù jì 利用对方展的计策向对方使计策。

【将近】jiāngjìn〈副〉表示快要接近(某个数量、时间等)：与会者～百人。

【将就】jiāngjiù〈动〉降低要求以适应不很满意的事物或环境。

【将军】jiāngjūn ❶〈动〉下象棋时攻击对方的"将"或"帅"。❷〈动〉比喻给人出难题，使人为难。❸〈名〉将(jiàng)级军官，泛指高级将领。

【将来】jiānglái〈名〉现在以后的时间：瞻望～。

【将息】jiāngxī〈动〉调养休息。
【将要】jiāngyào〈副〉表示某种情况不久以后就会发生:不久~去北京。

备用词　方将　即将　行将　日就月将

姜(①②薑)　jiāng〈名〉❶草本植物,根茎黄褐色,有辣味,是调味品,也可入药。❷这种植物的根茎。❸姓。

豇　jiāng[豇豆]〈名〉草本植物,茎蔓生,荚果长圆筒形,是普通蔬菜。

浆(漿)　jiāng〈名〉❶较浓的液体:豆~|岩~。❷〈名〉指酒:酒~|琼~玉液。❸〈名〉泛指饮料。❹〈动〉用粉浆或米汤浸纱、布或衣服,使干后硬挺:~洗。
△另见 jiàng。
【浆洗】jiāngxǐ〈动〉洗并且浆:~床单。

僵(*❶殭)　jiāng〈形〉❶(肢体等)不能活动:~硬。❷事情因难于处理而停滞不前;相持不下:~局|~持。
【僵持】jiāngchí〈动〉相持不下:局面~。
【僵化】jiānghuà〈动〉❶变僵硬。❷比喻事物停止发展:思想~。
【僵劲】jiāngjìng〈形〉僵硬。
【僵尸】jiāngshī〈名〉❶干硬的死尸。❷比喻腐朽的事物:政治~。
【僵卧】jiāngwò〈动〉直挺挺地躺着:~长愁。
【僵硬】jiāngyìng〈形〉❶(肢体等)不能活动:四肢~。❷呆板;不灵活:工作方法~。
【僵直】jiāngzhí〈形〉僵硬而不能弯曲:舌头~。

缰(繮*韁)　jiāng〈名〉牵牲口的绳子:~绳|脱~|信马由~|名~利锁。

鳉(鱂)　jiāng〈名〉鱼,身体侧扁,头部扁平,腹部突出。生活在淡水中。

礓　jiāng[礓礤(cā)]〈名〉台阶。

糨　jiāng同"浆"(jiāng)④。
△另见 jiàng。

疆　jiāng❶〈名〉边界;地域的界线:边~|海~|~域|~界。❷〈名〉极限;止境:万寿无~。❸古通"强"(qiáng)。
【疆场】jiāngchǎng〈名〉战场:驰骋~。
【疆界】jiāngjiè〈名〉国家和地域的界限。
【疆土】jiāngtǔ〈名〉国土;领土:~辽阔。
【疆场】jiāngyì〈名〉❶国界。❷边境。
【疆域】jiāngyù〈名〉领土(着重面积大小)。

备用词　边疆　封疆　海疆　万寿无疆

—— jiǎng ——

讲(講)　jiǎng❶〈动〉说:~述|~故事。❷〈动〉解释;说明:~课|宣~|听~。❸〈动〉商量;商议:~和|~条件。❹〈动〉讲求:~卫生|~效益。❺〈名〉姓。
【讲和】jiǎnghé〈动〉彼此和解,结束战争或纠纷。
【讲解】jiǎngjiě〈动〉解释;解说。
【讲究】jiǎngjiu❶〈动〉讲求;重视:~质量|~卫生。❷〈名〉值得注意或推敲的内容:烤鸭的火候很有~。❸〈形〉精美;完美:文章写得~。
【讲论】jiǎnglùn〈动〉讲述;谈论。
【讲求】jiǎngqiú〈动〉注重;追求:~实效。
【讲授】jiǎngshòu〈动〉讲解传授:~汉语语法。
【讲述】jiǎngshù〈动〉把事情的前后经过或道理讲出来:~旅美见闻。
【讲台】jiǎngtái〈名〉❶建造在教室或会场的一端供讲课或讲演的人站立的高出地面的台子。❷供讲课或讲演时放讲稿的桌子。
【讲坛】jiǎngtán〈名〉❶讲台①。❷泛指讲演讨论的场所。
【讲堂】jiǎngtáng〈名〉旧时称教室。
【讲习】jiǎngxí〈动〉❶讲授和学习:~班。❷议论研究:~兵法。
【讲学】jiǎngxué〈动〉讲述自己的学术理论。
【讲演】jiǎngyǎn〈动〉在公开场合对听众讲述有关某一事物的知识或对某一问题的见解:登台~|生动的~。
【讲义】jiǎngyì〈名〉❶为讲课而编写的教材:《汉语音韵~》。❷指讲课的内容。

备用词　播讲　串讲　听讲　宣讲　演讲

奖(奖)　jiǎng❶〈动〉给予鼓励;称赞;褒~|~券。❷〈名〉为了鼓励或表扬而给予的荣誉或物品等:获~|特等~。
【奖级】jiǎngjí〈名〉奖金或奖品的等级:大赛共设五个~。

【奖励】jiǎnglì〈动〉给予荣誉或财物等来鼓励。

【奖赏】jiǎngshǎng ❶〈动〉对有功人员或在竞赛中获胜者给予奖励:～抗洪英雄。❷〈名〉给予的荣誉或财物等:最高的～。

【奖项】jiǎngxiàng〈名〉指某一奖划分的不同类别,也指一项奖:大赛共设九类～|获得了最高～。

【奖掖】jiǎngyè〈动〉奖励提拔:～后进。

备用词　褒奖　过奖　嘉奖　夸奖　谬奖

桨(槳)　jiǎng〈名〉划船用具,木制,上端为圆杆,下端呈板状:荡～。

蒋(蔣)　jiǎng〈名〉姓。

耩　jiǎng〈动〉用耧播种:～地|～豆子。

膙　jiǎng[膙子]〈名〉茧(jiǎn)子。

━━ jiàng ━━

匠　jiàng〈名〉❶工匠:铁～|漆～|木～|瓦～|石～|鞋～|能工巧～。❷指在某一方面造诣很深的人:文坛巨～|一代宗～。

【匠心】jiàngxīn〈名〉巧妙的心思:～独运。

降　jiàng ❶〈动〉落下(跟"升"相对):～落|～雨|～下|～空。❷〈动〉使落下;降低(跟"升"相对):～价|防暑～温。❸〈动〉降生:不拘一格～人才。❹〈名〉姓。
△另见 xiáng。

【降临】jiànglín〈动〉来到:暮色～。

【降生】jiàngshēng〈动〉出生;出世(多指宗教的创始人或其他方面的有名人物)。

虹　jiàng〈名〉义同"虹"(hóng),限于单用。
△另见 hóng。

将(將)　jiàng ❶〈名〉高级军官;将领:～士|虎～|王侯～相。❷〈名〉将官:上～|少～。❸〈动〉带(兵):韩信～兵,多多益善。
△另见 jiāng;qiāng。

【将官】jiàngguān〈名〉将级军官,高于校官。

【将官】jiàngguan〈名〉将领①。

【将领】jiànglǐng〈名〉❶高级军官。❷泛指带兵的人。

【将士】jiàngshì〈名〉将领和士兵的统称:三军～。

【将校】jiàngxiào〈名〉将官和校官,泛指高级军官。

备用词　败将　闯将　干将　虎将　健将　老将　猛将　残兵败将　调兵遣将　哼哈二将　虾兵蟹将

洚　jiàng〈动〉大水泛滥:～水(洪水)。

绛(絳)　jiàng〈形〉深红色。

【绛紫】jiàngzǐ〈形〉(颜色)暗红中略带红。

浆(漿)　jiàng 同"糨"。
△另见 jiāng。

弶　jiàng 方言 ❶〈名〉一种捕鸟雀或老鼠的简单装置。❷〈动〉用弶捕捉:～鸟。

强(*彊强)　jiàng〈形〉强硬不屈;固执:倔～。
△另见 qiáng;qiǎng。

【强嘴】jiàngzuǐ 同"犟嘴"。

酱(醬)　jiàng ❶〈名〉豆、麦发酵后制成的糊状调味品:黄～|甜面～。❷〈名〉像酱的糊状食品:麻～|果～|虾～|辣椒～。❸〈动〉用酱或酱油腌;用酱油煮:～黄瓜|～牛肉。

犟(*勥)　jiàng〈形〉固执;不服劝导:脾气～。

【犟嘴】jiàngzuǐ〈动〉顶嘴;强辩。也作"强嘴"。

糨(*糡)　jiàng〈形〉液体很稠:粥熬得太～了。
△另见 jiāng。

【糨糊】jiànghu〈名〉用面粉等做成的可用来粘贴东西的糊状物。

━━ jiāo ━━

芁　jiāo[秦芁]〈名〉草本植物,叶宽而长,茎叶相连,根可入药。

交　jiāo ❶〈动〉交付;付给:～税|～工|移～|面～。❷〈动〉到(某一时辰或季节):天～子时|～九的天气。❸〈动〉(时间、地区)相连接:～界|春夏之～。❹〈动〉交叉:立～桥|两线相～。❺〈动〉结交:～友|远～近攻。❻〈名〉交往;交谊:邦～|一面之～。❼〈动〉(人)性交;(动植物)交配:～媾|～尾|杂～。❽〈副〉互相:～换|～流。❾〈副〉一齐;同时(发生):风雪～加|百感～集。❿同"跤":跌～|摔～。⓫〈名〉姓。

【交叉】jiāochā〈动〉❶来自不同方向的几个线条互相穿过:十字～。❷有相同有不同的;有相重的:意见～。❸间隔穿插:～作业。

【交错】jiāocuò〈动〉交叉错杂:纵横～。

【交代】jiāodài〈动〉❶把经手的事物移交给接替的人:～工作。❷布置;嘱咐:老师一再要按时完成作业。❸把事情或意见向有关的人说明,也指向有关方面如实地说出自己的错误或罪行:～政策|～问题。也作"交待"。

【交待】jiāodài ❶同"交代"③。❷〈动〉完结(指结局不如意的,含诙谐意):要是飞机出了事,这条命也就～了。

【交锋】jiāofēng〈动〉交战。

【交付】jiāofù〈动〉交给:～定金|新楼～使用。

【交割】jiāogē〈动〉双方结清手续;办交代:～贷款。

【交关】jiāoguān〈动〉相关联:性命～。

【交换】jiāohuàn〈动〉❶双方各自拿出自己的给对方:～意见|～眼色|～场地。❷以商品换商品;买卖商品:商品～。

【交火】jiāohuǒ〈动〉互相开火;交战。

【交集】jiāojí〈动〉(不同的感情、事物等)同时出现:百感～|雷雨～|惊喜～。

【交际】jiāojì〈动〉指人与人之间往来接触;社交。

【交加】jiāojiā〈动〉(两种事物)同时出现:风雨～。

【交接】jiāojiē〈动〉❶连接:时值春夏～的季节。❷移交和接替:办理～手续。❸跟人往来接触:从容淡静,不好～俗人。

【交口】jiāokǒu ❶〈副〉众口同声(说):～称誉。❷方言〈动〉交谈:她久已不和人们～。

【交流】jiāoliú〈动〉彼此把自己有的供给对方:文化～|经验～。

【交配】jiāopèi〈动〉雌雄动物发生性行为;植物的雌雄生殖细胞相结合。

【交契】jiāoqì〈形〉交情深厚。

【交情】jiāoqing〈名〉人与人交往所产生的感情;友情。

【交融】jiāoróng〈动〉融合在一起:水乳～。

【交涉】jiāoshè〈动〉跟有关方面商量解决彼此有关的问题:前去～。

【交谈】jiāotán〈动〉相互接触,在一起谈话。

【交替】jiāotì〈动〉❶接替:新旧～。❷轮流替换:～看护病人。

【交通】jiāotōng ❶〈名〉各种运输和邮电通信事业的总称。❷〈动〉(行人、车辆)来往:禁止～。❸〈名〉抗日战争和解放战争时期指通信和联络工作,也指担任这种工作的人。❹〈动〉交叉错杂;互相通达:阡陌～。❺〈动〉交接;结交:～权贵。

【交通沟】jiāotōnggōu〈名〉阵地内连接堑壕和其他工事、供交通联络的壕沟。也叫"交通壕"。

【交头接耳】jiāo tóu jiē ěr 彼此紧挨着在耳边低声说话。

【交托】jiāotuō〈动〉交付;托付。

【交恶】jiāowù〈动〉互相憎恨仇视。

【交响乐】jiāoxiǎngyuè〈名〉由管弦乐队演奏的大型乐曲,通常由四个乐章组成。

【交卸】jiāoxiè〈动〉指官吏离职,向后任办理移交。

【交心】jiāoxīn〈动〉无保留地把内心深处的想法说出来。

【交椅】jiāoyǐ〈名〉❶古代的一种椅子,腿交叉,能折叠。❷方言。椅子(多指有扶手的)。

【交易】jiāoyì〈动〉本指物物交换,后为买卖商品的通称:现金～|～市场。

【交谊】jiāoyì〈名〉交情;友谊:～深厚。

【交游】jiāoyóu〈动〉结交;交往:～甚广。

【交战】jiāozhàn〈动〉双方作战:～国。

【交织】jiāozhī〈动〉❶错综复杂地合在一起:悔恨和失望～在心头。❷用不同品种或不同颜色的经纬线织:棉麻～。

备用词　递交　提交　移交　转交　邦交　缔交　交　结交　社交　神交　外交　相交　初交　故交　世交　知交　至交　不可开交　患难之交　水米无交　一面之交

郊　jiāo〈名〉❶城市周围的地区:城～|～区|～外。❷姓。

【郊野】jiāoyě〈名〉郊外;野外。

【郊游】jiāoyóu〈动〉到郊外游玩。

茭　jiāo ❶〈名〉喂牲口的干草。❷[茭白]〈名〉菰(gū)的嫩茎经黑粉菌寄生后膨大,做蔬菜吃,叫茭白。

峧　jiāo 用于地名。

浇（澆）　jiāo ❶〈动〉让水或其他液体落在物体上:～水|～花|火上～油。❷〈动〉灌溉:～灌|车水～地。❸〈动〉把液体等倒入模子:～铸|～注|～版|～筑大坝。❹〈形〉刻薄;不淳厚:～薄|世风～薄。

【浇薄】jiāobó〈形〉社会风气轻浮,不朴实:世风～。

【浇奠】jiāodiàn〈动〉把酒洒在地上祭神。

【浇灌】jiāoguàn〈动〉❶把流体倒入模子里:混凝土～。❷浇水灌溉:～田地。

娇（嬌）　jiāo ❶〈形〉美丽可爱:～嫩|～儿|江山多～。❷〈形〉意志脆弱,

不能吃苦:～气。❸〈动〉过度爱护;溺爱:～
纵|～生惯养。

【娇嗔】jiāochēn〈动〉(年轻女子)娇媚地嗔怪。

【娇滴滴】jiāodīdī〈形〉形容女子姿态、声音
娇媚。

【娇儿】jiāo'ér〈名〉爱子。

【娇贵】jiāoguì〈形〉❶看得贵重,过分爱护:这
点雨还怕,你身子骨太～啦!❷指物品经不
起磕碰,易损坏:仪器～,搬运时要格外小心。

【娇憨】jiāohān〈形〉天真可爱而不懂事的
样子。

【娇黄】jiāohuáng〈形〉浅黄。

【娇客】jiāokè〈名〉❶指女婿。❷娇贵的人。

【娇美】jiāoměi〈形〉娇艳美丽:～动人。

【娇媚】jiāomèi〈形〉❶撒娇献媚的样子:～的
佯嗔。❷姿态美好可爱:妩媚:～的鲜花。

【娇嫩】jiāonen〈形〉❶柔嫩:花叶～。❷形容
年轻人经历的事少,缺乏锻炼,经受不住
挫折。

【娇气】jiāoqì❶〈名〉意志脆弱,不能吃苦,习
惯于享受的作风。❷〈形〉娇惯柔弱的样子。

【娇娆】jiāoráo〈形〉娇艳妖娆。

【娇柔】jiāoróu〈形〉娇媚温柔:～可意的妻子。

【娇生惯养】jiāo shēng guàn yǎng 从小受到
过分宠爱和纵容。

【娇羞】jiāoxiū〈形〉形容少女害羞的样子。

【娇艳】jiāoyàn〈形〉娇媚艳丽:色泽～。

【娇养】jiāoyǎng〈动〉宠爱放任,不加管束。

【娇逸】jiāoyì〈形〉娇美文雅。

【娇纵】jiāozòng〈动〉娇养放纵。

姣 jiāo〈形〉相貌美:～好|～美|～艳|～丽|
～冶。

骄(驕) jiāo〈形〉❶自高自大;骄傲:～
纵|戒～戒躁。❷猛烈:～阳似
火。❸形容马高大健壮的样子:四壮有～。

【骄傲】jiāo'ào❶〈形〉自以为了不起,看不起
人:～自满。❷〈形〉自豪:我们以祖国有这样
的英雄而～。❸〈名〉值得自豪的人或事物:
万里长城是中华民族文化的～。

【骄惰】jiāoduò〈形〉骄傲怠惰。

【骄固】jiāogù〈形〉骄横顽固。

【骄豪】jiāoháo〈形〉骄纵强横。

【骄横】jiāohèng〈形〉骄傲专横:～恣肆。

【骄矜】jiāojīn〈形〉骄傲自大;傲慢:面有～
之色。

【骄气】jiāoqì〈名〉骄傲自满、自高自大的作
风:～十足。

【骄尚】jiāoshàng〈形〉骄矜;骄傲自大。

【骄奢淫逸】jiāo shē yín yì 骄横奢侈,荒淫无
度,形容放纵靡烂的生活。

【骄阳】jiāoyáng〈名〉强烈的阳光;烈日:～
似火。

胶(膠) jiāo❶〈名〉某些具有黏性的物
质,用动物的皮、角等熬成或由
植物分泌出来,也有人工合成的:鳔～|骨～|
乳～|桃～|～水。❷〈动〉用胶粘:～柱鼓瑟。
❸〈名〉指橡胶:～鞋|～皮。❹〈名〉姓。

【胶柱鼓瑟】jiāo zhù gǔ sè 柱是瑟上调弦的短
木,柱被粘住,就不能调整音的高低,比喻拘
泥而不知变通。

【胶着】jiāozhuó〈动〉比喻相持不下:～状态。

教 jiāo〈动〉传授知识或技能:～书|～课|师
傅～徒弟。
△另见 jiào。

【教书】jiāoshū〈动〉教学生学习功课。

【教学】jiāoxué〈动〉教书。
△另见 jiàoxué。

椒 jiāo〈名〉指果实或种子有刺激性味道的
某些植物:花～|胡～|辣～|秦～|～盐。

蛟 jiāo〈名〉❶蛟龙,古代传说中兴风作浪、
能发洪水的龙。❷指鼍(tuó)、鳄一类的
动物。

焦 jiāo❶〈形〉物体受热后失去水分,变得
黄黑并发硬、发脆:烧～|烤～|～土|～头
烂额。❷〈形〉干;干燥:～渴|舌敝唇～。❸
〈名〉指焦炭:炼～|煤～。❹〈名〉指焦点:聚
～|～距。❺〈动〉着急:～急|～心。

【焦点】jiāodiǎn〈名〉❶物理学上指与主轴平
行的光线经反射或折射后聚集在主轴上的
点。❷比喻问题的关键所在或引人注意的集
中点:矛盾的～。

【焦黑】jiāohēi〈形〉物体燃烧后呈现的黑色。

【焦黄】jiāohuáng〈形〉黄而干枯的颜色:面色
～|～的豆荚|馒头烤得～～的。

【焦急】jiāojí〈动〉着急。

【焦渴】jiāokě〈形〉非常干渴:～万分|～难耐。

【焦虑】jiāolǜ〈形〉焦急忧虑:内心～。

【焦头烂额】jiāo tóu làn é 比喻做事不顺利,
处境十分狼狈窘迫。

【焦土】jiāotǔ〈名〉烈火烧焦的土地,多形容建
筑物等毁于炮火或大火后的景象:一片～。

【焦心】jiāoxīn〈动〉着急。

【焦躁】jiāozào〈形〉焦急烦躁:心里～|～
不安。

【焦灼】jiāozhuó〈形〉非常着急：～不安。

跤 jiāo〈名〉跟头：摔～｜跌～。

僬 jiāo［僬侥(yáo)］〈名〉古代传说中的矮人。

鲛（鮫） jiāo〈名〉鲨鱼。

蕉 jiāo〈名〉❶某些像芭蕉那样有大叶子的植物：香～｜美人～。❷姓。
△另见 qiáo。

礁 jiāo〈名〉河、海中距水面很近的岩石或由珊瑚虫的遗骸积成的岩石状物：～石｜暗～｜珊瑚～。

鹪（鷦） jiāo［鹪鹩(liáo)]〈名〉鸟，身体小，羽毛赤褐色，有黑斑，尾羽短而略上翘。

--- jiáo ---

矫（矯） jiáo［矫情(qing)］方言。〈形〉指强词夺理，无理取闹：犯～。
△另见 jiǎo。

嚼 jiáo〈动〉上下牙齿磨碎食物：细～慢咽｜味同～蜡。
△另见 jiào；jué。

【嚼裹儿】jiáoguor 方言。〈名〉指生活费用：那时拉一天车，挣的钱刚够～。

【嚼蜡】jiáolà 见〖味同嚼蜡〗。

【嚼舌】jiáoshé〈动〉❶信口胡说，搬弄是非。❷无意义地争辩。

【嚼子】jiáozi〈名〉横放在牲口嘴里的棍形或者链形的铁器，以便于驾驭。

--- jiǎo ---

角 jiǎo ❶〈名〉牛、羊、鹿、犀等头上或吻上长的坚硬的突起物。❷〈名〉古代军中吹的乐器：号～｜鼓～。❸〈名〉形状像角的东西：皂～｜菱～｜豆～。❹〈名〉岬角(多用于地名)：镇海～(在福建)。❺〈名〉物体两个边沿相接的地方：桌～｜鬓～｜拐弯抹～｜天涯海～。❻〈名〉从一点引出的两条射线所形成的图形；从一条直线上展开的两个平面或从一点上展开的几个平面所形成的图形：直～｜锐～｜两面～｜多面～。❼〈名〉古代量器。❽〈名〉星宿名，二十八宿之一。❾〈量〉我国货币的辅助单位，10 角等于 1 圆。❿同"饺"。
△另见 jué。

【角度】jiǎodù〈名〉❶角的大小。❷看事情的出发点。

【角弓】jiǎogōng〈名〉用兽角装饰的弓。

【角楼】jiǎolóu〈名〉城墙角上供瞭望和防守用的楼。

【角落】jiǎoluò〈名〉❶两堵墙或类似墙的东西相接处的凹角：墙～。❷偏僻的地方：消息传遍了各个～。

【角门】(脚门) jiǎomén〈名〉整个建筑物靠近角的小门，泛指小的旁门。

备用词 鬓角 触角 额角 口角 棱角 死角 总角 鼓角 号角 不露圭角 凤毛麟角 钩心斗角 天涯海角 崭露头角 拐弯抹角 转弯抹角

侥（僥＊傲） jiǎo［侥幸]〈徼倖〉〈形〉偶然获得成功或意外免去灾害：心存～｜～心理。
△另见 yáo。

佼 jiǎo〈形〉美好：～人｜～好。

【佼佼】jiǎojiǎo〈形〉高出一般水平的：～者｜庸中～。

挢（撟） jiǎo〈动〉❶举起；翘起：～首高视。❷同"矫"(jiǎo)①③。

狡 jiǎo〈形〉❶奸猾；诡诈：～猾｜～诈｜～辩｜～兔三窟。❷美好：～童(美少年)。

【狡辩】jiǎobiàn〈动〉狡猾地强辩：无理～。

【狡猾】(狡滑) jiǎohuá〈形〉诡计多端，不可信任：狐狸再～也斗不过好猎手。

【狡狯】jiǎokuài〈形〉诡诈奸猾：生性～。

【狡赖】jiǎolài〈动〉狡辩抵赖：百般～。

【狡兔三窟】jiǎo tù sān kū 狡猾的兔子有三个窝，比喻藏身的处所多。

【狡黠】jiǎoxiá〈形〉狡诈：虚伪～。

【狡诈】jiǎozhà〈形〉狡猾奸诈：阴险～｜为人～。

饺（餃） jiǎo〈名〉饺子，一种有馅儿的半圆形面食：水～｜烫面～｜～儿。

绞（絞）jiǎo〈动〉❶扭结；拧：～麻绳｜～毛巾｜心～痛。❷绞死，一种用绳索勒住脖子吊死的酷刑：～架｜～索｜～杀。❸转动轮轴，绕起绳索，使系在另一端的物体移动：～辘轳。❹绞刀切削：～孔。

【绞架】jiǎojià〈名〉把人吊死的刑具，在架子上系着绞索。

【绞尽脑汁】jiǎo jìn nǎozhī 费尽脑筋，用尽心思。

【绞杀】jiǎoshā〈动〉❶用绳子勒死；杀死。❷压制、摧残使不能存在或发展：～革命。

【绞索】jiǎosuǒ〈名〉绞刑用的绳子。

铰（鉸）jiǎo❶〈动〉用剪子剪：～布｜～鞋子。❷同"绞"❹。

矫（矯）jiǎo❶〈动〉使弯曲的变直；纠正：～正｜～形。❷〈形〉强壮；勇武：～健｜～捷｜～若游龙。❸〈动〉假托：～饰｜～命。❹〈名〉姓。
△另见 jiáo。

【矫健】jiǎojiàn〈形〉强壮有力：步履～｜～的雄鹰。

【矫捷】jiǎojié〈形〉矫健敏捷：身手～。

【矫揉造作】jiǎo róu zào zuò 形容过于做作，极不自然。

【矫枉过正】jiǎo wǎng guò zhèng 比喻纠正偏差做得过了分。

【矫正】jiǎozhèng〈动〉改正；纠正：～发音｜～积习。

皎jiǎo❶〈形〉白而亮：～洁｜～月｜～然如雪。❷〈名〉姓。

【皎洁】jiǎojié〈形〉明亮而洁白（多形容月亮）。

脚（＊腳）jiǎo❶〈名〉人或动物腿下端的部分，用来接触地面支持身体：～面｜～跟。❷〈名〉东西的最下部：墙～｜山～｜三～架｜高～杯。❸〈形〉旧时指跟体力搬运有关的：～夫｜～钱。
△另见 jué。

【脚板】jiǎobǎn〈名〉脚掌，脚接触地面的部分。

【脚本】jiǎoběn〈名〉指表演戏剧、曲艺、拍摄电影等所依据的本子。

【脚跟】（脚根）jiǎogēn〈名〉脚的后部：并拢～｜立定～（站得稳，不动摇）。也说"脚后跟"。

【脚后跟】jiǎohòugēn〈名〉脚跟。

【脚行】jiǎoháng〈名〉旧时称搬运业或搬运工人。

【脚胫】jiǎojìng〈名〉小腿。

【脚力】jiǎolì〈名〉❶两腿的力气。❷旧时称搬运工人。❸脚钱，付给搬运东西的人的工钱。❹牲口：雇～。

【脚镣】jiǎoliào〈名〉束缚犯人两脚使不能快走的刑具。

【脚门】jiǎomén 见〖角门〗。

【脚手架】jiǎoshǒujià〈名〉供建筑工人在高处操作、放置工具和材料等搭的架子。

【脚踏】jiǎotà〈名〉供脚踩的矮凳。

【脚踏实地】jiǎo tà shídì 比喻做事情踏实认真。

【脚下】jiǎoxià〈名〉❶脚底下。❷临近的时候；附近的地方。

【脚丫子】jiǎoyāzi 方言。〈名〉脚。也作"脚鸭子"。

【脚鸭子】jiǎoyāzi 同"脚丫子"。

【脚注】jiǎozhù〈名〉列在一页末了的附注。

备用词 插脚 落脚 蹩脚 马脚 赶脚 拉脚 拳脚 捎脚 手脚 歇脚 阵脚 挑脚 抱佛脚 大手大脚 缩手缩脚 指手画脚 毛手毛脚

搅（攪）jiǎo〈动〉❶搅拌；拌和：～动｜粥里加上糖，～一～。❷扰乱；打扰：～扰｜～乱。

【搅害】jiǎohài〈动〉搅乱使人受祸害。

【搅和】jiǎohuo〈动〉❶掺杂；混合。❷扰乱：你跟着～什么？

【搅局】jiǎojú〈动〉扰乱别人安排好的事情。

【搅乱】jiǎoluàn〈动〉❶捣乱。❷弄乱。

【搅闹】jiǎonào〈动〉从中捣乱；扰乱。

【搅扰】jiǎorǎo〈动〉❶（动作、声音或用动作、声音）影响别人，使人感到讨厌或不安。❷婉辞，指受招待：～您了。

湫jiǎo〈形〉低洼：～隘（低洼狭小）。
△另见 qiū。

敫jiǎo〈名〉姓。

剿（＊勦剿）jiǎo〈动〉用武力消灭；讨伐：围～｜追～｜～匪。
△另见 chāo。

【剿除】jiǎochú〈动〉剿灭；铲除：～残匪。

【剿灭】jiǎomiè〈动〉用武力消灭：～顽敌。

徼jiǎo❶〈动〉求。❷〖徼倖〗同"侥幸"。
△另见 jiào。

缴（繳）jiǎo❶〈动〉交出；交纳：～税｜上～｜～枪不杀。❷〈动〉迫使交

出;强力收取:~获|~收|~了敌人的枪。❸〈名〉姓。
　　△另见 zhuó。
【缴获】jiǎohuò〈动〉从战败的敌人或罪犯那里取得(武器、凶器等)。
【缴械】jiǎoxiè〈动〉❶迫使敌人交出武器。❷被迫交出武器:~投降。

皦 jiǎo ❶〈形〉白;明亮:~日(明亮的太阳)。❷〈形〉清白:~然不污。❸〈名〉姓。
【皦皦】jiǎojiǎo〈形〉光明;显耀。

━━ jiào ━━

叫(*呌) jiào ❶〈动〉喊叫;鸣叫;嘶~|~卖。❷〈动〉招呼;呼唤:门口有人~他|电话怎么也~不听不清。❸〈动〉(名称)是;称为:她~刘胡兰|这不~马虎~什么?❹方言〈形〉雄性的(某些家畜和家禽):~驴|~鸡。❺〈动〉使;命令:要~荒山变成花果山。❻〈动〉容许或听任:不~去,我就不去。❼〈介〉被;让:衣服~雨淋湿了。
【叫花子】(叫化子)jiàohuāzi〈名〉乞丐。
【叫唤】jiàohuan〈动〉❶喊叫;疼得直~。❷(动物)叫:鸟儿在树上叽叽喳喳地~。
【叫价】jiàojià〈动〉公开报出价格;开价:~太高|~竞买。
【叫绝】jiàojué〈动〉叫好,表示非常赞赏:拍案~。
【叫苦连天】jiào kǔ lián tiān 不断叫苦,形容困苦或痛苦不堪。
【叫嚣】jiàoxiāo〈动〉大声叫喊;乱叫乱嚷:疯狂~。
【叫座儿】jiàozuòr〈形〉(戏剧、电影或演员)能吸引观众,卖座率高。
备用词 喊叫 号叫 吼叫 呼叫 惊叫 哭叫 嘶叫 啼叫

峤(嶠) jiào〈名〉山道。
　　△另见 qiáo。

觉(覺) jiào〈名〉睡眠(指从睡着到睡醒):午~|一~醒来|好好地睡一~。
　　△另见 jué。

校 jiào〈动〉❶订正:~改|参~。❷同"较"①③。
　　△另见 xiào。
【校场】jiàochǎng〈名〉旧时操练士兵或比武用的场地。也作"较场"。

【校雠】jiàochóu〈动〉校勘。
【校订】jiàodìng〈动〉对照可靠的材料改正书籍、文章中的错误。
【校对】jiàoduì ❶〈动〉核对是否符合标准;计量器具均~合格。❷〈动〉按原稿核对抄件或付印样张是否相符,发现错误改正过来:~文稿。❸〈名〉指做校对工作的人。
【校勘】jiàokān〈动〉用同一部书的不同版本和有关资料加以比较,考订文字的异同,以确定原文的真相。
【校验】jiàoyàn〈动〉校对验证。
【校样】jiàoyàng〈名〉出版物付印前供校对用的样张。
【校正】jiàozhèng〈动〉校对并改正:~错讹|~炮位。

轿(轎) jiào〈名〉轿子,旧式交通工具,由人抬着走或由骡马驮着走:抬~|花~|~夫。

较(較) jiào ❶〈动〉比较①:~量|~劲儿。❷〈副〉比较③:用~少的钱,办~多的事。❸〈动〉计较;锱(zī)铢必~。❹〈形〉明显;彰明~著|~然不同。
【较场】jiàochǎng 同"校场"。
【较量】jiàoliàng〈动〉❶比本领、实力的高低:~一番|激烈~。❷方言 计较。❸谈论:正说些闲话,一些枪法,说得入港。
【较真】jiàozhēn 方言〈形〉认真。

教 jiào ❶〈动〉教导;教育:~练|~海|~管|~指~。❷〈名〉宗教:信~|佛~|~义|~徒。❸同"叫"⑤—⑦。❹〈名〉姓。
　　△另见 jiāo。
【教案】jiào'àn〈名〉教师在授课前准备的教学方案,内容包括教学目的、时间、方法、步骤、检查以及教材的组织等等。
【教材】jiàocái〈名〉有关讲授内容的材料;编写~。
【教导】jiàodǎo〈动〉教育指导;启发开导:谆谆~|听从~。
【教坊】jiàofāng〈名〉古代管理宫廷音乐的官署。
【教化】jiàohuà〈动〉教育感化:~民众|宣明~。
【教皇】jiàohuáng〈名〉天主教会的最高统治者,驻在梵蒂冈。
【教会】jiàohuì〈名〉基督教信徒的组织。
【教诲】jiàohuì〈动〉教导;教训①:恭聆~|不倦的~。

【教练】jiàoliàn ❶〈动〉训练别人掌握某种技能:~车|~员。❷〈名〉担任教练工作的人员:足球~|围棋~。

【教授】jiàoshòu ❶〈动〉对学生讲解说明教材的内容:~数学|~有方。❷〈名〉高等学校里职别最高的教师。

【教唆】jiàosuō〈动〉怂恿或指使别人去干坏事。

【教条】jiàotiáo〈名〉❶宗教规定的教徒必须遵守的信条。❷不考虑实际情况而盲目接受或引用的原则、原理。❸教条主义。

【教条主义】jiàotiáo zhǔyì 不从实际情况出发,不研究事物矛盾的特殊性,只是生搬硬套现成的公式、原则来处理问题的作风。

【教头】jiàotóu〈名〉指传授武艺的人。

【教习】jiàoxí ❶〈动〉教练;训练。❷〈名〉教员的旧称。

【教学】jiàoxué〈动〉教师把知识或技能传授给学生:~经验。
△另见 jiāoxué。

【教学相长】jiào xué xiāng zhǎng 通过教学,学生进步了,教师也得到了提高。

【教训】jiàoxùn ❶〈动〉教育训诫:~子孙。❷〈动〉给予惩罚,使老实、服输:~蠢蠢欲动的敌人。❸〈名〉从错误或失败中取得的认识:接受~。

【教养】jiàoyǎng ❶〈动〉教导养育。❷〈名〉指一般文化和品德的修养。

【教义】jiàoyì〈名〉某一宗教所信奉的道理。

【教益】jiàoyì〈名〉指受到教导后得到的好处。

【教育】jiàoyù ❶〈动〉教导使明白道理:~子女|说服~。❷〈名〉培养新生一代准备从事社会生活的整个过程。通常指学校教育:~工作|~改革。

【教正】jiàozhèng〈动〉指教改正,用于把自己的作品送给人看时的客套话:敬希~。

备用词 赐教 管教 领教 请教 求教 说教 讨教 调教 指教 孺子可教 言传身教 移樽就教 因材施教

窖 jiào ❶〈名〉收藏东西的地洞或坑:花儿~|地~|冰~|白菜~。❷〈动〉把东西收藏在窖里:~藏|~冰|~白菜。

滘 jiào 方言〈名〉分支的河道(多用于地名);道~|双~墟(都在广东)。

酵 jiào〈动〉发酵:~母|~子。

漖 jiào 同"滘":东~(在广东)。

噍 jiào〈动〉嚼;吃东西:~类。

【噍类】jiàolèi〈名〉能吃东西的动物,特指活人。

徼 jiào ❶〈名〉边界:边~。❷〈动〉巡查:~巡。
△另见 jiǎo。

薸 jiào [薸头]〈名〉即"薤"(xiè):泡~。

醮 jiào ❶〈名〉古代结婚时用酒祭神的礼。再~(旧时指寡妇再嫁)。❷〈动〉打醮,道士设坛念经做法事。

嚼 jiào [倒(dǎo)嚼]〈动〉反刍。
△另见 jiáo;jué。

皭 jiào〈形〉洁白;干净:~然。

━━ jiē ━━

节(節) jiē〈名〉节子,木材上的疤痕,是树木砍掉枝杈后留下的。
△另见 jié。

【节骨眼】jiēguyǎn〈名〉比喻紧要的关键时刻或起决定作用的环节。

阶(階*❶堦) jiē〈名〉❶台阶:~梯|~下囚。❷等级:官~|军~。❸姓。

【阶层】jiēcéng〈名〉❶指在同一阶级中由于社会经济地位不同而分成的层次,如贫农、中农等。❷指不同阶级出身的人因某种相同的特征而形成的社会集团。❸指某一部分具有相同情况的人。

【阶段】jiēduàn〈名〉事物发展进程中根据不同特点分成的段落:初级~。

【阶级】jiējí〈名〉❶台阶。❷旧时指官职的等级。❸指人们在一定社会生产体系中,由于所处的地位不同和对生产资料的关系不同而分成的集团,如无产阶级、资产阶级等:~斗争。

【阶砌】jiēqì〈名〉台阶。

【阶梯】jiētī〈名〉台阶和梯子,比喻向上的凭借或途径。

【阶下囚】jiēxiàqiú〈名〉旧时指在公堂台阶下受审的囚犯,今泛指在押或被俘的人。

疖(癤) jiē〈名〉疖子,皮肤病,症状是局部出现充血硬块,化脓,红肿,疼痛。

皆 jiē〈副〉都;全:~大欢喜|草木~兵|啼笑~非|比比~是|放之四海而~准。

结(結) jiē〈动〉植物长出(果实或种子):~果。
△另见jié。

【结果】jiēguǒ〈动〉植物长出果实:开花~。
△另见jiéguǒ。

【结实】jiēshi〈形〉❶坚固,不容易损坏:劳动布~。❷健壮:身体~。

接 jiē〈动〉❶靠近;接触:~近|~吻|交头~耳|短兵相~。❷连接;使连接:~骨|~线|剪~|焊~。❸托住;承受:~球|~承。❹接受:~见|~纳。❺迎接:~亲|到车站~人。❻接生:~羊羔。❼接替:~班|~力。❽捆绑:反~。

【接触】jiēchù〈动〉❶物体跟物体挨上;碰着:电路~不良。❷人跟人接近并发生交往:~群众。❸接火;发生冲突:先头部队已跟敌人前哨~。

【接待】jiēdài〈动〉招待:~来宾。

【接二连三】jiē èr lián sān 一个接着一个,接连不断。

【接风】jiēfēng〈动〉设宴接待远方的来客。

【接管】jiēguǎn〈动〉接收并管理。

【接轨】jiēguǐ〈动〉❶把铁轨连接起来:全线就差这一段没~了。❷比喻两种事物彼此衔接起来:与世界经济~。

【接柜】jiēguì〈动〉在柜台接待(储户、顾客等):~员。

【接合】jiēhé〈动〉连接使合在一起。

【接济】jiējì〈动〉❶在物质上援助:~穷人。❷接续:有时粮食~不上,就挖野菜充饥。

【接见】jiējiàn〈动〉跟来人见面(多用于主人接待客人或上级会见下级):~外宾。

【接近】jiējìn〈动〉❶彼此间的距离近:~群众。❷靠近,使彼此间的距离缩小:~世界先进水平。

【接警】jiējǐng〈动〉(公安部门)接到报警:~记录|公安人员~后迅速赶赴现场。

【接力】jiēlì〈动〉一个接一个地进行:~赛。

【接纳】jiēnà〈动〉❶接受(个人或团体加入组织):~新会员。❷接受容纳:~建议。

【接洽】jiēqià〈动〉跟人联系,商量彼此有关的事情。

【接壤】jiērǎng〈动〉交界;边境相连。

【接生】jiēshēng〈动〉帮助产妇分娩:~员。

【接收】jiēshōu〈动〉❶收受:~礼物|托儿所~三岁以下孩子入托。❷根据法令接管机构、财产等:~敌伪财产。❸接纳:~新会员。

【接受】jiēshòu〈动〉对事物容纳而不拒绝:~批评。

【接谈】jiētán〈动〉接见并交谈:负责人跟来访的群众~。

【接替】jiētì〈动〉从别人那里把工作接过来并继续下去;代替:她的工作已由张阿姨~|上级已派人去~他的工作。

【接听】jiētīng〈动〉接(打来的电话):~咨询电话|大赛会场上安排有专人~电话。

【接续】jiēxù〈动〉接着前面的;继续:问题~而来。

【接迎】jiēyíng〈动〉迎接。

【接应】jiēyìng〈动〉❶配合自己一方的人行动。❷接续:粮食~不上,快要断炊了。

【接遇】jiēyù〈动〉接待应酬:~宾客。

【接踵】jiēzhǒng〈动〉后面的人的脚尖接着前面的人的脚后跟,形容人多,接连不断:摩肩~|~而至。

备用词 承接 间接 剪接 交接 连接 衔接 迎接 直接 焊接 短兵相接 肩摩踵接 目不暇接 青黄不接

秸(*稭) jiē〈名〉农作物脱粒后剩下的茎:麦~|豆~|秋~|玉米~。

揭 jiē ❶〈动〉把覆盖、遮挡的东西掀起或撕去:~幕|~榜|~膏药|~锅盖。❷〈动〉使隐蔽的事物显露:~底|~短|~露|~穿|~示|~晓。❸〈动〉高举:~旗|~竿而起(指起义)。❹〈动〉把粘贴着的片状物取下来:~封条|把邮票~下来。❺〈名〉姓。

【揭穿】jiēchuān〈动〉揭露,使掩盖着的真相显露出来。

【揭发】jiēfā〈动〉揭露(错误、罪行等)。

【揭露】jiēlù〈动〉使隐蔽的事物显露:~矛盾。

【揭幕】jiēmù〈动〉❶在纪念碑、雕像等落成时举行的仪式上,把蒙在上面的布揭开。❷比喻重大事件开始。

【揭牌】jiēpái〈动〉揭开蒙在机关、企业等名称牌子上的布,表示成立、开业等:公司今天在沪正式~|举行~仪式。

【揭示】jiēshì〈动〉❶公布(机关或团体发布的文告等):~牌。❷把事物的本质显露出来使人看清楚。

【揭晓】jiēxiǎo〈动〉公布(考试、比赛、选举等的结果)。

喈 jiē[喈喈]❶〈形〉形容声音和谐:钟鼓~。❷〈拟〉形容鸟叫的声音:鸡鸣~。

嗟 jiē❶〈动〉叹息:~叹|长~|~悔无及。❷〈叹〉表示呼唤等:~乎|~,来食!

【嗟乎】jiēhū〈叹〉表示叹息,相当于"唉"。

【嗟来之食】jiē lái zhī shí《礼记·檀弓下》记载,齐国闹灾荒,有人在路上施舍饮食,对一个饥饿的人说"嗟,来食",饥饿的人说,我就因为不吃"嗟来之食",才到了这样的地步。终于不食而死。后泛指侮辱性的施舍。

【嗟叹】jiētàn〈动〉叹息。

【嗟呀】jiēyā〈动〉叹息:~不已。

【嗟怨】jiēyuàn〈动〉叹息怨恨。

街 jiē〈名〉❶街道;街市:上~|丁字~|~头巷尾|沿~叫卖。❷方言。集市:赶~。❸姓。

【街道】jiēdào〈名〉两旁有房屋的比较宽阔的道路。

【街坊】jiēfang〈名〉邻居。

【街区】jiēqū〈名〉指城市中的某一片区域,也指以某种特征划分的地区:商业~|文化~。

【街衢】jiēqú〈名〉街道。

【街市】jiēshì〈名〉商店比较集中的市区。

【街谈巷议】jiē tán xiàng yì 大街小巷里人们的谈论。

【街头】jiētóu〈名〉街口儿;街上:十字~。

湝 jiē[湝湝]〈形〉形容水流动的样子:淮水~。

楷 jiē〈名〉乔木,即黄连木,果实长圆形,种子可榨油,鲜叶有香味。

△另见 kǎi。

━━ jié ━━

孑 jié❶〈形〉单独;孤单:~立|~然。❷〈动〉剩余;遗留:~遗。❸〈名〉姓。

【孑孓】jiéjué〈名〉蚊子的幼虫。

【孑立】jiélì〈动〉孤立无依靠:茕茕~。

【孑然】jiérán〈形〉孤独的样子:~一身。

【孑遗】jiéyí〈名〉遭受重大变故后多数人死亡后遗留下来的少数人。

节(節) jié❶〈名〉物体各段之间相连的地方:竹~|关~|盘根错~。❷〈名〉比喻事物的关键:夫乐(yuè),天地之精也,得失之~也。❸〈名〉规律:寝食违~。❹〈名〉段落:~拍|~奏|~季。❺量词:一~烟筒|两~车厢。❻〈名〉节日;节气:春~|国庆~|清明~|上元~。❼〈动〉删略:~选|~删。❽〈动〉节约;节制:~俭|~哀|开源~流。❾〈名〉事项:细~|生活小~。❿〈名〉操守:~操|~气。⓫〈名〉姓。

△另见 jiē。

【节操】jiécāo〈名〉气节操守:~高洁。

【节度】jiédù❶〈名〉古代官名。❷〈动〉管辖;节制调度。

【节俭】jiéjiǎn〈形〉节约俭省,不浪费:生活~。

【节略】jiélüè〈名〉❶事情内容的简要提纲。❷外交文书的一种,用来说明事实、证据或有关法律的问题。

【节拍】jiépāi〈名〉音乐中每隔一定时间重复出现的、有一定强弱分别的一系列拍子,是衡量节奏的单位。

【节气】jiéqi〈名〉在一年的时间中根据昼夜的长短,中午日影的高低等定出二十四个点,每一点叫一个"节气"。节气表明地球在轨道上的位置,也就是太阳在黄道上的位置。通常也指每一点所在的那一天。参看【二十四节气】。

【节省】jiéshěng〈动〉使可能被消耗掉的不被消耗掉或少消耗掉:~人力物力。

【节外生枝】jié wài shēng zhī 比喻在问题之外又生出新问题。

【节衣缩食】jié yī suō shí 省吃省穿,泛指俭省:母亲~供我读书。

【节义】jiéyì〈名〉节操和义行。

【节育】jiéyù〈动〉节制生育。

【节约】jiéyuē〈动〉节省:~时间|厉行~。

【节制】jiézhì〈动〉❶指挥管辖:~三军。❷限制;控制:~生育。

【节奏】jiézòu〈名〉❶音乐中交替出现的有规律的强弱、长短的现象。❷比喻有条不紊的有规律的工作进程。

备用词 礼节 名节 品节 气节 晚节 贞节 变节 屈节 失节 守节 殉节 折节 关节 环节

情节 细节 章节 音节 季节 时节 卑躬屈节 不拘小节 繁文缛节 高风亮节 横生枝节 盘根错节 细枝末节

讦（訐）jié〈动〉斥责别人的过失；揭发别人的隐私：攻～。

劫（＊❶❷刼刧刦）jié❶〈动〉抢劫：～夺｜～狱｜洗～｜趁火打～。❷〈动〉威逼；胁迫：～持。❸〈名〉灾难：浩～｜在～难逃。

【劫持】jiéchí〈动〉要挟；挟持：～飞机。

【劫夺】jiéduó〈动〉用武力夺取：～战略物资。

【劫掠】jiélüè〈动〉抢劫掠夺（财物）。

【劫难】jiénàn〈名〉灾难；灾祸：历经～。

【劫数】jiéshù〈名〉佛教徒指注定的灾难。

【劫狱】jiéyù〈动〉从监狱里把被关押的人抢出来。

备用词 打劫 盗劫 浩劫 拦劫 掳劫 路劫 抢劫 洗劫 行劫 遭劫 趁火打劫

杰（＊傑）jié❶〈名〉才能出众的人：豪～｜俊～｜英～｜生当为人～。❷〈形〉杰出：～作｜～人｜～地灵。❸〈名〉姓。

【杰出】jiéchū〈形〉（才能、成就）特出；高出一般。

【杰然】jiérán〈形〉形容高大的样子：～特起。

【杰作】jiézuò〈名〉超过一般水平的特别出色的作品或建筑设计等。

备用词 豪杰 俊杰 人杰 雄杰 英杰

诘（詰）jié〈动〉❶追问；责问：～问｜～责｜盘～｜反～。❷查究；究办。
　　△另见 jí。

【诘问】jiéwèn〈动〉追问；责问。

【诘责】jiézé〈动〉质问；责备。

备用词 驳诘 反诘 究诘 盘诘

拮jié［拮据（jū）〕〈形〉缺少钱：手头～。

洁（潔＊❶—❸絜）jié❶〈形〉清洁；整～｜白～｜净～。❷〈形〉比喻行为清白；品德高尚：纯～｜廉～｜高～。❸〈动〉使清洁；使洁白。❹〈名〉姓。
　　△"絜"另见 xié。

【洁白】jiébái〈形〉❶没有被别的颜色污染的白色。❷比喻纯洁：清白；～的心灵。

【洁净】jiéjìng〈形〉清洁干净。

【洁身自好】jié shēn zì hào ❶指保持自身纯洁，不同流合污。❷指怕招惹是非，只顾自己好，不关心别人或公众的事情。

备用词 光洁 简洁 皎洁 清洁 整洁 纯洁 高洁 廉洁 圣洁 贞洁 冰清玉洁

结（結）jié❶〈动〉用线、绳等打扣儿或用这种方法编织：～网｜张灯～彩。❷〈名〉用线、绳等打成的扣儿：打～｜领～｜蝴蝶～。❸〈动〉结合：～晶｜集会～社｜～党营私。❹〈动〉结束；了结：～账｜～案。❺〈名〉保证负责的字据：具～｜保～。❻〈名〉姓。
　　△另见 jiē。

【结拜】jiébài〈动〉旧时指异姓相约为兄弟姐妹。

【结党营私】jié dǎng yíng sī 结成宗派、小集团，以谋取私利。

【结发】jiéfà❶〈名〉指年轻的时候。❷〈动〉结婚。❸〈名〉称妻（后多指原配）。

【结构】jiégòu❶〈名〉各个组成部分搭配和排列的方式：原子～｜文章的～。❷〈名〉建筑指承受重量或外力的部分的构造：木～。❸〈动〉组织安排（文字、情节等）：根据主线来～故事。

【结果】jiéguǒ❶〈名〉在一定阶段，事物发展所达到的最后状态。❷〈动〉杀死。
　　△另见 jiēguǒ。

【结合】jiéhé〈动〉❶人或事物之间发生密切联系：理论～实际。❷指结成夫妻。

【结欢】jiéhuān〈动〉交好；讨好。

【结婚】jiéhūn〈动〉男子和女子办理合法手续后结合成为夫妻。

【结交】jiéjiāo〈动〉跟人交际来往：广为～。

【结晶】jiéjīng❶〈动〉物质从液态或气态形成晶体。❷〈名〉比喻珍贵的成果：血汗的～。

【结局】jiéjú〈名〉最后的结果。

【结连】jiélián〈动〉暗中与人勾结；私通。

【结论】jiélùn〈名〉❶从前提推论出来的判断。❷对人或事物所下的带有总结性的论断。

【结末】jiémò 方言。〈名〉最后；末了。

【结纳】jiénà〈动〉结交：～志士。

【结亲】jiéqīn〈动〉❶结婚。❷两家因有婚姻关系而成为亲戚。

【结舌】jiéshé〈动〉❶舌翘起说不出话来，形容受窘或惊呆的样子：张口～｜瞠目～。❷不敢说话。

【结识】jiéshí〈动〉跟人相识并往来：～新朋友。

【结誓】jiéshì〈动〉立誓。

【结束】jiéshù〈动〉❶事情进行到最后阶段，不再继续。❷装束;打扮。

【结算】jiésuàn〈动〉把一个时期的经济账目核算清楚。

【结业】jiéyè〈动〉学习期满,结束学业(多指短期训练的):~典礼。

【结义】jiéyì〈动〉结拜:桃园三~。

备用词　板结　冻结　干结　胶结　黏结　凝结　硬结　缔结　勾结　纠结　联结　团结　郁结　归结　了结　完结　终结　总结

桔　jié[桔槔(gāo)]〈名〉一种旧式汲水工具,在井旁架起杠杆,一端系水桶,一端坠大石,一起一落。
△另见jú。

桀　jié❶〈名〉鸡栖息的横木:鸡栖于~。❷〈名〉夏朝末代君主,相传是个暴君:~犬吠尧|助~为虐。❸〈形〉凶暴:~黠(xiá)|~骜(ào)。❹古通"杰(傑)"。

【桀骜】jié'ào〈形〉性情凶烈而倔强:~不驯。

【桀犬吠尧】jié quǎn fèi yáo 比喻走狗一心为其主子效劳。

捷(*捿)　jié❶〈形〉快;敏:~~|矫~|~足先登。❷〈动〉战胜:祝~|连战连~。❸〈名〉姓。

【捷报】jiébào〈名〉胜利的消息:~频传。

【捷径】jiéjìng〈名〉❶近路。❷比喻能较快地达到某种目的的巧妙手段或方法。

【捷足先登】jié zú xiān dēng 比喻行动敏捷,先达到目的。

备用词　便捷　简捷　矫捷　敏捷　轻捷　迅捷　报捷　告捷　祝捷　奏捷

偈　jié〈形〉❶勇武。❷疾驰的样子。
△另见jì。

婕　jié[婕妤(yú)]〈名〉古代宫中女官名,是帝王妃嫔的称号。

颉(頡)　jié 用于人名。仓颉,传说中创造文字的人。
△另见xié。

睫　jié❶〈名〉睫毛,眼睑上下边缘的细毛:目不交~|迫在眉~。❷〈动〉眨眼。

截　jié❶〈动〉切断;割断:~肢|~断|~长补短。❷〈量〉段:一~木头|露出半~身子。❸〈动〉阻拦:~留|~击|拦~。❹〈动〉到一定期限停止进行:~止|~至。❺〈名〉姓。

【截长补短】jié cháng bǔ duǎn 截取长的来补充短的,比喻用长处来弥补短处。

【截断】jiéduàn〈动〉❶切断。❷打断;拦住。

【截获】jiéhuò〈动〉中途夺取到或抓获:~情报。

【截击】jiéjī〈动〉在半路上截住打击:~敌人。

【截然】jiérán〈副〉像割断一样,界限分明:~不同。

【截瘫】jiétān〈动〉因脊髓神经受损伤而引起的肢体瘫痪:高位~。

【截止】jiézhǐ〈动〉❶(到一定期限)停止:报名至月底~。❷制止;阻止。

【截至】jiézhì〈动〉截止到(某个时候)。

备用词　堵截　拦截　阻截　直截

碣　jié〈名〉石碑:墓~|~碑|残碑断~。

竭　jié❶〈形〉尽:精疲力~|取之不尽,用之不~。❷〈动〉全部用出:~力。❸〈名〉姓。

【竭诚】jiéchéng〈副〉竭尽忠诚,全心全意:~拥护。

【竭尽】jiéjìn〈动〉用尽(力量):~孝心。

【竭蹶】jiéjué〈形〉原指走路跌跌撞撞,非常艰难的样子,后用来形容经济困难。

【竭力】jiélì〈副〉尽力;极力:~否认|~挣扎。

【竭泽而渔】jié zé ér yú 排空池水或湖水捉鱼,比喻取之不留余地,只顾眼前利益而不顾长远利益。

备用词 耗竭 枯竭 疲竭 穷竭 衰竭 精疲力竭 声嘶力竭 再衰三竭

羯 jié〈名〉❶羯羊，阉割过的公羊。❷我国古代民族，是匈奴的一个别支，居住在今山西东南部，东晋时曾在黄河流域建立后赵政权(公元 311 年－334 年)。

━━ jiě ━━

姐 jiě〈名〉❶姐姐：大～|～妹。❷亲戚或某种关系中同辈而年纪比自己大的女子：表～|师～。❸称呼年纪和自己相近的女子(含亲热意)：李～|王大～。❹称呼年轻的女子：刘三～|漂亮～儿。❺姓。

解(＊觧) jiě〈动〉❶分开：瓦～|溶～|～剖|～散。❷把扣儿或结打开：～缆|～囊。❸解除：～渴|～闷|排忧～难。❹分析说明：～释|注～|图～。❺了解；明白：费～|大惑不～。❻解手：大～|小～。❼演算方程式；求方程式中未知数的值。❽〈名〉代数方程中未知数的值。
△另见 jiè；xiè。

【解嘲】jiěcháo〈动〉掩盖或粉饰被别人嘲笑的事情：自我～。

【解除】jiěchú〈动〉去掉；消除：～痛苦。

【解冻】jiědòng〈动〉❶冰冻的江河、土地融化。❷解除对资金等的冻结。❸(禁令等)解除。

【解读】jiědú〈动〉❶阅读解释：～信息编码|传统的训诂学以～古籍为主要目的。❷分析；研究：～人生|～史前文化。❸理解；体会：持不同观点的人对这项政策会有不同的～。

【解放】jiěfàng〈动〉❶解除束缚，使得到自由或发展：～奴隶|～生产力。❷指推翻反动统治。❸把敌人俘虏过来使脱离反动军队。

【解构】jiěgòu〈动〉❶对某种事物的结构和内容进行剖析：～作品|～传统文化。❷解体：一些传统模式被～、颠覆。

【解恨】jiěhèn〈动〉消除心中的愤恨。

【解甲】jiějiǎ〈动〉脱下铠甲：～归田。

【解救】jiějiù〈动〉使脱离危险或苦难。

【解决】jiějué〈动〉❶处理问题使有结果：～困难|～矛盾。❷消灭：～逃窜的残匪。

【解困】jiěkùn〈动〉解决困难；从困境中脱出来：～房|帮助国有企业～。

【解铃系铃】jiě líng xì líng 明瞿汝稷《指月录》记载，有一天法眼和尚问大家："老虎脖子上的金铃谁能解下来?"大家无言对答。正好泰钦禅师来了，法眼又问这个问题。泰钦禅师说"系上去的人能解下来"。比喻谁惹出来的麻烦事情仍须由谁去解决。也说"解铃还须系铃人"。

【解密】jiěmì〈动〉❶解除对文件、档案等的保密规定，允许对外公布：这是一份刚～的档案。❷给经过加密的信息除去密码，使还原为加密前的状态，以便获取信息。❸彻底了解事物的真相或规律：克隆技术～。

【解囊】jiěnáng〈动〉打开口袋：～相助|慷慨～。

【解剖】jiěpōu〈动〉❶为了研究人体或动植物体各器官的组织结构而把人体或动植物体剖开：生理～。❷比喻对事物进行深入的分析研究：严于～自己。

【解气】jiěqì〈动〉消除心中的气愤。

【解劝】jiěquàn〈动〉劝解；安慰。

【解散】jiěsàn〈动〉❶集合着的一群人分散开。❷取消(团体、组织等)。

【解释】jiěshì〈动〉❶分析阐明某种自然现象或社会现象。❷说明含义、理由、情况等：～误会|～词义。

【解手】jiěshǒu〈动〉排泄大小便。

【解说】jiěshuō〈动〉解释说明(多指口头上)：～词。

【解体】jiětǐ〈动〉崩溃；瓦解。

【解脱】jiětuō〈动〉❶佛教用语，指脱离苦难，得到自在。❷摆脱：诸事纷繁，无以～。❸解除；开脱：查清错误，及时～。

【解围】jiěwéi〈动〉❶解除敌军的包围。❷泛指摆脱受窘的困境。

【解悟】jiěwù〈动〉在认识上由不了解到了解。

【解颐】jiěyí〈动〉开颜而笑(颐：面颊)：～一笑。

备用词 分解 溶解 融解 瓦解 消解 和解 开解 宽解 谅解 排解 劝解 调解 辩解 费解 讲解 理解 了解 曲解 剖解 通解 误解 注解 冰消瓦解 不求甚解 大惑不解 难分难解 土崩瓦解 一知半解 迎刃而解

檞 jiě〈名〉一种树。

━━ jiè ━━

介 jiè ❶〈动〉在两者中间：～绍|媒～。❷〈名〉甲：鳞～|～冑|～虫。❸〈形〉耿直；有骨气：耿～。❹〈量〉个(用于人)：一～书生。❺〈形〉大：～福。❻〈名〉古戏曲剧本中

指示角色表演动作的用语,如笑介、照镜介等。❼〈名〉姓。

【介词】jiècí〈名〉用在名词、代词或者词组前面,合起来表示动作、行为的方向、时间、处所、对象等的词,如"从"、"自"、"往"、"朝"、"在"、"当"、"把"、"对"、"同"、"为"、"以"、"按照"、"比"、"跟"、"被"、"叫"、"让"。

【介入】jièrù〈动〉插进两者之间干预其事。

【介绍】jièshào〈动〉❶使双方相识或发生关系。❷使了解、熟悉:~情况。❸引进;推荐(新的人或事物);入党~人。❹从中沟通,促成某件事情:~工作。

【介意】jièyì〈动〉在意;放在心上(多用于否定式)。

【介音】jièyīn〈名〉韵母中主要元音前边的元音,如"电"diàn的介音是"i","火"huǒ的介音是"u","掠"lüè的介音是"ü"。

备用词　媒介　评介　绍介　中介　联介

价　jiè〈名〉被派遣传送东西或传达事情的人。
△另见 jià;jie。

戒　jiè❶〈动〉防备;警惕:警~|~备|~严|~骄~躁。❷同"诫"。❸〈动〉戒除:~烟|~酒。❹〈名〉指禁止做的事情:酒~。❺〈名〉佛教戒律:受~|~条。❻〈名〉教训;鉴|引以为~。❼〈名〉戒指:钻~|镶钻石的戒指)。❽〈名〉姓。

【戒备】jièbèi〈动〉警戒防备:~森严。

【戒尺】jièchǐ〈名〉塾师体罚学生时用来打手心的尺子。

【戒敕】jièchì〈动〉告诫。

【戒除】jièchú〈动〉改掉(不良嗜好或习惯):~烟酒。

【戒牒】jièdié〈名〉度牒。

【戒毒】jièdú〈动〉戒除毒瘾:~所。

【戒骄戒躁】jiè jiāo jiè zào 警惕并防止产生骄傲和急于事成的情绪。

【戒惧】jièjù〈动〉警惕和畏惧。

【戒律】jièlǜ〈名〉佛教、道教规定的教徒必须遵守的生活准则。

【戒慎】jièshèn〈形〉警惕谨慎:清廉~。

【戒条】jiètiáo〈名〉戒律。

【戒心】jièxīn〈名〉戒备之心;警惕心:存有~。

【戒严】jièyán〈动〉战时或在特殊情况下,在全国或局部地区采取非常措施,如增设警戒、组织搜查、限制车辆的通行等。

备用词　惩戒　鉴戒　警戒　破戒　斋戒　引以为戒

芥　jiè〈名〉❶芥菜,草本植物,种子黄色,有辣味。种子磨成粉末,叫"芥末",用作调味品。❷小草,比喻轻微、纤细的事物:草~|尘~。
△另见 gài。

【芥蒂】jièdì〈名〉细小的梗塞的东西,比喻积在心中的嫌隙或不快:经过沟通,两人心中都不再有什么~了。

玠　jiè〈名〉大圭。

届(*屆)　jiè❶〈动〉到(时候);~期|~时。❷〈量〉次;期:首~|上~|应~|历~。❸〈名〉姓。

界　jiè〈名〉❶相交的地方;界限:地~|国~|~河|~碑。❷一定的范围:眼~|管~。❸职业、工作或性别等相同的一些社会成员的总体:政~|学~|文艺~|舆论~|妇女~。❹指大自然中动植物、矿物等的最大的类别:无机~|有机~。

【界河】jièhé〈名〉两个国家或地区之间的分界河。

【界面】jièmiàn〈名〉❶物体和物体之间的接触面:缩小~|减少摩擦。❷用户界面的简称。

【界限】jièxiàn〈名〉❶不同事物的分界:是非~。❷界线②;在湖面和蓝天之间划一道~。❸尽头处;限度:扩大的野心没有~。

【界线】jièxiàn〈名〉❶界限①。❷两个地区分界的线。❸某些事物的边缘。

备用词　边界　地界　分界　国界　疆界　交界　接界　临界　世界　外界　租界　境界　视界　眼界

疥　jiè〈名〉疥疮,传染性皮肤病,症状是局部起丘疹而不变色,非常剧痒。

诫(誡)　jiè〈动〉❶警告;劝告:劝~|规~|训~|谆谆告~。❷警戒:前车覆,后车~。

备用词　告诫　规诫　劝诫　训诫

蚧　jiè[蛤(gé)蚧]〈名〉爬行动物,外形像壁虎而大,吃蚊、蝇等小虫。可入药。

借(❸-❺藉)　jiè〈动〉❶暂时使用别人的财物;借进:求~|跟人~钱。❷把财物暂时供别人使用;借出:出~|~钱给人。❸假托:~故|~口。❹凭借;依靠:~助|~重|~题发挥|~古讽今。❺〈连〉即使:~第令毋斩,而戍死者固十六七。

【借词】jiècí〈名〉从别的语言中吸收过来

的词。

【借代】jièdài〈名〉修辞方式,不直接说出要说的人或事物,借用和这个人或事物有密切关系的东西来代替。如"东边的一个是马褂,西边的一个是西装",这里是用人的外部特征(马褂、西装)代替人。

【借贷】jièdài〈动〉借(钱)。

【借刀杀人】jiè dāo shā rén 比喻自己不出面,利用别人去害人。

【借风使船】jiè fēng shǐ chuán 比喻凭借别人的力量以达到自己的目的。也说"借水行舟"。

【借花献佛】jiè huā xiàn fó 比喻拿别人的东西做人情。

【借鉴】jièjiàn〈动〉拿别人的得失当镜子,跟自己相对照,以便取长补短或吸取教训。

【借口】jièkǒu ❶〈动〉假托某种理由:~时间紧而推脱。❷〈名〉假托的理由:找~。

【借尸还魂】jiè shī huán hún 迷信认为,人死后灵魂可以借别人的尸体复活,比喻某种已经消灭或没落的事物又以另一种形式重新出现。

【借题发挥】jiè tí fāhuī 借某件事作为谈论的题目来表达自己真正的意思。

【借重】jièzhòng〈动〉借用其他的力量。

【借助】jièzhù〈动〉靠别的人或事物进行帮助。

备用词　假借　凭借　拆借　出借　典借　挪借　求借　摘借　租借

解(＊觧) jiè〈动〉❶押送犯人或财物:起~|押~|递~|~送。❷交纳。
△另见 jiě;xiè。

【解差】jièchāi〈名〉旧时押送犯人的人。

【解元】jièyuán〈名〉明清两代称乡试考取第一名的人。

褯 jiè 方言。〈名〉褯子,尿布。

藉 jiè ❶〈名〉垫在下面的东西。❷〈动〉垫;衬:枕~|~地而坐。❸同"借"❸❹❺。
△另见 jí。

备用词　慰藉　蕴藉　枕藉

━━ jie ━━

价(價) jie〈助〉❶方言。用在否定副词后面加强语气:不~|甭~|别~。❷用在某些状语的后面:成天~忙|震天~响。

△另见 jià;jiè。

家 jie 同"价"(jie)❷:整天~|成年~。
△另见 jiā。

━━ jīn ━━

巾 jīn〈名〉用来擦拭、包裹或覆盖的小块的纺织品:手~|毛~|头~|围~|领~|浴~|餐~|羽扇纶~。

【巾帼】jīnguó〈名〉指妇女:~英雄。

【巾帻】jīnzé〈名〉古代指头巾。

斤(＊❶觔) jīn ❶〈量〉重量单位。旧制 16 两等于 1 斤,现 10 两等于 1 市斤,合 1/2 公斤。❷〈名〉斧子一类的工具:斧~。❸〈名〉姓。

【斤斗】jīndǒu 方言。〈名〉跟头。

【斤斤计较】jīnjīn jìjiào 指对琐细的或无关紧要的事物过分计较。

【斤两】jīnliǎng〈名〉分量,多用于比喻。

今 jīn〈名〉❶现在;现代(跟"古"相对):现~|当~|~人|~译|古为~用|抚~追昔。❷当前的(年、天及其部分):~夜|~天|~春|~生。❸姓。

【今番】jīnfān 方言。〈名〉这次。

【今非昔比】jīn fēi xī bǐ 现在不是过去所能相比的,形容变化极大。

【今朝】jīnzhāo〈名〉❶现在:风流人物数~。❷方言。今天。

【今兹】jīnzī〈名〉现在。

备用词　当今　而今　目今　如今　现今　至今　博古通今　厚古薄今　借古讽今　是古非今　颂古非今　震古烁今

金 jīn ❶〈名〉金属:五~|冶~|~戈铁马。❷〈名〉钱:现~|~额。❸〈名〉古代指金属制的打击乐器,如锣等:鸣~收兵。❹〈名〉金属元素,符号 Au。赤黄色,是贵重金属。通称"金子"或"黄金"。❺〈形〉比喻尊贵或贵重的:~榜|~科玉律。❻〈形〉(颜色)像金子那样的:~橘|~漆盒子。❼〈名〉朝代,公元 1115 年－1234 年,女真族完颜阿骨打所建,在我国北部。❽〈量〉古代计算货币的单位,秦以一镒(黄金二十两)为一金;汉以黄金一斤为一金。汉以后银子一两为一金。❾〈名〉姓。

【金榜】jīnbǎng〈名〉科举时代俗称殿试录取的榜:~题名。

【金碧辉煌】jīnbì-huīhuáng 形容建筑物等异常华丽,光彩耀人眼目。

【金灿灿】jīncàncàn〈形〉金光闪闪，鲜明耀眼。

【金蝉脱壳】jīnchán tuō qiào 比喻用计脱身而不被对方发觉。

【金城】jīnchéng〈名〉金属造的城，比喻坚固的城墙：～汤池。

【金城汤池】jīn chéng tāng chí 形容坚固不易攻破的城池(汤池：滚水的护城河)。

【金额】jīn'é〈名〉钱数。

【金刚怒目】jīngāng nù mù 形容面目凶恶(金刚：佛的侍从力士)。

【金戈铁马】jīn gē tiě mǎ ❶指战争。❷形容战士的雄姿。

【金贵】jīnguì〈形〉珍贵；宝贵：这一带水比油还～。

【金黄】jīnhuáng〈形〉(颜色)黄而微红。

【金婚】jīnhūn〈名〉西方风俗，称结婚五十周年为金婚。

【金经】jīnjīng〈名〉指佛经。

【金科玉律】jīn kē yù lǜ 比喻不能变更的信条。

【金领】jīnlǐng〈名〉指掌握现代科技，能创造大量财富因而收入较高的高级科学技术人员，如软件设计工程师等：～阶层。

【金銮殿】jīnluándiàn〈名〉指皇帝受朝见的殿。

【金迷纸醉】jīn mí zhǐ zuì 见〖纸醉金迷〗。

【金瓯】jīn'ōu〈名〉❶金属制的杯子，比喻完整的疆土。❷泛指国土。

【金融】jīnróng〈名〉指与货币流通和银行信用有关的一切活动，如货币的发行、流通和回笼，贷款的发放和收回，存款的存入和提取，汇兑的往来等。

【金石】jīnshí〈名〉❶金属和石头，比喻坚硬的东西：精诚所至，～为开。❷金指铜器和其他金属器物，石指石制器物等。这些东西上古代多镌刻有文字记事内容。

【金属】jīnshǔ〈名〉具有光泽、延展性和容易导电、传热等性质的物质，如金、银、铜、铁、锡等。

【金汤】jīntāng〈名〉"金城汤池"的略语：固若～。

【金柝】jīntuò〈名〉刁斗。

【金文】jīnwén〈名〉古代刻铸在青铜器上的文字，通常专指殷周秦汉青铜器上的文字。也叫"钟鼎文"。

【金乌】jīnwū〈名〉指太阳。传说太阳里有三足乌：～西坠。

【金玉良言】jīnyù liángyán 比喻宝贵的劝告和教导的话。

【金玉其外，败絮其中】jīnyù qí wài，bàixù qí zhōng 比喻外表很华美，里头一团糟。

备用词 本金 酬金 股金 基金 奖金 现金 薪金 押金 资金 租金 镀金 淘金 冶金 合金 白金 点铁成金 披沙拣金 惜墨如金 一刻千金 一诺千金 一掷千金 众口铄金

津 jīn ❶〈名〉唾液：～液｜生～止渴。❷〈名〉汗：遍体生～。❸〈形〉润泽。❹〈名〉渡口：～梁｜要～｜指点迷～｜不敢问～。

【津津】jīnjīn〈形〉❶兴趣浓厚的样子：～乐道(很感兴趣地谈论)。❷(汗、水)流出的样子：汗～。

【津津有味】jīnjīn yǒu wèi 形容特别有滋味，有兴趣。

【津梁】jīnliáng〈名〉❶渡口和桥梁。❷比喻用作引导的事物或过渡的方法、手段。

【津贴】jīntiē ❶〈名〉工资以外的补助费：岗位～。❷〈动〉补贴；贴补。

【津液】jīnyè〈名〉中医对人体血液、唾液、精液、汗液等的总称，通常专指唾液。

【津泽】jīnzé〈名〉指植物中含的液汁。

备用词 关津 迷津 问津 要津

衿 jīn〈名〉❶同"襟"。❷古代束衣裳的带子。

矜 jīn ❶〈动〉怜悯；怜惜：～怜｜～惜｜～恤｜～哀。❷〈形〉自大；自夸：骄～｜～夸。❸〈形〉慎重；拘谨：～持。
△另见 guān；qín。

【矜持】jīnchí〈形〉❶庄重谨严。❷拘谨，态度不自然。

【矜夸】jīnkuā〈动〉骄傲自大；自我夸耀：力戒～。

J

【矜诩】jīnxǔ〈动〉夸耀。

【矜疑】jīnyí〈名〉旧时司法用语,指其情可怜,其罪可疑的案子。

筋 jīn〈名〉❶肌的旧称:~肉。❷肌腱或骨头上的韧带:蹄~。❸可以看见的皮下静脉:青~。❹像筋的东西:叶~|钢~|铁~|橡皮~。

【筋斗】jīndǒu 方言。〈名〉跟头。

【筋骨】jīngǔ〈名〉❶筋肉和骨头。❷指人的体格。

【筋骸】jīnhái〈名〉筋骨①。

禁 jīn〈动〉❶忍受;耐:~受|弱不~风。❷忍住:忍俊不~(忍不住笑)。
　△另见 jìn。

【禁不住】jīnbuzhù〈动〉❶承受不住。❷抑制不住;不由得。

【禁受】jīnshòu〈动〉承受;忍受:~考验|~锻炼。

襟 jīn〈名〉❶上衣、袍子前面的部分:衣~|对~|捉~见肘。❷姐妹的丈夫之间的亲戚关系:连~|~兄。❸心胸;胸怀:胸~|~怀。

【襟怀】jīnhuái〈名〉胸襟;胸怀:~坦白|~坦荡。

— jǐn —

仅(僅)jǐn ❶〈副〉仅仅,表示限于某个范围;只:~见|不~|绝无~有|硕果~存。❷〈名〉姓。
　△另见 jìn。

【仅见】jǐnjiàn〈动〉极其少见:平生所~。

【仅仅】jǐnjǐn〈副〉表示限于某个范围,意思跟"只"相同,但更带有强调意味:两国~一江之隔。

尽(儘)jǐn ❶〈动〉力求达到最大限度:~早|~量。❷〈介〉a)表示以某个范围为极限,不得超过:~着这只筐装。b)让某些人或事物优先:先~要紧的事情办。❸〈副〉最:~后头|~上边。
　△另见 jìn。

【尽管】jǐnguǎn ❶〈副〉表示不必顾虑,可以放心去做:~放心,有事我顶着。❷〈连〉表示让步,姑且承认某种事实;虽然:希望不大,但仍全力抢救。

【尽快】jǐnkuài〈副〉尽量加快:~转移物资。

【尽量】jǐnliàng〈副〉表示力求达到最大限度:~把字写工整些。
　△另见 jìnliàng。

【尽先】jǐnxiān〈副〉表示放在优先地位:~解决老人的困难。

卺 jǐn〈名〉古代婚礼上新郎新娘用作酒器的瓢:合~。

紧(緊﹡緊)jǐn ❶〈形〉物体受到拉力或压力后所呈现的紧张状态(跟"松"相对):拉~绳子|鼓面绷得~。❷〈形〉物体因受外力作用变得固定或牢固:拧~螺丝。❸〈动〉使紧:~一~皮带。❹〈形〉非常接近;空隙极小:~邻|抽屉~,拉不开。❺〈形〉动作先后密切接连:事情急|任务~|雪越下越~。❻〈形〉经济不宽裕;拮据:这个月用项较多,手头~。

【紧凑】jǐncòu〈形〉密切连接,中间没有多余的东西或空隙:布局~|日程安排~。

【紧箍咒】jǐngūzhòu〈名〉《西游记》里唐僧用来制伏孙悟空的咒语,念时能使孙悟空头上套的金箍缩紧,使他头痛而屈服。比喻束缚人的思想和行动的东西。

【紧急】jǐnjí〈形〉❶不容许拖延,必须马上采取行动的:~命令|~措施。❷紧张急迫:战事~。

【紧邻】jǐnlín ❶〈名〉紧靠着的邻居。❷〈动〉紧挨着:景山~北海公园。

【紧密】jǐnmì〈形〉❶非常密切,不可分隔:~合作|~联系。❷多而连续不断:~的枪声。

【紧迫】jǐnpò〈形〉急迫;没有缓冲的余地:形势~。

【紧缩】jǐnsuō〈动〉缩小;减少:~开支|~编制。

【紧要】jǐnyào〈形〉紧急重要;要紧:无关~|~关头。

【紧张】jǐnzhāng〈形〉❶精神处于高度准备状态而兴奋不安:第一次上讲台,心里非常~。❷激烈;不松弛:工作~|~的劳动。❸人员、物资不足,难于应付:人手~|供应~。❹彼此有矛盾,不和睦:关系~。

备用词　吃紧　打紧　赶紧　加紧　要紧　抓紧

堇 jǐn [堇菜]〈名〉草本植物,叶子边缘有锯齿,花瓣白色,有紫色条纹。

锦(錦)jǐn ❶〈名〉有彩色花纹的丝织品:~绣|~旗|~织|~云|~蜀~。❷〈形〉色彩鲜明华丽:~霞|~缎|~鸡。❸〈名〉姓。

【锦标】jǐnbiāo〈名〉竞赛中授给优胜者的奖品,如锦旗、奖杯等:~赛。

【锦囊妙计】jǐnnáng miàojì 旧小说里常描写足

智多谋的人把可能发生的事变和对付的办法用纸写好放在锦囊里交给办事的人,嘱咐他在危急时拆看,按预定的办法去对付。比喻能及时解决问题的好办法。

【锦上添花】jǐn shàng tiān huā 在锦上再绣上一些花,比喻使美好的事物更加美好。

【锦心绣口】jǐn xīn xiù kǒu 形容构思巧妙,文辞优美。

【锦绣】jǐnxiù ❶〈名〉精美华丽的丝织品。❷〈形〉比喻美好;美丽:~前程|山川~。

【锦衣卫】jǐnyīwèi〈名〉明代官署,原掌管禁军,后兼管刑狱、巡察缉捕等事。

谨(謹) jǐn ❶〈形〉小心慎重:恭~|~记在心。❷〈副〉郑重地:~启|~致谢忱。❸〈动〉重视:~庠序之教。

【谨饬】jǐnchì〈形〉谨慎。

【谨慎】jǐnshèn〈形〉(说话、做事)小心慎重:为人~。

【谨小慎微】jǐn xiǎo shèn wēi 对细小的事情过分小心谨慎,以致缩手缩脚而不能大胆地干。

【谨严】jǐnyán〈形〉❶态度严肃,不苟且。❷谨慎严密:结构~。

备用词　恭谨　拘谨　勤谨　严谨

馑(饉) jǐn〈名〉荒年:饥~。

瑾 jǐn〈名〉一种美玉。

槿 jǐn[木槿]〈名〉灌木或小乔木,花钟形,有紫、白、红等颜色,供观赏。

=== jìn ===

仅(僅) jìn〈副〉将近:士卒~万。
△另见 jǐn。

尽(盡) jìn ❶〈形〉完:无~无休|取之不~。❷〈副〉达到极端:~头|~善~美。❸〈动〉全部用出:~心|~力。❹〈动〉用力完成:~职|~义务。❺〈形〉全;所有的:~人皆知|应有~有。❻〈动〉死:自~|同归于~。
△另见 jǐn。

【尽力】jìnlì〈动〉用出一切力量。

【尽量】jìnliàng〈动〉达到最大限度(多指酒量、饭量)。
△另见 jǐnliàng。

【尽情】jìnqíng〈副〉尽量地满足自己的情感,不受拘束:~歌唱|~欢乐。

【尽然】jìnrán〈形〉完全是这样(用于否定式)。

【尽头】jìntóu〈名〉末端;终点。

【尽兴】jìnxìng〈动〉兴趣得到尽量满足:~而返。

【尽意】jìnyì ❶〈动〉充分表达心意:言不~。❷〈副〉悉心:~指教。

【尽忠】jìnzhōng〈动〉❶竭尽忠诚。❷指为报效国家而献出生命:为国~。

备用词　竭尽　净尽　馨尽　穷尽　详尽　除恶务尽　筋疲力尽　民穷财尽　取之不尽　仁至义尽　扫地以尽　山穷水尽　同归于尽　无穷无尽　一网打尽

进(進) jìn ❶〈动〉向前移动(跟"退"相对):推~|促~|~军。❷〈动〉从外面到里面(跟"出"相对):~入|闲人免~。❸〈动〉收入:~款|~货。❹〈动〉吃;喝:~食|滴水未~。❺〈动〉呈上:~奉|~谏。❻〈动〉推荐:~贤。❼〈动〉用在动词后,表示到里面:走~会场|把衣服放~箱子里去。❽〈量〉平房的住宅内分前后几排的,一排称为一"进":三~宅院。❾〈名〉姓。

【进逼】jìnbī〈动〉向前逼近:步步~。

【进步】jìnbù ❶〈动〉向前发展,比原来好:学习~|虚心使人~。❷〈形〉适合时代要求,促进社会向前发展的:~思想|~人士。

【进程】jìnchéng〈名〉事物发展变化或进行的过程。

【进而】jìn'ér〈连〉表示继续往前;进一步:试点成功,~全面推广。

【进发】jìnfā〈动〉(车船、队伍等)出发向目的地前进。

【进犯】jìnfàn〈动〉(敌军向某处)侵犯。

【进攻】jìngōng〈动〉❶主动向敌人攻击。❷在斗争或竞赛中发动攻势。

【进贡】jìngòng〈动〉❶封建时代属国对宗主国或臣民对君主进献礼品。❷比喻行贿。

【进化】jìnhuà〈动〉事物由简单到复杂、由低级到高级逐渐变化。

【进击】jìnjī〈动〉(军队)进攻;攻击。

【进据】jìnjù〈动〉进攻并占领。

【进军】jìnjūn〈动〉❶军队向目的地前进:跃马挥戈,~西北。❷比喻为实现某一目标而努力奋斗:向科学~。

【进口】jìnkǒu〈动〉❶船只驶进港口。❷外国或外地区的货物运进来。

【进取】jìnqǔ〈动〉努力向前,立志有所作为:~心|积极~。

J

【进士】jìnshì〈名〉科举时代称殿试考取的人。

【进退维谷】jìn tuì wéi gǔ 是进还是退,都处在困难的境地。

【进袭】jìnxí〈动〉进攻;袭击。

【进行】jìnxíng〈动〉❶从事某种活动:~调查|~改革。❷前进:~曲。

【进修】jìnxiū〈动〉为了提高某一方面的水平而进一步学习(多指参加一定的学习组织)。

【进学】jìnxué〈动〉科举时代童生应岁试,考中入府县学,称为"进学"。进学的童生称"秀才"。

【进展】jìnzhǎn〈动〉(事情)向前发展:~顺利|~迅速。

【进止】jìnzhǐ〈动〉进退举止:~不敢自专。

备用词　促进　递进　奋进　改进　激进　急进　冒进　迈进　前进　上进　挺进　突进　推进　先进　行进　演进　长进　高歌猛进　循序渐进

近 jìn❶〈形〉空间或时间距离短(跟"远"相对):~郊|~代|附~|新~。❷〈动〉接近:~似|平易~人。❸〈形〉亲密;关系密切:亲~|～亲。❹〈形〉浅显;浅近:言～旨远。❺〈名〉姓。

【近边】jìnbiān〈名〉附近的地方。

【近便】jìnbian〈形〉路近方便,容易走到。

【近代】jìndài〈名〉❶过去距离现代较近的时代。在我国历史分期上多指 19 世纪中叶到 1919 年五四运动这一段时期。❷指资本主义时代。

【近旁】jìnpáng〈名〉附近;旁边。

【近前】jìnqián〈名〉跟前;附近。

【近亲繁殖】jìnqīn fánzhí 比喻在人员培养或使用中,亲属关系或师承关系近的人集中的现象:高等院校里的～现象对学术发展极为不利。

【近侍】jìnshì ❶〈动〉亲近侍奉。❷〈名〉亲近侍奉的人。

【近水楼台】jìn shuǐ lóu tái 比喻接近某些人或事物,有优先得到某种利益的便利条件。

【近体诗】jìntǐshī〈名〉唐代形成的律诗和绝句的通称(区别于"古体诗"),句数、字数、平仄和用韵都比较严格。

【近朱者赤,近墨者黑】jìn zhū zhě chì,jìn mò zhě hēi 比喻接近好人可以使人变好,接近坏人可以使人变坏。

备用词　挨近　逼近　将近　接近　靠近　临近　迫近　切近　亲近　贴近　附近　邻近　四近　左近　晚近　新近　最近

妗 jìn〈名〉❶舅母。❷妻兄、妻弟的妻子:大~子|小~子。

劲(勁*勱) jìn〈名〉❶力气:~头|用~。❷精神;情绪:心～|闯～。❸神情;态度:骄傲~儿。❹趣味:又是老一套,没~。

△另见 jìng。

备用词　差劲　带劲　得劲　对劲　够劲　来劲　起劲　上劲　加劲　卖劲　使劲　用劲

荩(藎) jìn❶〈名〉荩草,草本植物,茎叶可以做黄色染料。❷〈形〉忠诚:~臣(忠臣)。

浕(濜) jìn〈名〉浕水,水名,在湖北。

晋(*晉) jìn❶〈动〉进:~见|~升。❷〈名〉周朝国名,在今山西、河北南部及陕西中部、河南西北部。❸〈名〉朝代。a)公元 265 年－420 年,司马炎所建。b)五代之一,公元 936 年－947 年,石敬瑭(táng)所建,史称"后晋"。❹〈名〉山西的别称:~剧。❺〈名〉姓。

【晋级】jìnjí〈动〉升到较高的等级。

【晋爵】jìnjué〈动〉提升爵位:加官～。

【晋升】jìnshēng〈动〉提高(职位、工资等级)。

【晋谒】jìnyè〈动〉进见;谒见。

赆(贐*賮) jìn〈名〉临别时赠送的财物:~仪。

烬(燼) jìn〈名〉物体燃烧后剩下的东西:灰~|余~|烛~。

浸(＊❸寖) jìn❶〈动〉泡在液体里:~种|~泡。❷〈动〉液体渗入:~湿|~润。❸〈副〉逐渐:~染|~渐。

【浸沉】jìnchén〈动〉沉浸。

【浸染】jìnrǎn〈动〉逐渐沾染。

【浸润】jìnrùn〈动〉液体逐渐渗入。

【浸透】jìntòu❶〈动〉泡在液体里使湿透。❷液体渗透:汗水~了衬衣。❸比喻饱含(某种思想、感情等)。

【浸渍】jìnzì〈动〉❶泡在液体里。❷浸润;渗透。

琎(璡) jìn〈名〉一种像玉的石头。

唫 jìn〈动〉闭口不语。
△另见 yín“吟”。

禖 jìn〈名〉古书上说的一种云气,古人认为是不祥之兆。

揗 jìn〈动〉插。

【揗绅】jìnshēn 同“缙绅”。

靳 jìn❶〈动〉吝惜;舍不得给:~而不与。❷〈动〉嘲笑;奚落。❸〈名〉姓。

禁 jìn❶〈动〉不准许;制止:~止|~令|严~烟火。❷〈动〉监禁:~闭|囚~|拘~。❸〈名〉法令或习俗不允许的事项:违~|令行~止。❹〈名〉旧时称皇帝居住的地方:宫~|~军。
△另见 jīn。

【禁闭】jìnbì〈动〉对犯错误的人的一种处罚,关在屋里让他反省:关~。

【禁地】jìndì〈名〉禁止一般人去的地方。

【禁毒】jìndú〈动〉禁止吸食、贩卖和制造毒品:开展~统一行动。

【禁锢】jìngù〈动〉❶禁止异己的人做官或不准参加政治活动。❷监禁;拘押。❸束缚;强力限制。

【禁忌】jìnjì〈名〉❶犯忌讳的话或行动。❷指医药上应该避免的事物。

【禁区】jìnqū〈名〉禁止一般人通行或进入的地区。

【禁赛】jìnsài〈动〉禁止参加体育比赛,是对违犯规则的运动队或运动员的一种处罚:红牌罚下,~一场|因服用兴奋剂而被~两年。

【禁止】jìnzhǐ〈动〉不允许;不许可:严令~|~吸烟。

【禁卒】jìnzú〈名〉旧称在监狱里看守罪犯的人。也叫“禁子(zi)”。

备用词 查禁 弛禁 犯禁 解禁 开禁 失禁 违禁 监禁 拘禁 囚禁 软禁 幽禁 入国问禁

缙(縉) jìn〈名〉赤色的帛。

【缙绅】jìnshēn〈名〉把笏版插在腰带里,是古代官宦的装束,旧时用来称有官职的或做过官的人。也作“揗绅”。

觐(覲) jìn〈动〉朝见(君主);朝拜(圣地):入~|~见|朝~。

殣 jìn〈动〉❶饿死:世可无虑不足,民可无道~者。❷掩埋。

噤 jìn〈动〉❶闭口;不说话:~声|~口|若寒蝉。❷因寒冷而哆嗦:寒~。

【噤若寒蝉】jìn ruò hán chán 形容不敢作声。

━━ **jīng** ━━

茎(莖) jīng❶〈名〉植物体的一部分,下部和根连接,上部一般生有叶、花和果实。茎起支持的作用,又能输送水分和养料。❷〈名〉像茎的东西:羽~|刀~(刀把)|剑~(剑柄)。❸〈量〉用于条状物:数~小草|一~白发。

京 jīng❶〈名〉首都:~城|~畿。❷〈名〉指北京:~剧|~腔。❸〈数〉古代数目字,指一千万|~垓年岁(垓:指一万万)。❹〈名〉姓。

【京城】jīngchéng〈名〉❶旧称国都、首都。❷指北京。❸姓。

【京都】jīngdū〈名〉旧称首都。

【京畿】jīngjī〈名〉指首都及其附近的地方。

【京师】jīngshī〈名〉旧称首都:~大学堂(北京大学的前身)|地处~。

【京兆】jīngzhào〈名〉即京兆尹,古时京城地区的长官及官署。

泾(涇) jīng〈名〉泾河,水名,发源于甘肃,流入陕西:~渭分明。

【泾渭分明】jīng wèi fēnmíng 泾河水清,渭河水浊,泾河流入渭河时,清浊两股水流不混。比喻界限清楚,是非或好坏分明。

经(經) jīng❶(旧读 jìng)〈名〉织物上纵向的纱或线(跟“纬”相对):~纱|~线。❷〈名〉中医指人体内气血运行通路的主干:~络。❸〈名〉经度,地球表面东西距离的度数:东~|西~。❹〈名〉分界;界线:是非之~,不可不分。❺〈动〉经营;治理:~商|

~国大业。❻〈形〉历久不变的；正常：~常｜不~之谈（荒唐无稽的话）。❼〈名〉经典：佛~｜四书五~。❽〈名〉月经：~期｜~血不调。❾〈动〉经过：~历｜~手。❿〈动〉禁受：~受｜~得起考验。⓫〈动〉上吊：自~。⓬〈名〉姓。
△另见 jìng。

【经办】jīngbàn〈动〉经手办理：~人｜他~了好几起大案、要案。

【经常】jīngcháng❶〈名〉平时；通常的时候：~性的工作。❷〈形〉平常的；日常的：干我们这一行，开夜车是~的事。❸〈副〉表示动作行为屡次发生：~出差｜工作到深夜。

【经典】jīngdiǎn❶〈名〉指传统的尊为典范的著作，如四书、五经等：儒家~。❷〈名〉指宗教的典籍。❸〈形〉著作具有权威性的：~著作。❹〈名〉最重要的具有权威性的著作：奉为~。

【经费】jīngfèi〈名〉经办某项事业所需的、有计划地予以支出的费用：~不足｜增加教育~。

【经风雨，见世面】jīng fēngyǔ, jiàn shìmiàn 比喻到艰苦复杂的环境中接受锻炼，增长才干。

【经管】jīngguǎn〈动〉经手管理：采购由他~｜~教务工作。

【经过】jīngguò❶〈动〉通过：从上海出发，~南京到达北京。❷〈名〉过程：事情的~。

【经纪】jīngjì❶〈动〉经营①：不善。❷〈动〉料理：~其家。❸〈名〉买卖：小本~。❹〈名〉经纪人，替人介绍买卖从中取得佣金的人。

【经济】jīngjì❶〈名〉经济学上指社会物质生产和再生产的活动：发展~。❷〈名〉家庭或个人的生活用度：~宽裕。❸〈形〉用较少的人力、物力、时间获得较大的成果：~实惠。❹〈动〉治理国家：~之才。

【经济担保】jīngjì dānbǎo 为某人或某法人的贷款所提供的担保。参看"担保"。

【经济法】jīngjìfǎ〈名〉确立国家机关、社会组织和其他经济实体的法律地位，调整它们在国民经济管理与经济协作活动中的经济关系的法律规范的统称。如财政法、银行法、税法等。

【经济杠杆】jīngjì gànggǎn〈名〉国家用以调节社会经济活动的手段。包括财政、税收、信贷、工资、奖金等。

【经济合同】jīngjì hétóng〈名〉社会经济生活中法人之间、法人与个体经营者之间或公民之间为实现一定的经济目的，依法明确各自权利义务关系的契约、协议书。如购销合同、建筑工程承包合同、科技协作合同等等。参见"合同"。

【经济机制】jīngjì jīzhì〈名〉社会经济活动中有机地结合在一起的各个组成部分和环节，通过相互推动和制约而形成的经济运转形式。

【经济基础】jīngjì jīchǔ 指社会发展一定阶段上的社会经济制度，即社会生产关系的总和。它是上层建筑的基础。

【经济技术开发区】jīngjì jìshù kāifāqū〈名〉我国为利用外资、引进先进技术，开发新产业而在有条件的地方实行特殊开放政策的区域。1984 年 5 月，国务院决定首先在沿海 14 个港口城市设立经济技术开发区，随后各地也陆续设立了一批这样的区域。简称"经济开发区"。

【经济林】jīngjìlín〈名〉以某种经济收益为主要目的而经营的林木。包括生产果品、油料、药料及其他工业原料的林木。

【经济作物】jīngjì zuòwù〈名〉给工业提供原料的农作物，如芝麻（油料作物）、甜菜（糖料作物）、枸杞（药用作物）等。

【经久不息】jīngjiǔ bù xī（掌声、欢呼声等）长时间停息不下来。

【经理】jīnglǐ❶〈动〉经营管理：~其事。❷〈名〉公司、商店等的负责人。

【经历】jīnglì❶〈动〉亲身见过、做过、遭受过：~风雨｜他~过两次世界大战。❷〈名〉指经历过的事：生活~｜他的~非常曲折。

【经略】jīnglüè❶〈动〉经营谋划。❷〈名〉古代官名。镇守边疆的主帅。

【经纶】jīnglún❶〈名〉整理过的蚕丝，比喻政治规划：满腹~。❷〈动〉筹划；治理：~世务。

【经年累月】jīng nián lěi yuè 一年又一年，一月又一月，形容经历很多年月，很长时间。

【经受】jīngshòu〈动〉承受；禁受：~艰难困苦。

【经书】jīngshū〈名〉指《易经》、《书经》、《诗经》、《周礼》、《仪礼》、《礼记》、《春秋》、《论语》、《尔雅》、《孝经》等儒家经传。

【经天纬地】jīng tiān wěi dì 指治理国家：~之才。

【经纬】jīngwěi〈名〉❶织物或织布机上的经线和纬线。❷为确定地球坐标或时区，在地球表面假定的经线和纬线或经度和纬度。❸作画或制图时在纸上画的等距离纵线和横线。

【经文】jīngwén〈名〉经书和宗教经典著作的

正文。

【经线】jīngxiàn〈名〉❶织物或织布机上的纵的方向的线。❷假定的沿地球表面连接南北两极而跟赤道垂直的线。也叫"子午线"。

【经销】jīngxiāo〈动〉经营销售：总~|独家~。

【经心】jīngxīn〈动〉留意；放在心上：漫不~|事事~|一不~就会出差错。[注意]"经心"跟"精心"不同。"经心"是动词；"精心"是形容词，强调"细致"、"认真"。如"精心设计"，不能写成"经心设计"。

【经验】jīngyàn ❶〈名〉经过实践而得来的知识或技能：交流~。❷〈动〉经历：~胜利的喜悦。

【经意】jīngyì〈动〉经心；在意：格外~|毫不~。

【经营】jīngyíng〈动〉❶办管理(经济事业)：~商业。❷进行计划、组织等活动。

【经阵】jīngzhèn〈动〉经历战争。

【经传】jīngzhuàn〈名〉指经典和古人解释经文的传。泛指传统的权威著作：名不见~。

备用词 佛经　圣经　五经　曾经　历经　业经　一经　已经　荒诞不经　一本正经

荆 jīng〈名〉❶灌木，花小，蓝紫色。枝条可用来编筐篮等。❷谦辞，旧时称自己的妻子：拙~。❸古代楚国的别称。❹姓。

【荆棘】jīngjí〈名〉泛指丛生带刺的小灌木，多用于比喻：~载途。

菁 jīng ❶〈形〉草木茂盛：其叶~~。❷〈名〉菁华，事物最精美的部分：去芜存~。

【菁华】jīnghuá〈名〉精华。

猄 jīng[黄猄]〈名〉指某些形体较小的麂类。

旌 jīng ❶〈名〉古代一种用五色羽毛做装饰的旗子。❷〈名〉泛指旗帜：~旗。❸〈动〉表彰：~表。

【旌麾】jīnghuī〈名〉❶古代主将用来指挥军队的旗子。❷借指军队：~南指。

【旌旗】jīngqí〈名〉❶各种旗子的统称。❷借指军队：~十万斩阎罗。

惊（驚）jīng〈动〉❶由于突然来的刺激而精神紧张：~奇|~讶|胆战心~|一场虚~。❷惊动：~扰|打草~蛇。❸骡马因害怕而狂奔不受控制：马~了|舍身拦~马。

【惊怖】jīngbù〈形〉惊讶；骇异。

【惊诧】jīngchà〈形〉惊讶诧异：莫名~|我~于梅雨潭的绿了。

【惊动】jīngdòng〈动〉❶举动影响旁人，使吃惊或受扰：区区小事，怎敢~你|老人家已睡下了，别~她。❷吃惊；震动：上下~。

【惊愕】jīng'è〈形〉因突然受惊而发愣：为之~。

【惊服】jīngfú〈动〉惊叹佩服。

【惊弓之鸟】jīng gōng zhī niǎo 被弓箭吓怕了的鸟，比喻受过惊吓碰到一点动静就特别害怕的人。

【惊骇】jīnghài〈形〉惊慌害怕。

【惊慌】jīnghuāng〈形〉害怕而慌张：~失措。

【惊慌失措】jīnghuāng shīcuò 由于害怕心慌意乱，不知怎么办才好。

【惊惶】jīnghuáng〈形〉惊慌。

【惊惶失措】jīnghuáng shīcuò 惊慌失措。

【惊魂】jīnghún〈名〉惊慌失措的神态：~未定。

【惊悸】jīngjì〈动〉因害怕而心跳得厉害：~不安。

【惊惧】jīngjù〈形〉惊疑恐惧。

【惊恐】jīngkǒng〈形〉惊惧：~万状。

【惊溃】jīngkuì〈形〉惊慌混乱。

【惊奇】jīngqí〈形〉感到惊讶、奇怪：~的眼神|这一发现，实在太令人~了！

【惊扰】jīngrǎo〈动〉惊动扰乱：自相~。

【惊人】jīngrén〈形〉使人吃惊：一鸣~|~的消息。

【惊叹】jīngtàn〈动〉感到惊讶而赞叹：~不已。

【惊涛骇浪】jīng tāo hài làng ❶汹涌可怕的浪涛。❷比喻险恶的环境或遭遇。

【惊天动地】jīng tiān dòng dì ❶形容声音特别响亮：~的锣鼓声。❷比喻事业伟大：~的伟业|取得了~的成就。

【惊喜】jīngxǐ〈形〉❶惊和喜：~交集。❷惊奇而喜悦：~的目光。

【惊吓】jīngxià〈动〉❶因突然来的刺激而害怕。❷使受惊吓：别~人。

【惊险】jīngxiǎn〈形〉(场面、情景)危险，使人

J

震惊而精神紧张。

【惊心动魄】jīng xīn dòng pò ❶形容感受极深,震动很大。❷形容场面情景极其惊险、紧张,动人心魄。

【惊醒】jīngxǐng〈动〉❶睡眠中受惊动而醒来。❷使惊醒:轻点儿,别～了孩子。

【惊醒】jīngxing〈形〉睡眠时容易醒来:她睡觉很～。

【惊讶】jīngyà〈形〉惊异。

【惊疑】jīngyí〈形〉惊讶而疑惑:～的目光。

【惊异】jīngyì〈形〉惊奇诧异。

备用词 吃惊 担惊 受惊 震惊 胆战心惊 石破天惊 受宠若惊

晶 jīng❶〈形〉光亮;明净:～莹|亮～～。❷〈名〉水晶:茶～|墨～。❸〈名〉晶体:结~|液~。❹〈名〉姓。

【晶晶】jīngjīng〈形〉形容明亮闪烁:日光～。

【晶莹】jīngyíng〈形〉光亮而透明:～的露珠。

腈 jīng〈名〉有机化合物的一类。

睛 jīng〈名〉眼珠:目不转～|画龙点～。

粳(*秔秔)jīng〈名〉粳稻,稻的一种,茎秆较矮,米粒短而粗:～米。

兢 jīng见下。

【兢兢】jīngjīng〈形〉小心谨慎的样子:战战～|～业业。

【兢兢业业】jīngjīngyèyè 形容做事谨慎、认真负责。

精 jīng❶〈形〉经过提炼或挑选的:～盐|～米。❷〈名〉提炼出来的精华:酒～|味～。❸〈形〉完美;最好:～彩|～锐|益求～。❹〈形〉细(跟"粗"相对):～细|～巧。❺〈形〉机灵心细:～明|～干。❻〈动〉精通:～于书法。❼〈名〉精神;精力:聚～会神|～疲力尽。❽〈名〉精液;精子:遗～|受～。❾〈名〉妖精:～怪|～灵。❿方言〈副〉十分;非常:～瘦|～光。

【精编】jīngbiān〈动〉❶精心编纂或编排:诗集|～节目。❷精心编织:～的麦秆工艺品畅销海外。

【精兵简政】jīng bīng jiǎn zhèng 缩小机构,精简人员。

【精彩】jīngcǎi❶〈形〉美好;出色:～的节目|～的表演。❷〈名〉精神;神采。

【精诚】jīngchéng〈形〉真诚:～团结|～所至,金石为开。

【精粹】jīngcuì〈形〉精练纯粹。

【精打细算】jīng dǎ xì suàn 在使用人力、物力上仔细计算。

【精当】jīngdàng〈形〉精确恰当:释义～|评述～。

【精雕细刻】jīng diāo xì kè 精心细致地雕刻,比喻做事用功细心。也说"精雕细镂(lòu)""精雕细琢"。

【精干】jīnggàn❶〈形〉精明干练:办事～|～的人。❷〈形〉干净利落。❸〈名〉骨干;中坚。

【精光】jīngguāng〈形〉❶一点儿不剩:吃得～。❷光洁:～溜滑。

【精悍】jīnghàn〈形〉❶精明能干:～干达|～的小伙子。❷(文笔)精练犀利:笔力～。

【精华】jīnghuá〈名〉(事物)最重要、最好的部分:取其～|剔除糟粕,吸取～。

【精魂】jīnghún〈名〉精灵;灵魂。

【精加工】jīngjiāgōng〈动〉精细加工:大力发展特色农副产品|～食品。

【精甲】jīngjiǎ〈名〉精兵;精锐的军队。

【精简】jīngjiǎn〈动〉去掉不必要的,留下必要的:～机构|～会议。

【精进】jīngjìn〈动〉❶积极进取:～不懈。❷向精深的方向前进:棋艺日渐～。

【精力】jīnglì〈名〉精神和体力:集中～|～充沛|～过人。

【精练】jīngliàn〈形〉❶(文章或讲话)简明扼要,没有多余词句:文辞～|语言～|他的文章写得非常～。也作"精炼"。❷精明干练。

【精炼】jīngliàn❶〈动〉提炼精华,除去杂质:～原油。❷同"精练"①。

【精良】jīngliáng〈形〉精美;优良:制作～|装备～|武器～。

【精灵】jīngling❶〈名〉灵魂。❷〈名〉民间传说中的恶魔鬼怪。❸方言〈形〉聪明机灵。

【精美】jīngměi〈形〉精致美好:装潢～。

【精密】jīngmì〈形〉精确细密:～仪器。

【精妙】jīngmiào〈形〉❶精致巧妙:～绝伦。❷美妙;美好:纤纤作细步,～世无双。

【精明】jīngmíng〈形〉机灵聪明:～能干。

【精疲力竭】jīng pí lì jié 精神非常疲劳,体力消耗已尽,形容极度疲乏。

【精辟】jīngpì〈形〉(见解)深刻而透彻。

【精品】jīngpǐn〈名〉精美的物品,多指文学艺术中的上品:书画～|～屋。

【精巧】jīngqiǎo〈形〉精细巧妙。

【精确】jīngquè〈形〉非常准确、正确：～计算。

【精肉】jīngròu〈名〉瘦肉。

【精锐】jīngruì〈形〉（军队）装备精良，战斗力强。

【精深】jīngshēn〈形〉精密深奥：博大～。

【精神】jīngshén〈名〉❶指人的意识、思维活动和一般心理状态：～面貌｜～文明。❷主要的意义；内容实质：传达会议～。

【精神】jīngshen❶〈名〉表现出来的活力：～焕发｜抖擞～。❷〈形〉活泼而有生气：这孩子长得真～。

【精神产品】jīngshén chǎnpǐn 指以满足人们精神生活需求为目的而生产的学习、娱乐等方面的产品。如文学艺术作品、影视作品。

【精熟】jīngshú〈形〉精湛熟练。

【精算】jīngsuàn❶〈动〉精确计算：这个数字是～出来的。❷〈名〉以数学、统计、会计、金融等学科为基础的交叉学科，用于商业保险、各种社会保障业务中需要精算的项目：～技术｜首席～师。

【精髓】jīngsuǐ〈名〉比喻精华。

【精通】jīngtōng〈动〉对某一门学问或技术有深刻的研究和透彻的了解，并能熟练地掌握：～专业知识。

【精微】jīngwēi〈形〉精深微妙：～的哲理。

【精卫填海】jīngwèi tián hǎi 传说，炎帝的女儿在东海淹死，化为精卫鸟，每天衔了西山的木石投进东海，决心把东海填平。常用来比喻有深仇大恨，立志报复；也比喻不畏艰难，努力奋斗到底。

【精细】jīngxì❶〈形〉精致细巧：雕琢～。❷〈形〉仔细；细心：考虑问题～。❸〈动〉清醒；苏醒（多见于早期白话）。

【精心】jīngxīn〈形〉特别用心；专心用力：～治疗。

【精选】jīngxuǎn〈动〉❶精心选择：～优良品种｜展品是从几千幅作品中～的。❷特指矿业中在粗选出的精矿中进一步筛选。

【精益求精】jīng yì qiú jīng 好了还要求更好（益：更）。

【精英】jīngyīng〈名〉精华：武术～。

【精湛】jīngzhàn〈形〉精深；高超：技艺～。

【精致】jīngzhì〈形〉（制作）精巧细致：～的盆景。

【精壮】jīngzhuàng〈形〉强壮：～的小伙子。

【精准】jīngzhǔn〈形〉精确；非常准确：～的预算管理｜射击～。

鲸（鯨） jīng〈名〉哺乳动物，外形像鱼，生活在海洋中，胎生，用肺呼吸，种类很多。是目前世界上最大的动物。俗称"鲸鱼"。

【鲸波】jīngbō〈名〉鲸鱼兴起的波浪，指巨浪。

【鲸吞】jīngtūn〈动〉像鲸鱼一样大口地吞食物，多用来比喻吞并土地：蚕食～。

鯖 jīng 见[鮈（qú）鯖]。

— jǐng —

井 jǐng❶〈名〉从地面往下凿成的能取水的深洞：水～｜机～｜枯～。❷〈名〉形状像井的东西：矿～｜天～。❸〈形〉形容整齐：～然｜～～有条。❹〈名〉星宿名，二十八宿之一。❺〈名〉姓。

【井底之蛙】jǐng dǐ zhī wā 比喻见识狭小的人。

【井井有条】jǐngjǐng yǒu tiáo 形容条理分明。

【井然】jǐngrán〈形〉形容整齐的样子：～有序｜条理～。

【井水不犯河水】jǐngshuǐ bù fàn héshuǐ 比喻互不相犯。

备用词 市井 天井 藻井 背井离乡 避坑落井 离乡背井 临渴掘井

阱（*穽） jǐng〈名〉捕捉野兽的陷坑：陷～。

泂 jǐng [泂洲]〈名〉地名，在广东。

刭（剄） jǐng〈动〉用刀割脖子：自～（自刎）。

肼 jǐng〈名〉有机化合物的一类。

颈(頸) jǐng〈名〉❶脖子:~项|长~鹿。❷器物上像脖子的部分:曲~甑(zèng)。

△另见 gěng。

【颈项】jǐngxiàng〈名〉脖子。

景 jǐng❶〈名〉景致;风景:雪|~秋~|~色|~物。❷〈名〉情形;情况:~况|情~|情~。❸〈名〉影剧的布景和摄影棚外的景物:外~|内~。❹〈量〉剧本的一幕中因布景不同而划分的段落:第三幕第一~。❺〈动〉尊敬;佩服:~慕|~仰。❻〈名〉日光:春和~明。❼〈形〉大:~福。❽古通"影"(yǐng)。❾〈名〉姓。

【景观】jǐngguān〈名〉指地面上的自然景色:草原~。

【景况】jǐngkuàng〈名〉情况;境况:~不佳。

【景慕】jǐngmù〈动〉景仰;敬慕。

【景气】jǐngqì〈形〉指经济繁荣(多用于否定式):前些年市场不~。

【景色】jǐngsè〈名〉景致:西湖~|~优美。

【景泰蓝】jǐngtàilán〈名〉我国的一种独特的传统美术工艺品。用紫铜做成器物的胎,把铜丝掐成各种花纹焊在铜胎上,填上珐琅彩釉,经烧制磨光镀金或银而成。明代景泰年间在北京开始大量制造,当时色料多用蓝,所以叫"景泰蓝"。

【景物】jǐngwù〈名〉可供观赏的景致和事物。

【景象】jǐngxiàng〈名〉现象;状况:太平~|欣欣向荣的~。

【景仰】jǐngyǎng〈动〉敬佩仰慕:道德文章为人~。

【景遇】jǐngyù〈名〉境遇。

【景致】jǐngzhì〈名〉风景:好~|~迷人。

【景状】jǐngzhuàng〈名〉景物状态;景象。

备用词 背景 布景 场景 风景 光景 幻景 即景 年景 前景 胜景 晚景 远景 良辰美景 桑榆暮景

儆 jǐng〈动〉让人自己觉悟而不犯过错:~戒|以~效尤|杀一~百。

【儆戒】jǐngjiè 同"警诫"。

憬 jǐng〈动〉醒悟:~悟|~然。

【憬然】jǐngrán〈形〉❶醒悟的样子:~有悟。❷清清楚楚的样子:当时情形~赴目。

璟 jǐng〈名〉玉的光彩。

警 jǐng❶〈动〉戒备:~惕|~戒。❷〈形〉(感觉)敏锐:机~|~觉。❸〈动〉使人注意(情况严重);告诫:~告|惩一~百。❹〈名〉危险紧急的情况或事情:火~|~报。❺〈名〉警察的简称:刑~|~法。❻〈名〉姓。

【警备】jǐngbèi〈动〉警戒防备:~森严。

【警策】jǐngcè❶〈动〉挥鞭赶马。❷〈动〉警戒鞭策:~后学。❸〈名〉警句。

【警方】jǐngfāng〈名〉警察方面,指公安机关:犯罪嫌疑人已被~抓获。

【警匪片儿】jǐngfěipiānr〈名〉警匪片。

【警匪片】jǐngfěipiàn〈名〉以表现警察与歹徒的斗争为题材的影视片。

【警风】jǐngfēng〈名〉警察的作风。

【警告】jǐnggào❶〈动〉提醒,使引起警惕;对犯错误者提出告诫。❷〈名〉对犯错误的人的一种处分。

【警花】jǐnghuā〈名〉对年轻女警察的称呼(含赞美意)。

【警戒】jǐngjiè〈动〉❶指军队为防备敌人的袭击和侦察活动而采取保障措施。也泛指为防备出现各类问题而采取保障措施:加强~。❷同"警诫"。

【警诫】jǐngjiè〈动〉告诫人使注意改正错误。也作"警戒"、"儆戒"。

【警句】jǐngjù〈名〉生动简练而含义深刻的句子,如"学如逆水行舟,不进则退"。

【警觉】jǐngjué〈名〉对情况的变化或可能发生的危险的敏锐感觉。

【警力】jǐnglì〈名〉警察的实力,包括人员和武器装备等:部署~|~不足。

【警龄】jǐnglíng〈名〉警察从事警务工作的年数:他已有近十年~。

【警犬】jǐngquǎn〈名〉受过训练,能帮助人侦查、搜捕、巡逻、警戒的狗;训练~。

【警容】jǐngróng〈名〉指警察的外表、纪律、威仪等。

【警嫂】jǐngsǎo〈名〉对警察妻子的尊称。

【警示】jǐngshì〈动〉警告;启示:~后人。

【警惕】jǐngtì〈动〉对可能发生的危险或错误倾向保持警觉:提高~。

【警卫】jǐngwèi❶〈动〉用武装力量警戒、保卫。❷〈名〉指执行警卫任务的人。

【警务】jǐngwù〈名〉警察维护社会治安等的事务:~繁忙。

【警衔】jǐngxián〈名〉区别警察等级的称号,如警监、警督、警司、警员等。武装警察的警衔和军衔相同。

【警省】jǐngxǐng 同"警醒"②。

【警醒】jǐngxǐng ❶〈形〉睡觉时睡得不熟，容易醒来。❷〈动〉警戒醒悟：严酷的犯罪现实促使我们～。也作"警省"。❸〈动〉使警戒醒悟：～世人。

【警钟】jǐngzhōng〈名〉报告发生紧急情况或遇到危险的钟（多用于比喻）：～长鸣|这次火灾给那些麻痹大意的人敲响了～。

— jìng —

劲（勁）jìng〈形〉❶坚强有力：强～|劲～|～松。❷猛烈：～酒。❸刚正；正直：～士。
△另见 jìn。

【劲拔】jìngbá〈形〉雄健挺拔：苍翠～的古松。

【劲爆】jìngbào〈形〉热烈火爆：场面～。

【劲敌】jìngdí〈名〉强有力的敌人或对手。

【劲歌】jìnggē ❶〈动〉使劲地唱：～一曲。❷〈名〉节奏强烈有力的流行歌曲。

【劲旅】jìnglǚ〈名〉精锐的军队，也泛指实力强劲的队伍。

【劲射】jìngshè〈动〉强劲有力地射门：一脚～，球应声入网。

【劲升】jìngshēng〈动〉强有力地上升：股指～。

【劲舞】jìngwǔ ❶〈动〉使劲地舞：锣鼓喧天，金狮～。❷〈名〉指风格粗犷、节奏强劲有力的现代舞蹈：青春～。

【劲直】jìngzhí〈形〉❶刚正不屈。❷刚劲挺拔：松柏～。

备用词 苍劲 刚劲 疾劲 强劲 遒劲 雄劲

径（徑＊❶-❸逕）jìng ❶〈名〉狭窄的道路；小路：路～|山～|曲～|～通幽。❷〈名〉比喻达到目的的方法：捷～|门～。❸〈名〉直径的简称：口～|半～。❹〈副〉径直：～入水中。

【径道】jìngdào〈名〉小路；近路。

【径流】jìngliú〈名〉雨水沿着地面流走的水叫"径流"，渗入地下的水也可形成地下径流。

【径情直遂】jìng qíng zhí suì 随着自己意愿很顺利地获得成功。

【径赛】jìngsài〈名〉各种赛跑和竞走项目比赛的总称。

【径庭】jìngtíng〈形〉相差很远：大相～。

【径直】jìngzhí〈副〉❶表示直接向某处前进，不绕道，不在中途耽搁：下飞机后，～赶往工地。❷表示动作不间断，一直下去：按照设想～去做。

【径自】jìngzì〈副〉表示自己直接行动。

备用词 口径 路径 门径 行径 途径 独辟蹊径 终南捷径

净（＊淨）jìng ❶〈形〉清洁；干净：～水|洁～|窗明几～。❷〈动〉擦洗干净：～手|～一～桌面。❸〈形〉没有剩余：～尽|分光吃～。❹〈形〉纯：～重|～利。❺〈副〉a)表示单纯而没有别的；只：不要～看自己的长处。b)全；都：深秋，地上～是树叶。c)总是；老是：这几天～刮大风。❻〈名〉戏曲角色，扮演性格刚烈的或粗暴的人物。通称"花脸"。

【净菜】jìngcài〈名〉经过择洗等加工处理后出售的蔬菜（跟"毛菜"相对）：～包装上市。

【净化】jìnghuà〈动〉清除杂质，使纯净：～污水|～心灵。

【净尽】jìngjìn〈形〉没有剩余，一点儿不剩。

【净土】jìngtǔ〈名〉❶佛教指佛、菩萨等居住的没有尘世污染的世界。❷泛指没受到污染的干净地方：儿童心灵是一片～。

备用词 白净 纯净 干净 洁净 明净 清净 素净 窗明几净

经（經）jìng〈动〉织布前把纺好的纱密密地绷起来，来回梳整，使成为经线：～纱。
△另见 jīng。

胫（脛＊踁）jìng〈名〉小腿，下肢从膝盖到踝骨的一段：～骨|不～而走。

倞jìng〈形〉强：～敌。
△另见 liàng。

痉（痙）jìng[痉挛(luán)]〈动〉肌肉紧张，不自然地收缩：手足～。

竞（競）jìng ❶〈动〉互相比赛，争取优胜：～走|～技|～选。❷〈形〉强

劲：南风不～。

【竞标】jìngbiāo〈动〉(投标者)互相竞争以争取中标：这个工程有好几家公司～。

【竞猜】jìngcāi〈动〉比赛谁先猜出答案或结果：～热线|灯谜～。

【竞岗】jìnggǎng〈动〉通过竞争以得到工作岗位。

【竞技】jìngjì〈动〉指体育竞赛：球场～|～状态。

【竞价】jìngjià〈动〉竞相报价(以争取成交)：举牌～|轮番～。

【竞买】jìngmǎi〈动〉竞相报价，争取买到：房地产～|～失败。

【竞卖】jìngmài〈动〉竞相报价，争取卖出：促销～|～交易。

【竞拍】jìngpāi〈动〉❶指拍卖：～活动。❷在拍卖中竞相报价以争取成交：价格直线上升。

【竞聘】jìngpìn〈动〉通过竞争争取得到聘任：～执教|推广干部～制。

【竞赛】jìngsài〈动〉互相比赛，争取优胜：开展～|智力～。

【竞投】jìngtóu〈动〉以竞争的方式投标或参与拍卖：无底价～|欢迎参与～。

【竞选】jìngxuǎn〈动〉候选人在选举以前进行种种活动争取当选。

【竞争】jìngzhēng〈动〉为了自己方面的利益而跟人争胜：贸易～|自由～|公平～。

竟 jìng❶〈动〉完毕：未～之业。❷〈形〉从头到尾；全：～日|～夜。❸〈副〉a)终于：有志者事～成。b)表示出乎意料：不想事情～如此简单。❹〈名〉姓。

【竟然】jìngrán〈副〉表示出乎意料：不想他初出茅庐，～能取得这样好的成绩。

【竟自】jìngzì〈副〉竟然。

备用词　毕竟　究竟

婧
靓(靓) jìng〈形〉女子有才能：～女。

靓(靓) jìng〈动〉妆饰；打扮：～妆(美丽的妆饰)。
△另见 liàng。

敬 jìng❶〈动〉尊敬：～爱|～慕|恭～|致～。❷〈形〉恭敬：～赠|～谢不敏。❸〈动〉有礼貌地送上(饮食或物品)：～酒|～茶。❹〈形〉慎：慎始而～终。❺〈名〉姓。

【敬爱】jìng'ài〈动〉尊敬热爱：～父母|～老师。

【敬而远之】jìng ér yuǎn zhī 表示尊敬，但不愿接近。

【敬老院】jìnglǎoyuàn〈名〉养老院。

【敬慕】jìngmù〈动〉尊敬仰慕：～之心。

【敬佩】jìngpèi〈动〉敬重佩服。

【敬谢不敏】jìng xiè bù mǐn 表示推辞做某件事情的客气话(不敏：没有才能)。

【敬仰】jìngyǎng〈动〉尊敬仰慕。

【敬意】jìngyì〈名〉尊敬的心情：表达～|油然而生～。

【敬重】jìngzhòng〈动〉恭敬；尊重。

备用词　崇敬　恭敬　虔敬　钦敬　孝敬　挚敬　尊敬　毕恭毕敬

靖 jìng❶〈形〉没有变故或动乱；平安：宁～|地方安～。❷〈动〉使秩序安定；平定(变乱)：～乱|～边|绥～|平～。❸〈名〉姓。

静 jìng❶〈形〉安定不动(跟"动"相对)：～态|～坐|安～|风平浪～。❷〈形〉没有声响：寂～|肃～|～默|～谧|夜深人～。❸〈名〉姓。

【静寂】jìngjì〈形〉寂静；没有声响：～无声。

【静美】jìngměi〈形〉恬静舒适：享受这片刻的～。

【静谧】jìngmì〈形〉宁静；安静：环境～|～的月夜。

【静默】jìngmò〈动〉❶沉默，不出声。❷肃立不作声，表示哀悼。

【静穆】jìngmù〈形〉安静庄严。

【静悄悄】jìngqiāoqiāo〈形〉形容非常安静，没有声音。

【静养】jìngyǎng〈动〉安静地休养。

【静止】jìngzhǐ〈动〉物体不运动。

备用词　安静　背静　沉静　寂静　冷静　僻静　平静　清静　肃静　恬静　文静　娴静　幽静　镇静　风平浪静

境 jìng〈名〉❶疆界；边界：入～|国～|大兵压～。❷地方；区域：仙～|渐入佳～。❸境况；境地：～遇|处～|事过～迁。

【境地】jìngdì〈名〉景况；地步：陷入两难的～。

【境界】jìngjiè〈名〉❶土地的界限；疆界：已进了邻省的～。❷指事物所达到的程度或表现的情况：思想～|演技日臻出神入化的～。❸指环境。

【境况】jìngkuàng〈名〉状况(多指经济方面的)。

【境遇】jìngyù〈名〉境况和遭遇。

备用词　边境　国境　幻境　梦境　仙境　惨境　处

境 环境 佳境 绝境 苦境 困境 逆境

猿 jìng〈名〉古书上说的一种像虎豹的兽，生下来就吃生它的母兽。

镜（鏡） jìng〈名〉❶镜子，能照见形象的器具：铜～｜明～｜穿衣～。❷利用光学原理制成的帮助视力或做光学实验用的器具：眼～｜墨～｜棱～｜凸透～｜望远～｜显微～。

【镜花水月】jìng huā shuǐ yuè 镜子里的花，水中的月。比喻虚幻的景象。

=== jiōng ===

扃 jiōng ❶〈名〉从外面关闭门户用的门闩、门环等，借指门扇：柴～。❷〈动〉关门：～户。

=== jiǒng ===

炅 jiǒng ❶〈名〉日光。❷〈形〉明亮。△另见 guì。

迥（*逈） jiǒng〈形〉❶遥远：山高地～。❷差得远：～异｜生病前后～若两人。

【迥然】jiǒngrán〈形〉❶形容相差得很远：～不同。❷高远的样子：～耸立。

炯（*烱） jiǒng〈形〉形容明亮；光明：～烛｜～然。

【炯戒】jiǒngjiè〈名〉明白的鉴戒。

【炯炯】jiǒngjiǒng〈形〉形容明亮（多用于目光）：目光～｜～有神。

窘 jiǒng〈形〉❶穷困：家境很～｜～迫｜穷～。❷为难：～态｜～况｜陷于～境。

【窘急】jiǒngjí ❶〈形〉窘迫①。❷〈动〉感到为难而着急。

【窘况】jiǒngkuàng〈名〉非常困难而又无法摆脱的境况。

【窘迫】jiǒngpò〈形〉❶十分穷困，难以维持生活：生计～。❷非常为难：处境～。

=== jiū ===

纠（糾*糺） jiū ❶〈动〉缠绕：～纷｜～缠。❷〈动〉集合：～合｜～集。❸〈动〉纠正：～偏｜有错必～。❹〈动〉检举：～诘。❺〈名〉姓。

【纠察】jiūchá ❶〈动〉在群众活动的场合维持秩序：～队｜巡逻～。❷〈名〉负责纠察的人。

【纠缠】jiūchán〈动〉❶缠绕在一起：～不清。❷跟人找麻烦，缠住不放：一味～｜～不休。

【纠纷】jiūfēn ❶〈名〉争执的事情：闹～｜调解～。❷〈形〉交错杂乱的样子：群山～。

【纠风】jiūfēng〈动〉纠正行业不正之风：抓好～工作。

【纠葛】jiūgé〈名〉纠缠不清的事情。

【纠合】（鸠合）jiūhé〈动〉纠集；联合（含贬义）。

【纠集】（鸠集）jiūjí〈动〉聚集；集合（含贬义）。

【纠结】jiūjié〈动〉互相缠绕：藤蔓～。

【纠偏】jiūpiān〈动〉纠正偏向或偏差：～要防过头。

【纠正】jiūzhèng〈动〉改正，使正确：～错字｜～偏差。

鸠（鳩） jiū ❶〈名〉斑鸠、雉鸠一类鸟的统称。❷〈动〉聚集：～合｜～聚。

【鸠合】jiūhé 见〖纠合〗。

【鸠集】jiūjí 见〖纠集〗。

【鸠形鹄面】jiū xíng hú miàn 鸠形，腹部低陷，胸骨突起；鹄面，脸上瘦得没有肉。形容人因饥饿而非常瘦削的样子。

究 jiū ❶〈动〉仔细推求；追查：～办｜研～｜盘根～底｜违法必～。❷〈副〉到底；究竟：～应如何处置，望明示。

【究办】jiūbàn〈动〉追查并办：依法～。

【究竟】jiūjìng ❶〈名〉原委；结果：探究事情的～。❷〈副〉a）用在问句里表示追究：症结～在哪里？b）毕竟；到底：～是孩子，难免淘气。

备用词 查究 根究 盘究 穷究 深究 探究 推究 寻究 研究 讲究 考究

赳 jiū[赳赳]〈形〉健壮威武的样子：～武夫｜～雄，气昂昂。

阄（鬮） jiū〈名〉赌胜负或决定事情时供人们抓取的纸团（上面做有记号）。

揪（*揫） jiū〈动〉紧紧地抓；抓住并拉：～耳朵｜～辫子｜把绳子～断了。

【揪辫子】jiū biànzi 比喻抓住缺点，作为把柄。也说"抓辫子"。

【揪心】jiūxīn〈动〉担心；放心不下。

啾 jiū[啾啾]〈拟〉形容虫、鸟细碎的叫声，也形容猿、马等凄厉的叫声。

鬏 jiū〈名〉头发盘成的结：～髻。

=== jiǔ ===

九 jiǔ ❶〈数〉数字，八加一后所得：～州｜三教～流｜十室～空。❷〈名〉从冬至起每

九天是一个"九",从一"九"数起,数到九"九"为止:数~。❸〈数〉表示多次或多数:~霄|~泉|~牛一毛|~死一生。❹方言。〈量〉计算路程的单位,九里为一"九"。❺〈名〉姓。

【九宾】jiǔbīn〈名〉古代举行朝会大典用的最隆重的礼节,由九个接待宾客的人顺序传呼接引上殿。

【九重霄】jiǔchóngxiāo 见【重霄】。

【九牛二虎之力】jiǔ niú èr hǔ zhī lì 比喻很大的力量。

【九牛一毛】jiǔ niú yī máo 比喻极大的数量中的微不足道的小数目。

【九泉】jiǔquán〈名〉❶深渊:龙潜~。❷人死后埋葬的地方,迷信指阴间。

【九死一生】jiǔ sǐ yī shēng 形容多次濒于死亡而幸存。

【九天】jiǔtiān〈名〉❶指天,神佛仙人所住的地方。❷极高的天空。

【九天九地】jiǔ tiān jiǔ dì 一个在天上,一个在地下,形容差别非常大。

【九霄云外】jiǔ xiāo yún wài 形容远得无影无踪(九霄:指天的极高处)。

【九原】jiǔyuán〈名〉❶墓地。❷指阴间。

【九州】jiǔzhōu〈名〉传说中的我国上古行政区划,后用来作为中国的代称。

【九族】jiǔzú〈名〉指本身以上的父、祖、曾祖、高祖和以下的子、孙、曾孙、玄孙,连同本身为九族。也有说包括异姓亲属,以父族四、母族三、妻族二为九族。

久 jiǔ ❶〈形〉时间长(跟"暂"相对):~留|~仰|~远|悠~|耐~。❷〈名〉时间的长短:来了多~? | 住了三年之~。❸〈名〉姓。

【久后】jiǔhòu〈名〉以后;未知~如何。

【久违】jiǔwéi〈动〉客套话,表示好久没见。

【久仰】jiǔyǎng〈动〉客套话,初次见面时说,表示仰慕已久。

【久远】jiǔyuǎn〈形〉长久:年代~|~的事情。

备用词　长久 持久 恒久 积久 经久 良久 耐久 许久 永久 悠久 旷日持久 天长地久 天长日久

氿 jiǔ 东氿、西氿、团氿,湖名,都在江苏宜兴。

△另见 guǐ。

玖 jiǔ ❶〈数〉数字"九"的大写。❷〈名〉一种像玉的浅黑色石头。

灸 jiǔ〈动〉中医的一种治疗方法,用燃烧的艾绒熏烤一定的穴位:针~。

韭(*韮) jiǔ〈名〉韭菜,草本植物,叶子细长,是普通蔬菜:青~|~黄。

酒 jiǔ〈名〉❶粮食、水果等经发酵制成的含酒精的饮料:白~|烧~|果~|啤~|黄~|~盅|葡萄~。❷姓。

【酒保】jiǔbǎo〈名〉酒店里的伙计(多用于早期白话)。

【酒家】jiǔjiā〈名〉❶酒店,现多用作饭馆名称。❷酒保。

【酒驾】jiǔjià〈动〉酒后驾车:严禁~。

【酒囊饭袋】jiǔ náng fàn dài 讥讽无能的人。

【酒肉朋友】jiǔròu péngyou 只在一起吃喝玩乐的朋友。

【酒肆】jiǔsì〈名〉酒店:茶楼~。

【酒窝】jiǔwō〈名〉笑的时候颊上现出的小圆窝。也作"酒涡"。

━━ jiù ━━

旧(舊) jiù ❶〈形〉过去的;过时的:~脑筋|~调重弹。❷〈形〉因长期放置或经过使用而变色或变形的:~书|~家具。❸〈形〉以往的;从前的:~书|~址。❹〈名〉老交情;老朋友:怀~|亲戚故~。❺〈名〉姓。

【旧调重弹】jiù diào chóng tán 见【老调重弹】。

【旧观】jiùguān〈名〉原来的样子:恢复~。

【旧教】jiùjiào〈名〉16世纪欧洲宗教改革后,称天主教为旧教。

【旧居】jiùjū〈名〉从前曾经住过的家;故居。

【旧历】jiùlì〈名〉指农历:~新年(春节)。

【旧物】jiùwù〈名〉❶旧日的典章文物。❷先人、故友留下的物品。❸原有的国土:光复～。

【旧游】jiùyóu〈名〉旧日一起交往游乐的朋友；老朋友。

【旧雨】jiùyǔ〈名〉唐杜甫《秋述》："卧病长安旅次，多雨，……常时车马之客，旧，雨来，今，雨不来。"后人把"旧"和"雨"连用，比喻老朋友：～新知｜重逢。

备用词　陈旧　古旧　复旧　守旧　话旧　怀旧　念旧　叙旧　仍旧　依旧　原旧　照旧　喜新厌旧　因循守旧

臼　jiù〈名〉❶舂米的器具，用石头或木头制成，中部凹下：石～。❷形状像臼的东西：门～。

咎　jiù❶〈名〉过失；罪过：引～自责｜由自取。❷〈动〉责备：动辄(zhé)得～｜既往不～。❸〈名〉凶；灾祸：休～(吉凶)｜天降之～。❹〈名〉姓。

【咎由自取】jiù yóu zì qǔ 受到责怪、惩罚或遭受祸害是自己造成的，指自作自受。

备用词　归咎　引咎　自咎　罪咎　动辄得咎　既往不咎

疚　jiù〈形〉对于自己的错误而内心痛苦：负～｜歉～｜愧～｜内～。

柩　jiù〈名〉装着尸体的棺材：棺～｜灵～。

桕　jiù〈名〉乌桕，乔木，种子外面有白蜡层，可用来制肥皂、蜡烛等。

厩(＊廄廏)　jiù〈名〉马棚，泛指牲口棚：马～｜～肥。

救(＊捄)　jiù〈动〉援救使脱离或免于灾难或危险：挽～｜～灾｜生产自～。

【救拔】jiùbá〈动〉援救使脱离苦难。

【救护】jiùhù〈动〉援救伤病人员使得到及时的治疗，泛指援助有生命危险的人。

【救济】jiùjì〈动〉用财物帮助灾区或生活困难的人：～金。

【救世主】jiùshìzhǔ〈名〉❶基督教徒对耶稣的称呼。基督教认为耶稣是上帝的儿子，降生为人，是为了拯救世人。❷比喻拯救世人的人。

【救死扶伤】jiù sǐ fú shāng 救活生命垂危的，照顾受伤的。

【救亡】jiùwáng〈动〉拯救祖国的危亡：～图存。

【救星】jiùxīng〈名〉比喻帮助人脱离苦难的集体或个人。

【救应】jiùyìng〈动〉援救；接应。

【救援】jiùyuán〈动〉援救。

【救灾】jiùzāi〈动〉❶救济受灾的人民：～物资。❷消除灾害。

【救治】jiùzhì〈动〉治疗使脱离危险。

【救助】jiùzhù〈动〉救护援助。

备用词　补救　搭救　呼救　急救　解救　匡救　扑救　抢救　求救　挽救　营救　援救　拯救　自救

就　jiù❶〈动〉凑近；靠近：迁～｜～着灯看书。❷〈动〉到；开始从事：～职｜～寝。❸〈动〉完成；确定：成～｜铸～。❹〈动〉两种食物搭着吃或喝：吃饭～菜｜猪头肉～酒。❺〈介〉趁着(当前的便利)：～近｜～便。❻〈副〉a)表示强调或肯定：这么一来～好办了。b)在选择句中跟否定词相呼应：不是他去，～是我去。c)表示在很短的时间内：她～要结婚了｜大雨晚上～停了。d)表示在某种条件或情况下怎么样：只要努力～能成功｜谁愿意去谁～去。e)仅仅；只：这件事～他一个人知道。❼〈连〉表示假设的让步：这些东西你～白送我，我也不要。

【就道】jiùdào〈动〉动身上路；束装～。

【就地】jiùdì〈副〉就在原处或就在当地：～取材。

【就范】jiùfàn〈动〉听从约束和控制；俯首～。

【就教】jiùjiào〈动〉向人求教；请教：移樽～。

【就里】jiùlǐ〈名〉内部的情况：不知～。

【就势】jiùshì〈副〉顺着动作或姿势上的便利(紧接着做另一动作)。

【就事论事】jiù shì lùn shì 按照事情本身的情况来评论这件事情的是非得失。

【就是】jiùshì❶〈助〉用在句末表示肯定(多加"了")：我会办妥的，你放心～了。❷〈副〉单用，表示同意：～，～，您说得很对。❸〈连〉表示假设的让步，下半句常用"也"呼应，相当于"即使"：～三岁孩子也不会干这种傻事的｜为了祖国，我可以献出一切，～生命也不吝惜｜～在日常生活中，也需要一定的科学知识。❹〈副〉表示坚决、肯定或强调：随我怎么劝，她～不听｜这孩子～听话｜他伸手～一巴掌。❺〈副〉表示限定范围，排除其他：～这种便宜，别的都很贵｜我们家～三口人｜我～喜欢绿色，不喜欢红色。

【就手】jiùshǒu〈副〉顺手；顺便：出去时～把门带上。

【就算】jiùsuàn〈连〉即使：～有困难，也不能不去办呀。

J

【就位】jiùwèi〈动〉到自己应到的位置上：请大家～。

【就绪】jiùxù〈动〉指事情安排妥当：安排～。

【就业】jiùyè〈动〉得到职业；参加工作。

【就义】jiùyì〈动〉❶为正义事业而被杀害：英勇～｜从容～，视死如归。❷归向正义的方面：去愚～。

【就诊】jiùzhěn〈动〉就医。

【就正】jiùzhèng〈动〉请求指正：～于方家｜现将拙文公开发表，以～于读者。

【就职】jiùzhí〈动〉正式到任（多指较高的职位）：～演说｜宣誓～｜这位市长将于近日～。

【就中】jiùzhōng ❶〈副〉居中（做某事）：～调停｜一定是他～做了手脚｜请他们～加以协调。❷〈名〉其中：这是有关本公司技术力量的资料，～含有一份高级人员的名单｜这件事他们三个人都知道，～老王知道得最清楚。

【就座】（就坐）jiùzuò〈动〉坐到座位上：按顺序～。

备用词　成就　俯就　高就　将就　迁就　屈就　造就　半推半就　一蹴而就　一挥而就

舅 jiù〈名〉❶母亲的弟兄：～～｜～妈。❷妻的弟兄：妻～。❸丈夫的父亲：～姑（公婆）。

【舅姑】jiùgū〈名〉❶丈夫的父母。❷妻子的父母。

僦 jiù〈动〉租赁：～屋｜～费。

鹫（鷲） jiù〈名〉即"雕"④。

蹴 jiù［圪(gē)蹴］方言。〈动〉蹲。
△另见 cù。

━━ jū ━━

车（車） jū〈名〉象棋棋子的一种。
△另见 chē。

且 jū ❶〈助〉相当于"啊"：狂童之狂也～。❷用于人名。如范雎也作"范且"，唐雎也作"唐且"。
△另见 qiě。

拘 jū〈动〉❶逮捕或拘留：～捕｜～禁。❷拘束：～谨｜无～无束。❸不变通：～泥｜～执。❹限制：多少不～｜不～一格。

【拘谨】jūjǐn〈形〉过分谨慎而显得不自然；拘束。

【拘禁】jūjìn〈动〉把被逮捕的人暂时关起来。

【拘留】jūliú〈动〉❶公安机关对需要受侦查的

人的一种紧急措施，在规定时间内暂时押起来。❷一种行政处罚，把违反治安管理的人短期关在公安机关拘留所内。

【拘拿】jūná〈动〉捉拿：～凶犯。

【拘泥】jūnì〈动〉不知变通；限制在某个范围里：～成说｜～旧法。

【拘囚】jūqiú〈动〉拘押；囚禁。

【拘束】jūshù ❶〈动〉使受约束而不能随意行动。❷〈形〉过分地约束自己，显得不自然。

【拘役】jūyì〈名〉一种短期剥夺人自由的刑罚。

苴 jū［苴麻］〈名〉大麻的雌株，所生的花都是雌花，开花后结实。

狙 jū ❶〈名〉古书上说的一种猴子。❷〈动〉窥伺：～伺｜～击。

沟 jū〈名〉沟河，水名，在河北。

居 jū ❶〈动〉住：～民｜～住｜隐～｜穴～野处(chǔ)。❷〈名〉住的地方；住所：迁～｜故～。❸〈动〉在（某种位置）：～中｜后来～上。❹〈动〉占；占据：二者必～其一。❺〈动〉当；任：～功｜～官。❻〈动〉积蓄；存：～积｜奇货可～。❼〈动〉停留；固定：岁月不～。❽〈动〉坐；坐下。❾〈名〉平时：老子："君子～则贵左，用兵则贵右。❿〈名〉用作某些店铺的名称：六必～｜砂锅～。⓫〈名〉姓。

【居安思危】jū ān sī wēi 处在安乐的环境里，要想到可能会出现的困难和危险。

【居高临下】jū gāo lín xià 处在高处，俯视低处，形容处于有利的地位。

【居留】jūliú〈动〉停留居住：～权｜～证。

【居然】jūrán〈副〉表示出乎意料：这么大声音，他～没听见。

【居士】jūshì〈名〉❶指没有做官的读书人。❷称在家信佛的人。

【居心】jūxīn〈动〉怀着某种念头（多用于贬义）：～叵测（存心险恶，不可推测）｜是何～。

备用词　定居　寄居　聚居　旅居　侨居　群居　散居　隐居　寓居　杂居　谪居　蛰居　妍居　同居　故居　旧居　邻居　功成不居　离群索居　奇货可居

驹（駒） jū〈名〉❶少壮的马：千里～。❷初生的或不满一岁的骡、马、驴：马～子｜驴～儿。

俱 jū〈名〉姓。
△另见 jù。

疽 jū〈名〉中医指局部皮肤肿胀坚硬而皮色不变的毒疮：痈～。

掬（匊）jū〈动〉两手捧取：～取｜～水。❷〈名〉姓。

据 jū 见［拮(jié)据］。
△另见 jù。

琚 jū〈名〉❶古代的一种佩玉。❷姓。

趄 jū［趑(zī)趄］。
△另见 qiè。

椐 jū〈名〉古书上说的一种小树,枝节膨大,可用来做拐杖。

锔（鋦）jū❶〈动〉用一种两端弯曲的钉子连合破裂的陶瓷器物：～缸｜～锅｜～碗儿的。❷〈名〉姓。
△另见 jú。

腒 jū〈名〉干腌的鸟肉。

雎 jū❶［雎鸠］〈名〉古书上说的一种鸟。❷用于人名。范雎、唐雎,都是战国时人。

锯（鋸）jū 同"锔"。
△另见 jù。

裾 jū〈名〉❶衣服的大襟。❷衣服的前后部分。

鞠 jū❶〈动〉抚养；育：～养｜～育。❷〈名〉古代的一种球：蹴(cù)～(踢球)。❸〈动〉弯曲：～躬。❹〈名〉姓。

【鞠躬】jūgōng ❶〈动〉弯身行礼。❷〈动〉弓着身子。❸〈形〉小心谨慎的样子：～如也。

【鞠躬尽瘁】jūgōng jìn cuì 小心谨慎,贡献出全部力量：～,死而后已。

鞫 jū〈动〉审问：～问｜～讯｜～审。

━━ jú ━━

局（*❼❽跼❼侷）jú ❶〈名〉棋盘：棋～。❷〈名〉棋赛或其他比赛：开～｜对～｜残～｜当～者迷。❸〈名〉形势；情况；处境：～面｜结～。❹〈名〉人的器量：～量｜～度。❺〈名〉旧时称某些聚会：牌～｜赌～。❻〈名〉圈套：骗～。❼〈动〉拘束：～限。❽〈动〉弯曲：曲～｜蜷(quán)～。❾〈名〉部分：～部。❿〈名〉机关组织关系中按业务划分的单位：教育～｜铁路～。⓫〈名〉某些商店的名称：书～。⓬〈量〉次,用于棋赛或其他比赛：一～棋｜五～三胜｜打了一个平～。⓭〈名〉姓。

【局部】júbù〈名〉部分；非全体：～麻醉｜～利益。

【局促】júcù〈形〉❶地方狭窄：居处～。❷拘束；不自然：～不安。❸短促；仓促。

【局蹐】jújí ❶〈形〉形容畏缩恐惧的样子。❷〈动〉蜷曲：四足～。

【局面】júmiàn〈名〉❶一个时期内事情的状态：开创新～。❷规模：商店～不大。

【局势】júshì〈名〉一个时期内政治、军事等方面的发展情况：～稳定。

【局外】júwài〈名〉事外,指与某事无关：～人｜置身～。

【局限】júxiàn〈动〉限制在某个狭小的范围内：～性。

【局域网】júyùwǎng〈名〉把小区域范围内的若干计算机和数据通信设备直接连接而成的网络。

备用词　败局　残局　大局　僵局　全局　时局　世局　危局　战局　政局　定局　结局　了局　终局　布局　格局

桔 jú "橘"俗作"桔"。
△另见 jié。

菊 jú〈名〉❶菊花,草本植物,秋季开花,花瓣条状。品种很多,供观赏,有的品种中医入药。❷姓。

焗 jú 方言。❶〈动〉利用蒸汽使放在密闭容器里的食物变熟：盐～鸡。❷〈形〉因空气不流通或湿度大而感到憋闷。

【焗油】júyóu〈动〉一种染发护发方法,一般是在头发上抹上染发剂或护发膏等,用特殊机具放出蒸汽加温,使油质渗入头发。

锔（鋦）jú〈名〉金属元素,符号 Cm。银白色,有放射性,由人工获得。
△另见 jū。

溴 jú〈名〉溴水,水名,在河南。

橘 jú〈名〉乔木,果实扁球形,果皮红黄色,果肉分瓣,多汁,味酸甜。果皮、种子、树叶中医入药。

J

━━ jǔ ━━

柜 jǔ[柜柳]〈名〉乔木,果实两旁有翅,像元宝。也叫"元宝枫"。
△另见 guì。

咀 jǔ〈动〉嚼:～嚼|含英～华。
△另见 zuǐ。

【咀嚼】jǔjué〈动〉❶嚼(jiáo)。❷比喻反复体会;玩味:～文章精蕴。

沮 jǔ❶〈动〉阻止:～遏|～其成行。❷〈形〉(气色)败坏:色～|～丧。
△另见 jù。

【沮丧】jǔsàng ❶〈形〉灰心失望;情绪～。❷〈动〉使灰心失望:～敌人的精神,振起我军的士气。

莒 jǔ〈名〉❶莒县,地名,在山东。❷姓。

枸 jǔ[枸橼(yuán)]〈名〉乔木或灌木,果实长圆形,黄色,味酸苦。果皮中医入药。也叫"香橼"。
△另见 gōu、gǒu。

矩(＊榘) jǔ〈名〉❶画直角或方形用的曲尺:～尺。❷法度;规则:循规蹈～|规行～步。

举(舉＊擧) jǔ❶〈动〉往上托;往上伸:～重|～步|纲～目张。❷〈名〉举动:壮～|义～|一～两得。❸〈动〉兴起;起:～义|百端待～。❹〈动〉生(孩子):～一男。❺〈动〉推选;选举:推～|选贤～能。❻〈动〉提出:～例|列～|不胜枚～。❼〈动〉拿;拿起:～杯。❽〈名〉举人:中～。❾〈副〉全:～国欢腾|～世无双。❿〈名〉姓。

【举哀】jǔ'āi〈动〉❶旧时丧礼用语,指高声号哭。❷办理丧事。

【举案齐眉】jǔ àn qí méi《后汉书·梁鸿传》上说,梁鸿的妻子孟光给梁鸿送饭时,总是把端饭的盘子举得高高的。形容夫妻相敬。

【举保】jǔbǎo〈动〉保举。

【举不胜举】jǔ bù shèng jǔ 列举也列举不完,形容类似的情况很多。

【举措】jǔcuò〈名〉举动;措施:～失当。

【举动】jǔdòng〈名〉动作;行动:～缓慢|近来他有什么新的～?

【举发】jǔfā〈动〉检举;揭发。

【举荐】jǔjiàn〈动〉推荐:～贤能。

【举目无亲】jǔ mù wú qīn 指单身在外,不见亲属和亲戚。

【举棋不定】jǔ qí bù dìng 拿着棋子不知怎么走才好,比喻犹豫不决。

【举人】jǔrén〈名〉明清两代称乡试考取的人。

【举世闻名】jǔ shì wén míng 全世界都知道,形容非常著名。

【举行】jǔxíng〈动〉进行某种活动:～婚礼。

【举言】jǔyán〈动〉发言。

【举一反三】jǔ yī fǎn sān 从一件事情类推而知道其他许多事情。也说"一隅三反"。

【举证】jǔzhèng〈动〉出示证据;提供证据:原告、被告先后～,进行法庭辩论。

【举止】jǔzhǐ〈名〉姿态;风度:～大方。

【举足轻重】jǔ zú qīng zhòng 一举一动都有很大影响,形容所处地位重要。

备用词 创举 豪举 善举 盛举 义举 壮举 保举 检举 荐举 抬举 推举 选举 包举 列举 枚举 百端待举 不胜枚举 不识抬举 多此一举 轻而易举 众擎易举

蒟 jǔ[蒟酱]〈名〉木本植物,茎蔓生,果实有辣味,可以制酱。

榉(櫸) jǔ[山毛榉]〈名〉乔木,花萼有丝状的毛,木材可做铁道枕木。

龃(齟) jǔ[龃龉(yǔ)]〈动〉上下牙齿不相对应,比喻意见不合。也作"鉏铻"。

鉏 jǔ[鉏铻(yǔ)]同"龃龉"。
△另见 chú。

踽 jǔ[踽踽]〈形〉形容独自走路时孤零零的样子:～独行。

━━ jù ━━

巨(＊❶鉅) jù❶〈形〉大;很大:～款|～轮|～流|～型|～变|老奸～滑。❷〈名〉姓。

【巨擘】jùbò〈名〉大拇指,比喻某一方面居于首位的人物。

【巨大】jùdà〈形〉❶很大:～的成就|～的工程。❷伟大:～人物。

【巨匠】jùjiàng〈名〉泛称在科学或文学艺术上有杰出成就的人:文坛～。

【巨人】jùrén〈名〉❶因发育异常而身材特别高大的人:～症。❷童话里指比一般人高大、神力非凡的人物。❸比喻有巨大影响和杰出贡献的人物:历史～。

【巨头】jùtóu〈名〉指政治界、经济界等有较大势力的头目:金融～。

【巨著】jùzhù〈名〉篇幅长而内容精深的著作:

辉煌～｜长篇～。

句 jù ❶〈名〉句子,用词和词组构成、能表达一个完整意思的语言单位:语～｜佳～｜～法｜～型。❷〈量〉用于语言:两～诗｜三～话不离本行。
　△另见 gōu；gòu。

【句读】jùdòu〈名〉句和读是文章中停顿的地方。语意已完整,能断开的叫"句",语意未完,需要稍稍停顿的叫"读"。

【句法】jùfǎ〈名〉❶句子的结构方式。❷语法学中研究词组和句子的组织的部分。

【句号】jùhào〈名〉标点符号,写作"。",表示一句话完了。

备用词　词句 佳句 警句 文句 语句 章句 字句 冗词赘句 寻章摘句

诇（詎）jù〈副〉岂,表示反问:～料｜～知。

苣 jù 见[莴苣]。
　△另见 qǔ。

拒 jù〈动〉❶抵抗;抵挡:抗～｜～捕｜～敌于国门之外。❷不接受;不答应:～绝｜来者不～｜～谏饰非。

【拒捕】jùbǔ〈动〉抗拒逮捕。

【拒谏饰非】jù jiàn shì fēi 拒绝规劝,掩饰错误。

【拒绝】jùjué〈动〉不接受(请求、意见或赠礼等):～诱惑。

【拒聘】jùpìn〈动〉拒绝接受聘请或聘用。

【拒守】jùshǒu〈动〉防守;把守。

【拒载】jùzài〈动〉(出租汽车)拒绝载客:拦了三辆车,有两辆～。

【拒战】jùzhàn〈动〉抵抗。

具 jù ❶〈名〉使用的东西:用～｜器～。❷〈动〉具有:初～规模｜各～特色。❸〈动〉备;办:～呈｜～结。❹〈名〉才能:才～。❺〈动〉陈述;开列:条～风俗之弊。❻〈量〉用于棺材、尸体和某些器物:一～尸体｜座钟一～。

【具保】jùbǎo〈动〉具结担保:～候审｜～释放。

【具备】jùbèi〈动〉❶具有:～条件。❷齐备:万事～,只欠东风。

【具结】jùjié〈动〉旧时向官府提出表示负责的文件:～完案。

【具名】jùmíng〈动〉在书信、文件等上面写上自己的名字。

【具体】jùtǐ ❶〈形〉细节上很明确的;不笼统的;结合实际的:计划很～。❷〈形〉特定的:

我的～任务是什么? ❸〈动〉把理论、原则或任务等结合到特定的人或事物上(后面带"到"):扩大招生～到我们学校尚有困难。

【具体而微】jùtǐ ér wēi 内容大致齐备而形状或规模较小。

【具文】jùwén〈名〉徒具形式而无实际作用的规章制度:一纸～。

炬 jù ❶〈名〉火把:火～｜目光如～。❷〈动〉焚烧;火焚:付之一～｜楚人一～,可怜焦土。❸〈名〉蜡烛:蜡～。

沮 jù [沮洳(rù)]〈名〉低湿的地带。
　△另见 jǔ。

俱 jù〈副〉❶一起:君与～来。❷全;都:一应～全｜百废～兴。
　△另见 jū。

【俱乐部】jùlèbù〈名〉进行社会、政治、文艺、娱乐等活动的团体或场所。

倨 jù〈形〉傲慢:～傲｜～慢｜前～后恭。

剧（劇）jù ❶〈名〉戏剧:演～｜京～｜～本｜～情。❷〈形〉猛烈:～烈｜病势加～。❸〈形〉繁多;繁难:繁～｜事～而功寡。❹〈名〉姓。

【剧烈】jùliè〈形〉猛烈:～爆炸。

备用词　悲剧 丑剧 闹剧 喜剧 戏剧 哑剧 杂剧 急剧 激剧 加剧

据（據＊摭）jù ❶〈动〉占据:盘～｜割～。❷〈动〉凭借;依靠:～点｜～险固守。❸〈介〉按照;依据:～说｜引经～典。❹〈名〉可以用作证明的事物:凭～｜事出有因,查无实～。❺〈动〉按着:～膝。❻〈名〉姓。
　△另见 jū。

【据点】jùdiǎn〈名〉军队据以作为战斗行动凭借的地点。

备用词　割据 窃据 占据 根据 依据 论据 凭据 契据 数据 证据 字据

距 jù ❶〈动〉距离①:～今已有三载。❷〈名〉距离②:差～｜焦～。❸〈名〉雄鸡、雉等的腿后突出像脚趾的部分。❹同"拒"。

【距离】jùlí ❶〈动〉两者在空间或时间上相隔:～考试尚有一个月。❷〈名〉两者相隔的长度:等～｜植株之间保持一定～。

惧（懼）jù〈动〉害怕:恐～｜畏～｜～怕｜～内(怕老婆)｜临危不～。

【惧怕】jùpà〈动〉害怕。

【备用词】戒惧 惊惧 恐惧 危惧 畏惧 疑惧 忧惧 临危不惧

犋　jù〈量〉牵引犁、耙等农具的畜力单位，能拉动一种农具的一头或几头牲口叫一"犋"。

飓（颶）jù[飓风]〈名〉发生在大西洋西部的热带空气旋涡，是一种极强烈的风暴。

锯（鋸）jù❶〈名〉一种拉(lá)开木料、石料、钢材等的工具，主要部分是具有许多尖齿的薄钢片：拉~｜钢~｜电~｜一把~。❷〈动〉用锯拉(lá)：~树｜绳~木断。△另见 jū。

聚　jù❶〈动〉聚集：~餐｜凝~｜物以类~。❷〈名〉姓。

【聚宝盆】jùbǎopén〈名〉❶传说中装满金银珠宝而取不完的盆。❷比喻资源或出产丰富的地方。

【聚合】jùhé〈动〉❶聚集在一起。❷指结为夫妻。

【聚会】jùhuì〈动〉许多人聚集到一起；会合：难得~。

【聚积】jùjī〈动〉一点一点地凑集。

【聚集】jùjí〈动〉聚合；集合。

【聚歼】jùjiān〈动〉把敌人包围起来全部消灭。

【聚焦】jùjiāo〈动〉❶使光或电子束等聚集于一点：~成像。❷比喻视线、注意力等集中于某处：奥运会｜新闻报道~于一个共同的话题。

【聚精会神】jù jīng huì shén 集中精神，不分散注意力。

【聚居】jùjū〈动〉集中地居住在某一区域。

【聚敛】jùliàn〈动〉搜刮民财。

【聚沙成塔】jù shā chéng tǎ 比喻积少成多。

【聚首】jùshǒu〈动〉聚会：~一堂｜群英~。

【聚谈】jùtán〈动〉聚合在一起交谈：~多时。

【备用词】攒聚 欢聚 汇聚 会聚 积聚 集聚 凝聚 团聚 屯聚 囤聚 完聚 啸聚 物以类聚

窭（窶）jù〈形〉贫穷：贫~。

踞　jù〈动〉❶蹲或坐：箕~｜高~｜龙盘虎~。❷占据：盘~。

屦（屨）jù〈名〉古代用麻、葛等制成的鞋：草~。

遽　jù❶〈名〉驿车：惧弗及，乘~而至。❷〈形〉匆忙；急：匆~｜急~｜~然(突然)。❸〈形〉惊慌：惶~。❹〈副〉a)就：此何~不为福乎？b)立刻。❺〈名〉姓。

【遽然】jùrán〈副〉突然：~夭折。

濂　jù〈名〉濂水，水名，在陕西。

醵　jù〈动〉❶凑钱饮酒。❷泛指凑钱：~金｜~资。

━━ juān ━━

捐　juān❶〈动〉舍弃；抛弃：~弃｜细大不~。❷〈动〉除去：~不急之官。❸〈动〉献出：~助｜募~。❹〈名〉税收的一种名称：车~｜上~｜苛~杂税。

【捐躯】juānqū〈动〉为崇高的事业献出生命：为国~。

【捐失】juānshī〈动〉丧失；损失。

【捐献】juānxiàn〈动〉拿出财物献给(国家或集体)。

【捐助】juānzhù〈动〉拿出财物来帮助某些公益事业。

【捐资】juānzī〈动〉捐出资财(用于公用事业)：~办学｜踊跃~｜各界纷纷~，兴办福利工厂。

涓　juān❶〈名〉细小的流水：~滴｜~埃。❷〈动〉选择；选取：~吉(择吉)。❸〈动〉洒扫；清除：~除不洁。

【涓滴】juāndī〈名〉❶极少量的水：~不漏。❷比喻极少量的钱或东西：~归公(属于公家的收入全部缴给公家)。

【涓涓】juānjuān〈形〉细水缓慢流动的样子：~细流。

娟　juān〈形〉美丽：~丽｜~秀｜~美｜婵(chán)~。

【娟然】juānrán〈形〉美好的样子：山峦为晴雪所洗，~如拭。

圈　juān〈动〉❶用栅栏把家禽家畜围起来。❷把人关起来。

△另见 juàn；quān。

朘 juān〈动〉❶剥削：～削｜～刻（克扣；搜刮）。❷减少：日削月～〔日减月损，损耗越来越大〕。
△另见 zuī。

鹃（鵑）juān 见〖杜鹃〗。

镌（鐫＊鎸）juān〈动〉雕刻：雕～｜～刻。

蠲 juān〈动〉❶免除：～除｜～免。❷积存（多见于早期白话）。

━ juǎn ━

卷（捲＊⁴錈）juǎn ❶〈动〉把东西裹成圆筒形：～行李｜烙饼～大葱。❷〈动〉一种大的力量把东西掀起或裹住：风～着雪花纷纷扬扬。❸〈名〉裹成圆筒形的东西：胶～｜铺盖～。❹〈名〉一种面制食品：花～儿。❺〈量〉用于成卷儿的东西：一～纸｜两～胶卷。
△另见 juàn。

【卷铺盖】juǎn pūgai 比喻被解雇或辞职。

【卷土重来】juǎn tǔ chóng lái 比喻失败之后重新恢复势力。

锩（錈）juǎn〈形〉刀剑的锋刃卷曲。

━ juàn ━

券 juàn 古同"倦"。

卷 juàn ❶〈名〉书本，也指成轴的书画作品：画～｜手不释～。❷〈量〉古时书籍写在帛或纸上，卷起来收藏，一部书可分成若干卷，后仍用来指全书的一部分：下～｜～三｜藏书万～。❸〈名〉考试写答案的纸：考～｜阅～。❹〈名〉机关里保存的文件：案～｜～宗。
△另见 juǎn。

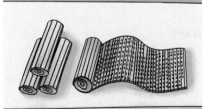

【卷帙】juànzhì〈名〉书籍（就数量说：）：～浩繁。

【卷轴】juànzhóu〈名〉书册。古代还没有线装书时，书的形式是横幅长卷，有轴以便卷起来，故后世沿用"卷轴"称书册。

【卷宗】juànzōng〈名〉❶机关里分类保存的文件。❷用来保存文件的纸夹子。

隽（＊雋）juàn ❶〈形〉鸟肉肥美。❷〈形〉言语、诗文意味深长：～永。❸〈名〉姓。
△另见 jùn。

【隽永】juànyǒng〈形〉言语、诗文意味深长。

倦（＊勌）juàn〈形〉❶疲乏：疲～｜困～。❷厌倦：厌～｜诲人不～｜孜孜不～。

【倦怠】juàndài〈形〉疲倦；懈怠。

备用词 困倦 疲倦 厌倦 惝倦 诲人不倦 孜孜不倦

狷（＊獧）juàn〈形〉❶心胸狭窄；性情急躁：～急。❷清高正直：～介｜～洁。

桊 juàn〈名〉穿在牛鼻子上的小木棍或小铁环：牛鼻～。

绢（絹）juàn〈名〉一种薄而坚韧的丝织品。

鄄 juàn〈名〉鄄城，地名，在山东菏泽。

圈 juàn〈名〉❶养猪羊等牲畜的建筑：猪～｜～肥。❷姓。
△另见 juān；quān。

眷（＊²睠）juàn ❶〈名〉亲属：～属｜家～。❷〈动〉关心；怀念：～念｜～恋。

【眷眷】juànjuàn〈形〉形容深切怀念或依恋不舍：～之心。

【眷恋】juànliàn〈动〉（对自己所喜爱的人或事物）深切地留恋：～故土。

【眷念】juànniàn〈动〉怀念；想念。

【眷属】juànshǔ〈名〉❶家属；亲属。❷特指夫妻。

罥 juàn〈动〉挂；缠绕。

━ juē ━

撅（＊¹嗷²撧）juē〈动〉❶翘起：～嘴｜～着尾巴。［注意］

"噘"只用于"噘嘴"。❷折(zhé)：一～两截。

═ jué ═

孒 jué 见【孑(jié)孒】。

决（*決）jué〈动〉❶决定：～策｜表～｜自～权。❷决定最后胜败：～赛｜～战｜～斗｜一雌雄｜～胜千里之外。❸执行死刑：枪～｜处(chǔ)～。❹疏通水道：江疏河。❺堤岸被水冲出缺口：～口｜溃～。❻〈副〉肯定；一定(用在否定词前面)：～不食言｜～无二话。

【决策】juécè ❶〈动〉决定计策或策略：运筹～。❷〈名〉决定的计策或策略：战略｜英明～。

【决定】juédìng ❶〈动〉做出明确肯定的主张：～前往。❷〈名〉决定的事项：做出～。❸〈动〉某事物成为另一事物的先决条件：存在～意识。❹〈动〉客观规律促使事物一定向某方面发展变化：～因素。

【决斗】juédòu〈动〉❶过去欧洲流行的一种风俗，两人发生争执，相持不下，约定时间、地点，并邀请证人，彼此用武器对打。❷泛指进行决定最后胜负的战斗。

【决断】juéduàn ❶〈动〉拿主意；做决定：情况不明，无从～。❷〈名〉决定事情的魄力：他办事情很有～。

【决计】juéjì ❶〈动〉下决心；对如何行动做出主张：～返乡务农。❷〈副〉表示十分肯定的判断：事情～不会出岔。

【决绝】juéjué〈动〉断绝关系。

【决裂】juéliè〈动〉(关系、感情等)破裂。

【决然】juérán〈副〉❶表示态度很坚决；毅然～｜～离去。❷必然；一定：东张西望，道听途说，～得不到什么完全的知识。

【决算】juésuàn〈名〉政府、机关、团体和事业单位根据年度预算执行结果而编制的年度会计报告。

【决心】juéxīn ❶〈名〉坚定而不可动摇的意志：下定～。❷〈动〉下决心：我～去边疆。

【决议】juéyì〈名〉会议讨论通过的决定：～案。

【决意】juéyì〈动〉拿定主意；下决心：～不从。

【决战】juézhàn〈动〉敌我双方进行决定最后胜负的战役或战斗。

备用词　冲决　溃决　表决　裁决　处决　否决　解决　判决　枪决　议决　果决　坚决　勇决　速战速决　悬而未决

诀（訣）jué ❶〈名〉就事物主要内容编成的顺口押韵、便于记诵的词句：口～｜歌～。❷〈名〉关键性的办法；窍门：秘～｜～窍。❸〈动〉分别：～别｜永～。

【诀别】juébié〈动〉分别；离别(多指不易再见的)。

【诀窍】juéqiào〈名〉关键性的方法；窍门。

抉 jué〈动〉剔出；剜出：～择｜～摘｜～剔。

【抉择】juézé〈动〉挑选；选择。

角 jué ❶〈名〉角色，演员扮演的剧中人物：主～｜配～。❷〈名〉戏曲演员的行当：丑～｜旦～｜生～｜净～。❸〈名〉演员：名～儿。❹〈动〉竞赛；斗争：～斗｜口～。❺〈名〉古代一种盛酒的器具，形状像爵。❻〈名〉古代五音之一，相当于简谱的"3"。❼〈名〉姓。
△另见 jiǎo。

【角色】(脚色)juésè〈名〉❶演员扮演的剧中人物。❷指人(多含贬义)。

【角逐】juézhú〈动〉武力竞争：群雄～｜激烈～。

珏 jué〈名〉古代一种半环形的佩玉，有缺口。

珏（*瑴）jué〈名〉合在一起的两块玉。

觉（覺）jué ❶〈名〉(器官)对外界刺激的感受和辨别：感～｜视～｜错～。❷〈动〉睡醒：大梦初～。❸〈动〉醒悟：～悟｜～今是而昨非。❹〈名〉姓。
△另见 jiào。

【觉察】juéchá〈动〉发觉；看出来。

【觉得】juéde〈动〉❶感觉到：跑了一天，有点累。❷认为(语气不太肯定)：我～这样做欠稳妥。

【觉悟】juéwù ❶〈动〉由迷惑而明白；由模糊而清醒。❷〈名〉对事物的一定认识，多指政治思想和阶级意识上的醒悟。

【觉醒】juéxǐng〈动〉觉悟；醒悟。

备用词　察觉　发觉　感觉　警觉　触觉　错觉　幻觉　惊觉　视觉　听觉　知觉　直觉　自觉

绝（絕）jué ❶〈动〉断绝：～交｜～缘｜空前～后｜络绎不～。❷〈动〉横渡：～江河。❸〈形〉穷尽：净尽｜弹尽粮～｜斩尽杀～。❹〈形〉走不通的；没有出路的：～壁｜～境｜～处逢生。❺〈形〉偏僻遥远的：～域｜～

国。❻〈形〉独一无二；特别出色：～技｜～品。❼〈副〉极；最：～早｜～妙。❽〈副〉绝对（用在否定词前面）：～无此意。❾〈名〉绝句：五～｜七～。

【绝笔】juébǐ〈名〉死者生前最后所写的文字或所作的字画。

【绝壁】juébì〈名〉极陡峭不能攀缘的山崖。

【绝唱】juéchàng〈名〉指出类拔萃、达到最高造诣的诗文创作：千古～。

【绝尘】juéchén ❶〈动〉超绝尘俗：～避世。❷〈动〉脚不沾尘土地跑，指奔跑得极快：～而驰。❸〈名〉指清幽而荒远的地方。

【绝处逢生】jué chù féng shēng 在极其危险濒于绝望的境地得到生路。

【绝代】juédài〈形〉当代独一无二的：才华～。

【绝地】juédì〈名〉❶极险恶的地方。❷绝境①。

【绝顶】juédǐng ❶〈副〉非常：～聪明。❷〈名〉山的最高峰。

【绝对】juéduì ❶〈形〉没有任何条件的；不受任何限制的（跟“相对”相对）：～真理｜～服从。❷〈形〉只以某一条件为根据，不管其他条件的：～高度（以平均海平面为标准的高度）。❸〈副〉a）表示十分肯定的判断：～正确。b）最；极：以～多数通过。

【绝后】juéhòu ❶〈动〉没有子孙。❷〈形〉今后不会再有：空前～。

【绝技】juéjì〈名〉别人不易学会的技艺：身怀～。

【绝迹】juéjì〈动〉断绝踪迹，不再出现。

【绝境】juéjìng〈名〉❶没有出路的境地：濒于～。❷与人世隔绝的地方。

【绝句】juéjù〈名〉旧诗的一种体裁，每首四句。每句五个字的叫“五言绝句”，七个字的叫“七言绝句”。

【绝口】juékǒu ❶〈动〉住口：赞不～。❷〈副〉因回避而不开口：～不提。

【绝伦】juélún〈形〉独一无二的；没有可以相比的：聪颖～｜巧妙～。

【绝妙】juémiào〈形〉十分巧妙；非常美妙。

【绝色】juésè〈形〉绝顶美丽（指女子）：～佳人。

【绝世】juéshì ❶〈形〉绝代：～之雄。❷〈动〉死。

【绝嗣】juésì〈动〉没有子孙。

【绝望】juéwàng〈动〉希望断绝；毫无希望。

【绝无仅有】jué wú jǐn yǒu 形容极其少有。

【绝响】juéxiǎng〈名〉本指失传的音乐，后泛指传统已断的事物。

【绝学】juéxué〈名〉❶失传的学问。❷造诣高远，无人能够企及的学术。

【绝巘】juéyǎn〈名〉险峻的山峰。

【绝招】juézhāo 也作“绝着”。〈名〉❶绝技：身怀～。❷别人想不到的手段、计策。

【绝着】juézhāo 同“绝招”。

备用词 超绝 卓绝 杜绝 断绝 隔绝 根绝 回绝 禁绝 拒绝 决绝 灭绝 弃绝 弹尽粮绝 赶尽杀绝 艰苦卓绝 络绎不绝 拍案叫绝 深恶痛绝 滔滔不绝 韦编三绝

倔 jué〈形〉义同“倔”（juè），用于“倔强”、“倔起”。

△另见 juè。

【倔强】juéjiàng〈形〉（性情）刚强不屈：性格～｜这老人可真～。也作“倔犟”。

【倔犟】juéjiàng 同“倔强”。

【倔起】juéqǐ 同“崛起”②。

掘 jué〈动〉刨；挖：～井｜发～｜自～坟墓。

【掘室求鼠】jué shì qiú shǔ 比喻因小失大。

备用词 采掘 发掘 开掘 罗掘 挖掘

桷 jué〈名〉方形的椽子。

崛 jué〈动〉高起；突起。

【崛起】juéqǐ〈动〉❶（山峰）突起。❷兴起：新生力量正在～。

脚（*腳） jué 同“角”（jué）①－③。

△另见 jiǎo。

【脚色】juésè 见〖角色〗。

觖 jué〈动〉❶不满足；不满意：～望（因不满意而怨恨）。❷挑剔。

厥 jué ❶〈动〉晕倒；气闭：痰～｜昏～。❷〈代〉其；他的：～后｜～父。❸〈副〉乃：左丘失明，～有《国语》。❹〈名〉姓。

备用词 昏厥 惊厥 痰厥 晕厥

劂 jué 见［剞（jī）劂］。

谲（譎） jué〈形〉❶诡诈：狡～｜～诈。❷奇特；怪异：怪～｜奇～。

蕨 jué〈名〉草本植物，复叶，羽状分裂，根茎可提制淀粉，嫩叶可以吃，全株入药。

鴃 jué〈名〉古书上指伯劳鸟。

J

【鴃舌】juéshé〈名〉伯劳的叫声。比喻语言难懂:~之音。

獝 jué 见〖猖獝〗。

瀄 jué〈名〉潏水,水名,在湖北。

橛(＊橜) jué〈名〉小木桩:钉上一排木~儿。

噱 jué〈动〉大笑:大~|可发一~。
△另见 xué。

镢(鐝) jué〈名〉镢头,一种刨土用具,类似镐。

镢(鐍) jué〈名〉箱子上安锁的纽。

爵 jué〈名〉❶爵位,君主国家贵族封号的等级:~禄|官~|勋~|公~|侯~|伯~|子~|男~|卖官鬻(yù)~。❷古代一种三条腿的酒器。❸姓。

【爵士】juéshì〈名〉欧洲君主国最低的封号,不世袭,不在贵族之内。

【爵士乐】juéshìyuè〈名〉一种舞曲音乐,节奏繁密,情绪热烈,20世纪初产生于美国新奥尔良。

蹶(＊蹷) jué〈动〉❶摔倒,比喻失败或挫折:一~不振。❷枯竭:财产何得不~?
△另见 jué。

矍 jué〈形〉惊视的样子:~然失容。

【矍铄】juéshuò〈形〉形容老年人非常有精神的样子:精神~。

嚼 jué〈动〉义同"嚼"(jiáo),用于某些合成词和成语:咀(jǔ)~|过屠门而大~。
△另见 jiáo;jiào。

爝 jué[爝火]〈名〉火把;小火:~不息。

攫 jué〈动〉抓:~夺|~取。

【攫取】juéqǔ〈动〉掠夺。

玃 jué〈名〉大猴。

钁 jué❶〈名〉钁头,一种刨土的农具,类似镐。❷〈动〉用钁挖。

=== juě ===

蹶 jué[蹶子]〈名〉骡马用后腿向后踢叫"尥(liào)蹶子"。

△另见 jué。

=== juè ===

倔 juè〈形〉性子直,态度生硬:~脾气|~头~脑。
△另见 jué。

【倔头倔脑】juè tóu juè nǎo 形容说话、态度生硬的样子。

=== jūn ===

军(軍) jūn❶〈名〉军队:陆~|~旗|~舰。❷〈名〉军队的编制单位,一军辖若干师:~长|第一~。❸〈动〉(军队)驻扎:~于邯郸之郊。❹〈名〉姓。

【军备】jūnbèi〈名〉军事编制和军事装备:扩充~。

【军队】jūnduì〈名〉为政治目的服务的武装组织。

【军阀】jūnfá〈名〉拥有武装部队,割据一方,自成派系的军人或集团。

【军法】jūnfǎ〈名〉军队中的刑法:~从事。

【军火】jūnhuǒ〈名〉武器和弹药的总称:~库|~商。

【军机】jūnjī〈名〉❶军事机宜:贻误~。❷军事上的机密事情:泄露~。

【军令状】jūnlìngzhuàng〈名〉❶旧小说、戏曲中将士接受军令后所立的文书,载明如不能完成任务,愿依军法处置。❷现泛指接受某项重大任务后写的保证书。

【军旅】jūnlǚ〈名〉❶军队。❷军事;战争:~之事。

【军马】jūnmǎ〈名〉❶军队。❷战马:~场。

【军门】jūnmén〈名〉❶营门。❷明代有称总督、巡抚为军门的;清代为提督的敬称。

【军容】jūnróng〈名〉指军队和军人的外表、威仪和风纪等:整饬~。

【军嫂】jūnsǎo〈名〉对军人妻子的尊称。

【军师】jūnshī〈名〉❶旧小说、戏曲中所说的在军中担任谋划的人。❷泛指给别人出主意的人。

【军书】jūnshū〈名〉军事文书。

【军帖】jūntiě〈名〉军中文告。

【军团】jūntuán〈名〉军队编制单位。我国红军时期相当于集团军(辖若干个军或师)。某些国家的军团相当于我国的军。

【军需】jūnxū〈名〉❶指军队所需要的一切物资,特指给养、被服等。❷旧时军队中办理需业务的人员。

【军资】jūnzī〈名〉军中用的物资;军需。

备用词 参军 充军 从军 进军 冠军 将军 盟军 荣军 义军 友军 援军 驻军

均 jūn ❶〈形〉均匀;相等:平~|~衡。❷〈副〉都;全:~可|各项工作~已就绪。❸〈动〉衡量。❹古通"韵"(yùn)。❺〈名〉姓。

【均衡】jūnhéng〈形〉平衡:国民经济~发展。

【均线】jūnxiàn〈名〉在坐标图上显示的一段时间内指数、价位等的平均值所连成的线,如五日均线、十日均线等;汇价位于昨日~之上。

【均匀】jūnyún〈形〉分布或分配在各部分的数量相同;时间或空间的间隔相等:雨水~。

【均值】jūnzhí〈名〉几个数平均以后得出的值:该市今年空气质量的~达到国家二级。

龟(龜) jūn 同"皲"。
△另见 guī;qiū。

君 jūn〈名〉❶君主:~王|国~。❷古代的一种封号:信陵~|孟尝~。❸对人的尊称:诸~|请~入瓮。❹称神仙:湘~(湘水之神)。❺姓。

【君临】jūnlín〈动〉统治;主宰:~天下。

【君王】jūnwáng〈名〉古代对帝王的尊称。

【君主】jūnzhǔ〈名〉❶君主制国家的最高统治者。❷公主:《史记·六国年表》:"初以~妻河"。

【君子】jūnzǐ〈名〉❶古代指地位高的人,后来泛指人格高尚或有学问有修养的人。❷古代

妻子称丈夫。

【君子协定】jūnzǐ xiédìng 指相互间不经过书面上共同签字只以口头上承诺而订立的协定。

钧(鈞) jūn ❶〈量〉古代重量单位,1钧等于30斤:千~一发|雷霆万~。❷〈名〉制陶器时所用的转轮:陶~。❸〈形〉敬辞,用于有关对方的事物或行为:~座|~鉴|~启|~裁|~旨。❹〈名〉姓。

莙 jūn [莙荙(dá)菜]〈名〉草本植物,叶有长柄,叶子嫩时可做蔬菜。

菌 jūn〈名〉低等植物的一大类,不开花,没有茎叶,不含叶绿素,种类很多,如细菌、真菌等。
△另见 jùn。

皲(皸) jūn〈动〉皮肤因寒冷干燥而破裂:~裂。

筠 jūn [筠连]〈名〉地名,在四川。
△另见 yún。

鲪(鮶) jūn〈名〉鱼,身体侧扁,口大而斜。生活在近海礁岩间。

麇(*麏) jūn〈名〉古书上指獐子。
△另见 qún。

═══ jùn ═══

俊(*❷儁❷僋) jùn ❶〈形〉容貌秀丽:~秀|~俏。❷〈名〉才智出众的人:~杰|~才。❸〈名〉姓。

【俊健】jùnjiàn〈形〉俊美健壮。

【俊杰】jùnjié〈名〉豪杰:识时务者为~。

【俊美】jùnměi〈形〉俊秀;美丽。

【俊俏】jùnqiào〈形〉容貌好看。

【俊秀】jùnxiù ❶〈形〉清秀美丽。❷〈名〉才智出众的人。

郡 jùn〈名〉❶古代的行政区划,周朝郡比县小,秦汉以后郡比县大:~县|秦分天下为三十六~。❷姓。

捃(*攟擔) jùn〈动〉拾取:~拾。

峻 jùn〈形〉❶(山)高大:~峭|高~|崇山~岭。❷严厉:严~|冷~|急~。

【峻急】jùnjí〈形〉❶水流湍急。❷(性情)严厉急躁。

【峻峭】jùnqiào〈形〉形容山高而陡。

备用词 巉峻 陡峻 高峻 险峻 冷峻 严峻

隽（*雋）jùn ❶〈动〉科举考试得中。❷同"俊"②。

△另见 juàn。

浚（*濬）jùn〈动〉挖深;疏通（水道）:疏～|修～|～渠|～河|～泥船。

△另见 xùn。

骏（駿）jùn〈名〉好马:～马。

【骏马】jùnmǎ〈名〉好马;走得快的马。

珺 jùn〈名〉美玉。

菌 jùn〈名〉即"蕈"（xùn）。

△另见 jūn。

焌 jùn〈动〉用火烧。

另见 qū。

畯 jùn〈名〉古代掌管农事的官吏。

竣 jùn〈动〉完毕:完～|告～|～工|～事。

【竣工】jùngōng〈动〉工程完成:～验收|按时～|提前十五天～。

━ kā ━

咔 kā〈拟〉形容物体碰撞、断裂的声音：～的一声把门锁上了｜～的一声树枝断了。
△另见 kǎ。

【咔嚓】kāchā〈拟〉形容物体断裂的声音：～一声，树枝被风吹折(shé)了。也作"喀嚓"。

咖 kā[咖啡]〈名〉❶乔木或灌木，结浆果，深红色，种子炒熟制成粉可做饮料。❷咖啡种子制成的粉末，也指用这种粉末制成的饮料。
△另见 gā。

喀 kā〈拟〉形容呕吐、咳嗽的声音。

【喀嚓】kāchā 同"咔嚓"。

━ kǎ ━

卡 kǎ❶〈名〉卡片的简称：资料～｜年历～。❷〈名〉磁卡：信用～｜刷～。❸〈名〉卡车：十轮～。❹〈量〉卡路里(热量单位，使 1 克水的温度升高 1℃所需要的热量)的简称。
△另见 qiǎ。

【卡片】kǎpiàn〈名〉用来记录各种事项以便排比、检查、参考的较厚而硬的小纸片：～柜｜资料～。

【卡通】kǎtōng〈名〉❶动画片。❷漫画。[外]

佧 kǎ[佧佤(wǎ)族]〈名〉佤族的旧称。

咔 kǎ〈名〉咔叽，一种厚的斜纹布：涤～｜双面～。
△另见 kā。

咯 kǎ〈动〉使东西从咽头或气管里出来：～血｜～痰。
△另见 gē；lo；luò。

胩 kǎ〈名〉有机化合物，无色液体，有恶臭。

━ kāi ━

开(開) kāi〈动〉❶打开：～启｜～幕。❷打通；开辟：～路｜～矿。❸(合拢或连接的东西)舒张；分离：～绽｜花～｜花落。❹(河流)解冻：～冻｜河～了。❺解除：～戒｜～禁。❻发动或操纵(枪、炮、机器等)：～炮｜～拖拉机。❼(队伍)由驻地出发：～拔｜～赴前线。❽创设：～国｜～工厂。❾开始：～学｜～演。❿举行：～会｜召～。⓫写出，列出：～列｜～账单。⓬支付(工资、车费)：～销。⓭革除；开除：～革｜～缺。⓮(液体)受热而沸腾：～锅｜水～了。⓯启发：～导｜～解。⓰按十分之几的比例分开：三七～。⓱〈量〉印刷上指相当于整张纸的若干分之一：对～｜16～。⓲〈量〉合金中含纯金量的计算单位(24 开为纯金)。[外]⓳用在动词后面。a)表示扩大或扩展：消息传～了。b)表示开始并继续下去：秋雨过后，天就冷～了。c)表示分开或离开：躲～｜把窗户开～。d)表示容下：屋子小，人多了坐不～。⓴〈名〉姓。

【开拔】kāibá〈动〉(军队)由驻地出发：部队～了。

【开笔】kāibǐ〈动〉❶旧时指一年中开始写字：新春～。❷旧时指一生中开始学做诗文。

【开标】kāibiāo〈动〉把投标文件拆封,通常由招标人召集投标人当众举行。

【开播】kāibō❶开始播种:抓紧整地,按时~。❷广播电台、电视台正式播放节目:庆祝电视台~二十周年。❸某一节目开始播放:这部电视连续剧~后收到不少观众来信|春节联欢晚会今晚八点~。

【开采】kāicǎi〈动〉挖掘(矿物):~石油|~地下资源。

【开场】kāichǎng〈动〉演剧或一般文艺演出等开始,也比喻一般活动开始:我们赶到剧院时,戏早就开场了|他带头发言,话虽不多,倒给会议做了个很好的~。

【开诚布公】kāi chéng bù gōng 诚意待人,坦白无私。

【开初】kāichū〈名〉开始;起初。

【开创】kāichuàng〈动〉开始建立;创立:~新局面。

【开导】kāidǎo〈动〉用道理启发劝导:耐心~。

【开倒车】kāi dàochē 比喻违反事物发展的方向,向后退:要顺应历史潮流,不能~。

【开端】kāiduān〈名〉开头;起头。

【开恩】kāi'ēn〈动〉旧时求人宽恕或施与恩惠的用语。

【开发】kāifā〈动〉❶对未被利用的自然资源加以利用;开拓:~长江水利。❷发掘,使发挥作用:~智力。❸支付。

【开放】kāifàng〈动〉❶张开;展开:百花~。❷公园、图书馆等接待游人、读者。❸机场、港口允许飞机起落或船只出入:机场关闭,停止对外~。❹解除封锁、禁令、限制等:~边境贸易。

【开后门】kāi hòumén 比喻利用职权违反政策、法规或正常程序,给予他人不应有的方便和利益。

【开化】kāihuà〈动〉由原始状态进入有文化的状态。

【开怀】kāihuái〈动〉放开胸怀,无所拘束,非常畅快:~畅饮。

【开火】kāihuǒ〈动〉❶放枪放炮,向敌人射击。❷比喻进行抨击或展开斗争:向腐败现象~。

【开机】kāijī〈动〉❶开动机器:合闸~。❷指开始拍摄(电影、电视剧等):这部影片明日~。

【开价】kāijià〈动〉说出价格;要价:~这么高,会有人买吗?

【开讲】kāijiǎng〈动〉开始讲课、讲演或开始说书。

【开奖】kāijiǎng〈动〉在有奖活动中,通过一定的形式,确定获奖的等次和人员:足球彩票今晚当众~。

【开交】kāijiāo〈动〉结束;解决(多用于否定式):忙得不可~。

【开局】kāijú❶〈动〉(下棋或赛球)开始;泛指工作、活动等开始:这场比赛刚~|今年的工业生产一~就很顺利。❷〈名〉(下棋或赛球)开始的阶段;泛指工作、活动等开始的阶段:~不太顺利|今年的图书市场~良好。

【开具】kāijù〈动〉写出(多指内容分项的单据、信件等);开列:~清单|~证明|~发票。

【开卷】kāijuàn〈动〉❶打开书本,借指读书:~有益。❷一种考试方法,参加考试的人答题时可自由查阅有关资料(区别于"闭卷")。

【开掘】kāijué〈动〉❶挖:~矿井。❷比喻把埋藏在深处的有价值的东西发掘出来。

【开课】kāikè〈动〉❶学校开始上课:新生9月1日~。❷设置课程,也指教师(主要是高等学校的教师)担任某一课程的教学:~计划|教师~要做充分的准备|下学期开哪几门课?

【开垦】kāikěn〈动〉把荒地开辟成可以种植的土地。

【开快车】kāi kuàichē 比喻加快工作、学习速度:盲目~|又要~,又要保证质量。

【开阔】kāikuò❶〈形〉(面积或空间范围)宽广:~地。❷〈动〉使开阔:~眼界。❸〈形〉(思想、心胸)宽广;宏大:胸襟~。

【开朗】kāilǎng〈形〉❶地方开阔明亮。❷坦率;爽直:性格~。❸(思想、心胸)乐观,不阴郁低沉:胸怀~|神色~。

【开裂】kāiliè〈动〉裂开。

【开绿灯】kāi lǜdēng 比喻准许做某事:不能给盗版图书~。

【开门红】kāiménhóng 比喻在一年开始或一项工作开始时就获得显著的成绩:争取新学年~。

【开门见山】kāi mén jiàn shān 比喻说话写文章直截了当,不拐弯抹角。

【开门揖盗】kāi mén yī dào 开了门把强盗请进来,比喻引进坏人使自己受到危害。

【开明】kāimíng〈形〉原指从野蛮进化到文明,后指人思想开通,不顽固保守:~士绅。

【开幕】kāimù〈动〉❶打开舞台前的幕布,指演出开始。❷会议、展览会等开始:~词|~典礼。

【开拍】kāipāi〈动〉❶开始拍摄(电影、电视剧等):外景已~|这部影片去年初~,直至今年底才停机。❷开始拍卖:这件拍品明天~。

【开盘】kāipán〈动〉❶指证券、黄金等交易市场营业开始,第一次报告当天行情。❷指棋类比赛开始。❸楼盘开始出售:这几栋楼~后立即热销。

【开辟】kāipì〈动〉❶打开通路:~航线。❷开创;创立:~革命根据地。❸开拓发展;开发:~边疆。

【开启】kāiqǐ〈动〉打开。

【开窍】kāiqiào〈动〉❶思想搞通。❷儿童开始长见识。

【开设】kāishè〈动〉❶设立(工厂、营业店铺等):~超市。❷设置(课程等):~新课|~信贷课。

【开始】kāishǐ❶〈动〉从头起;从某一点起:新学期~了。❷〈动〉着手进行:会议~筹备。❸〈名〉最初的阶段:一项新的工作,~总会有些困难。

【开释】kāishì〈动〉释放被关押的人:无罪~。

【开手】kāishǒu〈动〉开始做:练毛笔字先从描红~。

【开首】kāishǒu 方言。〈名〉开头;开始。

【开天辟地】kāi tiān pì dì 古代神话里说盘古氏开辟天地后才有世界,后来用"开天辟地"指以前从未有过,有史以来第一次。

【开通】kāitōng❶〈动〉使原来闭塞的不闭塞:~风气。❷〈动〉开始使用(航线、道路、线路):北京到拉萨的航线早已~。❸〈形〉通达事理;思想不守旧:思想~。

【开脱】kāituō〈动〉解除(罪名或对过失的责任)。

【开拓】kāituò〈动〉❶开发;开辟:~边疆。❷扩展:~眼界。

【开外】kāiwài〈名〉用在数量词后,表示超过这个数量:年纪五十~|二百米~。

【开销】kāixiāo❶〈动〉支付(费用):这点钱不够~。❷〈名〉支付的费用:~太大。

【开小差】kāi xiǎochāi❶军人私自脱离队伍逃跑。❷泛指为逃避困难而擅自离开岗位。❸比喻思想不集中。

【开心】kāixīn❶〈形〉心情舒畅;愉快。❷〈动〉戏弄人,使自己高兴:别拿人家的缺陷~。

【开颜】kāiyán〈动〉脸上露出喜悦的样子:笑~。

【开业】kāiyè〈动〉商店、企业或律师事务所、私人诊所等开始进行业务活动:商场~|~行医|这家公司近日~。

【开夜车】kāi yèchē 比喻为了赶时间,在夜间继续学习或工作:别经常~|开了一个夜车,才把这篇稿子赶出来。

【开源节流】kāi yuán jié liú 比喻在财政经济上增加收入,节省开支。

【开展】kāizhǎn❶〈动〉使事情展开:~竞赛。❷〈形〉(思想)开朗(胸怀)开阔。❸〈动〉展览会开始展出:一年一度的春节花展明天~。

【开张】kāizhāng❶〈动〉商店第一次开始营业,也指商店每天第一次交易。❷〈动〉比喻某种事物开始。❸〈动〉开放;扩大:诚宜~圣听,以光先帝遗德。❹〈形〉雄伟开阔:气势~。

【开征】kāizhēng〈动〉开始征收(捐税):~个人所得税。

【开支】kāizhī❶〈动〉付出(钱)。❷〈名〉开支的费用:节约~。❸〈动〉发工资。

【开宗明义】kāi zōng míng yì《孝经》第一章的篇名,说明全书的宗旨,后用来指说话、写文章一开始就说出主要的意思。

【开罪】kāizuì〈动〉得罪。

备用词 敞开 洞开 公开 展开 召开 茅塞顿开 情窦初开 喜笑颜开 笑逐颜开 异想天开

揩 kāi〈动〉擦;抹:~拭|~汗|~桌子。

【揩拭】kāishì〈动〉擦拭。

【揩油】kāiyóu 比喻占公家或别人的便宜:你可不能利用采购之机从中~。

锎(鐦) kāi〈名〉金属元素,符号Cf。由人工获得,有放射性。

— kǎi —

剀(剴) kǎi [剀切(qiè)]〈形〉❶切合事理:~详明。❷切实:~教导。

凯(凱) kǎi❶〈名〉胜利的乐歌:奏~|~歌。❷〈形〉柔和;温和:~风(和风,也指南风)。❸〈名〉姓。

【凯歌】kǎigē〈名〉打胜仗后所唱的歌。

【凯旋】kǎixuán〈动〉打仗得胜归来。

垲(塏) kǎi〈形〉(地势)高而干燥:爽~。

闿(闓) kǎi〈动〉开启。

恺(愷) kǎi〈形〉快乐;和乐:~悌(和颜悦色,容易接近)。

铠（鎧） kǎi〈名〉铠甲。

【铠甲】kǎijiǎ〈名〉古代军人打仗时穿的战衣，多用金属片缀成，可用来保护身体。

蒈 kǎi〈名〉有机化合物，是茨（kǎn）的同分异构体。

慨（*②嘅） kǎi❶〈形〉愤激；激昂：愤~｜~然有澄清天下之志。❷〈动〉感慨：~叹。❸〈形〉慷慨：~允（慨然允许）。

【慨然】kǎirán〈副〉❶感慨地：~长叹。❷慷慨地：~应允｜~相赠。

【慨叹】kǎitàn〈动〉因有所感触而叹息：~不已。

备用词 愤慨 感慨 慷慨

楷 kǎi〈名〉❶法式；模范。❷楷书：正~。△另见 jiē。

【楷模】kǎimó〈名〉榜样；模范。

【楷书】kǎishū〈名〉汉字的一种字体，形体方正，笔画平直。

【楷体】kǎitǐ〈名〉❶楷书。❷指拼音字母的印刷体。

锴（鍇） kǎi〈名〉好铁。

— kài —

忾（愾） kài〈动〉愤怒；恨：同仇敌~。

— kān —

刊（*栞） kān❶〈动〉古代指书版雕刻，现也指排印出版：~刻｜宋~本。❷〈名〉杂志，也指报纸上的某些专栏：期~｜月~。❸〈动〉删削；修改：~误｜~正。

【刊登】kāndēng〈动〉在报纸刊物上登载。

【刊物】kānwù〈名〉定期或不定期的出版物，如报纸、杂志等：内部~｜不定期~。

【刊印】kānyìn〈动〉刻版或排版印刷。

看 kān〈动〉❶守护照料：~门｜~护。❷看押；监视；注视：~押｜管罪犯。△另见 kàn。

【看管】kānguǎn〈动〉❶看守②：~罪犯。❷照看；照料：~行李｜在家~孩子。

【看护】kānhù ❶〈动〉护理：~病人。❷〈名〉护士的旧称。

【看家】kānjiā ❶〈动〉看守、照管门户。❷〈形〉指本人特别擅长别人难以比过的（本领）：~戏｜~本领。

【看守】kānshǒu ❶〈动〉守卫照料：~门户。❷〈动〉监视和管理（犯人）：~所。❸〈名〉旧称监狱里看管犯人的人。

【看押】kānyā〈动〉临时拘押：~战俘。

勘 kān〈动〉❶校订；核对：~正｜~误。❷审问；查问：~问｜推~。❸实地查看；探测：踏~｜查~。❹判断：错~贤愚。

【勘查】kānchá 同"勘察"。

【勘察】kānchá〈动〉对地形、地质构造、地下资源等进行实地调查。也作"勘查"。

【勘探】kāntàn〈动〉查明矿藏分布情况，测定矿体的位置、蕴藏量、地质构造等情况。

【勘误】kānwù〈动〉更正书刊中文字上的错误：~表。

备用词 校勘 查勘 踏勘 探勘

龛（龕） kān〈名〉❶供奉神佛的小阁子：佛~｜石~。❷佛塔，特指塔下葬僧人遗体的室。

堪 kān❶〈动〉可以；能够：~当重任｜不~造就。❷〈动〉能忍受；经得起：难~｜不~一击｜疲惫不~。❸〈名〉姓。

嵁 kān〈名〉凹凸不平的山。

戡 kān〈动〉用武力平定（叛乱）：~乱｜平~｜~定。

— kǎn —

坎（*③壏） kǎn〈名〉❶八卦之一，卦形是"☵"，代表水。❷田野中高起像台阶的东西：土~｜田~儿。❸低洼的地方：坑~。❹姓。

【坎肩】kǎnjiān〈名〉不带袖子的上衣。

【坎坎】kǎnkǎn〈拟〉形容砍树的声音：~伐檀。

【坎坷】kǎnkě〈形〉❶道路坑坑洼洼。❷比喻人生道路艰难曲折。❸比喻不得志：半世~。

【坎壈】kǎnlǎn〈形〉困顿；不得志：一生~。

侃（*偘） kǎn❶〈形〉刚直：~直｜~然正色。❷〈形〉和乐的样子：容仪~~，言辞熙熙。❸方言。〈动〉说；聊：神~｜~大山（漫无边际地闲聊）。

【侃侃】kǎnkǎn〈形〉说话理直气壮，从容不迫的样子：~而谈。

砍 kǎn〈动〉❶用刀斧猛力把东西断开：~伐｜~柴｜~头（杀头）。❷削减；取消：~价｜从计划中~去两个项目。❸方言。用力扔出去打：别拿石头~人。

莰 kǎn〈名〉有机化合物,有樟脑的香味,容易挥发。[外]

槛(檻) kǎn〈名〉门槛;门限。△另见 jiàn。

颣 kǎn[颣颔(hàn)]〈形〉因饥饿而面容憔悴黄瘦。

轗 kǎn[轗轲(kě)]同"坎坷"。

=== **kàn** ===

看 kàn〈动〉❶使视线接触人或物:~报|~电影。❷观察并判断:~风使舵|你~这个主意怎么样。❸访问:~望|~朋友。❹对待:~待|刮目相~|另眼相~。❺诊治:~急诊。❻照料:照~|~顾。❼认为:我~不会下雨。❽决定于:这事全~你了。❾提醒别人留神:别跑!~摔着! ❿〈助〉表示试一试:想想~|尝一尝~|等等~。
　　△另见 kān。

【看承】kànchéng〈动〉❶看顾照料:务请~。❷看待。

【看淡】kàndàn〈动〉❶(行情、价格等)将要出现不好的势头:行情~|销路~。❷认为(行情、价格等)将要出现不好的势头:有的商家~钟表市场。

【看风使舵】kàn fēng shǐ duò 比喻说话行事跟着情势转变方向(含贬义)。

【看顾】kàngù〈动〉照料;照应:~病人。

【看好】kànhǎo〈动〉❶(事物)将要出现好的势头:旅游市场的前景~|经济前途~。❷认为(人或事物)将要出现好的势头:这场比赛,我们~红队。

【看客】kànkè〈名〉观众。

【看破】kànpò〈动〉❶识破:~阴谋。❷看透:~红尘(看透世情,旧多指出家为僧尼)。

【看望】kànwàng〈动〉到亲友处问候起居情况。

【看中】kànzhòng〈动〉经过观察,感到合意。

【看重】kànzhòng〈动〉看得起而重视;看得很要紧:~他的人品。

【看作】kànzuò〈动〉当作。也作"看做"。

【看做】kànzuò 同"看作"。

备用词　参看　观看　收看　查看　察看　踏看　验看　照看　刮目相看　另眼相看

崁 kàn[赤崁]〈名〉地名,在台湾。

墈 kàn 方言。〈名〉高的堤岸(多用于地名):~上(在江西)。

阚(闞) kàn〈名〉姓。

礤 kàn 方言。〈名〉山崖。多用于地名:槐花~(在浙江)。

瞰(*❷矙) kàn〈动〉❶从高处往下看;俯视:俯~|鸟~。❷远望:东~目尽。❸窥视。

=== **kāng** ===

忼 kāng 同"慷"。

【忼慨】kāngkǎi 同"慷慨"。

阆(閬) kāng[阆阆(láng)]方言。〈名〉建筑物中空廊的部分:这口井下面的~真不小。
　　△另见 kàng。

康 kāng ❶〈形〉平安:~乐。❷〈形〉健康:~复|~健|安~。❸〈形〉广大;宽阔:~庄大道。❹〈形〉丰盛;丰足:~年|家境小~。❺〈名〉姓。

【康复】kāngfù〈动〉恢复健康。

【康健】kāngjiàn〈形〉身体好,没有疾病。

【康宁】kāngníng〈形〉健康安宁。

【康庄大道】kāngzhuāng-dàdào 宽阔平坦的大路。

备用词　安康　健康　小康

慷 kāng 见下。

【慷慨】kāngkǎi〈形〉❶充满正气,情绪激昂:~陈词。❷大方;不吝啬:~解囊(毫不吝啬地拿出钱来帮助人)。❸神气而得意的样子:~得志。

【慷慨激昂】kāngkǎi jī'áng 形容情绪、语调激越而充满正气。

糠(*穅粇) kāng ❶〈名〉稻、麦等作物籽实脱下的皮或壳:谷~|吃~咽菜。❷〈形〉发空,质地变得松而不实:~萝卜。

【糠糟】kāngzāo〈名〉指粗劣的饭食。

=== **káng** ===

扛(*摃) káng〈动〉用肩膀承担物体:~枪|~行李|~粮食。

K

【扛活】kánghuó〈动〉指给地主或富农当长工。

━━ kàng ━━

亢 kàng ❶〈形〉高:高～。❷〈形〉高傲:不～不卑。❸〈形〉极度;非常:～旱|～进|～奋。❹〈名〉星宿名,二十八宿之一。❺〈名〉姓。

【亢奋】kàngfèn〈形〉极度兴奋:精神～。

【亢旱】kànghàn〈形〉大旱。

【亢进】kàngjìn〈动〉生理机能超过正常的情况,例如甲状腺功能亢进等。

伉 kàng ❶〈形〉对等;相称(指配偶):～俪。❷〈形〉高大。❸〈名〉姓。

【伉俪】kànglì〈名〉夫妻。

抗 kàng ❶〈动〉抵抗;抵挡:～击|对～|反～。❷〈动〉拒绝;抗拒:违～|～诉。❸〈动〉对等:～衡|分庭～礼。❹〈名〉姓。

【抗辩】kàngbiàn〈动〉不接受责难而作辩护。

【抗词】kàngcí〈动〉直言:～与辩。

【抗衡】kànghéng〈动〉对抗,不相上下。

【抗击】kàngjī〈动〉对敌人的进犯进行抵抗并反击。

【抗拒】kàngjù〈动〉抵抗拒绝:不可～的历史潮流。

【抗颜】kàngyán〈动〉态度严正;正色:～力净。

【抗议】kàngyì〈动〉对某种言论或行动表示强烈反对。

【抗御】kàngyù〈动〉抵抗和防御:～外侮。

【抗战】kàngzhàn ❶〈动〉作战抵抗外来侵略:英勇～。❷〈名〉抵抗外来侵略的战争,在我国特指1937年—1945年所进行的抗日战争。

【抗争】kàngzhēng〈动〉对抗;斗争:与疾病顽强～。

备用词 抵抗 对抗 反抗 违抗 负隅顽抗

阆(*閬) kàng〈形〉高大。
△另见 kāng。

炕(*❶匟) kàng ❶〈名〉北方用砖或土坯砌成的睡觉用的长方台,下面有烟道,跟烟囱相通,可以烧火取暖。❷方言。〈动〉烤:白薯～在炉边呢。

钪(鈧) kàng〈名〉金属元素,符号 Sc。用来制特种玻璃和耐高温合金等。

━━ kāo ━━

尻 kāo〈名〉古书上指屁股。

━━ kǎo ━━

考(*❶-❸攷) kǎo ❶〈动〉考试:投～|～场。❷〈动〉检查:察～|～勤。❸〈动〉推求;研究:思～|～证。❹〈名〉(死去的)父亲:先～|如丧～妣(像死了父母一样)。❺〈形〉老;长寿:寿～(高寿;长寿)。❻〈名〉姓。

【考博】kǎobó〈动〉通过考试以取得博士研究生入学的资格。

【考查】kǎochá〈动〉❶用一定的标准检查衡量:～学习成绩。❷查考。

【考察】kǎochá〈动〉❶实地观察,进行调查研究:出国～。❷细致观察分析。

【考订】kǎodìng〈动〉考据订正。

【考古】kǎogǔ〈动〉❶根据古物、遗迹和文献研究古代历史:～工作队。❷〈名〉考古学。

【考官】kǎoguān〈名〉旧时政府举行考试时担任出题、监考、阅卷等工作的官员,现也泛指在招生、招工或招干中负责考试工作的人。

【考核】kǎohé〈动〉考查审核:～干部|～工作。

【考级】kǎojí〈动〉参加某一专业或技能的定级或晋级考试:二胡～|参加英语～|举办电子琴、手风琴的～活动。

【考究】kǎojiu ❶〈动〉查考;研究。❷〈形〉讲究:穿着～。❸〈形〉精美;装潢～。

【考据】kǎojù〈动〉考证:确凿。

【考虑】kǎolǜ ❶〈动〉思考问题,以便做出决定:再三～。❷〈名〉打算:对毕业分配有何～?

【考聘】kǎopìn〈动〉考核聘用:全院医生都要经过～上岗的。

【考评】kǎopíng〈动〉考核评审:～领导干部|通过～决定干部的聘任|主管部门要定期对

企业进行～。

【考期】kǎoqī〈名〉考试的日期;也指考试期间。

【考勤】kǎoqín〈动〉考查工作或学习的出勤情况:～簿。

【考求】kǎoqiú〈动〉探索;探求:～古义|～真谛。

【考区】kǎoqū〈名〉统考中分区考试时设置考场的地区:上海～。

【考取】kǎoqǔ〈动〉报考并被录取:～功名|～了研究生|他～了师范大学。

【考任】kǎorèn〈动〉通过考试选拔任用。

【考生】kǎoshēng〈名〉报名并参加招生、招工、招干等考试的人:各地～。

【考试】kǎoshì〈动〉考查知识或技能的一种方法,有口试、笔试等方式:入学～|毕业～。

【考释】kǎoshì〈动〉考证并解释古文字。

【考研】kǎoyán〈动〉通过考试以取得研究生入学的资格,特指通过考试以取得硕士研究生入学的资格。

【考验】kǎoyàn〈动〉通过实践或困难环境等来检验(是否坚定、忠诚或正确):严峻的～。

【考证】kǎozhèng〈动〉根据历史文献、文物等资料来考核、证实和说明。

备用词 报考 投考 应考 招考 备考 参考 查考 稽考 思考

拷 kǎo〈动〉打(指用刑):～打|～问(拷打审问)|～掠(拷打)。

【拷贝】kǎobèi ❶〈动〉复制;复印。❷〈名〉用拍摄成的电影底片洗印出来供放映用的胶片。[外]

【拷打】kǎodǎ〈动〉打(指用刑):严刑～。

栲 kǎo〈名〉乔木,木材坚硬,树皮可制染料和栲胶(鞣皮用的原料)。

【栲栳】kǎolǎo〈名〉用柳条编成的盛物的器具,形状像斗。

烤 kǎo〈动〉挨近火而熟或干燥;靠近火取暖:～火|～手|～白薯。

【烤火】kǎohuǒ〈动〉靠近火取暖:坐在炉旁～。

【烤箱】kǎoxiāng〈名〉用来烘烤食物等的箱形装置。

━━ kào ━━

铐(銬) kào ❶〈名〉手铐:镣～。❷〈动〉给犯人戴上手铐:把犯人～起来。

犒 kào〈动〉用酒食等慰劳:～劳|～师|～赏。

【犒劳】kàoláo〈动〉用酒食等慰劳。

【犒赏】kàoshǎng〈动〉犒劳赏赐:得胜回寨,～三军。

靠 kào ❶〈动〉坐着或站着时,身体的一部分重量由别人或物体支持着;倚靠:背～背|～在沙发上。❷〈动〉凭借别的东西的支持立着或竖起来:梯子～在墙上。❸〈动〉挨近;接近:～拢|～岸。❹〈动〉依仗:指～|投～。❺〈动〉信赖:可～|～不住。❻〈名〉戏曲中古代武将所穿的铠甲:扎～|长～。

【靠边】kàobiān ❶〈动〉靠近边缘;靠到旁边:这块布料～处有一些残损|行人～走。❷〈形〉比喻近乎情理;挨边:这话说得还～儿。

【靠边儿站】kàobiānrzhàn 站到旁边去,比喻离开职位或失去权力(多指被迫的):已经～了|你给我～!

【靠拢】kàolǒng〈动〉靠近;挨近。

【靠山】kàoshān〈名〉比喻可以依靠的有力量的人或集体。

备用词 可靠 牢靠 妥靠 求靠 投靠 依靠 倚靠 指靠

烤 kào〈动〉一种烹调方法,把原料炸透或两面煎黄,然后放进调料和汤汁,移到文火上收干汤汁。

━━ kē ━━

坷 kē[坷垃]方言。〈名〉土块:土～|打～。也作"坷拉"。
△另见 kě。

【坷拉】kēlā 同"坷垃"。

苛 kē〈形〉❶过于严厉:～刻|～求。❷繁杂;烦琐:～捐杂税。

【苛捐杂税】kējuān záshuì 指繁重的捐税。

【苛刻】kēkè〈形〉条件、要求过高,过于严厉;刻薄。

【苛细】kēxì〈形〉苛刻烦琐:～的礼节。

【苛政】kēzhèng〈名〉残酷压迫、剥削人民的政治:～猛于虎。

呵 kē[呵叻(lè)]〈名〉泰国地名。
△另见 hē。

珂 kē〈名〉❶一种像玉的石头:～佩。❷马笼头上的装饰物:玉～。

【珂罗版】kēluóbǎn〈名〉印刷上用照相的方法,把要复制的字、画的底片晒印在涂有感光胶层的玻璃片上制成。也作"珂珞版"。

K

柯 kē〈名〉❶草木的枝茎:枝～。❷斧子的柄:斧～|烂～。❸姓。

轲（軻） kē❶用于人名。孟轲(孟子),战国时人。❷〈名〉姓。

△另见 kě。

科 kē❶〈名〉学术或业务的类别:～目|文～|牙～。❷〈名〉机关企业内部按工作性质分设的办事部门:财务～。❸〈名〉法律条文:金～玉律|作奸犯～。❹〈名〉科举考试,也指科举考试的名目:登～|～场。❺〈动〉判定(刑罚):～罪|～以罚金。❻〈名〉古典戏曲剧本中,指示角色表演动作时的用语,如笑科、饮科等:～白|插～打诨。❼〈名〉姓。

【科白】kēbái〈名〉戏剧中角色的动作和道白。

【科班】kēbān〈名〉旧时培养戏曲艺徒的教学组织,用来比喻正规的教育或训练:～出身。

【科幻】kēhuàn〈名〉科学幻想:～小说|～影片。

【科技】kējì〈名〉科学技术:高～|～界|信息～|～工作者。

【科教】kējiào〈名〉科学教育:～片|～战线。

【科教片儿】kējiàopiānr〈名〉科教片。

【科教片】kējiàopiàn〈名〉科学教育影片的简称。

【科教兴国】kējiào xīngguó 通过发展科学和教育来振兴国家。

【科举】kējǔ〈名〉从隋唐到清代的封建王朝实行的一种考试制度,从地方到中央,分级通过考试,选拔文武官吏后备人员。

【科考】kēkǎo〈动〉❶科举考试:上京～|～落第。❷科学考察:南极～队|深入南极腹地进行～。

【科敛】kēliǎn〈动〉摊派;聚敛。

【科盲】kēmáng〈名〉指缺乏科学常识的人。

【科普】kēpǔ〈名〉科学普及:～读物。

【科学】kēxué ❶〈名〉反映自然、社会、思维的客观规律的分科的知识体系。❷〈形〉合乎科学的:～方法。

【科学发展观】kēxué fāzhǎnguān 关于我国现阶段发展的符合科学的总体看法和根本观点。其基本内容为:坚持以人为本,通过统筹城乡发展、区域发展、经济社会发展、人与自然和谐发展、国内发展和对外开放等,实现全面、协调、可持续的发展。

【科学家】kēxuéjiā〈名〉从事科学研究工作有一定成就的人。

【科学共产主义】kēxué gòngchǎn zhǔyì 科学社会主义。

【科学社会主义】kēxué shèhuì zhǔyì 主张依靠工人阶级和革命人民实行无产阶级革命并建立无产阶级专政,从而建立取代资本主义社会形态的社会主义制度并最终实现共产主义理想的学说。马克思提出的唯物史观和剩余价值理论使社会主义从空想变成了科学。是马克思主义的三个组成部分之一。也叫"科学共产主义"。

【科研】kēyán〈动〉科学研究:～计划|从事～工作|推广～成果。

牁 kē [牂(zāng)牁]〈名〉古代郡名,在今贵州境内。

疴（*痾） kē,旧读 ē〈名〉病:染～|沉～(重病)。

棵 kē〈量〉多用于植物:一～树|一～小草|几～月季。

颏（頦） kē〈名〉脸的最下部分;下巴。

△另见 ké。

搕 kē〈动〉把东西向别的物体上碰,使附着的东西掉下来:把烟斗～了～|把筐里的土～一～。

嗑 kē方言。〈名〉话,有时特指现成的话:唠(lào)～。

△另见 hé;kè。

稞 kē [青稞]〈名〉大麦的一种,粒大,皮薄,主要产在西藏、青海等地。也叫"稞麦"。

窠 kē〈名〉鸟兽昆虫的窝:鸟～|狗～|蜂～|～巢。

【窠臼】kējiù〈名〉现成的格式;老套子:～不落。

榼 kē〈名〉古时盛酒的器具。

颗（顆） kē〈量〉多用于颗粒状的东西:一～心|一～珍珠|一～黄豆|一～牙齿|一～子弹|一～红星|一～～汗珠。

磕（*搕） kē〈动〉❶撞在硬东西上:～碰|碗边儿～掉一块瓷。❷磕打,使附着在上面的东西掉下来:～烟袋锅儿|～掉鞋底的泥。

【磕磕绊绊】kēkebànbàn〈形〉形容走路不稳或路不好走。

【磕头】kētóu〈动〉一种旧式礼节,跪在地上,两手扶地,头近地或着地:烧香～。

瞌 kē [瞌睡]〈动〉由于困倦而进入睡眠或半睡眠状态:打～。

蝌 kē[蝌蚪(dǒu)]〈名〉蛙或蟾蜍的幼体，黑色，椭圆形，像小鱼，有鳃和尾。生活在水中。

髁 kē〈名〉骨头上的突起，多在骨头的两端。

— ké —

壳(殻) ké〈名〉义同"壳"(qiào)：蛋～|贝～|弹～|脑～|枪卡～了。
△另见 qiào。

咳(＊欬) ké〈动〉咳嗽：干～|止～|连～|带喘|百日～。
△另见 hāi。

【咳嗽】késou〈动〉喉部或气管的黏膜受到刺激时，把吸入的气强烈地呼出，使声带振动发声。

颏(頦) ké[靛(diàn)颏儿]〈名〉红点颏和蓝点颏两种鸟的统称。
△另见 kē。

— kě —

可 kě❶〈动〉表示同意：许～|认～|不置～否。❷〈动〉表示许可或可能；可以：两～|上～下～|～望丰收。❸〈动〉表示值得：～爱|～观|～耻。❹〈动〉适合：～意|～口。❺〈副〉a)表示转折：文字虽短，～内容不错。b)表示强调：节目～精彩啦！c)表示反问：都这样说，～谁见过它？d)表示疑问：你曾想到后果？e)大约：年～二十|潭中鱼～百许头。❻〈动〉痊愈：百般医疗终难～。❼〈名〉姓。
△另见 kè。

【可悲】kěbēi〈形〉令人悲伤或使人感到痛心。

【可鄙】kěbǐ〈形〉令人鄙视。

【可操左券】kě cāo zuǒ quàn 券是古代契约，用竹做成，分左右两片，立约双方各拿一片，左券常用作索偿的凭证。后来用"可操左券"比喻成功有把握。

【可乘之机】kě chéng zhī jī 可以利用的机会。也说"可乘之隙"。

【可乘之隙】kě chéng zhī xì 可乘之机。

【可持续发展】kěchíxù fāzhǎn 指自然、经济、社会的协调统一发展，这种发展既能满足当代人的需求，又不损害子孙后代的长远利益。

【可耻】kěchǐ〈形〉应当认为是羞耻：节约光荣，浪费～|损人利己～。

【可读性】kědúxìng〈名〉指书籍、文章等所具有的内容吸引人、文笔流畅等使人乐读爱看的特性：这本书生动有趣，～很强。

【可歌可泣】kě gē kě qì 值得歌颂，值得为此感动而流泪，指悲壮的事迹使人感动。

【可更新资源】kěgēngxīn zīyuán 指通过天然作用或人工经营，在合理开发条件下，消耗速度和恢复速度达到平衡，能够为人类反复利用的各种自然资源，如土壤、水、动植物等。也叫"可再生资源"。

【可观】kěguān〈形〉❶值得看：～之处。❷指达到比较高的程度：成绩～。

【可见】kějiàn ❶〈动〉可以看见：～光|～度。❷〈连〉承接上文，表示可以想见：屡战屡败，～实力不行。

【可靠】kěkào〈形〉可以信赖依靠；真实可信。

【可口】kěkǒu〈形〉食品、饮料等味道适合口味或冷热适宜。

【可乐】kělè ❶〈形〉使人开心：这孩子老闹笑话，真～。❷〈名〉一种饮料，用可乐果树的籽实为原料加工配制而成，含二氧化碳，不含酒精，味甜，呈棕色。也指其他类似的饮料。[外]

【可怜】kělián ❶〈形〉值得怜悯：～的孤儿。❷〈动〉怜悯：切不能～坏人。❸〈形〉形容数量少或质量差到极点：少得～。❹〈形〉微不足道，不值得一提：～的应声虫。❺〈形〉可爱：～娇女。❻〈形〉可惜：楚人一炬，～焦土！

【可能】kěnéng ❶〈动〉表示可以实现；能成为事实：大楼～提前竣工。❷〈名〉可能性：提前竣工并非没有～。❸〈副〉也许；或许：她～不来了。

【可逆反应】kěnì-fǎnyìng 在同一条件下，既可向生成物方向进行，同时也可向反应物方向进行的化学反应。在化学方程式中常用⇌来表示。

K

【可怕】kěpà〈形〉使人害怕：~的事件|~的想法|后果不堪设想，实在~。

【可气】kěqì〈形〉令人气愤：怎么说也不听，你说~不~!

【可巧】kěqiǎo〈副〉碰巧；恰好；凑巧：~你也在这里|母亲正在念叨他，~他就来了。

【可亲】kěqīn〈形〉使人愿意亲近：和蔼~。

【可取】kěqǔ〈形〉可以采纳接受；值得学习或赞许：他的建议确有~之处|我认为临阵磨枪的做法不~。

【可圈可点】kě quān kě diǎn 文章精彩，值得加以圈点，形容表现好，值得肯定或赞扬：~的技艺|此文~之处不少|影片中男女主角的表演都~。

【可人】kěrén ❶〈名〉能干的人；有长处可取的人。❷〈形〉适合人的心意：景物~。

【可身】kěshēn〈形〉可体。

【可视性】kěshìxìng〈名〉指影视作品等所具有的内容吸引人、使观众爱看的特性：~极强。

【可是】kěshì ❶〈连〉表示转折，前面常有"虽然"、"尽管"等表示让步的连词相呼应：话虽粗点，~在理。❷〈副〉表示强调语气：他~来得早。

【可塑性】kěsùxìng〈名〉❶固体在外力作用下发生形变并保持形变的性质，多指胶泥、塑料、大部分金属等在常温下或加热后能改变形状的特性。❷生物体在不同的生活环境影响下，某些性质能发生变化，逐渐形成新类型的特性。❸比喻人的思想、性格、才智等因外界影响而发生变化的特性：青少年的~强。

【可叹】kětàn〈形〉令人叹息；令人感叹：英才早逝，真是~!

【可体】kětǐ〈形〉衣服的尺寸跟身材正好合适；合身：这条裙子大小、肥瘦都合适，穿着真~。

【可望而不可即】kě wàng ér bù kě jí 只能看见而不能接近或达到。

【可恶】kěwù〈形〉令人厌恶，使人恼恨。

【可吸入颗粒物】kěxīrù kēlìwù 飘浮在空气中的可被人吸入呼吸器官的极微小的颗粒。是主要的空气污染物之一。

【可惜】kěxī ❶〈形〉值得惋惜：半途而废太~。❷〈副〉对发生的某种情况表示惋惜（只用在主语前）：~我没在，失去了机会。

【可喜】kěxǐ〈形〉令人高兴；值得欣喜：取得了~的进步。

【可想而知】kě xiǎng ér zhī 能够经过推想而知道；可以想见：特大地震发生后的惨状，~。

【可信度】kěxìndù〈名〉值得信赖的程度：提高~。

【可行】kěxíng〈形〉行得通，可以实行：方案切实~|这个办法~!

【可行性】kěxíngxìng〈名〉指（方案、计划等）所具备的可以实施的特性：设计方案的~需要进行论证。

【可以】kěyǐ ❶〈动〉表示可能或能够：这间屋子~住六个人。❷〈动〉表示许可：没事了，你~回去了。❸〈动〉表示值得：这些戏~看看。❹〈形〉好；不坏：他棋下得还~。❺〈形〉表示程度深；厉害：天冷得真~。

【可意】kěyì〈形〉可心；如意：这套房子你觉得还~吗?

【可再生资源】kězàishēng zīyuán 可更新资源。

【可憎】kězēng〈形〉令人厌恶；可恨：面目~。

【可着】kězhe〈介〉在某个范围力求达到最大限度：尽(jǐn)着~嗓子喊|可着这块布料，能做什么就做什么。

备用词　宁可　认可　许可　非同小可　模棱两可　依违两可

坷　kě 见〖坎坷〗。
△另见 kē。

岢　kě〖岢岚(lán)〗〈名〉地名，在山西。

轲(軻)　kě 见〖轗轲〗。
△另见 kē。

渴　kě ❶〈形〉口干想喝水：干~|解~。❷〈形〉迫切地：~求。❸〈名〉姓。
△另见 hé。

【渴念】kěniàn〈动〉非常想念。

【渴盼】kěpàn〈动〉迫切地盼望；渴望。

【渴望】kěwàng〈动〉迫切地希望：~幸福|~自由。

备用词　干渴　饥渴　解渴　如饥似渴　望梅止渴　饮鸩止渴

━━ kè ━━

可　kè〖可汗(hán)〗〈名〉古代鲜卑、突厥、回纥、蒙古等族最高统治者的称号。
△另见 kě。

克(❷-❺剋*❷-❺尅)　kè ❶〈动〉能：~勤~俭|不~分身出席。❷〈动〉克服；克制：~己|以柔~刚。❸〈动〉攻下据点；战胜：~复|攻~|敌制胜。❹〈动〉消化：~食。❺〈动〉严

格限定(期限):~期|~日完成。❻〈量〉公制重量或质量单位,1公斤等于1000克。❼〈名〉姓。

△"剋(尅)"另见 kēi。

【克敌制胜】kè dí zhì shèng 战胜敌人,取得胜利。

【克服】kèfú〈动〉❶用坚强的意志和力量战胜(缺点、错误、坏现象、恶劣条件等)。❷克制;忍受困难:请大家暂时~一下。

【克复】kèfù〈动〉经过战斗夺回失地:~失地。

【克己】kèjǐ❶〈动〉克制自己的私欲,严格要求自己:~奉公。❷〈形〉节俭;俭省。

【克扣】kèkòu〈动〉私自从应该发给别人的财物中扣除一部分据为己有:~军饷。

【克隆】kèlóng❶〈动〉生物体通过体细胞进行无性繁殖,复制出遗传性状完全相同的生命物质或生命体。❷〈名〉指克隆出的品种。❸〈动〉比喻复制(强调跟原来的一模一样)。[外]

【克期】(剋期)kèqī〈副〉约定或限定日期:~完工|~送达。

【克勤克俭】kè qín kè jiǎn 既能勤劳,又能节俭:~是我国人民的优良传统。

【克日】(剋日)kèrì〈副〉克期:~动工。

【克食】kèshí〈动〉帮助消化食物:山楂能~。

【克星】kèxīng〈名〉迷信的人用五行相生相克的道理推论,认为有些人的命运是相克的,把相克的人叫作"克星"。现多用来比喻能对某种对象能起制伏作用的人或事物:猫头鹰是鼠类的~。

【克制】kèzhì〈动〉抑制:~内心的激动。

刻 kè❶〈动〉用刀子在竹木、玉石、金属等上面雕成花纹、文字等:雕~|篆~|~字|~石。❷〈量〉古代用漏壶计时,一昼夜共一百刻。现在用钟表计时,十五分钟为一刻:一~千金|五点一~。❸〈名〉时间:顷~|即~。❹〈形〉形容程度极深:深~|~苦。❺〈形〉刻薄:苛~|~毒。❻同"克"❺。

【刻板】kèbǎn❶〈动〉在木板或金属板上刻字或图(或用化学方法腐蚀而成),使成为印刷用的底版。也作"刻版"。❷〈名〉刻成的供印刷的底版:用~印刷。❸〈形〉比喻因循死板,不知变通:表情~|~办事|别人的经验是应该学习的,但是不能~地照搬。

【刻版】kèbǎn 同"刻板"①。

【刻本】kèběn〈名〉用木刻版印成的书籍:宋~。

【刻薄】kèbó❶〈形〉待人冷酷无情;苛求。❷〈形〉语言尖酸。❸〈动〉讽刺;挖苦:专会~人。

【刻不容缓】kè bù róng huǎn 片刻也不能拖延,形容事情紧迫,不可耽搁。

【刻毒】kèdú〈形〉刻薄狠毒:刁钻~。

【刻骨】kègǔ〈形〉比喻仇恨或感受很深而牢记不忘。

【刻骨铭心】kè gǔ míng xīn 比喻牢记在心上,永远不忘。也说"铭心刻骨"。

【刻画】kèhuà〈动〉通过文字描写或用其他艺术手段表现人物的形象、性格。

【刻苦】kèkǔ〈形〉❶勤勉从事;肯下苦功夫:~钻研。❷俭朴:生活~。

【刻丝】kèsī 同"缂丝"。

【刻下】kèxià〈名〉目前;眼下。

【刻意】kèyì〈副〉用尽心思:~经营|~求工。

【刻舟求剑】kè zhōu qiú jiàn《吕氏春秋·察今》里说,楚国有一个人乘船过江时,把剑掉在水里,他赶快在剑落处的船帮上刻上记号,等船停下,从刻记号的地方下水找剑,结果自然找不到。比喻拘泥成例,不知变通。

备用词 碑刻 雕刻 镌刻 刊刻 镂刻 铭刻 石刻 蚀刻 篆刻 即刻 立刻 片刻 顷刻 少刻 时刻 一刻 尖刻 苛刻

恪 kè〈形〉谨慎而恭敬:~遵|~守不渝。

【恪尽职守】kè jìn zhí shǒu 谨慎认真地做好本职工作:一生~,毫无怨言|每个公务员都应该~。

【恪守】kèshǒu〈动〉谨慎认真地遵守:~中立|~不渝|~诺言。

客 kè❶〈名〉客人(跟"主"相对):宾~|远~。❷〈名〉旅客;顾客:~车|乘~。❸〈形〉寄居或迁居外地:~居|~籍。❹〈名〉客商:珠宝~。❺〈名〉某些四处奔走从事某种活动的人:说~|掮~。❻〈形〉在人类意识外独立存在的:~观|~体。❼〈形〉刚过去的:~岁(去年)。❽〈量〉用于论份儿卖的食品:一~烧卖|一~冰激凌。❾〈名〉姓。

【客场】kèchǎng〈名〉体育比赛中,主队所在的赛场对客队来说叫"客场"。

【客车】kèchē〈名〉❶铁路、公路上载运旅客用的车辆。铁路上的客车还包括餐车、邮车和行李车。❷专门用于载人的汽车:公司新买了两辆~。

【客串】kèchuàn〈动〉非专业演员临时参加专

业剧团演出,也指非本地或本单位的演员临时参加演出:由票友上台~|这位数学教师~教体育。

【客地】kèdì〈名〉外地;他乡;异乡~。

【客店】kèdiàn〈名〉规模小、设备比较简陋的旅馆。

【客饭】kèfàn〈名〉❶机关团体的食堂里临时给客开的饭。❷饭馆、火车、轮船等处论份儿出售的饭。

【客观】kèguān ❶〈名〉在人的意识之外,不依赖主观意识而存在的物质世界(跟"主观"相对):~事物。❷〈形〉依据实际情况,不加个人偏见的(跟"主观"相对):~地分析。

【客官】kèguān〈名〉旧时对出门人的敬称。

【客馆】kèguǎn〈名〉古代招待宾客住宿的地方。

【客籍】kèjí〈名〉❶寄居的籍贯(区别于"原籍")。❷寄居本地的外地人。

【客家】kèjiā〈名〉指西晋末年和南宋末年从黄河流域逐渐迁徙到南方的汉人,现主要分布在广东、福建、广西、江西、湖南、台湾等省区。

【客气】kèqi ❶〈形〉谦让有礼貌。❷〈动〉说客气话或做出客气的动作:彼此~了一番。

【客人】kèrén〈名〉❶被邀请或受招待的人;来探访的人(跟"主人"相对)。❷旅客。❸客商,往来各地运货贩卖的商人。

【客死】kèsǐ〈动〉死在他乡异国:~他乡。

【客套】kètào ❶〈名〉表示客气的套话:~话|讲~。❷〈动〉敷衍应酬;说客气话:~了几句。

【客体】kètǐ〈名〉哲学上指主体以外的客观事物。

【客运】kèyùn〈名〉运输部门载运旅客的业务:~站|~中心|春节期间~十分繁忙。

【客栈】kèzhàn〈名〉规模小、设备简陋的旅馆。

【客子】kèzǐ〈名〉❶身在异乡的人。❷佣工。

【备用词】宾客 乘客 刺客 房客 顾客 看客 来客 旅客 门客 掮客 说客 侠客 香客 游客 政客 不速之客

课(課)kè ❶〈名〉有计划的分段教学:~程|上~。❷〈名〉教学的科目:主~|数学~。❸〈名〉教学的时间单位:~时|一节~。❹〈名〉教材的段落:这本教科书共有32~。❺〈动〉指教书或学习:~徒|昼~赋,夜~书。❻〈名〉旧时某些机关、学校、工厂等的行政单位:秘书~|会计~。❼〈名〉旧时指赋税:国~|完粮交~。❽〈动〉征收(赋税):~税。❾〈名〉占卜的一种:起~|卜~。

【课程】kèchéng〈名〉学校教学的科目和进程,有时专指教学科目:~表。

【课堂】kètáng〈名〉教室在用来进行教学活动时叫课堂,泛指教学活动的场所。

【课题】kètí〈名〉研究或讨论的主要问题,也指工作中亟待解决的重大事项。

【课业】kèyè〈名〉功课;学业:荒废~。

【备用词】罢课 备课 功课 旷课 上课 授课 听课 温课 下课

氪 kè〈名〉气体元素,符号Kr。能吸收X射线,可用作X射线的屏蔽材料。

骒(騍)kè〈形〉雌性的(骡、马):~马。

缂(緙)kè[缂丝]也作"刻丝"。❶〈动〉一种丝织手工艺。❷〈名〉指用缂丝方法织成的衣料或物品。

嗑(*齕)kè〈动〉用上下门牙咬有壳的或硬的东西:~瓜子。
△另见hé;kē。

锞(錁)kè〈名〉锞子,小金锭或小银锭,旧时用作货币。

溘 kè〈副〉忽然;突然:~然|~逝(称人死亡)。

━━ kēi ━━

剋(*尅)kēi〈动〉❶打:~架(打架)。❷申斥;骂:挨~。
△另见kè"克"。

━━ kěn ━━

肯(*❶肎)kěn ❶〈名〉附着在骨头上的肉:中~|~綮。❷〈动〉表示同意或乐意:首~|~下功夫学。

【肯定】kěndìng ❶〈动〉承认事物的存在或事物的真实性(跟"否定"相对):~成绩。❷〈形〉表示承认的;正面的(跟"否定"相对):~判断。❸〈形〉确定;明确:~的答复。❹〈副〉表示毫无疑问;一定:他~不会同意。

【肯綮】kěnqìng〈名〉❶筋骨结合的地方。❷比喻最重要的关键:深中~。

垦(墾)kěn 翻土;开垦(荒地):~地|荒|军|~围。

【垦殖】kěnzhí〈动〉开垦荒地进行生产。

【备用词】军垦 开垦 屯垦 围垦

恳(懇)kěn ❶〈形〉真诚;诚恳:勤~|~切。❷〈动〉请求:转~|敬~。

【恳切】kěnqiè〈形〉(态度或言辞)诚恳殷切。

【恳求】kěnqiú〈动〉诚恳地请求:~予以帮助。

【恳愿】kěnyuàn〈名〉殷切的愿望。

【恳挚】kěnzhì〈形〉诚恳真挚:言词~。

啃　kěn〈动〉❶一点儿一点儿往下咬:~骨头|~老玉米。❷比喻仔细阅读:~书本。

龈(齦)　kěn 同"啃"。
△另见 yín。

—— kèn ——

裉(*褃)　kèn〈名〉上衣靠腋下的接缝部分:开~|抬~|煞~(把裉缝上)。

—— kēng ——

坑(*❶-❹阬)　kēng❶〈名〉洼下去的地方:泥~|水~|一个萝卜一个~。❷〈名〉地洞;地道:矿~|~道。❸〈动〉古代指活埋:~杀|焚书~儒。❹〈动〉坑害:~人。❺〈名〉姓。

【坑道】kēngdào〈名〉❶开矿时挖成的地下通道。❷在地下挖的互相通连的工事。

【坑害】kēnghài〈动〉用狡诈、狠毒的手段使人受到损害;陷害。

【坑陷】kēngxiàn〈动〉❶陷害。❷由于某种失误使遭受严重损失;坑害。

吭　kēng〈动〉出声;说话;吭声;吭气:一声不~。
△另见 háng。

砊(砊*㙟)　kēng❶〈拟〉敲击石头的声音。❷[砊砊]〈形〉浅薄固执的样子。

铿(鏗)　kēng〈拟〉形容响亮的声音:~然|~锵。

【铿锵】kēngqiāng〈形〉形容声音响亮和谐。

【铿然】kēngrán〈形〉形容声音响亮有力:铃声

~|溪水奔流,~有声。

—— kōng ——

空　kōng❶〈形〉里面没有东西;没有内容或内容不切实际:~泛|~洞|~箱子|说~话。❷〈名〉天空:高~|~运。❸〈副〉a)徒然;白白地:~耗|~忙|~落~。b)只;仅仅:昔人已乘黄鹤去,此地~余黄鹤楼。❹〈名〉姓。
△另见 kòng。

【空仓】kōngcāng〈动〉指投资者将所持有的证券等全部卖出,手中只有资金。

【空巢家庭】kōngcháo jiātíng 指子女长大成人离开后,只有老人单独生活的家庭。

【空乘】kōngchéng〈名〉❶航空乘务,客机上为乘客服务的各种事务:~人员。❷指客机上的乘务员:一名男~。

【空荡荡】kōngdàngdàng〈形〉空旷而冷清。

【空洞】kōngdòng❶〈名〉物体内部的窟窿,如铸件里的砂眼等。❷〈形〉没有内容或内容不切实际:~无物。

【空乏】kōngfá〈形〉穷困。

【空泛】kōngfàn〈形〉内容空洞浮泛,不着边际:议论~。

【空港】kōnggǎng〈名〉航空港的简称。

【空谷足音】kōng gǔ zú yīn 在寂静的山谷里听到人的脚步声,比喻极难得的音信、言论或事物。

【空话】kōnghuà〈名〉内容空洞或不能实现的话:~连篇。

【空际】kōngjì〈名〉天空中。

【空架子】kōngjiàzi〈名〉只有形式或外表,没有实际内容的东西(多指文章、组织机构等)。

【空间】kōngjiān〈名〉物质存在的一种客观形式,由长度、宽度、高度表现出来:三维~。

【空间技术】kōngjiān jìshù 探索、开发、利用宇宙空间以及地球以外天体的综合性工程技术。其中包括运载工具和宇航器的设计、制造、试验、发射、运行、返回等全过程中的各有关技术。也叫"宇航技术"。

【空间站】kōngjiānzhàn 也叫"航天站"。〈名〉❶一种在地球卫星轨道上航行的载人航天器,设置有通信、计算等设备,能进行天文、生物和空间加工等方面的科学技术研究。❷设置在月球、行星或宇宙飞船等上面的空间通信设施。

【空空如也】kōngkōng rú yě 形容空空的什么也没有。

K

【空口无凭】kōng kǒu wú píng 光是嘴说而没有真凭实据。

【空旷】kōngkuàng〈形〉地方广阔，没有树木、建筑物等。

【空阔】kōngkuò〈形〉广大旷远：蓝天～。

【空廓】kōngkuò〈形〉空旷宽阔。

【空灵】kōnglíng〈形〉形容千变万化，不可捉摸：描绘不出这～的妙景|～的笔触。

【空门】kōngmén〈名〉指佛教：遁入～。

【空蒙】kōngméng〈形〉形容迷茫的样子：烟雨～。

【空明】kōngmíng ❶〈形〉通明透彻：～澄碧的景色。❷〈名〉指天空。

【空气】kōngqì〈名〉❶包围在地球周围的混合气体，主要成分是氮和氧。❷气氛：学习～浓厚。

【空气污染】kōngqì wūrǎn 通常指接近地面的低层大气污染。参看【大气污染】。

【空气质量】kōngqì zhìliàng 指空气的清洁程度。检测空气质量的项目主要有二氧化硫、一氧化碳、臭氧、二氧化氮、可吸入颗粒物等。我国目前将空气质量按空气污染指数的高低分为五级：

级别	空气污染指数	空气质量
Ⅰ	0～50	优
Ⅱ	51～100	良
Ⅲ₁	101～150	轻微污染
Ⅲ₂	151～200	轻度污染
Ⅳ₁	201～250	中度污染
Ⅳ₂	251～300	中度重污染
Ⅴ	301 以上	重度污染

【空前】kōngqián〈形〉以前未曾有过：～绝后。

【空前绝后】kōng qián jué hòu 以前未曾有过，以后也不会有。形容非凡的成就或盛况。

【空谈】kōngtán ❶〈动〉只是嘴说而无行动：注重实际，不尚～。❷〈名〉不切实际的言论。

【空头】kōngtóu〈形〉指有名无实不发生作用：～人情|～政治家。

【空投】kōngtóu〈动〉从飞机上投下(物资)。

【空想】kōngxiǎng ❶〈动〉凭空地想象。❷〈名〉脱离现实的不切实际的想法。

【空虚】kōngxū〈形〉❶里面没有什么实在的东西：国库～。❷不充实(多指精神上的)：思想～。

【空穴来风】kōng xué lái fēng 有了洞穴才进风，比喻消息和谣言的传播不是没有原因的。

【空置】kōngzhì〈动〉空着放在一边不用；闲置：客房～率较高|将～的房子租出去|那栋楼已经～了一年。

【空中楼阁】kōng zhōng lóu gé 比喻幻想或脱离实际的理论、计划等。

备用词　长空　高空　太空　天空　星空　横空　凌空　腾空　架空　落空　凭空　悬空　海阔天空　买空卖空　十室九空　四大皆空　坐吃山空

倥　kōng[倥侗(tóng)]〈形〉蒙昧无知。△另见 kǒng。

崆　kōng[崆峒(tóng)]〈名〉❶山名，在甘肃。❷岛名，在山东。

硿　kōng〈拟〉形容石声。

箜　kōng[箜篌(hóu)]〈名〉古代弦乐器，分卧式、竖式两种，弦数因乐器大小而不同，最少的 5 根，最多的 25 根。

—— kǒng ——

孔　kǒng ❶〈名〉小洞；窟窿：～隙|～穴|鼻～|七～桥。❷〈量〉用于窑洞：一～土窑。❸〈动〉通达：～道。❹〈副〉很；甚：～急|～武有力。❺〈名〉姓。

【孔隙】kǒngxì〈名〉窟窿眼儿；缝儿。

【孔穴】kǒngxué〈名〉窟窿眼儿。

恐　kǒng ❶〈动〉害怕；畏惧：～怖|～惶|有恃无～。❷〈动〉使害怕：～吓。❸〈副〉恐怕：唯～|～难胜任。

【恐怖】kǒngbù〈形〉极度恐惧(多指生命受到威胁)。

【恐吓】kǒnghè〈动〉用要挟的话或威胁的手段吓唬人：～信。

【恐慌】kǒnghuāng〈形〉❶因担忧、害怕而惶恐不安：神情～。❷出现危机；物资、财源断绝：经济～。

【恐惧】kǒngjù〈形〉惧怕；害怕：～不安|万分～。

【恐栗】kǒnglì〈动〉因害怕而发抖。

【恐怕】kǒngpà ❶〈动〉害怕；担心。❷〈副〉表示对情况的估计或猜测，兼有担心：天气闷热，～要下雨。❸〈副〉表示估计。

【恐慑】kǒngshè〈动〉畏惧；害怕。

备用词　惶恐　惊恐　生恐　唯恐　震恐　诚惶诚恐　有恃无恐

倥 kǒng[倥偬(zǒng)]〈形〉❶急迫;匆忙:戎马~。❷穷困。
△另见 kōng。

— **kòng** —

空 kòng ❶〈动〉腾出来;使空(kōng):写一行~一行|~出一些时间。❷〈形〉没有被利用或里面缺少东西:~闲|房子里~得很。❸〈名〉尚未占用的地方和时间:填~|抽~。❹同"控"③④。
△另见 kōng。

【空白】kòngbái〈名〉❶书页等上面没有填满或没有被利用的部分。❷工作未涉及的方面:填补科学领域中的~。

【空隙】kòngxì〈名〉中间空着的地方或尚未占用的时间:生产~。

【空暇】kòngxiá〈名〉空闲②。

【空闲】kòngxián ❶〈形〉没有事做,有了闲工夫。❷〈名〉空着的时间:抓紧~看书。

【空子】kòngzi〈名〉❶尚未占用的地方或时间。❷可乘的机会(多指被利用来做坏事的):钻~。

备用词 趁空 抽空 得空 偷空 闲空

控 kòng〈动〉❶告;告诉:指~|~诉。❷操纵:~制|遥~。❸使人的头朝下;使身体或身体的一部分悬空或处于失去支撑的状态:腿都~肿了。❹使容器口儿朝下,让液体慢慢流出:把水~干净。❺拉弓;开弓。

【控告】kònggào〈动〉向司法机关或有关部门告发。

【控股】kònggǔ〈动〉指掌握一定数量(半数以上或相对多数)的股份,而取得对公司生产经营活动的控制权。

【控盘】kòngpán〈动〉操纵、控制股市行情:庄家~。

【控诉】kòngsù〈动〉向司法机关或公众陈述受害经过。

【控制】kòngzhì〈动〉❶掌握住不使任意活动或越出范围:~局面。❷操纵①:自动~系统。

— **kōu** —

苁 kōu〈名〉古书上指葱。

抠(摳) kōu ❶〈动〉用手指或细小的东西往深处挖:~鼻孔|把掉在砖缝里的豆粒~出来。❷〈动〉雕刻(花纹):在镜框上~出花儿来。❸〈动〉在某方面深究:~字眼。❹

方言。〈形〉吝啬:~门儿(吝啬;小气)。

眍(瞘) kōu〈动〉眼珠子深陷在眼眶里边。也说"眍䁖"。

— **kǒu** —

口 kǒu ❶〈名〉嘴:~腔|牙~。❷〈名〉容器通外面的地方:瓶~儿。❸〈名〉出入通过的地方:出~|关~。❹〈名〉长城的关口:喜峰~|古北~。❺〈名〉破裂的地方:伤~。❻〈名〉锋刃:卷~。❼〈名〉驴马等的年龄:四岁~|这匹马~还轻。❽量词:五~人|一~猪|三~锅。❾〈名〉姓。

【口岸】kǒu'àn〈名〉港口:港埠:通商~。

【口碑】kǒubēi〈名〉❶比喻群众口头上的称颂:~载道。❷社会上流传的话:俗谚~。

【口才】kǒucái〈名〉说话的才能。

【口吃】kǒuchī〈动〉说话不连贯,字音重复或词句中断:他说话有点儿~。

【口齿】kǒuchǐ〈名〉❶说话的发音:~清楚(咬字正确)。❷说话的本领:~伶俐(说话流畅)。

【口风】kǒufēng〈名〉话语中透露的意思:探~。

【口供】kǒugòng〈名〉口头陈述的供词。

【口号】kǒuhào〈名〉❶供口头呼喊的有宣传鼓动作用的句子:喊~。❷口令②。

【口角】kǒujiǎo〈名〉嘴边:~春风(比喻替别人说好话)。
△另见 kǒujué。

【口径】kǒujìng〈名〉❶器物圆口的直径:小~步枪。❷指要求的规格、性能等:螺钉与螺母的~不合。❸说法:统一~。

【口诀】kǒujué〈名〉按事物的内容要点编成的便于记诵的简短语句:乘法~。

【口角】kǒujué〈动〉争吵:发生~。
△另见 kǒujiǎo。

【口令】kǒulìng〈名〉❶战斗或操练时口头下达的简短命令。❷为识别敌我而规定的一种口头暗号。

【口蜜腹剑】kǒu mì fù jiàn 嘴上说得很甜,肚子里却打着害人的主意。形容人阴险毒辣。

【口气】kǒuqì〈名〉❶说话的气势:~大|你好大的~!❷说话时流露出来的感情色彩:庄重的~。❸口风:听他的~好像希望不大。

【口浅】kǒuqiǎn〈形〉口快;说话直。

【口若悬河】kǒu ruò xuán hé 说话滔滔不绝,像瀑布倾泻下来一样。形容能言善辩,会讲话。

【口舌】kǒushé〈名〉❶嘴和舌头:~生疮。❷

因说话而引起的误会或纠纷：～是非。❸劝说、争辩、交涉时说的话：费～。

【口声】kǒushēng〈名〉❶指众人的议论。❷指说话的口气。

【口实】kǒushí〈名〉可以利用的借口：贻人～。

【口是心非】kǒu shì xīn fēi 嘴里说的是一套，心里想的又是一套，指心口不一致。

【口授】kǒushòu〈动〉❶口头传授。❷自己不动笔写文章或写信，口说而由别人代写。

【口头】kǒutóu❶〈名〉嘴上：～革命派｜只停留在～上。❷〈形〉用说话方式来表达的：～传达。

【口头禅】kǒutóuchán〈名〉原为佛教用语，指有的禅宗和尚只空谈禅理而不实行，也指借用禅宗常用禅语作为谈话的点缀。今指经常挂在口头的词句。

【口味】kǒuwèi〈名〉❶食品的滋味。❷各人对于味道的爱好：这些菜很合～。❸比喻对事物的兴趣或喜好：越剧最合他的～。

【口吻】kǒuwěn〈名〉❶某些动物（如鱼、狗等）头部向前突出的部分。❷口气②。

【口音】kǒuyīn〈名〉❶说话的声音：～清晰。❷方音：～重｜有～。

【口语】kǒuyǔ〈名〉❶说话时使用的语言（区别于"书面语"）。❷毁谤的话：横被～。

【口占】kǒuzhàn〈动〉不起草稿而随口吟成（诗）。

【口诛笔伐】kǒu zhū bǐ fá 用语言文字对坏人坏事进行揭露和声讨。

备用词 户口 家口 人口 极口 矢口 可口 适口 爽口 渡口 港口 关口 出口 进口 脍炙人口 拉家带口 良药苦口 三缄其口 赞不绝口

= kòu =

叩（＊❶敂）kòu ❶〈动〉敲；打：～门｜～钟。❷〈动〉磕头：～首｜～谢。❸〈动〉询问：或～以往事，一一详述之。❹〈动〉扣住缰绳；牵住：～马。❺〈名〉姓。

【叩拜】kòubài〈动〉磕头下拜，一种旧式礼节。

【叩头】kòutóu〈动〉磕头。

【叩谢】kòuxiè〈动〉磕头表示感谢。

扣（＊❼釦）kòu ❶〈动〉套住；搭住：～纽扣｜一环～一环。❷〈动〉器物口朝下放置或覆盖东西：把碗～在盘子上。❸〈动〉扣留；扣押：把罪犯～起来。❹〈动〉用力击；敲：～球｜～人心弦。❺〈动〉从中减去一部分：～除｜不折不～。❻〈名〉条状物打成的疙瘩：绳～｜活～儿。❼〈名〉纽扣：衣～。❽〈量〉螺纹的一圈叫一扣：拧了三～。❾同"筘"：丝丝入～。❿〈名〉姓。

【扣留】kòuliú〈动〉用强制手段把人或财物留住不放。

【扣帽子】kòu màozi 对人或对事不经过调查研究和分析，轻率地加上不好的名目。

【扣人心弦】kòu rén xīnxián 形容诗文、表演等有感染力，使人心情激动。也说"动人心弦"。

【扣押】kòuyā〈动〉拘留；扣留。

备用词 回扣 克扣 折扣 丝丝入扣

寇（＊宼宼）kòu ❶〈名〉强盗；侵略者：敌人：敌～｜外～（从国外入侵的敌人）｜～仇。❷〈动〉侵犯；入侵：～边｜人～中原。❸〈名〉姓。

【寇仇】kòuchóu〈名〉仇敌。

备用词 草寇 敌寇 流寇 穷寇

筘（＊簆）kòu〈名〉织布机上的主要机件之一，形状像梳子。

蔻 kòu〈名〉豆蔻，草本植物，外形像芭蕉，果实扁球形，种子像石榴子。果实和种子入药。

━ kū ━

矻 kū[矻矻]〈形〉勤奋不懈的样子:孜孜～|～终日。

劶 kū〈动〉剖开;挖空:～木为舟。

枯 kū❶〈形〉(植物等)失去水分;(井、河流等)没有水:干～|～树。❷〈形〉没有情趣:枯燥;～寂|相对～坐。❸方言。〈名〉芝麻、大豆等榨油后的渣滓:麻～|菜～|茶～。❹〈名〉姓。

【枯肠】kūcháng〈名〉比喻做诗文时贫乏的思路:搜索～。

【枯槁】kūgǎo〈形〉❶(草木)干枯。❷(脸色)憔悴;形容～。❸贫困;困苦。

【枯寂】kūjì〈形〉枯燥寂寞。

【枯竭】kūjié〈形〉❶干涸:水源～。❷泛指用尽;断绝:精力～|财源～。

【枯木逢春】kū mù féng chūn 枯木逢上春天,比喻重新获得生机。

【枯涩】kūsè〈形〉枯燥呆板,不流畅:文字～。

【枯瘦】kūshòu〈形〉瘦而干瘪。

【枯萎】kūwěi〈形〉(草木)干枯萎缩。

【枯燥】kūzào〈形〉单调而没有趣味:生活～|～无味。

备用词 干枯 焦枯 荣枯

哭 kū〈动〉因悲痛或激动而流泪,有时候还发出声音:啼～|～泣。

【哭泣】kūqì〈动〉轻声地哭:低声～。

【哭丧棒】kūsāngbàng〈名〉❶旧时在发丧时孝子拄的棍子。❷打人用的棍棒的憎称(含诅咒意)。

备用词 号哭 啼哭 痛哭 长歌当哭

圐(*喼) kū[圐圙(lüè)]〈名〉蒙语指围起来的草场。现多用于村镇名:马家～(在内蒙古)。也译作"库伦"。

窟 kū〈名〉❶洞穴:石～|狡兔三～。❷某类人聚集的地方,多指坏人聚集做坏事的场所:匪～|赌～|贫民～。

【窟窿】kūlong〈名〉❶洞;孔。❷比喻亏空;债务。

备用词 山窟 石窟 赌窟 匪窟 魔窟 狡兔三窟

骷 kū[骷髅(lóu)]〈名〉干枯无肉的死人头骨或全副骨骼。

━ kǔ ━

苦 kǔ❶〈形〉(味道)像胆汁或黄连的(跟"甜"相对):～胆|酸甜～辣。❷〈形〉难受;痛苦:～笑|艰～|寒～|～中作乐。❸〈动〉使痛苦;使难受:何必自～? ❹〈动〉为某种事物所苦:～旱|～夏。❺〈副〉有耐心地;尽力地:～劝|勤学～练。❻〈动〉发愁;担忧:子子孙孙无穷匮也,而山不加增,何～而不平? ❼〈名〉姓。

【苦悲】kǔbēi〈形〉痛苦;悲伤。

【苦楚】kǔchǔ〈形〉痛苦:满腹～,无处倾诉。

【苦厄】kǔ'è〈名〉苦难:脱离～。

【苦功】kǔgōng〈名〉刻苦的功夫:下～。

【苦果】kǔguǒ〈名〉坏的结果(多指自己造成的)。

【苦海】kǔhǎi〈名〉佛教用语,后用来比喻艰难困苦的环境:～无边|脱离～。

【苦口婆心】kǔ kǒu pó xīn 劝说不辞烦劳,用心像老太太那样慈爱。形容怀着善意再三恳切劝告。

【苦力】kǔlì〈名〉帝国主义者到殖民地或半殖民地奴役劳动者,把出卖力气干重活的工人叫作"苦力"。

【苦闷】kǔmèn〈形〉苦恼烦闷:心情～。

【苦难】kǔnàn❶〈名〉痛苦和灾难:经历～。❷〈形〉痛苦艰难:～的灾民。

【苦恼】kǔnǎo〈形〉苦闷烦恼。

【苦涩】kǔsè〈形〉❶又苦又涩:味道～。❷形容内心痛苦:～地一笑。

【苦痛】kǔtòng〈形〉痛苦。

【苦头】kǔtóu〈名〉❶稍苦的味儿:这萝卜带点～。❷痛苦;磨难:吃～。

【苦笑】kǔxiào〈动〉内心不愉快而脸上勉强做出笑容。

【苦心】kǔxīn❶〈名〉辛苦地用在某件事情上的心思:一片～。❷〈副〉费尽心思:～钻研。

【苦心孤诣】kǔ xīn gū yì 尽心钻研;辛苦经营(孤诣:别人所达不到的)。

【苦心经营】kǔ xīn jīng yíng 用尽心思去筹划安排。

【苦行】kǔxíng〈动〉某些宗教徒用常人难以忍受的痛苦来折磨自己,作为一种修行手段:～僧。

【苦战】kǔzhàn〈动〉艰苦地奋战:～到底。

【苦衷】kǔzhōng〈名〉不便明说的痛苦或为难的心情。

【苦主】kǔzhǔ〈名〉指人命案件中被害人的家属。

备用词 悲苦 惨苦 愁苦 孤苦 寒苦 疾苦 坚苦 艰苦 困苦 劳苦 贫苦 穷苦 清苦 痛苦

刻苦　勤苦　辛苦　含辛茹苦　千辛万苦　同甘共苦

楛 kǔ〈形〉器物粗制滥造,不坚固:窳(yǔ)~(粗劣;不坚牢)。
△另见 hù。

—— **kù** ——

库(庫) kù〈名〉❶储存器材、物资等的建筑物:水~|金~|书~|血~|仓~|国~。❷姓。
【库藏】kùcáng ❶〈动〉放入库房里储藏;先把这批武器~起来|图书五十万册。❷〈名〉库房里储藏的物资:~丰富|清点~。
△另见 kùzàng。
【库存】kùcún〈名〉指库中现存的现金或物资。
【库伦】kùlún 见[圐圙](kūlüè)。
【库藏】kùzàng〈名〉仓库。
△另见 kùcáng。

绮(綺) kù同"裤",用于"纨绮"。

謍(譽) kù〈名〉传说中的上古帝王名。

裤(褲*袴) kù〈名〉裤子,穿在腰部以下的衣服,有裤腰、裤裆和两条裤腿:~衩|短~|毛~|马~。

酷 kù〈形〉❶残酷:~刑|~吏。❷程度深,极:~爱|~热。❸形容洒脱,有个性,特别时尚:长得~|造型很~。[外]
【酷爱】kù'ài〈动〉极其爱好;非常喜爱:~音乐。
【酷好】kùhào〈动〉非常爱好:~围棋。
【酷吏】kùlì〈名〉滥用刑罚惩处人的官吏。
【酷烈】kùliè〈形〉❶严酷。❷(香气)浓烈。
【酷虐】kùnüè〈形〉残暴凶狠:~成性。
【酷热】kùrè〈形〉(天气)极热:~难当。
【酷暑】kùshǔ〈名〉极热的夏天:严寒~。
【酷刑】kùxíng〈名〉残酷狠毒的刑罚。
备用词 残酷　冷酷　严酷

—— **kuā** ——

夸(誇) kuā〈动〉❶夸大:~口|~张|浮~|~~其谈。❷夸奖:~耀|自~。
【夸大】kuādà〈动〉把事情说得超过了实际的情况:~其词。
【夸诞】kuādàn〈形〉(言谈)虚妄不实。
【夸奖】kuājiǎng〈动〉称赞:极口~。

【夸夸其谈】kuākuā qí tán 指说话、写文章浮夸,不切实际。
【夸耀】kuāyào〈动〉向人炫耀自己(有本领、有功劳、有钱、有地位权势等)。
【夸赞】kuāzàn〈动〉夸奖;称赞。
【夸张】kuāzhāng ❶〈动〉夸大;言过其实。❷〈名〉修辞手法,用夸大的词句对事物的形象、特征、作用、程度等作扩大或缩小的描述。如李白《秋浦歌》:"白发三千丈,缘愁似个长。"
备用词 浮夸　矜夸　虚夸　自夸

姱 kuā ❶〈形〉美丽;美好。❷〈动〉夸饰;夸耀。

—— **kuǎ** ——

侉(*❶咵) kuǎ〈形〉❶说话口音不纯正,特指口音跟本地口音不同:孩子刚从乡下来,说话有点儿~。❷粗大;不细巧:这个柜子太~了。

垮 kuǎ〈动〉❶倒塌;坍下来:洪水冲~了堤坝。❷(身体)不能支持:累~|拖~。❸溃败;失败:打~|~台。
【垮塌】kuǎtā〈动〉倒塌;坍塌:河堤~|桥身突然~|新建的楼房因质量差~了。
【垮台】kuǎtái〈动〉崩溃;彻底失败。

—— **kuà** ——

挎 kuà〈动〉❶胳膊弯起来挂住或钩住东西:~篮子|他俩~着胳膊走。❷把东西挂在肩头、脖颈或腰间:~着照相机|腰里~着手枪。

胯 kuà〈名〉❶腰的两侧和大腿之间的部分:~骨。❷两腿之间:~下。

跨 kuà〈动〉❶抬脚向前或向左右迈(一大步):~栏|~进大门。❷两腿分在物体的两边坐着或立着:~战马|大桥横~长江两岸(比喻用法)。❸超越一定的界限:~年度|~地区。
【跨国公司】kuàguó-gōngsī 通过直接投资、转让技术等活动,在国外设立分支机构或与当地资本合股拥有企业的国际性公司。也叫"多国公司"。
【跨越】kuàyuè〈动〉❶越过地区或时期的界限:~长江天堑|~了几个世纪。❷越过(障碍)。

—— **kuǎi** ——

㧟(擓) kuǎi 方言 〈动〉❶搔;挠:不小心~破了皮|~痒痒。❷挎①:左手~着篮子。

蒯 kuǎi〈名〉蒯草，草本植物，生长在水边，茎可用来编席或造纸。

━━ kuài ━━

会（會） kuài〈动〉总计：～计｜财～。△另见 huì。

【会计】kuàijì〈名〉❶机关、企业等单位中监督和管理财务的工作：～科。❷做会计工作的人。

块（塊） kuài ❶〈名〉成疙瘩或成团的东西：土～｜～根。❷〈量〉a)用于块状或某些片状的东西：两～糖｜一～布｜三～饼干。b)用于货币，等于"圆"：五～钱。

【块垒】kuàilěi〈名〉比喻郁积在心中的气愤或愁闷。

【块头】kuàitóu〈名〉指人的胖瘦：～大。

快 kuài ❶〈形〉速度高；费时短（跟"慢"相对）：～车｜～攻｜～餐｜多～好省。❷〈副〉赶快；从速：尽～｜大干～上。❸〈副〉快要；将要：天～亮了。❹〈形〉灵敏：脑子～｜眼疾手～。❺〈形〉锋利（跟"钝"相对）：～刀斩乱麻。❻〈形〉爽快；痛快；直截了当：～人～语｜心直口～。❼〈形〉愉快；高兴：畅～｜～乐｜大～人心。❽〈名〉旧时衙门中专管缉捕的差役：马～｜～捕。❾〈名〉姓。

【快刀斩乱麻】kuàidāo zhǎn luànmá 比喻处理事情果断，爽快地解决头绪纷繁的问题。

【快递】kuàidì ❶〈动〉快速投递：～邮件。❷〈名〉特快专递的简称。

【快感】kuàigǎn〈名〉愉快或痛快的感觉：给人以～。

【快活】kuàihuo〈形〉感到幸福、满意或痛快。

【快件】kuàijiàn〈名〉❶运输部门把托运的货物分为快件、慢件两种，运输速度较慢、运费较低的叫"慢件"，运输速度较快、运费较高的叫"快件"。快件一般凭火车票办理托运，物品随旅客所乘列车同时运到。❷邮政部门指需要快速递送的邮件。

【快捷】kuàijié〈形〉（速度）快；（行动）敏捷：运输～｜动作～｜他迈着～的步伐走在最前头。

【快乐】kuàilè〈形〉高兴；愉快。

【快马加鞭】kuài mǎ jiā biān 跑得很快的马再抽上几鞭子，使跑得更快。比喻快上加快。

【快速】kuàisù〈形〉速度高的；迅速：～行军。

【快慰】kuàiwèi〈形〉痛快而心中感到安慰。

【快信】kuàixìn〈名〉邮政部门指需要快速投递的信件。

【快讯】kuàixùn〈名〉指迅速采集、传播的信息：体育～｜从前线发回了几条～。

【快意】kuàiyì〈形〉心情畅快或感到满足：称心～。

【快运】kuàiyùn〈动〉快速运送（货物）等。

备用词　畅快　欢快　凉快　明快　轻快　爽快　松快　痛快　愉快　赶快　尽快　拍手称快　亲痛仇快　手疾眼快　先睹为快　心直口快　眼明手快

侩（儈） kuài〈名〉旧时以拉拢买卖从中取利为业的人：市～｜牙～。

郐（鄶） kuài〈名〉❶周朝国名，在今河南新密东北。❷姓。

哙（噲） kuài〈动〉咽下去。

狯（獪） kuài〈形〉狡猾：狡～。

浍（澮） kuài〈名〉田间的水沟：沟～。△另见 huì。

脍（膾） kuài ❶〈名〉切得很细的鱼或肉：鱼～｜～不厌细。❷〈动〉把鱼或肉切细：～鲤。

【脍炙人口】kuài zhì rén kǒu 美味的食品人人都爱吃，比喻好的诗文或事物为大家赞美和传诵（炙：烤熟的肉）。

筷 kuài〈名〉筷子，夹饭菜等的细长棍儿：碗～｜竹～。

鲙（鱠） kuài ❶〈名〉鲙鱼，即"鳓鱼"。❷同"脍"。

━━ kuān ━━

宽（寬） kuān ❶〈形〉横的距离大（跟"窄"相对）：～肩膀｜～银幕。❷

〈形〉面积大;范围广:~广|~泛|管得。❸〈名〉宽度:江面有一里～。❹〈动〉放宽,使松缓:～限|～心。❺〈形〉宽大;不苛求(跟"严"相对):～容|从～。❻〈形〉富裕;宽绰;手头～|～打窄用。❼〈名〉姓。

【宽敞】kuānchang〈形〉宽阔;面积大:大厅明亮～。

【宽畅】kuānchàng〈形〉❶舒畅:胸怀～。❷宽敞。

【宽绰】kuānchuo〈形〉❶宽;不狭窄:屋里挺～。❷宽裕;富裕:手头很～。

【宽大】kuāndà〈形〉❶面积或容积大:～的客厅。❷从轻处理;不严办:～处理。❸宽厚;度量大:～为怀。

【宽大为怀】kuāndà wéi huái 以宽大的胸怀对待别人。

【宽带】kuāndài〈名〉模拟通信中指频率大大高于话音的带宽,数字通信中通常指传输速率超过1兆比特/秒的带宽。

【宽贷】kuāndài〈动〉宽容;饶恕。

【宽泛】kuānfàn〈形〉涉及的面宽:词义～。

【宽广】kuānguǎng〈形〉面积或范围大:道路～|天地～。

【宽宏】kuānhóng〈形〉气量大:～大度|～大量。也作"宽洪"。

【宽洪】kuānhóng❶〈形〉(嗓音)宽而洪亮:～的歌声。❷同"宽宏"。

【宽厚】kuānhòu〈形〉❶又宽又厚:～的胸膛。❷宽宏厚道:～仁慈。

【宽解】kuānjiě〈动〉解除烦恼,使宽心。

【宽旷】kuānkuàng〈形〉宽阔空旷:～的原野。

【宽阔】kuānkuò〈形〉宽广;广阔:街道～|思路～。

【宽廓】kuānkuò〈形〉宽阔。

【宽容】kuānróng〈动〉宽大容忍,不计较或不追究:～大度|仁慈|你就～他吧!

【宽舒】kuānshū〈形〉❶舒畅:心境～。❷宽敞;宽阔舒展:道路平整～。

【宽恕】kuānshù〈动〉宽容饶恕。

【宽松】kuānsōng〈形〉❶(衣服)又宽又松。❷(政策等)放宽;不紧张。❸宽裕:手头比过去～多了。

【宽慰】kuānwèi〈动〉宽解安慰。

【宽心】kuānxīn〈动〉解除心中的焦虑和愁闷。

【宽银幕电影】kuānyínmù diànyǐng 电影的一种,银幕略作弧形,比普通电影的银幕宽,使观众看到的画面大而完整,并有身临其境的感

觉。这种电影的配音多是立体声。

【宽宥】kuānyòu〈动〉宽恕;饶恕。

【宽余】kuānyú❶〈形〉(地方)宽阔;宽敞:房间里很～。❷〈形〉宽裕:日子过得～。❸〈名〉闲暇:不管风吹浪打,胜似闲庭信步,今日得～。

【宽裕】kuānyù〈形〉宽绰;富裕:时间～。

【宽整】kuānzhěng〈形〉宽阔平整。

【宽纵】kuānzòng〈动〉宽容放纵,不加约束。

髋(髖)kuān[髋骨]〈名〉组成骨盆的大骨,左右各一,形状不规则。通称"胯骨"。

— kuǎn —

款(*欵)kuǎn❶〈形〉诚恳;殷勤:～洽|～待。❷〈动〉招待;款待:～客。❸〈名〉法规、条约等文里分的项目:条～。❹〈名〉为某种用途储存或支出的钱(多指数目较大的):公～|存～。❺〈名〉书画上题的作者或赠送对象的姓名:上～|下～|落～。❻〈形〉缓;慢:～步。❼〈动〉敲;叩:～门|～关|～塞(sài)。

【款步】kuǎnbù〈动〉缓慢地步行:～而行。

【款待】kuǎndài〈动〉亲切优厚地招待:～客人。

【款曲】kuǎnqū〈名〉殷勤的心意:互通～。

【款式】kuǎnshì〈名〉格式;式样:～新颖。

【款项】kuǎnxiàng〈名〉❶为某种用途而储存或支出的钱(多指数目较大的)。❷(法令、条约等)条文的项目。

【款型】kuǎnxíng〈名〉(服装等)款式:～多样|时髦的～。

【款识】kuǎnzhì〈名〉古代钟、鼎等物上铸刻的文字。

窾kuǎn〈形〉空:导大～(顺着空处进刀)|见～木浮而知为舟。

— kuāng —

匡kuāng❶〈动〉纠正:～正|～谬。❷〈动〉帮助;救:～助|～救。❸〈动〉粗略计算;估计:～计|～算。❹〈名〉姓。

【匡正】kuāngzhèng〈动〉纠正:～谬误。

劻kuāng[劻勷(ráng)]〈形〉急迫不安的样子。也作"伥儴"。

伥kuāng[伥儴(ráng)]同"劻勷"。

诓(誆)kuāng〈动〉说谎话骗人;哄骗:～骗|～哄。

△另见 kuáng。

【诓骗】kuāngpiàn〈动〉欺骗;哄骗。

哐 kuāng〈拟〉形容撞击震动的声音:脸盆~的一声掉在地上。

洭 kuāng〈名〉洭河,水名,在广东。

筐 kuāng〈名〉用竹篾、柳条、荆条等编的容器:抬~|菜~|竹~。

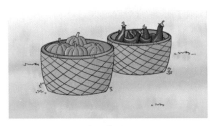

— kuáng —

狂 kuáng〈形〉❶精神失常;疯狂:发~|丧心病~。❷猛烈:~风|~奔。❸纵情;不受拘束:~欢|~热。❹狂妄:口出~言。

【狂暴】kuángbào〈形〉猛烈而凶暴:风雪~|性情~。

【狂飙】kuángbiāo〈名〉❶急骤的暴风。❷比喻猛烈的潮流或力量。

【狂放】kuángfàng〈形〉任性放荡:~不羁。

【狂欢】kuánghuān〈动〉纵情地欢乐:~之夜。

【狂澜】kuánglán〈名〉汹涌的波涛,比喻动荡不定的局势或猛烈的潮流:力挽~。

【狂乱】kuángluàn〈形〉非常乱;极端混乱。

【狂热】kuángrè〈形〉一时激起的极度热情(多含贬义):~情绪。

【狂妄】kuángwàng〈形〉极端自高自大:~无礼。

【狂喜】kuángxǐ❶〈形〉极端高兴。❷〈名〉极大的喜悦。

备用词 猖狂 癫狂 疯狂 轻狂 凶狂 张狂 丧心病狂

诓(誆) kuáng 同"诳"。△另见 kuāng。

诳(誑) kuáng〈动〉欺骗;瞒哄:~哄|~欺~。

— kuǎng —

夼 kuǎng 方言。〈名〉洼地(多用于地名):大~|刘家~|马草~(都在山东)。

— kuàng —

邝(鄺) kuàng〈名〉姓。

圹(壙) kuàng〈名〉❶墓穴:~穴。❷原野;旷野。

【圹埌】kuànglàng〈形〉原野一望无际的样子。

纩(纊) kuàng〈名〉丝绵。

旷(曠) kuàng❶〈形〉空而宽阔:~野|空~|地~人稀。❷〈形〉心境开阔:~达|心~神怡。❸〈动〉耽误;荒废:~课|~废。❹〈形〉相互配合的两个零件的间隙大于所要求的范围:衣着过于肥大|车轴~了|这双鞋我穿着~。❺〈名〉姓。

【旷达】kuàngdá〈形〉心胸开阔,对事情想得开:~不羁(放任达观,不受束缚)。

【旷代】kuàngdài〈动〉旷世。

【旷废】kuàngfèi〈动〉耽误;荒废:~学业。

【旷费】kuàngfèi〈动〉浪费:~时间|精力~。

【旷古】kuànggǔ〈动〉自古以来(都没有过):~未闻|~绝伦。

【旷亮】kuàngliàng〈形〉空阔明亮:~的天空。

【旷渺】kuàngmiǎo〈形〉广远。

【旷日持久】kuàng rì chí jiǔ 多费时日,拖得很久。

【旷世】kuàngshì〈动〉当代没有能相比的:~功勋。

【旷野】kuàngyě〈名〉空旷的原野。

备用词 空旷 宽旷

况(＊況) kuàng❶〈名〉情形:情~|状~|盛~|战~。❷〈动〉比方:比~|以古~今。❸〈连〉况且;何况:一夫犹奋,~十万众乎?❹〈名〉姓。

【况且】kuàngqiě〈连〉表示进一步申述理由或追加理由:工作多,~我不熟悉,所以拖延了。

【况味】kuàngwèi〈名〉情况;滋味。

备用词 概况 景况 境况 情况 盛况 实况 现况 成况 状况 而况 何况

矿(礦＊鑛) kuàng,旧读 gǒng〈名〉❶矿床,地表或地壳里矿物的集合体:探~|~藏。❷矿石:黄铁~|方铅~。❸开采矿物的场所:铁~|煤~|~井。❹姓。

【矿藏】kuàngcáng〈名〉蕴藏在地层中的各种矿物的总称。

【矿泉】kuàngquán〈名〉含有大量矿物质的泉。

【矿山】kuàngshān〈名〉开采矿物的地方，包括矿井和露天采矿场。

【矿物】kuàngwù〈名〉地壳中存在的自然化合物和少数自然元素。

觇（覰）
kuàng〈动〉赠；赐：厚～｜～赠。

框
kuàng ❶〈名〉嵌在墙上为安装门窗用的架子：门～｜窗～。❷〈名〉镶在器物外围的边儿：边～｜镜～。❸〈名〉周围的圈：用红笔在画片四周画了。❹〈动〉在文字、图片周围加上线条：把多余的字～起来。❺〈动〉限制：不能～得太死。

【框定】kuàngdìng〈动〉限定（在一定的范围内）：公安人员经过反复分析～了作案人的范围。

眶
kuàng〈名〉眼的四周，眼眶：热泪盈～｜眼泪夺～而出。

━━ kuī ━━

亏（虧）
kuī ❶〈动〉受损失；亏折(shé)：吃～｜盈～。❷〈动〉欠缺；短少：理～｜功～一篑。❸〈动〉对不住人；使吃亏：～待｜～心。❹〈副〉a)多亏；幸亏：～你来了，不然真误了事。b)反说，表示讥讽(意为不怕难为情)：长城都没去过，～你还是个老北京。❺〈动〉毁坏：不～不崩。

【亏本】kuīběn〈动〉赔本；折(shé)本。

【亏待】kuīdài〈动〉待人不公平或不尽心。

【亏负】kuīfù〈动〉辜负；使吃亏。

【亏空】kuīkong ❶〈动〉因支出超过收入而欠人财物：本月～了近百元。❷〈名〉欠人的财物：还上了～。

【亏欠】kuīqiàn〈动〉亏空①：尚～对方几万元。

【亏折】kuīshé〈动〉亏本；损失本钱。

【亏蚀】kuīshí〈动〉❶指发生日食和月食。❷亏折(shé)；损耗：资金～｜采取措施减少～。

【亏损】kuīsǔn〈动〉❶亏折(shé)；损耗。❷身体虚弱(多指因受摧残或缺乏营养所致的)。

【亏心】kuīxīn〈形〉感到自己的言行违背正理，不合社会道德规范。

备用词　吃亏　盈亏　多亏　幸亏　理亏

岿（巋）
kuī[岿然]〈形〉高大独立的样子：～不动｜～挺立。

悝
kuī用于人名。李悝，战国时人。
△另见 lǐ。

盔
kuī〈名〉❶像盆而略深的容器，多用陶瓷制成。❷用来保护头部的金属帽子：～甲｜钢～。❸形状像半个球形的帽子：帽～。

【盔甲】kuījiǎ〈名〉古代打仗时穿的护身的服装，头上戴的叫"盔"，身上穿的叫"甲"。

窥（窺＊闚）
kuī〈动〉❶从小孔、缝隙或隐蔽的地方偷偷地看；暗中察看：～视｜管中～豹。❷看：～镜。

【窥测】kuīcè〈动〉窥探推测：～方向。

【窥视】kuīshì〈动〉窥探。

【窥伺】kuīsì〈动〉暗中观察动静，等待机会(多指有所图谋)。

【窥探】kuītàn〈动〉暗中察看：～动静。

【窥望】kuīwàng〈动〉暗中张望。

━━ kuí ━━

奎
kuí〈名〉❶星宿名，二十八宿之一。❷姓。

逵
kuí〈名〉道路。

馗
kuí ❶同"逵"。❷[钟馗]〈名〉传说中善于捉鬼的神。

隗
kuí〈名〉姓。
△另见 wěi。

揆
kuí ❶〈动〉推测揣度：～度｜～其本意。❷〈名〉道理：其～一也。❸〈动〉掌管；管理：以～百事。❹〈名〉主掌政务的人：首～｜阁～。

【揆度】kuíduó〈动〉揣度；估量：～得失。

葵
kuí〈名〉❶指某些开大花的草本植物：锦～｜蜀～｜向日～。❷姓。

喹 kuí [喹啉]〈名〉有机化合物，无色液体，有特殊臭味，可制药，也可制染料。[外]

骙(駤) kuí [骙骙]〈形〉形容马强壮：四牡～。

暌 kuí〈动〉隔开；分离：～离(阔别)|隔～违(别离|隔离)。

魁 kuí ❶〈名〉首位；居第一的：～首|夺～。❷〈形〉(身体)高大：～梧|～伟。❸〈名〉魁星，北斗七星中形成斗形的四颗星。❹〈名〉姓。

【魁首】kuíshǒu〈名〉称在同辈中才华居首位的人。

【魁伟】kuíwěi〈形〉魁梧。

【魁梧】kuíwú〈形〉身体高大强壮。

睽 kuí〈动〉违背：～异(意见不合)。

【睽睽】kuíkuí〈形〉张目注视的样子：众目～。

蝰 kuí〈名〉蝰蛇，毒蛇的一种，生活在森林或草地里。

夔 kuí〈名〉❶古代传说中的独脚怪兽。❷指夔州(旧府名，府治在今重庆市奉节县)。❸姓。

=== kuǐ ===

傀 kuǐ [傀儡(lěi)]〈名〉❶木偶戏里的木头人：～戏。❷比喻受人操纵的人或组织：～政权。
　△另见 guī。

跬 kuǐ〈名〉一抬脚迈步的距离；半步：～步。

【跬步】kuǐbù〈名〉半步：不积～，无以至千里。

=== kuì ===

匮(匱) kuì ❶〈动〉缺乏：～乏|～竭|民穷财～。❷古同"柜"(guì)。

蒉(蕢) kuì〈名〉盛土的草包：以一～障江河。

喟 kuì〈动〉叹气：～叹|感～(感慨；叹息)。

【喟然】kuìrán〈形〉长叹的样子。

馈(饋*❶餽) kuì〈动〉❶赠送(礼品)：～送|～赠。❷吃(饭)：寝～不宁。❸运送或发放粮饷：卒然边境有急，数千百万之众，国胡以～之。

【馈遗】kuìwèi〈动〉赠送礼品。

溃(潰) kuì〈动〉❶(水)冲破(堤坝)：～决|千里之堤，～于蚁穴。❷突破(包围)：～围。❸(军队)被打垮：～退|～不成军。❹肌肉组织腐烂：～烂|～疡。
　△另见 huì。

【溃败】kuìbài〈动〉❶(军队)被打败：❷崩溃；衰败。

【溃不成军】kuì bù chéng jūn 被打得七零八落，不成队伍。形容军队惨败。

【溃决】kuìjué〈动〉大水冲破堤坝。

【溃口】kuìkǒu〈动〉❶(堤坝)坍塌决口：严防江堤～。❷〈名〉堤坝的决口：堵住～。

【溃烂】kuìlàn〈动〉伤口受感染而化脓。

【溃灭】kuìmiè〈动〉崩溃灭亡。

【溃逃】kuìtáo〈动〉军队被打败而逃跑。

【溃退】kuìtuì〈动〉军队被打败而后退；溃逃。

【溃疡】kuìyáng〈名〉皮肤或黏膜的表皮坏死脱落后形成的缺损：胃～。

愦(憒) kuì〈形〉糊涂；昏乱：昏～|～乱。

愧(*媿) kuì〈形〉惭愧：羞～|问心无～。

【愧避】kuìbì〈动〉因羞愧而回避。

【愧汗】kuìhàn〈动〉因羞愧而流汗，形容羞愧到了极点。

【愧疚】kuìjiù〈形〉惭愧不安：～的心情|深感～。

【愧怍】kuìzuò〈形〉惭愧；不安。

聩(聵) kuì〈形〉聋：昏～|发聋振～。

【聩聩】kuìkuì〈形〉昏昧糊涂，不明事理。

蒉(簣) kuì〈名〉盛土的筐子：功亏一～。

=== kūn ===

坤(*堃) kūn ❶〈名〉八卦之一，卦形是"☷"，代表地。❷〈形〉称女性的：～表|～车|～宅|～伶。

【坤角儿】kūnjuér〈名〉旧称戏曲女演员。

【坤伶】kūnlíng〈名〉坤角儿。

【坤枢】kūnshū〈名〉❶古代指地轴。❷古代指地壳。

昆(*❸崑❸崐) kūn〈名〉❶哥哥：～弟|～仲。❷子孙；后嗣：后～。❸[昆仑]山名，在新疆、西藏和青海。❹姓。

【昆虫】kūnchóng〈名〉节肢动物的一纲。蜜蜂、蝴蝶、蚊、蝇等都是昆虫。

【昆弟】kūndì〈名〉弟兄。

【昆仲】kūnzhòng〈名〉称人兄弟(dì)。

裈(褌＊褌裩) kūn〈名〉古代称裤子。

琨 kūn〈名〉一种玉。

焜 kūn〈形〉❶明亮:～耀。❷枯:～黄(枯黄)。

髡(＊髠) kūn〈动〉❶剃去男子头发,是古代的一种刑罚。❷剪去树枝:～树。

锟(錕) kūn[锟铻(wú)]〈名〉古书上记载的山名。所产的铁可铸刀剑,因此宝剑也叫"锟铻"。

醌 kūn〈名〉有机化合物的一类。

鲲(鯤) kūn〈名〉古代传说中的一种大鱼:～鹏(传说中的大鱼和大鸟,也指鲲变成的大鹏鸟)。

— kǔn —

捆(＊綑) kǔn❶〈动〉用绳子等把东西缠紧打结:～绑|～行李。❷〈量〉用于捆起来的东西:一～书|一～柴火。

【捆缚】kǔnfù〈动〉捆绑;束缚。

阃(閫) kǔn〈名〉❶门槛。❷妇女居住的内室:闺～|～闱。❸指统兵在外的将帅。

悃 kǔn❶〈名〉真心;诚意:聊表谢～。❷〈形〉诚恳;诚实:～诚。

壸(壼) kǔn〈名〉❶宫中的路。❷指内宫:～闱(帝王、后、妃住的地方)。

— kùn —

K 困(❹❺睏) kùn❶〈形〉陷在艰难痛苦中无法摆脱:～苦|～窘|内外交～。❷〈动〉控制在一定范围里;包围:围～|把敌人～在山沟里。❸〈形〉疲乏:～乏|～惫。❹〈形〉疲乏想睡:～倦。❺方言〈动〉睡:～觉。

【困惫】kùnbèi〈形〉非常疲乏:～不堪。

【困怠】kùndài〈形〉困乏;倦怠。

【困顿】kùndùn〈形〉❶非常疲乏,难以支持。❷(生计或境遇)艰难窘迫。

【困厄】kùn'è〈形〉(处境)艰难窘迫。

【困乏】kùnfá〈形〉❶困倦疲乏;劳累。❷(生活)困难;贫困:家境～。

【困惑】kùnhuò〈形〉感到疑虑,不知该怎么办。

【困倦】kùnjuàn〈形〉疲乏欲睡。

【困苦】kùnkǔ〈形〉(生活)穷困;(处境)艰难痛苦。

【困难】kùnnan❶〈形〉事情复杂难办;阻碍多不容易解决。❷〈形〉贫穷;日子不好过:生活～。❸〈名〉复杂难办的事情:克服～。

【困贫】kùnpín〈形〉贫困。

【困穷】kùnqióng〈形〉生活艰难窘迫。

【困扰】kùnrǎo〈动〉搅扰使无法摆脱。

【困软】kùnruǎn〈形〉疲乏无力。

【困兽犹斗】kùn shòu yóu dòu 比喻陷于绝境的人(多指坏人)虽然走投无路,还要顽抗。

备用词 乏困 窘困 贫困 穷困 围困 坐困 扶危济困 内外交困

— kuò —

扩(擴) kuò〈动〉扩大:～建|～充|～散|～展|～军(扩充军备)|～音机。

【扩充】kuòchōng〈动〉扩大;增多:～设备|教师队伍在不断～。

【扩大】kuòdà〈动〉增大原来的规模或范围:～生产。

【扩容】kuòróng〈动〉❶扩大通信设备的容量:电信～工程。❷泛指扩大规模、范围、数量等:对河道清淤～|实施移动通信|去年股市～较快。

【扩散】kuòsàn〈动〉扩大分散出去:～影响。

【扩印】kuòyìn〈动〉放大洗印(照片):～机|彩色～|～彩色照片。

【扩展】kuòzhǎn〈动〉扩大;伸展开去:～对外贸易。

【扩张】kuòzhāng〈动〉扩大(势力、疆土等):～地盘。

【扩招】kuòzhāo〈动〉扩大招收:我校外语专业～了二百多名学生。

括 kuò〈动〉❶扎;束:～约肌。❷包括:总～|～囊～。

备用词 包括 赅括 概括 简括 囊括 综括 总括

△另见 guā。

适 kuò〈名〉姓。

△另见 shì。

蛞 kuò[蛞蝓(yú)]〈名〉软体动物,身体圆而长,表面有黏液,没有壳。也叫"鼻涕虫"。

筈 kuò〈名〉箭尾扣弦的部分。

阔(闊*濶) kuò〈形〉❶宽;宽广;广~|宽~|辽~|昂首~步。❷时间久:~别。❸不切实际:迂~|高谈~论。❹排场大;有钱:~气|摆~|他这几年~起来了。

【阔别】kuòbié〈动〉久别;远别:~多年。

【阔绰】kuòchuò〈形〉阔气;奢侈:~人家。

【阔佬】(阔老) kuòlǎo〈名〉阔绰而有钱的人(多指年纪较大的)。

【阔气】kuòqi ❶〈形〉铺张奢侈:婚事办得十分~。❷〈名〉排场:摆~。

备用词 广阔 开阔 空阔 宽阔 辽阔 摆阔 壮阔 疏阔 迂阔 波澜壮阔

廓 kuò ❶〈形〉广阔;空阔:寥~|~落(形容空阔寂静)。❷〈动〉扩大;扩展:~张|~开。❸〈动〉清除:~清。❹〈名〉外部的周围、边沿:轮~|耳~。

【廓开】kuòkāi〈动〉❶开拓。❷展开;阐明。

【廓清】kuòqīng〈动〉❶肃清(混乱局面):~谣言|~天下|~邪说。❷清除:~障碍。

【廓张】kuòzhāng〈动〉扩张。

备用词 恢廓 空廓 寥廓 轮廓

鞟(鞹) kuò〈名〉去毛的兽皮。

— lā —

垃 lā 见下。

【垃圾】lājī〈名〉❶脏土或扔掉的废弃物。❷比喻失去价值的或有不良作用的事物:精神～|清除社会～。

【垃圾股】lājīgǔ〈名〉股市上指业绩差,主营业务不看好,没有投资价值的股票。

【垃圾邮件】lājī yóujiàn 指向没有同意接收的用户发送的商业广告、文章、资料或含虚假信息等的电子邮件。

拉 lā〈动〉❶用力使朝自己所在的方向或跟着自己移动:～锯|～车|～网。❷用车载运:～货|～煤。❸带领转移:～练|把队伍～到山里。❹牵引乐器或发声器的某个部分使发出声音:～二胡|～小提琴|～响警笛。❺拖长;使延长:～长声|～开距离。❻方言。抚养;母亲好不容易才把孩子～大。❼帮助:他学习有困难,该～他一把。❽牵累;牵扯:好汉做事好汉当,何必～上别人?❾拉拢;联络:～关系|～帮结派。❿方言。闲谈:～家常。⓫排泄(大便):～屎|～肚子。

△另见 lá;lǎ;là。

【拉扯】lāche〈动〉❶拉(lā)①:～住他,别让他走。❷辛勤抚养:把孩子～大。❸扶助;提拔:～他一把。❹勾结;拉拢:他俩拉拉扯扯的,不知搞的什么鬼。❺牵扯;牵连:这事与我无关,别把我～进去。❻闲谈;聊天儿。

【拉倒】lādǎo〈动〉算了;作罢。

【拉动】lādòng〈动〉采取措施使提高、增长或发展:～产值|发展消费信贷,～内需增长。

【拉夫】lāfū〈动〉旧社会军队抓老百姓充当夫役。

【拉关系】lā guānxi 跟关系较疏远的人联络、拉拢,使有某种关系(多含贬义):～,走后门,都是不正之风。

【拉话】lāhuà〈动〉闲谈;聊天儿。

【拉饥荒】lā jīhuang 欠债。

【拉拉队】lālāduì 同"啦啦队"。

【拉郎配】lā láng pèi 比喻不顾实际,用行政手段强行使双方聚合或合并:对口支援要双方自愿,不要搞～。

【拉拢】lālǒng〈动〉用手段使别人靠拢到自己方面来。

【拉尼娜现象】lānínà xiànxiàng 指赤道附近东太平洋水域大范围海水反常降温的现象。每隔几年发生一次,多出现在厄尔尼诺现象之后,持续时间长,对全球气候有重大影响。也叫"反厄尔尼诺现象"。

【拉纤】lāqiàn〈动〉❶在岸上用绳索拉船前进。❷旧时指介绍买卖、租赁或婚姻等并从中谋取利益:保媒～。

【拉稀】lāxī〈动〉❶"腹泻"的俗称。❷比喻怯懦、退缩:在这节骨眼儿上,咱可不能～!

【拉线】lāxiàn〈动〉比喻从中进行联系,说合:他俩交朋友是老王拉的线|多亏有他～,双方才签了这份合同。

【拉杂】lāzá〈形〉杂乱;没有条理:写得太～。

【拉账】lāzhàng〈动〉欠债。

啦 lā❶拟声词:呼～|啪～|哇～|叽里呱～。❷[哩哩啦啦]〈形〉零零散散或断断续续的样子。

△另见 la。

【啦啦队】lālāduì〈名〉体育运动比赛时,在现场给运动员呐喊助威的有组织的观众队伍。也作"拉拉队"。

喇 lā 拟声词：哇～哇～地喊｜人群呼～一下散开了。
△另见 lá；lǎ。

邋 lā［邋遢(ta)］〈形〉不整洁；不利落：～鬼｜他办事真～!

━ lá ━

旯 lá 见［旮(gā)旯儿］。

拉 lá〈动〉刀刃等从物体的一端向另一端移动，使破裂或断开；割：～下一块肉｜手上～了个口子。
△另见 lā；lǎ；là。

剌 lá 同"拉"(lá)。
△另见 là。

砬(＊磖) lá〈名〉砬子，山上耸立的大岩石，多用作地名：红石～(在河北)。

喇 lá［哈喇子］方言。〈名〉流出来的口水。
△另见 lā；lǎ；là。

━ lǎ ━

拉 lǎ❶［半拉]〈名〉半个。❷见［虎(hù)不拉]。
△另见 lā；lá；là。

喇 lǎ〈名〉姓。
△另见 lā；lá。

【喇叭】lǎba〈名〉❶一种管乐器。❷形状像喇叭的或有扩音作用的、喇叭筒状的东西：～裤｜汽车～｜无线电～。

【喇嘛】lǎma〈名〉喇嘛教(藏传佛教)的僧人。原为一种尊称。

━ là ━

拉 là［拉拉蛄(gǔ)]同"蝲蝲蛄"。
△另见 lā；lá；lǎ。

剌 là〈形〉乖戾；乖张：～戾(lì)｜～谬｜乖～(违背常情)。
△另见 lá。

落 là〈动〉❶遗漏：作业～了一道题。❷把东西遗留在某处：钥匙～在家里了。❸跟不上而被丢在后面：他走得慢，～下很远。
△另见 lào；luō；luò。

腊(臘＊❶❷臈) là❶〈名〉古代在农历十二月合祭众神

叫"腊"，后称农历十二月为"腊月"。❷〈形〉冬天(多在腊月)腌制后风干或熏干的(鱼、肉等)：～肉｜～味。❸〈名〉姓。
△另见 xī。

蜡(蠟) là〈名〉❶动物、矿物或植物所产生的油质，常温下多为固体，具有可塑性，能燃烧，如蜂蜡、白蜡、石蜡等。可用来防湿、密封、浇塑、做蜡烛。❷蜡烛：点上～｜一支～。
△另见 zhà。

【蜡黄】làhuáng〈形〉形容颜色黄得像蜡：脸色～。

【蜡泪】làlèi〈名〉蜡烛燃烧时流下的蜡烛油。

瘌 là［瘌痢]方言。〈名〉黄癣：～头(长黄癣的头，也指长黄癣的人)。也作"癞(lài)痢"。

辣(＊辢) là❶〈形〉(味道)像姜、蒜、辣椒等有刺激性的：～酱｜酸甜苦～。❷〈动〉辣味刺激：～眼睛｜辣椒～嘴～心(胃)。❸〈形〉狠毒：毒～｜心狠手～｜口甜心～。

【辣手】làshǒu❶〈名〉毒辣的手段。❷方言。〈形〉形容手段毒辣、厉害。❸〈形〉棘(jí)手。

蝲 là［蝲蝲蛄(gǔ)]〈名〉蝼蛄的通称。也作"拉拉蛄"。

癞(癩) là［癞痢](làlì)同"瘌痢"。
△另见 lài。

镴(鑞＊鉈) là〈名〉锡镴，锡和铅的合金，可用来焊接金属器物。也叫"焊锡"。

━ la ━

啦 la〈助〉"了"(le)和"啊"(a)的合音，兼有"了"和"啊"的作用：下雨～｜你怎么～?
△另见 lā。

鞡 la 见［靰(wù)鞡]。

━ lái ━

来(來) lái❶〈动〉从别的地方到说话人所在的地方(跟"去"相对)：～信｜～宾｜寒～暑往。❷〈动〉(问题、事情等)发生；来到：问题～了｜开春以后，农忙～了。❸〈动〉做某个动作(代替意义更具体的动词)：～盘棋｜好酒，再～一杯｜你歇歇，让我～。❹〈动〉跟"得"或"不"连用，表示可能或不可能：谈得～｜唱不～。❺〈动〉用在另一动词前面，表示要做某件事：你～说｜大家～想办法。❻〈动〉用在另一动词或动词结构后面，表示

来做某件事:他拜年~了|下乡支农~了。❼〈动〉用在动词结构(或介词结构)与动词(或动词结构)之间,表示前者是方法、方向或态度,后者是目的:你们准备怎样~战胜对手?❽〈助〉来着:我多会儿说这话~?❾〈名〉未来;将来:~年|~世|继往开~。❿〈名〉从过去到现在的一段时间:从~古|别~无恙|两千年~。⓫〈助〉用在"十、百、千"等数词或数量词后面表示概数:十~天|二十~岁|三百~人|四吨~重。⓬〈助〉用在"一、二、三"等数词后面,列举理由 :一~工作忙,二~老人生病,我就不去了。⓭〈助〉用作衬字:正月里~是新春|不愁吃~不愁穿。⓮〈动〉用在动词后面,表示动作朝着说话人所在的地方:把书拿~|前方传~捷报。⓯〈动〉用在动词后面,表示动作的结果:信笔写~|一觉醒~|说~话长。⓰〈名〉姓。

【来归】láiguī〈动〉❶归顺;归附。❷回来。❸古代称女子出嫁(从男家方面说)。

【来历】láilì〈名〉人或事物的历史或背景。

【来龙去脉】lái lóng qù mài 旧时讲风水的话,指山形地势像龙一样连贯着。后用来比喻人或事物的来历或前因后果。

【来年】láinián〈名〉明年。

【来日】láirì〈名〉❶未来的日子:~方长。❷现在以后的某一日子;将来。

【来日方长】láirì fāng cháng 未来的日子还很长,表示事有可为或将来还有机会。

【来头】láitou〈名〉❶指人的资历或背景。❷来由(多指言语有所为而发)。❸来势。❹指做事的兴趣:麻将没什么~,还是打篮球吧。

【来往】láiwǎng〈动〉来和去:车辆~|~行人。

【来往】láiwang〈动〉交际往来:经常~|断绝~|~密切。

【来由】láiyóu〈名〉❶缘故;原因:没~。❷来历。

【来源】láiyuán❶〈名〉事物所来的地方:经济~。❷〈动〉起源(于);发生(于):艺术~于生活。

【来者】láizhě〈名〉❶将来出现的事:往之不谏,~可追。❷后来的人。❸来人。

备用词 比来 从来 迩来 近来 历来 素来 向来 自来 将来 未来 本来 原来 纷至沓来 古往今来 继往开来 卷土重来 苦尽甘来 礼尚往来 否极泰来 死去活来 突如其来 信手拈来

莱(萊) lái〈名〉❶藜。❷古代指郊外轮休的田地,也指荒地。

【莱菔】láifú〈名〉萝卜。

【莱塞】láisè〈名〉激光。[外]

崃(崍) lái 见[邛(qióng)崃]。

徕(徠*倈) lái 见[招徕]。△另见 lài。

涞(淶) lái[涞水]〈名〉地名,在河北。

梾(棶) lái〈名〉乔木,种子榨的油可制肥皂和润滑油,树皮和叶子可制栲胶或紫色染料。

铼(錸) lái〈名〉金属元素,符号 Re。耐高温,耐腐蚀,用来制造合金材料等。

━━ lài ━━

徕(徠) lài〈动〉慰劳:劳~(慰勉)。△另见 lái。

赉(賚) lài〈动〉赏赐:赏~|~赐。

睐(睞) lài❶〈形〉瞳仁不正。❷〈动〉看;向旁边看。

赖(賴*賴) lài❶〈动〉依仗;依靠:依~|仰~|百无聊~。❷〈动〉留在某处不肯动:~着不走。❸〈动〉不承认自己的错误或责任:抵~。❹〈动〉硬说别人有错误:诬~。❺〈动〉责怪:大家都有责任,不能~哪一个人。❻〈形〉不好;坏:小姑娘唱得真不~。❼〈形〉放刁撒泼,蛮不讲理:耍~|~皮。❽〈名〉姓。

【赖皮】làipí❶〈名〉无赖的作风和行为:耍~。❷〈动〉耍无赖:别~了,走吧!

备用词 抵赖 讹赖 狡赖 撒赖 耍赖 诬赖 无赖 信赖 仰赖 依赖 倚赖 百无聊赖

濑(瀨) lài〈名〉湍急的水。

癞(癩) lài❶方言。〈名〉黄癣:~疮|~子(头上长黄癣的人)。❷〈形〉形容外表粗糙,凹凸不平,像生了黄癣似的:~瓜。△另见 là。

【癞蛤蟆】làiháma〈名〉蟾蜍的俗称。

籁(籟) lài❶〈名〉古代的一种箫。❷〈名〉从孔穴里发出的声音,泛指声音:天~(自然界的风声、鸟声、流水声等)|

万～俱寂。

━━ lán ━━

兰（蘭） lán〈名〉❶兰花,草本植物,叶子细长,丛生,春季开花,味清香,供观赏。❷兰草,草本植物,茎直立,叶子披针形,边缘有锯齿,秋季开花,全株有香气。❸古书上指木兰(一种乔木):～桨|～舟催发。❹姓。

【兰若】lánruò〈名〉梵语"阿兰若"的省称,指林中寂静的地方,为佛教徒修行处,后也用来称一般寺庙。[外]

岚（嵐） lán〈名〉山里的雾气:山～|晓～|夕～|～气。
【岚霭】lán'ǎi〈名〉山中的云雾。

拦（攔） lán〈动〉不让通过;阻挡:～挡|～截|～阻|～击|～路虎。
【拦截】lánjié〈动〉半中间挡住,不让通过:～逃犯。
【拦路虎】lánlùhǔ〈名〉本指拦路抢劫的匪徒,现多指前进中的困难或障碍。
备用词　截拦　遮拦　阻拦

栏（欄） lán〈名〉❶栏杆:石～|桥～|凭～远眺。❷养畜养的圈:牛～|猪～。❸报刊书籍在每版或每页用线条或空白隔开的部分,有时也指性质相同的一整页或若干页:左～|上～|通～|标题～|专～作家。❹表格中区分项目的大格:备注～。❺集中张贴公告、报纸等的地方:报～|布告～。
【栏杆】lángān〈名〉用竹、木、石或金属等制成的起拦挡作用的东西:桥～|石～。
【栏目】lánmù〈名〉报刊版面、电视或广播节目中按内容性质划分并标有名称的部分:经济～|小说～|每逢寒暑假,该报都要增设《假期生活》～。

婪（*惏） lán见[贪婪]。

阑（闌） lán❶同"栏",栏杆。❷同"拦"。❸〈形〉将尽;残:岁～|酒～|夜～人静。
【阑干】lángān❶同"栏杆"。❷〈形〉纵横交错;参差错落:涕泪～|星斗～。
【阑入】lánrù〈动〉擅自闯入:敌船百艘,乘隙～|～内宫。
【阑珊】lánshān〈动〉将尽;衰:春意～|灯火～。

蓝（藍） lán❶〈形〉(颜色)像晴天天空那样的;蔚～|湛(zhàn)～|碧～。❷〈名〉蓼(liǎo)蓝,草本植物,叶子含蓝汁,可用来做蓝色染料:青出于～。❸〈名〉姓。
【蓝本】lánběn〈名〉著作所依据的底本。
【蓝筹股】lánchóugǔ〈名〉指某一行业内占有重要支配地位、业绩优良的大公司的股票。蓝筹是西方对赌博中使用的最高筹码的称呼。
【蓝领】lánlǐng〈名〉某些国家或地区指从事体力劳动为主的雇员,他们劳动时多穿蓝色工装,故称。
【蓝缕】lánlǚ见[褴褛]。
【蓝青官话】lánqīng-guānhuà〈名〉方言地区的人说的普通话,夹杂着方音,旧称蓝青官话(蓝青:比喻不纯粹)。
【蓝图】lántú〈名〉❶一种用感光纸感光后制成的图纸,多为蓝色,故称蓝图。❷比喻建设计划:宏伟～。
【蓝牙】lányá〈名〉一种近距离的无线传输应用技术,在 10 米—100 米范围内,把专用的半导体装入机器中,无须借助电缆就可连接计算机、打印机、数字相机、电视机、手机、微波炉等,并能同时进行数据和语音传输。[外]
【蓝盈盈】lányíngyíng同"蓝莹莹"。
【蓝莹莹】lányíngyíng〈形〉形容蓝得发亮:～的天空。也作"蓝盈盈"。
备用词　宝蓝　碧蓝　翠蓝　毛蓝　品蓝　天蓝　蔚蓝　藏蓝　湛蓝　青出于蓝

谰（讕） lán〈动〉诬赖;抵赖:～言。
【谰言】lányán〈名〉诬赖的话;无根据的话:无耻～。

澜（瀾） lán〈名〉大波浪:波～|微～|千里安～|力挽狂～|推波助～。
【澜汗】lánhàn〈形〉形容水势浩大:洪涛～。

褴（褴） lán[褴褛(lǚ)](蓝缕)〈形〉(衣服)破烂:衣衫～。

篮（籃） lán〈名〉❶篮子,用 藤、竹、柳条、塑料等编成的容器,有提梁:

竹~|花~|菜~。❷篮球架上供投球用的铁圈和网子：投~|扣~。❸指篮球：男~|女~。

斓(斕) lán 见〖斑斓〗。

镧(鑭) lán〈名〉金属元素，符号La。银白色，可用来制造光学玻璃等。

襕(襴) lán〈名〉古代一种上下衣相连的衣服：~衫（古代读书人穿的服装）。

籣 lán〈名〉古代盛箭的器具：抱弩负~。

韊 lán 同"韊"。

— lǎn —

览(覽) lǎn ❶〈动〉看：游~|浏~|展~|博~|阅~室|一~无余。❷〈名〉景色：奇~。

备用词 博览 浏览 披览 游览 阅览 展览 纵览 便览 一览

揽(攬*擥) lǎn〈动〉❶用胳膊搂：母亲把孩子~在怀里。❷用绳子等捆：把车上的柴火~紧点。❸把事情拉到自己这方面来：承~|~生意。❹把持；掌握：独~大权|总~全局。❺采摘：九天~月。❻撩(liāo)：~裙。

【揽承】lǎnchéng〈动〉应承；承揽：全部~下来了。

【揽储】lǎnchǔ〈动〉招揽储蓄存款：制止违规~行为。也说"揽存"。

【揽存】lǎncún〈动〉揽储。

【揽活】lǎnhuó〈动〉承揽活计：他在外面揽了许多活儿。

【揽总】lǎnzǒng〈动〉全面掌握（工作）；总揽：后勤工作由老李~。

备用词 把揽 包揽 承揽 兜揽 独揽 收揽 延揽 招揽 总揽

缆(纜) lǎn ❶〈名〉拴船用的铁索或粗绳：~绳|船~|解~（开船）。❷〈名〉形状像缆的东西：钢~|电~。❸〈动〉用缆绳拴（船）：~舟|把船~住。

备用词 电缆 钢缆 光缆 解缆

榄(欖) lǎn 见〖橄榄〗。

罱 lǎn ❶〈名〉捕鱼或捞水草、河泥的工具，用竹竿和网制成。❷〈动〉用罱捞：~河泥|~泥船。

漤(*灠) lǎn〈动〉❶用盐或其他调味品拌（生鱼、生肉或蔬菜）。❷把柿子放在热水或石灰水里泡，除去涩味。

懒(懶*嬾) lǎn〈形〉❶不愿劳动或工作；不勤快：~惰|偷~|好吃~做。❷疲倦；没精神：~散|慵~。

【懒怠】lǎndai〈形〉❶懒惰。❷不爱动。

【懒得】lǎnde〈动〉不愿意；厌烦：累了，~说话。

【懒惰】lǎnduò〈形〉不勤快；不爱劳动和工作：这人太~。

【懒散】lǎnsǎn〈形〉精神不振作，行动松懈散漫：他平时~惯了，受不了这种约束。

【懒洋洋】lǎnyángyáng〈形〉形容没精打采的样子。

备用词 疏懒 酸懒 慵懒 躲懒 偷懒 心灰意懒

壈(*壈) lǎn 见〖坎壈〗。

— làn —

烂(爛) làn〈形〉❶松软（多指食物煮得过熟）：~泥|~饭|牛肉炖得很~。❷有机体由于微生物滋生而破坏：腐~|霉~|臭鱼~虾。❸破碎；破烂：~纸|破铜~铁。❹头绪乱：一本~账|收拾~摊子。❺表示程度极深：~醉|记得~熟。❻明亮；光彩：绚~|灿~。

【烂漫】（烂熳、烂缦）lànmàn〈形〉❶色彩鲜艳美丽：山花~。❷自然；不做作：天真~。

【烂熟】lànshú〈形〉❶肉、菜等煮得十分熟。❷十分熟悉；十分熟练：台词背得~。

【烂摊子】làntānzi〈名〉比喻不易收拾的局面或混乱难于整顿的单位：厂子连年亏损，这个~谁接下来都会头疼的。

【烂尾】lànwěi〈形〉由于盲目上马、供大于求、资金不足、管理混乱等原因使工程等无法收尾：~楼|~工程。

【烂账】lànzhàng〈名〉❶头绪混乱没法弄清楚的账目。❷指拖得很久、收不回来的账。

备用词 灿烂 绚烂 腐烂 溃烂 霉烂 糜烂 破烂 海枯石烂

滥(濫) làn ❶〈动〉水满溢出：泛~。❷〈形〉过度；没有限制：~用职权|狂轰~炸。❸〈形〉越轨：君子固穷，小人穷斯~矣。❹〈形〉浮泛；不切实际：~调。

【滥调】làndiào〈名〉令人腻烦的、不切实际的言词或议论:陈词~。

【滥情】lànqíng〈动〉毫无约束地放纵感情:纵欲~。

【滥权】lànquán〈动〉滥用职权:~渎职|因贪污~被判刑|严禁官员~越权。

【滥觞】lànshāng❶〈名〉原指江河发源的地方,水少只能浮起酒杯,现指事物的起源。❷〈动〉起源:词~于唐,兴于宋。

【滥用】lànyòng〈动〉胡乱或过度地使用:行文~方言|~职权。

【滥竽充数】làn yú chōng shù 比喻没有真才实学的人混在行家里面充数,也比喻拿不好的东西混在好的东西里面充数。

— lāng —

啷 lāng〈拟〉形容撞击的声音:当~|哐~。

— láng —

郎 láng〈名〉❶古代官名:侍~|员外~。❷对某种人的称呼:货~|放牛~。❸旧时女子称丈夫或情人:情~|如意~君。❹对青年男女的美称:女~|少年~|三国周~(周瑜)。❺指儿子:大~|令~。❻元明时代称平民子弟:不~不秀。❼旧时仆人称主人。❽姓。
△另见 làng。

【郎当】lángdāng〈形〉❶(衣服)不合身;不整齐:衣裤~。❷颓唐的样子。❸形容不成器:~小子。❹同"锒铛"(lángdāng)。

【郎君】lángjūn〈名〉❶妻子称丈夫(多见于早期白话)。❷贵家子弟的通称。

【郎中】lángzhōng〈名〉❶古代官名。❷方言。医生。

狼 láng〈名〉哺乳动物,外形像狗,面部长,耳朵直立,尾巴下垂,昼伏夜出,性残忍贪婪,常伤害人畜。

【狼狈】lángbèi〈形〉狈是传说中的一种兽,前腿短,走路时要趴在狼的身上才能行动,所以用"狼狈"比喻彼此勾结,也形容困顿或窘迫的样子:~为奸(互相勾结做坏事)|~不堪(非常窘迫的样子)。

【狼奔豕突】láng bēn shǐ tū 狼和猪东奔西跑,比喻成群的坏人到处乱窜。

【狼顾】lánggù〈动〉狼性多疑,行走时常回头看,以防袭击。比喻人有后顾之忧:~左右。

【狼藉】(狼籍)lángjí〈形〉❶纵横散乱;杂乱不

堪:杯盘~。❷形容败坏到不可收拾的地步:声名~(形容名声极坏)。

【狼贪】lángtān〈形〉比喻贪得无厌。

【狼头】lángtou 见[榔头]。

【狼吞虎咽】láng tūn hǔ yàn 形容吃东西猛而急。

【狼心狗肺】láng xīn gǒu fèi 比喻心肠狠毒或忘恩负义。

【狼烟】lángyān〈名〉古代边防报警时烧狼粪升起的烟:~四起(指边疆不安宁)。

【狼子野心】lángzǐ-yěxīn 比喻凶暴的人用心狠毒。

阆(閬) láng 见[闶(kāng)阆]。
△另见 làng。

琅(*瑯) láng ❶〈名〉玉石。❷〈形〉洁白。

【琅玕】lánggān〈名〉美石。

【琅嬛】lánghuán〈名〉神话中天帝的藏书处。也作"嫏嬛"。

【琅琅】lángláng〈拟〉形容清晰响亮的声音(多指读书声):书声~。

桹 láng ❶〈名〉高大的树木。❷〈名〉渔人在船舷上敲击以驱赶鱼入网的长木棒。❸[桹桹](lángláng)〈拟〉形容木头相撞击的声音。

廊 láng〈名〉屋檐下的过道或独立的有顶的过道:走~|长~|回~|游~|画~|前~后厦。

【廊庙】lángmiào〈名〉指朝廷。

【廊庑】lángwǔ〈名〉堂前廊屋。

【廊檐】lángyán〈名〉廊顶伸出在柱子外面的部分。

【廊柱】lángzhù〈名〉柱子。

娜 láng [嫏嬛(huán)]同"琅嬛"。

榔 láng [榔头](狼头、鎯头)。〈名〉锤子(多指比较大的)。

硠 láng ❶〈拟〉形容山体崩塌的声音:雷~电飞。❷[硠硠]形容水石等相互撞击的声音:瀑雷~|刀尺声~。

锒(銀) láng [锒铛(dāng)]❶〈名〉铁锁链:~入狱。❷〈拟〉形容金属撞击的声音:铁索~。

桹 láng〈名〉古书上指狼尾草:~莠(yǒu,比喻坏人)。

螂（*蜋）　láng 见［螳（táng）螂］、［蜣（qiāng)螂]、[蟑(zhāng)螂]。

鎯　láng 见[榔头]。

—— lǎng ——

朗　lǎng ❶〈形〉光线充足;明亮:明～|晴～|天～气清|月～星稀。❷〈形〉爽快;不阴郁低沉:爽～|开～。❸〈形〉声音清晰响亮:～诵|～读。❹〈名〉姓。

【朗朗】lǎnglǎng ❶〈形〉非常明亮:～乾坤。❷〈拟〉形容清晰响亮的读书声:书声～～。

【朗润】lǎngrùn〈形〉明朗润泽。

【朗诵】lǎngsòng〈动〉大声而带有感情地诵读诗或散文。

【朗照】lǎngzhào〈动〉❶指日月光辉照耀。❷明察;明鉴。旧时多用在书信结尾,如"伏惟朗照不宣"。

备用词　豁朗 健朗 开朗 明朗 清朗 晴朗 疏朗 爽朗 稀朗 硬朗 豁然开朗

烺　lǎng〈形〉明朗(多用于人名)。

塱（*塱）　lǎng [元塱]〈名〉地名,在广东。

萠　lǎng 方言。〈名〉指沼泽地或滩涂(多用于地名):～底|南～(都在广东)。

槤　lǎng [槤犁]〈名〉地名,在湖南。

—— làng ——

郎　làng [屎壳郎]〈名〉蜣螂。
△另见 láng。

埌　làng 见[圹(kuàng)埌]。

茛　làng [茛菪(dàng)]〈名〉草本植物,根茎块状,花紫黄色,结蒴果,有毒。种子和根、茎、叶都可入药。
△另见 liáng。

崀　làng [崀山]〈名〉地名,在湖南。

阆（閬）　làng [阆中]〈名〉地名,在四川。
△另见 láng。

浪　làng ❶〈名〉波浪:～潮|海～|风平～静。❷〈名〉像波浪那样起伏的东西:麦～|声～|热～。❸〈动〉没有约束;放纵:放～|～费。

❹〈名〉姓。

【浪潮】làngcháo〈名〉比喻规模或声势浩大的社会运动或群众性行动:革命～。

【浪吃二喝】làng chī èr hē 方言。随意大吃大喝。

【浪荡】làngdàng ❶〈动〉到处游逛,不务正业;游荡:终日～。❷〈形〉放荡,行为不检点:～小子。

【浪费】làngfèi〈动〉没有节制地或不得当地使用人力、财物或时间等;铺张～|反对～,提倡节约。

【浪迹】làngjì〈动〉行踪无定,没有固定的住处:～江湖|～天涯。

【浪漫】làngmàn〈形〉❶富有诗意,充满幻想。❷行为放荡,不拘小节(多指男女关系方面)。

【浪人】làngrén〈名〉❶到处漂泊的人。❷日本幕府时代失去禄位到处流浪的武士。

【浪涛】làngtāo〈名〉大波浪。比喻声势浩大的群众运动。

【浪子】làngzǐ〈名〉游手好闲不务正业的青年人:～回头金不换。

备用词　波浪 风浪 海浪 激浪 麦浪 热浪 声浪 放浪 流浪 孟浪 乘风破浪 惊涛骇浪 兴风作浪

蒗　làng [宁(níng)蒗]〈名〉地名,在云南。

—— lāo ——

捞（撈）　lāo〈动〉❶从水或其他液体里取东西:打～|捕～|～鱼|大海～针。❷取得(多指用不正当的手段):～外快|趁机～一把。❸方言。顺手拿或抓:～起铁锹就跑。

—— láo ——

劳（勞）　láo ❶〈动〉劳动:～力|～役|按～分配|不～而获。❷〈动〉敬

辞,表示请托:烦~|~驾。❸〈形〉劳苦;疲劳:~顿|任~任怨。❹〈名〉功劳:~绩|勋~。❺〈动〉慰劳:犒~|~军。❻〈名〉姓。

【劳瘁】láocuì〈形〉辛苦劳累:不辞~。

【劳动】láodòng❶〈名〉人类创造物质或精神财富的活动:体力~|脑力~。❷〈动〉进行劳动;干活:下基层~锻炼。❸〈动〉敬辞,烦劳:~您跑一趟。

【劳顿】láodùn〈形〉劳累:鞍马~。

【劳工】láogōng〈名〉❶旧时称工人:~运动。❷旧社会被迫做苦工的人。

【劳驾】láojià〈动〉客套话,用于请人做事或让路:~帮一下忙。

【劳金】láojīn〈名〉❶付给店员或长工的工钱。❷方言。长工。

【劳苦】láokǔ〈形〉劳累辛苦:不辞~|~大众。

【劳苦功高】láo kǔ gōng gāo 指吃了很多苦,立下了很大的功劳。

【劳劳】láoláo〈形〉怅惘若失的样子:举手长~,二情同依依。

【劳累】láolèi〈形〉由于体力或脑力消耗过度而感到疲乏。

【劳力】láolì〈名〉❶指体力劳动时所用的力气。❷指有体力劳动能力的人。

【劳碌】láolù〈形〉事情多,又辛苦:奔波~|终日~。

【劳民伤财】láo mín shāng cái 既使人民劳苦,又浪费钱财。现多指不讲效果地使用人力和物力。

【劳师】láoshī〈动〉❶慰劳军队。❷出动军队:~远征。

【劳师动众】láo shī dòng zhòng 原指出动大批军队,现多指动用很多人做某件不需要用那么多人来做的事(含不必这样做)。

【劳什子】láoshízi 方言。〈名〉泛指东西(含厌恶意)。也作"牢什子"。

【劳燕分飞】láo yàn fēn fēi 古乐府《东飞伯劳歌》:"东飞伯劳西飞燕,黄姑织女时相见。"后来用"劳燕分飞"比喻别离。

【劳役】láoyì〈名〉指强迫性的劳动:服~。

【劳作】láozuò ❶〈动〉劳动,特指从事体力劳动。❷〈名〉旧时教学生做手工的课程。

备用词 操劳 代劳 耐劳 疲劳 勤劳 劬劳 徒劳 效劳 辛劳 烦劳 偏劳 有劳 功劳 勋劳 酬劳 犒劳 慰劳 汗马功劳 好逸恶劳 犬马之劳 以逸待劳

牢 láo ❶〈名〉养牲畜的圈:亡羊补~。❷〈名〉古代祭祀用的牛、羊、猪:太~(古代祭祀时牛、羊、猪三牲俱全称"太牢",后也专指祭祀用的牛)|少~(古代祭祀时只用羊和猪称"少牢")。❸〈名〉监狱:监~|~狱。❹〈形〉坚固;经久:~固|~靠|~不可破。❺〈名〉姓。

【牢城】láochéng〈名〉宋时负责收管发配因犯的地方。

【牢房】láofáng〈名〉监狱里关押犯人的房间。

【牢固】láogù〈形〉结实;坚固。

【牢靠】láokào〈形〉❶坚固;牢固。❷稳妥可靠:办事~。

【牢笼】láolóng ❶〈名〉关鸟兽的笼子,比喻束缚人的事物。❷〈名〉骗人的圈套:堕入~。❸〈动〉用手段笼络:~诱骗。❹〈动〉束缚:不为旧礼教所~。

【牢骚】láosāo ❶〈名〉烦闷不满的情绪:满腹~。❷〈动〉发泄心中不满;抱怨:~了半天。

【牢什子】láoshízi 同"劳什子"。

备用词 大牢 监牢 囚牢 画地为牢 亡羊补牢

唠(嘮) láo [唠叨](动)说起来没完;絮叨:唠唠叨叨的让人心烦|叽里咕噜地~了半天。
△另见 lào。

崂(嶗) láo〈名〉崂山,山名,在山东。

镑(鐒) láo〈名〉金属元素,符号 Lr。由人工获得,有放射性。

痨(癆) láo〈名〉痨病,中医指结核病:肺~|骨~|肠~|干血~。

醪 láo〈名〉❶浊酒:~糟(糯米酒)。❷醇酒:醇~。

——— lǎo ———

老 lǎo ❶〈形〉年岁大(跟"少"、"幼"相对):~年|~翁|~弱残兵|返~还童。❷〈名〉老年人(常用作尊称):敬~院|扶~携幼。❸〈动〉婉辞,指老人死亡(必带"了"):邻居家~了人了。❹〈形〉很久以前就存在的:~朋友|陈年~酒。❺〈形〉陈旧:~机器|房子太~了。❻〈形〉原来的:~家|~脾气。❼〈形〉阅历深的;有经验的:~手|~资格。❽〈形〉(蔬菜)长得过了适口期(跟"嫩"相对):韭菜~了。❾〈形〉(食物)火候大(跟"嫩"相对):肉片不要炒得太~。❿〈形〉(某些高分子化合物)变

质：～化│防～剂。**⑪**〈形〉（某些颜色）深：～绿│～红。**⑫**〈副〉很久：近来忙吧，～不见了。**⑬**〈副〉a)经常：这些日子～刮风。b)很；极：～早│～远。**⑭**〈形〉排行在末了的：～儿子│～妹子。**⑮**前缀，用于称人、排行次序、某些动植物名：～师│～王│～三│～虎│～鼠│～玉米。**⑯**〈名〉姓。

【老百姓】lǎobǎixìng〈名〉人民；居民（区别于军人和政府工作人员）。

【老板】lǎobǎn〈名〉❶称私营工商业的财产所有者。❷旧时对著名京剧演员或组织戏班的京剧演员的尊称。

【老鸨】lǎobǎo〈名〉鸨母。也叫"老鸨子"。

【老本】lǎoběn〈名〉❶最初的本钱：蚀～。❷比喻原有的可以作为凭借的知识、技能、资历、功劳等：吃～。

【老表】lǎobiǎo〈名〉❶表兄弟。❷方言。对年纪跟自己差不多的不相识的男子的客气称呼。也作"老俵"。

【老成】lǎochéng〈形〉老练成熟：少年～。

【老成持重】lǎochéng chízhòng 阅历深，做事稳重。

【老粗】lǎocū〈名〉指没有文化的人（多用作谦辞）：我是个～，说得不妥请见谅。

【老搭档】lǎodādàng〈名〉经常协作或多年在一起共事的人。

【老大】lǎodà ❶〈名〉称排行第一的人。❷方言。〈名〉木船上的主要船夫，也泛指船夫。❸〈形〉年老：少壮不努力，～徒伤悲。❹〈副〉很；非常：听了这话，～不高兴。

【老到】lǎodào〈形〉❶（做事）老练周到。❷（功夫）精深：文笔～，风格苍劲。

【老当益壮】lǎo dāng yì zhuàng 年纪虽老而干劲儿更足。

【老底】lǎodǐ〈名〉❶内情；底细：揭～。❷指祖上留下的财产；老本：他家的～我知道│他不务正业，几年工夫就把～败光了。

【老调重弹】lǎo diào chóng tán 比喻把陈旧、过时的理论或主张重新搬出来。也说"旧调重弹"。

【老夫】lǎofū〈名〉老年男子的自称。

【老妇】lǎofù〈名〉❶老年的妇女。❷老年妇女的自称。

【老干部】lǎogànbù〈名〉年纪大的或资格老的干部，特指 1949 年 10 月 1 日以前参加革命的干部。

【老汉】lǎohàn〈名〉❶老年男子。❷老年男子的自称。

【老虎凳】lǎohǔdèng〈名〉旧时的一种刑具。是一条长凳，让人坐在上面，用刑时，将两腿平放在凳上，绑紧膝盖，然后在脚跟处垫砖瓦，垫得越高，痛苦也就越大。

【老虎机】lǎohǔjī〈名〉一种赌博机器，内有计算机装置，参赌者将一定数额的硬币投入机器中，如获胜，机器会自动吐出按规则赢得的硬币，否则硬币便被机器吞掉。

【老化】lǎohuà〈动〉❶橡胶、塑料等高分子化合物，在光、热、空气、机械力等的作用下变得黏软或硬脆：塑料管子已经～了。❷指在一定范围内老年人的比重增长：人口～│领导班子～。❸知识等变得陈旧过时：知识～。

【老黄牛】lǎohuángniú〈名〉比喻埋头苦干、勤勤恳恳地为人民服务的人。

【老骥伏枥】lǎo jì fú lì 汉曹操《步出夏门行》："老骥伏枥，志在千里。"比喻有志向的人虽年老而仍有雄心壮志。

【老奸巨猾】lǎo jiān jù huá 形容人极其奸诈狡猾。

【老辣】lǎolà〈形〉老练狠毒。

【老老】lǎolao 同"姥姥"。

【老例】lǎolì〈名〉旧规矩；旧习惯。

【老练】lǎoliàn〈形〉阅历深，经验丰富，做事稳重而有办法。

【老妈子】lǎomāzi〈名〉旧时指年龄较大的女仆。

【老马识途】lǎo mǎ shí tú 比喻有经验的人对工作情况熟悉，能在工作中起引导作用。

【老迈】lǎomài〈形〉年老；衰老。

【老谋深算】lǎo móu shēn suàn 周密的筹划，深远的打算，形容办事精明老练。

【老年性痴呆】lǎoniánxìng chīdāi 由于老年性脑萎缩所导致的进行性智能缺损，不易被发现，病程进展缓慢，主要症状有个性改变，记忆力和判断力下降以至丧失等。

【老娘】lǎoniáng〈名〉❶老母亲。❷已婚的中老年妇女的自称（含自负意）。❸旧称收生婆。❹方言。外祖母。

【老牛舔犊】lǎo niú shì dú 老牛舔小牛，比喻父母疼爱子女。

行动不灵便的样子。

【老头子】lǎotóuzi〈名〉❶年老的男子。❷妻子称丈夫(用于年老的)。

【老翁】lǎowēng〈名〉年老的男子。

【老乡】lǎoxiāng〈名〉❶同乡。❷对不相识的农民的称呼。

【老羞成怒】lǎo xiū chéng nù 因羞愧到了极点而发怒。

【老朽】lǎoxiǔ ❶〈形〉衰老陈腐;老而无用:昏庸～|～无能。❷〈名〉谦辞,老年人的自称。

【老爷】lǎoye ❶〈名〉旧时对官吏或有权势的人的称呼。❷〈名〉旧社会大户人家的仆人称男主人。❸〈名〉称高高在上、脱离群众的人(含讽刺意)。❹同"姥爷"。

【老一套】lǎoyītào〈名〉陈旧的一套,多指没有改变的习俗或工作方法。也说"老套子"。

【老营】lǎoyíng〈名〉❶旧时指军队长期居住的营房。也指战时统帅部所在地。❷旧时指匪徒长期盘踞的地方。

【老子】lǎozi〈名〉❶父亲。❷男性自称(含傲慢、对人不尊重的意味)。

【老总】lǎozǒng〈名〉❶旧时老百姓对一般军人的称呼。❷对中国人民解放军某些高级领导人的尊称(多和姓连用)。❸尊称有总工程师、总经理、总编辑等头衔的人。

备用词 古老 苍老 衰老 父老 耆老 遗老 养老 元老 月老 长老 倚老卖老 天荒地老

【老农】lǎonóng〈名〉有生产经验的老年农民。

【老牌】lǎopái ❶〈名〉创制多年,质量好,被人信任的商标、牌号;这种剪刀是顾客公认的～。❷〈形〉比喻资格老,人所公认的:～足球劲旅|～间谍。

【老气】lǎoqì〈形〉❶老成的样子。❷形容衣服颜色深暗、样式陈旧。

【老气横秋】lǎo qì héng qiū ❶形容摆老资格,自以为很了不起的样子。❷形容缺乏朝气,暮气沉沉的样子。

【老前辈】lǎoqiánbèi〈名〉对同行里年纪较大、资格较老、经验较丰富的人的尊称:他是咱们球队的～。

【老秋】lǎoqiū〈名〉深秋。

【老人家】lǎorenjia〈名〉❶对年老的人的尊称。❷对人称自己的或对方的父母。

【老三届】lǎosānjiè〈名〉指 1966 年、1967 年、1968 年三届的初、高中毕业生。

【老身】lǎoshēn〈名〉老年妇女的自称(多见于早期白话)。

【老生常谈】lǎo shēng cháng tán 原指老书生的平凡议论,现指听惯了的没有新意的老话。

【老师】lǎoshī〈名〉❶教师。❷泛指在业务知识、工作能力等方面值得学习的人。

【老实】lǎoshi〈形〉❶诚实;不虚假:忠诚～|为人～。❷听话,不惹事:这些孩子数他最～。

【老手】lǎoshǒu〈名〉对于某事富有经验的人。

【老太婆】lǎotàipó〈名〉❶年老的妇女。❷丈夫称妻子(用于年老的)。

【老态龙钟】lǎotài lóngzhōng 形容身体衰老、

佬 lǎo〈名〉成年的男子(含轻视意):阔～|乡下～。

捞 lǎo〈动〉绰(chāo);抓取:他～起一杆猎枪就冲了出去。

姥 lǎo 见下。
△另见 mǔ。

【姥姥】lǎolao 也作"老老"。〈名〉❶外祖母。❷方言。收生婆。

【姥爷】lǎoye〈名〉外祖父。也作"老爷"。

栳 lǎo 见〖栲(kǎo)栳〗。

铑(銠)lǎo 金属元素,符号 Rh。银白色,通常镀在探照灯等的反射镜上。

潦 lǎo ❶〈形〉雨水大。❷〈名〉路上的流水、积水,也指雨后的大水。
△另见 liáo。

══ lào ══

络（絡） lào［络子］〈名〉❶按照所装物件的形状，用线结成的网状袋子。❷一种绕线绕纱的器具。
　　△另见 luò。

唠（嘮） lào 方言。〈动〉说；谈（话）：～家常｜俩人～得挺热火。
　　△另见 láo。

【唠扯】làochě 方言。〈动〉闲谈；聊天儿。
【唠嗑】làokē 方言。〈动〉闲谈；聊天儿。

烙 lào〈动〉❶用烧热的金属器物烫，使衣服平整或在物体上烫出标记：～印｜～衣服。❷把面食放在烧热的铛或锅上烤熟：～饼｜～锅贴。
　　△另见 luò。

【烙印】làoyìn〈名〉❶在牲畜或器物上烫的作为标记的火印。❷比喻不易磨灭的痕迹：阶级～。❸比喻在脑海里留下的深刻印象。

涝（澇） lào ❶〈形〉庄稼因雨水过多而被淹（跟"旱"相对）：～灾｜防～｜旱～保收。❷〈名〉田地里因雨水过多而积的水：排～。

落 lào〈动〉义同"落"（luò）①②⑥⑨⑪。
　　△另见 là；luō；luò。

【落不是】lào bùshi 被认为有过失而受责难：做这件事我不怕苦，就怕～｜跟他跑里跑外忙了半天，反落了一身不是。
【落汗】làohàn〈动〉身上的汗水消下去：累了半天，等落了汗再接着干吧。
【落价】làojià〈动〉降价；减价。

耢（耮） lào ❶〈名〉平整土地用的一种农具，用藤条或荆条编成，长方形，功用和耙差不多。也叫"耱（mò）"或"盖"。❷〈动〉用耢平整土地：～地。

酪 lào〈名〉❶用牛、羊、马的乳汁做成的半凝固食品：奶～。❷用果子或果仁做成的糊状食品：杏仁～｜山楂～。

嫪 lào 嫪毐（ǎi），战国时秦国人。

══ lē ══

肋 lē［肋腻（te，又读 de）］方言。〈形〉（衣着）不整洁，不利落。
　　△另见 lèi。

══ lè ══

仂 lè ❶〈名〉余数。❷［仂语］〈名〉词组的旧称。

叻 lè〈名〉指新加坡（我国侨民称新加坡为石叻、叻埠）：～币。

乐（樂） lè ❶〈形〉愉快；高兴：欢～｜快～｜～事｜～趣｜助人为～｜～极生悲。❷〈动〉乐于：喜闻～见｜善好施。❸〈动〉笑：一句玩笑把她逗～了。❹〈名〉姓。
　　△另见 yuè。

【乐不思蜀】lè bù sī shǔ《三国志·蜀志·后主传》注引《汉晋春秋》载，蜀汉亡国后，后主刘禅被安置在魏国都城洛阳。一天，司马昭问他："颇思蜀否？"他说："此间乐，不思蜀。"后用"乐不思蜀"泛指乐而忘返。
【乐观】lèguān〈形〉精神愉快，对事物的发展充满信心（跟"悲观"相对）。
【乐趣】lèqù〈名〉人对于事物所感到的快乐和趣味。
【乐岁】lèsuì〈名〉丰年。
【乐天】lètiān〈动〉安于自己的处境，无忧无虑：～派。
【乐土】lètǔ〈名〉安乐的地方。
【乐业】lèyè〈动〉乐于本业：安居～。
【乐意】lèyì ❶〈动〉甘心愿意。❷〈形〉满意；高兴。

备用词　安乐　和乐　欢乐　康乐　快乐　逸乐　游乐　娱乐　取乐　享乐　行乐　作乐

泐 lè ❶〈动〉石头裂开。❷〈动〉书写：手～。❸同"勒"④。

勒 lè ❶〈名〉带嚼子的马笼头：马～。❷〈动〉收住缰绳，使骡马等停止前进：悬崖～马。❸〈动〉强制；逼迫：～令｜～索。❹〈动〉雕刻：～石｜～碑。❺〈名〉姓。
　　△另见 lēi。

【勒兵】lèbīng〈动〉❶统率军队。❷检阅军队。
【勒令】lèlìng〈动〉用强制性的命令迫使某事。
【勒索】lèsuǒ〈动〉用强迫威胁的手段向人索取财物：敲诈～。

簕 lè［簕竹］〈名〉竹子的一种，叶子背面有稀疏的短毛。

鳓（鰳） lè〈名〉鱼，身体侧扁，银白色，头小，生活在海洋中。也叫"鲙（kuài）鱼"、"白鳞鱼"或"曹白鱼"。

══ le ══

了 le〈助〉❶用在动词或形容词后面，表示动作或变化已经完成：买～一本书｜你先去，我下～班就去。❷用在句末或句中停顿

的地方,表示变化或出现新的情况:下雨~|你早来一天就见着他~。❸用在句末或句中停顿的地方,表示催促或劝止:走吧,不能再等~!|好~,好~,别翻老账~!

△另见 liǎo。

饹(餎) le 见[饸(hé)饹]。

== lēi ==

勒 lēi〈动〉用绳子等捆住或套住,再用力拉紧:~紧裤腰带|行李没捆紧,要~一~。

△另见 lè。

== léi ==

累(纍) léi ❶〈名〉绳索。❷〈动〉捆绑;囚系。❸〈动〉缠绕。

△另见 lěi;lèi。

【累累】léiléi〈形〉❶颓丧的样子:~若丧家之狗。❷接连成串;连缀不绝:~硕果。

△另见 lěilěi。

【累赘】(累坠)léizhui ❶〈名〉多余而无用的人或事物。❷〈动〉使人感到多余或麻烦。❸〈形〉文字不简洁。

雷 léi ❶〈名〉云层放电时发出的巨响:打~|~雨|~暴|如~贯耳。❷〈名〉军事上用的爆炸武器:地~|鱼~|水~|手~。❸同"擂"(léi)①。❹〈名〉姓。

【雷池】léichí〈名〉古水名,在今安徽望江。参见[不敢越雷池一步]。

【雷达】léidá〈名〉利用极短的无线电波进行探测的装置。

【雷动】léidòng〈形〉声音像打雷一样:欢声~。

【雷管】léiguǎn〈名〉弹药、炸药包等的发火装置。

【雷厉风行】léi lì fēng xíng 像打雷那样猛烈,像刮风那样快。比喻行动起来极为迅速。

【雷声大,雨点小】léishēng dà,yǔdiǎn xiǎo 比喻声势大,实际行动却很少。

【雷霆】léitíng〈名〉❶暴雷;疾雷:~乍惊。❷比喻威力或怒气:~万钧之力|大发~。

【雷霆万钧】léitíng wàn jūn 比喻威力巨大。

【雷同】léitóng〈动〉❶旧说打雷时,许多东西同时响应。比喻随声附和。❷指不该相同而相同。

备用词 春雷 风雷 焦雷 闷雷 霹雷 炸雷 布雷 排雷 扫雷 暴跳如雷

傫 léi 同"儽"。

【傫然】léirán〈形〉❶颓丧的样子。❷聚集的样子。

嫘 léi 用于人名。嫘祖,传说中黄帝的妻子,是最早养蚕的人。

缧(縲) léi〈名〉古代捆绑犯人的绳索:~绁。

【缧绁】léixiè ❶〈名〉古代捆绑犯人的绳索。❷〈动〉囚禁。

擂 léi〈动〉❶打:~鼓|了他一拳。❷研磨:~钵。

△另见 lèi。

檑 léi〈名〉古代作战时从高处推下的用来打击敌人的圆柱形木头:~木。

礌(*礧) léi ❶〈名〉古代作战时从高处推下的用来打击敌人的石头:~石。❷〈动〉击。

镭(鐳) léi〈名〉金属元素,符号 Ra。银白色,有放射性,可用来治疗癌症等。

羸 léi ❶〈形〉瘦;瘦弱:~兵|~顿(消瘦困顿)|~弱(瘦弱)。❷〈名〉姓。

儽 léi〈形〉颓丧的样子。

== lěi ==

耒 lěi〈名〉❶古代的一种农具,形状像木叉。❷古代农具"耒耜"上的木柄。

【耒耜】lěisì〈名〉古代一种翻土的农具,形状像犁。后也用作农具的统称。

诔(誄) lěi ❶〈动〉叙述死者事迹表示哀悼(多用于上对下)。❷〈名〉这类哀悼的文章。

垒(壘) lěi ❶〈动〉用砖、石等砌筑:~墙|~猪圈。❷〈名〉军营的围墙或工事:堡~|营~|深沟高~|森严壁~。

累(❶❷❹❺纍) lěi ❶〈动〉积累:~计|日积月~|危如~卵。❷〈动〉连续:~犯|连篇~牍|欢聚~日。❸〈动〉牵连:牵~|~及。❹同"垒"①:~土为山。❺〈动〉〈副〉屡次:~教不改。

△另见 léi;lèi。

【累次】lěicì〈副〉屡次。

【累积】lěijī〈动〉层层增加;积聚。

【累及】lěijí〈动〉牵连;连累到:~无辜。

【累教不改】lěi jiào bù gǎi 屡教不改。

【累进】lěijìn〈动〉以某数为基数,按几何级数(如 2,4,8)或算术级数(如 2%,2.5%,3%)

而递增：～税。

【累累】léiléi❶〈副〉屡屡。❷〈形〉形容积得很多：罪行～。

　　△另见 léiléi。

【累卵】léiluǎn〈名〉一层一层堆叠起来的蛋，比喻极不稳定，随时都有可能垮台：危如～。

备用词　带累　挂累　亏累　连累　牵累　拖累　积累　日积月累　铢积寸累

磊

lěi ❶〈形〉石头多。❷〈动〉堆叠。

【磊落】lěiluò〈形〉胸怀坦白，光明正大：光明～。

蕾

lěi〈名〉没有开放的花；花骨朵：花～|蓓(bèi)～。

偏

lěi见[傀(kuǐ)偏]。

—— lèi ——

肋

lèi〈名〉胸部的侧面：两～|左～|右～|～骨。

　　△另见 lē。

泪（*淚）

lèi〈名〉❶眼泪：～花|热～|哭天抹～。❷像眼泪的东西：烛～(蜡烛燃烧时淌下的蜡油)。

【泪眼】lèiyǎn〈名〉含着泪水的眼睛：～模糊。

类（類）

lèi❶〈名〉许多相似或相同的事物的综合：种类；门～|～型|出～|拔萃|触～旁通。❷〈动〉像；相似：～似|～人猿|画虎不成反～狗。❸〈名〉姓。

【类比】lèibǐ〈名〉一种推理方法，根据两种事物在某些特征上的相似，做出它们在其他特征上也可能相似的结论。

【类书】lèishū〈名〉摘录各种书上的有关材料按内容分门别类地编排在一起以备检查的书籍，如《皇览》、《艺文类聚》、《太平御览》、《册府元龟》、《古今图书集成》等。

【类似】lèisì〈动〉大致相像。

【类推】lèituī〈动〉比照某一事物的道理推出同类其他事物的道理。

【类型】lèixíng〈名〉具有共同特征的事物所形成的种类。

备用词　败类　丑类　部类　门类　品类　同类　异类　种类　分门别类　呼朋引类　物伤其类　有教无类　不伦不类　诸如此类

累

lèi❶〈形〉疲劳：劳～|吃苦受～|～得腰酸腿疼。❷〈动〉使疲劳；使劳累：～人|眼睛刚好，不要～着它。❸〈动〉操劳：～了一天，该休息了。

　　△另见 léi；lěi。

酹

lèi〈动〉把酒浇在地上，表示祭奠。

擂

lèi〈名〉擂台，为了比武所搭的台子：摆～|打～。

　　△另见 léi。

【擂台】lèitái〈名〉为了比武所搭的台子：摆～|打～。

—— lei ——

嘞

lei〈助〉用法跟"喽"(lou)相似，比"喽"更轻快些：好～，我就去|雨住了，走～！

—— lēng ——

棱

lēng见[扑棱]。

　　△另见 léng；líng。

嘞

lēng〈拟〉形容纺车等转动的声音：纺车～～转得欢。

—— léng ——

崚

léng[崚嶒(céng)]〈形〉(山)高峻突兀的样子：悬崖～。

塄

léng方言。〈名〉田地边上的坡：～坎。

棱（*稜）

léng〈名〉❶物体上不同方向的两个平面连接的部分：～角|三～镜|桌子～儿。❷物体上凸起的条形部分：瓦～|眉～。

　　△另见 lēng；líng。

【棱角】léngjiǎo〈名〉❶棱和角。❷比喻显露在外的锋芒：不露～。

楞

léng同"棱"(léng)。

— lěng —

冷 lěng ❶〈形〉温度低；感觉温度低（跟"热"相对）：寒～|冰～|～风。❷〈形〉不热情；不温和：～淡|～言～语。❸〈形〉寂静；不热闹：～寂|～落。❹〈形〉生僻；少见的：～僻|～字眼。❺〈形〉不受欢迎的；没人过问的：～货|～门|坐～板凳。❻〈形〉乘人不备，暗中发射的（箭、子弹）：～箭|～枪。❼〈形〉出乎意料地：～不防。❽〈名〉姓。

【冷不防】lěngbufáng〈副〉突然；没有料到：～掉进泥坑里。

【冷场】lěngchǎng〈动〉❶演出时因演员迟到或忘记台词而中断。❷指开会时没有人发言。

【冷嘲热讽】lěng cháo rè fěng 尖刻、辛辣的嘲笑和讽刺。

【冷淡】lěngdàn ❶〈形〉不热闹；不兴隆：生意～。❷〈形〉不热情；不亲热：态度～。❸〈动〉使受到冷淡的待遇：别～了客人。

【冷风】lěngfēng〈名〉比喻背地里散布的消极言论：吹～。

【冷宫】lěnggōng〈名〉旧小说、戏曲中指失宠的后妃居住的地方，现在比喻存放不用的东西的地方：打入～。

【冷寂】lěngjì〈形〉冷清而寂静。

【冷静】lěngjìng〈形〉❶安定镇静；沉着～。❷保持清醒，不感情用事：头脑～。

【冷酷】lěngkù〈形〉（待人）冷淡苛刻，毫无情义。

【冷落】lěngluò ❶〈形〉冷清；不热闹：～荒凉|门庭～。❷〈动〉使受到冷淡的待遇：别～了朋友。

【冷门】lěngmén〈名〉❶原指赌博时赌注下得少的一门，现比喻很少有人从事的感兴趣的工作、事业等。❷指想不到的事：爆～。

【冷漠】lěngmò〈形〉对人或事物态度冷淡，毫不关心。

【冷暖】lěngnuǎn〈名〉冷和暖，泛指人的生活起居。

【冷僻】lěngpì〈形〉❶冷落偏僻：～的小山村。❷生僻；不常见的：～字。

【冷峭】lěngqiào〈形〉❶寒气逼人。❷比喻语言尖刻；严峻。

【冷清】lěngqīng〈形〉人少而静，不热闹。

【冷却】lěngquè〈动〉热的物体的温度降低。

【冷若冰霜】lěng ruò bīng shuāng 形容待人不热情。也形容态度严肃，不易接近。

【冷森森】lěngsēnsēn〈形〉形容冷气逼人。

【冷丝丝】lěngsīsī〈形〉形容有点儿冷。

【冷飕飕】lěngsōusōu〈形〉形容很冷（多指风）。

【冷笑】lěngxiào〈动〉含有讥讽、不满意、不以为然等意味的笑。

【冷言冷语】lěng yán lěng yǔ 含有讽刺意味的冷冰冰的话。

【冷眼】lěngyǎn〈名〉❶对事物冷静的或冷淡的态度：～旁观。❷冷淡的待遇：～相待。

【冷遇】lěngyù〈名〉冷淡的待遇：受～。

【冷战】lěngzhàn〈名〉❶指国际间不使用武器的斗争（对"热战"而言）。❷因受冷或害怕而身子突然发抖的现象：打了一个～。

备用词 冰冷 干冷 寒冷 清冷 阴冷 齿冷 心灰意冷

— lèng —

埭 lèng[长坡埭]〈名〉地名，在江西。

愣 lèng ❶〈动〉失神；呆：发～|～神儿。❷〈形〉说话做事不考虑效果；鲁莽：别～干|～头～脑。

【愣头愣脑】lèng tóu lèng nǎo 形容鲁莽冒失的样子。

【愣头儿青】lèngtóurqīng 方言。〈名〉莽撞的人。

【愣怔】lèngzheng 同"睖睁"。

睖 lèng[睖睁(zheng)]也作"愣怔"。〈动〉❶发呆地直视：～着眼睛，不知他在想什么？❷发愣。

— lī —

哩 lī ❶[哩哩啰啰]〈形〉形容说话啰唆，口齿不清。❷[哩哩啦啦]〈形〉零零散散或断断续续的样子。

△另见 lǐ；li。

— lí —

丽（麗） lí ❶[丽水]〈名〉地名，在浙江。❷[高丽]〈名〉朝鲜历史上的王朝，我国沿用指朝鲜。

△另见 lì。

厘（＊釐） lí ❶〈量〉计量单位名称。a)长度，10毫等于1厘，10厘等于1分。b)重量，10毫等于1厘，10厘等于1

分。c)地积,10厘等于1分。d)利率,年利率一厘是每年百分之一,月利率一厘是每月千分之一。❷〈动〉整理;治理:~定|~正。

△"釐"另见 xǐ。

【厘定】lídìng〈动〉整理规定:~规章制度。

【厘正】lízhèng〈动〉订正;改正。

狸(*貍) lí[狸猫]〈名〉哺乳动物,外形像猫,毛棕黄色,头部有黑色条纹,身上有黑褐色斑点,尾部有横纹,性凶猛。也叫"豹猫"、"山猫"。

离(離) lí❶〈动〉分离;离开:~别|隔~|悲欢~合|众叛亲~。❷〈动〉距离;相距:这里~车站很近|年底还有两个月。❸〈动〉缺少:庄稼~不了阳光雨露。❹〈动〉遭遇;遭逢:~忧。❺〈名〉八卦之一,卦形是"☲",代表火。❻〈名〉姓。

【离别】líbié〈动〉较长时间地跟熟悉的人或地方分开。

【离愁】líchóu〈名〉离别的愁苦:~别绪(离别亲友的愁苦的心情)。

【离宫】lígōng〈名〉古代帝王在都城之外的宫殿。

【离恨】líhèn〈名〉离别的怨恨。

【离间】líjiàn〈动〉从中挑拨,使不团结、不和睦。

【离离】lílí〈形〉❶繁密茂盛的样子:~原上草,一岁一枯荣。❷忧伤的样子。

【离奇】líqí〈形〉(情节)不平常;出人意料;不可捉摸:~的传说。

【离群索居】lí qún suǒ jū 离开同伴,孤独地生活(索居:单独居住)。

【离散】lísàn〈动〉❶(亲属)分散不能团聚。❷使分离;拆散:~天下之子女,以博我一人之产业,曾不惨然。

【离退休】lí-tuìxiū 离休和退休。

【离违】líwéi〈动〉背离。

【离乡背井】lí xiāng bèi jǐng 见【背井离乡】。

【离心离德】lí xīn lí dé 集体中的人思想、行动不一致,不够一条心。

【离休】líxiū〈动〉具有一定资历、符合规定条件的老年干部离职休养:~干部|这位老红军战士已经~多年了。

【离异】líyì〈动〉离婚。

【离辙】lízhé〈动〉比喻离开正确的道路或主题:办事要讲原则,可不能~。

【离职】lízhí〈动〉❶暂时离开职位:~学习一年。❷离开工作岗位,不再回来:他去年自动

~离开重庆去北京工作了。

备用词 背离 别离 分离 隔离 距离 流离 乱离 叛离 脱离 游离 支离 陆离 迷离 斑驳陆离 不即不离 颠沛流离 光怪陆离 貌合神离 扑朔迷离 若即若离 形影不离 众叛亲离

骊(驪) lí❶〈名〉纯黑色的马:~马。❷〈动〉并列:~驾四鹿。

【骊驹】líjū〈名〉纯黑色的马。

梨(*棃) lí〈名〉❶梨树,乔木或灌木,花一般白色,果实是普通水果。品种很多。❷姓。

【梨花简】líhuājiǎn〈名〉演唱大鼓伴奏用的器具,多为半月形金属片。

【梨园】líyuán〈名〉据说唐玄宗曾选乐工三百人,宫女数百人在梨园演习音乐舞蹈。后沿用梨园为戏院或戏曲界的别称:~弟子(称戏曲演员)。

犁(*犂) lí❶〈名〉翻土用的农具:~铧|五铧~|一张~。❷〈动〉用犁耕地:~地。❸〈名〉姓。

鹂(鸝) lí[黄鹂]〈名〉鸟,羽毛黄色,眼部到头后部黑色,嘴淡红色,叫的声音很好听。也叫"鸧鹒"、"黄莺"。

喱 lí见[咖](ga)喱]。

蓠(蘺) lí[江蓠]〈名〉❶藻类的一种,暗红色,可用来制琼胶。❷古书上指一种香草。

蜊 lí[蛤(gé)蜊]〈名〉❶软体动物,体长约3厘米,壳卵圆形,淡褐色。生活在浅海底。❷文蛤的通称。

漓(❷灕) lí❶见【淋(lín)漓】。❷〈名〉漓江,水名,在广西。

缡(縭*褵) lí〈名〉古代妇女的佩巾:结~(古代指女子出嫁)。

璃（*琍瓈）lí 见[玻(bō)璃]、[琉(liú)璃]。

嫠 lí[嫠妇]〈名〉寡妇。

黎 lí❶〈形〉众：～民｜～庶。❷〈形〉黑：～黑。❸〈名〉姓。

【黎黑】líhēi 见[黧黑]。

【黎民】límín〈名〉民众；百姓。

【黎明】límíng〈名〉天将亮未亮或刚亮的时候。

【黎庶】líshù〈名〉黎民。

【黎元】líyuán〈名〉老百姓。

鲡（鱺）lí 见[鳗(mán)鲡]。

罹 lí❶〈动〉遭遇；遭受(灾祸或疾病)：～祸｜～病。❷〈名〉忧患；苦难：逢此百～。

【罹难】línàn〈动〉遭遇意外的灾祸而死亡；被害。

篱（籬）lí〈名〉篱笆，用竹子或树枝等编成的遮拦物：绿～｜藩～｜樊～｜竹～｜～茅舍。

醨 lí〈名〉薄酒，味淡的酒。

藜（*蔾）lí〈名〉草本植物，花黄绿色，叶子略呈三角形，嫩叶可以吃：～杖(用藜的老茎做的手杖)。

【藜藿】líhuò〈名〉泛指野菜：～之羹。

黧 lí〈形〉黑：～黑。

【黧黑】(黎黑)líhēi〈形〉(脸色)黑：面目～。

蠡 lí〈名〉❶贝壳做的瓢：以～测海。❷贝壳。

△另见 lǐ。

【蠡测】lícè〈动〉"以蠡测海"的略语，比喻以浅见揣度：管窥～。

━━ lǐ ━━

礼（禮）lǐ❶〈名〉泛指奴隶社会、封建社会贵族等级制度的社会规范和道德规范。❷〈名〉社会生活中由于风俗习惯而形成的为大家共同遵守的仪式：典～｜祭～。❸〈名〉表示尊敬的言语或动作：～貌｜～仪｜敬～｜～尚往来。❹〈动〉以礼相待：敬贤～士。❺〈名〉礼物，赠送的物品：贺～｜彩～｜～金｜～品。❻〈名〉姓。

【礼拜】lǐbài❶〈动〉教徒向所信奉的神行礼：做～｜烧香～。❷〈动〉泛指行礼。❸〈名〉星期：上～｜～六。❹〈名〉指礼拜天，即星期天。

【礼宾】lǐbīn〈形〉按一定的礼仪接待宾客的(多用在外交场合)：～服｜～司｜～用车。

【礼兵】lǐbīng〈名〉在隆重的庆典和迎宾、葬礼等活动中接受检阅或担任升旗、护卫灵柩等任务的军人：人民解放军～。

【礼成】lǐchéng〈动〉仪式结束：～后发布新闻。

【礼法】lǐfǎ〈名〉社会上通行的法纪和礼仪。

【礼花】lǐhuā〈名〉举行庆祝活动时放的烟火。

【礼教】lǐjiào〈名〉封建社会束缚人的思想行动、有利于统治阶级的礼节和道德。

【礼节】lǐjié〈名〉表示尊敬、祝颂、哀悼、欢迎等各种惯用的形式，如敬礼、握手、献花圈、献哈达、鸣礼炮等。

【礼貌】lǐmào〈名〉在言语、动作上表现出来的谦虚恭敬的态度：讲～｜文明～。

【礼让】lǐràng〈动〉表示礼貌和谦让：安全～。

【礼尚往来】lǐ shàng wǎng lái 在礼节上讲究有来有往。

【礼数】lǐshù〈名〉礼节：懂～｜～周到。

【礼堂】lǐtáng〈名〉供开会、演出或举行典礼等用的大厅。

【礼帖】lǐtiě〈名〉旧时订婚的证书。

【礼贤下士】lǐ xián xià shì 旧时指地位高的人降低自己的身份去结交比自己地位低下而有才德的人。

【礼仪】lǐyí〈名〉礼节和仪式：外交～｜～小姐｜～之邦。

【礼仪小姐】lǐyí xiǎojiě 在宾馆、酒店或大型仪式、活动中从事礼节性服务工作的年轻女子。

【礼义廉耻】lǐ yì lián chǐ 指崇礼、行义、廉洁、知耻，是古代推行的道德准则。

【礼遇】lǐyù〈名〉尊敬有礼的待遇。

【礼赞】lǐzàn〈动〉崇敬与赞美。

备用词 敬礼 赔礼 施礼 洗礼 行礼 赞礼 典礼 观礼 巡礼 财礼 彩礼 贺礼 婚礼 祭礼 聘礼 丧礼 寿礼 彬彬有礼 分庭抗礼

李 lǐ〈名〉❶李子树，小乔木，花白色，果实球形，黄色或紫红色，是普通水果。❷姓。

【李代桃僵】lǐ dài táo jiāng 古乐府《鸡鸣》："桃生露井上，李树生桃旁。虫来啮桃根，李树代桃僵。树木身相代，兄弟还相忘。"后来用"李代桃僵"比喻以此代彼或代人受过。

里（❶❷❼❽裏 *❶❷❼❽裡）lǐ❶〈名〉衣服被褥等不露在外面的那一层；纺织品的反面：衬～｜被～｜衣服～子。❷〈名〉里边；里

边的(跟"外"相对):~屋|~院。❸〈名〉街坊:邻~|~弄。❹〈名〉家乡:故~|乡~。❺〈名〉古代五家为邻,五邻为里。❻〈量〉长度单位,1 市里等于 150 市丈,合 500 米。❼〈名〉里面;内部(跟"外"相对):手~|柜子~|话~有话。❽〈名〉附在"这"、"那"、"哪"等后面表示处所:这~|头~。❾〈名〉姓。

【里程】lǐchéng〈名〉❶路程:~表。❷指发展的过程:革命的~。

【里程碑】lǐchéngbēi〈名〉❶路旁所设的记载里数的标志。❷比喻历史进程中可以作为标志的大事。

【里弄】lǐlòng 方言。〈名〉巷、小胡同的总称。

【里手】lǐshǒu 方言。〈名〉内行;行家:行家~。

【里胥】lǐxū〈名〉古代管理乡里事务的小吏。

【里应外合】lǐ yìng wài hé 外面攻打,里面接应。

【里正】lǐzhèng〈名〉古代的乡官。唐朝制度,百户为一里,设里正一人。

备用词 故里 邻里 闾里 乡里 墟里 梓里 鞭辟入里 跛鳖千里 尺幅千里 鹏程万里 沃野千里 一日千里 一泻千里 由表及里

俚 lǐ〈形〉粗俗:~俗|~语|~曲|~歌(民间歌谣)。

【俚俗】lǐsú〈形〉粗俗。

【俚语】lǐyǔ〈名〉粗俗的或通行面极窄的方言词语,如北京话里的"念山音"(从旁说破坏性的话)、上海话里的"香鼻头"(亲嘴;相撞)。

逦(邐) lǐ[逦迤(yǐ)]〈形〉逦迤。

哩 lǐ,旧又读 yīnglǐ〈量〉"英里"旧也作"哩"。
△另见 lī;li。

浬 lǐ,又读 hǎilǐ〈量〉"海里"旧也作"浬"。

悝 lǐ〈形〉忧;悲。
△另见 kuī。

娌 lǐ 见[妯(zhóu)娌]。

理 lǐ❶〈名〉物质组织的条纹;纹理:木~|肌~。❷〈名〉条理:文~|~屈|顺~成章。❸〈名〉道理;事理:合~|真~|至~|名言|~当如此。❹〈名〉自然科学,有时特指物理学:~科|~疗|~数|~化。❺〈动〉管理;办理:处~|财~|日~万机|当家~事。❻〈动〉整理;使整齐:~发|修~。❼〈动〉对别人的言行表示态度;表示意见(多用于否定):~睬|答~|置之不~。❽〈名〉姓。

【理财】lǐcái〈动〉管理财物或财务:当家~|~之道。

【理睬】lǐcǎi〈动〉对别人的言语行动表示态度;表示意见(多用于否定式)。

【理合】lǐhé〈动〉按理应当;理该:~当先破敌。

【理会】lǐhuì〈动〉❶明白;知晓。❷注意;理睬(多用于否定式)。❸评理;交涉。❹照顾;照料。❺处理;过问;解决。❻考虑;计较;商量。

【理解】lǐjiě〈动〉明白;了解。

【理据】lǐjù〈名〉理由;根据:申辩要有~|这篇论文观点明确,~充足|申辩要有~。

【理亏】lǐkuī〈形〉理由不足;(行为)不合道理:他觉得~,就不再说什么了|他自知~,慢慢地低下了头。

【理疗】lǐliáo ❶〈名〉物理疗法的简称:做~。❷〈动〉用物理疗法治疗:他~一个月后觉得好多了。

【理论】lǐlùn ❶〈名〉人们由实践概括出来的关于自然界和人类社会的知识的有系统的结论。❷〈动〉论理;辩论是非:他不讲理,咱不与他~。❸〈动〉处理。

【理念】lǐniàn〈名〉❶信念:人生~。❷思想;观念:经营~|文化~。

【理赔】lǐpéi〈动〉合同双方中的一方在对方要求赔偿时进行处理:保险公司按约~。

【理气】lǐqì〈动〉中医指用药物来治疗气滞、气逆或气虚:~调中。

【理屈】lǐqū〈形〉理亏:~词穷|他自知~,就没再说什么。

【理屈词穷】lǐ qū cí qióng 理由站不住脚,无话可反驳。

【理事】lǐshì ❶〈动〉过问、处理事情。❷〈名〉代表团体行使职权并处理事情的人:~会|常务~。

【理所当然】lǐ suǒ dāng rán 按道理说应当这样。

【理想】lǐxiǎng ❶〈名〉对美好未来的想象或希望(多指合理的、有可能实现的):崇高的~。❷〈形〉符合希望的;令人满意的:~的工作。

【理性】lǐxìng ❶〈形〉指属于判断、推理等活动的(跟"感性"相对):~认识。❷〈名〉从理智上控制行为的能力:失去~,大吵大闹。

【理性认识】lǐxìng rènshi 认识的高级阶段。在感性认识的基础上,把所获得的感觉材料,经过思考、分析,加以去粗取精、去伪存真、由此及彼、由表及里的整理和改造，从而获得比感性认识更深刻、更正确、更全面的认识。理性认识是感性认识的飞跃，它反映事物的全体、本质和内部联系。

【理学】lǐxué〈名〉宋明时期的唯心主义哲学思想。以周敦颐、程颢、程颐、朱熹为代表的客观唯心主义认为"理"是先于世界而存在的精神实体，世界万物都是由"理"派生的。以陆九渊、王守仁为代表的主观唯心主义认为"心外无理"，主观意识是派生世界万物的本原。也叫"道学"。

【理由】lǐyóu〈名〉事情为什么要这样做或那样做的道理：～充足。

【理直气壮】lǐ zhí qì zhuàng 理由充分，说话就有气势。

【理智】lǐzhì〈名〉辨别是非、利害关系以及控制自己行为的能力。

备用词　办理　处理　代理　管理　护理　料理　清理　审理　摄理　梳理　署理　调理　修理　整理　治理　自理　合理　无理　有理　在理　讲理　论理　评理　说理　经理　襄理　协理　助理　总理　条理　文理　道理　定理　公理　伦理　情理　事理　天理　义理　原理　哲理　真理　正理　生理　心理　合情合理　慢条斯理　入情入理　伤天害理　通情达理　言之成理　置之不理

锂（鋰）lǐ〈名〉金属元素，符号Li。银白色，质软，是最轻的金属。工业上用途很广。

鲤（鯉）lǐ〈名〉鱼，身体侧扁，青黄色，嘴边有一对须，是我国重要的淡水鱼类之一。

澧lǐ〈名〉澧水，水名，在湖南。

醴lǐ〈名〉❶甜酒：～酒。❷甜美的泉水：～泉。

鳢（鱧）lǐ〈名〉鱼，身体近圆筒形，性凶猛，生活在淡水中。最常见的是乌鳢。

蠡lǐ❶用于人名。范蠡，春秋时人。❷〈名〉蠡县，地名，在河北。
△另见lí。

—— lì ——

力lì❶〈名〉指改变物体运动状态的作用。力的三要素是力的大小、方向和作用点。❷〈名〉力量；能力：人～｜物～｜视～｜药～｜战斗～。❸〈名〉专指体力：～士｜四肢无～｜大

如牛。❹〈动〉尽力；努力：～图｜工作不～。❺〈名〉姓。

【力不从心】lì bù cóng xīn 心里想做，但能力达不到。

【力竭声嘶】lì jié shēng sī 见〖声嘶力竭〗。

【力量】lìliang〈名〉❶力气。❷能力：尽一切做好工作。❸指事物所发生的作用和效力：这种农药～大。

【力气】lìqi〈名〉人或动物筋肉的效能；气力。

【力求】lìqiú〈动〉努力追求；极力谋求：～成功。

【力透纸背】lì tòu zhǐ bèi ❶形容书法遒劲有力。❷形容诗文工力深，立意深刻有力。

【力挽狂澜】lì wǎn kuáng lán 比喻用巨大的力量扭转动荡不定的危险局势。

【力作】lìzuò❶〈动〉尽力劳作：农夫小民，盛夏～。❷〈名〉很成功而有力量的作品。

备用词　大力　鼎力　奋力　极力　竭力　尽力　勤力　努力　并力　合力　通力　协力　暴力　法力　魔力　权力　神力　势力　威力　武力　精力　能力　魄力　潜力　毅力　智力　压力　阻力　不遗余力　度德量力　尽心竭力　群策群力　同心协力　无能为力　自不量力　自食其力

历（❶-❸❻歷❹❺曆 ＊❶-❸歷❹❺厤）lì❶〈动〉经历；经过：来～｜资～｜～程｜～尽艰辛｜～时半年。❷〈代〉指过去的各个或各次：～年｜～朝｜～届。❸〈副〉遍；逐个地：～访｜～览。❹〈名〉历法：阳～｜阴～｜公～。❺〈名〉历书：日～。❻〈名〉姓。

【历本】lìběn 方言。〈名〉历书。

【历程】lìchéng〈名〉经历的过程：战斗～。

【历法】lìfǎ〈名〉推算年、月、日和节气的方法。

【历来】lìlái〈副〉从来；一向：～如此。

【历历】lìlì〈形〉（物体或景象）一个一个清清楚楚，非常分明：～在目。

【历练】lìliàn❶〈动〉锻炼；体验。❷〈形〉因经历的事多而富有经验：～老成。

【历年】lìnián〈名〉过去的多少年。

【历史】lìshǐ〈名〉❶自然界和人类社会的发展过程：中国～。❷过去的事实：这事早已成为～，还谈它干什么？❸过去事实的记载。❹指历史学：～系。

【历书】lìshū〈名〉按照一定历法排列年、月、日、节气、纪念日等供查考的书。

【历算】lìsuàn〈名〉历法。

【备用词】病历　简历　来历　履历　学历　阅历　资历　经历　亲历　身历

厉（厲）

lì　❶〈形〉严格：～禁｜～行。❷〈形〉严肃；猛烈：凌～｜正言～色｜雷～风行。❸古同"砺"。❹古同"癞"（lài）。❺〈名〉姓。

【厉兵秣马】lì bīng mò mǎ　见〖秣马厉兵〗。

【厉害】lìhai　也作"利害"。〈形〉❶难以对付或忍受；剧烈；凶猛：天热得～｜心跳得十分～｜这人很～，我们都不敢惹他｜他的病一天比一天～了。❷严厉；严格：这个教练非常～，但运动员都很尊敬他。

【厉声】lìshēng　〈副〉（说话）声音严厉地：～呵斥。

【厉行】lìxíng　〈动〉严格实行：～节约。

【备用词】惨厉　凌厉　凄厉　严厉　踔厉　扬厉　变本加厉　声色俱厉　再接再厉

立

lì　❶〈动〉站：～正｜站～｜顶天～地｜坐～不安。❷〈动〉竖起；使直立：～竿见影。❸〈动〉直立；耸～｜屹～。❹〈动〉建立；制定：～志｜～法｜～功｜确～｜树～｜创～。❺〈动〉君主时代称君主即位。❻〈动〉指确定继承地位：～皇太子。❼〈动〉存在；生存：独～｜势不两～。❽〈副〉立刻：当机～断。❾〈名〉姓。

【立场】lìchǎng　〈名〉观察事物和处理问题时所处的地位和所抱的态度。特指阶级立场：～坚定｜站稳～。

【立竿见影】lì gān jiàn yǐng　把竿子竖起来就可看到影子，比喻立见成效。

【立功赎罪】lì gōng shú zuì　建立功劳以抵消罪过。

【立即】lìjí　〈副〉立刻：～行动｜～回复。

【立交桥】lìjiāoqiáo　〈名〉使道路形成立体交叉的桥梁。架在交叉路口，可使不同行驶方向的车辆同时通行。

【立就】lìjiù　〈动〉立刻完成（某件事）：作诗～。

【立刻】lìkè　〈副〉表示紧接着某个时候；马上：～出发。

【立论】lìlùn　〈动〉对某个问题提出看法、论点：～稳妥。

【立马】lìmǎ　❶〈动〉勒马停住：～瞭望。❷方

言。〈副〉立刻；马上。

【立时】lìshí　〈副〉立刻；马上。

【立体战争】lìtǐ zhànzhēng　指交战方在陆地、海洋、天空等多方位进行的战争。

【立项】lìxiàng　〈动〉某项建设工程、研究课题等经有关部门批准确立为项目。

【立言】lìyán　〈动〉❶指著书立说：～传世。❷立论：～应实事求是。

【立业】lìyè　〈动〉❶建立事业：建功～。❷置办产业：成家～。

【立意】lìyì　〈动〉❶打定主意：他～离家去闯一番事业。❷（作文、绘画等）确定主题：～布局。

【立志】lìzhì　〈动〉立定志愿：～从医。

【立锥之地】lì zhuī zhī dì　比喻极小的一块地方。

【立足】lìzú　〈动〉❶站得住脚，能容身或生存下去：～之地。❷处于某种立场：～点。

【备用词】壁立　矗立　陡立　鹄立　林立　耸立　挺立　兀立　屹立　成立　创立　建立　确立　设立　树立　独立　对立　孤立　中立　自立　哀毁骨立　不破不立　重足而立　势不两立　亭亭玉立　巍然屹立　遗世独立

吏

lì　〈名〉❶旧时没有品级的小公务人员：胥（xū）～｜狱～｜刀笔～。❷旧时泛指官吏：廉～｜酷～｜污～｜循～（奉职守法的官吏）。❸姓。

坜（壢）lì ［中坜］〈名〉地名,在台湾。

苈（藶）lì 见［葶(tíng)苈］。

丽（麗）lì ❶〈形〉好看;美丽:秀～|华～|富～堂皇。❷〈形〉光彩焕发;灿烂:风和日～。❸〈动〉附着:附～。❹〈名〉姓。

△另见 lí。

备用词 富丽 瑰丽 华丽 佳丽 美丽 靡丽 明丽 绮丽 俏丽 清丽 秀丽 绚丽 艳丽 壮丽

励（勵）lì ❶〈动〉劝勉:勉～|鼓～|～精图治。❷〈名〉姓。

【励精图治】lì jīng tú zhì 振作精神,想办法治理国家。

备用词 策励 督励 鼓励 激励 奖励 勉励

呖（嚦）lì ［呖呖］〈拟〉形容清脆的鸟鸣声:莺声～。

利lì ❶〈形〉锋利;锐利(跟"钝"相对):犀～|尖～|～刃|～爪。❷〈形〉顺利;便利:吉～|不～|成败～钝(钝:不顺利)。❸〈名〉利益(跟"害"、"弊"相对):名～|功～|见～忘义|兴～除弊。❹〈名〉利润或利息:赢～|红～|高贷；薄～多销。❺〈动〉使有利;损人～己|平等互～。❻〈动〉利用:修旧～废。❼〈名〉姓。

【利淡】lìdàn〈名〉利空。

【利多】lìduō〈名〉证券市场上指能够刺激股票价格上涨的因素和消息(跟"利空"相区别)。

【利害】lìhài〈名〉利益和害处:～攸关|～得失|不计～。

【利害】lìhai 同"厉害"。

【利好】lìhǎo ❶〈形〉有利;很好:经济形势～|～消息|～政策。❷〈名〉有利的事;好事。

【利空】lìkōng〈名〉证券市场上指引起股票价格下跌的因素和消息(跟"利多"相区别)。也说"利淡"。

【利令智昏】lì lìng zhì hūn 贪图私利,使头脑发昏,不顾一切。

【利率】lìlǜ〈名〉利息和本金的比率。

【利落】lìluo〈形〉❶灵活;敏捷,不拖泥带水。❷整齐而有条理:穿戴～。❸妥当;完毕:事没办～,一时脱不开身。

【利润】lìrùn〈名〉经营工商业赚的钱。

【利市】lìshì ❶〈名〉旧时称买卖所得的利润:～三倍(形容获利极多)。❷方言。〈形〉运气好;吉利:今天很～,东西都买到了。

【利索】lìsuo〈形〉利落:手脚～|干净～。

【利息】lìxī〈名〉因存款、放款而得到的本金以外的钱。

【利息所得税】lìxī suǒdéshuì 指国家对个人存款、有价证券等的利息收入所征收的税。

【利益】lìyì〈名〉好处:个人～|集体～。

【利用】lìyòng〈动〉❶发挥人或事物的作用、效能:废物～|～有利时机。❷用手段使人或事物为自己所用:互相～。

【利诱】lìyòu〈动〉用名誉、地位、金钱等引诱:威逼～。

【利欲熏心】lì yù xūn xīn 贪财图利的欲望迷住心窍。

备用词 锋利 尖利 锐利 犀利 便利 流利 麻利 爽利 吉利 胜利 顺利 福利 权利 盈利 暴利 赢利 牟利 营利 急功近利 无往不利 争权夺利 自私自利 坐收渔利

沥（瀝）lì ❶〈动〉液体一滴一滴地落下:呕心～血|披肝～胆。❷〈名〉液体的点滴:余～。

【沥青】lìqīng〈名〉蒸馏煤焦油剩下的黑色或棕黑色胶状物。通称"柏(bǎi)油"。

枥（櫪）lì〈名〉马槽:老骥伏～。

例lì ❶〈名〉用来帮助说明或证明某种情况或说法的事物:举～|图～|～题|～句。❷〈名〉从前有过,后来可以仿效或依据的事情:援～|下不为～。❸〈名〉指合于某种条件的事例:病～|战～。❹〈名〉规则;体例:条～|破～|发凡起～。❺〈形〉按常规的;照例进行的:～会|～行公事。

【例规】lìguī〈名〉❶沿袭下来一贯实行的规矩;惯例:照～办理。❷旧时指按照惯例给的钱物:交～。❸条例和规章:证券工作已有～可循。

【例会】lìhuì〈名〉按照规定定期举行的会。

【例假】lìjià〈名〉❶依照规定放的假,如元旦、春节、五一、国庆等。❷婉辞,指月经或月经期。

【例句】lìjù〈名〉用来作为例子的句子:～要典型。

【例行公事】lìxíng-gōngshì 按照惯例办理的公事,现多指形式主义的工作。

【例言】lìyán〈名〉说明著作内容和体例等的文字;凡例。

备用词 案例 病例 常例 定例 凡例 范例 惯例 判例 前例 示例 事例 体例 条例 通例 先例 战例 循例 援例 史无前例 下不为例

疬（癧） lì ❶〈名〉瘟疫：灾～。❷〈名〉恶疮：疥～。❸古通"癞"（lài）。

渗 lì ❶〈名〉灾气：百～。❷〈动〉伤害。

戾 lì ❶〈名〉罪过：罪～。❷〈形〉乖张：暴～｜乖～。❸〈动〉至：鸢飞～天。

隶（隸 *隷隸） lì ❶〈动〉附属：～属。❷〈动〉跟随；随从。❸〈名〉社会地位低下被奴役的人：奴～｜仆～。❹〈名〉衙役：皂～｜～卒。❺〈名〉隶书：汉～｜真草～篆。

【隶书】lìshū〈名〉汉字的一种字体，由篆书简化演变而成，是汉朝通行的字体。

【隶属】lìshǔ〈动〉（区域、机构等）受统辖；从属。

荔（*茘） lì ❶[荔枝]〈名〉乔木，果实球形或卵形，外皮有瘤状突起，熟时紫红色，果肉白色，多汁味甜。❷〈名〉姓。

栎（櫟） lì ❶〈名〉乔木，叶子可饲柞蚕，木材可做枕木，树皮含有鞣酸，可用来做染料。通称"柞树"。
△另见 yuè。

郦（酈） lì 〈名〉姓。

轹（轢） lì 〈动〉❶车轮碾轧：妄～道中行人。❷欺压：以富～贫。

俪（儷） lì ❶〈形〉成对的；双的：～句｜～辞（对偶的文辞）｜～骈（pián）。❷〈名〉指夫妇：伉（kàng）～｜～影（夫妻的合影）。

俐 lì 见[伶（líng）俐]。

疬（癧） lì 见[瘰（luǒ）疬]。

莉 lì 见[茉（mò）莉]。

莅（*涖蒞） lì 〈动〉❶到：～会｜～场｜～任｜～临。❷统治；管理：～事。

鬲（*䰐鬵） lì 〈名〉古代的一种炊具，形状像鼎，足部中空。
△另见 gé。

栗（*❷慄❸慄） lì ❶〈名〉乔木，果实包有多刺的壳斗内，成熟时壳斗裂开而散出。果实可以吃，树皮和壳斗供鞣皮和染色用。❷〈形〉寒冷。❸〈动〉发抖：战～｜不寒而～。❹〈名〉姓。

【栗凿】lìzáo 方言。〈名〉把手指弯曲起来用食指或中指的骨节敲打别人的头部的动作。

备用词　股栗　战栗　震栗　惴栗　不寒而栗　火中取栗

砺（礪） lì ❶〈名〉磨刀石：～石。❷〈动〉磨（刀）：磨～砥～｜淬（cuì）～。

砾（礫） lì 〈名〉小石块；碎石：砂～｜瓦～｜～石｜～岩。

猁 lì 见[猞（shē）猁]。

蛎（蠣） lì 见[牡蛎]。

唳 lì 〈动〉鸟鸣，多指鹤鸣：风声鹤～。

笠 lì 〈名〉用竹或草编成的帽子，用来遮阳或挡雨：竹～｜～斗｜～蓑。

粝（糲 *糲） lì 〈名〉糙米：～饭菜羹｜布服～食。

【粝粢】lìzī〈名〉泛指粗粮（粢：小米）：～之食。

粒 lì ❶〈名〉小圆珠形或小碎块形的东西：颗～｜豆～｜饭～｜盐～。❷〈量〉用于粒状的东西：一～米｜两～药｜三～子弹。

雳（靂） lì 见[霹（pī）雳]。

跞（躒） lì 〈动〉走动：骐骥一～，不能千里。
△另见 luò。

詈 lì 〈动〉骂：～骂｜～辞。

傈 lì [傈僳（sù）族]〈名〉我国少数民族之一，分布在云南和四川。

痢 lì 〈名〉痢疾，传染病，主要症状是腹痛，腹泻，大便带血和黏液：赤～｜白～。

溧 lì ❶〈名〉溧水，水名，又地名，在江苏。❷[溧阳]地名，在江苏。❸姓。

篱 lì 见[臀(bì)篱]。

櫺 lì〈名〉梁;栋:余音绕梁~,三日不绝。

━━ li ━━

哩 li 方言。〈助〉❶跟"呢"相同,只用于非疑问句:别急,时间还早~。❷用于列举,跟"啦"相同:鱼~,肉~,菜~,什么都有。

△另见 lǐ;lǐ。

━━ liǎ ━━

俩(倆) liǎ〈数〉❶两个:咱~|姐妹~。[注意]后面不能再接"个"字或其他量词。❷不多;几个:这~钱儿买不了什么|就那么~人,可事儿真不少。

△另见 liǎng。

━━ lián ━━

奁(奩*匲匳籢) lián〈名〉古代妇女梳妆用的镜匣:妆~|嫁~(嫁妆)。

连(連) lián ❶〈动〉连接:毗(pí)~|心~心|藕断丝~。❷〈副〉连续;接续:~绵|~载|~阴天|~年丰收。❸〈名〉军队的编制单位,由若干排组成。❹〈介〉a)包括在内:~根拔|~我才三个人。b)表示强调下文,多有"也"、"都"等跟它呼应,含有"甚而至于"的意思:笑得~腰也直不起来了|你怎么~这个字都不认识?❺〈名〉姓。

【连播】liánbō〈动〉广播电台或电视台把一个内容较长的节目分若干次连续播出:小说~|长篇评书~。

【连城】liánchéng〈名〉连成一片的许多座城。比喻物品极贵重:价值~。

【连词】liáncí〈名〉连接词、词组或句子,表示某种逻辑关系的词,如"和"、"与"、"而且"、"但是"、"因为"、"如果"。

【连带】liándài〈动〉❶互相关联。❷使受到牵累。

【连亘】liángèn〈动〉(山脉等)连接不断。

【连贯】(联贯)liánguàn〈动〉连接贯通:上下句意思要~。

【连横】(连衡)liánhéng〈名〉战国时六国共同奉事秦国,称为"连横"。

【连衡】liánhéng 见[连横]。

【连环】liánhuán〈名〉一个套着一个的一串环,比喻一个接着一个互相关联的事物:~计|~画|~套。

【连环画】liánhuánhuà〈名〉按故事情节连续排列的许多幅画,一般每幅画都配有文字说明。

【连枷】(桲枷)liánjiā〈名〉一种脱粒用的农具,由一个长柄和一组平排的竹条或木条构成。

【连接】(联接)liánjiē〈动〉❶(事物)互相衔接:~不断。❷使连接:~线路。

【连结】liánjié 见[联结]。

【连襟】liánjīn〈名〉姐妹的丈夫之间的亲戚关系。

【连累】liánlěi〈动〉事情牵连到别人,使受到损害。

【连忙】liánmáng〈副〉赶紧;急忙:~上前道歉。

【连袂】liánmèi 见[联袂]。

【连绵】(联绵)liánmián〈动〉(雨雪、山脉等)接连不断:~起伏|阴雨~。

【连篇累牍】lián piān lěi dú 形容用过多的篇幅叙述。

【连翩】liánpiān 见[联翩]。

【连任】liánrèn〈动〉连续担任(同一职务):连选~|~三届工会主席。

【连日】liánrì〈动〉接连几天:暴雨~|~奔波|这个车间~超产。

【连锁】liánsuǒ〈形〉像锁链似的一环扣一环,形容连续不断:~反应(比喻相关的事物一个发生变化,其他的也跟着发生变化)。

【连锁店】liánsuǒdiàn〈名〉一个公司或集团开设的经营业务相关、方式相同的若干个商店。

【连锁反应】liánsuǒ fǎnyìng 比喻若干个相关的事物,只要一个发生变化,其他都跟着发生变化:进价上扬带来一系列~|商品市场扩大了,就会引起工业生产的~。

【连天】liántiān〈动〉❶接连多天:~阴雨。❷接连,不间断:叫苦~。❸与天空相连接:海水~|炮火~。

【连通】liántōng〈动〉接连而相通:长廊~了前后两座大楼。也作"联通"。

【连续】liánxù〈动〉连接不断;一个接一个:农业~十年获得丰收。

【连续剧】liánxùjù〈名〉分为若干集,在广播电台或电视台连续播放的情节连贯的戏剧:广播~|电视~。

【连夜】liányè〈副〉当夜:~出发|~召开会议。

【连载】liánzǎi〈动〉一个作品在同一报纸或刊物上连续刊载。

【连珠】liánzhū〈名〉连接成串的珠子,比喻接连不断的声音等:~炮。

【连缀】(联缀)liánzhuì〈动〉联结:~成篇|孤立地看,每一个情节都很平淡,~在一起,就有趣了。

【连坐】liánzuò〈动〉旧时一个人犯法,他的家属、亲族、邻居等连带受处罚。

备用词　干连　接连　流连　粘连　毗连　牵连　通连　株连　骨肉相连　藕断丝连　血肉相连

怜(憐)　lián〈动〉❶怜悯:可~|~惜|顾影自~|同病相~。❷爱:~爱。

【怜爱】lián'ài〈动〉疼爱;喜爱。

【怜悯】liánmǐn〈动〉对遭遇不幸的人表示同情;哀怜。

【怜贫惜老】lián pín xī lǎo 见〖惜老怜贫〗。

【怜惜】liánxī〈动〉同情爱护。

【怜香惜玉】lián xiāng xī yù 旧时比喻男子对所爱女子的体贴照顾。也说“惜玉怜香”。

【怜恤】liánxù〈动〉怜悯。

备用词　哀怜　爱怜　可怜　顾影自怜　乞哀告怜　同病相怜　摇尾乞怜

帘(❷簾)　lián❶〈名〉用布做成的标明店铺属于某种行业的旗状标志:酒~。❷〈名〉用布、竹子、苇子等做的有遮蔽作用的器物:窗~|竹~|珠~|~幕|垂~听政。❸同“奁”。

莲(蓮)　lián〈名〉❶草本植物,生在浅水中,叶子圆形,花淡红色或白色。地下茎叫“藕”,种子叫“莲子”,都可以吃。也叫“荷”、“芙蓉”或“芙蕖(qú)”。❷姓。

【莲步】liánbù〈名〉旧时称美人的脚步:轻移~。

【莲房】liánfáng〈名〉莲蓬。

【莲荷】liánhé〈名〉荷花。

【莲蓬】liánpeng〈名〉荷花开过后的倒圆锥形的花托,里面包着莲子。

涟(漣)　lián❶〈名〉风吹水面所成的波纹:~漪。❷〈形〉泪流不断的样子:泣涕~~。

【涟洏】lián'ér〈形〉涕泪交流的样子:涕泪~。

【涟漪】liányī〈名〉水面上细小的波纹。

梿(槤)　lián[梿枷(jiā)]同“连枷”。

联(聯)　lián❶〈动〉联结;联合:~络|~欢|串~|蝉~。❷〈名〉对联:春

~|门~。❸〈名〉姓。

【联办】liánbàn〈动〉联合办理;联合举办:由几个单位~|本届画展由文化局和美术学院~。

【联邦】liánbāng〈名〉由若干具有国家性质的行政区域联合组成的统一国家。

【联保】liánbǎo〈动〉若干家商店或维修点对同一厂家的产品联合保修。

【联播】liánbō〈动〉广播电台或电视台同时转播(某电台或电视台播送的节目):新闻~|经济信息~。

【联产】liánchǎn〈动〉❶跟产量相联系:~承包。❷联合生产:实行~联销。

【联唱】liánchàng〈动〉两个以上的人连接演唱或一个人、一个合唱队连着演唱两个以上的歌、曲牌等:诗歌~|民歌~。

【联贯】liánguàn 见〖连贯〗。

【联合】liánhé❶〈动〉联系使结合在一起:全世界无产者~起来!❷〈形〉结合在一起的;共同:~展销|~收割机。

【联合国】liánhéguó〈名〉第二次世界大战结束后于1945年10月成立的国际组织。总部设在美国纽约。主要机构有联合国大会、安全理事会、经济和社会理事会、托管理事会、国际法和秘书处等。其主要宗旨是维护国际和平与安全,发展国际间友好关系,促进国际文化等方面的国际合作。中国是联合国创始会员国之一。

【联接】liánjiē 见〖连接〗。

【联结】(连结)liánjié〈动〉结合(在一起)。

【联络】liánluò〈动〉❶彼此交接;接上关系:站|失去~。❷彼此交流:~感情。

【联袂】(连袂)liánmèi〈动〉手拉着手,比喻一同来或去:~登台。

【联盟】liánméng❶〈名〉两个或两个以上的国家为了共同行动而订立盟约所结成的集团:反法西斯~。❷〈名〉指个人、集体或阶级的联合体:工农~。❸〈名〉联邦制国家的名称之一。❹〈动〉结为联盟:与人~|实现~。

【联绵】liánmián 见〖连绵〗。

【联绵词】liánmiáncí〈名〉称双音节的单纯词,如“玲珑”、“逍遥”、“玛瑙”等。也叫“联绵词”。

【联名】liánmíng〈动〉由若干人或若干团体共同具名:~发起|~写信。

【联翩】(连翩)liánpiān〈形〉❶鸟飞翔的样子。❷形容连续不断:浮想~。

L

【联赛】liánsài〈名〉(在篮球、排球、足球等比赛中)三个以上同等级的球队之间的比赛:全国足球甲级～。

【联手】liánshǒu〈动〉联合;彼此合作:十多位科学家～进行实地调查|两家电视台～摄制了一部大型电视剧。

【联通】liántōng 同"连通"。

【联网】liánwǎng〈动〉若干单个的设备相互连接成网络;若干较小的网络相互连接成更大的网络:～教学|～发电|计算机～。

【联系】liánxì〈动〉彼此接上关系:理论～实际。

【联想】liánxiǎng〈动〉由某事物想起其他相关的事物。

【联谊】liányì〈动〉联络友谊:～会|～活动|举行校际～会。

【联姻】liányīn〈名〉两家通过婚姻关系结成亲戚。

【联营】liányíng〈动〉联合经营:～企业|这个煤矿由三个县～。

【联展】liánzhǎn〈动〉联合展览或展销:书画～|老年用品～。

备用词 蝉联　串联　春联　对联　门联　寿联　喜联　楹联　关联　绵联　通联

裢(褳) lián 见〖褡(dā)裢〗。

廉(*亷亷) lián ❶〈形〉不损公肥私;不贪污:清～|～正|寡～鲜(xiǎn)耻。❷〈形〉便宜:低～|价～物美。❸〈形〉少。❹〈名〉姓。

【廉察】liánchá〈动〉考察;视察:～灾害|～民隐。

【廉耻】liánchǐ〈名〉廉洁的操守和羞耻的心理:不知～。

【廉干】liángàn〈形〉廉洁而有才能。

【廉洁】liánjié〈形〉不贪污;不损公肥私:～奉公|清正～。

【廉明】liánmíng〈形〉廉洁清明:公正～。

【廉能】liánnéng〈形〉廉洁。

【廉正】liánzhèng〈形〉廉洁正直:～无私|为官～。

【廉政】liánzhèng〈动〉使政治廉洁:～爱民|～措施|严格遵守～准则。

【廉直】liánzhí〈形〉廉正:为人～|～之士。

碄 lián〈名〉磨刀石。
△另见 qiān。

鲢(鰱) lián〈名〉鱼,身体侧扁,鳞细,是我国重要的淡水鱼类之一。

濂 lián〈名〉❶濂江,水名,在江西。❷姓。

臁 lián〈名〉小腿的两侧:～骨|～疮。

镰(鐮*鎌鎌) lián〈名〉❶镰刀,收割庄稼和割草的农具,由刀片和木把构成:开～(指开始收割)。❷姓。

蠊 lián 见〖蜚(fěi)蠊〗。

鬑 lián〖鬑鬑〗〈形〉须发长的样子:～颇有须。

== liǎn ==

琏(璉) liǎn〈名〉古代宗庙盛黍稷的器具。

敛(斂*歛) liǎn〈动〉❶收起;收住:收～|～容。❷约束:～迹。❸收集;征收:～钱|～财|聚～|横征暴～。

【敛财】liǎncái〈动〉搜刮钱财。

【敛衽】liǎnrèn〈动〉❶整整衣襟,表示恭敬。❷旧时指妇女行礼。也作"裣衽"。

【敛容】liǎnróng〈动〉收起笑容,显出严肃的脸色。

【敛声屏气】liǎn shēng bǐng qì 不发出声响,抑制住呼吸。

脸(臉) liǎn〈名〉❶头的前部,从额到下巴:长～|瓜子～。❷某些物体的前部:门～儿|鞋～儿。❸情面;面子:露～|丢～|赏～|没～见人。❹脸上的表情:笑～|鬼～。

【脸蛋】liǎndàn〈名〉脸的两旁的部分,也泛指脸(多用于小孩儿)。

【脸孔】liǎnkǒng〈名〉面孔。

L

【脸面】liǎnmiàn〈名〉❶脸①:鸭蛋~。❷情面:碍于~。❸体面:有~的人。

【脸盘】liǎnpán〈名〉❶指脸的形状、轮廓。❷脸①。

【脸庞】liǎnpáng〈名〉脸盘①。

【脸皮】liǎnpí〈名〉❶情面:撕破~。❷指害羞心理:~薄(容易害羞)|~厚(不容易害羞)。

【脸色】liǎnsè〈名〉❶气色。❷脸上的表情。

【脸相】liǎnxiàng〈名〉相貌;样子。

备用词 丢脸 露脸 抛脸 争脸 作脸 变脸 翻脸 抹脸 撕破脸 愁眉苦脸 劈头盖脸 死皮赖脸 嬉皮笑脸 涎皮赖脸

裣(襝) liǎn 同"敛衽"②。

蔹(蘞) liǎn [白蔹]〈名〉蔓生草本植物,掌状复叶,浆果球形,根可入药。

── liàn ──

练(練) liàn ❶〈名〉白绢:江平如~。❷〈动〉把生丝煮熟,使柔软洁白。❸〈动〉练习;训练:~兵|~字|操~|勤学苦~。❹〈形〉经验多;纯熟:老~|~达。❺〈名〉姓。

【练达】liàndá〈形〉阅历多,通晓人情世故:老成~。

备用词 谙练 干练 简练 精练 老练 历练 凝练 熟练 稳练 洗练 操练 教练 拉练 排练 训练 演练

炼(煉*鍊) liàn ❶〈动〉用加热等办法使物质纯净或坚韧:冶~|~钢|千锤百~。❷〈动〉烧:真金不怕火~。❸〈动〉用心琢磨词句使优美简洁:~字|~句。❹〈名〉姓。

【炼狱】liànyù〈名〉天主教等宗教所说的人死后暂时受苦的地方。天主教教义说人如果生前罪愆没有赎尽,死后要在炼狱中暂时受罚,待罪愆赎尽时才可升天堂。

备用词 锤炼 锻炼 精炼 磨炼 炮炼 熔炼 提炼 修炼 冶炼 千锤百炼

恋(戀) liàn ❶〈动〉男女相爱:~爱|热~。❷〈动〉想念不忘;不忍分离:怀~|眷~|~不敢~|~战|~~不舍。❸〈名〉姓。

【恋爱】liàn'ài〈动〉男女相爱:自由~|两人正在~。

【恋恋不舍】liànliàn bù shě 形容非常留恋,舍不得离开。

【恋念】liànniàn〈动〉想念不忘。

【恋人】liànrén〈名〉指恋爱中的一方;情人。

备用词 爱恋 初恋 怀恋 眷恋 留恋 迷恋 热恋 失恋 贪恋 依恋

殓(殮) liàn〈动〉把死人装进棺材:装~|收~|入~|殡~|成~|~葬。

链(鏈) liàn ❶〈名〉用金属环连成的条状物:铁~|锚~|锁~|项~|表~|~条|~子。❷〈量〉计量海洋上距离的长度单位。一链等于1/10海里,合185.2米。

【链接】liànjiē〈动〉❶像链子一样相互衔接:~装置。❷指在计算机程序的各模块之间传递参数和控制命令,并把它们组成一个可执行的整体的过程。❸介绍与某事物相关的其他资料:~相关新闻。

楝 liàn〈名〉乔木,花淡紫色,果实椭圆形,木材用途很广,种子、树皮都可入药。

潋(瀲) liàn [潋滟(yàn)]〈形〉❶形容水势浩大。❷形容水波流动:湖光~。

── liáng ──

良 liáng ❶〈形〉好:优~|善~|~医|~种。❷〈名〉好人:~莠不齐|除暴安~。❸〈副〉很;的确:~久|用心~苦。❹〈名〉姓。

【良辰美景】liáng chén měi jǐng 美好的时光和景色。

【良好】liánghǎo〈形〉好;令人满意:感觉~|~的习惯。

【良吉】liángjí〈名〉好日子。

【良久】liángjiǔ〈形〉很久;好久。

【良民】liángmín〈名〉旧时指一般的平民,也指安分守己的百姓。

【良庖】liángpáo〈名〉技术高明的厨师。

【良人】liángrén〈名〉❶善良的人。❷古代妻子对丈夫的称呼。❸身家清白的人。❹指普通老百姓。

【良善】liángshàn ❶〈形〉善良正直。❷〈名〉指善良正直的人。

【良田】liángtián〈名〉肥沃的田地。

【良宵】liángxiāo〈名〉美好的夜晚。

【良心】liángxīn〈名〉指内心对是非的正确认识,特别是跟自己的行为有关的:~话|~发现。

【良性】liángxìng〈形〉❶能产生好的结果的:~循环。❷不至于产生严重后果的:~肿瘤。

【良性肿瘤】liángxìng zhǒngliú 肿瘤的一种,

周围有包膜,生长缓慢,细胞的形状和大小比较规则,肿瘤组织与正常组织之间的界限明显,在体内不会转移。如脂肪瘤、血管瘤、纤维瘤等。

【良言】liángyán〈名〉有益的话;好话:～相劝|金玉～|～一句三冬暖。

【良药苦口】liáng yào kǔ kǒu 好药味苦难吃,比喻诚恳劝告的话听起来不舒服,但对人有益处。

【良莠不齐】liáng yǒu bù qí 指好人坏人都有,混杂在一起(莠:狗尾草,比喻品质坏的人)。

备用词　改良　精良　善良　天良　贤良　驯良　优良　忠良

莨　liáng❶[薯莨]〈名〉草本植物,地下块茎含有胶质,可用来染棉、麻织品。❷〈名〉姓。
△另见 làng。

凉(*涼)　liáng❶〈形〉温度低;冷(指天气时,比"冷"的程度浅):～快|清～|冬暖夏～。❷〈形〉比喻灰心或失望:凄～|心里～了半截儿。❸〈名〉姓。
△另见 liàng。

【凉快】liángkuai〈形〉清凉爽快。

【凉篷】liángpéng〈名〉❶夏天遮蔽太阳的设备。❷把手掌平放在额前叫手搭凉篷。

【凉爽】liángshuǎng〈形〉清凉爽快:雨后格外～。

备用词　冰凉　风凉　清凉　阴凉　悲凉　苍凉　荒凉　凄凉　世态炎凉

梁(*❶-❹樑)　liáng〈名〉❶水平方向的长条形承重构件。木结构屋架中专指顺着前后方向架在柱子上的长木。通常也指檩:横～|正～|顶～|柱。❷桥:桥～|津～。❸隆起成长条的部分:鼻～|山～。❹器物便于用手提的部分:提～。❺战国时魏国迁都大梁(今河南开封)后,改称"梁"。❻南朝之一,公元502年－557年,萧衍所建。❼五代之一,公元907年－923年,朱温(朱全忠)所建,史称"后梁"。❽姓。

【梁上君子】liáng shàng jūnzǐ《后汉书·陈寔传》记载,陈寔的家里,夜间来了一个贼,躲在梁上,陈寔把他叫作"梁上君子"。后来用"梁上君子"作为贼的代称。

备用词　河梁　津梁　桥梁　大梁　栋梁　鼻梁　脊梁　提梁　山梁　余音绕梁

椋　liáng[椋鸟]〈名〉鸟,种类很多,喜群集。有的善于模仿别的鸟叫,如八哥、灰椋鸟等。

辌(辌)　liáng见[辒(wēn)辌]。

量　liáng❶〈动〉❶用器具测定事物的长短、大小、多少等:丈～|～布|～具|车载斗～。❷思量;估计:打～|估～。
△另见 liàng。

备用词　测量　衡量　丈量　打量　掂量　端量　估量　商量　思量　酌量　车载斗量

粮(糧)　liáng〈名〉❶粮食:～草|～仓|口～。❷作为农业税的粮食:公～|完～。❸姓。

【粮草】liángcǎo〈名〉指供军用的粮食和草料。

【粮食】liángshi〈名〉供食用的谷物、豆类、薯类等的统称。

【粮饷】liángxiǎng〈名〉旧时军队发给官、兵的口粮和钱。

备用词　干粮　军粮　口粮　食粮　细粮　原粮　杂粮　主粮　寅吃卯粮

粱　liáng〈名〉❶谷子的优良品种的统称。❷精美的主食:～肉|膏～(肥肉和细粮,泛指美食)。❸姓。

【粱肉】liángròu〈名〉指精美的饭食。

踉　liáng[跳踉]〈动〉跳跃。
△另见 liàng。

墚　liáng〈名〉我国西北黄土地区称条状的山冈。

━━ liǎng ━━

两(兩)　liǎng❶〈数〉数字,二。"两"字一般用于量词和"半"、"千"、"万"、"亿"前:～扇门|～匹马|～个半月|～千多人|～条腿走路。[注意]"二"和"两"的用法不同。1.当数字读,在数学中,用"二"不用"两",如"一、二、三、四"、"一加一等于二"、"一元二次方程"。2.序数、小数、分数中用

L

"二"不用"两",如"第二"、"二嫂"、"零点二"(0.2)、"二分之一"、"三分之二"(2/3)。3. 在一般量词前,个位数用"两"不用"二",多位数中的个位数用"二"不用"两",如"两个人"、"去了两次"、"三百四十二个人"、"去了十二次"。4. 在传统的度量衡单位前多用"二",也可以用"两",如"二(两)亩地"、"二(两)尺布"、"二两酒(不说'两两酒')"。在我国法定计量单位前多用"两",如"二吨"、"两公里"、"两(二)米"。5. 在多位数中,百位、十位、个位用"二"不用"两",千位以上多用"两",但首位以后的百、千、万前多用"二",如"二百二十二"、"两千人"、"两万块"、"两亿人口"、"五万二千二百元"。❷〈数〉双方:~可|~便|势不~立|~小无猜。❸〈数〉表示不定的数目,大致相当于"几":过~天再说吧|他真有~下子|他说了~句话就走。❹〈量〉a)古代指双:葛屦五~。b)古代指匹:重锦三十~。c)重量单位。10 钱等于 1 两,旧制 16 两等于 1 斤,现 10 市两等于 1 市斤。❺〈名〉姓。

【两败俱伤】liǎng bài jù shāng 争斗双方都受到损失。

【两重天】liǎngchóngtiān〈名〉比喻截然不同的两个世界。

【两面派】liǎngmiànpài〈名〉指阳奉阴违、表面不一或对斗争双方都讨好的人。

【两面三刀】liǎng miàn sān dāo 形容耍两面手法,当面一套,背后一套。

【两栖】liǎngqī〈动〉有时在水中生活,有时在陆地上生活。也用于比喻:~动物|~作战。

【两全其美】liǎng quán qí měi 做一件事顾全到两方面,使两方面都好或都得到好处。

【两世为人】liǎng shì wéi rén 指死里逃生,好像重新到了人世间。

【两条腿走路】liǎng tiáo tuǐ zǒu lù 比喻两种办法同时采用。

【两相情愿】liǎng xiāng qíngyuàn 双方心里都愿意。也作"两厢情愿"。

【两厢】liǎngxiāng〈名〉❶指正房前面两旁的厢房。❷两旁:站立~。

【两厢情愿】liǎng xiāng qíngyuàn 同"两相情愿"。

【两小无猜】liǎng xiǎo wú cāi 形容男女小的时候在一起玩耍,相处融洽,没有猜疑。

【两袖清风】liǎng xiù qīng fēng 比喻做官廉洁。

【两造】liǎngzào〈名〉指诉讼的双方。

俩（倆） liǎng 见〖伎(jì)俩〗。△另见 liǎ。

莃（蒗） liǎng 方言。〈名〉靠近水的平缓高地(多用于地名):~塘|沙~圩(都在广东)。

啢（唡） liǎng,又 yīngliǎng〈量〉英两(盎司)旧也作"唡"。

裲 liǎng〖裲裆〗(liǎngdāng)〈名〉古代指背心。

蛃 liǎng 见〖魍魉〗(蛃 wǎng 蛃)。

緉 liǎng〈量〉双,用于鞋袜:一~丝履|绫袜一~。

魉（魎） liǎng 见〖魍(wǎng)魉〗。

═══ liàng ═══

亮 liàng ❶〈形〉光线强:明~|~堂堂。❷〈动〉发光:电灯~了|天还没~。❸〈形〉(声音)强;响:响~|嘹~。❹〈动〉使声音响亮:~起嗓子叫喊。❺〈形〉(心胸、思想等)开朗;清楚:心明眼~。❻〈动〉显露;显示:~相|~明观点。❼〈名〉姓。

【亮点】liàngdiǎn〈名〉❶比喻有光彩而引人注目的人或事物:成为~|这部小说有许多~|作者亲笔签名的旧书是此次拍卖会的~。❷比喻突出的优点:他的身上有着许多~。

【亮晶晶】liàngjīngjīng〈形〉形容物体明亮发光。

【亮丽】liànglì〈形〉❶明亮美丽:色彩~|~的风景线。❷美好;优美:他的诗歌很有韵味,散文也写得~|一身合体的打扮,使他显得更加~。❸优美响亮:音质清晰~。

【亮牌子】liàng páizi 亮出牌子,比喻说出名字、表明身份等。

【亮色】liàngsè〈名〉明亮的色彩,也用于比喻:两个小演员的出色表演为该剧增添了不少~。

【亮闪闪】liàngshǎnshǎn〈形〉光彩闪烁。

【亮堂】liàngtang〈形〉❶敞亮;明亮:屋里宽敞~。❷明朗;清楚:心里~多了。

【亮相】liàngxiàng〈动〉❶戏曲演员上下场或表演时由动的身段变为短时的静止的姿势,叫"亮相"。❷比喻公开表明观点或态度。❸比喻人或事物在公开场合露面。

备用词 敞亮 光亮 豁亮 明亮 清亮 雪亮 油亮 漂亮 鲜亮 洪亮 嘹亮 响亮 心明眼亮

锃光瓦亮

倞 liàng ❶〈动〉索求。❷同"亮"。
△另见 jìng。

凉(*涼) liàng〈动〉把热的东西放一会儿,使温度降低:粥太烫,～～再喝。
△另见 liáng。

悢 liàng〈形〉悲伤:～然|怆(chuàng)～。

【悢悢】liàngliàng〈形〉❶悲伤;惆怅。❷形容眷念:～不已。

谅(諒) liàng ❶〈动〉原谅:～解|体～。❷〈动〉料想:～必|～已抵达。❸〈形〉诚实,守信用:～直。

【谅察】liàngchá〈动〉旧时书信用语,请人体察原谅。

【谅解】jiàngjiě〈动〉了解事情的真实情况后原谅或消除意见:相互～|～他的难处。

辆(輛) liàng〈量〉用于车:一～卡车|三～摩托。

靓(靚) liàng 方言。〈形〉漂亮;好看:～仔。
△另见 jìng。

【靓丽】liànglì〈形〉漂亮;美丽(多用于女性):扮相～|～的容颜。

【靓女】liàngnǚ 方言。〈名〉漂亮的女子(多指年轻的)。

【靓仔】liàngzǎi 方言。〈名〉漂亮的小伙子。

量 liàng ❶〈名〉古代指测量东西多少的器物,如斗、升等。❷〈名〉能容纳或禁受的限度:饭～|胆～|宽宏大～。❸〈名〉数量;数目:流～|剂～|保质保～。❹〈动〉估计;衡量:～力|～刑|～入为出|～体裁衣。❺〈动〉料想:人事不可～。
△另见 liáng。

【量变】liàngbiàn〈名〉指事物在数量上、程度上的变化,是一种逐渐的不显著的变化。

【量词】liàngcí〈名〉表示人、事物或动作的单位的词。如"尺"、"斗"、"斤"、"个"、"只"、"双"、"群"、"次"、"回"等。量词经常跟数词一起用。

【量贩店】liàngfàndiàn 方言。〈名〉以批量销售为主的商店,价格多比一般零售商店便宜。

【量化】liànghuà〈动〉指可以用数量来衡量:～部门|～、细化服务的内容和标准。

【量力】liànglì〈动〉衡量自己的力量:～而行。

【量入为出】liàng rù wéi chū 以收入的多少作为支出的限度。

【量体裁衣】liàng tǐ cái yī 按照身材裁剪衣裳,比喻根据实际情况办事。也说"称(chèn)体裁衣"。

备用词 胆量　度量　海量　洪量　力量　能量　气量　器量　雅量　产量　剂量　批量　数量　质量

晾 liàng ❶〈动〉把东西放在通风或阴凉的地方,使干燥:～干菜。❷〈动〉晒(东西):～衣服。❸同"凉"(liàng)。❹〈名〉姓。

嚓 liàng 见[嚓亮](嚓嚓)。

踉 liàng [踉跄(qiàng)](踉跄)〈动〉走路不稳,摇晃:他～了一下,险些跌倒。
△另见 liáng。

=== liāo ===

撩 liāo〈动〉❶把东西垂下的部分掀起来:～衣襟|～起门帘|往上一～头发。❷用手洒水:给花儿～点儿水|蹲在河边,往脸上～了几把河水。
△另见 liáo;liào。

蹽 liāo 方言。〈动〉❶迅速地走:一气～了二十多里路。❷偷偷地走开:一看势头不对,转身～了。

=== liáo ===

辽(遼) liáo ❶〈形〉远:～远|～阔。❷〈名〉朝代,公元 907 年－1125 年,契丹人耶律阿保机所建,在我国北部,初名"契丹",938 年(一说 947 年)改称"辽"。❸〈名〉姓。

【辽阔】liáokuò〈形〉宽广;空阔:～的宇宙空间。

【辽远】liáoyuǎn〈形〉遥远:～的边疆。

疗(療) liáo〈动〉❶医治:医～|治～|电～|～效。❷解除(痛苦或困难):～饥(解饿;充饥)|～贫(救穷)。

【疗程】liáochéng〈名〉医疗上对某些疾病所

L

规定的连续治疗的一段时间：～短｜理疗了两个～，腿疼就好了。

【疗饥】liáojī〈动〉解除饥饿；充饥。

【疗效】liáoxiào〈名〉药物或医疗方法治疗疾病的效果：～差｜～显著。

【疗养】liáoyǎng〈动〉以休养为主的治疗：～院。

【疗治】liáozhì〈动〉治疗；医治。

备用词　医疗　诊疗　治疗

聊 liáo ❶〈副〉a)姑且：～以自慰｜～备一格。b)略微：～胜于无。❷〈动〉依靠；依赖：～赖｜民不～生。❸〈动〉闲谈：闲～｜～天。❹〈名〉姓。

【聊赖】liáolài〈动〉精神上或生活上的凭借、寄托(多用于否定义)：百无～。

【聊且】liáoqiě〈副〉姑且。

【聊以卒岁】liáo yǐ zú suì 勉强地度过一年。

僚 liáo〈名〉❶官吏：官～｜臣～。❷同一官署的官吏：同～｜～属(下属的官吏)。

寥 liáo ❶〈形〉稀少：～落｜～若晨星。❷〈形〉静寂；空虚：寂～｜～廓。❸〈名〉姓。

【寥廓】liáokuò〈形〉高远空阔：～苍天。

【寥寥】liáoliáo〈形〉稀少；极少：～无几。

【寥寥无几】liáoliáo wú jǐ 非常少，没有几个。

【寥落】liáoluò〈形〉❶稀疏：星星～。❷荒凉冷落：干戈～四海星。

【寥若晨星】liáo ruò chén xīng 稀少得像早晨的星星，形容数量极少。

撩 liáo〈动〉挑逗；招惹：～拨｜～逗｜春色～人。

△另见 liāo；liào。

【撩拨】liáobō〈动〉挑逗；招惹。

【撩乱】liáoluàn 见[缭乱]。

嘹 liáo[嘹亮](嘹喨)(liáoliàng)〈形〉(声音)清晰响亮：歌声～｜军号～。

獠 liáo ❶〈形〉(面貌)凶恶：～面(面目丑恶)。❷〈动〉夜间打猎。

【獠牙】liáoyá〈名〉露在嘴外的长牙：青面～。

潦 liáo ，旧又读 lǎo 见下。

△另见 lǎo。

【潦草】liáocǎo〈形〉❶字迹不工整。❷办事草率；不认真：～从事。

【潦倒】liáodǎo〈形〉❶失意；不得志：穷愁～。❷散漫；行为不受约束。

寮 liáo〈名〉❶小屋：茅～｜茶～酒肆。❷小窗：窗～。

嫽 liáo〈形〉美好。

缭(繚) liáo〈动〉❶缠绕：～乱｜～绕。❷一种缝纫方法，用针斜着缝：～缝儿｜～贴边。

【缭乱】(撩乱)liáoluàn〈形〉纷乱：心绪～｜眼花～。

【缭绕】liáorào〈动〉(声音、烟雾等)回环旋转：歌声～｜炊烟～｜白云～。

燎 liáo〈动〉延烧；烧：～原(大火延烧原野)。

△另见 liǎo。

鹩(鷯) liáo 见[鹪(jiāo)鹩]。

簝 liáo〈名〉古代祭祀时盛肉的竹器。

髎 liáo〈名〉中医指骨节间的空隙，多用于穴位名。

—— liǎo ——

了(❹瞭) liǎo ❶〈动〉完毕；结束：～结｜～账｜终～｜完～。❷〈动〉放在动词后面，跟"得"、"不"连用，表示可能或不可能：做得～｜受不～。❸〈副〉完全(不)；一点(也没有)：～不相涉｜～无惧色。❹〈动〉明白；懂得：～解｜～如指掌。❺〈名〉姓。

△另见 le；"瞭"另见 liào。

【了结】liǎojié〈动〉(事情)解决；结束：事情尚未～。

【了解】liǎojiě〈动〉❶对事情知道得很清楚：～行情。❷打听；调查：派人～他的来历。

【了了】liǎoliǎo ❶〈形〉明白事理；聪明：小时～，大未必佳。❷〈动〉明白；懂得：不甚～。❸〈形〉清楚，容易辨认：不甚～。

【了却】liǎoquè〈动〉了结：～凤愿｜～了一桩心事。

【了然】liǎorán〈形〉明白；清楚：一目～｜～于心。

【了如指掌】liǎo rú zhǐ zhǎng 形容对情况了解得非常清楚，像指着自己的手掌给人看一样。

备用词　公了　私了　完了　终了　了了　明了　一了百了

钌(釕) liǎo〈名〉金属元素，符号 Ru。银灰色，质硬而脆，可用来制合金等。

△另见 liào。

蓼 liǎo〈名〉草本植物，花淡绿色或淡红色，茎叶有辣味，全草入药。也叫"水蓼"。

△另见 lù。

燎 liǎo〈动〉挨近了火而烧焦(多用于毛发):把头发~着了|心急火~|火烧火~。
△另见 liáo。

= liào =

炝 liào[炝蹶(juě)子]〈动〉骡马等跳起来用后腿向后踢。

钌(釕) liào[钌铞儿]〈名〉钉在门窗上扣住门窗等的铁片。
△另见 liǎo。

料 liào❶〈动〉预料;猜测:~想|~意|不出所~。❷〈名〉材料;原料:布~|燃~|下脚~|偷工减~。❸〈名〉给牲口吃的谷物:饲~|草。❹〈名〉料器,用玻璃原料加颜料制成的手工艺品:~货。❺〈量〉用于中医配制丸药,处方规定剂量的全份为一料:配一~药。
【料定】liàodìng〈动〉❶事先预料到:胜负如何,难以~。❷经过猜测后断定:天气闷热,~将有暴雨。
【料理】liàolǐ❶〈动〉照料;处理:~家务|后事|那件事已~好了。❷方言〈动〉烹调制作:名厨~。❸方言〈名〉菜肴:韩国~。
【料峭】liàoqiào〈形〉形容微寒(多指春寒):春寒~。
【料想】liàoxiǎng〈动〉猜测;预料。
备用词 逆料 意料 预料 材料 草料 电料 肥料 工料 燃料 染料 饲料 塑料 涂料 原料 资料 照料 偷工减料

撂 liào〈动〉❶放;搁:~手|~挑子|~下饭碗。❷弄倒:一枪就把野猪~在了地上。❸抛弃;抛。
【撂挑子】liào tiāozi 放下挑子,比喻扔下工作不干。

廖 liào〈名〉姓。

撩 liào 同"撂"。
△另见 liāo;liáo。

瞭 liào〈动〉登高远望:~望。
△另见 liǎo"了"。
【瞭望】liàowàng〈动〉登高远望,特指从高处或远处监视敌情:~哨。

镣(鐐) liào〈名〉套在脚腕上的刑具,由一条铁链连着两个铁箍做成:脚~|~铐。
【镣铐】liàokào〈名〉❶脚镣和手铐。❷比喻束缚人的东西。

= liē =

咧 liē[咧咧(lie)]方言〈动〉❶乱说:瞎~。❷小孩儿哭:谁招你啦,怎么又~上了?
△另见 liě;lie。

= liě =

咧 liě〈动〉嘴角向两边伸展:~着嘴笑|辣得龇牙~嘴。
△另见 liē;lie。

裂 liě方言〈动〉东西的两部分向两旁分开:衣服没扣,~着怀。
△另见 liè。

= liè =

列 liè❶〈动〉排列:罗~|~队|~名~前茅。❷〈动〉安排到某类事物之中:~入议程。❸〈名〉行列:队~|人~。❹〈量〉用于成行列的事物:一~火车|四~纵队。❺〈名〉类:不在此~。❻〈代〉各;众:~强|东周~国|~位观众。❼同"裂"(liè)。分;割:~地建国。❽〈名〉姓。
【列车】lièchē〈名〉配有机车、工作人员和规定信号的连挂成列的火车。
【列岛】lièdǎo〈名〉群岛的一种,一般指排列成线形或弧形的,如我国的澎湖列岛。
【列观】lièguàn〈名〉宫廷中一般的楼台。
【列缺】lièquē〈名〉闪电:~霹雳。
【列席】lièxí〈动〉非正式成员参加会议,有发言权而没有表决权。
【列传】lièzhuàn〈名〉纪传体史书中一般人物的传记。
备用词 并列 陈列 队列 胪列 罗列 排列 前列 行列 系列 序列

劣 liè〈形〉❶坏;不好(跟"优"相对):~等|~绅|恶~|拙~。❷弱小:~弱|强~。❸小于一定标准的:~弧。
【劣根性】liègēnxìng〈名〉指根深蒂固的不良习性。
【劣绅】lièshēn〈名〉旧社会地方上品行恶劣、劣迹昭著的绅士。
备用词 卑劣 粗劣 低劣 恶劣 顽劣 猥劣 芜劣 窳劣 拙劣

冽 liè〈形〉冷:凛~。

洌 liè〈形〉❶(水)清澈。❷(酒)清醇:泉香而酒~。

埒 liè ❶〈动〉同等;(相)等:富~王侯|二人才力相~。❷〈名〉指矮墙、田埂、堤防等。

烈 liè ❶〈形〉强烈;猛烈:~日|~酒|激~|剧~|兴高采~。❷〈形〉刚直;严正:~性|刚~。❸〈名〉为正义而死难的人:~属|先~。❹〈名〉功业:功~(功绩)。❺〈动〉焚;烧:~些纸钱。

【烈士】lièshì〈名〉❶为正义事业而死难的人:革命~。❷古代指有志于建立一番事业的人:~暮年,壮心不已。

【烈性】lièxìng〈形〉❶性格刚烈:~汉子。❷性质猛烈:~酒。

备用词 暴烈 惨烈 酷烈 炽烈 激烈 剧烈 猛烈 浓烈 强烈 热烈 刚烈 节烈 贞烈 壮烈 先烈 英烈 轰轰烈烈 兴高采烈

捩 liè〈动〉扭转:转~点。

猎(獵) liè〈动〉捕捉禽兽:打~|围~|狩~|~枪。

【猎获】lièhuò〈动〉通过打猎获得:~物。

【猎猎】lièliè〈拟〉形容风声或旗帜在风中飘动的声音:北风~|旌旗~。

【猎奇】lièqí〈动〉搜寻奇异的事物(多用于贬义)。

【猎取】lièqǔ〈动〉❶通过打猎取得:~野兽。❷夺取(名利):~功名。

【猎食】lièshí〈动〉捕捉禽兽为食。

【猎头】liètóu〈名〉❶受企业等委托为其物色、挖掘高级人才的工作:~公司|~服务。[外]❷指从事这种工作的人:人才~|他是一名专业~。[外]

备用词 出猎 打猎 射猎 狩猎 田猎 行猎 渔猎

裂 liè〈动〉❶破而分开:分~|破~|~隙。❷分;割:~地而封之。❸裁;剪:~裳帛而与之。
△另见 liě。

【裂痕】lièhén〈名〉❶器物破裂的痕迹。❷比喻关系上出现的严重隔阂或矛盾。

备用词 爆裂 崩裂 迸裂 坼裂 龟裂 皲裂 破裂 绽裂 分裂 割裂 决裂 身败名裂 四分五裂 天崩地裂

趔 liè[趔趄(qie)]〈动〉身体歪斜,脚步不稳:打了个~|他~着走进屋来。

躐 liè〈动〉❶超越:~等(超越等级)|~级~进。❷践踏。

鬣 liè〈名〉❶某些兽类如马、狮子等颈上的长毛。❷胡须。

—— lie ——

咧 lie 方言。〈助〉用法跟"了"、"啦"、"哩"相同:好~|来~|对~|那地方可好看~!
△另见 liě;liě。

—— līn ——

拎 līn〈动〉提:~水。

—— lín ——

邻(鄰*隣) lín ❶〈名〉住处接近的人家:左~右舍|远亲不如近~。❷〈动〉邻接;邻近:~国|~邦(接壤的国家)。

【邻接】línjiē〈动〉地区相连接:京津两市~。

【邻近】línjìn ❶〈动〉位置相接近:我国东部跟日本~。❷〈名〉附近:~有家电影院。

【邻居】línjū〈名〉住家接近的人或人家。

【邻里】línlǐ〈名〉❶指家庭所在的乡里。❷同一乡里的人;街坊。

【邻人】línrén〈名〉邻居。

【邻舍】línshè〈名〉邻居。

备用词 紧邻 近邻 四邻 乡邻 友邻 比邻 毗邻 睦邻 善邻

林 lín〈名〉❶成片的树木或竹子:森~|竹~|园~|~涛|防风~|独木不成~。❷聚集在一起的同类的人或事物:艺~|儒~|碑~。❸姓。

【林薄】línbó〈名〉草木丛杂的地方。

【林海】línhǎi〈名〉形容像海洋一样无边无际的森林。

【林立】línlì〈动〉像树林里的树一样密集地竖立着,形容很多:乱石~|高楼~。

【林莽】línmǎng〈名〉密林。

【林㺿】línyì 见[猞猁(shēlì)]。

备用词 丛林 绿林 密林 森林 树林 园林

临(臨) lín ❶〈动〉靠近;对着:～近|～街。❷〈动〉来到;到达:来～|光～|身～其境|双喜～门。❸〈动〉照着字画模仿:～摹|～帖。❹〈动〉从高处往低处看:居高～下。❺〈介〉将要;快要:～别|～产。❻〈名〉姓。

△另见 lìn。

【临床】línchuáng〈动〉医学上称医生给病人诊断和治疗疾病:～经验丰富。

【临近】línjìn〈动〉靠近;接近。

【临渴掘井】lín kě jué jǐng 感到渴才掘井,比喻平时没有准备,事到临头才想办法。

【临摹】línmó〈动〉模仿(书画):～字帖。

【临盆】línpén〈动〉指快要分娩。

【临时】línshí ❶〈副〉临到事情发生的时候:～抱佛脚。❷〈形〉非正式的;暂时的:～工|～政府。

【临头】líntóu〈动〉为难或不幸的事情落到身上:大难～。

【临危】línwēi〈动〉❶人病重将死。❷面临生命的危险:～不惧。

【临危受命】lín wēi shòu mìng 在危难时刻接受任命。

【临危授命】lín wēi shòu mìng 在危急关头勇于献出生命:～,视死如归。

【临渊羡鱼】lín yuān xiàn yú《汉书·董仲舒传》:"临渊羡鱼,不如退而结网。"站在水边想得到鱼,不如回家去织网。比喻只有愿望,没有实际行动,就无济于事。

【临阵磨枪】lín zhèn mó qiāng 到了快要上阵杀敌的时候才磨枪,比喻事到临头才做准备。

【临阵脱逃】lín zhèn tuō táo 军人到了临上阵时逃跑,也比喻事到临头而退缩逃避。

【临终】línzhōng〈动〉人将要死(的时候):～遗言。

【临终关怀】línzhōng guānhuái 对将要死亡的病人给予心理和生理上的关心照顾,使减轻痛苦,平静地度过人生的最后时间:～医院。

备用词 贲临 濒临 登临 光临 惠临 降临 来临 莅临 面临 迫临 照临

啉 lín 见[喹(kuí)啉]。

淋 lín〈动〉浇:～浴|日晒雨～|衣服～湿了。

△另见 lìn。

【淋漓】línlí〈形〉❶形容血、汗水、泪水等往下滴:大汗～|鲜血～。❷形容畅快:痛快～|兴会～|慷慨～。

【淋漓尽致】línlí jìn zhì 形容文章或说话详尽而透彻。也指暴露得很充分。

琳 lín〈名〉美玉:～琅。

【琳琅】línláng〈名〉美玉,比喻美好而珍贵的东西:～满目。

粼 lín[粼粼]〈形〉形容水、石等明净:～碧波|白石～。

嶙 lín 见下。

【嶙嶙】línlín〈形〉❶形容山石突兀、重叠:乱石～|礁石～。❷形容山势起伏不平:浅山～。

【嶙峋】línxún〈形〉❶层叠高耸的样子:怪石～|盘曲～的藤萝。❷形容人消瘦:瘦骨～。

遴 lín〈动〉谨慎选择:～选(选拔)。

【遴选】línxuǎn〈动〉❶选拔(人才):～德才兼备的人担任领导干部。❷泛指挑选:该厂生产的彩电被～为展览样品。

潾 lín[潾潾]〈形〉形容水清:～的水波|春水～。

璘 lín〈名〉玉的光彩。

霖 lín〈名〉久下不停的雨:～雨|秋～|甘～(指久旱以后下的雨)。

辚(轔) lín[辚辚]〈拟〉形容车行走时车轮滚动的声音:车～,马萧萧。

磷(﹡燐舛) lín〈名〉非金属元素,符号P。磷肥是重要的肥料。

【磷火】línhuǒ〈名〉磷化氢燃烧时的火焰。尸体腐烂时分解出磷化氢,并自动燃烧。夜间在野外有时看到的白色带蓝绿色的火焰就是磷火。俗称"鬼火"。

瞵 lín〈动〉瞪着眼睛看：鹰～鹗视。

鳞（鱗）lín〈名〉❶鱼类、爬行动物和少数哺乳动物身体表面的角质或骨质薄片，具有保护作用：～片｜～甲。❷像鱼鳞的东西：～茎｜～波｜遍体～伤。❸姓。

【鳞次栉比】lín cì zhì bǐ 像鱼鳞和梳子齿一样挨个儿地顺序排列着，形容房屋等密集。也说"栉比鳞次"。

【鳞鳞】línlín〈形〉像鱼鳞一样密集地排列着，多用来形容云、水或重叠的山石等。

麟（*麐）lín〈名〉麒麟：～凤龟龙｜凤毛～角。

【麟凤龟龙】lín fèng guī lóng 古人认为麟凤龟龙是四种象征吉祥的动物，用来比喻品德高尚的人。

━━ lǐn ━━

凛（*凜）lǐn❶〈形〉寒冷：～冽。❷〈形〉严肃；严厉：正气～然｜～不可犯。❸〈动〉畏惧；害怕：～于夜行。

【凛冽】lǐnliè〈形〉寒冷刺骨：北风～｜寒风～。

【凛凛】lǐnlǐn〈形〉❶形容寒冷：寒风～。❷可敬畏的样子：威风～。

【凛然】lǐnrán〈形〉严肃而可敬畏的样子：大义～｜～生畏。

廪（*廩）lǐn〈名〉❶粮仓：仓～。❷粮食。

【廪生】lǐnshēng〈名〉明清时称由府、州、县按时发给银子和粮食补助生活的生员，也叫"廪膳生"、"廪膳生员"。

【廪食】lǐnshí〈名〉旧时指官府供给的粮食。

懔（*懍）lǐn同"凛"❷❸。

檩（*檁）lǐn〈名〉檩条，架在屋架或山墙上用来托住椽子或屋面板的横木。也叫"桁"。

━━ lìn ━━

吝（*❶恡）lìn❶〈形〉吝啬：～惜｜悭（qiān）～｜万望不～赐教。❷〈名〉姓。

【吝啬】lìnsè〈形〉过分爱惜自己的财物，当用不用。

【吝惜】lìnxī〈动〉因过分爱惜而舍不得拿出（自己的东西或力量等）。

临（臨）lìn〈动〉凭吊。
△另见 lín。

赁（賃）lìn❶〈动〉租借：租～｜出～。❷〈名〉姓。

淋（*❷痳）lìn❶〈动〉滤：过～｜～盐。❷[淋病]〈名〉一种性病，重者尿道发炎，化脓，尿中带有脓血。
△另见 lín。

蔺（藺）lìn❶[马蔺]〈名〉草本植物，根茎粗，叶子条形，坚韧，可用来捆扎东西。也叫"马莲"、"马兰"。❷〈名〉姓。

膦 lìn〈名〉有机化合物的一类。

躏（躪）lìn 见〖蹂（róu）躏〗。

━━ líng ━━

○ líng〈数〉数的空位，同"零"，多用于数字中：二○三医院｜公元二○○五年。

令 líng[令狐]〈名〉❶古地名，在今山西临猗县一带。❷姓。
△另见 lǐng；lìng。

伶 líng〈名〉旧时指戏曲演员：～人｜优～｜～坤｜老～工（年老有经验的演员）。

【伶仃】（零丁）língdīng〈形〉孤独无依靠的样子：孤苦～。

【伶俐】línglì〈形〉❶聪明；机灵。❷灵活；利索：手脚～。

【伶俜】língpīng〈形〉孤单的样子：～独居。

灵（靈　*霛）líng❶〈形〉灵活；灵巧：敏～｜～便｜机～｜失～。❷〈名〉精神；灵魂：心～｜幽～。❸〈名〉称神仙或关于神仙的：精～｜～怪。❹〈形〉灵验：～药。❺〈形〉灵通：信息不～。❻〈名〉装殓死者的棺材或关于死人的：守～｜～车｜～牌。❼〈名〉姓。

【灵便】língbiɑn〈形〉❶（四肢、五官）灵活；灵敏：腿脚不～。❷（工具）轻巧，用着方便。

【灵榇】língchèn〈名〉灵柩。

【灵丹妙药】líng dān miào yào 灵验有效的奇药，比喻能解决一切问题的办法。也说"灵丹圣药"。

【灵动】língdòng 方言〈形〉灵活；机灵。

【灵感】línggǎn〈名〉指在文艺创作、生产实践和科学研究等活动中，由于刻苦学习和长期经验、知识的积累而突然产生的富有创造性的思路。

【灵怪】língguài ❶〈名〉传说中的神灵和妖怪。❷〈形〉神奇怪异。

【灵光】língguāng ❶〈名〉指神异的光辉；也指画在神像头部四周的光辉。❷方言。〈形〉好；效果好：头脑～|他手艺蛮～的。

【灵魂】línghún〈名〉❶迷信的人认为人的躯体内存在一种作为主宰的非物质的东西，灵魂离开躯体人即死亡。❷思想；心灵：～深处|纯洁的～。❸人格；良心：出卖～。❹比喻起主导和决定作用的因素。

【灵活】línghuó〈形〉❶善于随机应变；反应快：头脑～。❷不呆板；不拘泥：机动～|～运用。❸〈动作〉敏捷；活动方便。

【灵机】língjī〈名〉灵巧的心思：～一动。

【灵柩】língjiù〈名〉死者已经入殓的棺材。

【灵敏】língmǐn〈形〉反应快；能对极其微弱的刺激作出迅速的反应：嗅觉～|动作～。

【灵巧】língqiǎo〈形〉灵活而巧妙：～的双手。

【灵台】língtái〈名〉心灵。

【灵通】língtōng〈形〉❶(消息)知道得快；来源广：～人士。❷方言。行；顶用：这玩意儿真～。❸灵活：心眼儿～。

【灵犀】língxī〈名〉古代传说，犀牛角有白纹，感应灵敏，所以称犀牛角为"灵犀"。

【灵效】língxiào〈名〉灵验的效果：立见～。

【灵性】língxìng〈名〉❶天赋的聪明才智。❷指动物经过驯养、训练而具有的智慧。

【灵秀】língxiù〈形〉聪明而秀丽：眉眼透出一股～之气。

【灵验】língyàn〈形〉❶有效；效果好：药到病除，～得很。❷预言能够应验。

备用词 魂灵 精灵 生灵 亡灵 英灵 幽灵 心灵 性灵 机灵 空灵 水灵 福至心灵 人杰地灵

苓 líng见[茯(fú)苓]。

图 líng[图圄(yǔ)](图圈)〈名〉监狱：身陷～。

泠 líng ❶〈形〉清凉：～风|清～。❷〈形〉轻妙。❸〈名〉姓。

【泠泠】línglíng〈形〉❶形容清凉。❷形容声音清越：泉水激石，～作响。

玲 líng ❶〈拟〉形容玉碰击的声音：～～盈耳。❷〈名〉姓。

【玲珑】línglóng ❶〈形〉(器物等)精巧细致：～

奇巧。❷〈形〉(人)灵活，不呆板：～活泼的孩子。❸〈拟〉形容金玉声：和銮～(和銮：车铃)。

【玲珑剔透】línglóng tītòu ❶形容器物等精细，孔穴明晰，结构奇巧。❷形容人聪明能干。

柃 líng[柃木]〈名〉灌木或小乔木，花小，白色，浆果球形。

瓴 líng〈名〉❶古代一种盛水的瓶子：高屋建～(从房顶上往下倒水，比喻居高临下的形势)。❷姓。

铃（鈴）líng〈名〉❶用金属制成的响器，振动小锤而发声：～铛|风～|驼～|电～|掩耳盗～|解～系～。❷像铃的东西：哑～|杠～|棉～。❸棉花的花蕾和棉铃：落～。❹姓。

鸰（鴒）líng见[鹡(jí)鸰]。

凌（*❶-❸❻凌）líng ❶〈动〉侵犯；欺侮：欺～|～辱。❷〈动〉逼近：～晨。❸〈动〉升高：～空|～云。❹〈形〉杂乱；错杂：～乱。❺方言。〈名〉冰(多指块状或锥状的)：冰～|～汛。❻〈名〉姓。

【凌晨】língchén〈名〉天快要亮的时候：～三时。

【凌迟】língchí〈动〉分割犯人的肢体致死，是古代的一种酷刑。

【凌澤】língduó 方言。〈名〉冰锥。

【凌驾】língjià〈动〉❶高出；压倒：救人的念头～一切，他奋不顾身扑向火海。❷乘：～着骀荡的东风。

【凌空】língkōng〈动〉高高地在天空中或高升到天空中：雪花～飞舞|欲飞的蓬莱阁。

【凌厉】línglì〈形〉气势迅速而猛烈：寒风～|攻势～。

【凌轹】línglì 也作"陵轹"。〈动〉❶欺压。❷排挤；倾轧。

【凌乱】língluàn〈形〉散乱；不整齐；没有秩序：～不堪|理了理～的头发。也作"零乱"。

【凌虐】língnüè〈动〉欺侮；虐待。

【凌辱】língrǔ〈动〉欺侮；侮辱；受尽～。

【凌侮】língwǔ〈动〉欺凌；侮辱。

【凌夷】língyí〈动〉从盛到衰；衰败。也作"陵夷"。

【凌云】língyún〈动〉直上云霄：壮志～。

备用词 冰凌 驾凌 欺凌 侵凌

陵 líng ❶〈名〉连绵成片的小山:丘~|~谷变迁。❷〈名〉陵墓:~园|谒~|中山~。❸〈动〉凌辱;欺侮。❹〈名〉姓。

【陵迟】língchí ❶〈动〉衰落。❷同"凌迟"。

【陵轹】línglì 同"凌轹"。

【陵墓】língmù〈名〉❶帝王或诸侯的坟墓。❷人民领袖或革命烈士的坟墓。

【陵迫】língpò〈动〉凌辱逼迫。

【陵寝】língqǐn〈名〉帝王的坟墓。

【陵替】língtì〈动〉❶纲纪废弛。❷衰落。

【陵压】língyā〈动〉欺凌;欺压:~百姓。

【陵夷】língyí 同"凌夷"。

【陵园】língyuán〈名〉以陵墓为主的园林:烈士~。

聆 líng〈动〉听:~取(听取)|当面~教。

【聆听】língtīng〈动〉听;专心地听:~教诲|凝神~。

菱(＊蔆) líng〈名〉草本植物,生在池沼中,叶子浮在水面,果实的硬壳有角,果肉可以吃。通称"菱角"。

棂(櫺＊欞) líng〈名〉旧式房屋的窗格:窗~。

蛉 líng[白蛉]〈名〉昆虫,身体小,黄白色或浅灰色,雌虫吸人畜的血,能传播白蛉热等病。

舲 líng〈名〉有窗户的船。

翎 líng〈名〉鸟的翅膀或尾巴上的长而硬的羽毛:~毛|雁~|花~|鹅~扇。

【翎毛】língmáo〈名〉羽毛。

【翎子】língzi〈名〉❶清代官员礼帽上装饰的孔雀翎。❷戏曲中武将帽子上插的雉尾。

羚 líng〈名〉❶羚羊,哺乳动物,外形略像山羊,毛灰黄色,跑得很快,角可入药。❷指羚羊角。

绫(綾) líng〈名〉绫子,像缎子而比缎子薄的丝织品:~罗绸缎|红~。

棱(＊稜) líng[穆棱]〈名〉地名,在黑龙江。
△另见 lēng;léng。

褛 líng〈名〉福。

零 líng ❶〈形〉零碎;小数目的(跟"整"相对):~用|~食|化整为~。❷〈名〉零头;零数:抹~|八十有~。❸〈数〉放在两个数量中间,表示较大的量之下附有较小的量:一年~五天。❹〈数〉数的空位,在数码中多用〇:三~六号。❺〈数〉表示没有数量:二减二等于~。❻〈数〉某些量度的计算起点:~点|~下四度。❼〈动〉(草木花叶)枯萎而落下;落:~落|凋~|~泪。❽〈名〉姓。

【零丁】língdīng 见[伶仃]。

【零乱】língluàn 同"凌乱"。

【零落】língluò ❶〈动〉(花叶)脱落;凋谢:草木~。❷〈动〉比喻死亡、衰败:亲友多~|家业~。❸〈形〉稀疏;不集中:~的枪声。

【零散】língsǎn〈形〉分散;不集中。

【零碎】língsuì ❶〈形〉细碎;零散:~东西。❷〈名〉零碎的东西:拾掇~儿。

【零星】língxīng〈形〉❶零碎的;少量的:~材料。❷分散;不集中:~的雨滴。

【零讯】língxùn〈名〉零星的消息(多用作刊物专栏名称)。

【零增长】língzēngzhǎng〈动〉指增长率为零,即在规模、数量等方面保持原状,没有变化:人口~。

备用词 凋零 飘零 丁零 孤零 拾零 感激涕零

龄(齡) líng ❶〈名〉❶岁数:年~|学~。❷年限:军~|教~。❸某些生物体发育过程中不同阶段所经历的时间:苗~|叶~|虫~。

鲮(鯪) líng ❶〈名〉鱼,身体侧扁,口小,有两对须,吃藻类。❷[鲮鲤]〈名〉哺乳动物,全身有角质鳞甲,爪锐利,善于掘土。鳞甲入药。也叫"穿山甲"。

酃 líng〈名〉酃县,旧地名,在今湖南省,改称炎陵县。

━━ lǐng ━━

令 lǐng〈量〉原张的纸 500 张为 1 令。
△另见 líng;lìng。

岭（嶺） lǐng〈名〉❶顶上有路可通行的山:崇山峻～|翻山越～。❷高大的山脉:南～|秦～|兴安～。❸特指城岭、都庞岭、萌渚岭、骑田岭、大庾岭等五岭:～南。❹姓。

【岭峤】lǐngjiào〈名〉指五岭:～微草,凌冬不凋。

【岭南】lǐngnán〈名〉五岭以南的地区,泛指广东、广西一带。

领（領） lǐng❶〈名〉脖子:～巾|引～而望。❷〈名〉衣领:～章|翻～。❸〈名〉领口:方～|圆～|和尚～(像袈裟的领口)。❹〈名〉大纲,要点:要～|提纲挈～。❺〈量〉a)用于长袍或上衣。b)用于席、箔等。❻〈动〉带,引:带～|统～|～航|～唱。❼〈动〉领有:占～|～地。❽〈动〉领取:招～|认～|～料|～奖。❾〈动〉接受:～教|心～。❿〈动〉了解(意思):～略|～悟。⓫〈名〉姓。

【领导】lǐngdǎo❶〈动〉率领并引导去完成某项任务或创建某种事业。❷〈名〉担任领导的人。

【领会】lǐnghuì〈动〉领略事物而有所体会:～精神。

【领教】lǐngjiào〈动〉❶客气话,表示接受别人的教益或欣赏别人的表演。❷请教。

【领军】lǐngjūn❶〈动〉率领军队,多比喻在某个行业或集体中起领头作用:～作战|目前男子体操队选手实力平均,缺少～人物。❷〈名〉泛指起领头作用的人或事物:他是这一新兴学科的～。

【领空】lǐngkōng〈名〉一个国家的领陆、领水和领海上的空气空间,是该国领土的组成部分。

【领略】lǐnglüè〈动〉❶了解事物的情况,进而认识它的意义或辨别它的滋味。❷欣赏:～海景。

【领事】lǐngshì〈名〉由一国政府派驻外国某一城市或地区的外交官员。

【领土】lǐngtǔ〈名〉在一国主权管辖下的区域,包括陆地、河流、湖泊、内海、领海和领空。

【领悟】lǐngwù〈动〉领会;弄明白:～师长教导。

【领先】lǐngxiān〈动〉❶共同前进时走在最前面:遥遥～。❷比喻水平、成绩处于优势地位:比赛中主队比分一直～。

【领袖】lǐngxiù〈名〉国家、政治团体或群众组织等的最高领导人。

【领域】lǐngyù〈名〉❶一个国家行使主权的区域。❷学术研究或社会活动的范围:思想～。

备用词 冒领 认领 招领 带领 率领 占领 将领 首领 头领 纲领 要领 提纲挈领

━━ **lìng** ━━

另 lìng❶〈副〉另外②:～议|～有任务|～行通知。❷〈代〉另外①:～一件事|～一个人。❸〈名〉姓。

【另类】lìnglèi〈名〉❶另外的一类,指与众不同的、非常特殊的人或事物:这样的女孩可以归入～|这部片子是当代电影中的～。❷〈形〉与众不同;特殊:～服装|想法～|打扮得很～。

【另起炉灶】lìng qǐ lú zào ❶比喻放弃原来的,重新做起。❷比喻另立门户;另搞一套。

【另外】lìngwài❶〈代〉指上文所说范围之外的人或事:那是～一个问题,以后再谈。❷〈副〉表示在上文所说范围之外:别着急,我～送你一本。❸〈连〉此外:书我已经寄去,～还写了一封信。

【另眼相看】lìng yǎn xiāng kàn 用另一种眼光看待,多指对某个人(或某种人)不一般对待。

令 lìng❶〈动〉上级对下级发指示:三～五申|电～各校切实执行。❷〈名〉上级对下级发的指示:军～|法～|逐客～|发号施～。❸〈动〉使:～人振奋|～人发指。❹〈名〉酒令:猜拳行～。❺〈名〉古代官名:～尹|县～。❻〈名〉时节:时～|夏～。❼〈形〉美好:～德|～名。❽〈形〉敬辞,用于对方的亲属或有关系的人:～亲|～尊。❾〈连〉如果;假使。❿〈名〉小令(多用于词调、曲调名):如梦～|十六字～。

△另见 líng;lǐng。

【令爱】lìng'ài〈名〉敬辞,称对方的女儿。也作"令嫒"。

【令嫒】lìng'ài同"令爱"。

【令阃】lìngkǔn〈名〉旧时敬辞,称对方的妻子。

【令郎】lìngláng〈名〉尊称对方的儿子。

【令名】lìngmíng〈名〉美名;好名声:久闻～。

【令堂】lìngtáng〈名〉尊称对方的母亲。

【令行禁止】lìng xíng jìn zhǐ 有令即行,有禁即止。形容执法严正而雷厉风行。

【令尹】lìngyǐn〈名〉古代官名。a)春秋时楚国最高的官职。b)古代县的行政长官。

【令尊】lìngzūn〈名〉尊称对方的父亲。

备用词 饬令 号令 勒令 密令 命令 申令 通

令　责令　法令　禁令　口令　条令　指令　辞令
节令　时令　月令

吟　lìng 见[嘌(piào)吟]。

=== liū ===

溜　liū ❶〈动〉滑行;(往下)滑:~冰|从山坡上~下来。❷〈形〉光滑;平滑:~光|滑~。❸〈动〉偷偷走开:~号|不能让小偷~了|他早~了。❹同"熘"。
△另见 liù。
【溜达】(蹓跶) liūda〈动〉散步;随便走走。
【溜溜儿】liūliūr 方言。〈副〉整整;足足:~等了一天。
【溜须拍马】liū xū pāi mǎ 比喻谄媚奉承。

熘　liū〈动〉一种烹饪方法,跟炒相似,作料中加淀粉汁:~肝尖|~鱼片|滑~里脊|软~肉片。

蹓　liū[蹓跶(da)]见【溜(liū)达】。
△另见 liù。

=== liú ===

刘(劉)　liú〈名〉姓。

【刘海儿】liúhǎir〈名〉妇女或儿童垂在前额的整齐的短发。

浏(瀏)　liú〈形〉❶形容水流清澈。❷形容风急。
【浏览】liúlǎn〈动〉粗略地看;泛泛地看。

留(*畱畄畱)　liú ❶〈动〉停在某个处所或地位不离去:~任|~级|停~|滞~。❷〈动〉指留居外国学习或研究:~学|~美。❸〈动〉使留下来;不使离去:~客|~挽。❹〈动〉注意力集中在某方面:~心|~神。❺〈动〉保留:-底稿|~一手。❻〈动〉接受;收下:收~|~下礼物。❼〈动〉遗留;以前的事物或现象留下来,继续存在:~言簿|祖先~给我们丰富的文化遗产。❽〈名〉姓。
【留步】liúbù〈动〉客套话,用于送客时客人请主人不要送出去。
【留连】liúlián 见【流连】。
【留恋】liúliàn〈动〉依恋而不忍离开或舍弃;怀恋。
【留难】liúnàn〈动〉无理阻止;故意刁难:多方~。
【留念】liúniàn〈动〉留做纪念:合影~。

【留聘】liúpìn〈动〉留下来继续聘用:决定~十人|由于工作需要,他被原单位~。
【留任】liúrèn〈动〉留下来继续任职:降级~|仍~办公室主任|新内阁已经组成,原外长~。
【留神】liúshén〈动〉注意;小心:~路滑。
【留守】liúshǒu〈动〉❶皇帝离开京城,命大臣驻守,叫作"留守"。平时派官员在陪都、行都督守也叫"留守"。❷部队、机关、团体等离开原驻地时留下少数人在原驻地担任守卫、联系等工作:~处。❸留下来守候(在家):~儿童|~老人|爸爸妈妈到广州打工了,只有我和爷爷~在家。
【留心】liúxīn〈动〉注意:~观察身边的事情。
【留学】liúxué〈动〉留居外国学习或研究:~深造|早年他到欧洲留过学。
【留学生】liúxuéshēng〈名〉在外国学习的学生。
【留言】liúyán ❶〈动〉用书面形式等留下要说的话:~牌|~簿|电话~|临行时留了言。❷〈名〉指用书面形式等留下的话:旅客~|观众~|重视顾客的~。
【留洋】liúyáng〈动〉旧时指留学。
【留一手】liú yī shǒu 故意保留自己的某些本事,不全部拿出来或不传授别人:老师傅把全部技艺传给徒工,再不像从前那样~了。
【留医】liúyī〈动〉(病人)留在医院治疗;住院:由于病情严重,大夫坚持让这位病人~。
【留意】liúyì〈动〉留心;注意:~观察|一不~就出错。
【留用】liúyòng〈动〉❶(人员)留下来继续任用:察看~|~人员|降职~。❷(物品)留下来继续使用:把要~的衣物挑出来,其他的就处理了。
【留余地】liú yúdì(说话、办事、订计划等)不走极端,留下回旋的空间。
【留职】liúzhí〈动〉保留职务:~察看|~停薪。

备用词　拘留　扣留　收留　容留　款留　挽留　保留　残留　遗留　逗留　勾留　稽留　羁留　居留　弥留　停留　淹留　滞留　寸草不留　鸡犬不留

流　liú ❶〈动〉液体移动;流动:奔~|涌~|~汗|~血。❷〈动〉移动不定:~浪。❸〈动〉流传;传播:~行|~毒。❹〈动〉向坏的方向转变:~于形式。❺〈动〉旧时的刑罚,把犯人送到边远地方去:~放。❻〈名〉指江河湖海的流水:河~|开源节~。❼〈名〉像水流的东西:气~|暖~|电~|车~|人~。❽〈名〉

类别;等级:名~|第一~产品。❾〈形〉乱飞的或无端飞来的:~弹|~矢。❿〈名〉姓。

【流辈】liúbèi〈名〉同辈的人;同一流的人。

【流弊】liúbì〈名〉积久相沿下来的或滋生的弊端。

【流标】liúbiāo❶〈动〉拍卖时,拍品因无人出价竞买而未成交:无一~|几件玉器相继~。❷招标项目因所有投标者都没有达到招标者的要求而导致招标失败。

【流播】liúbō〈动〉❶流传;传播:口耳~|惠泽~|~世间。❷流徙;播迁:~异域。

【流产】liúchǎn〈动〉❶怀孕后未满28周就产出胎儿(一般死亡),叫作流产。❷比喻事情在酝酿或进行中遭到挫折而不能实现。

【流畅】liúchàng〈形〉流利;通畅:文字~|语言~。

【流传】liúchuán〈动〉自古传下来或传播开:世代~|广泛~。

【流窜】liúcuàn〈动〉到处乱窜(多指匪盗或敌人)。

【流荡】liúdàng〈动〉❶流动;飘荡:空中~着朵朵白云。❷漂泊;流浪:出外谋生,四处~。

【流动】liúdòng〈动〉❶(水、空气等)移动:血液~。❷变动;经常改换位置(跟"固定"相对):~哨|~红旗。

【流毒】liúdú〈动〉❶毒害流传:~社会,危害群众。❷〈名〉流传的毒害物:肃清~。

【流芳】liúfāng〈动〉好名誉流传下去:万古~|~百世。

【流放】liúfàng〈动〉❶把犯人遣送到边远地方,是一种刑罚。❷把采伐下来的原木放在江河中运输。

【流光】liúguāng〈名〉光阴;岁月:~易逝。

【流浪】liúlàng〈动〉到处漂泊,生活无着落:~街头。

【流离】liúlí❶〈动〉由于战乱或灾荒而流转离散;流落:颠沛~|~失所。❷同"淋漓"①:脓血~。

【流离失所】liúlí shī suǒ 到处流浪,无处安身。

【流利】liúlì〈形〉❶(话)说得快而清楚;(文章)通顺流畅。❷不凝滞;熟练而快:书写~。

【流连】(留连)liúlián〈动〉依恋而不愿离去:~忘返。

【流露】liúlù〈动〉(思想、感情等)不自觉地表现出来:嘴角~出一丝笑容。

【流落】liúluò〈动〉穷困潦倒,漂泊外地:~他乡。

【流氓】liúmáng〈名〉❶原指无业游民,现在一般指不务正业,或扰乱社会治安,为非作歹的人。❷指施展下流手段,放刁、撒赖、寻衅滋事、调戏妇女等恶劣行为:要~。

【流年】liúnián〈名〉❶指光阴;岁月:似水~。❷旧时算命、看相,称一年的运气:~不利。

【流拍】liúpāi〈动〉流标①。

【流派】liúpài〈名〉❶水的支流。❷指学术思想、文艺创作方面的派别。

【流失】liúshī〈动〉❶指自然界的矿石、土壤自己散出或被水、风力带走,也指河水等白白地流掉:水土~|建造水库蓄积汛期的河水,以免~。❷泛指有用的东西流散失去:肥效~|抢救~的文物。❸比喻人员、财物等从本地或本单位流动或转移出去:人才~|制止国有资产~。

【流失生】liúshīshēng〈名〉指中途辍学的没有完成义务教育学业的学生:让~尽快复学。

【流驶】liúshǐ〈动〉流逝。

【流逝】liúshì〈动〉像流水一样地迅速消逝:岁月~。

【流水】liúshuǐ〈名〉❶流动的水,比喻接连不断:~潺潺|~作业|进行~处理。❷指商店的销货额:本月做了十五万元的~。

【流水不腐,户枢不蠹】liúshuǐ bù fǔ, hùshū bù dù 流动的水不会发臭,经常转动的门轴不会被虫蛀。比喻经常运动着的东西不易受侵蚀。

【流水席】liúshuǐxí〈名〉客人陆续来到,随到随吃随走的宴客方式。

【流水线】liúshuǐxiàn〈名〉指按流水作业特点所组成的生产程序。

【流水账】liúshuǐzhàng〈名〉❶每天记载金钱或货物出入的不分类别的旧式账簿。❷比喻不加分析罗列现象的叙述或记载。

【流水作业】liúshuǐ zuòyè 一种生产组织方式,把整个的加工过程分成若干不同的工序,按照顺序像流水似的不断进行,直到产出成品。

【流苏】liúsū〈名〉用五彩羽毛或丝线制成的穗子,古代用作车马、帐幕等悬垂的饰物。

【流俗】liúsú〈名〉一般的风俗习惯(含贬义)。

【流淌】liútǎng〈动〉液体流动:鲜血~|山溪~。

【流体】liútǐ〈名〉液体和气体的统称。

【流通】liútōng〈动〉❶流动畅通;不停滞:空气~。❷指商品、货币流转。

【流亡】liúwáng〈动〉由于灾荒、战乱或政治上的原因而被迫离开家乡或祖国。

【流徙】liúxǐ〈动〉❶到处转移，无定所。❷流放①。

【流行】liúxíng〈动〉❶广泛传播：～歌曲｜～性感冒。❷盛行；时兴：此地～穿旗袍。

【流行病】liúxíngbìng〈名〉❶能在较短的时间内广泛蔓延的传染病，如流行性感冒、霍乱等。❷比喻广泛流传的社会弊病。

【流行歌曲】liúxíng gēqǔ❶在一定时期内受到普遍欢迎，广泛传唱的歌曲。❷指通俗歌曲。

【流行色】liúxíngsè〈名〉在一定时期内被人们普遍喜爱的颜色（多指服装）：今夏的～是白色。

【流行语】liúxíngyǔ〈名〉某一时期社会上广泛流行的语汇：年度～｜收录～1500条。

【流言】liúyán〈名〉背后散布的没有根据的话（多指诬蔑或挑拨的话）：～蜚语。

【流域】liúyù〈名〉一个水系（包括干流和支流）所流过的整个地区：长江～。

【流寓】liúyù〈动〉在他乡居住：安史之乱，杜甫～成都。

【流转】liúzhuǎn❶〈动〉流动转移，不固定在一个地方：岁月～｜四方｜～的眼波。❷〈动〉指商品或资金在流通过程中周转：加速资金～。❸〈形〉指诗文、歌曲等流畅而圆浑：诗笔～｜歌喉～｜声调和谐～。

备用词　奔流　对流　合流　汇流　漂流　涌流　交流　轮流　暗流　潮流　洪流　巨流　逆流　暖流　潜流　铁流　支流　主流　不塞不流　从善如流　沧海横流　放任自流　付诸东流　开源节流　穷源溯流　三教九流　随波逐流　投鞭断流　头破血流　细水长流　应对如流

琉（＊瑠琍）　liú［琉璃］〈名〉❶用铝和钠的硅酸化合物烧制成的釉料，多为绿色和金黄色，用来加在黏土外层，烧制缸、盆、砖瓦等。❷一种天然宝石，有色，半透明。

硫　liú〈名〉非金属元素，符号 S。浅黄色结晶体，用来制造硫酸、火药、杀虫剂等。通称"硫黄"。

【硫化】liúhuà〈动〉把生橡胶、硫黄和炭黑等填料放在容器里，通入高压蒸气加热，使变成具有弹性的硫化橡胶。

【硫黄】liúhuáng〈名〉硫的通称。旧也作"硫磺"。

【硫磺】liúhuáng硫黄旧也作"硫磺"。

遛　liú见［逗留］（逗遛）。
△另见 liù。

馏（餾）　liú〈动〉加热液体，使化为蒸气后再凝结成纯净的液体：蒸～｜分～｜干（gān）～。
△另见 liù。

旒　liú〈名〉❶古代旗子上的飘带。❷古代帝王礼帽前后的玉串：冕～。

骝（騮）　liú〈名〉古书上指黑鬣黑尾巴的红马。

榴　liú〈名〉石榴，灌木或小乔木，果实球形，内有很多种子，种子的外种皮多汁，可以吃。根皮和树皮可入药。

飀（飀）　liú［飀飀］〈形〉微风吹动的样子。

镏（鎦）　liú［镏金］〈动〉用金子装饰器物的一种方法，把溶解在水银中的金子涂在器物表面。
△另见 liù。

鹠（鶹）　liú见［鸺（xiū）鹠］。

瘤（＊癅）　liú〈名〉肿瘤，有机体某一部分组织或细胞长期不正常增生所形成的新生物：肉～｜骨～｜癌～｜毒～。

镠（鏐）　liú〈名〉成色好的金子。

鎏　liú❶〈名〉成色好的金子。❷同"镏"（liú）。

━━ liǔ ━━

柳（＊桺栁）　liǔ〈名〉❶乔木或灌木，枝条柔韧，叶子狭长：杨～｜垂～｜红～｜馒头～。❷星宿名，二十八宿之一。❸姓。

【柳暗花明】liǔ àn huā míng 宋陆游《游山西村》："山重水复疑无路，柳暗花明又一村。"原

指绿柳成荫,繁花似锦的景象,后也比喻在困难情况下遇到转机。

【柳眉】liǔméi〈名〉指女子细长的眉毛。

绺（綹）liǔ〈量〉指线、麻、头发、胡须等丝状的东西聚成一束。

━━ liù ━━

六 liù ❶〈数〉数字,五加一后所得。❷〈名〉我国民族音乐音阶上的一级,乐谱上用作记音符号,相当于简谱的"5"。
△另见 lù。

【六畜】liùchù〈名〉指猪、牛、羊、马、鸡、狗六种家畜:五谷丰登,~兴旺。

【六腑】liùfǔ〈名〉中医指胃、胆、三焦(自舌的下部沿胸腔至腹腔的部分)、膀胱、大肠、小肠。

【六谷】liùgǔ〈名〉❶指秫(稻)、黍、稷、粱、麦、苽(菰 gū 米)。一说,指稻、粱、菽、麦、黍、稷。❷方言。玉米:~粉。

【六合】liùhé〈名〉❶指上下和东西南北,泛指宇宙或天下。❷古代迷信的人,选择良辰吉日,要年、月、日的干支合起来的六个字都适合,例如甲子年,乙丑月,丙寅日,叫作六合。

【六甲】liùjiǎ〈名〉❶古代用天干(十)和地支(十二)依次相配成六十组干支,其中"甲"字起头的有六组,故称六甲。❷古代妇女怀孕称身怀六甲。

【六料】liùliào〈名〉六谷①。

【六亲】liùqīn〈名〉指六种亲属,通常指父、母、兄、弟、妻、子,泛指亲属:~不认|~无靠。

【六神】liùshén〈名〉道教指心、肺、肝、肾、脾、胆六脏之神。

【六神不安】liùshén bù ān 形容担惊受怕,不得安宁。

【六神无主】liùshén wú zhǔ 形容惊慌或着急而没了主意。

【六书】liùshū〈名〉古人分析汉字而归纳出来的造字和用字的六种条例,即指事、象形、形声、会意、转注、假借。

【六艺】liùyì〈名〉❶指礼、乐、射、御、书、数六种学问和技能。❷指《诗》、《书》、《礼》、《乐》、《易》、《春秋》六种儒家经书。

【六欲】liùyù〈名〉佛教指色欲、形貌欲、威仪姿态欲、言语音声欲、细滑欲、人想欲六种欲望;泛指人的各种欲望:七情~。

陆（陸）liù〈数〉数字"六"的大写。
△另见 lù。

碌（*碌）liù[碌碡(zhou)]〈名〉一种石制农具,圆柱形,用来轧谷物、平场地。
△另见 lù。

遛 liù〈动〉❶慢慢走;散步:~大街。❷牵着马、狗等或带着鸟慢慢走:~马|~鸟。
△另见 liú。

馏（餾）liù〈动〉把凉了的熟食蒸热:~馒头。
△另见 liú。

溜（*❷❸霤）liù❶〈名〉迅速的水流:急~|河里~很大。❷〈名〉房顶上流下来的雨水:檐~|承~。❸〈名〉檐沟:水~。❹〈量〉排;条:一~儿五间房|一~烟跑了。❺〈名〉附近的地方:这~儿的果木树很多。❻方言。〈动〉填满或堵住缝隙:~墙缝|冬天冷,要把窗户缝儿~上。
△另见 liū。

镏（鎦）liù[镏子]方言。〈名〉戒指。
△另见 liú。

鹨（鷚）liù〈名〉鸟,身体较小,嘴细长,尾巴长,常见的有田鹨、水鹨等。

蹓 liù 同"遛"(liù)①。
△另见 liū。

━━ lo ━━

咯 lo〈助〉用法如"了"(le)②,语气较重:当然~|这可是最后一次~。
△另见 gē;kǎ;luò。

━━ lóng ━━

龙（龍）lóng〈名〉❶我国古代传说中的神异动物,身体长,有鳞,有角,能飞,能游水,能兴云降雨。❷封建时代用龙作为帝王的象征:~颜|~袍|~床。❸古生物学上指古代一些巨大的爬行动物,如恐龙、翼手龙等。❹姓。

【龙飞凤舞】lóng fēi fèng wǔ ❶形容山势蜿蜒起伏,奔放雄壮。❷形容书法笔势活泼。

【龙卷风】lóngjuǎnfēng〈名〉风力极大而范围较小的一种旋风。由于旋转很快,卷起了地面的灰尘或海水,看上去就像一条摇摆飞腾的巨龙,破坏力极大。

【龙盘虎踞】lóng pán hǔ jù 见[虎踞龙盘]。

【龙潭虎穴】lóng tán hǔ xué 龙潭和虎穴是龙

虎藏身的巢穴,比喻极凶险的地方。

【龙套】lóngtào〈名〉❶戏曲中成队的随从或兵卒所穿的戏装,因绣有龙纹而得名。❷穿龙套扮演随从或兵卒的演员。

【龙腾虎跃】lóng téng hǔ yuè❶形容威武雄壮的战斗姿态。❷形容热烈的活动场面。

【龙王】lóngwáng〈名〉神话传说中统领水族的王,掌管兴云降雨,旧时迷信的人向其求雨。

【龙钟】lóngzhōng〈形〉因年老体衰而行动不灵便的样子:老态~。

备用词　车水马龙　麟凤龟龙　望子成龙　叶公好龙

茏(蘢)　lóng[茏葱]〈形〉(草木)青翠茂盛。

咙(嚨)　lóng见【喉咙】。

泷(瀧)　lóng方言。〈名〉急流的水(多用于地名):七里~(在浙江)。
△另见 shuāng。

珑(瓏)　lóng见【玲珑】。

栊(櫳)　lóng〈名〉❶窗户:房~|窗~|帘~。❷养兽的栅栏。

昽(曨)　lóng见【曚(méng)昽】、【曈(tóng)昽】。

胧(朧)　lóng见【朦(méng)胧】。

砻(礱)　lóng❶〈名〉一种去掉稻壳的工具,形状略像磨。❷〈动〉用砻去掉稻壳:~谷舂米|~糠(稻谷脱下的外壳)。

眬(矓)　lóng见【蒙(méng)眬】。

聋(聾)　lóng〈形〉❶耳朵听不见声音或听觉迟钝:耳~|~子(耳聋的人)|装~作哑|震耳欲~|振~发聩(kuì)。❷指不明事理;愚昧。

笼(籠)　lóng❶〈名〉笼子,养虫鸟或装东西的器具,用竹木、铁丝等制成。❷〈名〉笼屉,蒸食物的器具:蒸~|出~。❸方言。〈动〉把手放在袖筒里:~着手。
△另见 lǒng。

备用词　樊笼　牢笼　出笼　回笼

隆　lóng❶〈形〉盛大:~重。❷〈形〉兴盛;兴~|~盛。❸〈形〉深厚;程度深:~冬|~恩|~情厚谊。❹〈动〉凸出:~起|~准(高鼻梁)。❺〈形〉(道德)高:德~望尊。❻〈拟〉形

容剧烈震动的声音:炮声~~。❼〈名〉姓。

【隆冬】lóngdōng〈名〉指冬天极冷的一段时期。

【隆盛】lóngshèng〈形〉兴隆昌盛。

【隆重】lóngzhòng〈形〉盛大而庄重:~的庆典。

癃　lóng❶〈形〉古书上指衰弱多病:疲~。❷〈名〉癃闭,中医指小便不通的病。

窿　lóng方言。〈名〉煤矿坑道:~工|清理废~。

══ lǒng ══

优(儱)　lǒng[优侗(tǒng)]同“笼(lǒng)统”。

陇(隴)　lǒng〈名〉❶陇山,山名,在陕西、甘肃交界处。❷甘肃的别称。

【陇断】lǒngduàn〈名〉山冈高地:冀之南,汉之阴,无~焉。

【陇亩】lǒngmǔ同“垄亩”。

垅(壠)　lǒng同“垄”。

拢(攏)　lǒng❶〈动〉合上:合~。❷〈动〉靠近;到达:靠~|~岸。❸〈动〉总合:~共|~账。❹〈动〉使不松散或不离开:收~|用绳子~住柴火|把洋娃娃~在怀里。❺〈动〉梳(头发):~头。❻〈名〉姓。

备用词　归拢　合拢　聚拢　靠拢　围拢　拉拢　圈拢　收拢

垄(壟)　lǒng〈名〉❶田地里种植作物的土埂或浅沟:麦~|~沟。❷田地分界的稍稍高起的小路。❸形状像垄的东西:瓦~。❹姓。

【垄断】lǒngduàn〈动〉原指站在集市的高地上操纵贸易,后泛指把持和独占:~资本|~市场。

【垄坎】lǒngkǎn〈名〉高起的土埂。

【垄亩】lǒngmǔ〈名〉田地。也作“陇亩”。

笼(籠)　lǒng❶〈动〉像笼(lóng)子一样罩在上面:~罩。❷〈名〉较深的箱子:箱~。
△另见 lóng。

【笼络】lǒngluò〈动〉用手段拉拢人;使人向着自己方面:~人心。

【笼统】lǒngtǒng〈形〉含混;不具体。

【笼罩】lǒngzhào〈动〉像笼(lóng)子一样罩在上面:冬季日短,又是雪天,夜色早已~了全市镇。

箐（簧）lǒng ❶方言。同"笼"（lǒng）②。❷[织箐]〈名〉地名，在广东。

== lòng ==

弄（*衖）lòng方言。〈名〉小巷；胡同：里~｜~堂。
△另见 nòng。

【弄堂】lòngtáng方言。〈名〉小巷。

== lōu ==

捜（摟）lōu〈动〉❶把东西聚集到自己面前：~柴火。❷用手拢着提起来（指衣服）：~起袖子。❸搜刮（财物）：~钱。❹方言。弯着手指向自己的方向拨；扳：~枪机。❺方言。核算：把账~一~。
△另见 lǒu。

睮（瞜）lōu方言。〈动〉看：让咱~一眼。

== lóu ==

剅（*劆）lóu方言。〈名〉堤坝下面排灌的口子；横穿河堤的水道：~口｜~嘴。

娄（婁）lóu ❶方言。〈形〉（身体）虚弱：他身体~啦，一年到头病病歪歪的。❷方言。〈形〉（某些瓜类）过熟而变质：西瓜~了。❸〈名〉星宿名，二十八宿之一。❹〈名〉姓。

【娄子】lóuzi〈名〉乱子：出~｜惹~｜捅~（惹祸）。

偻（僂）lóu ❶见[佝（gōu）偻]。❷见[喽啰]（偻儸）。
△另见 lǔ。

蒌（蔞）lóu[蒌叶]〈名〉藤本植物，茎蔓生，花绿色，果实有辣味，可用来制酱。也叫"蒟（jǔ）酱"。

喽（嘍）lóu[喽啰]（偻儸）〈名〉旧时称强盗的部下，现多泛指坏人的仆从。
△另见 lou。

漊（漊）lóu〈名〉漊水，水名，在湖南。

楼（樓）lóu〈名〉❶楼房，两层以上的房子：摩天~｜高~大厦。❷楼房的一层：~层｜一~（平地的一层）｜五~。❸房屋或其他建筑物上加盖的一层房子：城~｜箭~。❹姓。

【楼船】lóuchuán〈名〉有楼的大船，古代多做战船。

【楼房】lóufáng〈名〉两层或两层以上的房子。

【楼阁】lóugé〈名〉楼和阁，泛指楼房。

【楼花】lóuhuā〈名〉指预售的尚未竣工的楼房：出售~。

【楼盘】lóupán〈名〉在建的或正在出售的商品楼：推销~｜开发新~。

【楼市】lóushì〈名〉楼房市场，也泛指房产市场。

【楼宇】lóuyǔ〈名〉楼房：~林立。

膢（膢）lóu〈动〉古代在二月祭饮食之神叫作膢：~腊（泛指节日）。

耧（耬）lóu〈名〉一种播种用的农具，用牲畜牵引，可以同时开沟和下种。

蝼（螻）lóu〈名〉蝼蛄：~蚁。

【蝼蛄】lóugū〈名〉昆虫，生活在泥土中，昼伏夜出，吃农作物的根和嫩茎，对农作物有害。通称"蝲蝲蛄"。

【蝼蚁】lóuyǐ〈名〉❶蝼蛄和蚂蚁，用来代表微小的生物。❷比喻力量薄弱或地位低微的人。

髅（髏）lóu见[髑（dú）髅]、[骷（kū）髅]。

== lǒu ==

搂（摟）lǒu ❶〈动〉两臂合抱；用胳膊拢着：~抱｜奶奶把孙女~在怀里。❷〈量〉表示两臂合围的量：两~粗的大树。
△另见 lōu。

【搂抱】lǒubào〈动〉两臂合抱，用手臂拢着。

嵝（嶁）lǒu见[岣（gǒu）嵝]。

篓（簍）lǒu〈名〉用竹子、荆条、苇篾等编成的盛东西的器具：油~｜背~｜字纸~。

== lòu ==

陋 lòu〈形〉❶不好看；丑：丑~。❷狭小，简陋：~室｜~巷｜粗~｜因~就简。❸不文明；不合理：~俗｜陈规~习。❹（见闻）少：浅~｜鄙~｜孤~寡闻。

备用词　鄙陋　丑陋　粗陋　固陋　简陋　谫陋　僻陋　浅陋　猥陋　愚陋

L

镂(鏤) lòu〈动〉雕刻：～刻｜～空｜～花｜精雕细～。

【镂骨铭心】lòu gǔ míng xīn 见〖刻骨铭心〗。

【镂花】lòuhuā〈名〉雕刻成的图案、花纹。

【镂空】lòukōng〈动〉雕刻出穿透物体的花纹或文字。

瘘(瘻*瘺) lòu〈名〉瘘管，人或动物体内发生脓肿时生成的管子：肛～｜痔～。

漏 lòu❶〈动〉东西从孔隙滴下、透出或掉出：～网｜袋子破了，米～了一地。❷〈动〉物体有孔隙，东西能滴下、透出或掉出：棚子～雨｜相机～光｜笊屉～气｜窗户～风。❸〈名〉漏壶的简称，借指时刻：～刻｜尽更深。❹〈动〉泄露：～底｜走～风声。❺〈动〉遗漏，落(là)下：疏～｜缺～｜挂一～万。

【漏洞】lòudòng〈名〉❶能让东西漏过去的小孔。❷比喻说话、做事不严密的地方：～百出。

【漏刻】lòukè〈名〉指很短的时间；顷刻：功在～。

【漏网】lòuwǎng〈动〉鱼从网眼里漏出去，比喻罪犯、敌人等侥幸脱逃，没有被逮住或消灭。

【漏泄】lòuxiè〈动〉泄漏。

【漏夜】lòuyè〈名〉深夜。

【漏诊】lòuzhěn〈动〉医生没有把病人的病症诊断出来：哮喘的发病原因很复杂，不少病人容易被误诊，～。

【漏卮】lòuzhī〈名〉❶有漏洞的盛酒器。❷比喻国家利益外溢的漏洞。

备用词 透漏 脱漏 泄漏 走漏 纰漏 缺漏 疏漏 脱漏 遗漏 补苴罅漏

露 lòu 义同"露"(lù)③。
△另见 lù。

【露白】lòubái〈动〉在别人面前露出自己的财物。

【露底】lòudǐ〈动〉泄漏底细。

【露脸】lòuliǎn〈动〉❶在公开场合出现。❷指做出成绩，获得奖赏或受到表扬，脸上有光彩。

【露马脚】lòu mǎjiǎo 比喻无意中露出隐蔽的事实真相。

【露相】lòuxiàng〈动〉露出本来面目。

【露馅儿】lòuxiànr〈动〉比喻不愿意让人知道的事暴露出来。

喽(嘍) lou〈助〉用法如"了"(le)。a)用于预期的或假设的动作：吃～饭就走。b)带有提醒注意的语气：快点～｜水开～。
△另见 lóu。

撸(擼) lū方言。〈动〉❶捋(luō)：挽裤腿，～起袖子｜把枝上的叶子～下来。❷撤销(职务)：他的主任给～了。❸训斥；斥责：又被～了一顿。

噜(嚕) lū[噜苏]方言。〈动〉啰唆。

卢(盧) lú〈名〉姓。

芦(蘆) lú〈名〉❶芦苇。❷姓。
△另见 lǔ。

【芦菔】lúfú〈名〉萝卜。

【芦荟】lúhuì〈名〉常绿植物，叶肥厚，大而尖，边缘有尖锐的锯齿，花像穗子，叶汁可入药。

【芦笙】lúshēng〈名〉苗、侗等少数民族的管乐器，用若干根芦竹管和一根吹气管装在木座上制成。

【芦苇】lúwěi〈名〉草本植物，多生在水边，茎中空，可以编席。也叫"苇"、"苇子"。

【芦席】lúxí〈名〉用苇篾编成的席子。

庐(廬) lú〈名〉❶简陋的房屋：茅～｜草～。❷家：殚其地之出，竭其庐之入。❸指庐州(旧府名，府治在今安徽合肥）。❹姓。

【庐山真面目】lú shān zhēn miànmù 苏轼诗《题西林壁》："不识庐山真面目，只缘身在此山中。"后用"庐山真面目"比喻事物的真相。

【庐冢】lúzhǒng〈名〉古时为了表示孝顺父母或尊敬师长，在其死后的服丧期间，为守护坟墓在墓旁盖的屋舍。

备用词　草庐　穹庐　蜗庐　初出茅庐　三顾茅庐

垆（墟*❷镥）lú〈名〉❶黑色的土壤：~土｜~埴（黑色黏土）。❷酒店里安放酒瓮的土台子，借指酒店：酒~｜当~（卖酒）｜~邸（酒店）。

炉（爐*镥）lú〈名〉❶供做饭、取暖、冶炼等用的设备：~灶｜火~｜壁~｜锅~｜洪~｜高~｜熔~｜司~。❷姓。
△"镥"另见铈。

【炉火纯青】lú huǒ chún qīng 道家炼丹，认为炼到炉子里的火发出纯青色火焰的时候就算成功了。后用来比喻学问、技艺等达到纯熟完美的地步。

泸（瀘）lú〈名〉❶泸水，古水名，即今金沙江，在四川宜宾以上、云南四川交界的一段。❷泸水，古水名，即今怒江。❸泸州，地名，在四川。

栌（櫨）lú〈名〉❶[黄栌]〈名〉灌木，叶子卵形，秋季变红，木材黄色，可用来制染料等。

轳（轤）lú 见[辘（lù）轳]。

胪（臚）lú〈动〉❶陈述；罗列；列举：~列（罗列；列举）｜~陈（一一陈述）。❷传告（多用于上对下）：传~｜~言。

鸬（鸕）lú[鸬鹚（cí）]〈名〉鸟，羽毛黑色，嘴扁而长，有喉囊，能潜水捕鱼，捕鱼后放在囊内。多饲养来帮助捕鱼。通称"鱼鹰"。

颅（顱）lú〈名〉头的上部，包括头骨和脑。也指头：头~｜方趾圆~。

铈（鑪）lú〈名〉金属元素，符号 Rf。有放射性，由人工核反应获得。
△"镥"另见炉。

舻（艫）lú 见[舳（zhú）舻]。

鲈（鱸）lú〈名〉鱼，体长而侧扁。生活在近海，秋末到河口产卵。性凶猛，吃鱼虾等。

━━ lǔ ━━

芦（蘆）lǔ[油葫芦]〈名〉昆虫，像蟋蟀而大，黑褐色，有油光。昼伏夜出，吃农作物等。
△另见 lú。

卤（鹵❶❸❹❺滷）lǔ❶〈名〉盐卤，熬盐时剩下的黑色液体，有毒。也叫"卤水"。❷〈名〉卤素，氟、氯、溴、碘、砹五种元素的统称。也叫"卤族"。❸〈动〉用盐水加五香或酱油煮制：~味｜~鸡。❹〈名〉用肉类、鸡蛋等做汤加淀粉而成的浓汁：打~面。❺〈名〉饮料的浓汁：茶~。

【卤莽】lǔmǎng 见[鲁莽]。

【卤制】lǔzhì〈动〉用卤的方法制作，卤③：~花生米。

虏（虜）lǔ❶〈动〉打仗时捉住（敌人）：~获｜~敌三千。❷〈名〉打仗时捉住的敌人。❸〈名〉奴隶。❹〈名〉对敌方的蔑称：强~｜敌~。

掳（擄）lǔ〈动〉把人抢走：~掠（抢劫人和财物）。

鲁（魯）lǔ❶〈形〉迟钝；笨：愚~｜~钝。❷〈形〉莽撞；粗野：粗~｜~莽。❸〈名〉周朝国名，在今山东曲阜一带。❹〈名〉山东的别称。❺〈名〉姓。

【鲁钝】lǔdùn〈形〉笨拙；迟钝。

【鲁莽】（卤莽）lǔmǎng〈形〉言行冒失；轻率：说话~｜~从事。

【鲁鱼亥豕】lǔ yú hài shǐ 篆书"鲁"和"鱼"、"亥"和"豕"，字形相似，容易把"鲁"字写成"鱼"字，把"亥"字写成"豕"字。指文字传写错误。

橹（櫓*❶艪❶樐❶艣）lǔ〈名〉❶使船前进的工具，比桨长而大，安在船尾或船旁：摇~。❷大盾牌：伏尸百万，流血漂~。

镥（鑥）lǔ 见[镨（pǔ）镥]。

镥（鑥）lǔ〈名〉金属元素，符号 Lu。银白色，是稀土金属之一，自然界中存在的量很少。

━━ lù ━━

六lù❶[六安]〈名〉山名，又地名，都在安徽。❷[六合]〈名〉地名，在江苏。
△另见 liù。

L

用 lù ❶用于地名:~直(在江苏)|~堰(在浙江)。❷〈名〉姓。

陆(陸) lù ❶〈名〉陆地:大~|登~|着(zhuó)~|~军|~路|~运|水~交通。❷〈名〉道路。❸〈动〉跳跃:翘足而~。❹〈名〉姓。
△另见 liù。

【陆离】lùlí〈形〉❶色彩繁杂,变化多端的样子:光怪~。❷摆动的样子:带长铗之~兮。

【陆续】lùxù〈副〉表示先后接连不断。

录(錄) lù ❶〈动〉记载;抄写;用仪器记下(声音、图像):记~|过~|摘~|~音|~像。❷〈动〉原指为备用而登记,后转指采取或任用:收~|~取|~用。❸〈名〉用作记载物的名称:目~|语~|回忆~|备忘~|通讯~。❹〈名〉姓。

【录播】lùbō〈动〉录制后再播放:世界杯足球赛直播和~相结合。

【录放】lùfàng〈动〉录音或录像并放出所录的声音或图像:~机|定时~。

【录取】lùqǔ〈动〉选定(考试合格的人):~新生。

【录入】lùrù〈动〉把文字等输入计算机:~员|平均每分钟~一百个汉字。

【录事】lùshì〈名〉❶古代官名。元代诸路的长官衙门所在地设录事司,掌管城中的民事。录事司设录事、司侯、判官各一名。❷旧称机关中缮写文书的职员。

【录像】lùxiàng ❶〈动〉用光学、电磁等方法把图像和伴音信号记录下来:~机|他们对婚礼全过程都录了像。❷〈名〉用录像机、摄像机记录下来的图像:放~|看~|这盘~不清晰。

【录像带】lùxiàngdài〈名〉记录图像和声音用的磁带。

【录像机】lùxiàngjī〈名〉把图像和声音记录下来并能重新放出的机器。有磁带录像机、数字录像机等。

【录像片儿】lùxiàngpiānr〈名〉录像片。

【录像片】lùxiàngpiàn〈名〉用放录像的方式映出的影片、电视片(一般单独发行,不在电视台播映)。

【录音】lùyīn ❶〈动〉用机械、光学或电磁等方法把声音记录下来:~机|~棚|今天的讲座全都录了音。❷〈名〉用录音机记录下来的声音:放~|听~|播放实况~。

【录音电话】lùyīn diànhuà 装有录音设备的电话,能自动录下通话内容。

【录用】lùyòng〈动〉❶任用:量才~。❷选定稿件刊登、发表。

【录制】lùzhì〈动〉用录音机或录像机把声音或形象记录下来,加工制成某种作品:~唱片|~电视剧|了一部音乐电视片。

⬛ 备用词　笔录　编录　采录　抄录　过录　集录　辑录　记录　纪录　节录　收录　誊录　选录　摘录　著录　附录　实录　书录　语录

辂(輅) lù〈名〉❶车辕上用来挽车的横木。❷古代的一种大车,多指帝王乘坐的车:龙~(皇帝的车)。

赂(賂) lù ❶〈名〉财物:货~。❷〈动〉贿赂。

菉 lù[梅菉]〈名〉地名,在广东。
△另见 lǜ"绿"。

鹿 lù〈名〉❶哺乳动物,四肢细长,尾巴短,通常雄的头上有角。❷姓。

【鹿顶】lùdǐng〈名〉指平屋顶。

【鹿卢】lùlú ❶同"辘轳"①。❷〈名〉古代剑首以玉作鹿卢形为饰,名"鹿卢剑"。

【鹿死谁手】lù sǐ shéi shǒu 以追逐野鹿比喻争夺天下。《晋书·石勒载记下》:"未知鹿死谁手。"表示不知道谁能获胜,夺得天下。现在多用于比赛。

【鹿砦】lùzhài〈名〉用树木枝干做成的障碍物,交叉设置在要路,阻止敌军前进。因形状像鹿角,所以叫"鹿砦"。也作"鹿寨"。

【鹿寨】lùzhài 同"鹿砦"。

渌 lù ❶〈形〉清:~水荡漾。❷同"漉"。❸〈名〉渌水,水名,发源于江西,流入湖南。

逯 lù〈名〉姓。

绿(綠) lù〈形〉义同"绿"(lǜ),用于"绿林、绿营、鸭绿江"等。
△另见 lǜ。

【绿林】lùlín〈名〉西汉末年王匡、王凤等的农民起义军,聚集在绿林山(今湖北大洪山一带),后以"绿林"泛指聚集山林反抗官府或抢劫财物的集团:~好汉。

禄 lù ❶〈名〉古代称官吏的俸给:俸~|爵~|食~|位~|高官厚~|功名利~。❷福。❸姓。

碌 lù〈形〉❶平凡(指人):庸~|~~无为。❷事物繁杂:忙~|劳~。
△另见 liù。

【碌碌】lùlù〈形〉❶形容人平庸没有才能或无所作为:~无为。❷形容繁忙辛苦的样子:~

半生。

备用词 劳碌　忙碌　碌碌　庸碌

路 lù 〈名〉❶道路:水~|公~。❷路程:三里~|~遥知马力。❸途径:门路:生~|销~|广开言~。❹条理:思~|笔~。❺地区;方面:南~货|外~人。❻路线:三~进军|107~电车。❼种类;等次:头~货|哪一~病?|不是一~人。❽车:笔~(柴车)。❾宋元两代的行政区划,宋时相当于现在的省,元时相当于现在的地区。❿姓。

【路霸】lùbà〈名〉指非法在路上拦截过往车辆和行人强行收费的人:严厉打击车匪~。

【路标】lùbiāo〈名〉指示路线或道路情况的标志。

【路不拾遗】lù bù shí yí 东西掉落在路上没有人捡起据为己有,形容社会风气良好。也说"道不拾遗"。

【路程】lùchéng〈名〉道路的远近。

【路径】lùjìng〈名〉❶道路:迷失了|~不熟勤打听。❷门路:成功的~。

【路数】lùshù〈名〉❶路子。❷着(zhāo)数。❸事情的底细。❹方言。人的行径:~不对。

【路头】lùtou〈名〉❶道路。❷门路;出路。

【路途】lùtú〈名〉❶道路:~不熟。❷旅途:踏上了去西藏的~。❸路程:~遥远。

【路线】lùxiàn〈名〉❶从一地到另一地所经过的道路:行车~。❷人们在认识世界、改造世界中所遵循的根本途径。

【路向】lùxiàng〈名〉道路延伸的方向,多用于比喻:~指示牌|发展~|青少年成长的~。

【路演】lùyǎn〈名〉指股份公司为了与投资者沟通和交流举行的股票发行推介会。

【路遥知马力,日久见人心】lù yáo zhī mǎ lì, rì jiǔ jiàn rén xīn 路远了可以知道马的力气的大小,相处的时间长了就可以看出人的心地

的好坏。也说"路遥知马力,事久见人心"。

【路由器】lùyóuqì〈名〉计算机网络中的一种设备,用来连接若干网络协议不同的网络,使信息经过转换,从一个网络传送到另一个网络。

【路障】lùzhàng〈名〉设置在道路上的障碍物:清除~。

【路政】lùzhèng〈名〉公路、铁路等的管理工作。

【路子】lùzi〈名〉途径;门路。

备用词 道路　公路　马路　铁路　出路　后路　活路　绝路　门路　末路　生路　死路　退路　销路　笔路　思路　心路　广开言路　轻车熟路　穷途末路　走投无路

僇 lù ❶〈动〉侮辱。❷同"戮"。

勠 lù〈书〉并;合。

【勠力】lùlì〈动〉努力;合力:~同心。

蓼 lù〈形〉形容植物高大:~~者莪。△另见liǎo。

箓(籙) lù ❶〈名〉簿籍。❷见〖符箓〗。

漉 lù〈动〉液体往下渗;滤:~酒。

辘(轆) lù 见下。

【辘轳】lùlú〈名〉利用轮轴原理制成的一种起重用具,通常安装在井上汲水。

【辘辘】lùlù〈拟〉形容车轮等的声音:风车~而动|饥肠~|运粮车一辆接一辆地开过,~之声不绝于耳。

戮(*剹) lù〈动〉杀:杀~|屠~。

备用词 杀戮　屠戮　刑戮　诛戮

潞 lù〈名〉❶潞水,水名,即今山西的浊漳河。❷潞江,水名,即怒江。❸姓。

璐 lù〈名〉一种美玉。

簏 lù〈名〉❶竹箱:书~。❷用竹篾等编的圆筒形器具,多用来盛零碎东西:篓子。

鹭(鷺) lù〈名〉鸟,嘴直而尖,颈长,飞翔时缩着颈,吃鱼类、昆虫等。常见的有白鹭、苍鹭。

【鹭鸶】lùsī〈名〉鸟,羽毛白色,腿长,能涉水捕食小鱼。也叫"白鹭"。

麓 lù〈名〉山脚:山~|天山南~。

L

露 lù〈名〉❶靠近地面的水蒸气在夜间遇冷凝结成的水珠:~水|雨~。❷〈名〉用花、叶或果子蒸馏成的饮料:~酒|果子~。❸〈动〉显露;表现:揭~|暴~|马脚|不~行迹。❹〈动〉在室外;没有遮盖:~天|~营。△另见 lòu。

【露布】lùbù〈名〉❶古代不封口的诏书或奏章。❷古代檄文、军中捷报。❸方言。布告;海报。

【露骨】lùgǔ〈形〉用意十分显露,毫不含蓄|他说得很~,大家都听懂了他的意思。

【露宿】lùsù〈动〉在室外或野外的露天地里住宿:风餐~。

【露宿风餐】lù sù fēng cān 见【风餐宿露】。

【露台】lùtái 方言。〈名〉晒台。

【露天】lùtiān〈动〉❶指在房屋外面:~宿营。❷上面没有遮盖物的:~煤矿|~剧场。

【露头角】lù tóujiǎo 比喻初次显露才能:崭~。

【露营】lùyíng〈动〉❶军队在露天宿营。❷以军队组织形式到野外过夜。

备用词 败露 暴露 表露 呈露 揭露 流露 披露 曝露 透露 吐露 显露 泄露 赤露 裸露 袒露 锋芒毕露 凶相毕露 原形毕露

━━ lǘ ━━

驴(驢) lǘ〈名〉哺乳动物,比马小,耳朵长,多用作力畜。

【驴唇不对马嘴】lǘ chún bù duì mǎ zuǐ 比喻答非所问或事物两下里不相合。也说"牛头不对马嘴"。

闾(閭) lǘ〈名〉❶里巷的门:倚~而望。❷里巷;邻里:~巷|乡~。❸古代二十五家为一闾。❹姓。

【闾里】lǘlǐ〈名〉乡里。

【闾丘】lǘqiū〈名〉姓。

【闾巷】lǘxiàng〈名〉❶小街道。❷乡里。

【闾阎】lǘyán〈名〉❶古代平民居住的地区,泛指民间:咨访~风俗。❷指平民。

【闾左】lǘzuǒ〈名〉❶贫苦人民居住的地区(古代贫者居于闾里左侧,富者居于闾里右侧)。❷指贫苦人民。

梀(梀) lǘ见[棕梀]。

━━ lǚ ━━

吕 lǚ❶见【律吕】。❷〈名〉姓。

侣 lǚ〈名〉❶同伴;伴:~~|旧~|情~|游~|俦(chóu)~(伴侣)。❷姓。

捋 lǚ〈动〉用手指顺着抹过去,使物体顺溜或干净:~胡子|~麻绳。△另见 luō。

旅 lǚ❶〈动〉在外地做客;旅行:~客|~途|~商|~美侨胞。❷同"稆":中庭生~谷,井上生~葵。❸〈名〉军队的编制单位,辖若干团或若干营。❹〈名〉泛指军队:军~生涯|强兵劲~。❺〈副〉共同:~进~退。

【旅伴】lǚbàn〈名〉旅途中的同伴。

【旅次】lǚcì〈名〉旅途中暂时停留的地方。

【旅进旅退】lǚ jìn lǚ tuì 跟大家一起进或退,形容跟着别人走,自己没有什么主张。

【旅客】lǚkè〈名〉搭乘车、船、飞机或住旅馆的人。

【旅人】lǚrén〈名〉客居在外的人;旅行的人。

【旅途】lǚtú〈名〉旅行途中:~平安|~劳顿。

【旅行】lǚxíng〈动〉为了游览、参观或办事等从一个地方去到另一个地方(多指路程较远的):~社|~团|~结婚。

【旅行车】lǚxíngchē〈名〉主要供旅行用的小型载客汽车,外表略呈长方体。

【旅行社】lǚxíngshè〈名〉专门办理各种旅行业务的服务机构,给旅行的人安排食宿、交通工具、导游等。

【旅游】lǚyóu〈动〉旅行游览:结伴~。

【旅游农业】lǚyóu nóngyè 农事活动与旅游相结合的农业发展形式。利用农村的自然风光作为旅游资源,提供必要的生活设施,让游客参与农耕、收获、采摘、垂钓、饲养等活动,享受回归自然的乐趣。也叫"观光农业"。

【旅游鞋】lǚyóuxié〈名〉适宜旅行走路穿的鞋,鞋底厚而软,呈坡形,鞋底和鞋边缘衬有海绵等松软材料。

备用词 羁旅 逆旅 商旅 行旅 劲旅 军旅

铝(鋁) lǚ〈名〉金属元素,符号 Al。银白色,质轻,用途很广。

稆(＊穭) lǚ〈动〉谷物等不种自生:~生。也作"旅"。

偻(僂) lǚ〈形〉❶弯曲(指身体):伛(yǔ)~(弯腰驼背)。❷迅速:不能~指(不能立刻指出来)。△另见 lóu。

屡(屢) lǚ〈副〉一次又一次;多次:~次|~战~胜|~试不爽(爽:差错)。

【屡次】lǚcì〈副〉表示动作、行为多次重复,一次又一次:～三番。

【屡次三番】lǚ cì sān fān 形容次数很多。

【屡见不鲜】lǚ jiàn bù xiān 事物经常看到并不稀奇。也说"数见不鲜"。

【屡教不改】lǚ jiào bù gǎi 多次教育都不改正。也说"累(lěi)教不改"。

【屡屡】lǚlǚ〈副〉屡次;常常。

缕(縷) lǚ ❶〈名〉线:千丝万～|～不绝如～。❷〈形〉比喻条理:～陈|～述|条分～析。❸〈量〉用于细的东西:一～麻|一～头发|一～炊烟。

【缕缕】lǚlǚ〈形〉❶形容一条一条,连续不断:炊烟～升起。❷一条一条地;详尽地:～不尽。

【缕缕行行】lǚlǚhánghóng 方言。形容络绎不绝。

备用词　筚路蓝缕　不绝如缕　千丝万缕

膂 lǚ〈名〉脊骨:～力。

【膂力】lǚlì〈名〉体力:～过人。

褛(褸) lǚ 见[褴(lán)褛]。

履 lǚ ❶〈名〉鞋:削足适～|西装革～。❷〈动〉踩;走:如～薄冰|～险如夷。❸〈名〉脚步:步～。❹〈动〉实践;实行:～行|～约。

【履带】lǚdài〈名〉围绕在拖拉机、坦克等的车轮上的钢质链带。

【履历】lǚlì〈名〉❶指个人在学习、工作等方面的经历:～表。❷记载履历的文件。

【履行】lǚxíng〈动〉实践答应别人的话或应该做的事:～义务|～诺言|～手续。

———— lù ————

律 lǜ ❶〈名〉法律;规则:定～|规～|纪～|刑～|戒～|金科玉～。❷〈名〉我国古代审定乐音高低的标准,把乐音分为六律和六吕,合称"十二律"。❸〈名〉律诗:五～|七～|排～。❹〈动〉约束:自～|严于～己。❺〈名〉姓。

【律动】lǜdòng〈动〉有节奏地跳动;有规律地运动:脉搏在～|天体～不已|心脏在～|古城伴着现代化的～呈现出新的面貌。

【律己】lǜjǐ〈动〉约束自己:严于～|～严,待人宽。

【律吕】lǜlǚ〈名〉古代校正乐律的器具,用管径相同而长短不同的竹管制成。从低音管算起,成奇数的六个管叫"律",成偶数的六个管叫"吕",合称"律吕",后用为音律的统称。

【律师】lǜshī〈名〉受当事人委托或经法院指定,依法协助当事人进行诉讼,出庭辩护,以及处理有关法律事务的专业人员:聘请～|～资格证书。

【律诗】lǜshī〈名〉旧诗的一种体裁,每首八句,讲究平仄。二、四、六、八句要押韵,三四两句、五六两句要对仗。每句五个字的叫"五律",七个字的叫"七律"。每首超过八句的叫"排律":学写～。

备用词　定律　规律　法律　纪律　刑律　格律　节律　旋律　韵律　金科玉律　千篇一律　清规戒律

狲 lǜ 见[惣(hū)狲]。

虑(慮) lǜ〈动〉❶思考:考～|千～一得。❷担忧;发愁:忧～|顾～|不足为～。

备用词　顾虑　挂虑　过虑　焦虑　考虑　思虑　疑虑　忧虑　处心积虑　深谋远虑　深思熟虑

率 lǜ〈名〉两个相关的数在一定条件下的比值:效～|速～|税～|汇～|频～|比～|功～|利～|圆周～|出勤～。

△另见 shuài。

绿(緑*❷菉) lǜ ❶〈形〉(颜色)像草和树叶茂盛时那样的:碧～|翠～|青山～水。❷〈名〉荩草。

△另见 lù。

【绿地】lǜdì〈名〉种植花草树木的土地:城市～。

【绿肥】lǜféi〈名〉把植物的嫩的茎叶翻压在地里,经过发酵分解而成的肥料。

【绿肺】lǜfèi〈名〉比喻能吸收二氧化碳并释放出氧气的绿地、森林等:西郊的浣花湿地公园被称为我市西部的～。

【绿化】lǜhuà〈动〉种植花草树木,使环境优美或防止水土流失：～环境｜～荒山。

【绿卡】lǜkǎ〈名〉指某些国家发给外国侨民的长期居留证。

【绿篱】lǜlí〈名〉用木本或草本植物密植而成的围墙：房子周围有一道～。

【绿盘】lǜpán〈名〉指证券交易市场电子显示屏上用绿色数字显示的下跌的价格或指数。

【绿茸茸】lǜróngróng〈形〉形容绿而稠密：～的青苔。

【绿色】lǜsè ❶〈名〉绿的颜色。❷〈形〉指符合环保要求，无公害、无污染的：～食品｜～能源｜发展～产业。

【绿色壁垒】lǜsè bìlěi 指为了保护本国或本地区环境和经济利益而附加的进出口贸易条件及限制措施，如提高进口产品质量标准或实行高额征税等。也叫"环境壁垒"。

【绿色标志】lǜsè biāozhì 环境标志。

【绿色食品】lǜsè shípǐn 指无公害、无污染的安全营养型食品。

【绿色通道】lǜsè tōngdào 指医疗、交通运输等部门设置的手续简便、安全快捷的通道；泛指简便、安全、快捷的途径或渠道：医院为患者开辟了～。

【绿视率】lǜshìlǜ〈名〉绿色在人的视野中所占的比率。一般认为，绿视率在25%时，人眼的感觉最为舒适。

【绿莹莹】lǜyíngyíng〈形〉形容晶莹碧绿。

【绿油油】lǜyōuyōu〈形〉形容浓绿而润泽：～的麦苗｜～的羽毛。

【绿洲】lǜzhōu〈名〉沙漠中有水、草的地方。

备用词　碧绿　草绿　葱绿　翠绿　黛绿　豆绿　墨绿　嫩绿　品绿　青绿　水绿　油绿　灯红酒绿　花红柳绿

氯　lǜ〈名〉气体元素，符号Cl。黄绿色，有刺激性臭味，有毒，可用来漂白、杀菌等。通称"氯气"。

滤（濾）　lǜ〈动〉使液体、气体通过纱布、木炭或沙子等材料，除去杂质，变为纯净：过～｜～纸。

—— luán ——

峦（巒）　luán〈名〉❶小而尖的山：孤～。❷泛指山（多指连绵的）：山～｜峰～｜冈～｜重～叠嶂。

娈（孌）　luán〈形〉相貌美：静女其～。

孪（孿）　luán〈动〉（两人）同一胎出生：～子｜～生（双生）。

栾（欒）　luán〈名〉❶乔木，花淡黄色，可用来制黄色染料，叶子含鞣质，可用来制栲胶。❷姓。

挛（攣）　luán 见[痉挛]。

朡　luán 同"脔"。

鸾（鸞）　luán〈名〉传说中凤凰一类的鸟：～凤。

【鸾凤】luánfèng〈名〉鸾鸟和凤凰，比喻夫妻：～和鸣（比喻夫妻和美）。

脔（臠）　luán〈名〉切成小片的肉：～割（分割;切碎）｜尝鼎一～。

滦（灤）　luán〈名〉❶滦河，水名，在河北。❷姓。

銮（鑾）　luán〈名〉❶铃铛：～铃。❷皇帝车驾的代称：～舆｜迎～。❸姓。

【銮驾】luánjià〈名〉皇帝的车驾，也用作帝王的代称。

圝　luán 见[团圝]。

—— luǎn ——

卵　luǎn〈名〉❶卵子，动植物的雌性生殖细胞：排～。❷指鸡、鸭等的蛋：～黄｜～白｜杀鸡取～｜以～击石｜危如累（lěi）～。

【卵翼】luǎnyì〈动〉鸟用翼护卵，孵出小鸟，比喻养育或庇护（含贬义）。

—— luàn ——

乱（亂）　luàn ❶〈形〉没有秩序，没有条理：凌～｜杂～｜纷～｜紊～。❷〈动〉战争;武装骚扰：变～｜叛～。❸〈动〉使混乱：使紊乱;扰～｜搅～｜以假～真。❹〈形〉（心绪）不宁：心烦意～。❺〈形〉任意；随便：胡思～想｜欢蹦～跳。❻〈动〉乱搞男女关系：淫～。❼〈名〉古代乐曲的最后一章或辞赋末尾总括全篇要旨的部分。

【乱哄哄】luànhōnghōng〈形〉形容声音嘈杂。

【乱局】luànjú〈名〉混乱的局面。

【乱离】luànlí〈动〉因遭战乱而流离失所。

【乱伦】luànlún〈动〉指在法律或风俗习惯不允许的情况下近亲属之间发生性行为。

【乱码】luànmǎ〈名〉计算机或通信系统中因出现某种错误而造成的内容、次序等混乱的编码或不能识别的字符:出现了～。

【乱民】luànmín〈名〉旧时统治者指造反作乱的百姓。

【乱蓬蓬】luànpēngpēng〈形〉形容草、须发等松散凌乱:头发～的。

【乱七八糟】luànqībāzāo 形容杂乱无章;乱得不成样子。

【乱世】luànshì〈名〉混乱而动荡不定的年代。

【乱弹琴】luàntánqín〈动〉比喻瞎说或胡来。

【乱套】luàntào 方言〈动〉乱了次序或秩序:各行其是,能不～?｜会场上吵成一片,简直乱了套了。

【乱糟糟】luànzāozāo〈形〉形容事物杂乱,没有条理;也形容心里烦乱:心里～的。

【乱子】luànzi〈名〉祸事;纠纷:出～。

备用词 错乱 纷乱 慌乱 混乱 缭乱 凌乱 零乱 忙乱 紊乱 杂乱 捣乱 惑乱 搅乱 骚乱 淆乱 暴乱 变乱 祸乱 内乱 叛乱 战乱 兵荒马乱 手忙脚乱 心慌意乱 眼花缭乱

—— lüè ——

掠 lüè〈动〉❶抢夺(多指财物):～夺｜～抢。❷轻轻擦过或拂过:清风～面｜燕子～过水面。❸用棍子或鞭子打:拷～。❹(旧读lüě)方言。顺手;抄:退到墙边～起棍子就抢。

【掠夺】lüèduó〈动〉抢劫;夺取:经济～。

【掠美】lüèměi〈动〉夺取别人的美名或好的地方:不敢～。

备用词 劫掠 掳掠 剽掠 抢掠

略(＊畧) lüè ❶〈形〉简略(跟"详"相对):～图｜详～得当。❷〈名〉简单扼要的叙述:史～｜事～。❸〈动〉省去;简化:从～｜省～。❹〈动〉疏忽;忽～。❺〈名〉计划;计谋:策～｜战～。❻〈动〉夺取(多指土地):侵～｜攻城～地。❼〈副〉a)稍微;略微:～施粉黛｜～知一二。b)大致;大略。c)几乎;差不多:其资～尽。

【略词】lüècí〈名〉由短语紧缩而成的合成词。如"沧桑"是"沧海桑田"的略语。

【略略】lüèlüè〈副〉稍微。

【略微】lüèwēi〈副〉稍微。

备用词 才略 策略 胆略 方略 经略 谋略 韬略 战略 概略 要略 忽略 省略 粗略 大略 约略 领略 侵略

锊(鋝) lüè〈量〉古代重量单位,约合六两。

圙(＊圝) lüè 见[圐(kū)圙]。

—— lūn ——

抡(掄) lūn〈动〉用力挥动:～拳｜～刀｜～锤。

△另见 lún。

—— lún ——

仑(侖＊²崘崙) lún ❶〈名〉条理;伦次。❷见[昆仑]。

伦(倫) lún〈名〉❶封建礼教规定的人与人之间的关系:～理｜天～。❷条理;次序:语无～次。❸同类;同等:不～不类｜无与～比｜比拟不～。❹姓。

【伦比】lúnbǐ〈动〉匹敌;相当:无与～。

【伦常】lúncháng〈名〉封建社会的伦理道德。我国封建时代把君臣、父子、夫妇、兄弟、朋友五种关系称为"五伦",认为这是不可改变的常道。

【伦次】lúncì〈名〉条理;次序:语无～。

【伦理】lúnlǐ〈名〉指人与人之间相处的道德准则。

备用词 人伦 天伦 五伦 荒谬绝伦 拟于不伦

论(論) lún〈名〉论语(古书名,内容是记录孔子及其门徒的言行,是儒家经典之一):上～｜下～。

△另见 lùn。

抡(掄) lún〈动〉挑选;选拔:～材。

△另见 lūn。

囵(圇) lún 见[囫(hú)囵]。

沦(淪) lún ❶〈动〉沉没:沉～。❷〈动〉没落;陷落:～亡｜～陷。❸〈名〉微波:～漪。

【沦肌浃髓】lún jī jiā suǐ 深入肌肉骨髓,比喻感受或受影响极深。

【沦落】lúnluò〈动〉❶流落;落泊:～街头。❷没落;衰落:道德～｜家道～。❸沉沦:～风尘。

【沦丧】lúnsàng〈动〉消亡;丧失:国土～。

【沦亡】lúnwáng〈动〉❶(国土)陷落;(国家)灭亡。❷沦落;丧失:道德～。

【沦陷】lúnxiàn〈动〉❶国土被敌人占领。❷沦落;落泊。❸淹没。

纶(綸) lún〈名〉❶青丝带子。❷钓鱼用的丝线:垂～。❸指某些合成纤

维:涤～|锦～。

△另见 guān。

轮（輪） lún ❶〈名〉车辆或机械上能够旋转的圆形部件:齿～|～轴|～胎|三～车|涡～机。❷〈名〉形状像轮子的东西:月～|耳～|年～。❸〈名〉轮船:渔～|～渡。❹〈动〉依照次序一个接替一个(做事):～换|～流。❺〈量〉a)多用于红日、明月等:一～红日。b)用于循环的事物或动作:第二～会谈。

【轮换】lúnhuàn〈动〉轮流替换。

【轮回】lúnhuí〈动〉❶佛教指有生命的东西永远像车轮运转一样在天堂、地狱、人间等六个范围内循环转化。❷循环:四季～。

【轮廓】lúnkuò〈名〉❶构成图形或物体的外缘的线条。❷事情的大概情况。

【轮流】lúnliú〈动〉依次一个接替一个地来回轮换。

【轮休】lúnxiū〈动〉❶在某一个耕种时期不种植农作物,让土地空闲起来,以恢复地力。❷(职工)轮流休息。

【轮训】lúnxùn〈动〉(人员)轮流训练:～班|～干部。

【轮值】lúnzhí〈动〉轮流值班。

【轮转】lúnzhuàn〈动〉旋转;掉转:四时～。

备用词　年轮　日轮　班轮　渡轮　海轮　江轮　渔轮

—— lùn ——

论（論） lùn ❶〈动〉分析和说明事理:讨～|辩～|～证|～述|就事～事。❷〈名〉分析和说明事理的话或文章:舆～|谬～|持平之～。❸〈名〉学说:唯物～|一元～。❹〈动〉说;看待:相提并～|一概而～。❺〈动〉衡量;评定:～处|～罪|功行赏|品头～足。❻〈介〉按照某种单位或类别说:～天计算|～件出售|买鸡蛋是～斤还是～个儿? ❼〈名〉姓。

△另见 lún。

【论辩】lùnbiàn ❶〈名〉文体的一种,今称论说文。❷〈动〉辩论。

【论处】lùnchǔ〈动〉判定处分:依法～|以贪污罪～。

【论敌】lùndí〈名〉政治、学术等方面争论的对手。

【论点】lùndiǎn〈名〉议论中所持的见解和主张:～突出。

【论调】lùndiào〈名〉议论的倾向;意见(多用于贬义)。

【论断】lùnduàn ❶〈动〉推论判断。❷〈名〉由推论作出的判断。

【论据】lùnjù〈名〉用来证明论点的事实和道理。

【论理】lùnlǐ ❶〈动〉讲道理。❷〈副〉按理说:～该休假了,只是工作一时脱不开。❸〈名〉逻辑:合乎～。

【论述】lùnshù〈动〉叙述和分析。

【论说】lùnshuō ❶〈动〉议论(多指书面的):～文。❷〈副〉按理说:～这次年会他应该参加,不知道为什么没有去。

【论文】lùnwén〈名〉讨论或研究某种问题的文章:～集|毕业～。

【论战】lùnzhàn〈动〉在政治、学术方面因意见不同而进行争论。

【论证】lùnzhèng ❶〈动〉论述并证明。❷〈名〉立论的根据;证据。

【论著】lùnzhù〈名〉带有研究性的著作:学术～。

备用词　辩论　评论　谈论　议论　争论　理论　言论　舆论　导论　绪论　引论　定论　结论　不刊之论　不易之论　长篇大论　存而不论　高谈阔论　格杀勿论　平心而论　相提并论　一概而论　诛心之论

—— luō ——

捋 luō〈动〉用手握住条状物向一端滑动:捋拳～袖。

△另见 lǔ。

啰（囉） luō 见下。

△另见 luó;luo。

【啰唆】luōsuō 也作"啰嗦"。〈形〉❶(言语)繁复。❷(事情)琐碎;麻烦:手续繁多,～极了。

【啰嗦】luōsuō 同"啰唆"。

落 luō[大大落落]方言。〈形〉形容态度大方。

△另见 là;lào;luò。

= luó =

罗（羅）luó ❶〈名〉捕鸟的网：~网。❷〈动〉张网捕（鸟）：门可~雀。❸〈动〉招请；搜集：网~|搜~|收~。❹〈动〉陈列：~列|星~棋布。❺〈名〉一种细密的筛子，用来过滤流质或筛细粉末：绢~|铜丝~。❻〈动〉过罗：~面。❼〈名〉质地稀疏的丝织品：~扇|绫~绸缎。❽〈量〉12打（144 件）为 1 罗。❾〈名〉姓。

【罗钿】luódiàn〈名〉螺钿。

【罗汉】luóhàn〈名〉梵语阿罗汉的省称。佛教称断绝了一切嗜欲，解脱了烦恼的僧人。

【罗汉豆】luóhàndòu 方言。〈名〉蚕豆。

【罗掘】luójué〈动〉原指城被围困，粮食断绝，只得张网捕麻雀，挖洞捕老鼠来充饥的窘困状况（见于《新唐书·张巡传》）。后用来比喻尽力筹款。

【罗列】luóliè〈动〉❶分布；陈列：星辰~|~成行。❷列举：~现象。

【罗曼蒂克】luómàndìkè〈形〉浪漫的。[外]

【罗幕】luómù〈名〉用丝织品做成的帐子。

【罗盘】luópán〈名〉一种测定方向的仪器，由一个有方位刻度的圆盘和装在中间的指南针构成。

【罗网】luówǎng〈名〉❶捕鸟的网和捕鱼的网。❷比喻为陷害或捕捉人而设下的圈套：自投~。

【罗织】luózhī〈动〉虚构罪状，陷害无辜：~罪名。

【罗致】luózhì〈动〉搜罗（人才）。

备用词 包罗 收罗 搜罗 网罗 张罗

偻（僂）luó 见[喽偻（lóu）]（偻）。

萝（蘿）luó〈名〉通常指某些能爬蔓的植物：藤~|松~。

啰（囉）luó[啰唣（zào）]〈动〉吵闹寻事（多见于早期白话：休要~）。
△另见 luō；luo。

逻（邏）luó〈动〉巡察：巡~|~骑|~卒。

【逻辑】luójí〈名〉❶思维的规律：合乎~。❷客观的规律性：事物的~。❸逻辑学，研究思维的形式和规律的科学。[外]

胍（膕）luó〈名〉手指纹。

猡（玀）luó[猪猡]方言。〈名〉猪。

珋（瓅）luó 见[珂罗版]。

椤（欏）luó 见[桫（suō）椤]。

锣（鑼）luó〈名〉一种打击乐器，用铜制成，形状像盘子，用槌敲打：~鼓喧天|鸣~开道。

箩（籮）luó〈名〉一种用竹子编的器具，底方口圆，用来盛粮食、淘米等。

【箩筐】luókuāng〈名〉用竹子或柳条等编成的一种较大的盛器，多用来盛粮食、蔬菜等。

骡（騾*臝）luó〈名〉哺乳动物，是驴和马交配所生的杂种，一般不能生殖，多用作力畜。

螺luó〈名〉❶软体动物，体外包有带旋纹的硬壳，种类很多，如田螺、海螺等。❷螺旋形的指纹。

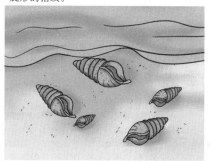

【螺甸】luódiàn 同"螺钿"。

【螺钿】luódiàn〈名〉一种手工艺品，用螺蛳壳或贝壳镶嵌在漆器、硬木家具或雕镂器物的表面，做成有天然彩色光泽的花纹或图案。也作"螺甸"。

【螺蛳】luósī〈名〉淡水螺的通称。

【螺旋】luóxuán〈名〉❶像螺蛳壳纹理的曲线形：~桨。❷根据斜面原理制成的一种简单机械。圆柱体表面有像螺蛳壳上的螺纹的叫"阳螺旋"，在物体孔眼里的螺纹叫"阴螺旋"。

蠃luó〈名〉螺。
△另见 luǒ。

覼luó[覼缕（lǚ）]〈动〉详细叙述：不烦~|非片言所能~。

= luǒ =

裸（*躶臝）luǒ〈动〉露出，没有遮盖：~露|~体。

【裸机】luǒjī〈名〉❶指没有加入通信网的手机、寻呼机等。❷指没有配置操作系统和其他软件的计算机。

【裸考】luǒkǎo〈动〉❶在高考中什么加分都没有,仅凭个人考试成绩考取高一级学校。❷不进行任何复习就参加考试。

【裸露】luǒlù〈动〉没有东西遮盖。

【裸退】luǒtuì〈动〉完全退休不再担任任何职务:他一再表示要~,不再担任任何职务。

【裸照】luǒzhào〈名〉裸体照片。

瘰　luǒ[瘰疬(lì)]〈名〉颈部或腋窝的淋巴结核,症状是局部发生硬块,溃烂后流脓,不易愈合。

蠃　luǒ 见[螺(guǒ)蠃]。
　　△另见 luó。

━━ luò ━━

泺(濼)　luò〈名〉泺水,水名,在山东。
　　△另见 pō。

荦(犖)　luò〈形〉明显;特出:卓~。

【荦荦】luòluò〈形〉(事理)分明、明显:~大端(明显的要点或主要的项目)。

【荦确】luòquè〈形〉山多石大的样子:山石~,行径微,黄昏到寺蝙蝠飞。

咯　luò[吡(bǐ)咯]〈名〉有机化合物,无色液体,用来制药品。
　　△另见 gē;kǎ;lo。

洛　luò〈名〉❶洛河,水名,在陕西。❷洛河,水名,发源于陕西,流入河南。古时作"雒"。❸姓。

【洛阳纸贵】luòyáng zhǐ guì《晋书·文苑传》记载,左思《三都赋》写成后,抢着抄写的人很多,因而洛阳的纸都涨价了。比喻著作风行一时。

骆(駱)　luò〈名〉❶古书上指黑鬣的白马。❷姓。

【骆驼】luòtuo〈名〉哺乳动物,身体高大,背上有肉峰,耐饥渴,能负重物在沙漠中远行,是沙漠地区主要的力畜。

络(絡)　luò ❶〈名〉网,泛指网状的东西:网~|橘~。❷〈名〉中医指人体内气血运行通路的旁支或小支:经~。❸〈动〉用网状的东西兜住:头上~着一个发网。❹〈动〉缠绕:~丝|~纱。❺〈动〉拉拢:笼~。❻〈名〉姓。
　　△另见 lào。

【络绎】luòyì〈形〉一个接一个,连续不断:~不绝。

备用词　联络　笼络　筋络　经络　脉络　网络

珞　luò〈名〉姓。

【珞巴族】luòbāzú〈名〉我国少数民族之一,分布在西藏。

烙　luò 见〖炮(páo)烙〗。
　　△另见 lào。

硌　luò〈名〉山上的大石:~石。
　　△另见 gè。

落　luò ❶〈动〉物体因失去支持而下来:~泪|~叶。❷〈动〉下降:~潮|太阳~山。❸〈动〉使下降:~幕。❹〈形〉衰败;飘零:破~|凋~。❺〈动〉遗留在后面:~选|~伍。❻〈动〉停留;留下:~脚|~户。❼〈名〉停留的地方:下~|着~。❽〈名〉聚居的地方:村~。❾〈动〉归属:这项任务~到咱们小组了。❿〈动〉得到:~空|~实。⓫〈动〉用笔写:~款|~笔|大处~墨。⓬〈名〉姓。
　　△另见 là;lào;luō。

【落泊】luòbó〈形〉❶潦倒失意。❷豪迈,不拘束。

【落草】luòcǎo〈动〉❶到山林当强盗(多见于早期白话)。❷方言。指婴儿出生。

【落差】luòchā〈名〉❶由于河床高度的变化所产生的水位的差数,如甲地水面海拔为25米,乙地为20米,这一段的落差就是5米。❷比喻对比中的差距或差异:心理~大|调整心理上的~|两种工资之间的~较大。

【落成】luòchéng〈动〉建筑物完工:~典礼。

【落槌】luòchuí〈动〉❶拍卖物品时,拍卖师最后用槌敲一下台子表示成交:~价|那幅山水画最终以15万元人民币~。❷指拍卖会结束:春季拍卖会已于昨日~。

【落得】luòde〈动〉落到(某种境遇):~清闲自在|~鸡飞蛋打|倒行逆施,~身败名裂的可耻下场。

【落地】luòdì〈动〉❶物体落在地上。❷指婴儿生下来:呱呱~。

【落第】luòdì〈动〉科举时代指乡试以上考试没考中。

【落发】luòfà〈动〉剃去头发(出家做僧尼):~为僧。

【落后】luòhòu ❶〈动〉行进中落在同行者的后面。❷〈动〉工作进度慢,落在原定计划后面。❸〈形〉停留在较低的发展水平,落在客观形势要求的后面:经济~。❹〈形〉思想差;进步比较慢:~分子。

【落户】luòhù〈动〉❶在他乡安家,长期居住下去:~农村。❷比喻一个地方的动、植物在另一个地方培养繁衍。

【落花流水】luò huā liú shuǐ ❶形容残春的景象。❷形容七零八落不成局面,也比喻惨败。

【落荒而逃】luò huāng ér táo 离开大路,向荒野逃去。

【落脚】luòjiǎo〈动〉指在某处临时停留或暂住。

【落井下石】luò jǐng xià shí 有人掉在井里,不去搭救,反向井里扔石头。比喻乘人之危,加以陷害。也说"投井下石"。

【落款】luòkuǎn〈动〉在书画、书信、礼品等上面题上款和下款。也指在书信、文章等后面署名。

【落落】luòluò〈形〉❶形容举止潇洒自然:~大方。❷形容性情孤僻,跟人合不来:~寡合。❸堆集的样子。

【落寞】(落漠、落莫)luòmò〈形〉寂寞;冷落。

【落墨】luòmò〈动〉落笔:思绪万千,无从~|精心构思后~|写意画贵在大处~,得其神似。

【落幕】luòmù〈动〉闭幕:画展已于昨日~。

【落难】luònàn〈动〉遭遇灾难,陷入困境。

【落聘】luòpìn〈动〉在招聘或选聘中没有被聘用:~人员|在人事改革中原副校长~了。

【落魄】luòpò〈形〉❶潦倒失意:~江湖。❷放荡不羁。

【落实】luòshí ❶〈形〉(计划、措施、统计数字等)具体明确、切实可行。❷〈动〉使计划、任务、政策等得以贯彻执行:~政策。

【落拓】luòtuò〈形〉❶潦倒失意。❷豪迈,不拘束:~不羁。

【落网】luòwǎng〈动〉指罪犯被逮捕。

【落伍】luòwǔ〈动〉在行进中掉队,比喻人或事物跟不上时代。

【落英】luòyīng〈名〉落花,掉落下来的花:~缤纷。

【落照】luòzhào〈名〉落日的光辉。

备用词　跌落　降落　脱落　陨落　坠落　下落　着落　败落　凋落　堕落　冷落　零落　没落　破落　衰落　中落　流落　沦落　村落　角落　屯落　院落　瓜熟蒂落　光明磊落

跞(躒) luò 见〖卓跞〗。△另见 lì。

摞 luò ❶〈动〉重叠往上放:补丁~补丁。❷〈量〉用于重叠搁的东西:一~碗|一~书。

雒 luò ❶同"洛"②。❷〈名〉姓。

漯 luò〈名〉漯河,地名,在河南。△另见 tà。

━━ luo ━━

啰(囉) luo〈助〉带有提醒注意的语气:起来~!△另见 luō;luó。

L

＝ mā ＝

孖 mā 方言。〈形〉成对；双：～生｜～女｜～仔。

【孖女】mānǚ 方言。〈名〉双生女。

【孖仔】māzǎi 方言。〈名〉双生子。

妈（媽） mā〈名〉❶母亲。❷称长一辈或年长的已婚妇女：姑～｜大～。❸旧时连着姓称中老年的女仆：王～｜鲁～。

【妈妈】māma〈名〉❶母亲。❷方言，对上年纪的妇女的尊称。

【妈祖】māzǔ〈名〉我国东南沿海地区传说中的海上女神。

抹 mā〈动〉❶擦：～布｜～桌子。❷用手按着并向下移动：把帽子～下来。△另见 mǒ；mò。

蚂（螞） mā [蚂螂(lang)] 方言。〈名〉蜻蜓。△另见 mǎ；mà。

麻 mā [麻麻] 方言。〈形〉形容天色黑或刚亮，看不太清楚：～黑｜～亮。△另见 má。

摩 mā 见下。△另见 mó。

【摩挲】māsā〈动〉用手轻轻按着并一下一下地移动：把衣裳叠好，再～～。△另见 mósuō。

＝ má ＝

吗（嗎） má 方言。〈代〉什么：干～？｜事？｜你说～？｜要～有～。△另见 mǎ；ma。

麻（❶-❸蔴） má ❶〈名〉大麻、亚麻、苎麻、黄麻、剑麻、蕉麻等植物的统称。❷〈名〉麻类植物的纤维，是纺织工业等的重要原料：～布｜～绳｜～袋。❸〈名〉芝麻：～酱｜～油。❹〈形〉表面凸凹，不光滑：

这种玻璃一面光，一面～。❺〈形〉表面有细碎斑点的：～雀｜～蝇。❻〈形〉感觉轻微的麻木：吃了花椒，舌头有些发～｜腿发～。❼〈名〉姓。△另见 mā。

【麻痹】（麻痺）mábì ❶〈动〉身体某一部分丧失知觉和运动的机能：面部～。❷〈形〉疏忽大意；失去警惕性：思想～｜～大意。❸〈动〉使失去警惕性：用假象～敌人。

【麻烦】máfan ❶〈形〉烦琐；费事：这个问题挺～｜服务周到，不怕～。❷〈动〉使别人费事或增加负担：～您帮个忙。❸〈名〉烦琐难办的事情：给你添～了。

【麻风】（麻風）máfēng〈名〉一种慢性传染病，症状是皮肤麻木，变厚，表面形成结节。

【麻利】máli ❶〈形〉敏捷：手脚～。❷方言。〈副〉快；赶快：家里有急事，你～回去吧。

【麻乱】máluàn〈形〉（思绪）纷乱：心绪～。

【麻木】mámù〈形〉❶身体某一部分发生像蚂蚁爬那样不舒服的感觉，严重时局部感觉完全丧失。❷对外界事物感觉不灵，反应迟钝。

【麻木不仁】mámù bù rén 肢体麻木，没有感觉。比喻思想不敏锐，对外界事物反应迟钝或漠不关心。

【麻钱】máqián 方言。〈名〉小铜钱；小钱。

【麻酥酥】másūsū〈形〉形容轻微发麻的感觉：吃了颗花椒，嘴里～的。

【麻疹】（麻疹）mázhěn〈名〉一种急性传染病，症状是全身起红色丘疹。通称"疹子"。

【麻醉】mázuì〈动〉❶用药物或针刺等方法使全身或局部暂时失去知觉。❷比喻用某种手段使人认识模糊，意志消沉。

麻 má 见下。

【痲痹】mábì 见【麻痹】。

【痲风】máfēng 见【麻风】。

【痲疹】mázhěn 见【麻疹】。

蟆(*蟇) má 见【蛤(há)蟆】。

mǎ

马(馬) mǎ ❶〈名〉哺乳动物,颈部有鬃,尾生有长毛,四肢强健,善跑,是重要的力畜之一。❷〈形〉大:~蜂|~勺。❸〈名〉姓。

【马鞍】mǎ'ān〈名〉放在骡马背上供骑坐的器具。也用来形容或比喻两头高起中间低落的事物。

【马帮】mǎbāng〈名〉运货物的马队。

【马弁】mǎbiàn〈名〉旧时军官的护兵。

【马不停蹄】mǎ bù tíng tí 比喻一刻不停留地前进。

【马步】mǎbù〈名〉练武或搏斗前摆开的一种姿势,两腿分开微曲,既可出击,又可招架。

【马齿徒增】mǎ chǐ tú zēng 比喻没有做出成绩,白白地度过了时间(马齿:马的牙齿,随年龄增长而增添)。

【马刺】mǎcì〈名〉马靴后跟安装的铁制尖钉,用以刺马,使马疾驰。

【马达】mǎdá〈名〉电动机。[外]

【马大哈】mǎdàhā ❶〈名〉指粗心大意的人。❷〈形〉粗心大意。

【马到成功】mǎ dào chénggōng 战马一到就取得胜利,形容迅速地获得成功。

【马蜂窝】mǎfēngwō〈名〉比喻难以对付的人或事。

【马革裹尸】mǎ gé guǒ shī 用马皮包裹尸体,指战死在疆场。

【马号】mǎhào〈名〉❶公家养马的地方。❷骑兵用的军号。

【马后炮】mǎhòupào〈名〉原为象棋术语,后借来比喻不及时的举动。

【马虎】(马糊)mǎhu〈形〉草率;粗心大意;敷衍:这人做事太~!|咱做事可得认真,马马虎虎可不行。

【马脚】mǎjiǎo〈名〉比喻破绽:露~。

【马厩】mǎjiù〈名〉养马的房子。

【马快】mǎkuài〈名〉旧时官署里侦查、逮捕罪犯的差役。

【马拉松】mǎlāsōng ❶〈名〉指马拉松赛跑,比赛距离为42,195米。❷〈形〉讥称时间持续很久的:~会议。

【马匹】mǎpǐ〈名〉马的总称。

【马前卒】mǎqiánzú〈名〉旧时指在车前头供奔走役使的人,现比喻为别人效力的人(多含贬义)。

【马上】mǎshàng〈副〉表示即将发生或紧接着某件事情发生:收拾完~就走|吃了碗面,身上~就暖和起来了。

【马首是瞻】mǎ shǒu shì zhān 古代作战时士兵看主将马头决定进退,比喻服从某人指挥或追随某人行动。

【马蹄】mǎtí〈名〉❶马的蹄子。❷方言。荸荠。

【马戏】mǎxì〈名〉原指人在马上做的各种表演,现指有经过训练的动物参加的杂技表演。

【马仰人翻】mǎ yǎng rén fān 见【人仰马翻】。

备用词 骏马 牛马 戎马 响马 战马 兵马 人马 上马 下马 单枪匹马 害群之马 溜须拍马 盲人瞎马 骑马找马 千军万马 塞翁失马 心猿意马 悬崖勒马 招兵买马 指鹿为马

吗(嗎) mǎ[吗啡]〈名〉药名,白色粉末,味苦,有毒,由鸦片制成,用作镇痛剂。[外]
△另见 má;ma。

犸(獁) mǎ[猛犸]〈名〉古哺乳动物,跟现代的象相似,全身有长毛,门齿向上弯曲,生活在寒冷地带,已经绝种。也叫"毛象"。

玛(瑪) mǎ ❶[玛瑙]〈名〉矿物,有各种颜色,质地坚硬耐磨,可做轴承、装饰品等。❷〈名〉姓。

码(碼) mǎ ❶〈名〉表示数目的符号:数~|号~。❷〈名〉表示数目的用具;筹~|砝~。❸〈量〉用于事情(数词只限于一、两);两~事|你和他说的是一~事。❹〈动〉堆叠;摆起:~放|把这些砖~整齐。❺

M

〈量〉英美制长度单位,1 码等于 3 英尺,合 0.9144 米。

【码头】mǎtou〈名〉❶水边供停船时装卸货物和上下乘客的建筑:轮渡~。❷指交通便利的商业城市:水陆~。

备用词　暗码　尺码　筹码　电码　砝码　号码　价码　密码　明码　数码　页码　起码

蚂(螞) mǎ 见下。
△另见 mā;mà。

【蚂蟥】mǎhuáng〈名〉蛭的通称。身体扁平,略呈纺锤形,口有吸盘,能刺伤皮肤,有的吸血。有时也指水蛭。

【蚂蚁】mǎyǐ〈名〉蚁的一种,黑色或褐色,在地下或地上筑巢,成群穴居。

— mà —

祃(禡) mà〈名〉古代在军队驻地举行的祭礼。

蚂(螞) mà [蚂蚱(zha)]方言。〈名〉蝗虫。
△另见 mā;mǎ。

骂(罵*駡傌) mà〈动〉❶用粗野的话侮辱人:~街|辱~。❷方言。斥责:责~。

【骂街】màjiē〈动〉不指名地当众漫骂:泼妇~。

备用词　詈骂　斥骂　诟骂　谩骂　漫骂　辱骂　唾骂　责骂　咒骂

— ma —

么(麽) ma❶同"吗"(ma)。❷同"嘛"(ma)。
△另见 me;yāo。"麽"另见 mó。

吗(嗎) ma〈助〉❶用在句末表示疑问:你到过广州~? ❷用于反问,带有质问、责备的语气:难道一点办法也没有~?
△另见 má;mǎ。

嘛 ma〈助〉❶表示道理显而易见:人多力量大~。❷表示期望、劝阻:不让你去,你就别去~|话说得慢点儿~! ❸用在句中停顿处,点出话题:科学~,就得讲实事求是。
[注意]表示疑问语气时,用"吗",不用"嘛"。

— mái —

埋 mái〈动〉❶(用土、雪、落叶等)盖住:掩~|~地雷。❷隐藏:~伏|姓~名。

△另见 mán。

【埋藏】máicáng〈动〉❶藏在土、雪等里面:地下~着丰富的矿产资源。❷隐藏:肃清~在革命队伍中的败类。

【埋单】máidān 方言。〈动〉在饭馆用餐后结账付款,泛指付款。原为粤语,传入北方话地区后多说"买单"。

【埋伏】máifú〈动〉❶在敌人要经过的地方预先秘密布置兵力,伺机袭击敌人。❷潜伏。❸比喻隐瞒物资、人员等:打~。

【埋没】máimò〈动〉❶掩埋;埋起来:流沙~了良田。❷使显不出来或不发挥作用:~人才。

【埋头】máitóu〈动〉专心;一声不响地下功夫:~学习|苦干(形容工作勤奋努力)。

【埋葬】máizàng〈动〉掩埋死者遗体。

霾 mái〈名〉大气中因悬浮大量烟、尘等微粒而形成的混浊现象。通称"阴霾"。

— mǎi —

买(買) mǎi❶〈动〉拿钱换东西(跟"卖"相对):~米|购~|招兵~马。❷〈名〉姓。

【买办】mǎibàn〈名〉❶殖民地、半殖民地国家里替外国资本家在本国市场上推销商品、掠夺资源、进行经济侵略活动的代理人。❷旧时指负责采购商品的人。

【买单】mǎidān ❶〈动〉埋单。❷〈名〉金融市场作为买入凭证的单据。

【买点】mǎidiǎn〈名〉❶商品所具有的让消费者乐于购买的特点或优势:省油是这款车的~。❷指买入证券、期货等的理想价位。

【买椟还珠】mǎi dú huán zhū《韩非子·外储说左上》说,楚国人把珍珠放在一个装潢华贵的匣子里到郑国去卖,郑人买下匣子,退还了珍珠。比喻没有眼光,取舍不当。

【买断】mǎiduàn〈动〉买下交易对象的全部占有权,卖主跟该对象有关的经济关系终止:~经营权|~工龄|~版权。

【买方市场】mǎifāng shìchǎng 市场上商品供大于求,买方处于有利地位并对价格起主导作用的现象(跟"卖方市场"相对)。

【买好】mǎihǎo〈动〉有意讨人喜欢:献媚~。

【买空卖空】mǎi kōng mài kōng ❶一种买卖股票、公债、外币、黄金等的商业投机活动。买时不付款取货,卖时也不交货收款,只是就进出之间的差价结算盈余或亏损。❷比喻招摇撞骗,搞投机活动。

M

【买卖】mǎimai〈名〉❶生意:做~|~人(商人)|~兴隆。❷指商店:开~。

【买通】mǎitōng〈动〉用金钱等收买人以便达到自己的目的。

【买账】mǎizhàng〈动〉承认对方的长处或力量而表示佩服或服从:不买他的账。

【买主】mǎizhǔ〈名〉货物或房产等的购买者:这批货有了~了。

【买醉】mǎizuì〈动〉买酒痛饮,多指借酒行乐或消愁。

备用词 采买 购买 赇买 收买 赎买 邀买

荬(蕒) mǎi 见[苣(qǔ)荬菜]。

— **mài** —

劢(勱) mài〈动〉努力;勉力。

迈(邁) mài ❶〈动〉抬脚向前走;跨:~步|~进。❷〈形〉老:年~|老~。❸〈名〉英里(用于机动车行车速度):时速120~。[外]❹〈名〉姓。

【迈进】màijìn〈动〉跨着大步前进。

备用词 高迈 豪迈 老迈 年迈 衰迈 朽迈

麦(麥) mài〈名〉❶草本植物,籽实用来磨面粉,是重要的粮食作物。种类很多,有小麦、大麦、黑麦、燕麦等,通常专指小麦。❷姓。

【麦克风】màikèfēng〈名〉传声器的通称。[外]

【麦浪】màilàng〈名〉指被风吹得起伏像波浪的成片麦子:~滚滚,丰收在望。

【麦秋】màiqiū〈名〉指麦收时节,一般是在夏季。

【麦芽糖】màiyátáng〈名〉有机化合物,化学式$C_{12}H_{22}O_{11} \cdot H_2O$。白色晶体,不如蔗糖甜,能分解成葡萄糖,是饴糖的主要成分。用来制糖果或药品。

卖(賣) mài ❶〈动〉拿东西换钱(跟"买"相对):贩~|~布。❷〈动〉出卖祖国或亲友:叛~|~国。❸〈动〉尽量使出来:~力气。❹〈动〉故意显示;夸耀:~弄|倚老~老。❺〈量〉旧时饭馆把一个菜叫"一卖":一~木樨肉。❻〈名〉姓。

【卖场】màichǎng〈名〉比较大的出售商品的场所:仓储式~。

【卖单】màidān〈名〉金融市场作为卖出凭证的单据。

【卖刀买犊】mài dāo mǎi dú 卖掉刀剑,购买耕牛(语见《汉书·龚遂传》)。原指放下武器从事耕种,后多比喻坏人改恶从善。也说"卖剑买牛"。

【卖底】màidǐ 方言。〈动〉故意泄露底细。

【卖点】màidiǎn〈名〉❶商品所具有的能够吸引消费者而易于销售的特点或优势:经济、实用是目前商品房的最佳~。❷指卖出证券、期货等的理想价位。

【卖方市场】màifāng shìchǎng 市场上商品供不应求,卖方处于有利地位并对价格起主导作用的现象(跟"买方市场"相对)。

【卖狗皮膏药】mài gǒupí gāoyao 比喻说得好听而实际上在欺骗人。

【卖乖】màiguāi〈动〉自鸣乖巧;卖弄聪明:得了便宜还~。

【卖关节】mài guānjié 指暗中接受贿赂,给人好处。

【卖关子】mài guānzi〈动〉说书人说到重要关节停止,以吸引人接着听,叫"卖关子"。比喻说话、做事在紧要的时候故弄玄虚,使别人因着急而答应自己的要求。

【卖官鬻爵】mài guān yù jué 旧时掌权者为搜括财富而出卖官职爵位。

【卖老】màilǎo〈动〉卖弄老资格:倚老~。

【卖命】màimìng ❶〈动〉为了私利或迫于生活而为某人或某集团拼命出力干。❷〈形〉泛指下最大的力气做工作。

【卖弄】màinong〈动〉显示、炫耀自己的本领等。

【卖身投靠】màishēn tóukào 出卖自己,投靠有钱有势的人。比喻丧失人格,充当反动势力的工具。

备用词 变卖 标卖 拆卖 出卖 盗卖 贩卖 寄卖 拍卖 甩卖 义卖

M

脉（*脈衇脈）mài〈名〉❶血管：动~｜静~。❷脉搏，指动脉的跳动：~象｜诊~。❸像血管那样连贯而成系统的东西：叶~｜山~。

△另见 mò。

【脉搏】màibó〈名〉心脏收缩时，由于输出血液的冲击而引起的动脉的跳动。

【脉络】màiluò〈名〉❶中医对动脉和静脉的统称。❷比喻条理或头绪：~分明。

备用词　动脉　静脉　命脉　血脉　号脉　诊脉　地脉　山脉　来龙去脉

唛（嘜）mài，又读 mà 方言。〈名〉商标。[外]

鿏（䥑）mān〈名〉金属元素，符号 Mt。有放射性，由人工核反应获得。

━━ mān ━━

嫚 mān 方言。〈名〉女孩子。

△另见 màn。

颟（顢）mān[颟顸(hān)]〈形〉❶糊涂而马虎。❷方言。憨厚：~人。

━━ mán ━━

埋 mán[埋怨]〈动〉因事不如意而责怪别人。

△另见 mái。

蛮（蠻）mán❶〈形〉粗野；凶恶；不通情理：野~｜~不讲理。❷〈形〉强悍；愣：~干｜~劲儿。❸〈名〉我国古代称南方的民族。❹方言。〈副〉很；挺：~好｜~多。

【蛮缠】mánchán〈动〉不讲理地胡乱纠缠：胡搅~。

【蛮干】mángàn〈动〉不顾客观规律或实际情况而硬干。

【蛮汉】mánhàn〈名〉粗野不讲理的男子。

【蛮横】mánhèng〈形〉粗暴而不讲道理。

谩（謾）mán〈动〉欺骗；蒙蔽：欺~｜~天~地。

△另见 màn。

蔓 mán[蔓菁(jing)]〈名〉草本植物，即芜菁，块根肉质，扁球形或长形，可做蔬菜。

△另见 màn；wàn。

馒（饅）mán[馒头]〈名〉❶用发酵面粉蒸成的面食，没有馅儿。❷方言。包子：肉~。

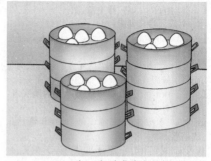

瞒（瞞）mán〈动〉隐藏真实的情况，不使人知道：隐~｜~天过海。

【瞒哄】mánhǒng〈动〉欺骗；哄骗。

【瞒天过海】mán tiān guò hǎi 比喻耍弄欺骗的手段暗中行事。

【瞒心昧己】mán xīn mèi jǐ 违背自己的良心干坏事。

备用词　欺瞒　隐瞒　遮瞒

鳗（鰻）mán[鳗鲡(lí)]〈名〉鱼，身体长，圆筒形，表面多黏液，鳞小，埋在皮肤下。生活在淡水中，秋季到海洋中产卵。简称“鳗”。

━━ mǎn ━━

满（滿）mǎn❶〈形〉全部充实；容量达到极限：充~｜~载而归。❷〈动〉使满：~上这杯酒！❸〈动〉达到一定期限：~师｜届~。❹〈形〉全；整个：~头大汗｜~不在乎。❺〈动〉感到足够：~意。❻〈形〉骄傲：自~｜~招损，谦受益。❼〈副〉挺；很：写得~好｜这个菜~有味道。❽〈名〉我国少数民族之一，主要分布在辽宁、黑龙江、吉林、河北、北京和内蒙古：~汉全席。❾〈名〉姓。

【满不在乎】mǎn bù zàihu 完全不放在心上；一点也不在意。

【满仓】mǎncāng〈动〉❶装满仓库：粮食~。❷指投资者将所持有的资金全部买成证券等。

【满城风雨】mǎn chéng fēng yǔ 形容事情传遍各处，到处都在议论。

【满打满算】mǎn dǎ mǎn suàn 把各方面的数字全部计算在内。

【满腹经纶】mǎn fù jīnglún 形容人很有学问，很有才能。

【满怀】mǎnhuái❶〈动〉心中充满；充满胸怀：

~信心|豪情~。❷〈名〉整个前胸部分:他俩迎面撞了个~。

【满坑满谷】mǎn kēng mǎn gǔ 形容很多,到处都是。

【满门】mǎnmén〈名〉全家:~抄斩。

【满面春风】mǎn miàn chūnfēng ❶满脸喜色,形容愉快得意的样子。❷形容和颜悦色。

【满目】mǎnmù ❶〈名〉满眼;整个视野:~青山|~凄凉。❷〈动〉充满视野:琳琅~。

【满腔】mǎnqiāng ❶〈名〉整个心中:~热忱。❷〈动〉充满心中:仇恨~。

【满勤】mǎnqín〈动〉全勤:出~|~奖|他每月都是~。

【满山遍野】mǎn shān biàn yě 遍布山野,形容很多。

【满师】mǎnshī〈动〉指学徒学习期满。

【满世界】mǎn shìjie 方言。到处;就在家待着,别一跑!|你这孩子在家干点儿什么不好,~瞎跑什么?

【满堂】mǎntáng ❶〈名〉全场,也指全场的人:~喝彩。❷方言。〈动〉满座:近来剧院天天~,票不好买。❸〈动〉充满厅堂:儿孙~|金玉~。

【满堂彩】mǎntángcǎi (演出时)全场一致的喝彩:他唱的一句倒板就得了个~。

【满堂红】mǎntánghóng 比喻全面获得显著的成绩或到处兴旺。

【满心】mǎnxīn〈副〉整个心里:~欢喜。

【满意】mǎnyì〈动〉满足愿望;符合心意。

【满园春色】mǎn yuán chūnsè 整个园子里一片春天的景色。比喻欣欣向荣的景象。

【满月】mǎnyuè ❶〈动〉出生后满一个月。❷〈名〉圆月:一轮~。

【满载而归】mǎnzài ér guī 载满东西回来,形容收获丰富。

【满足】mǎnzú〈动〉❶使要求得以实现:~市场需求。❷感到足够:他不~于已有的成绩。

备用词 饱满　充满　丰满　美满　完满　圆满　自满

螨(蟎) mǎn〈名〉节肢动物,多为圆形或椭圆形,种类很多。有的寄居在人畜身上,吸食血液,能传染疾病。

=== màn ===

曼 màn ❶〈形〉柔美:~丽|轻歌~舞。❷〈形〉长:~长|~延。❸〈名〉姓。

【曼长】màncháng〈形〉❶(声音)长:~的声

调。❷漫长。

【曼妙】mànmiào〈形〉柔美;柔和:~的舞姿|~的乐曲。

【曼延】mànyán〈动〉连绵不断:林中小路,~曲折。

谩(謾) màn〈形〉轻慢,没有礼貌:~骂。△另见 mán。

【谩骂】mànmà〈动〉用轻慢或嘲笑的态度骂。

墁 màn〈动〉用砖、石等铺地面:花砖~地。

蔓 màn 义同"蔓"(wàn),多用于合成词:~延|滋~。△另见 mán;wàn。

【蔓辞】màncí ❶〈名〉芜杂烦冗的文字。❷〈动〉说许多话。

【蔓延】mànyán〈动〉向周围扩展延伸:火势~|墙上~着爬山虎。

幔 màn〈名〉为遮挡而悬挂起来的绸、布、丝绒等:窗~|~帐。

漫 màn ❶〈动〉水过满,向外流:~溢|~灌。❷〈形〉到处都是;遍:弥~|~山遍野|~天黄沙。❸〈形〉不受约束;随便:散~|~谈|~游|~无边际。❹〈形〉长:~长|长夜~~。❺〈形〉模糊:~灭|~失。

【漫笔】mànbǐ〈名〉随手写来不拘形式的文章(多用于文章题目):《新春~》|《灯下~》。

【漫不经心】màn bù jīngxīn 一点也不放在心上。

【漫步】mànbù〈动〉无目的地悠闲地走:~街头。

【漫长】màncháng〈形〉(时间、道路等)长得没有尽头:~的冬夜|~的道路。

【漫道】màndào〈连〉慢说;雄关~真如铁,而今迈步从头越。也作"慢道"。

【漫漶】mànhuàn〈形〉文字、图画等因磨损或浸湿而模糊不清:字迹~,不可辨识。

【漫流】mànliú〈动〉水顺着地势缓缓地流。

【漫骂】mànmà〈动〉乱骂。

【漫漫】mànmàn〈形〉形容长而没有边际:~长夜|~征途。

【漫灭】mànmiè〈形〉模糊不清:碑文~。

【漫山遍野】màn shān biàn yě 遍布山野。形容到处都是。

【漫失】mànshī〈形〉模糊或缺失。

【漫说】mànshuō〈连〉别说;不要说:~这点活,再多也干得完。也作"慢说"。

【漫谈】màntán〈动〉不拘形式地谈自己的体

M

会或意见。

【漫天】màntiān ❶〈动〉布满天空：～风雪。❷〈形〉形容没有限度：～大谎|～要价。

【漫无边际】màn wú biānjì ❶极广阔，一眼望不到边。❷谈话、写文章等无中心，离题很远。

【漫游】mànyóu〈动〉❶随意地在水中四处游动：鱼儿在水中～。❷随意游览：～西湖|～欧洲|～世界。❸移动电话或寻呼机的一种功能。通常指离开自己注册登记的服务区域而到另一个服务区域后，通过网络进行通信联络：网上～。

【备用词】汗漫 弥漫 迷漫 烂漫 浪漫 散漫

慢 màn〈形〉❶速度低；行动迟缓（跟"快"相对）：缓～|～车。❷从缓：且～。❸态度冷淡，没有礼貌：傲～|轻～。❹松懈；懈怠。❺〈名〉姓。

【慢道】màndào 同"漫道"。

【慢声细语】màn shēng xì yǔ 形容说话从容，态度平和。

【慢说】mànshuō 同"漫说"。

【慢腾腾】màntēngtēng〈形〉形容缓慢的样子：走起路来～的。

【慢条斯理】màntiáo-sīlǐ 形容说话或做事缓慢，不慌不忙的样子。

【慢吞吞】màntūntūn〈形〉慢腾腾。

【慢悠悠】mànyōuyōu〈形〉形容缓慢而从容的样子。

【备用词】迟慢 缓慢 傲慢 怠慢 高慢 简慢 骄慢 轻慢 侮慢

嫚 màn〈动〉轻视；侮辱：～侮。△另见 mān。

缦（縵）màn〈名〉没有花纹的丝织品。

【缦立】mànlì〈动〉久立：～远视。

熳 màn[烂熳]见【烂漫】。

镘（鏝*槾）màn〈名〉抹墙用的抹子（mǒzi）。

— máng —

邙 máng[北邙]〈名〉山名，在河南洛阳。

芒 máng〈名〉❶草本植物，叶子细长，茎顶生穗，果实多毛。❷某些禾本科植物籽实外壳上长的针状物：麦～。❸像芒的东西；锋～|光～。❹姓。

【芒刺在背】máng cì zài bèi 像芒刺扎在背上一样。形容心中惶恐，坐立不安。

【芒果】mángguǒ 同"杧果"。

【芒硝】mángxiāo〈名〉无机化合物，用作化学工业、玻璃工业、造纸工业的原料。也作"硭硝"。

忙 máng ❶〈形〉事情多，不得空（跟"闲"相对）：繁～|农～。❷〈动〉急迫不停地加紧做：你近来～些什么？

【忙碌】mánglù ❶〈形〉繁忙。❷〈动〉紧张而不停地做事情。

【忙乱】mángluàn〈形〉事情繁忙而没有条理。

【忙月】mángyuè〈名〉❶农事活动繁忙的月份：一到～，全家都要出去干活儿。❷方言只在过年过节和农忙时给一定的人家做工的人。

【备用词】奔忙 匆忙 繁忙 赶忙 慌忙 急忙 连忙 着忙 帮忙 农忙

杧 máng[杧果]也作"芒果"。〈名〉❶乔木，叶互生，长椭圆形，花黄色，果实略呈肾脏形，有纤维，果肉黄色，味甜多汁。生长在热带地区。❷这种植物的果实。

尨 máng〈名〉❶长毛狗。❷杂色。△另见 méng。

盲 máng ❶〈动〉看不见东西；瞎：～人|～～。❷〈名〉比喻对某种事物不认识或分辨不清的人：文～|色～。❸〈形〉盲目地：～动|～从。

【盲从】mángcóng〈动〉盲目地附和或随从。

【盲道】mángdào〈名〉在人行道上或其他场所为方便盲人行走而铺设的道路，用特制的砖块铺成，砖块上有凸出的条纹、圆点等。

【盲点】mángdiǎn〈名〉❶眼球后部视网膜上的一点，和黄斑相邻，没有感光细胞，不能接受光的刺激，物体的影像落在这一点上不能引起视觉，故称。❷比喻认识不到的或被忽略的地方：天文学知识是我的～|当前家庭教育存在着一些～。

【盲动】mángdòng〈动〉不经过考虑而盲目行动：～冒进|遇事要冷静，千万别浮躁。

【盲干】mánggàn〈动〉不顾主客观条件或目的不明确地去干：只凭热情～是不行的。

【盲目】mángmù〈形〉眼睛看不见东西。比喻认识不清或没有明确目标：～服从|～乐观。

【盲区】mángqū〈名〉❶指雷达、探照灯、胃镜等探测或观察不到的地方：雷达～|胃镜～。❷比喻认识不到的或被忽略的领域、方面：股

市对我来说还是个～｜心理素质的培养成了一些学校教育的～。

【盲人摸象】mángrén mō xiàng 传说有几个盲人摸象,摸到腿的说大象像根柱子,摸到身躯的说大象像堵墙,摸到尾巴的说大象像条蛇。比喻对事物了解不全面,片面地看问题。

【盲人瞎马】mángrén xiāmǎ《世说新语·排调》:"盲人骑瞎马,夜半临深池。"比喻面临极端危险境况。

【盲文】mángwén〈名〉❶盲字。❷用盲字刻写或印刷的文字。

【盲杖】mángzhàng〈名〉盲人探路用的手杖。也说"明杖"。

【盲字】mángzì〈名〉专供盲人使用的拼音文字,字母由不同排列的凸起的点子组成。

氓　máng 见【流氓】。
　　△另见 méng。

茫　máng〈形〉❶形容没有边际,看不清楚:渺～｜～昧｜～～大海。❷什么也不知道:～然｜～无所知。

【茫茫】mángmáng〈形〉形容没有边际,看不清楚:海天～。

【茫茫苍苍】mángmángcāngcāng〈形〉形容辽阔,无边无际。

【茫昧】mángmèi〈形〉模糊不清,不可揣度。

【茫然】mángrán〈形〉❶完全不知道的样子:～无知。❷摸不着头脑,不知所措的样子:～若失。

【茫远】mángyuǎn〈形〉渺茫而遥远。

碴　máng［碴硝］同"芒硝"。

铓（鋩）máng〈名〉❶刀剑等的尖端。❷云南少数民族的打击乐器:敲锣打～。❸见【锋铓】。

— mǎng —

莽　mǎng❶〈名〉密生的草:草～｜～原。❷〈形〉辽阔;广大:烟雨～苍苍。❸〈形〉粗鲁;冒失:鲁～｜～撞。❹〈名〉姓。

【莽苍】mǎngcāng❶〈形〉形容原野景色迷茫。❷〈名〉指原野。

【莽莽】mǎngmǎng〈形〉❶形容草木茂盛:草木～。❷形容原野广阔,无边无际:～雪原。

【莽莽苍苍】mǎngmǎngcāngcāng〈形〉形容辽阔,无边无际。

【莽原】mǎngyuán〈名〉草生长很茂盛的原野。

【莽撞】mǎngzhuàng〈形〉说话、做事鲁莽冒失。

备用词　草莽　丛莽　榛莽　鲁莽

漭　mǎng［漭漭］〈形〉形容水面广阔无边。

蟒　mǎng〈名〉❶蟒蛇,一种无毒的大蛇,多生活在热带近水的森林里,捕食小禽兽。也叫"蚺(rán)蛇"。❷蟒袍,明清时大臣所穿的礼服,袍上绣有金黄色的蟒:紫～。

— māo —

猫（＊貓）māo❶〈名〉哺乳动物,面部略圆,瞳孔大小随光线强弱而变化,行动敏捷,善跳跃,能捕鼠。❷方言。〈动〉躲藏:我到处找你,你～到哪儿去了?
　　△另见 máo。

【猫步】māobù〈名〉指时装模特儿表演时走的台步,因这种步子类似猫行走的样子,故称。

【猫熊】māoxióng〈名〉大熊猫。

— máo —

毛　máo❶〈名〉动植物皮上生的丝状物;鸟类的羽毛:羊～｜鸡～｜寒～｜睫～。❷〈名〉东西发霉长的丝状物:天潮,衣物容易长～。❸〈名〉地面上生的草木:不～之地。❹

M

〈形〉粗糙;还没有加工的:~坯|~铁。❺
〈形〉不纯净的;约计的:~利|~估。❻〈形〉
小:~~雨|~孩子。❼〈形〉指货币贬值:钱比
过去~了。❽〈形〉做事粗心,不细致:~糙|~
手~脚。❾〈形〉惊慌:吓~了|心里直发~。
❿〈量〉一圆的十分之一;角。⓫〈名〉姓。

【毛边纸】máobiānzhǐ〈名〉用竹纤维制成的
纸,适合用毛笔书写,从前也用来印书。

【毛病】máobìng〈名〉❶事物的弊病或发生的
故障,也比喻工作上的失误:挑~。❷病;疾
病:他胃弱,常犯~。❸缺点;坏习惯:随地吐
痰是坏~。

【毛玻璃】máobōli〈名〉表面粗糙的半透明的
玻璃。

【毛糙】máocao〈形〉粗糙;不精细:活儿做得
太~。

【毛骨悚然】máo gǔ sǒngrán 形容非常害怕的
样子。

【毛举细故】máo jǔ xì gù 烦琐地列举细小的
事情。

【毛茸茸】máoróngróng〈形〉形容细毛丛生的
样子:~的小白兔。

【毛手毛脚】máo shǒu máo jiǎo 形容做事慌
忙,不细心。

【毛遂自荐】máo suì zì jiàn《史记·平原君虞
卿列传》记载,战国时秦兵攻打赵国,赵国的
平原君奉命到楚国去求救,他的门客毛遂自
动请跟着去。后来用"毛遂自荐"比喻自我
推荐。

【毛炭】máotàn 方言。〈名〉原煤。

【毛头小伙子】máotóu xiǎohuǒzi 方言。〈名〉
泛指青年男子。

【毛象】máoxiàng〈名〉猛犸(mǎ)。

【毛躁】máozao〈形〉❶性情急躁:脾气~。❷
不沉着;不细心:做事~。

【毛泽东思想】máo zédōng sīxiǎng 马克思列
宁主义的普遍真理和中国革命具体实践相结
合而形成的思想体系,是以毛泽东为主要代
表的中国共产党,在马克思列宁主义指导下,
在半个多世纪中领导中国人民进行民主革命
和社会主义革命、社会主义建设的实践经验
的结晶。

M

【毛竹】máozhú〈名〉竹的一种,通常高达 10
米左右,是优良的建筑材料,也可用来制造
器物。

备用词 毫毛 牛毛 皮毛 绒毛 羽毛 火烧眉
毛 九牛一毛 千里鹅毛 轻于鸿毛

矛 máo〈名〉❶古代的一种兵器,在长杆的
一端装有金属枪头。❷姓。

【矛盾】máodùn ❶〈形〉《韩非子·难一》里说,
有一个卖矛和盾的人,说他的盾最坚固,什么
东西都戳不破;又说他的矛最锋利,什么东西
都刺得进去。有人问他:"拿你的矛来刺你的
盾怎么样?"那人没法回答了。后来用"矛盾"
比喻自相抵触。❷〈名〉哲学上指事物的两个
方面又对立又统一的关系。❸〈形〉泛指对立
的事物互相排斥。

【矛头】máotóu〈名〉矛的尖端,比喻打击的
方向。

茆 máo ❶同"茅"。❷〈名〉姓。

茅 máo〈名〉❶白茅,草本植物,花穗上密生
白毛,根茎可吃,也可入药。全草可做造
纸原料,也用来覆盖屋顶:~屋。❷姓。

【茅店】máodiàn〈名〉乡村小旅店。

【茅庐】máolú〈名〉草屋:三顾~。

【茅塞顿开】máo sè dùn kāi 好像有茅草堵塞
着的心忽然被打开了。形容受到启发,忽然
理解、领会。

【茅屋】máowū〈名〉屋顶用稻草等盖的房子,
大多简陋矮小。

牦（*氂犛） máo[牦牛]〈名〉牛的一
种,全身有长毛,腿短,是
青藏高原地区主要的力畜。

旄 máo ❶〈名〉古代用牦牛尾做装饰的旗
子。❷古通"耄"(mào)。

酕 máo[酕醄](máotáo)〈形〉大醉的样子。

猫（*貓） máo[猫腰]方言。〈动〉弯腰。
△另见 māo。

锚（錨） máo〈名〉铁制停船器具,一端有
钩爪,用铁链连在船上,停泊时
抛到水底,使船停稳:起~。

髦 máo〈名〉古代称幼儿垂在前额的短
头发。

蝥 máo[斑蝥]〈名〉昆虫,触角呈鞭状,翅上
有黄黑色斑纹,可入药。

蟊 máo〈名〉吃苗根的害虫。

【蟊贼】máozéi〈名〉指危害人民或国家的
坏人。

━━ mǎo ━━

右 mǎo 方言。❶〈动〉没有:~人。❷〈副〉
没;不:~去|~要紧。

卯（＊夘戼） mǎo〈名〉❶地支的第四位。参看〖干支〗。❷卯时,旧式计时法指早晨五点钟到七点钟的时间。❸卯眼,接榫(sǔn)处凹进的部分:凿个～儿。❹姓。

峁 mǎo〈名〉我国西北地区称顶部浑圆、斜坡较陡的黄土丘陵。

泖 mǎo〈名〉水面平静的小湖。

昴 mǎo〈名〉星宿名,二十八宿之一。

铆（鉚） mǎo〈动〉用铆钉把金属器件连接固定在一起:～工｜～钉｜～接。

= mào =

芼 mào〈动〉拔取(菜、草);参差荇菜,左右～之。

茂 mào ❶〈形〉草木繁盛:～密｜～盛｜丰～｜繁～｜根深叶～｜～林修竹。❷〈形〉丰富精美:图文并～。❸〈名〉姓。

【茂才】màocái〈名〉秀才。

【茂密】màomì〈形〉茂盛而繁密:枝叶～｜～的青纱帐。

【茂亲】màoqīn〈名〉古代指皇室宗亲;至亲。

【茂盛】màoshèng〈形〉❶草木繁盛。❷兴旺;兴盛:财源～。

备用词 蕃茂 丰茂 声情并茂 图文并茂

眊 mào〈形〉眼睛昏花。

冒（＊冐） mào ❶〈动〉向外透;往上升:～烟｜～汗。❷〈动〉不顾(危险、恶劣环境等):顶着～险｜～雨。❸〈形〉鲁莽;轻率:～进｜～犯。❹〈动〉假充:～充｜～名顶替。❺〈形〉多;过头:钱花～了。❻〈名〉姓。

△另见 mò。

【冒充】màochōng〈动〉用假的充当真的:～内行。

【冒犯】màofàn〈动〉冲撞;得罪:～尊严｜多有～。

【冒号】màohào〈名〉标点符号,写作“:”,用以提示下文。

【冒尖】màojiān〈动〉❶装满容器并稍高出。❷超过一般:～的人物。

【冒进】màojìn〈动〉不顾具体条件和实际可能而过早进行或进行得过快:盲目～。

【冒昧】màomèi〈形〉表示不顾及地位、能力、场合是否适宜;莽撞。多用作谦辞:～陈辞｜不揣～。

【冒名顶替】màomíng dǐngtì 假冒别人的名义,代人干事或窃取其权力和地位。

【冒失】màoshi〈形〉鲁莽;轻率:～鬼｜说话别太～。

【冒天下之大不韪】mào tiānxià zhī dà bù wěi 不顾天下人的反对而公然做罪恶极大的事(不韪:过失;不对)。

【冒险】màoxiǎn〈动〉不顾危险地进行某种活动。

贸（貿） mào ❶〈动〉交换财物;买卖商品:～易｜外～。❷〈形〉轻率;冒失:～然。

【贸然】màorán〈副〉轻率而不加考虑地:～从事。

【贸易】màoyì〈名〉商业活动:对外～。

【贸易壁垒】màoyì bìlěi 一个国家为限制和禁止别国商品进入本国而采取的各种措施。通常分为关税壁垒和非关税壁垒两类。

【贸易风】màoyìfēng〈名〉信风,因古代通商,在海上航行时主要借助信风而得名。

耄 mào〈名〉指八九十岁的年纪,泛指老年:老～｜～耋(dié)之年。

袤 mào 见〖广袤〗。

鄚 mào,旧读 mò〈名〉鄚州,古地名,在今河北任丘市北。

帽（＊帽） mào〈名〉❶帽子:军～｜草～｜小黄～｜安全～。❷作用或形状像帽子的东西:笔～｜螺丝～。

【帽子戏法】màozi xìfǎ 英国作家刘易斯·卡洛尔的童话《爱丽丝漫游奇境记》里,描写一位做帽子的匠人能用帽子变出各种戏法。后来把一个运动员在一场足球比赛中三次攻进对方球门叫作上演“帽子戏法”。

瑁 mào 见[玳(dài)瑁]。

貌 mào〈名〉❶相貌:面～｜其～不扬。❷外表的形象;样子:～似｜新～｜～合神离。❸姓。

【貌合神离】mào hé shén lí 表面上关系很好,内心各有各的打算。

【貌似】màosì〈动〉表面上好像(而实际并非如此):～公允｜～强大。

备用词 风貌 概貌 礼貌 美貌 面貌 年貌 品

M

貌 全貌 容貌 外貌 相貌 笑貌 形貌 状貌 花容月貌

鄮 mào〈名〉鄮山，山名，在浙江。

瞀 mào〈形〉❶目眩；眼睛昏花。❷心绪纷乱。❸愚昧：～儒。

懋 mào❶〈形〉勤勉。❷同"茂"。

— me —

么（麼） me❶后缀：这～｜那～｜怎～｜多～。❷唱词中的衬字：五月的花儿红呀～红似火。❸〈助〉用在前半句末，表示含蓄的语气：你要去～，就快点儿。
△另见 ma；yāo。"麼"另见 mó。

末 me 同"么"(me)。
△另见 mò。

— méi —

没 méi❶〈动〉对领有、具有、存在的否定（跟"有"相对）：～钱｜～办法。❷〈动〉不及；不够：他～我胖｜跑了～几步就站住了。❸〈副〉未；不曾：她～走｜衣服～脏。
△另见 mò。

【没分晓】méi fēnxiǎo〈形〉不明事理；糊涂。

【没精打采】méi jīng dǎ cǎi 形容精神不振作。也说"无精打采"。

【没头没脑】méi tóu méi nǎo❶不管是头部还是别的部位：～地浇下来。❷没来由；摸不着头脑：你～地说了一句，把我都给听糊涂了。❸形容忙乱而没有头绪：他做事～的，总让人操心。

玫 méi[玫瑰(gui)]〈名〉灌木，枝上有刺，花多为紫红色，也有白色的，供观赏。

枚 méi❶〈量〉跟"个"相近，多用于形体小的东西：一～针｜三～奖章。❷〈名〉树干。❸〈名〉古代行军时为防止喧哗而让士兵衔在嘴里的东西，像筷子：衔～疾走。❹〈名〉姓。

眉 méi〈名〉❶眉毛，生在眼眶上缘的毛：娥～｜剑～｜～飞色舞｜愁～苦脸。❷指书页上方空白的地方：书～｜～批。❸姓。

【眉黛】méidài〈名〉❶眉。古代女子用黛画眉，所以称眉为"眉黛"。❷借指妇女。

【眉飞色舞】méi fēi sè wǔ 形容喜悦或得意的神态。

【眉开眼笑】méi kāi yǎn xiào 形容高兴的样子。

【眉睫】méijié〈名〉眉毛和睫毛，比喻近在眼前：迫在～｜～之祸。

【眉来眼去】méi lái yǎn qù 以眉眼传达情意，多形容男女之间传达爱慕之情。

【眉棱】méiléng〈名〉眼睛上方长眉毛的略略鼓出的部位。

【眉目】méimù〈名〉❶眉毛和眼睛，泛指容貌：～清秀｜～疏朗。❷文章的条理：这篇文章～不清晰。❸事情的头绪：事情已经有些～了。

【眉批】méipī〈名〉在书页或文稿的上端写的批语。

【眉清目秀】méi qīng mù xiù 形容容貌清秀。

【眉梢】méishāo〈名〉眉毛的末尾部分：喜上～。

【眉头一皱，计上心来】méitóu yī zhòu, jì shàng xīn lái 形容人经过一番思考，突然想出办法。

【眉心】méixīn〈名〉两眉之间的地方。

【眉眼】méiyǎn〈名〉眉毛和眼睛，泛指容貌。

【眉眼高低】méi yǎn gāo dī 指脸上的表情。

【眉宇】méiyǔ〈名〉两眉上面的地方：～含笑。

备用词 愁眉 娥眉 蛾眉 横眉 剑眉 柳眉 须眉 举案齐眉

莓（＊苺） méi〈名〉指某些果实聚生在球形花托上的植物：草～｜蛇～。

姆 méi 人名用字。

梅（＊楳槑） méi〈名〉❶乔木，耐寒，早春开五瓣花，有粉红、白、红等颜色，供观赏。果实球形，味酸。❷姓。

郿 méi〈名〉郿县，地名，在陕西省中部偏西。今作"眉县"。

嵋 méi[峨嵋]〈名〉山名，在四川。今作"峨眉"。

猸 méi[猸子]〈名〉鼬獾的通称。哺乳动物,身体细长,四肢短小,生活在水边,捕食鱼、蟹、蛙等。产于我国长江下游以南各省。也说"山獾"。

湄 méi〈名〉水边;岸旁。

媒 méi〈名〉❶男女婚事的撮合者;婚姻介绍人:~人|~妁。❷使双方发生关系的人或事物:~介|传~。

【媒介】méijiè〈名〉导致双方发生关系的人或事物。

【媒妁】méishuò〈名〉媒人:~之言。

【媒体】méitǐ〈名〉指报刊、广播、广告等交流、传播信息的工具:新闻~。

【媒质】méizhì〈名〉能传播声波、光波或其他电磁波等的物质,如空气、水等。

楣 méi〈名〉门框上边的横木:门~。

煤 méi〈名〉矿物,黑色或黑褐色,主要成分是碳,是古代植物埋在地下形成的,用作燃料和化工原料:~炭|~矿|~烟|~褐~。

酶 méi〈名〉细胞产生的胶状物质,由蛋白质组成,具有催化作用。

镅(鎇) méi〈名〉金属元素,符号Am。银白色,有放射性,由人工获得。

鹛(鶥) méi〈名〉鸟,嘴尖,尾长,羽毛棕褐色,叫的声音婉转好听。

霉(❶黴) méi❶〈名〉霉菌,真菌的一类,用孢子繁殖,如黑霉、青霉、曲霉等。❷〈动〉东西因霉菌的作用而变质:~变|~烂|发~。

糜(＊穈) méi〈名〉穈子,草本植物,形状跟黍子相似,但籽实不黏:~黍。
　　△另见 mí。

━ měi ━

每 měi❶〈代〉指全体中的任何一个或一组:~天|~人。❷〈副〉a)表示反复的动作中的任何一次:本刊~逢双月出版。b)往往;常常:春秋佳日,~作郊游。❸后缀,相当于"们"(多见于早期白话)。❹〈名〉姓。
　　△另见 mèi。

【每常】měicháng❶〈名〉往常。❷〈副〉常常。

【每况愈下】měi kuàng yù xià 情况越来越坏。原作"每下愈况"(况:甚),是愈下愈甚的意思(见于《庄子·知北游》)。

【每每】měiměi〈副〉表示同样的事情常常发生:~花四文铜钱,买一碗酒|我们常在一起,~一谈就是半天。
　　△另见 mèimèi。

美 měi❶〈形〉漂亮;好看(跟"丑"相对):~丽|~观|~俊|~幽。❷〈动〉使漂亮:~化|~容。❸〈形〉令人满意;好:~德|~梦|~酒|价廉物~。❹〈名〉令人满意的事物;好事:成人之~|~不胜收。❺〈动〉称赞:赞~|溢~之词。❻〈形〉得意:夸他几句,瞧把他~得啥样了!❼〈名〉指美洲:南~|北~|欧~。❽〈名〉指美国:~元。❾〈名〉姓。

【美不胜收】měi bù shèng shōu 美好的东西太多,看也看不过来(收:接受)。

【美称】měichēng〈名〉赞美的称呼:四川向来有"天府之国"的~。

【美德】měidé〈名〉美好的品德。

【美感】měigǎn〈名〉对于美的感觉或体会。

【美观】měiguān〈形〉好看;漂亮:~大方。

【美好】měihǎo〈形〉好(多用于抽象事物):~的前程。

【美化】měihuà〈动〉对事物加以装饰或点缀使美观。

【美景】měijǐng〈名〉美好的景物、景色:良辰~。

【美酒】měijiǔ〈名〉好酒。

【美丽】měilì〈形〉❶使人看了觉得舒服;好看:~的少女。❷美好;高尚:他们的胸怀是那样地~和宽广。

【美轮美奂】měi lún měi huàn《礼记·檀弓下》里说:春秋时晋国大夫赵武建造宫室落成后,人们前去庆贺。大夫张老说:"美哉轮焉,美哉奂焉!"形容房屋高大美观,也形容装饰、布置等美好漂亮(轮:高大。奂:众多)。

【美满】měimǎn〈形〉美好而令人满意:~的

婚姻。

【美妙】měimiào〈形〉❶美好，令人喜悦：太好了，真是～极了！❷美丽而奇妙：憧憬～的未来。

【美容】měiróng〈动〉使容貌美丽：～院｜～师。

【美术】měishù〈名〉❶指绘画、雕塑、建筑等艺术。❷专指绘画。

【美谈】měitán〈名〉被人称颂的美好事情：包公秉公断案，至今仍为～。

【美味】měiwèi〈名〉味道鲜美的食品：～佳肴。

【美言】měiyán〈动〉替别人说好话：务请多多～。

【美艳】měiyàn〈形〉美丽鲜艳：服饰～。

【美育】měiyù〈名〉培养人的审美观点和欣赏能力，以及对美的爱好和创造能力的教育：抓好～工作。

【美中不足】měi zhōng bù zú 虽然很好，但还有不足之处。

【美滋滋】měizīzī〈形〉形容内心感到得意或高兴的样子。

备用词　肥美　丰美　甘美　甜美　鲜美　华美　健美　精美　俊美　完美　秀美　优美　壮美　成人之美　尽善尽美　两全其美　十全十美

浼　měi〈动〉❶污染；玷污。❷请托：央～｜～托。

镁（鎂）měi〈名〉金属元素，符号 Mg。银白色，质轻，用途很广。

═══ **mèi** ═══

每　mèi 见下。△另见 měi。

【每每】mèimèi〈形〉❶(土地)肥美的样子：原田～。❷昧昧；昏昧的样子：故天下～大乱。△另见 měiměi。

沫　mòi〈名〉古地名，商朝都城，在今河南汤阴县南。

妹　mèi〈名〉❶妹妹：姐～｜兄～。❷亲戚或某种关系中同辈而年纪比自己小的女子：表～｜师～。❸姓。

昧　mèi ❶〈形〉糊涂；不明白：蒙～｜愚～之人。❷〈动〉隐藏：～着良心｜拾金不～。❸〈形〉昏暗：幽～｜～爽(拂晓)。❹〈动〉不了解情况：素～平生。

【昧没】mèimò〈形〉隐晦；不明朗。

【昧心】mèixīn〈动〉违背良心(做坏事)：不做～事，不说～话。

备用词　暧昧　暗昧　草昧　茫昧　冒昧　蒙昧

愚昧

袂　mèi〈名〉袖子：分～(分别)｜联～而往｜奋～而起。

谜（謎）mèi［谜儿］〈名〉谜语：破～。△另见 mí。

寐　mèi〈动〉睡：假～(和衣小睡)｜喜而不～｜梦～以求。

媚　mèi ❶〈动〉有意讨人喜欢；巴结：献～｜谄～｜奴颜～骨｜崇洋～外。❷〈形〉美好；可爱：妩～｜春光明～。

【媚骨】mèigǔ〈名〉指向有权势的人巴结奉承、卑躬屈膝的卑劣品质：奴颜～。

【媚外】mèiwài〈动〉奉承巴结外国：崇洋～。

备用词　谄媚　献媚　狐媚　妖媚　娇媚　明媚　柔媚　妩媚　秀媚

魅　mèi〈名〉传说中的鬼怪：鬼～｜魑(chī)～。

【魅力】mèilì〈名〉特别吸引人的力量：人格～｜艺术～。

═══ **mēn** ═══

闷（悶）mēn ❶〈形〉气压低或空气不流通而感觉不舒畅：～热｜胸～气短。❷〈动〉使不透气：茶～一会儿再喝。❸〈动〉在屋里待着，不到外面去：出去走走，别老～在家里。❹方言。〈形〉声音不响亮：～声～气。
△另见 mèn。

═══ **mén** ═══

门（門）mén〈名〉❶房屋、车船等的出入口：房～｜车～｜城～｜月亮～｜太平～。❷装在出入口，能开关的障碍物：铁～｜柴～。❸器物上可以开关的部分：柜～｜炉～儿。❹形状或作用像门的东西：电～｜闸～。❺途径；诀窍：窍～｜～径。❻旧时指家族或家族的一支，现在指一般的家庭：豪～｜寒～｜～风｜～第｜双喜临～。❼宗教、学术思想上的派别：佛～｜儒～。❽传统指师门：拜～｜～徒。❾一般事物的分类：热～｜缺～｜分～别类｜五花八～。❿〈量〉a)用于炮：一～大炮。b)用于功课、技术等：五～功课｜掌握一～技术。⓫〈名〉姓。

【门当户对】mén dāng hù duì 指结亲的男女双方家庭的社会地位和经济状况相当。

【门道】méndào〈名〉门洞，大门里长而深的过道。

【门道】méndao〈名〉门路。

【门第】méndì〈名〉指整个家庭的社会地位和家庭成员的文化程度等:书香~。

【门阀】ménfá〈名〉封建时代指有权势的家庭。

【门房】ménfáng〈名〉❶大门口看门的人住的房子。❷看门的人。

【门风】ménfēng〈名〉家庭或家族世代相传的规矩或道德准则:败坏~。

【门户】ménhù〈名〉❶门:照看~。❷家庭:自立~|支撑~。❸比喻出入必经的地方:京都~。❹派别:~之见(因派别不同而产生的偏见)。❺门第:~相当。

【门禁】ménjìn〈名〉机关等门口的戒备防范:~森严。

【门径】ménjìng〈名〉门路。

【门槛】(门坎)ménkǎn〈名〉门框下部挨着地面的横木。

【门可罗雀】mén kě luó què 门前可以张网捕雀。形容门庭冷落,没有什么人来往。

【门客】ménkè〈名〉古代贵族官僚家里养的为主人策划或奔走效力的人。

【门路】ménlù〈名〉❶能达到某种目的的途径:找~|~广。❷方法;诀窍:研究增产~。

【门楣】ménméi〈名〉❶门框上端的横木。❷门第:光大~|~生辉。

【门面】ménmian〈名〉❶商店房屋沿街的部分。❷比喻外表:装~。

【门生】ménshēng〈名〉学生;门徒。

【门首】ménshǒu〈名〉门前。

【门庭】méntíng〈名〉门第;家庭:改换~|光耀~。

【门庭若市】méntíng ruò shì 门前和庭院里像闹市一样。形容来往的人很多。

【门徒】méntú〈名〉学生;弟子。

【门外汉】ménwàihàn〈名〉指外行人。

【门卫】ménwèi〈名〉在门口守卫的人。

【门下】ménxià〈名〉❶门客。❷学生;弟子。

【门子】ménzi〈名〉❶门:串~。❷门路:走~。❸旧时指看门的人。❹清代官署中仆役、差役等的通称。

备用词　柴门　佛门　国门　寒门　豪门　名门　蓬门　权门　朱门　冷门　热门　窍门　不二法门　五花八门　左道旁门

扪(捫)　mén〈动〉按;摸:~心自问。

汶　mén[汶汶]〈形〉浑浊的样子。
　　△另见 wèn。

钔(鍆)　mén〈名〉金属元素,符号 Md。由人工获得,有放射性。

亹　mén[亹源]〈名〉地名,在青海。今作"门源"。
　　△另见 wěi。

═══ mèn ═══

闷(悶)　mèn〈形〉❶心情不舒畅;心烦:愁~|~~不乐。❷密闭;不透气:~罐|~葫芦。
　　△另见 mēn。

【闷葫芦】mènhúlu〈名〉❶比喻难以猜透的叫人纳闷的话或事情。❷比喻不爱说话的人。

【闷倦】mènjuàn〈形〉烦闷困倦,无精打采。

【闷闷不乐】mènmèn bù lè 因遇到不高兴的事情而心里烦闷。

【闷郁】mènyù〈形〉气压低,使人感到不舒畅。

备用词　憋闷　沉闷　愁闷　苦闷　忧闷　郁闷　解闷　纳闷　散闷

焖(燜)　mèn〈动〉紧盖锅盖,用微火把食物煮熟:~饭|黄~鸡|油~笋|牛肉。

懑(懣)　mèn 见【愤懑】。

═══ men ═══

们(們)　men 后缀,用在代词或指人的名词后面,表示复数:我~|你~|他~|乡亲~。
　　△另见 mén。

═══ mēng ═══

蒙(❶❷矇)　mēng〈动〉❶欺骗:~骗|欺上~下。❷胡乱猜测:不会可别瞎~。❸昏迷:发~|~头转向。
　　△另见 méng;měng。"矇"另见 méng。

【蒙蒙亮】mēngmēngliàng〈形〉天刚有些亮。

【蒙骗】mēngpiàn〈动〉欺瞒;欺骗。

【蒙头转向】mēng tóu zhuàn xiàng 形容头脑发昏,辨认不清方向。

═══ méng ═══

们(們)　mén[图们江]〈名〉水名,发源于吉林,流入日本海。图们,地名,在吉林。
　　△另见 men。

龙　méng[龙茸(róng)]〈形〉蓬松;散乱。也作"蒙茸"。

M

△另见 máng。

呡 méng〈名〉古代称百姓(多指外来的)。
△另见 máng。

甿 méng〈名〉同"呡"(méng),古代称种田的人:～隶之人。

虻(*蝱) méng〈名〉昆虫,像蝇而稍大,雄的吸植物的汁液或花蜜,雌的吸人畜的血液,生活在田野杂草中。

萌 méng❶〈动〉植物发芽:～芽|～发。❷〈动〉事物开始;发生:～动|～生。❸古通"呡"(méng)。❹〈名〉姓。

【萌动】méngdòng〈动〉❶植物开始发芽。❷事物开始发动;产生:春意～。

【萌发】méngfā〈动〉❶植物发芽:冰雪融化,草木～。❷比喻事物开始产生或出现:～出一种强烈的求知欲。

【萌生】méngshēng〈动〉开始发生;产生:新枝～。

【萌芽】méngyá❶〈动〉植物开始长出幼芽。❷〈动〉比喻事物刚发生。❸〈名〉比喻新生的未长成的事物。

蒙(❹濛❺懞) méng❶〈动〉遮盖:～蔽|～混。❷〈动〉受:～难|～冤。❸〈形〉愚昧;无知:～昧|童～。❹〈形〉微雨的样子:细雨～～。❺〈形〉忠厚的样子。❻〈名〉姓。
△另见 mēng;měng。

【蒙蔽】méngbì〈动〉隐瞒事实真相,使人上当。

【蒙尘】méngchén〈动〉蒙受风尘,专指皇帝遭难出奔。

【蒙汗药】ménghànyào〈名〉戏曲、小说中指能使人暂时失去知觉的药。

【蒙混】ménghùn〈动〉用欺骗的手段使人相信虚假的事物:～过关。

【蒙眬】ménglóng〈形〉将要睡着或刚睡醒时眼睛半开半闭,看东西模糊的样子:睡眼～|～入睡。也作"矇眬"。

【蒙昧】méngmèi〈形〉❶未开化,没有文化:～时代。❷没有知识,不懂事理:～无知。

【蒙蒙】méngméng〈形〉❶形容雨点细小:细雨～。也作"濛濛"。❷模糊不清的样子:云雾～。

【蒙茸】méngróng 同"尨(méng)茸":～山麓。

【蒙受】méngshòu〈动〉受到:～屈辱|～损失|～恩惠。

发蒙 开蒙 启蒙 童蒙 愚蒙

盟 méng❶〈动〉旧时指宣誓缔约,现在指团体和团体、阶级和阶级或国和国的联合:～约|～友|联～|同～。❷〈形〉指结拜的(弟兄):～兄|～弟。❸〈名〉内蒙古自治区的行政区域,包括若干旗、县、市。❹〈名〉姓。

【盟誓】méngshì❶〈名〉盟约。❷〈动〉发誓;宣誓;对天～。

【盟约】méngyuē〈名〉结成同盟时所订立的誓约或条约。

会盟 联盟 同盟 拜盟 结盟 城下之盟 攻守同盟 海誓山盟

甍 méng〈名〉屋脊:雕～|碧瓦朱～。

瞢 méng〈形〉眼睛看不清:目光～然。

幪 méng 见[帡(píng)幪]。

檬 méng 见[柠(níng)檬]。

曚 méng❶[曚昽(lóng)]〈形〉日光不明。❷见〖曈(tóng)曚〗。

朦 méng[朦胧]〈形〉❶月光不明。❷不清楚;模糊:烟雾～|山色～。

鹲(鸏) méng〈名〉鸟,嘴大而直,尾部有长而艳丽的羽毛,生活在热带海洋上,吃鱼类。

礞 méng[礞石]〈名〉岩石,有青礞石和金礞石两种,可入药。

矇 méng〈动〉眼睛失明。
△另见 mēng"蒙"。

【矇眬】ménglóng 同"蒙眬"。

艨 méng[艨艟(chōng)]〈名〉古代的一种战船。

═══ **měng** ═══

勐 měng❶〈形〉勇敢。❷〈名〉云南西双版纳傣族地区旧时的行政区划单位。

猛 měng❶〈形〉勇猛;凶猛:～将|～士|～兽|～禽。❷〈形〉猛烈:迅～|突飞～进。❸〈副〉忽然;突然:～然|～醒。❹〈动〉力气集中地使出来:一～劲儿把石板掀起来。❺〈名〉姓。

【猛进】měngjìn〈动〉勇猛地前进:突飞～|高歌～|祝你学业～。

【猛可】měngkě〈副〉猛然;突然。

【猛烈】měngliè〈形〉气势凶猛,力量大:炮火～。

【猛然】měngrán〈副〉忽然;突然。

【猛士】měngshì〈名〉勇敢而有力气的人。

【猛省】měngxǐng 同"猛醒"。

【猛醒】měngxǐng〈动〉猛然醒悟;一下子明白过来。也作"猛省"。

备用词　凶猛　迅猛　勇猛

蒙 měng〈名〉蒙古族,我国少数民族之一,主要分布在内蒙古、吉林、黑龙江、辽宁、宁夏、新疆、甘肃、青海、河北、河南:~语|~文。

△另见 mēng;méng。

【蒙古包】měnggǔbāo〈名〉蒙古族牧民居住的一种圆顶帐篷。

锰(錳) měng〈名〉金属元素,符号 Mn。灰白色,主要用来制锰钢合金。

蜢 měng 见[蚱(zhà)蜢]。

艋 měng 见[舴(zé)艋]。

獴 měng〈名〉哺乳动物,体长而四肢短,嘴尖而小,捕食蛇、蛙、鼠、鱼、蟹等动物。常见的有蟹獴、蛇獴等。

懵(*懜) měng〈形〉糊涂;不明事理:~懂|~然无知。

【懵懂】měngdǒng〈形〉糊涂;不明事理:聪明一事,~一时。

蠓 měng〈名〉昆虫,成虫体很小,褐色或黑色,种类很多。某些雌蠓吸食人畜的血液,有些蠓能传染疾病。

== **mèng** ==

孟 mèng〈名〉❶指农历一季的第一个月:~春(正月)|~冬(十月)。❷在兄弟排行里代表老大:~兄。❸姓。

【孟浪】mènglàng〈形〉鲁莽;冒失。

梦(夢) mèng❶〈名〉睡眠时局部大脑皮质还没有完全停止活动而引起的脑中的表象活动:人~|~乡|黄粱~。❷〈动〉做梦:~见。❸〈名〉比喻幻想:~幻。❹〈名〉姓。

【梦话】mènghuà〈名〉❶睡梦中说的话。❷比喻不可能实现的话。

【梦幻】mènghuàn〈名〉❶梦境。❷比喻空虚而容易破灭的幻想。

【梦境】mèngjìng〈名〉梦里的情境,多比喻美妙的境界:置身~。

【梦寐以求】mèngmèi yǐ qiú 睡梦中都在寻找,形容迫切地希望实现(梦寐:睡梦)。

【梦乡】mèngxiāng〈名〉睡熟时的境界。

【梦想】mèngxiǎng❶〈动〉梦里也在想,表示渴望。❷〈动〉妄想。❸〈名〉不能实现的想法。

【梦魇】mèngyǎn〈动〉睡眠中做感到压抑而呼吸困难的梦。

【梦呓】mèngyì〈名〉梦话。

备用词　入梦　春梦　噩梦　酣梦　幻梦　美梦　迷梦　睡梦　圆梦　白日做梦　痴人说梦　重温旧梦　黄粱一梦　南柯一梦　同床异梦

== **mī** ==

咪 mī[咪咪]〈拟〉形容猫叫的声音。

眯(*瞇) mī〈动〉❶眼皮微合上:~着眼笑。❷方言。小睡:~一会儿。

△另见 mí。

== **mí** ==

弥(彌❶瀰) mí❶〈形〉遍;满:~漫|~天大谎。[注意]"瀰"只用于"弥漫"。❷〈动〉填满;填补:~补|~缝。❸〈副〉更加:欲盖~彰。❹〈名〉姓。

【弥补】míbǔ〈动〉把不够的部分补足:~损失。

【弥缝】míféng〈动〉❶弥补缝合。❷遮掩过失,不使人发觉。

【弥勒】mílè〈名〉佛教菩萨之一,佛寺中常有弥勒的塑像,胸腹袒露,满面笑容。[外]

【弥留】míliú〈动〉病重将死:~之际。

【弥漫】mímàn〈动〉烟尘、云雾、雨雪等充满;布满:硝烟~|乌云~。

【弥撒】mísa〈名〉天主教的一种宗教仪式,用面饼和葡萄酒表示耶稣的身体和血来祭祀天主。[外]

【弥天大罪】mí tiān dà zuì 极大的罪过。

【弥望】míwàng〈动〉充满整个视野;满眼:曲曲折折的荷塘上面,~的是田田的叶子。

迷 mí❶〈动〉分辨不清,失去判断能力:~路|~途知返。❷〈动〉因对某人或某一事物发生特殊爱好而沉醉:~恋|入~。❸〈名〉沉醉于某一事物的人:财~|戏~。❹〈动〉使看不清;使迷惑;使陶醉:~魂汤|景色~人。

【迷糊】míhu〈形〉❶模糊不清。❷神志不清。

【迷惑】míhuò ❶〈形〉心中迷乱;分辨不清:～不解。❷〈动〉使迷惑:～敌人。

【迷津】míjīn ❶〈动〉找不到渡河的地方;迷失道路。❷〈名〉使人迷惑的错误道路(津:原指渡河的地方,后来多指处世的方向):指点～。

【迷离】mílí〈形〉模糊而难以分辨清楚:～恍惚|扑朔～。

【迷恋】míliàn〈动〉对某一事物特别爱好而依恋不舍。

【迷漫】mímàn〈动〉烟雾等漫天遍地,茫茫一片,看不分明:云雾～|烟焰～。

【迷茫】mímáng〈形〉❶广阔而看不清楚的样子:暮色～|眼前一片～。❷迷离恍惚;迷惑不解:神情～。

【迷蒙】míméng〈形〉❶模糊不清:雨雾～|夜色～。❷神志不清;迷糊:眼神～。

【迷梦】mímèng〈名〉沉迷不悟的梦想。

【迷人】mírén〈形〉令人陶醉:景色～。

【迷失】míshī〈动〉弄不清(方向);走错(道路):～方向。

【迷途】mítú ❶〈动〉迷失道路:～知返(比喻觉察了自己的错误知道改正)。❷〈名〉错误的道路:误入～。

【迷惘】míwǎng〈形〉由于分辨不清而不知道该怎么办。

【迷误】míwù ❶〈动〉因迷惑而发生失误。❷〈名〉由于分辨不清而产生的错误。

【迷信】míxìn〈动〉❶指相信神灵鬼怪等超自然的东西的存在。❷泛指对人或事物盲目信仰和崇拜:破除～,解放思想。

备用词　沉迷　痴迷　昏迷　失迷　入迷　着迷

袮(襧) mí〈名〉姓。
△另见 nǐ。

眯(＊瞇) mí〈动〉尘埃等杂物进入眼中:风很大,沙子～了眼。
△另见 mǐ。

猕(獼) mí[猕猴]〈名〉猴的一种,上身皮毛灰褐色,面部微红,臀部的皮特别厚,尾短,吃野果、野菜等:～桃。

谜(謎) mí〈名〉❶谜语,暗射事物、文字等供人猜测的隐语:～语|～底|灯～|猜～。❷比喻还没有弄明白的或难以理解的事物:～团|揭开生命之～。
△另见 mèi。

醚 mí〈名〉有机化合物的一类,多为液体,如乙醚。

糜 mí〈名〉粥:肉～。❷〈形〉烂:～烂。❸〈动〉浪费:侈～|～费。❹〈名〉姓。
△另见 méi。

【糜费】mífèi 见【靡费】。

【糜烂】mílàn ❶〈动〉烂到不可收拾:伤口～。❷〈形〉腐化堕落:生活～。

縻 mí ❶〈动〉系住;束缚;羁～。❷〈名〉系牛的绳子。

【縻系】míxì〈动〉拘禁。

麋 mí〈名〉麋鹿,哺乳动物,雄的有角,角像鹿,尾像驴,蹄像牛,颈像骆驼,但从整个来看哪一种动物都不像。性温顺,吃植物。也叫"四不像"。

靡 mí〈动〉浪费:～费|～奢。
△另见 mǐ。

【靡费】(糜费)mífèi〈动〉浪费:节约开支,禁止～。

蘼 mí 见[荼(tú)蘼]。

蘼 mí[蘼芜(wú)]〈名〉古书上指芎(xiōng)䓖的苗。

醾 mí 见[酴(tú)醾]。

=== mǐ ===

米 mǐ ❶〈名〉稻米;大米:～饭|～酒|糯～|机～。❷〈名〉泛指去掉壳或皮后的种子,多指可以吃的:小～|高粱～|花生～。❸〈名〉像米粒的食物:海～|虾～。❹〈量〉公制长度的主单位,1米等于100厘米,合3市尺。旧称"公尺"。❺〈名〉姓。

【米粮川】mǐliángchuān〈名〉盛产粮食的大片平地。

【米珠薪桂】mǐ zhū xīn guì 米贵得像珍珠,柴贵得像桂木。形容物价昂贵。

芈　mǐ ❶〈拟〉形容羊叫的声音。❷〈名〉姓。

洣　mǐ〈名〉洣水，水名，在湖南。

弭　mǐ ❶〈动〉平息；消灭：消～|～谤|～灾|～兵(平息战争)。❷〈名〉姓。

脒　mǐ〈名〉有机化合物的一类。

敉　mǐ〈动〉安抚；安定：～平(平定)|～宁(安抚)。

靡　mǐ ❶〈动〉顺风倒下：风～|披～|辙乱旗～。❷〈动〉退却。❸〈形〉华丽；美好：～丽。❹〈动〉无；没有：～日不思。❺〈副〉表示否定，相当于"没"、"不"：～得而记。
　　△另见 mí。

【靡及】mǐjí〈动〉不及；不能达到：天高地迥，号呼～。

【靡丽】mǐlì〈形〉华丽；奢华。

【靡靡之音】mǐmǐ zhī yīn 指颓废淫荡、带有低级趣味的乐曲。

【靡然】mǐrán〈形〉倒向一边的样子：天下～从之。

【靡有孑遗】mǐ yǒu jiéyí 没有遗留；一点不剩。

颓靡　萎靡　所向披靡　望风披靡

=== mì ===

汨　mì[汨罗]〈名〉水名，发源于江西，流入湖南。

觅(覓*覔)　mì〈动〉寻找：寻～|～食|～路。

泌　mì〈动〉分泌，从生物体中产生出某种物质：～尿|～乳量。
　　△另见 bì。

宓　mì ❶〈形〉安静：安～。❷〈名〉姓。
　　△另见 fú。

秘(*祕)　mì ❶〈形〉不公开的；隐秘的：～室|～籍|～事。❷〈形〉不被人知道的；难以捉摸的：奥～|神～。❸〈动〉保守秘密：～而不宣。
　　△另见 bì。

【秘奥】mì'ào〈名〉奥秘。

【秘方】mìfāng〈名〉不公开的有显著疗效的药方：祖传～。

【秘诀】mìjué〈名〉不公开的能够解决问题的巧妙办法。

【秘密】mìmì ❶〈形〉隐蔽起来不让人知道的(跟"公开"相对)：～文件。❷〈名〉秘密的事情：军事～。❸〈名〉指自然界尚未揭露或发现的事物：探索宇宙的～。

【秘史】mìshǐ〈名〉❶指统治阶级内部没有公开的历史：清宫～。❷指关于私人生活琐事的记载。

【秘书】mìshū〈名〉掌管文书、起草文件或协助负责人处理日常工作的人员。

奥秘　诡秘　神秘　隐秘

密　mì ❶〈形〉事物之间距离近；事物的部分之间空隙小(跟"稀"、"疏"相对)：～植|这一带的树长得很～。❷〈形〉关系近；感情好：亲～|～友。❸〈形〉精致；细致：精～|周～。❹〈形〉秘密：～电|机～。❺〈名〉姓。

【密度】mìdù〈名〉❶疏密程度：人口～。❷指某种物质的质量跟它的体积的比。

【密集】mìjí〈形〉稠密而集中：～的火力|～的人群。

【密码箱】mìmǎxiāng〈名〉一种装有密码锁的小型手提箱，用来放现金、票据、贵重物品或文件等。

【密密层层】mìmicéngcéng〈形〉形容很多很密。

【密密麻麻】mìmimámá〈形〉形容又多又密。

【密密匝匝】mìmizāzā〈形〉形容非常稠密。

【密切】mìqiè ❶〈形〉关系亲近；来往频繁：关系～。❷〈动〉使关系接近：～师生关系。❸〈形〉对事情照顾得周到；仔细：～注意事态发展。

【密室】mìshì〈名〉隐蔽的房间，也比喻进行秘密活动的地方。

【密云不雨】mì yún bù yǔ 阴云密布但还没有下雨，比喻事情已经酝酿成熟只是还没有发作。

稠密　繁密　紧密　茂密　浓密　精密　绵密　细密　详密　严密　缜密　致密　周密　机密　绝密　秘密

幂(*冪)　mì ❶〈名〉覆盖东西的巾。❷〈动〉覆盖；罩。❸〈名〉表示一个数自乘若干次的形式叫幂，如 a 自乘 n 次的幂为 a^n。

谧(謐)　mì〈形〉安宁；平静：安～|静～|宁～|恬～。

嘧　mì[嘧啶(dìng)]有机化合物，无色结晶，有刺激气味，供制化学药品。

蜜　mì ❶〈名〉蜂蜜，蜜蜂采集花粉酿成的黏稠液体，黄白色，有甜味，供食用和药用。❷〈形〉像蜂蜜一样甜的：～橘|～枣。❸〈形〉

甜美:甜~。

【蜜饯】mìjiàn ❶〈动〉用浓糖浆浸渍(果品):~山楂。❷〈名〉蜜饯的果品。

【蜜月】mìyuè〈名〉新婚后的第一个月:度~|~旅行。

━━ mián ━━

眠 mián〈动〉❶睡觉:睡~|失~。❷某些动物在一段时间内不动不吃:冬~|蚕~。

备用词　安眠　成眠　催眠　失眠　睡眠　长眠　永眠　冬眠　休眠

绵(绵*緜) mián ❶〈名〉丝绵:~里藏针。❷〈动〉连续不断:~延|连~。❸〈形〉柔软;单薄:~软|~薄。

【绵薄】miánbó ❶〈形〉微薄;微弱:为教育事业尽~之力。❷〈名〉谦辞,指自己薄弱的能力:略尽~。

【绵长】miáncháng〈形〉延续很长;漫长:福寿~(祝老年人幸福长寿的话)|~的岁月。

【绵惙】miánchuò〈形〉病势危急。

【绵亘】miángèn〈动〉接连不断:古长城遗址~于大青山、乌拉山、狼山的山顶上。

【绵里藏针】mián lǐ cáng zhēn ❶比喻外貌和善,内心刻毒。❷比喻柔中有刚。

【绵连】(绵联) miánlián〈动〉接连不断;连绵:群山~|松柏森郁,草莽~。

【绵密】miánmì〈形〉言行、思虑细致周密:用意~。

【绵绵】miánmián〈形〉连续不断的样子:秋雨~。

【绵软】miánruǎn〈形〉❶柔软:~的羊毛。❷身体软弱无力:四肢~。

【绵延】miányán〈动〉延续不断。

备用词　缠绵　连绵　联绵　延绵

棉 mián〈名〉❶草棉,草本植物,果实形状像桃,内有白色纤维,是纺织业的重要原料。种子可榨油。通称"棉花"。❷木棉,乔木,种子的表皮生有白色纤维,可用来装枕头、褥垫等。❸棉桃中的纤维:原~|皮~|~布。❹像棉花的絮状物:石~|腈纶~。❺姓。

【棉絮】miánxù〈名〉❶棉花的纤维。❷用棉花纤维做成的可以絮被褥等的胎。

━━ miǎn ━━

丏 miǎn ❶〈动〉遮蔽;看不见。❷〈名〉姓。

免 miǎn ❶〈动〉去掉;除掉:罢~|减~|~税|~职。❷〈动〉避免:~疫|幸~|未能~俗。❸〈副〉不可;不要:闲人~进|~开尊口。

【免除】miǎnchú〈动〉免去;免掉:~职务。

【免得】miǎnde〈连〉以免,多用于后一小句开头:多穿几件衣服,~着凉。

备用词　罢免　黜免　豁免　蠲免　赦免　避免　幸免　不免　难免　未免　以免

沔 miǎn〈名〉❶沔水,水名,古代指沔水,现指汉水的上游,在陕西。❷姓。

黾 (黽) miǎn 同"渑"。△另见 mǐn。

俛 miǎn 见[俛(mǐn)俛]。△另见 fǔ"俯"。

勉 miǎn ❶〈动〉努力:奋~|勤~。❷〈动〉鼓励:~励|嘉~。❸〈动〉力量不够而尽力做:~强|~为其难。❹〈名〉姓。

【勉励】miǎnlì〈动〉劝人努力;鼓励:互相~。

【勉强】miǎnqiǎng ❶〈形〉能力不够还尽力为:~坚持。❷〈形〉不是甘心情愿的:~同意。❸〈动〉使别人做不情愿做的事:不要别人接受自己的意见。❹〈形〉不充足:你提出的理由很~。❺〈形〉将就;凑合:粮食~够吃。

【勉为其难】miǎn wéi qí nán 勉强做力所不及的或不愿做的事。

备用词　奋勉　勤勉　共勉　互勉　嘉勉　劝勉　慰

勉　自勉

娩(*㝃)　miǎn〈动〉生小孩;生幼畜:分~|~出(胎儿、胎盘等从母体产出)。

冕　miǎn〈名〉古代天子、诸侯、卿、大夫所戴的礼帽,后来专指皇冠:冠~|加~礼。

渑(澠)　miǎn[渑池]〈名〉地名,在河南。△另见shéng。

湎　miǎn〈动〉沉溺;沉迷:沉~。

缅(緬)　miǎn〈形〉遥远:~怀|~想。

【缅怀】miǎnhuái〈动〉追想;回忆(已往的事迹):~先烈的功绩。

【缅想】miǎnxiǎng〈动〉缅怀。

腼　miǎn[腼腆](靦觍)〈形〉害羞,不自然:小姑娘见了生人有点~,一说话就脸红。

靦　miǎn见[腼腆]。△另见tiǎn。

═══ miàn ═══

面(⑩-⑬麵*⑩-⑬麪❶-❾⑭面)

miàn❶〈名〉脸:~孔|笑容满~。❷〈动〉向着:~壁|~山而居。❸〈名〉物体的表面:江~|地~|桌~。❹〈副〉当面:~谈|~交|价格~议。❺〈名〉衣物露在外面的一层或纺织品的正面:鞋~儿|手感粗糙的是里儿,光滑的是~儿。❻〈名〉几何学上称线移动所成的形迹,有长有宽,没有厚:平~|~积。❼〈名〉部位;方面:正~|反~|片~|全~|~~俱到。❽方位词后缀:下~|前~|外~|东~。❾〈量〉a)用于扁平的物件:一~墙|一~镜子|十~彩旗。b)用于会见的次数:见过几~。❿〈名〉粮食磨成的粉,特指小麦磨成的粉:白~|豆~|玉米~。⓫〈名〉粉末:药~儿|胡椒儿|粉笔~儿。⓬〈名〉面条:挂~|切~|汤~|方便~。⓭〈形〉指某些食物纤维少而柔软:~倭瓜。⓮〈名〉姓。

【面壁】miànbì〈动〉佛教指脸对着墙壁静坐修行。据《五灯会元》载,印度僧达摩于南北朝时来到中国,在嵩山少林寺面壁坐九年,精诚修道。后用"面壁"指专心于学业。

【面红耳赤】miàn hóng ěr chì 形容因急躁、羞愧而满脸发红的样子。

【面黄肌瘦】miàn huáng jī shòu 形容人脸色黄而消瘦。

【面巾纸】miànjīnzhǐ〈名〉用来擦嘴、脸的纸巾。

【面孔】miànkǒng〈名〉脸:板着~。

【面临】miànlín〈动〉面对;面前遇到:~抉择|~考验。

【面貌】miànmào〈名〉❶面容;相貌。❷比喻事物所呈现的状况、状态:改变落后~。

【面面观】miàn miàn guān 从各个方面进行的观察(多用于文章标题):婚恋问题~。

【面面俱到】miàn miàn jù dào 各方面都照顾到,没有任何遗漏。

【面面相觑】miàn miàn xiāng qù 面对面互相看着,形容因惊惧或无可奈何而相视无言的样子。

【面目】miànmù〈名〉❶面貌①:~可憎。❷面貌②:政治~|一~一新。❸脸面;面子:碌碌无为,有何~见师友?

【面目全非】miànmù quán fēi 事物完全变了样子(多含贬义)。

【面目一新】miànmù yī xīn 事物的样子完全变新(指变好)。

【面庞】miànpáng〈名〉脸的轮廓:~瘦削。

【面皮】miànpí〈名〉❶脸皮。❷面子;脸面。

【面容】miànróng〈名〉面貌;容貌。

【面善】miànshàn〈形〉❶面貌熟悉。❷面容和善。

【面世】miànshì〈动〉(作品、产品)等与世人见面;问世:诗人两本新作~|更新换代产品即将~。

【面市】miànshì〈动〉(产品)开始投放市场:一种新型移动电话即将~。

【面试】miànshì〈动〉对应试者进行当面考查测试:先笔试后~|已通过~。

【面无人色】miàn wú rén sè 因疾病或恐慌而脸上没有血色。

【面相】miànxiàng〈名〉相貌;面容:因为天黑,没看清他是什么~。

【面叙】miànxù〈动〉当面叙谈:书不尽言,余容~。

【面议】miànyì〈动〉当面商议:价格~|薪酬~。

【面子】miànzi〈名〉❶体面;表面的虚荣:爱~。❷情面:看我的~,原谅他这一次吧。

备用词　脸面　情面　体面　颜面　别开生面　出头露面　春风满面　独当一面　改头换面　庐山真面　牛头马面　抛头露面　蓬头垢面　囚首垢面　网开三面　洗心革面　油头粉面

M

眄 miàn，又读 miǎn〈动〉眄视，斜着眼看。

== miāo ==

喵 miāo〈拟〉形容猫叫的声音。

== miáo ==

苗 miáo〈名〉❶初生的种子植物，也专指某些蔬菜的嫩茎或嫩叶：～圃│树～│幼～│秧～│麦～│蒜～。❷某些初生的饲养的动物：鱼～│猪～。❸子孙后代：～裔。❹某些事物早期显露的迹象：矿～│油～。❺疫苗：牛痘～│卡介～。❻形状像苗的东西：火～。❼苗族，我国少数民族之一，主要分布在贵州、云南、湖南等地：～寨│～家儿女。❽姓。

【苗而不秀】miáo ér bù xiù 只长了苗，不秀穗，比喻条件虽好，但没有成就。
【苗条】miáotiao〈形〉妇女身材细长柔美。
【苗头】miáotou〈名〉刚刚显露出的趋势或情况。
【苗裔】miáoyì〈名〉后代。
【苗子】miáozi〈名〉比喻在某一方面有发展前途的年轻人。

描 miáo〈动〉❶照底样画（多指用薄纸蒙在底样上画）：～绘│～图。❷在原来颜色淡或需要改正的地方重复涂抹：～红│～眉。
【描红纸】miáohóngzhǐ〈名〉一种印有红色楷体字、供儿童临摹毛笔字用的单页字帖。
【描画】miáohuà〈动〉❶照着原样画；画。❷写①。
【描绘】miáohuì〈动〉描画。
【描摹】miáomó〈动〉照着原样画或写；描写。
【描述】miáoshù〈动〉描绘；叙述：他生动地～

了事情的经过。
【描写】miáoxiě〈动〉❶用语言文字等把事物的形象表现出来。❷绘；画。

鹋（鶓）miáo 见[鸸(ér)鹋]。

瞄 miáo〈动〉把视力集中在一点上；注意看：～准。

== miǎo ==

杪 miǎo〈名〉❶树梢：木～│林～。❷指年月或四季的末尾：岁～│月～│秋～。

眇（*䀮）miǎo ❶〈动〉原指一只眼睛瞎，后也指两只眼睛瞎：～目。❷〈形〉细小；微小：～小│～末│微～│幽～。

秒 miǎo〈量〉计量单位。a)时间，60秒等于1分。b)弧或角，60秒等于1分。c)经度或纬度，60秒等于1分。

淼 miǎo ❶〈形〉形容水大：碧波～～。❷〈名〉姓。

渺（*淼）miǎo〈形〉❶形容辽阔无际；遥远：～茫│～若云烟。❷微小：～小│～不足道。
【渺茫】miǎománg〈形〉❶因离得远而模糊不清：音信～。❷因对未来没有把握而难以预期：前途～。
【渺弥】miǎomí〈形〉形容水势浩渺，广阔无边。
【渺然】miǎorán〈形〉渺茫；远得不见踪影：音信～│踪迹～。
【渺无人烟】miǎo wú rényān 渺茫，看不到人家。形容十分荒凉。
【渺小】miǎoxiǎo〈形〉微小。
【渺远】miǎoyuǎn 同"邈远"。
备用词　杳渺

缈（緲）miǎo 见[缥(piāo)缈]。

藐 miǎo ❶〈形〉小：～小。❷〈动〉轻视；小看：～视│言者谆谆，听者～～。
【藐视】miǎoshì〈动〉轻视；小看：～困难。
【藐小】miǎoxiǎo〈形〉渺小。

邈 miǎo〈形〉遥远：～远│～不可见。
【邈远】miǎoyuǎn〈形〉遥远：～的蓝天│～的古代。也作"渺远"。

== miào ==

妙（*❶❷玅）miào ❶〈形〉好；美妙：～境│曼～│小心为～│～不

可言。❷〈形〉神奇;巧妙;奥妙:玄～|微～|～手回春|莫名其～。❸〈名〉姓。

【妙不可言】miào bù kě yán 形容美妙到了极点,难以用语言来表达。

【妙趣横生】miàoqù héngshēng 洋溢着美妙的情趣,多形容语言、文艺作品等有趣,耐人寻味。

【妙手回春】miào shǒu huí chūn 称赞医生医术高明,能使病情严重的人恢复健康。

【妙手偶得】miào shǒu ǒu dé 宋陆游《文章》:"文章本天成,妙手偶得之。"指文学素养深的人偶然想到的。

备用词 奥妙 高妙 精妙 绝妙 曼妙 美妙 奇妙 巧妙 神妙 微妙 玄妙 莫名其妙 曲尽其妙

庙(廟) miào〈名〉❶旧时供祖宗神位的处所:宗～|家～|祖～|太～。❷供神佛或历史上有名人物的处所:～宇|寺～|孔～|土地～。❸庙会:赶～。❹指朝廷:～堂|～廊。❺指已死的皇帝:～号|～讳。

【庙会】miàohuì〈名〉节日或规定的日子在寺庙里或其附近设的集市。

【庙堂】miàotáng〈名〉指朝廷。

【庙宇】miàoyǔ〈名〉供奉神佛或历史上有名人物的建筑物。

【庙祝】miàozhù〈名〉庙宇中管香火的人。

备用词 家庙 廊庙 圣庙 寺庙 太庙 宗庙

缪(繆) miào〈名〉姓。△另见miù;móu;mù。

=== miē ===

乜 miē[乜斜]〈动〉❶眯起眼斜着看(多表示轻视或不满)。❷眼睛因困倦眯成一条缝:睡眼～。
△另见niè。

咩(*哔哔) miē〈拟〉形容羊叫的声音。

=== miè ===

灭(滅) miè〈动〉❶熄灭:火～|灯～了。❷使熄灭:～灯|～火器。❸淹没;埋没:～顶|湮(yān)～。❹消灭;灭亡:自生自～|物质不～。❺使不存在;使消灭:～蚊蝇。

【灭此朝食】miè cǐ zhāo shí《左传·成公二年》:"余姑翦灭此而朝食。"意思是消灭了这批敌人再吃早饭。后用"灭此朝食"形容斗志坚决,希望立刻消灭敌人。

【灭顶】mièdǐng〈动〉水淹过头顶,指淹死:～之灾(比喻毁灭性的灾祸)。

【灭迹】mièjì〈动〉消灭做坏事留下的痕迹:焚尸～。

【灭绝】mièjué〈动〉❶完全消灭;完全消失:许多古生物如今已经～了。❷完全丧失:～人性(完全丧失人的理性)。

【灭口】mièkǒu〈动〉为防止泄露秘密而害死知道内情的人:杀人～。

【灭门】mièmén〈动〉全家人都被杀害;全家人都死了:惨遭～。

【灭失】mièshī〈动〉法律上指物品因自然灾害、被盗、遗失等原因不复存在。

【灭亡】mièwáng〈动〉❶消失;不再存在(多指国家、种族等):自取～。❷使灭亡。

备用词 覆灭 幻灭 毁灭 歼灭 剿灭 溃灭 泯灭 磨灭 破灭 扫灭 吞灭 熄灭 消灭 湮灭 陨灭 诛灭

蔑(❹衊) miè ❶〈形〉小:～视。❷〈动〉轻视:轻～|侮～。❸〈副〉无;没有:～以复加。❹〈动〉原指血污,比喻毁谤:诬～|污～。

【蔑视】mièshì〈动〉轻视;看不起:～敌人。

【蔑污】mièwū〈动〉污蔑。

备用词 轻蔑 侮蔑 污蔑 诬蔑

篾 miè〈名〉竹子劈成的薄片,也泛指苇子或高粱秆上劈下的皮:竹～|～席。

【篾片】mièpiàn〈名〉❶竹子劈成的薄片。❷旧时称在有钱有势的人家帮闲凑趣的人。

=== mín ===

民 mín〈名〉❶人民:～众|国～|为～除害|～不聊生。❷某种人:汉～|藏～|农～|牧～|侨～。❸民间①:～歌|～谣。❹非军人;非军事:～航。❺非官方:～办|～营。❻姓。

【民办】mínbàn ❶〈动〉群众集体或个人开办和管理:～公助,成立了这所中学。❷〈形〉群众集体创办的;私人创办的:～小学|～企业|在～中学就读。

【民兵】mínbīng〈名〉不脱离生产的、群众性的人民武装组织。也称这种组织的成员。

【民不聊生】mín bù liáo shēng 人民无以为生,活不下去。

【民愤】mínfèn〈名〉人民群众的愤恨。

【民风】mínfēng〈名〉❶指社会上的风气。❷

M

民间的风俗:乡土~。

【民歌】míngē〈名〉民间口头流传的歌。

【民工】míngōng〈名〉❶在政府动员或号召下参加修筑公路、堤坝或帮助军队运输等工作的人。❷指进城打工的农民。

【民间】mínjiān〈名〉❶人民中间:~文学|~艺人。❷非官方:~贸易。

【民间文学】mínjiān wénxué 在人民中间广泛流传的文学,主要是口头文学,包括神话、传说、故事、戏曲、民间曲艺、民歌等。

【民间艺术】mínjiān yìshù 劳动人民直接创造的或在劳动群众中广泛流传的艺术,包括音乐、舞蹈、戏曲、造型艺术、工艺美术等。

【民警】mínjǐng〈名〉人民警察的简称。

【民居】mínjū〈名〉民房:江南~|川西~。

【民康物阜】mín kāng wù fù 人民平安,物资丰富。

【民瘼】mínmò〈名〉旧时指人民的疾苦:关心~(瘼:病;疾苦)。

【民企】mínqǐ〈名〉民营企业的简称。

【民气】mínqì〈名〉人民对关系国家、民族安危存亡的重大局势所表现的意志:昂扬的~|~大振|~旺盛。

【民情】mínqíng〈名〉❶人民的情况,如生产活动、风俗习惯等:熟悉~。❷人民的心情和愿望:顺乎~。

【民权】mínquán〈名〉指人民在政治上的民主权利。

【民生】mínshēng〈名〉人民的生计:国计~。

【民俗】mínsú〈名〉民间的风俗习惯。

【民校】mínxiào〈名〉❶成年人利用业余时间学习文化的学校。❷民间开办的学校。

【民心】mínxīn〈名〉人民共同的心意:~所向。

【民谣】mínyáo〈名〉民间流行的歌谣,内容多与时事政治有关。

【民意】mínyì〈名〉人民共同的意见和愿望。

【民意测验】mínyì cèyàn 通过抽样调查、问卷和电话提问等方式了解公众对当下各种特定问题的看法和意见。广泛用于政治、经济等社会生活领域。

【民营】mínyíng〈形〉人民群众投资经营的;私人经营的:~企业。

【民营经济】mínyíng jīngjì 国有经济以外的集体经济、合作经济、民间持股的股份制经济、个体经济、私营经济等经济成分的统称。

【民营企业】mínyíng qǐyè 广义指除国家和政府经营的各种企业之外的所有企业,狭义指个体和私营企业。简称"民企"。

【民怨沸腾】mínyuàn fèiténg 形容人民群众的怨恨情绪达到了极点。

【民贼】mínzéi〈名〉对国家和人民犯严重罪行的人,多指出卖国家和人民利益的统治者:独夫~。

【民脂民膏】mín zhī mín gāo 比喻人民用血汗换来的财富。

【民众】mínzhòng〈名〉人民大众:唤起~。

【民主】mínzhǔ❶〈名〉指人民享有的参与国事或对国事自由发表意见的权利。❷〈形〉合乎民主原则:作风~|~作风。

【民主党派】mínzhǔ dǎngpài 接受中国共产党的领导、参加爱国统一战线的其他各个政党的统称。有中国国民党革命委员会、中国民主同盟、中国民主建国会、中国民主促进会、中国农工民主党、中国致公党、九三学社和台湾民主自治同盟等。

【民主改革】mínzhǔ gǎigé 废除封建制度、建立民主制度的各项社会改革,包括土地制度的改革,婚姻制度的改革,企业经营管理的改革,以及某些少数民族地区的农奴解放、奴隶解放等。

【民主革命】mínzhǔ gémìng 以反封建为目的的资产阶级性质的革命,如法国大革命和我国的新民主主义革命。

【民主集中制】mínzhǔ-jízhōngzhì 在民主基础上的集中和在集中指导下的民主相结合的制度。民主集中制是马克思列宁主义政党、社会主义国家党政机关和人民团体的组织原则。

【民族】mínzú〈名〉❶指历史上形成的、处于不同社会发展阶段的各种人的共同体,如原始民族、古代民族、现代民族等。❷特指具有共同语言、共同地域、共同经济生活以及表现于共同文化上的共同心理素质的人的共同体:~团结|~体育。

【民族英雄】mínzú yīngxióng 捍卫本民族的独立、自由和利益,在抗击外来侵略的斗争中作出巨大贡献甚至英勇牺牲的人。

备用词 公民 黎民 人民 庶民 治国安民

玟

mín 同"珉"。
△另见 wén。

芪

mín〈形〉庄稼生长期较长,成熟期较晚:~高粱。

旻

mín〈名〉❶秋天:~序(秋季)。❷天空:清~|苍~。

岷 mín〈名〉❶岷山,山名,在四川、甘肃交界的地方。❷岷江,水名,在四川。

珉(＊瑉碈) mín〈名〉一种像玉的石头。

缗(緡＊緍) mín❶〈名〉古代穿铜钱用的绳子。❷〈量〉用于成串的铜钱,每串一千文:钱三百～。

━━ mǐn ━━

皿 mǐn〈名〉器皿,碗、碟、杯、盘一类用具的总称。

闵(閔) mǐn❶同"悯"。❷〈名〉姓。

抿 mǐn〈动〉❶用小刷子蘸水或油抹(头发等)。❷(嘴、耳朵、翅膀等)稍稍合拢;收敛:～嘴一笑|水鸟儿～上翅膀,钻入水中。❸嘴唇抿着略喝一点:～口酒尝尝。

黾(黽) mǐn[黾勉]〈动〉努力;勉力:～同心|～从事。
△另见 miǎn。

泯(＊泯) mǐn〈动〉消灭;丧失:消～|～灭|～除成见|良心未～。
【泯灭】mǐnmiè〈动〉消失;消灭:～良知|这部影片给人留下了难以～的印象。
【泯没】mǐnmò〈动〉消失;埋没:～良知。
【泯然】mǐnrán〈形〉消失的样子。

闽(閩) mǐn〈名〉❶闽江,水名,在福建。❷福建的别称。❸姓。

悯(憫) mǐn❶〈动〉哀怜;同情:怜～|悲天～人。❷〈形〉忧愁:厄穷而不～。
【悯然】mǐnrán〈形〉❶同情的样子。❷忧郁的样子:曲罢～。
【悯惜】mǐnxī〈动〉怜惜。
【悯恤】mǐnxù〈动〉怜悯:～孤儿。

笢 mǐn〈名〉竹篾。

敏 mǐn❶〈形〉灵活,反应快:灵～|机～|～感|～锐。❷〈名〉姓。
【敏感】mǐngǎn〈形〉对外界的事物反应快。
【敏捷】mǐnjié〈形〉(思想)反应快;(动作)迅速灵敏。
【敏锐】mǐnruì〈形〉(感觉)灵敏;(眼光)尖锐。

备用词 机敏　灵敏　锐敏　敬谢不敏

渑 mǐn古代谥号用字,如齐渑王(即齐闵王)。

暋(敯) mǐn〈形〉强横。

愍(慖) mǐn同"悯"。

僶 mǐn[僶俛(miǎn)]同"黾勉"。

慜 mǐn〈形〉聪明敏捷。

鳘(鰵) mǐn〈名〉❶鱼,体长而侧扁,棕褐色,口大,尾鳍呈楔形。生活在海中。❷鳕鱼。

━━ míng ━━

名 míng❶〈名〉名字;名称:姓～|品～|地～|～列前茅。❷〈动〉名字叫作:女英雄姓刘～胡兰。❸〈名〉名义:有～无实|～正言顺。❹〈名〉名声;名誉:出～|闻～|不慕～利。❺〈形〉出名的;有名声的:～医|～著|～贵|至理～言。❻〈动〉说出:不可～状|莫～其妙。❼〈动〉占有:一文不～。❽〈量〉用于人:第一～|三～翻译人员。❾〈名〉姓。
【名不副实】míng bù fù shí 名称或名声与实际不相符合。也说"名不符实"。
【名不虚传】míng bù xū chuán 流传的名声与实际相符,形容确实很好,不是徒有虚名。
【名产】míngchǎn〈名〉著名的产品:织锦是我国杭州的～。
【名称】míngchēng〈名〉事物的名字、叫法(也用于人的集体)。
【名垂青史】míng chuí qīngshǐ 名字写进史书,比喻好名声永远流传。
【名词】míngcí〈名〉❶表示人或事物名称的词,如"人"、"羊"、"山"、"友情"、"班级"、"今天"、"北京"、"岳飞"。❷术语或近似术语的字眼:数学～|满嘴新～。
【名刺】míngcì〈名〉名片。

M

【名存实亡】míng cún shí wáng 名义上还有，实际上已经不存在。

【名单】míngdān〈名〉记录人名的单子：开列～|受奖人～。

【名额】míng'é〈名〉人员的数额：我校有两个～|～有限，报名从速。

【名分】míngfèn〈名〉指人的名义、身份和地位：正～|从不看重～。

【名副其实】míng fù qí shí 名称或名声与实际相符合。也说"名符其实"。

【名贵】míngguì〈形〉著名而珍贵：～药材。

【名号】mínghào〈名〉❶名字和别号。❷名称；称号。

【名讳】mínghuì〈名〉旧时称人的名字（含尊敬意）。

【名家】míngjiā〈名〉在某种学术或技能方面有特殊贡献的著名人物。

【名缰利锁】míng jiāng lì suǒ 指名和利能像缰绳或锁链一样把人束缚住。

【名列前茅】míng liè qiánmáo 名次列在前面（前茅：春秋时楚国行军，有人拿着茅草当旗子走在队伍的前面）。

【名落孙山】míng luò sūn shān 宋范公偁《过庭录》记载，宋朝孙山考中了末一名举人回家，有人向他打听自己的儿子考中没有，孙山说："解名尽处是孙山，贤郎更在孙山外。"后用"名落孙山"比喻考试不中或选拔时未被录取。

【名门】míngmén〈名〉指有声望的人家：～贵族|～弟子|～闺秀。

【名模】míngmó〈名〉著名的时装模特儿：超级～。

【名目】míngmù〈名〉事物的名称：巧立～|～繁多。

【名牌】míngpái〈名〉❶出名的牌子：～货｜产品|考上了～大学。❷写着人名的牌子；标明物品名称等的牌子：席位摆放着代表们的～。

【名篇】míngpiān〈名〉著名的文章作品。

【名片】míngpiàn〈名〉拜访人或跟人联系时所用的向人介绍自己的长方形硬纸片，上面印着自己的姓名、职务、地址、电话、邮箱等：～盒|做了一盒。

【名气】míngqi〈名〉名声。

【名声】míngshēng〈名〉社会上人们给予的评价。

【名胜】míngshèng〈名〉有古迹或优美风景的著名的地方：～古迹。

【名士】míngshì〈名〉旧时指以诗文等著称或名望很高而不做官的人。

【名堂】míngtang〈名〉❶名目；花样：晚会有舞蹈、独唱、相声、～可多啦！❷结果；成绩：不搞出点～来，决不停止试验。❸内容；道理：这事情蹊跷，里面一定有什么～。

【名帖】míngtiě〈名〉名片。

【名望】míngwàng〈名〉好的名声。

【名义】míngyì〈名〉❶据以做某事的身份、名称或称号：以全校师生的～邀请您出席联欢会。❷表面上；形式上：他～上是经理，实际上并不管事。

【名优】míngyōu〈形〉有名的，高质量的（商品）：～产品。

【名誉】míngyù ❶〈名〉名声；声誉：爱惜～。❷〈形〉名义上的（多指为了尊重而授予的名义）：～会长。

【名正言顺】míng zhèng yán shùn 名义正当，道理也讲得通。

备用词 笔名 别名 官名 化名 诨名 奶名 乳名 小名 学名 艺名 骂名 美名 盛名 威名 虚名 赫赫有名 欺世盗名 师出无名 一文不名 隐姓埋名

明 míng ❶〈形〉明亮（跟"暗"相对）：～月|～澈|山～水秀。❷〈形〉明白；清楚：～晰|～显|标～|～察秋毫|去向不～。❸〈形〉公开；显露在外；不隐蔽（跟"暗"相对）：～沟|～码|有话～说|～媒正娶。❹〈形〉眼力好，观察事物能力强：聪～|耳聪目～。❺〈形〉心地光明：～人不做暗事。❻〈形〉明达：～君。❼〈名〉视觉：失～|复～。❽〈动〉懂得；了解：深～大义。❾〈动〉表明，说明：蓄须～志|开宗～义。❿〈名〉指人间：幽～。⓫〈形〉次于今年、今天的：～天|～晨|～年|

春。⓬〈名〉朝代,公元 1368 年－1644 年,朱元璋所建。先定都南京,永乐年间迁都北京。⓭〈名〉姓。

【明白】míngbai ❶〈形〉清楚;明确:话说得很～。❷〈形〉聪明,不糊涂:～人。❸〈动〉懂得;知道:～其中的奥妙。

【明灿灿】míngcàncàn〈形〉形容明亮耀眼:～的阳光。

【明察秋毫】míng chá qiūháo《孟子·梁惠王上》:"明足以察秋毫之末。"比喻目光敏锐,连极小的事物都看得很清楚(秋毫:秋天鸟兽新长的细毛)。

【明澈】míngchè〈形〉明亮而清澈:湖水～如镜。

【明达】míngdá〈形〉通达,对事理有明确透彻的认识。

【明珰】míngdāng〈名〉华美的装饰品:～满身。

【明晃晃】mínghuānghuāng〈形〉形容光亮闪烁的样子。

【明慧】mínghuì〈形〉聪明。

【明火执仗】míng huǒ zhí zhàng 点燃火把,拿着兵器。原指公开抢劫,现比喻明目张胆地干坏事。

【明鉴】míngjiàn ❶〈名〉明亮的镜子。❷〈名〉指可为借鉴的明显的前例。❸〈动〉敬辞,明察,旧时常用来称颂人见识高明:望大人～。

【明洁】míngjié〈形〉明净。

【明净】míngjìng〈形〉明亮而洁净。

【明镜高悬】míngjìng gāo xuán 传说秦始皇有一面能照见人心善恶的镜子(见于晋葛洪《西京杂记》),后用"明镜高悬"比喻断案严明公正。也说"秦镜高悬"。

【明决】míngjué〈形〉明智而有决断。

【明快】míngkuài〈形〉❶(语言、文字等)明白流畅,不晦涩:语言～。❷性格开朗爽快:～人|为人～达观。❸办事干脆,不拖沓。❹方言。明亮;光线足:野地里,月亮照得挺～。

【明朗】mínglǎng〈形〉❶明亮:月色～。❷明显;清晰:态度～。❸开朗;爽快:性格～。

【明丽】mínglì〈形〉明净美丽:山川～|风光～|阳光～。

【明亮】míngliàng〈形〉❶光线强:灯光～。❷发亮的:～的眼睛。❸明白:经他一说,心里～了。

【明了】míngliǎo ❶〈动〉清楚地知道:～他的用意。❷〈形〉明白;清楚:简单～。

【明令】mínglìng〈名〉明文发布的命令:～禁止。

【明媚】míngmèi〈形〉❶(景色)鲜明可爱:春光～。❷(眼睛)明亮动人。

【明灭】míngmiè〈动〉忽明忽暗:越人语天姥,云霞～或可睹。

【明明】míngmíng〈副〉表示确实或显而易见:～是你干的,为什么不承认?

【明眸】míngmóu〈名〉明亮的眼睛。

【明目张胆】míng mù zhāng dǎn 形容公开而无所顾忌地干坏事。

【明枪暗箭】míng qiāng àn jiàn 比喻各种公开的或隐蔽的攻击。

【明确】míngquè ❶〈形〉清楚而明白:目的～。❷〈动〉使清楚明白:～方向。

【明日黄花】míngrì huánghuā 宋代苏轼《九日次韵王巩》:"相逢不用忙归去,明日黄花蝶也愁。"原是说过了重阳节菊花即将凋谢,后用"明日黄花"比喻过时的事物。

【明誓】míngshì〈动〉发誓;宣誓。

【明堂】míngtáng〈名〉❶封建时代皇帝和大臣们议事或举行重要典礼的殿堂。❷方言。院子。

【明瓦】míngwǎ〈名〉用蛎、蚌等的壳磨成的半透明的薄片,嵌在窗户或天棚等上面用来采光。

【明文】míngwén〈名〉见于文字的(指法令、规章等):～规定。

【明晰】míngxī〈形〉清楚;不模糊:～的印象。

【明显】míngxiǎn〈形〉清楚地显露出来,使人容易看出或感觉到:意思很～。

【明星】míngxīng〈名〉❶称有名的演员、运动员等:影视～。❷古书上指金星。

【明艳】míngyàn〈形〉鲜明而艳丽:颜色～。

【明月】míngyuè〈名〉❶明亮的月亮:一轮～。❷夜光珠:被～兮佩宝璐。

【明杖】míngzhàng〈名〉盲杖。

【明哲】míngzhé ❶〈形〉明智。❷〈名〉明智的人。

【明哲保身】míng zhé bǎo shēn《诗经·大雅·烝民》:"既明且哲,以保其身。"意思是明智的人善于保全自己。现指因怕犯错误或有损于个人利益而对原则性问题不置可否的自由主义态度。

【明正典刑】míng zhèng diǎn xíng 依照法律,处以极刑。

【明证】míngzhèng〈名〉明显的证据。

【明知故犯】míng zhī gù fàn 明明知道不对的事情却偏要去做。

【明智】míngzhì〈形〉通达事理；有远见：~的决定。

【明珠】míngzhū〈名〉❶夜明珠：~弹雀(比喻得不偿失)。❷比喻非常喜爱的人或美好的事物：掌上~。

【明珠暗投】míngzhū àn tóu 比喻怀才不遇或好人误入坏人集团，也泛指珍贵的东西落到了不识货的人的手里。

备用词 标明 表明 查明 阐明 发明 判明 申明 声明 说明 证明 聪明 高明 精明 开明 圣明 贤明 英明 昌明 光明 清明 文明 爱憎分明 察察为明 耳聪目明 泾渭分明 弃暗投明 先见之明 正大光明 知人之明 自知之明 自作聪明

鸣(鳴) míng ❶〈动〉(鸟兽或昆虫)叫：蛙~｜鸡~｜犬吠。❷〈动〉发出声音；使发出声音：耳~｜孤掌难~｜枪示警。❸〈动〉表达；发表(情感、意见、主张)：~谢｜争~｜不平则~。❹〈名〉姓。

【鸣镝】míngdí〈名〉古代一种响箭。

【鸣鼓而攻之】míng gǔ ér gōng zhī《论语·先进》："非吾徒也，小子鸣鼓而攻之可也。"指公开宣布罪状，加以声讨。

【鸣金】míngjīn〈动〉敲锣，古代作战时收兵的信号。

【鸣锣开道】míng luó kāi dào 封建时代官吏出行时，前面有人敲锣喝令行人让路。现比喻为某事物的出现制造舆论。

备用词 哀鸣 悲鸣 轰鸣 共鸣 雷鸣 百家争鸣 不平则鸣 孤掌难鸣 鸾凤和鸣

茗 míng〈名〉原指茶树的嫩芽，现泛指喝茶：香~｜品~。

洺 míng〈名〉洺河，水名，在河北。

冥(*冥) míng ❶〈形〉昏暗：幽~｜风雨晦~。❷〈形〉深奥；深沉：~想｜~思苦索。❸〈形〉糊涂；愚昧：顽~｜~昧。❹〈名〉迷信的人称人死以后进入的世界；阴间：~府｜~福。

【冥蒙】míngméng 同"溟蒙"。

【冥迷】míngmí〈形〉分辨不清；高低~，不知西东。

【冥冥】míngmíng ❶〈形〉形容天色昏暗：薄暮~。❷〈形〉愚昧无知；昏昧。❸〈形〉渺茫；高远：鸿飞~。❹〈名〉指阴间。

【冥思苦索】míng sī kǔ suǒ 深沉地思索。

【冥顽】míngwán〈形〉愚昧而顽固：~不化。

备用词 晦冥 昏冥 冥冥 顽冥 幽冥

铭(銘) míng ❶〈名〉铸或刻在器物上记述事实、功德等的文字；写出或刻出的警惕自己的文字：墓志~｜座右~。❷〈动〉在器物上刻字，表示纪念，也比喻深刻记住：~刻｜~心。❸〈名〉古代一种文体，一般都是用韵的：《陋室~》。❹〈名〉姓。

【铭记】míngjì〈动〉深深地记在心中：~老师教诲。

【铭刻】míngkè ❶〈名〉铸或刻在器物上记述事实、功德等的文字。❷〈动〉铭记：~在心。

【铭心刻骨】míng xīn kè gǔ 见【刻骨铭心】。

蓂 míng [蓂荚(jiá)]〈名〉古代传说中一种表示祥瑞的草。

溟 míng〈名〉海：东~｜北~｜四~。

【溟蒙】míngméng〈形〉形容烟雾弥漫，景色模糊的样子。也作"冥蒙"。

暝 míng ❶〈动〉日落；天黑：天将~｜天已~。❷〈名〉黄昏。❸〈形〉幽暗；昏暗。

瞑 míng ❶〈动〉闭上眼睛：~目｜通夜不~。❷〈形〉眼睛昏花：耳聋目~。

【瞑目】míngmù〈动〉闭上眼睛(多指人死时心中没有牵挂)。

螟 míng〈名〉螟虫，昆虫，种类很多，侵害农作物及林木、果树等。

【螟蛉】mínglíng〈名〉螟蛉是一种绿色小虫，蜾蠃(guǒluǒ)是一种寄生蜂。蜾蠃常捕捉螟蛉存放在窝里，并把卵产在它体内，孵化后就以螟蛉为食物。古人误以为蜾蠃不产子，养螟蛉为子，因此用"螟蛉"比喻义子。

— mǐng —

酩 mǐng [酩酊(dǐng)]〈形〉形容大醉：~大醉。

— mìng —

命(*俞) mìng ❶〈名〉生命；性命：救~｜丧~｜长~百岁。❷〈名〉命运；天命：认~｜算~｜乐天知~。❸〈动〉下达指示；指派：~驾(命人驾车)｜耳提面~。❹〈名〉下达的指示：奉~｜唯~是听。❺〈动〉给予(名称等)：~名｜~题。❻〈动〉认为；以为：自~不凡。

【命笔】mìngbǐ〈动〉提笔作诗文或书画：欣

然～。

【命根】mìnggēn〈名〉❶比喻最受重视的晚辈。❷比喻最受重视或最重要的事物。

【命令】mìnglìng ❶〈动〉上级指示下级(做某事)。❷〈名〉上级对下级的指示:下达～。

【命脉】mìngmài〈名〉比喻关系重大的事物:水利是农业的～。

【命题】mìngtí ❶〈动〉出题目;升学考试由全市统一～。❷〈名〉表达判断的语言形式。如"屈原是伟大的诗人",这个句子就是个命题。

【命运】mìngyùn〈名〉❶迷信指生来注定的生死、贫富和一切遭遇。❷泛指人或事物发展变化的趋向。

备用词　生命　寿命　从命　奉命　任命　使命　遵命　安身立命　草菅人命　耳提面命　见危授命　乐天知命　临危受命　疲于奔命　死于非命　听天由命　为民请命　相依为命

—— miù ——

谬(謬)miù ❶〈形〉错误;差错:荒～|～误|大～不然|差之毫厘,～以千里。❷〈名〉姓。

【谬奖】miùjiǎng〈动〉过奖。

【谬论】miùlùn〈名〉荒谬的言论。

【谬误】miùwù〈名〉错误;差错。

【谬种】miùzhǒng〈名〉❶指荒谬错误的言论、学术流派等:～流传,误人不浅。❷坏东西(骂人的话)。

备用词　悖谬　讹谬　乖谬　荒谬　刊谬　匡谬

缪(繆)miù 见〖纰(pī)缪〗。
△另见 miào;móu;mù。

—— mō ——

摸 mō〈动〉❶用手接触或接触后轻轻移动:抚～|盲人～象|老虎屁股～不得。❷用手探取:～鱼|顺藤～瓜。❸试着了解;试探:～底|～索。❹在看不清的道路上行走:～黑儿。

【摸黑】mōhēi ❶〈动〉在黑暗中摸索着(行动):～走路。❷〈名〉天快黑的时候;事情多,～儿才能回来。

【摸排】mōpái〈动〉(为侦破案件)对一定范围内的人进行逐个摸底调查。

【摸索】mōsuǒ〈动〉❶寻找;寻求:～经验。❷试探着(行进):～前进。

备用词　估摸　思摸　寻摸　咂摸　捉摸

—— mó ——

无(無)mó 见〖南(nā)无〗。
△另见 wú。

谟(謨＊謩)mó〈名〉计划;策略:宏～|雄～。

馍(饃＊饝)mó 方言。〈名〉馒头。

嫫 mó 用于人名。嫫母,传说中的丑妇。

摹 mó〈动〉照着样子写或画;模仿:描～|临～|～刻|～本。

【摹仿】mófǎng 见〖模仿〗。

【摹拟】mónǐ 见〖模拟〗。

【摹写】(模写)móxiě〈动〉❶照着样子写:～书画。❷描写。

模 mó ❶〈名〉法式;规范;标准:～型|～范|楷～。❷〈动〉仿效:～仿|～拟。❸〈名〉指模范:劳～|英～。❹〈名〉姓。
△另见 mú。

【模范】mófàn ❶〈名〉值得学习的人或事物:劳动～。❷〈形〉可以作为别人学习榜样的:～作用。

【模仿】(摹仿)mófǎng〈动〉照样子学着做。

【模糊】(模胡)móhu ❶〈形〉不分明;不清楚:字迹～|认识～|概念～|睡梦中模模糊糊觉得有人敲门。❷〈动〉使模糊;混淆:泪水～了双眼|～是非界限。

【模块】mókuài〈名〉❶可以组合和更换的标准硬件部件。❷大型软件系统中的一个具有独立功能的组成部分。

【模棱两可】móléng liǎngkě 形容对事物既不肯定,也不否定,没有明确的态度或主张(模棱:含糊;不明确)。

【模拟】(摹拟)mónǐ〈动〉❶模仿:～别人的动作|～考试。❷想象;揣摩。

【模式】móshì〈名〉事物标准的形式或可以使人照着做的标准的样式:～图。

【模特儿】mótèr〈名〉❶用来写生、雕塑的描写对象或参考对象,如人体、实物、模型等。也指文学作品里塑造人物形象所依据的原型。[外]❷用来展示服装的人或人体模型:广告～|时装～。[外]

【模写】móxiě 见〖摹写〗。

【模型】móxíng〈名〉❶仿照实物的形状、结构按比例制成的物品:飞机～|舰船～。❷铸造机器零件时,制砂型用的工具。❸用压制或

M

浇灌的方法使材料成形的工具。

【备用词】规模　航模　手模

膜 mó〈名〉❶人或动植物体内像薄皮的组织:耳~|苇~儿。❷像膜的薄皮:橡皮~|塑料薄~。

【膜拜】móbài〈动〉举手加额,长跪而拜,表示极端恭敬和虔诚:顶礼~。

麽 mó ❶见〖幺(yāo)麽〗。❷〈名〉姓。△另见 ma"么";me"么"。

摩 mó ❶〈动〉摩擦;接触:抚~|按~|~拳擦掌。❷〈动〉研究切磋:观~|揣(chuǎi)~。❸〈名〉姓。△另见 mā。

【摩擦】(摩擦) mócā ❶〈动〉物体和物体紧密接触并来回移动:~生电。❷〈名〉相互接触的物体在接触面上所产生的阻碍运动的作用:~力。❸〈名〉比喻矛盾或因利害关系而引起的冲突。

【摩登】módēng〈形〉合乎时兴的;时髦。

【摩顶放踵】mó dǐng fàng zhǒng 从头顶到脚跟都摩伤了。形容不辞劳苦(见于《孟子·尽心上》:"墨子兼爱,摩顶放踵,利天下为之。"放;至;到)。

【摩肩击毂】mó jiān jī gǔ 见〖肩摩毂击〗。

【摩肩接踵】mó jiān jiē zhǒng 肩膀挨着肩膀,脚碰着脚跟,形容人多而拥挤。也说"比肩继踵"。

【摩拳擦掌】mó quán cā zhǎng 形容战斗、比赛或劳动之前精神振奋、跃跃欲试的样子。

【摩挲】mósuō〈动〉抚摩。△另见 māsā。

【摩玩】mówán〈动〉抚摩赏玩。

【备用词】按摩　抚摩　揣摩　观摩

磨 mó〈动〉❶摩擦:~刀|研~|铁杵~成针。❷折磨;纠缠:~难|好事多~。❸消灭;磨灭:百世不~。❹消耗时间;拖延:~工夫|~洋工。△另见 mò。

【磨擦】mócā 见〖摩擦〗。

【磨蹭】móceng〈动〉❶缓慢地行走,比喻行动迟缓。❷纠缠:他不答应,就再跟他~~。

【磨穿铁砚】mó chuān tiě yàn 比喻用功读书,持久不懈。

【磨合】móhé〈动〉❶新组装的机器,通过一定时期的使用,把摩擦面上的加工痕迹磨光而变得更加密合。也叫"走合"。❷比喻经过一段时间的共同经历生活,逐渐互相适应:经过

~,小两口的感情越来越好了。❸探讨磋商;几经~,双方终于达成了协议。

【磨砺】mólì〈动〉磨刀、剑等使锐利,比喻磨炼。

【磨练】móliàn 同"磨炼"。

【磨炼】móliàn〈动〉在艰苦的环境中锻炼:~意志。也作"磨练"。

【磨灭】mómiè〈动〉❶经过相当时期逐渐消失:不可~。❷折磨;欺负(多见于早期白话)。

【磨难】(魔难) mónàn〈名〉在困苦境遇中遭受的折磨:历经~。

【磨蚀】móshí〈动〉❶流水、波浪、冰川、风等所携带的沙石等磨损地表,也指这些被携带的沙石之间相互摩擦而破坏。❷使逐渐消失:~棱角|岁月流逝~了他年轻时的锐气。

【磨损】mósǔn〈动〉机件或其他物体由于摩擦和使用而造成损耗:机器~严重|衣服的袖口已~了。

【磨洋工】mó yánggōng 工作时拖延时间,也泛指工作懒散拖沓。

【磨折】mózhé〈动〉折磨。

【备用词】挨磨　消磨　缠磨　折磨　研磨　耳鬓厮磨　好事多磨　切磋琢磨

嬷 mó[嬷嬷(mo)]方言。〈名〉❶称呼年老的妇女。❷奶妈。

蘑 mó〈名〉蘑菇:口~|鲜~|白~|松~。

【蘑菇】mógu ❶〈名〉指供食用的蕈类:口~|鲜~。❷〈动〉故意纠缠:别跟我~,我还有事呢。❸〈动〉行动迟缓,拖延时间:快走吧,别~啦。

魔 mó ❶〈名〉魔鬼:~怪|~王|妖~|病~。❷〈形〉神秘;奇异:~力|~术。[外]

【魔法】mófǎ〈名〉妖魔施展的法术;妖术。

【魔方】mófāng〈名〉一种智力玩具,是一个可以变换拼装的正方体,由可以转动的若干块小正方体和中心轴组成,六个平面色彩不同。游戏时使六面颜色混杂,经过转换,用最短的时间使每个平面的颜色复原。

【魔怪】móguài〈名〉妖魔鬼怪。

【魔鬼】móguǐ〈名〉❶宗教或神话传说里指迷惑人、残害人的鬼怪。❷比喻邪恶势力。

【魔难】mónàn 见〖磨难〗。

【魔掌】mózhǎng〈名〉比喻坏人或恶势力的控制:落入~。

【魔爪】mózhǎo〈名〉比喻凶恶的势力:斩断侵略者的~。

备用词 恶魔 邪魔 妖魔 病魔 旱魔 睡魔 走火入魔

=== mǒ ===

抹 mǒ〈动〉❶涂抹:～粉|～灰。❷擦:～眼泪|吃完饭～～嘴就走。❸勾掉;除去;不计在内:～杀|～零。
△另见 mā;mò。

【抹脖子】mǒ bózi〈动〉拿刀割脖子,多指自杀。

【抹黑】mǒhēi〈动〉用黑颜色涂抹,比喻丑化:别往自己脸上～。

【抹杀】mǒshā〈动〉完全勾销;一概不计:一笔～|这一事实谁也～不了。也作"抹煞"。

【抹煞】mǒshā 同"抹杀"。

=== mò ===

万 mò[万俟(qí)]〈名〉姓。
△另见 wàn。

末 mò〈名〉❶东西的梢;尽头:～端|秋毫之～。❷不是根本的、重要的事物(跟"本"相对):～技|～学|本～倒置|舍本逐～。❸最后;终了;末尾:春～|周～|～班车。❹细碎的或成粉状的东西:锯～|肉～|药～儿。❺戏曲角色,扮演中年男子,京剧归入老生一类。❻姓。
△另见 me。

【末班车】mòbānchē〈名〉❶按班次行驶的最后一班车。也说"末车"。❷比喻最后的一次机会。

【末车】mòchē〈名〉末班车①。

【末节】mòjié〈名〉小节;细枝。

【末了】mòliǎo〈名〉最后。

【末路】mòlù〈名〉路途的尽头,比喻没落衰亡的境地:穷途～。

【末日】mòrì〈名〉基督教指世界最后毁灭的一天。一般泛指人或事物死亡或灭亡的日子(含憎恶意)。

【末世】mòshì〈名〉一个历史阶段末尾的时代。

【末尾】mòwěi〈名〉最后的部分。

【末叶】mòyè〈名〉一个世纪或一个朝代的最后一段时期:明朝～|19世纪～。

【末造】mòzào〈名〉一个朝代的末期;末世。

备用词 碎末 粉末 始末 强弩之末

没 mò〈动〉❶向下沉或没入水中:沉～|覆～。❷漫过;盖过:～顶|雪深～膝。❸隐藏;隐没:出～|埋～。❹没收:抄～|～家产。❺尽;终:～世|～齿。❻同"殁"。
△另见 méi。

【没齿不忘】mò chǐ bù wàng 终身不能忘记。

【没落】mòluò〈动〉衰败并渐渐走向灭亡:～阶级。

【没奈何】mònàihé 实在没有办法;无可奈何。

【没世】mòshì ❶〈名〉终身;一辈子:～不忘。❷〈动〉指人死。

【没收】mòshōu〈动〉把犯罪者的财产收归公有,也指把违反禁令或规定的东西收归公:～财产。

备用词 沉没 覆没 吞没 淹没 出没 埋没 泯没 湮没 隐没 辱没 神出鬼没

抹 mò〈动〉❶涂上泥或灰后再用抹(mǒ)子弄平:～墙。❷紧挨着绕过:转弯～角。
△另见 mā;mǒ。

【抹额】mò'é〈名〉围扎在额前,用以压发、束额的巾。

茉 mò[茉莉]〈名〉灌木,花白色,香味浓,可用来熏制茶叶。

殁 mò〈动〉死:病～。

沫 mò〈名〉❶泡沫:唾～|肥皂～|口吐白～。❷姓。

陌 mò〈名〉❶田间东西方向的道路,泛指田间的道路:阡～|～头杨柳。❷街道:街～|巷～。

【陌路】mòlù〈名〉路上遇见的不相识的人:视同～。也说"陌路人"。

【陌路人】mòlùrén〈名〉陌路。

【陌生】mòshēng〈形〉生疏;不熟悉。

妹 mò 用于人名。妹喜,传说中夏王桀的妃子。

冒 mò[冒顿(dú)]〈名〉汉初匈奴族一个单于的名字。
△另见 mào。

脉(＊脈) mò[脉脉](眽眽)〈形〉默默地用眼神或行动表达情意：含情｜温情～。
△另见 mài。

莫 mò❶〈副〉a)表示"没有谁"或"没有哪一种东西"：人～予毒｜哀～大于心死。b)不：一筹～展｜爱～能助。c)不要：～哭｜非公～入。d)表示揣测或反问：～非｜～不是。❷古通"暮"。❸〈名〉姓。
【莫不】mòbù〈副〉没有一个不：喜讯传来，同学们～欢欣鼓舞。
【莫不成】mòbùchéng〈副〉莫不是。
【莫不是】mòbùshì〈副〉莫非。
【莫测】mòcè〈动〉没法揣测：～高深｜神妙～。
【莫大】mòdà〈形〉没有比这个更大；极大：～的讽刺。
【莫道】mòdào〈连〉不要说：～昆明池水浅，观鱼胜过富春江。
【莫非】mòfēi〈副〉表示反问或揣测：～我听错了？
【莫或】mòhuò〈代〉没有什么人：天下有公利而～兴之，有公害而～除之。
【莫可名状】mò kě míng zhuàng 不可名状。
【莫名】mòmíng〈形〉说不出来，形容程度深：～惊诧。
【莫名其妙】mò míng qí miào 没有谁能说出它的奥妙，表示事情很奇怪，使人不明白。也作"莫明其妙"。
【莫明其妙】mò míng qí miào 同"莫名其妙"。
【莫逆】mònì〈形〉形容彼此情投意合，友谊深厚：～之交。
【莫须有】mòxūyǒu 宋朝奸臣秦桧诬陷岳飞谋反，韩世忠不平，质问他有什么证据，秦桧回答说"莫须有"，意思是"也许有吧"。后用来指凭空捏造。
【莫邪】mòyé 同"镆铘"(mòyé)。
【莫衷一是】mò zhōng yī shì 各有各的看法，不能得出一致的结论。

秣 mò❶〈名〉牲口的饲料：粮～｜刍～（草料）。❷〈动〉喂牲口：～马厉兵。
【秣马厉兵】mò mǎ lì bīng 把马喂饱，把兵器磨快，指准备战斗（厉：同"砺"）。也说"厉兵秣马"。

眽 mò 见[脉脉]（眽眽）。

蓦(驀) mò〈副〉突然：～地｜～然（不经心地；猛然）。
【蓦地】mòdì〈副〉突然。
【蓦然】mòrán〈副〉不经心地；猛然：～醒悟｜～回首｜～看去，那石头像一只猴子。

貊 mò〈名〉❶我国古代称东北方的民族。❷姓。

貉 mò 同"貊"①。
△另见 háo；hé。

漠 mò❶〈名〉沙漠：大～｜荒～。❷〈形〉冷淡；不经心：～视｜淡～｜～不关心。
【漠不关心】mò bù guānxīn 形容对人或事物冷淡，不关心。
【漠漠】mòmò〈形〉❶烟云密布的样子：～的烟雾。❷广漠而寂静：～的原野。❸天色灰蒙蒙的样子：俄顷风定云墨色，秋天～向昏黑。
【漠然】mòrán〈形〉❶不关心不在意的样子：～置之（对人或事态度冷淡，毫不关心）。❷空虚寂寞的样子：居数月，～无所事。
【漠视】mòshì〈动〉冷淡地对待；不注意：群众的利益不可～。
备用词　广漠　荒漠　沙漠

寞 mò〈形〉安静；冷落：寂～｜～落。

靺 mò[靺鞨(hé)]〈名〉我国古代称东北方的民族。

嘿 mò 同"默"。
△另见 hēi。

墨 mò❶〈名〉写字绘画用的黑色颜料，块状，用煤烟或松烟等制成。也指用墨和水研出来的汁。❷〈名〉泛指写字绘画或印制用的颜料：红～水｜蓝油～。❸〈名〉写的字和画的画儿：～宝｜遗～。❹〈名〉比喻学问或读书识字的能力：文～｜胸无点～。❺〈形〉黑：～菊｜～镜｜～绿。❻〈动〉贪污：～吏。❼〈动〉古代的一种刑罚，刺面或额，染上黑色，作为标记。也叫"黥"。❽〈名〉姓。
【墨宝】mòbǎo〈名〉指比较珍贵的字画，也用来尊称别人写的字或画的画。
【墨守成规】mò shǒu chéngguī 战国时墨子善于守城，后用"墨守成规"形容死守老规矩，不求改进。

镆(鏌) mò[镆铘(yé)]〈名〉古代宝剑名，常跟"干将"并说，泛指宝剑。也作"莫邪"。

瘼　mò〈名〉病;疾苦:民～。

默　mò❶〈动〉不说话;不出声:～读|～认|沉～|静～。❷〈动〉默写:～书|～生字。❸〈名〉姓。

【默哀】mò'āi〈动〉低头肃立,表示对死者的沉痛悼念。

【默默】mòmò〈副〉不说话;不出声:～无语。

【默默无闻】mòmò wú wén 不出名;不为人知道。

【默契】mòqì❶〈形〉双方没有把意思明白说出来而彼此有一致的了解:配合～。❷〈名〉秘密的协定。

【默然】mòrán〈形〉形容沉默的样子:～无语。

【默认】mòrèn〈动〉心里暗暗承认,但不明确地表示出来。

【默许】mòxǔ〈动〉表面上没有明确表示同意,但已暗示表示许可。

备用词　缄默　静默　幽默

磨　mò❶〈名〉把粮食碾碎的器具,通常是由两个圆石盘合成的:石～|一盘～。❷〈动〉用磨把粮食碾碎:～面|～豆腐。❸〈动〉掉转:把车子～过来|屋子小～不开身。
△另见mó。

貘(＊獏)　mò〈名〉哺乳动物,略像犀牛而小,尾短,鼻子突出很长,能自由伸缩。产于热带地区。

缥(缥)　mò〈名〉绳索。

礳[礳石渠]〈名〉地名,在山西。

糖　mò〈名〉耢。

== mōu ==

哞　mōu〈拟〉形容牛叫的声音。

== móu ==

牟　móu❶〈动〉谋取;求取:～取|～利。❷〈名〉姓。
△另见mù。

侔　móu〈形〉相等;齐:功效相～。

眸　móu〈名〉眸子,原指瞳仁,泛指眼睛:凝～远望|明～皓(hào)齿。

谋(謀)　móu❶〈名〉主意;计谋;计策:阴～|机～|～略|～士。❷〈动〉图谋;谋求:合～|～生。❸〈动〉商议:不～而合|筑室道～。❹〈名〉姓。

【谋臣】móuchén〈名〉足智多谋的臣子。

【谋害】móuhài〈动〉谋划杀害或陷害:～忠良。

【谋划】móuhuà〈动〉筹划;想办法:～起事|精心～。

【谋略】móulüè〈名〉计谋策略:作战～。

【谋求】móuqiú〈动〉设法寻求:～和平解决国土争端。

【谋取】móuqǔ〈动〉设法取得:～私利|～幸福。

【谋生】móushēng〈动〉谋求维持生活的门路:出外～。

【谋食】móushí〈动〉谋生。

【谋士】móushì〈名〉古代称设谋献计的人。

【谋事】móushì〈动〉❶计划事情:～在人,成事在天。❷指找职业。

备用词　参谋　筹谋　密谋　图谋　蓄谋　预谋　计谋　阴谋　远谋　智谋　善自为谋　有勇无谋　筑室道谋　足智多谋

蜉　móu 见[蜉蝣(yóu)蜉]。

缪(繆)　móu 见[绸缪]、[未雨绸缪]。
△另见miào;miù;mù。

鍪　móu[兜鍪]〈名〉古代作战戴的头盔。

== mǒu ==

某　mǒu[注意]有时可以叠用,如～～人|～～单位|～～～学校。但所指仍为单数。〈代〉❶指一定的人或事物(知道名称而不说出):王～|解放军～部。❷用在名词前面,指不确定的人或事物:～人|～地|～种迹象|～一时期。❸用来代替自己的名字,如姓李的自称"李某"或"李某人"。❹谦称自己:届时～定当前往助兴。

== mú ==

毪　mú〈名〉毪子,西藏产的一种氆氇。

模　mú〈名〉模子,用压制或浇灌的方法使材料成为一定形状的工具:铜～|～具。
△另见mó。

【模样】múyàng〈名〉❶人的长相或打扮出来的样子:～周正。❷样子;神情。❸表示约略的情况:这大嫂看上去有三十岁～。

━━ mǔ ━━

母 mǔ ❶〈名〉母亲:～爱|生～。❷〈名〉家族、亲戚中或有某种关系的长辈女子:祖～|伯～|姑～|姨～|岳～|婆～|师～。❸〈形〉雌性的(跟"公"相对):～鸡|～老虎。❹〈形〉有产生或包容其他事物的能力或作用的:工作～机|航空～舰。❺〈名〉姓。

【母家】mǔjiā〈名〉娘家。

【母舅】mǔjiù〈名〉舅父。

【母亲河】mǔqīnhé〈名〉对与民族世代繁衍生息息息相关的河流的亲切称呼。如长江、黄河被称作中华民族的"母亲河"。

【母校】mǔxiào〈名〉称本人曾经在那里学习过的学校。

【母音】mǔyīn〈名〉元音。

牡 mǔ〈形〉雄性的(指鸟兽,跟"牝"相对):～牛|～马。

【牡丹】mǔdan〈名〉❶落叶灌木,花大而美丽,通常深红、粉红或白色,是观赏植物。根皮入药时叫"丹皮"。❷这种植物的花。

【牡蛎】mǔlì〈名〉软体动物,有两个贝壳,壳的表面凹凸不平,肉供食用。生活在浅海中。也叫"蚝"、"海蛎子"。

亩(畂*畞畮畆畂畝) mǔ〈量〉地积单位。10 分等于 1 亩,100 亩等于 1 顷。现用市亩,1 市亩等于 60 平方丈,合 666.7 平方米。

拇 mǔ〈名〉拇指,手和脚的第一个指头。

峿 mǔ[峿矾(jǐ)角]〈名〉岬角名,在山东。

姆 mǔ[保姆]〈名〉❶受雇为人照管儿童或从事家务劳动的妇女。❷保育员的旧称。

姥 mǔ〈名〉❶年老的妇人。❷婆婆。△另见 lǎo。

锅(鉧) mǔ[钴(gǔ)锅]〈名〉熨斗。

━━ mù ━━

木 mù ❶〈名〉树木:林～|乔～|果～|独～不成林。❷〈名〉木材和木料的统称:原～|枣～|檀香～。❸〈名〉棺材:棺～|行将就～。❹〈形〉质朴:～讷。❺〈形〉麻木:舌头～了,什么味道也尝不出来。❻〈名〉姓。

【木本水源】mù běn shuǐ yuán 树的根子,水的源头,比喻事物的根本或事情的原因。

【木雕泥塑】mù diāo ní sù 用木头雕成或用泥土塑成的人像,形容人呆板或静止不动。也说"泥塑木雕"。

【木乃伊】mùnǎiyī〈名〉❶古代埃及人用防腐药品和特殊方法保存下来的没有腐烂的尸体。泛指长久保存下来的干燥的尸体。❷比喻僵死的停止发展的事物。

【木讷】mùnè〈形〉朴实迟钝,不善言谈:～寡言。

【木偶】mù'ǒu〈名〉木头做的人像,常用来形容痴呆的神情。

【木然】mùrán〈形〉神情痴呆的样子。

【木犀】mùxi 同"木樨"。

【木樨】mùxi 也作"木犀"。〈名〉❶小乔木或灌木,花小,白色或暗黄色,香气极浓。通称"桂花"。❷指打碎搅拌后经过烹调的鸡蛋,像黄色的桂花(多用于菜名、汤名):～肉|～汤|～饭。

【木已成舟】mù yǐ chéng zhōu 比喻事情已成定局,无可挽回。

备用词　果木　花木　林木　树木　大兴土木　行将就木　移花接木

目 mù ❶〈名〉眼睛:～光|～击|～醒|～注。❷〈动〉看:一～了然。❸〈名〉大项中再分的小项:项～|节～|子～|细～。❹〈名〉目录:书～|篇～|剧～|总～。❺〈名〉名称:题～|巧立名～。❻〈名〉姓。

【目标】mùbiāo〈名〉❶射击、攻击或寻找的对象:瞄准～。❷想要达到的境地或标准:奋斗～。

【目不见睫】mù bù jiàn jié 眼睛看不见自己的睫毛,比喻缺乏自知之明。

【目不交睫】mù bù jiāo jié 没有合上眼,形容夜间不睡。

【目不窥园】mù bù kuī yuán《汉书·董仲舒传》记载,董仲舒专心读书,"三年目不窥园"。后用"目不窥园"形容人专心致志,埋头读书。

【目不忍睹】mù bù rěn dǔ 眼睛不忍看下去,形容情景极为悲惨。

【目不识丁】mù bù shí dīng《旧唐书·张弘靖传》:"今天下无事,汝辈挽得两石力弓,不如识一'丁'字。""丁"据说是"个"字,因字形相近而误。后用"目不识丁"形容人不识字,没有文化。

【目不暇给】mù bù xiá jǐ 目不暇接。

【目不暇接】mù bù xiá jiē 形容要看的东西很多,眼睛来不及看。也说"目不暇给"。

【目不转睛】mù bù zhuǎn jīng 不转眼珠地看,形容注意力集中,看得出神。

【目瞪口呆】mù dèng kǒu dāi 睁大眼睛,嘴里说不出话来,形容受惊而发愣的样子。

【目的】mùdì〈名〉想要达到的地点或境地;希望得到的结果:~明确。

【目睹】mùdǔ〈动〉亲眼看到:耳闻~。

【目光】mùguāng〈名〉眼光;眼睛的神采:~如豆|~炯炯。

【目光如豆】mùguāng rú dòu 眼光像豆那样小,形容见识短浅。

【目光如炬】mùguāng rú jù 眼光像火炬那样明亮,形容盛怒的样子,也形容见识深远。

【目击】mùjī〈动〉亲眼看见:~者。

【目今】mùjīn〈名〉目前;现今。

【目空一切】mù kōng yīqiè 一切都不放在眼里,形容骄傲自大。

【目录】mùlù〈名〉❶按一定次序开列出来的供查考的事物名目:图书~。❷书刊上按顺序开列的篇章名目。

【目迷五色】mù mí wǔ sè 颜色纷杂,眼睛都看花了。比喻事物错综复杂,分辨不清楚。

【目前】mùqián〈名〉指说话的时候;当前:~形势。

【目送】mùsòng〈动〉眼睛注视着离去的人或载人的车、船等。

【目无全牛】mù wú quán niú《庄子·养生主》:"始臣之解牛之时,所见无非牛者,三年之后,未尝见全牛也。"原意是说最初杀牛时,眼里看到的是整个的牛,三年以后技艺纯熟了,动刀时只看到皮骨间隙,而看不到全牛。"目无全牛"形容技艺达到了极其纯熟的地步。

【目眩】mù xuàn〈动〉眼发花:令人~。

【目中无人】mù zhōng wú rén 眼里没有别人,形容骄傲自大,谁也看不起。

备用词　侧目 骋目 极目 举目 瞑目 怒目 张目 瞩目 纵目 刺目 触目 夺目 显目 醒目 注目 疮痍满目 慈眉善目 光彩夺目 横眉怒目 金刚努目 琳琅满目 巧立名目 伤心惨目 赏心悦目 掩人耳目 一叶蔽目 以耳代目 引人注目 獐头鼠目

仏 mù[仏佬族]〈名〉我国少数民族之一,分布在广西。

牟 mù 地名用字:~平(在山东)|中~(在河南)。　△另见 móu。

沐 mù ❶〈动〉洗头发:~浴|栉(zhì)风~雨。❷〈动〉沐浴。❸〈名〉姓。

【沐猴而冠】mùhóu ér guàn《史记·项羽本纪》:"人言楚人沐猴而冠耳,果然。"猴子戴上帽子,装成人的样子(沐猴:猕猴)。比喻表面上装得像个人样,实际行为并不像。

【沐浴】mùyù〈动〉❶洗澡。❷比喻承受润泽:~着阳光。❸比喻沉浸在某种环境里:~在节日的欢乐中。

苜 mù[苜蓿(xu)]〈名〉草本植物,花紫色,结荚果。是重要的牧草和绿肥作物。

牧 mù ❶〈动〉放养牲畜;畜牧:游~|~民。❷〈名〉古代官名:州~。❸〈名〉姓。

【牧放】mùfàng〈动〉放牧。

【牧歌】mùgē〈名〉泛指以农村生活为题材的富有情趣的诗歌和乐曲。

M

【牧民】mùmín〈名〉牧区中以畜牧为生的人。

【牧群】mùqún〈名〉指正在放牧的成群的牲畜。

【牧师】mùshī〈名〉基督教主持宗教仪式、管理教务等的神职人员。

【牧童】mùtóng〈名〉放牧牛羊的孩子。

备用词　放牧　轮牧　畜牧　游牧

钼(鉬)　mù〈名〉金属元素，符号Mo。银白色结晶，用来生产特种钢等。

募　mù〈动〉广泛征集(财物或兵员等)：~集|~捐|征~|~应。

【募化】mùhuà〈动〉(和尚、道士等)向人乞求布施。

【募集】mùjí〈动〉广泛地征集：~捐款。

【募捐】mùjuān〈动〉募集捐款。

备用词　筹募　化募　劝募　招募　征募

墓　mù〈名〉❶坟墓：~地|~陵|~烈士~。❷姓。

【墓地】mùdì〈名〉坟墓所在的地方；埋葬死人的地方。

【墓穴】mùxué〈名〉埋棺材的坑。

【墓志】mùzhì〈名〉放在墓中的刻有死者生平事迹的石刻。也指墓志上的文字。也叫"墓志铭"。

幕(*幙)　mù❶〈名〉帐篷：帐~。❷〈名〉垂挂的大块布、绸、丝绒等(多供演戏或放映电影用)：~布|银~|揭~。❸〈名〉像幕的东西：夜~|烟~|雨~。❹〈名〉古代将帅办公的地方：~府|~僚|~友。❺〈量〉戏剧较完整的段落，每幕可以分若干场：序~|独~剧|第三~第二场。❻〈名〉姓。

【幕宾】mùbīn〈名〉古代将帅幕府中的参谋、书记等。

【幕府】mùfǔ〈名〉❶古代将帅的府署。军队出征无固定住所，将帅以帐幕为府署，故称"幕府"。❷日本明治以前执掌全国政权的军阀。

【幕后】mùhòu〈名〉舞台帐幕的后面，多用于比喻不露面的人及其隐蔽的地方(多含贬义)：~策划|~英雄|~交易|他的~是谁?

【幕僚】mùliáo〈名〉古代指将帅幕府中的参谋、书记等，后泛指官署中的佐助人员。

【幕墙】mùqiáng〈名〉建筑物的装配式板材外墙。因远看墙体像舞台上的大幕，故称。幕墙自身重量轻、工业化程度高，但玻璃幕墙常造成眩光污染。

【幕天席地】mù tiān xí dì 宋刘伶《酒德颂》："幕天席地，纵意所如。"以天为幕，把地当席。原形容心胸开阔，现形容在野外生活或工作的环境。

【幕友】mùyǒu〈名〉明清地方官署中无官职的佐助人员，分管刑名、钱谷、文案等事务，由长官私人聘请。俗称"师爷"。

备用词　黑幕　内幕　天幕　帷幕　序幕　烟幕　夜幕　银幕　雨幕　战幕　字幕

睦　mù❶〈形〉相处融洽，亲近，不争吵；敦~|和~|亲~|~邻(跟邻居或邻国和睦相处)。❷〈名〉姓。

慕　mù❶〈动〉羡慕；仰慕：爱~|倾~|思~|敬~。❷〈名〉姓。

【慕名】mùmíng〈动〉仰慕人的名气：~而来。

【慕容】mùróng〈名〉姓。

备用词　爱慕　景慕　敬慕　渴慕　企慕　倾慕　思慕　羡慕　向慕　仰慕

暮　mù❶〈名〉傍晚；~色|~霭|薄~|朝三~四。❷〈形〉(时间)将尽；晚：~春|~年|~迟|天寒岁~。❸〈名〉姓。

【暮霭】mù'ǎi〈名〉傍晚时的云气：~沉沉。

【暮春】mùchūn〈名〉春季的末期，农历三月：~三月，草长莺飞。

【暮鼓晨钟】mù gǔ chén zhōng 佛教规矩，寺庙里晚上打鼓，早晨敲钟。比喻可以使人警觉醒悟的话。

【暮年】mùnián〈名〉晚年：烈士~，壮心不已。

【暮气】mùqì〈名〉萎靡不振，不求进取的精神状态(跟"朝气"相对)：~沉沉。

【暮秋】mùqiū〈名〉秋季的末期，农历九月。

【暮色】mùsè〈名〉傍晚时昏暗的天色：~苍茫。

缪(繆)　mù同"穆"。"秦穆公"也作"秦缪公"。

△另见miào；miù；móu。

穆　mù❶〈形〉恭敬，静：静~|肃~。❷〈名〉姓。

【穆斯林】mùsīlín〈名〉伊斯兰教信徒，意为顺从真主旨意的人。[外]

━━ nā ━━

那 nā〈名〉姓。
△另见 nǎ;nà。

南 nā[南无(mó)]佛教用语,表示对佛尊敬或皈依。[外]
△另见 nán。

━━ ná ━━

拿(＊舒挐挐) ná❶〈动〉用手取或握住、搬动(东西):～笔|～行李。❷〈动〉用强力取;捕捉:捉～|缉～|～贼|～虱子|～下敌人的据点。❸〈动〉掌握:～权|～事|～得稳。❹〈动〉刁难;要挟:～人(刁难人)|～一手儿。❺〈动〉领取;得到:～一等奖|～工资。❻〈动〉强烈的作用使物体变坏:碱一大,馒头就给～黄了。❼〈介〉a)用:～秤称|～旧的换新的|～事实证明。b)引进所处置的对象:别～我开玩笑。

【拿办】nábàn〈动〉捉住犯罪的人法办:革职～。

【拿大】nádà〈动〉摆架子;瞧不起人:他待人谦和,从不～。

【拿斗】nádòu〈动〉搏斗。

【拿捏】nánie〈动〉❶扭捏;故意装出某种样子或腔调:～着嗓子喊。❷把握;掌握:～分寸。❸方言。刁难;要挟:你别～人!

【拿腔作势】ná qiāng zuò shì 装腔作势。

【拿乔】náqiáo〈动〉为抬高自己的身价而故意作出某种姿态或故意表示为难。

【拿手】náshǒu❶〈形〉擅长:～好戏(比喻最擅长的本领)|画花鸟画她很～。❷〈名〉成功的把握:有～|没～。

备用词 缉拿 擒拿 捉拿

镎(鎿) ná〈名〉金属元素,符号 Np。有放射性。

━━ nǎ ━━

那 nǎ同“哪”(nǎ)。
△另见 nā;nà。

哪 nǎ〈代〉❶a)表示要求在同类事物中加以确指:这里～本书最好? b)表示不确定的一个:～天有空来玩吧。c)表示任何一个:～种样式她都不满意。[注意]“哪”后面跟量词或数词加量词时,在口语里常说 něi 或 nǎi。❷表示反问:没有辛勤耕耘,～有累累硕果?
△另见 na;né。

【哪里】nǎli〈代〉❶问处所:你到～去了? ❷用于虚指,表示某个不确定的地方:我好像在～见过您。❸用于任指,表示任何地方:～有困难就到～去。❹用于反问,表示意在否定:他们～是我们的对手? ❺单独用在答话里,表示否定,是一种客气的说法:“办成这件事可多亏您了!”“～,～!”

【哪怕】nǎpà〈连〉表示姑且承认某种事实:～累一点儿,也要打扫彻底。

━━ nà ━━

那 nà❶〈代〉a)指示较远的人或事物:～个人|～棵大树。b)代替较远的人或事物:～是谁? |～我早就知道。❷〈连〉承接上文,说明应有的结果:愿意干,～就好好干!
△另见 nā;nǎ。

【那么】(那末)nàme ❶〈代〉指示性质、状态、方式、程度、数量等:像石榴花～红。❷〈连〉承接上文说明结果或应当如何:要是没什么特殊情况,～她会来的。

【那摩温】nàmówēn〈名〉旧时上海等地用来称工头。也译作“拿摩温”。[外]

呐 nà[呐喊]〈动〉大声喊叫助威:摇旗～。
△另见 na;nè;ne。

纳(納) nà❶〈动〉收进来:出～|收～。❷〈动〉接受:～谏|接～|招贤～士。

❸〈动〉享受:~凉|~福。❹〈动〉放进去:~入正轨。❺〈动〉交付(捐税、公粮等):~税|~粮|交~。❻〈动〉一种缝纫方法,针脚细密地缝,使结实耐磨:~鞋底。❼〈名〉姓。

【纳粹】nàcuì〈名〉第一次世界大战后兴起的德国民族社会主义工人党,是以希特勒为头子的法西斯主义政党。[外]

【纳福】nàfú〈动〉❶享福。❷向人问安时说的话(多用于早期白话)。

【纳罕】nàhǎn〈形〉奇怪;惊异。

【纳凉】nàliáng〈动〉乘凉。

【纳禄】nàlù〈动〉旧时指辞去官爵。

【纳米】nàmǐ〈量〉长度单位,1纳米是10^{-9}米。

【纳米材料】nàmǐ cáiliào 由直径1纳米—50纳米的极小微粒所构成的固体材料,具有高强度、高韧性、高比热、高膨胀率、高电导率等特性,有极强的电磁波吸收能力。可用来制高性能陶瓷和特种合金、红外吸收材料等。

【纳米技术】nàmǐ jìshù 在纳米尺度(0.1纳米—100纳米)上,能够操纵单个原子或分子进行加工制作的技术。

【纳米科学】nàmǐ kēxué 在纳米尺度(0.1纳米—100纳米)上研究物质的特征和相互作用,以及如何应用这些特征的科学。包括纳米生物学、纳米机械学、纳米材料学、原子/分子操纵和表征学、纳米制造学等。

【纳闷】nàmèn〈形〉疑惑不解。

【纳聘】nàpìn〈动〉旧俗订婚时男方给女方聘礼。

【纳入】nàrù〈动〉放进;归入(多用于抽象事物):~正轨|~计划。

【纳税】nàshuì〈动〉交纳税款。

【纳税人】nàshuìrén〈名〉依法直接负有纳税义务的企业、单位和个人。也叫"纳税主体"、"纳税义务人"。

备用词 采纳 接纳 容纳 收纳 招纳 归纳 交纳 缴纳 深文周纳

肭 nà 见[腽(wà)肭]。

钠(鈉) nà〈名〉金属元素,符号Na。银白色。钠和它的化合物在工业上用途广泛。

衲 nà ❶〈动〉补缀:补~|百~衣|百~本。❷〈名〉和尚穿的衣服,和尚用作自称:老~(老和尚)。

娜 nà ❶用于人名。❷〈名〉姓。
△另见 nuó。

捺 nà ❶〈动〉按;抑制:按~|~手印|~不住心头的怒火。❷〈名〉汉字的笔画,形状是"㇏"。

— na —

呐 na 同"哪"(na)。
△另见 nà;nè;ne。

哪 na〈助〉"啊"(a)受前一字韵尾n的影响变成"哪"(na):天~!|谢谢您~|加油干~!|千万要留神~!
△另见 nǎ;né。

— nǎi —

乃(*迺廼) nǎi ❶〈动〉是;就(是):此~周公也|失败~成功之母。❷〈连〉a)于是:因力不从心,~中途作罢。b)乃至;甚至:蒙冲斗舰~以千数。❸〈副〉a)才:虚心~能进步。b)竟然;却:问今是何世,~不知有汉。c)仅;只:~有二十八骑。d)又:合于《桑林》之舞,~中《经首》之会。❹〈代〉a)你;你的:~翁|余嘉~勋。b)这样:夫我~行之,反而求之,不得吾心。

【乃尔】nǎi'ěr〈代〉如此;这样:何其相似~。

【乃是】nǎishì〈动〉是;就是。

【乃至】nǎizhì〈连〉甚至。

芳 nǎi〖芋(yù)芳〗〈名〉芋头。

奶(*嬭妳) nǎi ❶〈名〉乳房:~头。❷〈名〉乳汁:牛~|喂~|~酪|~粉。❸〈动〉用自己的乳汁喂孩子:女儿是我~大的。

【奶公】nǎigōng〈名〉旧时对奶妈丈夫的尊称。

【奶妈】nǎimā〈名〉受雇给人家奶孩子的妇女。

【奶奶】nǎinai〈名〉❶祖母。❷称呼跟祖母辈分相同年纪相仿的妇女。

廼 nǎi ❶见"乃"。❷〈名〉姓。

氖 nǎi〈名〉气体元素,符号Ne。无色无味,可用来制霓虹灯等。

— nài —

奈 nài ❶〈动〉奈何;对付;处置:无计可~。❷〈副〉无奈。❸〈名〉姓。

【奈何】nàihé ❶〈动〉怎么办(表示没有办法):无可~。❷〈动〉中间加代词,表示"拿他怎么办":则较死为苦也,将奈之何?❸〈代〉怎么。用于反问:吾久别足下,特来叙旧,~疑我做说客耶?

佴 nài〈名〉姓。
△另见 èr。

奈 nài〈名〉柰子,苹果的一种。

耐 nài〈动〉受得住;禁得起:忍~|~寒|~火砖|俗不可~。
【耐烦】nàifán〈形〉不急躁;不厌烦:不~。
【耐久】nàijiǔ〈形〉能够经久;持久。
【耐劳】nàiláo〈动〉禁得起劳累:吃苦~。
【耐人寻味】nài rén xún wèi 意味深长,值得细细地体会。
【耐心】nàixīn〈形〉心里不急躁;不厌烦。
【耐性】nàixìng〈名〉能忍耐、不急躁的性格。

能 nài ❶同"耐"。❷〈名〉姓。
△另见 néng。

萘 nài〈名〉❶有机化合物,无色结晶,有特殊气味,可用来制造染料、树脂、香料等。❷姓。

漆 nài〈名〉漆河,水名,在山东。

鼐 nài〈名〉大鼎。

褦 nài〖褦襶(dài)〗❶〈形〉衣服粗重宽大,既不合身,又不合时。❷〈动〉不晓事;不懂事:~子(不晓事的人)。

━━ nān ━━

囡 nān 方言。同"囝"。
△另见 jiǎn。

囝 nān〈名〉小孩儿:小~|~~。

━━ nán ━━

男 nán ❶〈形〉男性(跟"女"相对):~子|~儿|~耕女织。❷〈名〉儿子:长(zhǎng)~|生~育女。❸〈名〉封建五等爵位的第五等:~爵|公侯伯子~。❹〈名〉姓。

南 nán〈名〉❶四个主要方向之一,早晨面对太阳时右手的一边:~方|~极|~风(从南来的风)|淮~|岭~|江~|华~|挥师~下。❷姓。
△另见 nā。
【南宫】nángōng〈名〉姓。
【南郭】nánguō〈名〉姓。
【南国】nánguó〈名〉指我国的南方:~春早。
【南柯一梦】nánkē yī mèng 唐李公佐《南柯太守传》里说,淳于棼梦中到大槐安国做南柯太守,享尽荣华富贵,醒来才知大槐安国就是住宅南边大槐树下的蚁穴。后用"南柯一梦"泛指一场梦,或比喻一场空欢喜。
【南亩】nánmǔ〈名〉泛指农田。
【南腔北调】nán qiāng běi diào 形容口音不纯,说话搀杂方言音。
【南天】nántiān〈名〉南方的天空:遥望~。
【南辕北辙】nán yuán běi zhé 心里想往南去,车子却向北走,比喻行动和目的相反。
【南征北战】nán zhēng běi zhàn 形容转战南北,经历了无数次战斗。

难(難) nán ❶〈形〉做起来费事的(跟"易"相对):繁~|事情~办。❷〈动〉使感到困难:这道题可~不住他。❸〈形〉不容易;不大可能:~免|保不出问题。❹〈形〉不好:~听|~看(气味)~闻。❺古通"傩"(nuó)。
△另见 nàn。
【难产】nánchǎn〈动〉❶分娩时胎儿不易产出。❷比喻著作、计划等不易完成。
【难道】nándào〈副〉加强反问的语气:~这点困难都不能克服了吗?
【难得】nándé〈形〉❶不容易得到或做到(含有可贵意):人才~。❷表示不常发生:走上一天,路上也~遇见几个人。
【难分难解】nán fēn nán jiě 也说"难解难分"。❶形容双方相持不下。❷形容双方关系异常亲密,难于分离。
【难怪】nánguài ❶〈动〉不应当责怪(含有谅解意):这事没做好也~妹妹,她毕竟是小孩子。❷〈副〉表示明白了原因,对某种情况不再觉得奇怪:他病了半个月,~脸色这么不好。
【难过】nánguò〈形〉❶不容易过活:那时候穷人日子真~。❷难受②:心里~。
【难解难分】nán jiě nán fēn 见〖难分难解〗。
【难堪】nánkān ❶〈动〉难以忍受:~的闷热。❷〈形〉窘:这句玩笑弄得他很~。
【难免】nánmiǎn〈形〉不易避免:初上讲台,~紧张。
【难能可贵】nán néng kě guì 不容易做到的事居然做到,值得珍视。
【难受】nánshòu〈形〉❶身体不舒服:腰酸腿疼,真~。❷心里不痛快;不好受:受到教师的批评,他很~。
【难说】nánshuō〈动〉❶不容易说;不好说;难于确切地说:到底是怎么回事,很~|在这场纠纷里,很~谁对谁不对|他什么时候回来还~。❷难于说出:事已至此,~也要说|你就

照着事实说，没有什么～的。

【难题】nántí〈名〉不容易解决或解答的问题：出～｜数学～｜再大的～也难不倒咱们。

【难听】nántīng〈形〉❶（声音）听着不舒服；不悦耳：这支曲子真～！❷（言语）粗俗刺耳：多～的话，亏他说得出口！❸（事情、名声等）不光彩，不体面：这种事情说出多～！

【难为】nánwei〈动〉❶使人为难：他不会，别～他。❷多亏（指做了不容易做的事）：丈夫死后，她一个人拉扯两个孩子，真～她了。❸客套话，用于请别人做事：～你把那本书递给我。

【难为情】nánwéiqíng〈形〉❶羞愧；不好意思：说吧，有什么～的。❷情面上过不去：人家托付的事没办成，确实～。

【难兄难弟】nánxiōng-nándì《世说新语·德行篇》上说，东汉陈元方的儿子和陈季方的儿子是堂兄弟，都夸耀自己父亲的功德，并为此争论不休，就去问祖父陈寔。陈寔说："元方难为弟，季方难为兄。"意思是元方好得做他弟弟难，季方好得做他哥哥难。后来用"难兄难弟"形容兄弟都非常好。今多讥讽两人同样坏。

　△另见 nànxiōng-nàndì。

【难言之隐】nán yán zhī yǐn 藏在心里难于说出口的事情。

【难以置信】nán yǐ zhì xìn 不容易使人相信。

备用词　繁难　艰难　困难　为难　畏难　进退两难　勉为其难

喃 nán［喃喃］〈拟〉形容连续小声说话的声音：～自语。

楠（*枏柟）nán〈名〉乔木，树身高大，木材是贵重的建筑材料，产于云南、四川等地。

━━ nǎn ━━

赧（*赦）nǎn〈形〉羞愧脸红：羞～｜愧～｜～颜｜～然汗下。

腩 nǎn［牛腩］方言。〈名〉牛肚子上和近肋骨处的肉，也指用这种肉做的菜。

蝻 nǎn〈名〉蝗蝻，蝗虫的若虫。

━━ nàn ━━

难（難）nàn❶〈名〉不幸的遭遇；灾难：患～｜苦～｜～民｜～友｜大～临头。❷〈动〉质问：非～｜辩～。

　△另见 nán。

【难民】nànmín〈名〉由于战乱或自然灾害而流离失所、生活无着落的人。

【难兄难弟】nànxiōng-nàndì 彼此曾共患难的人；彼此有着同样不幸遭遇的人。

　△另见 nánxiōng-nándì。

【难友】nànyǒu〈名〉一同蒙难的人（多指关进监狱的）。

备用词　苦难　磨难　危难　灾难　蒙难　殉难　驳难　刁难　发难　非难　问难　责难

━━ nāng ━━

囊 nāng［囊膪（chuài）]〈名〉猪胸腹部肥而松软的肉。

　△另见 náng。

嚷 nāng［嚷嚷（nang）]〈动〉小声说话。

━━ náng ━━

囊 náng❶〈名〉口袋：皮～｜药～｜解～｜探～取物｜～空如洗。❷〈名〉像口袋的东西：肾～｜毛～｜胶～。❸〈动〉用袋子装：～括｜萤映雪。

　△另见 nāng。

【囊空如洗】náng kōng rú xǐ 口袋里什么都没有，像水洗过的一样。形容身上一个钱都没有。

【囊括】nángkuò〈动〉把所有的都包罗在内：～四海（指封建帝王统一全国）。

【囊橐】nángtuó〈名〉泛指装东西的口袋。

馕(饢) náng〈名〉一种烤制的面饼,维吾尔、哈萨克、塔吉克等民族当作主食。
△另见 nǎng。

━━ nǎng ━━

曩 nǎng〈名〉以往;从前;过去的:～日|～年|～时|～昔|～者(从前)。

攮 nǎng〈动〉(用刀)刺:～子(一种短的尖刀)|～了一刀。

馕(饢) nǎng〈动〉拼命往嘴里塞物。△另见 náng。

━━ nàng ━━

齉 nàng〈形〉鼻子不通气,发音不清:～鼻子|着了凉,鼻子～～的。

━━ nāo ━━

孬 nāo 方言。〈形〉❶坏;不好:～地|工作干得不好才～,一般化。❷怯懦;没有勇气:～种(胆小怕事的人,骂人的话)。

━━ náo ━━

呶 náo[呶呶]〈形〉形容说话没完没了使人讨厌:～不休。
△另见 nǔ"努"。

挠(撓) náo〈动〉❶(用手指)抓;搔:～痒痒|抓耳～腮。❷搅扰;阻止:阻～。❸搅动。❹弯曲,比喻屈服:不屈不～|百折不～。

硇(*碙硇) náo〈名〉❶硇洲,岛名,在广东。❷硇砂,一种矿物,可入药。

铙(鐃) náo〈名〉❶打击乐器,像钹,中间隆起部分较小。❷古代军中乐器,像铃铛,中间没有舌,敲击发声。❸姓。

蛲(蟯) náo〈名〉蛲虫,寄生虫,白色,像线头。寄生在人的小肠下部和大肠里,雌虫常从肛门爬出产卵。

猱 náo〈名〉古书上说的一种猴。

【猱进鸷击】náo jìn zhì jī 像猿猴那样敏捷地进攻,像鸷鸟那样勇猛地搏击。

━━ nǎo ━━

垴(堖) nǎo 方言。〈名〉小山丘,多用作地名:盘云～(在山西)。

恼(惱) nǎo❶〈动〉生气:～火|气～。❷〈形〉烦闷:烦～|苦～。
【恼恨】nǎohèn〈动〉恼怒怨恨。
【恼怒】nǎonù〈动〉发怒;气恼。
【恼羞成怒】nǎo xiū chéng nù 由于羞愧恼恨而大发脾气。

脑(腦) nǎo〈名〉❶人和高等动物中枢神经系统的主要部分,在颅腔内,主管全身感觉和运动,人的脑还主管思维和记忆。❷脑筋;思维、记忆的能力:既动手又动～。❸指物体中提炼出的精华部分:樟～|薄荷～。❹形状像脑的东西:豆腐～。
【脑海】nǎohǎi〈名〉脑(就记忆、印象说)。
【脑际】nǎojì〈名〉脑海。
【脑筋】nǎojīn〈名〉❶指思维器官:动～,想办法。❷思想;意识:旧～|换～。
【脑满肠肥】nǎo mǎn cháng féi 形容人吃得很饱,养得很胖(用于贬义)。
【脑髓】nǎosuǐ〈名〉指脑①。
备用词 首脑 头脑 呆头呆脑 鬼头鬼脑 磕头碰脑 愣头愣脑 摇头晃脑 油头滑脑 贼头贼脑

瑙 nǎo 见[玛(mǎ)瑙]。

━━ nào ━━

闹(鬧) nào❶〈形〉喧哗;不安静:热～|～市|～哄哄。❷〈动〉吵;扰乱:吵～|打～|又哭又～。❸〈动〉发泄(感情):～情绪|～脾气。❹〈动〉发生(疾病、灾害或不好的事):～肚子|～蝗虫|～别扭|～笑话。❺〈动〉干;弄;搞:～革命|问题一时～不清楚。
【闹哄哄】nàohōnghōng〈形〉形容人声嘈杂。
【闹剧】nàojù〈名〉❶一种情节滑稽、场面热闹的喜剧。也叫"趣剧"、"笑剧"。❷比喻滑稽的事情。
【闹市】nàoshì〈名〉繁华热闹的街市。
【闹事】nàoshì〈动〉聚众生事,扰乱社会秩序。
备用词 吵闹 打闹 哄闹 欢闹 热闹 喧闹 无理取闹

淖 nào〈名〉烂泥;泥坑:泥～。
【淖尔】nào'ěr〈名〉蒙古语称湖泊(多用作地名):罗布～(罗布泊,在新疆)|达里～(达里泊,在内蒙古)。

臑 nào〈名〉❶中医学上指自肩至肘前侧靠近腋部的隆起的肌肉。❷古书上指牲畜

N

的前肢。

═══ né ═══

哪 né[哪吒(zhā)]〈名〉神话中一个神的名字。

△另见 nǎ;na。

═══ nè ═══

讷(訥) nè〈形〉(说话)迟钝:木~|~言敏行。

【讷讷】nènè〈形〉形容说话迟钝。

呐 nè 同"讷"。

△另见 nà;na;ne。

═══ ne ═══

呐 ne 同"呢"(ne)。

△另见 nà;na;nè。

呢 ne〈助〉❶表示疑问:你问谁~? ❷表示确认事实,略带夸张:天气可冷~。❸表示动作或情况持续:外面刮着大风~。❹表示停顿:其实~,不去也好|你要不信~,我也没办法。

△另见 ní。

═══ něi ═══

馁(餒) něi ❶〈形〉饥饿:冻~。❷〈形〉失掉勇气:气~|自~|胜不骄,败不~。❸〈动〉(鱼)腐烂:鱼~肉败。

═══ nèi ═══

内 nèi〈名〉❶里头;里头的(跟"外"相对):~衣|~部|国~|年~。❷指妻或妻的亲属:~人|~弟|惧~。❸指内心;内脏:五~俱焚。❹古通"纳"(nà)。

【内存】nèicún〈名〉❶内存储器的简称。❷也指内存储器的存储量。

【内存储器】nèicúnchǔqì〈名〉装在计算机中央处理器内的存储器。简称"内存"。

【内地】nèidì〈名〉离边疆(或沿海)较远的地区。

【内阁】nèigé〈名〉某些国家中的最高行政机关,由内阁总理(或首相)和若干阁员(部长、总长、大臣或相)组成。

【内功】nèigōng〈名〉❶锻炼身体内部器官的功夫(区别于"外功")。❷指人的内在的能力及修养,也指事物自身具有的生存和发展的能力:驾驭重大历史题材,编剧、导演首先要练好~|公司苦练~,重新赢得了市场。

【内涵】nèihán〈名〉❶指概念的内容,也就是一个概念所反映的事物的本质属性的总和。❷内在的涵养:~深厚。

【内行】nèiháng ❶〈形〉对某项工作或某种业务有丰富的知识和经验。❷〈名〉内行的人:向~请教。

【内耗】nèihào〈名〉❶机器或其他装置本身所消耗的没有对外做功的能量。❷比喻社会或部门内部因不协调、闹矛盾等造成的人力、物力方面的无谓消耗:有的单位~严重,实在令人痛心!

【内讧】(内哄)nèihòng〈动〉集团内部倾轧、争斗:发生~。

【内奸】nèijiān〈名〉隐藏在内部,暗中进行破坏活动的敌对分子。

【内疚】nèijiù〈形〉心里感到惭愧不安。

【内聚力】nèijùlì〈名〉❶同种物质内部相邻各部分之间的吸引力,是分子力的一种表现,能使物体聚集成液体或固体。❷比喻群体内部的凝聚力:营造民主和谐的氛围,增强~。

【内控】nèikòng〈动〉内部控制:完善企业~机制|~不严,走漏了消息。

【内愧】nèikuì〈形〉内心感觉惭愧。

【内里】nèilǐ〈名〉内部;里头。

【内力】nèilì〈名〉❶指一个体系内各部分间的相互作用力。❷比喻群体内部具备的力量:积聚~,应对挑战。

【内敛】nèiliǎn〈形〉❶(性格、思想感情等)深沉,不外露;内向:他一向少言寡语,性格~。❷(艺术风格)含蓄,耐人寻味:她的诗像清清的流水,~而平静。

【内陆】nèilù〈名〉❶大陆远离海岸的部分。❷在大陆内部,不通海洋或不与海洋相接连的:~国|~湖。

【内乱】nèiluàn〈名〉❶指国内的叛乱或动乱。❷指统治阶级内部的战争。

【内幕】nèimù〈名〉不为外界所知的内部情况(多指不好的):揭开~。

【内企】nèiqǐ〈名〉由国内资本投资的企业。

【内勤】nèiqín〈名〉❶部队以及有外勤工作的机关、企业称在内部进行的工作:~人员|他跑外勤,我搞~。❷从事内勤工作的人:他是~,我是外勤。

【内情】nèiqíng〈名〉内部情况:熟悉~|不了解~。

【内人】nèirén〈名〉对人称自己的妻子。

【内容】nèiróng〈名〉事物内部所含的实质或存在的情况。

【内退】nèituì〈动〉不到国家规定的退休年龄,

在单位内部办理退休手续,叫"内退"。

【内外】nèiwài〈名〉❶内部和外部:长城~。❷用在数量词后面表示概数:一个月~。

【内外交困】nèi wài jiāo kùn 内部的困难和外部的困难交织在一起,形容处于十分困难的境地。

【内帏】nèiwéi〈名〉内室,女子的居处。

【内务】nèiwù〈名〉❶指国内事务(多指民政)。❷集体生活中室内的日常事务,如整理床铺、按规定放置衣物、打扫卫生等。

【内线】nèixiàn〈名〉❶布置在对方内部探听消息或进行其他活动的人,也指这种工作。❷处在敌人包围形势下的作战线:~作战。❸只供单位内部使用的电话线路。❹指内部的关系或门路:走~。

【内向】nèixiàng〈形〉性格不外露;思想感情深沉。

【内秀】nèixiù〈形〉外表显得粗鲁或笨拙,但实际上却聪明而细心。

【内需】nèixū〈名〉国内市场的需求(区别于"外需"):扩大~,拉动经济增长。

【内因】nèiyīn〈名〉事物发展变化的内部原因,即事物内部的矛盾性。

【内应】nèiyìng〈名〉隐藏在对方内部做策应工作的人,也指这种工作。

【内忧外患】nèi yōu wài huàn 指国家内部的不安定和外来的侵略。

【内援】nèiyuán〈名〉来自内部的援助,有时也特指运动队中来自国内其他运动队的选手。

【内蕴】nèiyùn ❶〈动〉蓄积于内心而未显露:~雄图。❷〈名〉事物的本质;内容:~丰富。

【内在】nèizài〈形〉事物本身所固有(跟"外在"相对):~规律。

【内战】nèizhàn〈名〉一个国家内部的战争。

【内中】nèizhōng〈名〉里头;里面。

【内助】nèizhù〈名〉妻子:贤~。

【内资】nèizī〈名〉国内的资本(区别于"外资"):~企业。

— nèn —

恁　nèn 方言。〈代〉❶那么;那样:~甜|起来~早做啥? ❷那;~时。❸这么;这样:花侍弄得~好。
　　△另见 nín。

【恁般】nènbān 方言。〈代〉这般;那般。

【恁地】nèndì 方言。〈代〉这么;那么。

嫩(*嬾)　nèn〈形〉❶初生而柔弱;娇嫩(跟"老"相对):~叶|~芽|鲜~|柔~。❷指某些食物烹调时间短,容易咀嚼:鸡蛋煮得~|肉丝炒得~。❸(某些颜色)浅:~黄|~绿。❹轻微的;程度浅:~寒。❺不老练:初学乍练,字还写得~。

【嫩生生】nènshēngshēng〈形〉形容很柔嫩的样子。

— néng —

能　néng ❶〈名〉能力;才干:~耐|技~|软弱无~。❷〈形〉有能力:~人|~者多劳。❸〈动〉能够:力所~及|一定~按时完工。❹〈代〉这样:南村群童欺我老无力,忍~对面为盗贼。❺〈名〉物理学上指能量:~源|光~|原子~。
　　△另见 nài。

【能动】néngdòng〈形〉积极主动,自觉努力:主观~性|不仅要适应环境,还要~地改造环境。

【能干】nénggàn〈形〉有才能,会办事:精明~|她很~,是个女中豪杰。

【能工巧匠】néng gōng qiǎo jiàng 技能高明的工匠。

【能够】nénggòu〈动〉❶表示具备某种能力,或达到某种效率:他~独立操作。❷表示条件或情理上许可:长江下游~行驶万吨级轮船。

【能耗】nénghào〈名〉能源的消耗:为了降低产品的成本,必须降低~。

【能见度】néngjiàndù〈名〉物体被正常目力看到的最大距离,也指物体在一定距离时被正常目力看到的清晰程度。能见度好坏通常是由空气中悬浮着的细微水珠、尘埃等的多少决定的:~高|不及50米。

【能可】néngkě〈副〉宁可:~折(shé)升不折(shé)斗,你怎也图利不图名?

【能力】nénglì〈名〉能胜任某项任务的主观条件:~强|交际~|他经验丰富,有~担当这项工作。

【能量】néngliàng〈名〉度量物质运动的一种物理量,一般解释为物质做功的能力,如机械能、电能、热能等。

【能耐】néngnai〈名〉技能;本领。

【能屈能伸】néng qū néng shēn 能弯曲也能伸展,指人在失意时能暂时忍耐,得志时能充分施展抱负。

【能事】néngshì〈名〉擅长的本事(常跟"尽"字搭配):极尽造谣诬蔑之~。

【能源】néngyuán〈名〉能产生能量的物质,如

N

燃料、水力、风力等。

备用词 本能 才能 机能 技能 功能 效能 性能 职能 智能 积不相能 素不相能 欲罢不能

━━ ńg ━━

嗯 ńg,又读 ń〈叹〉表示疑问:~? 你说什么?

━━ ňg ━━

嗯 ňg,又读 ň〈叹〉表示出乎意外或不以为然:~! 你还没走?

━━ ǹg ━━

嗯 ǹg,又读 ǹ〈叹〉表示答应:~,就这么办|他~了一声就走了。

━━ nī ━━

妮 nī方言。〈名〉女孩儿。

━━ ní ━━

尼 ní〈名〉❶尼姑,出家修行的女佛教徒:僧~|削发为~。❷姓。

坭 ní❶同"泥",用于"红毛坭"(水泥)。❷用于地名:白~(在广东)。

呢 ní〈名〉呢子,一种较厚的毛织品,多用来做外衣等:毛~|绒~|拷花~|大衣~。
△另见 ne。

【呢喃】nínán〈拟〉形容燕子的叫声:燕语~。

【呢绒】níróng〈名〉毛织品的统称。

兒(＊❶郳) ní〈名〉❶周朝国名,在今山东滕州东南。❷同"倪",姓。
△另见 ér"儿"。

泥 ní〈名〉❶含水的半固体状的土:~土|~潭|~沙俱下。❷半固体状的像泥的东西:印~|枣~|蒜~。❸姓。
△另见 nì。

【泥泞】níning❶〈形〉有烂泥不好走:道路~。❷〈名〉淤积的烂泥:踏着~。

【泥牛入海】ní niú rù hǎi 泥做的牛掉到海里,比喻一去不复返。

【泥沙俱下】ní shā jù xià 泥土和沙子一起流下来,比喻好坏不同的人或事物混杂在一起。

【泥石流】níshíliú〈名〉在山洪冲击下,山坡上的泥、沙、石块等形成的短暂的急流,是山区的一种自然灾害。

【泥塑木雕】ní sù mù diāo 见[木雕泥塑]。

【泥潭】nítán〈名〉泥坑。

【泥沼】nízhǎo〈名〉烂泥坑。

怩 ní 见[扭(niǔ)怩]。

铌(鈮) ní〈名〉金属元素,符号 Nb。灰白色,用来制造耐高温的合金钢等。

倪 ní❶见[端倪]。❷〈名〉姓。

猊 ní 见[狻(suān)猊]。

婗 ní 见[婴(yī)婗]。

輗(輗) ní〈名〉古代大车辕端与横木相接的部件。

霓(＊蜺) ní〈名〉大气中有时跟虹同时出现的另一种弧形彩带,色彩排列顺序和虹相反,颜色比虹淡。也叫"副虹"。

【霓虹灯】níhóngdēng〈名〉灯的一种,在真空玻璃管中充入氖或氩等惰性气体,通电后发出红色或蓝色的光。

鲵(鯢) ní〈名〉两栖动物,四肢短小,尾成鳍状,生活在水边。有大鲵、小鲵两种。大鲵叫声像婴儿,俗称"娃娃鱼"。

━━ nǐ ━━

拟(擬＊❸❹儗) nǐ〈动〉❶设计;起草:~稿|~定|草~|虚~。❷打算;想要:~于近日离京出访。❸模仿:~人|~态|~古。❹相比:比~。

【拟订】nǐdìng〈动〉草拟:~卫生公约。

【拟定】nǐdìng〈动〉❶起草制定:~计划。❷揣测断定。

【拟古】nǐgǔ〈动〉模仿古代艺术形式或风格。

【拟人】nǐrén〈名〉修辞方式,把事物人格化,如童话中的动物、植物等写得和人一样能说话,有人的感情和动作。

【拟声词】nǐshēngcí〈名〉模拟声音的词。

【拟议】nǐyì❶〈名〉事先的考虑。❷〈动〉草拟。

备用词 比拟 模拟 虚拟 悬拟

你(＊妳) nǐ〈代〉❶称对方(一个人),有时也用来指称"你们":~好|是~? |~厂|~部。❷泛指任何人,有时实际上指"我":他的手艺叫~不得不服气|天天跟

~叨叨,~有什么办法?〔注意〕"你"用于男性和女性,"妳"只用于女性。

【你们】nǐmen〈代〉称对方的若干人或包括对方在内的若干人。

【你死我活】nǐ sǐ wǒ huó 敌对的人或集团不能并存,形容矛盾尖锐,斗争激烈。

祢(禰) nǐ〈名〉古代对已在宗庙中立牌位的亡父的称谓。
△另见 mí。

旎 nǐ 见[旖(yǐ)旎]。

━━ nì ━━

伲 nǐ 方言。〈代〉我;我们。

泥 nǐ ❶〈动〉用土、灰等涂抹墙壁或器物:~墙|窗户玻璃的四周用油灰~上。❷〈形〉固执;死板:拘~|执~。
△另见 ní。

【泥古】nìgǔ〈动〉拘泥于古代的成法,不知结合具体情况而加以变通:~不化。

昵(*暱) nǐ ❶〈形〉亲热:亲~。❷〈动〉亲近:若背之,是弃力与言,其谁~我?

逆 nǐ ❶〈形〉方向相反(跟"顺"相对):~风|~光|~水行舟|倒行~施。❷〈动〉抵触;不顺从:忠言~耳|顺之者昌,~之者亡。❸〈动〉背叛:~贼|叛~。❹〈名〉背叛者:~产。❺〈动〉迎:~客|~旅。❻〈副〉事先:~知|~料。

【逆差】nìchā〈名〉对外贸易中进口商品总值超出出口商品总值的差额(跟"顺差"相对)。

【逆耳】nì'ěr〈动〉不顺耳;听起来不舒服:忠言~。

【逆价】nìjià〈名〉销售价格低于收购价的现象(跟"顺价"相对)。

【逆境】nìjìng〈名〉不顺利的境遇:身处~。

【逆来顺受】nì lái shùn shòu 对恶劣环境或不合理的待遇采取忍受的态度。

【逆浪】nìlàng〈名〉比喻与革命的或社会前进的方向相反的潮流。

【逆料】nìliào〈动〉预料:事态发展难以~。

【逆流】nìliú ❶〈动〉逆着水流的方向:~而上。❷〈名〉与主流反方向的水流,比喻反动的潮流。

【逆旅】nìlǚ〈名〉旅馆。

【逆市】nìshì〈动〉跟整个市场的行情走势相反:这只股票在大盘连日下跌时仍~上涨。

【逆水行舟】nì shuǐ xíng zhōu 谚语说:"逆水行舟,不进则退。"比喻学习或做事不努力就会后退。

【逆转】nìzhuǎn〈动〉❶向相反的方向转化:自然规律不可~。❷(局势)恶化:时局~。

【逆子】nìzǐ〈名〉忤逆不孝的儿子:~贰臣。
备用词 悖逆 舛(chuǎn)逆 叛逆 忤逆

匿 nì〈动〉隐藏;不让人知道:隐~|~伏。

【匿迹】nìjì〈动〉隐藏不露形迹:销声~|~江湖。

【匿名】nìmíng〈动〉不具名或不写真实姓名:~信。

【匿影藏形】nì yǐng cáng xíng 隐藏形迹,不公开活动。
备用词 藏匿 逃匿 隐匿

陒 nì 见[睥(pí)陒]。

坭 nì 见[埤(pí)坭]。

睨 nì〈动〉斜着眼睛看:睥(pì)~|~视。

腻(膩) nì ❶〈形〉食物中油脂过多:红烧肉太~。❷〈动〉食物因油脂过多令人不想吃:肥肉~人。❸〈形〉厌烦:~烦|看不~。❹〈形〉细致:细~。❺〈动〉黏:油揩布~手。❻〈名〉污垢:尘~|垢。

【腻烦】nìfan ❶〈形〉因次数过多或延续时间过长而生厌:老说这几句话,你不觉得~吗?❷〈动〉厌恶;讨厌:我真~他。

【腻虫】nìchóng〈名〉蚜虫。

【腻友】nìyǒu〈名〉亲密的朋友。

溺 nì〈动〉❶淹没在水里:~水|~死。❷沉迷不悟;过分:沉~|~爱。
△另见 niào。

【溺爱】nì'ài〈动〉过分地宠爱;特别喜爱。

慝 nì〈动〉隐藏;躲藏。

— niān —

拈 niān〈动〉用手指头夹;捏:～阄儿|香(指烧香敬佛)|信手～来|～轻怕重。

【拈轻怕重】niān qīng pà zhòng 接受任务时挑选轻松的,害怕繁重的。

蔫 niān〈形〉❶植物失去水分而萎缩:菜～|苹果放～了。❷精神不振;消沉:孩子那么～,是不是生病了?❸性子慢;不活泼:～脾气。

— nián —

年(＊秊) nián ❶〈名〉时间单位,地球绕太阳运行一周的时间。现行历法规定,平年 365 天,闰年 366 天:往～|学～|～内|三～五载。❷〈形〉每年的:～会|～鉴。❸〈名〉岁数:～纪|～轻|益寿延～。❹〈名〉一生中按年龄划分的阶段:童～|青～|风烛残～。❺〈名〉时期;时代:近～|唐朝初～。❻〈名〉一年中庄稼的收成:～成|丰～|荒～。❼〈名〉年节:新～|拜～|～关。❽〈形〉有关年节的:～货|～画|～糕。❾〈名〉姓。

【年成】niánchéng〈名〉一年庄稼收获的情况:好～。

【年齿】niánchǐ〈名〉年纪:～渐长。

【年代】niándài〈名〉❶把一个世纪按顺序划分成十个十年,每个十年为一个年代,如 1990－1999 年是 20 世纪 90 年代。❷时代;历史时期:战争～。

【年富力强】nián fù lì qiáng 年纪轻,精力充沛(富:指未来的年岁多)。

【年高德劭】nián gāo dé shào 年岁大,品德美好。

【年庚】niángēng〈名〉指一个人出生的年月日时。

【年关】niánguān〈名〉旧时指农历年底。旧时农历年底结账,欠租、欠债的人感觉像过关一样,所以称为年关。

【年光】niánguāng〈名〉❶年华。❷年成;年景。

【年号】niánhào〈名〉历代封建帝王所用的纪年的名称,如"贞观"是唐太宗的年号,"光绪"是清德宗的年号。

【年华】niánhuá〈名〉时光;年岁:青春～|虚度～。

【年纪】niánjì〈名〉年龄。

【年鉴】niánjiàn〈名〉汇集一年中各方面或某一方面的情况、统计等资料的参考书。

【年景】niánjǐng〈名〉❶年成:丰收～。❷过年的景象:一派热闹的～。

【年龄】niánlíng〈名〉人或动物、植物已经生存的年数。

【年貌】niánmào〈名〉年岁和相貌:～相当。

【年谱】niánpǔ〈名〉用编年体记载某人生平事迹的著作。

【年青】niánqīng〈形〉处在青少年时期:～一代。

【年轻】niánqīng〈形〉年纪不大(多指十几岁至二十几岁):～力壮|～有为。

【年深日久】nián shēn rì jiǔ 形容时间久远。也说"年深月久"、"年深岁久"。

【年时】niánshí 方言。〈名〉❶年头儿。❷往年;过去。

【年事】niánshì〈名〉年纪:～已高。

【年岁】niánsuì〈名〉❶年纪:上～。❷年代:～久远。

【年头】niántóu〈名〉❶年份。❷时代:这～不兴那一套了。❸年成:今年好～。

【年限】niánxiàn〈名〉规定的或作为一般标准的年数:延长使用～。

【年宵】niánxiāo〈名〉年夜。

【年兄】niánxiōng〈名〉科举时代同年同科考中的人的互称。

【年夜】niányè〈名〉农历一年最后一天的夜晚。

【年谊】niányì〈名〉科举时代指同年同科考中的人彼此之间的关系。

【年月】niányue〈名〉❶时代。❷岁月;日子。

备用词 成年 老年 暮年 青年 少年 童年 晚年 幼年 中年 壮年 常年 大年 丰年 荒年 平年 歉年 熟年 小年 风烛残年 亿万斯年

粘 nián ❶同"黏"。❷〈名〉姓。△另见 zhān。

鲇(鮎＊鯰) nián〈名〉鱼,体表多黏液,无鳞,生活在淡水中,吃小鱼、贝类等。

黏 nián〈形〉像糨糊或胶水等所具有的能粘(zhān)东西的性质:～液|～土|～米。

【黏糊】niánhu〈形〉❶形容东西黏:粥熬得挺～。❷形容人性子慢,行动迟缓,做事不干脆。

— niǎn —

捻(＊撚) niǎn ❶〈动〉用手指搓:～线|～麻绳|～胡须。❷〈名〉用纸

搓成的条状物或用线织成的带状物:纸~儿|灯~儿|药~子。❸方言。〈动〉用竹竿和网做的工具捕鱼或捞水草、河泥:~河泥。

【捻捻转儿】niǎnnianzhuànr〈名〉儿童玩具,用木头或塑料等制成,扁圆形,中间有轴,一头尖,玩时用手捻轴使其旋转。

【捻子】niǎnzi〈名〉用纸搓成的条状物或用线织成的带状物:药~|纸~|灯~。

辇（輦）niǎn〈名〉古时用人拉的车,后多指帝王坐的车:步~|龙车凤~。

辗（輾）niǎn同"碾"。△另见zhǎn。

撵（攆）niǎn〈动〉❶驱逐;赶走:~走|~出门外。❷方言。追赶:快点跑,~上去。

碾niǎn❶〈名〉碾子,轧碎或压平东西的工具:石~|汽~。❷〈动〉滚动碾子等轧碎或压平:~米。

蹍niǎn方言。〈动〉踩:~死一只蚂蚁。

━━ niàn ━━

廿niàn〈数〉二十。

念（＊❸❹唸）niàn❶〈动〉想念:惦~|怀~|~旧|~~不忘。❷〈名〉心里的想法、打算;念头:意~|欲~|一~之差|转~一想。❸〈动〉看着文字发出声音;读:~报|~经。❹〈动〉指上学:~大学。❺〈数〉"廿"的大写。❻〈名〉姓。

【念叨】niàndao〈动〉❶因想念或惦记而经常说起。❷说;谈。

【念旧】niànjiù〈动〉不忘旧时的交情。

【念头】niàntou〈名〉想法;打算。

【念珠】niànzhū〈名〉数(shù)珠。

备用词 叨念 悼念 惦念 感念 挂念 怀念 纪念 眷念 渴念 牵念 思念 系念 想念 瞻念 追念 概念 观念 信念 悬念 意念 私念 邪念 杂念

埝niàn〈名〉挡水的土埂;小堤:堤~|子~(堤顶上加筑的小堤)。

━━ niāng ━━

孃niāng方言。〈名〉对长一辈或年龄稍大的女性的称呼:三~|表~|李~。

△另见niáng"娘"。

━━ niáng ━━

娘（＊❶孃）niáng〈名〉❶母亲:爹~|亲~。❷称长一辈或年长的已婚妇女:大~|婶~|师~。❸年轻妇女:渔~|新~|伴~|娇~。

△"孃"另见niāng。

【娘子】niángzǐ〈名〉❶方言。妻子。❷尊称青年或中年妇女(多见于早期白话)。

━━ niàng ━━

酿（釀）niàng❶〈动〉利用发酵的方法制造酒、酱油等;酿造:~酒|~醋。❷〈动〉蜜蜂做蜜:~蜜。❸〈动〉逐渐形成:~成大祸。❹〈动〉烹调方法,将肉、鱼、虾等剁碎做成的馅填或塞入掏空的柿子椒、冬瓜等蔬菜中,用油煎或蒸:~冬瓜。❺〈名〉酒:佳~|醇~。

━━ niǎo ━━

鸟（鳥）niǎo〈名〉❶脊椎动物的一纲,全身有羽毛,体温恒定,卵生,前肢变成翅膀,一般会飞,后肢能行走。如燕、鹰、鸡、鸭、鸵鸟等。❷姓。

△另见diǎo。

【鸟铳】niǎochòng〈名〉一种旧式鸟枪。

【鸟道】niǎodào〈名〉指险峻狭窄的山路。

【鸟尽弓藏】niǎo jìn gōng cáng《史记·越王勾践世家》:"蜚(飞)鸟尽,良弓藏;狡兔死,走狗烹。"比喻事情成功后把曾经出过力的人杀掉或一脚踢开。

【鸟瞰】niǎokàn〈动〉❶从高处向下看。❷概略地观察或描写：国际形势～。

鵽（**鵽**）niǎo〈名〉乔木，茎能能爬蔓，花白色微绿，果实球形。

袅（**嬝*嫋嬝褭**）niǎo❶〈形〉细长柔弱：～娜｜～绕。❷方言。〈动〉扭：～着腰。❸方言。〈动〉烟气缭绕升起：～起炊烟。

【袅袅】niǎoniǎo〈形〉❶形容烟气缭绕升起：炊烟～。❷形容细长柔软的东西随风轻轻摇摆：垂杨～。❸形容声音婉转悠扬，延长不绝：余音～，不绝如缕。

【袅袅婷婷】niǎoniǎotíngtíng形容女子走路体态轻盈柔美的样子。

【袅娜】niǎonuó，旧读 niǎonuǒ〈形〉❶形容草木细长而柔软。❷形容女子姿态轻盈柔美。

【袅绕】niǎorào〈动〉形容回环旋转，绵延不断：歌声～。

—— niào ——

尿niào❶〈名〉由人或动物肾脏产生，从尿道排泄出来的液体：～肥｜撒～。❷〈动〉撒尿：～尿｜～床。　△另见 suī。

脲niào〈名〉即尿素，有机化合物，用作肥料、饲料，也用来制造炸药、塑料等。

溺niào同"尿"(niào)。　△另见 nì。

—— niē ——

捏（***揑**）niē〈动〉❶用拇指和其他手指夹：～鼻子｜～住笔杆。❷用手指把软东西弄成一定的形状：～面人｜～饺子。❸假造事实；虚构：～造。

【捏合】niēhé〈动〉❶使凑合在一起。❷捏造（多见于早期白话）。

【捏造】niēzào〈动〉凭空虚构事实：～罪名。

—— nié ——

苶nié〈形〉疲倦；精神不振。

—— niè ——

乜niè〈名〉姓。　△另见 miē。

阠（***陧**）niè见[阢(wù)阠]。

聂（**聶**）niè〈名〉姓。

臬niè〈名〉❶射箭的目标；靶子。❷测日影用的标杆：圭～。❸法度；标准。

涅（***湼**）niè❶〈名〉做黑色染料用的矾石。❷〈动〉染黑：～而不缁（染也染不黑，比喻不受坏环境影响）。

【涅槃】nièpán〈动〉佛教用语，原指超脱生死的境界，现用作死（指佛或僧人）的代称。[外]

啮（**嚙*齧嚙**）niè❶〈动〉用牙啃或咬：～合｜～伤｜虫咬鼠～。❷〈名〉缺口：剑之折，必有～。

嗫（**囁**）niè[嗫嚅(rú)]〈形〉想说话又不敢说，吞吞吐吐的样子：口将言而～。

嵲niè见[嵽(dié)嵲]。

镊（**鑷**）niè❶〈名〉镊子，拔毛或夹取细小东西的用具，多用金属制成。❷〈动〉夹：从手上～出一根竹刺｜把酒精棉球从瓶子里～出来。

镍（**鎳**）niè〈名〉金属元素，符号 Ni。银白色，多用来制合金，或做催化剂。

颞（**顬**）niè[颞颥(rú)]〈名〉头部两侧靠近耳朵上方的部位。

蹑（**躡**）niè〈动〉❶放轻（脚步）：～手～脚。❷追随：追～｜～踪｜～迹。❸踩：～足。

【蹑迹】nièjì〈动〉跟着踪迹（寻找）：～求。

【蹑手蹑脚】niè shǒu niè jiǎo 放轻脚步走路的样子。

【蹑踪】nièzōng〈动〉追踪。

【蹑足】nièzú〈动〉❶放轻脚步：他～走到病床前。❷插足，比喻参加：～其间（参加进去）。

孽（***孼**）niè❶〈名〉邪恶：妖～｜残渣余～。❷〈名〉祸害；罪恶：～障｜～根｜作～｜洗清罪～。❸〈形〉不忠或不孝：～臣｜～子。

【孽障】nièzhàng同"业障"。

蘖niè〈名〉树木砍去后又长出来的新芽。泛指植物从茎的基部长出的分枝：分～。

蘖（***糵**）niè〈名〉酿酒的曲。

—— nín ——

恁nín同"您"(多见于元曲)。　△另见 nèn。

您 nín〈代〉"你"的敬称：～好！

— níng —

宁（寧*❶-❹甯寧）níng ❶〈形〉安宁：～静｜康～｜坐卧不～｜心绪不～。❷〈动〉使安宁：～边（使边境不受侵扰）｜息事～人。❸〈动〉在外的人回家探望（父母）：归～｜～亲。❹〈名〉江苏南京的别称。❺〈名〉姓。

△另见 nìng。

【宁靖】níngjìng〈形〉地方秩序安定。

【宁静】níngjìng〈形〉环境或心情安静：～的月夜。

【宁谧】níngmì〈形〉安宁；安静。

【宁日】níngrì〈名〉安宁的日子；太平的时候。

【宁帖】níngtiē〈形〉心境宁静；安稳：夜间咳嗽，总睡不～。

【宁馨儿】níngxīn'ér〈名〉原意是"这样的孩子"，后用为赞美儿童的话（宁馨：这样）。

拧（擰）níng〈动〉❶用两只手握住物体两端分别向相反的方向用力：～毛巾。❷用两个手指扭住皮肉转动：～耳朵｜～了孩子一把。

△另见 nǐng；nìng。

咛（嚀）níng 见〖叮咛〗。

狞（獰）níng〈形〉（面目）凶恶：～笑。

柠（檸）níng〖柠檬（méng）〗〈名〉小乔木，果实长椭圆形或卵形，果肉味极酸，可制饮料，果皮黄色，可提取柠檬油。

聍（聹）níng 见〖耵（dīng）聍〗。

凝 níng〈动〉❶气体变成液体或液体变成固体；凝结：～固｜冷～。❷注意力集中：～

思｜～视。

【凝碧】níngbì〈形〉浓绿。

【凝集】níngjí〈动〉凝结；聚集。

【凝结】níngjié〈动〉❶凝①。❷比喻用心血、汗水等结成：鲜血～成的友谊。

【凝聚】níngjù〈动〉❶气体由稀变浓或变成液体。❷比喻人的思想、感情或心血等集中地体现。

【凝练】（凝炼）níngliàn〈形〉（文字）紧凑而简练：文笔～。

【凝眸】níngmóu〈动〉目不转睛地（看）：～远望。

【凝神】níngshén〈动〉集中精神，不分散注意力：屏气～。

【凝视】níngshì〈动〉全神贯注地看。

【凝思】níngsī〈动〉聚精会神地思考：～默虑。

【凝望】níngwàng〈动〉目不转睛地看。

【凝噎】níngyē〈动〉喉咙阻塞，哭不出声，说不出话。

【凝脂】níngzhī〈名〉凝固了的油脂，形容洁白细嫩的皮肤。

【凝止】níngzhǐ〈动〉凝固；停止：天上的流云也好像是～了。

【凝滞】níngzhì〈动〉❶停滞；不流动。❷受阻而停留不进。

【凝重】níngzhòng〈形〉❶端庄；庄重：神情～。❷（声音）浑厚：声音～有力。❸程度深；浓重：天色～漆黑。

— nǐng —

拧（擰）nǐng〈动〉❶控制住物体向里转或向外转：～螺丝｜把瓶盖～开。❷颠倒；对立；抵触：意思弄～了｜两个人越说越～。

△另见 níng；nìng。

— nìng —

宁（寧*❶-❹甯寧）nìng〈副〉❶宁可；宁愿：～死不屈｜～缺毋滥｜～为玉碎不为瓦全。❷岂；难道：王侯将相～有种乎？

△另见 níng。"甯"另见 nìng。

【宁可】nìngkě〈副〉❶表示在比较利害得失后选取一种做法：～费点事儿，也不能马虎。❷怎么能；哪能：然而洞庭，深水也，吾行尘间，～致意耶？

【宁肯】nìngkěn〈副〉宁可。

【宁缺毋滥】nìng quē wú làn 宁可少些，也不要降低标准去求多。

【宁死不屈】nìng sǐ bù qū 宁愿死去，也不屈服。

【宁为玉碎，不为瓦全】nìng wéi yù suì, bù wéi wǎ quán 比喻宁愿为正义而死，不愿苟且偷生。

【宁愿】nìngyuàn〈副〉宁可。

佞 nìng ❶〈形〉惯用花言巧语谄媚人：～臣。❷〈名〉贯于巧言谄媚的人：奸～。❸〈形〉有才智：不～(旧时谦称自己)。

【佞幸】nìngxìng ❶〈动〉以谄媚而得到宠幸。❷〈名〉以谄媚而得到君主宠幸的人。

拧(擰) nìng 方言。〈形〉倔强：～脾气。△另见 níng；nǐng。

泞(濘) nìng〈名〉烂泥：泥～。

甯 nìng ❶见"宁"(nìng)。❷〈名〉姓。
△另见 níng"宁"。

— niū —

妞 niū〈名〉女孩子：～～｜小～儿。

— niú —

牛 niú ❶〈名〉哺乳动物，头上有一对角，力气大，可供役使，乳用或乳肉两用。常见的有黄牛、水牛、奶牛、牦牛等。❷〈形〉比喻骄傲或固执：～气｜～脾气。❸〈名〉星宿名，二十八宿之一：气冲～斗。❹〈名〉姓。

【牛刀小试】niú dāo xiǎo shì 比喻有大本领，先在小事情上施展一下。

【牛鬼蛇神】niúguǐ-shéshén 比喻形形色色的坏人和丑恶的事物。

【牛市】niúshì〈名〉指价格持续上涨，成交额上升，交易活跃的证券市场行情(跟"熊市"相对)。

【牛溲马勃】niúsōu mǎbó 牛溲和马勃都可做药用，比喻虽不值钱但却是有用的东西(牛溲：牛尿；马勃：一种菌类)。

【牛头不对马嘴】niú tóu bù duì mǎ zuǐ 见〖驴唇不对马嘴〗。

— niǔ —

扭 niǔ〈动〉❶掉转；转动：～转｜～头。❷拧(nǐng)：～断树枝｜强～的瓜不甜。❸拧伤(筋骨)：～了腰。❹身体左右摇动：～摆｜～秧歌。❺揪住：～打｜～作一团。

【扭亏】niǔkuī〈动〉扭转亏损局面：～增盈。

【扭捏】niǔnie〈动〉原指走路时身体故意左右摇摆，现多形容言谈举止不大方。

【扭转】niǔzhuǎn〈动〉❶掉转：～身子。❷改变事物的现状或发展方向：～局面。

狃 niǔ〈动〉❶因袭；拘泥：～于旧制。❷逐渐适应：习惯：～于寒暑之变。

忸 niǔ[忸怩(ní)]〈形〉不好意思或不大方的样子：～作态。

纽(紐) niǔ〈名〉❶器物上可以抓住提起或系挂的部分：秤～｜印～。❷纽扣：衣～｜～襻(扣住纽扣的套)。❸事物的关键或相互联系的中心环节：～带。❹瓜果等刚结的果实：南瓜～儿｜冬瓜～。❺姓。

杻 niǔ〈名〉古书上的一种树。
△另见 chǒu。

钮(鈕) niǔ ❶同"纽"①②。❷〈名〉机器，仪表等器物上用手开关或调节的部分：电～｜旋～。❸〈名〉姓。

— niù —

拗(*抝) niù〈形〉固执；不随和：执～｜脾气～。
△另见 ǎo；ào。

— nóng —

农(農 *辳) nóng〈名〉❶农业：务～｜～具｜～林牧副渔。❷农民：棉～｜老～｜士～工商。❸姓。

【农夫】nóngfū〈名〉旧时称长期从事农业劳动的男子。

【农历】nónglì〈名〉我国使用的一种历法。是阴阳历的一种，一般就叫"阴历"。平年 12 个月，大月 30 天，小月 29 天，全年 353 天、354 天或 355 天；闰年 13 个月，全年 383 天、384 天或 385 天。这种历法相传创始于夏代，所以又称"夏历"。也叫"旧历"。

【农亩】nóngmǔ〈名〉❶指乡野。❷指农田。❸农耕之事：～之劳。

【农奴】nóngnú〈名〉封建社会中隶属于农奴主或封建主的农业劳动者。

【农人】nóngrén〈名〉农民。

【农时】nóngshí〈名〉适合某种农作物耕作的生产季节：不违～。

【农事】nóngshì〈名〉农业生产中的各项工作。

【农谚】nóngyàn〈名〉有关农业生产的谚语，是农民在长期生产实践中总结出来的经验。如"六月六，看谷秀"、"种地不上粪，等于瞎胡混"。

【农艺】nóngyì〈名〉农作物栽培等方面的技术：～师。

【农友】nóngyǒu〈名〉我国国内革命战争时期对农民的亲切称呼：工友～。

侬（儂）nóng❶方言。〈代〉你。❷〈代〉我（多见于旧诗文）：～今葬花人笑痴，他年葬～知是谁？❸〈名〉姓。

哝（噥）nóng[哝哝(nong)]〈动〉小声说话：她在我耳边～了好半天。

浓（濃）nóng❶〈形〉液体或气体中所含的某种成分多；稠密（跟"淡"相对）：～香｜～墨｜～云｜～茶。❷〈形〉颜色重：～绿｜～妆｜～眉大眼。❸〈形〉程度深：兴趣～｜睡意正～。❹〈名〉姓。

【浓厚】nónghòu〈形〉❶（烟雾、汁液等）很浓。❷（色彩、意识、气氛）重：学习空气～。❸（兴趣）大。

【浓烈】nóngliè〈形〉（气味）浓重而强烈：酒味～。

【浓密】nóngmì〈形〉（枝叶、毛发等）稠密。

【浓蔚】nóngwèi〈形〉浓密茂盛：～的枝叶。

【浓艳】nóngyàn〈形〉（色彩）浓重而艳丽：～的笔墨。

【浓郁】nóngyù〈形〉❶（香气等）浓重。❷（草木）茂盛繁密：～葱茏的松柏。❸（兴趣）大：兴致～。

【浓重】nóngzhòng〈形〉（烟雾、色彩、气味等）很浓很重。

【浓妆】nóngzhuāng〈名〉浓艳的妆饰：～淡抹。

脓（膿）nóng〈名〉化脓性炎症病变所形成的黄绿色黏液：流～｜～肿。

秾（穠）nóng〈形〉草木繁盛：～华｜～艳｜天(yāo)桃～李。

酿（釀）nóng❶〈形〉酒味浓厚。❷〈名〉浓烈的酒：醇～(味浓的酒)。

=== nòng ===

弄（*挵）nòng〈动〉❶手拿着、摆弄着或逗引着玩：小孩儿爱～沙土。❷做；干；办；搞：～饭｜把事～坏了。❸设法取得：到河里～点水来。❹耍弄；玩弄：捉～｜～权｜舞文～墨。△另见 lòng。

【弄潮】nòngcháo〈动〉在潮头搏浪嬉戏：～儿。

【弄假成真】nòng jiǎ chéng zhēn 本来是假意的，结果却变成真事。

【弄巧成拙】nòng qiǎo chéng zhuō 想要巧妙手段，结果反而把事情弄糟。也说"弄巧反拙"。

【弄权】nòngquán〈动〉把持权柄，玩弄权术。

【弄性尚气】nòng xìng shàng qì 由着性子干，好为意气之争。

【弄虚作假】nòng xū zuò jiǎ 搞虚假的一套，用来欺骗人。

备用词　摆弄　拨弄　播弄　嘲弄　逗弄　卖弄　耍弄　玩弄　戏弄　愚弄　捉弄　作弄

=== nòu ===

耨 nòu ❶〈名〉锄草的农具。❷〈动〉锄草：深耕细～。

=== nú ===

奴 nú ❶〈名〉受压迫、剥削、役使而没有自由的人（跟"主"相对）：～隶｜～仆｜农～｜亡国～。❷〈名〉青年女子自称（多见于早期白话）：～家。❸〈副〉像对待奴隶一样地（蹂躏、使用）：～役。

【奴辈】núbèi〈名〉古代士大夫阶层对伺候他们的人的鄙贱称呼。

【奴才】núcai〈名〉❶奴仆（明清也用于宦官等对皇帝的自称）。❷指甘心受人驱使，帮助作恶的人。

【奴化】núhuà〈动〉侵略者及其帮凶通过各种手段使被侵略的民族甘心受奴役：～教育。

【奴家】nújiā〈名〉奴②。

【奴隶】núlì〈名〉奴隶社会中，为奴隶主劳动而没有人身自由的人。

【奴奴】núnu〈名〉奴②。

【奴仆】núpú〈名〉旧时在主人家里供役使的人。

【奴颜婢膝】nú yán bì xī 形容卑躬屈膝，谄媚

N

奉承的样子。

【奴颜媚骨】nú yán mèi gǔ 形容卑躬屈膝地奉承巴结的样子。

【奴役】núyì〈动〉像对待奴隶一样地使用。

孥 nú〈名〉❶儿女：妻～。❷妻子和儿女。

驽（駑）nú ❶〈名〉劣马，跑不快的马。❷〈形〉劣（用于马）：～马。❸〈形〉才能低下平庸：～才|～钝。

【驽钝】núdùn〈形〉愚笨；迟钝：庶竭～，攘除奸凶。

【驽马】númǎ〈名〉跑不快的马：～十驾，功在不舍。

— nǔ —

努（*❷拗❷呶❷㖊）nǔ〈动〉❶尽量使出（力气）：～力|～劲儿。❷凸出：～嘴(噘嘴向人示意)。❸用力太过，身体内部受伤：扛麻袋悠着点儿，留神～着。

△"呶"另见 náo。

【努力】nǔlì ❶〈动〉尽量使出力量：为完成任务而共同～。❷〈形〉尽心尽力：～学习|工作很～。

弩 nǔ〈名〉弩弓，古代一种利用机械力量射箭的弓：万～齐发|剑拔～张|强～之末。

砮 nǔ〈名〉一种可做箭镞的石头。

胬 nǔ [胬肉]〈名〉中医指眼球结膜增生而突起的肉状物。

— nù —

怒 nù〈形〉❶愤怒：恼～|喜～哀乐。❷形容气势很盛：～潮|～号|～放。

【怒不可遏】nù bù kě è 愤怒得难以抑制。

【怒潮】nùcháo〈名〉汹涌澎湃的浪潮，比喻声势浩大的反抗运动。

【怒冲冲】nùchōngchōng〈形〉形容很生气的样子。

N

【怒发冲冠】nù fà chōng guān《史记·廉颇蔺相如列传》："相如因持璧却立，倚柱，怒发上冲冠。"愤怒得头发竖起，把帽子都顶起来了。形容非常愤怒的样子。

【怒号】nùháo〈动〉大声地号叫(多形容大风)：狂风～。

【怒吼】nùhǒu〈动〉❶猛兽发威时吼叫，比喻发出巨大而雄壮的声音。❷因愤怒而高声叫喊。

【怒火】nùhuǒ〈名〉极大的愤怒：～中烧|复仇的～。

【怒目而视】nùmù ér shì 发怒时瞪着眼睛看。

【怒气冲冲】nùqì chōngchōng 形容非常愤怒的样子。

【怒色】nùsè〈名〉愤怒的表情：面带～。

【怒涛】nùtāo〈名〉❶汹涌起伏的波涛。❷比喻群众的愤怒的情绪。

【怒形于色】nù xíng yú sè 内心的愤怒在脸上显露出来。

【怒茁】nùzhuó〈动〉旺盛地生长。

备用词 触怒 动怒 发怒 愤怒 激怒 恼怒 迁怒 盛怒 震怒 老羞成怒 恼羞成怒

傉 nù 用于人名。秃发傉檀，东晋时南凉国君。

— nǚ —

女 nǚ ❶〈形〉女性(跟"男"相对)：～子|～工|少～|歌～。❷〈名〉女儿：儿～|义～。❸〈名〉星宿名，二十八宿之一。❹古通"汝"(rǔ)。

【女工】nǚgōng〈名〉❶女性工人。❷旧时指纺织、缝纫、刺绣等女子做的工作。也指这些工作的成品。也作"女红"。❸旧时指女佣人。

【女红】nǚgōng 同"女工"②。

【女流】nǚliú〈名〉妇女(含轻视意)：～之辈。

【女墙】nǚqiáng〈名〉城墙上呈凹凸形的矮墙。

【女婿】nǚxu〈名〉❶女儿的丈夫。❷丈夫。

【女优】nǚyōu〈名〉旧时称女戏曲演员。

钕（釹）nǚ〈名〉金属元素，符号 Nd。微黄色，用作激光材料，也用来制造合金。

— nǜ —

恧 nǜ〈形〉惭愧：惭～|～然自愧。

衄（*衂）nǜ〈动〉❶鼻孔出血，也泛指出血：鼻～|齿～。❷战败：败～。

— nuǎn —

暖（*煖㬉㬮）nuǎn ❶〈形〉暖和：温～|和～|席不暇～|春～花开。❷〈动〉使暖和：～酒|～一～手。

△"煖"另见 xuān。

【暖冬】nuǎndōng〈名〉大范围地区冬季三个月的平均气温比常年同期明显偏高，这样的冬季称为"暖冬":今年是个～,平均气温要高出去年2℃。

【暖烘烘】nuǎnhōnghōng〈形〉形容很暖和。

【暖和】nuǎnhuo ❶〈形〉(气候、环境等)不冷也不太热。❷〈动〉使暖和:外面太冷,快进屋来～～。

【暖流】nuǎnliú〈名〉❶从低纬度流向高纬度的洋流。❷比喻心里温暖的感觉:一股～涌上心头。

【暖洋洋】nuǎnyángyáng〈形〉形容非常暖和:～的春风。

备用词 和暖 温暖 席不暇暖 嘘寒问暖

=== nüè ===

疟(瘧) nüè〈名〉疟疾,急性传染病,传染媒介是蚊子,症状是周期性发冷发热,热后大量出汗,头痛口渴,全身无力。
△另见 yào。

虐 nüè〈形〉❶残暴狠毒:暴～|肆～|～待|～杀。❷灾害:乱～并生。

【虐待】nüèdài〈动〉用残暴狠毒的手段对待:受～|不许～老人。

【虐杀】nüèshā〈动〉虐待致死。

备用词 暴虐 酷虐 凶虐 凌虐 肆虐 助桀为虐 助纣为虐

=== nuó ===

挪(*挼捼) nuó〈动〉移动位置;转移:～动|～用|～借|～窝|请把脚～一～。
△"挼"另见 ruó。

【挪借】nuójiè〈动〉❶暂时借用(别人的钱):买房子钱不够,向亲戚朋友～了一些。❷挪用:任何人不得～救灾款。

【挪窝】nuówō〈动〉离开原来所在的地方;搬家:他欠了欠身子,没有～儿|住惯了,就不想～儿了|他在这单位工作了十来年,始终没挪过窝儿。

【挪移】nuóyí 方言。〈动〉❶将原定用于某方面的钱款移用到别的方面去:个人私自用公家的钱款;～公款|钱款|专款专用,不得～。❷挪动;移动:向前～了几步。

【挪用】nuóyòng〈动〉❶把原定用于某方面的钱移来用到别的方面:专项经费,不得～。❷私自动用(公家的钱):～公款。

娜 nuó,旧读 nuǒ 见[婀(ē)娜]、[袅(niǎo)娜]。
△另见 nà。

傩(儺) nuó〈动〉举行迎神赛会,驱逐疫鬼。

【傩神】nuóshén〈名〉驱除瘟疫的神。

【傩戏】nuóxì〈名〉由驱逐疫鬼的傩舞演变而来的一种民间戏曲,流行于湖南、湖北、贵州、广西、安徽等地。演出时多戴面具,音乐和表演较为原始。

=== nuò ===

诺(諾) nuò ❶〈动〉答应;允许:～言|允～|轻～寡信|一～千金。❷〈叹〉答应的声音(表示同意)。❸〈名〉姓。

【诺诺】nuònuò〈叹〉连声答应,表示顺从:～连声。

喏 nuò ❶方言。〈叹〉表示让人注意自己所指示的事物:～,那就是你要的书|～,～,毛笔要这么拿才对。❷同"诺"。
△另见 rě。

【喏喏】nuònuò 同"诺诺"。

搦 nuò〈动〉❶持;握;拿着:～管(执笔)。❷挑;惹:～战(挑战)。

【搦管】nuòguǎn〈动〉执笔,也指写诗作文:～为文。

【搦战】nuòzhàn〈动〉挑战(多见于早期白话)。

锘(鍩) nuò〈名〉金属元素,符号 No。由人工获得,有放射性。

懦 nuò〈形〉软弱无能;胆小:～夫|怯～|愚～。

【懦夫】nuòfū〈名〉软弱无能或胆小怕事的人。

【懦弱】nuòruò〈形〉软弱无能:～无能。

懧 nuò 同"懦":～愚(愚弱无能)。

糯(*稬稴) nuò ❶〈名〉糯稻,稻的一种,米粒有黏性:～米(糯稻碾出的米)。❷〈形〉黏性的(米谷):～高粱。

N

═ ō ═

噢 ō〈叹〉表示了解或醒悟：～，我明白了｜～，原来是她！

═ ó ═

哦 ó〈叹〉表示将信将疑：～，果真如此？｜～，他都毕业了？
△另见 é；ò。

═ ǒ ═

嚄 ǒ〈叹〉表示惊讶：～，我怎么一点儿都不知道？
△另见 huō；huò。

═ ò ═

哦 ò〈叹〉表示领会、领悟：～，知道了｜～，还是这样好一些。
△另见 é；ó。

═ ōu ═

区（區）ōu〈名〉姓。
△另见 qū。

讴（謳）ōu❶〈动〉歌唱：～歌。❷〈名〉民歌：吴～｜越～｜采莲～。

【讴歌】ōugē〈动〉歌颂；赞美：尽情～｜～祖国｜～新生活。

【讴吟】ōuyín〈动〉歌吟；歌唱：时而低声细语，时而高声～。

呕（嘔）ōu［呕哑(yā)]〈拟〉形容管弦的声音。
△另见 ǒu。

沤（漚）ōu〈名〉水泡：浮～(水面上的泡沫)。
△另见 òu。

瓯（甌）ōu〈名〉❶小盆。❷方言。盅：茶～｜酒～。❸浙江温州的别称：～绣。

【瓯绣】ōuxiù〈名〉浙江温州出产的刺绣。

【瓯子】ōuzi 方言。〈名〉盅。

欧（歐）ōu〈名〉❶指欧洲：南～｜西～｜～美｜～化。❷姓。

【欧化】ōuhuà〈动〉指模仿欧洲的风俗习惯、语言文化等。

【欧盟】ōuméng〈名〉欧洲联盟的简称。1993 年11 月1 日在原欧洲共同体的基础上正式成立。

【欧佩克】ōupèikè〈名〉英语缩写 OPEC 音译。石油输出国组织。成立于 1960 年 9 月 14日，成员国有伊朗、伊拉克、科威特、沙特阿拉伯、委内瑞拉等。它的宗旨是协调和统一各成员国的石油政策和策略，以维护各自和共同的利益。［外］

【欧阳】ōuyáng〈名〉姓。

【欧元】ōuyuán ❶〈名〉欧盟单一货币。于1999 年1 月1 日启用。2002 年 1 月 1 日欧元现钞正式流通，是欧盟的本位货币。❷〈量〉欧盟的本位货币单位。

殴（毆）ōu❶〈动〉打(人)：斗～｜凶～｜～打｜～辱｜～伤。❷古通"驱"(qū)。

【殴打】ōudǎ〈动〉打(人)。

【殴斗】ōudòu〈动〉殴打争斗：大街上发生了一起～事件。

鸥（鷗）ōu〈名〉鸟，翅膀尖长，善飞翔，羽毛多为白色或灰色，多生活在海边，主要捕食鱼类，常见的有海鸥、银鸥、黑尾鸥、燕鸥等。

噢 ōu ❶〈叹〉表示醒悟、惊异或赞叹:～,是你!|～,这主意太好了!|累坏了身体不行～! ❷〈叹〉表示呼唤(音拖长):～,快来人哪! ❸〈拟〉形容哭、叫等的声音:她急得～～地哭。

△另见 óu;ǒu;òu。

— óu —

呕 óu〈叹〉表示惊讶:～,是这么回事呀!|～,你也病了? |~-,你怎么也来了?

△另见 ōu;ǒu;òu。

— ǒu —

呕(嘔) ǒu〈动〉吐(tù):～吐|作～|～心沥血。

△另见 ōu。

【呕吐】ǒutù〈动〉胃内食物被压迫经食管、口腔而排出体外。

【呕心】ǒuxīn〈动〉费尽心思:这部抒情长诗是他的～之作。

【呕心沥血】ǒu xīn lì xuè 形容费尽心血。

怄(慪) ǒu〈动〉❶烧火时柴草等没有充分燃烧而产生大量的烟:炉子没生着(zháo),～了一屋子烟。 ❷冒烟,不起火苗地烧:把这堆柴火～了。 ❸用燃烧艾草等的烟驱蚊蝇:～蚊子。

呕 ǒu〈叹〉表示惊讶,语气较重:～,你也是上海人啊|～,怎么一下成这样了?

△另见 ōu;óu;òu。

偶 ǒu ❶〈名〉用木头、泥土等制成的人像:～像|木～。 ❷〈形〉双数;成对的(跟"奇"jī相对):～数|对～。 ❸〈名〉配偶:佳～|求～。 ❹〈副〉偶然;偶尔:～合|～遇。 ❺〈名〉姓。

【偶尔】ǒu'ěr〈副〉间或;有时候。

【偶发】ǒufā〈形〉偶然发生的:～事件|～奇想。

【偶感】ǒugǎn〈动〉❶偶然感到:～不适。 ❷偶然感染:～风寒。

【偶合】ǒuhé〈动〉无意中恰巧相合。

【偶或】ǒuhuò〈副〉间或;有时候。

【偶然】ǒurán ❶〈形〉不是必然的:事出～。 ❷〈副〉不是必然地:～相遇|两个老战友竟在车上～见面了。

【偶人】ǒurén〈名〉用泥土、木头等制成的人形物。

【偶像】ǒuxiàng〈名〉❶用泥土、木头等雕塑的神像。 ❷比喻崇拜的对象。

耦 ǒu ❶〈动〉两人并耕。 ❷同"偶"②③。

藕(*蕅) ǒu〈名〉❶莲的地下茎,长形,肥大有节,中间有许多管状孔,折断后有丝相连,可以吃,也可以加工成淀粉,藕节可药用。 ❷姓。

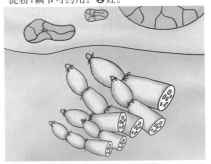

【藕断丝连】ǒu duàn sī lián 藕断断了,丝还连着。比喻表面上断绝了关系,实际上还挂牵着。

【藕合】ǒuhé 同"藕荷"。

【藕荷】ǒuhé〈形〉浅紫而微红的颜色。也作"藕合"。

【藕灰】ǒuhuī〈形〉浅灰而微红的颜色。

【藕色】ǒusè〈名〉藕灰色。

— òu —

沤(漚) òu〈动〉长时间地浸泡:～麻|～肥|～粪。

△另见 ōu。

怄(慪) òu方言。〈动〉❶怄气。 ❷使怄气:你可别成心～我。 ❸引逗;引人发笑。

【怄气】òuqì〈动〉生闷气;闹别扭:别～了|不要为一点小事～|～了一肚子气。

呕 òu〈叹〉表示醒悟:～,原来是这么回事。

△另见 ōu;óu;ǒu。

— pā —

趴 pā〈动〉❶胸腹向下卧倒：～在地上射击。❷身体向前倚靠；伏：～在桌上画画儿。

派 pā[派司](pāisi)❶方言。〈名〉旧指用厚纸印成的或订成本儿的出入证、通行证等。❷〈动〉指通过；准予通过(检查、关卡、考试等)。[外]
△另见 pài。

啪 pā〈拟〉形容放枪、拍掌或物体撞击等声音：～，一个耳光｜远处～～响了几枪。

葩 pā❶〈名〉花：奇～异花。❷〈形〉华丽、华美。

— pá —

扒 pá〈动〉❶用手或耙子等把东西聚拢或散开：～草。❷偷窃别人身上的财物：～窃｜～手。❸方言。搔；挠：～痒。❹一种烹饪方法，煨烂：～羊肉｜～白菜。
△另见 bā。

【扒手】(掱手)páshǒu〈名〉从别人身上偷东西的小偷。俗称"三只手"。

杷 pá见[枇(pí)杷]。

爬 pá〈动〉❶昆虫、爬行动物等行动；人手脚并用伏地移动：～行｜～虫。❷抓着东西往上去；攀登：～树｜～绳。

钯(鈀) pá同"耙"(pá)。
△另见 bǎ。

耙 pá❶〈名〉耙子，一种有许多齿的农具，用来平整土地或聚拢、散开柴草、谷物等：钉～｜粪～。❷〈动〉用耙子平整土地或聚拢、散开柴草、谷物等：～地｜把谷子～开晒晒。
△另见 bà。

琶 pá见[琵(pí)琶]。

掱 pá见[扒手]。

筢 pá〈名〉筢子，一种搂(lōu)柴草的竹制器具。

湃 pá[湃江口]〈名〉地名，在广东。

— pà —

帕 pà〈名〉用来包头或擦手擦脸的纺织品，多为方形：头～｜手～。

怕 pà❶〈动〉害怕；畏惧：惧～｜可～｜贪生～死｜欺软～硬。❷〈副〉表示担心或估计；恐怕：这样硬干～不行吧。

备用词 害怕 后怕 惧怕 可怕 恐怕

— pāi —

拍 pāi❶〈动〉用手掌或片状物打：～打｜～手｜～案而起｜～板成交。❷〈动〉撞：击：惊涛～岸。❸〈名〉拍打东西的用具：球～｜苍蝇～儿。❹〈名〉音乐的节拍：合～。❺〈动〉拍摄：～照｜～电影。❻〈动〉发(电报等)：～发｜～电报。❼〈动〉拍马屁：吹吹～～。❽〈名〉姓。

【拍案】pāi'àn〈动〉用手拍桌子，表示强烈的愤怒、惊讶或赞赏等感情：～叫绝(形容非常赞赏)｜～而起。

【拍板】pāibǎn❶〈名〉打击乐器，用来打拍子，由几片木板组成。❷〈动〉旧时拍卖货物为表示成交而拍打木板，现常用来比喻主事人做出决定：～成交｜～定案。

【拍价】pāijià〈名〉物品拍卖的价格。

【拍马】pāimǎ〈动〉谄媚奉承。也说"拍马屁"。

【拍卖】pāimài❶〈动〉出售的货物陈列出来，让顾客出价争购，到没有人再出高价时就拍板成交。❷减价抛售；甩卖。

【拍品】pāipǐn〈名〉拍卖的物品：古籍～中，宋、元刻本颇受关注。

P

【拍摄】pāishè〈动〉用摄影机（或摄像机）把人、物的形象记录在底片上或转换成数码储存下来：～电影。

【拍手称快】pāi shǒu chēng kuài 拍着手喊痛快，多指仇恨得到消除。

【拍戏】pāixì〈动〉指拍摄电影或电视剧。

【拍胸脯】pāi xiōngpú 拍打自己的胸脯，表示没有问题，可以担保：你敢～，我就放心了。

【拍照】pāizhào〈动〉照相：～留念。

—— pái ——

俳 pái ❶〈名〉古代指杂耍或滑稽戏：～优（演杂耍或滑稽戏的艺人）。❷〈形〉诙谐；滑稽：～谐｜～谑(xuè)。

排 pái ❶〈动〉按着顺序摆；排列：～队｜～版｜～铺｜～编。❷〈名〉排成的行列：～头｜～后。❸〈名〉军队的编制单位，在连以下，班以上。❹〈量〉用于成行列的东西：一～小凳｜两～牙齿。❺〈动〉演出前在导演指导下逐段练习；排演：～戏｜～彩～。❻〈名〉一种水上交通工具，用竹木平排地扎成：木～｜竹～。❼〈名〉指扎成排的竹子或木头，便于水运。❽〈动〉除去：～涝｜～雷。❾〈动〉推；推开：～斥｜～山倒海。❿〈名〉一种西式食品，用大而厚的肉片煎成：牛～｜猪～。
△另见 pǎi。

【排比】páibǐ〈名〉修辞方式，把一连串结构类似、语气一致、意义密切关联的句子或句子成分排列起来，表示强调和一层层的深入。如："我们说，长征是历史记录上的第一次，长征是宣言书，长征是宣传队，长征是播种机。"

【排查】páichá〈动〉对一定范围内的人、单位、设备等进行逐个检查或审查：～安全隐患｜～犯罪嫌疑人。

【排场】páichǎng ❶〈名〉表现在外面的铺张奢侈的形式或局面。❷〈形〉铺张而奢侈。❸方言。〈形〉体面。

【排斥】páichì〈动〉使人或事物离开自己这方面：～异己。

【排除】páichú〈动〉除掉；消除：～障碍｜～干扰。

【排队】páiduì〈动〉一个挨一个顺次排列成行：～入场｜～上车｜把问题排排队，依次解决。

【排灌】páiguàn〈动〉排水和灌溉：电力～｜机械～｜～设备。

【排行】páiháng ❶〈动〉依次排列成行：～就列。❷〈动〉兄弟姐妹依长幼排列次序：他～

第二。❸〈名〉兄弟姐妹间按长幼排列的次序：她的～是老三。

【排行榜】páihángbǎng〈名〉公布出来的按某一统计结果排列顺序的名单：流行歌曲～｜国内汽车销量～。

【排挤】páijǐ〈动〉使不利于自己的人失去地位或利益。

【排检】páijiǎn〈动〉（图书、资料等）排列和检索：～法｜汉字～知识｜用微机～。

【排解】páijiě〈动〉❶调解（纠纷）：～纠纷｜经过～，一场冲突才算平息。❷排遣：～愁闷。

【排空】páikōng〈动〉冲向天空；高升到天空中：阴风怒号，浊浪～。

【排涝】páilào〈动〉排除田地里过多的积水，使农作物免受涝害。

【排练】páiliàn〈动〉排演练习：～文艺节目。

【排列】páiliè〈动〉顺着一定次序放：～整齐。

【排难解纷】pái nàn jiě fēn 调解纠纷。

【排遣】páiqiǎn〈动〉借某种事情消除（寂寞或烦闷）。

【排山倒海】pái shān dǎo hǎi 比喻力量强，声势大。

【排头】páitóu〈名〉队伍的最前面，也指站在队伍最前面的人：站在～｜向～看齐｜～和排尾相距 10 米。

【排头兵】páitóubīng〈名〉站在队伍最前面的兵，比喻带头的人：做～。

【排外】páiwài〈动〉排斥外国、外地或本党派、本集团以外的人或事物。

【排尾】páiwěi〈名〉队伍的最后面，也指站在队伍最后面的人：站在～｜～是副队长。

【排污】páiwū〈动〉排放废水、废气等污染物：～泵｜提高汽车发动机的动力性能，降低～量。

【排泄】páixiè〈动〉❶使污水、雨水等流走。❷生物体把废物排出体外。

【排阵】páizhèn〈动〉安排阵形；布置阵容。多比喻在一些大型活动或体育比赛中安排项目、确定人员配置和上场次序等：～布局｜春节晚会的节目是经过精心～的。

备用词 安排　编排　彩排　铺排　发排　付排

徘 pái [徘徊(huái)]〈动〉❶在一个地方来回地走。❷比喻犹疑不决。

牌 pái〈名〉❶用木板或其他材料做成的标志或凭证：门～｜招～｜广告～。❷产品的专用名称：商标～名～｜杂～。❸盾牌：挡箭～。❹一种娱乐用品，也用作赌具：纸～｜骨～｜扑

克～|麻将～。❺奖牌:金～|银～。❻词曲的调子:词～|曲～。❼姓。

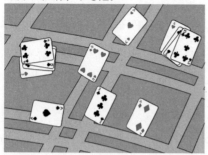

【牌坊】páifāng〈名〉封建时代为宣扬恪守忠孝节义的人物而建立的形状像牌楼的建筑物。

【牌号】páihào〈名〉❶商店的字号:这家餐馆换了～。❷商标;企业单位为自己的产品起的专用的名称:货架上陈列着各种～的电视机|这种～的电扇销路很好。

【牌价】páijià〈名〉规定的价格(多用牌子公布):零售～|批发～。

【牌楼】páilou〈名〉一种做装饰用的建筑物,多建于街市或名胜地,由两个或四个并列的柱子构成,上面有檐。现在庆祝用的牌楼,一般用竹、木等临时搭成。

【牌位】páiwèi〈名〉写着死人的名字作为供奉、祭祀对象的木牌。

【牌照】páizhào〈名〉政府发给的行车凭证,也指发给某些特种营业的执照。

【牌证】páizhèng〈名〉牌照;证件:～齐全。

— pǎi —

迫(＊廹) pǎi[迫击炮]〈名〉一种从炮口装弹的火炮,炮身短,射程近,弹道弯曲。
　　△另见 pò。

排 pǎi ❶方言。〈动〉用楦子撑大新鞋使中空的部分合于某种形状;鞋刚做好,～一～。❷[排子车]〈名〉一种用人力拉的搬运货物的车,没有车厢。也叫"大板车"。
　　△另见 pái。

— pài —

哌 pài[哌嗪(qín)]〈名〉药名,有机化合物,有驱除蛔虫和蛲虫等作用。[外]

派 pài ❶〈名〉江河的支流:茫茫九～流中国。❷〈名〉指立场、见解、作风等相同的

一些人:～别|～系|党～|学～。❸〈名〉作风;风度:气～|正～|～头。❹量词:一～胡言|一～新气象。❺〈动〉分配:派遣|指～|分～|特～员。❻〈动〉指摘(别人过失):～不是。❼〈名〉一种西式的带馅儿的点心:苹果～|巧克力～。[外]
　　△另见 pā。

【派别】pàibié〈名〉学术、宗教、政党等内部因主张不同而形成的分支或小团体。

【派对】pàiduì〈名〉指小型的聚会:生日～。[外]

【派发】pàifā〈动〉❶分发;发放:街头常有人～商品广告。❷指卖出(证券等):逢高～。

【派遣】pàiqiǎn〈动〉命人到某处去做某项工作:～代表团出国访问。

【派生词】pàishēngcí〈名〉合成词的一类,指由词根加词缀构成的词,如"椅子"、"花儿"、"木头"、"阿姨"。

【派送】pàisòng〈动〉❶派遣:～青年教师去进修。❷分发赠送:这家餐厅节日期间将向客人～小礼品。

【派头】pàitóu〈名〉风度;气派:～十足。

【派位】pàiwèi〈动〉把适龄儿童或考生按照一定原则分配到招生学校:录取工作采用电脑～。

【派系】pàixì〈名〉指某些政党或集团内部的派别。

【派驻】pàizhù〈动〉受到派遣驻在某地(执行任务):～国外|～维和部队。

备用词　帮派　党派　流派　学派　宗派　分派　委派　选派　指派　拉帮结派

蒎 pài〈名〉有机化合物,化学性质稳定,不易被无机酸和氧化剂分解。

湃 pài 见【滂(pāng)湃】、【澎(péng)湃】。

— pān —

扳 pān 同"攀"。
　　△另见 bān。

番 pān ❶[番禺(yú)]〈名〉地名,在广东。❷〈名〉姓。
　　△另见 fān。

潘 pān〈名〉姓。

攀 pān ❶〈动〉抓住东西向上爬:～登|～缘。❷〈动〉指跟人结亲戚或拉关系:高～|～龙附凤。❸〈动〉设法接触;牵扯:～谈|～扯。

❹〈动〉拉;牵;挽:～折|～辕卧辙。❺〈名〉姓。

【攀登】pāndēng〈动〉❶抓住东西爬上去。❷比喻不畏艰险,积极进取。

【攀附】pānfù〈动〉❶附着东西往上爬。❷比喻投靠有钱有势的人,以求高升或得到某种好处:玩弄手腕,～权贵。

【攀高】pāngāo〈动〉❶攀升:春节临近,电视机的销量不断～。❷跟在某一方面高于自己的人攀比:～心理。❸高攀:不敢～。

【攀高枝儿】pāngāozhīr指跟社会地位比自己高的人交朋友或结成亲戚,也比喻换到更好的地方去:有的人喜欢～。

【攀龙附凤】pān lóng fù fèng比喻依附有权势的人。

【攀升】pānshēng〈动〉(数量等)向上升:连续～|股价刚一～,便有人抛盘|成交额逐年～。

【攀谈】pāntán〈动〉拉扯闲谈:两人～起来很相投。

【攀岩】pānyán❶〈动〉只使用少量器具,主要利用双手和双脚攀登岩石峭壁。❷〈名〉这种体育运动项目。

【攀援】pānyuán同"攀缘"。

【攀缘】pānyuán也作"攀援"。〈动〉❶抓着东西往上爬。❷比喻投靠有权势的人往上爬。

【攀越】pānyuè〈动〉攀缘并越过;攀登并越过:严禁～公路护栏。

【攀折】pānzhé〈动〉拉下来折断(花木):爱护花木,请勿～。

━━ pán ━━

爿 pán方言。❶〈名〉劈成片的竹木:柴～|竹～。❷〈量〉用于田地、商店、工厂等,相当于"片"、"家"、"座"等:一～地|一～店。

胖 pán〈形〉安泰舒适:心广体～。
△另见pàng。

般 pán〈形〉欢乐:～乐(游乐;玩乐)。
△另见bān;bō。

盘(盤) pán❶〈名〉古代的一种盥洗用具。❷〈名〉盛放菜肴、果品等的扁而浅的器具:托～|茶～儿。❸〈名〉形状或功用像盘子的东西:磨～|算～|方向～。❹〈名〉商品交易的基本价格:开～|收～。❺〈动〉回旋地绕:～旋|～根错节。❻〈动〉垒;砌:～炕|～锅台。❼〈动〉仔细查问或清点:～问|～库|～根问底。❽〈动〉转让(工商企业):出～|招～。❾〈动〉搬运:～运。❿量词:一～磨|三～棋|五～磁带。⓫〈名〉姓。

【盘剥】pánbō〈动〉通过放债等手段,盘算剥削。

【盘缠】pánchan❶〈动〉盘绕。❷〈名〉路费。❸〈名〉指零用钱。

【盘川】pánchuān方言。〈名〉路费。

【盘存】páncún〈动〉用清点、过秤、对账等方法检查现有资产的数量和情况。

【盘跌】pándiē〈动〉(股价、期价等)缓慢小幅下跌:股市大盘震荡～。

【盘费】pánfei〈名〉路费。

【盘根错节】pán gēn cuò jié树根盘绕,枝节交错。比喻事情繁难复杂,不易解决。也比喻某种势力根深蒂固,不易消除。

【盘亘】pángèn〈山〉互相连接:山岭～交错。

【盘古】pángǔ〈名〉神话中的开天辟地的人物。

【盘桓】pánhuán〈动〉❶徘徊①。❷逗留;流连:～多月。❸盘旋;环绕:雄鹰在空中～。

【盘活】pánhuó〈动〉采取措施,使资产、资金等恢复运作,产生效益:～资金|～了两家工厂。

【盘踞】(盘据)pánjù〈动〉霸占(地方):非法占据:～一方|消灭了～岛上的敌人。

【盘马弯弓】pán mǎ wān gōng唐韩愈《雉带箭》:"将军欲以巧伏人,盘马弯弓惜不发。"现用"盘马弯弓"比喻先摆出架势而不立即行动(盘马:骑着马绕圈子)。

【盘面】pánmiàn〈名〉指某一时点或某一时段的股市、期市等的交易状况。

【盘曲】(蟠曲)pánqū〈形〉曲折环绕:枝干～|山路～而上。

【盘绕】pánrào〈动〉环绕在别的物体上面:柱子上～着一条金龙。

【盘珊】pánshān见[蹒跚]。

【盘升】pánshēng〈动〉(股价、期价等)缓慢小幅上升:股市持续～|近期股指呈震荡～的走势。

【盘石】pánshí见[磐石]。

【盘算】pánsuan〈动〉心里算计或筹划。

【盘陀】(盘陁)pántuó〈形〉❶石头不平的样子。❷曲折迂回:～路。

【盘问】pánwèn〈动〉仔细查问。

【盘旋】pánxuán〈动〉❶环绕着飞或走;回环旋绕。❷徘徊;逗留。

【盘游】pányóu〈动〉游乐:～无度。

【盘账】pánzhàng〈动〉查核账目。

【盘整】pánzhěng〈动〉❶(价格等)在一定范围内小幅调整:大盘行情处于～格局之中。❷整顿;调整:～市场|音像制品市场的～已刻

不容缓。

【盘子】pánzi〈名〉❶盛放物品的浅底的器具，比碟子大，多为圆形或椭圆形。❷指商品行情。❸比喻事物的规模范围:确定年度的财政收支～。

备用词　出盘　底盘　键盘　脸盘　罗盘　平盘　棋盘　受盘　通盘　字盘　虎踞龙盘

槃　pán❶同"盘"①②⑤。❷见【涅槃】。

磐　pán〈名〉大石头:风雨如～。

【磐石】(盘石)pánshí〈名〉厚而大的石头:～之固|安如～。

礴　pán[礴溪]〈名〉地名,在浙江。

蹒(蹒)　pán[蹒跚(shān)](盘跚)〈形〉走路缓慢、摇摆的样子:步履～。

蟠　pán〈动〉曲折环绕:～曲|～伏|龙～虎踞。

【蟠曲】pánqū见【盘曲】。

【蟠桃】pántáo〈名〉❶一种桃,果实扁圆形,汁较少。❷神话中的仙桃。

—— pàn ——

判　pàn❶〈动〉分开;分辨:～袂(分手;离别)。❷〈形〉显然(有区别):～然不同|～若鸿沟。❸〈动〉评定:评～|～卷子。❹〈动〉判决:审～|～刑。❺〈动〉写;批。

【判断】pànduàn❶〈名〉肯定或否定客观事物具有某种性质的思维形式。❷〈动〉断定:～是非。❸〈动〉判决。

【判官】pànguān〈名〉❶古代官名,节度使一类官员的僚属。❷迷信传说中指阎王手下管生死簿的官。

【判决】pànjué〈动〉法院经过审理对案件做出决定。

【判若两人】pàn ruò liǎng rén 形容前后明显不同,好像是两个人一样。

【判若云泥】pàn ruò yún ní 形容高低差别像天上的云彩和地上的泥土的距离那样远。也说"判若天渊"。

备用词　裁判　公判　批判　评判　审判　谈判　宣判

拚　pàn〈动〉舍弃不顾:～弃|～命(拼命)。
△另见 pīn。

泮　pàn❶〈动〉分散;融解:～散。❷〈名〉泮宫,古代的学校:入～(清代称考中秀

才)。❸〈名〉姓。

盼　pàn❶〈动〉殷切地希望:～望|～念|企～|翘～。❷〈动〉看:流～|左顾右～。❸〈形〉眼睛黑白分明:美目～兮。❹〈名〉姓。

【盼头】pàntou〈名〉有可能实现的美好愿望:孩子考上了大学,总算有～啦。

【盼望】pànwàng〈动〉殷切地期望:他～着早日与亲人团聚。

叛　pàn〈动〉背叛:～徒|～逆|反～|离经～道。

【叛变】pànbiàn〈动〉背叛自己的阶级或原来的集团而采取敌对行动或投到敌对的一方去。

【叛离】pànlí〈动〉背叛:～祖国。

【叛乱】pànluàn〈动〉武装叛变:平定～。

【叛逆】pànnì❶〈动〉背叛。❷〈名〉有背叛行为的人。

【叛逃】pàntáo〈动〉背叛逃亡。

【叛徒】pàntú〈名〉叛变的人,特指背叛祖国或背叛革命的人。

备用词　背叛　反叛　招降纳叛

畔　pàn❶〈名〉旁边;附近:江～|耳～。❷〈名〉田地的边界。❸古通"叛"。

袢　pàn❶同"襻"。❷见[袷(qiā)袢]。

襻　pàn❶〈名〉扣住纽扣的套儿:纽～|扣～儿。❷〈名〉形状或功用像襻的东西:车～儿|鞋～儿|篮子～儿。❸〈动〉用线、绳等绕住,使连在一起:～上几针|用绳子～上。

—— pāng ——

乓　pāng拟声词:～～几声枪响|～的一下门关上了。

滂　pāng〈形〉形容水涌出:醴泉～流。

【滂湃】pāngpài〈形〉形容水势浩大:山雨～。

【滂沱】pāngtuó〈形〉❶(雨)下得很大:大雨～。❷(血、泪水等)流得很多:涕泗～(形容哭得很厉害,眼泪、鼻涕流得很多)。

膀(*髈)　pāng〈动〉水肿:～肿。
△另见 bǎng;bàng;páng。

—— páng ——

彷(*徬)　páng[彷徨](旁皇)〈动〉❶走来走去,犹豫不决;徘徊:～歧途。❷心里不安定。
△另见 fǎng。

庞(龐*❶❷庬) páng ❶〈形〉(数量、形体、机构等)大:～大|～然大物。❷〈形〉多而杂乱:～杂。❸〈名〉脸盘:面～。❹〈名〉姓。

【庞大】pángdà〈形〉很大;极大(常含有过大或大而无当的意思):机构～。

【庞杂】pángzá〈形〉多而杂乱:内容～。

房 páng 见〖阿房宫〗。
△另见 fáng。

逢 páng〈名〉姓。

旁 páng ❶〈名〉旁边:路～|～门。❷〈代〉其他;另外:～人|～证|触类～通。❸〈名〉汉字的偏旁:形～|声～|火字～儿(灬)。❹古通"傍"(bàng)。❺〈名〉姓。
△另见 bàng。

【旁观】pángguān〈动〉置身局外,从旁观看:袖手～|冷眼～|当局者迷,～者清。

【旁皇】pánghuáng 见〖彷徨〗。

【旁近】pángjìn〈名〉附近。

【旁落】pángluò〈动〉指权力落入他人手中。

【旁敲侧击】páng qiāo cè jī 比喻说话或写文章不从正面直接说明,而从侧面曲折表达。

【旁人】pángrén〈代〉别人;当事人以外的人;另外的人:这件事由我负责,跟～不相干。

【旁若无人】páng ruò wú rén 好像旁边没有人,形容态度自然或高傲。

【旁听】pángtīng〈动〉❶参加会议而没有发言权和表决权:～大会发言。❷非正式地随班听课:～生|～了中文系的所有课程|他在北京大学～过课。

【旁骛】pángwù〈动〉在正业上不专心而去追求正业以外的事:驰心～。

【旁征博引】páng zhēng bó yǐn 说话、写文章时广泛地引用材料作为依据或例证。

备用词　近旁　两旁　身旁　四旁　偏旁

傍 páng 同"旁",旁边。
△另见 bàng。

膀 páng〖膀胱(guāng)〗〈名〉人或高等动物体内储存尿的囊状器官,位于盆腔内。
△另见 bǎng;bàng;pāng。

磅 páng〖磅礴(bó)〗❶〈形〉(气势)盛大:气势～。❷〈动〉(气势)充满。
△另见 bàng。

螃 páng〖螃蟹〗〈名〉节肢动物,全身有甲壳,足有五对,第一对(螯)呈钳状,横着爬。种类很多。生活在水中。

鳑(鰟) páng〖鳑鲏(pí)〗〈名〉鱼,像鲫鱼而小,眼有彩色光泽,生活在淡水中,卵产在蚌壳里。

══ pǎng ══

耪 pǎng〈动〉用锄翻松土地:～地|～玉米。

══ pàng ══

胖(*胖) pàng〈形〉(人体)脂肪多,肉多(跟"瘦"相对):肥～|～墩墩。
△另见 pán。

【胖墩墩】pàngdūndūn〈形〉形容人长得矮胖而结实,也形容动物肥壮。

【胖乎乎】pànghūhū〈形〉形容肥胖的样子。

══ pāo ══

抛(*抛) pāo ❶〈动〉扔;投掷:～物线|～锚|～砖引玉。❷〈动〉舍弃;丢下:～荒|～头颅,洒热血。❸〈动〉抛售,压价出卖大量商品。❹〈量〉用于屎和屎。

【抛锚】pāomáo〈动〉❶把锚投进水里使船停稳。❷汽车等中途发生故障停驶。❸方言。比喻进行中的事情因故中止。

【抛盘】pāopán ❶〈动〉抛售出证券、期货等:股价刚一攀升,他便～了。❷〈名〉指一定时间内市场上卖出的证券、期货等。

【抛弃】pāoqì〈动〉扔掉不要:～陈腐观念。

【抛却】pāoquè〈动〉抛掉;抛弃:～杂念|～不切实际的幻想。

【抛洒】pāosǎ〈动〉扔掉;洒落。

【抛舍】pāoshě〈动〉抛掉;舍弃:怎么也～不下骨肉亲情。

【抛射】pāoshè〈动〉利用弹力或推力送出:左手～进篮。

【抛售】pāoshòu〈动〉预料价格将跌或为压低价格等原因而大量卖出(商品):～积压物资。

【抛头露面】pāo tóu lù miàn 旧时指妇女出现在大庭广众之中(封建道德认为是丢脸的事)。现在指某人公开露面(多含贬义)。

【抛砖引玉】pāo zhuān yǐn yù 抛出砖去,引回玉来。比喻提出粗浅的、不成熟的意见,引出别人高明的、成熟的意见(多用作谦辞)。

泡 pāo ❶〈名〉鼓起而松软的东西:眼～|豆～儿。❷方言。〈形〉虚而松软;不坚硬:

~枣｜~货。❸方言。〈名〉小湖(多用于地名)：月亮~(在吉林)｜七星~(在黑龙江)。❹〈量〉用于屎和尿。

△另见 pào。

【泡货】pāohuò〈名〉体积大而分量小的物品。

脬　pāo ❶见〖尿(suī)脬〗。❷同"泡"❹。

━━ páo ━━

刨　páo〈动〉❶挖掘：~地｜~坑｜~白薯｜~根问底。❷从原有事物中除去；减去：~除。

△另见 bào。

【刨根问底儿】páo gēn wèn dǐr 比喻追究底细。

咆　páo〈动〉(猛兽)怒吼；嗥：~哮。

【咆哮】páoxiāo〈动〉❶(野兽)怒吼。❷比喻水流发出巨大声响，也比喻人暴怒喊叫。

狍　páo〈名〉狍子，鹿的一种，耳大，颈长，尾很短，后肢比前肢略长，雄的有角。

庖　páo〈名〉❶厨房：~厨。❷厨师：~丁｜名~。

【庖厨】páochú〈名〉厨房。

【庖代】páodài〈动〉替别人做事。参看〖越俎代庖〗。

【庖丁】páodīng〈名〉厨师。

炮　páo〈动〉把生药放在热铁锅里炒，使变焦黄爆裂，是炮制中药的一种方法。

△另见 bāo；pào。

【炮烙】páoluò〈动〉把人绑在烧红的铜柱上烫死，是古代的一种酷刑。

【炮制】páozhì〈动〉❶用烘、炮、炒等方法把中草药原料制成药物。❷做；制作：如法~。❸编造；制订(含贬义)：~假材料。

袍　páo〈名〉中式的长衣服：龙~｜道~｜旗~｜长~｜皮~子。

【袍笏登场】páo hù dēng chǎng 穿着官服，拿着笏板，上场演戏，比喻上台做官(含讽刺意)。

【袍泽】páozé〈名〉《诗经·秦风·无衣》："岂曰无衣，与子同袍。……岂曰无衣，与子同泽。"这是一首讲兵士出征的诗，"袍"、"泽"都是古代的衣服名称，后来称军队中同事为袍泽：~之谊。

匏　páo〖匏瓜〗〈名〉草本植物，果实比葫芦大，对半剖开可做水瓢。

跑　páo〈动〉走兽用脚刨地：~槽(牲口刨槽根)。

△另见 pǎo。

━━ pǎo ━━

跑　pǎo〈动〉❶两只脚或四条腿迅速前进：奔~｜赛~｜~步｜~马卖解。❷逃走：~得了和尚~不了庙。❸方言。走：~路。❹为某种事务而奔走：~码头｜~材料。❺离开所在的位置：风把帽子刮~了。❻漏出；挥发：~电｜~油｜~气。

△另见 páo。

【跑车】pǎochē ❶〈动〉列车员随车工作。❷〈名〉赛车②③。❸〈名〉林区运木材用的一种车。

【跑单帮】pǎo dānbāng 指个人往来各地贩运经营。

【跑道】pǎodào〈名〉❶供飞机起飞和降落时滑行用的路。❷赛跑、赛车用的路，也指速度滑冰比赛用的路。

【跑江湖】pǎo jiānghú 以卖艺、算卦、相面等为职业，往来各地谋求生活。

【跑龙套】pǎo lóngtào 在戏曲中扮演随从或兵卒，比喻在别人手下做些不重要的事。

【跑马卖解】pǎo mǎ mài xiè 旧时指艺人骑马表演各种技艺，以此谋生。

【跑码头】pǎo mǎtou 指在沿海沿江河的大城市从事经商等活动。

【跑买卖】pǎo mǎimai 来往各地做生意。

【跑生意】pǎo shēngyi 跑买卖。

【跑鞋】pǎoxié〈名〉参加赛跑时穿的鞋，用皮革等材料制成。鞋底窄而薄，前掌装有钉子。

━━ pào ━━

泡　pào ❶〈名〉气体在液体内使液体鼓起而成的球状体：冒~｜水~｜肥皂~。❷〈名〉形状像泡的东西：灯~｜肺~｜脚底磨了~。❸

〈动〉浸在液体里:~茶|浸~。❹〈动〉故意消磨(时间);没啥事时,我就爱~书吧。

△另见 pāo。

【泡吧】pàobā〈动〉长时间地待在酒吧、网吧等场所(多指消磨时光)。

【泡病号】pào bìnghào 指借故害病不上班,或小病大养。

【泡蘑菇】pào mógu 比喻故意纠缠或拖延时间:别~了,咱们快干吧!

【泡沫】pàomò〈名〉❶聚在一起的许多小泡。❷比喻某一事物所存在的表面上繁荣、兴旺而实际上虚浮不实的成分:~经济|房地产~。

【泡沫经济】pàomò jīngjì 指因投机交易极度活跃,金融、证券、期货、房地产等的市场价格脱离实际价值大幅上涨,造成表面繁荣的经济现象。

【泡沫塑料】pàomò sùliào 有很多小气孔的海绵状塑料,用树脂经机械搅拌发泡或加入起泡剂制成。质轻、耐温、耐腐蚀,有隔热、隔音、减震等作用。

【泡汤】pàotāng〈动〉落空:计划泡了汤|投资全~了。

【泡影】pàoyǐng〈名〉比喻落空的事情或没有实现的愿望。

炮(＊砲礮)pào〈名〉❶火炮,口径在2厘米以上,能发射炮弹的重型射击武器:迫击~|火箭~。❷爆竹:花~|鞭~|~仗。❸爆破土石时,装了炸药的凿眼:哑~|打眼放~。

△另见 bāo;páo。

【炮灰】pàohuī〈名〉比喻被迫送上前线去送命的士兵。

【炮火】pàohuǒ〈名〉指战场上发射的炮弹和炮弹爆炸后发出的火焰:~连天。

【炮舰】pàojiàn〈名〉以火炮为主要装备的轻型军舰。

【炮舰外交】pàojiàn wàijiāo 指为达到侵略、扩张的目的而推行的以武力作后盾的外交政策。也叫"炮舰政策"。

【炮筒子】pàotǒngzi〈名〉比喻心直口快好发议论的人。

疱(＊皰)pào〈名〉皮肤上长的像水泡的小疙瘩:水~|~疹。

== pēi ==

呸 pēi〈叹〉表示唾弃或斥责:~!还有脸说呢!

胚(＊肧)pēi〈名〉初期发育的生物体,由精细胞和卵细胞结合发展而成:~胎|~芽。

【胚胎】pēitāi〈名〉❶母体内初期发育的动物体。❷比喻萌芽状态的事物。

醅 pēi〈名〉没过滤的酒。

== péi ==

陪 péi〈动〉❶陪伴:~同|绑~|~嫁|奉~|作~。❷从旁协助:~审。

【陪伴】péibàn〈动〉随同做伴:妈妈住院期间,我一直在身边~。

【陪绑】péibǎng〈动〉❶旧时处决犯人时,为了逼出口供或迫使投降,把不够死刑的犯人,暂缓执行死刑的犯人和即将处决的犯人一起绑赴刑场。❷比喻没有做错事的人跟着做错事的人一起受责罚。

【陪衬】péichèn❶〈动〉从旁衬托。❷〈名〉陪衬的事物。

【陪都】péidū〈名〉旧时在首都以外另设的一个首都。

【陪读】péidú〈动〉陪伴他人读书,特指留学生在国外学习期间,其配偶前往陪伴。

【陪房】péifáng〈名〉旧时指随嫁的女仆。

【陪护】péihù❶〈动〉陪伴护理(住院病人):母亲住院了,她每天要去~。❷〈名〉做陪护工作的人:请了一名~。

【陪话】péihuà 同"赔话"。

【陪练】péiliàn❶〈动〉陪同运动员、驾驶员训练:~队员。❷〈名〉陪同训练的人:他是女子柔道队的~。

【陪送】péisong❶〈动〉结婚时娘家送给新娘嫁妆。❷〈名〉嫁妆。

【陪同】péitóng〈动〉陪着一起进行活动:~参观。

【陪小心】péi xiǎoxīn 同"赔小心"。

【陪笑】péixiào 同"赔笑"。

备用词　奉陪　少陪　失陪　作陪

培 péi❶〈动〉在根基部上堆土:~土|~壅(yōng)。❷〈动〉培养:~育|代~。❸〈名〉姓。

【培训】péixùn〈动〉培养和训练(技术工人、专业干部等):在职~|~班|~业务骨干。

【培养】péiyǎng〈动〉❶创造适宜的条件使繁殖:~细菌。❷按一定目的长期地教育使成长:~接班人。❸经过努力使具有某种能力或兴趣：～兴趣爱好。

【培育】péiyù〈动〉❶培养生物使发育成长或使成为所需要的品种：～树苗。❷培养教育：～新人。

【培植】péizhí〈动〉❶栽种并细心管理（植物）。❷培养；扶植：～亲信｜～新生力量。

赔（賠）péi〈动〉❶补偿损失：～偿｜～款｜包～｜退～。❷道歉；认错：～礼｜～罪｜～小心｜～不是。❸做买卖损失本钱（跟"赚"相对）：～本｜～了钱。

【赔本】péiběn〈动〉本钱、资金亏损：～生意｜做生意赔本了。

【赔不是】péi bùshi 向人认错；道歉：给他赔个不是。

【赔偿】péicháng〈动〉补偿给别人造成的损失：照价～｜～损失。

【赔付】péifù〈动〉赔偿支付：保险公司～金额二百万元。

【赔话】péihuà〈动〉向人说道歉的话；为别人说好话。也作"陪话"。

【赔款】péikuǎn❶〈动〉损坏、遗失别人或集体的东西时用钱来补偿；向对方～。❷〈名〉赔偿别人或集体受损失的钱：保险公司及时支付了～。❸〈动〉战败国向战胜国赔偿损失和作战费用：割地～。❹〈名〉战败国向战胜国赔偿损失和作战费用的钱。

【赔小心】péi xiǎoxīn 以谨慎、迁就的态度对人，以博得人的好感或使息怒。

【赔笑】péixiào〈动〉以笑脸对人，使人息怒或愉快。也作"陪笑"。

【赔罪】péizuì〈动〉得罪了人，向人道歉。

锫（錇）péi〈名〉金属元素，符号Bk。由人工获得，有放射性。

裴 péi〈名〉姓。

══ pèi ══

沛 pèi❶〈形〉盛大；旺盛：充～｜丰～｜大雨～然。❷〈名〉姓。

帔 pèi〈名〉古代披在肩背上无袖的服饰，类似披肩：凤冠霞～。

佩（*❷珮）pèi❶〈动〉佩戴：～剑｜胸～红花。❷〈名〉古代系在衣带上的装饰品：玉～。❸〈动〉佩服；钦～｜赞～。

【佩戴】pèidài〈动〉（把徽章、符号等）挂在胸前、肩上等部位：～校徽｜～肩章。

【佩服】pèifú〈动〉钦佩；感到敬佩而心服。

【备用词】感佩　敬佩　钦佩　赞佩

配 pèi〈动〉❶两性结合：～偶｜婚～｜英雄～模范，真是美满姻缘。❷使（动物）交配：～马｜～种。❸按适当标准或比例调和：～色｜～药｜装～｜调～。❹有计划地分派：分～｜～给。❺把缺少的一定规格的物品补足：修～｜～件。❻衬托；陪衬：～戏｜～殿｜红花～绿叶。❼够得上；符合；相当：般～｜相～。❽充军：发～｜刺～。

【配备】pèibèi❶〈动〉根据需要分配（人力、物力）；布置（兵力）：～技术力量｜～火力。❷〈名〉成套的设备；装备。

【配餐】pèicān❶〈动〉按照一定标准把各种食品搭配在一起：由专人负责｜根据病人的不同需要～。❷〈名〉搭配在一起的各种食品（如合装在一起的面包片、香肠、火腿等）：方便～｜营养～｜盒装～。

【配搭】pèidā〈动〉❶跟主要的人或事物合在一起做陪衬：这出戏，配角儿～得不错。❷搭配。

【配搭儿】pèidar〈名〉帮助或陪衬主要的人或事物的人或物：我唱不了主角，给你当个～还行。

【配对】pèiduì〈动〉❶配合成双：这两只鞋不～｜这两名选手～参加双打比赛。❷（动物）交尾。

【配额】pì'é〈名〉分配的数额：增加他们的～｜进口物资实行～管理。

【配发】pèifā〈动〉❶（报刊）配合所刊登的内容发表（图片、评论等）：～现场照片。❷按规定或要求发给：给每人～一辆摩托车｜为工作方便，每组～一台电脑。

【配股】pèigǔ〈动〉股份公司为进一步筹资，向股东按比例配售股票。

【配合】pèihe〈动〉为完成共同任务而相互合作。

【配给】pèijǐ〈动〉按限定标准供给。

【配嫁】pèijià〈动〉许配嫁给。

【配件】pèijiàn〈名〉❶指装配机器的零件或部件：汽车～。❷供替换用的备用零件或部件。

【配角】pèijué❶〈动〉合演一出戏，都扮演主要角色：因有多年的演出经历，他俩常～儿。❷〈名〉戏剧、电影等艺术表演中的次要角色。❸〈名〉比喻在工作中处于次要或辅助地位的人。

【配军】pèijūn〈名〉古代被发配充军的人。

【配偶】pèi'ǒu〈名〉丈夫以妻子为配偶，妻子以丈夫为配偶(多用于法律文件)。

【配色】pèisè〈动〉把各种颜色按照适当的标准调配。

【配饰】pèishì〈名〉起陪衬装饰作用的物品：围巾、手袋是时装的重要～。

【配售】pèishòu〈动〉某些产品，特别是生活必需品在不能充分供应的情况下，按限定的数量和价格卖给消费者。

【配属】pèishǔ〈动〉军队首长把自己掌握的某些部队或人员临时拨给所属某一单位的首长指挥。

【配送】pèisòng〈动〉营销方式的一种，把某一类货物按规格搭配好并负责运送：建立农副产品～中心｜他们单位的办公用品由我公司～。

【配套】pèitào〈动〉把彼此相关的若干事物组合成一整套。

【配戏】pèixì〈动〉指配合主角演戏。

【配药】pèiyào〈动〉根据处方配制药物。

【配音】pèiyīn〈动〉译制影片或电视剧时，用某种语言的录音代替原片或原剧上的录音。摄制影片或电视剧时，摄像完成后配上说话的声音或其他音响，也叫配音：请著名演员～。

【配乐】pèiyuè〈动〉诗朗诵、话剧等按照情节的需要配上音乐，以增强艺术效果：～诗歌朗诵｜他曾给多部影视剧～。

【配载】pèizài〈动〉根据船舱容量和货物性质，合理安排船上货物装载的位置和数量。

【配制】pèizhì〈动〉❶把两种以上的原料按一定的比例和方法合在一起制造：～化学试剂｜～鸡尾酒。❷为配合主体而制作(陪衬事物)：为这部小说～了几幅图｜书内～了多幅精美插图。

【配置】pèizhì〈动〉配备布置：～兵力。

备用词 般配 比配 调配 匹配 分配 支配 婚配 交配 刺配 发配

斾(＊斾) pèi〈名〉❶古代末端分叉像燕尾的旗。❷泛指旌旗。

淠 pèi 虎淠，地名，在福建。

辔(轡) pèi〈名〉辔头，驾驭牲口用的嚼子和缰绳：鞍～｜执～｜按～徐行。

霈 pèi ❶〈名〉大雨：甘～。❷〈形〉雨多的样子：～然。

━━ pēn ━━

喷(噴) pēn〈动〉(液体、气体、粉末等)受压力而射出：～射｜～泻｜

雾器。
　△另见 pèn。

【喷薄】pēnbó〈形〉形容水涌起或太阳升起的样子：一轮红日～而出。

【喷饭】pēnfàn〈动〉吃饭时看到或听到可笑的事，笑得把嘴里的饭喷出来，所以用"令人喷饭"形容事情十分可笑。

【喷洒】pēnsǎ〈动〉喷射洒落(多用于液体)：已经～过消毒液了。

【喷撒】pēnsǎ〈动〉喷射洒落(多用于粉末、颗粒)：～农药。

【喷射】pēnshè〈动〉利用压力把液体、气体或固体颗粒喷出去：水龙带～出水柱。

【喷涌】pēnyǒng〈动〉(液体)迅速地往外冒：泉水～。

━━ pén ━━

瓫 pén 同"盆"。

盆 pén〈名〉❶盛东西或洗东西用的器具，口大，底小：瓦～｜脸～｜花～｜～景｜聚宝～｜倾～大雨。❷形状像盆的东西：骨～｜～地。❸姓。

【盆地】péndì〈名〉周围是山或高地的平地。

【盆景】pénjǐng〈名〉一种陈设品，模拟自然风景，在盆中栽小巧的花草，并配以小树、小山等。

溢 pén ❶〈动〉水向上涌：～溢。❷〈名〉溢江，水名，在江西。

━━ pèn ━━

喷(噴) pèn ❶〈名〉瓜果、蔬菜、鱼虾等上市的旺季：对虾～儿｜西瓜正在～儿上。❷〈量〉开花结实或成熟收割的次数：头～棉花。
　△另见 pēn。

【喷香】pènxiāng〈形〉香味很浓：～的米饭。

━ pēng ━

抨 pēng〈动〉指责攻击;弹劾(hé):~击|~弹(tán)。

【抨击】pēngjī〈动〉用评论来攻击(某人或某种言论、行动):~时弊。

怦 pēng〈拟〉形容心跳的声音:~然心动|心里~~直跳。

砰 pēng〈拟〉形容撞击或重物落地的声音:~的一声,箱子摔在地上。

烹 pēng〈动〉❶煮:~茶|~饪|~调|兔死狗~。❷一种烹饪方法,先用热油略炒,再加入酱油等作料迅速搅拌,随即盛出:~对虾。

【烹饪】pēngrèn〈动〉做饭做菜:~技术|擅长~。

【烹调】pēngtiáo〈动〉烹炒调制菜肴。

嘭 pēng拟声词:谁在~~地敲门?

澎 pēng方言。〈动〉溅:~了一身水。
△另见 péng。

━ péng ━

朋 péng❶〈名〉朋友:良~|亲~|~辈(朋友们)|宾~满座。❷〈动〉结党:~比为奸(互相勾结干坏事)。❸〈动〉相比:硕大无~。❹〈名〉姓。

【朋党】péngdǎng〈名〉指为争权夺利、排斥异己而结合起来的集团。

【朋友】péngyou〈名〉❶彼此有交情的人:好~。❷指恋爱的对象:谈~|姑娘多大了,有~了吗?

堋 péng〈名〉❶战国时李冰修建都江堰时所创造的减弱水势的分水堤。❷挂箭靶的矮墙,也指靶场:~的(箭靶)。

彭 péng〈名〉姓。

棚 péng〈名〉❶遮蔽太阳或风雨的设备,用竹木草席等搭成:彩~|凉~|塑料~。❷天花板:顶~|灰~。❸支撑植物的架子;棚架:豆~|瓜~。❹简陋的房屋:工~|碾~|牛~|窝~。

蓬 péng❶〈名〉飞蓬,草本植物,叶子像柳叶,花白色,子实有毛:~蒿。❷〈形〉蓬松:~乱|~头垢面。❸〈量〉用于枝叶茂盛的花草:一~凤尾竹。❹〈名〉姓。

【蓬荜生辉】péng bì shēng huī 谦辞,表示由于别人到自己家里来或张挂别人题赠的字画而使自己的家增添光辉(蓬荜:蓬门荜户的略语)。也说"蓬荜生辉"。

【蓬勃】péngbó〈形〉旺盛;繁荣:朝气~|生机~。

【蓬莱】pénglái〈名〉神话中渤海里仙人居住的山。

【蓬乱】péngluàn〈形〉草、毛发等松散杂乱。

【蓬门荜户】péng mén bì hù 用草、荆条等做成的门户,形容穷苦人家住的简陋的房屋。

【蓬茸】péngróng〈形〉❶形容草长得多而旺盛:绿草~。❷形容毛发松软:满头~的黑发。

【蓬松】péngsōng〈形〉形容草、毛发等松散:头发~。

【蓬头垢面】péng tóu gòu miàn 形容头发蓬乱,脸上很脏。

搒 péng〈动〉用棍子或竹板子打:~掠|~讯(拷问)。
△另见 bàng。

硼 péng〈名〉非金属元素,符号 B。硼的化合物广泛应用于农业、医药和玻璃工业。

鹏(鵬) péng〈名〉传说中最大的鸟:鲲~。

【鹏程万里】péng chéng wàn lǐ 形容前程远大。

榜 péng 同"搒"(péng)。
△另见 bǎng;bàng。

澎 péng 见下。
△另见 pēng。

【澎湃】péngpài〈形〉形容波浪互相撞击,比喻声势浩大、气势雄伟:汹涌|~|热情~。

【澎湖列岛】pénghú lièdǎo〈名〉我国群岛名,在台湾海峡中。

篷 péng〈名〉❶遮蔽太阳或风雨的设备,用竹木、苇席或帆布等制成(多指车船上用的):船~|车~|帐~|敞~汽车。❷船帆:使~|扯起~来。

膨 péng〈动〉胀:~大|~胀。

【膨脝】pénghēng〈形〉❶腹部膨大的样子。❷方言。物体膨大,不灵便。

【膨胀】péngzhàng〈动〉❶物体体积增大:空气遇热~。❷扩大;增长:通货~。

蟛 péng[蟛蜞(qí)]〈名〉螃蟹的一种,体小,生活在水边。也说"蟛蜞"。

━ pěng ━

捧 pěng❶〈动〉用双手托:~腹大笑|~着大海碗。❷〈量〉用于能捧的东西:一~米|

两～瓜子。❸〈动〉奉承人或代人助声势：吹~｜~场。

【捧场】pěngchǎng〈动〉原指特意到剧场去对演员的表演表示赞赏，后泛指故意替别人的某种活动或局面助声势。

【捧腹】pěngfù〈动〉(大笑时)手捧着肚子，后用以指大笑：～大笑｜令人～。

＝＝ pèng ＝＝

椪　pèng[椪柑]〈名〉常绿小乔木，果实大，皮为橙黄色，汁多味甜。

碰(*掽踫)　pèng〈动〉❶物体跟物体突然接触；撞击：～杯｜～撞。❷遇到：～面｜路上～见一位熟人。❸试探：你去～一～，说不定能买到。

【碰壁】pèngbì〈动〉比喻遇到阻碍或遭到拒绝，事情行不通。

【碰钉子】pèng dīngzi ❶比喻遭到拒绝或受到斥责。❷比喻遇到阻碍，事情行不通。

【碰面】pèngmiàn〈动〉会面；相见：我同他约定今天在这里～。

【碰碰车】pèngpengchē〈名〉一种供游乐用的电动车，在特定的场地上开动，以车与车互相碰撞取乐。

【碰巧】pèngqiǎo〈副〉凑巧；恰巧：我正想找你，～你来了。

【碰头】pèngtóu〈动〉会面；短时间地聚会：～会｜退休后，他们天天都～。

【碰头会】pèngtóuhuì〈名〉以交换情况为主要内容的会，一般时间较短：咱们明天开个～。

【碰一鼻子灰】pèng yī bízi huī 比喻遭到拒绝，讨个没趣。

＝＝ pī ＝＝

丕　pī〈形〉大：～业｜～绩｜～基(宏大的基业，指帝位)。

坏　pī同"坯"。△另见 huài。

批　pī❶〈动〉用手掌打：～颊(打耳光)。❷〈动〉对下级文件表示意见或对文章予以批评(多指写在原件上)：～示｜～复｜审～｜眉～。❸〈动〉批评；批判：～驳。❹〈副〉大量(买卖货物)：～发｜～销。❺量词：一～货｜人员分两～出发。❻〈名〉棉麻等未捻成线、绳时的细缕：线～｜麻～。

【批驳】pībó〈动〉批评驳斥别人的意见：～错误言论。

【批捕】pībǔ〈动〉批准逮捕：检察院已经～此

案的犯罪嫌疑人。

【批次】pīcì〈量〉表示物品成批生产、运输、检查等的次数的总和：五个～｜共抽查各类产品三十五～。

【批点】pīdiǎn〈动〉在书刊、文章上加评语和圈点。

【批发】pīfā〈动〉成批地出售(商品)：～部｜～价格｜～化工原料。

【批复】pīfù〈动〉对下级的书面报告批注意见予以答复。

【批改】pīgǎi〈动〉修改文章、作业等并加批语：～作文。

【批购】pīgòu〈动〉成批地购买：～水果、蔬菜。

【批量】pīliàng〈名〉成批的数量：大～｜～生产。

【批判】pīpàn〈动〉❶对错误的或反动的思想、言论或行动进行分析并加以否定。❷批评。

【批评】pīpíng〈动〉❶对优点和缺点进行分析并加以指出：文艺～。❷专指对缺点和错误提出意见：～违反纪律的现象。

【批示】pīshì❶〈动〉上级对下级的请示、报告等用书面表示意见。❷〈名〉指上级对下级的请示、报告等用书面表示的意见。

【批售】pīshòu〈动〉批量销售：～水果。

【批文】pīwén〈名〉(上级或有关部门)批复的文字或文件：～已经下来了。

【批销】pīxiāo〈动〉成批地销售；批发销售：～报刊。

【批语】pīyǔ〈名〉❶对文章、作业等的评语：老师在这篇作文后面写了～。❷批示公文的话。

【批阅】pīyuè〈动〉阅读并加以批示或批改：～文件。

【批注】pīzhù❶〈动〉加批语和注解。❷〈名〉指批评和注解的文字：书眉有小字～。

【批转】pīzhuǎn〈动〉上级对下级的书面报告批示并转发。

【批准】pīzhǔn〈动〉上级对下级的意见、请求等表示同意。

【批租】pīzū〈动〉批准租用(土地)：工业～用地呈上升势头｜严禁土地～中的违法行为。

邳　pī〈名〉❶邳州，地名，在江苏。❷姓。

伾　pī[伾伾]〈形〉有力的样子。

纰(紕)　pī〈动〉布帛丝缕等破坏、散开：线～了。

【纰漏】pīlòu〈名〉因疏忽而产生的差错或

漏洞。

【纰缪】pīmiù〈名〉错误。

坯 pī〈名〉❶指砖瓦、陶瓷等制造过程中用原料做成的未经烧制的器物：砖～｜景泰蓝～。❷特指土坯：打～｜脱～。❸方言。指半成品：毛～｜钢～｜面～儿（煮熟而未加作料的面条）｜～料｜～布（未经过印染加工的布）。

披 pī〈动〉❶覆盖或搭在肩背上：～挂｜～坚执锐｜～星戴月。❷打开；散开：～阅｜～览｜～肝沥胆｜～荆斩棘。❸（竹木等）裂开：竹竿～了｜指甲～了。

【披发左衽】pī fà zuǒ rèn 头发披散着，衣襟开在左边。古代指我国东方、北方少数民族的装束。

【披拂】pīfú〈动〉❶随风飘动：枝叶～。❷（微风）吹动：春风～。

【披肝沥胆】pī gān lì dǎn 比喻开诚相见或竭尽忠诚。

【披红】pīhóng〈动〉披上红色绸布，表示喜庆或光荣。

【披坚执锐】pī jiān zhí ruì 穿上铠甲，拿起锋利的兵器，指上战场作战。也作"被坚执锐"。

【披荆斩棘】pī jīng zhǎn jí 扫除前进中的困难和障碍。也形容在开创事业中克服种种艰难。

【披览】pīlǎn〈动〉翻开书看：～史籍。

【披露】pīlù〈动〉❶公布；发表：～消息。❷表露；显露：～真实的感情。

【披靡】pīmǐ〈动〉❶（草木）随风倒伏。❷（军队）溃散。

【披沙拣金】pī shā jiǎn jīn 拨开沙粒，挑选金子，比喻从大量事物中细心挑选精华。

【披头散发】pī tóu sàn fà 形容头发长而散乱。

【披星戴月】pī xīng dài yuè 形容早出晚归，辛勤劳动，或日夜赶路，旅途辛苦。

【披阅】pīyuè〈动〉披览。

狉 pī[狉狉]〈形〉形容群兽走动：草木榛榛，鹿豕～。

砒 pī〈名〉❶砷的旧称。❷砒霜，砷的氧化物，有剧毒。也叫"信石"。

铍（鈹） pī〈名〉❶针砭用的长针。❷长矛。
△另见 pí。

被 pī同"披"。
△另见 bèi。

【被坚执锐】pī jiān zhí ruì 同"披坚执锐"。

辟 pī[辟头]同"劈头"②。
△另见 bì；pì。

劈 pī❶〈动〉用刀斧纵着破开：～刀｜～木柴｜～山引水｜～风斩浪。❷〈动〉正对着冲着：～面｜～头盖脸。❸〈动〉雷电毁坏或击毙：雷～死了一头牛。❹〈名〉简单机械，由两个斜面合成，如楔子和刀斧的刃。
△另见 pǐ。

【劈面】pīmiàn〈副〉正对着脸；迎面。

【劈手】pīshǒu〈副〉形容手的动作异常迅速，使人来不及防备：～夺过歹徒的凶器。

【劈头】pītóu〈副〉❶正对着头：～盖脸。❷一开头；开始：～就问｜他进门～第一句话就问妈妈病好了没有。也作"辟头"。

【劈头盖脸】pī tóu gài liǎn 正对着头和脸盖下来。

【劈头劈脑】pī tóu pī nǎo 正对着头部。

噼 pī拟声词：～啪｜～里啪啦。

霹 pī[霹雳(lì)]〈名〉响声巨大的雷，是云和地面间发生的强烈的雷电现象。

═ pí ═

皮 pí❶〈名〉人或生物体表面的一层组织：～肤｜表～｜树～｜牛～｜荞麦～｜把黄瓜～削去。❷〈名〉皮革或毛皮：～箱｜～鞋｜～袄。❸〈名〉包在或围在外面的一层东西：封～｜包袱～儿。❹〈名〉表面：地～｜水～儿。❺〈名〉某些薄片状的东西：铅～｜粉～｜豆腐～儿。❻〈名〉表面；外表：～相。❼〈形〉有韧性的：～糖｜～纸。

P

⑧〈形〉酥脆的东西受潮后变韧:花生~了吃起来不香。⑨〈形〉顽皮;调皮。⑩〈形〉由于受申斥或责罚次数过多而不在乎:经常挨训,~了。⑪〈名〉指橡胶:~筋。⑫〈名〉姓。

【皮草】pícǎo 方言。〈名〉指裘皮及裘皮制品:~行|优质~|~时装。

【皮具】píjù〈名〉用皮革制成的用品,如皮包、皮夹子,皮带等:名牌~。

【皮里阳秋】pí lǐ yángqiū 指藏在心中而不说出来的评论。"阳秋"即"春秋",晋简文帝(司马昱)母郑后名阿春,晋人避讳,将"春"改为"阳"。相传孔子修《春秋》意含褒贬,这里"阳秋"用来代表"批评"。

【皮毛】pímáo〈名〉❶带毛的兽皮的总称。❷比喻肤浅而不深刻的知识:略知~。

【皮囊】pínáng〈名〉皮袋,比喻人的躯壳。

【皮相】píxiàng〈动〉从表面看:~之谈。

【皮之不存,毛将焉附】pí zhī bù cún,máo jiāng yān fù《左传·僖公十四年》:"皮之不存,毛将安傅?"(焉附:原作"安傅")皮都没有了,毛还能长在哪儿? 比喻事物失去了借以生存的基础就不能存在。

备用词　扯皮　赖皮　画皮　俏皮　调皮　顽皮　鸡毛蒜皮　食肉寝皮　羊质虎皮　与虎谋皮

陂　pí[黄陂]〈名〉地名,在湖北。
　　△另见 bēi;pō。

枇　pí[枇杷(pɑ)]〈名〉❶乔木,果实球形,黄色,可以吃,叶子和核可入药。❷这种植物的果实。

毗(*毘)　pí〈动〉❶连接;相连:~连|~邻。❷辅助:~补|~佐。

【毗连】pílián〈动〉连接;紧靠。

蚍　pí[蚍蜉(fú)]〈名〉大蚂蚁:~撼树(比喻不自量力)。

罴(羆)　pí 同"疲"。
　　△另见 bà;ba。

铍(鈹)　pí〈名〉金属元素,符号 Be。灰白色,合金用来制造飞机、火箭等。
　　△另见 pī。

郫　pí〈名〉郫县,旧地名,在四川。今为郫都区。

疲　pí〈形〉疲乏;劳累:~劳|~倦|精~力尽|乐此不~。

【疲惫】píbèi〈形〉非常疲乏:神色~|~不堪。

【疲敝】píbì〈形〉❶疲劳不堪;疲惫。❷人力、物力受到消耗,不充足:国力~。

【疲乏】pífá〈形〉体力或脑力消耗过多而需要休息。

【疲倦】píjuàn〈形〉疲乏而困倦。

【疲困】píkùn〈形〉疲倦困乏。

【疲劳】píláo〈形〉❶疲乏;劳累。❷因运动过度或刺激过强,细胞、组织或器官的机能或反应能力减弱:肌肉~。❸因外力过强或作用时间过久而不能起正常的反应:弹性~。

【疲弱】píruò〈形〉(身体)虚弱,疲乏无力。

【疲沓】(疲塌)pítɑ〈形〉松懈拖沓;不起劲:工作~。

【疲于奔命】pí yú bēn mìng 原指奉命或被迫而疲劳奔走,后也指忙于奔走应付各种事情,弄得精疲力竭。

㽸　pí〈名〉堞墙;城垛。

【㽸堄】pínì〈名〉城墙上呈凹凸形状的矮墙。

埤　pí〈动〉增加。
　　△另见 pì。

啤　pí 见下。

【啤酒】píjiǔ〈名〉以大麦和啤酒花为主要原料发酵制成的酒,有泡沫和特殊的香味,味道微苦,含酒精量较低,也叫"麦酒"。

【啤酒肚】píjiǔdù〈名〉肥胖的人向前凸起的腹部,一般认为多饮啤酒容易形成这样的体形,故称。

琵　pí[琵琶(pɑ)]〈名〉弹拨乐器,用木料制成,有四根弦,下部为瓜子形的盘,上部有长柄,柄端向后弯曲。

椑　pí〈名〉古代一种椭圆形的酒器。
　　△另见 bēi。

脾　pí〈名〉人或高等动物的内脏之一,有制造新血细胞、破坏衰老血细胞及储血等功能。人的脾在胃的左下侧。也叫"脾脏"。

【脾气】píqi〈名〉❶性情:~倔强。❷容易发怒的性情或暴躁的情绪:发~|~大。

【脾胃】píwèi〈名〉脾和胃,借指对事物喜好或憎恶的习性:~不合|~相投。

【脾性】píxìng〈名〉性情；习性。
【脾脏】pízàng〈名〉脾。

鲅（鲅）pí 见[鳑(páng)鲅]。

裨 pí〈形〉辅佐的；副：偏～｜～将(副将)。
△另见bì。

蜱 pí〈名〉节肢动物，身体椭圆形，有四对足。种类很多，有的吸植物的汁，有的吸人畜的血，能传染疾病。也叫"壁虱"。

罴（羆）pí〈名〉棕熊，哺乳动物，肩部隆起，毛多为棕褐色。也叫"马熊"、"人熊"。

貔 pí〈名〉古书上说的一种猛兽。

【貔貅】píxiū〈名〉❶古书上说的一种猛兽。❷比喻勇猛的军队：～之士。

鼙 pí[鼙鼓]〈名〉古代军中用的小鼓。

—— pǐ ——

匹（*❸疋）pǐ ❶〈动〉比得上；相当；相配：～配｜～敌：难与为～。❷〈形〉单独：～夫｜单枪～马。❸〈量〉a)用于骡、马等：三～马。b)用于整卷的绸或布等：两～布。❹〈名〉姓。
△"疋"另见yǎ。

【匹敌】pǐdí〈动〉对等；相当；无可～。
【匹夫】pǐfū〈名〉❶一个人，泛指平常人：国家兴亡，～有责。❷指没有学问、没有智谋的人(多见于早期白话)：～之勇。❸骂人的话：～安敢欺我耶！
【匹马单枪】pǐ mǎ dān qiāng 见【单枪匹马】。
【匹配】pǐpèi〈动〉配合成对，特指缔结婚姻：～良缘。
【匹头】pǐtou 方言〈名〉指绸布等剪好的成件或成套的衣料。

庀 pǐ〈动〉❶具备。❷治理：～其家事。

圮 pǐ〈动〉毁坏，倒塌；倾～。

仳 pǐ[仳离]〈动〉夫妻分离，特指妻子被遗弃。

否 pǐ ❶〈形〉坏；恶：～极泰来。❷〈动〉贬斥：臧～人物(评论人的优劣)。
△另见fǒu。

【否极泰来】pǐ jí tài lái 坏的情况到了极点，好的就来了(否、泰：六十四卦中的卦名，否是坏

的卦，泰是好的卦)。
【否泰】pǐtài〈名〉指世道盛衰、人事通塞或运气好坏等。

吡 pǐ〈动〉诋毁；斥责。
△另见bǐ。

痞 pǐ〈名〉❶痞块，中医指腹腔内可以摸得到的硬块：～积。❷恶棍；流氓：文～｜地～｜～流氓。

劈 pǐ〈动〉❶分开；分：～成三股。❷分裂；使离开原物体：～玉米。❸腿或手指过分叉开：～叉。
△另见pī。

擗 pǐ〈动〉❶用力使从原物体上分开；掰：～棒子(掰玉米)。❷用手拍胸；～踊(悲痛时以手捶胸，以脚顿地)。

癖 pǐ〈名〉积久成习的特殊喜好；嗜好：好～怪｜～洁｜嗜酒成～。

【癖好】pǐhào〈名〉对某种事物的特殊爱好；嗜好。
【癖性】pǐxìng〈名〉个人所特有的癖好和习性。

嚭（*噽）pǐ〈形〉大。

—— pì ——

屁 pì〈名〉由肛门排出的臭气：放～。

【屁滚尿流】pì gǔn niào liú 形容狼狈不堪的样子。

埤 pì[埤堄(nì)]〈名〉城上矮墙。
△另见pí。

淠 pì〈名〉淠河，水名，在安徽。

睥 pì，又读bì [睥睨(nì)]〈动〉眼睛斜着看，形容高傲的样子：～一切。

辟（❶-❸闢）pì ❶〈动〉开辟：～地垦荒｜另～蹊径｜鸿蒙初～。❷〈形〉透彻：精～｜透～。❸〈动〉驳斥；排除：～除｜～谣｜～邪说。❹〈名〉法律；法：大～(古代指死刑)。❺同"僻"❹。
△另见bì；pī。

媲 pì〈动〉匹敌；比得上：～美。

【媲美】pìměi〈动〉美好的程度差不多；比美。

僻 pì〈形〉❶偏僻：～静｜～荒｜穷乡～壤｜～处一隅。❷性情古怪：怪～｜孤～。❸不常用的(多指文字)：生～｜冷～。❹不正；邪：～行。

【僻静】pìjìng〈形〉偏僻而清静；背静：～的

山谷。

【僻壤】pìrǎng〈名〉偏僻的地方：穷乡～。

【僻远】pìyuǎn〈形〉偏僻而遥远：～的荒村。

备用词　荒僻　偏僻　乡僻　幽僻　冷僻　生僻　孤僻　乖僻　怪僻

澼　pì［洴(píng)澼］〈动〉漂洗(丝绵)。

甓　pì〈名〉砖。

譬　pì〈动〉比喻；比方：～喻｜～如｜～方｜设～。

【譬喻】pìyù〈动〉比喻①。

━━ piān ━━

片　piān〈名〉义同“片”(piàn)①，用于“纸片儿”、“相片儿”等。△另见 piàn。

扁　piān［扁舟］〈名〉小船：一叶～。△另见 biǎn。

偏　piān ❶〈形〉不正；倾斜(跟“正”相对)：～离｜太阳～西了。❷〈形〉(地位)次要的；辅助的：～将。❸〈形〉偏僻：心远地自～。❹〈形〉只注重一方面；不公正：～爱｜～信｜心太～｜兼听则明，～信则暗。❺〈动〉客套话，表示已用过茶饭等：我～过了，您请用吧。❻〈副〉偏偏：明知山有虎，～向虎山行｜早就告诉他不行，他～不听。❼〈名〉姓。

【偏爱】piān'ài〈动〉在众多的人或事物中特别喜爱其中的某人或某事物。

【偏安】piān'ān〈动〉❶指封建王朝不能统治全国而苟安于一方：～一隅。❷借指被迫离开原来的地方，暂居某处。

【偏差】piānchā〈名〉❶工作上出现的过分或不及的差错：出～。❷运动的物体偏离确定方向的角度：修正～。

【偏方】piānfāng〈名〉民间流传的不见于古典医学著作的中药方。

【偏废】piānfèi〈动〉在应该兼顾的各方面中，忽视了其中的某一方面(或某些方面)。

【偏激】piānjī〈形〉思想极端；言论、行动过火。

【偏见】piānjiàn〈名〉偏于一方面的认识或见解。

【偏劳】piānláo〈动〉客套话，用于请人帮忙或感谢人代自己做事。

【偏离】piānlí〈动〉指离开正道，方向偏了：～方向。

【偏旁】piānpáng〈名〉汉字形体中常常出现的某些组成部分，如“江”、“河”、“湖”、“海”中的“氵”，“地”、“块”、“尘”、“垒”中的“土”。偏旁又分形旁和声旁，如“湖”字的“氵”表示意义，称“形旁”；“胡”表示读音，称“声旁”。

【偏裨】piānpí〈名〉偏将；副将。

【偏僻】piānpì〈形〉❶远离城市或中心区，交通不方便。❷古怪；怪僻：行为～性乖张，哪管世人诽谤！

【偏偏】piānpiān〈副〉❶表示故意跟别人的要求或客观情况相反：不叫他去，他～要去。❷表示事实跟主观愿望恰好相反：他专程来找我，～我不在。❸表示范围，意思跟“单单”略同：大家认真听讲，～他一个人搞小动作。

【偏颇】piānpō ❶〈形〉偏于一方面；不全面：失之～。❷〈动〉不公正地对待；偏袒：内～于妻子，外僭惑于知友。

【偏巧】piānqiǎo〈副〉❶恰巧：正要去找他，～他来了。❷偏偏②：我去找他，～他不在。

【偏私】piānsī〈动〉照顾私情。

【偏袒】piāntǎn〈动〉❶袒露一只臂膀。❷袒护有争执或有矛盾的双方中的一方。参看【左袒】。

【偏向】piānxiàng ❶〈名〉不正确的倾向：纠正～。❷〈动〉无原则地支持、袒护某一方。

【偏斜】piānxié〈形〉❶歪斜；不正。❷(行为)不端正。

【偏执】piānzhí〈形〉片面而固执：～一端。

犏　piān〈名〉犏牛，公黄牛和母牦牛交配所生的杂种牛，产于我国西南地区。

篇　piān ❶〈名〉首尾完整的诗文：～目｜～章｜诗｜断简残～。❷〈名〉写着或印着文字的单张纸：歌～｜单～儿讲义。❸〈量〉用于纸张、书页(一篇是两页)或文章等：三～纸｜一～论文。

【篇幅】piānfu〈名〉❶指文章的长短。❷书籍报刊等篇页的数量：整版～。

【篇章】piānzhāng〈名〉一部作品的篇和章，泛指文章：～结构。

翩　piān ❶〈动〉很快地飞。❷〈形〉形容动作轻快：～跹｜～然｜若惊鸿。

【翩翩】piānpiān〈形〉❶形容轻快地跳舞,也形容动物飞舞:～起舞。❷形容轻快的样子:～两骑来是谁? 黄衣使者白衫儿。❸形容举止洒脱:～少年。

【翩然】piānrán〈形〉动作轻快的样子:～而至。

【翩跹】piānxiān〈形〉形容舞姿轻快飘逸:～起舞。

━ pián ━

便 pián〈形〉❶善于言辞:～佞|年始十八九,～言多令才。❷安适;安逸:～宁无忧。

△另见 biàn。

【便嬖】piánbì〈名〉君主所亲近、宠爱的人。

【便便】piánpián〈形〉肥胖的样子:大腹～。

【便旋】piánxuán〈动〉❶徘徊:～闾阎。❷回转;打转转:～而走。

【便宜】piányi ❶〈形〉价钱低:东西～。❷〈名〉不应得的好处:占～。❸〈动〉使得到便宜:这回可～你了。

△另见 biànyí。

骈(駢) pián ❶〈形〉并列的;对偶的:～句|～文|～俪(lì)|～肩(肩挨肩,形容人多)。❷〈名〉姓。

【骈死】piánsǐ〈动〉并列而死;一起死去。

【骈体】piántǐ〈名〉盛行于六朝的一种文体,要求词句整齐对偶,重视声韵和谐和辞藻的华丽(区别于"散体")。

【骈阗】piántián〈动〉聚集一起。

胼 pián[胼胝(zhī)]〈名〉茧子。

缏 pián 方言。〈动〉用针缝。

△另见 biàn。

蹁 pián〈形〉形容走路脚不正的样子。

【蹁跹】piánxiān〈形〉形容旋转舞动。

━ piǎn ━

谝(諞) piǎn 方言。〈动〉夸耀;显示:～能。

━ piàn ━

片 piàn ❶〈名〉扁平而薄的东西:竹～|纸～|瓦～|雪～|鳞～|明信～。❷〈名〉指较大地区内划分的较小地区:管～|分～包干。❸〈动〉用刀横割成薄片:～肉片儿。❹〈形〉不全的;零星的;简短的:～面|～段|断|～刻|只言～语。❺量词:一～药|一～草地|一～汪洋|一～真心|一～丰收景象。❻〈名〉姓。

△另见 piān。

【片段】piànduàn〈名〉整体中的一段(多指文章、小说、戏剧、生活、经历等):～经验|暑期生活～。也作"片断"。

【片断】piànduàn ❶同"片段"。❷〈形〉零碎;不完整:～的回忆|～的社会现象。

【片儿会】piànrhuì〈名〉按地区临时分组召开的会。

【片甲不存】piàn jiǎ bù cún 形容全军覆没。也说"片甲不留"、"片甲不回"。

【片儿警】piànrjǐng〈名〉具体负责某一片地区社会治安工作的警察。

【片刻】piànkè〈名〉很短的时间;一会儿:休息～。

【片面】piànmiàn ❶〈名〉单方面的:～之词。❷〈形〉偏于一面的(跟"全面"相对):～性。

【片瓦无存】piàn wǎ wú cún 一片整瓦也没留下,形容房屋遭到彻底毁坏。

【片言只语】piàn yán zhī yǔ 零碎的或简单的几句话。

【片言只字】piàn yán zhī zì 见〖片纸只字〗。

【片纸只字】piàn zhǐ zhī zì 指零碎的文字材料。也说"片言只字"。

骗(騙) piàn〈动〉❶用谎言或诡计使人上当;欺骗:～术|～局|蒙～|诈～。❷侧身抬腿跨上:～马|～腿骑上自行车。

【骗局】piànjú〈名〉故意设下的骗人的圈套。

【骗术】piànshù〈名〉骗人的伎俩。

备用词　盗骗　拐骗　哄骗　诓骗　蒙骗　欺骗　诱骗　诈骗　招摇撞骗

━ piāo ━

剽 piāo ❶〈动〉抢劫;掠夺:～掠|～窃。❷〈形〉动作敏捷:～悍|～疾。❸〈形〉轻浮;浅薄。

【剽悍】piāohàn〈形〉敏捷而勇猛。也作"慓悍"。

【剽疾】piāojí〈形〉敏捷。

【剽掠】piāolüè〈动〉抢劫;掠夺。

【剽窃】piāoqiè〈动〉抄袭窃取别人的著作拿来当作自己的。

【剽袭】piāoxí〈动〉剽窃;抄袭。

漂 piāo〈动〉浮在液体表面上随着移动:～浮|～泊。

△另见 piǎo;piào。

【漂泊】(飘泊)piāobó〈动〉在水面上随水流漂荡,比喻生活无着或职业不固定而四处奔走。

【漂浮】piāofú 也作"飘浮"。❶〈动〉漂。❷〈形〉比喻工作或学习不踏实,不深入:作风～。❸〈动〉漂泊。

【漂流】(飘流)piāoliú〈动〉❶漂在水面上随水流浮动。❷漂泊:～四方。

【漂沦】piāolún〈动〉漂泊沦落。

缥 piāo 同"飘"②。

【嫖悍】piāohàn 同"剽悍"。

缥(縹) piāo [缥缈]〈形〉隐隐约约,若有若无:虚无～。也作"飘渺"。

△另见 piǎo。

飘(飄＊飀) piāo ❶〈动〉随风摇动或飞扬:～荡|～扬|～舞|外面～着雪花。❷〈形〉形容腿部发软,走路不稳:两腿发～。❸〈形〉轻浮;不踏实:作风有点儿～。❹〈名〉姓。

【飘泊】piāobó 见〖漂泊〗。

【飘尘】piāochén〈名〉能够长时间在空中飘浮的微粒粉尘(直径小于 10 微米),可以随气流飘到很远的地方,造成大范围污染。

【飘荡】piāodàng〈动〉❶随风飘动或随波浮动:船儿在湖上～。❷漂泊:四处～。

【飘动】piāodòng〈动〉(随着风等)摆动;飘:白云在天空中～。

【飘风】piāofēng〈名〉旋风;暴风。

【飘拂】piāofú〈动〉轻轻飘动:白云～|秀发～。

【飘浮】piāofú ❶〈动〉漂①。❷同"漂浮"。

【飘红】piāohóng〈动〉指股票等证券的价格普遍上涨。证券交易场所的电子显示屏上显示价上涨时用红色,价格普遍上涨时显示屏上以红色为主,故称。

【飘忽】piāohū〈动〉❶轻快地移动:轻烟～而过。❷摇摆;飘荡:～不定。

【飘举】piāojǔ ❶〈动〉飘舞。❷〈形〉飘逸。

【飘零】piāolíng〈动〉❶花、叶等凋谢飘落。❷比喻无依无靠,生活不安定:四处～。

【飘流】piāoliú 见〖漂流〗。

【飘绿】piāolù〈动〉指投资股票等证券的价格普遍下跌。证券交易场所的电子显示屏上显示价格下跌时用绿色,价格普遍下跌时显示屏上以绿色为主,故称。

【飘落】piāoluò〈动〉飘着下来:黄叶～|纷纷

扬扬～的雪花|伞兵徐徐～。

【飘渺】piāomiǎo 同"缥缈"。

【飘飘然】piāopiāorán〈形〉轻飘飘的好像浮在空中一样,形容飘扬自得的样子。

【飘然】piāorán〈形〉❶形容飘摇的样子:浮云～而过。❷形容轻飘飘像要飞扬的样子:骑白马～而去。

【飘洒】piāosǎ ❶〈动〉飘舞着落下来:天空～着雪花。❷〈形〉自然;不呆板:仪态～。

【飘散】piāosàn〈动〉(烟雾、气体等)飘扬散开;飞散:花香～|歌声震荡山谷,～林海。

【飘舞】piāowǔ〈动〉随风舞动:迎风～|雪花～。

【飘扬】piāoyáng〈动〉在空中随风摆动:红旗～。

【飘摇】(飘飖)piāoyáo〈动〉在空中随风摆动:～不定|～而上。

【飘曳】piāoyè〈动〉随风飘动摇曳。

【飘移】piāoyí〈动〉在空中随风移动:沙尘向东南方～|降落伞向着目标方向～。

【飘逸】piāoyì〈形〉洒脱,自然,与众不同:神采～|～脱俗。

【飘溢】piāoyì〈动〉飘荡洋溢:公园里～着兰花的阵阵清香|空气中～着一股淡淡的海腥味儿。

【飘展】piāozhǎn〈动〉随风飘动:彩旗迎风～。

螵 piāo [螵蛸(xiāo)]〈名〉螳螂的卵块,干燥后可入药。

━━ piáo ━━

朴 piáo〈名〉姓。

△另见 pō;pò;pǔ。

嫖(＊闢) piáo〈动〉指男子玩弄妓女:～妓|～客|～娼|吃喝～赌。

瓢 piáo〈名〉用来舀(yǎo)水或撮取面粉等的器具,多用对半剖开的匏瓜做成。

【瓢泼】piáopō〈动〉形容雨大:～大雨。

━━ piǎo ━━

莩 piǎo 同"殍"。

△另见 fú。

殍 piǎo [饿殍]〈名〉饿死的人:野有～。

漂 piǎo〈动〉❶用化学药剂使纤维、织品变白:～白|～染。❷用水冲去杂质:～朱砂|～丝绵。

△另见 piāo;piào。

【漂染】piǎorǎn〈动〉(对纺织品)进行漂白和

染色。

【漂洗】piǎoxǐ〈动〉用水冲洗：～衣裳。

缥（縹）piǎo ❶〈形〉青白色：水皆～碧，千丈见底。❷〈名〉青白色丝织品。
△另见 piāo。

瞟 piǎo〈动〉斜着眼睛看：姑娘偷偷拿眼～他。

━━ piào ━━

票 piào ❶〈名〉作为凭证的纸片：车～｜邮～｜戏～｜支～｜兑～｜投～。❷〈名〉钞票：纸～｜零～儿。❸〈名〉绑架者用以勒索钱财的人质：绑～｜撕～。❹〈名〉指非职业性的戏曲表演：～友｜玩儿～。❺方言。量词：一～货｜一～买卖。❻〈名〉姓。

【票贩子】piàofànzi〈名〉倒卖车票、船票或入场券等从中非法牟利的人。

【票房】piàofáng〈名〉❶戏院、火车站、轮船码头等处的售票处。❷指票房价值：这部影片全市～已经突破一千万元。❸指票友的组织，也指票友聚会练唱的场所：在～唱京戏。

【票房价值】piàofáng jiàzhí 指上演电影、戏剧等从票房售票而获得的经济效益：～创纪录。

【票据】piàojù〈名〉❶按照法律规定形式制成的写明有支付一定货币金额义务的证券。❷出纳或运送货物的凭证。

【票选】piàoxuǎn〈动〉用投票的方式选举。

【票友】piàoyǒu〈名〉称业余的戏曲演员。

【票证】piàozhèng〈名〉由有关部门发的购买某些物品等的凭证，如我国曾经使用过的粮票、油票、布票等。

嘌 piào ❶〈形〉疾速。❷[嘌呤(lìng)]〈名〉有机化合物，无色结晶，在人体内嘌呤氧化而成尿酸。[外]

漂 piào 方言。〈动〉(事情、账目等)落空：～账｜那事没什么指望，～了。
△另见 piāo；piǎo。

【漂亮】piàoliang〈形〉❶美丽；好看：衣服～｜模样～｜长得～。❷出色；精彩：说一口～的普通话。

【漂亮话】piàolianghuà〈名〉说得好听而不兑现的话：光说～没有用。

骠（驃）piào〈形〉❶形容马快跑。❷勇猛：～勇｜～悍。
△另见 biāo。

【骠骑】piàoqí〈名〉古代将军的名号：～将军。

━━ piē ━━

氕 piē〈名〉氢的同位素之一，符号1H。是氢的主要成分。

撇 piē〈动〉❶弃置不顾；抛弃：～开｜～弃。❷从液体表面上轻轻地舀(yǎo)：～油｜～沫儿。
△另见 piě。

【撇弃】piēqì〈动〉抛弃；废弃。

瞥 piē〈动〉很快地看一下：～见｜京都一～。

【瞥见】piējiàn〈动〉一眼看见。

━━ piě ━━

苤 piě[苤蓝(lan)]〈名〉草本植物，甘蓝的一种，茎部发达，呈扁球形，是普通蔬菜。

撇 piě ❶〈动〉平着扔出去：～砖头｜～手榴弹。❷〈动〉抛弃；丢：他早把那事～在脑后了。❸〈名〉汉字的笔画，形状是"丿"。❹〈量〉用于像汉字笔画撇的东西：两～小胡子。
△另见 piē。

撆（撆）piě 方言。〈名〉烧盐用的敞口锅。多用于地名(表示是烧盐的地方)：潘家～(在江苏)。

━━ pīn ━━

拼 pīn 同"拼"。
△另见 pàn。

拼 pīn〈动〉❶合在一起；连合：～音｜～版｜～盘｜～合｜～缀(zhuì)。❷不顾一切地干；豁出去：～搏｜～命｜～到底｜～死斗争。

【拼搏】pīnbó〈动〉尽最大的力量奋斗：奋勇～。

【拼凑】pīncòu〈动〉把零碎的合在一起：～材料。

【拼合】pīnhé〈动〉合在一起；组合：把七巧板重新～起来｜用积木～小房子。

【拼接】pīnjiē〈动〉拼合连接：小心～｜把几块木板～在一起。

【拼力】pīnlì〈副〉使出全部的力量：肯～干活儿｜登山队员～登顶｜～挣脱束缚。

【拼命】pīnmìng ❶〈动〉豁出命去；舍命。❷〈副〉比喻尽最大的力量：～工作｜～反对。

【拼抢】pīnqiǎng〈动〉拼力争抢；奋力争夺：～篮板球｜我队队员积极～，遏制住了对方进攻的势头。

【拼杀】pīnshā〈动〉❶拼命搏杀：和敌人～在一起。❷比喻竭尽全力争胜：这盘棋双方～

得异常激烈。

【拼死】pīnsǐ〈副〉以死相拼地:~斗争。

【拼写】pīnxiě〈动〉用拼音字母按拼写规则书写。

【拼音】pīnyīn〈动〉把两个或两个以上的音素结合起来成为一个复合的音,如 p 和 īn 拼成 pīn(拼):~文字|~学。

【拼音文字】pīnyīn wénzì 用符号(字母)来表示语音的文字。

【拼音字母】pīnyīn zìmǔ ❶拼音文字所用的字母。❷《汉语拼音方案》采用的为汉字注音和拼写普通话语音的 26 个拉丁字母。

【拼装】pīnzhuāng〈动〉拼合组装:这辆车是用废旧零件~起来的。

【拼缀】pīnzhuì〈动〉连接;组合:~艺术|把碎裂的古董~复原|图案由许多大小不等的三角形~而成。

妍 pīn〈动〉非夫妻关系而发生性行为:~居|~头|~夫|~妇。

━━ pín ━━

贫(貧) pín ❶〈形〉穷(跟"富"相对):~穷|清~|~一~|~如洗|~富不均。❷〈动〉缺少:~油|~血。❸〈方言〉〈形〉絮叨可厌:~嘴薄舌。❹〈名〉姓。

【贫乏】pínfá〈形〉❶缺乏;不丰富:知识~|内容~。❷贫穷;穷困:家境~。

【贫寒】pínhán〈形〉贫苦;穷苦:~人家。

【贫化铀】pínhuàyóu〈名〉从金属铀中提炼出铀-235 后的副产品,主要成分是铀-238,有低放射性,是制造贫铀弹的主要原料。简称"贫铀"。

【贫瘠】pínjí〈形〉土地不肥沃:~的山地。

【贫贱】pínjiàn〈形〉贫穷而社会地位低下:~之交|~不移。

【贫苦】pínkǔ〈形〉贫穷困苦:出身~|~农民|~人家。

【贫困】pínkùn〈形〉贫穷,生活困难:生活~|~线|~学生。

【贫困线】pínkùnxiàn〈名〉❶贫穷困苦的边缘。❷政府部门根据当地经济发展水平规定的最低生活保障标准。

【贫民】pínmín〈名〉职业不固定而生活穷苦的人:城市~|~窟|~阶层。

【贫民窟】pínmínkū〈名〉指城市中贫苦人聚居的地方:他从小生活在~。

【贫农】pínnóng〈名〉完全没有土地或只占有极少的土地和一些小农具的人。一般依靠租

种土地生活,也出卖一部分劳动力。

【贫穷】pínqióng〈形〉缺乏生产资料和生活资料:家境~|~落后的地区。

【贫弱】pínruò〈形〉❶贫穷衰弱(多指国家、民族):~可欺。❷贫乏无力:思想~。

【贫僧】pínsēng〈名〉和尚对自己的谦称。

【贫水】pínshuǐ〈动〉缺乏水资源:支援~地区。

【贫血】pínxuè〈动〉指人体的血液中红细胞的数量或血红蛋白的含量低于正常的数值。通常局部血量减少也叫~,如脑贫血。

【贫油】pínyóu〈动〉指缺乏石油资源:~国。

【贫铀】pínyóu〈名〉贫化铀的简称。

【贫嘴】pínzuǐ〈形〉爱多说废话或开玩笑的话:耍~|~滑舌。

【贫嘴薄舌】pín zuǐ bó shé 指话多而尖酸刻薄,令人讨厌。

频(頻) pín〈副〉屡次;连续多次:~繁|~仍|捷报~传。

【频传】pínchuán〈动〉接连不断地传来(多指好的消息):捷报~|~喜讯。

【频次】píncì〈名〉指某事物在一定时间、一定范围内重复出现的次数。

【频道】píndào〈名〉在电视广播中,高频影像信号和伴音信号占有的一定宽度的频带。

【频繁】pínfán〈形〉次数多:来往~|活动~|雨水~。

【频率】pínlǜ〈名〉❶物体每秒振动的次数。❷在单位时间内某种情况发生的次数。

【频密】pínmì〈形〉(次数)多而密;频繁:由于赛事过于~,队员的体力普遍下降。

【频频】pínpín〈副〉接连多次;连续不断:~点头|~招手。

【频仍】pínréng〈形〉连续不断:水旱~|战事~。

【频数】pínshuò〈形〉次数多而接连不断:腹泻~|宴请~。

嫔(嬪) pín〈名〉皇帝的妾;皇宫中的女官:妃~。

薲(蘋) pín〈名〉蕨类植物,生在浅水中,叶柄长,顶端有四片小叶。
△另见 píng"苹"。

颦(顰) pín〈动〉皱眉:~眉|~蹙|一~一笑|东施效~。

【颦蹙】píncù〈动〉皱着眉,形容忧愁:双眉~。

━━ pǐn ━━

品 pǐn ❶〈名〉物品:商~|产~|~名|~目。❷〈名〉等级:~级|极~|七~知县。❸

〈名〉种类:~种|~类。❹〈名〉品质:人~|~德|学兼优。❺〈动〉辨别好坏;品评:~茶|~尝|~头论足。❻〈动〉吹(管乐器,多指箫):~箫|~竹弹丝。❼〈名〉姓。

【品尝】pǐncháng〈动〉吃一点试试;仔细辨别(滋味)。

【品德】pǐndé〈名〉品质和道德:~高尚。

【品读】pǐndú〈动〉一边阅读一边品味:~诗词|有些老书多年后再来~,仍能读出新意。

【品格】pǐngé〈名〉❶品性;品行:~崇高。❷指文学、艺术作品的质量和风格。

【品类】pǐnlèi〈名〉种类。

【品貌】pǐnmào〈名〉❶相貌:~端正。❷人品和相貌:~俱佳。

【品名】pǐnmíng〈名〉物品的名称。

【品目】pǐnmù〈名〉物品的种类和名目:~繁多。

【品牌】pǐnpái〈名〉产品的牌子,特指著名产品的牌子:新~|~机|~效应|依法保护商品~。

【品评】pǐnpíng〈动〉评论高下:~书画|~人物。

【品头论足】pǐn tóu lùn zú 指轻佻地议论妇女的容貌,也比喻在细小方面任意挑剔。也说"评头论足"。

【品玩】pǐnwán〈动〉品评赏玩:~奇石|~古董。

【品行】pǐnxíng〈名〉有关道德的行为:~端正。

【品性】pǐnxìng〈名〉品质性格:~敦厚。

【品质】pǐnzhì〈名〉❶在行为、作风上所表现出来的思想、品德等方面的本质:优秀~|道德~。❷物品的质量:景德镇瓷器~优良。

【品种】pǐnzhǒng〈名〉❶经人工选择培育,有一定经济价值和共同遗传特点的一群生物体(通常指栽培植物或繁殖牲畜、家禽等)。❷泛指产品的种类:~齐全|花色~。

备用词 补品 产品 成品 次品 废品 副品 果品 奖品 礼品 商品 食品 物品 赝品 样品 药品 用品 赠品 展品 珍品 正品 次品 制品 作品

椖 pǐn〈量〉用于计量屋架。指一副屋架。

━━ pìn ━━

牝 pìn〈形〉雌性的(指鸟兽,跟"牡"相对):~牛|~马|~鸡。

聘 pìn〈动〉❶请人担任职务:~请|~用|招~|解~。❷古代指国家之间派使者访

问:~问|通~|~使往来。❸定亲:~礼。❹女子出嫁:出~|~姑娘。

【聘礼】pìnlǐ〈名〉❶聘请时送给受聘人的礼物。❷定亲时男家给女家下的定礼。

【聘请】pìnqǐng〈动〉请人来担任某种职务:~顾问。

【聘任】pìnrèn〈动〉聘请担任:~书|~职务|~顾问。

【聘用】pìnyòng〈动〉聘请任用:~贤能|~技术人员。

━━ pīng ━━

乒 pīng❶拟声词:~乒|~的一声枪响。❷〈名〉指乒乓球:~坛|~赛。

俜 pīng 见〖伶(líng)俜〗。

娉 pīng〖娉婷(tíng)〗〈形〉形容女子姿态优美。

━━ píng ━━

平 píng❶〈形〉表面没有高低凹凸,不倾斜:~坦|~原|水~线|一马~川。❷〈动〉使平:~了几亩菜地。❸〈形〉跟别的东西高度相同;不相上下:~列|~局。❹〈形〉平等;对等:~起~坐。❺〈形〉平均;公平:~摊|~分秋色。❻〈形〉安定:~稳|风~浪静。❼〈动〉用武力镇压;平定:~叛|~乱。❽〈形〉经常的;普通的:~常|~凡。❾〈名〉平声,汉语四声之一:~仄(zè)|阴~|阳~|~上去入。❿〈名〉姓。

【平安】píng'ān〈形〉平稳安全;没有危险:一路~。

【平白无故】píng bái wú gù 无缘无故。

【平板】píngbǎn〈形〉平淡死板,缺少变化:叙述~。

【平步青云】píng bù qīng yún 比喻一下子达到很高的地位(青云:指高空)。

【平常】píngcháng ❶〈形〉普通;不特殊:~人|

成绩很～。❷〈名〉平时:～多努力,考试不着急。

【平川】píngchuān〈名〉地势平坦的大片地方:一马～。

【平淡】píngdàn〈形〉没有出奇的地方:～无奇。

【平等】píngděng〈形〉❶指人们在社会、政治、经济、法律等方面享有同等的权利。❷泛指地位相等:男女～。

【平地风波】píngdì fēngbō 比喻突然发生的意外事故或变化。

【平地楼台】píngdì lóutái 比喻原来并无基础而建立起来的事业。

【平地木】píngdìmù〈名〉常绿小乔木,即"紫金牛",是一种药用植物。

【平定】píngdìng❶〈形〉平静安定:心情～。❷〈动〉用武力镇压,使趋于安定:～叛乱。

【平凡】píngfán〈形〉很平常;不突出:～的岗位。

【平反】píngfǎn〈动〉改正判错的案件或做错的政治结论:～冤案。

【平分秋色】píngfēn qiūsè 比喻双方各占一半。

【平复】píngfù〈动〉❶恢复平静:风浪～。❷痊愈复原:病体～。

【平和】pínghé❶〈形〉(性情、态度)温和;不严厉。❷〈形〉(药物作用)不剧烈:药性～。❸〈动〉(纷扰)停息。❹〈形〉太平;安宁:气氛～。

【平衡】pínghéng❶〈形〉互相对立的事物在数量或力量上相等:收支～。❷〈形〉作用于同一个物体上的几个力互相抵消,物体处于相对静止状态。❸〈动〉调整使更合理、更符合一定的比例:使平衡。

【平话】pínghuà〈名〉我国古代民间流行的口头文学形式,有说有唱,宋代盛行,开始是韵体散体相间,后发展为单纯散体,如《三国志平话》。也作"评话"。

【平缓】pínghuǎn〈形〉❶地势起伏不明显,倾斜度小:坡度～。❷(心情、声音等)缓和;平和。❸平稳缓慢:气温变化～。

【平价】píngjià❶〈动〉平抑上涨的物价。❷〈名〉平抑了的货物价格:～米|～收购。❸〈名〉商品的正常价格或国家规定的价格。❹〈名〉指一国本位货币规定的含金量。也指两个金本位(或银本位)国家间本位货币法定含金量(或含银量)的比值。

【平静】píngjìng〈形〉(心情、环境等)平稳安静;没有不安或动荡。

【平局】píngjú〈名〉比赛不分胜负的局面:双方打成～。

【平均】píngjūn❶〈动〉把总数按份儿均匀计算。❷〈形〉没有轻重、主次或多少的分别:～分配。

【平均期望寿命】píngjūn qīwàng shòumìng 人口学中反映人寿命长短的统计指标之一,指人活到某一年龄后还能继续生存的平均年数。出生时的平均期望寿命常简称为"平均寿命"。

【平均主义】píngjūn zhǔyì 主张人们在工资、劳动、勤务各方面享受完全一律的待遇的思想,认为只有绝对平均才算是平等,是个体手工业和小农经济的产物。

【平空】píngkōng 见〖凭空〗。

【平旷】píngkuàng〈形〉平坦而宽阔:土地～。

【平民】píngmín〈名〉泛指老百姓:～百姓。

【平明】píngmíng❶〈名〉天亮的时候。❷〈形〉公平廉正。

【平年】píngnián〈名〉❶阳历没有闰日或农历没有闰月的年份。阳历平年 365 天,农历平年 353 天、354 天或 355 天。❷农作物收成平常的年头儿。

【平铺直叙】píng pū zhí xù 说话、写文章不加修饰,只是简单而直接地把意思叙述出来。

【平起平坐】píng qǐ píng zuò 比喻彼此地位或权力平等。

【平人】píngrén〈名〉平民;百姓。

【平日】píngrì〈名〉平常的日子。

【平身】píngshēn〈动〉旧时指行跪拜礼后立起身子(多见于旧小说、戏曲)。

【平生】píngshēng❶〈名〉一生;终身:～不得志。❷〈副〉从来;一向:～滴酒不沾。

【平声】píngshēng〈名〉古汉语四声之一。古汉语平声字在普通话里分成阴平和阳平。

【平时】píngshí〈名〉❶一般的、通常的时候。❷平常时期(区别于非常时期,如战时等):～多流汗,战时少流血。

【平素】píngsù〈名〉平时:～少言寡语。

【平台】píngtái〈名〉❶晒台。❷生产和施工过程中,为操作方便而设置的工作台,有的能移动和升降。❸指计算机硬件或软件的操作环境。❹比喻相同的水准、等级:基本工资在同一～上。❺泛指进行某项工作所需要的环境或条件:发展～|科技推广站为农民学习科学知识、获取市场信息提供了～。

【平坦】píngtǎn〈形〉没有高低凹凸,多指地势:道路～。

【平帖】píngtiē〈形〉平整没有褶(zhě)皱。

【平头百姓】píngtóu bǎixìng 指普通百姓。

【平头正脸】píng tóu zhèng liǎn 形容相貌端正。

【平稳】píngwěn〈形〉平安稳当;没有波动或危险。

【平昔】píngxī〈名〉往日;往常。

【平息】píngxī〈动〉❶静止;停息:狂涛渐渐～了。❷用武力平定:～叛乱。❸抑制;使平静:～风波。

【平心而论】píng xīn ér lùn 平心静气地评论;公平地说。

【平心静气】píng xīn jìng qì 心气平和,态度冷静。

【平行】píngxíng❶〈形〉地位相等,不相隶属的:～机构。❷〈动〉两个平面、一个平面内的两条直线或一条直线与一个平面任意延长永不相交:～线。❸〈形〉同时进行的:～发展。

【平野】píngyě〈名〉城市以外的广阔的平地。

【平易】píngyì〈形〉❶(性情或态度)谦逊和蔼:～近人。❷(文字)浅显易懂:文章～而富哲理。

【平易近人】píngyì jìn rén ❶态度谦逊、和蔼,使人容易接近。❷文字浅显,容易了解。

【平庸】píngyōng〈形〉平平常常;没有突出的能力或作为:德才～|～之辈。

【平原】píngyuán〈名〉地势起伏极小的广大平地。

【平允】píngyǔn〈形〉公平适当;公允。

【平仄】píngzè〈名〉平声和仄声,泛指由平仄构成的诗文的韵律。

【平展】píngzhǎn〈形〉平坦而广阔:～的大草原。

【平整】píngzhěng❶〈形〉平坦整齐:土地～。❷〈动〉填挖土方使土地平坦整齐:～土地。

【平正】píngzheng〈形〉❶公平适中:～公允。❷不歪斜:鞋底纳得很～。

备用词 承平 和平 清平 升平 太平 水平 持平 公平 荡平 扫平 讨平 削平

冯(馮) píng ❶〈动〉欺凌;侵犯:～陵。❷〈动〉徒步渡河:暴虎～河。❸同"凭"。
△另见 féng。

评(評) píng ❶〈动〉评论:批～|～价。❷〈动〉评判:～奖|～选。❸〈名〉评语;评价:获得好～。❹〈名〉姓。

【评比】píngbǐ〈动〉通过比较评出高低或优劣:卫生～|质量～。

【评定】píngdìng〈动〉经过评判或审核决定:～成绩|～职称。

【评话】pínghuà❶同"平话"。❷〈名〉曲艺的一种,由一个人用当地方言讲说,如苏州评话。

【评价】píngjià❶〈动〉评定人或事物的价值高低。❷〈名〉对人或事物所评定的价值。

【评介】píngjiè〈动〉评论介绍:～新书。

【评理】pínglǐ〈动〉评断是非;谁对谁错,大家给评一评理。

【评论】pínglùn❶〈动〉批评或议论:～是非。❷〈名〉批评或议论的文章、讲话等:发表～。

【评判】píngpàn〈动〉判定是非曲直或胜负优劣。

【评聘】píngpìn〈动〉评定(专业技术职务)并加以聘任:～教授。

【评审】píngshěn❶〈动〉评议审查:～员|～验收|～文艺作品|职称～|工作已开始了。❷〈名〉担任评审工作的人:这次大奖赛共有九名～。

【评说】píngshuō〈动〉评论;评价:功过世人自有～。

【评弹】píngtán〈名〉❶曲艺的一种,有说有唱,由评话和弹词结合而成。流行于江苏、浙江一带。❷评话和弹词的合称。

【评头论足】píng tóu lùn zú 见〖品头论足〗。

【评选】píngxuǎn〈动〉评比推选:～先进。

【评议】píngyì〈动〉讨论评定:～产品质量。

备用词 讲评 批评 品评 述评 短评 剧评 书评 影评 总评

坪 píng〈名〉❶山区或黄土高原上的平地(多用于地名):茨～(在江西)|武家～(在山西)。❷平坦的场地:草～|停机～。

【坪坝】píngbà 方言。〈名〉山间平坦的场地。

苹(蘋) píng[苹果]〈名〉乔木,果实圆形,味甜或略酸,是普通水果。
△"蘋"另见 pín"蘋"。

凭(憑 * 凴) píng ❶〈动〉(身体)靠着:～几(jī)|～栏远眺。❷〈动〉倚靠;倚仗:～借|～依|～险。❸〈名〉证据:～据|文～|空口无～。❹〈介〉表示依据、根据:～票付款|～空捏造。❺〈连〉任凭:海阔～鱼跃,天高任鸟飞。❻〈名〉姓。

【凭吊】píngdiào〈动〉对着坟墓、遗迹等,怀念死者或旧事:～革命烈士。

【凭借】píngjiè〈动〉依靠：～实力卫冕成功。
【凭空】(平空) píngkōng〈副〉没有依据地：～捏造|～想象。
【凭眺】píngtiào〈动〉站在高处远望。
【凭信】píngxìn〈动〉信赖；相信：所说不足～。
【凭依】píngyī〈动〉根据；倚靠：无所～。
【凭仗】píngzhàng〈动〉依靠；倚仗。
【凭证】píngzhèng〈名〉证据。

备用词　任凭　听凭　文凭　依凭　空口无凭

枰　píng〈名〉棋盘：棋～|推～认输。

帡　píng[帡幪(méng)]❶〈名〉古代指帐幕。在旁的叫帡，在上的叫幪。❷〈动〉庇护。

洴　píng[洴澼(pì)]〈动〉漂洗(丝绵)。

屏　píng❶〈名〉屏风：画～|围～。❷〈名〉屏条：挂～|四扇～。❸〈名〉荧光屏：～幕。❹〈动〉遮挡：～蔽|～障。
　　△另见 bǐng。
【屏蔽】píngbì❶〈动〉遮挡：～一方。❷〈名〉屏障：燕山和西山是北京的～。❸〈名〉无线电技术中，常用金属网或金属盒等导体与地线相连，把电子设备、泄漏源等包围封闭起来，以避免外来电磁波干扰内部产生的高频信号辐射，这种方法叫"屏蔽"。
【屏藩】píngfān〈名〉屏风和藩篱，比喻屏障、关口：～要塞。
【屏风】píngfēng〈名〉置于室内用来挡风或隔断视线的用具。
【屏条】píngtiáo〈名〉成组的字画条幅，通常四幅合成一组。
【屏障】píngzhàng❶〈名〉像屏风那样起遮挡作用的东西(多指山岭、岛屿等)：一道～。❷〈动〉遮挡；遮蔽。

瓶(＊缾)　píng〈名〉一种容器，口小，颈细，腹大，多用玻璃或瓷制成：～胆|花～儿|酒～子|守口如～。

萍(＊❶蓱)　píng〈名〉❶浮萍，草本植物，浮生在水中。有青萍、紫萍等。❷姓。
【萍水相逢】píng shuǐ xiāng féng 比喻不相识的人偶然相遇。
【萍踪】píngzōng〈名〉浮萍生在水中，随水漂流，因称无定的行踪为萍踪：～无定。

鲆(鮃)　píng〈名〉鱼，身体侧扁，呈片状，两眼在左侧。生活在浅海中，右侧向下卧在沙底。

— pō —

朴　pō[朴刀]〈名〉一种旧式兵器，刀身窄长，刀柄略长，双手使用。
　　△另见 piáo；pò；pǔ。

钋(釙)　pō〈名〉金属元素，符号 Po。有放射性。

陂　pō[陂陀(tuó)]〈形〉倾斜不平；不平坦：山势～。
　　△另见 bēi；pí。

坡　pō❶〈名〉地形倾斜的地方：高～|爬了一个～。❷〈形〉倾斜的：～度|～地。

【坡道】pōdào〈名〉有斜坡的路段。
【坡田】pōtián〈名〉坡地。

备用词　陡坡　护坡　缓坡　慢坡　山坡　斜坡

泊　pō〈名〉湖(多用于湖名)：湖～|梁山～(在山东)|罗布～(在新疆)。
　　△另见 bó。

泺(濼)　pō 同"泊"(pō)。
　　△另见 luò。

泼(潑)　pō❶〈动〉把液体用力向外倒或洒，使散开：～水|～墨|瓢～|大雨。❷〈形〉蛮横不讲理：撒～|～妇。❸方言〈形〉有魄力；泼辣：这姑娘做事真～。
【泼才】pōcái〈名〉无赖(多见于早期白话)。
【泼妇】pōfù〈名〉指凶蛮不讲理的妇女。
【泼辣】pōlà〈形〉❶凶悍而不讲理。❷有魄力；勇猛：工作～。
【泼冷水】pō lěngshuǐ 比喻打击人的热情和积极性，使人头脑清醒。
【泼墨】pōmò❶〈名〉中国画的一种画法，用笔蘸墨汁大片地洒在纸上或绢上，画出物体形象：～作画|～山水。❷〈动〉指用墨画画儿或写字；挥毫。
【泼皮】pōpí〈名〉流氓；无赖。
【泼水节】pōshuǐ jié〈名〉我国傣族、布朗族、德昂族、阿昌族等和中南半岛某些民族的传统节日,在公历4月中旬。节日期间,人们穿着盛装,相互泼水祝福并进行拜佛、赛龙舟、文艺会演、物资交流等活动。

【泼天】pōtiān〈形〉极大的(多见于早期白话):~大祸。

颇(頗) pō❶〈形〉偏;不正:偏~。❷〈副〉很;相当地:~以为然。

酸(醱) pō〈动〉酿(酒):~醅(pēi)。△另见fā。

━━ pó ━━

婆 pó〈名〉❶年老的妇女:老太~。❷旧时指从事某种职业的妇女:巫~|媒~儿|收生~。❸丈夫的母亲:公~|~媳|~家。❹长本人两辈的女性亲属:外~。

【婆婆妈妈】pópomāmā ❶形容言语啰唆,行动迟缓、办事不痛快。❷形容感情脆弱。

【婆娑】pósuō〈形〉❶盘旋舞动的样子:~起舞。❷枝叶扶疏的样子:树影~。

鄱 pó ❶[鄱阳]〈名〉湖名,在江西。❷〈名〉姓。

繁 pó〈名〉姓。

皤 pó〈形〉❶形容白色:两鬓~然。❷大(腹):~其腹。

━━ pǒ ━━

叵 pǒ〈副〉不可:~耐|居心~测。

【叵测】pǒcè〈动〉不可推测(含贬义):心怀~|居心~。

【叵罗】pǒluó〈名〉古代饮酒用的一种敞口的浅杯。

【叵奈】pǒnài 同"叵耐"。

【叵耐】pǒnài〈动〉不可容忍;可恨(多见于早期白话)。也作"叵奈"。

钷(鉕) pǒ〈名〉金属元素,符号Pm。由人工获得,有放射性。用来制造荧光粉等。

笸 pǒ[笸箩]〈名〉用柳条或篾条等编成的浅帮的器物:针线~。

━━ pò ━━

朴 pò〈名〉乔木,木材可制器具。△另见piáo;pō;pǔ。

迫(*廹) pò ❶〈动〉逼迫;强迫:胁~|威~|压~|被~|~不得已|饥寒交~。❷〈形〉急促:急~|~切|从容不~|~

不及待。❸〈动〉接近:~近|~临。△另见pǎi。

【迫不得已】pò bù dé yǐ 被迫不得不那样做。

【迫不及待】pò bù jí dài 急迫得不能再等待。

【迫害】pòhài〈动〉压迫使受害或使用手段加害于人:~致死|政治~。

【迫切】pòqiè〈形〉形容十分急切:心情~。

【迫在眉睫】pò zài méi jié 比喻事情已逼近眼前,非常紧迫。

备用词 逼迫 急迫 紧迫 窘迫 强迫 胁迫 压迫 从容不迫 饥寒交迫

珀 pò 见[琥(hǔ)珀]。

破 pò〈动〉❶完整的东西受到损伤变得不完整:~损|~碎|碗打~了。❷使损坏:~釜沉舟。❸使分裂;劈开:~冰|势如~竹。❹整的换成零的:100元的票子~成十张10元的。❺突破;破除(规定、习惯、思想等):~例|~格|不~不立。❻打败(敌人);攻下(据点):大~敌军|攻~城池。❼花费:~钱|~工夫。❽使真相露出:揭穿:~案|~获|一语道~。❾〈形〉破旧:~房子|老牛~车。

【破败】pòbài〈形〉残破衰败:萧条~|~不堪。

【破产】pòchǎn〈动〉❶丧失全部财产。❷债务人无力偿还债务时,法院根据本人或债权人的申请做出裁定,把债务人的全部财产变价依法归还债权人,不足部分不再偿付。❸比喻事情失败:敌人的阴谋~了。

【破除】pòchú〈动〉打破;除去:~迷信|~陈规旧习。

【破读】pòdú 见[读破]。

【破费】pòfèi〈动〉花费(金钱或时间)。

【破釜沉舟】pò fǔ chén zhōu《史记·项羽本纪》记载,项羽跟秦兵打仗,过河后把釜(锅)都打破,船被弄沉,表示不再回来。比喻下定决心干到底。

【破罐破摔】pò guàn pò shuāi 比喻有了错误后不加以改正,任其自流,或更加放纵自己,使向更坏的方向发展。

【破坏】pòhuài〈动〉❶使事物受到损坏或损害：～桥梁｜～文物｜～生产｜～名誉。❷变革（社会制度、风俗习惯等）：～旧世界，建设新世界。

【破获】pòhuò〈动〉❶破案并捕获：～犯罪集团。❷识破并获得秘密。

【破解】pòjiě〈动〉❶揭破，解开：～生命之谜。❷解决：终于～了这道数学难题。❸分析解释：经他这么一～，老人家终于明白了。❹迷信指用法术破除(灾难)：～之术。

【破镜重圆】pò jìng chóng yuán 比喻夫妻失散后又团圆或决裂后又重归于好。

【破句】pòjù〈动〉指阅读或写作时在不是一句的地方读断或点断。

【破口大骂】pò kǒu dà mà 口出恶语大声地骂。

【破烂】pòlàn ❶〈形〉因时间久或经常使用而残破：～不堪。❷〈名〉破烂的东西；废品：捡～。

【破落】pòluò〈动〉(家境)由盛而衰。

【破落户】pòluòhù〈名〉❶指先前有钱有势而后来败落的人家。❷无赖(多见于早期白话)。

【破灭】pòmiè〈动〉❶(希望等)落空；消失：希望～。❷灭亡：六国～，非兵不利，战不善，弊在赂秦。

【破碎】pòsuì ❶〈形〉破成碎块的；零碎的：支离～｜山河～。❷〈动〉使破成碎块：用机器～矿石。

【破损】pòsǔn〈动〉残破损坏。

【破题儿第一遭】pò tí'er dì yī zāo 比喻第一次做某事。

【破涕为笑】pò tì wéi xiào 停止哭泣而笑起来，形容转悲为喜。

【破天荒】pòtiānhuāng〈动〉比喻某种情况第一次出现。

【破亡】pòwáng〈动〉灭亡。

【破五】pòwǔ〈名〉指农历正月初五。

【破晓】pòxiǎo〈动〉天刚亮：～时分｜明天～出发。

【破绽】pòzhàn〈名〉衣物上的裂口，比喻说话或做事中的漏洞：露出～。

【破折号】pòzhéhào〈名〉标点符号，写作"——"，表示意思转折或表示下面有个注释性的部分。

粕 pò〈名〉渣滓：糟～｜豆～。

魄 pò〈名〉❶迷信的人指依附于人体而存在的精神：魂～。❷魄力或精力：气～｜体～。

【魄力】pòlì〈名〉指做事情所具有的胆识和果敢而有决断的作风。

━━ pōu ━━

剖 pōu〈动〉❶破开：解～｜～腹｜～面。❷分辨；分析：～析｜～白｜～明事理。

【剖白】pōubái〈动〉分辩表白：～心迹。

【剖断】pōuduàn〈动〉辨明是非，加以判处。

【剖分】pōufēn〈动〉对分；瓜分。

【剖析】pōuxī〈动〉分析。

━━ póu ━━

抔 póu ❶〈动〉用手捧东西。❷〈量〉义同"捧"，用于土：一～土。

掊 póu〈动〉❶聚敛：～聚。❷挖掘。△另见 pǒu。

裒 póu〈动〉❶聚：～敛｜～然成集。❷取出：～多益寡(取有余，补不足)。

━━ pǒu ━━

掊 pǒu〈动〉❶击：～击(抨击)。❷破开：～斗折衡。△另见 póu。

━━ pū ━━

仆 pū〈动〉向前跌倒：前～后继。△另见 pú。

扑(撲) pū ❶〈动〉身体猛地伏在物体上：饿虎～食｜～到妈妈怀里。❷〈动〉拂；冲：春风～面｜香气～鼻。❸〈动〉把全部心力用到(工作、事业等上面)：她一心～在幼儿教育上。❹〈动〉扑打；扑击：～灭｜～蝇｜反～。❺〈动〉拍打；拍：～粉。❻〈名〉姓。

【扑哧】pūchī〈拟〉形容笑声或水、气挤出的声音：～一笑｜～一声，篮球撒了气｜靴子进了水，走起路来～～直响。也作"噗嗤"。

【扑斗】pūdòu〈动〉搏斗。

【扑空】pūkōng〈动〉没有在预想的地方找到要找的对象。

【扑棱】pūlēng〈拟〉形容翅膀抖动的声音：芦苇荡里～一声飞出一只大鸟来。

【扑棱】pūleng〈动〉抖动或张开：翅膀一～，飞走了｜穗子一～开像一把小伞。

【扑朔迷离】pūshuò mílí《木兰辞》："雄兔脚扑

朔,雌兔眼迷离,两兔傍地走,安能辨我是雄雌?"雄兔的脚乱动,雌兔眼半闭着,很容易辨认,但当跑起来时就很难辨别哪是雄的、哪是雌的。后来用"扑朔迷离"比喻事物错综复杂,难于分辨真相。

【扑簌簌】pūsùsù〈形〉形容眼泪纷纷落下的样子。

【扑通】pūtōng〈拟〉形容重物落水或落地的声音:～一声,跳进了水中。也作"噗通"。

【扑责】pūzé〈动〉责打。

备用词　反扑　红扑扑

铺(鋪) pū ❶〈动〉把东西展开或摊平:～床|～路|～设|～平|～直叙。❷〈方言〉。〈量〉用于炕或床。
　　△另见 pù。

【铺陈】pūchén〈动〉铺叙:～始末。

【铺盖】pūgai〈名〉指被褥。

【铺排】pūpái ❶〈动〉布置;安排。❷〈形〉铺张。

【铺砌】pūqì〈动〉用砖、石等覆盖在地面或建筑物的表面:这条路是石块～的。

【铺天盖地】pū tiān gài dì 形容声势大,来势猛烈。

【铺叙】pūxù〈动〉详细地叙述。

【铺张】pūzhāng〈动〉❶摆阔气,过分讲究排场:～浪费|～扬厉。❷夸张。

噗 pū〈拟〉:～,一口气吹灭了蜡烛|子弹把浮土打得～～直冒烟。

【噗哧】pūchī 同"扑哧"。

【噗通】pūtōng 同"扑通"。

潽 pū〈动〉液体沸腾溢出:牛奶～出来了!

—— pú ——

仆(僕) pú〈名〉❶仆人(跟"主"相对):～从|～役|奴～|公～。❷古代男子谦称自己。❸姓。
　　△另见 pū。

【仆从】púcóng〈名〉旧指跟随在身边的仆人,现比喻依附别人,自己不能做主的人或集团。

【仆仆】púpú〈形〉形容旅途劳累:风尘～。

匍 pú[匍匐(fú)]〈动〉❶爬行:～前进。❷趴:西瓜蔓儿～在地上。

莆 pú〈名〉姓。

【莆田】pútián〈名〉地名,在福建。

菩 pú 见下。

【菩萨】púsà〈名〉❶梵语译音词菩提萨埵(duǒ)之省。佛教指修行到了一定程度、地位仅次于佛的人。❷泛指佛和某些神。❸比喻心肠慈善的人。[外]

【菩提】pútí〈名〉佛教指觉悟的境界。[外]

脯 pú〈名〉指胸部:胸～|鸡～|鸭～。
　　△另见 fǔ。

葡 pú[葡萄]〈名〉藤本植物,果实成熟时呈紫色或黄色,味酸甜。

蒲 pú〈名〉❶香蒲,草本植物,果穗成熟叫"蒲棒",有绒毛,可做枕芯,叶子可做扇子、蒲包等。❷指蒲州(旧府名,府治在今山西永济市西)。❸姓。

【蒲包】púbāo〈名〉用香蒲叶编成的装东西的用具。

【蒲服】púfú 同"匍匐"。

【蒲扇】púshàn〈名〉用香蒲叶或蒲葵叶做成的扇子。

【蒲团】pútuán〈名〉用香蒲草、麦秸等编成的圆形的坐垫。

璞 pú〈名〉❶含玉的石头,也指未经琢磨的玉:浑金～玉。❷比喻人的纯真本质:返～归真。❸姓。

【璞玉浑金】pú yù hún jīn 未经雕琢的玉,未经提炼的金子,比喻天然美质未加修饰。也说"浑金璞玉"。

镁(鏷) pú〈名〉金属元素,符号 Pa。有放射性。

濮 pú ❶[濮阳]〈名〉地名,在河南。❷〈名〉姓。

—— pǔ ——

朴(樸) pǔ〈形〉朴实;朴质:～素|淳～|古～。
　　△另见 piáo;pō;pò。

【朴实】pǔshí〈形〉❶朴素①:～无华。❷实在;不浮夸:～敦厚。

【朴素】pǔsù〈形〉❶(颜色;式样等)不浓艳;不华丽:~大方。❷自然而不做作;不浮夸;不虚假:语言~|~的感情。❸节俭而不奢侈:生活~|艰苦~。

【朴质】pǔzhì〈形〉朴实纯真,未加修饰。

备用词　诚朴　纯朴　淳朴　古朴　浑朴　俭朴　简朴　素朴　质朴

埔　pǔ用于地名:黄~(在广东)。
　△另见 bù。

圃　pǔ〈名〉❶种蔬菜、花草的园子或园地:园~|菜~|苗~|花~。❷古代称在园圃里从事种植的人:老~。

浦　pǔ〈名〉❶水边或河流入海的地方(多用于地名):~口(在江苏)。❷姓。

普　pǔ❶〈形〉普遍;全面:~通|~选|~照|~及|~天同庆。❷〈名〉姓。

【普遍】pǔbiàn〈形〉存在的面很广泛;具有共同性的:~真理|~现象。

【普查】pǔchá〈动〉普遍调查:人口~|地质~。

【普及】pǔjí〈动〉❶普遍地传播到:~全国。❷普遍地推广,使大众化:~教育。

【普天同庆】pǔ tiān tóng qìng 全天下的人一同庆祝。

【普通】pǔtōng〈形〉一般;平常:~读物|~工作人员。

【普通话】pǔtōnghuà〈名〉现代汉语的标准语,以北京语音为标准音,以北方话为基础方言,以典范的现代白话文著作为语法规范。

【普选】pǔxuǎn〈动〉一种选举方式,有选举权的公民普遍地参加国家权力机关代表的选举。

【普照】pǔzhào〈动〉普遍地照耀:阳光~。

溥　pǔ〈形〉❶广大;宏~。❷普遍。

谱(譜)　pǔ❶〈名〉按照事物的类别或系统编制的表册或编辑的供参考的书:年~|食~|~系。❷〈名〉用来指导练习的格式或图形:画~|印~|棋~。❸〈名〉曲谱:歌~|乐~。❹〈动〉就歌词配曲:~写|~曲。❺〈名〉大致的标准;把握:做事有~|心里没个~儿。

【谱写】pǔxiě〈动〉写作(乐曲等)。

备用词　家谱　离谱　脸谱　图谱

氆　pǔ[氆氇(lǔ)]〈名〉藏族地区出产的一种羊毛织品。

镨(鐠)　pǔ〈名〉金属元素,符号Pr。淡银白色,用来制造特种合金和特种玻璃等。

蹼　pǔ〈名〉青蛙、龟、鸭、水獭等脚趾间的薄膜,可用来划水。

── pù ──

铺(鋪*舖)　pù〈名〉❶设有门面出售商品的处所;商店:~面|~保|~店|~饭。❷用板子搭的床:~板|床~|用板子搭个~。❸旧时的驿站(现多用于地名):十里~。
　△另见 pū。

【铺户】pùhù〈名〉商店。

堡　pù用于地名。五里铺、十里铺等的"铺"字,有的地区写作"堡"。
　△另见 bǎo;bǔ。

暴　pù同"曝"。
　△另见 bào。

瀑　pù〈名〉瀑布:飞~。
　△另见 bào。

【瀑布】pùbù〈名〉从悬崖或河身突然降落的地方流下来的水,远看好像挂着的白布。

【瀑水】pùshuǐ〈名〉瀑布。

曝　pù〈动〉晒:~晒|一~十寒。
　△另见 bào。

— qī —

七 qī ❶〈数〉数字,六加一后所得:~夕|~窍|五劳~伤|~杂~杂八。❷〈名〉旧俗,人死后每隔七天祭奠一次,直到第四十九天为止,共分七个"七":头~|五~|断~。❸〈名〉姓。

【七绝】qījué〈名〉七言绝句的简称。

【七零八落】qī líng bā luò 形容事物零乱分散。

【七律】qīlǜ〈名〉七言律诗的简称。

【七庙】qīmiào〈名〉天子的宗庙,七庙供奉七代祖先。

【七七事变】qīqī shìbiàn 1937 年 7 月 7 日,日本侵略军向我国北平(今北京市)西南卢沟桥驻军突然进攻,我驻军奋起抗击,抗日战争从此开始。这次事变史称"七七事变"。也叫"卢沟桥事变"。

【七巧板】qīqiǎobǎn〈名〉一种玩具,用正方形薄板或厚纸裁成形状不同的七小块,可以拼成各种图形。

【七窍】qīqiào〈名〉指两眼、两耳、两鼻孔和口。

【七窍生烟】qīqiào shēng yān 形容气愤到了极点,好像耳目口鼻都在冒火。

【七擒七纵】qī qín qī zòng 三国时诸葛亮出兵南方,与孟获交战,擒住他七次,放了七次,使他心服,不再来攻。比喻运用策略使对方心服。

【七情】qīqíng〈名〉人的七种感情,一般指喜、怒、哀、惧、爱、恶、欲七种。

【七情六欲】qī qíng liù yù 指人的各种情感和欲望。参看【七情】、【六欲】。

【七上八下】qī shàng bā xià 形容心神不安。

【七十二行】qīshí'èr háng 泛指工、农、商等各行各业:~,行行出状元。

【七手八脚】qī shǒu bā jiǎo 形容人多手杂,动作忙乱。

【七夕】qīxī〈名〉农历七月初七的晚上。古代神话传说,每年七夕牛郎织女在天河相会。

【七嘴八舌】qī zuǐ bā shé 形容人多口杂。

沏 qī〈动〉(用开水)冲;泡:~茶|~冰糖水。

妻 qī〈名〉妻子,已婚男子的配偶:夫~|发(fà)~|未婚~|~离子散|~儿老小。
△另见 qì。

【妻儿老小】qī ér lǎo xiǎo 泛指全体家属(就家中有父母妻子等的人而言)。

【妻离子散】qī lí zǐ sàn 形容一家人被迫离散。

【妻孥】qīnú〈名〉妻子和儿女。

【妻室】qīshì〈名〉妻子。

柒 qī ❶〈量〉数字"七"的大写。❷〈名〉姓。

栖(*棲) qī〈动〉❶鸟停在树上。❷居住;停留:~息|~身|两~|共~。
△另见 xī。

【栖身】qīshēn〈动〉居住(多指暂时的):~之所。

【栖息】qīxī〈动〉停留;歇息。

桤(橙) qī〈名〉乔木,生长快,材质较软:~林。

郪 qī〈名〉郪江,水名,在四川。

凄(*❶❷凄❸悽) qī〈形〉❶寒冷:风雨～～。❷形容冷落萧条:～凉|～清。❸形容悲伤难过:～然|～惨。

【凄惨】qīcǎn〈形〉凄凉悲惨:晚境～。

【凄恻】qīcè〈形〉哀伤;悲痛。

【凄楚】qīchǔ〈形〉凄惨而痛苦。

【凄怆】qīchuàng〈形〉凄惨;悲伤。

【凄风苦雨】qī fēng kǔ yǔ ❶寒冷的风和久下不停的雨,形容天气恶劣。❷比喻悲惨凄凉的境遇。

【凄哽】qīgěng〈动〉悲咽,哭不出声来。

【凄苦】qīkǔ〈形〉凄惨痛苦:生活～。

【凄冷】qīlěng〈形〉凄凉;冷清。

【凄厉】qīlì〈形〉❶声音凄凉而尖锐:风声～。❷寒冷:～的冬天。

【凄凉】qīliáng〈形〉❶寂寞而冷落:满目～。❷凄惨;悲伤:身世～。

【凄凄】qīqī〈形〉❶寒冷的样子:风雨～。❷悲伤的样子:～不似向前声,满座重闻皆掩泣。

【凄切】qīqiè〈形〉凄凉而悲哀:寒蝉～。

【凄清】qīqīng〈形〉❶形容清冷:一弯～的新月。❷凄凉:荒园～|～的琴声。

【凄然】qīrán〈形〉❶形容悲伤难过的样子。❷形容寒冷:寒冰～。

【凄咽】qīyè〈动〉凄怆哽咽:声音～。

【凄异】qīyì〈形〉凄凉怪异:高猿长啸,属引～。

萋 qī[萋萋]〈形〉形容草长得茂盛:芳草～。

戚(*❷感❷慼❸鏚) qī❶〈名〉亲戚:～友|外～。❷〈形〉忧愁;悲哀:悲～|休～相关。❸〈名〉古代的一种兵器,像斧。❹〈名〉姓。

【戚戚】qīqī〈形〉❶忧愁的样子:君子坦荡荡,小人长～。❷心动的样子:夫子言之,于我心有～焉。

【戚然】qīrán〈形〉忧愁或悲伤的样子:～不悦。

期 qī❶〈名〉预定的时日:限～|过～|遥遥无～。❷〈名〉一段时间:假～|周～|时～。❸〈量〉用于分期的事物:第一～培训班|该杂志每年出十二～。❹〈动〉约定时日:～而遇。❺〈动〉等待;盼望:～待|预～。△另见jī。

【期待】qīdài〈动〉期望;等待:～着胜利的喜讯。

【期房】qīfáng〈名〉房产市场上指约定期限建成交付使用的房子(区别于"现房")。

【期货】qīhuò〈名〉按双方商定的条件在约定日期交割和清算的货物、股票、外汇、债券等(区别于"现货")。

【期价】qījià〈名〉期货的价格。

【期间】qījiān〈名〉某个时期之内:抗战～。

【期盼】qīpàn〈动〉期待;盼望:～国家统一|～你们早日归来。

【期期艾艾】qīqī ài'ài《史记·张丞相列传》记载,汉代周昌口吃,一次跟汉高祖争论,连说"期期"。《世说新语·言语》记载,三国魏邓艾口吃,说到自己时连说"艾艾"。后用"期期艾艾"形容口吃。

【期市】qīshì〈名〉❶进行期货交易的市场。❷指期货的行情。

【期望】qīwàng〈动〉对未来的事物或人的前途有所希望和等待:～梦想成真。

【期望值】qīwàngzhí〈名〉对人或事物所抱希望的程度。

【期限】qīxiàn〈名〉限定的一段时间,也指所限时间的最后界限:～很短|～三个月|限你五天～|偿还贷款的～快到了。

【期许】qīxǔ〈动〉期望(多用于上对下或长对幼):有负师长～。

欺 qī〈动〉❶欺骗:～诈|～瞒|自～～人|～世盗名。❷欺负:～侮|～压|～凌|～生|仗势～人|～软怕硬。

【欺负】qīfu〈动〉用蛮横无理的手段侵犯、压迫或侮辱。

【欺哄】qīhǒng〈动〉欺瞒哄骗;说假话骗人。

【欺凌】qīlíng〈动〉欺负;凌辱:受尽～。

【欺瞒】qīmán〈动〉欺骗蒙混。

【欺骗】qīpiàn〈动〉用虚假的言行掩盖事情真相,使人上当。

【欺世盗名】qī shì dào míng 欺骗世人,窃取名誉。

【欺侮】qīwǔ〈动〉欺负。

【欺压】qīyā〈动〉欺负压迫:～百姓。

【欺诈】qīzhà〈动〉欺骗敲诈:～行为。

欹 qī〈形〉倾斜的;歪:梅以曲为美,直则无姿;以～为美,正则无景。

缉(緝) qī〈动〉一种缝纫方法,用相连的针脚密密地缝:～边儿|～鞋口。△另见jī。

嘁 qī见下。

【嘁嘁喳喳】qīqīchāchā〈拟〉形容细碎的说话

声音。

【喊里咔嚓】qīlikāchā〈形〉形容说话做事干脆、利索。

漆 qī❶〈名〉用漆树皮里的黏汁或其他树脂制成的涂料:油~|磁~|清~|生~|红~|如胶似~。❷〈动〉用漆涂:~家具|把大门~成红色的。❸〈名〉姓。

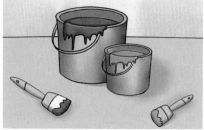

【漆雕】qīdiāo〈名〉❶一种特种工艺,在涂漆的器物上浮雕各种花纹。也叫"雕漆"。❷姓。
【漆黑】qīhēi〈形〉非常黑;很暗:~的夜晚。
【漆黑一团】qīhēi yī tuán❶形容非常黑暗,一点光亮也没有。❷形容对事情一无所知。

蹊 qī[蹊跷(qiāo)]〈形〉奇怪;可疑。
△另见 xī。

━━ qí ━━

亓 qí〈名〉姓。

齐(齊) qí❶〈形〉整齐:长短不~。❷〈动〉达到同样的高度:水深~腰|举案~眉。❸〈形〉同样;一致:~名|人心~,泰山移。❹〈副〉一块儿;同时:一~|~唱|并驾~驱|百花~放。❺〈形〉完备;全:东西都备~了|人还未来~。❻〈动〉治理:修身~家治国平天下。❼〈介〉跟某一点或某一直线取齐:~着根儿剪断。❽〈旧读 jì〉〈名〉指合金:锰镍铜~。❾〈名〉周朝国名,在今山东北部和河北东南部。❿〈名〉指南齐,南朝之一,公元 479 年—502 年,萧道成所建。⓫〈名〉指北齐,北朝之一,公元 550 年—577 年,高洋所建。⓬古通"斋"(zhāi)。⓭〈名〉姓。
△另见 jì。
【齐备】qíbèi〈形〉齐全:货色~|诸事~。
【齐楚】qíchǔ〈形〉服装等整齐:衣冠~。
【齐集】qíjí〈动〉聚集;聚集。
【齐全】qíquán〈形〉物品等应有尽有:门类~。
【齐刷刷】qíshuāshuā〈形〉形容很整齐。

【齐同】qítóng〈形〉齐心;一致:上下~。
【齐头并进】qí tóu bìng jìn 不分先后地一齐前进或同时进行。
【齐心】qíxīn〈形〉思想认识一致:万众~|~协力|只要大家~了,事情就好办了。
【齐心协力】qí xīn xié lì 思想认识一致,共同努力:大家~抗震救灾。
【齐整】qízhěng〈形〉❶整齐:穿戴~了才出门|一垄垄的麦苗。❷美丽;好看(多指女子容貌):好~个姑娘!
备用词 聚齐 看齐 取齐 一齐 整齐 见贤思齐 良莠不齐

祁 qí❶〈形〉大;盛:~寒。❷〈名〉指安徽祁门:~红(祁门出的红茶)。❸〈名〉指湖南祁阳:~剧。❹〈名〉姓。

圻 qí〈名〉边界;边~。
△另见 yín。

芪 qí[黄芪]〈名〉草本植物,花小,淡黄色,根入中药。

岐 qí❶[岐山]〈名〉地名,在陕西。❷同"歧"。❸〈名〉姓。

其 qí❶〈代〉a)他(她、它)的;他(她、它)们的:~貌不扬|各得~所。b)他(她、它);他(她、它)们:出~不意|任~自流。c)那个;那样:若无~事|不厌~烦。d)我:倘能谅~直言。e)你:虽在穷(穷困),犹能不改~乐。f)虚指:忘~所以|瞠乎~后。❷〈助〉a)表示揣测:~皆出于此乎? b)表示反诘:一之谓甚,~可再乎? c)表示命令:子~勉之! d)表示期望:攻之不克,围之不继,吾~还也。e)无实义:零雨~濛。❸〈副〉相当于"将"。❹〈连〉相当于"如果"。❺词尾;尤~|极~|如~。❻〈名〉姓。
△另见 jī。
【其次】qícì〈代〉❶次第较后,相当于第二(用于列举事项):我先上场表演,~是他登台。❷次要的地位:互相学习是主要的,比赛的胜负还在~。
【其间】qíjiān〈名〉❶那中间;那里面:厕身~。❷指某一段时间。
【其乐无穷】qí lè wú qióng 其中的乐趣没有穷尽。
【其实】qíshí〈副〉❶实际上(承上文转折):古人以为天圆地方,~不然。❷实在;的确(多见于早期白话)。
【其他】qítā〈代〉别的:今天的晚会,除了京剧,曲艺以外,还有~精彩节目。
【其它】qítā〈代〉同"其他"(用于事物)。

【其往】qíwǎng〈名〉其后;将来。

【其余】qíyú〈代〉剩下的;除此之外的:攻其一点,不及～。

【其中】qízhōng〈名〉那中间;那里面:乐在～|不知～奥妙。

备用词 更其 何其 极其 如其 唯其 尤其 与其

奇 qí ❶〈形〉罕见的;特殊的;不寻常的:～才|～闻|～迹|～耻大辱。❷〈形〉出人意料的;令人难测的:～遇|～兵|～袭|出～制胜。❸〈动〉以…为奇:～其才。❹〈副〉非常;很:～痒|～缺。❺〈名〉姓。
△另见 jī。

【奇兵】qíbīng〈名〉出乎敌人意料而突然进行袭击的军队。

【奇才】qícái〈名〉非凡的人才。

【奇耻大辱】qí chǐ dà rǔ 极大的耻辱。

【奇怪】qíguài ❶〈形〉稀奇少有,异乎寻常的:～的现象|～的梦。❷〈动〉出乎意料,难以理解:他的言行让人觉得～。❸〈动〉觉得奇怪:我～她怎么哭了。

【奇观】qíguān〈名〉❶雄伟美丽而又罕见的景象:黄山～。❷出奇少见的事情:《今古～》。

【奇花异草】qí huā yì cǎo 指各种奇异的花草。

【奇货可居】qí huò kě jū 把稀有难得的货物囤积起来,等待高价出售。比喻某种专长或特有的东西作为资本,等待时机以获取名利地位。

【奇迹】qíjì〈名〉想象不到的不平凡的事情:创造～|出现～。

【奇景】qíjǐng〈名〉奇妙的景物或景色。

【奇览】qílǎn〈名〉奇景。

【奇丽】qílì〈形〉奇异美丽。

【奇妙】qímiào〈形〉稀奇而巧妙:构思～。

【奇巧】qíqiǎo〈形〉新奇而精巧:布局～。

【奇特】qítè〈形〉奇异而特别;跟平常的不一样。

【奇伟】qíwěi〈形〉奇特而雄伟:景观～。

【奇文共赏】qí wén gòng shǎng 晋陶渊明《移居》:"奇文共欣赏,疑义相与析。"新奇的文章共同欣赏。现多指把不好的文章拿出来供大家识别和批评。

【奇袭】qíxí〈动〉出其不意地打击敌人:～敌营。

【奇想】qíxiǎng〈名〉奇特的想法:突发～。

【奇形怪状】qí xíng guài zhuàng 奇奇怪怪的形状。

【奇秀】qíxiù ❶〈形〉奇异秀丽。❷〈名〉奇异秀丽的地方。

【奇异】qíyì〈形〉❶跟平常的不一样:海底有许多～的生物。❷惊异:～的眼光。

【奇遇】qíyù〈名〉意外的、奇特的相逢或遇合。

【奇珍】qízhēn〈名〉稀罕而珍贵的东西。

【奇装异服】qí zhuāng yì fú 跟一般人所穿的衣服式样不同的服装(多含贬义)。

【奇字】qízì〈名〉❶古代的一种字体。❷指生僻字。

备用词 出奇 传奇 好奇 惊奇 离奇 猎奇 神奇 稀奇 新奇 珍奇 不足为奇 囤积居奇

歧 qí〈形〉❶岔(道);大路分出的(路):～路|～途。❷不相同;不一致:～义|分～。

【歧路】qílù〈名〉岔道;大路分出的小路。

【歧路亡羊】qílù wáng yáng《列子·说符》里说,杨子的邻居丢了羊,许多人去找都没有找到。杨子问:"为什么没找到?"邻居说:"岔路很多,岔路上又有岔路,不知道往哪儿去了。"比喻因情况复杂多变而迷失方向,误入歧途。

【歧视】qíshì〈动〉不平等地看待:种族～。

【歧途】qítú〈名〉歧路,比喻错误的道路:误入～。

【歧义】qíyì〈名〉(语言文字)两歧或多歧的意义,有两种或几种可能的解释。

【歧异】qíyì ❶〈形〉不一致(多指观点、认识等);立场相当～。❷〈名〉不一致的地方:双方的～增大。

祈 qí ❶〈动〉向神默告自己的愿望:～福|～雨禳灾。❷〈动〉请求;希望:～求|敬～赐教。❸〈名〉姓。

【祈祷】qídǎo〈动〉❶一种宗教仪式,向神默告自己的愿望。❷祈求神赐福。

【祈盼】qípàn〈动〉恳切盼望:～他早日康复|～祖国早日统一|发展经济,过上幸福生活是山里人的～。

【祈求】qíqiú〈动〉❶诚恳请求。❷恳切希望得到:～和平。

【祈望】qíwàng〈动〉盼望。

【祈愿】qíyuàn ❶〈名〉愿望。❷〈动〉祝愿。

衹 qí〈名〉地神:神～。
△另见 zhǐ"只"。

荠(薺) qí 见[荸(bí)荠]。
△另见 jì。

俟 qí 见[万(mò)俟]。
△另见 sì。

痕 qí〈名〉病。

Q

耆 qí ❶〈形〉六十岁以上的(人):~老|~年|~绅。❷古通"嗜"(shì)。

【耆老】qílǎo〈名〉老年人。

【耆宿】qísù〈名〉指在社会上有名望的老年人。

顾(頎) qí〈形〉(身体)修长:秀~|~长。

【颀长】qícháng〈形〉(身量)高。

脐(臍) qí〈名〉❶肚脐:~带|噬(shì)~莫及。❷螃蟹腹部的甲壳:尖~(雄蟹的脐)|团~(雌蟹的脐)。

埼(*碕) qí〈名〉弯曲的岸。

萁 qí 方言。〈名〉豆秸:豆~。

畦 qí〈名〉用土埂分成的排列整齐的小块田地:~田|~菜|~阳|一~菠菜。

【畦灌】qíguàn〈动〉灌溉的一种方法,把灌溉的土地分成面积较小的畦,灌溉时,每个畦依次灌水。

崎 qí[崎岖(qū)]〈形〉形容山路或地面高低不平。

淇 qí〈名〉淇河,水名,在河南。

骐(騏) qí〈名〉青黑色的马:~骥。

【骐骥】qíjì〈名〉骏马:~一跃,不能十步;驽马十驾,功在不舍。

骑(騎) qí ❶〈动〉两腿分开跨坐:~马|~自行车。❷〈动〉兼跨两边:~缝盖章。❸(旧读jì)〈名〉骑的马,泛指人骑的牲畜:坐~。❹(旧读jì)〈名〉骑兵,也泛指骑马的人:轻~|铁~。❺(旧读jì)〈名〉一人一马的合称:翩翩两~来者谁?

【骑虎难下】qí hǔ nán xià 比喻事情中途遇到困难,但为形势所迫,想不干又不可能,好像骑在虎上难以下来一样。

【骑马找马】qí mǎ zhǎo mǎ 比喻东西在自己手里还到处去找。也比喻一面占着现有位置,一面寻找更称心的工作。

【骑墙】qíqiáng〈动〉两脚分别跨在墙的两边。比喻立场不鲜明,站在中间,向两方面讨好:~派|~观望。

【骑士】qíshì〈名〉❶骑兵。❷欧洲中世纪封建主阶级的下层,为大封建主服骑兵军役,是领有土地的军人。

琪 qí〈名〉❶一种美玉。❷〈形〉珍异:~花瑶草。❸〈名〉姓。

琦 qí〈名〉❶一种美玉。❷〈形〉不凡;美好:~行(高尚的品行)。

棋(*碁棊) qí〈名〉❶文娱项目的一类,如象棋、围棋、军棋、跳棋等。❷指棋子:举~不定|星罗~布。

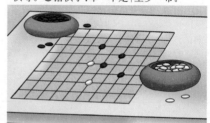

【棋逢对手】qí féng duìshǒu 比喻双方本领不相上下。

蛴(蠐) qí[蛴螬(cáo)]〈名〉金龟子的幼虫,生活在土壤里,吃农作物的根和茎。

祺 qí〈形〉吉祥:~祥|文~|时~。

锜(錡) qí〈名〉❶古代一种三足的烹煮器皿。❷古代的一种凿子。

綦 qí ❶〈形〉青黑色:~巾。❷〈副〉极;很:言之~详|希望~切。❸〈名〉姓。

蟛 qí 见[蟛(péng)蟛]。

旗(*❶旂) qí ❶〈名〉用绸布、纸张等做成的标志,多挂在杆子或墙壁上:国~|帅~|旌~|红~|锦~。❷〈名〉清代满族的军队组织和户口编制,共分八旗:正黄~|镶红~。❸〈形〉泛指属于满族的:~人|~袍。❹〈名〉内蒙古自治区的行政区划单位,相当于县。❺〈名〉姓。

【旗鼓相当】qí gǔ xiāngdāng 比喻双方势均力敌,不相上下。

【旗开得胜】qí kāi dé shèng 比喻事情一开始就获得成功。

【旗手】qíshǒu〈名〉走在队伍前面举旗子的人,比喻领导人或先行者。

【旗帜】qízhì〈名〉❶旗子:胜利的~迎风飘扬。❷比喻榜样。❸比喻有号召力的某种思想、学说或政治力量。

蕲(蘄) qí ❶〈动〉求:~求(祈求)。❷〈名〉指蕲州(旧州名,州治在今湖北蕲春县南)：～竹。❸〈名〉姓。

觭 qí 同"奇"(qí)：～梦幻想。
△另见 jī

䱬(鯕) qí[䱬鲦(qiū)]〈名〉鱼,体长而侧扁,黑褐色,头大,眼小。生活在海洋中。

鳍(鰭) qí〈名〉鱼类的运动器官,由刺状的硬骨或软骨支撑薄膜构成,按它所在的部位,可分为胸鳍、腹鳍、背鳍、臀鳍和尾鳍。

麒 qí ❶[麒麟(lín)]〈名〉古代传说中的一种动物,像鹿而全身有鳞甲。古人用来象征祥瑞。❷〈名〉姓。

— qǐ —

乞 qǐ ❶〈动〉向人讨取;乞求：～怜|～丐|行～|求～。❷〈名〉姓。

【乞哀告怜】qǐ āi gào lián 乞求别人怜悯和帮助。

【乞丐】qǐgài〈名〉生活没有着落而专靠向人要饭要钱过活的人。

【乞骸骨】qǐ háigǔ〈动〉封建时代官员因年老请求辞职称乞骸骨,意思是请求赐还自己的老骨头,回家乡去。

【乞怜】qǐlián〈动〉向人乞求同情和怜悯：摇尾～。

【乞灵】qǐlíng〈动〉向神佛求助,比喻乞求不可靠的帮助。

【乞命】qǐmìng〈动〉请求保全生命。

【乞求】qǐqiú〈动〉请求别人给予：～施舍。

【乞人】qǐrén〈名〉乞丐。

【乞讨】qǐtǎo〈动〉向人要饭要钱等：沿街～。

芑 qǐ〈名〉古书上说的一种植物。

岂(豈) qǐ ❶〈副〉a)表示反问：如此而已,～有他哉? b)表示揣度：诸葛孔明者,卧龙也,将军～愿见之乎? ❷古通"恺"(kǎi)。❸〈名〉姓。

【岂但】qǐdàn〈连〉用反问的语气表示"不但"：～数量多,质量也呱呱叫呢。

【岂非】qǐfēi〈副〉用反问的语气表示"难道不是"：～怪事? |这样解释～自相矛盾?

【岂敢】qǐgǎn〈动〉用反问的语气表示"不敢"、"怎么敢"：～怠慢。

【岂可】qǐkě〈副〉用反问的语气表示"怎么可以"：～言而无信|～坐以待毙?

【岂有此理】qǐ yǒu cǐ lǐ 哪里有这样的道理(表

示对不合情理的事的愤慨)。

【岂止】qǐzhǐ〈副〉用反问的语气表示"不止"：为难的事还多着呢,～这一件? |不赞成的人很多,～我一个?

屺 qǐ〈名〉没有草木的山。

企 qǐ〈动〉❶抬起脚后跟站着：～足而待。❷盼望：～盼|～求|～慕(仰慕)。

【企改】qǐgǎi〈动〉企业改革：～工作|对～充满信心。

【企管】qǐguǎn〈名〉企业管理：～部门。

【企划】qǐhuà〈动〉策划;谋划：广告～|～人员共同～拓展市场。

【企及】qǐjí〈动〉盼望达到,希望赶上：不可～。

【企盼】qǐpàn〈动〉希望;盼望。

【企求】qǐqiú〈动〉希望得到：～和平。

【企图】qǐtú ❶〈动〉图谋;打算：～浑水摸鱼。❷〈名〉想法;念头：敌军逃跑的～没有得逞。

【企望】qǐwàng〈动〉希望;翘首。

【企业】qǐyè〈名〉从事生产、购销、运输等经济性活动的部门,如工厂、矿山、铁路、贸易公司等。

【企业法人】qǐyè fǎrén 以盈利为目的,独立从事生产经营活动的法人组织。在我国,企业法人指有符合国家规定的资金数额,有组织章程、组织机构和场所,能够独立承担民事责任的企业组织。

【企业化】qǐyèhuà〈动〉❶工作、商业、运输等部门按照经济核算的原则,独立计算盈亏。❷指事业单位像企业一样,不需要国家开支经费,而能自行进行经济核算。

【企业所得税】qǐyè suǒdéshuì 国家对企业和经营单位按其生产、经营所得和其他所得情况依法征收的税。

【企足而待】qǐ zú ér dài 抬起脚后跟来等着,比喻心情急切或不久的将来就要实现。

杞 qǐ〈名〉❶周朝国名,在今河南杞县一带。❷姓。

【杞人忧天】qǐ rén yōu tiān《列子·天瑞》里说,有个杞国人老是担心天会塌下来,弄得寝食不安。比喻不必要或无根据的忧虑。

启(啓*啟啓) qǐ〈动〉❶打开：开～。❷开导：～迪|～示。❸开始：～动|～用|承上～下。❹陈述;说明：～事|谨～|敬～者(旧时用于书信的开端)。❺〈名〉旧时一种文体,较简短的书信：小～|哀～。❻〈名〉姓。

【启程】qǐchéng〈动〉上路;行程开始(多用于

较正式的场合):连夜~。

【启齿】qǐchǐ〈动〉开口:难于~|羞于~。

【启迪】qǐdí〈动〉开导;启发:~后人。

【启碇】qǐdìng〈动〉起锚。

【启动】qǐdòng〈动〉❶(机器、仪表、电气设备等)开始工作:~汽车|~继电器|车轮~。❷(法令、规划、方案等)开始实施或进行:~希望工程|扶贫工程已正式~。❸开拓;发动:~农村市场|大力~消费需求。

【启发】qǐfā〈动〉用事例进行开导,引起对方联想而有所领悟:~学生深入思考。

【启口】qǐkǒu〈动〉开口。

【启蒙】qǐméng〈动〉❶使初学的人得到基本的入门的知识:~读物。❷普及新知识、新思想,使摆脱愚昧和迷信:~运动。

【启明星】qǐmíngxīng〈名〉指太阳还没出来以前,出现在东方天空的金星。

【启幕】qǐmù〈动〉开幕:国际音乐节~。

【启示】qǐshì〈动〉启发指示,使人有所领悟。

【启事】qǐshì〈名〉为了公开说明某事而登在报刊上或张贴出来的文字:征文~|寻物~。

【启用】qǐyòng〈动〉开始使用:~公章|~新域名|高速公路已建成~。

起 qǐ〈动〉❶由坐卧趴伏而站立或由躺而坐:~立|~床。❷离开原来的位置:~身|~飞。❸物体由下往上升:~伏|时~时落。❹长出:~疱|~痱子。❺取出:~货|~钉子。❻发生;发动:~风|~疑|异军突~。❼拟定:~稿|~草。❽建立:白手~家|另~炉灶。❾领取(凭证):~票|~护照。❿(从、由…)开始:~讫|~止|~点|从今天~执行新规定。⓫方言:〈介〉从:~这儿往前走|他~门外跑过去。⓬量词:一~事故|先后来了两~客人。⓭〈动〉用在动词后面,表示向上:抬~箱子。⓮〈动〉用在动词后面,表示力量够得上或够不上:买得~|经不~考验。⓯〈名〉姓。

【起步】qǐbù〈动〉❶开始走:车子~了。❷比喻事业、工作等开始:咱们企业刚刚~,困难会不少的|我国女子举重虽然~晚,但已具有相当高的水平。

【起步价】qǐbùjià〈名〉乘坐出租车等的最低价格,泛指某种商品的最低价或起始价。

【起草】qǐcǎo〈动〉打草稿:~文件|~协议书|这个报告是谁起的草?

【起承转合】qǐ chéng zhuǎn hé 旧时写文章常用的行文顺序(起:是开始,承:是承接上文加

以申述。转:是转折。合:是全文的结束),泛指文章的做法。

【起程】qǐchéng〈动〉上路;动身:事情急迫,连夜~。

【起初】qǐchū〈名〉开始的时候;最初。

【起碇】qǐdìng〈动〉起锚,船开始航行。

【起飞】qǐfēi〈动〉❶(飞机)开始飞行。❷比喻事物开始飞速发展:经济~。

【起伏】qǐfú〈动〉一起一落:稻浪~|~不定。

【起复】qǐfù〈动〉旧时指官员被降职或革职后复职。

【起稿】qǐgǎo〈动〉起草;拟稿。

【起家】qǐjiā〈动〉创立事业:白手~。

【起价】qǐjià❶〈动〉从某一价格开始出售或计算:每平方米六千五百元~。❷〈名〉招标、拍卖、售房等开始的报价,一般为最低价;起步价:该拍品的~为两万元。

【起见】qǐjiàn〈助〉"为(为了)……起见",表示为达到某种目的(而有些什么举动)。

【起劲】qǐjìn〈形〉情绪高,劲头大:~喝彩。

【起码】qǐmǎ〈形〉最低限度:要懂得~的知识。

【起锚】qǐmáo〈动〉把锚拔起,船开始航行:去上海的轮船马上就要~了。

【起名儿】qǐmíngr〈动〉取名字;给予名称:给孩子起个名儿。

【起拍】qǐpāi〈动〉从某一价格开始拍卖:~价|那幅画以20万元的价格~。

【起跑线】qǐpǎoxiàn〈名〉赛跑时起点的标志线,比喻工作、学习等的起点:准备起跑时,双手不许压~|在同一~上展开公平竞争。

【起讫】qǐqì〈动〉起止:写明~日期。

【起色】qǐsè〈名〉好转的样子:她的病已有~|工作大有~。

【起身】qǐshēn〈动〉❶动身;出发。❷起床。

【起始】qǐshǐ〈名〉起初;开始。

【起事】qǐshì〈动〉发动武装的政治斗争。

【起誓】qǐshì〈动〉发誓;宣誓:对天~。

【起死回生】qǐ sǐ huí shēng 使死了的人复活,形容医术高明。

【起诉】qǐsù〈动〉向法院提起诉讼:~书。

【起义】qǐyì〈动〉❶为反抗统治阶级而发动武装斗争:农民~|南昌~。❷敌对集团中的人员(多指军人)觉悟后投到革命方面。

【起因】qǐyīn〈名〉事件发生的原因。

【起用】qǐyòng〈动〉❶重新任用已经退职或免职的人员。❷任用(多指委以重任):~新人。

【起源】qǐyuán❶〈动〉开始发生;产生:艺术~

于劳动。❷〈名〉事物发生的根源:物种~。

【起早摸黑】qǐ zǎo mō hēi 起早贪黑。

【起早贪黑】qǐ zǎo tān hēi 起得早,睡得晚,形容人辛勤劳动。也说"起早摸黑"。

【起止】qǐzhǐ〈动〉开始和结束:~日期。

备用词 发起 唤起 引起 奋起 崛起 掀起 兴起 东山再起 揭竿而起 狼烟四起 异军突起

绮(綺) qǐ❶〈名〉有花纹或图案的丝织品:~罗|纨(wán)~。❷〈形〉美丽:~丽|~艳。

【绮丽】qǐlì〈形〉鲜艳美丽:风光~。

棨 qǐ〈名〉❶古代用作通行凭证的木制符信。❷古代官吏出行时用作前导的一种仪仗,用木制成,形状像戟。

綮 qǐ❶同"棨"。❷〈名〉姓。
△另见 qìng。

稽 qǐ[稽首]〈动〉古代的一种礼节,跪下后拱手至地,头也至地。
△另见 jī。

══ qì ══

气(氣) qì❶〈名〉气体:沼~|雾~|煤~。❷〈名〉特指空气:~温|~流|~锤。❸〈名〉呼吸时出入的气:有~无力|上~不接下~。❹〈名〉指自然界冷热阴晴等现象:秋高~爽。❺〈名〉气味:香~|腥~。❻〈名〉人的精神状态:勇~|朝~。❼〈名〉人的作风习气:官~|娇~。❽〈名〉气势;气氛:~概|~魄|死~沉沉。❾〈动〉生气;发怒:~得发抖。❿〈动〉使人生气:这话实在~人!⓫〈动〉欺压:受~|忍~吞声。⓬〈名〉中医指人体内能使各器官正常地发挥机能的原动力:元~|~虚。⓭〈名〉中医指某种病象:湿~|痰~。⓮〈名〉姓。

【气昂昂】qì'áng'áng〈形〉形容人精神振奋、气势威武:雄赳赳,~。

【气不忿儿】qì bù fènr 方言。看到不平的事,心中不服气。

【气冲冲】qìchōngchōng〈形〉形容非常生气的样子。

【气冲霄汉】qì chōng xiāohàn 形容大无畏的精神和气概。

【气喘吁吁】qì chuǎn xūxū〈形〉形容大声喘气的样子。

【气度】qìdù〈名〉人的气魄和度量:~不凡。

【气断声吞】qì duàn shēng tūn 出不来气,说不出话,形容极度悲伤。

【气氛】qìfēn〈名〉存在于一定环境中能给人以

某种强烈感受的精神表现或景象:~融洽|肃穆的~。

【气愤】qìfèn〈形〉生气;愤怒。

【气概】qìgài〈名〉在重大问题上表现出来的态度、举动或气势:英雄~。

【气贯长虹】qì guàn cháng hóng 豪气贯穿长虹,形容气势极盛(多指人表现出来的精神和气概)。

【气候】qìhòu〈名〉❶一定地区里经过多年观察所得到的概括性的气象情况。❷比喻动向或形势:政治~。❸比喻成就或发展前途:成不了~。

【气呼呼】qìhūhū〈形〉❶形容生气的样子。❷气吁吁。

【气急败坏】qìjí bàihuài 上气不接下气,狼狈不堪,形容十分慌张或恼怒。

【气节】qìjié〈名〉坚持正义,不向敌人屈服的品质。

【气力】qìlì〈名〉力气:~不支。

【气量】qìliàng〈名〉❶指能容纳不同意见的度量。❷指能宽容人的限度。

【气馁】qìněi〈形〉失去勇气,灰心丧气。

【气派】qìpài〈名〉指人的作风、风度或事物所表现的气势。

【气魄】qìpò〈名〉❶魄力:办事果断,有~。❷气势:~宏伟。

【气色】qìsè〈名〉人的精神和脸色。

【气势】qìshì〈名〉人或事物所表现出来的力量和呈现的形势:~磅礴。

【气势汹汹】qìshì xiōngxiōng ❶形容发怒时很凶的样子。❷形容来势凶猛。

【气数】qìshù〈名〉命运(含迷信色彩)。

【气吞山河】qì tūn shānhé 形容气魄很大。

【气味】qìwèi〈名〉❶味儿:~芬芳。❷比喻性格和志趣(多含贬义):~相投。

【气息】qìxī〈名〉❶呼吸时出入的气:~奄奄。❷气味①:空气里充满了芬芳的~。

【气象】qìxiàng〈名〉❶大气的状态和现象,如风、雨、雷电等:~站。❷情景;景象:呈现出新年的~。

【气象万千】qìxiàng wànqiān 形容景色和事物多种多样,非常壮观。

【气汹汹】qìxiōngxiōng〈形〉形容发怒时很凶的样子。

【气吁吁】qìxūxū〈形〉形容大声喘气的样子。

【气焰】qìyàn〈名〉比喻人的威风和气势(多含贬义):~嚣张。

【气宇】qìyǔ〈名〉气度：～轩昂。

【气韵】qìyùn〈名〉文章或书画的意境或韵味。

【气质】qìzhì〈名〉❶指人的个性特征：爽朗的～。❷风格；气度：文人～。

【气壮山河】qì zhuàng shān hé 形容气概像高山大河那样雄伟豪迈。

备用词　骨气　豪气　浩气　暮气　锐气　死气　英气　勇气　朝气　傲气　官气　骄气　娇气　流气　俗气　稚气　垂头丧气　低声下气　灰心丧气　回肠荡气　平心静气　乌烟瘴气　扬眉吐气　一鼓作气　一团和气　阴阳怪气　珠光宝气

讫（訖）qì〈动〉❶〈事情〉完结：付～｜收～｜验～。❷截止：起～日期。

迄 qì❶〈动〉到：～今。❷〈副〉始终；一直：～未成功｜～无音信。

汔 qì〈副〉庶几。

弃（＊棄）qì〈动〉❶舍去；扔掉：放～｜权～之可惜。❷〈名〉姓。

【弃暗投明】qì àn tóu míng 脱离黑暗，投奔光明。比喻同坏人坏事断绝关系，走上光明道路。

【弃世】qìshì〈动〉逝世；去世。

【弃嫌】qìxián〈动〉嫌弃。

【弃置】qìzhì〈动〉扔在一边：～不顾。

备用词　背弃　鄙弃　摈弃　屏弃　丢弃　放弃　废弃　捐弃　离弃　抛弃　舍弃　吐弃　唾弃　嫌弃　厌弃　扬弃　遗弃　前功尽弃　始乱终弃　自暴自弃

汽 qì〈名〉❶由液体或某些固体受热变成的气体。❷特指水蒸气：～船｜～笛｜～轮机。

【汽车】qìchē〈名〉一种交通工具，用内燃机做发动机，主要在公路上或马路上行驶，通常有四个或四个以上的轮子。

【汽船】qìchuán〈名〉❶用蒸汽机做发动机的船，多指小型的。❷汽艇。

【汽酒】qìjiǔ〈名〉用某些水果酿制成的二氧化碳的酒：葡萄～｜菠萝～。

【汽暖】qìnuǎn〈名〉锅炉烧出的蒸汽通过暖气设备散发热量而使室温增高的供暖方式。

【汽水】qìshuǐ〈名〉一种清凉饮料，通过加压，使二氧化碳溶于水中，加糖、果汁、香料等制成。

【汽艇】qìtǐng〈名〉一种用内燃机做发动机的小型船舶，速度高，机动性大，可作为交通工具，也用于体育竞赛等。也叫"汽船"。

【汽油】qìyóu〈名〉轻质石油产品的一类，由石油分馏或裂化得到，易挥发，容易燃烧，用作内燃机燃料、溶剂等。

妻 qì〈动〉把女子嫁给〈某人〉。

△另见 qī。

泣 qì❶〈动〉小声哭：哭～｜抽～｜啜（chuò）～｜～诉｜～不成声｜向隅而～。❷〈名〉眼泪：饮～｜～涕如雨｜～下沾襟。

备用词　抽泣　啜泣　哭泣　涕泣　可歌可泣　向隅而泣

呓 qì〈副〉屡次：～来问讯｜～经洽商。

△另见 jí。

契（＊栔）qì❶〈动〉用刀雕刻。❷〈名〉刻的文字：书～｜殷～〈甲骨文〉。❸〈名〉契约：～据｜地～｜房～｜卖身～。❹〈动〉投合：～合｜～友｜默～｜投～。

△另见 xiè。

【契合】qìhé〈动〉相符；符合。

【契机】qìjī〈名〉指事物转化的关键。

【契据】qìjù〈名〉契约、借据、收据等的总称。

【契友】qìyǒu〈名〉情意相投的朋友：同窗～。

【契约】qìyuē〈名〉由有关双方订立的证明出卖、抵押、租赁等关系的文书。

砌 qì❶〈动〉用和好的灰泥把砖石等一层层地垒起：～墙｜～灶｜铺～｜堆～。❷〈名〉台阶：石～｜雕栏玉～。

△另见 qiè。

跂 qì〈动〉抬起脚后跟站着：～望。

葺 qì〈动〉原指用茅草覆盖房顶，现指修理房屋：修～｜～理。

碛（磧）qì〈名〉❶沙石积成的浅滩。❷沙漠：沙～。

碶 qì❶方言。〈名〉用石块砌的水闸：～闸｜截江筑～。❷［大碶头］〈名〉地名，在浙江。

槭 qì，又读 qī〈名〉乔木，树干光滑，叶子秋天变成红色或黄色，木材坚韧。

碃 qì[小碃]〈名〉地名，在江西。

器（＊噐）qì ❶〈名〉用具：瓷～｜木～｜电～｜～物｜～材。❷〈名〉器官：脏(zàng)～｜生殖～。❸〈名〉度量；才能：～量｜大～晚成。❹〈动〉重视：～重。

【器官】qìguān〈名〉构成生物体的一部分，能担任某种独立的生理机能。

【器具】qìjù〈名〉用具。

【器量】qìliàng〈名〉❶器物的容量。❷气量。

【器皿】qìmǐn〈名〉盛东西的日常用具的统称。

【器物】qìwù〈名〉各种用具的统称。

【器械】qìxiè〈名〉❶有专门用途的或构造较精密的器具：医疗～｜体育～。❷武器：兵革～。

【器用】qìyòng〈名〉器具；用具。

【器宇】qìyǔ〈名〉指人的仪表、风度、气概等：～超凡。

【器质】qìzhì〈名〉❶指身体器官的组织结构：～性病变。❷才识和素质；资质：非凡的～｜～深厚。

【器重】qìzhòng〈动〉(长辈、上级)看重、重视(晚辈、下级)：深受～。

备用词　暗器　兵器　法器　火器　机器　利器　料器　漆器　容器　武器　凶器　仪器　玉器　乐器　投鼠忌器

憩（＊憇）qì〈动〉休息：～息｜小～｜游～｜休～。

━━ qiā ━━

掐 qiā ❶〈动〉用指甲按；用拇指和另一个指头使劲掐或截断：～花儿｜～头去尾。❷〈动〉用手的虎口紧按住：一把～住脖子。❸方言。〈量〉拇指和另一手指尖相对握着的数量：一～小葱儿。

【掐算】qiāsuàn〈动〉用拇指掐着别的指头来计算。

袷 qiā[袷袢(pàn)]〈名〉维吾尔、塔吉克等民族所穿的对襟长袍。
△另见 jiá“夹”。

薆 qiā 见[菝(bá)薆]。

鬜 qiā〈动〉咬。

━━ qiá ━━

抔 qiá〈动〉用两手掐住。

━━ qiǎ ━━

卡 qiǎ ❶〈动〉夹在中间，不能活动：～壳｜鱼刺～在嗓子里。❷〈名〉夹东西的器具：发(fà)～。❸〈名〉为警备或收税而设置的检查站或岗哨：哨～｜关～｜税～。❹〈名〉姓。
△另见 kǎ。

【卡壳】qiǎké〈动〉❶枪膛炮膛里的弹壳退不出来。❷比喻说话、办事等因遇到困难而中断：他说着说着就～了。

━━ qià ━━

洽 qià ❶〈形〉和睦；协调一致：融～｜意见不～。❷〈动〉跟人商量彼此有关的事：～商｜～谈｜～接｜～面。

【洽购】qiàgòu〈动〉商洽购买：～版权｜计算机其他设备正在～之中。

【洽商】qiàshāng〈动〉接洽商谈：～合作事宜。

【洽谈】qiàtán〈动〉洽商：～会｜～生意｜双方当面～。

备用词　和洽　款洽　融洽　接洽　面洽　商洽

恰 qià ❶〈形〉适当；合适：～当。❷〈副〉刚好；正好：～好｜～似。

【恰才】qiàcái〈副〉方才；才。

【恰当】qiàdàng〈形〉合适；妥当。

【恰到好处】qià dào hǎo chù 说话、办事等正好到合适的程度。

【恰好】qiàhǎo〈副〉刚好；正好。

【恰恰】qiàqià ❶〈副〉正好：不想对手～是他。❷〈形〉形容非常和谐：留连戏蝶时时舞，自在娇莺～啼。

【恰巧】qiàqiǎo〈副〉正巧；凑巧。

【恰如】qiàrú〈动〉正好像。

【恰如其分】qià rú qí fèn 说话、办事等正合分寸。

髂 qià[髂骨]〈名〉腰部下面腹部两侧的骨。

━━ qiān ━━

千（❸韆）qiān ❶〈数〉数字，十个百。❷〈数〉比喻很多：～夫｜～秋｜

~奇百怪|~家万户。❸[秋千](鞦韆)〈名〉一种运动和游戏用具。❹〈名〉姓。

【千变万化】qiān biàn wàn huà 形容变化繁多。

【千疮百孔】qiān chuāng bǎi kǒng 见〖百孔千疮〗。

【千锤百炼】qiān chuí bǎi liàn ❶比喻经历多次的斗争和考验。❷比喻对诗文等做反复的修改。

【千恩万谢】qiān ēn wàn xiè 形容一而再、再而三地表示感谢。

【千方百计】qiān fāng bǎi jì 形容想尽或用尽一切办法。

【千分点】qiānfēndiǎn〈名〉统计学上指以千分数形式表示的不同时期相对指标的变动幅度,千分之一为一个千分点。

【千分号】qiānfēnhào〈名〉表示分数的分母是1 000的符号(‰),如千分之三写作3‰;提高了3个~。

【千夫】qiānfū〈名〉指众多的人:横眉冷对~指。

【千古】qiāngǔ ❶〈名〉长远的年代:流芳~|~绝唱。❷〈动〉婉辞,哀悼死者的话,表示永别(多用于挽联、花圈等的上款)。

【千回百折】qiān huí bǎi zhé 形容回环旋转。

【千金】qiānjīn〈名〉❶指很多的钱:~难买。❷敬辞,称别人的女儿。

【千军万马】qiān jūn wàn mǎ 众多的兵马,形容雄壮的队伍或浩大的声势。

【千钧一发】qiān jūn yī fà 千钧重的东西系在一根头发上,比喻情况非常危急。也说"一发千钧"。

【千里鹅毛】qiān lǐ émáo 谚语:"千里送鹅毛,礼轻情意重。"从很远的地方带来极轻微的礼物,表示礼物虽轻,而情意很重。

【千里之堤,溃于蚁穴】qiān lǐ zhī dī, kuì yú yǐxué 千里长堤,由于一个小小的蚂蚁洞而溃决。比喻小事上疏忽会酿成重大的祸害。

【千里之行,始于足下】qiān lǐ zhī xíng, shǐ yú zú xià 千里远的路程从迈第一步开始。比喻事情的成功都是从一点一滴开始,由小到大渐渐积累的结果。

【千虑一得】qiān lù yī dé《史记·淮阴侯列传》:"智者千虑,必有一失;愚者千虑,必有一得。"指平凡的人的考虑也有可取之处。也用于发表意见时自谦的话。

【千虑一失】qiān lù yī shī 指聪明人的考虑偶尔也会有失误之处。参看〖千虑一得〗。

【千难万险】qiān nán wàn xiǎn 形容困难和危险极多。

【千秋】qiānqiū〈名〉❶指很长久的年代:~功罪。❷敬辞,称别人的寿辰。

【千山万壑】qiān shān wàn hè 形容众多的高山和峡谷。

【千山万水】qiān shān wàn shuǐ 见〖万水千山〗。

【千丝万缕】qiān sī wàn lǚ 形容关系非常密切。

【千岁】qiānsuì〈名〉对王公的尊称(多用于戏曲中)。

【千头万绪】qiān tóu wàn xù 形容事情头绪纷繁复杂。

【千万】qiānwàn〈副〉务必(表示恳切地叮咛):事关重大,~不可掉以轻心。

【千辛万苦】qiān xīn wàn kǔ 指各种各样的艰难和困苦。

【千依百顺】qiān yī bǎi shùn 形容十分顺从。

【千载难逢】qiān zǎi nán féng 一千年也难遇到一次,形容机会难得。

【千载一时】qiān zǎi yī shí 一千年才有这么一个时机,形容极难得的机会。

【千真万确】qiān zhēn wàn què 形容非常确实。

【千姿百态】qiān zī bǎi tài 形容姿态多种多样,各不相同。

仟 qiān〈数〉数字"千"的大写。

阡 qiān〈名〉❶田间南北方向的小路:~陌。❷墓道。

【阡陌】qiānmò〈名〉❶田间小路:~交通。❷指田野:~之中。

扦 qiān〈名〉❶金属、竹木等制成的一头尖的器物:竹~|蜡~儿。❷〈名〉扦子,插进麻袋等取出样品的金属器具,形状像中空的山羊角。❸方言〈动〉插:~门。

芊 qiān 见下。

【芊眠】qiānmián 同"芊绵"。

【芊绵】qiānmián〈形〉草木茂密繁盛。也作"芊眠"。

【芊芊】qiānqiān〈形〉形容草木茂盛:~莽莽。

迁(遷) qiān〈动〉❶迁移:~居|~徙|搬~|乔~。❷转变:变~|事过境~。❸调动官职(多指升官):升~|超~。❹流放;放逐。

【迁就】qiānjiù〈动〉将就别人:一味~|别~他。也作"牵就"。

【迁居】qiānjū〈动〉搬家。

【迁客】qiānkè〈名〉古代被贬谪到边远地方做官的人。

【迁流】qiānliú〈动〉(时间等)迁移流动:世事~|岁月~|~变易。

【迁灭】qiānmiè〈动〉灭亡。

【迁怒】qiānnù〈动〉受了甲的气而拿乙出气,或自己遇到不如意的事跟别人生气:~于人。

【迁徙】qiānxǐ〈动〉❶迁移。❷变易:与时~,与世偃仰。

【迁延】qiānyán〈动〉拖延:~时日。

【迁移】qiānyí〈动〉离开原来的地方迁到别处去。

【迁谪】qiānzhé〈动〉封建时代指官吏降职,被调到边远地方做官。

备用词 变迁　搬迁　播迁　乔迁　超迁　升迁　跃迁　左迁　安土重迁　见异思迁　情随事迁　事过境迁

岍 qiān〈名〉岍山,山名,在陕西今作"千山"。

佥(僉) qiān❶〈副〉全;都;众意~同。❷〈代〉众人;大家:以副~望。❸同"签"。

汧 qiān[汧阳]〈名〉地名,在陕西。今作"千阳"。

钎(釺) qiān〈名〉钎子,在岩石上凿孔的工具,用钢棍制成,一头尖或扁:钢~。

牵(牽) qiān❶〈动〉拉:~线|顺手~羊。❷〈动〉牵涉:~连|~制。❸〈动〉拘泥:~于所闻。❹〈名〉指牛羊等可以牵着走的牲畜:脯资饩~。❺〈名〉姓。

【牵肠挂肚】qiān cháng guà dù 形容非常挂念,放不下心。

【牵扯】qiānchě〈动〉牵连;有关联。

【牵掣】qiānchè〈动〉因牵连而受影响或阻碍;牵制。

【牵挂】qiānguà〈动〉挂念:~老人。

【牵就】qiānjiù 同"迁就"。

【牵累】qiānlěi〈动〉❶因牵制而使受累:家务~。❷连累:~无辜。

【牵连】qiānlián〈动〉❶因某个人或某件事产生的影响而使别的人或事不利:因为他,家里人也受到了~|这件事~的人可真不少。❷联系在一起:相互~|这两件事是互相~的,一定要妥善处理。

【牵强】qiānqiǎng〈形〉勉强把没有关系或关系很远的两件事勉强扯到一起:~附会。

【牵涉】qiānshè〈动〉某件事连带涉及别的人或事。

【牵线】qiānxiàn〈动〉❶牵引木偶提线,比喻背后操纵:~人。❷撮合;介绍:~搭桥。

【牵一发而动全身】qiān yī fà ér dòng quán shēn 比喻动一个极小的部分就会影响全局。

【牵引】qiānyǐn〈动〉(机器、牲畜等)拉。

【牵制】qiānzhì〈动〉拖住使不能自由活动。

Q

铅(鉛*鈆) qiān〈名〉❶金属元素,符号Pb。青灰色,用来制造合金、蓄电池等。❷指用石墨等制成的铅笔芯。

△另见 yán。

悭(慳) qiān ❶〈形〉吝啬;小气:~吝。❷〈动〉缺欠;缺少:缘~一面(缺少一面之缘)。

【悭吝】qiānlìn〈形〉吝啬。

谦(謙) qiān〈形〉虚心;不自满:~恭|自~|过~|满招损,~受益。

【谦卑】qiānbēi〈形〉谦虚,不自高自大。

【谦冲】qiānchōng〈形〉谦虚。

【谦恭】qiāngōng〈形〉谦虚恭敬:~下士。

【谦和】qiānhé〈形〉谦虚和蔼:待人~。

【谦谦君子】qiānqiān jūnzǐ 原指谦逊而能严格要求自己的人,现多用来讥称故作谦虚而实际虚伪的人。

【谦让】qiānràng〈动〉谦虚地推辞或退让:互相~。

【谦虚】qiānxū ❶〈形〉虚心,不自满:~谨慎。❷〈动〉说表示谦虚的话:他~了几句,才答应了。

【谦逊】qiānxùn〈形〉谦虚而恭谨。

签(簽*❸-❼籤) qiān ❶〈动〉在文件、单据上亲自写姓名或画符号:~名|~到|~发。❷〈动〉简要地写出:~呈|~注意见。❸〈名〉占卜或赌博、比赛等用的刻着文字符号的小竹片或小细棍:抽~|求~问卜。❹〈名〉作为标志用的纸片等:标~|书~儿。❺〈名〉竹木削成的有尖儿的小细棍:竹~|毛线~子|牙~儿。❻〈名〉旧时官府交给差役拘捕犯人的凭证:火~|朱~。❼〈动〉粗粗地缝合:~上几针。

【签单】qiāndān ❶〈动〉购物、用餐等消费后,不付现款,在单据上签署姓名,作为日后结账的凭据:餐费已由我~。❷〈名〉用来签字的单据:在~上签名。

【签到】qiāndào〈动〉参加会议等或上班时在簿子上写上名字或在印就的名字下面写个"到"字,表示自己已经到了:~簿。

【签订】qiāndìng〈动〉订立条约或合同并签字。

【签发】qiānfā〈动〉由主管人审核同意后签名正式发出(公文、证件):~通行证|施工单位~工程任务单|~护照。

【签名】qiānmíng〈动〉写上自己的名字:互相~留念|请签个名吧。

【签批】qiānpī〈动〉签署批准:~下发的文件|所需经费由主管经理~。

【签收】qiānshōu〈动〉收到公文信件等后,在送信人指定的单据上签字,表示已经收到:~文件|主任已~了文件|挂号信须由收件人~。

【签售】qiānshòu〈动〉(作者、演唱者等)签名销售自己的著作、音像制品等:音像商场举办专场~活动。

【签署】qiānshǔ〈动〉在重要文件上正式签字。

【签押房】qiānyāfáng〈名〉旧时官员批阅公文的屋子(签押:署名或画押)。

【签约】qiānyuē〈动〉签订合约或条约。

【签证】qiānzhèng ❶〈动〉指一国主管机关在本国或外国公民所持的护照或其他旅行证件上签注、盖印,表示准其出入本国国境:办理~手续。❷〈名〉指经过上述手续的护照或证件。

备用词 标签 书签 题签 抽签 求签 中签 草签

愆(*諐) qiān ❶〈名〉罪过;过失:~尤|前~|罪~|引~自责。❷〈动〉错过(时期):~滞(耽搁)|~期(延误日期)。

【愆伏】qiānfú〈形〉气候失常(多指大旱或酷暑)。

鹐(鵮) qiān〈动〉尖嘴的鸟啄:鸡~谷穗。

骞(騫) qiān ❶〈动〉高举;飞起:~腾。❷同"搴"。❸〈名〉姓。

搴 qiān ❶〈动〉拔:斩将~旗。❷同"褰"。

磏 qiān[大磏]〈名〉地名,在贵州。

△另见 lián。

褰 qiān〈动〉撩起;揭起(衣服、帐子等):~裳|~帷。

— qián —

荨(蕁*藜) qián[荨麻]〈名〉草本植物,茎叶有细毛,皮肤接触时引起刺痛。茎皮纤维可做纺织原料。

△另见 xún。

钤(鈐) qián ❶〈名〉图章:~记。❷〈动〉盖(图章):~印。

【钤记】qiánjì〈名〉旧时机关团体使用的图章,多半是长方形的。

Q

前

qián ❶〈名〉人或物正面的方位（跟"后"相对）：~门｜村~村后。❷〈动〉往前走：勇往直~｜停滞不~。❸〈名〉次序在先的（跟"后"相对）：~列｜~五名。❹〈名〉过去的或较早的时间（跟"后"相对）：~天｜~夕｜痛改~非｜~无古人。❺〈名〉从前的（与现在和现任相对）：~政务院｜~所长。❻〈名〉指某事物产生之前：史~（没有书面记载的远古）｜资本主义（资本主义产生之前）。❼〈名〉未来的（用于展望）：~景｜~途｜~程。❽〈名〉姓。

【前辈】qiánbèi〈名〉年长而资历深的人：老~。

【前车之鉴】qián chē zhī jiàn《汉书·贾谊传》："前车覆，后车诫。"前边的车翻了，后面的车可以引为教训。"前车之鉴"指当作鉴戒的前人的失败教训。

【前尘】qiánchén〈名〉往事；过去的事：回首~。

【前程】qiánchéng〈名〉❶前途：~万里｜锦绣~。❷旧时指读书或做官的人所企求的功名职位。

【前方】qiánfāng〈名〉❶空间或位置靠前的部分。❷接近战线的地区（跟"后方"相对）：支援~。

【前锋】qiánfēng〈名〉❶行军或作战时位置在前的部队。❷篮球、足球等球类比赛中主要担任进攻的队员。

【前赴后继】qián fù hòu jì 前面的人冲上去，后面的人又紧跟上来，形容奋勇向前，连续不断。

【前功尽弃】qián gōng jìn qì 以前的功绩全部废弃，形容前面的努力全都白费了。

【前景】qiánjǐng〈名〉将要出现的景象：~美好。

【前科】qiánkē〈名〉曾犯过罪并被判刑，刑罚执行完毕又犯新罪，其前罪的处刑事实叫"前科"。

【前例】qiánlì〈名〉可以供后人援用或参考的事例：史无~｜并无~可援。

【前列】qiánliè〈名〉最前面的一列，比喻工作或事业中的带头或领先的地位。

【前怕狼，后怕虎】qián pà láng，hòu pà hǔ 比喻顾虑重重，畏缩不前。

【前仆后继】qián pū hòu jì 前面的人倒下去，后面的人又跟上来，形容英勇奋斗，不怕牺牲。

【前愆】qiánqiān〈名〉以前的罪过或过失：痛悔~。

【前驱】qiánqū〈动〉❶在前面引导。❷〈名〉指在前面起引导作用的人或事物：革命~。❸〈动〉向前方驱驰。

【前哨】qiánshào〈名〉军队驻扎时向敌人所在方向派出的担任警戒任务的部队。

【前台】qiántái〈名〉❶舞台前面面对观众的部分，是演员表演的地方。❷比喻公开的地方（含贬义）：他只是在~表演，背后还有人指挥。❸指酒店、旅馆、歌舞厅等负责接待、登记、结账工作的柜台。

【前提】qiántí〈名〉❶事物发生或发展的先决条件。❷逻辑学上指在推理上可以推出另一个判断来的判断。

【前途】qiántú〈名〉❶前面的道路。❷比喻将来的光景：~光明。

【前卫】qiánwèi❶〈名〉军队行军时在前方担任警戒的部队。❷〈名〉足球、手球等球类比赛中担任助攻与助守的队员，位置在前锋与后卫之间。❸〈形〉具有新异的特点而领先于潮流的：~作品｜~的服装。

【前无古人】qián wú gǔrén 指从来没有人这样做或实现过的；空前。

【前夕】qiánxī〈名〉❶前一天晚上：节日~。❷泛指事情发生或到来前的一段时间：大决战的~。

【前线】qiánxiàn〈名〉作战时双方军队接近的地带；前方。

【前言】qiányán〈名〉写在著作正文之前的文字，多说明写书的宗旨或介绍本书的内容等。

【前沿】qiányán〈名〉❶防御阵地最前面的边沿：~阵地。❷比喻科学研究中最新或领先的领域。

【前仰后合】qián yǎng hòu hé 形容身体一前一后地大幅度晃动（多指大笑时）。

【前夜】qiányè〈名〉前夕：激战~｜大赛~。

【前因后果】qiányīn hòuguǒ 事情的起因和其后的结果，指事情的全过程。

【前瞻】qiánzhān〈动〉❶向前面看：极目~｜~后顾。❷展望；预测：这份计划颇具~性。

【前站】qiánzhàn〈名〉行军或集体出行时将要停留的地点或将要到达的地点。

【前兆】qiánzhào〈名〉某些事物在没有暴露或发生之前出现的征兆：地震~。

【前缀】qiánzhuì〈名〉加在词根前面的构词成分，如"老虎"里的"老"，"阿姨"里的"阿"。

【前奏】qiánzòu〈名〉❶大型乐曲的序曲。❷

比喻预示重大事件就要到来的并与之性质相同的某个事件。

备用词 从前 当前 面前 目前 日前 生前 史前 先前 眼前 空前 无前 大敌当前 裹足不前 所向无前 停滞不前 畏缩不前 一往无前 勇往直前

虔 qián〈形〉恭敬而有诚意:～敬|～诚|～心祝祷。

【虔诚】qiánchéng〈形〉恭敬而有诚意。

【虔敬】qiánjìng〈形〉恭敬。

钱(錢) qián❶〈名〉铜钱:～串儿|～眼(铜钱当中的方孔)。❷〈名〉货币:～币|～钞。❸〈名〉款子;费用:房～|车～|借～。❹〈名〉钱财;财富:有～有势。❺〈名〉形状像铜钱的东西:榆～儿|～儿癣。❻〈量〉重量单位。10 分等于 1 钱,10 钱等于 1 两。❼〈名〉姓。

【钱财】qiáncái〈名〉金钱:破费～。

【钱号】qiánhào〈名〉旧时私人经营的金融业机构,以存款、放款、汇兑为主要业务。

【钱粮】qiánliáng〈名〉❶旧时指土地税:完～。❷清代主管财政的(幕僚):～师爷。

钳(鉗*箝❷拑) qián❶〈名〉钳子,用来夹住或夹断东西的金属工具:台～|产～|火～|老虎～。❷〈动〉夹住;限制;约束:～制|～口结舌。

【钳口结舌】qián kǒu jié shé 形容因害怕或顾虑而不敢说话。

【钳制】qiánzhì〈动〉用强力限制,使对方不能自由行动:～敌人。

掮 qián方言。〈动〉用肩扛东西:～着行李去车站。

【掮客】qiánkè〈名〉❶旧时给人介绍买卖从中赚取佣金的人。❷比喻投机钻营的人:政治～。

乾 qián❶〈名〉八卦之一,卦形是"☰",代表天。❷〈形〉旧时称男性的:～造(婚姻中的男方)|～宅(婚姻中的男家)。❸〈名〉姓。
　　△另见 gān"干"。

【乾坤】qiánkūn〈名〉象征天地、阴阳等:扭转～(根本改变已成的局面)。

犍 qián[犍为(wéi)]〈名〉地名,在四川。
　　△另见 jiān。

墘 qián[车路墘]〈名〉地名,在台湾。

潜(*潛) qián❶〈动〉隐没在水下:～泳|～艇|～入深海。❷〈动〉隐藏:～藏|～伏|～移默化。❸〈副〉秘密地:～逃|～遁。❹〈名〉姓。

【潜避】qiánbì〈动〉潜藏;躲避。

【潜步】qiánbù〈动〉悄悄行走:～出帐。

【潜藏】qiáncáng〈动〉隐藏。

【潜遁】qiándùn〈动〉潜逃;逃遁。

【潜伏】qiánfú〈动〉隐藏埋伏。

【潜居】qiánjū〈动〉隐居:～乡间。

【潜亏】qiánkuī〈动〉潜在亏损:～严重|～300万元|下大力气解决企业的～问题。

【潜力】qiánlì〈名〉潜在的力量:挖掘～。

【潜流】qiánliú〈名〉❶潜藏在地下的水流。❷比喻藏在内心深处的感情。

【潜能】qiánnéng〈名〉❶潜在的能量:开发～|地下～。❷潜在的能力:科技人员的～得到发挥。

【潜入】qiánrù〈动〉❶钻进(水中)。❷偷偷进入:～敌军阵地。

【潜师】qiánshī〈动〉秘密出兵。

【潜台词】qiántáicí〈名〉❶指台词中所包含的或未能由台词完全表达出来的言外之意。❷比喻不明说的言外之意:他话中的～耐人寻味。

【潜逃】qiántáo〈动〉(罪犯)偷偷地逃跑:～在外。

【潜心】qiánxīn〈形〉用心专一而深入:～研究。

【潜行】qiánxíng〈动〉❶在水面下行动:～海底。❷偷偷地出行;秘密地行走:乔装～。

【潜移默化】qián yí mò huà 指人的思想或性格在外来影响下不知不觉地发生变化。

【潜意识】qiányìshí〈名〉心理学上指不知不觉、没有意识的心理活动。是机体对外界刺激的本能反应:他的～告诉他,事情有些棘手。也说"下意识"。

【潜在】qiánzài〈形〉隐藏在事物内部未显露出来：~的力量｜~的危机｜~的威胁。

【潜质】qiánzhì〈名〉潜在的素质：她是位很有表演天赋和~的新秀。

【潜踪】qiánzōng〈动〉把踪迹隐藏起来：~匿迹。

黔 qián ❶〈形〉黑色。❷〈名〉贵州的别称。

【黔驴技穷】qián lǘ jì qióng 比喻仅有的一点伎俩也用完了。参看〖黔驴之技〗。

【黔驴之技】qián lǘ zhī jì 唐柳宗元《三戒·黔之驴》说，黔地没有驴，有人从外地带去一头，放牧在山下。老虎看见驴个头很大，又听见它的叫声很响，起初很害怕，老远就躲开。后来逐渐接近它，驴只踢了老虎一脚。老虎见驴的本事不过如此，就把它吃了。后用"黔驴技穷"比喻虚有其表的人很有限的一点儿本领（含贬义）。

【黔首】qiánshǒu〈名〉古代称平民百姓。

=== qiǎn ===

肷（*膁）qiǎn〈名〉身体两侧肋骨和胯骨之间的部分（多指兽类的）：狐~（狐狸胸腹部和腋下的毛皮）。

浅（淺）qiǎn〈形〉❶从上到下或从外到里的距离小（跟"深"相对，②—⑤同）：水~｜~海｜山洞很~｜~浅显｜~易｜~近｜深入~出。❸浅薄：浮~｜~陋｜功夫~｜才疏学~。❹（感情）不深厚：交情~。❺（颜色）淡：~绿｜~黄。❻（时间）短：人命危~。△另见 jiān。

【浅薄】qiǎnbó〈形〉❶知识少或缺乏修养：自惭~。❷浮浅；不深厚：情意~。

【浅尝辄止】qiǎn cháng zhé zhǐ 略微尝试一下就停止了，形容不深入钻研。

【浅见】qiǎnjiàn〈名〉肤浅的见解：~寡闻｜略陈~。

【浅近】qiǎnjìn〈形〉浅显：~易懂。

【浅陋】qiǎnlòu〈形〉（见识）贫乏。

【浅显】qiǎnxiǎn〈形〉（字句、内容）简单明了，容易懂。

备用词　粗浅　短浅　肤浅　浮浅　才疏学浅　人命危浅

遣 qiǎn〈动〉❶派遣；打发：调~｜驱~｜~送｜~返。❷消除；发泄：消~｜自~｜~闷。

【遣返】qiǎnfǎn〈动〉遣送回原来的地方：~战俘。

【遣闷】qiǎnmèn〈动〉排遣烦闷。

【遣散】qiǎnsàn〈动〉机关、团体、军队等改组或解散时，把人员解职或使退伍。

【遣送】qiǎnsòng〈动〉把不合居留条件的人送走。

备用词　差遣　调遣　派遣　驱遣　先遣　排遣　消遣

嗛 qiǎn ❶〈名〉猿猴的颊囊。❷古通"谦"（qiān）。❸古通"歉"（qiàn）。△另见 xián。

谴（譴）qiǎn〈动〉❶责备；申斥：~责｜自~。❷官吏获罪贬谪：~谪。

【谴责】qiǎnzé〈动〉（对荒谬的言论或行为）严正申斥。

缱（繾）qiǎn[缱绻（quǎn）]❶〈形〉形容情意缠绵，难舍难分：柔情~。❷〈名〉指缠绵深厚的情意：少尽~。

=== qiàn ===

欠 qiàn〈动〉❶困倦时张口出气：~伸。❷身体或身体的一部分稍稍向上移动：~身｜~脚儿。❸借人的财物等没还，应给人的还没给：~债｜拖~。❹不够；缺乏：~佳｜~妥｜~缺｜~短｜~。

【欠缺】qiànquē ❶〈动〉缺少；不够：经验~。❷〈名〉不足之处：事情办得很圆满，没有什么~。

纤（縴）qiàn〈名〉拉船用的绳子：~绳｜~夫｜拉~｜背（bēi）~。△另见 xiān。

芡 qiàn〈名〉❶草本植物，生在浅水中，花托像鸡头，种子叫"芡实"，供食用。❷做菜时用芡粉或其他淀粉调成的汁：勾~。

茜（*蒨）qiàn ❶〈名〉茜草，草本植物，根圆锥形，黄赤色，可做红色染料，也可入药。❷〈形〉红色的：~纱｜~裙。△另见 xī。

倩 qiàn ❶〈形〉美丽：~妆｜~影。❷〈动〉请人代替自己做：~人执笔｜医调治。

【倩影】qiànyǐng〈名〉美丽的身影：~亭亭。

堑（塹）qiàn〈名〉❶隔断交通的沟；壕沟：~壕｜长江天~。❷比喻挫折、失败的经历：吃一~，长一智。

椠（槧）qiàn〈名〉❶古代记事用的木板。❷书的刻本：宋~｜元~｜古~｜旧~。

嵌 qiàn〈动〉把较小的物体卡进大物体的凹处或缝隙里（多用来做装饰）：镶~｜

~银。

【嵌镶】qiànxiāng〈动〉镶嵌。

慊 qiàn〈动〉憾;恨:~~于怀。

歉 qiàn ❶〈形〉收成不好:~年|~收|荒~|以丰补~。❷〈名〉对不起人的心情:抱~|~意|~疚。

【歉疚】qiànjiù〈形〉觉得对不起别人,对自己的过失感到不安。

【歉收】qiànshōu〈动〉收成不好(跟"丰收"相对)。

【歉岁】qiànsuì〈名〉收成不好的年份。

— qiāng —

抢(搶) qiāng ❶〈动〉触;撞:呼天~地。❷同"戗"(qiāng)①。
　　△另见 qiǎng。

呛(嗆) qiāng〈动〉水或食物进入气管引起咳嗽,又突然喷出:饭吃~了|慢点儿喝,别~着。
　　△另见 qiǎng。

羌(*羌羌) qiāng〈名〉❶我国古代民族,东晋时曾建立后秦国(公元 384 年—417 年)。❷羌族,我国少数民族之一,主要分布在四川。❸姓。

【羌管】qiāngguǎn〈名〉羌笛,一种乐器,原出古羌族。

枪(槍*❶-❸❺鎗) qiāng ❶〈名〉旧式兵器,长柄的一端装有金属尖头:扎~|红缨~。❷〈名〉口径在 2 厘米以下,发射子弹的武器:步~|手~|猎~|机~。❸〈名〉性能或形状像枪的器具:焊~|烟~|水~。❹〈动〉枪替:~手|打~。❺〈名〉姓。

【枪林弹雨】qiāng lín dàn yǔ 枪杆像树林,子弹像下雨,形容激战的战场。

【枪替】qiāngtì〈动〉考试时冒名替别人做文章或答题,是一种作弊行为。

【枪支】qiāngzhī〈名〉枪的总称:~弹药。

备用词　刀枪　黑枪　花枪　冷枪　投枪　临阵磨枪　匹马单枪　舌剑唇枪

戗(戧) qiāng〈动〉❶方向相对;逆:~风。❷(言语)冲突:他们俩说~了,不欢而散。
　　△另见 qiàng。

戕 qiāng〈动〉杀害:自~|(自戕)|~贼。

【戕害】qiānghài〈动〉杀害;伤害;残害:~生命。

将(將) qiāng〈动〉愿;请:~子无怒,秋以为期。
　　△另见 jiāng;jiàng。

跄(蹌) qiāng[跄跄]〈形〉形容行走合乎礼节。
　　△另见 qiàng。

腔 qiāng〈名〉❶动物身体内中空的部分:胸~|口~|颅~|腹~|盆~|满~热血。❷器物内中空的部分:炉~。❸话:开~|答~。❹乐曲的调子:高~|花~|唱~|行~|字正~圆。❺说话的腔调:京~|官~|学生~|油滑调。

【腔调】qiāngdiào〈名〉❶戏曲中成系统的曲调。❷调子。❸指说话的声音或语气。

蜣 qiāng[蜣螂(láng)]〈名〉昆虫,黑色,吃粪便或动物尸体等。也叫"屎壳郎"。

锖(錆) qiāng[锖色]〈名〉某些矿物表面的氧化膜所呈现的颜色。

锵(鏘) qiāng〈拟〉形容撞击金属器物的声音:铿(kēng)~|锣声~~。

镪(鏹) qiāng[镪水]〈名〉强酸的俗称。
　　△另见 qiǎng。

— qiáng —

强(*彊強) qiáng ❶〈形〉力量大;健壮(跟"弱"相对):~大|~壮|民富国~。❷〈形〉感情或意志所要求达到的程度高:要~|责任心~。❸〈形〉使用强力的;强迫的:~渡|~占。❹〈形〉优越;好(多用于比较):这里的条件比那里~。❺〈形〉用在数字后面,表示略多于此数(跟"弱"相对):三分之一~。❻〈名〉姓。
　　△另见 jiàng;qiǎng。

【强暴】qiángbào ❶〈形〉强横凶暴:~行为。❷〈名〉强暴的势力:不畏~。❸〈动〉强奸:遭人~。

【强大】qiángdà〈形〉(力量)坚强雄厚:阵容~。

【强盗】qiángdào〈名〉用暴力抢夺别人财物的人。

【强调】qiángdiào〈动〉特别着重提出:~客观原因。

【强度】qiángdù〈名〉❶作用力的大小以及声、光、电、磁等的强弱:音响~。❷物体抵抗外力作用的能力。

【强渡】qiángdù〈动〉用炮火掩护强行渡过敌人防守的江河。

【强悍】qiánghàn〈形〉勇猛而无所顾忌。

【强横】qiánghèng〈形〉强硬蛮横,不讲道理:态度～|～无理。

【强化】qiánghuà〈动〉使加强巩固:～训练。

【强奸民意】qiángjiān mínyì 指统治者把自己的意志强加在人民头上,硬说成是人民的意志。

【强健】qiángjiàn〈形〉身体结实,有力气。

【强劲】qiángjìng〈形〉强而有力:实力～|～的海风。

【强梁】qiángliáng〈形〉❶强横;凶暴:不畏～。❷强劲;勇武。

【强烈】qiángliè〈形〉❶力量很大的;极强的:～地震|～的求知欲。❷鲜明的;程度很高的:色彩～|～的对比。

【强弩之末】qiáng nǔ zhī mò 比喻强大的力量已经很微弱,不能再起作用。

【强权】qiángquán〈名〉欺负、侵略别国所凭借的军事、政治、经济的优势地位:～政治。

【强人】qiángrén〈名〉❶强盗:～出没。❷指有能力而在事业上又有进取心的人:女中～。

【强盛】qiángshèng〈形〉强大而昌盛(多指国家)。

【强势】qiángshì〈名〉❶强劲的势头:宣传要形成～|我国经济发展仍保持～。❷强大的势力:～地位|处于～。

【强手】qiángshǒu〈名〉水平高、能力强的人:～如林。

【强似】qiángsì〈动〉较胜于;超过:这次成绩～上次|今年的收成又～去年。也说"强如"。

【强项】qiángxiàng ❶〈形〉不肯低头,形容刚强正直不屈服。❷〈名〉有优势的项目。

【强硬】qiángyìng〈形〉强有力;不肯妥协退让:措辞～。

【强制】qiángzhì〈动〉用政治或经济力量强迫:～执行。

【强壮】qiángzhuàng〈形〉(身体)结实有力。

备用词　刚强　坚强　顽强　逞强　好强　要强　富强　高强　豪强　争强　发愤图强　奋发图强　年富力强

墙（墻 * 牆）qiáng〈名〉❶用砖石等筑成的分隔内外的屏障:围～|城～|～壁|～纸|一堵～。❷形状或作用像墙的东西:松～(成行栽种的松、柏)。

【墙脚】qiángjiǎo〈名〉❶墙的下段跟地面接近的部分。❷比喻事物的基础:挖～。

【墙垣】qiángyuán〈名〉墙。

备用词　狗急跳墙　祸起萧墙　铁壁铜墙

蔷（薔）qiáng[蔷薇]〈名〉灌木,蔓生,枝多刺,花白色或淡红色,供观赏。果实可入药。

嫱（嬙）qiáng〈名〉古代宫廷里的女官:妃～。

樯（檣 * 艢）qiáng〈名〉桅杆:桅～|帆～|～如林。

═══ qiǎng ═══

抢（搶）qiǎng〈动〉❶用强力夺:～夺|～劫|～掠|～球。❷争先:～先|～着参加义务劳动。❸抓紧;突击:～修|～收。❹刮掉或擦掉物体表面的一层:磨剪子;～菜刀。△另见 qiāng。

【抢白】qiǎngbái〈动〉当面责备或讽刺。

【抢劫】qiǎngjié〈动〉用暴力把别人的财物夺过来据为己有:拦路～。

【抢镜头】qiǎng jìngtóu ❶拍摄时及时抓住精彩的场面:他挤进人群|记者～捕捉到动人的一幕。❷抢占镜头前的最佳位置,也用来比喻吸引别人的注意:她是晚会上最～的人物。

【抢救】qiǎngjiù〈动〉在紧急危险的情况下迅速救护:～伤员|及时～危险的堤坝。

【抢掠】qiǎnglüè〈动〉用强力夺取财物等:烧杀～|～一空。

【抢收】qiǎngshōu〈动〉庄稼成熟时,为了避免遭受损害而赶紧突击收割。

【抢手】qiǎngshǒu〈形〉(商品)销路好:～货|足球门票十分～。

【抢滩】qiǎngtān〈动〉❶船只有沉没危险时,设法使船只搁浅在浅滩上,防止沉没。❷军

事上指抢占滩头阵地:我海军陆战队快速~
登陆。❸商业上指抢占市场:~国外市场|各
种品牌的空调~京城。

【抢先】qiǎng xiān〈动〉赶在别人前头;争先:
~发言|~一步|青年人热情高,干什么活儿
都爱~儿。

【抢险】qiǎngxiǎn〈动〉发生险情时迅速抢救,
以避免或减少损失:抗洪~。

【抢眼】qiǎngyǎn〈形〉引人注目;显眼:~的位
置|她的衣着打扮,在人群中格外~。

【抢占】qiǎngzhàn〈动〉❶抢先占领:~高地|
有利地形|~先机。❷非法占有:~集体财产。

【抢种】qiǎngzhòng〈动〉抓紧时机,突击播种。

【抢嘴】qiǎngzuǐ〈动〉❶方言。抢先说话:按次
序发言,谁也别~。❷抢着吃:快赶走~的鸡。

羟(羥) qiǎng[羟基]〈名〉同氢和氧两种
原子组成的一价原子团
(—OH)。也叫"羟氧基"。

强(*彊强) qiǎng❶〈动〉使人做不愿
做的事:~人所难。❷
〈形〉不是心甘情愿的:~笑。❸〈副〉硬要:~
求|~不知以为知。
△另见 jiàng;qiáng。

【强辩】qiǎngbiàn〈动〉用不能成立的理由进
行辩解。

【强不知以为知】qiǎng bù zhī yǐ wéi zhī 本来
不知道,硬要说知道,不懂装懂。

【强词夺理】qiǎng cí duó lǐ 本来没有理硬说
成有理。

【强谏】qiǎngjiàn〈动〉下对上竭力劝告:冒
死~。

【强迫】qiǎngpò〈动〉施加压力使对方服从:~
命令|~他人接受。

【强迫症】qiǎngpòzhèng〈名〉神经症的一种,
症状是明知某种想法或做法不必要,但无法
控制自己而反复地想或做,如由于怕脏而反
反复复地洗手。

【强求】qiǎngqiú〈动〉硬要求:~一致|写文章
可以有各种风格,不必~一律。

【强人所难】qiǎng rén suǒ nán 勉强别人做为
难的事或不愿做的事。

【强挺】qiǎngtǐng〈动〉强硬地不肯退让。

【强颜欢笑】qiǎng yán huān xiào 勉强做出笑容。

镪(鏹) qiǎng〈名〉古代称成串的钱:白
~(古代当作货币的银子)|藏~
巨万。
△另见 qiāng。

襁(*繦) qiǎng〈名〉背小孩的宽带
子:~褓。

【襁褓】qiǎngbǎo〈名〉包裹婴儿的被子和
带子。

呛(嗆) qiàng〈动〉有刺激性的气体进入
呼吸器官而感觉难受:浓烟~得
人喘不过气来。
△另见 qiāng。

戗(戧) qiàng❶〈名〉支撑柱子或墙壁使
不倾倒的木头。❷〈动〉支撑:这
堵墙歪了,快用木头~住。
△另见 qiāng。

炝(熗) qiàng〈动〉❶一种烹饪方法,把
菜放在开水中略煮,取出后再
用作料拌。❷一种烹饪方法,把肉、葱花等用
热油略炒,再加主菜炒或水煮:~锅肉丝面。

跄(蹌) qiàng[跄踉(liàng)]〈动〉走路
不稳,摇晃。
△另见 qiàng。

悄 qiāo[悄悄]〈形〉没有声音或声音很低:
他~地走了。
△另见 qiǎo。

硗(磽*墝) qiāo〈形〉(土地)坚硬贫
瘠:~瘠|田地~薄。

【硗瘠】qiāojí〈形〉土地坚硬而贫瘠。

雀 qiāo[雀子]〈名〉雀(què)斑,面部出现
的黄褐色或黑褐色斑点。
△另见 qiǎo;què。

跷(蹺*蹻) qiāo❶〈动〉抬起(腿);竖
起(指头):~起二郎腿|
~着大拇指。❷〈动〉脚后跟抬起,脚尖着地:~
着脚看。❸〈名〉高跷,一种民间舞蹈:~工
(表演高跷的技艺)。❹方言。〈动〉跛;瘸。

【跷蹊】qiāoqi〈形〉蹊跷。

锹(鍬*鍫) qiāo〈名〉铁锹,一种挖土
或铲东西的工具。

劁 qiāo〈动〉阉割:~猪。

敲 qiāo〈动〉❶击;打:~门|~钟|~骨吸
髓。❷敲竹杠。

【敲剥】qiāobō〈动〉用不正当的手段夺取
财物。

【敲骨吸髓】qiāo gǔ xī suǐ 砸碎骨头吸骨髓,

比喻残酷地剥削。

【敲门砖】qiāoménzhuān〈名〉敲门时使用、门敲开后就被抛弃的砖,比喻借以求得名利的手段。

【敲扑】(敲撲)qiāopū〈名〉杖类刑具,短的叫"敲",长的叫"扑"。

【敲扑】qiāopū 同"敲扑。"

【敲诈】qiāozhà〈动〉用威胁、欺骗手段索取财物。

【敲竹杠】qiāo zhúgàng 利用别人的弱点或借某种口实抬高价格或索取财物。

橇 qiāo〈名〉❶在冰雪上滑行的交通工具:雪～|冰～。❷古代在泥路上行走的用具。

缲(繰*幧) qiāo〈动〉一种缝纫方法,把布边儿卷进去藏着针脚缝:～边儿|～一根带子。
△另见 sāo。

── qiáo ──

乔(喬) qiáo ❶〈形〉高:～木。❷〈形〉假(扮):～装打扮。❸〈形〉狡诈;刁滑(多见于早期白话):～才。❹〈名〉姓。

【乔木】qiáomù〈名〉树干高大,主干和分枝有明显区别的木本植物,如松、柏、杨、白桦等。

【乔迁】qiáoqiān〈动〉《诗经·小雅·伐木》:"出自幽谷,迁于乔木。"比喻人搬到好的地方居住或官职高升(多用于祝贺):～之喜。

【乔装】qiáozhuāng〈动〉改换服装以隐瞒身份:～打扮。

侨(僑) qiáo ❶〈动〉古代指在外乡居住,现指在外国居住:～民|～胞。❷〈名〉侨民,住在外国而保留本国国籍的人:华～|～务。❸〈名〉姓。

【侨居】qiáojū〈动〉古代指在外乡居住,现指在外国居住:～海外。

荞(蕎*荍) qiáo[荞麦]〈名〉草本植物,茎略带红色,叶子三角形,籽实磨成粉供食用。

峤(嶠) qiáo〈名〉尖而高的山。

桥(橋) qiáo〈名〉❶架在水上或空中供人或车辆等通行的建筑物:桥梁:木～|拱～|天～|立交～。❷姓。

【桥涵】qiáohán〈名〉桥梁和涵洞的合称。

【桥梁】qiáoliáng〈名〉❶桥。❷比喻起沟通作用的人或事物。

【桥头堡】qiáotóubǎo〈名〉❶为控制桥梁、渡口而设立的碉堡或据点。❷设在大桥桥头的碉堡形的装饰建筑物。❸泛指作为进攻依托的据点。

硚(礄) qiáo ❶用于地名:～口(在湖北)。❷〈名〉姓。

翘(翹) qiáo〈动〉❶抬起(头):～首|～望星空。❷平的板状物由湿变干后变得不平:～棱(leng)|桌面～了。
△另见 qiào。

【翘楚】qiáochǔ〈名〉原指高出杂树丛的荆树,后用以比喻杰出的人才。

【翘企】qiáoqǐ〈动〉抬起头踮起脚(盼望),表示殷切盼望:不胜～。

【翘首】qiáoshǒu〈动〉抬起头(望):～瞻仰|～星空。

【翘望】qiáowàng〈动〉抬起头望:～天边。

【翘足而待】qiáo zú ér dài 企足而待。

谯(譙) qiáo〈名〉❶谯楼。❷姓。
△另见 qiào。

【谯楼】qiáolóu〈名〉❶城门上的瞭望楼。❷鼓楼。

【谯门】qiáomén〈名〉城门。

鞒(鞽) qiáo〈名〉马鞍上拱起的部分:鞍～。

蕉 qiáo 见[憔悴(cuì)](蕉悴)。
△另见 jiāo。

憔(*顦癄) qiáo[憔悴(cuì)](蕉萃)〈形〉形容人瘦弱,气色不好:面容～。

樵 qiáo ❶〈名〉柴:采～。❷〈动〉打柴:～夫(旧称以打柴为生的男子)。❸〈名〉姓。

瞧 qiáo〈动〉看:～书|～病|～不见|～得起。

━ qiǎo ━

巧 qiǎo〈形〉❶心思灵敏,技艺高明:~干|能工~匠。❷〈形〉灵巧;巧妙:手~|精~。❸〈副〉恰好:恰~|~合。❹〈形〉虚浮不实:花言~语|~取豪夺。❺〈形〉美好:~笑|~云。❻〈名〉姓。

【巧辩】qiǎobiàn〈动〉狡猾地辩解;诡辩;狡辩。

【巧夺天工】qiǎo duó tiān gōng 精巧的人工胜过天然,形容工艺品等制作技艺高超。

【巧妇难为无米之炊】qiǎo fù nán wéi wú mǐ zhī chuī 巧媳妇没有米做不出饭,比喻做事缺少必要的条件不行。

【巧合】qiǎohé〈动〉(事情)凑巧相合或相同。

【巧计】qiǎojì〈名〉巧妙的计策:施~。

【巧匠】qiǎojiàng〈名〉工艺技术高明的人:能工~。

【巧劲儿】qiǎojìnr方言。〈名〉❶巧妙的手法:干活儿要使~|常常练习,慢慢就找着~了。❷凑巧的事:我正找他,他就来了,真是~|咱俩同年同月同日生,真是~!。

【巧克力】qiǎokèlì〈名〉以可可粉为主要原料,再加上白糖、香料制成的食品:~豆|~糖|~蛋糕。[外]

【巧立名目】qiǎo lì míngmù 为达到某种不正当的目的而定出许多名目。

【巧妙】qiǎomiào〈形〉精巧奇妙;高明,不一般:构思~|~绝伦。

【巧取豪夺】qiǎo qǔ háo duó 用狡诈的手段获取或凭借强力抢占(财物等)。

【巧言令色】qiǎo yán lìng sè 指用花言巧语和假装和善来讨好别人(令:美好)。

【巧遇】qiǎoyù〈动〉凑巧遇到:在会上~老朋友|抵达云南的当天,~泼水节。

备用词　凑巧　赶巧　刚巧　可巧　碰巧　偏巧　恰巧　正巧　工巧　精巧　灵巧　奇巧　细巧　纤巧　熟能生巧　投机取巧

悄 qiǎo〈形〉❶没有声音或声音很低:低声~语。❷忧愁:~然泣下。
△另见 qiāo。

【悄怆】qiǎochuàng〈形〉寂寞忧伤。

【悄然】qiǎorán〈形〉❶寂静无声的样子:~离去|~独立。❷忧愁的样子:~泪下。

雀 qiǎo[家雀儿]〈名〉麻雀。
△另见 qiāo;què。

愀 qiǎo[愀然]〈形〉形容神色严肃或不愉快:~作色|~改容。

━ qiào ━

壳(殼) qiào〈名〉坚硬的外皮:甲~|地~|金蝉脱~。
△另见 ké。

俏 qiào〈形〉❶样子好看;轻盈美好:俊~|~丽。❷货物的销路好:~货|~紧~。

【俏丽】qiàolì〈形〉俊俏美丽:姿容~。

【俏皮】qiàopi〈形〉❶举止活泼或说话有风趣:~话。❷容貌、装饰漂亮:打扮得十分~|模样~得很|潇洒~的打扮。

【俏皮话】qiàopihuà〈名〉❶开玩笑的话或含讽刺口吻的话。❷歇后语。

【俏式】qiàoshi方言。〈形〉俊俏。

【俏头】qiàotou〈名〉❶烹调时为增加滋味或色泽而附加的东西,如香菜、青蒜、木耳、辣椒等。❷戏曲、评书中引人喜爱的身段、道白或穿插。

【俏销】qiàoxiāo〈动〉畅销:这种品牌的服装一直~|新式披肩~各地。

【俏语】qiàoyǔ〈名〉讨人喜欢的话。

诮(誚) qiào〈动〉❶责备:~责|~让(谴责)。❷讥讽:讥~。

峭(*陗) qiào〈形〉❶山势又高又陡:~立|陡~|~峻。❷比喻严厉:~正|~直(刚直严峻)。

【峭拔】qiàobá〈形〉❶形容山高而陡:山岩~。❷形容书法或文笔雄健有力:笔锋~。

【峭壁】qiàobì〈名〉像墙壁一样陡的山崖:悬崖~。

【峭堑】qiàohè〈名〉陡峭的沟壑:俯瞰~阴森。

悄 qiào[悄头]〈名〉古代男子束发的头巾。

窍(竅) qiào〈名〉❶窟窿;孔洞:七~|心~|~诀~一~不通。❷比喻事情的关键:~门|~诀~。

【窍门】qiàomén〈名〉解决问题的巧妙方法:找~。

翘(翹*翘) qiào〈动〉一头儿向上仰起:~尾巴|跷跷板这头儿一压,那头儿就~起来了。
△另见 qiáo。

【翘辫子】qiào biànzi 指死(含讥讽或诙谐意):袁世凯做皇帝没几天就~了。

【翘尾巴】qiào wěiba 比喻骄傲自大,自以为了不起。

谯(譙)　qiào同"诮"。
△另见 qiáo。

撬　qiào〈动〉把棍棒或刀、锥等的一端插入孔隙中,用力扳(或压)另一头:~门│~锁│~石头。

鞘　qiào〈名〉装刀剑的套子:剑~│枪上膛,刀出~。
△另见 shāo。

蹺　qiào〈名〉牲畜的口(一说是肛门)。

— qiē —

切　qiē〈动〉❶用刀把东西分开:~瓜│~面│~割│~削│一刀~。❷几何学上指直线、圆或面等与圆、弧或球只有一个交点:~线│两圆相~。
△另见 qiè。

【切除】qiēchú〈动〉用外科手术把身体上发生病变的部分切掉:~肿瘤│他最近做了一次胃大部~手术。

【切磋】qiēcuō〈动〉切磋琢磨:~球艺│相互~。

【切磋琢磨】qiē cuō zhuó mó 古代指把骨头、玉、石头等加工成器物的过程,后用来比喻互相商量研究,取长补短。

【切换】qiēhuàn〈动〉使机器等从一种工作状态换成另一种工作状态,泛指转换:自动~│这部影片采录同期录音,现场~镜头的方法摄制│股市在调整中完成热点的~。

【切入】qiērù〈动〉(从某个地方)深入进去:~点│写到这里,文章也~正题。

— qié —

伽　qié[伽蓝]〈名〉佛寺。
△另见 gā;jiā。

茄　qié〈名〉茄子,草本植物,果实球形或长圆形,多为紫色,表面有光泽,是普通蔬菜。
△另见 jiā。

— qiě —

且　qiě❶〈副〉a)暂时;姑且:暂~不论│苟~偷安。b)方言。表示经久:买件衣服~穿呢。c)将近:年~九十。❷〈连〉a)尚且:君~如此,况吾辈乎? b)并且;而且:既高~大│物美~廉。c)叠用,表示两个动作同时进行:~战~退│~怒~喜。❸〈助〉发语词:~庸人尚羞之,况于将相乎?
△另见 jū。

【且夫】qiěfú 发语词:~天下固有意外之患也。

【且慢】qiěmàn〈动〉暂且慢着(含阻止意):~,还是再看一看吧。

【且说】qiěshuō〈动〉却说。

备用词　并且 而且 况且 尚且 苟且 姑且 聊且 权且 暂且

— qiè —

切　qiè❶〈动〉合;符合:~合│~题│确~│真~。❷〈动〉贴近;亲近:~身│~近│亲~│~肤之痛。❸〈形〉急迫;殷切:急~│恳~│求胜心~。❹〈副〉务必;一定:~记│~忌。❺〈动〉用在反切后面,表示前两字是注音用的反切,如"东,德红切"。❻〈动〉中医指切脉:望闻问~。❼〈名〉姓。
△另见 qiē。

【切齿】qièchǐ〈动〉咬紧牙齿,表示愤恨到了极点。

【切当】qièdàng〈形〉恰当:用词~│举例~。

【切肤之痛】qiè fū zhī tòng 切身的痛苦。

【切合】qièhé〈动〉符合:~实际│~需要。

【切记】qièjì〈动〉切实记住;牢牢记住:~诀要│~遇事要冷静。

【切近】qièjìn〈动〉❶贴近;靠近。❷(情况)相近;接近:这样改写比较~原作。

【切口】qièkǒu〈名〉帮会或某些行业中的暗语。

【切末】qièmo〈名〉戏曲舞台上所用的简单布景和特制的器物。名称起于元曲。原作"砌末"。

【切迫】qièpò〈形〉迫切。

【切切】qièqiè〈形〉❶用在布告、书信等中,表示叮咛:~此布。❷恳切;迫切:~请求。❸同"窃窃"①:大弦嘈嘈如急雨,小弦~如私语。❹〈副〉千万;务必:~不可大意。

【切身】qièshēn〈形〉❶与自身有密切关系的:~利益。❷亲身:~体会。

【切实】qièshí〈形〉切合实际；实实在在：～｜～可行。

【切中】qièzhòng〈动〉（言论或办法）正好击中：～要害｜～时弊。

备用词　确切　贴切　真切　关切　密切　亲切　悲切　凄切　急切　恳切　迫切　热切　深切　痛切　殷切

郄　qiè ❶古通"郤"(xì)。❷〈名〉姓。

妾　qiè〈名〉❶旧时男子在妻子以外娶的女子。❷古代女子谦称自己。

怯　qiè〈形〉❶胆小；害怕：胆～｜羞～｜懦｜～弱。❷北京人贬称外地方音（指北方各省的）：他来北京好几年了，说话还是那么～。❸不入时；俗气：大红大绿的显得～。❹方言。缺乏知识；外行：露～。

【怯场】qièchǎng〈动〉在人多的场合因紧张而显得不自然。

【怯懦】qiènuò〈形〉软弱；胆小怕事。

【怯怯】qièqiè〈形〉形容胆怯害怕的样子。

【怯弱】qièruò〈形〉胆小而软弱：性格～。

【怯生生】qièshēngshēng〈形〉胆怯而小心翼翼的样子。

【怯阵】qièzhèn〈动〉❶临阵畏惧。❷指怯场。

备用词　卑怯　胆怯　畏怯　羞怯

砌　qiè[砌末]见〖切末〗。
△另见 qì。

窃（竊）　qiè ❶〈动〉偷：偷～｜剽～｜～贼｜～国大盗。❷〈副〉偷偷地：～笑｜～听｜～～私语。❸〈副〉表示自己意见时，用在动词前面，表谦让：～以为不可。

【窃案】qiè'àn〈名〉偷窃的案件。

【窃夺】qièduó〈动〉用非法手段夺取；窃取：拥兵自重，～权柄。

【窃国】qièguó〈动〉篡夺国家政权：～大盗｜～蟊贼。

【窃据】qièjù〈动〉用不正当的手段占据（土地、职位）：～要职。

【窃窃】qièqiè ❶〈形〉形容声音细小：～私语。也作"切切"。❷〈副〉暗地里；偷偷地：～自喜。

【窃取】qièqǔ〈动〉盗取：～钱财。

【窃听】qiètīng〈动〉暗中偷听，通常指利用电子设备偷听别人的谈话：～器｜当心有人～我们的谈话。

【窃喜】qièxǐ〈动〉暗自高兴：心中～。

【窃笑】qièxiào〈动〉偷偷地笑；暗中讥笑：心中～｜遭人～。

【窃贼】qièzéi〈名〉偷窃他人财物的人。

挈　qiè〈动〉❶举；提：提纲～领。❷带领：～带｜～眷｜扶老～幼。

惬（惬*愜）　qiè〈形〉（心里）满足：～心｜～怀｜未～人意。

【惬意】qièyì〈形〉称心；满意；心里感到畅快。

趄　qiè〈动〉倾斜：～坡｜～着身子。
△另见 jū。

慊　qiè〈形〉满足；满意：意犹未～。
△另见 qiàn。

朅　qiè ❶〈动〉去；离去。❷〈形〉勇武。

锲（鍥）　qiè〈动〉雕刻：～而不舍。

【锲而不舍】qiè ér bù shě《荀子·劝学》："锲而不舍，金石可镂。"一直不停止地刻下去，最坚硬的金石也能镂刻成器。比喻坚持不懈。

箧（篋）　qiè〈名〉小箱子：书～｜行～｜藤～。

── qīn ──

钦（欽）　qīn ❶〈动〉敬重：～佩｜～慕。❷〈副〉封建社会指皇帝亲自（做）：～定｜～命｜～差大臣。

【钦差大臣】qīnchāi dàchén 由皇帝派遣，代表皇帝到外地处理重大事件的官员。现多指上级机关派来的握有大权的工作人员（含讥讽意）。

【钦定】qīndìng〈动〉经皇帝亲自裁定。

【钦敬】qīnjìng〈动〉钦佩而尊敬。

【钦佩】qīnpèi〈动〉敬重而佩服。

侵　qīn ❶〈动〉进犯；损害：～略｜～入～。❷〈动〉接近（天明）：～晓｜～晨。❸〈名〉姓。

【侵犯】qīnfàn〈动〉❶使用武力侵犯或侵入别国领域。❷非法干涉别人，损害他人权利：～人权。

【侵害】qīnhài〈动〉侵入而损害：～人体健康。

【侵略】qīnlüè〈动〉指侵犯别国的领土、主权，也指对别国进行政治颠覆、经济和文化渗透等。

【侵扰】qīnrǎo〈动〉侵犯扰乱。

【侵蚀】qīnshí〈动〉❶逐渐侵害使变坏：病菌～人体。❷暗中一点一点地侵占（财物）：～公款。

【侵吞】qīntūn〈动〉❶暗中非法占有（公共的或别人的财物、土地等）。❷用武力吞并别国或占有其部分领土。

【侵占】qīnzhàn〈动〉❶非法占有公共的或别人的财产:~公物|街头绿地。❷用侵略手段占有别国的领土。

亲(親) qīn ❶〈名〉父母:父~|母~|双~。❷〈形〉血统最接近的:~姐俩|~叔伯。❸〈名〉有血统或婚姻关系的人:~友|沾~带故。❹〈名〉婚姻:结~|~事。❺〈名〉指新妇:娶~|迎~。❻〈形〉关系近;感情好(跟"疏"相对):~爱|~疏。❼〈副〉亲自:~身|~临前线。❽〈动〉用嘴唇接触,表示亲热:~吻。
△另见 qìng。

【亲笔】qīnbǐ ❶〈副〉亲自动笔写的:~信。❷〈名〉亲自写的字:条幅是父亲的~。

【亲兵】qīnbīng〈名〉旧时称随身的卫兵。

【亲近】qīnjìn ❶〈形〉关系亲密而接近。❷〈动〉亲密地接近人。

【亲眷】qīnjuàn〈名〉❶亲戚。❷眷属。

【亲密】qīnmì〈形〉感情深,关系密切:~无间。

【亲昵】qīnnì〈形〉十分亲密。

【亲戚】qīnqi〈名〉❶跟自己的家庭有婚姻关系的家庭或它的成员:走~。❷古代指亲属:臣所以去~而事君者,徒慕君之高义也。

【亲切】qīnqiè〈形〉❶亲密;亲近:家乡话听起来很~。❷亲热而关切:~慰问。

【亲热】qīnrè ❶〈形〉亲密而热情。❷〈动〉表示亲密和喜爱:每次出差回家,他总要和孩子~~。

【亲善】qīnshàn〈形〉亲近而友好:两国~。

【亲疏】qīnshū〈形〉亲近和疏远:~贵贱。

【亲属】qīnshǔ〈名〉跟自己有血统关系或婚姻关系的人:直系~|旁系~。

【亲痛仇快】qīn tòng chóu kuài 亲人痛心,仇人高兴。

【亲王】qīnwáng〈名〉皇帝或国王的亲属中封王的人。

【亲信】qīnxìn ❶〈动〉亲近并信任:~小人。❷〈名〉亲近和信任的人:安插~|培植~。

【亲眼】qīnyǎn〈副〉用自己的眼睛(看):~目睹|~所见|~看到了这几年人民生活的巨大变化。

【亲政】qīnzhèng〈动〉幼年继位的帝王成年后亲自处理政事。

【亲知】qīnzhī〈动〉亲身知道:真正~的是天下实践着的人。

【亲炙】qīnzhì〈动〉直接受到教诲或传授。

【亲子】qīnzǐ ❶〈名〉人或动物的上一代跟下一代的血缘关系,也指父母与子女:~沟通|~鉴定。❷〈动〉亲生子女,特指亲生儿子。❸〈动〉指父母对子女进行培养教育:~有方|~才能更好地教子。

【亲子鉴定】qīnzǐ jiàndìng 用测试双方遗传标记(如 DNA、血型等)的方法,来确定两个人是否为亲生父子(女)或亲生母子(女)的关系。

【亲自】qīnzì〈副〉自己(做):~动手。

备用词 表亲 嫡亲 干亲 血亲 姻亲 和亲 探亲 省亲 招亲 大义灭亲 举目无亲 任人唯亲 事必躬亲

衾 qīn〈名〉❶被子:~枕|布~。❷尸体入殓时盖尸体的东西:衣~棺椁。

骎(駸) qīn[骎骎]〈形〉形容马跑得很快,比喻事业发展迅速:~日上。

嵚(嶔) qīn[嵚崟(yín)]〈形〉形容山高。

━━ qín ━━

芹 qín〈名〉❶芹菜,草本植物,叶柄肥大,是普通蔬菜。❷姓。

【芹献】qínxiàn〈名〉《列子·杨朱》:"昔人有美戎菽、甘枲茎、芹萍子者,对乡豪称之。乡豪取而尝之,蜇于口,惨于腹。众哂而怨之,其人大惭。"后用"芹献"或"献芹"谦称自己赠人的礼品或对人的建议:如不弃嫌,愿表~。

芩 qín ❶〈名〉古书上指芦苇一类的植物。❷[黄芩]〈名〉草本植物,开淡紫色花。根黄色,中医入药。❸药。

矜(*䂦) qín〈名〉古代指矛柄。
△另见 guān;jīn。

秦 qín〈名〉❶周朝国名,在今陕西中部、甘肃东部。❷朝代,公元前 221 年-公元前 206 年,秦始皇嬴政所建。❸指陕西和甘肃,特指陕西。❹姓。

【秦镜高悬】qín jìng gāo xuán 见〖明镜高悬〗。

琴(*❶❷琹) qín〈名〉❶古琴,我国很早就有的一种弦乐器,用梧桐等木料做成,有五根弦,后增加为七根:抚~|焚~煮鹤。❷某些乐器的统称:钢~|提~|口~|胡~|月~|竖~。❸姓。

覃 qín〈名〉姓。
△另见 tán。

禽 qín ❶〈名〉鸟类:飞~|鸣~|家~|猛~|珍~|~兽。❷〈名〉鸟兽的总称:五~戏。❸同"擒"。❹〈名〉姓。[禽滑釐(qín gǔlí)]战国

时魏人,墨翟弟子,尤精于攻防城池的战术。

【禽兽】qínshòu〈名〉❶鸟兽。❷比喻卑鄙无耻的人:衣冠~。

勤(＊❻❼懃)qín❶〈形〉做事尽力,不偷懒(跟"懒"、"惰"相对):~劳|辛~|四体不~。❷〈形〉次数多:~洗澡|雨水~。❸〈名〉勤务:内~|后~|执~。❹〈名〉在规定时间内的工作或劳动:出~|缺~|考~。❺〈动〉帮助:~王。❻〈动〉担心;忧虑。❼〈动〉殷切盼望:~而无怨。❽〈名〉姓。

【勤奋】qínfèn〈形〉在工作或学习上不懈地努力。

【勤谨】qínjin〈形〉❶勤奋:~学习。❷方言。勤快;勤劳。

【勤恳】qínkěn〈形〉勤劳而踏实:工作~。

【勤苦】qínkǔ〈形〉勤劳而刻苦:~习艺。

【勤快】qínkuai〈形〉爱干活儿,不偷懒:手脚~。

【勤劳】qínláo〈形〉努力劳动,不怕辛苦:~致富。

【勤勉】qínmiǎn〈形〉勤奋努力:~可嘉。

【勤朴】qínpǔ〈形〉勤劳朴实。

【勤王】qínwáng〈动〉❶君主的统治地位受到内乱或外患的威胁时,臣子用兵力援救:率兵~。❷为王朝尽力。

【勤务】qínwù〈名〉❶公家分派的公共事务。❷部队或机关里的杂务工作:~员。

备用词　辛勤　殷勤　地勤　空勤　后勤　内勤　外勤　战勤　出勤　缺勤　执勤

嗪　qín译音用字,如吖嗪、哌嗪。

溱　qín[溱潼]〈名〉地名,在江苏。
△另见 zhēn。

擒　qín〈动〉捉拿:~拿|生~|欲~故纵|束手就~|贼先~王。

噙　qín〈动〉(嘴或眼里)含:~着烟袋|~着眼泪。

檎　qín[林檎]〈名〉小乔木,果实像苹果而小,是常见的水果。也叫"花红"、"沙果"。

—— qǐn ——

锓(鋟)　qǐn〈动〉雕刻:~版。

寝(寢＊寑)　qǐn❶〈动〉睡:废~忘食|~不安席。❷〈名〉卧室:就~|寿终正~。❸〈名〉帝王的坟墓:陵~。

❹〈动〉停止;平息:~兵|其议遂~。❺〈形〉丑陋:~容|貌~。

—— qìn ——

吣(＊吢唚)　qìn〈动〉❶猫、狗等呕吐。❷比喻胡说:满嘴胡~。

沁　qìn〈动〉❶渗入;浸润:~人心脾。❷方言。头向下垂:~着头。❸方言。往水里放。

【沁人心脾】qìn rén xīn pí❶呼吸到芳香、凉爽的空气或喝了清凉的饮料使人感到舒畅爽快。❷形容欣赏了美好的诗文、乐曲等给人以清新爽快的感觉。

揿(撳＊搇)　qìn方言。〈动〉按:~铃。

—— qīng ——

青　qīng❶〈形〉蓝或绿:~天|~山|~苔|~松。❷〈形〉黑:~布|~丝|~衣。❸〈名〉青草或没有成熟的庄稼:踏~|啃~|看(kān)~|~黄不接。❹〈形〉比喻年轻:~年。❺〈名〉姓。

【青出于蓝】qīng chū yú lán《荀子·劝学》:"青,取之于蓝,而青于蓝。"(青:靛 diàn 青,深蓝色;蓝:蓼蓝,可以提炼蓝色颜料的草)蓝色从蓼蓝中提炼出来,但颜色比蓼蓝更深。后用"青出于蓝"比喻学生胜过老师,后人胜过前人。

【青春】qīngchūn〈名〉❶青年时期:把~献给祖国。❷指春天:白日放歌须纵酒,~作伴好还乡。❸指青年人的年龄(多见于早期白话):请问~几何?

【青春痘】qīngchūndòu〈名〉痤疮,因多生在青年人的面部,所以叫"青春痘"。

【青春期】qīngchūnqī〈名〉男女生殖器官发育成熟的时期。通常男子的青春期是 14 岁—16 岁,女子的青春期是 13 岁—14 岁。

【青葱】qīngcōng〈形〉形容草木浓绿:~的草地|远处的竹林一片~。

【青翠】qīngcuì〈形〉鲜绿:树木葱茏,满眼~。

【青蚨】qīngfú〈名〉传说中的虫名,借指铜钱。

【青红皂白】qīng hóng zào bái 比喻是非或情由:不分~。

【青黄不接】qīng huáng bù jiē 庄稼还没有成熟,陈粮已经吃完,比喻需要的人或东西一时接续不上。

轻（輕） qīng〈形〉❶重量小；比重小（跟"重"相对）：身～如燕|油比水～。❷负载小；装备简单：装～|～舟|～骑兵|～车熟路。❸数量少；程度浅：年～|～伤|～微。❹轻松：～快|～音乐|～歌曼舞|无病一身～。❺不重要：责任～|关系很～。❻用力不猛：手～|～声|～拿～放。❼轻率：～信|～举妄动|～诺寡信。❽〈动〉轻视：～敌|～生|～慢|～蔑|重男～女|文人相～。

【青睐】qīnglài〈动〉用黑眼珠看人，比喻对人重视或喜爱。

【青楼】qīnglóu〈名〉指妓院。

【青庐】qīnglú〈名〉青布搭成的篷帐，古时举行婚礼的地方。

【青梅竹马】qīngméi zhúmǎ 唐李白《长干行》："郎骑竹马来，绕床弄青梅，同居长干里，两小无嫌猜。"骑竹马、弄青梅都是儿童游戏。后用"青梅竹马"形容男女小时候天真无邪、在一起玩耍的情状。

【青面獠牙】qīng miàn liáo yá 形容面貌凶恶。

【青苗】qīngmiáo〈名〉没有成熟的庄稼。

【青冥】qīngmíng〈名〉蓝色的天空。

【青年】qīngnián ❶〈名〉指人十五六岁到三十岁左右的阶段。❷〈名〉指上述年龄的人。

【青皮】qīngpí 方言。〈名〉无赖：～流氓。

【青纱帐】qīngshāzhàng〈名〉指大面积长得高而密的高粱、玉米等农作物。

【青史】qīngshǐ〈名〉指史书。古代在竹简上记事，因称史书为青史：永垂～。

【青丝】qīngsī〈名〉❶旧时指女子的头发：一缕～。❷青梅等切成的细丝，做糕点用。

【青堂瓦舍】qīng táng wǎ shè 青灰色的瓦房。

【青天】qīngtiān〈名〉❶蓝色的天空。❷比喻清官：包～（指宋代的包拯）|海～（指明代的海瑞）。

【青眼】qīngyǎn〈名〉眼睛正视，黑眼珠在眼睛中间，是表示喜欢或重视的表情（跟"白眼"相对）。

【青云】qīngyún〈名〉❶指高空。❷比喻显要的地位：～直上|平步～。

【轻便】qīngbiàn〈形〉❶重量较小，建造较易，或使用方便：小巧｜～｜摩托车。❷轻松；容易：贪图～，反而误事｜他的病刚好，给他安排点～活儿。

【轻薄】qīngbó ❶〈形〉言语举动轻佻。❷〈动〉调戏；戏弄：受人～。

【轻车熟路】qīng chē shú lù 驾着轻便的车，在熟悉的路上走，比喻熟悉而又容易。

【轻而易举】qīng ér yì jǔ 形容事情很容易做到。

【轻浮】qīngfú〈形〉言语举动随便，不庄重：举止～。

【轻歌曼舞】qīng gē màn wǔ 轻松愉快的音乐和柔美的舞蹈，多形容歌舞会上欢乐的景象。

【轻轨铁路】qīngguǐ tiělù 城市公共交通所使用的铁路，列车由电力机车牵引，在地面下和地面上沿轻型轨道行驶。

【轻忽】qīnghū〈动〉不重视；不注重；轻率疏忽：～职守|不可～此事|事关重大，不容～。

【轻捷】qīngjié〈形〉轻快敏捷：步履～。

【轻举妄动】qīng jǔ wàng dòng 不经过慎重考虑，轻率地行动。

【轻快】qīngkuài〈形〉❶（动作）不费力：脚步～。❷轻松愉快：～的乐曲。

【轻狂】qīngkuáng〈形〉非常轻浮：举止～。

【轻慢】qīngmàn ❶〈形〉态度冷淡而傲慢。❷〈动〉以轻慢态度待人。

【轻描淡写】qīng miáo dàn xiě ❶着力不多地描写或叙述。❷谈问题时把重要问题轻轻带过。

【轻蔑】qīngmiè〈动〉鄙视；小看；不放在眼里。

【轻诺寡信】qīng nuò guǎ xìn 轻易地答应人

Q

家,很少守信用。

【轻飘飘】qīngpiāopiāo〈形〉❶形容轻而飘浮的样子。❷〈动作〉轻快不费力。❸形容轻松:说得～的,做起来并不容易。❹形容很得意:一夸他好,他就～的了。

【轻骑】qīngqí〈名〉装备轻便的骑兵。

【轻悄悄】qīngqiāoqiāo〈形〉形容动作非常轻,没有声响。

【轻巧】qīngqiǎo〈形〉❶重量小而灵巧:这辆自行车很～。❷灵活而轻松:动作～。❸简单;容易:说得倒～,哪有那么容易。

【轻柔】qīngróu〈形〉轻而柔和:柳丝～|语调～。

【轻锐】qīngruì〈名〉轻装的精锐部队。

【轻生】qīngshēng〈动〉不爱惜自己的生命(多指自杀)。

【轻声】qīngshēng〈名〉说话的时候有些字音很轻很短,叫作"轻声"。如普通话中"桌子"的"子"、"木头"的"头"都读轻声。

【轻省】qīngsheng〈形〉❶轻松;省力:～活儿。❷重量小:提箱子～。

【轻视】qīngshì〈动〉看不起;不重视:不可～对手。

【轻手蹑脚】qīng shǒu niè jiǎo 轻手轻脚。

【轻手轻脚】qīng shǒu qīng jiǎo 手脚动作很轻,尽量少出声响。

【轻率】qīngshuài〈形〉说话做事不慎重,随随便便。

【轻松】qīngsōng〈形〉不感到有负担;不紧张:～愉快。

【轻佻】qīngtiāo〈形〉言语举动轻浮,不庄重:举止～。

【轻微】qīngwēi〈形〉数量少或程度浅的:～的鼾声。

【轻武器】qīngwǔqì〈名〉射程较近,便于携带的武器,如步枪、冲锋枪、机枪、反坦克火箭筒等。

【轻侮】qīngwǔ〈动〉轻蔑侮辱:勿～民意|国家的尊严岂容～!

【轻闲】qīngxián〈形〉轻松安闲。

【轻型】qīngxíng〈形〉(机器、武器等)在重量、体积、功效或威力上比较小的:～汽车|～建材|～飞机|～起重机。

【轻扬】qīngyáng〈动〉轻轻飘扬:乐声～|柳絮～。也作"轻飏"。

【轻飏】qīngyáng 同"轻扬"。

【轻易】qīngyì❶〈形〉简单容易:胜利不是～得

到的。❷〈副〉随随便便。

【轻盈】qīngyíng〈形〉❶形容女子身材苗条,动作轻快:体态～。❷轻松:笑语～。

【轻于鸿毛】qīng yú hóngmáo 比大雁的毛还轻,比喻死得没有价值。

【轻重倒置】qīng zhòng dào zhì 把重要的和不重要的弄颠倒了。

【轻舟】qīngzhōu〈名〉轻捷的船。

【轻装】qīngzhuāng〈名〉❶轻便的行装:～前进。❷轻便的装备:～部队。

【轻装简从】qīng zhuāng jiǎn cóng 指有地位的人出门时行装简单,随从人员不多。

【轻装上阵】qīng zhuāng shàng zhèn 为了行动便利,只携带轻便的装备上战场。也比喻去除思想顾虑,轻松地投入到工作或学习中。

氢(氫) qīng〈名〉气体元素,符号H。无色无臭,是元素中最轻的,用途很广。

倾(傾) qīng ❶〈动〉歪;斜:～斜|～侧。❷〈动〉倾向:右～。❸〈动〉倒塌:～覆|～颓。❹〈动〉使反转或歪倒,尽数倒出全部东西:～泻|～吐。❺〈动〉用尽(力量):～其全力。❻〈动〉向往;钦佩:～慕|一见～心。❼〈形〉全:～巢而出。

【倾败】qīngbài〈动〉失败。

【倾侧】qīngcè〈动〉倾斜。

【倾巢】qīngcháo〈动〉窝里的鸟全部出来,比喻全部出动(多含贬义):敌军～来犯。

【倾城倾国】qīng chéng qīng guó《汉书·外戚传》:"北方有佳人,绝世而独立,一顾倾人城,再顾倾人国。"后用"倾城倾国"形容女子容貌美丽。也说"倾国倾城"。

【倾倒】qīngdǎo〈动〉❶由歪斜而倒下:枯木～。❷非常佩服或爱慕:为之～。

【倾倒】qīngdào〈动〉倒转或倾斜容器,使里面的东西全部倒出来。也比喻把心里的话全部讲出来。

【倾动】qīngdòng〈动〉使人倾心佩服、感动。

【倾耳】qīng'ěr〈动〉侧着耳朵,形容十分谦恭的样子:俯身～以请。

【倾覆】qīngfù〈动〉❶(物体)倒下;倾倒(dǎo)。❷颠覆;使失败。❸溃灭;覆灭。

【倾盖】qīnggài〈动〉古人途中相遇,停车交谈,两盖稍稍相向倾斜。常用来形容朋友相遇,亲切交谈。

【倾家荡产】qīng jiā dàng chǎn 把全部家产都

给弄光了。

【倾慕】qīngmù〈动〉倾心爱慕:~已久。

【倾盆】qīngpén〈动〉(雨水等)像用盆泼那降落:暴雨~而下。

【倾弃】qīngqì〈动〉倒掉;抛弃掉。

【倾情】qīngqíng〈动〉倾注全部情感:~之作。

【倾诉】qīngsù〈动〉把心里的话全部诉说出来。

【倾塌】qīngtā〈动〉倒塌。

【倾听】qīngtīng〈动〉❶侧着耳朵听。❷细心地听取(意见):~群众呼声。

【倾吐】qīngtǔ〈动〉倾诉:~心曲。

【倾颓】qīngtuí〈动〉❶倒塌。❷崩溃;衰败。

【倾向】qīngxiàng ❶〈动〉偏于赞成(某一方)。❷〈名〉发展的方向;趋势。

【倾向性】qīngxiàngxìng〈名〉❶指文学家、艺术家在作品中流露出来的对现实生活的爱憎情绪。❷泛指对某方面的爱憎、褒贬倾向:他的发言有明显的~。

【倾销】qīngxiāo〈动〉用低于平均市场价格(甚至低于成本)的价格大量抛售商品:~商品|制定反~措施。

【倾斜】qīngxié〈动〉歪斜。

【倾泻】qīngxiè〈动〉大量的水急速地从高处流下。

【倾心】qīngxīn〈动〉❶一心向往;非常爱慕:一见~。❷拿出真诚的心意:~长谈。

【倾轧】qīngyà〈动〉同一组织中不同派系的人互相排挤打击。

【倾注】qīngzhù〈动〉❶由上而下地流入:山泉~到峡谷的深潭之中。❷比喻把精力、感情等集中到一个目标上:~全力。

卿 qīng〈名〉❶古代高官名:~相|上~。❷古代君称臣:爱~。❸古代夫妻或好友之间表示亲爱的称呼。❹姓。

【卿卿我我】qīng qīng wǒ wǒ 形容夫妻或相爱的男女非常亲热,现多用于贬义,指过分亲昵。

圊 qīng〈名〉厕所:~土|~肥。

清 qīng ❶〈形〉纯净(跟"浊"相对):~澈|~波|水~见底|天朗气~。❷〈形〉洁净;纯洁:~白|冰~玉洁。❸〈形〉寂静:~静|凄~。❹〈形〉公正廉洁:~廉|~官。❺〈形〉雅致:~雅|~香。❻〈形〉清楚:~晰|分~是非。❼〈形〉单纯:~唱|~茶|~一色。❽〈形〉彻底:~查|~剿。❾〈动〉清除不纯的成分;使组织纯洁:~洗|~君侧。❿〈动〉结清:~欠货款两~。⓫〈动〉清理;清点:~仓。⓬〈形〉敬辞,用于对方的言行或事物:有渎~神|打扰~梦。⓭〈名〉朝代,公元1616年—1911年,女真族人爱新觉罗·努尔哈赤所建,初名"后金",1636年改为"清"。1644年入关,定都北京。⓮〈名〉姓。

【清白】qīngbái〈形〉纯洁;没有污点:~人家|历史~。

【清查】qīngchá〈动〉❶彻底检查:~物资。❷彻底追查、查究:~余党。

【清偿】qīngcháng〈动〉全部还清(债务):延缓~。

【清澈】(清彻)qīngchè〈形〉(水)清而透明:湖水~见底。

【清除】qīngchú〈动〉扫除干净;全部去掉:~垃圾|~时弊。

【清楚】qīngchu〈形〉❶容易让人了解或辨认:字迹~。❷明确;不含糊:交代得挺~。❸对事物的了解很透彻,不糊涂:头脑~|思维~。❹〈动〉知道;了解:内情我不~。

【清醇】qīngchún〈形〉清香而纯正:酒味~。

【清脆】qīngcuì〈形〉❶(声音)清楚悦耳;脆而响亮:鸟鸣~。❷瓜果等脆而爽口:~可口。

【清单】qīngdān〈名〉详细登记有关项目的单子:开~|物资~|列一个医疗费~。

【清淡】qīngdàn〈形〉❶(味道、气味等)不浓:~的花香。❷食物含油脂少:~的菜肴。❸营业数额少:生意~。

【清道夫】qīngdàofū〈名〉旧时称打扫街道的工人。

【清点】qīngdiǎn〈动〉清理查点:~库存。

【清风】qīngfēng〈名〉凉爽的风:~徐徐。

【清福】qīngfú〈名〉不再为各种事务操心的福气:享~。

【清高】qīnggāo〈形〉指品德纯洁高尚,不同流合污:自命~。

【清耿耿】qīnggěnggěng〈形〉形容清正廉洁。

【清官】qīngguān〈名〉廉洁公正的官吏。

【清规戒律】qīngguī jièlǜ ❶僧尼、道士必须遵守的规则和戒律。❷泛指规章制度(多含贬义)。

【清寒】qīnghán〈形〉❶贫穷:家境~。❷清朗而有寒意:月色~。

【清减】qīngjiǎn〈动〉婉辞,指身体消瘦。

【清健】qīngjiàn〈形〉❶清明强健。❷清新强劲。

【清剿】qīngjiǎo〈动〉彻底剿灭;肃清:～残匪。

【清洁】qīngjié〈形〉没有灰尘、污垢;干净:整齐～。

【清洁生产】qīngjié shēngchǎn 指使用清洁能源和原料,提高资源利用率,减轻或消除对人类健康和环境造成的危害的生产方式。

【清净】qīngjìng〈形〉❶没有杂事打扰:耳根～。❷(水)清澈洁净。

【清静】qīngjìng〈形〉环境宁静,不嘈杂。

【清客】qīngkè〈名〉旧时在官僚、富贵人家帮闲的门客。

【清苦】qīngkǔ〈形〉贫苦:生活～。

【清朗】qīnglǎng〈形〉❶清爽晴朗:天气～。❷清脆响亮:～的笑声。

【清冷】qīnglěng〈形〉❶凉爽而略带寒意;寒冷:～的秋夜。❷冷清:夜深了,街上显得十分～。

【清理】qīnglǐ〈动〉彻底整理或处理:～图书|～积案。

【清丽】qīnglì〈形〉清秀;秀丽:山水～|字迹～。

【清涟】qīnglián❶〈形〉水清而有微波的样子。❷〈名〉清水。

【清廉】qīnglián〈形〉清白廉洁:为官～。

【清凉】qīngliáng〈形〉凉而使人觉得爽快。

【清亮】qīngliàng〈形〉❶清脆而响亮:嗓音～。❷清澈:一泓～的湖水。

【清冽】qīngliè〈形〉❶清冷;清凉。❷清新。

【清洌】qīngliè〈形〉清澈:泉水～。

【清泠泠】qīnglínglíng 同"清凌凌"。

【清凌凌】qīnglínglíng〈形〉形容水清而有波纹的样子。也作"清泠泠"。

【清明】qīngmíng〈形〉❶清澈而明朗:～的月色。❷有法度,有条理:政治～。❸(心里)清楚而镇静:心地～|神志～。❹〈名〉二十四节气之一,在阳历4月4日、5日或6日,民间习俗在这天扫墓。

【清盘】qīngpán〈动〉❶企业由于某种原因不再继续经营时,变卖资产以偿还债务、分配剩余财产等,叫"清盘"。❷指将房屋、货物、股票等全部卖出。

【清贫】qīngpín〈形〉贫穷:家道～|～自守。

【清平】qīngpíng〈形〉❶太平:～世界。❷平静:心境～。

【清奇】qīngqí〈形〉❶清新奇妙(多指诗文):意境～。❷稀奇:～古怪。

【清浅】qīngqiǎn〈形〉❶(水)清而浅。❷浅显;容易懂:文字～。

【清癯】qīngqú〈形〉清瘦:～的面庞。

【清爽】qīngshuǎng〈形〉❶清新凉爽:空气～。❷轻松愉快:浑身～。❸方言。整洁;干净:房间很～。❹方言。清楚:把话讲～。

【清算】qīngsuàn〈动〉❶彻底地计算:～账目。❷列举罪恶或错误事实并做出相应处理:～敌人的罪行。

【清谈】qīngtán〈动〉原指魏晋时一些士大夫不务实际,空谈哲理,后世泛指不切实际地谈论。

【清通】qīngtōng〈形〉(文章)层次清楚,文句通顺。

【清晰】qīngxī〈形〉清楚:图像～|发音～。

【清洗】qīngxǐ〈动〉❶洗干净。❷清除(不能留在组织内部的分子):～异己。

【清鲜】qīngxiān〈形〉清新。

【清闲】qīngxián〈形〉杂事少,有闲暇时间:～自在。

【清香】qīngxiāng〈名〉清淡的香味:远处飘来一股～。

【清新】qīngxīn〈形〉清爽新鲜:空气～|风格～。

【清醒】qīngxǐng❶〈形〉头脑清楚明白:保持～的头脑。❷〈动〉神志脱离昏迷状态:伤员～过来。

【清秀】qīngxiù〈形〉美丽而不俗气:山川～|眉目～|字体～。

【清雅】qīngyǎ〈形〉清秀幽雅。

【清夜】qīngyè〈名〉寂静的深夜:～自思|～扪心。

【清音】qīngyīn〈名〉发音时声带不振动的音。如普通话里的p,f等。

【清越】qīngyuè〈形〉❶(声音)清脆悠扬:歌声～。❷(容貌、神采)清秀超逸:风采～。

【清湛】qīngzhàn〈形〉清澈:池水～。

【清真】qīngzhēn〈形〉❶纯洁质朴:诗贵～,更要有寄托。❷伊斯兰教的:～寺|～餐厅。

【清正】qīngzhèng〈形〉清廉公正:～廉明|为官～。

备用词　冷清　凄清　澄清　廓清　肃清　弊绝风清　激浊扬清　旁观者清　玉洁冰清

蜻　qīng[蜻蜓]〈名〉昆虫,身体细长,有两对膜状的翅。捕食蚊子等小飞虫,雌的用尾点水而产卵于水中。

鲭(鯖)qīng〈名〉鱼,身体呈梭形而侧扁,鳞圆而细小,头尖,口大。
△另见zhēng。

━━ qíng ━━

勍qíng〈形〉强:~敌。

情qíng〈名〉❶感情:热~|恩~|群~激愤|虚~假意。❷情面:求~|留~。❸爱情:~侣|恋~|一见钟~。❹情欲;性欲:色~|卖弄风~。❺情形;情况:民~|旱~|详~|~态|~景。

【情报】qíngbào〈名〉关于某种情况的消息和报告(多带有机密性):军事~|经济~。

【情变】qíngbiàn〈名〉爱情的突然变化,多指恋人分手:俩人去年~分手了。

【情不自禁】qíng bù zì jīn 抑制不住自己的感情;不由自主。

【情操】qíngcāo〈名〉由信念和思想感情综合起来的不轻易改变的心理状态:高尚的~。

【情调】qíngdiào〈名〉思想感情所表现出来的格调;事物所具有的能引起人的各种不同感情的性质:异国~|~高雅。

【情分】qíngfèn〈名〉人与人之间的情感。

【情感】qínggǎn〈名〉人们对外界事物肯定或否定的心理活动,如喜欢、厌恶、愉快、愤怒等。

【情好】qínghǎo〈名〉交谊;感情:~日密。

【情怀】qínghuái〈名〉含有某种感情的心境:抒发~。

【情急智生】qíng jí zhì shēng 情况紧急时突然想出应付的好办法。

【情节】qíngjié〈名〉事情的变化和经过:故事~|~曲折。

【情景】qíngjǐng〈名〉情形;景象。

【情况】qíngkuàng〈名〉❶情形:工作~|真实~。❷事情的变化(多指军事上的):紧急集合,有~!

【情理】qínglǐ〈名〉常情;事情的一般道理:不近~。

【情侣】qínglǚ〈名〉互相恋爱着的男女或其中一方。

【情面】qíngmiàn〈名〉情分和面子:讲~|不留~。

【情趣】qíngqù〈名〉❶性情志趣:~相投。❷情调趣味;意趣:田园~。

【情商】qíngshāng〈名〉心理学上指人的情绪品质和对社会的适应能力:~高。

【情势】qíngshì〈名〉情况和形势。

【情思】qíngsī〈名〉情意;心思。

【情愫】(情素)qíngsù〈名〉❶感情:高尚的~|朝夕相处,增加了他们之间的~。❷本心;真实的情意:互倾~|这是对祖国的一片~。

【情随事迁】qíng suí shì qiān 心情随着事情的变化而变化。

【情态】qíngtài〈名〉神态:眉宇间露出娇嗔的~。

【情投意合】qíng tóu yì hé 形容思想感情融洽,意见一致,彼此很合得来。

【情形】qíngxing〈名〉事物所呈现出来的样子。

【情绪】qíngxù〈名〉❶人进行某种活动时产生的兴奋心理状态:急躁~。❷指不愉快的情感:闹~|处理问题时,不要夹杂个人~。

【情义】qíngyì〈名〉❶亲属、朋友、同志相互间应有的感情:~深重。❷人情和义理:有违~。

【情谊】qíngyì〈名〉人与人之间互相关心、爱护的感情:深厚的~。

【情意】qíngyì〈名〉对人的感情和心意:~甚殷。

【情由】qíngyóu〈名〉事情的内容和原因:不问~。

【情缘】qíngyuán〈名〉迷信指男女结合的缘分。

【情愿】qíngyuàn❶〈动〉心里愿意:心甘~|两

Q

相～。❷〈副〉宁愿;宁可:～麻烦,也不马虎。

【情知】qíngzhī〈动〉明明知道。

【情状】qíngzhuàng〈名〉情形;状况。

备用词　恩情 感情 豪情 激情 热情 无情 柔情 深情 盛情 温情 友情 衷情 动情 尽情 抒情 同情 恋情 纵情 托情 求情 人情 爱情 薄情 痴情 传情 恋情 钟情 灾情 实情 触景生情 即景生情 水火无情 一见钟情

晴　qíng〈形〉天空无云或云很少:～和|～朗|～空|雨过天～。

【晴好】qínghǎo〈形〉天气晴朗。

【晴和】qínghé〈形〉晴朗而暖和:～的阳光。

【晴朗】qínglǎng〈形〉天空中日光充足,没有云雾。

【晴明】qíngmíng〈形〉晴朗:天气～。

【晴天霹雳】qíngtiān pīlì 比喻突然发生的意外事件。

氰　qíng〈名〉碳和氮的化合物,无色气体,有刺激性臭味,剧毒。

睛　qíng〈动〉承受:～受财产|别净～现成的。

檠(＊㯍)　qíng〈名〉❶灯台;蜡台:灯～。❷借指灯:孤～。❸矫正弓弩的器具。

擎　qíng〈动〉往上托;举:～天柱|众～易举。

黥(＊剠)　qíng〈动〉❶在脸上刺上记号或文字并涂上墨,是古代的一种刑罚,后也施于士兵,以防逃跑。❷在人体上刺上文字、花纹或图形并涂上颜色。

━━ qǐng ━━

苘(＊檾藋)　qǐng[苘麻]〈名〉草本植物,茎皮纤维用来制绳索等,种子入药。

顷(頃)　qǐng❶〈量〉地积单位。1顷等于100亩。现用市顷,1市顷合6.6667公顷。❷〈名〉很短的时间;片刻:～刻|少～|有～|俄～。❸〈副〉不久以前;刚才:～闻|～接来信。❹〈名〉左右(指时间):乾隆三十年～。❺古通"倾"(qīng)。

【顷刻】qǐngkè〈名〉很短的时间;一会儿。

【顷之】qǐngzhī〈名〉一会儿。

请(請)　qǐng❶〈动〉请求:～教|～假|～托|申～。❷〈动〉邀请;聘请:～

束|～客|约～|宴～。❸〈动〉敬辞,用于希望对方做某事:～坐|～勿吸烟。❹〈动〉问;请示。❺〈动〉旧时指买香烛、纸马、佛龛等。❻〈名〉姓。

【请安】qǐng'ān〈动〉❶问候;问好。❷打千儿,旧时的一种礼节,右手下垂,左腿向前屈膝,右腿略弯曲。

【请教】qǐngjiào〈动〉请求指教:登门～。

【请君入瓮】qǐng jūn rù wèng《资治通鉴·唐纪》记载,武则天命来俊臣审问周兴,来俊臣假意问周兴:"犯人不肯认罪怎么办?"周兴回答说:"拿个大瓮,周围用炭火烤,把犯人装进去,什么事他会不承认呢?"来俊臣按周兴的办法准备好瓮,周围点上炭火,对周兴说:"奉命审问老兄,请老兄入瓮吧!"后来就用"请君入瓮"比喻拿某人整治别人的办法来整治他自己。

【请命】qǐngmìng〈动〉❶替别人请求保全性命或解除困苦:为民～。❷旧时指下级向上级请示。

【请示】qǐngshì〈动〉下级向上级请求指示:～报告。

【请缨】qǐngyīng〈动〉《汉书·终军传》记载,汉武帝派终军出使南越,劝说南越王入朝。终军自请:"愿受长缨,必羁南越王而致之阙下。"后用来指请求杀敌。

【请愿】qǐngyuàn〈动〉采取集体行动要求政府或主管当局满足某些愿望。

【请罪】qǐngzuì〈动〉犯了错误,主动道歉或请求处分。

备用词　敦请 恳请 聘请 延请 邀请 约请 报请 呈请 提请 申请 声请 不情之请

顜(廎)　qǐng〈名〉小厅堂。

綮　qǐng,又读 qìng 见[肯綮]。△另见 qǐ。

━━ qìng ━━

庆(慶)　qìng❶〈动〉庆祝;祝贺:～功|～典|欢～胜利|普天同～。❷〈名〉值得庆祝的周年纪念日:国～|校～|八秩大～。❸〈名〉姓。

【庆典】qìngdiǎn〈名〉隆重的庆祝典礼。

【庆贺】qìnghè〈动〉庆祝;祝贺:～新春。

【庆幸】qìngxìng〈动〉为意外地得到好的结局

或避免某种事故等而高兴。

【庆祝】qìngzhù〈动〉进行一些活动表示快乐或纪念。

亲(親) qìng［亲家(jia)〈名〉❶两家儿女婚配而成的亲属关系。❷夫妻双方的父母相互之间的称呼：～母｜～翁。△另见 qīn。

箐 qìng 方言。〈名〉山间的大竹林，泛指树木丛生的山谷：山广～深。

磬 qìng〈名〉❶古代一种打击乐器，形状像曲尺，用玉或石制成：编～。❷佛教的打击乐器，形状像钵，用铜制成。

罄 qìng ❶〈形〉完；尽：～尽｜告～｜售～。❷〈动〉用尽：～其所有｜～竹难书。

【罄竹难书】qìng zhú nán shū 古人把字写在竹简上，把竹子用完了都写不完，比喻事实极多，难以说尽(多指罪恶)。

— qióng —

邛 qióng［邛崃(lái)〈名〉山名，在四川。

穷(窮) qióng ❶〈形〉缺乏生产资料和生活资料；没有钱(跟"富"相对)：贫～｜～困｜～苦｜～乏。❷〈形〉穷尽：～竭｜～期｜层出不～。❸〈形〉彻底(追究)：～究｜～追猛打。❹〈形〉极端：～凶极恶｜～奢极侈。❺〈形〉窘：人～则反本。❻〈动〉使尽：～兵黩武｜复前行，欲～其林。

【穷兵黩武】qióng bīng dú wǔ 用武力任意发动战争。

【穷愁】qióngchóu〈形〉穷困愁苦：～潦倒。

【穷冬】qióngdōng〈名〉指冬天最冷的一段时间。

【穷厄】qióng'è〈形〉穷困；困顿。

【穷尽】qióngjìn ❶〈名〉尽头：科学的发展是没有～的。❷〈动〉到尽头：不～。

【穷寇】qióngkòu〈名〉穷途末路的贼寇，泛指面临彻底失败处于绝境的敌人。

【穷匮】qióngkuì〈形〉缺少；缺乏。

【穷年累月】qióng nián lěi yuè 指接连不断，时间长久。

【穷山恶水】qióng shān è shuǐ 形容自然条件恶劣，物产不丰富的地方。

【穷奢极侈】qióng shē jí chǐ 极端奢侈，尽量享受。也说"穷奢极欲"。

【穷途末路】qióngtú mòlù 形容陷于绝境，无路可走。

【穷乡僻壤】qióng xiāng pì rǎng 贫穷而偏僻的地方。

【穷形尽相】qióng xíng jìn xiàng ❶形容描摹极其生动逼真。❷形容人的丑态充分暴露。

【穷凶极恶】qióng xiōng jí è 形容极端残暴凶恶。

【穷原竟委】qióng yuán jìng wěi 深入探求事物的始末。

【穷源溯流】qióng yuán sù liú 追究事物发生的根源并探寻其发展的经过。

备用词　贫穷　哭穷　受穷　装穷　技穷　无穷　层出不穷　理屈词穷　其乐无穷　黔驴技穷　日暮途穷　贻害无穷

茕(煢*惸) qióng〈形〉❶孤单；孤独：～独｜～～孑立。❷忧愁。

【茕茕孑立】qióngqióng jiélì 形容孤孤单单，无依无靠的样子。

穹 qióng〈名〉❶像天空中间高、四周下垂的形状：～隆｜～顶。❷〈名〉指天空：苍～。❸〈形〉高大：～石。❹〈形〉幽深：～谷幽林。

【穹苍】qióngcāng〈名〉苍天；苍穹。

【穹隆】qiónglóng〈形〉指天空中间高，四周下垂的样子，也泛指高起成拱形的。也作"穹窿"。

【穹窿】qiónglóng 见"穹隆"。

【穹庐】qiónglú〈名〉圆顶毡帐。

【穹门】qióngmén〈名〉高起成拱形的门。

【穹形】qióngxíng〈名〉向上拱起的半圆形状。

劳(藭) qióng 见［芎(xiōng)劳]。

筇 qióng〈名〉古书上说的一种竹子,可以做手杖。

琼(瓊) qióng〈名〉❶美玉,泛指精美的东西:~瑶|~浆|仙山~阁。❷海南的别称。因旧称琼崖(海南岛)或琼州(旧府名,府治在今海南省海口市琼山区),故名。

蛩 qióng〈名〉古书上指蟋蟀。

跫 qióng[跫然]〈形〉形容脚步声:足音~。

銎 qióng〈名〉斧子上安柄的孔。

━━ qiū ━━

丘(*❶❷❹坵) qiū❶〈名〉小土山;土堆:~陵|~垤|荒~|沙~。❷〈名〉坟墓:~墓。❸〈动〉暂时把灵柩用砖石封闭在地面上,以待改葬。❹〈量〉水田分隔成大小不同的块,一块叫一丘:一~田。❺〈名〉姓。

【丘岗】qiūgǎng〈名〉山丘;山冈。

【丘壑】qiūhè〈名〉❶深山幽谷,旧时常指隐居的地方。❷原指画家的构思布局,后称人思虑深远为胸有丘壑。

【丘陵】qiūlíng〈名〉连绵成片的小山:~起伏。

【丘墟】qiūxū〈名〉土堆;废墟。

邱 qiū❶同"丘"①—④。❷〈名〉姓。

【邱壑】qiūhè 同"丘壑"。

龟(龜) qiū[龟兹(cí)]〈名〉古代西域国名,在今新疆库车县一带。△另见 guī;jūn。

秋(❺鞦*❶—❺秌❶—❺穐) qiū〈名〉❶秋季:深~|中~|~收|一叶知~|春华~实。❷庄稼成熟的时节:麦~|收~。❸指一年的时间:千~万代|一日不见,如隔三~。❹指某个时期:多事之~|危急存亡之~。❺[秋千](鞦韆)一种运动和游戏用具。❻姓。

【秋波】qiūbō〈名〉秋天清澈明亮的水波,比喻美女的眼睛:~流慧|暗送~。

【秋风扫落叶】qiūfēng sǎo luòyè 比喻强大的力量扫荡腐朽衰败的事物。

【秋高气爽】qiū gāo qì shuǎng 形容秋天晴空万里,空气清爽。

【秋毫】qiūháo〈名〉鸟兽秋天新生的细毛,比喻微小的东西:明察~|~无犯。

【秋毫无犯】qiūháo wú fàn 任何微小的东西都不侵犯,形容军队纪律严明。

【秋后算账】qiū hòu suàn zhàng 原指农业上的收成到秋收后统一结算,比喻等事情发展到最后阶段再来判断谁是谁非。

【秋季】qiūjì〈名〉一年的第三季,我国习惯指立秋到立冬的三个月时间,也指农历七、八、九三个月。参看[四季]。

【秋娘】qiūniáng〈名〉唐代歌妓多以秋娘为名,遂用为善歌貌美的歌妓的通称。

【秋色】qiūsè〈名〉秋天的景色:~宜人。

【秋霜】qiūshuāng〈名〉❶秋天的霜。❷比喻白发。

【秋水】qiūshuǐ〈名〉❶秋天的水:~共长天一色。❷比喻人的眼睛:望穿~。

备用词 大秋 麦秋 春秋 寒秋 暮秋 深秋 晚秋 早秋 中秋 仲秋 多事之秋 各有千秋 老气横秋 皮里阳秋 一日三秋 一叶知秋

蚯 qiū[蚯蚓]〈名〉环节动物,身体柔软细长,有刚毛。生活在土壤中,能使土壤疏松、肥沃。

萩 qiū〈名〉古书上说的一种蒿类植物。

湫 qiū〈名〉水池。△另见 jiǎo。

楸 qiū〈名〉乔木,叶子近三角形,木材供建筑用。

鳅(鰍) qiū[泥鳅]〈名〉鱼,身体圆柱形,鳞小,有黏液。常潜伏泥中。

鞧 qiū❶[后鞧]〈名〉套车时拴在驾辕牲口屁股周围的皮带、帆布带等。❷方言〈动〉收缩:~着眉毛|辕马~着屁股往后退。

== qiú ==

仇 qiú〈名〉姓。
△另见 chóu。

囚 qiú❶〈动〉拘禁:～禁|～笼|幽～|拘～。❷〈名〉被拘禁的人:～犯|罪～|死～|阶下～。

【囚车】qiúchē〈名〉押解犯人的车。

【囚犯】qiúfàn〈名〉关在监狱里的犯人。

【囚禁】qiújìn〈动〉把人关在监狱里。

【囚房】qiúfáng〈名〉囚犯;俘虏。

【囚人】qiúrén〈名〉被囚禁的人;犯人。

【囚首垢面】qiú shǒu gòu miàn 形容久不理发和洗脸,像旧时监狱里犯人的样子。

【囚徒】qiútú〈名〉囚犯。

【囚系】qiúxì〈动〉监禁。

犰 qiú[犰狳(yú)]〈名〉哺乳动物,全身大部有鳞片,腹部多毛,爪锐利,善掘土。昼伏夜出,吃昆虫、鸟卵等。产于南美等地。

求 qiú❶〈动〉请求:～救|～教|～你帮帮我。❷〈动〉要求:苛～|力～|精益～精|全责备。❸〈动〉追求;探求;寻求:～知|推～|刻舟～剑|实事～是。❹〈动〉需要:需～|供不应～。❺〈名〉姓。

【求告】qiúgào〈动〉央求;央告:～无门。

【求教】qiújiào〈动〉请教。

【求偶】qiú'ǒu〈动〉追求异性;寻找配偶。

【求聘】qiúpìn〈动〉❶招聘:公司～软件工程师。❷寻求被聘用:他想～一个能发挥自己专长的职位。

【求乞】qiúqǐ〈动〉请求别人救济;要饭。

【求全责备】qiú quán zé bèi 苛责别人,要求十全十美,没有任何缺点。

【求实】qiúshí〈动〉讲求实际:～精神。

【求同存异】qiú tóng cún yì 寻求共同点,保留不同点。

【求贤若渴】qiú xián ruò kě 形容寻求贤才的心情非常迫切。也说"求贤如渴"。

【求学】qiúxué〈动〉❶上学:赴京～|同在一所大学～。❷探求学问;刻苦。

【求真】qiúzhēn〈动〉探求真理或真知:诚挚。

【备用词】访求 供求 讲求 谋求 搜求 探求 推求 寻求 征求 苛求 力求 强求 要求 追求 哀求 恳求 期求 祈求 乞求 企求 请求 希求 央求 供不应求 梦寐以求

虬(*蚪) qiú〈名〉虬龙,古代传说中的有角的小龙。

泅 qiú〈动〉浮水:～水|～渡(游泳渡过江、河等)。

俅 qiú❶〈名〉俅人,独龙族的旧称。❷[俅俅]〈形〉恭顺的样子。

赇 qiú〈动〉逼迫。

酋 qiú〈名〉❶酋长,部落的首领。❷(盗匪、侵略者的)首领:匪～|敌～。❸姓。

逑 qiú〈名〉配偶:窈窕淑女,君子好～。

球(*❸毬) qiú〈名〉❶圆形的立体物:～体|～心。❷球形或接近球形的物体:煤～|棉～|眼～|绣～|彩～。❸指某些体育用品:篮～|冰～|羽毛～|橄榄～。❹指球类运动:～迷|～技|～坛|～赛|星～|～门。❺星球,特指地球:月～|寰～|北半～|誉满全～。

【球赛】qiúsài〈名〉球类比赛。

【球市】qiúshì〈名〉球类比赛中门票销售市场的情势:～火爆。

【球星】qiúxīng〈名〉著名的球类运动员。

【球员】qiúyuán〈名〉球类运动员。

赇(賕) qiú❶〈动〉贿赂①。❷〈名〉贿赂②:受～。

遒 qiú〈形〉强健;有力:～健|～劲|笔势～放。

【遒劲】qiújìng〈形〉雄健有力:笔力～。

巯(巰) qiú[巯基]〈名〉由氢和硫两种原子组成的一价原子团(—SH)。也叫"氢硫基"。

裘 qiú〈名〉❶毛皮的衣服:狐～|貂～|集腋成～|轻～肥马。❷姓。

璆 qiú〈名〉一种美玉。

蝤 qiú[蝤蛴(qí)]〈名〉古书上指天牛的幼虫。
△另见 yóu。

== qiǔ ==

糗 qiǔ❶〈名〉古代指干粮。❷方言。〈动〉饭或面食黏连成块状或糊状:面条～了,实在不好吃。❸方言。〈形〉不光彩;难为情:～事。❹方言。〈名〉不光彩的事:当众出～。

━━ qū ━━

区（區） qū ❶〈动〉分开；划分：~分｜~别。❷〈名〉地区；区域：山~｜矿~｜选~｜禁~｜特~｜军~｜解放~｜风景~。❸〈名〉行政区划单位，如自治区、市辖区等。
　△另见 ōu。

【区别】qūbié ❶〈动〉通过比较，认识两个或两个以上事物彼此之间的不同；分别：~优劣。❷〈名〉事物彼此不同的地方：二者稍有~。

【区划】qūhuà〈名〉地区的划分：行政~。

【区分】qūfēn〈动〉区别①：~优劣｜~好坏｜严格~不同性质的矛盾。

【区间】qūjiān〈名〉❶交通运输、通信联络上指全程线路中的一段：~车（某条交通线上只行驶于某一地段的车）。❷指数字增减变化的一定范围：价格~。

【区区】qūqū ❶〈形〉小；少；微不足道：~小事｜~之地。❷〈副〉仅仅；乃：循大道以求达，不几于守株缘木乎？❸〈代〉旧时谦称自己：~之见。❹〈名〉形容人的心，也引申为心机、心计：~之心。❺〈形〉诚挚：感君一怀！

【区位】qūwèi〈名〉地区位置：依托海岛的~优势，积极发展养殖业。

【区宇】qūyǔ〈名〉区域；天下。

【区域】qūyù〈名〉地域；地区范围。

曲（❻麯＊❻麴） qū ❶〈形〉弯曲（跟"直"相对）：~线｜~折｜~拳~｜盘~。❷〈动〉使弯曲：~肱而枕（肱：胳膊）｜~突徙薪。❸〈名〉弯曲的地方：河~｜山~。❹〈名〉偏僻隐秘的地方：乡~｜心~。❺〈形〉不合理；不公正：~解｜~笔｜歪~｜~直。❻〈名〉酿酒和制酱的发酵剂，块状，用曲霉（一种真菌）和它的培养基（多为麦子、麸皮、大豆的混合物）制成。❼〈名〉姓。
　△另见 qǔ。"麯"另见 qū"麴"。

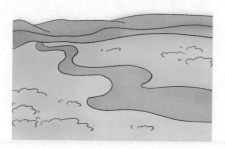

【曲笔】qūbǐ〈名〉❶古代史官不据事直书，而有意掩盖事实真相的记载。❷写作中故意离开本题，而不直叙其事的笔法。

【曲辫子】qūbiànzi 方言。〈名〉称初到大城市对都市生活缺乏经验的人（骂人的话）。

【曲尺】qūchǐ〈名〉木工求直角用的尺，用木或金属制成，形状像直角三角形的勾股两条边。

【曲解】qūjiě〈动〉错误地解释客观事实或别人的原意。

【曲蟮】qūshàn〈名〉蚯蚓。也作"蛐蟮"。

【曲突徙薪】qū tū xǐ xīn《汉书·霍光传》里说，有一户人家的烟囱很直，旁边堆放着柴火。有客劝主人改建弯曲的烟囱，搬开柴火，以免失火。主人不听，不久果然发生了火灾。比喻事先采取措施，防止发生危险。

【曲折】qūzhé〈形〉❶弯曲：~的山间小路。❷指情节复杂多变：故事情节惊险~。

【曲直】qūzhí〈名〉对和不对；有理和无理。

备用词 盘曲　屈曲　拳曲　蜷曲　弯曲　委曲　迂曲　款曲　衷曲

岖（嶇） qū 见[崎(qí)岖]。

诎（詘） qū ❶〈动〉缩短。❷〈形〉言语迟钝：辩于心而~于口。❸同"屈"。❹〈名〉姓。

驱（驅＊駈敺） qū〈动〉❶赶（牲口）：~马｜~车。❷快跑：驰~｜长~直入。❸赶走：~逐｜~邪｜~虫剂。

【驱策】qūcè〈动〉❶用鞭子赶。❷驱使。

【驱驰】qūchí〈动〉❶策马疾驰。❷奔走效力。

【驱除】qūchú〈动〉赶走；除掉。

【驱动】qūdòng〈动〉❶施加外力，使动起来：这种机械用水压~｜这个泵可以用压缩空气来~。❷驱使；推动：不法商贩受利益~，制造仿名牌的假货。

【驱动器】qūdòngqì〈名〉计算机中驱动磁盘或光盘运转，以便读出其中存储信息的部件。

【驱傩】qūnuó〈动〉古时农历腊月里驱逐疫鬼（迷信）。

【驱遣】qūqiǎn〈动〉❶驱使；差遣。❷驱逐；赶走。❸逼迫。❹排除；消除：~别情。

【驱使】qūshǐ〈动〉❶强迫别人按自己的意志行动；使唤：不堪~。❷推动：为好奇心所~。

【驱邪】qūxié〈动〉（用符咒等）驱逐邪祟（迷

信):～避祸|降魔～。

【驱逐】qūzhú〈动〉赶走:～出境|～外寇|～入侵者。

备用词　长驱　驰驱　前驱　先驱　并驾齐驱

咕 qū❶〈形〉张口的样子:口～舌拆。❷同"趋"③。

屈 qū❶〈动〉弯曲;使弯曲:～膝|～伸|～指可数。❷〈动〉屈服;使屈服:～从|不～不挠|威武不～。❸〈形〉理亏;～心|理～词穷。❹〈动〉委屈;冤枉:冤～|～才|打成招。❺〈动〉缺乏;匮乏:用之无度,物力必～。❻〈动〉敬辞,用于邀请人时:～驾。❼〈名〉姓。

【屈才】qūcái〈动〉大材小用,才能不能充分发挥。

【屈打成招】qū dǎ chéng zhāo 无罪的人在严刑拷打下被迫招认别人强加的罪名。

【屈伏】qūfú 同"屈服"。

【屈服】qūfú〈动〉对外来压力放弃斗争,妥协让步。也作"屈伏"。

【屈节】qūjié〈动〉❶丧失节操:～事仇|～投敌。❷降低身份:卑躬～。

【屈就】qūjiù〈动〉客套话,用于请人担任职务,要是您肯～,那就太好了|诚盼您能来我公司～顾问。

【屈居】qūjū〈动〉委屈地处于(较低的地位):～亚军|～人下|～第四名。

【屈曲】qūqū〈形〉弯曲:枝条～盘旋。

【屈辱】qūrǔ〈名〉受到的压迫和侮辱。

【屈死】qūsǐ〈动〉受冤屈而死。

【屈膝】qūxī〈动〉下跪,比喻屈服:～投降。

【屈指可数】qū zhǐ kě shǔ 弯着手指头可以计算出数目来,形容数目很少。

备用词　抱屈　委屈　冤屈　理屈　鸣冤叫屈　宁死不屈　威武不屈

胠 qū❶〈名〉腋下腰上的部分。❷〈动〉从旁边打开:～箧(指偷窃)。

祛 qū〈动〉除去:～除|～痰|～暑|～疑。

袪 qū❶〈名〉袖口。❷同"祛"。

蛆 qū〈名〉苍蝇的幼虫,白色,体柔软,有环节。多生在粪便、动物尸体等处。

躯(軀) qū〈名〉身体:～体|～干|～壳|身～|七尺之～|为国捐～。

【躯干】qūgàn〈名〉指人体除去头、四肢所余下的部分。

【躯壳】qūqiào〈名〉肉体(对精神而言)。

【躯体】qūtǐ〈名〉身体;身躯。

焌 qū〈动〉❶把燃烧的东西放入水中使熄灭。❷一种烹饪方法,烧热油锅,先放作料,再放蔬菜迅速炒熟:～锅儿|～豆芽。
　△另见 jùn。

趋(趨) qū〈动〉❶快走:～前|疾～|～之若鹜。❷向某个方向发展:～向|～势|日～繁荣。❸鹅或蛇伸头咬人。❹古通"促"(cù)。

【趋附】qūfù〈动〉迎合依附。

【趋就】qūjiù〈动〉❶快步走向。❷追求;靠拢。

【趋势】qūshì〈名〉事物发展的动向。

【趋同】qūtóng〈动〉趋于一致:～心理|双方意见～|重复建设,产业～,是众多产品供过于求的主要原因。

【趋向】qūxiàng❶〈动〉事物朝某个方向发展:病情～恶化。❷〈名〉趋势:发展～。

【趋炎附势】qū yán fù shì 比喻依附有权势的人。

【趋之若鹜】qū zhī ruò wù 像鸭子那样成群地跑过去,多比喻追逐不好的事物。

蛐 qū❶[蛐蛐儿]方言。〈名〉蟋蟀。❷[蛐蟮]同"曲蟮"。

麹(麴) qū〈名〉姓。
　△"麹"另见"曲"。

觑(覷*覰覷) qū〈动〉把眼合成一条缝注意地看:～了他一眼。
　△另见 qù。

黢 qū〈形〉黑:～黑|黑～～。

矍 qū〈拟〉形容吹哨子的声音或蟋蟀叫的声音。

━━ qú ━━

劬 qú〈形〉劳苦;勤劳:～劳。

朐 qú[临朐]〈名〉地名,在山东。

鸲(鴝) qú[鸲鹆(yù)]〈名〉八哥(鸟)。

渠 qú❶〈名〉人工开凿的水道:河～|干(gàn)～|水到～成|这条～最深处是四

米。❷〈形〉大:～魁|～帅(首领)。❸方言。〈代〉他。❹〈名〉姓。

【渠道】qúdào〈名〉❶人工开挖的水道,用来引水排灌。❷途径;门路。

备用词 沟渠 支渠 漕渠

蕖 qú 见〖芙(fú)蕖〗。

磲 qú 见〖砗(chē)磲〗。

璖 qú〈名〉❶玉环。❷姓。

瞿 qú〈名〉姓。

鼩 qú[鼩鼱(jīng)]〈名〉哺乳动物,外形像鼠,吻部尖而细。多生活在山林中,捕食昆虫、蜗牛等,也吃植物种子。

蕖 qú❶[蕖然]〈形〉惊喜的样子。❷〈名〉姓。

氍(*毹) qú[氍毹(shū)]〈名〉毛织的地毯。旧时戏台上多铺氍毹,所以用来借指舞台。

癯 qú〈形〉瘦:清～。

衢 qú〈名〉大路:通～|康～。

蠷 qú[蠷螋(sōu)]〈名〉昆虫,身体扁平狭长,尾部像夹子。多生活在潮湿的地方。

━━ qǔ ━━

曲 qǔ〈名〉❶一种韵文形式,出现于南宋和金代,盛行于元代,句法较词灵活,多用口语。❷歌曲;乐曲:～调|戏～|高歌一～。❸歌谱:谱～|配～。
△另见 qū。

【曲调】qǔdiào〈名〉戏曲或歌曲的调子。

【曲高和寡】qǔ gāo hè guǎ 曲调高深,能跟着唱的人少。比喻言论或作品不通俗,不能为广大群众了解或欣赏。

【曲牌】qǔpái〈名〉曲的调子的名称,如"山坡羊"、"朝天子"、"皂罗袍"、"一枝花"等。

【曲艺】qǔyì〈名〉富有地方色彩的各种说唱艺术,如弹词、大鼓、相声等。

苣 qǔ[苣荬(mǎi)菜]〈名〉草本植物,野生,茎叶嫩时可以吃。
△另见 jù。

取 qǔ❶〈动〉拿到身边:～款|支～|探囊～物。❷〈动〉得到,招致:获～|记～|自～

灭亡。❸〈动〉采取;选取:录～|去粗～精。❹〈动〉捕获。❺〈动〉攻占;夺取:攻～。❻同"娶"。❼〈名〉姓。

【取保】qǔbǎo〈动〉找保人(保释):～释放。

【取材】qǔcái〈动〉选取材料:就地～。

【取长补短】qǔ cháng bǔ duǎn 吸取长处来弥补不足的地方。

【取代】qǔdài〈动〉把别人或同类的事物排除掉,自己来占有这个位置。

【取道】qǔdào〈动〉❶选取由某地经过的路线:～徐州,前往南京。❷取路:伐竹～。

【取缔】qǔdì〈动〉明令取消或禁止:～黄色书刊。

【取经】qǔjīng〈动〉原指佛教徒向西方去求取佛经,现比喻向人学习先进经验。

【取路】qǔlù〈动〉选取行走的路。

【取觅】qǔmì〈动〉获取;得到。

【取巧】qǔqiǎo〈动〉用巧妙的手段谋取不正当利益或躲避困难:投机～。

【取舍】qǔshě〈动〉采取或舍弃;选择。

【取胜】qǔshèng〈动〉取得胜利。

【取向】qǔxiàng〈名〉选取的方向;趋向:价值～|审美～。

【取消】qǔxiāo〈动〉废除;去掉:～资格|～不合理的规章制度。也作"取销"。

【取销】qǔxiāo 同"取消"。

【取笑】qǔxiào〈动〉开玩笑;嘲笑。

【取信】qǔxìn〈动〉取得别人的信任:～于人|～于民。

【取应】qǔyìng〈动〉应考。

【取悦】qǔyuè〈动〉讨好别人,以得到别人的喜欢:～于人|献媚～。

【取之不尽,用之不竭】qǔ zhī bù jìn, yòng zhī bù jié 形容很丰富,用也用不完。

备用词 博取 夺取 攫取 牟取 谋取 窃取 提取 榨取 采取 汲取 记取 听取 吸取 争取 咎由自取

娶 qǔ〈动〉把女子接过来成亲(跟"嫁"相对):～亲|～媳妇。

齲(齲) qǔ〈形〉牙齿有病而残缺:～齿。

━━ qù ━━

去 qù❶〈动〉离开:～世|～职|一～不返。❷〈动〉失去;失掉:大势已～。❸〈动〉除去;除掉:～病|陈言务～。❹〈动〉距离:相～

甚远|～今五十年。❺〈形〉过去的：～年。❻〈动〉从所在地到别的地方（跟"来"相对）：路|～向|明天～上海。❼〈动〉用在另一动词前面表示要做某事：你～写稿子。❽〈动〉用在动宾结构后面表示去做某件事：他看电影～了。❾〈动〉用在动词结构（或介词结构）与动词（或动词结构）之间，表示后者是前者的目的：提水～浇花|从主要方面～检查。❿〈动〉用在动词后面，表示动作离开说话人所在地：拿～|捎～。⓫〈动〉用在动词后面，表示动作的继续等：信步走～|让他们干～。⓬〈动〉扮演（戏剧里的角色）：在《铡美案》中他～包公。⓭〈名〉去声：平上～入。

【去处】qùchù〈名〉❶去的地方。❷地方；场所。

【去路】qùlù〈名〉前进的道路；去某处的道路。

【去声】qùshēng〈名〉❶古汉语四声中的第三声。❷普通话字调中的第四声，符号是"ˋ"。

【去世】qùshì〈动〉（成年人）死去；逝世。

【去暑】qùshǔ〈动〉驱除暑气：～降温。

【去岁】qùsuì〈名〉去年。

【去向】qùxiàng〈名〉所去的方向：～不明。

【去休】qùxiū〈动〉走吧（多见于早期白话）。

【去职】qùzhí〈动〉不再担任原来的职务：因病～。

阒（闃）qù〈形〉形容没有声音：～寂|～无一人|四野～然。

趣 qù❶〈名〉兴味：兴～|情～。❷〈形〉有兴趣：～谈|～闻。❸〈名〉志向：志～|异～（志趣不同）。❹古通"趋"（qū）。❺古通"促"（cù）。❻〈名〉姓。

【趣话】qùhuà〈名〉有趣的话语或故事：一段～|文坛～。

【趣事】qùshì〈名〉有趣的事：逸闻～|说起学生时代的一些～，大家都开心地笑了。

【趣谈】qùtán❶〈动〉有趣味地谈论（多用于书名或文章标题）：《汉字～》|《边塞风情～》。❷〈名〉趣话。

【趣味】qùwèi〈名〉❶使人愉快、使人感到有意思、有吸引力的特性：很有～|～无穷。❷情趣：～相投。

【趣闻】qùwén〈名〉有趣的传闻：轶事～|旅游途中听到不少～。

备用词　凑趣　打趣　逗趣　识趣　知趣　乐趣　妙趣　情趣　兴趣　意趣　志趣　饶有风趣　涉笔成趣　相映成趣

觑（覷）qù〈动〉看；瞧：～视|～探|小～|偷～|面面相～。
△另见 qū。

━━ qu ━━

戌 qu[屈戌儿]〈名〉钉在门窗、箱柜上的金属小环，带有两个脚，用来挂钉锁或锁。
△另见 xū。

━━ quān ━━

悛 quān〈动〉悔改：怙恶不～（坚持作恶，不肯悔改）。

圈 quān❶〈名〉圆而中空的形状；环形的东西：圆～|铁～|眼～|项～|花～|光～|线～|瓦～。❷〈名〉一定的范围：～内|～外|文艺～。❸〈动〉围：～地|～占|用篱笆把菜地～起来。❹〈动〉画圈做记号：～选|～点|～定|～阅。
△另见 juān；juàn。

【圈定】quāndìng〈动〉在人的名字上画圈，表示选定这个人。

【圈套】quāntào〈名〉比喻引诱人上当受骗的计策。

【圈子】quānzi〈名〉❶圆而中空的平面形；环形。❷范围：生活～。

桊 quān〈名〉曲木制成的饮器。

鄻 quān用于地名：柳树～（在河北）|蒙～（在天津）。

━━ quán ━━

权（權）quán❶〈名〉秤锤：铜～。❷〈动〉衡量：～衡|～其轻重。❸〈名〉权力：当～|～职。❹〈名〉权利：～益|版～|优先～。❺〈名〉有利的形势：主动～|制空～。❻〈名〉权变；权宜：～谋|通～达变。❼〈动〉代理：时韩愈吏部～京兆。❽〈副〉暂时；姑且：～且|死马～当活马医。❾〈名〉指权谋。❿古通"颧"。⓫〈名〉姓。

【权变】quánbiàn〈动〉随机应变。

【权柄】quánbǐng〈名〉所掌握的权力。

【权臣】quánchén〈名〉执掌大权而专横的大臣：～祸国。

【权当】quándāng〈动〉权且当作：～没看见就

是了。

【权贵】quánguì〈名〉指占据高位、掌握大权的人。

【权衡】quánhéng〈动〉秤锤和秤杆，比喻衡量、考虑：～得失。

【权力】quánlì〈名〉❶政治上的强制力量：国家～。❷职责范围内的支配力量：行使～。

【权利】quánlì〈名〉公民或法人依法行使的权力和享受的利益（跟"义务"相对）：子女享有继承父母遗产的～。

【权门】quánmén〈名〉指执政的权臣，也指有权势的人家：依附～。

【权谋】quánmóu〈名〉随机应变的计谋。

【权且】quánqiě〈副〉暂且；姑且。

【权势】quánshì〈名〉权柄和势力：～显赫。

【权术】quánshù〈名〉权谋；手段（含贬义）：玩弄～。

【权威】quánwēi ❶〈形〉具有使人信服的力量和威望：～人士｜～著作。❷〈名〉在某种范围里最有威望的人或事物：学术～。

【权限】quánxiàn〈名〉职权范围：超越～｜管理～。

【权宜】quányí〈形〉暂时适宜的；变通的：～之计。

【权益】quányì〈名〉应该享受的不容侵犯的权利：合法～。

全 quán ❶〈形〉完备；齐全：完～｜残缺不～。❷〈动〉保全；使完整不缺：成～｜两～其美。❸〈形〉全部；整个：～局｜～景｜～力以赴｜～神贯注。❹〈副〉完全；都：老师和学生～去了。❺〈名〉姓。

【全豹】quánbào〈名〉比喻事物的全部。参看〖管中窥豹〗。

【全部】quánbù ❶〈形〉所有的；整个：～时间用在学习上。❷〈名〉各个部分的总和；事物的整体：这还不是问题的～。

【全程】quánchéng〈名〉❶全部路程：运动员都坚持跑完～。❷某活动的全部过程：～陪同。

【全都】quándōu〈副〉全；都：人～到齐了｜去年种的树～活了。

【全方位】quánfāngwèi〈名〉指四面八方；各个方向或位置；所有的方面：～外交｜～合作｜～服务｜～经济协作。

【全副】quánfù〈形〉整套；全部：～武装。

【全局】quánjú〈名〉整个的局面；全面的情况：胸怀～。

【全科医生】quánkē yīshēng 指掌握医学各科知识，在社区和家庭为病人提供医疗保健服务的医生。

【全力】quánlì〈名〉全部力量或精力：竭尽～｜～支持｜～以赴。

【全力以赴】quán lì yǐ fù 把全部力量都用上去。

【全貌】quánmào〈名〉事物的全部情况；整个面貌。

【全面】quánmiàn〈形〉❶顾及各个方面的：～情况。❷完整周密；兼顾各个方面的（跟"片面"相对）：～规划。

【全民】quánmín〈名〉一个国家内的全体人民：～公决｜～动员。

【全民所有制】quánmín suǒyǒuzhì 生产资料归全体人民所有的制度，是社会主义所有制的基本形式。

【全能】quánnéng〈形〉在一定范围内样样都擅长的：～冠军｜十项～运动员。

【全能运动】quánnéng yùndòng 某些运动项目（如田径、体操等）中的综合性比赛项目，要求运动员在一天或两天内把几个比赛项目按照规定的顺序比赛完毕，按各项成绩所得分数的总和判定名次。

【全盘】quánpán〈形〉全面；全部：～否定｜～考虑。

【全勤】quánqín〈动〉指在一定时期内不缺勤：出～｜～奖｜他这个月～｜我们班今天～。

【全情】quánqíng〈名〉全部感情：～投入｜～奉献。

【全球】quánqiú〈名〉整个地球；全世界：誉满～｜～性的盛会。

【全球定位系统】quánqiú dìngwèi xìtǒng 通过导航卫星对地球上任何地点的用户进行定位并报时的系统。由导航卫星、地面台站和用户定位设备三部分组成。用于军事，也用于其他领域。

【全权】quánquán〈名〉（处理事情）全部的权力：～代表。

【全权代表】quánquán dàibiǎo 对某件事有全权处理和决定的代表。外交上的全权代表须持有国家元首的全权证书。

【全然】quánrán〈副〉完全地：～不顾个人

安危。

【全神贯注】quán shén guàn zhù 全部精神集中到一点,形容注意力高度集中。

【全数】quánshù〈名〉指人或物的全部数量:借款~归还。

【全速】quánsù〈名〉所能达到的最高速度:~航行|命令部队~前进。

【全体】quántǐ〈名〉各个部分或各个个体的总和。

【全天候】quántiānhòu〈形〉❶不受天气限制,在任何气候条件下都能用的:~飞机|~公路。❷每天24小时不受任何条件限制提供服务的:~服务。

【全托】quántuō〈动〉把幼儿托付给托儿所或幼儿园昼夜照管,只在节假日接回家,叫"全托"(区别于"日托")。

【全息】quánxī〈形〉反映物体在空间存在时整个情况全部信息的:~摄影。

【全心全意】quán xīn quán yì 用全部的精力。

【全休】quánxiū〈动〉指职工因病在一定时期内不工作:医嘱~两周。

【全优】quányōu〈形〉❶各个方面,各个环节都优质:~工程|~服务|产品质量被评为~。❷各个方面或各门功课都优秀:取得~|~学生。

【全员】quányuán〈名〉全体职工;全体成员:~劳动生产率|抓好~培训工作。

【全知全能】quán zhī quán néng 无所不知,无所不能。

【全职】quánzhí〈形〉专门担任某种职务的(区别于"兼职"):~教师|~从事这项研究。

备用词 安全 苟全 瓦全 保全 成全 顾全 健全 齐全 完全 周全 委曲求全 一应俱全 智勇双全

诠(詮) quán ❶〈动〉说明;解释:~释|~解|~注。❷〈名〉事理;真理:真~|发必中~,言必合数。

【诠次】quáncì ❶〈动〉编次;排列。❷〈名〉次第;伦次:辞无~。

荃 quán〈名〉古书上说的一种香草。

泉 quán〈名〉❶泉水:温~|喷~|清~|~源。❷流出泉水的窟窿;泉眼:一眼~。❸钱币的古称:~币|~布。❹姓。

【泉台】quántái〈名〉迷信指阴间。

【泉下】quánxià〈名〉黄泉之下,指死后。

【泉源】quányuán〈名〉❶水源。❷比喻知识、力量等的来源或产生的原因。

轺(軺) quán ❶〈名〉没有辐的车轮。❷〈形〉浅薄:~才。

拳 quán ❶〈名〉拳头:挥~|握~|~打脚踢|摩~擦掌。❷〈名〉拳术:打~|太极~|少林~|~不离手,曲不离口。❸〈动〉弯曲:~曲|爷爷~着腿坐在炕上。

【拳棒】quánbàng〈名〉泛指武术。

【拳脚】quánjiǎo〈名〉❶拳头和脚:~相加。❷指拳术:略会几手~。

【拳曲】quánqū〈动〉弯曲:~的头发。

【拳拳】(惓惓)quánquán〈形〉形容恳切真挚。

【拳术】quánshù〈名〉徒手的武术。

【拳头产品】quántóu chǎnpǐn 指优异的、有市场竞争能力的产品。

铨(銓) quán〈动〉❶选拔:~叙|~选。❷衡量轻重:~度。

痊 quán〈动〉病好了;恢复健康:~愈。

惓 quán 见[拳拳](惓惓)。

筌 quán〈名〉捕鱼的竹器:得鱼忘~。

蜷（*踡）quán〈动〉（肢体等）弯曲：～曲｜～伏｜～缩｜～局｜花猫～作一团睡觉。

【蜷伏】quánfú〈动〉弯曲着身子卧倒。

【蜷曲】quánqū〈动〉拳曲（多形容人或动物的肢体）：两腿～。

醛　quán〈名〉有机化合物的一类，如甲醛、乙醛等。

鲣（鰗）quán〈名〉鱼，体小而侧扁，深棕色，有斑纹，口小。生活在淡水中。

鬈　quán〈形〉❶（头发）弯曲：～发。❷形容头发美。

【鬈曲】quánqū〈形〉（头发）弯曲。

颧（顴）quán〈名〉颧骨，眼睛下边两腮上面突出的颜面骨。

━━ quǎn ━━

犬　quǎn〈名〉狗：警～｜猎～｜牧～｜丧家之～｜鸡～不宁｜声色～马｜蜀～吠日。

【犬马】quǎnmǎ〈名〉古时臣子对君主常以犬马自比，表示愿意像犬马那样供驱使：效～之劳。

【犬牙交错】quǎnyá jiāocuò 形容交界处像犬牙那样参差不齐。泛指局面或斗争形势错综复杂。

【犬子】quǎnzǐ〈名〉对人谦称自己的儿子。

畎　quǎn〈名〉田间小沟：～亩（田间；田地）。

绻（綣）quǎn见[缱(qiǎn)绻]。

━━ quàn ━━

劝（勸）quàn❶〈动〉讲明事理，使人听从：规～｜奉～｜～导｜～解。❷〈动〉勉励：～勉｜惩恶～善。❸〈名〉姓。

【劝导】quàndǎo〈动〉规劝开导：耐心～。

【劝告】quàngào❶〈动〉讲明事理，希望人改正错误或接受意见。❷〈名〉希望人改正错误或接受意见而说的话。

【劝化】quànhuà〈动〉❶佛教指劝人为善，泛指劝勉感化。❷和尚、道士等求人施舍财物。

【劝诫】（劝戒）quànjiè〈动〉劝人改正缺点错误，警惕未来：耐心～｜～世人。

【劝进】quànjìn〈动〉封建社会指劝说已经掌握政权并有意做皇帝的人做皇帝：～表。

【劝勉】quànmiǎn〈动〉劝导并勉励：互相～。

【劝盘】quànpán〈名〉敬酒时放酒杯的托盘。

【劝慰】quànwèi〈动〉劝解安慰。

【劝降】quànxiáng〈动〉劝说别人投降。

【劝止】quànzhǐ〈动〉劝阻。

【劝阻】quànzǔ〈动〉劝说别人不要做某事或进行某种活动。

备用词　奉劝　规劝　解劝

券　quàn❶〈名〉票据或作为凭证的纸片：证～｜债～｜稳操胜～。❷"券"xuàn 的又音。

△另见 xuàn。

【券种】quànzhǒng〈名〉债券等的种类：短期～。

━━ quē ━━

炔　quē〈名〉有机化合物的一类，如乙炔等。

△另见 guì。

缺　quē❶〈动〉短少；不够：～乏｜～额｜宁～毋(wú)滥。❷〈形〉残破；残缺：～口。❸〈动〉该到而未到：～勤｜～席。❹〈名〉缺点：完美无～。❺〈名〉旧时指官职的空额，也泛指一般职务的空额：候～｜补～。

【缺编】quēbiān〈动〉现有人员少于编制规定的数额：偏远地区教师～严重。

【缺德】quēdé〈形〉缺乏好的品德，指人做坏事，恶作剧，开玩笑，使人为难等等：～话｜真～｜别干～事。

【缺点】quēdiǎn〈名〉欠缺或不完善的地方（跟"优点"相对）：克服～。

【缺额】quē'é〈名〉现有人员少于规定人员的数额；空额：还有五十名～｜生源不足，～很多｜本月要补足上月的～。

【缺乏】quēfá〈动〉没有或不够：～资金｜～经验。

【缺憾】quēhàn〈名〉不够完美，令人感到遗憾的地方。

【缺考】quēkǎo〈动〉考试缺席；没有参加应该参加的考试：因病～。

【缺口】quēkǒu〈名〉❶（～儿）物体上缺掉一块而形成的空隙：围墙上有个～｜碗边儿上碰了个～儿。❷指（经费、物资等）短缺的部分：供应出现～｜资金尚有～｜原材料～很大。

【缺欠】quēqiàn❶〈动〉缺少：灾区～粮食。❷〈名〉缺点；缺陷。

【缺勤】quēqín〈动〉在规定时间内没有上班工作：～率｜因病～。

【缺少】quēshǎo〈动〉缺乏；短少：～劳力。

Q

【缺失】quēshī ❶〈名〉缺陷；缺点：公司的经营有很多～。❷〈动〉缺少；失去：～母爱|原稿已～多页|体育比赛不能～公平公正的原则。

【缺位】quēwèi ❶〈动〉职位等空缺：总经理一职暂时～。❷〈名〉空缺的职位：营销部还有一个～|我单位已满员，没有～。❸〈动〉达不到标准或要求：管理～|服务～。

【缺席】quēxí〈动〉开会或上课时没有到：无故～|因事～|他这学期没有缺过席。

【缺陷】quēxiàn〈名〉欠缺或不够完备的地方：生理～。

【缺员】quēyuán ❶〈动〉短缺应有的人员，多指机关、单位等达不到编制规定的人数：年老教师退休，造成这所学校教师～。❷〈名〉人员缺额：通过招聘填补～。

备用词　残缺　短缺　紧缺　欠缺　空缺　遗缺　补缺　出缺　肥缺　抱残守缺　完美无缺

阙（闕）quē ❶〈名〉过失：～失|衮职有～。❷同"缺"：～如|～疑|拾遗补～。
　　△另见 què。

【阙如】quērú〈动〉欠缺；空(kòng)缺。

【阙疑】quēyí〈动〉把疑难问题先搁着，暂不下判断：暂作～。

━━ qué ━━

瘸 qué〈动〉腿脚有毛病，走路不稳：～着腿走路。

━━ què ━━

却（*卻却）què ❶〈动〉后退：退～|～步。❷〈动〉使退却：～敌。❸〈动〉推辞；拒绝：推～|盛情难～|～之不恭。❹〈动〉去；掉：冷～|忘～。❺〈副〉表示转折，比"倒"、"可"的语气略轻：文章虽长，～无内容。❻〈名〉姓。

【却步】quèbù〈动〉向后退：望而～。

【却才】quècái〈副〉刚才(多见于早期白话)。

【却说】quèshuō〈动〉旧小说的发语词，往往用来重提上文说过的事或引起下文。

备用词　推却　退却　冷却　了却　省却　失却　忘却

悫（愨*愨）què〈形〉诚实。

雀 què〈名〉❶鸟，身体小，嘴尖，有的叫声很好听。吃植物果实或种子，也吃昆虫。

种类很多，如燕雀、锡嘴等。❷姓。
　　△另见 qiāo；qiǎo。

【雀跃】quèyuè〈动〉高兴得像雀儿那样跳跃：欢呼～。

确（確*塙碻）què ❶〈形〉符合事实的；真实：正～|精～|～切|～凿|千真万～。❷〈形〉坚固；坚定：～立|～定。❸〈副〉的确：～有此事。

【确当】quèdàng〈形〉正确而恰当。

【确定】quèdìng ❶〈形〉明确而肯定：～的回答。❷〈动〉使确定：～名单。

【确乎】quèhū〈副〉的确；确实：头发～比去年白多了。

【确立】quèlì〈动〉稳固地建立；坚定地树立：～远大的理想。

【确切】quèqiè〈形〉❶准确；恰当：释义～。❷确实①：～的保证。

【确实】quèshí ❶〈形〉真实可靠：～的消息。❷〈副〉对客观情况的真实性表示肯定：近日～很忙。

【确凿】quèzáo〈形〉非常确实：证据～。

备用词　的确　精确　明确　真确　正确　准确　千真万确

阕（闋）què ❶〈动〉终了：乐(yuè)～。❷〈量〉a)歌曲或词一首叫一阕：弹琴一～|填一～词。b)分两段的一首词，前一段叫"上阕"，后一段叫"下阕"。❸〈名〉姓。

鹊（鵲）què〈名〉喜鹊，鸟，嘴尖，尾长，叫声嘈杂。民间传说听见喜鹊叫将有喜事来临。

【鹊巢鸠占】què cháo jiū zhàn 比喻强占别人的住处或土地等。

碏 què 用于人名，石碏，春秋时卫国大夫。

阙（闕）què〈名〉❶宫门前两边供瞭望的楼，泛指帝王的住所：城～|宫～|天～|～下。❷姓。
　　△另见 quē。

榷（*榷❷搉）què〈动〉❶专营；专卖：～茶|～酒|～盐|～税(专卖业的税)。❷研究；商讨：商～。

━━ qūn ━━

囷 qūn〈名〉古代一种圆形谷仓。

【囷囷】qūnqūn〈形〉屈曲的样子。

逡 qūn〈动〉退让；退：～巡。

【逡巡】qūnxún ❶〈动〉有所顾虑而进退迟疑、徘徊不前：～不前。❷〈名〉顷刻；不一会儿。

— qún —

裙（*帬裠）qún〈名〉❶裙子，一种围在腰部以下的服装：～钗｜布～｜短～｜连衣～。❷像裙子的东西：围～｜墙～｜鳖～（鳖甲的边缘）。

【裙钗】qúnchāi〈名〉古代妇女的服饰，旧时因此称妇女为"裙钗"。

【裙带】qúndài〈形〉比喻同妻女姊妹等有关的（含讥讽意）：～关系。

群（*羣）qún ❶〈名〉聚在一起的人或物：人～｜羊～｜机～｜建筑～。❷〈形〉成群的：～峰｜～居｜～集｜～龙无首。❸〈形〉众；诸：博览～书。❹〈量〉用于成群的人或东西：一～孩子｜一～山羊。❺〈名〉姓。

【群策群力】qún cè qún lì 大家共同想办法，出力量。

【群岛】qúndǎo〈名〉指海洋中彼此相距很近的一群岛屿，如我国的西沙群岛、南沙群岛。

【群居】qúnjū〈动〉成群地居住在一起。

【群龙无首】qún lóng wú shǒu 比喻一群人中没有领头的人。

【群魔乱舞】qún mó luàn wǔ 形容一群坏人活动猖獗。

【群轻折轴】qún qīng zhé zhóu 不重的东西积多了也能压断车轴，比喻小的坏事任其发展

下去也会造成严重的后果。

【群体】qúntǐ〈名〉❶由许多在生理上发生联系的同种生物个体组成的整体，如动物中的海绵、珊瑚和植物中的某些藻类。❷泛指一类人或事物组成的整体：英雄～｜建筑～。

【群威群胆】qún wēi qún dǎn 众人团结一致所表现出来的威力和勇气。

【群舞】qúnwǔ〈名〉集体舞。

【群星】qúnxīng〈名〉❶众多的星星：～闪烁。❷比喻众多的有名的人物：体坛～｜晚会现场～云集。

【群雄】qúnxióng〈名〉❶旧时称在时局混乱中称王称霸的一些人：～割据｜～逐鹿。❷指众多英雄人物：～聚会。

【群言堂】qúnyántáng〈名〉指领导干部贯彻群众路线，充分发扬民主，广泛听取意见，并能集中正确意见的工作作风（跟"一言堂"相对）。

【群众】qúnzhòng〈名〉❶泛指人民大众：深入～之中｜～是真正的英雄。❷指没有加入共产党、共青团组织的人。❸指不担任领导职务的人。

【群众关系】qúnzhòng guānxì 指个人和他周围的人们相处的情况：～不好｜搞好～。

【群众路线】qúnzhòng lùxiàn 中国共产党的一切工作的根本路线。一方面要求在一切工作或斗争中，必须相信群众、依靠群众并组织群众用自己的力量去解决自己的问题。另一方面要求领导贯彻"从群众中来到群众中去"的原则，即在集中群众意见的基础上制定方针、政策，交给群众讨论、执行，并在讨论、执行的过程中，不断根据群众意见进行修改，使之逐渐完善。

【群众运动】qúnzhòng yùndòng 有广大人民参加并具有一定规模和声势的政治运动或社会运动。

【群众组织】qúnzhòng zǔzhī 有广大群众参加的非国家政权性质的团体，如工会、妇联、共青团、学生联合会等。

麇（*麕）qún〈形〉成群：～至｜～集。△另见 jūn。

【麇集】qúnjí〈动〉成群地聚集在一起。

— rán —

蚺 rán [蚺蛇]〈名〉蟒蛇。

然 rán ❶〈形〉对;是:不以为~。❷〈代〉如此;这样;那样:亦~|已~|不尽~。❸〈连〉然而:酒香味美,~不可无度。❹副词或形容词后缀,表示状态:忽~|显~|欣~|飘飘~。❺同"燃"。❻〈名〉姓。

【然而】rán' ér〈连〉用在句子的开头,承接上文表示转折:虽然看着很好,~很不实用。

【然后】ránhòu〈连〉表示接着某种动作或情况之后:学~知不足|每解决一个问题都要经过深思熟虑,~作出结论。

【然则】ránzé〈连〉用在句子的开头,承接上文,表示"既然如此,那么…":是进亦忧,退亦忧,~何时而乐耶?

备用词 必然 诚然 当然 陡然 断然 固然 果然 忽然 霍然 竟然 居然 贸然 猛然 蓦然 偶然 仍然 突然 徒然 显然 依然 骤然 自然 不然 既然 虽然 倘然 纵然 欣然 默然 不尽然 飘飘然 不以为然 自然而然 处之泰然 大义凛然 道貌岸然 防患未然 果不其然 理所当然 毛骨悚然 势所必然 听其自然 一目了然

髯(*髥) rán〈名〉两腮的胡子,也泛指胡子:美~|白发苍~|长~虬~。

燃 rán〈动〉❶物质剧烈氧化而发光发热:~烧|~料|自~|煮豆~萁。❷引火点着:点~|~香。

【燃眉之急】rán méi zhī jí 像火烧眉毛那样紧急,比喻非常急迫的情况。

【燃烧】ránshāo〈动〉❶物质剧烈氧化而发光、发热:柴在熊熊~。❷形容某种感情、欲望高涨:怒火在胸中~。

— rǎn —

冉(*冄) rǎn〈名〉姓。

【冉冉】rǎnrǎn ❶〈副〉慢慢地;逐渐:一轮红日~升起。❷〈形〉(枝条等)柔软下垂的样子:柔条纷~,叶落何翩翩。

苒(*苒) rǎn 见[荏(rěn)苒]。

染 rǎn ❶〈动〉用染料着色:印~|蜡~|~布|~坊。❷〈动〉感染;沾染:~病|~熏|传~。❸〈名〉姓。

【染病】rǎnbìng〈动〉得病;患病:~身故。

【染缸】rǎngāng〈名〉❶用来染东西的大缸。❷比喻对人的思想产生坏影响的环境。

【染指】rǎnzhǐ〈动〉《左传·宣公四年》记载,郑灵公请大臣们吃甲鱼,故意不给子公吃,子公很生气,就伸出手指蘸了点汤,尝尝味道走了。后用"染指"借指插手其中,分取非分的利益。

备用词 传染 感染 浸染 濡染 污染 熏染 沾染 点染 渲染 耳濡目染 纤尘不染 一尘不染

— rāng —

嚷 rāng [嚷嚷(rang)]〈动〉❶喧哗;吵闹:你们别在这里~。❷声张;张扬:事情还没有决定,先别～出去。

△另见 rǎng。

— ráng —

儴 ráng 见[伥(kuāng)儴]。

勷 ráng 见[劻(kuāng)勷]。

蘘 ráng [蘘荷]〈名〉草本植物,根茎圆柱形,花大。茎和叶可以编草鞋,根入中药。

禳 ráng〈动〉迷信的人向鬼神祈祷消灾:～灾|～解。

穰 ráng ❶方言。〈名〉稻、麦等的茎秆:～草。❷〈动〉农作物丰收。❸同"瓤"①②。

瓤 ráng ❶〈名〉瓜果皮里包着种子的肉或瓣儿:瓜～|沙～儿。❷〈名〉泛指某些皮或壳里包着的东西:信～儿。❸方言。〈形〉不好;软弱;病刚好,身子骨还～。

— rǎng —

壤 rǎng〈名〉❶土壤:沃～|红～。❷地:天～。❸地区:穷乡僻～|接～。

【壤土】rǎngtǔ〈名〉❶土地;国土。❷细沙和黏土含量比较接近的土壤,土粒粗大而疏松,适于种植各种植物。

攘(＊❸攘) rǎng ❶〈动〉排除;排斥:～除|～敌。❷〈动〉抢夺;窃取:～夺(夺取)。❸〈动〉捋起(袖子):～臂(捋起袖子,伸出胳膊)。❹〈形〉形容纷乱:扰～。

【攘除】rǎngchú〈动〉排除;铲除:～奸凶。

【攘夺】rǎngduó〈动〉夺取:～政权。

【攘袂】rǎngmèi〈动〉捋起袖子。

【攘攘】rǎngrǎng〈形〉形容纷乱:熙熙～。

嚷 rǎng〈动〉❶喊叫;叫:～叫|吵～。❷吵闹:跟我～也没用。❸方言。责备;训斥:妈妈又该～我了。

△另见 rāng。

备用词　吵嚷　叫嚷　喧嚷　闹嚷嚷

— ràng —

让(讓) ràng ❶〈动〉把方便或好处给别人:退～|谦～|～步。❷〈动〉请人接受招待:～茶。❸〈动〉有代价地把财物的所有权转移给别人:出～|转～。❹〈动〉责备:责～。❺〈动〉表示指使、容许或听任:谁～你的? |～我考虑考虑|就～他闯去吧。

❻〈介〉被:腿～蚊子咬了个包。❼〈名〉姓。

【让步】ràngbù〈动〉在争执中部分地或全部地放弃自己的意见或利益。

备用词　出让　割让　转让　辞让　礼让　谦让　忍让　推让　退让

— ráo —

荛(蕘) ráo ❶〈名〉柴火:薪～。❷〈动〉割草打柴。❸〈名〉指割草打柴的人。❹〈名〉姓。

饶(饒) ráo ❶〈形〉丰富;多:富～|丰～。❷〈动〉另外添;称了二斤梨,又～一个。❸〈动〉饶恕;宽容:～命|讨～。❹方言。〈连〉表示让步,跟"虽然、尽管"意思相近:～这么干,他还不满意。❺〈名〉姓。

【饶舌】ráoshé〈动〉多嘴;唠叨。

【饶恕】ráoshù〈动〉宽恕;免予责罚:不可～。

备用词　肥饶　丰饶　富饶　告饶　宽饶　求饶　讨饶

娆(嬈) ráo ❶见[娇娆]。❷见[妖娆]。

△另见 rǎo。

桡(橈) ráo〈名〉船桨。

— rǎo —

扰(擾) rǎo〈动〉❶扰乱;搅扰:干～|滋～|侵～。❷套语,受人款待表示客气:您亲自送来～叨(tāo)。

【扰动】rǎodòng〈动〉❶动荡;骚动:干戈四起,万民～|明朝末年,农民纷纷起义,～及于全国。❷干扰;搅动:使动荡:地面温度升高,～气流迅速增强。

【扰害】rǎohài〈动〉搅扰危害;骚扰祸害:肆行～。

【扰乱】rǎoluàn〈动〉使混乱或不安:～社会治安。

【扰民】rǎomín〈动〉❶侵扰百姓:军纪严明,从不～。❷干扰居民,使不得安静:噪声～|止夜间施工～。

【扰攘】rǎorǎng〈形〉纷乱:干戈～。

【扰扰】rǎorǎo〈形〉形容纷乱的样子:绿云～,梳晓鬟也。

娆(嬈) rǎo〈动〉烦扰;扰乱:其神不～|除苛解～。

△另见 ráo。

rào

绕（繞*❷❸ 遶） rào ❶〈动〉缠绕：~
线。❷〈动〉围着转
动：~圈。❸〈动〉曲折迂回地通过：~道 |
弯。❹〈动〉（问题、事情）纠缠：一会儿这样，
一会儿那样，真把人~糊涂了。❺〈名〉姓。

【绕道】ràodào〈动〉不走最直接的路，改由较
远的路过去：~而行。

【绕口令】ràokǒulìng〈名〉一种语言游戏，用
声、韵、调极易混同的字交叉重叠编成句子，
要求一口气急速念出，说快了读音容易发生
错误。也叫"拗口令"、"急口令"。

【绕圈子】rào quānzi ❶走迂回曲折的路：人地
生疏，难免~走冤枉路。❷比喻不照直说话：
说话喜欢~ | 有话直说，别~。

备用词 缠绕 环绕 缭绕 袅绕 盘绕 围绕 旋
绕 萦绕

rě

若 rě 见〖般（bō）若〗。
△另见 ruò。

喏 rě 见〖唱喏〗。
△另见 nuò。

惹 rě〈动〉❶招引；引起（不好的事情）：~
事 | ~祸。❷（言语、行动）触动；逗引：他
脾气古怪，可不是好~的 | 一句话~得大家哈
哈大笑。

【惹火烧身】rě huǒ shāo shēn 比喻自讨苦吃
或自取灭亡。

【惹是生非】rě shì shēng fēi 招惹是非，引起麻
烦或争端。

【惹眼】rěyǎn〈形〉引人注目；显眼：最~的是
空地上的一座戏台。

rè

热（熱） rè ❶〈名〉物体内部分子、原子等
无规则运动所产生的能。❷
〈形〉温度高；感觉温度高（跟"冷"相对）：~
气 | ~敷 | 这几天很~。❸〈动〉使热；加热（多
指食物）：饭菜凉了，再~一下。❹〈名〉生病
引起的高体温：发~ | ~退。❺〈形〉情意深
厚：亲~ | ~爱。❻〈形〉旺；盛：~烈 | ~闹。❼
〈形〉形容非常羡慕或急切想得到：眼~ | ~
衷。❽〈形〉很受人欢迎的：~门 | ~货。❾
〈名〉某种事物风行及其风行的表现：旅游~ |
经商~。❿〈名〉姓。

【热爱】rè'ài〈动〉热烈地爱：~祖国 | ~劳动。

【热播】rèbō〈动〉某一节目受欢迎，一个时期
内在多家广播电台、电视台重要时段播放：这
部电视剧正在~。

【热潮】rècháo〈名〉指蓬勃发展、热火朝天的
形势：掀起生产~。

【热点】rèdiǎn〈名〉指某时期引人注目的地方
或问题：西部大开发成了人们议论的~ | 古都
西安成为旅游的~。

【热狗】règǒu〈名〉中间夹有热香肠、蔬菜、调
味酱等的面包。[外]

【热购】règòu〈动〉因商品等受欢迎而踊跃购
买：~应季服装。

【热烘烘】rèhōnghōng〈形〉形容很热：屋里
~的。

【热火朝天】rè huǒ cháo tiān 形容场面、情绪
或气氛热烈、高涨。

【热辣辣】rèlàlà〈形〉形容热得像被火烫着一
样：太阳晒得大地~的 | 他的心头~的。

【热浪】rèlàng〈名〉❶猛烈的热气：~滚滚。❷
借指热烈的场面、气氛等：掀起了一股参军的
~。❸指热的辐射。

【热泪盈眶】rè lèi yíng kuàng 眼泪充满眼眶，
形容非常感动或激动。

【热恋】rèliàn〈动〉热烈地恋爱。

【热烈】rèliè〈形〉兴奋激动：~握手 | ~祝贺。

【热流】rèliú〈名〉❶指激动振奋的感受：读了由
各地寄来的慰问信，不由得一股~传遍全身。
❷热潮：改革的~ | 西部大开发的~。

【热买】rèmǎi〈动〉热购：~国库券。

【热卖】rèmài〈动〉（商品）受欢迎而卖得快：畅
销这种计算机已一~一周了 | 初夏的京城，空
调正在~中。

【热门】rèmén〈名〉比喻吸引很多人的事物：~
货 | ~话题。

【热门货】rèménhuò〈名〉热货。

【热闹】rè·nao ❶〈形〉(景象)繁盛活跃:一派～的丰收景象。❷〈动〉使场面热烈,心情愉快:春节到了,大家好好～～吧! ❸〈名〉热闹的景象:别只顾看～啦,快回家吧!

【热气】rèqì〈名〉热的空气,比喻热烈的情绪或气氛:～高,干劲大|～腾腾的劳动场面。

【热切】rèqiè〈形〉热烈而恳切:～的愿望|～的目光。

【热情】rèqíng ❶〈名〉热烈的感情。❷〈形〉有热情:对待同志非常～。

【热身】rèshēn〈动〉正式比赛前进行训练、比赛,使运动员适应正式比赛并进入最佳竞技状态:～赛|～训练|这场比赛只是以练兵为目的。

【热腾腾】rètēngtēng〈形〉形容冒着热气的样子:～的汤|一锅～的汤|太阳落了山,地上还是～的。

【热望】rèwàng ❶〈动〉热烈盼望;急切希望:～回家过年。❷〈名〉热烈的愿望:激发劳苦大众争取解放的～。

【热污染】rèwūrǎn〈名〉通常指人类生活和生产活动排放废热等造成的环境污染。

【热舞】rèwǔ〈名〉热烈奔放的舞蹈:劲歌～。

【热线】rèxiàn〈名〉❶红外线,波长比可见光线长的电磁波。❷直接连通的电话或电报线路:～联系。

【热心】rèxīn〈形〉对人或事物关心,有热情,肯尽力:～人|～为群众办事。

【热血】rèxuè〈名〉比喻为正义事业献身的热情:满腔～|～青年。

【热饮】rèyǐn〈名〉饮食业中指热的饮料,如热茶、热咖啡等。

【热映】rèyìng〈动〉某一影片受欢迎,一个时期内在多家影院多次放映。

【热衷】(热中)rèzhōng〈动〉❶急切地想得到个人的地位或利益:～名利。❷十分爱好某种活动:她～于跳舞。

备用词 炽热 滚热 火热 酷热 闷热 炎热 灼热 狂热 亲热

—— rén ——

人 rén〈名〉❶能制造工具并使用工具进行劳动的高等动物:～类|～面兽心。❷每人;一般人:～手一册|～所共知|胆识过～。❸指成年人:长大成～。❹指某种人:工～|军～|主～。❺别人:～云亦云|舍己为～。❻

指人的品质、性格或名誉:丢～|这位先生～很好。❼指人的身体或意识:乍冷乍热,让～不大舒服。❽指人手、人才:厂里活儿忙,正缺～。❾姓。

【人才】(人材)réncái〈名〉❶有才能的人:～济济。❷指美好的容貌:有几分～。

【人称】rénchēng〈名〉某些语言中的一种语法范畴,通过一定的语法形式表示行为动作是属于谁的。属于说话人的是第一人称,如"我"、"我们";属于听话人的是第二人称,如"你"、"你们";属于说话人、听话人以外的是第三人称,如"他"、"她"、"它"、"他们"。

【人次】réncì〈量〉复合量词,表示若干次人数的总和:参观展览的已达一万～。

【人从】réncóng〈名〉从人,随从的人(多见于早期白话)。

【人丛】réncóng〈名〉聚集在一起的很多人:挤进～。

【人大】réndà〈名〉"人民代表大会"的简称:～代表|省～。

【人道】réndào〈名〉指爱护人的生命、关怀人的幸福、尊重人的人格和权利的道德:～主义。

【人丁】réndīng〈名〉❶旧指成年人。❷人口:～兴旺。

【人定】réndìng〈名〉指夜深人静的时候:奄奄黄昏后,寂寂～初。

【人定胜天】rén dìng shèng tiān 人力能够战胜自然。

【人多势众】rén duō shì zhòng 人多势力大。

【人犯】rénfàn〈名〉指某一案件中的被告或被牵连在内的人:一干～。

【人浮于事】rén fú yú shì 指人多事少,人员的数目超过实际工作的需要(浮:超过)。

【人格】réngé〈名〉❶人的性格、气质、能力等特征的总和。❷人的道德品质:～高尚|言论与行动完全一致,这是他的～的写照。❸人作为权利、义务的主体的资格:污辱～。

【人工降水】réngōng jiàngshuǐ 用人工使还没有达到降水阶段的云变成雨或雪降下。

【人工流产】réngōng liúchǎn 在胚胎发育的早期,利用药物、物理性刺激或手术使胎儿脱离母体的方法。简称"人流"。也叫"堕胎"。

【人工授精】réngōng shòujīng 用人工方法采取男子或雄性动物的精液,输入女子或雌性动物的子宫里,使卵子受精。

【人工智能】réngōng zhìnéng 计算机科学技术

的一个分支,利用计算机模拟人类智力活动。

【人海】rénhǎi〈名〉像汪洋大海一样的人群:节日的夜晚,天安门广场一片~。

【人和】rénhé〈名〉指人心归向,团结一致:政通~。

【人寰】rénhuán〈名〉人世;人间:惨绝~|撒手~。

【人祸】rénhuò〈名〉人为的祸害:天灾~。

【人机界面】rén-jī jièmiàn 用户界面。

【人际】rénjì〈形〉人与人之间:~关系。

【人迹】rénjì〈名〉人的足迹:这是一片~罕至的荒原。

【人家】rénjiā〈名〉❶住户:这是一个有四五十户~的小村。❷家庭:光荣~。❸指女子未来的丈夫家:这闺女已经有了~儿了。

【人家】rénjia〈代〉❶指自己或某人以外的人;别人:~都报名参军,你怎么不报名?❷指某个人或某些人:~有长处,我们就应该向~学习。❸指"我":原来是你呀,差点儿没把~吓死!

【人间】rénjiān〈名〉人类社会:~乐园。

【人杰】rénjié〈名〉才智出众的人:生为~,死为鬼雄。

【人杰地灵】rén jié dì líng 人物杰出,山川灵秀。指一个地方由于有杰出的人物出生或到过,因而成为名胜之地。也指山川灵秀之地能出现杰出的人才。

【人均】rénjūn〈动〉按每人平均计算:~收入|~分配。

【人君】rénjūn〈名〉君主。

【人口】rénkǒu〈名〉❶一个国家或某个地区的人的总数:这个市~有一千多万。❷一户人家的人的总数:他家~多。

【人老珠黄】rén lǎo zhū huáng 旧时比喻妇女老了被轻视,像珍珠因年代久远变黄而不值钱一样。

【人类】rénlèi〈名〉人的总称:~社会。

【人流】rénliú〈名〉❶像流水一样连续不断的人群:参观的~涌向展览厅。❷人工流产的简称。

【人伦】rénlún〈名〉❶封建礼教所规定的人与人之间的关系的准则。❷人类。

【人民】rénmín〈名〉以劳动群众为主体的社会基本成员:为~服务。

【人民币】rénmínbì〈名〉我国法定货币。

【人民代表大会】rénmín dàibiǎo dàhuì 我国人民行使国家权力的机关。全国人民代表大会

和地方各级人民代表大会代表由民主协商选举产生。简称"人大"。

【人民公社】rénmín gōngshè 1958 年—1982 年我国农村中的集体所有制经济组织,在高级农业生产合作社的基础上建立,实行各尽所能,按劳分配的原则。一般一乡建立一社,政社合一。1978 年中国共产党十一届三中全会后,农村普遍实行了家庭联产承包责任制。1982 年制定的宪法规定农村设立乡人民政府和村民委员会后,人民公社遂告解体。

【人民警察】rénmín jǐngchá 我国的公安人员,是武装性质的治安行政力量。简称"民警"。

【人民政府】rénmín zhèngfǔ 我国各级人民代表大会的执行机关和国家行政机关。

【人莫予毒】rén mò yú dú 没有谁能伤害我。形容人目空一切,认为谁也不能把我怎么样(毒:伤害)。

【人品】rénpǐn〈名〉❶人的品质、品行:~好。❷人的仪表:她这~配上这衣裳,要算是村里的头一朵花了。

【人气】rénqì〈名〉❶人或事物受欢迎的程度:~足|由于该影片获奖,扮演女主角的演员~急升。❷方言。指人的品格:这人好~|村里谁不知道他的~!

【人情】rénqíng〈名〉❶人之常情:不近~。❷情面:托~。❸恩惠;情谊:做个~|空头~。❹礼物(多用于婚丧喜庆):送~。

【人情世故】rénqíng shìgù 为人处世的道理:可惜你满腹文章,看不出~。

【人日】rénrì〈名〉旧称正月初七。

【人瑞】rénruì〈名〉指年岁特别大的人:盛世~|升平~|他是一位卓有声望的百岁~。

【人山人海】rén shān rén hǎi 形容聚集的人极多:体育场上,观众~。

【人蛇】rénshé〈名〉指偷渡的人。

【人身】rénshēn〈名〉指个人的生命、健康、行动、名誉等:~安全|~自由|~攻击。

【人生】rénshēng〈名〉人的生存和生活:幸福的~。

【人生观】rénshēngguān〈名〉对人生的看法,即对人类生存的意义、价值等的看法。人生观是由世界观决定的。

【人声】rénshēng〈名〉人发出的声音:~鼎沸。

【人士】rénshì〈名〉有一定社会影响或代表性的人物:权威~|民主~。

【人氏】rénshì〈名〉人(就籍贯说):鲁迅是浙江绍兴~。

【人世】rénshì〈名〉人间。

【人事】rénshì〈名〉❶指人的境遇（包括离合、存亡等情况）：～沧桑。❷关于人员的录用、调动、培养、考核等：～局｜～变动。❸人情事理：这个人不懂～，别跟他计较。❹人的意识的对象：病得不省～。❺人力所能做到的事情：聊尽～。❻方言。礼物。

【人手】rénshǒu〈名〉指做事情的人：～太少。

【人望】rénwàng〈名〉❶众望：他在本乡很得～。❷声望；威望：素有～。

【人微言轻】rén wēi yán qīng 指人的地位低，言论、主张不为别人重视。

【人为】rénwéi ❶〈动〉人去做：事在～。❷〈形〉由人造成：～的障碍。

【人为刀俎，我为鱼肉】rén wéi dāo zǔ，wǒ wéi yú ròu 比喻别人掌握着生杀大权，自己处于被宰割的地位。

【人文】rénwén〈名〉❶指人类社会的各种文化现象：～科学（社会科学）｜～景观。❷指强调以人为主体，尊重人的价值，关心人的利益的思想观念：～精神｜～资源。

【人文精神】rénwén jīngshén 一种主张以人为本，重视人的价值、理想和需求，尊重人的尊严和权利，关怀人的现实生活，追求人的自由、平等和解放的思想和行为。

【人物】rénwù〈名〉❶具有突出特点的或在某方面有代表性的人：英雄模范。❷文学艺术作品中所描绘的人：剧中～。

【人心惟危】rén xīn wéi wēi《尚书·大禹谟》：“人心惟危，道心惟微。”后用来指坏人心地险恶，不可揣测。

【人性】rénxìng〈名〉❶指在一定的社会制度和历史条件下所形成的人的本性。❷人所具有的正常的感情和理性：不通～。

【人性化】rénxìnghuà〈动〉设法使符合人性发展的要求：管理～｜～设计。

【人选】rénxuǎn〈名〉为一定目的挑选出来的符合某种条件的人：最佳～。

【人烟】rényān〈名〉住户的炊烟。指人家；住户：～稠密｜那里是没有～的林海。

【人仰马翻】rén yǎng mǎ fān 人马都被打得仰翻在地，形容惨败，也形容混乱或忙乱得不可收拾的样子。

【人员】rényuán〈名〉担任某种工作或某种职务的人：研究～｜～编制。

【人缘】rényuán〈名〉❶与群众的关系：～儿好。❷良好的群众关系：有～儿。

【人云亦云】rén yún yì yún 人家怎么说，自己也跟着怎么说，形容没有主见。

【人造】rénzào〈形〉人工制造的；非天然的：～纤维｜～地球卫星。

【人造地球卫星】rénzào dìqiú wèixīng 用火箭发射到天空，按一定轨道绕地球运行的人造天体。

【人造行星】rénzào xíngxīng 用火箭发射到星际空间，摆脱地球的引力，按一定轨道绕太阳运行的人造天体。

【人渣】rénzhā〈名〉人类社会的渣滓；败类。也说“人渣滓”。

【人质】rénzhì〈名〉为迫使对方履行诺言或接受某项条件而拘留或劫持的对方的人。

【人中】rénzhōng〈名〉人的上唇正中凹下的部分。

【人主】rénzhǔ〈名〉人君。

备用词 动人 惊人 可人 迷人 喜人 悲天悯人 咄咄逼人 孤家寡人 嫁祸于人 借刀杀人 目中无人 泥足巨人 平易近人 盛气凌人 息事宁人 先声夺人 血口喷人 一鸣惊人 怨天尤人 仗势欺人 治病救人 自欺欺人

壬 rén〈名〉❶天干的第九位。用来排列序时表示第九。参看〖干支〗。❷姓。

【壬人】rénrén〈名〉巧言谄媚的人：辟邪说，难～，不为拒谏。

仁 rén〈形〉❶能同情、爱护和帮助人：～爱｜～慈。❷果核或果壳最里头较柔软的部分：杏～｜核桃～儿。❸姓。

【仁爱】rén'ài〈形〉能同情、爱护和帮助人：她有一颗～的心。

【仁慈】réncí〈形〉仁爱慈善：待人宽厚～。

【仁厚】rénhòu〈形〉仁爱宽厚：个性～。

【仁惠】rénhuì〈形〉仁慈；仁厚：聪明～。

【仁人】rénrén〈名〉品德高尚而富有同情心的人：～志士（仁爱而有节操的人）。

【仁人君子】rénrén jūnzǐ 能热心帮助别人的人。

【仁术】rénshù〈名〉❶施行仁政的策略、途径、方法。❷旧称医术。

【仁义】rényì〈形〉仁爱正义：～之师。

【仁义】rényi 方言。〈形〉性情温顺，通达事理：这孩子挺～的。

【仁者见仁，智者见智】rén zhě jiàn rén，zhì zhě jiàn zhì 指对同一个问题，各人观察的角度不同而有不同的看法。

【仁政】rénzhèng〈名〉仁慈的政治措施：施

行～。

【仁至义尽】rén zhì yì jìn 形容对人的善意和帮助已经尽到最大的努力。

任 rén ❶用于地名:～丘|～县(都在河北)。❷〈名〉姓。

△另见 rèn。

━━ rěn ━━

忍 rěn〈动〉❶忍耐;忍受:容～|～让。❷忍心:于心不～。❸克制;抑制:志～私,然后能公。

【忍俊不禁】rěn jùn bù jīn 忍不住笑(忍俊:含笑)。

【忍耐】rěnnài〈动〉抑制住痛苦的感觉或某种情绪不使表现出来:先～几天。

【忍气吞声】rěn qì tūn shēng 形容受了气而勉强忍着,不说什么话。

【忍辱负重】rěn rǔ fù zhòng 为了完成艰巨的任务,忍受屈辱,承担重任。

【忍无可忍】rěn wú kě rěn 要忍受也没法儿忍受下去了。

【忍心】rěnxīn〈动〉硬着心肠(做不忍做的事):怎能～扔下孩子不管?

备用词　坚忍　容忍　隐忍　残忍

荏 rěn ❶〈名〉草本植物,即白苏,嫩叶可以吃,种子可以榨油。❷〈形〉软弱:色厉内～。

【荏苒】rěnrǎn〈动〉(时间)渐渐地过去:光阴～。

稔 rěn ❶〈动〉庄稼成熟:丰～|登～。❷〈名〉指一年:凡五～。❸〈动〉熟悉(多指

对人):熟～|～知。

━━ rèn ━━

刃 rèn ❶〈名〉刀剪等的锋利部分:刀～|迎～而解。❷〈名〉刀:利～|白～战。❸〈动〉用刀杀:自～|手～贼寇。

认(認) rèn〈动〉❶认识;分辨:～字|～领|辨～。❷跟本来没有关系的人建立某种关系:～干亲|～贼作父。❸表示同意;承认:公～|默～|～可。❹认吃亏:事到如今,～了吧。

【认定】rèndìng〈动〉❶确定地认为:他～这样做不对|我们～一切事物都是在矛盾中不断向前发展的。❷明确承认;确定:审核～技术合同|～合同的合法性|犯罪事实清楚,证据确定、充分,足以～。

【认罚】rènfá〈动〉同意受罚:知错～|情愿～|说错了,我～。

【认负】rènfù〈动〉认输:拱手～|白棋大势已去,只好投子～。

【认购】rèngòu〈动〉应承购买(公债等):自愿～|～债券。

【认股】rèngǔ〈动〉认购股票:踊跃～|职工自愿～。

【认可】rènkě〈动〉承认可以;许可:点头～|得到双方~。

【认识】rènshi ❶〈动〉认得:我～他。❷〈动〉懂得;理解:通过学习～了这个道理。❸〈名〉指人的头脑对客观世界的反映:感性～|理性～。

【认同】rèntóng〈动〉❶认为跟自己有共同之处而感到亲切:～感|心理～|民族～感。❷承认;认可:表示～|这种研究方法已经得到学术界的～。

【认为】rènwéi〈动〉对人或事物确定某种看法或做出某种判断:我～花也和人一样,要有它自己的风骨。

【认养】rènyǎng〈动〉❶认领并抚养:～孤儿|～孤寡老人|从孤儿院～了一个女儿。❷经有关部门确认而负责养护(花木、动物等):～绿地|～珍禽异兽|今年本市开展了绿地～活动。

【认贼作父】rèn zéi zuò fù 比喻把敌人当亲人。

【认账】rènzhàng〈动〉承认所欠的账,比喻承认自己说过的话或做过的事(多用于否定或反问):不肯～|是你让我请的人,怎么现在又

不~了呢?|隔了那么久,他能认这个账?

【认真】rènzhēn ❶〈形〉对待事情严肃,不马虎:工作~负责。❷〈动〉当真;信以为真:这是开玩笑,怎么就~了呢?

备用词 承认 否认 公认 供认 默认 确认 招认 追认

仞 rèn〈量〉古代长度单位,一仞为八尺或七尺;为山九~,功亏一篑。

任 rèn ❶〈动〉任用:~命|~免|~委。❷〈动〉担任:~职|~胜。❸〈动〉担当;承受:~劳~怨。❹〈名〉任务;责任:重~在肩。❺〈名〉职务;职责:上~|离~|就~。❻〈量〉用于担任官职的次数:先后当过三~董事长。❼〈动〉任凭;听凭:放~|~其自然。❽〈连〉不论;无论:又馋又懒,~什么也不会。
△另见 rén。

【任何】rènhé〈代〉不论什么:法律面前,人人平等,~人都不允许特殊。

【任劳任怨】rèn láo rèn yuàn 不辞劳苦,不怕埋怨。

【任命】rènmìng〈动〉下命令任用:他被~为厂长。

【任凭】rènpíng ❶〈动〉听凭;听任:这两项任务,~选择|~尘沙扑面,他一动也不动。❷〈连〉无论;不管:~什么风浪也挡不住我们前进。

【任期】rènqī〈名〉担任职务的期限:~将满|~两年。

【任气】rènqì〈动〉意气用事:~好斗(dòu)。

【任情】rènqíng ❶〈副〉尽情:~挥洒。❷〈形〉任性;放纵感情:~率性|他做事太~了!

【任人唯亲】rèn rén wéi qīn 任用人只选择和自己关系亲密的,而不管其品德和才能如何。

【任人唯贤】rèn rén wéi xián 任用品德和才能兼备的人,而不管其同自己的关系是否亲密。

【任务】rènwu〈名〉指定承担的工作或担负的责任:生产~|超额完成~。

【任性】rènxìng〈形〉由着自己的性子,不加约束:他可不是~的孩子。

【任意】rènyì ❶〈副〉任凭己意,不受拘束,爱怎么样就怎么样:从流飘荡,~东西。❷〈形〉没有任何条件的:~三角形。

【任用】rènyòng〈动〉委派人担任职务:~公职人员。

【任重道远】rèn zhòng dào yuǎn 担子重,道路又长,比喻责任重大。

备用词 充任 担任 调任 继任 接任 聘任 胜任 委任 信任 选任 放任 听任 一任

纫(紉) rèn〈动〉❶引线穿针:~针。❷用针缝:缝。❸深深感激(多用于书信):感~|~佩(感激佩服)|至~高谊。

韧(韌*靭) rèn〈形〉受外力作用变形而不易折断;柔软而结实(跟"脆"相对):~性|坚~|柔~。

靷(靭) rèn〈名〉支住车轮不使旋转的木头:发~。

饪(飪*餁) rèn〈动〉做饭做菜:烹~。

妊(*姙) rèn〈动〉怀孕:~妇|~娠。

【妊妇】rènfù〈名〉孕妇。

【妊娠】rènshēn〈动〉怀孕。

纴(紝*絍) rèn ❶〈名〉织布帛的丝缕。❷〈动〉纺织:~织。

衽(*袵) rèn〈名〉❶衣襟:披发左~。❷睡觉用的席子:~席。

葚 rèn[桑葚儿]〈名〉桑树的果穗,黑紫色或白色,味甜,可以吃。
△另见 shèn。

== rēng ==

扔 rēng〈动〉❶挥动手臂,使拿着的东西离开手;投;掷:~手榴弹。❷抛弃;丢:把果皮~进垃圾箱|怎么能把工作一下不管?

【扔弃】rēngqì〈动〉扔掉;抛弃。

== réng ==

仍 réng ❶〈动〉依照:一~其旧(完全照旧)。❷〈形〉频繁:频~。❸〈副〉依然:~然|事情~在考虑中。

【仍旧】réngjiù ❶〈动〉照旧;原文本有圈点,今都~。❷〈副〉仍然:她不顾他的阻止,~跑进去了。

【仍然】réngrán〈副〉表示情况持续不变或恢复原样:回国后他~当厂长|弟弟已经入睡了,姐姐~忙着。

礽 réng〈名〉福。

== rì ==

日 rì〈名〉❶太阳:~光|~出|旭~。❷从天亮到天黑的一段时间;白天(跟"夜"相对):~班|~场。❸地球自转一周的时间;一

昼夜；天：今～|吉～|～历。❹每天：～记|～新月异。❺泛指一段时间：昔～|近～。❻指日本：～语。❼姓。

【日薄西山】rì bó xī shān 太阳快要落山，比喻人或事物临近死亡（薄：迫近）。

【日不暇给】rì bù xiá jǐ 形容事务繁忙，没有空闲（给：充足）。

【日常】rìcháng〈形〉平时的：～生活|～用品。

【日程】rìchéng〈名〉逐日排定的行事程序：比赛～|议事～。

【日晷】rìguǐ〈名〉❶太阳的影子：～渐移。❷利用太阳投射的影子来测定时刻的装置。

【日后】rìhòu〈名〉以后；将来。

【日积月累】rì jī yuè lěi 长时间地积累。

【日见】rìjiàn〈副〉一天天地显示出：病情～好转|生活水平～提高。

【日渐】rìjiàn〈副〉一天天地，逐渐地：～增多。

【日久天长】rì jiǔ tiān cháng 时间长，日子久。

【日理万机】rì lǐ wàn jī 每天处理很多国家大事，形容政务繁忙（万机：指各种重要事情）。

【日暮】rìmù〈名〉黄昏时候。

【日暮途穷】rì mù tú qióng 天黑下去，路也到了尽头，比喻到了末日。

【日内】rìnèi〈名〉最近几天里：将于～启程|升学考试将于～举行。

【日前】rìqián〈名〉几天前：～才听说这件事。

【日趋】rìqū〈副〉一天天地走向：～成熟|病情～好转。

【日上三竿】rì shàng sān gān 太阳升起有三根竹竿那样高。形容时间不早，也形容人起床晚。

【日新月异】rì xīn yuè yì 每日每月都有新的变化，形容发展、进步很快。

【日益】rìyì〈副〉一天比一天地：市场～繁荣。

【日用】rìyòng ❶〈形〉日常生活应用的：～品|～百货。❷〈名〉日常生活的费用：一部分钱做～，其余的都储蓄起来。

【日用品】rìyòngpǐn〈名〉日常生活使用的物品，如毛巾、肥皂、暖水瓶等：买了些～。

【日月如梭】rì yuè rú suō 太阳和月亮像穿梭一样地来去，形容时间过得很快。

【日志】rìzhì〈名〉日记（多指非个人的）：工作～|航海～|班务～。

【日中】rìzhōng〈名〉正午。

【日子】rìzi〈名〉❶日期：这是一个庄严的～。❷时间（指天数）：他离开这里有些～了。❸生活；生计：现在的～好过多了。

备用词　白日　红日　旭日　今日　昨日　前日　来日　暗无天日　饱食终日　拨云见日　重见天日　光天化日　夸父追日　蜀犬吠日　偷天换日　夜以继日　有朝一日

róng

戎 róng〈名〉❶军事；军队：～装|投笔从～。❷古代兵器的总称：兵～。❸我国古代称西方的民族。❹姓。

【戎行】rónghǎng〈名〉❶军队；行伍：久历～。❷指军旅之事：勿为新婚念，努力事～。

【戎机】róngjī〈名〉❶军机；军事。❷指战争：万里赴～，关山度若飞。

【戎马】róngmǎ〈名〉❶军马。❷借指军事或战争：在～中度过一生。

【戎装】róngzhuāng〈名〉军装。

肜 róng ❶〈动〉古代的一种祭祀活动。❷〈名〉姓。

茸 róng ❶〈形〉草初生纤细柔软的样子：毛～～。❷〈名〉鹿茸，雄鹿的嫩角，带茸毛，含血液，是珍贵的中药：参(shēn)～。

【茸毛】róngmáo〈名〉细而软的毛。

【茸茸】róngróng〈形〉形容草、毛发等短而柔软细密：绿草～。

荣（榮）
róng ❶〈形〉草木茂盛：欣欣向～。❷〈形〉兴盛；繁～。❸〈形〉光荣（跟"辱"相对）：～辱｜～幸。❹〈名〉姓。

【荣归】róngguī〈动〉光荣地归来：衣锦～。

【荣华】rónghuá〈形〉草木开花，比喻兴盛或显达：～富贵。

【荣任】róngrèn〈动〉光荣地担任职务：～厂长。

【荣辱】róngrǔ〈名〉光荣和耻辱：～与共。

【荣幸】róngxìng〈形〉光荣而幸运：认识您很～。

【荣耀】róngyào〈形〉光荣；光彩：我当个人民教师多～！

【荣膺】róngyīng〈动〉光荣地接受或承当：～英雄勋章。

【荣誉】róngyù〈名〉光荣的名誉：爱护集体～。

狨
róng〈名〉古书上指金丝猴。

绒（絨*羢毧）
róng〈名〉❶细而柔软的短毛：～毛｜驼～。❷上面有一层绒毛的纺织品：棉～｜丝～｜平～。❸刺绣用的细丝：～绣。

【绒绳】róngshéng 方言。〈名〉毛线。

【绒线】róngxiàn〈名〉❶刺绣用的粗丝线。❷方言。毛线。

容
róng ❶〈动〉容纳；包含：～量｜包～｜收～。❷〈动〉宽容；原谅：～忍｜～人｜天理难～。❸〈动〉允许；让：～许｜义不～辞。❹〈副〉或许；也许：～或。❺〈名〉神情和气色：笑～｜愁～。❻〈名〉相貌：～貌｜～仪。❼〈名〉比喻事物所呈现的景象、状态：市～｜阵～。❽〈名〉姓。

【容错】róngcuò〈动〉❶容忍错误：她是个刻意追求完美，绝对不能～的人。❷指计算机系统在硬件发生故障或软件出现问题时，能自行采取补救措施，不会影响整个系统的正常工作。

【容光】róngguāng〈名〉脸上的光彩：～焕发。

【容光焕发】róngguāng huànfā脸上光彩四射，形容精神饱满的样子。

【容或】rónghuò〈副〉或许；也许：这种情况，在古代～有之。

【容谅】róngliàng〈动〉宽容原谅。

【容留】róngliú〈动〉容纳；收留。

【容纳】róngnà〈动〉在固定的空间或范围内接受（人或事物）：这个广场可以～十万人。

【容情】róngqíng〈动〉加以宽容；留情（多用于

否定式）：对坏人不能～。

【容忍】róngrěn〈动〉宽容忍耐：这种蛮不讲理的态度令人不能～。

【容臭】róngxiù〈名〉香袋。

【容许】róngxǔ ❶〈动〉准许；许可：原则问题不～让步。❷〈副〉也许；或许：狼吃羊的事在山区～有之，平原地区却很少发生。

【容颜】róngyán〈名〉容貌。

【容易】róngyì〈形〉❶做起来不费事的：这道题很～｜把两个孩子拉扯大真不～。❷发生某种变化的可能性大：不注意卫生～生病。

【容与】róngyǔ〈形〉❶悠闲自得的样子：步～于南林。❷犹豫不前的样子：船～而不进兮，淹回水而凝滞。

【容止】róngzhǐ〈名〉仪容举止：～高雅。

备用词 包容 宽容 纵容 从容 雍容 面容 仪容 姿容 军容 市容 阵容

嵘（嶸）
róng 见[峥(zhēng)嵘]。

蓉
róng ❶见［芙(fú)蓉]、[苁(cōng)蓉]。❷〈名〉四川成都的别称。❸〈名〉姓。

溶
róng〈动〉物质在水中或其他液体中化开：～化｜～液｜～剂｜～于水。

【溶化】rónghuà ❶〈动〉固体溶解。❷同"融化"。

【溶解】róngjiě〈动〉固体、液体或气体物质的分子均匀分布在某种液体中。

【溶溶】róngróng〈形〉❶宽广的样子：心～其不可量兮。❷河水盛大的样子：二川～，流入宫墙。

瑢
róng 见[珑(cōng)瑢]。

榕
róng〈名〉❶乔木，树冠大，分枝多，有气根，生长在热带。❷福建福州的别称。

熔
róng〈动〉熔化：～炉｜～炼｜～铸。

【熔化】rónghuà〈动〉固体加热到一定的程度变成液体。

【熔解】róngjiě〈动〉熔化。

【熔融】róngróng〈动〉熔化。

【熔铸】róngzhù〈动〉熔化并铸造：～生铁。

蝾（蠑）
róng[蝾螈(yuán)]〈名〉两栖动物，外形像蜥蜴，四肢短，尾侧扁。生活在水中。

镕（鎔）
róng ❶同"熔"。❷〈名〉熔铸金属的模具，比喻模式、规范。

融（＊螎）róng ❶〈动〉冰雪等变成水：～化｜～解｜消～。❷〈动〉融合；调和：～洽｜～汇｜水乳交～。❸〈动〉流通：金～。❹〈名〉姓。

【融合】rónghé〈动〉❶几种不同的事物合成一体：民族～。❷融化汇合：把个人的劳动～在集体中。

【融化】rónghuà〈动〉冰、雪等变成水。也作"溶化"。

【融会】rónghuì〈动〉融合：～贯通。

【融会贯通】rónghuì guàntōng 参合多方面的知识和道理而得到全面透彻的理解。

【融解】róngjiě〈动〉融化：冰雪～。

【融洽】róngqià〈形〉彼此感情好，没有隔阂和抵触：关系～。

【融融】róngróng〈形〉❶和睦快乐的样子：其乐～。❷形容暖和：春光～。

【融融泄泄】róngróngyìyì 形容和睦快乐。

— rǒng —

冗（＊宂）rǒng ❶〈形〉多余的：～长｜～员。❷〈形〉烦琐：～杂｜～繁。❸〈名〉繁忙的事：希拨～出席。

【冗长】rǒngcháng〈形〉（文章或讲话等）无用的话多，拉得很长。

【冗费】rǒngfèi〈名〉过多的费用：裁减～。

【冗员】rǒngyuán〈名〉超过工作需要的闲散人员。

【冗杂】rǒngzá〈形〉（事务）繁杂：公务～。

【冗赘】rǒngzhuì〈形〉冗长；不简练。

氄（＊毧氊）rǒng〈形〉（毛）细而软：～毛。

— róu —

柔róu ❶〈形〉软：～软｜～嫩。❷〈动〉使变软：～麻（加工使麻变软）。❸〈形〉柔和（跟"刚"相对）：～顺｜～情｜温～。❹〈名〉姓。

【柔长】róucháng〈形〉软而长：～的柳丝。

【柔和】róuhé〈形〉❶温和；不强烈：声音～｜光线～。❷柔软，软和：手感～。

【柔静】róujìng〈形〉柔媚文静：雪莲洁白晶莹，～多姿。

【柔媚】róumèi〈形〉❶柔和可爱：～的晚霞。❷温柔和顺，讨人喜欢：～的眼光。

【柔嫩】róunèn〈形〉❶（苗、枝条等）软而嫩：～的枝条。❷（色调）柔和鲜嫩。

【柔韧】róurèn〈形〉柔软而有韧性：

【柔软】róuruǎn〈形〉软和；不坚硬。

【柔弱】róuruò〈形〉软弱：～的身体。

【柔顺】róushùn〈形〉温柔和顺：～随｜性情～。

【柔婉】róuwǎn〈形〉❶柔和而婉转：唱腔～｜～的语调。❷柔顺：性情～｜生性～。

【柔细】róuxì〈形〉❶柔软纤细：声音～｜～的柳枝。❷柔和细腻：～的肌肤。

【柔性】róuxìng ❶〈名〉温柔的性格；柔软的特性：这姑娘有～。❷〈形〉柔软而易变形的：～材料。❸〈形〉可以改变或变通的：～处理｜调控办法更加～。

备用词 娇柔 轻柔 温柔

揉róu〈动〉❶用手来回擦或搓：～搓｜～面。❷使东西弯曲：～木为轮。

輮（＊鞣）róu ❶〈名〉车轮的外框。❷同"揉"❷：木直中绳，～以为轮，其曲中规。

煣róu〈动〉用火烤木材使弯曲。

糅róu〈动〉混杂：杂～｜～合。

蹂róu〈动〉践踏。

【蹂践】róujiàn〈动〉践踏。

【蹂躏】róulìn〈动〉践踏，比喻用暴力欺压、侮辱、侵害。

鰇（鰇）róu〈名〉古书上指枪乌贼。

鞣róu〈动〉用铬盐、栲胶、鱼油等使兽皮变柔软，制成皮革：～制｜～皮子。

— ròu —

肉ròu ❶〈名〉人或动物体内接近皮的柔韧物质。❷〈名〉某些瓜果里可以吃的部分：果～｜枣～。❸〈形〉不脆；不酥：～瓤儿西瓜。❹〈形〉性子缓慢，动作迟钝：这孩子脾气太～。

【肉搏】ròubó〈动〉敌对双方徒手或用短兵器

搏斗:～战。

【肉墩墩】ròudūndūn〈形〉形容肥胖或肌肉厚实的样子。

【肉麻】ròumá〈形〉由虚伪或轻佻的言语、举动引起的不舒服感觉:～的吹捧。

【肉食】ròushí ❶〈形〉以肉类为食物的;吃荤:～动物。❷〈名〉肉类食物:多吃点素食,少吃点～。❸〈动〉指居高官享厚禄:～者鄙,未能远谋。

【肉袒】ròutǎn〈动〉解开衣服,露出胳膊。古时在祭祀或谢罪时表示恭敬或惶恐。

━━ rú ━━

如 rú ❶〈动〉适合;依照:～愿|～实|～期。❷〈动〉如同:江山～画|～狼似虎。❸〈动〉及;比得上(只用于否定):自愧弗～。❹〈介〉用于比较,表示超过:光景一年强～一年。❺〈动〉表示举例:许多珍奇动物,～大熊猫、金丝猴等是我国独有的。❻〈动〉到;往:～厕。❼〈连〉如果:～有意见,就提出来。❽〈连〉或者:方六七十,～五六十。❾后缀,表示状态:突～其来|应付裕～。❿〈名〉姓。

【如臂使指】rú bì shǐ zhǐ《汉书·贾谊传》:"如身之使臂,臂之使指。"比喻指挥如意或运用自如。

【如出一辙】rú chū yī zhé 像出自同一个车辙,形容彼此言论、行动等非常相似。

【如此】rúcǐ〈代〉这样:江山～多娇。

【如堕五里雾中】rú duò wǔ lǐ wù zhōng 好像掉在很大的烟雾里,形容摸不着头脑或辨不清方向。

【如法炮制】rú fǎ páozhì 依照成法炮制中药,泛指按照现成的方法办事。

【如故】rúgù〈动〉❶像原来一样;依然:～。❷像老朋友一样:一见～。

【如果】rúguǒ〈连〉表示假设:～下雨,就不去公园了。

【如何】rúhé ❶〈代〉怎么;怎么样:不知～是好。❷〈动〉"如…何",表示"把…怎么样":以君之力,曾不能损魁父之丘,如太行、王屋何?

【如虎添翼】rú hǔ tiān yì 好像老虎添上了翅膀,比喻得到援助后,强大的更加强大或凶恶的更加凶恶。

【如花似锦】rú huā sì jǐn 形容景色绚丽或前程美好。

【如火如荼】rú huǒ rú tú 像火那样红,像荼那样白,原比喻军容之盛,现用来形容气势旺盛或气氛热烈(荼:茅草的白花)。

【如获至宝】rú huò zhì bǎo 好像得到了最珍贵的宝物,形容对于所得到的东西极其喜爱的心情。

【如饥似渴】rú jī sì kě 形容要求十分迫切。

【如胶似漆】rú jiāo sì qī 形容感情深厚,难舍难分。

【如今】rújīn〈名〉现在:老办法～不适用了。

【如雷贯耳】rú léi guàn ěr 形容人的名声很大:久闻大名,～。

【如鸟兽散】rú niǎo shòu sàn 像受惊的鸟兽那样四处逃散。

【如其】rúqí〈连〉如果。

【如日中天】rú rì zhōng tiān 比喻事物正处于最兴盛的阶段。

【如若】rúruò〈连〉如果。

【如丧考妣】rú sàng kǎo bǐ 好像死了父母一样,形容非常伤心和着急(含贬义)。

【如实】rúshí〈副〉按照实际情况:～道来。

【如是】rúshì〈代〉如此。

【如释重负】rú shì zhòng fù 好像放下重担子一样,形容心情轻松愉快。

【如数家珍】rú shǔ jiā zhēn 好像在数自家藏的珍宝一样,形容对所列举的事物非常熟悉。

【如汤沃雪】rú tāng wò xuě 好像把热水浇在雪上一样,形容事情很容易解决。

【如同】rútóng〈动〉好像:～真的一样。

【如晤】rúwù〈动〉如同见面(书信用语)。

【如许】rúxǔ〈代〉❶如此;这样:行路～难,谁能不华发(fà)。❷这么些;那么些:海边有～五色的贝壳。

【如蚁附膻】rú yǐ fù shān 好像蚂蚁附着在有膻味的东西上一样,比喻许多臭味相投的人追求某种坏事物,也比喻依附有钱有势的人。

【如意】rúyì ❶〈动〉符合心意;称心。❷〈名〉旧时一种象征吉祥的器物,头呈灵芝形或云朵形,柄微曲,用玉、竹、骨等制成。

【如意算盘】rúyì suànpán 比喻只从有利的一方面着想的打算。

【如影随形】rú yǐng suí xíng 好像影子老是跟着身体一样,比喻两人常在一起,关系亲密。

【如鱼得水】rú yú dé shuǐ 好像鱼得到水一样,比喻得到跟自己相投合的人或对自己的发展很适合的环境。

【如愿】rúyuàn〈动〉符合愿望:～以偿(愿望实现)。

【如字】rúzì〈名〉古代的一种注音方法。同一个字形因意义不同而有两个或两个以上读法的时候，按照通常最习惯的读法去读叫读如字，如"美好"的"好"读上声（区别于"爱好"的"好"读去声）。

【如坐春风】rú zuò chūn fēng 比喻与品德高尚而有学识的人相处并受其熏陶。

【如坐针毡】rú zuò zhēn zhān 好像坐在插了针的毡子上一样，形容心神不宁。

备用词　恰如　宛如　俨如　犹如　有如　比如　例如　譬如　自如

茹 rú ❶〈动〉吃：～素｜～毛饮血｜含辛～苦。❷〈名〉姓。

【茹苦含辛】rú kǔ hán xīn 见〖含辛茹苦〗。

铷（鉫） rú〈名〉金属元素，符号 Rb。银白色，用来制造光电管等。

儒 rú〈名〉❶先秦时期以孔子为代表的学派：～家｜～术。❷旧时指读书人：腐～｜鸿～｜～生。❸姓。

【儒将】rújiàng〈名〉有读书人风度的将帅。

【儒生】rúshēng〈名〉原指遵从儒家学说的读书人，后泛指读书人。

【儒术】rúshù〈名〉儒家的学术。

薷 rú〖香薷〗〈名〉草本植物，茎呈方形，紫色，花粉红色。茎叶可以提取芳香油，全草入药。

嚅 rú 见〖嗫(niè)嚅〗。

濡 rú〈动〉❶沾湿：～笔｜～毫作书｜把毛笔～湿。❷沾染：耳～目染。❸停留；迟滞：～滞。

【濡染】rúrǎn〈动〉❶沾染。❷沾湿；浸润。

孺 rú〈名〉小孩子：妇～皆知。

【孺弱】rúruò〈名〉年幼的子女。

【孺子】rúzǐ〈名〉儿童；小孩子：～可教。

【孺子可教】rúzǐ kě jiào 指年轻人有出息，可以把本领传授给他。

褕 rú〈名〉短衣；短袄。

颥（顬） rú 见〖颞(niè)颥〗。

蠕（＊蝡） rú，旧读 ruǎn〈动〉像蚯蚓爬行那样动：～虫。

【蠕动】rúdòng〈动〉像蚯蚓爬行那样动：小肠是经常在～着的。

【蠕蠕】rúrú〈形〉缓慢移动的样子：蜜蜂在板上～地爬动。

— **rǔ** —

汝 rǔ ❶〈代〉你：～曹｜～辈。❷〈名〉姓。

乳 rǔ ❶〈动〉生殖：孳～。❷〈名〉乳房：～腺｜～罩。❸〈名〉奶汁：哺～。❹〈名〉像奶汁的东西：豆～｜蜂～。❺〈形〉初生的：～儿｜～虎。

【乳白】rǔbái〈形〉像奶汁的颜色：～的烟云。

【乳臭】rǔxiù〈名〉奶腥气味：～未干（讥讽人年幼无知）。

辱 rǔ ❶〈名〉耻辱（跟"荣"相对）：屈～。❷〈动〉使受耻辱：侮～｜凌～。❸〈动〉玷辱：～命。❹〈动〉谦辞，表示承蒙：～临｜～蒙。

【辱骂】rǔmà〈动〉污辱谩骂。

【辱命】rǔmìng〈动〉没有完成上级的命令或朋友的嘱托：幸不～。

【辱没】rǔmò〈动〉玷污；玷辱。

备用词　耻辱　屈辱　玷辱　凌辱　污辱　侮辱　羞辱　含垢忍辱　奇耻大辱

擩 rǔ 方言〈动〉插；塞：脚～到烂泥里去了。

— **rù** —

入 rù ❶〈动〉进来或进去（跟"出"相对）：～冬。❷〈动〉参加到某种组织中：～学｜～伙。❸〈动〉收入：～不敷出。❹〈动〉合乎：～时｜～情～理。❺〈名〉入声：平上去～。

【入定】rùdìng〈动〉佛教徒的一种修行方法，闭目静坐，不怀杂念，使心定于一处。

【入港】rùgǎng ❶〈形〉（交谈）投机：二人正说得～，老李走了进来。❷〈动〉指男女勾搭上手（多见于早期白话）。

【入彀】rùgòu〈动〉《唐摭言·述进士》记载，唐太宗在端门看见新考中的进士鱼贯而出，高兴地说："天下英雄入吾彀中矣。""彀中"指箭能射及的范围。后来用"入彀"比喻受人牢笼，由人操纵或控制。

【入国问禁】rù guó wèn jìn 进入别的国家，先问清他们的禁令。参看〖入境问俗〗。

【入画】rùhuà〈动〉画入图画，多用来形容景物优美：桂林山水，处处可以～。

【入伙】rùhuǒ〈动〉❶加入某个集体或集团。❷加入集体伙食。

【入寂】rùjì〈名〉佛教用语，称僧尼死亡。

【入境】rùjìng〈动〉进入国境：申报～｜～签证｜办理～手续。

【入境问俗】rù jìng wèn sú《礼记·曲礼》:"入竟(境)而问禁,入国而问俗。"进入别国的边境,先问清他们的禁令;进入别国的都城,先问清他们的风俗。现在说成"入境问俗"和"入国问禁"。

【入镜】rùjìng〈动〉(将人物、景色等)摄入影视镜头。

【入寇】rùkòu〈动〉入侵。

【入殓】rùliàn〈动〉把死者放进棺材里。

【入列】rùliè〈动〉(出列者或迟到者)进入队伍行列。

【入流】rùliú〈动〉❶封建王朝把官员分成九品(九个等级),九品以外的官员进入九品以内叫"入流"。❷泛指进入某个等级:他画的山水还没有~|他演技拙劣,是个不~的演员。

【入门】rùmén❶〈动〉得到门径;初步学会:他学画刚~。❷〈名〉指初级读物(多用作书名):《绘画~》。

【入迷】rùmí〈动〉喜欢某种事物到了着迷的程度:看书看~了。

【入木三分】rù mù sān fēn 唐张怀瓘《书断》里说,东晋书法家王羲之在木板上写字,刻字的人发现字迹的墨汁透入木板有三分深。后来用"入木三分"形容书法有力,也比喻议论深刻。

【入侵】rùqīn〈动〉敌军侵入国境。

【入神】rùshén❶〈动〉由于对事物发生浓厚兴趣而注意力高度集中:读书~。❷〈形〉形容达到精妙的境界:这幅人物画画得真~。

【入声】rùshēng〈名〉古代汉语四声的第四声。普通话没有入声,古入声字分别归入阴平、阳平、上声、去声。有些方言有入声,入声字一般比较短促,有时还带辅音韵尾。

【入世】rùshì〈动〉投身到社会里:~不深。

【入手】rùshǒu〈动〉着手;开始做:学文化要从识字~。

【入托】rùtuō〈动〉(把小孩儿)送入托儿所。

【入网】rùwǎng〈动〉指手机、寻呼机等加入某个通信网,也指计算机加入某个网络或互联网。

【入微】rùwēi〈形〉形容达到极细致或极深刻的地步:体贴~|细致~。

【入围】rùwéi〈动〉进入某个范围(指被录取或被选中等)。

【入住】rùzhù〈动〉住进去:~新居|小区八月竣工,年底可~|代表团抵京后,~北京饭店。

【入赘】rùzhuì〈动〉男子到女家结婚并成为其家庭成员。

【入座】(入坐)rùzuò〈动〉就位;坐到座位上:请~|对号~。

备用词 投入　长驱直入　乘虚而入　单刀直入　无孔不入

汭

rù 见[汨(jù)汭]。

蓐

rù〈名〉草席;草垫子(多指产妇的床铺):坐~(临产)。

溽

rù〈形〉湿润:~热|~暑(夏天潮湿而闷热的气候)。

缛 (縟)

rù〈形〉烦琐;繁重:~礼|繁文~节。

褥

rù〈名〉褥子,睡觉时铺垫在身体下面的东西,用棉花、兽皮等制成:皮~|~单。

━━ ruǎn ━━

阮

ruǎn〈名〉❶指阮咸,一种弦乐器,略像月琴,相传因晋代阮咸善弹这种乐器而得名:大~|中~。❷姓。

软 (軟*輭)

ruǎn❶〈形〉柔软(跟"硬"相对):~糖|~木|松~。❷〈形〉柔和:~风|吴侬~语。❸〈形〉软弱:欺~怕硬。❹〈形〉能力弱;质量差:功夫~。❺〈形〉容易被感动或动摇:心~|耳根~。❻〈名〉姓。

【软包装】ruǎnbāozhuāng〈名〉用塑料袋、铝箔等质地较软的包装材料做的密封包装。

【软磁盘】ruǎncípán〈名〉以塑料膜片为基底的磁盘。不固定装在计算机内,可以随时存取。简称"软盘"。

【软刀子】ruǎndāozi〈名〉比喻使人在不知不觉中受害的手段。

【软骨头】ruǎngǔtou〈名〉比喻没有气节的人。

【软广告】ruǎnguǎnggào〈名〉通过广播、影视节目、报刊等,用间接的形式(如情节、对话、道具、新闻报道)对某个企业或某种产品所作的宣传。

【软化】ruǎnhuà〈动〉❶(物体)由硬变软:蛋壳遇酸易~。❷(态度、意志)由坚定变成动摇;由倔强变成顺从:态度~。❸使软化:~血管。❹指用化学方法减少或除去水中钙、镁等的离子,使符合生产用水的要求。

【软环境】ruǎnhuánjìng〈名〉指物质条件以外的环境,如政策、法规、管理、服务、人员素质等方面的状况:提高办事效率,改善投资~。

【软和】ruǎnhuo〈形〉柔软:新棉袄挺~。

【软件】ruǎnjiàn〈名〉❶计算机系统的组成部分,是指挥计算机进行计算、判断、处理信息的程序系统。通常分为系统软件和应用软件两类。❷借指生产、科研、经营等过程中的人员素质、管理水平、服务质量等。

【软禁】ruǎnjìn〈动〉不关进监狱,但不许自由行动。

【软科学】ruǎnkēxué〈名〉用社会科学、自然科学和工程技术相结合研究决策和管理的综合性科学,如科学学、管理学等。

【软绵绵】ruǎnmiánmián〈形〉❶形容柔软:新褥子~的。❷形容虚弱,没有力气:这几天感冒了,浑身~的。

【软盘】ruǎnpán〈名〉软磁盘的简称。

【软驱】ruǎnqū〈名〉软盘驱动器的简称。参看〖磁盘驱动器〗。

【软任务】ruǎnrènwù〈名〉指在时间、数量、质量等方面没有明确要求的任务:把~变成硬指标,实行量化管理。

【软弱】ruǎnruò〈形〉没有力气;不坚强:身体~|领导~。

【软通货】ruǎntōnghuò〈名〉国际金融市场上指币值不稳定,不能用作支付、结算手段的货币(区别于"硬通货")。

【软卧】ruǎnwò〈名〉火车卧车上的软席铺位。

【软武器】ruǎnwǔqì〈名〉指用来破坏敌人无线电设备效能的电子干扰装备等。

【软席】ruǎnxí〈名〉火车上比较舒适的、软的座位或铺位。

【软饮料】ruǎnyǐnliào〈名〉不含酒精的饮料,如汽水、矿泉水、可口可乐等。

【软硬兼施】ruǎn yìng jiān shī 软的手段和硬的手段一齐使用(含贬义)。

【软着陆】ruǎnzhuólù〈动〉❶人造卫星、宇宙飞船等利用一定装置,改变运行轨道,逐渐减低降落速度,最后不受损坏地降落到地面或其他星体表面上。❷比喻采取稳妥的措施使某些重大问题和缓地得到解决:扩大内需,实现经济的~。

【软资源】ruǎnzīyuán〈名〉指科学技术、信息等,它们在发展生产力中起着重要作用,又不同于矿产、水力等天然资源,所以叫"软资源"。

备用词　绵软　柔软　松软　疲软　酥软　酸软　瘫软　脸软　手软　心软　嘴软

朊 ruǎn〈名〉蛋白质的旧称。

— ruí —

蕤 ruí 见[葳(wēi)蕤]。

— ruǐ —

桵 ruǐ〈名〉古书上指一种植物。

蕊（＊蘂蕋蘃）ruǐ〈名〉❶花蕊,植物的生殖器官:雄~|雌~。❷花蕾;花苞:嫩~。

— ruì —

芮 ruì〈名〉姓。

汭 ruì〈名〉河流汇合或弯曲的地方。

枘 ruì〈名〉榫(sǔn):方~圆凿(形容格格不入)。

蚋（＊蜹）ruì〈名〉昆虫,像蝇而小,黑色,吸食人畜的血液。幼虫生活在水中。

锐（銳）ruì❶〈形〉锋利(跟"钝"相对):尖~|~利。❷〈名〉勇往直前的气势:~气|养精蓄~。❸〈形〉急剧:~进|~减。❹〈名〉指锋利的武器:披坚执~。

【锐不可当】ruì bù kě dāng 形容来势猛,不可抵挡(锐:锋利)。

【锐利】ruìlì〈形〉❶(刃锋等)尖而锋利:~的匕首。❷(目光、言论、文笔等)尖锐:眼光~|~的笔锋。

【锐敏】ruìmǐn〈形〉(感觉)灵敏;(眼光)尖锐。

【锐气】ruìqì〈名〉勇往直前的气势。

【锐意】ruìyì〈副〉表示意志坚决,勇往直前:青年人要~进取。

瑞 ruì❶〈形〉吉祥:祥~|~雪。❷〈名〉姓。

【瑞雪】ruìxuě〈名〉应时的好雪：～兆丰年｜华北各省普降～。

睿（*叡）ruì〈形〉看得深远：聪～｜～智（英明有远见）。

— rùn —

闰（閏）rùn〈名〉❶地球公转一周的时间为365天5小时48分46秒。阳历定一年为365天，所余的时间每四年积累约成一天，加在二月里；农历定一年为354天或355天，所余的时间每三年积累成一个月，加在一年里。这样的办法历法上叫作"闰"。地球公转一周的时间有时要多出约一秒，所以某些年的年终要加上一秒以补足。这样的办法也叫"闰"：～年｜今年～五月。❷姓。

【闰年】rùnnián〈名〉阳历有闰日或农历有闰月的年份。公历的闰年有366天，农历的闰年有13个月，即383天或384天。

【闰日】rùnrì〈名〉阳历四年一闰，在二月末增加一天，这一天叫作"闰日"。

【闰月】rùnyuè〈名〉农历三年一闰，五年两闰，十九年七闰，每逢闰年所加的一个月叫"闰月"。闰月加在某月之后就称"闰某月"。

润（潤）rùn❶〈形〉含水分多；不干燥：湿～｜滋～。❷〈动〉加油或水，使不干燥：浸～｜～肠｜～肤｜～～嗓子。❸〈形〉细腻光滑：丰～｜光～。❹〈动〉使有光彩（指修改文章）：～色｜～饰。❺〈名〉利益；好处：分～｜利～。

【润笔】rùnbǐ〈名〉旧指送给做诗文书画的人的报酬。

【润色】rùnsè〈动〉修饰（文字等）。

【润湿】rùnshī❶〈形〉湿润：～的空气。❷〈动〉使湿润：先把衣服～。

【润饰】rùnshì〈动〉润色。

【润泽】rùnzé❶〈形〉滋润；不干枯：雨后的牧场显得更加葱翠～。❷〈动〉使滋润：用润滑油～一下轴承。

【润资】rùnzī〈名〉润笔。

备用词 丰润 光润 红润 滑润 湿润 温润 圆润 滋润 分润 利润 浸润

— ruó —

挼ruó❶〈动〉揉搓：～掌｜～搓。❷（旧读ruá）方言。〈形〉（纸或布）皱：这张纸～了。❸（旧读ruá）方言。〈形〉快要破：衬衫穿得太久，已经～了。

△另见nuó"挪"。

— ruò —

若ruò❶〈动〉如；好像：旁～无人｜安之～素。❷〈动〉及；比得上：汝心之固，固不可彻，曾不～孀妻弱子。❸〈代〉a）你（们）；你（们）的：～辈｜～翁。b）如此：以～所为，求～所欲，犹缘木而求鱼也。❹〈连〉假如；如果：倘～｜如～。❺〈名〉姓。

△另见rě。

【若此】ruòcǐ〈代〉如此；像这样子：求剑～，不亦惑乎？

【若夫】ruòfú〈助〉用在一句的开头，用以引起下文，近似于"像那…"：～日出而林霏开，云归而岩穴暝，晦明变化者，山间之朝暮也。

【若干】ruògān〈代〉❶问数量：尚余～？❷表示不定的数量：～人｜～苹果。

【若果】ruòguǒ〈连〉如果；假如果然：～不打落水狗，它一旦跳起来，就要咬你。

【若何】ruòhé〈代〉如何；怎么样。

【若即若离】ruò jí ruò lí 好像接近，又好像不接近。多形容对人保持一定距离。

【若明若暗】ruò míng ruò àn 好像明朗，又好像阴暗，形容对情况了解得不很清楚。

【若是】ruòshì〈连〉如果；如果是：～能抽出时间，我一定去看你｜我～他，决不会那么办。

【若属】ruòshǔ〈代〉你们。

【若无其事】ruò wú qí shì 好像没有那么回事似的，形容不动声色或漠不关心。

【若许】ruòxǔ〈代〉如许。

【若隐若现】ruò yǐn ruò xiàn 形容隐隐约约：远望白云缭绕，峰峦～。

【若有所失】ruò yǒu suǒ shī 感觉好像丢掉了什么,形容心情怅惘。

备用词 假若　如若　设若　倘若

偌 ruò〈代〉这么;那么:～大(这么大;那么大)。

弱 ruò ❶〈形〉力气小;实力差(跟"强"相对):～国|～项|软～|衰～|不甘示～。❷〈形〉年幼:老～病残|孀妻～子。❸〈形〉差;不如:他的智力不～于同龄人。❹〈动〉丧失(指人死):又～一个。❺〈形〉用在数字后面,表示略少于此数(跟"强"相对):十分之三～。

【弱不禁风】ruò bù jīn fēng 弱得禁不住风吹;形容身体十分虚弱。

【弱冠】ruòguàn〈名〉古时男子二十岁行冠礼,因未到壮年,故称"弱冠"。后泛指男子二十岁左右的年纪:年方～。

【弱化】ruòhuà〈动〉变弱;使变弱:视力～|由于老队员退役,球队后卫线优势在～|作品有意～生活的阴暗面,力图展现乐观的未来。

【弱能】ruònéng〈形〉身体的某种器官功能低下的:～儿童。

【弱肉强食】ruò ròu qiáng shí 动物中弱者被强者吞食,比喻弱小的被强大的吞并(多指弱国被强国侵略)。

【弱势】ruòshì〈名〉❶变弱的趋势:市场上这类商品的销量呈现～|股票市场渐显～。❷弱小的势力:处于～|残疾人是社会的～群体,应该得到更多的关心和帮助。

【弱视】ruòshì〈形〉眼球无器质性病变而视觉减弱。

【弱项】ruòxiàng〈名〉实力弱的项目(多指体育比赛项目)。

【弱小】ruòxiǎo〈形〉又弱又小:实力～|国家|～的婴儿。

【弱智】ruòzhì〈形〉指智力发育低于正常水平:重视～儿童的智力开发。

备用词 薄弱　脆弱　单弱　羸弱　懦弱　贫弱　怯弱　软弱　柔弱　瘦弱　衰弱　微弱　文弱　细弱　纤弱　虚弱

婼 ruò[婼羌(qiāng)]〈名〉地名,在新疆。今作"若羌"。
△另见 chuò。

箬(*篛) ruò〈名〉❶箬竹,竹的一种,叶子宽而大,可编制器物或斗笠。❷箬竹的叶子:粽～。

爇(*焫) ruò〈动〉点燃;焚烧:～香于鼎。

R

— sā —

仨 sā〈数量〉三个：哥儿～｜～瓜俩枣儿｜一顿吃了～馒头。[注意]"仨"后面不能再接"个"字或其他量词。

挲（*抄）sā 见〖摩(mā)挲〗。
△另见 shā；suō。

撒 sā〈动〉❶放开；发出：～手｜～网｜～气。❷尽量施展；故意表现(含贬义)：～野｜～泼。
△另见 sǎ。

【撒谎】sāhuǎng〈动〉说谎。

【撒泼】sāpō〈动〉大哭大闹，不讲道理：借酒～｜～放刁。

【撒气】sāqì〈动〉❶(充气的东西)漏气：车胎～了。❷拿旁人或借某事物发泄怒气：心里不痛快，别拿孩子～。

【撒手锏】sāshǒujiǎn〈名〉旧小说中指厮杀时出其不意地用锏投掷敌手以取胜的招数，后用来比喻关键时刻使出的绝招。

【撒野】sāyě〈动〉对人粗野蛮横，不讲道理。

— sǎ —

洒（灑）sǎ❶〈动〉分散地落下(多指液体)：飘～｜水～了一地。❷〈动〉使分散地落下：喷～。❸〈形〉自然大方；不呆板：潇～｜～脱。❹〈名〉姓。

【洒家】sǎjiā〈代〉我(早期白话中用于男性自称)。

【洒落】sǎluò ❶〈动〉分散地落下：大雪～下来。❷〈形〉洒脱：～雅致。

【洒泣】sǎqì〈动〉洒泪；挥泪。

【洒洒】sǎsǎ〈形〉形容众多(多指文辞)：～万言｜洋洋～。

【洒脱】sǎtuō〈形〉言谈、举止自然，不拘束：举止大方，言语～。

靸 sǎ[靸鞋]〈名〉❶拖鞋。❷鞋帮纳得很密，前脸缝着皮梁或三角形皮子的布鞋。

撒 sǎ❶〈动〉散播；散布(东西)：～种｜年糕上～了一层白糖。❷〈动〉散落；洒：小心点儿，别～了汤。❸〈名〉姓。
△另见 sā。

潵 sǎ〈名〉潵河，古水名，在今河北境内。

— sà —

卅 sà〈数〉三十。

飒（颯*颯）sà〈形〉❶形容风声、雨声等：清风～至。❷衰落；衰老：衰～｜萧～。

【飒然】sàrán〈形〉❶形容风声：有风～而至。❷爽利的样子：或如刀剑铁骑，～浮空。

【飒飒】sàsà〈拟〉形容风、雨声：秋风～。

【飒爽】sàshuǎng〈形〉豪迈而矫健：英姿～。

脎 sà〈名〉有机化合物的一类。

萨（薩）sà〈名〉姓。

【萨其马】sàqímǎ〈名〉满语。一种糕点，用油炸的短面条和糖等黏合起来后，切成方块儿。

— sāi —

思 sāi 见〖于思〗。
△另见 sī。

腮（*顋）sāi〈名〉两颊的下半部；两～｜抓耳挠～。

塞 sāi❶〈动〉把东西放进空隙里；堵塞：～漏洞｜箱子太满，这些衣服～不下。❷〈名〉塞住容器口使内外隔绝的东西：活～｜瓶～儿。
△另见 sài；sè。

制等。

噻 sāi 译音用字:~唑(有机化合物)。

鳃(鰓) sāi〈名〉鱼、虾、蚌等水生动物的呼吸器官,多为羽毛状、板状或丝状,用来吸取溶解在水中的氧。

— **sài** —

塞 sài〈名〉可做屏障的险要地方:边~|要~。
△另见 sāi;sè。

【塞北】sàiběi〈名〉塞外。

【塞外】sàiwài〈名〉我国古代指长城以北的地区。

【塞翁失马】sài wēng shī mǎ《淮南子·人间训》里说,边塞上一个老头儿丢了一匹马,别人来安慰他,他说:"怎么知道这不是福呢?"几个月后这匹马竟带着一匹好马回来了。比喻虽然暂时吃亏,却因此而得到好处。也比喻坏事在一定条件下可以变为好事。

赛(賽) sài ❶〈动〉比赛:竞~|决~|~跑。❷〈动〉胜;比得上:萝卜~梨。❸〈动〉旧时祭祀酬报神灵(迷信):祭~|~神|~会。❹〈名〉姓。

【赛场】sàichǎng〈名〉比赛的场所。

【赛车】sàichē ❶〈动〉比赛自行车、摩托车、汽车等的行驶速度。❷〈名〉专供比赛用的自行车、汽车等。也叫"跑车"。❸〈名〉泛指专供比赛用的车。

【赛会】sàihuì〈名〉旧时一种民俗活动,用仪仗和吹打演唱等迎神像出庙,抬着在街巷或村庄间游行。

【赛季】sàijì〈名〉某些体育项目每年或跨年度集中比赛的一段时间:足球甲A联赛新~又开始了|全国足球联赛本~已进行了五轮比赛。

【赛绩】sàijì〈名〉比赛取得的成绩:~卓著|取得好的~。

【赛况】sàikuàng〈名〉比赛的情况:中央电视台将现场直播这场决赛的~。

【赛璐珞】sàilùluò〈名〉一种塑料,用硝化纤维和樟脑混合加热溶化并经过机械加工制成,可用来制造电影软片、玩具、装饰品等。[外]

【赛区】sàiqū〈名〉举行综合性的或大型的比赛划分的比赛地区:上海~|共有五个~。

【赛事】sàishì〈名〉比赛活动:~频繁。

【赛制】sàizhì〈名〉关于比赛的规则和具体安排,如循环赛制、主客场制、五局三胜赛

— **sān** —

三 sān ❶〈数〉数目,二加一后所得:海陆空~军|约法~章。❷〈数〉表示多数或多次:~思|~番五次。❸〈名〉姓。

【三差两错】sān chā liǎng cuò 泛指差错或意外的事故。

【三长两短】sān cháng liǎng duǎn 指意外的灾祸、事故,特指人死亡。

【三尺】sānchǐ〈名〉❶指剑。剑长约三尺,故以"三尺"为剑的代称。❷指法律。古时把法律写在三尺长的竹简上,故称法律为"三尺法",简称"三尺"。

【三虫】sānchóng〈名〉泛指人体内的寄生虫:去死肌,杀~。

【三春】sānchūn〈名〉指春季的三个月或农历三月。

【三从四德】sāncóng sìdé 封建礼教束缚、压迫妇女的一种道德标准。三从是"未嫁从父,既嫁从夫,夫死从子"。四德是"妇德(品德)、妇言(辞令)、妇容(仪态)、妇功(女工)"。

【三冬】sāndōng〈名〉指冬季的三个月或农历十二月。

【三伏】sānfú〈名〉❶初伏、中伏、末伏的统称。夏至后第三个庚日是初伏第一天,第四个庚日是中伏第一天,立秋后第一个庚日是末伏第一天。初伏、末伏各十天,中伏十天或二十天。通常也指初伏、中伏、末伏整个的一段时间。三伏天一般是一年中最热的时候。❷特指末伏。

【三辅】sānfǔ〈名〉汉朝以京兆尹、左冯(píng)翊郡、右扶风郡为三辅,在今陕西中部西安附近。

【三纲五常】sāngāng wǔcháng 封建礼教所提倡的人与人之间关系的道德标准。"三纲"是"君为臣纲,父为子纲,夫为妻纲"。"五常"说法不一,通常指仁、义、礼、智、信。

【三个臭皮匠,赛过诸葛亮】sān gè chòu píjiàng, sài guò zhūgě liàng 比喻人多智慧多,有事大家一起想办法,就能想出好办法来。

【三个代表】sān gè dàibiǎo 指中国共产党要始终代表中国先进生产力的发展要求,代表中国先进文化的前进方向,代表中国最广大人民的根本利益。"三个代表"重要思想是对马克思列宁主义、毛泽东思想和邓小平理论

的继承和发展，是中国共产党集体智慧的结晶，是中国共产党必须长期坚持的指导思想。

【三姑六婆】sāngū liùpó 三姑指尼姑、道姑、卦姑，六婆指牙婆、媒婆、师婆、虔婆、药婆、稳婆。旧时三姑六婆往往借着这类身份干坏事，故常用来借指不务正业的妇女。

【三顾茅庐】sān gù máolú 汉末刘备为了请诸葛亮出来帮他打天下，曾经三次到诸葛亮居住的隆中草舍拜访，邀请其出山。后泛指诚心诚意地再三邀请。

【三皇】sānhuáng〈名〉传说中我国古代的三个帝王。通常称伏羲、燧人、神农为"三皇"。也有称天皇、地皇、人皇为"三皇"的。

【三缄其口】sān jiān qí kǒu 形容说话过分谨慎，不肯或不敢开口（缄：封闭）。

【三教九流】sān jiào jiǔ liú 三教指儒教、佛教、道教，九流指儒家、道家、阴阳家、法家、名家、墨家、纵横家、杂家、农家。泛指宗教、学术中各种流派或社会上从事各种行业的人。也说"九流三教"。

【三军】sānjūn〈名〉❶指陆军、海军、空军。❷对军队的统称。

【三老】sānlǎo〈名〉古时掌管教化的乡官。

【三令五申】sān lìng wǔ shēn 再三地命令告诫。

【三六九等】sān liù jiǔ děng 许多等级；种种差别。

【三昧】sānmèi〈名〉佛教用语。意思是止息杂念，使心神平静，是佛教重要修行方法之一。借指事物的诀窍或精义：深得其中～。

【三民主义】sānmín zhǔyì 孙中山在他所领导的中国资产阶级民主革命中提出的政治纲领，即民族主义、民权主义和民生主义。

【三秦】sānqín〈名〉指关中地区。项羽破秦入关，把关中之地分给秦降将章邯、司马欣、董翳，因而称关中为"三秦"。

【三秋】sānqiū〈名〉❶秋收、秋耕和秋播的统称。❷指秋季的三个月或农历九月。❸指三年：一日不见，如隔～。

【三三两两】sānsānliǎngliǎng 三个一群、两个一伙地在一起。

【三思】sānsī〈动〉再三考虑；反复思考：～而后行。

【三生】sānshēng〈名〉佛教用语。指前生、今生、来生：～有幸（比喻非常幸运）。

【三天打鱼，两天晒网】sān tiān dǎ yú, liǎng tiān shài wǎng 比喻学习或做事情缺乏恒心，不能坚持，经常中断。

【三通】sāntōng ❶〈名〉指有三个连接口的连接零件。❷〈动〉指施工者进入工地前甲方应做的三项准备工作，一般是通路、通水和通电。❸〈动〉指我国大陆与台湾地区之间实行通商、通邮和通航。

【三头六臂】sān tóu liù bì 比喻了不起的本领。

【三围】sānwéi〈名〉指人的胸围、腰围和臀围。

【三维动画】sānwéi dònghuà 利用计算机技术生成的、模拟三维空间中场景和实物的动画，立体感和真实感强。

【三维空间】sānwéi kōngjiān 点的位置由三个坐标决定的空间。客观存在的现实空间就是三维空间，具有长、宽、高三种度量。

【三下五除二】sān xià wǔ chú èr 珠算口诀，借用来形容做事非常利索。

【三夏】sānxià〈名〉❶夏收、夏种和夏管的统称。❷指夏季的三个月或农历六月。

【三心二意】sān xīn èr yì 既想这样，又想那样，形容犹豫不决或意志不坚定。

【三言两语】sān yán liǎng yǔ 形容很少的几句话。

【三只手】sānzhīshǒu〈名〉指从别人身上偷东西的小偷；扒（pá）手。

【三足鼎立】sān zú dǐng lì 像鼎的三条腿那样站立着，比喻三方面的势力对峙。

【三座大山】sān zuò dà shān 比喻我国新民主主义革命时期的三大敌人，即帝国主义、封建主义和官僚资本主义。

弍 sān 同"三"。

叁 sān〈数〉数字"三"的大写。

毵(毿) sān[毵毵]〈形〉毛发、枝条等细长的样子：～下垂｜绿岸～杨柳垂。

━━ **sǎn** ━━

伞(傘*繖) sǎn〈名〉❶挡雨或遮阳的用具，中间有柄，可以张合：阳～｜雨～。❷像伞的东西：灯～｜降落～。❸姓。

散(*散) sǎn❶〈形〉没有约束；松开：～漫｜松～。❷〈形〉零碎的；不集中的：～页｜～装。❸〈名〉药末(多用于中药名)：避瘟～｜丸～膏丹。❹〈名〉姓。
△另见 sàn。

【散兵游勇】sǎnbīng yóuyǒng 原指失去统率的逃散的士兵，现也比喻没有组织到某项集体活动里而独自行动的人。

【散户】sǎnhù〈名〉❶指零散的住户、客户等。❷证券市场上指分散的个人投资者。

【散记】sǎnjì〈名〉关于某一事物或活动的零碎记述(多用于书名或文章标题)：《旅美～》｜《塞北～》。

【散漫】sǎnmàn〈形〉❶随随便便，不受纪律约束：自由～。❷分散；不集中：～的手工业。

【散曲】sǎnqǔ〈名〉曲子的一种形式，没有宾白(说白)，便于清唱，有小令和散套两种。盛行于元、明、清三代。

【散套】sǎntào〈名〉散曲中由同一宫调的若干支曲子组成的组曲。

【散体】sǎntǐ〈名〉不要求词句整齐对偶的文体(区别于"骈体")。

【散文】sǎnwén〈名〉❶指不讲究韵律的文章(区别于"韵文")。❷指诗歌、小说、戏剧以外的文学作品，包括杂文、特写、随笔、游记等。

【散文诗】sǎnwénshī〈名〉一种兼有散文和诗的特点的文学形式，写法同散文一样，不押韵，但注重语言的节奏，内容富于诗意。

【散养】sǎnyǎng〈动〉分散饲养或放养(禽、畜等)：变～为圈养。

【散装】sǎnzhuāng〈形〉指原来整包整桶的商品，出售时临时分成小包小袋，或零星出售不加包装：～洗衣粉｜～米｜白酒是买～的，还是买瓶装的？

备用词 懒散 零散 松散 闲散

糁(糝) sǎn 方言。〈名〉饭粒儿：饭～。
△另见 shēn。

馓(饊) sǎn[馓子]方言。〈名〉一种油炸的面食，细条相连扭结成花样。

━━ **sàn** ━━

散(*散) sàn〈动〉❶由聚集而分离：～会｜～伙｜离～。❷分布；分发：扩～｜～发。❸排除：～闷｜～心。❹解雇：东家把长工～了。
△另见 sǎn。

【散播】sànbō〈动〉散布开：～谣言。

【散布】sànbù〈动〉分散到各处：～传单。

【散步】sànbù〈动〉随便走走(作为一种休息方式)。

【散发】sànfā〈动〉❶发出；向四外扩散：桂花～着芳香。❷分发：～文件。

【散落】sànluò〈动〉❶分散地落下：柳絮～。❷分散；不集中：几户人家～在湖畔。❸因分散而失落或流落：手稿～了。

【散失】sànshī〈动〉❶分散遗失：书在战乱中～了。❷水分等消散失去。

【散亡】sànwáng〈动〉(书籍等)分散遗失。

【散心】sànxīn〈动〉排除烦闷，使心情舒畅：去公园～｜到外面走走，散散心。

备用词 发散 放散 分散 涣散 解散 溃散 扩散 离散 流散 遣散 失散 疏散 消散 不欢而散 风流云散 魂飞魄散 妻离子散 如鸟兽散 烟消云散 一哄而散 云消雾散

━━ **sāng** ━━

丧(喪*丧) sāng〈名〉跟死了人有关的(事情)：～礼｜～葬｜治～｜吊～。
△另见 sàng。

【丧家】sāngjiā〈名〉有丧事的人家。

【丧乱】sāngluàn〈名〉❶指死亡灾祸的事。❷指战乱：自经～少睡眠，长夜沾湿何由彻！

【丧仪】sāngyí〈名〉有关安葬或悼念死者的仪式。

【丧葬】sāngzàng〈动〉办理丧事并埋葬死者等事情：～费。

【丧钟】sāngzhōng〈名〉西方风俗，教堂在宣告教徒死亡或为死者举行宗教仪式时敲钟，叫作"敲丧钟"。故以敲丧钟比喻死亡或灭亡的信号。

桑（＊❶桒） sāng〈名〉❶乔木，叶子是蚕的饲料，嫩枝的韧皮纤维可以造纸，果穗叫"桑葚"，可以吃。❷姓。

【桑葚】sāngshèn〈名〉桑树的果穗，味甜，可食。

【桑榆暮景】sāng yú mù jǐng 落日的余晖照在桑树和榆树的树梢上，比喻老年的时光。

【桑梓】sāngzǐ〈名〉《诗经·小雅·小弁》："维桑与梓，必恭敬止。"意思是说家乡的桑树和梓树是父母种的，对它要恭敬。后人用来作为故乡的代称。

—— sǎng ——

揉 sǎng 方言。〈动〉用力猛推；推推～～｜让人～了个跟头。

嗓 sǎng〈名〉❶喉咙。❷嗓音：～门｜哑～儿。

磉 sǎng〈名〉柱下的石礅：石～。

颡（顙） sǎng〈名〉额；脑门子。

—— sàng ——

丧（喪＊丧） sàng〈动〉失去：～失｜～胆｜沦～｜～权辱国。
△另见 sāng。

【丧胆】sàngdǎn〈动〉失去胆量，形容非常恐惧：敌军闻风～。

【丧魂落魄】sàng hún luò pò 吓得失掉了魂魄，形容非常惊恐的样子。

【丧家之犬】sàng jiā zhī quǎn 比喻失去靠山，无处投奔，到处乱窜的人。也说"丧家之狗"。

【丧气】sàngqì ❶〈动〉因事情不顺利而情绪低落；灰心：～～。❷〈形〉倒霉，不吉利：考试不及格，真～！

【丧权辱国】sàng quán rǔ guó 丧失主权，使国家蒙受耻辱。

【丧生】sàngshēng〈动〉失去生命；死亡：～于刀枪之下。

【丧失】sàngshī〈动〉失去：～信心｜～工作能力。

【丧心病狂】sàng xīn bìng kuáng 丧失理智，像发了疯一样，形容言行昏乱而荒谬或残忍到极点。

备用词　懊丧　沮丧　沦丧　颓丧

—— sāo ——

搔 sāo〈动〉用指甲挠：～首弄姿｜隔靴～痒。

骚（騷） sāo ❶〈动〉扰乱；骚动：～乱｜～扰。❷〈名〉指屈原的《离骚》：～体。❸〈名〉泛指诗文：～客｜～人。❹〈形〉举止轻佻放荡：～货。❺方言。〈形〉雄性的（某些家畜）：～驴。❻同"臊"（sāo）。

【骚动】sāodòng〈动〉秩序混乱；动乱；不安宁：人群～起来。

【骚乱】sāoluàn〈动〉骚动；动乱。

【骚然】sāorán〈形〉动乱不安的样子。

【骚扰】sāorǎo〈动〉扰乱，使不安宁：敌人～边境。

【骚人】sāorén〈名〉诗人。屈原作《离骚》，故称诗人为"骚人"。

【骚体】sāotǐ〈名〉古典文学体裁的一种，以模仿屈原的《离骚》的形式得名。

缫（繅） sāo〈动〉把蚕茧浸在热水里，抽出蚕丝：～丝。

缲（繰） sāo 同"缫"。
△另见 qiāo。

臊 sāo〈形〉像尿或狐狸的气味：～气｜腥～。
△另见 sào。

—— sǎo ——

扫（掃） sǎo〈动〉❶用笤帚、扫帚除去尘土、垃圾等：～地｜～雪。❷除去；消灭：～荡｜～雷｜～尾。❸很快地左右移动：～视｜～描。❹归拢在一起：～数。
△另见 sào。

【扫荡】sǎodàng〈动〉❶用武力或其他手段肃清敌人。❷彻底铲除。

【扫地】sǎodì〈动〉❶用笤帚或扫帚清扫地面。❷比喻名誉、威信等完全丧失：斯文～｜威信～。

【扫地出门】sǎo dì chū mén 没收全部财产，赶出家门。

【扫毒】sǎodú〈动〉扫除制造、贩卖、吸食毒品等违法犯罪活动：～斗争。

【扫黄】sǎohuáng〈动〉扫除卖淫嫖娼等非法活动；扫除黄色书刊、音像制品等：～打非。

【扫描】sǎomiáo〈动〉利用一定装置使电子束、无线电波等在特定区域内来回地移动而描绘出画面、物体等图形。

【扫描仪】sǎomiáoyí〈名〉用于扫描的仪器。利用光敏感设备扫描图形或文字，并将其转换为数字形式，以供计算机识别和处理。

【扫墓】sǎomù〈动〉到墓前培土、打扫并祭奠死者，现也指在烈士墓前举行纪念活动。

S

【扫视】sǎoshì〈动〉目光迅速地左右移动着看：～了一下会场。

【扫数】sǎoshù〈副〉全数；尽数：～归还。

【扫榻】sǎotà〈动〉打扫床榻，表示欢迎客人：～以待。

【扫尾】sǎowěi〈动〉结束最后剩下的一部分工作：工程已进入～阶段。

【扫兴】sǎoxìng〈形〉正在高兴时遇到不愉快的事情而使兴致低落。

备用词　拜扫　打扫　祭扫　清扫　洒扫

嫂 sǎo〈名〉❶哥哥的妻子：姑～｜兄～。❷泛称年纪不大的已婚妇女：大～｜张～。

—— sào ——

扫（掃） sào〈动〉义同"扫"（sǎo），用于"扫帚"、"扫把"等。
△另见 sǎo。

【扫帚】sàozhou〈名〉比笤帚大的清扫用具，多用竹枝扎成。

【扫帚星】sàozhouxīng〈名〉彗星的通称。迷信的人认为扫帚星出现会给人带来灾难，因此扫帚星也用为骂人的话。

埽 sào〈名〉❶树枝、秫秸、石头等捆扎而成的圆柱形的东西。治河时用来防水护堤：～材｜束～。❷用许多埽做成的挡水建筑物。

梢 sào〈名〉像圆锥体的形状。
△另见 shāo。

瘙 sào〈名〉古代指疥疮。

【瘙痒】sàoyǎng〈动〉皮肤发痒：～难忍。

臊 sào〈形〉羞，难为情：～得脸通红｜害～｜没羞没～。
△另见 sāo。

【臊子】sàozi〈名〉肉末；碎肉：～面。

—— sè ——

色 sè〈名〉❶颜色：～彩｜素｜寒～｜染｜五光十～。❷神情；神气；神色：喜形于～｜面不改～｜眉飞～舞｜行～匆匆。❸种类：货～｜清一～。❹情景；景象：景～｜秋～。❺物品的质量：成～｜足～。❻指女子美貌：姿～｜年老～衰。❼情欲：～胆｜～情。❽姓。
△另见 shǎi。

【色彩】sècǎi〈名〉❶颜色：～鲜艳｜～缤纷。❷比喻人或事物所具有的某种特点、情调或倾向：感情～｜地方～。

【色调】sèdiào〈名〉❶指画面上表现思想、情感所使用的色彩和色彩的浓淡：～和谐｜～清新。❷比喻文艺作品中思想感情的色彩。

【色拉】sèlā〈名〉西餐中的一种凉拌菜，一般是由熟土豆丁、香肠丁、水果或蔬菜等加调味汁拌和而成。[外]

【色狼】sèláng〈名〉指贪色并凶恶地对女性进行性侵犯的人。

【色厉内荏】sè lì nèi rěn 外表强硬而内心怯懦。

【色盲】sèmáng〈名〉眼睛不能辨别颜色的病，多为先天性的。常见的是红绿色盲，患者不能区别红绿两种颜色。也有只能区别明暗不能区别色彩的全色盲。

【色魔】sèmó〈名〉指贪色并以凶残的暴力手段对女性进行性侵犯的人。

【色情】sèqíng〈名〉男女情欲：～狂｜～小说｜删除～镜头。

【色素】sèsù〈名〉使有机体具有各种不同颜色的物质。

【色泽】sèzé〈名〉颜色和光泽：～鲜明｜～莹润。

备用词　春色　景色　暮色　秋色　曙色　夜色　脸色　神色　成色　不动声色　不露声色　察言观色　大惊失色　和颜悦色　绘声绘色　疾言厉色　满园春色　面如土色　面无人色　目迷五色　怒形于色　平分秋色　五光十色　五颜六色　喜形于色　有声有色　正言厉色

涩（澀＊澁灇） sè〈形〉❶像明矾或生柿子那样使舌头感到麻木干燥的味道。❷摩擦时阻力大；不滑润：滞～。❸〈文句〉不流畅；难读；难懂：晦～｜拙～。

备用词　晦涩　艰涩　枯涩　生涩　拙涩

啬（嗇） sè〈形〉过分节省，当用的不用；小气：吝～｜～刻。

铯（銫） sè〈名〉金属元素，符号 Cs。银白色，是制造真空仪器等的重要材料。

瑟 sè〈名〉古代的一种弦乐器，像琴。现在所用的瑟有二十五根弦和十六根弦两种：鼓～。

【瑟瑟】sèsè ❶〈拟〉形容微小细碎的声音：秋风～。❷〈形〉形容颤抖的样子：～发抖。

【瑟缩】sèsuō〈动〉身体因寒冷或受惊而蜷缩或兼抖动；哆嗦。

塞 sè〈动〉义同"塞"(sāi)，用于某些合成词：堵~|闭~|敷衍~责。

△另见 sāi；sài。

【塞责】sèzé〈动〉对应当负的责任采取敷衍了事的态度：敷衍~。

<u>备用词</u> 闭塞 蔽塞 充塞 堵塞 梗塞 搪塞 拥塞 壅塞 淤塞 阻塞

穑(穡) sè〈动〉收割庄稼，也泛指耕作：稼~|不稼不~。

━━ sēn ━━

森 sēn ❶〈形〉形容树木多而密：~林。❷〈形〉繁密；众多：~罗万象(纷然罗列的各种事物现象)。❸〈形〉阴暗：阴~。❹〈名〉姓。

【森林】sēnlín〈名〉大片的土地上密集生长的树木。

【森林警察】sēnlín jǐngchá 保护森林资源及其生态环境，维护林区社会治安，并担负消防任务的警察。

【森林浴】sēnlínyù〈名〉到森林中呼吸清新空气的健身方法。

【森罗殿】sēnluódiàn〈名〉阎罗殿，迷信传说指阎罗王所居住的殿堂。

【森然】sēnrán〈形〉❶形容高耸直立的样子：礁石~耸立。❷形容繁密众多的样子：古木~。❸形容阴森可怕：~可怖。

【森森】sēnsēn〈形〉❶形容树木茂盛繁密：锦官城外柏~。❷形容阴森可怕或寒气逼人：不禁有一种鬼蜮~之感。

【森严】sēnyán〈形〉❶整齐严肃：气氛~。❷(防备)严密：壁垒~|戒备~。

【森郁】sēnyù〈形〉形容林木茂密。

━━ sēng ━━

僧 sēng〈名〉❶出家修行的男性佛教徒；和尚：高~|~人|~衣|~俗。❷姓。

【僧多粥少】sēng duō zhōu shǎo 比喻人多东西少，不够分配。

【僧侣】sēnglǚ〈名〉僧徒，也借来称某些别的宗教的修道人。

━━ shā ━━

杀(殺) shā〈动〉❶使人或动物失去生命；弄死：~虫|~戮|~害|屠~|宰~。❷战斗：~出重围|厮~。❸削弱；消

除；减少：~价|抹~|~一~暑气。❹用在动词后面，表示程度深：气~|笑~。❺方言。药物等刺激皮肤或黏膜使感觉疼痛：肥皂水~眼睛。

【杀跌】shādiē〈动〉指投资者在股票、债券等证券市场行情下跌时卖出持有的证券。

【杀毒】shādú〈动〉❶用物理方法或化学药品杀死致病的微生物；消毒。❷用特别编制的程序清除存在于软件或存储载体中的计算机病毒。

【杀风景】shā fēngjǐng 见〖煞风景〗。

【杀机】shājī〈名〉杀人的念头：动了~。

【杀鸡取卵】shā jī qǔ luǎn 比喻只顾眼前的好处而不顾长远的利益。

【杀鸡吓猴】shā jī xià hóu 比喻惩罚一个人来吓唬或警戒其他人。也说"杀鸡给猴看"。

【杀价】shājià〈动〉压低价格，指买主利用卖主急于出售的机会，大幅度地压低价格。

【杀戮】shālù〈动〉杀害(多指大量地)。

【杀气】shāqì ❶〈名〉凶恶的气势：~腾腾。❷〈动〉发泄怒气；出气：拿别人~。

【杀青】shāqīng〈动〉古人著书写在竹简上，书写前先把青竹简用火烤干水分，叫"杀青"。后泛指写定著作或电影、电视片拍摄完毕。

【杀人不见血】shā rén bù jiàn xiě 比喻害人的手段极其阴险毒辣，使人受了害还一时察觉不出。

【杀人不眨眼】shā rén bù zhǎ yǎn 形容极其凶狠残忍。

【杀人越货】shā rén yuè huò 杀害人的性命，抢夺人的财物，指盗匪的行为(越：夺取)。

【杀伤】shāshāng〈动〉打死打伤：～力。

【杀身成仁】shā shēn chéng rén 为正义的事业或崇高的理想而牺牲生命。

【杀生】shāshēng〈动〉指杀死动物：不～。

【杀手】shāshǒu〈名〉❶刺杀人的人：职业～。❷比喻危害人生命的某些疾病、物质等：癌症是威胁人类生命的～。❸比喻比赛中技艺高超，能使对手惨败的人：网坛～。

【杀手锏】shāshǒujiǎn〈名〉见『撒手锏』。

【杀熟】shāshú〈动〉做生意时，利用熟人对自己的信任，采取不正当手段赚取熟人钱财。

【杀一儆百】(杀一警百)shā yī jǐng bǎi 杀一个人来警诫许多人。

备用词 残杀 仇杀 扼杀 绞杀 抹杀 谋杀 虐杀 屠杀 凶杀 宰杀

杉 shā〈名〉义同"杉"(shān)，用于"杉木"、"杉篙"。
△另见 shān。

沙 shā❶〈名〉细小的石粒：～漠│流～│风～。❷〈名〉像沙的东西：豆～│糖～。❸〈形〉(嗓音)不清脆，不响亮：～哑│～音。❹〈名〉沙皇：～俄。❺〈名〉姓。
△另见 shà。

【沙暴】shābào〈名〉沙尘暴。

【沙场】shāchǎng〈名〉广阔的沙地，古时多指战场。

【沙尘】shāchén〈名〉(在空中飘浮的)沙粒和尘土：～天气│加强城市绿化，减少～。

【沙尘暴】shāchénbào〈名〉挟带大量沙尘的风暴，发生时空气混浊，天色昏黄，水平能见度小于 1 000 米。春季在我国西北部和北部地区多有发生。也叫"沙暴"、"尘暴"。

【沙雕】shādiāo〈名〉用沙土做堆积材料的造型艺术。也指这样的雕塑作品。

【沙害】shāhài〈名〉由于土地沙化而造成的危害，如沙化引起的耕地荒芜、居民迁移、动植物死亡等。

【沙化】shāhuà〈动〉土地因受侵蚀或水土流失等原因含沙量增加而退化，不利于作物、牧草等生长：退耕还林，防止土壤～。

【沙里淘金】shā lǐ táo jīn 从沙子里淘出黄金，比喻从大量材料中选取精华，也比喻费力大而成效少。

【沙砾】shālì〈名〉沙子和细碎的石块。

【沙龙】shālóng〈名〉❶大会客室；客厅。❷17

世纪末和 18 世纪巴黎的文人和艺术家常接受贵族妇女的招待，在沙龙集会，谈论文艺，后来就把文人清谈的场所叫"沙龙"。❸一种组织形式较为松散的聚会，多就有关学术方面的问题进行漫谈：文学～。〔外〕

【沙门】shāmén〈名〉出家的佛教徒的总称。〔外〕

【沙弥】shāmí〈名〉指刚出家的年轻的和尚。〔外〕

【沙漠】shāmò〈名〉指缺乏流水，气候干燥，植物稀少，地表被大片流沙所覆盖的地区，如我国新疆的塔克拉玛干沙漠。

【沙漠化】shāmòhuà〈动〉指沙质荒漠化，干旱、半干旱地区土地严重退化，地表渐渐被流沙覆盖。

【沙滩排球】shātān páiqiú ❶球类运动项目之一，在沙滩场地上进行比赛，场地面积和比赛规则与排球基本相同，比赛有双人制、四人制和男女混合制。队员穿泳装，赤脚。❷沙滩排球运动使用的球，用不吸水的柔软皮革制成，大小与排球相同，颜色为黄色或橙色。

【沙文主义】shāwén zhǔyì 一种把本民族利益看得高于一切，主张征服和奴役其他民族的思想和主张。因拿破仑手下的军人沙文(Nicolas Chauvin)狂热地拥护拿破仑用暴力向外扩张法国的势力，所以把这种思想叫作"沙文主义"。

【沙哑】shāyǎ〈形〉喉咙发音困难，声音低沉而不圆润。

【沙鱼】shāyú 见『鲨鱼』。

【沙洲】shāzhōu〈名〉江河中由泥沙淤积而成的小片陆地。

纱(紗) shā〈名〉❶棉花、麻等纺成的较松的细丝，可以捻成线或织成布：～厂│纺～│棉～│100 支～。❷用纱织成的经纬线很稀的织品：窗～│面～│～布。❸像窗纱的制品：铁～│塑料～。❹某些轻而薄的纺织品的统称：泡泡～│乔其～│香云～。

【纱帽】shāmào〈名〉古时文官戴的一种帽子，后用作官职的代称。也叫"乌纱帽"。

刹 shā〈动〉止住(车、机器等)：～车│～闸。△另见 chà。

【刹车】shāchē 也作"煞车"。❶〈动〉止住车的前进或机器的运转。❷〈动〉比喻使正在进行的工作停止下来。❸〈名〉止住车辆前进的机件。

砂 shā 同"沙"(shā)①。

莎 shā ❶用于地名、人名。莎车，地名，在新疆。❷〈名〉姓。
△另见 suō。

铩（鎩）shā ❶〈名〉古代的一种长矛。❷〈动〉摧残；伤害：~羽（伤了翅膀，比喻失意）。

挲（*挱）shā 见[挜(zhā)挲]。
△另见 sā；suō。

痧 shā〈名〉中医指霍乱、中暑等急性病：发~（中暑）。

煞 shā ❶〈动〉结束；收束：~账｜~尾。❷〈动〉勒紧；扣紧：~车｜~腰带。❸同"杀"③④。
△另见 shà。

【煞笔】shābǐ ❶〈动〉写文章等结束时停下笔来。❷〈名〉指文章最后的结束语。

【煞车】shāchē ❶同"刹车"。❷〈动〉把车上装载的东西用绳索紧紧勒在车身上。

【煞风景】shā fēngjǐng〈动〉损坏美好的景色，比喻在兴高采烈的场合突然出现使人扫兴的事物。也作"杀风景"。

【煞尾】shāwěi ❶〈动〉做完事情的最后一段；收尾：工作该~了。❷〈名〉北曲套数中最后的一支曲子。❸〈名〉文章或事情的最后一段：这篇文章的~意味深长。

裟 shā 见[袈(jiā)裟]。

鲨（鯊）shā[鲨鱼](沙鱼)〈名〉鱼，身体纺锤形，性凶猛，行动敏捷，捕食其他鱼类。生活在海洋中，种类很多，常见的有真鲨、角鲨等。也叫"鲛"。

— shá —

啥 shá方言。〈代〉什么：有~说~｜~活儿都会干。

— shǎ —

傻（*儍）shǎ〈形〉❶头脑糊涂，不明事理：~瓜｜~话｜~头~脑｜呆~｜吓~了｜装疯卖~。❷死心眼，不知变通：~干。❸形容发愣；失神：~眼。

【傻瓜】shǎguā〈名〉傻子（用于骂人或开玩笑）。

【傻呵呵】shǎhēhē〈形〉糊涂不懂事或憨厚老实的样子：别看他~的，办事可精明呢。

【傻乎乎】shǎhūhū〈形〉傻呵呵。

【傻气】shǎqì〈形〉糊涂，不懂事：这话说得太~。

【傻眼】shǎyǎn〈动〉因遇到意外的情况而目瞪口呆，不知所措。

【傻子】shǎzi〈名〉智力低下，不明事理的人。

— shà —

沙 shà方言。〈动〉摇动装有细碎东西的器物，使其中的杂物集中，以便清除：把米里的沙子~出来。
△另见 shā。

唼 shà[唼喋(zhá)]〈拟〉形容成群的鱼、水鸟等吃东西的声音。

厦（*廈）shà〈名〉❶（高大的）房子：广~｜高楼大~。❷房子里靠后墙的部分，在栿之外：前廊后~。
△另见 xià。

嗄 shà〈形〉嗓音嘶哑。
△另见 á。

歃 shà〈动〉用嘴吸取。

【歃血】shàxuè〈动〉古代举行盟会时，把牲畜的血涂在嘴唇上，表示诚意：~为盟。

煞 shà ❶〈名〉指凶神（迷信）：凶神恶~。❷〈副〉极；很：脸色~白｜~费苦心。
△另见 shā。

【煞白】shàbái〈形〉由于惊恐、愤怒、疾病等原因，脸色发白，没有血色：脸色~。

【煞费苦心】shà fèi kǔxīn 费尽了心思。

霎 shà〈名〉短时间；一会儿：~时。

【霎时】shàshí〈名〉霎时间。

【霎时间】shàshíjiān〈名〉极短的时间：~狂风大作｜一声巨响，~天空中出现了千万朵美丽的火花。也说"霎时"。

═ shāi ═

筛（篩） shāi ❶〈名〉筛子,用竹条、铁丝等编成的有许多小孔的器具,用来把东西中粗细不同的分开:过一过～。❷〈动〉把东西放在筛子或罗里来回摇动,使细碎的漏下去,粗的留在筛子或罗里:～煤|～选。❸〈动〉使酒热:把酒～一～再喝。❹〈动〉斟(酒、茶等)。❺方言。〈动〉敲(锣):～了三下锣。

【筛糠】shāikāng〈动〉比喻身体不住地发抖。

【筛选】shāixuǎn〈动〉❶用筛子进行选种、选矿等。❷比喻从众多的人或事物中选取合于某种条件的:～写作材料。

【筛子】shāizi〈名〉用竹篾、铁丝等编成的有许多小孔的器具,可以把细碎的东西漏下去,较粗的成块的留在上头。

═ shǎi ═

色 shǎi〈名〉颜色,用于口语:掉～|变～。△另见 sè。

【色子】shǎizi〈名〉一种游戏用具或赌具,用骨头或木头等制成的立体方形小块,六面分别刻上一、二、三、四、五、六点。也叫"骰(tóu)子"。

═ shài ═

晒（曬） shài〈动〉❶阳光照射:风吹日～。❷在阳光下吸收光和热:～图|～太阳。

【晒客】shàikè〈名〉指用文字或照片等把自己的生活、经历和心情等展示在互联网上的人:～网站。

═ shān ═

山 shān ❶〈名〉地面上由土、石构成的高耸的部分:～脉|～寨|雪～。❷〈名〉形状像山的东西:冰～。❸〈名〉蚕蔟:蚕～。❹〈名〉指山墙:房～。❺〈形〉形容声音大:～响。❻〈名〉姓。

【山坳】shān'ào〈名〉山间的平地。

【山包】shānbāo 方言。〈名〉小山。

【山村】shāncūn〈名〉山上的或靠山的村子。

【山阿】shān'ē〈名〉山岳:死去何所道,托体同～。

【山峰】shānfēng〈名〉山的突出的尖顶。

【山冈】shāngāng〈名〉不高的山。

【山高水低】shān gāo shuǐ dī 比喻意外的灾祸或不幸的事情(多指死亡)。

【山皋】shāngāo〈名〉山冈。

【山歌】shāngē〈名〉一种民间歌曲,形式短小,曲调爽朗质朴,节奏自由,多在山野劳动时歌唱。

【山根】shāngēn〈名〉山脚。

【山沟】shāngōu〈名〉❶山间的流水沟。❷山谷。❸指偏僻的山区。

【山谷】shāngǔ〈名〉两山之间低凹狭窄的地方,中间多有溪流。

【山河】shānhé〈名〉山岳和河流,泛指国土或某一地区的土地:锦绣～。

【山洪】shānhóng〈名〉因大雨或积雪融化而从山上突然流下来的大水:～暴发。

【山货】shānhuò〈名〉❶山区的土产,如山楂、榛子等。❷指用竹、木、柳条和粗陶瓷等制成的日用器物,如扫帚、瓦盆、砂锅等:～铺。

【山积】shānjī〈动〉堆得像山一样,表示东西极多:货物～。

【山涧】shānjiàn〈名〉山间的水沟。

【山脚】shānjiǎo〈名〉指山靠近平地的部分。

【山岚】shānlán〈名〉山间的云雾。

【山里红】shānlihóng〈名〉山楂。

【山林】shānlín〈名〉有山有树林的地方。

【山陵】shānlíng〈名〉❶山岳。❷指帝王陵墓。❸比喻帝王:一旦～崩,长安君将何以自托于赵?

【山岭】shānlǐng〈名〉连绵的高山。

【山麓】shānlù〈名〉山脚。

【山峦】shānluán〈名〉连绵的山:～起伏。

【山脉】shānmài〈名〉向一定的方向延伸的连绵起伏的群山,状如脉络,所以叫"山脉"。

【山峁】shānmǎo 方言。〈名〉小山头。

【山门】shānmén〈名〉❶佛教寺院的大门。❷借指寺院。

【山盟海誓】shān méng hǎi shì 见〖海誓山盟〗。

【山明水秀】shān míng shuǐ xiù 山清水秀。

【山南海北】shān nán hǎi běi 天南地北:地质队员的足迹遍及～。

【山僻】shānpì〈名〉山间偏僻的地方。

【山坡】shānpō〈名〉山顶与平地之间的倾斜面。

【山墙】shānqiáng〈名〉人字形屋顶的房屋左右两边的墙壁。

【山清水秀】shān qīng shuǐ xiù 形容景色优

S

美。也说"山明水秀"。

【山穷水尽】shān qióng shuǐ jìn 山和水都到了尽头,无路可走了。比喻陷入绝境。

【山区】shānqū〈名〉多山的地区:支援~建设。

【山泉】shānquán〈名〉山中的泉水。

【山势】shānshì〈名〉山的形势或气势:~险峻|~雄伟。

【山水】shānshuǐ〈名〉❶山上流下来的水。❷山和水,泛指自然景物:家乡的~美如画。❸指以山水为题材的中国画:泼墨~。

【山头】shāntóu〈名〉❶山的顶部:登上~。❷设有山寨的山,比喻独霸一方的宗派:拉~。

【山窝】shānwō〈名〉指偏僻的山区。

【山响】shānxiǎng〈形〉形容声音很大:擂得大门~。

【山魈】shānxiāo〈名〉❶猕猴的一种。面部皮肤蓝色,鼻子红色,吻部有白须,尾极短。多群居,产于非洲西部。❷传说中山里的怪物。

【山崖】shānyá〈名〉山的陡峭的侧面。

【山腰】shānyāo〈名〉山脚和山顶之间大约一半的地方。也叫"半山腰"。

【山药蛋】shānyaodàn 方言。〈名〉马铃薯。

【山雨欲来风满楼】shān yǔ yù lái fēng mǎn lóu 唐许浑《咸阳城东楼》中的诗句。原是描写山雨即将来临时的情景,现多用来比喻战争或其他重大事变发生前的征兆或紧张气氛。

【山岳】shānyuè〈名〉高大的山。

【山楂】(山查)shānzhā〈名〉❶落叶乔木。果实球形,深红色,味酸,可以吃,也可入药。❷这种植物的果实:~糕。也叫"山里红"。有的地区叫"红果儿"。

【山寨】shānzhài ❶〈名〉山林中设有防御栅栏的营寨。❷〈名〉周围有栅栏或围墙的山区村庄。❸〈形〉仿造的;非正牌的:~货|~手机。❹〈形〉非主流的;民间性质的:~文化|~足球队。

【山珍海味】shān zhēn hǎi wèi 山里和海里出产的各种珍贵食品,多指丰盛的菜肴。

【山庄】shānzhuāng〈名〉❶山村。❷山中住所;别墅:休闲~|避暑~。

【山嘴】shānzuǐ〈名〉伸出去的山脚的尖端。

备用词　火山　冰山　蚕山　河山　安如泰山　半壁江山　逼上梁山　调虎离山　放虎归山　锦绣河山　开门见山　山落孙山　日薄西山　铁案如山　铁证如山　万水千山　纵虎归山

芟　shān〈动〉❶割(草)。❷除去:~除。

【芟除】shānchú〈动〉❶除去(草)。❷删去(文辞中某些字句):~杂芜|~未尽。

【芟夷】shānyí 也作"芟荑"。〈动〉❶除(草)。❷铲除或消灭(某种势力)。

【芟荑】shānyí 同"芟夷"。

杉　shān〈名〉❶乔木,树干通直而高,供建筑和制器具用。❷姓。
△另见 shā。

删(*刪)shān〈动〉去掉(文辞中的某些字句):~除|~节|~改|减|~繁就简。

【删除】shānchú〈动〉删去:~多余的文字|~空洞的议论。

【删繁就简】shān fán jiù jiǎn 删去多余的文字或内容使简明扼要:教材要~。

【删改】shāngǎi〈动〉去掉并改动(文辞中的某些字句或某部分)。

【删节】shānjié〈动〉去掉文章中不需要的或无关紧要的部分。

【删节号】shānjiéhào〈名〉省略号的旧称。

【删治】shānzhì〈动〉修整治理。

苫　shān〈名〉❶草编成的用来遮盖或铺垫的东西:草~子。❷姓。
△另见 shàn。

钐(釤)shān〈名〉金属元素,符号 Sm。灰白色,有放射性。
△另见 shàn。

衫　shān〈名〉单上衣:衬~|罩~|春秋~。

姗(*姍)shān[姗姗]〈形〉形容走路缓慢从容的姿态:~来迟(来得很晚)。

珊(*珊)shān[珊瑚(hú)]〈名〉许多珊瑚虫(一种海中腔肠动物)的石灰质骨骼聚集而成的东西。形状像树枝,多为红色,也有白色或黑色的。供玩赏,也做装饰品。

【珊珊】shānshān ❶〈拟〉形容玉珮的声音:珂珮声~。❷〈形〉美好的样子:桂影斑驳,风移影动,~可爱。

埏　shān〈动〉和(huó)泥。

栅(*柵)shān[栅极]〈名〉多极电子管中最靠近阴极的一个电极。
△另见 zhà。

舢　shān[舢板]〈名〉一种用桨划的小船。

扇（*❶❷搧）shān ❶〈动〉摇动扇子或其他片状物生风：～扇｜～炉子。❷〈动〉用手掌或手背打：～耳光。❸同"煽"②。
△另见 shàn。

【扇动】shāndòng ❶〈动〉摇动：～翅膀。❷同"煽动"。

珊 shān 见[蹒(pán)珊]。

【珊珊】shānshān 见[蹒珊]。

煽 shān ❶同"扇"（shān）①。❷〈动〉鼓动（别人做不应该做的事）：～动｜～惑。

【煽动】shāndòng〈动〉鼓动（别人去做坏事）：～闹事｜～暴乱。也作"扇动"。

【煽风点火】shān fēng diǎn huǒ 比喻鼓动别人做坏事。

【煽惑】shānhuò〈动〉鼓动诱惑：～人心。

【煽情】shānqíng〈动〉煽动人的感情或情绪：导演很会营造氛围～。

潸（*潛）shān〈形〉形容流泪：～然泪下。

【潸然】shānrán〈形〉流泪的样子：～泪下。

【潸潸】shānshān〈形〉形容流泪不止：～泪下。

膻（*羶羴）shān〈形〉像羊肉的气味：～气｜～腥。

— shǎn —

闪（閃）shǎn ❶〈动〉迅速地侧身躲避：～避｜躲～。❷〈动〉（身体）猛然晃动：脚下一滑，～了一下，差点跌倒。❸〈动〉因动作过猛而扭伤：～了腰。❹〈名〉闪电：打～。❺〈动〉突然出现：～念｜～击。❻〈动〉光亮忽明忽暗，摇摆不定：～耀｜～光。❼〈名〉姓。

【闪电】shǎndiàn〈名〉云层或云与地面之间发生的放电现象。

【闪动】shǎndòng〈动〉快速晃动或忽亮忽灭。

【闪盘】shǎnpán〈名〉闪存盘，利用闪存制造的袖珍型移动存储器。也叫"优盘"。

【闪闪】shǎnshǎn〈形〉光亮四射；闪烁不定：雷声隆隆，电光～。

【闪失】shǎnshī〈名〉意外的事故；差错。

【闪烁】shǎnshuò〈动〉❶光亮忽明忽暗，动摇不定：天上～的星星好像黑色幕上缀着的宝石。❷比喻说话吞吞吐吐，躲躲闪闪：～其词。

【闪现】shǎnxiàn〈动〉刹那间出现；呈现：过去的艰苦生活一幕幕地在他眼前～。

【闪耀】shǎnyào〈动〉光亮耀眼；闪烁：灯塔在风雨中～着光芒。

陕（陝）shǎn〈名〉❶指陕西：～北民歌｜～西梆子。❷姓。

掺（摻）shǎn〈动〉持；握：～手。
△另见 càn；chān。

睒（*晱）shǎn〈动〉眼睛很快地开闭；眨眼：飞机一～眼就看不见了。

— shàn —

讪（訕）shàn ❶〈动〉讥讽：～笑｜讥～。❷〈形〉难为情的样子：脸上发～。

【讪讪】shànshàn〈形〉难为情的样子：她～地走了。

【讪笑】shànxiào〈动〉❶讥笑。❷难为情地笑。

汕 shàn [汕头]〈名〉地名，在广东。

苫 shàn〈动〉用席、布等遮盖：要下雨了，快把麦子～上。
△另见 shān。

钐（釤*鐥鏾）shàn 方言。〈动〉抡开镰刀或钐镰（一种长柄的大镰刀）大片地割：～草｜～平。
△另见 shān。

疝 shàn〈名〉病，某一脏器向周围组织较弱的地方隆起。头、膈、腹股沟等部位都能发生这种病：～气。

单（單）shàn〈名〉❶单县，地名，在山东。❷姓。
△另见 chán；dān。

赸 shàn〈动〉躲开，走开。

剡 shàn〈名〉❶古县名，在今浙江嵊州。❷剡溪，水名，即曹娥江上游，在浙江嵊州。
△另见 yǎn。

扇 shàn ❶〈名〉摇动生风的用具：蒲～｜折～儿｜电～。❷〈名〉指板状或片状的东西：门～｜隔～。❸〈量〉用于门窗等：一～磨｜四～屏风。

△另见 shān。

掸（撣） shàn〈名〉❶我国史书上对傣族的一种称呼。❷缅甸民族之一，大部分居住在掸邦（自治邦名）。

△另见 dǎn。

善 shàn ❶〈形〉品质或言行好；善良（跟"恶"相对）：～事｜～举。❷〈名〉好的品质或言行；善事（跟"恶"相对）：行～｜隐恶扬～。❸〈形〉良好：～策｜～本书｜尽～尽美。❹〈形〉友好，和好：友～｜亲～。❺〈形〉熟悉：面～。❻〈动〉办好，做好：～始～终｜工欲～其事，必先利其器。❼〈动〉擅长；长于：～战｜～辩｜多谋～断｜～交际｜能歌～舞。❽〈形〉好好地：～待｜～罢甘休。❾〈副〉容易；易于：～变｜多愁～感。❿同"缮"①：～刀而藏之。⓫〈名〉姓。

【善罢甘休】shàn bà gān xiū 好好地了结纠纷，不再闹下去（多用于否定）。

【善本】shànběn〈名〉在学术或艺术价值上比一般本子优异的古代刻本或写本。

【善才】shàncái〈名〉能手，唐代用来称呼弹琵琶的艺人或乐师。

【善处】shànchǔ〈动〉妥善地处理：～后事。

【善待】shàndài〈动〉友善地对待；好好对待：～老人和孩子｜～野生动物｜～生命。

【善感】shàngǎn〈形〉容易引起感触：多愁～。

【善后】shànhòu〈动〉妥善地处理事后的遗留问题：～工作。

【善良】shànliáng〈形〉心地纯洁，没有恶意：心地～。

【善男信女】shànnán-xìnnǚ 泛指信仰佛教的人。

【善人】shànrén〈名〉行善的人；好人。

【善始善终】shàn shǐ shàn zhōng 事情从开始到结束都做得很好。

【善视】shànshì〈动〉好好地看待。

【善意】shànyì〈名〉善良的心意；好意：～的批评。

【善于】shànyú〈动〉在某方面具有特长；长于：～交际｜～烹饪｜我们不但～破坏一个旧世界，我们还将～建设一个新世界。

备用词 慈善　和善　改善　妥善　完善　亲善　友善　相善　面善　行善　性善　多多益善　隐恶扬善　与人为善

禅（禪） shàn〈动〉❶帝王让位：～让｜受～。❷古代帝王的祭地礼：封～。

△另见 chán。

【禅让】shànràng〈动〉帝王把帝位让给别人。

骟（騸） shàn〈动〉割掉马、牛等的睾丸或卵巢：～马。

鄯 shàn［鄯善］〈名〉地名，在新疆。

缮（繕） shàn〈动〉❶修补；整治：修～。❷抄写：～写。

擅 shàn ❶〈副〉自作主张：～自｜～专。❷〈副〉独揽；独占：～权｜～利。❸〈动〉长于；善于：～长｜不～辞令。

【擅长】shàncháng〈动〉在某方面有特长：～绘画。

【擅自】shànzì〈副〉超越自己的权限而自作主张：～更改｜～离开工作岗位。

膳（*饍） shàn〈名〉饭食：用～｜午～。

【膳费】shànfèi〈名〉膳食所需的费用。

【膳食】shànshí〈名〉日常吃的饭菜。

【膳宿】shànsù〈名〉吃饭和住宿：～自理。

嬗 shàn ❶〈动〉更替；蜕变：～变。❷同"禅"（shàn）。

赡（贍） shàn ❶〈动〉供给生活所需，特指晚辈供养长辈：～养。❷〈形〉丰富；充足：丰～｜富～｜力不足，财不～。

【赡养】shànyǎng〈动〉供给生活所需：～父母。

蟮 shàn 见〖曲蟮〗。

蟺 shàn 同"蟮"。

鳝（鱓*鱔） shàn〈名〉鱼，外形像蛇而无鳞，黄褐色，生活在水边、稻田的泥洞里。

━━ **shāng** ━━

伤（傷） shāng ❶〈名〉人体或其他物体受到的损害：～势｜～痕｜内～。❷〈动〉伤害：～神｜～感情。❸〈形〉悲伤：～感｜忧～。❹〈动〉因过度而感到厌烦或生病：食｜吃糖吃～了。❺〈动〉妨碍：有～风化｜无～大雅。

【伤疤】shāngbā〈名〉伤口愈合后留下的痕迹。

【伤悼】shāngdào〈动〉因怀念死者而感到悲伤：得到挚友去世的消息，他～不已。

【伤风败俗】shāng fēng bài sú 败坏风俗，多用来谴责道德败坏的行为。

【伤感】shānggǎn〈形〉因感触而悲伤:缠绵~|不甘在~中消沉。

【伤害】shānghài〈动〉使身体或思想感情受到损害:吸烟~身体|不要~孩子的自尊心。

【伤痕】shānghén〈名〉伤口愈合后留下的痕迹,也指物体受到损害后留下的痕迹:~累累。

【伤神】shāngshén❶〈动〉过度耗费精神:多说话会~。❷〈形〉伤心。

【伤逝】shāngshì〈动〉悲伤地怀念去世的人。

【伤天害理】shāng tiān hài lǐ 指做事凶狠残忍,灭绝人性。

【伤痛】shāngtòng❶〈名〉因受伤而引起的疼痛:忘了~。❷〈形〉伤心痛苦。

【伤亡】shāngwáng❶〈动〉受伤和死亡:~事故。❷〈名〉受伤和死亡的人:互有~。

【伤心】shāngxīn〈形〉因遭到不幸或遇到不如意的事而心里难受:~事|流下了~的泪水。

【伤心惨目】shāng xīn cǎn mù 形容情景十分悲惨,使人不忍心看。

备用词 创伤 挫伤 毁伤 损伤 哀伤 悲伤 感伤 忧伤 遍体鳞伤 恶语中伤 救死扶伤 两败俱伤 造谣中伤

汤(湯) shāng[汤汤]〈形〉形容水流大而急:浩浩~。
△另见 tāng;tàng。

殇(殤) shāng❶〈动〉没有到成年就死去:夭~。❷〈名〉为国而死的人:国~。

商 shāng❶〈动〉交换意见:相~|议~|磋~。❷〈名〉商业:经~|通~|~场。❸〈名〉商人:厂~|客~。❹〈名〉除法运算的得数:十除三五的~是二。❺〈动〉用某数做商:二除八一四。❻〈名〉古代五音之一,相当于简谱的"2":宫~角徵(zhǐ)羽。❼〈名〉二十八宿中的心宿。❽〈名〉朝代,公元前1600年—公元前1046年,汤所建。❾〈名〉姓。

【商标】shāngbiāo〈名〉企业用来使自己的产品或服务与其他企业的产品或服务相区别的具有明显特征的标志。包括工业、商业或服务业商标等。通常由文字、图案等构成。商标经注册后受法律保护。

【商埠】shāngbù〈名〉旧时与外国通商的城镇。

【商场】shāngchǎng〈名〉❶聚集在一个或相连的几个建筑物内的各种商品、摊位组成的市场。❷面积较大、商品比较齐全的综合商店:百货~|家电~。❸指商界。

【商德】shāngdé〈名〉经营者应该具备的品德。

【商贩】shāngfàn〈名〉指现买现卖的小商人。

【商港】shānggǎng〈名〉停泊商船的港口。

【商贾】shānggǔ〈名〉商人的总称。

【商海】shānghǎi〈名〉比喻充满竞争和风险的商业领域:他辞去公职,投身~|在~中拼搏。

【商机】shāngjī〈名〉商业经营的机遇:把握~|~无限|西部开发带来了许多~。

【商家】shāngjiā〈名〉商品的经营者。

【商检】shāngjiǎn〈名〉商品检验:~部门|~工作。

【商界】shāngjiè〈名〉商业界。

【商量】shāngliang〈动〉交换意见:遇事和群众~。

【商旅】shānglǚ〈名〉❶来往于各地买卖货物的商人。❷商人和旅客。

【商品】shāngpǐn〈名〉❶以交换为目的而生产的劳动产品,具有使用价值和价值的两重性:~生产(以交换为目的而进行的产品生产)。❷泛指市场上买卖的物品。

【商品经济】shāngpǐn jīngjì 以交换为目的而进行生产的经济形式。参看〖商品生产〗。

【商品粮】shāngpǐnliáng〈名〉指作为商品出售的粮食。

【商品流通】shāngpǐn liútōng 以货币为媒介的商品交换。

【商品生产】shāngpǐn shēngchǎn 以交换为目的而进行的产品生产。

【商洽】shāngqià〈动〉接洽商谈。

【商情】shāngqíng〈名〉指市场上的商品价格和供销情况:熟悉~|~调查|~资料。

【商榷】shāngquè〈动〉商讨。

【商厦】shāngshà〈名〉指多层的大型商场:百货~|家电~。

【商谈】shāngtán〈动〉口头商量。

【商讨】shāngtǎo〈动〉对重大问题交换意见;商量讨论。

【商务】shāngwù〈名〉商业上的事务:~助理|~往来。

【商业】shāngyè〈名〉以买卖方式使商品流通的经济活动,也指组织商品流通的国民经济部门。

【商业街】shāngyèjiē〈名〉商店、商场等密集的街道:王府井~。

【商业片儿】shāngyèpiānr〈名〉商业片。

【商业片】shāngyèpiàn〈名〉以追求商业利润

为主要目的的影片。

【商议】shāngyì〈动〉为了对某个问题取得一致意见而进行讨论：反复~。

【商酌】shāngzhuó〈动〉商量斟酌。

备用词 筹商 磋商 会商 面商 洽商 婉商 相商 协商

觞（觴）shāng❶〈名〉酒杯：举~。❷〈动〉饮酒：~咏。

墒（*𪸩）shāng〈名〉土壤适合种子发芽和作物生长的湿度：~情｜保~。

熵 shāng〈名〉❶热力体系中，不能利用来做功的热能可以用热能的变化量除以温度所得的商来表示。这个商叫作"熵"。❷科学技术上泛指某些物质系统状态的一种量度或者某些物质系统状态可能出现的程度。

━ shǎng ━

上 shǎng 指上声，"上"（shàng）⑱的又读。

【上声】shǎngshēng "上（shàng）声"的又读。

垧 shǎng〈量〉旧时土地面积单位，各地不同，东北地区大多 1 垧合 15 亩，西北地区 1 垧合 3 亩或 5 亩。

晌 shǎng❶〈量〉一天以内的一段时间：前半~儿｜工作了一~儿。❷方言〈名〉中午：歇~｜~午。

【晌午】shǎngwu 方言〈名〉中午。

赏（賞）shǎng❶〈动〉赐给；奖励：~赐｜奖~｜论功行~。❷〈名〉赐给或奖励的东西：悬~｜领~。❸〈动〉欣赏；观赏：~玩｜鉴~。❹〈动〉重视；赞扬：赞~｜~识。❺〈名〉姓。

【赏赐】shǎngcì❶〈动〉地位或辈分高的人把财物送给地位或辈分低的人。❷〈名〉赏赐的东西。

【赏格】shǎnggé〈名〉旧时指悬赏所定的报酬数。

【赏光】shǎngguāng〈动〉客套话，用于请对方接受自己的邀请。

【赏鉴】shǎngjiàn〈动〉欣赏；欣赏鉴别（多指艺术品）：~名家书画。

【赏赉】shǎnglài❶〈动〉赏赐①。❷〈名〉赏赐②。

【赏脸】shǎngliǎn〈动〉客套话，用于请别人接受自己的要求或赠品。

【赏识】shǎngshí〈动〉认识到别人的才能或作品等的价值而予以重视和赞扬。

【赏玩】shǎngwán〈动〉欣赏并玩味（景物、艺术品等）。

【赏心悦目】shǎng xīn yuè mù 因欣赏美好的景物而心情愉快。

备用词 奖赏 犒赏 受赏 悬赏 观赏 鉴赏 玩赏 欣赏 称赏 激赏 叹赏 赞赏 领赏 孤芳自赏 奇文共赏 雅俗共赏 有目共赏

━ shàng ━

上 shàng❶〈名〉位置在高处的地方：~游｜~有天堂，下有苏杭。❷〈形〉等级或品质高的：~级｜~宾。❸〈名〉次序或时间在前的：~卷。❹〈名〉尊长；上级：抗~。❺〈名〉旧时指皇帝：圣~｜~谕。❻〈动〉由低处到高处：~山｜~楼。❼〈动〉到；去（某个地方）：~街｜~学校。❽〈动〉向上级呈递：~书。❾〈动〉向前进：迎着困难~。❿〈动〉出场：这场球赛，你们五个先~。⓫〈动〉添补；增加：~货。⓬〈动〉安装：~螺丝。⓭〈动〉涂；搽：~药。⓮〈动〉登载：~账｜~报纸。⓯〈动〉拧紧：~弦。⓰〈动〉到规定时间开始工作或学习等：~班。⓱〈动〉达到；够（一定数量或程度）：~年纪。⓲〈又读 shǎng〉〈名〉上声，汉语四声之一：平～去入。⓳〈名〉我国民族音乐音阶上的一级，乐谱上用作记音符号，相当于简谱的"1"。⓴〈动〉用在动词后面。a) 表示由低处向高处：登~山顶。b) 表示达到目的：考~了高中。c) 表示开始并继续：爱~了他。㉑〈名〉指某种物体表面，某种范围内或某一方面：地~｜脸~｜书~｜理论~。㉒〈名〉姓。

【上班族】shàngbānzú〈名〉指在机关、企事业单位工作的人，因为这些人需按时上下班，所以叫"上班族"。

【上宾】shàngbīn〈名〉尊贵的客人：待为~。

【上苍】shàngcāng〈名〉苍天。

【上层建筑】shàngcéng jiànzhù 指建立在经济基础上的政治、法律、宗教、艺术、哲学等的观点，以及适合这些观点的政治、法律等制度。

【上朝】shàngcháo〈动〉❶臣子到朝廷上拜见君

主奏事或议事。❷君主到朝廷上处理政务。

【上乘】shàngchéng ❶〈名〉原本佛教用语，就是"大乘"。一般借指文学艺术的高妙境界或质量高的作品：这是诗歌中的～。❷〈形〉质量好或水平高：质量～|～之作。

【上传】shàngchuán〈动〉将数据、信息等从某台计算机上传递到其他计算机或某些电子装置上（跟"下载"相对）。也叫"上载"。

【上当】shàngdàng〈动〉因受骗而吃亏；受骗。

【上灯】shàngdēng〈动〉点灯。

【上帝】shàngdì〈名〉❶我国古代指天上主宰万物的神。❷基督教所崇奉的神，被认为是宇宙万物的创造者和主宰者。

【上调】shàngdiào〈动〉❶调到上面工作：他已经～到局里了。❷上级调用（财物等）：这是第一批～物资。
　△另见 shàngtiáo。

【上方宝剑】shàngfāng bǎojiàn 同"尚方宝剑"。

【上访】shàngfǎng〈动〉人民群众向上级机关反映问题并要求解决问题。

【上风】shàngfēng〈名〉❶风刮来的那一方。❷比喻在作战或比赛中所处的有利地位或占有的优势：这场球赛，我队一直占～。

【上峰】shàngfēng〈名〉旧时指上级长官。

【上浮】shàngfú〈动〉（价格、利率、工资等）向上浮动：近期油价略有～|～一级工资|物价指数～一个百分点。

【上岗】shànggǎng〈动〉❶走上执行守卫、警戒等任务的岗位：警察～指挥交通|值勤哨兵要按时～。❷泛指走上工作岗位工作：持证～|竞争～|达到服务标准的营业员才能～。

【上古】shànggǔ〈名〉较早的古代，在我国历史分期上一般指夏商周秦汉这个时期。

【上官】shàngguān〈名〉姓。

【上佳】shàngjiā〈形〉上好；非常好：竞技状态～|～的营销业绩。

【上进】shàngjìn〈动〉向上；追求进步：～心。

【上镜】shàngjìng ❶〈动〉出现在电影、电视中：她还在电影学院学习期间就已经多次～。❷〈形〉在电影、电视中的形象好：这位节目主持人很～。

【上课】shàngkè〈动〉教师讲课或学生听课：给学生～|学校里八点开始～。

【上空】shàngkōng〈名〉指一定地点上面的天空：接受检阅的机群在天安门～飞过。

【上口】shàngkǒu〈形〉❶指诵读诗文等纯熟

时，能顺口而出：琅琅～。❷诗文写得流利，读起来顺口：这个剧本的台词很～。

【上流】shàngliú〈名〉❶上游。❷指较高的社会地位：身处～|～社会。

【上马】shàngmǎ〈动〉❶骑上马背：飞身～。❷比喻某项较大的工作或工程开始进行：盘山公路工程明年～。

【上品】shàngpǐn〈名〉上等品级：龙井是绿茶中的～。

【上坡路】shàngpōlù〈名〉❶由低处通向高处的道路。❷比喻向好的或繁荣的方向发展的道路：这几年我们厂正在走～。

【上卿】shàngqīng〈名〉古代官名，战国时的最高官员。

【上任】shàngrèn ❶〈动〉指官吏就职：走马～。❷〈名〉指前一任官吏。

【上升】shàngshēng〈动〉❶由低处往高处移动：水位～|一缕炊烟袅袅～。❷（等级、地位、程度、数量）升高；增加：气温～。

【上声】shàngshēng，又读 shǎngshēng〈名〉❶古汉语四声的第二声。❷普通话字调的第三声。

【上世】shàngshì〈名〉上代。

【上市】shàngshì〈动〉❶（货物）开始在市场出售：六月里西红柿大量～|这是刚～的西瓜。❷股票、债券、基金等经批准后在证券交易所挂牌交易：新股～|～公司。❸到市场上：～买菜去。

【上市公司】shàngshì gōngsī 经有关部门核准，公开发行股票并在证券交易所上市交易的股份有限公司。

【上手】shàngshǒu ❶〈名〉位置比较尊贵的一侧。也作"上首"。❷〈动〉开头；开始。

【上首】shàngshǒu 同"上手"❶。

【上书】shàngshū〈动〉❶给地位高的人写信，表达自己的见解或要求等。❷旧时指塾师给学生讲授新课。

【上述】shàngshù〈形〉上面所说的：～各条请认真执行。

【上水】shàngshuǐ ❶〈动〉加水；给锅炉～。❷〈名〉上游。❸〈动〉船舶逆流航行：～船。

【上司】shàngsi〈名〉上级：顶头～。

【上诉】shàngsù〈动〉诉讼当事人不服第一审的判决或裁定，在法定期限内按照法律规定的程序向上一级法院请求改判。

【上溯】shàngsù〈动〉❶逆着水流往上游走。❷从现在往上推（过去的年代）。

【上台】shàngtái〈动〉❶到舞台或讲台上去：～

表演。❷比喻出任官职或掌权(多含贬义)。

【上台阶】shàng táijiē 比喻社会发展、工作、生产等达到一个新的高度:连年~|粮食产量~|本市经济又上了新台阶。

【上天】shàngtiān ❶〈动〉升到天空:人造卫星~。❷〈动〉迷信的人指到神佛仙人所在的地方。❸〈动〉婉辞,指人死亡。❹〈名〉迷信的人指主宰自然和人类的天。

【上调】shàngtiáo 〈动〉(价格、利率等)向上调整;提高(价格)等。
△另见 shàngdiào。

【上网】shàngwǎng 〈动〉操作计算机等进入互联网,在网络上进行信息检索、查询等操作(跟"下网"相对)。

【上网卡】shàngwǎngkǎ 〈名〉在进入特定的计算机网络前,用来确认上网者合法身份的卡。卡上通常记有用户账号和密码,输入账号和密码即可登录上网,获取和使用相关信息。

【上下】shàngxià ❶〈名〉地位或辈分较高的人和较低的人:举国~。❷〈名〉高处和低处:~天光,一碧万顷。❸〈形〉(程度)高低;好坏;优劣:不相~。❹〈名〉用在数量词后面表示约数:五十岁~。❺〈名〉对衙役的尊称(多见于早期白话)。

【上下其手】shàng xià qí shǒu 比喻玩弄手段,暗中作弊。

【上弦】shàngxián 〈名〉农历每月初七或初八日,太阳跟地球的连线和地球跟月球的连线成直角,在地球上可以看到月亮呈 D 形,这种月相叫"上弦"。这时的月亮叫"上弦月"。

【上限】shàngxián 〈名〉时间最早或数量最大的限度(跟"下限"相对)。

【上鞋】shàngxié 同"绱鞋"。

【上行下效】shàng xíng xià xiào 职位或辈分在上的人怎样做,职位或辈分在下的人也就跟着怎样做(多用于贬义)。

【上演】shàngyǎn 〈动〉(戏剧、舞蹈等)演出:这出戏下月~|这个月~了三台新戏。

【上扬】shàngyáng 〈动〉(数量、价格等)上升:收视率~|租金~。

【上夜】shàngyè 〈动〉旧时指值班守夜。

【上游】shàngyóu 〈名〉❶河流靠近发源地的部分:长江~。❷借指先进的地位:鼓足干劲,力争~。

【上谕】shàngyù 〈名〉皇帝发布的口头或书面的指示或命令。

【上载】shàngzài 〈动〉上传。

【上涨】shàngzhǎng 〈动〉水位、商品价格等上升:河水~|物价~|股市~。

【上账】shàngzhàng 〈动〉登记到账本上。

备用词 高高在上 一拥而上 扶摇直上 后来居上 箭在弦上 甚嚣尘上 迎头赶上 蒸蒸日上 至高无上

尚 shàng ❶〈动〉尊崇;注重:崇~|武|不~空谈。❷〈副〉还(hái):为时~早。❸〈连〉尚且:庸人~羞之,况于将相乎?

【尚方宝剑】shàngfāng bǎojiàn 皇帝所用的宝剑。戏曲、小说中说大臣持有尚方宝剑就先斩后奏的权力(尚方:制作或储藏御用器物的官署)。现多比喻上级特许的权力。也作"上方宝剑"。

【尚且】shàngqiě 〈连〉提出程度更甚的事例作为衬托,下文常用"何况"等呼应,表示进一层的意思:古人~懂得,何况今人。

【尚食】shàngshí 〈名〉❶古代官名,掌管皇帝饮食的官。❷指皇帝的食品。

【尚书】shàngshū 〈名〉古代官名,原是宫廷里掌管文书奏章的官,汉以后地位渐高,明清两代是政府各部的最高长官。

备用词 崇尚 风尚 时尚 习尚

绱(緔*鞝) shàng[绱鞋]〈动〉把鞋帮和鞋底缝在一起。也作"上鞋"。

═ shang ═

裳 shang[衣裳]〈名〉衣服。
△另见 cháng。

═ shāo ═

捎 shāo〈动〉顺便带:~带|~脚|~个口信。
△另见 shào。

【捎脚】shāojiǎo 〈动〉运输中顺便载人或带货。

烧(燒) shāo ❶〈动〉使着火:燃~|焚~|~香。❷〈动〉加热或接触某些化学药品、放射性物质等使物体起变化:~水|~砖|石灰~手。❸〈动〉一种烹饪方法,先用油炸,再炒或炖,或先煮熟再用油炸:红~鱼|~茄子。❹〈动〉一种烹饪方法,就是烤:~鸡|叉~肉。❺〈动〉体温增高超过正常:病人~得很厉害。❻〈名〉比正常体温高的体温:低~|~退了。❼〈动〉过多的肥料使植物枯萎或死亡。❽方言〈动〉因有钱而忘乎所以:你怎么挣这么俩钱就~得这样!

【烧毁】shāohuǐ〈动〉焚烧毁灭。

【烧埋】shāomái〈动〉殡葬:~之费。

【烧香】shāoxiāng〈动〉❶信仰佛教、道教或有迷信思想的人拜神佛时把香点着插在香炉中,叫烧香。❷比喻为达到某种目的请客送礼。

【烧灼】shāozhuó〈动〉烧或烫,使受伤。

梢 shāo〈名〉❶条状物的较细的一头:树~|鞭~。❷一段时间的末尾;事情的结局:春~|收~。
　　△另见 sào。

【梢公】shāogōng 见[艄公]。

【梢林】shāolín〈名〉丛林。

稍 shāo❶〈副〉a)稍微:~候|~许|两者~有不同。b)逐渐;渐渐:~出近之,慭慭然,莫相知。❷〈名〉古代官府发给的粮食:日有廪~之供。❸〈名〉姓。
　　△另见 shào。

【稍微】shāowēi〈副〉表示数量少或程度浅:~有点儿咸|~偏了一点儿。

【稍许】shāoxǔ〈副〉稍微:交通~有些不便。

蛸 shāo 见[蟏(xiāo)蛸]。
　　△另见 xiāo。

筲(*箾) shāo〈名〉水桶,多用竹木制成。

艄 shāo〈名〉❶船尾:船~。❷舵:掌~。

【艄公】(梢公)shāogōng〈名〉船尾掌舵的人,也指撑船的人。

鞘 shāo〈名〉鞭鞘,拴在鞭子头上的细皮条等。
　　△另见 qiào。

—— sháo ——

勺 sháo❶〈名〉舀东西的用具,略作半球形,有柄:饭~|马~。❷〈量〉容量单位,10 撮等于 1 勺,10 勺等于 1 合(gě)。

芍 sháo[芍药]〈名〉草本植物,花大而美丽,供观赏,根可入药。

杓 sháo 同"勺"①。
　　△另见 biāo。

苕 sháo 方言。〈名〉甘薯。也叫"红苕"。
　　△另见 tiáo。

韶 sháo❶〈形〉美;美好:~光|~华|~景(美景)。❷〈名〉姓。

【韶光】sháoguāng〈名〉美好的时光;春光。

【韶华】sháohuá〈名〉韶光。

【韶秀】sháoxiù〈形〉清秀。

—— shǎo ——

少 shǎo❶〈形〉数量小(跟"多"相对):~数|~许|稀~。❷〈动〉不够原有或应有的数目;缺少(跟"多"相对):多退~补。❸〈动〉丢;遗失:一路上什么行李也没~。❹〈副〉暂时;稍微:~候|~安毋躁。
　　△另见 shào。

【少安毋躁】shǎo ān wú zào 暂时安心等待,不要急躁。

【少间】shǎojiān〈名〉一会儿。

【少顷】shǎoqǐng〈名〉一会儿。

【少时】shǎoshí〈名〉一会儿;不多时。

【少许】shǎoxǔ〈形〉少量;一点儿。

【少选】shǎoxuǎn〈名〉一会儿;不多时。

备用词 多少 至少 短少 减少 缺少 微少 稀少 凶多吉少

—— shào ——

少 shào❶〈形〉年纪轻(跟"老"相对):~女|~年|~不更事。❷〈名〉少爷:阔~|恶~。❸〈名〉姓。
　　△另见 shǎo。

【少不更事】shào bù gēng shì 年纪轻,经历的事情不多,缺少经验。

【少府】shàofǔ〈名〉古代官名,唐代为县尉的通称。

【少牢】shàoláo〈名〉古代祭祀用羊和猪做祭品称少牢。

【少年】shàonián〈名〉❶人十岁左右到十五六岁的阶段:~时代。❷指上述年龄的人:英雄~。

【少年老成】shàonián lǎochéng 原指人虽年轻,却很老练。现也指年轻人缺乏应有的朝气。

【少相】shàoxiang〈形〉指人的相貌比实际年

龄显得年轻。

【少小】shàoxiǎo〈名〉年幼时：～离家老大回，乡音无改鬓毛衰(cuī)。

【少爷】shàoye〈名〉❶旧时仆人称主人的儿子，泛指这种家庭出身的男性青少年。❷旧时尊称别人的儿子。

【少壮】shàozhuàng〈形〉年轻力壮：～派|～不努力，老大徒伤悲。

召 shào〈名〉❶周朝国名。在今陕西凤翔一带。❷姓。
△另见 zhào。

邵 shào〈名〉姓。

劭 shào❶〈动〉劝勉：～农。❷〈形〉美好(多指道德品质)：年高德～。

绍(紹) shào❶〈动〉继续；继承：～述|复大业。❷〈名〉指浙江绍兴：～酒|～剧。❸〈名〉姓。

【绍介】shàojiè〈动〉介绍。

捎 shào〈动〉稍微向后倒退(多指骡马等)。
△另见 shāo。

哨 shào❶〈名〉为警戒、侦察等而设的岗位：岗～|放～。❷〈名〉古代军队编制单位：左右～各十指挥。❸〈量〉用于军队：一～人马。❹〈动〉鸟叫：画眉～得很好听。❺〈名〉一种用金属等制成的能吹出尖锐声音的响器：吹～|忽听得～响了起来。

【哨棒】shàobàng〈名〉防身的木棒。

【哨兵】shàobīng〈名〉执行警戒任务的士兵。

【哨卡】shàoqiǎ〈名〉设在边境或要道处的哨所。

【哨所】shàosuǒ〈名〉警戒分队岗兵所在的处所。

【哨位】shàowèi〈名〉哨兵站岗放哨的位置。

备用词 步哨 放哨 岗哨 前哨 巡哨 呼哨 唿哨 口哨

稍 shào[稍息]〈动〉军事或体操口令，命令从立正姿势变为休息姿势。
△另见 shāo。

潲 shào❶〈动〉雨斜着落下来：～雨。❷方言。〈动〉洒水：扫地先一～点儿水。❸方言。〈名〉用泔水、米糠、野菜等煮成的饲料：猪～。

— shē —

奢 shē〈形〉❶奢侈：～华|骄～淫逸|穷～极欲。❷过分的：～望|～求。

【奢侈】shēchǐ〈形〉花费大量钱财，追求过分享受：～浪费。

【奢华】shēhuá〈形〉奢侈豪华：大厅内陈设～。

【奢靡】(奢糜) shēmí〈形〉奢侈浪费：～的生活。

【奢望】shēwàng❶〈名〉过高的希望：不存。❷〈动〉过高地希望：～得到巨额利润。

赊(賒) shē❶〈动〉赊欠：～购|～销。❷〈形〉远：去郭轩楹敞，无村眺望～。

【赊欠】shēqiàn〈动〉买卖货物时买方延期付款，卖方延期收款：现金交易，概不～。

猞 shē[猞猁]〈名〉哺乳动物，外形像猫而大，性凶猛，善爬树。

畲 shē〈名〉畲族，我国少数民族之一，主要分布在福建、浙江、江西、广东、安徽。

畬 shē〈名〉焚烧田里的草木，用草木灰做肥料的耕作方法。
△另见 yú。

— shé —

舌 shé〈名〉❶舌头：～根|唇～|瞠目结～。❷像舌头的东西：帽～|火～。❸指说的话；言语：学～。❹铃或铎中的锤。

【舌敝唇焦】shé bì chún jiāo 话说得太多，舌头都破了，嘴唇都干了，形容费尽唇舌。

【舌耕】shégēng〈动〉旧时指靠教书谋生。

【舌剑唇枪】shé jiàn chún qiāng 见【唇枪舌剑】。

【舌头】shétou〈名〉❶辨别滋味、帮助咀嚼和发音的器官。❷为了解敌情而活捉来的敌人：捉～。

【舌战】shézhàn〈动〉激烈辩论：诸葛亮～群儒。

折 shé❶〈动〉断：棍子～了。❷〈动〉亏损：～本|亏～。❸〈名〉姓。
△另见 zhē；zhé。

【折本】shéběn〈动〉赔本：做买卖折了本。

佘 shé〈名〉姓。

蛇(*虵) shé〈名〉爬行动物，身体圆而细长，有鳞，没有四肢。吃蛙、鼠、鸟等小动物。种类很多，有的有毒。
△另见 yí。

【蛇头】shétóu 方言。〈名〉组织偷渡并从中获取钱财的人。

【蛇蝎】shéxiē〈名〉比喻狠毒的人：～心肠。

【蛇行】shéxíng〈动〉❶伏在地上，像蛇那样爬着前进：~而上。❷曲折延伸：小径千折~。

【蛇足】shézú〈名〉比喻多余无用的事物。参看〖画蛇添足〗。

阇（闍）shé［阇梨］〈名〉高僧，泛指僧。△另见 dū。

—— shě ——

舍（捨）shě〈动〉❶放弃；抛弃：~弃｜~财｜取~。❷施舍：~药｜~粥。△另见 shè。

【舍本逐末】shě běn zhú mò 舍弃事物根本的、主要的，而去追求枝节的、次要的，形容轻重倒置。

【舍近求远】shě jìn qiú yuǎn 舍弃近处的去寻找远处的，形容做事走弯路或追求不切实际的东西。

【舍弃】shěqì〈动〉丢开；抛弃。

【舍身】shěshēn〈动〉原指佛教徒牺牲肉体表示虔诚，后泛指为正义事业或为他人而牺牲自己：董存瑞~炸碉堡。

【舍生取义】shě shēng qǔ yì 指为正义而牺牲生命。

【舍生忘死】shě shēng wàng sǐ 不把个人生死放在心上，形容不顾个人安危。也说"舍死忘生"。

【舍死忘生】shě sǐ wàng shēng 见"舍生忘死"。

—— shè ——

库（厙）shè〈名〉❶方言。村庄（多用于地名）。❷姓。

设（設）shè ❶〈动〉设立；布置：~置｜~宴｜创~。❷〈动〉筹划：~计｜想方~法。❸〈动〉假设：~想｜~身处地。❹〈连〉假如；倘若：~有急难，当助一臂之力。

【设拜】shèbài〈动〉行礼。

【设备】shèbèi ❶〈名〉进行某项工作或供应某种需要所必需的成套建筑或器物：卫生~｜~齐全。❷〈动〉设置以备应用：新实验室~得很齐全。

【设法】shèfǎ〈动〉想办法。

【设防】shèfáng〈动〉设置防卫的武装力量：步步~。

【设或】shèhuò〈连〉假如。

【设计】shèjì ❶〈动〉在正式做某项工作之前，根据一定的目的要求，预先制定方法、图样等：服装~｜~师｜~施工方案｜~图纸。❷〈名〉设计的方案或规划的蓝图等：这项~已经完成。

【设立】shèlì〈动〉成立（组织、机构等）：~保健站。

【设若】shèruò〈连〉假如。

【设色】shèsè〈动〉涂色；着色。

【设身处地】shè shēn chǔ dì 设想自己处在别人的地位或境地，指替别人着想。

【设施】shèshī〈名〉为某种需要而建立的机构、系统、组织、建筑等：~齐全｜军事~｜卫生~。

【设使】shèshǐ〈连〉假如；假使；如果。

【设誓】shèshì〈动〉发誓。

【设问】shèwèn〈动〉一种修辞手法。为了强调某一种看法，先提出问题，以引起注意和思考，紧接着作出回答，这种自问自答叫"设问"。如："我们的权力是谁给的？是人民给的。"

【设想】shèxiǎng〈动〉❶想象：后果不堪~。❷着想：处处替别人~。

【设置】shèzhì〈动〉❶设立：公园里~了游乐场。❷安装；放置：~障碍。

备用词 安设 摆设 陈设 创设 敷设 附设 架设 建设 开设 铺设 添设 虚设 天造地设

社 shè〈名〉❶某些集体组织：诗~｜报~｜棋~｜~团｜出版~｜集会结~。❷某些服务性单位：茶~｜旅行~。❸古代指土神，也指祭土神的地方、日子和祭礼：春~｜~日。❹姓。

【社保】shèbǎo〈名〉社会保险的简称。

【社会】shèhuì〈名〉❶指以一定的经济基础和上层建筑构成的整体：奴隶~｜封建~。❷指由于共同的物质条件而互相联系起来的人群：贵族~｜上层~。

【社会保险】shèhuì bǎoxiǎn 国家以保险形式实行的社会保障制度，在劳动者或公民暂时或永久丧失劳动能力以及发生其他困难时，由国家、社会对他们给予物质生活保证。简称"社保"。

【社会福利】shèhuì fúlì 国家和社会在物质方面为个人、群体和社区提供公益服务，如文化、教育、医疗等事业，也指在城乡中为孤、老、残、幼及精神病患者提供物质帮助和特殊服务。

【社会工作】shèhuì gōngzuò 本职工作之外的没有报酬的为群众服务的工作：上课之余他

还担任了一些～。

【社会关系】shèhuì guānxì ❶指个人的亲戚朋友关系。❷指人们在共同活动过程中彼此间所结成的关系。

【社会活动】shèhuì huódòng 本职工作以外的集体活动,如党团活动、工会活动等;参加～。

【社会科学】shèhuì kēxué 研究各种社会现象的科学,包括政治经济学、历史学、法学、教育学、文艺学、美学、伦理学等。

【社会青年】shèhuì qīngnián〈名〉指社会上既不上学又未就业的青年。

【社会主义】shèhuì zhǔyì〈名〉❶指科学社会主义学说。❷指社会主义社会,是共产主义的初级阶段。是无产阶级通过革命斗争,夺取政权后产生的。我国在社会主义初级阶段,坚持公有制为主体、多种所有制经济共同发展的基本经济制度,坚持按劳分配为主体、多种分配方式并存的分配制度。社会主义的本质是解放生产力,发展生产力,消灭剥削,消除两极分化,最终达到共同富裕。

【社稷】shèjì〈名〉土神和谷神。古代君主都祭社稷,后用"社稷"作为国家的代称。

【社交】shèjiāo〈名〉指社会上人与人之间的交际往来:～活动|～场合|～能力。

【社论】shèlùn〈名〉报社或杂志社在自己的报纸或刊物上,以本社名义发表的评论当前重大问题的文章;发表～。

【社情】shèqíng〈名〉社会情况:了解～民意|该地区的～十分复杂。

【社区】shèqū〈名〉❶城市中以某种社会特征划分的居住区:旧金山华人～。❷我国城镇按地理位置划分的居民区:～服务|～建设|～文化活动。

【社群】shèqún〈名〉社会群体:华人～。

【社团】shètuán〈名〉各种群众性的组织的总称,如工会、学生会等:～活动。

【社戏】shèxì〈名〉旧时农村中迎神赛会时所演的戏,多在空地上搭台演出。

舍 shè ❶〈名〉房屋:房～|庐～|茅～。❷〈名〉舍间:敝～|寒～。❸〈名〉养家畜的圈:猪～。❹〈名〉谦辞,用于对别人称自己的辈分低或年纪小的亲属:～弟|～亲。❺〈量〉古代三十里为一舍:退避三～。❻〈名〉姓。
　　△另见 shě。

【舍间】shèjiān〈名〉谦称自己的家。也说"舍下"。

【舍利】shèlì〈名〉佛教称释迦牟尼遗体焚烧之后结成的珠状的东西,后来也泛指佛教修行者死后火化剩余的骨头。也叫"舍利子"。[外]

【舍人】shèrén〈名〉战国至汉初贵族或官僚的侍从、门客等亲近的人。

备用词　庐舍　旅舍　茅舍　宿舍　田舍　校舍　打家劫舍　退避三舍

拾 shè〈动〉轻步而上:～级。
　　△另见 shí。

【拾级】shèjí〈动〉经由阶梯一级一级地上升:～而上。

射(*躲) shè〈动〉❶用推力或弹力送出(箭、子弹、足球等):～击|～箭|发～。❷用压力使流体通过小孔迅速送去:喷～|注～。❸放出(光、热、电波等):辐～|照～|折～。❹有所指:影～|隐～。

【射程】shèchéng〈名〉弹头发射后所能达到的距离。

【射击】shèjī ❶〈动〉用枪炮等发射弹头。❷〈名〉体育运动项目之一,用枪射靶。

【射猎】shèliè〈动〉打猎。

【射手】shèshǒu〈名〉指熟练地射箭或放枪炮的人:机关枪～。

备用词　攒射　点射　发射　扫射　反射　放射　辐射　闪射　投射　映射　照射　折射　暗射　隐射　影射　喷射　注射

涉 shè〈动〉❶徒步过水,泛指从水上经过;渡:跋山～水|远～重洋。❷经历:～险|

~世未深。❸牵连:牵~|~及|~嫌|干~。

【涉案】shè'àn〈动〉牵涉到案件之中;涉及案件:~团伙|此人~很深|这起经济案件~人员七人|~金额一千多万元。

【涉笔】shèbǐ〈动〉用笔写作;动笔:~成趣。

【涉笔成趣】shè bǐ chéng qù 形容一动笔就画出或写出很有意趣的东西。

【涉及】shèjí〈动〉牵涉到;关联到:~面宽|这个案子~好几个人|这部作品~了众多的历史人物。

【涉猎】shèliè〈动〉❶粗略地阅读:他~的书很多|诸子经史多所~。❷接触;涉及:学生生活是作家们较少~的领域。

【涉密】shèmì〈动〉涉及机密:~文件|因为~,这些数据不能公布。

【涉世】shèshì〈动〉经历社会上的事:~不深。

【涉外】shèwài〈形〉涉及外交的;与外国有关的:~工作|~机构。

【涉嫌】shèxián〈动〉有跟某件事有关的嫌疑。

【涉险】shèxiǎn〈动〉经历危险;冒着危险:~救人|~过关|~救助落水儿童。

【涉足】shèzú〈动〉指进入某种环境或范围:~文坛。

备用词　干涉　关涉　交涉　牵涉

赦　shè〈动〉减轻或免除刑罚:大~|特~|~罪|~免|十恶不~。

【赦免】shèmiǎn〈动〉依法定程序减轻或免除对罪犯的刑罚。

摄(攝)　shè〈动〉❶吸取:~取|~食。❷摄影或摄像:拍~|~制。❸保养:~生|~护。❹代理:~理|~政。

【摄取】shèqǔ〈动〉❶吸收:~营养|鱼类通过鳃~氧气。❷拍摄:~镜头。

【摄氏温度】shèshì wēndù 摄温标的度数,用符号"℃"表示。

【摄像】shèxiàng〈动〉用摄像机拍摄实物影像:~师。

【摄像机】shèxiàngjī〈名〉用来摄取人物、景物并记录声音的装置。它将图像分解并变成电信号,用来拍摄文体节目、集会实况等。通常有光学摄像机、数字摄像机等。

【摄影】shèyǐng〈动〉❶用照相机拍下实物影像。通称"照相":~留念。❷拍电影:~棚。

【摄政】shèzhèng〈动〉代君主处理政务。

【摄制】shèzhì〈动〉拍摄并制作(电影片、电视片等)。

溻(㲺)　shè[溻口]〈名〉地名,在湖北。

慑(慴*懾)　shè〈动〉害怕;使害怕:~服|威~|震~。

【慑服】shèfú〈动〉❶因恐惧而顺从:~于权势。❷使恐惧并屈服:以武力~人。

歙　shè〈名〉歙县,地名,在安徽。△另见xī。

麝　shè〈名〉哺乳动物,外形像鹿而小,无角,前肢短,后肢长,善于跳跃。雄麝腹部有腺囊,能分泌麝香。通称"香獐子"。

— shéi —

谁(誰)　shéi,又读 shuí〈代〉❶问人:你找~?|~的书丢了?|参加比赛的队员都有~?[注意]"谁"可以指一个人,也可指几个人,相当于"什么人"、"哪个人"、"哪些人"等。方言中有用"谁们"表示复数的。❷用在反问句里表示没有一个人:~说俺家乡好|~能比得上你呀![注意]反问句中用"谁知道"有时候是"不料"的意思:我本是跟她开玩笑,~知道她真急了。❸虚指,表示不知道的人或无须说出姓名和说不出姓名的人:书不知道被~拿走了。❹任指,表示任何人:~也不清楚是怎么回事|他们俩~也说服不了~|大家看~合适,就选~当代表。

— shēn —

申　shēn ❶〈动〉说明;陈述:~说|~述|重(chóng)~|三令五~。❷〈名〉地支的第九位。参看[干支]。❸〈名〉申时,旧式计时法指下午三点钟到五点钟的时间。❹〈名〉上海的别称。❺〈名〉姓。

【申办】shēnbàn〈动〉申请办理或举办:~下届运动会|~奥运会。

【申报】shēnbào〈动〉用书面向上级或有关部门报告:~户口。

【申辩】shēnbiàn〈动〉申述理由,加以辩解。

【申斥】shēnchì〈动〉斥责;责备(多用于上级对下级)。也作"申饬"。

【申饬】shēnchì 同"申斥"。

【申购】shēngòu〈动〉申请购买:~新股|~经济适用房。

【申领】shēnlǐng〈动〉申请领取:~牌证|结婚证。

【申令】shēnlìng〈动〉下令;命令:~全国。

S

【申论】shēnlùn ❶〈动〉申述论证:他再次～了自己的见解。❷〈名〉指申论考试,国家公务员的一项考试科目,考生根据指定的材料进行分析,提出见解,并加以论证:考～。

【申明】shēnmíng〈动〉郑重地说明:～理由。

【申请】shēnqǐng〈动〉向上级或有关部门申述理由并提出请求:～入团。

【申述】shēnshù〈动〉详细地说明:～理由。

【申说】shēnshuō〈动〉申述;说明。

【申诉】shēnsù〈动〉❶诉讼当事人或其他公民对已发生法律效力的判决或裁定不服时,依法向法院或检察院提出重新处理的请求。❷国家机关工作人员和政党、团体成员等对所受处分不服时,向原机关或上级机关提出自己的意见。

【申讨】shēntǎo〈动〉声讨。

【申屠】shēntú〈名〉姓。

【申雪】(伸雪)shēnxuě〈动〉表白或洗雪冤屈。

【申冤】shēnyuān〈动〉❶洗雪冤屈:为民～。也作"伸冤"。❷申诉自己所受的冤屈,希望得到洗雪。

备用词 重申 引申 三令五申

伸 shēn ❶〈动〉(肢体或物体的一部分)展开:～缩|～展|延～。❷同"申"①。❸〈名〉姓。

【伸手】shēnshǒu〈动〉❶伸出手,比喻向别人或组织要(名利等):从不向单位～。❷插手:这件事你别～。

【伸雪】shēnxuě 同"申雪"。

【伸冤】shēnyuān 同"申冤"①。

【伸展】shēnzhǎn〈动〉向一定方向延伸扩展:公路向远方～开去。

【伸张】shēnzhāng〈动〉扩大(多指抽象事情):～正义。

备用词 欠伸 延伸 能屈能伸

身 shēn ❶〈名〉身体:～躯|～材|纵～。❷〈名〉指生命:献～|奋不顾～。❸〈名〉自己;本身:以～作则|孑然一～。❹〈名〉人的身份、地位:～败名裂。❺〈名〉人的品格和修养:修～。❻〈名〉物体的中部或主要部分:河～|船～。❼〈名〉孕:有～。❽〈量〉用于衣服:一～西服。

【身败名裂】shēn bài míng liè 地位丧失,名誉扫地。

【身板】shēnbǎn 方言。〈名〉身体;体格:～硬朗。

【身材】shēncái〈名〉指人身体的高矮和胖瘦:

～苗条|五短～。

【身段】shēnduàn〈名〉❶女性身体的姿态:～俏。❷演员表演的各种舞蹈化的动作。

【身分】shēnfen 同"身份"。

【身份】shēnfen 也作"身分"。〈名〉❶人在社会上或法律上的地位:降低～。❷特指受人尊重的地位:在当地很有~|有失～。

【身故】shēngù〈动〉(人)死亡:染病～。

【身后】shēnhòu〈名〉指人死后:～留下一子一女。

【身家】shēnjiā〈名〉❶自身和家庭:～性命。❷旧时指家庭出身:～清白。

【身价】shēnjià〈名〉❶旧社会里人身买卖的价格。❷指一个人的社会地位:～百倍。

【身教】shēnjiào〈动〉用自己的行动给别人做出榜样:～重于言教。

【身量】shēnliang〈名〉身材;个子:高～。

【身躯】shēnqū〈名〉身体;身材:～高大|瘦弱的～。

【身世】shēnshì〈名〉个人的经历和遭遇。

【身手】shēnshǒu〈名〉本领:～不凡。

【身受】shēnshòu〈动〉亲身受到:感同～。

【身体】shēntǐ〈名〉一个人或一个动物的生理组织的整体,有时特指躯干和四肢。

【身体力行】shēn tǐ lì xíng 亲身体验,努力实行。

【身外之物】shēn wài zhī wù 个人身体以外的东西(指财产等,表示无足轻重的意思)。

【身无长物】shēn wú chángwù 见〖别无长物〗。

【身先士卒】shēn xiān shìzú 作战时将帅带头冲在士兵的前面,现多比喻领导带头走在群众前面。

【身心】shēnxīn〈名〉身体和精神:增进～健康。

【身孕】shēnyùn〈名〉怀了胎儿的现象:她已有三个月～。

【身姿】shēnzī〈名〉身体的姿态:健美的～。

【身子骨儿】shēnzigǔr 方言。〈名〉体格:～挺结实的。

备用词 安身 翻身 分身 合身 化身 浑身 栖身 切身 亲身 容身 挺身 献身 终身 自身 独善其身 奋不顾身 明哲保身 惹火烧身 引火烧身

呻 shēn [呻吟]〈动〉人因痛苦而发出声音。

诜(詵) shēn [诜诜]〈形〉形容众多。

参(參 *❶蓡❶蔘) shēn〈名〉❶人参、党参等的统称。通常指人参。❷星宿名,二十八宿之一。△另见 cān;cēn。

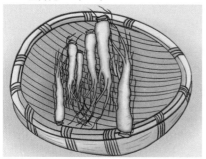

【参商】shēnshāng〈名〉参和商二星。都是二十八宿之一,两者不同时在天空中出现。比喻亲友不能会面,也比喻人与人感情不和睦。

绅(紳) shēn〈名〉❶古代士大夫束在腰间的大带子。❷绅士:乡—|土豪劣~。

【绅耆】shēnqí〈名〉旧时指地方上的绅士和有声望的老人。

【绅士】shēnshì〈名〉旧时指地方上有地位、有功名的人,一般是地主或退职官僚。

<u>备用词</u> 豪绅 劣绅 士绅 乡绅

珅 shēn〈名〉古书上说的一种玉。

莘 shēn❶[莘莘]〈形〉形容众多:~学子|~征夫。❷〈名〉莘县,地名,在山东。❸〈名〉姓。△另见 xīn。

砷 shēn〈名〉❶非金属元素,符号 As。有毒,砷的化合物用作杀菌剂和杀虫剂。旧称"砒(pī)"。❷姓。

娠 shēn〈动〉怀孕:妊~|~期。

深(*滵) shēn❶〈形〉从上到下或从外到里的距离大(跟"浅"相对,③—⑥同):~耕|~巷。❷〈名〉深度:枯井~有八米。❸〈形〉高深奥妙,不易理解:~奥|由浅入~。❹〈形〉深刻;深入:~谈|~思。❺〈形〉(感情)厚;(关系)密切:~情|~交。❻〈形〉(颜色)浓:~红。❼〈形〉距离开始的时间很久:~秋|~夜|年~日久。❽〈副〉很;十分:~信不疑|~表谢意。❾〈名〉姓。

【深奥】shēn'ào〈形〉(道理、含义)高深难懂:这门学问很~。

【深闭固拒】shēn bì gù jù 形容坚决不接受新事物或别人的正确意见。

【深藏若虚】shēn cáng ruò xū 把宝贵的东西收藏起来,好像没有一样(见于《史记·老庄申韩列传》)。比喻人有知识才能但不爱在人前表现。

【深长】shēncháng〈形〉(意思)深刻而耐人寻味:意味~。

【深沉】shēnchén〈形〉❶程度深:夜色~。❷(声音)低沉:~有力的呼喊。❸思想感情不外露:感情~。

【深更半夜】shēngēng-bànyè 深夜。

【深广】shēnguǎng〈形〉深刻而广泛:影响~。

【深厚】shēnhòu〈形〉❶(感情)浓厚:~的感情|友情~。❷(基础)坚实:~的群众基础。

【深化】shēnhuà〈动〉事物的矛盾或对事物的认识等向更深的阶段发展:认识不断~。

【深究】shēnjiū〈动〉认真而深入地追究:对这些小事不必~。

【深居简出】shēn jū jiǎn chū 经常待在家里,很少出门。

【深刻】shēnkè〈形〉❶达到事情或问题的本质的:~的认识。❷感受程度很深的:~的印象。

【深谋远虑】shēn móu yuǎn lǜ 周密地谋划,往长远处考虑。

【深浅】shēnqiǎn〈名〉❶深和浅的程度:测量河水的~。❷比喻分寸:说话不知~。

【深切】shēnqiè〈形〉❶深厚而亲切:~的怀念。❷深刻而切实:对问题有~的了解。

【深情】shēnqíng❶〈名〉深厚的感情:满怀~。❷〈形〉感情深厚:归国侨胞~地望着故乡的土地。

【深情厚谊】shēn qíng hòu yì 泛指深厚的感情和友谊。

【深入】shēnrù❶〈形〉深刻;透彻:对问题要作~的调查研究。❷〈动〉透过事物的外部达到事物的内部或中心:领导必须~群众。

【深入浅出】shēn rù qiǎn chū 内容很深刻,而措辞却浅显易懂。

【深山】shēnshān〈名〉距离山外很远、人不常到的山岭。

【深思】shēnsī〈动〉深刻地思考:这件事令人~。

【深思熟虑】shēn sī shú lǜ 深入细致地反复思考。

【深邃】shēnsuì〈形〉❶深；深广：山谷～｜～的夜空，星光灿烂。❷深奥：～的哲理。

【深味】shēnwèi〈动〉深刻地体会。

【深恶痛疾】shēn wù tòng jí 深恶痛绝。

【深恶痛绝】shēn wù tòng jué 极端地厌恶和痛恨。

【深宵】shēnxiāo〈名〉深夜。

【深省】shēnxǐng〈动〉深刻地省悟：发人～。也作"深醒"。

【深醒】shēnxǐng 同"深省"。

【深渊】shēnyuān〈名〉❶很深的水：万丈～。❷比喻无法摆脱的困境：苦难的～。

【深远】shēnyuǎn〈形〉（意义、影响等）深刻而久远：～的影响。

【深造】shēnzào〈动〉进一步学习以达到更高的水平：出国～。

【深湛】shēnzhàn〈形〉精深；精湛：技艺～。

【深挚】shēnzhì〈形〉（感情）深厚而真挚：～的感情。

【深重】shēnzhòng〈形〉（罪孽、灾难等）程度深：～的灾难。

备用词　高深　艰深　精深　渊深　讳莫如深　苦大仇深　莫测高深

糁（糝＊籸） shēn〈名〉谷类磨成的碎粒：玉米～儿。
△另见 sǎn。

鯵（鯵） shēn〈名〉鱼，身体侧扁，侧面呈卵圆形，鳞细。生活在海洋中。

燊 shēn〈形〉炽盛。

— shén —

什 shén[什么]〈代〉❶表示疑问：你说～？❷虚指，表示不肯定的事物：他们正在议论着～。❸表示任指：心里烦，～也不愿干。❹表示否定：挤～! 按次序来。❺表示惊讶或不满，～! 功课还没做完？❻用于列举：～花儿呀草呀，种了一院子。
△另见 shí。

甚 shén 同"什"(shén)。
△另见 shèn。

神 shén ❶〈名〉宗教指天地万物的创造者和统治者，迷信的人指能力、德行高超的人物死后的精灵：～仙｜～灵｜～像。❷〈名〉神话传说中的人物，有超人的能力：用兵如～。❸〈形〉特别高超或出奇，令人惊异的：～速｜～异。❹〈名〉精神；精力：～思｜～韵｜～养。❺

〈名〉气色；表情：～情｜～色。❻〈名〉姓。

【神采】shéncǎi〈名〉人的面部的精神和光彩：～奕奕（精神饱满、容光焕发的样子）。

【神差鬼使】shén chāi guǐ shǐ 见〖鬼使神差〗。

【神出鬼没】shén chū guǐ mò 形容变化巧妙迅速，或一会儿出现，一会儿隐没。也形容人行动无常，不易捉摸。

【神父】shénfù〈名〉天主教、东正教的神职人员，通常为一个教堂的负责人，职位在主教之下，称为"司铎"。也作"神甫"。

【神甫】shénfu 神父。

【神工鬼斧】shén gōng guǐ fǔ 见〖鬼斧神工〗。

【神乎其神】shén hū qí shén 形容非常神秘而奇妙：他说得～。

【神化】shénhuà〈动〉把人或物当作神来看待：不可～伟人。

【神话】shénhuà〈名〉❶关于神仙或被神化了的古代英雄人物的故事，反映了古代人民对自然现象和社会生活的天真的解释以及对理想的追求。❷比喻荒诞的无稽之谈：人民军队粉碎了帝国主义不可战胜的～。

【神魂】shénhún〈名〉精神；神志（多指不正常状态）：～颠倒。

【神机妙算】shén jī miào suàn 惊人的机智，妙的谋划，形容有预见性，善于估计复杂变化的情势，决定策略。

【神交】shénjiāo ❶〈名〉指心意投合、交往很深的朋友。❷〈动〉指彼此慕名而没有见过面：～已久。

【神经】shénjīng〈名〉❶把中枢神经系统的兴奋传递给各个器官，或把各个器官的兴奋传递给中枢神经系统的组织，是由许多神经纤维构成的。❷指精神失常的状态：发～｜犯～。

【神经质】shénjīngzhì〈名〉指人的神经过敏、胆小怯懦、情感容易冲动的性质。

【神力】shénlì〈名〉比喻超人的力量。

【神灵】shénlíng〈名〉神①的总称。

【神秘】shénmì〈形〉难以摸透的；莫测高深的：科学技术并不是那么～，只要努力钻研，就可以掌握它。

【神妙】shénmiào〈形〉神奇而巧妙。

【神明】shénmíng〈名〉❶神①的总称：奉若～。❷指人的精神：～不衰。

【神奇】shénqí〈形〉神妙奇特：这一切初听起来过于～。

【神祇】shénqí〈名〉泛指神（神：天神；祇：地

神）。

【神气】shénqì ❶〈名〉神态;神情:祥林嫂比初来时候～畅些。❷〈形〉精神饱满:他穿上崭新的军装,显得很～。❸〈形〉形容得意或傲慢的样子:～活现。

【神器】shénqì〈名〉指帝位。

【神情】shénqíng〈名〉人面部显露出来的内心活动:～自若。

【神权】shénquán〈名〉❶迷信的人指鬼神所具有的支配人们命运的权力。❷奴隶社会、封建社会的最高统治者宣扬他们的统治权力是神所赋予的,所以把这种统治权力叫作“神权”。

【神人】shénrén〈名〉❶神仙;道家指得道的人。❷旧称才貌特出非世间所常见的人。

【神色】shénsè〈名〉神情:～慌张。

【神圣】shénshèng ❶〈形〉极其崇高而庄严的:～使命。❷〈名〉指神仙:何方～?

【神似】shénsì〈形〉精神实质上相似:画人物不应满足于形似,而应追求～。

【神速】shénsù〈形〉形容速度快得惊人:收效～|变化～。

【神态】shéntài〈名〉神情态度:～自若。

【神通】shéntōng〈名〉❶佛教用语,指无所不能的力量:他仿佛得了～,走得格外快。❷指特别高超的本领:他办事～广大。

【神往】shénwǎng〈动〉内心向往:万里长城令人～。

【神威】shénwēi〈名〉神奇的威力:在抗日战争中,地道战和地雷战大显～。

【神物】shénwù〈名〉❶神奇的东西。❷指神仙。

【神仙】shénxiān〈名〉❶神灵。❷神话传说中的人物,有超人的能力,可以超脱尘世,长生不老。❸比喻能预料或猜透事情的人。❹比喻逍遥自在、毫无拘束和牵挂的人。

【神异】shényì ❶〈名〉指神仙和鬼怪:～故事。❷〈形〉神奇:脑海里闪出一幅～的图画来。

【神勇】shényǒng〈形〉形容人非常勇猛。

【神游】shényóu〈动〉感觉中好像亲游某地:～天下|故国～,多情应笑我,早生华发。

【神韵】shényùn〈名〉精神韵致(多用于评论诗文书画):他的山水画很有～。

【神志】shénzhì〈名〉指人的知觉和理智:～清醒。

【神智】shénzhì〈名〉精神智慧:益人～。

【神州】shénzhōu〈名〉战国时人驺衍称中国为“赤县神州”,后把“神州”作为中国的代称。

备用词 安神　出神　传神　定神　费神　分神　慌神　精神　劳神　留神　凝神　入神　伤神　失神　提神　心神　养神　聚精会神　料事如神　牛鬼蛇神　用兵如神

— shěn —

沈（❶瀋）shěn ❶[沈阳]〈名〉地名,在辽宁。❷〈名〉姓。
△另见 chén。

审（審 *❺讅）shěn ❶〈形〉详细;周密:～慎|精～。❷〈动〉审查:～稿|～议。❸〈动〉审讯:～理|公～。❹〈动〉察看:故～堂下之阴,而知日月之行,阴阳之变。❺〈动〉知道;～悉。❻〈副〉的确;果然:～如其言。❼〈名〉姓。

【审查】shěnchá〈动〉检查核对是否正确、妥当或是否有问题:～计划|～提案。

【审察】shěnchá〈动〉❶仔细观察。❷审查。

【审谛】shěndì〈动〉仔细考察或观察:～之,短小,黑赤色,顿非前物。

【审订】shěndìng〈动〉审阅修订(文章、著作等)。

【审核】shěnhé〈动〉审查核定:～预算。

【审计】shěnjì〈动〉审核检查(会计账目、报表等)。

【审理】shěnlǐ〈动〉审查并处理(案件)。

【审美】shěnměi〈动〉领会事物或艺术品的美:独特的～观点。

【审判】shěnpàn〈动〉审理和判决(案件)。

【审慎】shěnshèn〈形〉周密而谨慎:办事力求～。

【审时度势】shěn shí duó shì 了解时势的特点,估计情况的变化。

【审视】shěnshì〈动〉仔细地看。

【审讯】shěnxùn〈动〉公安机关、检察机关或法院向犯罪嫌疑人或刑事案件中的被告人查问有关案件的事实。

【审验】shěnyàn〈动〉审核查验;审查检验:～身份|～驾驶证|～商店的注册资金和经营范围。

【审议】shěnyì〈动〉审查讨论:～施工方案。

哂 shěn〈动〉❶微笑:不值一～。❷讥笑:～笑。

【哂纳】shěnnà〈动〉客套话,用于请人收下礼物。也说“哂收”。

【哂笑】shěnxiào〈动〉讥笑。

矧 shěn〈连〉况且。

谂（諗）shěn〈动〉❶知道：～知｜～悉。❷劝告。

渖（*瀋）shěn〈名〉汁：墨～未干。△"瀋"另见 shěn"沈"。

婶（嬸）shěn〈名〉❶叔叔的妻子：～母。❷称呼跟母亲辈分相同而年纪较小的已婚妇女：大～子｜李～儿。

━━ shèn ━━

肾（腎）shèn〈名〉人或高等动物的主要排泄器官，在脊柱两侧，左右各一，形状像蚕豆，暗红色。也叫"肾脏"。

甚 shèn❶〈副〉很；极：～佳｜幸～｜欺人太～。❷〈动〉超过；胜过：日～一日｜过～其辞。❸方言。〈代〉什么：～事？｜那有～要紧？❹〈名〉姓。△另见 shén。

【甚而】shèn'ér〈连〉甚至：～连他的名字都忘了。

【甚嚣尘上】shèn xiāo chén shàng《左传·成公十六年》记载，楚国跟晋国交战，楚王登车观察晋军动静，对侍臣说："甚嚣，且尘上矣。"意思是晋军喧嚣，纷乱得厉害，连尘土也飞扬起来了。后用"甚嚣尘上"形容对传闻的事议论纷纷。现多指某种言论十分嚣张（含贬义）。

【甚至】shènzhì〈连〉❶用在并列成分中最后一项之前，表示突出这一项：他们贡献出所有的精力，～最宝贵的生命。❷强调突出的事例，后面常跟"也"、"都"配合：这篇文章中有些字～字典上也查不到。

胂 shèn〈名〉有机化合物的一类。

渗（滲）shèn〈动〉液体慢慢地透过或漏出：～漏｜～透｜～井。

【渗透】shèntòu〈动〉❶两种气体或两种可以互相混合的液体，彼此通过多孔性的薄膜而混合。❷液体从物体的细小孔隙中透过。❸比喻一种事物或势力逐渐进入到其他方面：经济～。

谌（諶）shèn〈名〉姓。△另见 chén。

葚 shèn 见〖桑葚〗。△另见 rèn。

椹 shèn 同"葚"（shèn）。

蜃 shèn〈名〉大蛤蜊。

【蜃景】shènjǐng 见〖海市蜃楼〗。

瘆（瘮）shèn〈动〉使人害怕；可怕：～人｜～得慌。

慎（*昚）shèn❶〈形〉谨慎；小心：不～｜～独（指人独处时谨慎地遵守道德原则）。❷〈副〉表示劝诫，意思相当于"千万"：多谢后世人，戒之～勿忘！❸〈名〉姓。

【慎重】shènzhòng〈形〉谨慎认真；小心，不疏忽：这个问题要～处理。

备用词　谨慎　审慎　失慎

━━ shēng ━━

升（*❶❷昇❷陞）shēng❶〈动〉由低往高移动（跟"降"相对）：～腾｜～旗｜回～。❷〈动〉〈等级〉提高（跟"降"相对）：～级｜～格｜晋～。❸〈量〉容量单位。10 合（gě）等于 1 升，10 升等于 1 斗。1 市升合 1 升，即 1000 毫升。❹〈名〉量粮食的器具，容量为 1/10 斗。❺〈名〉姓。

【升格】shēnggé〈动〉身份、地位等升高：公使馆～为大使馆。

【升华】shēnghuá〈动〉❶固态物质不经过液态阶段直接变成气体，如樟脑球逐渐变小就是升华的结果。❷比喻事物的提高和精炼：思想～到新阶段。

【升级】shēngjí〈动〉❶班级升高；等级提高：不及格不能～。❷比喻战争规模扩大或局势的紧张程度加深：战争逐步～。

【升平】shēngpíng〈形〉太平：歌舞～。

【升迁】shēngqiān〈动〉指官员由一个部门调到另一个部门，职位比原来提高。

【升堂入室】shēng táng rù shì 比喻学问或技能由浅入深，循序渐进，达到更高的水平。也说"登堂入室"。

【升腾】shēngténg〈动〉(火焰、气体等)向上升起:火光～。

【升天】shēngtiān〈动〉❶升到天空中,迷信的人指进入仙界:一人得道,鸡犬～(比喻一个人做了官,和他有关系的人也都跟着得势)。❷称人死亡。

【升帐】shēngzhàng〈动〉原指元帅在帐中召集部下议事或发号施令,现多用于比喻。

【升值】shēngzhí〈动〉指增加本国单位货币的含金量或提高本国货币对外币的比价。

备用词 回升 上升 高升 晋升 提升 擢升

生 shēng ❶〈动〉生育:～养|～殖|优～。❷〈动〉生长:～芽|～丛。❸〈动〉生存;活(跟"死"相对):～擒|～还|偷～。❹〈名〉生计:谋～|国计民～。❺〈名〉生命:丧～|捐～|余～。❻〈名〉生平:今～|毕～。❼〈形〉具有生命力的;活的:～物|～灵。❽〈动〉产生;发生:～效|～事|天～。❾〈动〉使柴、煤等燃烧:～炉子。❿〈形〉果实没有成熟(跟"熟"相对,下⑪—⑬同):～瓜。⑪〈形〉(食物)没有煮过或煮得不够的:夹～饭。⑫〈形〉没有加工或炼过的:～铁|～石灰。⑬〈形〉生疏:～僻|～字|～面孔。⑭〈副〉生硬;勉强:～造|～吞活剥。⑮〈副〉很(用在少数表示感情、感觉的词的前面):～怕|～疼。⑯〈名〉学习的人;学生:招～|～师。⑰〈名〉旧时称读书人:书～|儒～。⑱〈名〉称某种人或从事某些职业的人:医～|后～可畏。⑲〈名〉戏曲角色,扮演男子,有老生、小生、武生等。⑳某些副词的后缀(多见于早期白话):好～|怎～。㉑〈名〉姓。

【生搬硬套】shēng bān yìng tào 不顾实际情况机械地搬用别人的做法或经验。

【生产】shēngchǎn〈动〉❶人们通过劳动来创造各种生产资料和生活资料:工业～|～粮食。❷生孩子。

【生产方式】shēngchǎn fāngshì 人们取得物质资料的方式,包括生产力和生产关系两个方面。

【生产关系】shēngchǎn guānxì 人们在物质资料的生产过程中形成的社会关系。它包括生产资料所有制的形式,人们在生产中的地位和相互关系,产品分配的形式。

【生产力】shēngchǎnlì〈名〉人类在生产过程中把自然物改造成为适合自己需要的物质资料的力量,包括具有一定知识、经验和技能的劳

动者,以生产工具为主的劳动资料,以及劳动对象。其中劳动者是首要的、能动的因素。科学技术的广泛运用促进或决定生产力的发展。从这一意义上讲,科学技术是第一生产力。

【生产线】shēngchǎnxiàn〈名〉指工业企业内部完成产品或零部件生产过程所经过的路线,也指组成生产线的全套设备:全自动～。

【生辰】shēngchén〈名〉生日。

【生齿】shēngchǐ〈名〉长出乳齿,古时把长出乳齿的男女登入户籍,后用"生齿"借指人口、家口:～日繁。

【生存】shēngcún〈动〉保存生命(跟"死亡"相对)。

【生动】shēngdòng〈形〉富有活力的;能感动人的:～活泼|文章写得很～。

【生发】shēngfā〈动〉滋生;生长;发展:万年青默默地～着根须,默默地把嫩芽变成宽大的绿叶。

【生分】shēngfen〈形〉感情疏远:别客气,一客气反倒显得～了。

【生俘】shēngfú〈动〉活捉(敌人):敌人全部被～。

【生还】shēnghuán〈动〉脱离险境,活着回来:飞机失事,机上人员无一～。

【生活】shēnghuó❶〈名〉人或生物为了生存和发展而进行的各种活动:日常～。❷〈动〉进行各种活动:我们～在一个新的历史时代。❸〈动〉生存:人脱离了社会就不能～。❹〈名〉指人的衣、食、住、行等方面的情况:人民～水平有了显著提高。❺方言。〈名〉活儿:做～。

【生机】shēngjī〈名〉❶生存的机会:垂危的病人有了一线～。❷生命力;活力:～勃勃。

【生计】shēngjì〈名〉维持生活的办法;生活④:～艰难|另谋～。

【生境】shēngjìng〈名〉指生物的个体、种群或群落生活地域的环境,包括必需的生存条件和其他对生物起作用的生态因素。

【生恐】shēngkǒng〈动〉生怕;唯恐:老师讲得很慢,～学生听不懂。

【生来】shēnglái〈副〉从小时候起:他～就聪明。

【生离死别】shēng lí sǐ bié 指很难再见面的离别或永久的离别。

【生理】shēnglǐ〈名〉机体的生命活动和体内各器官的机能:～特点|～缺陷。

【生力军】shēnglìjūn〈名〉❶新投入战斗的有强大作战能力的军队。❷比喻在某种工作或活动中新加入的能起积极作用的人员。

【生灵】shēnglíng〈名〉❶指人民:～涂炭(形容战乱时期人民处在极端困苦的境地)。❷生命:万物～蓬蓬勃勃,可谓生机万类了。

【生龙活虎】shēng lóng huó hǔ 形容生气勃勃,很有活力。

【生路】shēnglù〈名〉维持生活或得以生存的途径:另谋～。

【生猛】shēngměng方言。〈形〉❶指活蹦乱跳的(鱼虾等):～海鲜。❷富有生气和活力的:动作～|～的武打动作|～的发展势头。

【生民】shēngmín〈名〉人民。

【生命】shēngmìng〈名〉生物体所具有的活动能力。

【生命科学】shēngmìng kēxué 以生物学为基础,多学科、多分支(如分子生物学、细胞遗传学、生物化学)相互交融,系统、完整地研究生命的科学。

【生命力】shēngmìnglì〈名〉指生物维持自身生命的能力。

【生命线】shēngmìngxiàn〈名〉比喻保证生存、发展的最根本的因素。

【生怕】shēngpà〈动〉很怕;唯恐。

【生僻】shēngpì〈形〉不常见的;不熟悉的(词语、文字等):～字。

【生平】shēngpíng〈名〉❶一个人生活的整个过程:烈士～。❷有生以来:这真是～没有见过的奇观。

【生气】shēngqì❶〈动〉因不合心意而产生不愉快的情绪:别惹爸爸～。❷〈名〉生命力;活力:～勃勃。

【生前】shēngqián〈名〉指死去的人还活着的时候。

【生趣】shēngqù〈名〉生活的趣味;生动的意趣:小燕子的回归,为春光平添了许多的～。

【生日】shēngrì〈名〉人出生的日子,也指每年满周岁的那一天。

【生色】shēngsè〈动〉增添光彩。

【生涩】shēngsè〈形〉(文辞)艰涩;不流畅:文笔～。

【生杀予夺】shēng shā yǔ duó 指统治者掌握着生死、赏罚的大权。

【生事】shēngshì〈动〉❶制造纠纷或事端:～陷害。❷惹事:这孩子常在外头～。

【生疏】shēngshū〈形〉❶没有接触过或很少接触的:人地～。❷因荒废而不熟练:技艺～。❸疏远;不亲近:感情～。

【生死】shēngsǐ❶〈名〉生和死;生或死:～关头|～与共|同～,共患难。❷〈形〉同生共死,形容情谊极深:～恋|～弟兄|～之交。

【生死存亡】shēng sǐ cún wáng 或者生存,或者死亡,形容事情非常重大或事态严重或形势极度危急。

【生死肉骨】shēng sǐ ròu gǔ 使死人复生,使白骨长肉,形容恩情极深。

【生死攸关】shēng sǐ yōu guān 关系到人的生和死,形容关系重大。

【生死与共】shēng sǐ yǔ gòng 无论生和死都在一起,形容情谊很深。

【生态】shēngtài〈名〉生物的生理特性和生活习性:～平衡(在生物与环境相互作用过程中所出现的协调状态)。

【生态标志】shēngtài biāozhì 环境标志。

【生态工程】shēngtài gōngchéng 仿照生态系统原理建立的生产工艺体系。结构复杂、相对稳定的生态系统,能在有限空间养育最多的生物种类,各种有机物质和无机物质资源能被不同营养级的生物充分利用。

【生态环境】shēngtài huánjìng 生物和影响生物生存和发展的一切外界条件的总和。由许多生态因素综合而成,其中非生物因素有光、温度、水分、大气、土壤和无机盐类等,生物因素有植物、动物、微生物等。在自然界,生态因素相互联系,相互影响,共同对生物发生作用。

【生态建筑】shēngtài jiànzhù 根据当地自然生态环境,运用生态技术和生态建材设计建造的建筑。它与周围环境成为有机的整体,实现自然、建筑与人的和谐统一,符合可持续发展的需求。

【生态科学】shēngtài kēxué 研究生命系统与环境相互作用规律的学科。研究的热点包括生物多样性的保护和利用,受害生态系统的恢复和重建,全球变化对陆地生态系统的影响及生态系统的管理等。

【生态旅游】shēngtài lǚyóu 以认识自然、欣赏自然、保护自然为主要内容的旅游。

【生态农业】shēngtài nóngyè 一种新型农业,按照生态学原理,应用现代科学技术进行集约经营管理,是综合农业生产体系。

【生态平衡】shēngtài pínghéng 一个生物群落及其生态系统之中,各种对立因素互相制约而达到的相对稳定的平衡。如麻雀吃果树害虫,同时它的数量又受到天敌(如猛禽等)的控制,三者的数量在自然界中达到一定的平衡,要是为了防止麻雀偷吃谷物而滥杀,就会破坏这种平衡,造成果树害虫猖獗。

【生态系统】shēngtài xìtǒng 生物群落中的各种生物之间,以及生物和周围环境之间相互作用构成的整个自然系统。

【生吞活剥】shēng tūn huó bō 唐刘肃《大唐新语·谐谑》记载,枣强尉张怀庆好偷名士文章,有人取笑他"活剥王昌龄,生吞郭正一"。后用"生吞活剥"比喻生硬地接受或机械地搬用别人的言论、经验、方法等。

【生物】shēngwù〈名〉自然界中具有生命的物体。动物、植物、微生物都是生物。

【生物防治】shēngwù fángzhì 利用某些生物来防治对人类有害的生物的方法。如用瓢虫防治棉蚜,用寄生蜂消灭螟虫,用细菌消灭田鼠等。

【生物工程】shēngwù gōngchéng 借助生命物质参与改造自然现象的生物学技术。包括基因工程、细胞工程、酶工程、微生物工程和生物化学工程五个方面。核心是基因工程。

【生物光】shēngwùguāng〈名〉指某些生物由体内器官中特殊的化学反应而产生的光,如萤火虫的发光、深海中某些动物等发出的光。

【生物技术】shēngwù jìshù 运用分子生物学、生物信息学等手段,研究生命系统,以改良或创造新的生物品种的技术。也指运用生物体系与工程学相结合的手段,生产产品和提供服务的技术。

【生物污染】shēngwù wūrǎn 寄生虫、细菌和病毒等有害生物对大气、水源、土壤、食物等所造成的污染,主要由医院污水、肉类加工和食品加工产生的废水、污浊空气等引起。

【生物武器】shēngwù wǔqì 利用有害生物(如有害细菌)大规模伤人和其他生物的武器,包括生物战剂和施放生物战剂的各种武器弹药。国际公约禁止在战争中使用生物武器。旧称"细菌武器"。

【生物战剂】shēngwùzhànjì 军事行动中,用来使人和其他生物致病的各种细菌、病毒等和所产生的毒素的统称。旧称"细菌战剂"。

【生物钟】shēngwùzhōng〈名〉生物生命活动的内在节奏和周期性节律。这种节律,经过长时期的适应,与自然界的节律(如昼夜变化、四季变化)相一致。植物在每年的一定季节开花、结果,候鸟在每年的一定时间迁徙,就是生物钟的表现。

【生息】shēngxī〈动〉❶生活;生存:海鸟在岛上群栖~。❷指人口繁殖:休养~。❸使生长:~力量。❹取得利息。

【生肖】shēngxiào〈名〉代表十二地支而用来记人的出生年的十二种动物,即鼠、牛、虎、兔、龙、蛇、马、羊、猴、鸡、狗、猪。也叫"属相"。

【生性】shēngxìng〈名〉天生的或从小养成的性格、习惯:~倔强。

【生涯】shēngyá〈名〉指从事某种活动或职业的生活:革命~。

【生养】shēngyǎng〈动〉生育。

【生疑】shēngyí〈动〉产生怀疑。

【生意】shēngyì〈名〉富有生命力的气象;生机:~盎然|春天来了,大地一片蓬勃的~。

【生意】shēngyi〈名〉❶商业经营;买卖:做~|~兴隆。❷泛指职业:停~(解雇)。

【生硬】shēngyìng〈形〉❶不自然;不熟练:动作~。❷不柔和;不细致:态度~。

【生育】shēngyù〈动〉生孩子:计划~。

【生员】shēngyuán〈名〉明清两代称通过最低一级考试被录取到府、县学读书的人。通称"秀才"。

【生造】shēngzào〈动〉凭空制造(词语等):~词。

【生长】shēngzhǎng〈动〉❶生物体在一定的生活条件下,体积和重量逐渐增加。❷出生和成长:他从小~在农村。❸增长。

【生殖】shēngzhí〈动〉生物产生幼小的个体以繁殖后代。

备用词 产生 出生 丛生 诞生 发生 降生 萌生 派生 天生 滋生 寄生 谋生 轻生 求生 偷生 卫生 养生 半生 毕生 残生 平生 人生 一生 余生 终生 耳生 面生 陌生 眼生 欺生 怯生 认生 门生 书生 先生 学生 安生 脆生 好生 偏生 怎生 国计民生 虎口余生 九死一生 绝处逢生 妙趣横生 民不聊生 起死回生 死里逃生 素昧平生 谈笑风生 自力更生

声(聲) shēng ❶〈名〉声音:风~|歌~。❷〈量〉用于声音发出的次数:喊一~。❸〈动〉发出声音;宣布;陈述:~称|~张|~东击西。❹〈名〉音乐:赵王窃闻秦王善为秦~。❺〈名〉名声:~誉|~望。❻〈名〉声

母：双～叠韵。❼〈名〉声调：仄～｜平～｜四～。❽〈名〉姓。

【声称】shēngchēng〈动〉公开地用语言或文字表示：他～自己与此事无关。

【声调】shēngdiào〈名〉❶说话或读书的腔调。❷字音的高低升降。参看〖四声〗。

【声东击西】shēng dōng jī xī 表面上宣扬要攻打这一方面，实际上却是攻打另一方面，是一种迷惑敌人的战术。

【声卡】shēngkǎ〈名〉计算机中的一种扩展卡，能将音频的模拟信号转变为数字信号，并以音频形式保存在计算机中，也可将音频文件转变为扬声器可以播放的电信号。

【声控】shēngkòng〈形〉用声音控制的：～电灯｜～功能。

【声口】shēngkǒu〈名〉说话的声音或口气：理直气壮的～。

【声浪】shēnglàng〈名〉❶声波的旧称。❷指许多人呼喊的声音：～碰到群山，群山发出回响。

【声名】shēngmíng〈名〉名声：～藉～不好。

【声名狼藉】shēngmíng lángjí 形容名誉坏到了极点。

【声明】shēngmíng❶〈动〉公开地表示态度或说明真相：郑重～。❷〈名〉声明的文告：发表～。

【声母】shēngmǔ〈名〉汉语字音开头的辅音，如"光(guāng)"的声母是 g，"明(míng)"的声母是 m。有少部分字是拿元音起头的，它的声母叫"零声母"，如"恩(ēn)"、"爱(ài)"。

【声呐】shēngnà〈名〉利用声波在水中的传播和反射来进行导航和测距的技术或设备。［外］

【声旁】shēngpáng〈名〉汉字形声字中和全字的读音有关的部分。参看〖形声〗。

【声气】shēngqì〈名〉❶说话时的语气、声音：没有好～。❷消息：互通～。

【声请】shēngqǐng〈动〉申请。

【声色】shēngsè〈名〉❶说话时的声音和脸色、表情：～俱厉｜不动～。❷指歌舞和女色：～犬马。

【声势】shēngshì〈名〉声威和气势：虚张～｜～浩大。

【声嘶力竭】shēng sī lì jié 嗓子喊哑，力气用尽。

【声讨】shēngtǎo〈动〉公开谴责：～敌人的罪行。

【声望】shēngwàng〈名〉为群众所仰望的名声；名望：～很高。

【声威】shēngwēi〈名〉名声和威望：～大震。

【声息】shēngxī〈名〉❶声音：房间里一点～也没有。❷声气②；消息：～相通｜至今～全无。

【声响】shēngxiǎng〈名〉声音：山谷里洪水发出巨大的～。

【声像】shēngxiàng〈名〉录制下来的声音和图像：～带｜～资料。

【声讯】shēngxùn〈名〉由专设的电话提供的各类信息咨询业务：～台｜～电台｜求职者可拨打～电话查询有关事宜。

【声言】shēngyán〈动〉声称。

【声扬】shēngyáng〈动〉声张；宣扬。

【声音】shēngyīn〈名〉❶由物体振动而发生的波通过听觉所产生的印象：敲门的～。❷音乐：为肥甘不足于口与？轻暖不足于体与？抑为采色不足视于目与？～不足听于耳与？

【声誉】shēngyù〈名〉声望名誉：～扫地｜～卓著。

【声援】shēngyuán〈动〉公开发表言论支援。

【声张】shēngzhāng〈动〉把事情等传扬出去：不要～。

备用词 謷声 风声 呼声 名声 尾声 先声 吠形吠声 绘影绘声 忍气吞声 鸦雀无声 言为心声 异口同声

牲 shēng〈名〉❶家畜：～口｜～畜。❷古代祭神用的牛、羊、猪等：三～｜献～。

【牲畜】shēngchù〈名〉家畜。

【牲口】shēngkou〈名〉用来帮人做活儿的牛、马、驴、骡等家畜。

胜 shēng 见"肽"。
△另见 shèng。

笙 shēng〈名〉管乐器，用长短不同的若干装有簧的竹管和一根吹气管装在一个锅形的座子上制成。

【笙歌】shēnggē〈动〉泛指演奏乐器和唱歌：~鼎沸。

甥 shēng〈名〉姐姐或妹妹的儿子：外~｜~女(外甥女)。

=== shéng ===

渑(澠) shéng〈名〉古水名，在今山东。△另见 miǎn。

绳(繩) shéng❶〈名〉用两股以上的棉、麻等纤维或稻草、金属丝等拧成的条状物：~索｜~梯｜麻~。❷〈名〉木工用的墨线：木直中~，輮以为轮。❸〈动〉纠正；约束；制裁：~之以法。❹〈动〉继续：~其祖武。❺〈名〉姓。

【绳锯木断】shéng jù mù duàn 用绳当锯，也能把木头锯断。比喻力量虽小，只要坚持不懈，事情就能成功。

【绳墨】shéngmò〈名〉木工用来打直线的工具，比喻规矩或法度。

【绳枢】shéngshū〈名〉用草绳系门户，指贫穷的人家：瓮牖~之子。

【绳索】shéngsuǒ〈名〉粗的绳子。

=== shěng ===

省 shěng❶〈动〉节约(跟"费"相对)：节~｜俭~｜~钱。❷〈动〉免掉；减去：~略｜~事。❸〈名〉行政区划单位，直属中央：~份｜~界｜海南~。❹〈名〉指省会：不日抵~。❺〈名〉古代官署名：尚书~｜中书~。❻〈名〉姓。
△另见 xǐng。

【省吃俭用】shěng chī jiǎn yòng 形容生活节俭，用度上不浪费。

【省会】shěnghuì〈名〉省行政机关所在地。也叫"省城"。

【省略】shěnglüè〈动〉❶免掉；除去：这道工序可以~。❷在一定条件下省去一个或几个句子成分，如祈使句中常常省去主语"你"或"你们"。

【省略号】shěnglüèhào〈名〉标点符号"……"，表示引文中省略的部分或话语中没有说完的部分，也表示断断续续的话语中的停顿。

【省心】shěngxīn〈动〉少操心：孩子大了，~多了。

备用词 俭省　节省　多快好省

眚 shěng❶〈动〉眼睛长白翳：目~昏花。❷〈名〉灾异：灾~。❸〈名〉疾苦：勤恤民

隐，而除其~。❹〈名〉过错：不以一~掩大德。

=== shèng ===

圣(聖) shèng❶〈形〉最崇高的：~地｜神~。❷〈名〉称学识或技能有极高成就的人：诗~｜棋~。❸〈名〉指品德最高尚、智慧最高超的人：~哲｜~贤。❹〈名〉封建社会尊称帝王：~上｜~旨。❺〈名〉宗教徒对所崇拜的事物的尊称：~经｜~朝(cháo)~。❻〈名〉姓。

【圣诞节】shèngdàn jié〈名〉基督教徒纪念耶稣基督诞生的节日，在公历 12 月 25 日。

【圣地】shèngdì〈名〉❶宗教徒称与教主生平事迹有重大关系的地方，如基督教徒称耶路撒冷为"圣地"。❷指具有重大的历史意义和作用的地方：革命~延安。

【圣洁】shèngjié〈形〉神圣而纯洁：~的心灵。

【圣经】shèngjīng〈名〉❶基督教的经典，包括《旧约全书》和《新约全书》。❷圣人的书，指儒家经典。

【圣灵】shènglíng〈名〉泛指基督教信奉的神。

【圣明】shèngmíng〈形〉❶认识清楚，见解高明(多用称颂皇帝)：吾皇~。❷方言。明白；有见地：您~，您猜对了!

【圣人】shèngrén〈名〉❶指品格最高尚、智慧最高超的人物，如孔子从汉朝以后被历代帝王尊崇为圣人。❷封建时代对皇帝的尊称。

【圣上】shèngshàng〈名〉封建社会称在位的皇帝。

【圣贤】shèngxián〈名〉圣人和贤人。

【圣旨】shèngzhǐ〈名〉封建社会称皇帝的命令。

胜(勝) shèng❶〈动〉胜利(跟"负"、"败"相对)：获~｜出奇制~。❷〈动〉打败(别人)：以弱~强。❸〈动〉比另一个优越；超过：略~一筹｜事实~于雄辩。❹〈形〉优美的(景物、境界等)：~景｜~地。❺(旧读 shēng)〈动〉能够承担或承受：力不~任｜~枚举。❻〈名〉古代戴在头上的一种首饰：方~。❼〈名〉姓。
△另见 shēng。

【胜败】shèngbài〈名〉胜利和失败：~不分~。

【胜朝】shèngcháo〈名〉新王朝称已经被战胜而灭亡的前一个朝代：~遗老。

【胜出】shèngchū〈动〉(在比赛或竞争中)胜过对手：在大选中~｜甲队在比赛中以3：1~。

S

【胜地】shèngdì〈名〉享有盛名的风景优美的地方:游览～|避暑～。

【胜负】shèngfù〈名〉胜败:～难分。

【胜果】shèngguǒ〈名〉指比赛或竞争中获得的胜利果实;获胜的结局:主队苦战五局,终尝～。

【胜机】shèngjī〈名〉取胜的机会:痛失～|把握～。

【胜迹】shèngjì〈名〉有名的风景优美的古迹:名山～。

【胜景】shèngjǐng〈名〉优美的景色:西湖～。

【胜境】shèngjìng〈名〉优美的境地。

【胜利】shènglì〈动〉❶在斗争或竞赛中战胜对方(跟"失败"相对)。❷工作、事业等达到预定的目的:大会～闭幕。

【胜利果实】shènglì guǒshí 指斗争胜利所取得的成果(政权、物资等):保卫～|抢夺～。

【胜率】shènglǜ〈名〉❶获胜的概率:乙队的～略高于甲队。❷获胜的次数与参加比赛等的总次数的比率,如某选手参加比赛 10 场,获胜 6 场,胜率为 60%。

【胜券】shèngquàn〈名〉指取得胜利的把握:稳操～。

【胜任】shèngrèn〈动〉能力足以担任:力不～。

【胜似】shèngsì〈动〉胜过;超过:不管风吹浪打,～闲庭信步。

【胜算】shèngsuàn〈名〉能够取得胜利的计谋:操～,用妙计。

【胜仗】shèngzhàng〈名〉打赢了的战役或战斗:打了一个大～。

【胜状】shèngzhuàng〈名〉优美的景色;胜景:予观夫巴陵～,在洞庭一湖。

备用词 名胜 形胜 百战百胜 出奇制胜 屡战屡胜 旗开得胜 无往不胜 引人入胜 战无不胜

晟 shèng〈形〉❶光明。❷旺盛;兴盛。
△另见 chéng。

乘(*乘椉) shèng ❶〈名〉春秋时晋国的史书叫"乘",后用作史书的通称:史～|野～。❷〈量〉古代称四匹马拉的车一辆为一乘:千～之国。❸〈数〉四的代称:～韦(四张熟牛皮)。
△另见 chéng。

盛 shèng ❶〈形〉兴盛;繁盛:茂～|昌～|鼎～|百花～开。❷〈形〉强烈;旺盛:～怒|年轻气～。❸〈形〉盛大;隆重:～会|～况|～举。❹〈形〉深厚:～情|～意。❺〈形〉普遍;

广泛:～行|～传。❻〈形〉用力大;程度深:～夸|～赞。❼〈名〉姓。
△另见 chéng。

【盛产】shèngchǎn〈动〉出产非常多。

【盛传】shèngchuán〈动〉普遍地传说:他的优秀事迹在京城～。

【盛大】shèngdà〈形〉规模大而隆重:举行～宴会。

【盛典】shèngdiǎn〈名〉盛大的典礼:开国～。

【盛会】shènghuì〈名〉规模盛大而气氛热烈的集会。

【盛举】shèngjǔ〈名〉盛大的活动。

【盛开】shèngkāi〈动〉(花)开得茂盛:眼下正是樱花～的季节。

【盛况】shèngkuàng〈名〉盛大而热烈的状况:～空前。

【盛名】shèngmíng〈名〉很大的名望:～之下,其实难副(名望很大的人,其实际很难同他的名望相称)。

【盛气】shèngqì❶〈名〉旺盛的气势:惟灰心也故怯懦,惟～也故豪壮。❷〈名〉傲慢骄横的气势:～凌人。❸〈形〉气冲冲,含怒欲发的样子:左师触龙言愿见太后,太后～而揖之。

【盛气凌人】shèng qì líng rén 以傲慢骄横的气势压人。

【盛情】shèngqíng〈名〉深厚的情意:～难却。

【盛世】shèngshì〈名〉兴盛的时代:太平～。

【盛夏】shèngxià〈名〉夏天最热的时候:时值～,暑热难当。

【盛行】shèngxíng〈动〉广泛流行:～一时。

【盛誉】shèngyù〈名〉很高的荣誉:这种产品在国内享有～。

【盛装】shèngzhuāng〈名〉❶华丽的服装:身着节日的～。❷华丽的打扮。

备用词 昌盛 炽盛 鼎盛 繁盛 丰盛 茂盛 强盛 旺盛 兴盛

剩(*賸) shèng❶〈动〉从某个数量中减去一部分后余存下来:～余|～货|残茶～饭。❷〈名〉姓。

【剩余】shèngyú〈动〉从某个数量里减去一部分后遗留下来:～物资。

【剩余价值】shèngyú jiàzhí 由工人剩余劳动(必要劳动之外所付出的劳动)创造的完全被资本家所占有的那部分价值。

嵊 shèng〈名〉嵊县,旧地名,今为嵊州市,在浙江。

— shī —

尸（*❶**屍**）shī〈名〉❶尸体,人或动物死后的身体:～骨｜～骸｜验～。❷古代祭祀时代表死者受祭的人。

【尸骨】shīgǔ〈名〉❶尸体腐烂后剩下的骨头:～无存。❷指尸体:～未寒。

【尸骸】shīhái〈名〉❶尸骨。❷指尸体。

【尸首】shīshou〈名〉人的尸体。

【尸体】shītǐ〈名〉人或动物死后的身体。

【尸位素餐】shī wèi sù cān 空占着职位而不做事。

失shī❶〈动〉失掉;丢掉(跟"得"相对):～窃｜～陷｜消～。❷〈动〉没把握住:～足｜～手｜哑然一笑。❸〈动〉找不着:～踪｜走～。❹〈动〉没有达到目的:～意｜～望。❺〈动〉改变(常态):～声｜～态。❻〈动〉违背;背弃:～信｜～实。❼〈动〉耽误;错过:～期。❽〈动〉发生意外:～火｜～事。❾〈名〉错误:～误｜智者千虑,必有一～。

【失败】shībài〈动〉❶在斗争或竞赛中被打败(跟"胜利"相对):长征是以我们胜利、敌人～的结果而告结束的。❷工作、事业等没有达到预定的目的(跟"成功"、"胜利"相对):～是成功之母。

【失策】shīcè❶〈动〉策略上有失误;失算。❷〈名〉错误的策略。

【失常】shīcháng〈形〉失去正常状态:精神～｜举止～。

【失宠】shīchǒng〈动〉失去别人对自己的宠爱。

【失传】shīchuán〈动〉没有流传下来。

【失措】shīcuò〈动〉举动失常,不知怎么办好:惊慌～。

【失当】shīdàng〈形〉不恰当:措施～。

【失道】shīdào〈动〉❶迷失道路。❷违背道义;无道:得道者多助,～者寡助。

【失地】shīdì❶〈动〉丧失国土。❷〈名〉丧失的国土:收复～。

【失范】shīfàn〈动〉失去规范;违背规范:严重的市场～会危及整个经济秩序。

【失和】shīhé〈动〉双方由和睦变为不和睦:别为小事而～。

【失衡】shīhéng〈动〉失去平衡:产销～｜比例～｜心理～。

【失悔】shīhuǐ〈动〉后悔。

【失婚】shīhūn〈动〉指离婚或丧偶后未再婚。

【失魂落魄】shī hún luò pò 形容心神不定、惊慌失措的样子。

【失节】shījié〈动〉❶失去气节。多指在敌人面前屈服。❷封建礼教指妇女失去贞操。

【失礼】shīlǐ〈动〉❶违背礼节。❷自己感到有失礼节而向对方表示歉意。

【失利】shīlì〈动〉在斗争或竞赛中败给对方:比赛～。

【失灵】shīlíng〈动〉(机器、仪器、某些器官等)灵敏度减弱或失去应有的功能:发动机～｜听觉～｜刹车～｜指挥～。

【失落】shīluò❶〈动〉遗失;丢失:不慎～了一部手机。❷〈形〉精神上空虚或失去寄托:～感｜刚从岗位上退下来,他内心很～。

【失落感】shīluògǎn〈名〉精神上产生的空虚、没有着落或失去寄托的感觉。

【失明】shīmíng〈动〉眼睛失去视力。

【失陪】shīpéi〈动〉客套话,表示不能陪伴对方。

【失期】shīqī〈动〉超过了限定的日期;误期。

【失窃】shīqiè〈动〉财物被人偷走。

【失散】shīsàn〈动〉散失;离散:在战斗中和部队～。

【失色】shīsè〈动〉❶失去本来的色彩;显得没有光彩:相形～。❷因受惊或害怕而脸色苍白:大惊～。

【失闪】shīshan〈名〉意外的差错:岔子:你这一去,千万别有个～。

【失身】shīshēn〈动〉失节②。

【失神】shīshén❶〈动〉疏忽;不注意:一～就可能出差错。❷〈形〉精神萎靡或精神状态不正常:抬起～的眼睛。

【失慎】shīshèn〈动〉不谨慎;不小心:行动～。

【失声】shīshēng〈动〉❶不自禁地发出声音。❷因过度悲痛而哽咽,哭不出声来:痛哭～。

【失时】shīshí〈动〉错过时机;不按时:播种不能～。

【失实】shīshí〈动〉不符合事实:这是一篇～的报道。

【失势】shīshì〈动〉失去权势。

【失事】shīshì〈动〉❶发生意外的不幸事故:飞机～。❷失败;误事。

【失收】shīshōu〈动〉没有收成:减产～。

【失手】shīshǒu〈动〉❶手没有把握住而掉落:一～把玻璃杯打碎了。❷不是故意地伤害人:～把人打死了。

【失守】shīshǒu〈动〉防守的地方被敌方占领。

【失算】shīsuàn〈动〉没有算计或算计得不好。

【失所】shīsuǒ〈动〉无处安身：流离～。

【失调】shītiáo〈动〉❶失去平衡；调配不当：供求～。❷缺少适当的调养：产后～。

【失望】shīwàng❶〈动〉感到没有希望，失去信心；希望落空：高考未被录取，他并没有对自己～。❷〈形〉因希望没有实现而不愉快：登泰山看不到日出很～。

【失误】shīwù〈动〉由于考虑不周或水平不高等而造成差错：指挥～。

【失陷】shīxiàn〈动〉（城市、领土）被敌人侵占。

【失笑】shīxiào〈动〉不由自主地发笑：哑然～。

【失信】shīxìn〈动〉答应别人的事没做，失去信用：～于人。

【失序】shīxù〈动〉失去正常的秩序：生产～｜一旦企业管理～，生产就会瘫痪。

【失学】shīxué〈动〉因家庭困难、疾病等失去上学机会或中途退学：～率｜～儿童。

【失言】shīyán〈动〉无意中说出不该说的话：酒后～。也说"失口"。

【失业】shīyè〈动〉有劳动能力的人找不到职业。

【失业保险】shīyè bǎoxiǎn 社会保险的一种。国家和社会在劳动者失业后发生经济困难时提供失业保险金等物质帮助。

【失宜】shīyí〈形〉不适宜；不得当：处置～。

【失意】shīyì〈形〉不得志；不得意：他一生都很～｜得意时淡然，～时坦然。

【失迎】shīyíng〈动〉客套话，因没有亲自迎接客人而向对方表示歉意。

【失语】shīyǔ〈动〉❶失言。❷指说话困难或不能说话：～症。

【失约】shīyuē〈动〉没有履行约会。

【失着】shīzhāo〈动〉行动疏忽或方法错误；失策。

【失真】shīzhēn〈动〉❶跟原来的有出入（指声音、形象或语言内容等）：传写～。❷无线电技术中指输出信号与输入信号不一致。如音质变化、图像变形等。

【失之东隅，收之桑榆】shī zhī dōng yú, shōu zhī sāng yú 比喻这个时候遭到了失败或损失，另一个时候得到了补偿（语出《后汉书·冯异传》）。东隅：东方日出处，指早晨；桑榆：西方日落处，日落时太阳的余晖照在桑树榆树的树梢上，指晚上）。

【失之毫厘，谬以千里】shī zhī háo lí, miù yǐ qiān lǐ 开始只相差一点儿，结果会造成很大的错误。

【失之交臂】shī zhī jiāo bì 形容当面错过了好机会（交臂：擦肩而过）。

【失职】shīzhí〈动〉没有尽到职责。

【失踪】shīzōng〈动〉下落不明。

【失足】shīzú〈动〉❶走路时不小心而跌倒：～落水。❷比喻人堕落或犯严重错误：～青年｜一～成千古恨。

备用词 过失 闪失 疏失 丢失 迷失 散失 丧失 损失 亡失 消失 遗失 百无一失 得不偿失 患得患失 千虑一失 万无一失 惘然若失

师（師）shī ❶〈名〉称某些传授知识技术的人：教～｜导～｜无～自通。❷〈名〉学习的榜样：表～｜一代宗～。❸〈名〉掌握专门学术或技艺的人：技～｜画～。❹〈名〉对和尚、道士的尊称：禅～｜法～。❺〈动〉效法；以某人为师：从而～之。❻〈形〉指由师徒关系产生的：～兄｜～母。❼〈名〉军队的编制单位，隶属于军或集团军，下辖若干团。❽〈名〉军队：出～｜会～｜誓～。❾〈名〉姓。

【师表】shībiǎo〈名〉在品德学问上值得学习的榜样：为人～。

【师承】shīchéng ❶〈动〉效法（某人或某个流派）并继承其传统：～前贤。❷〈名〉师徒相传的系统：学有～。

【师出无名】shī chū wú míng ❶没有正当的理由而出兵打仗。❷指做事没有正当的理由。

【师法】shīfǎ ❶〈动〉效法（某人或某个流派）。❷〈名〉师徒相传的学问和技术。

【师范】shīfàn〈名〉❶师范学校，专门培养师资的学校。❷学习的榜样：为世～。

【师父】shīfu〈名〉❶师傅①的尊称。❷古代对老师的尊称。❸对和尚、尼姑、道士的尊称。

【师傅】shīfu〈名〉❶工、商、戏剧等行业中传授技艺的人。❷对有技艺的人的尊称。

【师旅】shīlǚ〈名〉古代军队的编制单位有师和旅。五百人为一旅，五旅为一师，后以"师旅"作为军队的通称。

【师心自用】shī xīn zì yòng 指固执己见，自以为是。

【师爷】shīye〈名〉幕友的俗称：钱粮～。

【师长】shīzhǎng〈名〉老师和尊长，也用为对教师的尊称：尊敬～。

【师资】shīzī〈名〉指可以当教师的人才：培养～｜～不足。

备用词 大师 导师 教师 老师 宗师 祖师 厨师 技师 讲师 律师 医师 禅师 牧师 班师

出师　回师　会师　誓师　兴师　好为人师

诗（詩） shī〈名〉❶文学体裁的一种，通过有节奏、韵律的语言反映生活，抒发情感：～篇｜～韵｜叙事～。❷特指《诗经》。❸姓。

【诗话】shīhuà〈名〉❶评论诗人和诗的书：《随园～》。❷我国早期的有诗有话的小说：《唐三藏取经～》。

【诗篇】shīpiān〈名〉❶诗的总称。❷比喻富有意义的故事、文章等：光辉的～。

【诗情画意】shī qíng huà yì 诗画一般美好的意境。

【诗书】shīshū〈名〉原指《诗经》和《尚书》，泛指一般经书。

【诗兴】shīxìng〈名〉写作或吟咏诗歌的兴致：～大发。

【诗意】shīyì〈名〉像诗里表达的那样给人以美感的意境：这里的景色富有～。

【诗余】shīyú〈名〉指词。意思是说词是由诗发展而来的。

鸤（鳲） shī[鸤鸠]〈名〉古书上指布谷鸟。

虱（*蝨） shī〈名〉虱子，昆虫，没有翅膀，腹部大，寄生在人畜身上吸血，能传染疾病。

狮（獅） shī〈名〉哺乳动物，毛棕黄色，四肢强壮，有钩爪，雄狮的颈部有长鬣。吼声很大，有“兽王”之称。

【狮子搏兔】shīzi bó tù 比喻对小事情不轻视，也拿出全部力量去做。

施 shī❶〈动〉实行；施展：～工｜实～｜无计可～。❷〈动〉给予：～礼｜～恩。❸〈动〉施舍：～与｜～主。❹〈动〉在物体上加某种东西：～肥｜～粉（搽粉）。❺〈名〉姓。

【施放】shīfàng〈动〉放出；发出：～烟幕。

【施工】shīgōng〈动〉按照设计的规格和要求进行房屋、桥梁、道路等的建筑：～方案。

【施礼】shīlǐ〈动〉行礼。

【施舍】shīshě〈动〉把财物赠送给穷苦人或出家人。

【施事】shīshì〈名〉语法上指动作的主体，也就是发出动作或发生变化的人或事物，如“小王看书”里的“小王”。

【施行】shīxíng〈动〉❶法令、规章等公布后从某时起发生效力；执行：本规定自公布之日起～。❷按某种方式或方法去做；实行：～手术｜～新税法。

【施与】shīyǔ〈动〉拿财物周济人；给予（恩惠）。

【施展】shīzhǎn〈动〉发挥（能力）；使用（手段）：～才能。

【施政】shīzhèng〈动〉施行政治措施：～纲领。

备用词 措施　设施　实施　倒行逆施　软硬兼施

浉（溮） shī〈名〉浉河，水名，在河南。

湿（濕*溼） shī〈形〉沾了水或显出含水分多的（跟“干”相对）：～润｜～度｜潮～。

【湿地】shīdì〈名〉靠近江河湖海而地表有浅层积水的地带，包括沼泽、滩涂、湿草地等，也包括低潮时水深不超过6米的水域。湿地中水生动植物多，有利于净化水源、蓄洪抗旱等，对生态环境的保护有着重要作用：～公园。

【湿淋淋】shīlínlín〈形〉形容物体湿得往下淌水：全身被雨浇得～的。

【湿漉漉】（湿渌渌）shīlùlù〈形〉形容物体很潮湿的样子：～的衣服。

【湿润】shīrùn〈形〉潮湿而润泽：土壤～｜～清新的空气。

【湿租】shīzū〈动〉一种租赁方式，在租赁设备、交通工具等时，同时配备操纵、维修人员：～大型客机。

蓍 shī〈名〉蓍草，草本植物，全草入药，茎、叶可做香料。古人用它的茎占卜。通称“蚰蜒草”或“锯齿草”。

釃（釃） shī〈动〉❶（又读 shāi）滤（酒）。❷（又读 shāi）斟（酒）。❸疏导（河渠）。

S

嘘 shī〈叹〉表示制止、驱逐等：～，别出声！ △另见 xū。

鰄（鰄） shī〈名〉节肢动物，身体椭圆形，像臭虫，头部有吸盘，寄生在鱼类身体的表面。

— shí —

十 shí ❶〈数〉数字，九加一后所得。❷〈形〉完全；完满到了顶点：～足｜～全十美。 ❸〈名〉姓。

【十八般武艺】shíbā bān wǔyì 指使用刀、枪、剑、戟等十八种古代兵器的武艺，一般用来比喻各种技能：～样样精通。

【十冬腊月】shí dōng là yuè 农历的十月、十一月（冬月）、十二月（腊月），是天气最寒冷的季节。泛指冬季。

【十恶不赦】shí è bù shè 形容罪恶很大，不可饶恕（十恶：旧指谋反、谋大逆、谋叛、恶逆、不道、大不敬、不孝、不睦、不义、内乱。现在借指重大的罪行）。

【十分】shífēn〈副〉很；非常：他的生活～简朴｜～狼狈。

【十锦】shíjǐn 见【什锦】。

【十进制】shíjìnzhì〈名〉一种记数法，采用 0,1,2,3,4,5,6,7,8,9 十个数码，逢十进位。如 9 加 1 为 10，90 加 10 为 100，900 加 100 为 1 000。

【十目所视，十手所指】shí mù suǒ shì, shí shǒu suǒ zhǐ 指一个人的言行总是在众多人的监督之下，不允许做坏事，做了坏事也隐瞒不住。

【十拿九稳】shí ná jiǔ wěn 形容很有把握。

【十年树木，百年树人】shí nián shù mù, bǎi nián shù rén 培植树木需要十年，培育人才需要百年（语本《管子·权修》："十年之计，莫如树木；终身之计，莫如树人"）。比喻培养人才是长久之计，也形容培养人才不容易。

【十全十美】shí quán shí měi 形容完美无缺。

【十三点】shísāndiǎn 方言。❶〈形〉形容人傻里傻气或言行不合情理：这个人有点～。❷〈名〉指傻里傻气，言行不合情理的人。

【十三经】shísān jīng〈名〉指《易经》、《书经》、《诗经》、《周礼》、《仪礼》、《礼记》、《春秋左传》、《春秋公羊传》、《春秋穀梁传》、《论语》、《孝经》、《尔雅》、《孟子》十三种儒家的经传。

【十三辙】shísān zhé〈名〉指皮黄、鼓儿词等戏剧曲艺中押韵的十三个大类，也叫"十三道辙"，就是：中东、江阳、衣期、姑苏、怀来、灰堆、人辰、言前、梭波、麻沙、乜邪、遥迢、由求。

【十室九空】shí shì jiǔ kōng 十户人家九家空，形容天灾人祸使得人民流离失所的悲惨景象。

【十万八千里】shí wàn bā qiān lǐ 形容极远的距离或极大的差距：他说了半天，离正题还差～呢！｜这两个厂的经济效益相差～。

【十万火急】shí wàn huǒ jí 形容事情紧急到了极点。

【十项全能】shíxiàng quánnéng 田径综合性比赛项目之一。运动员在两天内依次完成 100 米跑、跳远、推铅球、跳高、400 米跑、110 米栏、掷铁饼、撑竿跳高、掷标枪、1 500 米跑等十项的比赛。

【十月革命】shíyuè gémìng 1917 年 11 月 7 日（俄历 10 月 25 日）俄国工人阶级和农民在以列宁为首的布尔什维克党的领导下进行的社会主义革命。十月革命推翻了俄国资产阶级临时政府，建立了世界上第一个无产阶级专政的社会主义国家。

【十指连心】shí zhǐ lián xīn 手指头感觉灵敏，十个手指碰伤了哪一个，心里都感到疼痛，常用来比喻某人和有关的人或事具有极密切的关系。

【十字架】shízìjià〈名〉❶古代罗马帝国的一种残酷刑具，是一个十字形的木架，把人的手脚钉在上面，任他慢慢死去。❷据基督教《新约全书》记载，耶稣被钉死在十字架上。因此基督徒就把十字架看作受难或死亡的象征，并作为信仰的标记。

【十字路口】shízì lùkǒu 纵横两条路交叉的地方，比喻面临重大问题时需要对去向作出选择的境地：处在人生的～，该怎么办呢？

【十足】shízú〈形〉❶非常充足：干劲～｜信心～

|~的理由。❷成色纯:~的黄金。

什 shí ❶同数字"十"(多用于分数或倍数):
~九(十分之九)|~百(十倍或百倍)。
❷〈形〉多种的;杂样的:~物|~锦。❸
〈名〉姓。
　　△另见 shén。

【什锦】(十锦) shíjǐn ❶〈形〉多种原料制成的
或多种花样拼成的:~馅儿元宵|水果糖。
❷〈名〉多种原料制成或多种花样拼成的食
品:素~。

【什物】shíwù〈名〉指日常应用的各种器物:院
子里堆着破烂~。

石 shí〈名〉❶构成地壳的坚硬物质,是由矿
物集合而成的:岩~|矿~|~碑。❷指石
刻:金~。❸姓。
　　△另见 dàn。

【石沉大海】shí chén dà hǎi 像石头掉进大海
里一样,不见踪影,比喻始终没有消息。

【石鼓文】shígǔwén〈名〉石鼓是战国时秦国留
存下来的文物,形状略像鼓,上面刻有四言诗
铭文。石鼓文指石鼓上刻的铭文或石鼓上铭
文所用的字体。

【石破天惊】shí pò tiān jīng 李贺诗《李凭箜篌
引》:"女娲炼石补天处,石破天惊逗秋雨。"形
容箜篌弹奏的声音忽而高亢,忽而低沉,有不
可名状的奇境。后多用来比喻文章或议论新
奇惊人。

【石青】shíqīng〈名〉一种青色颜料。

【石油】shíyóu〈名〉可燃的液体矿物,是不同
的碳氢化合物的混合物,渗透在岩石的空
隙中。

【石钟乳】shízhōngrǔ〈名〉石灰岩洞中悬在洞
顶上形状像冰锥的物体,常与石笋上下相对,
由碳酸钙逐渐从水溶液中析出积聚而成。也
叫"钟乳石"。

时(時＊旹) shí ❶〈名〉指较长的一段
时间:古~|盛极一~。❷
〈名〉规定的时候:届~|按~。❸〈名〉季节:
农~|~令。❹〈名〉当前;现在:~事|~尚|识
~务。❺〈量〉计时的单位。a)时辰:子~|午
~。b)小时(点):工~|清晨三~。❻〈名〉时
机:天~|待~而动。❼〈副〉时常;有发生。
❽〈副〉叠用,跟"时而…时而…"相同,表示时
候:~断~续|~隐~现。❾〈名〉一种语法范
畴,表示动作所指动作在什么时候发生。很
多语言的动词分现在时、过去时和将来时。
❿〈名〉姓。

【时弊】shíbì〈名〉当前存在的弊病:痛陈~。

【时差】shíchā〈名〉不同时区之间的时间
差别。

【时常】shícháng〈副〉常常;经常。

【时辰】shíchen〈名〉❶旧时把一昼夜平分为
十二段,每段叫一个时辰,合现在的两小时。
十二个时辰用地支做名称。从半夜算起,半
夜十一点到一点是子时。❷时候;估摸着~
差不多了。

【时代】shídài〈名〉❶根据经济、政治、文化等
状况而划分的历史时期:封建~|割据~。❷
指个人生命中的某个时期:青年~。

【时而】shí'ér〈副〉❶表示某种情况不定时地
重复发生:天空中,~飘过几片白云。❷叠
用,表示不同的情况在一定时间内交替发生:
~万里晴空,~倾盆大雨。

【时分】shífēn〈名〉时候:半夜~|傍晚~。

【时光】shíguāng〈名〉❶时间;光阴:消磨~。
❷时候:这是什么~,还说东道西。❸时期:
他是土地革命~入党的。❹日子:现在农民
过上了好~。

【时候】shíhou〈名〉时间。

【时或】shíhuò〈副〉有时;偶尔:湖面上~出现
几点白帆。

【时机】shíjī〈名〉具有时间性的客观条件或有
利的机会:~还不成熟|不失~。

【时计】shíjì〈名〉时钟。

【时间】shíjiān〈名〉❶物质存在的一种客观形
式,是物质的运动、变化的持续性的表现。❷
有起点和终点的一段时间:完成这项任务需
要一个星期的~。❸时间中的某一点:现在
的~是八点整。

【时间差】shíjiānchā〈名〉❶排球运动上指守
方队员跳起拦网下落后攻方队员才攻球,这
两者之间短暂的时间差叫"打时间差"。❷泛指两事之间的时间差距:
商贩利用南北方水果成熟期不同的~获利。

【时节】shíjié〈名〉❶季节;节令:秋收~|好雨
知~,当春乃发生。❷时候:正是江南好风
景,落花~又逢君。

【时局】shíjú〈名〉当前的政治局势。

【时刻】shíkè ❶〈名〉时间③:宣誓就职的庄严
~。❷〈副〉经常;每时每刻:~不忘自己是光
荣的人民教师。

【时令】shílìng〈名〉季节:~已交初夏。

【时令】shíling 方言。〈名〉时令病,在一定季
节流行的病:闹~。

【时髦】shímáo〈形〉合潮流；入时(多形容人的装饰衣着)：赶～｜衣服穿得很～。

【时评】shípíng〈名〉指对时事进行评论的文章、言论。

【时期】shíqī〈名〉一段时间(多指具有某种特征的)：抗日战争～｜新～的任务。

【时人】shírén〈名〉当时的人。

【时日】shírì〈名〉❶时间；日期：延误～。❷较长的时间：和妈妈在一起的一段～。

【时尚】shíshàng ❶〈名〉当时的风尚：合乎～。❷〈形〉合于时尚：衣着很～。

【时时】shíshí〈副〉❶每时每刻；常常：～不忘自己是人民的勤务员。❷不时；有时候：～开怀大笑。

【时世】shíshì〈名〉时代。

【时势】shíshì〈名〉某一时期的客观形势。

【时事】shíshì〈名〉最近期间的国际国内的大事：～广播。

【时蔬】shíshū〈名〉正当时令的蔬菜：新鲜～。

【时俗】shísú〈名〉当时的习俗；流俗：囿于～｜不落～。

【时务】shíwù〈名〉当前的重大事情或客观形势：识～者为俊杰。

【时下】shíxià〈名〉当前；眼下：～穿皮衣很时髦。

【时鲜】shíxiān〈名〉应时的新鲜蔬菜、水果、鱼虾等。

【时限】shíxiàn〈名〉完成某项工作的期限。

【时效】shíxiào〈名〉❶指在一定时间内能起的作用。❷法律所规定的刑事责任和民事诉讼权利的有效期限。

【时新】shíxīn〈形〉某一时期最新的(多指服装样式)：～服装｜～款式。

【时兴】shíxīng〈动〉一时流行：现在～穿西装。也说"时行"。

【时行】shíxíng〈动〉时兴。

【时序】shíxù〈名〉时令；季节：～刚过秋分。

【时样】shíyàng〈名〉❶时新的式样。❷时尚。

【时宜】shíyí〈名〉当时的需要：不合～。

【时疫】shíyì〈名〉在一定季节流行的传染病。

【时运】shíyùn〈名〉迷信指一时的运气：～不佳。

【时政】shízhèng〈名〉当时的政治情况：评议～。

【时装】shízhuāng〈名〉❶式样最新的服装：～表演｜～模特儿。❷当代通行的服装(区别于"古装")。

备用词 按时 及时 届时 入时 适时 随时 同时 应时 准时 当时 临时 平时 暂时 不时 顿时 即时 立时 曾几何时 风靡一时 风行一时 千载一时 盛极一时

识(識) shí ❶〈动〉认识；知道：～字｜素不相～｜老马～途。❷〈动〉懂得；能辨别：～货｜～趣。❸〈名〉见识；知识：常～｜学～｜远见卓～。

△另见 zhì。

【识别】shíbié〈动〉辨别：～真假。

【识破】shípò〈动〉看穿(别人内心的秘密或阴谋诡计)。

【识趣】shíqù〈形〉知趣。

【识时务者为俊杰】shí shíwù zhě wéi jùnjié 能认清当前的重大事情和客观形势的人才是杰出的人物,多用于规劝或告诫。

【识文断字】shí wén duàn zì 识字;有文化。

【识相】shíxiàng 方言。〈形〉会看别人的脸色行事;知趣:不～｜你最好～点。

备用词 结识 认识 赏识 熟识 才识 常识 胆识 见识 学识 意识 知识 素不相识 远见卓识

实(實* ❶-❹ 寔) shí ❶〈形〉内部完全填满,没有空隙:充～｜～心球。❷〈形〉真实;实在:～话｜～心～意。❸〈副〉确实;的确:～属不易。❹〈名〉实际;事实:～况｜失～。❺〈名〉果实;种子;籽～｜开花结～。❻〈动〉结果实:春华秋～。❼〈名〉姓。

【实词】shící〈名〉意义比较具体的词。汉语的实词包括名词、动词、形容词、数词、量词、代词、拟声词。

【实地】shídì〈副〉❶指在现场(做某事):～考察。❷实实在在(做某事);切切实实(做某事):～去做。

【实干】shígàn〈动〉实实在在地做:～精神。

【实惠】shíhuì ❶〈名〉实际的好处:农民从承包责任田中得到～。❷〈形〉有实际的好处:小饭馆既经济又～。

【实际】shíjì ❶〈名〉客观存在的事物或情况:理论联系～。❷〈形〉实有的;具体的:～行动｜按照～情况决定工作方针。❸〈形〉合乎事实的:这种想法不～。

【实际工资】shíjì gōngzī 以所得的货币工资实际上能购买多少生活消费品、开销多少服务费为标准来衡量的工资。

【实际上】shíjìshang〈副〉其实(多含转折意):

他说听懂了,～并没有懂|她看起来不过二十四五岁,～已经三十出头了。

【实践】shíjiàn ❶〈动〉实行;履行:～诺言。❷〈名〉人类能动地改造自然和社会的活动:～是检验真理的唯一标准。

【实据】shíjù〈名〉确实的证据:真凭～。

【实况】shíkuàng〈名〉现场的实际情况:～报道|～录像|转播大会～。

【实力】shílì〈名〉实在的力量:～雄厚。

【实例】shílì〈名〉实际的例子:用～说明。

【实录】shílù ❶〈名〉按真实情况记载的文字:这本日记是他晚年生活的～。❷〈名〉编年体史书的一种,专记某一皇帝统治时期的大事,如唐代韩愈的《顺宗实录》、宋代钱若水等的《太宗实录》等。私人记载祖先事迹的文字,有的也叫"实录",如唐代李翱的《皇祖实录》。❸〈动〉把实况记录或录制下来:现场～。

【实落】shíluo 方言。〈形〉❶诚实;不虚伪:他有点执拗,对人心地可一了!❷(心情)安稳踏实:听他这样一说,我心里才感到～。❸确切:你究竟哪天动身,请告诉我个～的日子。❹结实;牢固:这把椅子做得真～!

【实名】shímíng〈名〉真实的姓名:存款～制。

【实名制】shímíngzhì〈名〉办理有关手续时必须填写真实姓名并出示有效的身份证明的制度,如我国在办理存款、保险、乘坐飞机等方面实行实名制。

【实施】shíshī〈动〉实行(法令、政策等):付诸～。

【实时】shíshí〈副〉与某事发生、发展过程同时(做某事):现场～转播|进行～报道|～传递股市行情。

【实事求是】shí shì qiú shì 根据实际情况,不夸大也不缩小,正确地看待和处理问题。

【实说】shíshuō〈动〉如实地说:实话～。

【实体】shítǐ〈名〉❶马克思主义以前的哲学上的一个概念,认为实体是万物不变的基础和本原。唯心主义者所说的"精神"、形而上学的唯物主义者所说的"物质"都是这样的实体。❷指实际存在的起作用的组织或机构:经济～|政治～|经营性～。

【实习】shíxí〈动〉把学到的理论知识拿到实际工作中去应用,以检验所学的知识,并锻炼工作能力:教学～。

【实现】shíxiàn〈动〉使成为事实:～远大理想。

【实效】shíxiào〈名〉实际的效果:讲求～。

【实行】shíxíng〈动〉用行动去实现:～岗位责任制。

【实学】shíxué〈名〉真实的学问;踏实而有根底的学问:真才～|徒有虚名,并无～。

【实验】shíyàn ❶〈动〉为了检验某种科学理论或假设而进行某种操作或从事某种活动:～课。❷〈名〉指实验的工作:做～|科学～。

【实业】shíyè〈名〉指工商企业:振兴～。

【实用】shíyòng ❶〈动〉实际使用:这种农药在～中证明效果很好。❷〈形〉有实际使用价值的:这些工具看上去很简单,但却很～。

【实在】shízài ❶〈形〉真实;不虚假:这人很～。❷〈副〉a)的确:白杨树～是不平凡的。b)其实:他说明白了,～并没有真明白。

【实在】shízai〈形〉(工作、活儿)扎实;不马虎:工作做得很～。

【实战】shízhàn〈名〉实际作战:～演习|要从～出发,苦练杀敌本领。

【实证】shízhèng ❶〈名〉实际的证明。❷〈动〉证实:以行动来～自己的诺言。

【实职】shízhí〈名〉既有名义又有实际工作和权力的职务。

【实至名归】shí zhì míng guī 有了真正的学识、本领或业绩,相应的声誉自然就随之而来。也说"实至名随"。

【实质】shízhì〈名〉本质:领会精神～。

【实字】shízì〈名〉有实在意义的字(跟"虚字"相对)。

【实足】shízú〈形〉确实足数的:～年龄|今天到会的～五百人。

备用词 事实 现实 充实 敦实 厚实 坚实 结实 严实 殷实 扎实 壮实 诚实 老实 朴实 切实 确实 如实 踏实 塌实 详实 翔实 真实 春华秋实 华而不实 货真价实 名不副实 名副其实 循名责实 言过其实 赃人口实 有名无实 予人口实

拾　shí ❶〈动〉把地上的东西拿起来;捡:～取|～粪。❷〈动〉收拾:～掇。❸〈数〉数字"十"的大写。
　　△另见 shè。

【拾掇】shíduo〈动〉❶整理:～屋子。❷修理:这台收音机请您给～～。❸整治;惩治。

【拾零】shílíng〈动〉把某方面的零碎材料收集起来(多用于文章的标题):赛场～。

【拾人牙慧】shí rén yá huì 拾取别人的片言只语,当作自己的话。

【拾遗】shíyí〈动〉❶拾取别人失落的东西据为己有:夜不闭户,道不～。❷补充别人的缺漏:~补缺。

食 shí ❶〈动〉吃:吞~|蚕~|自~其果|应多
~蔬菜。❷〈动〉特指吃饭:绝~|废寝忘
~。❸〈名〉人吃的东西:副~|甜~|零~。❹
〈名〉饲料:猪~。❺〈形〉供食用或调味用的:
~油|~糖。❻〈名〉月球处于地球、太阳之间
遮蔽了太阳或地球处于太阳、月球之间遮蔽
了月球的现象:日~|月~。
　　△另见 sì;yì。

【食补】shíbǔ〈动〉吃有滋补作用的饮食补养
身体:药补不如~。
【食古不化】shí gǔ bù huà 指学了古代的文化
知识不善于理解和运用,跟吃了东西不能消
化一样。
【食客】shíkè〈名〉❶门客,古代在贵族官僚家
里寄食并为之出谋划策、奔走效劳的人。❷
饮食店的客人。
【食粮】shíliáng〈名〉吃的粮食。
【食量】shíliàng〈名〉饭量。
【食品】shípǐn〈名〉经过一定加工制作的食物:
~工业。
【食顷】shíqǐng〈名〉吃一顿饭的工夫,指很短
的时间。
【食肉寝皮】shí ròu qǐn pí《左传·襄公二十
年》记载,晋齐两国交战,晋国大夫州绰在平
阳俘虏了齐国的殖绰、郭最。后来州绰与齐
国对齐庄公谈起这两人时说:"然二子者,譬
于禽兽,臣食其肉而寝处其皮矣。"后用"食肉
寝皮"比喻除尽恶物,也表示仇恨极深。
【食宿】shísù〈动〉吃饭和住宿。
【食物】shíwù〈名〉可以充饥的东西:谷类~|
~丰盛。
【食物链】shíwùliàn〈名〉乙种生物吃甲种生
物,丙种生物吃乙种生物,丁种生物又吃丙种
生物……这种一连串的食与被食的关系,叫

作"食物链"。草食动物吃绿色植物,肉食动
物吃草食动物,是最基本的食物链。
【食物中毒】shíwù zhòngdú 因吃了含有有毒
或有害物质的食物而引起的疾病,一般症状
是呕吐、腹泻、腹痛、心血管功能障碍等。
【食言】shíyán〈动〉说了话不算数;不履行诺
言:决不~。
【食欲】shíyù〈名〉人进食的兴趣和要求:增进
~|~不振。

备用词 副食 伙食 粮食 膳食 主食 蚕食 吞
食 饿虎扑食 发愤忘食 废寝忘食 丰衣足
饥不择食 节衣缩食 解衣推食 弱肉强食 宵
衣旰食 因噎废食 钟鸣鼎食

蚀(蝕) shí ❶〈动〉损失;损伤;亏耗:~
本|侵~|蛀~。❷同"食"
(shí)⑥。

炻 shí[炻器]〈名〉介于陶器和瓷器之间的
一种制品,如砂锅、水缸等。

坶(塂) shí〈名〉在墙上凿的鸡窝。

莳(蒔) shí[莳萝]〈名〉草本植物,籽实
椭圆形,含有芳香油,可制香精。
　　△另见 shì。

湜 shí〈形〉水清见底的样子。

鲥(鰣) shí〈名〉鱼,身体侧扁,肉鲜嫩,
生活在海洋中,春季溯江产卵,
是名贵的食用鱼。

鼫 shí〈名〉古书上指鼫鼠一类的动物。

— shǐ —

史 shǐ〈名〉❶历史:~书|~略|正~。❷古
代掌管记载史事的官:太~。❸姓。
【史册】shǐcè〈名〉历史上的记录;历史书册:
名垂~。也作"史策"。
【史策】shǐcè 同"史册"。
【史馆】shǐguǎn〈名〉古时国家编修国史的
机构。
【史籍】shǐjí〈名〉历史书籍。
【史迹】shǐjì〈名〉历史遗迹。
【史前】shǐqián〈名〉指没有文字记载的远古:
~时代|~考古学。
【史诗】shǐshī〈名〉记叙英雄传说或重大历史
事件的长诗。
【史实】shǐshí〈名〉历史事实。
【史无前例】shǐ wú qián lì 历史上从来没有

过:前所未有。

矢 shǐ〈名〉箭:弓～|流～。❷〈动〉发誓:～忠(宣誓尽忠)|～志不渝。❸同"屎":遗～。

【矢口】shǐkǒu〈副〉一口咬定:～否认。

【矢志】shǐzhì〈动〉发誓立志:～不渝(表示永不变心)|～振兴中华。

豕 shǐ〈名〉猪:狼奔～突。

【豕突狼奔】shǐ tū láng bēn 见〖狼奔豕突〗。

使 shǐ❶〈动〉派遣;支使:指～|唆～|～唤。❷〈动〉使用:～劲|～手段。❸〈动〉让;叫;迫~:促~。❹〈连〉假如:假~|设~。❺〈动〉出使:～秦。❻〈名〉奉使命办事的人:节|大～。❼〈名〉古代用于某些官职名称:节度|按察～。

【使馆】shǐguǎn〈名〉外交使节在所驻国家的办公机关。

【使唤】shǐhuan〈动〉❶叫人为自己做事;支使。❷使用:这把锄头挺好~的。

【使节】shǐjié〈名〉一个国家派驻在另一个国家的外交代表,也指派遣去办理事务的代表。

【使君】shǐjūn〈名〉汉代称呼太守刺史,汉以后用对州郡长官的尊称。

【使命】shǐmìng〈名〉❶派人办事的命令:接受～。❷比喻重大的责任或任务:历史～。

【使者】shǐzhě〈名〉❶奉命办事的人。❷比喻带来某种信息的人或事物:报春花是春天的~。

备用词　差使　驱使　唆使　役使　支使　指使　主使　促使　迫使　即使　假使　设使　倒使　纵使　颐指气使

始 shǐ❶〈名〉最初;起头阶段(跟"终"相对):原～|～末|自～至终。❷〈动〉开始;起:周而复～。❸〈副〉才:虚心～能进步|今日～见成效。❹〈名〉姓。

【始末】shǐmò〈名〉从开始到末了,指事情的全过程:～根由。

【始终】shǐzhōng❶〈名〉从开始到最后:～如一|贯彻~。❷〈副〉表示某种状况从开始到结束没有任何变化;都是一样:等了两个多小时,～没有人来。

【始祖】shǐzǔ❶〈名〉有世系可考的最早的祖先。❷〈名〉比喻某一学派或行业的创始人。❸〈形〉指原始的:～鸟。

【始作俑者】shǐ zuò yǒng zhě《孟子·梁惠王上》:"仲尼曰:'始作俑者,其无后乎!'"孔子

反对用俑殉葬,他说开始用俑殉葬的人,大概没有后嗣了吧!比喻恶劣风气的创始者。

备用词　创始　开始　肇始　方始　未始　下车伊始　周而复始

驶(駛) shǐ〈动〉❶(车马等)飞快地跑:奔～|急～。❷开动(车船等):驾～|行~。

屎 shǐ〈名〉❶从肛门里出来的排泄物;粪:拉～。❷眼睛、耳朵等分泌出来的东西:眼～|耳~。

━━ shì ━━

士 shì〈名〉❶古代指未婚的男子。❷古代介于大夫和庶民之间的阶层。❸古代指读书人:寒～|～人。❹军人:将～|～气。❺某些国家军衔的一级,在尉以下:上～|下～。❻指某种技术人员:医～|护～。❼指有才能有胆识的人:此庸夫之怒也,非～之怒也。❽对人的美称:义～|壮～|女～。❾姓。

【士兵】shìbīng〈名〉军士和兵的统称。

【士大夫】shìdàfū〈名〉封建时代指官僚阶层,也指有地位有声望的读书人。

【士林】shìlín〈名〉指知识界。

【士民】shìmín〈名〉士大夫和庶民:沃野万里,～殷富。

【士气】shìqì〈名〉军队的战斗意志:鼓舞～|～旺盛。

【士人】shìrén〈名〉封建时代称读书人的。

【士绅】shìshēn〈名〉绅士:开明～。

【士卒】shìzú〈名〉士兵:身先～。

备用词　辩士　策士　谋士　学士　兵士　烈士　绅士　武士　义士　勇士　战士　壮士　斗方名士　礼贤下士　仁人志士

氏 shì〈名〉❶姓:包～父子。❷旧时用在已婚妇女姓后,通常父姓前再加夫姓,用为称呼:刘(夫姓)张(父姓)～。❸对名人专家的称呼:太史～|摄～温度计。❹姓。

△另见 zhī。

【氏族】shìzú〈名〉原始社会由血统关系联系起来的人的集体。

备用词　人氏　姓氏

示 shì〈动〉❶把事物摆出来或指出来使人知道;表明:表～|～弱。❷给人看:秦王大喜,传以～美人及左右。

【示爱】shì'ài〈动〉表示爱慕之情:向意中人～以山歌~。

【示范】shìfàn〈动〉做出某种可供别人学习的

典范:做个动作～一下。

【示警】shìjǐng〈动〉用某种动作或信号使人注意(危险或紧急情况);鸣枪～。

【示弱】shìruò〈动〉表示自己软弱,不敢同人较量:不甘～。

【示威】shìwēi〈动〉❶向对方显示自己的威力:挥着拳头向他～。❷为表示抗议或有所要求而采取显示自身威力的集体行动:游行～。

【示意】shìyì〈动〉用表情、动作、含蓄的话或图形表示意思:～图|以手～。

【示众】shìzhòng〈动〉给大家看,特指当众惩罚人。

备用词　暗示　表示　出示　揭示　夸示　启示　提示　显示　炫示　预示　展示　批示　请示　指示　安民告示　发纵指示

世（*丗）shì❶〈名〉人的一生:今～|来～。❷〈名〉有血统关系的人相传而成的辈分:第十一孙。❸〈形〉一代又一代的:～袭|～交。❹〈形〉有世交关系的:～兄。❺〈名〉时代:当～|盛～。❻〈名〉世界;世间:～上|～尘。❼〈名〉姓。

【世仇】shìchóu〈名〉❶世世代代的冤仇:他们两家有～。❷世世代代有仇的人或人家:他们两家是～。

【世代】shìdài〈名〉❶好几辈子:～务农。❷(很多)年代:多少～以来,我们的祖先生活在这块土地上。

【世道】shìdào〈名〉指社会状况:～变了。

【世风】shìfēng〈名〉社会风气:～日下。

【世故】shìgù〈名〉处世经验:人情～。

【世故】shìgu〈形〉待人处事圆滑,不得罪人:这人很～。

【世纪】shìjì〈名〉计算年代的单位,一百年为一世纪。

【世家】shìjiā〈名〉❶封建社会中门第高、世代做大官的人家。❷《史记》中诸侯的传记,如《晋世家》《留侯世家》。

【世间】shìjiān〈名〉世界上;人世间。

【世交】shìjiāo〈名〉❶世代相传的交谊。❷从上代就有交情的人或人家。

【世界】shìjiè〈名〉❶指自然界和人类社会一切事物的总和:～观。❷佛教用语,指宇宙:大千～。❸泛指地球上所有的地方:胸怀祖国,放眼～。❹某

个领域或人的某种活动范围:科学～|儿童～|精神～。❺指社会的形势、风气:现在是什么～,还容许坏人横行?

【世界观】shìjièguān〈名〉人们对世界的总的根本的看法。

【世界贸易组织】shìjiè màoyì zǔzhī 世界性的贸易组织。主要职责是规范、协调、促进世界范围内的贸易活动,消除关税壁垒,降低关税,处理贸易纠纷等。1995年1月1日成立,总部设在日内瓦。其前身是关税与贸易总协定。

【世界市场】shìjiè shìchǎng 国际间进行商品交换的市场的总称。

【世界语】shìjièyǔ〈名〉指波兰人柴门霍夫1887年公布的他所创造的国际辅助语,以印欧语为基础,语法比较简单,书写采用拉丁字母。

【世局】shìjú〈名〉世界局势。

【世面】shìmiàn〈名〉社会上各方面的情况:经风雨,见～。

【世人】shìrén〈名〉世界上的人;一般的人。

【世事】shìshì〈名〉❶人世间的事;早岁哪知～艰,中原北望气如山。❷当世的事,多指国事、政事。

【世俗】shìsú〈名〉❶流俗:～之见。❷非宗教的。

【世态】shìtài〈名〉社会上人对人的态度:～炎凉(有钱有势人就亲热趋附,无钱无势人就冷淡疏远)。

【世外桃源】shì wài táoyuán 晋陶渊明在《桃

花源记》里描述的一个与世隔绝的不遭战乱的安乐美好的地方。后借指不受外界影响的地方或幻想中的美好世界。

【世务】shìwù〈名〉政事;时务:不通～。

【世袭】shìxí〈动〉世代承袭(帝位、爵位等)。

【世系】shìxì〈名〉家族世代相承的系统。

【世业】shìyè〈名〉世代相传的事业:共济～。

【世子】shìzǐ〈名〉帝王的儿子中继承帝位或王位的人。

备用词　尘世　人世　盖世　旷世　入世　涉世　阅世　不可一世　恍如隔世　立身处世　流芳百世

仕 shì ❶〈动〉指做官:出～|～进。❷〈名〉姓。

【仕宦】shìhuàn〈动〉指做官:～之家。

【仕路】shìlù〈名〉旧指做官的道路:登～。

【仕女】shìnǚ〈名〉❶宫女。❷以美女为题材的中国画。

【仕途】shìtú〈名〉仕路。

市 shì ❶〈名〉集中进行商品交易的场所:菜～|夜～。❷〈动〉买卖;交易:互～|～惠。❸〈名〉城市:～镇|～区|都～。❹〈名〉行政区划单位,分直辖市、省辖市等。❺〈形〉市制的(度量衡单位):～尺|～斤。

【市廛】shìchán〈名〉商店集中的地方。

【市场】shìchǎng〈名〉❶进行商品交易的场所:农贸～|超级～。❷指商品行销的区域:文化～|欧洲～|国际～。❸比喻进行某种活动的场所:不能任凭错误思想占领～。

【市场机制】shìchǎng jīzhì 市场经济体系中各种市场主体、客体要素之间的有机联系和相互作用及其对资源配置的调节功能。是价值规律调节商品生产和流通的主要形式,集中体现为价格的作用机制。在社会主义市场经济中,市场机制在国家宏观调控下对资源配置起基础性作用。

【市场经济】shìchǎng jīngjì 以买卖商品的市场为基本调节手段的国民经济(跟"计划经济"相区别)。

【市场竞争】shìchǎng jìngzhēng 指商品交易方面的竞争,即以商品的质量、价格、售后服务等方面的优势去占领行销领域。

【市场体系】shìchǎng tǐxì 各类市场有机结合的整体。包括商品市场、金融市场、劳动力市场、房地产市场、技术市场、信息市场等。其中,商品市场(包括生产资料市场和消费品市场)是市场体系的基础。各类市场相互联系、相互制约、相互渗透、相互依存。

【市场调节】shìchǎng tiáojié 以供求、价格、竞争和利益分配等为手段,通过市场对资源进行配置、调整。是市场经济的基本特征。

【市朝】shìcháo〈名〉众人会集的场所;公共场合:谤讥于～。

【市道】shìdào〈名〉市场价格的状况;行市:～转暖|～低迷。

【市花】shìhuā〈名〉为某城市市民普遍喜爱、种植并经确认作为该市象征的花。

【市话】shìhuà〈名〉市区电话。

【市徽】shìhuī〈名〉一个城市所规定的代表这个城市的图案标志。

【市集】shìjí〈名〉❶集市。❷市镇。

【市价】shìjià〈名〉市场价格。指商品受市场供求关系影响而形成的价格。

【市井】shìjǐng〈名〉❶市场①;街市:～小人。❷集镇;市镇:前面便有～。

【市侩】shìkuài〈名〉本指买卖的中间人,后泛指唯利是图的奸商或贪图私利而庸俗可鄙的人:～习气。

【市况】shìkuàng〈名〉市场的交易状况:～良好|鲜花～日益看好。

【市貌】shìmào〈名〉城市的面貌:美化市容。

【市面】shìmiàn〈名〉工商业活动的一般状况;市场:～上蔬菜很便宜。

【市民】shìmín〈名〉❶城市的居民:荣誉～|文明～|广大～。❷特指封建社会后期城市中的手工业者和中小商人:～文学|～阶层。

【市情】shìqíng〈名〉❶城市的政治、经济、文化等情况和特点:准确把握我市的～。❷市场行情:正确分析物业～。

【市区】shìqū〈名〉城市里人口和房屋建筑比较集中的区域(跟"郊区"相区别)。

【市容】shìróng〈名〉城市的面貌:～整洁。

【市树】shìshù〈名〉为某城市市民普遍喜爱、种植并经确认作为该市象征的树。

【市肆】shìsì〈名〉商店。

【市屠】shìtú〈名〉肉市。

【市镇】shìzhèn〈名〉较大的集镇。

【市政】shìzhèng〈名〉城市的管理工作,包括工商业、交通、卫生、基本建设、文化教育等。

【市值】shìzhí〈名〉按照现时的市场行情计算的价值:这所老房子～至少三百万元|他拥有的个人股份～有七十多万元|该公司去年5月的～为7亿美元。

【市制】shìzhì〈名〉我国人民习惯使用的一种计量制度。如长度的主单位是市尺,1市尺等于 1 米的 1/3；重量的主单位是市斤，1 市斤等于 1 公斤的 1/2。

备用词 城市　都市　黑市　集市　街市　门市　闹市　夜市　门庭若市　招摇过市

式 shì〈名〉❶样式：时～｜新～｜南～。❷格式：程～｜版～。❸模范；榜样：楷～。❹典礼；仪式：开幕～。❺自然科学中表明某种规律的一组符号：方程～。❻一种语法范畴，表示说话者对所说事情的主观态度，如叙述式、命令式、条件式。

【式微】shìwēi〈动〉衰落：家道～。

【式样】shìyàng〈名〉人造的物体的形状：～美观大方。

备用词 程式　法式　方式　格式　公式　款式　模式　形式　样式　仪式　正式

似 shì［似的(de)]〈助〉用在名词、代词或动词后面，表示跟某种事物或情况相似：像雪～那么白｜像兔子～跑了｜他看起来很轻松～。［注意］"似"这里不读 sì。也作"是的"。△另见 sì。

S

势（勢） shì〈名〉❶势力：威～｜失～｜人多～众。❷气势：～拔五岳｜❸事物表现出来的状态或趋向：形～｜局～｜～如破竹。❹自然界的现象或形势：山～险峻｜水～汹涌。❺姿态：手～｜姿～。❻雄性生殖器：去～。

【势必】shìbì〈副〉表示从发展趋势推测必然会怎样：从城北到城东乘船，～要穿城而过。

【势不可当】shì bù kě dāng 来势猛烈，不可抵挡（当：抵挡）。

【势不可挡】shì bù kě dǎng 势不可当。

【势不两立】shì bù liǎng lì 指敌对的事物不能并存。

【势均力敌】shì jūn lì dí 双方势力相当，不分高下（敌：力量相当）。

【势力】shìlì〈名〉力量：扩大～范围。

【势利】shìlì〈形〉形容对有钱有势的人奉承，对没钱没势的人歧视、冷淡的恶劣表现：～眼｜～小人。

【势利小人】shìlì xiǎorén〈名〉指处世态度势利，人格卑劣的人。

【势利眼】shìliyǎn ❶〈形〉形容处世态度势利：这个人太～了。❷〈名〉指处世态度势利的人：他是个～，不可交！

【势如劈竹】shì rú pī zhú 势如破竹：凭高视下，～。

【势如破竹】shì rú pò zhú《晋书·杜预传》：

"今兵威已振，譬如破竹，数节之后，皆迎刃而解。"意思是就像劈竹子那样，劈开头几节，下面各节就会顺着刀势分开。后用以形容气势威猛，节节胜利，锐不可当。

【势态】shìtài〈名〉情势；事物发展的趋势：工农业发展的～很好。

【势头】shìtóu〈名〉事物发展的状况；情势。

【势焰】shìyàn〈名〉权势和气焰：～嚣张。

【势在必行】shì zài bì xíng 指某事根据事物的发展趋势必须做：教育改革，～。

备用词 局势　劣势　气势　情势　趋势　声势　时势　态势　威势　形势　优势　阵势　架势　手势　姿势　狗仗人势　拿腔作势　趋炎附势　审时度势　虚张声势　倚官仗势　装腔作势

事 shì ❶〈名〉事情：家～｜国～｜～变。❷〈名〉事故：祸～｜出～。❸〈名〉职业；工作：谋～｜同～。❹〈名〉关系或责任：你别管，没有你的～。❺〈动〉侍奉：～人｜～双亲。〈动〉从事；进行：大～宣扬｜不～劳动。

【事半功倍】shì bàn gōng bèi 形容费力小而收效大。

【事倍功半】shì bèi gōng bàn 形容费力大而收效小。

【事必躬亲】shì bì gōng qīn 事事都要亲自去做。

【事变】shìbiàn〈名〉❶突然发生的政治或军事上的重大事件：九一八～。❷泛指事物的变化：找出周围～的内部联系。

【事不宜迟】shì bù yí chí 事情要抓紧办，不宜拖延。

【事出有因】shì chū yǒu yīn 事情的发生是有它的原因的。

【事到临头】shì dào lín tóu 事情已经到了眼前。

【事典】shìdiǎn〈名〉❶仪式；典礼：举行盛大～。❷专门辑录有关礼制事件的类书。❸指辑录各门类或某一门类资料的工具书，如《中华人民共和国四十年成就事典》。

【事端】shìduān〈名〉事故；有意制造的纠纷：挑起～。

【事功】shìgōng〈名〉事业和功绩：急于～。

【事故】shìgù〈名〉意外的变故或灾祸：工伤～。

【事过境迁】shì guò jìng qiān 事情已经过去，客观环境也已改变。

【事后】shìhòu〈名〉事情发生以后，也指事情处理、了结以后：～他有些后悔了｜方知其中真相｜事先周密考虑，～认真总结。

【事迹】shìjì〈名〉个人或集体过去做过的比较重要的事情:生平~|动人~。

【事件】shìjiàn〈名〉历史上或社会上发生的有影响的大事情:皇姑屯~。

【事理】shìlǐ〈名〉事情的道理:不明~。

【事例】shìlì〈名〉可以作为例子来说明问题的具有代表性的事情:典型~。

【事略】shìlüè〈名〉一种记述人的生平概略的传记文:先父~|《黄花岗七十二烈士~》。

【事情】shìqing〈名〉❶人类生活中的一切活动和所遇到的一切社会现象:~实在太多,忙不过来。❷事故;差错:他不放心厂里,生怕出~|出了一就麻烦了。❸职业;工作:他大学毕业快半年了,还没找到~做|在公司里找了一个~。

【事实】shìshí〈名〉事情的真实情况:摆~讲道理|~胜于雄辩。

【事态】shìtài〈名〉局势;情况(多指坏的):注意~的发展。

【事体】shìtǐ 方言〈名〉事情。

【事务】shìwù〈名〉❶所做的或所要做的事情:~繁忙。❷总务:~科|~员|~工作。

【事物】shìwù〈名〉指客观存在的一切物体和现象:客观~|抽象~。

【事项】shìxiàng〈名〉事情的项目:注意~。

【事业】shìyè〈名〉❶人们所从事的具有一定目标、对社会发展有影响的经常活动:科学文化~。❷人的成就:立志做一番~。❸特指没有生产收入,由国家经费开支,不进行经济核算的事业(区别于"企业"):~费|~单位。

【事宜】shìyí〈名〉关于事情的安排、处理:商谈互访~。

【事由】shìyóu〈名〉❶事情从头到尾的经过;原委:说明~。❷公文用语,指本件公文的主要内容。❸方言。工作;职业:找个~做。

【事与愿违】shì yǔ yuàn wéi 事情的发展与主观愿望相反。

【事在人为】shì zài rén wéi 事情能否成功,取决于人是否努力去做:~,我们一定要尽最大努力!

【事主】shìzhǔ〈名〉❶某些刑事案件(如偷窃、抢劫等)中的被害人。❷办理婚丧喜事的人家。

备用词 丑事 怪事 憾事 婚事 丧事 喜事 咄咄怪事 敷衍了事 感情用事 例行公事 若无其事 煞有介事 少不更事 无济于事 相安无事 行若无事 虚应故事 意气用事 因人成事

郑重其事

侍 shì ❶〈动〉陪伴侍候:~卫|~从|服~|~立。❷〈名〉姓。

【侍从】shìcóng〈名〉❶旧时在皇帝或官员左右侍候护卫的人。❷随从的仆人。

【侍奉】shìfèng〈动〉侍候奉养(长辈)。

【侍候】shìhòu〈动〉服侍:~病人。

【侍弄】shìnòng〈动〉仔细地经营照管(庄稼、家禽、家畜等):~棉花。

【侍女】shìnǚ〈名〉旧时供有钱人家使唤的年轻妇女。

【侍卫】shìwèi ❶〈动〉卫护;护卫:~之臣。❷〈名〉在帝王身边护卫的武官。

【侍者】shìzhě〈名〉侍候人的人。

备用词 服侍 陪侍

饰(飾) shì ❶〈动〉装饰:修~|粉~。❷〈名〉装饰品:首~|衣~。❸〈动〉遮掩:掩~|文过~非。❹〈动〉扮演:~演。

【饰词】shìcí〈名〉遮掩的话;托词。

备用词 服饰 首饰 夸饰 润饰 涂饰 文饰 修饰 藻饰 妆饰 装饰 窗饰 粉饰 矫饰 掩饰

试(試) shì〈动〉❶试验;尝试:~行|~演|~销。❷考试:~场|~卷|~笔。

【试播】shìbō〈动〉❶新建立的广播电台或电视台进行试验性播放,以检验设备的性能是否合乎要求。❷节目正式播放前为听取意见先在一定范围内播放。❸新种子、新栽种方法推广前,先在小范围内进行试验性播种,以检验其效果。

【试场】shìchǎng〈名〉举行考试的场所。

【试车】shìchē〈动〉机动车、机器等在装配好以后,正式使用之前,先进行试验性操作,看它的性能是否合乎标准。

【试点】shìdiǎn ❶〈动〉在全面开展某项工作以前,为了取得经验,先在一个或几个地方进行小型试验。❷〈名〉进行试点的地方。

【试岗】shìgǎng〈动〉在某个工作岗位先试着工作一段时间,以考察是否适合这一岗位。

【试工】shìgōng〈动〉(工人或佣工)在正式被录用之前试做一个短时期的工作以考查能否胜任。

【试管婴儿】shìguǎn yīng'ér 指体外受精成功后,受精卵在试管或器皿中培育一段时间再移入妇女子宫内发育诞生的婴儿。

【试金石】shìjīnshí〈名〉❶一种黑色坚硬的石

块,是含炭质的石英和蛋白石等的混合物,用黄金在试金石上画一条纹,就可以看出黄金的成色。❷比喻精确可靠的检验标准。

【试镜】shìjìng〈动〉在影片、电视片正式拍摄前,先让演员拍摄一些镜头,以确定该演员是否适合所扮演的角色:首次~即被选中。

【试卷】shìjuàn〈名〉考试时准备应试人写答案或应试人已经写上答案的卷子。

【试看】shìkàn〈动〉试着看看;请看:军民团结如一人,~天下谁能敌!

【试探】shìtàn〈动〉试着探索(某种问题):他~着找出解决这一问题的好办法。

【试探】shìtan〈动〉用含义不很明显的言语或举动引起对方的反应,借以了解对方的意思:想~一下他的口气。

【试题】shìtí〈名〉考试的题目。

【试图】shìtú〈动〉打算:敌人~突围,但没有得逞。

【试问】shìwèn〈动〉试着提出问题(用于质问或反驳):~这样做有什么好处呢?

【试想】shìxiǎng〈动〉试着想想(用于质问):~不用功能取得好成绩吗?

【试销】shìxiāo〈动〉新产品未正式大量生产前,先试制一部分销售,征求用户意见和检验产品质量。

【试行】shìxíng〈动〉试着实行起来,看看是否可行:~草案|先~,再推广。

【试验】shìyàn〈动〉❶为了察看某事的结果或某物的性能而进行某种活动:科学~田。❷旧时指考试。

【试用】shìyòng〈动〉在正式使用以前,先试用一个时期,看是否合适:~品|~本|~期|~阶段|~三个月。

【试制】shìzhì〈动〉试着制作:新产品~成功。

备用词 比试 笔试 测试 尝试 初试 复试 考试 口试 面试 牛刀小试 跃跃欲试

视(視*❶-❸眡❶-❸眎) shì❶〈动〉看:~力|~野|~线|仰~|近~|~而不见。❷〈动〉看待:重~|藐~|轻~|~为知己|一~同仁。❸〈动〉考察:~察|监~|巡~。❹〈名〉姓。

【视察】shìchá〈动〉❶上级人员到下级机构检查工作。❷到现场察看。

【视点】shìdiǎn〈名〉观察或分析事物的着眼点:把~对准普通百姓|作者的~比较独特,文章很有新意。

【视而不见】shì ér bù jiàn 虽然在看,却什么也没看见,指不重视或不关心。

【视角】shìjiǎo〈名〉❶由物体两端射出的两条光线在眼球内交叉而成的角。物体越小或距离越远,视角越小。❷摄影镜头所能摄取的场面上距离最大的两点与镜头连线的夹角。短焦距镜头视角大,长焦距镜头视角小。❸指观察问题的角度:独特的~|把文艺创作的~投向基层|小说以老年人的~反映了空巢老人的生活。

【视界】shìjiè〈名〉视野;眼界:~广阔|船刚转弯,几点灯火进入~|参观了科技新成果展览,~大开。

【视盘】shì pán〈名〉视频光盘或数字视频光盘的简称。

【视盘机】shìpánjī〈名〉一种放像设备,用激光光束将光盘上存储的数字视频和伴音信息读出并转换为视频信号和音频信号。根据记录密度和格式的不同,可分为 VCD 和 DVD 等。有的地区叫"碟机"。

【视频】shìpín〈名〉在电视或雷达等系统中,图像信号所包括的频率范围,一般在零到几兆赫之间。

【视频电话】shìpín diànhuà 可视电话。

【视频光盘】shìpín guāngpán 一种只读型光盘,可以存储图像信息。制作时,把记录的视频信号加以转换处理,刻录在光盘上。通过视盘机播放,再现动态的图像和声音。简称"视盘"。

【视屏】shìpíng〈名〉指显示屏;荧光屏。

【视若无睹】shì ruò wú dǔ 看了却像没看见一样,形容对眼前的事物漠不关心。

【视事】shìshì〈动〉旧指官吏到职工作。

【视死如归】shì sǐ rú guī 把死看得像回家一样,形容为了正义事业不怕牺牲。

【视听】shìtīng〈名〉看到的和听到的事情:混淆~。

【视线】shìxiàn〈名〉❶看东西时,眼睛和所看的物体之间的假想直线。❷比喻注意力:转移~。

【视野】shìyě〈名〉眼睛所能看到的范围:~开阔。

【视域】shìyù〈名〉指视野:丰富游人的~。也作"视阈"。

【视阈】shìyù〈名〉❶能产生视觉的最高限度和最低限度的刺激强度。❷同"视域"。

备用词 逼视 谛视 环视 监视 凝视 怒视 扫视 审视 探视 巡视 注视 傲视 鄙视 仇视

敌视 忽视 藐视 蔑视 漠视 歧视 轻视 无视 小视 珍视 正视 重视 坐视 侧目而视 一瞬不视

拭 shì〈动〉擦：擦～|～泪|～目以待。

【拭目以待】shì mù yǐ dài 擦亮眼睛等待着看，形容殷切期望或等待某事的实现。

贳（貰）shì〈动〉❶出赁；出借。❷赊欠：～酒。❸宽纵；赦免：～罪|～赦。❹〈名〉姓。

柿（*柹）shì〈名〉乔木，果实扁圆形或圆锥形，橙黄色或红色，可以吃：～饼。

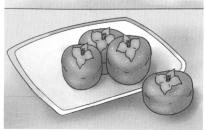

是（*昰）shì❶〈形〉对；正确（跟"非"相对）：～非|自以为～。❷〈动〉认为正确：～古非今|各行其～。❸〈动〉表示答应：～，我知道了。❹〈代〉这，这个：如～|～可忍，孰不可忍？❺〈动〉联系两种事物，表明两者同一或后者说明前者的种类、属性：北京～中国的首都|《阿Q正传》的作者～鲁迅。❻〈动〉与"的"字相应，表示分类：这本书～中文的。❼〈动〉联系两种事物，表示陈述的对象属于"是"后面所说的情况：他的确～一片好心。❽〈动〉表示存在：村前～一片水田。❾〈动〉"是"前后用相同的名词或动词，连用两个这样的格式，表示说的几个事物互不相干，互不混淆：说～说，做～做。❿〈动〉表示让步，含有"虽然"的意思：家具旧～旧，可是还能用。⓫〈动〉用在句首，加重语气：～谁告诉你的？⓬〈动〉用在名词前面，含有"凡是"的意思：～便宜他就想占。⓭〈动〉用在名词前面，含有"适合"的意思：这场雨下得～时候。⓮〈动〉用在选择问句、是非问句或反问句里：～看电视～听广播？⓯〈动〉表示坚决肯定，含有"的确"、"实在"的意思：他明天～没去，我作证。⓰〈名〉姓。

【是的】shìde 同"似的"（shìde）。

【是非】shìfēi〈名〉❶正确和错误：明辨～。❷

口舌；麻烦：搬弄～|招惹～。

【是故】shìgù〈连〉因此；所以：～无贵无贱，无长无少，道之所存，师之所存也。

【是可忍，孰不可忍】shì kě rěn，shú bù kě rěn 如果这个可以容忍，那么还有什么不能容忍呢？表示决不能容忍。

【是以】shìyǐ〈连〉因此。

峙 shì〈繁峙〉〈名〉地名，在山西。△另见zhì。

适（適）shì❶〈动〉适合：～用|～度|～反。❷〈副〉恰好：～中|～得其反。❸〈形〉舒服：舒～。❹〈动〉去；往：无所～从。❺〈动〉出嫁：～人。△另见kuò；"適"另见zhé。

【适才】shìcái〈副〉刚才。

【适当】shìdàng〈形〉合适；恰当：～的人选。

【适得其反】shì dé qí fǎn 事情发展的结果与原来希望的恰好相反。

【适度】shìdù〈形〉程度适当：软硬～。

【适逢其会】shì féng qí huì 正好碰到那个机会。

【适合】shìhé〈动〉符合：这些外地经验不～本地的情况。

【适可而止】shì kě ér zhǐ 到了适当的程度就停止下来。

【适龄】shìlíng〈形〉年龄适合某种要求的：～青年报名参军。

【适时】shìshí〈形〉❶不早也不晚；来得很～。❷适合时宜：现在大家都很忙，写短文章是最～的。

【适销】shìxiāo〈形〉商品适合于市场销售：积极生产～对路产品。

【适宜】shìyí〈形〉合适；相宜：雨水充足，气候～。

【适意】shìyì❶〈形〉舒适：住得很～。❷〈动〉适合心意。

【适应】shìyìng〈动〉与某种客观条件或需要相适合：～环境。

【适值】shìzhí〈动〉正好遇到：～中秋佳节。

【适中】shìzhōng〈形〉正好适合；不太过，又不是不及：冷热～|地点～。

备用词 安适 合适 舒适 恬适 闲适

恃 shì〈动〉依赖；倚仗：仗～|有～无恐。

【恃才傲物】shì cái ào wù 倚仗着自己的才能而骄傲自大，看不起别人（物：众人）。

【恃才放旷】shì cái fàng kuàng 倚仗着自己的

室 shì〈名〉❶屋子;房间:卧~|暗~|浴~。❷机关、工厂、学校等内部的工作单位:科~|办公~。❸妻子:正~|继~。❹星宿名,二十八宿之一。

逝 shì〈动〉❶(时间、水流等)过去:消~|稍纵即~。❷离去;消失:俶尔远~,往来翕忽。❸死亡:病~|溘(kè)然长~。

【逝世】shìshì〈动〉去世。

备用词 流逝 消逝 长逝 仙逝 稍纵即逝 一瞬即逝

莳(蒔) shì❶方言〈动〉移植(稻秧):~秧|~田。❷〈动〉栽种:~花。❸〈名〉姓。
△另见 shí。

栻 shì〈名〉古代占卜用的器具。

轼(軾) shì〈名〉古代车厢前面用作扶手的横木。

铈(鈰) shì〈名〉金属元素,符号Ce。灰色,化学性质活泼,可用来制合金。

舐 shì〈动〉舔:老牛~犊|~犊情深(比喻父母对子女的慈爱)。

弑 shì〈动〉臣杀死君主或子女杀死父母:~君|~父。

释(釋) shì❶〈动〉解释:注~|~义。❷〈动〉消除:~疑|消~。❸〈动〉放开;放下:如~重负。❹〈动〉释放:获~|保~。❺〈名〉佛教创始人释迦牟尼的简称,泛指佛教:~门|~典。❻〈名〉姓。

【释放】shìfàng〈动〉❶把被拘押的人或服刑的人放出来,使恢复自由:全部~。❷把所含的物质或能量放出来:铀原子核裂变时,~出原子能和中子。

【释文】shìwén〈动〉❶解释文字音义(多用作书名):《经典~》。❷考订古文字,逐字逐句加以辨认。

【释疑】shìyí〈动〉解释疑难;消除疑虑。

备用词 阐释 解释 考释 诠释 注释 保释 假释 开释 冰释 消释

谥(謚*諡) shì❶〈名〉谥号,古代帝王、贵族、大臣等死后,依其生前事迹所给予的称号。如楚庄王的"庄",汉武帝的"武";诸葛亮谥"忠武",欧阳修谥"文忠"。❷〈动〉称(作);叫(作):缺乏知识,文化落后~之为愚昧。

嗜 shì〈动〉特别爱好:~好(hào)|~酒。

【嗜好】shìhào〈名〉特别深的爱好(多指不良的):他被赌博这一~害惨了。

筮 shì〈动〉古代用著草占卜。

誓 shì❶〈动〉表示决心实践自己的诺言;发誓:~师|~不两立。❷〈名〉表示决心的话:宣~|起~。

【誓师】shìshī〈动〉军队出征前,统帅向将士宣示作战意义,表示坚决战斗、争取胜利的意志。现也指群众集会表示完成某项重要任务的决心:~大会。

【誓死】shìsǐ〈副〉立下誓愿,表示至死不变。

【誓言】shìyán〈名〉宣誓时说的话:立下~。

【誓愿】shìyuàn〈名〉发誓时许下的心愿:立下~。

备用词 发誓 立誓 盟誓 起誓 宣誓 山盟海誓

奭 shì❶〈形〉盛大的样子。❷〈形〉恼怒。❸〈形〉形容消散或涣散:~然四解。❹〈名〉姓。

噬 shì〈动〉咬:吞~|~啮(咬)|反~。

【噬脐莫及】shì qí mò jí《左传·庄公六年》:"若不早图,后君噬齐(齐:同'脐'),其及图乎?"原意是咬自己的肚脐是够不着的,后来用"噬脐莫及"比喻后悔已经晚了。

澨 shì〈名〉水边。

螫 shì〈动〉蜇(zhē)。

襫 shì见[袯(bó)襫]。

━ shi ━

匙 shi[钥(yào)匙]〈名〉开锁的器具。
△另见 chí。

殖 shí[骨殖]〈名〉尸骨。
△另见 zhí。

— **shōu** —

收(*收) shōu〈动〉❶把外面的拿到里面;把摊开的或分散的聚拢:～藏|～集|～口。❷取回属于自己的东西:～复|～账。❸获得(经济利益):～益|～支相抵。❹收获;收割:麦～|～成。❺接;接受;容纳:～留|征～。❻约束;控制(感情或行动):～敛|～心。❼逮捕;拘禁:～监|～捕。❽结束;停止(工作):～工|～尾。

【收编】shōubiān〈动〉收容并改编(武装力量)。

【收藏】shōucáng ❶〈动〉收集并保藏:～古币。❷〈名〉指收藏的物品:广有～。

【收场】shōuchǎng ❶〈动〉结束:事情很难～。❷〈名〉下场;结局:谁也不知道将来是个什么～。

【收成】shōucheng〈名〉指农产品等收获的成绩,有时也指鱼虾等捕捞的成绩:～好|有～。

【收服】(收伏) shōufú〈动〉制服对方使服从自己。

【收复】shōufù〈动〉重新夺回(失去的领土、阵地):～失地。

【收获】shōuhuò ❶〈动〉收割成熟的农作物:～庄稼|秋天是～的季节。❷〈名〉泛指获得的东西:这次出海捕鱼有很大的～。❸〈名〉比喻心得:学习～。

【收集】shōují〈动〉使聚集在一起:～稻种|～材料。

【收缴】shōujiǎo〈动〉❶接收;缴获:～敌人的武器。❷收取(应交纳的款项):～会费。

【收敛】shōuliǎn〈动〉❶(笑容、光线等)减弱或消失:～笑容。❷减轻放纵的程度:嚣张气焰稍有～。

【收罗】shōuluó〈动〉把人或物聚集在一起:～人才。

【收买】shōumǎi〈动〉❶从各处买进:～旧书。❷用钱财或其他好处笼络人,使受利用:～人心。

【收容】shōuróng〈动〉(有关的机构)收留:～所。

【收生】shōushēng〈动〉接生:～婆。

【收拾】shōushi〈动〉❶整理;整顿:～行李|~残局。❷修理:收音机坏了,你给~一下。❸惩治:早晚我要～他!❹消灭:把敌人给

～了。

【收缩】shōusuō〈动〉❶物体由大变小或由长变短。❷紧缩;缩小:～兵力|～开支。

【收尾】shōuwěi ❶〈动〉结束事情最后的一段:～工程。❷〈名〉文章的结尾:文章的～很精彩。

【收效】shōuxiào〈动〉收到效果:～甚微。

【收押】shōuyā〈动〉拘留。

【收养】shōuyǎng〈动〉把别人的儿女收留下来当作自己家里的人来抚养:～孤儿。

【收益】shōuyì〈名〉指生产上或商业上的收入:经济～。

备用词 查收 回收 接收 没收 吸收 验收 招收 征收 丰收 歉收 美不胜收

— **shú** —

熟 shú 义同"熟"(shú),用于口语。
△另见 shú。

— **shǒu** —

手 shǒu ❶〈名〉人体上肢腕部以下能拿东西的部分:～心|～套|握～。❷〈动〉拿着:人～一册。❸〈形〉小巧而便于拿的:～册|～鼓。❹〈副〉亲手(做):～抄|～书。❺〈名〉指技能;本领:妙～回春|眼高～低。❻〈名〉指手段:毒～|心狠～辣。❼〈名〉擅长某种技能或做某种工作的人:选～|舵～|多面～。❽〈量〉用于技能,本领:留一～|有两～。

【手包】shǒubāo〈名〉手提的较小的包儿,多用皮革制成。

【手笔】shǒubǐ〈名〉❶亲手做的诗文、写的字或画的画:这是他的～。❷诗文创作技巧方面的造诣;也指这方面造诣很深的人:大～(文章能手)。❸指办事、用钱的气派:自小～就阔。

【手臂】shǒubì〈名〉胳膊。

【手册】shǒucè〈名〉❶介绍一般性的或某种专业知识的参考书:《农村医生～》。❷专做某种记录用的本子:工作～。

【手持】shǒuchí〈动〉手里握着:～钢枪|～式移动电话。

【手袋】shǒudài 方言。〈名〉手包(多指女用的)。

【手段】shǒuduàn〈名〉❶为达到某种目的而采取的方法或措施:采取一切～救治病人。❷指待人处世所用的不正当方法:要～。❸本领;本事:他办事很有～。

【手法】shǒufǎ〈名〉❶(文学作品、艺术品创作

的)技巧:白描～。❷手段②:两面派～。

【手稿】shǒugǎo〈名〉亲手写成的底稿:鲁迅～。

【手工】shǒugōng〈名〉❶靠手的技能做出的工作:做～。❷用手操作的方式:～劳动。❸对手工劳动给予的报酬:做衣服～太贵。

【手工艺】shǒugōngyì〈名〉指具有高度技巧性、艺术性的手工,如挑花、刺绣、缂丝等:～品。

【手机】shǒujī〈名〉手持式移动电话机的简称。

【手疾眼快】shǒu jí yǎn kuài 形容做事机警敏捷。也说"眼疾手快"。

【手迹】shǒujì〈名〉亲手写的字或画的画:这是齐白石的～。

【手脚】shǒujiǎo〈名〉❶举动;动作:～灵活|慌了～。❷为了达到某种目的而暗中采取的行动(含贬义):从中做～。

【手卷】shǒujuàn〈名〉横幅的书画卷子。

【手铐】shǒukào〈名〉束缚犯人两手使不能自由活动的刑具。

【手链】shǒuliàn〈名〉戴在手腕子上的链形装饰品,多用金、银、玉石等制成。

【手忙脚乱】shǒu máng jiǎo luàn 形容做事慌张忙乱,没有条理。

【手面】shǒumiàn 方言。〈名〉指用钱的松紧:～太阔。

【手民】shǒumín〈名〉指刻字或排字的工人。

【手软】shǒuruǎn〈形〉形容不忍下手或下手不狠:心慈～。

【手书】shǒushū❶〈动〉亲笔书写。❷〈名〉亲笔写的信。

【手术】shǒushù❶〈名〉医生在病人身体上进行的切除、缝合等治疗。❷〈动〉进行手术。

【手头】shǒutóu〈名〉❶伸手可以拿到的地方:手边:这本书不在～。❷指个人某一时候的经济情况:～宽裕。

【手腕】shǒuwàn〈名〉❶手和臂相接的部分。❷手段②③:要～儿。

【手无寸铁】shǒu wú cùn tiě 形容手里没有任何武器。

【手舞足蹈】shǒu wǔ zú dǎo 双手舞动,两只脚也跳起来,形容非常高兴的样子。

【手心】shǒuxīn〈名〉❶手掌的中心部分。❷比喻掌握、控制的范围:你还不是被攥在他的～里?

【手续】shǒuxù〈名〉办事的程序:简化～|办理报名～。

【手眼】shǒuyǎn〈名〉手段②③:～通天。

【手艺】shǒuyì〈名〉手工业工人的技术;也泛指手工操作的技术:学～|他刺绣的～不错。

【手泽】shǒuzé〈名〉指先人的遗物或手迹。

【手札】shǒuzhá〈名〉亲笔写的信。

【手足】shǒuzú〈名〉❶举动;动作:～无措(形容遇事慌乱,不知如何是好)。❷比喻弟兄:情同～。

备用词 插手 经手 亲手 沾手 缠手 棘手 辣手 扎手 高手 国手 好手 老手 名手 能手 爱不释手 大打出手 大显身手 得心应手 鹿死谁手 棋逢对手 上下其手

守 shǒu ❶〈动〉防守(跟"攻"相对):把～|戍～|～卫。❷〈动〉守候;看护:～护|监～|抱残～缺。❸〈动〉遵守;遵循:～法|～约|信～|安分～己。❹〈动〉靠近;依傍:村边～着一条小河。❺〈名〉古代官名。秦代为一郡的长官,后世用为太守、刺史的简称。❻〈名〉姓。

【守把】shǒubǎ〈动〉守卫;把守。

【守备】shǒubèi ❶〈动〉防守戒备:有军队~|很严。❷〈名〉明清时代武职官员名。

【守财奴】shǒucáinú〈名〉指有钱而非常吝啬的人(含讥讽意)。

【守成】shǒuchéng〈动〉保持前人已取得的成就。

【守候】shǒuhòu〈动〉❶等候:～亲人归来。❷看护;护理:母亲生病的时候,女儿日夜～在床前。

【守护】shǒuhù〈动〉看守并保护:西瓜成熟的季节,父子俩整天～在田边。

【守节】shǒujié〈动〉旧时指不改变节操,特指妇女受封建礼教影响在丈夫或未婚夫死后不再结婚。

【守旧】shǒujiù〈形〉拘泥于陈旧的看法或做法而不愿改变:因循～。

【守口如瓶】shǒu kǒu rú píng 形容说话非常谨慎或严守秘密。

【守灵】shǒulíng〈动〉守护在灵床、灵柩或灵位的旁边,表示对死者的哀悼。

【守岁】shǒusuì〈动〉农历除夕的夜晚不睡觉,直到天亮。

【守土】shǒutǔ〈动〉守卫领土:～有责。

【守望】shǒuwàng〈动〉看守瞭望。

【守卫】shǒuwèi〈动〉防守保卫:～祖国的边疆。

【守业】shǒuyè〈动〉守住前人创立的事业:创业难,～更难。

【守御】shǒuyù〈动〉把守防御。

【守则】shǒuzé〈名〉共同遵守的规则：中学生～。

【守真】shǒuzhēn〈动〉保持本性。

【守株待兔】shǒu zhū dài tù《韩非子·五蠹》里说,战国时宋国有个农夫看见一只兔子撞在树桩上死了,他就放下农具在那里等,希望再得到撞死的兔子。比喻不主动地努力,而存侥幸心理,希望得到意外的收获。

【守株缘木】shǒu zhū yuán mù "守株待兔"和"缘木求鱼"的略语,比喻不根据实际情况而去做根本不可能做到的事。

【守拙】shǒuzhuō〈动〉封建士大夫自诩清高,不做官,清贫自守,叫"守拙"。

备用词 把守 保守 扼守 防守 固守 监守 据守 看守 留守 戍守 镇守 驻守 恪守 信守 严守 遵守 闭关自守 玩忽职守 以攻为守

首 shǒu ❶〈名〉头：昂～｜回～｜～肯。❷〈形〉第一；最高的：～发｜～届｜～富。❸〈名〉首领：～长｜～祸。❹〈副〉首先：～义｜～倡。❺〈动〉出头告发：自～｜～出。❻〈量〉用于诗词、歌曲：一～诗。❼〈名〉姓。

【首播】shǒubō〈动〉(广播电台、电视台)第一次播放：这个节目每周二 19 时 40 分～,周六 21 时 50 分重播。

【首创】shǒuchuàng〈动〉最先创造；创始：～精神｜这种产品在国内还是～。

【首当其冲】shǒu dāng qí chōng 比喻最先受到攻击或最先遭遇灾难。

【首都】shǒudū〈名〉国家最高政权机关所在地,是全国的政治中心。

【首恶】shǒu'è〈名〉犯罪集团的为首分子：～必办。

【首发】shǒufā〈动〉❶第一次发行：这套丛书的～式在北京举行。❷第一次发车：这路公共汽车每天早晨五点发～。❸第一次发放：新式军服～仪式。❹球类比赛中首先出场：～阵容。

【首府】shǒufǔ〈名〉❶旧时称省会所在的府为首府,现多指自治区或自治州人民政府所在地。❷指附属国和殖民地的最高政府机关所在地。

【首级】shǒují〈名〉战国时秦法,作战时斩下敌人一个头,加爵一级,后来就称斩下的人头为首级。

【首肯】shǒukěn〈动〉点头表示同意。

【首领】shǒulǐng〈名〉❶头和脖子。❷借指集团的领导人。

【首脑】shǒunǎo〈名〉为首的；领导人：～机关｜政府～。

【首屈一指】shǒu qū yī zhǐ 屈指计数时首先弯下大拇指,因此用"首屈一指"表示位居第一。

【首日封】shǒurìfēng〈名〉邮政部门发行新邮票的当天,把新邮票贴在特制的信封上,并盖上当日邮戳,这种信封叫"首日封"。

【首善之区】shǒu shàn zhī qū 最好的地方,一般指首都。

【首饰】shǒushì〈名〉原指头上戴的饰物,今泛指耳环、项链、戒指、手镯等。

【首鼠两端】shǒu shǔ liǎng duān《史记·魏其武安侯列传》："武安已罢朝,出止车门,召韩御史大夫载。怒曰:'与长孺共一老秃翁,何为首鼠两端?'"(首鼠:迟疑不决,欲进又退的样子；两端:两头。)形容迟疑不决或动摇不定。

【首途】shǒutú〈动〉启程；上路。

【首尾】shǒuwěi〈名〉❶起头的部分和末尾的部分：～呼应。❷事情从开始到结束的过程。❸勾结的关系；也指男女私情(多见于早期白话)。

【首席】shǒuxí ❶〈名〉最高的席位：坐～。❷〈形〉职位最高的：～代表。

【首先】shǒuxiān ❶〈副〉最先；最早：这个建议是小王～提出的。❷〈代〉第一(用于列举事项)：～,是老师讲话；其次,是学生代表发言。

【首相】shǒuxiàng〈名〉君主立宪制国家内阁的最高官职,有时也称非君主国家的中央政府首脑。

【首要】shǒuyào ❶〈形〉第一位的；最重要的：～问题。❷〈名〉首脑：军政～。

【首义】shǒuyì〈动〉首先起义：辛亥～。

【首长】shǒuzhǎng〈名〉政府各部门中的高级领导人或部队中较高级的领导人。

【首状】shǒuzhuàng〈名〉诉状。

【首座】(❶首坐)shǒuzuò〈名〉❶筵席上最尊贵的席位：让贵宾坐在～。❷佛寺里地位仅次于住持的和尚。

备用词 昂首 顿首 俯首 回首 叩首 稽首 翘首 出首 自首 不堪回首 群龙无首 痛心疾首 罪魁祸首

━━ shòu ━━

寿(壽) shòu ❶〈形〉活得岁数大；长命：～星｜人～年丰。❷〈名〉年岁；生命：长～｜～数｜延年益～。❸〈名〉生日：～辰｜～祝。❹〈形〉婉辞,生前预备的；装殓死人的：～衣｜～材。❺〈名〉姓。

【寿辰】shòuchén〈名〉生日(一般用于中年人或老年人)。

【寿诞】shòudàn〈名〉寿辰。

【寿民】shòumín〈名〉长寿的人。

【寿命】shòumìng〈名〉人或其他生物生存的年限,比喻事物存在或使用的期限。

【寿数】shòushu〈名〉迷信指人命中注定活的岁数。

【寿星】shòuxīng〈名〉❶指老人星,民间用作长寿的象征。❷称被祝寿的人。

【寿终正寝】shòu zhōng zhèng qǐn ❶旧指老年人在家中安然死去(正寝:旧式住宅的正屋)。❷比喻事物的消亡。

受 shòu〈动〉❶接受:~命|~贿|~益|无功~禄。❷遭受;蒙受:~灾|~折磨。❸忍受;禁受:难(nán)~|~得住。❹方言。适合:~吃(吃着有味)|~听(听着入耳)。❺同"授"。

【受宠若惊】shòu chǒng ruò jīng 受到过分的宠爱待遇而感到意外的惊喜。

【受戒】shòujiè〈动〉佛教徒在一定的宗教仪式下接受戒律。

【受窘】shòujiǒng〈动〉陷入难堪的境地。

【受理】shòulǐ〈动〉❶接受并办理:~快件专递业务。❷司法机关接受案件,进行审理。

【受命】shòumìng〈动〉接受命令或任务:~对该事件进行调查。

【受聘】shòupìn〈动〉❶旧俗订婚时女方接受男方的聘礼。❷接受聘请;应聘:~当顾问。

【受权】shòuquán〈动〉依法接受行使某种权利:~发表声明。

【受让】shòuràng〈动〉接受别人转让的物品、权利等:~股权。

【受事】shòushì〈名〉语法上指动作的对象,也就是受动作支配的人或事物,如"他写信"里的"信"。

【受洗】shòuxǐ〈动〉(基督教徒入教时)接受洗礼。

【受降】shòuxiáng〈动〉接受敌方投降。

【受享】shòuxiǎng〈动〉享受;享用。

【受训】shòuxùn〈动〉接受训练。

【受业】shòuyè❶〈动〉跟着老师学习;接受老师传授的知识。❷〈名〉学生对老师的自称。

【受益】shòuyì〈动〉得到利益或好处:~匪浅。

【受用】shòuyòng〈动〉❶受益;得益:学会这种本领,一辈子~不尽。❷享受;享用:他不想一辈子~父亲留给自己的遗产。

【受用】shòuyong〈形〉身心舒服(多用于否定式):多吃了点儿红薯,她觉得胃有些不~|听了这番话,他心里~多了。

【受制】shòuzhì〈动〉❶受约束;受辖制:~于人。❷受罪;受害。

【受众】shòuzhòng〈名〉新闻媒体的传播对象和各种文化、艺术作品的接受者,包括读者、听众和观众等:电视~|别失去~的信任|就文化产品而言,关键是心中要有~。

【受罪】shòuzuì〈动〉受折磨,也泛指遭遇不愉快、不顺心的事:活~。

备用词 承受 感受 接受 禁受 经受 领受 蒙受 忍受 享受 消受 遭受 感同身受 逆来顺受 自作自受

狩 shòu〈动〉打猎,特指冬天打猎:~猎。

【狩猎】shòuliè〈动〉打猎。

授 shòu〈动〉❶交付;给予(多用于正式或隆重的场合):~奖|~权。❷传授;教:讲~|~课。

【授命】shòumìng〈动〉❶献出生命:临危~。❷下命令(多指某些国家元首下命令):总统~总理组阁。

【授权】shòuquán〈动〉把权力委托给人或机构代为执行。

【授让】shòuràng〈动〉交付转让(物品、权利等)给别人:~商标使用权。

【授受】shòushòu〈动〉交付和接受;交接。

【授意】shòuyì〈动〉把意图告诉别人,让别人照着办。

备用词 传授 函授 讲授 教授 刊授 口授 面授

售 shòu〈动〉❶卖:零~|出~|销~。❷施展(奸计):以~其奸。

备用词 出售 兜售 零售 抛售 销售

兽(獸) shòu❶〈名〉通常指有四条腿、全身长毛的哺乳动物:野~|猛~|飞禽走~。❷〈形〉像野兽一样野蛮、残忍的;下流:~心|~行。

【兽行】shòuxíng〈名〉❶极端野蛮、残忍的行为。❷发泄兽欲的行为。

【兽欲】shòuyù〈名〉指野蛮的性欲。

绶(綬) shòu〈名〉绶带,用来系官印或勋章的彩色丝带:印~。

瘦 shòu〈形〉❶肌肉不丰满,脂肪少(跟"胖""肥"相对):~弱|清~。❷(食用的肉)脂肪少(跟"肥"相对):~肉。❸(衣服鞋袜等)窄小(跟"肥"相对):衣服~了。❹(地力)薄;不肥沃:~田。

【瘦瘠】shòují〈形〉❶瘦弱;不肥胖。❷(土地)

不肥沃;贫瘠:~的荒原。

【瘦弱】shòuruò〈形〉肌肉不丰满,软弱无力:身体很~。

【瘦削】shòuxuē〈形〉形容非常瘦,像被刀削过的样子。

备用词　干瘦　枯瘦　清瘦　消瘦　抽肥补瘦　面黄肌瘦　挑肥拣瘦

━━ shū ━━

殳　shū〈名〉❶古代的一种兵器,用竹竿制成,有棱无刃。❷姓。

书(書)　shū❶〈动〉写字;记录;书写:~法|手~。❷〈名〉字体:楷~|草~。❸〈名〉装订成册的著作:丛~|古~|新~。❹〈名〉书信:家~|情~|~简。❺〈名〉文件:证~|聘~。❻〈名〉《尚书》的简称。❼〈名〉某些曲艺的通称:说~|听~。❽〈名〉姓。

【书呆子】shūdāizi〈名〉只知死啃书本而不懂得联系实际的人。

【书牍】shūdú〈名〉书信。

【书法】shūfǎ〈名〉文字的书写艺术,特指用毛笔写汉字的艺术:擅长~。

【书房】shūfáng〈名〉读书写字的房间。

【书籍】shūjí〈名〉"书"③的总称。

【书简】(书柬)shūjiǎn〈名〉书信。

【书眉】shūméi〈名〉书页上端空白的地方。

【书面】shūmiàn〈名〉用文字表达的(区别于"口头"):~材料。

【书面语】shūmiànyǔ〈名〉指用文字写下来的语言(区别于"口语")。

【书名号】shūmínghào〈名〉标点符号,写作"《　》"、"〈　〉"或"﹏﹏",表示书名、篇名等。

【书目】shūmù〈名〉图书目录的简称。

【书评】shūpíng〈名〉评论或介绍书刊的文章。

【书契】shūqì〈名〉❶指文字。❷契约一类的文书凭证。

【书生】shūshēng〈名〉读书人:~气。

【书塾】shūshú〈名〉私塾。

【书香】shūxiāng〈名〉旧时指上辈有读书人的人家:~门第。

【书信】shūxìn〈名〉信:~往还。

【书院】shūyuàn〈名〉旧时地方上设立的供人读书、讲学的处所。

【书札】shūzhá〈名〉书信。

【书斋】shūzhāi〈名〉书房。

抒　shū❶〈动〉表达;发表:~写|~发|~怀。❷同"纾"①。

【抒发】shūfā〈动〉表达(感情):~感情|情怀。

【抒情】shūqíng〈动〉抒发感情:~诗|借景~|~歌曲。

【抒写】shūxiě〈动〉抒发描写:~历史的新篇章。

纾(紓)　shū❶〈动〉解除:~忧|毁家~难(nàn)。❷〈动〉延缓:~缓。❸〈形〉宽裕。

枢(樞)　shū〈名〉❶门上的转轴:户~不蠹。❷指事物的重要部分或中心部分:中~|~纽。

【枢机】shūjī〈名〉❶旧指封建王朝的重要职位或机构。❷比喻事物运动的关键。

【枢纽】shūniǔ〈名〉事物的关键;事物间互相联系的中心环节:交通~|水利|~工程。

叔　shū〈名〉❶父亲的弟弟:二~|~侄。❷称呼跟父亲辈分相同而年纪较小的男子:大~。❸丈夫的弟弟;小叔子:~嫂。❹在弟兄排行次序里代表第三:伯仲~季。❺姓。

姝　shū❶〈形〉美好:~好。❷〈名〉美女:丽~。

殊　shū❶〈形〉不同;差异:悬~|~途同归。❷〈形〉特别;特殊:~勋|~遇。❸〈副〉很;极:~佳。❹〈动〉断;绝。❺〈名〉姓。

【殊不知】shūbùzhī〈动〉❶竟然不知道(用于引述别人的意见而加以纠正):有人觉得吸烟可以使人兴奋,~吸烟对健康有很大妨害。❷竟然没想到:我以为北京会比上海凉快,~这里更加干热难忍。

【殊色】shūsè〈名〉非常美丽的女子。

【殊死】shūsǐ〈形〉决死;拼命:~斗争。

【殊俗】shūsú〈名〉不同的风俗,也指边远的地方或异邦:始皇既没,余威震于~。

【殊途同归】shū tú tóng guī 通过不同的道路而走到同一个目的地,比喻采取不同的方法而取得相同的结果。

【殊遇】shūyù〈名〉特殊的待遇,多指恩宠、信任。

备用词　特殊　悬殊　言人人殊

倏(＊倏儵)
shū〈副〉极快地:～尔|～忽。

【倏尔】shū'ěr〈副〉忽然。

【倏忽】shūhū〈副〉转眼之间;忽然:～不见。

菽(＊尗)
shū〈名〉豆类的总称:布帛～粟。

梳
shū❶〈名〉梳子,整理须发的用具:木～。❷〈动〉用梳子整理:～妆打扮|～头洗脸。

【梳理】shūlǐ〈动〉用梳子整理头发、胡子等:～头发。

【梳妆】shūzhuāng〈动〉梳洗打扮:～台|～打扮。

淑
shū〈形〉温和善良;美好;贤|～女。

【淑均】shūjūn〈形〉善良公正:将军向宠,性行～。

舒
shū❶〈动〉伸展;宽解(拘束或憋闷状态):～展|～适|～畅。❷〈形〉缓慢;从容:～缓|～徐。❸〈名〉姓。

【舒畅】shūchàng〈形〉舒服畅快:心情～。

【舒服】shūfu〈形〉❶身体或精神上感到轻松愉快。❷能使身体或精神上感到轻松愉快:窑洞冬暖夏凉,住着很～。

【舒怀】shūhuái〈形〉开怀;心情舒畅。

【舒活】shūhuó〈动〉舒展;活动:～～筋骨。

【舒眉展眼】shū méi zhǎn yǎn 眉眼舒展,形容非常高兴的样子。

【舒散】shūsàn〈动〉❶活动(筋骨)。❷解除(疲劳);消除(不愉快的心情):到公园去走走,～一星期来的疲劳。

【舒适】shūshì〈形〉舒服安适。

【舒坦】shūtan〈形〉舒服;舒畅。

【舒心】shūxīn〈形〉心情舒畅;安逸:过上了～的日子。

【舒展】shūzhǎn〈动〉伸展;不卷缩;不皱:～翅膀|眉眼～开来。

疏(＊❶-❼疎)
shū❶〈动〉清除阻塞使通畅:～通|～导|～浚。❷〈形〉事物之间距离远;事物的部分之间空隙大(跟"密"相对):～松|～落|～稀。❸〈形〉关系远;不亲近:～远|～亲。❹〈形〉不熟悉;生～。❺〈动〉疏忽:～漏|～失。❻〈形〉空虚:空～|志大才～。❼〈动〉分散;使从密变稀:～散|仗义～财。❽〈名〉封建时代臣下向君主分条陈述事情的文字;条陈:上～|～奏。❾〈名〉古书中对"注"所作的进一步解释或发挥的文字:《十三经注～》。❿〈名〉古代文体,一种解说性的文章:《谏太宗十思～》。⓫〈名〉姓。

【疏淡】shūdàn〈形〉❶稀疏淡薄;稀疏淡雅:花香～|梅花～多姿。❷疏远淡漠:关系～。

【疏导】shūdǎo〈动〉❶开通壅塞的水道,使水流畅通:～河流。❷通过引导把密集的人群疏散开,使不拥挤:～乘客。

【疏忽】shūhu〈动〉粗心大意;忽略:～大意|一～就把这件事忘了。

【疏浚】shūjùn〈动〉清除淤塞或挖深河槽,使水流畅通:～河道。

【疏阔】shūkuò❶〈形〉稀疏宽阔。❷〈形〉不周密:天下初定,制度～。❸〈形〉疏远;迂阔。❹〈动〉久别。

【疏懒】shūlǎn〈形〉懒散而不习惯受约束。

【疏朗】shūlǎng〈形〉❶稀疏而清晰:须眉～|夜空中闪烁着几点疏疏朗朗的星光。❷开朗:胸怀～。

【疏离】shūlí〈动〉疏远隔绝:关系～|一个作家任何时候都不应～社会。

【疏粝】shūlì〈名〉粗劣的饭食:醉醇饫肥之肠,不可以实～。

【疏漏】shūlòu〈动〉疏忽遗漏。

【疏落】shūluò〈形〉稀疏零落:～的晨星。

【疏散】shūsàn ❶〈形〉疏落:～的村落。❷〈动〉把密集的人、物分散开:～人口。

【疏失】shūshī〈动〉疏忽失误:搞会计工作不能有半点～。

【疏松】shūsōng ❶〈形〉(土壤等)松散:土质～。❷〈动〉使(土壤等)松散:～土壤。

【疏通】shūtōng〈动〉❶疏浚:～下水道。❷沟通双方思想以调解争执。

【疏虞】shūyú〈动〉疏忽。

【疏远】shūyuǎn ❶〈形〉关系、感情上有距离;不亲近:关系～。❷〈动〉使关系、感情上有距离;不接近:不要～犯错误的同志。

备用词　粗疏　荒疏　生疏　稀疏　萧疏　人生地疏　志大才疏

摅(摅)
shū〈动〉❶表示;发表:～意|～怀。❷奔腾;腾跃。

输(輸)
shū〈动〉❶运输;运送:～送|～出|～液|～油管。❷捐献:～财|

捐~。❸缴纳:~税。❹在较量时失败;败(跟"赢"相对):认~|服~。

【输送】shūsòng〈动〉从一处运到另一处;运送:~带。

酳　shū 见[覷(qú)酳]。

蔬　shū〈名〉蔬菜,可以做菜吃的草本植物,如白菜、萝卜、黄瓜、西红柿等:布衣~食。

【蔬果】shūguǒ〈名〉蔬菜和水果的合称:时鲜~|~专用清洗剂。

━ shú ━

秫　shú〈名〉高粱(多指黏高粱):~米|~秸。

孰　shú❶〈代〉谁:人非圣贤,~能无过? ❷〈代〉哪个(表示选择):~是~非|~胜~负。❸〈代〉什么:是可忍,~不可忍? ❹〈形〉古通"熟",仔细:唯大王与群臣~计议之。❺〈名〉姓。

【孰若】shúruò〈连〉哪如;哪里比得上。"与其…孰若…",意思是"与其…还不如…":与其坐而待亡,~起而拯之?

【孰与】shúyǔ〈代〉何如:我~城北徐公美?

赎(贖)shú〈动〉❶用财物换回抵押的人或物:~买|~身。❷抵消;弥补(罪过):将功~罪。

塾　shú〈名〉旧时私人设立的教学处所:私塾:~师。

备用词　村塾 家塾 私塾 西塾 学塾 义塾

熟　shú〈形〉❶植物的果实等完全长成(跟"生"相对,下②-⑤同):瓜~蒂落。❷(食物)加热到可以吃的程度:~食。❸加工制造或锻炼过的:~铁|~石灰。❹因常见或常用而知道得清楚:~人|~路。❺熟练:~娴~。❻程度深:~睡|深思~虑。
　　△另见 shóu。

【熟谙】shú'ān〈动〉熟悉:~兵法。

【熟练】shúliàn〈形〉工作、动作等因常做而有经验;纯熟:技术~。

【熟年】shúnián〈名〉丰收的年头。

【熟稔】shúrěn〈动〉很熟悉。

【熟识】shúshi〈动〉对某人认识得较久或对某种事物了解得较透:~水性。

【熟视】shúshì〈动〉❶仔细地看。❷经常看见:~无睹。

【熟视无睹】shú shì wú dǔ 虽然经常看见,还跟没看见一样。形容对客观事物不关心。

【熟悉】shúxī〈动〉对人或事物知道得很清楚或对某种技术、学问了解得很透彻:~业务|我和他比较~。

【熟习】shúxí〈动〉(对某种技术、学问)掌握得很熟练,了解得很透彻:~不同的写作技巧。

【熟语】shúyǔ〈名〉指常用而定型的词组或语句,只能整个应用,不能随意变动其中成分。如"慢条斯理"、"乱七八糟"、"八九不离十"、"死马当作活马医"等。

备用词　成熟 纯熟 娴熟 圆熟 驾轻就熟

━ shǔ ━

暑　shǔ〈形〉热(跟"寒"相对):~假 酷~|寒来~往。

【暑气】shǔqì〈名〉盛夏时的热气。

备用词　伏暑 酷暑 溽暑 盛暑 炎暑

黍　shǔ〈名〉草本植物,籽实淡黄色,去皮后叫"黄米"。

属(屬)shǔ❶〈名〉类别:金~。❷〈名〉生物学分类中的一个层次,科下为属,属下为种。❸〈动〉隶属:直~|附~。❹〈动〉归属:光荣~于人民。❺〈名〉家属;亲属:军~|眷~。❻〈动〉系;是:查明~实。❼〈动〉用十二属相记生年:我~鼠。
　　△另见 zhǔ。

【属相】shǔxiang〈名〉生肖。

【属性】shǔxìng〈名〉指事物所固有的性质和特点:热胀冷缩是大多数物质的~。

【属于】shǔyú〈动〉归于某一方面;为某一方面所有:胜利一定~我们。

备用词　从属 附属 归属 隶属 领属 统属 直属 家属 眷属 亲属 部属 僚属 下属

署　shǔ❶〈名〉办公的处所:官~|海关总~。❷〈动〉布置:部~。❸〈动〉暂时代理空缺的官职:~理。❹〈动〉签(名);题(名);签~|~名。

蜀　shǔ〈名〉❶周朝国名,在今四川成都一带。❷蜀汉,三国之一,公元221年-263年,刘备所建。❸四川的别称:~绣。

【蜀犬吠日】shǔ quǎn fèi rì 唐柳宗元《答韦中立论师道书》中说庸、蜀之南,恒雨少日,日出则犬吠。后用"蜀犬吠日"讥讽人少见多怪。

鼠　shǔ〈名〉老鼠,哺乳动物,体小尾长,门齿发达,盗食粮食和农作物。种类很多,有的能传播鼠疫。

【鼠标】shǔbiāo〈名〉鼠标器的简称:光电~。

【鼠标器】shǔbiāoqì〈名〉计算机的一种信息输

入设备。可以移动，用来控制显示器屏幕上光标的位置。用手指点击上面的键，对计算机进行操作，主要用于选单项目的选择以及计算机绘图。因外形略像老鼠，所以叫"鼠标器"。简称"鼠标"。

【鼠标手】shǔbiāoshǒu〈名〉指长时间使用计算机鼠标器而引起的手部、腕部的损伤。症状是手指和关节疲劳、麻木或疼痛，有的关节活动时会发出轻微声响，甚至造成手腕韧带拉伤。

【鼠窜】shǔcuàn〈动〉像老鼠那样惊慌逃走，形容仓皇逃窜：抱头～。

【鼠肚鸡肠】shǔ dù jī cháng 见〖小肚鸡肠〗。

【鼠目寸光】shǔ mù cùn guāng 比喻目光短，见识浅。

【鼠窃狗偷】shǔ qiè gǒu tōu 指小偷小摸。也说"鼠窃狗盗"。

数(數) shǔ〈动〉❶查点(数目)；逐个说出(数目)：～数(shù)|历历可～|如～家珍。❷比较起来最突出：～他有办法。❸列举(过错、罪状)：～说|～落。
△另见 shù；shuō。

【数不胜数】shǔ bù shèng shǔ 数也数不过来，形容极多。

【数典忘祖】shǔ diǎn wàng zǔ《左传·昭公十五年》记载，晋国大夫籍谈出使周朝，周景王问他何以没有贡物，籍谈回答说，晋国从来没有受到过周王室的赏赐，因而没有器物可献。周王责备籍谈身为晋国司典(掌管典籍的官)的后代，不该不知道从晋的始祖唐叔起就不断受到王室赏赐的史实，说他"数典而忘其祖"。后用"数典忘祖"比喻忘掉自己本来的情况或事物的本源，也比喻对本国历史的无知。

【数伏】shǔfú〈动〉进入伏天。数伏后我国开始进入一年中天气最热的时期。参看〖三伏〗。

【数九】shǔjiǔ〈动〉进入冬至开始的"九"。冬至后，每九天为一个"九"，一直数到九"九"为止。从"三九"到"四九"是我国一年中最冷的时期。

【数来宝】shǔláibǎo〈名〉一种曲艺，用系着铜铃的牛骨或竹板打节拍，边敲边唱。

【数落】shǔluo〈动〉❶列举过失进行指责，也泛指责备：～孩子|挨～。❷不停嘴地列举着说：向大家～着这几年农村的变化。

【数秒】shǔmiǎo〈动〉在爆破作业起爆前或人造卫星、宇宙飞船发射前的最后时刻倒着数出所剩的秒数，如 5、4、3、2、1，数完最后一秒

起爆或发射。有时也用于其他活动。

【数说】shǔshuō〈动〉❶逐一叙述：一五一十地～了一遍。❷责备：唠唠叨叨地～孩子|被老爷子～了一顿。

【数一数二】shǔ yī shǔ èr 形容突出。

备用词 不可胜数　屈指可数　擢发难数

薯(＊藷) shǔ〈名〉甘薯、马铃薯等农作物的统称。

曙 shǔ〈名〉天刚亮的时候；拂晓：～光|～色。

【曙光】shǔguāng〈名〉❶清晨的阳光。❷比喻已经在望的美好前景；胜利的～。

【曙色】shǔsè〈名〉黎明时的天色；曙光：～微露|从窗口透进了灰白色的～。

—— shù ——

术(術) shù〈名〉❶技艺；技术；学术：美～|医～|剑～。❷方法；策略：心～|权～。❸指手术：～后伤口有点儿发炎。❹姓。
△另见 zhú。

【术士】shùshì〈名〉❶指儒生。❷有技艺的人。❸方士，古代称从事求仙、炼丹等活动的人。

【术学】shùxué〈名〉古代关于天文、历算等方面的学问。

【术语】shùyǔ〈名〉某门学科中的专门用语。

备用词 法术　技术　美术　算术　武术　学术　医术　艺术　战术　骗术　权术　心术　不学无术

戍 shù❶〈动〉(军队)防守：卫～|屯～|～守。❷〈名〉姓。

【戍边】shùbiān〈动〉驻守边境。

【戍角】shùjiǎo〈名〉古代军队中用来发号令的号角：暮色渐起，～悲吟。

【戍守】shùshǒu〈动〉武装守卫；防守：～边疆。

【戍卒】shùzú〈名〉守卫的兵士。

束 shù ❶〈动〉捆;系(jì):～之高阁。❷〈量〉用于捆在一起的东西:一～鲜花。❸〈名〉聚集成一条的东西:光～。❹〈动〉控制;约束:拘～|管～。❺〈名〉姓。

【束发】shùfà ❶〈动〉古代男孩成童(成为年龄较大的儿童。一说八岁,一说十五岁)时,束发成髻。❷〈名〉古代用为成童的代称。

【束缚】shùfù〈动〉❶捆绑:～手足。❷使受到约束限制:～思想。

【束甲】shùjiǎ〈动〉捆起铠甲,比喻投降、归顺:按兵～。

【束身】shùshēn〈动〉❶约束自己,不放纵:～自爱。❷自缚。

【束手】shùshǒu〈动〉❶捆住了手,比喻毫无办法:～无策。❷指不抵抗;投降:就擒。

【束手待毙】shù shǒu dài bì 捆起手来等死,比喻遇到危险或困难不积极想办法解决,却坐着等死或等待失败。

【束手束脚】shù shǒu shù jiǎo 捆住手脚。比喻行动受限制;也比喻做事顾虑多,不敢放开手脚去干。

【束手无策】shù shǒu wú cè 像手被捆住一样,一点办法也没有。

【束脩】shùxiū〈名〉古时称送给教师的报酬(脩:干肉)。

【束载】shùzài〈动〉束装。

【束之高阁】shù zhī gāo gé 把东西捆起来放在高高的架子上,比喻弃置不用或不管。

【束装】shùzhuāng〈动〉整理行装:～待发|～就道。

备用词　管束　结束　拘束　收束　约束　装束

述 shù〈动〉陈述;叙述:口～|复～|叙～|综～|～说|～职。

【述评】shùpíng ❶〈动〉叙述和评论。❷〈名〉一种夹叙夹议的新闻体裁:时事～。

【述说】shùshuō〈动〉陈述说明。

【述职】shùzhí〈动〉❶指派到外国或外地去担任重要工作的人员回来向主管部门报告工作情况:大使回国～。❷考核干部的一种方式。担任领导职务的人员到一定时期向上级主管部门和群众报告工作情况:所长～。

备用词　表述　阐述　陈述　称述　传述　复述　概述　记述　讲述　口述　论述　描述　申述　叙述　追述　赘述　综述　著述　撰述

沭 shù〈名〉沭河,水名,发源于山东,流入江苏。

树(樹) shù ❶〈名〉木本植物的通称:杨～|植～|～林。❷〈动〉种植;栽培:十年～木,百年～人。❸〈动〉树立;建立:建～|雄心。❹〈名〉姓。

【树碑立传】shù bēi lì zhuàn 原指把某人的生平事迹刻在碑上或写成传记加以颂扬,现比喻通过某种手段抬高个人的声望(多用贬义)。

【树倒猢狲散】shù dǎo húsūn sàn 比喻为首的人垮下来,随从的人无所依附也就随之而散(含贬义)。

【树敌】shùdí〈动〉使别人跟自己为敌:～过多。

【树立】shùlì〈动〉建立:～为人民服务的思想。

【树林】shùlín〈名〉指成片生长的许多树木,比森林小。

【树木】shùmù〈名〉树的总称。

竖(竪*豎) shù ❶〈形〉跟地面垂直的(跟"横"相对):～井|～琴。❷〈形〉从上到下的;从前到后的(跟"横"相对):～线|排本。❸〈动〉使物体跟地面垂直:～旗杆|～起大拇指。❹〈名〉汉字的笔画,形状是"丨"。❺〈名〉年轻的仆人;童仆:～子。

【竖杆子】shù gānzi 竖起旗子,指起事。

【竖立】shùlì〈动〉物体垂直地立着:旗杆～在广场的中央。

【竖子】shùzǐ〈名〉❶童仆。❷对人的蔑称,相当于"小子"。

俞 shù 同"腧"。
△另见 yú。

恕 shù〈动〉❶不计较别人的过错;原谅:宽~|~饶。❷套语,请对方不要计较:~难从命。❸用自己善良的心推想别人的心:忠~|~道。

庶(*庻) shù ❶〈形〉众多:~务|富~。❷〈名〉平民;百姓:~民。❸〈名〉宗法制度下指家庭的旁支(跟"嫡"相对):~母|~子|~出(妾所生,区别于妻所生)。❹〈副〉或许;差不多:~免于难。❺〈副〉表示希望某种情况出现;但愿:~展怀抱无蹉跎。❻〈名〉姓。

【庶几】shùjī ❶〈副〉差不多:王之好乐甚,则齐国其~乎。❷表示希望或推测之词。也许可以;大概:吾王~无疾病与,何以能鼓乐也?

【庶民】shùmín〈名〉百姓;平民。

【庶人】shùrén〈名〉庶民。

【庶务】shùwù〈名〉❶旧指机关团体内的杂项事务:~科。❷旧指担任庶务的人。

腧 shù〈名〉腧穴,人体上的穴位:肺~|胃~。

数(數) shù ❶〈名〉数目:人~|岁~|~据。❷〈名〉数学上表示事物的量的概念:实~|整~。❸〈名〉一种语法范畴,表示名词或代词所指事物的数量,如英语名词有单数、复数。❹〈名〉命运;天数:气~|定~。❺〈数〉几;几个:~次。
△另见 shǔ;shuò。

【数词】shùcí〈名〉表示数目的词。

【数额】shù'é〈名〉一定的数目:超过规定~。

【数据】shùjù〈名〉进行各种统计、科学研究、技术设计等所依据的数值。

【数据库】shùjùkù〈名〉存放在计算机存储器中,按照一定格式编成的相互关联的各种数据的集合,供用户迅速有效地进行数据处理。

【数控】shùkòng〈形〉数字控制的:~机床。

【数量词】shùliàngcí〈名〉数词和量词连用时的合称。如"一个人"里的"一个","敲三下"里的"三下"。

【数码】shùmǎ ❶〈名〉数字:阿拉伯~。❷〈名〉数目;数量(多用于口语):这笔交易的~不小。❸〈动〉指数字化的:~相机。

【数码港】shùmǎgǎng〈名〉信息港。

【数码相机】shùmǎ xiàngjī 数字相机。

【数目】shùmù〈名〉通过单位表现出来的事物

的多少。

【数内】shùnèi〈名〉其中:三人在庙檐下立地看火,~一个道:"这条计好么?"

【数术】shùshù〈名〉古代关于天文、历法、占卜的学问。

【数珠】shùzhū〈名〉佛教徒诵经时用来计数的成串的珠子。也叫"念珠"。

【数字电话】shùzì diànhuà 通过编码把话音的模拟信号转换成数字信号传输的电话。

【数字电视】shùzì diànshì 通过编码把图像、伴音的模拟信号转换成数字信号传输的电视。画面清晰、音响保真、频道资源利用充分。

【数字化】shùzìhuà〈动〉指在某个领域的各个方面或某种产品的各个环节都采用数字信息处理技术:~仪表。

【数字控制】shùzì kòngzhì 自动控制的一种方式,通常使用专门的计算机,控制指令以数字形式表示,机器设备按照预定的程序进行工作。在工业生产和很多领域的管理中已得到广泛应用。简称"数控"。

【数字视频光盘】shùzì shìpín guāngpán 存放数字音频信号和视频信号的光盘。简称"视盘"。

【数字通信】shùzì tōngxìn 传送数字信号的通信方式。可用来传送电话、电报、数据和图像等,抗干扰能力强、远距离传送质量高。

【数字相机】shùzì xiàngjī 能够将拍摄对象的影像转变成数字信息的相机。也叫"数码相机"。

【数字信号】shùzì xìnhào 时间上离散的信号,通过电压脉冲的变化来表示要传输的数据。计算机处理的信号是数字信号。

备用词 定数 劫数 命数 寿数 礼数 路数 解数 招数 不计其数 滥竽充数 心中无数 心中有数 胸中无数 胸中有数

墅 shù〈名〉别墅,建在郊区、风景区的有园林的住宅。

漱(*潄) shù〈动〉含水洗(口腔):~口|盥(guàn)~。

澍 shù〈名〉及时的雨:~雨|嘉~。

— **shuā** —

刷(*❸唰) shuā ❶〈名〉刷子,清除脏物或涂抹膏油等的用具,用毛、棕、塑料丝等制成:牙~|鞋~。❷〈动〉用刷子清除或涂抹:洗~。❸〈拟〉形容迅速擦过的声音:风吹树叶~~地响。

△另见 shuà。

【刷卡】shuākǎ〈动〉把磁卡放入或贴近磁卡机,使磁头阅读、识别磁卡中的信息,以确认持卡人的身份或增减磁卡中的储存金额。因有的磁卡需在磁卡机上移动,类似刷的动作,故称。

【刷新】shuāxīn〈动〉刷洗一新,比喻突破旧的而创出新的(成绩):~记录。

= shuǎ =

耍 shuǎ ❶〈动〉玩;玩耍:让孩子到院子里去~。❷〈动〉玩弄;戏弄:~猴儿。❸〈动〉施展;表现出来(多含贬义):~滑|~笔杆|~无赖。❹〈名〉姓。

【耍笔杆】shuǎ bǐgǎn 用笔写东西(多含贬义):他光会~,发议论。

【耍花招】shuǎ huāzhāo〈动〉❶卖弄小聪明;玩弄技巧。❷施展诡诈手腕。

【耍弄】shuǎnòng〈动〉❶施展(手段、伎俩等):~手腕儿。❷玩弄;戏弄:~人|受人~。

【耍贫嘴】shuǎ pínzuǐ 不顾对方是否愿意听说些无聊或玩笑的话。

【耍钱】shuǎqián 方言。〈动〉赌博。

【耍人】shuǎrén〈动〉戏弄人;拿人开玩笑。

【耍手艺】shuǎ shǒuyì 靠手艺谋生;做手艺活儿。

【耍笑】shuǎxiào〈动〉❶随便说笑:同学们三五成群地在一起~。❷戏弄别人以取笑:你别~人!

【耍子】shuǎzi〈动〉玩耍。

= shuà =

刷 shuà 见下。
△另见 shuā。

【刷白】shuàbái 方言。〈形〉颜色白而略青:脸色~。

【刷利】shuàli 方言。〈形〉麻利:干活儿~。

= shuāi =

衰 shuāi〈动〉衰弱;由强变弱:兴~|盛~|~亡。
△另见 cuī。

【衰败】shuāibài〈动〉衰落;败落:家道~。

【衰竭】shuāijié〈动〉生理机能极度减弱或完全丧失:心力~。

【衰老】shuāilǎo〈形〉年老而精力衰退,体质衰弱。

【衰落】shuāiluò〈动〉事物由兴盛、强大转向没

落:国势~。

【衰弱】shuāiruò〈形〉❶(身体)失去强盛的精力或机能减退:心脏~|身体~|神经~。❷(事物)由强变弱:敌军的攻势已经~。

【衰飒】shuāisà〈形〉衰落萧条:~凄凉。

【衰颓】shuāituí〈形〉❶(身体)衰弱;(精神)颓废,不振作:日渐~的暮年。

【衰退】shuāituì〈动〉(身体、精神、能力等)趋向衰弱;(政治、经济状况等)衰落:精力~|经济~。

【衰亡】shuāiwáng〈动〉衰落以至灭亡。

【衰微】shuāiwēi〈形〉衰落;不兴旺:~破败。

【衰朽】shuāixiǔ〈形〉❶衰落腐朽:~的封建王朝。❷衰老;老迈无能:~残年。

摔(*❶蹗) shuāi〈动〉❶(身体)失去平衡而倒下:~跟头。❷很快地往下落:敌机冒着黑烟~下来。❸使落下而破损:不留神把镜子~了。❹扔:把书往床上一~就走。

【摔打】shuāida〈动〉❶把东西抓在手里磕打:~~鞋上的土。❷比喻在艰苦的环境中磨炼:在农村~了几年。

【摔跤】shuāijiāo〈动〉❶跌倒。❷体育运动项目之一,两人相抱,以摔倒对方为胜。

= shuǎi =

甩 shuǎi〈动〉❶挥动;抡:~手|~尾巴。❷用甩的动作往外扔:~手榴弹。❸抛开;丢下:他把对手远远地~在了后面。

【甩卖】shuǎimài〈动〉商店标榜减价,大量出售货物。

【甩手】shuǎishǒu〈动〉❶手前后摆动。❷扔下不管:~不干了。

【甩手掌柜】shuǎishǒu zhǎngguì 指光指挥别人,自己什么事也不干的人,也指只挂名,不负责,也不做事的主管人员。

【甩站】shuǎizhàn〈动〉指公共汽车、电车等经过该停的站不停车。

= shuài =

帅(帥) shuài ❶〈名〉军队中最高的指挥员:元~|主~。❷〈形〉潇洒;漂亮:小伙子挺~|字写得真~。❸〈名〉姓。

率 shuài ❶〈动〉带领:~领|统~。❷〈动〉顺着;随着:~土之滨,莫非王土。❸〈形〉不加思考;不慎重:轻~|草~。❹〈形〉直爽坦白:直~|坦~|~真。❺〈副〉大概;大抵:大~如此。❻同"帅"❷。❼〈名〉姓。

△另见 lǜ。

【率尔】shuài'ěr〈副〉轻率:不可~从事。

【率领】shuàilǐng〈动〉带领;统领:~军队。

【率先】shuàixiān〈副〉带头:~发言。

【率性】shuàixìng❶〈副〉索性。❷〈形〉由着性子;任性:~而为。

【率由旧章】shuài yóu jiù zhāng 一切照着老规矩办事。

【率直】shuàizhí〈形〉坦率爽直。

备用词　草率　粗率　轻率　坦率　直率

蟀 shuài 见[蟋(xī)蟀]。

= shuān =

闩(閂 *橝) shuān❶〈名〉门关上后,横插在门内使门推不开的木棍或铁棍:门~。❷〈动〉用闩插上:把门~上。❸〈名〉姓。

拴 shuān〈动〉用绳子等系(jì)上:~船|~马桩。

栓 shuān〈名〉❶器物上可以开关的机件:枪~|消火~。❷瓶塞,也泛指像瓶塞的东西:~剂|血~。

= shuàn =

涮 shuàn〈动〉❶把东西放在水里摆动,使东西干净;把水放在器物里摇动,使器物干净:~毛巾|~瓶子。❷把肉片等放在开水里烫一下就取出来蘸作料吃:~羊肉。❸方言。耍弄;欺骗:~人。

= shuāng =

双(雙 *隻) shuāng❶〈形〉两个(多为对称的,跟"单"相对):~方|~亲。❷〈形〉偶数的(跟"单"相对):~数|~日。❸〈形〉加倍的:~份。❹〈量〉用于成对的东西:一~手|五~筷子。❺〈名〉姓。

【双边】shuāngbiān〈形〉由两个方面参加的,特指由两个国家参加的:~会谈|~协定。

【双重】shuāngchóng〈形〉两层;两方面:~领导|~关系。

【双重国籍】shuāngchóng guójí 一个人同时具有两个国家的国籍。

【双重人格】shuāngchóng réngé 一个人兼有的两种互相对立的身份、品质或态度(含贬义)。

【双关】shuāngguān❶〈名〉一种修辞方式,用词造句时表面上说的是一种意思,而暗中隐藏着另一种意思。❷〈动〉用这种修辞手法表达意思:一语~。

【双管齐下】shuāng guǎn qí xià 宋郭若虚《图画见闻志》卷五记载,唐代张璪(zǎo)善画松,能两手拿笔同时作画。后以"双管齐下"比喻两件事同时进行或两种方法同时采用。

【双规】shuāngguī〈动〉纪检部门要求已被立案审查的干部,在规定的时间、地点就案件所涉及的问题做出说明。

【双轨】shuānggul〈名〉有两组轨道的铁路线。

【双轨制】shuānggulzhì〈名〉指两种不同体制并行的制度:某些物资实行国家定价和市场调节的~。

【双簧】shuānghuáng〈名〉❶一种曲艺形式,由两人表演,一人藏在后面说或唱,一人在前面依照后面的人说唱的内容表演动作:演~|唱~。❷比喻双方串通,一方出面,一方背后操纵的活动。

【双料】shuāngliào〈形〉❶使用加倍的材料制成的:~卡其布。❷比喻双重的:他是哲学、医学~博士。

【双声】shuāngshēng〈名〉两个字或几个字的声母相同叫"双声",如"巩固(gǒnggù)"、"坎坷(kǎnkě)"。

【双休日】shuāngxiūrì〈名〉实行每周五天工作制时,每周连续的两个休息日叫"双休日(一般为星期六、星期日)"。

【双学位】shuāngxuéwèi〈名〉一个人同时具有的学科不同、等级相同的两个学位。

【双赢】shuāngyíng〈动〉双方都能得益:西气东输,东西~|本着平等互利的精神,谈判取得~的结果。

泷(瀧) shuāng〈名〉泷水,地名,在广东。今作"双水"。

△另见 lóng。

霜 shuāng❶〈名〉气温降到0°C以下时,空气中的水汽在地面或物体上凝结成的白色冰晶。❷〈名〉像霜的东西:柿~|盐~。❸〈形〉比喻白色:~刃|~鬓(两鬓的白发)。

【霜晨】shuāngchén〈名〉寒冷多霜的清晨。

【霜天】shuāngtiān〈名〉指严寒的天空;寒冷的天气(多指晚秋或冬天)。

孀 shuāng〈名〉指寡妇:遗~|~居(守寡)。

【孀居】shuāngjū〈动〉守寡:~多年。

【孀妻】shuāngqī〈名〉寡妇:~弱子。

騻 shuāng 见【骕(sù)騻】。

驦(驦) shuāng 见【骕(sù)驦】。

礵 shuāng 用于地名：南～岛|北～岛|四～列岛(都在福建)。

鷞 shuāng 见【鹔(sù)鷞】。

鸘(鸘) shuāng 见【鹔(sù)鸘】。

=== shuǎng ===

爽 shuǎng ❶〈形〉明朗；清亮：神清目～|秋高气～。❷〈形〉(性格)率直；痛快：豪～|直～|～快。❸〈形〉舒服；愉快：人逢喜事精神～。❹〈动〉违背；差失：～约|屡试不～。

【爽口】shuǎngkǒu〈形〉清爽可口：吃着～。

【爽快】shuǎngkuai〈形〉❶舒适痛快：看了心里真～。❷直爽；直截了当：老王为人很～。

【爽朗】shuǎnglǎng〈形〉❶天气晴朗，空气流通，使人舒畅：～的天空。❷直爽；开朗。

【爽利】shuǎnglì〈形〉爽快；利落：办事～。

【爽然】shuǎngrán〈形〉❶心情舒畅开朗的样子：～一笑。❷茫然无主见的样子：～若失。

【爽心悦目】shuǎng xīn yuè mù 赏心悦目。

【爽性】shuǎngxìng〈副〉索性；干脆。

【爽逸】shuǎngyì〈形〉心情安适：精神～。

【爽直】shuǎngzhí〈形〉直爽。

备用词　凉爽　清爽　豪爽　飒爽　直爽　毫厘不爽　屡试不爽　秋高气爽

塽 shuǎng〈名〉高而向阳的地方。

=== shuí ===

谁(誰) shuí ❶"谁"(shéi)的又音。❷〈名〉姓。

=== shuǐ ===

水 shuǐ ❶〈名〉两个氢原子和一个氧原子结合而成的、最简单的氢氧化合物，无色、无臭、无味的液体：井～|饮用～。❷〈名〉河流：汉～|渭～。❸〈名〉指江、河、湖、海、洋：～产|～运。❹〈名〉稀的汁：墨～|橘子～。❺〈名〉指附加的费用或额外的收入：贴～。❻〈量〉指洗的次数：这件上衣刚洗过一～。❼〈名〉姓。

【水笔】shuǐbǐ〈名〉❶毛笔。❷自来水笔，笔杆内有贮存墨水装置的钢笔。

【水彩】shuǐcǎi〈名〉用水调和后使用的绘画颜料：～画。

【水到渠成】shuǐ dào qú chéng 水流到的地方自然成为一条渠，比喻条件成熟，事情自然会成功。

【水滴石穿】shuǐ dī shí chuān 水不断地滴下来，可以滴穿石头。比喻只要坚持不懈地努力，事情一定能成功。

【水分】shuǐfèn〈名〉❶物体内所含的水：新鲜蔬菜中含有大量～。❷比喻某一情况中夹杂的虚假的部分：这个数字有很大～，不可信。

【水华】shuǐhuá〈名〉淡水水域中一些藻类和其他浮游生物大量繁殖和过度密集而引起的水体污染现象，会造成水质恶化，鱼类死亡。也叫"藻花"。

【水火】shuǐhuǒ〈名〉❶水和火：～无情。❷比喻互不相容的对立物：互为～。❸比喻深重的灾难：救民于～之中。

【水晶】shuǐjīng〈名〉无色透明的结晶石英。

【水晶宫】shuǐjīnggōng〈名〉神话中龙王在水下居住的宫殿。

【水酒】shuǐjiǔ〈名〉❶淡酒；不浓的酒(多用来谦称请客时所自备的酒)：略备～以表寸心。❷指饮料和酒：这顿饭不包括～800元。

【水力】shuǐlì〈名〉江、河、湖、海等的水流所产生的做功能力，是自然能源之一：～发电。

【水利】shuǐlì〈名〉❶水力资源的利用和水灾的防治：～事业。❷指水利工程：兴修～。

【水灵】shuǐling〈形〉❶食物鲜美多汁而爽口：新上市的黄瓜真～。❷漂亮而有精神：这姑娘长得真～。

【水流】shuǐliú〈名〉❶江、河等的统称：湖泊星罗棋布，～纵横交错。❷流动的水：～畅通。

【水陆】shuǐlù〈名〉❶水上和陆地上：～交通。

❷指山珍海味:～俱陈。

【水落石出】shuǐ luò shí chū 水落下去,没在水中的石头就显露出来。比喻事情真相大白。

【水门汀】shuǐméntīng〈名〉水泥,有时也指混凝土。

【水米无交】shuǐ mǐ wú jiāo 比喻彼此之间没有任何来往,特指居官清廉,跟百姓无经济上的来往。

【水墨】shuǐmò〈名〉❶水和墨。❷指水墨画,纯用水墨不着彩色的国画。

【水母】shuǐmǔ〈名〉腔肠动物。种类很多,如海月水母、海蜇等。

【水平】shuǐpíng ❶〈形〉跟水平面平行的:～仪。❷〈名〉指在某方面所达到的高度:思想～|业务～。

【水乳交融】shuǐ rǔ jiāoróng 像水和乳汁那样融合在一起,比喻关系非常融洽或结合得很紧密。

【水蛇腰】shuǐshéyāo〈名〉指细长而腰部略弯的身材。

【水深火热】shuǐ shēn huǒ rè 比喻生活处境极端艰难痛苦。

【水手】shuǐshǒu〈名〉船舶上负责舱面工作的普通船员。

【水獭】shuǐtǎ〈名〉哺乳动物。穴居水边,昼伏夜出。

【水体】shuǐtǐ〈名〉自然界中水的积聚体。一般指江、河、湖、海、冰川、积雪、水库、池塘等,广义的包括地下水和大气中的水汽。

【水体污染】shuǐtǐ wūrǎn 工业废水、生活污水和其他废弃物进入江河湖海等,超过水体自净能力所造成的污染。

【水土】shuǐtǔ〈名〉❶土地表面的水和土:～流失|～保持。❷指一个地方的自然环境和气候:～不服。

【水汪汪】shuǐwāngwāng〈形〉❶形容蔬菜等鲜嫩,水分多。❷形容眼睛明亮而灵活。

【水网】shuǐwǎng〈名〉指纵横交错的河湖港汊:～密布。

【水文】shuǐwén〈名〉自然界中水的各种变化和运动的现象。

【水泄不通】shuǐ xiè bù tōng 形容十分拥挤或围得非常严密。

【水榭】shuǐxiè〈名〉临水建造的供人游玩和休息的房屋。

【水性】shuǐxìng〈名〉❶指游水的技术:～好。❷指江河湖海的深浅、流速等方面的情况:他

熟悉这条河的～。

【水银】shuǐyín〈名〉汞的通称。

【水泽】shuǐzé〈名〉多河湖沼泽的地方。

【水长船高】shuǐ zhǎng chuán gāo 同“水涨船高”。

【水涨船高】shuǐ zhǎng chuán gāo 比喻事物随着它所凭借的基础的提高而提高。也作“水长(zhǎng)船高”。

【水至清则无鱼】shuǐ zhì qīng zé wú yú《大戴礼记·子张问入官篇》:“水至清则无鱼,人至察则无徒。”意思是说水太清了鱼就无法生存,对别人要求太严了就没有伙伴。现在用来表示对人或物不可要求过高。

【水中捞月】shuǐ zhōng lāo yuè 见〖海底捞月〗。

【水准】shuǐzhǔn〈名〉❶地球各部分的水平面。❷水平❷:文化～|艺术～。

备用词 落花流水 穷山恶水 千山万水 如鱼得水 拖泥带水 望穿秋水 污泥浊水 行云流水 一败如水 一潭死水 一衣带水 依山傍水

— shuì —

说(說) shuì〈动〉劝说别人使听从自己的意见:～客|游～。
△另见 shuō;yuè。

税 shuì〈名〉❶国家向集体或个人按税率征收的货币或实物:捐～|赋～|免～|所得～。❷〈名〉姓。

【税单】shuìdān〈名〉税收部门开给纳税人的纳税凭证。

【税额】shuì'é〈名〉按税率应缴纳的税款或实物的数额。

【税法】shuìfǎ〈名〉国家调整税收关系的法律规范的总称。

【税费】shuìfèi〈名〉各种税和费的合称。

【税金】shuìjīn〈名〉税款。

【税款】shuìkuǎn〈名〉按税收条例向征税对象收取的钱。也说“税金”。

【税利】shuìlì〈名〉指企业单位向有关部门上缴的税款和利润。

【税率】shuìlǜ〈名〉税收条例所规定的对某种课税对象征税时计算税额的比率。

【税收】shuìshōu〈名〉国家依法征税所得到的收入。

【税务】shuìwù〈名〉关于税的工作:～局|～部门。

【税制】shuìzhì〈名〉国家税收的制度。

【税种】shuìzhǒng〈名〉国家税法规定的税收种类,如营业税、增值税、所得税。

睡 shuì〈动〉睡觉:~眠 | ~梦 | 入~。

【睡觉】shuìjiào〈动〉进入睡眠状态。

【睡梦】shuìmèng〈名〉指熟睡的状态:枪声把我从~中惊醒。

【睡眠】shuìmián ❶〈名〉抑制过程在大脑皮层中逐渐扩散并达到大脑皮层下部各中枢的生理现象:~充足。❷〈动〉睡觉。

【睡乡】shuìxiāng〈名〉指睡眠状态:一躺下就进入了~。

备用词　安睡　沉睡　酣睡　瞌睡　熟睡

━ shǔn ━

吮 shǔn〈动〉用嘴吸;嘬:~吸 | ~痈舐痔。

【吮血】shǔnxiě〈动〉吸血,多用于比喻。

【吮痈舐痔】shǔn yōng shì zhì 给人嘬痈疽的脓,舔痔疮,比喻不顾脸面,不择手段地巴结人。

楯 shǔn〈名〉栏杆:栏~。
△另见 dùn。

━ shùn ━

顺（順） shùn ❶〈动〉向着同一方向(跟"逆"相对):~风 | ~流而下。❷〈介〉依着自然情势(移动):沿(着)~大道走 | ~藤摸瓜。❸〈动〉使方向一致;使有条理有次序:把船~过来 | 文句不通,还得~一~。❹〈副〉趁便;顺便:~带 | ~势。❺〈动〉适合:~心 | ~眼。❻〈动〉依次:~序 | ~延。❼〈动〉服从;归:~温。❽〈形〉顺利:工作很~。❾〈形〉均匀;适度:风调雨~。❿〈名〉姓。

【顺便】shùnbiàn〈副〉趁做某一件事之便做另一件事:你上街~帮我寄一封信。

【顺差】shùnchā〈名〉对外贸易上出口商品总值超过进口商品总值的差额(跟"逆差"相对)。

【顺畅】shùnchàng〈形〉顺利通畅:水流很~。

【顺从】shùncóng〈动〉依照别人的意思,不违抗;服从:~父母 | ~地走进去。

【顺袋】shùndài〈名〉古时一种挂在腰间用来放钱物的小袋。

【顺当】shùndang〈形〉顺利:一路很~。

【顺风吹火】shùn fēng chuī huǒ 比喻费力不多,事情做起来很容易。

【顺风转舵】shùn fēng zhuǎn duò 比喻顺着情势改变态度(含贬义)。也说"随风转舵"。

【顺服】shùnfú〈动〉顺从;服从。

【顺价】shùnjià〈名〉销售价高于收购价的现象叫作"顺价"(跟"逆价"相对):实行粮食~销售。

【顺口】shùnkǒu ❶〈形〉词句念着流畅:这篇文章念起来很~。❷〈副〉没有经过思考随口(说出或唱出):~答音儿(随声附和)。❸〈形〉(食品)合乎口味:菜很~儿。

【顺口溜】shùnkǒuliū〈名〉一种民间流行的口头韵文,纯用口语,念起来很顺口。

【顺理成章】shùn lǐ chéng zhāng 顺着条理就能把文章写好,也指做事情合乎道理。

【顺利】shùnlì〈形〉在事物的发展或事情的进行中没有或很少遇到困难:工作~ | 任务完成得很~。

【顺民】shùnmín〈名〉指归顺于外族入侵者或改朝换代后的新统治者的人。

【顺手】shùnshǒu ❶〈形〉做事没有或很少遇到困难:事情办得不很~。❷〈副〉顺便;捎带着:扫完屋子~扫扫院子。

【顺手牵羊】shùn shǒu qiān yáng 比喻顺便拿走别人的东西。

【顺水人情】shùn shuǐ rénqíng 不费力的人情;顺便给人的好处。

【顺水推船】shùn shuǐ tuī chuán 顺水推舟。

【顺水推舟】shùn shuǐ tuī zhōu 比喻顺应趋势行事。

【顺水行舟】shùn shuǐ xíng zhōu 顺水推舟。

【顺遂】shùnsuì〈形〉事情进行得顺利而又合乎心意。

【顺藤摸瓜】shùn téng mō guā 比喻循着线索追究根底。

【顺我者昌,逆我者亡】shùn wǒ zhě chāng, nì wǒ zhě wáng 顺从我的就可以存在和发展,违抗我的就要遭到灭亡。形容统治者专横独裁。

【顺心】shùnxīn〈形〉合乎心意:日子过得挺~。

【顺序】shùnxù ❶〈名〉事物排列的先后;次序:按~排列。❷〈副〉顺着次序:~前进。

【顺延】shùnyán〈动〉顺着次序向后推延(日期):运动会日期遇雨~。

【顺应】shùnyìng〈动〉顺从;适应:~潮流。

【顺正】shùnzhèng〈形〉(时令)正常;雨水调和:天时~。

备用词 恭顺 归顺 和顺 柔顺 随顺 温顺 孝顺 驯顺 依顺 平顺 通顺 百依百顺 风调雨顺 名正言顺 文从字顺 一帆风顺

映 shùn〈动〉以目示意。

舜 shùn〈名〉传说中上古帝王名。

瞬 shùn〈动〉眼珠儿一动;一眨眼:一~| ~间|~息万变。

【瞬间】shùnjiān〈名〉指极短的时间。

【瞬时】shùnshí〈名〉瞬间。

【瞬息】shùnxī〈名〉一眨眼,一呼吸,指极短的时间:~万变。

【瞬息万变】shùnxī wàn biàn 在极短的时间里发生了千变万化,形容变化快而多。

— shuō —

说(说) shuō ❶〈动〉用话来表达意思:~话|~笑话。❷〈动〉解释:~明|解~。❸〈名〉言论;主张:邪~|学~。❹〈动〉责备;批评:数(shǔ)~。❺〈动〉说合;介绍:~媒。❻〈名〉一种文体,通过记叙、议论说明事理。亦称杂说:《师~》|《爱莲~》|《捕蛇者~》。

△另见 shuì;yuè。

【说长道短】shuō cháng dào duǎn 议论别人的好坏是非。

【说辞】shuōcí〈名〉推托或辩解的理由。

【说东道西】shuō dōng dào xī 尽情地谈论各种事物。

【说法】shuōfǎ〈动〉讲解佛法:现身~。

【说法】shuōfa〈名〉❶表达某个意思的言辞:应该换个~。❷见解;看法:"人都是自私的"这种~不正确。❸对问题的处理意见;受害者要对这件事情讨个~。

【说服】shuōfú〈动〉用充分的理由劝别人信服:~教育。

【说合】shuōhe〈动〉❶从中介绍,促成某件事:~亲事。❷商议;商量。❸说和,调解争执使

和解:给他们~~。

【说话】shuōhuà ❶〈动〉用语言表达意思:~要注意分寸。❷〈动〉闲聊;谈天:几位老人坐在那里说了半天话儿了。❸〈动〉非议;指责;提意见:你这样大声嚷嚷,人家可要~。❹方言〈名〉话:这句~很有意思。❺〈副〉说话的一会儿时间,指时间相当短:你等等,我~就来。❻〈动〉唐宋时代的一种曲艺,跟现在的说书相同。

【说教】shuōjiào〈动〉❶宗教徒宣传教义。❷比喻生硬、机械地空谈理论。

【说客】shuōkè,旧读 shuìkè〈名〉❶善于劝说的人。❷替别人游说的人。

【说明】shuōmíng ❶〈动〉解释明白:迟到的人请~原因。❷〈名〉解释的话:照片下附有~。❸〈动〉证明:事实~这种做法是正确的。

【说情】shuōqíng〈动〉代人请求宽恕;替别人讲情。

【说三道四】shuō shān dào sì 胡乱谈论,妄加褒贬。

【说项】shuōxiàng〈动〉唐朝杨敬之看重项斯,他的赠诗中有"平生不解藏人善,到处逢人说项斯"的句子,后世把为人说好话、替人讲情称为"说项"。

【说一不二】shuō yī bù èr 说怎么样就怎么样,形容说话算数。

备用词 按说 据说 陈说 称说 传说 分说 解说 论说 评说 劝说 申说 数说 述说 诉说 叙说 假说 小说 邪说 学说 臆说 杂说 道听途说 异端邪说 自圆其说

— shuò —

妁 shuò 见【媒妁】。

烁(爍) shuò〈形〉光亮的样子:闪~|繁星~~。

铄(鑠) shuò ❶〈动〉熔化(金属):~石流金(比喻天气极热)。❷〈动〉耗损;削弱。❸同"烁"。

朔 shuò〈名〉❶农历每月初一,地球上看不到月光,这种月相叫"朔"。❷农历的每月初一:~望(朔日和望日,即农历每月初一和十五)。❸北(方):~方|~风。

【朔方】shuòfāng〈名〉北方。

【朔风】shuòfēng〈名〉北风。

【朔漠】shuòmò〈名〉指我国北方沙漠地带,也泛指北方地区。

【朔气】shuòqì〈名〉寒气。

硕（碩）shuò❶〈形〉大：～果｜肥～｜丰～。❷〈名〉姓。

【硕大】shuòdà〈形〉大：～无朋（形容大得无法相比）。

【硕导】shuòdǎo〈名〉硕士研究生导师的简称。

【硕果】shuòguǒ〈名〉❶大的果实：枝条上压满了累累的～。❷比喻巨大的成绩：科学研究结出累累～。

【硕果仅存】shuòguǒ jǐn cún 比喻经过淘汰后留下来的稀少可贵的人或物。

【硕师】shuòshī〈名〉才学渊博的老师。

【硕士】shuòshì〈名〉学位的一级，高于学士，低于博士。

搠 shuò〈动〉刺（多见于早期白话）。

蒴 shuò〈名〉蒴果，干果的一种，成熟后自行裂开，内含许多种子，如芝麻、棉花、凤仙花等的果实。

数（數）shuò〈副〉屡次；多次：频～｜～见不鲜。

△另见 shǔ；shù。

【数见不鲜】shuò jiàn bù xiān 见〖屡见不鲜〗。

槊 shuò〈名〉古代的一种兵器，杆儿比较长的长矛。

═════ SĪ ═════

司 sī❶〈动〉主持；操作；经营：～机｜～炉｜～仪｜各～其事。❷〈名〉中央部一级机关里按业务划分的办事部门：外交部礼宾～。❸〈名〉姓。

【司铎】sīduó〈名〉见〖神甫〗。

【司法】sīfǎ〈动〉拥有司法权的公安机关、人民检察院和人民法院按法律对民事、刑事案件进行侦查、审判等。

【司空】sīkōng〈名〉❶古代中央政府中掌管工程的长官。❷姓。

【司空见惯】sīkōng jiàn guàn 语见唐朝刘禹锡的诗句。后用"司空见惯"表示对某事看惯了，不足为奇。

【司寇】sīkòu〈名〉❶古代中央政府中掌管司法和纠察的长官。❷姓。

【司马】sīmǎ〈名〉姓。

【司马昭之心，路人皆知】sīmǎ zhāo zhī xīn, lù rén jiē zhī《三国志·魏志·高贵乡公传》注引《汉晋春秋》记载，魏帝曹髦在位时，司马昭任大将军，独揽大权，图谋篡位。曹髦有一次气愤地对大臣说："司马昭之心，路人所知也。"后来用"司马昭之心，路人皆知"指野心很明显，人所共知。

【司命】sīmìng〈名〉传说中掌管生死的神。

【司徒】sītú〈名〉❶古代中央政府中掌管全国土地和人民的长官。❷姓。

【司仪】sīyí〈名〉举行典礼或开大会时主持进行程序的人。

【司职】sīzhí〈动〉担任某种职务；担负某种职责：在国家足球队中～｜他在这场比赛中～前锋。

丝（絲）sī❶〈名〉蚕丝：～绵｜～线。❷〈名〉形状像丝的东西：铁～｜柳～｜蛛～。❸〈量〉计量单位名称。a)长度，10忽等于 1 丝，10 丝等于 1 毫。b)质量或重量，10 忽等于 1 丝，10 丝等于 1 毫。❹〈量〉泛指极少或极小的量：～毫｜一～不苟。❺〈名〉指弦乐器：～竹。

【丝毫】sīháo〈形〉表示极小或很少；一点儿：～不差｜～不妥协。

【丝丝入扣】sī sī rù kòu 织布时，每条经线都要从扣（筘）齿间穿过，比喻做得十分细腻（多指文章、艺术表演等）。

【丝竹】sīzhú〈名〉❶琴、瑟、箫、笛等乐器的总称（丝：指弦乐器；竹：指管乐器）。❷泛指音乐：无～之乱耳，无案牍之劳形。

私 sī❶〈形〉属于个人的或为了个人的（跟"公"相对）：～事｜～信｜～交。❷〈名〉利己的想法；私心：无～奉献。❸〈副〉暗地里；私下：～语｜～议。❹〈形〉秘密而不合法的：～货｜～通。❺〈名〉指非法的物品：走～。❻〈动〉偏爱：吾妻之美我者，～我也。❼〈动〉私通；发生不正当的男女关系：其妻～人。

【私奔】sībēn〈动〉指女子私自投奔所爱的男子或跟他一起逃走。

S

【私敌】sīdí〈名〉因个人利害关系而与自己敌对的人。

【私房】sīfáng〈名〉产权属个人所有的房屋。

【私房】sīfang〈形〉❶家庭成员个人积蓄的(财物):~钱。❷不愿让外人知道的:~话。

【私访】sīfǎng〈动〉指官吏改换服装隐瞒身份到民间调查:微服~。

【私愤】sīfèn〈名〉因个人利害关系而产生的愤恨:泄~。

【私利】sīlì〈名〉私人方面的利益。

【私了】sīliǎo〈动〉不经过司法手续而私下了结(跟"公了"相对)。

【私虑】sīlù〈名〉为个人的打算。

【私密】sīmì❶〈形〉属于个人而比较隐秘的:~情感|卧室的设计讲究~性。❷〈名〉个人的秘密;隐私:不打探~|窥探他人的~。

【私囊】sīnáng〈名〉个人的钱包:中饱~。

【私念】sīniàn〈名〉私心杂念:不存~|~作祟|摒除~。

【私企】sīqǐ〈名〉私营企业的简称。

【私人】sīrén〈名〉❶属于个人的或以个人身份从事的:~企业。❷个人与个人之间的:~关系。❸因私交或私利而依附于己的人:任用~。

【私淑】sīshū〈动〉没有能得到某人的亲自传授但敬仰他的学问并尊之为师:~弟子(未亲自受业的弟子)。

【私塾】sīshú〈名〉旧时私人设立的教学处所,一般只有一个教师。

【私通】sītōng〈动〉❶暗地里勾结敌人。❷通奸。

【私下】sīxià❶〈名〉背地里;暗地里;不公开的场合:~协商。❷〈副〉不通过有关部门或公众而自己进行:~决定。

【私心】sīxīn〈名〉为自己打算的念头:~太重|~杂念。

【私营】sīyíng❶〈动〉私人投资经营:允许一些企业~。❷〈形〉私人经营的:~企业。

【私营经济】sīyíng jīngjì 企业资产为私人所有、存在雇佣关系的经济形式。

【私营企业】sīyíng qǐyè 企业资产为私人所有,以雇佣劳动为基础的营利性经济组织。简称"私企"。

【私有】sīyǒu❶〈动〉私人所有:财产~|按有关规定,这些东西不得~。❷〈形〉私人拥有的:这家公司是一家~企业。

【私有制】sīyǒuzhì〈名〉生产资料归私人所有的制度,随着生产力的发展,剩余产品的出现和原始公社的瓦解而产生,是产生阶级和剥削的基础。

【私语】sīyǔ❶〈动〉低声说话:窃窃~。❷〈名〉私下里说的话。

【私自】sīzì〈副〉背着人自己私下里(做某事)。

备用词 阴私 隐私 偏私 徇私 营私 缉私 走私 大公无私 公而忘私 假公济私 结党营私 铁面无私

咝(噝)sī 拟声词:子弹~~地从头顶上飞过。

思 sī ❶〈动〉思考;想:深~|苦~|前~后想。❷〈动〉思念;怀念;想念:~乡|~亲|相~。❸〈名〉思路;思绪:文~|愁~。❹〈动〉希望;想:穷则~变。❺〈名〉姓。
△另见 sāi。

【思潮】sīcháo〈名〉❶某一时期内有较大影响的思想倾向:文艺~。❷接连不断的思想活动:~翻滚。

【思忖】sīcǔn〈动〉思考;思量:低头~。

【思考】sīkǎo〈动〉进行比较深刻、周到的思维活动:~答案。

【思量】sīliang〈动〉❶考虑;思考。❷方言。想念。

【思路】sīlù〈名〉思考的线索:~清晰|打断~。

【思虑】sīlù〈动〉思索考虑:~不周。

【思谋】sīmóu 方言。〈动〉思索;考虑:~了很久。

【思慕】sīmù〈动〉思念仰慕。

【思念】sīniàn〈动〉想念:~家乡|日夜~远方的亲人。

【思索】sīsuǒ〈动〉思考探求:反复~。

【思维】(思惟)sīwéi❶〈名〉在表象、概念的基础上进行分析、综合、判断、推理等认识活动的过程。❷〈动〉进行思维活动。

【思想】sīxiǎng〈名〉❶客观存在反映在人的意识中经过思维活动而产生的结果:人的正确只能从社会实践中来。❷〈名〉念头;想法:他早就有参军的~。❸〈动〉进行思维活动:停止了~。❹〈动〉想;思量:~起来好不伤心。

【思绪】sīxù〈名〉❶思想的头绪;思路:~混乱。❷情绪:~不宁。

备用词 沉思 凝思 深思 相思 寻思 才思 情思 神思 文思 心思 意思 挖空心思 行成于思

虒 sī[虒亭]〈名〉地名,在山西。

鸶(鷥) sī 见[鹭(lù)鸶]。

偲 sī[偲偲]〈动〉相互切磋、督促的样子。△另见 cāi。

斯 sī❶〈代〉这;此;这个;这里:～时|～人|以至于～|生于～,长于～。❷〈连〉于是;就:热～胀,冷～缩。❸〈名〉姓。

【斯文】sīwén〈名〉指文化或文人、读书人:～扫地。

【斯文】sīwen〈形〉文雅:举止～。

【斯文扫地】sīwén sǎo dì 指文化或文人不受尊重或文人自甘堕落。

【斯须】sīxū〈名〉很短的时间;一会儿。

蛳(螄) sī 见[螺蛳]。

缌(緦) sī〈名〉细麻布。

飔(颸) sī〈名〉❶凉风:凉～|轻～。❷疾风。

厮(*廝) sī❶〈名〉男仆人(多见于早期白话):小～。❷〈名〉对人轻蔑的称呼(多见于早期白话):这一|那一。❸〈副〉互相(多见于早期白话):～杀|～守。

【厮杀】sīsā〈动〉相杀;相搏斗:与人～|一场～。

罳 sī 见[罘(fú)罳]。

锶(鍶) sī〈名〉金属元素,符号 Sr。银白色,燃烧时发出红色火焰,是制造烟火的原料。

澌 sī〈名〉解冻时流动的冰。

撕 sī〈动〉用手使东西裂开或离开附着处:～裂|～扯。

【撕毁】sīhuǐ〈动〉❶撕破毁掉。❷指背弃共同商定的协议、条约等:～协定。

【撕票】sīpiào〈动〉绑票的匪徒把掳去的人杀死,叫作"撕票"。

嘶 sī❶〈动〉(马)叫:人喊马～。❷〈动〉鸟虫鸣叫:蝉～|雁～。❸〈形〉声音沙哑:～哑|声～力竭。❹同[嘶]。

【嘶鸣】sīmíng〈动〉(马)叫:乌龙驹昂头～|战马～。

【嘶哑】sīyǎ〈形〉声音沙哑。

澌 sī〈形〉尽:～亡|～灭。

【澌灭】sīmiè〈动〉消失干净。

【澌亡】sīwáng〈动〉灭亡。

━━ sǐ ━━

死 sǐ❶〈动〉(生物)失去生命(跟"生"、"活"相对):～亡|～棋|垂～。❷〈副〉不顾生命;拼命:～战|～守。❸〈形〉不可调和的:～对头。❹〈形〉固定;不活动:～水|～脑筋。❺〈形〉不能通过:～路|～胡同。❻〈形〉用作补语,表示达到极点:高兴～了|难受～了。

【死板】sǐbǎn〈形〉❶不活泼;不生动:文笔太～。❷做事不会变通;不灵活:脑筋～。

【死党】sǐdǎng〈名〉❶死心塌地为某人或某集团效力的党羽。❷顽固的反动集团。

【死得其所】sǐ dé qí suǒ 形容死得有意义、有价值(所:处所;地方)。

【死地】sǐdì〈名〉无法生存的境地:置于～。

【死而后已】sǐ ér hòu yǐ 一直到死了才停息。形容为了事业等竭尽全部精力和整个生命。

【死鬼】sǐguǐ〈名〉❶鬼(多用于骂人或开玩笑)。❷指死去的人。

【死灰】sǐhuī〈名〉熄灭的火灰:心如～(比喻心灰意懒)。

【死灰复燃】sǐhuī fù rán 比喻已经被打倒的势力或已经停息的事物又重新活动起来(多指坏事)。

【死机】sǐjī〈动〉计算机等运行中因程序错误或其他原因非正常停止运行,此时屏幕图像静止不动,无法继续操作。

【死肌】sǐjī〈名〉死肉;腐肉。

【死寂】sǐjì〈形〉寂静得没有一点声音:大地一片～|一声春雷,打破天空的～。

【死角】sǐjiǎo〈名〉❶军事上指在火器射程之内,因地形、地物或弹道性质的限制而射击不到的地方。也指在视力范围内而观察不到的地方。❷比喻工作等没有影响到,因而毫无改变的地方:消灭卫生～。

【死力】sǐlì❶〈名〉最大的力量;全部力气:尽～扑救大火。❷〈副〉使出最大的力量或全部力气:～抵抗。

【死路】sǐlù〈名〉不通的路,比喻通向死亡或毁灭的途径。

【死命】sǐmìng❶〈名〉必然死亡的命运:致其～。❷〈副〉拼命地:～挣扎。

【死难】sǐnàn〈动〉遇难而死:～烈士。

【死皮赖脸】sǐ pí lài liǎn 形容人不顾脸面,纠缠不休。

【死乞白赖】sǐqǐbáilài 方言。形容纠缠个没完没了。

【死气沉沉】sǐqì chénchén 形容精神不振作或气氛不生动活泼。

【死去活来】sǐ qù huó lái 昏死过去又苏醒过来,形容极度悲哀或疼痛。

【死亡】sǐwáng〈动〉失去生命(跟"生存"相对)。

【死亡率】sǐwánglǜ〈名〉❶一定时期内(通常一年)死亡人数与总人口数的比率,通常用千分率来表示。❷医学上指患某种病死亡的人数与患病总人数的比率:狂犬病的~很高。

【死亡线】sǐwángxiàn〈名〉指危及生存的境地:挣扎在~。

【死心】sǐxīn〈动〉断了念头;不再抱希望:输了还不~。

【死心塌地】sǐ xīn tā dì 形容打定主意,决不改变。

【死硬】sǐyìng〈形〉❶非常顽固:~分子。❷死板;不灵活:这孩子脾气~~的。

【死有余辜】sǐ yǒu yú gū 即使处死,也抵偿不了罪过。形容罪大恶极(辜:罪)。

【死战】sǐzhàn ❶〈名〉关系到生死存亡的战斗:决一~。❷〈动〉拼死战斗:与敌人~。

【死罪】sǐzuì ❶〈名〉应该判处死刑的罪行。❷〈动〉客套话,用于请罪或道歉,表示过失很重大:有失远迎,~~。

备用词 抵死 决死 拼死 誓死 殊死 横死 凶死 出生入死 醉生梦死

── sì ──

巳 sì〈名〉❶地支的第六位。参看〖干支〗。❷巳时,旧式计时法指上午九点钟到十一点钟的时间。

四 sì ❶〈数〉数字,三加一后所得:~方|~时|~肢|~声|~书五经|家徒~壁。❷〈名〉我国民族音乐音阶上的一级,乐谱上用作记音符号,相当于简谱的"6"。❸〈名〉姓。

【四不像】sìbùxiàng〈名〉❶麋鹿。❷比喻不伦不类的事物。

【四方】sìfāng ❶〈名〉东、南、西、北,泛指各处:奔走~。❷〈形〉正方形或立方体的:~脸。

【四方步】sìfāngbù〈名〉悠闲的、大而缓慢的步子:踱~。

【四分五裂】sì fēn wǔ liè 形容分散,不完整,不团结。

【四伏】sìfú〈动〉到处潜伏着:危机~。

【四顾】sìgù〈动〉向四下里看:仓皇~。

【四海】sìhǎi〈名〉古人以为中国四面有海环绕,故用"四海"指全国各地,现也指世界各地:~为家。

【四呼】sìhū〈名〉开口呼、齐齿呼、合口呼、撮口呼,总称"四呼"。汉字韵母不是 i、u、ü,也不拿 i、u、ü 起头的叫"开口呼",如"肝"(gān);韵母是 i 或拿 i 起头的叫"齐齿呼",如"坚"(jiān);韵母是 u 或拿 u 起头的叫"合口呼",如"关"(guān);韵母是 ü 或拿 ü 起头的叫"撮口呼",如"略"(lüè)。

【四化】sìhuà〈名〉指农业现代化、工业现代化、国防现代化和科学技术现代化。

【四季】sìjì〈名〉一年的春季、夏季、秋季、冬季的总称,每季三个月。

【四近】sìjìn〈名〉指周围附近的地方。

【四境】sìjìng〈名〉四周的边境;国境。

【四面】sìmiàn〈名〉东南西北,泛指周围:~环山。

【四面八方】sì miàn bā fāng 指各个方向或各个地方。

【四面楚歌】sìmiàn chǔ gē《史记·项羽本纪》记载,楚汉交战时,项羽被包围在垓下,夜间听见四面汉军都在唱楚歌,他就惊奇地说:"汉军把楚地都占领了吗? 为什么楚人这么多呢?"比喻四面受敌,处于孤立危急的境地。

【四旁】sìpáng〈名〉指前后左右很近的地方。

【四平八稳】sì píng bā wěn 形容说话、做事、写文章稳当,有时也指做事只求不出差错,缺乏创新精神。

【四声】sìshēng〈名〉❶指古汉语的平声、上声、去声、入声。❷指普通话的阴平、阳平、上声、去声。❸泛指字调。

【四时】sìshí〈名〉指春、夏、秋、冬四季:~景色各异。

【四时八节】sì shí bā jié 泛指一年中的各种时令、节日。

【四书】sì shū〈名〉指《大学》《中庸》《论语》《孟子》四种书。

【四体】sìtǐ〈名〉指人的四肢:~不勤,五谷不分。

【四通八达】sì tōng bā dá 四面八方都有路可通,形容交通极为便利。

【四外】sìwài〈名〉周围(多指空旷的地方):~无人|~眺望。

【四围】sìwéi〈名〉周围:村子~都是黄色的菜花。

【四维空间】sìwéi kōngjiān 确定任何事物都需要四个坐标(空间三个坐标和时间一个坐标)的空间,是三维空间和时间组成的整体。这个概念是根据任何物质都同时存在于空间和时间中,空间和时间不可分割而提出的。四维空间的几何学对相对论的广泛传播有重要作用。

【四下里】sìxiàli〈名〉四处;到处:~打听。

【四野】sìyě〈名〉广阔的原野(就四周展望说):雪后,~白茫茫的一片。

【四溢】sìyì〈动〉四散飘溢:香气~。

【四至】sìzhì〈名〉耕地或建筑基地四周的地界。

【四座】sìzuò〈名〉前后左右的座位,借指四周在座的众人:语惊~|~哗然。

寺 sì〈名〉❶古代官署名:大理~|太仆~。❷佛教的庙宇:~院|佛~|禅~。❸伊斯兰教徒礼拜、讲经的地方:清真~。

【寺院】sìyuàn〈名〉佛教寺庙的总称。有时也指别的宗教的修道院。

似 sì ❶〈动〉像;如同:近~|神~|~水流年。❷〈副〉似乎:~曾相识。❸〈介〉表示超过:生活一年好~一年。
△另见 shì。

【似乎】sìhū〈副〉仿佛;好像:~在哪儿见过这个人。

【似是而非】sì shì ér fēi 好像是对的,其实并不对。

汜 sì〈名〉汜水,水名,在河南。

兕 sì〈名〉雌犀牛。

佀 sì ❶同"似"。❷〈名〉姓。

伺 sì〈动〉观察;守候:~隙|~机。
△另见 cì。

【伺察】sìchá〈动〉窥视;观察。

【伺机】sìjī〈动〉等待时机:~而动。

祀(*禩) sì ❶〈动〉祭祀:~天|~祖|奉~。❷〈名〉殷代特指年:十有三~。

姒 sì〈名〉❶古代称姐姐。❷古代称丈夫的嫂子:~娣。❸姓。

饲(飼*飤) sì ❶〈动〉喂养(动物):~料|~育。❷〈名〉喂养动物的食物;饲料:打草储~。

【饲养】sìyǎng〈动〉喂养(动物):~牲畜。

泗 sì〈名〉❶鼻涕:涕~滂沱。❷眼泪:悲~淋漓。

驷(駟) sì〈名〉❶同拉一辆车的四匹马:~马高车。❷马。

俟(*竢) sì ❶〈动〉等待:~机进攻。❷〈名〉姓。
△另见 qí。

食 sì〈动〉拿食物给人吃。
△另见 shí;yì。

涘 sì〈名〉水边。

耜 sì〈名〉❶古代的一种农具,形状像锹。❷古代跟犁上的铧相似的东西。

笥 sì〈名〉盛饭或盛衣物的方形竹器:箧~。

肆 sì ❶〈动〉不顾一切,任意妄为:放~|~行。❷〈数〉数字"四"的大写。❸〈名〉铺子:书~|市~|茶楼酒~。

【肆力】sìlì〈动〉用尽力量:~农事。

【肆虐】sìnüè〈动〉任意残害;起破坏作用:奸臣~|狂风~。

【肆扰】sìrǎo〈动〉肆意扰乱。

【肆无忌惮】sì wú jì dàn 任意妄为,毫无顾忌。

【肆行】sìxíng〈动〉任意胡作非为:~无忌。

【肆意】sìyì〈副〉不顾一切地由着自己的性子去做:~攻击。

备用词 大肆　放肆　恣肆

嗣 sì ❶〈动〉接续；继承：～位。❷〈名〉子孙：子～|后～。
【嗣后】sìhòu〈名〉以后。

—— **sōng** ——

忪 sōng 见[惺(xīng)松]。
△另见 zhōng。

松（*❷—❻鬆） sōng ❶〈名〉松树，多为常绿乔木，树皮鳞片状，叶子针形，果实卵圆形，有木质鳞片。如油松、马尾松等。❷〈形〉松散；不坚实（跟"紧"相对，❸—❺同）：～软|蓬～。❸〈动〉放开；使松：～绑|～手。❹〈形〉不紧张；不严格：～弛|～懈。❺〈形〉经济宽裕：手头～。❻〈形〉用鱼、虾、瘦肉等做成的绒状或碎末状的食品：肉～|鸡～。❼〈名〉姓。

【松弛】sōngchí〈形〉❶松散；不紧张：肌肉～。❷执行得不严格：纪律～。
【松动】sōngdòng ❶〈形〉宽绰；不拥挤。❷〈形〉宽裕；不窘迫：生活多少～了一些。❸〈动〉不紧；活动：螺丝有些～。❹〈动〉（某种意见或态度）灵活；变得不那么强硬、紧张：语气又～了一点。
【松快】sōngkuai〈形〉❶轻松爽快：干完活儿洗个澡，身上感觉很～。❷宽敞：这么大的房间住两个人，太～了。❸经济宽裕：手头不～。
【松明】sōngmíng〈名〉燃点起来照明用的松树枝或松木劈成的细条。
【松散】sōngsǎn〈形〉❶结构不紧密：砖头码得太～。❷松懈；散漫：这个班太～。
【松散】sōngsan〈动〉使轻松舒畅：在房间里憋了一天，该出来～～了。
【松松垮垮】sōngsōngkuǎkuǎ 形容作风懒散。
【松松爽爽】sōngsōngshuǎngshuǎng 形容轻松爽快。

【松涛】sōngtāo〈名〉指松树林被风吹得起伏像波涛的样子；也指松树林被风吹动时发出的像波涛一样的声音。
【松香】sōngxiāng〈名〉松脂蒸馏后剩下的淡黄色或棕色的透明固体，是制油漆、肥皂等的原料。
【松懈】sōngxiè〈形〉❶精神不集中；做事不抓紧：纪律～。❷人与人之间关系不密切：动作不协调：关系～。
【松心】sōngxīn〈动〉思想放松；不操心：过～日子。

备用词 宽松　轻松　稀松　蓬松　疏松

凇 sōng〈名〉寒冷天气里，雾或雨凝聚在树木枝叶或电线等上面而成的松散的白色冰晶：雾～。

菘 sōng〈名〉古书上指白菜。

淞 sōng〈名〉淞江，水名，发源于江苏，流经上海与黄浦江汇合，流入长江。通称"吴淞江"。

嵩（*崧） sōng ❶〈形〉山大而高。❷〈形〉高。❸〈名〉姓。

—— **sǒng** ——

扨（*攕） sǒng〈动〉❶挺立。❷方言推：当胸一～。

怂（慫） sǒng〈形〉惊惧：～惊。
【怂恿】sǒngyǒng〈动〉鼓动别人做（某事）：～她参加演出。

耸（聳） sǒng〈动〉❶高起；直立：～肩|～立。❷引起注意；使人吃惊：～人听闻。
【耸动】sǒngdòng〈动〉❶（肩膀、肌肉等）向上动：肩膀微微～一下。❷故意造成某种局面或夸大事实，使人震动：～视听。
【耸立】sǒnglì〈动〉高高地直立：巍然～着人民英雄纪念碑。
【耸人听闻】sǒng rén tīng wén 夸大事实或说离奇的话，使人听了感到震惊。
【耸峙】sǒngzhì〈动〉耸立：两岸高山～。也作"竦峙"。

悚 sǒng〈形〉害怕：震～|惶～|～惧。
【悚然】sǒngrán〈形〉吃惊或害怕的样子：毛骨～。

竦 sǒng ❶〈形〉恭敬:～然起敬。❷同"悚"。❸同"耸"。

【竦身】sǒngshēn〈动〉耸身,纵身上跳。

【竦峙】sǒngzhì 同"耸峙":水何澹澹,山岛～。

— **sòng** —

讼(訟) sòng〈动〉❶在法庭上争辩是非;打官司:诉～。❷争辩是非:聚～纷纭。

【讼棍】sònggùn〈名〉旧时唆使别人打官司自己从中获利的坏人。

宋 sòng〈名〉❶周朝国名,在今河南商丘一带。❷朝代。a)南朝之一,公元420年－479年,刘裕所建。b)公元960年－1279年,赵匡胤所建。❸姓。

【宋体字】sòngtǐzì〈名〉通行的汉字印刷体。字形方正,横的笔画细,竖的笔画粗。这种字体开始于明朝中叶,叫作宋体是出于误会。

送 sòng ❶〈动〉把东西运去或拿去给人:～报|递～。❷〈动〉赠给:～礼|赠～。❸〈动〉陪着离去的人一起走:～客|迎～往。❹〈名〉姓。

【送别】sòngbié〈动〉送行。

【送命】sòngmìng〈动〉丧失性命(多含不值得的意思):白白～。

【送丧】sòngsāng〈动〉送殡,出殡时陪送灵柩。

【送行】sòngxíng〈动〉❶到远行的人启程的地方,和他告别并目送他离去:到机场～。❷指饯行:设宴～。

【送葬】sòngzàng〈动〉陪送死者的灵柩或骨灰盒到埋葬或安放的地方。

【送灶】sòngzào〈动〉迷信的人把农历十二月二十三日(或二十四日)作为灶神升天的日子,在这天放爆竹、吃麦芽糖送灶神上天,叫"送灶"。

【送终】sòngzhōng〈动〉长辈亲属临死时在身边照料,也指为其安排丧事:养老～。

备用词 奉送 赠送 保送 输送 选送 护送 解送 押送 断送 葬送 播送 放送

诵(誦) sòng〈动〉❶读出声音来;念:朗～|吟～|读～。❷背诵:过目成～。❸称述;述说:传～。

备用词 背诵 传诵 讽诵 记诵 吟诵

颂(頌) sòng ❶〈动〉赞扬:歌～|～扬。❷〈动〉表示良好愿望;祝颂(多用于书信问候):敬～大安。❸〈名〉周代祭祀时用的舞曲,配曲的歌词有些收入《诗经》。❹〈名〉以颂扬为目的的诗文:《祖国～》。❺〈名〉姓。

【颂歌】sònggē〈名〉用于祝颂的诗歌、歌曲。

【颂古非今】sòng gǔ fēi jīn 颂扬古代的,否定现代的。

【颂扬】sòngyáng〈动〉歌颂赞扬:～英雄。

备用词 称颂 传颂 歌颂 赞颂 祝颂

— **sōu** —

搜(*❶蒐) sōu〈动〉❶寻找:～集|～罗。❷搜查:～身。

【搜捕】sōubǔ〈动〉搜查与案件有关的地方并逮捕有关的人:～逃犯。

【搜查】sōuchá〈动〉搜索检查(犯罪人或违禁品):～毒品。

【搜刮】sōuguā〈动〉用各种手段掠夺:～民财。

【搜集】sōují〈动〉到处寻找(事物)汇集起来:～标本|～意见。

【搜辑】sōují〈动〉搜集并编辑:～资料。

【搜罗】sōuluó〈动〉到处寻找(人或事物)并聚集在一起:～人才|～史料。

【搜觅】sōumì〈动〉搜索寻觅。

【搜索】sōusuǒ〈动〉仔细寻找(隐藏的人或东西):～残敌。

【搜索枯肠】sōusuǒ kū cháng 形容竭力思索(多指写作)。

【搜索引擎】sōusuǒ yǐnqíng 互联网上的一种系统,用户通过输入关键词等,可以方便地查找能够提供有关信息的网站或网页。

【搜寻】sōuxún〈动〉到处寻找:～目标|～证据。

嗖 sōu〈拟〉形容迅速通过的声音:风～～地刮着|汽车～的一声开过去了。

馊(餿) sōu〈形〉饭菜等变质而发出酸臭味。

【馊主意】sōuzhǔyi〈名〉指不高明的办法:出～。

廋 sōu〈动〉隐藏;藏匿:～语(隐语)。

溲 sōu ❶〈动〉排泄粪便,特指排泄小便:～溺。❷〈动〉淘(洗):～米。❸〈名〉尿:牛～。

飕(颼) sōu ❶方言〈动〉风吹(使变干或变冷):湿衣裳让风～干了。❷同"嗖"。

【飕飗】sōuliú〈拟〉形容风声。

锼(鎪) sōu〈动〉镂刻木头。

蹉 sōu 见[螻(qú)蹉]。

艘 sōu〈量〉用于船只：一~客轮。

═══ sǒu ═══

叟（*娑）sǒu〈名〉老年男子：老~｜童~无欺。

瞍 sǒu ❶〈形〉眼睛没有瞳仁，看不见东西。❷〈名〉眼睛没有瞳仁的盲人。

嗾 sǒu ❶〈叹〉指使狗时所发的声音。❷〈动〉发出声音来指使狗。

【嗾使】sǒushǐ〈动〉怂恿指使别人做坏事。

搋（搋）sǒu 见[抖搋]。△另见 sòu。

薮（藪）sǒu〈名〉❶水浅草多的湖。❷指人或物聚集的地方：渊~。

═══ sòu ═══

嗽 sòu〈动〉咳嗽：干~。

搋（搋）sòu 方言。〈动〉把通条插到火炉里抖动，使炉灰落下：~炉子。△另见 sǒu。

═══ sū ═══

苏（❶-❻蘇❼囌*❶-❻蘓甦）sū ❶〈名〉植物名：紫~｜白~。❷〈动〉从昏迷中醒过来：~醒。❸〈名〉指江苏苏州：~绣。❹〈名〉指江苏：~南｜~北。❺〈名〉指苏维埃：~区。❻〈名〉指苏联。❼[噜苏]〈形〉啰唆。❽〈名〉姓。

【苏丹】sūdān〈名〉某些伊斯兰教国家最高统治者的称号。[外]

【苏生】sūshēng〈动〉苏醒；重现。

【苏维埃】sūwéi'āi〈名〉苏联中央和地方各级的国家权力机关。我国第二次国内革命战争时期革命根据地的工农民主政权组织曾叫"苏维埃"。[外]

【苏醒】sūxǐng〈动〉从昏迷中醒过来：病人~了。

酥 sū ❶〈名〉古代指酥油，从牛奶或羊奶中提取的脂肪。❷〈形〉松而易碎：~糖。❸〈名〉含油多的松而易碎的点心：桃~｜杏仁~。❹〈形〉（身体）软弱无力：~软。

稣（穌）sū 同"苏"。

窣 sū 见[窸(xī)窣]。

═══ sú ═══

俗 sú ❶〈名〉风俗：土~｜习~｜陋~。❷〈形〉大众的；广泛流行的：~话｜通~。❸〈形〉庸俗：~气｜脱~。❹〈名〉指没出家的人（区别于出家的佛教徒等）：僧~｜还~。

【俗称】súchēng ❶〈动〉通俗叫做：习惯上叫~马铃薯~土豆。❷〈名〉通俗的、非正式的名称：西红柿是番茄的~。

【俗话】súhuà〈名〉俗语。

【俗气】súqi〈形〉粗俗；鄙俗；庸俗：这块布的花色太~｜这个人很~。

【俗世】súshì〈名〉指人世；世间。

【俗套】sútào〈名〉❶习俗上常见的使人感到无聊的礼节。❷陈旧的格调：不落~。

【俗体字】sútǐzì〈名〉指人们习惯上写的字体不合规范的汉字，如"菓(果)"、"唸(念)"等。也叫"俗字"。

【俗谚】súyàn〈名〉民间口头流传的谚语。

【俗语】súyǔ〈名〉群众中广泛流传的通俗而定型的语句，如"三个臭皮匠，赛过诸葛亮"。

备用词 鄙俗 伧俗 粗俗 俚俗 通俗 庸俗 风俗 陋俗 民俗 世俗 流俗 土俗 习俗 僧俗 愤世嫉俗 入境问俗 伤风败俗 移风易俗

═══ sù ═══

夙 sù ❶〈名〉早晨：~兴夜寐。❷〈形〉素有的；旧有的：~志｜~敌。

【夙孽】sùniè〈名〉迷信指前生的冤孽；前世的冤家对头。

【夙兴夜寐】sù xīng yè mèi 早起晚睡，形容勤劳。

【夙怨】sùyuàn 同"宿怨"。

【夙愿】sùyuàn〈名〉一向怀有的愿望。也作"宿愿"。

诉(訴)sù〈动〉❶说给人：～说|告～。❷倾吐（心里的话）：～苦|倾～。❸控告：控～|起～|～状。

【诉苦】sùkǔ〈动〉诉说自己的痛苦或所受的苦难。

【诉求】sùqiú❶〈动〉诉说理由并提出请求：他耐心倾听老人～。❷〈名〉愿望；要求：廉政成为广大群众对领导干部的一致～。

【诉权】sùquán〈名〉起诉和诉愿的权利。

【诉述】sùshù〈动〉诉说：～自己一生的经历。

【诉说】sùshuō〈动〉带感情地陈述：～自己的不幸遭遇。

【诉讼】sùsòng〈动〉司法机关在案件当事人和其他有关人员的参与下，按照法定程序解决案件时所进行的活动。

肃(肅)sù❶〈形〉恭敬：～立。❷〈形〉严肃：～静|～穆。❸〈动〉清除：～清。❹〈名〉姓。

【肃静】sùjìng〈形〉严肃而寂静：保持～。

【肃立】sùlì〈动〉恭敬庄严地站立：全体～。

【肃穆】sùmù〈形〉严肃而安静：～的灵堂。

【肃清】sùqīng〈动〉消灭干净，彻底清除：～残敌|～封建思想。

【肃然】sùrán〈形〉❶十分恭敬的样子：～起敬。❷严肃谨慎的样子：上下～。

【肃杀】sùshā〈形〉形容秋冬天气寒冷，草木枯落：～悲凉。

【肃慎】sùshèn〈名〉古代民族名，分布在黑龙江、松花江流域，出产的箭很有名。

【肃贪】sùtān〈动〉肃清贪污行为：～倡廉。

素sù❶〈名〉没有染色的丝绸：十三能织～，十四学裁衣。❷〈形〉本色；白色：～服|～描。❸〈名〉指蔬菜瓜果一类食物（跟"荤"相对）：吃～|～食。❹〈形〉本来的；原有的：～质|～材。❺〈形〉朴素；颜色不艳丽：～净。❻〈名〉带有根本性质的物质：元～|色～。❼〈副〉向来；一向：～来|～不相识。❽〈名〉平时；时常：平～|～常。❾〈名〉姓。

【素不相能】sù bù xiāngnéng 一向合不来。

【素不相识】sù bù xiāngshí 一向不认识。

【素材】sùcái〈名〉进行文艺创作的原始材料，是未经总括和提炼的实际生活现象。

【素餐】sùcān❶〈名〉素的饭食。❷〈动〉吃素。❸〈动〉不做事而白吃饭：尸位～。

【素常】sùcháng〈名〉平日；平素。

【素淡】sùdàn〈形〉素净；淡雅：衣着～。

【素服】sùfú〈名〉本色或白色的衣服，多指丧服。

【素净】sùjing〈形〉颜色朴素，不鲜艳刺眼：这块花布很～。

【素来】sùlái〈副〉从来；向来：他这人～心细。

【素昧平生】sù mèi píngshēng 从来不相识。

【素描】sùmiáo〈名〉❶一种单纯用线条描绘、不加彩色的画，如铅笔画、木炭画等。❷文学创作上借指文字简练单纯、不加渲染烘托的朴素描写的手法。

【素朴】sùpǔ〈形〉❶朴素；不加修饰：～大方。❷萌芽状态的；未充分发展的（多指哲学思想）：～唯物主义。

【素日】sùrì〈名〉日常；平日。

【素食】sùshí❶〈名〉素的饮食。❷〈动〉吃素。

【素性】sùxìng〈名〉原有的性格；本性。

【素雅】sùyǎ〈形〉素净雅致：房间布置得很～。

【素养】sùyǎng〈名〉平时在某方面的修养：文学～|艺术～。

【素愿】sùyuàn〈名〉一向怀着的愿望：～得偿|～以偿|当一名护士是她的～。

【素志】sùzhì〈名〉一向怀有的志愿：～未偿|～不改。

【素质】sùzhì〈名〉❶事物本来的性质。❷素养。

【素质教育】sùzhì jiàoyù 以提高人的素质为根本宗旨的教育。在教育的各个环节中，全面实施德育、智育、体育、美育，着重培养学生的创新精神、实践能力和发展个性。

【素装】sùzhuāng〈名〉白色的服装；淡雅的装束。

备用词　要素　因素　元素　安之若素　艰苦朴素　我行我素　训练有素

速sù❶〈形〉迅速；快：火～|急～|～记|欲～不达。❷〈名〉速度：风～|光～。❸〈动〉邀请：不～之客。❹〈名〉姓。

【速成】sùchéng〈动〉将学习期限缩短，在短期内很快学完：～班|～识字法|～训练。

【速递】sùdì❶〈名〉特快专递：邮政～。❷〈动〉用速递的方式递送：～邮件|信息|～网。

【速度】sùdù〈名〉❶运动物体在某一方向上单位时间内所经过的距离。❷泛指事物运动或发展变化的快慢：建设～。

【速记】sùjì〈动〉用一种简便的记音符号把话迅速地记录下来。

【速决】sùjué〈动〉迅速地解决：速战～。

【速效】sùxiào〈形〉很快就能见效的：～肥料|

~救心丸。

【速写】sùxiě〈名〉❶一种绘画方法,用简单的线条迅速地把对象的主要特点画出来。❷一种文体,扼要地描写事物的情况,篇幅较短小。

【速战速决】sù zhàn sù jué 迅速投入战斗,并迅速结束战斗,比喻做事时迅速地完成任务或解决问题。

备用词　飞速　火速　急速　快速　神速　迅速　兵贵神速

涑　sù〈名〉涑水,水名,在山西。

宿　sù❶〈动〉夜里睡觉;过夜:~舍|投~。❷〈形〉旧有的;一向有的:~疾|~志。❸〈形〉年老的;久于其事的:~将|~儒。❹〈名〉姓。
　　△另见 xiǔ;xiù。

【宿弊】sùbì〈名〉多年存在的弊病。

【宿逋】sùbū〈名〉拖欠很久而不还的债。

【宿见】sùjiàn〈名〉平素已有的见解。

【宿将】sùjiàng〈名〉久经战阵的指挥官;老将。

【宿命论】sùmìnglùn〈名〉一种唯心主义理论,认为世界上的一切都由命运决定,在命运面前人是无能为力的。

【宿儒】sùrú〈名〉书读得很多的老学者。

【宿营】sùyíng〈动〉❶军队行军或战斗后住宿:露天~。❷泛指在野外住宿。

【宿怨】sùyuàn〈名〉旧有的怨恨;宿嫌:了却~。也作"夙怨"。

【宿愿】sùyuàn 同"夙愿"。

备用词　归宿　寄宿　借宿　留宿　露宿　投宿　歇宿　住宿　风餐露宿

骕(驌)　sù 见下。

【骕骦】sùshuāng 同"骕骦"。

【骕骦】sùshuāng〈名〉古书上说的一种良马。也作"骕骦"。

粟　sù〈名〉❶谷子,去壳后为小米。❷泛指粮食:重农贵~。❸姓。

谡(謖)　sù〈动〉起;起来。

【谡谡】sùsù〈形〉挺拔的样子:~长松。

嗉(*膆)　sù[嗉子]〈名〉鸟类消化器官之一,在食道下部,像个袋子,用来储存食物。

塑　sù〈动〉用石膏、泥土等做成人或物的形象:~像|~造|雕~|面~。

【塑钢】sùgāng〈名〉一种用于制作门窗等的材料,用聚氯乙烯等原料挤压成型,框架

内嵌有槽形钢材。

【塑料】sùliào〈名〉将树脂等高分子化合物与配料混合,再经加热加压而形成的具有一定形状的材料。

【塑像】sùxiàng❶〈动〉用石膏或泥土等制作人像:为烈士~。❷〈名〉用石膏或泥土等塑成的人像:一尊孙中山先生的~。

【塑造】sùzào〈动〉❶用石膏、泥土等塑成人或物的形象:~佛像。❷指文艺作品中描写人物形象。

溯(*泝遡)　sù〈动〉❶逆着水流的方向走:~流而上。❷往上推求或回想:追~|上~|回~。

【溯源】sùyuán〈动〉❶往上游寻找水流发源的地方:长江~。❷比喻向上寻求历史根源:追本~。

愫　sù〈名〉诚意;真情:情~。

鹔(鸕)　sù 见下。

【鹔鹴】sùshuāng 同"鹔鹴"。

【鹔鹴】sùshuāng〈名〉古书上说的一种鸟。也作"鹔鹴"。

蔌　sù〈名〉蔬菜:山肴野~。

傈　sù❶见[傈(lì)傈族]。❷〈名〉姓。

觫　sù 见[觳(hú)觫]。

缩(縮)　sù[缩砂密]〈名〉多年生草本植物,是砂仁的一个变种,种子棕色,椭圆形,有三个棱,入中药叫"砂仁"。也叫"缩砂"。
　　△另见 suō。

籁　sù 见下。

【籁然】sùrán〈形〉眼泪纷纷落下的样子:~泪下。

【籁籁】sùsù❶〈形〉眼泪纷纷落下的样子。❷〈拟〉形容风吹叶子等的声音:树叶在秋风中~作响。

蹜　sù[蹜蹜]〈形〉形容小步快走。

━━ suān ━━

狻　suān[狻猊(ní)]〈名〉传说中的一种猛兽。

酸（*⑤痠）suān ❶〈名〉化学上指能在水溶液中产生氢离子的化合物，如硫酸、盐酸、硝酸等。❷〈形〉（气味或味道）像醋的：～菜｜～梅。❸〈形〉悲痛，伤心：辛～｜～楚。❹〈形〉旧时讥讽文人迂腐，穷～｜寒～。❺〈形〉微酸而无力的感觉：～痛｜～软｜觉得腿有些～。

【酸楚】suānchǔ〈形〉辛酸苦楚：流下～的泪水。

【酸溜溜】suānliūliū〈形〉❶形容酸的味道和气味。❷形容酸痛的感觉：腰～的。❸形容轻微嫉妒或心里难过的感觉。❹形容爱引用古书词句，言谈迂腐。

【酸涩】suānsè〈形〉辛酸难受：一阵～。

【酸甜苦辣】suān tián kǔ là 指各种味道，比喻幸福、痛苦等各种遭遇。

【酸辛】suānxīn〈形〉辛酸。

备用词 悲酸 辛酸 寒酸 尖酸 穷酸

— suàn —

蒜 suàn〈名〉草本植物，茎叶嫩时可做蔬菜，地下鳞茎，味道辣，有刺激性气味。是常用的作料，也可入药。

算（*❶-❽祘）suàn ❶〈动〉计算数目：笔～｜决～。❷〈动〉计算进去：打牌～我一个。❸〈动〉谋划；计划：失～｜～计。❹〈动〉推测；料想：推～。❺〈动〉认作；当作：你们挑剩下的都～我的。❻〈动〉承认有效力；算数：他说的不～。❼〈动〉作罢；不再计较：不愿意去就～了。❽〈副〉总算：到底～搞清楚了。❾〈名〉姓。

【算卦】suànguà〈动〉根据卦象推算吉凶（迷信）。

【算计】suànjì〈动〉❶计算：你～一下，钱够不够。❷盘算；考虑：这件事还得好好～。❸

推测；估计：我～她今天不会来了。❹暗中谋划害人：～人。

【算命】suànmìng〈动〉根据生辰八字，用阴阳五行推算人的命运，断定人的吉凶祸福（迷信）。

【算数】suànshù〈动〉❶承认有效力：说话要～。❷表示"到……为止"：学会了才～。

【算账】suànzhàng〈动〉❶计算账目。❷跟人争执计较：这事办砸了我可要找你～。

备用词 心算 总算 暗算 筹算 打算 合算 核算 划算 计算 决算 匡算 盘算 清算 上算 推算 演算 验算 运算 预算 反攻倒算 精打细算 老谋深算 满打满算 神机妙算

— suī —

尿 suī〈名〉由肾脏产生，从尿道排泄出来的液体：小孩子又尿（niào）了一泡～。△另见 niào。

【尿泡】suīpāo 同"尿脬"。

【尿脬】suīpāo 方言。〈名〉膀胱；猪～。也作"尿泡"。

虽（雖）suī ❶〈连〉虽然：事情～小，影响却很大。❷纵然：～死犹荣。

【虽然】suīrán ❶〈连〉用在上半句，下半句往往有"可是"、"但是"等跟它呼应，表示承认甲事为事实，但乙事并不因此而不成立：～有困难，但也要按时完成。❷虽然如此：～，受地于先王，愿终守之，弗敢易！

【虽则】suīzé〈连〉虽然：～有这种说法，却不足为凭。

荽 suī 见〖芫(yán)荽〗。

眭 suī ❶〈形〉目光深注的样子。❷〈名〉姓。

睢 suī ❶〈名〉见〖恣(zì)睢〗。❷〈名〉姓。

濉 suī〈名〉濉河，水名，发源于安徽，流入江苏。

— suí —

绥（綏）suí ❶〈形〉安好：顺颂时～（书信用语）。❷〈动〉安抚：～靖。❸〈名〉古代上车时拉手用的绳子。

【绥靖】suíjìng〈动〉安抚平定：～四方。

隋 suí〈名〉❶朝代，公元581年－618年，杨坚所建。❷姓。

随(隨) suí ❶〈动〉在后面紧接着向同一方向行动;跟:～同|跟～。❷〈动〉顺从:～顺|～和|入乡～俗。❸〈动〉任凭:～意|～心所欲。❹〈副〉顺便:～手。❺〈副〉随时:～叫～到。❻方言。〈动〉跟长辈或哥哥姐姐在某方面像:他的脾气～他父亲。❼〈动〉因循:行成于思,毁于～。❽〈名〉姓。

【随笔】suíbǐ〈名〉❶一种散文体裁,篇幅短小,表现形式灵活,可以抒情、叙事或评论。❷听讲或阅读时随手所做的记录。

【随便】suíbiàn ❶〈形〉不加限制:大家～谈吧。❷〈形〉怎么方便就怎么做,不多加斟酌:说话很～。❸〈连〉任凭;无论:～吃点儿什么都行。

【随波逐流】suí bō zhú liú 随着波浪起伏,跟着流水漂荡。比喻没有主见,盲目地随着潮流走。

【随常】suícháng〈形〉平常;普通:他出门时只带了几件～的衣服。

【随处】suíchù〈副〉不拘什么地方;到处:高楼大厦～可见。

【随从】suícóng ❶〈动〉跟随:～人员|我～你走南闯北,什么世面没见过? ❷〈名〉随从人员:他的～紧跟其后。

【随大流】suí dàliú 随大溜。

【随大溜】suí dàliù 跟着多数人说话或行事。也说"随大流"。

【随地】suídì〈副〉不拘什么地方:请勿～吐痰。

【随风倒】suí fēng dǎo 形容无主见,看哪一边势力大就跟哪一边走。

【随风转舵】suí fēng zhuǎn duò 见【顺风转舵】。

【随和】suíhe〈形〉态度和气而不固执己见:脾气～。

【随后】suíhòu〈副〉表示一种情况紧跟着前一种情况发生,多与"就"连用:你先去,我～就来。

【随机】suíjī ❶〈副〉跟着情况的变化,掌握时机:密切关注经济的发展,～调整农业政策。❷〈形〉不设任何条件,随意地(做某事):～采样|记者在大街上～采访了几位市民。

【随机应变】suí jī yìng biàn 随着情况的变化,掌握时机,灵活处理。

【随即】suíjí〈副〉立即;随后就。

【随声附和】suí shēng fùhè 没有主见,别人说什么自己也跟着说什么。

【随时】suíshí〈副〉不拘什么时候:～有塌方的可能|有问题～提出来。

【随手】suíshǒu〈副〉顺手:～关门|不～乱花钱。

【随喜】suíxǐ〈动〉❶佛教用语,随着别人参拜佛殿或做善事。❷指随着众人做某种表示,或愿意加入集体送礼等:～,～!也算我一份儿。

【随乡入乡】suí xiāng rù xiāng 到什么地方就遵从那个地方的风俗和习惯。也说"入乡随乡"。

【随心】suíxīn ❶〈动〉由着自己的意思:～所欲(心里想要干什么就干什么)。❷〈形〉合乎自己的心意;称心:日子过得挺～。

【随意】suíyì ❶〈副〉任凭自己的意思。❷〈动〉随便。

【随遇而安】suí yù ér ān 能适应各种环境,在任何环境中都能安然自得,感到满足。

【随员】suíyuán〈名〉❶跟随领导人或代表团外出工作的人员。❷驻外使馆中最低一级的外交官。

备用词 跟随 伴随

遂 suí[半身不遂]身体一侧发生瘫痪。△另见 suì。

═══ suǐ ═══

髓 suǐ〈名〉❶骨髓,骨头空腔中柔软像胶的物质。❷像骨髓的东西:脑～|脊～。❸植物茎的中心部分,由薄壁细胞组成。

═══ suì ═══

岁(歲*歲崴) suì ❶〈名〉年:～月|～末|去～。❷〈量〉表示年龄的单位:五～的孩子|这匹马三～口。❸〈名〉年成:丰～|歉～。❹〈名〉姓。

【岁除】suìchú〈名〉一年的最后一天;除夕。

【岁寒】suìhán〈名〉一年的寒冬。

【岁杪】suìmiǎo〈名〉年底;年末。

【岁暮】suìmù〈名〉一年将完的时候:～天寒。

【岁时】suìshí〈名〉一年的四时令节。

【岁首】suìshǒu〈名〉一年开始的时候,通常指一年的第一个月。

【岁数】suìshu〈名〉人的年龄。

【岁序】suìxù〈名〉年份更易的顺序:～更新。

【岁月】suìyuè〈名〉年月;时间:艰苦的～|漫长的～。

备用词 辞岁 丰岁 今岁 年岁 守岁 歉岁 去岁 凶岁 虚岁 压岁 早岁 终岁 周岁 足岁

聊以卒岁

谇（誶）suì〈动〉❶斥责；诘问：诟（gòu）~。❷谏诤。

崇suì❶〈动〉指鬼怪害人。❷〈名〉指不正当的行动：鬼~｜作~。❸〈名〉姓。

遂suì❶〈动〉称心；如意：顺~｜~愿。❷〈动〉成功：阴谋未~。❸〈副〉就；于是：病三月，~不起。
△另见 suí。

碎suì❶〈动〉完整的东西破成零片零块：破~｜粉~。❷〈动〉使碎：粉身~骨。❸〈形〉零星；不完整：琐~｜~屑。❹〈形〉说话唠叨：嘴~。

【碎步儿】suìbùr〈名〉小而快的步子。

【碎琼乱玉】suì qióng luàn yù 指雪。

备用词　粉碎　零碎　破碎　琐碎　细碎　鸡零狗碎　零七八碎　支离破碎

隧suì❶〈名〉地道。❷〈动〉钻洞。

【隧道】suìdào〈名〉在山中或地下凿成的通道；地道。

燧suì〈名〉❶古代取火的器具：钻~取火。❷古代告警的烽火：烽~。

穗（*❷穗）suì〈名〉❶稻麦等禾本科植物聚生在茎端的花或果实：麦~｜抽~。❷用丝线等扎成的、挂起往下垂的装饰品：旗~。❸广州市的别称。❹姓。

邃suì〈形〉❶（时间、空间）深远：~古｜深~。❷精深：精~。

【邃古】suìgǔ〈名〉远古。

【邃密】suìmì〈形〉❶深①：屋宇~。❷（学问、理论）精深：~的理论。

=== **sūn** ===

孙（孙）sūn〈名〉❶儿子的儿子：~子｜~儿。❷孙子以后的各代：曾~｜玄~。❸跟孙子同辈的亲属：外~。❹植物再生或滋生的：稻~｜~竹。❺古通"逊"（xùn）。❻姓。

荪（荪）sūn〈名〉古书上说的一种香草。

狲（狲）sūn 见[猢（hú）狲]。

飧（*飱）sūn〈名〉❶晚饭。❷简单的饭食：令其褰将传~。

=== **sǔn** ===

损（损）sǔn〈动〉❶减少：~耗｜亏~。❷损害：~人利己。❸损坏：破~。❹用尖刻的话挖苦人：有话好好说，别~人。❺〈形〉刻薄；恶毒：这招儿可真~。

【损兵折将】sǔn bīng zhé jiàng 士兵和将领都有损失，形容作战惨败。

【损害】sǔnhài〈动〉使人或事物蒙受损失或损害：吸烟~健康。

【损耗】sǔnhào ❶〈动〉损失消耗。❷〈名〉货物由于自然原因或运输造成的消耗损失。

【损坏】sǔnhuài〈动〉使受到损伤和破坏。

【损人利己】sǔn rén lì jǐ 使别人受到损失而使自己得到好处。

【损伤】sǔnshāng〈动〉❶损害；伤害：不能~群众的积极性。❷损失；伤亡：敌人~惨重。

【损失】sǔnshī ❶〈动〉消耗或失去：~了上亿元。❷〈名〉消耗或失去的东西；减少~｜重大~。

【损益】sǔnyì〈动〉❶减少和增加：开方用药要斟酌~。❷赔钱和赚钱：~相抵，略有结余。

备用词　贬损　耗损　毁损　减损　亏损　破损　缺损　消损

笋（*笋）sǔn〈名〉竹笋，竹的嫩芽，味鲜美，可以做菜：冬~。

【笋鸡】sǔnjī〈名〉做食物用的小而嫩的鸡。

隼sǔn〈名〉鸟，翅膀窄而尖，嘴短而宽，凶猛，飞得很快，善于袭击其他鸟类。也叫"鹘"（hú）。

榫sǔn〈名〉榫子，器物或构件上利用凹凸方式相接处的凸出部分。

=== **suō** ===

莎suō[莎草]〈名〉草本植物，多生在潮湿地区或河边沙地上。地下块根叫"香附子",供药用。
△另见 shā。

唆 suō〈动〉指使或挑动别人去做坏事:~使|教~。
【唆使】suōshǐ〈动〉指使或怂恿别人去做坏事。
【唆嘴】suōzuǐ〈动〉挑拨。
备用词 教唆 调唆 挑唆

娑 suō 见〖婆娑〗。

桫 suō〖桫椤(luó)〗〈名〉蕨类植物,木本,茎高而直,含淀粉,可供食用。

梭 suō〈名〉织布时牵引纬线(横线)的工具,两头尖,中间粗,形状像枣核:穿~|日月如~。
【梭镖】suōbiāo〈名〉一种长柄上装有两刃尖刀的旧式兵器。
【梭巡】suōxún〈动〉往来巡逻。

挲(*抄) suō 见〖摩(mó)挲〗。
△另见 sā;shā。

睃 suō〈动〉斜着眼睛看。

蓑(*簑) suō〈名〉蓑衣,用草或棕编成的披在身上的防雨用具。

嗦 suō ❶〖哆嗦〗〈动〉受到刺激身体不由自主地抖动。❷见〖啰嗦〗。

嗍 suō〈动〉吮吸:~奶。

羧 suō〖羧基〗〈名〉由羧基和羟基组成的一价原子团(—COOH)。

缩(縮) suō〈动〉❶由大变小、由长变短或由多变少:收缩;紧~|萎~|~减|热胀冷~。❷没伸开或伸开后又收回去;不伸出:龟~。❸后退:畏~|退~。
△另见 sù。
【缩编】suōbiān〈动〉缩减编制:军队~。
【缩减】suōjiǎn〈动〉紧缩减少:~开支。
【缩手】suōshǒu〈动〉把手缩回来,比喻不敢再做下去。
【缩手缩脚】suō shǒu suō jiǎo ❶形容因寒冷而四肢不舒展。❷形容胆子小,顾虑多,不敢放手做事。
【缩小】suōxiǎo〈动〉使由大变小:~范围。
【缩写】suōxiě ❶〈名〉使用拼音文字的语言,取一个或几个字母来代替某些常用的词组或词,如英语中把 Communist Party(共产党)缩写成 C.P.。❷〈动〉改写大部头的著作使篇幅减少:~本。

【缩衣节食】suō yī jié shí 见〖节衣缩食〗。
【缩影】suōyǐng〈名〉比喻可以代表同一类型的具体而微的人或事物:《红楼梦》中的贾府是日趋没落的中国封建社会的~。
备用词 龟缩 减缩 简缩 紧缩 浓缩 瑟缩 伸缩 收缩 退缩 萎缩 畏缩 压缩

— suǒ —

所 suǒ ❶〈名〉处所:场~|寓~|住~|流离失~。❷〈名〉明代驻兵的地点(现用于地名):前~(在浙江)|沙后~(在辽宁)。❸〈名〉用作机关或其他办事地方的名称:研究~|派出~。❹〈量〉一~房子|一~学校。❺〈助〉a)跟"为"或"被"合用,表示被动:为人~知。b)用在做定语的主谓结构的动词前面,表示中心词是受事者:观众~喜爱的演员。c)强调施事者和动作的关系:经济建设是大家~关心的。d)用在动词前面,跟动词构成名词性结构:闻~未闻。❻〈助〉表示约数,相当于"许":从弟子女十人~。❼〈名〉姓。
【所属】suǒshǔ〈形〉❶统辖之下的:命令~部队立即出发。❷自己隶属的:在~学校报名。
【所谓】suǒwèi〈形〉❶所说的:~共识,就是指共同的认识。❷某些人所说的(含不承认意):这就是他们~的民主。
【所向披靡】suǒ xiàng pī mǐ 风吹到的地方,草木尽皆倒伏。比喻力量所到地方,一切障碍都被扫除掉。
【所向无敌】suǒ xiàng wú dí 指军队等所指向的地方,没有人可以抵挡得住。
【所以】suǒyǐ ❶〈连〉表示因果关系:途中遇雨,~晚到了一会儿。❷〈名〉实在的情由或适宜的举动:忘乎~|不知~。❸〈名〉理由;原因:问明~。❹〈动〉用来;借以:师者,~传道受业解惑也(受:通"授")。
【所以然】suǒyǐrán〈名〉指为什么是这样的原因或道理:知其然不知其~。
【所有】suǒyǒu ❶〈动〉领有:~权。❷〈名〉领有的东西:尽其~。❸〈形〉一切;全部:~的理论都被实践所验证。
【所在】suǒzài〈名〉❶处所:这样一个风景美丽的~多么令人神往。❷存在的地方:力量~|智慧~。❸到处;各个地方:~皆是。

索 suǒ ❶〈名〉粗绳子或大链子:绳~|绞~。❷〈动〉搜寻;寻找:搜~|按图~骥。❸〈动〉要;取:~取|勒~。❹〈形〉孤单:离群~

居。❺〈形〉寂寞；没有意味：～然。❻〈名〉姓。

【索偿】suǒcháng〈动〉索取赔偿：根据保险合同向保险公司～。

【索酬】suǒchóu〈动〉索取报酬：按合同～。

【索道】suǒdào〈名〉用钢索架设的空中通道，通常用于运输。

【索求】suǒqiú〈动〉要求；求索。

【索然】suǒrán〈形〉没有意思，没有兴味的样子：～无味|兴致～。

【索索】suǒsuǒ❶〈形〉形容颤抖：全身～地抖着。❷〈拟〉形容轻微的声音：从屋角传来～的响声。

【索性】suǒxìng〈副〉表示干脆；直截了当：累了～歇一会儿。

【索引】suǒyǐn〈名〉根据需要，把书刊中的项目或内容摘录下来，标明出处、页码，按次序分条排列，以供人查阅的资料。也叫"引得"。

备用词　绞索　摸索　绳索　思索　搜索　探索　线索　不假思索　敲诈勒索

贠　suǒ［贠乃亥］〈名〉地名，在青海泽库。

唢（嗩）　suǒ［唢呐(nà)］〈名〉一种管乐器，形状像喇叭。管身正面有七孔，背面有一孔。

琐（瑣＊璅）　suǒ〈形〉细碎：繁～|～事。

【琐碎】suǒsuì〈形〉细小而繁多：家务～|～的工作。

【琐琐】suǒsuǒ〈形〉细小的(事)。

【琐屑】suǒxiè〈形〉琐碎：不愿做～的事。

锁（鎖＊鏁）　suǒ❶〈名〉安在门、箱、柜、抽屉等上面，使人不能随便打开的金属器具：～钥|暗～。❷〈动〉用锁使门、箱、柜、抽屉等关住或用铁链等拴住：～门。❸〈动〉封闭；封。❹〈名〉形状像锁的东西：石～。❺〈名〉锁链：枷～。❻〈动〉一种缝纫方法，针脚很密，线斜交或钩连：～扣眼。❼〈名〉姓。

【锁定】suǒdìng〈动〉❶使固定不动；只要有足球赛，他就会～电视频道|按动照相机的快门，将这个美好的瞬间～。❷最终确定：2号球员临门一脚～胜局|终场前甲队前锋又攻进一球,把比分～在2比0上|根据目击者提供的情况,警方很快将凶犯的身份～。❸紧紧锁定：这种电子侦测系统能同时搜索并～数百个来犯的目标。

【锁国】suǒguó〈动〉像锁门那样把国家关闭起来，不与外国来往：闭关～。

【锁链】suǒliàn〈名〉❶用金属环连接起来的成串的东西,用来束缚人或物。❷比喻束缚人们思想的东西：挣脱封建～。

【锁钥】suǒyuè〈名〉❶比喻做好某事的关键。❷比喻军事要地：北门～(北方的军事要地)。

— tā —

他 tā ❶〈代〉称自己和对方以外的某个人：这事你别问我，问～去｜❷〈代〉虚指：唱～几句｜睡～一觉｜盖～三间大瓦房。❸〈代〉指别的方面或其他地方：留作～用。❹〈代〉另外的；其他的：～人｜～日。❺〈名〉姓。

【他们】tāmen〈代〉称自己和对方以外的若干人。

【他人】tārén〈代〉别人。

【他日】tārì〈名〉❶将来的某一天或某一时期。❷过去的某一天。

【他山攻错】tā shān gōng cuò 见〖攻错〗。

【他乡】tāxiāng〈名〉家乡以外的地方（多指离家乡较远的地方）：流落～｜～遇故知。

它（*牠）tā ❶〈代〉称人以外的事物：这把锁坏了，别使～了｜那狗不咬人，别怕～。❷〈名〉姓。

【它们】tāmen〈代〉称人以外的若干事物。

她 tā〈代〉❶称自己和对方以外的某个女性：你是姐姐，～是妹妹，你应该让着～。❷对祖国、国旗等用"她"称呼，表示敬爱。

【她们】tāmen〈代〉称自己和对方以外的若干女性。

跶 tā〖跶拉〗〈动〉把鞋的后帮踩在脚后跟下。

铊（鉈）tā〈名〉金属元素，符号 Tl。灰白色，用来制造光电管、温度计、光学玻璃等。铊的化合物有毒，用于医药。

△另见 tuó。

塌 tā〈动〉❶（支架起来的东西）倒下或陷下：倒～｜坍～｜～台。❷凹下：～鼻梁。❸安定；镇定：～心。

【塌方】tāfāng〈动〉道路、堤坝等旁边的陡坡或坑道、隧道等的顶部突然坍塌，多因地层结构不良或雨水冲刷所致。也说"坍方"。

【塌实】tāshi 见〖踏实〗。

【塌台】tātái〈动〉垮台。

【塌陷】tāxiàn〈动〉往下陷；凹陷：地基～。

备用词 崩塌 倒塌 坍塌

遢 tā 见〖邋(lā)遢〗。

溻 tā 方言。〈动〉汗湿透（衣服、被褥等）：衣服都～在身上了。

踏 tā〖踏实〗（塌实）(tāshi)〈形〉❶（工作或学习的态度）不浮躁；实实在在：作风～。❷情绪安稳；安定：母亲惦记着孩子的病，心里很不～。

△另见 tà。

褟 tā ❶方言。〈动〉在衣物上缝花边或绦子等：～一道绦子。❷〖汗褟儿〗方言。〈名〉夏天贴身穿的中式小褂。❸〈名〉姓。

— tǎ —

塔（*墖）tǎ〈名〉❶佛教的一种尖顶的建筑物，通常有五层到十三层：宝～｜铁～。❷形状像塔的建筑物：水～｜灯～。❸姓。

△另见 da。

备用词 聚沙成塔 象牙之塔

獭（獺）tǎ〈名〉水獭、旱獭、海獭等哺乳动物的统称。通常指水獭。

【獭祭】tǎjì〈动〉獭贪吃，常捕鱼陈列水边，很像人们祭祀的样子，称为"祭鱼"。后用来比喻写文章罗列、堆砌典故。

鳎（鰨）tǎ〈名〉鱼，身体侧扁，侧面长椭圆形，两眼在身体右侧，左侧向下卧在浅海底的泥沙上，捕食小鱼。通称鳎目鱼。

━━ tà ━━

拓（＊搨）tà〈动〉把石碑、铜器等上面的文字、图形印下来。方法是在石碑、铜器等上面蒙一层薄纸，拍打使凹凸分明，然后上墨，显出文字、图像：～片。
△另见 tuò。

【拓片】tàpiàn〈名〉把碑刻、铜器等文物的形状和上面的文字、图像拓下来的纸片：石刻～。

沓 tà〈形〉多而重复：杂～｜纷至～来。
△另见 dá。

挞（撻）tà〈动〉用鞭子、棍子等打人：鞭～｜～罚。

【挞伐】tàfá〈动〉讨伐：大张～。

闼（闥）tà〈名〉门；小门：排～直入（推门就进去）。

溚（＊澾）tà〈形〉滑；滑溜。
△另见 dā。

嗒 tà[嗒然]〈形〉形容懊丧的神情：～若失。
△另见 dā。

逿 tà[杂逿]同"杂沓"。

阘（闒）tà❶[阘懦（nuò）]〈形〉地位低下，软弱无能。❷[阘茸（róng）]〈形〉卑微；低劣：为人～。
△另见 dá。

榻 tà〈名〉狭长而较矮的床，泛指床：竹～｜病～。

漯 tà〈名〉漯河，古水名，在今山东。
△另见 luò。

踏 tà〈动〉❶踩：践～｜～步。❷在现场（查勘）：～看。
△另见 tā。

【踏访】tàfǎng〈动〉踏看；访查。

【踏歌】tàgē〈动〉古代一种边歌边舞的艺术形式。现在苗、瑶等族还有这种形式的歌舞。

【踏勘】tàkān〈动〉❶工程设计或规划前到现场进行勘测工作。❷官吏到出事现场查看。

【踏看】tàkàn〈动〉在现场查看。

【踏青】tàqīng〈动〉清明节前后到郊外散步游玩（青：青草）。

备用词 践踏　糟踏

蹋 tà〈动〉❶踩；踏：糟～。❷踢。

鞳 tà[镗（tāng）鞳]〈拟〉形容钟鼓声：有橐坎～之声。

━━ tāi ━━

台 tāi[天台]〈名〉山名，又地名，都在浙江。
△另见 tái。

苔 tāi[舌苔]〈名〉舌头表面上滑腻的物质。医生常根据舌苔的情况来诊断病情。
△另见 tái。

胎 tāi❶〈名〉人或哺乳动物母体内的幼体：～儿｜～位｜堕～。❷〈量〉怀孕或生育的次数：头～。❸〈名〉比喻事物的根源：心怀鬼～。❹〈名〉衬在衣物的面子和里子之间的东西：棉花～。❺〈名〉某些器物的坯：～具｜铜～。❻〈名〉轮胎：车～｜备用～。

【胎死腹中】tāi sǐ fù zhōng 比喻计划、方案等尚未实施就遭到失败或被取消。

━━ tái ━━

台（❶－❻❿⓫臺❻檯❽颱）tái❶〈名〉平而高的建筑：瞭望～｜亭～楼阁。❷〈名〉公共场所高出地面便于讲话或表演的设备：讲～｜舞～。❸〈名〉某些做座子用的器物：锅～｜灯～。❹〈名〉像台的东西：窗～儿。❺量词：一～戏｜两～拖拉机。❻〈名〉桌子或类似桌子的器物：写字～｜梳妆～。❼〈名〉敬辞，旧时用于称呼对方或跟对方有关的动作：兄～｜～鉴。❽〈名〉台风，发生在太平洋西部海洋和南海海上的一种极猛烈的风暴。❾〈名〉古代官署名：御史～。❿〈名〉指台湾：～胞。⓫〈名〉姓。
△另见 tāi。

【台甫】táifǔ〈名〉敬辞，旧时用于问人的表字。

【台阁】táigé〈名〉指尚书官署，也泛指大官府。

【台海】táihǎi〈名〉台湾海峡。

【台矶】táijī〈名〉台阶。

【台柱子】táizhùzi〈名〉戏台的支柱，借指戏班中的主要演员，现也借指集体中的骨干：他是我们研究所的～。

备用词 拆台　出台　倒台　登台　垮台　上台　塌台　下台　近水楼台　平地楼台

邰 tái〈名〉姓。

抬 tái〈动〉❶往上托；举：~头｜~手。❷共同用手或肩搬东西：~筐｜~轿｜~担架。❸指抬杠：他俩一起来就没个完。

【抬杠】táigàng〈动〉❶争论；拌嘴：两人常~。❷指用杠抬运灵柩。

【抬举】táiju〈动〉看重某人而加以称赞或提拔。

【抬升】táishēng〈动〉❶抬高；上升：将左臂向上~｜采取措施，抑制油价~｜近年商品房的价格在逐步~。❷地形、气流等升高：气流~｜青藏高原在持续~。

【抬头】táitóu ❶〈动〉抬起头来，比喻受压制的人或事物得到伸展。❷〈动〉旧时书信、公文等行文中遇到对方的名称或涉及对方时，为表示尊敬而另起一行。❸〈名〉书信、公文等行文中抬头的地方。现在一般指单据上方写收件人或收款人等的地方。

苔 tái〈名〉苔藓植物的一类，根、茎、叶的区别不明显，绿色，生长在阴湿的地方。
△另见 tāi。

骀（駘）tái〈名〉劣马：驽~（劣马，比喻庸才）。
△另见 dài。

炱 tái〈名〉由烟凝积成的黑灰：煤~｜松~（松烟）。

跆 tái〈动〉踏：~藉（践踏）。

【跆拳道】táiquándào〈名〉体育运动项目之一，起源于朝鲜半岛，两人徒手赤足搏击，以脚踢、踹为主，手击打为辅，以击中对方身体的有效部位的次数多少判定胜负。

鲐（鮐）tái〈名〉鱼，身体纺锤形，背青色。生活在海里。

薹 tái〈名〉❶草本植物，生长在水田里，叶扁平，可用来做蓑衣。❷蒜、韭菜、油菜等的细长的茎。嫩的可以当蔬菜吃。

━━ tǎi ━━

呔（*奤噤）tǎi 方言。〈形〉说话带外地口音。
△另见 dāi；"奤"另见 hǎ。

━━ tài ━━

太 tài ❶〈形〉高；大：~空｜~学。❷〈形〉极久远：~古。❸〈形〉身份最高或辈分更高的：~公｜~后。❹〈副〉a)表示程度过分：水~烫，待会儿再喝。b)表示程度极高（用于赞叹）：那~好了！c)很（用于否定）：钱不~够。❺〈名〉姓。

【太阿倒持】tài'ē dào chí 倒拿着太阿宝剑，比喻把权柄交给别人，自己反受其害。

【太公钓鱼，愿者上钩】tàigōng diào yú, yuàn zhě shàng gōu《武王伐纣平话》里说，姜太公在渭水边上，用无饵的直钩悬在离水面三尺之上钓鱼，说："负命者上钩来！"后用来比喻甘心上当。

【太后】tàihòu〈名〉帝王的母亲。

【太湖石】tàihúshí〈名〉太湖产的一种形状奇特、上面多孔洞的石头，可以做园林庭院的点缀。

【太监】tàijiàn〈名〉宦官。

【太空】tàikōng〈名〉极高的天空。

【太牢】tàiláo〈名〉古代帝王、诸侯祭祀社稷时，牛、羊、豕三牲全备为太牢。

【太庙】tàimiào〈名〉帝王的祖庙。

【太平】tàipíng〈形〉指社会安宁；平安：天下~｜~盛世｜太太平平过日子。

【太上】tàishàng〈名〉❶道德修养最高的人。❷指皇帝，也指太上皇。

【太上皇】tàishànghuáng〈名〉❶皇帝的父亲的称号，特称把皇位让给儿子而自己退位的皇帝。❷比喻幕后操纵而掌握实权的人。

【太守】tàishǒu〈名〉古代官名。郡的最高长官，宋以后改郡为府或州，但明清两代仍作为知府的别称。

【太岁】tàisuì〈名〉❶木星的别称。我国古代用它围绕太阳公转的周期纪年，十二年（实为11.86年）是一周。❷神话传说中的神名。❸旧社会对土豪的憎称。

【太岁头上动土】tàisuì tóushang dòng tǔ 在太岁（木星）的方位上动土兴工。古代迷信以为这样会招来祸患。比喻触犯强暴或有权势的人。

【太尉】tàiwèi〈名〉古代官名。秦朝为掌管全国军事的最高官职。后代也多沿置，但一般为加官的称号，没有实权。宋徽宗时定为武官官阶的最高一级，元以后废。

【太息】tàixī〈动〉长叹；大声叹气。

【太学】tàixué〈名〉我国古代设立在京城的最高学府。

【太阳】tàiyáng〈名〉❶银河系的恒星之一，是太阳系的中心天体。❷指太阳光。❸指太阳穴，人的鬓角前、眉梢后的部位。

【太阳风暴】tàiyáng fēngbào 指太阳在黑子活动高峰阶段产生的剧烈爆发活动。爆发时释放大量带电粒子所形成的高速粒子流，严重影响地球的空间环境，引起磁暴和电离层扰乱，破坏臭氧层，干扰无线电通信，对人体健康也有一定的危害。

【太医】tàiyī〈名〉❶皇家的医生。❷方言医生。

【太阴】tàiyīn〈名〉月亮。

【太子】tàizǐ〈名〉帝王的儿子中已经确定继承帝位或王位的人。

汰 tài ❶〈动〉淘汰：裁～｜优胜劣～。❷〈名〉水波：齐吴榜以击～。❸〈形〉过分：～侈。

态（態） tài〈名〉❶形状；状态：形～｜事～。❷一种语法范畴，多表明句子中动词所表示的动作跟主语所表示的事物之间的关系，如主动、被动等。❸姓。

【态度】tàidu〈名〉❶人的举止神情：～和蔼｜～生硬。❷对事物的看法和采取的行动：学习～｜～坚决。

【态势】tàishì〈名〉状态和形势（多指军事上）。

备用词 变态 常态 动态 静态 情态 神态 失态 事态 形态 仪态 状态 姿态 惺惺作态 一反常态

肽 tài〈名〉有机化合物，含有羧基和氨基。也叫"胜"（shēng）。

钛（鈦） tài〈名〉金属元素，符号 Ti。银白色，质硬而轻，耐腐蚀，用来造特种合金钢。

泰 tài ❶〈形〉平安；安宁：安～康～｜国～民安。❷〈副〉极；最：～西（旧指西洋）。❸〈名〉姓。

【泰斗】tàidǒu〈名〉泰山北斗：齐白石堪称国画界的～。

【泰然】tàirán〈形〉形容心情安定或毫不在意的样子：～自若｜处之～。

【泰然自若】tàirán zìruò 形容在紧急情况下态度镇定，不改变常态。

【泰山】tàishān〈名〉❶古人以泰山作为高山的代表，常用来比喻敬仰的人或重大而有价值的事物：重如～｜有眼不识～。❷岳父的别称。

【泰山北斗】tàishān běidǒu 比喻德高望重或有卓越成就而为众人所敬仰的人。

酞 tài〈名〉有机化合物的一类。

━━ tān ━━

坍 tān〈动〉倒塌：～塌｜～缩（指天体体积缩小，密度加大）。

【坍方】tānfāng 见〖塌方〗。

【坍塌】tāntā〈动〉倒塌。

贪（貪） tān〈动〉❶原指爱财，后多指贪污：～官。❷欲望老不满足；求多：～婪｜～得无厌。❸片面追求；贪图：～便宜。

【贪得无厌】tān dé wú yàn 形容贪心永不满足。

【贪官污吏】tān guān wū lì 指贪污受贿的官吏。

【贪婪】tānlán〈形〉❶贪得无厌。❷形容不知满足；渴望得到：同学们～地听着老师讲的每一句话。

【贪恋】tānliàn〈动〉十分留恋：～家乡美丽的景色。

【贪墨】tānmò〈动〉贪污。

【贪图】tāntú〈动〉极力希望得到（某种好处）：～享受｜没什么可～的。

【贪污】tānwū〈动〉利用职务便利非法取得财物。

【贪心】tānxīn ❶〈名〉希望得到某种事物的欲望：～不足。❷〈形〉贪得无厌；不知足：这人实在太～。

【贪赃枉法】tānzāng wǎngfǎ 指公职人员接受贿赂，利用职权破坏法律，以保护行贿人的违法行为。

怹 tān 方言。〈代〉他（含敬意）。

啴（嘽）tān ［啴啴］〈形〉形容牲畜喘息。△另见 chǎn。

摊（攤）tān ❶〈动〉摆开；铺平：～牌。❷〈名〉在路旁、广场上摆设的售货处：～贩｜～售｜地～。❸〈动〉一种烹饪方法，把糊状食物倒在锅中摊开成为薄片：～煎饼。❹〈动〉分担：分～｜～派。❺〈动〉碰到；落到（多指不如意的事情）：倒霉事偏叫我～上了。❻〈量〉用于摊开的糊状物：一～泥。

【摊牌】tānpái〈动〉❶玩牌时把手里所有的牌都摆出来，跟对方较量胜负。❷比喻到最后关头把主张、条件或实力等摆出来给对方看。

【摊派】tānpài〈动〉把捐款、任务等交给众人或各地区、各单位分担。

【摊售】tānshòu〈动〉摆摊子出售（货物）：～食品要符合卫生标准。

【摊销】tānxiāo〈动〉分摊成几次或几处销账：广告费分三年～。

【摊主】tānzhǔ〈名〉货摊的主人。

滩（灘）tān〈名〉❶河、海、湖边水深时淹没而水浅时露出的地方，泛指水边比岸低的地方：～地｜沙～｜海～。❷江河中水浅石多流急的地方：险～。

【滩涂】tāntú〈名〉海涂。

瘫（癱）tān〈动〉瘫痪：偏～｜截～。

【瘫痪】tānhuàn〈动〉❶由于神经功能发生障碍，身体的一部分完全或不完全地丧失运动能力。❷比喻机构、交通等不能正常运转或不能正常发挥作用：交通～。

— tán —

坛（❶-❹壇❺罎*❺罈❺壜）tán〈名〉❶古代举行祭祀、誓师等大典用的台：祭～｜天～。❷用土堆成的台，多在上面种花：花～。❸某些会道门设立的拜神集会的组织。❹指文艺界、体育界、舆论阵地等：文～｜艺～｜论～。❺坛子，口小腹大的陶器、瓷器：酒～｜泡菜～。

昙（曇）tán〈名〉❶密布的云。❷姓。

【昙花】tánhuā〈名〉常绿灌木，主枝圆筒形，分枝扁平呈叶状，花大、白色，多在夜间开放，开花时间极短，供观赏。

【昙花一现】tánhuā yī xiàn 昙花开放后很快就凋谢，比喻稀有的事物或显赫的人物一出现很快就消失（昙花：佛经中指优昙钵华）。

倓 tán〈形〉安静（多用于人名）。

郯 tán〈名〉郯城，地名，在山东。

谈（談）tán ❶〈动〉说话或讨论：～论｜天｜洽～。❷〈名〉所说的话：奇～｜美～。❸〈名〉姓。

【谈锋】tánfēng〈名〉谈话的劲头儿：～雄健。

【谈何容易】tán hé róngyì 说起来怎么这样容易。表示事情做起来并不像嘴上说的那么容易。

【谈虎色变】tán hǔ sè biàn 比喻一提到可怕的事物神情就紧张起来，连脸色都变了。

【谈话】tánhuà ❶〈动〉在一起说话。❷〈动〉指做思想工作或交换意见等。❸〈名〉用谈话的形式发表的意见。

【谈论】tánlùn〈动〉用谈话的方式表示对人或事物的看法：～时事。

【谈判】tánpàn〈动〉有关方面对待解决的或共同关心的重大问题进行会谈。

【谈天】tántiān〈动〉闲谈。

【谈吐】tántǔ〈名〉指谈话时的措辞和态度：～不俗｜～大方。

【谈笑风生】tán xiào fēng shēng 形容谈话时有说有笑，兴致高而有风趣。

【谈言微中】tán yán wēi zhòng 说话委婉而中肯。

【谈助】tánzhù〈名〉谈资：足资～。

【谈资】tánzī〈名〉谈话的资料。

备用词 畅谈 侈谈 交谈 恳谈 空谈 漫谈 密谈 攀谈 倾谈 商谈 详谈 叙谈 纵谈 座谈 和谈 会谈 洽谈 美谈 奇谈 清谈 笑谈 杂谈 不经之谈 泛泛而谈 海外奇谈 夸夸其谈 老生常谈 无稽之谈

弹(彈) tán〈动〉❶用弹力发射:～射。❷利用机械使纤维变得松软:～棉花。❸被另一手指压住的手指用力挣开,并触物使动:～冠相庆|～去尘土。❹用手指、器具拨弄或敲打,使物体振动:～吉他|～琵琶|～钢琴。❺抨击:讥～|～劾。
△另见 dàn。

【弹词】táncí〈名〉流行于南方各省的一种曲艺,有说有唱,用三弦伴奏,或再加琵琶陪衬。也指说唱弹词的底本。

【弹冠相庆】tán guān xiāng qìng《汉书・王吉传》:"吉与贡禹为友,世称'王阳(王吉字)在位,贡公弹冠',言其取舍同也。"意思是说王吉做了官,贡禹也把帽子的灰尘弹去,准备做官。后用"弹冠相庆"指一人当了官或升了官,其同伙也互相庆贺将有官可做。

【弹劾】tánhé〈动〉❶君主时代担任监察职务的官员检举官吏的违法或失职行为。❷某些国家的议会抨击政府工作人员,揭发其罪状。

【弹升】tánshēng〈动〉(价格等)反弹;回升:股价大跌后又小幅～|汽油价格近期有小幅～。

【弹跳】tántiào〈动〉(身体或物体)利用弹力向上跳起:～力|练习～|～轻捷有力。

【弹性】tánxìng〈名〉❶物体受外力作用变形后,除去作用力时能恢复原来形状的性质:～塑料|～极限。❷比喻事物的依实际需要可加以调整、变通的性质:～立场|～外交|～工作制。

【弹性就业】tánxìng jiùyè 指从事时间、场所、收入等不固定的工作,如临时性工作、季节性工作等。

【弹压】tányā〈动〉指用武力压制;镇压。

【弹指】tánzhǐ〈动〉弹一下指头,表示时间极短暂。

覃 tán❶〈形〉深:～思。❷〈名〉姓。
△另见 qín。

替 tán 方言。〈名〉水塘。多用作地名:～镇(在广东罗定)。

铦(銛) tán〈名〉长矛。

痰 tán〈名〉肺泡、支气管和气管分泌出来的黏液,肺热或呼吸道发炎时分泌量增多:～喘|～盂。

谭(譚) tán❶同"谈":《天方夜～》。❷〈名〉周朝国名,在今山东济南市东。❸〈名〉姓。

潭 tán〈名〉❶深的水池:清～|龙～虎穴。❷坑;泥:～。❸姓。

熮 tán 方言。〈动〉放在火上使热:～茶(烧开水)。

澹 tán[澹台]〈名〉姓。
△另见 dàn。

檀 tán〈名〉❶乔木,木质坚硬,用来制造家具、农具和乐器。❷姓。

【檀板】tánbǎn〈名〉拍板,用来打拍子的打击乐器,多用檀木制成。

【檀香】tánxiāng〈名〉常绿乔木,产于印度、马来半岛等热带地方。木质坚硬,有香气,用来制造器物,熏东西,也可以提取药物或香料。

磹 tán[磹口]〈名〉地名,在福建。

镡(鐔) tán〈名〉姓。
△另见 chán;xín。

醰 tán〈形〉酒味厚;醇。

—— tǎn ——

忐 tǎn[忐忑(tè)]〈形〉心神不定:～不安。

坦 tǎn〈形〉❶平:平～。❷直爽;没有隐瞒:～白。❸心里安定:～然。

【坦白】tǎnbái ❶〈形〉心地纯洁,语言直率:襟怀～。❷〈动〉如实说出:～从宽|～了内心的秘密。

【坦陈】tǎnchén〈动〉坦率地陈述:～己见|与会代表～自己的观点。

【坦称】tǎnchēng〈动〉坦率地说:经理～,要完善售后服务而不是靠降价争夺市场。

【坦诚】tǎnchéng〈形〉坦率诚恳:待人～。

【坦承】tǎnchéng〈动〉坦白地承认:他～自己在管理上存在漏洞|不少家长～在教育子女的问题上存在困惑。

【坦荡】tǎndàng〈形〉❶平坦宽广:～如砥(平坦得像磨刀石)。❷心地洁净,心胸宽广:襟怀～。

【坦露】tǎnlù〈动〉坦率地表露:～心迹。

【坦然】tǎnrán〈形〉形容心里平静,没有顾虑:～自若(非常平静的样子)。

【坦率】tǎnshuài〈形〉坦白直率:～地承认错误。

【坦途】tǎntú〈名〉平坦的道路(多用于比喻):踏上胜利的～。

【坦言】tǎnyán ❶〈动〉坦率地说：他～自己对加强企业管理的想法。❷〈名〉坦率的话：～相告。

钽（鉭）tǎn〈名〉金属元素，符号 Ta。银白色，有超导电性，用来制造蒸发器皿、电子管中的电极、整流器等。

祖（*襢）tǎn〈动〉❶脱去或敞开上衣，露出（身体的一部分）：～胸。❷无原则地保护和支持：～护。

【祖护】tǎnhù〈动〉对错误的思想或行为无原则地支持或保护：不应～坏人坏事。

【祖露】tǎnlù〈动〉裸露：～胸膛｜～心声。

菼 tǎn〈名〉古书上指荻。

毯 tǎn〈名〉毯子，铺在床上、地上或挂在墙上的较厚的纺织品：毛～｜地～｜线～。

━━ tàn ━━

叹（嘆*歎）tàn〈动〉❶叹气：～息｜哀～｜～感。❷吟哦：咏～。❸发出赞美的声音：赞～｜～美。

【叹词】tàncí〈名〉表示感叹或呼唤、应答的词，如"啊"、"哎"、"哟"、"哼"、"嗯"、"喂"等。

【叹服】tànfú〈动〉赞叹佩服。

【叹赏】tànshǎng〈动〉称赞；赞美：～不已。

【叹惋】tànwǎn〈动〉叹息而惋惜。

【叹为观止】tàn wéi guān zhǐ《左传·襄公二十九年》记载，春秋时吴国的季札在鲁国观看各种乐舞，看到舜时的乐舞十分赞美，说："观止矣！若有他乐，吾不敢请已。"意思是说看到这里就够了，别的乐舞不必再看了。后来指对看到的事物赞美到极点。也说"叹观止矣"。

【叹息】tànxī〈动〉❶叹气。❷感叹；慨叹。

【叹惜】tànxī〈动〉慨叹惋惜。

【叹羡】tànxiàn〈动〉赞叹羡慕。

备用词 哀叹 悲叹 长叹 感叹 浩叹 慨叹 喟叹 称叹 惊叹 赞叹 长吁短叹 望洋兴叹

炭 tàn〈名〉❶木炭：烧～｜煤～。❸像木炭的东西：山楂～。

探 tàn ❶〈动〉摸取：～囊取物。❷〈动〉寻求；试图发现：～测｜～究｜～试。❸〈动〉侦察；打听：刺～｜打～。❹〈名〉做侦察工作的人：密～。❺〈动〉看望：～视｜～亲。❻〈动〉向前伸：～头～脑。

【探测】tàncè〈动〉用仪器进行考察和测量：～矿藏。

【探查】tànchá〈动〉用仪器、器械等检查：～病情。

【探访】tànfǎng〈动〉❶寻求；寻找：～大熊猫的踪迹。❷探望；访问：～友人。❸游览（名胜古迹）：～碑林。

【探花】tànhuā〈名〉封建时代科举考试中，殿试考取一甲（第一等）第三名的人。

【探究】tànjiū〈动〉探索并追究：～根源。

【探看】tànkàn〈动〉暗中察看：～虚实。

【探骊得珠】tàn lí dé zhū 比喻做文章扣紧主题，抓住要领（骊：黑龙）。

【探马】tànmǎ〈名〉做侦察工作的骑兵（多见于早期白话）。

【探囊取物】tàn náng qǔ wù 伸手到袋子里拿东西，比喻某件事情可以轻而易举地办成。

【探奇】tànqí〈动〉探访新奇的事物：～冒险。

【探求】tànqiú〈动〉探索追求：～真理。

【探索】tànsuǒ〈动〉多方寻求答案，解决疑问：～宇宙的奥秘。

【探讨】tàntǎo〈动〉研究讨论，寻找正确答案：～新理论。

【探听】tàntīng〈动〉暗中探问；打听：～口气。

【探望】tànwàng〈动〉❶看望；到长辈、亲友处问候：～老人。❷察看：四处～。

【探问】tànwèn〈动〉❶探望，问候：～病人。❷打听：～情况。

【探险】tànxiǎn〈动〉到从来没有人去过或一般人不敢去的地方去考察自然界的情况：～家｜南极～。

【探询】tànxún〈动〉探问②：～消息。

【探赜索隐】tàn zé suǒ yǐn 探究深奥的道理，搜索隐秘的事迹（赜：深奥）。

【探子】tànzi〈名〉❶旧时指在军队中做侦察工作的人。❷长条或管状的用具，用来探取东西，如粮食探子（用来插入袋中取出少量粮食做样品）。

备用词 刺探 打探 窥探 试探 侦探 勘探 钻探

碳 tàn〈名〉非金属元素，符号 C。碳是构成有机物的主要成分，在工业和医药上用途很广。

━━ tāng ━━

汤（湯）tāng〈名〉❶热水；开水：落～鸡｜金城～池。❷特指温泉（现多用于地名）：小～山（在北京）。❸食物煮后所得的汁液：米～｜姜～。❹烹调后汁液特

别多的副食:蛋～|豆腐～。❺汤药:柴胡～。
❻姓。

△另见 shāng;tàng。

【汤池】tāngchí〈名〉❶滚水的护城河。参看〖金城汤池〗。❷就温泉砌成的浴池。

【汤镬】tānghuò〈名〉古代一种残酷的刑具,用来烹煮犯人。

锡(錫) tāng[锡锣]〈名〉小铜锣。

耥 tāng〈动〉用耥耙(水稻中耕的一种农具)松土、除草。

嘡 tāng〈拟〉形容打钟、敲锣等的声音:～的一声踢开了门。

趟 tāng 旧同"蹚"。

△另见 tàng。

羰 tāng〈名〉羰基,由碳和氧构成的基。

镗(鏜) tāng 同"嘡"。

△另见 táng。

【镗鞳】tāngtà〈拟〉形容钟鼓声:有窾坎～之声。

蹚(*跿踵) tāng〈动〉❶从浅水里走过去,也指从雪地、草地等走过去:～水过河。❷用犁把土翻开,除去杂草并给苗培土:～地。

══ táng ══

饧(餳) táng 同"糖"。

△另见 xíng。

唐 táng ❶〈形〉(言谈)虚夸:～大无验。❷〈副〉空;徒然:功不～捐(工夫不白费)。❸〈名〉传说中的朝代,尧所建。❹〈名〉朝代,公元 618 年－907 年,李渊和他的儿子李世民所建,建都长安(今陕西西安)。❺〈名〉后唐,五代之一,公元 923 年－936 年,李存勖(xù)所建。❻〈名〉姓。

【唐棣】tángdì 同"棠棣"。

【唐人街】tángrénjiē〈名〉指海外华侨聚居并开设较多具有中国特色的店铺的街道或区域。

【唐三彩】tángsāncǎi〈名〉唐代陶器和陶俑的釉色,有黄、绿、褐、蓝等颜色,也指有这种釉色的陶制品。

【唐突】tángtū ❶〈动〉冒犯:～古人。❷〈形〉鲁莽冒失:做事太～。❸〈动〉混充。

堂 táng ❶〈名〉正房:～屋。❷〈名〉高大宽敞的房屋,泛指房屋:厅～|教～。❸

〈名〉旧时官府中审案的地方:大～|过～。❹〈形〉同宗而非嫡亲的:～兄|～妹。❺量词:一～课。❻〈名〉姓。

【堂奥】táng'ào〈名〉❶厅堂的深处。❷腹地。❸比喻深奥的道理或境界。

【堂而皇之】táng ér huáng zhī 形容公然而毫不隐讳地。

【堂倌】tángguān〈名〉旧时称饭馆、茶馆、酒店中的招待人员。

【堂皇】tánghuáng〈形〉形容气势盛大;有气派;富丽。

【堂会】tánghuì〈名〉旧时有喜庆事请艺人来家里举行的演出会。

【堂客】tángke 方言。〈名〉❶指女客人。❷泛指妇女。❸妻子。

【堂堂】tángtáng〈形〉❶形容容貌端庄而大方;仪表～。❷形容有志气或有气魄:～男子汉。❸形容阵容或力量壮大:～之阵。

【堂堂正正】tángtángzhèngzhèng ❶形容光明正大:～地做人。❷形容身材威武,仪表出众:一个～的汉子。

【堂屋】tángwū〈名〉正房中间的一间,也泛指正房。

【堂子】tángzi〈名〉旧时妓院的别称。

备用词　讲堂　课堂　礼堂　厅堂　学堂　高堂　令堂　萱堂　济济一堂　燕雀处堂

棠 táng〈名〉❶棠梨,乔木,果实小,有褐色斑点,味涩而酸。❷姓。

【棠棣】tángdì〈名〉古书上说的一种植物。也作"唐棣"。

鄌 táng[鄌郚]〈名〉地名,在山东。

塘 táng〈名〉❶堤岸;堤防:河～。❷水池:池～|鱼～。❸浴池:澡～。❹方言。屋内生火取暖的坑:火～。❺姓。

【塘坳】táng'ào〈名〉低洼积水的地方。

【塘路】tánglù〈名〉浙江杭嘉湖一带沿着河流

湖泊的陆路交通干线。

搪 táng〈动〉❶抵挡:～风|～饥。❷敷衍应付:～塞|～账。❸把泥土或涂料均匀地涂上:～瓷|～炉子。

【搪瓷】tángcí〈名〉用石英、长石、碳酸钠等烧制成的像釉子的物质:～碗|～锅。

【搪塞】tángsè〈动〉敷衍塞责:用话～人。

溏 táng❶〈名〉泥浆:～泥。❷〈形〉不凝结、半流动的:～心儿鸡蛋。

瑭 táng〈名〉古书上指一种玉。

樘 táng❶〈名〉门框或窗框:门～|窗～。❷〈量〉门扇和门框或窗扇和窗框一副叫一樘。

膛 táng〈名〉❶胸腔:胸～|开～。❷器物的中空的部分:炉～|枪～。

螗 táng〈名〉古书上指一种较小的蝉。

镗(鏜) táng〈动〉用镗床(一种机床)切削机器零件上已有的孔眼:～孔。
△另见 tāng。

糖(＊餹) táng〈名〉❶有机化合物的一类,是人体内产生热能的主要物质,如葡萄糖、淀粉等。也叫"碳水化合物"。❷食糖,包括白糖、红糖、冰糖等。❸糖果:奶～|水果～。

【糖弹】tángdàn〈名〉糖衣炮弹,比喻腐蚀、拉拢,拖人下水的手段。

糖 táng〈形〉红色(多用于人的脸色):紫～脸。

螳 táng[螳螂]〈名〉昆虫,全身绿色或土黄色,头呈三角形,前腿呈镰刀状,捕食害虫。

【螳臂当车】táng bì dāng chē 比喻做事不自量力,必然招致失败。

【螳螂捕蝉,黄雀在后】tángláng bǔ chán, huángquè zài hòu 螳螂正要捕蝉,不知黄雀正在后面想吃掉它(语出《庄子·山木》)。比喻只看见眼前有利可图,不知道祸害就在后面。

━━ **tǎng** ━━

帑 tǎng〈名〉❶国库:～藏。❷国库里的钱财;公款:国～。

倘 tǎng〈连〉如果,假若:～若|～或|～有不测,如何交代?
△另见 cháng。

【倘或】tǎnghuò〈连〉倘若。

【倘来之物】tǎng lái zhī wù 意外得到的或不应得而得到的钱财。

【倘然】tǎngrán〈连〉倘若。

【倘若】tǎngruò〈连〉表示假设:～不去就算了。

【倘使】tǎngshǐ〈连〉倘若。

淌 tǎng〈动〉往下流:～血|～汗。

惝 tǎng "惝"(chǎng)的又音。

傥(儻) tǎng ❶同"倘"(tǎng)。❷见[倜(tì)傥]。

镋(钂) tǎng〈名〉古代的一种兵器,跟叉相似。

躺 tǎng〈动〉身体平卧,也指车辆、器具等卧在地上。

━━ **tàng** ━━

汤(＊湯) tàng 古同"烫"。
△另见 shāng;tāng。

烫(燙) tàng ❶〈形〉物体温度高:滚～。❷〈动〉温度高的物体与皮肤接触使感觉疼痛或受伤:～手|～伤。❸〈动〉利用温度高的物体使另一物体温度升高或发生其他变化:～面|～酒。❹〈动〉指烫发,用热能或药水使头发拳曲美观:冷～。

趟 tàng ❶〈量〉用于走动的次数:来一～。❷〈名〉行列:跟不上～。❸方言。〈量〉用于成行的东西:半～街。
△另见 tāng。

━━ **tāo** ━━

叨 tāo〈动〉受到(好处):～光|～教。
△另见 dāo;dáo。

【叨光】tāoguāng〈动〉客套话,沾光(用于受到别人的好处时,表示感谢)。

【叨教】tāojiào〈动〉客套话,领教(用于受到别人的指教时,表示感谢)。

【叨扰】tāorǎo〈动〉客套话,打扰(用于受到别人的款待时,表示感谢)。

涛(濤) tāo〈名〉❶大波浪:波～|海～。❷像波涛那样的声音:林～。

备用词　波涛　浪涛　林涛　怒涛　松涛

绦(縧＊條絛) tāo〈名〉绦子,用丝线编织的带子,可以镶衣服、枕头等的边:丝～。

焘（燾）^{tāo} 人名用字。

掏（*搯）^{tāo〈动〉}❶用手或工具伸进物体的口,把东西弄出来:～腰包|～耳朵。❷挖:～洞。

滔 ^{tāo〈动〉}大水弥漫:～天。

【滔滔】tāotāo〈形〉❶形容水势盛大,滚滚奔流的样子:河水～。❷比喻话多:～不绝。

【滔天】tāotiān〈形〉❶形容波浪极大:洪水～|波浪～。❷比喻罪恶或灾祸极大:罪恶～。

韬（韜*弢）^{tāo}❶〈名〉弓或剑的套子。❷〈动〉比喻隐藏:～晦|～迹。❸〈名〉兵法:～略。

【韬光养晦】tāo guāng yǎng huì 收敛锋芒,隐藏才能,不使外露。

【韬略】tāolüè〈名〉古代兵书《六韬》、《三略》的简称,后用来称用兵的计谋。

饕 ^{tāo}❶〈动〉贪财;贪食。❷〈名〉贪食的人:老～。

【饕餮】tāotiè〈名〉❶传说中的一种凶恶贪食的野兽。❷比喻凶恶贪婪的人,也比喻贪吃的人。

━━ táo ━━

咷 ^{táo〈动〉}哭:号(háo)～。

逃（*迯）^{táo〈动〉}❶逃跑:～匿|～脱|潜～|望风而～。❷逃避:～荒|～学。

【逃避】táobì〈动〉躲开不愿意接触或不敢接触的事物:～现实。

【逃窜】táocuàn〈动〉逃跑流窜:狼狈～。

【逃遁】táodùn〈动〉逃跑;逃避:仓皇～。

【逃难】táonàn〈动〉为躲避战乱或其他灾祸而逃往他乡。

【逃匿】táonì〈动〉逃跑并躲藏起来:四处～。

【逃生】táoshēng〈动〉逃出危险的环境以保全生命:死里～。

【逃脱】táotuō〈动〉❶逃跑:从虎口中～出来。❷摆脱(干系等):事故责任你也不能～。

【逃亡】táowáng〈动〉逃走而流浪在外:～国外。

【逃逸】táoyì〈动〉逃跑。

【逃之夭夭】táo zhī yāoyāo《诗经·周南·桃夭》有"桃之夭夭"的诗句,原意是说桃花茂盛艳丽,因"桃"、"逃"同音,后来用"逃之夭夭"

指逃跑(含诙谐意)。

【备用词】奔逃 出逃 窜逃 溃逃 潜逃 在逃 临阵脱逃 望风而逃 在劫难逃

洮 ^{táo〈名〉}洮河,水名,在甘肃。

桃 ^{táo〈名〉}❶乔木,花多为粉红色,果实略呈球形,表面有短绒毛,味甜多汁,核仁可入药。❷形状像桃儿的东西:棉～。❸指核桃:～酥。❹姓。

【桃符】táofú〈名〉古代挂在大门上的两块画着门神或题着门神名字的桃木板,迷信的人认为能压邪。后来在上面贴春联,因此又借指春联。

【桃李】táolǐ〈名〉桃树和李树,比喻所教的学生:～满天下。

【桃色】táosè❶〈名〉粉红色。❷〈形〉指跟不正当的男女关系有关的:～新闻|～事件。

陶 ^{táo}❶〈名〉用黏土烧制的(器物):～器|～俑|～彩。❷〈动〉制造陶器:～冶。❸〈动〉比喻教育、培养:熏～。❹〈形〉快乐:～然|乐～～。❺〈名〉姓。

△另见 yáo。

【陶钧】táojūn❶〈名〉制陶器时所用的转轮。❷〈动〉比喻造就人才。

【陶器】táoqì〈名〉陶质的器皿,现代用的陶器大多涂上粗釉。

【陶然】táorán〈形〉形容舒畅愉快的样子。

【陶陶】táotáo〈形〉形容快乐:其乐～。

【陶冶】táoyě〈动〉烧制陶器和冶炼金属,比喻给人的思想、性格以有益的影响:～性情|～情操。

【陶艺】táoyì〈名〉制作陶器的技艺,也指陶制的艺术品。

【陶铸】táozhù〈动〉❶烧制陶器和铸造金属器物。❷比喻造就人才。

【陶醉】táozuì〈动〉愉快而满意地沉浸在某种境界或思想活动中:自我～|被歌声所～|在

欢乐的气氛中。

萄 táo 见[葡萄]。

啕 táo 〈动〉哭:嚎~。

梼(檮) táo 见下。

【梼昧】táomèi 〈形〉愚昧(多用作谦辞):自惭~|不揣~。

【梼杌】táowù 〈名〉古代传说中的猛兽,借指凶恶的人。

淘 táo 〈动〉❶用器物盛颗粒状的东西,加水搅动,或放在水里簸动,使除去杂质:~米|~金。❷从深的地方舀出污水、泥沙、粪便等:~井。❸耗费:~神。❹〈形〉顽皮:这孩子特~。

【淘金】táojīn 〈动〉用水选的方法从沙子里选出沙金。比喻设法捞取高额的钱财。

【淘气】táoqì ❶〈形〉顽皮:这孩子真~。❷方言。〈动〉生闲气;惹气:不管了,免得~。

【淘神】táoshén 〈动〉使人耗费精神:这孩子够大人~的。

【淘汰】táotài 〈动〉去掉差的或不合适的,留下好的或合适的。

绦(縧) táo 〈名〉古代指绳索。

醄 táo 见[酕(máo)醄]。

鼗 táo 〈名〉古代指拨浪鼓。

— tǎo —

讨(討) tǎo 〈动〉❶出兵攻打:~伐|声~。❷索取;请求:~饭|~饶|~教。❸娶:~老婆。❹招惹:~厌|~好。❺讨论:商~|探~。

【讨伐】tǎofá 〈动〉出兵攻打。

【讨好】tǎohǎo 〈动〉❶为取得别人的欢心或称赞而迎合别人:~领导。❷得到好的效果:费力不~。

【讨还】tǎohuán 〈动〉要回(欠下的钱、东西等):~欠款|~血债。

【讨价】tǎojià 〈动〉要价。

【讨价还价】tǎo jià huán jià 买卖双方争议价格,也比喻接受任务时或在谈判中讲条件。

【讨教】tǎojiào 〈动〉请求人指教:有个问题向您~。

【讨论】tǎolùn 〈动〉就某一问题交换意见或进行辩论:~会。

【讨乞】tǎoqǐ 〈动〉求人给予钱财或食物等。

【讨饶】tǎoráo 〈动〉求人饶恕。

【讨生活】tǎo shēnghuó 寻求生路;过日子:凭自己的一技之长~。

【讨嫌】tǎoxián 〈形〉惹人厌烦。

【讨厌】tǎoyàn ❶〈形〉惹人厌烦:真让人~。❷〈形〉事情难办,令人心烦:这种病很~,得上就不容易好。❸〈动〉厌恶;不喜欢:他~这里闷热的天气。

【讨债】tǎozhài 〈动〉讨还借给人的钱财:上门~。

【讨账】tǎozhàng 〈动〉❶讨债。❷方言。讨还买东西欠的钱。

备用词　申讨　声讨　征讨　检讨　商讨　探讨　研讨

— tào —

套 tào ❶〈名〉做成一定形状,罩在外面的东西:手~|书~。❷〈动〉罩在外面:~上外衣。❸〈动〉互相衔接或重叠:~印|~裁。❹〈名〉河流或山势弯曲的地方:河~。❺〈动〉把棉花、丝绵等平整地装入被褥里或袄里或袄里好。❻〈名〉拴牲口的绳子,一端拴在牲口脖子夹板或轭上,另一端拴在车上:牲口~。❼〈动〉用套拴系:~车。❽〈名〉用绳子等结成的环状物:绳~。❾〈动〉模仿:~用|~公式|生搬硬~。❿〈名〉应酬的话:陈陈相因的办法:~语|俗~。⓫〈动〉引出(真情实话):~不出他的底细。⓬〈动〉拉拢:~近乎。⓭〈量〉用于成组的事物:一~家具|一整~措施。⓮〈动〉用丝锥或板牙切削螺纹:~扣。

【套购】tàogòu 〈动〉用不正当手段大量购买国家按计划分配的商品。

【套话】tàohuà 〈名〉❶指文章、书信中按旧套套写的语句。❷特指套用现成的结论或格式而没有实际内容的话:写文章切忌说~|大会发言要开门见山,~、空话都应省去。❸客话:说~|都是自家人,~就不必说了。

【套间】tàojiān 〈名〉住宅中几间相连的屋子的两头的房间,也指两间相连的屋子里头的一间。

【套交情】tào jiāoqing 跟不熟识的人拉拢感情。

【套近乎】tào jìnhu 主动和不太熟识或关系不密切的人拉拢关系,表示亲近(多含贬义)。

也说"拉近乎"。

【套牢】tàoláo〈动〉预期证券价格将上涨而买入,结果价格不涨反跌,投资者不甘心在低价位卖出,被动等待价格回升,致使资金在较长时间内被占用,这种情况叫"套牢"。

【套数】tàoshù〈名〉❶戏曲或散曲中连贯成套的曲子。❷比喻成系统的技巧或手法。

【套现】tàoxiàn〈动〉卖出证券、货物或不动产等收回现金。

【套用】tàoyòng〈动〉模仿着应用(现成的理论、办法等):~公式|简单~别人的经验。

【套语】tàoyǔ〈名〉客套话,表示客气的话,如"劳驾"、"借光"、"留步"等。

【套种】tàozhòng〈动〉套作。

【套作】tàozuò〈动〉在一种作物生长的过程中,在行间播种另一种作物,以充分利用地力和生长期,增加产量。也叫"套种"。

— tè —

忒 tè 见[忒(tǎn)忒]。

忒 tè〈名〉差错:差~。
△另见 tēi; tuī。

特 tè ❶〈形〉超出一般;不寻常的:~殊|~效|~奇~。❷〈副〉特地:~发奖状,以资鼓励。❸〈名〉指特务:匪~。❹〈副〉只;但;不~此也。❺〈名〉姓。

【特别】tèbié ❶〈形〉特殊;不普通:这对花瓶的样子很~。❷〈副〉a)格外:节目~吸引人。b)尤其:吸烟损害健康,~是对妇女和儿童的危害更大。c)特地:辣椒是~为四川客人准备的。

【特别快车】tèbié kuàichē 指停站少、行车时间比直达快车短的旅客列车。简称"特快"。

【特别行政区】tèbié xíngzhèngqū 按照一国两制的基本国策设置的具有特殊法律地位和高度自治权的地方行政区域,如香港特别行政区、澳门特别行政区。简称"特区"。

【特产】tèchǎn〈名〉指某地或某国所特有的著名产品。

【特长】tècháng〈名〉特别擅长的技能;特有的专长:发挥~。

【特长生】tèchángshēng〈名〉在文艺、体育等方面有特长的学生。

【特出】tèchū〈形〉特别突出;非常出众:成绩~。

【特此】tècǐ〈副〉公文、书信用语,表示为某件事特别在这里通知、奉告等:~奉告。

【特地】tèdì〈副〉表示专为某件事:~来看你|~赶来送行。

【特点】tèdiǎn〈名〉人或事物具有的独特的地方:男孩的~是好动。

【特定】tèdìng〈形〉❶特别指定的:~人选|~任务。❷指某一个(人、时期或环境等):~环境|~场合|~历史时期。

【特行】tèháng〈名〉特种行业。指除经工商部门注册、办理执照之外,须经公安机关审查备案,实行特殊治安管理的行业。如旅店业、印刷业、汽车客运业、典当业、拍卖业等。

【特护】tèhù ❶〈动〉(对重病人)进行特殊护理:~病房|经过几天的~,他终于脱险了。❷〈名〉对病人进行特殊护理的护士:请了两名~|三个~轮班日夜护理他。

【特惠】tèhuì〈形〉特别优惠:~价格|商厦~酬宾。

【特级】tèjí〈形〉等级最高的:~教师|~茶叶。

【特辑】tèjí〈名〉为某一主题或特殊需要而特地编辑的文字资料、报刊或音像制品等:纪念中华人民共和国成立60周年~。

【特技】tèjì〈名〉❶武术、马术、飞机驾驶等方面的特殊技能:~表演|~飞行。❷电影用语,指摄制特殊镜头的技巧,如利用玻璃箱的装置拍摄海底的景物,叠印人物和云雾的底片表现腾云驾雾。现多用计算机完成特技:~镜头。

【特价】tèjià〈名〉特别降低的价格:~书|~出售。

【特警】tèjǐng〈名〉特种警察的简称。

【特刊】tèkān〈名〉刊物、报纸为纪念某一节日、事件、人物等而编辑的一期或一版:元旦~|国庆~。

【特快】tèkuài ❶〈形〉速度特别快的:~列车|~专递|~邮件。❷〈名〉特别快车的简称。

【特快专递】tèkuài zhuāndì 专门递送时间性特别强的邮件的快速寄递业务。简称"快递"。也说"速递"。

【特困】tèkùn〈形〉特别困难的(多指经济、住房等方面):~户|~生|~人群。

【特立独行】tè lì dú xíng 指有操守、有见识,不随波逐流。

【特例】tèlì〈名〉特殊的事例。

【特卖】tèmài〈动〉以特别优惠的价格卖:商场举办家电~活动|女式大衣五折~。

【特派】tèpài〈动〉(为办理某项事务)特地派

遣;委派:～员|～专人处理善后事宜。

【特批】tèpī〈动〉特别批准:这件事要经过领导～。

【特起】tèqǐ〈动〉崛起;拔地突起:又有一石,不附山,杰然～,高百余尺。

【特勤】tèqín〈名〉❶特殊勤务,如重大活动中的安全保卫、交通指挥等:出～。❷指执行特殊勤务的人。

【特区】tèqū〈名〉❶在政治、经济等方面实行特殊政策的地区:经济～。❷特别行政区的简称:香港～。❸行政区划单位,与县同级,如贵州省的六枝特区。

【特权】tèquán〈名〉特殊的权利(多指不应有的、非分的):享有～。

【特色】tèsè〈名〉事物所表现出来的独特的风格、色彩等:建设中国～的社会主义。

【特赦】tèshè〈动〉国家对某些有悔改表现的犯人或特定的犯人减轻或免除刑罚。

【特殊】tèshū〈形〉不同于同类事物或平常情况的(跟"一般"相对):这个问题比较～。

【特殊教育】tèshū jiàoyù 以盲人、聋哑人、智障人为施教对象的教育。

【特务】tèwù〈名〉经过特殊训练,从事刺探情报、颠覆、破坏等活动的人。

【特效】tèxiào〈名〉特殊的效果;特殊的疗效:～药。

【特写】tèxiě〈名〉❶报告文学的一种形式,主要特点是描写现实生活中的真人真事,具有高度的真实性,但在细节上也可进行适当的艺术加工。❷电影艺术的一种手法,用极近距离拍摄人或物的某一部分,以造成强烈而清晰的视觉形象:～镜头。

【特性】tèxìng〈名〉人或事物所特有的性质。

【特需】tèxū〈形〉特殊需要的;有独特需求的:～物资|～门诊。

【特许】tèxǔ〈动〉特别许可:～证|非经～,一般商店不得经销此类商品。

【特许经营】tèxǔ jīngyíng 一种连锁式、规模化的经营方式。拥有先进管理经验和名牌产品、专利等的企业,用契约形式特别许可别人使用自己的经营模式进行经营,通过标准化服务实现科学化管理。被特许经营的企业可以使用授予企业的商标的店名。

【特邀】tèyāo〈动〉特别邀请;特地邀请:～代表|～老教授给我们做报告。

【特异】tèyì〈形〉❶特别优异:成绩～。❷特殊:～功能。

【特意】tèyì〈副〉特地:～去看望老师|我～给爷爷买了条厚围巾。

【特征】tèzhēng〈名〉事物所特有的区别于别的事物的征象、标志等:艺术～|这个人的相貌有什么～?

【特制】tèzhì〈动〉特地制造:～纪念金币|这种车是为残疾人～的。

【特质】tèzhì〈名〉特有的性质或品质:在他身上仍然保留着某些农民的淳厚朴实的～。

【特种】tèzhǒng〈形〉同类事物中属于特殊种类的:～兵|～工艺。

【特种兵】tèzhǒngbīng〈名〉执行某种特殊任务的技术兵种的统称。也称这一兵种的士兵。

【特种部队】tèzhǒng bùduì 经过特殊训练,装备精良、战斗力强,执行特殊重要任务的部队。具有编制灵活、装备精良、机动快速、训练有素、战斗力强等特点。

【特种工艺】tèzhǒng gōngyì 使用特殊材料,以特种技术加工的手工艺;也指这种手工艺的制品(多为供人欣赏的陈设品或装饰品),如景泰蓝等。

【特种警察】tèzhǒng jǐngchá 经过特殊训练,配有特殊装备,执行特殊任务的武装警察。主要任务是打击劫持、暗杀等暴力犯罪活动和处置其他突发的暴力事件。简称"特警"。

【特准】tèzhǔn〈动〉特别批准;特别准许:～记者旁听会议。

备用词　独特　奇特　不特　非特　匪特　防特

铽(鋱)　tè〈名〉金属元素,符号Tb。银灰色,有毒。铽的化合物可做杀虫剂,也可用来治疗某些皮肤病。

螣　tè 同"蟘"。
　△另见 téng。

蟘　tè〈名〉古书上指吃苗叶的害虫。

━━ te ━━

赋　te 见[肋(lē)赋]。

━━ tēi ━━

忒　tēi "忒"(tuī)的又音。
　△另见 tè;tuī。

━━ tēng ━━

熥　tēng〈动〉把凉了的熟食再蒸或烤:～馒头。

━━ **téng** ━━

疼 téng ❶〈形〉疾病创伤引起的难受的感觉;痛:~痛|~酸。❷〈动〉心疼;怜爱:~爱|爸爸妈妈都很~我。

【疼爱】téng'ài〈动〉关切喜爱:奶奶最~孙子。

腾(騰) téng ❶〈动〉奔跑或跳跃:奔~|欢~。❷〈动〉升(到空中):升~|飞~。❸〈动〉使空(kòng):~挪|~房子。❹〈动〉用在某些动词后面,表示动作反复、连续:翻~|折~。❺〈名〉姓。

【腾达】téngdá〈动〉❶上升。❷指职位高升;发迹:飞黄~。

【腾飞】téngfēi〈动〉❶升腾飞跃:~起舞的龙。❷比喻事物迅速崛起,蓬勃发展:经济~。

【腾空】téngkōng〈动〉向天空上升:烈焰~|~而起。

【腾挪】téngnuó〈动〉❶挪用(款项等)。❷指拳术中的蹿跳躲闪:~跌宕(形容变化曲折)。

【腾腾】téngténg〈形〉❶形容烟、雾等很浓,不断上升:雾气~|烈焰~。❷比喻气焰很盛:杀气~。

【腾云驾雾】téng yún jià wù ❶传说中指利用法术乘云驰骋迅速飞行。❷形容奔驰迅速或头脑昏乱。

备用词 奔腾 飞腾 沸腾 欢腾 升腾 喧腾 蒸腾 倒腾 翻腾 闹腾 扑腾 折腾 万马奔腾 杀气腾腾

誊(謄) téng〈动〉按照原稿抄写:~写|~录。

滕 téng〈名〉❶周朝国名,在今山东滕州一带。❷姓。

螣 téng[螣蛇]〈名〉古书上说的一种能飞的蛇。
△另见 tè。

縢 téng ❶〈动〉封闭。❷〈动〉约束。❸〈名〉绳索。

藤(*❶籐) téng〈名〉❶某些植物(如葡萄、紫藤等)的匍匐茎或攀缘茎,有的可以编制箱子、椅子等:瓜~|~椅。❷姓。

【藤编】téngbiān〈名〉❶民间的一种手工艺,用某些藤本植物的茎或茎皮编制箱子、椅子和其他物品。❷指用藤编制的物品。

━━ **tī** ━━

体(體) tī[体己]同"梯己"。
△另见 tǐ。

剔 tī〈动〉❶从骨头上把肉刮下来:~肉。❷把东西从缝隙里往外挑(tiǎo):~牙。❸除去坏的;挑出并去掉不合格的:~除|挑~。

【剔除】tīchú〈动〉把不合适的去掉:~糟粕,取其精华。

梯 tī ❶〈名〉便利人上下的用具或设备:~子|绳~。❷〈名〉作用像楼梯的设备:电~。❸〈形〉形状像楼梯的:~田|~河。

【梯次】tīcì ❶〈副〉依照一定次序分级或分批地:工作~铺开|按年轻化的标准~配备干部|这个服装厂~推出了衬衫、西服、套裙等产品。❷〈名〉依照一定次序分成的级或批:这个厂的产品结构~合理。

【梯度】tīdù ❶〈名〉上升或下降的坡度。❷〈名〉单位时间或单位距离内某种现象(如温度、气压、密度、速度等)变化的程度。❸〈副〉依照一定次序分层次地:由东向西~推进。❹〈名〉依照一定次序分出的层次:考试命题要讲究题型有变化,难易有~。

【梯队】tīduì〈名〉❶军队作战或行军时,按任务和行动顺序划分为几个部分,每一部分叫作一个梯队。❷比喻按年龄和德才条件划分的干部队伍。

【梯己】tījī 同"体己"。

【梯田】tītián〈名〉沿山坡开辟的一级一级的农田,形状像楼梯。

锑(銻) tī〈名〉金属元素,符号 Sb。应用在化学工业、电气工业和医药等方面。

踢 tī〈动〉抬起腿用脚或蹄子撞击:~球|~毽子。

摘 tī〈动〉揭露;揭发:~奸发伏。
△另见 zhì。

━━ **tí** ━━

荑 tí〈名〉❶植物初生的叶芽。❷稗子一类的草。
△另见 yí。

绨(綈) tí〈名〉古代指厚实光滑的绸子:~袍。
△另见 tì。

提 tí ❶〈动〉垂手拿着使悬空:~梁|~着皮箱。❷〈动〉使事物由下往上移:~高|~拔。❸〈动〉使预定期限往前移:~前|~早。❹〈动〉指出或举出:~醒|~问。❺〈动〉提取:~货|~炼。❻〈动〉把犯人从关押的地方带出来:~讯。❼〈动〉谈起;谈到:绝口不~。

❽〈名〉一种盛油、酒等的器具:油~。❾〈名〉汉字的笔画,即"挑"(tiǎo)⑤。❿〈名〉姓。

△另见 dī。

【提案】tí'àn〈名〉提请会议讨论决定的建议。

【提拔】tíbá〈动〉选拔人员使担任更高一级的职务:~干部。

【提倡】tíchàng〈动〉指出事物的优点鼓励大家使用或实行:~说普通话。

【提成】tíchéng ❶〈动〉从钱财的总数中按一定成数提出来:利润~|按 5%~。❷〈名〉从总额中按一定成数提出来的钱:可观的~|他拿了 1000 多元的~。

【提纯】tíchún〈动〉除去杂质,使变得纯净:~金属|酒精~。

【提干】tígàn〈动〉❶把非干部编制的人提升为干部:他去年才~|他是去年提的干。❷提拔干部的职务、级别等。

【提纲】tígāng〈名〉写作、发言等的内容要点:发言~。

【提纲挈领】tí gāng qiè lǐng 提起网的总绳,抓住衣服的领子。比喻抓住要点,把问题简明扼要地提示出来。

【提高】tígāo〈动〉使位置、水平、效率、速度、数量、质量等方面比原来高:~水位|~效率|~文化水平。

【提供】tígōng〈动〉供给:~资料|~援助|~方便。

【提炼】tíliàn〈动〉❶从化合物或混合物中提取所需要的东西:从石油中可以~汽油、煤油等产品。❷对材料进行选择、锤炼,使精炼、纯粹:作品对生活的~不够。

【提留】tíliú〈动〉从财物的总数中提取一部分留下来:按规定~各项基金|这笔款要~一部分做公积金。

【提名】tímíng〈动〉在评选或选举前提出有当

选可能的人或事物名称:~奖|获得百花奖~的影片有三部|他被~为下届工会主席。

【提起】tíqǐ〈动〉❶谈到;说起:~往事|此人,没有一个不知道的。❷振作起:~精神。❸提出:~诉讼。

【提前】tíqián〈动〉(把预定的时间)往前移:~动身|~完成任务。

【提挈】tíqiè〈动〉❶带领;携带。❷照顾;提拔:承蒙~。

【提取】tíqǔ〈动〉❶从负责保管的机构或一定数量的财物中取出(存放的或应得的财物):~存款|到车站去~行李|从技术交易净收入中~百分之十五的费用。❷提炼而取得:从油页岩中~石油。

【提审】tíshěn〈动〉把犯人从关押的地方提出来审问:~犯人。

【提升】tíshēng〈动〉❶提高(职位、等级等):由副主任~为主任。❷提向高处;向高处运送(矿物、材料等):~设备|必须~车才能把轮胎卸下来。

【提示】tíshì〈动〉把可以启发对方思考的某一点提出来,使对方得到启示:~课文要点。

【提速】tísù〈动〉提高速度,铁路列车全面~|互联网扩容~。

【提辖】tíxiá〈名〉宋代州郡掌管练兵和捕盗的武官。

【提现】tíxiàn〈动〉提取现金:本行办理货款、结算、~等业务。

【提携】tíxié〈动〉❶牵;搀扶:上山时,大家相互~。❷比喻在事业上扶植后辈:~青年人。❸帮助;照顾:邻居们彼此~,和睦相处。

【提心吊胆】tí xīn diào dǎn 形容十分担心或害怕。

【提醒】tíxǐng〈动〉从旁指点,使引起注意:如果我忘了,请~我|~行人注意交通安全。

【提要】tíyào ❶〈动〉从全书或全文提出要点。❷〈名〉从书中或文章中提出的要点:《四库全书总目~》。

【提议】tíyì ❶〈动〉提出主张请大家讨论并予以采纳:~清明节祭扫烈士墓。❷〈名〉商讨问题时提出的主张:这个~已获得大会通过|我有下列~。

【提早】tízǎo〈动〉提前:~出发|~准备。

【提职】tízhí〈动〉提升职务或职称:他工作出色,去年提了职。

【提制】tízhì〈动〉提炼制造:用樟树的枝叶~樟脑。

啼（*嗁）tí ❶〈动〉出声地哭：～哭｜悲～。❷〈动〉（某些鸟兽）叫：虎啸猿～。❸〈名〉姓。

【啼饥号寒】tí jī háo hán 因缺衣少食而啼哭，形容生活极端困苦。

【啼哭】tíkū〈动〉出声地哭。

【啼泣】tíqì〈动〉啼哭；哭泣。

【啼笑皆非】tí xiào jiē fēi 哭也不是，笑也不是，形容行为既令人难受又令人发笑。

遆 tí〈名〉姓。

鹈（鵜）tí [鹈鹕(hú)]〈名〉水鸟，身体大，嘴长而尖端弯曲，嘴下有一皮质的囊，可以存食，善于游泳和捕鱼。

缇（緹）tí〈形〉橘红色。

【缇骑】tíqí〈名〉穿红衣服的马队。本指古代皇帝的警卫，后用来称缉捕犯人的吏役。

题（題）tí ❶〈名〉题目：命～｜～解。❷〈动〉写上；签上：～词｜～款。❸〈动〉品评；评议：～评。❹〈名〉姓。

【题跋】tíbá〈名〉写在书籍、字画等前后的文字，内容多为品评、鉴赏、考订、记事等（写在前面的叫"题"，写在后面的叫"跋"）。

【题材】tícái〈名〉构成文学和艺术作品的材料，即作品中具体描写的生活事件或生活现象。

【题词】tící ❶〈动〉为表示纪念或勉励而写一段话：～留念。❷〈名〉为表示纪念或勉励而写的话。❸〈名〉序文。

【题记】tíjì〈名〉写在书的正文前或文章题目下面的文字，多为扼要说明写作的内容或主旨，有的也可用名人语句、格言或现成的诗句代替。

【题解】tíjiě〈名〉❶供学习的书籍中解释题目含义或作品时代背景等的文字。❷汇集成册的关于数学、物理、化学等学科中问题的推演、计算、解答，也指汇编成册的此类专集：《平面几何～》。

【题库】tíkù〈名〉大量习题或考题的汇编：高中数学～｜从规定的～中提取试题。

【题名】tímíng ❶〈动〉为留纪念或表示表扬而写上姓名：作者在书的扉页上亲笔～。❷〈名〉为留纪念而写上的姓名：碑石上的～依稀可见。❸〈名〉题写名称：他将井冈山～为"天下第一山"。❹〈名〉题目的名称。

【题字】tízì ❶〈动〉为留纪念而写上字：请来宾～。❷〈名〉为留纪念而写上的字：书上有作者的亲笔～。

备用词 出题 命题 审题 标题 话题 课题 试题 问题 习题 议题 主题 专题 文不对题

醍 tí [醍醐(hú)]〈名〉古代指从牛奶中提炼出来的精华，佛教比喻最高的佛法：～灌顶（比喻灌输智慧，使人彻底醒悟）。

蹄（*蹏）tí〈名〉马、牛、羊等动物生在趾端的角质物，也指具有这种角质物的脚：马不停～。

鳀（鳀*鯷）tí〈名〉鱼，体侧扁，长三四寸，生活在海中。幼鳀加工制成的鱼干叫"海蜒(yán)"。

━━ tǐ ━━

体（體*躰）tǐ ❶〈名〉身体，有时指身体的一部分：～重｜～力｜肢～。❷〈名〉物体：固～｜晶～。❸〈名〉文字的书写形式；作品的体裁：草～｜旧～诗。❹〈名〉体制：国～｜政～。❺〈动〉亲身（经验）；设身处地（着想）：～验｜～察。❻〈名〉一种语法范畴，多表示动词所指动作进行的情况。❼〈名〉姓。△另见 tī。

【体裁】tǐcái〈名〉文学作品根据表现形式的不同所划分的类别，如根据有韵和无韵可分为韵文和散文，可根据结构可分为诗歌、小说、散文、戏剧等。

【体测】tǐcè〈动〉对身体运动能力进行测试。

【体察】tǐchá〈动〉体验观察：～民情。

【体词】tǐcí〈名〉语法上名词、代词、数词、量词的总称。

【体格】tǐgé〈名〉❶人体的发育和健康的情况：～健壮。❷人或动物的体形：长颈鹿～硕大。

【体会】tǐhuì ❶〈动〉体验领会：～到劳动的艰辛。❷〈名〉体验和领会到的东西：心得～。

【体积】tǐjī〈名〉物体所占空间的大小。

【体己】tǐji〈形〉❶家庭成员个人积蓄的：～钱。❷亲近的；贴心的：～话。也作"梯己"。

【体检】tǐjiǎn〈动〉体格检查：～合格｜定期～｜每年做一次～。

【体力】tǐlì〈名〉人体活动时所能付出的力量：消耗～｜～劳动｜他～好，能耐久。

【体力劳动】tǐlì láodòng 主要靠体力进行的生产劳动。

【体例】tǐlì〈名〉著作的编写格式或组织形式：确定词典的编写～。

【体谅】tǐliàng〈动〉设身处地考虑对方的处境,予以谅解:～母亲的心情。

【体面】tǐmiàn ❶〈名〉体统;身份:有失～。❷〈形〉光荣;光彩:考试作弊是不～的事。❸〈形〉好看;漂亮:小伙子长得挺～。

【体能】tǐnéng〈名〉身体的运动能力,包括耐力和在单位时间内运动的速度等:～下降|～测试|加强～训练。

【体念】tǐniàn〈动〉设身处地为别人着想:你要～他的难处,不要苛求于他。

【体魄】tǐpò〈名〉体格和精力:锻炼～|～健壮。

【体贴】tǐtiē〈动〉细心忖度别人的心情和处境,给予关怀和照顾:夫妻互相～。

【体贴入微】tǐtiē rù wēi 形容对人的关怀和照顾十分细致周到。

【体统】tǐtǒng〈名〉指体制、格局、规矩等:不成～|成何～?

【体味】tǐwèi〈动〉仔细体会:～人生的真正欢乐。

【体无完肤】tǐ wú wán fū ❶全身没有一块完好的皮肤,形容浑身是伤。❷比喻论点被全部驳倒或文章被删改得很多。

【体惜】tǐxī〈动〉体谅爱惜;体恤。

【体系】tǐxì〈名〉若干有关事物互相联系而构成的一个整体:工业～|科学～|思想～|防御～。

【体现】tǐxiàn〈动〉某种性质、精神、原则等在某一事物上具体地表现出来:白求恩的行动～了崇高的国际主义精神。

【体恤】tǐxù〈动〉设身处地为人着想而给予同情和照顾:～病人|～孤寡老人。

【体验】tǐyàn ❶〈动〉通过亲身实践来认识周围的事物;亲身经历:～生活。❷〈名〉体会:写下自己的～。

【体育】tǐyù〈名〉❶以增强体质、促进身体健康为主要任务的教育:～课。❷指体育运动:～场。

【体制】tǐzhì〈名〉❶国家机关、企业、事业单位等的组织制度:～改革|经济～|政治～|进行教育～的改革。❷文体的格局;体裁:五言诗的～在汉末就形成了|律诗的～兴盛于唐代。

【体质】tǐzhì〈名〉人体的健康水平;身体的素质:～强健|发展体育运动,增强人民～。

备用词 肌体 躯体 身体 形体 个体 集体 团体 整体 总体 大体 具体 魂不附体 无伤大体

— tì —

屉(*屜)tì〈名〉❶大小相等,可以层层叠起来的扁平盛器,特指笼屉:～帽(笼屉的盖子)|一～馒头。❷放在床架或椅架上可以取下的部分:棕～|床～。❸指抽屉:三～桌。

剃(*鬀)tì〈动〉❶用特制的刀子刮去须发等:～刀|～胡子。❷泛指剪短并修整(须发):～平头。

【剃度】tìdù〈动〉佛教指给要出家的人剃去头发,使成为僧尼。

俶 tì[俶傥(tǎng)]同"倜傥"。△另见chù。

倜 tì[倜傥(tǎng)]〈形〉洒脱;不拘束:风流～。

逖(*逷)tì〈形〉远。

涕 tì ❶〈名〉眼泪:痛哭流～。❷〈动〉哭泣:～泣|破～为笑。❸〈名〉鼻涕:～泪俱下。

【涕泪】tìlèi〈名〉眼泪:～交流|剑外忽传收蓟北,初闻～满衣裳。

【涕零】tìlíng〈动〉流泪:感激～(因感激而流泪)。

【涕泣】tìqì〈动〉哭泣。

悌 tì〈动〉敬爱哥哥:孝～。

绨(綈)tì〈名〉比绸子厚实、粗糙的纺织品,用丝做经,棉做纬织成:线～。
△另见tí。

惕

tì〈动〉谨慎小心:警~|~厉。

【惕厉】tìlì〈动〉警惕;戒惧:日夜~。也作"惕励"。

【惕励】tìlì 同"惕厉"。

替

tì ❶〈动〉代替:~身|~罪羊。❷〈介〉为(wèi);给:大家~他出主意。❸〈形〉衰败:兴~|衰~。❹〈动〉废:不~孟明。

【替班】tìbān ❶〈动〉代别人上班:她病了,我来~|今天他生病了,得找人~。❷〈名〉替班的人:他~。

【替补】tìbǔ〈动〉替换补充:~队员。

【替代】tìdài〈动〉代替。

【替工】tìgōng ❶〈动〉代替别人做工:他有事,我去~|明天我有事,请你给我替一下工。❷〈名〉代替别人做工的人:找了个~|他是临时去当~的。

【替换】tìhuàn〈动〉把原来的(工作着的人、使用着的衣物等)调换下来;倒换:你去~他一下|~的衣服|两双鞋~着穿。

【替考】tìkǎo〈动〉冒名代替别人参加考试:~是一种严重违纪行为。

【替身】tìshēn〈名〉代替别人的人:~演员。

【替死鬼】tìsǐguǐ〈名〉比喻代人受过或受害的人。

【替罪羊】tìzuìyáng〈名〉古代犹太教祭礼中替人承担罪过的羊,比喻代人受过的人。

备用词 代替 倒替 顶替 更替 交替 接替 衰替 兴替

褪

tì〈名〉婴儿的衣服。△另见 xī。

薙

tì ❶〈动〉除草。❷〈动〉删;删削。❸同"剃"。

嚏

tì〈动〉打喷嚏。

━━ tiān ━━

天

tiān ❶〈名〉大空:~宇|~际|漫~。❷〈形〉位置在顶部的;凌空架设的:~头|~窗。❸〈名〉一昼夜的时间,有时专指白天:当~|每~。❹〈名〉一天里的某一段时间:五更~。❺〈名〉季节:三九~。❻〈名〉天气:阴~。❼〈形〉天然的;天生的:~险|~资。❽〈名〉自然:~灾|人定胜~。❾〈名〉迷信的人指自然界的主宰者:~公|~意。❿〈名〉迷信的人指神佛仙人所住的地方:~堂|归~。⓫〈名〉姓。

【天半】tiānbàn〈名〉半空中:风烟滚滚来~。

【天崩地裂】tiān bēng dì liè 天坼地裂。

【天禀】tiānbǐng〈名〉天资;天赋:~聪颖。

【天才】tiāncái〈名〉❶天赋的才能;超越常人的聪明智慧:表演~|~的想象力|~的军事家。❷指有天才的人:数学~。

【天曹】tiāncáo〈名〉天上的官府。

【天差地远】tiān chā dì yuǎn 比喻相差极远。也说"天悬地隔"。

【天长地久】tiān cháng dì jiǔ 跟天和地存在的时间一样长久,形容永远不变(多指爱情)。

【天长日久】tiān cháng rì jiǔ 时间长,日子久。

【天坼地裂】tiān chè dì liè 天塌下,地裂开,形容响声强烈或变化巨大。

【天道】tiāndào〈名〉❶指天体运行的现象和过程。❷指自然规律。❸方言。天气。

【天敌】tiāndí〈名〉自然界中某种动物专门捕食或危害另一种动物,前者就是后者的天敌,例如猫是鼠的天敌。

【天地】tiāndì〈名〉❶天和地:惊~,泣鬼神。❷比喻人们活动的范围:农村是一个广阔的~。❸地步:事情闹到这步~,怎么收场?

【天翻地覆】tiān fān dì fù ❶形容变化非常大:~的变化。❷形容闹得很凶。也说"地覆天翻"。

【天方】tiānfāng〈名〉我国古代称中东一带阿拉伯人建立的国家:《~夜谭》。

【天分】tiānfèn〈名〉天资;天赋:~很好|很有~。

【天府】tiānfǔ〈名〉指自然条件优越、物产丰富的地方:四川堪称~之国。

【天赋】tiānfù ❶〈动〉自然赋予;生来就有:她有一副~的好嗓子。❷〈名〉天资:他是个有~的人。

【天干】tiāngān〈名〉甲、乙、丙、丁、戊、己、庚、辛、壬、癸的总称。参看〖干支〗。

【天高地厚】tiān gāo dì hòu ❶形容恩情深厚:~之恩。❷指事物的艰难和复杂:不知~。

【天公】tiāngōng〈名〉❶神话传说中指自然界的主宰者:我劝~重抖擞,不拘一格降人才。❷指天:山舞银蛇,原驰蜡象,欲与~试比高。

【天公地道】tiān gōng dì dào 形容十分公道。

【天光】tiānguāng〈名〉❶日光。❷天色,指时间的早晚:~还早。❸方言。早晨:一直等到~。❹方言。天气:今朝~好。

【天国】tiānguó〈名〉❶基督教称上帝所治理的国。❷比喻理想中的美好世界。

【天河】tiānhé〈名〉银河的通称。

【天候】tiānhòu〈名〉指在一定的时间内,某一地区的大气物理状态,如气温、气压等。

【天花乱坠】tiān huā luàn zhuì 传说梁武帝时云光法师讲经感动了上天,天上的花纷纷散落下来。现用来比喻说话有声有色,非常动听(多指不切实际的)。

【天荒地老】tiān huāng dì lǎo 指经过的时间很长久。也说"地老天荒"。

【天昏地暗】tiān hūn dì àn ❶形容刮大风时飞沙遮蔽天日的景象。❷比喻政治腐败或社会混乱。也说"天昏地黑"。

【天机】tiānjī〈名〉❶迷信的人指神秘的天意。❷比喻重要而不可泄露的秘密:一语道破~。

【天际】tiānjì〈名〉❶眼睛能看到的天地交接的地方:孤帆远影碧空尽,唯见长江~流。❷指天空:气球飞上~。

【天价】tiānjià〈名〉指极高的价格:这种房子的价格是每平方米六万元,堪称~。

【天骄】tiānjiāo〈名〉"天之骄子"的略语。汉朝人称匈奴单(chán)于为天之骄子,后用来称历史上某些北方少数民族的君主。

【天经地义】tiān jīng dì yì ❶指正确不容怀疑的道理。❷指理所当然的:孝敬父母是~的事。

【天空】tiānkōng〈名〉日月星辰罗列的广大的空间。

【天籁】tiānlài〈名〉指自然界的各种声音,如风声、流水声、鸟鸣声等。

【天蓝】tiānlán〈形〉像晴朗的天空的颜色。

【天理】tiānlǐ〈名〉❶指自然规律:顺之以~|逆~。❷迷信的人指上天的意旨,认为天能主持公道:~昭然。❸宋代的理学家指封建伦理,认为是客观存在的道德法则。❹指天然的组织结构:依乎~,批大郤(xì),导大窾。

【天良】tiānliáng〈名〉良心:丧尽~。

【天量】tiānliàng〈名〉指极大的数量:商厦的销售额在国庆期间创下~。

【天灵盖】tiānlínggài〈名〉人或某些动物头顶部分的骨头。

【天伦】tiānlún〈名〉指父子、兄弟等关系:~之乐(泛指家庭乐趣)。

【天罗地网】tiān luó dì wǎng 以天做罗,以地做网。比喻严密的包围圈,也比喻对敌人、逃犯等的严密防范。

【天马行空】tiān mǎ xíng kōng 马的奔驰如同腾空飞行,多比喻诗文、书法等气势豪放,不受拘束(天马:汉代西域大宛产的好马)。

【天命】tiānmìng〈名〉迷信的人指上天的意志,也指为上天所主宰的人的命运。

【天幕】tiānmù〈名〉❶笼罩着大地的天空:云块间露出了蓝色的~。❷舞台后面悬挂的天蓝色幕布。

【天南地北】tiān nán dì běi ❶形容距离很远。❷指各不相同的地区。

【天年】tiānnián〈名〉指人的自然的寿命:享~。

【天怒人怨】tiān nù rén yuàn 形容作恶多端,为害严重,引起普遍的愤怒。

【天气】tiānqì〈名〉❶一定区域一定时间内大气中发生的各种气象变化,如温度、湿度、气压、降水、风、云等的情况:~预报|~晴朗|寒冷的~|今天~很好。❷方言。指时间;时候:现在是三更~|~不早了,快回家吧!

【天气预报】tiānqì yùbào 向有关区域发布的关于未来一定时间内各种气象情况的报告。

【天堑】tiānqiàn〈名〉天然形成的阻隔交通的大沟,多指长江,形容它的险要。

【天穹】tiānqióng〈名〉从地球表面上看,像半个球面似的覆盖着大地的天空。

【天然】tiānrán〈形〉自然生成的；非人工的：～的石洞｜～宝石。

【天壤】tiānrǎng〈名〉❶天地：～间。❷天渊：～之别。

【天日】tiānrì〈名〉天和太阳，比喻光明：暗无～｜重见～。

【天色】tiānsè〈名〉❶天空的颜色：～阴暗。❷指时间的早晚：～已晚。❸指天气变化的情况：看～像是要下雨。

【天生】tiānshēng〈形〉天然生成的；生来就具有：～一副好嗓子。

【天时】tiānshí〈名〉❶气候：今年的～一直都不错，收成会比往年好。❷指独具的有利条件或时机：～不如地利，地利不如人和。❸指时间早晚：～还早。❹指天象：～怼兮威灵怒，严杀尽兮弃原野。❺天命：非惟～，抑亦人谋也。

【天使】tiānshǐ〈名〉犹太教、基督教等指神的使者，形象多为带翅膀的少女或儿童。文艺作品中常用来比喻天真可爱的人（多指女子或小孩子）。

【天书】tiānshū〈名〉❶迷信的人指神仙所写的书或信。❷比喻难认、难懂的文字或书。❸古时称帝王的诏书。

【天数】tiānshù〈名〉迷信的人指上天安排的命运。

【天堂】tiāntáng〈名〉❶某些宗教指人死后灵魂居住的美好地方（跟"地狱"相对）。❷比喻美好幸福的生活环境。

【天体】tiāntǐ〈名〉太阳、地球、月球和其他星辰等的统称。

【天条】tiāntiáo〈名〉迷信的人指老天爷所定的人、神都要遵守的戒律。

【天庭】tiāntíng〈名〉❶天堂①。❷神话中天帝的朝廷，也指帝王的朝廷。❸指前额的中央：五官端正，～饱满。

【天网恢恢】tiān wǎng huī huī《老子·七十三章》："天网恢恢，疏而不漏。"意思是说天道就像网一样，虽然广大，但决不会放过一个个作恶者，做坏事的人终究逃脱不了应得的惩罚。

【天文】tiānwén〈名〉日月星辰等天体在宇宙间分布、变化、运行等现象：～台｜～学。

【天文数字】tiānwén shùzì 天文学上用的数字很大，故把亿以上的极大的数字称为天文数字。

【天下】tiānxià〈名〉❶指中国。❷指世界。❸

【天仙】tiānxiān〈名〉❶传说中天上的仙女。❷比喻美女。

【天险】tiānxiǎn〈名〉天然形成的险要地方：长江～。

【天象】tiānxiàng〈名〉❶天文现象：夜观～。❷指风、云等变化的现象：根据～预测天气变化。

【天性】tiānxìng〈名〉指人先天具有的品质或性情。

【天涯】tiānyá〈名〉天的边际，指极远的地方：海内存知己，～若比邻。

【天涯海角】tiān yá hǎi jiǎo 形容极远的地方或彼此之间相隔极远。

【天衣无缝】tiān yī wú fèng 神话里说，仙女穿的衣服没有缝儿。后来用"天衣无缝"比喻事物十分完美，没有一点破绽。

【天宇】tiānyǔ〈名〉❶天空：歌声响彻～。❷天下；世界。

【天渊】tiānyuān〈名〉高远的天空和深渊，比喻差别极大：～之别｜相去～。

【天运】tiānyùn〈名〉❶天命。❷天体的运转。❸指自然界的必然性。

【天灾】tiānzāi〈名〉自然灾害，如水灾、旱灾、虫灾、地震等。

【天造地设】tiān zào dì shè 天然形成而合乎理想。

【天真】tiānzhēn〈形〉❶心地单纯，性情直率而不矫揉造作：～活泼｜～烂漫。❷头脑简单；幼稚：想得太～了。

【天职】tiānzhí〈名〉应尽的职责：救死扶伤是医生的～。

【天质】tiānzhì〈名〉天资。

【天诛地灭】tiān zhū dì miè 比喻罪大恶极，为天地所不容。

【天竺】tiānzhú〈名〉我国古代称印度。

【天主教】tiānzhǔjiào〈名〉宗教名，基督教的一派，以罗马教皇为教会最高统治者。

【天资】tiānzī〈名〉人的素质，主要指智力：～聪颖。

【天子】tiānzǐ〈名〉古代指国王或皇帝。

【天字第一号】tiān zì dì yī hào 从前常用《千字文》文句的字来编排事物的顺序，"天"字是《千字文》首句"天地玄黄"的第一字，因此"天字第一号"就是第一或第一类中的第一号，借指最高的、最大的或最强的。

备用词　参天　漫天　泼天　滔天　通天　变天　翻天　聊天　谈天　抱恨终天　沸反盈天　烽火连天　叫苦连天　锣鼓喧天　热火朝天　人定胜天　如日中天　无法无天　一步登天　一手遮天　坐井观天

添 tiān ❶〈动〉增加：～人｜～了三台机器。❷〈动〉生（小孩）：大嫂～了个男孩儿。❸〈名〉姓。

【添堵】tiān dǔ 方言。〈动〉❶给人增加不愉快；让人心烦、憋气：这些粗俗广告让人看了～。❷加剧堵塞程度：车流调控合理，不再～。

【添加】tiānjiā〈动〉增加；增添：～剂｜～一些蜂蜜｜工作太忙，需要～人手。

【添乱】tiānluàn〈动〉增加麻烦：怎么尽给人～？｜人家这是在谈正事，你别在一旁～了。

【添枝加叶】tiān zhī jiā yè 形容叙述事情或转述别人的话时，为了夸大，增添原来没有的内容。也说"添油加醋"。

【添置】tiānzhì〈动〉在原有的以外增添购置：～家具｜～衣物。

趝 tiān［趝鹿］〈名〉鹿的一种，毛黄褐色，有白色斑纹，角的上部扁平，尾略长，性温顺。

━━ tián ━━

田 tián ❶〈名〉田地（有的地区专指水田）：～野｜～间｜农～。❷同"畋"：～猎。❸〈名〉姓。

【田产】tiánchǎn〈名〉指作为产业的田地。

【田塍】tiánchéng〈名〉田埂。

【田畴】tiánchóu〈名〉田地；田野：平整的～。

【田地】tiándì〈名〉❶种植农作物的土地。❷地步：落到这步～。

【田赋】tiánfù〈名〉我国封建时代的土地税。

【田家】tiánjiā〈名〉农家。

【田间】tiánjiān〈名〉❶田地里：～劳动。❷借指农村：来自～。

【田猎】tiánliè〈动〉打猎。

【田亩】tiánmǔ〈名〉田地的总称。

【田赛】tiánsài〈名〉各种跳跃、投掷项目比赛的总称。

【田舍郎】tiánshèláng〈名〉旧时指年轻的农民。

【田田】tiántián〈形〉形容荷叶相连的样子。

【田野】tiányě〈名〉田地和原野。

【田业】tiányè〈名〉田产。

【田园】tiányuán〈名〉田地和园圃，泛指农村：～诗｜～情趣。

【田庄】tiánzhuāng〈名〉旧时指官僚、地主在农村拥有的田地和庄园。

佃 tián〈动〉❶耕种田地。❷同"畋"。△另见 diàn。

甸 tián［甸甸］〈拟〉车行声：府吏马在前，新妇车在后，隐隐何～，俱会在道口。△另见 diàn。

畋 tián〈动〉打猎。

恬 tián〈形〉❶安静：～静｜～适。❷满不在乎；坦然：～不为怪｜～不知耻。

【恬不知耻】tián bù zhī chǐ 做了坏事还满不在乎，不以为耻。

【恬畅】tiánchàng〈形〉恬静豁达；安恬舒畅。

【恬淡】tiándàn〈形〉❶不追求名利；淡泊：～怀。❷恬静：乡村生活是那样的～、宁静。

【恬静】tiánjìng〈形〉安静：～地微笑｜～的生活。

【恬然】tiánrán〈形〉安然；坦然：处之～｜～自安。

【恬适】tiánshì〈形〉恬静而舒适。

【恬退】tiántuì〈形〉淡泊，安于退让：～隐忍。

钿（鈿）tián 方言。〈名〉❶硬币；钱；铜～｜零用～。❷货币：几～（多少钱）？△另见 diàn。

甜 tián〈形〉❶（味道）像糖和蜜的：甘～｜～食。❷比喻幸福、美好：忆苦思～。❸形容感觉舒适，甜美：嘴～｜睡得～。

【甜畅】tiánchàng〈形〉愉快欢畅。

【甜美】tiánměi〈形〉❶甘甜鲜美：～的泉水。❷舒服；愉快：～的生活｜～地睡一觉。

【甜蜜】tiánmì〈形〉形容感到幸福、愉快、舒适:笑得那么~|进入~的梦乡。

【甜柔】tiánróu〈形〉甜蜜柔和,形容幸福愉快:童年的回忆是~的。

【甜头】tiántou〈名〉❶微甜的味道,泛指可口的味道。❷好处;利益。

【甜言蜜语】tián yán mì yǔ 为讨人喜欢或哄骗人而说的动听的话。

【甜滋滋】tiánzīzī〈形〉❶形容有甜味。❷形容感到幸福、愉快:心里~的。

湉 tián[湉湉]〈形〉形容水流平静。

填 tián〈动〉❶把凹陷或空的地方垫平或塞满:~坑。❷补充:~补。❸按照项目、格式在表格、单据上写:~写。

【填补】tiánbǔ〈动〉补足空缺或缺欠:~空白。

【填充】tiánchōng〈动〉❶填补。❷一种测验方法,把问题写成一句话,空出要求回答的部分,让人填写。

【填房】tiánfáng〈动〉指女子嫁给死了妻子的人。

【填房】tiánfang〈名〉指前妻死后续娶的妻。

阗(闐) tián〈动〉充满:喧~|宾客~门。

忝 tiǎn〈动〉谦辞,表示辱没他人,自己有愧:~官(愧居官位)|~列门墙(愧在师门)。

殄 tiǎn〈动〉灭绝:~灭|暴~天物(任意糟蹋东西)。

悿 tiǎn〈形〉惭愧。

腆 tiǎn❶〈形〉丰盛;丰厚:不~之仪。❷〈动〉凸出或挺起(胸、腹);~着大肚子。

舔 tiǎn〈动〉用舌头接触东西或取东西:~盘子|~饭粒儿。

觍 tiǎn❶〈形〉惭愧:~颜。❷〈动〉厚着(脸皮):~着脸。

靦 tiǎn❶〈形〉惭愧的样子:~然人面。❷同"觍"。
　　△另见 miǎn。

掭 tiàn〈动〉❶毛笔蘸墨后斜着在砚台上理顺笔毛,使墨汁均匀适度:~笔。❷方言。拨动:~灯芯。

佻 tiāo〈形〉轻浮;不庄重:轻~|~薄(轻佻)。

挑 tiāo❶〈动〉选择:~选|~肥拣瘦。❷〈动〉在细节上苛求指摘:~剔|~毛病。❸〈动〉用肩膀支起两头挂上东西的扁担搬运:~水|~担子。❹〈名〉扁担和它两头所挑的东西:挑~儿。❺〈量〉用于成挑儿的东西:一~儿水。
　　△另见 tiǎo。

【挑刺儿】tiāocìr 方言。〈动〉挑剔毛病;指摘缺点。

【挑肥拣瘦】tiāo féi jiǎn shòu 挑选对自己有利的(含贬义)。

【挑三拣四】tiāo sān jiǎn sì 对工作或事物反复挑选;挑剔。

【挑剔】tiāotī〈动〉过分地在枝节问题上找毛病。

【挑选】tiāoxuǎn〈动〉从若干人或事物中找出适合要求的:~商品。

祧 tiāo❶〈名〉祭远祖的庙。❷〈动〉指继承上代:兼~|~宗。❸〈动〉把隔了几代的祖宗的神主迁入远祖的庙:不~之祖。

条(條) tiáo❶〈名〉细长的树枝:荆~。❷〈名〉泛指细长的东西:纸~|便~|焊~。❸〈形〉形状细长的:~幅|~案。❹〈形〉分项目的:~例|~款。❺〈名〉层次;秩序;条理:有~不紊|井井有~。❻量词:三~鱼|一~大街。❼〈名〉姓。

【条畅】tiáochàng〈形〉文字通畅而有条理:文笔~。

【条陈】tiáochén❶〈动〉分条陈述。❷〈名〉旧时下级向上级分条陈述意见的文件:上~。

【条分缕析】tiáo fēn lǚ xī 形容分析得十分细密而有条理。

【条幅】tiáofú〈名〉直着挂的长条字画。

【条贯】tiáoguàn〈名〉条理;系统:明道德之广崇,治乱之~,靡不毕见。

【条件】tiáojiàn〈名〉❶指影响事物发生、存在或发展的因素:~优越|苛刻的~。❷为某事而提出的要求或定出的标准:合乎参军~。❸状况:他身体~比我好。

【条款】tiáokuǎn〈名〉条约、章程、契约等上的条目。

【条理】tiáolǐ〈名〉层次；秩序：这篇文章～清楚。

【条例】tiáolì〈名〉❶由国家制定或批准的规定某些事项等的法律文件。❷泛指分条订立的章程、规则：工作～。

【条令】tiáolìng〈名〉用简明条文规定的军队行动的准则。

【条码】tiáomǎ〈名〉条形码。

【条文】tiáowén〈名〉法规、章程等分条说明的文字：法律～。

【条形码】tiáoxíngmǎ〈名〉商品的代码标记。用粗细相间的黑白线条表示数字，印在商品包装上，用于计算机识别。也叫"条码"。

【条约】tiáoyuē〈名〉国家与国家之间签订的有关政治、军事、经济、文化等方面权利和义务的文书。

苕 tiáo〈名〉❶古书上指凌霄花。❷苕子，草本植物，茎细长，花紫色，是一种绿肥作物。
△另见 sháo。

迢 tiáo［迢迢］〈形〉形容路途遥远：千里～。

调（調） tiáo ❶〈形〉配合得均匀合适：谐～|风～雨顺。❷〈动〉使配合得均匀合适：～节|～剂|～色板。❸〈动〉劝说双方停止争执，消除纠纷：～解|～停。❹〈动〉挑逗：～笑|～情。❺〈动〉挑拨：～唆|～三窝四。
△另见 diào。

【调处】tiáochǔ〈动〉调停。

【调和】tiáohé ❶〈形〉配合得适当：雨水～。❷〈动〉调解，使和好：从中～。❸〈动〉妥协；让步：矛盾不可～。

【调护】tiáohù〈动〉调养护理：～伤病员。

【调剂】tiáojì〈动〉❶根据处方配制药物。❷适当调整使均匀合宜：～余缺。

【调价】tiáojià〈动〉调整商品价格。

【调教】tiáojiào〈动〉❶调理教导（幼童）。❷照料训练（牲畜）：～烈马。

【调节】tiáojié〈动〉从程度或数量上进行调整，使适合要求：～温度|～方向。

【调解】tiáojiě〈动〉劝说双方停止争执，消除纠纷：～纠纷。

【调侃】tiáokǎn〈动〉用言语戏弄；嘲笑：互相～了一番|你就不要～我了。

【调控】tiáokòng〈动〉调节控制：～地下水的水位|经济的宏观～。

【调理】tiáolǐ〈动〉❶调养护理：孩子病刚好，需要好好～。❷照料；管理：把孩子～得干净利落。❸调教；训练：～牲口。

【调弄】tiáonòng〈动〉❶调笑；戏弄。❷整理；摆弄。❸调唆。

【调配】tiáopèi〈动〉调和；配合（颜料、药物等）。
△另见 diàopèi。

【调皮】tiáopí〈形〉❶顽皮；淘气。❷狡猾不易对付；不驯顺。

【调三窝四】tiáo sān wō sì 搬弄是非，挑拨离间。

【调摄】tiáoshè〈动〉调养。

【调试】tiáoshì〈动〉试验并调整（机器、仪器等）：新设备需要经过～才能使用。

【调适】tiáoshì〈动〉调整使适应：～家庭成员关系|学会自我心理～|增强企业的自我～能力。

【调速】tiáosù〈动〉调整运行速度：按照飞行高度～|这种车可以自动～。

【调唆】tiáosuō〈动〉挑拨，使跟别人闹纠纷。

【调停】tiáotíng〈动〉调解，使双方消除纠纷。

【调戏】tiáoxì〈动〉用轻佻的言语举动戏弄妇女。

【调养】tiáoyǎng〈动〉调节饮食起居或服用药物，使恢复健康：悉心～。

【调匀】tiáoyún〈形〉调和均匀：雨水～。

【调整】tiáozhěng〈动〉为适应某种情况和要求而改变原有的情况：～作息时间。

【调制】tiáozhì〈动〉❶调配制作：～鸡尾酒。❷使电磁波的振幅、频率或脉冲的有关参数依照所需传递的信号而变化。

【调制解调器】tiáozhì-jiětiáoqì 计算机通信中模拟信号与数字信号的转换设备，由调制器和解调器组成。调制器把发送的数字信号转换为模拟信号在电话网上传送，解调器把接收到的模拟信号还原为数字信号传送给计算机。

【调治】tiáozhì〈动〉调养；治疗。

【调朱弄粉】tiáo zhū nòng fěn 指绘画。

铫（銚） tiáo〈名〉古代一种矛类的兵器。
△另见 diào；yáo。

筶 tiáo［筶帚（zhou）］〈名〉一种除去尘土、垃圾等的用具，多用脱粒的高粱穗、黍穗或棕绑扎而成，比扫帚小。

龆（齠） tiáo〈动〉儿童换牙：～年（童年）。

蜩 tiáo〈名〉古书上指蝉。

鬌 tiáo〈名〉古代指小孩子下垂的头发：垂~｜~龄。

鲦(鰷＊鯈) tiáo ［鲦鱼］〈名〉鲹(cān)。

— tiǎo —

挑 tiǎo❶〈动〉用竹竿等的一头支起：~灯笼｜~起门帘儿。❷〈动〉用细长或带尖儿的东西拨：~刺。❸〈动〉一种刺绣方法，用针挑起经线或纬线，把针上的线从底下穿过去：~花。❹〈动〉挑拨；挑动：~逗｜~衅。❺〈名〉汉字的笔画，形状是"〆"。
△另见 tiāo。

【挑拨】tiǎobō〈动〉搬弄是非，挑起纠纷：~离间(挑起是非或争端，使别人不和)。

【挑大梁】tiǎo dàliáng 比喻在某项工作中发挥骨干作用：放手让青年人~。

【挑动】tiǎodòng〈动〉❶引起；惹起：~纠纷。❷挑拨煽动：~内战。

【挑逗】tiǎodòu〈动〉招惹；逗引。

【挑唆】tiǎosuō〈动〉调唆。

【挑衅】tiǎoxìn〈动〉故意制造事端，以引起冲突或战争。

【挑战】tiǎozhàn〈动〉❶故意激怒敌人，使敌人出来打仗。❷鼓动对方跟自己竞赛。

窕 tiǎo 见［窈(yǎo)窕］。

— tiào —

眺(＊覜) tiào〈动〉往远处看：远~｜登高~远。

【眺望】tiàowàng〈动〉从高处往远处看；远望：凭栏远~｜站在山顶~。

粜(糶) tiào〈动〉卖出(粮食)(跟"籴"相对)：~粮。

跳 tiào〈动〉❶腿上用力，使身体突然离开所在的地方：~跃｜欢蹦乱~。❷物体由于弹性作用突然向上移动：新皮球一~得高。❸一起一伏地动：心~｜眼~。❹越过：超越：~级。

【跳板】tiàobǎn〈名〉❶搭在车、船等边沿上便于人上下的长板。❷比喻借以达到某种目的的事物。❸跳水池边或跳台上伸出水面之上供跳水用的长板。

【跳槽】tiàocáo〈动〉❶牲口离开所在的槽头

到别的槽头去吃食。❷比喻人离开原来的职业或单位到别的单位或改变职业：有的科研人员~经商去了｜他不安心现在的工作，想~。

【跳荡】tiàodàng〈动〉跳动；动荡。

【跳梁】tiàoliáng〈动〉跳跳蹦蹦(多用来比喻跋扈、猖獗)。也作"跳踉"。

【跳梁小丑】tiào liáng xiǎochǒu 指上蹿下跳、挑起事端的微不足道的小人。

【跳踉】tiàoliáng 同"跳梁"。

【跳跃】tiàoyuè〈动〉跳；跃起。

— tiē —

帖 tiē❶〈动〉服从：服~。❷〈形〉妥当；稳当：妥~｜熨(yù)~。❸〈名〉姓。
△另见 tiě；tiè。

【帖服】tiēfú〈形〉服帖。

贴(貼) tiē❶〈动〉把片状的东西粘在另一个东西上：粘~｜~春联。❷〈动〉紧挨；靠近：~心。❸〈动〉贴补：倒(dào)~。❹〈名〉工资以外的补助费：津贴：车~。❺〈量〉指一张膏药。❻同"帖"(tiē)①②。

【贴补】tiēbǔ〈动〉❶从经济上帮助。❷拿出积蓄的财物弥补日常的用度。❸倒贴。

【贴金】tiējīn〈动〉在神佛的塑像上贴上金箔，比喻美化或夸耀：你就别朝自己脸上~了。

【贴切】tiēqiè〈形〉(措辞)恰当；确切：这个词用得~。

【贴权】tiēquán〈动〉某只股票在除权、除息后交易价格低于除权、除息价格叫"贴权"。

【贴题】tiētí〈形〉切合题目：这段议论很~。

【贴心】tiēxīn〈形〉最亲近；最知心：~话。

萜 tiē〈名〉有机化合物的一类。

— tiě —

帖 tiě❶〈名〉邀请客人的通知：请~。❷〈名〉旧时写着生辰八字等的纸片：换~。❸〈名〉写着字的小纸片：字~儿(便条)。❹方言〈量〉用于配合起来的若干味汤药：一~药。
△另见 tiē；tiè。

铁(鐵＊銕) tiě❶〈名〉金属元素，符号 Fe。灰色或银白色，易生锈，是炼钢的主要原料。❷〈名〉指刀枪等：手无寸~。❸〈形〉形容坚硬；坚强；强有力：~拳｜铜墙~壁。❹〈形〉形容强暴或精锐：~蹄｜~骑。❺〈形〉形容确定不移：~证｜~案如山。❻〈名〉姓。

【铁案如山】tiě'àn rú shān 形容案件证据确凿，像山那样不可推翻。

【铁壁铜墙】tiě bì tóng qiáng 见〖铜墙铁壁〗。

【铁杵磨成针】tiě chǔ mó chéng zhēn 传说李白小时候读书不用功，想中途辍学。有一天在路上碰见一位老大娘正在磨铁杵，说是要把它磨成针。李白深受感动，从此发奋学习，终于取得了很大成就。后用来比喻只要有毅力，肯下功夫，做任何事情都能成功。

【铁窗】tiěchuāng〈名〉装有铁栅的窗，借指监牢。

【铁饭碗】tiěfànwǎn〈名〉比喻稳固的职业。

【铁流】tiěliú〈名〉流动的铁水，比喻战斗力很强的队伍。

【铁马】tiěmǎ〈名〉❶铁骑：金戈～，气吞万里如虎。❷悬挂在宫殿、庙宇等屋檐下的金属片，风吹时撞击发声。

【铁面无私】tiě miàn wú sī 形容公正严明，不讲情面。

【铁骑】tiěqí〈名〉指精锐的骑兵。

【铁青】tiěqīng〈形〉形容人因恐惧、发怒或患病而发青的脸色。

【铁拳】tiěquán〈名〉比喻强大的打击力量。

【铁石心肠】tiě shí xīncháng 形容心肠硬，不为感情所动。

【铁树开花】tiěshù kāi huā 铁树指苏铁，常绿乔木，原产热带，移植北方后往往多年才开一次花。因用"铁树开花"比喻事情非常罕见或极难实现。

【铁蹄】tiětí〈名〉比喻侵略者践踏人民的残暴行为。

【铁腕】tiěwàn〈名〉❶比喻强有力的手段：～人物。❷指强有力的统治。

【铁心】tiěxīn〈动〉指下定决心。

【铁衣】tiěyī〈名〉指铠甲：朔气传金柝，寒光照～。

【铁证】tiězhèng〈名〉确凿的证据：～如山（形容证据确凿不移）。

━━ tiè ━━

帖　tiè〈名〉学习写字或绘画时临摹用的样本：临～字｜～碑～。
△另见 tiē；tiě。

餮　tiè〈动〉贪婪；贪食。参看〖饕（tāo）餮〗。

━━ tīng ━━

厅（廳＊厛）　tīng〈名〉❶聚会、娱乐或招待客人用的大房间：门～｜～堂｜客｜宴会～｜歌舞～。❷中央机关的办事部门或某些省属机关的名称：办公～｜公安～。

【厅事】tīngshì〈名〉大厅；客厅。也作"听事"。

【厅堂】tīngtáng〈名〉聚会或招待客人等用的大房间。

汀　tīng〈名〉水边平地：～洲｜绿～。

听（聽＊聼）　tīng❶〈动〉用耳朵接受声音：～觉｜～力｜收～。❷〈动〉听从（劝告）；接受（意见）：言～计从。❸〈动〉治理；判断：～政。❹〈动〉（旧读 tìng）随其发展，不加干预：任凭～便｜～天由命。❺〈名〉用薄铁皮做的装食品、香烟等的筒或罐子：～装香烟｜一～饼干。［外］

【听便】tīngbiàn〈动〉听凭自便。

【听差】tīngchāi〈名〉旧时指在机关或有钱人家里做勤杂工作的男仆人。

【听从】tīngcóng〈动〉照别人意思行动；接受并服从：～安排｜～指挥。

【听而不闻】tīng ér bù wén 听了跟没听见一样，指漠不关心。

【听候】tīnghòu〈动〉等候（上级的决定）：～处理。

【听唤】tīnghuàn〈动〉听候使唤。

【听命】tīngmìng〈动〉听从命令；听候吩咐：俯首～。

【听凭】tīngpíng〈动〉任别人随意去做：～顾客挑选。

【听其自然】tīng qí zìrán 任凭人或事物自然地发展变化，不加以干涉。

【听任】tīngrèn〈动〉听凭：不能～孩子胡闹。

【听事】tīngshì ❶〈动〉听政。❷同"厅事"。

【听天由命】tīng tiān yóu mìng 指任凭事态自然地发展变化,不做主观努力。也用来比喻碰机会或听其自然。

【听闻】tīngwén〈名〉指听的活动,也指听到的内容:骇人~|广~。

【听信】tīngxìn〈动〉❶等候消息:什么时候出发,你就在家~儿吧。❷听到并相信:不要~谣言。

【听政】tīngzhèng〈动〉(帝王或摄政的人)上朝处理朝政大事:垂帘~。

【听之任之】tīng zhī rèn zhī 听凭事物任意发展而不去过问或干涉。

备用词　谛听　聆听　倾听　打听　窃听　探听　偷听　侦听　动听　好听　难听　中听　闭目塞听　混淆视听　危言耸听　唯命是听　娓娓动听　洗耳恭听

烃(烴) tīng〈名〉含有碳和氢原子的有机化合物。也叫"碳氢化合物"。

桯 tīng〈名〉❶锥子等前部细长的金属棍儿:锥~儿。❷蔬菜等的花轴。❸古时放置在床前的小桌。

— tíng —

廷 tíng〈名〉❶帝王接受朝见和办理政务的地方,也指以帝王为首的中央统治机构:朝~|宫~。❷姓。

【廷掾】tíngyuàn〈名〉古代辅佐县令的官。

莛 tíng〈名〉某些草本植物的茎:麦~儿。

亭 tíng ❶〈名〉路旁或园林里供人休息用的建筑物,大多有顶无墙:凉~|六角~。❷〈名〉形状像亭子的小房子:书~|邮~|岗~。❸〈形〉适中;均匀:~午。❹〈名〉姓。

【亭亭】tíngtíng〈形〉❶形容高耸:山峰~笔立于云雾之中:~如盖。❷同"婷婷"。

【亭亭玉立】tíngtíng yù lì 形容年轻女子身材细长秀美或花木形体挺拔。

【亭午】tíngwǔ〈名〉正午;中午。

【亭匀】tíngyún 同"停匀"。

【亭子间】tíngzijiān〈名〉上海旧式楼房里的一种小房间,位置在房子后部的楼梯中间,狭小而黑暗。

庭 tíng〈名〉❶厅堂:大~广众。❷正房前的院子:~院。❸指法庭:刑~|~长。❹姓。

【庭除】tíngchú〈名〉庭院(除:台阶):洒扫~。

【庭院】tíngyuàn〈名〉正房前的院子,泛指院子。

停 tíng ❶〈动〉停止:~顿|~业。❷〈动〉停留;居:~。❸〈动〉停放;停泊:~灵|~靠。❹〈形〉停当:~妥。❺方言。〈量〉总数分成若干等份,其中的一份叫"一停儿":三~儿去了两~儿。

【停泊】tíngbó〈动〉(船只)停留;停靠:码头~着许多船。

【停当】tíngdang〈形〉齐备;完毕;妥当:安排~。

【停顿】tíngdùn〈动〉❶中止;停止:工作~下来。❷读或说时稍停或语音上间歇:读书时要按标点符号~。

【停火】tínghuǒ〈动〉停止攻击;结束战斗。

【停靠】tíngkào〈动〉车、船等停在某个地方:一艘万吨巨轮~在码头。

【停留】tíngliú〈动〉暂时停下,不继续前进。

【停牌】tíngpái〈动〉指某只股票暂停交易:因召开股东大会公司股票~一天。

【停妥】tíngtuǒ〈形〉停当妥帖:收拾~。

【停息】tíngxī〈动〉停止。

【停歇】tíngxiē〈动〉❶停息:嘴不~地吃。❷停止行动稍事休息:招呼大家~一会儿。❸歇业:店铺暂时~。

【停匀】tíngyún〈形〉均匀(多指形体、节奏):~的脚步。也作"亭匀"。

【停职】tíngzhí〈动〉暂时解除职务,是一种处分:~反省|~检查。

【停止】tíngzhǐ〈动〉不再进行:~训练|~学业。

【停滞】tíngzhì〈动〉❶因受到阻碍而不能顺利发展:~不前|生产~。❷停止;不流通:销售~。

葶 tíng[葶苈(lì)]〈名〉草本植物,花小,黄色,果实椭圆形,种子可入药。

蜓 tíng 见[蜻蜓]。

婷 tíng ❶〈形〉形容美好:袅袅～～。❷〈名〉姓。

【婷婷】tíngtíng〈形〉形容人或花木美好的样子:～花下人。也作"亭亭"。

霆 tíng〈名〉暴雷;霹雳:雷～。

— tǐng —

町 tǐng〈名〉田界。
△另见 dīng。

挺 tǐng ❶〈形〉硬而直:笔～。❷〈动〉伸直或凸出(身体或身体的一部分):昂首～胸。❸〈动〉拔;举:张飞～丈八蛇矛直出。❹〈动〉勉强支撑:硬～着。❺〈动〉支持:力～｜我们～你!❻〈形〉特出:杰出:英～｜～拔。❼〈副〉很:味儿～香。❽〈量〉用于机枪。

【挺拔】tǐngbá〈形〉❶直立而高耸:毛竹修直～。❷坚强有力:笔力刚劲～。

【挺括】tǐngguā 方言。〈形〉(衣服、布料、纸张等)较硬而平整。

【挺进】tǐngjìn〈动〉(军队)直向前进。

【挺立】tǐnglì〈动〉直立:道路两旁杨树～。

【挺身】tǐngshēn〈动〉挺起身子(多表示勇敢、坚定):～而出。

【挺身而出】tǐng shēn ér chū 勇敢地站出来担当艰险的事情。

【挺秀】tǐngxiù〈形〉挺拔秀丽。

【挺直】tǐngzhí ❶〈副〉很直地(立着):～地站着。❷〈动〉挺起;不弯曲:～腰脊｜他面对强敌,没有被吓倒,反而～了胸膛。

珽 tǐng〈名〉玉笏。

梃 tǐng〈名〉❶棍棒。❷门框、窗框或门扇、窗扇两侧直立的边框:门～。❸花梗;独～儿(只开一朵花的花梗)。
△另见 tìng。

铤(鋌) tǐng〈形〉快走的样子:～而走险。
△另见 dìng。

【铤而走险】tǐng ér zǒu xiǎn 指因无路可走而采取冒险行动。

颋(頲) tǐng〈形〉正直;直。

艇 tǐng〈名〉❶指比较轻便的船:游～｜汽～。❷指某些大船:潜水～。

【艇子】tǐngzi〈名〉小船。

— tìng —

梃 tìng ❶〈动〉杀猪后,在猪的后腿上割一个口子,用烧红的铁棍插入口子贴着腿皮往里捅叫作"梃"。捅出沟后,往里吹气,使猪皮绷紧,以便去毛除垢:～猪。❷〈名〉梃猪用的铁棍。
△另见 tǐng。

— tōng —

恫(*痌) tōng〈形〉病痛。
△另见 dòng。

【恫瘝在抱】tōng guān zài bào 把人民的疾苦放在心上。

通 tōng ❶〈形〉没有堵塞,可以穿过:～途｜畅。❷〈动〉使不堵塞:～风｜疏。❸〈动〉有路达到:四～八达。❹〈动〉连接;相来往:流～｜～邮。❺〈动〉传达;使知道:～知｜电话。❻〈动〉了解;懂得:～晓｜～达。❼〈名〉指精通某一方面的人:中国～｜万事～。❽〈形〉通顺:～畅。❾〈形〉普通;一般:～常。❿〈形〉整个;全部:～盘｜～力。⓫〈量〉用于文书电报:手书两～。⓬〈名〉姓。
△另见 tòng。

【通报】tōngbào ❶〈动〉上级机关把有关情况用书面形式通告下级机关:～批评。❷〈名〉上级机关通告下级机关的文件:发～。❸〈名〉报道科学研究成果或动态的刊物:化学～。❹〈动〉通知报告:～姓名。

【通病】tōngbìng〈名〉一般都有的缺点;共同的毛病。

【通常】tōngcháng〈形〉一般;平常:～的办法。

【通畅】tōngchàng〈形〉❶通行无阻:道路～。❷流畅:文笔～｜思路～。

【通称】tōngchēng ❶〈动〉通常叫作:玉蜀黍玉米。❷〈名〉通常的名称:灰锰氧是高锰酸钾的～。

【通达】tōngdá〈动〉明白(人情事理):～事理。

【通电】tōngdiàn ❶〈动〉使电流通过。❷〈动〉把宣布某种政治主张的电报拍发给有关方面,同时公开发表:～全国。❸〈名〉公开宣布某种政治主张的电报:大会发出～。

【通牒】tōngdié〈名〉一个国家通知另一国家并要求对方答复的文书:最后～。

【通都大邑】tōng dū dà yì 指大城市。

【通兑】tōngduì〈动〉在一个储蓄点存款后可

在同一银行任何储蓄点兑付的兑款方式。

【通风报信】tōng fēng bào xìn 把对立双方中一方的秘密暗中告诉另一方。

【通告】tōnggào ❶〈动〉普遍地通知：～周知。❷〈名〉普遍通知的文告。

【通共】tōnggòng〈副〉一共：室内～三人。

【通关】tōngguān〈动〉❶筵席上一个人跟在座的人顺次划拳喝酒。❷通过海关关口：顺利～｜办理～手续｜进出境车辆的～速度提高了。

【通观】tōngguān〈动〉从总的方面看；全面地看：～全局。

【通过】tōngguò〈动〉❶从一边到另一边；穿过：队伍～广场｜暖流～全身。❷议案等经过法定人数的同意而成立：～决议。❸以人或事物为媒介或手段而达到某种目的：我们是～小王介绍认识的。❹经过有关的人或组织的同意或批准：这件事得～领导。

【通好】tōnghǎo〈动〉互相友好往来；交好：世代～。

【通红】tōnghóng〈形〉很红；非常红：脸蛋儿～。

【通货】tōnghuò〈名〉在社会经济活动中作为流通手段的货币：～膨胀。

【通货紧缩】tōnghuò jǐnsuō 简称"通缩"。❶国家发行的纸币量小于流通中所需要的货币量，引起物价下跌的现象。通货紧缩会造成国民经济增长乏力和衰退，失业率上升，人民生活水平下降。❷缩减流通中的纸币数量，提高货币的购买力，以抑制通货膨胀。

【通货膨胀】tōnghuò péngzhàng 国家发行的纸币量超过流通中所需要的货币量，从而引起纸币贬值，物价上涨。简称"通胀"。

【通缉】tōngjī〈动〉公安机关通令有关地区协同缉拿在逃的犯罪嫌疑人或在押犯人：～令。

【通籍】tōngjí〈动〉出仕；做官。古时做了官，名字就不属于"民籍"，所以称"通籍"。

【通计】tōngjì〈动〉总计；合计：～五人。

【通家】tōngjiā〈名〉指两家交谊深厚，像一家一样：～之好。

【通假】tōngjiǎ〈动〉汉字的通用和假借，即用音同或音近的字来代替本字。如借"蚤"为"早"，借"燕"为"宴"等。

【通力】tōnglì〈副〉一齐出力：～合作。

【通例】tōnglì〈名〉❶一般的情况；常规；惯例：按～办事。❷较普遍的规律。

【通令】tōnglìng ❶〈动〉把命令发到各地方或各部门：～全国。❷〈名〉发到各地方或各部门的命令：发～。

【通明】tōngmíng〈形〉十分明亮：灯火～。

【通年】tōngnián〈名〉一年到头；整年。

【通盘】tōngpán〈形〉全盘；全面：～考虑。

【通票】tōngpiào〈名〉❶联运票。❷园林、文化、体育等部门发售的在各自范围内通用的票：公园～｜博物馆～。

【通气】tōngqì〈动〉❶空气流通；使空气流通：～孔｜鼻子不～｜打开窗子通通气。❷互通声气：上下不～，工作很难开展｜各部门要互相～，加强协调。❸煤气、暖气等开始供气：管道煤气昨天～了。

【通情达理】tōng qíng dá lǐ 通达事理，说话、做事合情合理。

【通衢】tōngqú〈名〉四通八达的道路；大道：～大道。

【通权达变】tōng quán dá biàn 为了应付当前的情势，不死守常规而采取灵活的办法以适合实际需要。

【通人】tōngrén〈名〉学识渊博而通达的人。

【通融】tōngróng〈动〉❶变通办法，给人方便：请～一下。❷指暂时借钱用一下：想跟你～二十元钱。

【通商】tōngshāng〈动〉国家或地区之间进行贸易：～口岸。

【通史】tōngshǐ〈名〉连贯地叙述各个时代史实的史书：《中国～》。

【通顺】tōngshùn〈形〉文章在逻辑上或语法上没有毛病：文理～｜文章写得很～。

【通俗】tōngsú〈形〉适合一般群众的水平和需要，容易使人理解和接受的：～读物。

【通俗歌曲】tōngsú gēqǔ 指形式上简洁、单纯，曲调流畅，易于被社会大众接受的歌曲。

【通缩】tōngsuō〈动〉通货紧缩的简称。

【通体】tōngtǐ〈名〉整个物体；全身：水晶～透明。

【通天】tōngtiān〈动〉❶直通天上，形容极大、极高：～的本事。❷比喻与最高领导（多指中央）有联系：～人物。

【通通】tōngtōng〈副〉表示全部：～搬走了。

【通同】tōngtóng〈动〉串通：～舞弊。

【通统】tōngtǒng〈副〉通通。

【通透】tōngtòu〈形〉❶没有阻碍，空气、光线等可以穿透过去：新建的候车室高大～｜这种户型的房子南北～。❷通达透彻：说理～｜分析～｜还是你讲得～。

【通途】tōngtú〈名〉畅通无阻的大道：天堑变～。

【通宵】tōngxiāo〈名〉整夜：～达旦（从天黑到天亮）。

【通晓】tōngxiǎo〈动〉透彻地了解：～科学知识。

【通信】tōngxìn〈动〉❶互通书信：和家人～。❷通讯①：～卫星。

【通信卫星】tōngxìn wèixīng 用于通信目的的人造地球卫星。可接收和转发中继信号，进行地面站之间或者地面站与航天器之间的通信。

【通行】tōngxíng〈动〉❶在交通线上通过：前面修路，禁止～。❷通用；流行：这是全国～的办法。

【通行证】tōngxíngzhèng〈名〉❶准许在警戒区域或规定道路通行的证件。❷准许在同一系统下的各个机关通行的证件。

【通讯】tōngxùn ❶〈动〉利用电信设备传递消息：无线电～。❷〈名〉报道消息的文章：新华社～。

【通讯社】tōngxùnshè〈名〉采访和编辑新闻供给各报社、广播电台、电视台等使用的宣传机构，如我国的新华社。

【通讯网】tōngxùnwǎng〈名〉分布很广的许多电台或通讯员所组成的整体。

【通用】tōngyòng〈动〉❶（在一定范围内）普遍使用：全国～。❷某些写法不同而读音相同的汉字彼此可以换用（有的限于某一意义），如"太"和"泰"。

【通邮】tōngyóu〈动〉国家或地区之间有邮件来往。

【通则】tōngzé〈名〉适合于一般情况的规章或法则：《民法～》。

【通胀】tōngzhàng〈动〉通货膨胀的简称：～率|抑制～。

【通知】tōngzhī ❶〈动〉把事项告诉人，让人知道：～开会。❷〈名〉通知事项的文书或口信：送～|得到～。

备用词　共通　普通　畅通　灵通　串通　沟通　交通　流通　疏通　粗通　贯通　精通　深通　触类旁通　豁然贯通　融会贯通　水泄不通　万事通　一窍不通

嗵　tōng 拟声词：心～～直跳。

— tóng —

仝　tóng〈名〉姓。
△另见 tóng"同"。

同（*❶-❼仝）tóng ❶〈形〉相同；一样：～岁|～类。❷〈动〉跟…相同：人～此心。❸〈副〉共同；一齐（从事）：～甘共苦。❹〈介〉引进动作的对象；跟：有事～群众商量。❺〈介〉引进比较的事物；跟：内陆的气候～海边不一样。❻〈介〉表示替人做事；给：这封信我一直～你保存着。❼〈连〉表示并列关系；和：粮食～蔬菜都充足。❽〈名〉姓。
△另见 tòng。"仝"另见 tóng。

【同案】tóng'àn ❶〈名〉同一个案件：～犯。❷〈动〉明清称同一年进学。❸〈名〉明清称同一年进学的人。

【同伴】tóngbàn〈名〉在一起工作和生活的人。

【同胞】tóngbāo〈名〉❶同父母所生的兄弟姐妹。❷同一个国家或民族的人：海外～。

【同病相怜】tóng bìng xiāng lián 比喻有同样不幸遭遇和痛苦的人互相同情。

【同步】tóngbù〈动〉❶两个或两个以上的相关的事物按同样的节奏或速度发展变化：～练习|力争生产和财政收入～增长。❷科学技术上指两个或两个以上随时间变化的量在变化过程中保持一定的相对关系：～卫星。

【同侪】tóngchái〈名〉同辈。

【同仇敌忾】tóng chóu díkài 全体一致对敌人怀有仇恨和愤怒。

【同窗】tóngchuāng ❶〈动〉同在一个学校学习：～三载。❷〈名〉同在一个学校学习的人。

【同床异梦】tóng chuáng yì mèng 比喻虽然共同生活或共同做一件事，但各有各的打算。

【同道】tóngdào ❶〈动〉同路：～而行。❷〈名〉

志同道合的人：我以有如此优秀的～为荣！❸〈名〉同一行业的人：在商界他总能胜～一筹。

【同恶相济】tóng è xiāng jì 坏人跟坏人互相帮助，共同作恶。

【同甘共苦】tóng gān gòng kǔ 一起享受幸福，一起承受艰苦。

【同工同酬】tóng gōng tóng chóu 不分种族、民族、性别、年龄，做同样的工作，工作的质量、数量相同的，给予同样的报酬：实行男女～。

【同工异曲】tóng gōng yì qǔ 见〖异曲同工〗。

【同归于尽】tóng guī yú jìn 一起死亡或毁灭。

【同行】tóngháng ❶〈动〉行业相同：咱俩～。❷〈名〉同行业的人。

△另见 tóngxíng。

【同化】tónghuà〈动〉不相同的事物逐渐变得相近或相同。

【同居】tóngjū〈动〉❶同在一处居住。❷特指夫妻共同生活。也指男女双方没有结婚而共同生活。

【同僚】tóngliáo〈名〉旧时称在一起任职的官吏。

【同流合污】tóng liú hé wū 随着坏人一起做坏事。

【同盟】tóngméng ❶〈动〉为采取共同行动而缔结盟约：～国。❷〈名〉由缔结盟约而结成的整体：军事～。

【同盟军】tóngméngjūn〈名〉为共同的目标而结成同盟的队伍。

【同谋】tóngmóu ❶〈动〉参与谋划(做坏事)：～犯。❷〈名〉参与谋划做坏事的人。

【同年】tóngnián ❶〈名〉同一年。❷〈动〉年龄相同。❸〈名〉科举考试同届考中的人。

【同气】tóngqì〈名〉同胞兄弟：上帝以寡人有薄德于古今，遂宽其～之罪。

【同情】tóngqíng〈动〉❶对别人的不幸遭遇在感情上产生共鸣：～心。❷对别人的行动表示赞成：～学生的爱国行动。

【同人】tóngrén〈名〉称一起工作的人或同一行业的人。也作“同仁”。

【同仁】tóngrén 同“同人”。

【同日而语】tóng rì ér yǔ 指把不是同样水平的人或同一等级的事物不加区别地放在一起谈论。也说“同年而语”。

【同声相应，同气相求】tóng shēng xiāng yìng，tóng qì xiāng qiú 同类性质的事物互相感应，形容志趣相同的人自然地结合在一起。

【同时】tóngshí ❶〈名〉同一个时候：在努力学习的～，还要注意锻炼身体。❷〈连〉表示进一层；并且：这个任务很光荣，～也很艰巨。

【同事】tóngshì ❶〈动〉在一起工作：我和他同事多年。❷〈名〉在一起工作的人：老～。

【同室操戈】tóng shì cāo gē 一家人动刀枪，比喻内部争斗。

【同喜】tóngxǐ〈动〉客套话，用来回答对方的道喜。

【同乡】tóngxiāng〈名〉同一籍贯的人。

【同心】tóngxīn〈动〉齐心：～同德｜～协力(统一思想，共同努力)。

【同心同德】tóng xīn tóng dé 思想、行动一致。

【同行】tóngxíng〈动〉一起行路：结伴～。

△另见 tóngháng。

【同学】tóngxué ❶〈动〉在同一个学校学习。❷〈名〉在同一个学校学习的人。❸〈名〉称呼学生。

【同一】tóngyī〈形〉❶共同的一个：～目标。❷一致；统一：～性。

【同义词】tóngyìcí〈名〉意义相同或相近的词，如“美丽”和“漂亮”，“保卫”和“捍卫”。

【同意】tóngyì〈动〉对某种主张表示相同的意见；赞成；准许：～大家的要求。

【同音词】tóngyīncí〈名〉语音相同而意义不同的词，如“公式”和“攻势”(gōngshì)，“树木”和“数目”(shùmù)。

【同志】tóngzhì〈名〉❶为共同的理想和事业而奋斗的人，特指同一个政党的成员。❷人们惯用的彼此之间的称呼。

【同舟共济】tóng zhōu gòng jì 比喻齐心协力，一起度过困难。

备用词 等同 共同 苟同 混同 雷同 相同 伴同 伙同 陪同 随同 协同 偕同 不约而同 迥然不同

佟

tóng〈名〉姓。

彤

tóng ❶〈形〉红色：～霞。❷〈名〉姓。

【彤云】tóngyún〈名〉❶红霞。❷密布的阴云；浓云：～密布。

峂

tóng［峂峪］〈名〉地名，在北京。

侗

tóng〈形〉幼稚；无知。

△另见 dòng；tǒng。

垌

tóng［垌冢(zhǒng)］〈名〉地名，在湖北。

△另见 dòng。

【茼】tóng[茼蒿(hāo)]〈名〉草本植物,嫩茎和叶有特殊香气,可以吃。有的地区叫"蓬蒿"。

【峒(*峂)】tóng[崆(kōng)峒]〈名〉❶山名,在甘肃。❷岛名,在山东。△另见 dòng。

【桐】tóng〈名〉❶油桐,乔木,叶卵形,果实绿色,近球形。种子榨的油叫"桐油",用作涂料。❷泡(pāo)桐,乔木,叶子大,花紫白色。木质疏松,可用来制作乐器。❸梧桐。❹姓。

【砼】tóng〈名〉混凝土。

【烔】tóng[烔炀(yáng)河]〈名〉地名,在安徽。

【铜(銅)】tóng〈名〉❶金属元素,符号Cu。淡紫红色,延展性、导电性和导热性强,是重要的工业原料。❷姓。

【铜板】tóngbǎn〈名〉铜圆。

【铜筋铁骨】tóng jīn tiě gǔ 比喻非常健壮的身体。

【铜钱】tóngqián〈名〉古代铜质辅币,圆形,中间有方孔。

【铜墙铁壁】tóng qiáng tiě bì 比喻十分坚固、不可摧毁的防御力量。也说"铁壁铜墙"。

【铜臭】tóngxiù〈名〉指铜钱的气味,用来讥讽唯利是图的人:满身~。

【铜元】tóngyuán〈名〉同"铜圆"。

【铜圆】tóngyuán〈名〉我国从清末到抗日战争前通用的圆形铜质辅币。也作"铜元"。

【童】tóng❶〈名〉儿童:牧~|顽~。❷〈形〉指没有性交经历的:~男。❸〈名〉旧时指未成年的仆人:书~|家~。❹〈形〉(牛羊)未长角:~牛。❺〈形〉秃:~山。❻〈形〉愚昧:反慧为~。❼〈名〉姓。

【童话】tónghuà〈名〉一种儿童文学体裁,通过丰富的想象、幻想和夸张来编写适合于儿童欣赏的故事。

【童蒙】tóngméng〈名〉年幼无知的儿童。

【童年】tóngnián〈名〉儿童时代;幼年:~时代。

【童山】tóngshān〈名〉没有树木的山;秃山:秃山~秃岭。

【童生】tóngshēng〈名〉明清两代称没有考取秀才或没有考取秀才的读书人。

【童心】tóngxīn〈名〉小孩子的天真而纯朴的心,也指像小孩子那样的天真而纯朴的心。

【童颜鹤发】tóng yán hè fà 见[鹤发童颜]。

【童养媳】tóngyǎngxí〈名〉旧时领养人家的小女孩儿做媳妇,等儿子长大后再结婚。这样的小女孩儿叫"童养媳"。

【童稚】tóngzhì〈形〉幼小;幼稚:~的心。

【童子】tóngzǐ〈名〉❶男孩子:冠者五六人,~六七人,浴乎沂。❷童生。

【酮】tóng〈名〉有机化合物的一类。

【僮】tóng 同"童"③。△另见 zhuàng。

【鲖(鮦)】tóng[鲖城]〈名〉地名,在安徽。

【潼】tóng[潼关]〈名〉地名,在陕西。

【橦】tóng〈名〉古书上指木棉树。

【曈】tóng❶[曈昽(lóng)]〈形〉形容太阳初升由暗而明。❷[曈曈]〈形〉形容日出明亮的样子,也形容目光闪烁。❸[曈曚(méng)]〈形〉太阳初升天色微明的样子。

【瞳】tóng〈名〉瞳孔,眼球中心的圆孔,光线通过瞳孔进入眼内。通称"瞳仁"。

— tǒng —

【侗】tǒng[倥(lǒng)侗]同"笼统"。△另见 dòng;tóng。

【统(統)】tǒng❶〈名〉事物彼此之间连续的关系:正~|血~|传~。❷〈副〉总起来;总括:~共|~计|~购~销|这些事~归我管。❸〈动〉统辖;统管:~兵。❹同"筒"③:长~皮靴。❺〈名〉姓。

【统称】tǒngchēng❶〈动〉总起来叫:指挥员和战斗员~为指战员。❷〈名〉总的名称:陶瓷是陶器和瓷器的~。

【统筹】tǒngchóu〈动〉统一筹划:~兼顾。

【统共】tǒnggòng〈副〉一共:班里~四十五人。

【统购】tǒnggòu〈动〉国家对某些有关国计民生的重要物资实行有计划的统一收购:逐步放宽~政策|~统销。

【统观】tǒngguān〈动〉总起来看;全面地看:~全局|~人类历史。

【统管】tǒngguǎn〈动〉统一管理;全面管理:财政~|家务~|学校的行政和教学工作都由校长~。

【统合】tǒnghé〈动〉统一,综合:~开发旅游资源。

【统货】tǒnghuò〈名〉商业上指不分质量、规格、等级而按照一个价格购进或售出的某一种商品:这批货按~价格出售。

【统计】tǒngjì〈动〉❶对某一现象的有关数据进行搜集、整理、计算和分析等:经济~。❷总括计算:~人数。

【统摄】tǒngshè〈动〉统辖。

【统属】tǒngshǔ〈动〉上级统辖下级,下级隶属于上级:~关系。

【统帅】tǒngshuài❶〈名〉统率全国武装力量的最高领导人。❷同"统率"。

【统率】tǒngshuài〈动〉统辖率领:~全军。

【统统】tǒngtǒng〈副〉通通:你就把想说的话~说出来吧。

【统辖】tǒngxiá〈动〉管辖(所属一切单位)。

【统一】tǒngyī❶〈动〉部分联成整体;分散归于一致:~祖国|~认识。❷〈形〉一致的;单一的:~的看法|~指挥。

【统一战线】tǒngyī zhànxiàn〈名〉阶级或政党为了共同的斗争目标而结成的联盟:人民民主~。

【统制】tǒngzhì〈动〉统一控制:经济~。

【统治】tǒngzhì❶〈动〉凭借政权来控制和管理国家或地区:反对殖民~。❷〈名〉指控制和管理国家或地区的权力:辛亥革命推翻了清王朝的~。❸〈动〉支配;控制:~权。

备用词 传统 体统 系统 正统 笼统 一统 通统

捅（＊搟）tǒng〈动〉❶戳;扎:~马蜂窝|纸一~就破。❷碰;触动:用胳膊肘~他一下。❸戳穿;揭露:把事儿都~出来了。

【捅娄子】tǒng lóuzi 闯祸;惹起纠纷。

桶 tǒng〈名〉一种盛东西的器具,多为圆柱形,用木板、铁皮、塑料等制成,有的有提梁:水~|铁~。

筒（＊筩）tǒng〈名〉❶粗大的竹管:竹~。❷较粗的管状物:笔~|邮~|用铁皮卷个~。❸衣服、鞋袜上的筒状部分:袖~儿|长~袜。

═══ tòng ═══

同（＊衕）tòng 见【胡同】。
△另见 tóng。

恸（慟）tòng❶〈形〉极其悲哀:悲~|~哭。❷〈动〉大哭。

【恸哭】tòngkū〈动〉悲哀地大哭。

通 tòng〈量〉用于动作:敲了三~鼓|挨了一~儿说。
△另见 tōng。

痛 tòng❶〈形〉疾病创伤等引起的难受的感觉:疼~|~阵~。❷〈形〉悲伤:哀~。❸〈副〉尽情地;深切地;彻底地:~饮|~悔|~改前非(彻底改正过去的错误)。

【痛斥】tòngchì〈动〉狠狠地斥责:~敌人。

【痛楚】tòngchǔ〈形〉悲痛;苦楚。

【痛处】tòngchù〈名〉❶感到痛苦的地方:医生按到了他的~。❷比喻要害所在:心病这篇驳论戳到了对方的~|一句话触到了他的~。

【痛悼】tòngdào〈动〉沉痛地悼念:~战友|~死难烈士。

【痛定思痛】tòng dìng sī tòng 悲痛的心情平静下来以后,回想以前所遭受的痛苦。

【痛感】tònggǎn❶〈动〉深切地感觉到:~关心青少年的重要|~事态严重|他~自己知识贫乏。❷〈名〉痛苦或疼痛的感觉:~消失|针灸时有一点轻微的~。

【痛恨】tònghèn❶〈动〉深切地憎恨:~敌人|令人~。❷〈形〉痛心;遗憾:先帝在时,每与臣论此事,未尝不叹息~于桓、灵也。

【痛苦】tòngkǔ〈形〉❶身体或精神感到非常难受:~呻吟|~的生活|得知母亲去世的消息,他~万分。❷沉痛而深刻:~的教训。

【痛快】tòngkuài〈形〉❶舒畅;高兴:心里~。❷兴致满足:玩得~。❸直率;爽快:他是个~人。

【痛切】tòngqiè〈形〉沉痛而深切:她~地感到自己知识不足。

【痛恶】tòngwù〈动〉极端厌恶。

【痛惜】tòngxī〈动〉沉痛地惋惜:~不已|珍贵文物毁于战火,令人~。

【痛心】tòngxīn〈形〉极端伤心:~不已|非常~|发生这样的事,真让人~!

【痛心疾首】tòng xīn jí shǒu 形容痛恨到极点(疾首:头痛)。

【痛痒】tòngyǎng〈名〉❶比喻疾苦：关心群众～。❷比喻紧要的事：无关～。

备用词　苦痛　伤痛　疼痛　隐痛　哀痛　悲痛　惨痛　沉痛

—— tōu ——

偷（＊⁴媮）tōu❶〈动〉私下里拿走别人的东西，据为己有：～盗｜～窃。❷〈副〉瞒着人（做事）：～听｜～看。❸〈动〉抽出（时间）：～空。❹〈形〉苟且：～生。

【偷安】tōu’ān〈动〉只顾眼前或局部的安逸：苟且～。

【偷盗】tōudào〈动〉偷窃；盗窃：～财物。

【偷渡】tōudù〈动〉偷偷通过封锁的水域或区域，现多指偷越国境：缉拿～的贩毒分子。

【偷工减料】tōu gōng jiǎn liào 不按产品或工程的质量要求，暗中削减工时、工序和用料。

【偷空】tōukòng〈动〉忙碌中抽出时间来（做别的事）：～看点儿书。

【偷懒】tōulǎn〈动〉贪图安逸、嫌麻烦而逃避分内应做的事。

【偷梁换柱】tōu liáng huàn zhù 比喻用欺骗的手法，暗中改变事物的内容或性质，以达到以假代真的目的。

【偷生】tōushēng〈动〉苟且地活着。

【偷税】tōushuì〈动〉有意不缴纳或少缴纳应该缴纳的税款：严查～漏税的行为。

【偷天换日】tōu tiān huàn rì 比喻玩弄手法，暗中改变重大事物的真相，以欺骗别人。

【偷偷摸摸】tōutōumōmō 形容做事情背着人，不让人知道。

【偷袭】tōuxí〈动〉趁敌人不备突然袭击。

【偷闲】tōuxián〈动〉❶忙碌中挤出空闲时间：忙里～。❷方言。偷懒；闲着。

—— tóu ——

头（頭）tóu❶〈名〉人身最上部或动物最前部长着口、鼻、眼等器官的部分。❷〈名〉指头发或所留头发的样式：剃～｜光～。❸〈名〉物体的顶端或末梢：山～｜针～。❹〈名〉事情的起点或终点：话～儿。❺〈名〉物品的残余部分：铅笔～儿。❻〈名〉头目：工～。❼〈名〉方面：两～儿不得到。❽〈数〉第一：～号｜～版～条。❾〈形〉领头的；次序居先的：～羊。❿〈形〉表示次序或时间在前的：～一遍｜～两年。⓫〈介〉临；接近：～鸡叫我就起来了。⓬〈量〉a)用于牛、

驴、骡、羊等家畜：三～牛｜一～驴。b)用于蒜等形状像头的东西：一～蒜。⓭名词后缀。a)接于名词词根：木～｜苗～｜两～洋葱。b)接于动词词根：念～｜饶～儿。c)接于形容词词根：准～｜甜～儿。⓮方位词后缀：上～｜里～。⓯〈名〉姓。

【头班车】tóubānchē〈名〉❶按班次行驶的第一班车。❷比喻第一次机会。

【头彩】tóucǎi〈名〉在赌博、摸彩票、有奖游戏中赢得的最高奖励：中（zhòng）了～。

【头筹】tóuchóu〈名〉比喻第一位或第一名：拔取～｜夺得～。

【头等】tóuděng〈形〉第一等；最高的：～舱｜大事｜～重要的任务。

【头角】tóujiǎo〈名〉比喻青年人显露出来的才能：初露～。

【头领】tóulǐng〈名〉首领（多见于早期白话）。

【头颅】tóulú〈名〉人的头。

【头面人物】tóumiàn rénwù〈名〉指在社会上有一定地位和声望的人物。

【头目】tóumù〈名〉❶将领；长官。❷某些集团中为首的人（多含贬义）。

【头脑】tóunǎo〈名〉❶脑筋；思想：～清楚｜不断用科学知识丰富自己的～。❷头绪：摸不着～。❸领头的人；首领。

【头人】tóurén〈名〉旧时我国某些少数民族中的首领。

【头绳】tóushéng〈名〉❶用来扎发髻或辫子的棉、毛、塑料等制成的细绳子。❷方言。毛线：～衫（毛衣）。

【头痛】tóutòng❶〈动〉头部疼痛。❷〈形〉感到为难或讨厌：这事真叫人～。

【头痛医头，脚痛医脚】tóu tòng yī tóu，jiǎo tòng yī jiǎo 比喻不从根本上解决问题，只是在局部或枝节上应付。

【头头是道】tóu tóu shì dào 形容说话、做事条有理。

【头陀】tóutuó〈名〉指行脚乞食的僧人。［外］

【头衔】tóuxián〈名〉指官衔、学衔等称号。

【头绪】tóuxù〈名〉纷乱复杂的事情中的条理；方面：工作理出了～｜事情～多。

【头重脚轻】tóu zhòng jiǎo qīng 上面重，下面轻，站立不稳，比喻基础不稳固。

备用词　把头　工头　寡头　巨头　奔头　苦头　苗头　念头　派头　盼头　势头　甜头　分头　平头　梳头　剃头　噱头　由头　百尺竿头　狗血喷头　顽石点头

投 tóu ❶〈动〉向一定目标扔:~篮。❷〈动〉放进去;送进去:~票|~资。❸〈动〉跳进去(专指自杀行为):~河。❹〈动〉投射:把眼光~到他身上。❺〈动〉寄给人(书信等):~递。❻〈动〉找上去;参加进去:~考|~亲。❼〈动〉迎合:~缘。❽〈介〉临;在…以前:~明(天亮以前)|~暮(天黑以前)。❾〈名〉姓。

【投案】tóu'àn〈动〉犯法的人主动到公安或司法机关交代罪行,听候处理。

【投保】tóubǎo〈动〉到保险部门办理手续参加保险:~人|去保险公司~|家庭财产已经~。

【投奔】tóubèn〈动〉前去依靠别人:~亲友。

【投笔从戎】tóu bǐ cóng róng《汉书·班超传》里说,班超家境贫穷,在官府做抄写工作,曾经扔掉笔叹息说,大丈夫应当到边疆去建功立业,怎能老在笔砚之间讨生活呢!后来用"投笔从戎"指文人从军。

【投畀豺虎】tóu bì chái hǔ《诗经·小雅·巷伯》:"取彼谮人,投畀豺虎。"(谮人:说别人坏话的人;畀:给予)意思是说(把那些说别人坏话的人)扔给豺狼老虎去吃。后用来表示对坏人非常愤恨。

【投鞭断流】tóu biān duàn liú《晋书·苻坚载记》里说,前秦苻坚进攻东晋时骄傲地说,我这么多的军队,只要把每个兵士的马鞭子投到江里,就能截断水流。后来用"投鞭断流"比喻人马众多,兵力强大。

【投标】tóubiāo〈动〉承包企业、建筑工程或承买大宗商品时,承包人或买主按照招标公告的标准和条件提出自己认为合适的价格,填具标单,供招标机构定夺。

【投诚】tóuchéng〈动〉(敌人、叛军等)诚心归附。

【投递】tóudì〈动〉送(公文、信件等);递送。

【投放】tóufàng〈动〉❶放下去;放进去:~鱼苗。❷把人力、物力、资金等用于工业、农业或商业:~资金。❸工商企业向市场供应商品:新产品~市场。

【投稿】tóugǎo〈动〉把稿子送交报刊编辑部、出版社等,要求发表或出版。

【投合】tóuhé❶〈形〉合得来:脾气~。❷〈动〉迎合:这些商品~顾客的口味。

【投缳】tóuhuán〈动〉上吊(缳:绳索

的套子)。

【投机】tóujī❶〈形〉见解相合;谈话总不~。❷〈动〉利用时机谋取私利:~取巧。

【投机倒把】tóujī dǎobǎ 指以买空卖空,囤积居奇,套购转卖等欺诈手段牟取暴利。

【投间】tóujiàn〈副〉趁机;乘隙。

【投井下石】tóu jǐng xià shí 见人掉到井里,不但不救,反而扔下石头。比喻乘人之危,加以陷害。

【投靠】tóukào〈动〉前去依靠别人过活:~亲友。

【投票】tóupiào〈动〉选举的一种方式,由选举人将所要选的人的姓名写在票上,或在印有候选人姓名的选票上做出标志,投入票箱。表决议案也有用投票方式的:无记名~。

【投契】tóuqì〈形〉投合;投机①。

【投入】tóurù❶〈动〉投到某种环境里去:~生产|~新生活|~母亲的怀抱|新机场已经正式~使用。❷〈形〉形容做事情聚精会神,全力以赴:她演戏很~。❸〈动〉指投放资金等:少~,多产出。❹〈名〉投放的资金:教育~逐年增加|这可是一笔不小的~。

【投射】tóushè〈动〉❶(对着目标)扔;掷。❷(光线等)射;照射:探照灯~得很远。

【投身】tóushēn〈动〉献身;参加:~革命。

【投师】tóushī〈动〉从师学习:~学艺。

【投鼠忌器】tóu shǔ jì qì 要打老鼠又怕打坏了它旁边的器物。比喻想打击坏人,又有所顾忌而不敢放手。

【投诉】tóusù〈动〉就某件事向有关单位诉说情况，提出意见或要求。

【投宿】tóusù〈动〉找地方住宿。

【投桃报李】tóu táo bào lǐ《诗经·大雅·抑》："投我以桃，报之以李。"泛指相互赠答，友好往来。

【投托】tóutuō〈动〉投靠；依附。

【投降】tóuxiáng〈动〉停止抵抗，向对方屈服。

【投向】tóuxiàng❶〈动〉向某个方向投奔；向某个方面投入：～光明｜把这笔资金～旅游业。❷〈名〉(财物等)投放的方向或目标：优化贷款～｜物流业是外资的一个重要～。

【投影】tóuyǐng❶〈动〉光学上指在光线的照射下物体的影子投射到一个面上，数学上指图形的影子投射到一个面或一条线上。❷〈名〉在一个面或一条线上投射的物体或图形的影子。

【投缘】tóuyuán〈形〉情意相合：他俩越谈越～。

【投掷】tóuzhì〈动〉扔；投：～标枪。

【投注】tóuzhù〈动〉❶(精神、力量等)集中；倾注：把全副精力～到扶贫工程中｜大家的目光都～在厂长身上。❷(在博彩活动中)投进财物：彩票～站。❸投放注入(资金等)。

【投资】tóuzī❶〈动〉为达到一定目的而投入资金：～办学｜～建厂。❷〈名〉为达到一定目的而投入的资金：节约～｜智力～。

【投资基金】tóuzī jījīn一种通过集合投资方式集中的基金。由管理人或托管人进行证券、外汇等方面的运作，利益共享，风险共担。

骰 tóu[骰子]方言。〈名〉色(shǎi)子。

— tǒu —

斜 tǒu〈名〉姓。

— tòu —

透 tòu❶〈动〉(液体、光线等)渗透；穿透：～明｜～风。❷〈动〉暗地里告诉：～漏。❸〈形〉透彻：把道理讲～。❹〈形〉达到饱满、充分的程度：一场～雨。❺〈动〉显露：白里～红。

【透彻】tòuchè〈形〉详尽而深入：道理分析得～｜～的了解｜说得很～。

【透顶】tòudǐng〈副〉表示程度达到极点：高兴～｜反动～。

【透漏】tòulòu〈动〉透露；泄漏：～机密。

【透露】tòulù〈动〉❶泄露；说出来：～消息。❷显露；露出：窗户～出灯光。

【透明】tòumíng〈形〉(物体)能透过光线的：～塑料。

【透明度】tòumíngdù〈名〉比喻事情的公开程度：加大～｜增加评奖工作的～。

【透辟】tòupì〈形〉透彻而精辟：论述得十分～。

【透脱】tòutuō〈形〉机灵；灵活。

【透析】tòuxī〈动〉❶透彻分析：一周国际形势～｜～社会现象｜这部书从美学的角度～了诗歌创作的方法。❷渗析。❸医学上指利用渗析技术把体液中的毒素和代谢产物排出体外。用于治疗肾衰竭及其他中毒现象。

【透支】tòuzhī〈动〉❶存户经银行同意在一定时间和限额之内提取超过存款金额的款项。❷支出超过收入。❸预先支取(工资)：～一部分工资给孩子看病。❹比喻精神、体力过度消耗，超过所能承受的程度：体力严重～。

— tū —

凸 tū〈形〉高于周围(跟"凹"相对)：～出｜～透镜。

【凸显】tūxiǎn〈动〉清楚地显露：～英雄本色｜草地上～出一座花坛｜市场规范化的问题日益～出来。

【凸现】tūxiàn〈动〉清楚地显现：前言～出了本书的特点｜在一排排的校舍中～出图书馆的高楼｜随着经济的高速发展，不少历史遗留问题～出来。

秃 tū〈形〉❶(人)没有头发｜(鸟兽头或尾)没有毛：～尾巴鹌鹑。❷(树木)没有枝叶：～树｜～山野岭。❸物体失去尖端：～笔。❹首尾结构不完整：文章煞尾处有点～。

突 tū❶〈动〉猛冲：～围｜冲～。❷〈副〉突然：～变｜异军～起。❸〈动〉高于周围：～出。❹〈名〉古代灶旁突起的出烟火口，相当于现在的烟筒：灶～｜曲～徙薪。

【突变】tūbiàn〈动〉❶突然变化：风云～｜形势～。❷哲学上指飞跃。

【突出】tūchū❶〈动〉凸出；鼓起：～的悬崖。❷〈形〉超过一般；特别显著：成绩～。❸〈动〉使超出一般：～主题。❹〈动〉冲出：～重围。

【突飞猛进】tū fēi měng jìn形容事业、学问等进展得非常快：生产～｜～的发展。

【突击】tūjī〈动〉❶集中兵力向敌人的防御阵

地急速而猛烈地攻击:选择～方向。❷比喻集中力量加快速度完成某项工作:青年～队。

【突破】tūpò〈动〉❶集中兵力进攻,打开缺口:～防线。❷冲破;打破:～定额。

【突起】tūqǐ ❶〈动〉突然发生;突然兴起:狂飙～。❷〈动〉高耸;峰峦～。❸〈名〉生物体上长的像瘤子的东西。

【突然】tūrán ❶〈形〉情况在短促的时间里发生,出人意料:他来得很～。❷〈副〉表示来得迅速而出人意料:～感到一阵恶心。

【突如其来】tū rú qí lái 突然发生(突如:突然):浑身产生了一种～的力量。

【突审】tūshěn〈动〉突击审讯:连夜～|对犯罪嫌疑人进行～。

【突围】tūwéi〈动〉冲破包围。

【突兀】tūwù〈形〉❶形容高耸;山峰～。❷突然发生,出人意料:事情来得太～。

【突袭】tūxí〈动〉用兵力出其不意地进攻;突然袭击:～敌军。

【突显】tūxiǎn〈动〉突出地显露:身体～不适|手臂上～出一条条青筋|产品的包装也～出民族特色。

【突现】tūxiàn〈动〉❶突然显现:转过山脚,一片美丽的景色～在眼前。❷突出地显现:语言和行为都～了他的个性|她精湛的表演～了人物的复杂性格。

备用词　奔突　驰突　冲突　唐突　狼奔豕突

葵　tū见[菁葵]。

── tú ──

图(圖) tú ❶〈名〉用绘画表现出来的形象;图画:地～|插～。❷〈动〉描绘:画:绘影～形。❸〈名〉谋划:计划:雄～|宏～。❹〈动〉贪图:惟利是～。❺〈名〉意图:良～。❻〈名〉姓。

【图案】tú'àn〈名〉结构整齐匀称、有装饰意味的花纹或图形。

【图牒】túdié〈名〉❶图谱;图表。❷地图文籍。

【图画】túhuà〈名〉用线条或色彩构成的形象。

【图鉴】tújiàn〈名〉以图画为主用文字解说的著作:《植物～》。

【图解】tújiě〈动〉利用图形来解释、分析或演算:～法。

【图景】tújǐng〈名〉画面上的景物,比喻理想中的景况。

【图谋】túmóu ❶〈动〉暗中计划;谋划(多含贬义):～不轨。❷〈名〉计谋:粉碎侵略者的～。❸〈动〉企图设法得到:～家产。

【图谱】túpǔ〈名〉系统地编辑起来的,根据实物描绘或摄制的图,是研究某一学科所用的资料:历史～。

【图穷匕首见】tú qióng bǐshǒu xiàn《战国策·燕策三》里说,荆轲奉燕太子之命去刺秦王,以献燕国督亢地图为名,预先把匕首卷在图里,献图时把地图慢慢展开,最后露出匕首。比喻事情发展到最后,真相或本意露了出来。也说"图穷匕见"。

【图书】túshū〈名〉❶配有图画的书籍。❷泛指书籍。

【图书】túshu〈名〉图章。

【图腾】túténg〈名〉原始社会的人认为跟本氏族有血缘关系的某种动物或其他自然物,一般用作本氏族的标志。

【图像】túxiàng〈名〉画成、摄制或印制的形象:～清晰。

【图样】túyàng〈名〉按照一定的规格和要求绘制的表示物体形状、大小、结构的图形,在制造或建筑时用作样子。

备用词　宏图　制图　插图　蓝图　雄图　力图　企图　试图　贪图　妄图　希图　唯利是图

涂 tú〈名〉姓。

荼 tú〈名〉❶古书上说的一种苦菜。❷古书上指茅草的白花:如火如～。

【荼毒】túdú〈动〉比喻毒害:～生灵。

【荼蘼】túmí〈名〉小灌木,攀缘茎,茎上有钩状的刺,花白色,有香气。也作"酴醿"。

徒 tú ❶〈副〉步行:～前往|～步|～涉。❷〈动〉空着;光着:～手。❸〈副〉表示除此之外,没有别的;仅仅:家～四壁。❹〈副〉白白地:～然|～劳。❺〈名〉徒弟;学生:～工|门～。❻〈名〉信仰某种宗教的人:基督～。❼〈名〉同一派系的人(含贬义):党～。❽〈名〉人(含贬义):酒～|凶～。❾〈名〉姓。

【徒步】túbù〈副〉步行:～前往|～旅行。

【徒劳】túláo〈动〉白费力气:～无益。

【徒然】túrán ❶〈形〉没有用处;不起作用:这种努力是～的。❷〈副〉a)白白地:吸烟～伤害自己的身体。b)仅仅;只是:～显得可笑。

【徒手】túshǒu〈副〉空手(不拿器械):～搏斗。

【徒托空言】tú tuō kōng yán 只说空话,并不实行。

【徒跣】túxiǎn〈动〉光着脚走路：布衣之怒，亦免冠~，以头抢地尔。

【徒刑】túxíng〈名〉剥夺犯人自由的刑罚，分有期徒刑和无期徒刑两种。

途 tú〈名〉❶道路：~径│旅~│半~而废。❷姓。

【途程】túchéng〈名〉路途；路程（多用于比喻）：光辉的~。

【途次】túcì〈名〉旅途中住宿的地方。

【途径】tújìng〈名〉道路；路径（多用于比喻）：开拓新~。

【途路】túlù〈名〉路途；途程。

备用词 半途 路途 旅途 迷途 歧途 前途 穷途 坦途 通途 畏途 征途 中途 荆棘载途 老马识途 视为畏途

涂（塗） tú❶〈动〉使油漆、颜色、脂粉、药物等附着在物体上：~料│~抹。❷〈动〉乱写或乱画；随地写字或画画儿：~鸦。❸〈动〉抹去：~改。❹〈名〉泥：~炭。❺〈名〉海涂；滩涂：围~造田。❻同"途"。❼〈名〉姓。

【涂改】túgǎi〈动〉抹去原来的字，重新写；用白粉涂在字或画上，重新写或画。

【涂饰】túshì〈动〉❶涂上（油漆或颜色等）。❷抹（灰、泥）：~墙壁。

【涂炭】tútàn〈名〉烂泥和炭火，比喻极端艰难困苦的境遇：生灵~（形容战乱时期人民处在极端困苦的境地）。

【涂鸦】túyā〈动〉❶唐卢仝《示添丁》："忽来案上翻墨汁，涂抹诗书如老鸦。"后来用"涂鸦"形容字写得很差（多用作谦辞）。❷指随意涂画（多指在墙上）。

【涂脂抹粉】tú zhī mǒ fěn 原指女子打扮，后比喻美化丑恶的人或事物。

苋 tú 见〖於(wū)苋〗。△另见 lù。

屠 tú❶〈动〉宰杀（牲畜）：~宰。❷〈名〉宰杀牲畜的人：郑~。❸〈动〉大规模地杀（人）：~城（攻破城池后屠杀城中居民）。❹〈名〉姓。

【屠刀】túdāo〈名〉❶宰杀牲畜的刀。❷比喻反动暴力。

【屠毒】túdú〈动〉屠杀；毒害。

【屠夫】túfū〈名〉❶宰杀牲畜的人。❷比喻屠杀人民的人。

【屠户】túhù〈名〉以宰杀牲畜为业的人。

【屠戮】túlù〈动〉屠杀。

【屠杀】túshā〈动〉大批残杀。

【屠苏】túsū〈名〉古代一种酒名。

【屠宰】túzǎi〈动〉宰杀（牲畜）：~场。

酴 tú［酴醾(mí)]❶〈名〉古书上指重酿的酒。❷同"荼蘼"。

━━ **tǔ** ━━

土 tǔ❶〈名〉土壤；泥土：黄~│~坯。❷〈名〉土地：国~│故~。❸〈形〉本地的；地方性的：~产│~话│~著。❹〈形〉民间的；民间沿用的；非现代化的（区别于"洋"）：~方儿│~法上马。❺〈形〉不合潮流；不开通：~里~气。❻〈名〉未熬制的鸦片：烟~。❼〈名〉姓。

【土崩瓦解】tǔ bēng wǎ jiě 比喻彻底崩溃，不可收拾。

【土产】tǔchǎn〈名〉某地出产的、有地方特色的农副产品：~品。

【土地】tǔdì〈名〉❶田地：家里有几亩~。❷领土；疆域：~资源│~辽阔。

【土地】tǔdi〈名〉迷信传说中指管理一个小地方的神。

【土方】tǔfāng❶〈量〉各种土建工程中挖土、填土、运土的计量单位，1 立方米即为 1 个土方。❷〈名〉流行于民间而不见于医药专门著作的药方。

【土匪】tǔfěi〈名〉扰乱地方的武装匪徒。

【土封】tǔfēng〈名〉指坟墓。

【土膏】tǔgāo〈名〉肥沃的土地：高柳夹堤，~微润。

【土豪】tǔháo〈名〉旧时农村中有钱有势的地主或恶霸。

【土话】tǔhuà〈名〉在一个小地区内使用的方言；当地的话。也叫"土语"。

【土皇帝】tǔhuángdì〈名〉指盘踞一方欺压人民的军阀或大恶霸。

【土籍】tǔjí〈名〉世代久居的籍贯。

【土眉土眼】tǔ méi tǔ yǎn 形容长相、打扮土里土气。

【土木】tǔmù〈名〉指房屋、道路、桥梁、海港等工程:大兴～。

【土气】tǔqì❶〈名〉不时髦的风格、式样等:一身～。❷〈形〉不时髦:这个人真～。❸〈名〉地气。

【土壤】tǔrǎng〈名〉地球表面上的一层能生长植物的疏松物质:改良～。

【土壤污染】tǔrǎng wūrǎn 工业废水、生活污水、农药、化肥和大气沉降物等进入土壤并逐渐积累所造成的污染。土壤污染使土质恶化,有毒物质通过食物链危害人畜健康。

【土生土长】tǔ shēng tǔ zhǎng 当地生长的:～的庄稼人。

【土司】tǔsī〈名〉元、明、清各朝分封境内各少数民族的世袭官职,也指被授予这种官职的人。

【土音】tǔyīn〈名〉土话的口音。

【土著】tǔzhù〈名〉世代居住本地的人。

备用词 尘土 泥土 本土 故土 国土 疆土 领土 挥金如土 朽木粪土

吐 tǔ〈动〉❶自己使东西从嘴里出来:～气|～痰。❷从里儿或缝儿里长出来或露出来:～絮|～穗儿。❸说出来:谈～|～露。
△另见 tù。

【吐露】tǔlù〈动〉说出(实情或心里话):～真情。

【吐弃】tǔqì〈动〉唾弃。

【吐属】tǔshǔ〈名〉谈话中所用的语句;谈吐:～不凡。

备用词 倾吐 谈吐 吞吐 吞吞吐吐

钍(釷) tǔ〈名〉金属元素,符号 Th。有放射性。

━━ tù ━━

吐 tù〈动〉❶(消化道或呼吸道里的东西)不自主地从嘴里涌出:呕～。❷比喻被迫退还侵占的财物:～赃。
△另见 tǔ。

兔(*兎) tù〈名〉哺乳动物,耳长,上唇中间分裂,尾短,后肢比前肢长,善于跑跳。

【兔死狗烹】tù sǐ gǒu pēng《史记·越王勾践世家》:"蜚(飞)鸟尽,良弓藏,狡兔死,走狗烹。"鸟没有了,弓也就收藏起来了;兔子死了,猎狗也就煮来吃掉了。比喻事情成功以后把曾经出过大力的人杀掉。

【兔死狐悲】tù sǐ hú bēi 比喻因同类的灭亡或垮台而感到悲伤:～,物伤其类。

【兔脱】tùtuō〈动〉比喻逃走。

堍 tù〈名〉桥两头靠近平地的方:桥～。

菟 tù[菟丝子]〈名〉草本植物,茎很细,呈丝状,多寄生在豆科植物上,对豆科植物有害。种子入药。
△另见 tú。

━━ tuān ━━

湍 tuān❶〈形〉湍急:～流。❷〈名〉急流的水:急～。

【湍急】tuānjí〈形〉水势急:～的河水。

━━ tuán ━━

团(團❷糰) tuán❶〈形〉圆形的:～扇|～脐。❷〈名〉圆球形的东西:汤～。❸〈动〉把东西揉弄成球形:～泥球。❹〈动〉会合在一起:～聚|～圆。❺〈名〉工作或活动的集体:～体|主席。❻〈名〉军队的编制单位,隶属于师或旅,下辖若干营。❼〈名〉青少年的政治性组织,如儿童团、青年团等,在我国特指中国共产主义青年团。❽〈名〉团练:是年谢庄办～,以三保勇而多艺,推为长。❾〈量〉用于成团的东西:一～线。❿〈名〉姓。

【团拜】tuánbài〈动〉机关、学校等集体的成员为庆祝元旦或春节在一起聚会并互相祝贺。

【团匾】tuánbiǎn 方言。〈名〉用竹篾编成的一种用具,扁圆形,可用来养蚕,晾晒谷物等。

【团队精神】tuánduì jīngshén 指为实现共同目标而互相协作,共同奋斗的集体主义精神。

【团花】tuánhuā〈名〉圆形的绣花。

【团花簇锦】tuán huā cù jǐn 花团锦簇。

【团伙】tuánhuǒ〈名〉进行非法活动的小集团:流氓～。

【团结】tuánjié❶〈动〉为了共同的目的而联合或结合:～起来力量大。❷〈形〉和睦;友好:邻里～。

【团聚】tuánjù〈动〉相聚(多指亲人散而复聚):夫妻～|合家～。

【团练】tuánliàn〈名〉宋代到民国初年的一种地方武装组织。

【团欒】tuánluán〈形〉形容月圆:明月～。

【团体】tuántǐ〈名〉有共同的目的或志趣的人组成的集体;社会～。

【团团】tuántuán〈形〉形容旋转或围绕的样子:～转|～包围。

【团音】tuányīn 见〖尖团音〗。

【团鱼】tuányú〈名〉鳖。

【团员】tuányuán〈名〉❶代表团、参观团等的成员:这个代表团由团长一人、～三人组成。❷特指中国共产主义青年团团员。

【团圆】tuányuán❶〈动〉(亲人)散而复聚:母子～|骨肉～。❷〈形〉形容很圆:～脸。

抟(摶) tuán❶〈动〉盘旋。❷同"团"③:～弄。

═ tuǎn ═

疃(*畽) tuǎn〈名〉村庄;屯(多用于地名):柳～(在山东)|王～(在河北)。

═ tuàn ═

彖 tuàn[彖辞]〈名〉《易经》中论卦义的文字。也叫"卦辞"。

═ tuī ═

忒 tuī,又读 tēi　方言。〈副〉太:他～饿了,肚子咕咕直响。
△另见 tè;tēi。

推 tuī〈动〉❶向外用力使物体沿用力方向移动:～车|～磨。❷用工具贴着物体的表面向前剪或削:～头。❸使事情开展:～广|～销。❹根据已知的事情推究其他;从某方面的情况想到其他方面:类～|～算。❺让给别人;辞让:～辞|半～半就。❻推托:～诿|～三阻四。❼把预定的时间向后改动:～迟。❽称赞;重视:～崇|～重。❾举荐:～选|～举。

【推本溯源】tuī běn sù yuán 推求根本,追溯来源。

【推波助澜】tuī bō zhù lán 比喻促使或助长事物的发展,使扩大影响(多用于贬义)。

【推测】tuīcè〈动〉根据已经知道的事情来想象和判断尚未知道的事情:无从～。

【推陈出新】tuī chén chū xīn 除去旧事物的糟粕,取其精华使向新的方向发展(多指继承文化遗产)。

【推诚相见】tuī chéng xiāng jiàn 以真心相对待。

【推迟】tuīchí〈动〉把预定的时间向后改动:～婚期|一～一天。

【推崇】tuīchóng〈动〉推重尊崇:～备至|杜甫的诗深受后世～。

【推出】tuīchū〈动〉使产生;使出现:～新品牌|歌坛～好几位新人。

【推辞】tuīcí〈动〉(对任命、邀请、馈赠等)表示拒绝:再三～|～不就。

【推戴】tuīdài〈动〉拥护某人做领袖:竭诚～|万众～。

【推宕】tuīdàng〈动〉拖延;搁置。

【推导】tuīdǎo〈动〉根据已知的公理、定理、定律等,经过演算和推理而得出新的结论。

【推动】tuīdòng〈动〉使事物前进;使工作展开。

【推断】tuīduàn〈动〉推测断定。

【推度】tuīduó〈动〉推测。

【推翻】tuīfān〈动〉❶用武力打垮旧的政权,使局面彻底改变:～旧制度。❷根本否定已有的说法、决定等:～原议。

【推故】tuīgù〈动〉借故拒绝。

【推广】tuīguǎng〈动〉扩大事物使用或起作用的范围:～普通话|～先进经验。

【推己及人】tuī jǐ jí rén 用自己的心思来推想别人的心思;设身处地为别人着想。

【推荐】tuījiàn〈动〉把好的人或事物介绍给别人,希望任用或接受:～好文章|～她去当保洁员。

【推介】tuījiè〈动〉推荐介绍:大力～|～新书|这篇文章值得～。

【推襟送抱】tuī jīn sòng bào 比喻推诚相见(襟抱:指心意)。

【推进】tuījìn〈动〉❶推动,使前进:～工作。❷(战线或作战的军队)向前进展。

【推究】tuījiū〈动〉探索和检查(原因、道理等)。

【推举】tuījǔ〈动〉推选:～学习委员。

【推理】tuīlǐ〈动〉由一个或几个已知的判断推出新判断。

【推力】tuīlì〈动〉❶推进的力量。❷物体所承受的推进的力。

【推论】tuīlùn〈动〉用语言的形式进行推理。

【推派】tuīpài〈动〉推举;选派。

【推敲】tuīqiāo〈动〉传说唐朝诗人贾岛骑驴作诗,得了"鸟宿池边树,僧敲月下门"的句子,又想把"敲"字改用"推"字,就用手做推、敲的姿势,无意中碰上了韩愈,向韩愈说明原委。韩愈想了想说,用"敲"字好。后来用"推敲"比喻斟酌字句,反复琢磨。

【推求】tuīqiú〈动〉根据已知的条件、因素探求(道理、意图等)。

【推却】tuīquè〈动〉推辞;拒绝。

【推三阻四】tuī sān zǔ sì 以各种借口推托。

【推事】tuīshì〈名〉旧时法院的审判员。

【推算】tuīsuàn〈动〉根据已有的数据计算出有关的数值。

【推涛作浪】tuī tāo zuò làng 比喻助长坏事物的发展,以制造事端。

【推托】tuītuō〈动〉借故拒绝。

【推脱】tuītuō〈动〉推卸;推辞:~责任。

【推诿】(推委)tuīwěi〈动〉把责任推给别人:遇事|教育孩子是父母不可~的责任。

【推销】tuīxiāo〈动〉扩大商品的销路:~员|~商品。

【推卸】tuīxiè〈动〉推掉;不肯承担:~责任。

【推心置腹】tuī xīn zhì fù 比喻真心待人。

【推行】tuīxíng〈动〉普遍实行;推广:~新方案|~国家公务员考核制度。

【推许】tuīxǔ〈动〉推重赞许。

【推选】tuīxuǎn〈动〉口头提名选举:~优秀教师|~代表|他被大家~为组长。

【推延】tuīyán〈动〉推迟。

【推移】tuīyí〈动〉(时间、形势等)移动或发展:随着时间的~,将变劣势为优势。

【推展】tuīzhǎn〈动〉❶推动发展:工程~顺利|沉积的泥沙填满了海湾,促使海岸向前~|两国关系持续~。❷推介展销:~新款轿车|商场举办羊绒精品~活动。

【推知】tuīzhī〈动〉经过推论或推算而知道:由此可以~其余|事态会如何发展,目前尚无法~。

【推重】tuīzhòng〈动〉重视某人的思想、著作、创造发明等而给以很高评价:人们~他的学问,更~他的人品。

━━ tuí ━━

頹(頽＊頺) tuí 见[尵(huī)尵]。

頹(頽＊頺) tuí ❶〈动〉坍塌:倾~|~垣断壁。❷〈形〉衰败:衰~|~败。❸〈形〉萎靡:~丧|~废。

【颓败】tuíbài〈形〉衰颓;腐败。

【颓弊】tuíbì〈形〉败坏:风俗~。

【颓放】tuífàng〈形〉志气消沉,行为放荡。

【颓废】tuífèi〈形〉意志消沉,精神萎靡。

【颓靡】tuímǐ〈形〉意志消沉,精神不振作。

【颓然】tuírán〈形〉❶形容败兴或情绪低落的样子。❷昏然欲倒的样子:苍颜白发,~乎其间者,太守醉也。

【颓丧】tuísàng〈形〉情绪低落,精神不振。

【颓伤】tuíshāng〈形〉颓丧;感伤。

【颓唐】tuítáng〈形〉❶精神萎靡,不振作。❷衰颓;衰败。

━━ tuǐ ━━

腿(＊骽) tuǐ〈名〉❶人和动物用来支持身体和行走的部分。❷器物下部像腿起支撑作用的部分:桌子~儿|眼镜~儿。❸指火腿:云~(云南火腿)。

【腿脚】tuǐjiǎo〈名〉指走动的能力:~不利落。

【腿子】tuǐzi〈名〉❶方言,腿:~发软。❷狗腿子;走狗。

━━ tuì ━━

退 tuì〈动〉❶向后移动(跟"进"相对):~步|~却|倒~|~进两难。❷使向后移动:~敌|~子弹|~兵之计。❸退出:~席|~役|告~。❹减退;下降:~色|衰~。❺退还:~佃|~票|~赃。❻把已定的事撤销:~婚。

【退避三舍】tuìbì sān shè《左传·僖公二十三年》记载,晋国公子重耳逃亡到楚国,楚国国君接待他时问:你如能回到晋国,将怎样报答我?重耳回答说:假如晋楚两国打仗,我将先避你三舍(古代行军三十里叫"一舍")。后来重耳当了晋国国君,在晋楚城濮之战中,果然先向后撤了九十里。后用来比喻对人让步,不与相争。

【退步】tuìbù ❶〈动〉向后退;落后:学习有些~。❷〈名〉说话或做事为以后伸缩、回旋而留的余地:留个~。

【退佃】tuìdiàn〈动〉地主收回租给农民种的土地。

【退岗】tuìgǎng〈动〉从工作岗位上退下来：因工伤~|一批老职工陆续~。

【退耕】tuìgēng〈动〉为保护自然环境而对已经开垦耕种的农田不再耕种：~还林。

【退化】tuìhuà〈动〉❶指生物体在进化过程中某一部分器官变小，构造简化，机能减退甚至完全消失。❷泛指事物由优变劣，由好变坏。

【退路】tuìlù〈名〉❶退回去的道路：切断敌军的~。❷回旋的余地：留条~。

【退赔】tuìpéi〈动〉退还，赔偿（多指侵占或非法取得的财物等）：~赃款。

【退聘】tuìpìn〈动〉解除聘约，不再聘用。

【退坡】tuìpō〈动〉比喻意志衰退，或因工作中害怕困难而后退。

【退却】tuìquè〈动〉❶军队在作战中向后撤退。❷畏难后退；退缩。

【退让】tuìràng〈动〉让步。

【退税】tuìshuì　为鼓励投资和出口，税收部门根据税法退还原纳税人一定比率的税款，如再投资退税、出口退税等。

【退缩】tuìsuō〈动〉后退；畏缩。

【退位】tuìwèi〈动〉最高统治者让出统治地位，泛指退出原有的职位或地位。

【退伍】tuìwǔ〈动〉指军人服役期满或由于其他原因退出军队。

【退休】tuìxiū〈动〉职工因年老或因公致残而离开工作岗位，按期领取生活费用。

【退役】tuìyì〈动〉军人退出现役或服预备役期满后停止服役。

【退隐】tuìyǐn〈动〉指官吏退职隐居。

【退赃】tuìzāng〈动〉退出赃款或赃物。

【退职】tuìzhí〈动〉❶辞职或辞去职务：自动~|提前~。❷退休：他~后常去钓鱼。

备用词　败退　辞退　撤退　倒退　告退　后退　进退　溃退　减退　清退　衰退　消退　引退　急流勇退　旅进旅退

蜕　tuì❶〈动〉蛇、蝉等脱皮：~皮。❷〈名〉蛇、蝉等脱下的皮：蛇~|蝉~。❸〈动〉鸟换毛。

【蜕变】tuìbiàn〈动〉指人或事物发生质变。

【蜕化】tuìhuà〈动〉❶昆虫的幼虫脱去皮，体形增大或变成另一种形态。❷比喻人品质变坏，腐化堕落：~变质。

煺（*煺㷏）tuì〈动〉用滚水烫已宰杀的猪、鸡等，并去掉毛：~

毛|~猪。

褪　tuì〈动〉脱（颜色、衣服、羽毛等）：~色|~去冬衣。
△另见 tùn。

— tūn —

吞　tūn❶〈动〉咽下：~食|~咽|狼~虎咽|囫囵~枣。❷〈动〉兼并；侵占：侵~|并~。❸〈名〉姓。

【吞并】tūnbìng〈动〉并吞。

【吞没】tūnmò〈动〉❶把公共的或由自己代管的财物据为己有。❷淹没；埋没：房屋被洪水~。

【吞声】tūnshēng〈动〉心中有怨恨而不敢出声：忍气~。

【吞噬】tūnshì〈动〉❶吞食。❷并吞。

【吞吐】tūntǔ〈动〉❶吞进和吐出，比喻旅客、货物大量地进出：~量。❷说话含混不清：~其词|吞吞吐吐（形容说话有顾虑，想说又不敢说的样子）。

备用词　并吞　独吞　鲸吞　侵吞

暾　tūn〈名〉刚升起的太阳：朝（zhāo）~。

— tún —

屯　tún❶〈动〉聚集；储存：~粮。❷〈动〉（军队）驻扎：驻~。❸〈名〉村庄：~落。
△另见 zhūn。

【屯兵】túnbīng〈动〉驻兵：~扎寨|~边城。

【屯积】túnjī〈动〉囤积：~粮草。

【屯聚】túnjù〈动〉驻扎；聚集（人马等）。

【屯垦】túnkěn〈动〉驻兵垦荒：~戍边。

【屯落】túnluò〈名〉村落；村庄。

【屯扎】túnzhā〈动〉驻扎。

囤　tún〈动〉储存：~积|~粮。
△另见 dùn。

【囤积】túnjī〈动〉储存积聚（货物）。

【囤积居奇】tún jī jū qí　商人为了牟取暴利，大量储存货物，等待时机，高价出售。

【囤聚】túnjù〈动〉储存聚集（货物）。

饨（飩）tún　见[馄（hún）饨]。

豚（*豘）tún〈名〉小猪，泛指猪。

鲀（鮖）tún〈名〉鱼，头圆形，口小，背部黑绿色，肉味鲜美，卵巢、血液和肝脏有剧毒。种类很多，如三刺鲀、鳞鲀、河豚等。

臀（*臋） tún〈名〉屁股：～部。

— tǔn —

氽 tǔn 方言〈动〉❶漂浮：木板在水上～来～去。❷用油炸：油～花生米。

— tùn —

褪 tùn〈动〉❶退缩身体的某部分，使套着的东西脱离：～套儿。❷藏在袖子里：～着手，缩着脖子。
　　△另见 tuì。

— tuō —

毛 tuō〈量〉压强单位，"托"⑦旧作"乇"。

托（*❹-❻託） tuō ❶〈动〉手掌或其他东西向上承受（物体）：～腮｜和盘～出。❷〈名〉承东西的器具：花～｜枪～。❸〈动〉陪衬：烘～｜～衬。❹〈动〉委托；寄托：～付。❺〈动〉推托：～病｜～词。❻〈动〉依赖：～福｜假～。❼〈量〉压强单位，1 托等于 1 毫米汞柱的压强。旧作"乇"。

【托庇】tuōbì〈动〉依赖长辈或有权势的人的庇护。

【托词】tuōcí 也作"托辞"。❶〈动〉找借口：～谢绝。❷〈名〉借口：这完全是～。

【托辞】tuōcí 同"托词"。

【托儿所】tuō'érsuǒ〈名〉照管婴儿或教养幼儿的处所：上～。

【托福】tuōfú ❶〈动〉客套话，靠着别人的福气使自己幸运（多用于回答对方的问候）：承蒙问候，～，～，病已痊愈｜托你的福，一切都很顺利。❷〈名〉英语缩写词 TOEFL 的音译。指美国对非英语国家留学生的英语考试。

【托付】tuōfù〈动〉请别人代为照料或办理：～后事｜把孩子～给老师。

【托管】tuōguǎn ❶〈动〉委托管理或保管：～项目。❷由联合国委托一个或几个会员国在联合国监督下管理还没有获得自治权的地区。

【托靠】tuōkào〈动〉托付。

【托拉斯】tuōlāsī〈名〉❶资本主义垄断组织形式之一，由许多生产同类商品或在生产上有密切关系的企业合并组成。❷专业公司。

【托老所】tuōlǎosuǒ〈名〉专门照料老年人的处所。

【托门子】tuō ménzi 为达到某种目的而找门路托人求情：～，拉关系。

【托名】tuōmíng〈动〉假借某种名义。

【托情】tuōqíng〈动〉托人情：～说合。

【托人情】tuō rénqíng 请人代为说情。也说"托情"。

【托身】tuōshēn〈动〉寄身：～之处｜无处～｜题材同一而～于不同的艺术形式。

【托养】tuōyǎng〈动〉委托抚养、赡养等：～儿童｜～老人｜社会～机构。

【托运】tuōyùn〈动〉委托运输部门运（行李、货物等）：～行李。

备用词 拜托 付托 寄托 推托 委托 信托 嘱托 假托 依托 衬托 烘托

拖（*拕） tuō ❶〈动〉沿着地面或物体表面拉；牵引：～曳｜～地板。❷〈动〉在身体后面垂着：～着尾巴。❸〈动〉拖延：～拉｜～沓。❹〈名〉姓。

【拖后腿】tuō hòutuǐ 比喻牵制或阻挠人或事物前进。

【拖拉】tuōlā ❶行动迟缓，不抓紧完成：办事～。❷拖沓拉杂：拖拖拉拉的长篇大论。

【拖累】tuōlěi〈动〉使受牵累：～他人｜孩子多了～人。

【拖泥带水】tuō ní dài shuǐ 比喻拖沓。

【拖欠】tuōqiàn〈动〉久欠不还：～货款。

【拖沓】tuōtà〈形〉做事拖拉、不爽利或说话、写文章不简洁。

【拖尾巴】tuō wěibā ❶（工作等）没有全部结束，剩一点儿。❷拖后腿。

【拖延】tuōyán〈动〉把时间延长，不抓紧办理：～时日｜这笔贷款～了三个月才到位。

【拖曳】tuōyè〈动〉拉；牵引。

脱 tuō ❶〈动〉（皮肤、毛发等）脱落：～皮｜～毛。❷〈动〉取下；除去：～鞋｜～粒。❸〈动〉脱开；离：摆～｜逃～。❹〈动〉漏掉（文字）：～漏｜讹～。❺〈形〉轻慢；超脱：通～｜洒～。❻〈副〉或许：～可免祸。❼〈连〉倘若：有遗漏，必致误事。❽〈名〉姓。

【脱产】tuōchǎn〈动〉脱离直接生产，专门从事行政等工作或专门学习：～干部｜～学习半年。

【脱岗】tuōgǎng〈动〉❶在工作时间内擅自离开所在的岗位：未经批准不得～｜一些夜间值班人员存在～现象。❷暂时脱离工作岗位：～学习｜对不合格的人员进行～培训。

【脱稿】tuōgǎo〈动〉（著作）写完。

【脱钩】tuōgōu〈动〉❶火车车厢之间的挂钩分离。❷比喻脱离联系：已与单位～。

【脱节】tuōjié〈动〉连接着的物体分开，借原来联系着的事物失去联系，或应该联系的事物没有联系起来：供销～｜理论和实践不能～。

【脱口】tuōkǒu〈动〉不假思索地开口（说）：～而出｜～成章。

【脱口而出】tuō kǒu ér chū 没有经过思索而随口说出。

【脱困】tuōkùn〈动〉摆脱困境：帮助灾民～｜经过整改，该厂两年就实现了～目标。

【脱离】tuōlí〈动〉离开（某种环境或情况）；断绝（某种联系）：完全～｜～危险｜～关系｜～群众。

【脱漏】tuōlòu〈动〉漏掉；遗漏。

【脱落】tuōluò〈动〉❶（附着的东西）掉下：头发～。❷漏掉：文字～。

【脱免】tuōmiǎn〈动〉开脱；免除（刑罚等）。

【脱命】tuōmìng〈动〉逃命。

【脱贫】tuōpín〈动〉摆脱贫困：～致富。

【脱身】tuōshēn〈动〉离开某种境地或摆脱某件事情：工作太忙，～不得。

【脱手】tuōshǒu〈动〉❶离开手：一～，碗掉到地上了｜稿子已～，即日可寄出。❷货物卖出。

【脱俗】tuōsú〈动〉不沾染庸俗的习气；摆脱世俗：超凡～｜清新～｜房间布置得淡雅～。

【脱胎】tuōtāi〈动〉❶漆器的一种制法。❷指一事物由另一事物孕育变化而产生：～换骨｜这出戏～于一个神话故事。

【脱胎换骨】tuō tāi huàn gǔ 道教认为，修炼者得道就脱凡胎而成圣胎，换凡骨而为仙骨。现用来比喻彻底改变立场观点。

【脱逃】tuōtáo〈动〉脱身逃走：临阵～。

【脱兔】tuōtù〈名〉逃走的兔子：动如～（比喻行动迅速敏捷）。

【脱误】tuōwù〈动〉（文字）脱漏和错误。

【脱险】tuōxiǎn〈动〉脱离危险：虎口～｜病人已经～。

【脱相】tuōxiàng〈动〉指人瘦得不成样子：这几天她都累～了。

【脱销】tuōxiāo〈动〉某种商品卖完，一时缺货，供应不上：春节前一些高档品牌的彩电～。

【脱卸】tuōxiè〈动〉摆脱；推卸（责任）。

【脱瘾】tuōyǐn〈动〉戒除对某种东西的嗜好。

特指摆脱毒瘾：帮助吸毒者～。

【脱颖而出】tuō yǐng ér chū《史记·平原君列传》记载，战国时秦兵攻打赵国，赵国平原君奉命到楚国求救，毛遂请求跟着去。平原君说，贤能的人"譬若锥之处囊中，其末立见"（像锥子放在布袋里，尖儿立刻会露出来）。你来了三年，没听到过对你的赞扬，你不要去了。毛遂说，假使我毛遂能像锥子放在布袋里那样，"乃脱颖而出，非特其末见而已"（颖：据旧注指锥子把儿上套的环，意思是连锥子上部的环儿也会露出来，岂止光露个锥子尖儿）。后来用"脱颖而出"比喻人的才能全部显示出来。

备用词 摆脱 出脱 解脱 开脱 逃脱 推脱 超脱 洒脱 通脱

━━ tuó ━━

驮（馱 * 駄）tuó〈动〉用背部承受物体的重量：～运｜～粮食。
△另见 duò。

【驮脚】tuójiǎo〈动〉赶着牲口给人家驮运东西。

佗 tuó〈动〉负荷；驮。

陁 tuó 见〖盘陀〗（盘陁）。

陀 tuó ❶[陀螺]〈名〉一种儿童玩具，略似海螺，多为木制，用鞭抽打，可以直立旋转。❷〈名〉姓。

坨 tuó ❶〈动〉面食煮熟后粘在一块儿：面条儿～了。❷〈名〉成块或成堆的东西：泥～儿｜盐～子。

沱 tuó 方言。〈名〉可以停船的水湾（多用于地名）：金刚～（在重庆）｜石盘～（在四川）。

【沱茶】tuóchá〈名〉一种压成碗形的成块的茶，产于云南、四川。

驼（駝 * 駞）tuó ❶〈名〉指骆驼：～峰｜～绒。❷〈动〉（背）弯曲：～背。

柁 tuó〈名〉木结构屋架中顺着前后方向架在柱子上的横木：房～｜上～。
△另见 duò。

砣 tuó ❶〈名〉秤砣。❷〈名〉碾砣。❸〈动〉用打磨玉器的砂轮打磨（玉器）：～一对玉镯。

铊（鉈）tuó 同"砣"①。
△另见 tā。

鸵（鴕）tuó〈名〉鸵鸟，现代最大的鸟，雄鸟高可达3米，两翼退化，不能飞，腿长，善走。生活在非洲的草原和沙漠地带。

【鸵鸟政策】tuóniǎo zhèngcè 指不敢正视现实的政策（据说鸵鸟被追急时便把头钻进沙里，自以为很安全）。

酡 tuó〈形〉喝了酒脸色发红的样子：～然｜～颜。

跎 tuó 见［蹉（cuō）跎］。

橐（＊槖）tuó ❶〈名〉一种口袋。❷拟声词：楼道里传来～～的皮鞋声。

【橐驼】tuótuó〈名〉骆驼。

鼍（鼉）tuó〈名〉爬行动物，即扬子鳄。也叫"鼍龙"，通称"猪婆龙"。

━━ tuǒ ━━

妥 tuǒ ❶〈形〉稳妥；适当：稳～｜欠～｜这样做，恐怕不～。❷〈形〉齐备；停当：说～｜办～｜事情已经商量～了。❸〈名〉姓。

【妥当】tuǒdang〈形〉稳妥适当：～的办法｜这样做很～｜安排～。

【妥善】tuǒshàn〈形〉妥当完善：～处理｜～保存

｜特大地震发生后不久，灾民就已得到了～安置。

【妥帖】tuǒtiē〈形〉妥当；恰当：用词～｜会场已布置～。

【妥协】tuǒxié〈动〉向对方让步以避免冲突或争执：～投降｜决不～。

备用词　安妥　平妥　停妥　稳妥

庹 tuǒ ❶〈量〉成人两臂左右平伸时两手之间的距离，约合5尺。❷〈名〉姓。

椭（橢）tuǒ［椭圆］〈名〉长圆形，也指椭圆体。

髽 tuǒ 见［鬌（wǒ）髽］。

━━ tuò ━━

拓 tuò ❶〈动〉开辟（土地、道路）：～宽公路｜～荒｜开～。❷〈名〉姓。
△另见 tà。

【拓荒】tuòhuāng〈动〉开荒：～者。

柝（＊欜）tuò〈名〉打更用的梆子：击～。

唾 tuò ❶〈名〉唾液，口腔中分泌的液体。通称"唾沫"。❷〈动〉用力吐唾沫：～手可得｜～了一口唾沫。❸〈动〉吐唾沫表示鄙视：～弃｜～骂。

【唾骂】tuòmà〈动〉鄙弃责骂：当面～｜受天下人～。

【唾面自干】tuò miàn zì gān 人家把唾沫吐到自己脸上，不擦掉而让它自己干。比喻受了侮辱，极度忍耐，不加反抗。

【唾弃】tuòqì〈动〉鄙弃：遭人～。

【唾手可得】tuò shǒu kě dé 比喻非常容易得到（唾手：往手上吐唾沫）。

【唾余】tuòyú〈名〉比喻别人的无足轻重的或没有什么价值的言论、意见：拾人～。

箨（籜）tuò〈名〉竹笋上的皮；笋壳。

— wā —

凹 wā 方言。同"洼"（多用于地名）：核桃~（在山西）|万家~（在云南）。
△另见 āo。

挖 wā〈动〉❶从物体表面向里用力，取出其一部分或其中包藏的东西：~洞|~土|~个坑。❷发掘；探求：~潜|~空心思。❸方言。用指甲抓。
【挖掘】wājué〈动〉❶挖：~下水道。❷发掘②：~生产潜力。
【挖空心思】wā kōng xīnsī 形容想方设法，费尽心机（含贬义）。
【挖苦】wāku〈动〉用尖刻的话讥笑人：有意见就直说，不要~人。
【挖潜】wāqián〈动〉挖掘潜力。
【挖墙脚】wā qiángjiǎo 暗中拆台。
【挖肉补疮】wā ròu bǔ chuāng 见【剜肉医疮】。

哇 wā 拟声词：~~大哭。
△另见 wa。
【哇哇】wāwā〈拟〉形容乌鸦的叫声、小孩儿的哭声等。

洼（窊）wā ❶〈形〉凹低：~地|地势很~。❷〈名〉凹陷的地方：山~|水~儿。

眍 wā [眍底]〈名〉地名，在山西。

窊 wā 同"洼"（多用于地名）：南~子（在山西）。

娲（媧）wā [女娲]〈名〉我国古代神话中的神，曾炼五彩石补天。

蛙（*鼃）wā〈名〉两栖动物，无尾，前肢短、后肢长，善于跳跃、泅水，捕食昆虫，种类很多，青蛙是常见的蛙科动物。

— wá —

娃 wá〈名〉❶小孩儿。❷少女；美女：娇~。❸方言。某些幼小的动物：鸡~|狗~。

— wǎ —

瓦 wǎ ❶〈名〉铺屋顶用的建筑材料，一般用泥土烧成，也有用水泥等材料制成的，形状有拱形的、平的或半个圆筒形的等：~垄|~片|~无存。❷〈形〉用泥土烧成的：~盆|~器。❸〈量〉瓦特（电的功率单位）的简称：60~灯泡。❹〈名〉姓。
△另见 wà。

【瓦当】wǎdāng〈名〉我国传统建筑物铺在房檐边上的滴水瓦的瓦头，呈圆形或半圆形，上有图案或文字，用泥土烧成或用水泥等制成。
【瓦釜雷鸣】wǎ fǔ léi míng 比喻无才无德的人居于高位，煊赫一时（语出《楚辞·卜居》："黄钟毁弃，瓦釜雷鸣。"瓦釜：用黏土烧制的锅）。
【瓦解】wǎjiě〈动〉❶比喻崩溃或分裂：土崩~。❷使对方力量崩溃或分裂：~敌军。
【瓦蓝】wǎlán〈形〉蔚蓝。
【瓦砾】wǎlì〈名〉破碎的砖头瓦片。
【瓦全】wǎquán〈动〉比喻丧失气节，苟且偷生（常与"玉碎"对举）：宁为玉碎，不为~。
【瓦斯】wǎsī〈名〉气体，特指各种可燃气体，如

煤气、沼气等。[外]

佤 wǎ〈名〉佤族,我国少数民族之一,分布在云南。

— wà —

瓦 wà〈动〉盖(瓦):～刀|这排房子的房顶都苫好了,就等着～瓦(wǎ)了。
△另见 wǎ。

袜(襪*韈韤) wà〈名〉穿在脚上的东西,用棉纱、化学纤维等制成。

喅 wà〈动〉❶咽:～咽(吞咽)。❷笑。

【喅豲】wàjué〈动〉大笑不止。

腽 wà[腽肭(nà)]〈形〉肥胖。

— wɑ —

哇 wa〈助〉"啊"受到前一字收音 u 或 ao 的影响而发生的变音:你好～?|快走～!
△另见 wā。

— wāi —

歪 wāi〈形〉❶不正;斜;偏(跟"正"相对):～斜|东倒西～。❷不正当的;不正派的:邪门～道。

【歪打正着】wāi dǎ zhèng zháo 比喻方法本来不恰当,却侥幸得到满意的结果。

【歪门邪道】wāi mén xié dào 不正当的途径;坏点子。

【歪曲】wāiqū ❶〈形〉不正;歪斜。❷〈动〉故意改变(事实或内容):～事实|～历史。

【歪歪扭扭】wāiwāiniǔniǔ〈形〉歪斜不正的样子。

— wǎi —

崴(*❸踤) wǎi ❶〈形〉山路不平。❷〈名〉崴子,山、水弯曲的地方(多用于地名):海参～。❸〈动〉扭伤:～了脚。
△另见 wēi。

— wài —

外 wài ❶〈名〉外边(跟"内"、"里"相对):～表|～伤。❷〈名〉指自己所在地以外的:～地|～乡。❸〈形〉外国的:～宾|～债。❹〈名〉称母亲、姐妹或女儿方面的亲戚:～婆|～孙。❺〈形〉关系疏远的:～人|见～。❻〈形〉非正式的;非正规的:～宅|～号。❼〈名〉戏曲角色,扮演老年男子。

【外表】wàibiǎo〈名〉表面:～美观。

【外埠】wàibù〈名〉外地的城镇。

【外层空间】wàicéng kōngjiān 宇宙空间。

【外传】wàichuán〈动〉❶向外传播、散布:这种事可千万别～|这份材料只供内部参考,请勿～。❷外界传说。
△另见 wàizhuàn。

【外存】wàicún〈名〉外存储器的简称。

【外存储器】wàicúnchǔqì〈名〉装在计算机主机板外的存储器,如硬盘、软盘和光盘等。简称"外存"。

【外道】wàidào〈名〉佛教指不合佛法的教派:邪魔～。

【外道】wàidao〈形〉指礼节过于周到反而显得疏远;见外:你这人太～,有话只管说。

【外电】wàidiàn〈名〉国外通讯社的电讯消息。

【外调】wàidiào〈动〉❶调出:向外地或外单位调(人员或物资等):安排好土特产品～工作。❷到外地或外单位调查;内查。

【外访】wàifǎng〈动〉出国访问:组团～|～归来。

【外观】wàiguān〈名〉物体从外表看的样子:～典雅。

【外公】wàigōng〈名〉外祖父。

【外行】wàiháng ❶〈形〉对某种事情或工作不懂或没有经验:～话。❷〈名〉外行的人:我做饭是～。

【外号】wàihào〈名〉人的本名以外,别人根据他的特征给他另起的名字,大都含有亲昵、憎恶或开玩笑的意味。

【外患】wàihuàn〈名〉指外国的侵略:内忧～。

【外汇】wàihuì〈名〉国际贸易结算中使用的外国货币和可以兑换外国货币的支票、汇票、期票等证券。

【外籍】wàijí〈名〉外国国籍:～华人。

【外加】wàijiā〈动〉另外加上:一盘油炸花生米～一盘肉肉|点了四菜一汤,～一个水果拼盘。

【外家】wàijiā〈名〉❶指外祖父、外祖母家。❷旧时已婚男子在自己原来的家以外另成的家。❸与有妻男子另外成家的妇女叫作那个男子的"外家"。

【外交】wàijiāo〈名〉一个国家在国际关系方面的活动。

【外交辞令】wàijiāo cílìng 适合于外交场合的话语。借指客气、得体而无实际内容的话。

【外交特权】wàijiāo tèquán 驻在国为保证他

国的外交代表履行职务而给予其本人和有关人员的特殊权利,如人身、住所不受侵犯,免受行政管辖、司法裁判,免除关税、海关检查,以及使用密码通信和派遣外交信等。

【外界】wàijiè〈名〉某个物体以外的空间;某个集体以外的社会:~压力|~影响。

【外景】wàijǐng〈名〉❶戏剧舞台上的室外布景。❷指摄影棚外的景物:拍~。

【外快】wàikuài〈名〉指正常收入以外的收入。

【外来语】wàiláiyǔ〈名〉从别种语言中吸收来的词语。如汉语从英语吸收来的"引擎"、"沙发",从法语吸收来的"芭蕾"、"沙龙"。

【外力】wàilì〈名〉❶来自外部的力量:靠~牵引。❷指外界作用于一体系的力,例如其他原子对某一原子的作用力,对该原子来说就是外力。

【外流】wàiliú〈动〉人口、财富等流到外国或外地:黄金~|人才~。

【外卖】wàimài❶〈动〉餐饮业指销售供顾客带离店铺的食品(一般指自己店铺现做的):~烤鸭|增加~业务。❷〈名〉外卖的食品:送~|叫~。

【外貌】wàimào〈名〉人或物的表面形状。

【外派】wàipài〈动〉向外单位或外国派遣:~进修深造|~劳务人员|他被~去做工具书的市场调查。

【外聘】wàipìn〈动〉从单位外面聘请:~教师。

【外婆】wàipó〈名〉外祖母。

【外戚】wàiqī〈名〉指帝王的母亲和妻子方面的亲戚。

【外企】wàiqǐ〈名〉外国商人投资、经营的企业。

【外强中干】wài qiáng zhōng gān 外表看很强大而实际上很虚弱。

【外侨】wàiqiáo〈名〉外国的侨民。

【外勤】wàiqín〈名〉❶部队以及某些机关企业(如报社、测绘队、贸易公司等)经常在外面进行的工作:跑~|~记者|~人员。❷从事外勤工作的人:招聘~两名。

【外人】wàirén〈名〉❶外界的人。❷指没有亲友关系的人。❸指外国人。

【外商】wàishāng〈名〉外国商人:~投资。

【外甥】wàisheng〈名〉❶姐姐的或妹妹的儿子。❷方言。外孙。

【外史】wàishǐ〈名〉指野史、杂史或以叙述人物为主的旧小说之类:《儒林~》。

【外事】wàishì〈名〉❶外交事务:~活动。❷家

庭或个人以外的事;外边的事:不问~。

【外围】wàiwéi〈名〉❶周围:花园的~是一道低矮的松墙。❷围绕某一中心事物而存在的事物:~组织|~工事。

【外侮】wàiwǔ〈名〉外国的侵略和欺压:抵御~。

【外务】wàiwù〈名〉❶与外交有关的事务。❷本身职务以外的事务。

【外骛】wàiwù〈动〉做本分以外的事;心不专。

【外线】wàixiàn〈名〉❶采取包围敌方的形势的作战线:~作战。❷在安有电话分机的地方称对外通话的线路。

【外乡】wàixiāng〈名〉本地以外的地方:~人。

【外向】wàixiàng〈形〉❶指人开朗活泼,内心活动易于表露出来:性格~|他很~。❷指面向国外市场的:~型经济|~发展|~投资。

【外销】wàixiāo〈动〉(产品)销售到外国或外地:~物资|打开~渠道|开拓~市场,促进~。

【外需】wàixū〈名〉国外市场的需求(区别于"内需"):摆正内需与~的关系。

【外延】wàiyán〈名〉逻辑学上指一个概念所确指的对象的范围,例如"拖拉机"这个概念的外延是指各式各样的拖拉机。

【外衣】wàiyī〈名〉❶穿在外面的衣服。❷比喻用来掩盖事物本质的事物。

【外溢】wàiyì〈动〉❶液体从容器里流出来:池水~|防ած漆~,引起了火灾。❷(财富等)外流:资金~。❸比喻才能等显露出来:才华~。

【外因】wàiyīn〈名〉事物发展变化的外部原因。

【外应】wàiyìng〈名〉外来的策应的力量。

【外域】wàiyù〈名〉外国。

【外遇】wàiyù〈名〉丈夫或妻子在外面的不正当的男女关系。

【外圆内方】wài yuán nèi fāng 比喻人外表随和,内心却很严正。

【外援】wàiyuán〈名〉❶外来的援助,特指外国的援助:争取~。❷指运动队从国外引进的运动员:该足球队添了三名~。

【外在】wàizài〈形〉❶事物本身以外的(跟"内在"相对):~原因|~的压力。❷显露出来的;看得见的:~美|这种情感过于~。

【外宅】wàizhái〈名〉❶城外的住宅;别宅。❷外妇,非正式夫妻关系而同居的妇女。

【外债】wàizhài〈名〉国家向外国借的债。

【外传】wàizhuàn〈名〉旧指正史以外的传记。

△另见 wàichuán。

【外资】wàizī〈名〉外国的投资:吸引~|~企业。

【外子】wàizǐ〈名〉对人称自己的丈夫。

【外族】wàizú〈名〉❶本家族以外的人。❷本国以外的人;外国人。❸我国历史上指本民族以外的民族:抵抗~侵略。

备用词　方外　海外　化外　郊外　塞外　野外　见外　此外　分外　格外　另外　超然物外　吃里爬外　出乎意外　概莫能外　九霄云外　逍遥法外　意在言外　置之度外

—— wān ——

弯(彎) wān ❶〈形〉不直:~曲|~路。❷〈动〉使不直:~腰。❸〈名〉弯曲的部分:拐~儿。❹〈动〉拉(弓):盘马~弓。❺〈量〉用于形状如钩的月亮:一~新月。

【弯路】wānlù〈名〉❶不直的路。❷比喻工作、学习等因为不得法而多费的冤枉工夫。

【弯曲】wānqū〈形〉不直:~的山间小路。

剜 wān〈动〉(用刀子等)挖:~肉补疮。

【剜肉医疮】wān ròu yī chuāng 比喻缺乏长远考虑,用有害的方法救眼前之急。也说"剜肉补疮"、"挖肉补疮"。

塆(壪) wān〈名〉山沟里的小块平地。

湾(灣) wān ❶〈名〉水流弯曲的地方:水~。❷〈名〉海岸向陆地凹入的地方:海~|港~。❸〈动〉使船停住:把船~在那里。❹〈名〉姓。

蜿 wān[蜿蜒]〈形〉❶蛇类爬行的样子。❷(山脉、道路等)弯弯曲曲延伸的样子。

豌 wān[豌豆]〈名〉草本植物,结荚果,种子球形。嫩荚和种子供食用。

—— wán ——

丸 wán ❶〈名〉球形的小东西:药~|泥~。❷〈名〉丸药,制成丸儿的药:蜜~|~散膏丹。❸〈量〉用于丸药:一~药。❹〈名〉姓。

芄 wán[芄兰]〈名〉多年生蔓草,折断后有乳白色汁液流出,果壳中医入药。

纨(紈) wán〈名〉很细的丝织品;白色的细绢:~扇(用细绢做的团扇)。

【纨绔】(纨袴) wánkù〈名〉用细绢做成的裤子,泛指富贵人家子弟穿的华美衣着也借指富家子弟:~习气|~子弟|膏粱~。

【纨素】wánsù〈名〉洁白的绸子:腰若流~,耳著(着)明月珰。

完 wán ❶〈形〉全;完整:~备|~美|~善。❷〈形〉消耗尽;没有剩余:煤烧~了。❸〈动〉完结;完成:~毕|~婚|~工。❹〈动〉交纳(赋税):~粮|~税。❺〈名〉姓。

【完败】wánbài〈动〉球类、棋类比赛中指以明显劣势输给对手:甲队 0 比 3~于乙队。

【完备】wánbèi〈形〉应该有的都有了:手续~。

【完毕】wánbì〈动〉完结①:工作~。

【完璧归赵】wán bì guī zhào《史记·廉颇蔺相如列传》记载,战国时秦昭王要用十五座城换赵国的和氏璧。赵王派蔺相如到秦国去献璧。蔺相如见秦王无割城之意,就设法将璧要回,派人送回赵国。比喻把原物完好无损地归还本人。

【完成】wánchéng〈动〉按预期目的结束;做成。

【完好】wánhǎo〈形〉没有损坏或残缺:~无损。

【完婚】wánhūn〈动〉指男子结婚(多指长辈为晚辈娶妻)。

【完结】wánjié〈动〉❶结束:工作~。❷方言。完蛋。

【完具】wánjù〈形〉完备。

【完聚】wánjù〈动〉团聚。

【完竣】wánjùn〈动〉(工程等)完成;完毕:工程~。

【完满】wánmǎn〈形〉没有缺欠;圆满。

【完美】wánměi〈形〉完备美好:~无缺|形式~。

【完全】wánquán ❶〈形〉齐全;不缺少什么:话说得~。❷〈副〉表示全部:~正确。

【完人】wánrén〈名〉指完美无缺的人:金无足

赤,人无～。

【完善】wánshàn〈形〉完备美好;完满:设备～。

【完整】wánzhěng〈形〉具有或保持着应有的各部分;完好,没有残缺:领土～。

【完胜】wánshèng〈动〉球类、棋类比赛指以明显优势战胜对手:主队 3 比 0～客队。

【完事】wánshì〈动〉事情完结:～大吉|结账直到夜里十点才～。

【完税】wánshuì〈动〉交纳捐税。

玩(*❹—❻ **翫**) wán ❶〈动〉玩耍;游戏。❷〈动〉做某种文体活动:～球|～牌。❸〈动〉使用(不正当的方法、手段等):～弄|～花招儿。❹〈动〉用不严肃的态度来对待;轻视;戏弄:～世不恭。❺〈动〉观赏:～味|游～。❻〈名〉供观赏的东西:古～|珍～。

【玩忽】wánhū〈动〉忽视;不认真对待:～职守。

【玩火自焚】wán huǒ zì fén 比喻干冒险或害人的事,最终受害的还是自己。

【玩弄】wánnòng〈动〉❶摆弄着玩:～飞机模型。❷戏耍;捉弄:～人。❸搬弄:～辞藻。❹施展;耍弄:～两面派手法。

【玩偶】wán'ǒu〈名〉用布、泥土、木头等制成的供儿童玩耍的人像。

【玩赏】wánshǎng〈动〉玩味欣赏:～盆景。

【玩世不恭】wán shì bù gōng 以极不严肃的态度对待生活,不把现实社会放在眼里。

【玩耍】wánshuǎ〈动〉做使自己愉快的活动;游戏。

【玩味】wánwèi〈动〉细细体会其中意味。

【玩物】wánwù〈名〉供观赏或玩耍的东西。

【玩物丧志】wán wù sàng zhì 沉迷于玩赏所喜好的东西而消磨掉志气。

【玩笑】wánxiào ❶〈动〉玩耍嬉笑。❷〈名〉玩耍嬉笑的言语或行动:开～。

【玩意儿】wányìr〈名〉❶玩具。❷指曲艺、杂技等。❸泛指东西。

备用词 把玩 赏玩 游玩 古玩 珍玩

顽(顽) wán ❶〈形〉愚蠢无知:～钝|愚～。❷〈形〉不容易开导或制伏:固执—固|～抗。❸〈形〉顽皮:～童。❹同"玩"①—③。❺〈名〉姓。

【顽钝】wándùn〈形〉❶愚笨。❷指没有气节。❸不锋利。

【顽梗】wángěng〈形〉非常顽固:～不化。

【顽固】wángù〈形〉❶思想保守,不愿接受新事物:头脑～。❷立场反动,不肯改变:～势力。

【顽健】wánjiàn〈形〉❶谦称自己身体健康。❷健壮。

【顽抗】wánkàng〈动〉顽强抗拒:负隅(yú)～。

【顽劣】wánliè〈形〉顽皮而恶劣,不听教诲。

【顽皮】wánpí〈形〉(儿童)爱玩爱闹,不听话;淘气。

【顽强】wánqiáng〈形〉坚强;不屈服:与病魔～搏斗。

【顽石点头】wánshí diǎntóu 晋无名氏《莲社高贤传》里说,晋朝道生法师入虎丘山,聚石为徒,讲《涅槃经》,群石皆为点头。后来用"顽石点头"形容道理讲得透彻,使人心服。

【顽童】wántóng〈名〉顽皮的儿童。

【顽游】wányóu〈动〉玩耍;游戏。

【顽症】wánzhèng〈名〉指久治不愈或难以治疗的病症。

备用词 刁顽 冥顽 凶顽 愚顽 愿顽

烷 wán〈名〉有机化合物的一类,是构成石油的主要成分。

—— wǎn ——

宛 wǎn ❶〈形〉曲折:～转|～延。❷〈副〉仿佛:～如|～若。❸〈名〉姓。

【宛然】wǎnrán ❶〈副〉仿佛。❷〈形〉依然。

【宛如】wǎnrú〈动〉好像。

【宛若】wǎnruò〈动〉宛如。

【宛转】wǎnzhuǎn ❶〈动〉辗转。❷〈形〉蜿蜒曲折:水流～。❸同"婉转"。

挽(*❹❺ **輓**) wǎn ❶〈动〉拉:～弓。❷〈动〉设法使情况好转或恢复原状:～回|～救。❸〈动〉向上卷(衣服):～袖子。❹〈动〉牵引(车辆)。❺〈动〉哀悼死者的:～词|～联。❻同"绾"。

【挽回】wǎnhuí〈动〉❶扭转不利的局面:～败局。❷收回(失去的利益):～损失。

【挽救】wǎnjiù〈动〉从危险的境地救回来:～生命。

【挽留】wǎnliú〈动〉恳请要离去的人留下来。

【挽幛】wǎnzhàng〈名〉题有悼念文字的整幅绸布,用作吊唁的礼物。

莞 wǎn [莞尔]〈形〉形容微笑:～～一笑。△另见 guān;guǎn。

菀 wǎn［紫菀］〈名〉草本植物,小花,蓝紫色,果实有毛,根和根状茎可入药。
△另见 yù。

晚 wǎn ❶〈名〉晚上:傍～|夜～。❷〈形〉时间靠后的:～稻|～年。❸〈形〉比规定的或合适的时间靠后:～点|去～了。❹〈形〉后来的:～辈|～生。❺〈形〉旧时后辈对前辈的自称(用于书信)。❻〈名〉姓。

【晚安】wǎn'ān〈动〉客套话,用于晚上道别。

【晚辈】wǎnbèi〈名〉辈分低的人。

【晚节】wǎnjié〈名〉晚年的节操:保持～。

【晚近】wǎnjìn〈名〉最近若干年来。

【晚景】wǎnjǐng〈名〉❶傍晚的景色:江边～。❷晚年的景况:～凄凉。

【晚年】wǎnnián〈名〉人年老的时期:安享～|度过幸福的～|～多病。

【晚期】wǎnqī〈名〉一个时代、一个过程或人的一生的最后阶段:封建社会～|癌症～|这是他的～作品。

【晚生】wǎnshēng〈名〉旧时后辈在前辈面前谦称自己。

【晚霞】wǎnxiá〈名〉日落时天空出现的云霞。

脘 wǎn［胃脘］〈名〉中医指胃内部的空腔。

惋 wǎn〈动〉叹惜:叹～|～惜。

【惋惜】wǎnxī〈形〉对人的不幸遭遇或事物的意外变化表示同情或可惜:深感～。

婉 wǎn〈形〉❶(说话)婉转:～言|～谢|委～。❷柔顺:～顺。❸美好:～丽。

【婉辞】wǎncí ❶〈名〉婉言。❷〈动〉婉言拒绝。

【婉解】wǎnjiě〈动〉婉言解释。

【婉拒】wǎnjù〈动〉以委婉的方式拒绝:～谢礼|～媒体采访。

【婉谢】wǎnxiè〈动〉婉言谢绝。

【婉言】wǎnyán〈名〉婉转的话:～相劝|～拒绝。

【婉嫕】wǎnyì〈形〉和婉柔顺。

【婉约】wǎnyuē〈形〉委婉含蓄:诗风～。

【婉转】wǎnzhuǎn 也作"宛转"。〈形〉❶说话温和而委婉;措辞～|～动听。❷(歌声、鸟鸣声等)抑扬动听:～悠扬。

绾(綰) wǎn〈动〉把长条形的东西盘绕起来打成结:～个扣儿。

琬 wǎn〈名〉一种美玉。

皖 wǎn〈名〉安徽的别称。

碗(*盌椀盌) wǎn〈名〉❶盛饮食的器具,口大底小,一般是圆形的:茶～|～橱。❷像碗的东西:轴～儿。❸姓。

畹 wǎn〈量〉古代称三十亩为一畹。

━━ wàn ━━

万(萬) wàn ❶〈数〉数字,十个千。❷〈数〉比喻很多:～仞|～物|～恶。❸〈副〉极;很;绝对:～幸|～不得已。❹〈名〉姓。
△另见 mò。

【万般】wànbān ❶〈形〉各种各样的:～办法都用上了。❷〈副〉极其;非常:～无奈|～怜爱。

【万变不离其宗】wàn biàn bù lí qí zōng 无论形式上怎样变化,本质上还是没有改变。

【万端】wànduān〈形〉头绪多而纷繁:思绪～。

【万恶】wàn'è〈形〉极端恶毒;罪恶多端:～不赦。

【万方】wànfāng ❶〈名〉指全国各地或世界各地:～欢腾。❷〈形〉指姿态多种多样:仪态～。

【万分】wànfēn〈副〉非常;极其:～激动。

【万福】wànfú〈名〉古时妇女行的礼,两手相握重叠在胸前右侧上下移动,同时略微躬身。

【万古】wàngǔ〈名〉千年万代:～长青(永远像春天的草木一样欣欣向荣)。

【万贯】wànguàn 数量词:一万贯铜钱,指极多的钱财:腰缠～。

【万户侯】wànhùhóu〈名〉汉代侯爵的最高一级,享有万户农民的赋税。后泛指高官显爵。

【万机】wànjī〈名〉指当政者处理的各种重要事情:日理～。

【万劫】wànjié〈名〉万世(佛家称世界从生成到毁灭的过程为一劫):～不复(表示永远不能恢复)。

【万金油】wànjīnyóu〈名〉清凉油的旧称。比喻什么都能做,但又什么都不擅长的人。

【万籁】wànlài〈名〉各种声音(籁:孔穴中发出的声音,也泛指一般声响):～俱静。

【万马奔腾】wàn mǎ bēnténg 形容声势浩大或场面热烈。

W

【万马齐喑】wàn mǎ qí yīn 比喻人们都沉默不语,不发表意见(喑:哑)。

【万难】wànnán ❶〈副〉非常难;极难:～从命。❷〈名〉各种困难:排除～。

【万能】wànnéng〈形〉❶无所不能。❷有多种用途的:～胶|～机床。

【万千】wànqiān〈数〉❶形容数量多:接待了～的参观者。❷形容事物所表现的方面多;多种多样:气象～|姿态～。

【万全】wànquán〈形〉非常周密妥当;非常安全:～之策|计出～。

【万人空巷】wàn rén kōng xiàng 小巷里家家户户的人都走到大街上来了,多用来形容庆祝、欢迎等盛况。

【万仞】wànrèn〈形〉形容极高(仞:古时八尺或七尺为一仞):～高峰。

【万乘】wànshèng〈名〉周朝制度,天子地方千里,出兵车万乘,后世称天子为“万乘”。

【万世】wànshì〈名〉很多世代,非常久远:千秋～。

【万事】wànshì〈名〉一切事情:～如意。

【万寿无疆】wàn shòu wú jiāng 永远生存(多用作祝寿的颂词)。

【万水千山】wàn shuǐ qiān shān 很多的山和水,形容遥远而充满艰险的路程。

【万死】wànsǐ〈动〉死一万次(夸张的说法):罪该～|～不辞。

【万岁】wànsuì ❶〈动〉千秋万代永远存在(表示祝愿的话)。❷〈名〉封建时代臣民对皇帝的称呼。

【万万】wànwàn ❶〈数〉一万个万。❷〈副〉无论如何;绝对:～不可等闲视之。

【万无一失】wàn wú yī shī 绝对不出差错。

【万物】wànwù〈名〉指宇宙间的一切事物。

【万象】wànxiàng〈名〉宇宙间的一切事物或景象:包罗～|～更新。

【万幸】wànxìng〈形〉非常幸运(多指免于灾祸)。

【万一】wànyī ❶〈名〉万分之一,表示很小的一部分:笔墨难以形容其～。❷〈名〉指可能性极小的意外情况:以防～。❸〈连〉表示可能性极小的假设:～失败也不要紧。

【万众】wànzhòng〈名〉众多的人;大众:～欢腾。

【万状】wànzhuàng〈形〉❶形状多种多样:重峦叠嶂,形态～。❷形容程度极深:惊恐～。

【万紫千红】wàn zǐ qiān hóng ❶形容百花盛开,颜色艳丽。❷比喻繁荣兴旺的景象。

沥(灄) wàn [沥尾]〈名〉地名,在广西。

腕 wàn〈名〉胳膊下端跟手掌相连接的可以活动的部分。

蔓 wàn〈名〉细长不能直立的茎:瓜～儿。
△另见 mán;màn。

— **wāng** —

汪 wāng ❶〈形〉水深而广:～洋。❷〈动〉液体聚集:眼里～着泪水。❸〈量〉用于液体:一～儿水。❹〈拟〉形容狗叫的声音。❺〈名〉姓。

【汪然】wāngrán〈形〉眼睛里含泪的样子:～出涕。

【汪汪】wāngwāng〈形〉❶眼里充满泪水的样子:眼泪～的。❷形容水面宽广。

【汪洋】wāngyáng〈形〉形容水势浩大:～大海。

— **wáng** —

亡(*兦) wáng ❶〈动〉逃跑:～命|逃～。❷〈动〉失去;丢失:消～|名存实～。❸〈动〉死:～故|夭～|～友。❹〈动〉灭亡:～国|衰～。❺古通“无”(wú):生之有时而用之～度,则物力必屈。

【亡故】wánggù〈动〉死去。

【亡国】wángguó ❶〈动〉使国家灭亡;国家灭亡:～之恨。❷〈名〉灭亡了的国家:～奴。

【亡化】wánghuà〈动〉亡故;死去。

【亡魂丧胆】wáng hún sàng dǎn 形容十分惊慌恐惧。

【亡灵】wánglíng〈名〉迷信指人死后的灵魂，现也用于比喻：祭奠～。

【亡命】wángmìng〈动〉❶逃亡；流亡：～在外。❷不顾性命(冒险干坏事)：～之徒。

【亡失】wángshī〈动〉丢失；散失。

【亡逝】wángshì〈动〉亡故；死去。

【亡羊补牢】wáng yáng bǔ láo《战国策·楚策四》："亡羊而补牢，未为迟也。"丢了羊再去修补羊圈，还不算晚。比喻出了问题以后想办法去补救，免得以后再受损失(牢：饲养牲畜的圈)。

备用词　出亡　流亡　逃亡　覆亡　沦亡　灭亡　丧亡　伤亡　衰亡　死亡　危亡　消亡　阵亡　家破人亡　名存实亡　生死存亡

王　wáng❶〈名〉君主：国～|君～。❷〈名〉君主国家最高的封爵：～府|亲～。❸〈形〉辈分高的：～父(祖父)|～母(祖母)。❹〈名〉一族或一类中的首领：兽～。❺〈名〉姓。　△另见 wàng。

【王八】wángba〈名〉❶乌龟或鳖的俗称。❷讥称妻子有外遇的人(骂人的话)。❸旧指开设妓院的男子。

【王朝】wángcháo〈名〉朝代；朝廷：封建～。

【王储】wángchǔ〈名〉某些君主国家被确定继承王位的人。

【王道】wángdào〈名〉我国古代政治哲学中指君主以仁义治天下的政策。

【王法】wángfǎ〈名〉❶旧时称国家法律：触犯～。❷指政策法令。

【王府】wángfǔ〈名〉有王爵封号的人的住宅。

【王公】wánggōng〈名〉王爵和公爵，泛指显贵的爵位：～贵族。

【王宫】wánggōng〈名〉国王居住的地方。

【王冠】wángguān〈名〉国王戴的帽子。

【王国】wángguó〈名〉❶以国王为国家元首的君主制国家。❷比喻某种事物占统治地位的地方或领域：自行车～。

【王侯】wánghóu〈名〉王爵和侯爵，泛指显贵的爵位。

【王后】wánghòu〈名〉国王的妻子。

【王牌】wángpái〈名〉扑克牌等游戏中最强的牌，比喻最强有力的人物或手段等。

【王师】wángshī〈名〉帝王的军队。

【王室】wángshì〈名〉❶帝王的同宗。❷指朝廷。

【王孙】wángsūn〈名〉封王者的子孙，也泛指贵族的子孙。

【王爷】wángye〈名〉封建时代对有王爵封号的人的尊称。

【王子】wángzǐ〈名〉国王的儿子。

【王族】wángzú〈名〉国王的同族。

— wǎng —

网(網)wǎng❶〈名〉用绳线等结成的捕鱼捉鸟的器具：鱼～|罗～。❷〈名〉形状或作用像网的东西：～兜|球～。❸〈名〉像网一样的组织或系统：通讯～|灌溉～。❹〈动〉用网捕捉：～鱼|～鸟。❺〈动〉像网似的笼罩着：眼里～着红丝。

【网吧】wǎngbā〈名〉备有计算机可供上网并且兼售饮料等的营业性场所。有的地区叫"电脑咖啡屋"、"公共电脑屋"。

【网虫】wǎngchóng〈名〉网迷(含诙谐意)。

【网点】wǎngdiǎn〈名〉指像网一样成系统地分设在各处的商业、服务业单位：销售～|增设售后服务～|在新居民区增设商业～。

【网管】wǎngguǎn❶〈动〉网络管理。❷〈名〉网络管理员。

【网海】wǎnghǎi〈名〉比喻像大海一样广阔的网络世界。

【网警】wǎngjǐng〈名〉网络警察的简称。

【网卡】wǎngkǎ〈名〉网络接口卡，用于网络接口的卡式器件。插入计算机的总线槽，以连接计算机与特定的网络。

【网开一面】wǎng kāi yī miàn 把捕禽兽的网打开一面，比喻用宽大的态度来对待。本作"网开三面"（见于《史记·殷本纪》）。

【网恋】wǎngliàn〈名〉通过互联网以网上聊天儿等方式进行的恋爱（有些是虚拟的）。

【网路】wǎnglù〈名〉网络。

【网罗】wǎngluó ❶〈名〉捕鱼的网和捕鸟的罗，比喻束缚人的东西：陷入～｜逃出～。❷〈动〉从各方面搜寻招致：～人才｜～爪牙。

【网络】wǎngluò〈名〉❶网状的东西。❷比喻由许多互相交错的分支组成的系统：交通运输～｜这个新兴城市已经形成合理的经济～。❸由若干元件、器件或设施等组成的具有一定功能的系统：计算机～｜通信～。

【网络版】wǎngluòbǎn〈名〉❶报刊、文学作品等登载在互联网上的版本。❷软件的可以供网络中的多台计算机同时使用的版本。

【网络电话】wǎngluò diànhuà ❶指通过互联网接通的电话。采用分组交换方式，使许多用户共享网络资源，通话费用较低。❷指网际协议电话。用普通电话通过电话网，再利用互联网实现远距离通话。

【网络计算机】wǎngluò jìsuànjī 专用于网络环境下的简易型计算机。可以使用网络服务器上的软件、硬件和数据资源。一般不需要硬盘、软盘、光驱等外部存储器。

【网络教育】wǎngluò jiàoyù 通过互联网实施的教育，是现代远程教学的重要组成部分。

【网络经济】wǎngluò jīngjì 以互联网技术和信息技术的运用为主要特征的经济。

【网络警察】wǎngluò jǐngchá 指专门打击利用计算机互联网实施犯罪的警察。简称"网警"。

【网络文学】wǎngluò wénxué 在互联网上发表的文学作品。由于采用了网络为媒介，具有传播迅速、反馈及时的特点。

【网络学校】wǎngluò xuéxiào 通过互联网，以多媒体和电子信息技术为手段，进行远距离教学，让学生接受与课堂教学同步的学习内容的虚拟学校。简称"网校"。

【网络银行】wǎngluò yínháng 网上银行。

【网络游戏】wǎngluò yóuxì 在互联网上联机进行的电子游戏。

【网络语言】wǎngluò yǔyán 指网民在网上聊天室和电子公告牌系统等里面习惯使用的特定词语和符号。

【网迷】wǎngmí〈名〉喜欢上网而入迷的人。

【网民】wǎngmín〈名〉指互联网的用户。

【网上购物】wǎngshàng gòuwù 通过计算机网络购买东西。

【网上书店】wǎngshàng shūdiàn 通过计算机网络销售图书的虚拟书店。

【网上银行】wǎngshàng yínháng 没有实际营业场所，全部业务都在计算机互联网上进行的虚拟银行。也叫"网络银行"。

【网校】wǎngxiào〈名〉网络学校的简称。

【网页】wǎngyè〈名〉可以在互联网上进行信息查询的信息页。

【网友】wǎngyǒu〈名〉通过互联网交往的朋友，也用于网民之间的互称。

【网站】wǎngzhàn〈名〉某个企业、组织、机构或个人在互联网上建立的网络站点，一般由一个主页和许多网页构成。每一个网站对应一个网址。也说"站点"。

【网址】wǎngzhǐ〈名〉网站在互联网上的地址。

枉 wǎng ❶〈形〉弯曲或歪斜：矫～过正。❷〈动〉使歪曲：～法。❸〈形〉冤屈：冤～｜屈～。❹〈副〉白白地：徒然：～然。❺〈动〉屈尊：～驾。❻〈名〉姓。

【枉法】wǎngfǎ〈动〉执法的人为了私利而有意地歪曲和破坏法律：贪赃～｜徇情～。

【枉费】wǎngfèi〈动〉白费；空费：～唇舌｜～心机。

【枉驾】wǎngjià〈动〉敬辞，称对方来拜访自己或请对方去拜访他人。

【枉自】wǎngzì〈副〉空自；徒然：～多情。

【枉然】wǎngrán〈形〉得不到任何收获的。

罔（＊罔）wǎng ❶同"网"①。❷〈动〉蒙蔽：欺～。❸〈形〉迷惑而无所得：学而不思则～；思而不学则殆。❹〈副〉没有；无：置若～闻。

往（＊徃）wǎng ❶〈动〉去：～复｜～还｜神～。❷〈动〉向（某处去）：一个～东，一个～西。❸〈形〉过去的：～常｜～昔｜～事。

【往常】wǎngcháng〈名〉过去的平常日子：他像～一样来得很早。

【往返】wǎngfǎn〈动〉来回；反复：徒劳～。

【往复】wǎngfù〈动〉❶来回；反复：循环～｜歌声回荡～。❷往来：宾主～。

【往还】wǎnghuán〈动〉往来：书信～。

【往来】wǎnglái〈动〉❶去和来：～不绝。❷交际；来往：～密切。

【往日】wǎngrì〈名〉从前。

【往事】wǎngshì〈名〉过去的事情:～不堪回首。

【往往】wǎngwǎng〈副〉❶表示某种情况时常存在或发生:他身体不好,～不能准时来。❷表示处处、到处:～皆是。

【往昔】wǎngxī〈名〉过去;从前:缅怀～。

惘 wǎng〈形〉失意:怅～|迷～。

【惘然】wǎngrán〈形〉失意的样子;心里好像失去了什么的样子:～若失。

辋(輞) wǎng〈名〉车轮周围的框子。

蝄 wǎng 见〖蝄蜽〗(蝄蜽)。

魍 wǎng[魍魉(liǎng)](蝄蜽)〈名〉古代传说中的怪物:魑魅～。

— wàng —

王 wàng〈动〉古代称君主有天下:～天下。△另见 wáng。

妄 wàng❶〈形〉虚妄;不合实际的:狂～|愚～。❷〈副〉非分地;出了常规地;胡乱:～求|～想。

【妄动】wàngdòng〈动〉轻率地行动:轻举～。

【妄求】wàngqiú〈动〉非分地要求。

【妄人】wàngrén〈名〉无知妄为的人。

【妄说】wàngshuō〈动〉瞎说;胡说:无知～。

【妄肆】wàngsì〈形〉狂妄放肆。

【妄图】wàngtú〈动〉狂妄地谋划;非分地打算。

【妄为】wàngwéi〈动〉胡作非为:胆大～。

【妄下雌黄】wàng xià cíhuáng 乱改文字;乱发议论。参见〖雌黄〗。

【妄想】wàngxiǎng❶〈动〉狂妄地打算:～时光倒流。❷〈名〉虚妄而不能实现的打算:事实击碎了他的～。

【妄言】wàngyán❶〈动〉随便地说;乱说:是非功过,在下不敢～。❷〈名〉妄语;虚妄的话:一派～。

【妄语】wàngyǔ❶〈动〉说假话;胡说:不～。❷〈名〉虚妄的话:口出～。

【妄自菲薄】wàng zì fěibó 过分地看轻自己。

【妄自尊大】wàng zì zūn dà 狂妄自大,不把别人放在眼里。

备用词 狂妄 虚妄 愚妄

忘 wàng〈动〉忘记:～怀|～却|遗～|备～录。

【忘本】wàngběn〈动〉境遇变好后忘掉了自己原来的情况或所以能够好起来的根源。

【忘恩负义】wàng ēn fù yì 忘记别人对自己的恩情,做出对不起别人的事。

【忘乎所以】wàng hū suǒ yǐ 由于得意或骄傲自满而忘记一切。也说"忘其所以"。

【忘怀】wànghuái〈动〉忘记。

【忘记】wàngjì〈动〉❶经历的事不再留在记忆中;不记得:不能～过去。❷该做的或原来准备做的事因疏忽而没有做;没有记住:他看得十分专心,竟～了吃饭。

【忘年交】wàngniánjiāo〈名〉年岁相差很远或辈分不同而交情深厚的朋友。

【忘其所以】wàng qí suǒ yǐ 忘乎所以。

【忘情】wàngqíng〈动〉❶感情上放得下;无动于衷:难以～。❷不能控制自己的感情:～歌唱。

【忘却】wàngquè〈动〉忘记。

【忘我】wàngwǒ〈动〉不考虑个人;不顾自己:～工作|～的精神。

【忘形】wàngxíng〈动〉❶因得意或高兴而忘掉应有的礼貌或失去常态:得意～。❷朋友间因极要好而不拘形迹:～之交。

备用词 淡忘 健忘 难忘 遗忘 没齿不忘 念念不忘 永志不忘

旺 wàng❶〈形〉旺盛:～季|兴～|牡丹花开得正～。❷〈名〉姓。

【旺季】wàngjì〈名〉营业旺盛或某种东西生产多的季节(跟"淡季"相对)。

【旺健】wàngjiàn〈形〉精力旺盛,身体健康。

【旺盛】wàngshèng〈形〉生命力强;情绪高涨。

【旺市】wàngshì〈名〉交易旺盛的市场形势(跟"淡市"相对):营造节日～|积极组织货源,应对春节～。

【旺势】wàngshì〈名〉旺盛的势头:红色旅游趋于～|绿色食品近年呈现出销售～。

【旺相】wàngxiàng 方言〈形〉茂盛:罗汉豆正～。

【旺销】wàngxiāo〈动〉畅销:～商品|家用电器出现～势头。

望(*朢) wàng❶〈动〉向远处看:观～|张～|仰～|一眼欲穿。❷〈动〉探望:拜～|看～。❸〈动〉盼望;希望:愿～|指～|渴～。❹〈名〉名望:德高～重。❺〈动〉怨恨;不意君之～臣深也。❻〈名〉望子,店铺标明属于某种行业的标志:酒～。❼〈介〉对着;朝着:～我点点头。❽〈名〉农历每月十五日(有时是十六

日或十七日），地球上看见圆形的月亮，这种月相叫"望"。❾〈名〉望日：朔～。❿〈名〉姓。

【望尘莫及】wàng chén mò jí 远远望见前面的人马扬起的尘土而追赶不上，比喻远远落后。

【望穿秋水】wàng chuān qiū shuǐ 望穿了眼睛，形容盼望得十分急切（秋水：比喻眼睛）。

【望断】wàngduàn〈动〉向远处看直到看不见：天高云淡，～南飞雁。

【望而却步】wàng ér què bù 一看就往后退缩，形容害怕困难或危险。

【望而生畏】wàng ér shēng wèi 一看见就害怕。

【望风】wàngfēng〈动〉给正在进行秘密活动的人观察动静。

【望风而逃】wàng fēng ér táo 远远看见对方气势很盛就吓得逃跑了。

【望风披靡】wàng fēng pī mǐ 形容军队毫无斗志，远远看见对方旺盛的气势就溃散了。

【望梅止渴】wàng méi zhǐ kě 南朝宋刘义庆《世说新语·假谲》记载，曹操带兵行军，士兵们很渴，曹操骗他们说：前面有大片梅林，梅子很多，又甜又酸。士兵们听了，嘴里有了口水，一时也就不渴了。后比喻用空想或假象来安慰自己。

【望日】wàngrì〈名〉天文学上指月亮圆的那一天，通常指农历每月十五日。

【望文生义】wàng wén shēng yì 不懂词句的确切意思，只从字面上去附会，做出错误的解释。

【望闻问切】wàng wén wèn qiè 中医诊病的四种方法。望是看病人的面色、舌苔等；闻是听病人的声音、咳嗽和喘息，嗅病人的口臭、体臭等气味；问是询问病人自己所感觉到的症状、以前所患过的病等；切是用手诊脉或按、摸腹部有无痞块等。

【望眼欲穿】wàng yǎn yù chuān 眼睛都要望穿了，形容盼望急切。

【望洋兴叹】wàng yáng xīng tàn 本义指在伟大的事物面前感叹自己的渺小，现多指要做一件事力量不够或缺乏条件而感到无可奈何（望洋：仰视的样子）。

【望月】wàngyuè〈名〉望日的月亮。也叫"满月"。

【望族】wàngzú〈名〉有名望、有地位的家族：名门～。

备用词　拜望　看望　探望　观望　瞭望　凝望　眺望　仰望　瞻望　张望　巴望　渴望　盼望　期望　企望　希望　展望　指望　绝望　失望　欲望　愿望　才望　德望　名望　声望　威望　大失所望　大喜过望

━━ wēi ━━

危 wēi ❶〈形〉危险；不安全（跟"安"相对）：～急｜～难｜～言耸听｜居安思～。❷〈动〉使处于危险境地；损害：～害。❸〈形〉指人快要死：病～。❹〈形〉高：～楼百尺。❺〈形〉端正：正襟～坐。❻〈名〉星宿名，二十八宿之一。❼〈名〉姓。

【危殆】wēidài〈形〉（生命、形势等）危险到不能维持的地步：病势～。

【危笃】wēidǔ〈形〉病势危急，濒于死亡。

【危恶】wēi'è〈形〉危难险恶：形势～。

【危害】wēihài〈动〉损害；使受损害：～健康｜社会秩序。

【危机】wēijī〈名〉❶潜伏的危险：～四伏。❷严重困难的关头：经济～。

【危及】wēijí〈动〉危害到；威胁到：～生命。

【危急】wēijí〈形〉危险而紧急：病情～。

【危难】wēinàn〈名〉危险和灾难：～之际。

【危浅】wēiqiǎn〈形〉（生命）垂危：人命～。

【危如累卵】wēi rú lěi luǎn 危险得如同摞（luò）起来的蛋一样，随时可能倒下破碎，形容形势非常危急。

【危亡】wēiwáng ❶〈动〉（国家、民族）濒于灭亡。❷〈名〉（国家、民族）濒于灭亡的危险局势：挽救民族的～。

【危险】wēixiǎn〈形〉有遭到损害、灭亡或失败的可能：～的工作。

【危言耸听】wēi yán sǒng tīng 故意说吓人的话使人听了吃惊。

【危在旦夕】wēi zài dàn xī 形容危险就在眼前。

【危重】wēizhòng〈形〉（病情）严重而危险：～病人。

【备用词】安危　垂危　乘人之危　居安思危

委 wēi［委蛇(yí)］❶同"逶迤"。❷〈动〉敷衍；应付：虚与～。
△另见 wěi。

威 wēi〈名〉❶表现出来的能压服人的力量或使人敬畏的气魄：～信｜～严｜声～｜狐假虎～。❷姓。

【威逼】wēibī〈动〉用强力逼迫：～利诱。

【威风】wēifēng ❶〈名〉使人敬畏的气势或气派。❷〈形〉形容有威风：骑在马上很～。

【威吓】wēihè〈动〉用威势来吓(xià)唬。

【威力】wēilì〈名〉使人畏惧的强大力量。

【威灵】wēilíng〈名〉指鬼神；神灵。

【威名】wēimíng〈名〉因有惊人的力量或武功而得到的名望：～远扬。

【威迫】wēipò〈动〉威逼。

【威权】wēiquán〈名〉威力和权势。

【威慑】wēishè〈动〉用武力使对方感到畏惧。

【威势】wēishì〈名〉威力和气势。

【威望】wēiwàng〈名〉声誉和名望：崇高的～。

【威武】wēiwǔ ❶〈名〉权势和武力：～不能屈。❷〈形〉威严而有气派：雄壮～。❸〈形〉力量强大：～的军队。

【威胁】wēixié〈动〉威逼恫吓使人屈服。

【威信】wēixìn〈名〉威望和信誉：树立～。

【威压】wēiyā〈名〉强大的使人畏惧的压力。

【威严】wēiyán ❶〈形〉威武而严肃的样子：～整齐的队列。❷〈名〉威风：摆出尊长的威～。

【威仪】wēiyí〈名〉使人敬畏的严肃的容貌和庄重的举止。

【备用词】权威　神威　声威　雄威　淫威　发威　施威　示威　助威　狐假虎威　耀武扬威

逶 wēi［逶迤(yí)］〈形〉形容道路、山脉、河流等弯弯曲曲延绵不绝的样子。也作"委蛇"(wěiyí)。

倭 wēi〈动〉亲热地靠着；紧挨着：～依｜孩子～在母亲怀里。

【倭依】wēiyī〈动〉倭：两人紧紧～在一起。

【倭倚】wēiyǐ〈动〉倭依。

隈 wēi〈名〉❶山、水等弯曲的地方：山～｜城～。❷角落。

揾 wēi 方言。〈动〉使细长的东西弯曲：用铁丝～一个圈儿。

葳 wēi［葳蕤(ruí)］〈形〉形容枝叶繁盛。

崴 wēi［崴嵬(wéi)］〈形〉形容山高。
△另见 wǎi。

微 wēi ❶〈形〉轻微；细小：～风｜无～不至｜相差甚～。❷〈形〉衰败：衰～。❸〈形〉精深奥妙：精～｜～妙。❹〈副〉a)悄悄地；暗暗地：～察公子，公子颜色愈和。b)稍微；略微：头一侧｜～感不适｜面色～红。❺〈形〉含蓄：其文约，其辞～，其志洁，其行廉。❻〈动〉无；没有：噫！～斯人，吾谁与归?

【微波】wēibō〈名〉❶细小的水波：～荡漾。❷一般指波长从1毫米—1米(频率300吉赫—300兆赫)的无线电波。可分为分米波、厘米波和毫米波等。微波的方向性强，频率高，应用于导航、雷达、遥感技术、卫星通信、气象、天文等方面。

【微波炉】wēibōlú〈名〉一种利用微波加热的炊具。工作时微波从各个角度进入炉腔，使放在里面的食物的分子振荡、摩擦而产生热量，食物的内部和外部一起受热。

【微博】wēibó〈名〉微型博客的简称。

【微薄】wēibó〈形〉微小单薄；少量：收入～。

【微不足道】wēi bù zú dào 十分藐小，不值得一提。

【微词】wēicí〈名〉隐晦的批评。也作"微辞"。

【微辞】wēicí 同"微词"。

【微观】wēiguān〈形〉❶深入到分子、原子、电子等构造的领域(跟"宏观"相对，下同)：～世界。❷借指事物的部分或较小范围的：宏观控制，～经济｜～考察。

【微观经济学】wēiguān jīngjìxué 以单个经济单位、个别商品作为研究对象的经济学。

【微观粒子】wēiguān lìzǐ 分子、原子和粒子的统称。

【微观世界】wēiguān shìjiè 指分子、原子和粒子等极微小物质的领域。

【微乎其微】wēi hū qí wēi 形容非常小或非常少。

【微贱】wēijiàn〈形〉旧时指身份或地位低下；卑贱：出身～。

【微茫】wēimáng〈形〉隐隐约约；模糊不清晰。

【微妙】wēimiào〈形〉深奥玄妙，难以捉摸。

【微末】wēimò〈形〉细小；不重要。

【微漠】wēimò〈形〉微茫；淡漠。

【微弱】wēiruò〈形〉细小而弱：声音～。

【微生物】wēishēngwù〈名〉生物的一大类，形体微小，构造简单，如细菌、病毒等。

【微调】wēitiáo ❶〈动〉电子学上指对调谐电容做很小的变动、调整。❷〈名〉指微调电容器，电容量可做精细调整的小容量电容器。❸

W

〈动〉泛指做小幅度的调整：～存款利率。

【微微】wēiwēi ❶〈形〉轻微：泪光点点，娇喘～。❷〈副〉稍微；略微：～一笑。

【微细】wēixì〈形〉非常细小：～的血管。

【微小】wēixiǎo〈形〉极小：～的进步。

【微行】wēixíng〈动〉帝王或大官隐蔽身份改装出行。

【微型】wēixíng〈形〉体积比同类东西小的：～计算机。

【微型博客】wēixíng bókè〈名〉内容简短，一般不超过 140 个字的博客。简称"微博"。

【微言大义】wēi yán dà yì 精微的语言和深奥的含义。

备用词 卑微 低微 寒微 轻微 细微 略微 稍微 些微 谨小慎微 具体而微 体贴入微

煨 wēi〈动〉❶一种烹饪方法，用微火慢慢地煮：～牛肉。❷把生的食物放在带火的灰里使烤熟：～白薯。

溦 wēi〈名〉小雨。

薇 wēi〈名〉古书上指巢菜。

鳂（鰃） wēi〈名〉鱼，身体多为红色，眼大，口大而斜。生活在热带海洋中。

巍 wēi〈形〉形容高大：～峨｜崔～。

【巍峨】wēi'é〈形〉山或建筑物高大耸立的样子：～的群山｜厂房～，烟囱耸立。

【巍然】wēirán〈形〉高大雄伟的样子：～屹立。

【巍巍】wēiwēi〈形〉高大的样子：～井冈山。

══ wéi ══

韦（韋） wéi〈名〉❶皮革。❷姓。

为（爲） wéi ❶〈动〉做：～人｜～所欲～。❷〈动〉充当；作为：选他～班长。❸〈动〉变成；成：混～一谈｜化～乌有。❹〈动〉是：识时务者～俊杰。❺〈介〉被（跟"所"字合用）：相声～广大人民群众所喜闻乐见。❻〈助〉常跟"何"相应，表示疑问：何以家～（要家干什么）？❼后缀，附于某些单音节形容词后面，构成表示程度、范围的副词：广～流传。❽后缀，附于某些表示程度的单音节副词后面，加强语气：极～重视。❾〈名〉姓。
△另见 wèi。

【为非作歹】wéi fēi zuò dǎi 做各种坏事。

【为富不仁】wéi fù bù rén 靠剥削等手段发财致富的人心狠手辣，没有好心肠。

【为难】wéinán ❶〈形〉感到难以应付：这事叫人～。❷〈动〉作对；刁难：故意～他。

【为期】wéiqī〈动〉从时间或期限长短上看：～不远。

【为人】wéirén〈名〉指做人处世的态度：～谦和。

【为寿】wéishòu〈动〉向尊长者敬酒：酒酣公子起，～侯生前。

【为数】wéishù〈动〉从数量多少上看：～众多。

【为所欲为】wéi suǒ yù wéi 想干什么就干什么。

【为伍】wéiwǔ〈动〉做伙伴：羞与～。

【为止】wéizhǐ〈动〉截止；终止：到目前～。

备用词 行为 作为 变为 成为 沦为 认为 以为 大有可为 大有作为 胡作非为 见义勇为 事在人为 无所不为 无所作为

圩 wéi〈名〉圩子①：～堤｜筑～。
△另见 xū。

【圩子】wéizi〈名〉❶低洼地区防水护田的堤岸。❷同"围子"①。

违（違） wéi〈动〉❶不遵照；不依从：～反｜～背｜阳奉阴～。❷离别：久～。

【违碍】wéi'ài〈动〉旧时指触犯统治者的忌讳：～字句。

【违拗】wéi'ào〈动〉有意不顺从；违背：～长官意志。

【违背】wéibèi〈动〉违反；不遵守：～初衷｜～誓言。

【违法乱纪】wéi fǎ luàn jì 违犯法令，破坏纪律。

【违反】wéifǎn〈动〉不遵守；不符合：～纪律。

【违犯】wéifàn〈动〉违背和触犯（党纪、国法）：

【违规】wéiguī〈动〉违反有关的规定或规程：～现象｜～操作。

【违纪】wéijì〈动〉违反纪律。

【违节】wéijié〈动〉不遵守常规：寝食～。

【违禁】wéijìn〈动〉违犯禁令：～品。

【违抗】wéikàng〈动〉违背抗拒：～命令。

【违慢】wéimàn〈动〉违拗；怠慢。

【违误】wéiwù〈动〉公文用语，违反命令，耽误公事：着即照办，不得～。

【违宪】wéixiàn〈动〉违反宪法。

【违心】wéixīn〈动〉违背自己的心意；不是出于内心：～之言。

【违约】wéiyuē〈动〉违背或不履行共同的约定。

【违章】wéizhāng〈动〉违反规章：～操作｜～建筑｜～驾驶。

围（圍）wéi ❶〈动〉四周拦挡起来，使里外不通；环绕：～绕｜～困｜包～。❷〈名〉四周：周～。❸〈量〉a）两只手的拇指和食指合拢来的长度：腰粗两～。b）两只胳膊合拢来的长度：树粗一～。❹〈名〉姓。

【围攻】wéigōng〈动〉包围起来加以攻击。

【围歼】wéijiān〈动〉包围起来歼灭。

【围剿】wéijiǎo〈动〉包围起来剿灭。

【围垦】wéikěn〈动〉用堤坝把滩地围起来垦殖。

【围困】wéikùn〈动〉包围起来使处于困境。

【围猎】wéiliè〈动〉围捕野兽，泛指打猎。

【围绕】wéirào〈动〉❶围着转动：地球～太阳旋转。❷以某个问题或事情为中心：～增产节约发表意见。

【围魏救赵】wéi wèi jiù zhào《史记·孙子吴起列传》记载，魏国围攻赵国都城邯郸，赵国向齐国求援。齐威王派田忌带兵救赵。田忌用孙膑的计策，趁魏国国内空虚，引兵攻打魏国都城大梁。魏军不得不撤离邯郸，回救本国，在途中遭齐军截击，大败，赵国因而解围。后来用"围魏救赵"来指类似的作战方法。

【围子】wéizi ❶〈名〉围绕村庄的土石等筑成的障碍物：土～。❷同"圩（wéi）子"①。❸同"帷子"。

备用词 包围 合围 解围 突围 重围 范围 四围 外围 周围

帏（幃）wéi ❶同"帷"。❷〈名〉古人佩带的香囊。

闱（闈）wéi〈名〉❶宫的侧门：宫～。❷科举时代称考场：～墨｜入～。

沩（溈）wéi [沩源口]地名，在湖北。

浉（溮）wéi〈名〉浉水，水名，在湖南。

涠（潿）wéi〈名〉涠水，水名，在湖北。

桅wéi〈名〉桅杆，船上挂帆的杆子：船～｜～樯（桅杆）。

涠（潿）wéi〈名〉涠洲，岛名，在广西。

唯wéi ❶〈副〉单单；只：～一｜～独。❷〈副〉只是：他学习很好，～身体稍差。❸〈叹〉表示答应的词：～～诺诺。

【唯独】wéidú〈副〉单单；别的事还可以放一放，～这件事必须赶快做。也作"惟独"。

【唯恐】wéikǒng〈动〉只怕：～落后｜～迟到。也作"惟恐"。

【唯利是图】wéi lì shì tú 只贪图财利，别的什么都不顾。也作"惟利是图"。

【唯命是从】wéi mìng shì cóng 唯命是听。也作"惟命是从"。

【唯命是听】wéi mìng shì tīng 让做什么，就做什么，绝对服从。也作"惟命是听"。也说"唯命是从"。

【唯其】wéiqí〈连〉表示因果关系，跟"正因为"相近：～如此，才更觉它可爱。也作"惟其"。

【唯我独尊】wéi wǒ dú zūn 认为只有自己了不起。也作"惟我独尊"。

【唯物论】wéiwùlùn〈名〉唯物主义。

【唯物主义】wéiwù zhǔyì 哲学中两大派别之一，认为世界按它的本质来说是物质的，是在人的意识之外，不依赖于人的意识而客观存在的。物质是第一性的，意识是物质存在的反映，是第二性的。唯物主义经历了朴素唯物主义、形而上学唯物主义和辩证唯物主义三个发展阶段。

【唯心论】wéixīnlùn〈名〉唯心主义。

【唯唯诺诺】wéiwéinuònuò 形容没有主见，说话做事一味顺从别人。

【唯心主义】wéixīn zhǔyì 哲学中两大派别之一，认为物质世界是意识、精神的产物，意识、精神是第一性的，物质是第二性的。把客观世界看成是主观意识的体现或产物的叫"主观唯心主义"，把客观世界看成是客观精神的体现或产物的叫"客观唯心主义"。

【唯一】wéiyī〈形〉只有一个；独一无二：这是～可行之法｜他是我～的亲人。也作"惟一"。

W

【唯有】wéiyǒu 也作"惟有"。❶〈连〉只有：~努力，才能成功。❷〈副〉只有；仅有：我们都喜欢，~他不喜欢。

帷 wéi〈名〉帐子：~幕｜~幔。

【帷幔】wéimàn〈名〉帷幕。
【帷幕】wéimù〈名〉挂在较大的屋子里或舞台上做遮挡用的布。
【帷幄】wéiwò〈名〉古时军队中用的帐幕。
【帷子】wéizi〈名〉围起来起遮挡、保护作用的布：床~｜车~｜炕~。

惟 wéi ❶同"唯"①②。❷〈助〉用在年、月、日之前，有加强语气的作用：~二月既望（既望：农历每月十六日）。❸〈动〉思考；想。

【惟独】wéidú 同"唯独"。
【惟恐】wéikǒng 同"唯恐"。
【惟利是图】wéi lì shì tú 同"唯利是图"。
【惟妙惟肖】wéi miào wéi xiào 形容描写或模仿得非常好，非常逼真：这幅画把儿童活泼有趣的神态画得~。
【惟命是从】wéi mìng shì cóng 同"唯命是从"。
【惟命是听】wéi mìng shì tīng 同"唯命是听"。
【惟其】wéiqí 同"唯其"。
【惟我独尊】wéi wǒ dú zūn 同"唯我独尊"。
【惟一】wéiyī 同"唯一"。
【惟有】wéiyǒu 同"唯有"。

维（維） wéi ❶〈动〉连接：~系。❷〈动〉保持；保全：~持｜~护。❸〈动〉思想；思~。❹〈动〉是：进退~谷。❺〈名〉构成空间的每一个因素（如长、宽、高）叫作一维，如直线是一维的，平面是二维的，空间是三维的。❻〈名〉姓。

【维持】wéichí〈动〉维护使保持（现有的状况）；使继续存在下去：~秩序｜~生活。
【维和】wéihé〈动〉维护和平：~部队｜~行动。
【维护】wéihù〈动〉维持保护，使免受损失或遭破坏：~团结｜~集体利益。
【维权】wéiquán〈动〉维护合法权益：~意识。
【维生素】wéishēngsù〈名〉人和动物生长和代谢所必需的微量有机化合物。
【维系】wéixì ❶〈动〉维持并联系，使不涣散：~人心｜~感情。❷连接；联系：这些药品~着许多伤病员的生命。
【维新】wéixīn〈动〉反对旧的，提倡新的。一般指政治上的革新与改良：变法~。
【维修】wéixiū〈动〉保护和修理：~机器。

嵬 wéi〈形〉高大：~然。

潍（濰） wéi〈名〉潍河，水名，在山东。

=== wěi ===

伟（偉） wěi ❶〈形〉高大：雄~｜魁~。❷〈形〉卓越；超出寻常：~业｜~人｜~绩。❸〈名〉姓。

【伟岸】wěi'àn〈形〉（身材）魁伟；（树木）高大挺拔。
【伟大】wěidà〈形〉品格崇高；才识卓越；气象雄伟；规模宏大；超出寻常，令人景仰钦佩的：~的成就｜~的祖国。
【伟绩】wěijì〈名〉伟大的功绩：丰功~。
【伟力】wěilì〈名〉巨大的力量。
【伟丽】wěilì〈形〉雄伟壮丽。
【伟人】wěirén〈名〉伟大的人物：一代~。
【伟业】wěiyè〈名〉伟大的业绩：成就~。
备用词 宏伟　魁伟　雄伟

伪（僞） wěi ❶〈形〉有意做作掩盖本来面貌的；虚假（跟"真"相对）：~钞｜~善｜去~存真。❷〈形〉不合法的：~政权。❸〈动〉假装；假造：乃~为屋券，列贾（价）五百金，告公。

【伪君子】wěijūnzǐ〈名〉表面上正派，实际上卑鄙无耻的人。
【伪善】wěishàn〈形〉虚假善良：~的面孔。
【伪造】wěizào〈动〉假造：~证件。
【伪证】wěizhèng ❶〈动〉假造证据诬陷人：~罪。❷〈名〉假造的证据。
【伪装】wěizhuāng ❶〈动〉隐蔽真相；假装：~积极。❷〈名〉用来伪装的东西；假的装扮：剥去~。

苇（葦） wěi〈名〉芦苇，草本植物，多生在水边，茎中空，可以用来编席、造纸：~箔｜~塘。

【苇箔】wěibó〈名〉用芦苇编成的帘子。
【苇眉子】wěiméizi 方言。〈名〉芦苇劈成的篾，供编席用。
【苇塘】wěitáng〈名〉生长芦苇的池塘。
【苇子】wěizi〈名〉芦苇。

芛（蒍） wěi〈名〉姓。

尾 wěi ❶〈名〉尾巴：~大不掉｜虎头蛇~。❷〈名〉末端；末尾：~声｜街头巷~｜有头无~。❸〈名〉主要部分以外的部分；没有了

结的事情:～数|收～。❹〈动〉跟在后面:～随。❺〈名〉星宿名,二十八宿之一。❻〈量〉用于鱼:一～鱼。

△另见 yǐ。

【尾巴】wěiba〈名〉❶鸟、兽、虫、鱼等动物身体末端突出的部分。❷某些物体的尾部:飞机的～。❸指没有主见、完全随声附和的人。❹比喻在别人后面跟踪的人:他机警地甩掉～。

【尾巴工程】wěiba gōngchéng 指有小部分长期完不成因而不能竣工的工程。

【尾大不掉】wěi dà bù diào 比喻机构下面强上面弱,或组织机构庞大、涣散,因而指挥不灵(掉:摇动)。

【尾款】wěikuǎn〈名〉结算账目时没有结清的数目较小的款项:拖欠～|付清购车～|所欠～五天内还清。

【尾气】wěiqì〈名〉机动车辆或其他设备在工作过程中所排出的废气:汽车～。

【尾声】wěishēng〈名〉❶乐曲或文学作品的最后部分。❷指某项活动快要结束的阶段。

【尾随】wěisuí〈动〉紧跟在后面。

【尾追】wěizhuī〈动〉紧跟在后面追赶。

备用词　结尾　扫尾　煞尾　收尾　藏头露尾　彻头彻尾　虎头蛇尾　街头巷尾　掐头去尾　畏首畏尾　摇头摆尾

纬(緯) wěi,旧读 wèi〈名〉❶织物上横向的纱或线(跟"经"相对):经～|～纱。❷纬度,地球表面南北距离的度数:南～|北～。❸纬书,指汉代神学迷信附会儒家经义的一类书:谶～。

【纬线】wěixiàn〈名〉❶织物或织布机上的横的方向的线。❷假定的沿地球表面跟赤道平行的线。

玮(瑋) wěi❶〈名〉一种玉。❷〈形〉珍奇;贵重:～奇|明珠～宝。

【玮奇】wěiqí〈形〉奇特。

委 wěi❶〈动〉把事交给别人去办:～托|～派。❷〈动〉抛弃:～弃。❸〈动〉推诿:～过|～罪。❹〈形〉曲折:～婉。❺〈动〉积聚:～积。❻〈名〉水流所集;水的下游;末尾:原～。❼〈形〉无精打采;不振作:～顿|～靡。❽〈副〉的确;确实:～实。❾〈名〉姓。

△另见 wēi。

【委顿】wěidùn〈形〉疲乏;没有精神:精神～。

【委过】wěiguò 见〖诿过〗。

【委靡】wěimǐ 同"萎靡"。

【委命】wěimìng〈动〉❶以生命相托:百越之君,俯首系颈,～下吏。❷效命:投身～。❸听任命运支配。

【委派】wěipài〈动〉派人担任职务或完成任务。

【委培】wěipéi〈动〉委托外单位培养:～生|企业与高校合作,～专业人才。

【委曲】wěiqū❶〈形〉弯弯曲曲;曲折:溪流～|～婉转。❷〈名〉事情的底细、原委:得知～|告知～。❸〈动〉曲意迁就:～从俗。

【委曲求全】wěiqū qiú quán 勉强迁就,以求保全某种利益;为顾全大局而暂时忍让。

【委屈】wěiqu❶〈形〉受到不应有的指责或不公正的待遇而心里难过:诉～。❷〈动〉使人受到委屈:不要～了他。

【委任】wěirèn〈动〉派人担任职务:～状(派人担任职务的证件)。

【委身】wěishēn〈动〉托身于人;以身事人:～事人。

【委实】wěishí〈副〉实在;确实:～支撑不住。

【委琐】wěisuǒ❶〈形〉琐碎;拘泥于小节。❷同"猥琐"。

【委托】wěituō〈动〉请别人代办;托付。

【委宛】wěiwǎn 同"委婉"。

【委婉】wěiwǎn〈形〉(言辞、声音等)婉转:～动听|语气～。也作"委宛"。

【委巷】wěixiàng〈名〉僻陋的小巷,泛指民间。

【委用】wěiyòng〈动〉委任;任用。

【委员】wěiyuán〈名〉❶委员会的成员。❷旧时被委派担任特定任务的人员。

【委罪】wěizuì 同"诿罪"。

炜(煒) wěi〈形〉光明。

洧 wěi[洧川]〈名〉地名,在河南。

诿(諉)

wěi〈动〉把责任推给别人:推~。

【诿过】wěiguò〈动〉推卸过错:不邀功,不~。也作"委过"。

【诿罪】wěizuì〈动〉推卸罪名:~于人。也作"委罪"。

娓

wěi[娓娓]〈形〉形容谈论不倦或说话动听:~而谈|~动听。

萎

wěi〈动〉(植物)干枯;衰落:枯~|~缩。

【萎靡】wěimǐ〈形〉意志消沉;精神不振:~不振|神志~。也作"委靡"。

【萎蔫】wěiniān〈动〉植物失去水分而发蔫:花儿在炎炎烈日下~了。

【萎缩】wěisuō〈动〉❶(草木)干枯:花叶~。❷医学上指人体的组织或器官因某种原因而缩小变形:肌肉~|肢体~。❸比喻衰退:经济~。

【萎谢】wěixiè〈动〉(花草)干枯凋谢:百花~。

隗

wěi〈名〉姓。△另见 kuí。

猥

wěi〈形〉❶多;杂:~杂。❷卑鄙;下流:~劣|~琐。

【猥词】wěicí 同"猥辞"。

【猥辞】wěicí〈名〉下流话;淫秽的词语。也作"猥词"。

【猥雅】wěicuī〈形〉相貌丑陋;庸俗不大方。

【猥劣】wěiliè〈形〉卑鄙恶劣:行为~。

【猥琐】wěisuǒ〈形〉(容貌、举止)庸俗不大方。也作"委琐"。

【猥亵】wěixiè ❶〈形〉淫秽;下流的。❷〈动〉做下流的动作。

韪(韙)

wěi〈动〉❶是;对(常和"不"连用):犯五不~|冒天下之大不~。❷同意;认为对:人~其言(人们认为他的话是对的)。

痿

wěi〈动〉中医指身体某一部分萎缩或失去机能:下~|阳~。

【痿瘸】wěijué〈动〉❶肌肉萎缩僵化。❷勇气减退以至消失:~而不复振。

鲔(鮪)

wěi〈名〉❶鱼,身体呈纺锤形,生活在热带海洋中。❷古书上指鲟鱼。

亹

wěi[亹亹]〈形〉❶形容勤勉不倦。❷形容向前推移行进。△另见 mén。

=== wèi ===

卫(衛*衞)

wèi ❶〈动〉保卫:~戍|捍~。❷〈名〉从事护卫工作的人:门~|侍~。❸〈名〉明代驻兵的地点,驻军人数比"所"多,后来只用于地名:威海~(今威海市,在山东)|天津~(今天津市)。❹〈名〉周朝国名,在今河北南部和河南北部一带。❺〈名〉姓。

【卫道】wèidào〈动〉卫护某种占统治地位的思想体系:~士。

【卫护】wèihù〈动〉保卫;保护。

【卫生】wèishēng ❶〈形〉能防止疾病,有益于增进健康:讲~。❷〈名〉合乎卫生的情况:个人~|环境~。

【卫视】wèishì〈名〉卫星电视的简称。

【卫戍】wèishù〈动〉警备(多用于首都):~区。

【卫星】wèixīng ❶〈名〉围绕行星运行的天体,本身不发光,如月球是地球的卫星。❷〈形〉像卫星那样围绕某个中心的:~城市。❸〈名〉指人造卫星:~站|~云图。

【卫星电视】wèixīng diànshì 利用通信卫星传送和转播电视节目的电视系统。电视节目从某个地面站发往通信卫星,再转发到其他地面站,地面站收到信号后传送到当地电视台转播。卫星电视传送电视节目质量好,覆盖面积大,总投资成本低。简称"卫视"。

备用词 保卫 防卫 拱卫 捍卫 护卫 警卫 侍卫 守卫 自卫

为(爲)

wèi ❶〈动〉帮助;卫护:~吕氏者右袒,~刘氏者左袒。❷〈介〉a)表示行为的对象;给;替:~国捐躯|~民请命。b)表示目的:~取得好成绩而刻苦锻炼。c)对;向:不足~外人道。d)因为:~何?△另见 wéi。

【为虎傅翼】wèi hǔ fù yì 为老虎加上翅膀。比喻帮助恶人,助长恶人的势力。也说"为虎添翼"。

【为虎作伥】wèi hǔ zuò chāng 古代传说被老虎吃掉的人,死后变成怅鬼,专门帮助老虎吃人。比喻做恶人的帮凶,帮恶人做坏事。

【为了】wèile〈介〉表示动作行为的目的:~促进生产而开展竞赛。

【为民请命】wèi mín qǐngmìng 为百姓请求保全生命或解除疾苦。

【为人作嫁】wèi rén zuò jià 唐秦韬玉《贫女》:"苦恨年年压金线,为他人作嫁衣裳。"后用"为人作嫁"比喻空为别人辛苦忙碌。

【为渊驱鱼,为丛驱雀】wèi yuān qū yú,wèi cóng qū què 比喻不善于团结人,把可以依靠或团结的力量赶到敌人方面去。

未 wèi ❶〈副〉a)没(跟"已"相对):～婚|～然|悬而～决。b)不:～必|～可厚非。❷〈名〉地支的第八位。参看〖干支〗。❸〈名〉未时,旧式计时法指下午一点钟到三点钟的时间。

【未必】wèibì〈副〉不一定:我看他～来。

【未卜先知】wèi bǔ xiān zhī 没有占卜之前就知道了,比喻有预见性。

【未曾】wèicéng〈副〉没有;不曾:～有过的喜悦。

【未尝】wèicháng〈副〉❶未曾:～休息。❷加在"不"、"没"等否定词前面,构成双重否定,较委婉地表示肯定的语气:～不可。

【未成年人】wèichéngniánrén〈名〉法律上指未达到成年年龄的人。我国法律指未满18周岁的人。

【未几】wèijǐ〈副〉没有多久。

【未可厚非】wèi kě hòu fēi 不可过分地责备,表示虽有缺点,但还可以原谅。也说"无可厚非"。

【未来】wèilái ❶〈形〉即将到来的(指时间):～二十四小时内将有暴雨。❷〈名〉以后的时间;将来的情景:憧憬～。

【未了】wèiliǎo〈动〉没有了结:～事宜。

【未免】wèimiǎn〈副〉实在不能不说是……(表示不赞成或不以为然):～小题大做。

【未然】wèirán〈动〉还没有成为事实:防患于～。

【未始】wèishǐ〈副〉未尝②:～不可。

【未遂】wèisuì〈动〉没有成功;没有达到目的:～政变|杀人～。

【未央】wèiyāng〈动〉未尽;夜～。

【未已】wèiyǐ〈动〉没有停止。

【未雨绸缪】wèi yǔ chóu móu 在还没下雨时先修缮好房屋门窗,比喻事先做好准备。

【未知数】wèizhīshù〈名〉❶代式或方程中,数值需要经过运算才能确定的数,如 5x+20=50 中,x 是未知数。❷比喻目前还不能预见结果的事情:能否成功还是～。

位 wèi ❶〈名〉所在或所占的地方:方～|岗～|各就各～。❷〈名〉职位;地位:学～|名～。❸〈名〉特指皇帝的地位:即～|篡～。❹〈名〉一个数中每个数码所占的位置:个～|百～。❺〈量〉用于人(含敬意):诸～先生。❻〈名〉姓。

【位于】wèiyú〈动〉位置处于:上海～长江三角洲东部。

【位置】wèizhi〈名〉❶所在或所占的地方:指定的～。❷地位:钢铁在国民经济中占有重要～。

备用词 部位　方位　单位　地位　岗位　爵位　学位　职位

味 wèi ❶〈名〉物质所具有的能使舌头得到某种觉的特性:口～|滋～|苦～|津津有～。❷〈名〉有滋味的食物:美～|野～。❸〈名〉物质所具有的能使鼻子得到某种嗅觉的特性:气～|这种～儿很好闻。❹〈名〉意味,趣味:情～|韵～。❺〈动〉辨别味道:体～|耐人寻～。❻〈量〉中药配方,药物的一种叫一味:本方共有七～药。

【味道】wèidào〈名〉❶味①:～不错。❷比喻某种感觉:心里有一股说不出的～。❸指兴趣;趣味:他觉得下棋没～。

【味同嚼蜡】wèi tóng jiáo là 形容文章或讲话枯燥无味。

备用词 情味　趣味　兴味　意味　韵味　滋味　回味　品味　体味　玩味　咸味　寻味　津津有味　耐人寻味

畏 wèi ❶〈动〉畏惧:～避|～忌|望而生～。❷〈动〉佩服:后生可～。❸〈名〉姓。

【畏惧】wèijù〈动〉害怕;恐惧:无所～。

【畏难】wèinán〈动〉害怕困难:～情绪。

【畏怯】wèiqiè〈动〉胆小害怕:毫不～。

【畏日】wèirì〈名〉烈日:夏与～争,冬与严霜争。

【畏首畏尾】wèi shǒu wèi wěi 这也怕那也怕,形容瞻前顾后,疑虑重重。

【畏缩】wèisuō〈动〉害怕而不敢向前:～不前。

【畏途】wèitú〈名〉危险可怕的路途。比喻不敢做的事情:视为～。

【畏葸】wèixǐ〈动〉畏惧:～不前。

【畏友】wèiyǒu〈名〉能严肃地帮助自己改正错误因而使自己敬佩的朋友。

【畏罪】wèizuì〈动〉犯了罪怕受到制裁:～潜逃。

备用词 敬畏　无畏　后生可畏　望而生畏

胃 wèi〈名〉❶消化器官的一部分,形状像口袋,上连食道,下连十二指肠,能分泌胃液,消化食物。❷星宿名,二十八宿之一。

【胃口】wèikǒu〈名〉❶指食欲:～好。❷比喻兴趣:下棋最对他的～。

谓（謂） wèi〈动〉❶说：所～｜勿～言之不预。❷称呼；叫作：称～｜何～激光？❸告诉；对……说：请往～项伯，言沛公不敢背项王也。❹以为；认为：愚～大计不如迎之。

【谓语】wèiyǔ〈名〉陈述主语，说明主语怎样或者是什么的句子成分。一般的句子都包括主语部分和谓语部分，谓语部分里的主要的词是谓语。例如"同学们努力学习"里，"学习"是谓语，"努力学习"是谓语部分。

尉 wèi〈名〉❶古代的官名：太～。❷尉官，尉级军官，低于校官：上～｜中～｜少～。❸姓。
△另见 yù。

遗（遺） wèi〈动〉赠予：馈～｜赠～。
△另见 yí。

【遗施】wèishī〈动〉赠送；施与。

喂（＊❷❸餵❷❸餧） wèi❶〈叹〉招呼的声音：～，你的书包掉了。❷〈动〉给动物东西吃；饲养：～猪。❸〈动〉把食物送到人嘴里：给病人～饭。

猬（＊蝟） wèi〈名〉刺猬，哺乳动物，头部、背部和身体两侧有硬刺。吃昆虫、鼠等，对农业有益。

【猬集】wèijí〈动〉比喻事物繁多，像刺猬身上的硬刺那样聚在一起：百事～。

渭 wèi〈名〉渭河，水名，发源于甘肃，经陕西流入黄河。

蔚 wèi〈形〉❶茂盛；盛大：～为大观。❷有文采的：云蒸霞～。
△另见 yù。

【蔚蓝】wèilán〈形〉（颜色）像晴朗的天空：～的大海｜～的天空。

【蔚起】wèiqǐ〈动〉❶高起；隆起：有古陵～。❷兴旺地发展起来。

【蔚然】wèirán〈形〉茂盛或兴盛的样子：～成林。

【蔚然成风】wèirán chéng fēng 形容一件事情逐渐发展兴盛，形成一种良好风尚。

【蔚为大观】wèi wéi dà guān 丰富多彩，形成盛大壮观的景象。

慰 wèi❶〈动〉使人心情安适：～劳｜抚～｜聊以自～。❷〈形〉心安；欣～｜宽～。

【慰安】wèi'ān〈动〉安慰。

【慰藉】wèijiè〈动〉安慰：～亡灵。

【慰劳】wèiláo〈动〉慰问：～子弟兵。

【慰留】wèiliú〈动〉安慰并挽留：～不允。

【慰勉】wèimiǎn〈动〉安慰勉励。

【慰问】wèiwèn〈动〉（用话或物品）安慰并问候：～信｜～灾区人民。

【慰唁】wèiyàn〈动〉慰问（死者的家属）。

备用词 安慰 抚慰 告慰 快慰 宽慰 劝慰 欣慰 自慰

魏 wèi〈名〉❶周朝国名，在今河南北部、陕西东部、山西西南部和河北南部等地。❷三国之一，公元 220 年－265 年，曹丕所建，领有今黄河流域各省和湖北、安徽、江苏北部，辽宁中部。❸北魏，北朝之一，公元 386 年－534 年，鲜卑人拓跋珪所建，后分裂为东魏和西魏。❹姓。

鳂（鰃） wèi〈名〉鱼，身体小，侧扁，无鳞，生活在海洋中。

━━ wēn ━━

温 wēn❶〈形〉不冷不热：～暖｜～泉。❷〈名〉温度：～差｜体～。❸〈动〉稍微加热：～酒。❹〈动〉温习：～书｜～故知新。❺〈形〉性情平和：～和｜～柔。❻同"瘟"。❼〈名〉姓。

【温饱】wēnbǎo〈名〉穿得暖、吃得饱的生活：不得～。

【温床】wēnchuáng〈名〉❶有保温设备的苗床，供冬季或早春育苗用。❷比喻对坏人、坏事、坏思想产生发展的有利环境。

【温存】wēncún❶〈动〉殷勤抚慰。❷〈形〉温柔体贴：～的微笑。❸〈动〉休息调养：本无大病，～数日便好了。

【温故知新】wēn gù zhī xīn 温习学过的东西，能够得到新的理解和体会。也指回忆过去，会有助于更好地认识现在。

【温和】wēnhé〈形〉❶（气候）不冷不热。❷（性情或言行）不严厉；不粗暴。

【温蠖】wēnhuò〈名〉尘垢:安能以皓皓之白,而蒙世之~乎!

【温暖】wēnnuǎn ❶〈形〉不冷也不太热;暖和:气候~。❷〈形〉互相体贴关怀,心里感到舒服:~的家庭。❸〈动〉使感到温暖:~人心。

【温情】wēnqíng〈名〉温柔的感情;温和的态度。

【温情脉脉】wēnqíng mòmò 形容对人或事物饱含感情,很想表露出来的样子。

【温柔】wēnróu〈形〉温和柔顺:性格~。

【温润】wēnrùn〈形〉❶温和②:~的面容。❷温暖湿润:气候~。❸(玉色)温和柔润:~的碧玉。

【温室】wēnshì〈名〉冬季培育不能耐寒的花木、蔬菜、秧苗等的房间。

【温室效应】wēnshì xiàoyìng ❶农业上指不经人工加温的温室内气温高于室外的效应。❷指大气保温效应,即大气中二氧化碳、甲烷等气体含量增加,使地表和大气下层温度增高。这种效应曾被误认为与温室保温的机制相同,所以叫"温室效应"。

【温顺】wēnshùn〈形〉温和顺从:性情~。

【温文尔雅】wēn wén ěr yǎ 态度温和,举止文雅。

【温习】wēnxí〈动〉复习:~功课。

【温馨】wēnxīn〈形〉温暖芳香;享受生活的~|花园里空气~。

【温煦】wēnxù〈形〉温暖;暖和:~的阳光。

【温驯】wēnxùn〈形〉温和驯服:~的小花猫。

【温雅】wēnyǎ〈形〉文雅。

辐(輻)　wēn ❶[辐轹(liáng)]〈名〉古代可以卧的车,也用作丧车。❷见[辒(fén)辐]。

瘟　wēn ❶〈名〉中医指人或动物的急性传染病:~疫|春~。❷〈形〉戏曲表演沉闷乏味。

【瘟神】wēnshén〈名〉传说中传播瘟疫的恶神。

【瘟疫】wēnyì〈名〉指流行性急性传染病。

蕰　wēn[蕰草]方言。〈名〉指水生的杂草,可做肥料。

蕴(蘊)　wēn 同"蕰"。△另见 yùn。

鳁(鰛)　wēn[鳁鲸]〈名〉哺乳动物,外形像鱼,头上有喷水孔,口内无齿,有鲸须。生活在海洋中。

— wén —

文　wén ❶〈名〉字:甲骨~。❷〈名〉文字:~盲|咬~嚼字。❸〈名〉文章:~笔|~句|~不对题。❹〈名〉文言:半~半白。❺〈名〉指社会发展到较高阶段表现出来的状态:~化|~明。❻〈名〉旧时指礼节仪式:虚~。❼〈形〉非军事的:~职。❽〈形〉柔和;不猛烈:~雅|~弱。❾〈名〉自然界的某些现象:天~|水~。❿〈动〉古代称在身上、脸上刺画花纹或字:~身。⓫(旧读 wèn)〈动〉掩饰:~过饰非。⓬〈量〉用于旧时的铜钱:一~不名。⓭同"纹"。⓮〈名〉姓。

【文笔】wénbǐ〈名〉文章用词造句的风格:~流畅。

【文不对题】wén bù duì tí 文章里的话跟题目对不上,也指说的话跟原有的话题不相干。

【文不加点】wén bù jiā diǎn 文一气写成,不用涂改。形容文思敏捷,写文章很快(点:在字上涂上一点,表示删去)。

【文才】wéncái〈名〉写作诗文的才能。

【文采】wéncǎi〈名〉❶华丽的色彩。❷文学方面的才华:这篇散文很有~。

【文抄公】wénchāogōng〈名〉戏称抄袭他人文章的人。

【文辞】wéncí〈名〉❶指文章的词语:~优美。❷泛指文章。

【文从字顺】wén cóng zì shùn 文章通顺。

【文牍】wéndú〈名〉❶公文、书信的总称。❷旧称担任文牍工作的人。

【文法】wénfǎ〈名〉❶语法。❷古代指法令条文。

【文房四宝】wénfáng sìbǎo 指笔、墨、纸、砚,是书房中常备的四种东西。

【文风】wénfēng〈名〉使用语言文字的作风。

【文稿】wéngǎo〈名〉文章、公文等的草稿。

【文告】wéngào〈名〉机关、团体等向公众发布的文件。

【文过饰非】wén guò shì fēi 掩饰过失和错误。

【文豪】wénháo〈名〉指杰出、伟大的作家。

【文化】wénhuà〈名〉❶人类创造的物质财富和精神财富的总和。也特指精神财富,如文学、艺术、教育、科学等。❷考古学上指同一个历史时期不依分布地点为转移的遗迹、遗物的综合体:黑陶~。❸指运用文字的能力及一般知识:~程度。

【文化层】wénhuàcéng〈名〉古代人类居住遗

址上的土层,埋藏着古代人类遗物,如工具、用具、建筑物遗迹等。

【文化宫】wénhuàgōng〈名〉规模较大、设备较好的文化娱乐场所,一般设有电影院、讲演厅、图书馆等。

【文化馆】wénhuàguǎn〈名〉为了开展群众文化工作而设立的机构,也是群众进行文娱活动的场所。

【文化人】wénhuàrén〈名〉❶抗日战争前后指从事文化工作的人。❷指知识分子。

【文化沙漠】wénhuà shāmò 比喻文化很不发达或不重视文物保护和文化事业的地区,也指只重视物质生活而忽视精神文明的地方。

【文化衫】wénhuàshān〈名〉一种印有文字或图案的针织短袖衫,有的能反映出某些文化心态。

【文会】wénhuì〈名〉旧时读书人为了准备应试,相约在一起写文章,互相观摩的集会。

【文火】wénhuǒ〈名〉烹饪时用的比较弱的火:用～炖一个小时。

【文几】wénjī〈名〉放文书等的几案。

【文集】wénjí〈名〉把作家的作品汇集起来编成的书:《茅盾～》。

【文件】wénjiàn〈名〉❶指公文、信件等。❷指有关政治理论、时事政策、学术研究等方面的文章。

【文教】wénjiào〈名〉文化和教育:～事业。

【文静】wénjìng〈形〉(性格、举止等)文雅娴静。

【文句】wénjù〈名〉文章的词句:～通顺。

【文科】wénkē〈名〉教学上对文学、语言、哲学、历史、经济等学科的统称。

【文库】wénkù〈名〉丛书(多用作丛书名):《万有～》。

【文理】wénlǐ ❶〈名〉文章的内容和表达方面的条理:～通顺。❷同"纹理"。

【文盲】wénmáng〈名〉不识字的成年人。

【文眉】wénméi〈动〉将眉部皮肤刺破,涂上专用颜料,使色素滞留皮内,达到美化眉毛的目的。

【文秘】wénmì〈名〉文书和秘书的合称:～工作。

【文明】wénmíng ❶〈名〉文化①:物质～|精神～。❷〈形〉指人类社会进步到较高阶段和具有较高文化的:～史。❸〈形〉旧时指有现代色彩的:～棍儿(手杖)|～戏(我国早期的话剧)。❹〈形〉文雅;不粗俗:举止～。

【文墨】wénmò〈名〉❶指写文章的事:粗通～。❷泛指脑力劳动:～人儿。

【文痞】wénpǐ〈名〉舞文弄墨颠倒是非的文人。

【文凭】wénpíng〈名〉旧时指作为凭证的官方文书,现专指毕业证书。

【文曲星】wénqǔxīng〈名〉即"文昌星",传说是天上主持文运科名的星宿。旧时称文章写得好的人是"文曲星"下凡。

【文人】wénrén〈名〉读书人,多指会做诗文的读书人:～墨客。

【文人墨客】wénrénmòkè 指会写诗作文的人。

【文弱】wénruò〈形〉言谈举止文雅,身体柔弱:～书生。

【文山会海】wén shān huì hǎi 指过于繁多的文件和会议。

【文身】wénshēn〈动〉在人体上绘成或刺成带颜色的花纹或图形。

【文饰】wénshì ❶〈名〉文辞方面的修饰。❷〈动〉掩饰(过错)。

【文书】wénshū〈名〉❶指公文、书信、契约等。❷机关、部队中从事公文、书信工作的人员。

【文思】wénsī〈名〉写文章的思路:～敏捷。

【文体】wéntǐ〈名〉❶文章的体裁。❷文娱体育的简称:开展～活动。

【文物】wénwù〈名〉历史遗留下来的在文化发展史上有价值的东西,是研究社会政治、经济、文化等的极珍贵的资料:出土～。

【文献】wénxiàn〈名〉有历史价值或对某一方面的研究有参考价值的图书资料:历史～。

【文轩】wénxuān〈名〉❶雕饰华美的车。❷画廊。

【文学】wénxué〈名〉以语言文字为手段形象地反映客观现实的艺术,如小说、诗歌、戏剧等。

【文学革命】wénxué gémìng 指我国1919年五四运动时期展开的反对旧文学、提倡新文学的运动。文学革命以反对文言文、提倡白话为起点,进而反对以封建主义为内容的旧文学,提倡反帝反封建的新文学。是五四新文化运动的重要组成部分。

【文学语言】wénxué yǔyán ❶标准语(偏于书画的)。❷文学作品里所用的语言,也叫"文艺语言"。

【文雅】wényǎ〈形〉言谈举止温和而有礼貌;不粗俗;谈吐～。

【文言】wényán〈名〉指五四以前通用的以古汉语为基础的书面语言:～文。

【文艺】wényì〈名〉❶文学和艺术的总称。❷特指文学或表演艺术：~作品｜~演出。

【文艺复兴】wényì fùxīng 指欧洲（主要是意大利）从 14 世纪—16 世纪文化和思想发展的潮流，提倡以人为本位，反对以神为本位的宗教思想。

【文艺批评】wényì pīpíng 根据一定的美学观点对作家的作品、创作活动、创作倾向性等进行分析和评论。是文艺学的组成部分。

【文艺学】wényìxué〈名〉以文学和文学的发展规律为研究对象的科学，包括文艺理论、文学史和文艺批评。

【文艺语言】wényì yǔyán 文学语言②。

【文娱】wényú〈名〉指看戏、看影视、唱歌、跳舞等娱乐。

【文员】wényuán〈名〉在企业、事业单位的办公室从事文字工作的职员。

【文摘】wénzhāi〈名〉❶对一本书或一篇文章所作的扼要摘述。❷指选取的文章片段。也用作书刊名：《海外~》。

【文章】wénzhāng〈名〉❶篇幅不很长的单篇作品，也泛指著作：写~。❷比喻暗含的意思：话里有~。

【文质彬彬】wén zhì bīn bīn 原形容人文雅而朴实，后形容人举止文雅而有礼貌，也形容人斯文柔弱。

【文治】wénzhì〈名〉指文教方面的业绩：~武功。

【文绉绉】wénzhōuzhōu〈形〉形容人言谈、举止斯文。

【文字】wénzì〈名〉❶记录语言的符号，如汉字、拉丁字母等。❷语言的书面形式，如汉文、英文等。❸指文章；文辞：~优美。

【文字学】wénzìxué〈名〉语言学的一个分支，研究文字的性质、结构、演变和使用等。

纹（紋）wén〈名〉❶花纹：~理｜条~。❷东西上的皱痕：指~｜皱~。
△另见 wèn。

【纹风不动】wén fēng bù dòng 纹丝不动。

【纹理】wénlǐ〈名〉物体上呈线条状的花纹：~细密。

【纹路】wénlu〈名〉皱纹；皱痕。

【纹缕】wénlǚ〈名〉物体上的皱纹。

【纹丝不动】wén sī bù dòng 形容一点儿也不动。

【纹银】wényín〈名〉旧时称成色最好的银子。

玟wén〈名〉玉的纹理。
△另见 mín。

闻（聞）wén ❶〈动〉听见：~名｜听而不~。❷〈名〉名气；名望：默默无~。❸〈名〉听见的事情；消息：新~｜趣~。❹〈形〉有名望的：~人。❺〈动〉闻名：（廉颇）以勇气~于诸侯。❻〈动〉报告；禀告：昧死以~。❼〈动〉得知；知道：风~。❽〈名〉姓。

【闻达】wéndá〈形〉显达；有名望：苟全性命于乱世，不求~于诸侯。

【闻风而动】wén fēng ér dòng 听到消息立即行动。

【闻风丧胆】wén fēng sàng dǎn 听到一点儿风声就吓破了胆，形容对某种力量非常害怕。

【闻过则喜】wén guò zé xǐ 听到别人指出自己的过错就感到高兴。

【闻名】wénmíng〈动〉❶听到名声：~不如见面。❷有名：万里长城~于世界。

【闻人】wénrén〈名〉❶有名气的人。❷姓。

【闻所未闻】wén suǒ wèi wén 听到从来没有听到过的，形容事情非常稀罕。

备用词　丑闻　秽闻　见闻　旧闻　琐闻　要闻　逸闻　珍闻　传闻　风闻　充耳不闻　孤陋寡闻　骇人听闻　默默无闻　前所未闻　耸人听闻　听而不闻　湮没无闻　置若罔闻

蚊（*蟁蠹）wén〈名〉昆虫，幼虫（孑孓）和蛹都生长在水中。雌蚊吸人畜的血液，能传播疟疾、丝虫病等。

阌（閺）wén［阌乡］〈名〉旧县名，在河南。

雯wén〈名〉❶有花纹的云彩。❷姓。

刎wěn〈动〉用刀割脖子：自~。

抆wěn〈动〉擦：~泪。

吻（*脗） wěn ❶〈名〉嘴唇：口～|接～。❷〈动〉用嘴唇接触人或物，表示喜爱：～别。❸〈名〉动物头端的突出部分或口器。

【吻合】wěnhé ❶〈形〉完全符合；相一致：意见～。❷〈动〉医学上指把器官的两个断裂面连接起来：动脉～。

紊 wěn，旧读 wèn〈形〉杂乱；纷乱：～乱|有条不～。

【紊弛】wěnchí〈形〉紊乱松弛。

【紊乱】wěnluàn〈形〉杂乱；纷乱：秩序～。

稳（穩） wěn〈形〉❶稳定；稳当：安～|～如泰山。❷稳重：～健|沉～。❸稳妥；可靠：平～|～操胜券|十拿九～。

【稳步】wěnbù〈副〉步子平稳的：～前进（比喻按一定步骤推进工作）。

【稳当】wěndang〈形〉❶稳重妥当：办事～。❷稳固；平稳：把梯子放～。❸安稳：稳稳当当地坐着。

【稳定】wěndìng ❶〈形〉稳固安定；没有变动：病情～|物价～。❷〈动〉使稳定：～情绪。❸〈形〉指物质不易受腐蚀、不易改变性能。

【稳固】wěngù ❶〈形〉安稳而巩固：基础～。❷〈动〉使稳固：～政权。

【稳健】wěnjiàn〈形〉❶稳重而有力：步伐～。❷（做事）老成，不冒失：办事～。

【稳静】wěnjìng〈形〉稳重而镇静。

【稳练】wěnliàn〈形〉沉稳熟练。

【稳如泰山】wěn rú tài shān 形容像泰山一样稳固，不可动摇。

【稳妥】wěntuǒ〈形〉稳当；妥当；可靠：～的办法。

【稳扎稳打】wěn zhā wěn dǎ ❶步步设营，稳当而有把握地打击敌人。❷比喻稳当而有把握地做事情。

【稳重】wěnzhòng〈形〉沉着庄重；不浮躁：举止～。

备用词　安稳　沉稳　工稳　牢稳　平稳　十拿九稳　四平八稳

— wèn —

问（問） wèn ❶〈动〉有不知道或不明白的事情、道理请人解答：提～|～问题|询～。❷〈动〉为表示关切而询问；慰问：～候|探～。❸〈动〉审讯；追究：拷～|～案。❹〈动〉管；干预：过～。❺〈介〉向（某方面或某人要东西）：～他借支笔。❻〈名〉姓。

【问长问短】wèn cháng wèn duǎn 仔细地问。

【问道于盲】wèn dào yú máng 向盲人问路，比喻不看对象，向外行请教。

【问鼎】wèndǐng〈动〉《左传·宣公三年》记载，春秋时，楚子（楚庄王）率军北伐，陈兵于洛水，向周王朝炫耀武力，周定王派王孙满慰劳楚师。楚子向王孙满询问周朝的传国之宝九鼎的大小和轻重，有夺取周王朝天下的意思。后来用"问鼎"指图谋夺取政权：～中原。❷比喻在比赛或竞争中夺取第一名：～奥运会。

【问寒问暖】wèn hán wèn nuǎn 形容对别人生活很关心。

【问号】wènhào〈名〉❶标点符号，写作"？"，表示一个问句完了。❷疑问：雨下得这么大，他能不能来还是个～。

【问候】wènhòu〈动〉询问是否安好等，表示关切。

【问津】wènjīn〈动〉询问渡口，比喻探问情况（多用于否定）：无人～。

【问难】wènnàn〈动〉反复质问、辩论：质疑～。

【问世】wènshì〈动〉❶指著作出版跟读者见面：新书～。❷泛指某种新事物出现：一些速生杨树新品种相继～。

【问题】wèntí〈名〉❶要求回答或解释的题目：解答～。❷需要解决的矛盾、疑难等：思想～。❸关键；重要之点：重要的～在善于学习。❹事故；毛病：发动机出了～。

【问询】wènxún〈动〉❶询问。❷问候。

【问讯】wènxùn〈动〉❶问；打听。❷问候：～病情。❸僧尼跟人应酬时合十招呼。也说"打问讯"。

【问罪】wènzuì〈动〉指出对方的罪过，加以责难、攻击或声讨：兴师～。

备用词　查问　叮问　反问　诘问　究问　盘问　审问　询问　讯问　责问　质问　追问　访问　抚问　探问　慰问　不闻不问　答非所问　反躬自问　抚躬自问　扪心自问

汶 wèn〈名〉❶汶河，水名，在山东。也叫"汶水"、"大汶河"。❷姓。
　△另见 mén。

纹（紋） wèn〈名〉陶瓷、玻璃等器具上的裂痕。
　△另见 wén。

搵 wèn〈动〉❶按。❷擦；揩拭。

璺 wèn 同"纹"（wèn）。

扰抢劫朝鲜和我国沿海的日本海盗。

涡（渦） wō〈名〉漩涡：水～。
△另见 guō。

喔 wō ❶〈拟〉形容公鸡叫的声音。❷（旧读ō）〈叹〉表示了解或醒悟：～，原来如此！❸（旧读ò）同"哦"（ò）。

窝（窩） wō ❶〈名〉鸟兽、昆虫住的地方：鸟～。❷〈名〉比喻坏人聚居的地方：土匪～。❸〈名〉比喻人体或物体所占的位置：挪个～儿。❹〈名〉凹进去的地方：山～｜腋～。❺〈动〉窝藏：～赃。❻〈动〉郁积不得发作或发挥：～工。❼〈动〉使弯或曲折：～腰。❽〈量〉用于一胎所生的或一次孵出的动物（猪、羊、狗、鸡等）：一～小猪。

【窝藏】wōcáng〈动〉私自藏匿（罪犯、赃物、违禁品等）。

【窝工】wōgōng〈动〉因计划不周或调配不好，干活儿的人没事做或不能发挥作用。

【窝火】wōhuǒ〈动〉有委屈或烦恼而不能发泄。

【窝家】wōjiā〈名〉窝主。

【窝囊】wōnang〈形〉❶因受委屈或遇到不如意的事而心里烦闷。❷无能；怯懦：～废（讥称怯懦无能的人）。

【窝棚】wōpeng〈名〉一种结构简陋的小屋。

【窝心】wōxīn〈形〉因受到委屈或侮辱不能表白或发泄而心中苦闷。

【窝主】wōzhǔ〈名〉窝藏罪犯、赃物或违禁品的人或人家。

备用词 被窝 酒窝 山窝 笑窝 心窝

蜗（蝸） wō〈名〉蜗牛，软体动物，头部有两对触角，壳有螺旋纹：～居。

【蜗居】wōjū〈名〉比喻狭小的住所。

【蜗窄】wōzhǎi〈形〉像蜗牛壳一样狭窄。

踠 wō〈动〉（肢体）猛折而筋骨受伤：不小心把手～了一下。

═ wēng

翁 wēng〈名〉❶年老的男子：老～。❷父亲。❸丈夫的父亲：～姑（公公和婆婆）。❹妻子的父亲：～婿（岳父和女婿）。❺姓。

嗡 wēng 拟声词：蜜蜂～～地飞。

滃 wēng〈名〉滃江，水名，在广东。
△另见 wěng。

鹟（鶲） wēng〈名〉鸟，身体小，脚短小。大都以飞虫为食物，是益鸟。

═ wěng

蓊 wěng〈形〉形容草木茂盛：～郁。

【蓊葱】wěngcōng〈形〉形容草木茂盛。

【蓊郁】wěngyù〈形〉形容草木茂盛。

滃 wěng〈形〉❶形容水盛。❷形容云起。
△另见 wēng。

═ wèng

瓮（*❶甕❶罋） wèng〈名〉❶一种盛水、酒等的陶器：水～｜酒～｜请君入～。❷姓。

【瓮声瓮气】wèng shēng wèng qì 形容说话声音粗大低沉。

【瓮牖绳枢】wèng yǒu shéng shū 用破瓮做窗户，用绳系户枢。指贫穷人家。

【瓮中之鳖】wèng zhōng zhī biē 比喻无法逃脱的人或动物。

薃 wèng[薃菜]〈名〉草本植物，茎蔓生，中空。嫩茎叶可做蔬菜。也叫"空心菜"。

齆 wèng[齆鼻儿]❶〈形〉因鼻孔堵塞而发音不清。❷〈名〉齆鼻儿的人。

═ wō

挝（撾） wō[老挝]〈名〉国名，在亚洲。
△另见 zhuā。

莴（萵） wō[莴苣（jù）]〈名〉草本植物，茎和叶子是普通蔬菜。通称"莴笋"。

倭 wō〈名〉我国古代称日本。

【倭堕】wōduò〈名〉古代妇女发髻式样，形状像云堆叠，歪在头的一侧。

【倭瓜】wōguā 方言〈名〉南瓜。

【倭寇】wōkòu〈名〉14 世纪—16 世纪屡次骚

═ wǒ

我 wǒ〈代〉❶称自己，有时也用来指称"我们"：～校｜～军。❷自己：忘～｜行～素。

【我辈】wǒbèi〈代〉我们。

【我每】wǒměi〈代〉我们（多见于早期白话）。

【我们】wǒmen〈代〉称包括自己在内的若干人。

【我行我素】wǒ xíng wǒ sù 不管人家怎么说，我还是按自己本来的一套去做。

鬒 wǒ［鬒髻(tuǒ)］〈形〉形容发髻美好。

═ wò ═

肟 wò〈名〉有机化合物的一类。

沃 wò ❶〈动〉灌溉；浇：~田。❷〈形〉(土地)肥：~土|~野。❸〈名〉姓。
【沃野】wòyě〈名〉肥沃的原野：~千里。

卧(＊臥) wò〈动〉❶躺下；~倒|坐~不安。❷(动物)趴：~牛。❸把去壳的鸡蛋放进沸水里煮：~鸡子儿。
【卧病】wòbìng〈动〉因病躺下：~在床。
【卧龙】wòlóng〈名〉比喻隐居或尚未露头角的才智出众的人。
【卧内】wònèi〈名〉卧室，睡觉的房间。
【卧榻】wòtà〈名〉床：~之侧，岂容他人鼾睡(比喻不许别人侵入自己的利益范围)。
【卧薪尝胆】wò xīn cháng dǎn 春秋时，越国被吴国打败，越王勾践立志报仇。据说他夜里睡在柴草上，饭前和睡觉前都要尝一尝苦胆，策励自己不忘耻辱。经过长期准备，越国终于打败了吴国。后来用"卧薪尝胆"形容人刻苦自励，发愤图强。

湴 wò 方言。〈动〉弄脏。
△另见 yuān。

握 wò〈动〉❶用手拿或抓：~枪|~手|~拳把~。❷掌握：~有兵权。
【握别】wòbié〈动〉握手分别。

硪 wò〈名〉一种砸地基或打桩子等用的工具：石~|打~。

幄 wò〈名〉帐幕：运筹帷~。
【幄幕】wòmù〈名〉军用的帐幕。

渥 wò ❶〈动〉沾湿；沾润。❷〈形〉厚；重：优~。

斡 wò〈动〉旋转：~旋。
【斡旋】wòxuán〈动〉调停；调解：从中~。

齷(齷) wò［齷齪(chuò)］〈形〉不干净。

═ wū ═

兀 wū［兀秃］(wūtu)同"乌涂"。
△另见 wù。

乌(烏) wū ❶〈名〉乌鸦：月落~啼。❷〈名〉指太阳：金~|~飞兔走。❸〈形〉(颜色)黑：~黑|~云。❹〈代〉何；哪里(多用于反问)：~足道哉？❺〈名〉姓。
△另见 wù。
【乌沉沉】wūchénchén〈形〉黑沉沉：~的云雾。

【乌飞兔走】wū fēi tù zǒu 古时传说日中有三足乌，月中有玉兔。故用"乌飞兔走"指日月运行，形容光阴过得很快。
【乌龟】wūguī〈名〉❶爬行动物，体扁，有硬甲。俗称"王八"。❷讥称妻子有外遇的人。
【乌合】wūhé〈动〉像乌鸦一样地聚集，比喻仓促而缺乏严密组织地聚合：~之众(指无组织纪律的一群人)。
【乌黑】wūhēi〈形〉深黑。
【乌呼】wūhū 同"呜呼"①。
【乌焦】wūjiāo〈形〉物体烧、烤过头呈现的黑色。
【乌蓝】wūlán〈形〉深蓝：~的大海|~的天空。
【乌亮亮】wūliàngliàng〈形〉形容又黑又亮：~的皮鞋。
【乌龙球】wūlóngqiú〈名〉足球比赛中指球员不慎踢进或顶进己方球门的球。
【乌七八糟】(污七八糟) wūqībāzāo〈形〉形容十分杂乱。
【乌青】wūqīng〈形〉(颜色)青而带紫：冻得~的脸。
【乌纱帽】wūshāmào〈名〉纱帽，古代文官戴的一种帽子。比喻官位。也叫"乌纱"。
【乌涂】wūtu 也作"兀秃"。〈形〉❶水不凉也不热(多指饮用的水)：~水不好喝。❷不爽利；不干脆：有话就直说，别这么~。
【乌托邦】wūtuōbāng〈名〉16世纪英国空想社会主义者莫尔(Thomas More)所著书名的简

称。作者在书里描写了他所想象的实行公有制的幸福社会,并把这种社会叫作"乌托邦",意思是没有的地方。后来借指不能实现的愿望、计划等。

【乌烟瘴气】wū yān zhàng qì 比喻环境嘈杂、秩序混乱或社会黑暗。

【乌油油】wūyōuyōu〈形〉形容黑而润泽:～的长发。

【乌有】wūyǒu〈动〉没有;虚幻;不存在:子虚～|化为～。

【乌珠】wūzhū〈名〉眼球。

圬(＊杇) wū❶〈名〉瓦工用的抹子。❷〈动〉抹灰。

邬(鄔) wū〈名〉姓。

污(＊汙污) wū❶〈名〉浑浊的水,泛指脏东西:藏～纳垢。❷〈形〉脏:～泥|～点。❸〈形〉不廉洁:贪～。❹〈动〉弄脏:～染。

【污点】wūdiǎn〈名〉❶东西上沾染的污垢。❷比喻不光彩的事情。

【污垢】wūgòu〈名〉积在身上或物体上的脏东西。

【污秽】wūhuì❶〈形〉肮脏;不干净:满街～的垃圾。❷〈名〉脏东西。

【污蔑】wūmiè〈动〉❶诬蔑。❷玷污。

【污泥浊水】wū ní zhuó shuǐ 烂泥和混浊的水,比喻落后、腐朽、反动的东西。

【污七八糟】wūqībāzāo 见〖乌七八糟〗。

【污染】wūrǎn❶〈动〉使沾染上脏东西或有害物质:～水源。❷〈名〉有害物质的散布所造成的危害:环境～。

【污染源】wūrǎnyuán〈名〉造成环境污染的东西;产生污染物的根源:加快治理～,使湖水还清。

【污辱】wūrǔ〈动〉❶侮辱。❷玷污。

【污浊】wūzhuó❶〈形〉混浊;不干净:～的水。❷〈名〉脏东西(多用于比喻):清除～。

巫 wū〈名〉❶以装神弄鬼替人祈祷为职业的人:～婆|～术|女～。❷姓。

【巫婆】wūpó〈名〉女巫。

【巫师】wūshī〈名〉巫(多指男巫)。

【巫医】wūyī〈名〉古代指巫师和医师。

呜(嗚) wū❶〈拟〉形容哭声、风声、汽笛声等:她～～地哭了起来|狂风～～地刮着|轮船上的汽笛～～地叫了起来。❷〈名〉姓。

【呜呼】wūhū❶〈叹〉表示叹息:～!其真无马邪,其真不知马也! 也作"乌呼"、"於乎"、"於戏"。❷〈动〉古代祭文末常用以借指死亡:一命～。

【呜咽】wūyè〈动〉❶低声哭泣。❷比喻流水或演奏乐器等发出凄切的声音。

於 wū〈叹〉表示感叹。
△另见 yū;yú。

【於乎】wūhū 同"呜呼"①。

【於戏】wūhū 同"呜呼"①。

【於菟】wūtú〈名〉古代楚人称虎。

钨(鎢) wū〈名〉金属元素,符号W。质硬而脆,耐高温。用来制造灯丝和特种合金钢。

诬(誣) wū〈动〉捏造事实冤枉人:～告|～陷。

【诬告】wūgào〈动〉捏造事实控告别人:～信。

【诬害】wūhài〈动〉捏造事实陷害人。

【诬赖】wūlài〈动〉毫无根据地说别人做了坏事或说了坏话:别～好人。

【诬蔑】wūmiè〈动〉捏造事实毁坏别人的声誉;造谣～。

【诬陷】wūxiàn〈动〉诬告陷害:横遭～。

屋 wū〈名〉❶房子:房～|～顶。❷房间:外～|堂～。❸姓。

【屋顶花园】wūdǐng huāyuán 房屋(多为楼房)顶上布置花木等供人游憩的场所。

【屋舍】wūshè〈名〉房屋。

【屋宇】wūyǔ〈名〉房屋:～高敞。

恶(惡) wū❶同"乌"④。❷〈叹〉表示惊讶:～,是何言也(啊,这是什么话)!
△另见 ě;è;wù。

═══ wú ═══

无(無) wú❶〈动〉没有(跟"有"相对):～限|～力|从～到有|～产阶级|～所畏惧|～言以对。❷〈副〉不:～论|～视。❸〈连〉不论:事～巨细,都亲自动手。❹同"毋"①。❺〈名〉姓。
△另见 mó。

【无比】wúbǐ〈形〉没有别的能够与之相比:～激动|英勇～。

【无边】wúbiān〈形〉没有边际:～无际|苦海～,回头是岸。

【无病呻吟】wú bìng shēnyín 比喻没有值得忧虑的事却长吁短叹,也比喻文艺作品缺乏真情实感，矫揉造作。

【无补】wúbǔ〈动〉没有益处：于事～。

【无猜】wúcāi〈形〉天真纯朴，没有猜疑。指相处融洽：两小～。

【无产阶级】wúchǎn jiējí 工人阶级。也泛指不占有生产资料的劳动者阶级。

【无产阶级专政】wúchǎn jiējí zhuānzhèng 无产阶级通过革命手段打碎资产阶级的国家机器后建立的新型国家政权。专政的主要任务是抵御外敌的颠覆和侵略，在人民内部实行民主，对敌人实行专政，保证社会主义建设的顺利进行，并过渡到共产主义。

【无产者】wúchǎnzhě〈名〉资本主义社会中不占有生产资料、靠出卖劳动力为生的雇佣劳动者。

W

【无常】wúcháng ❶〈动〉变化不定：出没～|反复～。❷〈名〉迷信指人将死时来勾魂的鬼。❸〈动〉婉辞，指人死：一旦～。

【无偿】wúcháng〈形〉不出代价的；没有报酬的：～援助。

【无耻】wúchǐ〈形〉不顾羞耻；不知羞耻：卑鄙～|～之尤(最无耻的)。

【无从】wúcóng〈副〉表示没有办法或找不到头绪(做某件事)：～查考|～下手。

【无道】wúdào ❶〈形〉暴虐；没有德政。❷〈名〉指暴虐的统治者：伐～，诛暴秦。

【无敌】wúdí〈动〉没有对手；没有人能与之匹敌：所向～|～于天下。

【无地自容】wú dì zì róng 没有地方可以让自己藏起来，形容非常羞愧。

【无的放矢】wú dì fàng shǐ 没有靶子乱放箭。比喻言语、行动没有明确目的或不切实际。

【无动于衷】(无动于中) wú dòng yú zhōng 内心一点也没有被触动；一点也不动心。

【无独有偶】wú dú yǒu ǒu 虽然罕见，但不止一个，还有一个可以和它配对(多含贬义)。

【无度】wúdù〈形〉没有节制：挥霍～。

【无端】wúduān〈副〉无缘无故；没有来由。

【无恶不作】wú è bù zuò 什么坏事都干。

【无法无天】wú fǎ wú tiān 形容人毫无顾忌，任意妄为。

【无妨】wúfáng ❶〈动〉没有妨碍；不要紧：这样做也～。❷〈副〉不妨：休息时～看看小说。

【无非】wúfēi ❶〈副〉只；不过；不外乎：邻居们聚到一起也～叙些家常。❷〈动〉没有不是：伯乐学相马，顾玩所见，～马者。

【无风不起浪】wú fēng bù qǐ làng 比喻事出有因。

【无干】wúgān〈动〉不相干：与己～。

【无辜】wúgū ❶〈形〉没有罪：～百姓。❷〈名〉没有罪的人：滥杀～。

【无关】wúguān〈动〉没有关系；不涉及：～痛痒|～大局。

【无轨电车】wúguǐ-diànchē 电车的一种，经接触网供电，用牵引电动机驱动，不在轨道上行驶的车。

【无何】wúhé ❶〈副〉没多久。❷〈形〉没有什么。

【无稽】wújī〈动〉无可查考；毫无根据：～之谈|荒诞～。

【无及】wújí〈动〉来不及：后悔～。

【无几】wújǐ〈形〉没有多少；不多：相差～|寥寥～。

【无记名投票】wújìmíng-tóupiào 一种投票选举方法，选举人在填写选票时不署自己的姓名。

【无际】wújì〈形〉没有边际：一望～。

【无济于事】wú jì yú shì 对事情没有什么帮助。

【无间】wújiàn ❶〈形〉没有间隙：亲密～。❷〈动〉不间断：坚持锻炼，寒暑～。❸〈动〉不分别：～是非。

【无疆】wújiāng〈形〉没有止境；没有尽头：万寿～(祝寿的话)。

【无精打采】wú jīng dǎ cǎi 形容精神不振。

【无拘无束】wú jū wú shù 没有约束；自由自在。

【无可厚非】wú kě hòu fēi 未可厚非。

【无可奈何】wú kě nàihé 没有办法；无法可想。

【无孔不入】wú kǒng bù rù 比喻利用一切机会(做坏事)。

【无愧】wúkuì〈动〉没有什么可惭愧的：当之～。

【无赖】wúlài ❶〈形〉撒泼；蛮不讲理：要～。❷〈名〉游手好闲、品行不端的人：流氓～。❸〈形〉顽皮：最喜小儿～，溪边卧剥莲蓬。

【无量】wúliàng〈形〉没有限量；没有止境：前途～|功德～。

【无聊】wúliáo ❶〈形〉因清闲而感到空虚、烦闷：一个人守在家里十分～。❷〈形〉言语、举动等没有意义，使人生厌：整天谈吃谈喝，太～了。❸〈动〉无所依赖：穷饿～。

【无聊赖】wú liáolài 没有凭借，指生活上或感情上无所寄托，非常无聊或潦倒失意。

【无虑】wúlǜ ❶〈动〉不必忧虑;不愁:~不足。❷〈副〉大概;大略:所击杀者~百十人。

【无论】wúlùn〈连〉❶不论;不管:~怎么说,总算有了着落。❷表递进关系,有"更不要说"的意思:问今是何世,乃不知有汉,~魏晋。

【无论如何】wúlùn rúhé 不管怎么样:~我也要走了。

【无米之炊】wú mǐ zhī chuī 古语"巧妇难为无米之炊",比喻做事缺少必要的条件,再能干的人也难办成事。

【无名】wúmíng〈形〉❶没有名称的:~肿毒。❷姓名不为世人所知的;没有名气的:~英雄|~小卒。❸说不出所以然来的;无缘无故的:~的烦恼。

【无名火】wúmínghuǒ 同"无明火"。

【无名氏】wúmíngshì〈名〉不愿说出姓名或查不出姓名的人。

【无名小卒】wúmíng xiǎozú 没有名气的小兵,比喻没有名望、不被重视的人。

【无名英雄】wúmíng yīngxióng 名字无从考查或不愿为世人所知的英雄人物。

【无明火】wúmínghuǒ〈名〉指怒火:~起。也作"无名火"。

【无奈】wúnài ❶〈动〉无可奈何:事出~。❷〈连〉表示由于某种原因而使原来的意图不能实现,有可惜的意思:本想去看日出,~天公不作美,凌晨下起雨来。

【无奈何】wúnàihé ❶不能把……怎么样,表示对人或事等没有办法:敌人把他~。❷无可奈何:~只好陪他去一趟。

【无能】wúnéng〈形〉没有能力;不能干什么;软弱:|腐败~|~之辈。

【无能为力】wú néng wéi lì 用不上力量;没有力量或力量不够。

【无宁】wúnìng 见〖毋宁〗。

【无千无万】wú qiān wú wàn 成千成万,形容很多。

【无前】wúqián〈动〉❶无敌;无与相比:一往~。❷从前没有过;空前:功业~。

【无情】wúqíng ❶〈形〉没有感情:~无义。❷〈动〉不留情:~打击。

【无穷】wúqióng〈形〉没有穷尽;没有限度:~的智慧|力量~。

【无穷无尽】wú qióng wú jìn ❶没有止境;没有尽头:宇宙是~的。❷形容数量极多。

【无任】wúrèn〈副〉不胜;十分:~感激|~欢迎。

【无日】wúrì ❶〈副〉没有几天,指不久或很快:叹祸至~矣。❷〈动〉没有哪一天;天天如此:~不在盼望祖国统一。

【无如】wúrú〈连〉无奈。

【无伤】wúshāng〈动〉没有关系;没有妨害:~大雅。

【无伤大雅】wú shāng dàyǎ 对事物的主要方面没有妨害。

【无上】wúshàng〈形〉最高;没有能相比的:~光荣|至高~。

【无声无息】wú shēng wú xī 比喻人没有名声或对事情不发生影响。

【无声无臭】wú shēng wú xiù 没有声音,没有气味,比喻人没有名声。

【无绳电话】wúshéng-diànhuà 电话机的一种,分为主机和副机两部分,主机与电话线相接,副机和主机之间没有电话线相连。打电话时,副机可以离开主机一段距离移动通话。

【无时无刻】wú shí wú kè "无时无刻不……"是"时时刻刻都……"的意思,表示永远,不间断:我们~不在想念着你。

【无事生非】wú shì shēng fēi 本来没有问题而故意造出纠纷来。

【无视】wúshì〈动〉不放在眼里;不认真对待:~国法。

【无数】wúshù ❶〈形〉无法计数,形容极多:~英雄人物。❷〈动〉不知道底细:心中~。

【无双】wúshuāng〈形〉只有这一个,再没有第二个;无比:当世~。

【无私】wúsī〈形〉没有私心;不自私:~奉献。

【无算】wúsuàn〈形〉多得数不清:歼敌~。

【无所不为】wú suǒ bù wéi 什么坏事都干。

【无所不用其极】wú suǒ bù yòng qí jí 做坏事时任何极端的手段都使得出来。

【无所措手足】wú suǒ cuò shǒu zú 手脚不知放到哪里，形容不知如何是好。

【无所事事】wú suǒ shì shì 闲着什么事都不干。

【无所适从】wú suǒ shì cóng 不知听从谁的意见好；不知按哪个办法做才好。

【无所谓】wúsuǒwèi〈动〉❶说不上：我是来向大家学习的，～指导。❷不在乎：多点少点～。

【无所用心】wú suǒ yòng xīn 什么事情都不关心。

【无所作为】wú suǒ zuòwéi 不去努力做出成绩或没有做出什么成绩。

【无他】wútā〈动〉没有别的：我亦～，惟手熟尔。

【无往不利】wú wǎng bù lì 不论到哪里，没有不顺利的，指在各处都行得通，办得好。

【无妄之灾】wú wàng zhī zāi 平白无故受到的损害或意想不到的灾祸。

【无望】wúwàng〈动〉没有希望。

【无微不至】wú wēi bù zhì 没有一个细小的地方不考虑到，形容待人非常细致周到。

【无为】wúwéi〈动〉道家指顺其自然，不求有所作为：清静～｜～而治。

【无畏】wúwèi〈形〉不畏惧；不知害怕：大～。

【无谓】wúwèi〈形〉没有意义；没有道理：避免～的牺牲。

【无隙可乘】wú xì kě chéng 没有空子可钻。也说"无懈可乘"。

【无暇】wúxiá〈动〉没有空闲的时间：～顾及。

【无限】wúxiàn〈形〉没有穷尽；没有止境：～美好｜～光明。

【无限责任公司】wúxiàn zérèn gōngsī 企业的一种组织形式，由两个以上的股东组成。股东对公司债务负有无限清偿责任。也叫"无限公司"。

【无线电】wúxiàndiàn〈名〉❶无线电技术的简称。用电波的振荡在空中传送声音、文字、图像等电信号的技术。因为不用导线传送，故名。广泛应用在通信、广播、电视、远距离控制、自动化、探测等方面。❷指无线电广播或无线电收音机。

【无线电波】wúxiàn diànbō 无线电技术中使用的电磁波，波长从 0.1 毫米—100 兆米以上。可分为长波、中波、中短波、短波、微波等。

【无线通信】wúxiàn tōngxìn 一种通信方式，利用无线电波在空间传输电信号，电信号可以代表声音、文字、图像等。按照传输内容不同可分为无线电话、无线电报、无线传真等。

【无邪】wúxié〈形〉心地纯洁；天真：天真～。

【无懈可击】wú xiè kě jī 没有可以被人攻击或挑剔的漏洞，形容非常严密。

【无心】wúxīn ❶〈形〉没有心思：～赏月。❷〈副〉不是有意的：言者～，听者有意。

【无行】wúxíng〈动〉指没有好的品行。

【无形】wúxíng ❶〈形〉不具备某种事物的形式、含义而有类似作用的：封建思想是束缚人们的～的枷锁。❷〈副〉不知不觉的情况下：人们听得入了神，手里的活儿～停顿下来。

【无形中】wúxíngzhōng〈副〉❶不知不觉的情况下：他～说的这句话泄露了秘密。❷不具备名义而具有实质的情况下：你一言我一语，～开起了讨论会。

【无形资产】wúxíng zīchǎn 指不具有实物形态而能较长时间地提供某种特殊权利或收益的资产，如商标权、专利权、著作权等（跟"有形资产"相对）。

【无须】wúxū〈副〉不用；不必：～操心。也作"无需"。也说"无须乎"。

【无需】wúxū 同"无须"。

【无恙】wúyàng〈动〉没有疾病；没有受损害：安然～｜别来～。

【无疑】wúyí〈形〉没有疑问：确凿～。

【无以】wúyǐ〈副〉无从；不能：故不积跬步，～至千里。

【无以复加】wú yǐ fù jiā 已经到了极点，不能再增加。

【无以名状】wú yǐ míng zhuàng 难以用语言形容（名：说出）。

【无异】wúyì〈动〉没有区别；相同：无端浪费别人的时间～于谋财害命。

【无益】wúyì〈动〉没有好处：吸烟有害～。

【无意】wúyì ❶〈动〉没有某种愿望或打算：～远行。❷〈副〉不是有意的：～中打破了茶杯。

【无垠】wúyín〈动〉辽阔无边。

【无影无踪】wú yǐng wú zōng 一点踪影也没有，形容消失得干干净净。

【无庸】wúyōng 见〖毋庸〗。

【无由】wúyóu〈副〉无从；没有机会：～会晤，不任区区向往之至！

【无与伦比】wú yǔ lún bǐ 没有什么能与之

相比。

【无援】wúyuán〈动〉没有援助:孤立～。

【无缘】wúyuán ❶〈动〉没有缘分:～相见。❷〈动〉没有缘由:～无故。❸〈副〉无从:～谈起。

【无源之水,无本之木】wú yuán zhī shuǐ, wú běn zhī mù 没有源头的水,没有根的树木,比喻没有基础、没有根据的事物。

【无政府主义】wúzhèngfǔ zhǔyì ❶19世纪上半叶,以法国蒲鲁东、俄国巴枯宁等为代表的一种小资产阶级的政治思潮。否定在任何历史条件下的一切国家政权,反对任何组织、纪律和权威。曾译作"安那其主义"。❷指革命队伍中,不服从组织纪律的思想和行为。

【无知】wúzhī〈形〉缺乏知识,不明事理:～妄说。

【无中生有】wú zhōng shēng yǒu 把没有说成有;凭空捏造。

【无足轻重】wú zú qīng zhòng 不关紧要。

毋 wú ❶〈副〉表示禁止或劝阻;不要:～妄言。❷〈名〉姓。

【毋宁】(无宁)wúnìng〈副〉不如:与其临渊羡鱼,～退而结网。

【毋庸】(无庸)wúyōng〈副〉无须。～讳言。

芜(蕪) wú ❶〈形〉草长得多而乱:荒～。❷〈名〉乱草丛生的地方:平～。❸〈形〉比喻杂乱(多指文辞):～词|繁～。

【芜秽】wúhuì〈形〉形容杂草丛生:荒凉～。

【芜杂】wúzá〈形〉杂乱;没有条理。

吾 wú ❶〈代〉我;我们(多做主语或定语):～身|～辈。❷〈名〉姓。

【吾辈】wúbèi〈代〉我们。

【吾侪】wúchái〈代〉吾辈。

【吾人】wúrén〈代〉我们。

【吾属】wúshǔ〈代〉吾辈。

吴 wú〈名〉❶周朝国名,在今江苏南部和浙江北部,后来扩展到淮河流域。❷三国之一,公元222年－280年,孙权所建,在长江中下游和东南沿海一带。❸指江苏南部和浙江北部一带:～语。❹姓。

【吴戈】wúgē〈名〉吴地制造的戈,以锋利著称。古代多用来指锋利的兵器。

【吴牛喘月】wú niú chuǎn yuè 据说江浙一带的水牛怕热,见到月亮以为是太阳,就喘起气来。形容天气炎热。比喻因疑心而害怕。

郚 wú 见[郚(táng)部]。

捂 wú 见[枝捂]。△另见wǔ。

唔 wú 见[咿(yī)唔]。

浯 wú〈名〉浯河,水名,在山东。

梧 wú ❶[梧桐]〈名〉乔木,叶子大,叶柄长,木材可制乐器等。❷〈名〉姓。

鹀(鵐) wú〈名〉鸟,外形像麻雀,吃植物种子和昆虫。

锟(錕) wú 见[锟(kūn)锟]。△另见yǔ。

蜈 wú[蜈蚣]〈名〉节肢动物,体扁而长,有许多对足,第一对足呈钩状,有毒腺。中医入药。

鼺 wú〈名〉鼺鼠,哺乳动物,外形像松鼠,前后肢之间有宽大的薄膜,能滑翔。吃植物果实、昆虫等。

━━ wǔ ━━

五 wǔ ❶〈数〉数字,四加一后所得:～岳|～谷|～官。❷〈名〉我国民族音乐音阶上的一级,乐谱上用作记音符号,相当于简谱的"6"。❸〈名〉姓。

【五彩】wǔcǎi〈名〉指青、红、赤、白、黑五种颜色。泛指颜色多:～缤纷|～斑斓。

【五彩缤纷】wǔ cǎi bīnfēn 形容色彩鲜艳繁多。

【五代】wǔdài 唐朝灭亡后到北京建立前的一个历史时期(907年－979年),是指后梁、后唐、后晋、后汉、后周五个依次更替的中原朝廷。

【五帝】wǔdì〈名〉传说中的五个帝王。通常指黄帝、颛顼、帝喾、唐尧、虞舜。

【五短身材】wǔduǎn-shēncái 指人身材矮小(五短:身躯和四肢短小)。

【五方】wǔfāng〈名〉指东、西、南、北、中央。泛指各处:～杂处(形容居民从什么地方来的都有)。

【五谷】wǔgǔ〈名〉古书中一般指稻、黍、稷、麦、豆。泛指粮食作物:～丰登。

【五官】wǔguān〈名〉指耳、目、口、鼻、舌,通常指脸上的器官:～端正。

【五光十色】wǔ guāng shí sè 形容色彩艳丽、式样繁多。

【五湖四海】wǔ hú sì hǎi 指全国各地。

【五花八门】wǔ huā bā mén 形容花样繁多。

【五花大绑】wǔ huā dà bǎng 一种捆绑人的方式，用绳索套住脖子并绕到背后反剪两臂。

【五黄六月】wǔhuáng liùyuè 指农历五月、六月间天气炎热的时候。

【五金】wǔjīn〈名〉指金、银、铜、铁、锡。泛指金属或金属制品。

【五经】wǔjīng〈名〉指《易》、《书》、《诗》、《礼》、《春秋》五种儒家经书。

【五里雾】wǔlǐwù〈名〉比喻迷离恍惚、弄不清真相的境界：如堕～中。

【五内】wǔnèi〈名〉五脏：～如焚。

【五日京兆】wǔ rì jīngzhào《汉书·张敞传》记载，张敞做京兆尹，将被免官。他叫手下的一个小官吏办理案件，这小官吏拖延不办，并对人说："他不过再做五天的京兆尹就是了，还能办什么案子!"后来用"五日京兆"比喻任职时间短或即将去职。

【五色】wǔsè〈名〉五彩：～纷披|～斑斓。

【五声】wǔshēng〈名〉五音①。

【五十步笑百步】wǔshí bù xiào bǎi bù 战国时，孟子在跟梁惠王谈话中打了个比方，有两个从前线败下来的兵，一个退了五十步，一个退了一百步，退了五十步的讥笑退了一百步的，说他不中用。(见于《孟子·梁惠王上》)。比喻跟别人有同样的缺点或错误，只是程度轻一点，却讥笑别人。

【五体投地】wǔ tǐ tóu dì 双手、双膝和头着地，是佛教最恭敬的礼节。比喻钦佩或崇拜到了极点。

【五行】wǔxíng〈名〉指金、木、水、火、土五种物质。我国古代思想家试图用这五种物质来说明世界万物的起源。迷信的人用五行相生相克的道理来推算人的命运。

【五颜六色】wǔ yán liù sè 形容颜色多，各种各样的都有。

【五音】wǔyīn〈名〉❶中国五声音阶上的五个级，相当于现行简谱上的1、2、3、5、6。古时叫"宫"、"商"、"角(jué)"、"徵(zhǐ)"、"羽"。唐代以来叫"合"、"四"、"乙"、"尺"、"工"。❷音韵学上指喉音、牙音、舌音、齿音、唇音。

【五岳】wǔyuè〈名〉指东岳泰山、西岳华山、南岳衡山、北岳恒山和中岳嵩山。

【五脏】wǔzàng〈名〉指心、肝、脾、肺、肾五种器官：～六腑(中医对人体脏器的总称)。

【五洲】wǔzhōu〈名〉指世界各地：～四海。

午 wǔ〈名〉❶地支的第七位。参看〖干支〗。❷午时，旧式计时法指上午十一点钟到下午一点钟的时间。❸日中的时候；白天十二点：～饭|～休|晌～。

【午夜】wǔyè〈名〉半夜；夜里十二点前后。

备用词　晌午　上午　亭午　下午　正午　中午　过午

伍 wǔ❶〈名〉古代军队的最小单位，由五个人编成，现泛指军队：队～|入～|退～。❷〈名〉同伙的人：羞与为～。❸〈数〉数字"五"的大写。❹〈名〉姓。

备用词　队伍　行伍　落伍　入伍　退伍

仵 wǔ〈名〉❶仵作，旧时官府中检验命案死尸的人。❷姓。

连 wǔ〈动〉❶遇见；相～。❷违背；不顺从：违～。

【连逆】wǔnì 同"忤逆"。

庑(廡) wǔ〈名〉❶正房对面和两侧的小屋子：两～。❷大屋：～殿。

沅(潕*瀴) wǔ〈名〉沅水，水名，沅江的支流，上源在贵州，叫"潕阳河"。

怃(憮) wǔ❶〈动〉爱怜。❷〈形〉失意：～然(形容失望的样子)。

忤(*牾) wǔ〈动〉违背；不顺从：～逆。

【忤逆】wǔnì〈动〉不孝顺父母。也作"连逆"。

【忤视】wǔshì〈动〉迎着目光看，指正眼看：燕国有勇士秦舞阳，年十二杀人，人不敢与～。

妩(嫵*娬) wǔ [妩媚]〈形〉(女子、花木等)姿态美好可爱。

武 wǔ❶〈形〉关于军事的：～器|～力。❷〈形〉关于技击的：～术|～艺。❸〈形〉勇

猛;猛烈:英~|威~。❹〈名〉武力:英雄无用~之地。❺〈名〉半步,泛指脚步:踱~。❻〈名〉姓。

【武备】wǔbèi〈名〉指武装力量;国防建设。

【武断】wǔduàn〈动〉❶没有充分根据而只凭主观判断:说话~|这样作决定,未免太~了。❷妄以权势裁断曲直:~乡曲。

【武夫】wǔfū〈名〉❶有勇力的人:赳赳~。❷战士;军人:一介~。

【武功】wǔgōng〈名〉❶指军事方面的功绩。❷武术功夫。❸戏曲中的武术表演。

【武警】wǔjǐng〈名〉武装警察的简称。

【武库】wǔkù〈名〉藏兵器的仓库。

【武力】wǔlì〈名〉❶强暴的力量。❷军事力量。

【武器】wǔqì〈名〉❶用于杀伤敌人或破坏敌人作战设施的器械、装置等:常规~。❷比喻进行斗争的工具:思想~。

【武人】wǔrén〈名〉军人。

【武士】wǔshì〈名〉❶兵士;卫士。❷有勇力的人;勇士。

【武术】wǔshù〈名〉打拳和使用兵器的技术,是我国传统的体育项目。

【武艺】wǔyì〈名〉武术上的本领:~高强。

【武勇】wǔyǒng〈形〉勇武;英勇。

【武装】wǔzhuāng ❶〈名〉军事装备:强大的~。❷〈动〉用武器来装备:用新式武器~特种部队。❸〈动〉比喻用科学理论等来充实:~头脑。❹〈名〉指军人的装束:不爱红装爱~。

【武装警察】wǔzhuāng jǐngchá 国家武装力量的一部分,担负守卫国家重要工矿、企业、交通设施,维持治安,警备城市和保卫国家边疆安全等任务。也指武装警察部队的士兵。简称"武警"。

侮 wǔ〈动〉欺负;轻慢:~辱|欺~。

【侮慢】wǔmàn〈动〉欺侮轻慢:肆意~。

【侮蔑】wǔmiè〈动〉轻慢蔑视。

【侮辱】wǔrǔ〈动〉欺侮,羞辱,使蒙受耻辱。

捂(＊搇) wǔ〈动〉遮盖住或封闭起来:~着嘴笑。
△另见 wú。

悟 wǔ见【抵牾】。

鹉(鵡) wǔ见[鹦鹉]。

舞 wǔ ❶〈名〉舞蹈:~姿|~曲。❷〈动〉表演舞蹈;做出舞蹈的动作:手~足蹈。❸〈动〉挥舞:~剑。❹〈动〉耍;玩弄:~文弄墨。

【舞弊】wǔbì〈动〉用欺骗的手段暗中做违法乱纪的事:营私~。

【舞蹈】wǔdǎo ❶〈名〉以有节奏的动作为主要表现手段的艺术形式,一般用音乐伴奏。❷〈动〉表演舞蹈。

【舞台】wǔtái〈名〉❶供演员表演的台:~艺术。❷比喻社会活动的场所:政治~。

【舞文弄墨】wǔ wén nòng mò ❶玩弄文字技巧。❷歪曲法律条文作弊。也说"舞文弄法"。

潕 wǔ〈名〉潕阳河,水名,发源于贵州,流到湖南叫"沅水"。

━━ wù ━━

兀 wù〈形〉❶高高突起的样子:突~|~立。❷形容山秃,泛指秃:~鹫。
△另见 wū。

【兀傲】wù'ào〈形〉高傲。

【兀的】wùdì ❶〈代〉这;那(多见于早期白话)。❷"兀的"的后面加副词"不",意思是"怎么不"(多见于早期白话):这般天气热,~不晒煞人!

【兀立】wùlì〈动〉直立:山石~。

【兀臬】wùniè 同"杌陧"。

【兀然】wùrán ❶〈形〉昏沉的样子:~而醉。❷〈副〉a)依然;还是:~心下疑猜。b)突然:笑容~而止。

【兀兀】wùwù〈形〉劳苦的样子:~穷年,沥尽心血。

【兀自】wùzì〈副〉❶尚且;还:闲常太平时节,白日里~出来劫人,休道是这般光景。❷只管;只顾:~拍着掌,口里叫道:"中了!中了!"

【兀坐】wùzuò〈动〉独自端坐:冥然~。

勿 wù〈副〉不;不要:请~吸烟。

乌(烏) wù见下。
△另见 wū。

【乌拉】wùla〈名〉东北地区冬天穿的鞋,用皮革制成,里面垫乌拉草。也作"靰鞡"。

【乌拉草】wùlacǎo〈名〉草本植物,叶子细长,花穗绿褐色。茎叶晒干后垫在鞋或靴子里可以保暖。

戊 wù〈名〉❶天干的第五位。用来排列次序时表示第五。参看[干支]。❷姓。

务(務) wù ❶〈名〉事情：事～｜任～｜公～。❷〈动〉从事；致力：～农｜～实。❸〈名〉旧时收税的关卡，现在只用于地名：曹家～（在河北）。❹〈副〉务必：～须｜陈言～去。❺〈名〉姓。

【务必】wùbì〈副〉必须；一定要：请～准时到会。

【务工】wùgōng〈动〉❶从事工业生产或工程建设方面的工作。❷泛指打工：她儿子在城里～。

【务农】wùnóng〈动〉从事农业生产：回家～。

【务期】wùqī〈动〉一定要：～必克｜～有成｜～成功。

【务求】wùqiú〈动〉必须要求（达到某种情况或程度）：～全歼守敌。

【务实】wùshí ❶〈动〉从事或讨论具体的工作：既要～，也要务虚。❷〈形〉讲究实际，不求浮华：他工作很～。

【务须】wùxū〈副〉务必；必须：～准时到达。

【务虚】wùxū〈动〉研究、讨论关于某项工作的政治、思想、政策、理论等方面的问题：～会。

备用词 劳务 勤务 任务 时务 事务 业务 义务 职务

阢 wù［阢陧（niè）］同“杌陧”。

扤 wù〈动〉撼动。

屼 wù〈形〉形容山秃。

坞(塢*隖) wù〈名〉❶地势周围高而中央凹的地方：山～｜花～。❷在水边修建的停船或修造船只的地方：船～。❸村落周围用来防御的围子。

芴 wù〈名〉有机化合物，存在于煤焦油中。

杌 wù〈名〉杌子，凳子（多指较矮小的）。也叫“杌凳”。

【杌陧】wùniè〈形〉不安定（多指局势、局面等）。也作“阢陧”、“兀臬”。

物 wù〈名〉❶东西：～质｜～价｜赃～。❷指自己以外的人或跟自己相对的环境：～议｜待人接～。❸内容；实质：言之有～。❹姓。

【物产】wùchǎn〈名〉天然出产和人工制造的物品：～丰富。

【物候】wùhòu〈名〉生物的周期性现象（如植物的发芽、开花、结实，候鸟的迁徙等）与气候的关系。

【物换星移】wù huàn xīng yí 景物改变，星辰移位，指节令和时序变化。

【物极必反】wù jí bì fǎn 事物发展到极端，就会向相反的方向转化。

【物价】wùjià〈名〉货物的价格：～稳定｜～波动｜哄抬～｜～稳中有降。

【物价指数】wùjià zhǐshù 反映不同时期商品价格水平变动趋势的相对数。用某一时期的物价平均数作为基数，把另一时期的物价平均数跟它相比，所得的百分数就是后一时期的物价指数。

【物件】wùjiàn〈名〉泛指成件的东西。

【物理】wùlǐ〈名〉❶事物的内在规律；事物的道理。❷物理学。

【物力】wùlì〈名〉可供使用的物资；财物。

【物流】wùliú〈名〉❶产品从供应地到接受地的流动转移。一般经过包装、运输、存储、养护、流通加工、信息处理等环节：～业｜～中心｜积极发展～，重视系统建设。❷指流通中的实物商品。

【物品】wùpǐn〈名〉东西（多指日常生活中应用的）：贵重～｜零星～。

【物情】wùqíng〈名〉事物的道理：世态～。

【物权】wùquán〈名〉可直接对物控制、利用和支配并排除他人干涉的权利。

【物色】wùsè〈动〉寻找；搜寻：～人选。

【物伤其类】wù shāng qí lèi 指动物因同类遭了不幸而感到悲伤，比喻因同伙受到打击而伤心（含贬义）。

【物事】wùshì〈名〉❶东西。❷事情。

【物态】wùtài〈名〉物质分子集合的状态。

【物体】wùtǐ〈名〉由物质构成的、占有一定空间、有一定大小和形体的个体。

【物业】wùyè〈名〉通常指建成并投入使用的各类房屋（如公寓、商品房、写字楼等）以及配套的设备、设施、场地等：～公司｜～管理。

【物以类聚】wù yǐ lèi jù 同类的东西聚在一起，现多指坏人彼此臭味相投，常在一起。

【物议】wùyì〈名〉指众人的批评：恐遭～。

【物欲】wùyù〈名〉想得到物质享受的欲望。

【物质】wùzhì〈名〉❶哲学上指独立存在于人的意识之外的客观实在：～决定意识。❷特指金钱和供吃、穿、用的东西：～生活｜给予～奖励｜贪图～享受。

【物质文明】wùzhì wénmíng 人类在社会历史发展过程中所创造的、体现社会生产力发展进步的物质成果。

【物种】wùzhǒng〈名〉生物分类的基本单位。不同物种的生物在生态和形态上具有不同的特点。简称"种"。

【物资】wùzī〈名〉物质资料:~交流|军事~|战略~。

备用词 暴殄天物 别无长物 待人接物 庞然大物 身外之物 身无长物 恃才傲物 探囊取物 傥来之物 言之无物

误(误*悮) wù ❶〈形〉错误:~会|~解|失~。❷〈动〉耽误:~事|~点(晚点)。❸〈动〉使受损害:~人不浅。❹〈副〉不是故意地(得罪人或损害人):~伤|~入歧途。

【误差】wùchā〈名〉指测定的数值或其他近似值与真值间的差。

【误岗】wùgǎng〈动〉没有按时到岗位上工作:他今天~了|因贪酒睡觉而误了岗。

【误工】wùgōng〈动〉❶耽误工作进度:千万别~|你们快抓紧时间回厂,可别误了工。❷指生产劳动中缺勤或迟到:动作快点儿,你可别~了!

【误国】wùguó〈动〉贻误国事,使国家受损害:奸臣~。

【误会】wùhuì❶〈动〉误解对方的意思:对不起,我们~了。❷〈名〉对对方意思的误解:这是个小~,请别介意。

【误解】wùjiě❶〈动〉理解得不正确:~了他的用心。❷〈名〉不正确的理解:太阳围绕地球转是一种~。

【误期】wùqī〈动〉延误期限:必须按时完工,不能~。

【误区】wùqū〈名〉指较长时间形成的错误认识或错误做法:引导青年走出~。

【误诊】wùzhěn〈动〉❶错误地诊断:把肺炎~为感冒。❷延误时间,使诊治耽搁:离医院很远,因而~|发病因家中无人而~。

备用词 错误 讹误 迷误 谬误 失误 勘误 正误 迟误 耽误 违误 延误 贻误

恶(惡) wù〈动〉讨厌;憎恨(跟"好"(hào)相对):可~|憎~|深~痛绝。
△另见 ě;è;wū。

悟 wù〈动〉❶了解;领会:领~|颖~。❷觉醒:觉~|悔~。

备用词 悔悟 憬悟 觉悟 领悟 醒悟 省悟 幡然悔悟 恍然大悟 执迷不悟

晤 wù〈动〉见面:会~|~谈(见面谈话)。

焐 wù〈动〉用热的东西接触凉的东西使变暖:~被窝。

靰 wù[靰鞡(la)]同"乌(wù)拉"。

瘟(*痦) wù〈名〉瘟子,鼓起的痣。

婺 wù〈名〉❶婺江,水名,在江西。❷指旧婺州(在今浙江金华一带)。

骛(騖) wù〈动〉①纵横奔驰:驰~。②追求:好高~远。

雾(霧) wù〈名〉❶气温下降时,空气中所含的水蒸气凝结成小水点,浮在接近地面的空气中,叫雾或雾气。❷指像雾的许多小水点:喷~器。

【雾霭】wù'ǎi〈名〉雾气。

【雾蒙蒙】wùméngméng〈形〉雾气弥漫的样子。

【雾凇】wùsōng〈名〉寒冷天,雾凝聚在树枝、电线等上面而成的白色松散冰晶。通称"树挂"。

寤 wù ❶〈动〉睡醒。❷同"悟"。

鹜(鶩) wù〈名〉鸭子:趋之若~。

【鹜伏】wùfú〈动〉像鸭子那样伏着。

鋈 wù ❶〈名〉白铜。❷〈动〉镀。

W

X

══ xī ══

夕 xī〈名〉❶日落的时候；傍晚：～阳｜～烟｜朝发～至。❷泛指晚上：除～｜前～｜风雨之～。❸姓。

【夕烟】xīyān〈名〉黄昏时的烟雾。

【夕阳】xīyáng ❶〈名〉傍晚的太阳。❷〈形〉比喻传统的、因缺乏竞争力而日渐衰落、没有发展前途的：～产业。

【夕照】xīzhào〈名〉❶傍晚的阳光。❷傍晚夕阳映照下的景色。

兮 xī ❶〈助〉跟现代的"啊"相似：大风起～云飞扬｜路漫漫其修远～，吾将上下而求索。❷〈名〉姓。

西 xī〈名〉❶四个主要方向之一，太阳落下去的一边：河～｜～面｜夕阳～下。❷指西洋(欧美各国)：～医｜～餐。❸姓。

【西餐】xīcān〈名〉西式的饭食。吃时用刀、叉。

【西方】xīfāng〈名〉❶西①。❷指欧美各国，有时特指欧洲各国和美国：～各国。❸佛教徒指西天。

【西风】xīfēng〈名〉❶指秋风。❷比喻日趋没落的腐朽势力。

【西化】xīhuà〈动〉欧化。不能全盘～。

【西门】xīmén〈名〉姓。

【西施】xīshī〈名〉春秋时越王勾践献给吴王夫差的美女。后用作美女的代称。

【西塾】xīshú〈名〉私塾。古礼主位在东，宾位在西，故称。

【西天】xītiān ❶〈名〉我国古代佛教徒称印度(印度古称"天竺"，在我国西南方)。❷见〖极乐世界〗。

【西席】xīxí〈名〉旧时对幕友或家中请的教师的称号(古礼主位在东，宾位在西)。

【西学】xīxué〈名〉旧指欧美资产阶级的自然科学和社会、政治学说。

【西洋】xīyáng〈名〉❶指欧美各国。❷古代指马来群岛、马来半岛、印度、斯里兰卡、阿拉伯半岛、东非等地。

【西洋景】xīyángjǐng 也说"西洋镜"。〈名〉❶一种民间文娱活动的装置，观众通过放大镜看匣子里装的画片。因最初画片多是西洋画，故称。❷比喻故弄玄虚借以骗人的事情或手法：拆穿～。

【西洋镜】xīyángjìng〈名〉西洋景。

【西域】xīyù〈名〉汉代指现在玉门关以西的新疆和中亚细亚等地区。

吸 xī ❶〈动〉把液体、气体等从口或鼻孔引入体内：呼～。❷〈动〉把外界物质引入物体内部：～收｜～尘器。❸〈动〉把别的物体、力量等引到自己方面：～引。❹〈名〉姓。

【吸储】xīchǔ〈动〉吸收并储存，特指(银行、信用社等)吸收存款：提高银行的～能力｜增加储蓄种类，扩大～渠道。

【吸毒】xīdú〈动〉吸食或注射鸦片、海洛因、可卡因、大麻、冰毒、摇头丸等毒品。

【吸纳】xīnà〈动〉❶吸入：～新鲜空气。❷吸收；接纳：～存款｜～下岗职工就业。❸接受；采纳：～先进技术｜合理化建议。

【吸取】xīqǔ〈动〉吸收采取：～教训。

【吸收】xīshōu〈动〉❶物体把外界的某些物质吸入内部：～水分。❷组织或团体接受某一个人为自己的成员：～入团。

【吸吮】xīshǔn〈动〉吮吸。

【吸引】xīyǐn〈动〉把别的物体、力量或别人的注意力引到自己方面来:～力|～外资。

汐 xī〈名〉夜间的潮:潮～。

希 xī❶〈动〉希望:～求|～图。❷同"稀"①。❸〈名〉姓。

【希罕】xīhan 见〖稀罕〗。

【希冀】xījì〈动〉希望;希望得到:～光明。

【希奇】xīqí 见〖稀奇〗。

【希求】xīqiú〈动〉希望得到:没有什么～。

【希少】xīshǎo 见〖稀少〗。

【希世】xīshì 见〖稀世〗。

【希图】xītú〈动〉心中想要达到某种目的:～走捷径。

【希望】xīwàng❶〈动〉心里想达到某种目的或出现某种情况:～得到一份礼物。❷〈名〉愿望:他的～破灭了。❸〈名〉希望所寄托的对象:青少年是祖国的未来和～。❹〈名〉实现某种目的的可能性:他有～考上大学。

【希望工程】xīwàng gōngchéng 通过社会集资和捐赠,救助贫困地区失学儿童的一种活动。1989 年 10 月由中国青少年发展基金会发起。

【希有】xīyǒu 见〖稀有〗。

昔 xī〈名〉❶从前:～日|～年|古～|抚今追～。❷姓。

析 xī❶〈动〉分开;散开:～囊(cuàn,分家)|～产(分家产)。❷〈动〉分析:剖～|～疑。❸〈名〉姓。

矽 xī〈名〉硅的旧称。

羼 xī 见[奄(zhūn)羼]。

茜 xī 用于人名,多用于外国女子名字的译音。△另见 qiàn。

郗 xī,旧读 chī〈名〉姓。

饻(餏) xī〈量〉我国民主革命时期解放区用过的一种计算货币的单位。一饻等于若干种实物价格的总和。

栖 xī[栖栖]〈形〉不安定的样子。△另见 qī。

唏 xī〈动〉叹息:～嘘。

【唏嘘】xīxū 也作"欷歔"。〈动〉❶抽噎:相对～|～不已。❷叹息:丈人闻之,～再三。

牺(犧) xī〈名〉古代指做祭品用的毛色纯一的牲畜:～牛|～牲。

【牺牲】xīshēng❶〈名〉古代为祭祀宰杀的牲畜。❷〈动〉为正义事业而舍弃生命:为国～|壮烈～。❸〈动〉泛指放弃或损害一方的利益:～休息时间为学生补课。

息 xī❶〈名〉呼吸时进出的气:喘～|叹～。❷〈名〉消息:信～。❸〈动〉停止:～怒|停～。❹〈动〉休息:歇～。❺〈动〉滋生;繁殖:休养生～。❻〈名〉利钱;利息:年～|还本付～。❼〈名〉指子女:子～。❽〈名〉姓。

【息脚】xījiǎo〈动〉行进中临时休息。

【息怒】xīnù〈动〉停止发怒。

【息壤】xīrǎng〈名〉传说中的一种能自己生长、永远不会耗减的土壤。

【息肉】(瘜肉)xīròu〈名〉因黏膜发育异常而形成的像肉质的突起。

【息事宁人】xī shì níng rén❶从中调解,使争端平息,彼此相安。❷在纠纷中自行让步,减少麻烦。

【息息相关】xī xī xiāng guān 呼吸相关联,比喻彼此关系非常密切。也说"息息相通"。

【息息相通】xī xī xiāng tōng 息息相关。

【息影】xīyǐng〈动〉❶指退隐闲居:～家园|～山林;杜门。❷指影视演员结束演艺生涯,不再拍戏:这位名演员已～多年。

【息止】xīzhǐ〈动〉停止:永不～地工作。

备用词 屏息 喘息 气息 太息 叹息 安息 姑息 将息 平息 停息 歇息 休息 止息 作息 声息 消息 信息 川流不息 休养生息 奄奄一息 仰人鼻息 自强不息

奚 xī❶〈名〉古代指被役使的人:～奴。❷〈代〉为什么;什么;哪里:～不速行? |～谓轻法? |水～自至? ❸〈名〉姓。

【奚落】xīluò〈动〉用尖刻的话数说人的短处,使人难堪:她受不住这样～。

【奚幸】xīxìng 同"傒倖"。

淅 xī〈名〉❶淅水,地名,在湖北。❷姓。

薪 xī[薪冀(mì)]〈名〉荠菜的一种。

硒 xī〈名〉非金属元素,符号 Se。结晶硒黑色,非结晶硒暗红色,用来制造光电池、半导体晶体管等。

晞 xī❶〈形〉干;干燥:晨露未～。❷〈动〉破晓:东方未～。

歙 xī〔歙歔(xū)〕同"唏嘘"。

悉 xī ❶〈形〉全；尽：~心 | ~力 | 不可~数(shǔ)。❷〈动〉知道；知~ | 洞~。

【悉数】xīshǔ〈动〉全部数出；完全列举：不可~。

【悉数】xīshù〈副〉全数；用毕当~奉还。

【悉心】xīxīn〈副〉用尽全部心思：~研究 | 照料。

烯 xī〈名〉有机化合物的一类。

淅 xī ❶〈动〉淘米：~米。❷〈名〉姓。

【淅沥】xīlì〈拟〉形容轻微的风声、雨声等：外面淅淅沥沥下起雨来。

惜 xī〈动〉❶爱惜：珍~ | 怜~。❷惋惜；可惜：痛~ | ~叹~。❸舍不得；吝惜：~力 | ~别。

【惜败】xībài〈动〉比赛中以很小的差距败给对方(含惋惜意)：以一分之差~。

【惜别】xībié〈动〉舍不得分别：依依~。

【惜贷】xīdài〈动〉对发放贷款谨慎严格，不轻易放贷。

【惜购】xīgòu〈动〉对购买商品持谨慎、观望态度，不急于购买：持币~。

【惜老怜贫】xī lǎo lián pín 爱护老年人，同情穷苦人。也说"怜贫惜老"。

【惜墨如金】xī mò rú jīn 指写字、画画、作文力求精练，不轻易下笔。

【惜售】xīshòu〈动〉舍不得卖出：囤积~。

【惜阴】xīyīn〈动〉爱惜光阴。

备用词　爱惜　顾惜　可惜　怜惜　吝惜　体惜　痛惜　惋惜　珍惜

晰(＊晳) xī〈形〉清楚；明白：明~ | 清~。

稀 xī〈形〉❶事物出现得少：~少 | ~有 | ~奇。❷事物之间距离远；事物的部分之间空隙大(跟"密"相对)：~疏 | 地广人~。❸含水多；稀薄(跟"稠"相对)：~饭。❹用在"烂"、"松"等形容词前面，表示程度深：~烂。

【稀薄】xībó〈形〉(空气、烟雾等)密度小；不浓：空气~。

【稀罕】(希罕)xīhan ❶〈形〉稀奇：骆驼在南方是~的东西。❷〈动〉认为稀奇而喜爱：我才不~这样呢！❸〈名〉稀奇的事物：看~儿。

【稀烂】xīlàn〈形〉❶很烂：肉炖得~。❷破碎到极点：打了个~。

【稀里糊涂】xīlihútú 糊里糊涂，不知是怎么回事。

【稀落】xīluò〈形〉稀疏：~的枪声。

【稀奇】(希奇)xīqí〈形〉世间少有的：~珍宝。

【稀少】(希少)xīshǎo〈形〉稀①：行人~。

【稀世】(希世)xīshì〈形〉世间很少有：~事 | ~珍宝。

【稀疏】xīshū〈形〉在空间或时间上的间隔远；不密集：灯火~。

【稀松】xīsōng〈形〉❶差劲：干活儿~。❷无关紧要：~平常。❸不密集：参观的人~。

【稀微】xīwēi〈形〉微弱，不强烈：~的光线。

【稀有】(希有)xīyǒu〈形〉极少有的；很少见到的：~金属。

傒 xī〔傒倖〕〈形〉烦恼(多见于早期白话)。也作"奚幸"。

舾 xī〔舾装〕〈名〉❶船上锚、桅杆、梯、管路、电路等设备和装置的总称。❷船体主要结构造完之后安装锚、桅杆、电路等设备和装置的工作。

翕 xī ❶〈形〉和顺；协调：~然。❷〈动〉收敛：~张。

【翕动】(噏动)xīdòng〈动〉(嘴唇等)一张一合地动。

【翕忽】xīhū〈形〉轻快敏捷：倏尔远逝，往来~。

【翕然】xīrán〈形〉统一；协调：万方响应，风从~。

【翕张】xīzhāng〈动〉一合一开。

腊 xī ❶〈名〉干肉。❷〈动〉(肉等)晒干；晾干。
　　△另见 là。

粞 xī〈名〉碎米。

犀 xī ❶〈名〉哺乳动物，外形略像牛，鼻上有一个或两个角，皮粗而厚，色微黑，毛稀少，产在亚洲和非洲的热带森林里。通称"犀牛"。❷〈形〉坚固：~利。

【犀甲】xījiǎ〈名〉犀牛皮制的铠甲。

【犀利】xīlì〈形〉锋利;锐利:目光～|文笔～。

皙 xī〈形〉人的皮肤白:白～。

锡(錫) xī ❶〈名〉金属元素,符号 Sn。纯锡银白色,质软,用来镀铁、焊接金属或制造合金等。❷〈动〉赐给;赏赐。❸〈名〉姓。

【锡箔】xībó〈名〉涂着一层薄锡的纸,多重叠成或糊成元宝形。迷信的人祭奠死者,常烧锡箔,说是给死去的人当钱用。

溪(*❶磎) xī,旧读 qī〈名〉❶原指山间的小沟,现泛指小河:清～|～流|～水。❷姓。

【溪涧】xījiàn〈名〉夹在两山中间的小河沟。

【溪流】xīliú〈名〉从山里流出的小股水流。

裼 xī〈动〉敞开或脱去上衣,露出身体的一部分:袒～。△另见 tì。

熙(*❶熙熙) xī ❶〈形〉光明:～天曜日。❷〈形〉欢喜;和乐:众人～。❸〈形〉旺盛;兴盛。❹〈名〉姓。

【熙来攘往】xī lái rǎng wǎng 熙熙攘攘。

【熙熙】xīxī〈形〉快乐的样子:笑语～。

【熙熙攘攘】xīxī rǎngrǎng 形容人来人往,非常热闹。

豨 xī〈名〉古书上指猪。

㗗 xī[㗗喇(shuā)]❶拟声词:脚步声～～作响。❷[㗗嗦(suō)]拟声词:一只小老鼠在草里～～地跑过。

蜥 xī[蜥蜴(yì)]〈名〉爬行动物,身体表面有细小鳞片,有四肢,尾巴细长,容易断。生活在草丛中,捕食昆虫和其他小动物。通称"四脚蛇"。

僖 xī〈形〉喜;乐。

熄 xī〈动〉❶停止燃烧;火灭:篝火已～。❷关(灯):～灯。

【熄灭】xīmiè〈动〉❶停止燃烧:篝火～了。❷灭(灯火):房间里灯还没有～。

谿(谿) xī〈名〉悲叹的声音;呼痛的声音。

磶 xī 同"溪"①。

嘻(*譆) xī ❶〈叹〉表示惊叹:～!善哉。❷〈拟〉形容笑的声音:～

～地笑。

【嘻皮笑脸】xī pí xiào liǎn 同"嬉皮笑脸"。

噏 xī ❶同"吸"①—③。❷〈动〉收敛。

【噏动】xīdòng 见〖翕动〗。

嶲 xī[越嶲]〈名〉地名,在四川。今作"越西"。

膝 xī〈名〉❶膝盖,大腿和小腿相连的关节的前部:护～|卑躬屈～。❷姓。

【膝下】xīxià〈名〉子女幼时常偎依在父母跟前,因此旧时表示有无子女,常说"膝下"怎么样;给父母或祖父母写信时也常在开头的称呼下加"膝下"两字,表示恭敬:～荒凉(指没有子女)|父亲大人～。

瘜 xī 见〖息肉〗(瘜肉)。

嬉 xī〈动〉游戏;玩耍:～戏|～游。

【嬉闹】xīnào〈动〉嬉笑打闹:大家～了好一阵子才安静下来。

【嬉皮笑脸】xī pí xiào liǎn 形容嬉笑而不严肃的样子。也作"嘻皮笑脸"。

【嬉戏】xīxì〈动〉游戏;玩耍:在水中～。

【嬉笑】xīxiào〈动〉笑着闹着。

熹 xī〈形〉天亮;光明:～微。

【熹微】xīwēi ❶〈形〉形容阳光不强(多指清晨的):晨光～。❷〈名〉指微明的晨光:云雀在薄薄的～中上下飞翔。

憘 xī〈叹〉叹声。

樨 xī 见〖木樨〗。

螅 xī[水螅]〈名〉腔肠动物,身体圆筒形,口周围的触手是捕食工具。附着在池沼、水沟中的水草或枯叶上面。

歙 xī〈动〉吸气。△另见 shè。

羲 xī〈名〉姓。

【羲皇】xīhuáng〈名〉伏羲氏,古代传说中的部落酋长。

窸 xī[窸窣(sū)]〈拟〉形容细小的摩擦声音。

蹊 xī〈名〉小路:～径|桃李不言,下自成～。△另见 qī。

【蹊径】xījìng〈名〉途径:独辟～。

蟋

xī[蟋蟀]〈名〉昆虫,身体黑褐色,触角很长,后腿发达,善跳跃,雄的好斗,两翅摩擦能发音。生活在阴湿的地方,吃植物的根、茎和种子,对农业有害。

豀

xī[勃豀]同"勃谿"。

谿

xī❶同"溪"。❷见[勃谿]。

【谿壑】xīhè〈名〉两山之间的大沟;山谷(多用于比喻):虎豹凶残出于柙(xiá,关野兽的木笼),劳生尽力填~。

醯

xī〈名〉醋。

曦

xī〈名〉❶阳光(多指清晨的):晨~。❷指太阳:~月。

巇

xī见[险巇]。

鼷

xī[鼷鼠]〈名〉家鼠的一种,吻尖,耳朵较大,是传播鼠疫的媒介。

— xí —

习(習)

xí❶〈动〉学习;温习;练习:自~|演~|~题。❷〈动〉对某事物常常接触而熟悉:~以为常。❸〈名〉习惯:~俗|积~|恶~。❹〈名〉姓。

【习非成是】xí fēi chéng shì 对本来是错误的东西习惯了,反而认为是对的。

【习惯】xíguàn ❶〈动〉对某种新的情况常常接触而逐渐适应:我对这里的气候已经~了。❷〈名〉长期逐渐形成的不易改变的行为、倾向或社会风尚:勤劳俭朴的~。

【习气】xíqì〈名〉逐渐形成的不良习惯或坏作风:流氓~。

【习尚】xíshàng〈名〉风尚;改变旧~。

【习俗】xísú〈名〉习惯和风俗。

【习习】xíxí〈形〉形容风轻轻地吹:凉风~。

【习性】xíxìng〈名〉在某种自然条件下或社会环境中长期养成的特性:生活~。

【习焉不察】xí yān bù chá 习惯于某种事物,因而觉察不到其中的问题。

【习以为常】xí yǐ wéi cháng 经常做某件事就成了习惯。

【习与性成】xí yǔ xìng chéng 长期习惯于怎样,就会形成怎样的性格。

【习作】xízuò ❶〈动〉练习写作。❷〈名〉练习写作、绘画等的作业。

备用词　补习 传习 见习 讲习 练习 实习 温习 学习 演习 预习 自习 恶习 痼习 积习 陋习

席(＊❶蓆)

xí ❶〈名〉用苇篾、竹篾、草等编成的片状物,用来铺垫或遮蔽:炕~|凉~。❷〈名〉席位:硬~|缺~。❸〈名〉特指议会中的席位,表示当选的人数。❹〈名〉酒席:宴~|素~。❺〈量〉用于所说的话语或成桌的酒菜:一~酒|一~话。❻〈名〉姓。

【席不暇暖】xí bù xiá nuǎn 座位还没坐暖就离开了,形容很忙。

【席地】xídì〈动〉原指在地上铺了席(坐、卧),后泛指在地上(坐、卧):~而坐。

【席卷】xíjuǎn〈动〉像卷席子一样把东西全部卷进去,形容包括无余。

【席位】xíwèi〈名〉❶集会时在会场上所占的座位。❷特指议会中的席位,表示当选的人数。

备用词　出席 列席 缺席 酒席 筵席 宴席 座无虚席

觋(覡)

xí〈名〉男巫师。

袭(襲)

xí ❶〈动〉出其不意地突然攻击;侵袭:~击|空~。❷〈动〉照样做;依照着继续下去:抄~|沿~。❸〈量〉用于成套的衣服:一~棉衣。❹〈名〉姓。

【袭击】xíjī〈动〉❶军事上指出其不意地打击。❷比喻突然打击。

【袭取】xíqǔ〈动〉❶出其不意地攻取:~敌人的据点。❷沿袭地采取:这个戏是~一个传说故事写的。

【袭扰】xírǎo〈动〉袭击并骚扰。

媳

xí〈名〉媳妇:婆~。

【媳妇】xífù〈名〉❶儿子的妻子。也叫"儿媳妇"。❷晚辈亲属的妻子(前面加晚辈称呼):侄~|孙~。

【媳妇儿】xífur〈名〉❶妻子。❷泛指已婚的年轻妇女。

嶍(＊嶨)

xí[嶍峨]〈名〉山名,在云南。

隰

xí〈名〉❶低湿的地方。❷姓。

檄

xí ❶〈名〉檄文:羽~(古代征兵的军书,上插鸟羽)。❷〈动〉用檄文晓谕或声讨。

【檄文】xíwén〈名〉古代用于晓谕、征召、声讨等的文书,特指声讨敌人或叛逆的文书。

鳛（*鰼）xí[鳛水]〈名〉地名，在贵州。今作"习水"。

══ xǐ ══

洗 xǐ ❶〈动〉用水或汽油、煤油等去掉物体上的脏东西：～涤｜～浆～。❷〈动〉基督教接受人入教时所举行的一种宗教仪式：～礼｜受～。❸〈动〉洗清（耻辱、冤屈等）：～雪｜～冤。❹〈动〉清除：清～。❺〈动〉像用水洗净一样杀光或抢光：～城｜血～。❻〈动〉照相的显影定影；冲洗：～相片。❼〈动〉把磁带上录的声音或形象去掉：这段唱词～了重录。❽〈动〉玩牌时把牌掺和整理，以便继续玩：～牌。❾〈名〉笔洗（用陶瓷、石头等制成的洗涤毛笔的文具）。
△另见 xiǎn。

【洗尘】xǐchén〈动〉设宴欢迎远道而来的人。

【洗涤】xǐdí〈动〉洗①。

【洗耳恭听】xǐ ěr gōng tīng 指专心而恭敬地听。

【洗劫】xǐjié〈动〉把财物抢光：～一空。

【洗礼】xǐlǐ〈名〉❶基督教接受人入教时所举行的仪式，向受洗人额上滴水，或将受洗人身体浸在水里，表示洗净过去的罪恶。❷比喻重大斗争的锻炼和考验。

【洗练】（洗炼）xǐliàn〈形〉（语言、文字、技艺等）简练利落：文字～｜剧情处理得十分～。

【洗盘】xǐpán〈动〉股市庄家在拉高股价的过程中，有意让股价上下震荡，让先前买进股票的投资者卖出股票，这种操作手法叫"洗盘"。

【洗钱】xǐqián〈动〉把非法得来的钱款，通过存入银行等改变名义、性质，使成为合法收入，叫作"洗钱"。

【洗三】xǐsān〈动〉旧俗在婴儿出生后第三天给他洗澡。

【洗手】xǐshǒu〈动〉❶用水洗掉手上的污垢。❷比喻不再干某种事：金盆～｜～不干。

【洗手间】xǐshǒujiān〈名〉婉辞，指厕所。

【洗刷】xǐshuā〈动〉❶用水洗，用刷子刷。❷比喻除去（耻辱、污点等）。

【洗心革面】xǐ xīn gé miàn 清除坏思想，改变旧面貌。比喻彻底悔改。

【洗雪】xǐxuě〈动〉除掉（耻辱、冤屈等）。

【洗衣粉】xǐyīfěn〈名〉洗涤用品，用化学合成方法制成粉粒状，耐硬水，去污力强，用于洗涤衣服、织物等。

【洗衣机】xǐyījī〈名〉自动或半自动洗涤衣物的家用电器。

【洗印】xǐyìn〈动〉冲洗和印制照片或影片：他既能摄影，又能～。

【洗濯】xǐzhuó〈动〉洗①。

备用词 冲洗　盥洗　浆洗　清洗　刷洗　梳洗　囊空如洗　一贫如洗

玺（璽）xǐ〈名〉❶帝王的印：玉～。❷姓。

铣（銑）xǐ〈动〉用铣床（一种机床）切削金属：～刀｜～工。
△另见 xiǎn。

徙 xǐ〈动〉迁移：迁～｜～居（搬家）。

【徙倚】xǐyǐ〈动〉徘徊。

喜 xǐ ❶〈形〉快乐；高兴：欢～｜欣～。❷〈形〉可庆贺的：～报。❸〈名〉指可庆贺的事：贺～。❹〈名〉称怀孕为"有喜"。❺〈动〉爱好：～闻乐见。❻〈动〉某种生物适宜于什么环境；某种东西适宜于配合什么东西：～光植物。❼〈名〉姓。

【喜爱】xǐ'ài〈动〉对人或事物有好感或感兴趣。

【喜不自胜】xǐ bù zì shèng 高兴得无法控制自己。

【喜冲冲】xǐchōngchōng〈形〉形容十分高兴的样子。

【喜出望外】xǐ chū wàng wài 遇到意想不到的喜事而特别高兴。

【喜好】xǐhào〈动〉喜欢；爱好。

【喜欢】xǐhuan ❶〈动〉喜爱：～唱歌｜～数学。❷〈形〉快乐；高兴：说个笑话，让大伙儿～～。

【喜剧】xǐjù〈名〉戏剧的一种类型,多用夸张的手法对丑恶、落后的现象加以讽刺和嘲笑,剧情往往引人发笑,结局大多是圆满的。

【喜钱】xǐqián〈名〉有喜庆事的人家给人的赏钱。

【喜庆】xǐqìng ❶〈形〉值得喜欢和庆贺的:～事|十分～的日子。❷〈名〉值得喜欢和庆贺的事。

【喜人】xǐrén〈形〉使人喜爱;令人高兴。

【喜闻乐见】xǐ wén lè jiàn 喜欢听,乐意看。

【喜笑颜开】xǐ xiào yán kāi 心情愉快,满脸笑容。

【喜形于色】xǐ xíng yú sè 抑制不住的内心的喜悦流露在脸上。

【喜洋洋】xǐyángyáng〈形〉形容非常欢乐的样子。

【喜悦】xǐyuè〈形〉愉快;高兴:怀着～的心情。

【喜滋滋】xǐzīzī〈形〉形容内心喜悦的样子:听到女儿考上了大学的消息,她心里～的。

【喜子】xǐzi 同“蟢子”。

备用词　欢喜　惊喜　狂喜　欣喜　报喜　道喜　恭喜　贺喜　皆大欢喜　闻过则喜　沾沾自喜

蒽 xǐ〈动〉畏惧:畏～不前。

葸 xǐ〈数〉五倍:倍～(数倍)。

屣 xǐ〈名〉鞋:弃之如敝～。

禧 xǐ,旧读 xī ❶〈形〉幸福;吉祥:平～|福～。❷〈名〉喜庆:恭贺新～。

镐(鎴) xǐ〈名〉金属元素,符号 Sg。有放射性,由人工核反应获得。

釐 xǐ同“禧”。△另见 lí“厘”。

蟢 xǐ[蟢子]〈名〉“蟏蛸”(xiāoshāo)的通称。也作“喜子”。

━━ xì ━━

卌 xì〈数〉四十。

戏(戲*戱) xì ❶〈动〉玩耍;游戏:嬉～|～儿。❷〈动〉开玩笑;嘲弄:～弄|调～。❸〈名〉戏剧,也指杂技:～曲|京～|这出～非常好看。❹〈名〉姓。△另见 hū。

【戏法】xìfǎ〈名〉魔术:变～(耍魔术)。

【戏歌】xìgē〈名〉把戏曲唱腔和通俗歌曲结合起来的一种歌唱艺术形式。

【戏剧】xìjù〈名〉❶通过演员表演故事来反映社会生活中的各种冲突的艺术。是以表演艺术为中心的文学、音乐、舞蹈等艺术的综合。分为话剧、戏曲、歌剧、舞剧等。按作品类型又可以分为悲剧、喜剧、正剧等。❷指剧本:他擅长写～。

【戏剧性】xìjùxìng〈名〉事物所具有的像戏剧情节那样曲折、突如其来或激动人心的性质:局势发生了～变化|他俩的重逢很富有～。

【戏弄】xìnòng〈动〉耍笑捉弄;拿人开心:～人。

【戏曲】xìqǔ〈名〉我国传统的戏剧形式,包括昆曲、京剧和各种地方戏,以歌唱、舞蹈为主要表演手段。

【戏要】xìshuǎ〈动〉❶戏弄:～人。❷玩耍;嬉戏:和孩子们一块儿～|别终日吃喝～。

【戏说】xìshuō〈动〉附会历史题材,虚构一些有趣或引人发笑的情节进行创作或讲述:～三国|孩子们围坐着听老人～乾隆皇帝的故事。

【戏台】xìtái〈名〉舞台。

【戏谑】xìxuè〈动〉用诙谐有趣的话开玩笑。

【戏言】xìyán〈名〉随便说说并不当真的话:军中无～。

【戏眼】xìyǎn〈名〉指一出戏里最精彩的场面。

【戏子】xìzi〈名〉旧时称职业的戏曲演员(含轻视意)。

备用词　调戏　嬉戏　游戏　逢场作戏　视同儿戏　耍把戏

饩(餼) xì ❶〈名〉谷物;饲料。❷〈名〉活的牲口;生肉。❸〈动〉赠送(食物)。

【饩牵】xìqiān〈名〉古代称未宰杀的活的猪牛羊等牲畜。

系(❸❾係❸-❽繫) xì ❶〈名〉系统:派～|体～。❷〈名〉高等学校中按学科所分的教学行政单位:中文～|物理～。❸〈名〉地层系统分类单位的第三级,系以上为“界”,如中生界分为三叠系、侏罗系和白垩系。跟系相应的地质年代分期叫作“纪”。❹〈动〉联结;联系(多用于抽象的事物):维～|成败～于此举。❺〈动〉牵挂:～念。❻〈动〉把人或东西捆住往上提或向下送:从窖里把白菜～上来。❼〈动〉拴;绑:～马。❽〈动〉拘禁:～狱|拘～。❾〈动〉是:鲁迅先生～浙江绍兴人。❿〈名〉姓。△另见 jì。

【系缚】xìfù〈动〉束缚。

【系列】xìliè〈名〉相关联的成组或成套的事物：餐具～。

【系念】xìniàn〈动〉挂念；惦记。

【系囚】xìqiú〈名〉在押的囚犯。

【系数】xìshù〈名〉❶与未知数相乘的数字或文字，如 $3ax^2$ 中的 $3a$ 是 x^2 的系数。❷科学技术上用来表示某种性质的程度或比率的数，如膨胀系数、安全系数、基尼系数。

【系统】xìtǒng❶〈名〉同类事物按一定的关系组成的整体：组织～｜～化。❷〈形〉有条理的；有系统的：～研究。

【系统工程】xìtǒng gōngchéng❶管理科学上指运用数学和计算机技术等对一个系统内部的规划、设计、研究、制造、试验和使用等环节进行有效的组织管理，以求得最佳效益的思路和措施。❷指牵涉很多方面，需要统一筹划解决的复杂而庞大的工作任务。

【系心】xìxīn〈动〉挂念；惦记。

备用词 派系 体系 关系 联系 维系

屃（屓*屭） xì 见［赑(bì)屃］。

细（細） xì❶〈形〉（条状物）横剖面小；窄（跟"粗"相对，下❷—⑤同）：～线｜～铁丝｜～水长流。❷〈形〉颗粒小：～沙｜～盐。❸〈形〉音不重厚：嗓音～。❹〈形〉精细：工～｜～瓷。❺〈形〉仔细；详细；周密：～致。❻〈形〉细微；细小：～节。❼〈名〉姓。

【细胞】xìbāo〈名〉❶生物体的基本结构和功能单位。❷比喻组成某个群体的小单位：家庭是社会的～。

【细大不捐】xì dà bù juān 小的大的都不舍弃。

【细节】xìjié〈名〉细小的环节或情节。

【细谨】xìjǐn〈形〉细心谨慎；过分拘泥：大行不顾～，大礼不辞小让。

【细菌】xìjūn〈名〉微生物的一大类，体积微小，必须用显微镜才能看见。

【细菌武器】xìjūn wǔqì 生物武器的旧称。

【细菌战剂】xìjūnzhànjì 生物战剂的旧称。

【细密】xìmì〈形〉❶细致紧密；精细：瞧，这布织得多～！❷细致严密：学术分工更加～。❸仔细；不疏忽大意：要对实验做～的分析。❹空隙小而密：网眼儿～。

【细腻】xìnì〈形〉❶精致光滑：白嫩～的皮肤｜质地～。❷描写或表现得细入微：描写～。

【细巧】xìqiǎo〈形〉精细灵巧：～的工艺品。

【细切】xìqiè〈形〉形容声音细微急促。

【细软】xìruǎn〈名〉指首饰和贵重衣物等轻便而易于携带的物品。

【细水长流】xì shuǐ cháng liú ❶比喻一点一滴地做某件事而不间断。❷比喻节约地使用钱或物，使经常不缺。

【细说】xìshuō ❶〈动〉详说。❷〈名〉谗言；小人之言：劳苦而功高如此，未有封侯之赏，而听～，欲诛有功之人，此亡秦之续耳。

【细碎】xìsuì〈形〉细小零碎：～的斑点。

【细微】xìwēi〈形〉细小，微小：～差别。

【细小】xìxiǎo〈形〉很小：～的事情。

【细针密缕】xì zhēn mì lǚ 针线细密，比喻工作细致。

【细枝末节】xì zhī mò jié 比喻事情或问题的细小而无关紧要的部分：不要纠缠于～。

【细致】xìzhì〈形〉❶精细周密：～的工作。❷细腻：丰富～的感情。

【细作】xìzuò〈名〉旧指暗探；间谍。

备用词 精细 苛细 琐细 微细 纤细 详细 仔细

咥 xì〈动〉笑（多指讥笑）。
△另见 dié。

郤 xì❶同"隙"。❷〈名〉姓。

绤（綌） xì〈名〉粗葛布。

阋（鬩） xì〈动〉争吵；争斗：兄弟～于墙。

舄 xì❶〈名〉鞋。❷同"潟"：～卤(盐碱地)。❸〈名〉姓。

隙（*隟） xì〈名〉❶缝隙；裂缝：墙～｜孔～。❷空闲的时间或地方：～地｜～间。❸漏洞；机会：无～可乘。❹（感情上的）裂痕：嫌～。

【隙地】xìdì〈名〉空地；没有种植的地。

禊 xì〈名〉古代春秋两季在水边举行的消除不祥的祭礼：修～。

潟 xì〈名〉咸水浸渍的土地：～卤(盐碱地)。

━ xiā ━

呷 xiā〈动〉喝；饮：～一口酒。
△另见 gā。

虾（蝦） xiā〈名〉节肢动物，身体长，有薄而透明的软壳，腹部由很多环节构成，头有须。生活在水中，种类很多。
△另见 há。

X

X

【虾兵蟹将】xiā bīng xiè jiàng 神话传说里龙王手下的兵将，比喻不中用的兵将。

瞎 xiā ❶〈动〉丧失视觉；失明：～了一只眼。❷〈副〉没有根据地；没有来由地；没有效果地：～说｜～忙。❸〈形〉炮弹打出去不响或爆破装置引火后不爆炸：～炮。❹〈形〉农作物种子没有发芽出土或农作物籽粒不饱满。❺〈形〉乱：线绕～了。

【瞎扯】xiāchě〈动〉没有根据或没有中心地乱说。

【瞎话】xiāhuà〈名〉谎话；不真实的话。

━━ xiá ━━

匣 xiá〈名〉装东西的小盒子，有盖儿，多为方形：木～｜镜～。

侠(俠) xiá ❶〈名〉旧时指武艺高强、讲义气的人：～客｜剑～。❷〈形〉讲义气，见义勇为：～义。

【侠骨】xiágǔ〈名〉指仗义不屈的性格或气概。

【侠客】xiákè〈名〉旧时指有武艺、讲义气、肯舍己助人的人。

【侠士】xiáshì〈名〉仗义的人。

【侠义】xiáyì〈形〉指讲义气，肯舍己助人：～心肠。

狎 xiá ❶〈形〉亲近而态度不庄重：～昵（过分亲近而态度轻佻）。❷〈动〉轻视；不畏惧：轻霜露而～风雨。

柙 xiá〈名〉关野兽的笼子，旧时也用来拘禁重犯。

峡(峽) xiá〈名〉两山夹水的地方：～谷｜～山～。

【峡谷】xiágǔ〈名〉有河流经过的狭而深的山谷，两旁有峭壁。

狭(狹＊陜) xiá〈形〉窄（跟“广”相对）：～小｜～长。

【狭隘】xiá'ài〈形〉❶宽度小；狭窄：～的山路。❷（心胸、见识等）局限在一个小范围内；不宽广：思想～。

【狭路相逢】xiá lù xiāng féng 原指在狭窄的路上相遇，无法避让。后比喻仇人相遇，难以相容。

【狭义】xiáyì〈名〉范围比较狭窄的定义（跟“广义”相对）：～的文艺指文学，广义的文艺兼指美术、音乐等。

【狭仄】xiázè〈形〉狭窄。

【狭窄】xiázhǎi〈形〉❶宽度小：山路～崎岖。❷范围小：场地～。❸（心胸、见识等）不宽广：心地～。

硖(硖) xiá [硖石]〈名〉地名，在浙江。

遐 xiá ❶〈形〉远：～方｜～思。❷〈形〉长久：～龄（高龄）。❸〈名〉姓。

【遐迩】xiá'ěr〈名〉远近：～闻名（名声大，远近都知道）。

【遐思】xiásī〈动〉遐想。

【遐想】xiáxiǎng〈动〉超越现实境界的思索或想象：闭目～｜无际的星空曾引起人们许许多多的～。

瑕 xiá〈名〉玉上的斑点，比喻缺点：～疵｜白璧微～。

【瑕不掩瑜】xiá bù yǎn yú 比喻缺点掩盖不了优点，优点是主要的（瑜：玉的光彩）。

【瑕疵】xiácī〈名〉微小的缺点。

【瑕瑜互见】xiá yú hù jiàn 比喻有缺点也有优点。

暇 xiá〈名〉没有事的时候；空闲：～日｜闲～。

辖(轄＊鎋❶舝) xiá ❶〈名〉穿在大车轴头使轮子不脱落的小铁棍。❷〈动〉管辖；管理：直～｜～制。

【辖制】xiázhì〈动〉管束。

霞 xiá〈名〉❶日光斜射在天空中，由于空气的散射作用而使天空和云层呈现黄、橙、红等彩色的自然现象，多出现在日出或日落的时候。通常指这样出现的彩色的云：彩～｜晚～｜朝～。❷姓。

【霞光】xiáguāng〈名〉阳光透过云雾射出的彩色光芒：～万道。

點 xiá〈形〉聪明而狡猾：狡～｜～慧。

— **xià** —

下 xià ❶〈名〉位置在低处的：～摆｜～游｜往～看。❷〈名〉等次或品级低的：～等｜～策。❸〈名〉次序或时间在后的：～次｜～半夜。❹〈名〉表示属于一定范围、情况、条件等：部～｜名～。❺〈名〉表示当某个时间或时节：时～｜节～。❻〈名〉用在数目字后面，表示方面或方位：两～里｜四～观望。❼〈动〉由高处到低处：～山｜～楼｜顺流而～。❽〈动〉（雨、雪等）降落：～雨｜～霜。❾〈动〉颁发；投递：～命令。❿〈动〉去；到（处所）：～乡｜～馆子。⓫〈动〉退场：～场休息。⓬〈动〉放入：～种｜～网捕鱼。⓭〈动〉卸除；取下：～装。⓮〈动〉做出（言论、判断等）：～决心。⓯〈动〉使用；开始使用：～刀｜对症～药。⓰〈动〉（动物）生产：～蛋。⓱〈动〉攻陷：久攻不～。⓲〈动〉退让：相持不～。⓳〈动〉到规定时间结束日常工作或学习等：～班｜～课。⓴〈动〉低于；少于：日产量不～万吨。㉑〈量〉a)用于动作的次数：敲了三～鼓。b)用于器物的容量：瓶里装着半～水。㉒〈动〉用在动词后面。a)表示由高处到低处：坐～｜躺～｜传～一道命令。b)表示有空间，能容纳：戏院容不～那么多人。c)表示动作的完成或结果：设～圈套｜准备～笔墨纸砚。㉓〈名〉姓。

【下笔】xiàbǐ〈动〉用笔写或画，特指开始写或画：想好再～。

【下不为例】xià bù wéi lì 下次不能援例，表示只通融这一次。

【下策】xiàcè〈名〉不高明的计策或办法。

【下场】xiàchǎng ❶〈动〉演员或运动员退场。❷〈动〉旧时指到考场应试。❸〈名〉结局（多指不好的）：没落好～。

【下车伊始】xià chē yī shǐ 原指官吏初到任所，现比喻刚刚到一个地方（工作）。

【下乘】xiàchéng〈名〉原为佛教用语，就是"小乘"。现一般借指文学艺术的平庸境界或下品：～之作。

【下处】xiàchu〈名〉出门人暂时的住处。

【下挫】xiàcuò〈动〉（价格、销量、汇率等）下降；下跌：股市连续～｜本季度空调销售量～10%。

【下达】xiàdá〈动〉向下级发布或传达（命令、指示等）。

【下第】xiàdì ❶〈名〉下等；劣等。❷〈动〉落第。

【下凡】xiàfán〈动〉神话中指神仙来到人间：天仙～。

【下饭】xiàfàn ❶〈动〉就着菜把主食吃下去。❷〈形〉（菜肴）适宜于和饭一起吃：这个菜真～！❸〈名〉下饭的菜：小二换了汤，添些～。

【下房】xiàfáng〈名〉旧时指仆人住的屋子。

【下放】xiàfàng ❶〈动〉把权力交给下层机构：权力～。❷干部调到下层机关去工作或到工厂、农村等地去锻炼：干部～。

【下风】xiàfēng〈名〉❶风所吹向的那一方。❷比喻作战或比赛中所处的不利地位：甘拜～。

【下浮】xiàfú〈动〉（价格、利率、工资等）向下浮动：汇率～｜办公用房租金～｜利率～一个百分点。

【下岗】xiàgǎng〈动〉❶离开执行守卫、警戒等任务的岗位：执勤的士兵还未～。❷职工因企业破产、裁减人员等原因失去工作岗位：～待业｜安排～人员再就业。

【下功夫】xiàgōngfu 为了达到某个目的而花费很多的时间和很大的精力：想要实现自己的梦想，就得～｜下过一番功夫。

【下官】xiàguān〈名〉旧时做官的人谦称自己。

【下海】xiàhǎi〈动〉❶到海中去。❷（渔民）到海上（捕鱼）：初次～，头晕呕吐是难免的。❸戏剧界指业余戏曲演员成为职业演员。❹旧时指从事某些行业（如娼妓、舞女等）。❺指放弃原来的工作而经营商业。

【下滑】xiàhuá〈动〉下降（多指成绩、质量等）：经济～｜成绩～｜积极采取有效的措施，防止教学质量～。

【下怀】xiàhuái〈名〉谦辞，指自己的心意：正中～（正合自己的心意）。

【下贱】xiàjiàn〈形〉❶旧时指出身或社会地位低下；低贱。❷卑劣下流或没有骨气。

【下江】xiàjiāng〈名〉长江下游地区：～官话。

【下酒】xiàjiǔ ❶〈动〉就着菜把酒喝下去。❷〈形〉适宜于和酒一起吃：这菜～不～。

【下课】xiàkè〈动〉❶上课时间结束：下了课我们去打球吧｜铃声响了，老师说："～。"❷指辞职或被撤换：几个队的主教练先后～｜不称职的头儿～。

【下口】xiàkǒu ❶〈形〉下饭下酒的：但是～肉食，只顾将来摆一桌子。❷〈名〉下饭下酒的菜。

【下里巴人】xiàlǐ bārén 战国时代楚国的民间歌曲。《文选·宋玉对楚王问》里说，有人在楚国都城唱歌，先唱的是"下里巴人"（下里：

乡里;巴人:指巴蜀地方的人),跟着唱的有数千人;后来唱"阳春白雪"(战国时代楚国的一种高雅的歌曲),跟着唱的只有几十人。后用"下里巴人"泛指通俗、普及的文学艺术。

【下劣】xiàliè〈形〉下流;卑劣。

【下流】xiàliú❶〈名〉下游:黄河～。❷〈形〉言语、行为卑鄙龌龊:～话。

【下落】xiàluò❶〈名〉正在寻找中的人或物所在的地方:～不明。❷〈动〉下降:水位～。

【下马】xiàmǎ〈动〉❶从马上下来:～看花(比喻深入实际,认真调查研究)。❷比喻某项重大的工作、工程、计划等停止进行。

【下马威】xiàmǎwēi〈名〉原指官吏初到任时对下属摆的威风,后泛指为了让对方知道厉害而一开头就显示的威势:给了他一个～。

【下坡路】xiàpōlù〈名〉❶由高处通向低处的道路。❷比喻向衰落或灭亡发展的道路。

【下情】xiàqíng〈名〉❶下级或群众的情况或心意:体察～。❷谦辞,对人称自己的情况或心意。

【下人】xiàrén〈名〉旧时指仆人。也叫"底下人"。

【下身】xiàshēn〈名〉❶身体的下半部,有时专指阴部。❷裤子:～儿短了些。

【下世】xiàshì❶〈动〉去世。❷〈名〉迷信指人死后再转生到世上来的那一辈子。

【下市】xiàshì〈动〉❶(季节性的货物)已过产销旺季:樱桃早已～|立秋后西瓜～。❷结束一天的商业活动:太阳老高就～了|～后,把门前打扫干净。

【下手】xiàshǒu❶〈动〉动手;开始做:准备工作要及早～。❷〈名〉位置较卑的一侧。也作"下首"。❸〈名〉助手:打～(担任助手)。

【下属】xiàshǔ〈名〉下级。

【下水】xiàshuǐ❶〈动〉进入水中。❷〈动〉比喻做坏事:拉人～。❸〈动〉向下游航行:～船。❹〈名〉供食用的猪、羊等的内脏:猪～。

【下榻】xiàtà〈动〉(客人)住宿:在北京饭店～。

【下台】xiàtái〈动〉❶从舞台或讲台上下来。❷指卸去公职,失去权位。❸比喻摆脱困窘的处境:说错了下不来台|设法～|你这样做,真让人下不了台。

【下调】xiàtiáo〈动〉(价格、利率等)向下调整:利率～。

【下同】xiàtóng〈动〉后面所说的跟这里所说的相同(多用于附注)。

【下晚】xiàwǎn〈名〉将近黄昏的时候。

【下网】xiàwǎng〈动〉❶设置罗网,多指在水中安设渔网:～捕鱼。❷在互联网上结束信息的检索、查询等,操作计算机等退出互联网(跟"上网"相对)。

【下文】xiàwén〈名〉❶文中某一段或某一句以后的部分。❷比喻事情的发展或结果:这件事一直没有～。

【下弦】xiàxián〈名〉农历每月二十二日或二十三日,太阳跟地球的连线和地球跟月球的连线成直角时,在地球上可以看到月亮呈⊃形,这种月相叫"下弦",这时的月亮叫"下弦月"。

【下限】xiàxiàn〈名〉时间最晚或数量最小的限度(跟"上限"相对)。

【下线】xiàxiàn❶〈动〉指汽车、电器等在生产线上组装完毕:新款轿车顺利～。❷〈动〉泛指离开某系统或网络:两人聊得正起劲儿,谁也不愿意～。❸〈名〉指团伙成员中有直接关系的下一层的人。

【下乡】xiàxiāng〈动〉到农村去。

【下野】xiàyě〈动〉执政的人被迫下台。

【下意识】xiàyìshí❶〈名〉潜意识。❷〈副〉指不知不觉、没有意识的心理活动。

【下游】xiàyóu〈名〉❶河流接近出口的部分和这部分所流经的地区:江苏地处长江～。❷比喻落后的地位:甘居～。

【下载】xiàzài〈动〉从互联网或其他计算机上获取信息并装入到某台计算机或其他电子装置上(跟"上传"相对)。

【下作】xiàzuo❶〈形〉卑鄙;下流。❷方言〈形〉吃东西又贪又馋。❸方言〈名〉助手:打～(担任助手)。

备用词　陛下　部下　殿下　阁下　麾下　门下　足下　当下　刻下　目下　时下　现下　眼下　不相上下　承上启下　瓜田李下　寄人篱下　急转直下　江河日下　居高临下　瞒上欺下　每况愈下　泥沙俱下　七上八下　骑虎难下　声泪俱下　双管齐下

吓(嚇) xià〈动〉使害怕:～唬|～人一跳。
△另见hè。

【吓唬】xiàhu〈动〉使害怕:～～他。

夏 xià〈名〉❶夏季:初～|～收。❷朝代,约公元前2070年—公元前1600年,传说为禹所建。❸指中国:华～。❹姓。

【夏侯】xiàhóu〈名〉姓。

【夏季】xiàjì〈名〉一年的第二季,我国习惯指立夏到立秋的三个月时间。也指农历四、五、六三个月。参看〖四季〗。

【夏历】xiàlì〈名〉农历。相传始创于夏代，故称。

【夏令营】xiàlìngyíng〈名〉夏季开设的供青少年或集体的成员短期休息、娱乐和开展各种活动的营地，多设在野外或海边。

【夏天】xiàtiān〈名〉夏季。

唬　xià 同"吓"(xià)。△另见 hǔ。

厦(＊廈)　xià[厦门]〈名〉地名，在福建。△另见 shà。

罅　xià〈名〉缝隙：石～|～隙。

【罅漏】xiàlòu〈名〉缝隙，比喻事情的漏洞：～之处，有待补正。

【罅隙】xiàxì〈名〉裂缝；缝隙。

— xiān —

仙(＊❶❷僊)　xiān〈名〉❶仙人；神仙：～人|～女。❷比喻在某方面特异的人：诗～。❸姓。

【仙丹】xiāndān〈名〉神话传说中认为吃了可以起死回生或长生不老的灵丹妙药。

【仙风】xiānfēng〈名〉指高山上清凉的风。

【仙女】xiānnǚ〈名〉年轻的女仙人。

【仙人】xiānrén〈名〉神话中指长生不老而有神通的人。

【仙逝】xiānshì〈动〉婉辞，称人死。

【仙子】xiānzǐ〈名〉❶仙女。❷泛指仙人。

先　xiān❶〈名〉指在前的时间或次第(跟"后"相对)：～锋|～驱。❷〈名〉先前：你～为什么不说？❸〈名〉祖先；上代：～人|～世。❹〈形〉尊称死去的(人)：～父|～贤。❺〈副〉暂时：这事～放一放，以后再说。❻〈名〉姓。

【先辈】xiānbèi〈名〉❶行辈在先的人。❷指已去世的令人钦敬的前辈。

【先达】xiāndá〈名〉有道德、有学问的前辈。

【先导】xiāndǎo❶〈动〉引导；引路：～作用。❷〈名〉向导；引路的人：错误常常是正确的～。

【先帝】xiāndì〈名〉古代称去世的皇帝。

【先睹为快】xiān dǔ wéi kuài 以能够先看到为快事。

【先发制人】xiān fā zhì rén 先下手以制伏对方，先于对手采取行动以获得主动。

【先锋】xiānfēng〈名〉❶行军或作战时的先头

部队，也指率领先头部队的将领。❷比喻在事业中起先导作用或带头作用的人：～队|开路～。

【先河】xiānhé〈名〉古代帝王祭祀时，先祭黄河，后祭海，以河为海的本源。后来称倡导在先的事物为先河。

【先皇】xiānhuáng〈名〉先帝。

【先见之明】xiān jiàn zhī míng 能够事先看清问题的眼力；预见性。

【先进】xiānjìn❶〈形〉进步快，水平高，可以作为学习榜样的：～事迹。❷〈名〉先进的人或事物：赶超～。

【先决】xiānjué〈形〉为解决某一问题，必须首先解决的：～条件。

【先觉】xiānjué❶〈动〉预先认识察觉。❷〈名〉指认识事物比一般人较早的人。

【先君子】xiānjūnzǐ〈名〉称已死的父亲。

【先例】xiānlì〈名〉已有的事例。

【先烈】xiānliè〈名〉对烈士的尊称：革命～|缅怀～。

【先年】xiānnián〈名〉先前。

【先期】xiānqī〈名〉在某一日期以前：代表团部分成员已～到达。

【先前】xiānqián〈名〉从前；以前。

【先遣】xiānqiǎn〈形〉行动前派出去执行联络、侦察等任务的：～部队。

【先秦】xiānqín〈名〉指秦统一以前的历史时期，一般指春秋战国时期：～文学。

【先驱】xiānqū❶〈动〉走在前面引导：～者。❷〈名〉走在前面引导的人：革命～。

【先人】xiānrén〈名〉❶祖先。❷指已死的父亲。

【先入为主】xiān rù wéi zhǔ 先接受了一种说法或思想，以为是正确的，形成成见，以后就不容易接受不同的说法或思想。

【先入之见】xiān rù zhī jiàn 对某事物进行调查研究之前就已经形成的看法。

【先生】xiānsheng〈名〉❶老师。❷对知识分子的称呼。❸称别人的丈夫或对人称自己的丈夫。❹方言。医生。❺旧时称管账的人。❻旧时称以说书、相面、算卦、看风水等为职业的人。

【先声】xiānshēng〈名〉指发生在重大事件之前的性质相同的某项事件。

【先声夺人】xiān shēng duó rén 先张大自己方面的声势以压倒对方，比喻做事抢先一步。

【先世】xiānshì〈名〉上代；祖先。

【先天】xiāntiān〈名〉指人或动物的胚胎时期（跟"后天"相对）:~不足。

【先头】xiāntóu❶〈形〉位置在前面的:~部队。❷〈名〉先前;以前:这件事~我没听说过。❸〈名〉前头;前面:小王一直跑在~。

【先贤】xiānxián〈名〉旧称已死去的有才德的人。

【先行】xiānxíng❶〈动〉走在前面:~者(首先倡导的人)。❷〈动〉预先进行:开会前~通知。❸〈名〉先行官。

【先行官】xiānxíngguān〈名〉戏曲小说中指指挥先头部队的武官,比喻某些事业、行业中起前导作用的因素:技术开发是企业发展壮大的~|交通运输是国民经济的~。

【先行者】xiānxíngzhě〈名〉首先倡导的人:航天~|孙中山先生是中国民主主义革命的~。

【先意承志】xiān yì chéng zhì 原指不待父母明白说出就能迎合父母的心意做事,后来泛指揣摩人的心意,极力奉迎。

【先引】xiānyǐn〈动〉先导;在前面引路。

【先斩后奏】xiān zhǎn hòu zòu❶封建时代臣子把人杀了,然后上奏。❷比喻未经请示先行处理,再报告上级。

【先兆】xiānzhào〈名〉事情发生前显露出来的迹象。

【先哲】xiānzhé〈名〉指已经去世的有才德的思想家,也指先知先觉的人。

【先知】xiānzhī❶〈动〉认识事物在别人之前。❷〈名〉指对人类或国家大事了解得较早的人。❸〈名〉犹太教、基督教指受上帝启示而传达上帝旨意或预言未来的人。

【先祖】xiānzǔ❶〈名〉远代的祖先。❷称已死的祖父。

备用词 从先 起先 原先 早先 领先 抢先 事先 首先 率先 优先 预先 争先 一马当先 有言在先

纤（纖）xiān〈形〉细小:~尘|~弱。
△另见 qiàn。

【纤尘】xiānchén〈名〉细小的灰尘。

【纤介】xiānjiè〈形〉细微:一点点:无~之祸。

【纤巧】xiānqiǎo〈形〉纤细精巧:~精致。

【纤弱】xiānruò〈形〉纤细而柔弱:~的身体。

【纤维】xiānwéi〈名〉天然或人工合成的细丝状物质:植物~。

【纤悉】xiānxī〈形〉详细;详尽:~无遗(一点儿都没有遗漏)。

【纤细】xiānxì〈形〉非常细:身材~而匀称。

【纤纤】xiānxiān〈形〉细长的样子:十指~。

氙 xiān〈名〉气体元素,符号Xe。大气中含量极少,用来充填光电管、闪光灯等。

祆 xiān[祆教]〈名〉即拜火教,起源于古波斯的一种宗教,把火当作光明的象征来崇拜。

籼（*秈）xiān〈名〉籼稻,水稻的一种,米粒长而细。

莶（蘞）xiān[豨(xī)莶]〈名〉草本植物,茎上有灰白色的毛,全草入药。

掀 xiān〈动〉❶揭开遮挡覆盖的东西:~锅盖。❷翻腾;翻动:~风鼓浪。

【掀腾】xiānténg〈动〉❶翻腾:波浪~。❷张扬;闹腾。

酰 xiān〈名〉酰基,无机或有机含氧酸除去羟基后所余下的原子团。

跹（躚）xiān见[翩(piān)跹]。

锨（鍁*杴枚）xiān〈名〉掘土或铲东西用的工具:铁~。

铦 xiān〈形〉锋利。

鲜（鮮*❶-❻鱻）xiān❶〈形〉（食物）新鲜:~果|~肉|~啤酒。❷〈形〉（花朵）新鲜:~花。❸〈形〉色彩明亮:~红|~明。❹〈形〉滋味好:~美。❺〈名〉鲜美的食物:时~|尝~。❻〈名〉特指鱼虾等水产:鱼~|海~。❼〈名〉姓。
△另见 xiǎn。

【鲜卑】xiānbēi〈名〉我国古代民族,居住在今东北、内蒙古一带。南北朝时曾建立北魏、北齐、北周等政权。

【鲜肥】xiānféi〈名〉指鱼肉:无~滋味之享。

【鲜货】xiānhuò〈名〉指新鲜的水果、蔬菜、鱼虾等。

【鲜洁】xiānjié〈形〉清澈洁净:溪水清浅。

【鲜丽】xiānlì〈形〉鲜艳美丽:颜色~。

【鲜亮】xiānliang〈形〉❶鲜明①。❷漂亮:她长得很~。

【鲜美】xiānměi〈形〉❶（菜肴、瓜果等）滋味好:味道~。❷（花草等）新鲜美丽:芳草~。

【鲜媚】xiānmèi〈形〉鲜艳妩媚:花枝~。

【鲜明】xiānmíng〈形〉❶色彩明亮。❷分明而确定,不含糊:主题~。

【鲜嫩】xiānnèn〈形〉新鲜而嫩:~的蔬菜。

【鲜润】xiānrùn〈形〉明亮而润泽。

【鲜妍】xiānyán〈形〉鲜艳。

【鲜艳】xiānyàn〈形〉鲜明而美丽：色彩～。

【鲜于】xiānyú〈名〉姓。

【鲜泽】xiānzé〈形〉明亮而滋润。

暹 xiān［暹罗］〈名〉泰国的旧称。

嬐 xiān 同"纤"(xiān)：至～至悉。

【嬐萝】xiānluó〈名〉纤细的茑(niǎo)萝，指小草。

— **xián** —

闲(闲*❶-❺閒) xián ❶〈形〉没有事情；没有活动；有空(跟"忙"相对)：～逛｜清～。❷〈形〉(房屋、器物等)不在使用中：～房｜别让机器～着。❸〈名〉闲空儿：农～｜～暇。❹〈形〉与正事无关的：～话｜～书。❺〈形〉安静；安宁：众鸟高飞尽，孤云独去～。❻〈名〉姓。
△"閒"另见 jiān"间"、jiàn"间"。

【闲步】xiánbù〈动〉闲游；散步。

【闲常】xiáncháng〈名〉平常；平时。

【闲扯】xiánchě〈动〉闲聊；闲谈。

【闲话】xiánhuà ❶〈名〉与正事无关的话。❷〈名〉不满意的话：甩～。❸〈动〉闲谈：家常。❹方言〈名〉话。

【闲聊】xiánliáo〈动〉闲谈。

【闲情逸致】xián qíng yì zhì 闲散的心情，安逸的兴致。

【闲散】xiánsǎn〈形〉❶没事可做而又无拘无束。❷闲着没有使用的：～人员。

【闲适】xiánshì〈形〉清闲安逸：生活～。

【闲谈】xiántán〈动〉没有一定中心地或漫无边际地谈无关紧要的话。

【闲庭】xiántíng〈名〉清静的庭院：不管风吹浪打，胜似～信步。

【闲暇】xiánxiá〈名〉闲空儿；没有事的时候。

【闲心】xiánxīn〈名〉闲适的心情。

【闲雅】xiányǎ 同"娴雅"。

【闲游】xiányóu〈动〉闲逛；随便到处走走。

【闲杂】xiánzá〈形〉指没有一定职务的或与某事无关的(人)：～人员。

【闲职】xiánzhí〈名〉空闲的或事情少的职务。

【闲置】xiánzhì〈动〉搁在一边不用。

备用词 安闲 空闲 农闲 轻闲 清闲 幽闲 悠闲 余闲 赋闲 消闲 忙里偷闲 游手好闲

贤(賢) xián ❶〈形〉有德行的；有才能的：～明｜～哲。❷〈名〉有德行的人；有才能的人：先～｜圣～。❸〈形〉敬辞，用于平辈或晚辈：～弟。❹〈名〉姓。

【贤达】xiándá〈名〉有才能、有德行而又有声望的人：社会～。

【贤德】xiándé ❶〈名〉善良的德行。❷〈形〉贤惠：～女子。

【贤惠】(贤慧)xiánhuì〈形〉指妇女心地善良，通情达理，能很好地与人相处。

【贤良】xiánliáng ❶〈形〉有德行，有才能：～的妻子。❷〈名〉有德行、有才能的人：选～。

【贤路】xiánlù〈名〉指贤能被任用的机会：广开～。

【贤明】xiánmíng〈形〉有才能，有见识。

【贤能】xiánnéng ❶〈形〉有道德，有才能：～之士。❷〈名〉有德行、有才能的人：另举～。

【贤契】xiánqì〈名〉旧时对弟子或朋友子侄辈的敬称。

【贤淑】xiánshū〈形〉贤惠。

【贤哲】xiánzhé ❶〈形〉有才德，有智慧：～之士。❷〈名〉有才德，有智慧的人。

备用词 前贤 圣贤 时贤 先贤 任人唯贤

弦（*❶❷絃） xián〈名〉❶弓背两端之间系着的绳状物，用牛筋制成，有弹性，用来发箭：弓～。❷乐器上发声的线，一般用丝线、铜丝或钢丝等制成。❸发条：上～。❹连接圆周上两点的线段。❺我国古代称不等腰直角三角形的斜边。

【弦歌】xiángē ❶〈动〉用琴瑟等弦乐器伴奏而歌唱：闻～而知雅意。❷〈名〉指琴声、歌声：一曲～｜～阵阵。

【弦外之音】xián wài zhī yīn 比喻言外之意。

挦（撏） xián〈动〉撕；取；拔（毛发）：拉：～扯｜～鸡毛。

咸（❷鹹） xián❶〈副〉全；都：老少～宜。❷〈形〉（味道）像盐那样的：～鱼｜菜太～了。❸〈名〉姓。

涎（*次） xián〈名〉口水：～水｜口～｜垂～三尺。

【涎皮赖脸】xián pí lài liǎn 厚着脸皮纠缠人，惹人厌烦的样子。

娴（嫺*嫻） xián〈形〉❶文雅：～雅。❷熟练：～于辞令。

【娴静】xiánjìng〈形〉文雅安详：～的少女。

【娴熟】xiánshú〈形〉非常熟练：技术～。

【娴雅】xiányǎ〈形〉文雅（多形容女子）：端庄～。也作"闲雅"。

衔（銜*啣❶-❹唧） xián❶〈动〉用嘴含：燕子～泥。❷〈动〉存在心里：～恨｜～冤。❸〈动〉接受；奉：～命。❹〈动〉相连接：～接。❺〈名〉等级或职务的称号：头～｜军～｜授～。

【衔恨】xiánhèn〈动〉心怀怨恨或悔恨：～而死。

【衔接】xiánjiē〈动〉事物相连接。

【衔枚】xiánméi〈动〉古代军队秘密行动时，让士兵嘴里横衔着枚（像筷子的东西），防止说话出声：～疾走。

【衔冤】xiányuān〈动〉含冤：～去世。

舷 xián〈名〉船、飞机等两侧的边儿：船～｜～窗。

【舷窗】xiánchuāng〈名〉船、飞机等两侧密封的窗子。

痫（癇） xián〈名〉癫痫。

鹇（鷳） xián〈名〉白鹇，鸟，雄的背部白色，有黑色条纹，腹部黑蓝色。是有名的观赏鸟。

嗛 xián〈动〉怀恨。
△另见 qiǎn。

嫌 xián❶〈名〉嫌疑：避～。❷〈名〉怨恨；仇怨：前～。❸〈动〉厌恶；不满意：～恶（wù）。

【嫌犯】xiánfàn〈名〉指犯罪嫌疑人。

【嫌弃】xiánqì〈动〉厌恶而不愿意接近。

【嫌恶】xiánwù〈动〉厌恶。

【嫌隙】xiánxì〈名〉彼此因不满或猜疑而产生的隔阂和怨恨。

【嫌疑】xiányí〈名〉被怀疑有某种行为的可能性：～犯。

【嫌怨】xiányuàn〈名〉对人不满的情绪；怨恨。

备用词　猜嫌　涉嫌　讨嫌　挟嫌　憎嫌

— xiǎn —

狝（獮） xiǎn〈动〉古代指秋天打猎：秋～。

冼 xiǎn〈名〉姓。

显（顯） xiǎn❶〈形〉露在外面容易看出来；明显：～然。❷〈动〉表现；露出：～露｜～示。❸〈形〉有名声有权势地位的：～赫｜～耀。❹〈名〉姓。

【显达】xiǎndá〈形〉旧时指在官场上地位高而名声大。

【显贵】xiǎnguì〈名〉指做大官的人。

【显赫】xiǎnhè〈形〉（权势、名声）盛大：～一时。

【显豁】xiǎnhuò〈形〉显著明白：内容～。

【显灵】xiǎnlíng〈动〉迷信的人指神鬼现出形象或发出声响等使人感到威力。

【显露】xiǎnlù〈动〉原来看不见的事物变成看得见；现出：～出高兴的神情。

【显明】xiǎnmíng〈形〉清楚明白：～的对照。

【显亲】xiǎnqīn❶〈名〉富贵显达的亲戚。❷〈动〉使父母荣耀：～扬名。

【显然】xiǎnrán〈形〉很容易看出来或感觉到：这样做～不合适。

【显示】xiǎnshì〈动〉明显地表现出来：新生物～了强大的生命力。

【显示器】xiǎnshìqì〈名〉电子计算机的一种输出设备，能够显示文字、图像等。

【显现】xiǎnxiàn〈动〉显露；呈现：翻过山岭茫茫大海～在眼前。

【显眼】xiǎnyǎn〈形〉明显而容易被看到；引人注目。

【显要】xiǎnyào ❶〈形〉指官职高而权柄大。❷〈名〉指官职高而权柄大的人。

【显耀】xiǎnyào ❶〈形〉声誉、势力等盛大显著：～一时。❷〈动〉故意在人前显示；夸耀：～自己的能耐。

【显著】xiǎnzhù〈形〉十分明显：标志～。

洗 xiǎn〈名〉姓。△另见 xǐ。

险（險） xiǎn ❶〈形〉地势险恶不容易通过。❷〈名〉指地势险恶不易通过的地方：天～｜凭～据守。❸〈名〉遭到不幸或发生灾难的可能：冒～｜～象环生。❹〈形〉狠毒：阴～。❺〈副〉几乎；差一点儿：～些｜～遭不幸。

【险隘】xiǎn'ài〈名〉险要的关口。

【险恶】xiǎn'è〈形〉❶（地形、形势等）凶险可怕：山势～｜环境～。❷阴险恶毒：～用心。

【险固】xiǎngù〈形〉险要而稳固：江山～。

【险峻】xiǎnjùn〈形〉山势高而险。

【险情】xiǎnqíng〈名〉容易发生危险的情况。

【险涩】xiǎnsè〈形〉（内容、文字）艰深晦涩。

【险塞】xiǎnsè〈形〉艰险而阻塞。

【险胜】xiǎnshèng〈动〉比赛中以很小的差距战胜对方：甲队以 81 比 80～乙队。

【险滩】xiǎntān〈名〉江河中水浅流急，礁石多，行船危险的地方：急流～。

【险巇】xiǎnxī〈形〉形容山路危险，泛指道路艰难。也作"崄巇"。

【险象】xiǎnxiàng〈名〉危险的情形：～环生。

【险些】xiǎnxiē〈副〉差点儿：～摔倒。

【险要】xiǎnyào〈形〉地势险峻而处于要冲。

【险诈】xiǎnzhà〈形〉阴险狡诈。

【险兆】xiǎnzhào〈名〉危险的预兆：这栋大楼已出现地基下沉的～。

【险种】xiǎnzhǒng〈名〉保险公司所设的投保种类，如财产保险、人身保险、车险等。

【险阻】xiǎnzǔ ❶〈形〉道路险恶而有阻碍，不容易通过。❷〈名〉山川险恶阻塞之地：崎岖～的山路。

备用词 天险 保险 艰险 惊险 危险 凶险 冒险 探险 脱险 遇险 奸险 阴险 山高水险 铤而走险

蚬（蜆） xiǎn〈动〉软体动物，介壳圆形或心脏形，表面有轮状纹。生活在淡水中或河流入海的地方。

崄（嶮） xiǎn［崄巇(xī)］同"险巇"。

猃（獫） xiǎn ❶〈名〉长(cháng)嘴的狗。❷［猃狁(yǔn)］〈名〉我国古代北方的一个民族。

铣（銑） xiǎn［铣铁］〈名〉铸铁。△另见 xǐ。

筅（*筿） xiǎn［筅帚］方言。〈名〉炊帚（多指竹制的）。

跣 xiǎn〈动〉光着（脚）：～足。

鲜（鮮*尠尟） xiǎn〈形〉少：～见｜～有｜屡见不～。△另见 xiān。

藓（蘚） xiǎn〈名〉❶苔藓植物的一大类。这一类植物茎叶都很少，绿色，没有根，生在阴湿的地方。❷姓。

燹 xiǎn〈名〉野火：兵～（因战争造成的焚烧破坏等灾害）。

— xiàn —

见（見） xiàn ❶同"现"❺：图穷匕～｜才美不外～。❷同"现"❸：军无～粮。❸〈动〉引见；推荐：胡不～我于王？△另见 jiàn。

苋（莧） xiàn〈名〉苋菜，草本植物，茎细长，叶子椭圆形，茎和叶子是普通蔬菜。

县（縣） xiàn ❶〈名〉行政区划单位，现在的县由省、自治区、直辖市或自治州、省辖市领导。❷古通"悬"(xuán)：不狩不猎，胡瞻尔庭有～貆兮？❸〈名〉姓。

【县尉】xiànwèi〈名〉古代主管一县治安的官吏。

【县志】xiànzhì〈名〉记载一个县的历史、地理、风俗、人物、文教、物产等的专书。

【县治】xiànzhì〈名〉旧时指县政府的所在地。

岘(峴) xiàn〈名〉岘山,山名,在湖北。

现(現) xiàn ❶〈名〉现在;此刻:~状|~役|~今。❷〈副〉当场;临时:~吃~做。❸〈形〉当时可以拿出来的:~金|~货。❹〈名〉指现款:兑~|贴~。❺〈动〉表露在外,使人可以看见:~形|~出笑容。

【现场】xiànchǎng〈名〉❶发生事故或案件的场所,也指该场所在发生事故或案件时的状况:保护~。❷直接进行生产、演出、比赛、试验等的场所:~会|~直播。

【现成】xiànchéng〈形〉已有的或已经准备好的:吃~饭。

【现成饭】xiànchéngfàn〈名〉已经做成的饭。比喻不劳而获的利益:他创新意识极强,不愿吃~。

【现成话】xiànchénghuà〈名〉❶原来就有的话;套语:从报上抄来的~。❷不参与其事而在旁说的冠冕堂皇的空话:提具体建议,别总说~。

【现代】xiàndài〈名〉现在这个时代,我国历史分期上多指五四运动到现在的时期。

【现代化】xiàndàihuà〈动〉使具有现代先进科学技术水平:国防~|~的设备。

【现代五项】xiàndài wǔxiàng综合性体育比赛项目之一。由依次进行的越野障碍赛马、击剑、射击、游泳和越野赛跑五个项目组成。比赛每天进行一项,连续五天赛完,以各单项积分总和计算成绩。

【现代舞】xiàndàiwǔ〈名〉❶20世纪初在欧美出现的舞蹈形式。特征是突破了古典芭蕾舞蹈的程式,以自然的舞蹈动作自由地表达思想感情,表现生活。❷体育舞蹈的一类,包括华尔兹、维也纳华尔兹、探戈、狐步和快步舞。

【现代戏】xiàndàixì〈名〉指以现代社会生活为题材的戏剧。

【现代主义】xiàndài zhǔyì ❶19世纪下半叶以来西方各种与传统迥然有别的文艺流派、思潮的统称,如超现实主义、表现主义等,旨在表现对20世纪所发生的深刻变化而作出的精神反映。❷19世纪90年代至20世纪初天主教会内部出现的一股旨在用现代哲学重新阐释天主教教义的神学思潮。

【现房】xiànfáng〈名〉房产市场上指已建成、可以入住的房子(区别于"期房")。

【现汇】xiànhuì〈名〉在国际贸易和外汇买卖中可以当时交付的外汇(主要指外国货币)。

【现货】xiànhuò〈名〉成交后可以当时交割和清算的货物、股票、外汇、债券等(区别于"期货"):~交易|备有~|~不多,卖完为止。

【现今】xiànjīn〈名〉现在。

【现金】xiànjīn〈名〉❶现款:~交易。❷银行库存的货币。

【现款】xiànkuǎn〈名〉可以当时交付的货币。

【现钱】xiànqián〈名〉现款。

【现任】xiànrèn ❶〈动〉现在担任(职务):~办公室主任。❷〈形〉现在任职的:~校长是原来的教导主任|我是~,他是前任。

【现身说法】xiàn shēn shuō fǎ 原为佛教用语,指佛力广大,能现出种种人形,向人讲法。现比喻以亲身经历为例讲解或劝导人。

【现时】xiànshí〈名〉现在;当前:~政局稳定。

【现实】xiànshí ❶〈名〉客观存在的事物:正视~。❷〈形〉符合客观情况的:这个办法比较~。

【现实主义】xiànshí zhǔyì 文学艺术上的一种创作方法。提倡客观地观察现实生活,通过对典型环境中的典型人物的描写,反映现实生活的本质。

【现世】xiànshì ❶〈名〉今生;这一辈子:~报(迷信的人指做了坏事今生就得到应有的报应)。❷〈名〉现今的世界;身在~。❸〈动〉出丑;丢脸:打嘴~|~宝。

【现世宝】xiànshìbǎo〈名〉丢人现眼的家伙(骂人的话)。

【现象】xiànxiàng〈名〉事物的本质所表现的外部形式:透过~看本质。

【现行】xiànxíng〈形〉❶现在施行的;现在有效的:~政策。❷正在进行或不久前曾进行犯罪活动的:~犯。

【现眼】xiànyǎn〈动〉丢脸;出丑:丢人~。

【现洋】xiànyáng〈名〉旧时指银圆。也说"现大洋"。

【现在】xiànzài〈名〉指说话的这个时候,有时也包括说话前后或长或短的一段时间。

【现职】xiànzhí〈名〉现在所担任的职务。

【现状】xiànzhuàng〈名〉目前的状况。

备用词　表现　呈现　出现　发现　浮现　闪现　实现　体现　显现　涌现　展现　兑现　活现　昙花一现　图穷匕首现

限 xiàn ❶〈名〉指定的范围:界~|无~。❷〈动〉指定范围,不许超过:~期|~制。❸〈名〉门槛:门~。

【限产】xiànchǎn〈动〉限制产量;限制生产:~

压库|对产品滞销企业必须~|那些供大于求的产品要坚决~。

【限度】xiàndù〈名〉范围的极限:最大~。

【限量】xiànliàng〈动〉限定止境或数量:前途不可~。

【限令】xiànlìng ❶〈动〉命令限期实行:~三日内拆除违章建筑。❷〈名〉限定执行的命令:放宽~|下达~。

【限期】xiànqī ❶〈动〉指定日期:~完成|~归还|~报到。❷〈名〉指定的不许超过的日期:~已满|三天的~|已超过了。

【限时】xiànshí ❶〈动〉限定时间:~停车|~供应|~行驶。❷〈名〉限定的时间:~已到。

【限养】xiànyǎng〈动〉(对某些动物)限制喂养:市有关部门最近制定出~犬的规定。

【限于】xiànyú〈动〉受某些条件或情形的限制;局限在某一范围之内:~水平|~篇幅|本文讨论的范围,~一些原则问题。

【限制】xiànzhì〈动〉不许超过规定的范围;约束。

线（綫）xiàn ❶〈名〉用丝、棉、麻、金属等制成的细长的东西:毛~|电~|一根~。❷〈名〉几何学上指一个点任意移动所构成的图形:直~|射~。❸〈名〉细长像线的东西:~香。❹〈名〉交通路线:航~|专~。❺〈名〉边úsers缘交界的地方:界~|地平~。❻〈名〉比喻所接近的某种边际:生命~。❼〈名〉线索:眼~。❽〈量〉用于抽象的事物,数词限用"一",表示极少:一~希望|一~生机。❾〈名〉姓。

【线报】xiànbào 方言。〈名〉线人向警察、侦探提供的情报。

【线路】xiànlù〈名〉电流传导、物体运动等所经过的路线:无线电~|行车~|电话~畅通|公共汽车~。

【线人】xiànrén 方言。〈名〉为警察、侦探等充当眼线,提供侦查对象情报信息的人。

【线索】xiànsuǒ〈名〉比喻事物发展的脉络或探索问题的途径:寻找破案的~。

备用词 防线　火线　前线　战线　一线　沿线　航线　海岸线　地平线　穿针引线　飞针走线

宪（憲）xiàn〈名〉❶法令:~令。❷宪法,国家的根本法:立~|违~。❸姓。

【宪兵】xiànbīng〈名〉某些国家的军事政治警察。

【宪法】xiànfǎ〈名〉国家的根本法。具有最高

的法律效力,是其他立法工作的根据。

【宪警】xiànjǐng〈名〉宪兵或警察的合称。

【宪令】xiànlìng〈名〉国家的法令。

【宪章】xiànzhāng ❶〈动〉效法:仲尼祖述尧舜,~文武。❷〈名〉典章制度。❸〈名〉某个国家的具有宪法作用的文件;规定国际机构的宗旨、原则、组织的文件:联合国~。

【宪政】xiànzhèng〈名〉民主的政治:实行~|~运动。

陷xiàn ❶〈名〉陷阱。❷〈动〉掉进(泥土等松软的物体里):~入泥潭。❸〈动〉凹进:因为拉肚子,他眼睛都~下去了。❹〈动〉设下圈套害人:~害|~诬。❺〈动〉被攻破;被占领:失~|沦~。❻〈名〉缺点:缺~。

【陷害】xiànhài〈动〉设计害人。

【陷阱】xiànjǐng〈名〉❶用来捕野兽或敌人的坑,上面盖伪装的东西。❷比喻害人的圈套。

【陷落】xiànluò〈动〉❶地面或其他物体的表面向里凹进去:地壳~。❷陷入①:侵略者~在人民战争的汪洋大海中。❸(领土)被敌人占领。

【陷入】xiànrù〈动〉❶陷进;落在:~重围。❷比喻深深地进入某种境界或思想活动中:~沉思。

【陷阵】xiànzhèn〈动〉冲入敌阵:冲锋~。

馅（餡）xiàn〈名〉面食、点心里包的糖、豆沙或细碎的肉、菜等:素~儿|饺子~儿。

羡（*羨）xiàn ❶〈动〉喜爱而希望自己也有:~慕|称~。❷〈动〉剩余:奇(jī)~(盈余)。❸〈名〉剩余的东西:以~补不足。❹〈名〉姓。

【羡妒】xiàndù〈动〉羡慕忌妒。

【羡慕】xiànmù〈动〉看见别人有某种长处、好处或有利条件而希望自己也有。

缐（線）xiàn ❶ 同"线"①－⑧。❷〈名〉姓。

献（獻）xiàn ❶〈动〉恭敬庄严地送给:奉~|贡~|~礼。❷〈动〉表现给人看:~技|~丑。❸〈名〉姓。

【献宝】xiànbǎo〈动〉❶献出珍贵的物品:向国家~。❷比喻提供有益的经验或意见:欢迎大家~,对工作提出建议。❸比喻显示自己的东西或自以为新奇的东西。

【献策】xiàncè〈动〉献计:献计~。

【献丑】xiànchǒu〈动〉❶谦辞,用于向人表演自己的技能时,表示自己的能力很差。❷出

丑:在大庭广众之中～。

【献词】xiàncí〈名〉祝贺的话或文字:新年～。也作"献辞"。

【献计】xiànjì〈动〉贡献计策。

【献媚】xiànmèi〈动〉为了讨别人喜欢而做出使人欢心的姿态或举动。

【献身】xiànshēn〈动〉把自己的全部精力或生命献给祖国、人民或事业:～于教育事业|为祖国的统一～。

备用词　呈献　奉献　贡献　敬献　捐献　文献

粯 xiàn[粯子]方言。〈名〉粗麦粉。

腺 xiàn〈名〉生物体内能分泌某些化学物质的组织,如人体内的汗腺、甲状腺,花的蜜腺等。

霰 xiàn〈名〉空中降落的白色不透明的小冰粒。多在下雪前或下雪时出现。

【霰弹】xiàndàn〈名〉即榴霰弹。一种炮弹,弹体内装小铅球或钢球,能杀伤敌方的密集人马。

━━ xiāng ━━

乡(鄉) xiāng ❶〈名〉乡村(跟"城"相对):下～|城～物资交流。❷〈名〉家乡:～音|故～|背井离～|回～务农。❸〈名〉行政区划的基层单位,由县一级行政单位领导。❹古通"向"(xiàng):侯生果北～自刭(jǐng)。❺〈名〉姓。

【乡场】xiāngchǎng〈名〉农村集市。

【乡愁】xiāngchóu〈名〉思乡的愁闷心情。

【乡党】xiāngdǎng〈名〉乡、党都是古代地方区划单位,后因以"乡党"泛指乡里。

【乡关】xiāngguān〈名〉故乡。

【乡规民约】xiāng guī mín yuē 指由村民共同制订并遵守的用于本地的规章和公约。

【乡井】xiāngjǐng〈名〉家乡。

【乡里】xiānglǐ〈名〉❶家庭久居的地方;家乡。❷同乡的人。

【乡邻】xiānglín〈名〉同乡的人;邻居。

【乡僻】xiāngpì〈形〉离城市远而偏僻的:～小镇。

【乡企】xiāngqǐ〈名〉乡镇企业的简称。

【乡亲】xiāngqīn〈名〉❶同乡的人。❷对农村中当地人民的称呼:～们,你们辛苦了!

【乡情】xiāngqíng〈名〉对家乡的感情。

【乡曲】xiāngqū〈名〉❶乡里:横行～。❷指偏僻的乡村。

【乡绅】xiāngshēn〈名〉旧时指乡间的绅士。

【乡试】xiāngshì〈名〉明清两代在省城举行的科举考试,每三年举行一次,考中的称"举人"。

【乡俗】xiāngsú〈名〉某一地方的风俗。

【乡土】xiāngtǔ〈名〉❶本乡本土:～观念|～气息。❷泛指地方:～树种。

【乡愿】xiāngyuàn〈名〉外貌忠诚谨慎,实际与欺世盗名的人。

【乡镇企业】xiāngzhèn qǐyè 我国乡镇村集体经济组织、农村村民兴办的集体所有制企业、合作企业和个体企业的统称。简称"乡企"。

备用词　故乡　家乡　怀乡　思乡　老乡　同乡　梦乡　睡乡　醉乡　入乡　随乡　衣锦还乡　鱼米之乡　背井离乡

芗(薌) xiāng ❶〈名〉古书上指用来调味的香草。❷同"香"。

相 xiāng ❶〈副〉互相:～像|～识。❷〈副〉表示一方对另一方的动作:实不～瞒|反唇～讥。❸〈动〉亲自观看(是否合心意):～亲。❹〈名〉姓。
△另见 xiàng。

【相称】xiāngchèn〈形〉事物配合起来显得适;相当。

【相持】xiāngchí〈动〉双方对立,互不相让:～不下。

【相处】xiāngchǔ〈动〉彼此生活在一起或往来接触:友好～。

【相传】xiāngchuán〈动〉❶长期以来互相传说:～这里就是花果山。❷传递;传授:代代～。

【相当】xiāngdāng ❶〈动〉两个方面差不多;配得上或能相抵:旗鼓～。❷〈形〉合适;适宜:他任此职很～。❸〈副〉表示程度高,但不到"很"的程度:～有利。

【相得】xiāngdé〈形〉相处得很好。

【相得益彰】xiāng dé yì zhāng 互相帮助,互相补充,优点和长处就更能显示出来。

【相对】xiāngduì ❶〈动〉性质上互相对立,如大与小相对,粗与细相对。❷〈形〉依靠一定条件而存在,随着一定条件而变化(跟"绝对"相对):～真理。❸〈形〉比较的:～优势。

【相反】xiāngfǎn ❶〈形〉事物的两个方面互相矛盾、互相排斥。❷〈连〉用在下文句首或句中,表示跟上文所说的意思相矛盾:他没有在困难面前屈服,～变得更坚强了。

【相反相成】xiāng fǎn xiāng chéng 相反的事

物互相促成。也指相反的事物有同一性。

【相仿】xiāngfǎng〈形〉相差不多；大体相同：年纪～。

【相辅相成】xiāng fǔ xiāng chéng 两个事物相互补充，相互促成。

【相干】xiānggān〈动〉互相关联；有牵涉：不～。

【相关】xiāngguān〈动〉互相关联：卫生与健康密切～。

【相好】xiānghǎo ❶〈形〉彼此亲密，感情融洽。❷〈名〉亲密的朋友。❸〈动〉恋爱（多指不正当的）：他俩～已经三年了。❹〈名〉指恋爱的一方。

【相厚】xiānghòu〈动〉彼此友谊深厚；关系亲密。

【相互】xiānghù ❶〈形〉两相对待的：～关系。❷〈副〉互相：～促进｜～联系。

【相继】xiāngjì〈副〉一个跟着一个地：～发言。

【相间】xiāngjiàn〈动〉事物与事物一个隔着一个：黑白～｜枫松～。

【相敬如宾】xiāng jìng rú bīn 形容夫妻间互相敬重，如同对待客人一样。

【相能】xiāngnéng〈形〉彼此投合；合得来（多用于否定）：素不～。

【相亲】xiāngqīn〈动〉❶彼此亲爱和好：相爱｜为义者则不然，始而相与，久而相信，卒而～。❷订婚前，男女双方及家长互相了解情况，去见介绍的对象。

【相扰】xiāngrǎo〈动〉❶互相打扰：各不～。❷客套话，打扰：无事不敢～。

【相忍为国】xiāng rěn wèi guó 为了国家和民族的利益而作一定的让步。

【相认】xiāngrèn〈动〉❶彼此承认：兄妹～。❷相识；认识：从不～。

【相若】xiāngruò〈形〉相似。

【相商】xiāngshāng〈动〉彼此商量；商议：有要事～。

【相识】xiāngshí ❶〈动〉互相认识：～多年。❷〈名〉相识的人：老～。

【相率】xiāngshuài〈副〉相继。

【相似】xiāngsì〈形〉相像。

【相提并论】xiāng tí bìng lùn 把不同的人或事物不加区别地放在一起谈论或等同地看待。

【相投】xiāngtóu〈形〉彼此合得来：意气～。

【相望】xiāngwàng〈动〉相顾；随处可见：项背～｜时大风雨，人马冻死者。

【相像】xiāngxiàng〈形〉彼此有相同点或共

同点。

【相信】xiāngxìn〈动〉认为正确或确实而不怀疑。

【相形】xiāngxíng〈动〉互相比较：～之下。

【相形见绌】xiāng xíng jiàn chù 跟别人或事物比较起来显得远远不如（绌：不足）。

【相形失色】xiāng xíng shī sè 相互比较之下，大大不如。

【相沿】xiāngyán〈动〉沿袭下来：～成俗。

【相依】xiāngyī〈动〉互相依靠：唇齿～。

【相依为命】xiāng yī wéi mìng 互相依靠着生活，谁也离不开谁。

【相宜】xiāngyí〈形〉适宜：他做这种工作很～。

【相应】xiāngyīng〈动〉旧式公文用语，应该：～函达｜～咨复。

【相应】xiāngyìng〈动〉互相呼应、照应或适应：首尾～｜付出的心血得到了～的回报。

【相映成趣】xiāng yìng chéng qù 互相映衬，显得有趣味：湖光塔影，～。

【相与】xiāngyǔ ❶〈动〉往来结交；相处：这个人是很难～的。❷〈名〉指相好的人：她是他的一个老～。❸〈副〉a）互相：～议论。b）一齐；共同：奇文共欣赏，疑义～析。

【相知】xiāngzhī ❶〈动〉彼此相互了解，感情深厚：～恨晚。❷〈名〉相互了解，感情深厚的朋友：拜访～。

【相属】xiāngzhǔ〈动〉连续；接连不断：冠盖～。

【相左】xiāngzuǒ ❶〈动〉不相遇。❷〈形〉相违反；不一致：意见～。

香 xiāng ❶〈形〉气味好闻（跟"臭"相对）：～水｜清～｜芳～。❷〈形〉食物味道好：～甜可口。❸〈形〉吃得有味道：这两天吃饭不～。❹〈形〉睡得踏实：睡得正～。❺〈形〉受欢迎；受器重：吃～。❻〈名〉香料：檀～。❼〈名〉用木屑掺香料做成的细条，旧俗在祭祀祖先或神佛时用，有的加上药物，可以熏蚊子：烧～｜蚊～｜一炷～。❽〈名〉姓。

【香案】xiāng'àn〈名〉放置香炉的长条桌子。

【香醇】(香纯)xiāngchún〈形〉（气味、滋味）香而浓厚纯正：～的美酒。

【香馥馥】xiāngfùfù〈形〉形容香味浓厚。

【香花】xiānghuā〈名〉有香味的花，比喻对人民有益的言论、作品等：辨别～和毒草。

【香火】xiānghuǒ〈名〉❶迷信的人供神拜佛时燃点的香和灯火。❷庙宇中照管香火的人。❸旧时指子孙祭祀祖先的事情：断了～（指断绝了后代)。

【香炉】xiānglú〈名〉烧香用的器具,通常圆形,有耳,底有三足。

【香喷喷】xiāngpēnpēn〈形〉形容香气扑鼻。

【香甜】xiāngtián〈形〉❶又香又甜:~可口。❷睡得踏实,舒服:睡得十分~。

【香烟】xiāngyān〈名〉❶燃着的香所生的烟:~缭绕。❷旧时指子孙祭祀祖先的事情:断了~(指断绝了后代)。❸纸烟。

【香艳】xiāngyàn〈形〉花草芳香美丽,常用来形容辞藻艳丽或内容涉及闺阁的诗文,也形容色情的小说、电影等。

【香烛】xiāngzhú〈名〉祭祀祖先或神佛用的香和蜡烛。

备用词　芳香 喷香 清香 馨香 幽香 古色古香 鸟语花香

厢（＊廂）xiāng〈名〉❶厢房,在正房前面两旁的房屋:东~|西~。❷像房子隔间的地方:车~|包~。❸靠近城的地区:城~|关~。❹边;旁;方面(多见于早期白话):这~。

【厢房】xiāngfáng〈名〉正房前面两旁的房屋。

葙 xiāng[青葙]〈名〉草本植物,花淡红色,供观赏。种子叫"青葙子",可入药。

湘 xiāng〈名〉❶湘江,水名,发源于广西,流入湖南。❷湖南的别称。❸姓。

【湘妃竹】xiāngfēizhú〈名〉斑竹。相传舜南巡时死去,妃子娥皇、女英在江湘之间哭泣,眼泪洒在竹子上,从此竹竿上有了斑点。也叫"湘竹"。

【湘竹】xiāngzhú〈名〉湘妃竹。

缃（緗）xiāng〈形〉浅黄色。

箱 xiāng〈名〉❶收藏衣物等的方形器具,用皮子、木头、铁皮等制成:皮~|书~。❷像箱子的东西:邮~|冰~。

【箱笼】xiānglǒng〈名〉泛指出门时携带的各种盛衣物的器具。

襄 xiāng❶〈动〉帮助:~助|~理。❷〈名〉姓。

【襄理】xiānglǐ〈名〉旧时规模较大的银行或企业中协助经理主持业务的人,地位次于协理。

骧（驤）xiāng❶〈动〉马奔跑:看东~神骏,西骛(zhù)灵仪。❷(头)仰起;高举。

镶（鑲）xiāng〈动〉把物体嵌入另一物体内或围在另一物体的边缘:~嵌

|~牙|~边|塔顶上~着一颗闪闪发光的红星。

【镶嵌】xiāngqiàn〈动〉把一物体嵌进另一物体。

━━ xiáng ━━

详（詳）xiáng❶〈形〉详细(跟"略"相对):~尽|~情。❷〈动〉说明;细说:内~|面~。❸〈形〉(事情)清楚:生卒年月不~。❹〈名〉姓。

【详尽】xiángjìn〈形〉详细而全面;没有遗漏。

【详明】xiángmíng〈形〉详细明白:记述~|言甚~。

【详实】xiángshí 同"翔实"。

【详细】xiángxì〈形〉完备周密:~介绍。

备用词　不详 周详 安详 端详 不厌其详 耳熟能详 语焉不详

降 xiáng〈动〉❶投降:劝~|归~。❷制伏;使驯服:~伏|一物~一物。△另见 jiàng。

【降伏】xiángfú〈动〉制伏;使驯服:~洪水。

【降服】xiángfú〈动〉❶投降屈服:缴械~。❷降伏。

备用词　归降 纳降 乞降 请降 求降 劝降 受降 投降 诱降 诈降 招降

庠 xiáng〈名〉古代的学校:~序(古代乡学,泛指学校)。

祥 xiáng❶〈形〉吉利:吉~|~和。❷〈名〉姓。

翔 xiáng〈动〉盘旋地飞;飞:飞~|滑~。

【翔立】xiánglì〈动〉站着不动:凝听~,若有所同。

【翔实】xiángshí〈形〉详细而确实:内容~|~的记载。也作"详实"。

备用词　翱翔 飞翔 滑翔 回翔

— xiǎng —

享（*亯）xiǎng ❶〈动〉享受,物质上或精神上得到满足:～用|分～。❷〈名〉姓。

【享殿】xiǎngdiàn〈名〉享堂。

【享国】xiǎngguó〈动〉指帝王在位。

【享乐】xiǎnglè〈动〉享受安乐:安于～。

【享年】xiǎngnián〈名〉敬辞,称死去的人活的岁数(多指老人):～八十三岁。

【享受】xiǎngshòu〈动〉物质上或精神上得到满足:贪图～|～天伦之乐。

【享堂】xiǎngtáng〈名〉旧时供奉祖宗牌位或神佛偶像的地方。也叫"享殿"。

【享有】xiǎngyǒu〈动〉在社会上取得(权利、声誉、威望等):～盛名|～专利权。

响（響）xiǎng ❶〈名〉声音:声～|音～。❷〈动〉发出声音:不声不～。❸〈动〉使发出声音:～锣。❹〈名〉回声:～应|～影～。❺〈形〉声音大:～亮。

【响彻云霄】xiǎng chè yúnxiāo 响声直达高空,形容声音十分嘹亮。

【响动】xiǎngdong〈名〉动作发出的声音;动静:屋里一点～也没有。

【响遏行云】xiǎng è xíng yún 声音高入云霄,把浮云也阻止住了。形容声音嘹亮。

【响亮】xiǎngliàng〈形〉声音宏大。

【响马】xiǎngmǎ〈名〉旧时指拦路抢劫过往行人的强盗,因抢劫时先放响箭而得名。

【响晴】xiǎngqíng〈形〉天空晴朗无云。

【响洋】xiǎngyáng 方言。〈名〉银圆。

【响应】xiǎngyìng〈动〉回声相应,比喻赞成或支持某种号召或倡议。

饷（餉*饟）xiǎng ❶〈动〉用酒食等款待:～客。❷〈名〉薪金(旧时多指军警等的薪金):军～|关～。

飨（饗）xiǎng〈动〉用酒食款待人,泛指请人享受:～客|以～读者。

想 xiǎng〈动〉❶开动脑筋;思索:浮～|联～|～了一个办法。❷推测,认为:推～|猜～。❸希望;打算:～去南昌上学。❹怀念;想念:怀～|朝思暮～。

【想必】xiǎngbì〈副〉表示偏于肯定的推断:屋里～有人。

【想当然】xiǎngdāngrán〈动〉凭主观推测,认为事情应当是这样。

【想法】xiǎngfǎ ❶〈动〉想办法;设法:～摆脱困境。❷〈名〉思索所得的结果;意见:这个～有新意。

【想见】xiǎngjiàn〈动〉由推想而知道:由这些遗迹可以～圆明园当年的宏伟规模。

【想念】xiǎngniàn〈动〉对人或环境不能忘怀,希望见到:～母亲|～家乡。

【想入非非】xiǎng rù fēifēi 脱离实际地胡思乱想。

【想望】xiǎngwàng〈动〉❶希望:他从小就～做一个人民教师。❷仰慕:～风采。

【想象】xiǎngxiàng〈名〉❶心理学上指在知觉材料的基础上,经过新的配合而创造出新形象的心理过程:～力。❷〈动〉对于不在眼前的事物想出它的具体形象;设想:不难～。也作"想像"。

【想像】xiǎngxiàng 同"想象"。

备用词 畅想 浮想 怀想 回想 联想 冥想 遐想 猜想 料想 推想 意想 幻想 空想 梦想 感想 理想 思想 痴心妄想 冥思苦想 朝思暮想

鲞（鯗*鮝）xiǎng〈名〉鲞鱼,剖开后晾干的鱼:鳗～|白～。

— xiàng —

向（❶❷❸❺嚮*❺❻曏）xiàng ❶〈名〉方向:志～|动～。❷〈动〉对着,特指脸或正面对着(跟"背"相对):～阳|～背。❸〈动〉将近;接近:～暮|～晚。❹〈动〉偏袒:偏～。❺〈名〉从前;先前;往昔:～者仆常厕下大夫之列|病变而药不变,～之寿民,今为殇子矣。❻〈副〉向来;一向:～有研究|～无此意。❼〈介〉表示动作的方向:～前走。❽〈名〉姓。

【向背】xiàngbèi〈动〉拥护与反对:人心～。

【向壁虚构】xiàng bì xūgòu 面对墙壁,凭空想象。比喻毫无根据地捏造。也说"向壁虚造"。

【向导】xiàngdǎo ❶〈动〉带路:在当地人的～下翻过山头。❷〈名〉带路的人:出色的～。

【向火】xiànghuǒ 方言。〈动〉烤火。

【向来】xiànglái〈副〉一向;从来。

【向慕】xiàngmù〈动〉向往爱慕。

【向前】xiàngqián ❶〈动〉向前进:奋勇～。❷〈动〉努力上进:各方面都肯～。❸〈名〉从前:凄凄不似～声,满座重闻皆掩泣。

【向日】xiàngrì〈名〉往日。

【向时】xiàngshí〈名〉先前;从前。

【向使】xiàngshǐ〈连〉假使。

【向晚】xiàngwǎn〈名〉傍晚。

【向往】xiàngwǎng〈动〉❶对某种事物或境界因热爱、羡慕而希望得到或达到：～美好未来。❷向慕：无由会晤，不任区区～之至！

【向午】xiàngwǔ〈名〉将近中午的时候。

【向隅】xiàngyú〈动〉面对着屋子的一个角落，比喻孤独失意或得不到机会而失望：～而泣。

备用词　动向　方向　倾向　趋向　去向　意向　志向　走向　锋芒所向　蒙头转向　人心所向　晕头转向

项（項）xiàng ❶〈名〉颈的后部；颈：～链｜颈～。❷〈名〉事物的种类或条目：～目｜义～。❸〈名〉款项：进～｜用～。❹〈量〉用于分项目的事物：一～任务｜三大纪律，八～注意。❺〈名〉姓。

【项背】xiàngbèi〈名〉人的背影：～相望（形容行进的人多，连续不断）。

【项目】xiàngmù〈名〉事物分成的门类：科研～。

【项庄舞剑，意在沛公】xiàng zhuāng wǔ jiàn, yì zài pèi gōng《史记·项羽本纪》记载，项羽在鸿门与刘邦（沛公）会面。酒席上，项羽的谋士范增让项庄（项羽的部下，武将）以舞剑助兴为名，乘机刺杀刘邦。刘邦的谋士张良对樊哙说："今者项庄拔剑舞，其意常在沛公也。"后用来比喻说话或行动虽然表面上另有名目，其实意图却在于对某人某事进行威胁或攻击。

巷xiàng〈名〉❶较窄的街道：小～｜～战。❷姓。
△另见 hàng。

【巷陌】xiàngmò〈名〉街道。

【巷战】xiàngzhàn〈名〉在街巷内进行的战斗：激烈的～。

相xiàng ❶〈名〉容貌；外貌：～貌｜长～。❷〈名〉物体的外观：月～｜星～。❸〈名〉坐、立等的姿态：站有站～，坐有坐～。❹〈动〉观察事物的外表，判断其优劣：～马｜～面。❺〈动〉辅助：吉人天～。❻〈名〉宰相：丞～。❼〈名〉某些国家的官名，相当于中央政府的部长：外～。❽〈名〉指帮助主人接待宾客的人：傧～。❾〈名〉同一物质的某种物理、化学状态，如冰、水、水蒸气是三个相。❿〈名〉姓。
△另见 xiāng。

【相公】xiànggong〈名〉❶对宰相的尊称。❷旧时妻子对丈夫的敬称。❸旧时对人的尊称（多指富贵人家子弟）。❹对秀才的称呼。

【相国】xiàngguó〈名〉宰相。

【相机】xiàngjī ❶〈名〉照相机。❷〈动〉察看机会：～行事（看具体情况灵活办事）｜～而动。

【相里】xiànglǐ〈名〉姓。

【相貌】xiàngmào〈名〉人面部的长相；容貌：～堂堂｜～平常。

【相片儿】xiàngpiānr〈名〉相片。

【相片】xiàngpiàn〈名〉人的照片。

【相声】xiàngsheng〈名〉曲艺的一种，用说笑话、滑稽问答、说唱等引观众发笑。

【相时】xiàngshí〈动〉察看时势：～而动。

备用词　扮相　本相　面相　长相　假相　真相　吉人天相　穷形尽相

象xiàng ❶〈名〉哺乳动物，是陆地上最大的动物，耳朵大，眼睛小，鼻子长圆筒形，能蜷曲，多有一对长大的门牙伸出口外。生活在我国云南南部、印度、非洲等热带地方。❷〈名〉形状；样子：印～｜天～。❸〈动〉仿效；模拟：～声｜～形。❹〈名〉姓。

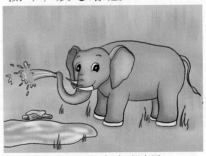

【象声词】xiàngshēngcí〈名〉拟声词。

【象形】xiàngxíng〈名〉六书之一。象形是说字描摹实物的形状。

【象形文字】xiàngxíng wénzì 描摹实物形状的文字。

【象牙之塔】xiàngyá zhī tǎ 比喻脱离现实生活的文学家、艺术家的小天地。

【象征】xiàngzhēng ❶〈动〉用具体事物表现某种特殊的意义：白杨树～朴质、坚强、上进的民族精神。❷〈名〉用来象征某种特别意义的具体事物：火炬是光明的～。

【象征主义】xiàngzhēng zhǔyì 西方文学艺术流派之一，19世纪末叶兴起于法国，影响主要体现在诗歌领域。认为现实世界虚幻而痛苦，要求通过象征、暗示等，以恍惚迷离的意象为中介来沟通现实与复杂的内心世界。

备用词　气象　天象　表象　幻象　迹象　假象　景象　险象　现象　形象　抽象　印象　征象　包罗万象

盲人摸象

蚃（＊鱶）xiàng〈名〉古代储钱或投受函件的器物，入口小，像扑满，有的像竹筒。

像 xiàng ❶〈名〉比照人物制成的形象：画～｜塑～｜～章。❷〈动〉在形象上相同或有某些共同点：她长得～她妈妈。❸〈副〉好像：～要下雨了。❹〈动〉比如；如：～刘胡兰这样的英雄人物，还可以举出许多。❺〈名〉姓。

【像煞有介事】xiàng shà yǒu jiè shì 装模作样，好像真有这回事似的。也说"煞有介事"。

橡 xiàng〈名〉❶橡树，即栎（lì）树。❷橡胶树。❸姓。

━━ xiāo ━━

肖 xiāo〈名〉姓。
△另见 xiào。

枭（梟）xiāo ❶〈名〉鸺鹠（xiūliú）。❷〈形〉强横而有野心的：～雄。❸〈形〉勇猛：～将。❹〈名〉首领：毒～｜盐～。

【枭首】xiāoshǒu〈动〉旧时刑罚，斩下人头并悬挂起来：～示众。

【枭雄】xiāoxióng〈名〉❶强横而有野心的人物。❷才能、勇武过人的杰出人物。

枵 xiāo〈形〉空虚：～肠辘辘。

【枵腹从公】xiāo fù cóng gōng 饿着肚子办公家的事。

削 xiāo〈动〉用刀斜着去掉物体的表层：切～｜～铅笔｜把梨子皮～掉。
△另见 xuē。

哓（嘵）xiāo[哓哓]〈拟〉❶形容争辩的声音：～不休（形容争辩不止）。❷形容因恐惧而发出的叫声。

骁（驍）xiāo〈形〉勇猛：～将｜～勇。

【骁悍】xiāohàn〈形〉勇猛强悍。

【骁勇】xiāoyǒng〈形〉勇猛：～善战。

逍 xiāo[逍遥]〈形〉自由自在，无拘无束：～自在。

鸮（鴞）xiāo 见〖鸱（chī）鸮〗。

消 xiāo ❶〈动〉消失：～亡。❷〈动〉使消失；消除：～毒｜～炎｜～灭。❸〈动〉度过（时光）；消遣：～闲｜～磨。❹〈动〉花费；用去：～费。❺〈动〉需要：不～说。❻〈名〉姓。

【消沉】xiāochén〈形〉情绪低落，萎靡不振：意

志～。

【消除】xiāochú〈动〉使不存在；除去：～误会。

【消防】xiāofáng〈动〉救火和防火：～设备。

【消费】xiāofèi〈动〉为了满足生产和生活的需要而消耗物质财富：～者。

【消费基金】xiāofèi jījīn 指扣除积累后用于消费的那一部分国民收入，即用于满足社会和个人的物质和文化生活需要的那部分国民收入。

【消费品】xiāofèipǐn〈名〉供消费的物品。通常指人们日常生活中消费用的物品。

【消费税】xiāofèishuì〈名〉国家对一些特定消费品（如烟、酒、贵重饰品、小轿车等）和消费行为征收的一种税。

【消费信贷】xiāofèi xìndài 金融机构向消费者个人发放的用于购买消费品的贷款，如按揭。

【消耗】xiāohào ❶〈动〉因使用或受损失而逐渐地减少：～精力。❷〈动〉使消耗：～敌人的有生力量。❸〈动〉消磨②：～光阴。❹〈名〉音信；消息（多见于早期白话）：杳无～。

【消化】xiāohuà〈动〉❶食物在身体内经过物理和化学作用变为能被机体吸收利用的营养物质。❷比喻理解、吸收所学的知识：读了很多书，却～不了。❸消融；融化：积雪～了。

【消魂】xiāohún 同"销魂"。

【消极】xiāojí〈形〉❶否定的；反面的；阻碍发展的（跟"积极"相对）：～因素。❷不主动的；不求进取的；消沉（跟"积极"相对）：～情绪。

【消弭】xiāomǐ〈动〉消除：～灾害。

【消灭】xiāomiè〈动〉❶消失；灭亡。❷除掉；使消灭：～敌人，保存自己。

【消泯】xiāomǐn〈动〉消灭。

【消磨】xiāomó〈动〉❶使意志、精力等逐渐消失：～志气。❷度过（时间，多指虚度）：～时间。

【消遣】xiāoqiǎn〈动〉❶做自己感觉愉快的事来度过空闲的时间：～寂寞的日子。❷戏弄；捉弄（多见于早期白话）：却不是特地来～我？

【消溶】xiāoróng 同"消融"。

【消融】xiāoróng〈动〉（冰、雪）融化。也作"消溶"。

【消散】xiāosàn〈动〉（烟雾、气味、热力等）消失：疲劳～了｜远方山头上的云雾渐渐～了。

【消声器】xiāoshēngqì〈名〉降低或消除气流噪声的装置，多用于内燃机、喷气发动机、鼓风机等噪声大的机械。

【消失】xiāoshī〈动〉事物逐渐减少以至没有：飞机～在遥远的天边。

【消逝】xiāoshì〈动〉消失：岁月～。

【消释】xiāoshì〈动〉❶消除;解除:误会～了。❷溶化:溶解。

【消受】xiāoshòu〈动〉❶享受;受用(多用于否定):～不了。❷忍受;禁受:这一去,胡地风霜,怎生～了?

【消瘦】xiāoshòu〈动〉身体变瘦。

【消停】xiāoting❶〈形〉安稳;从容:过～日子。❷〈动〉停;歇:在这里～几日,再下山不迟。

【消退】xiāotuì〈动〉减退;逐渐消失。

【消亡】xiāowáng〈动〉消失;灭亡。

【消息】xiāoxi〈名〉❶关于人或事物情况的报道:新华社～。❷音信:他走后没了～。❸机关上的枢纽。

【消夏】xiāoxià〈动〉用消遣的方式过夏天;避暑:～晚会。

【消闲】xiāoxián〈动〉消磨空闲的时间。

【消歇】xiāoxiē〈动〉停止;消失:风雨～。

【消夜】xiāoyè 方言。❶〈名〉夜宵。❷〈动〉吃夜宵。

備用詞　打消　抵消　取消　不消　只消

宵

宵 xiāo〈名〉❶夜:元～|春～|～禁。❷姓。

【宵旰】xiāogàn "宵衣旰食"的略语。

【宵禁】xiāojìn〈动〉戒严期间夜间禁止通行。

【宵小】xiāoxiǎo〈名〉旧时指昼伏夜出的盗贼,现泛指坏人:～行径。

【宵衣旰食】xiāo yī gàn shí 天不亮就穿衣起来,天黑了才吃饭。形容勤于政务。

備用詞　春宵　良宵　通宵　夜宵　元宵

绡（綃）

绡（綃）xiāo〈名〉❶生丝。❷生丝织成的绸子。

萧（蕭）

萧（蕭）xiāo❶〈名〉蒿类植物:彼采～兮。❷〈形〉冷落;衰败;没有生气:～索|～条|～飒。❸〈名〉姓。

【萧规曹随】xiāo guī cáo suí 西汉初年,曹参继萧何为相,萧何制定的规章制度曹参仍照章运行。后来用"萧规曹随"比喻后来人完全按照前人的成规办事。

【萧墙】xiāoqiáng〈名〉照壁,大门外对着大门做屏蔽的墙壁。比喻内部:祸起～。

【萧然】xiāorán〈形〉寂寞冷落或空虚的样子:四壁～|满目～。

【萧洒】xiāosǎ 见【潇洒】。

【萧飒】xiāosà〈形〉萧瑟。

【萧瑟】xiāosè❶〈拟〉形容风吹树木的声音:秋风～。❷〈形〉形容冷落;凄凉:门庭～。

【萧疏】xiāoshū〈形〉萧条荒凉;稀稀落落:秋

来草木～。

【萧索】xiāosuǒ〈形〉荒凉冷落;缺乏生机;不热闹;荒村|～的晚秋景象。

【萧条】xiāotiáo〈形〉❶寂寞冷落,没有生气:景象～|四顾～。❷经济衰微;不兴旺:生意|百业～。

【萧萧】xiāoxiāo〈拟〉形容马叫声或风声:车辚辚,马～|风～兮易水寒,壮士一去兮不复还!

硝

硝 xiāo❶〈名〉硝石,矿物,成分是硝酸钾,用来制造炸药或做肥料。❷〈动〉用朴硝或芒硝加黄米面处理毛皮,使皮板儿柔软:～皮子。

【硝烟】xiāoyān〈名〉炸药爆炸后产生的烟雾:～弥漫。

销（銷）

销（銷）xiāo❶〈动〉熔化金属:～铄(shuò)。❷〈动〉除去;解除:～账|撤～。❸〈动〉销售:试～|推～|～路。❹〈动〉消费:开～。❺〈名〉销子,起固定或连接作用的像钉子的零件。❻〈动〉插上销子:～上门窗。❼〈名〉姓。

【销毁】xiāohuǐ〈动〉熔化毁掉;烧掉:～罪证。

【销魂】xiāohún〈动〉形容极度悲伤、愁苦或极度欢乐。也作"消魂"。

【销路】xiāolù〈名〉商品销售的出路:～好|打开～。

【销声匿迹】xiāo shēng nì jì 不再公开讲话或露面,形容隐藏起来或不公开出现。

【销蚀】xiāoshí〈动〉消损腐蚀;侵蚀。

【销售】xiāoshòu〈动〉出售;卖出:～一空|～产品。

【销行】xiāoxíng〈动〉销售。

【销账】xiāozhàng〈动〉从账上勾销。

備用詞　撤销　吊销　勾销　注销　畅销　代销　供销　经销　开销　倾销　试销　统销　推销　脱销　行销　营销　展销　滞销

蛸

蛸 xiāo 见【螵(piāo)蛸】。
△另见 shāo。

箫（簫）

箫（簫）xiāo〈名〉❶一种管乐器,用一根竹管做成的叫"洞箫",用多根竹管编排在一起做成的叫"排箫"。❷姓。

潇（瀟）

潇（瀟）xiāo〈形〉水深而清。

【潇洒】(蕭洒)xiāosǎ〈形〉(神情、风貌)自然大方,有韵致,不拘束:神情～。

【潇潇】xiāoxiāo〈形〉❶形容刮风下雨:风雨～。❷形容小雨:春雨～。

霄

霄 xiāo〈名〉云;天空:云～|凌～|～汉。

【霄汉】xiāohàn〈名〉云霄和天河,指天空:气冲～。

【霄壤】xiāorǎng〈名〉天和地,比喻彼此相去极远:～之别。

备用词　重霄　九霄　凌霄　云霄

魈 xiāo[山魈]〈名〉❶传说中山里的独脚鬼怪。❷猕猴的一种,鼻子红色,面部蓝色。

蟏(蠨) xiāo[蟏蛸(shāo)]〈名〉蜘蛛的一种,即喜蛛。

嚣(嚚＊嚻) xiāo〈动〉吵闹;喧哗:叫～|喧～|～杂。

【嚣张】xiāozhāng〈形〉(恶势力、邪气)上涨;放肆:气焰～。

── **xiáo** ──

洨 xiáo〈名〉洨水,水名,在河北。

崤 xiáo,又读yáo〈名〉❶崤山,山名,在河南。❷崤水,古水名,在今河南西部。

淆(＊殽) xiáo〈动〉混杂:混～|～乱。

【淆惑】xiáohuò〈动〉混淆迷惑:～视听。

【淆乱】xiáoluàn❶〈形〉杂乱。❷〈动〉扰乱。

觳 xiáo❶同“淆”。❷同“崤”,崤山。

── **xiǎo** ──

小 xiǎo❶〈形〉在体积、面积、数量、力量、强度等方面不及一般的或不及比较的对象(跟“大”相对):～河|～短|～弱|～。❷〈副〉短时间地:～坐|～酌。❸〈形〉排行最末的:～儿子。❹〈名〉年纪小的人:一家大～。❺〈名〉指妾:讨～。❻〈名〉指小人;坏人:宵～。❼〈形〉谦辞,称自己或跟自己有关的人或事物:～弟|～女。❽〈名〉姓。

【小丑】xiǎochǒu〈名〉❶戏曲中的丑角或杂技中做滑稽表演的人。❷小人③:跳梁～。

【小道儿消息】xiǎodàor xiāoxi 道听途说的消息。

【小的】xiǎode〈名〉旧时平民或差役在官府面前的自称。

【小动作】xiǎodòngzuò〈名〉❶偷着做的干扰别人或集体活动的动作:上课不要搞小～。❷特指背地里搞的不正当的活动,如弄虚作假、播弄是非等。

【小肚鸡肠】xiǎo dù jī cháng 比喻心胸狭窄,只计较小事,不顾大局。也说“鼠肚鸡肠”。

【小恩小惠】xiǎo ēn xiǎo huì 为笼络人而给予的小利。

【小儿科】xiǎo’érkē❶〈名〉比喻价值小、水平低,不值得重视的事物:别把推广普通话说～。❷〈名〉比喻极容易做的简单的事情:这种事简直是～,难不倒我的。❸〈形〉形容小气,被人看不上:送二十元礼金,也太～了。

【小饭桌】xiǎofànzhuō〈名〉为家中无人做午饭的中小学生开办的小型食堂。

【小贩】xiǎofàn〈名〉指本钱很小的商贩。

【小费】xiǎofèi〈名〉顾客、旅客额外给饮食、交通运输等行业中服务人员的钱。也叫“小账”。

【小广播】xiǎoguǎngbō❶〈动〉私下传播不应该传播的或不可靠的消息。❷〈名〉指私下传播的不可靠的消息,也指私下传播不可靠消息的人。

【小广告】xiǎoguǎnggào〈名〉小幅的广告(多指非法印制、散发、张贴、喷涂的):清洗街头～。

【小鬼】xiǎoguǐ〈名〉❶迷信指鬼神的差役。❷对小孩儿的亲昵称呼。

【小户】xiǎohù〈名〉❶旧时指贫穷而没有权势的人家:～人家。❷人口少的人家。

【小环境】xiǎohuánjìng〈名〉指周围局部的环境和条件:大环境～都好,才能为创新发展提供好的条件。

【小家碧玉】xiǎojiā bìyù 旧时指小户人家年轻美貌的女子。

【小节】xiǎojié〈名〉指与原则无关的细小事情:不拘～。

【小姐】xiǎojiě〈名〉❶旧时有钱有地位的人家里的仆人称主人家未出嫁的女儿。❷对未婚女子的尊称。

【小解】xiǎojiě〈动〉排泄尿。

【小金库】xiǎojīnkù〈名〉指在单位财务以外另立账目的公款。

【小康】xiǎokāng〈名〉指家庭经济状况可以维持在中等水平生活的:～人家。

【小考】xiǎokǎo〈名〉学校中举行的规模较小的或临时性的考试(跟"大考"相对)。

【小可】xiǎokě〈名〉❶谦称自己(多见于早期白话)。❷指轻微或平常的情况:非同~。

【小老】xiǎolǎo〈名〉老年人谦称自己(多见于早期白话)。

【小令】xiǎolìng〈名〉❶短的词调。❷散曲中不成套的曲。

【小囡】xiǎonān 同"小囝"。

【小囝】xiǎonān 方言。〈名〉小孩儿。也作"小囡"。

【小品】xiǎopǐn〈名〉原指佛经的简本,现指简短的杂文或简短的戏剧表现形式:表演~|电视~赛。

【小品文】xiǎopǐnwén〈名〉散文的一种,篇幅短小,形式活泼,内容多样化。

【小气】xiǎoqi〈形〉❶吝啬。❷方言。气量小。

【小气候】xiǎoqìhòu〈名〉❶在一个大范围的气候区域内,由于局部地区地形、植被、土壤性质、建筑群等以及人或生物活动的特殊性而形成的小范围的特殊气候。如农田、城市、住宅区的气候。❷比喻在一个大的政治、经济等方面的环境和条件下,由于具体地区或具体单位特殊性而形成的特殊环境和条件:营造良好的~。

【小憩】xiǎoqì〈动〉短时间的休息:在树荫下~片时。

【小钱】xiǎoqián〈名〉❶清末铸造的质量、重量次于制钱的小铜钱。❷指少量的钱。❸特指做贿赂用的少量钱财。

【小巧】xiǎoqiǎo〈形〉小而灵巧:~玲珑。

【小区】xiǎoqū〈名〉在城市一定区域内建筑的、具有相对独立居住环境的成片居民住宅,配有成套的生活服务设施,如商店、医院、学校等:搞好~的配套建设。

【小觑】xiǎoqù〈动〉小看;看不起。

【小圈子】xiǎoquānzi〈名〉❶狭小的生活范围:家庭生活的~。❷为私利而互相拉拢、利用的小集团:搞~。

【小人】xiǎorén〈名〉❶古代指地位低的人:市井~。❷旧时地位低的人对地位高的人讲话时常自称"小人",表示谦虚。❸指人格卑鄙的人:以~之心,度君子之腹。❹方言。小孩儿。

【小人物】xiǎorénwù〈名〉指在社会上没有地位、不出名、没有影响的人。

【小日子】xiǎorìzi〈名〉指人口不多,经济上还过得去的家庭生活(多用于年轻夫妇):他俩

的~过得有滋有味儿的。

【小生】xiǎoshēng〈名〉❶年轻人。❷青年读书人自称(多见于早期白话)。❸戏曲中生角的一种,扮演青年男子。

【小生产】xiǎoshēngchǎn〈名〉在生产资料私有制的基础上,以一家一户为单位分散经营的生产方式。

【小时】xiǎoshí〈名〉时间单位,一个平均太阳日的二十四分之一。

【小时工】xiǎoshígōng〈名〉指按小时计酬的临时工,多从事家庭服务工作。也叫"钟点工"。

【小时候】xiǎoshíhou〈名〉年纪小的时候:~的一些趣事至今记忆犹新。

【小市民】xiǎoshìmín〈名〉城市中占有少量生产资料或财产的居民,一般是小资产阶级,如手工业者、小商人等。

【小说】xiǎoshuō〈名〉一种叙事性的文学体裁,通过人物的塑造和情节、环境的描述反映社会生活。包括长篇小说、中篇小说、短篇小说、小小说等形式。

【小厮】xiǎosī〈名〉指未成年的男仆人(多见于早期白话)。

【小题大做】xiǎo tí dà zuò 比喻把小事情当大事情来办,含有不值得这样做的意思。

【小巫见大巫】xiǎo wū jiàn dà wū 小巫师见了大巫师,觉得没有大巫师高明。比喻相比之下,一个比不上另一个。

【小小不言】xiǎoxiǎo bù yán 细微而不足道。

【小鞋】xiǎoxié〈名〉比喻暗中给别人的刁难:谁要得罪了他,他就给谁~穿。

【小心】xiǎoxīn ❶〈动〉注意;留神:雨后路滑,~跌跤。❷〈形〉恭敬;谨慎:~翼翼。

【小心翼翼】xiǎoxīn yìyì 形容谨慎小心,一点不敢疏忽。

【小学】xiǎoxué〈名〉❶对儿童、少年进行初等教育的学校。❷指研究文字、训诂、音韵的学问。

【小阳春】xiǎoyángchūn〈名〉指农历十月:十月~。

【小篆】xiǎozhuàn〈名〉指笔画较简省的篆书,秦朝李斯等取大篆稍加整理简化而成。也叫"秦篆"。

【小子】xiǎozǐ〈名〉❶年幼的人;后生。❷旧时长辈对晚辈,晚辈对长辈的自称:~识之|~不敏。

【小子】xiǎozi〈名〉❶男孩子:二~|胖~。❷人(用于男性,含轻蔑意):这~很不老实!

~!你敢骂人!

备用词 渺小　微小　细小　狭小　纤小　矮小　短小　娇小　弱小　瘦小　幼小

晓（曉） xiǎo ❶〈名〉天刚亮的时候:拂~|破~|~雾|~行夜宿。❷〈动〉知道:通~|~畅。❸〈动〉使人知道:揭~|~谕。❹〈名〉姓。

【晓畅】xiǎochàng ❶〈动〉通晓;精通:~军事。❷〈形〉明白流畅:语言~。

【晓得】xiǎode〈动〉知道。

【晓示】xiǎoshì〈动〉明白地告诉。

【晓谕】xiǎoyù〈动〉晓示(指上级对下级);明白~。

备用词 报晓　拂晓　分晓　揭晓　通晓　家喻户晓

筱（*❶❷篠） xiǎo ❶〈名〉小竹子。❷同"小"(多用于人名)。❸〈名〉姓。

━━ xiào ━━

孝 xiào ❶〈动〉孝顺,对父母尽心奉养并顺从:~敬|尽~。❷〈名〉旧时尊亲死后在一定时期内遵守的礼俗:守~|吊~。❸〈名〉丧服:穿~|脱~。❹〈名〉姓。

【孝敬】xiàojìng〈动〉❶把东西奉献给尊长以表敬意。❷孝顺:~公婆。

【孝廉】xiàolián〈名〉❶汉朝由地方向中央举荐品行端正的人任为官职,被举荐的人称为"孝廉"。❷旧时对举人的称呼。

【孝顺】xiàoshùn〈动〉❶尽心奉养父母,顺从父母意志。❷泛指善事尊长。

【孝悌】xiàotì〈动〉孝顺父母,敬爱兄长。

【孝心】xiàoxīn〈名〉孝顺父母的心意。

【孝子】xiàozǐ〈名〉❶对父母十分孝顺的人。❷父母死后守孝的人。

肖 xiào〈动〉相似;像:酷~|惟妙惟~。△另见 xiāo。

【肖像】xiàoxiàng〈名〉以某一个人为主体的画像或相片(多指没有风景陪衬的大幅相片)。

校 xiào〈名〉❶学校:~舍|~园|母~。❷校官,校级军官,低于将官,高于尉官:大~|少~。❸姓。△另见 jiào。

【校风】xiàofēng〈名〉学校的风气。

【校服】xiàofú〈名〉学校规定的统一式样的学生服装。

【校友】xiàoyǒu〈名〉学校的师生称为本校毕业的人,有时也包括曾在本校任教职员的人。

哮 xiào ❶〈拟〉形容急促喘气的声音:~喘。❷〈动〉吼叫:咆~。

笑（*❶❷咲） xiào ❶〈动〉露出愉快的表情,发出欢悦的声音:~颜|欢~。❷〈动〉讥笑:耻~|嘲~。❸〈名〉姓。

【笑柄】xiàobǐng〈名〉可以拿来取笑的资料:传为~。

【笑话】xiàohua ❶〈名〉能引人发笑的谈话或故事;给人当笑料的事情:说~|闹~。❷〈动〉讥笑:惹人~。

【笑里藏刀】xiào lǐ cáng dāo 比喻表面和气,心里阴险毒辣。

【笑料】xiàoliào〈名〉能引人发笑的事情。

【笑眯眯】xiàomīmī〈形〉形容微笑时眼睛眯起来的样子。

【笑面虎】xiàomiànhǔ〈名〉比喻外貌装得和善而心地凶狠的人。

【笑纳】xiàonà〈动〉客套话,用于请人收下礼物。

【笑容】xiàoróng〈名〉含笑的神情。

【笑谈】xiàotán ❶〈名〉笑柄;笑话:传为~。❷〈动〉高兴地谈论:说笑~古今。❸〈名〉"笑话"①:成为~。

【笑颜】xiàoyán〈名〉笑容;笑脸:~常开。

【笑靥】xiàoyè〈名〉❶酒窝。❷笑脸。

【笑吟吟】xiàoyínyín〈形〉形容微笑的样子:她~地走来和我握手。

【笑影】xiàoyǐng〈名〉微笑的神情。

【笑语】xiàoyǔ〈名〉欢快风趣的话语:欢声~。

【笑逐颜开】xiào zhú yán kāi 形容满脸笑容,十分高兴的样子。

备用词 嘲笑　嗤笑　耻笑　讥笑　取笑　讪笑　要笑　调笑　不苟言笑　眉开眼笑　破涕为笑　胁肩谄笑　哑然失笑

效（*❷傚❸効） xiào ❶〈名〉功用;效果:功~|成~。❷〈动〉模仿:~法|仿~。❸〈动〉为别人或集团献出(力量或生命):~力|~劳|报~。❹〈名〉姓。

【效法】xiàofǎ〈动〉照着样子去做;学习(别人的长处):~先贤。

【效仿】xiàofǎng〈动〉模仿;效法。

【效果】xiàoguǒ〈名〉❶由某种力量、做法或因素产生的结果:客观~。❷戏剧演出中指人工制造的风雨声、枪炮声或日出、下雪等;音响~|光影~。

【效劳】xiàoláo〈动〉出力服务:为祖国~。

【效力】xiàolì ❶〈动〉效劳:拼死~。❷〈名〉事物所产生的有利的作用：这种药~明显。

【效率】xiàolǜ〈名〉❶机械、电器等工作时，有用功在总功中所占的百分比。❷单位时间内所完成的工作量：劳动~｜工作~｜~高。

【效命】xiàomìng〈动〉奋不顾身地出力服务；出死力报效：临危~。

【效能】xiàonéng〈名〉事物所蕴藏的有利的作用。

【效颦】xiàopín 见[东施效颦]。

【效死】xiàosǐ〈动〉不惜牺牲生命地尽力服务。

【效验】xiàoyàn〈名〉方法、药剂等的如所预期的效果。

【效益】xiàoyì〈名〉效果和利益：经济~。

【效应】xiàoyìng〈名〉物理的或化学的作用所产生的效果，如光电效应、化学效应等。

【效用】xiàoyòng〈名〉效力和作用：发挥~。

【效尤】xiàoyóu〈动〉模仿别人做坏事：以儆~。

【效忠】xiàozhōng〈动〉全心全意地出力服务：~国家。

备用词　报效　成效　功效　见效　生效　失效　时效　实效　投效　奏效　上行下效　行之有效　卓有成效

啸（嘯 * 歗） xiào〈动〉❶（人）撮口发出长而清脆的声音；打口哨：登高长~。❷（禽兽）拉长声音叫：虎~猿啼。❸自然界发出某种声响：风~｜海~。❹飞机、子弹等飞过发出声音：尖~。

【啸傲】xiào'ào〈动〉逍遥自在，不受礼俗所拘束（多指隐居生活）：~林泉。

【啸歌】xiàogē〈动〉长啸吟唱。

【啸聚】xiàojù〈动〉互相招呼着聚集起来：~山林。

— xiē —

些 xiē〈量〉❶表示不定的数量；一些：~微｜那~｜某~。❷用在形容词后面，表示略微的意思：慢~｜简单~。

【些少】xiēshǎo〈形〉少许；一点儿。

【些微】xiēwēi ❶〈形〉一点儿：~的凉意。❷〈副〉略微：头~有点疼。

【些小】xiēxiǎo〈形〉❶一点儿。❷少量；小。

【些些】xiēxiē〈形〉些许；一点儿：~小事。

【些须】xiēxū〈形〉些许：~认得几个字。

【些许】xiēxǔ〈形〉一点儿；少许。

揳 xiē〈动〉把楔子、钉子等钉进去：~钉子。

楔 xiē ❶〈名〉楔子：木~｜竹~。❷同"揳"（xiē）。

【楔子】xiēzi〈名〉❶插在木器的榫子缝里起固定作用的竹片或木片。❷钉在墙上挂东西的竹钉或木钉。❸杂剧里加在第一折前头或插在两折之间的片段；近代小说加在正文前面的片段。

歇 xiē ❶〈动〉休息：~晌｜安~。❷〈动〉停止：~工。❸方言〈动〉睡。❹方言〈名〉很短的一段时间；一会儿：坐了一~。

【歇顶】xiēdǐng〈动〉成年人头顶的头发逐渐脱落。

【歇乏】xiēfá〈动〉劳动后休息，以解除疲劳。

【歇伏】xiēfú〈动〉在伏天停工休息。

【歇后语】xiēhòuyǔ〈名〉熟语的一种，是由前后两部分组成的一句话，前一部分像谜面，后一部分像谜底，通常只说前一部分，而本意在后一部分。如"芝麻开花——节节高"，"骑驴看唱本——走着瞧"，"小葱拌豆腐——一清（青）二白"。

【歇脚】xiējiǎo〈动〉行路时停下来休息。

【歇晌】xiēshǎng〈动〉午饭后休息（多指午睡）。

【歇手】xiēshǒu〈动〉停止正在做的事情。

【歇斯底里】xiēsīdǐlǐ ❶〈名〉癔症。❷〈形〉容情绪激动，举止失常。[外]

【歇息】xiēxi〈动〉❶休息。❷住宿；睡觉：早点儿上床~吧。

备用词　安歇　间歇　停歇

蝎（ * 蠍） xiē〈名〉蝎子，节肢动物，身体黄褐色，口部两侧有一对螯，胸部有四对脚，腹部末端有毒钩，吃蜘蛛、昆虫等。

— xié —

叶 xié〈动〉和洽；相合：~声｜~韵。
△另见 yè。

协(協) xié ❶〈副〉共同：～商｜～奏曲。❷〈形〉调和；和谐：～调｜～和。❸〈动〉齐；合；同心～力。❹〈动〉从旁帮助；辅助：～助｜～办。❺〈名〉姓。

【协查】xiéchá〈动〉协助侦查或调查：请临近地区公安部门～此案。

【协定】xiédìng〈名〉经过协商订立的共同遵守的条款：贸易～｜停战～。

【协规】xiéguī〈动〉同谋；合谋：～同力。

【协和】xiéhé〈形〉协调融洽；和睦。

【协会】xiéhuì〈名〉以促进某种共同事业的发展为目的而组成的群众团体：作家～。

【协力】xiélì〈动〉共同努力；齐心～。

【协商】xiéshāng〈动〉为了取得一致意见共同商量：民主～。

【协调】xiétiáo ❶〈形〉相互配合得当：色彩～。❷〈动〉使配合得当：～各部门的工作。

【协同】xiétóng〈动〉各方互相配合；一方协助另一方做某件事：～办理｜～作战。

【协议】xiéyì ❶〈动〉协商：双方～加强合作。❷〈名〉就某个问题经过谈判、协商后取得的一致意见：达成～。

【协助】xiézhù〈动〉帮助；辅助。

【协作】xiézuò〈动〉互相配合完成任务。

邪(*衺) xié ❶〈形〉不正当；不正派：～恶｜～说｜～念。❷〈形〉不正常：～门儿｜～劲儿。❸〈名〉迷信的人指鬼神给予的灾祸：驱～。❹〈名〉中医指引起疾病的环境因素：风～｜寒～。△另见 yé。

【邪道】xiédào〈名〉❶不正当的生活道路。也说"邪路"。❷指不正派的宗教派别。

【邪恶】xié'è〈形〉(性情、行为)不正而且凶恶。

【邪教】xiéjiào〈名〉指打着宗教旗号蛊惑人心、危害社会的非法组织。

【邪门歪道】xié mén wāi dào 指不正当的门路或途径。

【邪僻】xiépì〈形〉邪恶：～之行。

【邪气】xiéqì〈名〉❶不正派的作风或风气：歪风～｜正气上升，～下降。❷中医指人生病的致病因素。

【邪说】xiéshuō〈名〉有危害性的不正当的言论：异端～。

【邪祟】xiésuì〈名〉指邪恶而作祟的事物：除～。

胁(脅 *脇) xié ❶〈名〉从腋下到腰上的部分：两～。❷〈动〉威逼；逼迫；威～｜～从。❸〈动〉收敛；耸起：～翼｜肩谄(chǎn)笑。

【胁持】xiéchí〈动〉挟持。

【胁从】xiécóng ❶〈动〉被胁迫而跟着别人(做坏事)：～作案。❷〈名〉受胁迫而跟着做坏事的人：他是～，不是主犯。

【胁服】xiéfú〈动〉威胁使屈服。

【胁肩谄笑】xié jiān chǎn xiào 耸起肩膀，装出笑脸。形容谄媚奉承的丑态。

【胁迫】xiépò〈动〉威胁强迫：不畏歹徒～。

备用词 裹胁 威胁 诱胁

挟(挾) xié〈动〉❶用胳膊夹住：～泰山以超北海(比喻做根本办不到的事)。❷倚仗权势或抓住对方弱点，强使顺从：要(yāo)～｜～持。❸带；挟扶。❹拥有：位尊而无功，奉厚而无劳，而一～重器多也。❺心里怀着(怨恨等)：～怨｜～嫌。△另见 jiā。

【挟持】xiéchí〈动〉❶从两旁架住被捉住的人(多指坏人捉住好人)。❷用威力强迫对方服从。❸心里怀着：～私虑。

【挟嫌】xiéxián〈动〉怀恨：～报复。

【挟制】xiézhì〈动〉依仗权势或抓住对方弱点，强使服从。

偕 xié〈副〉一同：～同｜～行。

【偕老】xiélǎo〈动〉夫妻共同生活到老：白头～。

【偕同】xiétóng〈动〉跟别人一起(去某处)：～前往。

【偕行】xiéxíng〈动〉同行；一起走。

斜 xié ❶〈形〉跟平面或直线既不平行也不垂直：倾～｜歪～｜～阳。❷〈名〉姓。

【斜晖】xiéhuī〈名〉傍晚的日光；斜阳。

【斜路】xiélù〈名〉比喻错误的道路或途径。

【斜阳】xiéyáng〈名〉傍晚的太阳。

备用词 包斜 倾斜 歪斜

谐(諧) xié〈形〉❶配合得当：和～｜～调｜～音。❷(事情)商量好；办妥：事～。❸滑稽有趣，引人发笑：诙～｜～谑(xuè)。

【谐和】xiéhé〈形〉和谐。

【谐美】xiéměi〈形〉(言辞等)谐和优美。

【谐声】xiéshēng 见『形声』。

【谐谑】xiéxuè〈动〉(语言)滑稽而带戏弄。

【谐音】xiéyīn〈动〉字、词的音相同或相近。

絜 xié〈动〉❶量度物体周围的长度。❷泛指衡量：度长~大。

△另见 jié"洁"。

颉（頡） xié❶[颉颃(háng)]〈动〉鸟上下飞。泛指不相上下，相抗衡。❷〈名〉姓。

△另见 jié。

携（*攜携攜攜） xié〈动〉❶带着：~带。❷拉着(手)：~手｜扶老~幼。❸分离；叛离：~贰｜~离。

【携带】xiédài〈动〉随身带着：~行李。

【携离】xiélí〈动〉离心；有二心。

【携手】xiéshǒu〈动〉❶手拉着手。❷指共同做某事：~合作。

塆 xié[麦塆]〈名〉地名，在江西。

鲑（鮭） xié〈名〉古书上指鱼类的菜肴。

△另见 guī。

撷（擷） xié❶〈动〉摘下；取下：采~｜~取。❷同"襭"。

鞋（*鞵） xié〈名〉穿在脚上，走路时着地的东西：棉~｜草~｜高跟~。

飆 xié〈形〉协和；和谐。

缬（纈） xié〈名〉有花纹的丝织品。

襭（*襭） xié〈动〉用衣襟兜东西。

—— xiě ——

写（寫） xiě〈动〉❶书写：~字｜抄~｜缮~。❷写作：~信｜编~｜撰~。❸描写：~景｜~实。❹绘画：~生｜~意。

△另见 xiè。

【写家】xiějiā〈名〉❶专门从事写作的人。❷擅长书法的人：请~写一副对联。

【写生】xiěshēng〈动〉对着实物或风景绘画：静物~。

【写实】xiěshí〈动〉真实地描绘事物。

【写意】xiěyì〈名〉国画的一种画法，用笔不求工细，注重神态表现和抒发作者情趣。

△另见 xièyì。

【写照】xiězhào❶〈动〉画人物的形象：传神~｜为他人~。❷〈名〉对事物的真实描写刻

画：真实~。

【写真】xiězhēn❶〈动〉画或拍摄人像。❷〈名〉画或拍摄的人像。❸〈名〉对事物的真实描绘。

【写字间】xiězìjiān方言。〈名〉❶办公室：租了一间~。❷书房。

【写字楼】xiězìlóu方言。〈名〉办公楼，多指配备现代化设施的商用办公楼。

【写作】xiězuò〈动〉写文章(有时专指文学创作)：~技巧。

备用词 编写 描写 摹写 谱写 书写 速写 特写 撰写 轻描淡写

血 xiě〈名〉义同"血"(xuè)，用于口语：流~了｜吐了几口~。

△另见 xuè。

【血淋淋】xiělīnlīn〈形〉❶形容鲜血流淌。❷比喻严酷或惨酷：~的事实。

—— xiè ——

写（寫） xiè 见【写意】。

△另见 xiě。

【写意】xièyì方言。〈形〉舒适；开心。

△另见 xiěyì。

泄（*洩） xiè〈动〉❶液体、气体排出：排~｜~洪｜水~不通。❷泄露：~漏｜~密。❸丧失；失去：~劲。❹发泄：~愤。

△另见 yì。

【泄露】xièlòu〈动〉不该让人知道的事情让人知道了：~机密。也作"泄漏"。

【泄气】xièqì❶〈动〉失去信心和劲头：别~。❷〈形〉讥讽没有本领：你也太~了。

泻（瀉） xiè〈动〉❶很快地流：流~｜奔~｜倾~。❷大便稀而且次数多：腹~｜~肚。

绁（紲*紲緤） xiè❶〈名〉绳索：缧(léi)~。❷〈动〉捆；拴。

契（*偰） xiè 人名，商代的祖先，传说为舜的臣。

△另见 qì。

卸 xiè〈动〉❶把东西从运输工具上搬下来：~货｜装~队。❷把加在人身上的东西或拴在牲口身上的套取下来：~妆｜~牲口。❸把零件从机械上拆下来：拆~。❹解除；推卸：~任｜交~。

【卸包袱】xiè bāofu 比喻去掉拖累自己的事物

或解除思想上的负担:企业不能像～一样草率安置下岗职工。

【卸载】(卸儎)xièzài〈动〉❶把车、船等上面装载的货物卸下来。❷将计算机上安装的软件卸下来。

屑 xiè ❶〈名〉碎末:碎～｜木～。❷〈形〉琐碎:琐～。❸〈动〉认为值得(做):不～一顾。

械 xiè〈名〉❶器械:机～。❷武器:军～｜～斗。❸枷和镣铐之类的刑具:身被重～。

亵(褻) xiè〈形〉❶轻慢:～慢｜～渎。❷淫秽:～语｜～猥。❸贴身的(衣服):～衣(内衣)。

【亵渎】xièdú〈动〉轻慢;不恭敬。

【亵玩】xièwán〈动〉玩弄。

渫 xiè ❶〈动〉除去。❷〈动〉泄;疏通。❸〈形〉污浊。❹〈名〉姓。

谢(謝) xiè ❶〈动〉感谢:～忱｜～意｜酬～。❷〈动〉认错;道歉:～罪。❸〈动〉辞去;拒绝:辞～｜～绝。❹〈动〉辞别:往昔初阳岁,～家来贵门。❺〈动〉告诉:多～后世人,戒之慎勿忘! ❻〈动〉(花叶)脱落:凋～｜萎～。❼〈名〉姓。

【谢病】xièbìng〈动〉推脱有病。

【谢忱】xièchén〈名〉感谢的心意:聊表～。

【谢绝】xièjué〈动〉拒绝(多用作婉辞)。

【谢客】xièkè〈动〉❶谢绝宾客:闭门～。❷向宾客致谢。

【谢世】xièshì〈动〉去世。

【谢罪】xièzuì〈动〉向人认错,请求原谅;请罪。

备用词　拜谢 称谢 酬谢 答谢 道谢 凋谢 感谢 叩谢 鸣谢 申谢 辞谢 推谢 婉谢 萎谢 新陈代谢

塮 xiè〈名〉指猪羊等家畜圈里粪便积成的肥料:猪～｜鸡～。

解(*解) xiè ❶〈动〉懂得;明白:～不开其中的道理。❷〈名〉旧时指杂技表演的各种技艺,特指骑在马上表演的技艺:～数｜跑马卖～。❸〈名〉解池,湖名,在山西。❹〈名〉姓。
△另见 jiě;jiè。

【解数】xièshù〈名〉旧时指武术的架势。泛指手段、本事:使出浑身的～(用出全副本领)。

榭 xiè〈名〉建筑在台上的房屋:水～｜歌台舞～。

榍 xiè[榍石]xièshí〈名〉一种矿物。

薤 xiè〈名〉草本植物,叶子细长,花紫色,地下茎膨大像蒜,可以吃。

獬 xiè[獬豸(zhì)]〈名〉古代传说中的异兽,能辨曲直,见人争斗就用角去顶坏人。

邂 xiè[邂逅(hòu)]〈动〉偶然遇见(久别的亲友):～相遇。

廨 xiè〈名〉古代称官吏办事的地方:公～｜官～。

灙 xiè ❶〈形〉(糊状物、胶状物)由稠变稀:粥～了。❷方言〈动〉加水使糊状物或胶状物变稀:糨糊太稠,加点儿水～一～。❸〈名〉渤澥,渤海的古称。

懈 xiè ❶〈形〉松懈:常备不～。❷〈名〉漏洞:无～可击。

【懈怠】xièdài〈形〉松懈懒惰。

燮(*爕) xiè ❶〈动〉调和:～理(协调治理)。❷〈名〉姓。

蟹(*蠏) xiè〈名〉螃蟹:～黄｜河～｜一～不如一～。

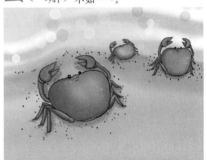

瀣 xiè 见[沆(hàng)瀣]。

蹀 xiè 见[蹀(dié)蹀]。

━━ xīn ━━

心 xīn〈名〉❶人和高等动物体内推动血液循环的器官。也叫"心脏"。❷指思想的器官和思想、感情等:～思｜～境｜衷～。❸中心;中央的部分:江～｜圆～｜重～。❹星宿名,二十八宿之一。❺姓。

【心爱】xīn'ài〈动〉衷心喜爱:～的东西。

【心安理得】xīn ān lǐ dé 认为自己做事合理,心里坦然。

【心病】xīnbìng〈名〉❶指忧虑或烦闷的心情。

❷指不愿告诉人的事或内心的痛苦。

【心不在焉】xīn bù zài yān 思想不集中。

【心裁】xīcái〈名〉心中的设计、筹划（多指诗文、建筑等的构思）：独出~｜别出~。

【心肠】xīncháng〈名〉❶用心；心地：好~。❷对人和事物的感情状态：铁石~。❸方言。兴致；心思：没~去看电影。

【心潮】xīncháo〈名〉比喻像潮水一样起伏的心情：~澎湃。

【心驰神往】xīn chí shén wǎng 心神飞到所向往的地方。

【心得】xīndé〈名〉在实践中体验或领会到的知识、技术、思想认识等：学习~。

【心底】xīndǐ〈名〉❶内心深处：从~感谢老师的培养。❷方言。心地；用心：他~好。

【心地】xīndì〈名〉❶指人的用心：~善良｜单纯。❷心情；心境：~忧郁。

【心扉】xīnfēi〈名〉指人的内心：敞开~。

【心腹】xīnfù ❶〈名〉指亲信的人。❷〈形〉藏在内心轻易不对人说的：~话。❸〈名〉比喻要害：~之患。

【心腹之患】xīnfù zhī huàn 隐藏在内部的严重祸害。

【心甘情愿】xīn gān qíng yuàn 心里完全愿意，没有一点勉强。

【心广体胖】xīn guǎng tǐ pán 原指人心胸开阔，体态安详舒适。现用来指人心情舒畅，无所牵挂而身体健壮。也说"心宽体胖"。

【心花怒放】xīn huā nù fàng 形容心情十分喜悦。

【心怀】xīnhuái ❶〈动〉心中怀有：~不满｜~叵测。❷〈名〉心情；心意：抒发~｜正中他的~。❸〈名〉胸怀：~坦荡。

【心怀叵测】xīn huái pǒ cè 心里怀着难以窥测的恶意。

【心慌意乱】xīn huāng yì luàn 心里慌乱，没了主意。

【心灰意懒】xīn huī yì lǎn 灰心丧气，意志消沉。也说"心灰意冷"。

【心会神凝】xīn huì shén níng 形容精神非常集中。

【心机】xīnjī〈名〉心思；计谋：枉费~。

【心计】xīnjì〈名〉计谋；心里的打算。

【心迹】xīnjì〈名〉内心的真实情况：表明~。

【心悸】xīnjì ❶〈动〉心脏跳动加速、加强和节律不齐。❷心里害怕：令人~。

【心焦】xīnjiāo〈形〉心中烦闷急躁。

【心惊胆战】xīn jīng dǎn zhàn 见〖胆战心惊〗。

【心惊肉跳】xīn jīng ròu tiào 形容因担心祸患临头而恐惧不安。

【心境】xīnjìng〈名〉❶心情（指苦乐）：~不佳。❷心意：甚合老人家的~。

【心坎】xīnkǎn〈名〉❶心口。❷内心深处：你的话说到我~儿上了。

【心宽】xīnkuān〈形〉心胸开阔，对不如意的事想得开：~点，不要为一点儿小事生闷气。

【心宽体胖】xīn kuān tǐ pán 心广体胖。

【心旷神怡】xīn kuàng shén yí 心情舒畅，精神愉快。

【心劳日拙】xīn láo rì zhuō 用尽心机，不但没有得到好处，反而处境越来越糟。

【心理】xīnlǐ〈名〉❶人的头脑反映客观现实的过程，如感觉、知觉、思维、情绪等。❷泛指人的思想、感情等内心活动。

【心力】xīnlì〈名〉心思和劳力：~交瘁（精神和体力都极度疲劳）。

【心灵】xīnlíng〈名〉指内心、精神、思想等：美~｜~受到震撼。

【心领神会】xīn lǐng shén huì 深刻地领会（多指在对方没有明说的情况下）。

【心路】xīnlù〈名〉❶心机；计谋：斗~。❷气度；气量：~窄。❸指人的用心、居心：~不正。❹心思；想法：这话正对他的~｜别看他不言不语，却很有~。❺指心理变化的过程或轨迹：她经历了一段从失落到重新找回自我价值的~历程。

【心满意足】xīn mǎn yì zú 形容非常满足。

【心明眼亮】xīn míng yǎn liàng 形容看问题敏锐，能明辨是非。

【心目】xīnmù〈名〉❶指心中或视觉方面的感受：以娱~。❷指想法和看法：在她~中，妈妈是最伟大的。

【心平气和】xīn píng qì hé 心情平静，态度温和。

【心魄】xīnpò〈名〉心灵：震人~。

【心窍】xīnqiào〈名〉指认识和思维的能力（我国古时以为心脏有窍，能运思，所以这样说）：财迷~｜一席话真是开人~。

【心切】xīnqiè〈形〉心情迫切：求胜~。

【心情】xīnqíng〈名〉内心的感情状态：~舒畅。

【心曲】xīnqū〈名〉❶内心深处：乱我~。❷心事：人谁可与话~。

【心神】xīnshén〈名〉❶心思精力：费尽~。❷

精神状态:～不宁。

【心声】xīnshēng〈名〉发自内心的声音;心里话:言为～。

【心事】xīnshì〈名〉❶心里盘算的事(多指感到为难的):想～|～重重。❷想法;念头:猜透他的～。

【心术】xīnshù〈名〉❶存心;居心(多指坏的):～不正。❷心计;计谋:有～的人。

【心数】xīnshù〈名〉心计。

【心思】xīnsi〈名〉❶念头;想法:摸不透他的～。❷脑筋;花～。❸想做某事的心情:考试没考好,没～出去玩儿。

【心酸】xīnsuān〈形〉心里悲痛。

【心疼】xīnténg〈动〉疼爱;舍不得;惋惜:～儿子|～钱|杯子打破了,她很～。

【心田】xīntián〈名〉心;内心。

【心弦】xīnxián〈名〉指受感动而起共鸣的心:动人～。

【心心相印】xīn xīn xiāng yìn 彼此感情相通,心意一致。

【心胸】xīnxiōng〈名〉❶襟怀;胸怀:～开阔。❷气量:～狭窄。❸抱负;志气:你空有～,却无法实现。

【心虚】xīnxū〈形〉❶做了错事或坏事怕人知道:做贼～。❷缺乏自信心:头一回上阵,未免有些～。

【心绪】xīnxù〈名〉心情:～不宁。

【心血】xīnxuè〈名〉心思和精力:～没有白费。

【心血来潮】xīnxuè lái cháo 形容一时冲动,忽然产生某种念头。

【心颜】xīnyán〈名〉心情与脸色:安能摧眉折腰事权贵,使我不得开～!

【心意】xīnyì〈名〉❶对人的情意:略表～。❷意思:不用说了,我明白你的～。

【心有灵犀一点通】xīn yǒu língxī yī diǎn tōng 唐李商隐《无题》:"身无彩凤双飞翼,心有灵犀一点通。"原比喻恋爱着的男女心心相印,现泛指彼此心意相同。

【心有余悸】xīn yǒu yú jì 危险的事情虽已过去,回想起来还有些害怕(悸:害怕)。

【心余力绌】xīn yú lì chù 心里很想干,但是力量不够。

【心猿意马】xīn yuán yì mǎ 形容心思不专,变化无常,好像猿跳马跑一样。也说"意马心猿"。

【心愿】xīnyuàn〈名〉愿望:诚挚的～。

【心悦诚服】xīn yuè chéng fú 诚心诚意地服从佩服。

【心脏】xīnzàng〈名〉❶人和高等动物身体内推动血液循环的器官。❷比喻中心:首都是祖国的～。

【心照不宣】xīn zhào bù xuān 彼此心里都明白,不用明说。

【心折】xīnzhé〈动〉从内心佩服:一席话说得他低首~。

【心直口快】xīn zhí kǒu kuài 性情直爽,有话就说。

【心志】xīnzhì〈名〉意志:苦其～,劳其筋骨。

【心智】xīnzhì〈名〉❶思考能力;智慧:启迪～。❷心理;性情:～健康|陶冶～。

【心中无数】xīn zhōng wú shù 心中没底,胸中无数。

【心中有数】xīn zhōng yǒu shù 心中有底,胸中有数。

【心重】xīnzhòng〈形〉指思虑过多,遇事心里总放不下:这孩子～,你不要过于责备他。

【心醉】xīnzuì〈动〉因极其喜爱而陶醉:海水蓝得使人～。

备用词 安心 操心 称心 诚心 存心 担心 当心 放心 分心 负心 甘心 关心 寒心 精心 居心 决心 开心 苦心 留心 耐心 潜心 倾心 热心 伤心 舒心 顺心 贴心 痛心 细心 小心 虚心 知心 衷心 专心 核心 中心 信心 雄心 包藏祸心 别具匠心 别有用心 赤胆忠心 触目惊心 促膝谈心 大快人心 低三下四 掉以轻心 独具匠心 蛊惑人心 刻骨铭心 苦口婆心 狼子野心 力不从心 利欲熏心 勠力同心 漫不经心 漠不关心 清夜扪心 人面兽心 煞费苦心 十指连心 万众一心 无所用心 一见倾心 有口无心 振奋人心 饱食终日,无所用心

芯 xīn〈名〉灯芯,油灯上用来点火的灯草、纱、线等。
△另见 xìn。

【芯片】xīnpiàn〈名〉指包含有许多条门电路的集成电路。体积小,耗电少,成本低,传输速度快,广泛应用在计算机、通信设备、机器人或家用电器设备等方面。

辛 xīn❶〈形〉辣:～辣|含～茹苦。❷〈形〉劳苦:～苦|艰～。❸〈形〉痛苦:～酸。❹〈名〉天干的第八位。用来排列次序时表示第八。参看〖干支〗。❺〈名〉姓。

【辛亥革命】xīnhài gémìng 孙中山领导的、推翻清朝封建统治的资产阶级民主革命。1911年(农历辛亥年)10月10日湖北武昌起义爆

发后,各省相继响应,形成了全国规模的革命运动,终于推翻了清王朝的专制统治,结束了中国两千多年的封建君主专制制度。1912年1月1日在南京成立中华民国临时政府。由于资产阶级的妥协退让,革命果实被北洋军阀袁世凯所篡夺。

【辛苦】xīnkǔ ❶〈形〉身心劳苦:路上~了。❷〈动〉客气话,用于求人做事:这件事还得您~一趟。

【辛辣】xīnlà〈形〉辣,比喻文章、语言尖锐,刺激性强:~的讽刺。

【辛劳】xīnláo〈形〉辛苦劳累:不辞~。

【辛勤】xīnqín〈形〉辛苦勤劳:~工作。

【辛酸】xīnsuān〈形〉辣和酸,比喻痛苦悲伤:~的眼泪|饱尝~|一部~的近代史。

忻
昕 xīn ❶同"欣"①。❷〈名〉姓。

xīn〈名〉太阳将要升起的时候。

欣 xīn ❶〈形〉喜悦:欢~|~喜|~慰。❷〈名〉姓。

【欣然】xīnrán〈形〉高兴的样子:~前往。

【欣赏】xīnshǎng〈动〉❶用喜爱的心情领略美好事物的情趣和意味:~音乐。❷认为好;喜欢:我历来~他的勇气。

【欣慰】xīnwèi〈形〉高兴而且感到安慰。

【欣喜】xīnxǐ〈形〉喜悦;快乐:~的目光。

【欣羡】xīnxiàn〈动〉喜爱而羡慕:令人~。

【欣欣】xīnxīn〈形〉❶形容高兴;欢喜:~然绽开笑脸。❷形容茂盛:~向荣。

【欣欣向荣】xīnxīn xiàng róng ❶形容草木茂盛。❷形容事业蓬勃发展。

【欣幸】xīnxìng〈动〉欢喜而庆幸。

【欣悦】xīnyuè〈形〉高兴;喜悦。

莘 xīn〈名〉莘庄,地名,在上海。
△另见 shēn。

锌(鋅) xīn〈名〉金属元素,符号 Zn。浅蓝白色,质地脆,用来制合金或镀铁板等。

新 xīn ❶〈形〉刚出现的或刚经验到的(跟"旧"、"老"相对):~秀|~闻|~品种。❷〈形〉性质上改变得更好的:~社会|~思想。❸〈形〉没有用过的:~书|簇~。❹〈动〉使变新:改过自~。❺〈名〉指新的人或事物:迎~|尝~。❻〈形〉结婚的或结婚不久的:~房|~娘。❼〈副〉最近;刚:~近。❽〈名〉姓。

【新潮】xīncháo ❶〈名〉事物发展的新趋势;新的潮流:文艺~。❷〈形〉符合新潮的;时髦:~发型|这观点很~。

【新陈代谢】xīn chén dàixiè ❶生物体经常不断地从外界取得生活必需的物质,并使这些物质变成生物体本身的物质,同时把体内产生的废物排出体外,这种新物质代替旧物质的过程叫作"新陈代谢"。❷比喻新事物滋生发展,代替旧的事物。

【新宠】xīnchǒng〈名〉新近受到宠爱的人或受人喜爱的事物:这种品牌的葡萄酒成为餐桌上的~|这类健身器械已成为老年人的~。

【新春】xīnchūn〈名〉指春节和春节以后的一二十天:~佳节。

【新大陆】xīn dàlù〈名〉美洲的别称。

【新低】xīndī〈名〉数量、价格、水平等下降而出现的新的低点:黄金价格近来创历史~|人口出生率再创历史~。

【新风】xīnfēng〈名〉刚出现的好风气;新的风尚:校园~|都市~|破旧俗,树~。

【新妇】xīnfù〈名〉❶新娘。❷妻子:举言谓~,哽咽不能语。❸方言。儿子的妻子。

【新高】xīngāo〈名〉数量、价格、水平等上升而出现的新的高点:股市指数连创~。

【新官上任三把火】xīn guān shàngrèn sān bǎ huǒ 新上任的官做几件有影响的事。比喻刚到新的岗位干劲很大。

【新贵】xīnguì〈名〉指初得势的显贵。

【新纪元】xīn jìyuán〈名〉比喻划时代的事业的开始。

【新教】xīnjiào〈名〉欧洲16世纪基督教改革运动中,因反对罗马教皇统治而分裂出来的基督教各教派的总称。

【新苗】xīnmiáo〈名〉比喻新出现的有发展前途的人或事物:乒坛~|文艺~。

【新民主主义革命】xīn mínzhǔ zhǔyì gémìng 在帝国主义和无产阶级革命时代,殖民地半殖民地国家无产阶级领导的资产阶级民主革命。我国从1919年五四运动到1949年的革命,属于新民主主义革命。它是中国共产党领导的、以工农联盟为基础的、人民大众的、反对帝国主义,反对封建主义,反对官僚资本主义的革命。

【新奇】xīnqí〈形〉新鲜奇特:~事。

【新巧】xīnqiǎo〈形〉新奇而精巧;新奇而巧妙:~的玩具|~的构思。

【新区】xīnqū〈名〉❶新解放的地区。特指第三次国内革命战争开始后解放的地区。❷新的住宅区、商业区或经济技术开发区等:浦东~|住宅~|商业~|抓好~的建设。

【新人】xīnrén〈名〉❶具有新思想和新道德品质的人:一代~|新事。❷某方面新出现的突出人才:乒坛~|歌坛~辈出。❸指改过自新的人:把失足青少年改造成~。❹指新娘和新郎,有时特指新娘:一对~。

【新人类】xīnrénlèi〈名〉具有与传统不同的新观念、新想法,个性独立、行为新潮的一类人。

【新任】xīnrèn❶〈形〉新任命或新担任的(职务):~局长|~会计。❷〈名〉新任命或新担任的职务:星夜起程,赶赴~。❸〈名〉新任命或新担任职务的人:原任已调走,~还未来。

【新锐】xīnruì❶〈形〉新奇锐利:~武器|~的言论。❷〈形〉新出现而有锐气的(人):~诗人|~导演。❸〈名〉指新出现而有锐气的年轻人:棋坛~|学术界涌现了一批~。

【新生】xīnshēng❶〈形〉刚产生的;刚出现的:~事物。❷〈名〉新生命:获得~。❸〈名〉新入学的学生:~报到处。

【新生代】xīnshēngdài〈名〉指新一代年轻人;新的一代。

【新文化运动】xīn wénhuà yùndòng 指我国五四运动前后的文化革命运动。五四运动前,主要内容是反对科举,提倡办学校,反对旧学,提倡新学,是资产阶级旧民主主义的新文化与封建阶级的旧文化的斗争。五四运动后,成为无产阶级领导人民大众,在社会科学和文学艺术领域中反帝、反封建的新民主主义的文化运动。

【新文学】xīn wénxué〈名〉指我国自1919年五四运动以来以反帝、反封建为主要内容的白话文学。

【新闻】xīnwén〈名〉❶报纸、广播电台、电视台等报道的消息:晚间~。❷泛指社会上最近发生的新事情。

【新鲜】xīnxiān〈形〉❶(瓜果、蔬菜或其他食品)没有变质,也没有经过腌制、干制等:~蔬菜|~水果。❷(花朵)没有枯萎:~的花朵。❸(空气)经常流通,不混浊:野外空气很~。❹刚出现的;少见的:稀罕:~事。

【新新人类】xīnxīnrénlèi 指思想、行为等较之"新人类"更不墨守成规,更喜欢标新立异和追求刺激的一类人。

【新兴】xīnxīng〈形〉刚兴起的:~学科。

【新星】xīnxīng〈名〉❶在短时期内亮度突然增大数千倍或数万倍,后来又逐渐回落到原来亮度的恒星。我国古代也叫"客星"或"暂星"。❷称新出现的有名的演员、运动员等:体坛~。

【新型】xīnxíng〈形〉新类型的;新式:~机车。

【新秀】xīnxiù〈名〉新出现的优秀人才:文坛~|越剧~|体坛~。

【新异】xīnyì〈形〉新奇。

【新颖】xīnyǐng〈形〉新鲜而别致:款式~。

【新月】xīnyuè〈名〉农历月初形状如钩的月亮。

【新张】xīnzhāng〈动〉指商店开始营业:~志喜。

【新正】xīnzhēng〈名〉指农历的正月。

【新知】xīnzhī〈名〉❶新的知识:不断接受~。❷新结交的知己朋友:旧友~。

【新址】xīnzhǐ〈名〉新的地址:本公司自即日起迁往~办公。

【新作】xīnzuò〈名〉新著作;新作品:新人~。

备用词 创新 翻新 革新 更新 刷新 维新 重新 从新 簇新 崭新 除旧布新 耳目一新 革故鼎新 焕然一新 悔过自新 弃旧图新 吐故纳新 推陈出新 万象更新 温故知新

歆 xīn ❶〈动〉羡慕：～羡｜～慕。❷〈名〉姓。

【歆羡】xīnxiàn〈动〉欣羡；羡慕。

【歆享】xīnxiǎng〈动〉指鬼神享用祭品。

薪 xīn〈名〉❶柴火：采～｜负～｜杯水车～。❷工资：加～｜年～｜发～｜～俸｜～水。❸姓。

【薪刍】xīnchú〈名〉柴草。

【薪金】xīnjīn〈名〉薪水。

【薪尽火传】xīn jìn huǒ chuán 前一根柴烧完，后一根柴已经点燃，火永远不熄。比喻通过师生间的传授，学问一代一代地继承下去。

【薪水】xīnshui〈名〉工资。

【薪饷】xīnxiǎng〈名〉旧时军队、警察等的薪金及规定的被服、鞋、袜等用品。

备用词　杯水车薪　釜底抽薪　曲突徙薪

馨 xīn〈名〉散布很远的香气：～香｜清～｜如兰之～。

【馨香】xīnxiāng〈形〉芳香。

鑫 xīn〈形〉财富兴盛（多用于人名或字号）。

━━ xín

镡（鐔）xín〈名〉❶古代剑柄的顶端部分。❷古代的一种兵器，似剑而小。△另见 chán；tán。

━━ xìn

囟（*顖）xìn〈名〉囟门，婴儿头顶骨未合缝的地方。

芯 xìn〈名〉❶装在器物中心的捻子之类，如蜡烛的捻子、爆竹的引线等：烛～。❷蛇的舌头。△另见 xīn。

信 xìn ❶〈形〉确实：～史｜～据。❷〈名〉信用：守～｜失～｜～誉。❸〈动〉相信：～任｜确～。❹〈形〉诚实；不欺：与朋友交而不～乎？❺〈动〉信奉（宗教）：～教｜～徒。❻〈动〉听凭；随意；放任：～步｜～口开河。❼〈名〉凭据：～物｜印～。❽〈名〉书信：～件｜～笺｜～使。❾〈名〉信息：音～｜～号。❿〈名〉引信：～管。⓫同"芯"（xìn）。⓬〈名〉信石，即砒霜，因产地信州（今江西上饶一带）得名：红～｜白～。⓭古通"伸"：欲～大义于天下。⓮〈名〉姓。

【信步】xìnbù〈动〉随意走动；散步：～而行｜不管风吹浪打，胜似闲庭～。

【信从】xìncóng〈动〉信任听从。

【信贷】xìndài〈名〉银行存款、贷款等信用活动的总称。

【信访】xìnfǎng〈动〉指群众来信来访：～工作。

【信风】xìnfēng〈名〉在赤道两边的低层大气中，北半球常吹东北风，南半球常吹东南风，这种风的方向很少改变，叫"信风"。

【信奉】xìnfèng〈动〉❶信仰并崇奉：基督教徒～上帝。❷相信并奉行：我～"先天下之忧而忧，后天下之乐而乐"的格言。

【信服】xìnfú〈动〉相信而又佩服：令人～。

【信号】xìnhào〈名〉用来传递消息或命令的光、电流、声音、动作等：～灯｜～枪。

【信耗】xìnhào〈名〉音信；消息。

【信口雌黄】xìn kǒu cíhuáng 不顾事实，随口乱说。参看［雌黄］。

【信口开河】（信口开合）xìn kǒu kāi hé 随口乱说。

【信赖】xìnlài〈动〉信任并依靠。

【信念】xìnniàn〈名〉自己认为可以确信的观点：坚定～。

【信任】xìnrèn〈动〉相信不疑，敢于托付：他人好，又肯干，大家都～他。

【信任投票】xìnrèn tóupiào 某些国家的议会对内阁（即政府）实行监督的方式之一。议会在讨论组阁或政府政策时，可用投票方式表示对内阁信任或不信任。

【信赏必罚】xìn shǎng bì fá 该赏的一定赏，该罚的一定罚。形容赏罚严明。

【信实】xìnshí〈形〉有信用；诚实：为人～。

【信誓旦旦】xìn shì dàndàn 誓言诚恳可信。

【信手】xìnshǒu〈副〉随手：～点染。

【信手拈来】xìn shǒu niān lái 随手拿来。多形容写文章时掌握的材料或词汇丰富，不多加思索就能写出来。

【信守】xìnshǒu〈动〉忠实地遵守：～合同｜～诺言。

【信天游】xìntiānyóu〈名〉陕北民歌中的一类曲调。一般是两句一段。演唱时各段可自由反复，反复时曲调可灵活变化。

【信条】xìntiáo〈名〉信守的准则。

【信徒】xìntú〈名〉信仰某一宗教的人，也泛指信仰某一学派或主义的人。

【信托】xìntuō ❶〈动〉因信任而托付。❷〈形〉经别人委托购销的业务的：～公司。

【信物】xìnwù〈名〉作为凭证的东西。

【信息】xìnxī〈名〉❶音信:不通~。❷消息:商业~|市场~。

【信息产业】xìnxī chǎnyè 从事信息生产、流通和应用的产业。通常包括计算机产业、软件业、通信业以及信息服务业等。

【信息港】xìnxīgǎng〈名〉指运用计算机网络技术、设备,覆盖整个城市或区域,专门为用户提供生产、生活等方面信息的信息产业机构。也叫"数码港"。

【信息高速公路】xìnxī gāosù gōnglù 指建立在现代计算机技术和通信技术的基础上,能够高速运行的信息传输网络,在信息提供者与用户之间可以迅速地传送文字、图像、声音等信息。

【信息科学】xìnxī kēxué 研究信息的产生、获取、存储、传输、处理和使用的科学。

【信息库】xìnxīkù〈名〉储存某类信息,供查检、分析用的资料库(多用计算机存储)。

【信息论】xìnxīlùn〈名〉研究信息及其传输的一般规律的理论。运用数学和其他相关科学方法,研究信息的性质、计量以及获取、传输、存储、处理和交换的理论。广泛应用在通信、生物学、生理学、物理学、语言学等领域。

【信息时代】xìnxī shídài 指信息技术高度发达并得到普遍应用的时代。

【信箱】xìnxiāng〈名〉❶邮局设置的供人投寄信件的箱子。❷设在邮局内供人租来收信的编有号码的箱子,叫"邮政专用信箱"。有时某只信箱只是某个收信者的代号。❸设在门前供邮递员投放信件的小箱子。❹电子信箱。

【信心】xìnxīn〈名〉相信自己的愿望或预料的事情一定会实现的心理:满怀~|~百倍。

【信仰】xìnyǎng❶〈动〉对某人或某种学说、主义、宗教极度相信和尊敬,拿来作为自己行动的榜样或指南:~马列主义。❷〈名〉指对事物相信,尊敬并奉为行为准则和指南的观念:不能丢掉自己的~和理想。

【信义】xìnyì〈名〉信用和道义:讲~。

【信用】xìnyòng❶〈名〉能够履行跟人约定的事而取得的信任:守~。❷〈形〉不需要提供物资保证,可以按时偿付的:~贷款。❸〈名〉指银行借贷或商业上的赊销赊购。❹〈动〉信任并重用:受到~。

【信用卡】xìnyòngkǎ〈名〉银行卡的一种,具有消费、信用贷款、转账结算、存取现金等全部或部分功能。

【信誉】xìnyù〈名〉信用和名誉:~卓著。

【信札】xìnzhá〈名〉书信。

【信众】xìnzhòng〈名〉信仰某种宗教的人群。

备用词　宠信 笃信 坚信 迷信 轻信 确信 听信 相信 置信 自信 偏听偏信 轻诺寡信 通风报信 杳无音信

衅(釁)xìn ❶〈名〉嫌隙;争端:挑~|寻~|~端(争端)。❷〈动〉古代祭祀时用牲畜的血涂抹器物的缝隙:~鼓|~钟。

━━ xīng ━━

兴(興)xīng ❶〈形〉兴盛;流行:~旺|~隆|复~。❷〈动〉提倡;使盛行:大~调查研究之风。❸〈动〉开始;发动;创立:~办|~建。❹〈动〉站起来:晨~|夙~夜寐。❺方言〈动〉准许(多用于否定式):不~骂人。❻方言〈副〉或许:这事他~知道,也~不知道。❼〈名〉姓。
△另见 xìng。

【兴办】xīngbàn〈动〉创办(事业):~学校|~企业|~公益事业。

【兴奋】xīngfèn ❶〈形〉精神振奋,情绪激动:~的心情。❷〈动〉使兴奋:~剂。

【兴风作浪】xīng fēng zuò làng ❶掀起风浪。❷比喻挑起事端或进行破坏和捣乱。

【兴革】xīnggé〈动〉兴办和革除:锐意~。

【兴建】xīngjiàn〈动〉开始建筑(多指大工程)。

【兴利除弊】xīng lì chú bì 兴办有利的事业,除去弊端。

【兴隆】xīnglóng〈形〉兴盛:生意~。

【兴起】xīngqǐ〈动〉❶开始出现并蓬勃地发展起来:绿化热潮正在~。❷因感动而奋起:闻风~。

【兴盛】xīngshèng〈形〉蓬勃发展:事业~|国家日益~。

【兴师】xīngshī〈动〉兴兵;起兵:~问罪|~动众(发动很多人做某件事)。

【兴叹】xīngtàn〈动〉发出感叹声:望洋~。

【兴替】xīngtì〈动〉兴衰(替:衰落)。

【兴亡】xīngwáng〈动〉兴盛和灭亡(多指国家):天下~,匹夫有责。

【兴旺】xīngwàng〈形〉兴盛;旺盛:~发达|六畜~。

【兴许】xīngxǔ 方言〈副〉也许;或许:他~不来了。

【兴妖作怪】xīng yāo zuò guài 比喻坏人破坏捣乱,坏思想扩大影响。

备用词 勃兴　复兴　时兴　振兴　中兴　新兴　晨兴　百废俱兴

星 xīng〈名〉❶夜晚天空中闪烁发光的天体：繁～｜～罗棋布｜月明～稀。❷天文学上指宇宙间能发射光或反射光的天体，分为恒星(如太阳)、行星(如地球)、卫星(如月亮)、彗星、流星等。❸细碎或细小的东西：一～半点｜火～儿。❹秤杆上标记斤、两、钱的小点子：定盘～。❺明星：歌～｜笑～。❻星宿名，二十八宿之一。❼姓。

【星辰】xīngchén〈名〉星①的总称：日月～。

【星斗】xīngdǒu〈名〉星①的总称：满天～。

【星汉】xīnghàn〈名〉银河：～灿烂。

【星河】xīnghé〈名〉银河。

【星火】xīnghuǒ〈名〉❶小火星儿；微小的火：～燎原。❷流星的光，比喻急迫：急如～。

【星火燎原】xīnghuǒ liáo yuán 见〖星星之火，可以燎原〗。

【星空】xīngkōng〈名〉夜晚有星的夜空。

【星罗棋布】xīng luó qí bù 像星星一样地罗列着，像棋子一样地散布着。形容数量多而密集。

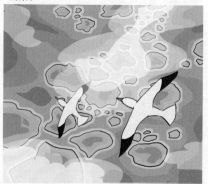

【星期】xīngqī〈名〉我国古代历法把二十八宿按日、月、火、水、木、金、土的次序排列，七日一周，周而复始，称为"七曜"；西洋历法中也有"七日为一周"的说法，跟我国的"七曜"暗合。后来根据国际习惯，把这样连续排列的七天作为工作、学习等作息日期的计算单位，叫作"星期"。

【星球】xīngqiú〈名〉星②。

【星散】xīngsàn〈动〉像星星散布在天空那样，比喻在一起的人四散分离。

【星天】xīngtiān〈名〉夜晚有星的天空：我爱月夜，也爱～。

【星星】xīngxīng〈名〉细小的点：～点点。

【星星】xīngxing〈名〉星①。

【星星之火，可以燎原】xīngxīng zhī huǒ, kěyǐ liáo yuán 一点小火星，可以引起燎原大火，比喻小乱子可以发展成大祸害，也比喻新生事物最初显得弱小，但有着旺盛的生命力和极大的发展前途。

【星宿】xīngxiù〈名〉我国古代指星座，共分二十八宿。

【星夜】xīngyè〈名〉有星光的夜晚(在野外活动)：～行军。

【星移斗转】xīng yí dǒu zhuǎn 星斗变换位置，比喻季节或时间变化。

【星座】xīngzuò〈名〉天文学上为了研究的方便，把星空分为若干区域，每个区域叫作一个"星座"。有时也指每个区域中的一群星。现代天文学上共分为88个星座。

备用词 福星　火星　零星　救星　明星　水星　寿星　童星　新星　影星　灾星　扫帚星　丧门星　大步流星　快步流星　寥若晨星

骍(騂) xīng❶〈形〉毛皮红色的(牛马等)。❷〈名〉指红色的牛马等。

猩 xīng〈名〉猩猩，哺乳动物，比猴子大，两臂长，全身有赤褐色长毛，没有臀疣。吃野果。产于南洋群岛。

【猩红】xīnghóng〈形〉像猩猩血一样的鲜红。

惺 xīng❶〈形〉聪明。❷〈动〉醒悟；清醒。

【惺忪】(惺松) xīngsōng〈形〉刚睡醒时眼睛模糊不清：睡眼～。

【惺惺】xīngxīng❶〈形〉清醒；聪明。❷〈名〉聪明的人：～惜～(比喻同类的人互相爱惜)。❸〈形〉假惺惺：～作态(装模作样，故作姿态)。

腥 xīng❶〈名〉生肉，现指鱼肉一类食物：荤～。❷〈形〉有腥气：～臭。

【腥风血雨】xīng fēng xuè yǔ 风里带有腥气，血溅得像下雨，形容残酷屠杀的景象。也说"血雨腥风"。

━━ **xíng** ━━

刑 xíng〈名〉❶国家依据刑事法律对犯人施行的法律制裁：量～｜徒～。❷特指对犯人的体罚：受～｜动了～｜严～｜拷打。❸姓。

【刑场】xíngchǎng〈名〉处决犯人的地方。

【刑罚】xíngfá〈名〉国家依据刑事法律对罪犯所施行的法律制裁。

【刑法】xíngfǎ〈名〉❶规定什么是犯罪行为，犯罪行为应受到什么惩罚的法律。❷对犯人的体罚：动了～|对犯人不得滥施～。

【刑警】xíngjǐng〈名〉刑事警察的简称。

【刑事】xíngshì〈形〉有关刑法的：～犯|～案件。

【刑事警察】xíngshì jǐngchá 从事刑事侦查和刑事科学技术工作的人员。简称"刑警"。

【刑宪】xíngxiàn〈名〉刑罚：没来由犯王法，不提防遭～。

【刑讯】xíngxùn〈动〉通过折磨肉体逼供审讯：～逼供。

备用词　服刑　缓刑　极刑　减刑　死刑　行刑

邢　xíng〈名〉姓。

行　xíng❶〈动〉走：～车|～进|～步。❷〈名〉古代指道路：千里之～，始于足下。❸〈动〉出行；旅行：～装|～踪|辞～。❹〈形〉流动性的；临时性的：～宫|～辕。❺〈动〉流通；推行：～销|颁～。❻〈动〉做；办：实～|遵～|～贿。❼(旧读 xìng)〈名〉行为：品～|德～|兽～。❽〈动〉可以：～，就这么办吧。❾〈形〉能干：你真～! ❿〈副〉将要：～将。⓫〈名〉指行书。⓬〈名〉古诗的一种体裁：《兵车～》《琵琶～》。⓭〈名〉姓。
△另见 háng;hàng;héng。

【行藏】xíngcáng〈名〉❶指对于出仕和退隐的处世态度。❷形迹：～露。

【行程】xíngchéng〈名〉❶路程。❷进程：历史的～。

【行刺】xíngcì〈动〉暗杀(指用武器的)。

【行道树】xíngdàoshù〈名〉种在道路两旁的成行(háng)的树。

【行动】xíngdòng❶〈动〉行走；走动：～不便。❷〈动〉指为实现某种意图而进行活动：敌人已经～了。❸〈名〉行为；举动：军事～。

【行宫】xínggōng〈名〉供帝王出京后居住之用而建筑的宫殿，也指帝王出京后临时寓居的官署或住宅。

【行贿】xínghuì〈动〉进行贿赂。

【行迹】xíngjì〈名〉行踪：～可疑|～无定。

【行将】xíngjiāng〈副〉即将；将要：～灭亡。

【行将就木】xíngjiāng jiù mù 快要进棺材了，指人寿命已经不长(木：棺材)。

【行进】xíngjìn〈动〉向前走。

【行径】xíngjìng〈名〉行为；举动(多指坏的)：无耻～|强盗～。

【行酒】xíngjiǔ〈动〉敬酒。

【行军】xíngjūn〈动〉军队从一个地点走向另一个地点：急～。

【行李】xíngli〈名〉出门时所带的包裹、箱子等：～箱|肩上扛着～。

【行路】xínglù❶〈动〉走路。❷〈名〉路人；不相干的人：竭诚则胡越为一体，傲物则骨肉为～。

【行旅】xínglǚ〈名〉走远路的人：～往来。

【行囊】xíngnáng〈名〉出门时随身带的袋子或包儿。

【行人】xíngrén〈名〉❶在路上行走的人：过往～。❷出征的人：车辚辚，马萧萧，～弓箭各在腰。

【行若无事】xíng ruò wú shì 指在紧急情况下，镇静自若，好像没事一样。也指对坏人坏事听之任之，无动于衷。

【行色】xíngsè〈名〉出发前后的神态、情景或气派：～匆匆|以壮～。

【行尸走肉】xíng shī zǒu ròu 比喻无所用心，无所作为，糊里糊涂过日子的人。

【行时】xíngshí〈动〉❶在当时流行。❷得势；走运。

【行使】xíngshǐ〈动〉执行；使用(权利、职权)。

【行书】xíngshū〈名〉汉字的一种字体，形体和笔势介于草书和楷书之间。

【行头】xíngtou〈名〉❶戏曲演员演出时用的服装和道具。❷泛指服装(含诙谐意)。

【行为】xíngwéi〈名〉人的有意识的活动：～磊落|～放荡。

【行为能力】xíngwéi nénglì 指能够以自己的行为依法行使权利和承担义务的能力或资格。具有行为能力的人必须首先具有权利能力，但具有权利能力的人不一定都有行为能力。

【行为艺术】xíngwéi yìshù 现代艺术创作方式之一，认为行动本身就是艺术，往往由艺术家自身或其他人和物通过某些独特的行为来实现标新立异的构想。

【行文】xíngwén〈动〉❶组织文字，表达意思：～流畅。❷(向某个或某些单位)发公文：～各地|省直属机关。

【行销】xíngxiāo〈动〉向各地销售：～全国|产品～国内外。

【行星】xíngxīng〈名〉环绕太阳运行的天体，

本身不能发光,只能反射太阳光。如水星、金星、地球等。

【行营】xíngyíng〈名〉旧时指出征时军事长官办公的地方,也指专设的机构。

【行辕】xíngyuán〈名〉行营。

【行远自迩】xíng yuǎn zì ěr 走远路必须从最近的一步走起。比喻做事情都得由小到大,由浅入深,循序渐进。

【行云流水】xíng yún liú shuǐ 比喻文章的布局和发展很自然,就像飘动的云和流动的水一样不受拘束。

【行者】xíngzhě〈名〉❶行人。❷出家而未经剃度的佛教徒。

【行政】xíngzhèng〈名〉❶行使国家权力的工作:~机构。❷指机关、企业、团体等内部的管理工作:~事务。

【行止】xíngzhǐ〈名〉❶行踪:~无定。❷行为;品行:~不检。

【行装】xíngzhuāng〈名〉出门时所带的衣服、铺盖等:收拾~。

【行踪】xíngzōng〈名〉行动的踪迹:~诡秘。

备用词　暴行　颁行　操行　德行　发行　秽行　刊行　印行　风行　流行　盛行　时行　出行　旅行　游行　远行　钱行　送行　奉行　举行　履行　施行　实行　推行　执行　品行　兽行　罪行　寸步难行　嘉言懿行　谨言慎行　雷厉风行　三思而行　身体力行　势在必行　一意孤行

饧(餳)　xíng ❶〈名〉糖稀,含水分较多的麦芽糖。❷〈动〉糖块、面剂子等变软:糖~了。❸〈形〉精神不振,眼睛半睁半闭:眼睛发~。

　　△另见 táng。

形　xíng ❶〈名〉形体:圆~|地~|变~。❷〈名〉形体;实体:~骸|无~。❸〈名〉情形;形势:魏、蜀、吴呈鼎足之~。❹〈动〉显露;表现:喜~于色。❺〈动〉对照:相~见绌(chù)。❻〈名〉姓。

【形单影只】xíng dān yǐng zhī 形容孤独,没有伴侣。

【形而上学】xíng'érshàngxué 也叫"玄学"。〈名〉❶哲学史上指哲学中探究宇宙根本原理的部分。❷同辩证法相对立的世界观或方法论。形而上学用孤立、静止、片面的观点看世界,认为一切事物都是孤立的,永远不变的;如果说有变化,只是数量的增减和场所的变更。

【形格势禁】xíng gé shì jìn 受形势的阻碍或限制。

【形骸】xínghái〈名〉指人的形体。

【形迹】xíngjì〈名〉❶举止和神色:~可疑。❷痕迹;迹象:不留~。❸仪容礼貌:不拘~。

【形貌】xíngmào〈名〉形体和容貌:~昳(yì)丽。

【形旁】xíngpáng 汉字形声字中跟全字的意义有关的部分。参见〖形声〗。

【形容】xíngróng ❶〈名〉形体和容貌:~憔悴。❷〈动〉对事物的形象或性质加以描述:难以~。

【形容词】xíngróngcí〈名〉表示人或事物的性质或状态的词,如"大"、"细"、"硬"、"白"、"凉快"、"活泼"等。

【形声】xíngshēng〈名〉六书之一。形声是说字由形旁和声旁两部分合成,形旁和全字的意义有关,声旁和全字的读音有关。如"江"就是形声字,"氵(水)"为形旁,"工"为声旁。也叫"谐声"。

【形胜】xíngshèng〈形〉地势优越:~之地|山川~。

【形式】xíngshì〈名〉❶事物的形状、结构等:艺术~|组织~。❷指事物外部的表现:内容和~统一。

【形式主义】xíngshì zhǔyì ❶片面地注重形式不管实质的工作作风,或只看事物的现象而不分析其本质的思想方法:做任何工作都不要搞~。❷19世纪末到20世纪初形成的一种反现实主义的艺术思潮,主要特征是脱离现实生活,否认艺术的思想内容,只在表现形式上标新立异。

【形势】xíngshì〈名〉❶地势:~险要。❷事物发展的状况和趋势:经济~。

【形态】xíngtài〈名〉❶形状神态:~逼真。❷事物的状态或表现形式:意识~|观念~。❸生物体外部的形状:从体格的~结构上来看,古人介于猿人与新人之间。❹词的内部变化形式,包括构词形式和词形变化形式。

【形体】xíngtǐ〈名〉❶身体(就外观说)。❷形状和结构:文字的~。

【形象】xíngxiàng ❶〈名〉形状相貌:父亲去世很久了,我脑海里还常常浮现出他的~。❷〈名〉文艺作品中创造出来的生动具体的、激发人们思想感情的生活图景,通常指文学作品中人物的神情面貌和性格特征:人物~。❸〈形〉生动的、能给人以具体感受的:作品地描绘了农村生活的图景。

【形形色色】xíngxíngsèsè 各种各样。

【形影不离】xíng yǐng bù lí 形容彼此关系亲密，经常在一起。

【形影相吊】xíng yǐng xiāng diào 身体和影子互相慰问，形容孤独(吊:慰问)。

【形制】xíngzhì〈名〉建筑物、器物等的形状和构造。

【形状】xíngzhuàng〈名〉❶物体或图形由外部的面或线条组合而呈现的外表:猞猁—像猫。❷指人的行为表现;样子:寄言纨袴(绔)与膏粱，莫效此儿~。

【形状记忆合金】xíngzhuàng jìyì héjīn 一种具有形状记忆功能的合金材料，能够在某一温度下经塑性变形而改变形状，在另一温度下又能自动变回原来的形状。简称"记忆合金"。

备用词　雏形　畸形　情形　图形　原形　得意忘形　匿影藏形　如影随形

陉(陘) xíng〈名〉山脉中断的地方;出口:井~(地名,在河北)。

型 xíng〈名〉❶铸造器物的模子:模~|砂~。❷类型:大~|新~|血~。

【型号】xínghào〈名〉指机械或其他工业制品的性能、规格和大小:这家工厂生产的车床品种多样,~齐全。

【型式】xíngshì〈名〉类型和样式。

备用词　典型　机型　血型　造型　脸型　类型　模型　原型

荥(滎) xíng[荥阳]〈名〉地名,在河南。△另见 yíng。

钘(鈃) xíng❶〈名〉古代盛酒的器皿。❷同"铏"。

硎 xíng❶〈名〉磨刀石:刀刃若新发于~。❷〈动〉磨制。

铏(鉶) xíng〈名〉古代盛菜羹的器皿。

━━ xǐng ━━

省 xǐng❶〈动〉检查自己的思想行为:~察|反~。❷〈动〉探望;问候(多指对尊长):~亲|归~。❸〈动〉醒悟;明白:~悟|猛~。❹〈名〉姓。
△另见 shěng。

【省察】xǐngchá〈动〉检查自己的思想行为。

【省得】xǐngdé〈动〉懂得;知道。

【省记】xǐngjì〈动〉记在心里。

【省视】xǐngshì〈动〉看望;探望:~双亲。

【省悟】xǐngwù 同"醒悟"。

备用词　反省　内省　自省

醒 xǐng〈动〉❶酒醉、麻醉后或昏迷后神志恢复常态:~酒|苏~。❷睡眠状态结束，大脑皮层恢复兴奋状态,也指尚未入睡:如梦方~。❸醒悟;觉悟:猛~|觉~。❹使看得清楚:~目。

【醒豁】xínghuò〈形〉意思表达得明显。

【醒目】xǐngmù〈形〉形象明显、清楚,引人注目:标题很~。

【醒悟】xǐngwù〈动〉在认识上由模糊而清楚或由错误而正确:猛然~。也作"省悟"。

备用词　提醒　警醒　觉醒　猛醒　清醒　苏醒　如梦初醒

擤(*揩) xǐng〈动〉按住或捏住鼻孔出气,使鼻涕排出:~鼻涕。

━━ xìng ━━

兴(興) xìng〈名〉兴致;兴趣:豪~|雅~|败~。
△另见 xīng。

【兴趣】xìngqù〈名〉对事物喜好的情绪:感~|~浓厚。

【兴味】xìngwèi〈名〉兴趣:饶有~。

【兴致】xìngzhì〈名〉兴趣:~勃勃(兴趣很浓的样子)。

备用词　败兴　高兴　即兴　尽兴　扫兴　助兴　豪兴　雅兴　意兴　余兴

杏 xìng〈名〉❶乔木,花白色或粉红色,果实圆形,成熟时黄红色,味酸甜。❷姓。

幸(*❹❺倖) xìng❶〈形〉幸福:荣~。❷〈形〉认为幸福而高兴:欣~|喜~|庆~。❸〈动〉望;希望:~勿推辞。❹〈形〉侥幸:~存|~免。❺〈动〉宠幸:~臣|得~。❻〈动〉古代指帝王到达某地;巡~。❼〈名〉姓。

【幸好】xìnghǎo〈副〉幸亏。

【幸亏】xìngkuī〈副〉表示借以免除困难的有利情况:~你帮忙,否则就麻烦了。

【幸免】xìngmiǎn〈动〉侥幸地避免:~于难。

【幸甚】xìngshèn〈形〉❶表示很有希望,很可庆幸。❷非常荣幸(多用于书信)。

【幸喜】xìngxǐ〈副〉幸亏。

【幸运】xìngyùn❶〈名〉好的运气;出乎意料的好机会。❷〈形〉运气好:我很~,遇上一位好老师。

【幸运儿】xìngyùn'ér〈名〉幸运的人。

【幸灾乐祸】xìng zāi lè huò 对别人遇到灾祸心里高兴。

备用词　不幸　侥幸　庆幸　荣幸　万幸　欣幸　有幸　巡幸

性 xìng〈名〉❶性格:个～|天～|耐～。❷物质所具有的性能或性质:弹～|韧～|酸～。❸在思想、感情等方面的表现:惰～|母～。❹有关生殖或性欲的:～腺|～病。❺性别:男～|女～|雄～|雌～。❻表示名词(以及代词、形容词)的类别的语法范畴,如俄语名词有阳、阴、中三性。

【性格】xìnggé〈名〉人在态度和行为方式上所表现出来的稳定的心理特点,如刚强、懦弱、热情、孤僻等。

【性贿赂】xìnghuìlù〈名〉以满足有权势的人的性欲为手段变相进行的贿赂。

【性价比】xìngjiàbǐ〈名〉商品的性能、配置等与其价格所形成的比率:这款电脑以其高～赢得了消费者的青睐。

【性交】xìngjiāo〈动〉两性之间发生性行为。

【性教育】xìngjiàoyù〈名〉指有关性知识、性心理和性道德等方面的教育。

【性灵】xìnglíng〈名〉指人的精神、性情、情感等。

【性命】xìngmìng〈名〉人和动物的生命。

【性能】xìngnéng〈名〉机械或其他工业制品所具有的性质和功能:～良好。

【性侵犯】xìngqīnfàn〈动〉指对他人采用欺骗、施暴、教唆及其他方式进行猥亵、性骚扰或强奸等侵犯行为。

【性情】xìngqíng〈名〉性格:～急躁。

【性骚扰】xìngsāorǎo〈动〉指用轻佻、下流的语言或举动对他人进行性暗示或性挑逗等(多指男性对女性)。

【性质】xìngzhì〈名〉事物本身所具有的区别于其他事物的根本属性。

备用词　本性　秉性　禀性　个性　脾性　癖性　品性　人性　天性　习性　感性　理性

姓 xìng ❶〈名〉表明家族的字:～名|复～|百家～。❷〈动〉姓是……;以……为姓:她～李|你～什么? ❸〈名〉姓。

【姓名】xìngmíng〈名〉姓和名字。

【姓氏】xìngshì〈名〉表明家族的字。姓和氏本有分别,姓起于女系,氏起于男系。后来说姓氏,专指姓。

【姓字】xìngzì〈名〉姓名;指名字。

荇(＊莕) xìng[荇菜]〈名〉草本植物,叶子圆形,浮在水面,根生在水底,开黄花,嫩叶可食用,全草可入药,也可作饲料或绿肥。

悻 xìng〈形〉恼怒愤慨的样子:～～而去。

婞 xìng〈形〉倔强固执:鲧～直以亡身。

═ xiōng ═

凶(＊❸—❺兇) xiōng ❶〈形〉不幸;不吉利(跟"吉"相对):～兆|～宅。❷〈形〉年成很坏:～年。❸〈形〉凶恶:～暴|～狠|逞～。❹〈形〉厉害:闹得～。❺〈名〉指杀害或伤害人的行为,也指行凶的人:～杀|～器|行～|元～|帮～。

【凶暴】xiōngbào〈形〉凶狠残暴:～的敌人|脾气～。

【凶残】xiōngcán〈形〉凶恶残暴。

【凶恶】xiōng'è〈形〉(相貌、性情或行为)十分可怕。

【凶犯】xiōngfàn〈名〉行凶的罪犯。

【凶悍】xiōnghàn〈形〉凶猛强悍。

【凶狠】xiōnghěn〈形〉凶恶狠毒:～残暴。

【凶狂】xiōngkuáng〈形〉凶恶猖狂。

【凶猛】xiōngměng〈形〉(气势)凶恶或强大而有力:来势～|～的野兽。

【凶器】xiōngqì〈名〉指行凶作案时所用的器具。

【凶强】xiōngqiáng〈形〉粗暴强悍:周处年少时,～侠气,为乡里所患。

【凶身】xiōngshēn〈名〉凶手。

【凶神】xiōngshén〈名〉迷信指凶恶的神,一般用来指凶恶的人:～恶煞。

【凶手】xiōngshǒu〈名〉行凶的人。

【凶死】xiōngsǐ〈动〉指被人杀害或自杀而死。

【凶嫌】xiōngxián〈名〉凶案的犯罪嫌疑人。

【凶险】xiōngxiǎn〈形〉(情况、地势)危险可怕。

【凶相毕露】xiōngxiàng bì lù 凶恶的面目完全暴露。

备用词　帮凶　逞凶　行凶　元凶　正凶

兄 xiōng〈名〉❶哥哥:～长|父～。❷亲戚或某种关系中同辈而年纪比自己大的男子:堂～|师～。❸对男性朋友的尊称:仁～。

【兄弟】xiōngdì〈名〉哥哥和弟弟:～二人。

【兄弟】xiōngdi〈名〉❶弟弟。❷称呼年纪比自己小的男子。❸谦辞,男子跟辈分相同的人或对众人说话时的谦称:能帮忙的地方~一定帮忙。

【兄弟阋墙】xiōng dì xì qiáng《诗经·小雅·常棣》:"兄弟阋于墙。"兄弟在家中争吵,比喻内部相争(阋:争吵;争斗)。

【兄长】xiōngzhǎng〈名〉❶哥哥。❷对男性朋友的尊称。

芎 xiōng[芎藭(qióng)]〈名〉草本植物,花白色,果实椭圆形,根茎可入药。产于四川、云南等地。也叫"川芎"。

匈 xiōng❶同"胸"。❷见【匈奴】。

【匈奴】xiōngnú〈名〉我国古代民族。战国时游牧在燕、赵、秦以北。东汉时分裂为南北两部,北匈奴在1世纪末为汉所败,西迁。南匈奴附汉,三晋时曾先后建立汉国和前赵、后赵、夏、北凉等政权。

汹(*洶) xiōng〈动〉水往上涌:~涌。

【汹汹】xiōngxiōng❶〈拟〉形容波涛的声音:听波涛之~。❷〈形〉形容气势盛大(贬义):气势~。❸〈形〉形容争论的声音或喧哗纷扰的样子:议论~。

【汹涌】xiōngyǒng〈动〉水猛烈地翻腾上涌:波涛~|~澎湃(形容声势浩大,不可阻挡)。

胸(*胷) xiōng〈名〉❶躯干的一部分,在颈和腹之间:~膛|~围。❷指内心;心里:心~|~襟|~怀。

【胸次】xiōngcì〈名〉心里;心情:~舒畅。

【胸怀】xiōnghuái❶〈动〉心里怀着:~祖国。❷〈名〉抱负;气量:~宽广。

【胸襟】xiōngjīn〈名〉胸怀❷:~开阔。

【胸卡】xiōngkǎ〈名〉佩戴在胸前表示身份的卡片式标志,上面一般写有姓名、单位名称、所任职务等,有的还带有本人照片。也说"胸牌"。

【胸口】xiōngkǒu〈名〉胸骨下端周围的部分。

【胸牌】xiōngpái〈名〉胸卡。

【胸脯】xiōngpú〈名〉指胸部。

【胸膛】xiōngtáng〈名〉胸❶。

【胸无点墨】xiōng wú diǎn mò 胸中一点墨水都没有。形容读书少,文化水平极低。

【胸臆】xiōngyì〈名〉指心里的想法或想说的话;胸怀:直抒~。

【胸有成竹】xiōng yǒu chéng zhú 宋晁补之《赠文潜甥杨克一学文与可画竹求诗》:"与可

画竹时,胸中有成竹。"(与可:宋代画家文同的字)原指画竹子时心里有一幅竹子的形象,后比喻做事前已有主意或已有通盘的考虑。也说"成竹在胸"。

━━ **xióng** ━━

雄 xióng❶〈形〉生物中能产生精细胞的(跟"雌"相对):~性|~鸡。❷〈形〉有气魄的:~伟|~姿|~图。❸〈形〉强有力的:~辩|~壮。❹〈名〉强有力的人或国家:英~|奸~|战国七~。❺〈名〉姓。

【雄辩】xióngbiàn❶〈名〉强有力的辩论:事实胜于~。❷〈形〉有说服力:最~的莫过于事实。

【雄才大略】xióng cái dà lüè 杰出的才智和谋略。

【雄关】xióngguān〈名〉雄险要的关口。

【雄厚】xiónghòu〈形〉(人力、物力)充足:实力~。

【雄浑】xiónghún〈形〉雄健浑厚:笔力~。

【雄健】xióngjiàn〈形〉强健有力:~的步伐。

【雄劲】xióngjìng〈形〉雄壮有力。

【雄赳赳】xióngjiūjiū〈形〉形容威武:~,气昂昂。

【雄师】xióngshī〈名〉强有力的军队;雄兵:百万~。

【雄图】xióngtú〈名〉宏伟的计划或深远的谋略。

【雄威】xióngwēi〈形〉雄壮威武。

【雄伟】xióngwěi〈形〉雄壮而伟大:~的天安门。

【雄文】xióngwén〈名〉伟大的著作。

【雄心】xióngxīn〈名〉远大的理想和抱负:~

壮志。

【雄壮】xióngzhuàng〈形〉(气魄、气势)强大有力:威武～。

【雄姿】xióngzī〈名〉威武雄壮的姿态:～英发(姿态雄壮威武,朝气蓬勃)。

备用词 奸雄 枭雄 英雄 称雄 争雄

熊 xióng ❶〈名〉哺乳动物,头大,尾短,四肢短而粗,脚掌大,能爬树,种类很多。❷方言。〈动〉斥责:～人|挨～。❸〈名〉姓。

【熊猫】xióngmāo〈名〉大熊猫。

【熊市】xióngshì〈名〉指价格持续下跌,成交额下降,交易呆滞的证券市场行情(跟"牛市"相对)。

【熊熊】xióngxióng〈形〉形容火势旺盛:～烈火。

═══ xiòng ═══

诇(詗) xiòng〈动〉刺探:～察。

夐 xiòng ❶〈形〉远;辽阔:～若千里。❷〈形〉时间久远:～古。❸〈名〉姓。

═══ xiū ═══

休 xiū ❶〈动〉停止:罢休:～刊|～学|喋喋不～。❷〈动〉休息:～养|公～。❸〈动〉垮台;毁灭:大军～矣|吾命～矣。❹〈动〉旧时指丈夫把妻子赶回娘家,断绝夫妻关系:～妻。❺〈副〉别;莫:～想|～得无理。❻〈名〉吉庆;欢乐:～戚与共。❼〈名〉姓。

【休咎】xiūjiù〈名〉吉凶。

【休克】xiūkè ❶〈名〉临床上常见的一种综合病症,主要症状是血压下降,血流减慢,四肢发冷,脸色苍白,体温下降,神志淡漠等。❷〈动〉发生休克。

【休戚】xiūqī〈名〉欢乐和忧愁,泛指有利的和不利的遭遇:～相关(彼此福祸互相关联,形容关系密切,利害一致)|～与共(同甘共苦)。

【休憩】xiūqì〈动〉休息。

【休市】xiūshì〈动〉交易市场因节假日等原因暂停交易:春节期间股市～一周。

【休息】xiūxi〈动〉❶暂时停止工作、学习或活动,使精力得到恢复:走累了,找个地方～～|既要有紧张的工作,又要有适当的～。❷方言。指睡觉:夜里～不好,白天也没精神|这么晚了,还没～?

【休养】xiūyǎng〈动〉❶休息调养。❷恢复并发展国家或人民的经济力量:～民力。

【休养生息】xiūyǎng shēngxī 指国家大动荡或大变革以后,减轻百姓负担,安定民众生活,发展生产,以恢复元气。

【休渔】xiūyú〈动〉为保护渔业资源在一定时期和范围部分或全面停止捕捞:～两个月|南海海域实行伏季～制度。

【休整】xiūzhěng〈动〉休息整顿:部队正在～。

【休止】xiūzhǐ〈动〉停止:歌声～了。

备用词 倒休 离休 轮休 退休 罢休 甘休 喋喋不休 善罢甘休 无尽无休

咻 xiū〈动〉乱吵;喧扰。

修(*脩) xiū ❶〈动〉修饰:装～|辞～。❷〈动〉修理;整治:维～|整～|～配。❸〈动〉写;编写:纂～|～函|～史。❹〈动〉(学习、品行方面)学习和锻炼:～养|进～。❺〈动〉修行:～炼|～道。❻〈动〉兴建;建筑:～筑|兴～水利。❼〈动〉剪或削,使整齐:～剪|～脚。❽〈形〉长:～长|茂林～竹。❾〈名〉姓。

【修长】xiūcháng〈形〉长;细长:身材～。

【修辞】xiūcí〈动〉修饰词句,运用各种表现方式,使语言表达得准确、鲜明、生动,以增强说服力和感染力。

【修订】xiūdìng〈动〉修改订正:～计划。

【修复】xiūfù〈动〉❶修理使恢复完整(多指建筑物):～河堤|～铁路。❷改善并恢复:～邦交|～两国关系。

【修改】xiūgǎi〈动〉改正文章、计划等里面的错误或不足之处。

【修好】xiūhǎo〈动〉❶国家与国家之间亲善友好。❷做善事;行好。

【修旧利废】xiū jiù lì fèi 修理和利用废旧物品,使再发挥作用:～,变废为宝。

【修浚】xiūjùn〈动〉治理疏通:～河道。

【修明】xiūmíng〈形〉指政治清明。

【修葺】xiūqì〈动〉修缮:～房屋。

【修缮】xiūshàn〈动〉修理(建筑物)。

【修身】xiūshēn〈动〉指努力提高自己的品德修养:～养性。

【修饰】xiūshì〈动〉❶修整装饰,使整齐美观:～一新。❷梳妆打扮。❸(对语言文字)修改润饰。

【修书】xiūshū〈动〉❶编纂书籍。❷写信。

【修伟】xiūwěi〈形〉长而高大。

【修行】xiūxíng〈动〉佛教徒或道教徒虔诚地学习教义,并照着教义去实行,叫"修行"。

【修养】xiūyǎng ❶〈名〉指理论、知识、技能、品德等方面所达到的水平:文学～。❷〈名〉指养成的在待人处事方面的正确态度:这人缺少～,动不动就发火。❸〈动〉儒家指通过内心反省,培养完善的人格。

【修业】xiūyè〈动〉(学生)在校学习:～期满。

【修正】xiūzhèng〈动〉修改使正确:坚持真理,～错误。

【修筑】xiūzhù〈动〉修建(道路、工事等):～工事|～公路|～碉堡。

备用词　翻修　检修　维修　兴修　整修　装修　进修　专修　自修

麻
脩 xiū〈动〉庇荫;保护。

脩 xiū ❶〈名〉原指干肉,古代弟子用来送给老师做见面礼。后来称送给老师的薪金:束～|～金。❷同"修"。

羞 xiū ❶〈名〉怕别人笑话的心理和表情:害～|含～。❷〈形〉因害羞而难为情:～涩|～答答。❸〈动〉使难为情:别～他了。❹〈形〉羞耻:遮～|没～。❺〈动〉感到羞耻、耻辱:～与为伍。❻同"馐"。

【羞惭】xiūcán〈形〉羞愧。

【羞耻】xiūchǐ〈形〉不光彩;不体面:不知～。

【羞答答】xiūdādā〈形〉形容害羞的样子。也说"羞羞答答"。

【羞愧】xiūkuì〈形〉感到羞耻和惭愧:～难当。

【羞赧】xiūnǎn〈形〉因害羞而红了脸的样子。

【羞恼】xiūnǎo〈形〉羞愧恼怒。

【羞怯】xiūqiè〈形〉又害羞,又胆怯。

【羞辱】xiūrǔ ❶〈名〉耻辱:感到～。❷〈动〉使受耻辱:他被人～了一顿。

【羞涩】xiūsè〈形〉难为情;态度不自然:忸怩～。

【羞恶】xiūwù〈动〉对自己或别人的坏处感到羞耻和厌恶:～之心。

【羞与为伍】xiū yǔ wéi wǔ 以跟某人在一起为耻辱(为伍:做伙伴)。

备用词　害羞　含羞　娇羞　没羞　怕羞　识羞　遮羞

鸺(鵂) xiū[鸺鹠(liú)]〈名〉鸟,外形像猫头鹰,捕食鼠、兔等。也叫"枭"(xiāo)。

貅 xiū 见[貔(pí)貅]。

馐(饈) xiū〈名〉美味的食物:珍～。

髹(*髤) xiū ❶〈名〉赤黑色的漆。❷〈动〉把漆涂在器物上:～漆。

━━ xiǔ ━━

朽 xiǔ ❶〈形〉腐烂(多指木头);～木|枯～。❷〈形〉衰老:老～|～迈。❸〈动〉磨灭:永垂不～。

【朽迈】xiǔmài〈形〉衰老:老朽～之年。

【朽木】xiǔmù〈名〉❶烂木头。❷比喻不可造就的人:～粪土。

备用词　腐朽　枯朽　老朽　衰朽　摧枯拉朽　永垂不朽

宿 xiǔ ❶〈名〉夜:通～。❷〈量〉用于计算夜:三天两～|谈了一～。
△另见 sù;xiù。

滫 xiǔ〈名〉臭泔水。

━━ xiù ━━

秀 xiù ❶〈动〉植物抽穗开花(多指庄稼):～穗|苗而不～。❷〈形〉清秀:～丽|俊～|～外慧中。❸〈形〉特指优异:优～。❹〈名〉指特别优异的人:新～|后起之～。❺〈名〉元明两代称官僚、贵族子弟:不郎不～(比喻不成材或没出息。郎:平民的子弟)。❻〈动〉表演;演出:作～|时装～|脱口～。[外]❼〈名〉姓。

【秀才】xiùcai〈名〉❶明清两代生员的通称,即通过最低一级考试得以在府、县学读书的人。❷泛指读书人,现也指善写文章的人。

【秀丽】xiùlì〈形〉清秀美丽:容貌～|山川～|的桂林山水。

【秀媚】xiùmèi〈形〉清秀妩媚:眉眼～。

【秀色】xiùsè〈名〉美丽的景色:～诱人。

【秀雅】xiùyǎ〈形〉秀丽雅致:仪容～。

备用词　娟秀　俊秀　灵秀　清秀　韶秀　挺秀　内秀　心秀　新秀　优秀　后起之秀　山明水秀　钟灵毓秀

岫 xiù〈名〉❶山洞:岩～。❷山;峰峦:远～|～色。

臭 xiù〈名〉❶气味:乳～|其～如兰。❷同"嗅"。
△另见 chòu。

袖 xiù ❶〈名〉袖子,衣服的套在胳膊上的筒状部分:衣～|套～。❷〈动〉藏在袖子里:～手旁观。

【袖手旁观】xiù shǒu páng guān 把手放在袖

子里在一旁观看。比喻置身事外，对事情不加问或协助。

【袖章】xiùzhāng〈名〉套在袖子上表示身份、职务等的标志。

【袖珍】xiùzhēn〈形〉小型的、便于携带的：～本｜～收音机。

绣（綉*繡） xiù ❶〈动〉用彩色丝线、绒线或棉线在绸、布等上面制成花纹、图像或文字：刺～｜～花。❷〈名〉绣成的物品：苏～｜锦～。

【绣房】xiùfáng〈名〉旧时指青年女子住的房间。

【绣球】xiùqiú〈名〉用彩色绸子结成的球状饰物。

【绣像】xiùxiàng〈名〉❶绣成的人像。❷旧时小说等书里所附的画工细致的人物像：～小说。

琇 xiù〈名〉古代指像玉的石头。

宿 xiù〈名〉我国古代天文学家把天上某些星的集合体叫"宿"：星～｜二十八～。
△另见 sù；xiǔ。

锈（銹*鏽） xiù ❶〈名〉金属表面受潮而形成的氧化物：铁～。❷〈动〉生锈：～蚀｜螺钉～住了。❸〈名〉指锈病，由真菌引起的植物病害：查～灭～。

嗅 xiù〈动〉用鼻子辨别气味；闻～觉。

【嗅觉】xiùjué〈名〉❶鼻腔黏膜与某种气味接触所产生的感觉。❷比喻辨别事物的能力：政治～。

溴 xiù〈名〉非金属元素，符号 Br。暗棕红色液体，易挥发，有刺激性气味，对皮肤有强烈的腐蚀性。

—— xū ——

圩 xū 方言。〈名〉集市：～市｜～镇｜～场｜赶～（赶集）。
△另见 wéi。

戌 xū〈名〉❶地支的第十一位。参看〖干支〗。❷戌时，旧式计时法指晚上七点钟到九点钟的时间。
△另见 qu。

吁 xū ❶〈动〉叹气：长～短叹。❷〈叹〉表示惊异等：～，是何言与！
△另见 yū；yù。

【吁吁】xūxū〈拟〉形容出气的声音：气喘～。

盱 xū ❶〈动〉睁开眼睛向上看。❷〈形〉大。❸〈形〉忧愁。

砉 xū〈拟〉形容皮骨相离的声音：～然。
△另见 huā。

须（❶-❸❻须❹❺鬚） xū ❶〈动〉须要：～知｜必～｜亟（jí）～。❷〈动〉应当：白日放歌～纵酒，青春作伴好还乡。❸〈动〉等待；等到：～晴日，看红装素裹，分外妖娆。❹〈名〉原指长在下巴上的胡子，后泛指胡须：～眉｜发～｜髭（zī）～。❺〈名〉动植物体上像须的东西：触～｜根～。❻〈名〉姓。

【须眉】xūméi〈名〉❶胡须和眉毛：～花白。❷指男子：堂堂～。

【须髯】xūrán〈名〉胡须。

【须索】xūsuǒ〈动〉必须；一定要（多见于早期白话）：～见他走一遭去。

【须要】xūyào〈动〉一定要；必须：听讲～专心。

【须臾】xūyú〈名〉片刻；一会儿：～之间。

胥 xū ❶〈名〉小官吏：～吏。❷〈副〉全；都：万事～备。❸〈名〉姓。

项（項） xū〈名〉姓。

虚 xū ❶〈形〉空虚：～幻｜～无缥缈。❷〈动〉空着：～位以待。❸〈形〉缺乏信心或勇气：心～｜胆～。❹〈副〉徒然；白白地：～度｜箭不～发。❺〈形〉不真实：～伪｜～构｜～名。❻〈形〉不自满：谦～｜～心。❼〈形〉虚弱：气～｜肾～｜～汗。❽〈名〉指政治思想、方针、政策等方面的道理：务～。❾〈名〉星宿名，二十八宿之一。

【虚报】xūbào〈动〉不照真实情况报告（多指以少报多）：浮夸～｜～成绩｜～冒领。

【虚词】xūcí〈名〉❶意义比较抽象，一般不能单独成句，有帮助造句作用的词。汉语的虚词包括副词、介词、连词、助词、叹词、拟声词。❷虚夸不实的文辞。

【虚度】xūdù〈动〉白白地度过：～光阴。

【虚浮】xūfú〈形〉不切实；不踏实；作风～。

【虚高】xūgāo〈形〉（价格、等级等）不真实地高出实际水平（多指人为因素造成的）：药品定价～｜房地产的炒作造成了房价～。

【虚构】xūgòu〈动〉凭想象编造：～的人物｜～的情节。

【虚怀若谷】xū huái ruò gǔ 胸怀像山谷那样深广，形容非常谦虚。

【虚夸】xūkuā〈动〉虚假夸张。

【虚名】xūmíng〈名〉与实际不符的名声：徒有～。

【虚拟】xūnǐ ❶〈形〉假设的；不一定符合事实的：～语气。❷〈动〉虚构：这篇小说的情节是作者～的。

【虚拟现实】xūnǐ xiànshí 一种计算机技术。利用计算机生成高度逼真的虚拟环境，通过多种传感设备使人产生身临其境的感觉，并可实现人与该环境的自然交互。

【虚怯怯】xūqièqiè〈形〉软弱无力而又胆怯的样子。

【虚情】xūqíng〈名〉❶虚假的情意：～假意。❷虚假不实的情况。

【虚荣】xūróng〈名〉表面上的光彩：～心｜不慕～。

【虚弱】xūruò〈形〉❶（身体）不结实；软弱无力。❷（力量）薄弱；软弱。

【虚实】xūshí〈名〉虚和实，泛指内部情况：探听～。

【虚脱】xūtuō ❶〈名〉因大量失血、中毒、患传染病等引起的心脏和血液循环突然衰竭的现象，主要症状是体温和血压下降，脉搏微细，出冷汗，面色苍白等。❷〈动〉发生虚脱。

【虚妄】xūwàng〈形〉没有事实根据的；不真实的：～的幻想。

【虚伪】xūwěi〈形〉不真诚；不实在：～透顶｜～的人。

【虚文】xūwén〈名〉❶空文；空话。❷没有意义的礼节：～浮礼。

【虚无】xūwú〈形〉❶道家指"道"的本体无所不在，但无形象可见。❷指若有若无，不可捉摸：～缥缈。

【虚无缥缈】xūwú piāomiǎo 形容非常空虚渺茫。

【虚无主义】xūwú zhǔyì 通常指不加具体分析而盲目否定人类历史文化遗产、否定民族文化，甚至否定一切的思想。

【虚心】xūxīn〈形〉不自以为是，能倾听和采纳别人的意见：～使人进步，骄傲使人落后。

【虚心冷气】xū xīn lěng qì ❶形容小心谨慎的样子。❷虚情假意。

【虚应故事】xū yìng gùshì 照例应付，敷衍了事（故事：例行的事）。

【虚与委蛇】xū yǔ wēiyí 指对人假意相待，敷衍应酬（委蛇：形容随顺）。

【虚张声势】xū zhāng shēngshì 故意装出强大的气势。

【虚职】xūzhí〈名〉只有名义而没有实际权力和责任的职务。

【虚掷】xūzhì〈动〉白白地扔掉；虚度：～年华。

【虚字】xūzì〈名〉古代称没有实在意义的字，其中一部分相当于现代的虚词。

备用词 空虚 谦虚 心虚 玄虚 故弄玄虚 深藏若虚 做贼心虚

湑 xǔ〈名〉湑水，水名，在陕西。 △另见 xǔ。

谞（諝）xū〈名〉❶才智。❷计谋。

嬃（嬃）xū〈名〉古代楚国人称姐姐。

欻（*歘）xū〈副〉忽然：～如飞电来。 △另见 chuā。

墟 xū ❶〈名〉原有许多人家聚居而现已荒废了的地方：废～｜殷～。❷同"圩"（xū）。

【墟里】xūlǐ〈名〉村落：暧暧远人村，依依～烟。

【墟落】xūluò〈名〉村落。

需 xū ❶〈动〉需要：～用｜急～｜必～。❷〈名〉需用的东西：军～。

【需求】xūqiú〈名〉由需要而产生的要求。

【需索】xūsuǒ〈动〉要求（财物）：～无厌。

【需要】xūyào ❶〈动〉要求得到；必须有：他～一本词典。❷〈动〉必须；一定要：这个问题要认真对待。❸〈名〉对事物的要求：适应形势发展的～。

备用词 必需 急需 无需 不时之需

嘘 xū〈动〉❶慢慢地吐气：～气。❷叹气：仰天而～。❸火或热气熏烫：揭笼屉时热气～了手。❹方言〈叹〉表示制止、驱逐等：～！轻一点。 △另见 shī。

【嘘寒问暖】xū hán wèn nuǎn 形容对人生

活非常关心（嘘寒：呵出热气使受寒的人温暖）。

【嘘唏】xūxī〈动〉哽咽；抽噎；叹气：暗自～不已。也作"歔欷"。

魖 xū 见〖黑魖魖〗。

歔 xū〖歔欷（xī）〗同"嘘唏"。

— xú —

徐 xú ❶〈形〉慢慢地：～步｜清风～来。❷〈名〉姓。

【徐缓】xúhuǎn〈形〉缓慢：水流｜脚步～。

【徐图】xútú〈动〉慢慢地从容地谋划（做某事）：～良策。

【徐徐】xúxú〈副〉慢慢地：列车～开动。

— xǔ —

许（許） xǔ ❶〈动〉称赞；承认优点：推～｜～为佳作。❷〈动〉事先答应：～愿｜～诺。❸〈动〉许配：姑娘已经～了人家。❹〈动〉允许；许可：准～｜特～。❺〈副〉也许；或许：他今天没来，～是病了。❻〈助〉表示大约接近某个数：三时～｜潭中鱼可百～头。❼〈名〉处；地方：何～人也？❽〈名〉周朝国名，在今河南许昌东。❾〈名〉姓。

【许多】xǔduō〈数〉很多：～书｜～人｜～东西。

【许久】xǔjiǔ〈形〉很久：沉默了～。

【许可】xǔkě〈动〉准许；容许：～证｜未经～，不得动用。

【许诺】xǔnuò〈动〉答应：慨然～｜自己～过了的一定要办到。

【许配】xǔpèi〈动〉旧时女子由家长做主跟某人订婚。

【许愿】xǔyuàn〈动〉❶迷信的人对神佛有所祈求，许诺将来给以某种酬谢。❷借指事前答应对方将来给以某种好处。

【许字】xǔzì〈动〉许婚，接受男方的求亲。

备用词　称许　嘉许　推许　赞许　默许　容许　特许　允许　准许　或许　兴许　也许　几许　少许　些许

诩（詡） xǔ〈动〉夸耀：自～｜矜～。

浒（滸） xǔ ❶〖浒湾〗〈名〉地名，在江西。❷〖浒墅关〗〈名〉地名，在江苏。
△另见 hǔ。

栩 xǔ〖栩栩〗〈形〉形容生动活泼的样子：～如生。

湑 xǔ〈形〉❶清。❷茂盛。
△另见 xū。

糈 xǔ〈名〉粮食；饷～。

醑 xǔ〈名〉❶美酒。❷醑剂，挥发性物质溶于酒精所成的制剂：樟脑～。

— xù —

旭 xù〈名〉❶初出的阳光：朝～。❷姓。

【旭日】xùrì〈名〉刚出来的太阳：～东升。

序 xù ❶〈名〉次序：秩～｜顺～｜音～｜井然有～。❷〈动〉排次序：～次｜～齿。❸〈名〉在正式内容以前的部分：～曲｜～幕。❹〈名〉序文：代～。❺〈名〉赠序，古代的一种文体，用于临别赠言：《送东阳马生～》｜《送薛存义～》。❻〈名〉古代由地方举办的学校：庠～。

【序齿】xùchǐ〈动〉按照年龄大小排列次序。

【序列】xùliè〈名〉按次序排成的行列。

【序幕】xùmù〈名〉❶某些多幕剧的第一幕之前的一场戏，用以介绍剧中人物、历史背景和剧情发生的原因，或者暗示全剧的主题。❷比喻重大事件的开端：卢沟桥事变拉开了全面抗战的～。

【序曲】xùqǔ〈名〉❶歌剧、舞剧等开场时演出的乐曲。也指用这种体裁写成的独立器乐曲。❷比喻事情、行动的开端。

【序数】xùshù〈名〉表示次序的数目。汉语表示序数的方法，通常是在整数前加"第"，如"第一"、"第二十三"。此外还有些习惯的表示法，如"头一回"、"末一次"、"正月"、"初一"、"小儿子"。序数后边直接连量词或名词的时候，可以省去"第"，如"二等"、"三号"、"五班"、"六小队"、"1949年10月1日"。

【序文】（叙文）xùwén〈名〉写在著作正文之前的文章，内容主要说明写书的宗旨、经过，或介绍、评论本书的内容。

【序言】（叙言）xùyán〈名〉序文：写一篇～。

备用词　程序　次序　顺序　秩序　工序　井然有序

叙（*敘敍） xù ❶〈动〉说；谈：～说｜家常｜闲言少～。❷〈动〉记述：～事｜～述｜追～。❸〈动〉评议等级次第：～功｜～奖。❹同"序"①②④。

【叙别】xùbié〈动〉分别前聚在一起谈话；话别。

【叙功】xùgōng〈动〉评定功绩。

【叙旧】xùjiù〈动〉亲友间在一起谈论跟彼此有关的旧事。

【叙礼】xùlǐ〈动〉行礼。

【叙事】xùshì〈动〉叙述事情(指书面的)：～文｜～曲｜～诗。

【叙述】xùshù〈动〉写出或说出事情的经过：～了事故发生的整个过程。

【叙说】xùshuō〈动〉叙述(多指口头的)。

【叙谈】xùtán〈动〉随意交谈；闲谈。

【叙文】xùwén 见〖序文〗。

【叙言】xùyán 见〖序言〗。

【叙用】xùyòng〈动〉任用(官吏)：革去官职，永不～。

备用词 插叙 倒叙 记叙 铺叙 追叙 平铺直叙

洫 xù〈名〉❶田间的水道：沟～。❷护城河。

恤(＊卹衂) xù〈动〉❶顾虑；忧虑：不～人言。❷怜悯：怜～｜体～。❸救济：抚～｜～金(抚恤金)。

畜 xù❶〈动〉饲养(家畜)：～牧｜～产。❷同"蓄"①。
△另见 chù。

【畜牧】xùmù〈动〉大批地饲养牲畜和家禽(多专指牲畜)：～业。

【畜养】xùyǎng〈动〉饲养(动物)：～牲口。

酗 xù[酗酒]〈动〉没有节制地喝酒；喝酒后撒酒疯：～滋事。

勖(＊勗) xù〈动〉勉励：～勉。

绪(緒) xù❶〈名〉原指丝的头，比喻事情的开端：头～｜～言｜就～。❷〈形〉残余：～余｜～风。❸〈名〉指心情、思想等：心～｜思～。❹〈名〉事业；功业：续未竟之～。❺〈名〉姓。

【绪论】xùlùn〈名〉学术论著的开头部分，一般说明全书主旨和内容等。

备用词 端绪 头绪 愁绪 情绪 思绪 心绪 意绪 千头万绪

续(續) xù❶〈动〉接连不断：陆～｜继～｜持～。❷〈动〉接在原有的后头：～编｜～集｜狗尾～貂。❸〈动〉添；加：～水。❹〈名〉姓。

【续貂】xùdiāo〈动〉比喻拿不好的东西接到好的东西后面。"狗尾续貂"的略语。

【续假】xùjià〈动〉假期满后继续请假：～一周｜续三天假。

【续聘】xùpìn〈动〉继续聘任：聘期满后可以～。

【续弦】xùxián〈动〉男人死了妻子以后再娶。

备用词 持续 继续 接续 连续 陆续 延续

淑 xù〈名〉水边。

絮 xù❶〈名〉棉絮。❷〈名〉古代指粗的丝绵。❸〈名〉像棉絮的东西：柳～｜芦～。❹〈动〉在衣被里铺棉花、丝绵等：～棉袄｜～褥子。❺〈形〉絮叨：～语。

【絮叨】xùdao〈形〉形容说话啰唆、重复。

【絮烦】xùfan〈形〉❶絮叨：话休。❷因过多或重复而感到厌烦：他老说，人家都～了。

【絮聒】xùguō〈动〉❶絮叨。❷麻烦(别人)。

【絮絮】xùxù〈形〉形容说话连续不断：～不止。

【絮语】xùyǔ❶〈动〉絮絮叨叨地说。❷〈名〉絮叨的话。

婿(＊壻) xù〈名〉❶女婿：翁～｜赘～。❷丈夫：夫～｜妹～。

蓄 xù〈动〉❶储存；积蓄：储～｜积～｜池塘里已～满了水。❷留着而不剃掉：～发。❸(心里)藏着：～意｜～谋。

【蓄积】xùjī〈动〉积聚储存：～雨水。

【蓄谋】xùmóu〈动〉早有谋划(指坏的)：～已久。

【蓄养】xùyǎng〈动〉积蓄培养：～力量。

【蓄意】xùyì〈动〉存心；早就有意(指坏的)：～破坏。

备用词 储蓄 积蓄 拦蓄 贮蓄 含蓄 蕴蓄 兼收并蓄

煦 xù〈形〉温暖：～日｜春光和～。

鱮 xù〈名〉鲢。

— xu —

蓿 xu 见〖苜(mù)蓿〗。

— xuān —

轩(軒) xuān❶〈形〉高：～昂｜～敞。❷〈名〉有窗的廊子或小屋(多用为书斋名或店铺字号)：来今雨～。❸〈名〉古代一种有帷幕而前顶较高的车。❹〈名〉窗户；

门:开~。❺〈名〉姓。

【轩昂】xuān'áng〈形〉❶形容人精神饱满,气度不凡:气宇~。❷高大的样子:大厅~。

【轩敞】xuānchǎng〈形〉高大宽敞。

【轩峻】xuānjùn〈形〉高大;高峻。

【轩然大波】xuānrán dà bō 高高涌起的波涛,比喻大的纠纷或风波。

【轩轾】xuānzhì〈名〉车前高后低叫"轩",前低后高叫"轾",比喻高低优劣:难分~。

宣 xuān ❶〈动〉公开说出;传布出去:~传|~扬。❷〈动〉疏导:~泄。❸〈名〉指安徽宣城或云南宣威:~纸|~腿。❹〈名〉指宣纸:虎皮~。❺〈名〉姓。

【宣布】xuānbù〈动〉正式告诉大家:~开会。

【宣称】xuānchēng〈动〉声称。

【宣传】xuānchuán〈动〉向群众说明或讲解,使群众相信并跟着行动。

【宣告】xuāngào〈动〉宣布:~成立|~破产。

【宣讲】xuānjiǎng〈动〉宣传讲解:~治安条例。

【宣判】xuānpàn〈动〉法院向当事人宣布对案件的判决。

【宣誓】xuānshì〈动〉当众宣布誓言,表示严格遵守或实行的决心:~就职。

【宣泄】xuānxiè〈动〉❶排除障碍,使积水流出:~积潦。❷舒散;吐露(心中的积郁)。

【宣言】xuānyán ❶〈名〉(国家、政党、团体等)对重大问题公开表示意见而发表的文告。❷〈动〉宣告;声明。❸〈动〉扬言。

【宣扬】xuānyáng〈动〉广泛宣传;传布。

【宣战】xuānzhàn〈动〉❶一个国家或集团公开宣布同另一个国家或集团开始处于战争状态。❷泛指展开激烈斗争:向穷山恶水~。

备用词 秘而不宣 心照不宣

谖(諼) xuān〈动〉❶忘:永矢弗~。❷欺诈:诈~。

揎 xuān〈动〉❶捋(luō)袖子露出手臂:~拳捋袖。❷方言。用手推:~开大门。

萱(*蕿薏蘐蕿) xuān[萱草]〈名〉❶草本植物,叶子条形,花喇叭状,橙红色或黄红色。供观赏。❷古书上指一种能使人忘忧的草。

喧(*誼) xuān ❶〈形〉声音大:~哗|~器。❷〈动〉高声扰动:锣鼓~天。

【喧哗】xuānhuá ❶〈动〉大声说笑或喊叫:场内请勿~。❷〈形〉声音大而杂乱:人声~,枪声大作。

【喧闹】xuānnào〈动〉喧哗吵闹。

【喧嚷】xuānrǎng〈动〉(许多人)大声喊叫。

【喧扰】xuānrǎo〈动〉喧嚷扰乱。

【喧腾】xuānténg〈动〉喧闹沸腾。

【喧阗】xuāntián〈形〉声音大而杂乱;喧闹:车马~。

【喧嚣】xuānxiāo ❶〈形〉声音杂乱;喧闹,不清静:~的车马声|集市上一片~。❷〈动〉喧嚷;叫器:~一时。

瑄 xuān〈名〉古代祭天用的璧。

暄 xuān〈形〉❶(太阳)温暖:寒~|~暖。❷方言。物体内部空隙多而松软:~腾|馒头蒸得很~。

【暄妍】xuānyán〈形〉明媚鲜艳:众芳摇落独~,占尽风情向小园。

煖 xuān〈形〉温暖。△另见 nuǎn"暖"。

煊 xuān 同"暄"①。

【煊赫】xuānhè〈形〉形容名声很大。

儇 xuān〈形〉轻浮;慧黠(xiá):~薄(轻薄)。

褼 xuān〈名〉姓。

━━ xuán ━━

玄 xuán ❶〈形〉黑色:~狐|~青(深黑色)。❷〈形〉深奥:~妙|~奥。❸〈形〉不真实;靠不住:~虚。❹〈名〉姓。

【玄妙】xuánmiào〈形〉深奥微妙,难以捉摸。

【玄虚】xuánxū〈名〉用来掩盖真相,使人迷惑的欺骗手段:故弄~。

【玄学】xuánxué〈名〉❶魏晋时代,何晏、王弼等运用道家的老庄思想糅合儒家经义而形成的一种唯心主义哲学思潮。❷形而上学。

【玄远】xuányuǎn〈形〉(言论、道理)深远。

痃 xuán[横痃]〈名〉下疳引起的腹股沟淋巴结肿胀、发炎的症状。

悬(懸) xuán ❶〈动〉挂;吊:~空|~灯结彩。❷〈动〉公开揭示:~赏。❸〈动〉无着落;没结果:~案。❹〈动〉挂念:~念|~望。❺〈动〉凭空设想:~拟|~想。❻〈形〉距离远;差别大:~隔|~殊。❼〈形〉高而陡:~崖。❽〈形〉危险:~乎|差点儿摔倒,真~!

【悬案】xuán'àn〈名〉❶长期拖着没有解决的案件。❷泛指长期没有解决的问题。

【悬揣】xuánchuǎi〈动〉猜想；揣测：凭空～。

【悬隔】xuángé〈动〉相隔很远：两地～。

【悬挂】xuánguà〈动〉挂①：会场两侧～大幅标语。

【悬梁】xuánliáng〈动〉在房梁上上吊(自杀)：～自尽。

【悬念】xuánniàn ❶〈动〉挂念。❷〈名〉看小说、戏剧、电影等时，对情节的发展或人物的命运等产生的关切心情。

【悬赏】xuánshǎng〈动〉用一定的财物作为奖赏来公开征求别人协助做某件事：～缉拿逃犯。

【悬殊】xuánshū〈形〉相差很远：贫富～｜敌我力量～。

【悬望】xuánwàng〈动〉不放心地盼望。

【悬崖】xuányá〈名〉高而陡的山崖：～峭壁(形容陡峭、险峻的山势)｜～勒马(比喻到了危险的边缘及时醒悟回头)。

旋 xuán ❶〈动〉旋转：盘～｜～绕。❷〈动〉返回；归来：～里｜凯～。❸〈名〉圈儿：螺～｜老鹰在空中打着～儿。❹〈名〉毛发呈旋涡状的地方。❺〈副〉不久；很快地：～即。❻〈名〉姓。
　　△另见 xuàn。

【旋即】xuánjí〈副〉随即；很快地：他先是一愣，～笑了。

【旋里】xuánlǐ〈动〉返回故乡。

【旋律】xuánlǜ〈名〉乐音经过艺术构思而形成的有组织、有节奏的和谐运动。

【旋绕】xuánrào〈动〉回环旋转；缭绕：炊烟～｜歌声在校园上空～。

【旋涡】xuánwō 同"漩涡"。

【旋踵】xuánzhǒng〈动〉旋转脚跟；转身。比喻极短的时间：～即逝。

【旋转】xuánzhuǎn〈动〉物体围绕一个点或一

个轴做圆周运动。

[备用词] 回旋　凯旋　盘旋　斡旋　周旋

漩 xuán〈名〉回旋的水流：～涡。

【漩涡】xuánwō 也作"旋涡"。〈名〉❶液体或气体旋转时形成的螺旋形。❷比喻牵累人的事情或陷进去难以脱身的境地：卷入～。

璇(＊璿) xuán〈名〉一种美玉。

【璇玑】xuánjī〈名〉❶古代测天文的仪器。❷古代称北斗星的第一星至第四星。

—— xuǎn ——

选(選) xuǎn ❶〈动〉挑选：～择｜～拔｜筛～｜节。❷〈动〉选举：～民｜普～｜竞。❸〈名〉被选中了的(人或物)：入～｜人～。❹〈名〉选编在一起的作品：文～｜诗～。
　　△另见 xùn。

【选拔】xuǎnbá〈动〉挑选(人才)。

【选材】xuǎncái〈动〉❶挑选合适的人才。❷挑选合适的材料：～精良。❸指文艺创作中选择适用的素材。

【选单】xuǎndān〈名〉在计算机屏幕或图形输入板上，为使用者提供的用来选择操作项目的表。俗称"菜单"。

【选调】xuǎndiào〈动〉选拔调动(人员)：她被～到国家女子篮球队｜国家队队员是从各省市队～来的。

【选定】xuǎndìng〈动〉经选择确定：～目标｜～参赛队员。

【选集】xuǎnjí〈名〉从一个人或若干人的著作中挑选出一部分编辑成的集子，如《毛泽东选集》。

【选举】xuǎnjǔ〈动〉用投票或举手等表决方式选出代表或负责人。

【选美】xuǎnměi〈动〉通过形体、素质等各方面的表现选拔美女。

【选民】xuǎnmín〈名〉有选举权的公民：～证。

【选派】xuǎnpài〈动〉挑选合乎条件的人派遣出去：～留学生。

【选票】xuǎnpiào〈名〉选举人用来填写或圈定被选举人姓名的票。

【选聘】xuǎnpìn〈动〉挑选聘用：～演员｜～教师。

【选区】xuǎnqū〈名〉为了进行选举而划分的区域：设五个～｜参加所在～的投票选举。

【选取】xuǎnqǔ〈动〉选择采用：～一条近路｜经

过认真考虑,他~了在职学习的方式。

【选任】xuǎnrèn〈动〉选拔任用。

【选手】xuǎnshǒu〈名〉被选拔出来参加比赛的人:田径~。

【选送】xuǎnsòng〈动〉挑选推荐:~学员。

【选题】xuǎntí❶〈动〉选择题目或课题:先选好题再动笔。❷〈名〉选定的题目或课题:~新颖|根据~制订研究计划。

【选修】xuǎnxiū〈动〉学生从规定的可以自由选择的科目中选定自己要学习的科目:~课|~家政课|他~的是日语。

【选用】xuǎnyòng〈动〉选择使用或运用:~人才|~资料|~有经验的内行参加管理。

【选育】xuǎnyù〈动〉选种和育种:~良种小麦。

【选择】xuǎnzé〈动〉挑选:~厂址|~地点|~生活道路。

备用词 遴选 筛选 挑选 改选 评选 推选 大选 竞选 普选

烜 xuǎn,又读 xuān〈形〉盛大。

【烜赫】xuǎnhè〈形〉形容名声很大、声势很盛:~一时|气势~。

癣(癬)xuǎn〈名〉由真菌引起的某些皮肤病的统称,如脚癣、手癣、黄癣、牛皮癣等。

— xuàn —

券 xuàn,又读 quàn〈名〉拱券,桥梁、门窗等建筑物上筑成弧形的部分。△另见 quàn。

泫 xuàn〈动〉❶水点下垂:花上露犹~。❷特指流泪:~然。

【泫然】xuànrán〈形〉流泪的样子:~泪下。

炫(*❷衒)xuàn〈动〉❶(强烈的光线)晃人的眼睛:~目。❷夸耀:~耀|~示。

【炫目】xuànmù〈动〉耀眼:光彩~。也作"眩目"。

【炫耀】xuànyào〈动〉❶照耀。❷夸耀:自我~|~武力。

【炫鬻】xuànyù〈动〉夸耀卖弄。

绚(絢)xuàn〈形〉色彩华丽:~丽|~烂。

【绚烂】xuànlàn〈形〉绚丽;灿烂:~的云霞。

【绚丽】xuànlì〈形〉灿烂美丽:文采~|~多姿。

眩 xuàn❶〈形〉(眼睛)昏花:昏~|~晕。❷〈动〉迷惑;执迷:~惑|于利令~。

【眩光】xuànguāng〈名〉刺眼的、可引起视觉功能下降的光:选用~小、显色性能好、照明度高的新型灯具。

【眩目】xuànmù 同"炫目"。

铉(鉉)xuàn〈名〉❶古代横贯鼎耳以举鼎或抬鼎的器具。❷姓。

旋(❷❸鏇)xuàn❶〈动〉旋转:~风。❷〈动〉转着圈儿地削:~果皮。❸〈名〉旋子,一种盛热水温酒的器具。❹〈副〉临时(做):~吃~做。△另见 xuán。

渲 xuàn〈动〉渲染,画国画时用水墨或淡色涂抹画面以加强艺术效果。

【渲染】xuànrǎn〈动〉❶国画的一种画法,用水墨或色彩涂染画面,显出物象阴阳向背,以加强艺术效果。❷比喻夸大地形容:一件小事情,用不着这么~。

楦(*楥)xuàn❶〈名〉楦子,制鞋、制帽时所用的模型,多用木头做成:鞋~|帽~。❷〈动〉用楦子撑鞋帽的中空部分使成型。❸方言〈动〉泛指用东西填紧物体的中空部分:装完瓷器,把箱子~好再运。

【楦子】xuànzi〈名〉制鞋、制帽时所用的模型,多用木头做成。也叫楦头(xuàntou)。

碹(*碠)xuàn 同"券"(xuàn)。

— xuē —

削 xuē 义同"削"(xiāo),用于合成词:剥~|删~|~减。△另见 xiāo。

【削壁】xuēbì〈名〉直立的山崖,像刀削过的一样:悬崖~。

【削葱】xuēcōng〈名〉比喻女子纤细洁白的手指:指如~。

【削发】xuēfà〈动〉剃去头发(出家做僧尼)。

【削减】xuējiǎn〈动〉从已定的数目中减去:~经费。

【削平】xuēpíng〈动〉消灭;平定。

【削弱】xuēruò〈动〉❶(力量、势力)变弱:实力~。❷使变弱:不能~思想工作。

【削足适履】xuē zú shì lǚ 鞋小脚大,为了能穿上鞋把脚削小。比喻不合理地迁就现成条件,或不顾具体情况生搬硬套。

靴(*鞾)xuē〈名〉有长筒的鞋:马~|皮~|毡~。

薛 xuē〈名〉姓。

━ xué ━

穴 xué〈名〉❶岩洞，泛指孔或坑：孔～｜洞～｜空～来风。❷动物的窝：蚁～｜虎～。❸墓穴：寿～。❹穴位，医学上指人体上可以进行针灸的部位。❺姓。

艽 xué〈动〉用艽子（苇篾等编织的窄而长的粗席）围起来囤粮食。

峃（*嶨） xué［峃口］〈名〉地名，在浙江。

学（學 *斅孝） xué ❶〈动〉学习：～技术｜～到许多知识。❷〈动〉模仿：鹦鹉～舌。❸〈名〉学问：～识｜才～｜治～。❹〈名〉指学科：数～｜医～｜神～。❺〈名〉学校：小～｜办～。❻〈名〉姓。

【学潮】xuécháo〈名〉学生、教职员因当时政治或学校事务不满而掀起的风潮。

【学而不厌】xué ér bù yàn 专心学习，从没有厌倦或满足的时候。形容好学。

【学阀】xuéfá〈名〉指凭借权势把持教育界或学术界的人。

【学费】xuéfèi〈名〉❶学生在校学习应缴纳的费用。❷比喻为做成某件事而付出的代价或承受的难以避免的损失。

【学风】xuéfēng〈名〉学校的、学术界的一般学习和学术研究方面的风气：～端正。

【学府】xuéfǔ〈名〉实施高等教育的学校：最高～。

【学富五车】xué fù wǔ chē《庄子·天下》："惠施多方，其书五车。"后用"学富五车"形容读书多，学问大。

【学会】xuéhuì〈名〉由研究某一学科的人组成的学术团体，如物理学会、语言学会等。

【学籍】xuéjí〈名〉登记学生姓名的册子，转指通过办理入学手续而取得的作为某校学生的资格。

【学监】xuéjiān〈名〉旧时学校里监督、管理学生的人员。

【学究】xuéjiū〈名〉指迂腐的读书人：老～。

【学科】xuékē〈名〉❶按照学问性质而划分的门类。如自然科学中的化学、物理学，社会科学中的文学、历史学。❷教学的科目。如语文、数学。

【学力】xuélì〈名〉在学问上达到的程度：同等～。

【学历】xuélì〈名〉学习的经历，指曾

在哪些学校毕业或肄业。

【学派】xuépài〈名〉同一学科中由于学术观点不同而形成的派别。

【学舌】xuéshé〈动〉❶模仿别人说话：女儿刚两岁，已经会～了。❷比喻没有主见，人云亦云。❸嘴不严，把听到的话告诉别人。

【学生】xuésheng〈名〉❶在学校读书的人。❷向老师或前辈学习的人。❸方言。男孩子。

【学识】xuéshí〈名〉学术上的知识和修养；学问：～渊博。

【学士】xuéshì〈名〉❶指读书人：文人～。❷学位的最低一级，大学毕业时由学校授予。

【学塾】xuéshú〈名〉私塾。

【学术】xuéshù〈名〉比较专门的有系统的学问：～研究｜～论文。

【学说】xuéshuō〈名〉学术上自成系统的观点或理论：马克思主义～。

【学堂】xuétáng〈名〉学校的旧称。

【学徒】xuétú ❶〈名〉在商店学习做生意或在工厂等学习技术的青年或少年。❷〈动〉当学徒：她曾在纺织厂～。

【学位】xuéwèi〈名〉根据专业水平而授予的称号，如博士、硕士、学士等。

【学问】xuéwen〈名〉❶正确反映客观事物的系统知识：深奥的～。❷泛指知识：～大｜有～。

【学习】xuéxí〈动〉❶通过阅读、听讲、研究、实践获得知识或技能：～绘画｜～操作。❷效法：～他的为人。

【学衔】xuéxián〈名〉高等学校教学人员、科研

机构研究人员的专业职称,如教授、副教授、讲师、研究员、副研究员等。

【学校】xuéxiào〈名〉专门进行教育的机构。

【学业】xuéyè〈名〉学习的功课和作业:～有成|荒废～。

【学以致用】xué yǐ zhì yòng 学了要能应用于实际。

【学员】xuéyuán〈名〉一般指在高等学校、中学、小学以外的学校或进修班、训练班学习的人:党校～。

【学院】xuéyuàn〈名〉❶高等学校的一种,以某一学科教育为主,如工业学院、音乐学院、职业技术学院、师范学院等。❷大学中按学科分设的教学行政单位,介于大学和系之间,如文学院、理学院、文理学院等。

【学长】xuézhǎng〈名〉对同学的尊称(多指年级比自己高的)。

【学者】xuézhě〈名〉指在学术上有一定造诣的人:青年～|访问～。

【学制】xuézhì〈名〉国家对各级各类学校的性质、任务、组织系统和课程、学习年限等的规定。

【学子】xuézǐ〈名〉学生:莘(shēn)莘～(很多学生)。

备用词 饱学 博学 国学 汉学 旧学 科学 西学 讲学 教学 就学 留学 求学 游学 自学 勤工俭学

踅 xué〈动〉来回走;中途折回:在门外～来～去。

噱 xué 方言。〈动〉❶笑:～头|发～。❷恐吓:你不要～我,我是不会上当的。
　　△另见 jué。

【噱头】xuétóu 方言。❶〈名〉逗人笑的话或举动。❷〈名〉花招;摆～(耍花招)。❸〈形〉滑稽;～极了。

— xuě —

雪 xuě❶〈名〉空中降落的白色结晶,多为六角形,气温降到0℃以下,由空气中的水汽凝结而成:～花|～片|～中送炭|～上加霜。❷〈动〉洗掉(耻辱、仇恨、冤枉):～恨|～耻|昭～。❸〈名〉姓。

【雪白】xuěbái〈形〉像雪一样的洁白:～的桌布。

【雪豹】xuěbào〈名〉豹的一种,毛长而密,全身灰白色,有黑色斑点和环纹,尾大。生活在高山岩石多的地方,行动敏捷,善于跳跃,吃野羊、麝、雪兔、鸟类、鼠类等。

【雪暴】xuěbào〈名〉刮大风、下大雪的天气现象,大量积雪或降雪随强风飞舞。

【雪崩】xuěbēng〈动〉大量积雪从山坡上突然崩落下来:发生～。

【雪藏】xuěcáng〈动〉❶方言。冷藏;冰镇:～汽水。❷比喻有意掩藏或保留:球队把主力～起来,关键比赛才派上场。❸比喻搁置不用:这几篇批评文章竟遭～。

【雪耻】xuěchǐ〈动〉洗掉耻辱:报仇～。

【雪雕】xuědiāo〈名〉用雪堆砌、雕塑成形象的艺术。也指用雪堆积、雕塑成的作品。

【雪糕】xuěgāo〈名〉❶一种冷食,用水、牛奶、鸡蛋、糖、果汁等混合搅拌冷冻而成,形状像冰棍儿。❷方言。冰激凌。

【雪恨】xuěhèn〈动〉洗掉仇恨:申冤～。

【雪花】xuěhuā〈名〉空中飘下的雪,形状像花,因此叫"雪花":～飞舞|北风吹,～飘。

【雪里红】xuělǐhóng 同"雪里蕻"。

【雪里蕻】xuělǐhóng〈名〉草本植物,是芥(jiè)菜的变种,叶深裂,边缘皱缩,花鲜黄色。茎和叶子可吃,是常见蔬菜,通常腌成咸菜。也作"雪里红"。

【雪莲】xuělián〈名〉草本植物,叶长椭圆形,花深红色,花瓣薄而狭长。生长在新疆、青海、西藏、云南等地高山中。花可入药。

【雪亮】xuěliàng〈形〉像雪那样明亮:电灯把屋里照得～|群众的眼睛是～的。

【雪柳】xuěliǔ〈名〉❶落叶灌木,小枝四棱形,叶披针形或卵状披针形,有光泽,花白色,有香气。可供观赏。❷旧时办丧事在灵前供奉或出殡时作仪仗的一种东西,用细条白纸制成,挂在木棍上。

【雪盲】xuěmáng〈名〉阳光中的紫外线在雪地上强烈反射刺激眼睛而造成的损伤,症状为眼睛疼痛,怕见光,流泪。

【雪泥鸿爪】xuění hóngzhǎo 鸿雁在雪地上踏过留下的爪印,比喻往事遗留的痕迹。

【雪片】xuěpiàn〈名〉纷飞的雪花,多用于比喻:各方贺电一般飞来。

【雪橇】xuěqiāo〈名〉用狗、鹿、马等拉着在冰雪上滑行的一种没有轮子的交通工具。

【雪青】xuěqīng〈形〉浅紫。

【雪上加霜】xuě shàng jiā shuāng 比喻接连遭受灾难,损害愈加严重。

【雪松】xuěsōng〈名〉常绿大乔木,高可达75米,叶针形,绿色、蓝绿色或银灰色,球果卵形,树冠圆锥形,初生的叶有白粉,像雪,是著名的观赏树种。

【雪条】xuětiáo〈名〉冰棍儿

【雪线】xuěxiàn〈名〉终年积雪区域的界线,高度一般随纬度的增高而降低。

【雪野】xuěyě〈名〉雪原。

【雪冤】xuěyuān〈动〉洗刷冤屈。

【雪原】xuěyuán〈名〉覆盖着深雪的原野:林海~|茫茫~,一望无际。

【雪灾】xuězāi〈名〉大雪造成的灾害:特大~。

【雪中送炭】xuě zhōng sòng tàn 比喻在别人急需时给以物质上的帮助。

备用词　申雪　洗雪　昭雪　如汤沃雪　阳春白雪

鳕(鱈) xuě〈名〉鱼,头大,尾小,灰褐色,下颌有一根须,生活在海中。肝可制鱼肝油。通称"大头鱼"。

— xuè —

血 xuè❶〈名〉血液,人或高等动物体内循环系统中的红色液体,有腥气,由血浆、血细胞和血小板构成:~泊|~污|面无~色|杀出一条~路。❷〈形〉有血统关系的:~亲|~缘。❸〈名〉指月经。❹〈名〉姓。
△另见 xiě。

【血案】xuè'àn〈名〉杀人的案件:一桩~。

【血本】xuèběn〈名〉指经商的老本:赔了~。

【血海】xuèhǎi❶〈名〉大片的血,形容残酷的屠杀场面。❷〈形〉形容残酷杀的:~深仇。

【血海深仇】xuè hǎi shēn chóu 指因亲人被杀害而引起的极深的仇恨。

【血汗】xuèhàn〈名〉血和汗,象征辛勤的劳动或辛勤劳动的果实。

【血红】xuèhóng〈形〉鲜红:~的火舌|~的夕阳。

【血迹】xuèjì〈名〉血在物体上留下的痕迹:~斑斑。

【血口喷人】xuè kǒu pēn rén 比喻用恶毒的语言诬蔑别人。

【血泪】xuèlèi〈名〉血和泪,比喻惨痛的遭遇:~账。

【血泊】xuèpō〈名〉大摊的血。

【血气】xuèqì〈名〉❶精力:~方刚(形容年轻人精力正旺盛)。❷血性:有~的青年。

【血亲】xuèqīn〈名〉有血统关系的亲属。

【血肉】xuèròu〈名〉❶血和肉:~模糊。❷比喻特别密切的关系:与群众~相连。

【血统】xuètǒng〈名〉人类因生育而自然形成的关系,如父母与子女之间、兄弟姐妹之间的关系。

【血洗】xuèxǐ〈动〉像用血把某个地方洗了一样,形容残酷而大规模地屠杀。

【血腥】xuèxīng〈形〉血液的腥味,比喻屠杀的残酷:~屠杀。

【血性】xuèxìng〈名〉刚强正直的气质:~男儿。

【血液】xuèyè〈名〉❶人或高等动物体内循环系统中的液体组织。❷比喻主要的成分或力量:党组织不断吸收新鲜~。

【血雨腥风】xuè yǔ xīng fēng 见〖腥风血雨〗。

【血缘】xuèyuán〈名〉血统。

【血债】xuèzhài〈名〉指残杀人民的罪行:~累累|偿还~。

【血战】xuèzhàn❶〈名〉非常激烈的战斗:一场~。❷〈动〉进行殊死的战斗:~到底。

备用词　碧血　热血　鲜血　心血　流血　浴血　呕心沥血　茹毛饮血

谑(謔) xuè〈动〉开玩笑;嘲弄:戏~|调~|~而不虐(开玩笑而不使人难堪)。

— xūn —

荤(葷) xūn [荤粥(yù)]同"獯鬻"(xūnyù)。
△另见 hūn。

勋(勛*勳) xūn〈名〉功勋:~业|~章|殊~|授~。

【勋绩】xūnjì〈名〉勋劳。

【勋劳】xūnláo〈名〉功勋劳绩：～卓著。

【勋业】xūnyè〈名〉功勋和事业：建立～|不朽的～。

【勋章】xūnzhāng〈名〉授予对国家有较大贡献的人的一种表示荣誉的证章。

备用词　功勋　奇勋　殊勋

埙（埙＊壎）xūn〈名〉古代一种用陶土烧制的乐器，外形像鸡蛋，有一至十几个音孔。

熏（＊❶-❸燻）xūn❶〈动〉（烟、气等）接触物体，使变颜色或沾上气味：臭气～天|烟把墙～黑了。❷〈动〉熏制（食品）：～鸡|～鱼。❸〈动〉用烟火等驱赶：～蚊子。❹〈形〉和暖：～风。
△另见 xùn。

【熏炽】xūnchì〈形〉形容气焰逼人。

【熏风】xūnfēng〈名〉和暖的南风。

【熏染】xūnrǎn〈动〉长期接触的人或事物对思想行为或生活习惯逐渐产生某种影响（多指坏的）。

【熏陶】xūntáo〈动〉长期接触的人对生活习惯、思想行为、品行学问等逐渐产生好的影响。

【熏制】xūnzhì〈动〉一种食品加工方法，用烟火或香花熏，使食品带有某种气味。

窨xūn〈动〉同"熏"，用于窨茶叶。把茉莉花等放在茶叶中，使茶叶染上花的香味。
△另见 yìn。

薰xūn❶〈名〉一种香草，比喻好人：～莸不同器。❷〈名〉泛指花草的香气。❸同"熏"（xūn）。❹〈名〉姓。

【薰莸不同器】xūn yóu bù tóng qì 香草和臭草不能收藏在同一个器物里，比喻好的和坏的不能共处。也说"薰莸异器"。

獯xūn[獯鬻(yù)]〈名〉我国古代北方的一个民族。也作"荤粥"。

曛xūn❶〈名〉日落时的余光：夕～。❷〈形〉昏暗；暮：～黄（黄昏）。

醺xūn〈形〉酒醉的样子：醉～～。

━━ xún ━━

旬xún〈名〉❶十日为一旬，一个月分上中下三旬：～刊|～日（十天）|兼～（二十天）。❷十岁为一旬：年过七～。

寻（寻＊尋）xún❶〈量〉古代长度单位，八尺为一寻。❷〈动〉

找：～求|～觅|～访。❸〈副〉随即；不久：～终。❹〈名〉姓。

【寻常】xúncháng〈形〉古代八尺为"寻"，倍寻为"常"，"寻"和"常"都是平常的长度，所以"寻常"表示平常、普通：～事。

【寻短见】xún duǎnjiàn 自杀。

【寻访】xúnfǎng〈动〉寻找查访：～故友。

【寻根究底】xún gēn jiū dǐ 追究根底，泛指清事情发生的根源或来龙去脉。

【寻呼机】xúnhūjī〈名〉无线寻呼系统中的用户接收机。通常由超外差接收机、解码器、控制部分和显示部分组成。寻呼机收到信号后发出音响或产生振动，并显示有关信息。简称"呼机"。

【寻呼台】xúnhūtái〈名〉无线寻呼系统中的单向无线电发射台。简称"呼台"。

【寻机】xúnjī〈动〉寻找机会：～报复。

【寻看】xúnkàn〈动〉寻找查看。

【寻觅】xúnmì〈动〉寻找。

【寻求】xúnqiú〈动〉寻找追求：～真理。

【寻思】xúnsi〈动〉思索；考虑。

【寻死觅活】xún sǐ mì huó（"寻"口语中多读xín）企图自杀，多指用寻死来吓唬人。

【寻俗】xúnsú〈形〉寻常；平常（多见于早期白话）：这差使不～。

【寻味】xúnwèi〈动〉仔细体会：耐人～。

【寻衅】xúnxìn〈动〉故意制造事端，企图引起冲突：～闹事。

【寻章摘句】xún zhāng zhāi jù 指读书只摘记一些漂亮词句，不做全面、深入的研究。也指写作只堆砌现成词句，缺乏创造性。

【寻找】xúnzhǎo〈动〉找：～新的线索。

【寻租】xúnzū〈动〉指某些单位或个人利用行政手段寻求将公共财富转移到个人手中的行为，如权钱交易、特权收益等。

备用词　搜寻　找寻　追寻

绒（紃）xún〈名〉绦子。

巡（＊廵）xún❶〈动〉往来查看：～查|～诊。❷〈量〉遍（用于给全座斟酒）：酒过三～。

【巡捕】xúnbǔ〈名〉❶清代总督、巡抚等地方长官的随从官员。❷旧时称租界中的警察：～房（巡捕办事机关）。

【巡查】xúnchá〈动〉往来查看：～哨。

【巡抚】xúnfǔ〈名〉古代官名。明代称临时派遣到地方巡视和监督地方民政、军政的大臣。

清代是省级地方政府的长官,总揽一省的民政、军政。

【巡回】xúnhuí〈动〉到各处来回走动,也指按一定路线或范围到各处(活动):～演出丨～医疗。

【巡徼】xúnjiào ❶〈动〉巡查。❷〈名〉指巡查的哨兵。

【巡警】xúnjǐng〈名〉❶巡逻的警察。❷旧时指警察。

【巡看】xúnkàn〈动〉一面走一面查看。

【巡礼】xúnlǐ〈动〉❶朝拜圣地。❷借指观光或游览:市场～。

【巡逻】xúnluó〈动〉巡查警戒:～兵。

【巡哨】xúnshào〈动〉到各处侦察或查看。

【巡视】xúnshì〈动〉❶到各处视察:部队首长～哨所。❷往四下里看:他～着四周的听众。

【巡行】xúnxíng〈动〉巡回:～田间丨～各地丨～访问。

【巡幸】xúnxìng〈动〉指帝王出巡,到达某地。

【巡演】xúnyǎn〈动〉巡回演出:曲艺团去欧洲～丨剧团这次南下～,受到各地观众的热烈欢迎。

【巡弋】xúnyì〈动〉(军舰)在海上巡逻。

【巡展】xúnzhǎn〈动〉巡回展览:博物馆的珍藏文物将陆续到各地～。

郇 xún〈名〉❶周朝国名,在今山西临猗西。❷姓。
△另见 huán。

询(詢) xún〈动〉询问:查～丨咨～。

【询问】xúnwèn〈动〉问;打听;征求意见:～情况。

备用词 查询 探询 征询 质询 咨询

荀 xún〈名〉姓。

荨(蕁) xún,又读 qián[荨麻疹]〈名〉皮肤病,症状是皮肤上出现成片的红肿,发痒。也叫"风疹块"。
△另见 qián。

峋 xún 见[嶙(lín)峋]。

洵 xún〈副〉诚然;实在:～不虚传丨～属可贵。

浔(潯) xún〈名〉❶水边:江～。❷江西九江的别称。

恂 xún[恂恂]〈形〉❶谦恭;谨慎:～谨丨孔子于乡党,～如也,似不能言者。❷担心;

恐惧:～然。

珣 xún〈名〉一种玉。

珥(璕) xún〈名〉一种美石。

枸 xún[枸子木]〈名〉灌木,叶子卵形,花白色,果实球形,红色。供观赏。

循 xún〈动〉遵守;依照;沿袭:遵～丨因～丨～例。

【循规蹈矩】xún guī dǎo jǔ 遵守规矩。现多形容一举一动拘泥于旧的准则,不敢稍有变动。

【循环】xúnhuán〈动〉事物周而复始地运动或变化:血液～丨～往复。

【循环经济】xúnhuán jīngjì 运用生态学规律,以资源的节约和反复利用为特征,力求有效地保护自然资源、维护生态平衡、减少环境污染的经济运行模式。是实现经济可持续发展的重要途径。

【循吏】xúnlì〈名〉循理守法的官吏。

【循名责实】xún míng zé shí 要求实质跟名称或名义相符(责:求)。

【循序渐进】xúnxù jiànjìn 按照一定的步骤逐渐深入或提高。

【循循善诱】xúnxún shàn yòu 善于有步骤地进行引导(多指在学习方面。循循:有步骤的样子)。

鲟(鱘*鱏) xún〈名〉鱼,身体略呈圆筒形,口小,吻尖。生活在淡水中。

━━ xùn ━━

训(訓) xùn ❶〈动〉教导;训诫:教～丨培～丨～令。❷〈名〉教导或训诫的话:遗～丨家～丨校～丨古～。❸〈动〉训练:受～丨集～。❹〈名〉准则:不足为～。❺〈动〉词义解释:～诂。❻〈名〉姓。

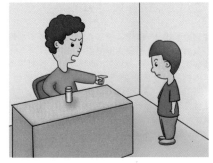

【训斥】xùnchì〈动〉训诫斥责。

【训导】xùndǎo〈动〉教导；训诫开导。

【训诂】xùngǔ〈动〉解释古书中的字句：～学。

【训诲】xùnhuì〈动〉教导；教诲。

【训诫】(训戒)xùnjiè〈动〉教导告诫。

【训练】xùnliàn〈动〉通过有计划的教育或培养，使具有某种特长或技能：军事～。

【训令】xùnlìng〈名〉上级机关晓谕下属或委派人员所用的公文。

【训示】xùnshì❶〈动〉上级或长辈对下级或晚辈做指示。❷〈名〉所做的指标。

【训育】xùnyù〈名〉旧时指学校里的道德教育。

【训谕】xùnyù〈动〉训诲；开导。也作"训喻"。

【训喻】xùnyù 同"训谕"。

备用词　集训　轮训　培训　整训　古训　教训　遗训　不足为训

讯(訊)　xùn❶〈动〉询问；打听：～问｜审～｜刑～。❷〈名〉消息；信息：通～音～喜～｜新华社～。

【讯问】xùnwèn〈动〉❶探询；询问：～病情。❷审问：～案件。

备用词　传讯　审讯　提讯　刑讯　电讯　简讯　通讯　问讯　音讯

汛　xùn〈名〉❶河流定期的涨水：～期｜秋～｜防～｜凌～｜桃花～。❷姓。

迅　xùn〈形〉迅速：～跑｜～捷｜～雷不及掩耳。

【迅即】xùnjí〈副〉立即：～前往。

【迅疾】xùnjí〈形〉迅速：～离去。

【迅捷】xùnjié〈形〉迅速敏捷：轻舟～地前进。

【迅雷不及掩耳】xùn léi bù jí yǎn ěr 比喻动作或事件突如其来，使人来不及防备。

【迅猛】xùnměng〈形〉迅速而猛烈：来势～。

【迅速】xùnsù〈形〉速度高；非常快：～前进｜行动～。

驯(馴)　xùn❶〈形〉顺服的；善良：～良｜～服｜温～。❷〈动〉使顺服：～养｜～虎。

【驯服】xùnfú ❶〈形〉顺从：这匹马～极了。❷〈动〉使顺从：烈马终于被他～了。

【驯化】xùnhuà〈动〉野生动物经过人长期饲养而逐渐改变原来的习性，变得驯服，如野牛、野马等经过驯化，成为家畜。

【驯良】xùnliáng〈形〉驯顺善良。

【驯熟】xùnshú〈形〉❶驯顺：～的绵羊。❷熟练；熟悉：技术～。

【驯顺】xùnshùn〈形〉驯服顺从：～的羔羊。

【驯养】xùnyǎng〈动〉饲养野生动物使逐渐驯服：～猴子。

备用词　顺驯　温驯　桀骜不驯

选(選)　xùn〈形〉柔弱；怯惧：～懦(怯弱)。
△另见 xuǎn。

徇(*狥)　xùn〈动〉❶依从；曲从：～私｜～情。❷对众宣示。❸带兵占领；攻取。❹同"殉"②。

【徇情】xùnqíng〈动〉徇私：～枉法。

【徇私】xùnsī〈动〉为了私情而做不合法的事：～舞弊。

逊(遜)　xùn❶〈动〉让出(帝王的位子)：～位。❷〈形〉谦虚；谦恭：谦～。❸〈动〉差；比不上；不及：～色｜稍一～筹。

【逊色】xùnsè❶〈名〉不及之处：毫无～。❷〈形〉差；差劲：～得多。

殉　xùn〈动〉❶殉葬。❷因为维护某种事物或追求某种理想而牺牲生命：～难｜～情｜～职。

【殉道】xùndào〈动〉为正义而牺牲生命，也指为维护某种思想或学说而牺牲生命：～者。

【殉国】xùnguó〈动〉为国家的利益而牺牲生命：以身～｜壮烈～。

【殉难】xùnnàn〈动〉为国家或正义的事业遇难而牺牲生命：为国～。

【殉情】xùnqíng〈动〉指因恋爱受到挫折感到绝望而自杀。

【殉葬】xùnzàng〈动〉古代的一种风俗，逼迫死者的妻妾、奴隶等随同埋葬，也指用俑或财物、器具随葬：～品。

【殉职】xùnzhí〈动〉(在职人员)为公务而牺牲生命：以身～。

浚(*濬)　xùn〈名〉浚县，地名，在河南。
△另见 jùn。

巽　xùn〈名〉八卦之一，卦形是"☴"，代表风。

熏　xùn 方言。〈动〉(煤气)使人窒息中毒：让煤气～着了。
△另见 xūn。

蕈　xùn〈名〉高等菌类，生长在树林里或草地上。种类很多，有的可以吃，如香菇、草菇；有的有毒，如毒蝇蕈。

噀(*潠)　xùn〈动〉含在口中而喷出：～水。

— yā —

丫（*❶桠❶椏）yā〈名〉❶上端分叉的东西：～杈。❷方言。女孩子：丫头：小～。❸姓。

【丫杈】yāchà ❶〈名〉树枝分出的地方：树～。❷〈形〉形容树枝歧出。

【丫环】yāhuan 同"丫鬟"。

【丫鬟】yāhuan〈名〉旧时供有钱人家役使的女孩子。也作"丫环"。

【丫头】yātou〈名〉❶女孩子。❷丫鬟。

【丫枝】yāzhī〈名〉分杈的树枝。

压（壓）yā〈动〉❶从上向下加压力：～碎｜锻～。❷使稳定；使平静：～惊。❸用强力制服：～制｜欺～。❹逼近：大军～境。❺搁着不动：积～。❻赌博时在某一门上下注：～宝。
　　△另见 yà。

【压宝】yābǎo 同"押宝"。

【压产】yāchǎn〈动〉减少生产，降低产量：限期～，减少库存｜供过于求的商品要进一步～。

【压场】yāchǎng〈动〉❶控制住场面：由资深演员～｜他说话没人听，压不住场。❷在一次演出中把某个节目排在最后演出：～节目｜把好戏留在后面｜以他独创的唢呐演奏～。

【压倒】yādǎo〈动〉力量胜过或重要性超过：～一切｜以～多数的选票当选。

【压低】yādī〈动〉抑制使降低：～售价｜把产量～｜他怕别人听见，便～声音说话。

【压顶】yādǐng〈动〉由头顶上方压下来（多用于比喻）：乌云～｜泰山～｜志不移。

【压锭】yādìng〈动〉减少纱锭的数目，限制纱厂的生产规模：这家棉纺厂～减员后，效益显著提高。

【压服】（压伏）yāfú〈动〉用强力使人服从：～众人｜对思想问题只能说服，不能～。

【压惊】yājīng〈动〉用请吃饭等方式安慰受惊的人。

【压境】yājìng〈动〉（敌军）逼近边境：大军～。

【压力】yālì〈名〉❶垂直作用于物体表面的力：～计。❷制伏人的力量：舆论～。

【压迫】yāpò〈动〉❶用暴力或权势强制别人服从自己：～人｜反抗～。❷对有机体的某个部分加上压力：肿瘤～神经引起剧痛。

【压缩】yāsuō〈动〉❶加上压力使体积缩小：～空气。❷减少（人员、经费、篇幅等）：～编制｜～开支。

【压抑】yāyì〈动〉对感情、力量等加以抑制，使不能充分流露或发挥。

【压韵】yāyùn 见〖押韵〗。

【压榨】yāzhà〈动〉❶用压力榨取物体里的汁液。❷比喻剥削或搜刮。

【压制】yāzhì〈动〉❶使用强力限制或制止：不要～民主。❷用压的方法制造：～砖坯。

备用词　按压　积压　欺压　强压　镇压

呀 yā ❶〈叹〉表示惊异：～，出虹啦！｜～，下雪了！❷〈拟〉形容开门的摩擦声等：～的一声门开了。
　　△另见 ya。

押 yā ❶〈动〉把财物交给对方作为保证：抵～｜～金。❷〈动〉暂时把人扣留，不准自由行动：拘～｜～在～。❸〈动〉跟随着照料或看管：～车｜～运。❹〈动〉在公文、契约上签字或画符号，作为凭信：～尾。❺〈名〉作为凭信而在公文、契约上所签的名字或所画的符号：花～｜画～。❻〈名〉姓。

【押宝】yābǎo〈动〉赌博的人猜测宝（一种赌具，方形，上有指示方向的记号）上所指的方向下注。也作"压宝"。

【押解】yājiè〈动〉押送①：～罪犯。

【押金】yājīn〈名〉❶做抵押用的钱：先交～。❷押款③。

【押款】yākuǎn ❶〈动〉用货物、房地产或有价证券等做抵押向银行或钱庄借款。❷〈名〉指用抵押的方式所借得的款项：～已拿到手了。

❸〈名〉指预付的款项。❹〈动〉押送款项：他是这家银行的～员。

【押送】yāsòng〈动〉❶解送（犯人或俘虏）。❷押运。

【押运】yāyùn〈动〉运输货物时随同照料：～粮草｜～救灾物资。

【押韵】（压韵）yāyùn〈动〉诗词歌赋中，某些句子的末一个字用韵母相同或相近的字，使音调和谐优美。

【押租】yāzū〈名〉租用土地或房屋时交付的保证金。

备用词　抵押　典押　关押　管押　羁押　拘押　看押　扣押　收押

垭（埡）yā方言。〈名〉两山之间可通行的狭窄地方；山口。

鸦（鴉*鵶）yā〈名〉鸟，全身多为黑色，翅膀长。常见的有乌鸦、寒鸦等。

【鸦片】（雅片）yāpiàn〈名〉一种用罂粟果实中的乳状汁液制成的毒品。通称"大烟"。

【鸦片战争】yāpiàn zhànzhēng 1840 年—1842 年英国以我国禁止英商贩卖鸦片为借口对我国发动的侵略战争。战争开始后虽然有林则徐等人领导广东爱国军民的坚决抵抗，但腐败无能的清政府在英军的武力威迫下向侵略者屈膝投降，和英国签订了我国近代史上第一个丧权辱国的《南京条约》。从此，中国逐渐沦为半殖民地半封建的国家，我国人民的反帝国主义、反封建主义的民主革命也从此开始。也叫"第一次鸦片战争"。

【鸦雀无声】yā què wú shēng 形容非常静。

哑（啞）yā同"呀"。　△另见 yǎ。

【哑哑】yāyā〈拟〉形容乌鸦的叫声、小儿的学语声等。

鸭（鴨）yā〈名〉鸭子，鸟，嘴扁，趾间有蹼，善游泳。有家鸭、野鸭等，通常指家鸭。

雅　yā同"鸦"。　△另见 yǎ。

【雅片】yāpiàn 见〖鸦片〗。

嘎　yā同"呀"（多见于元曲）。

嫛　yā[嫛虎]〈名〉吓人的模样：弄个把戏，装个～。

— yá —

牙　yá〈名〉❶牙齿：门～｜～医｜～刷｜又长出一颗新～。❷特指象牙：～章｜～雕。❸形状像牙的东西：～轮。❹牙子，旧时为买卖双方撮合从中取得佣金的人：～婆。❺姓。

【牙碜】yáchen〈形〉❶食物中夹着沙子，嚼起来牙齿不舒服。❷比喻言语粗俗，不堪入耳。

【牙城】yáchéng〈名〉主帅所居之城，因建牙旗（旗杆上以象牙为饰）而得名。

【牙关】yáguān〈名〉指上颌和下颌之间的关节：咬紧～｜～紧闭。

【牙行】yáháng〈名〉旧时提供场所并促成买卖双方成交而从中取得佣金的商号或个人。

【牙祭】yájì 方言。〈名〉指好的饭菜：打～。

【牙口】yákǒu〈名〉❶指牲口的年龄（看牲口的牙齿可以知道牲口的年龄）。❷指老年人齿的咀嚼力：老爷爷七十多岁了，～还挺好。

【牙婆】yápó〈名〉旧时以介绍人口买卖为职业的妇女。

【牙色】yásè〈名〉略似象牙那样的淡黄色。

【牙牙】yáyá〈拟〉形容婴儿学说话的声音：～学语。

备用词　尖牙　恒牙　獠牙　镶牙　月牙　爪牙　虎口拔牙　佶屈聱牙

伢　yá方言。〈名〉小孩儿。

芽　yá〈名〉❶植物刚长出来的幼体，可以发育成茎、叶或花：发～｜嫩～。❷形状像芽的东西：肉～（伤口愈合后多长出的肉）。

岈　yá见[嵖(chá)岈]。

玡（*瑘）yá[琅(láng)玡]〈名〉❶山名，在安徽。❷山名，又地名，都在山东。

蚜　yá〈名〉蚜虫，昆虫，身体卵圆形。吸食植物的汁液，是农业害虫。种类很多，如棉蚜、烟蚜等。通称"腻虫"。

Y

崖(*厓嵬) yá〈名〉❶山石或高地的陡立的侧面:山~|悬~。❷边际:~略(大略;概略)。

涯 yá〈名〉水边,泛指边际:~岸|一望无~。

睚 yá〈名〉眼角。

【睚眦】yázì ❶〈动〉发怒时瞪眼睛。❷〈名〉借指极小的怨恨:~必报(形容心胸极其狭窄)。

衙 yá〈名〉❶衙门:官~。❷姓。

【衙门】yámen〈名〉旧时官员办公的机关;官署。

【衙内】yánèi〈名〉唐代称担任警卫的官员,五代及宋初多由大臣子弟充当,故后泛称官僚子弟为"衙内"。

【衙役】yáyi〈名〉衙门里的差役。

— yǎ —

疋 yǎ同"雅"。
△另见 pǐ"匹"。

哑(啞) yǎ〈形〉❶由于生理缺陷或疾病而不能说话:聋~。❷不说话的:~剧。❸嗓子发音困难或发音低而不清楚:沙~。❹因发生故障,炮弹、子弹等打不响:~炮。
△另见 yā。

【哑巴】yǎba〈名〉由于生理缺陷或疾病而不能说话的人。

【哑静】yǎjìng〈形〉寂静;没有声音:全场顿时~下来。

【哑剧】yǎjù〈名〉不用对话或歌唱而只用动作或表情来表达剧情的戏剧。

【哑口无言】yǎ kǒu wú yán 无话可说或沉默不语,多形容理屈词穷。

【哑谜】yǎmí〈名〉隐晦的话,比喻难以猜透的问题:打~。

【哑然】yǎrán〈形〉❶形容寂静:~无声。❷形容不出声:~失笑。

【哑子】yǎzi方言。〈名〉哑巴。

雅 yǎ❶〈形〉合乎规范的:~言|乐(yuè)~。❷〈形〉高尚的;不粗俗的:文~|~观。❸〈名〉西周朝廷上的乐歌,《诗经》中诗篇的一类:大~|小~。❹〈形〉敬辞,用于称对方的情意、举动:~意|~正。❺〈名〉交情:无一日之~。❻〈副〉平素:~素|善鼓琴。❼〈副〉很;极:~以为美。❽〈名〉姓。

△另见 yā。

【雅称】yǎchēng〈名〉高雅的称呼。

【雅淡】yǎdàn〈形〉淡雅:梳妆~。

【雅飞士】yǎfēishì〈名〉指西方国家中不求上进、境遇不佳的一类年轻人。他们一般穿短裤和 T 恤衫、戴棒球帽,主张乐天知命,安于现状。

【雅故】yǎgù〈名〉❶平素;往常。❷旧友;欣逢~。❸过去的文章典故:明经义,谙~。

【雅观】yǎguān〈形〉❶(装束、举止)文雅。❷美观。

【雅量】yǎliàng〈名〉❶宽宏的气度。❷大的酒量。

【雅皮士】yǎpíshì〈名〉指西方国家中年轻能干、有上进心的一类年轻人。他们一般受过高等教育,具有较高的知识水平和技能,工作勤奋,追求个人成就和高层次物质享受。

【雅趣】yǎqù〈名〉高雅的情趣:~盎然。

【雅士】yǎshì〈名〉高雅的人,多指读书人:文人~。

【雅俗共赏】yǎ sú gòng shǎng 文化高的人和文化低的人都能欣赏。

【雅兴】yǎxìng〈名〉高雅的兴趣:~不浅。

【雅言】yǎyán〈名〉❶标准语。❷正确合理的意见:察纳~。

【雅意】yǎyì〈名〉❶高尚的情意:高情~。❷高雅的含义:闻弦歌而知~。❸敬辞,称对方的情意或意见。

【雅正】yǎzhèng ❶〈动〉客套话,把自己创作的诗文书画等送给人时表示请对方指正。❷〈形〉规范;纯正:近于~。❸〈形〉正直:为人~。

【雅致】yǎzhì〈形〉(服饰、陈设等)美观而不落俗套。

【雅座】yǎzuò〈名〉指饭馆、酒店、澡堂中比较精致而舒适的小房间。

备用词 博雅　淡雅　典雅　风雅　古雅　清雅　儒雅　素雅　文雅　秀雅　幽雅

— yà —

轧(軋) yà❶〈动〉碾;滚压:~棉花|~马路。❷〈动〉排挤:倾~。❸〈拟〉形容机器开动时发出的声音:机声~~。❹〈名〉姓。
△另见 gá;zhá。

亚(亞) yà❶〈形〉较差:技艺不~于师傅。❷〈形〉次一等:~军|~热带。❸〈名〉指亚洲:东~|南~。❹〈名〉姓。

【亚当】yàdāng〈名〉《圣经》故事中人类的始

祖。[外]

【亚父】yàfù〈名〉古时对人的一种尊称，表示仅次于父。

【亚健康】yàjiànkāng〈名〉指身体虽然没有患病，却出现生理功能减退、代谢水平低下的状态。主要表现是疲劳、胸闷、头疼、失眠、健忘、腰背酸痛、情绪不安、做事效率低下等。也叫"第三状态"。

【亚军】yàjūn〈名〉竞赛中的第二名。

【亚元】yàyuán〈名〉明清两代称乡试考取第二名至第十名为"亚元"。

压（壓）yà [压根儿] 方言。〈副〉根本；从来：他～没来过这儿。
△另见 yā。

讶（訝）yà〈形〉诧异：惊～｜～然。

迓 yà〈动〉迎接：迎～。

砑 yà〈动〉用卵石等碾压或摩擦皮革、布匹等，使密实光亮：～光。

娅（婭）yà见〖姻(yīn)娅〗。

氩（氬）yà〈名〉气体元素，符号 A 或 Ar。无色无臭，是大气中含量最多的惰性元素。

揠 yà〈动〉拔：～苗助长。

【揠苗助长】yà miáo zhù zhǎng 古时候宋国有个人，嫌禾苗长得太慢，就一棵棵地往上拔起一点，回家还夸口说："今天我帮助禾苗长高了!"他儿子听说后，到地里一看，禾苗都死了（见《孟子·公孙丑》）。后用来比喻急于求成，违反事物的发展规律，结果反把事情搞坏。也说"拔苗助长"。

— ya —

呀 ya〈助〉"啊"受前一字韵母 a、e、i、o、ü 的影响而发生的变音：快去～!
△另见 yā。

— yān —

咽 yān〈名〉口腔后部主要由肌肉和黏膜构成的管子，是呼吸道和消化道的共同通路：～喉。也叫"咽头"。
△另见 yàn；yè。

【咽喉】yānhóu〈名〉❶咽和喉。❷比喻形势险要的交通要道：～要冲。

【咽头】yāntóu〈名〉咽。

恹（懨＊懕）yān [恹恹]〈形〉形容患病而精神委乏：～欲睡。

殷 yān〈形〉赤黑色：～红。
△另见 yīn；yǐn。

【殷红】yānhóng〈形〉（颜色）红中带黑：～的血迹。

胭（＊臙）yān [胭脂]〈名〉一种红色的化妆品，也用作国画颜料。

烟（＊煙❸菸）yān〈名〉❶物质燃烧时产生的混有未完全燃烧的微小颗粒的气体：～尘｜～幕。❷像烟的东西：～雾｜～霞。❸烟草，草本植物，叶子大，是制造烟丝、香烟等的主要原料。❹纸烟、烟丝等的统称：香～。❺指鸦片：～土｜禁～。

【烟霭】yān'ǎi〈名〉烟雾；云雾。

【烟波】yānbō〈名〉烟雾笼罩的江湖水面：～浩渺。

【烟尘】yānchén〈名〉❶烟雾和尘埃。❷烽烟和战场上扬起的尘土，旧时指战火。❸旧时指人烟稠密的地方：锦里～外，江村八九家。

【烟囱】yāncōng〈名〉烟筒：～林立。

【烟海】yānhǎi〈名〉烟雾弥漫的大海，多用于比喻：浩如～。

【烟火】yānhuǒ〈名〉❶烟和火：严禁～｜动～（指生火做饭）。❷烟火食，指熟食：不食人间～。❸燃放时能发出各种颜色的火花而供人观赏的东西：放～。

【烟幕】yānmù〈名〉❶用化学药剂制造的浓厚烟雾：～弹。❷比喻掩盖本意或真相的虚假言行。

【烟涛】yāntāo〈名〉烟雾迷茫的水面；烟波：～微茫。

【烟雾】yānwù〈名〉泛指烟气、云雾等：～弥漫。

【烟霞】yānxiá〈名〉烟雾和云霞。

【烟消云散】yān xiāo yún sàn 比喻事物消失得干干净净。也说"云消雾散"。

【烟雨】yānyǔ〈名〉像烟雾一样的蒙蒙细雨：～莽苍苍，龟蛇锁大江。

【烟云】yānyún〈名〉烟气和云雾：过眼～。

备用词 炊烟　风烟　人烟　夕烟　烽烟　狼烟　硝烟

焉 yān ❶〈代〉a)用在动词后，相当于"之"：古之圣人，其出人也远矣，犹且从师而问～。b)哪里；怎么(用于反问)：不入虎穴，～得虎子？❷跟介词"于"加代词"是"相当：心不在～|习～不察。❸〈连〉乃；则：必知乱之所自起，～能治之。❹〈助〉a)用在句末以增强肯定语气，相当于"啊"、"呢"、"了"：哗然而骇者，虽鸡狗不得宁～。b)用在句末，跟句中的疑问词相呼应，表示疑问语气：王若隐其无罪而就死地，则牛羊何择～？❺后缀，用法跟"然"相同：盘盘～，囷囷～，蜂房水涡，矗不知其几千万落。❻〈名〉姓。

崦 yān [崦嵫(zī)]〈名〉❶山名，在甘肃。❷古代指太阳落山的地方：日薄～。

阉(閹) yān ❶〈动〉阉割：～鸡|～猪。❷〈名〉指宦官：～党。

【阉割】yāngē〈动〉❶割去睾丸或卵巢，使失去生殖能力。❷比喻抽去文章或某一理论的核心内容，使失去作用或变更实质。

阏(閼) yān [阏氏(zhī)]〈名〉汉代匈奴称君主的正妻。

△另见 è。

淹 yān ❶〈动〉大水漫过：～没|～灌。❷〈动〉汗液等浸渍皮肤使感到痛或痒：出汗太多，胳肢窝～得难受。❸〈形〉广：～博。❹〈形〉久；迟延：～留|～滞。

【淹博】yānbó〈形〉广博：学问～。

【淹留】yānliú〈动〉长久停留。

【淹没】yānmò〈动〉漫过；盖过：房屋被洪水～。

腌(*醃) yān〈动〉把鱼、肉、蛋、蔬菜、果品等加上盐、糖等。

△另见 ā。

湮 yān〈动〉❶埋没：～没|～灭。❷淤塞；阻塞。

△另见 yīn。

【湮没】yānmò〈动〉埋没：～无闻。

鄢 yān〈名〉❶鄢陵，地名，在河南。❷姓。

嫣 yān〈形〉容貌美好：风韵～然。

【嫣红】yānhóng〈形〉鲜艳的红色：姹(chà)紫～。

【嫣然】yānrán〈形〉形容美好的样子：～一笑。

燕 yān〈名〉❶周朝国名，在今河北北部和辽宁南部。❷指河北北部。❸姓。

△另见 yàn。

━━ **yán** ━━

延 yán ❶〈动〉延长：蔓～|绵～|～伸。❷〈动〉(时间)向后推迟：～期|～迟|推～。❸〈动〉聘请(教师、顾问等)：～请|～聘。❹〈名〉姓。

【延挨】yán'ái〈动〉拖延。

【延长】yáncháng〈动〉向长的方面发展：～生命|～线段。

【延迟】yánchí〈动〉推迟：会期～。

【延宕】yándàng〈动〉拖延。

【延缓】yánhuǎn〈动〉延迟：～判决。

【延颈企踵】yán jǐng qǐ zhǒng 伸长脖子，抬起脚跟，形容急切盼望。

【延揽】yánlǎn〈动〉延请招揽；聘请：～人才|～天下贤士。

【延绵】yánmián〈动〉绵延。

【延纳】yánnà〈动〉接纳。

【延聘】yánpìn〈动〉聘请。

【延烧】yánshāo〈动〉火势蔓延燃烧。

【延伸】yánshēn〈动〉延长；伸展：公路～到远方。

【延误】yánwù〈动〉迟延耽误：～行期｜会谈～了两个小时。

【延续】yánxù〈动〉照原来的样子延长或继续下去：～时间。

【延展】yánzhǎn〈动〉延伸；扩展：公路一直到江边。

【延展性】yánzhǎnxìng〈名〉物体可以拉长或压成片状的性质：红铜富于～。

备用词　迟延　稽延　迁延　顺延　推延　拖延　曼延　蔓延　绵延

闫（閆）yán〈名〉姓。

芫yán[芫荽(suī)]〈名〉草本植物，茎叶有特殊香气，用来调味。果实用作香料，也可入药。通称"香菜"。
△另见 yuán。

严（嚴）yán❶〈形〉没有缝隙；紧密：～密｜～紧。❷〈形〉严格；严厉：庄～｜威～｜～办。❸〈形〉厉害，猛烈；程度深：～寒｜～刑。❹〈名〉指父亲：家～。❺〈动〉整顿；整理：～妆。❻〈名〉姓。

【严惩】yánchéng〈动〉严厉处罚：～凶犯｜～不贷(贷：宽恕)。

【严词】yáncí〈名〉严厉的话：～拒绝。

【严打】yándǎ〈动〉❶严厉打击：～盗版的违法行为。❷特指严厉打击刑事犯罪活动：深入开展～斗争。

【严冬】yándōng〈名〉极冷的冬天。

【严防】yánfáng〈动〉严格防止；严密防备：～泄密｜～破坏｜～事故发生。

【严格】yángé❶〈形〉认真，不马虎，不放松：要求～。❷〈动〉使严格：～纪律。

【严寒】yánhán〈形〉(气候)极冷：天气～｜不畏～酷热。

【严紧】yánjǐn〈形〉严密；没有空隙：门窗～。

【严谨】yánjǐn〈形〉①严密谨慎：办事～。②严密细致：文章结构～。

【严禁】yánjìn〈动〉严格禁止：库房重地，～烟火。

【严峻】yánjùn〈形〉严厉；严肃：～的考验。

【严酷】yánkù〈形〉❶严厉；严格：～的教训。❷残酷；冷酷：～的剥削｜对人十分～。

【严厉】yánlì〈形〉严格而厉害：管教～。

【严令】yánlìng〈动〉严肃命令：～禁止。

【严密】yánmì〈形〉❶事物之间结合得紧，没有空隙：结构～。❷周密；没有疏漏：消息封锁很～。

【严明】yánmíng〈形〉严肃而公正：纪律～｜奖惩～。

【严师】yánshī〈名〉指对学生要求严格的老师：～诤友｜～出高徒。

【严实】yánshi〈形〉❶紧密；没有空隙：裹得很～。❷藏得好，不容易找到。

【严守】yánshǒu〈动〉❶严格地遵守：～纪律｜～中立。❷严密地保守：～国家机密。

【严丝合缝】yán sī hé fèng 指缝隙密合，也用来比喻言行周密，没有一点漏洞。

【严肃】yánsù ❶〈形〉(神情、气氛等)使人感到敬畏的：～的面孔｜教室里的气氛很～。❷〈形〉郑重；认真，不马虎：～对待。❸〈动〉使严肃：～政纪。

【严刑】yánxíng〈名〉极厉害的刑法或刑罚：～拷打。

【严阵以待】yán zhèn yǐ dài 摆好严整的阵势，等待来犯的敌人。

【严整】yánzhěng〈形〉❶严肃整齐：军容～。❷(思维)严密，(条理)清晰：治家～｜布局～。

【严正】yánzhèng〈形〉严肃正义；严肃而郑重：～的立场｜～警告。

【严重】yánzhòng〈形〉程度深，影响大：情况危急：病情～｜～的后果。

【严妆】yánzhuāng〈动〉整齐装束：鸡鸣外欲曙，新妇起～。也作"严装"。

备用词　谨严　森严　威严　庄严　尊严　义正词严　戒备森严

言yán ❶〈名〉话：～语｜～谈｜～格。❷〈动〉说：～之有理｜畅所欲～。❸〈名〉汉语的一个字或一句话叫一言：五～诗｜三～两语｜君子一～，驷马难追。❹〈名〉姓。

【言必有中】yán bì yǒu zhòng 说就说到点子上。

【言不及义】yán bù jí yì 只说些无聊话，不涉及正经的道理。

【言不尽意】yán bù jìn yì 说的话未能表达出全部意思，表示意犹未尽(多用于书信结尾)。

【言不由衷】yán bù yóu zhōng 说的话不是发自内心，形容说的不是真心话。

【言出法随】yán chū fǎ suí 宣布之后立即按法执行。

【言传身教】yán chuán shēn jiào 一面口头上传授，一面行动上以身作则，指言语、行动起模范作用。

【言词】yáncí 同"言辞"。

【言辞】yáncí〈名〉说话或写文章所用的词句：~华美|不美~。也作"言词"。

【言多语失】yán duō yǔ shī 话说多了就难免出错。

【言归于好】yán guī yú hǎo 彼此重新和好起来。

【言归正传】yán guī zhèng zhuàn 说话或写文章回到正题（多见于评话和旧小说）。

【言过其实】yán guò qí shí 说话过分，与实际不符。

【言和】yánhé〈动〉讲和：握手~。

【言欢】yánhuān〈动〉说笑；愉快地交谈：握手~|杯酒~。

【言简意赅】yán jiǎn yì gāi 言语简练而意思完备。

【言教】yánjiào〈动〉通过讲说的方式教育、开导人：身教重于~。

【言近旨远】yán jìn zhǐ yuǎn 话说得浅近，而含义却很深远。

【言路】yánlù〈名〉向政府或上级提出批评、意见或建议的途径：广开~。

【言论】yánlùn〈名〉关于政治和一般公共事务的议论：~自由。

【言人人殊】yán rén rén shū 每个人所说的话都不一样，指对同一事情各人有各人的见解。

【言说】yánshuō〈动〉说：不可~|难以~。

【言谈】yántán〈名〉说话的内容和态度：~举止。

【言听计从】yán tīng jì cóng 说的话、出的主意都听从照办，形容对某个人非常信任。

【言外之意】yán wài zhī yì 话里暗含着的没有直接说出的意思。

【言为心声】yán wéi xīn shēng 言语是思想感情的表达。

【言笑】yánxiào〈动〉说和笑；谈笑：不苟~|~自若。

【言行】yánxíng〈名〉言语和行为：~一致。

【言犹在耳】yán yóu zài ěr 形容别人的话说过不久，或虽然说过很久，但是还记得很清楚。

【言语】yányǔ〈名〉❶语言。❷说的话：~粗鲁。

【言语】yányu〈动〉招呼；说话：有什么困难就~声儿。

【言者无罪，闻者足戒】yánzhě wú zuì，wénzhě zú jiè 提意见的人即使说得不完全正确，也是

无罪的；听取意见的人即使没有对方所说的那些缺点错误，也足可引为鉴戒。

【言之无物】yán zhī wú wù 指写文章或讲话空泛，没有实际内容。

【言重】yánzhòng〈动〉话说得过重：请原谅，我~了。

备用词 格言 寓言 导言 前言 序言 引言 陈言 断言 讳言 美言 宣言 扬言 预言 畅所欲言 沉默寡言 金玉良言 默默无言 哑口无言 倚马千言 啧有烦言 仗义执言 至理名言

阽 yán "阽"(diàn)的又音。

妍 yán〈形〉美丽（跟"媸"相对）：~丽|百花争~。

岩(＊❶-❸巖❶-❸巖❶-❸嵒) yán〈名〉❶岩石，构成地壳的矿物的集合体：~层|~洞|花岗~。❷岩石突起而成的山峰：嶂石~（在河北）。❸山中的洞穴：七星~（在广西）。❹姓。

【岩洞】yándòng〈名〉岩层因地下水多年的侵蚀、冲刷而形成的曲折幽深的大洞。

【岩穴】yánxué〈名〉岩洞。

【岩岩】yányán〈形〉积石高峻的样子：泰山~。

【岩阻】yánzǔ〈名〉指形势险要的地方。

炎 yán❶〈形〉极热：~热|~夏。❷〈名〉炎症，机体某部分发生的红、肿、热、痛、机能障碍等症状：发~|肝~|咽~|肠胃~。❸〈名〉指炎帝，传说中的中国上古帝王：~黄子孙。

【炎凉】yánliáng〈形〉热和冷，比喻对地位不同的人或亲热攀附，或冷淡疏远：世态~。

【炎暑】yánshǔ〈名〉❶极热的夏天：时值~。❷盛夏时的暑气：~逼人。

【炎炎】yányán〈形〉形容夏天阳光强烈：赤

日～。

【炎阳】yányáng〈名〉火热的太阳:～似火。

沿(*沿) yán❶〈介〉顺着(路或物体的边):～途|～街。❷〈动〉顺流而下:至于夏水襄陵,～溯阻绝。❸〈动〉靠近:～江|～海。❹〈动〉依照以往的方法、规矩、式样等:～用|～革。❺〈动〉顺着衣物的边再镶上一条边:～鞋口。❻〈名〉边;边缘:边~|炕~儿。

【沿革】yángé〈名〉指事物发展变化的历程:历史|社会风俗~。

【沿途】yántú❶〈副〉顺着路途:～走访。❷〈名〉临近路途的地带:～风光秀丽。

【沿袭】yánxí〈动〉依照旧传统办理:～成说。

【沿用】yányòng〈动〉继续使用(过去的方法、制度、法令、名称等)。

研 yán〈动〉❶细磨(mó):～墨。❷深入探究;研究:钻|～科|～习。
△另见 yàn。

【研读】yándú〈动〉钻研阅读:认真～历史文献。

【研发】yánfā〈动〉研制开发:～新药|～小组|血液代用品～成功。

【研核】yánhé〈动〉研究考查。

【研究】yánjiū〈动〉❶对事物的真相、性质、规律等进行探求:科学~。❷考虑或商讨:这个方案还没有~。

【研磨】yánmó〈动〉❶用工具研成粉末:把药物放在乳钵里~|将中药～成粉末。❷用磨料摩擦器物使变得光洁:～玉镯。

【研判】yánpàn〈动〉研究判断;研究评判:～案情|～市场趋势|～股市走向。

【研讨】yántǎo〈动〉研究和讨论;研究探讨:～会|深入～其发展规律|共同～施工方案。

【研习】yánxí〈动〉研究学习:～书法。

【研修】yánxiū〈动〉带有研究性质的学习进修:～班|～法学|～西医外科。

【研制】yánzhì〈动〉研究制造:～新产品。

盐(鹽) yán〈名〉❶食盐,无机化合物,有咸味,是调味剂和防腐剂:海～|～湖。❷化学上指酸中的氢原子被金属原子置换所成的化合物。

铅(鉛) yán[铅山]〈名〉地名,在江西。
△另见 qiān。

阎(閻) yán〈名〉❶里巷的门,也指里巷:闾(lǘ)～。❷姓(近年也有俗写成"闫"的)。

【阎罗】yánluó〈名〉佛教称管地狱的神。也叫"阎罗王"、"阎王"、"阎王爷"。

【阎王】yánwang〈名〉❶阎罗。❷比喻极其凶恶的人:活~。

蜒 yán〈名〉❶[蜒蚰(yóu)]方言。蛞(kuò)蝓。❷见[蚰(yóu)蜒]。

筵 yán〈名〉古人席地而坐时铺的席,泛指筵席:寿~|~宴。

【筵席】yánxí〈名〉原指宴饮时陈设的座位,后专指酒席。

【筵宴】yányàn〈名〉筵席;宴席。

颜(顏) yán〈名〉❶脸;容:～|鹤发童~。❷脸皮;面子:无～相见|无～见江东父老。❸表情;脸色:和~悦色|喜笑~开。❹颜色:五～六色。❺姓。

【颜料】yánliào〈名〉用来着色的物质。

【颜面】yánmiàn〈名〉❶脸部。❷体面;面子:顾全~。

【颜色】yánsè〈名〉❶由物体发射、反射或透过的光波通过视觉所产生的印象。❷脸上的表情;脸色:现出羞愧的~。❸容貌(多指女子):弟走从军阿姨死,暮去朝来~故。❹指显示给人看的厉害的脸色或行动:给他点~看看。

【颜色】yánshai〈名〉颜料或染料。

【颜仪】yányí〈名〉脸面:入门上家堂,进退无~。

备用词 红颜 容颜 笑颜 解颜 开颜 破颜 强颜 汗颜 赧颜

檐(*簷) yán〈名〉❶屋顶向旁伸出的边沿部分:房~|～下。❷覆盖物的边沿或伸出的部分:伞~|帽~儿。

— yǎn —

奄 yǎn❶〈动〉覆盖:～有四海。❷〈副〉忽然;突然:～忽|～然。

【奄忽】yǎnhū〈副〉倏忽。

【奄奄】yǎnyǎn❶〈形〉形容气息微弱的样子:～一息(只剩一口气,形容即将死亡)。❷同"晻晻"。

兖 yǎn〈名〉❶兖州,地名,在山东。❷姓。

俨(儼) yǎn❶〈形〉庄重;端庄:有美一人,硕大且~。❷〈动〉整治:骖騑于上路。

【俨然】yǎnrán❶〈形〉形容庄严、矜持庄重:望之~。❷〈形〉形容齐整:土地平旷,屋舍~。❸〈副〉形容很像:～一副大人模样。

【俨如】yǎnrú〈动〉十分像。

衍 yǎn ❶〈动〉开展;发挥:推~|敷~。❷〈形〉多出来的(指字句):~文。❸〈名〉低而平坦的土地:广~沃野。❹〈名〉沼泽。❺〈名〉姓。

【衍变】yǎnbiàn〈动〉演变。

【衍文】yǎnwén〈名〉因缮写、刻板、排版错误而多出来的字句。

剡 yǎn〈动〉覆盖;遮蔽:~盖。

剡 yǎn ❶〈动〉削尖:~木为矢。❷〈形〉锐利。
△另见 shàn。

掩(＊揜)yǎn〈动〉❶遮盖;掩蔽:~藏|~埋|~耳盗铃。❷关;合:~卷|~门。❸乘人不备(进行袭击):~杀|~袭。

【掩蔽】yǎnbì ❶〈动〉遮蔽;隐藏。❷〈名〉遮蔽的东西或隐藏的地方:以青纱帐做~。

【掩藏】yǎncáng〈动〉隐藏。

【掩耳盗铃】yǎn ěr dào líng 捂住耳朵去偷铃铛,比喻自己欺骗自己。

【掩盖】yǎngài〈动〉❶遮盖;覆盖:足迹被雪~了。❷隐藏;隐瞒:~矛盾。

【掩护】yǎnhù〈动〉❶对敌采取警戒、牵制、压制等手段,保障部队或人员行动的安全。❷〈动〉采取某种方式暗中保护:~伤员。❸〈名〉指进行某种秘密活动时所假借的名义:以修表为~,从事地下工作。

【掩埋】yǎnmái〈动〉用泥土等覆盖;埋葬。

【掩饰】yǎnshì〈动〉设法掩盖:~错误。

【掩体】yǎntǐ〈名〉供单个火器射击或技术器材操作的掩蔽工事。

【掩映】yǎnyìng〈动〉彼此遮掩而互相映衬:纪念碑~在青松翠柏之中。

郾 yǎn〈名〉郾城,地名,在河南。

厣(厴)yǎn〈名〉❶螺类介壳口圆片状的盖。❷蟹腹下面的薄壳。

眼 yǎn ❶〈名〉眼睛,人或动物的视觉器官:~目|~力|明手快。❷〈名〉小洞;窟窿:泉~|炮~。❸〈名〉指事物的关键所在:节骨~儿。❹〈名〉戏曲中的拍子:一板一~。❺〈量〉用于井:一~井。

【眼巴巴】yǎnbābā〈形〉❶形容急切地盼望:母亲~盼我早点回来。❷形容着急而无可奈何:~地看着小鸡死了。

【眼波】yǎnbō〈名〉形容像水波一样闪动的目光(多指女子)。

【眼底】yǎndǐ〈名〉眼睛跟前;眼里:美丽的景色尽收~。

【眼福】yǎnfú〈名〉得以看到美好事物的福分:大饱~。

【眼高手低】yǎn gāo shǒu dī 自己要求的标准高,而实际能力低,做不到。

【眼光】yǎnguāng〈名〉❶目光;视线:~呆滞。❷观察事物的能力;眼力:~敏锐。❸眼光:用发展的~看问题。

【眼红】yǎnhóng ❶〈动〉看见别人得到好处时非常羡慕而忌妒。❷〈形〉激怒的样子。

【眼花缭乱】yǎn huā liáoluàn 眼睛看见复杂纷繁的东西而感到迷乱。

【眼界】yǎnjiè〈名〉眼力所能看到的范围,借指见识的广度:大开~|~狭隘。

【眼力】yǎnlì〈名〉❶视力:~好|不济。❷辨别是非好坏的能力:有~。

【眼帘】yǎnlián〈名〉指眼里:老师那慈祥的面容映入我的~。

【眼目】yǎnmù〈名〉❶指眼睛:炫人~。❷为人暗中察看情况并通风报信的人。

【眼前】yǎnqián〈名〉❶眼睛前面:~是一条大河。❷目前;现在:~没有什么困难。

【眼热】yǎnrè〈动〉看见好的东西希望得到:她见了这些漂亮的首饰怪~的。

【眼色】yǎnsè〈名〉向人表示某种意思的目光:使~|递~。

【眼梢】yǎnshāo〈名〉靠近两鬓的眼角:细长的~。

【眼神】yǎnshén〈名〉❶眼睛的神态。❷眼力;视力:~儿不济。

【眼生】yǎnshēng〈形〉看着不认识或不熟悉:这人看着有点~。

【眼熟】yǎnshú〈形〉以前曾经见过但一时想不起来;看着好像认识。

【眼下】yǎnxià〈名〉目前;现在:~正是农忙。

【眼线】yǎnxiàn〈名〉暗中窥探情况,必要时担任向导的人。

【眼睁睁】yǎnzhēngzhēng〈形〉睁着眼睛,多形容无可奈何或无动于衷:~看着,插不上手。

【眼中钉】yǎnzhōngdīng〈名〉比喻最憎恨、最讨厌的人。

【眼拙】yǎnzhuō〈形〉客套话,表示一时认不出对方是谁:恕我~,您是哪一位?

备用词 刺眼 放眼 飞眼 红眼 开眼 冷眼 偷

眼 惹眼 入眼 挑眼 显眼 现眼 耀眼 扎眼 招眼 转眼 着眼 白眼 青眼 独具慧眼 一板一眼 贼眉鼠眼

偃 yǎn〈动〉❶仰面倒下;放倒:～卧|～息|～旗息鼓。❷停止:～武修文。

【偃蹇】yǎnjiǎn〈形〉骄傲的样子:～而骄。

【偃旗息鼓】yǎn qí xī gǔ 放倒军旗,停敲战鼓,指秘密行军不暴露目标或停止战斗。现多比喻停止批评、攻击或事情无声无息地中止下来。

【偃卧】yǎnwò〈动〉仰面卧倒;躺卧。

【偃仰】yǎnyǎng〈动〉❶安居,指生活悠然自得:借书满架,～啸歌。❷俯仰,指随世俗沉浮或进退:与时迁徙,与世～。❸仰面倒下。

琰 yǎn〈名〉一种美玉。

晻 yǎn〈形〉阴暗不明。
△另见 àn“暗”。

【晻晻】yǎnyǎn〈形〉形容昏暗无光:～日欲瞑,愁思出门啼。

㶍 yǎn[㶍庨(yí)]〈名〉门闩。

罨 yǎn❶〈名〉捕鸟或捕鱼的网。❷〈动〉覆盖:热～(热敷)。

演 yǎn❶〈动〉演变;演化:～进。❷〈动〉发挥:～说|～绎|～推。❸〈动〉依照程式(练习或计算):操～|～习。❹〈动〉当众表演技艺:表～|排～|～奏。❺〈名〉姓。

【演变】yǎnbiàn〈动〉事物逐渐发展变化:生物的～。

【演播】yǎnbō〈动〉(通过广播电台、电视台)表演并播送(节目):～设施|～室|～节目|首次～即获得成功。

【演唱】yǎnchàng〈动〉表演(歌曲、歌剧、戏曲等):～会|～京剧|～京韵大鼓。

【演出】yǎnchū〈动〉把戏剧、音乐、舞蹈、曲艺、杂技等演给观众欣赏:精彩～|巡回～。

【演化】yǎnhuà〈动〉演变(多指自然界):天体～。

【演技】yǎnjì〈名〉表演的技巧,指演员运用各种技术和手法创造形象的能力:精湛的～。

【演讲】yǎnjiǎng❶〈动〉演说;讲演:登台～|巡回～|～比赛。❷〈名〉指讲演的内容:这篇～,内容相当丰富。

【演进】yǎnjìn〈动〉演变进化。

【演练】yǎnliàn〈动〉训练练习;操练:战术～|～场。

【演说】yǎnshuō❶〈动〉就某一问题对听众说明事理,表明见解:～词|就职～|～了两个小时。❷〈名〉就某个问题对听众发表的见解:一篇精彩的～。

【演习】yǎnxí〈动〉实地练习:军事～|消防～。

【演义】yǎnyì〈名〉以一定的历史事迹为背景,在史书和传说的基础上增添一些细节,用章回体写成的小说,如《三国演义》、《隋唐演义》。

【演艺】yǎnyì〈名〉❶戏剧、歌舞、杂技等表演艺术:～界|～人员。❷表演的技艺:他的精湛～受到人们赞赏。

【演绎】yǎnyì❶〈名〉一种推理方法,由一般原理推出关于特殊情况下的结论(跟“归纳”相对)。❷〈动〉铺陈;发挥:～出感人的故事|一个小故事居然～成一部长篇小说。❸〈动〉阐发;展现:～时尚潮流|～不同的风格|这部小说把父子之情～得淋漓尽致。

【演奏】yǎnzòu〈动〉用乐器表演。

备用词 扮演 表演 操演 串演 导演 公演 会演 讲演 排演 推演 主演

魇(魘) yǎn〈动〉❶发生梦魇:～住了。❷方言。说梦话。

鼹(*鼴) yǎn〈名〉哺乳动物,外形像鼠,有利爪,适于掘土。昼伏夜出,捕食昆虫,也吃农作物的根。通称“鼹鼠”。

— yàn —

厌(厭) yàn❶〈动〉满足:学而不～|贪得无～。❷〈形〉因过多而不喜欢:～烦|～倦。❸〈动〉憎恶:～恶|～弃。

【厌烦】yànfán〈动〉厌恶或因次数过多而讨厌。

【厌倦】yànjuàn〈动〉对某种活动感到乏味而不愿继续。

【厌弃】yànqì〈动〉厌恶而嫌弃。

【厌世】yànshì〈动〉消极悲观,厌弃人世。

【厌恶】yànwù〈动〉对人或事物非常反感。

唁(唁) yàn[唁口]〈名〉地名,在浙江。

研 yàn 同“砚”。
△另见 yán。

砚(硯) yàn❶〈名〉砚台:端～|～滴|笔墨纸～。❷〈形〉旧时指有同学关系的(因同学常共笔砚,同学也称“同砚”):～兄|～友。

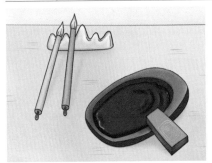

咽（*嚥）yàn〈动〉使嘴里的食物等通过咽头到食道里去：吞～｜细嚼慢～。

△另见 yān；yè。

【咽气】yànqì〈动〉指人死断气。

彦 yàn〈名〉❶古代指有才德的人：～士。❷姓。

艳（艷*艶豓豔）yàn❶〈形〉色彩鲜明；鲜艳：～丽｜～妆｜浓～。❷〈形〉指关于爱情方面的；香艳：～情｜～史。❸〈动〉羡慕：～羡。❹〈名〉姓。

【艳丽】yànlì〈形〉鲜艳美丽：色彩～｜～夺目｜～的花朵。

【艳情】yànqíng〈名〉指男女爱情：～小说。

【艳羡】yànxiàn〈动〉羡慕。

【艳阳】yànyáng〈名〉❶明媚的风光（多指春天）：～天（明媚的春天）。❷明丽的太阳：～高照。

【艳冶】yànyě〈形〉鲜艳；美丽。

晏 yàn❶〈形〉迟：～起。❷同"宴"③。❸〈名〉姓。

【晏驾】yànjià〈动〉君主时代称帝王死。

唁 yàn〈动〉对遭遇丧事的表示慰问：慰～｜～电。

宴（*❶❷醼）yàn❶〈动〉请人吃酒饭；聚会在一起吃酒饭：～客｜～欢～。❷〈名〉酒席；宴会：设～｜赴～｜盛～。❸〈形〉安乐；安闲：～安｜～居。

【宴安鸩毒】yàn'ān zhèn dú 贪图安乐等于喝毒酒自杀。

【宴会】yànhuì〈名〉宴饮的聚会。

【宴请】yànqǐng〈动〉设宴招待：～宾客。

【宴息】yànxī〈动〉休息。

【宴席】yànxí〈名〉请客的酒席：大摆～。

【宴饮】yànyǐn〈动〉设宴聚饮。

【宴坐】yànzuò 同"燕坐"。

验（驗*譣）yàn❶〈动〉察看；查考：～货｜～光｜试～｜检～。❷〈动〉产生预期的效果：灵～｜屡试屡～。❸〈名〉预期的效果：效～。

【验收】yànshōu〈动〉按照标准检验合格后收下。

【验证】yànzhèng〈动〉通过试验使得到证实。

【验资】yànzī〈动〉查验资金或资产：～机构｜～报告｜由工商部门～。

备用词　参验　测验　查验　化验　检验　经验　勘验　考验　实验　试验　体验　证验　灵验　效验　应验

谚（諺）yàn〈名〉谚语：农～｜民～｜古～。

【谚语】yànyǔ〈名〉在群众中间流传的固定语句，用简单通俗的话反映出深刻的道理，如"众人拾柴火焰高"、"三个臭皮匠，赛过诸葛亮"。

堰 yàn〈名〉比坝低的挡水建筑物：塘～｜修堤筑～。

雁（*鴈）yàn〈名〉鸟，外形略像鹅，善于游泳和飞行。常见的有鸿雁：～行（háng）｜沉鱼落～｜～阵。

【雁行】yànháng〈名〉鸿雁飞时整齐的行列，借指兄弟（dì）。

焰（*燄）yàn❶〈名〉火苗：火～｜烈～。❷比喻气势：气～｜凶～。

【焰火】yànhuǒ〈名〉❶烟火③。❷火。

【焰腾腾】yàntēngtēng〈形〉形容烈火熊熊燃烧的样子。

备用词　光焰　火焰　烈焰　气焰　势焰　凶焰

焱 yàn〈名〉❶火花；火焰。❷姓。

滟（灧）yàn[滟滪（yù）堆]〈名〉长江瞿塘峡口的巨石。1958年整治航道时已炸平。

酽（釅）yàn〈形〉（汁液）浓；味厚：～茶。

餍（饜）yàn❶〈动〉吃饱。❷〈形〉满足：～足。

谳（讞）yàn〈动〉议罪。

燕（*❶鷰）yàn❶〈名〉鸟，尾巴分开像剪刀。捕食昆虫，对农作物有益。常见的有家燕。❷同"宴"①②。❸同"宴"③。

△另见 yān。

【燕雀】yànquè〈名〉❶燕子和麻雀：～处堂（比喻安居而失去警惕）。❷比喻见识短浅的人：～之志。

【燕尾服】yànwěifú〈名〉男子西式晚礼服的一种。前身较短，后身较长且下端分开，像燕子尾巴。

【燕坐】yànzuò〈动〉闲坐；安坐：今夫膏粱之子，～于华堂之上。也作“宴坐”。

赝（贋 * 贗）yàn〈形〉伪造的：～币｜～本｜～品。

— yāng —

央 yāng❶〈动〉恳求：～求｜～告。❷〈名〉中心：中～。❸〈形〉终止；完结：夜未～｜乐无～。❹〈名〉姓。

【央告】yānggào〈动〉恳求；央求。

【央浼】yāngměi〈动〉恳求；请托。

【央求】yāngqiú〈动〉恳求；再三～，她终于答应了。

泱 yāng［泱泱］〈形〉❶水面广阔：海水～。❷气魄宏大：～大国。

殃 yāng❶〈名〉祸害：灾～｜祸～。❷〈动〉使受祸害：祸国～民。

鸯（鴦）yāng 见〖鸳(yuān)鸯〗。

秧 yāng❶〈名〉植物的幼苗（多指可移栽的）：育～｜树～子。❷〈名〉特指稻苗：稻～｜～田。❸〈名〉某些植物的茎：瓜～｜豆～。❹〈名〉某些饲养的幼小动物：鱼～｜猪～子。❺方言。〈动〉栽培；畜养：～了一池鱼。❻〈名〉姓。

【秧歌】yāngge〈名〉主要流行于北方广大农村的一种民间舞蹈，用锣鼓伴奏。

鞅 yāng，旧读 yǎng〈名〉古代用马拉车时架在马脖子上的皮套子。

△另见 yàng。

— yáng —

扬（揚 *❷颺敭）yáng❶〈动〉高举；往上升：～帆｜～鞭｜昂～。❷〈动〉飘动：飘～｜飞～。❸〈动〉往上撒：～场(cháng)。❹〈动〉宣扬；传播出去：～名｜～言｜～传。❺〈名〉指江苏扬州：～剧。❻〈名〉姓。

【扬长】yángcháng〈副〉大模大样或满不在乎地离开的样子：～而去｜～过市。

【扬尘】yángchén❶〈动〉扬起灰尘：大风～｜～天气｜建筑工地要落实防止～措施。❷〈名〉扬起的灰尘：治理～｜～蔽日｜～超标。

【扬幡招魂】yáng fān zhāo hún 迷信习俗，挂幡招回死者的魂灵。现多比喻召唤坏人恢复活动。

【扬厉】yánglì〈动〉发扬；铺张。

【扬眉吐气】yáng méi tǔ qì 形容摆脱了长期受压抑的境遇后，心情得到舒展而快活如意。

【扬旗】yángqí〈名〉铁路上的一种信号，设在车站两头，柱上装着活动的板，板横着时表示火车不准进站，板向下斜时表示准许进站。

【扬弃】yángqì〈动〉❶哲学上指事物在新陈代谢过程中，发扬旧事物中的积极因素，抛弃事物中的消极因素。❷抛弃。

【扬清激浊】yáng qīng jī zhuó 见〖激浊扬清〗。

【扬沙】yángshā〈动〉大风扬起地面的尘沙，使空气浑浊，水平能见度低的天气现象：沙尘天气分为浮尘、～、沙尘暴和强沙尘暴四级。

【扬升】yángshēng〈动〉（价格、行情等）往上升；上涨：油价大幅～｜股价近日稳步～｜这种邮票在邮品市场上～至八十元。

【扬汤止沸】yáng tāng zhǐ fèi 把沸水舀起来再倒回去，使它不沸腾。比喻办法不彻底，没有从根本上解决问题。

【扬言】yángyán〈动〉故意说出要采取某种行动的话（多含贬义）。

【扬扬】yángyáng〈形〉得意的样子：～得意。也作“洋洋”。

备用词　飞扬　飘扬　昂扬　激扬　传扬　发扬　声扬　宣扬　张扬　褒扬　表扬　颂扬　赞扬　趾高气扬

羊 yáng❶〈名〉哺乳动物，反刍类，一般头上有一对角。种类很多，常见的有山羊、绵羊、羚羊等。❷古通“祥”(xiáng)。❸〈名〉姓。

【羊肠小道】yángcháng xiǎodào 狭窄而曲折的小路(多指山路)。

备用词　歧路亡羊　顺手牵羊

阳(陽) yáng ❶〈名〉我国古代哲学认为宇宙中通贯物质和人事的两大对立面之一(跟"阴"相对,下②-⑦同):阴~二气。❷〈名〉太阳;日光:~光|~伞|向~|遮~。❸〈名〉山的南面;水的北面:衡~(在衡山之南)|洛~(在洛河之北)。❹〈形〉凸出的:~文。❺〈形〉外露;表面的:~沟|奉阴违。❻〈名〉指属于活人和人世的(迷信):~间|还~。❼〈形〉带正电的:~电。❽〈名〉指男性生殖器:~痿。❾古通"佯"。❿〈名〉姓。

【阳春】yángchūn〈名〉指春天:~三月。

【阳春白雪】yángchūn báixuě 战国时代楚国的一种高雅的歌曲,后来泛指高深的、不通俗的文学艺术,常与"下里巴人"对举。参看〖下里巴人〗。

【阳奉阴违】yáng fèng yīn wéi 表面上遵从,暗地里违抗。

【阳关大道】yángguān dà dào ❶原指古代经过阳关(在今甘肃敦煌西南)通向西域的大道,后泛指通行便利的大道。❷比喻有光明前途的道路。

【阳光】yángguāng〈名〉日光:~灿烂。

【阳间】yángjiān〈名〉指人世间。

【阳狂】yángkuáng 同"佯狂"。

【阳历】yánglì〈名〉❶历法的一类,是根据地球绕太阳运行的周期而制定的。也叫"太阳历"。❷公历的通称。

【阳平】yángpíng〈名〉普通话字调的第二声,符号是"ˊ"。

【阳台】yángtái〈名〉楼房有栏杆的小平台。

【阳文】yángwén〈名〉印章或某些器物上所刻或所铸的凸出的文字或花纹(跟"阴文"相对)。

【阳线】yángxiàn〈名〉证券市场上指收盘价高于开盘价的K线(跟"阴线"相对)。

备用词　残阳　骄阳　太阳　夕阳　斜阳　炎阳　艳阳　朝阳

玚(瑒) yáng〈名〉一种玉。△另见 chàng。

杨(楊) yáng〈名〉❶乔木,种类很多,如银白杨、毛白杨、小叶杨等。❷姓。

【杨柳】yángliǔ〈名〉❶杨树和柳树。❷指柳树。

旸(暘) yáng ❶〈动〉日出:~谷(古代传说中日出的地方)。❷〈形〉天晴。

炀(煬) yáng ❶〈动〉熔化金属。❷〈形〉火旺。❸〈动〉烤;烘干。

佯 yáng〈动〉假装:~装|~死|~狂。

【佯攻】yánggōng〈动〉虚张声势地假装向敌方进攻。

【佯狂】yángkuáng〈动〉假装疯癫。也作"阳狂"。

疡(瘍) yáng ❶〈名〉疮:脓~。❷〈动〉皮肤或黏膜溃烂:溃~。

垟 yáng 方言。〈名〉田地(多用于地名):翁~|黄~(都在浙江)。

徉 yáng 见〖徜(cháng)徉〗。

洋 yáng ❶〈形〉盛大;丰富:~溢|~~大观。❷〈名〉地球表面最广大的水域,分为太平洋、大西洋、印度洋、北冰洋四个部分。❸〈名〉外国:西~|东~|留~。❹〈形〉现代化的(区别于"土"):~办法|土~结合。❺〈名〉洋钱;银圆:大~|银~。❻〈名〉姓。

【洋财】yángcái〈名〉原指跟外国做买卖得到的财物,后泛指意外得到的财物。

【洋场】yángchǎng〈名〉旧时指洋人较多的都市,多指上海:十里~。

【洋车】yángchē〈名〉即人力车,一种用人拉的车,主要用来载人。

【洋瓷】yángcí〈名〉搪瓷。也作"洋磁"。

【洋磁】yángcí 同"洋瓷"。

【洋红】yánghóng ❶〈形〉粉红。❷〈名〉指粉红色的颜料。

【洋火】yánghuǒ〈名〉火柴的旧称。

【洋货】yánghuò〈名〉旧时指进口货。

【洋钱】yángqián〈名〉银圆,泛指钱。

【洋务】yángwù〈名〉清末指关于外国的和关于模仿外国的事务。

【洋洋】yángyáng ❶〈形〉形容盛大或众多:~大观(形容事物美好繁多,丰富多彩)|~万言。❷同"扬扬"。

【洋洋洒洒】yángyáng sǎsǎ 形容文章或谈话丰富明快,发挥自如。也形容文章篇幅长。

【洋溢】yángyì〈动〉(情绪、气氛等)充满而流露:热情~。

备用词　重洋　海洋　汪洋

炀 yáng 方言。〈动〉熔化;溶化:～铜 | 雪～了。
△另见 yàng。

蛘 yáng 方言。〈名〉指米象一类的昆虫。有的地区叫"蛘子"。

== yǎng ==

仰 yǎng ❶〈动〉脸向上(跟"俯"相对):～视 | ～卧 | ～泳。❷〈动〉敬慕:～慕 | 敬～ | 信～。❸〈动〉依靠;依赖:～仗 | ～赖。❹〈动〉旧时公文用语。上行文中用在"请、祈、恳"等字之前,表示恭敬;下行文中表示命令,如"仰即遵照"。❺〈名〉姓。

【仰承】yǎngchéng〈动〉❶依靠;依赖。❷敬辞,表示遵从对方的意图。

【仰给】yǎngjǐ〈动〉依靠别人供给:～于人。

【仰慕】yǎngmù〈动〉敬仰思慕。

【仰人鼻息】yǎng rén bí xī 比喻依赖人,不能自主,看人的脸色行事。

【仰视】yǎngshì〈动〉抬着头向上看。

【仰望】yǎngwàng〈动〉❶抬着头向上看。❷敬仰而有所期待。

【仰仗】yǎngzhàng〈动〉依靠;依赖:～诸位相助。

备用词 景仰 敬仰 信仰 瞻仰

养(養) yǎng ❶〈动〉供给生活资料或生活费用:抚～ | 供～ | ～老。❷〈动〉饲养或培植(动物、花草):驯～。❸〈动〉生育:生～ | ～孩子。❹〈动〉培养:从小～成劳动习惯。❺〈动〉使身心得到滋补或休息,以增进精力或恢复健康:疗～ | ～神。❻〈动〉保养维护:～路。❼〈动〉扶植;扶助:以副～农。❽〈形〉指有抚养关系的(非亲生的):～女 | ～父。❾〈名〉姓。

【养虎遗患】yǎng hǔ yí huàn 比喻纵容敌人,结果给自己留下祸患。

【养护】yǎnghù〈动〉❶保养维修,使建筑物、机器等保持良好状态:～公路。❷培植保护(花草、树木等):～草坪。

【养精蓄锐】yǎng jīng xù ruì 养足精神,积蓄力量。

【养老】yǎnglǎo〈动〉❶奉养老年人:～送终(指对老人的奉养和殡葬)。❷指年老闲居休养。

【养老院】yǎnglǎoyuàn〈名〉收养老人的机构。也叫"敬老院"。

【养料】yǎngliào〈名〉能供给有机体营养的物质。

【养生】yǎngshēng〈动〉保养身体,以期延年益寿。

【养痈成患】yǎng yōng chéng huàn 比喻姑息坏人坏事,结果自己反受其害。也说"养痈遗患"。

【养育】yǎngyù〈动〉❶抚养和教育:不忘父母～之恩。❷培养使成长:～万物。

【养殖】yǎngzhí〈动〉饲养和繁殖:～业。

【养尊处优】yǎng zūn chǔ yōu 处于尊贵的地位,过着优裕的生活(多含贬义)。

备用词 奉养 扶养 抚养 供养 培养 赡养 豢养 饲养 喂养 涵养 教养 素养 修养 保养 将养 调养 休养 颐养 营养 滋养

氧 yǎng〈名〉气体元素,符号 O。无色无味,在工业中用途极广。氧气是人和动物、植物呼吸所必需的气体。

痒(癢) yǎng〈形〉皮肤或黏膜受到轻微刺激产生的想挠的感觉:发～ | 搔～。

== yàng ==

怏 yàng〈形〉❶不高兴;不满意:～～不乐。❷不服气:～～不服。

【怏然】yàngrán〈形〉❶不高兴的样子:～不悦。❷自大的样子:～自足。

样(樣) yàng ❶〈名〉形状;形式:～式 | 图～ | 模～。❷〈名〉姿态;神情:装模作～。❸〈名〉作为标准或代表,供人模仿或观看的事物:～品 | ～板 | 货～。❹〈量〉表示事物的种类:他～～儿都好。

【样板】yàngbǎn〈名〉比喻学习、仿效的榜样:～田。

【样式】yàngshì〈名〉物体的形状;式样:～新颖。

备用词 榜样 花样 模样 时样 式样 大模大样 装模作样

恙 yàng〈名〉病:抱～ | 偶染微～ | 安然无～。

烊 yàng [打烊] 方言。〈动〉商店晚上关门停止营业。
△另见 yáng。

鞅 yàng〈名〉牛鞅,牛拉东西时架在脖子上的器具。
△另见 yāng。

漾 yàng ❶〈动〉水面微微动荡:荡～。❷〈动〉液体太满而向上涌或向外流:～奶。

❸方言。〈名〉小的湖泊。

— yāo —

么 yāo 同"幺"。
△另见 ma;me。

幺 yāo ❶〈数〉数字中的"一"叫"幺":呼～喝六。❷方言。〈形〉排行最小的:～叔｜～妹。❸〈形〉细;小:～小｜～麼。❹〈名〉姓。

【幺麼】yāomó ❶〈形〉微小:～小丑(指微不足道的坏人)。❷〈名〉借指小人:跳梁～。

夭(*❶**妖**) yāo ❶〈动〉夭折:～亡｜寿～(长寿与夭折,指寿命长短)。❷〈形〉形容草木茂盛:～桃秾李。

【夭矫】yāojiǎo〈形〉屈伸的样子:古柏～婆娑。

【夭折】yāozhé〈动〉❶未成年而死;早死。也说"夭殇"、"夭逝"。❷比喻事情中途失败。

吆 yāo[吆喝]〈动〉大声喊叫(多指叫卖、赶牲口、呼唤等)。

约(約) yāo〈动〉用秤称:～一～分量。
△另见 yuē。

妖 yāo ❶〈名〉妖怪:～魔。❷〈形〉邪恶而迷惑人的:～术｜～风。❸〈形〉装束奇特,作风不正派(多指女性):～艳｜～媚。❹〈形〉艳丽:～娆。

【妖风】yāofēng〈名〉神话中妖魔兴起的风,比喻邪恶的风气或潮流。

【妖怪】yāoguài〈名〉神话传说中形状奇怪可怕、有妖术、常常害人的精灵。

【妖精】yāojing〈名〉❶妖怪。❷比喻以姿色迷人的女子。

【妖媚】yāomèi〈形〉娇媚而不正派。

【妖魔】yāomó〈名〉妖怪。

【妖魔鬼怪】yāo mó guǐ guài 比喻各色各样的坏人或邪恶势力。

【妖孽】yāoniè〈名〉❶怪异不祥的事物。❷比喻专做坏事的人。

【妖气】yāoqì〈名〉神话传说中指妖怪所具有的不同于人的气质。

【妖娆】yāoráo〈形〉妖艳美好;艳丽多姿。

【妖言】yāoyán〈名〉迷惑人的邪说:～惑众。

【妖艳】yāoyàn〈形〉艳丽而不庄重。

【妖冶】yāoyě〈形〉艳丽而不正派。

要 yāo ❶〈动〉求:～求。❷〈动〉强迫;挟:～挟。❸同"邀":～击｜～功。❹〈名〉姓。
△另见 yào。

【要篡】yāocuàn〈动〉拦路夺取。

【要功】yāogōng 同"邀功"。

【要击】yāojī 同"邀击"。

【要求】yāoqiú ❶〈动〉提出具体愿望或条件,希望得到满足或实现:～进步。❷〈名〉所提出的具体愿望或条件:～得到满足。

【要挟】yāoxié〈动〉利用对方的弱点,胁迫对方答应自己的要求。

塎 yāo 地名用字:塞子～(在山西)。

腰 yāo〈名〉❶胯上胁下的部分,在身体的中部:～带｜～眼｜～弯。❷裤腰:～肥。❸指腰包或衣兜:～里没钱。❹事物的中间部分:山～｜树～。❺中间狭小,像腰部的地势:土～｜海～。❻姓。

【腰板儿】yāobǎnr〈名〉❶人的腰和背(就姿势说):挺直～。❷借指体格:～挺硬朗。

【腰包】yāobāo〈名〉腰间所带的钱包,泛指钱包。

【腰杆子】yāogǎnzi〈名〉❶指腰部。❷比喻靠山:～硬(有靠山支持)。

【腰斩】yāozhǎn〈动〉❶古代的一种酷刑,从腰部把身体斩为两段。❷比喻把一个事物或相联系的事物从中割断。

【腰肢】yāozhī〈名〉腰:扭动～。

【腰子】yāozi〈名〉肾的通称。

邀 yāo〈动〉❶约;请:～请｜～集。❷求得:～准｜～功。❸拦住:～击｜～截。

【邀功】yāogōng〈动〉把别人的功劳抢过来当作自己的:～请赏。也作"要功"。

【邀击】yāojī〈动〉在进行中途加以袭击。也作"要击"。

【邀集】yāojí〈动〉把众多的人邀请到一起。

【邀请】yāoqǐng〈动〉郑重地请人到自己的地方来或约定的地方去。

— yáo —

爻 yáo〈名〉组成八卦的长短横道,"—"为阳爻,"——"为阴爻。

尧(堯) yáo〈名〉❶传说中的上古帝王名。❷姓。

侥(僥) yáo 见[僬(jiāo)侥]。
△另见 jiǎo。

肴(*餚) yáo〈名〉鱼肉等荤菜:菜～｜酒～｜～佳～。

【肴馔】yáozhuàn〈名〉指宴席上的或比较丰盛的饭菜。

轺(軺) yáo〈名〉古代一种轻便的马车。

峣（嶢） yáo〈形〉形容高峻：～峥。

姚 yáo〈名〉姓。

珧 yáo〈名〉蚌、蛤的壳，古代用作刀、弓等上面的装饰物。

陶 yáo皋陶，上古人名。
△另见táo。

銚（銚） yáo〈名〉❶古代的一种大锄。❷姓。
△另见diào；tiáo。

窑（*窯窰） yáo〈名〉❶烧制砖瓦、陶瓷等的建筑物：砖～｜瓷～｜石灰～。❷指土法生产的煤矿：煤～。❸窑洞：一孔～。❹旧指妓院：～子。❺姓。

【窑洞】yáodòng〈名〉就土山的山崖挖成的供人居住的洞。

谣（謠） yáo〈名〉❶歌谣：民～｜童～｜～谚。❷没有事实根据的消息：～言｜～传｜～造～。❸姓。

【谣传】yáochuán ❶〈动〉谣言传播：街上～大楼塌了。❷〈名〉传播的谣言：听信～。

【谣俗】yáosú〈名〉风俗：～被服饮食奉生送死之具也。

【谣诼】yáozhuó ❶〈动〉造谣毁谤。❷〈名〉造谣毁谤的话：诽谤丛生，～蜂起。

摇 yáo〈动〉摆动：动～｜飘～｜～尾乞怜。

【摇摆】yáobǎi〈动〉❶来回移动或变动位置：小树迎风～。❷比喻不坚定：立场～。

【摇唇鼓舌】yáo chún gǔ shé 大发议论或进行煽动、游说。

【摇荡】yáodàng〈动〉摇摆动荡。

【摇动】yáodòng〈动〉摇摆。

【摇撼】yáohàn〈动〉摇动；使动摇：狂风～着古树的躯干。

【摇晃】yáohuàng〈动〉摇摆；晃动：烛光～｜把奶瓶～～。

【摇篮】yáolán〈名〉❶可以摇动的婴儿卧具，形状略像篮子。❷比喻青少年时代的生活环境或文化、运动等的发源地。

【摇旗呐喊】yáo qí nàhǎn 古代作战时后面的人摇着旗子呐喊给前面作战的人助威。现比喻替别人助长声势（多含贬义）。

【摇钱树】yáoqiánshù〈名〉神话中的一摇晃就有许多钱落下来的宝树，后多用来比喻借以获取钱财的人或物。

【摇尾乞怜】yáo wěi qǐ lián 狗摇着尾巴向主人乞求怜爱，比喻用媚态求取别人的欢心。

【摇摇欲坠】yáoyáo yù zhuì 形容极不稳固，就要掉下来或垮下来。

【摇曳】yáoyè〈动〉摇荡：芦苇在晚风中～。

备用词 动摇 飘摇 招摇

徭（*傜） yáo〈名〉劳役：～役（古代统治阶级强制人民承担的无偿劳动）。

遥 yáo❶〈形〉很远：～远｜～望｜路～知马力。❷〈名〉姓。

【遥控】yáokòng〈动〉❶通过有线或无线电路的装备操纵一定距离以外的机器、仪器等。❷比喻幕后操纵。

【遥望】yáowàng〈动〉往远处看：～星空｜～天边，红霞烂漫。

【遥想】yáoxiǎng〈动〉遥远地思索或追想：～当年。

【遥遥】yáoyáo〈形〉❶形容距离远：～领先。❷形容时间长久：～无期。

【遥远】yáoyuǎn〈形〉距离远；时间久远：～的地方｜～的往事。

瑶 yáo❶〈名〉美玉：琼～｜～琴（镶玉的琴）。❷〈形〉美好；珍贵：～浆（美酒）｜～函（对人书信的美称）。❸〈名〉瑶族，我国少数民族之一，分布在广西、湖南、云南、广东和贵州。

【瑶池】yáochí〈名〉神话中西王母居住的地方。

飖（飖） yáo见〖飘摇〗（飘飖）。

繇 yáo ❶同“徭”。❷同“谣”。
△另见yóu；zhòu。

鳐（鰩） yáo〈名〉鱼，身体扁平，略呈圆形或菱形，尾细长。生活在海中。

▬ yǎo ▬

杳 yǎo〈形〉远得不见踪影:~无音信|如黄鹤。

【杳眇】yǎomiǎo 同"杳渺"。

【杳渺】yǎomiǎo〈形〉形容遥远或深远。也作"杳眇"。

【杳然】yǎorán〈形〉❶形容不见踪影:~不见。❷形容沉寂:音讯~。

【杳如黄鹤】yǎo rú huánghè 唐崔颢《黄鹤楼》:"黄鹤一去不复返,白云千载空悠悠。"后用"杳如黄鹤"比喻人或物下落不明。

【杳无音信】yǎo wú yīnxìn 形容没有一点消息。

咬(*齩) yǎo〈动〉❶上下牙齿用力夹住、切断或弄碎东西:~断|被蛇~了一口|~~嘴唇。❷钳子等夹住或齿轮、螺丝等互相卡住:~合。❸(狗)叫:鸡叫狗~。❹受责难或审讯时牵扯无关的人:反~一口。❺正确地念出(字的音);过分地计较(字句的意义):~字准确|文嚼字。

【咬文嚼字】yǎo wén jiáo zì 过分地斟酌字句,多用于讽刺死抠字眼儿。

【咬牙切齿】yǎo yá qiè chǐ 形容痛恨到极点的样子。

舀 yǎo〈动〉用瓢、勺等取东西(多指液体):~一瓢水。

窅 yǎo ❶〈形〉深容深远:~然。❷〈动〉眼睛眍进去。

窈 yǎo〈形〉幽远;深远:~深|~冥|登危峰探~壑。

【窈然】yǎorán〈形〉深远幽暗的样子:有穴~。

【窈窕】yǎotiǎo〈形〉❶美好:~淑女。❷形容宫室、山水幽深曲折:黄河从西来,~入远山。

【窈陷】yǎoxiàn〈动〉深陷:眼睛~下去。

窔(*突) yǎo ❶〈形〉幽深。❷〈名〉古代指房屋的东南角。

【窔辽】yǎoliáo〈形〉深远:仰视天门~,如从穴中视天。

▬ yào ▬

疟(瘧) yào〈名〉义同"疟"(nüè),用于"疟子"(疟疾)。
△另见 nüè。

药(藥*葯) yào ❶〈名〉能防治疾病、病虫害等的物质:中~|农~|对症下~。❷〈名〉某些有化学作用的物

质:火~|炸~。❸〈动〉用药治疗:不可救~。❹〈动〉用药毒死:~老鼠。

【药方】yàofāng〈名〉为治疗某种疾病而组合起来的若干种药物的名称、剂量和用法,也指写着药方的纸:开~。

【药石】yàoshí〈名〉古代指药和治病的石针:~罔效。

【药石之言】yàoshí zhī yán 指规劝人改正缺点或错误的话。

【药引】yàoyǐn〈名〉中药药剂中另加的一些药物,有增强药剂效力的作用。也叫"药引子"。

备用词 不可救药　对症下药　灵丹妙药

要 yào ❶〈形〉重要:~点|~犯|~事。❷〈名〉重要的内容:纲~|提~|摘~。❸〈动〉希望得到;希望保持:他~一本英汉词典。❹〈动〉表示做某件事的意志;想:他~学医。❺〈动〉请求:他~我替他写封信。❻〈动〉索要;讨:~账。❼〈动〉叫;让:王老师~你去一下。❽〈动〉应该;必须:我们~努力学习。❾〈副〉总;总归:战者,必然之势也,…而~以不能免也。❿〈副〉将要:他~回来了,你再等一下。⓫〈副〉表示估计(用于比较句):我~比他跑得快些。⓬〈连〉a)如果;要是:明天他~不来,我们就去找他。b)要么:~就去看电影,~就去跳舞。
△另见 yāo。

【要隘】yào'ài〈名〉险要的关口。

【要冲】yàochōng〈名〉交通要道汇合的地方:兰州是西北交通的~。

【要道】yàodào〈名〉❶处于重要位置的道路:交通~。❷重要的道理。

【要点】yàodiǎn〈名〉❶文章、讲话等的主要内容:摘录~。❷重要的据点:战略~。

【要犯】yàofàn〈名〉重要的罪犯。

【要饭】yàofàn〈动〉向人乞求饭食或财物。

【要害】yàohài〈名〉❶身体上致命的部位:击中~。❷比喻事物最重要的部分:~部门。❸比喻军事上重要的地点。

【要津】yàojīn〈名〉❶重要的渡口。❷比喻显要的地位:身居~。

【要紧】yàojǐn ❶〈形〉重要:救伤员~|这段河堤~得很,一定要加强防护。❷〈形〉严重:受了点儿轻伤,不~。❸〈副〉急着(做某件事):我~去开会,来不及细说。

【要诀】yàojué〈名〉重要的诀窍。

【要领】yàolǐng〈名〉❶要点❶:不得~。❷体育和军事训练中某项动作的基本要求:射

击~。

【要路】yàolù〈名〉❶要道。❷比喻显要的地位。

【要略】yàolüè〈名〉阐述要旨的概说(多用于书名):《中国文法~》。

【要强】yàoqiáng〈形〉好胜心强,不甘落后。

【要人】yàorén〈名〉指身居要职、有权势的人物。

【要塞】yàosài〈名〉有坚固防御设施的战略要地。

【要素】yàosù〈名〉构成事物的必要因素:词汇是语言的基本~。

【要言不烦】yào yán bù fán 说话、写文章简明扼要,不烦琐。

【要员】yàoyuán〈名〉指担任重要职务或负有重要使命的人员。

【要职】yàozhí〈名〉重要的职位:身居~。

【要旨】yàozhǐ〈名〉主要的意思。

备用词　紧要　显要　险要　重要　须要　需要　扼要　简要　大要　概要　纲要　纪要　提要　摘要

钥(鑰)yào〈名〉钥匙,开锁的用具。
△另见yuè。

鞒yào〈名〉靴或袜子的筒儿:靴~儿|矮儿皮鞋。

鹞(鷂)yào〈名〉❶鹞鹰,一种猛禽。❷方言。风筝:纸~。

曜yào❶〈名〉日光。❷〈动〉照耀。❸〈名〉日、月、星都叫"曜",日、月和火、水、木、金、土五星合称"七曜"。

耀(﹡❶-❹燿)yào❶〈动〉光线强烈地照射:照~|~眼。❷〈名〉光辉:日星隐~,山岳潜形。❸〈动〉夸耀:显~|~武扬威。❹〈形〉光荣:荣~。❺〈名〉姓。

【耀武扬威】yào wǔ yáng wēi 炫耀武力,显示威风。

【耀眼】yàoyǎn〈形〉光线、色彩强烈刺眼:~的闪电|白得~|几个金光闪闪的大字十分~。

— yē —

耶yē用于译音,如耶稣、耶路撒冷。
△另见yé。

【耶稣教】yēsūjiào〈名〉我国称基督教的新派。参看[基督教]。

倻yē见[伽(jiā)倻琴]。

椰yē〈名〉乔木,树干通直高大,不分枝,叶子大,丛生在树端。果实叫"椰子",果肉白色多汁,可以吃,也可榨油。果皮纤维可制缆绳和刷子。

噎yē〈动〉❶食物堵住食管:因~废食。❷因为迎风而呼吸困难。❸说话顶撞人或使人受窘而不能继续说下去:他一句话就把人家给~回去了。

— yé —

邪yé❶[莫邪]见[镆(mò)铘]。❷同"耶"(yé)①。
△另见xié。

爷(爺)yé〈名〉❶祖父。❷方言。父亲:~娘。❸对长一辈或年长男子的尊称:李~|四~。❹旧时对官僚、财主等的称呼:老~|少~。❺对某些神的称呼:佛~|灶王~|财神~。

【爷们】yémen〈名〉❶男人。❷丈夫。

【爷爷】yéye〈名〉❶祖父。❷称呼跟祖父辈分相同或年纪相仿的男子。

耶yé❶〈助〉表示疑问语气:是~非~? ❷同"爷"。
△另见yē。

揶yé[揶揄(yú)]〈动〉嘲笑。

铘yé见[镆(mò)铘]。

— yě —

也yě❶〈助〉a)表示判断或解释的语气:环滁皆山~|非不能~,是不为~。b)表示疑问或反诘的语气:何~? |是可忍也,孰不可忍~? c)表示句中的停顿:是日~,天朗气清。❷〈副〉a)表示同样:水库可以灌溉、发电,~可以养鱼。b)叠用,强调两事并列或对待:~能说,~能干。c)叠用,表示无论这样或那样:去~不是,不去~不是。d)表示转折或让步:你不说,我~知道。e)表示委婉:景象倒~可观。f)表示强调:连你~不知道吧。❸〈名〉姓。

【也罢】yěbà〈助〉❶表示容忍或只得如此:这件事不讲~,一讲就生气。❷连用两个(或几个)"也罢",表示不以某种情形为条件:你说~,我说~,谁说也没用。

【也么哥】yěmógē 元曲中句尾助词,没有实在意义:枉将他气杀(煞)~。也作"也末哥"。

【也许】yěxǔ〈副〉表示猜测、估计或不很肯定等语气:她现在没在家,~上街去了。

冶 yě ❶〈动〉熔炼(金属):~炼|陶~。❷〈形〉形容女子装饰艳丽(含贬义):妖~|~容。❸〈名〉姓。

【冶炼】yěliàn〈动〉熔炼金属。

【冶容】yěróng ❶〈形〉打扮得很妖媚。❷〈名〉妖媚的容貌。

【冶艳】yěyàn〈形〉妖艳。

野 (*❶-❻ 埜❶-❻ 壄) yě ❶〈名〉田野;野外:原~|旷~|~营。❷〈名〉界限:视~|分~。❸〈名〉指不当政的地位(跟"朝"相对):下~|在~。❹〈形〉不是人所饲养或培植的(动物或植物):~兽|~草。❺〈形〉蛮横不讲理;粗鲁没礼貌:~蛮|~粗。❻〈形〉不受约束:~性|~调无腔。❼〈名〉姓。

【野炊】yěchuī〈动〉在野地烧火做饭。

【野调无腔】yě diào wú qiāng 言语举止放肆,没有礼貌。也说"野腔无调"。

【野火】yěhuǒ〈名〉荒山野地燃烧的火:~烧不尽,春风吹又生。

【野蛮】yěmán〈形〉❶不文明;没有开化。❷粗暴蛮横,不讲道理。

【野生】yěshēng〈形〉动植物在自然环境里生长而非由人饲养或栽培的:~动物|~人参。

【野史】yěshǐ〈名〉指旧时私人编写的史书:稗官~。

【野外】yěwài〈名〉离居民点较远的地方:~作业。

【野味】yěwèi〈名〉❶猎获得来的做肉食的鸟兽。❷用猎获得来的鸟兽做成的菜肴。

【野心】yěxīn〈名〉对领土、权力或名利非分的强烈欲望:~勃勃|狼子~。

【野营】yěyíng〈动〉到野外搭营帐住宿,是军事或体育训练的一种项目。

【野战】yězhàn〈名〉在要塞和大城市以外进行的战斗。

备用词　荒野　旷野　平野　四野　田野　原野　村野　粗野　草野　朝野　坚壁清野　漫山遍野

━━ yè ━━

业(業) yè ❶〈名〉行业:工~|农~|转~。❷〈名〉职业:就~|失~|~务|~余。❸〈名〉学业:毕~|课~|肄~|

师。❹〈名〉事业:功~|创~|~绩。❺〈名〉产业;财产:家~|祖~|~主。❻〈动〉从事(某种行业):~农|~商。❼〈名〉佛教徒称一切行为、言语、思想为业,包括善恶两方面,一般专指恶业:~障。❽〈副〉已经:~已|~经公布。❾〈名〉姓。

【业大】yèdà〈名〉业余大学的简称。

【业绩】yèjì〈名〉建立的功劳和完成的事业;重大的成就:不朽的~。

【业界】yèjiè〈名〉指企业界,也指企业界中各行业或某个行业:获~人士好评。

【业经】yèjīng〈副〉已经(多用于公文):~呈报在案|各种手续~办妥。

【业内】yènèi〈名〉某种行业或业务范围以内:~人士|~同仁|这家老店在~很有影响。

【业师】yèshī〈名〉称教过自己的老师。

【业态】yètài〈名〉业务经营的形式、状态:更新观念,变革|零售、批发两种~并举|京城零售业在~上已形成新的格局。

【业外】yèwài〈名〉某种行业或业务范围以外:~人士|影响波及~。

【业务】yèwù〈名〉个人的或某个机构的专业工作:~能力|~学习。

【业已】yèyǐ〈副〉已经:先遣人员~提前抵达。

【业余】yèyú〈形〉❶本业以外的;工作之余的:~学习。❷非专业性质的:~剧团。

【业余大学】yèyú dàxué 利用学员的业余时间实施高等教育的一种教学机构。简称"业大"。

【业余教育】yèyú jiàoyù 主要指利用业余时间提高工人、农民、干部等的政治、文化和科学、技术水平的一种教育,是我国教育事业的重要组成部分。

【业障】yèzhàng〈名〉❶佛教徒指妨碍修行的罪恶:消除~。❷旧时长辈骂不肖子弟的话。

【业者】yèzhě〈名〉从事某种行业的人:~普遍看重这一项目。

【业主】yèzhǔ〈名〉产业或企业的所有者。

备用词　创业　开业　就业　失业　转业　毕业　结业　修业　肄业　卒业　课业　学业　专业　作业　功业　基业　事业　伟业　勋业　行业　企业　安居乐业　成家立业

叶(葉) yè ❶〈名〉植物的营养器官之一,通常由叶片和叶柄构成,呈薄片状:树~|荷~|~序。❷〈名〉形状像叶子的东西:~轮|百~窗。❸〈名〉较长时期的分段:唐朝末~|19 世纪中~。❹同"页"。❺

〈名〉姓。

△另见 xié。

【叶公好龙】yè gōng hào lóng 汉刘向《新序·杂事》里说,古代有个叶公非常喜爱龙,家里到处都画着或刻着龙。真龙知道了,就来到他家,把头从窗子探进去。叶公见了吓得面如土色,拔腿就跑。后来用"叶公好龙"比喻表面上爱好某事物,实际上并不真爱好。

【叶落归根】yè luò guī gēn 比喻事物有一定的归宿,多指客居他乡的人终究要回到家乡。

页(頁 *❶❷簍)yè ❶〈名〉张(指纸):册~|扉~|插~。❷〈量〉旧时指单面印刷的书本中的一张纸,现在指两面印刷的书本中一张纸的一面(作为印刷术语时仍指一张):~码。❸〈名〉姓。

【页岩】yèyán〈名〉由一层一层薄板状矿物质构成的岩石,如油页岩。

曳(*抴)yè〈动〉拖;拉;牵引:拖~|摇~|~光弹。

邺(鄴)yè〈名〉❶古地名,在今河南安阳北。❷姓。

夜(*亱)yè〈名〉❶从天黑到天亮的一段时间(跟"日""昼"相对):~晚|~宵|深~。❷姓。

【夜半】yèbàn〈名〉夜里十二点钟前后;半夜。

【夜不闭户】yè bù bì hù 夜间睡觉不用关门。形容社会安宁,治安状况良好。

【夜叉】yèchā〈名〉佛教指恶鬼,后用来比喻丑陋而凶恶的人。

【夜长梦多】yè cháng mèng duō 比喻时间拖长了,事情可能发生不利的变化。

【夜大】yèdà〈名〉夜大学的简称。

【夜大学】yèdàxué〈名〉利用夜间上课的大学,多为业余性的。简称"夜大"。

【夜分】yèfēn〈名〉夜半:自非亭午~,不见曦月。

【夜工】yègōng〈名〉夜间干的活儿:赶~。

【夜阑】yèlán〈形〉夜深:~人静。

【夜郎自大】yè láng zìdà《汉书·西南夷传》记载,汉代西南邻国夜郎国(在今贵州西部)国君自以为国土广大,问汉朝使臣:"你们汉朝大,还是我们夜郎国大?"后来用"夜郎自大"比喻妄自尊大。

【夜幕】yèmù〈名〉在夜间,景色模糊像被一幅大幕罩住一样,因此叫作"夜幕":~笼罩着山村。

【夜色】yèsè〈名〉夜晚的天色:~朦胧。

【夜生活】yèshēnghuó〈名〉指夜间进行的交际应酬、文化娱乐等活动。

【夜市】yèshì〈名〉夜间做买卖的市场。

【夜晚】yèwǎn〈名〉夜间;晚上。

【夜宵】(夜消)yèxiāo〈名〉夜里吃的酒食、点心等。

【夜校】yèxiào〈名〉夜间上课的学校(多是业余学校)。

【夜以继日】yè yǐ jì rì 用晚上的时间接上白天,形容日夜不停。

备用词 半夜 午夜 子夜 漏夜 清夜 深夜 夤夜 彻夜 通夜

拽 yè 同"曳"。

△另见 zhuāi;zhuài。

咽 yè〈形〉声音因阻塞而低沉、不顺畅:悲~|鸣~|喇叭声~。

△另见 yān;yàn。

晔(曄)yè 同"烨"。

烨(燁 *爗)yè ❶〈名〉火光;日光。❷〈形〉光盛。

【烨然】yèrán〈形〉鲜艳耀眼的样子。

掖 yè〈动〉❶搀扶别人的胳膊:扶~。❷扶助;提拔:奖~|提~。
△另见 yē。

液 yè〈名〉液体,有一定体积,没有一定形状,可以流动的物质:~态|压|汁~|输~。

谒(謁) yè〈动〉进见:参~|拜~|~见(进见地位或辈分高的人)。

殗 yè[殗殜(dié)]〈形〉病情不十分严重。

腋 yè〈名〉❶上肢和肩膀连接处靠底下凹进的部分。通称~胳(gā)肢窝":~窝。❷其他生物体上跟腋类似的部分:~芽(植物茎叶相连处长出的芽)。

【腋窝】yèwō〈名〉腋①。

馌(饁) yè〈动〉往田野送饭:~彼南亩。

靨(靨) yè〈名〉酒窝:酒~|笑~。

━━ yī ━━

一 yī ❶〈数〉数目,最小的正整数。❷〈形〉表示同一:统~|划~|~视同仁。❸〈形〉另一:马铃薯~名土豆。❹〈形〉全;满:~冬|~生。❺〈形〉专一:~心~意。❻〈动〉统一:四海~。❼〈数〉表示动作是一次的、短暂的或试试的:停~停|瞧~眼。❽〈副〉表示先做某个动作:~学就会|脚踢开。❾〈助〉加强语气:~何速也!❿〈名〉我国民族音乐音阶上的一级,乐谱上用作记音符号,相当于简谱的"7"。

【一败涂地】yī bài tú dì 形容败到不可收拾的地步。

【一般】yībān〈形〉❶一样;同样:他俩~大。❷一种:别有~滋味。❸普通;通常:~化。

【一斑】yìbān〈名〉指豹身上的一块斑纹,比喻事物中的很小一部分:管中窥豹,可见~。

【一板一眼】yī bǎn yī yǎn 比喻说话、做事有条理,合乎规矩,不马虎。

【一本正经】yī běn zhèng jīng ❶形容很规矩。❷形容庄重而严肃。

【一笔勾销】yī bǐ gōuxiāo 比喻把一切完全取消。

【一笔抹杀】yī bǐ mǒshā 比喻轻率地全盘否定一切优点、成绩等。

【一臂之力】yī bì zhī lì 指其中的一部分力量或不大的力量:助你~。

【一并】yībìng〈副〉表示合在一起:几个问题~讨论。

【一波未平,一波又起】yī bō wèi píng, yī bō yòu qǐ 比喻一个问题还没有解决,另一个问题又发生了。

【一不做,二不休】yī bù zuò, èr bù xiū 事情既然做了,就索性做到底。

【一步登天】yī bù dēng tiān 比喻一下子达到最高的境界或程度。

【一倡百和】yī chàng bǎi hè 同"一唱百和"。

【一唱百和】yī chàng bǎi hè 一人首倡,百人附和。形容附和的人极多。也作"一倡百和"。

【一唱一和】yī chàng yī hè 比喻互相配合,互相呼应(含贬义)。

【一朝天子一朝臣】yī cháo tiānzǐ yī cháo chén 指一个人上台,就另换一班人马。

【一尘不染】yī chén bù rǎn ❶佛教把色、声、香、味、触、法叫作"六尘"。佛教徒静心修行,摒除欲念,不被六尘所玷污,叫作"一尘不染"。泛指人品纯洁,没有沾染坏习气。❷形容环境非常清洁:窗明几净,~。

【一成不变】yī chéng bù biàn 一经形成,就不改变。

【一筹莫展】yī chóu mò zhǎn 一点计策也施展不出来;一点办法也没有。

【一触即发】yī chù jí fā 形容形势非常紧张,严重的事情马上就会发生。

【一从】yīcóng〈介〉自从。

【一蹴而就】yī cù ér jiù 踏一步就成功。形容事情轻而易举,一下子就能完成。

【一旦】yīdàn ❶〈名〉一天之间(形容时间短):多年奋斗成果毁于~。❷〈副〉表示不确定的某一天:河堤~溃决,后果不堪设想。

【一定】yīdìng ❶〈形〉规定的;确定的:晚上什么时候回家没~。❷〈形〉固定不变;必然:农作物的生长和土壤、水分、日光等都有~的关系。❸〈形〉相当的;达到某种程度:这篇文章有~的水平。❹〈形〉特定的:~的文化是~社会的政治和经济的反映。❺〈副〉表示意志坚决或要求别人坚决做到:~完成任务。

【一度】yīdù ❶〈数量〉一次:一年~的春节。❷〈副〉有过一次:他曾~休学。

【一二】yī'èr〈数〉一两个,表示很少的数量:略知~。

【一发】yīfā〈副〉❶越发;更加:~不可收拾。❷一同;一齐:~算钱还你!

【一发千钧】yī fà qiān jūn 见[千钧一发]。

【一帆风顺】yī fān fēng shùn 比喻非常顺利，毫无阻碍或挫折。

【一反常态】yī fǎn cháng tài 完全改变了平时的态度。

【一概】yīgài〈副〉表示没有例外：过期～作废。

【一干】yīgān〈形〉所有跟某件事（多指案件）有关的：～人犯。

【一干二净】yīgān'èrjìng 形容一点儿也没有剩下。

【一共】yīgòng〈副〉表示合在一起的总数：～有八个人。

【一股脑儿】（一古脑儿）yīgǔnǎor〈副〉通通：把脏衣服～塞到床底下。

【一鼓作气】yī gǔ zuò qì《左传·庄公十年》："夫战，勇气也。一鼓作气，再而衰，三而竭。"后用来比喻趁着劲头大的时候一下子把事情完成。

【一贯】yīguàn〈形〉始终这样；一向如此：他～早睡早起。

【一锅煮】yī guō zhǔ 比喻不区别情况，对不同的事物做同样的处理。也说"一锅烩"、"一勺烩"。

【一国两制】yī guó liǎng zhì 指一个国家，两种制度。是中国共产党于 1978 年十一届三中全会后提出的完成国家统一的基本国策，即在一个中国的前提下，在大陆实行社会主义制度，在香港、澳门设立特别行政区，实行资本主义制度。这项政策也适用于台湾。

【一何】yīhé〈副〉多么：吏呼～怒，妇啼～苦！

【一呼百应】yī hū bǎi yìng 形容响应的人很多。

【一忽儿】yīhūr〈名〉一会儿①。

【一晃】yīhuàng〈副〉形容时间过得快：来北京～三年了。

【一挥而就】yī huī ér jiù 一动笔就写成。形容写字、画画、作文很快就完成。

【一会儿】yīhuìr ❶〈数量〉指很短的时间：坐了～。❷〈数量〉指在很短的时间之内：～就出发。❸〈副〉分别用在两个反义词的前面，表示两种情况交替出现：天～晴～阴。

【一己】yījǐ〈名〉自身；个人：～私利|～之私。

【一见如故】yī jiàn rú gù 初次见面就像老朋友一样，很投合。

【一见钟情】yī jiàn zhōngqíng 一见面就产生了爱情。

【一箭双雕】yī jiàn shuāng diāo 比喻做一件事而达到两方面的目的。

【一经】yījīng〈副〉表示只要经过某个步骤或某种行为（就能产生相应的结果）：技术～学会，就能干得很快。

【一径】yījìng〈副〉一直。

【一举】yījǔ ❶〈名〉一种举动；一次行动：多此～。❷〈副〉一下子：～粉碎了敌人的进攻。

【一举两得】yī jǔ liǎng dé 做一件事得到两种收获。

【一蹶不振】yī jué bù zhèn 比喻一受到挫折就再也振作不起来。

【一孔之见】yī kǒng zhī jiàn 从一个小窟窿里所见到的。比喻狭隘片面的见解，多用作谦辞。

【一览】yīlǎn〈名〉用图表或简明的文字对某方面情况所做的概括说明：近年考古发现～。

【一劳永逸】yī láo yǒng yì 辛苦一次，把事情办好，以后就不再费事了。

【一例】yīlì〈副〉一律；一概；同等：～处置|各人情况不同，不能～看待。

【一连】yīlián〈副〉表示动作连续不间断或情况不断发生：～干了三天。

【一了百了】yī liǎo bǎi liǎo 主要的事情了结了，其余的事情也跟着了结。

【一鳞半爪】yī lín bàn zhǎo 比喻零星片段的事物。

【一溜烟】yīliùyān〈形〉形容跑得非常快。

【一路】yīlù ❶〈名〉指整个的行程：祝您～安。❷〈名〉沿途：～上庄稼长势喜人。❸〈名〉同一类：～人。❹〈副〉一起（指在同一条路上行走）：咱们～走。

【一律】yīlù ❶〈形〉一个样子：千篇～。❷〈副〉表示没有例外：～平等。

【一马当先】yī mǎ dāng xiān 比喻走在前列。

Y

【一马平川】yī mǎ píngchuān 能够纵马驰骋的广阔平地。

【一脉相承】yī mài xiāng chéng 由一个血统或派别世代流传下来。

【一毛不拔】yī máo bù bá 比喻非常吝啬。

【一米线】yīmǐxiàn〈名〉银行、机场等在距营业窗口或柜台前一米远的地面上划出的横线。正在办理存取款、验证等业务的人站在窗口、柜台前,其他等待办理的人站在线后。

【一面之词】yī miàn zhī cí 争执双方的一方所说的话,也指单方面所说的话。

【一面之交】yī miàn zhī jiāo 只见过一次面的交情。

【一鸣惊人】yī míng jīng rén 比喻平时没有突出表现,一干就做出了惊人的成绩。

【一模一样】yī mú yī yàng 形容完全相同,没有什么区别。

【一木难支】yī mù nán zhī 比喻一个人的力量难以胜任艰巨的事业。

【一目了然】yī mù liǎo rán 一眼就能看清楚。

【一念之差】yī niàn zhī chā 一个念头的差错(多指引起严重后果的)。

【一诺千金】yī nuò qiān jīn 形容说话算数,极讲信用。

【一盘散沙】yī pán sǎn shā 一盘黏合不到一块儿的沙子。比喻分散的力量或不团结的状态。

【一旁】yīpáng〈名〉旁边:站在~看热闹。

【一炮打响】yī pào dǎ xiǎng 比喻第一次行动就获得成功:她第一次出国参加比赛便~。

【一瞥】yīpiē ❶〈动〉很快地看一下:回头~。❷〈名〉一眼看到的大致情况(多用作文章题目):《市场~》。

【一贫如洗】yī pín rú xǐ 形容穷得一无所有。

【一曝十寒】yī pù shí hán《孟子·告子上》:"虽有天下易生之物也,一日暴之,十日寒之,未有能生者也。"后用来比喻做事懈怠的时候多,勤奋的时候少,没有恒心(暴:同"曝")。

【一齐】yīqí〈副〉表示同时。a)指几个主体同时做一件事:全场~热烈鼓掌。b)指同一主体同时做几件事:他把果皮、纸屑、烟头之类一扔进垃圾箱里。

【一起】yīqǐ ❶〈名〉同一个处所:住在~。❷〈副〉a)一同;一齐:~去|~吃饭。b)方言。一共:这几样东西~多少钱?

【一气】yīqì ❶〈副〉不间断地(做某件事):~儿跑下山去。❷〈动〉声气相通;成为一伙:串通~。❸〈数量〉一阵(多含贬义):胡闹~。

【一气呵成】yī qì hē chéng ❶比喻文章的气势首尾贯通。❷比喻整个工作从开始到完成不间断,不松懈。

【一窍不通】yī qiào bù tōng 比喻什么都不懂。

【一切】yīqiè〈代〉❶全部的:藐视~困难|调动~积极因素。❷全部的事物:把~献给祖国。

【一穷二白】yī qióng èr bái 形容基础差,底子薄。

【一丘之貉】yī qiū zhī hé 同一个山丘上的貉,比喻没有差别,都是一样的坏人。

【一人飞升,仙及鸡犬】yī rén fēi shēng, xiān jí jī quǎn 一个人升了天,连他的鸡犬也成了仙。比喻一个人发迹了,同他有关系的人都跟着得势。也说"一人得道,鸡犬升天"。

【一任】yīrèn〈动〉任凭;听凭。

【一仍旧贯】yī réng jiù guàn 完全按照旧例。

【一日三秋】yī rì sān qiū《诗经·王风·采葛》:"一日不见,如三秋兮。"一天没有见面,就像隔了三年一样。形容想念人的心情非常迫切。

【一如】yīrú〈动〉完全一样;完全像:~所闻。

【一如既往】yī rú jì wǎng 完全跟过去一样。

【一扫而空】yī sǎo ér kōng 比喻一点都不给剩下。

【一色】yīsè〈形〉❶一样的颜色:落霞与孤鹜齐飞,秋水共长天~。❷全部一样的:那里是~的年轻人。

【一勺烩】yī sháo huì 一锅煮。

【一身】yīshēn ❶〈名〉浑身;全身:~是胆(形容胆量极大)。❷〈名〉一个人:孑然~。❸〈数量〉一套(衣服):~西装。

【一生】yīshēng〈名〉指从生到死;一辈子:勤劳的~。

【一生一世】yī shēng yī shì 指整个一生。

【一时】yīshí ❶〈名〉一个时期:此~彼~。❷〈副〉短时间;暂时:这事~还顾不上。❸〈副〉临时;偶尔:笔放在哪里~想不起来了。❹〈副〉时而(限于连用):高原上~晴,~雨。

【一视同仁】yī shì tóng rén 对人不分厚薄,同等看待。

【一手】yīshǒu ❶〈名〉指一种本领、技能或手段:露~儿。❷〈副〉指一个人单独地:~包办。

【一手遮天】yī shǒu zhē tiān 形容倚仗权势,

玩弄骗人手法,蒙蔽群众。

【一水】yīshuǐ 方言。〈形〉一色;不混杂别的种类或式样的:新房里~儿红木家具。

【一瞬】yīshùn〈名〉一眨眼的时间,形容时间极短:~即逝。

【一丝不苟】yī sī bù gǒu 形容认真、仔细,毫不马虎。

【一塌糊涂】yītāhútú ❶形容乱到不可收拾或糟到不可收拾:房间里~。❷加在形容词或动词后面作补语,表示程度深或范围广:东西多得~。

【一潭死水】yī tán sǐshuǐ 比喻停滞不前的沉闷局面。

【一体】yītǐ〈名〉❶一个整体,指关系密切:宫中府中,俱为~。❷一律;全体:~周知。

【一体化】yītǐhuà〈动〉使各自独立运作的个体组成一个紧密衔接、相互配合的整体:世界经济~|~服务|城乡统筹发展,加速~进程。

【一同】yītóng〈副〉表示在同一地点或同时做某件事:我们~工作,~学习。

【一统】yītǒng〈动〉统一(国家):~天下。

【一头雾水】yī tóu wù shuǐ 方言。形容摸不着头脑,糊里糊涂。

【一团和气】yī tuán héqì 态度温和,没有原则。

【一碗水端平】yī wǎn shuǐ duān píng 比喻办事公道,不偏袒任何一方。

【一网打尽】yī wǎng dǎ jìn 比喻全部抓获或消灭。

【一往情深】yī wǎng qíng shēn 指对人或事物极其向往,具有深厚的感情。

【一往无前】yī wǎng wú qián 指不怕困难,所畏惧地奋勇前进。

【一望无际】yī wàng wú jì 一眼望不到边,形容非常辽阔。

【一味】yīwèi〈副〉表示不顾客观条件和情况,固执地坚持某种行为;单纯地:对孩子的缺点不能~迁就。

【一文不名】yī wén bù míng 一个钱都没有(名:占有)。

【一窝蜂】yīwōfēng〈副〉形容许多人乱哄哄地同时说话或行动:孩子们~围了上来。

【一无】yīwú〈副〉全无;一点也没有:~所有|~是处。

【一五一十】yī wǔ yī shí 比喻原原本本,清楚而无遗漏地叙述。

【一息尚存】yī xī shàng cún 还有一口气,表示直到生命的最后阶段。

【一系列】yīxìliè〈形〉一连串的;许多有关联的(事物):~问题。

【一线】yīxiàn〈数量〉形容极细微:~阳光|~希望。

【一相情愿】yī xiāng qíngyuàn 同"一厢情愿"。

【一厢情愿】yī xiāng qíngyuàn 只管自己愿意,不管对方是否愿意。泛指办事时全从主观愿望出发,不考虑客观条件是否许可。也作"一相情愿"。

【一向】yīxiàng ❶〈名〉过去的某一段时间:你这~好吧?❷〈副〉表示从过去到现在;从来:~过着清贫的生活。

【一泻千里】yī xiè qiān lǐ ❶形容江河水流迅速。❷形容文笔奔放。

【一蟹不如一蟹】yī xiè bùrú yī xiè 托名宋苏轼《艾子杂说》记载,艾子来到沿海的地方,看见一物扁而圆,有很多腿。他不认识,便问当地居民,当地人告诉他那是一种螃蟹。后来艾子又看到了好几种螃蟹,形皆相似,但一种比一种小,艾子叹了口气说:"怎么一蟹不如一蟹呢!"后用来比喻一个不如一个。

【一心】yīxīn ❶〈副〉专心;全心全意:~为公。❷〈形〉齐心;同心:万众~。

【一心一德】yī xīn yī dé 同心同德。

【一心一意】yī xīn yī yì 一门心思;一个心眼。形容心思、意念专一。

【一行】yīxíng〈名〉指同行的一群人:代表团~已于昨日到京。

【一言既出,驷马难追】yī yán jì chū, sì mǎ nán zhuī 一句话说出口,四匹马拉的车也追不上,形容话说出后无法再收回。

【一言九鼎】yī yán jiǔ dǐng 比喻说话力量大,能起很大作用。

【一言堂】yīyántáng〈名〉❶旧时商店悬挂的匾额,上写"一言堂"三个字,表示不二价。❷特指领导缺乏民主作风,不能听取群众的意见,一个人说了算。

【一言为定】yī yán wéi dìng 一句话说定了,不再更改或后悔。

【一言以蔽之】yī yán yǐ bì zhī 用一句话来概括。

【一叶蔽目】yī yè bì mù《鹖冠子·天则》:"一叶蔽目,不见太(泰)山。"比喻被局部的或暂时的现象所迷惑,不能看清全局或事物的本质。

也说"一叶障目"。

【一叶知秋】yī yè zhī qiū 看见一片叶子掉落，就知道秋天到来。比喻看到一点迹象，就料到事物发展的趋向。

【一一】yīyī〈副〉一个一个地；逐一：老师指着标本~讲解。

【一衣带水】yī yī dài shuǐ 像一条衣带那样窄的水面。形容仅一水之隔，往来方便。

【一意孤行】yī yì gū xíng 不听劝告，固执地按照自己的意志行事。

【一应】yīyīng〈代〉所有一切：~俱全。

【一隅三反】yī yú sān fǎn 见〖举一反三〗。

【一语破的】yī yǔ pò dì 一句话就说到问题的要害或关键（的：箭靶，比喻关键）。

【一再】yīzài〈副〉一次又一次：~邀请｜~强调。

【一朝一夕】yī zhāo yī xī 一个早晨或一个晚上，指很短的时间。

【一针见血】yī zhēn jiàn xiě 比喻说话或写文章直截了当，切中要害。

【一枕黄粱】yī zhěn huángliáng 见〖黄粱梦〗。

【一知半解】yī zhī bàn jiě 指知道得不全面，理解得不透彻。

【一直】yīzhí〈副〉❶不拐弯地循着笔直的方向：~往北走。❷表示动作持续不断或情况始终不改变：他~表现不错。❸强调所指的范围：从老人~到小孩对我们都非常热情。

【一致】yīzhì〈形〉相同，共同：观点~。

【一准】yīzhǔn〈副〉必定；一定：~去｜~爱吃。

备用词 纯一　单一　同一　统一　唯一　专一　背城借一　表里如一　九九归一　心口如一

伊 yī ❶〈助〉用于句首或句中：下车~始｜~谁之力。❷〈代〉他；她。[注意]五四运动前后有的文学作品中用"伊"专指女性，后来改用"她"。❸〈名〉姓。

【伊斯兰教】yīsīlánjiào〈名〉世界上主要宗教之一，公元 7 世纪初阿拉伯人穆罕默德所创。唐代传入我国。在我国也叫"回教"、"清真教"。

【伊于胡底】yī yú hú dǐ 到什么地步为止（对不好的现象表示感叹）。

衣 yī〈名〉❶衣服：棉~｜风~｜~冠。❷包在物体外面的一层东西：炮~｜糖~。❸姓。
△另见 yì。

【衣钵】yībō〈名〉原指佛教中师父传授给徒弟的袈裟和钵，后泛指老师或前人传授下来的思想、学术、技能等：~相传。

【衣不蔽体】yī bù bì tǐ 形容极其穷困，衣衫褴褛的样子。

【衣冠】yīguān〈名〉衣服和帽子，也泛指穿戴：~冢｜~楚楚（形容穿戴整洁）。

【衣冠禽兽】yīguān qínshòu 穿着人的衣服、戴着人的帽子的禽兽，指行为卑劣，如同禽兽的人。

【衣冠冢】yīguānzhǒng〈名〉只埋着死者的衣帽等遗物的坟墓。也叫"衣冠墓"。

【衣锦还乡】yī jǐn huán xiāng 古代指做官以后，穿了锦绣衣服回到家乡向亲友夸耀。也说"衣锦荣归"。

【衣裳】yīshang〈名〉衣服。

【衣食】yīshí〈名〉衣服和食物，泛指生活资料。

【衣物】yīwù〈名〉指衣着和日常用品。

【衣着】yīzhuó〈名〉指身上的衣服、鞋、帽等穿戴：~朴素。

医（醫 * 毉） yī ❶〈名〉医生：军~｜牙~｜兽~。❷〈名〉医学，增进人类健康，预防和治疗疾病的科学：中~｜西~｜~书。❸〈动〉治疗疾病：~治｜头痛~头，脚疼~脚。❹〈名〉姓。

【医疗】yīliáo〈动〉治疗：巡回~。

【医务】yīwù〈名〉医疗事务：~工作者。

【医治】yīzhì〈动〉治疗。

【医嘱】yīzhǔ〈名〉医生根据病情的需要对病人在用药、饮食等方面的指示。

依 yī ❶〈动〉依靠；靠：~傍｜~赖。❷〈动〉傍着：白日~山尽，黄河入海流。❸〈动〉

顺从；同意：～从｜违两可｜你就～了他吧。❹〈介〉按照：～次｜～旧｜～法惩处｜～我看，这样做不行。❺〈名〉姓。

【依傍】yībàng〈动〉❶依靠。❷模仿（多指艺术、学问方面）：文学创作要有所创新，不能一味～前人。

【依从】yīcóng〈动〉顺从；听从。

【依存】yīcún〈动〉互相依附而存在。

【依阿取容】yī ē qǔ róng 看着别人的脸色，逢迎附和（依：依附；阿：逢迎）。

【依附】yīfù〈动〉依赖；附着：～权势。

【依葫芦画瓢】yī húlu huà piáo 比喻照着已有的样子去做，缺乏创造性。

【依旧】yījiù ❶〈动〉照旧：风物～。❷〈副〉跟原来一样：他～像三年前一样活泼。

【依据】yījù ❶〈名〉根据①：科学～。❷〈介〉根据②：～上述意见，我有下列提议。

【依靠】yīkào ❶〈动〉指望（别的人或事物来达到一定目的）：～群众。❷〈名〉可以依靠的人或东西：集体是我们的～。

【依赖】yīlài〈动〉❶依靠别人或别的事物而不能自立或自给：不能一味～别人。❷指各事物或现象互为条件而不可分离：工业和农业互相～，互相支援。

【依恋】yīliàn〈动〉留恋；舍不得离开：相互～。

【依然】yīrán ❶〈动〉照旧：～如故。❷〈副〉仍然：～美丽。

【依托】yītuō〈动〉❶依靠。❷为达到一定目的而假借某种名义。

【依偎】yīwēi〈动〉亲热地靠着；互相紧挨着。

【依稀】yīxī〈形〉模模糊糊；隐隐约约：～记得。

【依依】yīyī〈形〉❶形容留恋，舍不得分离：～不舍｜～惜别。❷形容枝条轻柔，随风摇摆的样子：杨柳～。❸形容隐约可见的样子：暧暧远人村，～墟里烟。

袆（褘）yī〈形〉美好。

咿（＊吚）yī ❶［咿唔（wú）］〈拟〉形容读书的声音：～吟哦。❷［咿呀（yā）］〈拟〉形容小孩儿学话或摇桨等的声音：～学语｜桨声～。

铱（銥）yī〈名〉金属元素，符号 Ir。银白色，质硬而脆，铱的合金用来做坩埚和笔尖等。

猗 yī ❶〈助〉相当于"啊"：河水清且涟～。❷〈叹〉表示赞美：～与盛哉！

揖 yī ❶〈动〉拱手行礼：～让｜开门～盗。❷〈名〉姓。

【揖让】yīràng〈动〉作揖和谦让，是古代宾主相见的礼节。

壹 yī〈数〉数目字"一"的大写。

椅 yī〈名〉乔木，叶子卵形，花黄绿色，木材可制器具。也叫"山桐子"。△另见 yǐ。

婴 yī［婴婗（ní）]〈名〉婴儿。

漪 yī〈名〉水的波纹：～澜｜涟～。

噫 yī〈叹〉表示悲痛或叹息：～！微斯人，吾谁与归！

繄 yī ❶〈助〉惟：～我独无。❷〈动〉是；岂：～多宠。

黟 yī〈名〉黟县，地名，在安徽。

= yí =

匜 yí〈名〉古代盥洗时舀水用的器具，形状像瓢。

仪（儀）yí ❶〈名〉人的外表：～表｜～容｜威～。❷〈名〉礼节；仪式：司～｜礼～｜～仗。❸〈名〉礼物：贺～｜谢～｜奠～。❹〈名〉仪器：～表｜绘图～｜经纬～。❺〈动〉向往：心～。❻〈名〉姓。

【仪表】yíbiǎo〈名〉❶人的外表（指好的）：～堂堂。❷测定速度、温度、压力等的仪器。

【仪节】yíjié〈名〉礼节。

【仪门】yímén〈名〉旧时官衙、府第大门之内的门。

【仪容】yíróng〈名〉人的仪表（多就容貌说）：～俊秀。

【仪式】yíshì〈名〉举行典礼的程序和形式：欢迎～。

【仪态】yítài〈名〉人的仪表（多就姿态说）：～万千｜～万方（形容人容貌姿态样样都美）。

【仪仗】yízhàng〈名〉❶古代帝王、官员等外出时侍从人员所持的武器、旗帜、伞、扇等。❷国家举行大典或迎接外国贵宾时护卫所持的武器，也指游行队伍前列所举着的较大的旗帜、标语等。

圮 yí〈名〉桥。

夷 yí ❶〈形〉平坦；履险如～。❷〈形〉平安：化险为～。❸〈形〉平和；和悦：与之论辩，言和而色～。❹〈动〉破坏建筑物使成为平地：～为平地。❺〈动〉灭掉；杀尽：～灭｜

族。❻〈名〉我国古代称东方的民族也泛指周边的民族：～狄｜淮～｜四～。❼〈名〉旧时泛指外国或外国人：～人｜～杂处。❽〈名〉姓。

【夷灭】yímiè〈动〉全部杀尽；消灭。

沂 yí〈名〉❶沂河，水名，发源于山东，流入江苏。❷姓。

诒(詒) yí 同"贻"。

迤(*迆) yí 见[逶(wēi)迤]。△另见 yǐ。

饴(飴) yí〈名〉饴糖，即麦芽糖：高粱～｜甘之～。

怡 yí ❶〈形〉快乐；愉快：～色｜心旷神～。❷〈名〉姓。

【怡然】yírán〈形〉形容喜悦的样子：黄发垂髫并～自乐。

【怡然自得】yírán zìdé 快乐而满足的样子。

【怡颜】yíyán〈动〉欢颜：引壶觞以自酌，眄庭柯以～。

【怡怡】yíyí〈形〉和顺；和乐：兄弟～。

宜 yí ❶〈动〉合适：合～｜适～｜～人。❷〈动〉应当：事不～迟。❸〈副〉当然；无怪：～其无往而不利。❹〈名〉姓。

【宜人】yírén〈形〉适合人的心意：气候～。

备用词 便宜 得宜 合宜 权宜 适宜 相宜 机宜 时宜 事宜 因地制宜

薁 yí〈动〉除去田间野草：芟(shān)～。△另见 tí。

咦 yí〈叹〉表示惊异：～，她怎么走了？

贻(貽) yí〈动〉❶赠送：馈～。❷遗留：～害｜～患｜～笑大方。

【贻人口实】yí rén kǒushí 给人留下话柄。

【贻误】yíwù〈动〉遗留下错误，使受到坏的影响；耽误：～后学｜～战机。

【贻笑大方】yí xiào dàfāng 让内行见笑。

姨 yí〈名〉❶母亲的姐妹：～母｜表～。❷称呼跟母亲年岁差不多的无亲属关系的妇女：王～。❸妻子的姐妹：小～子。

【姨表】yíbiǎo〈名〉两家的母亲是姐妹的亲戚关系：～兄弟｜～姐妹。

【姨娘】yíniáng〈名〉❶旧时称父亲的妾。❷姨①。

【姨太太】yítàitai〈名〉妾。

栘 yí〈名〉棠棣，古书上说的一种植物。

眙 yí[盱(xū)眙]〈名〉地名，在江苏。

胰 yí〈名〉人或高等动物体内的腺体之一。能分泌胰液帮助消化，分泌胰岛素调节体内糖的新陈代谢。也叫"胰腺"。

【胰子】yízi〈名〉❶猪、羊等的胰腺。❷方言肥皂。

廙 yí 见[廞(yǎn)廙]。

蛇 yí 见[委(wēi)蛇]。△另见 shé。

移(*❶❷逡) yí ❶〈动〉挪动；搬动；转～｜迁～｜～交。❷〈动〉改变；变动：～居｜～易｜贫贱不～。❸〈名〉姓。

【移动】yídòng〈动〉改换原来的位置：慢慢～｜冷空气正向南～｜汽笛响后，船身开始了～。

【移动电话】yídòng diànhuà 不固定在一处，可以变换地点使用的电话，如手机、对讲机、车载电话等。

【移动通信】yídòng tōngxìn 不固定在一处，可以变换地点进行通信的通信方式。

【移防】yífáng〈动〉在某地驻防的军队移到另一地驻防：准备～。

【移风易俗】yí fēng yì sú 改变旧的风俗习惯。

【移花接木】yí huā jiē mù 把带花的枝条嫁接在别的树木上，比喻暗中用手段更换人或

事物。

【移交】yíjiāo〈动〉❶把人或事物转移给有关方面：将犯罪嫌疑人～法庭审讯｜工程竣工验收后已～使用单位。❷原来负责经管的人离职前把所管的事物交给接手的人：新会计刚到，账目还没有～。

【移居】yíjū〈动〉从一个地方迁移到另一个地方居住：～他乡｜～海外。

【移民】yímín❶〈动〉把居民迁移到外地或外国去落户。❷〈名〉迁移到外地或外国去落户的人。

【移情】yíqíng〈动〉❶改变人的情趣；转移情感：～别恋｜好的文艺作品可以～。❷把对某人的态度或情绪转移到另一个人身上，或把自己的主观情感移到客观对象上。

【移山倒海】yí shān dǎo hǎi 搬走山，倾翻大海。形容人类征服自然、改造自然的伟大力量和气魄。

【移师】yíshī〈动〉移动军队：～北上｜获得出线资格的球队将～上海参加决赛。

【移时】yíshí〈动〉过一段时间；少顷。

【移送】yísòng〈动〉移交，多指把犯罪嫌疑人或案件转交给司法机关或专门机构处理：～司法机关。

【移易】yíyì〈动〉改变。

【移植】yízhí〈动〉❶把播种在苗床或秧田里的幼苗连土掘起种在田地里：～树苗｜近年来，京剧从地方戏曲中～了不少优秀剧目。❷把有机体的一部分组织或器官补在同一机体或另一机体的缺陷部分上，使它逐渐长好。如皮肤、角膜等的移植。

【移樽就教】yí zūn jiù jiào 端着酒杯到别人跟前一起饮酒，以便求教，泛指主动前去向人请教。

备用词　挪移　漂移　迁移　推移　游移　转移　寸步难移　物换星移

瘗　yí〈名〉创伤：疮～｜创(chuāng)～。

遗(遺)　yí❶〈动〉丢失：～失｜～弃。❷〈名〉遗失的东西：路不拾～。❸〈动〉遗漏：～忘｜补～。❹〈动〉留下：～憾｜～风｜不～余力。❺〈动〉特指死人留下的：～嘱｜～著｜～产。❻〈动〉排泄大小便或精液(多指不自主的)：梦～｜～尿｜～精。
　　△另见 wèi。

【遗产】yíchǎn〈名〉❶死者留下的财产，包括财物、债权等：继承～。❷借指历史上遗留下来的精神财富或物质财富：文学～｜医学～｜经济～｜非物质文化～。

【遗臭万年】yí chòu wàn nián 坏名声一直流传下去，永远受人唾骂。

【遗传】yíchuán〈动〉生物体的构造和生理机能等由上代传给下代。

【遗传工程】yíchuán gōngchéng 一种遗传学技术，借助生物化学的手段，将一种生物细胞中的遗传物质转移到另一种生物的细胞内，以改变另一种生物的遗传性状或创造新的生物品种。也叫**基因工程**。

【遗存】yícún❶〈动〉遗留：这些石刻～至今已有千年。❷〈名〉古代遗留下来的东西：史前文化～。

【遗毒】yídú〈名〉遗留下来的有害的思想、风气等：肃清～。

【遗风】yífēng〈名〉某个时代遗留下来的风气。

【遗孤】yígū〈名〉(某人死后留下的)孤儿：烈士～。

【遗憾】yíhàn❶〈名〉遗恨；终生～。❷〈形〉不称心；大可惋惜(在外交方面，常用来表示不满或抗议)：功亏一篑，实在令人～｜发生这样的事情，我们深感～。

【遗恨】yíhèn〈名〉到死还感到悔恨或不称心的事情：余恨｜死无～。

【遗患】yíhuàn〈动〉留下祸患：养虎～｜～无穷。

【遗祸】yíhuò〈动〉留下祸患，使人受害。

【遗迹】yíjì〈名〉前人或古代的事物遗留下来的有历史意义的痕迹。

【遗老】yílǎo〈名〉❶改朝换代后留下来的仍然效忠于前朝的老年人。❷指经历世变的老人。

【遗留】yíliú〈动〉(过去的事物)继续存在；以前留存下来：处理～问题。

【遗漏】yílòu〈动〉应该列入或提到的因疏忽而没有列入或提到：名单上把他的名字给～了｜他回答完全，一点儿也未～。

【遗民】yímín〈名〉改朝换代后留下来的仍然效忠于前朝的人，也泛指大乱后留下来的人民。

【遗墨】yímò〈名〉死去的人留下来的书札、字画、文稿等。

【遗篇】yípiān〈名〉前人留下来的诗文。

【遗弃】yíqì〈动〉❶抛弃；丢掉。❷把应该赡养或抚养的亲属抛开不管。

【遗容】yíróng〈名〉❶人死后的容貌：瞻仰～。❷遗像。

【遗撒】yísǎ〈动〉丢弃；散落：~灰渣|防止垃圾清运中～渗漏。

【遗少】yíshào〈名〉改朝换代后留下来的仍然效忠于前朝的年轻人。

【遗失】yíshī〈动〉因疏忽不慎而丢掉(东西)。

【遗矢】yíshǐ〈动〉拉屎，排泄大便。

【遗世独立】yí shì dú lì 脱离社会，独自生活，不跟任何人往来。

【遗事】yíshì〈名〉前代或前人留下来的事迹：《大宋宣和～》。

【遗书】yíshū〈名〉❶前人留下来而由后人刊印的著作。❷临死时留下的书信。❸散失的书。

【遗体】yítǐ〈名〉❶所尊敬的人的尸体。❷动植物死后的残余物质。

【遗忘】yíwàng〈动〉忘记：童年的生活，至今尚未～。

【遗闻】yíwén〈名〉遗留下来的传闻：～轶事。

【遗物】yíwù〈名〉古代或死者留下来的东西。

【遗训】yíxùn〈名〉死者生前所说的有教育意义的话。

【遗言】yíyán〈名〉死者生前或临死时留下来的话：临终～。

【遗业】yíyè〈名〉前人留下来的事业。

【遗愿】yíyuàn〈名〉死者生前没有实现的愿望。

【遗泽】yízé〈名〉前人遗留的恩惠或实物。

【遗赠】yízèng〈动〉遗嘱中指明立遗嘱人死后把自己的财产赠给国家、集体或法定继承人以外的人。

【遗诏】yízhào〈名〉皇帝临死时留下的诏书。

【遗址】yízhǐ〈名〉已经毁坏的建筑物所在的地方(多指年代久远而有历史意义的)：圆明园～。

【遗志】yízhì〈名〉死者生前没有实现的志愿：继承先烈的～。

【遗嘱】yízhǔ〈名〉人在生前或临死时留给人的书面或口头的嘱咐。

【遗嘱继承】yízhǔ jìchéng 按照被继承人生前所立的合法有效的遗嘱而继承遗产。

【遗著】yízhù〈名〉死者生前留下来的著作。

【遗踪】yízōng〈名〉旧址；陈迹。

【遗族】yízú〈名〉死者的家族。

【遗作】yízuò〈名〉死者生前留下来的作品：这位老画家的～最近在京展出。

颐(頤) yí ❶〈名〉颊；腮：支～(手托住腮)|～指气使。❷〈动〉保养：～

养|～神。

【颐指气使】yí zhǐ qì shǐ 不说话而用面部表情支使人(气：神情)，多形容有权有势者傲慢的神情。

疑 yí ❶〈动〉不能确定是否真实；怀疑：～心|～嫌|～将信将～。❷〈形〉不能解决的；不能确定的：～问|～案。❸〈名〉疑难的问题：存～|释～。

【疑案】yí'àn〈名〉❶真相不明，一时难以判决的案件。❷泛指不明情况、难以确定的事件或情节。

【疑兵】yíbīng〈名〉为迷惑敌人而布置的军队。

【疑窦】yídòu〈名〉可疑之点：顿生～。

【疑犯】yífàn〈名〉指犯罪嫌疑人。

【疑惑】yíhuò ❶〈形〉心里不明白：~不解。❷〈动〉怀疑；起疑心：心里～。

【疑忌】yíjì〈动〉因怀疑而猜忌。

【疑惧】yíjù〈动〉因疑虑而恐惧：心生～。

【疑虑】yílǜ〈动〉因怀疑而顾虑：打消～。

【疑难】yínán〈形〉有疑问而难于解决的：～杂症(各种病理不明而难以治愈的病)。

【疑神疑鬼】yí shén yí guǐ 怀疑这个，又怀疑那个，形容本无其事而胡乱猜疑。

【疑似】yísì〈形〉似乎确定又似乎不确实的：～之间|～病例。

【疑团】yítuán〈名〉积聚在心里的疑问；一连串不能解决的问题：～难解|满腹～。

【疑问】yíwèn〈名〉怀疑的问题；不能解释的事情：提出～。

【疑心】yíxīn ❶〈名〉怀疑的念头：起～。❷〈动〉怀疑；起疑心：～他是扒手。

【疑心病】yíxīnbìng〈名〉指多疑的心理。

【疑凶】yíxiōng〈名〉有行凶嫌疑的人。

【疑义】yíyì〈名〉值得怀疑的道理;可疑的地方:毫无～。

【疑云】yíyún〈名〉像浓云一样积聚的怀疑:驱散～。

【疑阵】yízhèn〈名〉为了使对方迷惑而布置的阵势或局面:布下～。

备用词　猜疑　迟疑　犯疑　狐疑　怀疑　可疑　嫌疑　犹疑　置疑

嶷　yí[九嶷]〈名〉山名,又地名,都在湖南。

簃　yí〈名〉楼阁旁边的小屋。

彝(*彞)　yí〈名〉❶古代盛酒的器具,泛指祭器:～器|鼎～。❷法度;常规:～准。❸彝族,我国少数民族之一,主要分布在四川、云南、贵州和广西。

━━ yǐ ━━

乙　yǐ〈名〉❶天干的第二位。用来排列次序时表示第二。参看〖干支〗。❷我国民族音乐音阶上的一级,乐谱上用作记音符号,相当于简谱的"7"。❸画"乙"字形状的记号,从前读书写字时常用的标记:勾～|涂～。❹姓。

已　yǐ❶〈动〉停止:争论不～|有加无～。❷〈动〉治愈:可以～大风、挛踠、瘘、疠。❸〈副〉a)已经:他早～知道此事。b)后来;不多时:～忽不见。c)太;过:不为～甚。❹〈助〉表示感叹:士之处此世,而望名誉之光,道德之行,难～。❺古通"以"⑧。❻〈名〉姓。

【已而】yǐ'ér〈副〉过了不久。

【已经】yǐjīng〈副〉表示事情完成或时间过去:任务～完成。

【已然】yǐrán❶〈副〉已经。❷〈动〉已经这样,已成事实:宁防患于未然,毋补救于～。

【已往】yǐwǎng〈名〉以前;过去:不该忘记～的艰苦岁月。

以(*❶-❽目)　yǐ❶〈介〉用;拿:～柔克刚|晓之～理。❷〈介〉依;按照:物～类聚。❸〈介〉因为:～人废言。❹〈连〉表示目的:学～致用。❺〈介〉于;在(时间):～正月初一降临人世。❻〈名〉缘故;理由:良有～也。❼〈连〉跟"而"相同:城高～厚,地广～深。❽〈介〉表示时间、方位、数量的界限:～前|～外|长江～北。❾〈名〉姓。

【以暴易暴】yǐ bào yì bào 用残暴代替残暴,指统治者虽然改换了,但暴虐的统治依然没有改变。

【以便】yǐbiàn〈连〉用在下半句话的开头,表示使下文所说的目的容易实现:请在信封上写清邮政编码,～迅速投递。

【以毒攻毒】yǐ dú gōng dú 用毒药来治疗毒疮等疾病。比喻利用坏人来制伏坏人或利用不良事物本身的矛盾来反对不良事物。

【以讹传讹】yǐ é chuán é 把本来就不正确的话又错误地传开去,结果越传越错。

【以故】yǐgù〈连〉因此;唐浮图慧褒始舍于其址,而卒葬之;～其后名之曰"褒禅"。

【以及】yǐjí〈连〉连接并列的词或词组:桌上堆放着书籍、报纸～各种杂志。

【以己度人】yǐ jǐ duó rén 用自己的想法去猜度别人。

【以儆效尤】yǐ jǐng xiào yóu 用对坏人或坏事的处理来警告那些学着做坏事的人。

【以蠡测海】yǐ lí cè hǎi 用瓢来量海水,比喻片面地观察事物。参看〖管窥蠡测〗。

【以邻为壑】yǐ lín wéi hè 拿邻国当大水坑,把本国的洪水排泄到那里去。比喻把困难或灾祸转嫁给别人。

【以卵投石】yǐ luǎn tóu shí 拿蛋打石头,比喻不自量力,自取灭亡。也说"以卵击石"。

【以貌取人】yǐ mào qǔ rén 只凭外貌来判断人的品质或能力。

【以身试法】yǐ shēn shì fǎ 拿自身来尝试法律的威力,指藐视法律,做触犯法律的事。

【以身作则】yǐ shēn zuò zé 用自己的行动做榜样。

【以为】yǐwéi〈动〉认为:不～耻,反～荣。

【以眼还眼,以牙还牙】yǐ yǎn huán yǎn,yǐ yá huán yá 比喻用对方所使用的手段来还击对方。

【以一当十】yǐ yī dāng shí 一个人抵挡十个人。形容军队英勇善战。

【以逸待劳】yǐ yì dài láo 指作战时养精蓄锐,以迎击远来的疲劳了的敌人。

【以至】yǐzhì〈连〉❶一直到;直至(表示在时间、数量、程度、范围上的延伸):循环往复,～无穷。❷用在下半句话的开头,表示由于前半句所说的动作、情况的程度深而形成的结果:天气这样冷,～水管都冻裂了。也说"以至于"。

【以致】yǐzhì〈连〉用在下半句话的开头,表示下文是上述原因所形成的结果(多指不好的结果):管理不善,~生产一直上不去。

备用词 得以　可以　加以　所以　忘乎所以

钇(釔) yǐ〈名〉金属元素,符号 Y。灰黑色粉状物,用来制合金或某种玻璃、电子和光学器件等。

苡 yǐ〈名〉薏苡:~仁。

佁 yǐ〈形〉痴呆的样子。

【佁然】yǐrán〈形〉凝滞不动的样子:~不动。

尾 yǐ〈名〉❶马尾上的长毛:马~。❷蟋蟀等尾部的针状物:三~儿(雌蟋蟀)。
△另见 wěi。

矣 yǐ〈助〉❶用在句末,跟"了"相同:俱往~|悔之晚~。❷表示命令或请求:公子勉之~!❸表示感叹:嗟乎!师道之不传也久~!❹用在疑问句末,表示疑问语气,跟"呢"相同:德何如,则可以王~?

迤(*迆) yǐ❶〈介〉往;向(表示在某一方向上的延伸):中山公园在天安门~西。❷〈动〉地势斜着延伸。
△另见 yí。

【迤逦】yǐlǐ〈形〉❶曲折连绵:瞿塘~尽,巫峡峥嵘起。❷形容曲折行进的样子:~前行。

蚁(蟻*螘) yǐ〈名〉昆虫,种类很多,一般体小腰细,黑色、红色或褐色。成群穴居,分为雌蚁、雄蚁、工蚁和兵蚁。

舣(艤*檥) yǐ〈动〉使船靠岸:~舟。

酏 yǐ〈名〉酏剂,含有糖和挥发油或另含主要药物的酒精溶液的制剂。

倚 yǐ❶〈动〉靠:~门而望。❷〈动〉仗恃:~仗|~赖|~势欺人。❸〈形〉歪:不偏不~。❹〈名〉姓。

【倚财仗势】yǐ cái zhàng shì 倚仗钱财和权势(干坏事)。

【倚伏】yǐfú〈动〉《老子》:"祸兮福之所倚,福兮祸之所伏。"后用"倚伏"指两种相对立的事物互相依存,互相转化:乐与苦,相为~者也。

【倚老卖老】yǐ lǎo mài lǎo 倚仗年纪大,卖弄老资格。

【倚马可待】yǐ mǎ kě dài 形容文思敏捷,写文章快。

【倚托】yǐtuō〈动〉倚靠;托付。

【倚仗】yǐzhàng〈动〉靠某种势力或有利条件:~权势。

【倚重】yǐzhòng〈动〉重视而信赖:~贤能。

扆 yǐ〈名〉❶古代的一种屏风。❷姓。

椅 yǐ〈名〉椅子,有靠背的坐具:藤~|躺~|轮~。
△另见 yī。

蛾 yǐ同"蚁"。
△另见 é。

旖 yǐ[旖旎(nǐ)]〈形〉柔和而美丽:风光~。

𰯄 yǐ〈动〉支撑;用力抵住:手之所触,肩之所倚,足之所履,膝之所~。

━ yì ━

义 yì〈动〉治理;安定:~安(太平无事)。

弋 yì❶〈名〉带绳的箭。❷〈动〉用带绳的箭射鸟:~获。❸〈名〉小木桩。❹〈名〉姓。

亿(億) yì❶〈数〉数字,一万万:~万(泛指极大的数目)。❷〈数〉古代指十万。❸〈名〉姓。

【亿万斯年】yì wàn sī nián 形容无限长远的年代。

义(義) yì❶〈名〉正义:道~|侠~|仁~|~士。❷〈形〉合乎正义或公益的:~举|~演。❸〈名〉情谊:情~|忘恩负~。❹〈形〉因抚养或拜认而成为亲属的:~父|结~。❺〈形〉人工制造的(人体的部分):~齿|~肢。❻〈名〉意义:字~|定~|广~。❼〈名〉姓。

【义不容辞】yì bù róng cí 道义上不允许推辞。

【义愤】yìfèn〈名〉对违反正义的事所产生的愤怒:满腔~。

【义愤填膺】yì fèn tián yīng 胸中充满义愤(膺:胸)。

【义工】yìgōng〈名〉❶自愿参加的无报酬的公益性工作:踊跃报名做~|学生们在居委会干部指导下从事~。❷从事义工的人:这项工作由两名~负责|退休后他到福利院当起了~。

【义举】yìjǔ〈名〉❶合乎正义的举动。❷指疏财仗义的行为。

【义捐】yìjuān〈动〉为正义或公益的事情捐献钱物:开展救灾~活动|为帮助残障人员,大家纷纷~。

【义理】yìlǐ〈名〉指言论、文章的内容和道理。

【义卖】yìmài〈动〉为了给正义或公益的事情筹款而出售物品,出售的物品往往是捐献的,售价一般比市价高。

【义拍】yìpāi〈动〉为了给正义或公益事业筹款而拍卖物品,拍卖的物品往往是捐献的。

【义气】yìqi❶〈名〉指由于私人关系而甘于承担风险或牺牲自己利益的气概:讲～。❷〈形〉有这种气概或感情:哥儿几个非常～。

【义赛】yìsài〈动〉为了给正义或公益事业筹款而举行的体育比赛。

【义士】yìshì〈名〉指能维护正义或有侠义行为的人。

【义无反顾】(义无返顾)yì wú fǎn gù 在道义上只有勇往直前,绝不退缩回头。

【义务】yìwù❶〈名〉按照法律规定或在道义上应尽的责任:尽～。❷〈形〉不取报酬的:～劳动。

【义务兵役制】yìwù bīngyìzhì 公民依法律在一定年龄内有服一定期限兵役义务的制度。

【义务教育】yìwù jiàoyù 国家在法律中规定一定年龄的儿童必须受到一定程度的教育。

【义项】yìxiàng〈名〉字典、词典中对同一个条目的不同意义分列的释义项目。

【义学】yìxué〈名〉旧时由私人集资或用地方公益金创办的免费的学校。

【义演】yìyǎn〈动〉为了给正义或公益的事情筹款而举行演出。

【义勇】yìyǒng〈形〉为正义事业而勇于斗争的:～军。

【义蕴】yìyùn〈名〉精深含蓄的意义。

【义战】yìzhàn〈名〉正义的战争。

【义诊】yìzhěn❶〈动〉为了给正义或公益的事情筹款而设门诊给人治病。❷医生无报酬地给人治病:到革命老区巡回～。

【义正词严】yì zhèng cí yán 道理正当,言辞严肃。

备用词　字义　词义　歧义　忠义　定义　含义　涵义　讲义　意义　主义　道义　情义　仁义　信义　正义　就义　起义　首义　仗义　背信弃义　断章取义　开宗明义　舍生取义　望文生义　言不及义　忘恩负义　深明大义

艺(藝) yì❶〈名〉技能;技术:手～|技～|工～|多才多～。❷〈名〉艺术:文～|曲～|～人。❸〈名〉准则;限度:贪贿无～。❹〈动〉种植:树～五谷。❺〈名〉姓。

【艺林】yìlín❶〈名〉文艺图书聚集的地方。❷旧时指艺术界:享誉～。

【艺人】yìrén〈名〉❶戏曲、曲艺、杂技等演员。❷某些手工艺工人。❸指有才能技艺的人:能善是,是足为～矣。

【艺术】yìshù❶〈名〉用形象来反映现实但比现实有典型性的社会意识形态,包括文学、绘画、雕塑、音乐、舞蹈、戏剧、电影等:～家|～创作。❷〈名〉指富有创造性的方式、方法:领导～。❸〈形〉样子独特而美观的:房间布置得挺～。

【艺术家】yìshùjiā〈名〉从事艺术创作或表演而有一定成就的人,如表演艺术家、雕塑艺术家。

【艺术品】yìshùpǐn〈名〉艺术作品,一般指造型艺术的作品。

【艺术思维】yìshù sīwéi 形象思维。

【艺术性】yìshùxìng〈名〉文学艺术作品通过形象反映生活、表现思想感情所达到的准确、鲜明、生动的程度以及形式、结构、表现技巧的完美的程度。

【艺徒】yìtú〈名〉学徒工。

【艺员】yìyuán 方言。〈名〉演员。

【艺苑】yìyuàn〈名〉文学艺术人才或精美作品会集的地方,泛指文学艺术界:～奇葩。

备用词　工艺　技艺　农艺　球艺　手艺　武艺　游艺　园艺　多才多艺

刈 yì❶〈动〉割(草或谷类):～草|～稻。❷〈名〉古代镰刀一类的农具。

忆(憶) yì〈动〉回想;记得:～往事,峥嵘岁月稠|记～。

【忆念】yìniàn〈动〉回忆并怀念。

艾 yì❶同"义"。❷[怨艾]〈动〉怨恨。△另见ài。

伇 yì[伇伇]〈形〉❶雄壮勇猛。❷高大。△另见gē。

议(議) yì❶〈名〉意见;言论:提～|建～|异～。❷〈动〉商议:～论|～程复~|咱们先～一～这事。❸〈动〉议论;评说:非～|物～。

【议案】yì'àn〈名〉提交会议讨论决定的提案。

【议程】yìchéng〈名〉会议上议案讨论的程序,泛指会议进行的程序。

【议定】yìdìng〈动〉商议决定:～价款。

【议购】yìgòu〈动〉按买卖双方议定的价格收购。

【议和】yìhé〈动〉❶交战双方进行和平谈判。❷通过谈判,结束战争。

【议会】yìhuì 也叫"国会"。〈名〉某些国家的最高立法机关。也叫"议院"。❷某些国家的最高权力机关。

【议论】yìlùn ❶〈动〉对人或事物的好坏、是非等表示意见:纷纷~|大家都在~此事。❷〈名〉对人或事物的好坏、是非等所表示的意见:大发~。

【议题】yìtí〈名〉会议讨论的题目:中心~。

【议院】yìyuàn〈名〉议会①:上~|下~。

备用词 倡议 刍议 建议 决议 提议 非议 计议 抗议 评议 商议 审议 协议 争议 不可思议 从长计议 街谈巷议 无可非议

屹 yì〈形〉山峰高耸的样子:~立|~然。△另见 gē。

【屹立】yìlì〈动〉❶像山峰一样高耸而稳固地立着:松树傲然~。❷比喻坚定不可动摇:中国~在世界的东方。

【屹然】yìrán〈形〉像山峰一样高耸而稳固地立着的样子。

亦 yì ❶〈副〉也(表示同样);也是:反之~然|人云~云。❷〈副〉不过;只是:布衣之怒,~免冠徒跣,以头抢地尔。❸〈名〉姓。

【亦步亦趋】yì bù yì qū 比喻自己没有主张,或为了讨好,事事顺从别人,跟着人家走。

衣 yì〈动〉穿:~布衣|解衣~人。△另见 yī。

异(*異) yì ❶〈形〉有分别;不相同:~性|~样|差~|迥~。❷〈形〉奇异;特殊:~味|~闻|~特|~卓。❸〈形〉惊奇;奇怪:奇~|骇~。❹〈形〉另外的;别的:~地|~城|~端。❺〈动〉分开:离~。❻〈名〉姓。

【异彩】yìcǎi〈名〉❶奇异的光彩:~纷呈。❷比喻突出的成就:大放~。

【异常】yìcháng ❶〈形〉不同于寻常:神色~。❷〈副〉非常;特别:~兴奋。

【异爨】yìcuàn〈动〉不同用一个灶,指分家。

【异端】yìduān〈名〉旧时指不符合正统思想的教义、主张或言论:~邪说。

【异化】yìhuà〈动〉❶相似或相同的事物逐渐变得不相似或不相同。❷哲学上指把自己的素质或力量转化为跟自己对立、支配自己的东西。

【异己】yìjǐ〈名〉同一集团中跟自己在立场、政见或重大问题上敌对或有严重分歧的人:排斥~。

【异军突起】yì jūn tū qǐ 比喻一种新的力量突然出现。

【异口同声】yì kǒu tóng shēng 形容许多人说同样的话。

【异曲同工】yì qǔ tóng gōng 曲调虽然不同,演奏得同样好。比喻做法虽然不同,却收到同样好的效果。也说"同工异曲"。

【异日】yìrì〈名〉❶日后;将来。❷往日。

【异体字】yìtǐzì〈名〉跟规定的正体字同音同义而写法不同的字,如"夠"是"够"的异体字,"砲"、"礮"是"炮"的异体字。

【异物】yìwù〈名〉❶医学上指不应进入而进入身体内部的某些物体,如进入眼内的沙子等。❷指死亡的人。❸奇异的物品。

【异想天开】yì xiǎng tiān kāi 形容想法离奇,根本不可能实现。

【异性】yìxìng ❶〈形〉性别不同。❷〈名〉指性别不同的人。❸〈形〉性质不同:同性电相斥,~电相吸。

【异样】yìyàng〈形〉❶两样;不同:二者并无~。❷与寻常不同的;特殊:~的眼光。

【异议】yìyì〈名〉针对某种意见所持的不同的意见:提出~。

【异域】yìyù〈名〉❶外国。❷他乡;外地。

【异族】yìzú〈名〉外族。

备用词 神异 特异 新异 优异 珍异 诧异 怪异 骇异 惊异 奇异 标新立异 大同小异 求同存异 日新月异

抑 yì ❶〈动〉向下按;压制:~制|~郁|压~。❷〈连〉a)表示选择,相当于"或是"、"还是":求之欤? ~与之欤? b)表示转折,相当于"可是"、"但是"、"而且":非惟天时,~亦人谋也。❸〈名〉姓。

【抑扬】yìyáng〈动〉(声音)高低起伏:~顿挫(形容声音或语调高低曲折,和谐优美)。

【抑郁】yìyù〈形〉心有怨愤,不能诉说而烦闷:~寡欢。

【抑止】yìzhǐ〈动〉抑制②。

【抑制】yìzhì〈动〉❶大脑皮层的两种基本神经活动过程之一。作用是阻止皮层的兴奋,减弱器官机能的活动。❷控制;压下去:~不住悲痛。

备用词　贬抑　遏抑　压抑　平抑

呓(囈*讛)　yì〈名〉梦话:梦~|~语。

【呓语】yìyǔ❶〈名〉梦话。❷〈动〉说梦话。

邑　yì〈名〉❶城市:城~|通都大~。❷旧时县的别称:~宰(县令)。

【邑人】yìrén〈名〉同县的人。

【邑庠】yìxiáng〈名〉明清两代称"县学"。

佚　yì同"逸"。

【佚乐】yìyuè〈形〉逸乐:安于~。

役　yì❶〈名〉需要出劳力的事:劳~|苦~|徭~。❷〈名〉兵役:现~|免~|~龄。❸〈动〉役使:奴~。❹〈名〉旧称被使唤的人:仆~|差~。❺〈名〉战争;战役:毕其功于一~|平型关之~。❻〈名〉事情;事件:国有大~。❼〈名〉姓。

【役夫】yìfū〈名〉服劳役或兵役的人。

【役使】yìshǐ〈动〉使用(牲畜);强迫使用(人力)。

备用词　苦役　劳役　徭役　奴役　使役

译(譯)　yì❶〈动〉翻译:口~|笔~|~文|~音。❷〈名〉姓。

【译本】yìběn〈名〉翻译成另一种文字的本子。

【译笔】yìbǐ〈名〉指译文的文笔:~流畅。

【译意风】yìyìfēng〈名〉会场或影剧院等使用的一种翻译装置。

易　yì❶〈形〉容易(跟"难"相对):简~|轻~|得来不~。❷〈形〉平和;平:~近人。❸〈动〉轻视:贵货~土。❹〈动〉改变;变换:~帜|~地|移风~俗。❺〈动〉交换:交~|贸~。❻〈动〉修治:~其田畴。❼〈名〉姓。

【易如反掌】yì rú fǎn zhǎng 像翻一下手掌那么容易,比喻事情很容易做。

备用词　变易　改易　浅易　移易

峄(嶧)　yì〈名〉峄山,山名,在山东。

佾　yì〈名〉古代乐舞的行列。

泄　yì[泄泄]〈形〉❶和乐的样子:其乐~|融融~。❷松懈;懈怠:不可~视之。
　　△另见xiè。

怿(懌)　yì〈形〉喜欢;高兴:悦~。

诣(詣)　yì❶〈动〉到某人所在的地方;到某个地方去看人(多用于所尊敬的人):~前请教。❷〈名〉(学业、技术)所达到的程度:造~|苦心孤~。

驿(驛)　yì❶〈名〉古代供传递公文或传送消息用的马。❷〈形〉用驿马传送的:~书。❸〈名〉古代指传递公文或消息的人。❹〈名〉驿站(现多用于地名):龙泉~(在四川)|走马~(在河北)。

【驿路】yìlù〈名〉古代为传递政府文书而开辟的道路,沿途设有驿站。也叫"驿道"。

【驿站】yìzhàn〈名〉古代供传递政府文书的人中途更换马匹或歇宿的地方。

绎(繹)　yì❶〈动〉抽丝,比喻理出事物的头绪:抽~|演~。❷〈形〉形容连续不断:络~不绝。

轶(軼)　yì❶同"逸"③④。❷〈名〉姓。

昳　yì[昳丽]〈形〉容貌美丽:邹忌修八尺有余,而形貌~。
　　△另见dié。

食　yì用于人名。郦食其(jī),汉代人。
　　△另见shí;sì。

弈　yì❶〈名〉围棋。❷〈动〉下棋:~棋|对~。❸〈名〉姓。

奕　yì❶〈形〉盛大:赫~|~~。❷〈名〉姓。

【奕奕】yìyì〈形〉精神饱满的样子:神采~。

疫　yì〈名〉瘟疫:~病|~情|鼠~|防~。

【疫病】yìbìng〈名〉流行性传染病。

羿　yì〈名〉❶古代传说中夏代有穷国的君主,善于射箭。❷姓。

挹　yì〈动〉❶舀:~彼注兹。❷拉;牵引:~奖~。

【挹注】yìzhù〈动〉比喻从有余的地方取出些来以补不足的地方。

益　yì❶〈名〉好处(跟"害"相对):利~|公~|集思广~。❷〈形〉有益的(跟"害"相对):~友|~鸟。❸〈动〉增加:增~|进~|损

~。❹〈副〉a) 更;更加:~发|日~繁荣。b) 渐渐:武~愈,单于使使晓武。❺古通"溢":澭水暴~。❻〈名〉姓。

【益发】yìfā〈副〉越发;更加。

【益友】yìyǒu〈名〉在思想、工作、学习等方面对自己有帮助的朋友:良师~。

备用词 裨益 补益 公益 教益 进益 利益 权益 收益 效益 集思广益 开卷有益

洇 yì〈动〉沾湿:润~。

悒 yì〈形〉忧愁不安:~闷|忧~|~~不乐。

谊(誼) yì〈名〉交情:友~|情~|联~|会~。

场 yì〈名〉❶田间的界限。❷边境;疆~。

勩(勚) yì❶〈形〉劳苦:莫知我~。❷〈动〉器物的棱角、锋芒等磨损:螺丝扣~了。

逸 yì❶〈形〉安乐;安闲:安~|以~待劳。❷〈动〉逃跑:奔~|逃~。❸〈动〉散失;失传:~书|~闻。❹〈动〉退隐;避世隐居:民~|通~。❺〈动〉超过一般:超~。

【逸乐】yìlè〈形〉安乐。

【逸民】yìmín〈名〉古代称避世隐居的人,也指亡国后不在新朝做官的人。

【逸事】yìshì〈名〉世人不大知道的关于某人的事迹(多指不见于正式记载的):《左忠毅公~》。

【逸闻】yìwén〈名〉不见于正式记载的世人不大知道的传说:~趣事。

【逸兴】yìxìng〈名〉超逸豪放的意兴:~横飞。

【逸豫】yìyù〈形〉安逸享乐:~亡身。

【逸致】yìzhì〈名〉闲适安逸的情趣:闲情~。

翊 yì〈动〉辅佐;帮助:~卫。

翌 yì〈形〉次于今年、今天的:~年|~日|~晨。

【翌日】yìrì〈名〉次日;第二天。

嗌 yì〈名〉咽喉。△另见 ài。

肄 yì〈动〉学习:~习|~业(学习课程,指没有毕业或尚未毕业)。

裔 yì〈名〉❶后代:华~|~胄。❷边远的地方:四~。❸姓。

意 yì❶〈名〉意思:来~|言简~赅。❷〈名〉用意;意图:醉翁之~不在酒。❸〈名〉心

愿;愿望:~愿|如~。❹〈动〉料想;料想:~想|~外。❺〈名〉姓。

【意表】yìbiǎo〈名〉意料之外:出人~。

【意会】yìhuì〈动〉不经直接说明而心中明白:只可~,不可言传。

【意见】yìjiàn〈名〉❶见解;主张:发表~。❷认为不对而产生的不满意的想法:他对我有~。

【意境】yìjìng〈名〉文学艺术作品所表现的境界和情调:~深远。

【意料】yìliào〈名〉事先对情况等的估计:出乎~。

【意马心猿】yì mǎ xīn yuán 见〖心猿意马〗。

【意念】yìniàn〈名〉念头;想法。

【意气】yìqì〈名〉❶意志和气概:~风发。❷志趣和性格:~相投。❸由于主观、偏激而产生的任性的情绪:闹~|~用事(缺乏理智,只凭感情办事)。

【意气风发】yì qì fēng fā 形容精神振奋,奋发向上。

【意趣】yìqù〈名〉情趣;旨趣。

【意识】yìshí❶〈名〉人脑对客观物质世界的反映:存在决定~。❷〈动〉觉察:他~到情况不妙。

【意识形态】yìshí xíngtài〈名〉在一定的经济基础上形成的对于世界和社会的系统的看法或见解,政治、法律、艺术、宗教、哲学、道德等是它的具体表现。

【意思】yìsi〈名〉❶意义;文章或说话的思想内容:你这话是什么~? ❷意见;愿望:大家的~是去泰山一游。❸指礼品所代表的心意:这是我的一点~。❹某种趋势或苗头:天阴得有下雨的~。❺情趣;趣味:这出戏真有~。

【意图】yìtú〈名〉想达到某种目的的打算:领会上级的~。

【意外】yìwài〈名〉❶意料之外:出人~。❷意外的不幸事件:注意安全,免生~。

【意味】yìwèi❶〈名〉含蓄的意思:话中含有讽刺的~。❷〈名〉情调;趣味:富于文学~|抬头看瀑布,越看越有~。❸〈动〉含有某种意义(常与"着"连用):这一着什么谁都清楚。

【意想】yìxiǎng〈动〉料想;想象:~不到的事情。

【意向】yìxiàng〈名〉目的;意图:~不明。

【意象】yìxiàng〈名〉意境。

【意兴】yìxìng〈名〉兴致:~盎然。

【意义】yìyì〈名〉❶语言文字等所表示的内容：解释词的～。❷价值；作用：人生的～｜教育～。

【意译】yìyì〈动〉❶根据某种语言词语的意义译成另一种语言的词语（区别于"音译"）。❷不是逐字逐句地，而是根据原文的大意来翻译（区别于"直译"）。

【意愿】yìyuàn〈名〉愿望；心愿。

【意韵】yìyùn〈名〉意境和韵味：这首诗颇有一番～。

【意蕴】yìyùn〈名〉内在的意义；含义：～丰富。

【意旨】yìzhǐ〈名〉意图；旨意：秉承～。

【意志】yìzhì〈名〉为了达到既定目的而自觉努力的心理状态：～坚强。

备用词　得意　可意　乐意　满意　如意　适意　遂意　中意　故意　任意　肆意　随意　蓄意　执意　恣意　差强人意　称心如意　回心转意　三心二意　诗情画意　一心一意　真心实意　自鸣得意

溢　yì❶〈动〉充满而流出来：洋～｜盈～｜江河横～。❷〈形〉过分：～美。

【溢价】yìjià❶〈动〉指高于有价证券等的面值或平价：～销售彩票｜～处置资产。❷〈名〉高出面值或平价的价格：收购价中有10%的～。

备用词　充溢　漫溢　飘溢　洋溢

缢（縊）yì〈动〉勒死；吊死：自～。

蜴　yì见[蜥(xī)蜴]。

廙　yì〈形〉尊敬；恭敬。

瘗（瘞）yì〈动〉掩埋；埋藏。

嫕　yì〈形〉性情和蔼可亲：婉～（和婉柔顺）。

鶍（鷁）yì〈名〉古书上指土绶鸡。

镒（鎰）yì〈量〉古代重量单位，合20两（一说24两）。

毅　yì〈形〉坚决；刚～｜坚～。

【毅力】yìlì〈名〉坚强持久的意志：惊人的～。

【毅然】yìrán〈副〉坚决而毫不犹豫地：～决然。

备用词　沉毅　刚毅　坚毅

熠　yì〈形〉光耀；鲜明。

【熠熠】yìyì〈形〉形容闪烁发亮：光彩～。

薏　yì［薏苡(yǐ)］〈名〉草本植物，果实卵形，灰白色。果仁叫"薏米"、"苡仁"或"苡米"，中医入药。

殪　yì〈动〉❶死。❷杀死。

蜴　yì〈名〉无脊椎动物的一大类，雌雄异体，身体呈圆筒状，不分节。生活在海底泥沙中。

劓　yì〈动〉古代一种割掉鼻子的酷刑。

翳（*❷瞖）yì❶〈动〉遮蔽：云～。❷〈名〉眼睛角膜病变后留下的白色疤痕。

歝　yì❶〈动〉厌弃。❷〈形〉盛。
△另见 dù。

臆（*肊）yì❶〈名〉胸：胸～｜抚～论心，有时而谬。❷〈动〉主观猜想：～测｜～断｜～造。

【臆测】yìcè〈动〉主观地推测。

【臆断】yìduàn〈动〉凭主观推测来断定：不可～。

【臆度】yìduó〈动〉臆测。

【臆想】yìxiǎng〈动〉主观想象：凭空～。

【臆造】yìzào〈动〉凭主观的想法编造。

翼　yì❶〈名〉翅膀：羽～｜蝉～。❷〈名〉两侧伸出像翅膀的部分：鼻～。❸〈名〉侧：两～｜右～。❹〈动〉帮助；辅佐：～助。❺同"翌"。❻〈名〉星宿名，二十八宿之一。❼〈名〉姓。

【翼蔽】yìbì〈动〉遮蔽；掩护。

【翼翅】yìchì〈名〉翅膀。

【翼然】yìrán〈形〉像鸟翼张开的样子，多形容建筑物的檐角翘起、伸展。

【翼翼】yìyì〈形〉❶严肃谨慎：小心～。❷严整有秩序：四骐～。❸繁盛：我黍与与，我稷～。

镱（鐿）yì〈名〉金属元素，符号Yb。用于制特种合金、发光材料等。

Y

癔 yì〈名〉癔症，一种精神病，多由精神受重大刺激引起。发作时大叫大闹，哭笑无常，言语错乱，或有痉挛、麻痹、失明、失语等现象。也叫"歇斯底里"或"脏(zàng)躁症"。

懿 yì〈形〉美好(多指德行)：～德｜～范｜嘉言～行。

【懿德】yìdé〈名〉美好的品德。

【懿旨】yìzhǐ〈名〉皇太后或皇后的诏令。

— yīn —

因(*❶-❺囙) yīn ❶〈动〉沿袭：～循｜～袭。❷〈动〉凭借；根据：～人成事。❸〈名〉原因(跟"果"相对)：～由｜成～｜前～后果。❹〈介〉因为：～此｜～祸得福｜～病请假。❺〈连〉因此；因而：若民，则无恒产，～无恒心。❻〈名〉姓。

【因材施教】yīn cái shī jiào 根据学习的人能力、性格、志趣等的不同情况，施行不同的教育。

【因此】yīncǐ〈连〉❶用于表示结果或结论的小句，前一句常用"由于"呼应：由于学习刻苦，～取得好成绩。❷因为这个：有成绩固然可喜，但切忌～而骄傲。

【因地制宜】yīn dì zhì yí 根据不同地区的具体情况采取适宜的方式或适当的办法。

【因而】yīn'ér〈连〉表示结果：赛前调整得好，～体力充沛。

【因果】yīnguǒ〈名〉❶原因和结果：～关系。❷信佛教的人认为今生种什么因，来生结什么果，即善有善报，恶有恶报：～报应。

【因陋就简】yīn lòu jiù jiǎn 就着原来简陋的条件办事。

【因人成事】yīn rén chéng shì 依赖别人的力量办成事情。

【因人而异】yīn rén ér yì 根据不同人的不同情况而采取不同的办法或措施。

【因势利导】yīn shì lì dǎo 顺着事物的发展趋势加以引导。

【因素】yīnsù〈名〉❶构成事物的要素。❷决定事物成败的原因或条件：决定性的～。

【因特网】yīntèwǎng〈名〉目前全球最大的一个计算机互联网，是由美国的阿帕(ARPA)网发展演变而来的。[外]

【因为】yīnwèi ❶〈介〉表示原因：他因为这事受到了处分。❷〈连〉常跟"所以"连用，表示因果关系：～忙，所以回家晚了。

【因袭】yīnxí〈动〉沿用(过去的方法、制度、法令等)；照着别人的样子做：～旧规｜～前人。

【因循】yīnxún〈动〉❶沿袭：～守旧。❷迟延拖拉：～误事。

【因噎废食】yīn yē fèi shí 因为吃饭噎住了，索性连饭也不吃了。比喻由于出了点毛病或因为怕出问题，索性不干。

【因应】yīnyìng〈动〉❶适应(变动的情况)；顺应：～潮流｜～市场的需求。❷采取措施应付：～挑战｜针对形势的变化而妥善～。

【因由】yīnyóu〈名〉原因。

【因缘】yīnyuán〈名〉❶佛教指产生结果的直接原因和辅助促成结果的条件或力量。❷原因。❸缘分。

阴(陰*隂) yīn ❶〈名〉我国古代哲学认为宇宙中通贯物质和人事的两大对立面之一(跟"阳"相对，下❷❺❼❽❿⓫同)：～阳二气。❷〈名〉指太阴，即月亮：～历。❸〈名〉天空被云遮住的天气。❹〈名〉不见阳光的地方：树～。❺〈名〉山的北面；水的南面：华～(在华山之北)｜江～(在长江之南)。❻〈名〉背面：碑～。❼〈形〉凹进的：～文。❽〈形〉不外露；不在表面的：～沟。❾〈形〉暗中：阳奉～违。❿〈形〉阴险；不光明：～谋。⓫〈形〉指属于鬼神的；阴间的(迷信)：～曹。⓬〈形〉带负电的：～极。⓭〈名〉生殖器，有时特指女性生殖器。⓮〈名〉姓。

【阴暗】yīn'àn〈形〉阴沉；暗：天色～。

【阴惨】yīncǎn〈形〉阴森凄惨。

【阴沉】yīnchén〈形〉❶天阴的样子：天色～。❷(脸色)忧郁而没有笑容：脸色～。

【阴错阳差】yīn cuò yáng chā 比喻由于偶然的因素而造成了差错。也说"阴差阳错"。

【阴德】yīndé〈名〉❶暗中做的好事。❷阴功。

【阴毒】yīndú〈形〉阴险毒辣。

【阴风】yīnfēng〈名〉❶寒风。❷从阴暗处吹来的风，比喻暗中干的坏事，如诽谤、中伤等。

【阴功】yīngōng〈名〉迷信的人指在人世间所做的而在阴间可以记功的好事。

【阴晦】yīnhuì〈形〉阴沉昏暗：天气～。

【阴魂】yīnhún〈名〉迷信指人死后的魂灵(现多用作比喻)。

【阴间】yīnjiān〈名〉迷信指人死后灵魂所在的地方。

【阴冷】yīnlěng〈形〉❶(天气)阴沉而寒冷。❷(脸色)阴沉而冷酷。

【阴历】yīnlì〈名〉历法的一类，是根据月球绕地球运行的周期而制定的。也叫"太阴历"。通常说的"阴历"指我国的农历。

【阴凉】yīnliáng ❶〈形〉太阳照不到而凉爽：老槐树下是～的地方。❷〈名〉阴凉的地方：找个～儿歇一会儿。

【阴霾】yīnmái〈名〉霾的通称。

【阴谋】yīnmóu ❶〈动〉暗中策划（做坏事）：～篡权。❷〈名〉暗中做坏事的计谋：～诡计。

【阴平】yīnpíng〈名〉普通话字调的第一声，符号是"－"。

【阴森】yīnsēn〈形〉阴沉而可怕：～可怖。

【阴司】yīnsī〈名〉阴间。

【阴私】yīnsī〈名〉不可告人的坏事。

【阴损】yīnsǔn ❶〈形〉阴险尖刻：说话～。❷〈动〉暗地里损害：当面装笑脸，背后～人。

【阴文】yīnwén〈名〉印章上或器物上刻或铸的凹下的文字或花纹（跟"阳文"相对）。

【阴险】yīnxiǎn〈形〉表面和善，暗中不怀好意：～毒辣｜为人～。

【阴线】yīnxiàn〈名〉证券市场上指开盘价高于收盘价的 K 线（跟"阳线"相对）。

【阴阳怪气】yīn yáng guài qì （性格、言行等）乖僻，跟一般的不同：他说话～的，没法跟他打交道｜天气老是这样～的，不晴也不雨。

【阴翳】yīnyì 同"荫翳"。

【阴影】yīnyǐng〈名〉阴暗的影子：树木的～｜肺部有～｜月球的表面有许多高山的～｜新的冲突使和谈蒙上了～。

【阴雨】yīnyǔ〈动〉天阴又下雨：～连绵｜近日连续～，气温较低。

【阴郁】yīnyù〈形〉❶（天气）阴晦沉闷：～的天色。❷（气氛）不活跃：笑声冲破了室内～的空气。❸忧郁，不开朗：心情～。

【阴鸷】yīnzhì〈形〉阴险凶狠。

【阴骘】yīnzhì ❶〈动〉默默地使安定。❷〈名〉指阴德。

茵（＊❶裀） yīn〈名〉❶垫子或褥子：绿草如～。❷姓。

荫（蔭） yīn〈名〉❶树荫。❷姓。

△另见 yìn。

【荫蔽】yīnbì〈动〉❶（枝叶等）遮蔽：帐篷～在密林中。❷隐蔽。

【荫翳】yīnyì 也作"阴翳"。❶〈动〉荫蔽①：垂柳～的河边。❷〈形〉枝叶繁茂：桃李～。

音 yīn〈名〉❶声音：～乐｜～节｜配～。❷消息：佳～｜～问。❸姓。

【音标】yīnbiāo〈名〉语音学上用来记录语音的符号，如国际音标。

【音调】yīndiào〈名〉❶说话的腔调；语调。❷指音乐旋律上的抑扬起伏：这首歌～优美。

【音符】yīnfú〈名〉乐谱中表示音长或音高的符号。五线谱上用空心或实心的小椭圆形和特定的附加符号。简谱上用七个阿拉伯数字（1、2、3、4、5、6、7）和特定的附加符号。

【音高】yīngāo〈名〉声音的高低，是由发声体振动频率的高低决定的。频率越高，声音越高。

【音耗】yīnhào〈名〉音信；消息：杳无～。

【音阶】yīnjiē〈名〉以一定的调式为标准，按高次序向上或向下排列成的一组音。

【音节】yīnjié〈名〉由一个或几个音素组成的语音单位。一个汉字一般就是一个音节，如"建设"就是两个音节。

【音律】yīnlǜ〈名〉指音乐上的律吕、宫调等。也叫"乐律"。

【音容】yīnróng〈名〉声音和容貌：～宛在。

【音素】yīnsù〈名〉语音中最小的单位，例如 mà 是由 m、a 和去声调三个音素组成的。

【音问】yīnwèn〈名〉音信：～断绝。

【音响】yīnxiǎng〈名〉❶声音（多就声音所产生的效果说）：～效果｜国家大剧院的～效果很好。❷录音机、电唱机、收音机及扩音器等的统称：组合～。

【音像】yīnxiàng〈名〉录音和录像的合称：～制品｜～教材。

【音信】yīnxìn〈名〉来往的信件和消息：互通～

|杳无～。

【音序】yīnxù〈名〉按照字母表先后次序排列的字词等的顺序：～索引｜～检字表。

【音讯】yīnxùn〈名〉音信：～杳无。

【音义】yīnyì〈名〉❶文字的读音和意义。❷旧时关于文字音义方面的注解(多用于书名)：《毛诗～》。

【音译】yīnyì〈动〉把一种语言的词语用另一种语言中跟它发音相同或近似的语音表示出来(区别于"意译")。

【音乐】yīnyuè〈名〉用一系列有组织的乐音来表达思想感情、反映现实生活的一种艺术。

【音韵】yīnyùn〈名〉❶指和谐的声音；诗文的音节韵律：～悠扬。❷指汉字字音的声、韵、调：～学。

【音质】yīnzhì〈名〉❶音色。❷传声系统(如录音或广播)上所说的音质，不仅指音色的好坏，也兼指声音的清晰或逼真的程度。

【音准】yīnzhǔn〈名〉音乐上指音高的准确程度。

备用词 方音　口音　正音　乐音　杂音　乡音　福音　回音　佳音　玉音　播音　空谷足音　弦外之音

洇 yīn〈动〉液体落在纸上、布上等向四处散开或渗透：这种纸写字容易～。

姻(＊婣) yīn〈名〉❶婚姻：～缘｜联～。❷因婚姻而结成的亲戚关系，如称弟兄的岳父、姐妹的公公为"姻伯"，称姐妹的丈夫的弟兄、妻子的表兄弟为"姻兄"、"姻弟"等：～亲。

【姻亲】yīnqīn〈名〉由婚姻而结成的亲戚如姑父、姐夫、妻子的兄弟姐妹以及比这些更间接的亲戚。

【姻亚】yīnyà 同"姻娅"。

【姻娅】yīnyà〈名〉亲家和连襟，泛指姻亲。也作"姻亚"。

【姻缘】yīnyuán〈名〉迷信指命中注定的结成夫妻关系的缘分：美满～。

绲(緼) yīn[绲缊(yūn)]同"氤氲"。

氤 yīn[氤氲(yūn)]〈形〉形容烟气很盛。也作"绲缊"。

殷(＊❸慇) yīn❶〈形〉富足；丰富；～实。❷〈形〉深厚：～切。❸〈形〉殷勤：招待甚～。❹〈名〉朝代，约公元前14世纪到公元前11世纪，是商代迁都于殷(今河南安阳市西北小屯村)后改用的称号。

❺〈名〉姓。
　　△另见 yān；yǐn。

【殷富】yīnfù〈形〉富裕：人民～。

【殷切】yīnqiè〈形〉情意深厚急切：～的期望。

【殷勤】yīnqín〈形〉❶热情而周到：～招待。❷情意恳切深厚：致～之意。❸勤快：～的女人。

【殷盛】yīnshèng〈形〉富裕：家资～。

【殷实】yīnshí〈形〉富裕。

【殷忧】yīnyōu〈名〉深深的忧虑；深重的忧患。

铟(銦) yīn〈名〉金属元素，符号In。银白色，可用来制造合金。

堙(＊陻) yīn❶〈名〉土山。❷〈动〉堵塞：夷灶～井。

喑(＊❶瘖) yīn❶〈形〉嗓子哑，不能出声：～哑。❷〈动〉缄默；不说话：万马齐～。

【喑呜叱咤】yīn wù chì zhà 厉声怒喝。

湮 yīn 同"洇"。
　　△另见 yān。

愔 yīn[愔愔]〈形〉安静无声；默默无言。

澱 yīn[澱溜(liù)]〈名〉地名，在天津市。

　　━━ yín ━━

圻 yín 同"垠"。
　　△另见 qí。

吟(＊❶-❸唫) yín❶〈动〉有节奏地诵读；声调抑扬地念：歌～｜～唱｜～诗｜抱膝长～。❷〈名〉古典诗歌的一种名称：《秦妇～》｜《水龙～》。❸〈动〉呻吟；叹息。❹〈名〉姓。
　　△"唫"另见 jìn。

【吟唱】yínchàng〈动〉吟咏歌唱。

【吟哦】yín'é〈动〉吟咏：曼声～。

【吟风弄月】yín fēng nòng yuè 旧时有的诗人作诗爱用风花雪月做题材，因此称这类题材的写作为"吟风弄月"。也说"吟风咏月"。

【吟诵】yínsòng〈动〉吟咏：～诗篇。

【吟味】yínwèi〈动〉吟咏玩味：～诗句。

【吟咏】yínyǒng〈动〉有节奏地诵读诗文。

备用词 沉吟　歌吟　呻吟　无病呻吟

垠 yín〈名〉界限；边际：一望无～。

狺 yín[狺狺]〈拟〉形容狗叫的声音：～狂吠。

Y

崟 yín 见〖嵚(qīn)崟〗。

银(銀) yín ❶〈名〉金属元素，符号 Ag。白色，质软，导电、导热性能好，用途广泛。通称"银子"或"白银"。❷〈形〉跟货币有关的：～行｜～根。❸〈形〉(颜色)像银子那样的：～白｜～耳｜～灰色。❹〈名〉姓。

【银白】yínbái〈形〉(颜色)白而略带银光。

【银发】yínfà〈名〉白头发：满头～。

【银汉】yínhàn〈名〉银河。

【银河】yínhé〈名〉夜晚晴空呈现出一条明亮的光带，夹杂着许多闪烁的小星，看起来像一条银白色的河，叫作"银河"。银河由许多恒星构成。通称"天河"。

【银灰】yínhuī〈形〉(颜色)浅灰而略带银光。

【银婚】yínhūn〈名〉西方风俗，称结婚二十五周年为"银婚"。

【银根】yíngēn〈名〉旧时指市场上货币周转流通的情况：～紧(市场需要货币多而流通量小)。

【银两】yínliǎng〈名〉古时指做货币用的银子(总称)。

【银幕】yínmù〈名〉放映电影时，用来显示影像的白色的幕。

【银团】yíntuán〈名〉由多家银行组成，共同出资开展业务、共同承担风险的一种金融组合：～贷款协议｜十五家中外银行组成～。

【银团贷款】yíntuán dàikuǎn ❶指多家银行共同出资、共同承担风险的信贷经营形式。❷指银团贷出的款项。

【银杏】yínxìng〈名〉落叶乔木，雌雄异株，叶片扇形。种子椭圆形，果仁可以吃，也可入药。也叫"白果"、"公孙树"。

【银样镴枪头】yín yàng là qiāng tóu 表面上像银子那样闪闪发光，其实只是焊锡做的枪头(镴：焊锡，质软，易熔)，比喻表面上看去还很不错，实际上不中用的人或事物。

淫(*滛❸婬) yín ❶〈形〉过量；过甚：～雨。❷〈形〉放纵；骄奢～逸。❸〈形〉指有不正当的男女关系：～乱。❹〈动〉迷惑；惑乱：富贵不能～。

【淫侈】yínchǐ〈形〉淫靡奢侈。

【淫荡】yíndàng〈形〉淫乱放荡。

【淫秽】yínhuì〈形〉淫乱；下流的(言行等)。

【淫乐】yínlè〈动〉过度行乐(多指酒色)。

【淫乱】yínluàn〈动〉在性行为上违反道德准则。

【淫靡】yínmí〈形〉荒淫奢靡。

【淫威】yínwēi〈名〉滥用的威力：横施～。

【淫雨】(霪雨)yínyǔ〈名〉连绵不停的雨；过量的雨：～成灾。

寅 yín〈名〉❶地支的第三位。参看〖干支〗。❷寅时，旧式计时法指夜里三点钟到五点钟的时间。

【寅吃卯粮】yín chī mǎo liáng 寅年吃了卯年的口粮。比喻入不敷出，预先支用了以后的收入。也说"寅支卯粮"。

鄞 yín〈名〉❶鄞州，地名，在浙江。❷姓。

龈(齦) yín〈名〉齿龈，包住牙齿中下部的黏膜组织。通称"牙床"。△另见 kěn。

夤 yín ❶〈形〉敬畏：～畏。❷〈形〉深：～夜。❸〈动〉攀附：～缘。

【夤缘】yínyuán〈动〉攀援上升，比喻拉拢关系，向上巴结。

蟫 yín〈名〉古书上指衣鱼，一种蛀食衣服、书籍等的昆虫。

嚚 yín〈形〉❶愚蠢顽固。❷奸诈。

霪 yín 见〖淫雨〗(霪雨)。

— yǐn —

尹 yǐn〈名〉❶古代官名：府～｜道～｜京兆～。❷姓。

引 yǐn ❶〈动〉牵引；拉：～弓｜穿针～线。❷〈动〉引导：～路｜指～。❸〈动〉离开：～避｜～退。❹〈动〉伸着：～颈｜～吭。❺〈动〉引起；使出现：抛砖～玉。❻〈动〉招惹：～得大家笑起来。❼〈动〉用来做证据或理由：～证｜～经据典。❽〈名〉旧时出殡时牵引棺材的白布：发～。❾〈量〉长度单位。10 丈等于 1 引，15 引等于 1 里(0.5 千米)。❿〈名〉姓。

【引蔽】yǐnbì〈动〉退避；躲避。

【引避】yǐnbì〈动〉让路；躲避。

【引导】yǐndǎo〈动〉领；带领：工人叔叔～少先队员参观工厂。

【引逗】yǐndòu〈动〉挑逗；招引。

【引渡】yǐndù〈动〉甲国应乙国的请求，把乙国逃到甲国的犯罪的人拘捕，押解，交给乙国。

【引而不发】yǐn ér bù fā 拉开弓却不把箭射出去。比喻善于引导或控制；也比喻做好准备，等待时机。

【引吭】yǐnháng〈动〉伸展喉咙（歌唱）：～高歌。

【引号】yǐnhào〈名〉标点符号，有双引号""、单引号''等，表示文中引用的部分，有时也用来表示需要注意的部分。

【引荐】yǐnjiàn〈动〉推荐（人）；荐举。

【引介】yǐnjiè〈动〉引进并介绍：～外国文学作品。

【引进】yǐnjìn〈动〉❶引荐。❷从外国或外地引入（新品种、新技术等）：～外资｜～人才。

【引经据典】yǐn jīng jù diǎn 引用经典上的语句或故事作为立论的根据。

【引咎】yǐnjiù〈动〉把过失归在自己身上：～自责｜～辞职。

【引决】yǐnjué〈动〉自杀。

【引狼入室】yǐn láng rù shì 比喻把敌人或坏人引入内部。

【引力】yǐnlì〈名〉一切物体之间都存在的互相吸引的力：万有～。

【引领】yǐnlǐng〈动〉❶伸直脖子（远望），形容盼望殷切。❷引导；带领：由当地人～，穿过丛林。

【引擎】yǐnqíng〈名〉发动机，特指蒸汽机、内燃机等。泛指动力中心或保障某项功能运行的软件：更换赛车～｜打开电脑搜索～｜拉动经济发展的～。[外]

【引人入胜】yǐn rén rù shèng 引人进入美妙的境界（指风景、文学艺术作品等）。

【引人注目】yǐn rén zhù mù 引起人注意。

【引申】yǐnshēn〈动〉字、词由原义产生新的意义，如"鉴"本义是"镜子"，引申为"可以作为警戒或引为教训的事"。

【引退】yǐntuì〈动〉自请辞职（多指辞去官职）。

【引线】yǐnxiàn〈名〉❶线状的引信。❷做媒介的人或东西。❸方言。缝衣针。

【引信】yǐnxìn〈名〉引起炮弹、炸弹、地雷等爆炸的装置。也叫"信管"。

【引言】yǐnyán〈名〉写在著作正文前面类似序言或导言的短文。

【引用】yǐnyòng〈动〉❶用别人已经说过的话或做的事作为根据。❷任用：～贤者。

【引诱】yǐnyòu〈动〉❶诱导：～情性，导达聪明。❷引人做坏事；使人就范：名利～他走上歧路。

【引玉之砖】yǐn yù zhī zhuān 谦辞，比喻为了引出别人高明的意见而发表的意见。参看【抛砖引玉】。

【引证】yǐnzhèng〈动〉引用事实或言论、著作做根据。

【引致】yǐnzhì〈动〉引起；导致。

【引智】yǐnzhì〈动〉引进智力，即引进人才：～和引资并重。

【引资】yǐnzī〈动〉引进资金：招商～｜～一千万元发展蔬菜生产。

【引子】yǐnzi〈名〉❶戏曲角色初上场时所念（或念唱相间）的一段词句。❷某些乐曲的开始部分。❸比喻引起正文的话或启发别人发言的话。❹药引子，中药药剂中另加的一些药物，有增强药剂效力的作用。

备用词　逗引　勾引　吸引　招引　指引　索引　援引　摘引　征引　指引　旁征博引

吲　yǐn [吲哚(duǒ)]〈名〉有机化合物，无色或淡黄色，片状结晶，供制香料、染料等。

饮（飲＊飮）　yǐn ❶〈动〉喝：痛～｜～水思源。❷〈名〉可以喝的东西（冷～）。❸〈名〉饮子，宜于冷着喝的汤药：香苏～。❹〈动〉心里存着；含着：～恨｜～泣。△另见 yìn

【饮弹】yǐndàn〈动〉指中(zhòng)弹：～身亡。

【饮恨】yǐnhèn〈动〉含恨：～九泉。

【饮料】yǐnliào〈名〉经过加工制造供饮用的液体，如酒、茶、汽水、果汁等。

【饮品】yǐnpǐn〈名〉饮料。

【饮泣】yǐnqì〈动〉泪水流到口里去，形容悲痛到了极点：～吞声。

【饮水思源】yǐn shuǐ sī yuán 喝水时要想到水的来源，比喻不忘本。

【饮羽】yǐnyǔ〈动〉指中(zhòng)箭，由于箭入肉很深，连箭的尾部（羽）也进到肉里。

【饮誉】yǐnyù〈动〉享有盛名；受到赞誉：～海内外。

【饮鸩止渴】yǐn zhèn zhǐ kě 喝毒酒来解渴，比喻用有害的办法解决眼前的困难而不顾严重的后果。

蚓 yǐn〈名〉蚯蚓。

殷 yǐn〈拟〉形容雷声:~其雷。
△另见 yān;yīn。

隐(隱) yǐn❶〈动〉藏起来不显露:~蔽|~扬善。❷〈形〉潜伏的;藏在深处的:~情。❸〈名〉隐衷:难言之~。

【隐蔽】yǐnbì❶〈动〉借别的东西遮掩躲藏。❷〈形〉不容易被发现的:一条~的小道。

【隐藏】yǐncáng〈动〉藏起来不让人发现。

【隐遁】yǐndùn〈动〉逃避;躲藏。

【隐伏】yǐnfú〈动〉隐蔽;潜伏:~在角落里|~着危机。

【隐患】yǐnhuàn〈名〉潜藏着的祸患:消除~。

【隐讳】yǐnhuì〈动〉有所顾忌而隐瞒不说。

【隐晦】yǐnhuì〈形〉意思不明显:文辞~。

【隐居】yǐnjū〈动〉旧时对统治者不满或有厌世思想的人住在偏僻地方,不出来做官。

【隐瞒】yǐnmán〈动〉掩盖真相不让人知道。

【隐秘】yǐnmì❶〈形〉隐藏而不外露:地道的出口很~。❷〈名〉秘密的事;刺探~。

【隐没】yǐnmò〈动〉隐蔽;渐渐看不见:身影~在暮霭中。

【隐匿】yǐnnì〈动〉隐藏;躲起来。

【隐情】yǐnqíng〈名〉不愿告诉人或让人知道的事实或原因。

【隐忍】yǐnrěn〈动〉事情藏在心里,勉力忍耐:恬退~|~不发。

【隐射】yǐnshè〈动〉暗射;影射。

【隐身】yǐnshēn〈动〉身体隐藏起来:~在战壕中|在深山中~多年。

【隐身技术】yǐnshēn jìshù 隐形技术。

【隐士】yǐnshì〈名〉隐居的人。

【隐私】yǐnsī〈名〉不愿告诉人或不愿意公开的个人的事。

【隐痛】yǐntòng〈名〉内心深处不愿告诉人的痛苦。

【隐形飞机】yǐnxíng-fēijī 指用雷达、红外线等探测系统不易发现的飞机。

【隐形技术】yǐnxíng jìshù 采取各种措施,减弱雷达反射波、红外线辐射及噪声等,使飞机、导弹、舰船等不易被探测设备发现的综合技术。也说"隐身技术"。

【隐形眼镜】yǐnxíng-yǎnjìng 角膜接触镜的通称。一种直接罩在眼球上,外观上看不到的、

矫正视力的眼镜。

【隐姓埋名】yǐn xìng mái míng 隐瞒自己的真实姓名,不让人知道。

【隐逸】yǐnyì❶〈动〉避世隐居。❷〈名〉隐居的人。

【隐隐】yǐnyǐn❶〈形〉隐约:~作痛。❷〈拟〉形容车声:~何甸甸,俱会大道口。

【隐语】yǐnyǔ〈名〉❶不把要说的意思明说出来,而借用别的话来表示,古代称作"隐语",类似后世的谜语。❷黑话;暗语。

【隐约】yǐnyuē〈形〉看起来或听起来不很清楚;感觉不很明显:~可见|~听到。

【隐约其词】yǐn yuē qí cí 形容说话躲躲闪闪,含混不清。

【隐衷】yǐnzhōng〈名〉不愿意告诉人或难以说出口的苦衷:似有~。

备用词 归隐 退隐 难言之隐 探赜索隐

瘾(癮) yǐn〈名〉❶由于神经中枢经常接受某种刺激而形成的习惯性或依赖性:烟~|酒~。❷泛指浓厚的兴趣:棋~。

━━ yìn ━━

印 yìn❶〈名〉政府机关的图章,泛指图章:盖~|~谱。❷〈名〉痕迹:烙~|血~。❸〈动〉留下痕迹,特指文字或图画等留在纸上或器物上:~刷|~染|石~。❹〈动〉符合:心心相~。❺〈名〉姓。

【印花】yìnhuā❶〈动〉将有色花纹或图案印到纺织品等上去。❷〈名〉由政府出售,规定贴在契约、凭证等上面,作为税款的一种特制印刷品。

【印鉴】yìnjiàn〈名〉为防假冒,留供支付款项的机关核对的印章底样。

【印堂】yìntáng〈名〉指额部两眉之间。

【印象】yìnxiàng〈名〉客观事物在人的头脑中留下的迹象:~深刻|模糊的~。

【印信】yìnxìn〈名〉政府机关图章的总称。

【印行】yìnxíng〈动〉印刷并发行。

【印证】yìnzhèng❶〈动〉证明与事实相符:这个推测得到~。❷〈名〉用来印证的事物。

饮(飲*歆) yìn〈动〉❶给牲畜水喝:~马。❷请人喝酒:中军置酒~归客。
△另见 yǐn。

茚 yìn〈名〉有机化合物,无色液体,是制造合成树脂的原料。

荫（蔭*❷❸廕） yìn ❶〈形〉没有阳光；又凉又潮：～凉。❷〈动〉庇护：～庇。❸〈动〉封建时代由于父祖有功，子孙得到入学或做官的权利：封妻～子。
△另见 yīn。

【荫庇】yìnbì〈动〉大树枝叶遮蔽阳光，宜于人们休息，旧时比喻尊长照顾着晚辈或祖宗佑着子孙：榕树以它浓郁的绿叶～着乡人。

【荫护】yìnhù〈动〉荫庇；保护：晋祠在古木的～下分外幽静。

【荫凉】yìnliáng〈形〉晒不着太阳而凉爽：树下很～。

胤 yìn〈名〉后代；后嗣。

窨 yìn〈名〉地窨子，地下室；地窖。
△另见 xūn。

慭（憖） yìn〈动〉❶愿；宁愿。❷损伤；使残缺。

【慭慭】yìnyìn〈形〉小心谨慎的样子。

＝＝ yīng ＝＝

应（應） yīng ❶〈动〉答应：～声。❷〈动〉答应（做）：～允。❸〈动〉应该：理～|～当。❹〈名〉姓。
△另见 yìng。

【应当】yīngdāng〈动〉应该。

【应分】yīngfèn〈形〉分内应该：护理病人是我们～的事。

【应该】yīnggāi〈动〉表示属于分内，理所当然：人家有长处就～学习。

【应届】yīngjiè〈形〉本期的（只用于学校毕业生）。

【应口】yīngkǒu〈动〉还嘴。

【应命】yīngmìng〈动〉接受命令；答应照办。

【应声】yīngshēng〈动〉出声回答。
△另见 yìngshēng。

【应许】yīngxǔ〈动〉❶答应（做）：他～帮我的忙。❷允许：谁～他今天不来的？

【应有尽有】yīng yǒu jìn yǒu 应该有的都有了，表示一切齐全。

【应允】yīngyǔn〈动〉应许：点头～。

备用词 该应　理应

英 yīng ❶〈名〉花：繁～|落～。❷〈形〉杰出的；出众的：～才|～俊。❸〈名〉才智出众的人：～豪|～雄。❹〈名〉精华：含～咀华。❺〈名〉指英国：～语|～镑。❻〈名〉姓。

【英才】yīngcái〈名〉❶才能出众的人：～辈出。❷杰出的才智：～盖世。

【英发】yīngfā〈形〉英俊奋发：雄姿～。

【英豪】yīngháo〈名〉英雄豪杰：各路～。

【英杰】yīngjié〈名〉英豪：一世～。

【英俊】yīngjùn〈形〉❶才能出众：～有为。❷容貌俊秀而有精神：～少年。

【英灵】yīnglíng〈名〉❶受崇敬的人去世后的灵魂（用于悼念死者）：告慰烈士～。也说"英魂"。❷指才能出众的人。

【英名】yīngmíng〈名〉指英雄人物的名字或名声：～远播。

【英明】yīngmíng〈形〉卓越而明智：～领导。

【英气】yīngqì〈名〉英俊、豪迈或奋发向上的气概。

【英武】yīngwǔ〈形〉英俊威武。

【英雄】yīngxióng ❶〈名〉才能勇武过人的人：～好汉。❷〈名〉为人民利益英勇斗争的人：战斗～|民族～。❸〈形〉具有英雄品质的：～的中国人民。

【英雄无用武之地】yīngxióng wú yòngwǔ zhī dì 形容有本领的人得不到施展的机会。

【英勇】yīngyǒng〈形〉勇敢，不怕牺牲：～杀敌|～就义。

【英姿】yīngzī〈名〉英俊威武的姿态：～飒爽。

莺（鶯*鸎） yīng〈名〉鸟，身体小，嘴短而尖，叫声清脆。吃昆虫，是益鸟，种类很多。

婴（嬰） yīng ❶〈名〉婴儿，不满一岁的小孩儿：～孩。❷〈动〉缠绕：～疾（得病）。

瑛 yīng〈名〉❶一种美玉。❷玉的光彩。

撄（攖） yīng〈动〉❶接触；触犯：～怒|莫～之敢～。❷纠缠；扰乱。

嘤（嚶） yīng〈拟〉形容鸟叫声：好鸟相鸣，～～成韵。

罂（罌*甖） yīng〈名〉一种小口大腹的瓶子。

【罂粟】yīngsù〈名〉草本植物，果实为球形，未成熟时割取的汁液，用来制鸦片。

缨（纓） yīng〈名〉❶古代帽子上系在颔下的带子。❷泛指带子：长～。❸缨子，用作装饰的穗子：红～枪。❹像缨子的东西：萝卜～儿。

璎（瓔） yīng〈名〉一种像玉的石头：～珞。

【璎珞】yīngluò〈名〉古代用珠玉穿成的套在脖子上的装饰品。

樱（櫻）yīng〈名〉❶樱桃,乔木,果实小,球形,红色,味甜,可以吃。❷樱花,乔木,花白色或粉红色,供观赏。原产日本。

鹦（鸚）yīng见下。

【鹦鹉】yīngwǔ〈名〉鸟,上嘴大,弯曲呈钩状,羽毛美丽,有白、红、黄、绿等颜色。能模仿人说话的声音。通称"鹦哥"。

【鹦鹉学舌】yīngwǔ xué shé 鹦鹉学人说话,比喻别人怎样说,也跟着怎样说(含贬义)。

膺yīng❶〈名〉胸:义愤填~。❷〈动〉承受;承当:~选|~身~重任。❸〈动〉抗击;打击:~惩。

【膺惩】yīngchéng〈动〉讨伐;打击:~逆贼。

【膺选】yīngxuǎn〈动〉当选。

鹰（鷹）yīng〈名〉鸟,上嘴呈钩形,足趾有锐利的爪。性凶猛,捕食小兽及其他鸟类。有苍鹰、雀鹰等。

【鹰犬】yīngquǎn〈名〉打猎所用的鹰和狗,比喻甘心受人驱使的爪牙或帮凶。

【鹰隼】yīngsǔn〈名〉鹰和隼,都是猛禽。比喻凶猛或勇猛的人。

【鹰洋】yīngyáng〈名〉墨西哥银圆,币面铸有鹰的图形。鸦片战争后大量流入我国,曾在我国市面上流通。

—— yíng ——

迎yíng〈动〉❶迎接:欢~|出~|有失远~。❷向着;冲着:~面|~刃而解。

【迎春】yíngchūn❶〈动〉迎接新春:~晚会。❷〈名〉落叶灌木,花黄色,早春开放,供观赏。

【迎合】yínghé〈动〉故意使自己的言行适合别人的心意。

【迎击】yíngjī〈动〉朝着敌人来的方向攻击。

【迎款】yíngkuǎn〈动〉投降归顺;屈膝叩首~。

【迎刃而解】yíng rèn ér jiě 劈开竹子的上面,下面的也就顺着刀口裂开。比喻主要问题解决了,其他问题就很容易得到解决。

【迎受】yíngshòu〈动〉迎接;接受。

【迎头】yíngtóu〈副〉迎面;当头:~痛击。

【迎迓】yíngyà〈动〉迎接。

【迎战】yíngzhàn〈动〉❶朝着敌人来的方向前去作战:率军~|~敌军。❷比喻准备同对手进行比赛:我队将~上届冠军队。

备用词 逢迎 欢迎 失迎

茔（塋）yíng〈名〉坟地:坟~|~地|祖~。

荥（滎）yíng[荥经]〈名〉地名,在四川。△另见 xíng。

荧（熒）yíng❶〈形〉光亮微弱:~然。❷〈动〉眼光迷乱;疑惑:~惑。

【荧光】yíngguāng〈名〉某些物质受光或其他射线照射时所发出的可见光:~屏。

【荧惑】yínghuò❶〈动〉迷惑:~人心。❷〈名〉古代指火星。

【荧荧】yíngyíng〈形〉形容星光或灯烛光明亮的样子:一灯~。

盈yíng❶〈动〉充满:充~|丰~。❷〈动〉多出来;多余:~余。❸〈名〉姓。

【盈亏】yíngkuī❶指月亮的圆和缺。❷指赚钱或赔本:自负~。

【盈利】yínglì同"赢利"。

【盈盈】yíngyíng〈形〉❶形容水充满而漫溢的样子:~的湖水。❷形容水清澈的样子:~一水间,脉脉不得语。❸形容风姿、仪态美好的样子:~公府步,冉冉府中趋。

【盈余】（贏余）yíngyú❶〈动〉收入中除去开支后剩余:全年~近万元。❷〈名〉由收入中除去开支后剩余的钱:每月总略有~。

备用词 充盈 丰盈 恶贯满盈

莹（瑩）yíng❶〈名〉一种光洁像玉的石头。❷〈形〉光亮透明:晶~|~澈。

【莹白】yíngbái〈形〉晶莹洁白:~如冰雪。

【莹润】yíngrùn〈形〉光亮滋润:色泽~。

萤（螢）yíng〈名〉昆虫,身体黄褐色,腹部末端有发光器官,能发出绿色的光。通称"萤火虫"。

营（營）yíng❶〈动〉谋求:~利|钻~。❷〈动〉经营;管理:~造|~国~。

❸〈名〉军队驻扎的地方:军~|野~。❹〈名〉军队的编制单位,隶属于团,下辖若干连。❺〈名〉姓。

【营地】yíngdì〈名〉部队扎营的地方。

【营火】yínghuǒ〈名〉夜间露营时燃起的火堆:~晚会。

【营建】yíngjiàn〈动〉营造①。

【营救】yíngjiù〈动〉设法援救:~难友。

【营垒】yínglěi〈名〉❶军营及其四周的防御建筑。❷阵营:革命~。

【营落】yíngluò〈名〉营盘;军营。

【营谋】yíngmóu〈动〉谋求:百计~。

【营盘】yíngpán〈名〉兵营;军营。

【营葺】yíngqì〈动〉营造;修葺。

【营生】yíngshēng〈动〉谋生活:种地~|在水上~。

【营生】yíngsheng〈名〉职业;工作:找个~。

【营私】yíngsī〈动〉谋求私利:结党~|舞弊。

【营田】yíngtián〈动〉❶经营田产。❷屯田。

【营销】yíngxiāo〈动〉经营销售:~观念|~人员|网上~。

【营养】yíngyǎng ❶〈动〉生物体从外界吸取养料维持生命活动:大病初愈,需要好好~~。❷〈名〉养分:新鲜蔬菜富有~。

【营养素】yíngyǎngsù〈名〉食物中具有营养的物质,包括蛋白质、脂肪、糖类、矿物质、维生素、粗纤维和水等。

【营业】yíngyè〈动〉经营业务(多指商业、服务行业等):~额|停止~。

【营业税】yíngyèshuì〈名〉工商业部门按营业额的大小向政府交纳的税款。

【营业员】yíngyèyuán〈名〉售货员和收购员的统称。

【营运】yíngyùn〈动〉❶(车船等)营业和运行;运营:这条新船即将投入~。❷经营,一般指经商(多见于早期白话)。

【营造】yíngzào〈动〉❶经营建筑:~宫殿。也说"营建"。❷有计划地造(林):~防护林。

备用词 经营 运营 钻营 安营 露营 宿营 野营 扎营 兵营 军营 阵营

茔(塋) yíng〈动〉围绕;缠绕:~绕|牵~。

【萦怀】yínghuái〈动〉记挂在心里。

【萦回】yínghuí〈动〉盘旋往复:歌声在耳畔~。

【萦绕】yíngrào〈动〉盘旋围绕:小河~着村庄。

【萦纡】yíngyū〈动〉旋绕曲折;盘旋往复。

鋈(鋈) yíng[华鋈]〈名〉山名,在四川省东部和重庆西北部。

楹 yíng ❶〈名〉堂屋前部的柱子:~联(挂或贴在楹上的对联,泛指对联)。❷〈量〉指房屋一间(一说一排):园内有小舍三~。

滢(瀅) yíng〈形〉清澈。

【滢洁】yíngjié〈形〉清澈明洁。

蝇(蠅) yíng〈名〉苍蝇,昆虫,种类很多,通常指家蝇,能传染霍乱、伤寒等疾病。

【蝇头】yíngtóu〈名〉比喻非常小的事物:~小楷|~微利。

【蝇营狗苟】yíng yíng gǒu gǒu 像苍蝇那样飞来飞去,像狗那样苟且偷生。比喻不顾羞耻,到处钻营。也说"狗苟蝇营"。

潆(瀠) yíng[潆洄]〈动〉水流回旋。

赢 yíng〈名〉姓。

赢(贏) yíng〈动〉❶胜(跟"输"相对):~球。❷获得;博得:~得赞赏。❸获利:~余。

【赢利】yínglì 也作"盈利"。❶〈名〉工商企业等获得的利润。❷〈动〉获得利润:今年这个厂由亏损转为~。

【赢面】yíngmiàn〈名〉竞赛中战胜对手的概率(多用于预测):这场对抗赛主队的~要大些。

【赢余】yíngyú 见〖盈余〗。

瀛 yíng〈名〉❶大海:~海|~寰(指全世界)。❷姓。

【瀛洲】yíngzhōu〈名〉❶古代传说中的仙山。❷借指日本。

— yǐng —

郢 yǐng〈名〉古地名,楚国的都城,在今湖北荆州。

颍(潁) yǐng〈名〉颍河,水名,发源于河南,流入安徽。

颖(穎*頴) yǐng ❶〈名〉稻、麦等禾本科植物籽实的带芒的外壳:~果。❷〈名〉指某些小而细长的东西的尖端:锋~|短~|羊毫~笔(笔)。❸〈形〉聪明:聪~|~悟。

【颖悟】yǐngwù〈形〉聪明过人;理解力强。

【颖异】yǐngyì〈形〉❶聪明过人。❷新颖奇异。

影 yǐng〈名〉❶物体遮住光线而投射的形象:阴~|背~。❷因反射而显现的虚像:倒~。❸模糊的形象:人~儿。❹照片:合~。❺旧时指祖先的画像。❻电影的简称:~院|~星。❼皮影戏的简称:滦州~。❽姓。

【影壁】yǐngbì〈名〉❶大门内或屏门(里外院之间相隔的门)内起遮挡作用的墙壁。❷照壁。❸指塑有各种形象的墙壁。

【影帝】yǐngdì〈名〉指获得电影节最佳男演员称号的人。

【影碟】yǐngdié 方言。〈名〉数字激光视盘或视频光盘。

【影格儿】yǐnggér〈名〉小孩儿初学毛笔字时放在纸下供模仿书写的字样子。

【影后】yǐnghòu〈名〉指获得电影节最佳女演员称号的人。

【影集】yǐngjí〈名〉用来存放照片的本子。

【影迷】yǐngmí〈名〉喜欢看电影而入迷的人。

【影片儿】yǐngpiānr〈名〉影片。

【影片】yǐngpiàn〈名〉❶用来放映电影的胶片。❷放映的电影:故事~|科学教育~。

【影评】yǐngpíng〈名〉评论电影的文章。

【影射】yǐngshè〈动〉借甲指乙或暗指某人某事:~现实。

【影视】yǐngshì〈名〉电影和电视:~圈|~明星。

【影坛】yǐngtán〈名〉指电影界。

【影戏】yǐngxì〈名〉❶皮影戏。❷方言。电影。

【影响】yǐngxiǎng❶〈动〉对人或事物起作用:互相~|~团结|土壤板结~农作物生长。❷〈名〉对人或事物所起的作用:不良~|这件事造成了很大的~。❸〈形〉传闻的;没有根据的:模糊~之谈。

【影像】yǐngxiàng〈名〉❶物体通过光学装置、电子装置等呈现出的形象。❷印象:对于故乡已没有~。

【影写】yǐngxiě〈动〉把纸蒙在字帖上照着描。

【影印】yǐngyìn〈动〉用照相的方法制版印刷:~本。

【影影绰绰】yǐngyǐngchuòchuò 模模糊糊;不真切。

【影展】yǐngzhǎn〈名〉❶摄影作品展览。❷同类的电影以展览为目的集中在一段时间内放映的活动。

【影子】yǐngzi〈名〉❶物体挡住光线后,映在地面或其他物体上的形象:树~|身正不怕~斜。❷镜中、水面等反映出的物体的形象:凝视着水中月亮的~。❸模糊的形象、迹象或印象:那件事我连点儿~也记不得了。

备用词 幻影 剪影 泡影 缩影 阴影 踪影 捕风捉影 刀光剑影 浮光掠影 含沙射影 立竿见影

瘿(癭) yǐng〈名〉❶中医指生长在脖子上的一种囊状瘤子,多指甲状腺肿大一类病症。❷植物体受害虫或真菌刺激而发育形成的瘤状物:虫~。

— **yìng** —

应(應) yìng〈动〉❶回答:答~|呼~|~和(hè)。❷允许;接受:~邀|~考。❸顺应;适应:~运而生。❹应付:~变|~急。❺应验:今果~此言。
△另见 yīng。

【应变】yìngbiàn〈动〉应付变化了的或突然发生的情况:随机~。

【应标】yìngbiāo〈动〉接受招标:~承包|准备~|无人应这个标。

【应承】yìngchéng〈动〉答应照办;承诺。

【应酬】yìngchou ❶〈名〉指一般礼节性的交际往来。❷〈动〉应付;接待:~事务。❸〈名〉指私人间的宴会:今晚有个~。

【应答】yìngdá〈动〉回答;一问一答:~如流。

【应对】yìngduì〈动〉答对:善于~。

【应付】yìngfù〈动〉❶采取措施对待或处置:~自如。❷敷衍了事:对工作要认真,不能~。❸将就;凑合:有这几件衣服,冬天可以~过去了。

【应和】yìnghè〈动〉(声音、语言、行动等)相呼应。

【应接不暇】yìngjiē bù xiá ❶形容风景优美,景物多,看不过来。❷形容来的人或需要做的事情太多,应付不过来。

【应景】yìngjǐng〈动〉❶为适应当前情况而敷衍地做某事:~文章。❷适合当时的节令:~果品。

【应考】yìngkǎo〈动〉参加招考的考试:踊跃~|今年~人数超过往年。

【应卯】yìngmǎo〈动〉旧时官府每天卯时(早晨五点到七点)点名,点名时答应一声,表示到班,叫"应卯"。现多比喻到场应付一下:上班时他应个卯就走了。

【应诺】yìngnuò〈动〉答应;应承。

【应拍】yìngpāi〈动〉拍卖物品时,拍卖师报出

起价后,竞买人对该价格表示接受:这项拍卖因无人~而流拍|一万元的起价叫出后,竞买人纷纷举牌~。

【应聘】yìngpìn〈动〉接受聘请:他~到广州教书。

【应声】yìngshēng〈副〉随着声音:~而至|倒~下。

　　△另见 yīngshēng。

【应声虫】yìngshēngchóng〈名〉比喻没有主见或屈服于压力,别人怎么说就跟着怎么说的人。

【应时】yìngshí❶〈形〉适合时令的:~小菜|~货品。❷〈副〉立刻;马上:车子一斜,他~就摔了下来。

【应市】yìngshì〈动〉(商品)适应市场需要上市出售:新产品即将~|这批水产品节前~。

【应试】yìngshì〈动〉❶应考:前去~|沉着~。❷应对考试:~教育|扭转重~、轻素质的教育偏向。

【应试教育】yìngshì jiàoyù 以单纯培养学生应对考试的能力为主要目标的教育模式。

【应验】yìngyàn〈动〉后来发生的情况跟预言、预感相符或得到证实。

【应用】yìngyòng❶〈动〉使用。❷〈形〉直接用于生活或生产的:~文|~科学。

【应用科学】yìngyòng kēxué 跟人类生产、生活直接联系的科学,如医学、农学、工程技术等。

【应用卫星】yìngyòng wèixīng 供地面上实际业务应用的人造地球卫星,如气象卫星、通信卫星、导航卫星、侦察卫星、预警卫星等。

【应用文】yìngyòngwén〈名〉指日常生活或工作中经常应用的文体,公文、书信、广告等都属于应用文。

【应运】yìngyùn〈动〉原指顺应天命(而降生),泛指顺应时机:~而生。

【应战】yìngzhàn〈动〉❶跟进攻的敌人作战:沉着~。❷接受对方提出的挑战条件。

【应招】yìngzhāo〈动〉接受招考、招募等。

【应诊】yìngzhěn〈动〉❶接受病人,给予治疗:~时间|节假日照常~。❷接受诊疗:每天前来~的病人超过百名。

【应征】yìngzhēng〈动〉❶适龄公民响应征兵号召:~入伍。❷泛指响应某种征求:~稿件。

备用词　承应　答应　响应　策应　呼应　接应　适应　顺应　照应　反应　感应　一呼百应　有求必应

映（*暎）yìng〈动〉因光线照射而显出物体的形象:~射|~衬|~掩。

【映衬】yìngchèn〈动〉映照,衬托。

【映射】yìngshè〈动〉照射:阳光~在水面上。

【映照】yìngzhào〈动〉照射。

备用词　衬映　反映　辉映　放映　倒映　相映　掩映

硬　yìng❶〈形〉物体内部的组织紧密,受外力作用后不易变形(跟“软”相对):~币。❷〈形〉(性格)刚强(意志)坚定(态度)坚决或执拗:死~|~骨头。❸〈形〉强硬;难对付的:欺软怕~。❹〈副〉坚决或执拗地(做某事):死~|天黑了,他~要走。❺〈副〉勉强:~撑。❻〈形〉能力强;质量好:~手|~货色。

【硬邦邦】yìngbāngbāng〈形〉形容坚硬结实。

【硬包装】yìngbāozhuāng〈名〉用镀锌铁、玻璃瓶等质地较硬的包装材料做的密封包装。

【硬笔】yìngbǐ〈名〉指笔尖坚硬的笔,如钢笔、圆珠笔等(对笔尖柔软的毛笔而言):~书法。

【硬磁盘】yìngcípán〈名〉以铝合金为基底的磁盘。通常固定在计算机内使用。简称“硬盘”。

【硬骨头】yìnggǔtou〈名〉比喻坚强不屈或坚定不动摇的人。

【硬广告】yìngguǎnggào〈名〉指直接介绍商品、服务内容等的传统形式的广告,通过报刊刊登、设置广告牌、电台和电视台播出等进行宣传(区别于“软广告”)。

【硬汉】yìnghàn〈名〉坚强不屈的男子。也说“硬汉子”。

【硬环境】yìnghuánjìng〈名〉指交通、通讯、水电设施等物质环境(区别于“软环境”):在抓好开发区~建设的同时,也要努力改善软环境。

【硬件】yìngjiàn〈名〉❶计算机系统的一个组

成部分,是构成计算机的各个元件、部件和装置的总称。也叫"硬设备"。❷借指生产、科研、经营等过程的机器设备、物质材料等。

【硬朗】yìnglang〈形〉身体健壮(多指老年人)。

【硬木】yìngmù〈名〉质地坚实细密的木材,多指紫檀、花梨等:~家具。

【硬盘】yìngpán〈名〉硬磁盘的简称。

【硬碰硬】yìng pèng yìng 硬的东西碰硬的东西,比喻用强力对付强力,用强硬的态度对付强硬的态度,也指毫无回旋的余地。

【硬片】yìngpiàn〈名〉干板(跟"软片"相对)。

【硬驱】yìngqū〈名〉硬盘驱动器的简称。参看【磁盘驱动器】。

【硬任务】yìngrènwù〈名〉在时间、数量、质量等方面有明确要求,不能通融、改变的任务。

【硬伤】yìngshāng〈名〉❶身体等受到的明显的损害:他的腿受过伤,走路有点跛。❷指著作、文章中明显的常识性的错误:出版物要消灭错别字之类的~。

【硬设备】yìngshèbèi〈名〉硬件。

【硬通货】yìngtōnghuò〈名〉指在国际上能广泛作为计价、支付、结算手段使用的货币。

【硬武器】yìngwǔqì〈名〉指用来直接杀伤敌人或摧毁敌方军事目标的武器,如枪炮、地雷、导弹等。

【硬性】yìngxìng〈形〉不能改变的;不可通融的:~规定|~指标。

【硬仗】yìngzhàng〈名〉正面硬拼的战斗。

【硬指标】yìngzhǐbiāo〈名〉有明确而严格的要求,不能通融、改变的指标:每月生产两千辆汽车,这是必须完成的~。

【硬着陆】yìngzhuólù〈动〉❶人造卫星、宇宙飞船等不经减速控制而以高速度降落到地面或其他星体表面上。❷比喻采取过硬、过急、过猛的措施较生硬地解决某些重大问题。

备用词　坚硬　强硬　僵硬　生硬　死硬

滕　yìng❶〈动〉陪送出嫁。❷〈名〉陪嫁的人。❸〈名〉妾。

━━ yō ━━

育　yō[杭育]〈叹〉做重体力劳动(多为集体操作)时呼喊的声音。
△另见 yù。

哟(喲)　yō〈叹〉表示轻微的惊异(有时带玩笑的语气):~,雨这么大!
△另见 yo。

唷　yō❶[哼唷]〈叹〉做重体力劳动(多为集体操作)时发出的有节奏的声音。❷[喔(ō)唷]〈叹〉表示惊讶、痛苦等:~,疼死我了。

━━ yo ━━

哟(喲)　yo〈助〉❶用在句末表示祈使语气:你千万别忘了~!❷用在歌词中做衬字:呼儿嗨~!
△另见 yō。

━━ yōng ━━

佣(傭)　yōng❶〈动〉雇用:雇~。❷〈名〉仆人:女~。
△另见 yòng。

【佣耕】yōnggēng〈动〉受雇于人为人耕地:陈涉少时,尝与人~。

【佣作】yōngzuò〈名〉受雇用的人;雇工。

拥(擁)　yōng❶〈动〉抱:~抱。❷〈动〉围着:簇~。❸〈动〉(人群)挤着走:一~而上。❹〈动〉拥护:~戴。❺〈动〉拥有:~兵百万。❻〈名〉姓。

【拥戴】yōngdài〈动〉❶拥护推戴(某人做领袖)。❷拥护爱戴。

【拥堵】yōngdǔ〈动〉由于车辆多、秩序乱或道路狭窄等造成车辆拥挤、道路堵塞;拥塞:道路~|线路~|采取措施缓解市交通~状况。

【拥护】yōnghù〈动〉赞成并支持:~党的领导。

【拥挤】yōngjǐ❶〈动〉(人或车船)紧挨着走在一起:排队进站,不要~。❷〈形〉地方相对地小而人或车船相对地多:家里来了客人,显得十分~。

备用词　簇拥　蜂拥　前呼后拥

痈(癰)　yōng〈名〉皮肤和皮下组织化脓性的炎症,多发生在背部或项部:~疽。

【痈疽】yōngjū〈名〉毒疮。

邕　yōng〈名〉❶邕江,水名,在广西。❷广西南宁的别称。

庸　yōng❶〈形〉平凡;不高明:平~|~医。❷〈动〉用(用于否定式):毋~讳言。❸〈副〉表示反问;岂:~可弃乎?❹同"佣"(yōng)。❺〈名〉姓。

【庸才】yōngcái〈名〉指能力平常或能力低下的人。

【庸夫】yōngfū〈名〉❶平庸无能的人。❷雇工。

【庸碌】yōnglù〈形〉平庸没有志气,无所作为:~无能。

【庸人】yōngrén〈名〉❶普通人；平常人。❷目光短浅，无所作为的人。

【庸人自扰】yōng rén zì rǎo 指本来没有事而自己瞎着急或自找麻烦。

【庸俗】yōngsú〈形〉平庸鄙俗；不高尚。

【庸中佼佼】yōng zhōng jiǎojiǎo 指平常人中突出的，胜过一般的。

备用词 凡庸 附庸 昏庸 平庸 中庸

鄘 yōng〈名〉周朝国名，在今河南新乡西南。

雍（*雝） yōng ❶〈形〉和谐：～和｜～睦。❷〈名〉姓。

【雍容】yōngróng〈形〉形容文雅大方，从容不迫：～大度｜～华贵。

【雍容典雅】yōng róng diǎn yǎ 文雅大方，优美不粗俗。

滽 yōng〈名〉滽水，水名，在江西。

塘（*墉） yōng〈名〉城墙；高墙。

慵 yōng〈形〉困倦；懒：～困｜～懒。

鏞（鏞） yōng〈名〉一种古乐器，奏乐时表示节拍的大钟。

壅 yōng❶〈动〉堵塞：～塞。❷把土或肥培在植物根上：～肥。

【壅蔽】yōngbì〈动〉闭塞；蒙蔽。

臃 yōng〈形〉肿：～肿。

【臃肿】yōngzhǒng〈形〉❶身体过于肥胖或衣服穿得过多，动作不灵活：～的身体。❷比喻机构庞大，调度不灵：机构～。

鳙（鱅） yōng〈名〉鱼，身体侧扁，暗黑色，鳞细，头大，生活在淡水中。也叫"胖头鱼"。

饔 yōng〈名〉❶熟食。❷指早饭：～飧（sūn）不继（指吃了上顿没下顿）。

━━ yóng ━━

喁 yóng〈动〉鱼口向上，露出水面。

颙（顒） yóng ❶〈形〉大。❷〈动〉仰慕：～望。

━━ yǒng ━━

永 yǒng❶〈副〉永远：～久｜～别｜～志不忘。❷〈名〉姓。

【永别】yǒngbié〈动〉永远分别；长别（多指人死）。

【永垂不朽】yǒng chuí bù xiǔ（事迹、精神等）长久流传下去，永不磨灭。

【永恒】yǒnghéng〈形〉永远不变：～的友谊。

【永久】yǒngjiǔ〈形〉永远；长久：～的纪念。

【永诀】yǒngjué〈动〉永别。

【永眠】yǒngmián〈动〉婉辞，指人死。

【永生永世】yǒngshēng-yǒngshì 永远：～难以忘怀。

【永远】yǒngyuǎn〈副〉表示时间久远，没有终止。

【永驻】yǒngzhù〈动〉永远停留：青春～。

甬 yǒng〈名〉❶甬江，水名，在浙江，流经宁波。❷浙江宁波的别称。

【甬道】yǒngdào〈名〉❶大的院落或墓地中间用砖石等铺的路。也叫"甬路"。❷走廊；过道。

咏（*詠） yǒng〈动〉❶依着一定腔调缓慢地诵读；歌：～｜吟～。❷用诗词等来叙述：～雪｜～怀。

【咏叹】yǒngtàn〈动〉歌咏；吟咏：反复～。

【咏叹调】yǒngtàndiào〈名〉富有抒情性的独唱歌曲，通常是歌剧、清唱剧和大合唱曲的组成部分。

【咏赞】yǒngzàn〈动〉歌颂赞美：～祖国。

泳 yǒng〈动〉游泳：仰～｜蝶～。

【泳衣】yǒngyī〈名〉泳装。

【泳装】yǒngzhuāng〈名〉游泳时所穿的专用服装，多指女性穿的，有文胸式、背心式、比基尼式等。也说"泳衣"。

俑 yǒng〈名〉古代殉葬的偶像：陶～｜兵马～。

勇 yǒng❶〈形〉勇敢：～武｜英～。❷〈名〉清代称战争时期临时招募的士兵。❸〈名〉姓。

【勇敢】yǒnggǎn〈形〉有胆量；不怕困难和危险：作战～｜勤劳～的中国人民。

【勇决】yǒngjué〈形〉勇敢而有决断。

【勇力】yǒnglì〈名〉勇气和力量。

【勇气】yǒngqì〈名〉敢作敢为，不畏困难、危险的气概：～倍增。

【勇士】yǒngshì〈名〉有力气而又有胆量的人。

【勇往直前】yǒng wǎng zhí qián 不畏艰险，勇敢地一直向前进。

【勇武】yǒngwǔ〈形〉英勇威武。

【勇毅】yǒngyì〈形〉勇敢坚毅。

备用词　奋勇　神勇　骁勇　英勇　忠勇　匹夫之勇　自告奋勇

涌　yǒng〈动〉❶水或云气冒出：～流｜泪如泉～。❷像水涌出一样往上冒：千头万绪～上心头。❸从水或云气中冒出：雨过天晴，～出一轮明月。

　　△另见 chōng。

【涌进】yǒngjìn〈动〉成群进入：人们从四面八方～市场。

【涌流】yǒngliú〈动〉液体急速地流：江水～。

【涌现】yǒngxiàn〈动〉(人或事物)大量地出现：新事物不断～。

愳(*慂)　yǒng 见【怂(sǒng)愳】。

湧　yǒng❶同"涌"(yǒng)。❷〈名〉姓。

蛹　yǒng〈名〉某些昆虫由幼虫变为成虫的过渡形态：蚕～｜蝇～。

踊(踴)　yǒng〈动〉往上跳：～跃。

【踊跃】yǒngyuè❶〈动〉跳跃：～欢呼。❷〈形〉形容情绪热烈，争先恐后：发言～。

鲬(鯒)　yǒng〈名〉鱼，身体长，扁而平，黄褐色，无鳔。生活在海中。

—— yòng ——

用　yòng❶〈动〉使用：大材小～。❷〈动〉效劳；出力：吴广素爱人，士卒多为～者。❸〈名〉费用：零～｜家～。❹〈名〉用处：功～｜效～。❺〈动〉需要：天还没黑，不～点灯。❻〈动〉吃；喝：～饭｜～茶。❼〈动〉为(wéi)：由是则生而有不～也；由是则可以避患而有不为也。❽〈介〉a)表示动作、行为赖以实现的缘由；因；由于：～此，富者略数十百金，贫亦

磬衣装。b)表示动作、行为赖以实现的工具或手段；拿；凭借：其二三十万为河伯娶妇。c)表示动作、行为涉及的对象；把：单于既得翕侯，以为自次王，～其姊妻之。d)表示动作、行为发生的时间；在：古法采草药多～二月、八月，此殊未当。❾〈名〉姓。

【用场】yòngchǎng〈名〉用途：派～。

【用度】yòngdù〈名〉各种费用的总称。

【用费】yòngfèi〈名〉指在某一件事上的费用。

【用功】yònggōng❶〈形〉努力。❷〈动〉努力学习。

【用户】yònghù〈名〉指某些设备、商品、服务的使用者或消费者(多指长期或定期的)：网络～竭诚为～服务｜满足～的需要。

【用户界面】yònghù jièmiàn 计算机系统中实现用户与计算机信息交换的软件和硬件的统称。软件部分包括用户与计算机信息交换的约定、操作命令等处理软件，硬件部分包括输入装置和输出装置。目前常用的是图形用户界面，它采用多窗口系统，显示直观形象，操作简便。也叫"人机界面"。简称"界面"。

【用人】yòngrén〈动〉❶选择与使用人员：～不当。❷需要人手：现在正是～的时候，你可不能走哟！

【用人】yòngren〈名〉仆人：女～。

【用舍行藏】yòng shě xíng cáng《论语·述而》："用之则行，舍之则藏"被任用就出来做官，不被任用就隐退。也说"用行舍藏"。

【用行舍藏】yòng xíng shě cáng 见【用舍行藏】。

【用事】yòngshì〈动〉❶当权：～者。❷(凭感情、意气等)行事：意气～｜感情～。❸引用典故。

【用途】yòngtú〈名〉应用的方面或范围：～广泛。

【用武】yòngwǔ〈动〉❶使用武力；用兵。❷比喻施展才能：英雄无～之地。

【用项】yòngxiàng〈名〉❶用度；费用。❷方言。用处：毫无～。

【用心】yòngxīn❶〈形〉集中注意力；多用心力：～听讲｜你写作业的时候能不能用点心？❷〈名〉居心；存心：别有～｜～险恶。

【用意】yòngyì〈名〉怀着的某种念头；企图。

备用词　采用　盗用　滥用　利用　录用　启用　起用　任用　使用　试用　套用　足用　误用　习用　袭用　沿用　应用　运用　功用　效用　作用　大材小用　刚愎自用　心无二用　学以致用

佣 yòng〈名〉佣金,旧时买卖时付给中间人的报酬。

△另见 yōng。

— yōu —

优（優） yōu ❶〈形〉优良;美好(跟"劣"相对):~美|~秀。❷〈形〉充足;富裕:~裕。❸〈动〉优待:拥军~属。❹〈名〉旧时称演戏的人:~伶|名~。❺〈名〉姓。

【优待】yōudài ❶〈动〉给以好的待遇:~俘虏。❷〈名〉好的待遇:特别的~。

【优点】yōudiǎn〈名〉好处;长处(跟"缺点"相对)。

【优抚】yōufǔ〈动〉指对烈属、军属、残废军人等加以优待和抚恤。

【优厚】yōuhòu〈形〉(待遇)好:~的待遇。

【优化】yōuhuà〈动〉加以改变或选择使优良:~组合|~设计|~环境|~产业结构|~企业管理。

【优惠】yōuhuì〈形〉比一般的优厚:~贷款|条件~|价格~。

【优价】yōujià〈名〉❶高价;好价钱:优质~。❷优惠的较便宜的价格:~转让二手电脑|清仓处理,~销售。

【优良】yōuliáng〈形〉(品种、质量、成绩、传统、作风等)好;良好:成绩~|~品种。

【优美】yōuměi〈形〉美好:风景~。

【优盘】yōupán〈名〉闪盘。

【优柔寡断】yōuróu guǎ duàn 做事迟疑犹豫,没有决断(优柔:犹豫不决)。

【优生】yōushēng ❶〈动〉运用科学方法指导生育,以提高婴儿先天素质:~优育|提倡少生、~,控制人口数量,提高人口素质。❷〈名〉优秀学生。

【优胜】yōushèng〈形〉成绩优异,胜过别人:获得~奖。

【优势】yōushì〈名〉能超过对方的有利形势:发挥~|集中~兵力|这场比赛主队占~。

【优渥】yōuwò〈形〉优厚。

【优先】yōuxiān〈动〉在待遇上占先:~权|~录取。

【优秀】yōuxiù〈形〉(品行、成绩等)非常好:成绩~|~教师。

【优恤】yōuxù〈动〉优抚。

【优选】yōuxuǎn〈动〉选择出好的:~玉米种子|对各种方案进行~,确定出最佳方案。

【优选法】yōuxuǎnfǎ〈名〉对生产和科学试验中提出的问题,根据数学原理,通过尽可能少的试验次数,迅速求得最佳方案的方法。

【优异】yōuyì〈形〉超乎寻常地好;特别好:~的成绩|性能~。

【优游】yōuyóu〈形〉生活悠闲:~岁月。

【优遇】yōuyù〈动〉优待:格外~|以示~。

【优裕】yōuyù〈形〉富裕;充足:生活~。

【优越】yōuyuè〈形〉优良;优异:~感|家庭环境~。

【优越感】yōuyuègǎn〈名〉自以为比别人优越的意识。

攸 yōu ❶〈助〉所:责有~归|生死~关。❷〈名〉姓。

忧（憂） yōu ❶〈形〉忧愁:~虑|~闷|分~。❷〈名〉使人忧愁的事:高枕无~|后顾之~。❸〈名〉姓。

【忧愁】yōuchóu〈形〉因遇到困难或不如意的事而愁闷:~烦闷。

【忧愤】yōufèn〈动〉忧闷愤慨。

【忧患】yōuhuàn〈名〉困苦患难:饱经~。

【忧惧】yōujù〈动〉忧虑害怕。

【忧苦】yōukǔ〈形〉忧闷苦恼;愁闷。

【忧劳】yōuláo〈形〉忧虑;劳苦:~可以兴国,逸豫可以亡身。

【忧虑】yōulǜ〈动〉忧愁担心:深感~。

【忧闷】yōumèn〈形〉忧愁烦闷。

【忧戚】yōuqī〈形〉忧伤。

【忧伤】yōushāng〈形〉忧愁悲伤:内心~。

【忧思】yōusī〈名〉忧愁的思绪:~百结。

【忧心】yōuxīn〈名〉忧愁的心情:~忡忡|~如焚。

【忧抑】yōuyì〈形〉忧愁抑郁。

【忧郁】yōuyù〈形〉愁闷;郁结,不舒畅:心情~。

备用词 担忧 分忧 殷忧 隐忧 幽忧 高枕无忧

呦 yōu ❶〈叹〉表示惊异:~!你怎么走了?❷[呦呦]〈拟〉形容鹿叫的声音:~鹿鸣。

幽 yōu ❶〈形〉深远;僻静:~谷|~深。❷〈形〉昏暗:~暗。❸〈形〉隐蔽的;不公开的:~居|~会。❹〈形〉沉静:~思。❺〈动〉因禁:~囚|~禁。❻〈名〉阴间:~灵。❼〈名〉古州名,大致在今河北北部和辽宁南部。❽〈名〉姓。

【幽暗】yōu'àn〈形〉昏暗;阴暗:光线~。

【幽愤】yōufèn〈名〉郁结在心中的怨愤。

【幽谷】yōugǔ〈名〉幽深的山谷：～回声。

【幽会】yōuhuì〈动〉相爱的男女秘密相会。

【幽晦】yōuhuì〈形〉昏暗；阴暗。

【幽魂】yōuhún〈名〉人死后的灵魂（迷信）。

【幽寂】yōujì〈形〉寂静无声：四周一片～。

【幽禁】yōujìn〈动〉软禁；囚禁。

【幽静】yōujìng〈形〉幽雅寂静：～的山林。

【幽灵】yōulíng〈名〉幽魂。

【幽美】yōuměi〈形〉幽雅而美丽：景色～。

【幽冥】yōumíng〈名〉旧时指阴间。

【幽默】yōumò〈形〉（言谈、举动）有趣或可笑而意味深长。[外]

【幽僻】yōupì〈形〉幽静而偏僻：～的小路。

【幽情】yōuqíng〈名〉深远的感情：发思古之～。

【幽深】yōushēn〈形〉深而幽静：～的山林。

【幽思】yōusī❶〈动〉沉静地深思。❷〈名〉隐藏在内心深处的思想感情。

【幽邃】yōusuì〈形〉幽深。

【幽宛】yōuwǎn 同"幽婉"。

【幽婉】yōuwǎn〈形〉（文学作品、声音、语调等）含意深而曲折：～的诗篇｜～的歌声。也作"幽宛"。

【幽微】yōuwēi〈形〉（声音、气味等）微弱；细微。

【幽闲】yōuxián❶同"幽娴"。❷同"悠闲"。

【幽娴】yōuxián〈形〉（女子）安详文雅：气度～｜举止～。也作"幽闲"。

【幽雅】yōuyǎ〈形〉幽静而雅致：环境～。

【幽咽】yōuyè〈形〉❶形容低微、断续的哭声：夜久语声绝，如闻泣～。❷形容低微的流水声：泉水～。

【幽幽】yōuyōu〈形〉❶形容声音、光线等微弱：～啜泣｜～的灯光。❷深远的样子：～南山。

【幽怨】yōuyuàn〈名〉隐藏在内心的怨恨。

悠 yōu❶〈形〉久；远：～久｜～扬。❷〈形〉闲适；闲散：～闲。❸〈动〉摆动；摇荡：站在秋千上来回～｜小猴子在树枝上～来～去。

【悠长】yōucháng〈形〉（时间）长：～的岁月。

【悠久】yōujiǔ〈形〉年代久远：～的历史。

【悠谬】yōumiù〈形〉荒诞不经。也作"悠缪"。

【悠缪】yōumiù 同"悠谬"。

【悠然】yōurán〈形〉悠闲的样子：～自得。

【悠闲】yōuxián〈形〉闲适自得：～自在。也作"幽闲"。

【悠扬】yōuyáng〈形〉形容声音时高时低，漫长而和谐：歌声～。

【悠悠】yōuyōu〈形〉❶长久；遥远：～苍天｜～长夜。❷忧思不已的样子：～我思。❸悠闲；从容不迫的样子：～自得。❹浮荡的样子：黄鹤一去不复返，白云千载空～。❺众多：～者天下皆是也。❻荒谬：～之谈。

【悠远】yōuyuǎn〈形〉❶离现在时间长；久远：年代～。❷距离远："信天游"唱起来高亢～。

备用词　颤悠　荡悠　晃悠　飘悠

麀 yōu〈名〉古书上指母鹿。

耰 yōu❶〈名〉古代一种用来平整田地的农具。❷〈动〉播种后用耰翻土、盖土。

<h2>━ yóu ━</h2>

尤 yóu❶〈形〉特异的；突出的：～物｜无耻之～。❷〈副〉更；尤其：～甚｜～妙。❸〈名〉过失；罪：～效。❹〈动〉怨恨；归咎：怨～｜怨天～人。❺〈名〉姓。

【尤其】yóuqí〈副〉表示更进一步，多用来强调在几种事物或情况中有一种比其余的突出：他喜欢运动，～喜欢游泳。

【尤物】yóuwù〈名〉❶特出的人物，多指绝色的女子。❷珍贵的物品；美好的事物：冬夏晴雨，姿态万变，信造化之～也。

由 yóu❶〈名〉原因：因～｜理～｜根～｜缘～。❷〈动〉经过：经～。❸〈动〉顺随；听从：身不～己。❹〈介〉a)归（某人去做）：工作～我承担。b)表示凭借：～此可见。c)从；自：～浅入深。d)因；由于：咎～自取。❺〈名〉姓。

【由来】yóulái〈名〉❶从发生到现在的时间：～已久。❷事物发生的原因；来源。

【由是】yóushì〈连〉因此。

【由头】yóutou〈名〉可以作为借口的事。

【由于】yóuyú❶〈介〉表示原因或理由:～工作关系,我去了一趟杭州。❷〈连〉因为:～计划周密,工作进展很顺利。

【由衷】yóuzhōng〈动〉出于内心:～地赞叹。

备用词　根由　来由　理由　情由　事由　因由　缘由

邮(郵)yóu❶〈动〉通过邮局寄信、寄钱或寄物品:～寄|～购。❷〈形〉有关邮务的:～局|～票。❸〈名〉指邮票、邮品:集～|～展。❹〈名〉姓。

【邮编】yóubiān〈名〉邮政编码的简称。

【邮差】yóuchāi〈名〉邮递员的旧称。

【邮船】yóuchuán〈名〉海洋上定线、定期航行的大型客运船。因过去水运邮件总是委托这种大型快速客轮运送,所以叫"邮船"。也叫"邮轮"。

【邮递】yóudì〈动〉通过邮局递送(信件、包裹等)。

【邮汇】yóuhuì〈动〉由邮局汇款。

【邮寄】yóujì〈动〉由邮局寄递:～包裹。

【邮件】yóujiàn〈名〉❶由邮局接收、运送、投递的信件、包裹等的统称。❷电子邮件。

【邮局】yóujú〈名〉办理邮政业务的机构。

【邮轮】yóulún〈名〉邮船。

【邮迷】yóumí〈名〉对集邮入迷的人。

【邮票】yóupiào〈名〉邮局发售的、用来贴在邮件上表明邮资已付的凭证。

【邮品】yóupǐn〈名〉邮政部门发行的邮票、小型张、明信片、首日封等的统称。

【邮箱】yóuxiāng〈名〉❶邮局设置的供人投寄信件的箱子。❷信箱①。❸电子信箱。

【邮政】yóuzhèng〈名〉专门经营寄递信件和包裹,办理汇兑,发行报刊等业务的部门。

【邮政局】yóuzhèngjú〈名〉邮局。

【邮政编码】yóuzhèng biānmǎ邮政部门为了分拣、投递方便、迅速,按地区编成的号码。我国的邮政编码采用六位数。简称"邮编"。

犹(猶)yóu❶〈动〉如同:～如|虽死～生。❷〈副〉还;尚且:记忆～新。❸〈名〉姓。

【犹且】yóuqiě〈副〉尚且;还:古之圣人,其出人也远矣,～从师而问焉。

【犹如】yóurú〈动〉如同。

【犹若】yóuruò❶〈动〉犹如。❷〈副〉依然;还是:虽人弗损益,～不可得而法。

【犹疑】yóuyí〈形〉犹豫。

【犹豫】yóuyù〈形〉拿不定主意:～不决。

油yóu❶〈名〉动植物体内所含的脂肪或矿产的碳氢化合物的混合液体:～脂|～井。❷〈动〉用桐油、油漆涂抹:～饰。❸〈动〉被油弄脏:衣服～了。❹〈形〉油滑:～嘴滑舌。❺〈名〉姓。

【油层】yóucéng〈名〉积聚着石油的地层。

【油光】yóuguāng〈形〉形容光亮润泽:～水滑。

【油滑】yóuhuá〈形〉圆滑;不诚恳:处世～|为人～。

【油麦】yóumài〈名〉同"莜麦"。

【油腻】yóunì❶〈形〉含油多的:少吃～食品。❷〈名〉含油多的食物:忌食～。❸〈名〉油垢:遍身～的灯盏。

【油腔滑调】yóu qiāng huá diào形容人说话轻浮油滑,不诚恳。

【油然】yóurán〈形〉❶形容思想感情自然而然地产生:～而生敬意。❷形容云气上升:天～作云,沛然下雨。

【油饰】yóushì〈动〉用油漆涂饰:庙宇～一新。

【油水】yóushui〈名〉❶指饭菜里所含的脂肪成分。❷比喻从某些事情中可以得到的好处。

【油田】yóutián〈名〉可以开采的大面积的油层分布地带。

【油头粉面】yóu tóu fěn miàn形容打扮得妖艳轻浮(多指女子)。

【油头滑脑】yóu tóu huá nǎo形容人狡猾轻浮,不老实。

柚yóu[柚木]〈名〉乔木,木材坚硬,耐腐蚀,用来造车、船、家具等。△另见yòu。

疣(＊肬)yóu〈名〉皮肤上生长的小突起,不疼不痒。通称"瘊子"。

莜yóu〈名〉莜麦,草本植物,生长期短,籽实可磨面供食用。也作"油麦"。

莸(蕕)yóu〈名〉❶小灌木,花蓝色或白色带紫。供观赏。❷古书上指一种有臭味的草,比喻坏人:薰～不同器。

铀(鈾)yóu〈名〉金属元素,符号U。银白色,有放射性,主要用于核工业,做核燃料。

蚰yóu〈名〉❶[蚰蜒(yán)]节肢动物,外形像蜈蚣而略小,黄褐色。生活在阴湿地方。❷见[蜒(yán)蚰]。

鱿(魷)yóu[鱿鱼]〈名〉软体动物,外形略像乌贼,有吸盘。生活在海洋里。

游（*❷-❹ 遊）yóu ❶〈动〉在水里行动：～泳｜鱼～釜中。❷〈动〉从容地行走；闲逛：旅～｜周～｜～园。❸〈动〉交游；来往。❹〈形〉不固定的；经常移动的：～牧｜～移。❺〈动〉运转；活动：～刃有余。❻〈名〉江河的一段：上～｜中～｜下～。❼〈名〉姓。

【游处】yóuchǔ〈动〉交游相处：与君～相好之日久。

【游荡】yóudàng〈动〉❶闲游；闲逛。❷闲游放荡，不务正业。

【游惰】yóuduò〈形〉游荡懒惰，不务正业。

【游方】yóufāng〈动〉云游四方：～和尚。

【游逛】yóuguàng〈动〉游览；闲逛。

【游击】yóujī〈动〉对敌人进行分散的出没无常的袭击：～队。

【游街】yóujiē〈动〉❶押着犯罪的人在街上游行以示惩戒：～示众。❷拥着英雄人物在街上游行以示表扬：披红～。

【游览】yóulǎn〈动〉从容地行走着观看（名胜、风景等）：～颐和园。

【游离】yóulí〈动〉❶一种物质不和其他物质化合而单独存在，或物质从化合物中分离出来。❷比喻离开集体或所依附的事物而存在：～分子｜～状态。

【游历】yóulì〈动〉游览（多指到远地游览）。

【游民】yóumín〈名〉没有正当职业的人：无业～。

【游目骋怀】yóu mù chěng huái 纵目观览，舒展胸怀。

【游牧】yóumù〈动〉不定居地从事放牧：～民族。

【游刃有余】yóu rèn yǒu yú《庄子·养生主》："彼节者有间，而刀刃者无厚；以无厚入有间，恢恢乎其于游刃必有余地矣！"意思是说厨师技术熟练，刀在牛的骨头缝里往来移动，没有一点阻碍，还显得大有余地。后来用"游刃有余"比喻技术熟练或经验丰富，处理事情毫不费力。

【游食】yóushí〈动〉不劳而食；吃闲饭。

【游手好闲】yóu shǒu hào xián 游荡成性，不好好劳动。

【游说】yóushuì〈动〉战国时代策士周游各国，凭着口才，劝说君主纳自己的政治主张，叫作"游说"。后泛指用言语劝说别人（做某事）。

【游丝】yóusī〈名〉蜘蛛等所吐的飘荡在空中的丝。

【游戏规则】yóuxì guīzé 比喻在带有竞争性的活动中共同遵守的准则。

【游戏机】yóuxìjī〈名〉用来玩电子游戏的装置。

【游侠】yóuxiá〈名〉古代称好交游、轻生死、重信义、能解救别人危难的人。

【游行】yóuxíng〈动〉❶众多的人为了庆祝、示威等在街上结队行进：～示威。❷行踪无定，到处漫游：～四方。

【游学】yóuxué〈动〉❶周游讲学。❷旧时指离开本乡到外地或外国求学。

【游移】yóuyí〈动〉摇摆不定；拿不定主意：～不定。

【游弋】yóuyì〈动〉（舰艇等）巡逻。

【游艺】yóuyì〈动〉游戏娱乐：～室｜～晚会。

【游泳】yóuyǒng ❶〈动〉在水里游；游水。❷〈名〉一种体育运动，人在水里用各种不同的姿势划水前进：～比赛。

【游园】yóuyuán〈动〉在公园或花园中游览、观赏：～活动。

【游园会】yóuyuánhuì〈名〉在公园或花园里举行的联欢会。规模较大的游园会各有各种文艺表演。

【游子】yóuzǐ〈名〉离家远游的人：慈母手中线，～身上衣。

备用词 遨游　畅游　浮游　浪游　旅游　漫游　神游　巡游　云游　周游　宦游　交游

鲉（鮋）yóu〈名〉鱼，身体侧扁，头部有许多棘状突起。生活在海中。种类很多。

猷 yóu〈名〉计划；谋划：鸿～（大计划）。

蝣 yóu 见［蜉(fú)蝣］。

蝤 yóu［蝤蛑(móu)］〈名〉海蟹的一种，头胸部的甲略呈梭形，螯长而大。也叫"梭子蟹"。
△另见 qiú。

繇 yóu 同"由"④−b）、c）。
△另见 yáo；zhòu。

═══ **yǒu** ═══

友 yǒu ❶〈名〉朋友：～谊｜益～。❷〈动〉相好；亲近：～爱｜～善。❸〈形〉有友好关系的：～人｜～邦。❹〈名〉姓。

【友爱】yǒu'ài ❶〈名〉友好亲爱的情谊:兄弟的~。❷〈动〉相亲相爱:团结~。

【友好】yǒuhǎo ❶〈名〉好朋友:生前~。❷〈形〉亲近和睦:~邻邦。

【友情】yǒuqíng〈名〉朋友间的感情;友谊:深厚的~。

【友善】yǒushàn〈形〉友好;亲善。

【友谊】yǒuyì〈名〉朋友间的交情。

【友谊赛】yǒuyìsài〈名〉为了增进友谊、交流经验、提高技术而举行的体育比赛。

【友于】yǒuyú〈名〉兄弟。

备用词 病友 好友 盟友 难友 朋友 亲友 畏友 校友 学友 益友 战友 诤友 挚友

有 yǒu ❶〈动〉表示领有(跟"无"、"没"相对,下②③同):我~书|她~朝气。❷〈动〉表示存在:屋里~桌椅板凳。❸〈动〉表示估量或比较:水~多深? ❹〈动〉表示发生或出现:~病|~进步。❺〈动〉表示多或大:~学问。❻〈动〉泛指,跟"某"的作用相近:~一天。❼〈动〉表示一部分:~人爱听|~时候很忙。❽〈动〉用在某些动词前面表示客气:~劳|~请。❾前缀,用在某些朝代名称的前面:~夏|~唐。❿〈名〉姓。
△另见 yòu。

【有案可稽】yǒu àn kě jī 有文字记载可供查考。

【有板有眼】yǒu bǎn yǒu yǎn 比喻言语行动有条不紊,富有节奏或章法。

【有备无患】yǒu bèi wú huàn 事先有准备就可避免祸患。

【有偿】yǒucháng〈形〉有代价的;有报酬的:~服务。

【有偿新闻】yǒucháng xīnwén 指新闻媒体或其中某些人在得到报酬后才予以刊登或播放的新闻报道。

【有成】yǒuchéng〈动〉成功;事业:事业~。

【有待】yǒudài〈动〉要等待:许多问题~解决。

【有的】yǒude〈代〉人或事物中的一部分(多叠用):~人记性真好|十个指头,~长,~短。

【有的是】yǒudeshì 强调很多(不怕没有):立功的机会~。

【有的放矢】yǒu dì fàng shǐ 对准靶子射箭。比喻言论、行动目标明确,有针对性。

【有方】yǒufāng〈形〉得法;采取的方法正确:领导~|教子~。

【有感】yǒugǎn〈动〉有所感触;有感想(多用于诗文标题):《南游~》|《读史~》。

【有故】yǒugù〈动〉❶有旧:君安与项伯~? ❷有根据:持之~。

【有关】yǒuguān〈动〉有关系;涉及:~单位|学习~课程。

【有过之而无不及】yǒu guò zhī ér wú bù jí 只有超过的,没有不如的地方(用于两相比较)。

【有机】yǒujī〈形〉❶指除一氧化碳、二氧化碳、碳酸、碳酸盐、某些碳化物之外,含碳原子的(化合物):~酸|~化学。❷指事物构成的各部分互相关联,密不可分:~联系。

【有机农业】yǒujī nóngyè 一种农业生产体系,不使用化肥和植物生长激素而施用有机肥料,不使用农药而采用生物技术防治病虫害,不用被污染的水灌溉。有机农业利于保护土壤资源,实现农业生态系统的良性循环。

【有机食品】yǒujī shípǐn 指来自有机农业生产体系,在生产、加工、贮存和运输过程中无污染,并经有关部门认证的优质安全的保健食品。

【有机体】yǒujītǐ〈名〉具有生命的个体的统称,包括植物和动物。也叫"机体"。

【有价证券】yǒujià zhèngquàn 表示对货币、资本、商品或其他资产等有价物具有一定权利的凭证,如股票、债券、各种票据、提单、仓库营业者出具的存货栈单等。

【有间】yǒujiàn ❶〈名〉指很短的时间;一会儿:扁鹊见蔡桓公,立~。❷〈动〉有嫌隙:诸侯~矣,不可以不示众。❸〈动〉有间隙:彼节者~,而刀刃者无厚。

【有教无类】yǒu jiào wú lèi 对各类人平等看待,都施以教育(类:类别)。

【有劲】yǒujìn ❶〈动〉有力气:这人真~儿,能挑起二百斤重的担子! ❷〈形〉兴致浓;有趣:谈得非常~|这球赛真精彩,越看越~。

【有旧】yǒujiù〈动〉过去曾经有过交往;有

交情。

【有救】yǒujiù〈动〉有可能挽救或补救。

【有口皆碑】yǒu kǒu jiē bēi 比喻人人称赞。

【有口难分】yǒu kǒu nán fēn 形容很难分辩。

【有赖】yǒulài〈动〉表示一件事要依赖另一件事的帮助促成(常跟"于"连用):欲成此事,尚～于诸位相助。

【有劳】yǒuláo〈动〉客套话,用于拜托或答谢别人为自己做事:～大驾｜你给我代买一本书。

【有理】yǒulǐ〈形〉有道理;符合道理:言之～｜～走遍天下。

【有力】yǒulì〈形〉有力量;分量重:强～｜～的回击｜这篇文章写得简短～。

【有利】yǒulì〈形〉有好处;有帮助:对工作～｜购买国库券既～于国家建设,又～于个人。

【有名】yǒumíng〈形〉名字为大家所熟知;出名:～的作家｜他是～的登山运动健将。

【有名无实】yǒu míng wú shí 只有空名而没有实际。

【有目共睹】yǒu mù gòng dǔ 人人都看得见,形容事物表露得极其明显。

【有年】yǒunián〈形〉❶多年:习艺～,日臻纯熟。❷指丰收;年成好。

【有气无力】yǒu qì wú lì 形容无精打采的样子。

【有顷】yǒuqǐng〈名〉片刻;一会儿。

【有求必应】yǒu qiú bì yìng 只要有人请求就一定答应。

【有趣】yǒuqù〈形〉能引起人的好奇心或喜爱:～的故事｜他给我讲了一件～的事。

【有染】yǒurǎn〈动〉❶(和某些坏人或坏事)有关系:与黑社会～。❷指男女间有不正当关系。

【有如】yǒurú〈动〉就像;好像。

【有身子】yǒushēnzi 指妇女怀孕。

【有生力量】yǒushēng-lìliàng❶指军队中的兵员和马匹,也泛指军队。❷比喻在某种工作或活动中能起积极作用的人员。

【有生以来】yǒu shēng yǐlái 从出生到现在:这种事我～还是第一次听说。

【有声读物】yǒushēng dúwù 泛指音像制品。

【有声片儿】yǒushēngpiānr〈名〉有声片。

【有声片】yǒushēngpiàn〈名〉既有形象又有声音的影片。

【有声有色】yǒu shēng yǒu sè 形容表演或对事情的叙述、描绘等具体而生动。

【有时】yǒushí〈副〉有时候:那里的天气,～冷,～热。

【有识之士】yǒu shí zhī shì 有见识的人;有眼光的人。

【有始无终】yǒu shǐ wú zhōng 指人做事不能坚持到底。

【有始有终】yǒu shǐ yǒu zhōng 指人做事能坚持到底。

【有恃无恐】yǒu shì wú kǒng 因为有所倚仗而不害怕。

【有数】yǒushù❶〈动〉知道数目,指了解情况,有把握:这事你不用管了,我胸中有～。❷〈形〉表示数目不多:～的几天｜～的几个鸡蛋。

【有司】yǒusī〈名〉指官吏。

【有损】yǒusǔn〈动〉给某事物造成损害:～声誉｜吸烟～健康。

【有天无日】yǒu tiān wú rì ❶比喻言行放肆,毫无顾忌。❷比喻社会黑暗,没有公理。

【有条不紊】yǒu tiáo bù wěn 形容有条理,有次序,一点不乱。

【有望】yǒuwàng〈动〉有希望:丰收～。

【有为】yǒuwéi〈动〉有作为:奋发～｜聪明～。

【有…无…】yǒu…wú…❶表示只有前者而没有后者:～行(háng)～市(有货价却无成交)｜～口～心｜～利～弊｜～名～实｜～始～终｜～头～尾｜～眼～珠｜～勇～谋。❷表示有前者没有后者(强调的说法):～过之～不及｜～增～减。❸表示有了前者就可以没有后者:～备～患｜～恃～恐。❹表示似有似无:～意～意。

【有喜】yǒuxǐ〈动〉指妇女怀孕。

【有戏】yǒuxì〈动〉方言。有指望,有希望。

【有隙可乘】yǒu xì kě chéng 事情有漏洞可以利用。

【有闲】yǒuxián〈形〉生活优裕,无所事事:～阶级。

【有限】yǒuxiàn〈形〉❶有一定限度:～责任。❷数量不多;程度不高:名额～｜水平～。

【有限责任公司】yǒuxiàn zérèn gōngsī 一种常见的企业组织形式,由两个以上的股东组成,股东所负的责任以他认定的股本为限。也叫"有限公司"。

【有线电视】yǒuxiàn diànshì 靠电缆或光缆传送的电视,用公共天线将电视台的节目接收下来,再由电缆或光缆传送到各个用户。

【有线广播】yǒuxiàn guǎngbō 靠导线传送的广播,把声音通过放大器放大,由导线送到装在各处的扬声器发送出去。

【有线通信】yǒuxiàn tōngxìn 一种通信方式，利用导线传输声音、文字、图像等电信号的通信方式。按照传输内容不同可分为有线电话、有线电报、有线传真等。一般受干扰较小，可靠性、保密性强。

【有效】yǒuxiào〈动〉能实现预期的目的；有效果：采取～措施｜这种药很～。

【有效期】yǒuxiàoqī〈名〉❶条约、合同等有效的期限。❷化学物品、医药用品以及某些特殊器材在规定的使用与保管的条件下，其性能不变而有效的期限。

【有些】yǒuxiē❶〈代〉有一部分；有的：今天来参观的人～是从外地来的｜列车上～人在看书，～人在谈天。❷〈副〉表示略微，稍微：～过分｜心里～着急。[注意]"有些"有时是动词和量词的组合，如"我～书想捐给图书馆"。

【有心】yǒuxīn❶〈动〉有某种心意或想法：做一个～人。❷〈副〉故意：～捣鬼。

【有心人】yǒuxīnrén〈名〉有某种志愿，肯动脑筋的人：世上无难事，只怕～。

【有血有肉】yǒu xuè yǒu ròu 比喻文艺作品内容充实，描写生动，人物形象丰满。

【有眼不识泰山】yǒu yǎn bù shí tài shān 比喻地位高或本领大的人就在面前却认不出来。

【有氧运动】yǒuyǎng-yùndòng 在较低强度的运动中，运动的耗氧量低于人体所摄入的氧，这类运动叫"有氧运动"。如散步、慢跑、骑自行车、打太极拳等。

【有益】yǒuyì〈形〉有帮助；有好处：运动对健康～。

【有意】yǒuyì❶〈动〉有某种心思或念头：他～帮她一下。❷〈副〉故意：他这是～刁难人。

【有意识】yǒuyìshí〈副〉主观上意识到的；有目的有计划的：他这样完全是～的。

【有意思】yǒu yìsi ❶有意义，耐人寻味：他的讲话虽然简短，可是非常～。❷有趣：这个故事很～｜今天的晚会很～。❸指男女间有爱慕之心：她对你～，你就一点没感觉到？

【有…有…】yǒu…yǒu…❶分别用在意思相反或相对的两个词前，表示既有这个又有那个，两方面兼而有之：～利～弊｜～来～往｜～头～尾｜～赏～罚｜～多～少。❷分别用在意思相同或相近的两个词（或一个双音词的两个词素）前面，表示强调：～板～眼｜～棱～角｜～情～义｜～声～色｜～说～笑｜～凭～据｜～条～理｜～血～肉。

【有余】yǒuyú〈动〉❶有剩余；超过足够的程度：绰绰～。❷有零：五十～｜他比我大十岁～。

【有缘】yǒuyuán〈动〉有缘分。

【有则改之，无则加勉】yǒu zé gǎi zhī，wú zé jiā miǎn 对别人指出的缺点或错误，如果有，就改正，没有，就用来勉励自己。

【有朝一日】yǒu zhāo yī rì 指将来的某一天。

【有着】yǒuzhe〈动〉存在着；具有：五四运动～伟大的历史意义｜他～超出常人的毅力。

【有志者事竟成】yǒu zhì zhě shì jìng chéng 只要有决心并坚持到底，事情终究会成功。

【有致】yǒuzhì〈动〉富有情趣：错落～。

【有种】yǒuzhǒng〈动〉指有胆量，有骨气。

备用词　富有　固有　具有　领有　享有　拥有　占有　绝无仅有　前所未有　无奇不有　无中生有　一无所有　应有尽有

酉 yǒu〈名〉❶地支的第十位。参看〖干支〗。❷酉时，旧式计时法指下午五点钟到七点钟的时间。❸姓。

卣 yǒu〈名〉古代一种口小腹大的酒器。

羑 yǒu[羑里]〈名〉古地名，在今河南汤阴一带。

莠 yǒu〈名〉❶草本植物，叶子长，花穗有毛。也叫"狗尾草"。❷比喻品质坏的人：良～不齐。

铕（銪） yǒu〈名〉金属元素，符号Eu。用于原子反应堆中，做吸收中子的材料。

牖 yǒu〈名〉窗户；户～。

黝 yǒu〈形〉黑：～黑｜～暗。

【黝暗】yǒu'àn 同"黝黯"。

【黝黯】yǒu'àn〈形〉没有光亮；黑暗：～墙角。也作"黝暗"。

【黝黑】yǒuhēi〈形〉黑：～的面庞。

═══ yòu ═══

又 yòu〈副〉❶表示重复或继续：看了～看。❷表示同时存在：～快～好。❸表示意思上更进一层：路很平，车～快，一会儿就到了。❹表示整数之外再加零数：一～二分之一。❺表示有矛盾的两件事情（多叠用）：～想哭，～想笑。❻表示转折，有"可是"的意思：有个事儿要说，～有顾虑。❼表示在某个范围之外有所补充：生活费之外，～给了20

块零用钱。❽用于否定或反问,表示加强语气:你~不是外人,何必这么客气。

【又及】yòují〈动〉附带再提一下。信写完已署名后又添上几句,往往在这几句话下面注明"又及"或"某某又及"。

右 yòu ❶〈名〉面向南时靠西的一边(跟"左"相对,下②⑤同):~手|左~开弓。❷〈名〉西:江~|山~(太行山以西的地方,后特指山西省)。❸〈名〉"上"①②(古人以右为尊):~职|无出其~。❹〈动〉崇尚:~文|~贤。❺〈形〉保守的;反动的:~派|~倾。❻同"佑"。❼〈名〉姓。

【右派】yòupài〈名〉在阶级、政党、集团内,政治上保守的一派。也指属于这一派的人。

【右倾】yòuqīng〈形〉思想保守的;向反动势力妥协和投降的。

【右倾机会主义】yòuqīng jīhuì zhǔyì 见〖机会主义〗。

【右翼】yòuyì〈名〉❶作战时在正面部队右侧的部队。❷政党或阶级、集团中在政治思想上倾向保守的一部分。

幼 yòu ❶〈形〉(年纪)小;未长成:~时|~苗|~虫。❷〈名〉小孩儿:妇~|扶老携~。❸〈名〉指幼年:自~习武。❹〈名〉姓。

【幼儿教育】yòu'ér jiàoyù 对幼儿进行的教育,包括思想、体育、语言、认识环境、图画、手工、音乐、计算等。

【幼儿园】yòu'éryuán〈名〉实施幼儿教育的机构。

【幼教】yòujiào〈名〉幼儿教育:~事业。

【幼时】yòushí〈名〉幼年时期:~的伙伴。

【幼小】yòuxiǎo〈形〉未成年的:~的心灵。

【幼稚】yòuzhì〈形〉❶年纪小。❷形容头脑简单或缺乏经验:~的想法。

【幼稚园】yòuzhìyuán〈名〉幼儿园的旧称。

有 yòu 同"又"④:二十~八载。
△另见 yǒu。

佑 yòu ❶〈动〉保佑;庇(bì)~。❷〈名〉姓。

【佑护】yòuhù〈动〉保佑;保护。

侑 yòu〈动〉劝人(吃或喝):~食|~饮。

狖 yòu〈名〉古书上指长尾猿:深林杳以冥冥兮,乃猿~之所居。

柚 yòu〈名〉乔木,叶子大而阔,果实大,球形或扁圆形。果皮淡黄,果肉白色或粉红色,分瓣,是普通水果。通称"柚子"。
△另见 yóu。

囿 yòu ❶〈名〉养动物的园林:鹿~|园~。❷〈动〉局限;拘泥:拘~|~于成见。

宥 yòu〈动〉宽恕;原谅:~恕|宽~。

祐 yòu ❶同"佑"①。❷[吉祐]〈名〉地名,在广东。❸〈名〉姓。

诱(誘) yòu〈动〉❶耐心劝说教导;引导:~导|~劝。❷使用手段引人随从自己的意愿:引~|利~|~惑。❸吸引:景色~人。

【诱捕】yòubǔ〈动〉引诱捕捉:~飞蛾。

【诱导】yòudǎo〈动〉❶劝诱教导;引导:善于~|用启发和~的方法|这些故事的结局很能~观众进行思索。❷物理学上指感应。❸大脑皮质中兴奋过程引起抑制过程的加强,或者抑制过程引起兴奋过程的加强。

【诱饵】yòu'ěr〈名〉❶捕捉动物时用来引诱的食物。❷比喻用来引诱人上当的东西:用金钱作~,拉人下水。

【诱发】yòufā〈动〉❶诱导启发:~人的思想。❷导致发生(疾病等):~肠炎。

【诱供】yòugòng〈动〉用不正当的方法诱使犯罪嫌疑人、刑事被告人按侦查、审判人员的主观意图或推断进行陈述。

【诱哄】yòuhǒng〈动〉诱惑哄骗。

【诱惑】yòuhuò〈动〉❶用金钱、地位等引诱,使人迷惑而做坏事。❷吸引;招引:~力。

【诱骗】yòupiàn〈动〉诱惑欺骗。

【诱杀】yòushā〈动〉引诱出来杀死:~棉铃虫。
【诱降】yòuxiáng〈动〉引诱敌人投降。
【诱因】yòuyīn〈名〉导致某种事情发生的原因:过度疲劳是这种病急性发作的~之一。

备用词　利诱　劝诱　引诱　循循善诱

蚴　yòu〈名〉绦虫、血吸虫等寄生虫的幼体:尾~|毛~。

釉　yòu〈名〉釉子,以石英、长石、硼砂、黏土等为原料制成的物质,涂在陶瓷半成品表面,烧制后有玻璃光泽。

鼬　yòu〈名〉哺乳动物,身体细长,四肢短小,尾粗。常见的有黄鼬、紫貂等。

━━ yū ━━

迂　yū〈形〉❶曲折;绕弯:~回。❷迂腐:~执|~论。
【迂腐】yūfǔ〈形〉(言行)拘泥于陈旧的一套,不适应新的时代或新的潮流。
【迂缓】yūhuǎn〈形〉(行动)迟缓;迟钝。
【迂回】yūhuí ❶〈形〉回旋;环绕:船绕过险滩~行进。❷〈动〉为攻击敌人而绕到敌人侧面或后面:~战术。
【迂阔】yūkuò〈形〉不切合实际:~之论。
【迂论】yūlùn〈名〉陈旧而不切合实际的言论。
【迂讷】yūnè〈形〉性格拘谨而不善于说话。
【迂途】yūtú〈名〉弯路。
【迂执】yūzhí〈形〉迂阔固执。

吁　yū〈叹〉吆喝牲口的声音。
△另见 xū;yù。

纡(紆)　yū〈形〉弯曲;曲折:~曲|萦~。

於　yū〈名〉姓。
△另见 wū;yú。

淤(*❸瘀)　yū ❶〈动〉沉积:~积|~泥。❷〈名〉沉积的泥沙:河~|清~。❸〈动〉(血液)不流通:~血。
【淤积】yūjī〈动〉沉积:泥沙~。
【淤泥】yūní〈名〉水中沉积的泥沙。
【淤塞】yūsè〈动〉(水道等)被淤泥堵塞。
【淤滞】yūzhì〈动〉(水道)因泥沙沉积而不能畅通:河道~。

━━ yú ━━

于　yú ❶〈介〉a)在:邯郸位~河北省南部。b)向:问道~盲。c)给:嫁祸~人。d)对;对于:忠~人民。e)自;从:青出~蓝。f)表示比较:大~|高~。g)表示被动:见笑~大方之

家。❷后缀。a)动词后缀:合~|属~。b)形容词后缀:善~|易~。❸〈名〉姓。
【于今】yújīn ❶〈副〉到今天;到现在:北京一别,~已五载。❷〈名〉如今:~正当盛夏。
【于思】yúsāi〈形〉形容胡须很多。
【于是】yúshì ❶〈连〉表示后一事紧接着前一事:知道前程艰险,~更加努力。也说"于是乎"。❷〈名〉在这时;在这件事情上:然后刑~起矣。❸〈副〉从此以后:~与亮情好日密。

与(與)　yú 同"欤"。
△另见 yǔ;yù。

予　yú ❶〈代〉我。❷〈名〉姓。
△另见 yǔ。
【予取予求】yú qǔ yú qiú 原指从我这里取,从我这里求(财物)(语见《左传·僖公七年》),后用来指任意索取。

玙(璵)　yú〈名〉一种美玉。

欤(歟)　yú〈助〉表示疑问、感叹等。

余(❶-❸餘)　yú ❶〈动〉剩下:~粮|~威|一览无~。❷〈数〉整数后面的零头:百~斤|一丈~。❸〈名〉指某种事情、情况以外或以后的:课~|兴奋之~。❹〈代〉我。❺〈名〉姓。
【余波】yúbō〈名〉比喻事件结束后留下的影响:~未平。
【余地】yúdì〈名〉指言语、行动留下的可回旋的地步:说话要留有~。
【余憾】yúhàn〈名〉遗憾:死无~。
【余晖】(余辉)yúhuī〈名〉傍晚的阳光:太阳落山了,只剩下一抹~。
【余悸】yújì〈名〉事情过去后还感到的恐惧:心有~。
【余沥】yúlì〈名〉❶剩余的酒。❷比喻分到的一点小利。
【余年】yúnián〈名〉晚年。
【余孽】yúniè〈名〉残余的坏人或恶势力:封建~|残渣~。
【余生】yúshēng〈名〉❶晚年。❷大的灾难后侥幸保全的生命:劫后~。
【余外】yúwài〈连〉除此之外。
【余威】yúwēi〈名〉剩余的威力:残冬的~|犹存。
【余味】yúwèi〈名〉事物留下的耐人回想的味道:~无穷。
【余暇】yúxiá〈名〉工作或学习之外的空闲

时间。

【余闲】yúxián〈名〉余暇;闲暇:户庭无尘杂,虚室有～。

【余兴】yúxìng〈名〉❶未尽的兴致:～正浓。❷会议或宴会后的文娱活动:～节目。

【余勇可贾】yú yǒng kě gǔ《左传·成公二年》记载,齐晋交战,齐国的高固夺了晋国战车后,夸耀说:"欲勇者,贾余余勇。"后用"余勇可贾"表示还有剩余的力量可以使出来。

【余裕】yúyù〈形〉富余:～的时间。

【余韵】yúyùn〈名〉遗留下来的韵致。

备用词 残余 多余 富余 节余 宽余 剩余 盈余 绰绰有余 游刃有余

好 yú 见[婕[jié]好]。

盂 yú〈名〉一种盛液体的敞口器具:水～|痰～。

臾 yú 见[须臾]。

鱼（魚） yú〈名〉❶生活在水中的脊椎动物,一般身体侧扁,有鳞和鳍,用鳃呼吸。种类很多。❷姓。

【鱼肚白】yúdùbái〈名〉像鱼肚子那样白里略带青的颜色,多指黎明时东方呈现的天色:天边已现出了～。

【鱼贯】yúguàn〈副〉像游鱼一样一个接一个地接连着:～而入。

【鱼具】yújù 见[渔具]。

【鱼龙混杂】yú lóng hùnzá 比喻坏人和好人混在一起。

【鱼米之乡】yú mǐ zhī xiāng 指盛产鱼和大米的富庶的地方。

【鱼目混珠】yú mù hùn zhū 拿鱼眼睛冒充珍珠,比喻拿假的冒充真的。

【鱼肉】yúròu〈动〉《史记·项羽本纪》:"如今人方为刀俎,我为鱼肉。"(刀俎:指宰割的器具;鱼肉:指受宰割者)后用"鱼肉"比喻用暴力欺凌:～乡里。

【鱼网】yúwǎng 见[渔网]。

【鱼游釜中】yú yóu fǔ zhōng 鱼在锅里游。比喻处境危险,快要灭亡。

於 yú 同"于"①②。
△另见 wū;yū。

禺 yú〈名〉❶古书上说的一种猴。❷姓。

竽 yú〈名〉一种古代乐器,形状像现在的笙。

舁 yú〈动〉共同用手抬:～水。

俞 yú❶〈叹〉表示允许、同意:～乎!朕其试哉!❷〈动〉答应:～允。❸〈名〉姓。
△另见 shù。

猱 yú 见[犰(qiú)狳]。

谀（諛） yú〈动〉谄媚;奉承:～辞|谄～。

娱 yú❶〈动〉使快乐:自～。❷〈形〉快乐;欢～|～乐。

【娱乐】yúlè❶〈动〉使人快乐;消遣:～场所|活动|到歌舞厅去～～。❷〈名〉快乐有趣的活动:下棋是一种很好的～。

【娱遣】yúqiǎn〈动〉娱乐;消遣:无所～。

萸 yú 见[茱(zhū)萸]。

雩 yú〈名〉古代求雨的祭礼。

渔（漁＊歔） yú〈动〉❶捕鱼:～港|～船。❷谋取(不应得的东西):～利。

【渔火】yúhuǒ〈名〉渔船上的灯火。

【渔具】（鱼具）yújù〈名〉捕鱼或钓鱼的器具。

【渔利】yúlì❶〈动〉趁机会谋取不正当的利益:从中～。❷〈名〉渔人之利的略语:坐收～。

【渔人之利】yú rén zhī lì 借指第三方利用另外两方的矛盾冲突而取得的利益。参见[鹬(yù)蚌相争,渔人得利]。

【渔网】（鱼网）yúwǎng〈名〉捕鱼的网。

隅 yú〈名〉❶角落:墙～|城～|问～|一～之地。❷靠边沿的地方:海～。

揄 yú〈动〉牵引;提起。

【揄扬】yúyáng〈动〉❶称赞;赞扬:极口～。❷

宣扬：~大义。

嵎 yú〈名〉❶山势弯曲的地方。❷同"隅"。

嵛 yú[昆嵛]〈名〉山名,在山东。

畬 yú〈名〉开垦了两三年的田地;休耕后连续耕种的田。
　△另见 shē。

逾(*❶**踰**) yú ❶〈动〉超过;越过:年~古稀。❷〈副〉更加:~甚。

【逾分】yúfèn〈形〉过分:~的要求。

【逾越】yúyuè〈动〉超过;超越:不可~的鸿沟。

腴 yú〈形〉❶(人)胖:丰~。❷肥沃:膏~。

渝 yú ❶〈动〉改变(多指态度或感情):始终不~。❷〈名〉重庆的别称。❸〈名〉姓。

愉 yú〈形〉心情舒畅痛快:~快|~悦。

【愉快】yúkuài〈形〉心情舒畅痛快:脸上现出~的微笑。

【愉悦】yúyuè〈形〉喜悦:~的神情。

瑜 yú〈名〉❶一种美玉。❷玉的光彩,比喻优点:瑕不掩~。❸姓。

【瑜伽】yújiā〈名〉印度的一种传统健身法。"瑜伽"意为"结合",指修行。强调呼吸规则和静坐,以解除精神紧张,修身养性。也作"瑜珈"。[外]

【瑜珈】yújiā 同"瑜伽"。

榆 yú〈名〉❶乔木,果实形状像小铜钱,木材用于建筑或制作器具。❷姓。

【榆钱】yúqián〈名〉榆树果实的通称。

虞 yú ❶〈动〉猜测;预料:不~。❷〈动〉忧虑:无冻馁之~。❸〈动〉欺骗:尔~我诈。❹〈名〉传说中的朝代名,舜时建。❺〈名〉周朝国名,在今山西平陆东北。❻〈名〉姓。

【虞候】yúhòu〈名〉❶古代官名。原是管禁卫的武官,后用来称呼大官府里听候差遣或传达命令的人。❷古时掌管山泽的官。

【虞人】yúrén〈名〉古时掌管山泽的官。

愚 yú ❶〈形〉头脑迟钝;笨;傻:~笨。❷〈动〉欺骗玩弄:为人所~。❸〈代〉谦辞,用于自称:~见|~兄|~以为不可。❹〈名〉姓。

【愚笨】yúbèn〈形〉头脑迟钝;不聪明。

【愚蠢】yúchǔn〈形〉愚笨。

【愚公移山】yúgōng yí shān《列子·汤问》里说,古代有一位名叫北山愚公的老人,家门前有两座大山挡住了路,他下决心要把山平掉。于是不顾另一个老人河曲智叟的讥笑,率领全家每天挖山不止。上帝受了感动,派神仙把山背走了。比喻做事有毅力,不怕困难,坚持不懈。

【愚鲁】yúlǔ〈形〉愚笨。

【愚昧】yúmèi〈形〉缺乏知识;糊涂,不明事理:~无知。

【愚氓】yúméng〈名〉愚蠢的人。

【愚蒙】yúméng〈形〉愚昧。

【愚民政策】yúmín zhèngcè 统治者为了便于统治而实行的愚弄人民,使人处于愚昧无知和闭塞状态的政策。

【愚弄】yúnòng〈动〉欺骗玩弄:受人~。

【愚弱】yúruò〈形〉愚昧懦弱。

【愚顽】yúwán〈形〉愚昧顽钝:生性~。

【愚妄】yúwàng〈形〉愚昧而狂妄。

【愚拙】yúzhuō〈形〉愚笨;笨拙。

觎(**覦**) yú 见[觊(jì)觎]。

舆(**輿**) yú ❶〈名〉车:~马。❷〈名〉车上可以载人载物的部分。❸〈名〉轿:肩~。❹〈名〉地:~地|~图。❺〈形〉众人:~论。

【舆从】yúcóng〈名〉指车马随从。

【舆论】yúlùn〈名〉群众的言论:社会~|~哗然。

【舆图】yútú〈名〉❶地图。❷疆土。

窬(***踰**) yú〈动〉从墙上爬过去:穿~。

蝓 yú 见[蛞(kuò)蝓]。

═══ yǔ ═══

与(**與**) yǔ ❶〈名〉朋友;同盟者:其应者,必其人之~也。❷〈动〉给:赠~|施~。❸〈动〉来往:相~(相处)。❹〈形〉友好;交好:~国(友邦)。❺〈动〉帮助;赞许:~人为善。❻〈介〉a)跟:~敌人作战。b)对于:~我何与也(对我有什么帮助)? c)替;为:陈涉少时,尝~人佣耕。❼〈连〉和;彼~彼年相若也。❽〈副〉全;都:号令召三老、豪杰~皆来会计事。❾〈名〉姓。
　△另见 yú;yù。

【与共】yǔgòng〈动〉在一起:生死~|荣辱~。

【与虎谋皮】yǔ hǔ móu pí 跟老虎商量取下它

的皮来。比喻所商量的事跟对方有直接利害冲突，是绝对办不到的。

【与其】yǔqí〈连〉比较两件事的利害得失而决定取舍的时候，"与其"用在舍弃的一面，后面常跟"不如"、"宁可"、"毋宁"等呼应：～打牌，不如去郊游。

【与人为善】yǔ rén wéi shàn 赞助人学好；对人怀有善意。

【与日俱增】yǔ rì jù zēng 随着时间推移而不断增长。

【与时俱进】yǔ shí jù jìn 随着时代的发展而不断发展、前进：马克思主义具有～的理论品质。

【与世长辞】yǔ shì cháng cí 逝世；去世。

【与众不同】yǔ zhòng bù tóng 跟大家的或一般的不一样。

予 yǔ〈动〉给：～以｜赋～｜授～。
△另见 yú。

【予人口实】yǔ rén kǒushí 给人留下可以指责的把柄。

【予以】yǔyǐ〈动〉给以：～照顾｜～表扬｜～支持。

屿（嶼） yǔ, 旧读 xù〈名〉小岛：岛～。

伛（傴） yǔ〈动〉曲背：～偻(lǚ)。

【伛偻】yǔlǚ〈动〉腰背弯曲；驼背。

宇 yǔ〈名〉❶房檐，泛指房屋：屋～｜庙～。❷上下四方，所有的空间；世界：～宙｜寰～。❸国土；疆土：～内。❹风度；气质：神～｜眉～｜器～。❺姓。

【宇航】yǔháng〈动〉宇宙航行，指人造地球卫星、宇宙飞船、航天飞机等在太阳系内外空间航行。

【宇航技术】yǔháng jìshù 空间技术。

【宇内】yǔnèi〈名〉四境之内，指天下。

【宇文】yǔwén〈名〉姓。

【宇宙】yǔzhòu〈名〉❶包括地球及其他一切天体的无限空间。❷一切物质及其存在形式的总体（"宇"指无限空间，"宙"指无限时间）。哲学上又叫"世界"。

【宇宙飞船】yǔzhòu fēichuán 一种用多级火箭做运载工具，从地球上发射出去能在宇宙空间航行的飞行器。

【宇宙观】yǔzhòuguān〈名〉即世界观，人们对世界的总的根本的看法。

【宇宙火箭】yǔzhòu huǒjiàn 能够脱离地心引力，发射到其他星球或星际空间的火箭。

【宇宙空间】yǔzhòu kōngjiān〈名〉指地球大气层以外的空间。也叫"外层空间"。

【宇宙速度】yǔzhòu sùdù 物体能够克服地心引力的作用离开地球进入宇宙空间所必须具有的速度。宇宙速度分为四级，即第一宇宙速度、第二宇宙速度、第三宇宙速度、第四宇宙速度。

备用词 寰宇　眉宇　器宇　天宇

羽 yǔ〈名〉❶羽毛：～翼｜～扇。❷古代五音之一，相当于简谱的"6"：宫商角徵～。❸姓。

【羽化】yǔhuà〈动〉❶旧时迷信的人说仙人能飞升变化，把成仙叫作"羽化"。❷婉辞，道教徒称人死。❸昆虫由蛹变为成虫。

【羽毛】yǔmáo〈名〉❶鸟类身体表面所长的毛。❷鸟类的羽和兽类的毛，比喻人的名誉：爱惜～。

【羽毛未丰】yǔmáo wèi fēng 小鸟身上的毛还没有长丰满，比喻还不成熟或尚未成长壮大。

【羽翼】yǔyì〈名〉❶翅膀。❷比喻左右辅助的人或力量（现多用于贬义）。

雨 yǔ〈名〉❶从云层中降向地面的水：下～｜～水｜～露。❷姓。
△另见 yù。

【雨后春笋】yǔ hòu chūnsǔn 春天下雨之后竹笋长得又多又快，比喻新事物大量涌现。

【雨脚】yǔjiǎo〈名〉密密连接着的像线一样的一串串雨点。

【雨帘】yǔlián〈名〉雨点密密麻麻，景物像被帘子隔开一样，因此叫"雨帘"。

【雨露】yǔlù〈名〉雨水和露水，比喻恩惠。

【雨幕】yǔmù〈名〉雨点密集，景物像被幕罩住一样，因此叫"雨幕"。

【雨泽】yǔzé〈名〉雨水。

俣 yǔ[俣俣]〈形〉身材高大。

禹 yǔ〈名〉❶夏代第一个君主,传说曾治平洪水。❷姓。

语(語) yǔ❶〈名〉话:～言|～音|谚～|暗～。❷〈动〉说:细～|低～。❸〈名〉谚语;成语:～云,"不入虎穴,焉得虎子"。❹〈名〉代替语言表示意思的动作或方式:手～|旗～。❺〈名〉姓。
△另见 yù。

【语病】yǔbìng〈名〉说话或写作中在措辞上的毛病。

【语词】yǔcí〈名〉泛指词和短语。

【语调】yǔdiào〈名〉一句话里语音高低轻重的配置;说话的腔调:～平缓。

【语法】yǔfǎ〈名〉❶语言的结构方式,包括词的构成和变化、短语和句子的组织:～知识。❷指语法研究:描写～|比较～。

【语感】yǔgǎn〈名〉言语交流中指人对词语表达的直觉判断或感受:增强～。

【语汇】yǔhuì〈名〉一种语言的或一个人所用的词和短语的总和。

【语境】yǔjìng〈名〉使用语言的环境。内部语境指一定的言语片断和一定的上下文之间的关系,外部语境指存在于言语片断之外的语言的社会环境:特定的～|修辞要适合～。

【语料】yǔliào〈名〉语言材料,是编写字典、词典和进行语言研究的依据:～库。

【语录】yǔlù〈名〉一个人的言论的记录或摘录。

【语气】yǔqì〈名〉❶说话的口气:从～上能听出他不满意。❷表示陈述、疑问、祈使、感叹等分别的语法范畴。

【语素】yǔsù〈名〉词素。

【语体文】yǔtǐwén〈名〉白话文。

【语文】yǔwén〈名〉❶语言和文字:～程度(指阅读、写作方面的能力)。❷语言和文学的简称:～课本。

【语无伦次】yǔ wú lúncì 说话很乱,没有条理、层次。

【语系】yǔxì〈名〉有共同来源的一些语言的总称:汉藏～|印欧～。

【语焉不详】yǔ yān bù xiáng 说得不详细。

【语言】yǔyán❶〈名〉人类所特有的用来表达意思、交流思想的工具,是由语音、词汇、语法构成的一定的系统。❷〈名〉说的话:渐渐有

了共同～。❸〈动〉说话:转盼多情,～常笑。

【语义】yǔyì〈名〉词语的意义。

【语意】yǔyì〈名〉话语所包含的意义:领会～|～模糊|～深长。

【语音】yǔyīn〈名〉语言的声音,就是人说话的声音。

【语音信箱】yǔyīn xìnxiāng❶一种新型的电话通信服务业务。利用电信网和计算机处理系统存储、传递和提取语音信息。用户向电信部门申请并办理手续取得自己的语音信箱号码和密码。别人可以拨通这个号码留言,本人拨通这个号码并输入密码能够听取留言。❷语言信箱系统的终端。

【语重心长】yǔ zhòng xīn cháng 言辞恳切,情意深长。

|备用词| 成语 俚语 俗语 套语 土语 谚语 熟语 隐语 风言风语 豪言壮语 花言巧语 甜言蜜语 只言片语

圄 yǔ 见[图(líng)圄]。

圉 yǔ❶〈动〉养马。❷〈名〉指养马的人。❸〈名〉边疆;边陲:边～。

庾 yǔ〈名〉❶露天的谷仓。❷姓。

铻(鋙) yǔ 见[铻(jǔ)铻]。
△另见 wú。

瑀 yǔ〈名〉一种像玉的石头。

瘐 yǔ〈动〉瘐死,古代指犯人在监狱中因饥寒而死,后泛指在监狱中病死。

龉(齬) yǔ 见[龃(jǔ)龉]

窳 yǔ〈形〉(事物)恶劣;坏:～败|～惰(懒惰)|良～(优劣)。

— yù —

与(與) yù〈动〉参与:～会|～闻。
△另见 yú;yǔ。

【与闻】yùwén〈动〉参与某事并且得知其内情:～其事。也作"预闻"。

玉 yù❶〈名〉矿物,质地细而有光泽,可用来制造装饰品或做雕刻的材料:～石|～雕|砖地引～。❷〈形〉比喻洁白或美丽:～手|～颜|琼浆～液。❸〈形〉敬辞,指对方身体或行动:～音|～照。❹〈名〉姓。

【玉成】yùchéng〈动〉敬辞,成全:深望～此事。

【玉帝】yùdì〈名〉玉皇大帝。

【玉皇大帝】 yùhuáng dàdì 道教称天上最高的神。也叫"玉帝"。

【玉菱】 yùjiāo 方言。〈名〉玉米。

【玉洁冰清】 yù jié bīng qīng 见〖冰清玉洁〗。

【玉米】 yùmǐ〈名〉草本植物，籽实可供食用或制淀粉等。也叫"玉蜀黍"。

【玉色】 yùshai 方言。〈名〉淡青色。

【玉石俱焚】 yù shí jù fén 美玉和石头一块儿烧毁了。比喻好的和坏的一同毁掉。

【玉黍】 yùshǔ 方言。〈名〉玉米。

【玉蜀黍】 yùshǔshǔ〈名〉玉米。

【玉碎】 yùsuì〈动〉比喻为保持气节而牺牲（常与"瓦全"对举）：宁为～，不为瓦全。

【玉兔】 yùtù〈名〉指月亮。传说中月亮里有兔：～东升。

【玉玺】 yùxǐ〈名〉帝王的玉印。

【玉宇】 yùyǔ〈名〉❶传说中神仙住的华丽的宫殿。❷借指宇宙。

驭（馭） yù〈动〉驾驭车马；赶车：驾～。

【驭手】（御手）yùshǒu〈名〉使役牲畜的士兵。也泛指驾驭车马的人。

芋 yù〈名〉❶草本植物，块茎椭圆形或卵形，含淀粉多，供食用。也叫"芋头"。❷泛指马铃薯、甘薯等：山～。

【芋艿】 yùnǎi〈名〉芋①。

吁（籲） yù〈动〉为某种要求而呼喊：～请｜～求。
　　△另见 xū；yū。

聿 yù〈助〉用在句首或句中，无实义。

谷 yù[吐谷浑]〈名〉我国古代民族，在今甘肃、青海一带。隋唐时曾建立政权。
　　△另见 gǔ。

饫（飫） yù〈动〉吃饱。

妪（嫗） yù〈名〉老年妇女：老～。

雨 yù〈动〉下（雨、雪等）：～雪。
　　△另见 yǔ。

郁（❷❸鬱＊❷❸鬱❷❸欝）yù ❶〈形〉香气浓厚：浓～｜馥～。❷〈形〉（草木）茂盛：苍～｜葱～。❸〈形〉（忧愁、气愤等）在心里积聚得不到发泄：忧～｜～闷。❹〈名〉姓。

【郁勃】 yùbó〈形〉茂盛；旺盛：蓊葱。

【郁结】 yùjié〈动〉（不愉快的情绪）积聚不得发泄：愁闷～于心。

【郁烈】 yùliè〈形〉香气浓烈。

【郁闷】 yùmèn〈形〉烦闷，不舒畅：心情～｜排解心中的～。

【郁热】 yùrè〈形〉闷热。

【郁悒】 yùyì〈形〉苦闷：～不乐。

【郁郁】 yùyù〈形〉❶文采显著：文采～。❷香气浓厚：岸芷汀兰，～青青。❸茂密；繁盛：苍苍的森林。❹（心情）苦闷：忧伤～寡欢｜～不得志。

备用词 馥郁 浓郁 苍郁 葱郁 沉郁 抑郁 阴郁 忧郁

育 yù ❶〈动〉生育：孕～｜节～。❷〈动〉养活：～婴｜～种｜保～。❸〈动〉教育：德～｜美～。❹〈名〉姓。
　　△另见 yō。

备用词 哺育 抚育 教育 培育 养育 孕育

昱 yù ❶〈名〉日光。❷〈动〉照耀。

狱（獄） yù〈名〉❶监狱：牢～｜出～。❷官司；罪案：冤～｜文字～。

【狱讼】 yùsòng〈名〉诉讼案件。

语（語） yù〈动〉告诉：不以～人。
　　△另见 yǔ。

彧 yù〈形〉有文采。

峪 yù〈名〉山谷（多用于地名）：慕田～（在北京）｜嘉～关（在甘肃）。

钰（鈺） yù〈名〉珍宝。

浴 yù〈动〉洗澡：淋～｜～室。

【浴血】 yùxuè〈动〉全身浸在血中，形容战斗激烈：～奋战。

预（預） yù ❶〈副〉预先；事先：～备｜～测｜～感。❷同"与"（yù）。❸

〈名〉姓。

【预备】yùbèi〈动〉准备:～功课|召开～会议。

【预卜】yùbǔ〈动〉预先断定:结果未可～。

【预测】yùcè〈动〉预先推测或测定:市场～。

【预防】yùfáng〈动〉事先防备:～疾病。

【预感】yùgǎn ❶〈动〉事先感觉:～事情不妙。❷〈名〉事先的感觉:不祥的～。

【预计】yùjì〈动〉预先计算、计划或推测:～来宾将达 300 人。

【预见】yùjiàn ❶〈动〉根据事物的发展规律预先料到将来的情况:～未来。❷〈名〉能预先料到将来的见识:科学～。

【预警】yùjǐng〈动〉预先告警,预先警示:紧急～|～系统|～卫星|～雷达。

【预考】yùkǎo〈动〉正式考试之前进行的考试,通过者可以取得参加正式考试的资格。具有演练作用和预选作用:～落选。

【预料】yùliào ❶〈动〉事先推测:～中事。❷〈名〉事先的推测:果然不出～。

【预谋】yùmóu〈动〉做坏事之前所谋划。

【预期】yùqī〈动〉预先期待:达到～效果。

【预示】yùshì〈动〉预先显示:燕子低飞～天要下雨。

【预售】yùshòu〈动〉❶预先出售:～火车票。❷预先收款,在规定时间内交货:～楼花。

【预算】yùsuàn〈名〉国家机关、团体和事业单位等对于未来的一定时期内的收入和支出的计划:年度～。

【预闻】yùwén 同"与(yù)闻"。

【预先】yùxiān〈副〉在事情发生或工作进行之前:按照～的部署行事。

【预言】yùyán ❶〈动〉预先说出(将来要发生的事情):气象专家～今年会出现旱情。❷〈名〉预先说出的关于将来要发生什么事情的话:先驱者的～已经实现。

【预约】yùyuē〈动〉事先约定:复诊一般需要～。

【预兆】yùzhào ❶〈名〉预先显露出来的迹象:地震～|不祥的～。❷〈动〉某些迹象预示将要发生某种事情或某种情况:瑞雪～来年丰年。

【预知】yùzhī〈动〉预先知道:云能够帮助我们～天气变化。

【预祝】yùzhù〈动〉预先祝愿:～大会圆满成功。

域 yù ❶〈名〉一定疆域内的地方;疆域:领～|～外。❷〈动〉限制:民不以封疆之界(使人民定居下来而不迁到别的地方去,不能靠划定的疆界)。❸〈名〉泛指某种范围:音～|视～。

【域名】yùmíng〈名〉企业、机构或个人在互联网上注册的名称,是互联网上供识别、检索、联络等用的符号化地址。

备用词 地域　海域　疆域　境域　领域　流域　区域　水域　异域　音域

堉 yù〈名〉肥沃的土地。

菀 yù〈形〉茂盛。△另见 wǎn。

欲(*❶❷**慾**) yù ❶〈名〉欲望:～念|情～|物～。❷〈动〉想要;希望:畅所～言。❸〈动〉需要:胆～大而心～细。❹〈副〉将要:摇摇～坠|呼之～出。

【欲盖弥彰】yù gài mí zhāng 想掩盖事实的真相,结果却暴露得更加明显(指坏事)。

【欲壑难填】yù hè nán tián 形容贪得贪得的欲望像深谷一样,永远不能填满。

【欲加之罪,何患无辞】yù jiā zhī zuì,hé huàn wú cí 要想给人安个罪名,不愁找不到借口。

【欲念】yùniàn〈名〉欲望。

【欲擒故纵】yù qín gù zòng 为了要捉住他,故意先放开他。比喻为了进一步控制,故意放松一步。

【欲速则不达】yù sù zé bù dá 过于性急图快,反而达不到目的。

【欲望】yùwàng〈名〉想要得到某种东西或达到某种目的的要求。

阈(閾) yù〈名〉门槛,泛指界限或范围:视～|听～。

清 yù〈名〉清河,水名,发源于河南,流入湖北。

谕(諭) yù ❶〈动〉告诉;吩咐(旧时用于上级对下级或长辈对晚辈):～知|面～|手～|～晓。❷〈名〉特指皇帝的诏令。❸同"喻"。

【谕旨】yùzhǐ〈名〉皇帝下的命令、文告。

尉 yù 见下。△另见 wèi。

【尉迟】yùchí〈名〉姓。

【尉犁】yùlí〈名〉地名,在新疆。

遇 yù ❶〈动〉相逢;遭遇:相～|偶～|奇～。❷〈动〉对待;款待:待～|礼～。❸〈名〉机会:机～|际～。❹〈名〉姓。

喻 yù ❶〈动〉说明;告知;晓～|不可理～。❷〈动〉明白;了解:家～户晓。❸〈动〉比方:比～|譬～。❹〈名〉姓。

御(❹禦) yù ❶〈动〉驾驭车马;赶车:～者|～车。❷〈动〉封建社会指上级对下级进行管理或支配:～下。❸〈名〉封建社会指跟皇帝有关的事物:～赐|～前|～览。❹〈动〉抵挡:防～|～寒。

【御史】yùshǐ〈名〉古代官名。秦以前本为史官,负责掌管图籍,记录国家大事。

【御手】yùshǒu 见[驭手]。

【御用】yùyòng〈形〉❶帝王所用的。❷比喻为统治者利用而为之效劳的:～文人。

备用词 抵御 防御 抗御

鹆(鵒) yù 见[鸲(qú)鹆]。

寓(*庽) yù ❶〈动〉居住:～居|～所|寄～。❷〈名〉住的地方:公～。❸〈动〉寄托:～言|～意。❹〈名〉姓。

【寓居】yùjū〈动〉居住(多指不是本地人):晚年～北京。❷〈名〉寓所。

【寓目】yùmù〈动〉观看;过目。

【寓所】yùsuǒ〈名〉寓居的处所。

【寓言】yùyán〈名〉❶有所寄托的话。❷指用假托的故事或自然物的拟人手法来说明某个道理或教训的文学作品:《伊索～》。

【寓意】yùyì〈名〉寄托或隐含的意思:～深刻。

裕 yù ❶〈形〉丰富;宽绰:富～|充～。❷〈动〉使富足:富国～民。❸〈名〉姓。

【裕如】yùrú〈形〉从容不费力的样子:应付～。

备用词 充裕 丰裕 富裕 宽裕 优裕 余裕

粥 yù ❶〈动〉生养。❷同"鬻"。
△另见 zhōu。

裔 yù [裔皇]〈形〉形容光明盛大。

薯(蕷) yù [薯蓣]〈名〉草本植物,茎蔓生,块根圆柱形,含淀粉和蛋白质。通称"山药"。

愈(*癒❶瘉) yù ❶〈动〉〈病〉好:痊～|病～。❷〈动〉较好;胜过:彼～于此|浊富与清贫孰～? ❸〈副〉越;更加:～加|～演～烈。❹〈名〉姓。

【愈合】yùhé〈动〉(伤口)长好。

【愈加】yùjiā〈副〉越发;更加:雨下得更大,路～难走。

【愈益】yùyì〈副〉愈加:在科学日益发达的今天,学术分工～细密。

煜 yù〈动〉照耀。

【煜爚】yùyuè〈形〉光彩夺目的样子:银鞍何～。

滟(灩) yù 见[滟(yàn)滪堆]。

誉(譽) yù ❶〈名〉名誉:荣～|声～|信～。❷〈动〉称赞:称～|赞～。❸〈名〉姓。

备用词 名誉 荣誉 声誉 信誉 称誉 驰誉 赞誉 沽名钓誉 交口称誉

蔚 yù〈名〉❶蔚县,地名,在河北。❷姓。
△另见 wèi。

魊(*魆) yù〈名〉传说中在水里暗害人的怪物:鬼～。

毓 yù ❶〈动〉生育;养育:钟灵～秀。❷〈名〉姓。

潏 yù〈动〉水涌。

熨 yù [熨帖(tiē)]〈形〉❶(用字、用词)贴切;妥帖。❷心里平静、安适。❸方言(事情)完全办理妥当。
△另见 yùn。

豫 yù ❶〈形〉欢喜;快乐:面有不～之色。❷〈形〉安适:逸～|亡身。❸同"预"①。❹〈名〉河南的别称:～剧。

燠 yù〈形〉暖;热:～热|闷热)|寒～失时。

熵 yù〈名〉火光。

鹬(鷸) yù〈名〉鸟,嘴细长,腿长,趾间没有蹼,常在浅水边吃小鱼、昆虫等。

【鹬蚌相争,渔人得利】yù bàng xiāng zhēng, yúrén dé lì《战国策·燕策二》里说,蚌张开壳晒太阳,鹬去啄它,蚌把壳夹住了鹬的嘴,彼此不相让,结果被渔人捉住。比喻双方争持不下,让第三者得了利。

鬻 yù〈动〉❶卖;炫～|卖官～爵。❷买:置于市,贾十倍,人争～之。

━━ yuān ━━

鸢(鳶) yuān〈名〉鸟,即老鹰,上嘴弯曲,趾有锐利的爪,翼大善飞。吃蛇、鼠和其他鸟类:纸～(风筝)。

智 yuān〈形〉❶眼睛干枯下陷。❷枯竭:～井(干枯的井)。

鸳（鴛） yuān〈名〉鸳鸯：～侣（比喻夫妻）。

【鸳鸯】yuānyāng〈名〉鸟，像野鸭，体形较小，雌雄多成对生活在水边。常用来比喻夫妻。

冤（*寃冤） yuān ❶〈形〉冤枉：～屈｜～案。❷〈名〉受冤屈的事：申～｜不白之～。❸〈名〉冤仇：结～｜～家。❹〈形〉上当；吃亏：花～钱。❺〈动〉欺骗：～人。

【冤案】yuān'àn〈名〉误判的冤屈的案件；被人诬陷而妄加罪名的案件。

【冤仇】yuānchóu〈名〉受人侵害而产生的仇恨。

【冤对】yuānduì〈名〉冤家；对头。

【冤魂】yuānhún〈名〉称死得冤枉的人的灵魂。

【冤家】yuānjia〈名〉❶仇人：～路窄（仇人或不愿相见的人偏偏碰到一块儿）。❷称似恨而实爱，给自己带来苦恼而又舍不得的人（多用来称情人）。

【冤苦】yuānkǔ〈形〉冤枉。

【冤孽】yuānniè〈名〉迷信指前生结下的冤仇和犯下的罪孽。

【冤屈】yuānqū ❶〈动〉冤枉：别～人。❷〈名〉不公平的待遇，不应受的损害：受～。

【冤枉】yuānwang ❶〈形〉被加上不应有的罪名；受到不公平的待遇：我～，我要申诉。❷〈动〉使无罪的人有罪：不～一个好人。❸〈形〉不值得；没有必要的：走～路｜这钱花得真～！

【冤狱】yuānyù〈名〉冤屈的案件：平反～。

备用词 沉冤 含冤 蒙冤 申冤 伸冤 诉冤 衔冤 雪冤 不白之冤 覆盆之冤

渊（淵） yuān ❶〈名〉深水；潭：深～｜天～之别｜鱼跃于～｜～源。❷〈形〉深：～泉｜～博。❸〈名〉姓。

【渊博】yuānbó〈形〉（学识）又深又广：知识～。

【渊深】yuānshēn〈形〉（学问、计谋等）很深：学识～。

【渊薮】yuānsǒu〈名〉比喻人或事物聚集的地方。

【渊源】yuānyuán〈名〉比喻事情的本源：历史～。

渁 yuān〈名〉渁水，古水名，今不详。也作"渶"。
　　△另见 wò。

蜎 yuān〈名〉孑孓。

筅 yuān［筅箕（jī）］方言。〈名〉用竹篾等编的盛东西的器具。

— yuán —

元 yuán ❶〈名〉人的头。❷〈形〉开始的；第一：～始｜～配｜～年。❸〈形〉为首的；居首的：～老｜～凶｜～恶。❹〈形〉主要；根本：～素｜～音。❺〈名〉元素：一～论。❻〈名〉构成一个整体的事物：单～｜～件。❼〈量〉货币单位，同"圆"❻❼。❽〈名〉朝代，蒙古族孛儿只斤·铁木真于 1206 年建立，1271 年忽必烈定国号为"元"。1279 年灭宋，定都大都（今北京）。❾〈名〉姓。

【元宝】yuánbǎo〈名〉旧时较大的金锭或银锭，两头翘起中间凹下。

【元旦】yuándàn〈名〉新年的第一天。

【元件】yuánjiàn〈名〉构成机器、仪表等的一部分，多由若干零件组成。

【元老】yuánlǎo〈名〉称某一领域年辈长（zhǎng）资历高的人：三朝～｜金融界～。

【元年】yuánnián〈名〉❶帝王或诸侯即位的第一年或帝王改元的第一年。❷指纪年的第一年：公元～。

【元配】yuánpèi〈名〉指第一次娶的妻子。也作"原配"。

【元气】yuánqì〈名〉指人或国家、组织的生命力：大伤～｜～旺盛｜恢复～。

【元曲】yuánqǔ〈名〉盛行于元代的一种文艺形式，包括杂剧和散曲，有时专指杂剧。

【元首】yuánshǒu〈名〉❶指帝王。❷指国家的最高领导人。

【元素】yuánsù〈名〉❶要素。❷化学元素的简称：氢～｜氧～。

【元宵】yuánxiāo〈名〉❶农历正月十五日（上元节）的夜晚。❷一种用糯米粉做成的球形食品，有馅儿，是上元节的应时食品。

【元勋】yuánxūn〈名〉立大功的人：开国～。

【元夜】yuányè〈名〉元宵①。

【元音】yuányīn〈名〉声带颤动、气流在口腔的通路上不受到阻碍而发出的音，如普通话语音的 a，e，o，i，u，ü 等。也叫"母音"。

【元鱼】yuányú 同"鼋鱼"。

Y

【元元本本】yuányuánběnběn 见〖原原本本〗。

【元月】yuányuè〈名〉指农历正月，也指公历一月。

芫 yuán [芫花]〈名〉灌木，叶子长圆形，花淡紫色，供观赏，花蕾供药用。
　△另见 yán。

园（園） yuán〈名〉❶种蔬菜、花果、树木的地方：花～｜田～｜～丁。❷供人游览娱乐的地方：公～｜～林。❸姓。

【园地】yuándì〈名〉❶花园、菜园、果园等的统称。❷比喻某种活动的范围：科普～。

【园丁】yuándīng〈名〉❶从事园艺的工人。❷比喻教师。

【园林】yuánlín〈名〉种植花草树木供人游览休息的地方：皇家～。

【园区】yuánqū〈名〉指集中发展某一事业的区域：工业～｜高科技～。

【园艺】yuányì〈名〉种植蔬菜、果树、花卉等的技术：～师。

【园囿】yuányòu〈名〉泛指供游玩的花园或动物园。

备用词 故园 家园 乐园 梨园 陵园 田园 庭园 校园 庄园

员（員） yuán ❶〈名〉指工作或学习的人：教～｜～工。❷〈名〉指团体或组织中的成员：队～｜盟～｜会～。❸〈名〉周围：幅～辽阔。❹〈量〉用于武将：一～战将。
　△另见 yún；yùn。

【员外】yuánwài〈名〉❶古代官员，员外郎的简称。❷指地主豪绅（多见于早期白话）。

【员舆】yuányú〈名〉古代称地球。

沅 yuán〈名〉❶沅江，水名，发源于贵州，流入湖南。❷姓。

垣 yuán〈名〉❶墙：城～。❷城：省～（省城）。❸姓。

爰 yuán ❶〈代〉何处；哪里：～其适归？❷〈连〉于是：～书其事以告。❸〈名〉姓。

袁 yuán〈名〉姓。

原 yuán ❶〈形〉最初的：～始｜～生动物。❷〈形〉原来；本来：～地｜～籍。❸〈形〉

未经加工的：～棉｜～油。❹〈动〉原谅：情有可～。❺〈动〉推其根源：～庄宗之所以得天下，与其所以失之者，可以知之矣。❻〈副〉再：你可要这花～上枝头么？❼〈名〉宽阔平坦的地方：平～｜草～｜～野。❽同"塬"。❾〈名〉姓。

【原版】yuánbǎn〈名〉❶书籍、音像制品等原来的版本（区别于"翻印版"、"翻录版"）。❷未经翻译的书籍、音像制品等：国外～教材｜英文《威尼斯商人》。

【原本】yuánběn〈副〉原来；本来：他～就不听戏。

【原创】yuánchuàng ❶〈动〉最早创作；首创：～歌曲｜～精神｜这项技术由他～。❷〈名〉指原创者：请～上台领奖。

【原创性】yuánchuàngxìng〈名〉作品等具有的首先创作或创造而非抄袭或模仿的性质。

【原封不动】yuánfēng bù dòng 保持原来的样子，一点不加变动。

【原告】yuángào〈名〉向法院提出诉讼的一方。

【原故】yuángù 见〖缘故〗。

【原籍】yuánjí〈名〉原先的籍贯：我家～山西。

【原来】yuánlái ❶〈形〉没有经过改变：～的地方｜～的计划。❷〈名〉以前某一时期；当初：～不懂，现在懂了。❸〈副〉表示发现从前不知道的情况：啊，～如此。

【原理】yuánlǐ〈名〉具有普遍意义的最基本的规律或道理：科学～。

【原谅】yuánliàng〈动〉对错误或过失宽容、谅解，不加指责。

【原料】yuánliào〈名〉没有经过加工制造的材料，如用来纺织的棉花。

【原色】yuánsè〈名〉能配合成各种颜色的基本颜色。颜料中的原色是红、黄、蓝。也叫"基色"。

【原始】yuánshǐ〈形〉❶最初的；第一手的：～材料。❷最古老的；未开化的；未开发的：～社会｜～森林。

【原委】yuánwěi〈名〉事情前后的经过；本末。

【原先】yuánxiān〈名〉从前；起初。

【原形】yuánxíng〈名〉❶原来的形状。❷本来面目（贬义）：～毕露（本来面目完全暴露）。

【原型】yuánxíng〈名〉原来的类型或模型，特指文学创作中塑造人物形象所依据的现实生活中的人。

【原野】yuányě〈名〉平原旷野：一望无际的～。

【原因】yuányīn〈名〉造成某种结果或引起另一件事情发生的条件:分析失利的～。

【原由】yuányóu 见〖缘由〗。

【原宥】yuányòu〈动〉原谅。

【原原本本】(源源本本、元元本本) yuányuán-běnběn 从头到尾而毫无改动地(叙述)。

【原则】yuánzé〈名〉说话或做事所依据的准则:坚持～|～问题。

【原装】yuánzhuāng〈形〉❶原来装配好的:购买～彩色电视机。❷由原生产单位封装后,未经启封的:～白兰地。

【原子】yuánzǐ〈名〉构成化学元素的最小粒子,也是物质进行化学反应的最基本的粒子。

【原子能】yuánzǐnéng〈名〉核能。

【原子武器】yuánzǐ wǔqì 核武器。

备用词 还原 复原 草原 高原 荒原 莽原 平原 雪原 星火燎原

圆（圓） yuán ❶〈名〉圆周所包围的平面。❷〈名〉圆周,平面上的一动点以定点为中心,以定长为距离而运动一周的轨迹。❸〈形〉圆形:滚～|～柱。❹〈形〉满;周全:话说得不～。❺〈动〉使圆满;使周全:～梦|自～其说。❻〈量〉我国的本位货币单位,1 圆等于 10 角或 100 分。也作"元"。❼〈名〉圆形的货币:银～。也作"元"。❽〈名〉姓。

【圆场】yuánchǎng〈动〉为了打开僵局或解决纠纷,从中解说或提出折中办法。

【圆房】yuánfáng〈动〉旧指童养媳和未婚夫开始过夫妻生活。

【圆滚滚】yuángǔngǔn〈形〉形容圆而胖的样子。

【圆滑】yuánhuá〈形〉不得罪人,向各方面敷衍讨好:处世～。

【圆浑】yuánhún〈形〉❶(声音)圆润浑厚。❷(诗文)意味浓厚,没有雕琢的痕迹。

【圆寂】yuánjì〈动〉佛教用语,称僧尼死亡。

【圆满】yuánmǎn〈形〉没有缺欠或漏洞,使人满意:回答得～|大会～结束。

【圆梦】yuánmèng〈动〉❶解说梦的吉凶(迷信)。❷实现理想或理想:体坛～|他终于圆了奥运会冠军梦。

【圆润】yuánrùn〈形〉饱满而润泽:～的歌喉|露珠～可爱。

【圆实】yuánshi〈形〉圆而丰满:红润～的手。

【圆熟】yuánshú〈形〉熟练:技艺～。

【圆通】yuántōng〈形〉灵活变通,不固执己见。

【圆凿方枘】yuán záo fāng ruì 见〖方枘圆凿〗。

【圆桌会议】yuánzhuō huìyì 一种会议形式,用圆桌或把席位排成圆圈,以表示与会各方席次不分主次,一律平等。相传创始于 5 世纪的英国。第一次世界大战后,国际会议常采用此种形式。

鼋（黿） yuán [鼋鱼]〈名〉即鳖。也作"元鱼"。

援 yuán〈动〉❶以手牵引;攀:～引|～例|～用。❸援助:支～|增～|～外|孤立无～。

【援建】yuánjiàn〈动〉援助建设。

【援救】yuánjiù〈动〉支援帮助,使脱离痛苦或危险:～受灾群众。

【援引】yuányǐn〈动〉❶引用:～法律条文。❷推荐或任用跟自己有关系的人。

【援用】yuányòng〈动〉引用:～成例。

【援助】yuánzhù〈动〉支援帮助:经济～。

备用词 救援 声援 增援 支援

湲 yuán 见〖潺湲〗。

媛 yuán 见〖婵(chán)媛〗。
△另见 yuàn。

缘（緣） yuán ❶〈名〉原因;缘故:～故|～由。❷〈介〉因为;为了:～何到此? ❸〈名〉缘分;机缘:人～|有～。❹〈动〉沿着(走);顺着(爬):～溪而行。❺〈动〉攀缘:～木求鱼。❻〈连〉"因为"②:不识庐山真面目,只～身在此山中。❼〈名〉边;边～。

【缘分】yuánfèn〈名〉迷信的人认为人与人之间由命中注定的相遇或相结合的机会。泛指人与人或人与事物之间发生某种联系的可能性。

【缘故】(原故) yuángù〈名〉原因。

【缘木求鱼】yuán mù qiú yú 爬到树上去找鱼。比喻方向、方法错误,不可能达到目的。

【缘起】yuánqǐ〈名〉❶事情的起因或由来。❷说明发起某事情的缘由的文字。

【缘由】(原由) yuányóu〈名〉原因。

备用词 机缘 人缘 血缘 因缘 姻缘

塬 yuán〈名〉我国黄土高原地区因流水冲刷而形成的地貌,突起呈台状,四边陡,顶上平。

猿(*蝯猨) yuán〈名〉哺乳动物,像猴而大,没有颊囊和尾巴。

生活在森林中。如猩猩和长臂猿等。

【猿人】yuánrén〈名〉最原始的人类。

源 yuán〈名〉❶水流起头的地方:江~|发~|饮水思~。❷来源:资~|震~|正本清~。❸姓。

【源流】yuánliú〈名〉比喻事物的起源和发展:探讨诗歌的~。

【源泉】yuánquán〈名〉泉源:社会生活是文学创作的~。

【源头】yuántóu〈名〉❶水发源的地方。❷比喻事物的起源:民歌是古诗的~。

【源源】yuányuán〈副〉接连不断:~不断。

【源源本本】yuányuánběnběn 见〖原原本本〗。

【源远流长】yuán yuǎn liú cháng 源头很远,水流很长。比喻事物的历史悠久。

备用词　本源　发源　根源　来源　起源　泉源　渊源　资源　木本水源　世外桃源　推本溯源　饮水思源　正本清源　左右逢源

嫄 yuán 用于人名。姜嫄,传说是周朝祖先后稷的母亲。

辕(轅) yuán〈名〉❶车前驾牲畜的两根直木:~马|驾~。❷指辕门,军营的营门或官署的外门,借指衙署:行~。❸姓。

【辕门】yuánmén〈名〉军营的营门,也指官署的外门。

蚖 yuán〈名〉未生翅膀的蝗虫。

橼(櫞) yuán〖香橼〗〈名〉乔木或灌木,果实长圆形,黄色,味酸而苦。果皮中医入药。也叫"枸(jǔ)橼"。

螈 yuán 见〖蝾(róng)螈〗。

圜 yuán 同"圆"。
△另见 huán。

远(遠) yuǎn❶〈形〉空间或时间的距离长(跟"近"相对):~郊|~程|~征。❷〈形〉(血统关系)疏远:~亲|~房。❸〈形〉(差别)程度大:~非如此。❹〈形〉深远:言近旨~(话很浅近,意思深远)。❺〈动〉不接近:敬而~之。❻〈名〉姓。

【远程】yuǎnchéng〈形〉路程远的;距离远的:~运输|~航行|~导弹。

【远程教育】yuǎnchéng jiàoyù 指利用通信手段开展的教育。当代远程教育是以现代网络技术为依托,利用数字多媒体通信网,特别是计算机网络开展交互式教学的教育方式。

【远大】yuǎndà〈形〉长远而广阔:前途~。

【远古】yuǎngǔ〈名〉遥远的古代。

【远见】yuǎnjiàn〈名〉远大的眼光:~卓识(远大的眼光,高明的见识)。

【远景】yuǎnjǐng〈名〉❶远处的景物。❷未来的景象:~规划。

【远虑】yuǎnlǜ〈名〉长远的考虑:深谋~。

【远略】yuǎnlüè〈名〉远谋。

【远谋】yuǎnmóu〈名〉远大的谋略;深远的打算。

【远水救不了近火】yuǎn shuǐ jiù bù liǎo jìn huǒ 比喻缓慢的解决办法不能满足急迫的需要。也说"远水不救近火"。

【远眺】yuǎntiào〈动〉向远处看:极目~。

【远行】yuǎnxíng〈动〉出远门。

【远走高飞】yuǎn zǒu gāo fēi 比喻逃避到很远的地方去。

【远足】yuǎnzú〈动〉较远距离的徒步旅行。

备用词　长远　久远　永远　边远　辽远　偏远　深远　疏远　遥远　悠远　好高骛远　任重道远　舍近求远　言近旨远

苑 yuàn〈名〉❶古代畜养禽兽、种植林木的地方(多指帝王的花园):鹿~|林~。❷(学术、文艺)荟萃之处:文~|棋~。❸姓。

【苑囿】yuànyòu〈名〉古代帝王或贵族畜养禽兽、种植林木的地方。

怨 yuàn❶〈名〉怨恨:抱~|结~|宿~。❷〈动〉责怪:任劳任~。

【怨谤】yuànbàng〈动〉怨恨;指责。

【怨怅】yuànchàng〈动〉怨恨。

【怨毒】yuàndú〈名〉仇恨。

【怨愤】yuànfèn ❶〈形〉怨恨愤怒:对这种事大家十分~。 ❷〈名〉怨愤的情绪:一腔~。

【怨府】yuànfǔ〈名〉众人怨恨或埋怨的对象。

【怨恨】yuànhèn ❶〈动〉对人或事物强烈地不满或仇恨。 ❷〈名〉强烈的不满或仇恨。

【怨苦】yuànkǔ〈形〉怨恨;哀痛。

【怨声载道】yuàn shēng zài dào 路上到处是怨恨的声音,形容群众普遍怨恨不满。

【怨天尤人】yuàn tiān yóu rén 抱怨天,埋怨别人,指对不如意的事一味归咎于客观。

【怨望】yuànwàng〈动〉怨恨。

【怨恶】yuànwù〈动〉怨恨憎恶。

【怨言】yuànyán〈名〉抱怨的话:毫无~。

【怨艾】yuànyì〈动〉怨恨。

备用词　哀怨　抱怨　埋怨　仇怨　积怨　宿怨　嫌怨　幽怨　任劳任怨　天怒人怨

院 yuàn〈名〉❶房屋前后用墙或栅栏围起来的空地:庭~|宅~。 ❷某些机关和公共处所的名称:法~|寺~|影剧~。 ❸指学院:大专~校。 ❹指医院:住~。 ❺姓。

【院落】yuànluò〈名〉院子。

塬 yuàn 方言。〈名〉湖南、湖北等地沿江、湖地带围绕房屋、田地等修建的像堤坝的防水建筑物:堤~。
△另见 huán。

衒 yuàn 见[衒(háng)衒]。

掾 yuàn〈名〉属员:~吏|~属。

媛 yuàn〈名〉美女:才~|名~。
△另见 yuán。

瑗 yuàn〈名〉大孔的璧。

愿(❷-❺願) yuàn ❶〈形〉老实谨慎:诚~。 ❷〈名〉愿望:心~|请~|平生之~。 ❸〈动〉愿意:情~|甘~。 ❹〈动〉祝愿:~你早日康复。 ❺〈名〉迷信的人对神佛有所祈求时许下的酬谢:~心|还~。

【愿望】yuànwàng〈名〉希望将来能达到某种目的或实现某种理想的想法:主观~。

【愿心】yuànxīn〈名〉迷信的人对神佛有所祈求时许下的酬谢。

【愿意】yuànyì〈动〉❶认为符合自己的心愿而同意(做某事):你~去吗? ❷希望(发生某种情况):我~家里清静些。

备用词　宏愿　夙愿　心愿　遗愿　意愿　志愿　甘愿　宁愿　情愿　封官许愿　两相情愿　心甘情愿　自觉自愿

= yuē =

曰 yuē ❶〈动〉说:子(孔子)~。 ❷〈动〉叫作:自号~"醉翁"。 ❸〈名〉姓。

约(約) yuē ❶〈动〉事先说定:预~|~定。 ❷〈动〉邀请:特~|~请。 ❸〈名〉约定的事;事先议定的条文:履~|践~|缔~。 ❹〈动〉限制使不越出范围;拘束:~束|~制。 ❺〈动〉俭省:节~|俭~。 ❻〈形〉简单;简要:简~。 ❼〈副〉大概:大~|~计|~数。 ❽〈动〉算术上指约分。
△另见 yāo。

【约定俗成】yuē dìng sú chéng 指某种事物的名称或社会习惯是由群众长期实践而认定或形成的。

【约法三章】yuē fǎ sān zhāng《史记·高祖本纪》:"与父老约,法三章耳:杀人者死,伤人及盗抵罪。"指订立法律与人民相约遵守,后泛指事先订立简单的共同遵守的条款。

【约会】yuēhuì ❶〈动〉预先约定相会:我们~好明天去公园。 ❷〈名〉预先约定的会晤:明天我有个~。

【约集】yuējí〈动〉邀集。

【约略】yuēlüè〈副〉大概:~估算。

【约莫】yuēmo 也作"约摸"。 ❶〈副〉大概。 ❷〈动〉估计。

【约摸】yuēmo 同"约莫"。

【约请】yuēqǐng〈动〉邀请。

【约束】yuēshù ❶〈动〉加以限制,使不越出范围;用纪律~自己。 ❷〈名〉信约;盟约:秦自缪公以来二十余君,未尝有坚明~者也。

【约言】yuēyán〈名〉约定的话:遵守。

备用词　俭约　节约　公约　和约　婚约　盟约　密约　契约　誓约　条约

= yuě =

哕(噦) yuě ❶〈拟〉形容呕吐时嘴里发出的声音:~的一声,吐了。 ❷〈动〉呕吐:干~(要呕吐而吐不出)。
△另见 huì。

= yuè =

月 yuè ❶〈名〉月球;月亮:~光|~夜|~登~。 ❷〈名〉计时的单位,一年分为十二个月:~初|腊~。 ❸〈名〉每月的:~报|~票。 ❹〈形〉形状像月亮的;圆的:~琴|~饼。 ❺〈名〉姓。

【月白】yuèbái〈形〉(颜色)接近白色的浅蓝。

【月白风清】yuè bái fēng qīng 形容幽静美好的夜晚。

【月度】yuèdù〈名〉作为计算单位的一个月:~计划。

【月黑风高】yuè hēi fēng gāo 形容没有月光、天气恶劣的夜晚。

【月华】yuèhuá〈名〉❶月光。❷月光照射到云层上,呈现在月亮周围的彩色光环。

【月老】yuèlǎo〈名〉月下老人。

【月球】yuèqiú〈名〉围绕地球转动的卫星,本身不发光,只能反射太阳的光。通称"月亮"。

【月色】yuèsè〈名〉月光:朦胧的~。

【月台】yuètái〈名〉❶正殿前方突出的平台,三面有台阶。❷站台。

【月下老人】yuèxià lǎorén〈名〉神话传说中主管婚姻的神,也作为媒人的代称。也说"月下老儿"、"月老"。

【月牙】(月芽)yuèyá〈名〉农历月初形状如钩的月亮。

【月氏】yuèzhī〈名〉汉朝西域国名。

【月子】yuèzi〈名〉❶分娩的时期:她的~是五月初。❷分娩后的第一个月:坐~|伺候~。

乐(樂)yuè〈名〉❶音乐:奏~|西~。❷姓。
△另见 lè。

【乐府】yuèfǔ〈名〉原是汉代朝廷的音乐官署,负责采集各地民间诗歌和乐曲。后世把这类民歌或文人模拟的作品也叫作"乐府"。

【乐理】yuèlǐ〈名〉音乐的一般基础理论。

【乐师】yuèshī〈名〉古代以演奏乐器为职业的人。

【乐音】yuèyīn〈名〉有一定频率,听起来比较和谐悦耳的声音(区别于"噪音")。

【乐章】yuèzhāng〈名〉成套的乐曲中具有一定主题的独立组成部分,一部交响曲一般分为四个乐章。

刖(*跀)yuè〈动〉古代一种砍掉脚的酷刑。

玥yuè〈名〉古代传说中的一种神珠。

岳(*❶嶽)yuè〈名〉❶高大的山:山~|五~。❷称妻的父母或妻的叔父、伯父:~家|~父|叔~。❸姓。

栎(櫟)yuè[栎阳]〈名〉古县名,在今陕西西安市北渭水北岸。
△另见 lì。

钥(鑰)yuè〈名〉钥(yào)匙:北门锁~(北方重镇)。
△另见 yào。

说(説)yuè 同"悦"。
△另见 shuì;shuō。

钺(鉞*戉)yuè〈名〉古代的一种兵器,像板斧而较大:斧~。

阅(閱)yuè❶〈动〉看(文字):~读|~览|订~。❷〈动〉检阅:~兵。❸〈动〉经历;经过:~历|~世。❹〈名〉姓。

【阅览】yuèlǎn〈动〉看(书、报等):~室。

【阅历】yuèlì❶〈动〉亲身经历:他走南闯北,~过很多事。❷〈名〉由经历得来的知识或社会经验:~丰富。

【阅世】yuèshì〈动〉经历世事:~不深。

备用词 查阅 参阅 批阅 圈阅 审阅

悦yuè❶〈形〉高兴;愉快:喜~|欣~|和颜~色。❷〈动〉使愉快:~耳|赏心~目。❸〈名〉姓。

【悦耳】yuè'ěr〈形〉好听:歌声~|~动听。

【悦目】yuèmù〈形〉好看:赏心~|~色彩~。

备用词 和悦 喜悦 愉悦

跃(躍)yuè❶〈动〉跳:~进|跳~|飞~|鱼~。❷〈名〉姓。

【跃层】yuècéng〈名〉指在一套单元式住宅内分为上下两个楼层的建筑形式:~别墅|~式住宅。

【跃进】yuèjìn〈动〉❶跳着前进。❷比喻极快地前进:从感性认识~到理性认识。

【跃居】yuèjū〈动〉跳跃式地上升到(某个位置、名次等):~榜首|~全国冠军。

【跃迁】yuèqiān〈动〉原子、分子等由某一种状态过渡到另一种状态,如一个能级较高的原子发射一个光子而跃迁到能级较低的原子。

【跃然】yuèrán〈形〉形容极生动地呈现：激愤之情~纸上。

【跃升】yuèshēng〈动〉跳跃式地上升：由传统农业向现代化农业~|去年联赛的第十名今年~至第三名。

【跃跃欲试】yuèyuè yù shì 形容心里急切地想试一试(跃跃：因急切而心情激动的样子)。

【跃增】yuèzēng〈动〉跳跃式地增长；大幅度地增长：年利润由三千万元~到八千万元|年收入由 3 万元~到 6 万元。

备用词 飞跃 欢跃 活跃 雀跃 跳跃 踊跃 鱼跃 龙腾虎跃

越 yuè❶〈动〉跨过(阻碍)；跳过：~狱|穿~。❷〈动〉不按一般的次序；超出(范围)：~级|~权。❸〈形〉(声音、情感)昂扬：激~|清~。❹〈副〉叠用，表示程度随着条件的发展而发展：~来~忙。❺〈名〉周朝国名，原在今浙江东部，后来扩展到江苏、山东。❻〈名〉指浙江东部：吴~|~剧。❼〈名〉姓。

【越发】yuèfā〈副〉❶更加：改建之后，公园的景色~迷人了。❷跟上文的"越"或"越是"呼应，作用跟"越…越…"相同：越向上爬，地势越陡，天气~变坏了。

【越轨】yuèguǐ〈动〉行为超出规章制度或道德所允许的范围：~行为。

【越级】yuèjí〈动〉不按照一般的次序，越过直属的一级到更高的一级：~上诉|~反映情况。

【越加】yuèjiā〈副〉越发；更加：受到表彰后，他~努力了|听了这消息后，她的心情~沉重了。

【越界】yuèjiè〈动〉超越界限或边界：~经营。

【越礼】yuèlǐ〈动〉与规定的礼节不合；不守礼法：~行为。

【越权】yuèquán〈动〉(行为)超出权限。

【越位】yuèwèi〈动〉❶超越自己的职位或地位；僭权~(指超越职权和地位行事)。❷在足球赛中，攻方的队员踢球，同队的另一队员如果在对方半场内，并在球的前方或攻方队员与对方端线(球场两端的界线)之间，对方队员少于二人，都是越位。此外，冰球、橄榄球、曲棍球比赛中也有判越位的规定。

【越狱】yuèyù〈动〉(犯人)从监狱里逃走。

【越俎代庖】yuè zǔ dài páo《庄子·逍遥游》："庖人虽不治庖，尸祝不越樽俎而代之矣。"厨子不做饭，掌管祭祀神主的人不能越过自己

的职守去代替厨子做饭。后用"越俎代庖"比喻超出自己的职务范围，去处理别人所管的事情。

备用词 超越 翻越 跨越 腾越 逾越 激越 清越 优越 卓越

粤 yuè〈名〉❶指广东、广西：两~。❷广东的别称：~剧。

鸶(鷟) yuè [鸶鷟](yuèzhuó)〈名〉古书上说的一种水鸟。

檗 yuè〈名〉树荫。

龠(*❷籥) yuè❶〈名〉一种古代乐器，形状像笛。❷〈量〉古代容量单位，等于半合(gě)。

瀹 yuè〈动〉❶煮：~茗(烹茶)。❷疏通(河)道。

爚 yuè❶〈名〉火光。❷同"耀"(yào)。

籥 yuè〈名〉❶同"龠"①。❷锁钥。

== **yūn** ==

晕(暈) yūn❶同"晕"(yùn)①，用于"头晕、晕头晕脑、晕头转向"等。❷〈形〉昏迷：~倒|~厥。
△另见 yùn。

【晕厥】yūnjué 昏厥。

【晕头转向】yūn tóu zhuàn xiàng 形容头脑昏乱，辨不清方向。

缊(縕) yūn [细缊](yīnyūn)同"氤氲"。
△另见 yùn。

氲 yūn 见[氤(yīn)氲]。

赟(贇) yūn〈形〉美好。

== **yún** ==

云(❸-❺雲) yún❶〈动〉说：人~亦~。❷助词：岁~暮矣。❸〈名〉由水滴、冰晶聚集形成的在空中悬浮的物体：~彩|~霞。❹〈名〉指云南：~烟。❺〈名〉姓。

【云鬓】yúnbìn〈名〉妇女的像云一样浓厚而柔美的鬓发。

【云端】yúnduān〈名〉云里：高入~。

【云尔】yún'ěr〈助〉用在句末，相当于"如此而已"，表示话已说完：其为人也，发愤忘食，乐

以忘忧,不知老之将至～。

【云海】yúnhǎi〈名〉形容像海一样的浓密的云层。

【云汉】yúnhàn〈名〉天河。

【云集】yúnjí〈动〉比喻许多人从各处聚集到一起:高手～。

【云谲波诡】yún jué bō guǐ 原形容房屋构造像云彩和波浪那样千姿百态,后多用来形容事态的变幻莫测。也说"波谲云诡"。

【云路】yúnlù〈名〉❶高峻的山路。❷比喻宦途。

【云泥之别】yún ní zhī bié 差别像天上的云与地下的泥一样大,比喻地位高下悬殊。

【云散】yúnsàn〈动〉像天空中的云那样四处散开,比喻曾在一起的人分散到各地或事物四散消失。

【云散风流】yúnsànfēngliú 见〖风流云散〗。

【云梯】yúntī〈名〉攻城或救火时使用的长梯。

【云雾】yúnwù〈名〉❶云和雾:～弥漫。❷比喻遮蔽或障碍的东西:拨开～。

【云霞】yúnxiá〈名〉彩云:～满天。

【云消雾散】yún xiāo wù sàn 见〖烟消云散〗。

【云霄】yúnxiāo〈名〉指极高的天空;耸入～｜响彻～。

【云游】yúnyóu〈动〉到处遨游,行踪不定(多指和尚、道士):～四方。

【云云】yúnyún〈助〉用于引文或转述的末尾,表示到此结束或以下省略。

【云蒸霞蔚】yún zhēng xiá wèi 形容景物灿烂绚丽。

备用词　风云　青云　疑云　战云　不知所云　风卷残云　平步青云　人云亦云　响遏行云　壮志凌云

勻 yún ❶〈形〉均匀:平～｜～称。❷〈动〉使均匀:两份不均,再～一～。❸〈动〉抽出一部分给别人或做别用:把你买的～给我点儿行吗?

【匀称】yúnchèn〈形〉均匀:身材～｜字写得很～。

【匀净】yúnjing〈形〉粗细或深浅一致;匀称:的毛线｜立柜漆得～。

【匀实】yúnshi〈形〉均匀:布织得很～。

【匀整】yúnzhěng〈形〉均匀整齐:笔画～。

芸(❷蕓) yún ❶〈名〉芸香。❷见"芸薹"。❸〈名〉姓。

【芸薹】yúntái〈名〉草本植物,花黄色,种子可以榨油。也叫"油菜"。

【芸香】yúnxiāng〈名〉草本植物,花黄色,全草有香气,中医入药。

【芸芸】yúnyún〈形〉形容众多:～生(佛教指一切有生命的东西)。

员(員) yún 用于人名。伍员,春秋时人。
　△另见 yuán;yùn。

沄(❷澐) yún ❶[沄沄]〈形〉形容水流动:大江～。❷〈名〉大波浪。

妘 yún〈名〉姓。

纭(紜) yún ❶[纭纭]〈形〉形容多而杂乱。❷[纷纭]〈形〉形容多而杂乱:众说～。

昀 yún〈名〉日光。

郧(鄖) yún〈名〉❶郧县,旧地名,今为郧阳区,在湖北。❷姓。

耘 yún〈动〉田地里除草:～田｜耕～。

涢(溳) yún〈名〉涢水,水名,在湖北。

筠 yún〈名〉❶竹子的青皮。❷借指竹子:松～。
　△另见 jūn。

篑(簀) yún[篑筜(dāng)]〈名〉生长在水边的一种大竹子。

鋆 yún（在人名中也读 jūn）〈名〉金子。

— yǔn —

允 yǔn ❶〈动〉许可:应~|~诺。❷〈形〉公平;适当:公~|平~。❸〈名〉姓。
【允诺】yǔnnuò〈动〉应允;答应:欣然~。
【允许】yǔnxǔ〈动〉许可。

狁 yǔn 见[猃(xiǎn)狁]。

陨(隕) yǔn〈动〉陨落:~石|~铁|~星。
【陨落】yǔnluò〈动〉（星体或其他在高空运行的物体）从高空掉下。
【陨灭】yǔnmiè〈动〉❶物体从高空掉下而毁灭。❷丧命。也作"殒灭"。
【陨星】yǔnxīng〈名〉大的流星经过地球大气层时没有完全烧毁而掉到地面上的部分。含铁质多的叫"陨铁",含石质多的叫"陨石"。

殒(殞) yǔn〈动〉死:~命|~灭。
【殒灭】yǔnmiè 同"陨灭"❷。
【殒命】yǔnmìng〈动〉死亡。
【殒身】yǔnshēn〈动〉丧身:~不恤（牺牲生命也不顾惜）。

— yùn —

孕 yùn ❶〈动〉怀胎:~妇|~育。❷〈名〉怀了胎儿的现象:身~|有~。
【孕育】yùnyù〈动〉❶怀胎生育,比喻既存的事物中酝酿着新的事物。❷庇护抚育。

运(運) yùn ❶〈动〉移动;转动:~动|转。❷〈动〉搬运;运输:航~|客~|~河。❸〈动〉运用:~笔|~思。❹〈名〉运气:命~|时~|走~。❺〈名〉姓。
【运笔】yùnbǐ〈动〉挥笔;用毛笔（写字、画画）。
【运筹帷幄】yùnchóu wéiwò 指在后方决定作战策略,也泛指策划机密重要的事（帷幄:军中帐幕）。
【运动】yùndòng ❶〈动〉物体的位置不断变化。❷〈动〉哲学上指宇宙间所发生的一切变化和过程,是物质存在的形式和根本属性。❸〈名〉指体育活动:~场|足球~。❹〈名〉指有组织、有目的而声势较大的群众性活动:五四~|大生产~。
【运动】yùndong〈动〉指为达到某种目的而奔走钻营:~官府。

【运河】yùnhé〈名〉人工开挖的可以通航的水道。
【运命】yùnmìng〈名〉命运。
【运气】yùnqì〈动〉把气贯注到身体的某一部位。
【运气】yùnqi ❶〈名〉命运:~不佳。❷〈形〉幸运:真~,居然中奖了!
【运输】yùnshū〈动〉用交通工具把物资或人从一个地方运到另一个地方:短途~|海上~。
【运思】yùnsī〈动〉运用心思（多指写作诗文）。
【运销】yùnxiāo〈动〉把货物运到别处销售:~全国|~蔬菜。
【运行】yùnxíng〈动〉周而复始地运转（多指星球、车船等）;列车正点~。
【运用】yùnyòng〈动〉利用;使用:~自如|灵活~。
【运转】yùnzhuǎn〈动〉❶沿着一定的轨道周而复始地行动:行星围绕太阳~。❷指机器转动:发电机~很正常。❸比喻组织、机构等进行工作:这家证券公司经过整顿,重新开始~。
【运作】yùnzuò〈动〉（机构、组织等）进行工作;开展活动:积极~|~模式|公司资金不足,技术革新小组难以~。

备用词 搬运 驳运 调运 贩运 航运 空运 联运 托运 押运 装运 背运 厄运 红运 鸿运 命运 时运 幸运

员(員) yùn〈名〉姓。
△另见 yuán;yún。

郓(鄆) yùn〈名〉❶郓城,地名,在山东。❷姓。

恽(惲) yùn〈名〉姓。

晕(暈) yùn ❶〈动〉头脑发昏,周围物体好像在旋转,人有跌倒的感觉:~船|眼。❷〈名〉日光或月光通过云层中的冰晶时经折射而形成的光圈:日~|月~。
△另见 yūn。

酝(醞) yùn ❶〈动〉酿酒:~酿。❷〈名〉指酒:佳~。
【酝酿】yùnniàng〈动〉造酒的发酵过程,比喻做准备工作:~候选人名单。

愠 yùn〈动〉发怒:~怒|面有~色。

缊(縕) yùn〈名〉❶碎麻。❷新旧混合的丝绵絮:~袍敝衣。
△另见 yūn。

韫(韞) yùn 〈动〉包含;蕴藏。

韵(＊韻) yùn 〈名〉❶和谐悦耳的声音:琴～悠扬。❷韵母:押～|叠～。❸情趣:风～|神～|～味。❹姓。

【韵调】yùndiào 〈名〉音调:～优美|～悠扬。

【韵腹】yùnfù 〈名〉指韵母中的主要元音。参看[韵母]。

【韵脚】yùnjiǎo 〈名〉韵文句末押韵的字。

【韵律】yùnlǜ 〈名〉指诗词中的平仄格式和押韵规则。

【韵母】yùnmǔ 〈名〉汉语字音中声母、字调以外的部分。如"光(guāng)"的韵母是 uang,"明(míng)"的韵母是 ing。韵母又可以分成韵头(介音)、韵腹(主要元音)、韵尾三部分。如"详"xiáng 的韵母是 iang,其中 i 是韵头,a 是韵腹,ng 是韵尾。每个韵母一定有韵腹,但不一定有韵头和韵尾。如"大"dà 的韵母是 a,a 是韵腹,没有韵头、韵尾;"桂"guì 的韵母是 ui,其中 u 是韵头,i 是韵腹,没有韵尾;"刀"dāo 的韵母是 ao,其中 a 是韵腹,o 是韵尾,没有韵头。

【韵目】yùnmù 〈名〉韵书把同韵的字归为一部,每韵用一个字标目,按次序排列,如通用的诗韵上平声分为一东、二冬、三江、四支等,叫作"韵目"。

【韵事】yùnshì 〈名〉风雅的事:风流～。

【韵头】yùntóu 〈名〉介音。参看[韵母]。

【韵尾】yùnwěi 〈名〉指韵母的收尾部分,例如韵母 ai、ei 中的 i,韵母 ao 中的 o,韵母 ou 中的 u,韵母 an、en 中的 n,韵母 ang、eng 中的 ng。参看[韵母]。

【韵味】yùnwèi 〈名〉含蓄的意味(多指诗文、唱腔等):～十足。

【韵文】yùnwén 〈名〉有节奏韵律的文学体裁,也指用这种体裁写成的诗、词、歌、赋等(区别于"散文")。

【韵语】yùnyǔ 〈名〉押韵的语言,指诗、词和唱词、歌诀等。

【韵致】yùnzhì 〈名〉风度韵味。

备用词 风韵 气韵 神韵

蕴(蘊) yùn ❶〈动〉积聚;包含:～藏|～育。❷〈名〉事理深奥的地方:精～|底～。❸〈名〉姓。
△另见 wēn。

【蕴藏】yùncáng 〈动〉蓄积在内而没有显露或发掘:海底～着丰富的矿产资源|心中～着极大的热情。

【蕴含】yùnhán 〈动〉包含:一番话～着深刻的哲理。也作"蕴涵"。

【蕴涵】yùnhán 同"蕴含"。

【蕴藉】yùnjiè 〈形〉(言语、文字或神情)含蓄而不显露:意味～|～的微笑。

【蕴蓄】yùnxù 〈动〉积蓄在内而未显露出来:胸中～着对祖国深沉的爱。

熨 yùn 〈动〉用烙铁或熨斗把衣物烫平:～衣服。
△另见 yù。

【熨斗】yùndǒu 〈名〉烫平衣物的金属器具。

— zā —

扎(*紮紥) zā ❶〈动〉捆;束:~彩|~头绳|包~|结~。❷〈量〉用于捆起来的东西:一~干草。
　　△另见 zhā;zhá。

匝(*帀) zā ❶〈形〉满;遍:~地(遍地)。❷〈动〉环绕。❸〈量〉周;圈:绕树三~。
【匝道】zādào〈名〉立交桥或高架路上下两条道路相连接的路段,也指高速公路与邻近的辅路相连接的路段。

咂 zā〈动〉❶用嘴唇吸:~一口酒。❷舌尖抵住上颚发出声音:~嘴。❸仔细辨别(滋味):~一~,这茶够味儿不够?
【咂摸】zāmo 方言。〈动〉仔细辨别;揣摩:~滋味。

拶 zā〈动〉逼迫:逼~。
　　△另见 zǎn。

臢(臜) zā 见[腌(ā)臢]。

— zá —

杂(雜*襍杂) zá ❶〈形〉多种多样;混杂的:复~|繁~|~乱。❷〈动〉混合在一起:夹~|掺~。
【杂厕】zácè〈动〉混杂;掺杂:善恶~。
【杂感】zágǎn〈名〉❶零星的感想。❷写零星感想的一种文体。
【杂记】zájì〈名〉❶记载各种琐事、感想等的一种文体。❷零碎的笔记(多用于书名或文章标题):《读书~》|《旅游~》。
【杂技】zájì〈名〉各种技艺表演(如顶碗、口技、车技、魔术等)的总称。
【杂交】zájiāo〈动〉不同种、属或品种的生物体进行交配或结合:~品种。
【杂剧】zájù〈名〉宋代以滑稽调笑为特点的一种表演形式,元代发展成戏曲形式,每本以四折为主,有时在开头或折间另加楔子。明清两代的杂剧,每本不限四折。
【杂乱】záluàn〈形〉杂而凌乱,没有头绪或条理:~无章|~如麻。
【杂乱无章】záluàn wú zhāng 混乱而没有条理。
【杂念】zániàn〈名〉不纯正的念头;为个人打算的念头:摒除~|消除~|私心~。
【杂然】zárán〈形〉纷纷地:~相许|山肴野蔌,~而前陈者,太守宴也。
【杂糅】záróu〈动〉不同的事物混杂在一起:文白~。
【杂史】záshǐ〈名〉指只记一事始末和一时见闻的或私家记述有关掌故性质的史书。
【杂沓】(杂遝)zátà〈形〉杂乱;纷乱:~的脚步声。
【杂文】záwén〈名〉现代散文的一种,形式不拘,多以议论为主,也可以叙事。
【杂务】záwù〈名〉专门业务以外的琐碎事务。
【杂役】záyì〈名〉旧时受雇或被强迫做粗活、杂活的人。
【杂志】zázhì〈名〉❶期刊:~社|订~|报章~。❷杂记②:《读书~》。
【杂种】zázhǒng〈名〉❶两种不同种、属的动物或植物杂交而生成的新品种。❷骂人的话。
备用词 驳杂 嘈杂 丛杂 繁杂 复杂 拉杂 庞杂 冗杂 芜杂 掺杂 屦杂 错杂 混杂 夹杂 间杂 错综复杂 鱼龙混杂

咱(*喒咱偺俗) zá[咱家]〈代〉我(多见于早期白话)。
　　△另见 zán。

砸 zá〈动〉❶用重物撞击;重物落在物体上:~核桃|~地基。❷打破:碗~了。❸方言。(事情)失败:事办~了|戏演~了。

Z

= zǎ =

咋（＊喒）zǎ方言。〈代〉怎；怎么：～样｜～办｜他～说？

△另见 zé；zhā。

= zāi =

灾（＊災栽菑）zāi〈名〉❶灾害：旱～｜～难｜救～｜这一带去年遭了～。❷个人遭遇的不幸：招～｜没病没～。

△"菑"另见 zī。

【灾变】zāibiàn〈名〉灾难和变故；灾害：提高应付各种～的能力。

【灾害】zāihài〈名〉旱、涝、虫、雹以及战争等所造成的祸害：自然～。

【灾荒】zāihuāng〈名〉指自然给人造成的损害（多指荒年）：闹～。

【灾祸】zāihuò〈名〉自然的或人为的祸害：～临头。

【灾难】zāinàn〈名〉由天灾人祸造成的苦难：～深重。

【灾殃】zāiyāng〈名〉灾难。

【灾异】zāiyì〈名〉古代指自然灾害以及日食、陨石雨等罕见的自然现象。

甾zāi〈名〉有机化合物的一类，广泛存在于动植物体内。

哉zāi〈助〉❶表示感叹：善～！｜呜呼哀～！❷表示疑问或反诘：何足道～！

栽zāi❶〈动〉种植：～培｜～种。❷〈动〉插上：～绒。❸〈动〉硬给安上：诬～｜～赃。❹〈名〉供移植的幼苗：桃～｜柳～。❺〈动〉摔倒：～跟头。

【栽培】zāipéi〈动〉❶种植；培育：～水稻。❷比喻培养、造就人才。❸旧时官场中比喻照

顾、提拔：承蒙～。

【栽赃】zāizāng〈动〉把赃物或违禁物品暗放在别人处，诬告他犯法：～陷害。

【栽植】zāizhí〈动〉把植物的幼苗种植在土壤中。

【栽种】zāizhòng〈动〉种植（花草树木）。

= zǎi =

仔zǎi同"崽"。

△另见 zī；zǐ。

载（載）zǎi❶〈名〉年：一年半～｜千～难逢｜三年五～。❷〈动〉记载：登～｜连～｜转～。

△另见 zài。

宰zǎi❶〈动〉主管；主持：主～。❷〈名〉古代的官名：太～｜～相。❸〈动〉杀（牲畜、家禽等）：～杀。❹〈名〉姓。

【宰割】zǎigē〈动〉❶比喻分割；支配：～天下，分裂山河。❷比喻侵略、压迫、剥削：身受～｜任人～。

【宰人】zǎirén〈动〉指欺骗、敲诈乘客、顾客等：有的导游和商家串通起来～。

【宰相】zǎixiàng〈名〉古代官名。辅助君主掌管国事的最高官员的通称。

【宰执】zǎizhí〈名〉古代称宰相等掌管国事的大官。

【宰治】zǎizhì〈动〉管辖统治。

崽zǎi方言。〈名〉❶儿子。❷小孩儿。❸幼小的动物：猪～。

= zài =

再（＊再再）zài❶〈副〉又一次；第二次：～版｜～度｜～接～厉。[注意]表示已经重复的动作用"又"，表示将要重复的动作用"再"，如：这部书前几天我又读了一遍，以后有时间我还要～读一遍。❷〈副〉更加：～多一点儿。❸〈副〉表示如果继续会怎样：～不抓紧就误事啦！❹〈副〉表示一个动作发生在另一动作结束之后：先酝酿，～下笔。❺〈副〉表示另外有所补充：～则。❻〈动〉再继续；再出现：良机难～。❼〈名〉姓。

【再拜】zàibài〈动〉❶古时的一种礼节，先后拜两次，表示礼仪隆重。❷旧时用于书信末尾署名下，表示敬意。

【再版】zàibǎn〈动〉（书刊）第二次出版。有时也指第二次印刷。

Z

【再保险】zàibǎoxiǎn〈动〉保险人把所承担的保险业务的部分或全部给其他保险人承保,以分散风险和责任。也叫"分保"。

【再不】zàibu〈连〉要不然;不然:两个人同去最好,～就你一个人去。

【再次】zàicì〈副〉第二次;又一次:～获奖|～当选会长。

【再度】zàidù〈副〉第二次;又一次:～合作。

【再会】zàihuì〈动〉再见。

【再见】zàijiàn〈动〉客套话,用于分手时,表示希望以后再见面。

【再醮】zàijiào〈动〉旧时称寡妇再嫁。

【再接再厉】zài jiē zài lì 一次又一次地继续努力。

【再就业】zàijiùyè〈动〉泛指下岗人员重新走上工作岗位:创造～机会。

【再三】zàisān〈副〉一次又一次:～请求|～斟酌。

【再生】zàishēng〈动〉❶死而复生:～父母(指对自己有重大恩情的人,多指救命恩人)。❷有机体的组织或器官的某一部分丧失或受到损伤后重新生长,如伤口愈合。❸对某种废品加工,使恢复原有性能,成为新的产品:～纸|～橡胶。

【再生产】zàishēngchǎn〈动〉指生产过程不断重复和经常更新。分为按原规模重复的简单再生产和在扩大的规模上进行的扩大再生产两种形式。

【再生父母】zàishēng fùmǔ 指对自己有重大恩情的人,多指救命的恩人。也说"重生父母"。

【再生水】zàishēngshuǐ〈名〉中水。

【再世】zàishì ❶〈名〉来世。❷〈动〉再次在世上出现;再生①:华佗～。

【再说】zàishuō ❶〈动〉表示留待以后办理或考虑:这事先一搁,过两天～|请示一下～,不要自作主张。❷〈连〉表示推进一层:去约他,已经来不及了,～他也不一定有工夫。

【再现】zàixiàn〈动〉(过去的事情)再次出现:～光明|这部纪录片把酿酒的过程～了出来。

【再造】zàizào〈动〉重新给予生命(多用来称述别人给予自己的重大恩惠):恩同～。

在 zài ❶〈动〉存在;生存:潜～|外～。❷〈动〉表示人或事物的位置:他～家吗?❸〈动〉留在:～职|～位。❹〈动〉参加(某团体);属于(某团体):～党。❺〈动〉在于;决定于:事～人为。❻"在"和"所"连用,表示强调:～所不辞。❼〈介〉表示时间、处所、范围

等:～校学习。❽〈副〉正在:她～做功课。

【在编】zàibiān〈动〉(人员)在编制之内:～人员|他已退休,不～了。

【在册】zàicè〈动〉(登记)在名册内:登记～|～职工。

【在场】zàichǎng〈动〉亲身在事情发生、进行的地方:事故发生时他不～|当时～的人都可以作证。

【在读】zàidú〈动〉正在学校或科研机关学习:～硕士研究生。

【在岗】zàigǎng〈动〉在工作岗位上:～人员。

【在行】zàiháng〈形〉(对某事、某行业)了解底细,富有经验;内行①:修电器他十分～|做生意我可不～。

【在乎】zàihu〈动〉❶在于:学习成绩好坏～自己的努力。❷在意;介意:满不～。

【在即】zàijí〈动〉(某种情况)在最近就要发生:试验成功～。

【在劫难逃】zài jié nán táo 迷信指命中注定要遭受灾祸,想逃也逃不了。现在借指坏事情一定要发生,要避免也避免不了。

【在理】zàilǐ〈形〉合乎道理;有理:老王这话说得～。

【在内】zàinèi〈动〉在某一范围之内:算我～共有五个人|我们所有的同志,连我～,都要参加植树活动。

【在聘】zàipìn〈动〉(人员等)在聘用中:～期间,享受单位规定的各项待遇。

【在所不惜】zài suǒ bù xī 表示决不吝惜。

【在逃】zàitáo〈动〉(犯人)逃走还没有捉到:～犯。

【在望】zàiwàng〈动〉❶远处的东西可以望见:长城隐隐～。❷(盼望的事情)即将到来,就在眼前:胜利～|丰收～。

【在握】zàiwò〈动〉有把握;在手中:全局在胸,胜利～。

【在下】zàixià〈名〉谦称,自称(多见于早期白话):～自愧不如|有所冒犯,还望海涵。

【在先】zàixiān ❶〈副〉从前;早先:～我年纪小,什么事也不懂。❷〈副〉预先;事先:不论做什么事,～都要有个准备。❸〈动〉时间或顺序在前:有言～|进攻队员犯规～,进球无效。

【在线】zàixiàn〈动〉科学技术上指在某种系统的控制过程中;计算机系统上指在互联网上。

【在心】zàixīn〈动〉留心;放在心上:你说什么,他都不～。

【在押】zàiyā〈动〉(犯人)在拘留或监禁中：～犯。

【在野】zàiyě〈动〉原指不担任朝廷官职,后也借指不当政：～党。

【在业】zàiyè〈动〉指已经参加工作；从业：～人口｜～工人。

【在意】zàiyì〈动〉放在心上；留心：毫不～｜小心～。

【在于】zàiyú〈动〉❶指出事物的本质或关键所在：试验失败的关键～没有科学的态度｜战争的目的～消灭战争。❷决定于：这次活动参加与否～你自己。

【在在】zàizài〈副〉处处：～皆是｜新晴～野花香。

【在职】zàizhí〈动〉❶担任着职务：～干部。❷不离开职位：～学习。

备用词 存在 健在 内在 潜在 实在 外在 现在

载(載)zài ❶〈动〉用车船等装运：～客｜装～。❷〈动〉充满(道路)：怨声～道｜风雨～途。❸〈连〉又；且：～歌～舞。❹〈名〉姓。
△另见 zǎi。

【载歌载舞】zài gē zài wǔ 又唱歌,又跳舞,形容尽情欢乐。

【载送】zàisòng〈动〉运载；运送：～旅客。

【载体】zàitǐ〈名〉❶科学技术上指某些能传递能量或运载其他物质的物质。如工业上用来传递热能的介质,为增加催化剂有效表面,使催化剂附着的浮石、硅胶等都是载体。❷泛指能够承载其他事物的事物：语言文字是信息的～｜将电波作为信息的～。

【载誉】zàiyù〈动〉满载荣誉：运动员～归来。

【载运】zàiyùn〈动〉运载：～量｜～货物。

傤(傤)zài ❶〈名〉运输工具所装的东西：卸～｜过～。❷方言。〈量〉指一只船所装运的货物。

━━ zān ━━

糌 zān[糌粑]〈名〉青稞麦炒熟后磨成的面,吃时用酥油茶或青稞酒拌和,捏成小团。是藏族人的主食。

簪(＊簮)zān ❶〈名〉别住发髻的条状饰物,用金属、玉石等制成：金～｜扁～。❷〈动〉插；戴：～花。

━━ zán ━━

咱(＊喒咱偺喒)zán ❶〈代〉我们：～村｜～俩。❷方言。〈代〉我：～明白你的心意。❸(zan)方言。〈名〉"早晚"的合音：这～(这时候)｜多～(什么时候)。
△另见 zá。

【咱们】zánmen〈代〉❶总称己方和对方：～是老同学,千万别客气｜你来得正好,～商量一下。[注意]包括谈话的对方用"咱们",不包括谈话的对方用"我们",如：我们明天参加义务劳动,你要是没事,一块儿去。在某些场合说"我们"也可以包括谈话的对方。❷借指我或你：～不会,您可别见笑｜宝宝,～不哭,妈妈出去一会儿就回来(对小孩儿说,指你)。

━━ zǎn ━━

拶(＊栫)zǎn〈动〉压紧：～指(旧时用拶子夹手指的酷刑)。
△另见 zā。

昝 zǎn〈名〉姓。

攒(攒＊儹)zǎn〈动〉积聚；储蓄：积～｜～钱。
△另见 cuán。

趱(趲)zǎn〈动〉❶赶(路)；快走(多见于早期白话)：～行。❷催促；催逼：～马向前。

【趱行】zǎnxíng〈动〉赶紧走；快走：星夜～。

━━ zàn ━━

暂(暂＊蹔)zàn ❶〈形〉时间短(跟"久"相对)：短～。❷〈副〉暂时；短时间之内：～停｜～缓｜～用。

【暂且】zànqiě〈副〉暂时；姑且：～收下。

【暂时】zànshí ❶〈名〉短时间：然而我的惊惶却不过～的事。❷〈副〉表示某种情况或状态持续的时间短:车辆~停止通行。

【暂停】zàntíng〈动〉❶暂时停止:~施工|会议~。❷某些球类比赛中指暂时停止比赛:教练请求~。

【暂行】zànxíng〈形〉暂时实行的(法令规章等):~条例|这个办法先~一段时间。

鏨(鏨) zàn❶〈动〉在砖石上凿,在金银上刻:~花|~金。❷〈名〉鏨子;鏨刀:石~。

赞(贊*賛❷④讚) zàn❶〈动〉帮助:~助|~襄。❷〈动〉称赞:~美|~赏|盛~。❸〈动〉推荐;介绍:自~(自我推荐)|公子引侯生坐上坐,遍~宾客。❹〈名〉旧时的一种文体,内容是赞颂人或物的:像~(画像上的题词)。

【赞不绝口】zàn bù jué kǒu 连声称赞。

【赞成】zànchéng〈动〉❶同意(别人的主张或行为):大家~我的意见。❷赞助促成;帮助完成:~大业。

【赞歌】zàngē〈名〉赞美、颂扬人或事物的歌曲或诗文:唱~|英雄~。

【赞和】zànhè〈动〉赞同。

【赞礼】zànlǐ❶〈动〉旧时举行婚丧,祭祀仪式时在旁宣读仪礼项目。❷〈名〉赞礼的人;司仪。

【赞美】zànměi〈动〉称赞:~祖国的春天。

【赞美诗】zànměishī〈名〉基督教徒举行仪式时唱的赞美上帝或颂扬教义的诗歌。也叫"赞美歌"。

【赞佩】zànpèi〈动〉称赞佩服:~他的勇敢。

【赞赏】zànshǎng〈动〉赞美赏识:~他的才干。

【赞颂】zànsòng〈动〉称赞颂扬:~先辈的功绩。

【赞叹】zàntàn〈动〉称赞:令人~|~不已。

【赞同】zàntóng〈动〉赞成;同意。

【赞许】zànxǔ〈动〉以为好而加以称赞:颔首~|他乐于助人的精神受到人们的~。

【赞扬】zànyáng〈动〉称赞表扬:~好人好事|博得群众的~|孩子们保护环境的事迹受到了人们的~。

【赞誉】zànyù〈动〉称赞;夸奖:交口~。

【赞助】zànzhù〈动〉赞同支持(多指在财物上帮助):~乡村教育|提供~。

备用词 称赞 夸赞 盛赞 咏赞

酂(酇) zàn〈名〉酂县,古县名,在今湖北老河口市。
△另见 cuó。

瓒(瓚) zàn〈名〉古代祭祀时用的玉勺子。

━━ zāng ━━

赃(贓) zāng〈名〉贪污、受贿或偷盗、抢劫得来的财物:~款|~物|~窝~。

【赃官】zāngguān〈名〉贪污、受贿的官吏。

【赃款】zāngkuǎn〈名〉通过贪污、受贿或抢劫、盗窃等非法手段得来的钱:追回~。

【赃物】zāngwù〈名〉通过贪污、受贿或抢劫、盗窃等非法手段得来的物品。

备用词 分赃 贪赃 销赃 赃赃 追赃

脏(髒) zāng〈形〉有尘土、汗渍、污垢等:肮~|~污。
△另见 zàng。

牂 zāng〈名〉母羊。

【牂牂】zāngzāng〈形〉草木茂盛的样子:其叶~。

臧 zāng❶〈形〉善;好:~否。❷古通"藏"(cáng)。❸〈名〉姓。

【臧否】zāngpǐ〈动〉褒贬;评论:~人物。

━━ zǎng ━━

驵(駔) zǎng〈名〉壮马;骏马。

Z

═ zàng ═

脏（臟） zàng〈名〉医学上指心、肝、脾、肺、肾等内脏器官：～器｜五～六腑。

△另见 zāng。

【脏腑】zàngfǔ〈名〉中医对人体内部器官的总称。

奘 zàng〈形〉❶壮大。多用于人名，如唐代高僧玄奘。❷方言。说话生硬，态度倔，使人难以接受。

△另见 zhuǎng。

葬（*塟壅） zàng〈动〉❶掩埋死者遗体：埋～｜安～｜墓～。❷泛指依照特定的风俗习惯来处理死者遗体：火～｜海～。

【葬身】zàngshēn〈动〉❶埋葬尸体；死无～之地。❷比喻毁灭、灭亡；敌机～海底。

【葬送】zàngsòng〈动〉断送；使毁灭；包办婚姻不知～了多少青年的幸福。

备用词 殡葬 国葬 陪葬 丧葬 殉葬 下葬 树葬 水葬 送葬 天葬 土葬

藏 zàng❶〈名〉储存大量东西的地方：宝～｜库～。❷〈名〉佛教或道教的经典的总称：释～｜道～。❸〈名〉指西藏。❹〈名〉藏族，我国少数民族之一，主要分布在西藏、青海、甘肃、四川、云南：～历｜～医。❺古通"脏"（zàng）。

△另见 cáng。

【藏蓝】zànglán〈形〉（颜色）蓝中略带红。

【藏青】zàngqīng〈形〉（颜色）蓝中带黑。

═ zāo ═

遭 zāo❶〈动〉遇到（多指不幸福或不利的事）：～到不幸。❷〈量〉a）回；次；头一～。b）周；圈儿；用绳绕两～。

【遭逢】zāoféng〈动〉碰上；遇到：～困难｜～不幸。

【遭际】zāojì〈名〉境遇；遇到的事情（多指不幸福的）。

【遭受】zāoshòu〈动〉受到（不幸或损害）：～损失。

【遭殃】zāoyāng〈动〉遭受灾难。

【遭遇】zāoyù❶〈动〉碰上；遇到（敌人或不好的事）：～战。❷〈名〉遇到的事情（多指不幸福的）：悲惨的～。

糟（*蹧） zāo❶〈名〉做酒剩下的渣子：酒～｜～糠。❷〈动〉用酒或酒

糟腌制食物：～鱼｜～蛋。❸〈形〉腐烂；不结实：～木头｜身体很～｜房梁全～了。❹〈形〉坏；糟糕：事办～了。

【糟糠】zāokāng〈名〉酒糟和米糠，泛指粗劣的食物：～之妻（指贫穷时共患难的妻子）。

【糟粕】zāopò〈名〉酒糟、米渣滓之类的东西，比喻事物中粗劣没有价值或有害的部分：取其精华，弃其～。

【糟踏】zāotà 同"糟蹋"。

【糟蹋】zāotà 也作"糟踏"。〈动〉❶浪费或随意损坏：～钱｜～粮食。❷侮辱；蹂躏：～妇女。

备用词 乱糟糟 一团糟 乌七八糟

═ záo ═

凿（鑿） záo❶〈名〉凿子，挖槽或打孔用的工具。❷〈动〉打孔；挖掘：开～｜～井。❸（旧读 zuò）〈形〉明确；真实；确～｜言之～～。❹（旧读 zuò）〈名〉卯眼：方枘（ruì）圆～。

【凿空】záokōng，旧读 zuòkōng〈动〉穿凿：～之论。

【凿枘】záoruì，旧读 zuòruì〈名〉❶凿是卯眼，枘是榫头，凿枘相应，比喻彼此相合。❷"圆凿方枘"的略语，比喻格格不入。

【凿凿】záozáo，旧读 zuòzuò〈形〉确实：言之～｜～有据。

═ zǎo ═

早 zǎo❶〈名〉早晨：清～｜～操。❷〈副〉很久以前：事情～已办完。❸〈形〉时间在先的：～稻｜～春。❹〈形〉比一定的时间靠前：～熟｜～婚。❺〈形〉早晨见面时问候的话：老师～！❻〈名〉姓。

【早晨】zǎochen〈名〉一般指天将亮到八九点钟的一段时间，有时午夜十二点钟到中午十二点钟这一段时间都算是早晨。

【早出晚归】zǎo chū wǎn guī 出去很早，回来得很晚，形容辛勤劳作。

【早春】zǎochūn〈名〉春季的早期；初春：～时节。

【早恋】zǎoliàn〈动〉过早地谈恋爱，一般指中小学生间谈恋爱。

【早年】zǎonián〈名〉❶多年以前；从前：～这里没见过汽车。❷指一个人年轻的时候：～丧父｜～出国留学。

【早期白话】zǎoqī báihuà 指唐宋至五四运动

前口语的书面形式。

【早日】zǎorì ❶〈副〉时间提早：～完工。❷〈名〉以往；往日：如今他已失去了～的风采。

【早市】zǎoshì〈名〉❶早晨做买卖的市场：逛～。❷早晨的营业：这家商场一个～有一万的营业额。

【早熟】zǎoshú〈形〉❶人体提早发育成熟。❷指待人处世方面成熟比较早。❸指农作物生长期短、成熟较快：～作物｜～品种。

【早岁】zǎosuì〈名〉早年，年轻的时候：～那（哪）知世事艰，中原北望气如山。

【早晚】zǎowǎn ❶〈名〉早晨和晚上：每天～学习外语。❷〈副〉或早或晚：不接受教训，～要栽跟头的。❸方言。〈名〉时候：你哪里去了，这～才来。❹〈名〉泛指将来的某个时候：你～来北京，请来我家玩。

【早先】zǎoxiān〈名〉从前；以前。

备用词　清早　趁早　赶早　及早　提早

枣（棗）zǎo〈名〉❶灌木或乔木，幼枝上有刺，结果，成熟后暗红色，味甜。❷姓。

蚤 zǎo〈名〉❶跳蚤，昆虫，身体小，善跳跃。寄生在人或哺乳动物身上，能传染疾病。通称"虼(gè)蚤"。❷古通"早"。

澡 zǎo〈动〉洗(身体)：洗～｜～盆。

璪 zǎo〈名〉皇冠前下垂的装饰，是用彩色丝线穿成的成串的玉石。

藻 zǎo〈名〉❶低等植物的一大类，没有根、茎、叶的区分，用细胞分裂或孢子结合繁殖。生长在水中或陆上阴湿的地方。❷泛指生长在水中的绿色植物。❸华丽的文辞：辞～｜～饰(修饰文章)。❹姓。

【藻花】zǎohuā〈名〉水华。

【藻井】zǎojǐng〈名〉宫殿、厅堂天花板上的一块一块的装饰，多为方形，也有圆形或多边形，上面有各种彩色花纹图案。

【藻饰】zǎoshì〈动〉修饰(文章等)。

— zào —

皂（*皁）zào ❶〈形〉黑色：青红～白。❷〈名〉差役：～隶。❸〈名〉肥皂：香～。

【皂白】zàobái〈名〉黑和白，比喻是非：～不分。

灶（竈）zào〈名〉❶用砖、坯、金属等制成的生火做饭的设备，也借指厨房：炉～｜煤气～。❷指灶神：祭～。

【灶间】zàojiān〈名〉厨房。

【灶具】zàojù〈名〉做饭菜的炉灶及配套的相关器具：检修～。

【灶君】zàojūn〈名〉灶神。

【灶神】zàoshén〈名〉迷信的人在锅灶附近供的神，认为他掌管一家的祸福财气。也叫"灶君"、"灶王爷"。参看〖祭灶〗。

【灶王爷】zàowángyé〈名〉灶神。

唣（*唕）zào 见〖啰唣〗。

造 zào ❶〈动〉做；制作：创～｜建～。❷〈动〉假编；捏：～｜～谣。❸〈名〉指相对两方面的人，法院里专用于诉讼的两方：两～｜甲～｜乙～。❹〈量〉农作物的收成或收成的次数：早～｜一年三～。❺〈动〉前往；到：登峰～极。❻〈动〉成就：～诣｜～就。❼〈动〉培养：可～之才。❽〈名〉时代；时期：夏(朝代)之末～。❾〈名〉姓。

【造册】zàocè〈动〉编制名册、表册：登记～。

【造次】zàocì〈形〉❶急促；匆忙：～之间。❷鲁莽；轻率：不可～。

【造端】zàoduān〈动〉开始。

【造反】zàofǎn〈动〉发动叛乱；采取反抗行动。

【造饭】zàofàn〈动〉做饭(多见于早期白话)。

【造访】zàofǎng〈动〉前往拜访：登门～。

【造福】zàofú〈动〉给人带来幸福：绿化祖国，～后代。

【造化】zàohuà〈名〉自然界的创造者，也指自然界。

【造化】zàohua〈名〉福气；运气：您真有～。

【造假】zàojiǎ〈动〉制造假冒产品：打击～售假行为｜摧毁～窝点。

【造价】zàojià〈名〉房屋、铁路、公路等修建的费用或汽车、轮船、机器等制造的费用：工程～｜降低～｜～低廉｜楼房的～很低。

【造就】zàojiù ❶〈动〉培养使有成就：～高水平的科技队伍。❷〈名〉成就：颇有～。

【造孽】zàoniè〈动〉佛教用语，做坏事(将来要受报应)。也说"作孽"。

【造市】zàoshì〈动〉采取措施人为地制造市场氛围以吸引顾客、资金等：在销售淡季，有的商家以打折促销～。

【造势】zàoshì〈动〉(通过宣传等)制造声势：利用广告为新产品～。

【造物】zàowù〈名〉古代认为有一种创造万物的神力，叫作"造物"。

【造物主】zàowùzhǔ〈名〉基督教徒称上帝。

【造形】zàoxíng同"造型"①②。

【造型】zàoxíng❶〈动〉创造人或物体的形象：～艺术。也作"造形"。❷〈名〉创造出来的人或物体的形象：这些玩具～简单，生动有趣。也作"造形"。❸〈动〉制造砂型。

【造型艺术】zàoxíng yìshù 占有一定空间、构成有美感的形象、使人通过视觉来欣赏的艺术，包括绘画、书法、篆刻、雕塑、建筑等。也叫"美术"。

【造血】zàoxuè〈动〉机体自身制造血液，比喻部门、单位、组织等从内部挖掘潜力，增强自身实力：增收节支，强化企业的～机能｜加强技术扶贫，提高贫困地区自身的～功能。

【造诣】zàoyì〈名〉学问、技艺等所达到的程度：～很深｜艺术～。

【造作】zàozuò〈形〉做作：矫揉～。

备用词　创造　缔造　改造　构造　建造　修造　营造　制造　编造　假造　捏造　伪造　虚造　臆造　粗制滥造

愱 zào[愱愱]〈形〉忠厚诚恳的样子。

噪(*❷譟) zào〈动〉❶虫或鸟叫：蝉～｜鹊～。❷大声叫嚷：鼓～｜聒(guō)～。

【噪声】zàoshēng〈名〉泛指嘈杂、刺耳的声音。旧称"噪音"。

【噪声污染】zàoshēng wūrǎn 干扰人们休息、学习和工作的声音所造成的污染，多由机械振动或流体运动引起。安静环境中，约30分贝的声音就是噪声，超过50分贝，会影响睡眠和休息，90分贝以上，会损伤人的听觉，影响工作效率，情况严重时可导致耳聋或诱发其他疾病。

【噪音】zàoyīn〈名〉❶音高和音强变化混乱、听起来不和谐的声音（区别于"乐音"）。❷噪声。

备用词　呼噪　聒噪　鼓噪

簉 zào〈形〉副的；附属的：～室（指妾）。

燥 zào〈形〉缺少水分；干：～热｜干～｜枯～。

【燥热】zàorè〈形〉（天气）干燥炎热。

躁 zào〈形〉❶性急；不冷静：烦～｜戒骄戒～。❷浮躁，不专心：蟹六跪而二螯，非蛇鳝之穴无可寄托者，用心～也。

【躁动】zàodòng〈动〉❶因急躁而活动；扰动。

❷不停地跳动：～于母腹中的婴儿。

备用词　暴躁　烦躁　浮躁　急躁　焦躁

则(則) zé❶〈名〉规范；榜样；准～｜以身作～。❷〈名〉规则：总～｜法～。❸〈动〉效法：～先烈之言行。❹〈量〉用于分项或自成段落的文字的条数：一～新闻。❺〈连〉a)表示事物的承接或因果关系：欲速～不达。b)表示对比或转折：物体热～胀，冷～缩。c)用在相同的两个词之间表示让步：多～多，只是质量欠佳。❻〈助〉用在"一"、"二"（再）、"三"等后面，列举原因或理由：之所以失利，一～指挥不当，二～信息不灵，三～斗志不高。❼〈副〉就；便：兼听～明。❽〈动〉是；乃是：此～岳阳楼之大观也。❾〈动〉做：不～声。❿〈名〉姓。

【则个】zégè〈助〉用在句末表示祈使语气（多见于早期白话）：大仙救拔弟子秋先～！

【则甚】zéshèn〈动〉做什么（多见于早期白话）：这汉～？

【则则】zézé〈拟〉啧啧。

备用词　法则　规则　守则　通则　细则　原则　准则　总则　否则　或则　虽则

责(責) zé❶〈名〉分内应做的事；应尽的职责：～任｜职～。❷〈动〉要求做成某件事或行事达到一定标准：～成｜～令。❸〈动〉索取：每～一头，辄倾数家之产。❹〈动〉诘问：～问｜～难(nàn)。❺〈动〉责备：指～｜斥～。❻〈动〉惩罚而用鞭、棍等打：～打｜鞭～。❼古通"债"(zhài)：谁习计会，能为文收～于薛者乎？

【责备】zébèi〈动〉批评指摘。

【责成】zéchéng〈动〉指定专人或机构负责办好某事：～秘书科调查了解。

【责罚】zéfá〈动〉处罚。

【责怪】zéguài〈动〉责备；埋怨。

【责令】zélìng〈动〉用命令方式责成某人或某机构做某事：～停业整顿。

【责难】zénàn〈动〉指摘非难：备受～｜不要对孩子的过失太多～。

【责任】zérèn〈名〉❶分内应做的事；应尽的职责：尽～｜～制。❷没有尽到职责而应当承担的过失：追究～。

【责任制】zérènzhì〈名〉各项工作由专人负责并明确规定责任范围的管理制度。

【责问】zéwèn〈动〉用责备的口气问。

Z

【责无旁贷】zé wú páng dài 自己应尽的责任，不能推卸给别人(贷:推卸)。

【责有攸归】zé yǒu yōu guī 责任各有归属，不容推卸。

备用词 负责 尽责 塞责 卸责 文责 言责 职责 罪责 贬责 斥责 叱责 呵责 诘责 谴责 指责 苛责

择(擇)

zé ❶〈动〉挑选:选~|采~|~优录取。❷〈名〉姓。
△另见 zhái。

【择期】zéqī〈动〉选择日期:~完婚|~开工。

【择善而从】zé shàn ér cóng《论语·述而》:"三人行，必有我师焉。择其善者而从之，其不善者而改之。"后用"择善而从"指采纳正确的意见或选择好的方法加以实行。

【择校】zéxiào〈动〉(学生)选学校入学。

【择业】zéyè〈动〉选择职业:自主~。

【择优】zéyōu〈动〉选择优秀的:~录取。

咋

zé〈动〉咬住:~舌。
△另见 zǎ;zhā。

【咋舌】zéshé〈动〉形容因吃惊或害怕而说不出话。

连

zé〈名〉姓。

泽(澤)

zé ❶〈名〉聚水的地方:沼~|草~。❷〈形〉湿;润:~。❸〈名〉金属、珠玉等的光:光~|色~。❹〈名〉恩惠:恩~|~被后世。❺〈名〉古代妇女化妆用的脂膏:芳~|香~。❻〈名〉汗衣;内衣:袍~。❼〈名〉姓。

备用词 草泽 湖泽 水泽 沼泽 恩泽 润泽 光泽 色泽 手泽

啧(嘖)

zé ❶同"赜"。❷〈拟〉形容咂嘴或说话的声音:~~。

【啧有烦言】zé yǒu fán yán 很多人说不满意的话。

【啧啧】zézé〈拟〉❶形容咂嘴或说话声:~称美。❷形容鸟鸣声:雀声~。

帻(幘)

zé〈名〉古代的一种头巾。

笮

zé〈名〉姓。
△另见 zuó。

舴

zé [舴艋(měng)]〈名〉古代的一种小船。

簀(簀)

zé〈名〉床上铺的席子。

赜(賾)

zé〈形〉精微;深奥:探~索隐。

= zè =

仄

zè ❶〈形〉狭窄:逼~。❷〈形〉心里不安:歉~。❸〈形〉倾斜:倾~。❹〈名〉仄声,指古汉语四声中平声以外的上、去、入三声。

昃

zè〈动〉太阳偏西:日中则~|食宵衣。

侧(側)

zè 同"仄"❹:平~(平仄)。
△另见 cè;zhāi。

嗻

zè〈动〉大呼:嚯(huò)~。

= zéi =

贼(賊)

zéi ❶〈名〉偷东西的人:盗~。❷〈名〉做大坏事的人(多指危害国家和人民的人);卖国~|独夫民~。❸〈形〉邪的;不正派的:~心|~眉鼠眼。❹〈形〉狡猾:老鼠真~。❺〈动〉伤害:戕~。❻〈名〉危害;祸害:淫侈之俗日日以长,是天下大~也。❼方言〈副〉很:~冷|~亮。

【贼喊捉贼】zéi hǎn zhuō zéi 比喻坏人为了逃脱罪责,故意混淆视听,转移目标。

【贼戾】zéilì〈形〉残忍暴虐。

【贼眉鼠眼】zéi méi shǔ yǎn 相貌丑陋而神情鬼祟。

【贼走关门】zéi zǒu guān mén 比喻出事故后才进行防备。

备用词 盗贼 工贼 惯贼 国贼 奸贼 蟊贼 民贼 窃贼

= zěn =

怎

zěn〈代〉如何;怎么:~样|~奈。

【怎么】zěnme〈代〉❶询问性质、状况、方式、原因等:你打算~办? ❷泛指性质、状况、方式、原因等:事情该~就~。❸有一定的程度。和"不"连用,表示程度不高:他身体不~好。

【怎么样】zěnmeyàng〈代〉❶怎样。❷代替某种不说出来的动作或情况(只用于否定式,比直说委婉):他画得也并不~(意思是并不好)|那是他一时的糊涂,也不好~他(意思是责罚他)。

【怎奈】zěnnài〈连〉无奈(多见于早期白话)。

【怎生】zěnshēng〈代〉怎么(多见于早期白话):~这样苦难的事!

【怎样】zěnyàng〈代〉也说"怎么样"。❶询问性质、状况、方式等:事情办得~了? ❷泛指性质、状况、方式等:想想从前~,再看看现在~。

— zèn —

譖（譖）zèn〈动〉诬陷;中伤:~言(谗言)|~害(陷害)。
△另见jiàn。

— zēng —

曾 zēng❶〈名〉指中间隔两代的亲属关系:~祖。❷古通"增"。❸〈名〉姓。
△另见céng。

增 zēng❶〈动〉增加:~高|~援|递~。❷〈名〉姓。

【增产】zēngchǎn〈动〉增加生产:~节约。

【增订】zēngdìng〈动〉增补和修订(书籍内容):~本。

【增高】zēnggāo〈动〉❶增加高度:身量~|水位~|个头儿明显~了。❷提高:~地温|产值在不断~。

【增光】zēngguāng〈动〉增添光彩:为国~|为祖国~|为学校~。

【增辉】zēnghuī〈动〉增添光彩:~生色|他的作品给画展~不少。

【增加】zēngjiā〈动〉在原有的基础上加多:~收入。

【增进】zēngjìn〈动〉增加并促进:~友谊。

【增强】zēngqiáng〈动〉增进并加强:~体质。

【增容】zēngróng〈动〉增大容纳的数量:电力~|~扩产。

【增色】zēngsè〈动〉增添光彩、情趣等:她的演出为晚会~不少|新修的假山为公园~不少。

【增删】zēngshān〈动〉增补和删削:新版本的文字略有~。

【增设】zēngshè〈动〉在原有的以外再设置:~机构|~门市部|~选修课。

【增生】zēngshēng〈动〉生物体某一部分组织的细胞数增加,体积扩大:骨质~。也叫"增殖"。

【增添】zēngtiān〈动〉增加;加多。

【增益】zēngyì〈动〉增加;增添。

【增援】zēngyuán〈动〉增加人力或物力来支援(多用于军事):~部队。

【增值】zēngzhí〈动〉资产或商品价值增加:商品房~。

【增值税】zēngzhíshuì〈名〉国家对商品生产、销售等各个环节新增的价值所征收的税。

【增殖】zēngzhí〈动〉❶增生。❷繁殖:~耕牛。

备用词 倍增　递增　激增　猛增　与日俱增

憎 zēng〈动〉厌恶;恨:~恨|面目可~。

【憎恨】zēnghèn〈动〉厌恶痛恨:~侵略者。

【憎恶】zēngwù〈动〉憎恨;厌恶。

【憎厌】zēngyàn〈动〉憎恶。

缯（繒）zēng〈名〉古代丝织品的统称。
△另见zèng。

罾 zēng〈名〉一种用木棍或竹竿做支架的方形渔网。

— zèng —

综（綜）zèng〈名〉织布机上使经线交错着上下分开以便梭子通过的装置。
△另见zōng。

锃（鋥）zèng 方言。〈形〉器物擦或磨后闪光耀眼:~亮。

缯（繒）zèng 方言。〈动〉绑;扎:把劈了的竹竿儿~起来。
△另见zēng。

赠（贈）zèng〈动〉无代价地送给人:~送|~捐|互~纪念品。

【赠言】zèngyán〈名〉分别时说的或写的勉励的话:临别~。

备用词 赙(fù)赠　敬赠　馈赠　转赠　追赠

甑 zèng〈名〉❶古代的一种炊器,底部有许多小孔,放在鬲(lì)上蒸食物。❷蒸米饭等用的木制桶状器具。❸蒸馏或使物体分解用的器皿:曲颈~。

Z

━━ zhā ━━

扎（＊❸紥❸紮）　zhā〈动〉❶刺：～针｜～手。❷钻（进去）：～猛子｜一头～进人群。❸驻扎：～营。
　△另见 zā;zhá。

【扎害】zhāhài〈动〉损害;坑害（多见于早期白话）：～良善。

【扎猛子】zhā měngzi 游泳时头朝下钻入水中。

【扎啤】zhāpí〈名〉一种桶装的鲜啤酒,常用特制的广口酒杯盛装饮用。

【扎煞】zhāshā 同"挓挲"。

【扎实】zhāshi〈形〉❶结实：行李捆得～。❷踏实;实在：他工作一贯～。

【扎手】zhāshǒu ❶〈动〉刺手：留神～。❷〈形〉比喻事情难办：这事可有点儿～。

【扎寨】zhāzhài〈动〉扎营,军队安营驻扎。

吒　zhā 用于古代神话人名,如金吒、木吒、哪(né)吒等。
　△另见 zhà"咤"。

咋　zhā 见下。

【咋呼】也作"咋唬"。方言。〈动〉❶吆喝;嚷嚷。❷炫耀;张扬。
　△另见 ză;zé。

【咋唬】zhāhu 同"咋呼"。

挓　zhā [挓挲](zhāshā)方言。〈动〉(手、头发、树枝等)张开;伸开。也作"扎煞"。

查　zhā ❶见[山楂](山查)。❷〈名〉姓。
　△另见 chá。

夯　zhā [夯山]〈名〉地名,在湖北。
　△另见 zhà。

嘶　zhā 见[啁(zhāo)嘶]、[嘲(zhāo)嘶]。

揸（＊搌戵）　zhā 方言。〈动〉❶用手指撮东西。❷把手指伸开。

喳　zhā ❶〈叹〉旧时仆役对主人的应诺声。❷拟声词：喜鹊～～地叫着。
　△另见 chā。

渣　zhā〈名〉❶渣滓：油～｜豆腐～。❷碎屑：点心～儿。❸姓。

【渣滓】zhāzǐ〈名〉❶食物提取精华或经过咀嚼后剩下的东西。❷比喻品质恶劣,危害社会,为人们所厌恶的人,如盗贼、骗子、流氓：社会～。

楂（＊樝）　zhā 见[山楂]。
　△另见 chá。

━━ zhá ━━

扎　zhá〈名〉姓。
　△另见 zā;zhā。

【扎挣】zházheng 方言。〈动〉勉强支撑：她～着坐了起来。

札（＊❸❹剳❸❹劄）　zhá〈名〉❶古代写字用的小而薄的木片。❷信件：书～｜手～。❸古代的一种公文,原用于上奏,后也用于下行：～子｜奏～。❹笔记：～记。

【札记】zhájì〈名〉读书时随时记下来的要点和心得。

轧（軋）　zhá〈动〉压(钢坯)：冷～｜热～｜～钢。
　△另见 gá;yà。

闸（閘＊牐）　zhá ❶〈名〉水闸：～门｜开～放水。❷〈动〉把水截住：水流过急,难以～住。❸〈名〉使机器减低速度或停止运动的装置：车～｜刹～。❹〈名〉电闸：～盒｜合～｜拉～｜限电。

炸　zhá〈动〉❶一种烹饪方法,把食物放在煮沸的油里使熟：～糕｜～鱼｜～油条。❷方言。焯(chāo)：把菠菜～一～。
　△另见 zhà。

铡（鍘）　zhá ❶〈名〉铡刀,用来切草等的器具。❷〈动〉用铡刀切：～草。

喋　zhá 见[唼(shà)喋]。
　△另见 dié。

━━ zhǎ ━━

拃（＊攃）　zhǎ ❶〈动〉张开拇指和中指来量长度：～一～布有多宽。❷〈量〉表示张开的拇指和中指两端间的距离：三～宽。

苲　zhǎ [苲草]〈名〉指金鱼藻等水生植物。

眨　zhǎ〈动〉(眼睛)闭上立刻又睁开：～眼。

砟　zhǎ〈名〉小的石块、煤块等：焦～｜灰～子。
　△另见 zuò。

鲊（鮓）　zhǎ〈名〉❶腌制的鱼。❷方言。用米粉、面粉等加作料拌制的菜：茄子～｜扁豆～。

Z

— zhà —

乍 zhà ❶〈副〉刚刚开始；起初：初来～到。❷〈副〉忽然：～明～暗。❸同"奓"(zhà)，张开～翅。❹〈名〉姓。

诈(詐) zhà〈动〉❶欺骗：～骗｜欺～｜你别想能～我的钱。❷假装：～降｜～死。❸用假话试探，使对方吐露真情：你别～我，我根本不知道。
【诈死】zhàsǐ〈动〉装死。
备用词　诡诈　奸诈　狡诈　谲诈　权诈　险诈　讹诈　欺诈　敲诈　兵不厌诈　尔虞我诈

柞 zhà[柞水]〈名〉地名，在陕西。△另见 zuò。

栅(*柵) zhà〈名〉栅栏：铁～｜木～。△另见 shān。
【栅栏】zhàlan〈名〉用铁条或木条等做成的类似篱笆的遮拦物。

奓 zhà〈动〉❶张开：这衣服的下摆太～了｜～着胆子(勉强鼓着勇气)。❷推开：～户而入(推门而入)。△另见 zhā。

咤(*吒) zhà[叱(chì)咤]〈动〉发怒叱喝：～风云(形容声势威力很大)。△"吒"另见 zhā。

炸 zhà〈动〉❶(物体)突然破裂：爆～｜这玻璃杯一装开水就～了。❷用炸药爆破；用炸弹轰炸：～碉堡。❸发怒：听说是骗他，他一下子就～了。❹因受惊慌而四处乱逃：～窝｜～营。△另见 zhá。

痄 zhà[痄腮]〈名〉即流行性腮腺炎。

蚱 zhà[蚱蜢(měng)]〈名〉昆虫，像蝗虫而小。吃稻叶等，是农业害虫。

溠 zhà〈名〉溠水，水名，在湖北。

榨(*❶搾) zhà❶〈动〉压出物体里的汁液：压～｜～取｜～油。❷〈名〉压出物体里汁液的器具：油～｜酒～。❸〈名〉姓。
【榨床】zhàchuáng〈名〉压出物体里汁液的器具。
【榨取】zhàqǔ〈动〉❶压榨而取得：从花生中～食油。❷比喻残酷地剥削或搜刮：地主～农民的血汗。

磜 zhà[大水磜]〈名〉地名，在甘肃。

蜡(*禩) zhà〈名〉古代一种年终祭祀。△另见 là。

霅 zhà〈名〉霅溪，水名，在浙江。

— zhāi —

侧(側) zhāi〈形〉倾斜；不正：～歪(倾斜)｜～棱(向一边斜)。△另见 cè；zè。

斋(齋) zhāi❶〈动〉斋戒，祭祀前沐浴更衣、吃素、戒欲，以示虔诚：～祭｜～期。❷〈名〉信仰佛教、道教等的人所吃的素食：～饭。❸〈动〉舍饭给僧人：～僧。❹〈名〉屋子(多用作书房、商店或学校宿舍的名称)：书～。❺〈名〉姓。
【斋公】zhāigōng〈名〉迷信神佛在家念经吃长斋的人。
【斋醮】zhāijiào〈动〉斋戒祭神。
【斋戒】zhāijiè〈动〉旧时祭祀时，沐浴更衣，不喝酒，不吃荤，以表示虔诚。

摘 zhāi〈动〉❶取(植物的花果叶或戴着、挂着的东西)：采～｜～桃｜～眼镜。❷选取：～录｜～编｜～要。❸因急用而临时借钱：东西借～了几个钱救急。
【摘记】zhāijì〈动〉❶摘要记录。❷摘录。
【摘录】zhāilù〈动〉选取书刊、文件等里面的一部分抄写下来：～原文要点｜这篇文章很好，我特地～了几段。❷〈名〉摘录下来的文字：把这些～复印几份备用。
【摘牌】zhāipái〈动〉❶指某些单位被撤销或停止营业：这家律师事务所因严重违规已被～。❷指终止某只股票在证券市场的交易资格。❸某一职业体育组织吸收挂牌的其他职业体育组织人员叫"摘牌"。❹指在比赛中夺取奖牌：比赛第一天，这个队就连连～金。
【摘要】zhāiyào❶〈动〉摘录要点：～刊登。❷〈名〉摘录下来的要点：谈话～｜社论～。
【摘引】zhāiyǐn〈动〉摘录引用：这段话～自《纪念白求恩》｜别人的文章要注明出处。
备用词　文摘　指摘

— zhái —

宅 zhái❶〈名〉住所；房子(多指较大的)：住～｜～院｜深～大院。❷〈动〉待在家里不出门(多指沉迷于上网或玩电子游戏等室内活动)：～男｜出来走走，别老～在家里。

【宅第】zháidì〈名〉旧称官僚的住宅。

【宅急送】zháijísòng〈名〉一种快递业务,可提供递送邮件、货物等服务。[外]

【宅门】zháimén〈名〉❶深宅大院的大门。❷借指住深宅大院的人家。

【宅院】zháiyuàn〈名〉带院子的宅子,泛指宅子。

【宅子】zháizi〈名〉住宅:一所~。

择(擇) zhái〈动〉义同"择"(zé),用于"择菜"、"择席"、"择不开"等。
△另见 zé。

翟 zhái〈名〉姓。
△另见 dí。

— zhǎi —

窄 zhǎi ❶〈形〉横的距离小(跟"宽"相对):狭~|冤家路~。❷〈形〉(心胸)不开朗;(气量)小:心眼儿~。❸〈形〉(生活)不宽裕:日子过得挺~。❹〈名〉姓。

【窄带】zhǎidài〈名〉数字通信中指传输速率低于 64 千比特/秒的带宽。

【窄小】zhǎixiǎo〈形〉狭窄;狭小。

— zhài —

债(債) zhài〈名〉欠别人的钱:~务|权|借~|外~。

【债台高筑】zhài tái gāo zhù 战国时代周赧(nǎn)王欠了很多债,没钱归还,债主常来讨债,逼得他逃到一座宫殿的高台上躲避,后人称此台为"逃债之台"(见于《汉书·诸侯王表序》及颜师古引服虔注)。后来用"债台高筑"形容欠债很多。

【债务】zhàiwù〈名〉欠债的人所负的还债的义务,有时也指所欠的债:偿还~。

【债主】zhàizhǔ〈名〉借给别人钱收取利息的人;放债的人。

砦 zhài ❶见〖鹿砦〗。❷〈名〉姓。

祭 zhài〈名〉姓。
△另见 jì。

寨(*❶-❹砦) zhài〈名〉❶防守用的栅栏:山~。❷旧时驻兵的地方:营~|劫~。❸指山寨:~主。❹寨子:村~。❺姓。

【寨子】zhàizi〈名〉❶四周的栅栏或围墙。❷四周有栅栏或围墙的村子。

瘵 zhài〈名〉病:痨~。

— zhān —

占 zhān ❶〈动〉占卜:~卦。❷〈名〉姓。
△另见 zhàn。

【占卜】zhānbǔ〈动〉用龟、蓍、铜钱、牙牌等推断吉凶祸福,是一种迷信活动。

【占梦】zhānmèng〈动〉圆梦。

【占星】zhānxīng〈动〉迷信的人观察星象来推断吉凶。

沾(*❶❷霑) zhān〈动〉❶浸湿:~润|泪水~衣。❷因为接触而被东西附着上:~染|~渍|~水。❸稍微碰上或挨上:~边儿|~亲带故。❹因发生关系而得到(好处):~光。

【沾边】zhānbiān ❶〈动〉稍有接触:这项工作他还没~儿呢。❷〈形〉接近事实或事物应有的样子:你讲的根本不~儿。

【沾光】zhānguāng〈动〉凭借别人或某种事物而得到好处。

【沾染】zhānrǎn〈动〉❶因接触而被不好的东西附着上:伤口~了细菌。❷因接触而受到不良影响:别~上坏习气。

【沾惹】zhānrě〈动〉招惹。

【沾沾自喜】zhānzhān zì xǐ 形容自以为很好而得意的样子。

毡(氈*氊) zhān〈名〉❶毡子,用羊毛等压成的像厚呢子或粗毯子的东西:~帽|~靴|~房。❷姓。

旃 zhān ❶〈名〉赤色曲柄的旗。❷〈助〉"之焉"的合音:勉~!❸同"毡"。

【旃檀】zhāntán〈名〉古书上指檀香。

粘 zhān〈动〉❶黏东西附着在物体上或者互相连接：～连。❷用黏东西使物件连接起来：～贴。

△另见 nián。

詹 zhān〈名〉姓。

谵（譫） zhān〈动〉说胡话：～语（神志不清时说的胡话）。

【谵妄】zhānwàng〈名〉由发烧、酒醉、药物中毒等引起的意识模糊、短时间内精神错乱的症状。

馓（饘） zhān〈名〉稠粥：～粥以糊口。

邅 zhān 见［迍(zhūn)邅］。

瞻 zhān ❶〈动〉往前或往上看：观～｜～仰｜唯马首是～。❷〈名〉姓。

【瞻顾】zhāngù〈动〉❶向前看，又向后看；四下里看：彷徨～。❷泛指看：～遗迹，如在昨日。

【瞻念】zhānniàn〈动〉瞻望并思考：～前途，不寒而栗。

【瞻前顾后】zhān qián gù hòu ❶形容做事谨慎，考虑周到。❷形容顾虑过多，犹豫不决。

【瞻玩】zhānwán〈动〉观看并玩味。

【瞻望】zhānwàng〈动〉向远处看；向未来看：翘首～｜～光明的前途。

【瞻仰】zhānyǎng〈动〉怀着敬意地看：～遗容｜～庄严的纪念碑。

━ zhǎn ━

斩（斬） zhǎn ❶〈动〉砍：～首｜腰～｜～钉截铁。❷〈名〉姓。

【斩仓】zhǎncāng〈动〉指在期货和证券市场行情下跌时，以低于买入价的价格卖出所持有的期货或股票、国债等证券。

【斩草除根】zhǎn cǎo chú gēn 比喻彻底去掉祸根，不留后患。

【斩钉截铁】zhǎn dīng jié tiě 形容说话做事坚决果断，毫不犹豫。

【斩获】zhǎnhuò ❶〈动〉指战争中斩首与俘获（敌人）。❷〈动〉泛指收获或获取，特指在比赛中获奖或夺得好名次：一举～三项大奖。❸〈名〉泛指经过斗争或竞争取得的收获：打假又有新～｜下半场比赛，双方俱无～。

【斩截】zhǎnjié〈形〉形容干脆，不拖泥带水：话说得十分～。

【斩新】zhǎnxīn 见〖崭新〗。

飐（颭） zhǎn〈动〉风吹颤动。

盏（盞 ＊醆❶琖） zhǎn ❶〈名〉小杯子；小而浅的盆：酒～｜灯～。❷〈量〉用于灯：一～灯。

展 zhǎn ❶〈动〉张开；放开：～翅｜～现｜舒～｜～开。❷〈动〉施展：一筹莫～。❸〈动〉推迟（日期）；放宽（期限）：～缓｜～期。❹〈动〉陈列出来供人观看：～出｜～销｜～画｜预～。❺〈名〉姓。

【展板】zhǎnbǎn〈名〉在展览中用于陈列展品或上面有图画、图表、文字说明等的板子：布置～｜制作～。

【展播】zhǎnbō〈动〉以展示为目的而播放（广播或电视节目）：地方戏～｜文艺节目～。

【展出】zhǎnchū〈动〉展览出来给人观看：展览会上～了不少高科技产品｜他的美术作品即将～。

【展点】zhǎndiǎn〈名〉展览或展销的地点。

【展馆】zhǎnguǎn〈名〉❶大型展览会中按展出单位或展品类别划分的组成部分：农业展览会设有五个～。❷展览馆的简称。

【展柜】zhǎnguì〈名〉用来陈列展品的柜子或柜台。

【展缓】zhǎnhuǎn〈动〉推迟（日期）；放宽（期限）：行期～。

【展会】zhǎnhuì〈名〉指展览会或展销会等。

【展开】zhǎnkāi〈动〉❶张开；铺开：～画卷。❷在较大范围内进行：～竞赛｜～讨论。

【展览】zhǎnlǎn〈动〉陈列出来供人观看：～会｜美术～。

【展览馆】zhǎnlǎnguǎn〈名〉专门用来举办展览的建筑物。简称"展馆"。

【展露】zhǎnlù〈动〉展现；显露：～才华。

【展卖】zhǎnmài〈动〉展销：新款羽绒服正在～。

【展品】zhǎnpǐn〈名〉展览的物品。

【展评】zhǎnpíng〈动〉展览评比；展销评议：影视作品～|～书画作品。

【展区】zhǎnqū〈名〉博物馆、展销会等按内容、地区等分设的区域：电脑～|北京～。也说"展馆"。

【展示】zhǎnshì〈动〉清楚地摆出来；明显地显示出来：充分～|～图纸|作品～|～新款服装。

【展玩】zhǎnwán〈动〉展开玩味。

【展望】zhǎnwàng〈动〉❶向远处看；向未来看：～前程。❷对事物发展前途的预测：二十一世纪经济～。

【展位】zhǎnwèi〈名〉陈列展品的地方：科技馆有二百个～。

【展现】zhǎnxiàn〈动〉展示；显现：湖光山色～在眼前。

【展销】zhǎnxiāo〈动〉以展览的方式销售：家具～|服装～|～会。

【展延】zhǎnyán〈动〉展缓；延迟。

【展演】zhǎnyǎn〈动〉以展览为目的而演出（文艺节目等）：～优秀剧目|华东地区优秀剧目～。

【展业】zhǎnyè〈动〉开展业务，特指保险公司的业务人员开展保险业务：公司成立不久，～的任务很重|广泛运用直销、营销、代办三种～手段。

【展映】zhǎnyìng〈动〉以展览为目的而放映（影视片）：新片～|～抗日题材的影片。

【展转】zhǎnzhuǎn 见【辗转】。

备用词 发展 进展 开展 扩展 铺展 伸展 施展 招展 宽展 平展 舒展 愁眉不展 花枝招展 一筹莫展

崭（嶄*嶃）zhǎn ❶〈形〉高峻；高出：～然|～露头角。❷〈副〉很；非常：～新|～亮。❸方言。〈形〉优异；好；棒：滋味真～!

【崭露头角】zhǎn lù tóu jiǎo 比喻突出地显示出才能和本领。

【崭新】（斩新）zhǎnxīn〈形〉极新；簇新：～的实验大楼|～的衣服|～的自行车|～的时代。

搌 zhǎn〈动〉（用松软干燥的东西）轻轻擦抹或按压，吸去湿处的液体：～布|用药棉一～～伤口的脓血。

辗（輾）zhǎn 见下。
△另见 niǎn。

【辗转】（展转）zhǎnzhuǎn〈动〉❶（身体）翻来覆去：～不眠|～反侧。❷经过许多人的手或

经过许多地方；非直接地：～流传|～于成都、重庆、西安等地。

【辗转反侧】zhǎnzhuǎn fǎn cè 形容心中有事，躺在床上翻来覆去地睡不着。

= zhàn =

占（*佔）zhàn〈动〉❶占据：～领|侵～|攻～|霸～。❷处在某一种地位或属于某一种情形：～先|～优势。
△另见 zhān。

【占据】zhànjù〈动〉用强力取得或保持（地域、场所等）：～有利地形。

【占领】zhànlǐng〈动〉用武装力量取得（阵地或领土）。

【占便宜】zhàn piányi ❶用不正当的方法，取得额外的利益：别老想～。❷比喻有优越的条件：你个子高，打篮球～。

【占先】zhànxiān〈动〉占优先地位：在比赛中一直～|这个月的竞赛，他们小组～了。

【占线】zhànxiàn〈动〉指电话线路被占用，电话打不进去：～，过一会儿再拨|一连拨了几次，他家的电话都～。

【占用】zhànyòng〈动〉占有并使用：不能随便～耕地|～一点儿时间，开个小会。

【占优】zhànyōu〈动〉占据优势：开局不久，红方～，黑方被动|甲队在实力上明显～。

【占有】zhànyǒu〈动〉❶占据并拥有：谁先～市场谁就主动。❷处在（某种地位）：农业在国民经济中～重要地位。❸掌握：～第一手材料|科学研究必须～大量材料。

备用词 霸占 独占 攻占 进占 强占 抢占 侵占 袭占 鹊巢鸠占

栈（棧）zhàn〈名〉❶养牲畜的竹木栅栏：马～|羊～。❷栈道，在悬崖峭壁上凿孔架木而成的窄路。❸存放货物的地方，也指旅店：～房|～堆|～货。

【栈房】zhànfáng〈名〉❶存放货物的地方；仓库。❷方言。旅馆。

【栈桥】zhànqiáo〈名〉火车站、港口等处的一种桥形建筑，用于装卸货物，港口的栈桥也用于上下旅客。

战（戰）zhàn ❶〈名〉战争；战斗：～役|～线|～乱。❷〈动〉进行战争或战斗：征～|百～百胜。❸〈动〉泛指斗争：论～|笔～|舌～。❹〈动〉发抖：打～|寒～|栗～。❺〈名〉姓。

【战败】zhànbài〈动〉❶打败仗；在战争中失

败:~国|敌人~了。❷战胜;打败:我们~了敌人。

【战报】zhànbào〈名〉关于战争进展情况的报道或通报。

【战备】zhànbèi〈名〉战争准备:加强~。

【战场】zhànchǎng〈名〉两军交战的地方。

【战抖】zhàndǒu〈动〉发抖;哆嗦:冻得浑身~。

【战斗】zhàndòu ❶〈动〉敌对双方作战:同敌人~。❷〈名〉敌对双方所进行的武装冲突:一场激烈的~。❸〈动〉泛指斗争。

【战法】zhànfǎ〈名〉用兵作战的策略和方法。

【战犯】zhànfàn〈名〉发动非正义战争或在战争中犯有严重罪行的人。

【战俘】zhànfú〈名〉战争中捉住的敌人;俘虏:遣返~。

【战歌】zhàngē〈名〉鼓舞士气的歌曲。

【战功】zhàngōng〈名〉战斗中所立的功劳:屡立~|赫赫~。

【战鼓】zhàngǔ〈名〉古代作战时为鼓舞士气或指挥战斗而打的鼓。现多用于比喻。

【战国】zhànguó〈名〉我国历史上的一个时代(公元前475年-公元前221年)。这个时代秦、齐、燕、楚、韩、赵、魏七国争雄,连年战争,故被称为"战国"。

【战果】zhànguǒ〈名〉战斗中获得的成果:辉煌~。

【战火】zhànhuǒ〈名〉❶炮火:~纷飞。❷指战争或战事:燃起~。

【战局】zhànjú〈名〉战争的局势:分析~|~突变。

【战栗】(颤栗)zhànlì〈动〉战抖。

【战乱】zhànluàn〈名〉指战争时期的混乱状况。

【战略】zhànlüè ❶〈名〉指导战争全局的计划和策略。❷〈形〉有关战争全局的:~防御|~反攻。❸〈名〉比喻决定全局的策略:外交~。❹〈形〉比喻有远见的、从长远打算的:~眼光。

【战幕】zhànmù〈名〉战争或体育竞赛开始叫"揭开战幕"或"拉开战幕"。

【战胜】zhànshèng〈动〉❶在战争或比赛中取得胜利:~敌人|甲队~乙队。❷克服;征服:~困难|~洪灾。

【战士】zhànshì〈名〉❶军队最基层的成员。❷泛指参加某种正义斗争或从事某种正义事业的人:白衣~|无产阶级~。

【战事】zhànshì〈名〉有关战争的各种活动,泛指战争:~频仍。

【战术】zhànshù〈名〉❶进行战斗的原则和方法。❷比喻解决局部问题的方法。

【战线】zhànxiàn〈名〉❶敌对双方军队作战时的接触线:~太长,难于防守。❷比喻某一个领域:思想~|农业~|卫生~。

【战役】zhànyì〈名〉为实现一定的战略目的,按照统一的作战计划,在一定的方向上和一定的时间内进行的一系列战斗的总和:辽沈~|渡江~。

【战友】zhànyǒu〈名〉一起进行战斗的人:老~|亲密~|~之情。

【战云】zhànyún〈名〉比喻战争的气氛:~密布。

【战战兢兢】zhànzhànjīngjīng ❶形容害怕而有些发抖的样子。❷形容小心谨慎的样子。

【战阵】zhànzhèn〈名〉作战的阵势;战场或阵地:久经~。

【战争】zhànzhēng〈名〉民族与民族之间、国家与国家之间、阶级与阶级之间或政治集团与政治集团之间的武装斗争。

备用词 鏖战 奋战 酣战 激战 决战 苦战 力战 死战 血战 冷战 热战

站 zhàn ❶〈动〉直着身体,两脚着地或踏在物体上:~立|~岗|~队。❷〈动〉在行进中停下来;停留:不怕慢,只怕~。❸〈名〉供乘客上下或货物装卸用的固定停车地点:火车~。❹〈名〉为某种业务而设立的机构:粮~|兵~|气象~。❺〈名〉姓。

【站岗】zhàngǎng〈动〉站在岗位上,执行守卫或警戒任务:~放哨。

【站台】zhàntái〈名〉车站上下乘客或装卸货物的高于路面的平台。

【站住】zhànzhù〈动〉❶(人马车辆等)停止行动:听到有人喊他,他连忙~了。❷站稳(多就能不能说,下同):他病刚好,腿很软,站不住。❸在某个地方待下去。❹(理由等)成立:这个论点实在站不住。❺方言。(颜色、油漆等)附着而不掉:墙面太光,抹的灰站不住。

【站住脚】zhànzhù jiǎo ❶停止行走:他跑得太快,一下子站不住脚。❷停在某个地方(多就能不能说,下同):忙得站不住脚。❸在某个地方待下去:这个店由于经营得好,在这里~了。❹(理由等)成立:那篇文章的论点是能~的。

绽（綻） zhàn〈动〉裂开：破～｜～裂｜蓓蕾初～。

【绽放】zhànfàng〈动〉（花朵）开放：桃花～｜鲜花～｜粉红色的蓓蕾即将～。

【绽露】zhànlù〈动〉呈现；显露：～笑容。

湛 zhàn❶〈形〉深：精～｜深～。❷〈形〉清澈：清～｜澄～。❸〈名〉姓。

【湛蓝】zhànlán〈形〉深蓝（多形容天空或湖海等）：～的天空｜～的大海。

颤（顫） zhàn〈动〉发抖：寒～｜冷～｜打～。
　　△另见 chàn。

【颤栗】zhànlì 见〖战栗〗。

蘸 zhàn〈动〉在液体、极细的颗粒或糊状物里沾一下就拿出来：～水笔｜大葱～酱。

— **zhāng** —

张（張） zhāng❶〈动〉使合拢的东西分开或使紧缩的东西放开：～嘴｜纲举目～。❷〈动〉陈设；铺排：铺～｜灯结彩。❸〈动〉扩大；夸张：～扬｜扩～｜虚～声势。❹〈动〉看；望：东～西望。❺〈动〉商店开业：新～｜开～。❻〈量〉a)用于纸、皮子等：一～纸｜五～皮子。b)用于床、桌子等：一～床｜两～桌子。c)用于嘴、脸等：一～嘴｜一～脸。❼〈名〉星宿名，二十八宿之一。❽〈名〉姓。

【张榜】zhāngbǎng〈动〉贴出文告：～公布｜～招贤｜～招标。

【张本】zhāngběn❶〈动〉为事态的发展预先做安排。❷〈名〉为事态的发展预先做的安排。❸〈动〉作为伏笔而预先说在前面。

【张大】zhāngdà〈动〉扩大；夸大：～其词。

【张灯结彩】zhāng dēng jié cǎi 张挂彩灯、彩

带等，形容场面喜庆、热闹。

【张冠李戴】zhāng guān lǐ dài 姓张的帽子戴到姓李的头上，比喻弄错了对象或把事实弄颠倒了。

【张皇】zhānghuáng❶〈形〉慌张；惊慌：～失措。❷〈动〉夸张炫耀：～其词。

【张皇失措】zhāng huáng shī cuò 慌慌张张，不知所措。

【张口结舌】zhāng kǒu jié shé 张开口说不出话来，形容理屈或害怕。

【张狂】zhāngkuáng〈形〉嚣张；轻狂。

【张罗】zhāngluo〈动〉❶料理；筹划：东西～齐了｜～了一笔钱。❷应酬；接待：～不过来。❸招揽：忙着～买卖。

【张目】zhāngmù〈动〉❶睁大眼睛：～怒视。❷为人助长声势：不要为坏人～。

【张三李四】zhāng sān lǐ sì 泛指某人或某些人。

【张声】zhāngshēng〈动〉作声。

【张贴】zhāngtiē〈动〉贴（布告、广告、标语等）：～告示。

【张望】zhāngwàng〈动〉向四周或远处看；从缝隙里看：四下～。

【张牙舞爪】zhāng yá wǔ zhǎo 形容猖狂而凶恶的样子。

【张扬】zhāngyáng〈动〉把隐秘的或不必让别人知道的事情宣扬出去。

备用词　乖张　嚣张　慌张　紧张　夸张　扩张　廓张　铺张　伸张　声张　舒张　主张　改弦更张　纲举目张　剑拔弩张

章 zhāng〈名〉❶歌曲诗文的段落：乐～｜篇～｜～法。❷条目：约法三～。❸条理：杂乱无～。❹章程：宪～｜党～｜招生简～。❺奏章。❻图章：印～｜公～｜盖～。❼佩戴在身上的标志：领～｜臂～｜证～。❽文采；花纹：黑质而白～。❾古通"彰"。❿姓。

【章程】zhāngchéng〈名〉书面写定的组织规程或办事条例：《中国共产党～》。

【章程】zhāngcheng〈名〉指办法或主张：没个准～。

【章法】zhāngfǎ〈名〉❶文章的组织结构：作文讲究～。❷规章；规则：这是哪家的～？❸比喻办事的程序：乱了～。

【章甫】zhāngfǔ〈名〉古代的一种礼帽。

【章节】zhāngjié〈名〉章和节，通常一本书分章，章内分节。泛指文章的组成部分。

【章则】zhāngzé〈名〉章程规则。

【章奏】zhāngzòu〈名〉古时臣子向皇帝上陈的文书的统称。

备用词　辞章　篇章　诗章　文章　乐章　典章　规章　简章　宪章　奏章　臂章　徽章　肩章　奖章　领章　袖章　勋章　证章　出口成章　率由旧章　顺理成章　约法三章　杂乱无章

郮 zhāng〈名〉周朝国名,在今山东东平县东。

獐(*麞) zhāng〈名〉獐子,哺乳动物,外形像鹿而较小,没有角。产于长江流域和福建一带,皮可以制革。也叫"牙獐"。

彰 zhāng ❶〈形〉明显;显著;昭~|~明较著|相得益~。❷〈动〉表扬;显扬:表~|~善瘅恶。❸〈名〉姓。

【彰明】zhāngmíng〈动〉表明;揭露:劣迹~。

【彰明较著】zhāng míng jiào zhù 极其明显,很容易看清楚(较:明显)。

【彰善瘅恶】zhāng shàn dàn è 表扬好的,憎恨坏的(瘅:憎恨)。

【彰示】zhāngshì〈动〉明显地表示:清楚、明白地显示:~今后发展的宏图。

【彰显】zhāngxiǎn ❶〈形〉明显;显著:名声~。❷〈动〉鲜明地显示:~崇高的民族精神|英雄们的壮举,~了中国人民威武不屈的崇高品格。

漳 zhāng〈名〉❶漳河,水名,发源于山西,流入卫河。❷漳江,水名,在福建。❸姓。

嫜 zhāng〈名〉丈夫的父亲:姑~(婆婆和公公)。

璋 zhāng〈名〉古代的一种玉器,形状像半个圭。

樟 zhāng〈名〉乔木,全株有香气,木材制造的器物可以防虫蛀,枝叶可以提制樟脑。也叫"香樟"。

餦 zhāng[餦餭](zhānghuáng)〈名〉❶干的饴糖。❷一种面食。

蟑 zhāng[蟑螂(láng)]〈名〉昆虫,身体扁平,黑褐色,能发出臭味。常咬坏衣物,能传染疾病。也叫"蜚蠊"。

— zhǎng —

长(長) zhǎng ❶〈形〉年纪较大:年~|我~他两岁。❷〈形〉排行最大:~兄|~女|~子。❸〈形〉辈分大:~辈|尊~。❹〈名〉领导人:首~|酋~。❺〈动〉生:~锈|

~疖子。❻〈动〉生长;成长:~势|~得真胖。❼〈动〉增进;增加:消~|~见识。
△另见 cháng。

【长官】zhǎngguān〈名〉❶旧时指行政单位或军队的高级官吏。❷泛称军官。

【长进】zhǎngjìn〈动〉在学问、技术或品行等方面有进步。

【长老】zhǎnglǎo〈名〉❶年纪大的人。❷旧时对年纪大的和尚的尊称。❸犹太教、基督教等指本教在地方上的领袖。基督教新教中协助牧师管理教务的人。

【长吏】zhǎnglì〈名〉❶古代指地位较高的郡县官吏。❷泛指上级官吏;上司。

【长亲】zhǎngqīn〈名〉辈分大的亲戚;长辈。

【长孙】zhǎngsūn〈名〉❶长子的长子,现在指排行最大的孙子。❷姓。

【长者】zhǎngzhě〈名〉❶辈分高、年纪大的人。❷年高有德的人,泛指有德行的人。

备用词　年长　兄长　师长　乡长　首长　校长　成长　生长　茁长　滋长　消长　增长　拔苗助长　教学相长　揠苗助长

仉 zhǎng〈名〉姓。

涨(漲) zhǎng〈动〉(水位)升高;(物价)提高:~水|~潮|暴~|飞~。
△另见 zhàng。

【涨停板】zhǎngtíngbǎn〈名〉证券交易机构为维护证券市场的稳定,采取措施对单只股票价格或整个股市指数的涨跌进行限制,使股价或股指只能在一定幅度内波动。对涨幅进行的限制叫"涨停板",对跌幅进行的限制叫"跌停板"。

掌 zhǎng ❶〈名〉手掌:~心|鼓~|易如反~。❷〈动〉用手掌打:~嘴|~颊。❸〈动〉掌管;掌握:执~|~舵。❹〈名〉某些动物的脚掌:熊~|鸭~。❺〈名〉钉在马、骡等蹄子底下的 U 字形的铁片:马~|钉~。❻〈名〉钉或缝在鞋底前部、后部的皮子或橡胶:后~儿|钉~儿。❼〈动〉钉补鞋底:~鞋。❽〈名〉姓。

【掌灯】zhǎngdēng〈动〉❶手里举着灯。❷上灯;点灯:到~的时候了。

【掌舵】zhǎngduò ❶〈动〉掌握船舵。比喻掌握方向。❷〈名〉掌舵的人。

【掌故】zhǎnggù〈名〉❶历史上的人物事迹、制度沿革等:文坛~。❷指传闻的事情。

【掌管】zhǎngguǎn〈动〉负责管理:~财务|由

专人～。

【掌柜】zhǎngguì〈名〉旧时称商店老板或掌管商店的人。

【掌控】zhǎngkòng〈动〉掌握控制：严格～｜公司的人事任免权交～总经理手中。

【掌上电脑】zhǎngshàng diànnǎo 个人数字助理的俗称。

【掌上明珠】zhǎngshàng míngzhū 比喻父母极宠爱的儿女(有时特指女儿)，也比喻为人所极珍爱的物品。

【掌握】zhǎngwò〈动〉❶对事物熟悉因而能充分地支配或运用：～技术。❷主持；控制：～会议｜～命运。

备用词　祇掌　拊掌　抚掌　鼓掌　击掌　了如指掌　摩拳擦掌　易如反掌

— zhàng —

丈　zhàng❶〈量〉长度单位。10 尺等于 1 丈。❷〈动〉丈量(土地)：～地。❸〈名〉古代对老年男子的尊称：老～。❹〈名〉丈夫(用于某些亲戚的尊称)：姑～(姑丈)｜姐～(姐夫)。

【丈夫】zhàngfū〈名〉成年男子；男子汉：～气｜大～。

【丈夫】zhàngfu〈名〉女子的配偶。

【丈量】zhàngliáng〈动〉测量(土地面积)。

【丈母娘】zhàngmuniáng〈名〉岳母。有的地区也叫"丈母"。

【丈人】zhàngrén〈名〉古时对老年男子的尊称。

【丈人】zhàngren〈名〉岳父。

仗　zhàng❶〈名〉兵器的总称：兵～｜仪～。❷〈动〉拿着(兵器)：～剑。❸〈动〉凭借；倚仗：凭～｜仰～｜～恃。❹〈名〉指战争或战斗：打～｜硬～｜胜～｜这一～打得真漂亮！

【仗火】zhànghuǒ 方言。〈动〉打仗：他没经过～。

【仗势】zhàngshì〈动〉倚仗权势：～欺人。

【仗恃】zhàngshì〈动〉倚仗：有所～。

【仗义疏财】zhàng yì shū cái 为了正义或义气，拿出钱财来帮助有困难的人。

【仗义执言】zhàng yì zhí yán 为了主持正义而说公道话。

备用词　打仗　开仗　败仗　胜仗　硬仗　凭仗　仰仗　依仗　倚仗

杖　zhàng❶〈名〉拐杖；手杖：扶～而行。❷〈名〉泛指棍棒：禅～｜魔～｜擀面～。❸〈动〉

旧时一种刑罚，用棍棒打：～责。❹〈动〉执；拿。

帐(帳)　zhàng❶〈名〉用布、纱或绸子等做成的遮蔽用的东西：～幕｜～幔｜营～。❷旧时同"账"。

【帐幕】zhàngmù〈名〉帐篷。

【帐篷】zhàngpeng〈名〉遮蔽风雨、日光的东西，多用帆布制成。

账(賬)　zhàng〈名〉❶关于货币、货物出入的记载：记～｜查～｜结～。❷指账簿：一本～。❸债：欠～｜赖～｜还～。

【账房】zhàngfáng〈名〉❶旧时企业中或有钱人家里管理银钱、货物出入的处所。❷在账房管理银钱、货物出入的人。

胀(脹)　zhàng〈动〉❶膨胀：热～冷缩。❷身体内壁受到压迫而产生不舒服的感觉：肿～｜腹～｜肚子发～。❸(头部)充血：头昏脑～。

涨(漲)　zhàng〈动〉❶固体因吸收液体而体积增大：豆子泡～了。❷多出；超出(用于度量衡或货币的数目)：小心钱花～了。

△另见 zhǎng。

障　zhàng❶〈动〉阻隔；遮挡：～碍｜～蔽。❷〈名〉用来遮挡的东西：屏～｜路～。❸〈名〉边塞险要处筑的小城：城～。

【障碍】zhàng'ài❶〈动〉阻挡使不能顺利通过：～物。❷〈名〉阻挡前进的东西：克服思想～。

【障蔽】zhàngbì〈动〉遮蔽：～视线。

【障眼法】zhàngyǎnfǎ〈名〉遮蔽或转移别人的视线，使看不清真相的手法。

备用词　保障　故障　魔障　屏障

幛　zhàng〈名〉题上词句的整幅绸布，用作祝贺或吊唁的礼物：贺～｜寿～｜挽～。

嶂　zhàng〈名〉直立像屏障的山峰：层峦叠～。

瘴 zhàng〈名〉热带或亚热带山林中的湿热空气:~气|~疠。

━ zhāo ━

钊(釗) zhāo ❶〈动〉勉励;劝勉;鼓励(多用于人名)。❷〈名〉姓。

招 zhāo ❶〈动〉挥手打招呼或叫人来:~手|~之即来。❷〈动〉用广告或通知的方式使人来:~领|~考|~标。❸〈动〉引来(不好的事物):~灾|~苍蝇。❹〈动〉引起:满~损,谦受益。❺〈动〉承认罪行:~供|~认。❻同"着"(zhāo)。❼〈名〉姓。

【招安】zhāo'ān〈动〉指统治者用笼络的手段使武装反抗的人或盗匪归顺投降。也说"招抚"。

【招标】zhāobiāo〈动〉兴建工程或进行大宗商品交易时,公布标准和条件,提出价格,招人承包或承买。

【招兵买马】zhāo bīng mǎi mǎ 扩充武装力量,也比喻组织或扩充人力。

【招待】zhāodài〈动〉对来客表示欢迎并给以应有的接待:~来宾。

【招风】zhāofēng〈动〉指惹人注意而生出是非。

【招工】zhāogōng〈动〉招收新职工:~启事|已经招了工。

【招供】zhāogòng〈动〉供出犯罪事实:如实~。

【招股】zhāogǔ〈动〉企业采用公司组织形式募集股金。

【招呼】zhāohu〈动〉❶呼唤:有人在~你,快去吧。❷用语言或动作表示问候:打~。❸关照;吩咐:你~他一下,这件事今天必须完成。❹照料:这孩子是奶奶~大的。

【招集】zhāojí〈动〉招呼人聚在一起;召集。

【招架】zhāojià〈动〉抵挡:~不住。

【招考】zhāokǎo〈动〉用公告的方式叫人来应考:~新生|~学徒工|~公务员。

【招徕】zhāolái〈动〉招揽。

【招揽】zhāolǎn〈动〉招引(顾客):~生意。

【招录】zhāolù〈动〉招收录用:公开~干部。

【招募】zhāomù〈动〉广泛地征集(人员):~新兵。

【招牌】zhāopai〈名〉❶挂在商店门前写明商店名称或经营内容的牌子,作为商店的标志。❷比喻某种名义或称号:打着优质品的~,贩卖假货。

【招聘】zhāopìn〈动〉用发布公告的方式聘请:~会|~教师|~科技人员。

【招亲】zhāoqīn〈动〉❶招人到自己家里做女婿。❷到人家里做女婿;入赘。

【招惹】zhāorě〈动〉❶(言语、行动等)引起(是非、麻烦等):~是非。❷(用言语、行动)触动,逗引:他脾气暴,别~他。

【招认】zhāorèn〈动〉承认犯罪事实;供认。

【招商】zhāoshāng〈动〉用广告、展览等方式吸引商家(投资、经营):~引资。

【招生】zhāoshēng〈动〉招收新学生:~简章。

【招数】zhāoshù ❶〈名〉武术的动作。也作"着数"。❷〈名〉比喻手段或计策。也作"着数"。❸同"着数"①。

【招贴】zhāotiē〈名〉贴在街头或公共场所做宣传的文字或图画:~画(宣传画)。

【招贤】zhāoxián〈动〉招纳有才德的人:张榜~|~纳士。

【招降】zhāoxiáng〈动〉号召敌方的人来投降:~纳叛。

【招降纳叛】zhāo xiáng nà pàn 招收接纳敌方投降、叛变过来的人。现多指网罗坏人,结党营私。

【招眼】zhāoyǎn〈形〉惹人注意。

【招摇】zhāoyáo〈动〉故意张大声势,引人注意:~过市(故意在众人面前表现、炫耀自己,以引起注意)|这样做,实在太~了。

【招摇撞骗】zhāoyáo zhuàngpiàn 假借名义,到处炫耀,进行欺诈蒙骗。

【招引】zhāoyǐn〈动〉吸引。

【招展】zhāozhǎn〈动〉飘动;摇动:彩旗~|花枝~。

【招致】zhāozhì〈动〉❶招收;搜罗(人才)。❷引起(不好的结果):一着不慎~失败。

【招租】zhāozū〈动〉招人租赁(房屋):~启示。

昭 zhāo ❶〈形〉明显:~彰|~著|~然。❷〈形〉表明;显示:以~信守。❸〈名〉姓。

【昭明】zhāomíng〈形〉明白;显著:真理~。

【昭然】zhāorán〈形〉很明显的样子:~若揭(形容真相大白,无可掩盖)。

【昭雪】zhāoxuě〈动〉洗清(冤屈):平反~。

【昭彰】zhāozhāng〈形〉显著;明显:罪恶~。

【昭昭】zhāozhāo〈形〉❶明亮;光明:日月~。❷明白:以其昏昏,使人~。

【昭著】zhāozhù〈形〉明白;显著:劣迹~。

啁 zhāo [啁哳(zhā)]〈拟〉形容声音嘈杂细碎。也作"嘲哳"。
△另见 zhōu。

着 zhāo ❶〈名〉下棋时下一子或走一步叫一着:~数|支~儿。❷〈名〉比喻计策或手段:花~。❸〈名〉武术的动作:一~一式。❹方言。〈动〉放;搁:炒菜要~点儿葱花。❺方言。〈动〉表示答应、同意:~,就这么办!
△另见 zháo;zhe;zhuó。

【着数】zhāoshù ❶〈名〉下棋的步子。❷同"招数"①②。

朝 zhāo〈名〉❶早晨:~阳|~晖|~令夕改。❷日;天:今~|一~有事。
△另见 cháo。

【朝不保夕】zhāo bù bǎo xī 保住了早上,不一定保得住晚上,形容情况很危急。也说"朝不虑夕"。

【朝晨】zhāochén〈名〉早晨。

【朝发夕至】zhāo fā xī zhì 早上出发晚上就能到达。形容路程不远或交通便利。

【朝晖】zhāohuī〈名〉早晨的阳光。

【朝令夕改】zhāo lìng xī gǎi 早上发布命令,晚上就改变。形容主张或办法多变,一会儿一个样。

【朝露】zhāolù〈名〉早晨的露水,比喻很快就消失的事物。

【朝暮】zhāomù〈名〉❶早晨和傍晚:晦明变化者,山间之~也。❷白天和夜晚:日月~悬。

【朝气】zhāoqì〈名〉精神振作,蓬勃向上,积极进取的气概(跟"暮气"相对)。

【朝气蓬勃】zhāoqì péngbó 形容精神振作,充满生气和活力。

【朝乾夕惕】zhāo qián xī tì 形容一天到晚都很勤奋和谨慎(乾:勉力;惕:谨慎小心)。

【朝秦暮楚】zhāo qín mù chǔ 战国时秦楚两国争霸,其他国家和一些游说之士一时倒向秦国,一时倒向楚国。比喻人反复无常。

【朝日】zhāorì〈名〉早晨的太阳:一轮~。

【朝三暮四】zhāo sān mù sì《庄子·齐物论》上说,有个玩猴子的人拿橡子喂猴子,他对猴子说,早上每只给三个橡子,晚上给四个,猴子听了都急了;后来他又说,早上给四个,晚上给三个,猴子就都高兴了。原比喻聪明的人善于使手腕,愚蠢的人不善于辨别事情,后用来比喻反复无常。

【朝夕】zhāoxī ❶〈副〉天天;时时;早晚:~相

处。❷〈名〉指非常短的时间:只争~。

【朝霞】zhāoxiá〈名〉早晨的彩霞。

【朝阳】zhāoyáng ❶〈名〉刚刚升起的太阳;早晨的太阳。❷〈形〉比喻新兴的,有发展前途的:~产业。

嘲 zhāo [嘲哳(zhā)]同"啁哳"。
△另见 cháo。

══ zháo ══

着 zháo〈动〉❶接触;挨上:上不~天,下不~地。❷感受;受到:~风|~慌|~迷。❸燃烧,也指灯发光(跟"灭"相对):~火|灯~了。❹用在动词后面,表示已达到目的或有了结果:睡~了|猜~了。❺入睡:上床就~。
△另见 zhāo;zhe;zhuó。

【着慌】zháohuāng〈形〉着急;慌张。

【着急】zháojí〈形〉急躁不安:别~|时间还早呢,着什么急?

【着凉】zháoliáng〈动〉受凉:外面挺冷,当心~|夜间着了一点儿凉。

【着忙】zháománg ❶〈动〉因感到时间紧迫而加快动作:事先收拾好行李,免得临上车~|时间还早着呢,你着的什么忙?|磨磨蹭蹭一点儿也不~。❷〈形〉着急;慌张:别~,等我说完了你再说|听说孩子病了,她心里有点~。

【着迷】zháomí〈动〉对人或事物产生难以舍弃的爱好;入迷:爷爷讲的故事真动人,我听得都~了。

【着魔】zháomó〈动〉入魔。

【着恼】zháonǎo〈动〉恼怒。

【着三不着两】zháo sān bù zháo liǎng 指说话或行事考虑不周,轻重失宜。

══ zhǎo ══

爪 zhǎo〈名〉❶动物的脚趾甲。❷鸟兽的脚:鹰~|一鳞半~。❸姓。
△另见 zhuǎ。

【爪牙】zhǎoyá〈名〉❶爪和牙。❷比喻坏人的帮凶。

找 zhǎo〈动〉❶为了要见到或得到所需求的人或事物而努力:寻~|~人|~窍门。❷把超过应收的部分退还:~钱|~零。

【找碴儿】zhǎochár〈动〉故意挑毛病:~打架。

【找零】zhǎolíng〈动〉找零钱:商场硬币准备不

Z

足,～成了难题。

【找麻烦】zhǎo máfan（给自己或别人）添麻烦：别自己～。

【找事】zhǎoshì〈动〉❶寻找职业：到城里～干｜你替他找个事干干。❷故意挑毛病，引起争吵；寻衅：他是故意来～的，别理他！

【找赎】zhǎoshú 方言。〈动〉找钱：自备零钞，恕不～。

【找死】zhǎosǐ〈动〉自找死亡（多用于责备人不顾危险）。

【找寻】zhǎoxún〈动〉❶寻找。❷方言。故意挑毛病，使人难堪：～人。

沼 zhǎo〈名〉天然的水池子：池～｜～泽。

【沼气】zhǎoqì〈名〉池沼污泥中埋藏的植物体发酵腐烂生成的气体，也可用粪便、植物茎叶发酵制得。主要成分是甲烷。用作燃料或化工原料。

【沼泽】zhǎozé〈名〉水草茂密的泥泞地带。

━━ zhào ━━

召 zhào ❶〈动〉呼唤；叫人来：～唤｜～集｜号～。❷〈动〉导致；招致：～祸｜～感。❸蒙古语。〈名〉寺庙（多用于地名）：乌审～（在内蒙古）。❹〈名〉姓。
△另见 shào。

【召唤】zhàohuàn〈动〉叫人来（多用于抽象方面）：新的生活在～着我们。

【召集】zhàojí〈动〉通知人们聚集在一起：～人马｜～会议。

【召见】zhàojiàn〈动〉❶上级叫下级来见面。❷外交部通知外国驻本国使节前来谈有关事宜。

【召开】zhàokāi〈动〉召集人们开会；举行（会议）。

兆 zhào ❶〈名〉预兆：先～｜征～｜不吉之～。❷〈动〉预示：瑞雪～丰年。❸〈数〉a) 一百万｜～周。b) 古代指一万亿。❹〈名〉姓。

【兆民】zhàomín〈名〉指万民（兆：极言众多）。

【兆人】zhàorén〈名〉兆民：～万姓。

【兆头】zhàotou〈名〉预兆。

诏（詔）zhào ❶〈动〉告诉；告诫：～告。❷〈名〉诏书：～令｜奉～｜密～。❸〈动〉皇帝颁发命令：～赐抚臣名马衣缎。

【诏书】zhàoshū〈名〉皇帝颁发的命令、文

告等。

赵（趙）zhào〈名〉❶周朝国名，在今山西北部和中部，河北西部和南部。❷指河北南部：燕～大地。❸姓。

笊 zhào［笊篱（li）]〈名〉用金属丝或竹篾、柳条等制成的能漏水的用具，用来捞东西。

棹（＊櫂艣）zhào ❶方言。〈名〉桨。❷方言。〈动〉划（船）。❸〈名〉船：归～。

照（＊❶炤）zhào ❶〈动〉照射：日～｜光～｜～耀｜阳光～在窗台上｜用手电筒～一～。❷〈名〉日光：夕～。❸〈动〉对着镜子、水面等看自己的影子；镜子、水面等把人或物的形象反映出来：～镜子｜光可～人。❹〈动〉拍摄（相片、电影）：～相。❺〈名〉相片：玉～｜剧～。❻〈名〉政府所发的凭证：车～｜护～。❼〈动〉照料：～管｜～应。❽〈动〉通知：关～｜～会。❾〈动〉比照：查～｜对～。❿〈动〉知晓；领会：心～不宣｜肝胆相～。⓫〈介〉对着；向着：～直走。⓬〈介〉依照；按照：参～｜～章办事｜～本宣科。⓭〈名〉姓。

【照本宣科】zhào běn xuān kē 比喻死板地照现成文章或稿子宣读。

【照壁】zhàobì〈名〉大门外对着大门做屏蔽用的墙壁。也叫"照墙"、"影壁"或"照壁墙"。

【照拂】zhàofú〈动〉照料；照顾。

【照顾】zhàogù〈动〉❶注意（到）；考虑（到）：～全局。❷特别关心，加以优待：～老幼病残。❸照料：～病人｜～好自己的东西。

【照管】zhàoguǎn〈动〉照料管理：～生意。

【照会】zhàohuì ❶〈动〉外交上指一国政府把自己对于彼此有关的某一事件的意见通知另一国政府。❷〈名〉上述性质的外交文件。

【照旧】zhàojiù ❶〈动〉跟原来一样：这本书再版时，体例一～，但资料必须充实。❷仍然；仍旧：受到挫折后，他～努力工作。

【照看】zhàokàn〈动〉照料；看顾：～孩子。

【照例】zhàolì〈副〉按照惯例或常情：星期天～不办公。

【照料】zhàoliào〈动〉照顾料理：要学会～自己。

【照临】zhàolín〈动〉照射到：阳光～大地。

【照猫画虎】zhào māo huà hǔ 比喻照样子模仿。

【照面儿】zhàomiànr〈动〉❶面对面地不期而遇叫"打个照面儿"。❷露面;见面:始终不~。

【照射】zhàoshè〈动〉光线射在物体上。

【照相】zhàoxiàng〈动〉摄影:上街去~。

【照样】zhàoyàng ❶〈动〉依照某个样式:~儿画一张|你就照这个样儿做。❷〈副〉照旧;跟原来一样:技术虽然简单,不学~不会。

【照应】zhàoyìng〈动〉配合;呼应:写文章要注意前后~。

【照应】zhàoying〈动〉照料;照顾:一路上多亏他~。

【照直】zhàozhí〈副〉❶沿着直线(前进):~朝前走|~往东,就是菜市。❷(说话)直截了当:有话就~说,不要吞吞吐吐的。

备用词 比照 对照 仿照 按照 依照 遵照 关照 知照 肝胆相照 回光返照

罩 zhào ❶〈动〉遮盖:套在外面:笼~|再~件衣服。❷〈名〉遮盖在物体上面的东西:灯~|纱~。❸〈名〉外罩;罩衣:袍~儿。❹〈名〉养鸡用的较小的笼子。❺〈名〉捕鱼用的竹器,圆筒形,上小下大,无顶无底。❻〈名〉姓。

肇(*肇) zhào ❶〈动〉开始:~始|~端。❷〈动〉发生:~事|~祸。❸〈名〉姓。

【肇事】zhàoshì〈动〉造成事故;闹事:~者。

【肇造】zhàozào〈动〉开始建立:顾自民国~,变乱纷乘。

— zhē —

折 zhē〈动〉❶翻转:~跟头。❷倒过来倒过去:水太烫,用俩碗~~就凉了。

△另见 shé;zhé。

【折腾】zhēteng〈动〉❶翻过来倒过去:凑合着睡吧,别~了。❷反复做(某事);一味地做无意义的事:瞎~。❸折磨:这病真~人。

蜇 zhē〈动〉❶蜂、蝎等用尾部的毒刺刺人或动物。❷某些物质刺激皮肤或黏膜使产生微痛:切洋葱~眼睛。

△另见 zhé。

遮 zhē〈动〉❶挡住,使不显露:~蔽|山高~不住太阳。❷拦住:~拦。❸掩盖:~羞|~人耳目|~不住内心的喜悦。

【遮蔽】zhēbì〈动〉遮①:~风雨。

【遮挡】zhēdǎng ❶〈动〉遮蔽拦挡:防护林可以~风沙。❷〈名〉用来遮蔽拦挡的东西:沙漠上没有什么~。

【遮盖】zhēgài〈动〉❶覆盖:大雪~了小路。❷隐藏;隐瞒:错误是~不住的。

【遮拦】zhēlán〈动〉阻挡;遮挡。

【遮天盖地】zhē tiān gài dì 形容数量多,所占的面积大。

【遮羞布】zhēxiūbù〈名〉❶系在腰间用来遮盖下身的布。❷借指用来掩盖羞耻的事物。

【遮掩】zhēyǎn〈动〉❶遮蔽;遮盖:云层~了月亮。❷掩盖;掩饰:~实情。

— zhé —

折(❿⓫摺) zhé ❶〈动〉断;弄断:骨~|攀~花木。❷〈动〉损失:损兵~将。❸〈动〉弯;弯曲:曲~|波~|百~不挠。❹〈动〉转变方向:转~|~射。❺〈动〉信服:~服|心~。❻〈动〉折合;抵换:~价|~账|~变。❼〈名〉折扣:七~。❽〈量〉元杂剧每个剧本分为四折,一折相当于后来的一场。❾〈名〉汉字的笔画,形状是"乙(一、乚、乛、乀)"。❿〈动〉把物体的一部分折过来与另一部分叠在一起;折叠:~扇|~尺。⓫〈名〉折子,用纸折叠成的册子:奏~|存~。⓬〈名〉姓。

△另见 shé;zhé。

【折冲】zhéchōng〈动〉制敌取胜:~千里之外。

【折冲樽俎】zhéchōng zūnzǔ《战国策·齐策五》:"此臣之所谓比之堂上,禽将户内,拔城于尊俎之间,折冲席上者也。"意思是在酒席宴会间制敌取胜,后泛指进行外交谈判(樽俎:古代盛酒食的器具)。

【折服】zhéfú〈动〉❶说服;使屈服:艰难和痛苦并不能～为理想而斗争的人。❷信服:这些道理令人～。

【折福】zhéfú〈动〉迷信的人指过分享用或不合情理地承受财物而减损福分。

【折光】zhéguāng❶〈动〉(物质)使通过的光线发生折射。❷〈名〉指折射出来的光,比喻被间接反映出来的事物的本质特征:时代的～|现实生活的～。

【折桂】zhéguì〈动〉比喻科举及第,现多比喻考试或竞赛取得优异成绩:高考～|在省队联赛中～|在全国舞蹈大赛中一举～。

【折回】zhéhuí〈动〉中途返回:～原地。

【折价】zhéjià〈动〉把实物折合成钱:损坏公物要～赔偿。

【折旧】zhéjiù〈动〉补偿固定资产所损耗的价值:～费。

【折扣】zhékòu〈动〉❶照标价减去一个数目,减到原标价的十分之几叫作几"折"或几"扣"。❷不完全按照规定的、已承认的或已答应的来做或不把事实全盘托出,叫"打折扣":他工作从来不打～。

【折磨】zhémó〈动〉使肉体或精神受痛苦:～人|受尽～。

【折辱】zhérǔ〈动〉使受挫折或污辱。

【折射】zhéshè〈动〉❶光线、无线电波、声等从一种介质进入另一种介质时传播方向发生偏折。也指在同种介质中,由于介质本身不均匀而使光线、无线电波、声等的传播方向发生改变。❷比喻把事物的表象或实质表现出来:小说可以～时代的风貌|家庭的变化～出社会的发展。

【折实】zhéshí〈动〉❶打了折扣,合成实在数目。❷把金额折合成某种实物价格计算:每月薪水～大米 230 千克。

【折腰】zhéyāo〈动〉❶《晋书·陶潜传》:"吾不能为五斗米折腰。"后因称屈身事人或向人屈服为"折腰"。❷比喻爱慕、崇敬或倾倒:江山如此多娇,引无数英雄竞～。

【折证】zhézhèng〈动〉对质;对证。

【折中】(折衷)zhézhōng〈动〉对几种不同的意见进行调和:～方案。

【折中主义】zhézhōng zhǔyì 一种形而上学思想方法和行为,把各种不同的思想、观点和理论无原则地、机械地拼凑在一起。

【折皱】zhézhòu〈名〉皱纹。

【折罪】zhézuì〈动〉抵罪;赎罪:将功～。

备用词　波折　摧折　挫折　曲折　夭折　周折　转折　对折　奏折　存折

哲(*喆) zhé ❶〈形〉有智慧:～人。❷〈名〉有智慧的人:先～|圣～。

【哲理】zhélǐ〈名〉关于宇宙和人生的原理。

【哲学】zhéxué〈名〉关于世界观的学说,是自然知识和社会知识的概括和总结。

晢(*晣) zhé〈形〉明亮。

辄(輒*輙) zhé〈副〉总是;往往;就:动～得咎|浅尝～止。

蛰(蟄) zhé ❶〈动〉动物冬眠时,在土中或洞中不食不动:～虫|龙蛇之～,以存身也。❷〈名〉蛰伏的动物:有若群～惊春雷。

【蛰伏】zhéfú〈动〉❶动物冬眠,藏起来不吃不动:介鳞者,～之类也。❷借指蛰居。

【蛰居】zhéjū〈动〉像动物冬眠一样长期隐藏起来,不出头露面:～幽谷|～家中。

蜇 zhé[海蜇]〈名〉腔肠动物,上部呈伞状,下部有八条口腕。生活在海中。可以吃。

△另见 zhē。

谪(謫*讁) zhé〈动〉❶封建时代把高级官吏降职并调到边远地方做官:贬～。❷责备;指摘:众人交～。

【谪居】zhéjū〈动〉被贬官后住在某个地方。

【谪戍】zhéshù〈动〉被征发成守边疆。

摺 zhé 同"折"(zhé)❿⓫。

適 zhé 同"谪"。

△另见 shì"适"。

【適戍】zhéshù 同"谪戍":发闾左～渔阳九百人,屯大泽乡。

磔 zhé ❶〈动〉古代一种把肢体分裂的酷刑。❷〈名〉汉字的笔画,即捺(nà)。

【磔磔】zhézhé〈拟〉形容鸟鸣声:栖鹃～。

辙(轍) zhé〈名〉❶车轮碾出的痕迹;车辙:重蹈覆～|如出一～|前头有车,后头有～。❷行车规定的路线方向:上下～。❸杂曲、戏曲、歌词所押的韵:～口|十三～。❹方言。办法;主意:想～|这事我一点儿～都没有。

━━ zhě ━━

者 zhě ❶词缀 a)用在形容词或动词后面,或带有形容词或动词的短语后面,表示

有此属性或做此动作的人或事物:强~|学~|有志~事竟成。b)用在某种工作、某某主义后面,表示从事某项工作或信仰某个主义的人:教育工作~。c)用在数词后面,指上文所说的几件事物:二~必居其一。❷〈助〉a)用在词、短语、分句后面表示停顿:廉颇~,赵之良将也。b)用在句尾,表示疑问语气:谁为大王为此计~? c)用在句尾表示命令语气(多见于早期白话):小心在意~! ❸〈代〉义同"这"(多见于早期白话):~番|~边|~一点闲愁。❹〈名〉姓。

锗(鍺) zhě〈名〉金属元素,符号Ge。灰白色,有单向导电性,是重要的半导体。

赭 zhě〈形〉红褐色:~石。

【赭石】zhěshí〈名〉矿物,一般呈暗棕色,也有土黄色或红色的,主要用作颜料。

褶(*襇) zhě〈名〉❶衣服上折叠而缝成的纹:百~裙。❷衣服等折叠而留下的痕迹:~痕。❸指皱纹:脸上净是~子。

【褶皱】zhězhòu〈名〉❶地质学上指由于地壳运动,岩层受到压力而形成的连续弯曲的构造形式。❷皮肤上的皱纹。

=== zhè ===

这(這) zhè〈代〉❶指称比较近的人或事物:~人|~地方。❷这时候:饭~就好了|他~就去。

【这般】zhèbān〈代〉这个样子:如此~|他怎么成了~模样?

【这等样】zhèděngyàng〈代〉这个样子的(多见于早期白话)。

【这么】(这末) zhème〈代〉指示性质、状态、方式、程度、数量等:~好的庄稼|有~十来块钱足够了。

【这么样】zhèmeyàng〈代〉这样。

【这样】zhèyàng〈代〉指示性质、状态、方式、程度等:他就是~一个老实人。

【这早晚】zhèzǎowǎn 方言。〈代〉指示代词。这个时候。

柘 zhè〈名〉❶灌木或乔木,有长刺,叶子可以喂蚕,木材质坚而致密,根皮可入药。❷姓。

浙(*淛) zhè〈名〉❶指浙江省:江~一带。❷姓。

蔗 zhè〈名〉甘蔗,草本植物,茎圆柱形,有节,含糖质,是制糖的重要原料:~农|~糖。

鹧(鷓) zhè [鹧鸪(gū)]〈名〉鸟,背部和腹部黑白两色相杂,头顶棕色。

=== zhe ===

著 zhe 同"着"(zhe)。
△另见 zhù;zhuó。

着 zhe〈助〉❶表示动作的持续:哼~歌|列车奔驰~。❷表示状态的持续:窗户敞~。❸用在动词或表示程度的形容词后面,加强命令或嘱咐的语气:你仔细看~|动作快~点儿。❹加在某些动词后面,使变成介词:沿~|顺~|朝~。
△另见 zhāo;zháo;zhuó。

=== zhēn ===

贞(貞) zhēn,旧读 zhēng ❶〈形〉忠于自己所重视的原则;坚定不变:忠~不渝|坚~不屈。❷〈形〉封建礼教指女子守贞节:~洁|~妇。❸〈动〉古代指占卜。❹〈名〉姓。

【贞操】zhēncāo〈名〉贞节。

【贞妇】zhēnfù〈名〉封建礼教指从一而终、夫死不改嫁的妇女。

【贞节】zhēnjié〈名〉❶坚贞的节操。❷封建礼教所提倡的女子不失身、不改嫁的道德观念。

【贞洁】zhēnjié〈形〉指妇女在节操上没有污点。

【贞女】zhēnnǚ〈名〉❶贞洁的少女。❷贞妇。

针(針*鍼) zhēn ❶〈名〉缝衣物引线用的一种工具,细长而尖:绣花~。❷〈名〉形状像针的东西:松~|别~|指南~。❸〈动〉中医用特制的金属针按一定穴位刺入体内治病:~灸。❹〈名〉针

剂：打～。❺〈名〉姓。

【针砭】zhēnbiān〈动〉比喻发现或指出错误，以求改正（砭：古代治病的石头针）：痛下～｜～时弊。

【针对】zhēnduì〈动〉对准：～存在的问题提出改进意见。

【针锋相对】zhēn fēng xiāng duì ❶针尖对针尖，比喻双方意见、观点等尖锐对立。❷比喻在斗争中针对对方言论或行动进行有力回击。

【针芥】zhēngjiè〈名〉比喻极微小的东西（芥：小草）。

【针灸】zhēnjiǔ ❶〈名〉中医针法和灸法的合称。针法是用特制的针刺入穴位，灸法是用燃烧的艾绒烧灼穴位。❷〈动〉用针法和灸法治病。

【针线】zhēnxiàn〈名〉缝纫、刺绣等工作的总称：做～。

【针黹】zhēnzhǐ〈名〉针线。

侦（侦*遉）zhēn〈动〉暗中察看；调查：～探｜～查｜～破疑案。

【侦查】zhēnchá〈动〉公安机关、国家安全机关和检察机关在刑事案件中，为了确定犯罪事实和犯罪嫌疑人、被告人确实有罪而进行调查及采取有关的强制措施：立案～｜～案情。

【侦察】zhēnchá〈动〉为了查明敌情、地形及与作战有关的情况而进行活动：～兵｜火力～。

【侦缉】zhēnjī〈动〉侦查缉捕：～队｜～罪犯。

【侦结】zhēnjié〈动〉（案件）侦查终结：这一特大经济案件经检察院～后向法院提起诉讼。

【侦探】zhēntàn ❶〈动〉暗中探听机密或调查案情。❷〈名〉做侦探工作的人；间谍。

珍（*珎）zhēn ❶〈名〉宝贵的东西：奇～异宝｜如数家～。❷〈形〉宝贵的；贵重的：～品｜～禽｜～本。❸〈名〉精美的食品：山～海味。❹〈动〉看重：～视｜～藏｜敝帚自～。❺〈名〉姓。

【珍爱】zhēn'ài〈动〉重视爱护；珍惜。

【珍宝】zhēnbǎo〈名〉❶珠玉宝石的总称。❷泛指珍贵而有价值的东西：稀世～。

【珍本】zhēnběn〈名〉珍贵而不容易获得的书。

【珍藏】zhēncáng〈动〉认为有价值而妥善地收藏：～文物。

【珍贵】zhēnguì〈形〉有很大价值或意义的；宝贵：～的纪念品。

【珍品】zhēnpǐn〈名〉珍贵的物品。

【珍奇】zhēnqí ❶〈形〉稀有而珍贵：～的古玩。

❷〈名〉稀有而珍贵的东西：这是世上少有的～。

【珍视】zhēnshì〈动〉珍惜重视：～友谊。

【珍闻】zhēnwén〈名〉珍奇的见闻：世界～。

【珍惜】zhēnxī〈动〉珍重爱惜：～粮食。

【珍羞】zhēnxiū 同“珍馐”。

【珍馐】zhēnxiū〈名〉珍贵的食品。也作“珍羞”。

【珍肴】zhēnyáo〈名〉名贵的菜。

【珍重】zhēnzhòng〈动〉❶珍爱；珍惜重视：～劳模的光荣称号。❷保重（身体）：道一声～。

【珍珠】（真珠）zhēnzhū〈名〉某些软体动物的贝壳内产生的圆形颗粒，乳白或略带黄色，有光泽。多用作装饰品。

帧（幀）zhēn，旧读 zhèng〈量〉幅（用于字画等）：一～照片｜一～山水画。

胗zhēn〈名〉鸟类的胃：鸡～｜鸭～。

浈（湞）zhēn〈名〉浈水，水名，在广东。

真zhēn ❶〈形〉真实（跟“假”、“伪”相对）：～心｜～挚｜纯～｜失～。❷〈副〉的确；实在：～忙｜跑得～快！❸〈形〉清楚确实：～切。❹〈名〉指楷书：～草隶篆。❺〈名〉人的肖像，也指物体的形象：写～｜传～。❻〈名〉姓。

【真才实学】zhēn cái shí xué 真正的才能和学识。

【真诚】zhēnchéng〈形〉真实诚恳；不虚假：待人～。

【真谛】zhēndì〈名〉真实意义或道理。

【真迹】zhēnjì〈名〉出于书法家或画家本人之手的书画作品（区别于临摹的或伪造的）。

【真空】zhēnkōng〈名〉❶没有或只有少量空气的状态。❷真空的空间。

【真理】zhēnlǐ〈名〉真实的道理，即客观事物及其规律在人的意识中的正确反映。

【真切】zhēnqiè〈形〉❶清楚确切；一点儿不模糊：听得～。❷真实；实在：感情～｜～的话语。

【真情】zhēnqíng〈名〉❶真实的情况：吐露～。❷真诚的心意；真实的感情：一片～｜～流露。

【真实】zhēnshí〈形〉与客观事实相符合；不假：～思想｜～情况。

【真书】zhēnshū〈名〉楷书。

【真率】zhēnshuài〈形〉真诚直率；不做作：为人～。

【真相】zhēnxiàng〈名〉事情的真实情况：～大白。

【真心】zhēnxīn〈名〉真实的心意：～实意｜佩服｜～话。

【真正】zhēnzhèng❶〈形〉名义与实质完全相符：群众是～的英雄。❷〈副〉的确；实在：这个厂的产品～不错。

【真知】zhēnzhī〈名〉正确的认识：实践出～。

【真知灼见】zhēn zhī zhuó jiàn 正确而透彻的见解。

【真挚】zhēnzhì〈形〉真诚恳切：感情～｜～的友情。

【真珠】zhēnzhū 同"珍珠"。

【真主】zhēnzhǔ〈名〉伊斯兰教所崇奉的唯一的神，认为是万物的创造者，人类命运的主宰者。

备用词　纯真　率真　天真　当真　较真　顶真　认真　弄假成真　去伪存真

桢（楨）zhēn〈名〉❶古代筑墙时所立的柱子：～干（比喻骨干人员）。❷姓。

砧（*碪）zhēn〈名〉捶或砸东西时垫在底下的器具：铁～｜～板。

祯（禎）zhēn〈形〉吉祥：～祥。

蓁zhēn[蓁蓁]〈形〉❶草木茂盛的样子：其叶～。❷荆棘丛生的样子。

斟zhēn〈动〉往杯子或碗里倒：～酒｜自～自饮。

【斟酌】zhēnzhuó〈动〉❶斟酒以供饮。❷考虑事情是否可行或文字是否适当：再三～。

甄zhēn❶〈动〉审查鉴定（优劣、真伪）：～选｜～别｜～用贤能。❷〈名〉姓。

【甄别】zhēnbié〈动〉❶通过审查来辨别（优劣、真伪）。❷考核鉴定（能力、品质等）。

溱zhēn〈名〉古水名，在今河南。△另见 qín。

榛zhēn❶〈名〉乔木，果球形，有硬壳，果仁可以吃，也可榨油。❷〈形〉形容草木丛杂：～莽。

【榛莽】zhēnmǎng〈名〉丛生的草木。

【榛狉】zhēnpī〈形〉形容草木丛杂，野兽出没。

【榛榛】zhēnzhēn〈形〉草木丛杂的样子：莽莽～～。

箴zhēn❶〈动〉劝告；劝诫：～规｜～言（劝诫的话）。❷〈名〉古代一种文体，以规劝劝诫为主。

臻zhēn❶〈动〉达到（美好的境地）：渐～佳境｜日～完善。❷〈动〉至；来到：百福并～。❸〈名〉姓。

━━ zhěn ━━

诊（診）zhěn〈动〉诊察：～断｜门～｜会～。

【诊察】zhěnchá〈动〉为了了解病情，对病人身体进行检查。

【诊断】zhěnduàn〈动〉检查病情之后判定病人的病症及其发展情况，也指对病人的病症下的结论：～书｜～无误。

【诊疗】zhěnliáo〈动〉诊断和治疗：～室。

【诊脉】zhěnmài〈动〉医生用手按在病人腕部的动脉上，根据脉象来诊断病情。

【诊治】zhěnzhì〈动〉诊疗。

枕zhěn❶〈名〉枕头：～套。❷〈动〉躺着时把头放在枕头或其他东西上：～戈待旦。❸〈名〉姓。

【枕戈待旦】zhěn gē dài dàn 枕着兵器等待天明，形容一刻也不松懈，随时准备战斗。

【枕藉】zhěnjiè〈动〉（很多人）横七竖八地倒或躺在一起：尸骸～。

轸（軫）zhěn❶〈名〉古代车子后部的横木，借指车。❷〈动〉悲痛：～悼｜～怀。❸〈名〉星宿名，二十八宿之一。

畛zhěn〈名〉❶田间的小路。❷界限：～域（界限）。

疹zhěn〈名〉病人皮肤上起的很多的小疙瘩，通常是红色的，如风疹、丘疹、疱疹。

【疹子】zhěnzi〈名〉麻疹。

裖zhěn❶〈名〉单衣。❷〈形〉华美：～衣。

缜（縝*稹）zhěn[缜密]〈形〉周密；细致：文思～｜～的考虑。

━━ zhèn ━━

圳（*甽）zhèn 方言。〈名〉田间的水沟。

阵（陣）zhèn❶〈名〉古代军队交战时的战斗队列：八卦～｜严～以待。❷〈名〉阵地：～亡｜怯～。❸〈名〉一段时间：这～儿｜一～子。❹〈量〉表示事情或动作经过的段落：一～雨｜一～～的掌声。❺〈名〉姓。

【阵地】zhèndì〈名〉军队为作战而占据的地方，通常修有工事：～战｜炮兵～。

【阵容】zhènróng`〈名〉❶指作战队伍的行列或组合方式。❷队伍所显示的力量,多比喻人力的配备:～强大。

【阵势】zhènshì〈名〉❶军队作战的布局。❷情势;场面:一瞧这～,吓出一身冷汗。

【阵亡】zhènwáng〈动〉在作战中牺牲:～将士。

【阵线】zhènxiàn〈名〉❶战线。❷指阶级、集团的力量结合在一起的组织:反法西斯～。

【阵营】zhènyíng〈名〉为了共同的利益和目标而联合起来进行斗争的集团。

鸩(鴆*❷❸酖) zhèn❶〈名〉传说中的一种毒鸟,用它的羽毛泡的酒喝了能毒死人。❷〈名〉毒酒:～毒(毒酒)|饮～止渴。❸〈动〉用毒酒害人:～害。

振 zhèn〈动〉❶摇动;挥动:～动|～翅|～臂。❷振动:共～|～幅。❸奋起:～奋|～作|一蹶不～。❹〈名〉姓。

【振臂】zhènbì〈动〉挥动臂膀,表示情绪激昂:～高呼。

【振怖】zhènbù〈动〉惧怕:燕王诚～大王之威,不敢兴兵以拒大王。

【振动】zhèndòng〈动〉物体通过一个中心位置,不断作往复运动。如钟摆的运动。也叫"振荡"。

【振奋】zhènfèn❶〈形〉(精神)振作奋发:精神～,斗志昂扬。❷〈动〉使振奋:～人心。

【振恐】zhènkǒng〈动〉惧怕;恐惧:色变。

【振聋发聩】zhèn lóng fā kuì 见【发聋振聩】。

【振慑】zhènshè〈动〉惊恐;害怕。

【振兴】zhènxīng〈动〉大力发展,使兴盛发达起来:～中华|～教育事业。

【振振有词】zhènzhèn yǒu cí 好像很有理由似的说个没完。也作"振振有辞"。

【振振有辞】zhènzhèn yǒu cí 同"振振有词"。

【振作】zhènzuò❶〈形〉使精神旺盛,情绪高涨:士气～。❷〈动〉使振作:～精神。

备用词 萎靡不振 一蹶不振

朕 zhèn❶〈代〉秦以前泛指"我的"或"我",自秦始皇起专用作皇帝自称。❷〈名〉预兆:～兆。

赈(賑) zhèn〈动〉救济:～济|～灾。

【赈济】zhènjì〈动〉用钱、粮食、衣物等救济(灾民):～灾民。

揕 zhèn〈动〉用刀剑等刺。

震 zhèn❶〈动〉颤动;使颤动:～撼|地～|威～四方。❷〈动〉情绪过分激动:～惊|～怒。❸〈名〉八卦之一,卦形是"☳",代表雷。❹〈名〉姓。

【震颤】zhènchàn〈动〉震动;颤动:浑身～。

【震旦】zhèndàn〈名〉古代印度称中国。

【震荡】zhèndàng〈动〉震动;动荡:回声在山谷里～。

【震动】zhèndòng〈动〉❶颤动;使颤动:隆隆的炮声～着大地。❷(重大的事件、消息等)使人心不平静:～世界。

【震耳欲聋】zhèn ěr yù lóng 耳朵都要震聋了,形容声音很大。

【震服】zhènfú〈动〉使震惊而顺从:～人心。

【震古烁今】zhèn gǔ shuò jīn 可以震动古人,显耀当世。形容事业或功绩非常伟大。

【震撼】zhènhàn〈动〉震动;摇撼:～心灵。

【震惶】zhènhuáng〈动〉震惊;惶恐:乳虎啸谷,百兽～。

【震惊】zhènjīng❶〈形〉大吃一惊:大为～。❷〈动〉使大吃一惊:～世界的重大事件。

【震怒】zhènnù〈动〉盛怒;大怒。

【震慑】zhènshè〈动〉使受震动而害怕:我们的胜利～了敌人。

【震天动地】zhèn tiān dòng dì 形容声势或声音很大。

镇(鎮) zhèn❶〈动〉压;抑制:～尺|～痛。❷〈形〉安定:～定|～静。❸〈动〉用武力维持安定:～守|坐～。❹〈名〉镇守的地方:军事重～。❺〈名〉行政区划单位,一般由县一级领导。❻〈名〉较大的市集:集～。❼〈动〉把食物、饮料等同冰块放在一起或放在冷水里、冰箱里使凉:冰～啤酒|冰～汽水|把西瓜放在冷水里～一～。❽〈副〉时

常：十年～相随。❾〈形〉表示整个的一段时间（多见于早期白话）：～日（整天）。❿〈名〉姓。

【镇店】zhèndiàn 方言。〈名〉集镇。

【镇定】zhèndìng〈形〉沉着；不慌乱：神色～｜～自若。

【镇静】zhènjìng ❶〈形〉情绪稳定平静：故作～。❷〈动〉使镇静：极力～自己。

【镇守】zhènshǒu〈动〉军队在军事要地驻扎防守：～边关。

【镇压】zhènyā〈动〉❶用强力压制，不许进行活动（多用于政治）：～叛乱。❷处决。

【镇纸】zhènzhǐ〈名〉写字、画画时用来压纸的东西，多用金属或玉石等制成。

【镇子】zhènzi〈名〉集镇。

备用词　城镇　村镇　集镇　市镇　乡镇　重镇　坐镇　冰镇

=== zhēng ===

丁　zhēng［丁丁］〈拟〉形容伐木、弹琴等的声音。
△另见 dīng。

正　zhēng〈名〉正月，农历一年的第一个月：新～。
△另见 zhèng。

【正旦】zhēngdàn〈名〉农历正月初一。
△另见 zhèngdàn。

争　zhēng ❶〈动〉力求得到或达到；争夺：竞～｜～先｜～权夺利。❷〈动〉争执；争论：～吵｜据理力～。❸〈代〉怎么（多见于诗、词、曲）：～奈。❹古通"诤"（zhèng）：知而不～，不可谓忠。

【争辩】zhēngbiàn〈动〉争论；辩论：～不休。

【争持】zhēngchí〈动〉争执而相持不下：为一件小事，双方～了半天。

【争斗】zhēngdòu〈动〉❶打架；吵架。❷泛指对立的一方力战胜另一方；斗争。

【争端】zhēngduān〈名〉引起争执的事由：挑起～｜国际～。

【争夺】zhēngduó〈动〉争着夺取：～优胜｜～市场｜～出线权。

【争分夺秒】zhēng fēn duó miǎo 一分一秒也不放过，形容抓紧时间。

【争光】zhēngguāng〈动〉争取光荣：为国～。

【争衡】zhēnghéng〈动〉在角逐中较量高低：楚汉～。

【争脸】zhēngliǎn〈动〉争取荣誉，使脸上有光

彩：你这次去参加全国游泳比赛，可一定要为家乡父老～啊！｜把书念好，给父母～。也说"争面子"。

【争论】zhēnglùn〈动〉持有不同意见的双方各自提出理由、事实，互相辩论：展开～｜～不休。

【争面子】zhēng miànzi 争脸。

【争鸣】zhēngmíng〈动〉比喻在学术上进行争论：百花齐放，百家～。

【争奇斗艳】zhēng qí dòu yàn 形容各种新奇艳丽的花朵竞相开放。

【争气】zhēngqì〈动〉立志向上，不甘落后或示弱。

【争取】zhēngqǔ〈动〉❶力求获得：～时间｜～主动｜～彻底的胜利。❷力求实现：～超额完成任务。

【争先恐后】zhēng xiān kǒng hòu 争着赶在别人前面，唯恐落后。

【争议】zhēngyì ❶〈动〉争论：两人为一件小事又～起来。❷〈名〉有争论的地方：在如何安排上还有～。

【争战】zhēngzhàn〈动〉交战；作战：两军～。

【争执】zhēngzhí〈动〉各自坚持自己的意见，不肯相让：发生～。

备用词　斗争　纷争　竞争　论争　战争　分秒必争　鹬蚌相争　与世无争

征（❸-❼徵）zhēng ❶〈动〉走远路（多指军队）：～程｜远～。❷〈动〉出兵讨伐：～讨｜出～｜御驾亲～。❸〈动〉政府召集人民服务：～兵。❹〈动〉征收：～税｜～粮。❺〈动〉征求：～稿｜～婚。❻〈名〉证明；证验：信而有～。❼〈名〉表露出来的迹象；现象：象～｜特～｜～候。
△"徵"另见 zhǐ。

【征兵】zhēngbīng〈动〉政府征集公民服兵役。

【征尘】zhēngchén〈名〉行军或远行的路途中身上沾染的尘土（象征征途的劳累）：洗尽～。

【征程】zhēngchéng〈名〉征途：万里～。

【征答】zhēngdá〈动〉征求答案：有奖～。

【征地】zhēngdì〈动〉政府部门为了建设某项工程而征用土地。

【征调】zhēngdiào〈动〉政府征集调用人员或物资。

【征订】zhēngdìng〈动〉征求订购：报刊～｜单～杂志。

【征伐】zhēngfá〈动〉征讨；讨伐：发兵～。

【征夫】zhēngfū〈名〉行人：问～以前路，恨晨

光之熹微。

【征服】zhēngfú〈动〉❶用武力使屈服;用力量制伏:~洪水|~大自然。❷(意志、感染力等)使人信服或折服:艺术家的精彩表演~了观众。

【征稿】zhēnggǎo〈动〉征求稿件:~启事。

【征购】zhēnggòu〈动〉政府根据法律或现行政策向生产者或所有者购买(农产品、土地等):~粮食。

【征管】zhēngguǎn〈动〉❶征用并管理(原属私人的矿山、建筑物等):~私人码头。❷征收并管理(税款等):加强税收~工作,保证国家财税收入。

【征候】zhēnghòu〈名〉发生某种情况的迹象:病情有了好转的~。

【征募】zhēngmù〈动〉招募(士兵)。

【征聘】zhēngpìn〈动〉招聘:~技术人员。

【征求】zhēngqiú〈动〉用书面或口头询问的方式访求:~意见。

【征收】zhēngshōu〈动〉政府根据法律向人民或所属机构收取(公粮、税款等):~所得税。

【征讨】zhēngtǎo〈动〉出兵讨伐:~叛军。

【征途】zhēngtú〈名〉❶远行的途程:踏上~。❷比喻前进的道路。

【征象】zhēngxiàng〈名〉征候。

【征询】zhēngxún〈动〉征求(意见)。

【征引】zhēngyǐn〈动〉引证;引用:~历史文献。

【征用】zhēngyòng〈动〉政府根据法律使用个人或集体的土地、房产等:~土地。

【征战】zhēngzhàn〈动〉出征作战:南北~

【征兆】zhēngzhào〈名〉事前出现的迹象;预兆。

备用词 从征 出征 远征 特征 象征 信而有征

怔 zhēng ❶[怔营]〈形〉惶恐不安。❷[怔忪(zhōng)]〈形〉惊恐。❸[怔忡(chōng)]〈动〉中医指心悸。

△另见 zhèng。

挣 zhēng〈动〉撑开(口袋):你~着口袋,我给你装满了。

△另见 zhèng。

【挣扎】zhēngzhá〈动〉用力支撑:垂死~。

峥 zhēng[峥嵘(róng)]〈形〉❶形容山势高峻突出:山石~。❷比喻不平凡;不寻常:~岁月。

狰 zhēng[狰狞(níng)]〈形〉(面目)凶恶。

钲(鉦) zhēng〈名〉古代行军时用的铜制打击乐器,有柄,形状像钟。

症(癥) zhēng[症结]〈名〉指腹内结块的病,比喻事情弄坏或不能解决的关键。

△另见 zhèng。

【症结】zhēngjié〈名〉中医指腹腔内结块的病。比喻事情弄坏或不能解决的关键:弄清问题的~所在。

烝 zhēng〈形〉众多:~民(民众;百姓)。

睁 zhēng〈动〉张开(眼睛):~一眼,闭一眼。

【睁眼瞎子】zhēngyǎn xiāzi 比喻不识字的人;文盲:父亲是~,没读过什么书|不深入实际,必然要成为~。也说"睁眼瞎"。

铮(錚) zhēng〈拟〉形容金属撞击的声音:~然作响|铁中~~(比喻胜过一般人的人)。

△另见 zhèng。

【铮鏦】zhēngcōng〈拟〉❶形容金属撞击的声音。❷形容管、弦乐器声:丝竹~。

筝 zhēng〈名〉古代一种弦乐器,有弦十三根至十六根。也叫"古筝"。

蒸 zhēng〈动〉❶蒸发:~腾|~汽|~气。❷利用水蒸气的热力使食物熟或热:~笼|~馒头。

【蒸发】zhēngfā〈动〉液体表面缓慢地转化成气体:酒精容易~。

【蒸馏】zhēngliú〈动〉把液体加热使变成蒸气,再使蒸气冷却凝成液体以除去所含杂质:~水。

【蒸气】zhēngqì〈名〉液体或某些固体因蒸发、沸腾或升华而变成的气体:水~。

【蒸汽】zhēngqì〈名〉水蒸气：～机(利用水蒸气产生动力的发动机)。

【蒸腾】zhēngténg〈动〉(气体)上升：热气～。

【蒸蒸日上】zhēngzhēng rì shàng 比喻事业一天天地向上发展。

鲭(鯖) zhēng〈名〉鱼跟肉合在一起的菜。

△另见 qīng。

━ zhěng ━

拯 zhěng〈动〉救：～救｜～民于水火之中。

【拯救】zhěngjiù〈动〉救：～珍稀动物。

整 zhěng ❶〈形〉全部在内，没有剩余或残缺；完整(跟"零"相对)：～体｜～天｜化～为零。❷〈形〉整齐：～洁｜～然有序｜衣冠不～。❸〈动〉整理；整顿：～风｜～编｜～治。❹〈动〉修理：～修｜～枝。❺〈动〉使吃苦头：～人｜挨～。

【整备】zhěngbèi ❶〈动〉整顿配备(武装力量)：～兵力。❷〈名〉装备；设备：提高列车的质量。

【整编】zhěngbiān〈动〉整顿改编(军队等组织)。

【整饬】zhěngchì ❶〈动〉整顿：～纪律。❷〈形〉整齐；有条理：服装～。

【整点】zhěngdiǎn ❶〈动〉整理和清点：～人马｜家具用品都已～清楚。❷〈名〉以小时为单位表示整数的钟点：～报时｜～新闻。

【整队】zhěngduì〈动〉整顿队伍使排列有次序：～入场。

【整顿】zhěngdùn〈动〉❶采取措施，使混乱的变为有秩序，使不健全的健全起来：～市容｜～组织。❷整理：沉吟放拨插弦中，～衣裳起敛容。

【整风】zhěngfēng〈动〉整顿作风。

【整固】zhěnggù〈动〉调整使巩固：大盘进入～阶段｜人民币汇率继续在高位～。

【整合】zhěnghé〈动〉通过整顿、协调重新组合：～内部机构｜冰箱市场完成了从无序到有序的～｜该校通过～课程，明显地提高了教学效果。

【整洁】zhěngjié〈形〉整齐清洁：衣着～。

【整理】zhěnglǐ〈动〉❶使有条理而不杂乱：～房间｜～图书。❷收拾归拢衣物：～行装。

【整齐】zhěngqí ❶〈形〉有条理；有规则；不凌乱：军容～｜一排～的瓦房。❷〈动〉使整齐：～

步调。❸〈形〉长短、大小差不多：出苗～。

【整容】zhěngróng〈动〉修饰容貌：～术。

【整肃】zhěngsù〈形〉整齐严肃：军令～。

【整套】zhěngtào〈形〉完整的或成系统的一套：～设备｜～动作。

【整体】zhěngtǐ〈名〉指整个集体或整个事物的全部(对各个成员或各个部分而言)：～规划｜～利益｜这批学员的～素质都很高。

【整托】zhěngtuō〈动〉全托。

【整形】zhěngxíng〈动〉通过外科手术使人体上先天的缺陷(如唇裂、腭裂)或后天的异常(如瘢痕、眼睑下垂)恢复正常外形和生理机能。

【整修】zhěngxiū〈动〉修理。

【整训】zhěngxùn〈动〉整顿和训练：～干部。

【整整】zhěngzhěng〈副〉达到一个整数的：～一瓶｜干了～两天｜到北京已经～三年了。

【整治】zhěngzhì〈动〉❶整顿治理；修理：～河道。❷使吃苦头：这匹马性子太烈，得好好～。❸进行某项工作；做：～庄稼｜～环境。

备用词 工整 平整 齐整 完整 严整 匀整 调整 休整

━ zhèng ━

正 zhèng ❶〈形〉垂直或符合标准方向(跟"歪"相对)：～南｜立～。❷〈形〉位置在中间(跟"偏"相对)：～房｜～门。❸〈形〉用于时间，指正在那一点上或在那一段的正中：～午。❹〈形〉正面(跟"反"相对)：这件衣服～反都可以穿。❺〈形〉正直：～派｜公～。❻〈形〉正当(zhèngdàng)：～路｜～理。❼〈形〉(色、味)纯正：味道很～。❽〈形〉合乎法度；端正：～楷｜～体。❾〈形〉基本的；主要的(区别于"副")：～文｜～编。❿〈形〉图形的各个边长和各个内角都相等的：～方形。⓫〈形〉大于零的(跟"负"相对)：～数。⓬〈形〉指失去电子的(跟"负"相对)：～电。⓭〈动〉使位置正，使不歪斜：～骨｜～～帽子。⓮〈动〉使端正：严肃纪律，以～校风。⓯〈动〉改正；纠正(错误)：订～｜～音。⓰〈副〉恰好：～巧｜～中下怀。⓱〈副〉表示动作的进行、状态的持续：外面～下着雨呢。⓲〈名〉姓。

△另见 zhēng。

【正版】zhèngbǎn〈名〉出版单位正式出版的版本(区别于"盗版")：～书｜～光盘。

【正本清源】zhèng běn qīng yuán 从根本上进行整顿和改革。

【正常】zhèngcháng〈形〉符合一般规律和情况：体温~|工作在~进行。

【正大】zhèngdà〈形〉（言行）正当，不存私心：光明~|~的理由。

【正大光明】zhèngdà guāngmíng 见〖光明正大〗。

【正旦】zhèngdàn〈名〉青衣的旧称。戏曲角色行当，有些地方剧种里还用这个名称。
　　△另见 zhēngdàn。

【正当】zhèngdàng〈形〉❶合理合法的：~防卫|维护公民的~权利。❷（人品）端正：这个人有点儿不~。

【正当防卫】zhèngdàng fángwèi 为使国家、公共利益、本人或他人的人身、财产和其他权利免受正在进行的不法侵害而采取的制止不法侵害的行为。正当防卫对不法侵害人造成伤害的一般不负刑事责任。

【正道】zhèngdào〈名〉❶正路：走~。❷正确的道理。

【正点】zhèngdiǎn〈动〉（车、船、飞机）按照规定的时间开出、运行或到达。

【正法】zhèngfǎ〈动〉❶匡正法制。❷依法处决犯人；执行死刑：就地~。

【正告】zhènggào〈动〉严正地警告或告诉：~侵略者，玩火者必自焚！

【正规】zhèngguī〈形〉符合正式规定或公认标准的：~军|~化|~比赛。

【正轨】zhèngguǐ〈名〉正常的发展道路：纳入~|走上~。

【正果】zhèngguǒ〈名〉佛教把修行得道叫作成正果，多用于比喻：终成~。

【正好】zhènghǎo ❶〈形〉正合适（表示刚好在某一点上，指时间不早不晚、位置不前不后、数量不多不少、体积不大不小等）：~合适|八个人~坐一桌。❷〈副〉表示恰巧，刚巧：~当面向你请教。

【正襟危坐】zhèng jīn wēi zuò 整好衣襟，端端正正地坐着。形容严肃、恭敬或拘谨的样子。

【正经】zhèngjīng〈名〉旧时指十三经：~正史。参看〖十三经〗。

【正经】zhèngjing〈形〉❶端庄正派：~人。❷（态度）严肃而认真：样子很~。❸正当的：~事儿|精力用在~地方。❹正式的；合乎一定标准的：~货。❺方言。〈副〉确实；实在：学习成绩~不错。

【正剧】zhèngjù〈名〉戏剧主要类别之一，以表现严肃的冲突为内容，兼有悲剧与喜剧的因素。

【正楷】zhèngkǎi〈名〉楷书。

【正理】zhènglǐ〈名〉正确的道理；正当的道理。

【正路】zhènglù〈名〉❶大路：舍~而不由。❷做人做事的正当途径：走~。

【正面】zhèngmiàn ❶〈名〉人体前部的那一面；建筑物临广场、临街的一面；前进的那一方向：~图|大门开在楼的~|~出击。❷〈名〉片状物主要使用的一面或跟外界接触的一面：这种纸~很光滑。❸〈形〉好的、积极的：~教育|~人物（指文艺作品中代表进步的、被肯定的人物）。❹〈名〉事物直接显示的一面：不但要看问题的~，还要看问题的反面。❺〈形〉直接：有意见请~提出来。

【正牌】zhèngpái〈形〉正规的；非冒牌的：~货。

【正派】zhèngpài〈形〉（品行、作风）规矩，正直严肃，光明磊落：为人~。

【正气】zhèngqì〈名〉❶刚正的气节；威严的气概：~凛然。❷光明正大的作风或良好的风气：发扬~，压倒邪气。

【正巧】zhèngqiǎo ❶〈副〉刚好。❷〈形〉十分凑巧；正好：今天~我有空，你来玩吧。

【正确】zhèngquè〈形〉符合实际；合乎道理或某种公认的标准：回答~|~的方针。

【正人君子】zhèngrén-jūnzǐ 指品行端正，遵守道德规范的人。

【正色】zhèngsè ❶〈名〉纯正的颜色，指青、黄、赤、白、黑等。❷〈副〉态度严肃，神色严厉：~拒绝。

【正身】zhèngshēn〈名〉指确是本人，而不是冒名顶替的人：验明~。

【正史】zhèngshǐ〈名〉《史记》、《汉书》等纪传体史书（区别于〖野史〗）。

【正式】zhèngshì〈形〉合乎一般公认的标准的；合乎一定手续的：~比赛|~代表。

【正视】zhèngshì〈动〉用严肃的态度对待，不回避，不敷衍：~现实。

【正体】zhèngtǐ〈名〉❶规范的汉字字形。❷指楷书。❸拼音文字的印刷体。

【正统】zhèngtǒng ❶〈名〉指封建王朝先后相承的系统。❷〈名〉指党派、学派等从创建以来一脉相传的嫡派。❸〈形〉符合正统的：他的思想很~。

【正午】zhèngwǔ〈名〉中午十二点。

【正言厉色】zhèng yán lì sè 言词郑重，神情严肃。

【正颜厉色】zhèng yán lì sè 态度严肃,表情严厉(颜、色:脸色)。

【正义】zhèngyì ❶〈名〉公正的、符合人民利益的道理:主持~|伸张~。❷〈形〉公正的、符合人民利益的:~战争|~事业。❸〈名〉(语言文字上)正确的意义,旧时多用作古书注释本的名称,如《五经正义》《史记正义》。

【正音】zhèngyīn ❶〈动〉矫正读音,使符合标准音。❷〈名〉指标准音:~词典。

【正在】zhèngzài〈副〉表示动作在进行中或状态在持续中:一轮红日~冉冉升起。

【正直】zhèngzhí〈形〉公正刚直:为人~。

【正中下怀】zhèng zhòng xià huái 正好符合自己的心愿。

【正字】zhèngzì ❶〈动〉矫正字形,使符合书写或拼写规范:~法。❷〈名〉指楷书。❸〈名〉指正体,即标准字形。

【正宗】zhèngzōng〈名〉原指佛教各派的创建者一脉相传的嫡派,后来泛指党派、学派等的正统派。

【备用词】纯正　端正　方正　刚正　公正　平正　严正　真正　周正　补正　订正　斧正　改正　更正　矫正　纠正　匡正　修正　雅正　指正　拨乱反正　改邪归正　矫枉过正　堂堂正正

证(證*证) zhèng ❶〈动〉证明:~人|~书|~实|~章|考~。❷〈名〉证据;证件:旁~|佐~|凭~。

【证见】zhèngjiàn〈名〉见证。

【证件】zhèngjiàn〈名〉证明身份、经历等的文件,如学生证、工作证、毕业证书等。

【证据】zhèngjù〈名〉用来做证明的凭证:~确凿。

【证明】zhèngmíng ❶〈动〉用可靠的材料来表明或断定事物是否真实或正确:~书|事实~这样做行不通。❷〈名〉证明书或证明信:开~。

【证券】zhèngquàn〈名〉有价证券:~市场|~交易所。

【证券交易所】zhèngquàn jiāoyìsuǒ 股票、债券、投资基金等有价证券有组织地进行集中交易的场所。

【证人】zhèngrén〈名〉❶法律上指能对案件提供证据的当事人。❷对某种事情提供证明的人。

【证实】zhèngshí〈动〉证明事物的真实性。

【证书】zhèngshū〈名〉由机关、团体、学校等发给的证明资格或权力等的文件:结婚~|获奖~。

【证验】zhèngyàn ❶〈动〉通过试验来证实:通过实践~课堂学习的知识。❷〈名〉实际的效验。

【证照】zhèngzhào〈名〉证件;执照:取缔无~的非法经营活动。

【备用词】查证　对证　考证　论证　求证　验证　引证　印证　见证　凭证　人证　物证　佐证

郑(鄭) zhèng〈名〉❶周朝国名,在今河南新郑市一带。❷姓。

【郑重】zhèngzhòng〈形〉严肃认真:神色~|~声明。

【郑重其事】zhèngzhòng qí shì 严肃认真地对待这件事。

怔 zhèng〈动〉发愣;发呆:发~|愣~。△另见 zhēng。

诤(諍) zhèng〈动〉直率地劝告:~谏|~言|~友(能直言规劝的朋友)。

【诤谏】zhèngjiàn〈动〉直言人的过错,劝人改正。

政 zhèng〈名〉❶政治:~党|~权|~府|~务|参~。❷政府:拥~爱民。❸国家某一部门主管的业务:财~|民~|邮~。❹指家庭或团体的事务:家~|校~。❺姓。

【政变】zhèngbiàn〈动〉统治集团内部一部分人采取军事或政治手段使国家政权突然变更。

【政策】zhèngcè〈名〉国家或政党为实现一定历史时期的路线或完成特定的任务而制定的行动准则。

【政党】zhèngdǎng〈名〉代表某个阶级、阶层或集团并为其利益而进行斗争的政治组织。

【政敌】zhèngdí〈名〉指在政治上跟自己处于敌对地位的人。

【政法】zhèngfǎ〈名〉政治和法律的合称。

【政风】zhèngfēng〈名〉政府部门的思想作风、工作作风。

【政府】zhèngfǔ〈名〉国家权力机关的执行机关,即国家行政机关。

【政府采购】zhèngfǔ cǎigòu 指各级国家机关、事业单位和团体组织,依法在规定范围内使用财政性资金采购货物、工程和服务的行为。以公开招标为主要采购方式。

【政纲】zhènggāng〈名〉政治纲领。

【政工】zhènggōng〈名〉政治工作:~人员|~干部。

【政纪】zhèngjì〈名〉国家行政机关所制定的为行政人员必须遵守的纪律。

【政绩】zhèngjì〈名〉指官吏在职期间办事的成绩。

【政见】zhèngjiàn〈名〉有关政治方面的见解：~不合。

【政局】zhèngjú〈名〉政治局势：~稳定。

【政客】zhèngkè〈名〉指玩弄权术，从事政治投机以谋取私利的人。

【政理】zhènglǐ〈名〉政治：外结好孙权，内修~。

【政令】zhènglìng〈名〉政府公布的法令：推行~。

【政论】zhènglùn〈名〉针对当前政治问题发表的评论：~家。

【政权】zhèngquán〈名〉❶政治上的统治权力：夺取~。❷指政权机关。

【政审】zhèngshěn〈动〉对人的政治身份和政治经历进行审查：干部~|~合格。

【政事】zhèngshì〈名〉政府的事务。

【政坛】zhèngtán〈名〉政界：~风波。

【政体】zhèngtǐ〈名〉国家政权的构成形式。我国的政体是人民代表大会制。

【政务】zhèngwù〈名〉关于政治方面的事务，泛指国家的管理工作。

【政协】zhèngxié〈名〉政治协商会议的简称。

【政要】zhèngyào〈名〉政界要人。

【政治】zhèngzhì〈名〉政府、政党、社会团体和个人在内政及国际关系方面的活动。

【政治避难】zhèngzhì bìnàn一国公民因政治原因逃亡到别国，取得那个国家给予的居留权后，住在那里。

【政治家】zhèngzhìjiā〈名〉有政治见识和政治才能并从事政治活动的人，多指国家的领导人物。

【政治经济学】zhèngzhì-jīngjìxué经济学的一个分支，研究社会的生产关系及其发展规律。政治经济学是经济学中最重要的一门学科，具有强烈的阶级性。

【政治面目】zhèngzhì miànmù指一个人的政治立场、政治活动以及和政治有关的各种社会关系。

【政治权利】zhèngzhì quánlì公民依法在政治上享有的权利，如选举权、被选举权、言论、出版、集会、结社、通信、旅游、人身、居住、迁徙、宗教信仰及游行、示威等自由。

【政治文明】zhèngzhì wénmíng人类在社会历史发展过程中所创造的、体现社会发展进步的政治成果，包括一定社会政治制度（国体、政体、法律和行政体系等）的发展状况和进步程度，及与该政治制度相适应的社会意识形态等。

【政治协商会议】zhèngzhì xiéshāng huìyì我国爱国统一战线的组织形式。全国性的组织是"中国人民政治协商会议"，各地方也有地方性的各级政治协商会议。简称**政协**。

【政治制度】zhèngzhì zhìdù政体。

备用词 暴政 德政 苛政 虐政 仁政 参政 当政 亲政 摄政 执政 专政 各自为政 精兵简政

挣 zhèng〈动〉❶用力使自己摆脱束缚：~开绳索|~脱枷锁。❷用劳动换取：~了一笔钱|~下了一份家业。

△另见 zhēng。

【挣揣】zhèngchuài〈动〉挣（zhēng）扎。

【挣命】zhèngmìng〈动〉❶为保全生命而挣扎。❷比喻用最大的力量支撑着做某事。

症 zhèng〈名〉疾病：病~|急~|不治之~|后遗~。

△另见 zhēng。

【症候】zhènghòu〈名〉❶疾病。❷症状。

【症状】zhèngzhuàng〈名〉机体因发生疾病而表现出来的异常感觉和状态，如咳嗽、盗汗、下午发热等是人患有肺结核病的症状。

铮（錚）zhèng方言。〈形〉（器物表面）光亮耀眼：~亮。

△另见 zhēng。

━ zhī ━

之 zhī ❶〈动〉往：送孟浩然~广陵。❷〈代〉a)代替人或事物（限于做宾语）：求~不得|言~成理。b)虚指，无所指：久而久~。c)这;那：~子于钓。❸〈助〉a)相当于"的"：赤子~心|不时~需。b)用在主谓结构之间，取消它的独立性，使变成偏正结构：大道~行也，天下为公。

【之乎者也】zhī hū zhě yě"之"、"乎"、"者"、"也"是文言文里最常用的助词，四字连说常用来形容半文不白的话或文章。

支 zhī ❶〈动〉撑：~撑|独木难~。❷〈动〉伸出;竖起：~起耳朵听。❸〈动〉支持：~援|乐不可~。❹〈动〉调度;指使：~配|~使。❺〈动〉付出或领取（款项）：~出|~付。❻〈名〉分支：~派|~店。❼〈量〉a)用于杆状物：一~蜡烛

|三~枪|四~毛笔。b)用于队伍等:一~军队|
一~小分队。c)用于歌曲或乐曲:两~曲子。d)
用于电灯的光度:二十五~光的灯泡。e)纱线
粗细程度的计算单位,用单位重量的长度来表
示,如1克重的纱线长100米就叫100支,纱线
越细,支数越多。❽〈名〉地支。❾〈名〉姓。

【支边】zhībiān〈动〉支援边疆:科技~。

【支部】zhībù〈名〉某些党派、团体的基层组织。

【支差】zhīchāi〈动〉支应差役。

【支撑】zhīchēng〈动〉❶抵抗住压力使东西不
倒塌:这堵墙用柱子~着。❷勉强维持:~局
面|~着虚弱的身体。

【支持】zhīchí〈动〉❶勉强维持;支撑:独立~
家庭生活。❷给以鼓励或援助:~被压迫人
民的斗争。

【支绌】zhīchù〈形〉(款项)不够支配:经费~。

【支解】zhījiě 见〖肢解〗。

【支离破碎】zhīlí pòsuì 形容事物零散破碎,不
成整体。

【支流】zhīliú〈名〉❶流入干流的河流。❷比
喻伴随主要事物而出现的次要事物。

【支派】zhīpài ❶〈名〉从一个派别中分出来的
部分;分支。❷〈动〉支使:~人。

【支配】zhīpèi〈动〉❶安排;调度:~时间|合理
~劳动力。❷对人或事物起引导和控制的作
用:思想~行动。

【支票】zhīpiào〈名〉向银行支取或划拨存款的
票据。

【支前】zhīqián〈动〉支援前线。

【支取】zhīqǔ〈动〉领取(款项):~工资|~存款
|~利息。

【支使】zhīshi〈动〉命令人做事;使唤:受人~。

【支吾】zhīwú〈动〉用含混的话搪塞;说话含糊
躲闪:~其词|一味~。

【支应】zhīyìng〈动〉❶应付;供应。❷守候;听
候使唤:~门户|没人~。

【支援】zhīyuán〈动〉用人力、物力等支持和援
助:~前线|~灾区。

【支招儿】zhīzhāor 同"支着儿"。

【支着儿】zhīzhāor〈动〉从旁给人出主意(多用
于看下棋)。也作"支招儿"。

【支拄】zhīzhǔ〈动〉支持;支撑:天下事谁可
~者?

【支柱】zhīzhù〈名〉❶起支撑作用的柱子。❷
比喻中坚力量:精神~|民众是抗战的~。

【支柱产业】zhīzhù chǎnyè 在国民经济中起中
坚作用的关键产业。

氏 zhī 见[阏(yān)氏]、〖月氏〗。
△另见 shì。

只(隻) zhī ❶〈形〉单独的:~身前往|
言片语。❷量词:两~耳朵|一
~母鸡。
△另见 zhǐ。

【只身】zhīshēn〈副〉单独一个人:~前往|~
在外。

【只言片语】zhī yán piàn yǔ 个别词句;片段的
话。

卮(*巵) zhī〈名〉古代一种盛酒的器
皿:漏~。

汁 zhī〈名〉含有某种物质的液体:~液|~
水|乳~。

【汁水】zhīshui〈名〉❶方言。汤、羹之类。❷
汁液:牛肉~。

芝 zhī〈名〉❶灵芝,蕈的一种,菌盖肾脏形,
暗紫色。中医入药。我国古代用来象征
祥瑞。❷古书上指白芷。❸姓。

【芝兰】zhīlán〈名〉芝和兰是两种香草,古时用
来比喻德行的高尚或友情、环境的美好等:~
之室|~玉树。

【芝麻】(脂麻)zhīma〈名〉草本植物,种子小而
扁平,是重要的油料作物。

吱 zhī 拟声词:嘎~|咯~。
△另见 zī。

枝 zhī ❶〈名〉植物主干上分出来的较细的
茎:~头|~条|树~|柳~|~儿。❷〈量〉a)
用于带枝子的花朵:一~梅花。b)同"支"⑦
a)。❸〈名〉姓。

【枝节】zhījié〈名〉❶比喻有关的次要的事情:
不要纠缠~问题。❷比喻在解决问题的过程
中发生的麻烦:横生~。

【枝解】zhījiě 见〖肢解〗。

【枝柯】zhīkē〈名〉树枝:~交错。

【枝蔓】zhīmàn ❶〈名〉枝和蔓,比喻事物中烦琐纷杂的次要部分:删除~。❷〈形〉比喻烦琐纷杂:文字~,不得要领。❸〈动〉蔓延:荒草繁衍,~上下。

【枝捂】zhīwú 同"枝梧"。

【枝梧】zhīwú 同"支吾"。也作"枝捂"。

【枝丫】zhīyā〈名〉植物上分权的小枝;枝权。

知 zhī ❶〈动〉知道:~底 | 熟~。❷〈动〉使知道:通~。❸〈名〉知识:求~ | 无~。❹〈动〉旧时指主管:~县。❺〈动〉识别:其真无马邪? 其真不~马也。❻古通"智"。

【知底】zhīdǐ〈动〉知道底细;了解内情。

【知法犯法】zhī fǎ fàn fǎ 懂得某项法令、规章而故意违犯。

【知府】zhīfǔ〈名〉古代官名。宋代用中央机关的官充任一府的长官,称"知某府事",简称知府。明清两代用作一府长官的正式名称。

【知会】zhīhuì〈动〉口头通知:什么时候有事~我一声。

【知己】zhījǐ ❶〈名〉彼此相互了解而情谊深厚的人:海内存~,天涯若比邻。❷〈形〉知心的;情谊深厚的;了解自己的:~话 | ~的朋友。❸〈动〉了解自己:~知彼。

【知己知彼】zhī jǐ zhī bǐ《孙子·谋攻》:"知彼知己,百战不殆。"后用"知己知彼"指对敌我双方的情况都了解得很透彻。

【知交】zhījiāo〈名〉知己的朋友:他们是我中学时代的~。

【知觉】zhījué〈名〉❶反映客观事物的整体形象和表面联系的心理过程。知觉是在感觉的基础上形成的。❷感觉①:失去~ | 恢复~。

【知了】zhīliǎo〈名〉蝉。

【知名】zhīmíng〈形〉著名;有名:~度。

【知名度】zhīmíngdù〈名〉指某人或某事物被社会、公众知道熟悉的程度:他是个~很高的人。

【知命】zhīmìng ❶〈动〉了解天命;认识命运:乐天~。❷〈名〉《论语·为政》:"五十而知天命。"指年至五十,能了解上天的意志和人的命运。后来用"知命"指人五十岁:~之年。

【知青】zhīqīng〈名〉知识青年。

【知情】zhīqíng〈动〉❶知道事件的内情:~人 | ~不报。❷对别人善意行动表示的情谊心怀感激:你为我操心费力,我很~ | 你为他操心,他会知你的情的。

【知情达理】zhī qíng dá lǐ 通达人情,懂得道理。

【知趣】zhīqù〈形〉会看别人的眼色,知道进退,不惹人讨厌。也说"识趣"。

【知识】zhīshi〈名〉❶人们通过社会实践所获得的认识和经验的总和。❷指学问、学术和文化:有~ | ~界 | ~分子。

【知识产权】zhīshi chǎnquán 在科学技术、文化艺术等领域中,发明者、创作者对自己的创造性劳动成果依法享有的专有权。包括工业产权和著作权。

【知识产业】zhīshi chǎnyè 指传播知识、提供知识的产业,如教育部门、科研部门、信息服务部门等。也叫"智力产业"。

【知识分子】zhīshi fènzǐ 具有较高科学文化知识水平的脑力劳动者。如科学工作者、教师、医生、记者、作家、工程师等。

【知识经济】zhīshi jīngjì 一种以现代科技知识为基础、以信息产业为核心的经济类型。

【知识青年】zhīshi qīngnián 指受过学校教育,具有一定文化知识的青年人,特指二十世纪六七十年代到农村或边疆参加农业生产的城市知识青年。

【知书达理】zhī shū dá lǐ 有知识,通事理。指人有文化教养。也说"知书识礼"。

【知悉】zhīxī〈动〉知道;详情~。

【知县】zhīxiàn〈名〉古代官名。宋代用中央机关的官充任县官,称"知某县事",简称知县。明清两代用作一县长官的正式名称。

【知晓】zhīxiǎo〈动〉知道;晓得:~内情。

【知心】zhīxīn〈形〉彼此相互了解而情谊深厚的:~话 | ~朋友。

【知音】zhīyīn〈名〉《列子·汤问》里说,伯牙弹琴,只有钟子期能从琴中听出他的意趣。后来因称知己朋友为"知音",也指了解自己的特长的人。

【知友】zhīyǒu〈名〉相互了解的朋友。

【知遇】zhīyù〈动〉指得到赏识或重用:~之恩。

【知足】zhīzú〈形〉知道满足,不过于苛求:不~ | ~常乐。

肢 zhī〈名〉指人的胳膊和腿或某些动物的腿:~体 | 四~ | 截~ | 假~。

【肢解】(支解、枝解)zhījiě〈动〉❶古代割去四肢的酷刑。❷分解动物或人的身体(多指尸体)。❸比喻完整的国土、体系等被分割:领土被~。

【肢体】zhītǐ〈名〉四肢,也指四肢和躯干。

浵 zhī〈名〉浵河,水名,在河北。

Z

织(織) zhī ❶〈动〉使纱或线交叉穿过，制成绸、布、呢子等：～布｜纺～。❷〈动〉用针使纱或线互相套住，制成毛衣、袜子、花边、网子等：编～。❸〈名〉姓。

【织锦】zhījǐn〈名〉❶织有彩色花纹的缎子。❷一种织有图画、像刺绣一样的丝织品，分彩色、单色。

【织物】zhīwù〈名〉用纱、线等织成的衣物的总称。

备用词　编织　纺织　交织　罗织　组织

栀(*梔) zhī [栀子]〈名〉灌木或小乔木，花白色，香气浓烈，供观赏。果实可做黄色染料，也可入药。

胼 zhī 见[胼(pián)胝]。

衹 zhī〈形〉恭敬：～仰(敬仰)｜～候光临。

脂 zhī〈名〉❶动植物所含的油质：～肪｜～油｜松～。❷胭脂：～粉｜唇若施～。

【脂肪】zhīfáng〈名〉有机化合物，存在于人体和动物的皮下组织及植物体中。

【脂粉】zhīfěn〈名〉胭脂和粉，旧时借指妇女：～气(女人气)。

【脂膏】zhīgāo〈名〉❶脂肪。❷比喻人民用血汗换来的劳动果实。

【脂麻】zhīma 见[芝麻]。

【脂油】zhīyóu〈名〉❶用动物脂肪熬制的油。❷方言。板油，猪的体腔内壁上呈板状的脂肪。

稙 zhī〈形〉谷物种得较早或熟得较早：～谷子(种得早的谷子)｜白玉米～(熟得早的)。

蜘 zhī [蜘蛛]〈名〉节肢动物，身体圆形或长圆形。分头胸和腹两部，有触须，雄的触须内有精囊，有脚四对。肛门尖端突起的部分能分泌黏液，黏液在空气中能凝成细丝，用来结网捕食昆虫。生活在屋檐和草木间。俗称"蛛蛛"。

— zhí —

执(執) zhí ❶〈动〉拿着：～笔｜～鞭。❷〈动〉掌握；管理：～政｜～教。❸〈动〉坚持：～拗(niù)｜～着(zhuó)。❹〈动〉执行：～勤｜～法。❺〈动〉捉住：战败被～。❻〈名〉凭单：回～｜～照。❼〈名〉姓。

【执笔】zhíbǐ〈动〉用笔写，指写文章，特指动笔拟集体名义的文稿。

【执鞭】zhíbiān〈动〉指从事教学、教练等工作：～授课｜～青年男篮。

【执导】zhídǎo〈动〉担任导演；从事导演工作：这部优秀影片是由他～的｜在戏剧界～多年。

【执法】zhífǎ〈动〉执行法令、法律：～如山(如山：比喻坚定不动摇)｜～必严。

【执绋】zhífú〈动〉原指送葬时帮助牵引灵柩，后泛指送葬(绋：牵引灵柩用的大绳)。

【执教】zhíjiào〈动〉从事教育工作；担任教练。

【执迷不悟】zhí mí bù wù 坚持错误而不觉悟。

【执泥】zhínì〈形〉固执；拘泥。

【执牛耳】zhí niú'ěr 古代诸侯订立盟约时，每人要尝一点牲血，主盟人亲手割牛耳取血，因称盟主为"执牛耳"，后泛指在某一方面居领导地位。

【执拗】zhíniù〈形〉固执任性，不肯听从别人的意见：脾气～。

【执勤】zhíqín〈动〉执行勤务：～民警。

【执信】zhíxìn〈动〉取信；凭信：不足以～。

【执行】zhíxíng〈动〉按照政策、法令、计划等所规定的事项去做；实施：遵照～｜～计划。

【执业】zhíyè〈动〉(律师、医生、会计和某些中介服务机构的人员等)进行业务活动：～律师｜房地产估价师必须先取得～资格。

【执意】zhíyì〈动〉坚持自己的意见：～不肯。

【执友】zhíyǒu〈名〉志同道合的朋友。

【执掌】zhízhǎng〈动〉掌握；掌管：～兵权。

【执照】zhízhào〈名〉由主管机关发给的准许做某项事情的凭证：营业～｜驾驶～。

【执著】zhízhuó 同"执着"。

【执着】zhízhuó 也作"执著"。❶〈动〉原为佛教用语，指对某一事物坚持不放而不能超脱。后泛指固执或拘泥：～一念。❷〈形〉专一，不动摇：～地追求｜～的信念。

直 zhí ❶〈形〉成直线的(跟"曲"相对)：笔～｜梅以曲为美，～则无姿。❷〈形〉与地面垂直的(跟"横"相对)：～升机｜～上～下。❸〈动〉挺直；使不弯曲：～起身子。❹〈形〉公正；正直：理～气壮。❺〈形〉直爽；坦率：心～口快。❻〈名〉汉字的笔画，即"竖"。❼〈副〉a)直接；径直：守州城者皆赢老之卒，可以乘虚～抵其城。b)一直：～到如今。c)一个劲儿地；不断地：大家高兴得～鼓掌。d)简直：则斯役之价值，～可惊天地，泣鬼神，与武昌革命之役并寿。e)竟；竟然：～这般会做大！f)仅；只：寡人非能好先王之乐也，～好世俗之乐耳。❽〈形〉平：河水清且～猗。❾〈名〉适宜的处所：乐国乐国，爰得我～！❿同"值"：半匹红绡一丈绫，系向牛头充炭～。⓫〈名〉姓。

【直拨】zhíbō〈动〉电话不经过总机可直接拨通外线或长途线路：～电话｜很多城市之间的电话可以～通话。

【直播】zhíbō〈动〉❶不经过育苗，直接把种子播种到田地里。❷广播电台不经过录音或电视台不经过录像而直接播送：现场～｜电视台将～大会实况。

【直达】zhídá〈动〉不必在中途换车换船而直接到达：～车｜从北京坐火车～广州｜～分会场报到。

【直达快车】zhídá kuàichē 指停站少（一般不停小站）、行车时间少于普通列车的旅客列车。简称"直快"。

【直裰】zhíduō〈名〉和尚、道士穿的一种大领长袍。

【直供】zhígōng〈动〉不经过中间环节而直接供应（原料、产品等）：厂家～｜蔬菜～基地｜三峡电力～上海。

【直勾勾】zhígōugōu〈形〉形容目不转睛地（看）：她～地望着我。

【直观】zhíguān〈形〉直接观察的；用感官直接接受的：～教学。

【直击】zhíjī〈动〉在现场亲眼看到，多指新闻媒体在现场进行直接报道：庭审～｜～赛场盛况｜话题～社会热点。

【直接】zhíjiē〈形〉不经过中间事物的（跟"间接"相对）：～联系。

【直截】（直捷）zhíjié〈形〉干脆爽快；不转弯抹角：简短～。

【直截了当】（直捷了当）zhíjié-liǎodàng（言语、行动等）干脆爽快，不转弯抹角。

【直觉】zhíjué〈名〉直接的感觉；未经充分逻辑推理的直观。

【直快】zhíkuài〈名〉"直达快车"的简称。

【直溜溜】zhíliūliū〈形〉形容笔直：～的马路。

【直面】zhímiàn〈动〉正面注视；面对现实：～人生。

【直属】zhíshǔ ❶〈动〉直接隶属：各部委～国务院。❷〈形〉直接统属的：中央～机关。

【直率】zhíshuài〈形〉直爽坦率，不绕圈子：性情～。

【直爽】zhíshuǎng〈形〉心地坦白，说话做事痛快：为人～。

【直挺挺】zhítǐngtǐng〈形〉形容僵直的样子：～地站着。

【直系亲属】zhíxì qīnshǔ 指和自己有直接血缘关系或婚姻关系的人，如父、母、子、女、夫、妻等。

【直辖】zhíxiá ❶〈动〉直接管辖：重庆由中央～，有利于西部地区的发展。❷〈形〉直接管辖的：～市｜～部门。

【直线】zhíxiàn ❶〈名〉一个点在平面或空间沿着一定方向和其相反方向运动的轨迹；不弯曲的线。❷〈形〉指直接的或没有曲折起伏的：～电话｜～运输｜～联系｜产量～上升。

【直销】zhíxiāo〈动〉生产者不经过中间环节，直接把商品卖给消费者。

【直选】zhíxuǎn〈动〉"直接选举"的简称。

【直言】zhíyán〈动〉直率而毫不顾忌地说出来：恕我～｜～不讳（毫不隐讳地说出来）。

【直言不讳】zhí yán bù huì 直截了当地说出来，毫无顾忌和隐讳。

【直译】zhíyì〈动〉指偏重于照顾原文字句来翻译（区别于"意译"）。

【直音】zhíyīn〈名〉我国传统的一种注音方法，即用同音字注音。如"植，音直"，是说"植"字和"直"字同音。

备用词　刚直　耿直　憨直　朴直　率直　爽直　正直　质直　戆直

佺（*姪姝）zhí〈名〉❶弟兄或其他同辈男性亲属的儿子，也称朋友的儿子。❷姓。

值 zhí ❶〈名〉价值；数值：比～｜产～。❷〈动〉货物和价钱相当：这双鞋～多少钱？❸〈动〉指有意义或有价值；值得（多用于否定式）：不～一提。❹〈动〉遇到；碰上：适～｜造访不～｜正～中秋。❺〈动〉担任轮到的一定时间内的职务：～班｜轮～。

【值班】zhíbān〈动〉轮流在规定的时间担任工作：～经理。

【值得】zhíde〈动〉❶价钱相当；合算：不～。❷指某种行为有价值，有意义：～研究｜～

Z

回忆。

【值勤】zhíqín〈动〉部队中或负责治安保卫、交通等工作的人员值班:～民警。

【值守】zhíshǒu〈动〉值班看守:无人～公用电话|保安人员在厂区巡察～|～在报警服务台前。

【值遇】zhíyù〈动〉遭逢。

埴 zhí〈名〉黏土。

职(職) zhí ❶〈名〉工作中所规定担任的事情;职务:尽～|～能。❷〈名〉执行一定职务所处的地位;职位:官～|调～。❸〈名〉旧时下属对上司的自称:～等奉命。❹〈动〉掌管:～掌。❺〈动〉由于:～是之故。❻〈副〉只;仅:～此而已。❼〈名〉姓。

【职场】zhíchǎng〈名〉❶职业需求的市场:目前～上技师短缺。❷工作、任职的场所:～新人。

【职称】zhíchēng〈名〉专业技术职务的名称:技术～|评定～。

【职分】zhífèn〈名〉❶职务上应尽的本分;职责。❷指官职。

【职高】zhígāo〈名〉职业高中的简称。

【职工】zhígōng〈名〉❶职员和工人,也泛指工作人员。❷旧指工人:～运动。

【职级】zhíjí〈名〉职务的级别:晋升～|～工资制。

【职教】zhíjiào〈名〉职业教育的简称。

【职介】zhíjiè〈名〉职业介绍:～中心。

【职能】zhínéng〈名〉人、事物、机构应有的作用或功能:货币的～|发挥国家机关的～。

【职权】zhíquán〈名〉职务范围以内的权力:行使～|滥用～。

【职守】zhíshǒu〈名〉工作岗位:擅离～。

【职位】zhíwèi〈名〉执行一定职务的位置。

【职务】zhíwù〈名〉❶工作中所规定担任的事情:～明确。❷职位。

【职业】zhíyè〈名〉个人在社会中所从事的并以其为主要生活来源的工作。

【职业病】zhíyèbìng〈名〉由于某种劳动的性质或特殊的劳动环境而引起的疾病。如矿工和陶瓷工业工人易患的尘肺等。

【职业道德】zhíyè dàodé 从事某一职业的人员在工作中应遵循的道德规范和行业行为规范。

【职业高中】zhíyè gāozhōng 进行某种职业技能教育的高级中学,如旅游职业高中、烹饪职业高中等。简称"职高"。

【职业教育】zhíyè jiàoyù 为学生或在职人员从事某种生产或工作所需知识、技能等而实施的教育。在我国,提供职业教育的是中等技术学校、中等师范学校、技工学校、职业中学、农业中学等。简称"职教"。

【职员】zhíyuán〈名〉机关、企业、学校、团体里担任行政或业务工作的人员。

【职责】zhízé〈名〉职务范围内的责任:履行～。

备用词 撤职 称职 辞职 渎职 复职 革职 供职 兼职 就职 离职 免职 失职 述职 停职 退职 削职 殉职 在职 本职 公职 官职 天职 要职 专职

絷(縶) zhí ❶〈动〉拴;捆:以～其马。❷〈动〉拘禁:～拘。❸〈名〉马缰绳:执～马前。

植 zhí ❶〈动〉栽种:～树|移～。❷〈动〉树立:扶～。❸〈名〉植物:～株|被～。❹〈名〉姓。

【植保】zhíbǎo〈动〉植物保护:加强～工作。

【植被】zhíbèi〈名〉覆盖在某一地面上、具有一定密度的许多植物的总和。

【植树节】zhíshù jié〈名〉植树造林、绿化祖国的节日。我国的植树节是3月12日。

【植物】zhíwù〈名〉生物的一大类,一般有叶绿素,多以无机物为养料,没有神经,没有感觉。

【植物人】zhíwùrén〈名〉指严重脑外伤、脑出血等引起的大脑皮质丧失活动能力,完全没有知觉的人。

【植株】zhízhū〈名〉成长的植物体,包括根、茎、叶等部分。

备用词 扶植 培植 移植 栽植 种植

殖 zhí〈动〉❶生息;滋生:生～|繁～。❷经商营利:货～|～利(生利)。

△另见 shi。

【殖民】zhímín〈动〉原指强国向被其征服的地区移民。在资本主义时期,指资本主义国家把经济政治势力扩张到不发达的国家或地区,掠夺和奴役当地的人民。

【殖民地】zhímíndì〈名〉指一个国家在国外侵占并大批移民居住的地区。在资本主义时期,指被资本主义国家剥夺了政治、经济的独立权力,并受它管辖的国家或地区。

【殖民主义】zhímín zhǔyì 资本主义强国对力量弱小的国家或地区实行压迫、统治、奴役和剥削的政策。殖民主义主要表现为海外移民、海盗式抢劫、奴隶贩卖、资本输出、商品倾销、原料掠夺等等。

【备用词】繁殖 垦殖 生殖 养殖 增殖

Z

跖（*蹠）zhí ❶〈名〉脚面上接近脚趾的部分：～骨。❷〈名〉脚掌。❸〈动〉踩；踏。

摭 zhí〈动〉拾取；摘取：采～英华。

踯（躑）zhí［踯躅(zhú)〕〈动〉徘徊不前。

蹢 zhí［蹢躅(zhú)〕同"踯躅"。△另见 dí。

━━ zhǐ ━━

止 zhǐ ❶〈动〉停止：～步｜～息｜休～。❷〈动〉拦阻；使停止：禁～｜制～｜～血。❸〈动〉截止：报名到月底～。❹〈副〉仅；只：不～一次。❺〈名〉姓。

【止境】zhǐjìng〈名〉尽头：学无～。

【止息】zhǐxī〈动〉停止：大江东流，永无～。

【备用词】遏止 防止 废止 截止 禁止 静止 劝止 停止 限止 行止 休止 抑止 制止 中止 终止 阻止 举止 容止 不止 何止 为止 令行禁止 浅尝辄止 适可而止

只（❶❷衹 *❶❷祇❶❷秖）zhǐ ❶〈副〉表示限于某个范围：～见树木，不见森林。❷〈副〉只有；仅有：～此一家，别无分店。❸〈名〉姓。△另见 zhī；"祇"另见 qí。

【只得】zhǐdé〈副〉表示没有别的选择；不得不：由于天气不好，原订的郊游计划～改变。

【只顾】zhǐgù ❶〈副〉表示专一不变：头也不抬，～埋头干活。❷〈动〉仅仅顾到：不能～学习，还要注意锻炼。

【只管】zhǐguǎn〈副〉❶尽管：有什么困难，～提出来。❷只顾：不要～生气，得赶快想办法。

【只好】zhǐhǎo〈副〉只得。

【只是】zhǐshì ❶〈副〉仅仅是；不过是：我今天进城，～想去书店看看。❷〈副〉表示强调限于某个情况或范围：大家问他是什么事，他～笑，不回答。❸〈连〉但是（口气较轻）：本来预备今天拍摄外景，～天还没有晴，不能拍摄。

【只消】zhǐxiāo〈动〉只需要：此事～一二人即可。

【只许州官放火，不许百姓点灯】zhǐxǔ zhōuguān fàng huǒ, bù xǔ bǎixìng diǎn dēng 宋陆游《老学庵笔记》记载，有一个叫田登的人做州官，要百姓避讳他的名字，因"灯"与"登"同音，于是全州都把灯叫"火"。到元宵节放灯时，出布告说："本州依例放火三日。"后来用"只许州官放火，不许百姓点灯"形容专横的统治者可以任意干坏事，而人民的正当行为却受到限制。也泛指明作非为的人不许别人有正当的权利。

【只要】zhǐyào〈连〉表示充足的条件，下文常跟"就"、"便"等呼应：～有可能，就积极争取。

【只要功夫深，铁杵磨成针】zhǐyào gōngfu shēn, tiěchǔ mó chéng zhēn 比喻只要有毅力，肯下功夫，多难的事也能做成功。

【只有】zhǐyǒu〈连〉表示必需的条件，下文常跟"才"、"才能"等呼应：～他去才合适。

旨（*❷恉）zhǐ ❶〈形〉滋味美：～酒｜甘～。❷〈名〉意义；用意；目的：主～｜要～。❸〈名〉意旨，也特指帝王的命令：圣～｜遵～。

【旨趣】zhǐqù〈名〉主要的目的和意图；宗旨。

【旨意】zhǐyì〈名〉意旨；意图。

址（*阯）zhǐ〈名〉建筑物的位置；地基：地～｜住～。

抵 zhǐ〈动〉侧手击：～掌(击掌，表示高兴)。

芷 zhǐ ❶［白芷〕〈名〉草本植物，花白色，根圆锥形，有香气，可入药。❷〈名〉姓。

沚 zhǐ〈名〉水中的小块陆地。

纸（紙 *帋）zhǐ ❶〈名〉写字、绘画、印刷、包装等所用的东西，多用植物纤维制造：信～｜稿～。❷〈量〉书信、文件的张数：一～公文｜一～禁令。❸〈名〉姓。

【纸锭】zhǐdìng〈名〉迷信的人给死人或鬼烧的用纸叠成的假元宝。

【纸巾】zhǐjīn〈名〉一种像手绢那样大小用来擦脸、手等的质地柔软的纸片。

【纸老虎】zhǐlǎohǔ〈名〉比喻外表强大、凶狠而实际空虚无力的人或集团。

【纸钱】zhǐqián〈名〉迷信的人给死人或鬼烧的用纸剪成的铜钱形的圆纸片。

【纸上谈兵】zhǐ shàng tán bīng《史记·廉颇蔺相如列传》记载，战国时赵国名将赵奢的儿子赵括，从小读兵书，善于谈兵，父亲也难不倒他。后来他代廉颇为赵将，只按兵书，不知变通,在长平之战中为秦军所败,全军覆没。后用"纸上谈兵"比喻不联系实际,空发议论。

【纸醉金迷】zhǐ zuì jīn mí 形容使人沉迷的奢侈繁华的环境。也说"金迷纸醉"。

祉 zhǐ〈名〉幸福。

指 zhǐ ❶〈名〉手指头:拇~|食~|~纹。❷〈量〉一个指头的宽度叫"一指",用来计算深浅宽窄等:三~厚的肥膘。❸〈动〉(手指头、物体尖端)对着;向着:~手划脚。❹〈动〉(头发)直立:令人发~。❺〈动〉指点:~导|~示。❻〈动〉意思上指着:这又不是~你说的,你干吗多心? ❼〈动〉指斥;指责:横眉冷对千夫~,俯首甘为孺子牛。❽〈动〉仰仗;依靠:~望|~靠。

【指标】zhǐbiāo〈名〉按照规定所要达到的目标:定~|超额完成生产~。

【指不胜屈】zhǐ bù shèng qū 扳着指头数也数不过来,形容数量很多。

【指称】zhǐchēng〈动〉❶指出;声称:该公司在诉状中~对方违约。❷指示并称呼:江西人用"老表"来相互~。

【指斥】zhǐchì〈动〉指摘;斥责。

【指导】zhǐdǎo〈动〉指点引导:~学生|技术~。

【指点】zhǐdiǎn〈动〉❶指给人看;指出来使人知道:~方向|经名师~。❷评论;议论:~江山,激扬文字,粪土当年万户侯。❸挑剔毛病;在背后议论别人的不是:他做得对,没有可~的。

【指挥】zhǐhuī〈动〉❶发令调度:~部|~交通。❷〈名〉发令调度的人,也指在乐队或合唱队前面指示如何演奏或演唱的人:工程总~|乐队~。

【指挥若定】zhǐhuī ruò dìng 形容指挥调度从容镇定。

【指教】zhǐjiào〈动〉❶指点教导。❷客套话,用于请人对自己的工作或作品提出批评或意见。

【指靠】zhǐkào〈动〉指望;依靠。

【指控】zhǐkòng〈动〉指责和控告。

【指令】zhǐlìng ❶〈动〉指示;命令。❷〈名〉旧时公文的一类,上级机关因下级机关呈请而有所指示时称为指令。

【指鹿为马】zhǐ lù wéi mǎ《史记·秦始皇本纪》记载,秦二世时,丞相赵高想造反,怕群臣不附和,就先试探一下。他把一只鹿献给二世,说:"这是马。"二世笑着说:"丞相错了,把鹿说成马了。"问旁边的人,有的不说话,有的说是马,有的说是鹿。赵高暗地里把说是鹿的人都杀了。比喻故意颠倒是非。

【指名】zhǐmíng〈动〉指出人或事物的名字:~要我去办这件事。

【指名道姓】zhǐ míng dào xìng 毫不避讳地直接说出姓名(含不够恭敬意)。

【指明】zhǐmíng〈动〉明确指出:~方向|~时间和地点。

【指目】zhǐmù〈动〉不说话,用手指并用眼睛看:旦日,卒中往往语,皆~陈胜。

【指南】zhǐnán〈名〉比喻辨别方向的依据:行动的~。

【指南针】zhǐnánzhēn〈名〉利用磁针制成的指示方向的仪器。

【指派】zhǐpài〈动〉派遣:受人~|~专人负责。

【指认】zhǐrèn〈动〉指出并确认(某人的身份等):经多人~,此人就是作案者。

【指日可待】zhǐ rì kě dài 指事情或希望等不久就可以实现:大桥通车~|完成任务~。

【指桑骂槐】zhǐ sāng mà huái 比喻表面上是骂这个人,实际上是骂那个人。

【指使】zhǐshǐ〈动〉出主意叫别人去做某种事(多含贬义):受人~。

【指示】zhǐshì ❶〈动〉指给人看;指出来使人知道:~剂|~方位。❷〈动〉上级对下级或长辈对晚辈指明做某事或处理某个问题的原则和

方法等:领导~我们要稳扎稳打。❸〈名〉指示下级或晚辈的话或文字:下达~。

【指事】zhǐshì〈名〉六书之一。指以象征性的符号表示意义的造字法。例如"上"(古作"二"),在一横线之上加一短横线以表示上的方位;"下"(古作"二"),在一横线之下加一短横线以表示在下的方位。

【指手画脚】zhǐ shǒu huà jiǎo 形容一边说话一边用手势示意,也形容轻率地指点或批评。

【指数】zhǐshù〈名〉❶表示一个数目自乘若干次的数字,记在数的右上方,例如 5³ 中,3 是 5 的指数。❷某一经济现象在某时期内的数值和同一现象在另一个作为比较标准的时期内的数值的比数,叫"指数"。说明地区差异或计划完成情况的比数,也叫"指数"。

【指望】zhǐwàng ❶〈动〉一心期待;盼望:~今年有个好收成。❷〈名〉盼头:眼看赢棋又没~了。

【指意】zhǐyì〈名〉旨意。

【指引】zhǐyǐn〈动〉指点引导:~航向。

【指责】zhǐzé〈动〉指摘;责备:横加~|无端的~。

【指摘】zhǐzhāi〈动〉挑出缺点、错误,加以批评:严厉~|无可~。

【指针】zhǐzhēn〈名〉❶钟表、仪表上指示时间或度数的针。❷比喻辨别方向的依据。

【指正】zhǐzhèng〈动〉❶指出错误,使改正。❷客套话,用于请人对自己的作品或意见提出批评:如有不妥,请大家~。

【指证】zhǐzhèng〈动〉指认并证明:现场目击者出庭~凶犯。

备用词　屈指　染指　弹指　令人发指　千夫所指　如臂使指　首屈一指

枳　zhǐ〈名〉灌木或小乔木,茎上有刺,花白色,果实球形,黄绿色,味酸苦。也叫"枸(gōu)橘"。

轵(軹)　zhǐ〈名〉车轴的末端。

咫　zhǐ〈量〉古代指八寸:~尺|虫跃去尺有~。

【咫尺】zhǐchǐ〈名〉比喻很短的距离:近在~。

【咫尺天涯】zhǐchǐ tiānyá 指距离虽然很近,但却像远在天边,很难相见。

趾　zhǐ〈名〉❶脚指头:脚~|~骨。❷脚:~高气扬。

【趾高气扬】zhǐ gāo qì yáng 走路时脚抬得高高的,神气十足。形容骄傲自满,得意忘形的样子。

黹　zhǐ〈动〉缝纫;刺绣:针~。

酯　zhǐ〈名〉有机化合物的一类,是动植物油脂的主要部分。

徵　zhǐ〈名〉古代五音之一。相当于简谱的"5":宫商角~羽。

△另见 zhēng"征"。

━ zhì ━

至　zhì ❶〈动〉到;到达:~此|~今|自始~终|无微不~。❷〈形〉周到:色愈恭,礼愈~。❸〈副〉极;最:~少|仁~义尽。❹〈动〉至于:何~自苦若此。

【至宝】zhìbǎo〈名〉最珍贵的宝物:如获~。

【至诚】zhìchéng〈形〉老实;十分诚恳:~人|~的朋友|~之士。

【至此】zhìcǐ〈动〉❶到这里:文章~为止。❷到这个时候:~,事情才逐渐有了眉目。❸到这种地步:事已~,只好这样了。

【至多】zhìduō〈副〉表示最大的限度:这篇文章~三千字。

【至高无上】zhì gāo wú shàng 高到极点;没有更高的:~的光荣。

【至交】zhìjiāo〈名〉最要好的朋友。

【至理】zhìlǐ〈名〉极正确的道理:~名言。

【至理名言】zhìlǐ-míngyán 道理极正确而又有价值的话。

【至亲】zhìqīn〈名〉关系最近的亲戚。

【至清】zhìqīng〈形〉❶极其清澈。参看〖水至清则无鱼〗。❷比喻极其清廉。

【至若】zhìruò〈连〉表示另提一事;至于:~春和景明,波澜不惊,上下天光,一碧万顷。

【至少】zhìshǎo〈副〉表示最小的限度:文章写完以后~看两遍。

【至一】zhìyī〈副〉极;极其(多见于早期白话):俺两个~清廉有名的。

【至于】zhìyú ❶〈动〉到;到达:屈原~江滨,被发行吟泽畔。❷〈副〉表示达到某种程度:啥了不起的事,~把你愁成这样? ❸〈介〉表示另提一事:这几年家里盖起了小楼,添置了各色家具,~吃穿的改善就不用说了。

【至尊】zhìzūn〈名〉❶至高无上的地位,古代多指帝位:~无上|履~而制六合。❷皇帝的代称。

备用词　及至　竟至　乃至　甚至　以至　直至　无所不至　无微不至　朝发夕至

志(*❷-❹誌) zhì ❶〈名〉志向;志愿:立~|得~|~气。❷〈动〉记:~喜|~哀。❸〈名〉文字记录:杂~|县~。❹〈名〉记号:标~。❺方言。〈动〉称轻重;量长短、多少:拿碗~~米|~~。❻〈名〉姓。

【志哀】zhì'āi〈动〉用某种方式表示哀悼。

【志大才疏】zhì dà cái shū 志向很大,可是能力很低。

【志气】zhìqì〈名〉❶求上进的决心和勇气:有~。❷要求做成某事的气概:~昂扬。

【志趣】zhìqù〈名〉志向和兴趣:~相同|两人~相投。

【志士】zhìshì〈名〉有坚定意志和高尚节操的人:爱国~|仁人~。

【志同道合】zhì tóng dào hé 志向相同,意见相合。

【志向】zhìxiàng〈名〉关于将来要做什么事或做什么样的人的理想和决心:~远大。

【志愿】zhìyuàn ❶〈名〉志向和愿望:立下~|当老师是我的~。❷〈动〉自愿(从事某一事业):~兵|~建设西部地区。

备用词 斗志 奇志 宿志 心志 遗志 意志 远志 壮志 立志 矢志 得志 杂志 县志 蓄须明志 玩物丧志 先意承志 雄心壮志 专心致志

豸 zhì〈名〉没有脚的虫:虫~。

忮 zhì〈动〉嫉妒:~心|~刻。

识(識) zhì ❶〈动〉记:博闻强~。❷〈名〉记号:款~|标~。
△另见 shí。

陟 zhì 见[整(zhōu)陟]。

郅 zhì ❶〈形〉盛大:~隆。❷〈名〉姓。

帜(幟) zhì ❶〈名〉旗子:旗~|易~。❷标记;标志:标~。

帙(*袠袠) zhì ❶〈名〉书画外面包着的布套。❷〈量〉用于装套的线装书。

制(❶製) zhì ❶〈动〉制造:~作|~图|试~。❷〈动〉拟定;规定:~定|编~。❸〈动〉用强力约束;限定:管束;压~|限~|~裁。❹〈名〉制度:学~|法~|帝~。❺〈名〉规模;形式:乃重修岳阳楼,增其旧~。❻〈名〉姓。

【制版】zhìbǎn〈动〉制造各种印刷上用的版:~车间。

【制裁】zhìcái〈动〉用强力管束并处罚有违法行为的人:严厉~|法律~|实行经济~。

【制导】zhìdǎo〈动〉控制和引导飞行器按照一定轨道运行准确地到达目标:激光~。

【制订】zhìdìng〈动〉创制拟订:~方案|~明年的工作计划。

【制定】zhìdìng〈动〉定出(法律、计划、章程等):~法律|~生产计划。

【制度】zhìdù〈名〉❶要求大家共同遵守的办事规程或行动准则:工作~|财经~。❷在一定历史条件下形成的政治、经济、文化等方面的体系:社会主义~。

【制伏】zhìfú〈动〉用强力压制使驯服:~猛兽。也作"制服"。

【制服】zhìfú ❶同"制伏"。❷〈名〉有规定式样的服装,如军服、警服、校服等。

【制高点】zhìgāodiǎn〈名〉军事上指能够俯视和控制周围地面的高地或建筑物等。

【制衡】zhìhéng〈动〉相互制约,使保持平衡:权力~。

【制黄】zhìhuáng〈动〉制作淫秽书刊、音像制品等:取缔~窝点|~、贩黄分子难逃法网。

【制假】zhìjiǎ〈动〉制造假冒伪劣产品等:整治各种~行为。

【制钱】zhìqián〈名〉明清两代称本朝铸造通行的铜钱。

【制胜】zhìshèng〈动〉取胜;战胜:克敌~|出奇~。

【制售】zhìshòu〈动〉制造并销售:坚决打击~假冒伪劣商品的行为。

【制约】zhìyuē〈动〉一种事物的存在和变化以另一种事物的存在和变化为条件,则前者为后者所制约:互相~。

【制造】zhìzào〈动〉❶用人工等使原材料成为可供使用的物品。❷人为地造成某种局面或气氛等:~矛盾。

【制止】zhìzhǐ〈动〉用强力阻止;强迫使停止:~侵略战争。

【制作】zhìzuò〈动〉制造:~家具。

备用词 炮制 研制 抵制 遏制 管制 节制 克制 控制 牵制 钳制 强制 辖制 限制 挟制 压制 抑制 如法炮制

质(質) zhì ❶〈名〉性质;本质:实~|气~|~变|引起~的变化。❷〈名〉质量:优~|劣~。❸〈名〉物质:杂~|铁~。

❹〈形〉朴素;单纯:~朴。❺〈动〉询问;责问:~问|~疑。❻〈动〉抵押:典~。❼〈名〉抵押品:以此物为~。

【质变】zhìbiàn〈名〉指事物的根本性质的变化,是由一种性质向另一种性质的突变。

【质地】zhìdì〈名〉❶某种材料的结构的性质:~精良。❷指人的品质或资质。

【质对】zhìduì〈动〉对证;质问:当庭~。

【质感】zhìgǎn〈名〉❶人对某种物质的真实的感受:这种面料~不错。❷指艺术品所表现的物体特质的真实感:画面极富~|这幅画用多种绘画手段,表现了不同物体的~。

【质管】zhìguǎn〈名〉质量管理:加大~力度。

【质检】zhìjiǎn〈名〉质量检查:全面进行~|抓好产品的~工作。

【质量】zhìliàng〈名〉❶产品或工作的优劣程度:教学~|保证~。❷物体中所含物质的量,也就是物体惯性的大小。

【质明】zhìmíng〈名〉天刚亮的时候。

【质朴】zhìpǔ〈形〉朴实。

【质铺】zhìpù〈名〉当铺。

【质问】zhìwèn〈动〉根据事实或道理问明是非:当面~。

【质疑】zhìyí〈动〉提出疑问:~问难(提出疑难问题来讨论)。

【质子】zhìzǐ〈名〉构成原子核的基本粒子之一,带正电。各种原子所含的质子数不同。

备用词　本质　品质　气质　实质　素质　体质　物质　性质　资质

炙 zhì ❶〈动〉烤:~肉|烈日~人。❷〈名〉烤熟的肉:脍~人口|残杯冷~。❸〈名〉姓。

【炙热】zhìrè〈形〉像火烤一样的热,形容极热:~的阳光|骄阳似火,大地~|诗中饱含着诗人~的情感。

【炙手可热】zhì shǒu kě rè 手一靠近就感觉到热,比喻气焰很盛,权势很大。

治 zhì ❶〈动〉治理:~国|~家|统~。❷〈形〉安定;太平:~世|天下大~。❸〈名〉旧时称地方政府所在地:县~|府~。❹〈动〉医治:~病|救~。❺〈动〉消灭(害虫):~蝗。❻〈动〉惩办:~罪|处~。❼〈动〉研究:~学。❽〈名〉姓。

【治安】zhì'ān ❶〈动〉维持社会秩序,使安宁。❷〈名〉社会的安宁秩序:维持~。

【治保】zhìbǎo〈动〉治安保卫:~干部|加强~工作。

【治本】zhìběn〈动〉(问题)从根本上加以解决。

【治标】zhìbiāo〈动〉只处理显露在表面上的问题,不从根本上加以解决。

【治病救人】zhì bìng jiù rén 比喻帮助人改正错误,把犯错误的人挽救过来。

【治假】zhìjiǎ〈动〉惩治制售假冒伪劣商品的行为:全力~,净化市场。

【治理】zhìlǐ〈动〉❶统治;管理:~国家。❷处理;整修:~黄河。

【治疗】zhìliáo〈动〉用药物或通过手术等方法消除疾病:~疾病|住院~。

【治乱】zhìluàn〈动〉整治、改变混乱状况:加大~力度|积极~,美化环境。

【治平】zhìpíng〈形〉社会安定:太平。

【治穷】zhìqióng〈动〉治理、改变穷困落后的状况:~脱贫。

【治丧】zhìsāng〈动〉办理丧事。

【治水】zhìshuǐ〈动〉兴修水利,消除水患:~工程|大禹~。

【治丝益棼】zhì sī yì fén 理丝不找出头绪,结果越理越乱。比喻解决问题的方法不对头,反而使问题更加复杂(治:整理。棼:纷乱)。

【治污】zhìwū〈动〉治理水、空气、噪声、土壤等环境污染:~保洁。

【治下】zhìxià〈名〉指所管辖的范围。

【治学】zhìxué〈动〉研究学问:~严谨。

【治罪】zhìzuì〈动〉给犯罪的人以应得的惩罚。

备用词　惩治　处治　防治　救治　医治　诊治　根治　整治　统治　政治　自治　励精图治

栉(櫛) zhì ❶〈名〉梳子、篦子等梳头的用具。❷〈动〉梳(头发):~发。

【栉比】zhìbǐ〈动〉像梳子齿那样密密地排着:鳞次~。

【栉比鳞次】zhì bǐ lín cì 见【鳞次栉比】。

【栉风沐雨】zhì fēng mù yǔ 风梳头,雨洗发,形容奔波劳碌,不避风雨。

峙 zhì〈动〉耸立;屹立:~立|对~。△另见 shì。

庤 zhì〈动〉储备。

陟 zhì〈动〉❶登高:~彼南山。❷进用;擢升:黜(chù)~|~罚臧否(pǐ)。

贽(贄) zhì〈名〉古代初次拜见尊长所送的礼物:~见(拿着礼物求见)|~敬(拜师送的礼物)。

挚(摯) zhì〈形〉诚恳:诚~|深~|~友(亲密的朋友)。

备用词 诚挚 恳挚 深挚 真挚

桎 zhì〈名〉脚镣:~梏。

【桎梏】zhìgù ❶〈名〉脚镣和手铐,比喻束缚人或事物的东西:挣脱旧礼教的~。❷〈动〉束缚;限制:不能再让礼教~我们的思想。

轾(輊) zhì 见〖轩(xuān)轾〗。

致(❼緻) zhì ❶〈动〉给予;向对方表示(礼节、情意等):~函|~词|~敬。❷〈动〉精力集中于某个方面:~力|专心~志。❸〈动〉招致;达到:~病|罗~。❹〈动〉得到;取得:家贫,无从~书以观。❺〈连〉以致:一着不慎,~使全军覆没。❻〈名〉情趣:兴~|景~。❼〈形〉精密;精细:~密|精~。❽〈名〉姓。

【致哀】zhì'āi〈动〉表示哀悼;志哀。

【致残】zhìcán〈动〉导致人肢体、器官等残缺或残废:因工~|因出车祸~。

【致词】zhìcí 同"致辞"。

【致辞】zhìcí〈动〉在举行某种仪式时说勉励、感谢、祝贺、哀悼等的话:由大会主席~。也作"致词"。

【致电】zhìdiàn〈动〉给对方打电报或打电话:~祝贺|~慰问。

【致富】zhìfù〈动〉得到很多财富;达到富裕的生活水平:劳动~。

【致函】zhìhán〈动〉给对方写信:~表示谢意。

【致敬】zhìjìng〈动〉向人敬礼,表示敬意:~信|举手~|向英雄~。

【致力】zhìlì〈动〉把力量集中用在某个方面:~于教育事业。

【致密】zhìmì〈形〉细致精密:结构~|~的思考。

【致命】zhìmìng ❶〈动〉可以使丧失生命:~伤|一枪~。❷〈形〉最要害的:~弱点。

【致使】zhìshǐ ❶〈动〉由于某种原因而使得:由于对方缺乏诚意~和谈失败。❷〈连〉以致。

【致死】zhìsǐ〈动〉导致死亡:中毒~。

【致谢】zhìxiè〈动〉向人表示谢意。

【致意】zhìyì ❶〈动〉向人表示问候之意:招手~。❷向人表达某种意思。

备用词 标致 别致 雅致 韵致 情致 兴致 风致 景致 工致 精致 密致 细致 导致 罗致 引致 诱致 招致 闲情逸致 言行一致

秩 zhì〈名〉❶次序:~序。❷十年:七~寿辰。❸俸禄,也指官吏的品级:厚~|加官进~。❹姓。

【秩序】zhìxù〈名〉有条理、不混乱的状况:有~|~井然。

鸷(鷙) zhì ❶〈名〉鹰、雕一类凶猛的鸟。❷〈形〉凶猛:~鸟。❸〈名〉姓。

掷(擲) zhì ❶〈动〉扔;投:投~|弃~|孤注一~。❷腾跳;纵跃:跳~叫号。

桑 zhì[桑木山]〈名〉地名,在湖南。

畤 zhì〈名〉祭天地和古代帝王的处所。

铚(銍) zhì ❶〈名〉短的镰刀。❷〈动〉(用镰刀)割禾穗。

痔 zhì〈名〉痔疮,因肛门或直肠末端的静脉曲张而形成的突起的小结节,分内痔、外痔和混合痔。症状是发痒,灼热,疼痛,大便表面带血等。通称"痔疮"。

窒 zhì〈动〉阻塞不通:~碍|~息。

【窒息】zhìxī〈动〉❶呼吸困难甚至停止。❷比喻受阻碍而不能充分发挥或发展。

袟 zhì〈动〉缝;补:补~|~缝。

蛭 zhì[水蛭]〈名〉环节动物,身体长形,稍扁,尾端有吸盘,生活在池沼和水田中,有的种类吸食人畜的血液。

智 zhì ❶〈形〉有智慧;聪明:明~。❷〈名〉智慧;见识:才~|~力足~多谋|急中生~。❸〈名〉姓。

【智残】zhìcán〈名〉由于大脑生理缺陷或伤残而导致的智力残缺:先天~|为~儿童献爱心。

【智多星】zhìduōxīng〈名〉《水浒传》中吴用的绰号,借指计谋多的人。

【智慧】zhìhuì〈名〉指辨析、判断和发明创造等方面所具有的能力:~过人。

【智库】zhìkù〈名〉指汇聚高级人才、能为政府机构、企业等提供咨询服务的组织或团体。也说"智囊团"。

【智力】zhìlì〈名〉❶指人认识事物并运用知识、经验解决问题的能力:~超常|~竞赛。❷智谋和力量。

【智力产业】zhìlì chǎnyè 知识产业。

【智龄】zhìlíng〈名〉智力年龄。某一年龄儿童的智龄,根据对一定数量同龄儿童进行测验的平均成绩确定。通常情况下,智龄超过实足年龄越多,智力发展水平越高。

【智谋】zhìmóu〈名〉智慧和计谋。

【智囊】zhìnáng〈名〉比喻计谋多的人,特为别人出谋划策的人:~团。

【智囊团】zhìnángtuán〈名〉智库。

【智能】zhìnéng〈名〉❶思维能力:机器人能够模仿人的~。❷智谋和才能:发挥人的~|~双全|~机器人。

【智能材料】zhìnéng cáiliào 一种由传感器或敏感元件等与传统材料结合而成的新型材料。这种材料可以自我发现故障,自我修复,并根据实际情况做出优化反应,发挥控制功能。

【智能犯罪】zhìnéng fànzuì 利用高科技,采取非暴力手段进行的犯罪活动,如计算机犯罪、信息犯罪、信用卡诈骗犯罪等。

【智能卡】zhìnéngkǎ〈名〉集成电路卡。

【智能武器】zhìnéng wǔqì 具有人工智能的武器,通常由信息采集与处理系统、知识库系统、辅助决策系统和任务执行系统等组成。能够自行完成侦察、搜索、瞄准、攻击目标和收集、整理、分析、综合情报等军事任务。

【智取】zhìqǔ〈动〉用智谋夺取:~生辰纲。

【智商】zhìshāng〈名〉智力商数,个人智力水平的数量化指标。把一个年龄组或团体的平均智商定为100,通过测验和计算得出个人的智商数,分数越高,表明一个人智力水平越高,100 为"中等",80 以下的为"愚笨"。

【智识】zhìshí〈名〉❶分析识别的能力:思虑过则~乱。❷知识。

【智术】zhìshù〈名〉❶智慧和策略:~浅短。❷权术:打小算盘,弄小~。

【智育】zhìyù〈名〉文化科学知识方面的教育。

【智障】zhìzhàng〈名〉由于大脑生理缺陷或伤残而导致的智力障碍:~儿童。

备用词　才智　机智　理智　明智　睿智　神智　急中生智　见仁见智

痣　zhì〈名〉❶皮肤上生的青色、红色或黑褐色的斑痕或小疙瘩。❷姓。

滞(滯)　zhì〈动〉停滞;不流通:~货|~留|阻~。

【滞钝】zhìdùn〈形〉迟钝:才力~。

【滞后】zhìhòu〈动〉(事物)落在形势发展的后面:由于电力发展~,致使电力供应紧张|注意防止消费超前,生产~的现象。

【滞缓】zhìhuǎn❶〈形〉停滞不前,增长缓慢:工作进度~|销售~。❷〈动〉延缓;停滞:~癌细胞的增长|资金不足,~了企业发展。

【滞留】zhìliú〈动〉停留。

【滞纳】zhìnà〈动〉❶超过规定期限缴纳(税款、保险费等):~金。❷利用水库、湖泊、洼地等蓄积容纳(洪水)。

【滞纳金】zhìnàjīn〈名〉因逾期缴纳税款、保险费或水、电、煤气等费用而需额外缴纳的钱。

【滞涩】zhìsè〈形〉❶凝滞:一对~的眼睛。❷不流畅:词句~。

【滞销】zhìxiāo〈动〉货物不易售出;销路不畅:产品~。

【滞压】zhìyā〈动〉滞留积压:~资金|商品大批货物~在港口。

【滞胀】zhìzhàng〈动〉指由于通货膨胀而经济停滞。

【滞止】zhìzhǐ〈动〉停止不动:~不前。

备用词　板滞　沉滞　迟滞　呆滞　凝滞　涩滞　停滞　淤滞

骘(騭)　zhì〈动〉安排;定:评~。

彘　zhì〈名〉猪:~肩(猪腿)。

置(*寘)　zhì〈动〉❶搁;放:安~|搁~|一笑~之。❷设立;布置:装~|设~。❸购置:添~|~备。

【置办】zhìbàn〈动〉采买;购置:~嫁妆。

【置备】zhìbèi〈动〉购置;备办:~家具。

【置辩】zhìbiàn〈动〉申辩;辩论(多用于否定式):不容~|不屑~。

【置换】zhìhuàn〈动〉❶一种单质替代化合物中一种原子或原子团生成另一种单质和另一种化合物,如镁和硫酸铜反应生成铜和硫酸镁。❷替换:通用件可以互相~|以新轮胎~旧轮胎。

【踵喙】zhìhuì〈动〉插嘴(多用于否定式):不容～|无从～。

【置若罔闻】zhì ruò wǎng wén 放在一边不加理睬,好像没有听见一样(罔:无;没有)。

【置身】zhìshēn〈动〉把自己放在;存身(于):～事外(比喻对某事毫不关心)。

【置信】zhìxìn〈动〉相信(用于否定式):难以～。

【置疑】zhìyí〈动〉怀疑(多用于否定式):不容～|无可～。

【置之度外】zhì zhī dù wài 不把某事(多指生死、利害等)放在心上。

备用词　安置　布置　处置　措置　放置　搁置　弃置　设置　闲置　装置　本末倒置　轻重倒置

锧(鑕) zhì〈名〉❶砧板。❷古代腰斩用的铡刀的座:斧～。

雉 zhì ❶〈名〉鸟,外形像鸡,雄的尾巴长,羽毛美丽,可做装饰品。通称"野鸡"。❷〈量〉古代城墙长三丈高一丈为一雉。

【雉堞】zhìdié〈名〉古代在城墙上修筑的矮而短的墙,守城的人可借以掩护自己。

稚(*稺穉) zhì ❶〈名〉幼苗。❷〈形〉幼小:～子|～童|幼～。

【稚嫩】zhìnèn〈形〉❶幼小而娇嫩:～的声音|～的幼苗。❷幼稚;不成熟:文笔难免～些。

【稚气】zhìqì〈名〉孩子气:一脸～。

潪 zhì[潪阳]〈名〉地名,在河南。

疐(*疌) zhì〈动〉❶遇到障碍。❷跌倒;绊倒:跲前～后。❸踩;压着:前虞跋胡,后恐～尾。

踬(躓) zhì〈动〉❶被东西绊倒:颠～。❷比喻事情遇挫折:屡试屡～。

【踬踣】zhìbó〈动〉跌倒,比喻受挫折。

觯(觶) zhì〈名〉古代一种饮酒用的器具。

擿 zhì〈动〉投掷:～玉毁珠,小盗不起。
△另见 tī。

━ zhōng ━

中 zhōng ❶〈名〉跟四周或两端的距离相等;中心:～央|居～。❷〈形〉半:～道而废。❸〈名〉指中国:～医|洋为～用。❹〈名〉范围内;内部:家～|山～|林～。❺〈名〉用在动词后面。a)指过程:工作进行～出现了新问题。b)表示动作的持续状态:计划在拟订～。❻〈动〉适于;合于:～用|～听。❼〈形〉性质、等级在两端之间的:～型|～学。❽〈形〉中等;平常:～人|～家以上。❾〈形〉不偏不倚:～庸|～立|适～。❿方言。〈形〉成;行;好:这个办法～。⓫〈名〉姓。
△另见 zhòng。

【中饱】zhōngbǎo〈动〉经手财物,以不正当手段从中取利:～私囊。

【中表】zhōngbiǎo〈形〉跟祖父、父亲的姐妹的子女的亲戚关系,或跟祖母、母亲的兄弟姐妹的子女的亲戚关系:～姐妹。

【中餐】zhōngcān〈名〉中国式的饭菜(区别于"西餐")。

【中草药】zhōngcǎoyào〈名〉中药。

【中策】zhōngcè〈名〉不及上策而胜过下策的计策或办法。

【中层】zhōngcéng〈名〉中间的一层或几层(多指机构、组织、阶层等):～干部|位置处于～。

【中常】zhōngcháng〈形〉中等;不好不坏:～年景。

【中辍】zhōngchuò〈动〉中途停止进行:～学业。

【中道】zhōngdào〈名〉中途;半路:～而返。

【中端】zhōngduān〈形〉(等级、档次、价位等)

在同类中处于中等的：～产品较为畅销。

【中断】zhōngduàn〈动〉中途停止或断绝：～联系。

【中古】zhōnggǔ〈名〉❶较晚的古代，在我国历史分期上多指魏晋南北朝隋唐这个时期。❷指封建社会时代。

【中观】zhōngguān ❶〈名〉处于宏观和微观之间的领域：文章由微观、～、宏观的角度全面进行了探讨。❷〈形〉中观的：～考虑｜～层面。

【中闺】zhōngguī〈名〉内室。

【中国】zhōngguó〈名〉❶古代指中原地区。❷中华人民共和国的简称。

【中国工农红军】zhōngguó gōngnóng hóngjūn 第二次国内革命战争时期，中国共产党领导的人民军队。1928 年 4 月秋收起义部队——工农革命军，与南昌起义的一部分部队在井冈山会师，改称"中国工农红军第四军"。此后，党领导的各地武装力量，都改称"中国工农红军"。抗日战争时期改称"八路军"和"新四军"。是中国人民解放军的前身。简称"红军"。

【中国画】zhōngguóhuà〈名〉国画。

【中国话】zhōngguóhuà〈名〉中国人的语言，特指汉语。

【中国结】zhōngguójié〈名〉我国民间工艺品，多用红色丝绳按照一定的方法编织而成，象征同心、祥和等。常用作装饰品。

【中国人民解放军】zhōngguó rénmín jiěfàngjūn 中华人民共和国的国家武装力量。1927 年 8 月 1 日开始建军，第二次国内革命战争时期称"中国工农红军"，抗日战争时期称"八路军"和"新四军"，第三次国内革命战争时期改称"中国人民解放军"。

【中国字】zhōngguózì〈名〉中国的文字，特指汉字。

【中和】zhōnghé〈动〉❶酸和碱经过化学反应生成盐和水，如盐酸和氢氧化钠反应生成氯化钠和水，所生成的物质失去酸和碱的性质。❷抗毒素或抗毒血清跟毒素起作用，产生其他物质，使毒素的毒性消失。❸物体的正电量和负电量相等，不显带电现象的状态叫"中和"：正电和负电～。❹使中和，泛指折中性质不同的事物，使各自都保留一部分特性，同时也丧失一部分特性；折中：～不同意见｜将双方的意见～起来。

【中华】zhōnghuá〈名〉❶古代称黄河流域一带为中华，是汉民族最初兴起的地方。❷指中国：振兴～。

【中华民族】zhōnghuá mínzú〈名〉我国各民族的总称。

【中坚】zhōngjiān〈名〉在集体中坚强有力并起主要作用的成分：～力量｜社会～。

【中间】zhōngjiān〈名〉❶里面：我们～他最胖。❷中心：河水越到～越深。❸在事物两端之间或两个事物之间的位置：廊房在北京、天津的～。

【中介】zhōngjiè〈名〉媒介：～人｜～作用｜市场～｜以国内网站为～。

【中涓】zhōngjuān〈名〉秦汉时皇帝亲近的侍从官。后世多用以称宦官。

【中军】zhōngjūn〈名〉❶主帅所在的主力部队。❷古代军队中的一种官职。

【中看】zhōngkàn〈形〉好看；看起来很好：～不中用｜这小姑娘长得～。

【中考】zhōngkǎo〈名〉高中和高中程度专科学校招收新生的考试。

【中立】zhōnglì〈动〉处于对立的双方之间，不倾向于任何一方：～国｜保持～。

【中立国】zhōnglìguó〈名〉❶指在国际战争中奉行中立政策的国家，它对交战国任何一方不采取敌视行为，也不帮助。❷由国际条约保证，永远不跟其他国家作战，也不承担任何可以间接把它拖入战争的国际义务的国家。

【中流】zhōngliú〈名〉水流的中央：到～击水，浪遏飞舟。

【中流砥柱】zhōngliú dǐzhù 比喻能担当重任、起支柱作用的人或集体，就像屹立在黄河激流中的砥柱山（在三门峡）一样。也说"砥柱中流"。

【中落】zhōngluò〈动〉（家境）由兴盛而衰败：家道～。

【中人】zhōngrén〈名〉❶介绍职业、联系买卖等的中间人。❷典卖房地产或借债等请来做见证或保证的人。❸身材、相貌或才能等居于中等的人。

【中山狼】zhōngshānláng〈名〉马中锡《中山狼传》里说，战国时赵简子在中山打猎，一只狼中箭奔逃，向东郭先生求救。东郭先生救了它，而这只狼却要吃东郭先生。后用"中山狼"比喻恩将仇报，忘恩负义的人。

【中世纪】zhōngshìjì〈名〉欧洲历史上指封建社会时代。一般指公元 476 年西罗马帝国灭亡到公元 1640 年英国资产阶级革命这段时期。

【中枢】zhōngshū〈名〉在一事物系统中起总的主导作用的部分:~神经|交通~。

【中水】zhōngshuǐ〈名〉经过处理的生活污水、工业废水、雨水等,水质介于清洁水和污水之间。可以用来灌溉田地、冲洗厕所、回补地下水等。也叫"再生水"。

【中堂】zhōngtáng〈名〉❶正房居中的一间;堂屋。❷悬挂在客厅正中的尺寸较大的字画。❸明清两代内阁大学士的别称。

【中天】zhōngtiān〈名〉天空:明月悬在~。

【中文】zhōngwén〈名〉中国的语言文字,特指汉族的语言文字。

【中文信息处理】zhōngwén xìnxī chǔlǐ 用计算机对汉字的各种信息(如字、词、词组、句、篇章等)进行识别、转换、存储、编辑、检索、分析、理解和生成等处理的技术。

【中心】zhōngxīn〈名〉❶跟四周距离相等的位置:市~。❷在某一方面占重要地位的地方:商业~。❸事物的主要部分:~环节。

【中兴】zhōngxīng〈动〉(国家等)由衰微而复兴。

【中型】zhōngxíng〈形〉形状或规模不大不小的:~汽车|~企业。

【中性】zhōngxìng❶〈名〉化学上指既不呈酸性又不呈碱性的性质。❷〈名〉某些语言里名词(以及代词、形容词等)区别阴性、阳性、中性。参看"性"⑥。❸〈形〉词语意义不含褒贬色彩:~词|~注释。

【中休】zhōngxiū〈动〉在一段工作或一段路程的中间休息。

【中央】zhōngyāng〈名〉❶中心地区:在球场~争发球|湖~有个小岛。❷特指国家政权或政治团体的最高领导机构:党~|团~|~政府。

【中央处理器】zhōngyāng chǔlǐqì 计算机中对数据进行控制、处理和运算的处理器,是计算机的核心设备。由运算器、控制器和处理器总线等组成。

【中央商务区】zhōngyāng shāngwùqū 大城市中地理位置优越,设施齐备,汇集商贸、金融、投资、证券、保险等经济中枢机构,以互联网为纽带,集中进行商务活动的地区。

【中药】zhōngyào〈名〉中医所用的药物,以植物为最多,也包括动物和矿物。

【中叶】zhōngyè〈名〉某一时期的中间阶段:唐代~|18世纪~。

【中医】zhōngyī〈名〉❶中国的传统医学。❷

用中国医学的理论和方法治病的医生。

【中庸】zhōngyōng❶〈名〉儒家的一种主张,待人接物采取不偏不倚,调和折中的态度:~之道。❷〈形〉指德才平常;平庸:~之才。

【中用】zhōngyòng〈形〉顶事;管用:不~。

【中游】zhōngyóu〈名〉❶河流的上游与下游之间的一段:长江~。❷比喻成绩、水平等居于中间的地位:甘居~。

【中原】zhōngyuán〈名〉❶平原;原野。❷指黄河中下游地区,包括河南的大部、山东的西部和河北、山西的南部:逐鹿~。

【中允】zhōngyǔn〈形〉公正;公允:貌似~。

【中止】zhōngzhǐ〈动〉中途停止:~学业。

【中州】zhōngzhōu〈名〉旧时指现在河南省一带,因其位居当时的全国的中心。

【中转】zhōngzhuǎn〈动〉❶交通部门指中途转换交通运输工具:~站|~旅客。❷中间转手:产销直接挂钩,减少~环节。

【中资】zhōngzī〈名〉指中国大陆地区的资金:~企业。

【中子】zhōngzǐ〈名〉构成原子核的基本粒子之一,质量约和质子相等,不带电。

备用词 当中 集中 居中 适中 正中 个中 内中 其中 鱼游釜中

松(*鬆)

zhōng 见[伀(zhēng)松]。
△另见 sōng。

忠

zhōng ❶〈形〉忠诚:~心|~实|~言。❷〈名〉姓。

【忠诚】zhōngchéng❶〈形〉(对国家、组织、人民、事业等)尽心竭力:对祖国无比~。❷〈动〉忠于:~党的教育事业。

【忠告】zhōnggào❶〈动〉诚恳地劝告:一再~。❷〈名〉忠告的话:接受医生的~。

【忠厚】zhōnghòu〈形〉诚实厚道:为人~。

【忠实】zhōngshí〈形〉❶忠诚可靠。❷真实:~的记录。

【忠心耿耿】zhōngxīn gěnggěng 形容非常忠诚。

【忠言逆耳】zhōngyán nì ěr 诚恳劝告的话听起来往往令人不舒服。

【忠义】zhōngyì〈形〉忠贞节义:~之士。

【忠勇】zhōngyǒng〈形〉忠诚而勇敢:~的战士。

【忠于】zhōngyú〈动〉忠诚地对待:~人民。

【忠贞】zhōngzhēn〈形〉忠诚而坚定不移:~不渝。

终（終） zhōng ❶〈名〉最后；末了（跟"始"相对）：~点｜~局｜告~。❷〈动〉指人死：临~｜送~。❸〈副〉终归；到底：~究｜~久。❹〈形〉全；整个：~日｜~生｜~身大事。❺〈名〉姓。

【终不然】zhōngbùrán〈副〉莫非；难道。

【终场】zhōngchǎng〈动〉演出或比赛结束：当~落幕的时候，观众中响起了热烈的掌声｜~前一分钟，主队又攻进一球。

【终点】zhōngdiǎn〈名〉❶一段路程结束的地方：57路车~站。❷特指径赛中终止的地点：向~冲刺｜马拉松赛跑的~设在工人体育场。

【终端】zhōngduān〈名〉❶（狭长东西的）头：绳子的~｜小径的~是一座凉亭。❷"终端设备"的简称。

【终端设备】zhōngduān shèbèi 计算机中通过通信线路或数据传输线路与计算机相连的输入输出设备。通常由显示适配器、监视器和键盘组成。也泛指连接在网络上的、供用户直接使用的设备，如电信网中的电话机、传真机等是电信终端设备。简称"终端"。

【终古】zhōnggǔ〈形〉极久远；永远：~常新。

【终归】zhōngguī〈副〉表示最后必然如此；总归：事实~是事实。

【终极】zhōngjí〈名〉最终；最后。

【终结】zhōngjié〈动〉最后结束：斗争尚未~。

【终竟】zhōngjìng〈副〉终究；毕竟。

【终究】zhōngjiū〈副〉毕竟；终归：别着急，雨~会停的。

【终久】zhōngjiǔ〈副〉终究。

【终了】zhōngliǎo〈动〉结束；完了：学期~。

【终南捷径】zhōngnán jiéjìng《新唐书·卢藏用传》记载，卢藏用举进士，隐居在京城长安附近终南山，借此得到很大名声，终于做了大官。后用"终南捷径"比喻求官最近便的门路，也比喻达到目的的便捷途径。

【终年】zhōngnián ❶〈副〉全年；一年到头：这个山峰~积雪。❷〈名〉指人去世时的年龄。

【终盘】zhōngpán ❶〈动〉证券市场全天的收盘结果：~回落。❷〈名〉围棋等棋类比赛的最后结局：白方~胜4子。

【终穷】zhōngqióng〈动〉终身不得志：吾不能变心以从俗兮，固将愁苦而~。

【终日】zhōngrì〈副〉整天；从早到晚：~笔耕不辍。

【终身】zhōngshēn〈名〉一生；一辈子（多就切身的事而言）：~大事。

【终身教育】zhōngshēn jiàoyù 一个人整个一生接受的教育。包括学龄前教育、学龄期各类学校教育、大学毕业后继续教育以及各种类型的成人教育等。

【终生】zhōngshēng〈名〉一生；终身（多就事业说）：奋斗~｜~劳碌。

【终天之恨】zhōngtiān zhī hèn 指一直到死还感到遗憾或有不称心的事（终天：终身）。

【终于】zhōngyú〈副〉表示经过较长过程最后出现的某种结果：这件事~干完了。

【终止】zhōngzhǐ〈动〉结束；停止：~活动｜裁判~了这场比赛。

备用词　告终　始终　最终　不知所终　有始无终　有始有终　自始至终

柊 zhōng[柊叶]〈名〉多年生草本植物，根状茎块状，叶子长圆形，像芭蕉，花紫色。根和叶可入药，叶片可用来包粽子。

盅 zhōng〈名〉饮酒或喝茶用的没有把儿的杯子：酒~｜茶~儿。

钟（❶-❸鐘❹-❻鍾） zhōng ❶〈名〉响器，中空，金属制成，用槌敲击发声：暮鼓晨~。❷〈名〉计时的器具：~表｜座~。❸〈名〉指钟点、时间：七点~｜几秒~。❹〈量〉古代容量单位，一钟合六斛四斗。❺〈动〉（情感等）集中；专一：~爱｜~情。❻同"盅"。❼〈名〉姓。

【钟爱】zhōng'ài〈动〉特别疼爱：她从小受到祖父的~。

【钟点】zhōngdiǎn〈名〉❶指某一特定的时间：~到了，马上发车。❷指1小时的时间：用了4个~才完成。

【钟点工】zhōngdiǎngōng〈名〉小时工。

【钟鼎文】zhōngdǐngwén 见〖金文〗。

【钟离】zhōnglí〈名〉姓。

【钟灵毓秀】zhōng líng yù xiù 指美好的自然

环境产生优秀的人物(毓:养育)。

【钟情】zhōngqíng〈动〉感情专注(多指爱情)：一见～。

【钟乳石】zhōngrǔshí 见〖石钟乳〗。

衷 zhōng ❶〈名〉内心：～情｜初～｜隐～。❷〈形〉正中不偏。❸〈名〉姓。

【衷肠】zhōngcháng〈名〉内心的话；内心的情感：倾诉～。

【衷情】zhōngqíng〈名〉内心的情感：畅叙～。

【衷曲】zhōngqū〈名〉衷情：一吐～。

【衷心】zhōngxīn〈形〉发自内心的：～感谢｜～爱戴。

备用词　初衷　苦衷　隐衷　由衷

螽 zhōng［螽斯］〈名〉昆虫，身体绿色或褐色，善跳跃，有的种类吃庄稼，是害虫。

━━ zhǒng ━━

肿(腫) zhǒng〈动〉皮肤、黏膜、肌肉等浮胀或突起：腿上～起一个大包。

种(種) zhǒng ❶〈名〉物种的简称：变～｜猫是哺乳动物猫科猫属的一～。❷〈名〉人种：～族｜黄～人。❸〈名〉生物传代繁殖的物质：麦～｜树～｜传～。❹〈名〉指胆量或骨气：有～。❺〈名〉种类：品～｜剧～。❻〈量〉表示种类：两～人｜多～色彩｜各～情况。❼〈名〉姓。

△另见 chóng；zhòng。

【种类】zhǒnglèi〈名〉根据事物本身的性质或特点而分成的门类。

【种种】zhǒngzhǒng〈代〉各种各样：～原因。

【种族】zhǒngzú〈名〉人种。

备用词　人种　黄种　麦种　播种　配种　选种　育种

冢(＊塚) zhǒng〈名〉坟墓：古～｜荒～。

踵 zhǒng ❶〈名〉脚后跟：举～｜旋～。❷〈动〉亲自到：～门道谢。❸〈动〉跟随；追逐：～至(跟在后面来到)｜～其成法。

【踵事增华】zhǒng shì zēng huá 继续前人的事业，并使其更加完善美好。

【踵武】zhǒngwǔ〈动〉跟着别人的脚步走，比喻效法：～前贤。

━━ zhòng ━━

中 zhòng〈动〉❶正对上；恰好合上：～选｜～意｜～猜。❷指科举考试被录取：～举｜

拜会新～的范老爷。❸受到；遭受：～毒｜～风。

△另见 zhōng。

【中风】zhòngfēng ❶〈名〉一种病，多由脑血栓、脑出血等引起。得病后半身不遂或截瘫，严重时会很快死亡。❷〈动〉患中风病。

【中举】zhòngjǔ〈动〉科举时代指考取举人。

【中肯】zhòngkěn〈形〉言论抓住要点，切中要害。也指言辞切要，合情理：～的批评。

【中伤】zhòngshāng〈动〉诬蔑别人使受损害：造谣～。

【中意】zhòngyì〈形〉合乎心意；满意。

仲 zhòng ❶〈形〉地位居中的：～裁。❷〈名〉指一季的第二个月：～夏｜～秋。❸〈名〉在弟兄排行里代表第二：昆～｜伯～叔季。❹〈名〉姓。

【仲裁】zhòngcái〈动〉双方发生争执时，由双方同意的第三者居中对争执事项做出决定：国际～｜海事～。

众(衆) zhòng ❶〈形〉许多(跟"寡"相对)：～多｜～人。❷〈名〉许多人：公～｜听～。❸〈名〉姓。

【众多】zhòngduō〈形〉多；很多：人口～。

【众口难调】zhòng kǒu nán tiáo 吃饭的人多，很难适合每个人的口味。比喻不容易使所有的人都满意。

【众口铄金】zhòng kǒu shuò jīn 众口一词能把金石熔化。原比喻舆论的力量很大，后也形容人多口杂，能混淆是非。

【众口一词】zhòng kǒu yī cí 形容许多人说同样的话。

【众目睽睽】zhòng mù kuíkuí 众人的眼睛都注视着。

【众目昭彰】zhòng mù zhāozhāng 群众的眼睛看得清清楚楚。

【众叛亲离】zhòng pàn qīn lí 众人反对，亲信背离。形容极端孤立。

【众擎易举】zhòng qíng yì jǔ 许多人一齐用力，很容易把东西举起来。比喻大家齐心合力，事情就容易成功。

【众人】zhòngrén〈名〉❶许多人；大家：～拾柴火焰高(比喻人多力量大)。❷指一般人；普通人。

【众生】zhòngshēng〈名〉❶泛指一切有生命的，有时专指人和动物：芸芸～。❷方言。牲畜；畜生。

【众矢之的】zhòng shǐ zhī dì 比喻大家攻击的

目标(的:箭靶的中心)。

【众所周知】zhòng suǒ zhōu zhī 大家全都知道。

【众望】zhòngwàng〈名〉众人的希望:不孚~|有负~|~所归。

【众志成城】zhòng zhì chéng chéng 大家齐心协力,就像坚固的城墙那样不可摧毁。比喻团结一致,就能战胜困难,获得成功。

备用词　大众 公众 民众 群众 稠人广众 大庭广众 寡不敌众 乌合之众 兴师动众

种(種)zhòng〈动〉把种子埋在或把幼苗栽在土里使生长:~植|~田。
△另见 chóng;zhǒng。

【种瓜得瓜,种豆得豆】zhòng guā dé guā,zhòng dòu dé dòu 比喻做了什么样的事,就得到什么样的结果。

【种民】zhòngmín〈名〉佃民,租种土地的农民:疆土之新辟者,移~以居之。

备用词　播种 耕种 栽种

重 zhòng ❶〈名〉重量;分量:举~|净~|超~。❷〈形〉重量大;比重大(跟"轻"相对):~型|~担。❸〈形〉(价钱)高:~价|~金。❹〈形〉程度深:情意~|病情很~。❺〈形〉重要:~大|~点。❻〈动〉重视;敬:珍~。❼〈形〉不轻率:庄~。❽〈名〉姓。
△另见 chóng。

【重兵】zhòngbīng〈名〉力量雄厚的军队:~防守。

【重酬】zhòngchóu ❶〈动〉给予丰厚的报酬:对有突出贡献的人才给予重用。❷〈名〉丰厚的报酬或酬礼:以~聘用拔尖儿人才|报以~|必有~。

【重创】zhòngchuāng〈动〉使受到严重的损伤:~敌军。

【重挫】zhòngcuò〈动〉沉重地挫伤或挫败:~敌军锐气|经济实力遭受~。

【重大】zhòngdà〈形〉大而重要:~案件|~分歧。

【重地】zhòngdì〈名〉重要而需要严密防护的地方:仓库~严禁烟火。

【重点】zhòngdiǎn ❶〈名〉杠杆中承受重量的一点。❷〈名〉同类事物或整体中重要的部分:突出~。❸〈形〉重要的或主要的:~工程。❹〈副〉有重点地:需要~帮助。

【重甸甸】zhòngdiāndiān〈形〉形容沉重。

【重负】zhòngfù〈名〉沉重的负担:如释~。

【重价】zhòngjià〈名〉很高的价钱:~收买|~

征求|不惜~。

【重奖】zhòngjiǎng ❶〈名〉巨额奖金或贵重的奖品:对有突出贡献的科技人员将给予~。❷〈动〉给予重奖:~有突出贡献的科技人员。

【重力】zhònglì〈名〉地心引力。

【重量】zhòngliàng〈名〉由于重力作用,物体具有向下的力,这个力的大小叫作重量。

【重器】zhòngqì〈名〉❶宝器。❷比喻可贵的人才。

【重任】zhòngrèn〈名〉重要的任务;重大的责任:~在身|肩负~。

【重视】zhòngshì〈动〉认真对待;看重:~体育锻炼|领导对他很~。

【重听】zhòngtīng〈形〉听觉迟钝:年纪大了,有点儿~。

【重头】zhòngtóu ❶〈名〉重要的部分:词典是工具书的~。❷〈形〉意义或作用大的;重要的:~文章|~项目。

【重头戏】zhòngtóuxì〈名〉❶指唱功和做功重的戏。❷比喻重要的任务或活动中最重要、最艰巨的环节:营销是企业的~|信息化建设是今年社会发展的~|修这条公路的~是那条隧道。

【重托】zhòngtuō〈名〉重大的托付:不负~|人民的~。

【重武器】zhòngwǔqì〈名〉射程远、威力大,转移时多需车辆装载、牵引的武器。如高射炮、火箭炮等,坦克、装甲车也属于重武器。

【重心】zhòngxīn〈名〉❶物体各部分所受的重力产生合力,这个合力的作用点叫作这个物体的重心。❷事情的中心或主要部分:转移工作~。

【重要】zhòngyào〈形〉具有重大的意义、作用和影响的:~任务|~人物|这个环节很~。

【重镇】zhòngzhèn〈名〉军事上地位重要的城镇。

备用词　笨重 惨重 沉重 繁重 深重 危重 严重 敬重 看重 器重 推重 珍重 注重 尊重 持重 慎重 稳重 郑重 隆重 庄重 德高望重 忍辱负重 如牛负重 无足轻重

━ zhōu ━

舟 zhōu〈名〉❶船:轻~|龙~|一叶扁~|逆水行~。❷姓。

【舟楫】zhōují〈名〉船和桨,借指船只:假~者,非能水也,而绝江河。

【舟子】zhōuzi〈名〉船夫。

州 zhōu〈名〉❶旧时的一种行政区划。现在州还保留在地名里,如杭州、德州。❷指自治州。

诌(謅) zhōu〈动〉随口编造(言辞):信口胡~|~了一首顺口溜。

周(*❶-❼週❽啁) zhōu ❶〈名〉首尾相接的闭合图形;圈子:圆~。❷〈名〉周围:四~。❸〈动〉绕一圈:~而复始。❹〈形〉普遍;全:~游|~身。❺〈形〉完备;周到:~密|计划不~。❻〈名〉星期:~末。❼〈名〉周波,交流电的变化或电磁波的振荡从一点开始完成一个过程再到这一点,叫一个周波。❽〈动〉接济:~济。❾〈名〉朝代,约公元前1046年—公元前256年,姬发所建。❿〈名〉北周,南北朝北朝之一,公元557年—581年,鲜卑人宇文觉所建。⓫〈名〉后周,五代之一,公元951年—960年,郭威所建。⓬〈名〉姓。

【周边】zhōubiān〈名〉周围:~国家。

【周到】zhōudào〈形〉各方面都照顾到;不疏忽:照顾~|考虑~。

【周而复始】zhōu ér fù shǐ 绕一圈又重新开始,指一次又一次地循环。

【周济】zhōujì〈动〉对生活穷困的人给予物质上的帮助:~穷人。

【周密】zhōumì〈形〉周到而细密:~的准备。

【周期】zhōuqī〈名〉❶在事物运动、变化过程中,某些特征多次重复出现,其接续两次出现所经过的时间叫"周期"。❷物体作往复运动或物理量作周而复始的变化时,重复一次所经历的时间。❸元素周期表中元素的一种分类。具有相同电子层数的一系列元素按原子序数递增顺序排列的一个横行为一个周期。

【周全】zhōuquán ❶〈形〉周到;全面:考虑得~。❷〈动〉成全;帮助:~别人。❸〈形〉整齐:衣帽~。

【周身】zhōushēn〈名〉全身;浑身:~疼痛。

【周围】zhōuwéi〈名〉环绕着中心的部分:足球场~是跑道|征求~同志的意见。

【周详】zhōuxiáng〈形〉周到而详细:考虑~。

【周星】zhōuxīng〈名〉❶指岁星。岁星十二年在天空循环一周,因此把十二年叫"周星"。❷指一年:辛苦遭逢起一经,干戈寥落四~。

【周恤】zhōuxù〈动〉对人表示同情并给予物质上的帮助。

【周旋】zhōuxuán〈动〉❶回旋;盘旋。❷应酬;打交道:客人多,一个人~不过来。❸跟敌人较量,相机进退,以战胜敌人。

【周游】zhōuyóu〈动〉到各处游历;全都走到:~世界|孔子~列国。

【周匝】zhōuzā〈动〉环绕一周。

【周遭】zhōuzāo〈名〉四周;周围。

【周章】zhōuzhāng ❶〈形〉仓皇惊恐:狼狈~|~失措。❷〈名〉周折;苦心:煞费~。❸〈动〉周游浏览:龙驾兮帝服,聊遨游兮~。

【周折】zhōuzhé〈名〉指事情进行不顺利,反复曲折:颇费~|几经~。

【周正】zhōuzhèng〈形〉端正:模样~。

【周转】zhōuzhuǎn〈动〉❶企业的资金从投入生产到销售产品而收回货币,再投入生产,这个过程一次又一次地重复进行,叫做周转。❷指个人或团体的经济开支调度或物品轮流使用:~不开。❸指事情周而复始地进行:减少刊物~的时间。

洲 zhōu〈名〉❶一块大陆和附近岛屿的总称。地球上有亚洲、欧洲、非洲、北美洲、南美洲、大洋洲、南极洲七大洲。❷河流中由沙石、泥土淤积而成的陆地:沙~。❸姓。

辀(輈) zhōu〈名〉车辕。

啁 zhōu[啁啾(jiū)]〈拟〉形容鸟叫的声音。△另见zhāo。

鹋(鶵) zhōu 见[鹘(gǔ)鹋]。

粥 zhōu〈名〉用粮食煮成的半流质食物:稀~|米~|腊八~。△另见yù。

【粥少僧多】zhōu shǎo sēng duō 比喻东西少而人多,不够分配。也说"僧多粥少"。

鳌 zhōu[鳌厔(zhì)]〈名〉地名,在陕西。今作"周至"。

一 zhóu 一

妯 zhóu[妯娌]〈名〉哥哥的妻子和弟弟的妻子的合称。

轴(軸) zhóu ❶〈名〉圆柱形的零件,轮子或其他转动的机件绕着它转动或随着它转动:车~|~承。❷〈名〉把平面或立体分成对称部分的直线:中~线。❸〈名〉圆柱形的用来往上绕东西的器物:画~。❹〈量〉用于缠在轴上的线以及装裱好的带轴的字画:一~丝线|一~水墨丹青。△另见zhòu。

【轴承】zhóuchéng〈名〉支承轴的机件。

【轴心】zhóuxīn〈名〉❶轮轴。❷比喻事物的中心或关键部分。

= zhǒu =

肘 zhǒu〈名〉上臂和前臂相接处向外面突起的部分:~腋(yè)|捉襟见~。

【肘腋】zhǒuyè〈名〉胳膊肘和胳肢窝,比喻距离很近的地方:变生~(事变就发生在身边)|~之患。

【肘子】zhǒuzi〈名〉❶作为食物的猪腿的最上部。❷肘:胳膊~。

帚(*箒) zhǒu〈名〉笤帚;扫帚。

= zhòu =

纣(紂) zhòu〈名〉❶后鞧(qiū),套车时拴在驾辕牲口屁股周围的皮带、帆布带等。❷商(殷)朝末代君主,相传是个暴君。

咒(*呪) zhòu❶〈名〉宗教或巫术中念着用来除灾或降灾的语句:~语|符~。❷〈动〉说希望人不顺利的话:~骂|诅(zǔ)~。

【咒骂】zhòumà〈动〉用恶毒的话骂。

宙 zhòu〈名〉❶指古往今来的时间:宇~。❷姓。

绉(縐) zhòu〈名〉绉纱,一种织出皱纹的丝织品:湖~|双~。

轴(軸) zhòu[轴子]〈名〉戏曲一次演出的节目中排在最末的一出戏:大~(最末一出戏)|压~(倒数第二出戏)。△另见 zhóu。

胄 zhòu〈名〉❶古代称帝王或贵族的子孙:贵~。❷古代打仗时戴的保护头部的帽子:甲~。

昼(晝) zhòu〈名〉从天亮到天黑的一段时间;白天(跟"夜"相对):白~|~夜。

酎 zhòu〈名〉重(chóng)酿的醇酒。

皱(皺) zhòu❶〈名〉皱纹;起~。❷〈动〉起皱纹:~眉头。

【皱纹】zhòuwén〈名〉物体表面因收缩或揉弄而形成的一凸一凹的条纹。

繇 zhòu〈名〉古代占卜的文辞。△另见 yáo;yóu。

骤(驟) zhòu❶〈动〉(马)快跑;驰~。❷〈形〉急速:急~|暴风~雨。❸〈副〉突然;忽然:~然|狂风~起。

【骤急】zhòují〈形〉急速而猛烈:~的火力。

【骤然】zhòurán〈副〉突然;忽然:天~阴下来。

籀 zhòu❶〈动〉读书;讽诵:~读|讽~。❷〈名〉指籀文。

【籀文】zhòuwén〈名〉古代的一种字体,即"大篆"。

= zhū =

朱(❷硃) zhū❶〈形〉朱红,较鲜艳的红色:~笔|~唇。❷〈名〉朱砂,矿物,红色或棕红色,无毒,含汞。中医入药,也可做颜料。❸〈名〉姓。

【朱门】zhūmén〈名〉红漆大门,旧时指豪富人家:~酒肉臭,路有冻死骨。

邾 zhū〈名〉❶周朝国名,后改称"邹"。❷姓。

侏 zhū[侏儒]〈名〉身材异常矮小的人。

诛(誅) zhū〈动〉❶杀(罪人):伏~|~戮。❷惩罚;讨伐:将军身被坚执锐,伐无道,~暴秦。❸谴责;声讨:口诛笔伐。

【诛戮】zhūlù〈动〉杀害;杀戮。

【诛求】zhūqiú〈动〉强行征求;勒索:~无厌。

【诛心之论】zhū xīn zhī lùn 揭穿动机的批评。

茱 zhū[茱萸(yú)]〈名〉乔木,有山茱萸、吴茱萸、食茱萸等,果实均可入药。古代风俗农历九月九日重阳节,佩茱萸囊以去邪。

洙 zhū〈名〉洙水,水名,在山东。

珠 zhū〈名〉❶珍珠:~宝|夜明~。❷小的球形的东西:露~|钢~|汗~|~子。❸姓。

【珠宝】zhūbǎo〈名〉珍珠宝石一类的饰物。

【珠光宝气】zhū guāng bǎo qì 形容衣着、饰物等富贵华丽。

【珠玑】zhūjī〈名〉❶珍珠。❷比喻优美的诗文或词句:字字~。

【珠联璧合】zhū lián bì hé《汉书·律历志上》:"日月如合璧,五星如联珠。"日月像美玉合在一块儿,五星(指水、金、火、木、土五个行星)像珍珠串在一起。后用"珠联璧合"比喻美好的人或事物聚在一起。

【珠算】zhūsuàn〈名〉用算盘计算的方法。

【珠圆玉润】zhū yuán yù rùn 像珠子那样圆,像玉石那样滑润。形容歌声婉转优美或文字流畅明快。

备用词　买椟还珠　有眼无珠　鱼目混珠　掌上明珠

株 zhū❶〈名〉露在地面上的树木的根和茎:守~待兔。❷〈名〉植株:~距|幼~。❸〈量〉棵:一~树。

【株干】zhūgàn〈名〉树木的主干。

【株连】zhūlián〈动〉一人有罪使其他人受到牵连;连累:~九族。

【株守】zhūshǒu〈动〉死守住不放,不离开:~斗室。参看〖守株待兔〗。

【株治】zhūzhì〈动〉因牵连而被治罪。

诸(諸) zhū❶〈代〉各;众;所有:~位|~侯。❷"之于"或"之乎"的合音:有~?(等于"之乎")|诉~武力(等于"之于")。❸〈名〉姓。

【诸多】zhūduō〈形〉许多;好些个(用于抽象事物):~不便。

【诸父】zhūfù〈名〉伯父、叔父的统称。

【诸葛】zhūgě〈名〉姓。

【诸侯】zhūhóu〈名〉我国商、周和汉初,由帝王分封并受帝王统辖的列国国君。

【诸如此类】zhū rú cǐ lèi 与此相类似的种种事物。

【诸位】zhūwèi〈代〉敬辞,总称所指的若干人;各位:~先生|请~发表高见。

【诸子百家】zhūzǐbǎijiā 春秋战国时期各种学派的总称。

铢(銖) zhū〈量〉古代重量单位,六铢为一锱(zī),二十四铢为一两:锱~。

【铢积寸累】zhū jī cùn lěi 一点一滴地积累起来。也说"积铢累寸"。

【铢两悉称】zhū liǎng xī chèn 形容两方面轻重相当或优劣相等。

猪(＊豬) zhū〈名〉哺乳动物,鼻子和嘴都长,耳朵大。肉供食用,皮可制革,鬃可制刷子等。

【猪猡】zhūluó 方言。〈名〉猪。也用作骂人的话。

蛛 zhū〈名〉蜘蛛的省称:~网|~丝马迹(比喻隐约的迹象或线索)。

橥(櫫) zhū〈名〉乔木,叶长椭圆形,花黄绿色。木材坚硬,可制器具。

潴(＊瀦) zhū❶〈动〉(水)积聚:~留。❷〈名〉水积聚的地方。

橥(＊櫫) zhū〈名〉拴牲口的小木桩。

— zhú —

术 zhū❶[苍术]〈名〉草本植物,根状茎褐色,中医入药。❷[白术]〈名〉草本植物,根状茎黄白色,中医入药。
△另见 shù。

竹 zhú〈名〉❶常绿植物,茎中空,有节,种类很多,可供建筑或制器具用。❷指竹简:~帛。❸指管乐器:丝~。❹姓。

【竹帛】zhúbó〈名〉竹简和绢,古时用来写字,因此也借指典籍:功垂~。

【竹布】zhúbù〈名〉一种布纹致密的棉布,一般是淡蓝色的,也有白色的,多用来做夏季服装。

【竹简】zhújiǎn〈名〉古时用来写字的竹片。

【竹枝词】zhúzhīcí〈名〉古代富有民歌色彩的诗,形式是七言绝句,语言通俗,音调轻快。

竺 zhú〈名〉姓。

逐 zhú〈动〉❶追赶;追随:追~|驰~。❷驱逐:斥~|放~。❸追求;争夺:追名~利。❹按着次序:~一|~年增长。

【逐步】zhúbù〈副〉一步一步地:~提高。

【逐渐】zhújiàn〈副〉渐渐:病容~消失|身体~好起来。

【逐鹿】zhúlù〈动〉《史记·淮阴侯列传》:"秦失其鹿,天下共逐之。"比喻争夺天下:群雄~。

Z

【逐一】zhúyī〈副〉一个一个地：～讲解。

备用词　角逐　驱逐　追逐

烛（燭） zhú ❶〈名〉蜡烛：火～｜香～｜～影。❷〈动〉照亮；照见：～照｜火光～天。❸〈量〉俗称电灯泡的功率：瓦：60～（瓦）灯泡。

【烛照】zhúzhào〈动〉照亮。

舳 zhú［舳舻(lú)］〈名〉指首尾衔接的船只（舳：船尾；舻：船头）：～千里。

瘃 zhú〈名〉冻疮。

蠋 zhú〈名〉蝴蝶、蛾等的幼虫。

躅 zhú 见［踯躅］。

━ zhǔ ━

主 zhǔ ❶〈名〉接待别人的人（跟"客"、"宾"相对）：宾～｜东道～。❷〈名〉权力或财物的所有者：车～｜业～。❸〈名〉旧社会占有奴隶或雇用仆役的人（跟"奴"、"仆"相对）：～仆｜奴隶～。❹〈名〉君主：今世之～法先王之法也。❺〈名〉当事人：失～｜事～。❻〈名〉基督教徒对上帝、伊斯兰教徒对真主的称呼。❼〈形〉最重要的；最基本的：～要｜～体。❽〈动〉负主要责任；主持：～办｜～编。❾〈动〉主宰：怅寥廓，问苍茫大地，谁～沉浮？❿〈动〉主张：～战｜～和。⓫〈动〉预示（吉凶祸福、自然变化等）：早霞～雨，晚霞～晴。⓬〈名〉主见：六神无～。⓭〈形〉从自身出发的：～观｜～动。⓮〈名〉姓。

【主板】zhǔbǎn〈名〉"主机板"的简称。

【主办】zhǔbàn〈动〉主持办理；主持举办：～单位｜世界杯足球赛｜展览会由我们单位～。

【主笔】zhǔbǐ〈名〉旧时指报刊编辑部中负责撰写评论的人，也指编辑部的负责人。

【主簿】zhǔbù〈名〉古代官名，掌管文书之类事务。

【主持】zhǔchí〈动〉❶负责掌握或处理：～会议｜～工作。❷主张；维护：～正义｜～公道。

【主创】zhǔchuàng ❶〈动〉在文学、艺术作品的创作过程中担负主要工作：该剧～人员赴京进行艺术交流。❷〈名〉在文学、艺术作品的创作中担负主要工作的人：影片制作方跟～签订合同。❸〈动〉主持创作：那部电视剧由这家电视台～制作。

【主打】zhǔdǎ ❶〈动〉重点抢占；重点打造：我

公司～农村市场。❷〈形〉（文艺作品、商品等）在吸引受众、顾客，打开市场上起主要作用的：～歌｜～节目｜短篇小说是这个刊物的～栏目｜本商场以时装为～商品。

【主导】zhǔdǎo ❶〈形〉居主要地位并引导事物向某方面发展的：～思想｜～作用。❷〈名〉起主导作用的事物。

【主动】zhǔdòng〈形〉❶指不待外力的推动而行动（跟"被动"相对）：～性｜～进攻。❷能够造成有利局面，使事情按照自己的意图进行（跟"被动"相对）：～权｜～地位。

【主父】zhǔfù〈名〉姓。

【主妇】zhǔfù〈名〉一家的女主人。

【主顾】zhǔgù〈名〉顾客。

【主观】zhǔguān〈形〉❶属于自我意识方面的（跟"客观"相对）：～愿望。❷不依据实际情况而单凭自己的愿望、偏见的（跟"客观"相对）：看问题～片面。

【主机】zhǔjī〈名〉❶成套动力设备中起主要作用的机器，如轮船上的动力系统的发动机、汽轮发电机组中的汽轮发电机。❷计算机的核心部分，主要包括运算器、控制器和存储器等。❸指网络中为其他计算机提供信息的计算机，通常指服务器。

【主机板】zhǔjībǎn〈名〉计算机中主要的印刷线路板，板上有插槽，安装一些重要元件，如中央处理器、内存等，还有扩充插槽。简称"主板"。

【主见】zhǔjiàn〈名〉确定的意见和看法：遇事有～。

【主教】zhǔjiào〈名〉天主教、东正教的高级神职人员，通常是一个地区教会的首领。

【主角】zhǔjué〈名〉❶戏剧、电影中的主要角色或主要演员。❷比喻主要人物。

【主力】zhǔlì〈名〉主要力量：～部队｜～军｜～队员｜充实～。

【主力军】zhǔlìjūn〈名〉❶担负作战主力的部队。❷比喻起主要作用的力量。

【主流】zhǔliú〈名〉❶同一水系内全部支流所流注的河流。❷比喻事物发展的主要方面。

【主谋】zhǔmóu ❶〈动〉共同做坏事时做主要的谋划者。❷〈名〉主要的谋划者。

【主拍】zhǔpāi ❶〈动〉主持拍卖：操槌～｜请拍卖师～。❷〈名〉主持拍卖的人：～一锤定音｜请专业人士担任～。❸〈动〉主持拍摄：这部影片由名导演～｜由他～这部电视连续剧。

【主权】zhǔquán〈名〉一个国家在其领域内

拥有的独立自主地处理对内对外事务的最高权力。❷指自主权。

【主人】zhǔrén〈名〉❶接待客人的人(跟"客人"相对)。❷聘用家庭教师、账房或雇用仆人等的人。❸财物或权力的所有人。

【主人翁】zhǔrénwēng〈名〉❶当家做主的人。❷指文学作品中的中心人物。也叫"主人公"。

【主上】zhǔshàng〈名〉封建时代臣下对国君或帝王的称呼:汉室倾颓,奸臣窃命,~蒙尘。

【主题】zhǔtí〈名〉文学、艺术作品中所表现的中心思想,是作品思想内容的核心。

【主体】zhǔtǐ〈名〉事物的主要部分:~工程。

【主席】zhǔxí〈名〉❶主持会议的人:大会~。❷某些国家、国家机关、党派或团体某一级组织的最高领导职位名称。

【主心骨】zhǔxīngǔ〈名〉❶比喻可以依靠的人或事物。❷主见;主意:有~。

【主旋律】zhǔxuánlǜ〈名〉❶指多声部演唱或演奏的音乐中,一个声部所唱或所奏的主要曲调,其他声部只起润色、丰富、烘托、补充的作用。❷比喻主要精神或基本观点:改革是这个报告的~|这部小说弘扬了时代的~。

【主演】zhǔyǎn❶〈动〉扮演戏剧或电影中的主角:他一生~过几十部电影。❷〈名〉指担任主演工作的人:她是这部电影的~。

【主要】zhǔyào〈形〉有关事物中最重要的;起决定作用的:~内容|~人物。

【主页】zhǔyè〈名〉在互联网上进行信息查询的网站的起始信息页。

【主义】zhǔyì〈名〉❶对客观世界、社会生活以及学术问题等所持的系统的理论和主张:马克思~。❷思想作风:主观~|自由~。❸一定的社会制度或政治经济体系:资本~|社会~。

【主意】zhǔyi〈名〉❶主见:意见纷纭,他也没了~。❷关于处理或解决问题的意见;办法:出~,想办法。

【主因】zhǔyīn〈名〉主要的原因:干旱是今年水稻减产的~|骄傲自满是他学习成绩下滑的~。

【主语】zhǔyǔ〈名〉谓语的陈述对象,指明谓语说的是什么人或者是什么事物的句子成分,如在"他喝水"里,"他"是主语。

【主宰】zhǔzǎi❶〈动〉支配;统治;掌握:~万物。❷〈名〉处于支配、统治地位的人或事物:思想是行动的~。

【主张】zhǔzhāng❶〈动〉对于如何做持有某种见解。❷〈名〉对于如何做所持的见解。❸〈动〉主持(多见于早期白话);又得林冲~陪话,救了他免送官司。❹〈动〉做主:无人为我~。

【主旨】zhǔzhǐ〈名〉主要的意义、用意或目的。

【主子】zhǔzi〈名〉旧时奴仆称主人,现多比喻操纵、主使的人。

备用词 不由自主 反客为主 六神无主 先入为主 喧宾夺主

拄 zhǔ〈动〉用棍杖等抵住地面支持身体:~拐棍儿。

渚 zhǔ〈名〉水中间的小块陆地:江~|沙~。

煮(*煑) zhǔ ❶〈动〉把食物或其他东西放在有水的锅里烧:~饭|~饺子。❷〈名〉姓。

【煮豆燃萁】zhǔ dòu rán qí《世说新语·文学》记载,魏文帝曹丕限他弟弟曹植在走完七步之前做成一首诗,否则就要杀死他。曹植立刻就做了一首诗:"煮豆持作羹,漉豉以为汁。萁在釜下燃,豆在釜中泣。本自同根生,相煎何太急。"比喻兄弟之间自相残害。

【煮鹤焚琴】zhǔ hè fén qín 拿琴当柴烧,把鹤煮了吃。比喻煞风景的事。也说"焚琴煮鹤"。

属(屬) zhǔ〈动〉❶连接;连续:连~|络绎相~。❷撰著;写作:~文|屈平~草稿未定。❸(意念)集中一点:~意|~望。❹古通"嘱"。
△另见 shǔ。

【属望】zhǔwàng〈动〉期望;期待。也作"瞩望"。

【属文】zhǔwén〈动〉写文章:少聪颖,善~。

【属意】zhǔyì〈动〉意向专注于(某人)。

【属引】zhǔyǐn〈动〉连续不断:高猿长啸,～凄异,空谷传响,哀转久绝。

褚 zhǔ ❶〈名〉丝绵。❷〈动〉在衣服里铺丝绵。❸〈名〉口袋。
△另见 chǔ。

嘱(囑) zhǔ〈动〉告诫;托付:叮～|遗～|～告。

【嘱咐】zhǔfù〈动〉告诉对方记住应该怎样,不应该怎样:妈妈～他好好学习。

【嘱托】zhǔtuō〈动〉托人办事;托付:临终～。

麈 zhǔ〈名〉古书上指鹿一类的动物,尾巴可做拂尘:～尾(拂尘)。

瞩(矚) zhǔ〈动〉注视:～目|～望|高瞻远～。

【瞩目】zhǔmù〈动〉注目:举世～。

【瞩望】zhǔwàng〈动〉❶注视:举目～。❷同"属(zhǔ)望"。

=== zhù ===

伫(*竚佇) zhù〈动〉长时间地站着:～立|～候。

【伫候】zhùhòu〈动〉站着等候,泛指等候:～佳音。

【伫立】zhùlì〈动〉长时间地站着:～在寒风中。

苎(苧) zhù[苎麻]〈名〉草本植物,茎直立,花单性,雌雄同株。茎皮纤维是纺织工业的重要原料。

助 zhù〈动〉帮助;协助:互～|扶～|～理|～人为乐。

【助残】zhùcán〈动〉帮助残疾人:～帮困|开展大规模～活动。

【助词】zhùcí〈名〉附着在词、词组或句子上表示某种附加意义的词,包括结构助词(如"的"、"地"、"得"、"所")、时态助词(如"了"、"着"、"过")和语气助词(如"呢"、"吗"、"吧"、"啊")。

【助读】zhùdú〈动〉帮助阅读;帮助学习:开展导读,～活动|开展经典著作的～辅导活动。

【助教】zhùjiào〈名〉高等学校中职别最低的教师。

【助桀为虐】zhù jié wéi nüè 见〖助纣为虐〗。

【助老】zhùlǎo〈动〉帮助、照顾老人:社区内～爱幼,蔚为风气。

【助理】zhùlǐ ❶〈形〉协助主要负责人办事的(多用于职位名称):～人员|～编辑|～研究员。❷〈名〉指协助主要负责人办事的人:部长～|厂长～。

【助力】zhùlì ❶〈动〉提供帮助;出力:为环保部门～|他对促进双方的协作～不少。❷〈名〉帮助的力量:利用风的～|别人的鼓励是一种～,别人的批评也是一种～。

【助力车】zhùlìchē〈名〉装有小型发动机的自行车,因可以借助机械动力替脚蹬骑行,故名。

【助威】zhùwēi〈动〉帮助增加声势:呐喊～。

【助兴】zhùxìng〈动〉帮助增加兴致:即席赋诗,为聚会～。

【助学金】zhùxuéjīn〈名〉(政府、社会团体等)发给学生的困难补助金:领了一笔～。

【助养】zhùyǎng〈动〉协助抚养或赡养:～残疾弃儿|特困老人。

【助长】zhùzhǎng〈动〉帮助增长(多指坏的方面):～骄傲情绪。

【助阵】zhùzhèn〈动〉助战,泛指到现场声援鼓励:一批球迷从家乡赶来为客队～。

【助纣为虐】zhù zhòu wéi nüè 比喻帮助坏人做坏事。也说"助桀为虐"。

备用词 帮助 补助 扶助 辅助 互助 借助 救助 匡助 求助 协助 援助 赞助 支助 资助 内助 爱莫能助 守望相助

住 zhù ❶〈动〉居住:～宿|～户|暂～。❷〈动〉停住;歇下:～手|雨～风停。❸〈动〉做动词的补语。a)表示牢固或稳当:拿～。b)表示停顿或静止:愣～了。c)表示力量够得上:胜任;顶得～。❹〈名〉姓。

【住持】zhùchí〈名〉主持一个佛寺的和尚或主持一个道观的道士。

【住宿】zhùsù〈动〉在外过夜或居住。

【住所】zhùsuǒ〈名〉居住的处所(多指住家的)。

【住宅】zhùzhái〈名〉住房:～区。

【住址】zhùzhǐ〈名〉居住的地址:家庭～。

纻(紵) zhù〈名〉指用苎麻纤维织的布:～衣。

杼 zhù〈名〉❶筘。❷古代指梭。

贮(貯) zhù〈动〉储存;积存:积～|～藏。

【贮备】zhùbèi〈动〉储备。

【贮藏】zhùcáng〈动〉储藏:～粮食。

【贮存】zhùcún〈动〉储存。

【贮积】zhùjī〈动〉贮存;积累。

【贮蓄】zhùxù〈动〉储存;储蓄。

注(＊**❹**-**❻**註) zhù **❶**〈动〉灌入：～入｜倾～。**❷**〈动〉(精神、力量)集中：～意｜～目｜关～。**❸**〈名〉赌注：下～。**❹**〈动〉用文字来解释字句：～释｜～解｜诠～。**❺**〈名〉解释字句的文字：附～。**❻**〈动〉记载；登记：～册。**❼**〈量〉用于款项或交易：一～买卖｜一～钱。

【注册】zhùcè〈动〉向有关机关、团体或学校登记备案：～商标｜新生报到～。

【注定】zhùdìng〈动〉(某种客观规律或所谓命运)预先决定：阴谋～要失败｜命中～。

【注脚】zhùjiǎo〈名〉注解②。

【注解】zhùjiě **❶**〈动〉用文字来解释字句：～古书。**❷**〈名〉解释字句的文字：下～。

【注目】zhùmù〈动〉把视线集中在一点上：引人～。

【注视】zhùshì〈动〉注意地看。

【注释】zhùshì **❶**〈动〉注解①。**❷**〈名〉注解②。

【注疏】zhùshū〈名〉注解和解释注解的文字；注和疏的合称：《十三经～》。

【注销】zhùxiāo〈动〉取消登记过的事项：～户口。

【注意】zhùyì〈动〉把意志视线集中到某一方面或某一点上：～卫生｜～来往车辆。

【注音】zhùyīn〈动〉用符号表明文字的读音。

【注音符号】zhùyīn fúhào 注音字母。

【注音字母】zhùyīn zìmǔ 在《汉语拼音方案》公布以前用来标注汉字字音的音标符号，采用笔画简单的汉字，有的加以修改。有 24 个声母，即ㄅㄆㄇㄈㄉㄊㄋㄌㄍㄎㄏㄐㄑㄒㄓㄔㄕㄖㄗㄘㄙ(其中ㄪㄫㄬ是拼写方言用的)，16 个韵母，ㄚㄛㄜㄝㄞㄟㄠㄡㄢㄣㄤㄥㄦㄧㄨㄩ。也叫"注音符号"。

【注重】zhùzhòng〈动〉重视：～理论研究，也～实践经验。

【注资】zhùzī〈动〉**❶**有限责任公司经股东同意增加其注册资本。**❷**(为某个项目或某项事业)投入数量较大的资金：公司～上千万元筹建污水处理厂。

<u>备用词</u>　集注　笺注　批注　评注　诠注　关注　贯注　眷注　倾注　专注　全神贯注　血流如注

驻(駐) zhù〈动〉**❶**停留：～留｜～足。**❷**(部队或工作人员)住在执行职务的地方；(机关)设在某地：～地｜～军｜～外使馆。

【驻跸】zhùbì〈动〉帝王出行在沿途停留或暂住。

【驻防】zhùfáng〈动〉(军队)在重要地方驻扎防守。

【驻守】zhùshǒu〈动〉驻扎防守：～边疆。

【驻扎】zhùzhā〈动〉(军队)在某地住下。

【驻足】zhùzú〈动〉停步：～倾听｜～不前。

<u>备用词</u>　进驻　留驻　占驻

柱 zhù〈名〉**❶**建筑物中直立的起支撑作用的构件：梁～｜～石。**❷**形状像柱子的东西：水～｜烟～。**❸**姓。

【柱石】zhùshí〈名〉柱子和柱子下面的基石，比喻起支撑作用的力量或担负重任的人。

炷 zhù **❶**〈名〉灯芯：灯～。**❷**〈动〉烧(香)。**❸**〈量〉用于点着的香：一～香。

祝 zhù **❶**〈动〉表示良好愿望：～愿｜庆～。**❷**〈名〉祠庙中主持祭礼的人：庙～。**❸**〈动〉断绝；削去：～发为僧。**❹**〈名〉姓。

【祝词】zhùcí 也作"祝辞"。〈名〉**❶**古代祭祀时祷告的话。**❷**举行典礼或会议时表示良好愿望或庆贺的话：新年～。

【祝辞】zhùcí 同"祝词"。

【祝祷】zhùdǎo〈动〉祝愿祷告；祷祝。

【祝福】zhùfú〈动〉**❶**原指祈求上帝赐福，后泛指祝人平安幸福。**❷**我国某些地区的旧俗，除夕祭祀天地，祈求赐福。

【祝贺】zhùhè〈动〉庆贺：～体育健儿取得优异成绩。

【祝捷】zhùjié〈动〉庆祝或祝贺胜利：～大会。

【祝寿】zhùshòu〈动〉举行一定的仪式向老年人祝贺生日。

【祝愿】zhùyuàn〈动〉表示良好的愿望：～你们幸福。

硅 zhù [石硅]〈名〉地名，在重庆。今作"石柱"。

疰 zhù [疰夏]**❶**〈名〉中医指夏季长期发烧的病，患者多为小儿。**❷**方言。〈动〉苦

Z

夏;夏天食量减少,身体消瘦。

著 zhù ❶〈形〉显著:~名|昭~|卓~。❷〈动〉显出:颇~成效。❸〈动〉写作:撰~|~录。❹〈名〉著作:名~|译~|新~。
△另见 zhe;zhuó。

【著称】zhùchēng〈动〉著名而被称道:中华民族以刻苦耐劳~于世。

【著录】zhùlù〈动〉记载;记录。

【著名】zhùmíng〈形〉有名:孔子是我国古代~的思想家和教育家。

【著述】zhùshù ❶〈动〉著作;编纂。❷〈名〉著作和编纂的成品:~甚丰。

【著作】zhùzuò ❶〈动〉用文字系统地表达意见、知识、思想、感情等。❷〈名〉著作的成品:~等身(形容著作极多)。

【著作权】zhùzuòquán〈名〉著作者按照法律规定对自己的著作所享有的专有权利。包括发表权、署名权、修改权、保护作品完整权、许可使用权和获得报酬权等。也叫"版权"。

备用词 显著 昭著 卓著 臭名昭著 见微知著 彰明较著

蛀 zhù ❶〈名〉蛀虫,咬衣服、书籍、谷粒、树木等的小虫。❷〈动〉(蛀虫)咬坏:~蚀|虫~|鼠咬。

铸(鑄) zhù〈动〉铸造,把金属熔化后倒入砂型或模子里,使冷却凝固成为器物。

【铸错】zhùcuò〈动〉造成重大错误。

【铸炼】zhùliàn〈动〉锤炼②:越是出色的作家,越不肯放松语言的~。

筑(❶築) zhù ❶〈动〉建筑;修建:~路|修~。❷〈名〉一种古代乐器,像琴,有十三根弦,用竹尺敲打。❸〈名〉贵州贵阳的别称。❹〈名〉姓。

【筑室道谋】zhù shì dào móu 自己要盖房子,却在路上和过路人商量(语见《诗经·小雅·小旻》)。比喻自己没有主见或毫无计划,盲目征询意见,结果人多言杂,不能办好事情。

备用词 构筑 建筑 修筑

翥 zhù〈动〉(鸟)向上飞:龙翔凤~。

箸(*筯) zhù方言。〈名〉筷子。

━━ zhuā ━━

抓 zhuā〈动〉❶手指聚拢,使物体固定在手中:~阄儿。❷挠;搔:~耳挠腮。❸捉;

捕捉:~贼|~壮丁|老鹰~小鸡。❹加强领导,特别着重(某方面):~生产。❺吸引(人):表演一开始就~住了观众。

【抓耳挠腮】zhuā ěr náo sāi ❶形容焦急而又没办法。❷形容兴奋、喜悦的样子。

【抓髻】zhuāji〈名〉梳在头顶两旁的发髻。

【抓破脸】zhuā pò liǎn 比喻感情破裂,公开争吵。

【抓瞎】zhuāxiā〈动〉事前没有准备而临时忙乱着急:早点儿做好准备,免得临时~。

【抓寻】zhuāxún〈动〉找寻。

【抓周】zhuāzhōu〈动〉旧俗,婴儿满周岁时,父母摆上各种物品任其抓取,用来试探婴儿将来的志向、爱好等。

挝(撾) zhuā〈动〉❶敲;打(鼓):~鼓。❷同"抓"。
△另见 wō。

━━ zhuǎ ━━

爪 zhuǎ〈名〉义同"爪"(zhǎo)②,用于"爪子"等。
△另见 zhǎo。

【爪尖儿】zhuǎjiānr〈名〉用作食物的猪蹄。

【爪子】zhuǎzi〈名〉动物的有尖甲的脚:鸡~|猫~。

━━ zhuāi ━━

拽 zhuāi方言。❶〈动〉扔;抛:~皮球。❷方言。〈形〉胳膊有毛病转动不灵。
△另见 yè;zhuài。

━━ zhuǎi ━━

转(轉) zhuǎi "转(zhuǎn)文"的"转"的又音。
△另见 zhuǎn;zhuàn。

跩 zhuǎi方言。〈动〉身体肥胖不灵活,走路摇晃:鸭子走起来一~一~的。

━━ zhuài ━━

拽(*撧) zhuài〈动〉拉:生拉硬~。
△另见 yè;zhuāi。

━━ zhuān ━━

专(專*❶-❹尚) zhuān ❶〈动〉集中在一件事或一个方面:~心|~科。❷〈形〉在学术技能某方面有特长:他知识面广,但不~。❸〈副〉光;

只;专门:她~爱看电影|他~爱挑别人的毛病|王大夫~治皮肤病。❹〈动〉独自掌握和占有:~卖|~权|~利。❺〈名〉姓。

△"耑"另见 duān。

【专长】zhuāncháng〈名〉专门的知识、技能;特长:学有~|发挥~。

【专诚】zhuānchéng ❶〈副〉特地:~拜访。❷〈形〉一心一意:商业部门要~为顾客着想。

【专断】zhuānduàn〈动〉独自一人决定(应该一起商量的事)。

【专攻】zhuāngōng〈动〉专门研究(某种学问):~心理学|闻道有先后,术业有~。

【专横】zhuānhèng〈形〉任意妄为,专断强横:~跋扈(独断专行,蛮横不讲理)。

【专利】zhuānlì〈名〉创造发明者在一定时期内法律保障他独自享有的利益:~权。

【专卖】zhuānmài〈动〉❶国家指定的专营机构经营某些物品,其他部门非经专营机构许可,不得生产和运销:烟草~公司。❷专门出售某一种类、某一品牌或某一地方特色商品:~店|服装~。

【专卖店】zhuānmàidiàn〈名〉专门出售某一种类、某一品牌或某一地方特色商品的商店。

【专美】zhuānměi〈动〉独自享受美名:青年演员钻研表演艺术,不让上代艺人~于前。

【专门】zhuānmén ❶〈形〉专从事于某一项事的:~人才。❷〈形〉专属于某一范围的:~知识。❸〈名〉专长:~家(具有某种专长的人)。❹〈副〉特地:~针对这个问题写了一篇文章。

【专名】zhuānmíng〈名〉指人名、地名、机关团体名等。

【专权】zhuānquán〈动〉独揽大权。

【专擅】zhuānshàn〈动〉不向上级请示或不听上级指示而擅自做主。

【专题】zhuāntí〈名〉专门研究或讨论的题目:~报告|~讨论|~调查。

【专线】zhuānxiàn〈名〉❶较大的厂矿铺设的自用铁路线。❷电话局为重要机关或首长设置的专用电话线。

【专项】zhuānxiàng〈名〉特定的某个项目:~训练|~检查。

【专心】zhuānxīn〈形〉集中注意力:~听讲|~致志。

【专心致志】zhuān xīn zhì zhì 一心一意,集中精神。

【专业】zhuānyè〈名〉❶高等学校的一个系里或中等专业学校里,根据科学分工或生产部门的分工把学业分成的门类:~课|汉语~。❷产业部门中根据产品生产的不同过程而成的各业务部分。

【专业户】zhuānyèhù〈名〉我国农村中专门从事某种农副业的家庭或个人:养鸡~|运输~。

【专一】zhuānyī〈形〉专心一意;不分心:用心~|感情~。

【专意】zhuānyì ❶〈副〉特地;特意。❷〈动〉集中精神(于某一方面)。

【专责】zhuānzé〈名〉专门担负的某项责任:他对财务工作负有~|分工明确,各有~。

【专政】zhuānzhèng〈名〉占统治地位的阶级对敌对阶级实行强力统治:~机关。

【专制】zhuānzhì ❶〈动〉统治者独自掌握政权:君主~。❷〈形〉凭自己的意志独断专行:~家长。

【专注】zhuānzhù〈形〉专心注意:心神~。

砖(磚*甎塼) zhuān〈名〉❶用土坯等放在窑里烧制而成的建筑材料,多为长方形或方形:~瓦|青~。❷形状像砖的东西:茶~|金~。

颛(顓) zhuān ❶〈形〉愚昧。❷同"专"。

【颛孙】zhuānsūn〈名〉姓。

【颛顼】zhuānxū〈名〉传说中的上古帝王名。

—— zhuǎn ——

转(轉) zhuǎn〈动〉❶改换方向、位置、形势、情况等:~身|~移|周~|~危为安。❷把一方的物品、信件、意见等传到另一方:~达|~交。❸〈名〉姓。

△另见 zhuǎi;zhuàn。

【转变】zhuǎnbiàn〈动〉由一种情况变到另一种情况:~态度|看法很难~。

【转播】zhuǎnbō〈动〉(广播电台、电视台)播送别的电台或电视台的节目:~中央电视台的节目。

【转侧】zhuǎncè〈动〉辗转反侧:~床头。

【转产】zhuǎnchǎn〈动〉由生产某一类产品转而生产另一类产品。

【转达】zhuǎndá〈动〉把一方的话转告给另一方。

【转动】zhuǎndòng〈动〉转身活动;身体或物体的某部分自由活动:伤好后,腰部~自如。

△另见 zhuàndòng。

【转发】zhuǎnfā〈动〉❶把有关单位的文件转给下属单位:及时~上级的文件。❷报刊发表别的报刊上发表过的文章：今天的《人民日报》～了地方报纸的几则消息。❸把接收到的从某个地点发射来的无线电信号发射到别的地点：～通信卫星发来的电视信号。❹把收到的邮件等再发送给别人：请把您刚收到的那份电子邮件～给小李。

【转岗】zhuǎngǎng〈动〉转换工作岗位：一些伐木工～为护林工了。

【转告】zhuǎngào〈动〉受人嘱托把某人的话、情况等告诉另一方：请代为～｜他让我～你，他明天不能来了。

【转关系】zhuǎn guānxi 党派或团体的成员在调动时转移组织关系。

【转轨】zhuǎnguǐ〈动〉❶转入另一轨道（运行）。❷比喻改变原来的体制等：由计划经济向市场经济～｜工厂从单一生产型向生产经营型～。

【转行】zhuǎnháng〈动〉❶从一个行业转到另一个行业；改行：她已～做服装销售了。❷写字、打字或排版等，从一行转到下一行：抄稿时，标点符号尽量不要～。

【转化】zhuǎnhuà〈动〉❶转变；改变。❷哲学上指矛盾的双方在一定条件下各自向着和自己相反的方向转变，向着对立方面所处的地位转变。

【转换】zhuǎnhuàn〈动〉改变；变换：～话题。

【转机】zhuǎnjī❶〈名〉好转的可能：局势有了～。❷〈动〉中途换乘飞机。

【转基因】zhuǎnjīyīn〈动〉运用科学手段从某种生物中提取所需要的基因，将其转入另一种生物的基因组中，使与另一种生物的基因进行重组，从而产生特定的具有优良遗传性状的物质。转基因技术可用于改良生物品种、培育新品种等方面。

【转嫁】zhuǎnjià〈动〉❶改嫁。❷把自己应承受的负担、损失、罪名等加在别人身上：～于人。

【转角】zhuǎnjiǎo〈名〉拐角；拐弯处。

【转捩点】zhuǎnlièdiǎn〈名〉转折点。

【转录】zhuǎnlù〈动〉把磁带上已录好的录音、录像录到空白磁带上：～了几首流行歌曲。

【转卖】zhuǎnmài〈动〉把买进的东西再卖出去：倒手～。

【转年】zhuǎnnián〈动〉到了下一年：今年是鸡年，～就是狗年。

【转蓬】zhuǎnpéng〈名〉随风飘舞的蓬草，比喻无定的行踪或飘零的身世。

【转让】zhuǎnràng〈动〉把自己的东西或享有的权利让给别人：技术～。

【转手】zhuǎnshǒu〈动〉从一方取得或买得东西交给或卖给另一方：～倒卖｜这批货，他～赚了十几万｜你就直接交给他，何必要我转个手呢？

【转述】zhuǎnshù〈动〉把别人的话说给另外的人：我这是～老师的话，不是我自己的意思｜他把校长的话向家长～了一遍。

【转瞬】zhuǎnshùn〈动〉转眼：～即逝。

【转送】zhuǎnsòng〈动〉❶转交：这是刚收到的急件，请你立即～给他。❷转赠：这本书是老张送给他的，他又～给了我。

【转托】zhuǎntuō〈动〉把别人托给自己的事再托给另外的人：你托我的事已～小刘办了｜这件事我虽然没法帮忙，但可以设法替你～一个人。

【转弯】zhuǎnwān〈动〉❶拐弯儿：～抹角｜这儿离学校很近，一～儿就到了。❷比喻改变认识或想法：听到这个消息，他感到太突然了，一时转不过弯儿来。

【转弯抹角】zhuǎn wān mò jiǎo❶（路）弯弯曲曲。❷比喻说话不直率：有话就直说，别～的。

【转弯子】zhuǎn wānzi 转弯②。
　　△另见 zhuàn wānzi。

【转文】zhuǎnwén〈动〉说话用文言的字眼儿，以显示有学问。

【转徙】zhuǎnxǐ〈动〉辗转迁移。

【转向】zhuǎnxiàng〈动〉❶转变方向：这辆汽车～东行了｜上午是东风，下午～了，成了南风。❷比喻改变政治立场。❸转而向着（另一方）：把镜头～观众席。
　　△另见 zhuànxiàng。

【转型】zhuǎnxíng〈动〉❶转变社会经济结构、文化形态、价值观念等：经济体制～｜由农业社会向工业社会～｜我国正处在由计划经济向市场经济的～期。❷转换产品的型号或构造：生产～｜这种产品正酝酿～。

【转学】zhuǎnxué〈动〉学生从一个学校转到另一个学校学习。

【转眼】zhuǎnyǎn〈动〉一转眼的时间，指极短暂的时间：～又是一年。

【转业】zhuǎnyè〈动〉由一种行业转到另一种行业。特指中国人民解放军干部转到地方工作。

【转移】zhuǎnyí〈动〉❶改换位置；从一方移到另一方：～阵地｜～视线。❷改变：客观规律不以人的意志为~。

【转义】zhuǎnyì〈名〉由原义转化而成的意义，一般包括引申义和比喻义两类。

【转译】zhuǎnyì〈动〉不直接根据某种语言的原文翻译，而根据另一种语言的译文翻译，叫作"转译"。

【转运】zhuǎnyùn〈动〉❶运气好转(迷信)。❷把运来的东西再运到另外的地方去：~站|~物资。

【转载】zhuǎnzǎi〈动〉报刊上刊登别的报刊上发表过的文章：几种报纸都一了《人民日报》的这篇社论。

【转载】zhuǎnzài〈动〉过载，把一个运输工具上装载的东西卸下来装到另一个运输工具上。

【转赠】zhuǎnzèng〈动〉把收到的礼物赠送给别人：不得~他人。

【转战】zhuǎnzhàn〈动〉连续在不同地区作战：~南北|~千里。

【转账】zhuǎnzhàng〈动〉不收付现金，只在账簿上记载收付关系：跨行~|~手续费|~支票|大额付款还是通过银行~比较安全。

【转折】zhuǎnzhé〈动〉❶事物在发展过程中改变原来的方向或形势等：~点。❷指文章或语意由这一个方向转向另一个方向。

【转折点】zhuǎnzhédiǎn〈名〉事物发展过程中对改变原来方向起决定作用的事情；事物发展过程中改变原来方向的时间。也说"转捩点"。

【转正】zhuǎnzhèng〈动〉组织中的非正式成员成为正式成员：预备党员~|临时工~|试用期满，经考核可以~。

【转制】zhuǎnzhì〈动〉转换体制：后勤部门将在年底前完成~。

【转注】zhuǎnzhù〈名〉六书之一。许慎《说文解字叙》："转注者，建类一首，同意相受，考、老是也。"后人的解释多有分歧。清代戴震、段玉裁认为"转注"就是互训，意义上相同或相近的字彼此互相解释，如以"考"解释"老"，以"老"解释"考"。现在一般认为此为用字之法。

【转租】zhuǎnzū〈动〉把租来的东西再租给别人。

備用詞　倒转　掉转　好转　回转　流转　逆转　扭转　婉转　旋转　辗转　中转　周转

═ zhuàn ═

传（傳）zhuàn〈名〉❶解释经文的著作：经~|《春秋公羊~》。❷记录某

人生平事迹的文字：~记|自~。❸叙述历史故事的作品：《水浒~》。

△另见 chuán。

【传记】zhuànjì〈名〉记录某人生平事迹的文字：名人~|~文学。

【传略】zhuànlüè〈名〉比较简略的传记。

備用詞　列传　评传　外传　小传　自传　不见经传　树碑立传　言归正传

沌 zhuàn ❶〈名〉沌河，水名，在湖北。❷[沌口]〈名〉地名，在湖北。

△另见 dùn。

转（轉）zhuàn ❶〈动〉旋转；打转：空~|自~|~圈子|车轮飞~|~来~去。❷〈量〉绕一圈儿叫"绕一转"。

△另见 zhuǎi；zhuǎn。

【转动】zhuàndòng〈动〉❶物体以一点为中心或以一直线为轴做圆周运动：石磨~起来了。❷使转动：~轮胎。

△另见 zhuǎndòng。

【转盘】zhuànpán〈名〉❶某些器械(如唱机)或设备上能够旋转的圆盘。❷指交叉路口中间的环形岛。

【转弯子】zhuàn wānzi 比喻说话不直截了当；不直爽：他心眼儿多，说话爱~。

△另见 zhuǎnwānzǐ。

【转向】zhuànxiàng〈动〉迷失方向：晕头~|走在原始森林中，很容易~。

△另见 zhuǎnxiàng。

【转悠】(转游)zhuànyou〈动〉❶转动：眼珠子直~。❷漫步；无目的地闲逛：星期天我上街~了一下。

啭（囀）zhuàn〈动〉(鸟)婉转地叫：莺~。

赚（賺）zhuàn ❶〈动〉获得利润(跟"赔"相对)：~钱。❷方言。〈名〉利润：小买卖，没多大~儿。❸方言。〈动〉挣(钱)。

△另见 zuàn。

撰（＊譔）zhuàn ❶〈动〉写作：~文|~稿|杜~|~编~。❷〈名〉才能。

【撰述】zhuànshù ❶〈动〉撰写；著述：~文章。❷〈名〉著述的成品：把近年来的~结集出版。

【撰写】zhuànxiě〈动〉写作：~碑文|~论文。

篆 zhuàn ❶〈名〉汉字形体的一种：~书|~体。❷〈动〉写篆书：~额(用篆字写在碑额上)。❸〈名〉指印章。

【篆书】zhuànshū〈名〉汉字的一种字体，秦朝

整理字体后规定的写法。

【篆文】zhuànwén〈名〉篆书。

【篆字】zhuànzì〈名〉篆书。

馔（饌*籑）zhuàn〈名〉饭食：美～｜肴～。

━━ zhuāng ━━

妆（妆*粧）zhuāng❶〈动〉修饰；打扮：梳～。❷〈名〉指女子身上的装饰，也指演员的装饰：红～｜卸～。❸〈名〉指嫁妆：送～（押送嫁妆）。

【妆奁】zhuānglián〈名〉原指女子梳妆用的镜匣，后也指嫁妆。

【妆饰】zhuāngshì❶〈动〉打扮。❷〈名〉打扮出来的样子：～华丽。

【妆梳】zhuāngshū〈动〉修饰容貌，梳理头发。

庄（莊）zhuāng❶〈名〉村庄：农～｜～户。❷〈名〉封建社会皇室、贵族等所占有的大片土地：皇～｜～园。❸〈名〉旧时称规模较大或做批发生意的商店：钱～｜布～。❹〈名〉庄家（zhuāngjia）：坐～。❺〈名〉四通八达的道路：康～大道。❻〈形〉严肃稳重：～重｜端～。❼〈名〉姓。

【庄户】zhuānghù〈名〉指农户：～人（庄稼人）。

【庄家】zhuāngjia〈名〉❶某些牌戏或赌博中一局的主持人。❷股票交易中坐庄的投资者。

【庄稼】zhuāngjia〈名〉地里长着的农作物：种～。

【庄雅】zhuāngyǎ〈形〉庄重典雅：举止～。

【庄严】zhuāngyán〈形〉庄重而严肃：～肃穆｜～的时刻。

【庄园】zhuāngyuán〈名〉封建时代皇室、贵族或地主占有和经营的大片土地。

【庄重】zhuāngzhòng〈形〉（言语、举止）严肃而不轻浮：态度～。

备用词　村庄　农庄　山庄　田庄

桩（椿）zhuāng❶〈名〉一端或全部埋在土中的柱形物：木～｜打～。❷〈量〉用于事情：了却一～心事。

装（裝）zhuāng❶〈动〉修饰；打扮：化装：～饰｜～潢。❷〈名〉服装：行装：新～｜时～｜整～待发。❸〈名〉演员化装时穿戴、涂抹的东西：卸～。❹〈动〉假装：～假｜～傻。❺〈动〉把东西放进器物内；把物品放在运输工具上：～箱｜～载。❻〈动〉装配；安装：～修｜～订｜包～。❼〈名〉姓。

【装扮】zhuāngbàn〈动〉❶打扮；装饰：～入时｜节日的广场～得庄严美丽。❷化装：他～成圣诞老人。❸假装：巫婆～成神仙骗人。

【装备】zhuāngbèi❶〈动〉配备（武器、军装、器材、技术力量等）；用新式武器～部队。❷〈名〉指配备的武器、军装、器材等：～精良。

【装裱】zhuāngbiǎo〈动〉裱褙书画并装上轴子等。

【装大】zhuāngdà〈动〉摆架子；自己以为了不起。

【装点】zhuāngdiǎn〈动〉装饰点缀：～门面｜绿树～群山。

【装潢】zhuānghuáng❶〈动〉对物品加以装饰使美观。❷〈名〉物品的装饰：～考究。

【装甲】zhuāngjiǎ❶〈形〉装有防弹钢板的：～车。❷〈名〉装在车辆、船只、飞机等上面的防弹钢板。

【装殓】zhuāngliàn〈动〉给死人穿好衣服，放进棺材。

【装聋作哑】zhuāng lóng zuò yǎ 假装聋哑，形容故意不理睬，装作什么都不知道。

【装门面】zhuāng ménmiàn 比喻为了表面好看而加以粉饰点缀：别把学习当成～的事。

【装模作样】zhuāng mú zuò yàng 故意做出样子给人看。

【装配】zhuāngpèi〈动〉把零件或部件组装成整体：～工｜～汽车｜～车间｜发电机已～好了。

【装腔作势】zhuāng qiāng zuò shì 故意做出某种表情、腔调等。

【装饰】zhuāngshì ①〈动〉在身体或物体的表面加些附属的东西,使美丽:~房间。②〈名〉装饰品:房间里的~。

【装束】zhuāngshù ①〈名〉衣着穿戴:~典雅大方。②〈动〉整理行装:~完毕。

【装蒜】zhuāngsuàn〈动〉装糊涂;装腔作势:你比谁都明白,别~啦!

【装相】zhuāngxiàng〈动〉装模作样。

【装修】zhuāngxiū ①〈动〉在房屋建筑上抹面、粉刷并安装门窗、水电等设备:内部~|~门面。②〈名〉房屋建筑上抹的保护层和安装的门窗、水电等设备:~豪华。

【装样子】zhuāng yàngzi 装模作样。

【装运】zhuāngyùn〈动〉装载并运输:~货物|~矿石。

【装载】zhuāngzài〈动〉用运输工具载(人或物):这架客机能~二百多名乘客。

【装帧】zhuāngzhēn〈名〉书画、书刊的装潢设计(书刊的装帧包括封面、版面、插图、装订形式等设计):~考究。

【装置】zhuāngzhì ①〈动〉安装:~暖气。②〈名〉机器、仪器或其他设备中,构造较复杂并具有某种独立的功用的物件:自动化~。

备用词 扮装 改装 化装 乔装 束装 整装 治装 假装 伪装 佯装 服装 行装 轻装 武装 冬装 军装 新装 卸装 定装

━━ zhuǎng ━━

奘 zhuǎng 方言。〈形〉粗而大:身高腰~。
△另见 zàng。

━━ zhuàng ━━

壮(壯) zhuàng ①〈形〉强壮:健~|~实。②〈名〉壮年:少~不努力,老大徒伤悲。③〈形〉雄壮;大:~观|~举|~悲。④〈动〉加强,使壮大:~胆|~气|~山河。⑤〈名〉壮族,我国少数民族之一,主要分布在广西。原作"僮"。⑥〈名〉姓。

【壮大】zhuàngdà ①〈形〉强大:力量日益~。②〈动〉使强大:~队伍。③〈形〉强壮粗大:手脚~。

【壮观】zhuàngguān ①〈形〉景象雄伟:钱塘江潮十分~。②〈名〉雄伟的景象:铁水奔流,钢花飞溅,真是了不起的~!

【壮怀】zhuànghuái〈名〉豪放的胸怀;壮志:~激烈。

【壮健】zhuàngjiàn〈形〉健壮;强健。

【壮举】zhuàngjǔ〈名〉伟大而壮烈的举动:空前的~|史无前例的~。

【壮阔】zhuàngkuò〈形〉①雄壮而宽广:波澜~。②宏伟;宏大:规模~|场面~。

【壮丽】zhuànglì〈形〉雄壮而美丽:山河~。

【壮烈】zhuàngliè〈形〉勇敢而有气节:~牺牲。

【壮美】zhuàngměi〈形〉雄壮美丽:~的塞外风光。

【壮年】zhuàngnián〈名〉一般指三四十岁的年纪。

【壮实】zhuàngshi〈形〉强壮结实:身体挺~|这小伙子长得真~。

【壮士】zhuàngshì〈名〉豪壮而勇敢的人。

【壮志】zhuàngzhì〈名〉伟大的志向:~凌云|雄心~|~未酬。

备用词 粗壮 肥壮 健壮 精壮 强壮 茁壮 悲壮 豪壮 雄壮 兵强马壮 老当益壮 理直气壮 身强力壮

状(狀) zhuàng ①〈名〉形状:惨~。②〈名〉情况:~况|罪~|情~。③〈动〉陈述;描摹:~语|摹~|不可名~。④〈名〉陈述事件或记载事迹的文字:行~|供~。⑤〈名〉指诉状:告~|~纸。⑥〈名〉指褒奖、委任等文件:奖~|委任~。

【状况】zhuàngkuàng〈名〉情形:经济~|健康~。

【状貌】zhuàngmào〈名〉形状相貌。

【状态】zhuàngtài〈名〉人或事物表现出来的形态:精神~|液体~。

【状语】zhuàngyǔ〈名〉动词或形容词前边的连带成分,用来修饰、限制动词或形容词,表示动作、行为的状态、方式、时间、处所、程度等,如"努力学习"中的"努力","你明天走吧"中的"明天","气氛很紧张"中的"很"。

【状元】zhuàngyuan〈名〉①科举考试中,殿试考取一甲(第一等)第一名的人。②比喻在本行业成绩最好的人:行行出~。

备用词 病状 情状 现状 形状 性状 原状 症状 罪状 保状 诉状

僮 zhuàng〈名〉我国少数民族壮族的"壮"字原作"僮"。
△另见 tóng。

撞 zhuàng ①〈动〉运动着的物体跟别的物体猛然碰上:~击|~车。②碰见:~见。③试探:~运气。④鲁莽地行动;闯:~莽~。

【撞骗】zhuàngpiàn〈动〉到处找机会行骗:招摇~。

幢 zhuàng〈量〉房屋一座叫一幢。
△另见 chuáng。

戆（戆） zhuàng〈形〉戆厚而刚直：～直。
△另见 gàng。

【戆直】zhuàngzhí〈形〉戆厚而刚直。

━━ zhuī ━━

隹 zhuī〈名〉古书上指短尾的鸟。

追 zhuī〈动〉❶追赶：～兵｜～逐｜奋起直～。❷跟随：～随。❸追究：～问｜～赃。❹追求：～寻。❺回顾过去：～悼｜～述。❻补救：往者不可谏，来者犹可～。❼事后补办：～加｜～认。

【追偿】zhuīcháng〈动〉❶事后给予赔偿：以后再设法～。❷追逼着使偿还：～欠款｜向债务人～债款。

【追悼】zhuīdào〈动〉沉痛地追念（死者）：～会。

【追怀】zhuīhuái〈动〉回忆；追念：～往事。

【追悔】zhuīhuǐ〈动〉追溯往事而悔恨：～莫及。

【追击】zhuījī〈动〉追赶着攻击：乘胜～。

【追记】zhuījì❶〈动〉在人死后给他记上（功勋）：为烈士～特等功。❷〈动〉事后记录或记载：事后～，难免挂一漏万｜会后，他～了几个发言的主要内容。❸〈名〉事后的记载（多用于文章标题）：世界杯足球赛～。

【追加】zhuījiā〈动〉在原定的数额以外再增加：～预算｜～基本建设投资。

【追剿】zhuījiǎo〈动〉追赶并剿灭：～残匪。

【追缴】zhuījiǎo〈动〉勒令缴回（非法所得的财物）：～赃物｜～所欠税款。

【追究】zhuījiū〈动〉追问根由；事后查究（原因、责任）：～责任｜不予～。

【追念】zhuīniàn〈动〉回忆，怀念：～死者。

【追捧】zhuīpěng〈动〉追逐捧场：狂热｜这位歌坛新星受到不少青少年的～。

【追求】zhuīqiú〈动〉❶用积极的行动来争取达到某种目的：～真理。❷特指向异性求爱。

【追认】zhuīrèn〈动〉❶事后认可某项法令、决议等。❷授予死者的人某种称号。❸批准某人生前提出的参加党、团组织的要求。

【追述】zhuīshù〈动〉述说过去的事。

【追思】zhuīsī〈动〉回忆思念（死者生前的事迹）：～会。

【追溯】zhuīsù〈动〉逆流而上，向江河的发源处走。比喻寻求探索事物的由来。

【追随】zhuīsuí〈动〉紧紧跟随：～革命｜～潮流。

【追索】zhuīsuǒ〈动〉追逼索要。

【追亡逐北】zhuī wáng zhú běi 追击败逃的敌军。

【追尾】zhuīwěi〈动〉机动车在行驶中，后一辆车的前部撞上前一辆车的尾部：保持车距，严防～。

【追问】zhuīwèn〈动〉追根究底地问：一再～｜下落｜他既然不知道，就不必再～了。

【追想】zhuīxiǎng〈动〉追忆；回忆。

【追星】zhuīxīng〈动〉极度崇拜迷恋影星、歌星、球星等：～族。

【追星族】zhuīxīngzú 对影星、歌星、球星等极度崇拜迷恋的一类人（多为青少年）。

【追叙】zhuīxù ❶〈动〉追述。❷〈名〉一种写作手法，先写出结果，再回过头去叙述经过。

【追寻】zhuīxún〈动〉跟踪寻找：～足迹。

【追忆】zhuīyì〈动〉回忆过去：～往事。

【追赃】zhuīzāng〈动〉追缴赃款、赃物。

【追赠】zhuīzèng〈动〉在人死后授予某种官职、称号等。

【追涨】zhuīzhǎng〈动〉指投资者在股票、债券等证券市场行情上涨时买入证券。

【追逐】zhuīzhú〈动〉❶追赶：～野兽｜～嬉闹。❷追求；牟取：～名利。

【追踪】zhuīzōng〈动〉按照踪迹或线索追寻。

骓（騅） zhuī〈名〉毛色青白相杂的马。

椎 zhuī〈名〉椎骨，构成脊柱的短骨：脊～｜颈～。
△另见 chuí。

锥（錐） zhuī ❶〈名〉锥子，一端有尖，用来钻孔的工具。❷〈名〉形状像锥子的东西：圆～体。❸〈动〉用锥子等工具钻：～个眼儿。

【锥处囊中】zhuī chǔ náng zhōng 锥子放在口袋里，锥尖就会露出来。比喻有才能的人不会长久被埋没，终能显露头角。

━━ zhuì ━━

坠（墜） zhuì ❶〈动〉落：～马｜～楼｜～毁。❷〈动〉（沉重的东西）往下垂：熟透的苹果把树枝～得弯弯的。❸〈动〉因分量重而下垂：饱满的谷穗～着头。❹〈名〉垂在下面的东西：扇～儿。

【坠毁】zhuìhuǐ〈动〉(飞机等)落下来毁坏。

【坠落】zhuìluò〈动〉落;掉;陨星~。

缀(綴) zhuì〈动〉❶用针线等使连起来:补~。❷连缀;联结:~辑|~字成文。❸装饰:点~。

惴 zhuì〈形〉发愁而又害怕:~栗(恐惧战栗)。

【惴恐】zhuìkǒng〈动〉害怕。

【惴惴】zhuìzhuì〈形〉恐惧担心的样子:~不安。

缒(縋) zhuì〈动〉用绳子拴住人或东西悬着往下放:~城而出。

赘(贅) zhuì❶〈形〉多余的;无用的:冗~|~述。❷〈动〉招女婿:入~|~婿。❸〈动〉使受累赘:孩子多可真~人。

【赘疣】zhuìyóu〈名〉❶疣。❷比喻多余而无用的东西。

酹 zhuì〈动〉祭奠:酹(lèi)~(以酒洒地,表示祭奠)。

—— zhūn ——

屯 zhūn[屯邅(zhān)]同"迍邅"。△另见 tún。

迍 zhūn[迍邅(zhān)]〈形〉也作"屯邅"。❶迟疑不进的样子。❷困顿不得志。

肫 zhūn❶〈形〉诚恳;~挚。❷〈名〉鸟类的胃:鸭~。

窀 zhūn[窀穸(xī)]〈名〉墓穴。

谆(諄) zhūn〈形〉恳切:~嘱。

【谆谆】zhūnzhūn〈形〉形容教导恳切:~教导。

—— zhǔn ——

准(❷–❾準) zhǔn❶〈动〉同意别人的要求:~许|获~。❷

〈名〉标准:水~|~则。❸〈介〉依据;依照:~此办理。❹〈形〉准确:瞄~|~时。❺〈副〉一定:~能去。❻〈形〉程度上虽不完全够,但可作为某类事物看待的:~平原。❼〈名〉箭靶的中心。❽〈名〉鼻子:隆~。❾〈名〉姓。

【准保】zhǔnbǎo〈副〉表示可以肯定或保证:穿上这双鞋~暖和。

【准备】zhǔnbèi〈动〉❶事前安排或筹划:~射击|~精神。❷打算:我~去上海。

【准确】zhǔnquè〈形〉行动的结果完全符合实际或要求;没有误差:发音~。

【准绳】zhǔnshéng〈名〉测定物体平直的器具,比喻言论或行动所依据的原则或标准。

【准许】zhǔnxǔ〈动〉同意人的要求:~通行。

【准予】zhǔnyǔ〈动〉公文用语,表示准许或同意:成绩合格,~毕业。

【准则】zhǔnzé〈名〉言论或行动所依据的或必须遵守的原则。

备用词 核准 获准 批准 允准 标准 基准 水准

—— zhuō ——

拙 zhuō〈形〉❶笨:手~|~笨|勤能补~。❷谦辞,称自己的(文章、见解等):~见。

【拙笨】zhuōbèn〈形〉笨拙;不灵巧:口齿~。

【拙笔】zhuōbǐ〈名〉谦辞,称自己的文字或书画。

【拙见】zhuōjiàn〈名〉谦辞,称自己的见解:几点~,仅供参考。

【拙荆】zhuōjīng〈名〉旧时谦称自己的妻子。

【拙劣】zhuōliè〈形〉笨拙而低劣:文笔~|~的表演。

【拙涩】zhuōsè〈形〉(文辞)拙劣而晦涩:译文~。

备用词 笨拙 迂拙 愚拙 弄巧成拙 心劳日拙

捉 zhuō〈动〉❶握;抓:~笔|~刀。❷捕捉:~拿|~贼。

【捉刀】zhuōdāo〈动〉南朝宋刘义庆《世说新语·容止》记载,曹操叫崔琰(yǎn)代替自己接见匈奴使臣,自己却持刀站立床头。接见完毕,叫人问匈奴使臣:"魏王何如?"回答说:"魏王雅望非常,然床头捉刀人,此乃英雄也。"后来把代别人写文章叫"捉刀"。

【捉襟见肘】zhuō jīn jiàn zhǒu 拉一下衣襟就露出胳膊肘儿来,比喻困难多,顾此失彼,应付不过来。

【捉迷藏】zhuō mícáng ❶儿童游戏,一人蒙住

眼睛,摸索着去捉他身边来回躲避的人。❷比喻言语、行为隐晦,故意使人难以捉摸:别～,你就直说吧|你直截了当地说吧,不要跟我～了。

【捉摸】zhuōmō〈动〉猜测;预料(多用于否定式):～不透。

【捉拿】zhuōná〈动〉捉(罪犯):～逃犯。

【捉弄】zhuōnòng〈动〉跟人开玩笑,使为难:～人|你别想～我,我才不会上你的当呢!

桌(＊❶❷棳)zhuō❶〈名〉桌子,一种家具,上面可放东西:课～。❷〈量〉用于成桌摆放的饭菜或围着桌子坐的客人:摆了一～菜|五～客人。❸〈名〉姓。

【桌面】zhuōmiàn〈名〉❶桌子上用来放东西的平面:～上有一张纸。❷进入计算机的视窗操作系统平台时,显示器上显示的背景叫作"桌面"。桌面上可以设置代表不同文件或功能的图标,以方便使用。

【桌椅板凳】zhuō yǐ bǎndèng 泛指一般的家具。

倬 zhuō〈形〉显著;大:～彼云汉。

棳 zhuō〈名〉梁上的短柱。

涿 zhuō❶[涿鹿]〈名〉地名,在河北。❷[涿州]〈名〉地名,在河北。

焯 zhuō〈形〉明显;明白。△另见chāo。

— zhuó —

灼 zhuó❶〈动〉火烧;火烫:烧～|～热。❷〈形〉明亮:目光～～。❸〈形〉明白;清楚:真知～见|～然(明显的样子)。

【灼见】zhuójiàn〈名〉透彻的见解:真知～。

【灼热】zhuórè〈形〉像火烫着一样热:～的岩浆。

【灼灼】zhuózhuó〈形〉形容明亮、鲜明。

茁 zhuó〈形〉动植物旺盛生长的样子:～长|～壮。

【茁长】zhuózhǎng〈动〉动植物旺盛地生长:新栽的苹果树～起来。

【茁壮】zhuózhuàng〈形〉强壮;健壮:～生长|牛羊～|一代新人～成长。

卓 zhuó❶〈形〉高而直:～立。❷〈形〉高明:～见|～越。❸〈名〉姓。

【卓尔】zhuó'ěr〈形〉突出的样子:～不群。

【卓尔不群】zhuó'ěr-bùqún(品德才能)优秀卓越,超出常人。

【卓见】zhuójiàn〈名〉高明的见解。

【卓绝】zhuójué〈形〉程度达到极点,超过一切:技艺～|英勇～|坚苦～。

【卓荦】zhuóluò〈形〉超绝;英才。也作"卓跞"。

【卓跞】zhuóluò 同"卓荦"。

【卓然】zhuórán〈形〉卓越:～不群|功勋～|成绩～|他画的山水已～可观。

【卓识】zhuóshí〈名〉卓越的见识:远见～。

【卓异】zhuóyì〈形〉超出一般;不同寻常:成绩～|政绩～|见解～。

【卓有成效】zhuó yǒu chéng xiào 成绩和效果显著。

【卓越】zhuóyuè〈形〉非常优秀,超出一般:～的科学家|～的贡献|才能～。

【卓著】zhuózhù〈形〉突出地好:成绩～|功勋～。

斫 zhuó〈动〉用刀斧砍:～柴。

浊(濁)zhuó〈形〉❶浑浊(跟"清"相对):～流|污～。❷(声音)低沉粗重:～声～气。❸混乱:～世(黑暗或混乱的时代)。

【浊秽】zhuóhuì〈形〉污秽。

【浊世】zhuóshì〈名〉❶黑暗或混乱的时代。❷佛教指尘世。

【浊音】zhuóyīn〈名〉发音时声带振动的音(跟"清音"相区别)。普通话中的元音和辅音中的 l、m、n、ng、r 是浊音。

备用词　恶浊　浑浊　混浊　溷浊　污浊　扬清激浊

酌 zhuó❶〈动〉斟(酒);饮(酒):对～|自酌自。❷〈名〉酒饭:菲～|小～。❸〈动〉考虑:～情|～商～。

【酌办】zhuóbàn〈动〉酌情办理:请～。

【酌定】zhuódìng〈动〉斟酌情况做出决定:请领导～。

【酌量】zhuóliáng〈动〉斟酌;估量:这事你们～着办吧。

【酌情】zhuóqíng〈动〉斟酌情况:～处理。

备用词　参酌　商酌　斟酌　字斟句酌

浞 zhuó〈动〉淋:场上的麦子让雨～了。

诼(諑)zhuó〈动〉毁谤:谣～。

Z

著 zhuó 同"着"(zhuó)。
△另见 zhe;zhù。

啄 zhuó〈动〉鸟类用嘴取食物:鸡～米|～木鸟。

着 zhuó ❶〈动〉穿(衣):穿～|衣～。❷〈动〉接触;挨上:附～|～陆。❸〈动〉使接触别的事物;使附着在别的物体上:～色|～墨不～痕迹。❹〈动〉把力量或注意力放在某一事物上:～力|～想|～眼。❺〈名〉着落:漂泊异乡,衣食无～。❻〈动〉派遣:～人前去。❼〈动〉公文用语,表示命令:～即办理。
△另见 zhāo;zháo;zhe。

【着笔】zhuóbǐ〈动〉用笔;下笔:～有力。
【着力】zhuólì〈动〉用力;使力气:无从～。
【着陆】zhuólù〈动〉(飞机等)从空中到达陆地:安全～|飞机平稳～。
【着落】zhuóluò ❶〈名〉下落:丢失的东西有了～。❷〈名〉归宿;最终的去处:找个可靠的～。❸〈名〉可以依靠或指望的来源:老人的生活还没有～。❹〈动〉归属:这件事就～在你身上了。❺〈动〉责成(多见于早期白话)。❻〈动〉安顿;处置(多见于早期白话)。
【着墨】zhuómò〈动〉用笔墨写作或绘画:该诗从大处～,气度非凡|剧中这个人物～不多,却令人感到真实可信。
【着然】zhuórán〈副〉的确;确实:那厮～无礼!
【着色】zhuósè〈动〉涂上颜色。
【着实】zhuóshí〈副〉❶(言语、动作)分量重;力量大:～揍了一拳。❷实在;确实:这孩子～可爱。
【着手】zhuóshǒu〈动〉开始做:筹备工作已～进行。
【着手成春】zhuó shǒu chéng chūn 赞颂医生医术高明,一下手就能使垂危的病人转危为安。

【着想】zhuóxiǎng〈动〉(为某人或某事的利益)考虑:从长远～。
【着眼】zhuóyǎn〈动〉(从某方面)观察;考虑:～于未来。
【着意】zhuóyì ❶〈副〉用心地(做某事):～打扮。❷〈动〉注意;在意:听了并不～。❸〈动〉由着自己的意愿:青山～化为桥。
【着重】zhuózhòng ❶〈动〉把重点放在某方面:～点。❷〈副〉表示强调:～指出。
【着重号】zhuózhònghào〈名〉标点符号,写作"·",用在横行文字的下边或竖行文字的右边,指出文中需要特别强调的语句。
【着装】zhuózhuāng ❶〈动〉指穿戴衣帽等:～完毕。❷〈名〉衣着:整理～|检查～。

备用词　穿着 衣着 沉着 胶着 附着 黏着

琢 zhuó〈动〉雕刻玉石,使成器物:玉不～,不成器。
△另见 zuó。

【琢磨】zhuómó〈动〉❶雕刻打磨玉石。❷比喻对文章等进行加工,使精美。
△另见 zuómó。

斲 zhuó〈名〉斩;削。

椓 zhuó〈动〉古代割去男性生殖器的酷刑。

襡 zhuó〈名〉姓。

斵 zhuó〈动〉砍;削:～木为舟。

【斵轮老手】zhuó lún lǎo shǒu《庄子·天道》:"是以行年七十而老斵轮"(斵轮:砍木头做车轮)。后来用以称对某种事情富有经验的人。
【斵丧】zhuósàng〈书〉〈动〉伤害,特指因沉溺酒色以致伤害身体。

鸑(鸑) zhuó 见〖鸑(yuè)鸑〗。

缴(繳) zhuó〈名〉系在箭上的丝绳,射鸟用。
△另见 jiǎo。

擢 zhuó〈动〉❶拔:～发(fà)难数。❷提拔:～升|～用。

【擢发难数】zhuó fà nán shǔ 比喻罪恶多得像头发那样数也数不清。
【擢升】zhuóshēng〈动〉提升:～为师长。
【擢用】zhuóyòng〈动〉提升任用:量才～。

濯 zhuó ❶〈动〉洗:～足|洗～。❷同"浊":～淖(nào)。

【濯濯】zhuózhuó〈形〉形容山上没有树木，光秃秃的：~童山。

镯（鐲*鋜） zhuó〈名〉镯子，戴在手腕或脚腕上的环形装饰品：手~。

══ zī ══

仔 zī[仔肩]〈名〉责任；负担。
△另见 zǎi；zǐ。

吱 zī〈拟〉形容小动物的叫声等：老鼠~~地叫。
△另见 zhī。

【吱声】zīshēng〈动〉作声：怎么问他都不~。

孜 zī[孜孜]（孳孳）〈形〉勤勉：~不倦｜以求｜~不息地工作。

呲 zī 同"龇"。
△另见 cī。

咨 zī❶〈动〉跟人商量；询问：~询｜三顾臣于草庐之中，~臣以当世之事。❷〈名〉咨文。❸〈动〉叹息：~嗟。

【咨嗟】zījiē〈动〉叹息；赞叹。

【咨文】zīwén〈名〉❶旧时用于平行机关的一种公文。❷某些国家元首向国会提出的关于国事情况的报告：国情~。

【咨询】zīxún〈动〉征求意见；询问：~机关（备咨询的机关）｜法律~｜有关的法律问题可向律师事务所~。

【咨政】zīzhèng〈动〉为政府决策提供咨询：~育人｜~机构。

【咨诹】zīzōu〈动〉咨询；询问：~善道，察纳雅言。

姿 zī❶〈名〉容貌：~容。❷〈名〉姿势；体态：~态｜舞~。❸古通"资"，资质。

【姿势】zīshì〈名〉身体呈现的样子：~优美｜~正确｜端正｜立正的~。

【姿态】zītài〈名〉❶姿势；样子：~优美。❷态度；气度：高~｜让步的~｜以普通劳动者的~出现。

兹（*茲） zī❶〈代〉这个：念~在~（念念不忘某件事）。❷〈名〉现在：~订于九月一日举行开学典礼。❸〈名〉年：今~｜来~。❹〈副〉更加：历年~多。
△另见 cí。

赀（貲） zī❶〈动〉计算；所费不~。❷同"资"①。

资（資*貲） zī❶〈名〉钱财；费用：物~｜外~｜投~｜

合~。❷〈动〉用资财帮助：~助。❸〈动〉提供：可~借鉴。❹〈名〉材料：谈~。❺〈名〉人的才智、性情等素质：~质｜天~。❻〈名〉资格：~历｜论~排辈。❼〈名〉姓。

【资本】zīběn〈名〉❶资本家掌握的生产资料和用来雇佣工人的货币。❷经营工商业的本钱。❸比喻做事或牟取利益的凭借：政治~。

【资本家】zīběnjiā〈名〉占有资本、剥削工人的剩余劳动的人。

【资本主义】zīběn zhǔyì 资本家占有生产资料并用以剥削雇佣劳动、无偿占有剩余价值的社会制度。资本主义的生产社会化和生产资料资本家私有制，是资本主义社会的基本矛盾。资本主义发展到最高阶段，就成为垄断资本主义，即帝国主义。

【资财】zīcái〈名〉资金和物资：清点~。

【资产】zīchǎn〈名〉❶财产：私有~。❷企业资金。

【资产阶级】zīchǎn jiējí 占有生产资料，剥削工人的剩余劳动、获取剩余价值的阶级。

【资产阶级革命】zīchǎn jiējí gémìng 由资产阶级领导的反对封建社会制度的革命。资产阶级革命胜利的结果是国家政权由封建地主阶级手中转到资产阶级手中，建立资产阶级专政的国家。

【资方】zīfāng〈名〉指私营工商业中占有资本的一方：~代理人。

【资费】zīfèi〈名〉指电信、邮政等方面的费用：调整电话~。

【资格】zīgé〈名〉❶从事某种活动所应当具备的条件或身份：取消比赛~。❷由从事某种工作或活动的时间长短所形成的身份：他是出版社~最老的。

【资金】zījīn〈名〉❶国家用于发展国民经济的物资和货币。❷指经营工商业的本钱：办企业需要~。

【资力】zīlì〈名〉财力：~雄厚。

【资历】zīlì〈名〉资格和经历：~浅。

【资料】zīliào〈名〉❶生产或生活上所必需的东西：生产~｜生活~。❷工作、学习或科学研究中用作依据的材料：参考~｜收集~。

【资深】zīshēn〈形〉资历深或资格老的：~专家｜~编辑。

【资望】zīwàng〈名〉资历和名望。

【资信】zīxìn〈名〉资产和信誉。资金充足且诚实守信，就是资信好。

【资讯】zīxùn〈名〉信息。

【资源】zīyuán〈名〉生产资料或生活资料的天然来源：矿产～｜水力～。

【资质】zīzhì〈名〉❶人的智力等方面的素质：～高。❷泛指从事某种工作或活动所具备的条件、资格、能力等：～等级｜管理～｜设计～。

【资助】zīzhù〈动〉在财物上给予帮助：～困难户｜～弱势群体。

备用词 笔资 工资 润资 薪资 投资 外资 游资

菑 zī〈动〉除草。
△另见 zāi"灾"。

淄 zī〈名〉淄河，水名，在山东。

谘（諮）zī 同"咨"①。

缁（緇）zī〈形〉黑色：～衣。

辎（輜）zī〈名〉古代的一种车。

【辎重】zīzhòng〈名〉行军时携带的物资，包括军用器械、粮草、营帐、被服等。

嗞 zī 同"吱"（zī）。

嵫 zī 见［崦（yān）嵫］。

孳 zī〈动〉繁殖：～生｜～乳｜～育。

【孳乳】zīrǔ〈动〉❶（哺乳动物）繁殖。❷指派生。

【孳生】zīshēng 同"滋生"①。

【孳孳】zīzī 见【孜孜】。

滋 zī〈动〉❶滋生：～芽｜～蔓。❷增添；加多：～益｜～补。❸喷射：～水。

【滋补】zībǔ〈动〉供给身体需要的养分：～品｜～身体。

【滋蔓】zīmàn〈动〉❶（植物）生长蔓延：土地荒芜，野草～｜湖中水藻～。❷比喻祸患蔓延扩大。

【滋扰】zīrǎo〈动〉骚扰生事。

【滋润】zīrùn ❶〈形〉含水分多；不干燥：皮肤～。❷〈动〉增添水分，使不干枯：雨露～禾苗。❸方言。〈形〉舒服。

【滋生】zīshēng〈动〉❶繁殖：及时清除污水、粪便，防止蚊蝇～。也作"孳生"。❷引起；使发生：～事端。

【滋味】zīwèi〈名〉❶味道。❷比喻生活上的苦乐感受：别有一番～在心头。

【滋养】zīyǎng ❶〈动〉供给养分；补养：～身体。❷〈名〉养分；养料：新鲜蔬菜有丰富的～。

【滋育】zīyù〈动〉滋养；养育。

【滋长】zīzhǎng〈动〉产生；生长（多用于抽象事物）：防止骄傲自满情绪～。

赼（*趑）zī［赼趄（jū）〈动〉❶行走困难。❷想前进又不敢前进：～不前。

觜 zī〈名〉星宿名，二十八宿之一。
△另见 zuǐ。

訾 zī ❶同"赀"①。❷〈名〉姓。
△另见 zǐ。

镏（鎦）zī〈量〉古代重量单位，六铢为一镏，四镏为一两：～铢。

【镏铢】zīzhū〈名〉指很少的钱或很小的事：～必较（形容斤斤计较）。

龇（齜）zī〈动〉露（牙）：～牙咧嘴。

鼒 zī〈名〉口小的鼎。

髭 zī〈名〉嘴上边的胡子：短～｜～须。

【髭须】zīxū〈名〉胡须。

鲻（鯔）zī〈名〉鱼，身体长，头短而扁。生活在浅海和河口咸水、淡水交界的地方。

== ZǏ ==

子 zǐ ❶〈名〉古代指儿女，现专指儿子：父～｜～女。❷〈名〉人的通称：男～｜女～。❸〈名〉古代特指有学问的男人，是男人的美称：夫～｜孔～。❹〈代〉你：以～之矛，攻～之盾。❺〈名〉古代图书四部分类法（经史子集）中的第三类：～部。❻〈名〉种子：瓜～｜松～。❼〈名〉卵：鱼～。❽〈形〉幼小的；小的；嫩的：～猪｜～姜。❾〈名〉小而坚硬的块状物或粒状物：算盘～儿。❿〈名〉铜子儿；铜圆：小～儿（旧时当十文的铜圆）。⓫〈量〉用于能用手指掐住的一束细长的东西：一～儿线。⓬〈名〉封建五等爵位的第四等：～爵。⓭〈名〉地支的第一位。参看【干支】。⓮〈名〉子时，旧式计时法指夜里十一点钟到一点钟的时间。⓯语词后缀。a)加在名词性词素后面：凳～｜命根～。b)加在形容词或动词性词素后面：胖～｜垫～。⓰某些量词后缀：打几下～。⓱〈名〉姓。

【子弟】zǐdì〈名〉❶弟弟、儿子、侄子等:农家~。❷泛称年轻的后辈:工农~。❸指青少年。❹指弟子;学生。

【子规】zǐguī〈名〉杜鹃鸟。

【子嗣】zǐsì〈名〉指儿子(就传宗接代而言)。

【子孙】zǐsūn〈名〉儿子和孙子,泛指后代:~万代|炎黄~|不肖~。

【子午线】zǐwǔxiàn 见〖经线〗②。

【子息】zǐxī〈名〉❶子嗣。❷利息。

【子细】zǐxì 见〖仔细〗。

【子虚】zǐxū〈名〉汉朝司马相如写了一篇《子虚赋》,假托子虚先生、乌有先生、亡(无)是公三人互相问答,后世因以称虚假不真实的事情:~乌有(指虚构的不存在的事情)。

【子夜】zǐyè〈名〉半夜。

【子音】zǐyīn〈名〉辅音。

备用词　哀子 败子 才子 赤子 君子 浪子 孺子 竖子 游子 梁上君子 目无余子 正人君子

仔 zǐ〈形〉幼小的(多指牲畜、家禽等):~猪。~鸡。
△另见 zǎi;zī。

【仔细】(子细)zǐxì〈形〉❶细心:做事~。❷当心;小心:好好走路,~摔跟头。❸方言。俭省:日子过得挺~。

姊(*姉) zǐ〈名〉姐姐:~妹。

籽 zǐ〈动〉培土:耘~。

茈 zǐ[茈湖口]〈名〉地名,在湖南。
△另见 cí。

秭 zǐ❶〈数〉古代数目名,一万亿。❷[秭归]〈名〉地名,在湖北。

籽 zǐ〈名〉某些植物的种子:菜~儿|~棉。

第 zǐ〈名〉竹篾编的席:床~。

梓 zǐ❶〈名〉乔木,材木可以做器具。❷〈动〉刻板①:付~。❸〈名〉指故乡:~里。❹〈名〉姓。

【梓里】zǐlǐ〈名〉指故乡。

紫 zǐ❶〈形〉(颜色)由红和蓝合成的:~红|~菜。❷〈名〉姓。

【紫棠色】zǐtángsè〈名〉黑里带红的颜色。

【紫外线】zǐwàixiàn〈名〉波长比可见光线短的电磁波,在光谱上位于紫色光的外侧。也叫"紫外光"。

訾 zǐ〈动〉说人坏话:~毁|~议。
△另见 zī。

滓 zǐ〈名〉❶沉淀的杂质:渣~。❷污垢:~垢。

══ ZÌ ══

自 zì❶〈代〉自己:~爱|~立|~学。❷〈副〉自然;当然:~不待言。❸〈介〉从;由:~从|~古|~来|~远方。❹〈名〉姓。

【自爱】zì'ài〈动〉爱惜自己(多指名誉):不知~|懂得~|学会自尊。

【自傲】zì'ào〈形〉自以为有本领而骄傲:居功~。

【自拔】zìbá〈动〉主动地从痛苦或罪恶中解脱出来:不可~。

【自白】zìbái〈动〉自我表白:无以~。

【自暴自弃】zì bào zì qì 自己看不起自己,甘心落后,不求上进。

【自卑】zìbēi〈动〉看不起自己,感到不如别人:~感。

【自便】zìbiàn〈动〉随自己的方便,按自己的意思去做:去留~。

【自裁】zìcái〈动〉自杀;自尽。

【自残】zìcán〈动〉自己残害自己;(内部)自相残害:~肢体|骨肉~。

【自惭形秽】zì cán xíng huì 原指因自己容貌举止不如别人而惭愧,后泛指自愧不如别人。

【自称】zìchēng〈动〉❶自己述说:他~钱包被盗。❷称呼自己:项羽~西楚霸王。❸自己声称(含夸大的意味):该厂~产品销量全国第一|他~是某报社的记者。

【自成一家】zì chéng yī jiā 在某种学问上或技术、技艺上有独创的见解或独特的做法,能自成体系。

【自持】zìchí〈动〉控制自己的欲望或情绪:难以~。

【自筹】zìchóu〈动〉个人或单位靠自身的力量

筹集(资金等):~经费|~资金。

【自吹自擂】zì chuī zì léi 自己吹喇叭,自己打鼓,比喻自我吹嘘。

【自从】zìcóng〈介〉表示时间的起点(指过去):~有了电视,我们就很少去戏院了。

【自大】zìdà〈形〉自以为了不起:骄傲~。

【自得】zìdé❶〈动〉自己感到或体会到:~其乐。❷〈形〉自己感到得意或舒适:洋洋~|安闲~。

【自得其乐】zì dé qí lè 自己从中体会到乐趣。

【自动】zìdòng❶〈副〉自己主动:~参加|许多人~报名献血。❷〈副〉不凭借人为的力量:~燃烧|水~地往下流淌。❸〈形〉不用人力而通过机械装置操作的:~门|~扶梯|~控制。

【自动扶梯】zìdòng fútī 电梯的一类,是链式输送机的特种形式,斜向或水平运行,两侧有扶手。广泛用于车站、商场等人流集中的场所。通称"滚梯"。

【自动柜员机】zìdòng guìyuánjī 自动式银行业务办理设备,由磁卡识别、控制和机电点钞等部分组成。银行卡的持有人可在无人值守的情况下自己进行简单的存款、取款或查询等操作。也叫"自动取款机"。

【自动化】zìdònghuà〈动〉在没有人直接参与的情况下,机器设备或生产管理过程通过自动检测、信息处理、分析判断等自动实现预期操作或完成某种过程。

【自动控制】zìdòng kòngzhì 通过自动化装置控制机器,使按照预定的程序工作。简称"自控"。

【自动取款机】zìdòng qǔkuǎnjī 自动柜员机。

【自发】zìfā〈形〉不受外力影响而自己产生的;不自觉的:~势力|~地组织起来。

【自焚】zìfén〈动〉自己烧死自己。

【自分】zìfèn〈动〉自己估量(自己):~难以当此重任。

【自封】zìfēng❶〈动〉自己给自己加封号;自命:~为英雄。❷限制自己:故步~。

【自奉】zìfèng 自己日常享用:~甚俭。

【自负】zìfù❶〈动〉自己负责:文责~|盈亏~。❷〈形〉自以为了不起:这个人很~。

【自告奋勇】zì gào fènyǒng 主动要求承当某项任务。

【自个儿】(自各儿)zìgěr 方言。〈代〉人称代词。自己。

【自顾不暇】zì gù bù xiá 照顾自己都来不及(哪里还能照顾别人)。

【自管】zìguǎn〈副〉尽管。

【自豪】zìháo〈形〉因自己或与自己有关的集体、个人具有美好的品质或取得重大的成就而感到光荣。

【自己】zìjǐ〈代〉❶复指句中已出现的人或物,也泛称句中未出现的某个主体:严格要求~。❷指自己方面:~人。

【自给】zìjǐ〈动〉依靠自己生产的东西满足自己的需要:粮食~。

【自家】zìjiā 方言。〈代〉人称代词。自己:~兄弟。

【自荐】zìjiàn〈动〉自己推荐自己:~材料|当候选人。

【自称】zìchēng〈动〉自夸。

【自尽】zìjìn〈动〉自杀。

【自经】zìjīng〈动〉自缢。

【自刭】zìjǐng〈动〉自刎。

【自净作用】zìjìng-zuòyòng 自然净化的作用。指大气、土壤或水体等受到污染后能够通过物理、化学、生物等自然作用而使污染物总量减少,浓度降低,逐渐恢复到未污染状态的现象。

【自咎】zìjiù〈动〉自己责备自己。

【自疚】zìjiù〈形〉对自己的过失感到惭愧不安:深感~。

【自救】zìjiù〈动〉自己解救自己:生产~。

【自居】zìjū〈动〉把自己放在某种位置上(多含贬义):~名士|以功臣~|以专家学者~。

【自决】zìjué〈动〉❶自己决定自己的事:~权。❷自杀。

【自觉】zìjué❶〈动〉自己感觉到:~不如别人。❷〈形〉自己有所认识而觉悟(多指表现出主动积极的精神):~性|~遵守纪律。

【自绝】zìjué〈动〉做了坏事而不悔改,因此自行断绝跟对方的关系:~于人民。

【自控】zìkòng〈动〉❶控制自己的情绪:他激动得难以~。❷自动控制:~车床。

【自夸】zìkuā〈动〉自己夸耀自己:业绩平平,没什么可以~的。

【自郐以下】zì kuài yǐ xià《左传·襄公二十九年》记载,吴国的季札在鲁国观赏周代的乐舞,对各诸侯国的乐曲都作了评价,但从郐国以下的就没有发表评论。后用"自郐以下"表示从什么以下就不值得一谈。

【自况】zìkuàng〈动〉拿别的人或事物来比自己:以包公~|借莲花~|引松竹以~。

【自来】zìlái〈副〉从来;历来:这里～就是交通要道。

【自来水】zìláishuǐ〈名〉❶供应居民生活、工业生产等方面用水的设备。把取自水源的水经过净化、消毒后,加压力,通过管道输送给用户。❷从自来水管道中流出来的水。

【自理】zìlǐ〈动〉自己承担或料理:生活～。

【自力更生】zì lì gēng shēng 靠自己的力量把事情办起来。

【自立】zìlì〈动〉❶不依赖别人,而靠自己劳动生活:孩子小,还不能～。❷指自立为王。

【自励】zìlì〈动〉自我勉励:刻苦～。

【自量】zìliàng〈动〉估计自己的实际能力:不知～。

【自流】zìliú〈动〉❶自动地流:～井｜～灌溉。❷比喻缺乏领导而自由发展:放任～。

【自鸣得意】zì míng dé yì 自己表示非常得意。

【自命】zìmìng〈动〉自以为有某种品格、身份等:～不凡(自以为很了不起)。

【自牧】zìmù〈动〉自我修养:念高危则思谦冲而～,惧满溢则思江海下百川。

【自馁】zìněi〈形〉失去自信而畏缩或泄气:面对挫折而不～。

【自欺欺人】zì qī qī rén 用自己都难以置信的话或手法来欺骗别人:既欺骗自己,也欺骗别人。

【自遣】zìqiǎn〈动〉排遣愁闷,宽慰自己。

【自戕】zìqiāng〈动〉自杀。

【自强】zìqiáng〈动〉❶自己努力向上:～不息(自己努力向上,永不懈怠)。❷(国家)自力图强。

【自然】zìrán ❶〈名〉自然界:大～。❷〈形〉自由发展;不经人力干预:～而然｜顺其～。❸〈副〉表示理所当然:只要坚持吃药,病～会好的。❹〈连〉连接句子或分句,表示进一步推理,后边一般有停顿:不能过分强调条件,～,也不能不讲条件。❺〈形〉应该这样;当然:这～,不用你嘱咐。

【自然】zìran〈形〉不勉强;不局促;不呆板:态度～。

【自然保护区】zìrán bǎohùqū 国家为保护有代表性的自然生态系统、珍稀濒危植物和有特殊意义的自然遗迹而依法划定的区域,如我国的神农架自然保护区、西双版纳热带雨林自然保护区。我国的自然保护区分为国家级和省级。

【自然村】zìráncūn〈名〉自然形成的村落。

【自然而然】zìrán ér rán 不经外力作用而如此:我们长期在一起工作,～地建立了深厚的友谊。

【自然法则】zìrán fǎzé 自然规律。

【自然光】zìránguāng〈名〉不直接显示偏振现象的光,一般光源直接发出的光都是自然光,如阳光、灯光等。

【自然规律】zìrán guīlù 存在于自然界的客观事物内部的规律。也叫“自然法则”。

【自然界】zìránjiè〈名〉通常指无机界和有机界。有时也指包括人类社会在内的整个物质世界。

【自然科学】zìrán kēxué〈名〉研究自然界各种物质和现象的科学。包括物理学、化学、生物学、矿物学、数学等。

【自然力】zìránlì〈名〉可以利用来代替人力的自然界物质运动所产生的动力,如风力、水力、潮汐力等。

【自然人】zìránrén〈名〉法律上指在民事上能享受权利并承担义务的个人(区别于“法人”)。

【自然选择】zìrán xuǎnzé 生物在自然条件影响下经常发生变异,适于自然条件的生物可以生存、发展,不适于自然条件的生物被淘汰,这种适者生存的过程叫作“自然选择”。是达尔文进化论的主要内容。

【自然灾害】zìrán zāihài 水、旱、病、虫、鸟、兽、风、雹、霜冻等自然现象造成的灾害。

【自然主义】zìrán zhǔyì ❶一种哲学思潮和流派,认为自然是全部的实在,超自然的领域是不存在的。❷19世纪产生于法国的一种文艺创作手法和流派。主张单纯地描摹自然,记录式地描写现实生活中的表面现象和琐碎细节,因此不能正确地反映社会的本质。以左拉(Emile Zola)为代表。

【自如】zìrú〈形〉❶活动或操作不受阻碍:旋转～｜运用～。❷自若;不拘束:谈笑～。

【自若】zìruò〈形〉❶自然,不拘束;不变常态:神态～。❷保持原来的样子,跟过去一样:且夫天下非小弱也,雍州之地,殽函之固,～也。

【自食其果】zì shí qí guǒ 自己做了坏事,结果害了自己。

【自食其力】zì shí qí lì 依靠自己的劳动养活自己。

【自视】zìshì〈动〉自己认为自己(怎么样):～甚高。

【自恃】zìshì ❶〈形〉过分自信而骄傲自满。❷〈动〉倚仗;仗恃:～功高。

【自首】zìshǒu〈动〉(犯法的人)主动向司法机关或有关部门交代自己的罪行。

【自赎】zìshú〈动〉自己用行动弥补罪过:立功~。

【自私】zìsī〈形〉只顾自己的利益,而不顾别人或集体的利益:~自利(只为个人利益打算)|~的人。

【自卫】zìwèi〈动〉保卫自己:~战争|奋力~。

【自刎】zìwěn〈动〉用刀、剑等割颈部自杀。

【自我】zìwǒ〈代〉自己(对自己做某事):~批评|~介绍。

【自我批评】zìwǒ pīpíng 自觉地对自己的错误和缺点进行批评。

【自我作古】zì wǒ zuò gǔ 自我创始,不因袭前人旧例。

【自习】zìxí〈动〉学生在规定时间或课外自己学习。

【自相】zìxiāng〈副〉指自己跟自己或集体内部的成员相互之间(存在某种情况):~矛盾|~惊扰|~残杀。

【自销】zìxiāo〈动〉商品生产者不通过商业部门等中间环节自行销售:自产~。

【自新】zìxīn〈动〉❶自觉地改正错误,重新做人:悔过~。❷自己努力向上;自求进步:独有这一件小事,叫我惭愧,催我~。

【自信】zìxìn〈动〉相信自己:~心|过分~。

【自行】zìxíng〈副〉❶自己(做):~解决。❷自动①:敌人不会~消灭。

【自行其是】zì xíng qí shì 按照自己认为正确的想法去做(多含贬义)。

【自省】zìxǐng〈动〉自我反思,反省:贵于~|~慎思|在工作中不断~。

【自修】zìxiū〈动〉❶自习:晚~。❷自学:~英语。

【自许】zìxǔ〈动〉自己称许自己:塞上长城空~,镜中衰鬓已先斑。

【自诩】zìxǔ〈动〉自夸:以聪明~。

【自已】zìyǐ〈动〉抑制自己的感情(已:停止):不能~|难以~。

【自以为是】zì yǐ wéi shì 认为自己的看法、做法正确,不接受别人的意见。

【自缢】zìyì〈动〉上吊自杀。

【自用】zìyòng〈动〉❶自以为是:刚愎~|师心~。❷私人使用:~汽车。

【自由】zìyóu❶〈形〉不受拘束或限制:~发言|~参加。❷〈名〉在法律规定的范围内,随自己意志活动的权利:宗教信仰~。❸〈名〉哲学上指人认识和掌握事物发展的规律性并自觉地运用到实践中去(跟"必然"相区别)。❹〈动〉自作主张:吾意久怀忿,汝岂得~!

【自由竞争】zìyóu jìngzhēng 商品生产者之间在生产和销售方面进行的不受限制的竞争。在竞争中,大资本排挤吞并小资本,使生产经营日益集中,发展到一定阶段,就形成垄断。

【自由诗】zìyóushī〈名〉一种诗歌体裁。结构自由、有语言的自然节奏而没有一定格律,一般不押韵。

【自由市场】zìyóu shìchǎng 农贸市场的俗称。

【自由王国】zìyóu wángguó 哲学上指人在认识和掌握客观世界规律之后,自由地运用规律改造客观世界的境界。参看〖必然王国〗。

【自由职业】zìyóu zhíyè 指凭借个人的知识、技能而独立从事的职业,如个人开业的医生、自由撰稿人所从事的职业。

【自由主义】zìyóu zhǔyì❶19世纪和20世纪初期的一种资产阶级政治思想。自由主义者代表资产阶级的利益,反对政治的、社会的和宗教的束缚,在历史上曾经起过进步的作用。但在资产阶级取得政权后,自由主义就成了掩饰资产阶级统治的幌子。❷指革命队伍中的一种错误的思想作风,主要表现是缺乏原则性,无组织,无纪律,过分强调个人利益等。

【自由自在】zì yóu zì zài 随心所欲而没有拘束。

【自圆其说】zì yuán qí shuō 使自己的说法没有破绽或自相矛盾的地方。

【自怨自艾】zì yuàn zì yì 原指悔恨自己的错误,自己加以改正(艾:治理;惩治)。现在只指悔恨。

【自愿】zìyuàn〈动〉自己愿意:自觉~|~报名。

【自在】zìzài〈形〉自由;不受拘束:逍遥~。

【自在】zìzai〈形〉安闲舒适:活得真~。

【自知之明】zì zhī zhī míng 透彻地了解自己(多指缺点)的能力:人贵有~。

【自止】zìzhǐ〈动〉抑制自己。

【自制】zìzhì〈动〉❶自己制造:~糕点。❷克制自己:~力|不能~。

【自治】zìzhì〈动〉民族、团体、地区等除了受所隶属的国家、政府或上级单位领导外,对自己的事务行使一定的权力:民族区域~。

【自重】zìzhòng❶〈动〉注重自己的言行:~自爱。❷〈名〉机器、车辆等本身的重量。

【自主】zìzhǔ〈动〉自己做主:独立~|婚姻~。

Z

【自助餐】zìzhùcān〈名〉一种由用餐者自取菜肴、主食的用餐方式。

【自专】zìzhuān〈动〉自作主张。

【自传】zìzhuàn〈名〉叙述自己生平经历的书或文章。

【自转】zìzhuàn〈动〉天体绕着自己的轴心而转动。地球自转一周的时间是23小时56分4秒;月亮自转一周的时间跟它绕地球公转一周的时间相同,都是27天7小时43分11.5秒。

【自足】zìzú ❶〈动〉自己可以满足自己的需求:自给~|衣食不能~。❷〈形〉自己感到满足;知足:无求而~|过着~舒心的日子。

【自尊】zìzūn〈动〉尊重自己,不向别人卑躬屈膝,也不容许别人歧视、侮辱自己:~心。

备用词　暗自　独自　各自　径自　亲自　擅自　私自

字 zì ❶〈名〉文字:识~|汉~|~体|~义|俗~。❷〈名〉字音:~正腔圆。❸〈名〉字体:篆~|隶~|柳~。❹〈名〉书法的作品:~画。❺〈名〉字据:立~为凭。❻〈名〉根据人名中的字义,另取的别名叫"字":诸葛亮~孔明。❼〈动〉旧时称女子许配:未~|待~闺中。❽〈名〉水表、电表、煤气表等上面所显示的数字俗称"字":这月电表走了50个~。❾〈名〉姓。

【字典】zìdiǎn〈名〉收集单字,按一定次序排列,加以注音、释义的工具书,如《康熙字典》、《新华字典》。

【字法】zìfǎ〈名〉指选词用字的方法。

【字符】zìfú〈名〉计算机或无线电通信中字母、数字和各种符号的统称:~串。

【字号】zìhao〈名〉❶商店的名称:这家商店的~是什么?❷指商店:老~。

【字迹】zìjì〈名〉字的笔画和形体:~工整|~潦草。

【字节】zìjié〈名〉指一小组相邻的二进制数码,是计算机重要的数据单位。通常由8位数码(也有4位或6位的)构成一个字节。

【字句】zìjù〈名〉文章中的字、词和句子:~通顺。

【字据】zìjù〈名〉书面的凭证,如合同、收据、借条:立~|写了一张~|有~为凭,谁也别想赖账。

【字库】zìkù〈名〉❶存放铅字字模或新铸铅字的库房。随着铅字的逐渐淘汰而不再使用。❷计算机系统中储存标准字形的专用软件。

【字里行间】zì lǐ háng jiān 字句中间,指文章中表露的思想感情。

【字谜】zìmí〈名〉用字做谜底的谜语。如"拿不出手",谜底是"合"。

【字面】zìmiàn〈名〉文字表面上的意义(不是含蓄在内的意义):这句话从~上看没有指摘的意思|不能只从~上去理解成语的意思。

【字母】zìmǔ〈名〉❶拼音文字或注音符号的最小的书写单位。❷音韵学上指声母的代表字,如"端"代表 d 声母。

【字母词】zìmǔcí〈名〉由字母构成或其中包含字母的词语的通称,如"DVD"、"WTO"、"B超"、"AA制"等。

【字幕】zìmù〈名〉❶银幕或电视机的屏幕上映出的文字。❷演戏时为了帮助观众听懂唱词而配合放映的文字。

【字书】zìshū〈名〉解释汉字的形体、读音和意义的书,如《说文解字》。

【字体】zìtǐ〈名〉❶同一种文字的各种不同形体,如汉字的楷书、行书等。❷书法的派别,如颜体、柳体等。

【字帖】zìtiè〈名〉供学习书法的人临摹的范本。

【字眼】zìyǎn〈名〉用在句子中的字或词。

【字斟句酌】zì zhēn jù zhuó 一字一句地推敲、斟酌,形容写作、说话的态度十分慎重。

剚(*倳)zì〈动〉用刀刺进去。

恣 zì ❶〈动〉放纵;没有拘束:骄~|~肆。❷方言。〈形〉舒服:冰镇西瓜吃起来别提多~了。

【恣情】zìqíng〈副〉❶纵情;~酒色。❷任意:钱拿到手别~乱花。

【恣肆】zìsì〈形〉❶放纵;无所顾忌:骄横~。❷〈文笔〉豪放不拘。

【恣睢】zìsuī〈形〉凶暴,放纵:任意胡为:暴戾~。

【恣行无忌】zì xíng wú jì 任意胡为,无所顾忌。

【恣意】zìyì〈副〉任意;放肆:~妄行。

眦(*眥)zì〈名〉眼角,靠近鼻子的叫"内眦",靠近两鬓的叫"外眦"。

【眦睚】zìyá ❶〈动〉瞪眼,发怒。❷〈名〉指极小的仇怨。

渍(漬)zì ❶〈动〉浸;沤;沾:~麻|浸~。❷〈名〉地面的积水:~水|防洪排~。❸〈动〉〈物体上〉积存着难以除去的脏

东西:轴承上～满了油泥。❹〈名〉积在物体上面难以除去的脏东西:油～|汗～。

— **zōng** —

枞（樅） zōng[枞阳]〈名〉地名,在安徽。
△另见 cōng。

宗 zōng ❶〈名〉祖宗:～祠|～庙。❷〈名〉家族,同一家族:同～|～族。❸〈名〉宗派,派别:正～|禅～。❹〈名〉宗旨:开～明义。❺〈动〉在学术或文艺上效法:～师|～仰。❻〈名〉为众人所师法的人物:文～。❼〈量〉件;批;桩:大～款项|几～案卷。❽〈名〉西藏地区旧行政区划单位,大致相当于县。❾〈名〉姓。

【宗法】zōngfǎ〈名〉旧时以家族为中心,按血统远近规定嫡庶系统的法则:～制度。

【宗匠】zōngjiàng〈名〉指在学术上有重大成就而为众人所推崇和敬仰的人:一代～|词家～。

【宗教】zōngjiào〈名〉一种社会意识形态和文化历史现象,是对客观世界的一种虚幻的反映,相信在现实世界之外存在着超自然、超人间的力量,要求人们信仰上帝、神道、精灵、因果报应等,把希望寄托于所谓天国或来世。

【宗庙】zōngmiào〈名〉❶帝王或诸侯祭祀祖先的地方。❷王室的代称。

【宗派】zōngpài〈名〉政治、学术、宗教等方面的自成一派而和别派对立的集团,今多指少数人为自身利益而形成的小集团。

【宗师】zōngshī〈名〉❶指在思想或学术上受人尊崇而可奉为模范的人。❷清代对一省总管教育的学官的称呼。

【宗室】zōngshì〈名〉帝王的宗族;皇族。

【宗仰】zōngyǎng〈动〉(众人)推崇;景仰:海内～。

【宗旨】zōngzhǐ〈名〉主要的目的和意图:为人民服务是我们的～。

【宗主国】zōngzhǔguó〈名〉封建时代统治和支配藩属国的国家。在资本主义时代,殖民国家对殖民地也自称"宗主国"。

【宗族】zōngzú〈名〉同一父系的家族,也指同一父系族的成员。

综（綜） zōng ❶〈动〉总起来聚在一起:～合|～述|～错。❷〈名〉姓。
△另见 zèng。

【综合】zōnghé〈动〉❶把分析过的对象或现象各个部分联合成一个统一的整体,以了解事物的整个本质属性(跟"分析"相对)。❷把各种不同而又互相关联的事物组合在一起:～大学|～利用。

【综合大学】zōnghé dàxué 多科系的高等学校。我国综合大学一般设有哲学社会科学(文科)、自然科学(理科)、技术科学(工科)、医学科学(医科)等方面的各种专业。

【综合国力】zōnghé guólì 一个国家国土面积、社会经济、科学技术、军事国防、对内对外方针政策等各方面的总体实力和潜力。

【综合利用】zōnghé lìyòng 对物质资源全面、充分、合理地加以利用。

【综合语】zōnghéyǔ〈名〉词与词之间的语法关系主要是靠词本身的形态变化来表示的语言。如俄语。词的形态变化也叫"屈折",所以综合语也叫"屈折语"。

【综合征】zōnghézhēng〈名〉因某些有病的器官相互关联的变化而同时出现的一系列症状。如肾病综合征表现为水肿、蛋白尿、胆固醇增高等。也叫"症候群"。

【综计】zōngjì〈动〉总计。

【综括】zōngkuò〈动〉总括:～各方面的情况。

【综述】zōngshù〈动〉综合叙述:时事～。

【综艺】zōngyì〈名〉综合多种形式的文艺:大型～节目|～晚会。

棕（*椶） zōng ❶[棕榈(lú)]〈名〉乔木,干直立,没有分枝,叶子大,掌状深裂。木材可制器具。❷〈名〉棕毛,棕榈树叶鞘的纤维:～绳|～刷子。

腙 zōng〈名〉有机化合物的一类。

踪（*蹤） zōng〈名〉脚印;踪迹:～影|行～。

【踪迹】zōngjì〈名〉足迹;行动所留下的痕迹。

【踪响】zōngxiǎng〈名〉踪迹和声音:绝无～。

【踪影】zōngyǐng〈名〉踪迹;影子:不见~|毫无~。

备用词 跟踪 潜踪 失踪 追踪

鬃(＊騣騌鬉）zōng〈名〉马、猪等颈上的长毛:~毛|~刷。

━━ zǒng ━━

总(總＊緫）zǒng❶〈动〉合到一起;汇集:~之|汇~。❷〈形〉全部的;全面的:~账|~评。❸〈形〉概括全部的;为首的;领导的:~纲|~编。❹〈副〉一直;一向:~说|~不改|天~不放晴。❺〈副〉毕竟;总归:几次碰壁,他~该回心转意了吧。❻〈副〉表示猜测:礼堂里挤得满满的,~有一两千人。

【总裁】zǒngcái〈名〉❶清代称中央编纂机构的主管官员或主持会试的大臣。❷某些政党首脑的名称。❸某些银行大企业的领导人。

【总产值】zǒngchǎnzhí〈名〉用价值形式计算的物质生产部门、生产单位在一定时期内生产的各种产品的总量:统计~。

【总称】zǒngchēng❶〈动〉总括起来叫作:医、卜、星相之类过去~为方技。❷〈名〉总括起来的名称:舰艇是各种军用船只的~。

【总得】zǒngděi〈副〉必须①:事情~有个了结|我想他今天~来一趟。

【总动员】zǒngdòngyuán〈动〉❶国家把全部武装力量由和平状态转入战时状态,并把所有的人力、物力、财力动员起来以备战争需要的紧急措施。❷为完成某项重要任务动员全部力量:全市~,开展春季爱国卫生运动。

【总督】zǒngdū〈名〉❶明初在用兵时派往地方巡视监察的官员,清代始正式成为地方最高长官,掌管一省或数省的军事和政治大权。❷英、法等国驻在殖民地的最高统治官员。

【总而言之】zǒng ér yán zhī 总括起来说:总之。

【总共】zǒnggòng〈副〉表示数量的总和;一共:~来了三个人。

【总归】zǒngguī〈副〉表示最后必然如此:终究:事实~是事实。

【总和】zǒnghé〈名〉全部加起来的数量或内容:今年的产量相当于前三年产量的~。

【总集】zǒngjí〈名〉把许多人的作品汇集在一起而成的诗文集,如萧统《文选》。

【总角】zǒngjiǎo❶〈动〉古时未成年的人把头发扎成髻。❷〈名〉借指幼年:~之交(幼年时相识的好朋友)。

【总结】zǒngjié❶〈动〉对一阶段内的工作、学习等的情况或各种经验进行分析研究,做出有指导性的结论:~工作|~经验。❷〈名〉通过总结做出的结论:年终~。

【总括】zǒngkuò〈动〉把各方面合在一起:~先生来信的意思,大概有两点。

【总理】zǒnglǐ〈名〉❶某些国家政府首脑的名称。❷某些政党领导人的名称。

【总统】zǒngtǒng〈名〉某些共和国的元首的名称。

【总之】zǒngzhī〈连〉❶表示下文是总括性的话:~,凡是有利于人民的事都要积极去做。❷表示根据上文所说做出概括性的结论,含有"反正"的意思:详细地址不太清楚,~离天安门不远。

偬(＊傯）zǒng 见[倥(kǒng)偬]。

━━ zòng ━━

纵(縱）zòng❶〈形〉地理上南北向的(跟"横"相对,下②③同):~贯。❷〈形〉从前到后的:~深。❸〈形〉跟物体长的一边平行的:~剖面。❹〈动〉释放;放走:~虎归山。❺〈动〉放任;不约束:放~|~酒。❻〈动〉身体猛力向上或向前:~身一跃。❼〈连〉纵然;即使:~有千难万险也不退缩。❽〈名〉姓。

【纵队】zòngduì〈名〉❶纵的队形:四路~。❷军队的编制单位,我国解放战争时期,人民解放军曾编纵队,相当于军。

【纵观】zòngguān〈动〉放眼看:~全局。

【纵横】zònghéng❶〈形〉竖和横;横一道竖一道:~交错。❷〈形〉奔放自如:笔意~。❸〈动〉奔驰没有阻碍:~驰骋。

【纵横捭阖】zònghéng bǎihé 指在政治或外交上运用手段进行联合或分化(纵横:用游说来联合;捭阖:开合。纵横、捭阖是战国时策士游说诸侯的主张和方法)。

【纵虎归山】zòng hǔ guī shān 比喻放走敌人,留下祸根。也说"放虎归山"。

【纵酒】zòngjiǔ〈动〉纵情饮酒,不加节制:~滋事。

【纵览】zònglǎn〈动〉放开眼任意观看:~群山。

【纵令】zònglìng❶〈连〉即使:~狐狸再狡猾,

也逃不脱猎人的眼睛。❷〈动〉听凭;放任使(做坏事):不得~坏人为非作歹。

【纵目】zòngmù〈动〉尽着目力向远处看:~四望。

【纵情】zòngqíng〈副〉尽情:~高歌|~欢唱。

【纵然】zòngrán〈连〉即使:我~有时间,也不去看这种没意思的电影。

【纵容】zòngróng〈动〉对错误行为放任不管,任其发展:不能~孩子学坏。

【纵声】zòngshēng〈动〉放开喉咙;放声:~唱歌|~大笑。

【纵使】zòngshǐ〈连〉即使:~时光流逝,你的微笑也会在我脑际永存的。

【纵谈】zòngtán〈动〉无拘无束地谈:~天下大事。

备用词　操纵　放纵　骄纵　宽纵　欲擒故纵

疭(瘲)　zòng见[瘛(chì)疭]。

粽(*糭)　zòng〈名〉粽子,一种食品,用竹叶或苇叶等把糯米包成三角锥体,煮熟后食用。

━━ zōu ━━

邹(鄒)　zōu〈名〉❶周朝国名,在今山东邹城一带。❷姓。

驺(騶)　zōu〈名〉❶古代给贵族掌管车马的人:~从。❷姓。

诹(諏)　zōu〈动〉商量;咨询:咨~。

陬　zōu〈名〉角落;山脚:山~海隅。

鄹(*❶郰)　zōu〈名〉❶春秋时鲁国地名,在今山东曲阜东南。❷古国名,即"邹"。

鲰(鯫)　zōu❶〈名〉小鱼。❷〈形〉形容小:~生(小人,也谦称自己)。

━━ zǒu ━━

走　zǒu〈动〉❶步行:行~|竞~|失。❷跑;奔:~相告。❸逃跑:老翁逾墙~,老妇出门看。❹挪动;移动:~棋|钟不~了。❺离开;去:我明天要~了。❻(亲友之间)来往:~亲戚。❼通过;经过:走这个门退场。❽漏出;泄漏:~漏。❾改变或失去原样:~样。❿〈名〉姓。

【走板】zǒubǎn〈动〉❶唱戏不合板眼。❷比喻说话离题。

【走笔】zǒubǐ〈动〉用笔很快地写:~疾书。

【走道】zǒudào〈名〉供人行走的道路。

【走道儿】zǒudàor❶〈动〉走路:小孩刚会~。❷方言。〈动〉指妇女改嫁。

【走低】zǒudī〈动〉(行情等)往下降:楼市~|物价持续~|欧元汇率一度~。

【走调儿】zǒudiàor〈动〉❶唱戏、唱歌、演奏乐器不合调子。❷比喻说话说走了样:看我这个烂嘴,说着说着就~了。

【走读】zǒudú〈动〉(学生)只在学校上课,不在学校住宿,叫"走读"(区别于"寄宿"):~生|~大学。

【走读生】zǒudúshēng〈名〉不在学校住宿的学生。

【走访】zǒufǎng〈动〉访问;拜访:~孤寡老人。

【走风】zǒufēng〈动〉泄露消息:如果不是有人~,他怎么会知道?

【走钢丝】zǒu gāngsī❶杂技的一种,演员在悬空的钢丝上来回走动,并表演各种动作。❷比喻做有风险的事情。

【走高】zǒugāo〈动〉(行情等)往上升:股市~|消费需求增加,拉动物价~。

【走舸】zǒugě〈名〉轻快的小船;快船。

【走狗】zǒugǒu〈名〉猎狗,现比喻受坏人豢养而帮助作恶的人。

【走过场】zǒu guòchǎng❶戏曲表演中角色从一侧上场后不停留,穿过舞台从另一侧下场,叫"走过场"。❷比喻只是在形式上做个样子,敷衍了事。

【走合】zǒuhé〈动〉磨(mó)合。

【走红】zǒuhóng〈动〉❶遇到好运气:这几年他正~,步步高升。也说"走红运"。❷指吃得开;受欢迎:音像制品开始~|这种空调在市场上十分~。

【走后门】zǒu hòumén 指通过不正当的途径达到某种目的。

【走火】zǒuhuǒ〈动〉❶因不小心而使火器发火:枪~。❷比喻说话过了头:没留神说~了。❸电线破损跑电而引起燃烧,也泛指失火。

【走火入魔】zǒu huǒ rù mó 痴迷于某种事物到了失去理智的地步:他玩网络游戏都~了。

【走江湖】zǒu jiānghú 指四方奔走,靠武艺、杂技或医卜星相谋生。

【走廊】zǒuláng〈名〉❶屋檐下高出平地的走道,或独立的有顶的走道。❷比喻连接两个较大地区的狭长地带:河西~。

【走漏】zǒulòu〈动〉泄漏：~消息｜~风声。

【走马观花】zǒu mǎ guān huā 骑着马看花，比喻粗略地观察事物（走马：骑着马跑）。也说"走马看花"。

【走强】zǒuqiáng〈动〉❶（价格等）趋于上升：大盘指数~。❷趋于旺盛：技术人才的需求量~｜农产品加工企业出现了~的势头。

【走俏】zǒuqiào〈形〉（商品）销路好：近年金首饰~｜这种空调~市场。

【走热】zǒurè〈动〉逐渐受人欢迎和关注；趋于流行、热销等：持续｜旅游市场进一步~。

【走人】zǒurén〈动〉（人）离开；走开：卷铺盖~｜咱们~，不等他了｜他既然不愿意干，就叫他~。

【走软】zǒuruǎn〈动〉走弱。

【走弱】zǒuruò〈动〉❶（价格等）趋于下降：车市开始~。❷趋于低迷：销售势头~｜外贸市场一度~。

【走时】zǒushí〈动〉走运。

【走势】zǒushì〈名〉❶趋势：市场~｜当前企业投资~看好。❷走向：勘察山谷的~｜这里的山脉~是东西向的。

【走水】zǒushuǐ〈动〉❶漏水：管道~了。❷指失火（含避讳意）。

【走私】zǒusī〈动〉违反海关法规，逃避海关检查，非法运输货物进出国境。

【走台】zǒutái〈动〉❶演员等正式演出前在舞台上走动练习，熟悉位置。❷时装模特儿在表演台上行走进行展示、表演。

【走题】zǒutí〈动〉做诗文或说话离开了主题：说话走了题。

【走投无路】zǒu tóu wú lù 无路可走。比喻处于绝境，找不到出路。

【走向】zǒuxiàng〈名〉岩层、山脉等延伸的方向：矿脉~｜边界~｜勘察山势的~。

【走形式】zǒu xíngshì 指只图表面上应付，不讲求实际效果。

【走穴】zǒuxué〈动〉指演员为了捞外快而私自参加本单位以外的演出。

【走眼】zǒuyǎn〈动〉看错；看得不准：拿着好货当次货，你可看~了｜买珠宝首饰，若是走了眼，可就要吃大亏。

【走样】zǒuyàng〈动〉失去原来的样子；跟原来的不一样：听来的消息有点~。

【走运】zǒuyùn〈形〉运气好。

【走卒】zǒuzú〈名〉差役，今比喻受人豢养而帮助做坏事的人。

备用词　奔走　出走　逃走　退走　行走　不胫而走

奏　zòu ❶〈动〉演奏：吹~。❷〈动〉发生；取得：~效。❸〈动〉臣子对帝王陈述意见或说明事情：启~｜上~。❹〈名〉姓。

【奏捷】zòujié〈动〉取得胜利：~归来｜频频~。

【奏凯】zòukǎi〈动〉取得胜利而奏凯歌，泛指胜利。

【奏效】zòuxiào〈动〉产生效果；见效：~显著。

【奏章】zòuzhāng〈名〉臣子向帝王呈递的意见书。也叫"奏疏"。

【奏折】zòuzhé〈名〉写奏章的折子。

揍　zòu〈动〉❶打（人）。❷方言。打碎：小心把碗给~了。

租　zū ❶〈动〉租用：~房。❷〈动〉出租；让。❸〈名〉出租所收取的金钱或实物：房~｜地~。❹〈名〉旧时指田赋：~税。❺〈名〉姓。

【租佃】zūdiàn〈动〉占有土地的人把土地租给佃农耕种。

【租价】zūjià〈名〉出租的价格。

【租界】zūjiè〈名〉帝国主义国家强迫半殖民地国家在通商都市内"租借"给他们并由他们直

接统治的地区。

【租借】zūjiè〈动〉❶租用。❷出租。

【租金】zūjīn〈名〉租房屋、土地或物品的钱。

【租赁】zūlìn〈动〉❶租用：～了一间阁楼。❷出租：本店对外～相机。

【租用】zūyòng〈动〉以归还原物并付给一定代价为条件而使用别人的土地、房屋或实物等：～家具。

【租约】zūyuē〈名〉确定租赁关系的契约。

菹(＊葅) zū❶〈名〉多水草的沼泽地带。❷〈名〉酸菜。❸〈名〉枯草。❹〈动〉切碎(菜、肉)：～醢(剁成肉酱)。

— zú —

足 zú❶〈名〉脚；腿：～迹｜驻～｜手舞～蹈。❷〈名〉器物下部形状像腿的部分：鼎～。❸〈形〉充足，足够：十～｜富～｜～智多谋。❹〈副〉够得上某种数量或程度：一个人～可以完成。❺〈动〉值得，足以(多用于否定式)：不～为凭｜无～轻重。❻〈名〉姓。

【足赤】zúchì〈名〉成色十足的金子：金无～，人无完人。

【足迹】zújì〈名〉脚印：～遍布全国。

【足金】zújīn〈名〉成色十足的金子。

【足疗】zúliáo〈动〉足部的保健治疗，包括足浴和足部按摩等。

【足下】zúxià〈名〉❶敬称对方。❷立脚的地方：千里之行，始于～。

【足用】zúyòng〈形〉物资充足：兵精～，英雄乐业。

【足智多谋】zú zhì duō móu 智谋多，形容善于谋划。

卒(＊卆) zú❶〈名〉兵：小～｜马前～。❷〈名〉古代军队编制单位，一百人为“卒”。❸〈名〉差役：走～｜狱～。❹〈动〉完毕；结束：～业。❺〈副〉到底；终于：～免于难。❻〈动〉死：病～｜暴～。❼〈名〉姓。
　　△另见 cù。

【卒业】zúyè〈动〉毕业。

族 zú❶〈名〉家族：宗～｜世～。❷〈动〉灭族，杀死整个家族的人。❸〈名〉种族，民族：汉～｜斯拉夫～。❹〈名〉事物有某种共同属性的一大类：水～｜语～。

【族布罗生】zú bù luó shēng (草木等)到处丛生。

【族谱】zúpǔ〈名〉家族或宗族记载本族的世系和重要人物事迹的文册。

【族权】zúquán〈名〉宗法制度下，族长对家族或宗族的支配权力，家长对家庭成员的支配权力。

【族群】zúqún〈名〉❶指由共同语言、宗教、信仰、习俗、世系、种族、历史和地域等方面的因素构成的社会文化群体。❷泛指具有某些共同特点的一群人或一类人：亚裔～｜高血压患者是发生脑中风的危险～。

【族人】zúrén〈名〉同一家族或宗族的人。

【族长】zúzhǎng〈名〉宗法制度下家族或宗族的领头人，通常由族中辈分较高、年纪较长、有权势的人担任。

备用词 部族 贵族 家族 民族 氏族 世族 种族 宗族

镞(鏃) zú〈名〉箭头：箭～。

— zǔ —

诅(詛) zǔ〈动〉❶诅咒。❷盟誓。

【诅骂】zǔmà〈动〉咒骂。

【诅咒】zǔzhòu〈动〉原指祈祷鬼神加祸于所憎恨的人，今指咒骂。

阻 zǔ〈动〉阻挡；阻碍：～止｜～隔｜劝～｜推三～四。

【阻隘】zǔ'ài〈名〉险要而难以通行的地方。

【阻碍】zǔ'ài❶〈动〉阻挡使不能顺利通过或发展：～交通。❷〈名〉起阻碍作用的事物：清除～。

【阻挡】zǔdǎng〈动〉阻止；阻拦：历史的车轮不可～。

【阻遏】zǔ'è〈动〉阻止：～行云。

【阻隔】zǔgé〈动〉两地之间不能相通或不易来往：交通～｜山川～。

【阻击】zǔjī〈动〉以防御手段阻止敌人增援、逃跑或进攻：～战。

【阻截】zǔjié〈动〉阻挡；阻拦：～溃敌。

【阻绝】zǔjué〈动〉阻隔断绝。

【阻拦】zǔlán〈动〉阻止；拦阻：横加～。

【阻力】zǔlì〈名〉❶妨碍物体运动的作用力：空气～。❷泛指阻碍事物发展或前进的外力：调查遇到了很大～。

【阻挠】zǔnáo〈动〉阻止或暗中破坏使事情不能顺利进行：从中～。

【阻塞】zǔsè〈动〉❶有障碍而不能通过：道路～。❷使阻塞：～道路。

【阻止】zǔzhǐ〈动〉使不能前进;使停止行动:~前进。

备用词　遏阻　梗阻　禁阻　拦阻　劝阻

组(組) zǔ❶〈动〉组织;结合:~合|阁改~。❷〈名〉由不多的个体组织成的单位:小~|班~。❸〈量〉用于若干个体组成的事物:两~电池。❹〈形〉合成一组的(文艺作品):~诗|~画。

【组建】zǔjiàn〈动〉组织并建立(机构、队伍等):~剧团|~突击队|~老年合唱团。

【组团】zǔtuán〈动〉组成团体,特指组织剧团或代表团、旅游团:~参赛|出国访问|重新~|中国运动员~参加奥运会。

【组织】zǔzhī❶〈动〉把分散的人或事物集中,使具有一定的系统性或整体性:~群众|~稿件。❷〈名〉系统;配合关系:~严密。❸〈名〉机体中构成器官的单位,由许多形态和功能相同的细胞按一定的方式结合而成:上皮~|肌肉~。❹〈名〉按一定宗旨和系统建立起来的集体:工会~|非法~。

【组织生活】zǔzhī shēnghuó 党派、团体等的成员每隔一段时间聚集在一起进行的学习、交流思想、讨论问题等的活动。

【组装】zǔzhuāng〈动〉把零件组合起来,构成部件;把零件或部件组合起来,构成机器或装置:~车间|用国产零件~一台计算机。

俎 zǔ〈名〉❶古代祭祀时盛牛羊等的器具:~豆|~为孔硕。❷古代割肉用的砧板:人为刀~,我为鱼肉。❸姓。

祖 zǔ❶〈名〉父母亲的上一辈:~父|外~母。❷〈名〉宗族:远~|高~。❸〈名〉事业或派别的首创者:鼻~|始~。❹〈动〉效法;沿袭。❺〈名〉本初;开始。❻〈动〉古代出行前祭祀路神,泛指饯行:~饯。❼〈名〉姓。

【祖国】zǔguó〈名〉自己的国家:热爱~。

【祖籍】zǔjí〈名〉祖上的籍贯;原籍:~广东。

【祖上】zǔshàng〈名〉家族中较早的上辈;上代:他家~是做官的。

【祖师】zǔshī〈名〉❶学术或技术上创立派别的人。❷佛教、道教中创立宗派的人。❸会道门称本会道门的创始人。❹旧时手工业者称本行业的创始人。

【祖述】zǔshù〈动〉尊崇和效法前人的学说或行为:~孔子。

【祖先】zǔxiān〈名〉❶一个民族或家族的上代,特指年代久远的:人类的~。❷演化为现代生物的古生物:始祖鸟是鸟类的~。

【祖宗】zǔzong〈名〉❶一个家族的上辈,多指较早的。❷泛指民族的祖先。

备用词　鼻祖　始祖　外祖　伯祖　曾祖　光宗耀祖　数典忘祖

═══ zuān ═══

钻(鑽*鑚) zuān〈动〉❶穿孔;打眼:~孔|~探。❷穿过;进入:~山洞。❸深入研究:~研|~书本|~业务。△另见 zuàn。

【钻空子】zuānkòngzi 利用漏洞进行有利于自己的活动。

【钻谋】zuānmóu〈动〉钻营;善于~。

【钻牛角尖】zuān niújiǎojiān 比喻费力研究不值得研究或无法解决的问题。

【钻探】zuāntàn〈动〉用器械向地下钻孔,取出土壤或岩心样品,以了解地层情况。

【钻研】zuānyán〈动〉深入研究:~业务|刻苦~|~理论。

【钻营】zuānyíng〈动〉为谋求私利而设法巴结有权势的人:投机~。

躜(躦) zuān〈动〉向上或向前冲。

═══ zuǎn ═══

缵(纘) zuǎn〈动〉继承:~先烈之业。

纂(*❶篹❷鬘) zuǎn❶〈动〉编辑:~修|编~。❷〈名〉妇女梳在头后的发髻。

═══ zuàn ═══

钻(鑽*鑚) zuàn❶〈名〉穿孔、打眼用的工具:电~|风~。❷〈名〉指钻石:~戒。❸义同"钻"(zuān)①。△另见 zuān。

【钻石】zuànshí〈名〉❶经过打磨的金刚石。❷人造宝石。

赚(賺) zuàn方言。〈动〉骗(人)。△另见 zhuàn。

攥 zuàn〈动〉握:~拳。

═══ zuī ═══

脧 zuī方言。〈名〉男子的生殖器。△另见 juān。

— zuǐ —

咀 zuǐ "嘴"俗作咀。
△另见 jǔ。

觜 zuǐ 同"嘴"。
△另见 zī。

嘴 zuǐ〈名〉❶口:张~|~角。❷形状或作用像嘴的东西:烟~|山~子。❸指说话:多~|甜~|~直(说话直爽)。

【嘴巴】zuǐba〈名〉❶打嘴附近的部位叫"打嘴巴":挨了一个~。也叫"嘴巴子"。❷嘴①:张开~。

【嘴脸】zuǐliǎn〈名〉面貌;脸色(含厌恶意):丑恶~。

【嘴严】zuǐyán〈形〉嘴紧;嘴稳。

【嘴硬】zuǐyìng〈形〉自知理亏而口头上不肯认错或服输:做错了事还~|他虽然~,可心里早服了。

【嘴直】zuǐzhí〈形〉说话直率、爽快:别怪我~,这事是你不对。

— zuì —

最(*冣取) zuì〈副〉表示某种属性超过所有同类的人或事物:~大|~好|~初。

【最爱】zuì'ài〈名〉指最喜爱的人或事物:汽车模型一直是他的~。

【最初】zuìchū〈名〉最早的时期;开始的时候:那里~还是不毛之地|我~认识他是在上中学的时候。

【最后】zuìhòu〈名〉在时间上或次序上在所有别的之后:~胜利一定属于我们|这是全书的~一章。

【最后通牒】zuìhòu tōngdié 一国对另一国提出的必须接受其要求,否则将使用武力或采取其他强制措施的外交文书。这种文书限在一定时间内答复,所以叫"最后通牒"。也叫"哀的美敦书"。

【最惠国待遇】zuìhuìguó dàiyù 一国在关税、贸易、航海、公民法律地位等方面给予另一国的不低于任何第三国的优惠待遇。

【最近】zuìjìn〈名〉指说话前或后不久的日子:~我到上海去了一趟|这个戏~就要上演了。

【最终】zuìzhōng〈名〉最后;末了:~目的。

【最终产品】zuìzhōng chǎnpǐn 指直接供消费者购买、使用的物品和服务。

罪(*皐) zuì〈名〉❶作恶或犯法的行为:~犯|判~。❷过失:赔~。❸苦难;痛苦:遭~。❹刑罚:死~。❺〈动〉把罪归到某人身上:~己(见~)。

【罪不容诛】zuì bù róng zhū 罪恶极大,即使处死都不能抵偿(诛:杀)。

【罪错】zuìcuò〈名〉罪行和过错。

【罪恶】zuì'è〈名〉严重损害国家和人民利益的行为:~滔天。

【罪犯】zuìfàn〈名〉有犯罪行为的人:捉拿~。

【罪过】zuìguo ❶〈名〉过失。❷〈名〉谦辞,表示不敢当:为这点儿小事让你跑好几趟,真是~! ❸〈名〉罪孽。❹方言。〈形〉可怜:这老人无儿无女,真~。

【罪魁】zuìkuí〈名〉罪恶最大的首犯:~祸首。

【罪戾】zuìlì〈名〉罪过;罪恶。

【罪孽】zuìniè〈名〉迷信认为应受到报应的罪恶:~深重。

【罪愆】zuìqiān〈名〉罪过①。

【罪囚】zuìqiú〈名〉因犯罪而受囚禁的人;囚徒。

【罪行】zuìxíng〈名〉犯罪的行为:~累累。

【罪责】zuìzé〈名〉罪行的责任:~难逃|开脱~。

【罪状】zuìzhuàng〈名〉犯罪的事实:查明~|列举~。

槜(*檇) zuì[槜李]〈名〉李子的一个品种,果实皮鲜红,汁多,味甜。

蕞 zuì[蕞尔]〈形〉形容小(多指地区小):~小国。

醉 zuì〈动〉❶饮酒过量,神志不清:~酒。❷沉迷;过分爱好:陶~|沉~。❸用酒泡制(食品):~枣|~蟹。

【醉驾】zuìjià〈动〉醉酒驾驶机动车。

【醉生梦死】zuì shēng mèng sǐ 像在醉梦中那样糊里糊涂地活着。

【醉翁之意不在酒】zuì wēng zhī yì bù zài jiǔ 欧阳修《醉翁亭记》:"醉翁之意不在酒,在乎山水之间也。"后用来表示本意不在此而在别的方面。

【醉心】zuìxīn〈动〉对某一事物特别爱好而一心专注:~于歌唱艺术。

【醉醺醺】zuìxūnxūn〈形〉形容人喝醉了酒的样子。

【醉意】zuìyì〈名〉醉的感觉或神情。

━━ zūn ━━

尊 zūn ❶〈形〉地位或辈分高:～长｜～卑。❷〈动〉敬重:～敬｜～崇。❸〈形〉敬辞,称跟对方有关的人或事物:～驾｜～姓大名。❹量词:一～佛像｜一～大炮。❺同"樽"。

【尊称】zūnchēng ❶〈动〉尊敬地称呼:～他为郭老。❷〈名〉对人尊敬的称呼:"郭老"是人们对他的～。

【尊贵】zūnguì〈形〉可尊敬;高贵:～的来宾｜～的客人。

【尊敬】zūnjìng〈动〉重视而恭敬地对待:～老师。

【尊尚】zūnshàng〈动〉尊重提倡;崇尚:～武勇。

【尊严】zūnyán ❶〈形〉尊重庄严:一副～的面孔。❷〈名〉可尊敬的身份或地位:维护法律的～。

【尊重】zūnzhòng ❶〈动〉尊敬;重视:～科学。❷〈形〉庄重(指行为):放～些!

遵 zūn ❶〈动〉依照:～命｜～守｜谨～医嘱。❷〈介〉沿着:～海而南。❸〈名〉姓。

【遵从】zūncóng〈动〉遵照并服从:～上级的指示。

【遵守】zūnshǒu〈动〉遵照规定行动;不违背:～纪律｜～交通规则。

【遵循】zūnxún〈动〉遵照;遵守:～原则｜～领导的指示｜～正确的道路。

【遵照】zūnzhào〈动〉依照:～执行。

樽(*罇) zūn〈名〉古代一种盛酒的器具。

鳟(鱒) zūn〈名〉鱼,背部淡青稍带褐色,下部银白色,全身有黑斑。

━━ zǔn ━━

撙 zǔn〈动〉节省:～省｜～节(节约;节省)。

━━ zuō ━━

作 zuō〈名〉作坊:石～｜小器～｜五行八～。
△另见 zuò。

【作坊】zuōfang〈名〉手工业工场。

嘬 zuō〈动〉吮吸:～奶。
△另见 chuài。

━━ zuó ━━

昨 zuó〈名〉❶昨天,今天的前一天:～夜。❷泛指过去:觉今是而～非。

【昨年】zuónián 方言。〈名〉去年。

捽 zuó 方言。〈动〉揪。

筰(*笮) zuó〈名〉竹篾拧成的绳索:～桥(竹索桥)。
△另见 zé。

琢 zuó 见下。
△另见 zhuó。

【琢磨】zuómo〈动〉思索;考虑:我～了半天还是不明白。
△另见 zhuómó。

━━ zuǒ ━━

左 zuǒ ❶〈名〉面向南时靠东的一边(跟"右"相对,下②⑥同):～手｜～舷。❷〈名〉东:山～(太行山以东的地方,后特指山东省)｜江～(江东)。❸〈形〉偏;邪;不正常:～嗓子｜～道旁门。❹〈形〉错;不对头:说～了｜想～了。❺〈形〉相反:意见相～。❻〈形〉进步的;革命的:～派。❼〈名〉附近:～近。❽同"佐"①②。❾〈名〉姓。

【左道】zuǒdào〈名〉邪道②。

【左道旁门】zuǒ dào páng mén 指不正派的宗教派别,也借用在学术上。也说"旁门左道"。

【左近】zuǒjìn〈名〉附近:邮局就在我家～。

【左派】zuǒpài〈名〉在阶级、政党、集团内,政治上倾向进步或革命的一派。

【左迁】zuǒqiān〈动〉官员降职。

【左倾】zuǒqīng〈形〉❶思想倾向进步或革命的。❷不区分事物发展的不同阶段,在革命斗争中表现急躁盲动的(左字常带引号作"左")。

【"左"倾机会主义】zuǒqīng jīhuì zhǔyì 见〖机会主义〗。

【左券】zuǒquàn〈名〉古代称契约为券,用竹做成,分左右两片,立约双方各执一片。左片叫"左券",由债权人收执,作为凭证。后来说有把握叫"操左券"。

【左祖】zuǒtǎn〈动〉《史记·吕太后本纪》记载,汉高祖刘邦死后,吕后当权,培植吕姓势力。吕死后,太尉周勃夺取吕氏的兵权,在军中对众人说:"拥护吕氏的右袒,拥护刘氏的左袒。"军中都左袒(露出左臂)。后称偏护一方为"左袒"。

【左翼】zuǒyì〈名〉❶作战时在正面部队左侧的部队。❷阶级、政党、集团中在政治思想上倾向进步或革命的一部分。

【左右】zuǒyòu ❶〈名〉左和右两方面:～为难。❷〈名〉指身边:侍立～。❸〈名〉指身边跟随的人:屏退～|让～退下。❹〈动〉支配;操纵:～局势。❺〈名〉用在数目字后面表示概数:年纪四十～。❻〈副〉反正。

【左右逢源】zuǒ yòu féng yuán 比喻事情无论怎样进行都很顺利。也比喻待人处事世故圆滑。

【左证】zuǒzhèng 见〖佐证〗。

【左支右绌】zuǒ zhī yòu chù 指力量不足,应付了这一方面,那一方面又有了问题。

佐 zuǒ ❶〈动〉辅助:～理。❷〈名〉辅助别人的人:僚～。❸姓。

【佐餐】zuǒcān〈动〉下饭。

【佐证】(左证)zuǒzhèng〈名〉证据:伪造单据就是他贪污的～。

撮 zuǒ〈量〉用于成丛的毛发:一～头发。
△另见 cuō。

— zuò —

作 zuò ❶〈动〉起:振～|日出而～。❷〈动〉写作:～曲|～文。❸〈名〉作品:佳～|杰～。❹〈动〉装:做:矫揉造～。❺〈动〉当成;作为:过期～废|以身～则。❻〈动〉发作:～呕。❼(旧读 zuō)〈动〉从事某种活动:～揖|～死(自寻死路)|自～自受。
△另见 zuō。

【作案】zuò'àn〈动〉进行犯罪活动。

【作罢】zuòbà〈动〉作为罢论;停止进行。

【作弊】zuòbì〈动〉用不正当的手段做违法乱纪或不合规定的事情:串通～|考试～。

【作壁上观】zuò bìshàngguān 人家交战,自己站在营垒上观看。比喻坐观成败,不动手帮助。

【作答】zuòdá〈动〉做出回答:一一～|迟迟未能～|听到问话,他没有马上～。

【作对】zuòduì〈动〉❶做对头;使为难:他成

心跟我～。❷成为配偶:成双～。

【作恶】zuò'è〈动〉做坏事:～多端。

【作伐】zuòfá〈动〉做媒。

【作法】zuòfǎ ❶〈动〉道士施行法术。❷〈名〉写文章或作画的方法:文章～。❸〈名〉做法。

【作法自毙】zuò fǎ zì bì 自己立法反而使自己受害。

【作风】zuòfēng〈名〉❶思想、工作和生活上表现出来的态度、行为:领导～|～正派。❷风格:～古朴的山水画。

【作梗】zuògěng〈动〉捣乱,妨碍事情顺利进行:从中～。

【作古】zuògǔ〈动〉婉辞,指人死。

【作假】zuòjiǎ〈动〉❶制造假的,冒充真的,真的里头掺假的;好的里头掺坏的:弄虚～|～成真。❷要花招;装糊涂:～骗人。❸故作客套,不爽直:没吃饱就说没吃饱,别～!

【作价】zuòjià〈动〉在出让物品、赔偿物品损失或以物品偿还债务时估定物品的价格;规定价格:合理～|赔偿～|～拍卖。

【作奸犯科】zuò jiān fàn kē 为非作歹,触犯法令(奸:坏事)。

【作茧自缚】zuò jiǎn zì fù 蚕吐丝作茧,把自己裹在里面。比喻做了某事,结果反而使自己受困。

【作客】zuòkè〈动〉寄居别处(多指外地):～异乡。

【作料】zuòliao(口语中多读 zuóliao)〈名〉烹调时用来增加滋味的油、盐、酱、醋和葱、蒜、生姜、花椒、大料等。

【作乱】zuòluàn〈动〉发动叛乱:犯上～。

【作美】zuòměi〈动〉成全人的好事(多用于否定):天公不～。

【作难】zuònán〈动〉为难:你别～了。

【作难】zuònàn〈动〉发动叛乱:一夫～而七庙隳。

【作孽】zuòniè〈动〉造孽。

【作弄】zuònòng〈动〉捉弄。

【作呕】zuò'ǒu〈动〉恶心,比喻对可憎的事非常讨厌:令人～。

【作品】zuòpǐn〈名〉指文学艺术方面的著作、成品:文学～|雕塑～。

【作色】zuòsè〈动〉脸上现出怒色:勃然～|愤然～。

【作声】zuòshēng〈动〉发出声音,指说话、咳嗽等:默不～|大家悄悄过去,别～。

【作祟】zuòsuì〈动〉迷信的人指鬼神跟人为

难。比喻坏人或坏的思想意识等从中作怪，使事情搞坏或妨碍事情顺利进行。

【作态】zuòtài〈动〉故意做出某种态度或表情：惺惺～|扭捏～。

【作威作福】zuò wēi zuò fú 指统治者擅行赏罚，独揽威权。后用来指妄自尊大，滥用权势。

【作为】zuòwéi ❶〈名〉所作所为；行为：众人对他的～有所议论。❷〈名〉可做的事：大有～。❸〈动〉做出成绩：有所～。❹〈动〉当作：他把爬山～锻炼身体的方法。❺〈介〉就人的某种身份或事物的某种性质来说：～干部，要时时关心群众的疾苦。

【作文】zuòwén ❶〈动〉写文章（多指学生练习写作）。❷〈名〉学生练习写作时所写的文章：做～。

【作息】zuòxī〈动〉❶工作和休息：按时～。❷工作；劳作：昼夜勤～，伶俜萦苦辛。

【作兴】zuòxīng 方言。❶〈动〉情理上许可（多用于否定式）：开口骂人，不～！❷〈副〉可能；也许：看这天气，～要下雨。❸〈动〉流行；盛行：农村过春节，还～贴春联。

【作秀】zuòxiù 也作"做秀"。方言。〈动〉❶表演；演出：争相～|歌星们依次上台～。❷指为了销售、竞选等而进行展览、宣传等活动：想方设法～促销|竞选者各出奇招～。❸弄虚作假，装样子骗人：他这种人惯会～，见什么人说什么话。

【作业】zuòyè ❶〈名〉教师给学生布置的功课；生产单位给工人布置的生产活动；部队给士兵布置的训练：课外～|野外～。❷〈动〉从事某种生产活动或军事活动：高空～|水下～。

【作揖】zuòyī〈动〉两手抱拳高拱，身子略弯，向人敬礼：打躬～。

【作俑】zuòyǒng〈动〉制造殉葬用的偶像，比喻倡导做不好的事。

【作用】zuòyòng ❶〈动〉对事物产生影响：～力（作用于物体上的力）。❷〈名〉对事物产生某种影响的活动：同化～|光合～。❸〈名〉对事物所产生的影响；效果；效应：副～|起～。❹〈名〉用意：他这样说是有～的。

【作证】zuòzhèng 同"做证"。

备用词　操作　劳作　制作　写作　造作　做作　合作　协作　矫揉造作　精耕细作　无恶不作

坐 zuò ❶〈动〉把臀部放在椅子、凳子或其他物体上，支持身体重量：静～|～立不安。❷〈动〉乘；搭：～船|～车。❸〈动〉（房屋）背对着某一方向：这座宅子～北朝南。❹〈动〉把锅、壶等放在炉火上：～锅。❺〈动〉枪炮由于反作用而向后移动；建筑物由于基础不稳固而下沉：后～力|这房子向后～了。❻〈动〉瓜果等植物结实：～果。❼〈动〉定罪：连～。❽〈动〉指不劳动或不行动：～享|～视。❾同"座"①。❿〈连〉因为：～此退隐。

【坐次】zuòcì 同"座次"。

【坐待】zuòdài〈动〉坐等：～胜利|～时机|～成功。

【坐等】zuòděng〈动〉坐着等待：在他家～了半个多小时。

【坐而论道】zuò ér lùn dào 原指坐着议论政事，后泛指脱离时机空谈大道理：领导干部要深入实际，调查研究，不能～。

【坐法】zuòfǎ〈动〉犯法被定罪：～当斩。

【坐观成败】zuò guān chéng bài 对于别人的成功或失败采取旁观的态度。

【坐化】zuòhuà〈动〉佛教指和尚盘腿端坐而死。

【坐江山】zuò jiāngshān 指掌握国家政权：打江山不易，～更难。

【坐井观天】zuò jǐng guān tiān 坐在井里看天，比喻眼光狭窄，看到的很有限。

【坐蜡】zuòlà〈动〉比喻遇到困难，陷入为难境地。

【坐冷板凳】zuò lěngbǎndèng ❶比喻因不受重视而担任清闲的职务。❷比喻长期受冷遇。❸比喻长期被安排做寂寞清苦的工作。

【坐落】zuòluò〈动〉建筑物、村落等位置在（某处）：学校～在公园西侧。

【坐山观虎斗】zuò shān guān hǔ dòu 比喻对双方的斗争采取旁观的态度，等到两败俱伤时，再从中捞取好处。

【坐商】zuòshāng〈名〉有固定营业地点的商人（区别于"行商"）。

【坐失】zuòshī〈动〉不主动采取行动而失去（时机）：～良机。

【坐视】zuòshì〈动〉坐着看，指对该管的事不管：～不救。

【坐堂】zuòtáng〈动〉❶旧时指官吏在公堂上审理案件。❷佛教指在禅堂上坐禅。❸营业员在店堂里营业；中药店聘请的医生在店堂里看病：～卖货｜～行医｜特聘退休老中医～应诊。

【坐天下】zuò tiānxià 指掌握国家政权。

【坐位】zuòwèi 同"座位"。

【坐误】zuòwù〈动〉坐失（时机）：因循～。

【坐享其成】zuò xiǎng qí chéng 自己不出力而享受别人辛勤工作、劳动得来的成果。

【坐以待毙】zuò yǐ dài bì 坐着等死，比喻遇到危险不采取积极措施而等待失败。

【坐月子】zuò yuèzi 指妇女生孩子和产后一个月里休息调养身体。

【坐赃】zuòzāng〈动〉❶方言。栽赃。❷犯贪污罪：～致罪。

【坐诊】zuòzhěn〈动〉医生在药店等固定地点给人看病：本店聘请老中医～。

【坐镇】zuòzhèn〈动〉（官长）亲自在某个地方镇守，也用于比喻：～指挥｜前线指挥部｜总工程师亲临现场～。

【坐庄】zuòzhuāng〈动〉❶商家派遣或特约的人常驻某地，采购或推销货物：他长期在上海～。❷打牌时继续做庄家：轮流～｜一连坐了三把庄。❸投资者依靠雄厚的资金，大比例地买卖某只股票，以控制股价，达到赢利的目的。

备用词　平起平坐　正襟危坐

阼　zuò〈名〉古代指东面的台阶，主人迎接宾客的地方：～阶。

岈　zuò〈名〉岈山，地名，在山东。

怍　zuò〈形〉惭愧：惭～｜～愧。

柞　zuò〈名〉乔木，即栎树，叶子可饲养柞蚕：～树｜～蚕｜～丝绸。
△另见 zhà。

胙　zuò〈名〉古代祭祀时供的肉。

祚　zuò〈名〉❶福。❷君主的位置：帝～。

砼　zuò［砼硌(luò)]〈形〉山石不齐的样子。
△另见 zhǎ。

唑　zuò 用于译音，如"咔唑"、"噻唑"（都是有机化合物）。

座　zuò ❶〈名〉座位：就～｜雅～｜～无虚席。❷〈名〉放在器物底下垫着的东西：灯～｜钟～。❸〈名〉星座：大熊～。❹〈量〉多用于较大或固定的物体：一～山｜一～塔｜一～水库。❺〈名〉姓。

【座次】zuòcì〈名〉座位的次序：排～。也作"坐次"。

【座上客】zuòshàngkè〈名〉指在席上的受主人尊敬的客人，泛指受到邀请的客人。

【座谈】zuòtán〈动〉不拘形式地谈论或讨论：专题～。

【座位】zuòwèi 也作"坐位"。〈名〉❶供人坐的地方（多用于公共场所）：票已经卖完，一个～也没有了。❷指椅子、凳子等可以坐的东西，搬个～儿来。

【座无虚席】zuò wú xū xí 座位没有空着的。形容观众、听众或出席的人很多。

【座右铭】zuòyòumíng〈名〉写出来放在座位旁边的格言，泛指对行动有指导意义的话。

做　zuò〈动〉❶制造：～衣服。❷写作：～文章。❸从事某种工作：～事｜～买卖。❹举行家庭的庆祝或纪念活动：～寿。❺充当；担任：～伴｜～东。❻用作：树皮可～造纸原料。❼结成（关系）：～亲｜～对头。

【做伴】zuòbàn〈动〉当陪伴的人：母亲生病，需要有个人～。

【做大】zuòdà〈动〉妄自尊大；摆架子。

【做东】zuòdōng〈动〉当东道主：这顿饭就由我～了。

【做法】zuòfǎ〈名〉处理事情或制作物品的方法：不同的～各有千秋。

【做工】zuògōng ❶〈动〉从事体力劳动：在工厂～。❷〈名〉指手工技术或手工制品的质量：～精致。❸同"做功"。

【做功】zuògōng〈名〉戏曲演员的动作和表情：～戏。也作"做工"。

【做功课】zuògōngkè ❶学生做老师布置的作业。❷佛教徒按时诵念经佛。❸比喻事前做有关准备工作。

【做客】zuòkè〈动〉访问别人，自己当客人：到朋友家～。

【做礼拜】zuò lǐbài 宗教徒向所信奉的对象行礼。

【做买卖】zuò mǎimai 从事商业活动：~的｜到集上去~。

【做满月】zuò mǎnyuè 在婴儿满月时宴请亲朋好友。

【做媒】zuòméi〈动〉给人介绍婚姻。

【做梦】zuòmèng〈动〉❶睡眠中因大脑里的抑制过程不彻底，在意识中呈现种种幻象。❷比喻幻想：白日~。

【做派】zuòpài〈名〉❶做功；戏曲中演员的动作、表演：~潇洒。❷表现出来的派头儿、作风：一副官老爷的~。

【做人】zuòrén〈动〉❶指待人接物：会~｜~处世｜学做事，先要学~。❷当个正派人：只要讲诚信，~并不难｜痛改前非，重新~。

【做生日】zuò shēngrì 庆祝生日。

【做生意】zuò shēngyì 做买卖。

【做声】zuòshēng 同"作声"。

【做事】zuòshì〈动〉❶从事某种工作或处理某项事情：他~一向认真负责｜一人~一人当｜屋里太吵了，做不了事。❷担任固定的职务；工作：我儿子在一家银行~｜你现在在哪儿~？

【做手脚】zuò shǒujiǎo 为实现某种企图暗中采取行动（多指舞弊等）。

【做寿】zuòshòu〈动〉（为老年人）做生日。

【做田】zuòtián〈动〉种田。

【做文章】zuò wénzhāng 比喻抓住一件事发议论或在上面打主意：他这人就爱抓住一件小事~。

【做戏】zuòxì〈动〉❶演戏。❷比喻故意做出虚假的姿态：他这是在我们面前~，不要相信｜事情已经真相大白，你就别再~了！

【做秀】zuòxiù 同"作秀"。

【做学问】zuò xuéwen 钻研学问。

【做贼心虚】zuò zéi xīn xū 比喻做了坏事怕人察觉出来而心里不安。

【做针线】zuò zhēnxian 做缝纫刺绣等活计：夜已经很深了，妈妈还在灯下~活儿。

【做证】zuòzhèng〈动〉做证明，法律上特指证人向司法机关提供证据、证言等：出庭~。也作"作证"。

【做主】zuòzhǔ〈动〉❶做主人：当家~。❷对某项事情负完全责任而做出决定：您可得给我~｜这事我做不了主。

【做作】zuòzuo〈动〉故意做出某种表情、腔调、姿态等。

酢 zuò〈动〉客人用酒回敬主人：酬~。
△另见 cù。

西文字母开头的词语 *

【α粒子】α lìzǐ 阿尔法粒子。放射性物质衰变时放射出来的氦原子核，带正电。穿透力不大，能伤害动物的皮肤。也说"甲种粒子"。

【α射线】α shèxiàn 阿尔法射线。放射性物质衰变时放射出来的阿尔法粒子流。穿透物质的本领比贝塔射线弱得多，易被薄层物质所阻挡。也说"甲种射线"。

【β粒子】β lìzǐ 贝塔粒子。放射性物质衰变时放射出来的高速运动的电子，带负电。也说"乙种粒子"。

【β射线】β shèxiàn 贝塔射线。放射性物质衰变时放射出来的贝塔粒子流。也说"乙种射线"。

【γ刀】γ dāo 伽马刀。

【γ射线】γ shèxiàn 伽马射线。

【A股】A gǔ A 种股票。指人民币普通股票。由我国境内（不含港、澳、台地区）的公司发行，供境内投资者以人民币认购和交易：～市场。

【A级绿色食品】A jí lǜsè shípǐn 指产地符合环境质量规定标准，生产过程中允许限量使用限定的化学合成物质，经专门机构认定并许可使用 A 级绿色食品标志的食品。

【A级通缉令】A jí tōngjīlìng 公安部在全国范围内通缉在逃涉案人员发布的最高等级的通缉令。2000 年 2 月，公安部通缉令首次分为 A、B 两个等级。A 级主要适用于情况紧急、案件重大或突发恶性案件的命令。参看"B 级通缉令"。

【A照】A zhào 能驾驶各种类别机动车辆的汽车驾驶执照。参看"B 照"、"C 照"。

【AA级绿色食品】AA jí lǜsè shípǐn 指产地符合环境质量规定标准，生产过程中不使用任何化学合成物质，经专门机构认定并许可使用 AA 级绿色食品标志的食品。

【AA制】AA zhì 指聚餐或其他消费付账时各人平摊出钱或各人付各人的钱的做法。

【AB角】AB jué 指在 AB 制中扮演同一角色的两个演员。

【AB制】AB zhì 剧团排演某剧时，其中的同一主要角色由两个演员担任，演出时如 A 角不能上场则由 B 角上场，这种安排叫作"AB 制"。

【ABC】A、B、C 是拉丁字母中的前三个。用来指某方面的常识或浅显的道理（有时也用于书名）：连音乐的～都不懂，还作什么曲？｜《股市交易～》。

【ABS】防抱死制动系统：新车型以双安全气囊、～防抱死刹车系统及全车碰撞吸能设计作为标准配置，具有出色的安全性、舒适性和环保性。［英 anti-lock braking system 的缩写］

【ADR】药品不良反应。［英 adverse drug reaction 的缩写］

【ADSL】非对称数字用户线路。［英 asymmetrical digital subscriber line 的缩写］

【AI】人工智能：～是计算机科学的一个分支，研究的主要目的是模拟人类的智能活动和以计算机为手段研究人类的智能。［英 artificial intelligence 的缩写］

　＊这里收录的常见西文字母开头的词语，有的是借词，有的是外语缩略语，有的是汉语拼音的缩略语。在汉语中，西文字母一般是按西文的音读的，因此这里就不再用汉语拼音标注读音，词目中的汉字部分仍用汉语拼音标注读音。

【AIDS】获得性免疫缺陷综合征，即艾滋病。［英 acquired immune deficiency syndrome 的缩写］

【AM】调幅。［英 amplitude modulation 的缩写］

【APC】复方阿司匹林。由阿司匹林、非那西丁和咖啡因制成的一种解热镇痛药。［英 aspirin, phenacetin and caffeine compound 的缩略形式］

【APEC】亚太经济合作组织。［英 Asia Pacific Economic Cooperation 的缩写］

【API】空气污染指数。［英 air pollution index 的缩写］

【ATM 机】ATM jī 自动柜员机。［ATM, 英 automated teller machine 的缩写］

【B 超】B chāo ❶"B 型超声诊断"的简称：做～。❷"B 型超声诊断仪"的简称，利用超声脉冲回波幅度调制荧光屏辉度分布而显示人体断面像并从中获得临床诊断信息的装置。

【B 股】B gǔ 指我国大陆公司发行的特种股票。在国内证券交易所上市，供投资者以美圆(沪市)或港币(深市)认购和交易。

【B 级通缉令】B jí tōngjīlìng 公安部应各省级公安机关的请求而发布的缉捕在逃人员的通缉令：案发后，警方通过现场目击者的指认及弹痕鉴定，确认作案者为公安部发布～通缉的犯罪嫌疑人。参看"A 级通缉令"。

【B 淋巴细胞】B línbā xìbāo 一种免疫细胞，起源于骨髓，禽类在腔上囊发育成熟，人和哺乳动物在骨髓中发育成熟，再分布到周围淋巴器官和血液中去，占血液中淋巴细胞的 15% －30%。能够产生循环抗体。简称"B 细胞"。［B, 英 bone marrow(骨髓)的第一个字母］

【B 瓶】B píng 见"B 字瓶"。

【B 细胞】B xìbāo "B 淋巴细胞"的简称。

【B 照】B zhào 能驾驶除大客车外其他类别机动车辆的汽车驾驶执照。参看"A 照"、"C 照"。

【B 字瓶】B zì píng 底部有"B"字标志的新标准啤酒瓶。也叫"B 瓶"。［B, 英 beer 的缩写］

【BBS】❶电子公告牌系统。［英 bulletin board system 的缩写］❷电子公告牌服务。［英 bulletin board service 的缩写］

【BEC 考试】BEC kǎoshì 商务英语证书考试。由英国剑桥大学特别考试委员会承办。［BEC, 英 Business English Certificate 的缩写］

【BP 机】BP jī 无线寻呼机：禁止医务人员在手术时使用手机，～。［BP, 英 beeper 的缩写］。

【BRT 快线】BRT kuàixiàn 一种介于轨道交通与常规公交之间的新型快速公共客运系统。具有高质量、快速舒适、低成本、灵活、便捷等特点：～已开始启用。［BRT, 英 Bus Rapid Transit 的缩写］

【B2B】见"BtoB"。

【BtoB】商家对商家的电子商务：加快企业开展～的步伐，使网上交易有较快的发展。因英文 two 与 to 同音，也作"B2B"。［英 business to business 的缩写］

【B2C】见"BtoC"。

【B to C】商家对客户的电子商务：～网站。因英文 two 与 to 同音，也作"B2C"。［英 business to customer 的缩写］

【C 照】C zhào 只能驾驶小车，包括小轿车以及 9 座以下的小客车的汽车驾驶执照。参看"A 照"、"B 照"。

【CA】认证权威；认证中心。可验证和发放有效证书的权威机构：～信息技术亚洲展示会。［英 bertification authority 的缩写］

【CAAC】中国民航。［英 Civil Aviation Administration of China 的缩写］

【CAD】计算机辅助设计。［英 computer-aided design 的缩写］

【CAE】计算机辅助工程。［英 computer-aided engineering 的缩写］

【CAI】计算机辅助教学。［英 computer-aided instruction 的缩写］

【CAL】计算机辅助学习。［英 computer-aided learning 的缩写］

【CAM】计算机辅助制造。［英 computer-aided manufacturing 缩写］

【CAO】首席行政官。［英 chief administrative officer 的缩写］

【CAT】❶计算机辅助测试。［英 computer-aided test 的缩写］❷计算机辅助翻译。［英 computer-aided translation 的缩写］❸分类；类别。［英 category 的缩写］

【CATV】有线电视。[英 cable TV 的缩写]

【CBA】中国篮球协会。通常也指该协会主办的中国男子篮球职业联赛。[英 Chinese Basketball Association 的缩写]

【CBD】中央商务区。[英 central business district 的缩写]

【CCC】中国强制性产品认证。也叫"3C 认证"。[英 China Compulsory Certification 的缩写]

【CCD】电荷耦合器件。一种作为光辐射接收器的固态光电子器件。[英 charge-coupled device 的缩写]

【CCTV】中国中央电视台。[英 China Central Television 的缩写]

【CD】激光唱盘。[英 compact disc 的缩写]

【CDC】疾病预防控制中心:市～。[英 center for disease control and prevention 的缩写]

【CDMA】码分多址。一种数字通信技术。[英 code division multiple access 的缩写]

【CD-R】可录碟;可录光盘。[英 compact disc-recordable 的缩写]

【CD-ROM】只读碟;只读光盘。[英 compact disc read-only memory 的缩写]

【CD-RW】可擦写光盘;可反复写光盘。[英 compact disc-rewritable 的缩写]

【CEO】首席执行官。[英 chief executive officer 的缩写]

【CEPA】(我国内地与港、澳地区)关于建立更紧密经贸关系的安排。[英 Closer Economic Partnership Arrangement 的缩写]

【CFO】首席财务官。[英 chief finance officer 的缩写]

【CGO】首席沟通官。[英 chief government officer 的缩写]

【CHI】"中国铁路高速列车"的英语简称。通常用来指时速 200 公里及以上的动车组列车。[英 china railways high-speed 的缩写]

【CI】❶企业标志。[英 corporate identity 的缩写]❷企业形象。[英 corporate image 的缩写]

【C³I 系统】C³I xìtǒng 指军队自动化指挥系统。[C³I,英 command(指挥),control(控制),communication(通信),intelligence(情报)的缩略形式]

【CIMS】计算机集成制造系统。[英 computer-integrated manufacturing system 的缩写]

【CIO】首席信息官。[英 chief information officer 的缩写]

【CIP】在版编目;预编目录。在图书出版前,由图书编目部门根据出版商提供的校样先行编目,编目后将著录内容及标准格式交出版机构,将它印于图书的版权页上。[英 cataloguing in publication 的缩写]

【C⁴ISR】指军队自动化指挥系统。由 C³I 系统发展而来。[英 command(指挥),control(控制),communication(通信),computer(计算机),intelligence(情报),surveillance(监视),reconnaissance(侦察)的缩略形式]

【CKO】首席知识官。[英 chief knowledge officer 的缩写]

【CLO】首席法务官。[英 chief law officer 的缩写]

【CMO】首席市场官。[英 chief marketing officer 的缩写]

【CNO】首席谈判官。[英 chief negotiating officer 的缩写]

【COD】化学需氧量。反映水的污染程度:水体富营养化程度初步得到控制,～基本达到国务院规划目标要求。[英 chemical oxygen demand 的缩写]

【COO】首席运营官。[英 chief operating officer 的缩写]

【COS】角色扮演。利用服装、小饰品、道具以及化妆来演绎角色,是一种扮装性质的表演艺术行为。[英 costume play 的缩写]

【CPA】注册会计师。[英 certified public accountant 的缩写]

【CPI】消费者价格指数:我国～含零售物价总指数和居民生活费用价格指数两种。[英 consumer price index 的缩写]

【CPO】❶首席程序官。[英 chief programme officer 的缩写]❷首席采购官。[英 chief purchase officer 的缩写]

【CPU】中央处理器。[英 central processing unit 的缩写]

【CQO】首席质量官。[英 chief quality officer 的缩写]

【CRO】首席研究官;研究总监。[英 chief research officer 的缩写]

【CRT】阴极射线管。[英 cathode-ray tube 的缩写]

【CSO】首席安全官。[英 chief security officer 的缩写]

【CT】❶计算机层析成像：做～。❷计算机层析成像仪。[英 computerized tomography 的缩写]

【DC】数字相机。[英 digital camera 的缩写]

【DINK 家庭】DINK jiātíng 丁克家庭。夫妻双方均有收入并自愿不生育子女的家庭（DINK，英 double income，no kids 的缩写）。

【DIY】自己动手做。[英 do it yourself 的缩写]

【DJ】迪厅、酒吧等场所的音响调音师。也指电台音乐节目主持人。[英 disco jockey 的缩写]

【DM】直接邮送广告，即通过邮局直接寄到收信者名下的广告：～商业信函广告。[英 direct mail 的缩写]

【DNA】脱氧核糖核酸。[英 deoxyribonucleic acid 的缩写]

【DNA 芯片】DNA xīnpiàn 基因芯片。

【DNS】域名系统。主要功能是将人们易于记忆的域名与人们不容易记忆的 IP 地址做转换，以达到访问网络的目的。[英 domain name system 的缩写]

【DOS】磁盘操作系统。[英 disk operating system 的缩写]

【DSL】数字用户专线。[英 digital subscriber line 的缩写]

【DTV】数字电视。全部采用数字编码和数字传输技术的新一代电视。[英 digital television 的缩写]

【DV】数字视频，也指以这种格式记录音像数据的数字摄像机。[英 digital video 的缩写]

【DVD】数字激光光盘。[英 digital video disc 的缩写]

【DVD-ROM】数字只读光盘，也叫"高密度只读光盘"。[英 DVD read-only memory 的缩写]

【DVR】数字激光记录器（录音机）。[英 digital video recorder 的缩写]

【e 化】e huà 电子化，或网络化、信息化。[e，

英 electronic 的第一个字母]

【e 时代】e shídài 电子时代，或网络时代、信息时代。[e，英 electronic 的第一个字母]

【e 书】e shū 电子图书，以电子版的方式在互联网上出版、发行、阅读、下载的书籍。[e，英 electronic 的第一个字母]

【EAS 系统】EAS xìtǒng 电子防盗系统。[EAS，英 electronic article surveillance 的缩写]

【e-bank】电子银行。[e，英 electronic 的第一个字母]。

【e-book】电子图书。书籍以电子版的形式在互联网上出版、发行，并通过个人电脑或便携式阅读终端接受或下载，最后实现一种新的阅读方式。

【EBD】电子制动力分配系统。[英 electronic brakeforce distribution 的缩写]

【EC】❶电子商务。[英 electronic commerce 的缩写]❷紧急避孕。[英 emergency contraception 的缩写]

【ED】男性勃起功能障碍。[英 erectile dysfunction 的缩写]

【EDI】电子数据交换。[英 electronic data interchange 的缩写]

【e-mail】电子邮件。[e，英 electronic 的第一个字母]

【EMBA】高级管理人员工商管理硕士。[英 Executive Master of Business Administration 的缩写]

【EMS】邮政特快专递。[英 express mail service 的缩写]

【EPT】英语水平考试。为选拔到英语国家学习的出国留学生而设立的标准化考试。[英 English Proficiency Test 的缩写]

【EQ】情商。[英 emotional quotient 的缩写]

【ERP】企业资源计划。一个统一管理企业人、财、物、信息和供、产、销市场的大型集成信息管理系统，体现了一种更完善、更先进的管理思想和方法。[英 enterprise resource planning 的缩写]

【ETS】（美国）教育考试服务中心。为母语是非英语者进行英语水平考试的主办机构。[英 Educational Testing Service 的缩写]

【F】建筑物的楼层：6～。[英 floor 的第一个字

母]

【F1】F yī 一级方程式锦标赛。方程式赛车中级别最高的:世界~锦标赛。[F₁,英 formula l grand prix 的缩写]

【FA】工厂自动化:~代表着高效率,体现着时代发展的要求。[英 factory automation 的缩写]

【FAX】❶传真件。❷用传真机传送。❸传真系统。[英 facsimile 的缩略变体]

【FIQ】财商。一个人认识金钱及驾驭金钱的能力。[英 financial iq 的缩写]

【FLASH】一种流行的网络动画设计软件,也指用这种软件制作的动画作品。

【FM】调频。[英 frequency modulation 的缩写]

【G 板】G bǎn 见"G 股"。

【G 股】G gǔ 指完成股权分置改革后恢复上市交易的公司股票。中国股市特有名称,是已经完成股改的公司股票,未完成股改的则没有这个字母代号。也叫"G 板"。[G,汉语拼音 gǔgǎi(股改)的第一个字母]

【G3】G sān TD-SCDMA(国产 3G 技术)的新标志。参看"TD-SCDMA"。

【G 族】G zú 参加美国 GRE、GMAT 研究生入学考试的一群人。[G,英 GRE、GMAT 的第一个字母]

【GAP】❶良好农业规范。[英 good agricultural practice 的缩写]❷中药材生产质量规范。[英 good agricultural practice for chinese crude drugs 的缩写]

【GB】国家标准。中国国家标准的代号。[汉语拼音 guóbiāo 的缩写]

【GB/T】指国标/推,即推荐性国家标准:《出版物上数字用法的规定》从 1996 年 6 月 1 日起实施。该标准是~15835-1995[汉语拼音 guó biāo/tuī 的缩写]

【GCT】面向在职人员的研究生入学资格考试。[英 Graduate Candidate Test 的缩写]

【GDP】国内生产总值。[英 gross domestic product 的缩写]

【GIS】地理信息系统。[英 geographic information system 的缩写]

【GLP】药物非临床研究质量管理规范。主要针对医药、农药、食品添加剂、化妆品、兽药等进行的安全性评价实验而制定的规范。[英 good laboratory practice 的缩写]

【GM】转基因:~食品|~技术。[英 genetically modi-fied 的缩写]

【GMAT】(美国等国家)管理专业研究生入学资格考试。[英 Graduate Management Admission Test 的缩写]

【GMDSS】全球海上遇险与安全系统。[英 global maritime distress and safety system 的缩写]

【GMP】药品生产质量管理规范,是世界各国对药品生产全过程监督管理普遍采用的法定技术规范。[英 good manufacturing practice 的缩写]

【GNP】国民生产总值。[英 gross national product 的缩写]

【GP】通科医生;全科医生:社区保健医疗非常需要~人才。[英 general practitioner 的缩写]

【GPS】全球定位系统。[英 global positioning system 的缩写]

【GRE】(美国等国家)研究生入学资格考试。[英 Graduate Record Examination 的缩写]

【GSM】全球移动通信系统。[英 global system for mobile communications 的缩写]

【H 股】H gǔ 指在我国境内(不含港、澳、台)注册,在香港上市的股票,以人民币标明面值,供我国港、澳、台地区及境外投资者以港币认购和交易。[H,英 Hong Kong(香港)的第一个字母]

【HDTV】高清晰度电视。[英 high-definition television 的缩写]

【HFMD】手足口病。[英 hand, foot and mouth disease 的缩写]

【HGH】人体生长荷尔蒙(生长激素)。[英 Human Growth Hormone 的缩写]

【hi-fi】高保真度。[英 high-fidelity 的缩写]

【HIV】人类免疫缺陷病毒;艾滋病病毒。[英 human immunodeficiency virus 的缩写]

【Hp】指 Hp 疫苗,全称是口服重组幽门螺杆菌疫苗。[Hp,helicobacterpylori 的简称]

【HR 管理】HR guǎnlǐ 见"HRM"。

【HRM】人力资源管理。也叫"HR 管理"。[英 human resource management 的缩写]

【HSK】汉语水平考试。为测量母语非汉语者的汉语水平而设立的国际性标准化考试。［汉语拼音 hànyǔ shuǐpíng kǎoshì 的缩写］

【IA】信息家电。泛指能传递网络信息的家电用品。［英 information appliance 的缩写］

【IAD】互联网成瘾综合征：～少年｜为～所苦。［IAD，英语 internet addiction disorder 的缩写］

【IAP】因特网接入提供商：～规模小、局域性强，一般只向用户提供拨号入网服务。［英语 internet access provider 的缩写］

【IC 卡】IC kǎ 集成电路卡。［IC，英 integrated circuit 的缩写］

【ICP】因特网信息提供商。［英 Internet content provider 的缩写］

【ICQ】❶一种国际流行的网络即时通讯软件。❷网络寻呼机。［英 I seek you（我找你）的谐音］

【ICU】重症监护治疗病房；重症监护室。［英 intensive-care unit 的缩写］

【ID 卡】ID kǎ ❶身份证（ID，英 Identity card 的缩写）。❷标志卡，一种可以识别持卡人身份和发卡方的卡（ID，英 Identification card 的缩写）。

【IDC】互联网数据中心。［英 internet data center 的缩写］

【IDD】国际直拨（电话）。［英 international direct dialing 的缩写］

【IELTS】雅思。国际英语水平测试，英国、澳大利亚、新西兰、加拿大等国采用。［英 International English Language Testing System 的缩写］

【IMF】国际货币基金组织。［英 International Monetary Fund 的缩写］

【internet】互联网。

【Internet】因特网。

【IOC】国际奥林匹克委员会。简称"国际奥委会"、"奥委会"。［英 International Olympic Committee 的缩写］

【IP 地址】IP dìzhǐ 网际协议地址。因特网使用 IP 地址作为主机的标志。［IP，英 Internet protocol 的缩写］

【IP 电话】IP diànhuà 网络电话。［IP，英 Internet protocol 的缩写］

【IP 卡】IP kǎ IP 电话卡。［IP，英 Internet protocol 的缩写］

【IPO】❶首次公开募股：企业～融资额度全部执行"不超过净资产两倍"的标准。［英语 initial public offering 的缩写］❷输入、处理、输出的合称：任何软件不外乎由～三大部分组成。［英 input process output 的缩写］

【IPS 细胞】IPS xìbāo 指经过基因"重新编排"回归到胚胎干细胞状态的体细胞。全称为"诱导多功能干细胞"。［IPS，英 induced pluripotent stem 的缩写］

【IQ】智商。［英 intelligence quotient 的缩写］

【ISBN】国际标准书号。我国分配的组号为 7，最大编号容量为 1 亿种。简称"书号"。［英 international standard book number 的缩写］

【ISDN】综合业务数字网。［英 integrated services digital network 的缩写］

【ISO】国际标准化组织。［从希腊语 isos（相同的）得名。一说从英 International Organization for Standardization］

【ISP】因特网服务提供商。［英 Internet services provider 的缩写］

【ISRC】国际标准音像制品编码。［英 international standard recording code 的缩写］

【ISSN】国际标准期刊号。简称"刊号"。［英 international standard serial number 的缩写］

【IT】信息技术。［英 information technology 的缩写］

【ITS】智能交通系统。［英 intelligent transportation system 的缩写］

【ITV】交互式电视，也叫"互动电视"。［英 Interactive Television 的缩写］

【K 房】K fáng KTV 包房（间）的简称。参看"KTV"。

【K 粉】K fěn 一种常见毒品，即氯胺酮。氯胺酮医学上用作外科手术麻醉剂，用作毒品时俗称"K 粉"。［K，英 ketamine 的缩写］

【K 客】K kè 博客的一种。指想象力丰富、勇于创造，以极度轻松随意散漫的心态"玩"出自己的作品，在网络上流传（也有结集出版），展现个人特色的人。［K，英 kidults 的首字母］

【K 线】K xiàn 记录单位时间内证券等价格变化情况的一种柱状线，分为实体和影线两部分,实体两端分别表示开盘价和收盘价,上下影两端分别表示最高价和最低价,依时间单位的长短可分为日 K 线、周 K 线、月 K 线等。也可用于市场指数等。

【K 线图】K xiàntú 分析股价的走势图。以开牌价、最高价、最低价和收牌价组成图形分析股价的走势:从～上看,已经构成非常好的上攻形态。[英 candlestick charts 原叫"蜡烛图",现称"K 线图"]

【KTV】指配有卡拉 OK 和电视设备的包间。[K,指卡拉 OK;TV,英 television 的缩写]

【LAN】局域网。[英 local area network 的缩写]

【LC】信用证。是开证行依照申请人的申请开出的,凭符合信用证条款的单据支付的付款承诺。[英 letter of credit 的缩写]

【LCD】液晶显示(器)。[英 liquid crystal display 的缩写]

【LD】激光视盘。[英 laser disc 的缩写]

【LED】发光二极管。[英 light-emitting diode 的缩写]

【LHC】大型强子对撞机。即粒子加速器。[英 the large hadron collider 的缩写]

【LPG】液化石油气。[英 liquefied petroleum gas 的缩写]

【M 族】M zú 正在攻读 MBA、MPA、MSW、EMBA 等专业学位者。因这些专业的英文缩写形式都有一个 M,故统称"M 族":作为～的一员,他已攻读两个学位了。参看"MBA"、"MPA"、"MSW"、"EMBA"。

【MAN】城域网。通常指在一个城市范围内操作,主要面向企事业用户的公用型网络。[英 metropolitan area network 的缩写]

【MBA】工商管理硕士。[英 Master of Business Administration 的缩写]

【MD】迷你光盘。[英 mini disc 的缩写]

【MIS】管理信息系统:从事～的开发。[英 management information system 的缩写]

【MO 族】MO zú 移动办公的族群。[英 mobile office 的缩写]

【MODEM】调制解调器。谐音"猫":通过～进行信号转换,实现双方信息的交换。[英 modulator(调制器)demodulator(解调器)的缩写]

【MMS】多媒体信息服务。[英 multimedia message service 的缩写]

【MP3】一种常用的数字音频压缩格式,也指采用这种格式的音频文件及播放这种格式音频文件的袖珍型电子产品。[英 MPEG 1 audio layer 3 的缩写]

【MP4】一种能播放影音文件的袖珍型电子产品。

【MPA】公共管理硕士。[英 Master of Public Administration 的缩写]

【MPEG】运动图像压缩标准。由 MPEG 专家组制定的一种运动图像及其伴音的压缩编码国际标准。[英 Motion Pictures Experts Group 的缩写]

【MRI】磁共振成像。[英 mangnetic resonance imaging 的缩写]

【MSW】社会工作硕士。[英 Machine status Word 的缩写]

【MTV】音乐电视,一种用电视画面配合歌曲演唱的艺术形式。[英 music television 的缩写]

【MV】一种用动态画面配合歌曲演唱的艺术形式。[英 music video 的缩写]

【MW】中波。[英 Medium Wave]

【N 股】Ngǔ 我国在纽约发行的股票。[N,英 New York(纽约)的首字母]

【NASDAQ】纳斯达克。全称是(美国)全国证券交易商协会自动报价系统:～指数|～证券市场。[英 National Association of Securities Dealers Automated Quotation 的缩写]

【NBA】(美国)全国篮球协会。通常也指该协会主办的美国男子篮球职业联赛。[英 National Basketball Association 的缩写]

【NC】网络计算机。[英 network computer 的缩写]

【NGO】非政府组织。[英 non-governmental organization 的缩写]

【NIT】全国计算机应用技术证书考试。[英 National Applied Information Technology Certificate 的缩写]

【NMD】美国国家导弹防御系统。[英 national missile defense 的缩写]

【NMR】核磁共振:～图像比 CT 更为清晰。[英 nuclear magnetic resonance 的缩写]

【OA】办公自动化。[英 office automation 的缩写]

【OCR】光学字符识别。[英 optical character recognition 的缩写]

【OEM】原始设备制造商。[英 original equipment manufacturer 的缩写]

【OK 镜】OK jìng 角膜矫形接触镜:配～。[OK,英 Orthokeratology 的缩写]

【OPEC】石油输出国组织;欧佩克。[英 Organization of Petroleum Exporting Countries 的缩写]

【OTC】非处方药。指不需要凭执业医师处方即可自行判断、购买和使用的药物。[英 over the counter 的缩写]

【P】车辆停放、船只停泊的标志。[英 parking 的第一个字母]

【P2P】即点对点传输,是一种新颖的档案传输方式:～程序。[英 peer-to-peer 的缩写]

【PC】个人计算机。[英 personal computer 的缩写]

【PC 机】PC jī 个人计算机。[PC,英 personal computer 的缩写]

【PDA】个人数字助理。[英 personal digital assistant 的缩写]

【PDP】等离子(体)显示板。[英 plasma display panel 的缩写]

【PDP 电视】PDP diànshì 等离子显示屏电视,即等离子电视:～市场。[PDP,英 plasma display panel 的缩写]

【PET】正电子发射断层扫描装置;～技术。[英 positron emission tomography 的缩写]

【PETS】全国英语等级考试。由教育部考试中心主办,共设有 1 个—5 个级别。第 5 级是最高级,是国家公派出国留学所必需的外语条件:～旨在促进英语的普及与提高。[英 Public English Test System 的缩写]

【pH 计】pH jì 测定氢离子浓度指数的一种电子仪器。[pH,法 potentiel d'hydrogène 的缩写]

【pH 值】pH zhí 氢离子浓度指数。[pH,法 potentiel d'hydrogène 的缩写]

【pHS】个人手持式电话。[英 personal handyphone system 的缩写]

【PIA】个人信息助理:我相信,传统的手机与 PDA 都将逐步消亡,取而代之的将是～。[英 personal information assistant 的缩写]

【POP】❶购货点广告:商场门口贴着醒目的～海报。[英 point of presence 的缩写]❷流行的、通俗的:～歌曲。[英 popular 的缩写]❸邮政办公协议。[英 post office protocal 的缩写]

【POS 机】POS jī ❶销售点终端机,供银行卡持卡人刷卡消费使用。❷商场电子收款机。[POS,英 point of sale 的缩写]

【PPA】苯丙醇胺,即 N-去甲麻碱。某些感冒药和减肥药中的一种成分,可以刺激鼻腔、喉头的毛细血管收缩,减轻鼻塞症状,也有促使中枢神经兴奋等作用。服用该药有可能引起血压升高、心脏不适、颅内出血、痉挛甚至中风。含有这种成分的感冒药已被我国医药部门通告停用。[英 phenylpropanolamine 的缩略变体]

【PS】❶指用 Photoshop 软件对照片等进行修改,泛指用软件对原始照片进行修改:这张照片是～的。[英 Photoshop 的缩写]❷游戏机。[英 play station 的缩写]

【PSC】普通话水平测试。[汉语拼音 pǔtōnghuà shuǐpíng cèshì 的缩写]

【PT】特别转让(股市用语)。[英 particular transfer 的缩写]

【QC】质量管理。[英 quality control 的缩写]

【QDII】合格的境内机构投资者。[英 qualified domestic institutional investor 的缩写]

【QFII】合格的境外机构投资者。[英 qualified foreign institutional investor 的缩写]

【QQ】一种流行的中文网络即时通讯软件。

【QS】质量安全:具有┄┄标志。[英 quality safety 的缩写]

【RAM】随机存取存储器。[英 random-access memory 的缩写]

【RAP】在黑人俚语里指说唱。一种说唱音乐。它以在机械的节奏声下,演唱者快速地诉说一连串押韵的诗句为特征。源自美国黑人聚居区。

【RBD】旅游商业街:这个旅游景点的～内有旅游纪念品店、小吃店、休闲娱乐场所、展览会等。[英 recreational business district 的缩写]

【RMB】人民币。〔汉语拼音 rénmínbì 的缩写〕

【RNA】核糖核酸。〔英 ribonucleic acid 的缩写〕

【ROM】只读存储器。〔英 read-only memory 的缩写〕

【RS】遥感技术。〔英 remote sensing 的缩写〕

【RTV】有高级视听设备的餐厅。〔英 restaurant television 的缩写〕

【SARS】严重急性呼吸综合征，即"非典型肺炎"：我们齐心协力战胜了～。〔英 severe acute respiratory syndrome 的缩写〕

【SCI】科学引文索引。世界著名的科技文献检索系统之一。〔英 science citation index 的缩写〕

【SDI】战略防御倡议，即星球大战计划。〔英 Strategic Defense Initiative 的缩写〕

【SDTV】标准清晰度电视。〔英 standard definition television 的缩写〕

【SIM 卡】SIM kǎ 用户身份识别卡。移动通信数字手机中的一种 IC 卡，该卡存储有用户的电话号码和详细的服务资料。〔SIM，英 subscriber identification module 的缩写〕

【SMS】短信息服务。〔英 short message service 的缩写〕

【SOHO】小型家居办公室。〔英 small office home office 的缩写〕

【SOS】莫尔斯电码"…———…"所代表的字母，是国际上普通用的紧急呼救信号，也用于一般的求救或求助。〔英 save our souls 的缩写〕

【SOS 儿童村】SOS értóngcūn 一种专门收养孤儿的慈善机构。

【SPF】防晒系数。〔英 sun protection factor 的缩写〕

【SSD】固态硬盘。〔英 solid state disk 的缩写〕

【ST】特别处理(股市用语)。〔英 special treatment 的缩写〕

【STD】性传播疾病。〔英 sexually transmitted disease 的缩写〕

【SUV】运动型多功能车。〔英 sport utility vehicle 的缩写〕

【T 淋巴细胞】T línbā xìbāo 一种免疫细胞，起源于骨髓，在胸腺中发育成熟，再分布到周围淋巴器官和血液中去，占血液中淋巴细胞的 50%－70%。可分化为辅助细胞、杀伤细胞和抑制细胞。简称"T 细胞"。〔T，拉 thymus(胸腺)的首字母〕

【T 细胞】T xìbāo T 淋巴细胞的简称。

【T 型人才】T xíng réncái 横向上知识广博，纵向上专业精深的人才。因横纵呈 T 形而得名：职场中的多面手——～一路走俏。

【T 型台】T xíng tái 呈 T 形的表演台，多用于时装表演。

【T 恤衫】T xù shān 一种短袖套头上衣，因略呈 T 形而得名。也叫"T 恤"。〔恤，英语 shirt 的粤语音译〕

【TBT】贸易技术壁垒。〔英 technical barriers to trade 的缩写〕

【TD-SCDMA】时分同步的码分多址技术。〔英 time division-synchronous code division multiple access 的缩写〕

【Tel】电话(号码)。〔英 telephone 的缩略变体〕

【THG】一种新型兴奋剂。学名四氢乙基羟基二降孕三烯炔酮。〔英 tetra hydro destrinone 的缩写〕

【TMD】战区导弹防御系统。〔英 theater missile defense 的缩写〕

【TNT】梯恩梯，一种威力很大的烈性化学炸药。〔英 trinitrotoluene(三硝基甲苯)的缩写〕

【TOEFL】托福，美国对非英语国家留学生的英语考试。〔英 Test of English as a Foreign Language 的缩写〕

【TOEIC】托业；国际交流英语能力测试。〔英 Test of English for International Communication 的缩写〕

【TPO 意识】TPO yìshí T，代表时间、季节、时令、时代。P，代表地点、场合、职位。O，代表目的、对象。TPO 意识，指国际公认的服装穿着意识。人们要根据季节、场合和目的(需要)着装。〔TPO，英 Time，Place，Objective 的缩写〕

【TV】电视。也用在电视台的台标中，如 CCTV(中国中央电视台)、BTV(北京电视台)。〔英 television 的缩写〕

【U 盘】U pán 优盘。

【UFO】不明飞行物。〔英 unidentified flying object 的缩写〕

【UN】联合国。〔英 United Nations 的缩写〕

【USB】通用串行总线。〔英 universal serial bus 的缩写〕

【UV】紫外线。〔英 ultraviolet 的缩写〕

【VC】风险投资,也称"创业投资"。〔英 venture capital 的缩写〕

【VCD】激光压缩视盘,也叫"激光视盘"、"影碟";~机|~光盘。〔英 video compact disc 的缩写〕

【VDR】光盘录像机。〔英 Video Disc Recorder 的缩写〕

【VIC 服务】VIC fúwù 一种服务理念。指"专人服务",代表着更高的服务级别。〔VIC,英 very important customer 的缩写〕

【VIP】要人;贵宾:~卡。〔英 very important person 的缩写〕

【VISA 卡】VISA kǎ 威士卡。也译作"维萨"、"维信"。〔VISA,英 visa international service association 的缩写〕

【VOD】视频点播。〔英 video on demand 的缩写〕

【vs】表示比赛等双方的对比。〔英 versus 的缩略变体〕

【WAP】无线应用协议。〔英 Wireless Application Protocol 的缩写〕

【WC】盥洗室;厕所。〔英 water closet 的缩写〕

【WHO】世界卫生组织。〔英 World Health Organization 的缩写〕

【Wi-Fi】一种短距离高速无线数据传输技术,主要用于无线上网。〔英 wireless fidelity 的缩写〕

【WLAN】无线局域网。〔英 wireless local area networks 的缩写〕

【WSK】全国外语水平考试。〔汉语拼音 wàiyǔ shuǐpíng kǎoshì 的缩写〕

【WTO】世界贸易组织。〔英 World Trade Organization 的缩写〕

【WWW】万维网。〔英 world wide web 的缩写〕

【X 刀】X dāo 爱克斯刀。一种用于放射治疗的设备,采用三维立体定位,X 射线能够准确地按照肿瘤的生长形状照射,使肿瘤组织和正常组织之间形成整齐的边缘,像用手术刀切除的一样。

【X 光】X guāng X 射线。

【X 染色体】X rǎnsètǐ 决定生物个体性别的性染色体的一种。女性的一对性染色体是两条大小、形态相似的 X 染色体。

【X 射线】X shèxiàn 爱克斯射线。

【X 线】X xiàn X 射线。

【X 型人才】X xíng réncái 具有交叉学科专业知识结构的人才。因交叉呈 X 型而得名。

【X·O】陈年特级的酒。年份在 40 年左右的干邑。〔英 extra old 的缩写〕

【Y 染色体】Y rǎnsètǐ 决定生物个体性别的性染色体的一种。男性的一对性染色体是一条 X 染色体和一条较小的 Y 染色体。

【ZHC】国家职业汉语能力测试。〔汉语拼音"职 zhí"、"汉 hàn"、"测 cè"的缩写〕

附　录

标点符号用法

Use of punctuation marks

1　范围

本标准规定了现代汉语标点符号的用法。

本标准适用于汉语的书面语(包括汉语和外语混合排版时的汉语部分)。

2　术语和定义

下列术语和定义适用于本文件。

2.1　标点符号　punctuation

辅助文字记录语言的符号,是书面语的有机组成部分,用来表示语句的停顿、语气以及标示某些成分(主要是词语)的特定性质和作用。

注:数学符号、货币符号、校勘符号、辞书符号、注音符号等特殊领域的专门符号不属于标点符号。

2.2　句子　sentence

前后都有较大停顿、带有一定的语气和语调、表达相对完整意义的语言单位。

2.3　复句　complex sentence

由两个或多个在意义上有密切关系的分句组成的语言单位,包括简单复句(内部只有一层语义关系)和多重复句(内部包含多层语义关系)。

2.4　分句　clause

复句内两个或多个前后有停顿、表达相对完整意义、不带有句末语气和语调、有的前面可添加关联词语的语言单位。

2.5　语段　expression

指语言片段,是对各种语言单位(如词、短语、句子、复句等)不做特别区分时的统称。

3　标点符号的种类

3.1　点号

点号的作用是点断,主要表示停顿和语气。分为句末点号和句内点号。

3.1.1　句末点号

用于句末的点号,表示句末停顿和句子的语气。包括句号、问号、叹号。

3.1.2　句内点号

用于句内的点号,表示句内各种不同性质的停顿。包括逗号、顿号、分号、冒号。

3.2　标号

标号的作用是标明,主要标示某些成分(主要是词语)的特定性质和作用。包括引号、括号、破折号、省略号、着重号、连接号、间隔号、书名号、专名号、分隔号。

4　标点符号的定义、形式和用法

4.1　句号

4.1.1　定义

句末点号的一种,主要表示句子的陈述语气。

4.1.2　形式

句号的形式是"。"。

4.1.3　基本用法

4.1.3.1　用于句子末尾,表示陈述语气。使用句号主要根据语段前后有较大停顿、带有陈述语气和语调,并不取决于句子的长短。

示例1:北京是中华人民共和国的首都。

示例2:(甲:咱们走着去吧?)乙:好。

4.1.3.2　有时也可表示较缓和的祈使语气和感叹语气。

示例1:请您稍等一下。

示例2:我不由地感到,这些普通劳动者也同样是很值得尊敬的。

4.2　问号

4.2.1　定义

句末点号的一种,主要表示句子的疑问语气。

4.2.2　形式

问号的形式是"?"。

4.2.3　基本用法

4.2.3.1　用于句子末尾,表示疑问语气(包括反问、设问等疑问类型)。使用问号主要根据语段前后有较大停顿、带有疑问语气和语调,并不取决于句子的长短。

示例1:你怎么还不回家去呢?

示例2:难道这些普通的战士不值得歌颂吗?

示例3:(一个外国人,不远万里来到中国,帮助中国的抗日战争。)这是什么精神? 这是国际主义的精神。

4.2.3.2　选择问句中,通常只在最后一个选项的末尾用问号,各个选项之间一般用逗号隔开。当选项较短且选项之间几乎没有停顿时,选项之间可不用逗号。当选项较多或较长,或有意突出每个选项的独立性时,也可每个选项之后都用问号。

示例1:诗中记述的这场战争究竟是真实的历史描述,还是诗人的虚构?

示例2:这是巧合还是有意安排?

示例3:要一个什么样的结尾:现实主义的? 传统的? 大团圆的? 荒诞的? 民族形式的? 有象征意义的?

示例4:(他看着我的作品称赞了我。)但到底是称赞我什么:是有几处画得好? 还是什么都敢画? 抑或只是一种对于失败者的无可奈何的安慰? 我不得而知。

示例5:这一切都是由客观的条件造成的? 还是由行为的惯性造成的?

4.2.3.3　在多个问句连用或表达疑问语气加重时,可叠用问号。通常应先单用,再叠用,最多叠用三个问号。在没有异常强烈的情感表达需要时不宜叠用问号。

示例:这就是你的做法吗? 你这个总经理是怎么当的?? 你怎么竟敢这样欺骗消费者???

4.2.3.4　问号也有标号的用法,即用于句内,表示存疑或不详。

示例1:马致远(1250? —1321),大都人,元代戏曲家、散曲家。

示例2:钟嵘(? —518),颍川长社人,南朝梁代文学批评家。

示例3:出现这样的文字错误,说明作者(编者? 校者?)很不认真。

4.3　叹号

4.3.1　定义

句末点号的一种,主要表示句子的感叹语气。

4.3.2　形式

叹号的形式是"!"。

4.3.3　基本用法

4.3.3.1　用于句子末尾,主要表示感叹语气,有时也可表示强烈的祈使语气、反问语气等。使用叹号主要根据语段前后有较大停顿、带有感叹语气和语调或带有强烈的祈使、反问语气和语调,并不取决于句子的长短。

示例1:才一年不见,这孩子都长这么高啦!

示例2:你给我住嘴!

示例3:谁知道他今天是怎么搞的!

4.3.3.2　用于拟声词后,表示声音短促或突然。

示例1:咔嚓! 一道闪电划破了夜空。

示例2:咚! 咚咚! 突然传来一阵急促的敲门声。

4.3.3.3　表示声音巨大或声音不断加大时,可叠用叹号;表达强烈语气时,也可叠用叹号,最多叠用三个叹号。在没有异常强烈的情感表达需要时不宜叠用叹号。

示例1:轰!! 在这天崩地塌的声音中,女娲猛然醒来。

示例2:我要揭露! 我要控诉!! 我要以死抗争!!

4.3.3.4　当句子包含疑问、感叹两种语气且都比较强烈时(如带有强烈感情的反问句和带有惊愕语气的疑问句),可在问号后再加叹号(问号、叹号各一)。

示例1:这么点困难就能把我们吓倒吗?!

示例2:他连这些最起码的常识都不懂,还敢说自己是高科技人材?!

4.4　逗号

4.4.1　定义

句内点号的一种,表示句子或语段内部的一般性停顿。

4.4.2　形式

逗号的形式是","。

4.4.3　基本用法

4.4.3.1　复句内各分句之间的停顿,除了有时用分号(见 4.6.3.1),一般都用逗号。

示例1:不是人们的意识决定人们的存在,而是人们的社会存在决定人们的意识。

示例2:学历史使人更明智,学文学使人更聪慧,学数学使人更精细,学考古使人更深沉。

示例3:要是不相信我们的理论能反映现实,要是不相信我们的世界有内在和谐,那就不可能有科学。

4.4.3.2　用于下列各种语法位置:

a)　较长的主语之后。

示例1:苏州园林建筑各种门窗的精美设计和雕镂功夫,都令人叹为观止。

b)　句首的状语之后。

示例2:在苍茫的大海上,狂风卷集着乌云。

c)　较长的宾语之前。

示例3:有的考古工作者认为,南方古猿生存于上新世至更新世的初期和中期。

d)　带句内语气词的主语(或其他成分)之后,或带句内语气词的并列成分之间。

示例4:他呢,倒是很乐意地、全神贯注地干起来了。

示例5:(那是个没有月亮的夜晚。)可是整个村子——白房顶啦,白树木啦,雪堆啦,全看得见。

e)　较长的主语中间、谓语中间或宾语中间。

示例6:母亲沉痛的诉说,以及亲眼见到的事实,都启发了我幼年时期追求真理的思想。

示例7:那姑娘头戴一顶草帽,身穿一条绿色的裙子,腰间还系着一根橙色的腰带。

示例8:必须懂得,对于文化传统,既不能不分青红皂白统统抛弃,也不能不管精华糟粕全盘继承。

f)　前置的谓语之后或后置的状语、定语之前。

示例9:真美啊,这条蜿蜒的林间小路。

示例10:她吃力地站了起来,慢慢地。

示例11:我只是一个人,孤孤单单的。

4.4.3.3　用于下列各种停顿处:

a)　复指成分或插说成分前后。

示例1:老张,就是原来的办公室主任,上星期已经调走了。

示例2:车,不用说,当然是头等。

b)　语气缓和的感叹语、称谓语或呼唤语之后。

示例3:哎哟,这儿,快给我揉揉。

示例4:大娘,您到哪儿去啊?

示例5:喂,你是哪个单位的?

c)　某些序次语("第"字头、"其"字头及"首先"类序次语)之后。

示例6:为什么许多人都有长不大的感觉呢? 原因有三:第一,父母总认为自己比孩子成熟;第二,父母总要以自己的标准来衡量孩子;第三,父母出于爱心而总不想让孩子在成长的过程中走弯路。

示例7:《玄秘塔碑》所以成为书法的范本,不外乎以下几方面的因素:其一,具有楷书点画、构体的典范性;其二,承上启下,成为唐楷的极致;其三,字如其人,爱人及字,柳公权高尚的书品、人品为后人所崇仰。

示例8:下面从三个方面讲讲语言的污染问题:首先,是特殊语言环境中的语言污染问题;其次,是滥用缩略语引起的语言污染问题;再次,是空话和废话引起的语言污染问题。

4.5　顿号

4.5.1　定义

句内点号的一种,表示语段中并列词语之间或某些序次语之后的停顿。

4.5.2　形式

顿号的形式是"、"。

4.5.3　基本用法

4.5.3.1　用于并列词语之间。

示例1:这里有自由、民主、平等、开放的风气和氛围。

示例2:造型科学、技艺精湛、气韵生动,是盛唐石雕的特色。

4.5.3.2　用于需要停顿的重复词语之间。

示例:他几次三番、几次三番地辩解着。

4.5.3.3　用于某些序次语(不带括号的汉字数字或"天干地支"类序次语)之后。

示例1:我准备讲两个问题:一、逻辑学是什么? 二、怎样学好逻辑学?

示例2:风格的具体内容主要有以下四点:甲、题材;乙、用字;丙、表达;丁、色彩。

4.5.3.4　相邻或相近两数字连用表示概数通常不用顿号。若相邻两数字连用为缩略形式,宜用顿号。

示例1:飞机在6 000米高空水平飞行时,只能看到两侧八九公里和前方一二十公里范围内的地面。

示例2:这种凶猛的动物常常三五成群地外出觅食和活动。

示例3:农业是国民经济的基础,也是二、三产业的基础。

4.5.3.5　标有引号的并列成分之间、标有书名号的并列成分之间通常不用顿号。若有其他成分插在并列的引号之间或并列的书名号之间(如引语或书名号之后还有括注),宜用顿号。

示例1:"日""月"构成"明"字。

示例2:店里挂着"顾客就是上帝""质量就是生命"等横幅。

示例3:《红楼梦》《三国演义》《西游记》《水浒传》,是我国长篇小说的四大名著。

示例4:李白的"白发三千丈"(《秋浦歌》)、"朝如青丝暮成雪"(《将进酒》)都是脍炙人口的诗句。

示例5:办公室里订有《人民日报》(海外版)、《光明日报》和《时代周刊》等报刊。

4.6　分号

4.6.1　定义

句内点号的一种,表示复句内部并列关系分句之间的停顿,以及非并列关系的多重复句中第一层分句之间的停顿。

4.6.2　形式

分号的形式是";"。

4.6.3　基本用法

4.6.3.1　表示复句内部并列关系的分句(尤其当分句内部还有逗号时)之间的停顿。

示例1:语言文字的学习,就理解方面说,是得到一种知识;就运用方面说,是养成一种习惯。

示例2:内容有分量,尽管文章短小,也是有分量的;内容没有分量,即使写得再长也没有用。

4.6.3.2　表示非并列关系的多重复句中第一层分句(主要是选择、转折等关系)之间的停顿。

示例1:人还没看见,已经先听见歌声了;或者人已经转过山头望不见了,歌声还余音袅袅。

示例2:尽管人民革命的力量在开始时总是弱小的,所以总是受压的;但是由于革命的力量代表历史发展的方向,因此本质上又是不可战胜的。

示例3:不管一个人如何伟大,也总是生活在一定的环境和条件下;因此,个人的见解总难免带有某种局限性。

示例4:昨天夜里下了一场雨,以为可以凉快些;谁知没有凉快下来,反而更热了。

4.6.3.3　用于分项列举的各项之间。

示例:特聘教授的岗位职责为:一、讲授本学科的主干基础课程;二、主持本学科的重大科研项目;三、领导本学科的学术队伍建设;四、带领本学科赶超或保持世界先进水平。

4.7　冒号

4.7.1　定义

句内点号的一种,表示语段中提示下文或总结上文的停顿。

4.7.2　形式

冒号的形式是":"。

4.7.3　基本用法

4.7.3.1　用于总说性或提示性词语(如"说""例如""证明"等)之后,表示提示下文。

示例1:北京紫禁城有四座城门:午门、神武门、东华门和西华门。

示例2:她高兴地说:"咱们去好好庆祝一下吧!"

示例3:小王笑着点了点头:"我就是这么想的。"

示例4:这一事实证明:人能创造环境,环境同样也能创造人。

4.7.3.2　表示总结上文。

示例:张华上了大学,李萍进了技校,我当了工人:我们都有美好的前途。

4.7.3.3　用在需要说明的词语之后,表示注释和说明。

示例1:(本市将举办首届大型书市。)主办单位:市文化局;承办单位:市图书进出口公司;时间:8月15日—20日;地点:市体育馆观众休息厅。

示例2:(做阅读理解题有两个办法。)办法之一:先读题干,再读原文,带着问题有针对性地读课文。办法之二:直接读原文,读完再做题,减少先入为主的干扰。

4.7.3.4　用于书信、讲话稿中称谓语或称呼语之后。

示例1:广平先生:……

示例2:同志们,朋友们:……

4.7.3.5　一个句子内部一般不应套用冒号。在列举式或条文式表述中,如不得不套用冒号时,宜另起段落来显示各个层次。

示例:第十条　遗产按照下列顺序继承:

第一顺序:配偶、子女、父母。

　　　　第二顺序：兄弟姐妹、祖父母、外祖父母。

4.8　引号

4.8.1　定义

标号的一种，标示语段中直接引用的内容或需要特别指出的成分。

4.8.2　形式

　　引号的形式有双引号""""和单引号"''"两种。左侧的为前引号，右侧的为后引号。

4.8.3　基本用法

4.8.3.1　标示语段中直接引用的内容。

　　示例：李白诗中就有"白发三千丈"这样极尽夸张的语句。

4.8.3.2　标示需要着重论述或强调的内容。

　　示例：这里所谓的"文"，并不是指文字，而是指文采。

4.8.3.3　标示语段中具有特殊含义而需要特别指出的成分，如别称、简称、反语等。

　　示例1：电视被称作"第九艺术"。

　　示例2：人类学上常把古人化石统称为尼安德特人，简称"尼人"。

　　示例3：有几个"慈祥"的老板把捡来的菜叶用盐浸浸就算作工友的菜肴.

4.8.3.4　当引号中还需要使用引号时，外面一层用双引号，里面一层用单引号。

　　示例：他问："老师，'七月流火'是什么意思？"

4.8.3.5　独立成段的引文如果只有一段，段首和段尾都用引号；不止一段时，每段开头仅用前引号，只在最后一段末尾用后引号。

　　示例：我曾在报纸上看到有人这样谈幸福：

　　　　"幸福是知道自己喜欢什么和不喜欢什么。……

　　　　"幸福是知道自己擅长什么和不擅长什么。……

　　　　"幸福是在正确的时间做了正确的选择。……"

4.8.3.6　在书写带月、日的事件、节日或其他特定意义的短语（含简称）时，通常只标引其中的月和日；需要突出和强调该事件或节日本身时，也可连同事件或节日一起标引。

　　示例1："5·12"汶川大地震

　　示例2："五四"以来的话剧，是我国戏剧中的新形式。

　　示例3：纪念"五四运动"90周年

4.9　括号

4.9.1　定义

标号的一种，标示语段中的注释内容、补充说明或其他特定意义的语句。

4.9.2　形式

　　括号的主要形式是圆括号"（　）"，其他形式还有方括号"［　］"、六角括号"〔　〕"和方头括号"【　】"等。

4.9.3　基本用法

4.9.3.1　标示下列各种情况,均用圆括号:

　　a)　标示注释内容或补充说明。

示例1:我校拥有特级教师(含已退休的)17人。

示例2:我们不但善于破坏一个旧世界,我们还将善于建设一个新世界!(热烈鼓掌)

　　b)　标示订正或补加的文字。

示例3:信纸上用稚嫩的字体写着:"阿夷(姨),你好!"。

示例4:该建筑公司负责的建设工程全部达到优良工程(的标准)。

　　c)　标示序次语。

示例5:语言有三个要素:(1)声音;(2)结构;(3)意义。

示例6:思想有三个条件:(一)事理;(二)心理;(三)伦理。

　　d)　标示引语的出处。

示例7:他说得好:"未画之前,不立一格;既画之后,不留一格。"(《板桥集·题画》)

　　e)　标示汉语拼音注音。

示例8:"的(de)"这个字在现代汉语中最常用。

4.9.3.2　标示作者国籍或所属朝代时,可用方括号或六角括号。

示例1:〔英〕赫胥黎《进化论与伦理学》

示例2:〔唐〕杜甫著

4.9.3.3　报刊标示电讯、报道的开头,可用方头括号。

示例:【新华社南京消息】

4.9.3.4　标示公文发文字号中的发文年份时,可用六角括号。

示例:国发〔2011〕3号文件

4.9.3.5　标示被注释的词语时,可用六角括号或方头括号。

示例1:〔奇观〕奇伟的景象。

示例2:【爱因斯坦】物理学家。生于德国,1933年因受纳粹政权迫害,移居美国。

4.9.3.6　除科技书刊中的数学、逻辑公式外,所有括号(特别是同一形式的括号)应尽量避免套用。必须套用括号时,宜采用不同的括号形式配合使用。

示例:〔茸(róng)毛〕很细很细的毛。

4.10　破折号

4.10.1　定义

标号的一种,标示语段中某些成分的注释、补充说明或语音、意义的变化。

4.10.2　形式

破折号的形式是"——"。

4.10.3　基本用法

4.10.3.1　标示注释内容或补充说明(也可用括号,见4.9.3.1;二者的区别另见B.1.7)。

示例1:一个矮小而结实的日本中年人——内山老板走了过来。

示例2:我一直坚持读书,想借此唤起弟妹对生活的希望——无论环境多么困难。

4.10.3.2　标示插入语(也可用逗号,见 4.4.3.3)。

示例:这简直就是——说得不客气点——无耻的勾当!

4.10.3.3　标示总结上文或提示下文(也可用冒号,见 4.7.3.1、4.7.3.2)。

示例1:坚强,纯洁,严于律己,客观公正——这一切都难得地集中在一个人身上。

示例2:画家开始娓娓道来——

数年前的一个寒冬,……

4.10.3.4　标示话题的转换。

示例:"好香的干菜,——听到风声了吗?"赵七爷低声说道。

4.10.3.5　标示声音的延长。

示例:"嘎——"传过来一声水禽被惊动的鸣叫。

4.10.3.6　标示话语的中断或间隔。

示例1:"班长他牺——"小马话没说完就大哭起来。

示例2:"亲爱的妈妈,你不知道我多爱您。——还有你,我的孩子!"

4.10.3.7　标示引出对话。

示例:——你长大后想成为科学家吗?

——当然想了!

4.10.3.8　标示事项列举分承。

示例:根据研究对象的不同,环境物理学分为以下五个分支学科:

——环境声学;

——环境光学;

——环境热学;

——环境电磁学;

——环境空气动力学。

4.10.3.9　用于副标题之前。

示例:飞向太平洋

——我国新型号运载火箭发射目击记

4.10.3.10　用于引文、注文后,标示作者、出处或注释者。

示例1:先天下之忧而忧,后天下之乐而乐。

——范仲淹

示例2:乐浪海中有倭人,分为百余国。

——《汉书》

示例3:很多人写好信后把信笺折成方胜形,我看大可不必。(方胜,指古代妇女戴的方形首饰,用彩绸等制作,由两个斜方部分叠合而成。——编者注)

4.11　省略号

4.11.1　定义

标号的一种,标示语段中某些内容的省略及意义的断续等。

4.11.2　形式

省略号的形式是"……"。

4.11.3　基本用法

4.11.3.1　标示引文的省略。

示例:我们齐声朗诵起来:"……俱往矣,数风流人物,还看今朝。"

4.11.3.2　标示列举或重复词语的省略。

示例1:对政治的敏感,对生活的敏感,对性格的敏感,……这都是作家必须要有的素质。

示例2:他气得连声说:"好,好……算我没说。"

4.11.3.3　标示语意未尽。

示例1:在人迹罕至的深山密林里,假如突然看见一缕炊烟,……

示例2:你这样干,未免太……!

4.11.3.4　标示说话时断断续续。

示例:她磕磕巴巴地说:"可是……太太……我不知道……你一定是认错了。"

4.11.3.5　标示对话中的沉默不语。

示例:"还没结婚吧?"

"……"他飞红了脸,更加忸怩起来。

4.11.3.6　标示特定的成分虚缺。

示例:只要……就

4.11.3.7　在标示诗行、段落的省略时,可连用两个省略号(即相当于十二连点)。

示例1:从隔壁房间传来缓缓而抑扬顿挫的吟咏声——

床前明月光,疑是地上霜。

…………

示例2:该刊根据工作质量、上稿数量、参与程度等方面的表现,评选出了高校十佳记者站。

还根据发稿数量、提供新闻线索情况以及对刊物的关注度等,评选出了十佳通讯员。

…………

4.12　着重号

4.12.1　定义

标号的一种,标示语段中某些重要的或需要指明的文字。

4.12.2　形式

着重号的形式是".",标注在相应文字的下方。

4.12.3　基本用法

4.12.3.1　标示语段中重要的文字。

示例1:诗人需要表现,而不是证明。

示例2:下面对本文的理解,不正确的一项是:……

4.12.3.2　标示语段中需要指明的文字。

示例:下边加点的字,除了在词中的读法外,还有哪些读法?

着急　子弹　强调

4.13　连接号

4.13.1　定义

标号的一种,标示某些相关联成分之间的连接。

4.13.2　形式

连接号的形式有短横线"-"、一字线"—"和浪纹线"～"三种。

4.13.3　基本用法

4.13.3.1　标示下列各种情况,均用短横线:

a)　化合物的名称或表格、插图的编号。

示例1:3-戊酮为无色液体,对眼及皮肤有强烈刺激性。

示例2:参见下页表2-8、表2-9。

b)　连接号码,包括门牌号码、电话号码,以及用阿拉伯数字表示年月日等。

示例3:安宁里东路26号院3-2-11室

示例4:联系电话:010-88842603

示例5:2011-02-15

c)　在复合名词中起连接作用。

示例6:吐鲁番-哈密盆地

d)　某些产品的名称和型号。

示例7:WZ-10直升机具有复杂天气和夜间作战的能力。

e)　汉语拼音、外来语内部的分合。

示例8:shuōshuō-xiàoxiào(说说笑笑)

示例9:盎格鲁-撒克逊人

示例10:让-雅克·卢梭("让-雅克"为双名)

示例11:皮埃尔·孟戴斯-弗朗斯("孟戴斯-弗朗斯"为复姓)

4.13.3.2　标示下列各种情况,一般用一字线,有时也可用浪纹线:

a)　标示相关项目(如时间、地域等)的起止。

示例1:沈括(1031—1095),宋朝人。

示例2:2011年2月3日—10日

示例3:北京—上海特别旅客快车

b)　标示数值范围(由阿拉伯数字或汉字数字构成)的起止。

示例4:25～30g

示例5:第五～八课

4.14　间隔号

4.14.1　定义

标号的一种,标示某些相关联成分之间的分界。

4.14.2　形式

间隔号的形式是"·"。

4.14.3　基本用法

4.14.3.1　标示外国人名或少数民族人名内部的分界。

示例1:克里丝蒂娜·罗塞蒂

示例2:阿依古丽·买买提

4.14.3.2　标示书名与篇(章、卷)名之间的分界。

示例:《淮南子·本经训》

4.14.3.3　标示词牌、曲牌、诗体名等和题名之间的分界。

示例1:《沁园春·雪》

示例2:《天净沙·秋思》

示例3:《七律·冬云》

4.14.3.4　用在构成标题或栏目名称的并列词语之间。

示例:《天·地·人》

4.14.3.5　以月、日为标志的事件或节日,用汉字数字表示时,只在一、十一和十二月后用间隔号;当直接用阿拉伯数字表示时,月、日之间均用间隔号(半角字符)。

示例1:"九一八"事变　　"五四"运动

示例2:"一·二八"事变　　"一二·九"运动

示例3:"3·15"消费者权益日　　"9·11"恐怖袭击事件

4.15　书名号

4.15.1　定义

标号的一种,标示语段中出现的各种作品的名称。

4.15.2　形式

书名号的形式有双书名号"《　》"和单书名号"〈　〉"两种。

4.15.3　基本用法

4.15.3.1　标示书名、卷名、篇名、刊物名、报纸名、文件名等。

示例1:《红楼梦》(书名)

示例2:《史记·项羽本记》(卷名)

示例3:《论雷峰塔的倒掉》(篇名)

示例4:《每周关注》(刊物名)

示例5:《人民日报》(报纸名)

示例6:《全国农村工作会议纪要》(文件名)

4.15.3.2　标示电影、电视、音乐、诗歌、雕塑等各类用文字、声音、图像等表现的作品的名称。

示例1:《渔光曲》(电影名)

示例2:《追梦录》(电视剧名)

示例3:《勿忘我》(歌曲名)

示例4:《沁园春·雪》(诗词名)

示例5:《东方欲晓》(雕塑名)

示例6:《光与影》(电视节目名)

示例7:《社会广角镜》(栏目名)

示例8:《庄子研究文献数据库》(光盘名)

示例9:《植物生理学系列挂图》(图片名)

4.15.3.3　标示全中文或中文在名称中占主导地位的软件名。

示例:科研人员正在研制《电脑卫士》杀毒软件。

4.15.3.4　标示作品名的简称。

示例:我读了《念青唐古拉山脉纪行》一文(以下简称《念》),收获很大。

4.15.3.5 当书名号中还需要书名号时,里面一层用单书名号,外面一层用双书名号。

示例:《教育部关于提请审议〈高等教育自学考试试行办法〉的报告》

4.16 专名号

4.16.1 定义

标号的一种,标示古籍和某些文史类著作中出现的特定类专有名词。

4.16.2 形式

专名号的形式是一条直线,标注在相应文字的下方。

4.16.3 基本用法

4.16.3.1 标示古籍、古籍引文或某些文史类著作中出现的专有名词,主要包括人名、地名、国名、民族名、朝代名、年号、宗教名、官署名、组织名等。

示例1:孙坚人马被刘表率军围得水泄不通。(人名)

示例2:于是聚集冀、青、幽、并四州兵马七十多万准备决一死战。(地名)

示例3:当时乌孙及西域各国都向汉派遣了使节。(国名、朝代名)

示例4:从咸宁二年到太康十年,匈奴、鲜卑、乌桓等族人徙居塞内。(年号、民族名)

4.16.3.2 现代汉语文本中的上述专有名词,以及古籍和现代文本中的单位名、官职名、事件名、会议名、书名等不应使用专名号。必须使用标号标示时,宜使用其他相应标号(如引号、书名号等)。

4.17 分隔号

4.17.1 定义

标号的一种,标示诗行、节拍及某些相关文字的分隔。

4.17.2 形式

分隔号的形式是"/"。

4.17.3 基本用法

4.17.3.1 诗歌接排时分隔诗行(也可使用逗号和分号,见 4.4.3.1/4.6.3.1)。

示例:春眠不觉晓/处处闻啼鸟/夜来风雨声/花落知多少。

4.17.3.2 标示诗文中的音节节拍。

示例:横眉/冷对/千夫指,俯首/甘为/孺子牛。

4.17.3.3 分隔供选择或可转换的两项,表示"或"。

示例:动词短语中除了作为主体成分的述语动词之外,还包括述语动词所带的宾语和/或补语。

4.17.3.4 分隔组成一对的两项,表示"和"。

示例1:13/14 次特别快车

示例2:羽毛球女双决赛中国组合杜婧/于洋两局完胜韩国名将李孝贞/李敬元。

4.17.3.5 分隔层级或类别。

示例:我国的行政区划分为:省(直辖市、自治区)/省辖市(地级市)/县(县级市、区、自治州)/乡(镇)/村(居委会)。

5　标点符号的位置和书写形式

5.1　横排文稿标点符号的位置和书写形式

5.1.1　句号、逗号、顿号、分号、冒号均置于相应文字之后，占一个字位置，居左下，不出现在一行之首。

5.1.2　问号、叹号均置于相应文字之后，占一个字位置，居左，不出现在一行之首。两个问号（或叹号）叠用时，占一个字位置；三个问号（或叹号）叠用时，占两个字位置；问号和叹号连用时，占一个字位置。

5.1.3　引号、括号、书名号中的两部分标在相应项目的两端，各占一个字位置。其中前一半不出现在一行之末，后一半不出现在一行之首。

5.1.4　破折号标在相应项目之间，占两个字位置，上下居中，不能中间断开分处上行之末和下行之首。

5.1.5　省略号占两个字位置，两个省略号连用时占四个字位置并须单独占一行。省略号不能中间断开分处上行之末和下行之首。

5.1.6　连接号中的短横线比汉字"一"略短，占半个字位置；一字线比汉字"一"略长，占一个字位置；浪纹线占一个字位置。连接号上下居中，不出现在一行之首。

5.1.7　间隔号标在需要隔开的项目之间，占半个字位置，上下居中，不出现在一行之首。

5.1.8　着重号和专名号标在相应文字的下边。

5.1.9　分隔号占半个字位置，不出现在一行之首或一行之末。

5.1.10　标点符号排在一行末尾时，若为全角字符则应占半角字符的宽度（即半个字位置），以使视觉效果更美观。

5.1.11　在实际编辑出版工作中，为排版美观、方便阅读等需要，或为避免某一小节最后一个汉字转行或出现在另外一页开头等情况（浪费版面及视觉效果差），可适当压缩标点符号所占用的空间。

5.2　竖排文稿标点符号的位置和书写形式

5.2.1　句号、问号、叹号、逗号、顿号、分号和冒号均置于相应文字之下偏右。

5.2.2　破折号、省略号、连接号、间隔号和分隔号置于相应文字之下居中，上下方向排列。

5.2.3　引号改用双引号"﹃""﹄"和单引号"﹁""﹂"，括号改用"︿""﹀"，标在相应项目的上下。

5.2.4　竖排文稿中使用浪线式书名号"〜〜"，标在相应文字的左侧。

5.2.5　着重号标在相应文字的右侧，专名号标在相应文字的左侧。

5.2.6　横排文稿中关于某些标点不能居行首或行末的要求，同样适用于竖排文稿。

汉字笔画分类、名称表

一、基本笔画

一（横）　丨（竖）　丿（撇）　丶（点）　乛（折）

二、变形笔画

笔 形	名 称	例 字	笔 形	名 称	例 字
㇀	提	刁、扎	㇏	捺	人、处
㇇	横折	口、已	㇈	横折斜钩	飞、风
㇖	横撇	又、水	乙	横折弯钩	亿、九
㇇	横钩	学、买	㇌	横撇弯钩	阵、那
㇅	横折折	凹	㇕	横折折折	凸
㇄	横折弯	朵、沿	㇜	横折折撇	边、及
㇗	横折提	记、话	㇅	横折折折钩	奶、场
㇆	横折钩	书、月	㇗	竖提	长、以
亅	竖钩	小、水	㇉	竖折折钩	与、马
㇄	竖折	山、区	㇛	撇折	台、么
㇌	竖弯	西、四	㇢	撇点	女、巡
㇄	竖弯钩	儿、已	㇂	斜钩	我、式
㇄	竖折撇	专	㇁	弯钩	狗、家
㇉	竖折折	鼎	㇃	卧钩	心、必

说明：本表共列34种笔画形状（简称"笔形"）。

常见部首名称和笔顺表

部 首	名 称	笔 顺	例 字
厂	偏厂儿、厂字头	一 厂	厅、历、厚
匚	区字框、三框	一 匚	巨、区、医
卜	上字头	丨 卜	占、卡、贞
刂	立刀旁、立刀	丨 刂	刑、刚、刘
冂（刀）	同字框	丨 冂	同、网、周
亻	单立旁 单立人	丿 亻	化、仇、仅
厂	反字框	一 厂	反、后、质
⺈	斜刀头、负字头	丿 ⺈	负、争、象
勹	包字头	丿 勹	句、勿、匆
几	风字头、风字框	丿 几	风、凤、凰
亠	京字头	丶 亠	亡、交、亥
冫	两点水、冰字旁	丶 冫	冲、次、准
丷	倒八、兰字头	丶 丷	并、关、首
八	八字底	丿 八	六、只、兴
冖	秃宝盖	丶 冖	写、军、冠
讠	言字旁	丶 讠	订、认、识
凵	凶字框	凵 凵	击、画、函
卩	单耳旁、单耳刀	丁 卩	卫、印、卸
阝	双耳旁、双耳刀 左耳旁、左耳刀	阝 阝	阳、际、郊
阝	双耳旁、双耳刀 右耳旁、右耳刀	阝 阝	邦、那、郊
厶	私字边、三角	厶 厶	么、允、矣
廴	建之旁	乛 廴	延、延、建
巴	仓字底	乛 巴	仓、危、卷
扌	提土旁	一 十 扌	地、场、城
扌	提手旁	一 十 扌	扔、扫、担
艹	草字头、草头	一 十 艹	艺、艾、节

部　首	名　　称	笔　　顺	例　字
廾	弄字底	一 ナ 廾	异、弃、弄
尢	尤字旁	一 ナ 尢	尤、龙、尬
兀	尧字底	一 厂 兀	元、尧、旭
弋	式字框儿	一 弋 弋	弍、式、忒
囗	国字框、方框	丨 冂 囗	回、因、困
⺌(⺍)	光字头	丨 丷 ⺌	当、尚、茶
彳	双人旁、双立人	ノ 彳 彳	行、往、很
彡	三撇	ノ 彡 彡	形、须、影
犭	反犬旁 犬犹	ノ 犭 犭	犯、狂、狼
夂	折文、冬字头	ノ 夂 夂	冬、务、复
饣	食字旁	ノ 饣 饣	饥、饭、饲
丬(爿)	将字旁	丶 丬 丬	壮、状、牂
忄	竖心旁、竖心	丶 忄 忄	忙、怀、快
宀	宝盖、宝盖头	丶 宀 宀	宇、安、完
氵	三点水	丶 氵 氵	汉、汗、注
辶	走之	丶 辶 辶	过、进、远
⺕	录字头	⺆ ⺆ ⺕	录、绿、碌
彐	雪字底、横山	⺆ ⺆ 彐	归、当、灵
孑	子字旁	一 了 孑	孔、孙、孩
纟	绞丝旁、乱绞丝	纟 纟 纟	红、约、级
幺	幼字旁	幺 幺 幺	幻、幼、玄
巛	三拐儿	巛 巛 巛	巡、甾、巢
王	王字旁、斜玉旁	一 二 干 王	环、现、珍
耂	老字头	一 十 土 耂	考、孝、者
朩	木字旁	一 朩 朩	朴、杜、林
牜	牛字旁	ノ 牛 牜 牜	牡、物、牲
小	竖心底、恭字底	亅 小 小 小	恭、添、慕
攵	反文旁、反文	ノ ⺊ 攵 攵	放、故、救
爫	爪字头	一 爫 爫 爫	妥、受、舀
火	火字旁	丶 丷 少 火	灯、炸、炮

部　首	名　称	笔　顺	例　字
灬	四点底	丶 亅 灬 灬	杰、煮、照
礻	示字旁、示补儿	丶 亅 礻 礻	礼、视、祥
夫	春字头	一 二 三 声 夫	奉、奏、秦
罒	四字头、扁四头	丨 冂 冂 罒 罒	罗、罢、罪
皿	皿字底、皿墩儿	丨 冂 冊 皿 皿	益、盐、监
钅	金字旁	丿 𠂉 𠂆 钅 钅	针、钉、钦
疒	病字旁、病旁、病字头	丶 一 广 广 疒	疮、疯、疼
衤	衣字旁、衣补儿	丶 亅 衤 衤 衤	补、初、被
癶	登字头	乛 フ ヲ ヺ 癶	癸、凳、瞪
覀	西字头	一 厂 冂 西 覀 覀	要、贾、票
虍	虎字头	丶 亅 𠂋 广 广 虍	房、虑、虚
𥫗	竹字头	丿 𠂉 𥫗 丿 𠂉 𥫗	笑、第、策
䒑	羊字旁	丶 丷 䒑 䒑 䒑	差、着、羚
𦍌	羊字头	丶 丷 䒑 羊 𦍌	美、羔、姜
龹	卷字头	丶 丷 䒑 龷 龹	券、眷、拳
聿（肀聿）	建字里	乛 肀 肀 聿 聿 聿	律、健、肆
米	米字旁	丶 丷 半 米 米	粉、料、粮
艮	垦字头	乛 彐 彐 艮 艮 艮	良、艰、垦
系	绞丝底	乛 乡 糸 系 系 系	紧、素、累
𧾷	足字旁	丨 冂 冂 𧾷 𧾷 𧾷 𧾷	距、跌、跑
釆	番字头	一 丿 丿 丿 釆 釆 釆	悉、番、释
豸	豹字旁	丿 丿 丿 丿 豸 豸 豸	豺、豹、狸
草	朝字旁	一 十 古 古 古 直 草	韩、戟、朝
隹	隹字旁	丿 亻 亻 亻 隹 隹 隹 隹	隽、雄、雌
髟	鬓字头	一 丆 厂 𠀐 镸 镸 镸 髟 髟 髟	髦、鬈、鬓

说明：①本表所列举的为一部分常见的汉字部首名称。

②凡现在能单独成字或易于称呼的部首，如"山"、"马"、"日"、"月"、"鸟"等，本表未予收录。

③有的部首有几种不同的叫法，本表只取较为通行的。

汉字笔顺规则表

一、基本规则

1. 从左到右　川：丿 丿丨 川／仆：亻仆／湖：氵 沽湖／哪：口 明 哪
2. 从上到下　三：一 二 三／亏：一 二 亏／享：亠 亯 享
3. 先横后竖　十：一 十／土：一 十 土／王：一 二 干 王
4. 先撇后捺　八：丿 八／夫：二 手 夫／木：一 十 才 木
5. 先外后里　同：冂 同／勾：勹 勾／压：厂 压 压
6. 先外后里再封口　目：冂 月 目／国：冂 国 国／回：冂 冋 回

二、补充规则

1. 当中间部分长或宽时，先写中间后写两边。如：
   小：亅 小 小／办：力 办／承：了 手 承 承
2. 正上、左上的点，必须先写。如：
   六：丶 亠 六／斗：丶 丶 斗／头：丶 丶 头
3. 右上、里边的点，必须后写。如：
   戈：一 七 戈 戈／夕：丿 夕 夕／瓦：一 丆 瓦 瓦
4. "走之"、"建字底"最后写。如：
   过：寸 过／建：聿 建／延：正 延
5. "区字框"的字，先写上边一横，然后写里边，最后写竖折。如：
   区：一 乂 区／匠：一 斤 匠／医：一 乑 医
6. "凶字框"的字，先里后外。如：
   凶：乂 区 凶／函：丿 氺 函／函：了 了 承 函

我国历代纪元简表

五帝(黄帝、颛顼 zhuānxū、帝喾 kù、尧 yáo、舜 shùn)			约前 30 世纪初—约前 21 世纪初
夏			约前 2070—前 1600
商 前 1600—前 1046	商前期		前 1600—前 1300
	商后期		前 1300—前 1046
周 前 1046—前 256	西周		前 1046—前 771
	东周		前 770—前 256
	春秋时代		前 770—前 476
	战国时代		前 475—前 221
秦(秦帝国)			前 221—前 206
汉 前 206—公元 220	西汉		前 206—公元 25
	东汉		25—220
三国 220—280	魏		220—265
	蜀汉		221—263
	吴		222—280
晋 265—420	西晋		265—317
	东晋		317—420
	十六国		304—439
南北朝 420—589	南朝	宋	420—479
		齐	479—502
		梁	502—557
		陈	557—589
	北朝	北魏	386—534
		东魏 534—550	北齐 550—577
		西魏 535—556	北周 557—581
隋			581—618

唐		618—907
五代 907—960	后梁	907—923
	后唐	923—936
	后晋	936—947
	后汉	947—950
	后周	951—960
	十国	902—979
宋 960—1279	北宋	960—1127
	南宋	1127—1279
辽		907—1125
西夏		1038—1227
金		1115—1234
元		1206—1368
明		1368—1644
清		1616—1911
中华民国		1912—1949
中华人民共和国		1949 年 10 月 1 日成立

说明：①本表从"五帝"开始，到 1949 年中华人民共和国成立为止。

②"五帝"以后，西周共和元年（公元前 841 年）以前，已参考 2000 年公布的《夏商周年表》进行了调整。

③战国时代，主要有秦、魏、韩、赵、楚、燕、齐等国。

④西汉时期，包括王莽建立的"新"王朝（公元 9—23）和更始帝（公元 23—25）。王莽时期，爆发大规模的农民起义，建立了农民政权。公元 23 年，新莽王朝灭亡。公元 25 年，东汉王朝建立。

⑤东晋时期，在我国北方和巴蜀，先后存在过一些封建割据政权，其中有：汉（前赵）、成（成汉）、前凉、后赵（魏）、前燕、前秦、后燕、后秦、西秦、后凉、南凉、南燕、西凉、北凉、北燕、夏等国，历史上叫作"十六国"。

⑥五代时期，除后梁、后唐、后晋、后汉、后周外，还先后存在过一些封建割据政权，其中有：吴、前蜀、吴越、楚、闽、南汉、荆南（南平）、后蜀、南唐、北汉等国，历史上叫作"十国"。

⑦辽建国于公元 907 年，国号契丹，916 年始建年号，938 年（一说 947 年）改国号为辽，983 年复称契丹，1066 年仍称辽。

⑧1032 年（北宋明道元年）元昊嗣夏王位，1034 年始建年号，1038 年称帝，国名大夏。在汉籍中习称西夏。1227 年为蒙古所灭。

⑨铁木真于公元 1206 年建国。公元 1271 年忽必烈定国号为元，1279 年灭南宋。

节 气 表

	立　春 2月3—5日	雨　水 2月18—20日	惊　蛰 3月5—7日
春季	春　分 3月20—22日	清　明 4月4—6日	谷　雨 4月19—21日
夏季	立　夏 5月5—7日	小　满 5月20—22日	芒　种 6月5—7日
	夏　至 6月21—22日	小　暑 7月6—8日	大　暑 7月22—24日
秋季	立　秋 8月7—9日	处　暑 8月22—24日	白　露 9月7—9日
	秋　分 9月22—24日	寒　露 10月8—9日	霜　降 10月23—24日
冬季	立　冬 11月7—8日	小　雪 11月22—23日	大　雪 12月6—8日
	冬　至 12月21—23日	小　寒 1月5—7日	大　寒 1月20—21日

说明：按公元月日计算。

附：二十四节气歌

春雨惊春清谷天，夏满芒夏暑相连，
秋处露秋寒霜降，冬雪雪冬小大寒。
每月两节不变更，最多相差一两天，
上半年是六、廿一，下半年是八、廿三。

我国各省、自治区、直辖市及省会(或首府)名称表

省、自治区、市名	简称(或别称)	省会(或首府)名	省、自治区、市名	简称(或别称)	省会(或首府)名
安徽	(皖)	合肥	内蒙古	蒙	呼和浩特
北京	京		宁夏	宁	银川
重庆	(渝)		青海	青	西宁
福建	(闽)	福州	山东	(鲁)	济南
甘肃	甘(陇)	兰州	山西	(晋)	太原
广东	(粤)	广州	陕西	陕(秦)	西安
广西	(桂)	南宁	上海	(沪)(申)	
贵州	贵(黔)	贵阳	四川	川(蜀)	成都
海南	(琼)	海口	台湾	台	台北
河北	(冀)	石家庄	天津	津	
河南	(豫)	郑州	西藏	藏	拉萨
黑龙江	黑	哈尔滨	新疆	新	乌鲁木齐
湖北	(鄂)	武汉	云南	云(滇)	昆明
湖南	(湘)	长沙	浙江	浙	杭州
吉林	吉	长春	香港(特别行政区)	港	
江苏	苏	南京			
江西	(赣)	南昌	澳门(特别行政区)	澳	
辽宁	辽	沈阳			

说明:按汉语拼音字母顺序排列。

我国少数民族名称表

民族名称	主要分布地区
蒙古族	内蒙古、辽宁、新疆、黑龙江、吉林、青海、河北、河南
回族	宁夏、甘肃、新疆、青海、云南、河南、河北、山东、安徽、辽宁、北京
藏族	西藏、青海、四川、甘肃、云南
维吾尔族	新疆
苗族	贵州、湖南、云南、广西、四川、广东、湖北
彝(yí)族	四川、云南、贵州、广西
壮族	广西、云南、广东、贵州、湖南
布依族	贵州
朝鲜族	吉林、黑龙江、辽宁
满族	辽宁、黑龙江、吉林、河北、内蒙古、北京
侗(dòng)族	贵州、湖南、广西
瑶族	广西、湖南、云南、广东、贵州
白族	云南
土家族	湖南、湖北、四川
哈尼族	云南
哈萨克族	新疆、甘肃
傣(dǎi)族	云南
黎族	海南
傈僳(lìsù)族	云南、四川
佤(wǎ)族	云南
畲(shē)族	福建、浙江、江西、广东、安徽
高山族	台湾
拉祜(hù)族	云南
水族	贵州

民 族 名 称	主 要 分 布 地 区
东乡族	甘肃
纳西族	云南、四川
景颇族	云南
柯尔克孜族	新疆
土族	青海、甘肃
达斡(wò)尔族	黑龙江、内蒙古、新疆
仫佬(mùlǎo)族	广西
羌(qiāng)族	四川
布朗族	云南
撒(sā)拉族	青海、甘肃
毛南族	广西
仡佬(gēlǎo)族	贵州
锡伯族	新疆、辽宁、黑龙江
阿昌族	云南
普米族	云南、四川
塔吉克族	新疆
怒族	云南
乌孜别克族	新疆
俄罗斯族	新疆
鄂温克族	内蒙古、黑龙江
德昂族	云南
保安族	甘肃
裕固族	甘肃
京族	广西
塔塔尔族	新疆
独龙族	云南
鄂伦春族	内蒙古、黑龙江
赫哲族	黑龙江
门巴族	西藏
珞(luò)巴族	西藏
基诺族	云南

说明:我国是统一的多民族国家,由56个民族组成。除汉族外,有55个少数民族,约占全国总人口的8%,分布地区约占全国总面积的50%～60%。

计 量 单 位 表

Ⅰ. 我国法定计量单位

我国的法定计量单位(以下简称法定单位)包括:

①国际单位制的基本单位(见表1);

②国际单位制中具有专门名称的导出单位(见表2);

③国家选定的非国际单位制单位(见表3);

④由以上单位构成的组合形式的单位;

⑤由词头和以上单位所构成的十进倍数和分数单位(词头见表4)。

法定单位的定义、使用方法等,由国家计量局另行规定。

表1　国际单位制的基本单位

量 的 名 称	单 位 名 称	单 位 符 号
长　　　度	米	m
质　　　量	千克(公斤)	kg
时　　　间	秒	s
电　　　流	安〔培〕	A
热力学温度	开〔尔文〕	K
物 质 的 量	摩〔尔〕	mol
发 光 强 度	坎〔德拉〕	cd

表2　国际单位制中具有专门名称的导出单位

量 的 名 称	单 位 名 称	单 位 符 号	其他表示式例
平　面　角	弧度	rad	1
立　体　角	球面度	sr	1

量 的 名 称	单 位 名 称	单 位 符 号	其他表示式例
频率	赫〔兹〕	Hz	s^{-1}
力;重力	牛〔顿〕	N	$kg \cdot m/s^2$
压力,压强,应力	帕〔斯卡〕	Pa	N/m^2
能量;功;热量	焦〔耳〕	J	$N \cdot m$
功率;辐射能通量	瓦〔特〕	W	J/s
电荷量	库〔仑〕	C	$A \cdot s$
电位;电压;电动势	伏〔特〕	V	W/A
电容	法〔拉〕	F	C/V
电阻	欧〔姆〕	Ω	V/A
电导	西〔门子〕	S	A/V
磁通量	韦〔伯〕	Wb	$V \cdot s$
磁通量密度,磁感应强度	特〔斯拉〕	T	Wb/m^2
电感	亨〔利〕	H	Wb/A
摄氏温度	摄氏度	℃	
光通量	流〔明〕	lm	$cd \cdot sr$
光照度	勒〔克斯〕	lx	lm/m^2
放射性活度	贝可〔勒尔〕	Bq	s^{-1}
吸收剂量	戈〔瑞〕	Gy	J/kg
剂量当量	希〔沃特〕	Sv	J/kg

表3　国家选定的非国际单位制单位

量 的 名 称	单 位 名 称	单 位 符 号	换 算 关 系 和 说 明
时　间	分	min	1min＝60s
	〔小〕时	h	1h＝60min 　＝3 600s
	天(日)	d	1d＝24h 　＝86 400s
平 面 角	〔角〕秒	(″)	1″＝(π/648 000)rad (π 为圆周率)
	〔角〕分	(′)	1′＝60″ 　＝(π/10 800)rad
	度	(°)	1°＝60′ 　＝(π/180)rad
旋 转 速 度	转每分	r/min	$1r/min＝(1/60)s^{-1}$
长　度	海　里	n mile	1n mile＝1 852m(只用于航程)
速　度	节	kn	1kn＝1n mile/h 　＝(1 852/3 600)m/s (只用于航行)
质　量	吨	t	$1t＝10^3kg$
	原子质量单位	u	$1u≈1.660\ 540\ 2×10^{-27}kg$
体　积	升	L,(l)	$1L＝1dm^3＝10^{-3}m^3$
能	电子伏	eV	$1eV≈1.602\ 177\ 33×10^{-19}J$
级　差	分　贝	dB	用于对数量
线 密 度	特〔克斯〕	tex	1tex＝1g/km
土 地 面 积	公　顷	hm^2,(ha)	$1hm^2＝10^4m^2＝0.01m^2$

表4　用于构成十进倍数和分数单位的词头

所表示的因数	词头名称	词头符号	所表示的因数	词头名称	词头符号
10^{24}	尧〔它〕	Y	10^{-1}	分	d
10^{21}	泽〔它〕	Z	10^{-2}	厘	c
10^{18}	艾〔可萨〕	E	10^{-3}	毫	m
10^{15}	拍〔它〕	P	10^{-6}	微	μ
10^{12}	太〔拉〕	T	10^{-9}	纳〔诺〕	n
10^{9}	吉〔咖〕	G	10^{-12}	皮〔可〕	p
10^{6}	兆	M	10^{-15}	飞〔母托〕	f
10^{3}	千	k	10^{-18}	阿〔托〕	a
10^{2}	百	h	10^{-21}	仄〔普托〕	z
10^{1}	十	da	10^{-24}	幺〔科托〕	y

说明:①周、月、年(年的符号为a),为一般常用时间单位。

②〔　〕内的字,在不致混淆的情况下,可以省略。去掉方括号中的字即为其名称的简称。下同。

③(　)内的字为前者的同义词,下同。有的为说明性文字。

④角度单位度分秒的符号不处于数字后时,用括号。

⑤升的符号中,小写字母l为备用符号。ha为公顷的国际符号。

⑥r为"转"的符号。

⑦人民生活和贸易中,质量习惯称为重量。

⑧公里为千米的俗称,符号为km。

⑨$10^4$称为万,10^8称为亿,10^{12}称为万亿,这类数词的使用不受词头名称的影响,但不应与词头混淆。

Ⅱ.法定计量单位与常见非法定计量单位的

对照和换算表(部分)

	法定计量单位		常见非法定计量单位		换 算 关 系
	名 称	符号	名 称	符 号	
长度	千米(公里)	km		KM	1千米(公里)=1KM=2市里 =0.621 4英里
	米	m	公尺	M	1米=1公尺=3市尺=3.280 8英尺 =1.093 6码
	分米	dm	公寸		1分米=1公寸=0.1米=3市寸
	厘米	cm	公分		1厘米=1公分=0.01米=3市分 =0.393 7英寸
	毫米	mm	公厘	m/m,MM	1毫米=1公厘=0.001米=3市厘
			公丝		1公丝=0.1毫米
	微米	μm	公微	μ,mμ,μM	1微米=1公微=10^{-6}米
			丝米	dmm	1丝米=0.1毫米
			忽米	cmm	1忽米=0.01毫米
	纳米	nm	毫微米	mμm	1纳米=1毫微米=10^{-9}米
	海里	n mile			1海里=3.704 0市里=1.15英里
			市里		1市里=150市丈=0.5公里=0.310 7英里
			市丈		1市丈=10市尺=3.333 3米=3.645 4码
			市尺		1市尺=10市寸=0.333 3米 =1.093 6英尺
			市寸		1市寸=10市分=3.333 3厘米 =1.312 3英寸
			市分		1市分=10市厘
			市厘		1市厘=10市毫
			英里	mi.	1英里=1 760码=5 280英尺 =1.609 3公里=3.218 7市里
			码	yd.	1码=3英尺=0.914 4米 =2.743 2市尺
			英尺	ft.	1英尺=12英寸=0.304 8米 =0.914 4市尺
			英寸	in.	1英寸=2.540 0厘米=0.762 0市寸
	飞米	fm	费密	fermi	1飞米=1费密=10^{-15}米
			埃	Å	1埃=10^{-10}米

	法定计量单位		常见非法定计量单位		换 算 关 系
	名　称	符号	名　称	符　号	
面	平方千米（平方公里）	km²		KM²	1平方千米（平方公里）=100公顷 =0.386 1平方英里
			公亩	a	1公亩=100平方米=0.15市亩 =0.024 7英亩
	平方米	m²	平米，方		1平方米=1平米=9平方市尺 =10.763 9平方英尺=1.196 0平方码
	平方分米	dm²			1平方分米=0.01平方米
	平方厘米	cm²			1平方厘米=0.000 1平方米
			市顷		1市顷=100市亩=6.666 7公顷
			市亩		1市亩=10市分=60平方市丈=6.666 7 公亩=0.066 7公顷=0.164 4英亩
			市分		1市分=6平方市丈
积			平方市里		1平方市里=22 500平方市丈=0.25平方 公里=0.096 5平方英里
			平方市丈		1平方市丈=100平方市尺
			平方市尺		1平方市尺=100平方市寸=0.111 1平方米 =1.196 0平方英尺
			平方英里	mile²	1平方英里=640英亩=2.589 988 11平 方公里
			英亩		1英亩=4 840平方码=40.468 6公亩 =6.072 0市亩
			平方码	yd²	1平方码=9平方英尺=0.836 1平方米
			平方英尺	ft²	1平方英尺=144平方英寸=0.092 903 04 平方米
			平方英寸	in²	1平方英寸=6.451 6平方厘米
体	立方米	m³	方，公方		1立方米=1方=35.314 7立方 英尺=1.308 0立方码
	立方分米	dm³			1立方分米=0.001立方米
积	立方厘米	cm³			1立方厘米=0.000 001立方米
			立方市丈		1立方市丈=1 000立方市尺
			立方市尺		1立方市尺=1 000立方市寸= 0.037 0立方米=1.307 8立方英尺

法定计量单位		常用非法定计量单位		换　算　关　系
名　称	符号	名　称	符　号	
体		立方码	yd³	1 立方码＝27 立方英尺＝0.764 6 立方米
		立方英尺	ft³	1 立方英尺＝1 728 立方英寸＝0.028 317 立方米
积		立方英寸	in³	1 立方英寸＝16.3871 立方厘米＝0.4424 立方市寸
	升	L(1)	公升、立升		1 升＝1 公升＝1 立升＝1 市升
	分升	dL,dl			1 分升＝0.1 升＝1 市合
	厘升	cL,cl			1 厘升＝0.01 升
	毫升	mL,ml	西西	c. c. ,cc	1 毫升＝1 西西＝0.001 升
容			市石		1 市石＝10 市斗＝100 升
			市斗		1 市斗＝10 市升＝10 升
			市升		1 市升＝10 市合＝1 升
			市合		1 市合＝10 市勺＝1 分升
			市勺		1 市勺＝10 市撮＝1 厘升
积			市撮		1 市撮＝1 毫升
			蒲式耳(英)①		1 蒲式耳(英)＝4 配克(英)＝3.636 9 市斗(英)
			配克(英)②	PK	1 配克(英)＝2 加仑(英)＝9.092 2 升
			加仑(英)③	UKgal	1 加仑(英)＝4 夸脱(英)＝4.546 1 升
			夸脱(英)	UKqt	1 夸脱(英)＝2 品脱(英)＝1.136 5 升
			品脱(英)	UKpt	1 品脱(英)＝4 及耳(英)＝5.682 6 分升

法定计量单位		常用非法定计量单位		换　算　关　系
名　　称	符号	名　　称	符　号	
吨	t	公吨	T	1吨=1公吨=1 000 千克=0.984 2 英吨=1.102 3 美吨
		公担	q	1公担=100 千克=2 市担
千克(公斤)	kg		KG,kgs	1千克=2 市斤=2.204 6 磅(常衡)
克	g	公分	gm,gr	1克=1 公分=0.001 千克 　=15.432 4 格令
分克	dg			1分克=0.000 1 千克=2 市厘
厘克	cg			1厘克=0.000 01 千克
毫克	mg			1毫克=0.000 001 千克
		公两		1公两=100 克
		公钱		1公钱=10 克
		市担		1市担=100 市斤
		市斤		1市斤=10 市两=0.50 千克 　=1.102 3 磅(常衡)
		市两		1市两=10 市钱=50 克=1.763 7 盎司(常衡)
		市钱		1市钱=10 市分=5 克
		市分		1市分=10 市厘
		市厘		1市厘=10 市毫
		市毫		1市毫=10 市丝
		英吨(长吨)	UKton	1英吨(长吨)=2 240 磅=1 016 千克
		美吨(短吨)	sh ton, USton	1美吨(短吨)=2 000 磅=907.184 9 千克
		磅	lb	1磅=16 盎司=0.453 6 千克
		盎司	oz	1盎司=16 打兰=28.349 5 克

质

量

	法定计量单位		常见非法定计量单位		换　算　关　系
	名　称	符号	名　称	符　号	
时间	年	a		y, yr	1y＝1yr＝1 年
	天（日）	d			
	〔小〕时	h		hr	1hr＝1 小时
	分	min		（′）	1′＝1 分
	秒	s		S, sec, （″）	1″＝1S＝1sec＝1 秒
频率	赫兹	Hz	周	C	1 赫兹＝1 周
	兆赫	MHz	兆周	MC	1 兆赫＝1 兆周
	千赫	kHz	千周	KC, kc	1 千赫＝1 千周
温度	开〔尔文〕	K	开氏度	K	1 开＝1 开氏度
	开〔尔文〕	K	绝对度	°K	1 开＝1 绝对度
	摄氏度，开〔尔文〕	℃, K	度	deg	1deg＝1 开＝1 摄氏度
			华氏度	°F	1 华氏度＝0.555 556 开
			列氏度	°R	1 列氏度＝1.25 摄氏度
力、重力	牛〔顿〕	N	千克，公斤千克力，公斤力	kg kgf	1 千克力＝9.806 65 升
			达因	dyn	1 达因＝10^{-5} 牛
压力、压强、应力	帕〔斯卡〕	Pa	巴	bar, b	1 巴＝10^5 帕
			毫巴	mbar	1 毫巴＝10^2 帕
			托	Torr	1 托＝133.322 帕
			标准大气压	atm	1 标准大气压＝101.325 千帕
			工程大气压	at	1 工程大气压＝98.066 5 千帕
			毫米汞柱	mmHg	1 毫米汞柱＝133.322 帕
线密度	特〔克斯〕	tex	旦〔尼尔〕	den, denier	1 旦＝0.111 112 特

	法定计量单位		常见非法定计量单位		换　算　关　系
	名　称	符号	名　称	符号	
功、能、热	焦〔耳〕	J	尔格	erg	1 尔格$=10^{-7}$焦
功　率	瓦〔特〕	W	〔米制〕马力		1 马力$=735.499$ 瓦
磁感应强度 （磁通密度）	特〔斯拉〕	T	高斯	Gs	1 高斯$=10^{-4}$特
磁场强度	安〔培〕每米	A/m	奥斯特， 楞次	Oe	1 奥斯特$=\dfrac{1\,000}{4\pi}$安/米 1 楞次$=1$ 安/米
物质的量	摩〔尔〕	mol	克原子,克分子, 克当量,克式量		与基本单元粒 子形式有关
发光强度	坎〔德拉〕	cd	烛光,支光,支		1 烛光≈1 坎
光照度	勒〔克斯〕	lx	辐透	ph	1 辐透$=10^4$ 勒
光亮度	坎〔德拉〕 每平方米	cd/m²	熙提	sb	1 熙提$=10^4$ 坎/米²
放射性活度	贝可〔勒尔〕	Bq	居里	Ci	1 居里$=3.7\times10^{10}$贝可
吸收剂量	戈〔瑞〕	Gy	拉德	rad,rd	1 拉德$=10^{-2}$戈
剂量当量	希〔沃特〕	Sv	雷姆	rem	1 雷姆$=10^{-2}$希
照射量	库〔仑〕每千克	C/kg	伦琴	R	1 伦琴$=2.58\times10^{-4}$库/千克

说明：①② 蒲式耳、配克只用于固体。
　　　③ 英制 1 加仑$=4.546\,09$ 升(用于液体和干散颗粒)。
　　　　美制 1 加仑$=2.31\times10^2$ 立方英寸$=3.785\,411\,784$ 升(只用于液体)。

汉语拼音方案

(1957 年 11 月 1 日国务院全体会议第 60 次会议通过)
(1958 年 2 月 11 日第一届全国人民代表大会第五次会议批准)

一、字母表

字母	A a	B b	C c	D d	E e	F f	G g
名称	ㄚ	ㄅㄝ	ㄘㄝ	ㄉㄝ	ㄜ	ㄝㄈ	ㄍㄝ
	H h	I i	J j	K k	L l	M m	N n
	ㄏㄚ	ㄧ	ㄐㄝ	ㄎㄝ	ㄝㄌ	ㄝㄇ	ㄋㄝ
	O o	P p	Q q	R r	S s	T t	
	ㄛ	ㄆㄝ	ㄑㄧㄡ	ㄚㄦ	ㄝㄙ	ㄊㄝ	
	U u	V v	W w	X x	Y y	Z z	
	ㄨ	ㄞㄢ	ㄨㄚ	ㄒㄧ	ㄧㄚ	ㄗㄝ	

V 只用来拼写外来语、少数民族语言和方言。

字母的手写体依照拉丁字母的一般书写习惯。

二、声母表

b	p	m	f	d	t	n	l
ㄅ玻	ㄆ坡	ㄇ摸	ㄈ佛	ㄉ得	ㄊ特	ㄋ讷	ㄌ勒
g	k	h		j	q	x	
ㄍ哥	ㄎ科	ㄏ喝		ㄐ基	ㄑ欺	ㄒ希	
zh	ch	sh	r	z	c	s	
ㄓ知	ㄔ蚩	ㄕ诗	ㄖ日	ㄗ资	ㄘ雌	ㄙ思	

在给汉字注音的时候,为了使拼式简短,zh ch sh 可以省作 ẑ ĉ ŝ。

三、韵母表

	i 丨　衣	u ㄨ　乌	ü ㄩ　迂
a ㄚ　啊	ia 丨ㄚ　呀	ua ㄨㄚ　蛙	
o ㄛ　喔		uo ㄨㄛ　窝	
e ㄜ　鹅	ie 丨ㄝ　耶		üe ㄩㄝ　约
ai ㄞ　哀		uai ㄨㄞ　歪	
ei ㄟ　欸		uei ㄨㄟ　威	
ao ㄠ　熬	iao 丨ㄠ　腰		
ou ㄡ　欧	iou 丨ㄡ　忧		
an ㄢ　安	ian 丨ㄢ　烟	uan ㄨㄢ　弯	üan ㄩㄢ　冤
en ㄣ　恩	in 丨ㄣ　因	uen ㄨㄣ　温	ün ㄩㄣ　晕
ang ㄤ　昂	iang 丨ㄤ　央	uang ㄨㄤ　汪	
eng ㄥ　亨的韵母	ing 丨ㄥ　英	ueng ㄨㄥ　翁	
ong （ㄨㄥ）　轰的韵母	iong ㄩㄥ　雍		